SVENSK-ENGELSK ORDBOK

Lexikonredaktionen

Chef: Rudolph Santesson

Medarbetare:
Herbert Friedländer
Lars Langlet
Börje Lindvall
Gerd Nilsson
Ninni Skjöldebrand
Lillemor Swedenborg

I vissa partier har vidare medverkat:
Ebba Chevalier
Rachela Langler
Hans-Erik Ströander
Sven Erik Östling

Engelsk medarbetare

Vincent Petti

Svensk-engelsk ordbok

ISBN 91-24-14308-1
* * * * * * *
Esselte Herzogs, Nacka 1981

Förord

Denna svensk-engelska ordbok — som ersätter skolupplagan av Walter E. Harlock — är i allt väsentligt ett nytt arbete. Den syftar till att med utnyttjande av det värdefulla och grundläggande materialet i Harlocks svensk-engelska ordböcker presentera ett centralt och modernt ord- och frasförråd på ett överskådligt och praktiskt sätt, utan ett alltför invecklat system, allt inom ramen för ett lätthanterligt format.

De senaste decenniernas snabba utveckling på praktiskt taget alla områden har givetvis medfört, att ett mycket stort antal nya uppslagsord och fraser behövt tilläggas (varvid en del mindre viktiga uttryck strukits främst av utrymmesskäl). Samtidigt har det material som övertagits från den äldre ordboken kritiskt granskats med avseende på behandling och översättning av de enskilda orden och exemplen och vid behov omarbetats. Stor uppmärksamhet har ägnats även åt det naturliga vardagsspråket och åt varianter i amerikansk engelska. Redaktionen har också ansett det värdefullt att bevara och komplettera de talrika upplysningar om de engelska ordens böjning och konstruktion som ingår i det äldre lexikonet. Dylika uppgifter — liksom upplysning om betydelsenyanser m.m. — ges i första hand på de enkla orden, dit då ofta hänvisats från sammansättningar och avledningar. I följande Anvisningar för ordbokens begagnande redogörs närmare för principerna för urvalet och behandlingen av materialet. I anslutning härtill ges också en förteckning över engelska oregelbundna verb.

Manuskriptet har granskats av lektorn vid Stockholms universitet Vincent Petti, som under arbetets gång ständigt konsulterats. Vissa smärre partier av manuskriptet har därjämte genomgåtts av Alan Dixon, Dennis Gotobed och Walstan Wheeler.

För stavning, böjningsformer m.m. har Svenska Akademiens ordlista (9:e uppl.) resp. The Concise Oxford Dictionary (huvudsakligen 5:e uppl. 1964) och The Advanced Learner's Dictionary of Current English (2:a uppl. 1963; delvis 1:a uppl. 13:e tryckn. 1961) principiellt följts (med enstaka mindre avvikelser). Vid urvalet och behandlingen av uppslagsord och exempel har förutom de nämnda källorna samt gängse svenska och engelska ordböcker och uppslagsverk även nyare och större lexika utnyttjats, bl.a. Illustrerad svensk ordbok (3:e uppl. 1964), Svensk handordbok (1966), H. Vinterberg och C. A. Bodelsen, Dansk-engelsk ordbog (1—2, 1954—56 och 2:a uppl. 1966) samt speciellt för den amerikanska engelskan Webster's Third New International Dictionary (1961) och The World Book Encyclopedia Dictionary (1—2, 1964). För vissa facktermer har ofta I. E. Gullberg, Svensk-engelsk fackordbok (1964) rådfrågats. För upplysning om böjning och konstruktion i engelskan har huvudsakligen Elfstrand-Gabrielsons Engelsk grammatik (4:e uppl. 1960) använts. Till viss del utgörs materialet också av lexikonavdelningens egna excerpter.

Till institutioner och enskilda personer som bistått med uppgifter och upplysningar av olika slag riktas ett varmt tack. Redaktionen är även i fortsättningen tacksam för påpekanden och förslag till förbättringar för kommande upplagor.

Stockholm i maj 1968

Lexikonredaktionen

I andra tryckningen har något hundratal rättelser och förbättringar gjorts.

Anvisningar för ordbokens begagnande

Vid urvalet av svenska sammansättningar har i första hand tagits med vanliga och viktigare sådana, vilka samtidigt kan tjäna som mönster för översättning av andra inte medtagna sammansättningar. För dylika ej inkluderade sammansättningar bör man då slå på resp. sammansättningsleder och jämföra med givna mönster.

Ett antal vanliga — i första hand geografiska — egennamn har medtagits, framför allt sådana, vilkas form i engelskan skiljer sig från det motsvarande svenska ordets, t.ex. **Danmark** Denmark. Namn som består av två ord uppförs i regel under det första ordet (*Svarta havet* sålunda under **svart**). Stavningen av de svenska namnen följer i princip den i Nordisk Skolatlas givna.

Verbalsubstantiv på **-ande, -ende** och -[**n**]**ing** har ibland utelämnats, när de motsvaras av engelska bildningar på '-ing' och inte har någon konkretare eller mer speciell betydelse. Detsamma gäller i viss mån substantiv på **-het** och **-skap** när de motsvaras av engelska substantiv på '-ness' och '-ship'.

Beträffande behandlingen av adverb se nedan.

De svenska uppslagsorden har uppförts i alfabetisk ordning. Det som står inom [ ] räknas med vid inplaceringen i alfabetsföljden (**kyrk**[**o**]**besök** följer sålunda efter **kyrkoadjunkt**). Sammansättningar och förkortningar återfinns på sin alfabetiska plats. Då två intill varandra stående uppslagsord får samma översättning har de ofta sammanförts: **animal** *a* o. **animalisk** *a* animal. Flerordsuppslag har inplacerats i alfabetsföljden, sålunda t.ex. **mul- och klövsjuka** efter **mulna.**

Sammansatta ord, som vid avstavning skrivs med tre lika konsonanter i följd, har uppförts med två konsonanter på sin alfabetiska plats, t.ex. **herrum** efter **herrtycke.** I sammansättningsräckor har en dylik sammansättning emellertid i regel tagits med även i sin avstavade form med hänvisning, t.ex. - **-rum** (efter **herr**|**paraply**) med hänvisning till **herrum.**

Särskilt i längre artiklar har normalt alfabetisk ordning tillämpats även för de svenska exemplen, som har grupperats i anslutning till lämpligt ord (jfr t.ex. **arbete** och **arbeta**).

Stavningen av de engelska orden är den i brittisk engelska brukliga. Speciella amerikanska stavningar av typen *-or* för *-our* i t.ex. *color, -se* för *-ce* i t.ex. *defense, -er* för *-re* i t.ex. *theater, -l-* för *-ll-* i t.ex. *traveling* har i regel inte i och för sig beaktats; om däremot en särskild amerikansk variantöversättning ges, får denna amerikansk stavning, t.ex. **försvarsdepartement**.. amer. department of defense.

Bindestreck i engelska sammansättningar har i princip satts ut i första hand efter The Concise Oxford Dictionary och The Advanced Learner's Dictionary of Current English. Fullständig konsekvens kan inte uppnås, eftersom olika, vederhäftiga källor ger olika upplysningar, och skrivning både med och utan bindestreck ofta alltså kan anses vara korrekt. Amerikanska varianter har vanligen inte beaktats, men rent generellt torde det kunna sägas att amerikansk engelska använder bindestreck i betydligt mindre utsträckning än den brittiska engelskan. Beträffande bindestreck i vissa engelska sammansatta adjektiv se nedan sid. VIII och beträffande avstavning av sammansatta engelska ord med bindestreck i fogen se Tecknens betydelse sid. IX.

Vid svenska icke sammansatta substantiv (som uppslagsord) anges böjning genom ändelserna för bestämd form singularis (och därmed indirekt genus) och obestämd form pluralis (för exempel se **ande, alarm, anagram, anakoret, aluminium** nedan under Tecknens betydelse sid. IX) med undantag för vissa ord med vanliga ordslut, vilka ords ändelser har uppförts i nedanstående lista:

-an *-en -er*	**-er** *-n -*	**-ism** *-en 0*	**-tet** *-en 0*
-ang *-en -er*	**-eri** *-*[*e*]*t -er*	**-iss**|**a** *-an -or*	**-tris** *-en -er*
-ant *-en -er*	**-ess** *-en -er*	**-ist** *-en -er*	**-ur** *-en -er*
-ar|**e** *-*[*e*]*n -e*	**-het** *-en 0*	**-log** *-en -er*	**-urg** *-en -er*
-arie *-n -r*	**-i** *-*[*e*]*n -er;* jfr *-eri*	**-om** *-en -er*	**-yr** *-en -er*
-at *-en -er*		**-on** *-en -er*	**-är** *-en -er*
-else *-n -r*	**-ing** *-en -ar*	**-or** (obeton.) *-n -er*	**-ör** *-en -er*
-ent *-en -er*	**-inn**|**a** *-an -or*	**-sk**|**a** *-an -or*	**-ös** *-en -er*

Då pluralis saknas eller är mindre vanlig och därför inte beaktas, anges detta med tecknet *0*, medan former som är lika med grundformen anges med - eller i förekommande fall med ~. För substantiv utan fullständig böjning anges ofta genus (t.ex. **bacon** *r*). Uppgift om sammansatta substantivs böjning får man i allmänhet söka under efterleden eller i andra hand i ovanstående ordslutslista.

Fullständigare uppgifter om substantivböjningen ges av Svenska Akademiens ordlista och Illustrerad svensk ordbok.

Oregelbunden pluralis vid engelska substantiv har i allmänhet angetts, i första hand vid enkla ord. Sålunda beaktas t.ex. typerna 'calves', 'photos', 'children', 'teeth', 'radii' och andra främmande pluralformer (till singularerna 'calf', 'photo', 'child', 'tooth', 'radius') men inte mer eller mindre regelbundet bildade pluralisformer av t.ex. typerna 'wives', 'potatoes', 'ladies' (till singularerna 'wife', 'potato', 'lady'). När ett substantiv har både regelbunden och oregelbunden pluralisform skrivs ofta t.ex. 'narciss|us (pl. äv. -i)', vilket innebär att pluralis kan heta antingen (regelbundet) 'narcissuses' eller (oregelbundet) 'narcissi'.

Då vid ett abstrakt substantiv (t.ex. **civilisation, 1 hopp**) står '(äv. ~*en*)' resp. '(äv. ~*et*)' eller '~[*en*]' resp. '~[*et*]' innebär detta att det svenska ordet även i bestämd form *(civilisationen, hoppet)* i allmän bemärkelse motsvaras av den i översättningen givna obestämda formen av det engelska substantivet (civilization, hope).

Såsom adjektiv betecknas även vissa particip med självständigare (speciell) betydelse, vilka har förts upp som egna uppslagsord.

Då de engelska motsvarigheterna till ett svenskt adjektiv (eller particip) inte liksom detta kan användas attributivt före sitt huvudord, har detta förhållande angetts med två punkter (..) vilka betecknar huvudordets plats. Se närmare Tecknens betydelse sid. X.

I fråga om vissa engelska sammansatta adjektiv (och particip) av bl.a. typen 'well--known', 'well known' (= välkänd) gäller i allmänhet, att bindestreck ofta brukas i attributiv ställning men att särskrivning utan bindestreck är regel i predikativ ställning. Relativt fyllig behandling av sammansatta adjektiv (och particip) återfinns under sammansättningarna med **blå-, halv-** (med typexemplet **halvbesatt**), **lätt-** (med typexemplet **lättarbetad**) och **svår-** (med typexemplet **svåranskaffad**), vilka torde kunna tjäna som mönster i många andra fall. Vid mindre viktiga adjektiv har ofta endast den ena möjligheten redovisats, vanligen då den attributiva, vilket ofta har angetts.

Räkneorden har disponerats så, att de sammansättningar, avledningar och exempel som bildas lika för flera grundtal och ordningstal i allmänhet har placerats på **fem, femte, femtio** osv. (med sammansättningar och avledningar). Dylika uttryck som saknas under de andra räkneorden bör sålunda sökas under **fem** osv. (talrika hänvisningar har satts in för att underlätta sökandet).

Svenska enkla verb (som uppslagsord) har försetts med böjningsuppgifter när de inte böjs efter det vanligaste schemat (1:a konjugationen: *lag|a -ade -at*).

Vid placeringen och behandlingen av svenska enkla verb med betonad partikel (s.k. lös sammansättning, t.ex. *hålla av*) och motsvarande fast sammansatta verb *(avhålla)* har hänsyn främst tagits till naturligt, ledigt språk, varför företräde i princip har getts åt lös sammansättning då bägge möjligheterna föreligger. Full konsekvens kan emellertid inte iakttas främst på grund av det varierande språkbruket, varför ord och betydelser, som saknas på det ena stället, bör sökas på det andra (i allmänhet har hänvisning satts in).

Under de enkla verben med partikel placeras oftast även de hopskrivna participformerna, sålunda *avblåst* under **blåsa** [*av*] (särskilt när de inte har självständigare, adjektivisk betydelse). Talrika hänvisningar underlättar sökandet.

I fråga om adverben märks att mindre viktiga sådana ofta inte har tagits med när de i engelskan motsvaras av regelbundet bildade adverb på *-ly*. Som regelbundna räknas t.ex. även sådana adverb som 'drastic*ally*' bildat på adjektivet 'drastic'.

Tecknens betydelse

| *Lodstreck* avskiljer i ett ord den gemensamma del som vid följande eller föregående orddel representeras av divis (bindestreck). Det brukas

1) i uppslagsord för att ange var ett följande, avbrutet uppslagsord skall knytas an: **i|kring . . -kull** = **ikring . . ikull**

2) i uppslagsord för att ange var böjningsändelser (eller orddelar) skall knytas an: **and|e** *-en -ar . . i -anom* = **ande** *anden andar . . i andanom*

3) i texten för att avskilja för- eller efterled: **boskapsavel** cattle|-breeding, --raising, --rearing = cattle-breeding, cattle-raising, cattle-rearing; **fenomen** . . phenomen|on (pl. -a) = (pl. phenomena): **densamme** *(den-, det-, de|samma)* = *densamma, detsamma, desamma.*

Dessutom används lodstreck någon gång för att av tydlighetsskäl visa fogen i sammansättningar: **bil|drulle.**

\- *Divis (bindestreck)* representerar

1) orddelar, som står till vänster eller höger om | (jfr ovan), eller ett föregående, helt utskrivet ord:
alarm *-et* - . . **-apparat** = *alarmet alarm* (den senare divisen anger då att särskild pluralisändelse saknas) . . **alarmapparat; foto** . . photo (pl. -s) = (pl. photos).

En svensk eller engelsk ordkombination som normalt stavas med bindestreck får två bindestreck framför efterleden i fall som:
svensk| . . **--engelsk** = **svensk-engelsk;** se även exemplet **boskapsavel** ovan.

På liknande sätt:
herr| . . **--rum** = (vid avstavning) **herr-rum** (jfr Anvisningar för ordbokens begagnande sid. VII).

Vid a v s t a v n i n g av sammansatta engelska ord som har ett bindestreck i fogen skrivs: **adresskort** address-
-form; på liknande sätt: **abc-bok** ABC|-
-book| = 'ABC' eller 'ABC-book'; **säker** . . *ett ~t |göm|ställe* a safe |hiding-|-
place = 'hiding-place' eller 'place'

2) stavelser i uttalsbeteckning i fall som:
kredit 1 |-'-| . . **2** |--'| = |kre'dit| resp. |kredi't|.

~ *Krok* ersätter hela det närmast föregående halvfeta uppslagsordet i oförändrad form utan hänsyn till betydelsen eller funktionen: **ana|gram** *~met ~* = **anagram** *anagrammet anagram* (pluralis är alltså till formen lika med singuralis); **ana|** . . **-koret** *~en ~er* = **anakoret** *anakoreten anakoreter;* **bo** . . *~kvar* = *bo* (verbet) . . *bygga ~* = . . *bo* (substantivet); **kän|d** . . väl~ = välkänd. Vid förändring av begynnelsebokstaven skrivs dock: **fjärran** . . *F~ Östern* = *Fjärran Östern.*

[ ] *Klammer* sätts

1) kring orddelar, ord och ibland tecken som kan utelämnas, ofta utan att någon betydelseskillnad inträder; särskilt vid större skillnad i betydelse eller konstruktion ges kompletterande upplysning med lilla stilen inom klammer (se sista exemplet i detta stycke): **afgan|i|sk** = **afganisk** eller **afgansk; alumini|um** -|*um*|*et* = *aluminiumet* eller *aluminiet;* **diminutiv** *-et* -|*er*| = (i pluralis) *diminutiv* eller *diminutiver;* **inkomst** . . **2** ~|*er*| intäkter receipts . ., takings . ., proceeds . ., samtl. pl. innebär att de engelska översättningarna svarar mot både *inkomst* och *inkomster* i angiven betydelse; **accis** . . excise |duty| = 'excise' eller 'excise duty'; **allvar** . . *'på |fullt| ~, |riktigt| på ~* in |real (dead)| earnest', där 'fullt' och 'riktigt' motsvaras av 'real' eller 'dead' i den givna översättningen; **bli** . .*'låt ~ |att gå|!* don't go!' innebär att både *'låt ~ att gå!'* och *'låt ~!'* (med samma innebörd) översättes med 'don't go!'; **folkminskning** decrease in (of) |the| population = 'population' eller 'the population' beroende på sammanhanget; **sprit** . . spirit|s pl.| innebär att 'sprit' motsvaras av både sg. 'spirit' och pl. 'spirits'; **att** . . *han vägrade* | *~* | *göra det* = 'vägrade att göra' eller 'vägrade göra'; **april** . . *den sista ~* |ss. adverbial on| the last day of April.

2) kring uttalsbeteckningar: **a** . . a [utt. ei]; **kredit 1** [-'-] . . **2** [--'].

3) vid hänvisning av typen **aktualitet** . . jfr *aktuell* [*fråga*] = jämför uttrycket *aktuell fråga* i artikeln **aktuell; god II 2** . . jfr [*gå i*] *borgen* [*för*] = jämför uttrycket *gå i borgen för* i artikeln **borgen.**

( ) *Rund parentes* används främst kring sådana ord, orddelar eller delar av ett uttryck (synonymer eller alternativ), som kan ersätta det närmast föregående:
anlöpa . . call (touch, put in) at = 'call at' el. 'touch at' el. 'put in at'
ozon *-en (-et) 0* = *ozonen* el. *ozonet*
illa . . *'det luktar (smakar)* ~ it smells (tastes) nasty (bad)' innebär att 'smakar' svarar mot 'tastes' och att 'bad' kan ersätta 'nasty'; **belägga** . . '~ *med gatsten (stenplattor)* pave (resp. flag)' innebär att '~ *med gatsten*' motsvaras av 'pave' och '~ *med stenplattor*' av 'flag'.

. . *Punkter* används

1) vid avbrutna exempel: **ack:** ~ *om jag vore* . .! äv. would that I were . .! I regel motsvarar punkterna i den engelska översättningen exakt den del av ett svenskt exempel som i förekommande fall har satts med liten stil: **1 få:** *vi* ~ *r inte* röka här we must not . . (dvs. smoke here); **acklamation,** vald *med* ~ . . by (with) acclamation; **utse:** appoint, *ngn till* ordförande a p. . . (dvs. 'utse ngn till ordförande' = 'appoint a p. chairman'); **inrikespolitisk** *a,* en ~ debatt . . on domestic policy (dvs. a debate on domestic policy).

2) för att ange platsen för objektet (ibl. även annan satsdel) isht när tvekan kan uppstå: **slita:** ~ *ut* trötta ut wear . . out, vilket innebär att ett substantiv som objekt placeras mellan verbet och partikeln; **också** *adv* also, . . too, . . as well, vilket innebär att de två sista översättningarna till skillnad från den första placeras efter de ord de bestämmer.

3) framför den engelska motsvarigheten till ett svenskt adjektiv för att ange att det engelska uttrycket inte kan stå som attribut före sitt huvudord utan endast efter detta (och ofta också såsom predikatsfyllnad): **känslofull** *a* . . full of feeling. Ibland sätts punkter efter den engelska motsvarigheten till ett adjektiv för att ange att denna kan användas endast som attribut före sitt huvudord: **femcylindrig** *a* five-cylinder . . Då ett dylikt svenskt adjektiv står predikativt, måste man tillgripa omskrivning, exempelvis efter det mönster som ges under ovannämnda uppslagsord: *denna* motor *är* ~ this is a five-cylinder . .

' *Accent* i ett ord anger att detta är betonat: *det gö'r han också* (*gör* betonat).

' ' *Enkla citationstecken* kring en översättning anger att denna är mer eller mindre konstruerad, emedan ingen exakt motsvarighet finns i engelskan (av trycktekniska skäl används här som citationstecken genomgående uppflyttade kommatecken, trots att engelskan normalt i dylika fall har det första tecknet uppochnedvänt, varför man vid användning av en dylik översättning i löpande engelsk text bör använda det engelska systemet). Ex.: **falukorv** 'falu sausage', [kind of] lightly smoked and boiled sausage, vilket innebär att den första översättningen är konstruerad (någon motsvarighet till 'falukorv' torde inte finnas i engelskan), medan den andra är att uppfatta som en kortfattad beskrivning.

0 anger att pluralis saknas eller i praktiken knappast är tänkbar och därför inte beaktas (se exempel sid. VII).

Engelska oregelbundna verb

Sammansatta verb böjs, då icke annorlunda anges, som de enkla verben, t.ex. *undertake* som *take* och *withdraw* som *draw*. — Adjektiviskt brukade participformer, såsom *gilt* 'förgylld' och *shaven* 'rakad' (end. i sms.), har inte upptagits, då verbet i övrigt är regelbundet (med ändelsen *-ed* i imperfektum och perfekt particip).

INFINITIV	IMPERFEKTUM	PERFEKT PARTICIP
abide	abode, abided	abode, abided
arise	arose	arisen
awake	awoke, ibl. awaked	awaked, ibl. awoke[n]
be	was	been
(Pres. ind.: sg. 1:a pers. am, 2:a pers. are, 3:e pers. is; pl.: are)	(Pl.: were)	
bear	bore	borne; born ('född')
beat	beat	beaten
become	became	become
beget	begot	begotten, amer. äv. begot
begin	began	begun
behold	beheld	beheld
bend	bent	bent
bereave	bereft, bereaved	bereft, bereaved
beseech	besought	besought
bet	bet, betted	bet, betted
bid ('bjuda', 'befalla')	bade	bidden, bid
bid ('bjuda på auktion')	bid	bid
bind	bound	bound
bite	bit	bitten
bleed	bled	bled
blow	blew	blown
break	broke	broken
breed	bred	bred
bring	brought	brought
broadcast	broadcast, broadcasted	broadcast, broadcasted
build	built	built
burn	burnt, ibl. burned	burnt, ibl. burned
burst	burst	burst
buy	bought	bought
cast	cast	cast
catch	caught	caught
chide	chided, chid	chidden, chid
choose	chose	chosen
cleave	clove, cleft; cleaved (äv. i bet. 'klibbade')	cloven, cleft (I bet. 'klibbat' cleaved)
cling	clung	clung
clothe	clothed, litt. clad	clothed, litt. clad
come	came	come
(welcome 'välkomna' böjs regelbundet)		
cost	cost	cost
creep	crept	crept
crow	crowed, åld. crew	crowed
(I bet. 'jollra', 'triumfera [över]' regelbundet)		
cut	cut	cut
dare	dared, åld. durst	dared
deal	dealt	dealt

INFINITIV	IMPERFEKTUM	PERFEKT PARTICIP
dig	dug, åld. digged	dug, åld. digged
do	did	done
(3:e pers. sg. pres. ind. does)		
draw	drew	drawn
dream	dreamt, dreamed	dreamt, dreamed
drink	drank	drunk (äv. pred. adj.), drunken (attr. adj.)
drive	drove	driven
dwell	dwelt	dwelt
eat	ate	eaten
fall	fell	fallen
feed	fed	fed
feel	felt	felt
fight	fought	fought
find	found	found
flee	fled	fled
fling	flung	flung
fly	flew	flown
forbear	forbore	forborne
forbid	forbade, forbad	forbidden
forecast	forecast, forecasted	forecast, forecasted
forget	forgot	forgotten, amer. äv. forgot
forgive	forgave	forgiven
forsake	forsook	forsaken
freeze	froze	frozen
get	got	got, amer. äv. (i vissa bet., t.ex. 'fått', 'kommit') gotten
gird	girded, girt	girded, girt
give	gave	given
go	went	gone
(3:e pers. sg. pres. ind. goes)		
grind	ground	ground
grow	grew	grown
hamstring	hamstringed, hamstrung	hamstringed, hamstrung
hang	hung	hung
(I bet. 'avliva m. hängning' vanl. regelbundet)		
have	had	had
(3:e pers. sg. pres. ind. has)		
hear	heard	heard
heave	heaved, hove	heaved, hove
hew	hewed	hewed, hewn
hide	hid	hidden, hid
hit	hit	hit
hold	held	held
hurt	hurt	hurt
keep	kept	kept
kneel	knelt, kneeled	knelt, kneeled
knit	knitted, knit	knitted, knit
know	knew	known
lade	laded	laden
lay	laid	laid
lead	led	led
lean	leaned, leant	leaned, leant
leap	leapt, leaped	leapt, leaped
learn	learnt, learned	learnt, learned
leave	left	left
lend	lent	lent

INFINITIV	IMPERFEKTUM	PERFEKT PARTICIP
let	let	let
lie	lay	lain
light (alight böjs regelbundet)	lit, lighted	lit, lighted (Ss. framförställt attribut föredras formen lighted)
lose	lost	lost
make	made	made
mean	meant	meant
meet	met	met
melt	melted	melted, poet. samt adjektiviskt, t.ex. om metall, vanl. molten
mow	mowed	mowed; mown (äv. ss. adj.)
pay	paid	paid
put	put	put
read	read	read
rend	rent	rent
rid	ridded, rid	ridded, rid
ride	rode	ridden
ring	rang	rung
rise	rose	risen
rive	rived	riven, rived
run	ran	run
saw	sawed	sawn, sawed
say	said	said
see	saw	seen
seek	sought	sought
sell	sold	sold
send	sent	sent
set	set	set
sew	sewed	sewn, sewed
shake	shook	shaken
shear	sheared, åld. shore	shorn, sheared
shed	shed	shed
shine (F i bet. 'putsa' regelbundet)	shone	shone
shoe (Pres. part. shoeing)	shod	shod
shoot	shot	shot
show	showed	shown, showed
shrink	shrank, åld. shrunk	shrunk (äv. adj.), shrunken (attr. adj.)
shrive	shrove, shrived	shriven, shrived
shut	shut	shut
sing	sang	sung
sink	sank	sunk (äv. adj.), sunken (attr. adj.)
sit	sat	sat
slay	slew	slain
sleep	slept	slept
slide	slid	slid, slidden, slided
sling	slung	slung
slink	slunk	slunk
slit	slit	slit
smell	smelt, smelled	smelt, smelled
smite	smote	smitten
sow	sowed	sown, sowed

INFINITIV	IMPERFEKTUM	PERFEKT PARTICIP
speak	spoke, åld. spake	spoken
speed ('skynda', 'ila')	sped	sped
spell	spelt, spelled	spelt, spelled
spend	spent	spent
spill	spilt, spilled	spilt, spilled
spin	spun, span	spun
spit	spat, åld. spit	spat, åld. spit
split	split	split
spoil	spoilt, spoiled	spoilt, spoiled
spread	spread	spread
spring	sprang	sprung
stand	stood	stood
stave	staved, stove	staved, stove
steal	stole	stolen
stick	stuck	stuck
sting	stung	stung
stink	stank, stunk	stunk
strew	strewed	strewn, strewed
stride	strode	stridden, strid
strike	struck	struck; stricken (vanl. pred. adj.)
string	strung	strung
strive	strove	striven
swear	swore	sworn
sweep	swept	swept
swell	swelled	swollen, ibl. swelled
swim	swam	swum
swing	swung	swung
take	took	taken
teach	taught	taught
tear	tore	torn
tell	told	told
think	thought	thought
thrive	throve, thrived	thriven, thrived
throw	threw	thrown
thrust	thrust	thrust
tread	trod	trodden
underbid	underbid	underbidden, underbid
wake	woke, waked	waked, woken, woke
wear	wore	worn
weave	wove	woven, wove
weep	wept	wept
win	won	won
wind	wound	wound
work	worked, ibl. wrought	worked, ibl. wrought
wring	wrung	wrung
write	wrote	written

Förkortningar

(I förklaringarna till förkortningarna anges i regel endast ordens grundform. — Ej upptagna förkortningar torde utan svårighet förstås av sammanhanget.)

a adjektiv
absol. absolut
abstr. abstrakt
ack. ackusativ
adj. adjektiv[isk]
adv adverb
adv. adverbiell
akt. aktiv
allm. i allmänhet, allmän
amer. amerikansk engelska
Amer. Amerika (USA)
anat. anatomisk term
antik. i antiken
anv. användning, används
a p. a person
arkeol. arkeologiterm
arkit. arkitekturterm
art artikel
artill. artilleri[term]
astr. astronomiterm
a th. a thing
attr. attributiv
(jfr Anvisningar sid. VIII)
bagar. bagarterm
bakteriol. bakteriologisk term
barnspr. barnspråk
bem. bemärkelse
bergv. bergväsen
best. bestäm/d, -ning
bet. betydelse
beton. betonad
betr. beträffande
bibet. bibetydelse
bibl. bibliskt uttryck
bibliot. biblioteksterm
bil. bilteknisk term
bildl. bildlig
bilj. biljardterm
biogr. biografterm
biol. biologisk term
bokb. bokbinderiterm
bokhåll. bokhålleri[term]
boktr. boktryckeriterm
bot. botanisk term
boxn. boxning[sterm]
brandv. brandväsen
britt. brittisk
brottn. brottningsterm
brygg. bryggeriterm
byggn. byggnadsterm
böjl. böjlig
dans. dansterm
dat. dativ
demonstr. demonstrativ
dep deponens
determ. determinativ
dets. detsamma
dial. dialektal
dipl. i diplomatin
distr. distributiv
div. diverse
d.o. detta ord
e.d. eller dylik
eg. i egentlig betydelse, egentlig[en]
egenn. egennamn
ekon. ekonomisk [term]
el. eller
elektr. elektricitetsterm
ellipt. elliptisk
end. endast
eng. engelsk[a]
Engl. England
entom. entomologisk term
etnogr. etnografisk term
F familjär (vardaglig) stil
f femininum
f. för
fackl. [allmän] fackterm, fackligt
fackspr. fackspråk
farm. farmakologisk term
film. filmterm
filol. filologisk term
filos. filosofisk term
fiske. fisketerm
fl. flera
flyg. flygterm
folkr. folkrättslig term
fonet. fonetisk term
forn. i forntiden
fortif. fortifikationsterm
fotb. fotboll[sterm]
foto. fotografiterm
fr. fransk[a]
frikyrkl. frikyrklig
fråg. frågande
fullst. fullständig
fyrv. fyrverkeri[term]
fys. fysikterm
fysiol. fysiologisk term
fäkt. fäktarterm
färg. färgeriterm
f.ö. för övrigt
följ. följande
förb. förbindelse[r]
föreg. föregående
fören. förenad
förh. förhållande
förk. förkortning, förkortad
försäkr. försäkringsterm
garv. garvarterm
gen. genitiv
geogr. geografisk term
geol. geologisk term
geom. geometrisk term
gm genom
golf. golfterm
gram. grammatisk term
grek. grekisk[a]
gruv. gruvterm
gymn. gymnastikterm
H handelsterm
hantverk. hantverksterm
hattmak. hattmakeriterm
herald. heraldisk term
hist. historisk
hjälpvb hjälpverb
hänv. hänvisning
högt. högtidlig
ibl. ibland
imper. imperativ
imperf imperfektum
indef. indefinit
inf. infinitiv
interr. interrogativ
iron. ironisk
isht i synnerhet
i st. f. i stället för
it. italiensk[a]
itj interjektion
itr intransitiv[t verb]
jak. jakande
jakt. jaktterm, jägarterm
jap. japansk[a]
jfr jämför
jordbr. jordbruksterm
jud. judisk term
jur. juridisk term
järnv. järnvägsterm
kansl. kanslispråk
katol. katolsk
kem. kemiterm
kir. kirurgisk term
kok. i kokkonsten
koll. kollektiv[t]
komp komparativ
konj konjunktion[ell]
konjv konjunktiv
konkr. konkret
konst. konstterm
konstr. konstru/ktion, -eras
kortsp. kortspelsterm
kyrkl. kyrklig[t uttryck]
lantbr. lantbruksterm
lantmät. lantmäteriterm
lat. latin
likn. liknande
litt. litterär[t], litterär term, litteraturterm
litt. hist. litteraturhistorisk term
log. logikterm

läk. läkarterm
m maskulinum
m. med
mat[em]. matematikterm
med. medicinsk term
mejerit. mejeriterm
metall. metallurgisk term
meteor. meteorologisk term
metr. metrisk term
mil. militärterm
milj. miljon
miner. mineralogisk term
mkt mycket
moral. i moralisk bemärkelse
motor. motorteknisk term
mots. motsats
motsv. motsvarande, motsvarighet
mur. murarterm
mus. musikterm
myntv. myntväsen
myt. myt[olog]isk
mål. målarterm (hantverksspråk)
n neutrum
naturv. naturvetenskap[lig term]
ned. nedan
neds. nedsättande
nek. nekande
neutr. neutral, neutrum
ngn någon
ngns någons
ngra några
ngt något
ngts något
nom. nominativ
näml. nämligen
o. och
obest. obestämd
obeton. obetonad
obj. objekt[iv]
oböjl. oböjlig
o. d. och dylik
oeg. i oegentlig betydelse, oegentligt
omskrivn. omskrivning
opers. opersonlig
opt. optisk term
ordspr. ordspråk
ordst. ordstäv
oövers. oöversatt
p., a p. a person
p. a. participialadjektiv
parl. parlamentarisk term
part. partikel
pass. passiv
patol. patologisk term
perf. perfekt[um]
perf. ptc. perfekt particip
pers. person[lig]
pl pluralis; betr. eng. spec.: konstrueras som pluralis
poet. poetiskt uttryck (språk)
polist. polisterm
polit. politisk term
port. portugisisk[a]
poss. possessiv
post. postterm
pred. predikativ (jfr Anvisningar sid. VIII); predikat
predf. predikatsfyllnad
prep preposition
prep. preposition[ell]
prep.-uttr. prepositionsuttryck
pres presens
pron pronomen
pron. pronomen, pronominell
prot. protestantisk
p.'s person's
psykol. psykologiterm
ptc. particip
® registrerat varumärke
r reale
radio. radioterm
rel. relativ
relig. religiöst språkbruk
retor. retorik
rfl reflexiv[t verb]
ridn. ridning, ridterm
rom. romersk
rpr reciprok
ry. rysk[a]
räkn räkneord
S slang
s substantiv
samtl. samtliga
sb. substantiv
schack. schackterm
sg singularis; betr. eng. spec.: konstrueras som singularis
simn. simningsterm
självst. självständig
sjö. sjöspråk
skeppsbygg. skeppsbyggeriterm
skjutn. skjutning
skogsv. skogsvetenskaplig term
skol. skolterm
skom. skomakeriterm
Skottl. Skottland
skriftl. skriftlig[en]
skrädd. skräddarterm
skämts. skämtsam
slakt. slakteriterm
smeks. smeksamt
sms. sammansättning, sammansatt
snick. snickeriterm
sociol. sociologisk term
sp. spansk[a]
spelt. spelterm
sport. sportterm
språkv. språkvetenskaplig term
ss. såsom
stark. starkare
statist. statistisk term
subj. subjekt
subst. substantiv[erad, -isk]
subst. a substantiverat adjektiv
sup. supinum
superl superlativ
sv. svensk[a]; svag
svag. svagare
säll. sällan
särsk. särskild
sömn. sömnadsterm
t. till
tandläk. tandläkarterm
teat. teaterterm
tekn. tekniskt språk
tel. teleterm
telef. telefonterm
tempor. temporal
teol. teologisk term
textil. textilterm
th., a th. a thing
tills. tillsammans
tillv. tillverkning
tr transitiv[t verb]
trafik. trafikterm
trädg. trädgårdsterm
tullv. tullväsen
turk. turkisk[a]
ty. tysk[a]
typogr. typografi[sk term]
und. under
ung. ungefär[lig]
univ. universitetsspråk
urm. urmakarterm
utt. uttal
uttr. uttryck[ande]
v. vid
vanl. vanlig[en]
vard. vardaglig
vattenb. vattenbyggnadsterm
vb verb
vederb. vederbörande
vetensk. vetenskaplig [term]
veter. veterinärterm
vid. vidare
vulg. vulgärspråk
värmetekn. värmeteknisk [term]
vävn. vävnadsteknisk term
zool. zoologisk term
åld. ålderdomlig
äv. även
örlog. sjömilitär term
övers. översätt[ning, -es
övr. övrig[a]

Förkortning av en engelsk översättning kan förekomma, sålunda:
ackusativ *-en -er,* ~ [*en*] the accusative; *en* ~ an a. — där a. = accusative.

a *a*-[e]*t*, pl. *a*[-*n*] **1** bokstav a [utt. ei]; ~ *och o* bibl. Alpha and Omega; allm. äv. the be-all and end-all; *har man sagt* ~, *får man* [*också*] *säga b* ung. in for a penny, in for a pound **2** mus. A **3** betyg: *A* se *berömlig 2; a* se *beröm 2*
à *prep* **1** at; *biljetter* ~ *två kronor* tickets at two kronor **2** or; *5* ~ *6 gånger* 5 or 6 times; *15* ~ *20 droppar* from 15 to 20 drops
AB 1 betyg se *beröm 2* **2** bolagsbeteckning ung. Ltd., amer. Inc., Corp.; jfr *aktiebolag*
abbé -[*e*]*n* -*er* abbé **abbedissa** abbess
abborr|e -*en* -*ar* perch **-grund** ung. perch fishing ground **-pinne** small perch
abbot -*en* -*ar* abbot
abc *abc*-[*e*]*t abc*[-*n*] ABC **abc-bok** ABC[-book], primer
abdikation abdication **abdikera** *itr* abdicate
aber pl. - *n* but; *ett* ~ F a snag; *ett stort* ~ a big drawback
Abessinien Abyssinia **abessinier** *s* o. **abessin**[**i**]**sk** *a* Abyssinian
abiturient student~ candidate for the 'studentexamen', jfr d. o.
ablativ -*en* -*er*, ~[*en*] the ablative; *en* ~ an a.
abnorm *a* abnormal **abnormitet** -*en* -*er* abnormity
abonnemang -*et* - subscription, *på* to, for; *ha* ~ *på operan* have a season-ticket for the Opera
abonnemangs|avgift subscription (subscriber's) fee; telef. rental **-föreställning** performance for season-ticket holders [only], på kvällen äv. subscription night **-kort** season-ticket
abonnent subscriber, teat. äv. season-ticket holder **abonnera** *itr tr* subscribe, *på* to, for; ~*d* om buss o.d. hired, ibl. private
abort -*en* -*er* fosterfördrivning abortion; missfall miscarriage **abortiv** *a* abortive
abrakadabra -*t 0* abracadabra; nonsens mumbo-jumbo
abrupt *a* abrupt
abscess abscess
absid -*en* -*er* arkit. apse
absint -*en* -*er* absinth[e]
abskissa abscissa (pl. abscissae)
absolut I *a* absolute, definite; [*en*] ~ *majoritet* äv. a clear majority; *en* ~ *omöjlighet* äv. an utter impossibility **II** *adv* absolutely; helt och hållet utterly; obetingat unconditionally; helt säkert certainly, definitely, isht amer. sure [enough], F sure thing; helt enkelt simply; ~*!* äv. most definitely!; *den* ~ *bästa kvalitén* absolutely the best (quite the very best) quality; *hon vill* ~ *gå* äv. she insists on going; ~ *inte* certainly not, not on any account; *de passar* ~ *inte ihop* they don't at all go well together **absolution** -*en 0* absolution **absolutism 1** envälde absolutism, absolute rule **2** helnykterhet teetotalism, total abstinence **absolutist** helnykterist teetotaller, total abstainer **absolutistisk** *a* enväldig absolutist **absolvera** *tr*, ~ *en examen* pass an examination
absorbera *tr* absorb **absorptionsförmåga** power of absorption, absorption capacity
abstrahera *tr itr* abstract; ~ *från* disregard
abstrakt I *a* abstract **II** *adv* abstractly, in the abstract **abstraktion** abstraction
absurd *a* absurd, preposterous **absurditet** -*en* -*er* absurdity
acceleration acceleration **accelerationsfil** acceleration lane **accelerationsförmåga** [power of] acceleration **accelerator** accelerator **accelerera** *tr itr* accelerate; ~*nde hastighet* increasing speed
accent accent; tonvikt stress; *den musikaliska* ~*en* [the] intonation **accenttecken** accent, stress-mark **accentuera** *tr* accentuate, stress **accentuering** accentuation, stress
accept -*en* -*er* acceptance **acceptabel** *a* acceptable; nöjaktig passable **acceptant** acceptor **acceptera** *tr* accept; ~*s* på växel accepted **acceptvägran** non-acceptance
accessionskatalog accessions book (register)
accessoarer *pl* accessories
accidenstryckeri job-printing shop
accis -*en* -*er* excise [duty]; ~ *på bilar* purchase tax on cars
acetat -*et* -[*er*] acetate **aceton** -*et 0* acetone **acetylen** -*en 0* acetylene **acetylengas** acetylene gas **acetylsalicylsyra** acetylsalicylic acid
ack *itj* oh!, uttr. obehag oh dear!; ~ [*ja*]! alas!; ~ *om jag vore . . !* äv. would that I were . . !
ackj|a -*an* -*or* 'ackja', Laplander's sledge
acklamation, vald *med* ~ . . by (with) acclamation
acklimatisera I *tr* acclimatize, amer. äv. acclimate **II** *rfl* become (get) acclimatized, friare get to feel at home **acklimatisering** acclimatization
ackommodation accommodation **ackommodationsförmåga** power of accommodation **ackommodationsväxel** H accommodation bill **ackommodera** *tr* accommodate, *efter* to **ackommodering** accommodation
ackompanjatris o. **ackompanjatör** ac-

companist **ackompanjemang** *-et* - accompaniment; *till ~ av . .* mus. accompanied by . . , friare to the accompaniment of . . **ackompanjera** *tr* accompany
ackord *-et* - **1** mus. chord **2** överenskommelse: **a)** allm. agreement, contract, *på* for; *arbeta på ~* do piece-work; *åtaga sig ett brobygge (att bygga en bro) på ~* contract to build a bridge **b)** med kreditorer composition; *erbjuda (få) 50 % ~* offer a composition of 50 % to (compound at 50 % with) one's creditors; *göra (ingå) ~* make (come to) a composition [with one's creditors] **ackordera** *itr* **1** allm. negotiate, *om ngt* about a th.; bargain, *om* for, about; *~ bort (in, ut)* se *bortackordera* osv. **2** med kreditorer compound
ackordsarbete work done under contract, piece-work **ackordslön** piece wages pl.
ackreditera *tr* **1** dipl. accredit; *vara ~d i Stockholm* be accredited to Stockholm **2** *vara väl (illa) ~d hos ngn* be in a person's good (bad el. black) books
ackumulator accumulator **ackumulera** *tr* accumulate
ackurat *adv* precisely; *det gör mig ~ detsamma* it makes no difference at all [to me]
ackuratess *-en 0* accuracy
ackusativ *-en -er, ~[en]* the accusative; *en ~* an a. **-objekt** accusative (direct) object
ackuschörska midwife
ackvisition anskaffning canvassing; förvärv acquisition, *för* for (to) **ackvisitionschef** försäkr. insurance inspector **ackvisitör** canvasser
a conto on account
ad acta, *lägga . . ~* put . . aside [for future reference]
Adam Adam **adamsdräkt,** *i ~* in one's birthday suit, in the altogether **adamsäpple** Adam's apple
adaptera *tr* adapt
a dato se *dato*
addend *-en -er* addend **addera** *tr* add, lägga ihop add up (. . together) **addition** addition **additionsmaskin** adding machine **additionstecken** plus (positive) sign
adekvat *a* träffande apt, exact, adequate
adel *-n 0* börd noble birth; ädelhet nobility; *~n* klass the [högadeln high (lågadeln lesser)] nobility, om icke eng. förhållanden äv. the noblesse; i Engl. äv.: högadeln the peerage, lågadeln the gentry; *vara av gammal ~* belong to the old nobility
adels|brev patent (charter) of nobility **-dam** noblewoman; lady belonging to the high (lesser, jfr *adel*) nobility **-högfärd** aristocratic pride **-kalender** book of noble families; *~n* i Engl. The Peerage
adelskap *-et 0* nobility
adels|man nobleman; gentleman belonging to etc., jfr *adelsdam* **-märke** ung. hallmark **-möte** assembly of the nobility **-släkt** noble family; family belonging to etc., jfr *adelsdam* **-stånd,** *~et* the [estate of the] nobility **-titel** [noble] title **-välde** aristocracy
adept *-en -er* adept; nybörjare novice
aderton *räkn* eighteen; *en av de ~ [i Svenska akademien]* one of the [eighteen] members of the Swedish Academy; jfr *fem[ton]* o. sms., äv. *nitton* sms. **adertonde** *räkn* eighteenth; jfr *femte*
adhesion *-en 0* adhesion **adhesionskraft** adhesive force (power)
adiantum *-en 0* adiantum, maidenhair
adjektiv *-et* - adjective **adjektivattribut** adjective attribute **adjektivisk** *a* adjectival
adjungera *tr, ~ [med sig]* call in; *~d ledamot* additional (co-opted) member **adjunkt** *-en -er* **1** skol. ung. assistant master (kvinnlig mistress) [at a secondary school], secondary school-teacher **2** pastors~ curate **adjunktur** post as an assistant osv.
adjutant *-en -er* aide[-de-camp] (pl. aides[-de--camp]), A.D.C. (pl. A.D.C.'s), *hos* to
adjö I *itj* good-bye!, i högre stil farewell!, adieu!, ibl. good day (morning osv.)!; *~ [med dig]!* bye-bye!; *~ så länge!* good-bye for now!, so long! **II** *n* i högre stil farewell, adieu; *säga ~ åt (ta ~ av) ngn* say good-bye to a p., högtidligare bid a p. good-bye
adla *tr* raise . . to the nobility; i Engl.: t. högadel äv. raise . . to the peerage, t. lågadel make . . a baronet el. knight (kvinna lady); bildl. ennoble **adlig** *a* noble; av adlig börd . . of noble birth; *~t namn* aristocratic name; *~ krona (~t vapen)* nobleman's coronet (coat of arms); *upphöja . . i ~t stånd* se *adla*
administration administration, management **administrationskostnader** *pl* management (administrative) expenses, administrative costs **administrativ** *a* administrative **administrator** o. **administratör** administrator **administrera** *tr* administer, manage **administrering** administration
admonition admonition, caution
ad notam, *ta . . ~* take . . to heart
adonis *-en -ar* Adonis
adoptera *tr* adopt **adoption** adoption **adoptivbarn** adopted child **adoptivföräldrar** adoptive parents
adress 1 address äv. hyllnings~ o.d.; *~ (adr.) hr . .* care of (c/o) Mr. . . **2** bildl.: *. . med [direkt] ~ till oss . .* [obviously] aimed at (directed to) us **adressanmälan** o. **adressanmälning** notification of address **adressat** addressee **adressera I** *tr* address **II** *rfl, ~ sig till ngn* address oneself to a p.

adressering addressing; adress address **adresseringsmaskin** addressograph
adress|förändring change of address **-kalender** street directory **-kort** post. address-form, dispatch-note **-lapp** address-label, luggage-label, som knyts fast tag **-lista** mailing list **-ort** [place of] destination **-postanstalt** post-office of destination
Adriatiska havet the Adriatic [Sea]
adstringerande *a* astringent; *~ medel* astringent
aducera *tr* anneal; *~t gods (gjutjärn)* malleable [cast] iron
a-dur A major
advent *-et 0* Advent; *första [söndagen i] ~* Advent Sunday **adventist** Adventist **adventssöndag** Advent Sunday **adventstid** Advent
adverb *-et -* adverb **adverbial** *-et -* adverbial modifier **adverbiell** *a* adverbial
adversativ *a* adversative
advocera *itr* quibble; *~ fram* prove . . by quibbling
advokat allm. lawyer, i Skottl. advocate, amer. vanl. attorney; juridiskt ombud vanl. solicitor, sakförare vid domstol vanl. barrister, counsel (pl. counsel); *min ~* äv. my legal advisor **-byrå** kontor solicitor's (lawyer's osv.) office; firma se följ. **-firma** firm of solicitors **-knep** legal quibble
advokatorisk *a* neds. quibbling, pettifogging **advokatsamfund** bar association; *~et* i Engl. the Bar Council **advokatyr** quibbling, casuistry **advokatyrke,** *slå sig på ~t* enter the legal profession
aero|dynamik aerodynamics **-dynamisk** *a* aerodynamic **-gram** *~met ~* air letter, aerogram **-plan** aeroplane, amer. airplane **-sol** *~en ~er* aerosol **-statik** aerostatics **-statisk** *a* aerostatic[al]
affekt *-en -er* [strong] emotion, passion; psykol. affect; *komma (vara) i ~* get (be) excited **affektation** *-en 0* affectation, affectedness **affektbetonad** *a* emotional, excited **affekterad** *a* affected **affektfri** *a* unemotional **affektion** affection **affektionsvärde** sentimental value
affirmativ *a* affirmative
affisch *-en -er* bill, större placard, poster, mindre handbill; teat. playbill; *sätta upp en ~* put (stick) up (post) a bill osv. **affischera** *tr* placard, friare advertise **affischering** placarding, bill-posting, bill-sticking; *~ förbjuden!* post (stick) no bills!
affrikat|a *-an -or* affricate
affär 1 H **a)** allm. business; affärsrörelse äv. concern; butik vanl. shop, isht amer. store; transaktion [business] transaction, ibl. bargain, F deal; *~er[na]* affärsverksamhet[en], köpenskap[en] o.d. business, ibl. trade; *~erna ligger nere* business (trade) is very dull (slack); *hur går ~erna [för dig]?* how is business [with you]?; *en [dålig] ~* transaktion a [poor] piece of business, a [bad] bargain (F deal); *en god ~* äv. a [good] stroke of business; *[stora] ~er i trävaror (på utlandet)* [a large (a big)] business in timber (with foreign countries); *det blev ingen ~ av* there was no deal; *det är ingen ~* det lönar sig inte there's no money in it; *börja (sätta upp, öppna) ~* set up shop, start (open) a business (a shop); *göra en ~* do a piece of business, make a bargain (F deal); *göra ~er* do (transact, carry on) business; *göra upp en ~* settle a transaction, strike a bargain; *ha ~er med* do business with, have dealings with; *ligga i stora ~er* be in business in a big way; *stå* vara anställd *i ~* work (be) in a shop; *opålitlig i ~er* unreliable in business matters; *vara bortrest i ~er* be away on business **b)** *~er* ekonomisk ställning o.d. affairs; *han har dåliga ~er* his affairs are in a bad state; *han har goda ~er* äv. he is in prosperous circumstances, he is well off **2** angelägenhet affair, av allvarligare art concern; sak, historia, händelse äv. business; *sköt du dina [egna] ~er!* mind your own business! **3** väsen, *göra stor ~ av ngt (ngn)* make a great fuss about a th. (of a p.)
affärs|angelägenhet business matter **-anställd** *subst. a* expedit [shop] assistant, amer. [sales]clerk **-bank** commercial bank **-brev** business (commercial) letter **-centrum** shopping (business) centre **-drivande** *a, statens ~ verk* ung. the government-owned companies **-förbindelse** business connection; *stå i ~ med* have business relations with **-företag** business [enterprise], concern **-gata** shopping street **-gren** trade, line of business, branch **-hus** business (commercial) house (firm) **-huvud** head for business **-innehavare** shopkeeper **-jurist** ung. company lawyer **-korrespondens** commercial (business) correspondence **-kvinna** business woman **-kännedom** knowledge of business
affärs|liv business, business (commercial) life **-lokal** business (shop) premises pl., shop **-läge 1** lokalt business site **2** ekon. state of business, market conditions pl., condition of the market **-man** business man **-moral** business ethics **-mässig** *a* businesslike **-mässigt** *adv* on business lines **-resa** business journey (trip); *[ute] på ~* [out travelling] on business **-rörelse** business; *idka ~* konkr. run a business **-sinne** flair for business **-språk** o. **-stil** commercial (business) language **-ställning** business (financial) standing, status **-tid** business hours pl., hours pl. of business **-vana** business

experience **-verksamhet** business activity **-vän** business friend **-värld,** *~en* the business (commercial) world **-växel** trade bill (acceptance)
afgan *s* o. **afgan[i]sk** *a* Afghan
aforism *-en -er* aphorism
Afrika Africa **afrikaans** Afrikaans **afrikan[are]** African **afrikand** *-en -er* Afrikaner **afrikansk** *a* African **afro-asiatisk** *a* Afro-Asian
afton *-en aftnar* **1** allm. evening äv. bildl.; senare night; poet., åld. even; *god ~!* good evening (vid avsked äv. night)!; se vid. *kväll* **2** före helgdag e.d. eve **-bön 1** evening prayers pl.; *läsa [sin] ~* äv. say one's prayers [at bedtime] **2** se *-sång* **-dräkt** evening dress **-klänning** evening gown (dress, kort frock) **-rodnad** sunset glow **-skola** night-school, evening-school, evening institute **-stjärna** astr. evening star **-sång** evensong, evening service (prayer), vespers pl. — För sms. jfr vid. *kvälls-*
aga I *-n 0* flogging, caning; *få ~* be flogged (caned), receive a beating **II** *tr* flog, cane; *den man älskar, den ~r man* ung. we chastise those whom we love
agat agate
agave *-n -r* agave, American aloe
agent agent äv. polit. o. gram., H äv. representative **agentur** agency **agenturaffär** firma agency
agera *tr itr* act; *~ [som]* fungera som act as; *~ förmyndare* play the part of guardian; *~ ung* pretend to be young; *de ~nde* teat. the actors, the performers, friare the main figures
agg *-et 0* grudge, rancour; *hysa ~ mot ngn* bear a p. ill-feeling (a grudge), have a grudge against a p.
aggregat *-et -* aggregate äv. miner.; tekn. vanl. unit **aggregationstillstånd** state of aggregation
aggression aggression **aggressiv** *a* aggressive **aggressivitet** aggressiveness
agio *-t 0* agio **agiotage** *-t 0* agiotage
agitation agitation, campaign; propaganda propaganda; vid val canvassing **agitationsmöte** propaganda (vid val election) meeting **agitator** agitator; propagandist propagandist; vid val canvasser **agitatorisk** *a* agitatorial **agitera** *itr* agitate; propagera carry on propaganda work; vid val canvass, do canvassing; *~ upp* work up
1 agn *-en -ar, ~ar* tröskavfall husks; chaff sg.; *skilja ~arna från vetet* sift the wheat from the chaff; *som ~ar för vinden* like chaff before the wind
2 agn *-et -* vid fiske bait **agna** *tr* bait; *~ på* bait
agnosticism agnosticism **agnostiker** *s* o. **agnostisk** *a* agnostic
agraff *-en -er* spänne clasp, buckle; läk. [surgical] clip
agrar *-en -er* o. **agrar[isk]** *a* agrarian
agremang *-et -* dipl. agrément fr. **agremanger** *pl* bekvämligheter material comforts, facilities, amenities
agrikultur *-en 0* agriculture **agronom** agricultural-college graduate; friare agronomist **agronomie** *oböjl. a* . . of agriculture (förk. Agr[ic].); jfr *teologie* **agronomisk** *a* agronomic[al]
ah *itj* oh!, ah! **aha** *itj* aha!; ha, ha!; oho!
aiss *-et -* mus. A sharp
aj *itj* oh!, ow!, ouch!; *~, ~!* varnande now! now!; nä, nä no! no!
à jour, *hålla sig ~ med* keep up to date with, keep abreast of (with) **ajournera** *tr rfl* adjourn **ajournering** adjournment
akaci|a *-an -or* acacia
akademi academy **akademiker 1** m. examen university graduate; *vara ~* akademiskt bildad have a university education **2** universitetslärare university teacher, academic **3** akademiledamot academician **akademisk** *a* academic[al]; *~ grad* university (academic) degree **akademiskt** *adv* academically; *~ bildad* attr. . . with a university education; pred. se *akademiker 1*
akantus *-en -ar* acanthus äv. konst.
akilles|häl Achilles' heel **-sena** Achilles' tendon
aklej|a *-an -or, [vanlig] ~* columbine
akrobat acrobat **akrobatik** *-en 0* acrobatics pl. **akrobatisk** *a* acrobatic **akrobattrupp** acrobatic troupe
akromatisk *a* achromatic
aksent se *accent*
1 akt *-en -er* **1** handling act **2** urkund document **3** högtidlig förrättning ceremony **4** teat. act **5** nakenstudie nude
2 akt *oböjl. s, förklara i ~* proscribe, outlaw
3 akt *oböjl. s* **1** uppmärksamhet o.d., *giv ~!* attention!, jfr *givakt; ge ~ på* a) observera, lägga märke till o.d. observe, watch, notice, see b) hålla ögonen på keep an eye on; *ge [noga] ~ på* ägna uppmärksamhet åt pay [careful] attention to, mind; *ge ~ på sin hälsa* look after (attend to) one's health; *ta sig i ~ [för]* be on one's guard [against], jfr vidare *akta III; ta tiden i ~* make use (the most) of one's time; *ta tillfället i ~* avail oneself of (seize) the opportunity **2** *i ~ och mening att gå* for the purpose of (with a view to) going
akta I *tr* **1** vara aktsam om be careful with, ta vård om take care of; skydda guard, protect, *för* from; *~ huvudet!* mind your head!; *~s för stötar!* handle with care!, fragile; *~s för väta!* keep dry! **2** värdera esteem, respektera respect; jfr *aktad* **3** anse, *~ för nödigt* consid-

er it necessary **II** *itr,* ~ *på* bry sig om have (pay) regard to, heed **III** *rfl* take care, be careful, *för att göra det* not to do that; vara på sin vakt guard, be on one's guard, *för* against; se upp look out, *för* for; ~ *dig!* take care!, mind!, look out!; ~ *dig* [, *du*]*!* watch your step!; ~ *dej, vad han var bra!* F he was good, I can tell you!, he was not half good!; *jag ska nog* ~ *mig* I'll certainly be careful, I'll keep out of harm's way; ~ *dig för hunden!* beware of the dog! **akta|d** *a* respected, esteemed; *ett -t namn* äv. a name [held] in high esteem; *en* ~ *ställning* a position of esteem

akter I *adv,* ~ *ifrån* from the stern; ~ *om* astern of, abaft; ~ *ut* astern, aft; ~ *över* astern **II** *-n aktrar* stern; *från fören till* ~*n* from stem to stern **-däck** after-deck, halvdäck quarter-deck, upphöjt poop **-hytt** after-cabin **-ifrån** se *akter* [*ifrån*] **-lanterna** stern (flyg. tail) light **-lastad** *a* . . trimmed by the stern **-lig** *a, för (med)* ~ *vind* with a following wind **-om** se *akter* [*om*] **-salong** after-saloon **-seglad** *a, han blev* ~ blev kvarlämnad he was left astern (behind), hann inte med he missed his ship **-skepp** stern **-snurra** outboard motor; båt outboard motor-boat **-spegel** stern

akterst *adv* furthest astern **aktersta** *a* the aftermost, the sternmost

akter|stag stern stay **-städerska** saloon stewardess **-stäv** stern-post **-ut** o. **-över** se *akter* [*ut* resp. *över*]

aktie *-n -r* share; se äv. *aktiebrev;* ~*r* koll. stock sg.; *en* ~ *på 50 kr.* a 50-kronor share; *ha (äga)* ~*r i* hold shares in; ~ *utställd på innehavaren* bearer share; ~ *utställd på viss man* inscribed (registered) share; *hans* ~*r står högt* bildl. he is in high favour, *hos* with **-bolag** joint-stock (med begränsad ansvarighet limited [liability]) company, amer. äv. corporation; ~*et* (förk. *AB*) *S. & Co.* Messrs S. & Co., Limited (Ltd.), amer. S. & Co., Incorporated (Inc.) **-brev** share-certificate, amer. stock certificate **-emission** share issue **-kapital** share-capital, [joint] stock, amer. capital [stock] **-kupong** [share] coupon **-majoritet** share majority; friare controlling interest **-teckning** subscription for shares **-ägare** shareholder, isht amer. stockholder

aktion action äv. mil.; för insamling m.m. drive

aktionsradie sjö. radius of action, range, sjö. äv. samt flyg. cruising range (radius)

aktiv I *a* active; ~ *medlem* äv. working member **II** *-en (-et) 0* språkv. (huvudform) the active [voice] **aktiva** *pl* H assets **aktivera** *tr* make . . active, activate **aktivism** activism **aktivist** activist **aktivitet** activity **aktiv|um** *-et (-um) 0* se *aktiv II*

aktning *-en 0* respect, *för* for; allmän esteem; hänsyn regard, *för* for; deference, *för* to; *hysa* ~ *för ngn* feel respect for a p., respect a p.; *åtnjuta allmän* ~ be universally respected, enjoy public esteem; *av* ~ *för . .* out of respect (consideration) for . . ; *med all* ~ *för Er* with all respect to you

aktnings|betygelse mark of respect **-bjudande** *a* om pers. impressive, imposing, attr. äv. . . commanding respect; om sak (betydlig) considerable **-full** *a* respectful **-värd** *a* . . worthy of (. . entitled to) respect, estimable; betydlig considerable, respectable; *ett -värt försök* a creditable attempt

aktra *(aktre) a* after, aft

aktris actress

aktsam *a* careful, försiktig prudent; *vara* ~ *om sitt rykte (sina kläder)* take care of one's reputation (clothes); jfr *akta I 1* **-het** care[-fulness], prudence

aktstycke [officiellt official] document

aktualisera *tr* bring . . to the fore; [*åter*] ~ bring up . . again, bring . . to life; *frågan har* ~*ts* the question has arisen (come up) **aktualitet** *-en -er* intresse just nu current (immediate) interest, topicality, stark. urgency; tidsenlighet up-to-dateness; aktuell fråga topic of the day, jfr *aktuell* [*fråga*]

aktuarie ung. recording clerk, registrar; vid försäkringsbolag actuary

aktuell *a* av betydelse för dagen . . of immediate (present, current) interest, topical, pred. äv. in the news; dagsfärsk current; nu rådande present; säsong- . . of the season; lämplig nu suitable, appropriate; ifrågavarande . . in question; *en* ~ *fråga* äv. a burning question (issue), an urgent problem (question), jfr *aktualitet; bli* ~ vanl. arise, come up, come to the fore, komma i fråga come into question, tas under övervägande be considered; *göra* ~ se *aktualisera; hålla* ~ keep up to date; *det är nu* ~*t med* tid för . . it is now the right (proper) time for . . ; *Aktuellt* i TV ung. motsv. the News

aktör actor

akustik *-en 0* acoustics pl.; läran om ljudet acoustics sg.; *god* ~ äv. good acoustic properties pl. **akustisk** *a* acoustic

akut I *a* acute **II** *-en -er* accent acute [accent] **-sjukhus** acute hospital

akvamarin *-en -er* aquamarine

akvarell *-en -er* water-colour; *i* ~ in water-colours **akvarellfärg** water-colour **akvarellist** o. **akvarellmålare** water-colour painter **akvarellmålning** water-colour; måleri water-colour painting

akvari|um *-et -er* aquari|um (pl. äv.-a)

akvavit *-en -er* aquavit, snaps (pl. snaps)

akvedukt *-en -er* aqueduct

al 1 *-en -ar* träd alder[-tree] **2** *-en 0* virke alder[wood]; . . *av* ~ äv. alder[wood] . . — För sms. jfr *björk-*

alabaster *-n 0* alabaster; . . *av* ~ äv. alabaster . . **-skål** alabaster bowl **-vit** *a* alabaster attr., . . white like alabaster

à la carte *adv* à la carte fr.

aladåb *-en -er* allm. aspic; höns~, kött~ äv. galantine, *på* of; ~ *på lax* salmon in aspic

alarm *-et* - **1** signal alarm; *falskt* ~ false alarm; *slå* ~ sound the (an) alarm **2** uppståndelse hubbub **-apparat** alarm, anläggning alarm system

alarm|era *tr* alarm, skrämma upp äv. frighten; ~ *brandkåren* (*polisen*) call the fire-brigade (police); *~nde nyheter* alarming news **-klocka** alarm-bell **-signal** alarm signal

alban[es] *-en -er* o. **alban[esi]sk** *a* Albanian **albanesisk|a** *-an* **1** pl. *-or* kvinna Albanian woman **2** pl. *0* språk Albanian **Albanien** Albania

albatross *-en -er* albatross

albinism albinism **albin|o** *-on -os (-er)* albino (pl. -s)

album *-et* - album; urklipps~ scrap-book

albuske alder shrub

aldrig *adv* **1** temporalt never; ~ *mer* never again (any more), no more; ~ *någonsin* allm. förstärkande never [. . in my osv. life], ~ någon gång never once; *nästan* ~ hardly (scarcely) ever, ibl. almost never; *ännu* ~ never yet; *man skall* ~ *säga* ~ never say never; *en* ~ *sinande källa till glädje* a never-failing source of joy **2** förstärkt negation never; ~ *en enda* . . not a single . . , never one . .; ~ *ett dugg* not a scrap; ~ *i livet!* kommer inte på fråga! not on your life!; *det är väl* ~ *möjligt!* well, I never!; *det här går* ~ *an* this will never do; *det kommer* ~ *i fråga!* se *fråga I* **3** koncessivt, *inte om du gav mig* ~ *det* not if you gave me the whole world; *springa som* ~ *det* run like anything; *han må bära sig åt* ~ *så* whatever he may do; ~ *så litet* the least little bit; *en människa med* ~ *så litet förstånd* a man with any sense [at all]; *de må vara* ~ *så vänliga* however kind they may be

alert I *a* alert, watchful **II** *s, vara på ~en* be alert

alexandrin *-en -er* alexandrine; *på ~er* in alexandrines

alf *-en -er* elf (pl. elves)

alfabet *-et* - alphabet **alfabetisk** *a* alphabetical

alfresko *adv* in fresco **-målning** painting in fresco

alfågel long-tailed duck, amer. äv. old-squaw

alg *-en -er* alga (pl. algae)

algebra *-n 0* algebra **algebraisk** *a* algebraic[al]

Alger Algiers **algerier** Algerian **Algeriet** Algeria

alias *adv* alias

alibi *-t -n* alibi; *bevisa sitt* (*ha*) ~ prove (have) an alibi

alik|a *-an -or, full som en* ~ as drunk as a lord

alk|a *-an -or* auk, razorbill

alkali *-t -er* alkali **alkalisk** *a* alkaline **alkaloid** *-en -er* alkaloid

alkemi *-[e]n 0* alchemy **alkemist** alchemist **alkemistisk** *a* alchemistic[al]

alkohol *-en -er* alcohol **-fri** *a* non-alcoholic; ~ *dryck* soft drink; *~tt öl* amer. near beer **-förgiftning** alcoholic poisoning **-halt** alcoholic content **-haltig** *a* alcoholic, attr. äv. . . containing alcohol; *~a drycker* äv. spirituous (amer. hard) liquors (drinks)

alkoholiserad *a, vara* ~ be a[n] habitual drunkard **alkoholism** alcoholism, alcoholization **alkoholist** habitual drunkard, inebriate, alcoholic **alkoholistvård** treatment of alcoholics **alkoholkoncentration** concentration of alcohol **alkoholmissbruk** abuse of alcohol **alkoholpåverkad** *a* drunken, intoxicated, . . under the influence of drink **alkoholstark** *a* very alcoholic, . . of high alcoholic content **alkotestapparat** drunkometer

alkov *-en -er* alcove, recess

all I *pron* **1** m. följ. subst. ord all; varje every; *med* ~ *aktning* with all [due] respect; *ha* ~ *anledning att* (*till*) have every reason to (for); *~t annat* everything else; *~t annat än* anything but; *värd ~t beaktande* worth the utmost consideration; *~a böckerna* all the books; *~a dagar* (*somrar*) every day (summer); *kors i ~a mina dagar* (*dar*)! my goodness!, well, I'm blessed!; *i ~a fall* at all events, in any case, anyhow; ~ *fisk* all fish; *utan* (*utom*) ~ *fråga* without any (beyond all) question; *~t gott* som han har uträttat all the good . .; *~t gott* för framtiden all the best . .; *av ~t hjärta* (*~a krafter*) with all one's heart (might); *till* ~ *lycka* by great good fortune; *~e man på däck!* all hands on deck!; *~a människor i staden* all the people in the town; *~a människor säger detsamma* everybody says the same; *~t möjligt* all sorts of things, every conceivable (F mortal) thing; *uppfylla ~[an] rättfärdighet* fulfil all righteousness; *på ~a sidor* on all sides, on every side; *~t det sköna, som* . . all the beauty that . .; *på ~t sätt* in every way; *i* ~ *tysthet* in secrecy; quietly; jfr *tysthet*; *hur i* ~ *världen* (~ *sin dar*) . .? how in [all] the world (how on earth) . .? **2** fristående se *alla II 2, allt II 2; i ~o* in all respects; *hans ~t i ~o[m]* his right hand (factotum); *det är icke ~om givet* it is not given to everybody, it is not everybody's lot (good fortune) **II** *pred. a* slut over; *så är den sagan* ~ that's the end of that [eg. story]

all|a I *-an -or* i tärningsspel doublet; *slå -or* throw doublets **II** *pron* **1** m. följ. subst. ord. se *all I 1* **2** fristående all; varenda en everybody, everyone; *~ är av* samma åsikt all are of . . ; *så säger ~* that's what everybody says (they all say); *~ tycker vi om honom* we all [of us] like him; *en gång för ~* once [and] for all; *vara föremål för ~s blickar* be the object of attraction to all eyes; *för ~s vår* osv. *skull* for all our osv. sakes; *~s vår vän S.* our old friend S.; *det är till ~s vår nytta* it is to the benefit of all of us
alla|handa I *oböjl. a* . . of all sorts (kinds), all sorts (kinds) of, a variety of, miscellaneous **II** *oböjl. s* all sorts (kinds) of things, sundries bägge pl. **-redan** *adv* already; *~ [nu]* as early as this; jfr *redan* **-samman[s]** se *allesamman[s]*
all|bekant *a* well-known (pred. well known), familiar **-daglig** *a* everyday end. attr.; vanlig ordinary; banal commonplace, hackneyed, trite; om utseende plain, amer. äv. homely
alldeles *adv* allm. quite, altogether; stark.: absolut absolutely, fullkomligt perfectly, grundligt thoroughly, fullständigt completely, all, helt och hållet entirely, totalt utterly, totally; precis exactly, just; *~ ensam* all (quite) alone; *~ för långt* altogether too far; *~ för många (tidigt)* far too many (soon); *~ förfärlig (förtjusande)* perfectly awful (delightful); *~ häpen* completely astonished; *~ intill väggen* right [up] against the wall; *~ nog* quite enough; *~ nyss* just (amer. right) now, [not] a moment ago; *~ omöjlig* utterly (completely, quite) impossible; *~ rätt* perfectly right; *det är ~ slut* it is all finished (over, gone); *~ som om* just (exactly) as if; det här är *något ~ särskilt* . . something quite (very) special; *~ särskilt bra* exceptionally good; *~ uttröttad* thoroughly (completely) exhausted; *~ min åsikt* quite my opinion; *det gör ~ detsamma* it makes no difference at all (whatever); *han misstog sig ~* he was entirely (utterly) mistaken
alldenstund *konj* inasmuch as
allé *-n -er* avenue, ibl. walk
allegori allegory **allegorisk** *a* allegorical
alle|handa se *allahanda* **-mansrätt** ung. legal right to enter private land
allena *a adv* alone **allenahärskande** o. **allenarådande** *a* . . in sole control, friare, om smakriktning o. d. universally prevailing; *vara ~* äv. reign supreme, H äv. have the monopoly **allenast** *adv* only; *endast och ~* [only and] solely
allergi allergy **allergisk** *a* allergic, *mot* to
allesamman[s] *pron* all (the whole lot) of us (you etc.), [one and] all; *adjö ~!* good-bye everybody!
allestädes *adv* everywhere **-närvarande** *a* omnipresent; ubiquitous
all|farväg, *vid sidan om ~en* off the beaten track **-god** *a* all-bountiful, infinitely good **-helgonadag,** *~[en]* All Saints' Day; jfr *juldag 1* **-härskare** absolute ruler
allians *-en -er* alliance **alliansfri** *a* uncommitted, non-aligned; *~ politik* policy of non-alignment **alliansfrihet** [policy of] non-alignment **alliera** *rfl* ally oneself, *med* to, with **allierad I** *a* allied, *med* to, with; *~ med* friare connected (in league) with **II** *subst. a* ally; friare confederate; *de ~e* the allies
alligator alligator
allihop[a] se *allesamman[s]*
allitteration alliteration **allitterera** *itr tr* alliterate; *~d* alliterated, alliterative
allmakt omnipotence; all-vanquishing power
allmoge *-n 0* country people (folk) pl., i icke-engelsktalande länder äv. peasantry **-dräkt** peasant costume **-författare** ung. people's poet (author) **-kultur** peasant culture **-mål** dialect, rustic (country) idiom **-spelman** fiolspelare village fiddler **-stil** ung. rustic (rural, peasant) style
allmos|a *-an -or* alms (pl. lika); *-or* äv. charity sg.; *be [ngn] om en ~* ask [a p.] for alms; *leva av -or* live on alms (charity)
allmän *a* vanlig[t förekommande] common; gällande för de flesta el. alla general, för alla utan undantag universal; gängse current; offentlig, tillhörande samhället public; *tallen är ~ i Sverige* the pine is common in Sweden; *på ~ bekostnad* at [the] public expense; *~ belåtenhet* general satisfaction; *ett ~t bruk* a prevalent custom; *~ helgdag* public holiday; *~ idrott* athletics; *~ landsväg* public highway; *den ~na linjen* skol. the general line; *ett ~t läroverk* i Sverige a State secondary grammar school; *[den] ~na meningen* a) allm. public opinion b) bland de närvarande e. d. the general opinion; *i ~na ordalag* in general terms; *ett ~t rykte* a current rumour; *~ rösträtt* universal suffrage; *~na talesätt* common phrases; *~na val* polit. a general election; *~ åklagare* public prosecutor; *det ~na* the community [at large]; *i det ~nas tjänst* in the public service
allmän|befinnande general condition [of health] **-bildad** *a* well-informed (pred. well informed), attr. äv. . . with a good all-round education; *vara ~* äv. have a good osv. **-bildande** *a* educative, attr. äv. . . broadening to the mind; boken *är ~* . . broadens the mind **-bildning** all-round (general) education; general knowledge **-bildningstävlan** [general knowledge] quiz **-fattlig** *a* . . intelligible to all **-giltig** *a* . . of universal application (validity), universal **-giltighet** universal applicability, universality
allmänhet 1 *i ~* in general, generally

[speaking], as a rule; uttala sig *i största ~* . . in quite general terms **2** publik, *~en* the public; *den bildade ~en* educated people pl.; *den läsande ~en* äv. readers pl.; *den stora ~en* the public at large, the general public; avsedd för *en större ~* . . a large public (audience); *Från ~en* tidningsrubrik Letters to the Editor

allmänmänsklig *a* human, friare universal

allmännelig *a* catholic, universal

allmänning common

allmän|nytta public (general) weal (good) **-nyttig** *a* . . for the benefit of everyone; *~a företag* public utilities, public utility undertakings (services)

allmänt *adv* commonly, generally, universally, jfr *allmän*; *det tros ~, att* . . it is commonly (generally) believed that . ., the general idea is that . .; *i ~ hållna ordalag* in general terms; *~ känd* widely (generally) known; *en ~ känd sak* a matter of common knowledge; *en ~ omtalad händelse* an event that is (was osv.) the common talk; *~ stigande* priser H äv. . . rising all round; *~ utbredd* widespread

allmäntillstånd = *allmänbefinnande*

allo[**m**] se *all I 2*

allongeperuk full-bottomed wig

allra *adv* av allt (alla) of all; förstärkande äv. very; *den ~ bästa* [*eleven*] the very best [pupil], the best [pupil] of all; *de ~ flesta* [*bilar*] the great majority [of cars]; *~ helst* best (most) of all, jfr *helst I 1; ~ helst som* especially (all the more) as; *~ högst 20* 20 at the very most; *~ högst uppe i trädet* at the very top of the tree; *i ~ högsta grad* in (to) the highest possible degree; *~ mest* (*minst*) most (least) of all; *inte det ~ ringaste* not in the very least; *det ~ sannolikaste är att* . . [much] the most likely thing is that . .; *med* [*den*] *~ största omsorg* äv. with the utmost (greatest possible) care; *~ tidigast* at the very earliest **-heligast** *a, det ~e* bibl. the Holy of Holies **-käresta,** *~n min* my dearest (sweetheart)

all|riskförsäkring comprehensive (all-risks) insurance; jfr *försäkring* m. ex. o. sms. **-rådande** *a* omnipotent, all-powerful

alls *adv, inte ~* not at all, by no means, F not a bit; som replik äv. nothing of the kind (sort); *inget besvär ~* no trouble at all (whatever); *utan några svårigheter ~* without any difficulties at all

all|seende *a* all-seeing **-sidig** *a* all-round; omfattande comprehensive; isht om pers. versatile; [*en*] *~ kost* a balanced diet **-sidigt** *adv* comprehensively; in a versatile manner; from all sides (every point of view); *~ utvecklad* well-developed . .

allsköns *oböjl. a* **1** allahanda all manner of, sundry **2** *i ~ ro* in peace and quiet

alls|mäktig *a* almighty, omnipotent; *den Allsmäktige* God Almighty, the Almighty **-mäktighet** se *allmakt*

all|strömsmottagare A. C./D. C. receiver (set) **-svensk** *a, den ~a* fotbolls*serien* the Swedish football league **-sång** community singing

allt I *-et 0* **1** *~et* the universe, the world **2** *hela ~et* F the whole lot

II *pron* **1** m. följ. subst. ord se *all I 1* **2** fristående all; everything; *~ eller intet* all or nothing; *~ har sin tid* there is a time for everything; *när ~ kommer omkring* after all, when all is said and done; *hon är mitt ~ på jorden* she is all the world to me; *han tror sig kunna ~* he thinks he knows everything; *~ utom* anything but; *bara tio ~ som ~* only ten all told ([all] in all); *~ som ~ kan man säga* . . on the whole one may say . .; *~* [*vad*] det enda som *jag har att säga* all [that] I have got to say; *gör ~ vad du kan* do all (everything) [that] you can; *spring ~ vad du kan* run as fast as you can; *efter ~ att döma* to (judging by) all appearances, as far as can be judged; *framför ~* above all osv., jfr *framför I 2; inte för ~ i världen* not for anything in the world; *i ~* i alla avseenden in every respect; *med man och ~* crew and all

III *adv* **1** framför komp., *~ bättre* better and better; *i ~ större utsträckning* to an ever increasing extent **2** i andra förb., *~ efter, ~ emellanåt, ~ för, ~ igenom, ~ som oftast* m. fl. se *alltefter* osv.; *~ framgent* se under *framgent; ~ under det* [*att*] while **3** nog, *det vore ~ bra,* om . . it would certainly (of course) be fine (good) . .; *han är ~ bra dum* he must be rather stupid; *det vore ~ roligt* att resa it would really be fun . .; *det kan ~ hända, att* . . it may happen, who knows, that . .; *det får du ~ lov att ändra* there's no help for it, you will have to change that

allt|efter *prep* [all] according to **-eftersom** *konj* efter hand som as; beroende på om (hur) according as **-emellanåt** *adv* from time to time, [every] now and then **-fort** *adv* still **-för** *adv* too, far (altogether) too; *jag känner honom ~ väl* I know him all too well; *~ ärelysten* äv. over-ambitious

alltid *adv* **1** always, isht högt. ever; *för ~* for ever, ibl. for good [and all] **2** i alla fall anyway; *det gör ~ något till saken* it'll do some good anyway; *du kan ~ försöka* you can always try

allt-i-ett-resa package[d] tour

allt|ifrån *prep* **1** om tid ever since; *~ den dagen* from that very day **2** om rum all the way from **-igenom** *adv* . . through and through, . . throughout; *~ hederlig* thoroughly honest **-ihop** se *-samman*[*s*]

allting *pron* everything; jfr *allt II 2*
allt|intill *prep,* ~ *dess* until then; ~ *nu* up to this [very] moment, until now; ~ *slutet* right up to the end, up to the very end **-jämt** *adv* fortfarande still; ständigt constantly **-mer[a]** *adv* more and more **-nog** *adv* in short, anyhow **-omfattande** *a* all-embracing, catholic; om kunskaper o. d. encyclop[a]edic[al] **-samman[s]** *pron* all [of it (resp. them)], the whole lot [of it (resp. them)]; *det bästa av* ~ var . . the best thing of all . . , iron. the best of it all . .; *jag är trött på* ~ I am fed up with the whole thing **-sedan** *prep, adv* o. *konj* ever since; ~ *dess* ever since that (then) **-somoftast** *adv* pretty (fairly) often **-så** *adv* följaktligen accordingly, therefore, consequently; det vill säga in other words, that is to say; *resan kunde* ~ *börja* the journey, then, (so the journey) could begin
alltysk *a* pan-German
alludera *itr* allude, *på* to **allusion** allusion
allvar *-et 0* isht mots. skämt, sorglöshet seriousness, stark. gravity; isht mots. likgiltighet earnestness; stränghet sternness; *livets* ~ the seriousness of life; *situationens* ~ the gravity of the situation; *när det blir* ~ *av (det gäller* ~*)* when it comes to the point, when things begin in earnest; *göra* ~ *av sitt löfte* make good one's promise; *mena* ~ be serious, F mean business; *tala* ~ *med ngn* have a serious talk with (to) a p.; *är det ditt [fulla]* ~? are you serious (in earnest)?, do you really mean it?; *på [fullt]* ~, *[riktigt] på* ~ in [real (dead)] earnest; *på fullaste* ~ in all seriousness; *ta . . på* ~ take . . seriously
allvarlig *a* serious, grave; earnest; jfr *allvar; i* ~ *fara* in grave danger; *få* ~*a* viktiga *följder* have serious (grave) consequences; ~*a föreställningar* earnest remonstrances; *en* ~ farlig *sjukdom* a serious illness; ~ *strävan* earnest endeavour; *en* ~ *tillrättavisning* a severe reprimand; *hålla sig* ~ preserve one's gravity, keep one's countenance; *se* ~ *ut* om pers. o. sak look grave (serious) **allvarlighet** seriousness, gravity **allvarligt** *adv* seriously; ~ *sinnad* serious-minded, seriously inclined, . . of a serious turn of mind; ~ *talat* seriously [speaking], joking apart
allvarsam se *allvarlig* **-het** seriousness, gravity
allvars|mättad *a* attr. . . of gravity **-ord,** *säga ngn ett (några)* ~ have a serious word with a p. **-tider** *pl* serious (anxious) times
all|vetande *a* omniscient **-vetare** ung. walking encyclop[a]edia **-vetenhet** omniscience, vast knowledge **-vis** *a* all-wise **-vishet** infinite (supreme) wisdom **-ätande** *a* zool. omnivorous **-ätare** zool. omnivorous animal
alm 1 *-en -ar* träd elm[-tree] **2** *-en 0* virke elm[wood]; . . *av* ~ äv. elmwood . . — För sms. jfr *björk-*
almanack[|a] *-an -or* almanac; vägg~ o.d. calendar; fick~ o.d. diary
aln *-en -ar* ung. ell; bibl. cubit
aloe *-n -r* aloe
alp *-en -er* alp; *Alperna* the Alps
alpack|a *-an 0* (i bet. 'får' *-or*) **1** får o. tyg alpaca **2** nysilver [electroplated] nickel silver (förk. E.P.N.S.), German silver
alpbestigare alpine climber **alpflora** alpine flora **alphydda** [alpine] chalet **alpin** *a* alpine, ibl. Alpine **alpinism** mountaineering **alpinist** alpinist, alpine climber, mountaineer
alp|jägare alpine rifleman **-ros** rhododendron **-stav** alpenstock **-viol** sowbread
alrun|a *-an -or* bot. o. myt. mandrake
alsikeklöver alsike [clover]
alst|er *-ret -er* product, isht friare production, work; *-er* pl. äv. produce sg. **alstra** *tr* produce, bring forth, generate, procreate; t. ex. hat engender, breed **alstring** *-en 0* production, generation, procreation **alstringsförmåga** o. **alstringskraft** generative (productive) power; productiveness, productivity
alt *-en -ar* mus. alto (pl. -s); kvinnl. äv. contralto (pl. -s)
altan balcony; terrace
altarbord communion-table **altare** *-t -n* altar äv. bildl.: ~*ts sakrament* the Eucharist
altar|kärl sacred vessel **-ring** o. **-rund** altar-rails pl. **-skåp** triptyk triptych; -skärm reredos **-tavla** altar-piece **-tjänst** altar-service **-uppsats** retable
altererad *a* upprörd flurried, excited
alternativ *-et -* o. *a* alternative **alternatvinkel** alternate angle **alternera** *itr* alternate, *med* with **alternerande I** *a* alternate **II** *adv* alternately
alt|fiol viola **-horn** tenor horn, amer. althorn **-klav** alto clef **-parti** [contr]alto part
altru|ism altruism **-istisk** *a* altruistic
alt|röst [contr]alto voice **-saxofon** alto saxophone **-stämma** -röst [contr]alto voice; -parti [contr]alto part
alumini|um *-[um]et 0* aluminium, amer. aluminum **aluminiumkärl** aluminium vessel
alumn *-en -er* alumnus (pl. alumni)
alun *-en (-et) 0* alum **-garvad** *a* tawed **-haltig** *a* aluminous **-skiffer** alum-shale
alv *-en 0* jordbr. subsoil, pan
amalgam *-et -[er]* amalgam **amalgamera** *tr* amalgamate **amalgamplomb** amalgam filling
amanuens *-en -er* ung. assistant äv. univ.
amason *-en -er* Amazon **Amasonfloden** the [River] Amazon
amatör amateur, *på* of; neds. dilettant[e (pl. -i) **-fotograf** amateur photographer **-idrott**

amateur athletics **-mässig** *a* amateurish, unprofessional **-skap** *~et 0, hans ~* his amateur status **-spelare** sport. amateur **-teater** ss. verksamhet amateur (private) theatricals pl.

Amazonfloden the [River] Amazon

ambassad *-en -er* embassy **ambassadris** *-en -er* ambassadress **ambassadråd** counsellor of embassy **ambassadör** ambassador; kvinnl. äv. ambassadress

ambition framåtanda ambition; pliktkänsla conscientiousness; *god ~* plenty of ambition **ambitionssak,** *en ~ för honom* an ambition of his, friare a thing he has set his mind on [doing] **ambitiös** *a* 'framåt' ambitious, plikttrogen conscientious

ambra *-n 0* ambergris

ambrosia *-n 0* ambrosia

ambulans *-en -er* ambulance äv. mil. **ambulans|flyg|plan** ambulance plane **ambulera** *itr* move from place to place, rove, ambulate **ambulerande** *a, ~ cirkus* travelling circus

amen *itj* ofta anv. ss. subst. amen; *säga ja och ~ till allt* agree to everything; *så säkert som ~ i kyrkan* as sure as fate (eggs [is eggs])

Amerika America; *~s förenta stater* the United States of America **amerikan|are|** American **amerikanisera** *tr* Americanize **amerikanism** *-en -er* Americanism **amerikansk** *a* American, USA~ äv. U.S. attr.; för sms. jfr *svensk-*

amerikansk|a *-an* **1** pl. *-or* kvinna American woman **2** pl. *0* språk American. — Jfr *svenska* **-engelska** språk American English

amerika|resa journey (trip, sjö- voyage) to America **-svensk** American Swede

ametist amethyst

amfibie *-n -r* amphibian **amfibie|flyg|-plan** amphibian [plane] **amfibiefordon** amphibious craft **amfibisk** *a* amphibious

amfiteater amphitheatre

aminosyra amino-acid

amiral *-en -er* admiral **amiralinna** admiral's wife; *~n L.* Mrs. L. **amiralitet** *-et 0* **1** samtl. amiraler body of admirals **2** hist., *~et i* Engl. the Admiralty **amiralsflagg[a]** admiral's flag **amiralska** se *amiralinna* **amiralsperson** flag-officer, admiral

amm|a I *-an -or* wet-nurse **II** *tr* breast-feed, nurse [.. at the breast], suckle; *~ upp* rear, nurture; jfr *uppamma*

ammoniak *-en 0* ammonia

ammunition *-en 0* ammunition

ammunitions|depå tillfällig ammunition dump **-fabrik** [am]munition works **-fordon** caisson **-förråd** magazine; jfr *-depå*

amnesti *-[e]n 0* amnesty; *ge ~ åt* grant .. an amnesty, amnesty

amning *-en 0* breast-feeding, nursing

amok *oböjl. s, löpa ~* run amuck (amok)

a-moll A minor

Amor Cupid

amoralisk *a* amoral, non-moral

amorbåge Cupid's bow

amorf *a* amorphous

amorin *-en -er* cupid

amortera *tr* lån, kreditköp pay off [.. by instalments], statsskuld amortize **amortering** amorterande repayment by instalments; amortization; belopp instalment; amortization payment; jfr föreg.

amorterings|fond sinking-fund **-villkor** *pl* instalment plan sg; amortization terms; jfr *amortera*

amorös *a* amorous

1 amp|el *a, -la lovord* unstinted praise sg.

2 ampel *-n amplar* **1** för växter hanging flower-pot **2** hänglampa hanging lamp

amper *a* pungent, sharp; om ost strong; bildl. äv. biting, stinging, caustic

ampere *-n -[r]* ampere **-meter** *~n -metrar* ammeter **-tal** amperage **-timme** ampere-hour

amplitud *-en -er* amplitude

ampull *-en -er* ampoule, liten flaska phial

amputer|a *tr* amputate **-ing** amputation

amsaga old wives' tale

amt *-et* - ung. county

amulett *-en -er* amulet; talisman

amöb|a *-an -or* amoeb|a (pl. -ae el. -as)

an I *prep* H to **II** *adv, av och ~* to and fro, up and down; *komma (gå, slå* etc.*) ~* se under resp. verb

ana *tr* ha en förkänsla have a feeling (an idea, a presentiment osv., jfr *aning*), *att* that; misstänka suspect; förutse anticipate, foretell; gissa divine; tro, föreställa sig think, imagine; *~ oråd (argan list)* suspect mischief, F smell a rat; *jag ~de det, det ante mig* I suspected (thought) as much; *du kan inte ~* vad .. you have no idea ..; *ord, som lät en ~* vad som skulle ske words that hinted at (gave an inkling of) ..; *~ sig till* divine

ana|gram *~met ~* anagram **-koret** *~en ~er* anchorite **-kronism** *~en ~er* anachronism

analfabet *-en -er* illiterate [person] **analfabetism** illiteracy

analfena zool. anal fin

analog *a* analogous, *med* to

analogi analogy; *falsk ~* false analogy; *i ~ med* on the analogy of, by analogy with **-bildning** analogical formation **-slut** filos. analogism

analys *-en -er* analysis (pl. analyses) **analysera** *tr* analyse **analytiker** analyst, analyser **analytisk** *a* analytic[al]

analöppning anus, anal orifice (opening)

anamma *tr* mottaga receive, upp-, godtaga

accept; tillägna sig, t. ex. seder adopt, take over; F knycka pinch; *fan ~!* damn it!, hell!
ananas *-en -[er]* pineapple
anapest *-en -er* anapaest
anarki *-[e]n 0* anarchy **anarkist** anarchist **anarkistisk** *a* anarchic[al], anarchist
anatem|a *-at -an (-er)* anathema
anatom anatomist **anatomi** *-[e]n 0* anatomy **anatomisal** dissecting-room **anatomisk** *a* anatomical
anbefall|a *tr* **1** älägga enjoin, *ngn ngt* a th. upon a p.; charge, *ngn att* inf. a p. to inf.; *han -des vila* he was ordered rest **2** rekommendera recommend; *boken -es på det varmaste* the book is very heartily recommended **3** isht relig., anförtro commend
anbelanga *tr, vad . . ~r* se *beträffa*
anblick *-en 0* sight; *erbjuda en bedrövlig ~* äv. present a lamentable appearance (spectacle); *vid blotta ~en* at the mere sight; *vid första ~en* at first sight
anbringa *tr* allm. fästa fix, affix; applicera apply; passa in fit, sätta upp put up; placera place; föra in introduce **anbringningsmetod** method of application
anbud offer; leveransanbud äv. tender, amer. bid; *få ~* have an offer, *på* att köpa of (att sälja for); *infordra ~ på* arbete, leverans invite tenders for . .; *inlämna ~* tender [for a contract] **anbudsgivare** H tenderer
anciennitet seniority; *efter ~* by s.
and *-en änder* [wild] duck
anda *-n 0* **1** andedräkt, andetag breath; *dra ~n* draw breath; *ge upp ~n* expire, give up the ghost; *hålla ~n* hold one's breath; *hämta ~n* recover one's breath, catch one's wind; *springa ~n ur sig* run oneself out of breath; *tappa ~n* lose one's breath; *komma ngn att tappa ~n* take a p.'s breath away; *med ~n i halsen* out of breath, breathless **2** stämning, kynne, andemening vanl. spirit, jfr ex.: *~n är god bland trupperna* the morale among the troops is excellent; *lagens ~* the spirit of the law; *helt i Y's ~* quite in the spirit of Y; *i vänskaplig ~* in a friendly atmosphere; *yttra sig i samma ~* express oneself in the same sense; *de är samma ~s barn* ung. they are kindred spirits (natures); *när ~n faller på* se *ande 2* **3** *i ~nom* o. *en ~ns man* se *ande 1*
andakt *~en 0* devotion; andaktsövning devotions pl.; *förrätta [sin] ~* perform one's devotions, say one's prayers; *med ~* äv. in a devotional spirit, devoutly
andakts|bok devotional manual **-full** *a* devotional; devout, reverential **-stund** hour of devotion (worship) **-övning[ar]** devotions pl.
andanom, *i ~* se *ande 1*
andas *tr. itr. dep* breathe äv. bildl., respire; *~ djupt* breathe deep[ly], dra ett djupt andetag draw a deep breath; *~ in* breathe in, inhale; *~ ut* eg. breathe out, exhale, hämta andan take breath, respire; känna sig lättad breathe freely
and|e *-en -ar* **1** själ spirit; tanke[liv] äv. mind, intellect; *~ och materia* mind and matter; *~n är villig, men köttet är svagt* the spirit is willing, but the flesh is weak; *~ns värld* the spiritual (intellectual) world; *de i ~n fattiga* the poor in spirit; *i -anom* in the spirit, friare in one's mind's eye; *en -ans man* a clergyman, katol. a priest **2** okroppsligt väsen spirit, ghost; skyddsande genius (pl. äv. genii); sagoväsen genie (pl. genii); *de dödas -ar* the spirits (ghosts) of the dead; *den Helige Ande* the Holy Ghost (Spirit); *ond ~* evil spirit, demon; *tjänande ~* familiar [spirit], skämts. faithful servant; *när -an (-en) faller på [mig]* when the spirit moves me, friare when I am in the mood **3** personlighet spirit, mind; *besläktade -ar* kindred souls; *ledande (stor) ~* leading (great) spirit, master (great) mind
ande|besvärjare frammanare raiser of spirits; utdrivare exorcist **-besvärjelse** raising of spirits; exorcism; jfr föreg. **-drag** breath, ibl. respiration; *i ett ~ [all]* in one breath, in a single breath; *i samma ~* in the same breath; *till sista ~et* to one's last breath (gasp); *dra sitt sista ~* breathe one's last **-dräkt** *~en 0* breath; *dålig ~* bad breath, läk. halitosis **-fattig** *a* dull, jejune, vacuous, vapid **-knackning** spirit-rapping
andel share; *~ i vinsten (framgången)* share of (in) the profit (success); *ha ~ i en affär* äv. have an interest in a business
andeliv andligt liv spiritual life
andels|bevis share certificate **-förening** co-operative society **-mejeri** co-operative dairy
andemening spirit, inward sense, essence
Anderna *pl* the Andes
ande|skådare seer of visions **-syn** vision, apparition **-tag** breath; för ex. jfr *andedrag* **-värld** spiritual world; *~en* andarnas värld the realm (world) of spirits **-väsen** spirit, spiritual being
and|fådd *a* breathless; pred. äv. out of breath, F puffed [out] **-fåddhet** breathlessness, shortness of breath **-hämtning** breathing, respiration
andjakt jagande duck-shooting, enstaka duck--shooting expedition
andlig *a* **1** mots.: kroppslig: **a)** själs- spiritual; *~ död* spiritual death; *hans ~e fader* his spiritual father; *~a värden* spiritual values **b)** förstånds- mental, intellectual; *~a gåvor* intellectual gifts; *~ hälsa* mental health; *~ näring* food for the mind **2** mots.: världslig: **a)** spiritual; *~ ledare (makt)* spiritual leader (power) **b)** from, religiös religious; ~

musik sacred music; ~ *orden* religious order; ~*a sånger* religious songs, spirituals; ~*a övningar* religious exercises **c)** kyrklig ecclesiastical; prästerlig clerical; ~ *domstol* ecclesiastical court; *inträda i det ~a ståndet* take holy orders; *en* ~ an ecclesiastic, a cleric; a |Catholic| priest **andlig|en** *adv* o. **andlig|t** *adv* spiritually osv. jfr *andlig; -en död* spiritually dead; *-t sinnad* religious, religiously (spiritually) minded, pious

andlös *a* breathless; ~ *tystnad* dead silence **andlöst** *adv*; ~ *spännande* breath-taking, thrilling

andmat bot. duckweed

andning *-en 0* breathing; *konstgjord* ~ artificial respiration; *komma in i andra ~en* get one's second wind **andningsorgan** respiratory organ **andnöd** shortness of breath, difficulty in breathing, läk. dyspnoea

andra (*andre*) **I** *räkn* second (förk. 2nd); i titlar äv. assistant; *den* (*det*) ~ *från slutet* the last but one; *för det* ~ in the second place, vid uppräkning secondly; *andre flygförare* co-pilot; *ha informationer i ~ hand* have second-hand information; *hyra ut i ~ hand* sublet; *det får komma i ~ hand* it will have to come second (friare later); *köpa i ~ hand* buy |at| second-hand; *sitta i ~ hand* kortsp. be second player; ~ *huset härifrån* the second house from here, the next house but one |to this|; *hans ~ jag* his second self, his alter ego lat.; *åka* |*i*| ~ *klass* travel second class; ~ *klassens (rangens)* second-rate; *vara ~ man* i rang o. d. be ranked as second; *i ~ rummet* bildl. in the second place; jfr *femte* o. sms. **II** *pron* se *annan* o. *3 en III 1* **-bas** second bass **-bil** second car

andra|ga| *tr* set forth, present, t. ex. skäl advance, put forward; jfr vid. *anföra 2* **andragande** *-t -n* setting forth, presentation; yttrande statement

andra|gradsekvation equation of the second (2nd) degree **-handskälla,** *från en* ~ second-hand **-handsuppgift** second-hand information **-kammarledamot** member of the second chamber **-kammarval** election|s pl.| to the second chamber

andrak|e *-en -ar* zool. drake

andra|klassbiljett second-class ticket **-klasshotell** sämre second-rate hotel **-plansfigur** second-grade (second-rank) figure **-rangsförfattare** second-rate author **-ringare** skol. pupil in the second form of the 'gymnasium'; jfr *gymnasium* **-tenor** second tenor

andre I *räkn* se *andra* **II** *pron* se *annan* o. *3 en III 1* **-maskinist** second engineer **-opponent** opponent appointed by a (resp. the) candidate for the doctorate, second opponent

and|rum rådrum breathing-space **-truten** *a* se *andfådd* **-täppa** ~*n 0* shortness of breath **-täppt** *a* short of breath, F short-winded

andäktig *a* devout; uppmärksam |devoutly| attentive **andäktighet** devoutness; attentiveness **andäktigt** *adv* devoutly; attentively, with rapt attention

anekdot *-en -er* anecdote

anemi *-|e|n 0* anaemia **anemisk** *a* anaemic

anemon anemone

aneroidbarometer aneroid |barometer|

anfall allm. attack äv. sport., *mot* against, on; isht mil. äv. assault (*mot* on), charge, starkare onslaught; av sjukdom o. d. äv. fit; *ett hysteriskt* ~ a fit of hysterics; *ett ~ av gikt* an attack (a fit) of gout; *ett ~ av ädelmod* a fit of generosity; *gå till* ~ |*mot ngn*| attack |a p.|; *övergå till* ~ take the offensive

anfalla *tr* allm. attack, isht bildl. äv. assail; assault, fall (set) |up|on **anfallande** *a* attacking osv.; *den* ~ the attacker (assailant)

anfalls|krig aggressive war (krigföring warfare) **-mål** objective **-plan** plan of attack **-spel** sport. attacking play **-spelare** sport. forward, attacker **-vapen** offensive weapon (pl. äv. arms) **-vis** *adv* aggressively; *gå ~ till väga* act aggressively, under längre tid äv. keep up the offensive **-våg** wave of attack

anflygning inflygning approach

anfordran, att betalas *vid* ~ . . on demand; *leverans vid* ~ delivery on request

anfrätt *a* corroded; om tand decayed; bildl. corrupt

anfäkta *tr* pläga harass; hemsöka haunt, obsess; ansätta assail; fresta tempt; ~*s av* svartsjuka be a prey to . . **anfäktbar** *a* contestable **anfäktelse** tribulation; obsession; temptation

anför|a *tr* **1** föra befäl över be in command of, command; leda lead; visa vägen för guide; isht mus. conduct **2** yttra, andraga state, say; t.ex. som ursäkt allege; t.ex. bevis adduce, bring forward; t.ex. skäl give; ~ *klagomål* |*mot*| lodge a complaint |against|; ~ *till sitt försvar* plead in |one's| defence **3** citera quote, cite; *på -t ställe* in the passage quoted, loc. cit. lat. **anförande** *-t -n* **1** befäl, ledning commanding osv., jfr *anföra 1;* leadership; lead, command; guidance; isht mus. conductorship **2** andragande stating osv. jfr *anföra 2;* yttrande statement; tal speech, address; *ett kort* ~ äv. a few remarks pl. **anförare** commander; leader; isht mus. conductor; friare captain, head **anförarskap** *-et 0* ledning leadership **anföring** språkv. quotation; *direkt (indirekt)* ~ direct (indirect el. reported) speech

anförings|sats clause accompanying (äv.: framförställd preceding, inskjuten inserted in, vidhängd appended to) a quotation **-tecken**

quotation mark, pl. äv. inverted commas; ~ |*i början* resp. *slutet*| amer. quote resp. unquote **-verb** leading verb

anförtro **I** *tr* **1** överlämna, ~ *ngn ngt (ngt åt ngn)* entrust a th. to a p., |en|trust a p. with a th., i ngns vård äv. commit a th. to a p.'s keeping (charge); *~tt gods* goods |held| in charge **2** delge, ~ *ngn* t.ex. en hemlighet confide .. to a p.; *han ~dde mig att* .. he confided to me that .. **II** *rfl,* ~ *sig åt* a) överlämna entrust (commit) oneself to b) ge sitt förtroende confide in

anförvant relation; *~er* äv. kinsfolk

ange *tr* **1** uppge state, give, mention; utvisa indicate, show; utsätta note, på karta mark; *närmare* ~ specify; ~ *som skäl* give (allege) as a reason; *inom ovan angivna tid* within the time stated (specified) **2** anmäla, ~ *ngn* report (inform against) a p., lay information against a p.; ~ *ett brott* report a crime; ~ *sig själv* vanl. give oneself up; ~ *till förtullning* declare **3** anslå, ~ *takten* mus. mark time; ~ *tonen* bildl. set the tone

angelsaxare osv. se *anglosaxare* osv.

angeläg|en *a* **1** om sak: brådskande urgent, pressing, viktig important; *-et!* urgent! **2** om pers., ~ *om ngt* (|*om*| *att* inf.) anxious el. eager for a th. (to inf.), hågad för keen on a th. (on ing-form el. to inf.); *jag är* ~ |*om*| *att han ska få höra det* I am anxious for him to (anxious that he should) hear it; *visa sig mycket* ~ *att* inf. äv. show great anxiety to inf. **angelägenhet** *-en -er* **1** ärende affair, concern; sak matter, question; *inre ~er* internal affairs; *sköta sina egna ~er* mind one's own business (affairs) **2** vikt urgency; importance; *sakens* ~ äv. the pressing nature of the matter

angenäm *a* pleasant, agreeable, pleasing; *en ~ känsla* a pleasurable sensation; |*det var*| *mycket ~t att få göra er bekantskap* |I am (we are)| very pleased to meet you **angenämt** *adv* agreeably, pleasantly

angin|a *-an -or* halsfluss angina, inflammation of the throat

angiva se *ange* **angivande** *-t 0* stating osv. jfr *ange;* statement; indication **angivare** informer, *av* against **angivelse** denunciation, accusation; *på ~ av* .. on information given by .., on the information of .. **angiveri** informing **angivning** **1** se *angivande* o. *angivelse* **2** tullv. declaration

anglicism *-en -er* anglicism **anglikansk** *a* Anglican **anglisera** *tr* anglicize **anglist** student of (kännare expert on) English philology, angli|ci|st **anglistik** *-en 0,* ~|*en*| the study of English philology, anglistics

anglo|amerikan Anglo-American **-fil** *~en ~er* o. *a* Anglophil|e| **-normandiska** språk Anglo-Norman **-saxare** *s* o. **-saxisk** *a* o. **-saxiska** språk Anglo-Saxon

angora|garn av get mohair; av kanin angora **-get** angora goat **-katt** angora cat

angrepp attack, *mot* (*på*) on; jfr *anfall* **angreppspunkt** point of attack **angripa** *tr* allm. attack; anfalla äv. assail, assault; inverka skadligt på äv. affect; ta itu med äv. tackle; *~s av feber* äv. be seized with fever; jfr *angripen*

angripande **I** *-t 0* attack|ing| **II** *a* attacking; *den* ~ the attacker (assailant) **angripare** attacker, assailant; aggressor **angripe|n** *a* skadad, sjuk affected; om tänder decayed, ankommen tainted; stålet *är -t av rost* .. has got (gone) rusty **angriplig** *a* assailable

angränsande *a* adjacent, *till* to; adjoining

angå *tr* concern; avse have reference to; *det ~r mig inte* it doesn't concern me, it is no concern (business) of mine; *vad mig* (*den saken*) *~r* as far as I am (that |matter| is) concerned **angående** *prep* concerning, respecting, regarding, with reference (respect) to, as to, about; *ang.* förk. H re

angöra *tr* sjö. **1** a) ta landkänning med, ~ *land* make land b) anlöpa: hamn touch (call) at; kaj approach **2** fastgöra make .. fast

angöringshamn port of call

anhalt halt

anhang *-et* - following; F crew, gang

anhopa **I** *tr* heap (pile) up, amass, accumulate **II** *rfl* accumulate **anhopning** piling up osv. jfr *anhopa;* av trupper massing; accumulation äv. konkr.

anhåll|a **I** *tr* arrestera take .. into custody, ibl. apprehend, arrest **II** *itr* ask, |*hos ngn*| *om ngt* |a p.| for a th.; ~ *om* t.ex. ynnest äv. beg, request, solicit, t.ex. stipendium apply for; ~ *hos styrelsen om ngt (om att få* inf.*)* apply to el. petition the board for a th. (for permission to inf.); *jag -er om* svar I would appreciate your ..; *om svar -es (o.s.a.)* an answer will (would) oblige, please reply, R.S.V.P. fr.; ~ |*om*| *att få se ngt* request (ask) to be allowed to see a th.; *jag får ~ om att ni inte nämner* .. a) I must request (entreat, stark. urge) you not to mention .. b) tillrättavisande I must insist on your not mentioning .. **anhållan** - *0* (jfr *anhålla II*) request; petition; application, *om* i samtl. fall for; *enträgen* ~ entreaty; *med ~ om ngt* äv. requesting a th. **anhållande** *-t -n* arresting osv. jfr *anhålla I;* arrest, apprehension; göra motstånd *vid ~t* .. when (on being) arrested

anhängare *-n* - lärjunge follower; adherent, *av, till* of; isht av idé supporter, advocate, *av* of; believer, *av* in; parti~ partisan; ~ *av förbudslagstiftning* prohibitionist **anhängig** *a* pending **anhängiggöra** *tr,* ~ ett mål *vid domstol* bring .. before (refer .. to) a court of law; ~ *rättegång emot* .. take (institute) legal proceedings against ..

anhörig *subst. a* relative, relation; *mina ~a* äv. the members of my family; *närmaste ~ (*resp. *~a)* next of kin sg. resp. pl.
anilin *-en (-et) 0* aniline **-färg** aniline dye
animal *a* o. **animalisk** *a* animal
animera *tr* animate; uppmuntra encourage, urge, *ngn till |att göra| ngt* a p. to do a th.; *en ~d stämning rådde* high spirits prevailed
animositet animosity
aning 1 förkänsla feeling, idea, isht av ngt ont presentiment, premonition, foreboding, misstanke suspicion, F (isht amer.) hunch, *om att* i samtl. fall that; intuition divination; *onda ~ar* misgivings, apprehensions; *en svag (dunkel) ~* a vague suspicion **2** begrepp, föreställning idea, notion, conception, *om* of, *om att* that; *det har jag ingen (inte den ringaste) ~ om!* I have no (not the slightest) idea!, F I haven't a clue!; jag har *ingen ~ om vad som hände . .* no idea what happened; *politik har jag ingen ~ om* I know nothing whatever about politics **3** smula, stänk, *en |~s| ~ parfym* a suspicion (trace) of scent; *en ~ vitlök* a touch of garlic; *en ~ ironi* i rösten a touch of irony . .; *en ~ bättre* a shade better; *en ~ trött* a bit (slightly) tired; *en ~ |för| tung* a trifle |too| heavy
anings|full *a* apprehensive, full of presentiments; förväntansfull expectant **-lös** *a* unsuspecting; naive, ingenuous
anis *-en 0* anise; krydda aniseed **-bröd** aniseed bread **-olja** aniseed oil
ank|a *-an -or* |tame| duck; tidnings~ hoax, false report, canard fr.
ankar se *1* o. *2 ankare* **-boj** |anchor| buoy **-botten** se *-grund*
1 ankar|e (ankar) *-et -e|n|* **1** sjö. anchor äv. bildl.: på mina sinker; *fälla -et, låta -et gå* drop (let go) the anchor; *kasta ankar* cast anchor, anchor; *lyfta (lätta) ankar* weigh anchor; *ligga för ankar* ride (lie) at anchor, bildl. skämts. be |ill| in bed; *gå till -s* come to anchor, anchor **2** byggn. brace, tie, cramp **3** i ur lever escapement **4** till magnet armature **5** sport. anchorman
2 ankar|e (ankar) *-|e|n* el. *-et,* pl. *-e|n|,* äv. *ankar* kärl anker; friare cask
ankar|fly fluke |of an (resp. the) anchor| **-grund** anchorage|-ground| **-gång** i ur lever escapement **-klys** hawse-pipe **-kätting** anchor chain (cable) **-lanterna** riding-light **-plats** berth, anchorage **-spel** windlass, capstan **-stock 1** sjö. anchor-stock **2** bröd ung. black bread; *en ~* a loaf of b. **-tross** mooring (anchor) cable **-ur** lever watch
ank|bonde drake **-damm** duck-pond
ankel *-n anklar* ankle|-bone| **-led** ankle-joint **-lång** *a* ankle-length **-socka** ankle-sock

anklaga *tr* accuse, *för* of; *~ ngn för* äv. charge a p. with; *den ~de* the accused, ibl. the prisoner at the bar; *sitta på de ~des bänk* be in the |prisoner's| dock, bildl. be under fire **anklagare** accuser
anklagelse accusation, charge, *för* of; ~akt indictment; *rikta en ~ mot ngn för . .* accuse a p. of . ., charge a p. with . . **-akt** indictment **-punkt** count **-skrift** |written| indictment
anklang bifall approval; *vinna ~* win (meet with) approval; *väcka ~ hos ngn* appeal to a p.
anknyt|a I *tr* attach, unite, *till* to; connect, *till* with, on to; connect (join, link) up, *till* with; *bli anknuten till* stambanan be linked up with . . **II** *itr, ~ till* link up with, connect on to; referera till comment on, refer to; *legenden -er till . .* the legend is connected with (based upon) . . **anknytning** connection, attachment, junction; konkr. connecting link; telef. extension; *tåget har ~ till* äv. the train connects with . . ; *med ~ till* se *|i| anslutning |till|*
anknytnings|apparat telef. extension **-punkt** beröringspunkt point of connection, connecting-point, point in common; utgångspunkt starting-point
ankomm|a *itr* **1** anlända arrive, vara bestämd att komma be due, *till* at, i vissa fall in **2** *~ på* **a)** bero depend on (jfr *bero 1 b); vad på mig -er* för han as far as I am concerned . . **b)** tillkomma, *det -er på honom* it is his business; *jag skall göra allt vad på mig -er* I'll do everything in my power **ankommande** *a* arriving; om post, trafik incoming; *~ resande* arrivals, passengers arriving; *plattform för ~ tåg* arrival platform **ankomm|en** *a* **1** skämd: om kött tainted, high; köttet *var -et* äv. . . had gone (was a bit) off; fisken, frukten *är -en* . . is not fresh **2** berusad merry, tipsy
ankomst *-en 0* arrival, *till* at, i vissa fall in; *vårens ~* äv. the coming (advent) of spring; *vid ~en gick han . .* on |his| arrival he went . . **-dag** day of arrival **-hamn** port of arrival **-journal** post. o. d. record of arrivals **-signal** järnv. arrival signal **-tid** time of arrival
ankra *itr* anchor **ankring** anchoring, anchorage **ankringsplats** anchorage, berth
ankunge duckling; *ful ~* ugly duckling
anlag *-et -* **1** medfött, ärftligt natural ability (capacity), aptitude, begåvning gift, talent, *för* for; disposition tendency, predisposition, *för* towards; *ha goda ~* allm. have good mental powers **2** biol. rudiment, germ, *till* of; embryo (pl. -s)
anlagd *a* built osv., jfr *anlägga;* se för övrigt *lagd*
anlagsprövning aptitude test
anledning skäl reason; orsak cause, isht yttre el.

tillfällig occasion; grund ground; motiv motive; ~ *till ngt* reason osv. for a th.; *vad var ~en till deras gräl (att de blev osams)?* what was the cause of their quarrel (the reason for their quarrelling)?; *det finns ingen ~ till oro (att vara orolig)* there is no cause (ground) for alarm (reason to be alarmed); *ge ~ till* give occasion to, give cause for, förorsaka cause, occasion, medföra lead to; *detta gav honom ~ [till] att* inf. this gave him occasion to inf.; *vi hade [all] ~ att misstänka honom* we had [every] reason to suspect (for suspecting) him; *jag ser ingen ~ att* inf. I see no reason (occasion) to inf. (for ing-form); föregånget av prep.: *av vilken ~?* for what reason?; *med (i) ~ av* on account of, owing to, med hänsyn till in view of; *med ~ av detta (härav)* a) in that (this) connection, friare that being so b) därför therefore; *med ~ av Ert brev* with reference (referring) to your letter; *på förekommen ~ får vi meddela (meddelas) att . .* we have found it necessary to remind you that . . ; *utan [någon som helst* el. *den ringaste] ~* without any reason[s] (ground[s]) [whatever]; *vid minsta ~* on the slightest provocation

anlete *-t -n* visage, countenance; *i sitt ~s svett* by the sweat of one's brow **anletsdrag** *pl* features

anlita *tr* **1** ~ *ngn* vända sig till turn (apply) to a p., *för [att få] . .* for . .; engagera engage (tillkalla call in) a p.; *mycket ~d . .* in great demand **2** tillgripa resort to, använda make use of **anlitande** *-t 0, med ~ av* with the aid of

anlopp 1 ansats run **2** anfall onset, assault, attack, *mot* upon

anlupen *a* om metall oxidized; ~ *av* tarnished by

anlägga *tr* **1** uppföra build, erect, bygga construct; grunda found, establish, set up **2** iordningställa, anordna, ~ *gator (en trädgård)* lay out streets (a garden); ~ *mordbrand* commit arson; *elden var anlagd* the fire was the work of an incendiary **3** planera, uppgöra plan, design; *det hela var anlagt på . . (på att* inf.) the idea of it all was . . (was to inf.), it was all done with a view to . . (to ing-form) **4** börja bära, lägga sig till med begin to wear, sorg put on; ~ *skägg* grow a beard; ~ *en kritisk synpunkt på ngt* adopt a critical attitude towards a th. **5** anbringa, ~ *ett förband* apply a bandage

anläggning 1 abstr. **a)** anläggande erection, construction; foundation; laying out; design[ing]; jfr *anlägga 1-3* **b)** uppläggning, disposition design, disposition **c)** ansättande: av skjutvapen levelling, av verktyg application **2** konkr.: allm. establishment, byggnad structure, fabrik o.d. works (pl. lika), maskin~ plant, t.ex. värme~ installation, t.ex. stereo~ equipment utan obest. art. och end. sg.; park~[ar] [park] grounds pl.

anläggningskostnad cost of erection osv., jfr *anläggning 1 a*

anlända *itr* arrive, *till* at, i vissa fall in; ~ *till* komma fram till äv. reach

anlöpa I *tr* **1** sjö. call (touch, put in) at **2** tekn. a) stål temper, anneal b) ~*s* se *II* **II** *itr* om metall oxidize, tarnish, be (get) tarnished

anmana *tr* request, urge **anmaning** request; *utan ~* without [a special] reminder

anmarsch advance; *i ~* on the advance

anmoda *tr* allm. request, call upon; ombedja invite; ge i uppdrag åt commission; beordra instruct **anmodan** - *0* request, invitation; *på ~ av* at the request osv. of; *på ~ av mig* at my request

anmäla I *tr* **1** tillkännage announce; rapportera, meddela: allm. report, förlust, skada, sjukdomsfall o.d. notify, t.ex. avflyttning give notice of, till förtullning declare, enter; *vem får jag ~?* what name, please?; *var vänlig (snäll) och anmäl mig hos honom* will you kindly tell him I am here; ~ *en pojke till en examen (inträde i en skola)* put a boy's name down (enter a boy) for an examination (for admission to a school); ~ *sitt utträde ur* förening o.d. withdraw one's name from . . **2** recensera review, write a review of **II** *rfl* report, *för (hos)* to; ~ ange *sig själv* give oneself up; ~ *sig som* sökande till, deltagare i send (hand, give) in one's name as . .; ~ *sig som sökande till . .* friare apply for . . ; ~ *sig som medlem* apply for membership, *i* of; ~ *sig till* en examen, tävling m.m. enter [one's name] for . .; *låta ~ sig hos* have oneself announced to

anmälan - *0* **1 a)** announcement, report, notification, notice (jfr *anmäla I*), *om* of; *göra en ~ om saken* report the matter **b)** application, entry (jfr *anmäla II,* ex.), *till* for **2** recension review **anmälare** *-n* - recensent reviewer **anmälning** announcement, report, notification osv., se *anmälan 1—2* **anmälningsavgift** entry (application) fee **anmälningstid,** *~en utgår* den 15 juni the last day for entries (applications) is . .

anmärk|a I *tr* påpeka, yttra remark, observe; *som ovan -ts* as [was] pointed out above **II** *itr* kritisera m.m. criticize, *på (mot) ngn (ngt)* a p. (a th.); find fault, *på (mot)* with; pass unfavourable comments, make adverse remarks, *på (mot)* on; *det finns ingenting att ~ på* äv. there is nothing to object to **anmärkning** påpekande, yttrande remark, observation; förklaring note, comment, annotation; klander adverse remark, criticism; klagomål complaint; skol. bad mark; *en träffande (kvick) ~* an apt (a witty) remark; *det är ingen ~!* äv. I am not trying to find fault!; *göra ~ar mot* find fault with, criticize; *med ~ar försedd upplaga* annotated edition **anmärkningsbok** conduct mark (bad-

-mark) book, F black book **anmärkningsvärd** *a* märklig remarkable; beaktansvärd notable; noteworthy; märkbar noticeable **anmärkningsvärt** *adv* märkligt remarkably; beaktansvärt notably; märkbart noticeably

ann *pron, en ~ är så god som en ~* one man is as good as another

Anna drottningnamn Anne

annaler *pl* annals, records

annalkande I *-t 0* approach|ing|; *vara i ~* be approaching **II** *a* approaching; *ett ~ oväder* äv. a gathering storm

annan *(annat, andre, andra) pron* **1** allm. other, jfr *3 en III 1; en ~* another, självst.: another |one|, någon annan äv. somebody (osv., jfr *2)* else; *en ~* F jag a fellow (resp. girl), the likes of me pl.; *en ~s* another's; *annat* självst.: other things, något annat something (resp. anything) else, jfr *2; andra* självst.: others, utan syftning vanl. other people; *andras* others' resp. other people's; *dag (gång) efter ~* one day (one time) after another, day (time) after day (time); *gång efter ~* äv. again and again; *en ~ gång* another time, avseende framtid some other time; *i annat fall* otherwise osv., jfr *annars; från annat håll* from another (a different) quarter, from elsewhere; *på andra sidan av* on the other side of; *komma på andra tankar* change one's mind, think better of it; *tid efter ~* from time to time; *andra tider, andra seder* manners change with the times; *jag kunde inte göra annat* handla annorlunda I could not have done otherwise; *såvida inte annat överenskommits* unless otherwise agreed upon; *här ska bli annat av!* there are going to (will) be some changes made here!; *du ska få se på annat!* I'll make you sit up!, I'll soon put you straight; *de båda andra* the other two, självst. äv. the two others; *bland annat (andra)* se under *bland*

2 efter isht vissa obest. o. interr. självst. pron. else, gen. else's; jfr dock *3; någon ~* om pers. somebody (someone) else resp. anybody (anyone) else; *vilken ~* who else; *allt (föga, vad) annat* everything (little, what) else; *något annat?* i butik anything else |, Sir (resp. Madam)|?; *nu talar vi om något annat!* vanl. let's change the subject!; *mycket (en mängd* e.d.) *annat* much (a lot, a great deal) else; *mycket annat* äv. many other things; *alla andra* all the others, om pers. vanl. everybody (everyone) else; *alla de andra* äv. all the rest |of them|; *på alla andra ställen* everywhere else

3 *~ än* but, other but, other than, jfr ex., äv. *4; någon ~ än* a) fören. some other than (besides) resp. any other but b) självst. somebody (someone) other than resp. anybody (anyone) but; *ingen ~ än* a) fören. no other than (but) b) självst. nobody (no one) |else| but, none but (except), ingen ringare än no|ne| other than, no less a person than; *vilken ~ än* who |else| but (except); *annat än* utom except; *allt annat än* frisk anything but . .; *inte annat än jag vet* as far as I know; *hon gör inte (ingenting) annat än gråter* she does nothing but cry; *jag kan inte annat än beundra honom (inte tro annat än att . .)* I cannot but admire him (but think that . .), I cannot help admiring him (help thinking that . .); *jag kan inte se annat än att . .* I cannot see but that . .; *det är inte annat än rätt att . .* it is only fair that . .

4 'helt annan', 'inte lik' different; *det är en |helt| ~ sak* that's |quite| another (a |very| different) matter; det var *något helt annat |än|* . . something quite different |from (to)|; *andra åsikter |än|* different views |from|; jfr äv. ex. under *1*

5 F 'riktig' regular, proper; 'vanlig' common; *som en ~ dåre (Tarzan)* like a proper idiot (a regular Tarzan); *som en ~ Napoleon* like a second Napoleon; *som en ~ tjuv* just like a common thief

ann|an|dag, *~ jul* Boxing Day; *~ pingst (påsk)* Whit (Easter) Monday; *|på| ~ jul* osv. on Boxing Day osv. **annandagsfeber** o. **annandagsfrossa** tertian fever (ague)

annanstans *adv, någon ~* elsewhere, somewhere (resp. anywhere) else, på annat ställe äv. in some (resp. any) other place, på andra ställen äv. in other places; *någon ~ än |här|* in other places than |this|; *ingen (inte någon) ~* nowhere (not anywhere) else; *ingen ~ än |här|* nowhere else but |here|

annars *adv* otherwise; ty annars, annars så or |else|, else; efter frågeord else; *inte (aldrig) ~* not (never) under other circumstances; *tröttare än ~* more tired than usual; *|var det| ~ något?* i butik anything else |, Sir (resp. Madam)|?; jfr *eljes|t|* o. *för övrigt* under *övrig*

annat *pron* se *annan*

annektera *tr* annex **annektering** o. **annektion** annexation **annex** *-et* - annex|e|, sidobyggnad äv. wing **annexion** annexation **annexkyrka** chapel of ease

anno, *~ 1966* in |the year| 1966; *~ dazumal* ages ago; den är *från ~ dazumal* . . as old as the hills

annons *-en -er* advertisement (förk. advt.), F ad., *efter* for, *om* about; döds- o.d. announcement, notice, *om* of **-ackvisitör** advertising agent **-avdelning** -sidor advertisement columns pl.; -expedition advertisement (advertising) department **-byrå** advertising agency

annonsera *itr tr* i tidning advertise, *efter* for; på förhand meddela announce; *~ om ngt* till salu advertise a th. **annonsering** advertising, advertisement

annons|kampanj advertising campaign

-kontor = *-byrå* **-kostnad** advertising expenses pl. **-organ** advertising medium **-pelare** advertising pillar **-pris** advertising-charge|s pl.| **-sida** advertisement page **-svar** *pl* tidningsrubrik answers to advertisements **-tidning** = *-organ*

annonsör advertiser

annor|ledes *adv* = *-lunda I* **-lunda I** *adv* otherwise; |*helt*| ~ |*än*| |quite| differently |from|; ~ *beskaffad* se följ. **II** *a* different, *än* from; *de* ~ *människorna* the people that (who) are different **-städes** *adv* = |*någon*| *annanstans*

annotation note **annotera** *tr* note down

annuell *a* annual **annuitet** *-en -er* |fixed| yearly instalment

annullera *tr* annul, cancel, nullify **annullering** annulment, cancellation, nullification

anod *-en -er* anode **-batteri** anode battery

anomal *a* anomalous **anomali** anomaly

anonym *a* anonymous **anonymitet** anonymity

anor *pl* ancestry sg., ancestors, isht bildl. progenitors; *ha fina* ~ be of high lineage (birth); *ha gamla* ~ bildl. have a long history, go back to (date from) ancient times, vara en ärevördig tradition (sedvänja) be a time-honoured tradition (custom); en familj *med* ~ *från* . . deriving its origin from

anorak *-en -er* anorak

anordna *tr* **1** ställa till med get up, set . . on foot, organisera organize, arrange |for| **2** placera, ordna arrange **3** utanordna order . . to be paid **anordnare** arranger, organizer **anordning** arrangement, mekanism äv. contrivance, device, appliance; ~*ar* hjälpmedel, bekvämligheter o.d. facilities

anpart share

anpassa I *tr* suit, adjust, adapt, *efter (för, till)* to **II** *rfl* suit (adjust, adapt bådä äv. absol.) oneself, *efter* to **anpassling** opportunist opportunist, medlöpare fellow-traveller **anpassning** adaptation, adjustment **anpassningsförmåga** adaptability, ability to adapt oneself **anpassningssvårighet** difficulty in adjusting (adapting) oneself

anrika *tr* enrich, concentrate, dress **anrikning** enrichment, concentration, dressing **anrikningsverk** |ore| dressing (concentration) plant

anrop call äv. tel.; mil. challenge; sjö. hail

anropa *tr* **1** bönfalla, ~ *ngn* |*om ngt*| call upon a p. |for a th.|; ~ *ngn om hjälp (ngns hjälp)* äv. implore a p.'s help; ~ *Gud om hjälp* invoke the help of God **2** se *ropa* |*an*|

anrycka *itr* se *rycka* |*an*| **anryckning** advance

anrätta *tr* prepare, t.ex. sallad äv. dress; laga cook **anrättning 1** tillredning preparation, dressing, cooking; jfr *anrätta* **2** maträtt dish; måltid meal; *göra heder åt* ~*arna* do justice to the meal

ans *-en 0* care, tending; jordens dressing; hästs grooming; träds pruning **ansa** *tr* tend, see to; dress osv., jfr föreg.

ansamling accumulation

ansats 1 sport. run, jfr *sats 3;* mil. advance; *hopp med (utan)* ~ running (standing) jump **2** försök, ansträngning attempt, effort, *till* at; anfall, ryck impulse, prompting, *till* of; början start, beginning, onset, inception; tecken sign, trace, *till* of **3** tekn. projection, shoulder, lug

anse *tr* **1** mena, tycka think, consider, be of the opinion, feel; *vad* ~*r du om saken?* what do you think (feel) about it?, what is your opinion?, what view do you take of the matter?; *man* ~*r allmänt,* att . . it is generally believed (held) . .; *förr har man* ~*tt,* att . . formerly it was thought . ., people used to think . .; *jag* ~*r mig ha rätt* I consider (believe) I am right; ~ *sig ha anledning* känna sig föranledd *att gå* feel justified in going; *han* ~*s* veta allt he is considered to . . **2** betrakta, hålla för consider, think; regard, look upon, |*så*|*som, för* as; *jag* ~*r det* |*vara*| *bäst* I consider it |to be| best; ~ *ngn som (för) sin vän* consider a p. (regard el. look upon a p. as) one's friend; ~ *förlorad* give up as (for) lost; *jag* ~*r det inte klokt* I don't consider (think) it is wise; ~ *det som sin plikt* consider (think) it one's duty; *om det* ~*s lämpligt* if it is considered (thought) suitable; *firman* ~*s reell* äv. the firm is reckoned (held, reputed) to be sound; *hur är han* ~*dd?* how is he regarded?, what do people think of him?

ansedd *a* aktad respected, esteemed; eminent; distinguished, ibl. noted; *en* ~ *familj* a respected family; *en* ~ *firma (tidning)* a respectable (reputable) firm (paper), a firm (paper) of high standing; *en* ~ *man* a man of high standing (who is highly thought of); *väl (illa)* ~ attr. . . of good (bad) repute; *han är väl (illa)* ~ he has a good (bad) reputation

anseende *-t 0* **1** rykte reputation; standing, prestige, good name; aktning esteem; *stå högt i* ~ *hos ngn* stand high in a p.'s estimation; *ha gott* ~ *hos ngn* äv. be in good odour with a p. **2** *i* ~ *till* a) i betraktande av considering b) på grund av owing to, on account of; *utan* ~ *till person* without respect of persons

ansenlig *a* considerable; stor äv. good-sized, fair-sized, large, largish; *ett* ~*t antal* äv. a goodly number

ansikte *-t -n* face äv. min; högtidl. countenance; *kända* ~*n* personer well-known personalities; *visa sitt rätta* ~ show one's true colours; *bli lång i* ~*t* pull a long face; *han blev lång*

i ~t äv. his face fell (jaw dropped); *bli röd i ~t* go red in the face; *se ngn i ~t* look a p. in the face; *inte kunna se ngn i ~t* not be able to meet a p.'s eye; *skratta ngn mitt i ~t* laugh in a p.'s face; *säga ngn* [*ngt*] *mitt i ~t* tell a p. [a th.] [straight] to his face (straight out); *tvätta sig i ~t* wash one's face; . . *med* [*ett*] *blekt (rött) ~* äv. pale-(red)-faced . .; *stå ~ mot ~ med* stand face to face with, face; *finna sig stå ~ mot ~ med* svårigheter o. d. find oneself (that one is) up against (confronted with) . .
ansikts|behandling facial treatment **-drag** *pl* features, lineaments **-form** face, shape of face **-färg** colouring [of the face], complexion **-kräm** face-cream **-lyftning** face lifting, bild. face-lift; *genomgå ~* have one's face lifted, bildl. have a face-lift **-mask** mask; skönhets~ äv. face pack **-muskel** facial muscle **-nerv** facial nerve **-ros** läk. erysipelas of the face **-servett** face (facial) tissue **-uttryck** [facial] expression **-vatten** face-(skin-)lotion **-värk** face-ache, [facial] neuralgia
ansjovis *-en -ar* konserverad skarpsill: ung. tinned sprat, koll. tinned sprats pl., brisling anchovy style **-burk** burk ansjovis tin of sprats **-låda** kok. sprats (oeg. anchovies) pl. au gratin
anskaff|a *tr* **1** skaffa sig obtain, get [hold of], acquire, procure **2** tillhandahålla provide, supply, furnish, *ngt åt ngn* a p. with a th. **-bar** *a* obtainable, procurable **-ning** -ande obtaining osv.; acquisition; provision, supply; *dyr i ~* expensive [to obtain]
anskaffningskostnad initial outlay; leverera (sälja) ngt *till ~* . . at cost price; *~en därför* the cost of obtaining (osv., jfr *anskaffa*) it (resp. them)
anskri cry, scream, shriek; *ge till ett ~* scream, shriek
anskriven *a, vara väl (illa) ~ hos ngn* be in (out of) favour with a p., be in a p.'s good (bad) books, be in good (bad) odour with a p.
anskrämlig *a* forbidding, ugly, hideous **-het** ugliness, hideousness
anslag **1** kungörelse notice, affisch äv. bill, placard **2** stämpling design, *mot* [up]on; plot, *mot* against; *onda ~* äv. machinations **3** penningmedel grant, subvention, allowance, allotment; stats~ äv. appropriation; parl. supplies pl., vote; understöd subsidy; *bevilja ngn ett ~* make a p. a grant, genom votering vote a p. a sum of money **4** på tangent touch **5** tekn., projektils impact
anslags|fråga appropriation question **-kraft** projektils force of impact **-summa** amount of a (resp. the) grant osv., jfr *anslag 3* **-tavla** notice-board, amer. bulletin board **-äskande**[**n** *pl*] parl. o. d. supply estimates pl.
ansluta **I** *tr* connect, *till* with, [on] to; *till texten anslöt han* en kort utläggning he followed up the text by giving . . **II** *itr rfl* stå i förbindelse connect, *till* with, on to; *~ sig till* a) personer join, attach oneself to; särsk. i åsikt äv. side (concur) with b) en åsikt (riktning) adopt; ett uttalande äv. concur in, agree with c) t. ex. tullunion enter, t. ex. fördrag enter into; *härtill anslöt sig* en överläggning this was the starting-point of . . **ansluten** *a* connected, associated, *till* with; affiliated, *till* to; mil. serried, close
anslutning förbindelse connection; associering association, *till* with; understöd, medhåll adherence, *till* to; support, *till* of; *ha ~ till* ett telefonnät be connected to . .; *färjorna har ~ till* tågen the ferry-boats run in connection with . .; *anmäla sin ~ till* förslaget notify one's adherence to . .; festen *fick en storartad ~* . . was very well supported (patronized) [by the public]; förslaget (insamlingen) *vann en storartad ~ från* . . met with enthusiastic support from (on the part of); *i ~ till detta* i samband härmed in this connection, in connection with this, med hänsyn härtill with reference to this; *i ~ till* vad jag anfört with reference to . ., following up . .; *ett annex i ~ till* huvudbyggnaden an annex[e] connecting on to . .
anslutnings|spår järnv. branch line **-station** för spårväg o. buss transfer station
anslå *tr* **1** anvisa allow, allot, earmark, set aside (apart), medel, isht om riksdagen äv. vote, grant, appropriate, *till* i samtliga fall for; *~* tid *till* devote . . to, set aside . . for **2** uppskatta estimate, rate, value, *till* at; *~ för högt (lågt)* overrate (underrate) **3** mus. se *slå* [*an*]; *~ den rätta tonen* bildl. strike the right note **4** spika upp, *~ en kungörelse* post (put up) a notice; kungöra, *~ en plats till ansökan ledig* advertise a post as vacant, friare invite applications for a post; *överallt stod det anslaget, att* . . everywhere there were notices [put up] saying that . . **anslående** *a* tilltalande pleasing, attractive; gripande impressive
anspann team [of horses]
anspel|a *itr* allude, *på* to; hint, *på* at **-ning** allusion, *på* to
anspråk allm. claim; fordran demand; pl. äv. pretensions (*på* to), förväntningar expectations; *~ på ngn*[*s tacksamhet*] claim on a p.['s gratitude]; *~ på ett arv* claim to an inheritance; *framställa ~ på ngt* put in a claim for a th.; *göra ~ på ngt* lay claim to a th., ibl. claim (demand) a th.; *göra ~ på att* inf. claim to inf.; *man ställer stora ~ på honom* great demands are made [up]on him; *ta i ~* a) erfordra require, viss tid take b) lägga beslag på requisition c) begagna make

use of, use d) uppta, t. ex. ngns tid make demands on, take up, occupy e) inkräkta på trespass upon f) ta på, t. ex. krafterna be a |great| tax (drain) on; *uppge alla* ~ *på* renounce all claim|s| to
anspråks|full *a* pretentious, assuming; fordrande exacting **-fullhet** pretentiousness; exactingness **-lös** *a* unpretentious; unassuming, modest, humble; om måltid o. d. simple; i sin klädsel quiet; i sina priser, fordringar moderate **-löshet** unpretentiousness; modesty, humility; moderation; roa sig *i all* ~ . . in a very modest way; anmärka *i all* ~ . . in all modesty
anspänn|a *tr* **1** spänna för harness **2** anstränga strain, brace; exert **-ing** ansträngning strain; exertion
anstalt *-en -er* **1** åtgärd arrangement, preparation; *göra (träffa, vidta)* ~*er för (till)* make arrangements (preparations) for, take (adopt) measures for, take steps for (to) **2** inrättning institution, establishment; för nervklena mental home (hospital), asylum **anstaltsfall** institutional case
anstifta *tr* cause, provoke, instigate, incite, raise, t. ex. myteri stir up; ~ *mordbrand* commit arson; ~ *oenighet* sow discord; ~ *ont* plot mischief; ~ *en sammansvärjning* hatch a plot **anstiftan** - *0, på* ~ *av* at the instigation of **anstiftare** instigator, originator, *av* of; av myteri ringleader; ~ *av skadan* author (ibl. cause) of the mischief
anstolt *a* . . proud of one's descent (pedigree)
anstorma *itr* se *storma* |*an*| **anstormning** assault, onset, onrush, *mot* i samtliga fall on
anstryka *tr* grundmåla prime **anstrykning** **1** grundmålning priming **2** färgnyans tinge, shade; bildl. äv. touch, trace, suggestion
anstränga **I** *tr* allm. strain; trötta t.ex. ögonen tire; uppbjuda, t. ex. sina krafter exert; ~ *sin hjärna* rack one's brains; ~ *sina resurser* tax one's resources **II** *rfl* exert oneself, make an effort; ~ *sig till det yttersta* exert oneself to the utmost, strain every nerve **ansträngande** *a* strenuous, taxing, trying, hard; om marsch o. d. stiff; *det är* ~ *att gräva* digging is strenuous work; *det är* ~ *för ögonen* it is a strain on the eyes **ansträngd** *a* strained; om stil laboured; om leende, sätt forced; *se* ~ *ut* look done-up (tired) **ansträngning** effort; exertion; påfrestning strain; *med gemensamma* ~*ar* by united efforts; *inte spara några* ~*ar* spare no efforts **ansträngt** *adv* in a forced manner
anstucken *a* infected, tainted, *av* with
anstå *itr* **1** uppskjutas wait, be deferred; *låta saken* ~ let the matter wait; *låta* ~ *med* t. ex. betalningen let . . stand over **2** passa become, befit, be becoming (proper) for; *det* ~*r dig inte* är inte din sak *att* . . it is not for you to . . **anstånd** respite, grace; *få (ge ngn)* |*fjorton dagars*| ~ *med betalningen* be allowed (grant a p.) a respite |of a fortnight| for the payment
anställa *tr* **1** företa, sätta i gång |med| make, institute; t. ex. undersökning äv. hold; börja äv. start; jämförelse make, draw; ~ *betraktelser över* reflect (meditate) upon, contemplate; ~ *en omröstning* take a vote (division); ~ *rättegång mot* institute legal proceedings against **2** åstadkomma bring about; ~ *förödelse* play (work) havoc; ~ *skada på (bland)* cause el. do damage to (among) **3** i tjänst appoint; i sin tjänst engage, take on, employ, take . . into one's employ (service), amer. hire; se vid. följ. **anställd** (jfr *anställa 3*) **I** *a, bli* ~ *på en bank (i en butik)* obtain (get) a position at (in) a bank (a situation in a shop); *vara* ~ be employed, *hos ngn* by a p., *vid* at, in; F have a job, *vid* at, in; *fast* ~ *hos ngn* permanently employed by a p.; *fast* ~ *vid* företaget on the permanent staff of . . **II** *subst. a, en* ~ an employee
anställning allm. appointment, anställande, förhållandet att vara anställd employment; befattning äv. post, position, enklare situation; isht tillfällig engagement; *få (ha)* ~ se |*bli* resp. *vara*| *anställd; utan* ~ out of work (employment)
anställnings|datum date of appointment **-förhållanden** *pl* terms of employment **-kontrakt** contract of employment, service contract
anständig *a* aktningsvärd, betydande respectable; korrekt, om t. ex. uppförande äv. decorous, seemly; passande äv. proper; motsats opassande, äv. hygglig decent **anständighet** respectability; decency; propriety, decorum; jfr föreg.; *för* ~*ens skull* for decency's sake **anständighetskänsla** sense of propriety (decorum), decency **anständigtvis** *adv* for decency's sake, in |common| decency
anstöt *-en 0* offence; *ta* ~ *av* take offence at, take exception to; *väcka* ~ cause (give) offence, offend; *väcka* ~ *hos* give offence to, scandalize, shock **-lig** *a* offensive, *för* to; svag. objectionable; oanständig indecent; *det* ~*a* anstötligheterna *i boken* the objectionable parts of the book **-lighet** ~*en* ~*er* abstr. offensiveness, objectionableness; ~*er* jfr *-lig* ex.
ansvar *-et 0* **1** allm. responsibility; ansvarsskyldighet liability; *bära* ~*et (stå i* ~*) för* be responsible for; *kasta* ~*et på* throw the responsibility on; *ta på sig* ~*et för* take the responsibility for; *ådra|ga| sig* ~ *för* incur liability for; *stå till* ~ be held responsible; *ställa ngn till* ~ hold a p. responsible, call a p. to account, bring a p. to book, *för* i samtliga fall for; *på eget* ~ on one's own respon-

sibility; at one's own risk **2** jur. straff|påföljd| penalty; *yrka ~ på ngn* demand a p.'s conviction; prefer a charge against a p. **ansvara** *itr* be responsible (answerable, för skuld o. d. liable), answer, *för* i samtliga fall for; *jag ~r för att det ska lyckas* I guarantee that it will succeed; *för varans äkthet ~s* the article is guaranteed genuine; *för ytterkläder ~s icke* coats and hats etc. left at owner's risk **ansvarig** *a* allm. responsible, *inför* to; som kan ställas till ansvar äv. answerable, accountable, *inför* to; för skuld o. d. liable; *göra ngn ~* make (hold) a p. responsible **ansvarighet** responsibility; *aktiebolag med begränsad ~* limited liability company **ansvarighetsförsäkring** third party liability insurance; jfr *försäkring*
ansvars|fri *a* . . free of responsibility **-frihet,** *bevilja ~* grant discharge; *bevilja styrelsen ~* adopt the report |and accounts| **-full** *a* responsible, attr. äv. . . of (involving) great responsibility **-förbindelser** *pl* H |guarantee| commitments **-försäkring** se *ansvarighetsförsäkring* **-kännande** *a* se *-medveten* **-känsla** sense of responsibility **-lös** *a* irresponsible; *det vore ~t att* inf. äv. it would be acting without any sense of responsibility to inf. **-löshet** irresponsibility, bristande ansvarskänsla lack of responsibility **-medveten** *a* . . conscious of one's responsibility **-skyldig** *a* answerable, accountable, liable **-skyldighet** liability, answerableness, accountability **-yrkande,** *~ mot ngn* demand for a p.'s conviction
ansväll|a *itr* swell |up|; enlarge **-ning** swelling; enlargement
ansätta *tr* **1** sätta åt beset, fall upon, attack; besvära, plåga, äv. m. frågor harass, worry, ply; *~s av fienden (hunger)* be beset by the enemy (by hunger); *vara ansatt av gikt* be afflicted with (be a victim to) gout; *hårt (illa) ansatt* pred.: hard pressed, i knipa in a tight corner; *en hårt ansatt affärsman* a harassed business man **2** förlägga place, *till* at; bestämma assign, fix. — Se för övrigt *sätta |an|*
ansöka *itr, ~ om* apply for **ansökan** *-0* application, *om* for; *~ om nåd* petition for mercy; *lämna in en ~* hand (send) in an application; *göra (lägga in) ~ om* apply for; *muntlig (skriftlig) ~* application in person (in writing); *förklara platsen såsom . . till ~ ledig* invite applications for the post of . . **ansökning** se *ansökan*
ansöknings|blankett application form **-handling** application paper **-tid,** *~en utgår den 15 dennes* applications must be sent in before the 15th instant
anta||ga| **I** *tr* **1** ta emot, t.ex. plats take; säga ja till, t. ex. erbjudande, inbjudan, kallelse accept **2** m. personobj.: anställa engage; utse appoint; välja åt sig adopt, take; intaga som elev o. d. admit, rekryt enroll, sjökadett accept; godkänna approve, pass; *bli -gen |till tjänstgöring| vid . .* be appointed |for duty| at . .; *bli -gen till (som)* sekreterare be appointed . .; *~ ngn i sin tjänst* se *anställa 3; ~ ngn till (som)* ombud appoint a p. as one's . .; *~ en kompanjon* take a partner; *de till krigstjänst antagna* those accepted (passed) for military service **3** gå med på, godkänna accept, t. ex. förslag äv. agree to, adopt, approve, lagförslag pass **4** förutsätta: assume, formellare presume, förmoda suppose, F expect; *~ att* förmoda äv. take it that; *antag nu att . .* now supposing (suppose now) that . . **5** göra till sin, tillägna sig, t. ex. idé adopt, lära äv. embrace, namn äv. assume; *~ namnet (titeln) . .* take (assume) the name (title) of . .; *under -get namn* under an assumed name **6** ta på sig, t. ex. en min take (put) on, assume **7** få assume; *~ fast konsistens* set, härdna harden; *~ oroväckande proportioner* attain (assume) alarming proportions **II** *rfl* se *ta |sig an|*
antag|ande *~t ~n* **1** mottagande osv. (jfr *anta|ga|*) taking osv.: acceptance; engagement; appointment; adoption; admission; assumption **2** förmodan o. d. assumption, presumption, supposition, förutsättning premise **-bar** *a* acceptable; *på för honom ~a villkor* äv. on terms that he can (could osv.) accept **-lig** *a* **1** se *antagbar* **2** sannolik probable, likely **-ligen** *adv* förmodligen presumably; sannolikt probably, very (most) likely, in all probability **-ning** admission
antagonism antagonism, *mot* to, against **antagonist** antagonist, adversary **antagonistisk** *a* antagonistic
antal number; *ett* visst (ansenligt) *~* äv. a quantity; *ett |stort| ~ människor var där* a |large (great)| number of people were there; *minsta ~et |fel|* äv. the fewest |mistakes|; *fienden var överlägsen i ~* the enemy were superior in number|s| (numerically superior); *komma i överlägset ~* come in superior numbers; *tio till ~et* ten in number; *till ett ~ av tio* to the number of ten, numbering ten
Antarktien o. **Antarktis** the Antarctic **antarktisk** *a* Antarctic
antasta *tr* ofreda, t. ex. kvinnor el. om tiggare accost, handgripligen molest
antavla genealogical table
antecedentia *pl* o. **antecedentier** *pl* past |history| sg., antecedents
antecipera *tr* anticipate, forestall
anteckna **I** *tr* note (take, write, put) down, make a note of; införa, t. ex. beställning, i bok o. d. enter, book; uppteckna, konstatera record; *få det ~t till protokollet* have it recorded

(taken down, put) in the minutes **II** *rfl* put one's name down, *för* for, *som* as; *låta ~ sig* have one's name put down, give (hand) in one's name
anteckning note, memorand|um (pl. äv. -a), memo (pl. -s)
antecknings|block |note (scribbling)| pad, amer. scratch pad **-bok** notebook, memorandum-book **-lista** list |for signatures (ifylld of signatures el. names)|; subscription-list
ante|datera *tr* antedate, predate **-diluviansk** *a* antediluvian
antenn *-en -er* **1** zool. antenn|a (pl. -ae), feeler **2** radio. aerial, amer. äv. antenna; radar scanner **-ansluten** *a* . . connected on to an (resp. the) aerial **-mast** aerial mast
antibiotik|um *-um|et| -a* antibiotic
antifon öronpropp earplug
antik I *a* antique, ancient; gammal|modig| old|-fashioned|; *ett ~t föremål* an antique, a curio **II** *~en 0, ~en* |classical| antiquity **antikaffär** se *antikvitetsaffär* **antikiserande** *a* imitation antique; . . in a classical style
anti|klimax anticlimax, bathos **-kropp** antibody
antikva *-n 0* boktr. Roman type (letters pl.) **antikvariat** *-et* - second-hand (finare antiquarian) bookshop **antikvarie** antiquarian, antiquary; bokhandlare second-hand (finare antiquarian) bookseller **antikvarisk** *a* antiquarian; om böcker second-hand **antikvariskt** *adv, köpa ~* buy second-hand **antikverad** *a* antiquated, outmoded **antikvitet** *-en -er* antikt föremål antique, curio (pl. -s): *romerska ~er* fornsaker Roman antiquities
antikvitets|affär antique shop, |antique and| second-hand furniture-shop(-dealer's) **-handlare** antique dealer, |furniture-|broker **-samlare** collector of antiques **-samling** collection of antiques
Antillerna *pl* the Antilles
antilop *-en -er* antelope
antimakass *-en -er* antimacassar **antimilitarism** anti-militarism
antimon *-et (-en) 0* antimony
antingen *konj* **1** either; *~ du eller jag* either you or I **2** vare sig whether; *~ du vill eller inte* whether you like it (want to) or not
anti|pati antipathy; *ha (hysa) ~* feel an antipathy, *för* towards, *mot* to **-patisk** *a* antipathetic, repellent **-pod** *~en ~er* plats antipodes (pl. lika): person person living on the opposite side of the earth; *de är varandras ~er* bildl. they are poles apart **-semit** anti-Semite **-semitisk** *a* anti-Semitic **-semitism** anti-Semitism **-septisk** *a* (äv. *~t medel*) antiseptic **-tes** antithes|is (pl. -es)

antologi anthology
antracit *-en 0* anthracite
antropo|log anthropologist **-logi** *~|e|n 0* anthropology **-logisk** *a* anthropological **-morfism** anthropomorphism **-sof** *~en ~er* anthroposophist
anträd genealogical tree
anträda *tr* set out (off) |up|on, start off |up|on; begin **anträffa** *tr* find, meet with **anträffbar** *a* available
antvarda *tr* se *överantvarda*
Antwerpen Antwerp
antyd|a *tr* **1** låta påskina (förstå) hint, intimate, *för* to; *han -de |för mig|* lät |mig| tydligt förstå *att . .* he gave me to understand that . . **2** |i förbigående| beröra touch |up|on; förebåda foreshadow; *av -d art* of the kind indicated; *svagt -d* svagt markerad . . faintly outlined (suggested) **3** tyda på indicate, suggest; *~* peka på *ngt* point to a th.; *som namnet -er* as the name implies (suggests) **antydan** *- 0* fingervisning, vink hint, intimation, *om* of; tecken äv. indication, *om* of; ansats, skymt suggestion, suspicion, spår vestige, trace, *till* i samtliga fall of; jfr *antydning* **antydning** förtäckt anspelning insinuation, innuendo; jfr *antydan* **antydningsvis** *adv* kortfattat in rough outline, roughly; som en antydan as a hint
antåg *s* o. **antåga** *itr* eg. advance, bildl. approach **antågande** *-t 0* se *antåg; vara i ~* be approaching (on the way), om t. ex. oväder o. obehag be brewing; *vintern är i ~* äv. winter is coming on
antända *tr* set fire to, set . . on fire; t. ex. laddning, bensin ignite; *~s* äv. catch fire **antändbar** *a* inflammable **antändbarhet** inflammability **antändning** ignition; *rädda från ~* save from catching fire
anvis|a *tr* **1** tilldela o. d. allot, assign; *~ |ngn| ngt* ge |ngn| anvisningar om ngt help a p. to find a th.; *~ ngn* ge ngn anvisning om *arbete (sovplats)* find a p. work (somewhere to sleep); *~ ngn* visa ngn till *en sittplats* show a p. to a seat; *få sig ~d* have . . assigned to one **2** anslå, bevilja, t.ex. penningmedel allow, allot, earmark, parl. vote, appropriate **-ning,** *~|ar|* upplysning, föreskrift directions pl., instructions pl., vink tip sg.; *~ hur man skall gå* directions as to how to get there; *få ~ på ngn* be directed (referred) to a p.; *ge ngn ~ på* direct (refer) a p. to; *ge |ngn| ~ på en bra lärare* recommend a good teacher |to a p.|
använda *tr* **1** allm. use, mera valt samt i bet. anlita employ; göra bruk av, begagna sig av make use of, se vid. *begagna II;* bära, t. ex. kläder, glasögon wear, käpp o. d. carry; ta, t. ex. medicin, socker i te take, *till (för)* i samtliga fall for, *till (för) att* inf. to inf.; *~ tiden väl* make good use of . .; *~ bättre* put to a better use; *~s* äv. be in use; *det har börjat ~s* äv. it has begun to come

into use; *färdig att ~s* äv. ready for use; *en allmänt (flitigt) använd bok* a book in general (constant) use; [*något*] *använd* se *begagnad* **2** tillämpa, t. ex. regel apply, metod adopt; sin auktoritet, intelligens exercise; *~ felaktigt* misapply **3** lägga ned, t.ex. tid, pengar spend, *på* on, in; ägna devote, *till att läsa* to reading **4** förbruka use up, *till* on, *till att tvätta* washing

användbar *a* allm. usable, . . of use; motsats: oanvändbar . . fit for use; nyttig useful, . . of use, *till* for; om t. ex. kläder serviceable; om t. ex. metod practicable; tillämplig applicable, *för* to; *den är ~ till många ändamål* it is capable of being used (it can be used) for many purposes; *föga ~* . . of little use; *han är ganska ~ i (för)* . . he is a useful man in (for) . .; *metoden är ganska ~* the method works quite well; *i ~t skick* in working order, in serviceable condition **-het** usefulness; fitness for use; serviceableness; applicability; [praktisk] nytta utility

användning use, av pers., mera valt employment; behandling usage; tillämpning application; *jag skulle ha stor ~ för* . . I should have great use of . ., äv. . . would be of great use to me; *jag har ingen ~ för det* I have no use (can find no use) for it, I can make no use of it; *komma till (finna) ~* be of use, prove (be) useful, användas be used, *såsom* as, *till* for; om t.ex. metod be applicable **användningsområde** field of application; *ett stort ~* a wide field etc. **användningssätt** method of application; *dess ~* ofta the way it is used

aorta -[*n*] *0* aorta

ap|**a I** *-an -or* **1** zool. monkey, isht utan svans ape **2** sjö. gaffel~ main spencer; stag~ mizzen staysail **II** *tr itr, ~ efter ngn* ape (mimic) a p.

apache *-n -r* indian Apache Indian; parisgangster apache

apaktig *a* monkey-like, ape-like

apanage *-t* - ap[p]anage; kungligt ~ i Engl. äv. civil list

apati -[*e*]*n 0* apathy **apatisk** *a* apathetic

apel *-n aplar* apple-tree **-kastad** *a* dapple[-grey], dappled

apelsin *-en -er* orange **-klyfta** orange segment, i dagligt tal piece of orange **-kärna** orange-pip **-marmelad** [orange] marmalade **-saft** orange juice (sockrad, för spädning squash) **-skal** orange-peel äv. koll. **-träd** orange-tree

Apenninerna *pl* the Apennines **apenninsk** *a* Apennine

aperitif *-en -er* aperitif

ap|**fysionomi** face like a monkey **-han**[**n**]**e** male (he-)monkey **-hona** female (she-)monkey **-lik** *a* ape-like, monkey-like, simian

aplomb *-en 0* aplomb, self-possession

apmänniska ape-man

apokalyps *-en 0* apocalypse **apokalyptisk** *a* apocalyptic

apokryfisk *a* apocryphal; *de ~a böckerna* the Apocrypha sg.

apologet *-en -er* apologist, apologete **apologetisk** *a* apologetic[al] **apologi** apologi[a (pl. äv. -ae), apology

apoplektisk *a* apoplectic **apoplexi** -[*e*]*n 0* apoplexy

apost|**el** *-eln -lar* apostle **Apostlagärningarna** *pl* the Acts [of the Apostles] **apostlahästar** *pl,* F *använda ~na* go on Shanks'[s] (Shank's) pony (mare) **apostolisk** *a* apostolic[al]; *den ~a trosbekännelsen* the Apostles' Creed

apostrof *-en -er* apostrophe **apostrofera** *tr* tilltala apostrophize

apotek *-et* - pharmacy; i Engl. chemist's [shop]; amer. äv. drugstore; på fartyg, sjukhus o.d. dispensary **apotekare** pharmacist; i Engl. dispensing (pharmaceutical) chemist, chemist and druggist; amer. äv. druggist

apoteks|**biträde** chemist's assistant **-innehavare** licensed chemist and druggist **-vara** chemist's licensed article, medical drug

apoteos *-en -er* apotheos|is (pl. -es)

apparat *-en -er* **1** instrument apparatus, *för* for; anordning device, appliance; radio~, TV~ set; telefon~ instrument; t. ex. bandspelare machine; elektrisk ~ appliance; *två ~er* äv. two pieces of apparatus; *alla nödvändiga ~er* all the necessary apparatus (equipment) **2** utrustning apparatus, equipment; *en så stor ~* such a large amount of apparatus **3** bildl., resurser resources pl., maskineri machinery; *sätta i gång en stor ~* F make extensive preparations **apparatur** equipment end. sg.; apparatus

apparition yttre appearance, presence

appell *-en -er* **1** jur. o. allm. appeal **2** mil. call **appellant** appellant **appellationsdomstol** court of appeal **appellativ I** *-et* -[*er*] common noun, appellative **II** *a* appellative **appellera** *itr* appeal

appendicit *-en -er* läk. appendicitis

appendix *-et* - appendi|x (pl. -ces el. -xes)

applicera *tr* apply, *på* to

applåd *-en -er,* ~[*er*] applause sg., handklappning[ar] clapping sg.; *stormande ~er* tremendous applause; *en stark ~* loud applause; *han fick många ~er* he was applauded (clapped) repeatedly; *riva ned ~er* bring the house down **applådera** *tr itr* applaud, clap **applåderande** *-t 0* o. *a* applauding **applådåska** storm (volley) of applause (clapping)

apport *itj* till hund fetch it! **apportera** *tr* fetch; jakt. retrieve

apposition gram. apposition|al phrase (word)|; *stå som* ~ |*till*| be in apposition |to|
appretera *tr* dress, finish **appretur** o. **appretyr 1** abstr. dressing, finishing **2** konkr. finish
approbatur pl. - *n* betyg pass; *få* ~ obtain a pass
approximativ *a* approximate
aprikos *-en -er* apricot **-kärna** apricot stone **-marmelad** apricot jam **-träd** apricot-tree
april *r* April (förk. Apr.); ~, ~! April fool!; *i* ~ |*månad*| in |the month of| April; jfr *femte; första* ~ äv. April Fools' Day; *den sista* ~ |ss. adverbial on| the last day of April; *i början (mitten, slutet) av* ~ at the beginning of el. early in (in the middle of, at the end of) April; *narra ngn* ~ make an April fool of a p. **-regn** April shower|s pl.| **-skämt,** *ett* ~ an April fools' joke **-väder** April weather
apropå I *prep* apropos |of|; ~ *det* äv. talking of that, by the way, that reminds me; ~ *ingenting* changing the subject |for a moment| **II** *adv* by the by (way); |*helt*| ~ incidentally, casually; *alldeles* ~ oväntat |quite| unexpectedly; *mycket* ~ lägligt very opportunely **III** *-t -n (-er)* ung. loose digression; *som ett* ~ vill jag nämna incidentally . .
apter|a *tr* adapt; anpassa adjust; *~d till* äv. converted into **-ing** adaptation; adjustment; conversion
aptit *-en 0* appetite, *på* for äv. bildl.; *för att få* ~ to work up an appetite; *man får* ~ *av att cykla (av hårt arbete)* cycling (hard work) gives one an appetite; *förlora (återfå) ~en* lose (recover) one's appetite; *förstöra ~en för ngn* take away a p.'s appetite; *ha frisk (klen)* ~ have a healthy el. good el. hearty (poor) appetite; *äta med god* ~ äv. eat with great relish; *~en kommer medan man äter* appetite comes with eating **-lig** *a* appetizing, savoury; lockande inviting, enticing; läcker tasty; för ögat dainty **-lighet** appetizingness osv. **-lös** *a, vara* ~ have no appetite **-löshet** loss (brist på aptit lack) of appetite **-retande I** *a,* ~ dryck ..that stimulates the appetite; *ett* ~ *medel* an appetizer **II** *adv, verka* ~ whet (excite, tickle, stimulate) the appetite **-sup** appetizer
ar *-et (-en)* - are fr.; *ett* ~ eng. motsv. 119.6 square yards
arab *-en -er* Arab, Arabian **arabesk** *-en -er* arabesque **Arabien** Arabia **arabisk** *a* Arab|ian|, Arabic; *~a siffror* Arabic numerals **arabisk|a** *-an* **1** pl. *-or* kvinna Arabian woman **2** pl. *0* språk Arabic
arameisk *a* o. **arameiska** *-n 0* språk Aramaic

arbeta I *itr tr* allm. work (för konstr. se ex.), vara sysselsatt be at work, *med (på)* on, at; mödosamt el. tungt äv., isht i högre stil labour, toil; ~ *degen* work the dough; ~ *bra (strängt)* äv. do good (hard) work; ~ *fort (långsamt)* äv. be a quick (slow) worker; ~ *för sitt uppehälle* work for one's living; *tiden ~r för oss* äv. time is on our side; ~ *i händerna på . .* play into the hands of . .; ~ *i jordbruket* work on the land; ~ *på ett broderi (med* el. *på ett problem)* work at a piece of embroidery (at el. on a problem); ~ *på sin examen* work for one's exam; ~ *på (i)* |*en*| *fabrik* work at a factory; ~ *för (på) att* inf. work (friare strive) to inf.; *det ~s* man verkar *för (på) att* inf. forces are at work to inf.; *~d* worked, om metaller o. konstalster äv. wrought; *~nde ledamot* working (active) member; *de ~nde massorna* the |working| masses; ~ *sig trött* work till one is tired
II med beton. part. **1** ~ *av* work off **2** ~ *bort* get rid of, stamning o.d. äv. |gradually| get the better of; |*lyckas*| ~ *bort* manage to eliminate **3** ~ *sig fram* eg. o. bildl. work one's way |along|; vinna framgång make one's way |in the world|; ~ *sig fram|åt|* work one's way forward; *fartyget ~de sig fram i den höga sjön* the ship laboured through the heavy seas **4** ~ *ihjäl sig* work oneself to death **5** ~ *ihop* a) tr.: ~ *ihop en förmögenhet* manage to amass a fortune; ~ *ihop pengar till ngt* work to get money for a th. b) itr. work together **6** ~ *in (in . . i)* eg. work in (. . into); ~ *in* handelsvara create (work up) a market for . .; ~ *in förlorad arbetstid* make up for lost time; ~ *in extra ledighet* i förväg work overtime in order to get some hours (resp. days) off; . . *har ~ts in i texten* . . are embodied in the text; *en inarbetad firma* an established firm; *en inarbetad vara* an article which sells well, a popular article **7** ~ *med* share (take part) in the work **8** ~ *om* bok o. d. revise, lag o. d. äv. redraft; helt och hållet äv. rewrite; för scenen, filmen adapt **9** ~ *undan* get a lot of work done **10** ~ *upp* allm. work up; jord cultivate; utveckla develop; förbättra improve; ~ *sig upp,* ~ *upp sig* se ~ *sig fram* **11** ~ *ut* a) se *utarbeta* b) ~ *ut sig* wear oneself out |with hard work| **12** ~ *över* på övertid work overtime
arbetar|bostad workman's dwelling; *-bostäder* workmen's dwellings **arbetar|e a)** allm.: worker, i högre stil äv. labourer; kropps~ äv. manual worker (labourer), workman, ibl. working-man; ss. mots. till arbetsgivare employee; *de organiserade -na* organized labour sg.; *han sysselsätter 100* ~ äv. he employs a hundred hands (men) **b)** spec.: jordbruks~ o. grov~ labourer, schaktnings~, rallare o.d. navvy; fabriks~ hand, operative; verkstads~

mechanic; diverse~ jobber, casual labourer
arbetar|familj working-class family **-fråga,** *~n* the Labour question **-hustru** working-man's wife **-klass** working-class; *~en* vanl. the working classes pl. **-kvarter** working-class district (quarter); *~en* ss. område the working-class district (quarter) **-ledare** ung. Labour leader **-parti** Labour party; *~et* i Engl. äv. Labour **-råd** polit. Workers' Council **-rörelse,** *~n* the Labour Movement **-skydd** 'välfärdsanordningar' industrial welfare (safety) **-stam** body of workers; *Sveriges ~* the workers of Sweden
arbete *-t -n* allm. work, abstr. o. isht i högre stil äv. labour, möda toil (samtl. vanl. äv. *~n;* jfr ex.); sysselsättning äv. employment, plats isht F job; åliggande task; prestation äv. performance
ett ~ a) abstr. a piece of work, a job b) konkr.: isht konstnärligt el. litterärt a work, handarbete, slöjd o. d. a piece of work; *det var ett ansträngande ~ att komma dit* it was hard work (a hard el. tough job) getting there; *det var |ett| bortkastat ~* it was labour thrown away; *att gräva diken är ett hårt (tungt) ~* digging ditches is hard work; *skriftliga ~n* written work sg.; *ett svenskt ~* en svensk vara a Swedish product; *den här kniven är |ett| svenskt (mycket fint) ~* this knife is |of| Swedish workmanship (is an excellent piece of workmanship); *tillfälliga (smärre) ~n* odd jobs (small pieces of work); *han har gjort ett utmärkt ~ (utmärkta ~n)* he has done an excellent piece of work (done excellent work), F he has done a good job (good jobs) |of work|; *kapital och ~* capital and labour; *~ inomhus* indoor work; *~n|a| i ett hem* domestic duties; *ha ~ hos . .* be in the employ of . ., be employed by . .; *ha mycket ~ med översättningen (med att översätta . .)* have a great deal of work with the translation (work translating . .); *nedlägga (lägga ned) ~t* cease (stop) work, strejka go on strike, down tools; *lägga ner mycket ~ på . .* bestow much labour on . ., put in a great deal (lot) of work on . .; *söka ~* look out (be on the look-out) for a job (for work)
föregånget av prep.: *han fick i ~ att göra ren . .* he was given the task (job) of cleaning . .; *sätta ngn i ~* få att arbeta put a p. to work; *vara i ~* sysselsatt be at work; *ta itu med ~t* set about the job (task), set (get) to work; *han har gått till ~t* he has gone off to |his| work; *beställningen (ordern) är under ~* the order is being executed; *huset är under ~* the work on the house is proceeding (in hand), the house is under construction; *musik under ~t* music while you work; *olyckor under ~t* accidents happening while |one is| at work; *|gå (vara)| utan ~* |be| out of work
arbetsam *a* flitig hard-working, industrious; mödosam laborious, toilsome **-het** industriousness, industry, diligence
arbets|avtal labour agreement (contract), contract of employment **-besparande** *a* labour-saving **-besparing** saving (economizing) of labour **-betyg** character **-bi** zool. worker-bee **-blus** smock|-frock|, |workman's| blouse **-bok 1** employment book **2** skol. practice book **-bord** work-table, working-table; skrivbord |writing-|desk, writing-table **-brist** scarcity of work (labour) **-byrå,** *Internationella ~n* the International Labour Office **-börda** burden of work; *hans ~* the |amount of| work he has to do **-chef** i fabrik works manager **-dag** working-day; söckendag, vardag workday; *åtta timmars ~* eight-hour |working-|day; *en kortare ~* a shorter working-day (amer. workday) **-domstol** labour court **-duglig** *a* . . capable of |doing| work, . . fit for work **-folk** workers pl., labourers pl. **-fred** industrial peace **-fri** *a, ~ inkomst* unearned income **-fält** sphere of activity **-för** *a* . . fit for work, able-bodied **-fördelning,** *~en* the distribution of |the| work; ekon. |the| division of labour **-förhållanden** *pl* working conditions **-förmedling|sbyrå|** employment (labour) exchange **-förmåga** working capacity, capacity for work **-förtjänst** earnings pl.
arbets|givare employer **-givarförening** employers' association; *Svenska Arbetsgivareföreningen* the Swedish Employers' Confederation **-glädje,** *hans ~* the pleasure he takes in his work; *känna ~* have one's heart in one's work **-grupp** |working| team **-hypotes** working hypothesis **-häst** cart-horse, ibl. dray-horse **-inställelse** stoppage (cessation) of work, strejk strike **-intensitet** rate of working **-kamrat** fellow-worker, work-mate; kollega colleague **-klädd** *a* . . in working-attire, . . dressed in one's work|ing|-clothes **-kläder** *pl* work|ing|-clothes pl., working-attire sg. **-konflikt** labour dispute **-kostnad** cost of labour **-kraft 1** folk labour, manpower **2** *en god ~* a good worker **-lag** grupp team |of workmen|, working party; skift shift **-lagstiftning** labour legislation **-ledare** på fabrik o. d. works manager, foreman **-lokal** work-room, workshop; fabriks- factory premises pl. **-lust,** *ha ~* feel like working **-läger** labour camp **-lön,** *~|er|* wages pl. **-lös** *a* unemployed, . . out of work (employment, a job); *en ~* a man (resp. woman) who is out of work; *de ~a* the unemployed **-löshet** unemployment
arbetslöshets|försäkring unemployment

insurance **-kassa** unemployment fund **-understöd** unemployment benefit; *få* uppbära ~ F be on the dole
arbets|marknad labour-market **-marknadsstyrelse,** ~*n* the Labour Market Board **-metod** method of working; working method **-myra** worker-ant; bildl. busy bee; *en* ~ äv. a glutton for work, a hard worker **-människa** hard worker **-namn** på roman, film osv. under arbete working (preliminary) title **-nedläggelse** stoppage (cessation) of work, strejk strike **-ordning** plan programme; reglemente, procedur rules pl. of procedure; ordningsregler i fabrik o. d. plant regulations pl.; skol. time-table **-plats** allm. place of work; byggnads- o. d. |working| site; kontor o. d. office, work-room **-psykologi** industrial psychology **-ro** peace and quiet |so that one can work| **-rum** work-room; studie- study **-skola** 'work school', amer. activity school **-skygg** *a* work-shy **-studieman** time and motion study man **-studier** *pl* work (time and motion) studies **-stycke** workpiece, |piece of| work in hand **-styrka** staff of workmen, labour force, number of hands; ~*n fulltalig!* no more hands required! **-sätt** way (method) of working **-sökande** *a* . . in search of work; |*de*| ~ subst. a. those in etc., the applicants for a job (post) **-tag,** *vara i* ~*en* be hard at work **-tagare** employee, worker **-takt** working pace **-terapi** occupational therapy **-tid** working-hours pl., hours |of work| pl.; *efter* ~*en|s slut|* after hours **-tidsförkortning** shorter |working-|hours pl. **-tillfälle** opening; *antalet* ~*n har ökats* the number of vacant jobs has risen **-tillgång** labour supply **-tillstånd** permission to take up work, labour permit **-träl** drudge **-tvist** labour dispute (conflict) **-tyngd** *a* . . overloaded with work **-uppgift** task, isht amer. assignment **-utskott** working (executive) committee **-vecka** working week, amer. äv. work week **-villig** *a* . . willing (ready) to work
arbitrage *-t 0* valuta~ foreign exchange dealings pl.
Archangelsk Archangel
ardenner|häst| Ardennes|-breed| cart-horse **Ardennerna** *pl* the Ardennes
are|a *-an -or* area **areal** *-en -er* area; jordegendoms acreage
aren|a *-an -or* arena äv. bildl.
arg *a* **1** ond angry, F isht amer. mad, förargad äv. cross; ilsken F o. om djur savage, wild; rasande furious; *bli* ~ *på ngt (ngn)* get angry (wild) at a th. (with a p.), get cross over a th. (with a p.) **2** ~*a fiender* bitter enemies **3** *ana* ~*an list* se under *ana* **argbigg|a** *-an -or* shrew, vixen
Argentina the Argentine |Republic|, Argentina **argentinare** *s* o. **argentinsk** *a* Argentine **argentinska** Argentine woman
argon *-et 0* argon
argsint I *a* ill-tempered, irascible **II** *adv* irascibly **argsinthet** irascibility, ill-temper
argument *-et -* argument **argumentation** argumentation **argumentera** *itr* argue, *för* in favour of **argumentering** argumentation; argumenterande arguing
argusögon *pl, ha* ~ be argus-eyed (vigilant); *bevaka ngn med* ~ watch a p. vigilantly
ari|a *-an -or* aria
arier *s* o. **arisk** *a* Aryan
aristokrat aristocrat **aristokrati** aristocracy **aristokratisk** *a* aristocratic
Aristoteles Aristotle
aritmetik *-en 0* arithmetic **aritmetiker** arithmetician **aritmetisk** *a* arithmetical
1 ark *-en 0* ark; *förbundets* ~ the Ark of the Covenant; *Noaks* ~ Noah's Ark
2 ark *-et -* pappers~ o. boktr. sheet; ~ *papper* sheet of paper
arkad *-en -er* arcade
arkadisk *a* Arcadian
arkaisera *itr* archaize; ~*nde* archaic **arkaism** *-en -er* archaism **arkaistisk** *a* archaic, archaistic
arkebusera *tr* shoot **arkebusering** execution by a firing squad; döma . . *till* ~ . . to be shot
arkeolog archaeologist **arkeologi** *-|e|n 0* archaeology **arkeologisk** *a* archaeological
arkipelag *-en -er* archipelago (pl. -s)
arkitekt *-en -er* architect **arkitektbyrå** o. **arkitektkontor** architect's office **arkitektonisk** *a* architectural, architectonic **arkitektur** architecture
arkiv *-et -* allm. archives (vanl. pl.) äv. lokal; dokumentsamling, arkivalier äv. records pl.; bild~, film~ library **arkivalier** *pl* se föreg. **arkivarbetare** ung. archive worker **arkivarie** archivist, keeper of the archives **arkivera** *tr* file
arkiv|exemplar se *biblioteksexemplar* **-forskare** |public| records researcher **-forskning|ar|** research |work| sg. in the archives **-fotografering** microfilming of documents **-studier** *pl* the study sg. of archives
Arktis the Arctic **arktisk** *a* arctic
arla I *oböjl. a* early; *i* ~ *morgonstund* early in the morning **II** *adv* early, betimes
1 arm *a* stackars, fattig poor; usel wretched, miserable, unfortunate
2 arm *-en -ar* arm; av flod, ljusstake m.m. branch; jfr *ärm; lagens* ~ the arm of the law; *bjuda ngn* ~*en* offer a p. one's arm; *slå* ~*arna om ngn, ta ngn i sina* ~*ar* take a p. in one's arms, embrace a p.; *ta ngn i*

~*en* take a p. by the arm; [*gå*] ~ *i* ~ [walk] arm-in-arm; *med ~arna i kors (korslagda ~ar)* äv. bildl. with one's arms folded; *med ~arna i sidan* with [one's] arms akimbo; *med öppna ~ar* with open arms; *ha en bindel om ~en* wear an armlet (armband); *på rak ~* bildl. offhand, straight off; *bära ngn på sina ~ar* carry a p. in one's arms, bildl. cherish [and support] a p.; *hålla ngn under ~en* have a p. on one's arm; *ta ngn under ~en* hold (take) a p.'s arm; *föra en dam vid ~en* lead a lady by the arm

armad|a *-an -or* armada

armatur 1 elektr. a) koll.: belysnings~ electric fittings pl. b) ankare, rotor m. m. armature **2** armering armour

arm|band bracelet; jfr *-ring* **-bandsur** wrist-watch **-bindel** ss. igenkänningstecken e.d. armlet, armband

armborst *-et -* cross-bow, arbalest

arm|brott fractured (broken) arm **-brytning** Indian wrestling **-båga** *rfl* elbow one's way (oneself), *fram* along **-bågas** *itr. dep* jostle **-båge** elbow; *bjuda ngn med ~n* ung. invite a p. merely out of politeness **-bågsben** elbow-bone, anat. uln|a (pl. -ae) **-bågsled** elbow-joint **-bågsrum** elbow-room **-böjning** gymn. bending of arms

armé *-n -er* army äv. bildl. **-chef** army commander **-kår** army corps **-ledning,** *~en* ung. the Army Council

Armenien Armenia **armenier** *s* o. **armenisk** *a* Armenian

armera *tr* **1** mil. arm **2** *~d betong* reinforced concrete; *en ~d kabel* an armoured cable **armering 1** mil. armament **2** reinforcement[s pl.]; armour[ing]; jfr *armera* **armeringsjärn** [steel] reinforcement bar (koll. bars pl.)

arm|gång gymn. travelling on the [horizontal] bar **-håla** armpit **-hävning** pull-up **-muskel** muscle of the arm

armod *-et 0* poverty, destitution

armring enklare bangle, finare bracelet **armslång** *a* . . as long as one's arm **armslängd** arm's length; [*på*] *en ~s avstånd* at arm's length **armstake** branched candlestick, candelabr|um (pl. -a) **armstark** *a* . . strong in the arms, brawny armed **armstjock** *a* . . as thick as one's arm

arm|styrka strength of [one's] arm **-stöd** elbow-rest, arm [of a (resp. the) chair] **-svett** perspiration of the armpit, body odour **-veck** bend of the arm

arom *-en -er* aroma **aromatisk** *a* aromatic **aromglas** balloon glass, amer. snifter

arrak *-en 0* arrack

arrangemang *-et -* arrangement äv. mus.; *~en* the organization sg.; *stå för ~en* be in charge **arrangera** *tr* arrange äv. mus., organize **arrangör** organizer, arranger

arrendator leaseholder, tenant [farmer]; isht jur. lessee **arrende** *-t -n* tenancy, leasehold; arrendering leasing; kontrakt lease; avgift rent; *~t utgår i mars* the tenancy (lease) expires in March; *~t utgår med 5000 kronor* the rent is 5000 kronor; *betala . . i ~* pay a rent of . . (. . [in] rent); *ha (ta) . . på ~* have (take) . . on (under) a lease **arrendeavgift** rent, rental **arrendejord** leasehold land **arrendekontrakt** lease **arrendera** *tr* lease, rent; *~ bort (ut)* lease [out], let [out . . on a lease] **arrendetid** [term of a (resp. the)] lease

arrest *-en -er* custody, confinement; mil. arrest, detention; lokal cell, lock-up, mil. guard-room, guard-house; *mörk ~* confinement in a dark cell; *skärpt (sträng) ~* close arrest; *~ utan bevakning* open (house) arrest; *sitta (hålla) i ~* be (detain) in custody; *sätta i ~* place..under (in) arrest, lock..up **arrestant** person in custody (under arrest), prisoner **arrestera** *tr* arrest, take . . into custody (in charge), place (put) . . under arrest; *hålla ~d* detain . . in custody **arrestering** arrest **arresteringsorder** se *häktningsorder*

arriärgarde rear[guard]

arrogans *-en 0* arrogance, haughtiness **arrogant I** *a* arrogant, haughty **II** *adv* arrogantly, haughtily

arsenal *-en -er* arsenal äv. bildl., armoury

arsenik *-en 0* arsenic **-fri** *a* . . free from arsenic **-förening** compound of arsenic **-förgiftad** *a* . . suffering from arsenic poisoning; om mat . . poisoned with arsenic; *bli ~* get arsenic poisoning **-förgiftning** arsenic poisoning **-halt** arsenic content **-haltig** *a* . . containing arsenic, arsenical, arsenious **-prov** arsenic test

arsle *-t -n* vulg. arse

art *-en -er* slag kind, sort, description; vetensk. species (pl. lika); natur nature, character; *av en annan ~* typ äv. of a different type; *rik (fattig) på ~er* with many (few) species **arta** *rfl* shape; utvecklas turn out, develop; *han (sakerna) ~r sig [bra]* he is (things are) shaping well; *det ~r sig med vädret* the weather is looking up; *det ~r sig till [att bli]* lovar it promises to be, hotar it threatens to be, ser ut att bli it looks like **artbestämning** determination of species

arteriell *a* arterial **arterioskleros** *-en 0* arteriosclerosis

artesisk *a, ~ brunn* artesian well

artificiell *a* artificial, falsk, fingerad äv. sham, false

artig *a* polite, förekommande courteous, hövlig civil; uppmärksam attentive, *mot* i samtl. fall to **-het** *~en ~er* politeness, courtesy, civility; attention; *en ~* an act of politeness; *~er* compliments; *säga ngn ~er* pay a p. compliments; *visa ngn den ~en att* inf. pay a p. the compliment of ing-form; *av ~* out of politeness osv. **-hetsbetygelse** mark of courtesy **-hetsfraser** *pl* polite phrases **-hetsvisit** courtesy call, formal visit

artikel *-n artiklar* article **-serie** series of articles

artikulation articulation **artikulationsbas|is|** basis of articulation **artikulationsställe** point of articulation **artikulera** *tr* articulate **artikulering** articulation

artilleri -|*e*|*t 0* artillery, sjö. o. ss. vetenskap gunnery **-beskjutning** artillery fire **-duell** artillery duel **-eld** artillery fire, gun-fire **-fartyg** gun-ship **-officer** artillery (sjö. gunnery) officer **-pjäs** gun, piece |of ordnance| **-regemente** artillery regiment **-skjutskola** school of artillery (sjö. gunnery)

artillerist artilleryman; gunner äv. sjö. **artilleristrid** artillery engagement (battle) **artillerivetenskap** |science of| gunnery

artist artist; teat. o. friare vanl. artiste **artisteri** -|*e*|*t 0* artistry **artistisk** *a* artistic

artnamn naturv. specific name, name of the (resp. a) species; gram. common noun

arton *räkn* se *aderton*

art|rik *a* . . rich in species **-skild** *a* specifically distinct

Artursagan the legend of King Arthur, the Arthurian legend

artär artery

arv *-et -* inheritance; isht andligt heritage; legat legacy, bequest; *det är ett ~ i släkten* är ärftligt it runs in the family; *få ett litet ~* äv. come into (be left) a little money (property); *tillfalla ngn genom ~* come (fall) to a p. |by inheritance|; *få i ~* inherit, *efter* from; *gå i ~* a) om egendom be handed down, descend, be passed on b) vara ärftlig be hereditary; *lämna ngn ngt i ~* leave (bequeath) a th. to a p. (a p. a th.); *få . . till ~ och eget* get . . |to have and to keep| as one's very own **arvedel** share of an (resp. the) inheritance osv., jfr *arv* **arv|e|gods** jordegendom hereditary estate

arv|fiende hereditary foe (enemy) **-fiendskap** hereditary enmity **-furste** hereditary prince **-följd** succession

arving|e *-en -ar* heir, kvinnlig heiress, laglig heir-at-law (pl. heirs-at-law); *utan -ar* äv. . . without issue, heirless **arvland** hereditary domain **arvlös** *a* disinherited; *göra ngn ~* disinherit a p., cut a p. out of one's will

arvode *-t -n* remuneration, *åt* (*för*) for; läkares o. d. fee; *vad begär han i ~?* what remuneration (fee) does he ask for? **arvodesanställning** ung. temporary appointment

arvprins hereditary prince **arvrike** hereditary kingdom **arvsanlag** biol. gene; allm. hereditary character (disposition) **arvsanspråk** claim to an (resp. the) inheritance (om tronföljd o. d. the succession) **arvsberättigad** *a* . . entitled to |a share of| the inheritance, om tronföljd o. d. . . in the line of succession **arvskifte** distribution of an (resp. the) estate **arvslag** law of succession **arvslott** part (share, portion) of an (resp. the) inheritance **arvsmassa** hereditary factors pl. **arvsordning** rules pl. of inheritance (om tronföljd o. d. of succession) **arvsrätt 1** right of inheritance; *ha ~ = vara arvsberättigad,* jfr d.o. **2** lag law of inheritance **arv|s|skatt** ung. estate duty (amer. tax) **arvstvist** dispute about an (resp. the) inheritance; *ligga i ~ med . .* contest an inheritance at law with . . **arvsynd** original sin **arvtagare** heir, jur. heir male, *till* to; inheritor, *till* of **arvtagerska** heiress; jur. heir female **arvtant** wealthy old aunt |from whom one expects a legacy|

1 as *-et -* **1** kadaver |animal| carcass, carrion; *leva på ~* feed on carrion **2** skällsord skunk, swine

2 as *-en -ar* myt. As (pl. Æsir) **asaläran** the Æsir cult

asbest *-en 0* asbestos **-artad** *a* asbestine **-papp** asbestos millboard

asch *itj* oh!, pooh!

aseptik *-en 0* asepsis **aseptisk** *a* aseptic; *~t medel* aseptic

asexuell *a* asexual

asfalt *-en 0* asphalt **asfaltbelagd** *a* asphalted **asfaltbeläggning** abstr. asphalting; konkr. asphalt surface **asfaltera** *tr* asphalt

asfalt|gata asphalt road **-lack** asphalt varnish **-läggare** asphalter **-tjära** asphalt tar

as|fluga carrion fly **-gam** Egyptian vulture

asiat *-en -er* o. **asiatisk** *a* Asiatic, Asian

Asien Asia; *Mindre ~* Asia Minor

asjett *-en -er* se *assiett*

1 ask 1 *-en -ar* träd ash|-tree| **2** *-en 0* virke ash|wood|; *. . av ~* äv. ash|wood| . . — För sms. jfr *björk-*

2 ask *-en -ar* box, bleck~ tin|box|; *~ tändstickor* box of matches; *~ cigarretter* packet of cigarettes; *jag* (*du* osv.) *har det som i en liten ~* it's in the bag

aska I *-n 0* ashes pl.; cigarr~ o. d. ash; *lägga . . i ~* lay . . in (reduce . . to) ashes; *komma (råka) ur ~n i elden* jump (fall) out of the frying-pan into the fire **II** *tr itr, ~ av* vid rökning knock the ash off; *~ ner sig* vid rökning spill (drop) ash all over one **askartad** *a* ash-like **askblond** *a* ash-blond (resp. -blonde, jfr *blond*)

askes *-en 0* asceticism **asket** *-en -er* o. **asketisk** *a* ascetic

ask|fat ash-tray **-färgad** *a* ash-coloured, ashy|-hued|, cinereous **-grå** *a* ashen, ash-grey **-hög** ash-heap **-kopp** ash-tray **-låda** ash-pan **-onsdag 1** Ash Wednesday **2** i påskveckan, se *dymmelonsdag*
askorbinsyra ascorbic acid
ask|regn shower of ashes **-unge** o. *Askungen* Cinderella **-urna** cinerary urn
asocial *a* asocial
1 asp 1 *-en -ar* träd aspen **2** *-en 0* virke aspen wood; . . *av* ~ äv. aspen |wood| . . — För sms. jfr *björk-*
2 asp *-en -ar* fisk asp
aspekt *-en -er* aspect äv. språkv. o. astr.
aspirant sökande applicant (*till* for), candidate, *vid* for entrance (admission) to; under utbildning learner, trainee, probationer
aspirat|a *-an -or* aspirate **aspiration** äv. språkv. aspiration **aspirera I** *tr* språkv. aspirate **II** *itr,* ~ *på* aspire to, aim at, göra anspråk på pretend to
asplöv aspen leaf; *darra (skälva) som ett* ~ tremble (quiver, shake) like an aspen leaf
1 ass *-et* - brev insured letter
2 ass *-et* - mus. A flat **ass-dur** A flat major
assessor vid domstol assistant judge
assiett *-en -er* tallrik small plate; maträtt hors-d'oeuvre fr.
assimilation äv. språkv. assimilation **assimilera** *tr* äv. språkv. assimilate
assistans *-en 0* assistance **assistent** allm. assistant; forskar- demonstrator **assistera I** *itr* assist, *vid* in; act as |an| assistant, *vid* at **II** *tr* assist; ~ *ngn* äv. go (come) to a p.'s assistance **assistering** assisting osv., jfr *assistera;* assistance
association idé- o. sammanslutning association **associationsförmåga** power of forming associations **associera** *tr* associate; ~ *sig med* . . associate (H enter into partnership) with . .; ~*d medlem* associate member
assonans *-en -er* assonance
assurans *-en -er* insurance **-belopp** o. andra sms. se *försäkringsbelopp* osv. **-spruta** se *pytsspruta*
assurera *tr* insure; sjö. underwrite; ~*s för* . . som påskrift to be insured for . .
Assyrien Assyria **assyrier** *s* o. **assyrisk** *a* Assyrian
astenisk *a* asthenic
ast|er *-ern -rar* aster **asterisk** *-en -er* asterisk **asteroid** *-en -er* asteroid
astigmatisk *a* astigmatical **astigmatism** astigmatism
astma *-n 0* asthma **astmatisk** *a* asthmatic|al|
astrakan äpple astrakhan apple
astralkropp astral body
astro|fysik astrophysics **-log** astrologer **-logi** ~|*e*|*n 0* astrology **-logisk** *a* astrological **-naut** ~*en* ~*er* astronaut **-nautik** ~*en 0* astronautics **-nautisk** *a* astronautic **-nom** astronomer **-nomi** ~|*e*|*n 0* astronomy **-nomisk** *a* astronomical
asur se *azur*
asyl *-en -er* asylum; fristad äv. sanctuary **-rätt** right of asylum
asymmetrisk *a* asymmetrical
atavism *-en -er* atavism **atavistisk** *a* atavistic
ateism atheism **ateist** atheist **ateistisk** *a* atheistic
ateljé *-n -er* studio; sy- o. d. work-room **-våning** studio flat, amer. studio apartment
Aten Athens **atenare** *s* o. **atensk** *a* Athenian
Atlanten the Atlantic |Ocean| **atlantflygning** transatlantic flight **atlantisk** *a* Atlantic **atlantångare** transatlantic liner
1 atlas *-en 0* tyg satin
2 atlas *-en -er* kartbok atlas, *över* of
atlet *-en -er* stark karl strong man, friare Samson **atletisk** *a* om kroppsbyggnad o.d. athletic, om pers. athletic-looking
atmosfär *-en -er* atmosphere äv. bildl. **atmosfärisk** *a* atmospheric|al|; ~*a störningar* radio. atmospherics
atoll *-en -er* atoll
atom *-en -er* atom; för sms. jfr äv. *kärn-* **-bomb** atom|ic| bomb **-bränsle** atomic (nuclear) fuel **-drift** nuclear propulsion **-driven** *a* nuclear-(atomic-)powered **-energi** atomic (nuclear) energy **-fartyg** nuclear ship (förk. N/S) **-kraft** atomic (nuclear) power **-kraftverk** atomic (nuclear) power station (plant) **-krig** atomic (nuclear) war **-kärna** nucleus of an (resp. the) atom, atomic nucleus **-nummer** atomic number **-reaktor** atomic pile, |nuclear| reactor **-teori** atomic theory **-ubåt** nuclear-powered submarine **-vapen** atomic (nuclear) weapon **-vikt** atomic weight **-värmeverk** nuclear heating plant **-åldern** the Atomic Age
atonal *a* atonal
ATP allmänna tilläggspensioneringen the general supplementary pensions scheme
atrofi atrophy; *en* ~ a form of atrophy
atrofierad *a* atrophied, withered
atropin *-et (-en) 0* atropine
att I *inf.-märke* (se äv. *2 för III* |*att*|, *till* |*att*|, *utom* |*att*| o. andra förbindelser med inf., ss. *hindra* |*från att*|, *2 komma* |*att*|, *längta* |*efter att*|, *nära* |*att*|, *svårighet* |*att*|, *van* |*att*|) **1** to; *han lovade* ~ *inte (alltid) göra det* he promised not (always) to do that; *det var ingenting* ~ *göra (för honom* ~ *göra här)* there was nothing to be done (for him to do here); *han vägrade* |~| *göra det* he refused to do that; *jag är tvungen*

|~ *göra det*| I am forced to |do it|; ~ *märka är att* . . it is to be noted that . .; ~ hur man gör för att *förtjäna pengar* how to earn (make) money

2 utan motsvarighet i eng. (ren inf.), spec. efter vissa vb o. talesätt. *allt du behöver göra är ~ komma hit* all you have to do is |to| come here; *jag måste få henne ~ göra det* I must make her do that; *hjälp mig ~ bära korgen!* please help me |to| carry the basket!; *det kom mig ~ tveka* it made me hesitate; *hellre än ~ göra det tog han* . . rather (sooner) than that he took . .; *du kan inte göra något bättre än ~ gå* you can't do better than go; *du gör bäst i ~ tiga* you had better keep quiet

3 *att* + inf. motsvaras av: **a)** ing-form, spec. efter prep. o. vissa vb, ibl. vid sidan av to + inf. (jfr ex.). *~ se är ~ tro* seeing is believing, to see is to believe; *~ skriva en bok är svårt* writing (the writing of, to write) a book is a difficult job; *kallar du det ~ boxas?* do you call that boxing?; *det var som ~ se en film* it was like seeing a film; *det här är lika bra som (bättre än) ~ gå på bio* this is as good as (is better than) going to the pictures; *jag föredrar ~ cykla* rent allmänt I prefer cycling (vid ett speciellt tillfälle to cycle); *undvika ~ göra ngt* avoid doing a th.; *boken är värd ~ läsa|s|* the book is worth reading; *efter ~ ha ätit frukost gick han* after having (having had) breakfast he went; *jag föredrar att cykla framför ~ gå* I prefer cycling to walking; *genom ~ läsa goda böcker* by reading (the reading of) good books **b)** of (äv. andra prep.) + ing-form. *konsten ~ sjunga* the art of singing; *jag har nöjet |~| sända Er varorna* I have the pleasure of sending (the pleasure to send, pleasure in sending) you the goods; *ett bra rum ~ sova i* a good room for sleeping in; *jag var rädd ~ störa honom* I was afraid of disturbing him

II *konj* (se äv. *därför |att|, i |det att|, utom |att|* o. andra förbindelser samt ex. med att-sats under *bero, vilja, önska* m.fl.) **1** that; *~ jag kunde vara så dum!* |to think| that I could be (have been) such a fool!; *jag tvivlar inte på ~ det* . . I don't doubt |but| that it . .; *han visste ~ jag var här* he knew |that| I was here; *jag är rädd |~ (för ~)| han kommer för sent* I am afraid |that| he will (högre stil lest he should) come too late; *jag känner mig säker på ~ han* . . I feel sure that he . .

2 it (det faktum the fact) that; *frånsett ~ han*. . disregarding (apart from) the fact that he . .; *man kan inte förneka ~ han* . . there is no denying the fact that he . .; *jag ber att få gratulera dig till ~ du* . . I beg to congratulate you on the fact that you . .; *du kan lita på ~ jag gör det* you may depend (rely) on it that I will do it (on me to do it, on my doing it)

3 *att* + sats motsvaras av: **a)** inf.-konstruktion. *jag bad honom ~ han skulle komma* I asked him to come; *det är mycket bättre ~ hon kommer hit* it is much better for her to come here; *|så| dumt ~ jag inte kom ihåg det!* how stupid of me not to remember it!; *hur kan du vara så dum ~ du tror det?* how can you be so foolish (such a fool) as to believe that?; *de tillät inte ~ planen genomfördes* they did not allow (permit) the plan to be carried out; *det var vanligt ~ han började* it was usual for him to begin; *vad vill du ~ jag ska göra?* what do you want me to do?; *jag väntar på ~ han skall komma* I am waiting for (expecting) him to come **b)** ing-konstruktion (isht efter prep.). *|den omständigheten| ~ han (mannen) |inte| fick pengarna* . . |the fact of| his (the man's) |not| getting the money . .; *jag minns ~ du sade det* I remember your (F you) saying so; *ursäkta ~ jag stör Er!* excuse my (F me) disturbing you!; *jag gjorde det utan ~ jag visste om det* I did it without knowing it; *jag gjorde det utan ~ min bror (någon* resp. *han) visste om det* I did it without my brother|'s| (anyone resp. his, F him) knowing it **c)** annan konstruktion. *~ du inte skäms!* |I think| you ought to be ashamed of yourself!; *~ jag inte tänkte på det!* why didn't I think of that (it)!; *jag tvivlar på ~ han kommer* I doubt if (whether) he will come; det fanns *inget skäl till ~ han skulle vara rädd* . . no reason why he should be afraid

attaché *-|e|n -er* attaché

attack *-en -er* attack, *mot (på)* on; jfr *anfall* **attackera** *tr* attack; bildl. pester, antasta molest **attackflygplan** fighter-bomber **attackrobot** air-to-surface missile

attentat *-et* - attempted assassination (murder), *mot* of; illdåd |attempted| outrage, *mot* against; attack, *mot* on; *ett ~ mot ngn* äv. an attempt on a p.'s life **attentator** o. **attentatsman** would-be assassin; perpetrator of the (resp. an) outrage; jfr föreg.

attest *-en -er* bemyndigande authorization; intyg certificate; *utfärda en ~* give a certificate **attestera** *tr* belopp authorize . . for payment; handling certify, attest

attiralj *-en -er, ~|er|* utrustning equipment, don kit, tackle, gear samtl. sg.; grejor paraphernalia pl.

attisk *a* Attic; *~t salt* Attic salt (wit)

attityd *-en -er* attitude mest bildl., kroppsställning posture, pose pose

attrahera *tr* attract; *verka ~nde* be attractive **attraktion** attraction **attraktionsförmåga** power of attraction, attractive force; bildl. attraction **attraktiv** *a* attractive

attrapp *-en -er* dummy
attribut *-et* - attribute **attributiv** *a* attributive
att-sats that-clause
aubergine *-n -r* aubergine, egg-plant
audiens *-en -er* audience; *bevilja ngn (mottaga ngn i)* ~ grant a p. an (receive a p. in) audience; *söka* ~ *hos ngn* seek [an] audience with a p. **audiovisuell** se *audivisuell*
auditiv *a* auditory **auditori|um** *-et -er* åhörare audience **auditör** -[e]*n -er* ung. judge-advocate **audivisuell** *a* audio-visual; ~*a (AV-)hjälpmedel* audio-visual (AV) aids
augiasstall Augean stable[s pl.]
augur augur, soothsayer
augusti *r* August (förk. Aug.); jfr *april* o. *femte*
Augustinus St. Augustine
auktion sale [by auction], auction, public sale, *på* of; *hålla* ~ hold an auction; *hålla* ~ *på ngt* put a th. up to auction; *köpa ngt på* ~ buy a th. at an auction; *sälja ngt på* ~ sell a th. by auction; *böckerna har gått på* ~ the books have been sold by auction **auktionera** *tr*, ~ *bort* auction [off], dispose of (sell) . . by auction **auktionsförrättare** auctioneer **auktionskammare** o. **auktionsverk** auctioneer's office; auktionslokal auction rooms pl.
auktor author **auktorisera** *tr* authorize; ~*d revisor* chartered accountant **auktoritativ** *a* authoritative; *på* ~*t håll* in authoritative circles **auktoritet** *-en -er* authority **auktoritetstro** belief in authority **auktoritär** *a* authoritarian **auktor|s|rätt** copyright
aul|a *-an -or* assembly-hall, [great] hall; i universitet lecture hall
auskultant skol. ung. student-teacher visiting classes **auskultation** läk. auscultation **auskultera** *tr itr* **1** skol., ~ [*hos ngn*] visit [a p.'s] classes as a student-teacher **2** läk. auscultate
auspicier *pl* auspices; *under ngns* ~ under a p.'s auspices (sponsorship); *under gynnsamma* ~ under favourable auspices (conditions)
Australien Australia **australier** *s* o. **australisk** *a* Australian
autarki autarchy, självförsörjning vanl. autarky
autenticitet authenticity **autentisk** *a* authentic
autodafé *-n -er* auto-da-fé (pl. autos-da-fé) port.
auto|didakt ~*en* ~*er* autodidact, self-taught person **-giro** ~*n* ~*r* autogir|o (pl. -os), gyroplane **-graf** ~*en* ~*er* autograph **-grafjägare** autograph hunter **-klav** ~*en* ~*er* autoclave **-krat** autocrat **-krati** autocracy **-kratisk** *a* autocratic
automat automatic machine, med myntinkast [slot-]machine; *lägga* en krona *i* ~*en* place . . in the slot **automatgevär** automatic rifle **automation** *-en 0* automation **automatisera** *tr* automat[iz]e **automatisering** automa[tiza]tion **automatisk** *a* automatic
automat|kanon automatic gun **-låda** bil. automatic gear-box **-svarv** automatic lathe **-telefon** dial (automatic) telephone **-vapen** automatic weapon **-växel** på bil automatic gear-change; telef. automatic exchange
automobil *-en -er* se *bil* o. sms. **-klubb** automobile club
autonom *a* autonomous **autonomi** -[e]*n 0* autonomy
autopilot automatic pilot
autopsi -[e]*n 0* autopsy
autoritär *a* authoritarian
autostrad|a *-an -or* se *motorväg*
autotypi konkr. half-tone block (cut)
av I *prep* (se äv. under resp. subst., adj. o. vb) **1** prep.-uttr. betecknar: a) partitivförhållande b) ämnet o.d. c) div. andra betydelseförhållanden — tillhörighet, härkomst, utgångspunkt o.d. (jfr äv. ex. under *6*), föremålet för verksamheten (jfr äv. ex. under *7*), innebörd, utmärkande egenskap m.m. — vanl. of

Ex.: **a)** *en del* ~ *tiden* part of the time; *hälften* ~ *arbetet* half the work; *någon annan* ~ *dem* another (resp. any other) of them, somebody (resp. anybody) else among them; *i nio fall* ~ *tio* in nine cases out of ten; du har ju inte *ätit* [*något*] ~ *den här goda maten* . . eaten any of (tasted) this good food **b)** *ett bord* ~ *ek* a table of oak, an oak table; *ett hus* [*byggt*] ~ *trä* a house [built] of wood, a wooden house; *göra ost* ~ *mjölk* make cheese out of milk; *göra te* ~ *smultronblad* make tea from strawberry leaves; *gjord* ~ *ylle* made [out] of wool; *vad har det blivit* ~ *honom?* what has become of him? **c)** *ett tal* ~ *Branting* a speech of Branting's (jfr *2*); ~ *god familj* of good family; *född* ~ *fattiga föräldrar* born of poor parents; *Ert brev* ~ *i går* your letter of yesterday['s date]; *ord* ~ *följande innehåll* words of the following import (to the following effect); *ett hotell* ~ *högsta klass* a first-rate hotel; *ett avstånd* ~ . . *meter* a distance of . . metres; *lösningen* ~ *problemet* the solution (solving) of the problem; *kungen* ~ *Sverige* the King of Sweden; springa ~ *bara tusan* . . like hell; ~ *stor vikt* of great importance; *vara* ~ *samma åsikt* be of the same opinion; *fordra ngt* ~ *ngn* demand a th. of a p.; *intresserad* ~ interested in; *rädd (vidskeplig)* ~ *sig* [inclined to be] timid (superstitious)

2 prep.-uttr. är någon form av agent vanl. by; *beskjutas* ~ *fienden* be fired at by the enemy; *huset är byggt* ~ *A.* the house was built by A.; *ett tal* [*hållet*] ~ *Branting* a speech made by Branting (jfr *1 c*); *stadens erövring ~ amerikanerna* the capture of the town by the Americans; det skulle vara galenskap *~ dig att gå dit . .* for you to go there; *det var snällt ~ dig* it is (resp. was) kind of you; *det var inte vackert gjort ~ dig* it was not nice of you to do that; *~ sig själv* se under *4*. — Jfr äv. ex. under *3 a*

3 prep.-uttr. betecknar orsaken (jfr äv. ex. under *5*; *~ sig själv* se under *4*) **a)** till en ofrivillig handling el. ett tillstånd with, ibl. for; *utsliten ~ arbete* worn out with work; *trädet är vitt (översållat) ~ blommor* the tree is white (covered) with blossoms; *skratta (skrika) ~ förtjusning* laugh (scream) with delight; *gråta (ropa) ~ glädje* cry (shout) for joy; *utom sig ~ glädje* beside oneself with joy; *huttra ~ köld* shiver with cold; *våt ~ tårar* wet with tears; *blekna (vara röd) ~ vrede* turn white (be red) with anger **b)** till en mer el. mindre frivillig handling out of; *han handlade så inte ~ hat utan ~ kärlek* he acted like this not out of hatred, but out of love; *han gjorde det ~ nyfikenhet (rent okynne, tacksamhet)* he did it out of curiosity (pure mischief, gratitude) **c)** i vissa stående uttryck for, ibl. on; *~ brist på* for want (lack) of; *~ fruktan för* for fear of; *~ vissa orsaker* for certain reasons; *~ ett eller annat skäl* for some reason or other; *~ princip* on principle

4 *~ sig själv: han gjorde det ~ sig själv* he did it by himself (självmant of his own accord); *det går ~ sig själv|t|* it runs (works) by (of) itself; *det faller (följer) ~ sig själv|t|* it is (follows as) a matter of course

5 'genom' vanl. by; *~ erfarenhet* by (from) experience; *|alldeles| ~ en händelse* |quite| by chance (accident); *jag gjorde det ~ misstag (~ gammal vana)* I did it by (in) mistake (by habit, from force of habit); *leva ~ sin penna (~ kött)* live by one's pen (on meat)

6 'från' **a)** allm. from; *en gåva ~ min fru* a present from my wife; *inkomst ~ kapital* income |derived| from capital; *~ hans utseende är det uppenbart att . .* from his looks it is evident that . . ; *dra slutsatser ~ ngt* draw conclusions from a th.; *få (mottaga, köpa, låna) ngt ~ ngn* get (receive, buy, borrow) a th. from a p.; *jag har hört (fått veta) det ~ honom* I have heard (got to know) it from him; *jag ser ~ Ert brev att . .* I see from (by) your letter that . . ; *~ det slöt jag mig till (förstod jag) att . .* from this I gathered that . . **b)** 'bort (ned) från' off; *gnaga köttet ~ benen* gnaw the meat off the bones; *ta duken ~ bordet* take the cloth off the table; *falla (hoppa, stiga) ~ tåget* fall (jump, get) off the train

7 i vissa fall, isht efter verbalsubst., utan direkt motsv. i eng., *han gjorde det under bedyrande ~ sin oskuld* he did it while protesting his innocence; *med utelämnande ~* excluding; *bryta benet ~ sig* break one's leg; *njuta ~* enjoy; *vara ~ samma färg* be the same colour

II *adv* **1** beton. part. vid vb: **a)** 'bort|a|', 'i väg', 'ned |från|', 'åt sidan' m.m. vanl. off; *borsta ~ smutsen* brush off the dirt (jfr *d*); *ge sig ~* start off; *lägga ~ pengar* lay by money; *lämna ~ ett paket* deliver a parcel; *ramla ~ |cykeln|* fall off |the cycle|; *runda ~* round off; *stiga ~ tåget (bussen)* get out of el. get off the train (get off the bus); *ta ~ till höger* turn off to the right; *locket är ~* the lid is off (not on) **b)** *svimma ~* faint away; *tyna ~* pine away **c)** *klä ~* ngn undress . .; *lasta ~* unload **d)** *borsta ~ en rock* brush |down| a coat, give a coat a brush; *damma ~ i ett rum* dust a room; *diska ~ (slicka ~) tallriken* wash up (lick) the plate; *rita ~* copy, make a drawing of; *skriva ~* eg. transcribe, copy **e)** 'itu' in two; '|av|bruten' broken; *repet gick |mitt| ~* the rope snapped in two; *hans ben är ~* his leg is broken; *en sena är ~* a sinew is (has been) severed. — Se f.ö. beton. part. under resp. vb

2 *~ och an |på golvet|* to and fro |on the floor|, up and down |the floor|; *~ och till* då och då off and on; *~ med hatten!* off with (take off) your hat!; *~ med hattarna!* äv. hats off!; *rent ~* se *rent |av|*

AV- se *audivisuell*

avancemang *-et -|er|* promotion **avancera** *itr* advance; i tjänst äv. rise, be promoted, win promotion; *~d flygning* aerobatics; *~de åsikter* advanced (progressive) views

avans *-en -er* profit

avant|garde van|guard|, bildl. avant-garde fr. **-gardistisk** *a* avant-garde fr. **-scenloge** |stage-|box

av|art variety; variant (försämrad degenerate) species **-balkning** partition; abstr. partitioning off **-basning** stryk beating, drubbing; tillrättavisning rebuke, stark. scolding **-beställa** *tr* cancel **-beställning** cancellation

av|betala *tr, ~ |på| en skuld (en vara)* pay a debt (pay for an article) by (in) instalments; *~* 1000 kr *på bilen (skulden)* pay an instalment of . . on the car (the debt); *jag har ~t bilen* I have paid off the car **-betalning** belopp instalment; system the hire-purchase (instalment) system (plan), skämts. the never-never system; jag kan inte klara *~en (~arna)* . . the payment of the instalments; *göra en ~* pay an instalment, *på* bilen on . . , 100 kr of . . ; *såsom ~* in part payment, *på* of; *köpa på ~* purchase by instalments (on easy terms) **-betalningsaffär 1** abstr. hire-purchase transaction **2** konkr. hire-purchase shop **-betalningskontrakt** hire-purchase contract (agreement) **-betalningsköp** koll.

hire-purchase, amer. instal|l|ment buying; enstaka purchase on the instalment system **-betalningsvis** *adv* by instalments

av|bida *tr* se *avvakta* **-bild** representation; *en trogen* ~ a true copy; *sin faders* ~ the very image of his (her osv.) father; Gud skapade människan *till sin* ~ . . in His own image **-bilda** *tr* reproduce; depict; ibl. draw, paint **-bildning** reproduction **-bitartång** cutting nippers (pliers) pl. **-blåsa** *tr itr* se *blåsa* |*av*| **-bländning** bil. dimming (dipping) of the headlights; foto. stopping down the lens

avbrott 1 uppehåll: störning interruption, tillfälligt upphörande, kontinuitetsbrott break, paus pause, frivilligt uppehåll intermission, definitivt slut cessation, stoppage, discontinuance; *ett* ~ *i fientligheterna* a cessation (suspension) of hostilities; *ett* ~ *i trafiken* a traffic hold-up; *ett angenämt* ~ i dagens sysslor a pleasant break . .; *ett litet* ~ i samtalet a little break (a short pause) . . ; *efter* |*ett*| *långt* ~ after a long interval; *ständiga (störande)* ~ continual (tiresome) interruptions; *göra* |*ett*| ~ *för att* inf. . . pause to inf. . .; *utan* ~ without stopping (a break, any interruption, intermission), continuously **2** kontrast contrast, *mot* to; *ett angenämt* ~ *mot* . . äv. a pleasant change from . . ; *ett* ~ *i enformigheten* a break in the monotony; *göra* ~ *mot* form a (be in) contrast to

av|bryta I *tr* **1** se *bryta* |*av*| **2** göra avbrott i (slut på) break off; förorsaka |ett| avbrott i interrupt; störa break; plötsligt o. störande break in upon; elström, telegrafförbindelse o.d. cut off; resa break; vänskap, förbindelser o.d. sever; visit, samtal, ngns påpekanden, karriär cut short; avsiktligt upphöra med, t.ex. besök, utgivning discontinue; tillfälligt avbryta, t.ex. ett arbete leave off; t.v. inställa, t.ex. betalningar, fientligheter suspend; ~ *ngn* interrupt a p.; . . *avbröt han* . . he put in (interposed); *vårt samtal blev -brutet* our conversation was interrupted, om telefonsamtal äv. we were cut off **II** *rfl*, ~ *sig* |*i sitt tal*| break off, stop speaking

av|bräck ~*et* ~ motgång, bakslag setback; skada: harm, materiell damage (båda end. sg.), finansiell |financial| loss; *lida* ~ suffer a setback (a loss), harm, damage; *vålla* . . ~ be detrimental (harmful, damaging) to . . **-bränna** *tr* se *bränna* |*av*| **-bränning 1** omkostnad, förlust deduction |from profits|; ~*ar* äv. incidental expenses, overheads; *rörelsen är förenad med stora* ~*ar* äv. it is a very costly business to run; *förorsaka betydliga* ~*ar* äv. reduce the profits considerably **2** metall. loss by burning **3** av fyrverkeri letting off **-bytare** substitute, replacer, för chaufför driver's mate **-böja** *tr* **1** avvärja avert, turn aside; ~ *ett anfall* divert an attack **2** avvisa decline, refuse **-böjande I** *a*, ~ *svar* refusal, negative answer, *på* to; *sända ett* ~ *svar* |*på*| äv. answer |. .| in the negative, refuse |. .| **II** *adv*, *svara* ~ answer in the negative, jfr *avböja 2* **-bön** |humble| apology, *för* for; *göra* ~ äv. apologize **-börda I** *tr* vatten discharge; samvete unburden **II** *rfl* free (relieve) oneself of; skuld discharge **-dankad** *a* avskedad discharged, uttjänt superannuated

av|dela *tr* **1** se *dela* |*av*| **2** mil. tell off, detail **-delning 1** delande dividing; |sub|division **2** i ämbetsverk, affär|shus| department, på sjukhus äv. ward; del part; avsnitt, 'sida' i tidning section; i skåp compartment; mil. detachment, unit; ~ *halt!* halt!

avdelnings|chef i ämbetsverk head of a (resp. the) department; i affär|shus| departmental head, manager of a (resp. the) department **-kontor** branch |office| **-skärm** screen **-sköterska** ward sister **-vis** *adv* by (in) departments (sections, detachments)

av|dikning av vatten draining off; av jord drainage **-diskning** washing up

av|drag 1 allm. deduction; rabatt äv. reduction, discount; beviljat allowance, av skattemyndigheterna äv. relief; *göra* |*ett*| ~ äv. vid deklaration make a deduction, *för* for; *göra* ~ *på ngns lön* take (deduct, knock off) a sum from a p.'s wages; *efter* ~ *av omkostnaderna* after deducting the expenses; *med 5 %* ~ vid kontant betalning with (subject to) a 5% (per cent) discount . . **2** boktr. impression, proof **-dra**|**-ga**| *tr* se *dra* |*av*| **-dragsgill** *a* deductible; ~*t belopp* allowable deduction, permissible allowance

av|drift sjö. o. flyg. drift, leeway; mil. projektils deviation, deflection; *göra* ~ drift, make leeway **-driva** *tr itr* metall. cupel **-dukning** av bord clearing; av disk clearing away **-dunsta** *itr tr* se *dunsta* |*av*| **-dunstning** evaporation, vaporization båda end. sg. **-dämning** damming |up| **-döma** *tr* decide, determine, pass |final| judgement in

ave *-t -n* Ave |Maria|

avel *-n 0* uppfödning breeding, rearing; fortplantning reproduction; ras stock, breed; avkomma progeny

avels|djur breeder; koll. breeding-stock **-duglig** *a* . . fit for breeding purposes **-gård** stock-farm, för hästar stud-farm **-hingst** stud-horse, stallion **-reaktor** breeder |reactor| **-sto** brood-mare **-tjur** bull |kept| for breeding

avenbok hornbeam

aveny *-n -er* avenue

aversion *-en -er* aversion end. sg., *mot* to

av|fall 1 avskräde: allm. refuse, rubbish, waste |products pl.|; köks~ o.d. garbage, slakt. offal **2** övergivande falling away, backsliding; från parti o.d. defection, desertion; från religion apostasy **-falla** *itr* fall away; defect; turn deserter (renegade, från religion äv. apostate), apostatize; jfr *avfall 2* **-fallen** *a* mager thin, worn; jfr vid. *falla* |*av*| **-fallskvarn** |waste (garbage)| disposer **-fallspapper** waste paper **-fallsprodukt** waste product **-fallsvatten** waste water **-fasning** bevelling **-fatta** *tr* brev o.d. word, pen, skämts. indite, avtal draw up, regler frame, lagförslag draft, karta draw, make; *~d i försiktiga ordalag* couched in cautious terms; *kort ~d* briefly worded, brief; *ett väl ~t tal* a well-worded speech **-fattning** wording äv. i bet. ordalag, draft; framing osv.; version

av|fjällning se *fjällning* **-flyta** *itr* om sjö flow (drain) off (away) **-flytta** *itr* move away; *~ från hemmet* äv. leave one's home; *han är ~d från staden* äv. he has gone |away| from (left) town **-flyttning** removal; *han är uppsagd till ~* he has been given notice to quit **-flöde** outflow **-folka** *tr* depopulate **-folkning** depopulation; *landsbygdens ~* the d. of the countryside (drift to towns) **-fordra** *tr, ~ ngn ngt* demand a th. from a p., call upon a p. for (to give up) a th.; *~ ngn räkenskap* call a p. to account, bring a p. to book, *över* for **-fordran,** *vid (på) ~* on demand **-frosta** *tr* defrost **-frostning** defrosting **-fyra** *tr* se *fyra* |*av*| **-fyr|n|ing** firing |off|, letting off, discharge **-fyr|n|ingsbas** för t.ex. robotvapen launching base **-fällig** *a* apostate, *från* from; recreant, *från* to **-fällighet** apostasy **-fälling** apostate, renegade, polit. defector; F backslider

av|färd departure, going away, start|ing| |off| **-färda** *tr* **1** skicka dispatch, send off **2** klara av: ärende finish, get through, dispose of; fråga el. person dismiss, brush aside; *~ ngn* äv. send a p. packing (about his business); *~ ngn (ngt) kort* |*och gott*| make short work of (deal summarily with) a p. (a th.); *jag låter inte ~ mig så* I am not going to be put off like this **-färdande** *~t 0* (jfr föreg.) **1** dispatch, dispatching, sending off **2** finishing osv.; dismissal; summary dealing, *av* with

avföda *-n 0* offspring, progeny, brood; *I huggormars ~* bibl. O generation of vipers

avföra *tr* **1** föra bort remove, carry . . off **2** stryka, isht H cancel, cross out, *ur räkningen* in the bill; *~ från dagordningen (från en förteckning)* remove from the agenda (a list); *~ ngn ur rullorna* mil. remove a p. from the lists **avförande** *a, ~ medel* se *avföringsmedel* **avföring** läk.: abstr. evacuation |of the bowels|, motion, defecation; exkrementer motion, excrement, faeces pl.; *ha ~* pass a motion **avföringsmedel** laxative, aperient, purgative

av|gas, *~*|*er*| exhaust|-gas|, burnt gas **-gasa** *tr* befria från giftgas decontaminate, degas **-gasrör** exhaust|-pipe| **-gasventil** exhaust-valve

avge *tr* **1** avsöndra emit, give off **2** ge, avlåta: allm., t.ex. svar give; bekännelse, krigsförklaring make; löfte give, make; om sakkunnig, myndighet o. d.: inkomma med, t. ex. förslag bring in, berättelse, anbud hand in; avkunna, t. ex. utslag award; *~ protest hos* enter (lodge) a protest with; *~ redogörelse för* give (render) an account of, submit a report on; *~ sin röst* give one's vote, vote; *~ utlåtande över* give (deliver, pronounce) an opinion on; *~ vittnesmål* give evidence, testify

avgift *-en -er* allm. charge; t.ex. anmälnings~, inträdes~, parkerings~ fee; färd~, taxa fare; års~, medlems~ subscription; post~ postage; tull~ duty; hamn~, tonnage~ dues pl., *av (på, om)* 10 kr i samtliga fall of . .; se vidare andra sms. ss. *skolavgift;* |*inträdes*|*~ 1 krona* |fee (charge) for| admission 1 krona, entrance|-fee| 1 krona; *för (mot) halv ~* |at| half price (fare); *utan ~* free |of charge|, without |any| charge (fee), jfr *avgiftsfri; håll ~en i beredskap!* have your fares ready, please!; fares, please!

avgifts|belagd *a* . . subject (liable) to a charge (resp. to a fee, to duty) **-fri** *a* free, . . free of charge (resp. duty); |*inträdet är*| *~tt* äv. no charge |for admission| **-fritt** *adv* free |of charge|; without |paying| a fee (resp. subscription); tullfritt duty free

av|giva *tr* se *avge* **-gjord** *a* decided osv., jfr *avgöra;* tydlig|t märkbar| distinct; utpräglad, svuren äv. declared, pronounced, stark. definite; *ett -gjort framsteg* a marked advance; *det är en ~ sak* it is a settled (an understood) thing; *en på förhand ~ sak* äv. a foregone conclusion; *därmed var saken ~* that settled the matter; *~a ärenden* questions settled |and done with|, business sg. transacted; *ta* |*ngt*| *för -gjort* take |a th.| for granted; *-gjort!* done!, it's a bargain!; *-gjort alltså!* so that's settled! **-gjort** *adv* decidedly, distinctly, definitely **-gjutning** casting; konkr. cast; *ta en ~ i gips av ngt* make a plaster cast of a th. **-glans** reflection

avgrund *-en -er* **1** allm. abyss, precipice, klyfta chasm, svalg gulf samtliga äv. bildl.; jfr *avgrundsdjup II; stå vid ~ens rand* be on the edge of the precipice; *en ~ av okunnighet* abysmal ignorance **2** *~en* helvetet the bottomless pit, hell

avgrunds|ande infernal spirit, fiend **-djup I** *a* abysmal, unfathomable **II** *s* |abysmal| depths pl., abyss **-furste** prince of darkness **-kval** *pl* pains of hell **-lik** *a* abysmal, hellish **-väsen** infernal being

avgränsa *tr* demarcate, delimit, jfr *begränsa; skarpt ~d* clearly-(well-)defined

avgud idol, god båda äv. bildl. **avguda** *tr*

idolize, adore båda äv. bildl.

avguda|bild idol **-dyrkan** idolatry **-dyrkande** *a* idolatrous **-dyrkare** idolater **-präst** pagan priest **-tempel** temple of an idol; friare heathen temple

avguderi -|*e*|*t 0* idolatry

av|gå *itr* **1** eg. **a)** om tåg etc. leave, start, depart, om fartyg äv. sail, *till* i samtliga fall for; ~ *från S.* leave (depart osv. from) S.; *färdig att* ~ ready to leave osv. (till sjöss äv. put to sea) **b)** avsändas, t.ex. om brev be sent off (dispatched); *låta* ~ send off, dispatch **2** bildl.: dra sig tillbaka retire, withdraw, ta avsked resign; ~ *från en befattning* resign one's office; ~ *från skolan* allm. leave school; ~ *med döden* be removed by death; ~ *med pension* retire with (on) a pension; ~ *med seger* come off (be) victorious, be the winner; *den -gångna regeringen* äv. the late government **3** förflyktigas evaporate, escape, vanish **4** läk., om urin, exkrementer pass, be voided **5** H avdras be deducted; *5 kronor* ~*r för . .* äv. less 5 kronor for . . **-gående** *a* leaving osv.; om ämbetsman, medlem retiring, . . about (due) to retire; om tåg, fartyg, brev, regering outgoing; ~ *tåg (fartyg)* tidtabellsrubrik departures |of trains (steamers)|; ~ *gods* outgoing goods; *plattform för* ~ *tåg* departure platform **-gång 1** eg. departure, fartygs äv. sailing, *till* for, to **2** persons retirement, *från* from; resignation, *från* of **3** läk. passage **4** bortfall wastage

avgångs|betyg |school-|leaving certificate **-dag** day of departure (fartygs äv. sailing) **-examen** final (|school-|leaving) examination **-hamn** port of departure (sailing) **-klar** *a* om leverans . . ready for dispatch (till sjöss shipment); om transportmedel . . ready to leave (om fartyg äv. sail) **-klass** last class, top form **-plats** starting-place **-signal** departure signal **-station** departure station **-tid** time (hour) of departure **-ålder** leaving (retiring) age

av|göra (se äv. *avgjord*) *tr* allm. decide; slutgiltigt ordna äv. settle; vara avgörande för, bestämma äv. determine; *artilleriet avgjorde segern* the artillery decided the day **-görande I** *a* om t. ex. steg, seger, skede decisive; om t. ex. skäl conclusive; om faktor determining; om stöt finishing; om betydelse, fråga, punkt, prov crucial; ~ *för ngns öde* decisive of a p.'s fate; *det* ~ *för mig var* what decided me was; ~ *bevis* positive proof, jur.: bindande conclusive evidence; *den* ~ *rösten* the deciding (casting) vote; *i det* ~ *ögonblicket* at the crucial (critical) moment **II** ~*t* ~*n* deciding osv., jfr *avgöra;* beslut decision; fastställelse, lösning av t. ex. fråga settlement; *föra till ett* ~ bring to a conclusion (an issue); *träffa (åstadkomma) ett* ~ make (bring about) a decision; *i* ~*ts stund* at the crucial (critical) moment; när det kommer *till* ~*t (ett* ~*)* äv. . . to the |deciding| point

avhandl|a *tr itr* **1** ~ |*om*| förhandla om discuss, go into **2** utreda, behandla deal with, treat |of| **-ing** skrift treatise; akademisk thes|is (pl. -es), dissertation; friare essay, paper, *över* i samtliga fall on

av|hjälpa *tr* t. ex. fel, missbruk, brist remedy, rectify; en skada repair; oförrätt redress; t. ex. nöd relieve; avlägsna, t. ex. svårighet remove; ~ fylla *ett behov* meet (supply) a want; *felet kan lätt* ~*s* äv. the error (defect) can easily be (be easily) put right **-hopp** polit. defection **-hoppare** polit. person seeking political asylum, defector **-hysa** *tr* evict, eject **-hysning** eviction, ejection **-hyvling,** ge ngn (få) en ~ . . talking-to (rating) **-hålla I** *tr* **1** hindra keep, stop, restrain, deter, prevent **2** möte, tävling, auktion hold, jfr *hålla II 3* **II** *rfl,* ~ *sig från* refrain from, isht sprit äv. abstain from, undvika, t. ex. dåligt sällskap shun, avoid; *han lät inte* ~ *sig från . .* he was not to be deterred from . .; jfr |*låta*| *bli* |*att*| **-hållen** *a* beloved, dear; cherished äv. om sak; allmänt omtyckt popular, *av, bland* with, among; *göra sig* ~ endear oneself, *av, bland* to **-hållsam** *a* i fråga om mat o. dryck etc. abstinent, abstemious, sexuellt continent **-hållsamhet** abstinence äv. |hel|nykterhet; abstemiousness; sexuell continence

av|hämta *tr* fetch, call for, collect; |*att*| ~*s* to be called for; *låta* ~ send for, have . . fetched (collected) **-hämtning** fetching osv.: collection; *till* ~ att avhämtas to be called for, att medtagas to take away; *vid* ~ *av resgodset* when the luggage is collected (fetched) **-hända I** *tr,* ~ *ngn ngt* deprive (dispossess, strip) a p. of a th. **II** *rfl* deprive oneself of, part with, dispose of; *ej låta* ~ *sig äganderätten till ngt* not allow oneself to be dispossessed of a th. **-hänga** *itr,* ~ *av* depend on **-hängig** *a* dependent, *av* on **-hängighet** dependence **-härda** *tr* vatten soften **-höra** *tr* **1** åhöra listen to; förhöra, t. ex. vittne examine **2** se *höra* |*av*|

avi -|*e*|*n -er* advice, notice, notification; ~ *om försändelse* dispatch note; *enligt* ~ as per advice

aviat|ik ~*en 0* aviation **-iker** aviator

avig *a* **1** eg. wrong; *2* ~*a* i stickning 2 purl; jfr *avigt 1* **2** tafatt awkward **3** F ovänligt stämd unfriendly **aviga** *-n 0* wrong side osv., jfr följ. **avigsida 1** eg. wrong side, reverse, tygs äv. seamy side, hands back **2** bildl.: allm. unpleasant side, nackdel disadvantage, drawback **avigt** *adv* **1** ta på en strumpa ~ . . inside out; *mattan ligger* ~ the carpet is wrong side up; *sticka* ~ *och rätt* knit purl and plain **2** tafatt awkwardly **avigvänd** *a* med avigan utåt . . turned inside out, med avigan uppåt . . turned

wrong side up
avisare flyg. de-icer, defroster
avisera *tr* notify, advise, announce
avista *adv* H at sight, on demand **-växel** sight-bill, sight-draft
av|kall *oböjl. s, ge (göra) ~ på* renounce, waive **-kasta** *tr* **1** ge i inkomst yield, bring in **2** se *kasta |av|* **-kastning** *~en 0* yield, proceeds pl., årlig return|s pl.|, behållning äv. takings pl., earnings pl., receipts pl.; vinst profit; utdelning dividend|s pl.|; *ge god (dålig) ~* yield a good (bad) return, be (not be) remunerative **-klarning** clarification **-klipp** cutting, clip|ping| **-kläda I** *tr* **1** se *klä |av|* **2** bildl., *~ ngn hans värdighet* deprive (strip, divest) a p. of his dignity **II** *rfl* **1** se *klä |av sig|* **2** bildl., *~ sig den gamla människan* bibl. put off the old man **-klädning** undressing, stripping **-klädningshytt** vid strand bathing-hut, inomhus cubicle **-klädningsrum** sport. o.d. changing-room **-klädningsscen** strip-tease act **-knappning** reduction|s pl.|, curtailment; *sättas på ~* be put on short commons **-kok** decoction, *på* of **-kokning** decoction **-komling** descendant; child (pl. children), *till* i båda fallen of **-komma** *~n 0* offspring, progeny; isht jur. issue **-koppling 1** tekn. uncoupling, disconnecting; disconnection **2** avspänning relaxation, i hårt arbete let-up **-korta** *tr* se *korta |av|* **-kortning 1** se *förkortning* **2** minskning, avdrag reduction, diminution; på lön o. d. cut
av|kristna *tr* dechristianize **-kristning** dechristianization **-krok** out-of-the-way (remote) spot (corner) **-kräva** *tr* se *avfordra* **-kunna** *tr* **1** jur., *~ dom* pronounce (pass) sentence, deliver judgement; jfr *3 dom; ~ utslag* record a verdict **2** kyrkl., *~ lysning* publish the banns **-kunnande** *~t 0* (jfr *avkunna*) **1** pronouncing, passing, delivery **2** publication **-kyla** *tr* se *kyla |av|* **-kylande I** *a* cooling osv., jfr *kyla |av|* **II** *adv* coolingly; *verka ~* act as a damper **-kylare** kylapparat refrigerator **-kylning** cooling, tekn. refrigeration; *ställa till ~* allow to cool, put in a cold place **-körningsramp** från motorväg exit way
avla *tr* beget; bildl. breed, engender; *~ barn* |be|get children; *~ av sig* föröka sig multiply
av|lagd *a* om kläder o.d. se *lägga |av|*; om bekännelse m.m. jfr *avlägga* **-lagra I** *tr* deposit **II** *rfl* se *lagra II* **-lagring** abstr. stratification; konkr. deposit, geol. strat|um (pl. -a) **-lasta** *tr* **1** se *lasta |av|* **2** H avsända ship **-lastare 1** urlastare unloader, discharger **2** H avsändare shipper **-lastning 1** urlastning unloading, discharge **2** H avsändning shipment **3** bildl. relief **-lastningsanfall** mil. diversionary attack **-lastningsdokument** *pl* H shipping documents
avlat *-en 0* indulgence
avlats|brev letter of indulgence **-handel** sale of indulgences **-krämare** seller of indulgences, hist. äv. pardoner
av|leda *tr* **1** leda bort o. avvända divert, vatten äv. draw (drain) off, elektricitet äv. conduct . . away **2** gram. derive; *~s (vara -ledd) från* derive (be derived) from **-ledd** *a* gram. derived, derivative **-ledning** gram. derivation, konkr. derivative **-ledningsändelse** derivative ending (suffix)
avlelse *-n 0* conception; *den obefläckade ~n* the Immaculate Conception
av|leverera *tr* deliver |up (over)|, hand over **-lida** *itr* die, pass away **-liden** *a* deceased; *den -lidne* the deceased; *|den numera| -lidne general B.* the late General B.; *den nyligen -lidne generalen B.* General B., recently deceased; *de -lidna* the deceased persons, i allm. bet. the dead; *B. är -liden* B. is dead
avling *-en 0* begetting, procreation, generation **avlingskraft** procreative power
av|liva *tr* put . . to death; sjuka djur destroy, put away; lögn o.d. F scotch **-ljud** |vowel| gradation, ablaut ty. **-locka** *tr, ~ ngn* bekännelse, hemlighet, tårar draw . . from a p., hemlighet äv. worm . . out of a p., skratt draw . . out of a p., svar, upplysningar elicit (upplysningar äv. extract) . . from a p., löfte, pengar extract . . from a p.; med smicker *~ ngn pengar* wheedle money out of a p.; *~ ngn ett skratt* äv. make a p. laugh
av|lopp abstr. drainage; utlopp outlet; geogr. outfall; konkr. drain, t.ex. i badkar o. handfat plug-hole; jfr sms. ned.
avlopps|brunn rännstensbrunn gully|-hole| **-dike** drainage ditch **-ledning** kloak sewer **-nät** sewerage, sewage system **-rör** sewage pipe; ledning sewer **-trumma** -ledning, kloak sewer; dräneringsrör drain **-vatten** foul water, hushållsspillvatten soil water, industriellt waste water **-ventil** tekn. escape (exhaust) valve **-ånga** tekn. exhaust steam
av|lossa *tr* avskjuta fire |off|, discharge **-lusa** *tr* delouse **-lusning** delousing **-lysa** *tr* ställa in, t.ex. fest call off, cancel, marknad proclaim the abolition of; upphäva, t.ex. påbud suspend, revoke, cancel; väg close **-lyssna** *tr* höra på listen to, i radio listen |in| to; ofrivilligt overhear, avsiktligt listen in to; t.ex. radiomeddelande monitor, i spioneringssyfte intercept **-lång** *a* om fyrkantiga föremål oblong, rectangular; oval oval, elliptical **-låta** *tr* **1** avsända dispatch, send off; utfärda, t.ex. skrivelse issue **2** jur. överlåta transfer, *åt, till* to **-lägga** *tr* **1** avge, göra, fullgöra: bekännelse make, högtidligt löfte äv. register, take, ed äv. swear, vittnesmål give; *~ besök hos ngn* pay a p. a |formal| visit (call), call upon a p.; *~ examen* pass (get through) an (one's) examination; *~ rapport om* report (give a report) on; *~ räkenskap för* render an ac-

count of **2** se *lägga* |*av*| **-läggare** *~n ~* bot. layer, slip; bildl. offshoot, scion
avlägs|en *a* isht om uppgivet avstånd distant äv. bildl.; stark., äv. avsides belägen remote, out-of-the--way; ytterst långt bort belägen far-off, far-away; *i en ~ framtid* in the distant (remote) future; *inte den -naste aning om* not the remotest (faintest) idea about **avlägsenhet** distance, remoteness, jfr föreg. **avlägset** *adv* distantly, remotely, jfr *avlägsen; ~ liggande* remotely situated, remote, out-of-the-way, far-distant, far-off **avlägsna I** *tr* remove, avskeda äv. dismiss, avvärja äv. avert; göra främmande estrange; utesluta, t.ex. tanke banish, exclude **II** *rfl* go away, leave; dra sig tillbaka withdraw, retire; isht synbart recede; *~ sig från platsen* leave the spot; en översättning *som ~t sig långt från originalet* . . far removed (very different) from the original **avlägsnande** *~t 0* removing osv., jfr *avlägsna I;* removal, dismissal; exclusion
av|lämna *tr* lämna in, t.ex. rapport hand in, present; se f.ö. *lämna* |*av*| **-lämnande** *~t 0* o. **-lämning** delivering osv., jfr *lämna* |*av*|; delivery; av t.ex. rapport handing in **-läsa** *tr* mätare o.d. read |off|; *~ ngt i ngns ansikte* read a th. in a p.'s face **-läsare** meter inspector **-läsning** av mätare o.d. reading |off| **-läsningsinstrument** reading-instrument
av|löna *tr* pay, ämbetsman äv. salary **-lönad** *a* salaried; *en väl ~ syssla* a well-paid (remunerative) position (job) **-löning** allm., isht mil. sjö. pay; ämbetsmans månadslön salary; isht prästs stipend; kroppsarbetares o. tjänstefolks veckolön wages pl.; *utan ~* without |any| pay (remuneration), without a salary; jfr *oavlönad*
avlönings|bok wages-book **-dag** pay-day **-kuvert** pay packet **-lista** pay-list, pay-roll **-sätt** mode of remuneration
av|löpa *itr* försiggå pass off; sluta end; utfalla turn out; *~ väl (illa)* pass (go) off well (badly); *allt -löpte lyckligt* everything went off (turned out) well, all went |off| well, all ended happily; *hur -löpte tvisten?* äv. what was the outcome of the dispute? **-löpning** sjösättning launch|ing| **-lösa** *tr* **1** vakt, i arbete relieve, take over from; följa på succeed; ersätta replace, succeed; uttränga supersede; *den ena kvickheten -löste den andra* one joke succeeded (followed on the heels of) the other **2** teol. absolve, *från* from **-lösare** mil. relief; efterträdare successor **-lösning 1** relieving osv., jfr *-lösa 1;* mil. relief äv. konkr. **2** teol. absolution **-lösningsmanskap** relieving force, relief |men|, relay, sjö. relief-crew **-löva** *tr* strip . . of |its (resp. their)| leaves, defoliate; *~d* äv. leafless; *~s* äv. shed its osv. leaves (foliage)
av|magnetisera *tr* demagnetize; fartyg degauss **-magrad** *a* se *magra* |*av*| **-magring** growing thin; loss of weight, emaciation **-magringskur** reducing (slimming) cure (treatment, diet äv. diet) **-magringsmedel** reducing (slimming) preparation (medicine); metod method of slimming **-marsch** marching (march) off; friare start |off|, departure **-marschera** *itr* se *marschera* |*av*| **-maskning** sömn. casting off **-matta** *tr* o. *itr* se *matta* |*av*| **-mattning** flagging, t.ex. på börsen äv. weakening |trend| **-mobilisera** *tr itr* demobilize **-mobilisering** demobilization **-måla I** *tr* se *måla* |*av*| **II** *rfl, skräck|en| ~de sig i hans ansikte* terror was depicted (to be read) in his face, he looked the very picture of terror
av|mäta *tr* **1** avpassa straff o.d. mete out **2** se *mäta* |*av*| **-mätning** measuring |off (up)| osv., jfr *mäta* |*av*| o. *avmäta;* measurement **-mätningsinstrument** measuring-instrument
avmätt *a* measured, försiktig deliberate; om hållning, ton äv. reserved, guarded **-het** deliberation; reserve
av|mönstra *tr itr* se *mönstra* |*av*| **-mönstring** sjö. paying-off etc., jfr *mönstra* |*av*| **-mönstringsdag** paying-off day **-njuta** *tr* enjoy **-nämare** köpare buyer, purchaser; konsument consumer; mottagare, äv. om t.ex. arbetsgivare receiver **-nötning** se *nötning* **-nött** *a, polityren är ~* the polish has worn off; *trappstegen är ~a* the steps have got worn
avog *a, vara ~* (ss. adv. *~t sinnad* el. *stämd) mot* a) ngn be unfavourably disposed towards . . , ibl. be prejudiced against . . b) ngt äv. be averse to (from) . . ; *stämma ngn ~ mot* turn a p. against; *bära (föra) ~ sköld mot* turn traitor to **avoghet** averseness, *mot* to; aversion, *mot* to, from; antipathy, *mot* to, against; *utan all ~* without any ill--will (ill-feeling, prejudice) **avogt** *adv* unkindly; se äv. *avog*
av|passa *tr* fit, match, *efter* to; isht bildl. äv. adapt, adjust, suit, *efter* to; *~* avmäta *längden efter höjden* proportion the length to the height; *väl ~ tiden för besöket* choose the right time (moment) for one's visit, time one's visit well (just right); *~ utgifterna efter inkomsterna* suit one's expenditure to one's income, cut one's coat according to one's cloth; *~de gardiner (mattor)* ready made-up curtain-lengths (carpet-lengths) **-passning** fitting osv.; adjustment, *av* of **-patrullera** *tr* patrol **-plankning** vägg |wooden| partition; plank hoarding **-plattning** flattening **-plockning** picking osv., jfr *plocka* |*av*| **-politisera** *tr* make . . non--political (unpolitical), strip . . of political content **-pollettera** *tr* F = *avskeda* **-porträttera** *tr* portray; *han står ~d i* . . there's a portrait (bildl. life-like portrayal) of him in . .

-pressa *tr, ~ ngn tårar* bring tears to a p.'s eyes; se vid. *pressa* [*av*] **-prova** *tr* se *prova* [*av*] **-provning** testing osv., jfr *prova* [*av*]
av|reagera psykol. **I** *tr* work off, läk. abreact **II** *rfl* relieve (give vent to) one's feelings, work off one's anger (annoyance), F let off steam **-reda** *tr* kok. thicken; *-redd soppa* äv. thick soup **-redning** thickening äv. konkr. **-registrera** *tr* bil deregister **-registrering** av bil deregistration **-resa I** *itr* depart, start, leave, set off (out), *till* for; *han är -rest till utlandet (Kina)* he has left for a trip abroad (to China) **II** *s* departure, leaving, going away **-revidera** *tr* boktr. revise, review **-ringning** ring[ing]-off; jfr följ. **-ringningssignal** ringing-off signal **-rinning** *~en 0* flowing off osv., jfr *rinna* [*av*]; konkr. outflow [of water], run off, drainage **-rivning 1** -rivande tearing off osv., jfr *riva* [*av*] **2,** *en kall ~* a cold rub-down, sponging[s pl.] with cold water **-rop** H suborder, specification; *på ~* on (at) call
av|runda *tr* se *runda* [*av*] **-rundning 1** -rundande rounding **2** avrundad del rounded[-off] part, rundhet roundness **-rusta I** *tr* mil. demobilize, sjö. dismantle, lay . . up **II** *itr* mil. demobilize, reduce [one's] armaments; avväpna disarm; sjö. be dismantled and laid up **-rustning** demobilizing osv.; demobilization; avväpning disarmament **-råda** *tr, ~ ngn från ngt* advise (warn) a p. against a th.; dissuade a p. from a th.; *~ ngn från att gå* advise (warn) a p. against going (a p. not to go), dissuade a p. from going; *han -råder alla från att använda* . . he advises (recommends) people not to use . . **-rådan** *~ 0* dissuasion; *mot min ~* against my advice [to the contrary] **-rådande** *a* dissuasive **-räkna** *tr* se *räkna* [*av*] **-räkning 1** avdrag deduction, reduction, allowance **2** H avslutning settlement [of accounts]; *i ~ mot* in settlement (adjustment) of; *göra (hålla) ~ med ngn* äv. bildl. settle up (get even, square accounts) with a p. **-räkningsnota** contract note, statement [of account] **-rätta** *tr* execute, put . . to death, *genom* by; han blev *dömd att ~s genom hängning* . . condemned (sentenced) to be hanged [till he was dead] **-rättning** execution, putting to death **-rättningsplats** place of execution
av|saknad loss, want; saknad regret; *vara i ~ av* be without, lack; *utan ~* without any [feelings of] regret **-salu** *oböjl. s, till ~* for (on, up for) sale **-sats** på mur, klippa ledge, shel[f (pl. -ves); i trappa landing; terrass platform, geogr. terrace, större plateau
av|se *tr* **1** ha avseende på, syfta på bear upon, concern, have (bear) reference to, refer to **2** ha i sikte, åsyfta have . . in view, aim at, be directed towards; *arbetet ~r uppförandet av* tre byggnader the work contemplated involves the erection of . .; *en lag ~ende (~ dd, som ~r) att reglera* . . äv. a law relating to the regulation of (for regulating el. to regulate) . .; *det resultat som ~s* the result [that is] contemplated (intended) **3** vara avsedd be intended (designed); *valet ~r tre år* the election is for three years **4** ha för avsikt, ämna mean, intend, have in mind (in view) **-sedd** *a* intended, designed, *för* for; *ett arbetsbord -sett för två* äv. a desk for two; . . *är ~ för* äv. . . is meant (set apart el. aside) for; . . *motsvarar det ~a ändamålet* . . answers (serves) the purpose intended
avseende *-t -n* **1** syftning reference; *ha ~ på* have (bear) reference to, relate (refer) to; jfr *avse* **2** hänsyn, hänseende respect, ibl. regard; beaktande o.d. consideration; *fästa ~ vid* take notice of, take . . into account, pay heed (attention) to; attach importance to; *inte fästa ~ vid* pay no regard to, ibl. not mind about; *förtjäna ~* deserve (be worthy of, be worth) consideration; *vinna ~* be considered, be taken into consideration; *i detta (varje, intet, ett) ~* in this (every, no, one) respect; *i alla ~n* in all respects, in every respect (way); *i politiskt ~* from a political point of view, politically; *med ~ på, i ~ å* with respect to, in respect of (to), with (in) regard to; as regards, respecting, regarding, concerning; in point of; *utan ~ på person* without respect of persons; *utan ~ på egen fördel* without regard to personal advantage; *lämna ngt utan ~* leave a th. out of (not take a th. into) consideration, disregard a th.; ibl. leave a th. out of account
av|segla *itr* set sail, sail, *till* for; put to sea; *~ från (till) Malmö* leave Malmö (leave for Malmö) **-segling** setting sail, departure
avseävrd *a* considerable; appreciable; *~ förbättring* äv. decided improvement; *~ rabatt* substantial discount (rebate)
avsides I *adv* aside; *ligga ~* lie apart; *~ liggande (belägen)* secluded, remote, out-of-the-way **II** *oböjl. a* distant, remote
avsigkommen *a* broken-down; *se ~ ut* äv. look shabby (seedy, out-at-elbows), be shabby-looking (seedy-looking)
avsikt *-en -er* allm. intention; syfte, ändamål purpose, aim, mål äv. object, slutmål end; plan, uppsåt design, *mot* on; motiv motive; jur. ofta intent; *hysa onda ~er mot ngn* have evil designs on a p.; *ha för ~ att gå* have the intention of going, intend (mean, ibl. propose) to go; *vad har han för ~ med detta?* what is his purpose (what object has he [in view]) in doing that?; *i ~ att gå* for the purpose (with the intention) of going, with a view to going; *i bästa ~, med de [allra] bästa ~er* with the best [possible] intention[s]; *jag*

gjorde det i bästa ~ I did it for the best; *i ond* ~ with [an] evil intent; *med [full]* ~ on purpose, deliberately, jfr vid. *avsiktligen; med* ~ *att gå* with the intention (object) of going; *med* ~ *att döda* with intent to kill; göra ngt *utan* ~ . . unintentionally, . . unpremeditatedly; säga ngt *utan* ~ *att såra* . . without intending to inflict pain **-lig** *a* intentional, överlagd äv. deliberate **-ligen** o. **-ligt** *adv* intentionally osv.; purposely, on purpose, by design, designedly

av|sjunga *tr* sing [. . through]; i kyrka äv. chant **-skaffa** *tr* abolish, do away with, get rid of; missbruk put an end to; upphäva, t.ex. lag repeal, abrogate **-skaffande** ~*t 0* o. **-skaffning** abolishing, doing away with osv.; abolition; repeal, abrogation; *förkämpe för slaveriets (dödsstraffets)* ~ champion of the abolition of slavery (the death penalty)

av|sked ~*et* ~ **1** ur tjänst dismissal, discharge; [anmälan om] tillbakaträdande resignation, retirement; *anhålla om (lägga in [ansökan] om, begära)* ~ hand (give, send) in (tender) one's resignation; give in one's notice; *bevilja* ~ allow (grant permission) to resign; *få* ~ bli avskedad be dismissed (discharged), beviljas ~ be granted leave to retire; *få* ~ *med pension* be pensioned off, retire on a pension; *få* ~ *på grått papper* get the sack, be sacked (fired); *få majors* ~ i armén be promoted major on retirement; *ta* ~ retire [from office], resign [one's appointment]; *ta* ~ *från* resign, t.ex. regemente leave **2** farväl leave-taking, i högre stil farewell; uppbrott parting; *ta* ~ say good-bye (i högre stil farewell), *av* to; take leave, *av* of; räcka fram handen (buga sig) *till* ~ . . in farewell; *ett ord till* ~ a parting word; *vid* ~*et* on parting **-skeda** *tr* dismiss, discharge, F fire, give the sack, sack; göra sig av med äv. get rid of; ~*d officer* officer on the retired list **-skedande** ~*t* ~*n* dismissal, discharge

avskeds|ansökan resignation; *lämna in sin* ~ se *[anhålla om] avsked* **-besök,** komma *på* ~ . . to pay a farewell visit **-betyg** testimonial **-fest** farewell party **-föreställning** farewell performance **-hälsning** farewell greeting (gåva token); jfr *-ord* **-konsert** farewell concert **-middag** farewell dinner **-ord** parting word **-skål** farewell toast **-stund** hour of parting **-sökande** *a, de* ~ those resigning (retiring); *många* ~ äv. a large number of resignations **-tagande** **I** *a* . . about to resign (retire); jfr äv. föreg. **II** ~*t 0* (jfr *avsked*) **1** resignation, retirement **2** leave-taking **-tal** farewell (valedictory) address (speech) **-visit** se *-besök*

av|skeppa *tr* ship [off] **-skeppning** shipment, shipping [off]; *klar till* ~ ready for shipment **-skeppningshamn** port of shipment **-skickning** sending off osv., jfr *skicka [av]*; dispatch; av pengar äv. remittance **-skild** *a* retired, secluded; isolated; *leva* ~ *från* . . live apart from . . ; *leva* ~ *från världen* live a retired (osv.) life **-skildhet** retirement, seclusion; isolation **-skilja** **I** *tr* separate, lösgöra detach; hugga av sever; t.ex. rum partition [off]; avsöndra, t.ex. jord partition, parcel off; avgränsa delimit; isolera segregate; ~*s* äv. be kept separate **II** *rfl* separate (detach) oneself; ~ *sig från allt umgänge* keep aloof from everyone **-skiljande** ~*t 0* separating osv.; separation, detachment, isolering segregation **-skiljbar** *a* separable, detachable **-skjutning** firing [off] osv., jfr *skjuta [av]* **-skjutningsramp** för raketer launching pad (platform) **-skranka** *tr* partition off **-skrankning** partition; rum äv. compartment, box, cubicle; för den anklagade dock **-skrap** avfall scrapings pl., refuse; bildl.: slödder, avskum dregs pl., scum

av|skrift copy, isht jur. transcript, jur. äv. exemplification; ~*ens överensstämmelse med originalet intygas* I (resp. we) hereby certify this to be a true copy; *bevittnad* ~ attested (certified) copy **-skriva** *tr* **1** H förlust write off, cancel **2** jur., ~ *ett mål* remove a cause from the cause list **3** se *skriva [av]* **-skrivning** **1** H writing off; enskild post sum (amount, item) written off; för värdeminskning depreciation; *stora* ~*ar* äv. large write-offs; *göra* ~*ar* äv. write off (provide for) depreciation, *på* i bägge fallen on; *vara på* ~ kqmma ur bruk fall (go, pass) out of use **2** jur. removal from the cause list **3** -skrivande transcription, copying; jfr *skriva [av]* **-skrivningsfel** error of transcription

av|skrubbning scrubbing [off] osv., jfr *skrubba [av]*; av hud graze, abrasion **-skräcka** *tr* frighten, *från att gå* from (into not) going; scare; förhindra deter; svag. dishearten, discourage; *regnet -skräckte många* äv. the rain kept many away; *han låter inte* ~ *sig* he is not to be intimidated **-skräckande** **I** *a* om t. ex. verkan deterrent; om t. ex. straff exemplary; om t. ex. exempel warning; frånstötande repellent; *som* ~ *exempel* äv. as a terrible warning **II** *adv,* ~ *ful* repellent, forbidding[ly ugly]; *verka* ~ act as a deterrent **-skräckningsvapen** deterrent **-skräde** ~*t 0* refuse, efter slakt o.d. offal; friare rubbish **-skrädeshög** refuse-heap, rubbish-heap, soptipp dump

av|skum bildl. scoundrel; koll. scum; *samhällets* ~ the dregs pl. (scum) of society **-sky** **I** *tr* detest, abhor, loathe, abominate **II** ~*n 0* vedervilja disgust, *för* at; loathing, *för* for; abhorrence, detestation, *för* of; [ngns] fasa abomination, horror; *hysa (känna)* ~ *för* feel a loathing for, jfr äv. *I; väcka* ~ *hos* *ngn för ngt* fill a p. with loathing for a th.; vända sig bort *i* ~ . . in disgust **-skyvärd** *a* abominable, execrable, detestable, loathsome; om brott o. förbrytare heinous **-skära** *tr* **1** bildl. cut off; ~ *återtåget för fienden* äv. intercept the enemy's retreat **2** se *skära* |*av*| **-skärmning** screening |off| **-skärning** -skärande cutting off osv., jfr *skära* |*av*|; genomskärningsyta section; på mynt o. d. exergue **-sköljning** rinsing osv., jfr *skölja* |*av*|; rinse, swill; *ta sig en* ~ have a swill all over, i bassäng äv. have a dip

av|slag **1** vägran refusal, *på* of; på förslag rejection, *på* of; rebuff; *få* ~ *på* ngt have one's . . turned down; *yrka* ~ |*på förslaget*| move the rejection of the proposal **2** F, ~ *på priset* reduction of the price; *auktion genom* ~ Dutch auction **-slagen** *a* om dryck flat, stale **-slagsyrkande** motion for the rejection of the (resp. a) proposal **-slipning** grinding osv., jfr *slipa* |*av*|; *en sista* ~ a finishing touch, a final polish

av|slut H contract |entered into|, bargain |struck|, sale |effected|, deal; bokslut balancing |of one's books| **-sluta** *tr* **1** slutföra, fullborda finish |off|, complete, ge . . en avslutning äv. conclude, bring . . to a close (an end); göra slut på end, terminate, close; bilda avslutning på finish (end) off, terminate; ~*s* äv. conclude, come to an end, end, finish up (off) **2** göra upp, t. ex. köp, fördrag, fred conclude, avtal enter into, affär äv. close; räkenskaper close, balance; ~ *om* ett större köp av contract for . . **-slutad** *a* finished osv.; done, over; *förklara* sammanträdet *-slutat* declare . . closed; *efter* ~*e studier reste han* . . on completing his studies he went . . **-slutning** **1** -slutande finishing off, completion; av köp o. d. concluding, conclusion **2** -slutande del conclusion, finish; slut end, termination; skol~ breaking-up, ceremoni ung. prize-giving, amer. commencement, jfr *avslutningsdag;* riksdagens prorogation; *som* |*en*| ~ *på festen* to wind up the party; skol~*en äger rum 6 juni* school breaks up on June 6th; *vi har* ~ |*i skolan*| *i dag* we are breaking up to-day

avslutnings|dag skol. breaking-up day, med ceremonier prize day, i Engl. ung. motsv. speech-day, i Amer. commencement |day| **-klass** skol. ung. top form **-tal** concluding speech; skol. end-of-term (amer. commencement) speech

av|slå *tr* **1** slå tillbaka, t. ex. anfall repulse **2** vägra att anta, t.ex. begäran, förslag refuse, decline, lagförslag o.d. reject, ibl. defeat; *han fick sin begäran avslagen* his request was rejected (turned down) **3** se *slå* |*av*| **-slöja** **I** *tr* bildl. expose, unmask, show up, F debunk; yppa disclose, reveal, uncover **II** *rfl* eg. unveil; ~ *sig som* reveal oneself as **-slöjande** ~*t* ~*n* disclosure, revelation; yppande unveiling osv.

av|smak dislike; distaste, *för* for; stark. aversion, *för* to; disgust, *för* with; *få* ~ *för* take a dislike to; *känna* ~ feel disgusted; *väcka (inge)* ~ arouse (call forth) disgust, *hos* in; *väcka* ~ *hos ngn* äv. make a p. disgusted, disgust a p. **-smakning** tasting, sampling **-smalnande** **I** *a* narrowing osv., jfr *smalna* |*av*| **II** ~*t 0* = följ. **-smalning** ~*en 0* narrowing osv., jfr *smalna* |*av*|; skogsv. taper, diminution **-sminkning,** ~*en* tog tid the removal of the make-up . . **-snitt** sector; av bok o.d. part, portion, section; av t.ex. följetong instalment; tids~ period **-snoppning** avspisning snub, jfr följ. **-snäsning** snubbing; snub, rebuff **-somna** *itr* dö depart this life, pass away; *de* |*saligen*| ~*de* the |dear| departed

av|spark kick-off **-spegla** **I** *tr* reflect, mirror **II** *rfl* be reflected (mirrored) **-spegling** reflection **-spela** *tr,* ~*s* utspelas come off **-spelning** bandspelares playback; -spelande playing back **-spisa** *tr* put (F fob) . . off **-spolning** **1** sköljning swilling **2** avnystning unspooling **-sprängning** blasting away **-späcka** *tr* val flench, flense **-spänd** *a* bildl. relaxed **-spänning** bildl. relaxation |polit. of tension|, slackening, easing off **-spärrning** avspärrande blocking osv., jfr *spärra* |*av*|; avspärrat område roped-off area, spärr barrier, polis~ cordon; blockad blockade **-spärrningsåtgärder** *pl* t.ex. polisens, brandkårens measures taken to rope (cordon) off the (resp. an) area **-stava** *tr* divide |. . into syllables (vid radslut . . at the end of the line)| **-stavning** division |into syllables|, syllabi|fi|cation **-stavningsregler** *pl* rules for division into syllables (for syllabi|fi|cation) **-steg** departure; från t.ex. regel deviation; från t. ex. det rätta lapse **-stickare** utflykt detour; från ämnet digression; *göra en* ~ *till* . . äv. take a run up to (round by) . . **-stigande** **I** *a* alighting osv., jfr *stiga* |*av*|; *endast för* ~ järnv. o. d. only for passengers alighting **II** ~*t 0* = följ. **-stigning** alighting osv., jfr *stiga* |*av*| **-stigningsplats** alighting point

av|stjälpning tipping osv., jfr *stjälpa* |*av*| **-stjälpningsplats** tip, dump **-straffa** *tr* punish, högt. chastise; aga beat **-straffning** punishing osv.; beating, punishment, högt. chastisement **-styckning** partition, division, parcelling out **-styra** *tr* förhindra, förebygga prevent; t. ex. olycka avert, ward off; t.ex. planer put a stop to **-styrka** *tr,* ~ *ngt* |strongly| object to a th., recommend the rejection of a th., ibl. oppose a th.; *jag -styrker* I |strongly| object; *kommittén -styrkte* |*förslaget*| the committee recommended the rejection of the proposal; *-styr-*

kes authority withheld, sanction refused **-styrkan** ~ *0, på din ~ beslöt jag* . . on the strength of your objection I decided . . **-styrkande I** *a* unfavourable, ibl. negative **II** *adv* unfavourably; *yttra sig ~* |*om*| express |one's| disapproval |of| **III** *~t ~n* objection |to a proposal o. d.|, rejection |of osv.|

avstå I *itr, ~ från* allm. give up, *att gå* going; uppge abandon, relinquish, försaka forgo, deny oneself; avsäga sig renounce, isht jur. waive; låta bli refrain (desist) from; undvara dispense with, do without; *~ från att rösta* abstain from voting; *jag ~r* i tävling I withdraw (retire); *nej, jag måste tyvärr ~* |*från att komma*| no, I'm afraid I can't |come| **II** *tr* lämna, överlåta give up, hand over; relinquish, surrender, cede; *han avstod . . åt mig* he let me take over . . **-ende** *~t 0* giving up osv.: abandonment, relinquishment, surrender, *från* i samtliga fall of; withdrawal, *från* from

avstånd *-et* - allm. distance; mellanrum ibl. äv. space (interval) |between|; vid målskjutning o. för radar range; *hålla rätt ~* keep the right distance; *ta ~ från* allm. dissociate oneself from, avvisa repudiate, frisäga sig från disclaim, ogilla take exception to, deprecate; *på ~* at a (i fjärran in the, från långt håll from a) distance; *på ett ~ av* . . at (resp. from) a distance of . .; *på fem kilometers ~* äv. five kilometres away; *på något ~* |at| some |little| distance off; *på något ~* |*ifrån mig*| at some |little| distance |from me|; |*redan*| *på långt ~* ser man . . |even| |at| a long distance off . .; *släkt på långt ~* |*med ngn*| distantly (remotely) related |to a p.|; *hålla ngn på ~* keep a p. at a distance; *hålla sig på ~* keep at a distance (aloof, away) samtliga äv. bildl.; *håll Er på ~!* keep your distance!

avstånds|bedömning judgement of distance|s| **-mätare** foto., mil. range-finder, tekn. telemeter **-mätning** mil. range-finding, tekn. telemetry **-tagande** *~t 0* dissociation, *från* from; repudiation, deprecation, *från* i båda fallen of; jfr |*ta*| *avstånd* |*från*|

av|stämma *tr* radio. tune, syntonize **-stämning** radio. tuning, syntonization **-stämningsratt** tuning knob **-stämpla** *tr* stamp, brev o.d. postmark; biljett äv. ibl. punch **-stämpling** stamping osv. **-stämplingsdag** post. date of postmark; järnv. o.d. day of issue **-stänga** *tr* se *stänga* |*av*| **-stängdhet** isolation, seclusion **-stängning** shutting off osv., jfr *stänga* |*av*|; inhägnad enclosure **-stängningskran** stop-cock **-sutten** *a* dismounted **-svalnande** *a* cooling osv., jfr *svalna* |*av*|; *~ vänskap* äv. waning friendship **-svalning** cooling **-svimmad** *a* se *svimma* |*av*| **-svuren** *a, ~ fiende* sworn enemy **-svär|j|a** *tr rfl* t.ex. tro abjure, forswear; t.ex. ovana renounce **-svärjelse** abjuration, forswearing; renunciation **-syna** *tr* inspect |and certify| **-syning** official inspection **-syningsinstrument** certificate of inspection

av|säga I *tr* jur. se *avkunna* **II** *rfl* t.ex. befattning, uppdrag resign, give up; avböja decline; t.ex. ansvar disclaim; t.ex. anspråk relinquish, renounce; *~ sig kronan (tronen)* abdicate **-sägelse** resignation; relinquishment, renunciation; tron~ abdication **-sända** se *skicka* [*av*] **-sändare 1** pers. sender, H av gods consignor, forwarder, ibl. shipper; av postanvisning remitter; på brevs baksida (förk. *avs.*) from, ibl. sender **2** apparat: tel., radio. transmitter **-sändning** dispatch, ibl. shipment; av postanvisning remittance **-sändningsort** H place of dispatch

av|sätta I *tr* **1** ämbetsman remove |. . from office|, dismiss; konung dethrone, regent depose **2** avyttra sell, dispose of; . . *är lätt (svår) att ~* äv. . . sells well (badly) **3** kem. o. tekn. precipitate; deposit **4** *~ märken (spår)* leave marks (traces) **5** mat., t.ex. sträcka set off **6** se *sätta* |*av*| **II** *rfl* be deposited osv., jfr *I 3-4;* kem. o. tekn. äv. form as a deposit, settle **-sättlig** *a* **1** om ämbetsman removable **2** H marketable, sal|e|able **-sättlighet 1** removability **2** sal|e|ableness **-sättning 1** ämbetsmans removal |from office|; konungs dethronement, regents deposition **2** av varor sale, marketing; *finna ~ för* dispose of; *finna god ~* meet with a ready market; *ha god ~* sell well **3** av pengar provision, allocation, appropriation **-sättningsmöjligheter** *pl* marketing possibilities **-sättningsort** market **-sökning** i TV o. radar scanning

av|söndra I *tr* avskilja separate, sever, detach, jordstycke äv. partition, parcel off; fysiol., t.ex. vätska secrete; kem. o. geol. segregate; isolera isolate **II** *rfl* (jfr *I*) separate off; be secreted (segregated) **-söndras** *itr. dep=avsöndra II* **-söndring** avsöndrande separating osv., jfr *avsöndra;* separation, severance, detachment; fysiol., äv. konkr. secretion; kem. o. geol. segrēgation; isolering isolation **-söndringsorgan** fysiol. secretory organ

av|ta se *-ta|ga|* **-tacka** *tr* tacka, *~ ngn* thank a p. for his services; *~ trupper* formally discharge troops on farewell parade **-tacklad** *a* se *tackla* |*av*| **-tackning** mil. farewell parade **-ta|ga| I** *itr* minska decrease, grow less (om dagar shorter), diminish; om månen wane äv. allm.; om storm o.d. äv. abate, subside; om hälsa, anseende decline, fail, fall off; *den här fågelarten -tar* från år till år this species of bird is decreasing in numbers (becoming rarer) . . **II** *tr* se *ta* |*av*| **-tagande** (jfr *avta|ga|* o. *ta* |*av*|) **I** *~t 0* taking off osv.;

decrease, diminution, waning, decline, abatement; *vara i* ~ be on the decrease (decline, isht om månen wane), be declining (diminishing, failing) **II** *a* decreasing osv.: ~ *syn* failing eyesight **-tagbar** *a* removable, detachable **-tagsväg** turning; sidoväg side-road **-tal** agreement, settlement, understanding, kontrakt contract, fördrag treaty, isht polit. convention; *träffa* ~ come to an agreement, *om* about (as to), |*om*| *att* inf. to inf.; agree, contract, |*om*| *att* inf. to inf.; *enligt* ~ according to (as per) agreement (contract), as agreed |upon| **-tala I** *itr* agree, come to an agreement, *om* about, as to **II** *tr* agree upon, settle; *en ~d sak* a pre-arranged (pre-concerted) thing; *det finns ingenting ~t om det* there has been nothing stipulated on (about) the matter; *som ~t* |*var*| as arranged; *vid den ~de tiden* at the time appointed (fixed)
avtals|brott breach of an (resp. the) agreement (a resp. the contract) **-förhandling,** *~ar* wage negotiations; *kollektiva ~ar* collective bargaining sg. **-lön** stipulated wage rate **-rörelse** förhandlingar wage negotiations pl. **-stridig** *a* . . contrary to contract **-tid** term (period) of the (resp. an) agreement (the resp. a contract)
av|tappning drawing osv., jfr *tappa* |*av*|; H av valuta drain **-tappningskran** drain cock **-teckna I** *tr* se *teckna* |*av*| **II** *rfl,* ~ *sig* |*skarpt*| *mot* stand out |in bold relief| (be |sharply| outlined) against **-tjäna** *tr,* ~ *ett straff* serve a sentence, serve (F do) time; ~ *10 år* serve (do) 10 years **-tona** *tr* shade off, gradate **-torkning** wiping, cleaning osv., jfr *torka* |*av*| **-trubbning** blunting äv. bildl. **-tryck 1** avformning imprint, impression; avgjutning cast; *ta ett* ~ *av* take an impression of **2** omtryck reprint; avdrag proof, impression, print **-tryckare** på gevär trigger; på kamera shutter release **-tryckning 1** impressing osv., jfr *trycka* |*av*|; av gevär pulling of the trigger **2** se *avtryck*
av|träda I *itr* withdraw, retire, *från* from; ~ *från* äv. leave, befattning äv. resign **II** *tr* give up, give up possession of; t.ex. landområde surrender, cede **-trädande** *~t 0* **1** tillbakaträdande withdrawal, retirement **2** giving up osv., jfr *avträda II;* surrender, cession **-träde** *~t ~n* **1** se *avträdande* **2** gottgörelse, *ge (få) i* ~ give (receive) in compensation **3** torrklosett earth-closet, på landet äv. privy **-trädelse** cession, surrender
av|tvagning washing, bort- washing away **-tvinga** *tr,* ~ *ngn ngt* t.ex. pengar, löfte, bekännelse extort (wring, exact) a th. from a p. **-två** *tr* wash; tvätta bort wash off; synd wash away, purge; beskyllning clear oneself of **-tvättning** washing |down|; bort- washing off **-tynande I** *~t 0* decline **II** *a* languishing **-tåg** departure, marching off (away); friare decampment, exit; *fritt* ~ liberty to march off **-tåga** *itr* march off; decamp, take one's departure **-täcka** *tr* uncover; konstverk o.d. unveil **-täckning** uncovering; av konstverk o.d. unveiling **-täckningshögtidlighet** unveiling ceremony **-täras** *itr. dep* be wasted away, waste away **-tärd** *a* worn, wasted, emaciated, haggard, gaunt **-tärdhet** emaciation, haggardness
avund *-en 0* envy, ibl. jealousy; *grön av* ~ *över ngt* green with envy at a th.; *hysa avund mot* . . feel envious of . . **avundas** *tr. dep,* ~ *ngn ngt* envy a p. a th. **avundsam** *a* envious **avundsamhet** enviousness **avundsjuk** *a* envious, jealous, *på, över* of **avundsjuka** *-n 0* enviousness, envy, jealousy; *spricka av* ~ burst with envy **avundsjukt** *adv* enviously; *vaka* ~ *över ngt* guard a th. jealously **avundsman** ung. enemy; *han har inga avundsmän* no one bears him a grudge **avundsvärd** *a* enviable
av|vakta *tr* ankomst, svar await; händelsernas gång wait and see; vänta (lura) på wait (watch) for; ~ *tiden* bide one's time **-vaktan,** *i* ~ *på* while awaiting (waiting for), t.ex. ngns (ngts) ankomst pending; *i* ~ *på benäget svar* awaiting the favour of an answer **-vaktande** *a* expectant; *inta en* ~ *hållning* play a waiting game, pursue a wait-and-see policy **-vand** *a* weaned; jfr *avvänja* **-vara** *tr* spare
av|veckla *tr* **1** isht affärsrörelse wind up, liquidate, friare settle **2** se *veckla* |*av*| **-veckling** isht av affärsrörelse winding up osv.; liquidation, settlement **-verka** *tr* **1** träd fell, isht amer. cut, log, skog clear . . of trees **2** tillryggalägga cover, do, *på* in **3** förbruka use |up| **-verkning** felling osv.
avvik|a *itr* **1** ej överensstämma diverge; skilja sig differ; från t.ex. ämne digress, turn aside; från t.ex. sanningen deviate; ~ *från* dygdens stig stray from . .; *däri -er* våra åsikter *från varandra* that is where . . differ (are at variance); ~ *ur kursen* sjö. deviate from one's course **2** rymma abscond, run away; ~ |*ur riket*| äv. flee the country **3** se *vika* |*av*| **-ande I** *a* (jfr *avvika*) divergent; differing; deviating; om t.ex. åsikter dissentient; isht naturv. aberrant **II** *~t 0* flykt flight, absconding; se vid. följ. **-else** divergence, deviation; från åsikt el. rådande bruk äv. departure; från ämnet digression; olikhet discrepancy **-ning** deviation; kompassnålens declination; jfr föreg.
av|vinna *tr,* ~ *jorden sin bärgning* get one's living from the soil; *boken lyckas inte* ~ *läsaren något intresse* the book fails to engage (gain) the reader's interest; ~ *ämnet nya synpunkter* evolve new aspects of the subject **-visa** *tr* **1** ngn turn away, send . . away |empty-handed|; *han lät sig inte* ~ he was

not to be rebuffed (put off) **2** ngt: t.ex. förslag, anbud reject, refuse, turn down; t.ex. beskyllning repudiate; t.ex. invändning overrule, disallow; t.ex. anfall repel, repulse; isht jur., ~ ngt ss. obefogat dismiss; ~ *tanken på att* sats wave aside the idea that sats **-visande I** *~t 0* (jfr *avvisa*) turning away osv.; rejection; repudiation; repulse; dismissal **II** *a* negative; unsympathetic, discouraging; *inta en ~ hållning till ngn* take up a negative (unresponsive) attitude towards a p.; *ställa sig ~ mot (till) ngt* adopt a negative attitude towards a th. **III** *adv* negatively osv., jfr *II; svara ~ på ngt* reject (turn down, refuse) a th. **-visare** skyddande stenstolpe corner-post, stone post

avvita I *oböjl. a* **1** befängd preposterous, absurd **2** jur. svagsint insane **II** *adv, bete sig ~* behave queerly (oddly)

av|vittring geol. erosion **-väg** biväg by-road; *föra (komma in) på ~ar* lead (go) astray; *han har råkat på ~ar* he has gone astray, he is on the wrong road **-väga** *tr* **1** avpassa adjust, *efter* to; överväga weigh [in one's mind], balance; *väl -vägd* attr. well-balanced, well-poised **2** lantmät. level, take the level (gradient) of **3** se *väga [av]* **-vägning** adjusting osv.; adjustment, balance; lantmät. levelling **-vägningsfråga,** *det är en ~* it is a question which needs careful weighing up **-vägningsinstrument** lantmät. levelling-instrument, [surveyor's] level **-vända** *tr* **1** leda bort divert **2** avvärja avert **-vänja** *tr* spädbarn wean; t.ex. rökare, alkoholskadad cure; *~ ngn från en ovana* cure a p. of (wean a p. from) a [bad] habit; jfr *vänja [av]* **-vänjning** weaning; curing; jfr följ. **-vänjningskur** cure, treatment, *mot* for **-väpna** *tr itr* disarm äv. bildl. **-väpnande** *a* disarming; bildl. äv. reassuring **-väpning** disarming; disarmament **-värja** *tr* **1** t.ex. slag ward (fend) off, parry **2** t.ex. fara avert, ward (stave) off **-värjande I** *~t 0* warding off osv. **II** *a, med en ~* avvisande *åtbörd* with a deprecating gesture **III** *adv* deprecatingly

av|yttra *tr* dispose of, sell, part with; egendomen *får ej ~s . .* is inalienable (entailed) **-yttring** disposing of osv.; disposal, sale **-äta** *tr* **1** have, consume; *~ en bättre middag* partake of a splendid dinner **2** se *äta [av]*

ax *-et -* **1** bot.: blomställning spike; sädes~ ear; *gå i (skjuta) ~* form (set) ears; *plocka ~* gather ears, glean; *stå i ~* be in the ear; *utan ~* uneared **2** på nyckel [key-]bit, web **-bildning** (jfr *ax 1*) spike-formation; coming into ear **-blommig** *a* spike-flowered **-bärande** *a* (jfr *ax 1*) spike-bearing; eared

1 axel *-n axlar* geom., geogr., polit. axis (pl. axes); hjul~ axle, ibl. axle-tree; maskin~ shaft, arbor, mindre spindle

2 axel *-n axlar* skuldra shoulder; *bära ngt på ~n* carry a th. on one's shoulder; *bära kappan på båda axlarna* play a double game, be a double-dealer, run with the hare and hunt with the hounds; *rycka på axlarna* shrug [one's shoulders]; *se ngn över ~n* look down upon a p. **-band** på damkläder o. barnplagg [shoulder] strap **-bandslös** *a* strapless **-bred** *a* broad-shouldered **-bredd** breadth (width) across the shoulders

axelbrott tekn. axle fracture, broken axle

axel|gehäng shoulder belt, baldric **-höjd,** *en hylla i ~* a shoulder-high shelf **-klaff** mil. shoulder-strap

axel|koppling tekn. shaft-coupling **-lager** tekn. axle-bearing, shaft-bearing

axelled shoulder-joint

axel|ledning tekn. transmission line, [line of] shafting **-makterna** *pl* hist. the Axis Powers, the Axis sg.

axel|remsväska satchel, amer. shoulder bag **-ryckning** shrug [of the shoulders]

axeltryck axle load (pressure)

axelvadd shoulder pad

axformig *a* spiked, spicate[d]

axial *a* axial

axiom *-et -* axiom **axiomatisk** *a* axiomatic

axla *tr* put on, t.ex. ränsel shoulder; *~ ngns kappa* step into a p.'s shoes

ax|plock bildl., *ett [litet] ~ [från]* a [small] selection [from] **-plockning** gleaning; bildl. = föreg.

azale|a *-an -or* azalea

Azorerna *pl* the Azores

Azovska sjön the Sea of Azov

aztek *-en -er* Aztec **-isk** *a* Aztec[an]

azur *-[e]n 0* azure **-blå** *a* azure-blue **-färgad** *a* azure-coloured

B

b *b-*[*e*]*t,* pl. *b*[*-n*] **1** bokstav b [utt. bi:] **2** mus. a) ton B flat b) sänkningstecken flat **3** betyg, *B* se *godkänd* **Ba** betyg, se *beröm 2*
babb|**el** *-let 0* babbling **babbla** *itr* babble
Babels torn the Tower of Babel
babian baboon
babord I *s* (böjl. end. i gen.) port, förr larboard; *på ~s bog* on the port bow **II** *adv* aport; [*dikt*] *~ med rodret!* helm [hard] aport!
babordssida port side
baby *-n -ar* (*-er* el. *babies*) baby
Babylonien Babylonia **babylonier** Babylonian **babylonisk** *a* Babylonian; *~ förbistring* confusion of tongues, babel
baby|**säng** cot **-utstyrsel** layette
bacill *-en -er* bacillus (pl. bacilli); friare o. vanl. germ, microbe, F bug **-bärare** germ-carrier **-fri** germ-free **-skräck,** *ha ~* be afraid of infection[s]
1 back *-en -ar* **1** slags flat låda tray; tråg hod; öl~ o. d. crate **2** sjö. matkärl [tin-]bowl, [mess-]kid **3** sjö. del av fördäck forecastle, fo'c's'le
2 back I *-en -ar* **1** sport. [full] back **2** ~växel reverse [gear] **II** *adv* back; sjö. astern, om segel aback; *~!* sjö. back her!; *full fart ~!* sjö. full speed astern!; *få ~ i seglen* be taken aback; *gå ~* a) sjö. go astern b) F gå med förlust run at a loss; *slå ~* [*i maskin*] reverse the engines **backa I** *tr* back äv. sjö., reverse; *~ en bil* reverse a car; *~ in (ut) en bil* back a car in (out) **II** *itr* back, reverse; sjö. go astern; *~ ut* bildl. back out, *ur* of
backanal *-en -*[*i*]*er* Bacchanal, Bacchanalia pl. **backanalisk** *a* Bacchanalian, Bacchanal
backant[**inna**] kvinna Bacchant[e], Bacchanal **backantisk** *a* Bacchantic
back|**e** *-en -ar* **1** höjd hill; sluttning hillside, slope; uppförs~ uphill slope, rise; nedförs~ downhill slope, descent; *många -ar* äv. many uphills and downhills; *uppför (nedför) ~n* up (down) the hill, uphill (downhill); *~ upp och ~ ned* up hill and down dale; *över berg och -ar* across country, over hill and dale; *sakta i -arna!* steady [does it]!, [take it (go)] easy! **2** mark ground; *slå ngn i ~n* throw a p. to the ground, knock a p. down; *det kan du slå dig i ~n på!* you bet!; *regnet står som spön i ~n* it is raining cats and dogs; *stå på bar ~* be left penniless, F be on the rocks
backfisch *-en -ar* teen-ager
backhand *-en 0* backhand, slag äv. backhand stroke, backhander
backhoppare ski-jumper **backhoppning** ski-jumping **backig** *a* hilly; undulating
backkrön brow (top) of a (resp. the) hill
backsippa pasque-flower
backslag slags backväxel reversing gear
backsluttning hillside, slope
backspegel driving (rear view) mirror
back|**stugusittare** ung. cottar **-svala** sand-martin **-tävling** för motorfordon hill climb
backväxel tekn. reverse gear
bacon *r* bacon
bad *-et -* **1** badning: a) kar~ bath äv. läk. o. kem.; F tub b) ute~, sim~ bathe; swim isht amer.; dopp dip; *ta* [*sig*] *ett ~* have a bath (resp. a bathe etc.); *härliga* ute~ splendid bathing sg. **2** se *badanstalt, badrum* resp. *badställe*
bada I *tr* bath, give . . a bath, amer. bathe **II** *itr* sim~ o. bildl. bathe; kar~ have (take) a bath, ibl. bath; *~ varmt (varmbad)* have a hot bath; *gå* [*ut*] *och ~* go for a bathe (a swim), go bathing (swimming); staden *~de i sol . .* was bathed in sunshine; *~nde i* sol, svett bathed in . .; *~nde i blod* swimming in blood; *~nde i tårar* in a flood of tears; *en ~nde* subst. a. a bather; *~ av sig* resdammet have a bath to get rid of . .
bad|**anstalt 1** badhus [public] baths pl. lika **2** kuranstalt hydropathic [establishment], hydro (pl. -s) **-balja** bath[tub] **-bassäng** swimming-pool, inomhus äv. swimming-bath **-boll** beach ball **-borste** bath-brush **-byxor** [bathing-]trunks
badda *tr* fukta bathe, dab, m. svamp äv. sponge
baddare 1 stort exemplar, *det var en* [*riktig*] *~ till gädda!* that pike is a [real] whopper!; jfr *bjässe* **2** överdängare champ[ion]; *han är en ~ i* [*att spela*] *tennis* (*i att simma*) he is a crack (smashing) tennis-player (swimmer)
baddning bathing, dabbing; sponging
baddräkt bathing-suit(-costume) **baderska** vid badanstalt [female] bath attendant
bad|**flicka** bathing beauty **-gäst** vid badanstalt bather; på badort visitor **-handduk** bath towel, för strand bathing (beach) towel **-hotell** seaside hotel; på kurort spa hotel **-hus** baths pl. lika; strand~ bathing-hut **-hytt** vid strand bathing-hut, inomhus [bathing-]cubicle **-kappa** bath-robe, för strand bathing-wrap **-kar** bath, [bath]tub **-lakan** large bath towel
badminton *n* badminton **-boll** shuttlecock **-plan** badminton court
bad|**mästare** bath attendant **-mössa** bathing-cap **-ning** bathing; drunknad *under ~ . .* while bathing **-ort** seaside resort (town), watering-place; *ligga vid* kust~ äv. be at the seaside **-rock** se *-kappa* **-rum** bathroom **-rumsmatta** bath mat **-rumsskåp** bathroom cabinet **-salt** bath salts pl. **-strand** [bathing-]beach **-ställe** bathing-place (strand -beach) **-säsong** bathing season

-tvål bath-soap **-vatten** bath-water; *kasta ut barnet med -vattnet* throw the baby out with the bath-water

baff|el *-eln -lar* tekn. baffle

bag *-en -ar* bag

bagage *-t 0* luggage, isht amer. baggage; F things pl. **-hylla** [luggage] rack **-inlämning** se *effektförvaring* **-lucka** utrymme [luggage] boot, amer. trunk; dörr boot lid **-nät** se *-hylla* **-rum** luggage room **-räck** luggage rail

bagarbarn, *bjuda ~ bröd* ung. carry coals to Newcastle **bagare** baker

bagatell *-en -er* trifle; *en ren ~* a mere trifle; *det är ingen ~ att* inf. it is no trifling matter (no joke) to inf.; *jag köpte den för en ~* I bought it for a song **bagatellartad** *a* trifling, trivial, petty **bagatellisera** *tr* make light of, belittle, minimize; med förakt pooh-pooh; misstag o.d. äv. extenuate

bageri bakery; butik äv. baker's [shop] **bageriidkare** baker **bagerska** baker[ess]

bagg|e *-en -ar* ram

Bahamaöarna *pl* the Bahamas

bahytt *-en -er* bonnet

baisse *-n -r* H decline, fall in prices, slump, bear market; *spekulera i ~* bear, speculate for a fall **-spekulant** bear, speculator for a fall

Bajern Bavaria **bajersk** *a* Bavarian

bajonett *-en -er* bayonet **-anfall** bayonet charge **-fattning** tekn. bayonet joint (catch, elektr. holder, foto. mount) **-fäktning** övning bayonet drill

bajrare Bavarian

baj[s]a *itr* barnspr. do a number two

1 bak *-et -* baking; sats bakat bröd batch

2 bak I *-en -ar* **1** F säte behind, seat, vulg. backside; byx~ seat **2** ytbräde slab **II** *adv* behind, at the back; *~ i* boken se *baki; längst ~ i salen* at the very back of the hall; *för långt ~* too far back; *både fram och ~* both in front and behind; *veta varken fram eller ~* F be at a loss [what to do]; *~ och fram* se *bakfram* **III** *prep* poet. 'bakom' behind

baka *tr itr* bake; *~ bröd* bake (make) bread; *~, ~ kaka* barnspr. pat-a-cake; *~ ihop sig* cake; *~ in* bildl. include; *~ ut* degen mould . ., *till* into

bak|axel tekn. rear axle **-ben** hind leg **-binda** *tr* pinion

bakbord pastry board

bak|danta[re] se *-tala[re]* **-del** människas buttocks pl., F behind, bottom; djurs hind quarters pl., rump; jfr *bakända* **-dörr** back (på bil rear) door **-efter** *adv prep* behind

bakelit *-en 0* bakelite

bakelse [piece of] pastry, [fancy] cake; m. frukt, sylt tart; *~r* äv. pastry sg.

bakerst *adv* furthest back, at the [very] back **bakersta** *a* rear[most], hindmost; *de ~* those at the back

bak|ficka på byxor hip-pocket; *ha ngt i ~n* have a th. up one's sleeve **-fot** hind foot; *få saken (det) om ~en* get hold of the wrong end of the stick **-fram** *adv* back to front, the wrong way round (about) **-full** *a* F, *vara ~* have a hangover **-gata** back street, lane **-grund** background äv. bildl.; *i ~en* i fjärran in the distance; *träda i ~en för* överskuggas av . . be eclipsed (thrown into the shade) by . .; *mot denna ~* är det naturligt att . . in these circumstances . .; bör ses *mot ~en av dessa fakta* . . in the light of these facts **-gård** backyard **-hal** *a* . . tending to slide backwards, slippery **-has,** *sätta sig på ~orna* bildl. be obstinate (pigheaded) **-hjul** rear wheel **-huvud** back of the (one's) head, läk. occiput **-håll** ambush, mil. äv. ambuscade; *ligga (lägga sig) i ~ [för]* lie (place oneself) in ambush [for]

bak|i I *prep* behind in . ., at (in) the back of, jfr *2 bak II* **II** *adv* at (in) the back, behind **-ifrån** *prep adv* from behind; *börja ~* begin at the back **-kappa** heel, fackl. counter **-kropp** insekts abdomen **-laddare** breech-loader **-lykta** rear (tail) light (lamp) **-lås,** *dörren har gått i ~* the lock has jammed; *hela saken har gått i ~* the whole affair has reached a deadlock **-länges** *adv* backward[s]; *åka ~* på tåg ride (sit) with one's back to the engine **-läxa,** *få ~ [på geografin]* have to do one's [geography] homework again; *få ~* avslag meet with a rebuff

bakning baking

bakom *prep adv* behind; i rum äv.: a) prep. at the back (rear) of, amer. [in] back of b) adv. at (in) the rear; jag undrar vad som *ligger ~* (vem som *står ~*) . . is at the bottom of (is behind) it; *det ligger mycket arbete ~* a lot of work went into this; titta fram *~ dörren* . . from behind the door; *~ [flötet]* F stupid, daft; *~ knuten* round the corner **-varande** *a, de ~* those behind

bak|plåt baking-plate **-pulver** baking-powder

bakpå I *adv* [up] behind, at (resp. on, jfr *II*) the back **II** *prep* t. ex. vagnen at (t. ex. kuvertet on) the back of **bakre** *a* t. ex. bänk back; t. ex. ben hind; *~ del* back part, rear

bak|rus hangover; *gå i ~* have a hangover **-ruta** på bil rear window **-sida** back; på mynt o. d. reverse; jfr *avigsida; medaljens ~* bildl. the reverse of the medal; *åt ~n* to the back; *ett rum åt ~n* äv. a back room **-slag 1** tillbakagång, motgång reverse, set-back, check, personligt äv. rebuff; reaktion reaction **2** biol. reversion, throw-back, atavism **3** i motor backfire **-slug** *a* underhand[ed], sly, crafty **-smälla** F hangover; *ha ~* se *[gå i] bakrus* **-stam** sjö. stern **-strävare**

reactionary **-ström** back[ward] current äv. elektr.; back-eddy, backwater **-stycke** på klädesplagg back **-säte** back (rear) seat
bak|tala *tr* slander, calumniate, vilify, backbite **-talare** o. **-talerska** slanderer, calumniator, vilifier, backbiter **-tanke** ulterior (secret) motive; *det ligger en ~ i det här* there is something behind this **-tass** hindpaw
bakterie *-n -r* bacteri|um (pl. -a); friare germ, microbe **-dödande** *a* germicidal, bactericidal **-fri** *a* . . free from bacteria, sterile **-härd** colony (nucleus) of bacteria **-krig** germ (bacteriological) warfare **-kultur** culture of bacteria
bakterio|log bacteriologist **-logi** *~[e]n 0* bacteriology **-logisk** *a* bacteriological
bak|till *adv* behind, at the back **-trappa** back stairs pl.
baktråg kneading-trough, mixing-trough
baktung *a* . . heavy at the back; flyg. tail--heavy
bakugn oven
bak|ut *adv* backward[s]; behind; *slå ~* kick [out behind], lash out; *det går ~ för honom* he is losing ground **-vatten** backwater
bakverk ofta pastry; jfr *bakelse, kaka* m.fl.
bak|väg back way; bakdörr back door, back (rear) entrance; *han kom ~en* he came the back way (by the back door etc.); *gå ~ar* bildl. use underhand means (methods); få veta ngt *på ~ar* . . in a roundabout way, . . indirectly **-vänd** *a* eg. . . the wrong (other) way round; tafatt awkward; galen preposterous, absurd; *i ~ ordning* in reverse order **-vänt** *adv* the wrong way, awkwardly osv., se föreg. o. *bakfram; bära sig ~ åt* äv. be clumsy
bakåt *adv* backward[s], to the rear; tillbaka back; *en rörelse ~* a backward movement **-böjd** *a* . . bent back **-böjning** backward bend **-lutad** *a* om pers. . . leaning back, reclining **-lutande** *a* om sak . . sloping backward[s]; *~ [hand]stil* äv. backhand[ed] writing **-strävare** reactionary
bakända 1 av ett föremål back [part], rear **2** se *bakdel*
1 bal *-en -er* ball, mindre dance
2 bal *-en -ar* bale; package, bundle; alla m. of framför följ. best.
balalajk|a *-an -or* balalaika
balans *-en -er* **1** jämvikt balance, equilibrium; *hålla (tappa) ~en* keep (lose) one's balance **2** tekn. balance[-beam], beam; i ur balance **3** H saldo balance (jfr *saldo*); kassabrist deficit **balansera** *tr itr* **1** balance äv. hjul; eg. äv. poise **2** H balance; överföra carry over; *~ med överskott* show a surplus on balance **balanserad** *a* harmonisk balanced, sansad äv. sober
balans|gång balancing; *gå ~* balance [oneself] **-hjul** tekn. fly-wheel **-konto** balance account **-räkning** balance sheet **-sinne** sense of balance **-våg** common (beam) balance
baldakin *-en -er* canopy, baldachin
baldersbrå *-n (-t) -r (-n)* scentless mayweed
Balearerna *pl* the Balearic Islands
balett *-en -er* ballet **-dansör** o. **-dansös** ballet-dancer **-flicka** chorus-girl **-mästare** ballet-master
1 balj|a *-an -or* kärl tub, mindre bowl
2 balj|a *-an -or* fodral sheath, scabbard; bot. pod **-växt** leguminous plant
balk *-en -ar* **1** bjälke: trä~ beam, isht järn~ girder **2** lag~ section, ibl. code, act **balka** *tr, ~ av* partition (box) off
Balkan halvön the Balkan Peninsula; staterna the Balkans pl., the Balkan States pl.
balkong *-en -er* balcony **-låda** ung. flower-(window-)box **-räck[e]** balcony parapet
ballad *-en -er* visa ballad, lay; poem o. mus. ballade **-diktning** balladry, ballad poetry
ballast se *barlast*
ballistik *-en 0* ballistics
ballong *-en -er* balloon; sjö. segel balloon sail; *fjättrad (fast) ~* captive balloon **-försäljare** balloon-seller **-prick** sjö. beacon with ball **-ring** balloon tyre **-spärr** mil. balloon barrage
balsal ballroom
balsam *-en -er* balsam; isht bildl. balm end. sg. **balsamera** *tr* embalm **balsamering** embalming **balsamin** *-en -er* balsam **balsamisk** *a* balmy, balsamic **balsampoppel** balsam poplar
balsaträ balsa wood
balt *-en -er* Balt **Balticum** the Baltic States pl. **baltisk** *a* Baltic
balustrad *-en -er* balustrade, parapet **-docka** baluster
bambu *-n 0* bamboo **-rör** bamboo (pl. -s)
ban|a I *-an -or* **1** väg path, ibl. way, track; lopp course; omlopps~ t.ex. planets orbit; projektils trajectory; levnads~ career, course; *brottets ~* the path of crime; *bryta sig en ~* make one's way, carve out a career for oneself; *välja den akademiska ~n* go in for a university career; jfr vid ex. under *väg* **2** sport.: löpar~, cykel~ o.d. track; galopp~ [race-]-course; skridsko~ rink; tennis~ court; jfr vid. *golfbana* m.fl. **3** järnv. line, spår äv. track **4** tekn.: pappers~ roll; . . *i långa -or* bildl. quantities (lots, no end) of . . **II** *tr, ~ väg* eg. clear the way, *för* for; bildl. pave the way, *för* for; *~ sig väg* make (med våld force) one's way; *~d väg* beaten track
banal *a* commonplace, banal; isht om ord, fras hackneyed, trite; *~a fraser* äv. commonplaces, platitudes **banalisera** *tr* render . . commonplace, make . . banal **banalitet**

-*en -er* egenskap triteness, banality; banalt ord e. d. commonplace, platitude

banan banana **-fluga** drosophil|a (pl. äv. -ae) **-kontakt** radio. banana plug **-skal** banana skin

ban|brytande *a* vägröjande pioneering; epokgörande epoch-making; ~ *arbete* pioneer[ing] work; en upptäckt *av* ~ *betydelse* . . of epoch-making importance **-brytare** pioneer, *för* of

band *-et* - **1** knyt~ m. m. **a)** konkr.: allm. band äv. remsa, ring; snöre string; smalt bomulls~, plast~, siden~ etc. för nyttobruk (t. ex. för hopfästning o. i bandspelare) tape; prydnads~ isht av siden, ordens~, hår~ ribbon; garnerings~, snodd braid, lace; bindel sling; tunn~ hoop; transport~ conveyor belt, jfr ex.; se f. ö. resp. sms. t. ex. *färg~, mått~, sko~; ha (gå med) armen i* ~ carry one's arm in a sling; *hålla hunden i* ~ keep the dog on the leash (lead); *löpande* ~ conveyor belt, assembly (production) line; *romaner på löpande* ~ one novel after the other, novels in a steady stream; *ta upp på* ~ record [. . on tape], tape **b)** abstr. o. bildl.: förenande el. hämmande tie; bond vanl. starkare; tvång äv. restraint, constraint; *ekonomiska* ~ economic bonds; *ett enande* ~ a unifying bond; *träldomens* ~ the bonds of slavery; *äktenskapets* ~ the marriage bond (tie); *fri från alla* ~ free from all ties (restraints); *vinet brukar lossa (lösa) tungans* ~ på honom wine is apt to loose[n] his tongue; *lägga* ~ *på sig* check (restrain) oneself, keep one's temper; *lägga* ~ *på* sina känslor restrain . .; *lägga* ~ *på sin tunga* keep one's tongue in check; *på löpande* ~ se under *a)* **2** bok~ binding; volym volume; *en roman i tre* ~ a three-volume novel **3** trupp, följe band, gang; jazz~ o. d. band

banda *tr* **1** ta upp på band record [. . on tape], tape **2** tunnor o. d. hoop

bandage *-t* - bandage; *det blev hårda* ~ F ung. we (they osv.) had a tough struggle

bandbroms band-brake

bandel järnv. line, section of a (resp. the) [railway] line

banderol[l] *-en -er* banderol[e]; m. tofs tassel; kontrollmärke t. ex. på cigarrettpaket revenue stamp

band|formig *a* band-(ribbon-)like **-hund** watch-dog **-inspelning** tape recording

bandit *-en -er* bandit (pl. äv. banditti), brigand; gangster; desperado (pl. -s); ss. skällsord ruffian, blackguard

band|järn band-iron **-kantad** *a* ribboned **-mask** tapeworm **-ning** radio. tape recording **-prydd** *a* ribboned **-spelare** tape recorder **-stump** piece of ribbon **-såg** band-saw **-traktor** caterpillar tractor **-upptagning** på -spelare tape recording

bandy *-n 0* bandy **-klubba** bandy stick

bane *oböjl. s, få sin* ~ meet one's death; *detta blev hans* ~ this was the death of (proved fatal to) him **-man** slayer, assassin

baner *-et* - banner, standard

banesår mortal wound, death-wound

banfritt *adv* H free on rail, förk. f. o. r.

bang *-en -ar* överljudsknall sonic bang (boom)

ban|gård [railway (amer. railroad)] station; amer. äv. depot **-hall** station hall **-ingenjör** railway (permanent way) engineer

banjo *-n -er (-s)* banjo (pl. banjo[e]s)

1 bank *-en -ar* **1** vall embankment **2** grund, sandbank [sand-]bank, bar

2 bank *-en -er* penning~ bank äv. spel~; *gå på* ~*en* go to the bank; ha pengar *på* ~*en* . . in (at) the bank; ha konto *hos en* ~ . . at a bank; *spränga* ~*en* break the bank

banka *itr* bulta knock [loudly], bang, *på* at, on; *mitt hjärta* ~*r* my heart is pounding (throbbing)

bank|affär banking transaction **-aktie** bank share; ~*r* äv. bank stock sg. **-aktiebolag** joint-stock bank **-avdelning** department [of a (resp. the) bank] **-besked** [bank] statement of accounts **-bok** bank-book, pass-book **-bud** bank messenger **-direktör** banker, bank director, vid [större] filial bank manager

bankett *-en -er* banquet

bank|fack safe-deposit box **-filial** branch [of a (resp. the) bank] **-fridag** bank (amer. legal) holiday **-giro** bank giro service (konto account) **-inrättning** bank[ing institution]

bankir *-en -er* [private] banker **-firma** banking-house

bank|kamrer vid bankavdelning bank accountant; vid bankfilial bank manager **-kassör** cashier [of a (resp. the) bank], teller **-konto** bank account **-krasch** bank failure (crash) **-lån** bank loan **-man** -tjänsteman bank clerk **-mannahåll,** *på* ~ in banking circles **-mässig** *a* banking . .; ~ *säkerhet* bank security

bankofullmäktige Riksbankens styrelse the Board of Governors of the Bank of Sweden

bankrutt I *-en -er* bankruptcy end. sg., [bank] failure; *göra* ~ become (go) bankrupt, fail **II** vanl. *oböjl. a* bankrupt; ruined; *bli* ~ become (go) bankrupt **bankruttförklaring** declaration of bankruptcy **bankruttmässig** *a* insolvent; *vara* ~ äv. be on the verge of bankruptcy **bankruttör** bankrupt

bank|rån bank robbery **-ränta** inlåningsränta interest on deposits; diskonto bank rate **-rörelse** banking [business] **-tid** banking-hours pl. **-tillgodohavande** bank balance **-tjänsteman** bank clerk **-valv** strong-room, vault **-värld,** ~*en* the banking world **-väsen,** ~[*det*] banking

banledes *adv* by rail[way], by train

bann *-et* - **1** straff. ban, kyrkl. äv. anathema, excommunication; *lysa i ~* se *bannlysa* **2** trollmakt spell **banna** *tr* **1** gräla på scold **2** i kraftuttr. se *förbanna* ex. **bannbulla** bull of excommunication **bann|lysa** *tr* **1** kyrkl. excommunicate, put . . under a ban **2** bildl. ban, prohibit; svordomar *är -lysta* äv. . . are taboo **bannlysning** kyrkl. excommunication, anathema **bannor** *pl* scolding sg.; *få ~* get a scolding, be scolded **bannstråle** anathema, fulmination; *slunga ~n (en ~) mot ngn* fulminate against a p.

bansträcka järnv. section of a (resp. the) line

banta *itr* reduce, slim; *~ bort* (*ned sig*) flera kilo [manage to] go down . . in weight; *~ ned* utgifterna reduce . .; *nedbantad budget* reduced budget

bantamvikt bantam weight

bantning reducing, slimming **bantningskur** reducing (slimming) cure (treatment, diet äv. diet)

ban|vagn, *fritt å ~* free on rail, förk. f. o. r. **-vakt** lineman; level-crossing keeper **-vall** [railway] embankment, roadbed

baptism, *~[en]* the Baptist faith **baptist** *s* o. **baptistisk** *a* Baptist

1 bar *a* bare; naked äv. om t. ex. kvist; t. ex. om nerv exposed; *~a ben* bare legs; *[ut]av ~a fan* F like hell (svag. blazes); *bli tagen på ~ gärning* be caught red-handed (in the [very] act); slå ngn *med ~a handen* . . with one's naked fist; *under ~ himmel* under the open sky, in the open; *sova under ~ himmel* sleep out; *på sina ~a knän* on one's bended knees; *inpå ~a kroppen* to the [very] skin; se äv. under *bara*

2 bar *-en -er* cocktail~ o.d. bar; matställe snack-bar, cafeteria

bara I *adv* only; merely; just; jfr ex.; *~ alltför snart* all too soon; han är *~ barnet* . . a mere (just a) child; han sprang *som ~ den* F . . like anything; *~ dumheter* utter (all) nonsense; *~ förtal* nothing but slander; *~ inbillning* mere imagination; han stod där *i ~ skjortan* . . with nothing but his shirt on; *~ med undantag av (för)* with the sole exception of; *~ på skoj* just for fun; *synd ~ att* . . the pity is that . .; *det var ~ det* jag ville säga that's all . .; *det är inte så ~, det!* that's not a trifling matter!, uppskattande that's not bad!; hur mår du? — Tack, *[det är] ~ bra* . . pretty well, . . I'm all right; *klockan är ~ sju* it is only (not more than) seven o'clock; *kom ~!* come along!; *om han ~ ville göra det!* if he would only do it!; *tänk (tänka sig) ~!* just fancy (think)!; *du skulle ~ våga!* do it, if you dare!; *vänta ~!* just you wait!; hon kom så snabbt *som det ~* någonsin *var möjligt* . . as ever she could **II** *konj* om blott if only; såvida provided, as long as; *~ jag tänker på det blir jag glad* just thinking (the mere thought) of it makes me happy

barack *-en -er* barracks (pl. lika), ibl. barrack; mil. äv. hut **-läger** mil. hutment

bar|armad *a* bare-armed **-axlad** *a* bare-shouldered **-backa** *adv* bareback

barbar *-en -er* barbarian **barbari** *-[e]t 0* barbarism **barbarisk** *a* ociviliserad, grym o. om smak barbarous, isht ociviliserad äv. barbarian; isht om smak äv. barbaric **barbarism** *-en -er* språkfel solecism

barbent *a* bare-legged

barberare barber, hairdresser

barbiträde counter assistant

1 bard *-en -er* hos val whalebone

2 bard *-en -er* skald bard, minstrel

bardisk bar [counter]

bardun *-en -er* sjö. backstay

barett *-en -er* dam~ toque, av baskertyp beret, allm. äv. cap

barfota *oböjl. a* o. *adv* barefoot[ed] **barfotalass|e** *-en -ar* ung. ragamuffin

bar|frost black frost **-frusen** *a* attr. hard-frozen, pred. frozen hard **-huvad** *a* bare-headed **-hänt** *a* bare-handed

bari|um *-um (-[um]et) 0* barium

1 bark *-en -er (-ar)* ~skepp bark, barque

2 bark *-en -ar* (äv. *-er*) bot. bark end. sg.; vetensk. cort|ex (pl. -ices); *gå mellan ~en och trädet* interfere between husband and wife

1 barka *tr* **1** *~ [av]* träd bark, strip; decorticate **2** hudar tan; jfr äv. *garva*

2 barka *itr, det ~r åt skogen* it is going wrong (to the dogs)

barkarol[l] *-en -er* mus. barcarol[l]e

barkass *-en -er* sjö. launch, longboat

barkbröd bark bread **barkbåt** bark boat

barkig *a* barky **barkkniv** bark cutter

barkskepp bark, barque

barlast *-en -er* ballast end. sg., äv. bildl. **barlasta** *tr* ballast

barm *-er -ar* bosom, breast; *nära en orm vid sin ~* nourish (cherish) a viper in one's bosom

barmark, *det är ~* there is no snow on the ground

barmhärtig *a* nådig merciful, medlidsam compassionate, välgörande charitable, *mot* to; *den ~e samariten* the Good Samaritan **-het** mercy; compassion; charity

barmhärtighets|inrättning charitable institution **-verk** work (act) of mercy (charity)

barn *-et* - child (pl. children), F kid; spädbarn baby, ibl. infant, poet. babe; *~en A.* the A. children; *hustru och ~* äv. wife and family; *~ och blomma* wife and kid[s]; *människornas ~* mankind sg.; *ett stundens ~* a creature of impulse; *ett världens ~* äv. a worldling; *Barnens Dag* Children's Day; *bränt*

~ *skyr elden* once bitten, twice shy; *kärt ~ har många namn* ung. we have many names for the things we love; *lika ~ leka bäst* birds of a feather flock together; *alla ~ i början* ung. it is always difficult at the beginning; *vara (bli) ~ på nytt* be in (be getting into) one's second childhood; *han är bara ~et* he is a mere child; *han är ett stort ~* naiv he is [just] a big baby; han är *ett ~ av sin tid* . . a child (product) of his time (age); *klockan är bara ~et* it's early yet; *vara som ~ i huset* be like one of the family; [*redan*] *som ~* var han . . [even] as a child . . , when [quite] a child . . ; uppföra sig *som ett ~* . . like a child (baby); *få ~* have children (resp. a child, a baby), *med* by; *litet roar ~* iron. little things please little minds; *av ~ och dårar får man veta sanningen* children and fools speak the truth; *vara med (vänta) ~* be going to have a baby, F be in the family way; *dö utan ~* jur. die without issue

barna|dödlighet infant mortality [rate] **-fader,** *~n* the [child's] father **-from** *a* childlike **-föderska** woman in confinement (childbed) **-födsel** childbirth **-mord** infanticide end. sg., child-murder **-mördare** o. **-mörderska** infanticide

barn|ansikte child's face; baby face **-arbete** child labour; jur. employment of children [and young persons]

barna|rov kidnapping **-sinne** childlike mind; *det rätta ~t* teol. true childlike piety; *han har ~t kvar* he is still a child at heart **-tro** childhood (barnslig childlike) faith **-vård** child (baby) care; samhällets child welfare, welfare of children and young persons **-vårdscentral** child welfare centre, amer. child-health station **-vårdslag,** *~en* the Children and Young Persons Act **-vårdsman** child welfare officer **-vårdsnämnd** child [and youth] welfare committee **-ålder** se *barndom* **-år** *pl* years of childhood, späda infancy sg.

barn|barn grandchild **-barnsbarn** great grandchild **-begränsning** birth control **-bidrag** family allowance **-bjudning** children's party **-bok** children's book **-bördshus** o. **-bördsklinik** se *BB* **-daghem** day nursery, crèche

barndom *-en 0,* *~*[*en*] childhood, späd infancy, babyhood; [*allti*]*från ~en* har jag . . from childhood (a child) . . ; minnen *från ~en* . . of one's childhood; [*redan*] *i ~en* som liten [even] as a child, when [quite] a child; *gå i ~* be in one's second childhood; det var så *i filmens ~* . . when the cinema was in its infancy

barndoms|hem, *~met* mitt ~ my home as a child, the home of my childhood **-minne** memory of one's childhood **-tid,** *~*[*en*] childhood; *min ~* äv. the days pl. of my childhood **-vän** friend of one's childhood; *vi är ~ner* we knew each other as children

barn|dop christening; mots.: vuxendop infant baptism **-familj** family [with children] **-flicka** nursemaid **-född** *a, ~ i Stockholm* a native of Stockholm, a Stockholmer born and bred **-förbjuden** *a* om film adult . .; i annons o.d. children under 15 not admitted, i Engl. [cert.] A (strängare X), i Amer. adults only **-förlamning** infantile paralysis; se äv. *polio* m. sms. **-göra** se *-lek* **-hage** play-pen **-hem** children's home, för föräldralösa orphanage **-husbarn** orphanage child **-jungfru** nursemaid, F isht äldre nanny **-kalas** children's party **-kammare** nursery **-kläder** *pl* children's (resp. baby) clothes (clothing sg.), children's wear sg. **-koloni** holiday camp [for children] **-krubba** se *-daghem* **-kär** *a* . . fond of children **-lek,** *det är en (ingen) ~* it is child's (no child's) play **-läkare** specialist in children's diseases, p[a]ediatrician **-lös** *a* childless, . . without a family; *dö ~* jur. die without issue **-löshet** childlessness **-mat** baby food **-morska** midwife **-program** children's program[me] **-psykologi** child psychology **-rik** *a, ~ familj* large family **-saga** nursery tale; fairy tale äv. bildl.

barns|ben, *från ~* from childhood **-börd** childbirth, läk. parturition

barn|sjukdom children's (infantile) disease; bildl., t.ex. hos en bil teething troubles pl.; *det var bara en ~* hos mig (om åsikt, idé) I have grown out of it **-sjukhus** children's hospital **-skara** skara barn crowd of children; familjs family [of children] **-sko,** *han har inte trampat ut (ur) ~rna än* ung. he is still a baby (is not out of the cradle yet) **-skrik** koll. the sound of a child (resp. children) crying **-sköterska** [dry-]nurse

barnslig *a* childlike; isht neds. childish, infantile, puerile; *~t ansikte* childish (baby) face; *~* sonlig etc. *lydnad* filial obedience; *~ oskuld* childlike innocence; *var inte så ~!* don't be so childish!, don't be such a baby! **barnslighet** *-en -er* childishness end. sg., puerility; *sådana ~er!* what childishness! **barnsligt** *adv* childishly; like a child (baby) **barnsnöd,** *vara i ~* be in labour, labour [with child]

barn|språk children's language; barnsligt baby talk **-säker** *a* child-proof **-säng 1** läk. childbed, childbirth, confinement; *ligga i ~* be lying in; *dö i ~* die in childbirth **2** säng för barn [drop-side] cot, isht amer. crib **-sängsfeber** puerperal (childbed) fever **-sängskvinna** woman in childbed **-tillåten** *a* om film universal . . ; i annons o.d. for universal showing, i Engl. [cert.] U **-trädgård** se *lekskola* **-tycke,** *ha* ~ be a favourite with children **-unge** child, kid; vanl. neds. brat; *hon är ingen* ~ [*längre*] she is no chicken **-uppfostran** education of children **-vagn** perambulator, pram; isht amer. baby carriage **-vakt** baby-sitter, sitter-in; *sitta* ~ baby-sit, sit in **-visa** children's song, ibl. nursery rhyme **-våg** infant scales pl.

barock I *a* **1** konst. baroque **2** befängd absurd, odd, grotesque **II** *-en 0* baroque

barometer *-n barometrar* barometer, F glass **-stånd** barometric pressure (height); *lågt* ~ äv. low barometer

baron baron, ss. eng. titel äv. Lord . .; jfr äv. *greve*

baroness|a *-an -or* baroness, ss. eng. titel äv. Lady . .; jfr *grevinna*

1 barr *-en -er* **1** gymn. parallel bars pl. **2** guld- el. silvertacka bar

2 barr *-et -* bot. needle; *mycket* ~ a lot of needles; *det doftar* ~ there is a smell of pines **barra** *itr, granen* ~*r* [*av sig*] . . sheds its needles **barrdoft** scent of pine-trees **barrig** *a* . . covered with needles

barrikad *-en -er* barricade **barrikadera** *tr* barricade

barriär barrier äv. bildl.

barrskog pine-forest, fir-forest, vetensk. coniferous forest

barrskogs|bälte conifer belt **-klädd** *a* pine-clad **-luft** pine-forest air

barrträd coniferous tree, conifer

barsk *a* harsh, stern, rough; om stämma gruff; om leende, lynne grim

barskrapad *a* destitute, F pred. äv. on the rocks; *inte så* ~ not so badly off

bar|skåp cocktail cabinet **-stol** bar stool **-tender** ~*n -tendrar* bartender, barman

barvinter snowless winter

baryton *-en -er* baritone

1 bas *-en -er* grund[val] base äv. mil., kem. o. mat.; bildl. vanl. basis (pl. bases), foundation

2 bas *-en -ar* mus. bass; se äv. *-röst* etc.

3 bas *-en -ar* förman foreman, F boss

1 basa *itr* F vara förman be the boss

2 basa *tr* ångbehandla steam

basalt *-en 0* basalt

basar *-en -er* bazaar

basera *tr* base äv. mil., found; ~ *sig på* m. pers. subj. base (found) one's statements (arguments etc.) [up]on; *förslaget* ~*r sig (är* ~*t) på* . . is based (founded) [up]on

basfiol double-bass

basilik|a *-an -or* kyrka basilica **basilisk** *-en -er* zool. o. myt. basilisk, myt. äv. cockatrice

basis *- 0 r* basis; *på* ~ *av* detta fördrag on the basis (strength) of . .; *på bred* ~ on a broad basis **basisk** *a* kem. basic

bask *-en -er* **1** folk Basque **2** mössa, se följ. **bask|er** *-ern -rar* beret

basketboll basket-ball

baskisk *a* Basque

basklav bass clef

baslinje base-line äv. lantm.

basrelief konst. bas-relief

bas|röst bass [voice] **-stämma** -parti bass [part] **-sångare** bass [singer]

bassäng *-en -er* basin äv. geol.; sim~ swimming-bath, swimming-pool

bast *-et 0* bast, bass, rafia~ raffia

basta *adv, och därmed* ~! and that's that (flat)!, and that's enough!

bastant *a* stadig substantial, solid; tjock, stark stout; grundlig, rejäl good, sound; *ett* ~ *mål* a solid (hearty, F square) meal; *ett* ~ *rus* a good booze

bastard *-en -er* biol. hybrid, neds. mongrel **-form** hybrid form

bastion bastion

bast|kjol grass skirt **-matta** bast-mat

bastonad *-en -er* bastinado, thrashing

bastu *-n -r* ung. Turkish bath, finsk sauna; *bada* ~ take a Turkish bath (resp. a sauna); *hett som i en* ~ as hot as an oven

bastuba bass tuba (saxhorn)

basun *-en -er* trombone; friare trumpet; *stöta i* ~ *för sig* [*själv*] blow one's own trumpet **basun[er]a** *itr,* ~ *ut ngt* noise a th. abroad, cry a th. from the housetops **basunist** trombonist **basunstöt** trumpet blast

batalj *-en -er* battle **bataljon 1** mil. battalion **2** i kägelspel, *slå* ~ knock down all the pins **bataljonschef** battalion commander

batat *-en -er* sweet potato, batata

batik *-en 0* batik

batist *-en -er* batiste, cambric, lawn

batong *-en -er* truncheon, [police] baton

batteri 1 mil. o. fys. battery; *ett* ~ *av flaskor* a row of bottles **2** i jazzorkester o.d. rhythm section, drums pl. **batterichef** mil. battery commander **batterist** drummer

bautasten bauta, friare memorial stone

baxa *tr,* ~ *undan ngt* prize a th. and move it away

baxna *itr* be dumbfounded, be taken aback; *det är så man* ~*r* it is enough to take one's breath away

Bayern Bavaria **bayersk** *a* Bavarian

BB *BB-t,* pl. *BB*[*-n*] maternity hospital (avdelning ward)

BC betyg, se [*icke fullt*] *godkänd*

b-dur B flat major

be *bad bett tr itr* **1** relig. se *bedja 1* **2** anhålla, uppmana: **a)** allm. ask, enträget beg, hövligt request, bönfalla entreat, beseech, implore; ~ [*ngn*] *om (att få) ngt* ask (beg) [a p.] for a th.; ~ *ngn om en tjänst* ask (beg) a favour of a p., ask a p. a favour; ~ *att få gå* ask (beg, request) to be allowed to go, ask to go; *han bad att få gå* äv. he asked if he might go;

~ *ngn (att ngn skall) vänta* ask (tell) a p. to wait; *han låter inte ~ sig två gånger* he doesn't need to be asked twice; ~ *för ngn [hos ngn]* plead (intercede) [with a p.] for a p.; jfr *bedjande 1* **b)** i hövlighetsfraser, *jag ~r [att] få* underrätta I should (would) like to . ., I beg to . ., I would . . ; *får jag ~ om . . ?, jag ska ~ att få . .* can (could) I have . ., please!; *får jag ~ om brödet?* may I trouble you for the bread?, would you mind passing me the bread?; *får jag ~ om notan?* [may I have] the bill, please!; *den här vägen, om jag får ~* this way, [if you] please; *å, jag ~r!* [pray] don't mention it!, not at all! **3** bjuda ask, invite; ~ *hem ngn på middag* ask a p. to dinner; ~ *ngn vara välkommen* bid a p. welcome

beakta *tr* uppmärksamma pay attention to, observe, notice, note; fästa avseende vid pay regard to, heed; ta i beräkning take . . into consideration (account); *som förtjänar att ~s* se *beaktansvärd*

beaktande *-t 0* consideration; om förslaget *vinner ~ . .* is [seriously] entertained

beaktansvärd *a* värd att beaktas . . worth (worthy of) attention (notice, consideration), noteworthy; avsevärd considerable

bearbeta *tr* **1** mera eg.: a) upparbeta: t.ex. gruva work, jord cultivate, deg work, knead b) förarbeta: råvaror work [up], dress, med verktyg äv. tool c) bulta [på] o. illa tilltyga pound, med knytnävarna belabour **2** friare a) genomarbeta: t.ex. vetenskapligt material work up, treat, arrange, en vetenskap work at, study, cultivate b) söka inverka på try to influence, work upon, agitera bland canvass c) omarbeta: teat. o. radio. adapt (*för* for), bok o.d. äv. work over, revise, recast, mus. arrange (*för* for); ~ *en marknad* work up a market **bearbetare** omarbetare (jfr *bearbeta 2 c*) adapter, reviser, arranger **bearbetning** bearbetande working osv. jfr *bearbeta;* adaptation, arrangement; revision; utgåva revised edition (version); *i ~ för radio* adapted for the radio

be|blanda *rfl,* ~ *sig med* umgås med mix with **-bo** *tr* inhabit; hus vanl. occupy, live in **-bo[e]lig** *a* [in]habitable, . . fit to live in

bebygg|a *tr* med hus build [up]on; kolonisera colonize, settle [down] in; *-t område* built-up area; *glest -t område* thinly settled (populated) area; *tomten är -d* the site is occupied [by buildings] (is developed) **bebyggare** colonist, colonizer, settler, *av* i samtliga fall in; inbyggare inhabitant **bebyggelse** bosättning colonization, settlement; konkr. houses pl., buildings pl.

bebåda *tr* förkunna announce; vara förebud för foreshadow; förebåda herald; varsla om betoken **bebådelse** announcement; [*Jungfru*] *Marie ~* the Annunciation [of the Virgin Mary] **bebådelsedag** se *Marie Bebådelsedag*

beck *-et 0* pitch; skom. [cobbler's] wax

becka I *tr* pitch, coat . . with pitch; isht sjö. pay; skom. wax; ~ *ned* smear . . over with pitch **II** *rfl itr,* ~ *sig (ihop)* thicken **beckaktig** o. **beckartad** *a* pitch-like, pitchy

beckasin *-en -er* snipe

beck|byxa sjöman Jack Tar **-ig** *a* pitchy, -fläckad äv. pitch-stained **-mörk** *a* attr. pitch-dark **-mörker** pitch-darkness **-panna** pitch-pot **-sömssko** ung. brouge **-tråd** wax-end, cobbler's thread

be|dagad *a . .* past one's prime; *en ~ skönhet* a faded beauty **-darra** *itr* calm (die) down, lull; *vinden (det) ~r* äv. the wind is abating

bedja *bad bett tr itr* **1** relig. pray, *för ngn* for a p.; ~ *en bön* say (offer [up]) a prayer; ~ [*till*] *Gud om hjälp* pray to God for help; ~ *tyst* offer a silent prayer **2** se *be 2—3*

bedjande *a* **1** om t.ex. blick imploring, om t.ex. röst pleading, beseeching, entreating; om t.ex. gest suppliant **2** relig. praying

bedra[ga] **I** *tr* allm. deceive, lura äv. dupe, impose [up]on, fool, take . . in; svika play . . false; på pengar o. d. defraud, *ngn på ngt* a p. of a th; cheat, swindle, *ngn på ngt* a p. out of a th.; vara otrogen mot be unfaithful to; *skenet -r* appearances are deceptive; *om mina ögon inte -r mig* if my eyes do not deceive me (play me false); *låta snålheten ~ visheten* be penny wise and pound foolish; *en -gen äkta man* a man whose wife has been unfaithful to him **II** *rfl* be mistaken, *på ngn* in a p., *på ngt* about a th.; [*låta*] ~ *sig* [let oneself] be deceived **bedragare** o. **bedragerska** deceiver, impostor, fraud, cheat, swindler; jfr *bedra[ga]*

bedrift bragd exploit, feat; prestation achievement; *~er* iron. äv. performances, doings

bedriva *tr* carry on, prosecute; t. ex. studier pursue; ~ *hotellrörelse* run (keep) a hotel; ~ *ofog* do (practise, be up to) mischief **bedrivande** *-t 0* (jfr *bedriva)* carrying on, prosecution; pursuit; running, keeping; practice

bedrägeri deceit, cheating; brott [wilful] deception, fraud, imposture; skoj swindle; villa illusion, delusion; *~er* frauds, impostures, acts of deception; i affärslivet sharp practices; *ett fromt ~* a pious fraud **bedräglig** *a* allm. fraudulent; oärlig isht om pers. deceitful, false; vilseledande: om t. ex. sken deceptive, om t. ex. hopp illusory **bedräglighet** fraudulence, deceitfulness osv., jfr föreg.; deceit

bedröva *tr* distress, grieve; *det ~r mig att höra att . .* I am very distressed to hear that . . **bedrövad** *a* distressed, grieved, *över* about, at; sorrowful **bedrövelse** distress, sorrow, grief; *en djup* ~ äv. a grievous (sore) affliction **bedrövlig** *a* deplorable, lamentable; om min melancholy; usel miserable, wretched; *det är för* ~*t* it is really too bad

beduin *-en -er* bedouin (pl. ofta lika)

be|dyra *tr* protest, *inför* to; asseverate, aver; *jag* ~*r att* . . I swear that . . **-dyrande** ~*t* ~*n* protestation, *om* of; asseveration; *under* ~ *av sin oskuld* protesting his (her osv.) innocence **-dåra** *tr* fascinate, enchant, charm **-dårande** *a* fascinating, enchanting, charming; *alldeles* ~ simply delightful, pred. äv. too sweet for words

bedöm|a *tr* judge, *efter* by; form an opinion of, F size up; betygsätta mark; uppskatta assess, estimate; en bok criticize; ~ *värdet* av äv. appraise; *den saken kan jag inte* ~ I am no judge of that; *få fallet -t av en läkare* get a doctor's opinion on the case **bedömande** *-t 0* se *bedömning; det undandrar sig mitt* ~ that is beyond my judgement; *efter* ditt *eget* ~ at your discretion; *vid* ~*t av* . . when judging (osv., jfr *bedöma*) . . **bedömare** *-n -* (jfr *bedöma*) judge; marker; criticizer, anmälare reviewer **bedömning** judg[e]ment, marking; assessment; estimate; criticism; vid tävling classification; han är försiktig *i* ~*en* . . in forming his judgement (opinion); jfr *bedömande* **bedömningsgrund** basis for forming a judgement osv., jfr föreg.

bedöv|a *tr* **1** allm. make (render) . . unconscious (insensible), med narkotika äv. drug, F dope; ~ [*med ett slag*] äv. knock . . unconscious, stun . . [with a blow]; [*som*] *-ad av* meddelandet stunned (stupefied) by . .; *en -ande doft* an overpowering scent; *ett -ande larm* a deafening noise **2** läk. give . . an anaesthetic, administer an anaesthetic to, anaesthetize, söva äv. give . . gas; med bedövningsvätska give an injection to; gm frysning freeze; *-ande* (äv. *-ande medel)* anaesthetic **bedövning 1** allm. unconsciousness, insensibility, stupefaction **2** läk. anaesthesia; *få* ~ vanl. have an injection; *under* ~ under an anaesthetic **bedövningsmedel** anaesthetic

beediga *tr* confirm . . by oath, swear to; ~*d förklaring* sworn declaration, jur. affidavit **beedigande** *-t -n* confirmation by oath

befall|a *-de -t* **I** *tr* **1** allm. order, stark. command, *att ngt skall göras* a th. to be done; högt. bid; tillsäga äv. tell; föreskriva direct; ålägga prescribe, enjoin; *som ni -er!* as you choose (please, wish)!; *jag gjorde som jag blev -d* I did as I was ordered to; han är inte *den som låter* ~ *sig* . . one to take orders [from anyone]; *jag låter inte* ~ *mig* äv. I am not going to be ordered about; ~ *fram* sin vagn order . . [around]; ~ *in* order . . to be brought in; ~ *ngn till sig* summon a p. into one's presence **2** anbefalla, ~ *sin själ i Guds hand* commit one's soul into God's keeping (hands) **II** *itr* command, be in command, give orders; *ni har bara att* ~ you have only to say the word; ~ *över* command, control, exercise authority over; ~ *över liv och död* have the power of life and death **befallande** *a* commanding, overbearing, imperative, dictatorial **befallning** order, command, muntlig äv. bidding; *få* ~ *att* inf. el. sats receive orders (an order) to inf., be ordered to inf.; *ge* ~ *om att ngt skall göras* give orders for (order) a th. to be done; *på hans* ~ at his command, by his orders; *på* ~ *av* by order (the orders) of **befallningshavande,** *Kunglig Majestäts* ~ se *länsstyrelsen* **befallningsman** lantbr. [farm] foreman

1 befara *tr* frukta fear, apprehend; *man kan* ~, *det kan* ~*s* it is to be feared; . . *som kan* ~*s fortsätta* . . which, it is feared, will continue

2 befara *tr* färdas på: t. ex. väg use, frequent, vatten navigate; genomresa travel through, traverse; ~ *havet* sail [upon] the sea; *kan* ~*s* om vatten is navigable **befaren** *a* sjö. experienced

befatta *rfl,* ~ *sig med* concern oneself with; *ingen* ~*r sig med mig* nobody takes any notice of me; *det är bäst att inte* ~ *sig med* . . it is better not to meddle (have anything to do) with . .; *det* ~*r jag mig inte med* that is no business (concern) of mine **befattning 1** syssla post, position; ämbete office **2** *jag vill inte ha någon* ~ *med* I don't want to have anything to do (have any dealings) with . .; *ta* ~ *med* se *befatta* [*sig med*] **befattningshavare** employee; ämbetsman official; ~ *i offentlig tjänst* holder of an official position

befinn|a I *tr,* ~*s vara* turn out (prove) [to be], be found to be; *det befanns att han visste* . . it turned out that he knew . ., he proved (was found) to know . . **II** *rfl* vara be, känna sig äv. feel; upptäcka sig vara find oneself; på den punkt *där jag nu -er mig* . . which I have now reached; mor och barn *-er sig väl* . . are doing well **befinnande** *-t 0* [state of] health, condition **befintlig** *a* existing; tillgänglig available; *det* ~*a lagret* äv. the stock in hand; *alla i rummet* ~*a personer* skall . . everybody (everybody that is) [present] in the room . .; *i* ~*t skick* ung. in its existing condition **befintlighet** existence, presence; *uttryckande* ~ gram. indicating place (rest)

be|flita *rfl,* ~ *sig om* ngt strive (endeavour) to acquire . .; ~ *sig* [*om*] *att* endeavour to **-fläcka** *tr* stain, bildl. äv. defile, sully

befoga|d *a* **1** om sak justified, legitimate, just; grundad, attr. well-founded; *det -de i* . . the justness (legitimacy) of . . ; *det finns inte något -t i* anmärkningen there is no justification for . . **2** om pers.: vara ~ *att* inf. . . authorized to inf.; finna sig ~ föranlåten *att* inf. . . called upon to inf. **befogenhet 1** persons authority end. sg., *till (att göra) det* for doing (to do) so; right, powers pl.; behörighet competence; jur. title, warrant; *ha* ~ *att* inf. be authorized (have authority) to inf.; *överskrida sina ~er* exceed one's powers **2** saks justice, legitimacy, *av, i* of

befolka *tr* populate, people; bebo inhabit; *glest ~d* sparsely populated; *~de trakter* inhabited regions **befolkning** population; *~en* invånarna äv. the inhabitants (people) pl., *i* of

befolknings|fråga population problem **-lager** stratum of the population **-lära** demography **-politik** population policy **-statistik** population (betr. födelser, dödsfall osv. vital) statistics **-struktur** structure of the population **-täthet** population density, density of the population **-överskott** surplus population

befordra *tr* **1** skicka forward, send, dispatch; transportera convey, gods äv. transport **2** överlämna, ~ *ngn till straff* bring a p. to justice **3** främja promote, further, foster; ~ *matsmältningen* assist [the] digestion; *~nde för* conducive to **4** upphöja promote, *ngn till kapten* a p. [to be a] captain; raise, prefer, *till* to; *~s* äv. advance **befordran** - *0* **1** forwarding osv., jfr *befordra 1;* conveyance, transport, transmission; *för vidare* ~ *(f.v.b.)* to be forwarded (sent on) **2** promotion osv., jfr *främjande I* **3** avancemang promotion, advancement; preferment; *få* ~ äv. be promoted **befordring** se *befordran 1* o. *3*

befordrings|avgift forwarding charge[s pl.], carriage, för brev postage, postal charge[s pl.] **-gång,** *reglerad* ~ ung. system of automatic promotion **-medel** [means of] conveyance, means of transport, vehicle **-möjligheter** possibilities (chances) of promotion

befrakta *tr* H freight, charter **befraktare** freighter, charterer **befraktning** affreightment, freighting, chartering **befraktningsavtal** contract of affreightment

befria I *tr* göra fri set . . free, liberate, free, t.ex. fånge äv. release, rädda deliver, rescue, *ur* out of, *från* i samtl. fall from; ~ *från* äv.: lösa från, t.ex. löfte release from, avbörda relieve of, rensa från rid of, låta slippa, t.ex. militärtjänst exempt from, t.ex. examensprov äv. excuse from; *~d* frikallad äv. exempt **II** *rfl* free (liberate osv., jfr *I*) oneself; ~ *sig från* göra sig kvitt relieve (rid, divest) oneself of, get rid of, något obehagligt äv. throw (shake) off **befriande I** *a* bildl. relieving; *ett* ~ *skratt* a laugh that breaks (broke etc.) the tension; *en* ~ *suck* a sigh of relief **II** *adv, verka* ~ have a relieving effect, come as a relief **befriare** *-n* - liberator; deliverer äv. friare, t.ex. om döden; räddare rescuer **befrielse** (jfr *befria I*) liberation, release; deliverance; lättnad relief; frikallelse exemption; befriande freeing osv.; *~ns timme* the hour of deliverance; *en känsla av* ~ a feeling (sense) of relief **befrielsekrig** war of liberation

befrukta *tr* fertilize, fecundate; bildl. inspire, stimulate; *verka ~nde på* bildl. have a stimulating effect upon **befruktning** *-en 0* fertilization, fecundation, avlelse conception; *konstgjord* ~ artificial insemination **befruktningsorgan** organ of fertilization

be|fryndad *a* **1** ~ [*genom gifte*] related [by marriage], *med* to **2** bildl. allied; *~e själar* kindred souls **-främja** m. avledningar se *främja* etc. **-fullmäktiga** *tr* authorize, empower; depute; give . . a power of attorney; *~t ombud* deputy, proxy, authorized representative

befäl *-et* - **1** kommando command; *ha (föra)* ~[*et*] *över* be in command of, command; [*inne*]*ha högsta ~et* be first (highest) in command; *under* ~ *av* under the command (orders) of **2** pers.: a) koll. [commissioned and non-commissioned] officers pl. b) se *befälsperson* **befälhavande** *-n* - o. *a,* ~ *officern, ~n* the officer in command, the commanding officer **befälhavare 1** mil. commander, *över* of; *högste* ~ commander-in-chief **2** sjö. master, captain, *över* of

befäls|kurs officers' training-course **-person** ung. person in command **-rätt** right of command **-tecken** distinguishing pennant (pendant)

befängd *a* absurd, preposterous, ridiculous **-het** *~en ~er* absurdity

befäst *a* mil. fortified; jfr följ. **befästa I** *tr* fortify, secure; bildl. strengthen, confirm, secure, t.ex. vänskap äv. cement, consolidate; *ett ~t (befäst) anseende* an established (a solid) reputation **II** *rfl* fortify oneself **befästning** fortification

befästnings|arbete building of fortifications **-konst** [science of] fortification **-verk** pl. fortifications, defensive works

begabba *tr* mock, scoff at, flout [at]

begagna I *tr* allm. use, se vid. *använda* **II** *rfl,* ~ *sig av* a) se *använda* b) dra nytta av profit (benefit) by, take advantage of, avail oneself of, otillbörligt äv. exploit, [try to] practise upon; ~ *sig av sin rätt* exercise one's right **begagnad** *a* used; 'inte ny' vanl. second-hand; *något* ~ somewhat used, not quite new **begagnande** *-t 0* using osv., jfr *använda;* use, employment, usage, application, jfr *användning; efter ~t* after use

begapa *tr* gape (stare [open-mouthed]) at
be|ge *rfl* **1** go, proceed, make one's way, betake oneself, *till* i samtliga fall to; ~ *sig till* äv. make for; ~ *sig av (i väg)* [*till*] leave [for], depart [for], go away (off) [to], set off (out) [for], start [for]; ~ *sig av härifrån* leave [here]; ~ *sig* [*ut*] *på resa* set out on a journey **2** opers., *det -gav sig att* . . åld. it came to pass that . . ; *det -gav sig inte bättre än att han* . . as ill-luck would have it, he . . ; *på den tiden då det -gav sig* ung. in the old days
begeistrad *a* enthusiastic; *vara* ~ *för* be enthusiastic about; *vara (bli)* ~ [*över*] be in (go into) raptures [over (about)] **begeistring** *-en 0* enthusiasm, rapture
be|giva se *bege* **-given** *a,* ~ *på* addicted (given) to; svag. fond of, keen on; ~ *på starka drycker* addicted to drink (drinking); *vara* ~ *på sötsaker* have a sweet tooth **-givenhet** *~en ~er* **1** böjelse addictedness, *på* to; fondness, *på* for **2** stor händelse event **-gjuta** *tr,* ~ *ngt med* vatten pour . . upon (over) a th.
begoni|a *-an -or* begonia
begrav|a *begrov (-de) -t* (äv. *-it*) *tr* bury äv. bildl.; ~ *i glömska* consign to (bury in) oblivion; ~ *det i stillhet* bildl. pass it over in silence; ~ *sig på landet* bury oneself in the country; *bli levande -d (-en)* be buried alive **begravning** burial, interment; sorgehögtid funeral; *gå på* [*en*] ~ go to (attend) a funeral; det ringer *till* ~ . . for a funeral
begravnings|akt funeral ceremony **-byrå** [firm of] undertaker[s pl.] (amer. äv. morticians pl.) **-dag** day of the (his etc.) funeral **-entreprenör** undertaker, funeral director, amer. äv. mortician **-hjälp** funeral benefit (allowance), contribution towards funeral expenses **-kassa** funeral expenses fund **-plats** burial-ground; gravplats burial-place **-procession** funeral procession (cortège fr.) **-takt,** *i* ~ at a funereal pace **-tåg** funeral procession (train)
begrepp 1 föreställning m.m. conception, idea, notion, *om* of; isht filos. concept; *~et skönhet* the conception (filos. concept) of beauty; *det har blivit ett* ~ *för* ngn it has become familiar to . .; *bilda (göra) sig ett* ~ *om* form an idea of; *förvirra ~en* cause confusion, confuse the issue; *jag har inte ett* ~ *om hur* . . I have no idea how . .; *jag har inte ett* ~ *om politik* I don't know a thing (I know nothing whatever) about politics; *efter mina* ~ to my way of thinking; *efter nutida* ~ by modern standards **2** *stå (vara) i* ~ *att gå* be [just] on the point of going, be about (just going) to go
begrepps|bestämning definition **-förmåga** [power of] comprehension **-förvirring** confusion of ideas **-mässig** logical
begrip|a I *tr* understand, comprehend, fatta äv. grasp, catch, F get; absol. äv. catch on; inse see; *-er du?, -s?* [do you] see?; *jag -er inte hur* . . it beats me how . .; jfr vidare under *förstå I* **II** *rfl* se *förstå II* **begriplig** *a* intelligible, comprehensible, *för* to; understandable; *göra ngt* ~*t* [*för ngn*] friare äv. make a th. clear [to a p.]; *av lätt ~a skäl* vanl. for obvious reasons **begriplighet** intelligibility **begripligt** *adv* intelligibly, comprehensibly; ~ *nog* of course, naturally
begrunda *tr* ponder over ([up]on), meditate (reflect, muse) [up]on, cogitate over ([up]on), think over **begrundan** *- 0* meditation, reflection **begrundande I** *-t 0* pondering, cogitation, *av* on **II** *a* pondering osv., jfr *begrunda;* om t. ex. min meditative
begråta *tr* mourn, eg. äv. weep for, högljutt bewail; beklaga deplore, lament
begränsa I *tr* **1** eg.: allm. bound; mat. enclose; kanta border; minska t. ex. utsikt shut in, block **2** bildl.: avgränsa define, inskränka limit, restrict, circumscribe; hejda spridningen av t. ex. eld check, keep . . within bounds; sätta en gräns för set bounds (limits) to; hålla inom viss gräns confine (*till* to), keep down; ~ *till* ett minimum confine (reduce) to . . **II** *rfl* inskränka sig limit (restrict) oneself, *till* to; koncentrera sig keep within reasonable bounds; ~ koncentrera *sig till* confine oneself to **begränsad** *a* limited; *en* ~ *horisont* bildl. a narrow outlook; ~ *kredit* restricted credit; *mina ~e tillgångar* my straitened means **begränsning** limitation, restriction; ofullkomlighet limitations pl.; begränsad omfattning limited scope; koncentrering keeping within reasonable bounds, restraint; *känna sin* ~ know one's own limitations
begyn|na *-te -t tr itr* begin; jfr vidare *börja; -nande* om t. ex. sjukdom incipient; *-nande vokal* initial vowel
begynnelse beginning, första skede äv. infancy, initial stages pl. **-bokstav** initial [letter]; *liten* ~ small initial letter; *stor* ~ initial capital [letter] **-hastighet** initial speed (velocity) **-kapital** initial (basic) capital **-lön** commencing salary, starting pay end. sg. **-stadium** first (initial) stage (phase)
begå *tr* **1** föröva: allm. commit, t. ex. ett brott äv. perpetrate, t. ex. ett felsteg äv. be guilty of; t. ex. ett misstag make; ~ *en orättvisa mot* commit an [act of] injustice to (towards) **2** fira solemnize, celebrate; ~ *nattvarden* partake of the communion **begående** *-t 0* commission, perpetration; solemnization, celebration; jfr *begå; vid ~t av* . . when committing osv. . .
begåva *tr,* ~ *ngn med* eg. make a p. a present of, present a p. with; bildl. endow a p.

with; ~*d* utrustad *med* endowed (blessed) with
begåvad *a* gifted, talented, clever, F brainy; *för de mindre ~e [eleverna]* for the backward pupils; *vara språkligt ~* have a gift for languages **begåvning 1** talent[s pl.], gift[s pl.]; själsgåvor äv. endowments pl., ability; anlag äv. aptitude, *för* for; *ha ~ för* have a gift (talent) for; *en man med stor ~* a man of great talent **2** pers. gifted (talented) person; *han är en lysande ~* he is a brilliant man
begåvningsreserv reserve of talent
begär *-et* - allm. desire, stark. craving, longing, åtrå lust, *efter* i samtliga fall for; *ett sjukligt ~* a morbid craving; *fatta ~ till* conceive (be seized with) a desire (longing) for; *ha (hysa) ~ till* isht. bibl. covet; *tygla sina ~* restrain one's desires (passions)
begär|a *-de -t tr* allm. ask, ask for, jfr ex.; anhålla om äv. request, desire; ansöka om äv. apply for; fordra require, stark. demand; göra anspråk på claim; vänta sig expect; önska sig wish for, desire; åtrå, bibl. covet; ~ *hjälp av ngn* ask a p.'s (a p. for) help; ~ *prospekt* ask (skriftligt send el. write) for a prospectus; ~ *uppskov* plead (ask) for respite; ~ *att få se . .* want (ask) to see . .; ~ *att ngn skall . .* require (expect) a p. to inf.; *hur mycket begär ni för . .?* how much do you want (charge) for . .?; *jag begär inget annat än . .* all I want is . .; *det är för mycket -t [av honom]* that's asking too much [of him]; *det är väl mycket -t* that's rather a tall order; ~ *[att få] igen (tillbaka)* ask to have . . returned, ask for . . back
begäran - *0* anhållan request, ibl. petition; ansökan application; fordran demand, *om* i samtliga fall for, *om att få* inf. i samtliga fall to be allowed to inf.; *med ~ om ngt* äv. requesting a th.; *på ~* H on request (application); *på [allmän] ~* by [general] request; *på egen ~* at his (her etc.) own request; *på ngns ~* at the desire (request) of a p. **begärelse** desire; *ha (hysa) ~ till* bibl. covet **begärlig** *a* **1** eftersökt . . much sought after (*för* by), . . in great demand (*för* with), desirable; tilltalande attractive, *för* to; omtyckt popular **2** lysten covetous, greedy **begärlighet 1** *en varas ~* the demand for a commodity **2** *med ~* with avidity, jfr följ. **begärligt** *adv* covetously, greedily; ~ *gripa* varje tillfälle äv. be very eager to seize . .
behag *-et* - **1** välbehag pleasure, delight; tillfredsställelse satisfaction; *finna ~ i* take pleasure ([a] delight) in, delight in; *vara ngn till ~* please a p. **2** tycke, *fatta ~ till* take a fancy to **3** gottfinnande, *efter ~* at pleasure, som man vill at will (discretion), alltefter smak [according] to taste, vad man finner för gott what you like (please) **4** tjusning charm, behagfullhet äv. grace, behaglighet äv. amenity; *lantlivets ~* the amenities of country life; varje årstid *har sitt ~ . .* has a [characteristic] charm of its own **5** konkr., *kvinnliga ~* feminine charms
behaga *tr* **1** tilltala please, appeal to; verka tilldragande attract; *gör som det ~r er* do as you please **2** önska like, choose, wish, think fit; *gör som ni ~r* do just as you like (please, see fit), please (suit) yourself; *~r ni inte stiga in?* won't you come in?; *~r ni något att dricka?* would you like [to have] (can I get you) something to drink?; *vad ~s?* what would you like (will you have)?, what can I (is there anything I can) do for you? **3** täckas please; värdigas iron. condescend; *konungen har i nåder ~t . .* the King has graciously been pleased to . .; *ni ~r* skämta, komma för sent you see fit to . . **4** *passagerare ~de* torde *använda . .* passengers are requested to use . .
behag|full *a* graceful; intagande charming **-fullhet** grace[fulness], charm **-lig** *a* angenäm pleasant, agreeable; tilltalande pleasing, attractive, stark. delightful; *mjuk och ~* om sak nice and soft; *~t sätt* engaging manners; *i ~ tid* lägligt at the right (suitable) moment, in time **-ligt** *adv* pleasantly osv.; bekvämt comfortably **-sjuk** *a* coquettish **-sjuka** coquettishness, coquetry
behandla *tr* allm. treat, om läkare äv. attend; förfara med, avhandla äv. deal with, handla om deal with, treat of; hantera, äv. t. ex. språk handle, sköta manipulate; bearbeta prepare; dryfta discuss, ansökan o. d. consider; jur. hear, try; ~ *ngn illa* treat a p. badly, behave badly towards (to) a p., ill-treat a p.; ~ *ngn för* en sjukdom treat a p. for . .; *förstå hur man skall ~ barn* know how to handle (manage, deal with) children; ~ *ett ämne* treat (deal with, skriftligt äv. write on) a subject; *bli (vara) orättvist ~d* be unjustly treated, be unfairly done by **behandling** (jfr *behandla*) treatment; handling, manipulation; preparation; discussion, consideration; hearing, trial; parl. reading; *hans ~ av ämnet* his handling of (way of dealing with) the subject; *den rätta ~en* av hundar the proper management . .; maskinen tål inte sådan ~ . . treatment (usage); *få tio ~ar* läk. have ten applications of the treatment; *upptas till ~* come up for discussion; *ta ngn under ~* bildl. take a p. in hand, deal with a p.; frågan *är under ~ . .* is under discussion (consideration), . . is being dealt with **behandlingsmetod** [method of] treatment, procedure **behandlingssätt** [way (mode) of] treatment
behandskad *a* gloved
behaviorism behaviourism
be|hjälplig *a, vara ngn ~* assist a p., *med att skriva* to write el. in writing **-hjärta** *tr* lägga på hjärtat take . . to heart; beakta bear . . in mind **-hjärtad** *a* courageous, resolute

-hjärtansvärd *a* värd hjälp deserving **-hornad** *a* horned

behov *-et -* **1** need, isht brist want; nödvändighet necessity; vad som behövs requirements pl., *av* for; *fylla ett länge känt ~* supply a long-felt want (demand); *ha små ~* have few wants; *ha ~ av* ömhet feel the need of . .; *täcka sina ~* cover one's requirements; *av ~et påkallad* requisite, essential, necessary; *efter ~* as (when) required; according to need; *för eget ~* for one's own use; *för framtida ~* for future needs; *vara i ~ av* . . be (stand) in need of . ., have need of . .; *vara i stort (trängande) ~ av* . . be in great (urgent) need of . ., need . . badly (urgently), be greatly (badly, sadly) in need of . .; *utan tvingande ~* without absolute necessity; *vid ~* when necessary, if required, when need arises, at (in [case of]) need; *vid trängande ~* in case of urgent necessity, in an (a case of) emergency **2** naturbehov, *förrätta sina ~* relieve oneself **behovspröva** *tr* apply a means test to **behovsprövning** means test

behå *-n -n (-ar)* brassière, brassiere, F bra

behåll *oböjl. s, ha ngt i ~* have [got] a th. left; *ha förnuftet (sina [fem] sinnen) i ~* be in possession of one's senses (all one's faculties); *jag har väl ögonen i ~* I have got eyes, haven't I?; den *är (finns) ännu i ~* . . is still intact (left), . . still remains; *undkomma med livet i ~* get away with one's life intact; *i gott ~* safe and sound

behålla *tr* allm. keep, bibehålla, kvarhålla äv. retain; olovandes stick to; *~ för sig själv* tiga med keep to oneself, för egen del keep for oneself; *~ . . i sikte* keep . . in sight, keep sight of . .; *få ~* t. ex. en bok, en tjänst be allowed to keep (retain); *om jag får ~ hälsan och krafterna* if health and strength are spared to me; *om jag får ~ livet* if my life is (if I am) spared; *han får inte ~ maten* he can't keep anything (his food) down; *ärret fick han ~ hela livet* he carried the scar all his life; *öknamnet fick han ~* the nickname stuck to him; *låta ngn ~ ngt* let a p. keep a th., leave a p. in possession of a th.; *~ hatten på* keep one's hat on

behållare container, receptacle, holder; vätske~ reservoir, större tank; för t. ex. gas receiver **behållen** *a* remaining; om vinst o. d. clear, net; sjö. true, . . made good **behållning** **1** återstod remainder, surplus, saldo balance [in hand]; förråd store, supply; *~ i dödsbo* jur. residue; *kontant ~* cash [in hand] **2** vinst, utbyte profit; intäkter av t. ex. konsert proceeds pl., *av* of; avkastning yield; *ge . . i ren ~* yield . . clear profit (. . net); *ha ~* utbyte *av ngt* profit (benefit) by a th.

be|häftad *a, vara ~ med* t.ex. fel be marred (impaired) by, suffer from; t.ex. skulder be burdened (encumbered) with; t.ex. sjukdom be afflicted with **-händig** *a* bekväm handy, convenient; flink deft, dexterous; vig agile, nimble; smånäpen natty; *ett ~t sätt att* inf. a clever way of ing-form **-händigt** *adv, det gick så ~* it was so easy (no trouble at all) **-hänga** *tr, ~ . . med* hang . . [all over] with, med t. ex. flaggor äv. drape . . with; *-hängd med grannlåt* covered (decked [out]) with tinsel

behärska **I** *tr* **1** råda över control, rule, bildl. äv. govern; vara herre över be master (om kvinna o. land be mistress) of, be in command of, isht mil. command; dominera dominate; *~ marknaden* control (hold) the market; *~ situationen* have the situation under control (well in hand), be master of the s.; *slottet ~r staden* the castle dominates the town; *[låta sig] ~s* regeras *av* be governed (ruled) by **2** kunna master; be master (om kvinna mistress) of; *~ engelska bra (fullständigt)* have a good command (a complete mastery) of English; *~ ämnet* have a good grasp of the subject; *lära sig att ~* ett språk make oneself master of . . **II** *rfl* control (restrain) oneself, keep one's temper, keep oneself in check; *[lyckas] ~ sig* äv. get the better of oneself **behärskad** *a* [self-]controlled, restrained; måttfull moderate; sansad self-restrained, self-contained; self-possessed **behärskande** *a* dominant, dominating; om t.ex. läge commanding; *allt ~* overruling **behärskare** ruler, master **behärskat** *adv* restrainedly, with restraint **behärskning** *-en 0* control; själv~ self-command, [self-]restraint

behörig *a* **1** vederbörlig due; lämplig proper, fitting; säker, om t.ex. avstånd safe; *i ~ ordning (tid)* in due order (course); *~ ålder* required age **2** kompetent qualified, competent; om t. ex. lärare certificated; *~a myndigheter* competent authorities **behörigen** *adv* duly, properly **behörighet** authority, authorization; *han har ~ att* äv. he is qualified to, he has a certificate qualifying him to **behörighetskurs** qualifying (certificate of proficiency) course

behöv|a *-de -t tr* **1** ha behov av need, want, require; vara tvungen need (jfr ex.), have [got] to; *~ ngt mycket väl* want (need) a th. badly, be in great need of a th.; *man -er* två timmar you need (it takes [you]) . .; *han -de egentligen (skulle ~)* en ny kostym he really ought to have (really needs) . .; *jag kan (skulle) ~* en drink I could do with . .; *jag -er den inte längre* I have no more use for it; *han har fått vad han -er* förtjänar he has got his deserts; *det är besvärligt att ~* göra det it's a nuisance having to . .; *han -er inte gå* he need not go, he does not need (have) to go, there is no need for him to go; *det -er inte* *innebära* it does not necessarily mean; *man -er inte vara geni för att* inf. it doesn't take a genius to inf.; *motorn -er lagas* the engine wants (needs) repairing; *det -er knappt sägas* it need hardly (it hardly needs to) be said, needless to say; *hon -er bara få en blomma så blir hon glad* vanl. give her a flower and she is happy; *jag -er bara tänka på honom så blir jag glad* vanl. the mere thought of him makes me happy; *han sade att han inte -de komma* he said he need not come; *jag har aldrig -t ångra det* I have never had occasion to regret it; *det hade inte -t göras* it need not have been done, it would not have needed (required) doing **2** om barn, *jag -er* är nödig I want to go somewhere **behövande** *a* [poor and] needy, . . in great need **behöv|as** *-des -ts itr. dep* be needed (wanted, required); *det -s* det är nödvändigt it is necessary, det fordras it takes (needs), jfr ex.; *det -s lärare* . . are needed (wanted, required), there is a need for . .; *det -s pengar (tid) för att göra det* it needs el. takes money (takes time) to do that; *det -s så lite för att hon ska gråta* it takes so little to make her cry; *det -s att någon hjälper till* somebody ought to help; *det -s bara att han visar sig* he only needs to show himself; *när så -s* when necessary; *om det (så) -s* if [it is] (should it be) necessary, if need be, in case of necessity (need) **behövlig** *a* necessary, . . needed **behövlighet** necessity

beige *oböjl. s* o. *a* beige

be|ivra *tr,* [*lagligen*] ~ take [legal] measures against; *överträdelse ~s* på anslag o.d. offenders will be prosecuted **-ivran** ~ *0, överlämna . . till laga* ~ institute legal proceedings against . . **-jaka** *tr* svara ja på answer . . in the affirmative; erkänna förekomsten av accept, recognize; ~ *livet* have a positive outlook on life **-jubla** *tr, ~d* . . met with great success **-kajad** *a,* ~ *med* afflicted (affected) with

bekant I *a* **1** känd (jfr äv. ex. under d.o.) **a)** som man vet om known, *för ngn* to a p.; *det är mig ~ att* . . I am aware of (acquainted with) the fact that . .; *såvitt jag har mig ~* to [the best of] my knowledge, as far as I know; *som ~* as we (you) [all] know, as is well known **b)** välkänd, attr. well-known (pred. well known), omtalad noted, beryktad notorious, *för ngt* i samtliga fall for a th.; välbekant familiar, *för ngn* to a p.; *det förefaller mig ~* it seems familiar to me **2** ~ [*med*] acquainted [with], förtrogen äv. familiar [with]; *bli ~ med ngn* get to know (become acquainted with) a p., make a p.'s acquaintance, meet a p.; *bli ~a* [*med varandra*] become (get) acquainted, get to know each other; *bli närmare ~ med* . . get to know . . better; *göra ngn ~ med ngt* acquaint a p. with a th.; *göra sig ~ med* se *bekanta* [*sig med*]; *vara nära ~ med* be intimate with; *jag är personligen ~ med honom* vanl. I know him personally **II** *subst. a* acquaintance, ofta friend; *en ~ till mig* a friend of mine, someone (a fellow etc.) I know; *vi är gamla ~a* vanl. we have known each other for a long time; bo *hos ~a* . . with friends **III** *adv* familiarly **bekanta** *rfl,* ~ *sig med ngt* acquaint oneself with a th.; ~ *sig med varandra* get to know each other **bekantgöra** *tr* make . . known (public), announce, proclaim **bekantgörande** *-t 0* announcement, publication **bekantskap** *-en -er* abstr. o. konkr. acquaintance, *med* with; kännedom knowledge, *med* of; *göra ~ med* become (get) acquainted with, get to know, pers. äv. make the acquaintance of; *han vinner vid (på) närmare ~* he improves on [closer] acquaintance **bekantskapskrets** circle (set) of acquaintances; *i min ~* among my acquaintances

bekika *tr* stare (gaze) at

beklaga I *tr* **1** ngn: tycka synd om be (feel) sorry for, ömka pity **2** ngt: vara ledsen över regret, be sorry about; sörja feel sorry about, lament; ogilla deprecate; *jag ~r att* . . I regret (am sorry) that . .; *jag ~r att jag inte kan* . . I regret being unable to (that I cannot) . .; *det är att ~ att* . . it is [much] to be regretted that . .; *jag ber att få ~ sorgen* may I express (please accept) my condolences (sympathy) **II** *rfl* complain, *över* about, *för, hos* to; *han ~de sig över att han var* . . he complained at being . . **beklagande I** *-t 0* [expression of] regret (sorrow); *uttrycka sitt ~* express one's regret, *över att* that, *över ngt* at a th.; *det är med ~ jag måste meddela* I regret to inform you **II** *a* regretful, attr. äv. . . of regret

beklagansvärd *a* om pers. . . to be pitied, pitiable, pitiful, stackars poor; om sak se *beklaglig*

beklaglig *a* regrettable, unfortunate, sorglig deplorable; *en ~ brist på* a deplorable lack of; *det är ~t* it is to be regretted **beklagligt** *adv,* ~ *nog* se följ. **beklagligtvis** *adv* unfortunately; to my (his etc.) regret

beklä[da] *tr* **1** förse med kläder clothe **2** betäcka cover, fackl. äv. coat, case; fodra: utvändigt face, invändigt line **3** bildl.: inneha t.ex. tjänst fill, hold; ~ *ngn med* t. ex. ett ämbete invest a p. with **beklädnad** *-en 0* **1** beklädande clothing; covering osv., jfr *bekläda 2* **2** klädsel clothing, ibl. wear, attire; överdrag cover[ing], fackl. äv. case, casing, utvändig facing, invändig lining; organisk, t. ex. fjäder~ [in]tegument

beklädnads|artiklar *pl* clothing articles, articles of clothing (attire), apparel sg., gar-

ments **-bidrag** clothing (outfit) allowance; mil. uniform allowance **-industri** clothing industry
be|klämd *a* depressed, distressed, *över* at; oppressed; *göra* ~ äv. depress; *känna sig* ~ feel heavy at heart **-klämdhet** se *-klämning* **-klämmande** *a* depressing, distressing, saddening, heart-sickening **-klämning** ~*en 0* depression, oppression, heaviness of heart; *djup* ~ anguish **-knip** ~*et 0* sjö., *komma i* ~ jam, get jammed
bekomm|a I *tr* receive; *valuta -en* H value received **II** *itr* **1** ~ *ngn väl (illa)* göra ngn gott (skada) do a p. good (harm), om t. ex. mat agree (disagree) with a p.; *väl -e!* varsågod you are welcome [to it]! äv. iron. **2** röra, *det -er mig ingenting* it has no effect upon me, it doesn't worry me; *det -er mig ingenting att* inf. I think nothing of ing-form; *utan att låta sig* ~ without taking any notice
be|kosta *tr* pay (find the money) for, defray [the expense (cost) of] **-kostnad,** *på ngns* ~ at a p.'s expense äv. bildl.; *på egen (statens)* ~ at one's own (the public) expense; *på sanningens* ~ with a disregard for the truth; *på* ~ *av* at the expense (cost, sacrifice) of **-kransa** *tr* wreathe, garland, omge äv. encircle **-kriga** *tr* wage war [up]on
bekräfta *tr* allm. confirm, bestyrka äv. corroborate, bear out, substantiate, affirm, stöda äv. support, endorse; erkänna acknowledge; stadfästa ratify; bevittna, attestera certify; ~ *mottagandet av* acknowledge [the] receipt of; *undantag som* ~*r regeln* exception that proves the rule; ~*s,* ~ *sig* be confirmed, prove [to be] true **bekräftande I** *-t 0* confirming osv.; se vidare *bekräftelse* **II** *a* confirmatory, corroborative, affirmative **bekräftelse** confirmation, corroboration; acknowledgement, *på* i samtliga fall of; ratification
bekväm *a* **1** comfortable, F comfy; praktisk, bra convenient, handy; lätt easy; *föra ett* ~*t liv* lead a comfortable (easy) life; *göra livet* ~*t för sig* suit one's own convenience; *gör det* ~*t åt dig*! make yourself comfortable!; *gör som det är* ~*ast för dig* suit your own convenience (yourself) **2** om pers., ~ [*av sig*] easy-going, indolent; *vara* ~ [*av sig*] äv. be fond of taking things easy, study one's own comfort **bekväma** *rfl,* ~ *sig till att* inf. put oneself out so far as to inf. **bekvämhet** maklighet indolence **bekvämlig** *a* se *bekväm* **bekvämligen** *adv* se *bekvämt* **bekvämlighet** *-en -er* **1** convenience; trevnad comfort; lätthet ease; *till de resandes* ~ for the convenience of [the] passengers; *alla moderna* ~*er* every modern convenience, all modern conveniences **2** maklighet love of ease, easy-goingness
bekvämlighets|flagg sjö. flag of convenience **-hänsyn,** *av* ~ from considerations of convenience **-inrättning** public convenience **-skäl** se *-hänsyn*
bekvämt *adv* **1** comfortably; conveniently; *ha det* ~ be comfortable; *huset ligger* ~ *till* the house has a convenient situation (is conveniently situated); *han satt* ~ he was comfortably seated; *man sitter* ~ *i den här stolen* this is a comfortable chair to sit in; *sätta sig* ~ make oneself comfortable [in a chair] **2** utan svårighet easily, [quite] comfortably
bekym|mer *-ret -mer* worry, trouble, stark. anxiety, concern; omsorg care; *ekonomiska (husliga)* ~ financial (domestic) worries; ~ *för framtiden* anxiety for the future; *göra ngn* [*stora*] ~ give a p. a [great] lot of worry (trouble); *det gör mig inget* ~ vanl. I am not worrying about that; *göra sig* ~ [*för ngt*] worry [about a th.]; *göra sig onödiga* ~ give oneself unnecessary anxiety, worry (distress) oneself unnecessarily; *ha* ~ vanl. be in trouble; *ha* ~ *för ngn* be worried (anxious) about a p.; *inte ha några* ~ have no worries, be free from care; *det är inte mitt* ~ that's not my concern (problem, F headache)
bekymmerfri *a* . . free from care, untroubled **bekymmersam** *a* brydsam distressing; mödosam . . full of care, om t.ex. tider troubled; *det ser* ~*t ut för honom* things look bad for him **bekymmersamt** *adv, ha det* ~ have a great deal of worry **bekymmerslös** *a* carefree, sorglös om pers. äv. light-hearted, unconcerned, happy-go-lucky **bekymmerslöshet** light-heartedness, unconcern, freedom from care **bekymra I** *tr* trouble, worry, oroa äv. distress, cause . . anxiety; *vad* ~*de det honom*? what did he care [about that]? **II** *rfl* trouble (worry) [oneself], *för, över, om* about; ~ *sig för (över)* äv. distress oneself (be anxious) about; ~ *sig om* äv. care about, concern oneself about (with); ~ *dig inte om honom!* äv. never mind him! **bekymrad** *a* distressed, concerned, troubled, worried, anxious, *för, över* i samtliga fall about; *vara* ~ *för ngns skull* be concerned on a p.'s account; *göra* ~ ofta = *bekymra I*
be|kyttad *a* rådvill . . in a quandary; bekymrad worried **-kämpa** *tr* fight [against], combat, resist; i debatt oppose; försöka utrota control **-kämpande** ~*t 0* o. **-kämpning** ~*en 0* combating osv., *av* of; fight, *av* against **-kämpningsmedel,** ~ *mot* . . means of combating (controlling) . .; ~ *mot djur* pesticide; ~ *mot skadeinsekter* äv. insecticide; ~ *mot ogräs* weed-killer
bekänna I *tr* erkänna confess; öppet tillstå avow, förklara sin tro på profess; ~ [*sig skyldig*] confess, jur. äv. plead guilty; ~ *alltsam-*

mans make a clean breast of it, S come clean; ~ *färg (kort)* kortsp. follow suit, bildl. show one's hand; *inte ~ färg* kortsp. äv. revoke; *jag får ~* tillstå *att . .* I [must] confess that . . **II** *rfl, ~ sig till* t.ex. en religion profess, t.ex. ett parti profess oneself an adherent of **bekännare** *-n* - confessor, tros~ äv. professor
bekännelse allm. confession, tros~ äv. profession; troslära creed **-frihet** religious liberty **-skrifter** Symbolic Books **-trogen** *a* orthodox
be|lackare slanderer, backbiter **-lagd** *a, ~ röst* husky voice; ~ *tunga* furred (coated) tongue **-lamra** *tr* clutter up, minnet äv. encumber, *med* with **-langa** *tr, vad . . ~r* se *beträffa*
belasta *tr* **1** load, charge isht tekn.; betunga: t. ex. m. skatt burden, t. ex. m. inteckning encumber, bildl. saddle; anstränga put a load on, overload, *med* i samtl. fall with; ~ *sitt minne med* burden (load) one's memory with **2** H charge, debit **3** sport. weight, handicap **belastad** *a* loaded osv.; *hårt ~* ansträngd overloaded, om t. ex. järnvägslinje . . carrying a heavy load of traffic; *vara ärftligt ~* have a[n] hereditary taint **belastning** load[ing], charge, weight, stress; bildl. disadvantage, drawback, isht sport. handicap; *ärftlig ~* hereditary taint **belastningsförmåga** loading (weight-carrying) capacity **belastningsprov** load (tolerance) test
be|ledsaga *tr* allm. accompany; uppvakta attend; följa follow; ~ *med* låta åtföljas av follow up by; *~nde omständigheter* attendant circumstances, concomitants **-ledsagare** o. **-ledsagarinna** companion; mus. accompanist **-ledsagning** *~en 0* attendance; mus. accompaniment **-levad** *a* well-bred, mannerly, well-mannered, artig courteous; världsvan urbane **-levat** *adv* courteously; urbanely **-levenhet** good breeding, polish; polished manners pl.; urbanity
belgare Belgian **Belgien** Belgium **belgier** *s* o. **belgisk** *a* Belgian **belgiska** kvinna Belgian woman
Belgrad Belgrade
beljuga *tr* tell lies (a lie) about
belladonna *-n 0* bot. o. läk. belladonna, bot. äv. deadly nightshade
bellis *-en -[ar]* daisy
belopp *-et* - amount, sum; *hela ~et* the total (whole) amount; *en check på ett ~ av . .* a cheque for [the sum of] . .; *till ett ~ av . .* to the amount of . ., amounting to . .
belysa *tr* eg. light [up]; allm. illuminate, bildl. äv. throw (shed) light upon, illustrate, klarlägga elucidate **belysande** *a* åskådlig illuminating; betecknande illustrative, characteristic, *för* of; klarläggande elucidatory, elucidative **belysning** allm. lighting, eklärering illumination; dager light äv. bildl.; förklaring illustration, elucidation; *dämpad ~* subdued light; *elektrisk ~* electric lighting; *i dess (sin) rätta ~* in its right (proper) light; *i historisk ~* in the light of history
belysnings|anläggning lighting plant **-anordning** lighting appliance **-armatur** [electric] light fittings pl. **-styrka** intensity of illumination **-ändamål**, *för ~* for lighting purposes
belåna *tr* **1** pantsätta pledge, pawn; inteckna mortgage; uppta lån på raise money (a loan) on, borrow [money] on **2** ge lån på lend [money] on, grant a loan on **belåningsvärde** loan (collateral, pledge) value
belåten *a* satisfied, pleased; content end. pred., *med* i samtliga fall with; happy, *med* about; förnöjd contented; *vara ~ med* trivas med like, be pleased with; *är ni ~?* mätt have you had enough [to eat]?; *se ~ ut* look pleased (happy) **belåtenhet** satisfaction, *över* at; contentment; *skina av ~* beam with contentment; *vara till [allmän] ~* give satisfaction (be satisfactory) [to everybody]; *utfalla till ~* turn out well, prove satisfactory **belåtet** *adv* contentedly
belägen *a* liggande situated; placerad located; *vara ~* äv: om t.ex. stad lie, be, om t.ex. hus stand; ~ *(vara ~) mot norr* facing (face) north **belägenhet** eg. situation, position, om hus äv. site, plats location; bildl. situation, state, svår plight, predicament
belägg *-et* - exempel instance, example, *för, på* of; bevis evidence, proof, *för* of; *ge ~ för* t. ex. teori äv. confirm, bear out, support **belägga** *tr* **1** betäcka cover, överdra äv. coat, *med* with; ~ *med gatsten (stenplattor)* pave (resp. flag); ~ *med kakelplattor* cover with tiles, tile; jfr *belagd* **2** ~ sjukhus *med patienter* admit patients to . ., fill . . with patients; ~ reservera *en plats* reserve a seat; *han belade andra platsen* sport. he secured the second place **3** pålägga, ~ *ngt med* t. ex. straff, skatt impose . . on a th.; ~ *. . med stämpel* put a stamp on . ., stamp; ~ *med tull* impose (levy, put) a duty on . .; jfr vid. *böter, kvarstad, straff* osv. **4** ~ *ngn med bojor* shackle (put shackles on) a p.; ~ *ngn med handklovar* handcuff (put handcuffs on) a p. **5** bevisa medelst exempel support (bear out) . . with examples; *ordet är inte belagt* före 1400 there is no instance (record) of the word . . **6** sjö. belay, bitt; *stopp och belägg!* belay there! **beläggning 1** cover[ing], coat[ing]; lager layer; gatu~ paving, pavement; på tunga fur, coating; på tänder film **2** *sjukhusets ~* the number of occupied beds in the hospital **beläggställe** [exact] source, *för* of
belägra *tr* besiege, beleaguer båda äv. bildl., invest; *[börja] ~* lay siege to; *de ~de* the be-

sieged **belägrare** *-n* - besieger **belägring** siege, investment; *upphäva ~en* raise the siege **belägringstillstånd** state of siege; *förklara i ~* declare in a state of siege; *proklamera ~* proclaim martial law
beläsenhet [wide] reading; *ha stor (grundlig) ~ i* be widely (deeply) read in **beläst** *a* well-read; *en mycket ~ man* äv. a man of extensive (wide) reading; *vara mycket ~ i* be deeply read in **belästhet** se *beläsenhet*
beläte *-t -n* avbild image, likeness; avgudabild idol; bildl. skämts. dummy
be|löna *tr* reward; vedergälla recompense; med pengar remunerate; *~ . . med ett pris* award a prize to . . **-löning** reward; recompense; utmärkelse award, prize; *som (till) ~* as a reward osv. **-löpa** *rfl, ~ sig till* amount (come, run [up]) to
be|manna I *tr* man; *~d* manned **II** *rfl* man oneself, summon (muster) up [one's] courage, *till* for; *~ sig med tålamod* fortify (arm) oneself with patience; *~ sig mot* harden (arm) oneself against **-manning** -mannande manning; besättning crew **-mantla** *tr* överskyla palliate; dölja disguise, cloak, veil **-medlad** *a, en ~ person* a person of means, a well-to-do (wealthy) person; *de mindre ~e* people of small means, persons less well off **-myndiga** *tr* authorize, empower; *~d översättning* authorized translation **-myndigande** *~t 0* authorization; befogenhet authority, sanction, power [of attorney]; begära *~ att* inf. . . authorization (a formal warrant) to inf.; *ge ngn ~ att* inf. authorize a p. to inf.; *ha [ngns] ~ att* inf. be authorized [by a p.] to inf. **-mäktiga** *rfl* take possession of, seize, tillägna sig äv. possess oneself of, tillvälla sig äv. usurp; *fruktan ~de sig honom* vanl. he was overcome by (seized with) fear **-mälde** *a, ~ person* the said person; *ovan ~ person* the aforesaid [person] **-mänga** *tr, ~ med* mix [up] (mingle) with äv. bildl.
bemärka *tr* note, observe **bemärkelse** sense; *i bildlig ~* in a figurative sense, figuratively; *i ordets fulla ~* in the full sense of the word **bemärkelsedag** märkesdag red-letter day; högtidsdag great (important, special) day (occasion) **bemärkt** *a* noted, attr. well-known, pred. well known, *för* for; framstående prominent; *en ~ man* äv. a man of mark (note); *göra sig ~* känd make a name for oneself **bemärkthet** notability; prominence
be|mästra *tr* få bukt med master, tygla overcome, get the better of **-möda** *rfl* take pains, try hard, [*om*] *att* inf. to inf.; *~ sig* [*om*] *att* inf. äv. endeavour (strive) to inf.; *~ sig om ngt* söka uppnå endeavour to acquire a th., lägga ned möda på take pains with a th.; *~ sig om ett gott uppförande* try [hard] to behave well **-mödande** *~t ~n* ansträngning effort, exertion; strävan endeavour **-möta** *tr* **1** behandla treat; motta receive **2** besvara answer, meet; vederlägga refute **-mötande** *~t 0* (jfr *bemöta*) **1** treatment; *röna ett vänligt ~* meet with kind treatment (a kind reception) **2** reply, *av* to; refutation, *av* of; *till ~ av detta* anförde han in refutation of this . .
ben *-et* - **1** skelett~, fisk~ o. ss. ämne bone **2** lem, äv. på strumpa, stol o. d. leg, kroppslem äv. limb; *bryta ~et* [*av sig*] break one's leg; *dra ~en efter sig* gå långsamt go loitering along, söla hang about, dawdle; *lägga ~en på ryggen* make off, skynda sig F step on it; skinna ngn *inpå* [*bara*] *~en* . . to the very skin; *hjälpa ngn på ~en* att resa sig help a p. to his (her osv.) feet; *hålla sig (stå) på ~en* stand [up]; *komma på ~en igen* tillfriskna get to one's legs again; *stå på egna ~* stand on one's own feet; företaget *står på svaga (osäkra) ~* . . is very shaky; *vara på ~en* be up and about, tillfrisknad äv. be on one's feet; hela staden *var på ~en* . . was astir (out and about); *ta till ~en* take to one's heels, cut and run
1 bena *tr* fisk bone; *~ upp (ut)* bildl. analyze, dissect
2 ben|a I *tr, ~ håret* part one's hair **II** *-an -or* parting; *kamma (lägga)* [*en*] *~* make a parting
ben|artad *a* bonelike, osseous **-aska** bone-ash **-bildning** bone-formation, osteogenesis; ossification äv. konkr. **-brott 1** i nedre extremiteterna fractured (broken) leg **2** allm. fracture **-byggnad** se *-stomme*
benediktin[**er**]|**munk** Benedictine monk (friar) **-orden** best. form the Order of St. Benedict
ben|fett bone grease **-fiskar** *pl* bony fishes **-fri** *a* boneless, om fisk äv. boned
bengal *-en -er* Bengalese (pl. lika), Bengali (pl.-[s]) **Bengalen** Bengal **bengalier** se *bengal* **bengalisk** *a* Bengalese; *~ eld (tiger)* Bengal light (tiger)
ben|get bag of bones **-hinna** perioste|um (pl.-a) **-hinneinflammation** periostitis **-hård** *a* eg. . . [as] hard as bone; bildl. rigid, strict, orubblig adamant **-ig** *a* **1** bony, om fisk äv. . . full of bones, knotig äv. scraggy **2** kinkig tricky, puzzling **-kläder** *pl* **1** under~: mans [under]pants, dams knickers, panties **2** yttre trousers **-knapp** button made of bone **-knota** bone **-lim** bone glue **-lindor** *pl* puttees **-läder** leggings pl. **-mjöl** bone-meal; gödningsämne bone manure **-märg** [bone-]marrow **-pipa** shaft [of the (resp. a) bone], bone **-protes** artificial leg **-rangel** *-ranglet ~* skeleton **-rangelsmannen** [the skeleton figure of] Death **-röta** caries
bensin *-en 0* motorbränsle petrol, amer. gasoline, gas; kem. benzine **-blandning** fuel mixture **-bolag** petroleum (amer. oil) company

-dunk petrol can (tin); flat jerrycan **-fat** tomt petrol drum **-förbrukning** petrol (fuel) consumption **-kök** petrol cooking-stove **-motor** petrol engine **-mätare** petrol (fuel) gauge **-pump** petrol pump **-skatt** petrol tax **-station** petrol (filling, service) station **-tank** petrol (fuel) tank

ben|skada leg (resp. bone) injury **-skydd** *pl* sport. shin-guards, [shin-]pads **-skärva** splinter of bone, bone-splinter

bensoe *-n 0* benzoin **-ister** benzoinated lard **-syra** benzoic acid **-syrad** *a, -syrat natron* sodium benzoate

bensol *-en 0* benzol[e], nyare benzene

ben|spjäla läk. splint **-stomme** skeleton, skeletal structure; *ha kraftig ~* have a sturdy frame **-stump** stump **-system** osseous system **-ved** spindle-tree **-vit** *a* ivory-coloured **-vävnad** bone tissue

benåda *tr* **1** pardon; dödsdömd reprieve; konungen har rätt *att ~* . . to grant amnesty (a pardon) **2** begåva endow, *med* with; *~d* rikt utrustad very gifted **benådning** pardon, reprieve, amnesty **benådningsansökan** petition for mercy (for a reprieve) **benådningsrätt** prerogative of mercy

benäg|en *a* **1** böjd inclined, apt, disposed; villig willing, ready; *vara ~ att* äv. incline to **2** välvillig, *den -ne läsaren* the gentle (kind) reader; *vi avvaktar Ert -na svar* H we await your kind (formellare the favour of your) reply; *med -et bistånd av* kindly assisted by **benägenhet** fallenhet tendency, *för* to[wards], *att* inf. to inf.; inclination, *för* to; disposition, *för* to[wards]; begivenhet, ovana propensity, *för* to, *att* inf. to inf. el. for ing-form; villighet readiness, willingness, *för* to; *ha ~ för fetma* have an inclination to stoutness; *ha en ~ att* tänka illa om andra have a tendency to . . **benäget** *adv* kindly; *ni torde ~ fråga* kindly (please) ask

benämn|a *tr* call, name, denominate, term; beteckna designate; *denna växt -es olika* på olika platser this plant has (goes by) different names . .; *-da tal* denominate numbers **benämning** name, *på* for; appellation, denomination, term; designation; *en oriktig ~* äv. a misnomer

be|ordra *tr* allm. order, tillsäga äv. instruct; *~ ngn till tjänstgöring* detail a p. for duty; *vara ~d till B.* sjö. be under orders to sail for B. **-pansra** *tr* armour; *~d* äv. iron-clad, steel-plated; zool. loricate **-pansring** konkr. armour end. sg. **-prisad** *a* praised, belauded **-pryda** *tr* adorn, jfr *pryda* **-prövad** *a* [well-]tried . ., tested . ., reliable; erfaren experienced **-pudra** *tr* dust, powder **-ramad** *a* planned, arranged

berber Berber

berberis *-en 0* barberry

bered|a I *tr* **1** förbereda, tillreda prepare; göra i ordning get . . ready; bearbeta: allm. dress, process, hudar äv. curry; tillverka make; *~ ngn på ngt* prepare a p. for a th.; *~ väg för* make way for, bildl. pave (smooth, prepare) the way for **2** förorsaka cause; skänka give, afford; *~ plats för* make room for; *~ ngn tillfälle att* inf. furnish (provide) a p. with (give a p.) an opportunity of ing-form **II** *rfl* **1** göra sig beredd prepare [oneself], *på, till* for; göra sig i ordning get [oneself] (make) ready, *för* for, *att* inf. to inf.; *~ sig på* vänta sig expect; *man får (måste) ~ sig på det värsta* vanl. one must be prepared for the worst **2** skaffa sig, inbrottstjuven *-de sig tillträde till huset* . . effected (med våld forced) an entrance into the house

beredd *a* **1** prepared, redo äv. ready, *på* for, *att* inf. to inf.; villig willing, *till uppoffringar* to make sacrifices; besluten resolved, *att* inf. on ing-form (to inf.); *hålla sig ~* hold oneself (be) in readiness, be ready; *göra sig ~ på* prepare oneself (be prepared) for; *vara ~ på* äv.: a) vänta expect, anticipate b) frukta fear; *~ till förhandlingar* open to negotiation **2** tekn. curried, dressed **beredelse** preparation **beredning 1** förberedande preparation; tillverkning manufacture, making; bearbetning dressing, currying **2** se följ. **beredningsutskott** drafting (working) committee

beredskap *-en -er* preparedness, readiness; mil. military preparedness; styrka emergency troops pl.; F=*beredskapstjänst; ha i ~* have in readiness (färdig ready, på lager in store); *ligga i ~* mil. o. om t.ex. polis be in a state of alert, be alerted (standing by)

beredskaps|arbete relief work end. sg. **-tillstånd** state of alert (emergency) **-tjänst** emergency service **-väska** foto. ever-ready case **-åtgärd** emergency measure

beredvillig *a* ready [and willing], prompt **beredvillighet** readiness, willingness, promptitude, stark. alacrity

beresa *tr* tour, travel in (through) **berest** *a* widely-travelled . .; *vara mycket ~* have travelled a great deal, be widely travelled

berg *-et -* **1** mountain äv. bildl.; mindre hill; klippa rock; *~et Ida* Mount (förk. Mt.) Ida; *vågor höga som ~* mountainous waves, waves mountains high; *det sitter som ~* it won't budge; *en trakt rik på ~* a mountainous district **2** geol. o. gruv. rock

bergamott *-en -er* o. **-päron** bergamot

berg|art [kind of] rock **-bana** mountain railway **-bestigare** mountaineer, mountain climber **-bestigning** alpinism [mountain-]-climbing, mountaineering; tur [mountain] climb, ascent **-bäck** mountain stream **-fast** *a* . . [as] firm as a rock; *en ~ tro* a steadfast belief **-fink** brambling **-grund** bed-rock

-häll [flat piece of] rock **-ig** *a* mountainous; hilly; rocky; jfr *berg* **-kristall** rock-crystal **-land** mountainous (resp. hilly) country **-massiv** [mountain] massif **-mästare** [local] mine-inspector **- - och dalbana** switchback; amer. roller coaster **-olja** rock-oil, petroleum **-ras** skred landslide **-salt** rock-salt

bergs|artilleri mountain artillery **-bestigare** o. **-bestigning** se sms. m. *berg-* **-bo** mountaineer, highlander **-bruk** mining [industry] **-bygd** mountain[ous] district **-hantering** = *-bruk* **-höjd** mountain summit, peak **-ingenjör** Master of Mining (resp. Metallurgy) Engineering

bergsjuka mountain sickness **bergsjö** mountain lake, liten tarn **bergskam** mountain crest **bergskedja** mountain chain **bergsklint** se *klint* **bergsklyfta** gorge, ravine **berg[s]knalle** bare hillock **bergskred** landslide **bergskreva** cleft, crevice **bergskyddsrum** rock shelter **bergslag** *-en -er* mining district (area) **bergsluttning** mountain slope, mountain side **bergspass** mountain pass, trångt defile **bergspets** mountain peak **bergsplatå** mountain (highland) plateau **bergspredikan** the Sermon on the Mount **bergsprängare** rock-blaster

bergs|rygg mountain ridge **-salt** m. fl. sms. se sms. m. *berg-* **-skola** school of mines **-topp** mountain peak **-trakt** mountain[ous] district **-vetenskap** science of mining

berg|säker *a, det är ~t* it's absolutely certain (a dead certainty); *vara ~ på att han . . (på det)* be absolutely positive that he . . (of that) **-tagen** *a, bli ~* be spirited away [into the mountain]; friare be enchanted **-torsk** rock cod **-troll** mountain troll, gnome **-uv** eagle-owl, great horned owl **-vägg** rock-face, klippvägg cliff-face **-ås** mountain ridge

beriberi *-n 0* beriberi

be|riden *a* mounted **-rika** *tr* enrich **-riktiga** *tr* correct, rectify, put . . right **-riktigande** *~t ~n* correction, rectification; *till ~ av* by way of correcting, to correct

Berings sund Bering Strait

berlinare inhabitant of Berlin; *~* pl. äv. Berlin people

berlock *-en -er* charm

Bermudasöarna *pl* the Bermudas, Bermuda sg.

bero *-dde -tt itr* **1** *~ på* **a)** ha sin grund i be due (owing) to; *det ~r på att han är . .* that is due (owing) to the fact that he is . . (to his being . .); *vad ~r det på att . .?* what is the reason why . .? **b)** komma an (hänga) på depend on; vara en fråga om be a question of; *det ~r på dig, om . .* it depends on (is up to) you whether . .; *det ~r på vädret, om vi ska resa* our going depends (is dependent) on the weather; *det ~r på tycke och smak* it is a question (matter) of taste; *om det bara hade ~tt på mig* if it had only been up to me; *försåvitt det ~r på mig* as far as I am concerned; *låta det ~ på omständigheterna* let the circumstances decide; *det ~r [alldeles] på, det!* that [all] depends!; *nu ~r det på, om vi kan . .* now it all depends [on] (it is all a question of) whether we can . .; jfr *beroende I* o. *II* **2** *låta ~* anstå: *låta saken ~* let the matter rest; *låta det ~ vid det (därvid)* leave the matter as it is

beroende I *a* avhängig dependent, *av (på)* [up]on; *vara ~ av (på)* äv. depend [up]on **II** *~ på* prep. a) på grund av owing (F due) to, *att* the fact that b) avhängigt av depending on, *om* whether **III** *-t 0* [position of] dependence, *av* [up]on; *stå i ~ av ngn* be dependent on a p.

berså *-n -er* arbour, bower

berusa I *tr* intoxicate äv. bildl., inebriate, make . . drunk; *låta sig ~s av* bildl. have one's head turned by **II** *rfl* intoxicate oneself, get intoxicated (drunk, F tipsy), *med* on **berusad** *a* intoxicated, drunk båda äv. bildl., *av* with; inebriated, *av* by; tipsy; *en ~ [karl]* a drunken (tipsy) man; *han är ~* F äv. he is tight **berusande** *a* intoxicating äv. bildl. **berusning** *-en 0* intoxication **berusningsmedel** intoxicant

beryktad *a* **1** ökänd notorious, *för* for; *illa ~ . .* of bad (evil) repute, disreputable **2** se *ryktbar*

beryll *-en -er* beryl

be|råd *oböjl. n, efter mycket ~* after a great deal of hesitation; *jag är i ~ om jag skall resa* I am in a quandary about whether to go **-rått** *a, med ~ mod* deliberately, in cold blood; jur. with malice aforethought

beräkna *tr* **1** allm. calculate; uppskatta estimate, *till* at; genom beräkning fastställa determine, räkna ut compute; anslå, t. ex. viss tid för ngt allow; *~ den tid som åtgår* calculate (work out) the time it will take; *~ att få fem procent* calculate (reckon, count) upon making five per cent; *räntan ~s från [och med] 1 jan.* interest is calculated as from Jan. 1st; *tiden var för knappt ~d* the time allotted (allowed) was too short **2** taga med i beräkningen take . . into account **3** H debitera charge; *till det i fakturan ~de priset* äv. at the invoice[d] price **beräkna|d** *a* avsedd designed, intended; *sjukhuset är -t för 100 patienter* the hospital has been planned to accommodate 100 patients; *~ på effekt (att såra)* aimed at effect (at causing pain) **beräknande** *a* calculating, scheming **beräkning** calculation, computation; uppskattning estimate, *av* of; *efter mina ~ar* according to my calculations (reckoning); *mot all ~* contrary to all calculation; *ta . . med i ~en* bildl. allow (make allowance) for . ., take . . into consideration (account); *han gjorde det med ~* he did it with calculation (med någon speciell baktanke from ulterior motives) **beräkningsgrund** basis of calculation **beräkningssätt** method (way) of calculation (computation, counting)

berätta *tr* tell, [*ngn*] *ngt* el. *ngt för ngn* a p. a th. el. a th. to a p.; *~ ngt* skildra, förtälja äv. relate (narrate) a th., redogöra för äv. recount a th., *för ngn* to a p.; *~* [*historier*] tell stories; *när han ~r* [*om sina äventyr (upplevelser* e.d.)] . . when he tells us about his adventures (experiences e. d.) . .; *~ en saga för oss!* [do] tell us a [nice] story!; *~ skepparhistorier* spin yarns; *det får du inte berätta* [*för någon*] äv. you must keep it to yourself; *han ~de, att* . . he told (informed) me (us osv.) that . .; *man har ~t för mig, att* . . I have been told (informed) that . .; *det ~s, att* . . it is said (people say) that . .; *det ~s allmänt, att han är* . . it is generally said (reported) that he is . ., rumour has it that he is . .; *det ~s om honom, att han* . . the story goes that he . .; *jag har hört ~s (låtit mig ~*[*s*]*), att* . . I have heard [it said] that . . **berättande** *a* narrative **berättare** story-teller; narrator, relater **berättarförmåga** se *berättartalang* **berättarkonst** art of telling stories, narrative art **berättartag,** *vara (komma) i ~en* be in (get into) the mood for telling stories **berättartalang** **1** gift for telling stories **2** pers. gifted (born) story-teller **berättelse** saga, historia tale, [short] story; skildring narrative; redogörelse report, statement, *över (om)* about, on; account, *över (om)* of **berättelseform,** *i ~* in narrative form **berätterska** se *berättare*

berättiga *tr* entitle; *~ ngn att* inf. äv. empower (authorize) a p. to inf. **berättigad** *a* om pers. entitled, authorized, *att* inf. to inf.; justified, *att* inf. in m. ing-form; rättmätig just, legitimate; välgrundad well-founded; *~ stolthet* legitimate pride; *han är ~ till pension* he is entitled to a pension; *vara ~ till understöd* äv. be eligible for maintenance; *det ~e i* . . the justness (justice, legitimacy) of . . **berättigande** *-t 0* authorization; justification; det *har* [*ett visst*] *~* . . is [to a certain extent] justified

beröm *~met 0* **1** praise, commendation; *eget ~ luktar illa* self-praise is no recommendation; *få ~* be [highly] commended (praised); *ge ngn ~* praise (speak highly of el. laud) a p.; *lända ngn till ~* be (redound) to a p.'s credit; *till hans ~ måste sägas att* . . to his credit it must be said that . .; *vara höjd över allt ~* be beyond (above) all praise **2** avgångsbetyg, äv. univ., *med utmärkt ~ godkänd (a)* passed with distinction, 2.5 points; *med ~ godkänd (AB)* passed with great credit, 2 points; *icke utan ~ godkänd (Ba)* passed with credit, 1.5 points **berömd** *a* famous, celebrated, friare: attr. well-known (pred. well known); *vida ~* renowned; *göra sig ~* äv. make a name for oneself **berömdhet** *-en -er* celebrity äv. pers. **berömlig** *a* **1** praiseworthy, commendable, laudable; *~a gärningar* distinguished services **2** avgångsbetyg, äv. univ. *(A)* passed with great distinction, 3 points **beröm|ma** *-de -t* **I** *tr* praise, commend, stark. laud, extol; *man kan inte nog ~* . . you cannot say enough in praise of . . **II** *rfl, ~ sig själv* praise oneself, friare blow one's own trumpet; *~ sig av* skryta över boast of, känna sig stolt över pride oneself [up]on **berömmande** *a* commendatory, laudatory, eulogistic **berömmelse** ryktbarhet fame, renown; heder, ära credit; *vinna ~* äv. gain distinction; *inte lända* . . *till ~* reflect no credit on . . **berömvärd** *a* praiseworthy, commendable, laudable

berör|a *tr* **1** eg. o. friare touch, stryka med handen över äv. pass one's hand [lightly] over; komma i beröring med come into contact with, snudda vid graze, skim; *ytterligheterna berör varandra* extremes meet **2** omnämna touch [up]on **3** handla om be about **4** påverka affect; *de som -s (-des) av det (därav)* those affected by it; *bli illa -d* [*av ngt*] be unpleasantly affected [by a th.]; *han blir nog illa -d* sårad he will probably be very [much] hurt (take it very much to heart) **berörda** *a, ~* förhållanden . . referred to, . . mentioned; *~ parter* the parties concerned **beröring** contact, touch äv. bildl.; förbindelse connection; *vid minsta ~* at the slightest touch; *jag vill inte ha någon ~ med honom* I don't want to have anything to do with him **beröringspunkt** point of contact; bildl. point (interest) in common

beröva *tr, ~ ngn ngt* deprive (avhända dispossess) a p. of a th.; *han har ~t mig allt* he has stripped me of everything; *~ ngn hans existensmöjligheter* take away a p.'s means of subsistence; *~ ngn heder och ära* rob a p. of his reputation; *~ ngn modet* dishearten a p.; *~ sig livet* take one's own life

be|sanna **I** *tr* **1** erfara sanningen av [live to] see the truth of **2** bekräfta verify; *~s* se följ. **II** *rfl* be verified (confirmed), om dröm, spådom äv. come true **-satt** *a* **1** occupied osv., jfr *besätta* **2** *~* [*av en ond ande*] possessed [by a devil]; *han var* [*som*] *~ av henne* he was infatuated (obsessed) by her; *~ av en idé* obsessed by an idea; *som en ~* like a madman (one possessed) **-se** *tr* see, look at, have a look at; ~ *Stockholm* see [the sights of] (F do) Stockholm; *jag hade inte tid att* ~ *Towern* I had no time to visit the Tower; *den får (kan)* ~*s* it is on view **-segla** *tr* bekräfta seal **-segra** *tr* defeat, vanquish, conquer; övervinna overcome; *bli* ~*d* äv. be worsted; *erkänna sig* ~*d* äv. acknowledge one's defeat **-segrare** vanquisher, conqueror

besiktiga *tr* inspect, examine, granska, syna survey, view; *bli* ~*d* äv. undergo inspection **besiktning** inspection, examination, survey **besiktningsinstrument** för motorfordon certificate of registration, i Engl. registration book **besiktningsman** inspector, avsynare surveyor; vid körkortsprov driving examiner

besinna I *tr* consider, bear . . in mind **II** *rfl* **1** betänka sig consider, innan man talar stop to think; ~ *sig ett ögonblick* äv. reflect for a moment; *utan att* ~ *sig* without hesitation **2** ändra mening change (alter) one's mind, think better of it **besinnande** *-t 0* consideration; *vid närmare* ~ on second thoughts **besinning** *-en 0* besinnande consideration; sinnesnärvaro presence of mind; behärskning self-control; *förlora* ~*en* tappa huvudet lose one's head; *bringa ngn till* ~ bring a p. to his senses; *komma till* ~ come to one's senses **besinningsfull** *a* calm, deliberate **besinningslös** *a* rash, unreflecting; hejdlös reckless **besinningslöst** *adv* rashly osv.; *fullkomligt* ~ quite regardless of consequences

besitta *tr* possess, friare äv. have [got], fast egendom äv. own; inneha occupy, hold **besittning** possession äv. landområde; occupation, tenancy; *komma i* ~ *av* få tag i get (come into) possession of; *sätta sig i* ~ *av* . ., *ta* . . *i* ~ take possession of . ., bemäktiga sig seize . ., besätta occupy . .; *ta sitt arv i* ~ enter into possession of (come into) one's inheritance; *vara i* ~ *av* äv. be possessed of

be|sjunga *tr* sing [of], celebrate . . in song **-själa** *tr* inspire, animate

besk I *a* bitter äv. bildl.; ~ *kritik* pungent criticism **II** *-en -ar* bitters pl.; *en* ~ a glass of bitters

beskaffad *a* skapad constituted; konstruerad constructed; *så* ~ skapad äv. . . of such a nature; *han är nu en gång så* ~ he is [made] that way; *så som vägarna är* ~*e* considering the state of the roads **beskaffenhet** nature, character; om vara quality; tillstånd state, condition

beskatta *tr* tax, impose taxes (resp. a tax) [up]on; jfr *skatta I 1* **beskattning** beskattande taxation, taxing; *direkt* ~ direct taxation **beskattningsbar** *a* taxable **beskattningsrätt** power of taxation

besked *-et* - **1** svar answer; upplysning information, *om* about; anvisning instructions pl.; *jag fick det* ~*et, att* . . äv. I was informed (told) that . .; *jag skall ge (lämna)* [*dig*] ~ *i morgon* I will let you know tomorrow; *jag skall ge honom rent* ~ sjunga ut I'll tell him straight out what I think, I'll let him know what's what; *han vet* ~ he knows [all about it] **2** *med* ~ properly; *det regnar med* ~ äv. it's raining in earnest **beskedlig** *a* mild, good-tempered, medgörlig obliging, klandrande äv. meek; *snäll och* ~ good-natured; *en* ~ *stackare* a milksop **beskedlighet** kindness [of disposition], good nature

beskhet *-en -er* **1** smak bitterness **2** yttrande o.d. caustic remark

be|skickning mission, ambassad embassy, legation legation **-beskjuta** *tr* fire at; bombardera shell, bombard **-skjutning** firing; shelling, bombardment; *under* ~ under fire; *ta under* ~ begin firing at (shelling)

beskriva *tr* **1** describe, skildra äv. depict; *utförligt* ~ äv. go into particulars about; . . *låter sig inte* ~*s* . . cannot be described (is indescribable) **2** röra sig i describe, *en båge (cirkel)* a curve (circle) **beskrivande** *a* descriptive **beskrivning 1** description, redogörelse account, *på* of; *trotsa (övergå) all* ~ defy (beggar) description; ringen *återfås mot* ~ . . can be recovered on (by) giving its description; *över all* ~ vacker . . beyond description **2** anvisning directions pl.; kok. recipe

besksöt|a *-an -or* bitter-sweet

beskugga *tr* shade; trädg. screen

beskydd hägn, värn protection, *mot* from, against; protektion patronage; *stå (ställa sig) under ngns* ~ be (place oneself) under a p.'s protection **beskydda** *tr* protect, shield, *för (mot)* from (against); gynna patronize; ~ *flyktingar* shelter refugees **beskyddande I** *-t 0* protection; protecting osv. **II** *a* nedlåtande patronizing; *en* ~ *hand* a protective hand **beskyddare** protector; gynnare patron **beskyddarinna** se föreg., ibl. protectress; patroness **beskyddarmin** patronizing air **beskyddarskap** *-et 0* protectorate; patronage, jfr *beskydd*

be|skylla *tr* accuse, *för* of; tax, charge, *för* with **-skyllning** accusation, imputation, charge, *för* of, *för att* inf. of ing-form **-skåda** *tr* look at, regard; besiktiga inspect; *beskådad av* . . äv. witnessed by . . **-skådan** ~ *0* o. **-skådande** ~*t 0* inspection; *utställd till allmän beskådan (allmänt beskådande)* placed on [public] view, publicly exhibited

beskäftig *a* meddlesome, fussy, officious; *en* ~ *människa* äv. a busybody **beskäftighet** meddlesomeness osv.

beskänkt *a* tipsy, fuddled

1 beskär|a *-de -t tr* förunna vouchsafe; *få sin -da del* receive one's [allotted (due)] share

2 beskära *tr* trädg. prune; tekn. trim, dress

[down]; reducera cut down, pare
beskärm *-et 0* protection **beskärma** *rfl, ~ sig över* lament over **beskärmelse** lamentation, *över* about
beskär[n]ing trädg. pruning
beslag 1 till skydd, prydnad: allm. mount[ing], pl. äv. fittings; järn~, mässings~ osv. ofta piece of ironwork (brasswork osv.), pl. ironwork (osv.) sg.; dörr~, fönster~, kist~ osv. (koll.) furniture sg. **2** fys. o. kem. beläggning coating **3** kvarstad confiscation, sequestration; *lägga ~ på* requisition, för statens ändamål äv. commandeer; friare o. bildl. appropriate, take, lay hands upon; *han lade ~ på mig (min tid) hela kvällen* he monopolized me (he took up my time) all the evening; *ta i ~* konfiskera confiscate, jur. äv. sequester, sequestrate; se äv. *lägga ~ på* **beslagta[ga]** *tr* commandeer; jfr äv. *[ta i] beslag* **beslagtagande** se *beslag 3* **beslagtagen** *a* confiscated osv., jfr *[ta i] beslag*
beslut *-et* - avgörande decision, av rådplägande församling äv. resolution; jur. äv. verdict; föresats determination, resolve; *fatta ett (sitt) ~* come to (arrive at) a decision, resp. pass a resolution; *ändra sitt ~* äv. change one's mind; *det är mitt fasta ~ att* inf. it is my firm resolve to inf.; *mitt ~ är fattat* my mind is made up; *stå fast vid sitt ~* adhere (stick) to one's decision (resolve) **besluta I** *tr itr* decide, *[om] ngt* vanl. [up]on a th.; stadga decree; *~ [att]* inf. = *~ sig att* inf., se under *II*; *det beslöts vid mötet att . .* it was decided (agreed) at the meeting that . .; *de ~de åtgärderna* the measures decided [up]on; *den ~de budgeten* the budget agreed to **II** *rfl* bestämma sig make up one's mind, *att* inf. to inf.; decide, *för ngt* [up]on a th., *att* inf. to inf. el. [up]on ing-form; föresätta sig determine, resolve, *att* inf. to inf. el. [up]on ing-form **beslutanderätt** right to make decisions **besluten** *a* resolved, determined **beslutför** *a* o. **beslutmässig** *a . .* competent to make decisions; *vara ~* form a quorum; *de var inte ~a* there was not a quorum **beslutsam** *a* resolute, determined **beslutsamhet** resolution, resolve, determination **beslutsamt** *adv* resolutely, with resolution (determination) **beslutsmässig** *a* se *beslutmässig*
be|slå *tr* **1** förse med beslag fit . . with metal; överdra cover, case; segel furl **2** *~ ngn med lögn* convict a p. of telling lies, ertappa catch a p. lying **-släktad** *a* related, *med* to; *vara nära ~ med* be closely related (akin) to; *~e folkslag* kindred races; *~e ord (språk)* cognate words (languages); *andligen ~* spiritually allied, *med* to **-slöja** *tr* cover . . with a veil, veil äv. bildl., friare obscure; *~d röst* subdued voice
besman *-et* -steelyard
be|smitta infect, taint, bildl. äv. contaminate; isht bibl. defile **-smittelse** infection, contagion **-soldad** *a* hired, paid
bespara *tr* in~ save; skona spare; *~ ngn besvär* save a p. trouble; *det kunde du ha ~t dig* iron. you might have spared yourself the trouble **besparing 1** saving äv. konkr.; *göra ~ar* effect economies; *det är en ren ~ [på 500 kronor]* it is a clear saving [of 500 kronor] **2** sömn. yoke **besparingsåtgärd** economy measure
be|speja *tr* spy upon; utspana spy out **-spetsa** *rfl, ~ sig på (på att* inf.) look forward to (to ing-form), set one's heart on (on ing-form) **-spisa** *tr* feed, provide meals (resp. a meal) for **-spisning** bespisande feeding, *av* of; skol.: matsal dining-hall **-spotta** *tr* mock, scoff at, flout [at] **-spruta** *tr* syringe, spray **-sprutning** syringing, spraying
bessemer|metod o. **-process** Bessemer process **-stål** Bessemer steel
best *-en -ar* beast, brute **bestialisk** *a* bestial **bestialitet** *-en -er* bestiality, handling äv. bestial act
bestick *-et* - **1** rit~ case (set) of instruments; mat~ [set of] knife, fork and spoon **2** sjö. dead reckoning **besticka** *tr* bribe, vittnen äv. suborn; *låta sig ~s* take (accept) bribes (a bribe) **bestickande I** *a* insidious, seductive, plausible **II** *adv* insidiously etc. **besticklig** *a . .* open to bribery, bribeable, corruptible **bestickligthet** corruptibility **bestickning** bestickande bribery, corruption, av vittnen äv. subornation samtl. end. sg.; mutor bribes pl.
be|stiga *tr* berg climb; tron ascend; häst mount; *~ talarstolen* mount the platform **-stigning** climbing, ascent **-stjäla** *tr* rob, *ngn på ngt* a p. of a th.; *~ ngn på ngt* äv. steal a th. from a p.; *jag har blivit bestulen på . .* I have been robbed of . ., I have had . . stolen **-storma** *tr* bildl. assail, overwhelm **-straffa** *tr* punish; *detta ~s med . .* the penalty for this is . . **-straffning** punishment, penalty
bestrid|a *tr* **1** förneka deny; opponera sig emot contest, dispute, oppose, controvert, isht jur. äv. traverse; tillbakavisa repudiate; *~ ngn rätten till ngt (rätten att* inf.*)* contest (dispute, deny) a p.'s right to a th. (right to inf.); *det kan inte ~s att . .* äv. it is incontestable that . . **2** stå för defray, bear, pay, *kostnaderna* the cost[s] **3** inneha, sköta, t.ex. tjänst hold, fill; *han -er undervisningen i historia* he is responsible for the teaching of history **bestridande** *-t 0* (jfr föreg.) **1** denial, contesting, disputing, repudiation, *av* of; opposition, *av* to **2** defraying osv.; *till ~ av* in defrayment of **3** holding, filling; *tjänstens ~* äv. the discharge of the duties connected with the post
be|stryka *tr* **1** översmeta: eg. smear, daub; m.

färg o. d. give . . a coat[ing], *med* of **2** överfara, stryka över skim; mil. sweep, cover, längs efter rake, enfilade **-stråla** *tr* **1** kasta sina strålar på shed its (resp. their) rays upon, irradiate **2** utsätta för strålning, ~ *med ultravioletta strålar* expose to ultraviolet rays **-strålning** radiation; ~ *med ultravioletta strålar* exposure to ultraviolet rays **-strö** *tr* t. ex. m. rosor strew, t.ex. m. socker sprinkle; *~dd* översållad *med* dotted with

bestsell|er *-ern -er (-rar* el. *-ers)* best seller

bestycka *tr* arm [. . with guns]; *ett fort ~t med* . . äv. a fort mounted with . . **bestyckning** armament

bestyr *-et* - göromål work, business båda end. sg.; uppdrag task, duty; besvär, bekymmer cares pl., trouble; skötsel, anordnande management, arrangement; *jag hade ett fasligt ~ med att* inf. I had a tough job to inf.; *många små ~* a mass of little things to do; *~et med (om)* . . *har anförtrotts honom* the management of . . is (the arrangements for . . are) in his hands; *~et med att* inf. the work (business) of ing-form **bestyra** *tr* göra do; ~ [*med*] ordna [med] manage, arrange; *ha mycket att ~* have a great deal to do (attend to, see to); *~ om* sköta see (attend) to, look after; *vill du ~* [*om*] *att det blir gjort* see [to it] that it is done, please; ~ *om sitt hus* put one's house in order **bestyrelse** [managing] committee, *för* of

bestyrk|a *tr* allm. confirm; stärka, ge [ökat] stöd åt bear out; bekräfta äv. corroborate, intyga certify, attestera äv. attest, bevisa prove; *detta -te* [*mig i*] *min förmodan* that confirmed [me in] my supposition; ~ *riktigheten av en uppgift* authenticate a statement; *med ed ~* confirm (substantiate) by (on) oath; ~ . . *med vittnen* bring witnesses to corroborate . .; [*behörigen*] *-t avskrift* [duly] certified copy **bestyrkande** *-t -n* confirmation, corroboration, certification, attestation, proof, jfr föreg.; *till ~ av* in confirmation osv. of

bestå I *tr* **1** genomgå, uthärda: t.ex. prövningar go (pass) through, examen o.d. pass, get through; ~ *provet* stand (pass) the test; ~ *provet bra* äv. come out of the ordeal well **2** bekosta pay for, pay the cost of; tillhandahålla provide, supply; skänka give; *han ~r sig med bil* he keeps a car **II** *itr* **1** äga bestånd: exist, trots svårigheter subsist; fortfara last, endure, friare äv. go on, remain **2** ~ *av (i)* consist of, be composed (made up) of; *just i det (däri) ~r svårigheten* äv. it is just this that constitutes the difficulty; *vari ~r skillnaden?* what constitutes the difference? **bestående** *a* existerande existing; varaktig lasting, permanent; *det ~, den ~ ordningen* äv. the established order of things

bestånd *-et* - **1** varaktighet existence, fort~ persistence, fortvaro continuance; upprätthållande upholding, maintenance; firman *äger ännu ~* . . is still in existence; freden *kommer inte att äga ~* . . will not last (be permanent) **2** grupp av t.ex. träd o.d. clump; antal number; samling collection, stock **beståndande** *a* varaktig lasting, permanent; *bli ~* continue to exist **beståndsdel** constituent (component) [part], element; isht om mat ingredient; *vara en väsentlig ~ av* be part and parcel of, be an essential part of

beställ|a *tr itr* **1** rekvirera, beordra: a) sak order, boka book, isht amer. reserve b) pers. engage, friare send for; *har du -t?* på restaurang o.d. have you ordered anything?; [*hovmästarn,*] *får jag ~!* [waiter,] I should like to give my order!; ~ *ngn (varor) till klockan 5* order a p. to come (goods to be sent) at 5 o'clock; ~ *tid* [*hos* . .] make an appointment [with . .]; ~ *sig ngt* order (a th. for oneself); ~ *fram (in)* order [to be brought] out (in); jfr *beställd* **2** bestyra do osv., jfr *bestyra; det är illa (dåligt) -t med honom* he is in a bad way **beställare** *-n* - orderer, friare buyer, purchaser, customer **beställd** *a*, *~a kläder (skor)* clothes (shoes) made to order; *vara ~* be on order; *komma som* [*om man varit*] ~ come just when one is wanted **beställning** **1** (jfr *beställa 1 a*) order; booking, isht amer. reservation; *göra en ~ på en vara* give an order for an article; *arbeta på ~* work to order; *gjord på ~* made to order **2** befattning appointment **beställningsarbete** commissioned work **beställningsblankett** order form **beställningssedel** order-sheet **beställningsskrädderi** bespoke tailor **beställsam** *a* fjäskig officious, fussy **beställsamhet** officiousness

bestämbar *a* determinable, ascertainable, definierbar definable **bestäm|d** *a* fastställd m. m. fixed, settled osv., jfr *bestämma;* viss angiven definite; exakt precise; tydlig, klar clear, distinct; säker, definitiv positiv, definite; fast, orubblig determined, firm; resolut, besluten, beslutsam resolute, decided, som inte medger några invändningar peremptory; språkv. definite; *~a gränser* defined limits; *~a klockslag (regler)* set times (rules); *med ~a mellanrum* at fixed intervals; *en ~ protest* an emphatic protest; *man vet ingenting -t* nothing definite is known; *vara ~ av sig* be definite (decided); *på det ~aste* most decidedly, flatly, emphatically **bestämdhet,** *veta med ~* know with certainty (for certain)

bestäm|ma I *tr* allm. determine äv. begränsa, utröna; fastställa äv. fix, settle; föreskriva äv. prescribe, stadga äv. decree; besluta, avgöra [nde inverka på] äv. decide, fixera, välja decide upon; [närmare] ange state, indicate, definiera define, klassificera classify; gram. modify, qualify; *bestäm själv* [*om du* . .]! decide for yourself [whether you . .]!; *det får du* ~ [*själv*] that's for you to decide, that's up to you; *ödet hade -t* [*det*] *annorlunda* fate had ordained (decided) otherwise; ~ *en dag för* . . decide on (fix) a day for . .; ~ *graden av* . . determine (ascertain) the degree of . .; *för det pris (på den tid) som vi -de* at the price (time) [that] we fixed; *priset -des till 2 kronor* the price was fixed at 2 kronor, 2 kronor was the price decided [up]on; *vem -mer* [*över*] *sitt öde?* what person is master of his fate?; *det är ännu inte -t när vi skall resa* äv. we have not yet decided when we shall go; *det var det*[*ta*] *som -de (kom mig att* ~) *mig* it was that that decided me; *det var nog för att* [*vi skulle*] ~ *oss att* inf. that was enough to make us decide to inf.

II *rfl* decide, *för* [up]on, *för att* inf. to inf. el. [up]on ing-form; make up one's mind; *för att* inf. to inf.; come to a decision, *angående* upon (as to); *han har svårt att* ~ *sig* it is difficult for him to make up his mind, F friare he chops and changes; *vi -de oss för den dyrare mattan* we decided in favour of the more expensive carpet; *vi -de oss för en annan plan* we settled [up]on another plan; *har du -t dig* [*för*] *vad du skall bli?* have you decided what you are going to be?; jfr ex. under *I*

bestämmande I *-t -n* determination; fixing, settling osv.; decision, definition, classification; jfr *bestämma I* **II** *a* determining, determinative; *vara* ~ *för* determine **bestämmanderätt** right of determination (beslutanderätt of decision); auktoritet authority; ~ *över ngt* right to dispose of a th. **bestämmelse 1** stadgande: i t. ex. kontrakt stipulation, villkor condition, i t. ex. lag provision; föreskrift direction, regel regulation, rule; *testamentariska* ~*r* testamentary dispositions **2** uppgift mission; öde destiny **bestämmelseort** [place of] destination **bestämning 1** bestämmande determination osv., jfr *bestämmande I* **2** gram. adjunct (*till* of), qualifier; friare attribute, qualification **bestämningsord** qualifier **bestämt** *adv* **1** absolut, definitivt definitely; tydligt distinctly; avgjort decidedly; eftertryckligt firmly, resolutely, flatly; uttryckligen positively; *jag litar* ~ *på att du kommer* I rely absolutely on your coming; *veta* ~ know for certain **2** [högst] sannolikt, säkerligen certainly; *det har* ~ *hänt något* something must have happened; *du mår* ~ *inte riktigt bra?* you are surely not quite well, are you?

beständig *a* **1** stadigvarande, ståndaktig constant, om väder äv. settled; se f. ö. *ständig* **2** ~ *mot* t.ex. syror impervious (resistant) to **beständighet** constancy; hos material durability **beständigt** *adv* constantly; alltid always

be|stänka *tr* med [vig]vatten [be]sprinkle, med färg, smuts splash; *-stänkt med blod* blood-stained **-stört** *a* dismayed, perplexed, *över* at **-störtning** ~*en 0* dismay, perplexity, consternation **-sudla** *tr* soil, stain; isht bildl. äv. sully, tarnish; ~ *sig* defile (sully) oneself **-sutten** *a* propertied, landed

besvara *tr* **1** svara, lämna svar [på] answer; reply to äv. bemöta; högtidl. respond to; ~ *ett* [*skål*]*tal* reply to a toast; *frågan* ~*des med ja (nej)* the question was answered in the affirmative (negative); *anse (förklara) frågan med ja (nej)* ~*d* take the answer to be yes (no), parl. o. d. declare that the ayes (noes) have it **2** återgälda return; kärlek o. d. reciprocate; ~ *elden* mil. return the fire; **besvarande** *-t 0* answering osv.; *till* ~ *av* in reply (answer) to; *vid* ~*t av brevet* in replying to the letter

be|svikelse disappointment, disillusionment, *över* at **-sviken** *a* disappointed, *på* in, *över* at **-svikenhet** disappointment, disillusionment **-svågrad** *a*, *han är* ~ *med A.* he is A.'s brother-in-law; *de är* ~*e* they are brothers-in-law

besvär *-et* - **1** allm. trouble, omak äv. inconvenience, bother; möda [hard] work, labour, pains pl.; svårighet[er] difficulties pl.; *livets mödor och* ~ the troubles of life; *kärt* ~ *förgäves!* love's labour's lost!, friare it is (resp. was) a lot of trouble for nothing!; *det är kärt* ~! no trouble at all (it's quite a pleasure), I assure you!; *förlåt det* ~ *jag förorsakat (gjort) Er!* excuse my (me for) troubling you!; *göra sig* ~ *att* inf. take the trouble to inf.; *han gjorde sig särskilt* ~ *för att* inf. he went out of his way to inf.; *ingen vill göra sig* ~ *(ha* ~ [*et*]) *med det* nobody wants to be bothered (troubled) with that; *gör dig inget* ~! a) för min räkning don't bother!, don't put yourself out! b) det lönar sig inte you can save yourself the trouble!; *ingen* som . . *göre sig* ~ no one . . need apply; *jag hade lite* ~ *med att* inf. I had some trouble (difficulty) in ing-form; *jag hade mycket* ~ *med att* inf. I had a very hard job to inf. (in ing-form); *här har Ni för* ~*et!* here is something for your trouble (pains)!; *det fick jag för* ~*et* that is (resp. was) what I got for my pains; *tack för* ~*et!* thanks very much for all the trouble you have taken (you had)!; *inte vara rädd för* ~ not mind (be afraid of) a little inconvenience (hard work); *bli (vara)* [*ngn*] *till* ~ be a bother (nuisance) [to a p.]; *det är* [*inte*] *värt* ~*et* it is [not] worth while **2** jur. appeal, protest, *över* about; *anföra* ~ lodge an appeal; *anföra* ~ *mot* appeal against

besvära I *tr* trouble, bother; *förlåt att jag* ~*r!* excuse my troubling you!; *jag kanske* *bara* ~*r* I am afraid I'm only giving [you] trouble; *får jag* ~ *Er* [*med*] *att komma hit?* would you mind coming here?; *får jag* ~ [*Er*] *om saltet?* may I trouble you for the salt?; *jag vill inte* ~ *honom* [*med* en sådan bagatell] I don't want to bother him [with . .]; *hettan* ~*r mig* I find the heat oppressive; *ofta* ~*s (vara* ~*d) av snuva* often be troubled with (suffer from, be subject to) colds **II** *rfl* **1** trouble (bother) oneself, put oneself out; ~ *Er inte med att* inf. don't trouble to inf. **2** jur. lodge an appeal, appeal **besvärad** *a* generad embarrassed, förlägen self-conscious **besvärande** *a* troublesome, annoying, bildl. äv. embarrassing

besvärja *tr* uppfordra beseech, conjure, adjure **besvärjelse** conjuration, invocation **besvärjelseformel** incantation, spell, charm

besvärlig *a* allm. troublesome, amer. äv. mean; svår hard, difficult; ansträngande trying, toilsome; mödosam laborious, tröttande tiresome, tiring; generande awkward, embarrassing; *det är* ~*t att behöva . .* inf. it is a nuisance having to . . inf. **besvärlighet** *-en -er* troublesomeness; difficulty; ~*er* difficulties, troubles, hardships

besvärs|mål appeal case (suit) **-rätt** right of appeal **-skrift** petition for a new trial **-tid** period within which an appeal may be lodged

besynnerlig *a* allm. strange; egendomlig peculiar, odd; underlig queer, funny; märkvärdig curious, extraordinary; *en* ~ *figur (prick)* äv. a crank; *så* ~*t!* how odd!; *det är mycket (bra)* ~*t, men . .* it is a queer (an odd) thing, but . . **besynnerlighet** *-en -er* strangeness, oddness, queerness; ~*er* peculiarities, oddities **besynnerligt** *adv* strangely osv., jfr *besynnerlig; det går* ~ *till här* there are queer goings-on here

beså *tr* sow

besätta *tr* **1** mil. occupy **2** tillsätta, tjänst o.d. fill **3** *besatt* a) betäckt, garnerad set, med spetsar trimmed b) *salongen var glest (väl) besatt* the theatre was sparsely (well) filled; *alla sittplatser var besatta* all seats were filled (occupied) **besättande** *-t 0* mil. occupation; av tjänst o. d. filling **besättning 1** garnison garrison; sjö. o. flyg. crew; *fulltalig* ~ sjö. complement; *hela* ~*en räddad* all hands saved **2** boskap stock **3** garnering trimming **besättningsman,** *en* ~ one of the crew (hands), *på* of

besök *-et -* **1** visit, *hos, i* to; kortare call, *hos* on, *på, i* at; vistelse stay, *hos* with, *i, på* at (in), *vid* at; ~*en på föreläsningarna* . . the attendance[s pl.] at the lectures . .; *utställningen är väl värd ett* ~ the exhibition is well worth a visit (well worth going to see); *avlägga (göra)* ~ *hos ngn* pay a visit to (a call on) a p.; *avlägga (göra) ett* ~ *på hans kontor (på museet)* call at his office (pay a visit to the museum); *få (ha)* ~ have (have [got]) a caller el. visitor (resp. callers el. visitors); *få* ~ *av . .* be called upon by . .; *jag hade ett* ~ *av honom* he came to see me; *mottaga* ~ receive callers; *vänta* ~ expect (be expecting) visitors; *tack för* ~*et!* kind of you to call (look in)!; *under ett* ~ *hos . .* while staying with . ., while on a visit to . . **2** pers.: se ex. under *1*

besök|a *tr* visit, pay a visit to, hälsa på el. bese äv. go to see, jfr [*komma och*] *hälsa* [*på*]; bevista attend; ~ *ngn* äv. pay a p. a visit, hälsa på call on a p.; ~ ngt äv. go to (regelbundet resort to, nöjeslokal frequent) . .; *jag skall* ~ *dig i morgon* I am coming to see you tomorrow; *jag har aldrig -t* besett . . I have never been to see . .; *en mycket -t badort* a much frequented seaside resort; *ett talrikt -t möte* a well attended meeting **besökande** *subst. a* = följ. **besökar|e** *-en -e* visitor, *av, i, vid* to; attender, *av* of, *vid* at, of; caller; frequenter, *av, vid* of; jfr *besöka* **besöksbok** visitors' book **besökstid** visiting-hours pl.

besörja *tr,* ~ [*om*] attend (see) to, deal with, take care of, ibl. do; jfr *sköta* [*om*]

1 bet *oböjl. a, bli (gå)* ~ i spel ung. lose the game; *han gick* ~ *på uppgiften* the task was too much for him, he failed to carry out the task

2 bet *oböjl. s, gå i* ~ be grazing (feeding)

1 beta I *tr* aväta o. valla graze; livnära sig på feed on; ~ *av* gräs graze **II** *itr* graze, ibl. browse

2 bet|a I *tr* dela i bitar break; ~ *bröd i mjölk* break bread into milk **II** *-an -or* munsbit, *en* ~ *bröd* a bite (morsel, bit) of bread; *efter den* ~*n* bildl. ung. after that [unpleasant] experience

3 bet|a I *tr* tekn. steep äv. lantbr., impregnate; hud soak; färg. mordant; kem. fix **II** *-an -or* tekn. steep; färg. mordant; garv. tan-liquor, ooze

4 bet|a *-an -or* bot. beet

5 beta *tr* fiske., ~ [*på*] bait

be|tacka *rfl,* ~ *sig* [*för ngt*] decline [a th.] with thanks; *jag* ~*r mig!* no, thanks!, not for me [, thanks]! **-ta**[**ga**] *tr* **1** beröva, ~ *ngn ngt* deprive (rob) a p. of a th.; ~ *ngn lusten att* inf. äv. [completely] take away a p.'s inclination to inf., make a p. disinclined to inf.; *det betog honom modet* that took all the courage out of him **2** överväldiga, ~*s av* fasa be overwhelmed with . . **-tagande** *a* bedårande charming, överväldigande captivating **-tagen** *a* overcome, taken, *av* with; *lyssna* ~ listen spellbound; ~ *i . .* charmed (captivated) by . ., enamoured of . .

betal|a I *tr itr* pay; varor, arbete pay for; ~ *ngn för lite* äv. underpay a p.; ~ *ngt för dyrt* pay too much (too high a price) for a th.;

~ *vad (det) man köper* pay for what one buys; *får jag (jag skall be att få)* ~! på restaurang o. d. will you let me have the bill [, please]!; *hur mycket skall jag* ~? how much am I (have I got) to pay?; *dyrt* ~ *sin enfald* pay dear[ly] for one's folly; ~ *räkningen* äv. settle the (one's) account; ~ *översättningen* pay for the translation; *han* ~*de bra för mitt arbete* he paid me well for my work; ~ *för sig* pay for oneself (one's keep), pay one's way; *svenskt järn* ~*s högt* Swedish iron fetches a good price; *det kan inte* ~*s med pengar* money cannot buy it; *är pianot -t?* has the piano been paid for?; *är skulden -d?* has the debt been paid off (settled)?; *få -t* be (get) paid; *har du fått -t?* have you been paid (had your money)?; *få bra -t för ngt* äv. get a good price for a th.; *det ska du få -t för!* umgälla I'll pay you out (back) for that!; *ha -t för att* inf. be paid for ing-form; *han springer som om han hade -t för det* he runs as if he was being paid for it; *du har bara att (ska bara) ta -t* all you have to do is take (accept, receive) the money; *han tar ordentligt (bra) -t* he charges a lot (the earth); [*bra*] *-t arbete* [well-]paid work; *-t svar* answer (reply) prepaid; *postkort med -t svar* reply-paid postcard; *-da varor* goods paid for; ~ *av* se *avbetala;* ~ *igen (tillbaka)* pay back; ~ *in (ut)* pay [in (out)]; ~ *in ett belopp på* ett konto o.d. pay an amount into . . **II** *rfl* pay; *arbete som* [*inte*] ~*r sig* äv. [non-]paying work; *på ett halvt år* ~*r skrivmaskinen sig själv* the typewriter will pay for itself within six months

betalande *a* paying **betalare** *-n* - payer **betalbar** *a* payable **betalkurs** rubrik prices paid

betalning payment, av t. ex. räkning äv. settlement; avlöning pay; ersättning remuneration, compensation; *erlägga* ~ make payment, pay; *inställa* ~*arna (sina* ~*ar)* suspend (stop) payment[s]; [*som*] ~ *för* en skuld (*av* en vara) [in] payment of . . (for . .); göra ngt *mot* ~ . . for a consideration; *mot (vid)* ~ *av* on payment of; *till* ~ *av* in payment (resp. settlement) of; *utan* ~ free of charge

betalnings|anstånd respite [for payment] **-balans** balance of payments **-förmåga** capacity (ability) to pay; solvens solvency; *bristande* ~ insolvency **-inställelse** suspension of payment[s] **-medel** medel att betala med means of payment; *lagligt* ~ legal tender **-mottagare** payee **-ort** place of payment **-skyldig** *a,* ~ *person* person liable for payment **-skyldighet** liability [to pay] **-sätt** mode of payment **-termin** term (period) of payment **-tid** day (time) of payment **-villkor** *pl* terms [of payment] **-vägran** refusal to pay

1 bete *-t -n* boskaps~ pasturage, betesmark äv. pasture; *släppa* [*ut*] . . *på* ~ send . . out to pasture, turn . . out to grass; *gå på* ~ be grazing (feeding)

2 bete *-t -n* fiske. bait

3 bet|e *-en -ar* huggtand tusk

4 bete *rfl* uppföra sig behave, bära sig åt äv. act

beteckna *tr* vara uttryck för represent; betyda denote, signify, stand for; ange, utmärka indicate, designate; markera mark; känneteckna characterize, beskriva describe; *detta* ~*r ett stort framsteg* this represents (marks) a considerable advance **betecknande** *a* characteristic, typical, significant, expressive, *för* of **beteckning** designation; i skrift notation **beteckningssystem** o. **beteckningssätt** [system (method) of] notation

beteende *-t -n* behaviour, conduct, båda end. sg.; *ett* ~, *som . .* behaviour (conduct) of a kind that . . **-mönster** pattern of behaviour

betel *-n 0* betel **-nöt** betel-nut, areca-nut

betesmark pasture[-land]

beting *-et* - **1** ackord piece-work contract; *arbeta på* ~ work by the piece (by contract) **2** skol. assignment **betinga I** *tr* **1** t.ex. extra avgift involve, entail, mean **2** förutsätta condition; ~*s (vara* ~*d) av* a) vara beroende av be dependent (conditional) on b) ha sin grund i be conditioned by c) bestämmas av be determined by; . . *är historiskt* ~*de* . . have a historical basis; ~*d reflex* conditioned reflex **3** ~ *ett* [*högt*] *pris* command (fetch) a [high] price **II** *rfl* stipulate (bargain) for; *ett* ~*t pris* a stipulated (agreed, settled) price **betingelse** villkor, förutsättning condition; jfr *förutsättning*

betitla *tr* **1** titulera style, call [. . by the title of]; *den* ~*de adeln* the titled nobility **2** kalla, rubricera entitle

betjän|a I *tr* serve; uppassa attend [on]; vid bordet wait [up]on; sköta work; *det är jag föga -t av* that is of little use to me **II** *rfl,* ~ *sig av* make use (avail oneself) of, employ **betjäning** *-en 0* **1** serving osv.; service; uppassning [på hotell] attendance, *av* on **2** personal staff **betjäningsavgift** service charge; jfr *dricks*

betjänt *-en -er* man[-servant] (pl. men[-servants]), footman, valet; föraktligt flunkey, lackey

Betlehem Bethlehem

betmassa beet pulp

bet[nings]medel för utsäde seed disinfectant

bet|odlare beet-grower **-odling** -odlande beet-growing

betona fonet. stress, put the stress on, accent; bildl. emphasize, stress, lay stress upon, accentuate, *att* the fact that; ~ *behovet av . .* äv. be emphatic about (make a strong point of) the need for . . **betonad** *a* **1** fonet.

stressed **2** *i kulturellt ~e kretsar* in cultural circles; *praktiskt ~* undervisning . . which lays stress on the practical side
betong *-en 0* concrete **-blandare** concrete mixer **-pelare** concrete pillar (column)
betoning stress, accent, accentuation, emphasis **betoningsfel** wrong (mistake in) stress
bet|plockare beet-picker **-plockning** beet-picking, beet-harvesting
betrakta *tr* **1** se på, iakttaga look at, contemplate, regard äv. friare; stirra på äv. gaze at (upon); skärskåda äv. watch, observe, eye; bese view; *~ ngn uppmärksamt (noga)* look intently at a p., eye a p. narrowly; *~r vi saken närmare* if we consider (regard, study) the matter [more] closely **2** *~ ngn (ngt) med förakt (misstro)* regard a p. (a th.) with contempt (suspicion), look with contempt (suspicion) upon a p. (a th.) **3** anse, *~ ngn (ngt) som* . . regard (look upon) a p. (a th.) as . ., consider a p. (a th.) . .; *han ~s som död* äv. he is assumed to be dead **betraktande** *-t 0, i ~ av* in consideration (view) of (*att* the fact that), ofta considering, *att* that; *komma (ta) i ~* bildl. come (take) into consideration (account); *under ~t av* while looking at **betraktare** *-n -* observer, ibl. onlooker; *för en ytlig ~* to a superficial (casual) observer **betraktelse** meditation reflection, meditation; bibel~ [religious] discourse, *över* i samtl. fall upon **betraktelsesätt** way of looking at things (i bestämt fall at the matter)
be|tro *tr* entrust, *ngn med ngt* a p. with a th. el. a th. to a p. **-trodd** *a* pålitlig trusted; *han är en mycket ~ man* he holds many positions of trust **-tryck** *~et 0* nöd distress; svårigheter embarrassment; *vara i ~* be in trouble (in sore straits) **-tryckt** *a* nedslagen dejected, deprimerad low-spirited, depressed **-tryckthet** dejectedness **-trygga** *tr* secure **-tryggande I** *~t 0, till ~ av* to secure, for the safeguarding of **II** *a* tillfredsställande satisfactory, adequate; säker safe; *på ett [fullt] ~ sätt* in a way that ensures [complete] safety **-träda** *tr* **1** eg. set foot upon; isht bildl. tread; [ny] bana o. d. enter (embark) upon; *~ predikstolen* enter the pulpit; *Beträd ej gräsmattan!* Keep off the Grass! **2** ertappa se *beslå 2* **-trädande** *~t 0, olovligt ~ av annans mark* trespassing [on other people's ground]
be|träffa *tr, vad mig (det) ~r* as far as I am (that is) concerned, as regards (F as for) me el. myself (that); *vad det ~r* äv. for that matter **-träffande** *prep* concerning, regarding, with reference to; *~ (betr.) Eder order nr* . . referring to your order No. . . **-trängd** *a* distressed, hard-pressed
bets *-en -er* **1** snick. stain **2** garv. lye **betsa** *tr* snick. stain
bets|el *-let -el* bit; remtyg bridle
betskörd beet-harvest; konkr. äv. beet-crop
betsla *tr, ~ [på]* bridle, bit; *~ av* unbridle
bet|socker beet-sugar **-säsong** beet-harvesting period (season)
bett *-et -* **1** hugg, tandställning bite **2** tandgård set of teeth **3** på betsel bit **4** egg edge
bettla *itr* beg **bettlare** *-n -* [professional] beggar **bettleri** *-[e]t 0* begging, mendicancy **bettlerska** [female] beggar
be|tunga *tr* burden, encumber; överlasta overload, overburden; *vara ~d av, ~s av* be oppressed (weighed down) by **-tungande** *a* heavy äv. om t. ex. skatt; om uppgift äv. burdensome, onerous; *vara ~* be a great burden, *för* to **-tuttad** *a, vara ~ i ngn* be sweet on a p. **-tvinga** *tr* allm. subdue, underkuva subjugate; bildl. overmaster, overpower; begär o. d. overcome, master, control, check, repress; *~ sig* control oneself **-tvivla** *tr* doubt, feel dubious about, call . . in question
betyd|a *tr* mean, signify; innebära äv. imply; beteckna äv. denote; *~ mycket* signify (mean) a great deal, vara av stor betydelse be of great importance, make all the difference, *för ngn* to a p.; *hans ord -er mycket* väger tungt his word (opinion) carries weight; *vad skall det här ~?* what is the meaning of [all] this?; *vad -er det för honom som är så rik?* what is that (does that matter) to him, he is so rich?; *vad -er de här tecknen?* what do these signs stand for (denote)?; *det -er ingenting* gör ingenting that (it) doesn't matter [at all] (is of no importance); *det -er olycka* it brings (means) bad luck **betydande** *a* important; stor considerable **betydelse** meaning, signification, import end. sg., ords. äv. sense; vikt significance, importance; *det har ingen ~* spelar ingen roll it doesn't matter; *av föga ~* äv. of little consequence **betydelsefull** *a* significant; viktig important, momentous; *en ~ blick* äv. a meaning look **betydelselära** semantics, semasiology **betydelselös** *a* meaningless; insignificant, unimportant; jfr *betydelse* **betydelselöshet** insignificance, unimportance **betydelseskiftning** shade of meaning, semantic difference **betydenhet** importance **betydlig** *a* considerable; *en ~ skillnad* äv. a great [deal of] (a big) difference **betydligt** *adv* considerably; mycket a good (great) deal, very much, greatly
betyg *-et -* **1** handling: officiellt intyg o. examens~ certificate; arbetsgivares testimonial, reference, för tjänstefolk character; termins~ report **2** betygsgrad mark, amer. grade; *ett (två) ~* univ. ung. 'one point' ('two points'); *läsa på högsta ~et* go in for 'three points'; *få fina ~* äv. do brilliantly, come out well;

vad fick du för ~ *i engelska (på din skrivning)?* what mark did you get in English (for your composition)?; *sätta* ~ *på* mark, amer. grade **betyga** *tr* **1** intyga certify; bekräfta vouch for, *att* it that; *härmed* ~*s att* . . I hereby certify that . .; ~ *sanningen av* . . *(att han är* . .*)* testify to the truth of . . (to his being . . el. to it that he is . .) **2** tillkännage declare, profess; uttrycka express, *ngn sin aktning* one's respect for a p.; ~ *sin oskuld* protest one's innocence **betygsavskrift,** ~*er* allm. copies of [one's] certificates **betygsjäkt** scramble for [higher] marks **betygsskala** marking scale **betygssumma** total marks pl. **betygsätta** *tr* mark, amer. grade; friare pass judgement on, give one's opinion on

betäcka *tr* cover äv. göra dräktig **betäckning** cover; skydd äv. shelter; parning covering

betänk|a I *tr* consider; *man måste* ~ *att* . . one must bear in mind that . . **II** *rfl* think it (the matter) over; tveka hesitate; *utan att* ~ *sig* without [any] hesitation **betänkande** *-t -n* **1** utlåtande report **2** *inte dra i* ~ *att* inf. not hesitate (scruple) to inf., have no hesitation in ing-form; *ta i* ~ take into consideration; *efter mycket (något)* ~ after a good deal of (some) thought; *utan* ~ without hesitation, unhesitatingly; *vid närmare* ~ after closer (further) consideration, on second thoughts **betänketid** time for consideration; *en dags* ~ a day to think the matter over **betänklig** *a* allvarlig serious, grave; oroväckande disquieting; prekär precarious; riskabel hazardous; tvivelaktig dubious; kritisk critical **betänklighet** *-en -er* tvekan hesitation end. sg.; tvivel doubt; ~*er* farhågor apprehensions (*mot* about), misgivings, *mot* as to; *övervinna sina* ~*er* overcome one's misgivings **betänksam** *a* besinningsfull deliberate; försiktig cautious, wary; tveksam hesitant; *en* ~ *min* an air of misgiving, a suspicious expression **betänksamhet** deliberation; caution; hesitation **betänksamt** *adv* deliberately osv.; *skaka* ~ *på huvudet* shake one's head doubtfully **betänkt** *a, vara* ~ *på ngt (på att* inf.*)* be thinking of a th. (of ing-form), contemplate a th. (ing-form); *vara nästan* ~ *att* . . have a good mind to . .

beundra *tr* admire **beundran** - *0* admiration; *hysa [en] stor* ~ *för* feel (cherish) a great admiration for; *väcka* ~ *hos* arouse admiration in **beundransvärd** *a* admirable; friare wonderful **beundrare** *-n* - admirer **beundrarinna** [female] admirer

bevaka *tr* **1** eg. guard; misstroget watch **2** tillvarata look after; ~ sin fordran (i konkurs) lodge proof of . .; ~ ett testamente prove . . **3** nyhet m.m. cover **bevakad** *a,* ~ *järnvägsövergång* controlled [railway] level-crossing **bevakning** guard, watch äv. konkr.; *stå under [sträng]* ~ be in [close] custody, be under [close] surveillance **bevakningsfartyg** patrol ship **bevakningstjänst** guard-duty, sjö. patrol-duty

bevandrad *a* acquainted, familiar (*i* with), at home, versed, *i* in

bevar|a *tr* **1** bibehålla preserve; upprätthålla maintain; förvara, gömma keep; ~ *skenet* keep up appearances; ~ *ngns vänskap* retain a p.'s friendship; ~ . . *åt eftervärlden* hand . . down to posterity; *mogen frukt kan inte* ~*s* ripe fruit won't keep; dessa skrifter *finns* ~*de* . . are still extant **2** skydda protect; *-e mig väl!* dear me!, goodness gracious!; *[Gud] -e mig för att behöva göra det!* [God] preserve me from having to do it!; *Gud -e konungen!* God save the King! **bevarande** *-t 0* preserving osv.; preservation; maintenance; protection **bevars** *itj* oh dear!, goodness!; *ja* ~! [yes,] to be sure!; *nej* ~! oh, no!, goodness, no!; jfr f.ö. *gubevars II*

bevattna *tr* m. kanaler, diken irrigate; vattna o. geogr. water **bevattning** irrigation; watering **bevattningsanläggning** irrigation plant

bevek|a *-te -t tr* move; ~ *ngn till eftergifter* persuade (induce) a p. to make concessions; *han lät sig inte* ~*s* he was not to be moved, he was inflexible; *låta sig* ~*s att* inf. [allow oneself to] be persuaded to inf. **bevekande I** *a* moving, affecting; persuasive **II** *adv* movingly osv.; appealingly **bevekelsegrund** motive, reason, inducement

bevilja *tr* grant, formellare äv. accord; tilldela award; tillerkänna allow; riksdagen *har* ~*t 50 000 kronor till* vanl. . . has voted (appropriated) 50,000 kronor for **bevillning** ung. appropriation, vote of supply **bevillningsutskott** ung. standing committee of ways and means

bevinga|d *a* winged; *-t ord* citat familiar quotation

bevis *-et* - allm. proof, *på* of; vittnesbörd: evidence äv. indicium, testimony äv. tecken; ådagaläggande demonstration; intyg certificate; *ett bindande (slående)* ~ a conclusive (striking) proof; *ett talande* ~ a telling argument; *ett* ~ *på att jorden är rund* äv. a demonstration [of the fact] that the earth is round; *som ett* ~ *på* . . as [a] proof (as evidence, testimony) of . ., som ett tecken på äv. as a mark (token) of . .; *det är ett mycket starkt* ~ that is a very strong piece of evidence; *ge (framlägga)* ~ furnish (adduce) proofs; *undanröja* ~*en* remove the evidence; *leda i* ~ prove, demonstrate; *frikännas i brist på* ~ be acquitted for (because of) lack of evidence; *vilket härmed till* ~ *meddelas* which is hereby certified **bevisa** *tr* **1** styrka prove; bestyrka äv. substantiate; leda i bevis demonstrate; göra gällande äv. argue; ~ *sin oskuld* establish one's innocence; *vilket skulle* ~*s* (förk. V.S.B.) which was to be proved (Q.E.D. lat.) **2** ådagalägga show, manifest; bära vittnesbörd om äv. be a proof of; ~ *ngn sin tacksamhet* give a p. a [tangible] proof of one's gratitude **bevisföring** demonstration; argumentation argumentation; förebringande av bevis submission of evidence **beviskraft** weight, authority **beviskraftig** *a* conclusive; *inte* ~ äv. inconclusive **bevislig** *a* demonstrable **bevisligen** *adv* demonstrably; *han är* ~ sjuk he is unquestionably . . **bevismaterial** [body of] evidence **bevismedel** means of proof **bevisning** se *bevis* o. *bevisföring; det brister i* ~*en* there is a flaw in the argument **bevisningsskyldig** *a* . . under the obligation to prove his (her etc.) case **bevisningsskyldighet** burden of proof

be|vista *tr* attend; närvara vid be present at **-vittna** *tr* **1** bestyrka attest, testify ; ~*s:* . . witnessed (witnesses): . . **2** vara vittne till witness **-vuxen** *a* overgrown, friare covered **-våg** *oböjl. n, på eget* ~ on one's own responsibility (authority) **-vågen** *a, vara ngn* ~ be favourably (kindly) disposed towards a p.; *om lyckan är mig* ~ if fortune favours me **-vågenhet** favour, good will **-vänt** *a, det är inte mycket* ~ *med det (honom, arbetet)* it (he, the work) is not up to much **-väpna** *tr* arm; ~ *sig* arm (bildl. äv. fortify) oneself **-väpnad** armed; om fartyg, fästning äv. gunned; ~ försedd *med* equipped with **-väpning** vapenutrustning armament **-värdiga** *tr,* ~ *ngn med ett svar (en blick)* vouchsafe (condescend to give) a p. an answer (a look) **-väring** värnpliktig conscript [soldier], recruit **-växt** *a* = *bevuxen*

bh se *behå*

1 bi *adv* **1** sjö. se *dreja* [*bi*] **2** se *stå bi* under *stå IV* o. *bistå*

2 bi -[*e*]*t* -*n* bee; *arg som ett* ~ fuming, in a rage; *flitig som ett* ~ busy as a bee

bi|accent secondary stress **-avsikt** subsidiary motive **-bana** järnv. branch-line

bibehåll|a *tr* ha i behåll retain; bevara keep, preserve; upprätthålla keep up, maintain; ~ *figuren* keep one's figure; ~ *gamla seder och bruk* preserve (keep up) old customs; ~ *sina själsförmögenheter* retain one's faculties; ~ *sig* om tyg o.d. wear [well], om bruk o.d. be preserved, survive; *gamle S. har -it sig väl (är väl -en)* old Mr. S. is well preserved (is wearing well); *med -en lön* se ex. under *-ande; med -en ära* with honour intact **-ande** *-t 0* retention, keeping [up], preservation, maintenance; *med* ~ *av* äv. retaining; tjänstledighet *med* ~ *av lönen* . . with retained salary, paid . .

bibel *-n biblar* Bible, bible; *Bibeln* the [Holy] Bible (Scriptures pl.); *svära på* ~*n* swear on the Book **-citat** biblical quotation **-förklaring** exegesis; andaktsstund Bible class **-konkordans** concordance [to the Bible] **-kritik** biblical (higher) criticism **-kunskap** knowledge of the Bible **-läsning** andaktsstund Bible reading **-ord** = *-språk 2* **-språk 1** bibelns språk biblical (scriptural) language **2** -citat biblical quotation **-sprängd** *a* . . well versed in the Scriptures **-ställe** Bible passage **-text** [sacred] text; vid gudstjänst lesson **-tolkare** Bible commentator, exegete **-tolkning** exegesis **-översättning** translation (version) of the Bible

bibetydelse secondary meaning, connotation

bibliofil *-en -er* bibliophil[e], boksamlare book collector **bibliofilupplaga** de luxe edition **bibliografi** bibliography **bibliotek** *-et* - library **bibliotekarie** librarian

biblioteks|amanuens library assistant **-band** library binding **-exemplar** library (file) copy; lagstadgat deposit copy **-väsen,** ~[*det*] libraries pl.

biblisk *a* biblical, scriptural; scripture . .

bibringa *tr,* ~ *ngn* idéer, en uppfattning o.d. impress (imbue) a p. with . ., convey . . to a p., gradvis instil . . into a p.['s mind]; *han* ~*de mig den föreställningen att* . . he gave me the idea that . .; ~ *ngn kunskaper* impart knowledge to a p.

biceps -[*en*] *0* biceps

bida *tr itr* bide, wait, tr. äv. await, wait for; ~ *sin tid* bide one's time

bidé *-n -er* bidet

bidevind *adv, segla* ~ sail close-hauled (by the wind); *dikt* ~ close to the wind

bidrag *-et* - tillskott, medverkan contribution; tecknat belopp subscription; understöd allowance, stats~ grant, subsidy; *minsta* ~ *mottas tacksamt* every little counts; *lämna* ~ *(sitt* ~*) till* contribute to, make a (one's) contribution to; *teckna* ~ subscribe **bidra**[**ga**] *itr* contribute, lämna bidrag äv. make a contribution, *till* to; ~ *till* vara bidragande orsak till äv. conduce (be conducive) to, help to, go some way to, främja make for, promote, öka add to, medverka till combine to; *starkt* ~ *till* äv. go a long way to; *detta bidrar till att förklara* . . this helps to explain . .; *hon bidrog* [*till underhållningen*] *med* en sång she entertained us (resp. them) with . .; ~ *med* pengar, en artikel, idéer contribute . .; *bidragande orsak* contributory cause **bidragsförskott** för underhåll maintenance advance **bidragsgivare** contributor, m. pengar äv. subscriber

bidrottning queen bee

bifall *-et 0* **1** samtycke assent, consent; god-

kännande approval, myndighets sanction; *ge sitt ~ till* förslaget äv. assent to . ., approve of . .; *röna (vinna) ~* meet with (win) approval, find favour **2** applåder applause, acclamation; rop cheers pl., shouts pl. of applause; *väcka stormande ~* call forth a volley (storm) of applause, ibl. bring the house down
bifall|a *tr* assent (consent) to, approve of, sanction, jfr *bifall 1; ~ en anhållan* grant a request; därest ansökan *ej -es* . . is refused; *-es!* beviljas granted, isht mil. approved
bifalls|rop o. **-storm** se *bifall 2* **-yrkande** motion in favour of the proposal **-yttringar** *pl* applause sg., acclamation sg.
biff *-en -ar* [beef]steak; *vi klarade ~en!* F we made it! **-ko** beef cow **-stek** [beef]-steak; *~ med lök* steak and onions
bi|figur minor (subordinate) character **-flod** tributary [river (stream)]; *en ~ till S.* a tributary of the S.
bifoga *tr* vidfästa attach, annex; vid slutet tillägga append isht i skrift, subjoin, add; närsluta enclose; *härmed ~s* räkningen we enclose . .; bör *~s brevet* . . be attached to the letter; var god ifyll *~d blankett* . . the accompanying form **bifogande** *-t 0, med ~ av* enclosing . .
bifokal *a* bifocal
bi|form variety, subsidiary form **-fråga** subordinate question; bisak side issue
bifurkation bifurcation
biförtjänst se *biinkomst*
bigam|i *~[e]n 0* bigamy **-ist** bigamist
bigarrå *-n -er* whiteheart [cherry], cherry
bigata side-street
bigott *a* bigoted; *han är ~* äv. he is a bigot **bigotteri** bigotry
bigård apiary
bihang *-et* - appendage; i bok append|ix (pl. -ixes el. -ices)
bi|hustru concubine **-håla** anat. sinus **-inkomst** extra (additional) income end. sg.; *~er* äv. incidental earnings, perquisites
bijouterier *pl* jewellery sg., nipper trinkets
bikarbonat *-et (-en) 0* bicarbonate [of soda]
bikarta infälld karta inset map
bikini *-n -s* baddräkt bikini
biklang bibetydelse shade of meaning, connotation
bikonkav *a* biconcave **bikonvex** *a* biconvex
bikt *-en -er* confession; *avlägga ~* make confession, confess [one's sins]; *gå till ~* go to confession **bikta** *tr rfl* confess **biktbarn** confessant, penitent **biktfader** [father] confessor **biktstol** confessional
bikupa [bee]hive
bil *-en -ar* [motor-]car, amer. car, automobile; taxibil taxi[cab], cab; *köra ~* drive [a car]; *åka ~* go by car, jfr följ.
1 bila I *itr* go (travel) by car, motor; *~ [omkring] i Europa* go motoring (go by car) round Europe; *~ omkring i* förorterna go for a drive round . . **II** *tr* drive
2 bil|a *-an -or* [broad-]axe
bilabial *-en -er* o. *a* bilabial
bilag|a *-an -or* närsluten handling enclosure; tidnings~ supplement; reklamlapp o.d. insert, inset; bihang till bok append|ix (pl. -ixes el. -ices), till dokument äv. annex **biland** dependency
bilateral *a* bilateral
bil|bedömning prov med t.ex. ny årsmodell road test **-buren** *a* motorized
bild *-en -er* picture, fotografi äv. photo[graph], ljusbild slide, illustration äv. illustration, figure, porträtt äv. portrait, inre bild, föreställning äv. image, framställning äv. representation; opt. image, spegel~ reflection; på mynt o.d. effigy; bildligt uttryck metaphor, figure [of speech], image; hon var *en ~ av förtvivlan* . . the very picture of despair; skapa sig *en ~ av läget* . . a view (an idea) of the situation; *komma in i ~en* come into it; den frågan *kommer också in i ~en* äv. . . is also to be considered; *tala i ~er* speak metaphorically, use metaphors
bilda I *tr* **1** åstadkomma o.d.: allm. form, grunda äv. found, establish, utgöra äv. make, constitute; *~ bolag* äv. float (start) a company; *~ skola* found a school; *~ [ett] undantag* constitute an exception **2** bibringa bildning educate; *~ sin själ* cultivate (improve) one's mind; jfr *bildad, bildande II 2* **II** *rfl* **1** *~s*, uppstå form, be formed **2** skaffa sig bildning educate oneself, improve oneself (one's mind) **3** skapa sig, *~ sig en uppfattning [om]* form an opinion [of] **bildad** *a* kultiverad educated, cultivated, civilized, refined; *den ~e allmänheten* the educated classes; *i ~e kretsar* in polite society **bildande I** *-t 0* åstadkommande formation **II** *a* **1** *~ konst* se *bildkonst* **2** fostrande educational, educative; lärorik instructive
bild|band film-strip **-bar** *a* om pers. educable **-barhet** om pers. educability **-dyrkan** image worship, iconolatry
bilderbok picture-book **bildhuggare** sculptor **bildhuggeri 1** skulptur sculpture, statuary **2** verkstad sculptor's studio **bildkonst,** *~en* the visual arts pl., måleriet pictorial art
bildlig *a* figurative, metaphorical; *i ~ betydelse* in a figurative sense, figuratively; *ett ~t uttryck* a figure of speech **bildligt** *adv, ~ talat* figuratively speaking **bildmaterial** pictures pl.
bildning 1 skol~ o. d. education; [själs]kultur culture, belevenhet [good] manners pl., breeding; *fin ~* refinement; *vetenskaplig ~* a scientific training **2** formation o. bildande formation

bildnings|anstalt educational establishment **-grad** o. **-nivå** level (degree, stage) of education (resp. culture) **-process** process of formation **-törst** thirst (desire) for learning **-värde** cultural value **-väsen,** ~ |*det*| education

bild|ordbok illustrated dictionary **-reportage** reportagebilder news pictures pl. **-rik** *a* om språk . . full of imagery, blomstersmyckad flowery

bil|drulle road hog

bild|ruta i TV |viewing| screen **-rör** i TV picture tube, amer. kinescope **-skrift** picture writing, pictography **-skön** *a* strikingly beautiful **-snidare** |wood-|carver **-språk** imagery, metaphorical language **-stod** statue **-stormare** iconoclast **-telegrafi** phototelegraphy, picture telegraphy **-text** caption **-tidning** pictorial **-verk** bok illustrated work **-yta** på TV picture

bildäck 1 på hjul |car| tyre (amer. tire) **2** sjö. car deck

Bileam Balaam; ~*s åsna* Balaam's ass

bil|fabrik car factory, motor works **-färd** car drive **-färja** car ferry **-förare** |car| driver **-försäkring** motor|-car| insurance; jfr *försäkring* m. ex. o. sms. **-försäljare** car salesman **-glasögon** goggles **-handlare** car dealer **-handske** driving-glove **-industri** motor industry

bilism motoring **bilist** motorist, driver

biljard *-en 0* spel billiards **-boll** billiard-ball **-bord** billiard-table **-kö** cue **-salong** billiard-room **-spel** |game of| billiards **-spelare** billiard-player

biljett *-en -er* **1** ticket; *halv* ~ taxa half fare; *köpa* ~ take (buy) a ticket, för resa äv. book, *till* to, teat. o. d. äv. book (take) a seat, *till* for **2** litet brev note **-automat** ticket-machine **-försäljare** seller of tickets; järnv. o.d. booking-clerk; amer. ticket agent **-försäljning** sale of tickets **-hall** booking hall **-häfte** book of tickets **-kontor** booking-office, amer. ticket office, teat. o.d. äv. box-office **-lucka** se föreg. **-pris** teat. o. d. admission end. sg., price of admission; för resa fare

biljettång ticket-punch

biljon billion, amer. trillion **-del** billionth |part|; jfr *femtedel*

biljud intruding sound; radio. |background| noise; vid andning râle

bil|karta road map **-kortege** motorcade **-krock** |motor-|car crash (smash|-up|) **-kö** line (queue) of cars **-körning** motoring, car-driving

1 bill *-en -er (-ar)* lagförslag bill

2 bill *-en -ar* plog~ share

billig *a* **1** ej dyr cheap, ej alltför dyr inexpensive; *för en* ~ *penning* cheap, äv. for a mere song; ~*a priser* äv. low (moderate) prices; *till mycket* ~*t pris* at a very cheap price; ~ *i drift* inexpensive (cheap) to run, economical **2** dålig, enkel, tarvlig cheap; vulgär common; ~*a vitsar* cheap witticisms; *hon verkar så* ~ she seems so common **3** rättvis, rimlig fair, reasonable, equitable; *en* ~ *begäran (fordran)* a reasonable (modest) request (demand)

billighet 1 mots.: dyrhet cheapness, inexpensiveness **2** rättvisa, ~|*en*| justice, fairness

billighetsresa cheap trip (excursion) **billighetsupplaga** cheap edition **billigt** *adv* ej dyrt cheaply äv. tarvligt, cheap jfr ex., inexpensively; *köpa (sälja)* ~ buy (sell) cheap; *komma* ~ *undan* get off cheap|ly|

billion se *biljon*

bil|lots car pilot **-lykta** car headlight **-mekaniker** motor mechanic **-motor** |motor-|car engine **-märke** make of car **-nummer** car (registration) number **-olycka** car accident **-parkering** plats car-park **-radio** car radio **-rally** motor rally **-ring** däck tyre, innerslang tube; skämts. ~*ar* |*kring midjan*| rolls of fat |round the waist| **-salong** motor show **-sjuk** *a* car-sick **-skatt** motor|-car| tax **-skola** driving school; isht som rubrik school of motoring **-skollärare** driving instructor **-sport** motoring **-station** taxi- cab-(taxi-)stand, taxi-rank **-stöld** car theft **-tjuv** car thief

biltog *a* outlawed; *en* ~ an outlaw

bil|trafik |motor| traffic **-tur** drive, ride, spin **-tvätt** car wash **-tävling** allm. motoring event; hastighets~ motor race **-uthyrning** |self-drive| car hire service **-utställning** motor show **-verkstad** garage **-väg** motor road **-åkning** driving in a car **-ägare** car owner

bi|lägga *tr* **1** tvist o. d. settle; gräl make up, compose, F patch up **2** bifoga enclose; *-lagd handling* enclosure; jfr *bifoga* **-läggande** ~*t 0* av tvist o.d. settlement, making up **-namn** by-name; *med* ~*et* . . surnamed . .

bind|a A *-an -or* kir. roller |bandage|, bandage; *elastisk* ~ elastic bandage; jfr *dambinda*

B *band bundit* (jfr *bindande*) **I** *tr* samman~, fast~ bind, isht |linda o.| knyta tie, båda äv. bildl.; ~ *böcker* bind books; ~ *dammet* gm att vattna lay the dust; ~ *en hund* tie (kedja chain) up a dog; ~ *en häst vid ett träd* tie a horse to a tree; ~ *kransar* make wreaths; ~ *kärvar* bind sheaves; ~ *ngn* |*till händer och fötter*| bind a p. |hand and foot|; ~ *ngns händer* bind (isht bildl. tie) a p.'s hands; ~ *ngn vid brottet* pin the crime on to a p.; *bundet kapital* tied-up (locked-up) capital, tied-up money; *i bunden stil* in poetry, in verse; *bundet värme* latent heat; *stå bunden* t. ex. om hund be tied up; *bunden av sitt arbete* tied to one's work; *bunden av barn* tied down by

children; *bunden av kontrakt (ett löfte)* bound by contract (a promise); *bunden i halvfranskt band* half-bound; *bunden vid sjuksängen* confined to bed; *bunden vid torvan* bound to the soil
II *itr* bind; mus. play legato; limmet *-er bra . .* binds (holds) well; *ord -er* förpliktar words are binding; ~ *mellan orden* link (bind) the words
III *rfl* bind oneself, commit (pledge) oneself, *att* inf. to ing-form; ~ *sig för fem år* bind oneself for five years; ~ *sig vid (för)* en åsikt o. d. commit oneself to . ., ett program tie oneself down to . .
IV med beton. part. **1** ~ *fast* tie . . on (ibl. up), *vid* to **2** ~ *för ögonen på ngn* tie something in front of a p.'s eyes, blindfold a p.; *med förbundna ögon* blindfolded äv. bildl. **3** ~ *ihop* hopfoga tie . . together, t. ex. tidningar till paket tie up **4** ~ *in en bok* bind a book; *inbunden* äv. hard-backed **5** ~ *om* a) böcker rebind b) paket o. d. tie up; sår bind up; ~ *om ngt med* ett snöre e. d., ~ *om* ett snöre e. d. *om ngt* tie . . round a th. **6** ~ *samman* se ~ *ihop* **7** ~ *till* en säck o. d. tie up **8** ~ *upp* tie up; kok. truss
bindande *a* förpliktande, om t. ex. avtal binding; avgörande, om t. ex. bevis conclusive; *vara* ~, *äga* ~ *kraft* be binding, *för ngn* on a p. **bindbjälke** tie-beam **bindebåge** mus. tie **bindehinna** anat. conjunctiv|a (pl. äv. -ae) **bindel** *-n bindlar* ögon~ bandage; ~ *om armen* t.ex. ss. igenkänningstecken armlet, armband **bindemedel** binder; lim o. d. adhesive; mål. vehicle **bindeord** conjunction **bindestreck** hyphen **bindgalen** *a* raving (stark) mad **bindgarn** packthread; jordbr. [binder] twine **bindning 1** av böcker, kärvar binding, av kransar making **2** fonet. liaison fr. **3** skid~ binding, fastening **bindsle** *-t -n* fastening, skid~ äv. binding **bindsula** insole **bindväv** connective tissue
bingbång *itj* ding dong
bing|e *-en -ar* **1** lår bin **2** hop heap; hö~ mow
binjure adrenal (suprarenal) gland
binnikemask tapeworm
binokulär *a* binocular **binom** *-et (-en)* binomial **binär** *a* binary
binäring lands, trakts ancillary (subsidiary) industry; bisyssla side line
bio *-n 0* cinema, F isht amer. movie, jfr *biograf 1; gå på* ~ go to the cinema (the pictures, isht amer. the movies) **-besök** visit to the cinema; pl. äv. film-going sg. **-besökare** filmgoer **-biljett** cinema ticket
biocid *-en -er* pesticide
bi|odlare bee-keeper **-odling** bee-keeping
biofysik biophysics
bioföreställning [cinema] show
bio|graf *~en ~er* **1** bio cinema, picture theatre (palace); amer. motion-picture theater, F movie [theater (house)]; för sms. se *bio-* **2** levnadstecknare biographer **-grafi** biography, life **-grafisk** *a* biographical **-graflokal** se *biograf 1*
bio|kemi biochemistry **-log** biologist **-logi** ~[*e*]*n 0* biology **-logisk** *a* biological
bi|omkostnader *pl* incidental expenses, incidentals **-omständighet** incidental circumstance, jur. collateral fact
biopublik filmgoers pl., cinema audience
biperson minor (subordinate) character
biplan flyg. biplane
biprodukt by-product, secondary product; avfalls~ waste product
Birgitta, *den heliga* ~ St. Bridget
birgittin[er]nunna Brigittine, Bridgettine **-orden** best. form the Order of St. Bridget, the Brigittines pl.
bi|roll minor (subordinate) part (role) **-sak** side issue, unimportant matter; betrakta ngt som *en* ~ . . [a matter] of secondary importance
bisam *-en 0* pälsverk musquash [fur], amer. muskrat [fur]
bi|samhälle colony of bees
bisamråtta muskrat, musquash
bisarr *a* bizarre, odd **bisarreri** oddity
bisats subordinate clause
Biscayabukten the Bay of Biscay
bisektris *-en -er* bisector
bisexuell *a* bisexual
bisittare i underrätt ung. [legal] assessor, member of a (resp. the) lower court; i jury juryman
biskop *-en -ar* bishop **biskopinna** bishop's wife; ~ *n A.* Mrs. A. **biskoplig** *a* episcopal
biskops|mössa mitre **-skrud** pontificals pl. **-stol** ämbete bishopric, see **-säte** [episcopal] see, cathedral city **-värdighet** episcopal dignity **-ämbete** episcopate, bishopric
biskvi -[*e*]*n -er* mandel~ ung. macaroon
biskötsel bee-keeping
bismak [slight] flavour (taste), isht bildl. tinge
bison *r* o. **bisonoxe** bison (pl. -[s])
bispringa *tr* assist; ~ *ngn i nöden* succour (help) a p. in distress, relieve a p.'s distress
bissera *tr* give . . over again, repeat **bissering** dakaponummer encore
bist|er *a* om min o. d. grim, forbidding; sträng stern; om klimat severe, hard, inclement; ~ *kritik* severe criticism; *-ra tider* hard times; *se* ~ *ut* äv. frown; *det är* ~*t* bitande kallt *ikväll* it is bitterly (F bitter) cold tonight
bisting bee-sting
bisträck|a *tr,* ~ *ngn med pengar* give a p. pecuniary aid **-ning,** ~[*ar*] pecuniary aid sg.
bisturi -[*e*]*n -er* bistoury
bistå *tr* aid, assist, help **bistånd** *-et 0* aid, assistance, help; *juridiskt* ~ legal advice; *lämna ngn* ~ give (lend) a p. assistance; *med benäget* ~ *av* . . kindly assisted by . .
biståndspakt pact of mutual assistance

bisvärm swarm of bees
bisyssla side-line
bi|sätta *tr* i bårhus, gravkapell remove . . to the mortuary **-sättning** removal to the mortuary
bit *-en -ar* stycke: allm. piece, bit, del part, brottstycke fragment, av socker, kol lump, knob (samtl. m. of framför följ. best.); matbit bite, morsel, munsbit mouthful; vägsträcka distance, way; F musikstycke piece |of music|, låt tune; *en ~ bröd* a piece (a morsel, skiva a slice) of bread; *äta en ~ |mat|* have a snack (a bite, something to eat); *inte en ~ mat* i huset not a scrap of food . .; *en ~ papper* a piece (scrap) of paper; *en ~ av vägen* gick vi till fots part of the way . .; *gå en bra ~* walk quite a long way; *det är bara en liten ~ |att gå|* it is only a short distance (a short walk), it isn't far; *följa ngn en ~ på vägen* accompany a p. a short way; *han har kommit en bra ~ på väg* he is well on his way, bildl. he has made considerable progress; *han är inte en ~ bättre* he is not a bit better; *~ för ~* bit by bit, piece by piece, piecemeal; *skära* köttet *i ~ar* cut . . in (into) pieces, cut up . .; *gå i ~ar* break, go (fall) to pieces; *gå i tusen ~ar* be smashed to smithereens; *vara i ~ar* be broken; *dricka |kaffe| på ~* drink one's coffee with a lump of sugar in one's mouth
bit|a *bet -it* **I** *tr* bite; *hunden bet mig i benet* the dog bit my leg; *~ sig i läppen* bite one's lip; *~ huvudet av skammen* throw decency to the winds
II *itr* bite; om kniv, egg cut; om köld, blåst bite, cut, jfr *bitande; kniven -er inte* the knife does not cut; *hunden bet efter mig* the dog bit (snapped) at me; *något att ~ i* bildl. something to get one's teeth into; *~ i gräset* stupa bite the dust; *han bet i* äpplet he bit into . .; *~ i det sura äpplet* ung. swallow the bitter pill; *~ på naglarna* bite one's finger-nails; tobaken *-er på tungan* . . bites the tongue; *ingenting -er på honom* he is proof against anything, nothing works on him
III med beton. part. **1** *~ av* bort bite off, itu bite . . in two; *~ av en tand* break a tooth; *~ av ngn* bildl. cut a p. short, snub a p.; 'Dumheter!' *bet han av* . . he snapped **2** *~ sig fast vid* bildl. stick (cling) to **3** *~ ifrån sig* ge igen give as good as one gets, give tit for tat **4** *~ ihop (samman) tänderna* clench (grit) one's teeth, bildl. äv. keep a stiff upper lip; jfr *sammanbiten* **5** *~ till* bite hard
bitande I *a* biting, cutting, om köld, blåst äv. nippy, keen; sarkastisk äv. caustic, pungent, sharp, tart; *~ anmärkning* caustic (cutting) remark; *~ ironi* biting irony, sarcasm **II** *adv* bitingly etc.; *~ kallt* bitterly cold, F bitter cold
bitanke ulterior (subsidiary) motive
bitas *itr. dep* bite, om hund äv. be snappish; rpr. bite one another
biton fonet. secondary stress
bitring |baby's| teething-ring
biträda *tr* **1** assistera assist, *vid* in; *~ ngn |inför rätten|* appear (plead) for a p. **2** ansluta sig till: a) förslag, åsikt second, support, subscribe to, agree to, assent (accede) to b) allians o. d. join **biträdande** *a* assistant **biträde** *-t -n* **1** bistånd assistance, aid, support **2** medhjälpare assistant; affärs~ shop assistant, amer. |sales|clerk; sjukvårds~ assistant nurse; jur. counsel (pl. lika)
bitsk *a* fierce, snappish
bitsocker lump sugar, cube sugar
bitt|er *a* bitter äv. bildl., om smak äv. acrid, om pers. äv. embittered, smärtsam äv. painful, hätsk äv. acrimonious; hård hard, harsh; *-ra fiender* bitter (implacable) enemies; *-ra förebråelser* bitter reproaches; *~ förlust* painful (severe) loss; *~ ironi* biting irony; *tömma den -ra kalken* drain the cup |of bitterness|; *i ~ nöd* in |dire| distress; *till det -ra slutet* to the bitter end; *~ sorg* poignant grief; *-ra tårar* bitter (hot) tears; *ett ~t öde* a hard fate; *göra ~* embitter **bitterhet** *-en -er* bitterness, om smak äv. acridity, om pers. äv. embitterment; hätskhet acrimony, rancour; utslunga *~er* . . bitter (harsh) words
bitter|ligen *adv* bitterly **-ljuv** *a* bitter-sweet **-mandel** bitter almond
bittersta *a, inte det ~* minsta not in the least, not at all
bittida *adv* early; *i morgon bitti|da|* |early| tomorrow morning; *|både| ~ och sent* at all hours, early and late
bitum|en *~ (-inet) 0* bitumen
bitvarg grumbler, crusty old fellow
bitvis *adv* på sina ställen in |some| places, here and there, occasionally
bivack *-en -er* bivouac; *gå i ~* bivouac
bivax beeswax
bi|verkningar *pl* secondary effects **-väg** by-way, by-path(-road) **-ämne** skol. o. d. subsidiary subject, minor |subject|
bjud|a *bjöd -it* **I** *tr itr* **1** erbjuda, räcka fram offer; servera serve; undfägna entertain; *~ ngn armen (en stol)* offer a p. one's arm (a chair); *~ motstånd* offer resistance; *vad kan jag ~ er (får jag ~) på?* what can el. may I offer you?, what will you have?; *det bjöds på förfriskningar* refreshments were served; *~ ngn på middag* entertain a p. to dinner, jfr *2* o. *3*; *~ på* bereda *överraskningar* afford surprises
2 inbjuda ask, invite, *ngn på middag* a p. to dinner; *är du -en?* have you been asked?
3 betala treat; *låt mig ~ |på det här|* let me treat you |to this|; *det är jag som -er* it is on me; *~ ngn på en drink (på middag)* treat a

p. to a drink (to a dinner), stand (buy) a p. a drink etc.

4 tillönska, ~ *farväl* bid farewell

5 påbjuda, befalla bid, order; ~ *tystnad* enjoin silence; samvetet *-er mig att* inf. . . bids me to inf.; jfr *bjudande*

6 göra anbud offer; på auktion bid, make a bid, *på ngt* for a th.; kortsp. bid, call; 10 kr. *bjudet!* . . bid!

II med beton. part. **1** *det -er* [*mig*] *emot* I hate the idea [of doing it], it goes against the grain; maten *-er mig emot* I couldn't eat . . **2** ~ *hem ngn* [*till sig*] invite (ask) a p. to one's home (house) **3** ~ *igen* ask (invite) . . in return; *de -er aldrig igen* they never invite you back **4** ~ *in* att stiga in ask . . [to come] in **5** ~ *omkring* serve, hand round **6** ~ *till* try; ~ *till sig* se ~ *hem* **7** ~ *under* underbid **8** ~ *upp ngn* [*till dans*] ask a p. for a dance **9** ~ *ut* [*till salu*] offer [for sale]; ~ *ut ngn* på restaurang o. d. take a p. out; ~ *ut sig* prostitute oneself **10** ~ *över*: a) eg. outbid äv. kortsp. b) se *överbjuda*

bjudande *a* tvingande urgent, imperative **bjudning** kalas party; middags~ dinner[-party]; *ha* ~ give (F throw) a party **bjudningskort** invitation-card

bjäbba *itr* kivas squabble, bicker; ~ *emot* answer back, answer saucily

bjäfs *-et 0* finery; glitter gewgaws pl.

bjälk|e *-en -ar* beam; större balk, baulk; bär~ girder; tvär~ joist; taksparre rafter; tekn. äv. square timber; inte se *~n i sitt eget öga* . . the beam in one's own eye **-lag** joists pl., beams pl., system of joists (beams) **-tak** raftered ceiling **-verk** joisting

bjällerklang the sound of bells (resp. a bell) **bjällr|a** *-an -or* [little] bell

bjärt *a* gaudy, glaring; *stå i ~ kontrast mot* be in glaring contrast to

bjäss|e *-en -ar* stor karl big strapping fellow, hefty chap; *en ~ till ek* a huge oak; jfr *baddare*

björk *-en* **1** pl. *-ar* birch[-tree] **2** pl. *0* virke birch[wood]; . . *av* ~ attr. äv. birch . . **-bevuxen** *a* . . covered with birches **-blad** birch leaf **-dunge** birch grove, clump of birches **-faner** birch veneer **-gren** birch branch **-gräns** birch limit **-hage** meadow covered with birches **-kvist** birch twig **-löv** birch leaf; koll. birch leaves pl. **-möbel** möblemang birch suite; enstaka piece of birch furniture; *-möbler* bohag birch furniture sg. **-näver** birch-bark **-region** birch zone **-ris** **1** koll. birch twigs pl. **2** till aga birch[-rod] **-sav** birch sap **-skog** birchwood, större birch forest **-stam** birch trunk **-stubbe** birch stump **-trä** birch[wood] **-träd** birch[-tree] **-ved** birchwood [fuel] **-virke** birch[wood]

björn *-en -ar* **1** zool. bear; koll. bears pl.; *väck inte den ~ som sover!* ung. let sleeping dogs lie!; *Stora (Lilla) ~*[*en*] astr. the Great (Little) Bear **2** skämts. fordringsägare dun **-bär** blackberry **-bärsbuske** blackberry-bush, bramble **-fäll** bearskin **-hona** she-bear **-jakt** jagande bear-hunting, expedition bear-hunt; *gå på* ~ go bear-hunting **-mossa** hair moss, golden maidenhair **-skinnsmössa** till uniform bearskin **-tjänst,** *göra ngn en* ~ do a p. a disservice **-tråd** bear cotton thread **-unge** bear cub

bl.a. förk., se *bland* [*annat (andra)*]

1 black *-en -ar,* bildl.: *en ~ om foten* [*för ngn*] a drag [on a p.], an impediment [to a p.]

2 black *a* färglös drab äv. bildl., urblekt faded

blad *-et* - **1** bot. leaf (pl. leaves); kron~ petal; *fälla ~en* shed its (resp. their) leaves; *ta ~et från munnen* speak one's mind, not mince matters **2** pappers~ sheet, i bok leaf (pl. leaves); F tidning paper; *ett oskrivet* ~ a blank page, a clean sheet; *han är ett oskrivet* ~ he is an unknown quantity; *~et har vänt sig* en vändning har skett the tide has turned; *spela (sjunga) från ~et* play (sing) at sight **3** på kniv, åra, propeller o.d. blade **-formig** *a* leaf-shaped **-grönt** *s* chlorophyll, leaf-green **-guld** gold-leaf, gold-foil **-lus** plant-louse, green fly, aphis (pl. aphides) **-lös** *a* leafless **-mage** psalteri|um (pl. -a), third stomach **-metall** leaf metal **-nerv** vein, rib, nerve **-rik** *a* leafy **-tobak** leaf tobacco **-veck** bot. axil **-växt** foliage plant

blamage *-n -r* faux pas fr. (pl. lika), gaffe **blamera** *rfl* commit a faux pas, put one's foot in it **blamerande** *a* genant embarrassing

blancmangé *-n -er* blancmange

bland *prep* among, amongst; i partitiv bet. of, out of; jfr äv. ex.; ~ *andra* (förk. *bl. a.*) among others; ~ *annat* (förk. *bl. a.*) among other things, isht kansl. inter alia lat.; ~ *annat därför att* . . for one thing because . .; han företog *många resor, bl. a. till Kina* . . many journeys, one of them to China; *i sitt tal sade han bl.a. att*. . in the course of his speech he said that . .; han blev utvald ~ *tio sökande* . . from among ten applicants; *omtyckt* ~ ungdom popular with . .; ~ *det bästa* jag sett one of the best things . .; *ingen ~ dem* none of them

blanda I *tr* mix; isht bildl. mingle; isht olika kvaliteter av t.ex. te, tobak samt bildl. blend; metaller alloy; kem. o. farm. compound; spelkort shuffle; ~ *drinkar* mix drinks; ~ *färger* mix (blend) colours; ~ *sanning och dikt* mingle truth and fiction; ~ *och ge* shuffle and deal; jfr *blandad*

II *rfl* mix, mingle; sammansmälta blend; ~ *sig i andras affärer* interfere with . ., meddle with (in) . ., F poke one's nose into . .; ~ *sig i* *samtalet* butt (cut) in, put in one's oar **III** med beton. part. **1** ~ *bort begreppen* mix up the ideas; ~ *bort korten* [*för ngn*] confuse the issue **2** ~ *i ngt i* maten mix a th. in . ., add a th. to . ., under omröring äv. stir in a th. in . .; ~ *sig i* se *II* **3** ~ *ihop* förväxla mix up, confuse; blanda tillsammans, tillreda mix, jfr *blanda I* o. ~ *till* **4** ~ *in ngn i ngt* mix a p. up in a th., isht ngt brottsligt involve (implicate) a p. in a th.; *bli inblandad* get mixed up (involved etc.), *i* in; *de inblandade* those involved (concerned) **5** ~ *samman* mix; förväxla mix up, confuse **6** ~ *till* tillreda mix, medicin äv. compound **7** ~ *upp ngt med* ngt mix a th. with . ., add . . to a th.; hans svenska var *uppblandad med engelska ord* . . interspersed with English words

bland|ad *a* mixed, mingled, blended, jfr *blanda I*; diverse miscellaneous; ~ *kost* mixed diet; ~*e karameller* assorted sweets; ~ *kommission* joint commission; ~*e känslor* mingled (mixed) feelings; ~ *kör* mixed choir; pjäsen fick ett *-at mottagande* . . a mixed reception; ~*e skrifter* miscellaneous writings; *-at sällskap* mixed company **blandare** mixer; vatten~ water-mixer, mixing fitting

bland|foder mixed provender **-folk** mixed race **-form** språkv. hybrid form **-färg** fys. secondary (compound) colour

blandning 1 mixture; av olika kvaliteter av t. ex. te, tobak samt bildl. blend; av konfekt o. d. assortment; legering alloy; kem. compound; brokig, heterogen äv. medley; röra mess **2** blandande mixing osv., jfr *blanda I* **blandningsmaskin** mixing machine, mixer

bland|ras mixed breed, hybrid race; isht lantbr. cross-breed; *vara* [*av*] ~ äv. be a mongrel **-skog** mixed forest **-språk** mixed language **-säd** gröda mixed crops pl.; tröskad mixed grain **-äktenskap** mixed marriage

blank *a* eg. bright, shining, shiny, glossy; oskriven, tom blank; ~ *som en spegel* smooth as a mirror; *ett* ~*t avslag (nej)* a flat refusal; *mitt på* ~*a förmiddagen* in broad daylight; ~*a knappar* av mässing brass buttons; ~*kopia* foto. glossy print; *kämpa med* ~*a vapen* bildl. fight a fair fight (fairly); jfr *blankt* **blanka** *tr* polish, metall äv. burnish

blankett *-en -er* form, amer. äv. blank

blanko *oböjl. s, in* ~ in blank **-check** blank cheque **-fullmakt** carte blanche fr. **-kredit** blank (unsecured) credit **-växel** blank bill

blank|polera *tr* o. **-putsa** *tr* polish, metall äv. burnish **-slipa** *tr* burnish **-sliten** *a* om tyg shiny, threadbare

blankt *adv* (ibl. *a*) brightly; *dra* ~ draw one's sword, *mot* on; *lämna in* ~ vid provskrivning o.d. hand in a blank paper; *neka* ~ *till ngt* flatly deny a th.; ~ *omöjligt* quite (absolutely) impossible; *rösta* ~ return a blank ballot-paper; *det struntar jag* ~ *i!* I don't care a damn!; han sprang på *10 sekunder* ~ . . 10 seconds flat

blankvers blank verse

blasé *a* o. **blaserad** *a* blasé fr., jaded

blasfemi blasphemy **blasfemisk** *a* blasphemous

blask *-et 0* **1** usel dryck etc. slops pl., dish-water **2** slaskväder, snö~ slush

1 blask|a *-an -or* F tidning paper, neds. [local] rag

2 blaska *itr* splash [water], dabble **blaskig** *a* om dryck, färg wishy-washy; om väderlek slushy

blast *-en 0* tops pl., potatis~ äv. haulm

blaz|er *-ern -rar (-ers)* [sports-]jacket, klubbjacka, vanl. av flanell blazer

bleck *-et* - tin-plate, tin; *ett* ~ a sheet of tin-plate **-blåsare** brass player; *-blåsarna* i orkester the brass [section] sg. **-burk** tin, isht amer. can **-form** kok. tin [pan] **-kärl** tin; pl. äv. tinware sg. **-plåt** tin-plate; *en* ~ a sheet of tin-plate **-slagare** tin-smith **-slageri** tin-works **-varor** *pl* tin goods; tinware sg.

blek *a* pale, starkare pallid, white; sjukligt wan, glåmig, gulblek sallow; svag faint; *ej den* ~*aste aning* not the faintest idea; ~*a döden* pallid Death; *en* ~ *efterbildning* a pale imitation; ~*a nöden* sheer destitution; ~*a vanvettet* utter (sheer) madness; *bli* ~ [*av fasa*] turn pale [with terror]; ~ *som ett lik* [as] pale as death; ~ *om kinden* (F *nosen*) pale[-faced], F green about the gills

blek|a *-te -t tr* kem. bleach, färger fade; ~*s* om färger fade, become discoloured; ~ *ur* fade, jfr *urblekt* **-ansikte** pale-face **-blå** *a* pale-blue, pred. pale blue

blek|eri bleaching plant, bleachery **-fet** *a* pasty[-faced], flabby **-het** paleness; isht ansikts~ pallor, sjuklig wanness **-lagd** *a* palish, pale-faced, glåmig sallow; *ett -lagt nej* a flat (point-blank) refusal **-medel** pulver bleaching-powder, vätska bleaching solution, javelle water

blekna *itr* om pers. turn pale, *av* fasa with . .; poet. pale; om färg o. d., samt bildl., t. ex. om minne fade **blekning** kem. bleaching

blek|nos, *din lilla* ~ you pale little thing **-rosa** *oböjl. a* pale-pink, pred. pale pink **-selleri** [blanched] celery **-siktig** *a* anaemic, bloodless **-sot** anaemia; chlorosis äv. bot.

blemm|a *-an -or* finne pimple, pustule

blessera *tr* wound **blessyr** wound

bli *blev blivit* **I** passivbildande *hjälpvb* be, vard. get; uttr. gradvist skeende become; ~ *avrättad* be executed; ~ *överkörd* get run over; ~ *civiliserad* become civilized

II *itr* **1** uttr. förändring become, m. adj. ss. predf. äv.:

ledigare get, långsamt grow; uttr. plötslig el. oväntad övergång turn; i förb. m. vissa adj. go; i förb. m. adj. angivande sinnesstämning o.d. samt i bet. 'vara' oftast be; äga rum take place, come off; visa sig vara turn out, prove, m. subst. ss. predf. äv. make, come to be; 'komma att vara' vanl. futurum av be, jfr ex.; *när ~r mötet?* when is the meeting to be (coming off)?, when will the meeting be (take place)?; *vad blev resultatet (svaret)?* what was the result (answer)?; *vad har klockan blivit?* what is the time now?; *tre och två ~r fem* three and two make five; *hur mycket ~r det?* how much will that be (does it come to)?; *hur ~r det med* affären? what about . .?, what is happening to . .?; *det blev* märken |*på mattan*| *efter skorna* the shoes left (made) . . |on the carpet|; *det blev (~r) att* börja om från början I (you osv.) had (will have) to . .; *det ~r nog bra till sist* it will probably come right in the end; *det ~r dans här* there is going to be a dance here; *det ~r du som får betala* you are the one who will have to pay; *det ~r regn* it is going to rain, it will rain; *det blev regn* there was rain; *när det ~r sommar* when summer comes; *det blev ett allmänt skratt* everybody burst out laughing; *det ~r svårt* it will (is going to) be difficult; *det börjar ~ höst* autumn is coming on (setting in); *det börjar ~ mörkt* it is getting dark; *det får ~ som det ~r* that will have to be that; *~ affärsman* become a business man, go into business, take up business |as a career|; *~ katolik* become a (oväntat turn) Catholic; *jag vill (tänker) ~ lärare när jag ~r stor* I want (am going) to be a teacher when I grow up; *han ~r (kommer att ~) en bra* lärare, *det ~r en bra* lärare *av honom* he will make (prove) a good . .; *han blev en bra* skidlöpare he turned out |to be| a good . .; *han blev kapten* förra året he was made (promoted) captain . .; *han ~r fem år idag (nästa vecka)* he is five today (will be five next week); *han blev 95 år |gammal|* he lived to be ninety-five; *~r vi inte fler?* aren't there |going to be| any more of us? *~ |till| en vana* become a habit; *~ |till| vatten* become (turn to) water; *dagarna blev till veckor* days grew into weeks; *~ blind (tokig)* go (become) blind (mad); *~ frisk* get well, recover; *han blev förvånad* he was astonished; klänningen *blev för kort* . . turned out |to be| too short; *~ kär* fall in love; *bilden (festen) blev lyckad* the picture came out well (the party was el. turned out |to be| a success); *~ längre* get (grow) longer, lengthen; *~ inte ond!* don't be (get) angry!; *~ sjuk* fall (be taken, get) ill; *~ sjukare* get worse; *jag ~r sjuk när jag ser* . . it makes me sick to see . .

2 förbli remain; stay; *~ hemma* stay (remain) at home; *~ liggande (sittande)* inte resa sig remain lying (seated); *~ vid* sin syssla keep (stick) to . .; *låta det ~ därvid* leave it at that; *låt detta ~ oss emellan* let this be (remain) strictly between us, let us keep it to ourselves

3 *låta ~* ngn (ngt) leave (let) . . alone, keep one's hands off . .; *låta ~ att* inf. a) avstå från refrain from (avoid) ing-form b) sluta med leave off (give up, stop) ing-form; *om jag låter (hade låtit) ~ att gå* vanl. if I don't go (hadn't gone); vill du inte så *låter jag ~* . . I won't; *jag borde låta ~ |att gå|* I ought not to |go|; *jag kan inte låta ~* absol. I can't help |doing| it; *jag kan inte låta ~ att skratta* I cannot help laughing; gör det då *om du inte kan låta ~* . . if you must; *det är svårt att låta ~* it is difficult not to; *det låter jag allt ~!* I shall do no such thing!, I wouldn't think of it!; *låt ~ |att gå|!* don't go!, avrådande you had better not |go|; *låt ~ det där!* don't |do that|!; sluta! stop it (that)!, F cut it out!

III med beton. part. (här ej upptagna uttryck söks under partikeln, t.ex. |*bli*| *fast*) **1** *~ av* **a)** komma till stånd take place, come off; *~r det något av* dina planer? will . . come to anything?; *nå, ~r det något av?* otåligt well, what about it!; *det ~r aldrig av för mig att* inf. I never get |a|round to ing-form; *det blev ingenting av med* resan . . came to nothing (naught); *det ~r ingenting av |med det|!* not if I know it!, that will never happen!; *vad ska det nu ~ av?* what is going to happen now? **b)** ta vägen osv., *var blev han av?* where has he got to?; *vad ska det ~ av honom?* what is going to become of him?; *det ~r ingenting av honom* he doesn't |seem to| get anywhere **c)** *~ av med* förlora lose; få sälja dispose of; bli kvitt get rid of (jfr *kvitt 2*) **2** *~ borta* utebli stay away; *jag ~r inte borta länge* I shan't be |away| long **3** *~ efter* get (lag, drop) behind äv. bildl.; *~ efter med* arbetet äv. get behindhand with . . **4** *~ ifrån sig* be beside oneself, stark. go frantic, *av* with **5** *~ kvar* **a)** stanna remain, stay; *~ kvar* längre än de andra stay on (behind) **b)** se *~ över* **6** *~ till* come into existence (being), födas äv. come into life; *se hur ngt ~r till* see a th. being made (in the making); *~ till sig* get excited, be |quite| upset **7** *~ uppe |länge|* stay (sit) up |late| **8** *~ utan* lottlös |have to| go without, get nothing, come away empty-handed **9** *~ utom sig* se *~ ifrån sig* **10** *~ över* be over, be left |over|

blick *-en -ar* ögonkast look, hastig glance, glimpse; öga eye; *allas ~ar* vändes mot all eyes . .; *en förstulen ~ på* a furtive look (glance) at, a peep at; *hans ~ föll på* his eye fell on, he happened to notice; *fästa*

~en på fix one's eyes upon, rivet (fasten) one's gaze upon; *fästa sina ~ar på* bildl. notice, note; *ha (sakna) ~ för* have an (have no) eye for; *ha rätta ~en för* have a flair for; *ha öppen ~ för* be keenly alive to; *kasta en ~ på* have (take) a look (glance) at, run one's eye over; *kasta sina ~ar på* bildl. cast a covetous eye in the direction of; *kasta en hastig ~ på* dart (shoot) a hasty glance at; *kasta förälskade ~ar på ngn* look lovingly at a p.; *sänka ~en* lower one's eyes (gaze), look down; *utbyta menande ~ar* exchange meaning (significant) looks; . . *öppnade sig för våra ~ar* . . opened to our eyes (view); *med en enda ~* at a glance **blicka** *itr* look, hastigt glance, dröjande gaze; ~ skymta *fram* peep out; se vid. under *se III*

blick|fång 1 eye-catcher **2** se följ. **-fält** field of vision, visual field **-punkt** visual point; bildl. limelight **-still|a|** *a* om t. ex. vattenyta dead calm

blid *a* om t.ex. röst soft, om t.ex. väsen gentle, om t. ex. väder mild; *|inte| se ngt med ~a ögon* look upon a th. with |dis|approval; *två grader blitt* two degrees above freezing-point **blidhet** softness; gentleness **blidka** *tr* appease, conciliate, placate, pacify, propitiate; vrede mollify, mitigate; *låta ~ sig* ge efter relent **blidvinter** mild (open) winter **blidväder,** *det är (har blivit) ~* a thaw has set in; *det blir ~* there'll be a thaw

bliga *itr* stare, ilsket glare, *på* at

blind *a* blind äv. bildl., *för* to; obetingad äv. implicit; *~a fläcken* anat. the blind spot; *en ~ höna hittar också ett korn* om ngn he (she) is not as stupid as I (osv.) thought; *bli ~* go (become) blind; *~ på ena ögat* blind in (of) one eye; *i ~o* blindly, i ovetenhet äv. in the dark, besinningslöst äv. rashly, heedlessly, planlöst at random **-alfabet** braille alphabet **-bock,** *leka ~* play |at| blindman's-buff **-fönster** blind (blank) window **-gångare** mil. unexploded bomb (shell), dud **-het** blindness; *slå med ~* strike blind **-hund** blind man's dog **-institut** institute for the blind **-karta** skeleton (outline) map **-lykta** dark lantern, bull's eye **-lärare** blind-school teacher **-nässla** dead-nettle

blindo se *blind*

blind|patron dummy cartridge **-pipa** bildl. nonentity **-rote** mil. blank file **-schack** blindfold chess **-skola** school for the blind **-skrift** braille **-skär** sunken (hidden) rock; bildl. pitfall **-styre,** *ditt ~!* ung. are you blind? **-tarm** blind gut, caec|um (pl. -a); ~ens bihang appendi|x (pl. äv. -ces); *ta ~en* opereras have one's appendix removed **-tarmsinflammation** appendicitis; *en lindrig ~* a slight attack of a. **-tarmsoperation** appendicitis operation **-undervisning** instruction of the blind

blink 1 *-et 0* blinkande av ljuskälla twinkling **2** *-en -ar* ljusglimt twinkle; blinkning wink; *i en ~* el. *i ~en* in a twinkling (flash), in the twinkling of an eye **blinka** *itr* om ljus twinkle; med ögonen: blink (*mot ngt* at a th.), som tecken wink, *åt ngn* at a p.; *utan att ~* bildl. calmly, without batting an eyelid, inför smärta without flinching **blinker** *-n -s* bil. |flashing| indicator **blinkfyr** se *blänkfyr* **blinkhinna** nictitating membrane **blinkljus 1** blinkande ljus m.m. blinker **2** bil. se *blinker* **blinkning** blinking, wink|ing|; jfr *blinka*

blint *adv* blindly; obetingat äv. implicitly; på måfå äv. at random; besinningslöst äv. recklessly, rashly, indiscriminately; *sluta ~* om t.ex. gata be closed at one end

bliva se *bli* **blivande** *a* framtida future, tilltänkt prospective; ~ advokater those who intend to be . .; *min ~ fru* äv. my wife |that is| to be; *~ mödrar* expectant mothers

blixt I *-en -ar* **1** åskslag lightning end. sg.; *en ~* a flash of lightning; *~ar* äv. lightning sg.: *~en slog ned i huset* the house was struck by lightning; *som en |oljad| ~* like |greased (a streak of)| lightning; *det kom som en ~ från en klar himmel* it was like a bolt from the blue; *som träffad av ~en* thunderstruck, as if struck by lightning; *med ~ens hastighet* with lightning speed, like a shot **2** konstgjord o. bildl. flash, foto. äv. flashlight **II** *adv, ~ kär* madly in love **-anfall** o. **-angrepp** lightning attack **-apparat** foto. flashgun **-belysning,** *i ~* bildl. in a flash **-fyr** sjö. short-flashing light **-krig** blitzkrieg ty. **-kär** se *blixt II* **-lik** *a* lightning-like **-ljus** foto. flashlight **-|ljus|-lampa** flash bulb **-lås** zip|-fastener|, amer. zipper **-nedslag** stroke of lightning

blixtra *itr* **1** *det ~r |till|* there is |a flash of| lightning, it is lightening **2** bildl.: om t.ex. ögon flash; *~nde huvudvärk* splitting headache; *~nde kvick* brilliantly (sparklingly) witty

blixt|samtal ung. priority call **-snabb** *a* . . |as| quick as lightning, attr. äv. lightning **-snabbt** *adv* at lightning speed, like lightning (a flash), with lightning rapidity **-turné** lightning tour **-visit** flying visit

block *-et* - **1** massivt stycke, äv. hus~ block, geol. äv. boulder, hattmak. äv. form; för skor |shoe-|tree **2** skriv~ pad, block **3** lyft~ pulley, isht sjö. block **4** polit. bloc

blockad *-en -er* sjö. blockade; av t. ex. arbetsplats boycott; *bryta ~en* run the blockade; *häva ~en* raise the blockade; call off the boycott; *förklara . . i blockad* proclaim a blockade of . .; put . . under a boycott **-brytare** *~n ~* blockade-runner

block|almanacka tear-off calendar **-bildning** creation of blocs **-choklad** cooking

chocolate
blockera *tr* blockade, spärra äv. block [up], jam; t. ex. arbetsplats boycott; ~ *linjen* telef. block the line
block|flöjt recorder **-hus 1** block-house äv. mil., log-cabin **2** blockhylsa pulley-drum (-shell) **-skiva** [block-]sheave **-tyg** set of pulleys
blod *-et 0* blood; *levrat* ~ gore; *gråta* ~ weep tears of blood; *ha hetsigt* ~ be hot-blooded; *väcka ont (ond)* ~ stir up (breed) bad blood; *en prins av* ~*et* a prince of the blood [royal]; *det har gått dem i* ~*et* it has entered their blood (become part of their being); *det ligger oss i* ~*et* it runs in our blood; *springa i* ~ begin bleeding; *med kallt* ~ in cold blood; misshandla ngn *till* ~*s* . . so as to draw blood **bloda** *tr, få* ~*d tand* taste blood; *jag har fått* ~*d tand* [*på ngt*] my appetite [for a th.] has been whetted; ~ *ned* fläcka stain (täcka cover) with blood; ~ *ned sig* get oneself [all] bloody; *nedblodad* äv. blood-stained
blod|apelsin blood orange **-bad** carnage, massacre; *anställa* ~ *på* . . massacre (butcher) . . wholesale **-bank** blood bank **-blandad** *a* . . mingled with blood, läk. äv. sanguineous **-bok** bot. copper beech **-brist** anaemia **-cirkulation** circulation [of the blood] **-drypande** . . dripping with blood; bildl. gory, blood-curdling **-fattig** *a* anaemic; bildl. bloodless **-fläck** blood-stain **-flöde** flow (gush) of blood, bleeding **-full** *a* se *-fylld;* bildl. full-blooded **-fylld** . . full of blood, läk. äv. plethoric **-förgiftning** blood-poisoning, läk. äv. septicaemia **-förlust** loss of blood **-givarcentral** blood donor centre **-givare** blood donor **-givning** ~*en 0* blood donation **-grupp** blood group **-hostning** spitting of blood, läk. haemoptysis **-hund** bloodhound
blodig *a* blodfläckad blood-stained, . . stained with blood; nedblodad . . all bloody, . . covered with blood; blodblandad . . mingled with blood; som kostar mångas liv bloody, sanguinary, gory; lätt stekt underdone, rare; bildl.: om t.ex. förolämpning deadly, om t.ex. ironi scathing, om t. ex. orätt cruel; [*den*] ~*a Maria* hist. Bloody Mary; ~*a strider* bloody (sanguinary) battles; *det blir inte så* ~*t* dyrt it won't be all that expensive
blod|igel leech äv. bildl. **-kropp** [blood-]corpuscle **-kräfta** leukaemia **-kräkning** -kräkande vomiting of blood, läk. haematemesis **-kärl** blood-vessel **-lever** clot of blood **-lik[nande]** *a* blood-like **-lös** *a* bloodless **-omlopp** circulation of the blood **-plasma** [blood-]plasma **-plätt** anat. blood-plate[let] **-propp** konkr. clot of blood, läk.: thromb|us (pl.-i), lössliten embol|us (pl.-i); sjukdom thrombosis, embolism **-prov** blood test; preparat sample (specimen) of blood; *ta* ~ take a blood test **-pudding** black pudding, amer. blood sausage **-pöl** pool of blood **-renande** *a* blood-purifying; ~ *medel* blood-purifier **-riska** saffron milk cap **-rot** bot. tormentil **-röd** *a* blood-red, sanguine; *bli alldeles* ~ turn crimson
blods|band blood-relationship; ~ pl. ties of kinship; *släkt genom* ~ [*med*] related by blood [to] **-droppe,** *till sista* ~*n* to the last drop of blood, to the bitter end **-dåd** bloody deed
blodserum [blood-]serum
blods|förvant blood-relation **-förvantskap** blood-relationship, consanguinity
blod|sjukdom blood disease, disease of the blood **-skam** incest **-socker** blood sugar **-sprängd** *a* bloodshot **-spår** blood-mark; blodigt spår track (scent) of blood **-stillande** *a* (äv. ~ *medel*) styptic, haemostatic **-stockning** stagnation of the blood, läk. haemostasis **-strimma** streak of blood **-stänkt** *a* blood-stained **-störtning** h[a]emorrhage [of the lungs] **-sugare** blood-sucker, bildl. äv. extortioner
blods|utgjutelse bloodshed **-vittne** martyr
blod|sänka se *sänka A 2* **-tappning** blood-letting **-tillförsel** supply of blood **-transfusion** blood transfusion **-tryck** blood-pressure; *för högt* ~ hypertension **-törst** bloodthirstiness, thirst for blood **-törstig** *a* bloodthirsty, sanguinary **-utgjutning** extravasation (effusion) of blood; gm yttre skada bruise, läk. ecchymosis **-vatten** se *-serum* **-vite** blood-wound; *åstadkomma* ~ draw blood **-värde** blood value **-vätska** se *-plasma* **-åder** [blood-]vein **-överfyllnad** congestion, hyperaemia **-överföring** se *-transfusion*
blom *-men 0* **1** koll. blossom[s pl.] **2** blomning, *gå (slå ut) i* ~ blossom, bloom, flower, come into flower; *stå i* ~ be in bloom (flower, isht om fruktträd blossom), be blooming (flowering resp. blossoming) **-blad** petal **-bord** flower-stand **-botten** bot. receptacle, thalam|us (pl. -i) **-bukett** bouquet, bunch of flowers, mindre nosegay, posy **-doft** scent (fragrance) of flowers **-foder** flower-cup, bot. äv. caly|x (pl. äv. -ces) **-frö** koll. flower-seeds pl. **-glas** [glass] flower-vase **-huvud** flower-head **-hylle** perianth **-hänge** catkin, ament **-kalk** flower-cup **-knopp** [flower-]bud **-korg** bot. glomerule **-krona** bot. corolla **-kruka** flower-pot **-kål** cauliflower **-kålshuvud** [head of] cauliflower **-kålssvamp** sparassis **-låda** flower-box
blomm|a I *-an -or* allm. flower äv. bildl.; krona etc. äv. bloom, isht på fruktträd blossom; *-or* koll. äv. bloom, blossom **II** *itr* flower, bloom,

isht om frukträd blossom; den sorten *-ar sent* . . is a late flowerer; ~ *om* reflower, flower again; ~ *upp* bildl. blossom out; . . *har -at ut (är utblommad)* . . has ceased flowering; *utblommad* vissen faded äv. bildl. **blommande** *a* flowering; blomsterprydd flowery **blommig** *a* flowery, flowered **blommografera** *itr* send flowers by Interflora **blommogram** *-met* - flowers pl. sent by Interflora **blomning** flowering, blooming; coming into flower **blomningstid** flowering-season **blomskaft** flower-stalk

blomster *blomstret* - flower **-affär** flower-shop, florist's [shop]; ss. skylt florist **-bord** flower-stand **-fond** flower fund **-förmedling,** *Blomsterförmedlingen* Interflora **-handel** se *-affär* **-handlare** florist **-hyllning** floral tribute **-krans** wreath of flowers, [flower-]garland **-kvast** bunch of flowers **-lök** [flower-]bulb **-målare** flower-painter **-odlare** flower-grower, floriculturist **-prakt** floral splendour, profusion of flowers **-prydd** *a* flower-decked, . . adorned with flowers **-rabatt** flower-bed, långsmal flower (herbaceous) border **-rik** *a* flowery, bildl. äv. florid **-språk** bild. flowery language **-strö** *tr* strew . . with flowers **-uppsats** flower arrangement, på t.ex. middagsbord äv. flower-bowl **-utställning** flower-show **-vän** lover of flowers

blomstjälk flower-stalk, bot. peduncle

blomstra *itr* blossom, bloom, bildl. äv. flourish, frodas prosper, thrive; ~ *av hälsa* be in the pink [of health]; ~ *upp* flourish, prosper, om t. ex. stad äv. rise **blomstrande** *a* flourishing, prospering; om t. ex. hy fresh, rosy; frisk fine and healthy **blomstring** *-en 0* bildl. prosperity **blomstringstid** bildl. time of prosperity; *i sin* ~ in its heyday

blom|ställning bot. inflorescence **-stängel** bot. scape **-vas** [flower-]vase

blond *a* om pers. fair[-haired], blond (om kvinna blonde); om hår fair, light, blond[e] **blondera** *tr* bleach, dye . . blond[e] **blondin** *-en -er* blonde, blonde (fair-haired) woman

bloss *-et* - **1** fackla torch; sjö. flare; *vid* ~ by torchlight **2** vid rökning whiff, puff, pull; *dra ett* ~ *på pipan* take a whiff osv. at one's pipe **blossa** *itr* **1** flare, blaze, bildl. glöda glow, *av* with; ~ *upp* flamma upp äv. bildl. flare (blaze) up, om kärlek be kindled; brusa upp äv. fire up; rodna flush **2** sjö. ge nödsignal burn flares **3** röka puff, *på* at **blossande I** *a* rodnande glowing, flushed; glödande burning, *av* with **II** *adv,* ~ *röd* flaming red; *bli* ~ *röd* turn (flush) crimson (scarlet)

blot *-et* - [ancient Scandinavian] sacrifice

blott I *a* mere, very; bare; *tro ngn på hans ~a ord* believe a p.'s bare word; *~a tanken* *därpå* the mere (very) thought of it; *vid ~a åsynen* at the mere sight; *med ~a ögat* with the naked eye **II** *adv* only, but; merely; ~ *och bart* simply and solely, merely; *icke* ~ . . *utan även* not only . . but also; *det är ett minne* ~ it's but (only) a memory; jfr vidare *bara I* **III** *konj* se *bara II*

blott|a I *-an -or* gap [in one's defence], bildl. äv. weak spot; *ge en* ~ *på sig* relax one's guard, bildl. lay oneself open to criticism **II** *tr* expose äv. bildl. o. mil., sport. o.d.; göra bar äv. uncover, bare, t. ex. malmåder unearth; röja: t. ex. sin okunnighet äv. betray, t. ex. en hemlighet disclose; blottlägga äv. bildl. lay bare; ~ *huvudet* bare one's head, uncover [one's head] **III** *rfl* **1** förråda sig betray oneself, give oneself away **2** ~ *sig* [*in*]*för ngn* sedlighetssårande expose oneself indecently to a p. **blotta|d** *a* **1** avtäckt bare, uncovered, om svärd drawn; *med -t huvud* bare-headed, uncovered; ~ *till midjan* stripped to the waist **2** ~ *på* destitute (devoid) of **blottlägga** *tr* lay bare, uncover, expose samtliga äv. bildl. **blottställa I** *tr* expose, *för* to; riskera imperil, endanger **II** *rfl* expose oneself, lay oneself open, *för* to **blottställd** *a* exposed, *för* to; utblottad destitute

bluff *-en -ar* humbug bluff, humbug, om sak äv. eyewash, om pers. äv. bluffer; bedrägeri, bedragare fraud **bluffa I** *tr itr* bluff **II** *rfl,* ~ *sig fram* make one's way by bluffing; ~ *sig igenom* bluff one's way through **bluffmakare** bluff[er]

blund *-en 0, inte få en* ~ *i ögonen* not get a wink of sleep, not sleep a wink; *ta sig en* ~ have (take) a nap; *Jon B*~ the sandman **blunda** *itr* sluta ögonen shut one's eyes, *för* to; hålla ögonen slutna keep one's eyes shut; ~ *för ngt* bildl. äv. wink at a th.; ~ *för att* . . bildl. blink the fact that . . **blunddocka** sleeping doll

blund|er *-ern -rar* blunder

blus *-en -ar* blouse, amer. waist; skjort~ shirt, amer. äv. shirt-waist; arbets~ smock[-frock], [workman's] blouse **blusa** *itr rfl* puff [out], blouse

bly -[*e*]*t 0* lead; . . *av* ~ äv. lead[en] . . **-aktig** *a* leaden, plumbeous

blyerts *-en -ar* **1** ämne black-lead, miner. graphite; i pennor lead **2** se *-penna; skriva med* ~ write in pencil; *skriven med* ~ äv. pencilled **-anteckning** pencilled note **-penna** [lead-]pencil **-stift** lead; reserv~ lead refill **-teckning** pencil-drawing

bly|färgad *a* lead-coloured **-förgiftning** lead poisoning

blyg *a* (äv. ~ *av sig*) shy, *för* of; förlägen bashful; försagd timid, diffident; pryd coy, demure; *han är inte* ~ *av sig* tilltagsen he is pretty forward, fräck he has got a nerve, pretentiös he is asking a lot **blyg|as** *-des -ts* *itr. dep* be (feel) ashamed, *för* of; blush [for shame], *över* at; jfr *skämmas* **blygd** *-en 0* ~delar private parts pl. **blygdben** pubic bone **blygdläppar** *pl* labia lat. **blyghet** shyness, bashfulness osv., timidity, diffidence, jfr *blyg*

bly|glans miner. galena, lead glance **-glete** litharge **-grå** *a* leaden grey, lead-grey

blygsam *a* modest, måttlig äv. moderate, anspråkslös äv. unassuming, diffident **blygsamhet** modesty, diffidence; *falsk* ~ false modesty **blygsel** *-n 0* shame; *känna* ~ *över* feel shame at; *rodna av* ~ blush with shame **blygselrodnad** blush of shame

bly|hagel [lead-]shot (pl. lika) **-haltig** *a* attr. . . containing lead; plumbiferous **-infattad** *a,* ~ ruta leaded . .; *-infattat* fönster lead . . **-infattning** fönster~ cames pl. **-malm** lead ore **-rött** red lead **-tung** *a* . . [as] heavy as lead, bildl. äv. leaden . . **-tyngd** leaden weight äv. bild. **-vatten** lead-water, läk. Goulard's extract **-vitt** white lead

blå *a* (jfr *blått*) blue; ~ *bok* polit. blue-book; ~ *druvor* black grapes; ~ *ringar* under ögonen dark rings . .; *få ett* ~*tt öga* get a black eye; ~ *av köld (ilska)* blue with cold (purple with rage); *himlens* ~ the blue of the sky; *vara i det* ~ be [up] in the clouds **-aktig** *a* bluish **-blek** *a* livid; om t.ex. läppar blue, bluish **-blommig** *a* attr. . . with blue flowers; bot. äv. blue-flowered . .; mönstrad äv. flowery blue; växten *är* ~ . . has blue flowers **-bär** bilberry, whortleberry, blueberry **-bärsris** koll. bilberry (osv.) sprigs pl. **-dåre** madman **-else** *-n 0* blue, blu[e]ing **-emaljerad** *a* attr. blue-enamelled, pred. enamelled blue **-fläckig** *a* attr. blue-spotted, pred. spotted [with] blue **-frusen** *a* . . blue with cold **-färga** *tr* dye (friare colour) . . blue; ~*d* blå blue-coloured, blue **-glänsande** *a* attr.: glossy-blue, shining-blue, shiny-blue, pred.: glossy (shining, shiny) blue **-grå** *a* bluish-grey, blue-grey **-grön** *a* bluish-green, blue-green, sea-green **-gul** *a* blå och gul blue and yellow **-hallon** dewberry **-het** blueness **-jacka** flottist blue-jacket **-klint** *-en -ar* cornflower, bluebottle **-klocka,** [*liten*] ~ harebell, i Skottl. bluebell **-klädd** *a* . . [dressed (clad)] in blue **-kopia** blueprint **-krita** blue chalk; penna blue crayon

Blåkulla the Brocken ty. **blåkullafärd** witches' ride

blå|lackerad *a* attr. blue[-lacquered], pred. [lacquered] blue **-lera** blue clay **-mes** blue tit **-mussla** [common] sea mussel **-måla** *tr* paint . . blue; ~*d* attr. blue[-painted], pred. [painted] blue **-märke** bruise, black and blue mark; *ha* ~*n överallt* be black and blue (be bruised) all over; *lätt få* ~*n* bruise easily

blåna *itr* become (turn) blue; förtona i blått fade into blue; ~*nde* äv. blue **blånad** *-en -er* blåmärke bruise; på trä discoloration **blåneka** *itr* se *bondneka*

blå[no]r koll. tow sg.

blå|papper carbon-paper **-penna** blue pencil **-prickig** *a* attr. blue-spotted, pred. spotted blue; *den är* ~ vanl. it has blue spots **-randig** *a* attr. blue-striped, pred. striped [with] blue; *den är* ~ vanl. it has blue stripes **-rutig** *a* attr. blue-chequered; *den är* ~ it has blue checks **-räv** blue fox **-röd** *a* purple; av t. ex. köld blue

1 blås|a *-an -or* **1** anat., isht urin~, o. luftbehållare bladder, läk. äv. vesica **2** i huden, i metall, glas, målning blister, i glas äv. bleb; *få -or i händerna* äv. blister one's hands **3** bubbla bubble **4** F festklänning party frock

2 blås|a *-te -t* **I** *itr tr* allm. blow, mus. äv. play; jfr äv. ex.; *det -er* it is windy, there is a wind [blowing]; *det -er friskt (hårt)* there is a fresh breeze (a strong wind [blowing]); *det -er inte alls* there is no wind (it is not windy) at all; *det -er nordan (nordlig vind)* the wind is in the north, there is a north[erly] wind; *vad -er det för vind?* which way is the wind (bildl. the wind blowing)?, bildl. äv. how does the wind blow (lie)?; *det -er nya vindar* bildl. there is a new spirit abroad; *det börjar* ~ the wind is rising, it is beginning to be windy; *det -er från land* the wind is blowing off the shore, there is a land breeze [blowing]; ~ *alarm* sound the alarm; ~ *flöjt (trumpet)* play the flute (the trumpet); ~ *glas* blow glass; ~ [*nytt*] *liv i* bildl. breathe (infuse) fresh life into; ~ *i händerna* blow on one's fingers; ~ *i* [*en*] *trumpet* blow (sound) a trumpet; hatten *-te i sjön* . . blew (was blown) into the water; ~ *på elden (soppan)* blow up the fire (blow on the soup); *jag ska* ~ *på det* [*,så gör det inte ont*] I'll kiss it better; ~ *till anfall* sound the attack; ~ *till avgång* give the signal to start

II med beton. part. **1** ~ *av* a) tr.: eg. blow off; avsluta bring . . to an end, sport. o. t. ex. strid äv. call off b) itr. blow (be blown) off; *avblåsta* grenar . . blown off [by the wind] **2** ~ *bort* a) tr. blow away; skingra drive (chase) away, dispel b) itr. blow (be blown) away; . . *är som bortblåst* . . has completely vanished, . . has vanished into thin air **3** ~ *igen* stängas blow (be blown) to; dörren *-te igen* äv. the wind banged . . to; spåren *har -t igen* the wind has obliterated . . **4** ~ *in* a) tr. ~ *in luft i ngt* blow air into a th. b) itr. blow (be blown) in **5** ~ *ned* blow (itr. äv. be blown) down; *nedblåst* . . blown down [by the wind] **6** ~ *omkull* blow (itr. äv. be blown) over (down); *kullblåst* . . blown over (down) [by the wind] **7** ~ *sönder* a) tr. blow . . to pieces (itu in two), bryta break b) itr. be torn to pieces (in two osv.) [by the wind] **8** ~ *under* se *underblåsa* **9** ~ *upp* a) tr. fylla med luft inflate, blow up, t.ex. kinder blow (puff) out; öppna blow open; virvla upp blow (kick) up; förstora bildl. magnify; *uppblåst* luftfylld blown äv. om t.ex. kinder, inflated b) itr.: virvla upp blow up; öppnas blow (be blown) open; *det -er upp* the wind is rising; *det -er upp till storm* it is blowing up for a storm; ~ *upp* till dans tune up for . . **10** ~ *ur* tömma, t. ex. ägg blow; rensa blow out **11** ~ *ut* blow (itr. äv. be blown) out

blåsar|e mus. wind player; glas~ blower; *-na* ss. orkestergrupp the wind sg.

blås|bälg bellows pl.; *en* ~ a [pair of] b. **-hål** windy spot (place)

1 blåsig *a* betr. väder windy, breezy, blowy

2 blåsig *a* med blåsor blistered, blistery

blåsinstrument wind-instrument

blåsippa hepatica

blåskatarr inflammation of the bladder, cystitis

blå|skiftande *a* . . shot with blue **-skimrande** *a* attr. shimmering-blue, pred. shimmering blue

Blåskägg, *riddar* ~ Bluebeard

blås|lampa blowlamp, amer. blowtorch **-ljud** läk. murmur **-orkester** brass-band

blå|spräcklig *a* . . speckled blue, attr. äv. blue-spotted

blåsrör blowpipe, glasblåsares äv. blowtube; leksak pea-shooter **blåst** *-en 0* wind, stark. gale; *det blir* ~ there will be a wind [blowing]

blå|strimmig *a* attr. blue-streaked; *den är* ~ it has blue streaks **-strumpa** bluestocking

blåstång bot. bladder wrack (kelp)

blå|ställ dungarees, overalls båda pl.; *ett* ~ a pair of d. (o.) **-sur** *a* om mjölk blue-skimmed [and] turned **-svart** *a* blue-black, bluish-black

blåsväder windy (stormy) weather; *vara ute i* ~ bildl. be under fire

blåsyra prussic (hydrocyanic) acid

blått *s* blue; *klädd i* ~ dressed in blue; *vara (gå) klädd i* ~ wear blue; *målad i* ~ painted blue; *det går (stöter) i* ~ it has a shade of blue in it (a bluish tint), it is bluish; *skifta i* ~ be shot (tinged) with blue; *pricka (stryka) för* [*ngt*] *med* ~ mark a th. in blue

blå|val blue whale **-vinge** yngre flickscout brownie **-vit** *a* bluish-white; blå och vit blue and white **-ögd** *a* blue-eyed; bildl. äv. starry-eyed, naïve **-ögdhet** bildl. naïveté

bläck *-et 0* ink; skrivet *med* ~ . . in ink **bläcka** *tr,* ~ *ned* make . . inky, ink; ~ *ned sig* get oneself all inky, om fingrarna ink one's fingers; *nedbläckad* inky, ink-stained

bläck|fisk cuttle-fish, vanl. (åttaarmad) octopus; ~*ar* zool. cephalopoda **-flaska** ink-bottle **-fläck** ink-stain **-horn** ink-pot, infällt ink-well **-ig** *a* inky **-penna** pen, reservoar~ fountain-pen **-plump** [ink-]blot **-svamp** ink cap

bläddra *itr* turn over the leaves (pages), *i* en bok of . .; ~ *i* äv. dip into, browse through; ~ *igenom* look through, ytligt skim [through]; ~ [*några sidor*] *tillbaka* turn back a few pages

bländа *tr* **1** göra blind blind, tillfälligt äv. dazzle, daze; bildl.: förtrolla dazzle, fascinate, förvilla deceive **2** (äv. ~ *av*) avskärma: t. ex. lanternor darken; billyktor dim; ~ [*av*] *vid möte* bil. dip (dim) the headlights when meeting other vehicles; ~ *ned* foto. stop down **bländande** **I** *a* dazzling äv. bildl., blinding, om skarpt ljussken äv. glaring; ~ *ljus* dazzling light, glare **II** *adv* dazzlingly **bländare** foto.: diaphragm, öppning aperture, inställning stop; *minska* ~*n* stop down; *ställa in* ~*n* set the aperture

bländarskala diaphragm (aperture) scale

bländaröppning [lens] aperture

blände *-t 0* blende

bländ|fri *a* anti-dazzle . . **-verk** delusion, illusion **-vit** *a* dazzlingly white

blänga *itr,* ~ [*ilsket*] glare, glower, *på* at

blänk *-et* el. *-en -ar* flash **blänk|a** *-te -t itr* shine, glisten, gleam, glitter; ~ *till* flash, flare up **blänkare** i tidning short notice

blänkfyr sjö. long-flashing light

bläs *-en -ar* vit fläck blaze; häst white-faced horse

bläst|er *-ern -rar* blast, blower **blästerlampa** blast-lamp **blästra** *tr* blast

blö|da *-dde -tt itr* bleed äv. bildl., *ur ett sår* from a wound; *du -er i ansiktet* your face is bleeding; *det har -tt igenom* blood has soaked through; ~ *ned* ngt make . . all bloody **blödare** *-n* - bleeder **blödarsjuka** haemophilia

blödig *a* sensitive, soft, weak **blödighet** sensitivity, softness, weakness

blödning bleeding, invärtes äv. h[a]emorrhage

blöj|a *-an -or* napkin, F nappy, isht amer. diaper; cellstoff~ disposable napkin **blöjbyxor** [plastic] baby pants

blöt **I** *a* våt wet, vattendränkt äv. soggy; vattnig watery; F blödig soft; för ex. jfr under *våt* **II** *oböjl. s, ligga i* ~ be in soak; *låta . . ligga i* ~ let . . soak, leave . . to soak; *lägga* ngt *i* ~ put . . in soak (to soak), soak . .; *lägga sin näsa i* ~ poke (put) one's nose into other people's business **blöt|a** **A** *-an 0* rot~ downpour, soaker; väta wet **B** *-te -t* **I** *tr* soak; doppa äv. sop; göra våt wet; ~ *igenom* . . soak through . .; ~ *ned* . . wet . ., make . . wet; ~ *ned sig* get [oneself] all wet; ~ *ned sig om fötterna* get one's feet wet, get wet feet; ~ *upp* soak, steep; *uppblött* soaked with water, om t. ex. marker äv. soggy, sodden **II** *itr,* ~ *på ngt* moisten a th.

blöt|balja soaking-tub **-djur** mollusc **-lägga** se [*lägga i*] *blöt* **-läggning** soak **-snö** watery (wet) snow

b-moll B flat minor

bo I *-dde -tt itr* live; tillfälligt stay; ss. inneboende lodge, amer. äv. room; ha sin hemvist reside; i högre stil dwell; *det är billigt att* ~ *här* this is a cheap place to live in; ~ *hos ngn* live (resp stay el. stop) at a p.'s house (with a p.); *du kan få* ~ *hos mig* I can put you up; ~ *i nästa hus* live next door; ~ *på hotell* stay el. stop (resp. live) at a hotel; ~ *åt gatan* have a room (resp. rooms) facing the street; *jag* ~*r bra (trångt)* I have nice (cramped) quarters; *man* ~*r bra där* t. ex. på det hotellet the accommodation is good there; ~ *gratis (billigt, dyrt)* pay no (a low, a high) rent; ~ *inackorderad hos* . . be a paying guest of . .; ~ *kvar* stay on, ibl. live there still

II -[*e*]*t -n* **1** fågels nest; däggdjurs lair, den, hole; bildl., isht i lekar home; *bygga* ~ build a nest, nest **2** egendom, kvarlåtenskap [personal] estate (property) båda end. sg., bohag furniture end. sg., goods and chattels pl.; *sätta* ~ settle, set up house; *medföra i* ~[*e*]*t* bring into the marriage; *sitta i orubbat* ~ remain in undisturbed (undivided) possession of the estate

bo|a *-an -or* zool. o. pälskrage boa **boaorm** boa-constrictor

boaser|a *tr* panel, wainscot **-ing** panelling, wainscot[ing]

bobb *-en -ar* bob-sleigh

1 bobba *tr* håret bob

2 bobb|a *-an -or* finne pimple

bobin *-en -er* bobbin

1 bock *-en -ar* **1** get he-goat, råbock m. fl. buck; *han är en gammal* ~ he is an old goat (roué); *sätta* ~*en till trädgårdsmästare* ung. put a square peg in a round hole **2** stöd trestle, stand; tekn. horse **3** gymn. buck; *hoppa* ~ play leap-frog; *stå* ~ *åt ngn* make a back for a p. **4** fel mistake, blunder, grovt fel howler; tecknet tick; *sätta* ~ *för* ngt mark . . as wrong

2 bock *-en -ar* bugning bow

1 bocka I *tr* tekn. böja bend **II** *itr rfl* buga bow, make one's bow, *för* to; ~ *djupt för ngn* make a p. a low bow; *gå upp och* ~ *sig för* chefen pay one's respects to . .

2 bocka *tr,* ~ *av* pricka för tick off

bock|fot, ~*en sticker fram* hos honom he is showing the cloven hoof **-skägg** eg. goat's beard; hakskägg goatee **-språng** caper, gambol; *göra* ~ caper, gambol, cut capers

bod *-en -ar* **1** butik shop; marknads~ booth, stall **2** skjul shed; lagerlokal storehouse, warehouse **-biträde** se *affärsanställd*

bodelning partition of the joint property of husband and wife [upon their separation]

Bodensjön Lake (the Lake of) Constance

bodknodd counter-jumper

boer *-n -* Boer **-kriget** the Boer War

boett *-en -er* watch-case

bofast *a* resident, domiciled; friare settled; *vara* ~ be domiciled

bofink chaffinch

bog *-en -ar* **1** på djur shoulder **2** sjö. bow[s pl.]; *slå in på fel* ~ take the wrong tack (line); *slå om på en annan (lägga om på* [*en*] *ny)* ~ try another (a new) tack (line) **-ankare** sjö. bower[-anchor] **-blad** shoulder-bone

boggi *-n -er* bogie **-vagn** bogie carriage

bogsera *tr* tow, ta på släp take . . in tow; *det* ~*de fartyget* the ship in tow; *låta* ~ *sig* be taken in tow; ~*d av* äv. in tow of

bogser|are o. **-båt** tow-boat, tug **-**[**flyg**]**-plan** towing plane (aircraft) **-ing** towage, towing; *ta* ~ take a tow **-lina** o. **-tross** tow-line **-ångare** steam tug

bog|spröt sjö. bowsprit **-trä** hame

bohag *-et -* household goods pl. (furniture end. sg.)

bohem *-en -er* Bohemian; *Stockholms* ~ koll. the Stockholm Bohemia **-isk** *a* Bohemian **-liv** Bohemian life

1 boj *-en -ar* sjö. buoy; *lägga ut en* ~ place a buoy

2 boj *-en -er* tyg baize

boj|a *-an -or* fetter, shackle, bildl. äv. bond; *bryta sina -or* break one's bonds (chains) asunder; *lösa ngns -or* unchain (unfetter) a p.; *slå . . i -or* throw . . into (put . . in) irons

bojkott *-en -er* boycott **bojkotta** *tr* boycott; ~ *ngn* F send a p. to Coventry

1 bok 1 *-en -ar* träd beech **2** *-en 0* virke beech[-wood]; . . *av* ~ äv. beech[en] . . — För sms. jfr *björk-*

2 bok *-en böcker* **1** book; *böckernas* ~ the Book of Books; *avsluta (föra) böckerna* balance (keep) the books; *föra* ~ *över ngt* keep a record (list) of a th.; *införa i* ~*en* enter [in the book], book; *hänga näsan över* ~*en* bury one's nose in (pore over) one's books; *stå väl (illa) till* ~*s hos ngn* be in a p.'s good (bad) books **2** antal ark papper quire

boka *tr* bokföra o. beställa book, beställa amer. reserve

bok|anmälan book review **-anmälare** reviewer, literary critic **-auktionskammare** book auction rooms pl. **-band** binding, pärm äv. cover **-bestånd** stock of books **-bindare** bookbinder **-binderi 1** abstr. bookbinding **2** verkstad bookbinder's [shop], bookbindery **-buss** mobile library, amer. bookmobile **-cirkel** book club

boken *a* halvskämd half rotten; övermogen over-

ripe
bok|flod flood of books **-fordringar** *pl* H book debts **-form,** *i* ~ in book form **-föra** *tr* enter [. . in the books]; *det -förda värdet* the book value **-förare** book-keeper, accountant **-föring** bokhålleri book-keeping, accountancy; *dubbel (enkel)* ~ double (single) entry book-keeping **-föringsavdelning** book-keeping (accounting) department **-föringsmaskin** book-keeping (accounting) machine **-föringsplikt** duty to keep books **-förlag** publishing house, publishers pl. **-förläggare** publisher **-förteckning** catalogue, list of books **-handel 1** abstr. book-trade, bookselling [business]; *utgången ur* ~*n* out of print **2** butik book-shop, bookseller's [shop], amer. bookstore **-handelsmedhjälpare** book-seller's assistant **-handelspris** bookseller's price **-handlare** bookseller **-hylla** -skåp bookcase, bookshelves pl.; enstaka hylla bookshelf **-hållare** book-keeper; kontorist clerk **-katalog** book catalogue **-klubb** book club **-kännare** book-lover, bibliophil[e], bibliognost **-lig** *a* literary, bookish; *äga* ~ *bildning* be well-read; ~*a kunskaper* book-learning sg. **-lärd** *a* book-learned; *en* ~ a scholar **-lärdom** book-learning **-magasin** bibliot. stack[s pl.] **-mal** bookworm äv. bildl. **-märke** book-mark[er], marker
bokna *itr* get overripe
bokollon beechnut; pl. äv. beechmast sg.
bok|omslag o. **-pärm** [book-]cover **-samlare** bibliophil[e], collector of books
bokskog beech wood (större forest)
bok|skåp bookcase **-slut** closing (balancing) of the books (accounts); ~*et visar* the accounts show; *göra* ~ close (balance) the books, make up a (the) balance-sheet
bok|stav *-staven -stäver* letter; *liten* ~ small letter; *stor* ~ capital [letter]; *efter* ~*en* literally; *gå efter* ~*en* adhere to the letter; *beloppet skall anges med -stäver* the amount is to be set out in writing; *med latinska -stäver* in Latin characters **bokstavera** *tr* spell; tel. o.d. spell . . using the letter analogy **bokstavering** spelling; tel. o.d. letter analogy **bokstavlig** *a* literal **bokstavligen** *adv* literally; rent av positively
bokstavs|följd o. **-ordning** alphabetical order **-rim** alliteration **-träl** literalist
bok|stånd bookstall **-ställ** hylla book-stand, book-rack; för läsning reading-desk **-stöd** book end (support) **-synt** *a* well-read **-titel** book-title **-tryck** tryckmetod letterpress printing **-tryckare** printer; tryckeriägare master printer **-tryckarkonst** [art of] printing **-tryckeri 1** se *boktryckarkonst* **2** officin printing office (house)
bok|utlåning -utlånande lending of books; låneexpedition lending-department **-utstyrsel** get-up [of a (resp. the) book] **-vagn** bibliot. book-truck **-vett,** *äga* ~ be well-read **-vurm** pers. bookworm, bibliomaniac **-vän** o. **-älskare** book-lover, bibliophil[e]
bolag *-et* - **1** company, amer. äv. corporation; *ingå* ~ *med ngn* enter into partnership with a p. **2** F se *systembutik*
bolags|bildning formation of a (resp. the) company **-man** partner, associate **-ordning** articles pl. of association **-räkning** [rule of] partnership **-skog** company[-owned] forest **-stämma** shareholders' (general) meeting
bolero *-n -ar (-s)* i samtl. bet. bolero (pl. -s)
bolin *-en -er* sjö. bowline; *låta det gå på (för) lösa* ~*er* bildl. let things go as they please
boll *-en -ar* ball; slag i tennis stroke; skott i fotboll shot; *hög* ~ i tennis lob; *kasta* ~ play catch; *sparka* ~ play football; *spela* ~ play ball **bolla** *itr* play ball; träningsslå knock up; ~ *med ord (begrepp)* bildl. bandy words (ideas)
boll|kastning ball-throwing; lek äv. catches pl. **-pojke** ball-boy **-sinne** ball sense **-spel** ball game **-trä** bat
bolma *itr* utspy rök belch out smoke; om pers. puff; röken ~*r ut* . . billows forth; *en* ~*nde skorsten* a belching chimney; ~ *på en cigarr* puff away at a cigar
bolmört henbane
bolsjevik *-en -er* Bolshevik **bolsjevikisk** *a* Bolshevist[ic] **bolsjevism** Bolshevism
bolst|er *-ret (-ern) -rar* feather bed **bolstervar** fodral bedtick; tyg ticking
1 bom *-men -mar* stång bar; järnv. [level crossing] gate; gymn. horizontal bar; sjö. o. skogsv. boom; på vävstol beam; *inom lås och* ~ under lock and key
2 bom I *-men -mar* felskott miss **II** *adv* miste, *skjuta* ~ miss [the mark] **III** *itj* boom!
bomb *-en -er* bomb; *låta* ~*en springa* bildl. spring the bomb; *det slog ner som en* ~ it was quite a bomb-shell **bomba** *tr* bomb **bombanfall** bombing attack **bombardemang** *-et* - bombardment, shelling, bombing, jfr följ. **bombardera** *tr* bombard äv. med t.ex. frågor, mil. äv. shell, från luften bomb; med t.ex. stenar assail, pelt **bombare** bomber
bombasm *-en -er* o. **bombast** *-en -er* bombast **bombastisk** *a* bombastic, high-falutin[g]
bomb|attentat bomb outrage **-flyg** bombers pl.; vapenslag bomber command **-fällning** bomb dropping, release of bombs **-matta,** *lägga ut en* ~ *över* carpet-bomb **-ning** bombing **-plan** bomber **-raid** o. **-räd** bomb[ing] raid **-sikte** bomb-sight **-splitter** bomb-splinter **-säker** *a* eg. bomb-proof; bildl.,

det är ~t it is a dead cert
1 bomma *tr, ~ för (igen, till)* bar; *~ igen* stänga, t.ex. sommarvilla shut . . up
2 bomma *itr* missa miss, *på ngt* a th.
bomolja industrial olive oil
bomull cotton; råbomull, vadd cotton wool; . . *av ~* äv. cotton . .
bomulls|avfall cotton waste **-bal** bale of cotton **-band** [cotton] tape **-buske** cotton shrub **-garn** cotton **-klänning** cotton dress **-krut** gun-cotton **-odlare** cotton farmer (grower) **-odling** abstr. cotton farming (growing) **-plantage** cotton plantation **-sammet** velveteen **-spinneri** cotton-mill **-strumpa** cotton stocking (kort sock) **-tråd** cotton-thread **-tyg** cotton cloth (fabric); *~er* äv. cotton textiles **-väveri** cotton-mill
bomärke [owner's] mark, cross
1 bona *tr* vaxa wax, polish; *~ om* re-polish
2 bona *tr, ~ om ngn väl* wrap a p. up well
bonad *-en -er* tapestry, hanging
bonbonjär sweetmeat box
bond|aktig *a* se *bondsk* **-bröllop** peasant wedding **-böna** broad bean **-dotter** farmer's (resp. peasant's) daughter **-dryg** *a* pompous **-dräng** farm-hand; lantbo country fellow, neds. clodhopper
bonde *-n bönder* **1** allm. farmer; lantbo, småbrukare isht i europeiska länder utom Engl. peasant; *bönderna* som samhällsgrupp äv. the peasantry sg. **2** neds. rustic, yokel **3** i schack pawn **-kultur** peasant culture **-praktika,** *~n* ung. the Farmer's Almanac **-roman** novel of rustic life **-släkt** peasant family; *av ~* of peasant stock **-stånd,** *~et* hist. the Peasants pl.
bond|fasoner *pl* rustic manners **-flicka** peasant (country) girl **-folk** koll. country people pl. **-fångare** confidence man (trickster) **-fångarknep** confidence trick **-förstånd** common sense, horse-sense **-försök** clumsy attempt **-grann** *a* gaudy, showy **-gubbe** old peasant [man], old countryman **-gumma** old peasant woman, old countrywoman **-gård** farm, samtl. byggnader äv. farmstead **-hund** mongrel **-hustru** farmer's (resp. peasant's) wife **-kvinna** peasant woman, countrywoman **-land,** *på rena [rama] ~et* out in the wilds **-neka** *itr, han ~de [till det]* he flatly denied it **-permission** French leave **-piga** country [servant-]-girl **-pojke** peasant (country) lad (boy)
bondsk *a* rustic, boorish
bond|slug *a* sly, shrewd **-snål** *a* stingy, close-fisted **-son** farmer's (resp. peasant's) son **-stuga** [peasant's] cottage **-tur** the luck of the devil; *det var ren ~* it was sheer luck **-tölp** [country] bumpkin, yokel, boor **-vatten** Adam's ale (wine) **-vischan** o. **-vissjan,** *på ~* out in the wilds **-ånger,** *ha ~* feel pretty sick of oneself
bong *-en -ar* voucher, amer. check; totalisator~ ticket **bonga** *tr* register
Bonifatius Boniface
1 boning *-en 0* bonande polishing
2 boning *-en -ar* bostad habitation, litt. dwelling[-place], abode; tenement äv. bildl. **boningshus** dwelling-house
bonjour *-en -er* frock-coat
bonus *-en 0* bonus
bonvax floor-polish
bo|plats settlement, arkeol. äv. village, site **-pålar** *pl, slå ner sina ~* settle down
bor *-en 0* boron **borax** *-en 0* borax
bord *-et -* **1** table; skriv~ desk; *~ets njutningar* the delights of the table; *göra rent ~* äta upp allt polish everything off, se vid. *[göra rent] hus*; *hålla öppet ~* keep open house; *gå från ~et* rise (get up) from [the] table, leave the table; *lägga pengarna på ~et* vanl. pay cash; *föra ngn till ~et* take a p. in to dinner; *gå till Herrens ~* take the communion; *vem hade du till ~et?* who sat on your right (resp. left) at dinner?; *läsa till (från) ~s* say grace; *sitta till ~s* sit at table; *sätta sig till ~s* sit down to dinner (lunch etc.); betala . . kr *under ~et* . . under the table **2** sjö. planka plank, board; *om ~* on board, se vid. *ombord; över ~* se *överbord* **borda** *tr* board **borddans** table-turning **bordduk** table-cloth
bordeaux *-en 0* Bordeaux [wine], röd claret
bordell *-en -er* brothel
bord|lägga *tr* uppskjuta postpone, shelve, table **-läggning 1** uppskov postponement, shelving, tabling **2** sjö.: av plåt [shell] plating, av trä [outside] planking **-löpare** [table-]runner
bords|ben table leg **-bön** grace; *läsa ~* say grace **-dam** [lady] partner at table; *vem hade du till ~?* who sat on your right at dinner? **-dekoration** table decoration, jfr *bordsuppsats* **-granne** neighbour at table, partner **-kavaljer** partner at table; *vem hade du till ~?* who sat on your left at dinner? **-kniv** table-knife **-lampa** table-lamp **-salt** table-salt **-samtal** table-talk **-servis** dinner-service **-silver** bestick table silver **-skick** table manners pl. **-skiva** table-top, lös table-leaf **-ställ** cruet-stand **-telefon** desk telephone **-uppsats** centrepiece, epergne **-vatten** table water **-visa** drinking song **-ända** end of the (resp. a) table; *vid övre (nedre) ~n* at the head (foot) of the table
bordtennis table tennis, F ping-pong **-racket** table-tennis bat
Bore Boreas
boren *a, en ~ vältalare* a born orator
borg *-en -ar* slott castle, fäste stronghold äv. bildl.
borga *itr, ~ för* garantera *ngt* vouch for (guar-

antee) a th.; *jag ~r för att . .* I guarantee that . .; hans energi *~r för att . .* is a guarantee that

borgar|e 1 medelklassare bourgeois fr. (pl. lika), icke-socialist non-Socialist; *-na* medelklassarna äv. the bourgeoisie fr., sg., icke-socialisterna ibl. äv. the right wing sg. **2** hist.: a) stadsbo citizen, townsman b) medlem av borgarståndet burgher, om eng. förhållanden burgess **-klass** middle class, bourgeoisie fr. **-råd** [Stockholm] commissioner **-stånd,** *~et* hist. the burghers

borgen utan pl. *r* säkerhet security; guarantee äv. bildl.; surety äv. borgensman; *ställa ~* find security; *teckna ~* issue a personal guarantee; *gå i ~ för ngn* stand surety for a p.; *gå i ~ för ngn (ngt)* bildl. vouch (go bail) for a p. (a th.); *jag går i ~ för att* I guarantee that . .; *frige mot ~* release on bail

borgensförbindelse personal guarantee; *teckna ~* sign one's name as security **borgenslån** loan against a [personal] guarantee **borgensman** guarantor, surety **borgenär** creditor

borgerlig *a* **1** av medelklass middle class, neds. bourgeois fr.; *vanligt ~t folk* ordinary humble people; *vara av ~ härkomst* be a commoner; *~a vanor* middle class habits **2** statlig, profan civil; *~ vigsel* civil marriage **3** icke-socialistisk non-Socialist, ibl. right-wing; *de ~a [partierna]* the non-Socialist parties **borgerlighet 1** små~ bourgeois respectability **2** *~en* polit. the non-Socialist groups pl., ibl. äv. the right wing **borgerligt** *adv* **1** *rösta ~* vote non-Socialist **2** *de har gift sig ~* they were married before the registrar

borg|fred polit. [party] truce **-gård** courtyard **-mästare** chief magistrate, chairman of the magistrates' court; återspeglande eng. förhållanden mayor, i större städer lord mayor **-mästarinna** (jfr föreg.) mayoress; *~n N.* Mrs. N. **-ruin** ruined castle, castle ruins pl.

bornera *itr* effervesce, froth; om vin sparkle **bornerad** *a* om pers. narrow-minded **bornyr** *-en 0* head, froth; om vin sparkle

borr *-en -ar* el. *-et -* drill; liten hand~ gimlet, större auger; tandläkar~ drill, burr; som fästs i t.ex. borrsväng bit **borra** *tr itr* bore (*efter* for), brunn äv. sink, metall drill, tunnel cut; *~ huvudet i kudden* bury one's face in the pillow; *~ hål i ngt* bore (drill) a hole (resp. holes) in a th.; *~ ögonen i ngn* give a p. a piercing look; *~ i sank* scuttle; *~ sig in i ngt* bore (burrow) one's way into a th.; *~ om en cylinder* re-bore a cylinder; *~ upp* vidga *ett hål* widen a hole by boring, i tand drill . . to make it bigger

borr|hål bore (drill) hole, bore **-maskin** boring-machine, drilling-machine, drill press **-mussla** stone-borer **-ning** boring, drilling **-sväng** brace [and bit] **-torn** derrick

borst *-et (-en) -* bristle äv. bot.; koll. bristles pl.; *resa ~* bristle [up]; *få ngn att resa ~* bildl. äv. get a p.'s back up; *försedd med ~* bristly **borsta** *tr* brush; *~ skorna (tänderna)* brush one's shoes (teeth); *~ av* rocken brush . ., give . . a brush; *~ av (bort) dammet [från ngt]* brush the dust off [a th.]; *~ upp* luggen brush up . . **borstbindare** brushmaker; *ljuga som en ~* tell lies by the dozen; *supa som en ~* drink like a fish; *svära som en ~* swear like a trooper **borstbinderi 1** abstr. brush-making **2** verkstad brush-factory **borst|e** *-en -ar* brush **borstig** *a* bristled, bristly; *ett ~t skägg* a stubbly beard **borstnejlika** sweet-william **borstpojke** på hotell boots (pl. lika)

borsyra bor[ac]ic acid **borsyrelösning** boracic solution

bort *adv* away, ibl. off; *jag måste ~* härifrån *i kväll* I must get away this evening; *vi ska ~* är bortbjudna *i kväll* we are invited out this evening; *hit (dit) ~* over here (there); *långt ~* a long way off, far away (off); *längst ~ på linjen* at the far (other) end of the line; *~ med er!* away (be off) with you!, away you go!, F out you get!; *~ med fingrarna (*F *tassarna)!* hands off!, keep your hands to yourself! — Jfr äv. beton. part. under resp. verb samt sms, ned.

borta *adv* för tillfället away; för alltid, försvunnen gone; inte till finnandes missing, lost; inte hemma away from home, bortbjuden out; frånvarande äv. absent, själsfrånvarande äv. absent-minded, F up in the clouds; bortkommen confused, at a loss; medvetslös unconscious; död dead; *där ~* over there (yonder); *här ~* over here; *den tanken är inte långt ~* that thought readily suggests itself; *~ bra men hemma bäst* East, West, home is best; *~ med vinden* gone with the wind

bortackordera *tr* **1** barn board out **2** arbete farm out

borta|lag away team **-plan** away ground; *på ~* away; *en seger på ~* an away win

bort|bjuden *a* invited out, *på middag* to dinner, *till Eks* at the Eks' **-blåst** *a* se *blåsa [bort]* **-byting** changeling **-bytt** *a* se *byta [bort]* **-efter** *prep* [away] along **-emot** *prep* se *-åt I*

borterst *adv* farthest (furthest) off (away) **bortersta** *a* farthest, farthermost, furthest, furthermost, remotest; *på ~ bänken* in the back row

bort|flyttning moving away, removal **-färd** se *-resa* **-förande** *-t 0* taking away (off) osv., jfr *föra [bort]*; removal **-förklaring** excuse **-gång** död decease, departure **-gången** *a* se *gå [bort c)]* **-ifrån I** *prep* from [the direction of] **II** *adv, där ~* from that direction, from over there; *långt ~* from far (a long way) off **-kastad** *a* se *kasta* [*bort*] **-kommen** *a* **1** förkommen lost **2** förvirrad confused, lost, försagd timid, främmande strange; opraktisk unpractical; *han är inte* ~ F he has got his head screwed on the right way; *känna sig* ~ äv. feel like a fish out of water **-lagd** *a* se *lägga* [*bort*] **-om I** *prep* beyond; förbi past **II** *adv, där* ~ beyond that [point]

bortovaro *-n 0* absence, *från* from

bortre *a* further, farther; *B~ Indien* Further India; *i ~ delen av* at the far end of

bort|resa 1 mots. hemresa outward journey, journey out **2** start se *avresa II* **-rest** *a* se *resa* [*bort*] **-se** *itr, ~ från* disregard, leave . . out of account (consideration), ignore; *-sett från (med ~ende från)* apart from, irrespective of, [*det faktum*] *att* the fact that; *men, -sett från detta* äv. but that apart **-skämd** *a* spoilt, *med* by; jfr *skämma* [*bort*] **-sprungen** *a* se *springa* [*bort*] **-trängning** psykol. repression **-tynande** *~t 0* languishing (pining, fading) away; *ett långsamt* ~ a gradual decline **-väg,** *på ~en* on the way there (out)

bort|åt I *prep* **1** om rum, ~ . . [*till*] towards, in the direction of; *hela gatan* ~ all along the street **2** nästan nearly; *vara ~ 20 år gammal* be getting on for 20 years of age **II** *adv* **1** om rum, *där (här)* ~ [somewhere] in that (this) direction **2** om tid, *en tid* ~ [for] some little while (time) [yet (to come)], for a short time **-över** *prep* away over

bosatt *a* resident, residing, domiciled; *vara* ~ live, högt. reside

boskap *-en 0* cattle pl., livestock

boskaps|avel cattle|-breeding, - -raising, - -rearing, stock-breeding etc. **-djur** koll. cattle pl.; *femtio* ~ fifty head of cattle **-handlare** cattle-dealer **-hjord** herd (drove) of cattle **-skötare** cattle-tender **-skötsel** stock-raising [industry], stock--farming **-uppfödare** cattle|-farmer, - -breeder, stock-farmer etc., grazier

bo|skifte se *bodelning* **-skillnad 1** jur. judicial division of the joint estate of husband and wife [upon their separation] **2** skarp skillnad sharp distinction

Bosporen the [Straits pl. of] Bosp[h]orus

1 boss *-en -ar* polit. boss

2 boss *-et 0* avfall av halm o.d. chaff

bostad *-en bostäder* bostadsenhet dwelling; hem place [to live]; jur., isht fast domicile; privat hus house; våning flat, isht amer. apartment; hyrda rum rooms pl., lodgings pl., möblerade apartments pl.; boning residence, högt. habitation, abode; *fri* ~ rent-free accommodation; *moderna bostäder* modern dwellings (housing sg.); *han saknar* ~ he has not got a place (anywhere) to live; *söka* ~ look for a place to live; *han träffas i ~en* ss. svar i telefon you can get him at home; personer *utan fast* ~ . . of no fixed abode

bostads|adress permanent (home) address **-bidrag** accommodation allowance **-brist** housing shortage **-byggande** house building **-fråga** housing problem **-förhållanden** *pl* housing conditions **-förmedling** myndighet local housing authority, housing department **-hus** dwelling-house, större residential block **-inspektion** sanitary inspection **-kvarter** residential quarter **-kö** housing queue **-lägenhet** flat, isht amer. apartment; jur. tenement **-marknad** housing market **-nöd** severe housing shortage **-område** housing area (estate) **-politik** housing policy **-rättsförening** tenant-owners' society (association) **-sökande** person looking for somewhere to live

bo|ställe official residence **-sätta** *rfl* settle [down], take up one's residence (abode) **-sättning 1** bebyggande settling osv.; settlement **2** bildande av eget hushåll setting up house

bosättnings|affär household stores pl. **-artiklar** *pl* household requisites **-lån** loan for setting up a home

bot *-en 0* **1** botemedel remedy, cure; *råda ~ på (för)* remedy, set . . right; *skaffa ~ för* find a remedy (cure) for **2** botgöring penance; *göra ~ och bättring* do penance, friare mend one's ways **3** jur. åld.: vite penalty; straff punishment **bota** *tr* **1** läka cure, *från (för)* of **2** avhjälpa remedy, set . . right

botanik *-en 0* botany **botaniker** botanist **botanisera** *itr* botanize **botanisk** *a* botanical; ~ *trädgård* botanical gardens pl. **botanist** botanist

botdag, *~en* the day of penance **botemedel** remedy, cure; läkemedel äv. medicine

bot|färdig *a* penitent, repentant **-färdighet** penitence **-görardräkt** penitential garb **-görare** penitent **-göring** penance **-predikan** penitential sermon

botten *bott*[*n*]*en bottnar* **1** allm. bottom; sjö~, isht sjö. äv. ground; på fiol back; tårt~ sponge--cake; *det här är* ~ F sämsta möjliga this is absolute trash; *det är ingen ~ i honom* F there's no end to his appetite; *känna* ~ feel bottom (the ground) [beneath one's feet]; *nå* ~ touch bottom äv. bildl.; *dricka* [*glaset*] *i* ~ drain (empty) one's glass; *drick i ~!, ~ opp!* F bottoms up!; *i grund och* ~ se *1 grund 2; gå till* ~ go (bildl. äv. get) to the bottom, *med en sak* of a matter; om fartyg äv. sink, founder, go down **2** mark soil **3** våning, *på nedre* ~ on the ground (amer. first) floor **4** på tyg, tapet, flagga ground **-frysa** *itr* freeze solid **-färg 1** se *botten 4* **2** grundningsfärg, mål. first coat

Bottenhavet [the southern part of] the Gulf of Bothnia

botten|inteckning first mortgage **-kän-**

ning, *ha* ~ sjö. touch (strike [the]) bottom **-lån** first mortgage loan **-lös** *a* bottomless; bildl.: ofattbar unfathomable, avgrundsdjup abysmal; ~*a vägar* impassable muddy roads **-pris** rock-bottom price **-rekord,** *det här är* ~[*et*] this is a new low, this is the lowest (sämst worst) yet (on record) **-reva** *tr* close-reef **-rik** *a* se *stenrik* **-sats** sediment; i vin etc. lees pl., dregs pl. **-skola** common basic school **-skrap** bildl. scrapings pl., stark. dregs pl. **-skrapa** *tr* bildl. drain **-skyla,** *ha* ~ have enough to cover the bottom **-ventil** foot-valve, sjö. sea-valve

Bottenviken [the northern part of] the Gulf of Bothnia

botten|våning i markplanet ground (amer. first) floor **-ärlig** *a* downright honest

bottin *-en -er* [high] galosh, overshoe

bottna *itr* **1** nå botten touch bottom **2** ~ *i* ha sin grund i originate in

Bottniska viken the Gulf of Bothnia

botövning, ~[*ar*] discipline sg., penance sg.

boudoir *-en -er* boudoir

boulevard *-en -er* boulevard fr.

bouppteckning lista [estate] inventory [deed]; förrättning estate inventory proceedings pl.

bouquet *-en -er* bouquet

bourgogne *-n 0* burgundy [wine]

bo|utredning administration (winding up) of the estate [of a deceased] **-utredningsman** [estate] administrator

bov *-en -ar* villain, skurk scoundrel, svag. rascal, rogue samtliga äv. skämts.; förbrytare criminal; ~*en i dramat* the villain of the piece **-aktig** *a* villainous; rascally **-aktighet** villainy; rascality

bovete buckwheat

bovfysionomi villainous face

bowling *-en 0* bowling **-bana** bowling-alley

bovstreck wicked deed, svag. dirty trick

1 box *-en -ar* låda, avbalkning m.m. box

2 box *-en -ar* F knytnävsslag blow with one's fist, punch **boxa I** *tr* punch **II** *itr* **1** boxas box **2** ~ slå *till ngn* give a p. a punch, *i* in **boxare** boxer, professionell äv. prize-fighter, pugilist **boxas** *itr. dep* box **boxboll** punch[ing]-ball

box|er *-ern -rar* boxer

boxhandske boxing-glove

boxkalv *-en 0* box-calf

boxning 1 idrottsgren boxing **2** tävling = följ. **boxningsmatch** boxing-match

bra (jfr *bättre, bäst*) **I** *a* **1** allm. good; hygglig decent; utmärkt excellent, first-rate, F capital, grand; som det ska vara [all] right; tillfredsställande satisfactory; jfr *god;* ~*!* good!, excellent!, splendid!, F fine!, O.K.!; *det är (var)* ~*!* äv. that's just right!, that's it (the way)!; *det var* ~*, att du kom* it is (was) a good thing (F tur job) you came; *det är* ~ *så!* tillräckligt that's enough (plenty), thank you; *blir de't* ~*?* will that do (be all right)?; *vara* ~ användbar *att ha* be (come in) useful (handy), be of use; *det är* ~ *dem emellan* things are all right (running smooth[ly]) between them; *vad ska det vara* ~ *för?* what is the good (use) of that?; *han är* ~ *i engelska* he is good at English; *det blir nog* ~ *med det* things will sort themselves out; ~ nyttig *mot förkylning* good for a cold **2** frisk well, all right **3** ganska lång good, long[ish], F goodish; ganska stor large, largish

II *adv* **1** allm. well; jfr *väl, gott;* decently, excellently, satisfactorily, F first-rate, capitally, fine; jfr *I 1* o. *2; tack,* [*mycket*] ~ fine (very well), thanks; *hon dansar* ~ she is a good dancer; *ha det* ~ skönt, bekvämt be comfortable; *ha det* ~ [*ställt*] ekonomiskt be well off, be doing well; *ha det* [*så*] ~*!* have a good time!; *man ligger* ~ *i den här sängen* this is a comfortable bed to sleep in; *boken slutar* ~ lyckligt the book has a happy ending; *se* ~ *ut* a) om pers. be good-looking b) om sak look all right **2** mycket, riktigt quite, very, [quite] too; F jolly, awfully; ordentligt, med besked properly, thoroughly; ganska, alltför rather [too], jfr *ganska;* ~ *mycket bättre* far better; ~ *mycket hellre* so much rather; *jag skulle* ~ *gärna vilja veta . .* I should dearly (very much, F jolly well) like to know . .; *det var* ~ *roligt* att ses igen it is a great pleasure . .; *det var* ~ *synd* it is (was) really too bad (a pity); *förtjäna* ~ [*med pengar*] earn good (a lot of) money; *ljuga* ~ be a downright liar; *ta* ~ *med* smör take plenty of . .

brack|a *-an -or* philistine, boor **brackig** *a* philistine, friare smug, narrow-minded, stark. caddish **brackighet** philistinism, smugness

bragd *-en -er* bedrift exploit, feat, [heroic] achievement

bragelöfte great (skrytsamt boastful) vow

brak *-et 0* crash; jfr *dunder* **braka** *itr* crash; knaka crack; ~ *ihop* kollidera crash; ~ *lös*[*t*] break out; ~ *ned* come crashing down, collapse; ~ [*sönder*] crack **brakmiddag** slap-up dinner

brakved alder buckthorn

braman el. **bramin** *-en -er* Brahman, Brahmin **bramanism** Brahmanism, Brahminism

bram|segel topgallant sail **-stång** topgallant mast

brand *-en bränder* **1** eld[svåda] fire, större conflagration; *med hjärtat i* ~ with heart all aflame; *råka i* ~ take (catch) fire; *stå i* ~ be on fire; *sätta . . i* ~ eg. set fire to . ., set . . on fire, känslor inflame . . **2** läk. gangrene **3** bot. blight, rust **4** eld~ fire-brand

brand|alarm, *automatiskt* ~ automatic fire-alarm **-bil** motorspruta fire-engine **-bomb** incendiary [bomb] **-chef** head (chief officer) of a (resp. the) fire-brigade **-dörr** fireproof door **-fackla,** *bli (kasta [ut]) en* ~ arouse heated discussion **-fri** *a* fireproof; om t. ex. film non-inflammable **-försäkra** *tr* insure . . against fire **-försäkring** fire-insurance; jfr *försäkring* m. ex. o. sms. **-gata** fire-break **-gul** *a* flame-coloured, reddish yellow **-härd** fire centre **-härdig** *a* fire-resisting **-härjad** *a* attr. fire-ravaged, pred. ravaged by fire **-kår** fire-brigade, amer. fire department **-lilja** orange-lily **-lukt** smell of fire (burning) **-man** fireman, isht amer. fire-fighter **-manskap** firemen pl.; jfr föreg. **-mur** fireproof wall (mellan hus party-wall)

brand|plats scene of a (resp. the) fire **-post** fire-hydrant **-redskap** fire appliance, koll. fire-fighting equipment **-risk** risk of fire **-rök** smoke from a (resp. the) fire; *det luktar* ~ there is a smell of fire (burning) **-signal** fire-alarm **-skada** *s* fire damage (loss) **-skadad** *a* attr. fire-damaged, pred. damaged by fire **-skatta** *tr* skinna fleece; plundra plunder **-skydd** fire-protection **-skåp** fire-alarm box **-slang** fire-hose **-släckare** apparat fire-extinguisher **-släckning** fire fighting **-släckningsarbete** fire-fighting operations pl. **-soldat** se *-man* **-spruta** pyts- stirrup-pump; motor- fire-engine **-station** fire-station **-stege** enklare el. fastmurad fire-ladder, fire-escape, mekanisk extension ladder **-stodsbolag** fire-insurance company **-syn** inspection of fire prevention arrangements **-säker** *a* se *-fri* **-tal** inflammatory speech **-vakt** fire-guard; *gå* ~ bildl. pace the streets [at night] **-väsen[de]** fire-fighting services pl.

bransch *-en -er* line of business (trade), line, trade **-kännedom** knowledge of [the] trade

brant I *a* steep; tvär~ precipitous; djärvt uppstigande äv. bold **II** *adv* steeply osv.; *stupa* ~ *ned* äv. go sheer down **III** *-en -er* **1** stup precipice **2** rand verge äv. bildl.; *på undergångens* ~ on the verge of ruin

bras|a *-an -or* fire, log-fire; *tända en* ~ light (make) a fire

brasilian[are] *s* o. **brasiliansk** *a* Brazilian **brasilianska** kvinna Brazilian woman **Brasilien** Brazil

braskande *a* uppseendeväckande showy, ostentatious; om t. ex. rubrik, annons flaming, blazing, eye-catching

brasklapp ung. [ibl. hidden] reservation

brass *-en -ar* sjö. brace

1 brassa *tr itr* sjö. brace

2 brassa *itr,* ~ *på* a) elda stoke up the fire b) skjuta fire (blaze) away

Braunschweig Brunswick

bravad *-en -er* exploit, achievement; ~*er* äv. doings **bravera** *itr* boast, brag, *med* about **bravo** *itj* bravo!, well done!; till talare hear!, hear! **bravorop** brav|o (pl. -o[e]s), cheer **bravur** *-en 0* käckhet dash; teknisk skicklighet brilliancy of execution, bravura it.; *med* ~ äv. brilliantly **bravurnummer** mus. bravura-piece; bildl. star turn, show-piece

brax|en *-en -nar* [common] bream

bre se *bre[da]*

bred *a* avseende massa el. utsträckning broad; i bet. vidöppen o. vanl. vid måttuppgifter wide; om panna, rygg, uttal broad; om mun wide; *på* ~ *basis* on a broad scale; *de* ~*a lagren* the broad mass sg. of the people, the masses; ~*a skuldror* broad (square) shoulders; *den* ~*a vägen* bildl. the primrose path; *göra sig* ~ make oneself important, throw one's weight about

bre[da] *bredde brett* **I** *tr rfl* spread; ~ *en smörgås* butter a slice of bread, med pålägg make a sandwich **II** m. beton. part. **1** ~ *på* a) lägga på spread, put on; stryka på spread (put) . . on b) överdriva F lay it on thick **2** ~ *ut* spread out (hö o. d. about); något hopvikt unfold, något hoprullat unroll; ~ *ut sig* spread, sträcka ut sig stretch [oneself] out; ~ *ut sig över ngt* tala omständligt expatiate (enlarge, dilate) upon a th.; jfr *utbredd*

bred|axlad *a* broad-(square-)shouldered **-bent** *a* straddle-legged; *stå* ~ stand with one's legs wide apart **-brättad** *a* wide-brimmed

bredd *-en -er* **1** allm. breadth, eg. bet. äv. width; fartygs äv. beam; *i* ~ [*med* . .] abreast [of . .]; den är en meter *på* ~*en* . . broad (in breadth); klänningen *är randig på* ~*en* . . has horizontal stripes; *mäta ngt på* ~*en* measure a th. across, measure the breadth of a th.; *lägga ut på* ~*en* fetma fill out, put on weight **2** geogr. latitude; *på 20° sydlig* ~ in latitude 20° south **bredda** *tr* broaden, widen, make . . broader (wider) **breddgrad** [degree of] latitude; *49* ~*en* the 49th parallel

bred|munt *a* o. **-mynt** *a* broad-mouthed **-randig** *a* broad-striped **-sida** sjö. o. mil. samt bildl. broadside **-skyggig** *a* broad-brimmed **-spårig** *a* järnv. broad-gauge . .

bredvid I *prep* beside, at (by) the side of; gränsande intill adjacent (next) to; om hus o. d. next [door] to; vid sidan om alongside [of]; förutom in addition to; ~ *ngn* äv. at a p.'s side; ~ *mig* äv. by me; ~ *varandra* äv. side by side; *prata* ~ *mun[nen]* let the cat out of the bag **II** *adv* close by; *där* ~ close to it (the place); *här* ~ close by here, close to (at hand); *i huset* ~ in the next house, next door; *rummet* ~ the adjoining (adjacent) room; *han gick* ~ hela vägen he walked beside me (us etc.) . .; *hälla* ~ miss the cup (glass osv.) **-läsning** extra reading, supplementary reading **-läsningsbok** supplementary reader

bretagnare Breton **Bretagne** Brittany **bretagnisk** *a* Breton

brev *-et* - letter, kortare note; skrivelse communication; bibl. o. friare epistle; *kungligt* ~ letters pl patent; *genom* el. *per (i)* ~ by (in a) letter; *få (skriva) [ett]* ~ receive (write) a letter; *tack för* ~*et* thanks for your letter; *komma som ett* ~ *på posten* [seem to] drop straight into one's hands **-bärare** postman, amer. mailman, letter (mail) carrier **-bäring** postal delivery **-censur** censorship of letters **-duva** carrier pigeon **-form,** *i* ~ in the form of a letter (resp. of letters) **-hemlighet,** ~*en* the privacy (secrecy) of correspondence **-huvud** letter-head

breviari|rum *-et -er* breviary

brev|inkast [letter] slit (slot), amer. mail drop **-korg** letter-tray **-kort** se *postkort* **-ledes** *adv* by letter **-låda** letter-box, amer. [mail]box, jfr *-inkast;* i Engl., vid trottoarkanten pillar-box; *B*~ tidningsrubrik Letters to the Editor **-ordnare** = *-samlingspärm* **-papper** note-paper, letter-paper; koll., ~ o. kuvert stationery **-porto** letter-postage **-press** paper-weight **-samlingspärm** [letter-]file **-skola** correspondence school (college) **-skrivare** o. **-skriverska** letter-writer, correspondent **-skrivning** letter-writing, correspondence **-telegram** letter telegram **-våg** letter-balance(-scales pl.) **-vän** pen-friend, amer. pen-pal **-växla** *itr* correspond **-växling** correspondence

brick|a *-an -or* **1** serverings~ tray, rund, isht presentertallrik salver; *en* ~ *[full] med* . . a tray[ful] of . . **2** underlägg [table(dish)-]mat, av glas under karaff stand **3** tekn. washer **4** identitets~, polis~ badge, disk; märke, plåt plate; nummer~ check **5** spel~ counter, piece; i brädspel man (pl. men); i domino domino; i damspel draughtsman, amer. checker; *en* ~ *i spelet* bildl. a pawn in the game **-duk** tray-cloth, tea-cloth

bridge *-n 0* bridge **-lag** bridge team **-parti** game (hand) of bridge **-problem** bridge problem **-tävling** bridge competition

bridongbett ridn. snaffle bit

brigad *-en -er* brigade **-chef** brigade commander, brigadier [amer. general]

brigg *-en -ar* brig

brikett *-en -er* briquet[te]

briljant I *a* brilliant, splendid, first-rate **II** *adv* brilliantly, splendidly **III** *-en -er* brilliant **briljantin** *-et (-en) 0* brilliantine **briljantsmycke** set of brilliants; diamond ornament **briljera** *itr* show off, shine; ~ *med* sin engelska show off (air, parade) . .

brillor *pl* specs, glasses, goggles

1 bring|a *-an -or* breast, isht kok. brisket

2 bring|a *bragte (-ade) bragt (-at) tr* **1** (se äv. ex. under *jämvikt, olag* m. fl.) allm. bring äv. medföra; föra bort convey, take, conduct; ~ *ngn hjälp* render assistance to a p.; ~ *olycka över* bring down ruin on, bring disaster to; ~ komma *minan att explodera* make the mine (cause the mine to) explode; ~ *ngn till* ett tillstånd, ofta reduce a p. to . .; ~ *ngn till förtvivlan* reduce (drive) a p. to despair; ~ förmå *ngn [till] att* göra ngt bring (induce) a p. to inf.; ~ *ned* minska reduce, pris äv. bring down **2** ~ *det därhän att man är skuldfri* come (get) to the point of being free from debt

brink *-en -ar* backe [steep] hill; älv~ [steep river-]bank

brinn|a *brann brunnit* **I** *itr* **1** allm. burn äv. bildl., stå i lågor äv. be on fire, flamma blaze; ~ *av nyfikenhet* be burning with curiosity; ~ *av iver* be filled with fervour; *det -er hos herr A. (i gardinen)* Mr. A.'s house (the curtain) is on fire; *det -er* lyser *i hallen* the light is on in the hall; *det -er i spisen* there's a fire in the kitchen range; *låt ljuset* ~*!* om elljus leave the light on!, om stearinljus leave the candle burning!; *det brunna* var försäkrat the property destroyed [by the fire] . . **2** ~ *[ihop]* lantbr., om gödsel decompose .

II m. beton. part. **1** ~ *av* gå av go off; om sprängskott, bomb explode **2** ~ *inne* be burnt to death **3** ~ *ned* om hus o. d. be burnt down, om ljus burn itself out, om brasa o.d. burn (get) low **4** ~ *upp* be destroyed by fire, om t.ex. hus äv. be burnt out **5** ~ *ut* burn itself (om brasa äv. go) out; *elden har brunnit ut* the fire has gone (is) out

brinnande *a* allm. burning äv. bildl., i lågor . . in flames; om t.ex. bön, iver, tro fervent; om t.ex. hängivenhet, kärlek ardent; om t. ex. lidelse, törst consuming; om huvudvärk splitting; *ett* ~ *ljus* a lighted candle; *springa för* ~ *livet* run for dear life; *mitt under* ~ *krig* [just] while [the] war is (resp. was) raging (at its height)

brio *-n 0, med* ~ with brio it.

bris *-en -ar (-er)* breeze

brisera *itr* burst, detonate, explode

brist *-en -er* **1** avsaknad lack, avsaknad av något väsentligt want, frånvaro absence; knapphet vanl. scarcity, shortage, stark. dearth, *på* i samtliga fall of; ~ *på lärare* scarcity (shortage) of teachers; ~ *på omdöme (utrymme)* want (lack) of judgment (space); *lida* ~ *på* be short (in want) of; *i* ~ *på* frånvaro av in the absence of; *i (av)* ~ *på* angivande orsak for want (lack) of; *i* ~ *på bättre* for want of anything (something) better; *i* ~ *på* kryddpep-

par tar man . . if one lacks (has not any) . . **2** bristfällighet deficiency, imperfection; ofullkomlighet shortcoming; skavank defect, flaw; moraliskt fel, svaghet failing **3** underskott H deficit, deficiency; *täcka ~en* cover the deficit
brist|a *brast brustit itr* **1** sprängas burst, om blodkärl äv. rupture; slitas (brytas) av break, snap; ge vika give way; om tyg split; om ögat darken; om illusion o. d. be shattered; *mitt hjärta är nära att ~* my heart is ready to break; *dö av brustet hjärta* die of a broken heart; *mitt tålamod brast* my patience gave way; *~ i [häftig] gråt* burst into [a flood of] tears; *~ itu (sönder)* break (snap) [in two]; *~ lös* break out; *~ [upp] i sömmen* split at the seam; *~ [ut] i skratt* burst out laughing (into laughter) **2** fattas fall short, be deficient (wanting, lacking); *~ i aktning* äv. fail in respect **-ande** *a* otillräcklig deficient, insufficient, inadequate; bristfällig defective; *~ betalning* non-payment; *~ betalningsförmåga* inability to pay, insolvency; *~ duglighet* incapacity; *~ förmåga* inability; *~ lydnad* disobedience; *~ uppmärksamhet* inattention **-fällig** *a* defective, faulty, imperfect; otillräcklig insufficient **-fällighet** *~en* **1** pl. *0* defectiveness osv. **2** pl. *~er* se *brist 2*
bristning bursting osv., jfr *brista;* burst, break; läk. rupture **bristningsgräns** breaking-point(-limit); *till ~en* äv. to [the point of] bursting; *fylld till ~en* filled to the limit of its capacity **bristsjukdom** deficiency disease
brits *-en -ar (-er)* bunk; mil. [wooden] barrack-bed
britt *-en -er* Briton, isht amer. Britisher; *~erna* som nation el. lag o. d. the British **-isk** *a* British; *Brittiska öarna* the British Isles
brittsommar Indian summer
bro *-n -ar* bridge; *slå en ~ över* bridge, throw a bridge across **-avgift** bridge-toll **-byggare** bridge-builder **-bygge** o. **-byggnad** bridge-building(-construction) **-bänk** quay
broccoli *(brockoli) -n 0* broccoli
brock *-et -* läk. rupture, herni|a (pl. äv. -ae) **-band** truss
brodd *-en -ar* **1** bot. germ, sprout båda äv. bildl.; sädes~ koll. new (tender) crop; *skjuta ~* sprout, spring up **2** pigg spike; på hästskor rough, frost-nail **brodda** *tr* spike; rough, frost-nail
broder *-n bröder* (jfr *bror*) brother (pl. äv. 'brethren', dock end. friare, isht om medlemmar av samfund o. d.); munk äv. friar; *Bröderna Ek* firmanamn Ek Brothers (Bros el. Bros.); *dela som bröder* se [*dela*] *broderligt*
broder|a *tr itr* embroider äv. bildl.; *~ ut* bildl. embroider, embellish **-båge** embroidery-frame
broderfolk sister nation
brodergarn embroidery cotton (resp. wool)
broderi embroidery; *ett ~* a piece of e.
broder|lig *a* brotherly, fraternal **-lighet** brotherliness **-ligt** *adv* fraternally; like brothers (resp. a brother); *dela ~* share and share alike, share like brothers (quite fairly) **-mord** o. **-mördare** fratricide **-skap** *~et 0* brotherhood, fraternity
broderskärlek brotherly love
bro|fäste bridge-abutment **-huvud** mil. bridge-head, efter landstigning beach-head
broiler broiler
brokad *-en -er* brocade
brokig *a* **1** mångfärgad many-(parti-)coloured, motley; variegated, *av* with; grann gay, neds. gaudy **2** bildl.: om t. ex. blandning, samling miscellaneous; om t. ex. sällskap motley; om t. ex. liv varied **brokighet 1** eg. variegated character **2** bildl. variety **brokigt** *adv* gaudily, in motley fashion; *~ klädd* dressed in gay colours
bro|kista caisson **-klaff** bascule
brom *-en 0* bromine **-kalium** potassium bromide **-natrium** sodium bromide
1 broms *-en -ar* zool. horse-fly, gad-fly
2 broms *-en -ar* **1** tekn. brake, på åkdon äv. skid, drag **2** bildl. check, *på* on **bromsa I** *itr* brake; *~ in* brake, långsamt slow down **II** *tr* **1** eg. brake **2** bildl. check **bromsare** brakesman
broms|back brake-shoe **-band** brake lining **-ning 1** eg. braking **2** bildl. checking **-olja** brake fluid **-pedal** brake pedal **-raket** retro-rocket **-spak** brake lever **-sträcka** braking distance
bronker *pl* bronchi lat. **bronkit** *-en -er* bronchitis end. sg.; *en ~* an attack of b.
brons *-en -er* bronze **bronsaktig** *a* bronze-like **bronsera** *tr* bronze
brons|figur bronze figure **-färg** målarfärg bronzing paint **-färgad** *a* bronze-coloured **-medalj** bronze medal **-märke** bronze badge **-åldern** the Bronze Age
bro|pelare bridge-pier, bridge-pillar **-pengar** *pl* bridge-toll sg.
bror *brodern bröder* (jfr *broder*) brother; *Bäste ~ (B.B.)!* i brev Dear (My dear) + namn,; jfr ex. under *du* **brorsbarn** brother's child; *mina ~* my brother's (resp. brothers') children, my nephews and nieces **brorsdotter** niece, ibl. brother's daughter **brorskål,** *dricka ~* drop the titles [and drink on it]
brorslott bildl. lion's share **brorson** nephew, ibl. brother's son
broräcke bridge parapet
brosch *-en -er* brooch
broschyr pamphlet, booklet, brochure, reklam~ leaflet, prospectus

brosk *-et* - cartilage; ss. ämne gristle end. sg. **-artad** *a* cartilaginous, gristly **-fiskar** *pl* cartilaginous fishes

bro|slagning allm. bridge-building; av best. bro the building of the (resp. a) bridge **-spann** span of a (resp. the) bridge

brotsch *-en -ar* reamer, broach

brott *-et* - **1** brutet ställe: allm. break, ben~, ~yta på metall fracture, på rör äv. burst **2** sten~ quarry **3** förbrytelse, isht jur. crime, lindrigare offence, *mot* i båda fallen against; grövre felony, mindre förseelse misdemeanour **4** kränkning: av t.ex. lagen, neutraliteten violation, infringement, av lagen äv. infraction, av allmän ordning, regler, kontrakt, etikett breach, *mot* i samtliga fall of

brottare wrestler **brottas** *itr. dep* wrestle, ta livtag grapple båda äv. bildl.

brottmål criminal case **brottmålsdomare** criminal court judge **brottmålsdomstol** criminal court

brottning wrestle, kamp struggle, idrottsgren o. brottande wrestling alla äv. bildl. **brottningsmatch** wrestling-match

brottsbalk criminal (penal) code

brottsjö breaker, comber

brottslig *a* criminal, jur. stark. felonious; straffbar punishable; straffvärd culpable; *den ~e* skyldige the guilty party **-het** criminality; culpability; guilt[iness]; *~en* ökar crime . .

brotts|ling förbrytare criminal, stark. felon; gärningsman culprit, svag. offender **-plats** scene of the (resp. a) crime

brott|stycke fragment **-ställe** isht läk. o. **-yta** isht geol. fracture

bro|vakt bridge|-master, - -watchman **-valv** arch of a (resp. the) bridge, span

brr *itj* ugh!

brud *-en -ar* bride; S tjej dame, bird; *stå ~* be married; *klädd till ~* dressed for her wedding **-bukett** wedding-(bridal-)bouquet **-följe** bridal train **-gum** *~men ~mar* bridegroom **-klänning** wedding-(bridal-)dress **-krona** av metall [metal] bridal crown; krans bridal wreath **-näbb** *~en ~ar* ung.: pojke page, flicka bridesmaid **-par** bridal couple; *~et* äv. the bride and bridegroom; *~et* . . i telegram o. d. Mr. and Mrs. . . **-slöja** bridal veil **-stol,** *träda i ~* be married **-tärna** bridesmaid **-utstyrsel** [bridal] trousseau (pl. äv. -x)

Brugge Bruges

bruk *-et* - **1** användning use, jfr *användning*; av ord usage; *göra ~ av* make use of; *ha ~ för* have (find) a use for; *för eget (mitt eget) ~* for one's (my) own use, isht officiellt for personal use; *i ~* allm. in use; *komma i (ur) ~* come into use (go out of use, fall into disuse), om ord o. uttryck äv. gain (lose) currency (jfr ex. under *2*); *hålla på att komma ur ~* become obsolescent, F be going out; *ta ngt i ~* begin using a th. [regularly]; *färdig att tas i ~* ready to be used (for use, om bostad for occupation); *till dagligt ~* for everyday use (om kläder wear); [*endast*] *till utvärtes ~* for external use (application) [only]; *avsedd till skolans ~* [adapted] for use in schools

2 sed: medvetet practice, härskande, hävdvunnet el. stadgat usage, för många gemensamt, kutym custom; mod fashion, vogue; *efter gammalt ~* according to ancient custom; *~et att läsa* the practice of reading; *komma i (ur) ~* modet (jfr ex. under *1*) come into (go out of) fashion (vogue)

3 av jorden cultivation, tillage; av hel gård management, running; *ha en gård under eget ~* work (run) a farm oneself

4 fabrik: järn~ works (pl. lika); pappers~ mill; *ett ~* vanl. a factory

5 murbruk mortar

bruka *tr* **1** begagna [sig av] use, se vid. *använda* **2** odla cultivate, till; gård farm **3** pläga, ha för vana återges ofta gm omskrivn. m. usually osv. (jfr ex.), äv. (dock end. om pers.) be in the habit of ing-form; *~de* vanligast used to; *han ~r (~de) komma* vid 3-tiden he usually (generally, ofta frequently) comes (came) . ., he is (was) in the habit of coming . ., regelbundet as a rule he comes (came) . ., he comes (came) regularly . .; *han ~r (~de) sitta* så i timmar (uttr. benägenhet, 'kan', 'kunde') he will (would) sit . ., he is (was) apt to sit . .; *det ~r vara svårt* it is often (apt to be) difficult **brukas** *itr. dep, det ~ inte* it is not the fashion (custom); *det ~ olika* it varies, customs vary **brukbar** *a* **1** användbar usable, se vid. *användbar; försätta . . ur ~t skick* put . . out of [working] order **2** odlingsbar cultivable **brukbarhet** usefulness, se vid. *användbarhet* **bruklig** *a* customary, usual, ibl. . . in use, . . in vogue; ordet är *mycket ~t* . . in [very] frequent use; *föga (mindre) ~a talesätt* phrases but little (hardly ever) used

bruks|anvisning directions pl. [for use] **-arbetare** vid järnbruk foundryman, ironworker, vid pappersbruk millman **-artikel** = *-föremål* **-disponent** verkställande direktör vid järnbruk managing director **-föremål** article for everyday use; pl. äv. utility goods **-hund** ung. working dog **-patron** o. **-ägare** av järnbruk ironmaster, foundry (ironworks) proprietor, av pappersbruk [paper] mill owner

brum *-met 0* radio. hum **brumbjörn** bildl. [perpetual] grumbler (grouser) **brumma** *itr* om björn o. bildl. growl; om insekt samt mus. o. radio. hum, om insekt äv. buzz, drone, bildl. äv. grumble **brumning** growling osv.; growl, hum, buzz, drone, grumble

brun *a* (jfr *brunt*) brown, läderfärgad äv. tan, solbränd äv. tanned, bronzed; *~a bönor* red [kidney] beans, maträtt brown beans; för sms. jfr äv. *blå-* **-aktig** *a* brownish **-bränd** av eld scorched, singed; av sol tanned, bronzed

brunett *-en -er* brunette

brun|gul *a* brownish yellow **-hyad** *a* o. **-hyllt** *a* brown-hued, brown-complexioned, tanned **-kol** lignite, brown coal

brunn *-en -ar* well äv. sjö.; hälso~ [mineral] spring; spring~ o. bildl. fountain; *dricka ~* drink (take) the waters

brunns|borrning allm. well-boring; av best. brunn the boring of the (resp. a) well **-gäst** visitor at a (resp. the) spa **-kur** water-cure **-läkare** spa physician **-ort** health resort, spa, watering-place **-vatten** well-water

brun|rostad *a* om bröd . . toasted brown **-röd** *a* brownish-red. — För ytterligare sms. jfr äv. *blå-*

brunst *-en 0* honas heat, hanes rut

brun|steka *tr* [roast (fry) . .] brown, crisp **-sten** manganese ore (dioxide)

brunst|ig *a* om hona . . on (in) heat; om hane rutting, ruttish **-tid** mating-season

brunsvart *a* brownish-black **brunt** *s* brown; jfr *blått* **brunt|e** *-en -ar* häst dobbin **brun-ögd** *a* brown-eyed

brus *-et 0* **1** havets, stormens roar[ing], vattnets rush[ing], surge, sus äv. sough[ing], sigh[ing]; från orgel peal; från grammofonskiva hiss; radio. noise; i öronen buzz[ing] **2** dryck fizz

brus|a *itr* roar etc. jfr *brus 1;* om kolsyrad dryck fizz, effervesce; *-ande trafik* bustling traffic; *en -ande älv* a turbulent river; *~ upp* bildl. flare up, lose one's temper; *~ ut mot ngn* fly out at a p. **-hane** ruff, hona reeve **-huvud** hothead

brutal *a* brutal; *~a metoder* äv. ruthless methods; *en ~ människa* äv. a brute **-itet** *-en -er* brutality

brute|n *a* broken äv. om pers. o. språk; om arm, ben äv. fractured; jfr *bryta; -t tak* mansard (curb) roof; *-t tal* mat. fraction

brutto **I** *adv* gross; *~ för netto* gross for net **II** *-t 0* ~belopp gross amount; ~inkomst gross income **-pris** gross price

bry *-dde -tt* **I** *tr* **1** *~ sin hjärna (sitt huvud) med ngt* (*med att* inf.) cudgel (rack) one's brains (puzzle one's head) over a th. (to inf.) **2** *~ ngn för ngt* tease (chaff) a p. about a th. **II** *rfl, ~ sig om* ngn (ngt) a) ta notis om, fästa sig vid pay attention to, take notice of b) tycka om care for; *inte ~ sig om vad* ngn säger (*att* inf.) not care what . . (to inf.); *~ dig inte om det!* don't bother (worry) about it !, never mind!; *vad ~r jag mig om det?* what do I care [about that]?; *det är ingenting att ~ sig om* that's nothing to worry about; *~ dig inte om mig!* don't mind (bother about) me!; *~ dig inte om skvallret!* take no notice of the gossip!; *inte ~ sig om varningar* pay no (not pay any) attention to warnings; *vi ~r oss inte om att* gå dit we won't bother to . .; *~ dig inte om* besväret *att skicka tillbaka boken!* don't trouble to send the book back! **brydd** *a* puzzled, *för* about; förlägen embarrassed **bryderi** perplexity; embarrassment; *vålla ngn ~* förlägenhet cause a p. embarrassment; *vara i ~* villrådig äv. be puzzled (at a loss); *i ~ för pengar* hard up for money; *försätta ngn i ~* knipa put a p. in a quandary (F mess) **brydsam** *a* kinkig awkward; förvirrande perplexing; genant embarrassing

brygd *-en -er* **1** bryggande brew[ing] **2** det bryggda brew

1 brygg|a *-an -or* allm. bridge äv. tandläk.; landnings~ landing-stage, jetty, pier

2 brygg|a *-de -t tr* brew; kaffe: vanl. make, genom filter äv. filter, i bryggapparat äv. percolate

bryggare **1** brewer **2** se *kaffebryggare*

Brygge Bruges

bryggeri brewery

brylépudding caramel custard, crème caramel

brylling third cousin

bryn *-et -* edge, verge, fringe

1 bryn|a *-te -t tr* göra brun brown; kok. brown, fry . . till browned; *-t smör* brown butter; *-t socker* caramel, burnt sugar; *-t av solen* tanned, sunburnt

2 bryn|a *-te -t tr* vässa whet, sharpen **bryne** *-t -n* whetter, whetstone

brynj|a *-an -or* pansarskjorta coat of mail

brynsten whetstone, hone

brysk *a* brusque, curt; häftig o. oväntad abrupt

Bryssel Brussels **brysselkål** Brussels sprouts pl. **brysselmatta** Brussels carpet

bryt|a *bröt brutit* (jfr *bruten*) **I** *tr* allm. break; kol, malm mine, win, sten quarry; brev open; färg, smak äv. modify, vary; förbindelse break off, sever, förlovning break off; ljus refract, diffract; *~ arm* engage in Indian wrestling; *~ armen [av sig]* break (läk. fracture) one's arm; *han bröt [loppet]* sport. he abandoned the race; *~ ett samtal* telef. disconnect (cut off) a call; *~ servetter* fold napkins; *~ strömmen* elektr. break (interrupt) the current (circuit)

II *itr* **1** break äv. om vågor, *mot* against; *~ med ngn* break with a p.; *~ med en vana* break off (give up) a habit; *~ mot* lag, regel break, svag. infringe, lag äv. violate, regel äv. offend against; *~ mot* ett förbud offend against . ., en princip violate . . **2** i uttal speak with an (a foreign) accent; *~ på tyska* speak with a German accent

III *rfl, vågorna -er sig mot* stranden the waves break against (on) . .; *åsikterna -er sig* opinions diverge (differ)

IV med beton. part. **1** *~ av* break (knäcka snap) [off]; *~ av mot* be in contrast to; jfr *avbryta; en avbruten tand* a jagged (broken) tooth **2** ~

fram break out, om t. ex. solen break through **3** ~ *igenom* äv. mil. break through; ~ *sig igenom* break (force) [one's way] through **4** ~ *in* set in, come on, om fienden, havet break in; *dagen -er in* [the] day is dawning; *natten -er in* [the] night is setting (closing) in; ~ *in i ett land* invade a country; ~ *sig in i ett hus (hos ngn)* break into (burgle) a house (a p.'s house) **5** ~ *itu* break . . to pieces (in two) **6** ~ *lös* loss break off (away); *ovädret bröt (-er) lös[t]* the storm broke (is coming on); ~ *sig lös* break loose (free), *från* from **7** ~ *ned* break down; förstöra äv. demolish; fys. äv. decompose, *till* into; bildl. krossa shatter, undergräva subvert **8** ~ [*om*] boktr. make up . . [into pages] **9** ~ *samman* break down, collapse **10** ~ *upp* **a)** tr., ~ *upp golvet* take up the floor; ~ *upp ett lås* break open a lock, force a lock [open] **b)** itr., ~ *upp* från bordet make a move, från sällskap break up, bege sig av leave, depart, start, mil. decamp, strike (break) camp; *isen bröt upp* the ice broke up **11** ~ *ut* **a)** tr. break out; ~ *ut en faktor* mat. remove (put) a factor outside the bracket; ~ *ut . . ur sammanhanget* detach (isolate) . . from the context **b)** itr., t. ex. om eld, krig break out; ~ *ut i förebråelser* break out in reproaches **c)** rfl., ~ *sig ut* force one's way out; ~ *sig ut ur fängelset* break [out of] (escape from) prison

brytarspetsar *pl* tekn. contact-breaker points

brytböna French (string) bean

brytning **1** lösbrytning breaking [off]; av kol mining, av sten quarrying **2** ljusets refraction, diffraction **3** vokals breaking **4** i uttal accent, jfr *bryta II 2* **5** skiftning: i färg tinge, i smak [extra] flavour **6** oenighet breach, rupture; avbrott break; *en tid av stora ~ar* a time of great unrest; *det blev en ~ mellan dem* there was a breach in their relations; ~ *i åsikter* clashing (divergence) of opinion; ~ *med det förflutna* break with the past

brytnings|tid time of unrest [and upheaval]; övergångstid transit period **-vinkel** angle of refraction **-ålder** o. **-år** *pl* puberty sg.

bråck se *brock*

bråd *a* brådskande busy, bustling; plötslig sudden, hasty, hurried; *en ~ död* a sudden death; *få ett brått slut* come to a sudden end; *en ~ tid* a busy time; jfr *brått* **-djup I** *a* precipitous; *det är ~t* i vattnet it gets deep suddenly **II** *s* precipice **-mogen** *a* prematurely ripe; bildl. precocious **-mogenhet** bildl. precocity **-rappet** o. **-rasket,** *i* ~ all at once; *det gör han inte om i ~* he won't do that again in a hurry

brådska I *-n 0* hurry, haste, jäkt bustle; *det är ingen ~* [*med det*] there is no hurry [about it]; *han gör sig (har) ingen ~* he is in no hurry; *varför en sådan ~?* what is (why all) the hurry?; *i ~n* in the hurry of the moment; *på grund av ~ med* annat arbete owing to pressure of . . **II** *itr* behöva utföras fort be urgent (pressing); skynda sig hurry; *det ~r inte* there is no hurry about it, it is not urgent. — Jfr *brått* **brådskande** *a* som måste uträttas fort urgent, pressing; på brev o.d. urgent; hastig hasty, hurried; *en ~ order* H a rush order; saken är *ytterst ~* . . of immediate urgency

bråd|stupa *adv* tvärbrant steeply, sheer; huvudstupa headlong **-störtad** *a* precipitate, over-hasty, rash; *en ~ flykt* äv. a headlong flight

1 bråk *-et* - mat. fraction; *allmänt ~* vulgar (amer. äv. common) fraction

2 bråk *-et 0* **1** buller, oväsen noise, row, din, racket, hullabaloo, F rumpus; gräl row, quarrel; oro fuss, ado; *ställa till ~ om ngt* make (F kick up) a row (fuss) about a th.; *ställa till ~ på gatan* make (cause) a disturbance in the street **2** besvär, krångel trouble, bother, difficulty **bråka I** *itr* **1** bullra, väsnas be noisy, make a disturbance; gräla have a row (quarrel); kälta tease; *låt bli att ~!* leka, skoja don't play about **2** krångla make (kick up) a fuss (row), make difficulties **II** *tr* **1** ~ *lin (hampa)* brake flax (hemp) **2** ~ *sin hjärna* se *bry [sin hjärna]*

bråkdel fraction; *~en av en sekund* a split second

bråkig *a* bullersam noisy; besvärlig troublesome, krånglig fussy; oregerlig disorderly, unruly, motspänstig restive **bråkmakare** o. **bråkstake** en som stör noisy person, rowdy; orostiftare rioter, troublemaker; om barn pest, nuisance

brånad *-en 0* se *brunst;* människors lust

brås *bråddes brått itr. dep,* ~ *på ngn* take after a p.; *han ~ på sin far* äv. he is a chip of the old block

bråt|e *-en* **1** pl. *-ar* timmer~ jam of logs, log jam **2** pl. *0* skräp rubbish, lumber, junk; *hela ~n* the whole lot

brått *a* (i neutr.) o. **bråttom** *adv, ha* [*mycket*] ~ be in a [great] hurry, *med* about (with, over), *med att* inf. to inf.; be [very much] pressed for time; *det är ~* there is a great hurry; there is no time to lose; *det är ~ med arbetet* the work won't wait; *det är inte ~ med det* you can take your time about it; jfr *brådska*

1 bräck|a A *-an -or* spricka flaw, crack **B** *-te -t* **I** *tr* **1** bryta break; knäcka, krossa crack; *~s* break; crack **2** övertrumfa, ~ *ngn* outdo a p. **II** *itr, när dagen -er* when day breaks, at daybreak

2 bräck|a *-te -t tr* steka fry

bräckage *-t 0* sjö. breakage **bräckjärn** crowbar; jfr äv. *kofot*

bräckkorv smoked sausage for frying

bräcklig *a* **1** eg. fragile, brittle **2** bildl. frail, infirm **-het 1** fragility, brittleness **2** frailness, infirmity
bräckt *a,* ~ *vatten* brackish water; jfr *1* o. *2 bräcka*
bräd|a I *-an -or* board **II** *tr,* ~ *ngn* cut out a p. **-beklädd** *a* boarded
brädd *-en -ar* edge, brim; *fylla till* ~*en* fill to the brim; *stå vid gravens* ~ be on the brink of (äv. have one foot in) the grave; *stiga över* ~*arna* om flod overflow [its banks] **bräddad** *a* o. **bräddfull** *a* full till randen brimming, brimful; överfull, pred. brimming over
bräd|e *-et -er (-en)* **1** board **2** spel backgammon **3** bildl., *betala på ett* ~ pay in a lump sum, pay at one go; *sätta allt på ett* ~ stake everything on one throw; *slå ngn ur* ~*t* cut out a p. **-fodra** *tr* board, wainscot; yttervägg weather-board, amer. clapboard **-fodring** boarding, wainscoting; weather-boarding **-gård** timber-(amer. lumber-)yard **-lapp** piece of board **-skjul** av bräder wooden shed **-spel** abstr. backgammon **-stapel** pile (stack) of boards **-vägg** boarded partition
bräk|a *-te -t itr* bleat äv. bildl., baa
bräm *-et* - **1** border, edge; av pälsverk o.d. trimming **2** bot. limb
brän|na *-de -t* **I** *tr* **1** allm. burn; i förbränningsugn incinerate; kremera cremate; sveda scorch, singe; om frost nip; ~ *brödet* i ugnen scorch the bread . .; ~ *fingrarna* äv. bildl. burn one's fingers; ~ *glas* anneal glass; ~ *sitt ljus i båda ändar* burn the candle at both ends; ~ *porslin* fire china; ~ *tegel (lergods)* burn (bake) bricks (pottery ware); ~ *till aska* reduce to ashes; *den -da jordens taktik* a (the) scorched earth policy; *-d kalk* burnt lime, quicklime; *bli -d* bildl. get one's fingers burnt; *det luktar -t* there is a smell of burning **2** brännmärka brand; läk. cauterize, sear; frisera crimp, curl **3** i bollspel hit . . out
II *itr* hetta, svida burn; kinden *-de efter örfilen* . . tingled (smarted) from the blow; *marken -de under hans fötter* bildl. the place was getting too hot for him; *pengarna -ner i hans ficka* money burns holes in his pockets; peppar *-ner på tungan* . . burns (bites) the tongue; *solen -de* the sun beat (blazed) down; *en -nande fråga* a burning question; *-nande hetta* scorching heat; *-nande längtan* ardent longing; *-nande smärta* acute pain; *-nande törst* parching thirst
III *rfl* burn (scald) oneself; ~ *sig på nässlor* get stung by nettles; *jag -de mig på soppan* the soup scalded my tongue, I burnt my mouth on the soup
IV med beton. part. **1** ~ *av* burn [down]; ~ *av ett fyrverkeri* let off fireworks; ~ *av ett skott* fire [off] a shot; *en avbränd tändsticka* a used match; *ett avbränt område* a fire-ravaged area **2** ~ *bort* burn off (away); ~ *bort en vårta* cauterize (remove) a wart **3** ~ *in ett märke på ngt* brand a th.; ~ *sig in (fast) i minnet* brand itself on the memory **4** ~ *ned* burn down; ~ *ned en stad* äv. burn a town to the ground; gården var *nedbränd* . . completely burnt down (out) **5** ~ *upp* burn [up]; *uppbränd [av solen]* scorched **6** ~ *ut ljuset* let the candle burn itself out **7** ~ *vid såsen* burn the sauce, let the sauce burn; *såsen -de[s] vid* the sauce stuck to the side of the pan; jfr *vidbränd*
brännare allm. burner **brän|nas** *-des -ts itr. dep* burn; om nässlor sting; *det -ns!* i lek you are getting warm!
bränn|bar *a* combustible, inflammable; *en* ~ *fråga* a delicate (controversial) question; ~*t ämne* eg. combustible; bildl. topic likely to arouse heated discussion **-blåsa** blister **-boll** ung. rounders
bränn|eri distillery **-glas** burning glass **-het** *a* burning hot, scorching
bränning 1 eg. burning osv. jfr *bränna I;* av lik cremation **2** brottsjö breaker; ~*arna* äv. the surf sg. **3** grund sunk[en] rock
bränn|järn branding-iron **-märka** *tr* brand, bildl. äv. stigmatize **-märke** brand; stigma **--nässla** se *brännässla* **-offer** burnt offering **-olja** combustible (fuel) oil **-punkt** foc|us (pl. äv. -i), ljusstrålars äv. focal point; *stå i* ~*en för* intresset be the focal point of . . **-skada** o. **-sår** burn **-torv** peat **-ugn** kiln; för stål converting furnace **-vidd** focal distance
brännvin snaps, kryddat aquavit
brännvins|advokat pettifogger, shyster **-bränneri** spirit distillery **-glas** dram-glass, amer. shotglass
brännässla stinging nettle
bränsle *-t -n* fuel **-besparande** *a* fuel-saving **-besparing** fuel saving **-cell** fuel cell **-förbrukning** fuel consumption **-mätare** på bil fuel gauge
bräsch *-en -er* breach; *gå i* ~*en för* take up the cudgels for
bräss *-en (-et) 0* thymus; jfr *kalvbräss*
brätte *-t -n* brim; *en hatt med breda* ~*n* a broad-brimmed hat
bröa *tr* breadcrumb
bröd *-et* - bread end. sg., kaffebröd cakes pl.; enstaka se *bulle; hårt* ~ crispbread, amer. äv. rye-crisp; *den enes död, den andres* ~ one man's loss is another man's gain; *förtjäna sitt* ~ earn one's living; *ta* ~*et ur munnen på ngn* take the bread out of a p.'s mouth; *äta andras* ~ bildl. eat the bread of charity **-bit** piece of bread **-bräda** bread-board **-burk** bread bin **-butik** baker's [shop], bakery **-fat** bread-tray **-frukt** bread-fruit **-föda** bread and butter **-kaka** round loaf; hårt bröd [round of] crispbread **-kant** crust

[of bread] **-kavle** rolling-pin **-kniv** bread-knife **-korg** bread-basket **-lös** *a, bättre ~ än rådlös* ung. necessity is the mother of invention

brödra|folk *pl* sister nations **-krets** circle of brothers **-skap** *-et* - brotherhood, fraternity, fellowship; konkr. äv. confraternity

bröd|rost toaster **-skiva** slice of bread **-smulor** *pl* crumbs **-spade** [baker's] peel **-stil** boktr. body type, book face **-säd** bread-stuffs pl., cereals pl.; spannmål corn, amer. grain **-tärning** croûton fr.

bröllop *-et* - **1** wedding, vigsel äv. marriage, poet. nuptials pl.; *fira ~* be married, marry **2** boktr. double[t]

bröllops|dag wedding day (årsdag anniversary) **-middag** wedding dinner **-resa** honeymoon [trip]; *de for på ~ till Italien* they went to Italy for their honeymoon **-tårta** wedding cake **-vittne** marriage witness

bröst *-et* - allm. breast äv. bildl.; barm bosom, byst bust; bröstkorg chest; på klädesplagg äv. front; *ha insjunket (platt) ~* have a sunken (flat) chest; *ha klent ~* have a weak (delicate) chest; *ge ett barn ~et* give a baby the breast, suckle a baby; *ha ont i ~et* have a pain in one's chest; *~ mot ~* breast to breast; *trycka till sitt ~* clasp to one's breast (bosom)

1 brösta *itr, ~ av* mil. unlimber

2 brösta *rfl, ~ sig över* yvas plume oneself on, brag about

bröst|arvinge direct heir, heir of the body; *-arvingar* äv. heirs, issue sg. **-ben** breastbone **-bild** half-length portrait; byst bust **-böld** breast abscess **-droppar** *pl* cough tincture (mixture) **-fena** pectoral fin **-ficka** breast-pocket **-gänges** *adv, gå ~ tillväga* behave aggressively, bildl. act high-handedly **-håla** thoracic cavity, [cavity of the] chest **-höjd** breast height; *i ~* breast-high **-karamell** cough-lozenge(-drop) **-korg** chest, thorax (pl. thoraces) **-körtel** mammary gland **-lapp** på förkläde bib **-medicin** cough mixture (syrup) **-sim** breast stroke, breast-stroke swimming; *simma ~* do the breast stroke **-sjuk** *a* consumptive **-sjukdom** lung-disease **-socker** sugar-candy **-ton** chest-note; *ta till de verkliga ~erna* ung. express oneself in a tone of deep conviction **-vidd** chest measurement **-vårta** nipple **-värn** **1** byggn. parapet **2** mil. breastwork

bröt *-en -ar* jam of floating logs, log jam

bua *itr* boo, hoot, *åt* at

bubbl|a *-an -or* o. *itr* bubble

buckl|a **I** *-an -or* **1** inbuktning dent **2** upphöjning boss **II** *tr, ~ [till]* dent **III** *rfl* buckle **bucklig** *a* **1** inbuktad dented **2** utbuktad embossed

bud *-et* - **1** befallning command, order; bibl. commandment; *andra (tredje* osv.*) ~et* motsv. the third (fourth osv.) commandment; *nionde och tionde ~et* ung. motsv. the tenth commandment; *tio Guds ~* the ten commandments; *det är hårda ~* that's pretty tough (stiff); *samvetets ~* the dictates pl. of conscience **2** anbud offer, på auktion bid, i kortspel bid, call; *ge (göra) ett ~ på* tio kronor make an offer (a bid) of . .; *avge högsta ~et på ngt* be the highest bidder for a th. **3** budskap message, announcement; *få (skicka) ~, att . .* receive (send) word that . .; *skicka ~ efter ngn* send for a p.; *skicka ~ till ngn* send a p. a message **4** budbärare messenger; springpojke errand-boy; *sänt med ~* sent by hand **5** *stå till ~s* be at hand, be available; *alla till ~s stående medel* all means available **-bärare** messenger; poet. harbinger

budd|ism Buddhism **-ist** Buddhist **-istisk** *a* Buddhist, Buddhistic[al]

budget *-en -er* budget; *~en* riksstaten the Estimates pl.; *lägga upp en ~* prepare (draw up) a budget **-förslag** budget **-underskott** budgetary deficit **-år** budget (financial, fiscal) year

budgivning spelt. bidding

budkavle hist. ung. fiery cross

budoir *-en -er* boudoir

bud|ord commandment **-skap** *~et ~* meddelande message, announcement, polit. address, message; nyhet news, litt. tidings pl.; manifest manifesto **-skickning** messenger (runner) service

buffé se *byffé*

buffel *-n bufflar* buffalo; bildl.: drulle boor, lout **-aktig** *a* se *bufflig* **-hud** buffalo-hide; beredd buffalo skin (leather), buff **-kalv** buffalo-calf **-ko** cow buffalo

buffert *-en -ar* buffer, bumper **-stat** buffer state

bufflig *a* boorish, loutish

bug|a *itr rfl* bow, underdånigt do (make) obeisance, *för* to; *krusa och ~ [sig]* bow and scrape **-ning** bow; obeisance

buk *-en -ar* belly äv. på segel, flaska o.d., F 'isterbuk' paunch; anat. abdomen, venter; *fylla ~en* eat one's fill

Bukarest Bucharest

bukett *-en -er* bouquet, nosegay; *plocka en ~* pick a bunch of flowers

buk|fena ventral fin **-gjord** girth **-hinna** peritoneum **-hinneinflammation** peritonitis **-håla** abdominal cavity

bukig *a* bulging, bulged, distended **-het** bulge, swelling, distension

buk|landa *itr* belly-land, make a belly landing **-muskel** abdominal muscle **-spottkörtel** pancreas

bukt *-en -er* **1** krökning curve, bend, winding; sjö. repslinga bight, ringformig fake; *gå i ~er*

wind (bend) [in and out] **2** på kust bay, större gulf; svagt krökt bight; liten ~ creek, cove **3** *få ~ med* get the better of, overcome, manage, master **bukta I** *itr rfl* wind, curve, bend; slingra sig, om flod meander; om segel belly; ~ *in[åt]* curve in; ~ *ut[åt]* bulge **II** *tr* bulge; *vinden ~r seglet* the wind fills the sail
buktalare ventriloquist
buktig *a* krokig winding etc., se *bukta I*; svängd curved, bulging
bula 1 knöl bump, swelling **2** buckla dent
bulevard boulevard fr.
bulgar Bulgarian **Bulgarien** Bulgaria **bulgarisk** *a* Bulgarian **bulgarisk|a** *-an* **1** pl. *-or* kvinna Bulgarian woman **2** pl. *0* språk Bulgarian
buljong *-en -er* clear soup, broth; för sjuka beef tea; spad gravy **-tärning** bouillon (beef) cube
1 bull|a *-an -or* påvlig bull
2 bulla *itr, ~ upp allt vad huset förmår* make a great spread
3 bulla *-n -r* se *bulle*
bulldogg bulldog
bull|e *-en -ar* bun, amer. äv. biscuit; frukostbröd roll; i limpform loaf (pl. loaves); *nu ska du få se på andra -ar!* there are going to (will) be some changes made here!
buller *bullret* - noise, din; dovt rumbling; stoj racket; *med ~ och bång* with a [great] hullabaloo **-mätning** noise measurement, noise-gauging **-nivå** noise-level **-sam** *a* noisy; högröstad boisterous
bulletin *-en -er* bulletin
bullra *itr* make a noise; mullra rumble
bulna *itr* fester, gather **bulnad** *-en -er* gathering, abscess
bult *-en -ar* bolt, pin; gängad screw[-bolt]
bulta I *tr* bearbeta beat; ~ *kött* pound meat; ~ *ngn i ryggen* thump a p. on the back; ~ *på' ngn* klå upp give a p. a drubbing **II** *itr* knacka knock; dunka pound; om puls throb; *med ~nde hjärta* with a pounding (palpitating) heart; ~ *i väggen* bang (pound) on the wall; *det ~r på dörren* there is a knock at the door; ~ *på'* knock
bulvan *-en -er* **1** jakt. decoy **2** bildl. front, dummy
bumerang *-en -er* boomerang
bums *adv* right away, on the spot
bunden *a* bound osv., se *binda* **-het** ofrihet lack of freedom, restraint, constraint; stelhet stiffness
bundsförvant *-en -er* ally **-skap** *-et 0* alliance
bungalow *-en -er (-s)* bungalow
bunk|e *-en -ar* skål av metall pan, av porslin o.d. bowl
bunk|er *-ern -rar (-er[s])* sjö. o. mil. bunker, betongfort pillbox **bunkra** *itr* bunker
bunsenbrännare Bunsen burner
bunt *-en -ar* **1** t. ex. kort packet, brev, sedlar, garn bundle, papper sheaf (pl. sheaves), rädisor o.d. bunch; samtl. m. of framför följ. best. **2** bildl., *hela ~en* the whole bunch (lot) **bunta** *tr,* ~ *[ihop]* make . . up into (tie up . . in) bundles etc. jfr *bunt;* pack . . together
buntmakare *-n* - furrier
bur *-en -ar* cage; för höns coop; som emballage crate; *~en* mil. F jankers; *sitta i ~* be kept in a cage; *sitta i ~en* mil. F be in jankers; *sätta i ~* cage, put . . in a cage; höns coop up . .
bura *tr, ~ in* F put . . in quod (clink)
burdus I *a* plötslig abrupt, precipitate; ofinkänslig blunt, bluff; grov rough **II** *adv (*äv. *~t)* abruptly, slapdash; bluntly
burfågel cagebird, cageling
burgen *a* well-to-do, affluent, om pers. äv. well-off, pred. well off
Burgund Burgundy **burgunder 1** Burgundian **2** vin Burgundy [wine]
burk *-en -ar* pot; kruka, glas~ äv. jar; bleck~ tin, isht amer. can; apoteks~ gallipot; samtl. m. of framför följ. best.; *en ~ piller* a bottle of pills; ärter *på ~* tinned (canned) . .
burlesk *-en -er* o. *a* burlesque
burman *-en -er* o. **burmansk** *a* Burmese
burnus *-en -ar (-er)* burnous
1 burr *itj* ugh!
2 burr *-et* - fuzzy (frizzy) hair **burra** *tr, ~ upp* ruffle up **burrig** *a* frizzy, fuzzy; ruffled
burskap 1 hist., borgarrätt freedom, franchise **2** *vinna ~* bli allmänt vedertagen be naturalized, *i* in; be adopted, *i* into
burspråk bay; oriel
busa *itr* leva bus kick up a row; be up to mischief **busaktig** *a* rascally, ruffianly **bus|e** *-en -ar* **1** skrämbild bugbear; i barnspråk bogy [man] **2** rå sälle rough, ruffian; landstrykare vagabond, tramp; ligapojke hooligan **busfasoner** *pl* rowdy behaviour sg. **busfrö** F little devil
buskablyg *a, han är inte ~ [av sig]* he is a bit forward, he is not backward in coming forward **buskage** *-t* - shrubbery; snår copse
busk|e *-en -ar* bush; större shrub; *sticka huvudet i -en* bury one's head in the sand **buskig** *a* bushy; *~a ögonbryn* bushy (shaggy) eyebrows **buskskog** scrub, brush[wood] **busksnår** thicket, copse **buskteater** ss. genre farcical open-air show; *det är rena ~n* it is pure slapstick
busliv rowdyism, hooliganism
1 buss 1 *-en -ar* krigs~ doughty warrior; sjö~ old salt **2** *oböjl.* s o. *a, jag är ~ med honom* he is a pal of mine
2 buss *-en -ar* tugg~ plug, quid
3 buss *-en -ar* trafik~ bus; turist~ coach
4 buss *itj, ~ på honom!* worry (at) him!

bussa *tr,* ~ *hunden på ngn* set the dog on [to] a p.
bussarong *-en -er* sjö. jumper
buss|chaufför bus (resp. coach) driver **-färd** bus (resp. coach) drive (ride) **-förbindelse** bus (resp. coach) connection **-hållplats** bus (resp. coach) stop
bussig *a* hygglig nice, decent; . . är *en* ~ *flicka (pojke)* . . a good sort; hjälp mig, *är du* ~*!* . ., will you?, . ., there is a good boy (resp. girl)!
busslinje bus (resp. coach) service (line)
bussning tekn. sleeve, bushing
busspråk coarse language
bussvärdinna stewardess [on a coach]
busvissling [shrill] whistle
butelj *-en -er* bottle; jfr *flaska* **buteljera** *tr* bottle **buteljgrön** *a* bottle-green
butik *-en -er* shop, isht amer. store; isht matvaru~ market; *gå i* ~*er* go shopping; *slå igen* ~*en* bildl. shut up shop
butiks|biträde se *affärsanställd* **-centrum** shopping (business) centre **-fönster** shop window **-föreståndare** shop manager (kvinna manageress) **-kedja** multiple (chain) stores pl. **-råtta** shop-lifter **-stängningstid** [shop-]closing hour (time) **-ägare** shop-keeper
butter *a* sullen, morose, *mot* to[wards]
butterfly *oböjl. r* 'fluga' bow tie
buxbom *-en -ar* box; virke boxwood; . . *av* ~ äv. boxwood . . **buxbomshäck** box-hedge
1 by *-n -ar* vindil squall, gust
2 by *-n -ar* village, liten hamlet **byalag** village community **bybo** *-n -r* villager
byffé *-n -er* **1** möbel sideboard **2** bord (resp. rum) för förfriskningar buffet, refreshment table (resp. room)
bygata village street
bygd *-en -er* bebyggd trakt settled country; nejd district, countryside; *ute i* ~*erna* out in the country [districts]
bygde|gård [rural] community centre **-mål** country speech; dialekt dialect
byg|el *-eln -lar* ögla loop, ring hoop, ring; på handväska frame, mount[ing]; på hänglås shackle
bygg|a *-de -t tr itr* **I** allm. build äv. bildl.; anlägga, sammanfoga äv. construct; resa äv. erect; ~ *sitt hopp på ngt* found (base, build) one's hopes on a th.; *det -er* grundar sig *på* . . it is founded (based, built) on . .; *det är ingenting att* ~ stödja sig *på* that is nothing to go on; ~ *och bo* make one's home, reside; *kraftigt -d* solidly built, om pers. well-knit
II med beton. part. **1** ~ *för* en öppning build (wall, block) up . .; *de har -t för min utsikt* they have blocked (shut out) my view **2** ~ *in* omge med väggar wall in; *inbyggd* om högtalare, badkar, skåp o.d. built-in . .; *inbyggd veranda* closed-in veranda; *inbyggd i väggen* built into the wall **3** ~ *om* rebuild, reconstruct, alter **4** ~ *på ngt* [*med ngt*] add [a th.] to a th.; huset *har blivit påbyggt* . . has been added to **5** ~ *till* utvidga enlarge; *flygeln -des till 1850* the wing was added in 1850 **6** ~ *under* underpin; bildl. support **7** ~ *upp* uppföra erect, raise; friare build up; ~ *upp en marknad* develop (work up) a market; ~ *upp ngt på nytt* rebuild (restore) a th. **8** ~ *ut* enlarge, extend, develop; jfr *utbyggd* **9** ~ *över* build over; täcka cover [in], roof over; *överbyggd gård* covered yard
byggande *-t 0* building; construction
bygg|e *-et -en* building [under construction] **-herre** ung. [future] proprietor [of a (resp. the) building] **-kloss** o. **-klots** building (toy) brick **-låda** box of bricks **-mästare** ledare av bygge [master-]builder; entreprenör building contractor
byggnad *-en -er* **1** hus building, edifice **2** huset är *under* ~ . . under (in course of) construction, . . being built **3** byggnadssätt, struktur build, structure; *kroppens* ~ the build (frame) of the body; *språkets* ~ the structure of the language
byggnads|arbetare building worker **-arbete** building work **-branschen** the building trade (line) **-entreprenör** building contractor, builder **-firma** o. **-företag** building firm **-industri** building industry **-ingenjör** constructional engineer **-komplex** block [of buildings], buildings pl. **-konst** architecture **-kostnader** *pl* building cost sg. **-lån** building loan **-material** building material[s pl.] **-nämnd** local housing (building) committee **-plats** tomt [building] site **-projekt** building scheme (project) **-snickare** carpenter, joiner **-stadga** building regulations pl. **-sten** building stone **-stil** style of architecture **-ställning** scaffold[ing], amer. äv. staging **-teknik** structural engineering, building technology **-tillstånd** building permit (licence) **-verksamhet** building activity **-ändamål,** *för* ~ for building purposes pl.
bygg|ning building, edifice **-sats** construction kit; do-it-yourself kit
byig *a* squally, gusty; flyg. bumpy
byk *-en -ar* **1** tvätt wash; *han har en trasa med i den* ~*en* bildl. he has a finger in that pie too **2** tvättkläder laundry **byk|a** *-te -t tr itr* wash
byke *-t 0* rabble, scum; *hela* ~*t* the whole pack
byling *-en -ar* copper, cop
bylta *tr,* ~ *ihop* make . . into a bundle; ~ *på ngn* muffle a p. up
bylte *-t -n* bundle, pack
byrack|a *-an -or* mongrel, cur
byrå *-n* **1** pl. *-ar* möbel chest of drawers, amer.

äv. bureau (pl. äv. -x); hög ~ tallboy, amer. äv. highboy **2** pl. *-er* kontor, ämbetsverk office, avdelning division, department; isht amer. bureau (pl. äv. -x) **-chef** head of a (resp. the) division (department), principal assistant secretary

byrå|krat bureaucrat, mandarin **-krati** *-[e]n 0* ämbetsmannavälde o.d. bureaucracy, officialdom; jfr *byråkratism* **-kratisk** *a* bureaucratic; *~a metoder* äv. red-tape methods **-kratism** byråkratiskt system o.d. officialism, F red tape

byrålåda drawer

Bysans Byzantium **bysantinsk** *a* Byzantine

byst *-en -er* bust **-hållare** brass|ière (-iere)

byt|a *-te -t tr* **I** ömsa, skifta change; ömsesidigt exchange, jfr *utbyta 1;* vid byteshandel barter, trade, F swap, *mot* for; *jag skulle inte vilja ~ med honom* I shouldn't like to change places with him; *~ bil* trade (turn) in one's old car for a new one; *~ [om] fot* change foot (feet); *~ frimärken* exchange (swap) stamps; *~ [kläder]* change [one's clothes]; *~ ord med* gräla bandy words with; *~ plats* a) flytta sig move; ömsesidigt change places (seats) b) arbete get (take) a new job (situation); *~ roller* exchange roles; *~ tåg* change trains; *han -te sin kniv mot en dolk* he traded (bartered, swapped) his penknife for a dagger

II med beton. part. **1** *~ av* relieve **2** *~ bort* exchange, barter, swap, *mot* for; *bortbytt barn* changeling; *få sin hatt bortbytt* get a wrong hat by mistake **3** *~ in* t.ex. bil hand over . . in part payment, trade in . ., *mot* for **4** *~ om* change; *rollerna är ombytta* bildl. the tables are turned **5** *~ till sig (sig till) ngt* get a th. in exchange (by barter) **6** *~ ut* exchange; *~ ut A mot B* exchange A for B, substitute B for A

byte *-t -n* **1** utbyte exchange; vid byteshandel barter; båda end. sg.; *förlora på ~t* lose by the exchange **2** rov booty, plunder, loot äv. bildl.; jakt. quarry; rovdjurs o. bildl. prey; samtl. end. sg.; tjuvs F haul; spoil[s pl.]; *ett rikt ~* rich spoils, a rich booty; *dela ~t* share the plunder (loot); *bli ett (ett lätt) ~ för ngn* fall a (an easy) prey to a p.; *ta som ~* take as spoils

bytes|affär barter transaction **-annons** exchange advertisement **-handel** barter, exchange; *idka ~* barter **-rätt,** *med full ~* goods exchanged if [you are] not satisfied **-vara** article of exchange

byting kid; rackarunge urchin

bytt|a *-an -or* tub, cask

byväg country lane

byx|a *-an -or* se *byxor* **-ben** trouser-leg **-ficka** trouser[s] pocket **-gördel** pantie girdle **-kjol** divided skirt **-knapp** trouser-button **-linning** waistband

byx|or *pl* **1** ytter~, lång~ trousers, amer. äv. pants; lättare fritidsbyxor slacks; jfr äv. *dambyxor* o. andra sms.; *[ett par] nya ~* new (a new pair of) trousers **2** se *underbyxor* **-ångest** [blue] funk; *ha ~* be in a [blue] funk

1 båda *tr* **1** be~ announce, före~ betoken, foreshadow, något ont bode, portend; *det ~r inte gott* it bodes no good **2** kalla summon; *~ upp* manskap mil. summon . . to arms, call out, levy; *~ upp hjälp* mobilize help

2 båda *pron* both, obeton., utbytbart mot 'två' two; *~ [två] är* . . both [of them] are (they are both) . .; *~ bröderna* both [the] brothers; *~ delarna* both; *de ~ andra* the two others, the other two; *de ~ första dagarna* the first two days; *oss ~* both of us; *vi ~ är* . . we two are . .; *vi är ~* . . we are both . ., we both are . ., both (the two) of us are . .; *för ~s vår skull* for both our sakes; *det ligger i ~s vårt intresse* it is in the interest of us both (of both of us); *en vän till oss ~* a mutual friend of ours **-dera** *pron* both, ibl. either

både *konj, ~ . . och* both . . and end. om två led; *~* ofta oövers. i eng.; *~ Frankrike och Tyskland* äv. France and (as well as) Germany; *han är större än ~ du och jag* he is taller than either you or I

båg|e *-en -ar* kroklinje curve; mat. o. elektr. arc; mus.: legato~ slur, bind~ tie; pil~ bow; byggn. arch, bow; sy~ o. glasögon~ frame; krocket~ hoop; *spänna ~n* draw one's (bend the) bow; *spänna ~n för högt* bildl. aim too high, kräva för mycket make exaggerated demands; *gå i en vid ~* make a wide sweep **-fil** hack-saw **-form** curve, curvature **-formig** *a* curved, arched **-fönster** arched window **-lampa** arc-lamp **-linje** curve, curvature

bågna *itr* böja sig, svikta bend, ge vika sag, bukta ut bulge

båg|skytt archer, bowman **-skytte** archery **-sträng** bow-string

båk *-en -ar* sjömärke beacon

1 bål *-en -ar* anat. trunk, body

2 bål *-en -ar* skål bowl; dryck punch

3 bål *-et -* ved~, ris~ bonfire; lik~ [funeral] pyre; *brännas på ~* be burnt at the stake

båld *a* valorous, doughty, bold

bålgeting hornet

bålrullning trunk bending

bålverk bulwark, bildl. äv. safeguard

bång *s* se *buller*

bångstyrig *a* refractory, unruly, isht om häst restive

bår *-en -ar* sjuk~ stretcher, litter; lik~ bier

bård *-en -er* border, isht på tyg edging

bår|hus mortuary **-täcke** [funeral] pall, hearse-cloth

bås *-et -* stall, crib; friare compartment; avskärmad plats booth

båt *-en -ar* boat; *gå i ~arna* take to the boats; *sitta i samma ~* bildl. be in the same boat; *resa med ~* go by boat; *ge ngn på ~en* throw a p. over, F chuck a p. [up]; *har man tagit fan i ~en, får man ro honom i land* ung. in for a penny, in for a pound

båta *itr, det ~r föga att* inf. it is of little avail to inf.; *vad ~r det att* inf. . .? of what avail is it to inf. . .?

båt|brygga landing-stage, lastbrygga whar|f (pl. -fs el. -ves) **-formig** *a* boat-shaped **-färd** boat[ing]-trip **-hus** boat-house **-last** boat-load, ibl. boatful **-ledes** *adv* by boat **-lägenhet,** *med första ~* by the first [available] ship **-motor** boat (marine) engine **-mössa** mil. forage cap

båtnad *-en 0* advantage; *till ~ för dig* to your advantage

båtresa sea voyage; kryssning cruise **båtshake** boat-hook **båtsman** boatswain **båtvarv** boatyard

bä *itj* baa!; hånfullt bah!

bäck *-en -ar* brook, rivulet, amer. creek; poet. rill; *många ~ar små gör en stor å* many a little makes a mickle, every little helps

bäckebölja ® cotton crêpe

bäcken *-et -* **1** anat. pelvis (pl. pelves) **2** skål o. geogr. basin; säng~ bed-pan **3** mus. cymbals pl. **-förträngning** contraction of the pelvis

bädd *-en -ar* allm. bed, djup flod~ äv. gully, geol. äv. layer, stratum (pl. strata), stapel~ äv. stocks pl., slip; tekn. bedding **bädda I** *tr itr, ~ [sin (en) säng,* resp. *sängen]* make one's (a, resp. the) bed; *det är ~t för succé* för mig, dig etc. (resp. *för reformer)* I am (you are etc.) heading for a success (resp. the ground is prepared for reforms); *som man ~r får man ligga* as you make your bed, so you must lie on it **II** med beton. part. **1** *~ in ngn i filtar* wrap a p. up [in bed] in blankets; *inbäddad i* grönska, mossa o.d. embedded in . . **2** *~ ned* put . . to bed; *ligga nedbäddad* have been tucked up in bed **3** *~ upp [sängen]* make the (resp. one's) bed **bäddjacka** o. **bäddkofta** bed jacket **bäddning** bäddande bed-making **bäddsoffa** sofa-bed

bägare cup, pokal goblet, kyrkl. chalice, isht laboratorie~ beaker; *det [var droppen som] kom ~n att rinna över* it was the last straw, S it put the lid on it

bägge *pron* se *2 båda*

bälg *-en -ar* bellows pl., äv. foto. o. mus.; *en ~* a [pair of] bellows **bälga** *tr, ~ i sig* swill, gulp down **bälgkamera** folding camera

Bält, *Stora (Lilla) ~* The Great (Little) Belt

bälta *-an -or* armadillo (pl. -[e]s)

bälte *-t -n* belt, geogr. äv. zone; gördel girdle; *ett slag under ~t* bildl. a blow below the belt

bältros shingles

bän|da *-de -t tr itr* bryta prize; *~ på locket* prize at the lid; *~ loss* prize . . loose; *~ upp* prize . . open

bäng|el *-eln -lar* rascal; *lång ~* lanky fellow, lamp-post

bänk *-en -ar* allm. bench äv. i riksdagen, seat; m. högt ryggstöd settle; kyrk~ pew; skol.: pulpet desk, lång form; teater~ o.d. row; *sista ~en* the back row; *spela för tomma ~ar* play to an empty house **bänka** *rfl* seat oneself **bänkarbetare** bench-hand **bänkkamrat,** *vi är ~er* we sit next to one another at school **bänkrad** row

bär *-et -* berry; för ätbara bär anv. vanl. namnet på resp. bär; *plocka ~* pick (go picking) berries (blåbär etc. bilberries etc., jfr ovan); *lika som ~* as like as two peas

bära *bar burit* **I** *tr* a) allm. carry; mera valt (ofta med värdighet) samt bildl., isht i bet. hysa, uthärda bear b) vara klädd i wear c) komma med (till den talande) bring; ta med sig (från den talande) take; *~ ngt på ryggen* carry a th. on one's back; *~ frukt* äv. bildl. bear fruit; *~ huvudet högt* carry one's head high; *~ kostnaderna* bear (defray) the expenses; *~ lidandet med tålamod* bear one's pain with patience; *~ ett* berömt *namn (en inskrift)* bear a . . name (an inscription); *~ paraply* carry an umbrella; *~ skägg* wear a beard; *~ spår av* . . bear traces of . .; *~ uniform (ringar)* wear a uniform (rings); *~ vapen* carry (bildl.: vara soldat bear) arms; *~ sina år med heder* carry one's years well; *båten bär tio personer* the boat carries ten persons; *detta är mer än jag kan ~* uthärda this is more than I can bear (stand, endure); *han bär henne på sina händer* he worships the very ground she treads on; *taket bärs av pelare* the roof is carried (borne, supported) by pillars; *buren av fosterlandskärlek* animated by patriotism **II** *itr* **1** bear; *isen bär inte* the ice doesn't bear; *trädet bär bra (dåligt)* äv. the tree is a good (poor) bearer; *det må ~ eller brista* it is neck or nothing; *~ på* t.ex. börda carry . .; *~ på* lida under *en hemlig sorg* bear a secret sorrow; *han går och bär på något* bildl. there is something on his mind **2** om väg lead, go **III** *rfl* **1** löna sig pay; *företaget bär sig* the business pays its way **2** falla sig happen, come about; *det bar sig inte bättre än att han* . . as ill luck would have it, he . . **3** *~ sig åt* se under *IV* **IV** med beton. part. **1** *~ av:* **a)** opers., *i morgon bär det av* för mig, honom etc.! I am (he is etc.) off tomorrow!; *vart bär det av (hän)* vart ska ni? where are you going to?; *det bar av* i full fart (för mig, honom etc.) off I (he etc.) went . . **b)** sjö. bear off; *bär av!* bear away! **2** *~*

bort carry (take) away **3** *det bär mig emot att* inf. är motbjudande it goes against the grain for me to inf. **4** ~ *fram* eg. carry (bring, resp. take) [up]; budskap convey; skvaller pass . . on, report **5** ~ *hem* carry (bring, resp. take) home; *få* ngt *hemburet* have . . conveyed to (have . . delivered at) one's home; . . *fritt hemburen* . . delivered free **6** *vart bär det här hän?* bildl. what are things coming to?; se äv ex. under *bära* [*av*] *a)* **7** ~ *in* carry (bring, resp. take) in **8** ~ *i väg* se ~ *av a)* **9** ~ *ned:* a) tr. carry (bring, resp. take) down (nedför trappan . . downstairs) b) itr., *det bar ned med hela lasset i diket* the whole load went over into the ditch **10** *det bär nedför (utför)* it is downhill **11** ~ *omkring* carry etc. round; dela ut distribute **12** *det bar omkull* [*med dem*] they got upset **13** ~ *på sig* carry . . about (have . . on) one **14** ~ *undan* take . . out of the way, remove **15** ~ *upp:* a) eg. carry (bring, resp. take) up (uppför trappan . . upstairs) b) stödja carry, support; ~ *upp en föreställning* carry off a performance c) uppträda i, t.ex. frack carry off. — Jfr *uppbära* **16** *det bär uppför* it is uphill **17** ~ *ut* carry (bring, resp. take) out; ~ *ut post* deliver the post **18** ~ *utför* se ~ *nedför; det bär utför med honom* bildl. he is going downhill **19** ~ *sig åt* **a)** bete sig behave; ~ *sig illa (dumt) åt* behave badly (like a fool); *nu har du burit dig vackert åt!* now you have made a nice mess of it! **b)** gå till väga manage, set about it; *hur bär du dig åt för att* hålla dig så ung? how do you manage to . .?; *hur bär man sig åt för att* få tag i . .? how does one set about ing-form?, what do you have to do to . .?; *hur jag än bär mig åt* whatever I do

bärande *a* carrying etc. jfr *bära; han var den ~ kraften* he was the mainstay (guiding spirit); *de ~ namnen* the names that carry weight; *den ~ principen* the leading (fundamental) principle; ~ *skäl* solid reason **bärare** carrier; av dräkt o. d. wearer; av namn, kista, bår, standar m. m. bearer; stadsbud porter, amer. äv. redcap **bärbar** *a* portable **bärbjälke** girder

bär|buske vinbärs- etc. (jfr *bär*) currant etc. bush; bot. ibl. bacciferous bush (shrub) **-fis** stinkfly sloebug

bärga I *tr* pers. o. bildl. save, rescue, sjö. salve, salvage; bil tow; segel take in, down; ~ [*in*] skörd gather (garner) in . . **II** *rfl* **1** behärska sig contain oneself; ge sig t. tåls wait; *han kunde inte ~ sig för skratt* he could not help laughing **2** reda sig get along; *han har så att han ~r sig* he has enough to get along on **bärgad** *a* se *burgen* **bärgarlön** salvage [money] **bärgning 1** sjö. salvage, av segel taking in; skörd harvest; *begära ~ av* bilen ask for . . to be towed **2** utkomst livelihood, subsistence **bärgningsbil** break-down lorry (van), amer. wrecking car (truck), flyg. crash waggon **bärgningsbåt** o. **bärgningsfartyg** salvage vessel (ship)

bärighet 1 sjö. carrying capacity **2** räntabilitet profitableness **bäring** *-en 0* bearing **bärkasse** isht av papper carrier (amer. carry) bag, av nät string (net) bag; för spädbarn carry-cot **bärkraft** eg. supporting capacity; arguments o. d. convincing force; *ekonomisk ~* financial strength **bärkraftig** *a* . . capable of sustaining weight, strong; om skäl o. d. convincing; ekonomiskt [economically] sound **bärlager** tekn. journal bearing; i väg roadbed **bärlina** supporting cable (elektr. strand); på fallskärm shroud line

bärnsten amber; . . *av ~* äv. amber . .

bär|plan flyg. wing, airfoil, sjö. hydrofoil **-plansbåt** hydrofoil [boat], jet hydrofoil

bär|plockare blåbärs- etc. (jfr *bär*) bilberry etc. picker

bär|raket carrier rocket **-rem** strap

bärsaft berry juice

bärstol palanquin; hist. sedan[-chair]

bärsärk *-en -ar* berserk[er] **bärsärkaraseri** berserk[er] fury; *råka i ~* go berserk[er]

bärtid berry season

bär|vidd range, bildl. äv. scope **-våg** radio. carrier wave

bärår, *ett dåligt ~* a poor year for small fruit (bilberries etc., jfr *bär*)

bäst I *a* allm. best; utmärkt excellent, first-rate; H prima prime; *första ~a* se under *första;* [*min*] *~a fröken* dear Miss + efternamnet, dear Madam; jag har handlat *efter ~a förmåga* . . to the best of my ability; *~e vän!* my dear friend!; *vi är* [*de allra*] *~a vänner* we are the [very] best of friends; jfr äv. ex. under resp. subst. huvudord; *det blir ~* that will be best (the best thing); *det är ~ att du går* you had better go; *han är* [*som*] *~* i sin lyrik he is at his best . .; *han är ~ (den ~e) i klassen* [*i engelska*] he is the best in (is top of) the class [in English]; *jag anser det* [*vara*] *~ (vara det ~a) att gå* I consider it [will be] best to go; *stämningen var den ~a* everyone was in the best of spirits; vädret var [*inte*] *det ~a* . . [not] the best imaginable, . . [not quite] all that could be desired; *det kan hända den ~e* that (it) can (could, may) happen to anybody, accidents will happen; *det ~a* [*av alltsammans (i det hela)*] *var,* att . . the best [part] of it was . .; *endast det ~a är gott nog* only the best is good enough; *hoppas* [*på*] *det ~a* hope for the best; *rekommendera ngn till det ~a* highly (warmly) recommend a p., give a p. the best of recommendations; jfr *bästa*

II *adv* best; *ni gjorde ~ om ni gick (i att*

gå) it would be best for you to go; *tycka ~ om* like . . best, prefer; *hålla på som ~ med ngt* be just in the thick (midst) of a th.; när jag var *som ~ upptagen med att packa (med saken)* . . fully occupied with packing (with it); låt dem slåss *~ de behagar* . . as much as [ever] they like (F want); *han får klara sig ~ han kan* he must manage as best (manage the best way) he can

III *konj*, *~ [som] han gick där* just as (while) he was walking along; *~ [som] det var* all at once

bästa *neutr. s* (jfr *bäst I* ex.) good, benefit, advantage; welfare; *det allmänna ~* the public (common, general) good (weal); *göra sitt [allra] ~* do one's [very (level)] best; *för (till) ngns ~* for a p.'s own good; få (ge ngn) *något till ~* . . some refreshments pl., something to eat and drink; *få (ta) sig väl (för) mycket till ~* take a drop too much, F have one over the eight

bättra I *tr* improve [upon], brister, leverne äv. amend, mend; *~ på* t.ex. målningen touch up **II** *rfl* mend, improve, i sitt leverne amend, reform **bättre I** *a* better; absol.: om familj, folk better-class, respectable, om varor better-quality, om middag splendid, sumptuous, hygglig, om t.ex. hotell decent; *~ mans barn* children of good family (better-class parents); *komma på ~ tankar* think better of it; *jag får ~ tid i morgon* I shall have more time tomorrow; *bli ~* allm. get (become) better, om sjuk o. vädret äv. improve, om sjuk äv. make progress; *det vore ~ om du inte gjorde det* äv. you had better not [do it (so)]; *så mycket ~* so much (all) the better; *i brist på [något] ~* in the absence (for want) of anything better **II** *adv* better; *jag hoppas få det ~* I hope to become (be) better off (ekonomiskt äv. to better myself); *ha det ~ [ställt]* be better off; *han visste inte ~* he didn't know any better; *det hände sig inte ~ än att han* . . as [ill] luck would have it, he . .; *~ upp [än så]* F one better [than that] **bättring** improvement, om hälsa äv. recovery **bättringsvägen**, *vara på ~* be on the road to recovery, be recovering (getting better, F on the mend)

bäva *itr* tremble äv. bildl., *för* at [the thought of]; darra shake, quiver; rysa shudder, quail, *av* i samtliga fall with **bävan** *-0* dread, fear

bäver *-n bävrar* beaver **-skinn** beaver[-pelt]

böckling smoked Baltic herring, buckling

bödel *-n bödlar* executioner, hangman; bildl. tormentor, tyrann butcher **bödelsyxa** executioner's axe

Böhmen Bohemia **böhmisk** *a* se *bömisk*

böj|a *-de -t* **I** *tr* **1** (ibl. *itr*) kröka bend, bågformigt äv. curve, lemmarna äv. flex; sänka bow, incline; kuva bend; *~ huvudet* åt sidan bend one's head . .; *~ [på] huvudet* incline (bow) one's head; *~ knä inför* äv. bildl. bow (bend) the knee to **2** gram. inflect, verb äv. conjugate, substantiv o. adjektiv äv. decline **II** *rfl* bend down, stoop [down], luta sig äv. lean; om saker, krökas bend; ge vika yield, give in, surrender, submit, *för* i samtliga fall to; buga (underkasta) sig bow, ibl. bow down, [*in*]*för* to; *~ sig under ngt* bildl. bow (submit) to a th.; *~ sig över ngn* bend over a p. **III** m. beton. part. **1** vägen *-er av åt öster* . . swings (turns) to the east **2** *~ ihop* bend [. . double]; kanterna bend . . together **3** *~ ned* bend down; *~ sig ned efter ngt* bend down to pick up a th. **4** *~ till* bend; förfärdiga make **5** *~ undan* bend . . aside (out of the way); *~ sig undan* bend aside **6** *~ sig ut [genom* fönstret] lean out [of . .]

böj|d *a* **1** eg. bent, curved, bowed, jfr *böja;* om hållning stooping; *~ av ålder* bent with age; *~ näsa* hooked nose; *med -t huvud* with bowed head **2** gram. inflected **3** benägen, hågad inclined, disposed, *för att göra* vanl. to do; *vara ~ för* vara för be in favour of **böjelse** inclination, *för* for; benägenhet, håg äv. tendency, *för* to[wards]; tycke, kärlek äv. fancy, liking, affection; *visa ~ för att* inf. show an inclination (seem inclined) to inf. **böjlig** *a* **1** om sak flexible, pliant **2** om röst flexible **3** isht bildl. pliable, supple **4** gram., om subst. o. adj. declinable, om vb conjugable **böjlighet** flexibility, pliancy, pliability, suppleness; jfr föreg.

böjning 1 böjande bending osv., jfr *böja* **2** bukt, krok bend, curve; krökning, isht naturv. flexure, curvature **3** på huvudet bend, bow **4** gram. inflection

böjnings|form gram. inflected form **-mönster** gram. paradigm **-ändelse** gram. inflectional ending

böka *itr* root, grub äv. söka; jfr *1 rota*

böla *itr* råma low, moo; ilsket, t.ex. om tjur bellow; om t.ex. siren wail; F gråta howl, blubber

böld *-en -er* boil; svårare abscess; *öppna en ~* lance a boil (an abscess) **-pest** bubonic plague

bölj|a I *-an -or* billow, wave; *stridens -or* the surge sg. of battle; *gå i -or* = *bölja II* **II** *itr* om hav o. sädesfält billow, wave, undulate, om hav äv. roll, swell; om folkhop o. d. surge; om hår flow; om strid sway **böljande** *a* billowing osv.; om hav äv. billowy, om hår äv. waving, wavy

bömare *s* o. **bömisk** *a* Bohemian

bön *-en -er* **1** anhållan request, enträgen appeal, entreaty, plea, ödmjuk supplication, skriftlig petition, suit, *om* i samtliga fall for; *jag har en ~ till dig* I have a request to make of you; *rikta en ~ till ngn* make an appeal to a p., appeal to a p. **2** relig. prayer; jfr *aftonbön 1,*

bordsbön; Herrens ~ the Lord's Prayer
1 böna *itr,* ~ *för ngn* plead for a p.
2 bön|a *-an -or* bean **-balja** bean-pod
bönbok prayer-book, katol. breviary; *ta till* ~ *en* eat humble pie
bön[e]|dag ung. intercession day **-hus** missionshus meeting-house, chapel
böne|man [vid frieri wooer's] proxy **-möte** prayer-meeting **-skrift** petition
bön|falla *tr itr* plead, högt. supplicate, *om* for; ~ [*hos*] *ngn om ngt* beseech (entreat, implore) a p. for a th., appeal to a p. for a th. **-hus** se *bön[e]hus* **-höra** *tr,* ~ *ngn* grant (hear) a p.'s prayer; *han blev -hörd* he had his request granted, av Gud his prayer was granted **-pall** kneeling-desk, prie-dieu (pl. äv. -x) fr. **-sal** skol. chapel, aula assembly hall
bönsöndag, ~ *en* Rogation Sunday
böra *borde bort hjälpvb* **1** uttr. plikt, råd m. m.: **a)** *bör, borde* särsk. uttr. plikt, moralisk skyldighet ought to, uttr. råd, hövlig anmodan el. lämplighet should; *man bör inte prata* med munnen full you should not (stark. ought not to) talk . .; *man bör aldrig bli förvånad över något* you must never be surprised at anything; *anmärkas bör, att* . . it should be mentioned that . .; *som sig bör* i sin ordning as it ought to (should) be, as is [meet and] proper; [*jag tycker*] *du bör (borde) gå till en läkare* you should (had better) see a doctor; de åtgärder *som bör (borde) vidtas* . . [that ought] to be taken **b)** *böra, bort* omskrivs: *han hade bort lyda (borde ha lytt)* he ought to have obeyed; *jag anser mig* ~ *göra det* I think I ought (I consider it my duty) to do it; *svenskt järn synes* ~ *sättas främst* Swedish iron would seem to be (should, it would seem, be) entitled to [first] priority **2** uttr. förmodan: *hon bör (borde)* måste *vara 17 år* she must be 17; *han bör* torde *vara framme nu* he should (will) be there by now; när var det? *det bör ha varit* var väl *vid fyratiden* it would be (will el. would have been) about four o'clock; *det borde inte vara svårt* att få reda på hur . . it ought not to be difficult . .
börd *-en 0* birth, härkomst äv. descent, ancestry, lineage; *av* [*ädel*] ~ of noble descent (lineage); *av ringa* ~ of lowly (humble) birth; *till* ~ *en* by birth
börd|a *-an -or* burden, load båda äv. bildl.; weight isht bildl.; *livet är honom en* ~ life is a burden to him; *digna under* ~ *n* äv. bildl. succumb under the load
1 bördig *a* härstammande, *han är* ~ *från* . . he was born in . ., he is a native of . .
2 bördig *a* fruktbar fertile, fruitful **-het** fertility, fruitfulness
börds|adel hereditary nobility (aristocracy) **-högfärd** pride of birth **-stolt** *a* . . proud of one's birth
börja *tr itr* allm. begin, start, högt. commence, [*att*] inf. se nedan; ta itu med set about, [*att*] *arbeta* working; grunda, stifta äv. institute, set . . on foot; inleda: t.ex. företag initiate, t.ex. förhandlingar, fälttåg äv. open; sätta in set in; ~ [*att* el. *på att*] inf. begin (etc.) to inf., isht om avsiktlig handling o. vid opers. vb äv. begin (etc.) + ing-form; ~ *dricka* supa begin (take to) drinking (F tippling); ~ *springa* start (set off) running; *boken* ~ *r säljas nästa vecka* the sale of the book will begin next week; *det* ~ *r bli mörkt (kallt)* it is getting dark (cold); ~ *ett anfall* launch an attack; ~ *sin bana som* . . start (begin life) as . .; ~ *en resa* start [on] a journey; ~ *från början* start afresh ([all over] again), make a fresh start, recommence; *till att* ~ *med* to begin (start) with, först [. . men] at first; ~' *på ngt* start on (t.ex. ett arbete set about) a th.; *nu* ~ *s det* nu börjar eländet now we are in for it; ~ *om* begin (start) [all over] again; ~ *på'* begin, set (fall) to; ~ [*på'*] *med ngt* begin (start, lead off) with a th.; ~ *på' att* inf. se ovan
början - *0* allm. beginning, start, högt. commencement; inledning äv. opening; ursprung, första ~ origin; [*den första*] ~ *till* the first (early) beginnings pl. of; *all* [*vår*] ~ *är svår* the first step is always the hardest; *det är alltid en* ~ it is always something to start with; *räkna sin* ~ *från* date its origin from; *ta sin* ~ begin, commence; *från* ~ *till slut* from beginning to end, from start to finish, om bok from cover to cover; [*redan*] *från* [*första*] ~ from the [very] beginning (outset); *i (till en)* ~ at the beginning (start, outset), till att börja med for a start, först [. . men] at first; *i* ~ *av maj* at the beginning of May, in the early days of May; *i* ~ *av året* in the early (first) part of the year, early in the year; *i* ~ *av sextiotalet* in the early sixties; *med* ~ den 1 maj starting . .
börs *-en* **1** pl. *-ar* portmonnä purse **2** pl. *-er* H exchange; på kontinenten, särsk. i Frankrike bourse fr.; *på* ~ *en* on the Exchange (i Engl. äv. Change), i börshuset at (in) the Exchange **-affärer** exchange transactions (dealings, F deals) **-hus** exchange [building] **-jobbare** stockjobber **-kurs** stock exchange quotation (price) **-mäklare** stockbroker **-noterad** *a* . . quoted (listed) on the stock exchange; *icke* ~ *e papper* unlisted securities **-notering** stock exchange quotation **-spekulation** speculation on the stock exchange
böss|a *-an -or* **1** gevär gun; hagel~ shot-gun; räfflad rifle **2** spar~ money-box **-kolv** butt-end [of a (resp. the) gun] **-kula** bullet **-pipa** gun-barrel
böta **I** *itr* pay a fine, be fined; ~ *för ngt* umgälla pay (suffer) for a th. **II** *tr, få* ~ *25 kronor* be fined 25 kronor **böter** *pl* fine

sg.; *döma ngn till 25 kronors ~* fine a p. 25 kronor; förseelsen *är belagd med 25 kronors ~* . . is punishable by a fine of 25 kronor **bötesbelopp** fine **bötesstraff** fine, penalty **bötfäll|a** *tr, ~ ngn* fine a p., impose a fine on a p.; *-d till* . . fined . .

C

c *c*-[*e*]*t*, pl. *c*[-*n*] **1** bokstav c [utt. si:] **2** mus. C **3** betyg, *C* se *underkänd*
cabriolet *-en -er* convertible
calmettevaccination B.C.G.-vaccination
camouflage *-t 0* o. **camouflera** *tr* camouflage
campa *itr* allm. camp out, go camping; med husvagn caravan, isht amer. trail **campare** allm. camper; med husvagn caravanner, amer. trailerite **camping** *-en 0* camping; med husvagn caravanning, isht amer. trailing **campingplats** camping ground; för husvagnar caravan site, amer. trailer camp
cancer *-n 0* läk. cancer **-forskning** cancer research. — För andra sms. se *kräft-*
cape *-n -r* cape
Capitolium the Capitol
cardigan *-en -er (-s)* cardigan
c-dur C major
ced|er *-ern* **1** pl. *-rar* träd cedar **2** pl. *0* virke cedarwood; . . *av* ~ äv. cedar[wood] . .
cedilj *-en -er* cedilla
celeber *a* distinguished, celebrated; *ett* ~*t bröllop* a fashionable wedding **celebrera** *tr* celebrate **celebritet** *-en -er* celebrity
celest *a* celestial
celibat *-et 0* celibacy
cell *-en -er* cell **-bildning** cell-formation **-delning** cell-division **-formig** *a* cell-shaped, cellular **-fängelse** straff solitary confinement
cellist cellist
cellkärna nucle|us (pl. -i)
cell|o *-on -i* cello (pl. -s)
cellofan *-en (-et) 0* cellophane ®
cell|skräck claustrophobia **-stoff** wadding, cellu-cotton
celluloid *-en 0* celluloid
cellulosa *-n 0* cellulose; pappersmassa wood-pulp **-lack** cellulose lacquer (varnish)
cell|vägg biol. cell-wall **-vävnad** cellular tissue
Celsius *oböjl. s, 30 grader* ~ *(30° C)* 30 degrees centigrade (30° C.) **celsiustermometer** centigrade (Celsius) thermometer
cembal|o *-on -or (-i)* harpsichord
cement *-en (-et) 0* o. **cementera** *tr* cement **cementfabrik** cement works (pl. lika)
cendré *a* o. **-färgad** *a* ash-coloured, ash|-blond (resp. -blonde, jfr *blond*)
censor censor; i skola external examiner **censur** censorship, *över* over, upon; *öppnat av* ~*en* opened by [the] censor **censurera** *tr* censor
cent *-en -*[*s*] cent
centaur *-en -er* centaur
cent|er 1 *-ern 0* centre **2** *-ern -rar* se ~*forward* **3** *-ret -*[*r*]*er* centre **centerbord** sjö. centre-board **centerforward** centre-forward **centerhalvback** centre half[-back]
centerpartiet polit. the Centre Party
centi|gram centigram[me] **-liter** centilitre **-meter** centimetre
centner *-n* - ung. hundredweight (pl. lika efter räkn.), förk. cwt.; centner, cental
centra *tr itr* centre
central I *-en -er* H central agency (office), headquarters vanl. pl.; friare centre; huvudbangård central station; telef. exchange **II** *a* central; *det* ~*a* väsentliga *i* . . the essential thing about (part of) . . **Centralamerika** Central America **centralamerikansk** *a* Central--American
central|antenn communal aerial [system] **-bank** central (national, state) bank **-butik** main shop **-figur** se *huvudfigur* **-förvaltning** central administration
centraliser|a *tr* centralize **-ing** centralization
central|postkontor, ~*et* the General Post Office **-station** central station **-uppvärmning** o. **-värme** central heating
centrifug *-en -er* centrifuge; tvätt~ spin-drier **centrifugalkraft** centrifugal force **centrifugera** *tr* centrifugalize, tvätt spin-dry
centr|um *-um (-*[*um*]*et),* pl. *-a (-um* el. *-er)* centre, vetensk. centr|um (pl. äv. -a), foc|us (pl. äv. -i)
cerat *-et -*[*er*] lip-salve
cerebral *a* cerebral
ceremoni ceremony; *utan* [*alla (vidare)*] ~*er* without [any] ceremony **ceremoniel**[**l**] *-et* - ceremonial **ceremoniell** *a* ceremonious **ceremonimästare** master of ceremonies, förk. M.C.
certeparti sjö. charter-party, charter
certifikat *-et* - certificate
Cesar Cæsar
cess *-et* - mus. C flat
cesur cæsura
ceylonesisk *a* Ceylonese
champagne *-n 0* champagne **-flaska** bottle of champagne; tom champagne bottle
champinjon mushroom
champion -[*en*] *-s* champion
changera *itr* blekas change colour, fade; deklinera alter [for the worse]
chans *-en -er* chance, utsikt äv. prospect, gynnsamt tillfälle äv. opportunity (*till* i samtliga fall of), opening, *till* for; risk äv. risk; *ge ngn en* ~ äv. give a p. a fair trial; *han har goda* ~*er* his chances are good; *inte den minsta* ~ F not an earthly [chance] **chansa** *itr* F försöka på vinst och förlust take a chance, chance it

chansartad *a* hazardous, riskabel äv. risky; slumpartad random attr.
charad *-en -er,* [*levande*] ~ charade
chargé d'affaires *-en -er* chargé (pl. -s) d'affaires fr.
chargera *tr* överdriva exaggerate, overdo
charkuteri|affär ung. pork-butcher's (provision dealer's) [shop], delicatessen shop **-varor** *pl* cured (cooked) meats and provisions
charlatan charlatan, quack, mountebank
charm *-en 0* charm, attractiveness **charmant** *a* delightful, charming; utmärkt excellent **charm[er]a** *tr* charm **charmerad** *a* charmed, *av* ngt with **charmeuse** *-n 0* trikå warpknit **charmfull** *a* o. **charmig** *a* charming, captivating **charmör** *-[e]n -er* charmer
chartra *tr* charter
chassi *-[e]t -er* chassis (pl. lika)
chateaubriand *-en -er* chateaubriand fr.
chaufför *-[e]n -er* driver; privat~ chauffeur
chaussé *-n -er* landsväg high road
chauvinism chauvinism, jingoism **chauvinist** chauvinist, jingo **chauvinistisk** *a* chauvinistic, jingoistic
check *-en -ar (-er)* cheque, amer. check, *på* belopp for; *betala med* [*en*] ~ pay by cheque; *skriva ut en* ~ write out a cheque **-bedrägeri** cheque fraud **-bok** o. **-häfte** cheque-book **-konto** cheque account **-lön** wages pl. (resp. salary) paid into a (one's) cheque account **-räkning** cheque account
chef *-en -er* head, *för* of; firmas äv. principal, arbetsgivare employer, direktör manager, director; mil.: för stab chief, för förband commander; sjö. captain; *han är min* ~ överordnade he is my superior (F boss) **chefredaktör** [chief] editor, editor-in-chief **chefsbefattning** position as head [of a (resp. the) firm e.d.], managerial post (position), managership, directorship, jfr *chef* **chefsegenskaper,** *ha goda* ~ be well fitted for a position of authority **chefskap** *-et 0* position as head [of a (resp. the) firm e.d.], leadership, sjö. captaincy, *över* of; jfr *chef,* äv. *befäl 1* **chef[s]konstruktör** chief designer **chefstjänsteman** civil servant (etc., jfr *tjänsteman*) in a leading position
chevaleresk *a* chivalrous
cheviot *-en -er* serge
chevreau *-n 0* kid
chic[k] *a* chic, stylish
chiffer *-n - (chiffrer)* cipher, code; *i (med)* ~ in cipher, in code **-skrift** cipher, code **-språk** code **-telegram** cipher (code) telegram
chiffong *-en -er* chiffon fr., end. sg.
chiffonjé *-n -er* escritoire, secretaire
chikan förolämpning affront, insult; skam disgrace **chikanera** *tr* förolämpa insult; skämma ut disgrace
Chile Chile **chilen** *-en -er* o. **chilensk** *a* Chilean **chilesalpeter** Chile saltpetre
chimär chim[a]era
chintz *-en 0* chintz
chock *-en -er* **1** stöt, nerv~ shock **2** mil. *göra* ~ *mot* charge [down on] **chocka** *tr* shock; jfr *chockskadad* **chockbehandling** shock treatment **chockera** *tr* shock; *bli ~d över ngt* be shocked at (by) a th. **chockskadad** *a, bli* ~ get a shock
choka *itr* motor. use the choke **chok|e** *-en -ar* choke
choklad *-en 0* chocolate; *en kopp* ~ kakao äv. a cup of cocoa; *en ask* ~praliner a box of [assorted] chocolates **-bit** pralin chocolate, m. krämfyllning chocolate cream **-brun** *a* chocolate[-coloured] **-fabrik** chocolate factory **-kaka** kaka choklad bar of chocolate **-pralin** se *-bit*
chosefri *a* unaffected, unsophisticated **choser** *pl* affectation sg. **chosig** *a* affected
chuck *-en -ar* chuck
ciceron ciceron|e (pl. äv. -i), guide
cider *-n 0* cider
cif *adv* H c.i.f.
cigarill *-en -er* se *cigarrcigarrett*
cigarr *-en -er* cigar **cigarraffär** tobacconist's [shop] **cigarraska** cigar-ash **cigarrcigarrett** cheroot, cigarillo, amer. äv. stogie
cigarrett *-en -er* cigarette, F fag **-etui** o. **-fodral** cigarette-case **-munstycke** löst cigarette-holder **-paket** med innehåll packet of cigarettes **-stump** cigarette-end, stub of a (resp. the) cigarette, F fag-end
cigarrettändare lighter
cigarr|etui o. **-fodral** cigar-case **-låda** tom cigar-box; låda cigarrer box of cigars **--rök[-are]** se *cigarrök[are]* **-snoppare** cigar-cutter **-stump** cigar-end, stub (stump) of a (resp. the) cigar
cigarrök cigar-smoke **cigarrökare** cigar-smoker
cikad|a *-an -or* cicada, cicala
cikoria *-n 0* chicory
cinnober *-n 0* cinnabar **-röd** *a* vermilion
cirka *adv* about, roughly, se vid. *ungefär I;* isht vid årtal circa, circiter (båda lat. o. förk. c[a]. el. circ.) **-pris** H ung. suggested price
cirkel *-n cirklar* geom. circle äv. friare **-bestick** se *ritbestick* **-bevis,** det är *ett* ~ .. arguing in a circle, .. begging the question **-båge** arc [of a (resp. the) circle] **-formig** *a* o. **-rund** *a* circular **-rörelse** circular movement **-såg** circular saw
cirkla *itr* kretsa circle **cirklad** *a* ceremonious, formal
cirkulation *-en 0* circulation **cirkulationsrubbning** läk. circulatory disturbance **cir-**

kulera *itr* circulate, go round; *låta* ~ circulate, send round **cirkulär** *-et* - circular
cirkumflex *-en -er* circumflex
cirkus *-en -ar* circus; *full* ~ villervalla a proper racket; *rena* ~*en* löjlig tillställning a proper farce **-artist** circus-performer **-direktör** circus-manager **-ryttare** circus-rider
ciselera *tr* chase **ciselör** *-[e]n -er* chaser **ciselörarbete** abstr. chased-work; konkr. piece of chased-work
ciss *-et* - C sharp - **-moll** C sharp minor
cissus *-en -ar,* [*vanlig*] ~ kangaroo vine
cisterciens[er]orden best. form the Cistercian Order
cistern *-en -er* tank; för vatten cistern **-vagn** järnv. tank waggon
citadell *-et* - citadel
citat *-et* - quotation **citationstecken** quotation mark; jfr vid. *anföringstecken* **citera** *tr* anföra som exempel cite; textställe, exempel quote; skrift, författare äv. quote from; bokstaven 'i' *är* ~*d* utmärkt m. citationstecken . . is placed between inverted commas
citron *-en -er* lemon **-gul** *a* lemon-yellow, attr. äv. lemon **-press** lemon-squeezer **-saft** lemon juice (sockrad, för spädning squash) **-skal** lemon-peel **-syra** citric acid **-vatten** lemon-juice and water, lemon squash
citrusfrukt citr[o]us fruit
cittr|a *-an -or* zither
city *-t -n* [affärs]centrum [business and shopping] centre, amer. downtown
civil *a* civil, isht mots. militär civilian; *en* ~ a civilian; *i* ~*a kläder* se *-klädd; i det* ~*a* in civilian life **-befolkning** civilian population **-departement** ministry for civil service affairs **-domstol** civil court [of justice] **-ekonom** graduate from a [Scandinavian] School of Economics, eng. motsv. ung. Bachelor of Science (Econ.), amer. motsv. ung. Master of Business Administration **-flyg** civil aviation **-försvar** civil defence **-förvaltning** civil service **-ingenjör** Master of Engineering
civilisation civilization (äv. ~*en*) **civilisera** *tr* civilize **civilist** civilian
civil|klädd *a* . . in plain (civilian) clothes, . . in mufti, F . . in civ[v]ies; *en* ~ *polis (detektiv)* a plain-clothes man **-minister** minister for civil service affairs **-mål** civil case (suit) **-rätt** civil law **-sekreterare** university-trained secretary **-stånd** civil status
c-klav C clef
clearing *-en 0* clearing **-avtal** clearing agreement
clinch, *gå i* ~ go (fall) into a clinch
clip *-en -s* o. **clips** *-et* - öron~ ear-clip, dräktspänne e.d. clip
clou *-n 0* glansnummer star turn, höjdpunkt climax, highlight
clown *-en -er* clown

c-moll C minor
cocktail *-en -ar* cocktail **-[s]party** cocktail party
cognac *-en 0* brandy, ibl. cognac
collage *-t -s (-r)* konst. collage
collie *-n -r (-s)* collie
collier *-[e]n -er* necklace
come back o. **comeback** *oböjl. r* reappearance; *göra en bra (dålig)* ~ make (fail to make) a comeback
copyright *-en 0* copyright
cord *-en 0* textil. cord
corps-de-logi manor-house
cour *-en -er* se *3 kur 1*
cowboy *-en -s (-er)* cowboy
crawl *-en 0* crawl [stroke] **crawla** *itr* do the crawl, crawl
crêpe se *kräpp*
crescendo *-t -n* o. *adv* crescendo it.
cricket *-en 0* cricket **-spelare** cricketer
croquis *-en -er* skiss [rough] sketch
curling *-en 0* curling
curry *-n 0* curry [powder]
cyankalium potassium cyanide **cyanväte[syra]** prussic (hydrocyanic) acid
cybernetik *-en 0* cybernetics sg. el. pl.
cykel *-n* **1** pl. *cykler (cyklar)* serie cycle **2** pl. *cyklar* velociped [bi]cycle, F bike; mots. motor~ pedal cycle; *åka* ~ se *cykla* **-bana** väg cycle track; velodrom cycle-racing track **-bud** ung. messenger, errand boy **-däck** [bi]cycle tyre **-färd** se *-tur* **-klämma** byx- [bi]cycle clip **-parkering** parkerande parking of [bi]cycles; plats [bi]cycle park **-slang** [bi]cycle [inner] tube **-sport** [bi]cycling **-ställ** [bi]cycle stand **-tur** längre cycling tour, kortare [bi]cycle ride **-tävling** [bi]cycle race **-verkstad** [bi]cycle repair shop **-åkare** cyclist **-åkning** cycling
cykla *itr* cycle, F bike; ride a [bi]cycle (F bike); göra en cykeltur go cycling
cyklamen *- - r* cyclamen
cyklist cyclist
cyklon cyclone, lågtrycksområde äv. depression
cyklop *-en -er* Cyclo|ps (pl. lika el. -pes) **-öga** för dykare glass-fronted mask
cyklotron cyclotron
cylind|er *-ern -rar* **1** tekn. cylinder **2** hatt top (silk) hat **cylindrisk** *a* cylindrical
cymbal *-en -er* mus. (bäcken) cymbal
cyniker cynic, friare coarse-minded person; filos., hist. Cynic **cynisk** *a* cynical, rå coarse, skamlös shameless, fräck impudent; filos., hist. Cynic **cynism** *-en -er* cynicism, coarseness, shamelessness, impudence; samtliga end. sg.; jfr föreg.; *en* ~ a piece of cynicism osv.
Cypern Cyprus
cypress cypress
cypr[i]er *-n* - o. **cypriot** *-en -er* o. **cypriotisk** *a* Cypriot, Cyprian
cyst|a *-an -or* cyst

D

d *d-*[*e*]*t,* pl. *d*[*-n*] **1** bokstav d [utt. di:] **2** mus. D

dabba *rfl* begå ett misstag make a blunder, trampa i klaveret put one's foot in it

dadd|a *-an -or* nanny

dadel *-n dadlar* date **-palm** date-palm

dag *-en* (F *dan*) *-ar* (F *dar*) **1** allm. day **A** utan föreg. prep.: **a)** i obest. form: ~ *och natt* night and day; ~ *ut och* ~ *in* day in, day out; ~ *efter (för)* ~ se under *B; det blir* ~ the day is dawning (breaking); *kommer* ~*, kommer råd* the future will take care of itself; there is no need to worry; *en* ~ *var jag . .* one day I was . .; *en* ~ *nästa vecka* some (one) day next week; *en* [*vacker*] ~ a) avseende förfluten tid one [fine] day b) avseende framtid some (one) [fine] day, one of these [fine] days; *en vacker* ~ *på hösten gick jag . .* one (on a) fine autumn day I went . .; *det var en vacker* ~ *i går* it was a fine day yesterday; *din* ~ *kommer nog* your day (time) will come [, don't worry]; *följande* ~ se ~*en därpå* ned.; *god* ~ [*god* ~]*!* good morning (resp. afternoon, evening)!, vid presentation how do you do?; *god* ~ *på dig!* hallo!; *ge . . en god* ~ not care a fig for . .; *redan samma* ~ [on] the very same day; *var*[*je*] ~ *(alla* ~*ar)* [*utom . .*] every (vilken som helst any) day [except . .], daily [with the exception of . .]; *fjorton* ~*ar*[*s*] a fortnight['s]; *flydda (svunna)* ~*ar* bygone days, times gone by; *åtta* ~*ar*[*s*] a week['s]; *ha sett sina bästa* ~*ar* have seen one's best days; *ha sett bättre* ~*ar* have seen better days, have come down in the world; *sluta sina* ~*ar* end one's days; *hans* ~*ars upphov* the origin (author) of his being; *våra* ~*ars* Stockholm the . . of today, present-day . .; jfr *dags* **b)** i best. form: ~*en D* D-Day; ~*en därpå (efter) (följande* ~*) reste han* he left [on] the following day, he left [the] next day (the day after); *vara* ~*en efter* have a hangover, feel like the morning after [the night before]; ~*en före (förut) hade han rest* he had left the preceding day (the day before); *han reste* ~*en före valet* he left [on] the day before (on the eve of) the election; *den* ~*en, den sorgen* no use going to meet trouble half-way; we'll worry about that when the time comes; *hela* ~*en* all [the] day long, the whole day; *hela* ~*en i* ~ all [of] today; *hela* [*den*] *långa* ~*en* [*i ända*] el. ~*en lång* all [the] day long, [throughout] the whole (högt. livelong) day; *ta* ~*en som den kommer* take each day as it comes; ~*ens eko* radio. Radio Newsreel; ~*ens hjälte* o.d. se *hjälten* o.d. *för* ~*en* ned. *B; se (skåda)* ~*ens ljus* [first] see the light [of day]; ~*ens rätt* på matsedel today's special; ~*ens tidning* today's (om förfluten tid the day's) paper; *hela* ~*arna* all day long; varje dag every day; *de senaste* ~*arna* har en förbättring inträtt . . during the last few days; jfr *dagsens*

B m. föreg. prep.: **a)** *jag skall skriva en av de närmaste* ~*arna* I'll (I'm going to) write one of (within) the next few days (some day soon) **b)** ~ *efter* ~ day after day **c)** *från* ~ *till* ~ from day to day; *från den ena* ~*en till den andra* from one day to the next; över natten overnight **d)** ~ *för* ~ day by day, every day; *för* ~*en* for the day; *frågan för* ~*en* the question of the hour; *hjälten (samtalsämnet) för* ~*en* the hero (topic) of the day; han är *mannen för* ~*en . .* the man of the moment; *leva för* ~*en* live for the moment; *bli sämre för var* ~ [*som går*] get worse with every day that passes **e)** *i* ~ today, starkt beton. 'denna dag' äv. this day; *i* ~ *åtta* ~*ar* this day [next] week, today week, a week today; *i* ~ [*för*] *åtta* ~*ar (för ett år) sedan* this day last week (year), a week (year) ago today; *i* ~ *om ett år* this day next year, [in] a year from today; *i* ~ *på morgonen* this morning; *den* ~ [*som*] *i* ~ *är* se *ännu* [*i dag*]*; från och med i* ~ commencing from (starting) today; from this day onward[s] (forward); *vad är det för* ~ *i* ~*?* what day [of the week] is it?; det skulle vara färdigt *till i* ~ *. .* by today; *än*[*nu*] *i* ~ se *ännu 1; vad i all sin* ~ *(dar)* gör du här? what on earth . . ?; [*nu (just)*] *i* ~*arna, i dessa* ~*ar* a) gångna during the last few days, just recently b) nuvarande at present, just now c) kommande during the next few days, one of these days; *i forna (gamla)* ~*ar* in days of old (yore), in olden days; *i motgångens* ~*ar* in the day of adversity; *i våra* ~*ar* in our day, nowadays; *i* [*sina*] *yngre* ~*ar kunde han . .* as (when he was) a younger man (in his earlier days) he could . .; *kors i all min (sin)* ~ *(*mera vanl. *dar)!* well, I never!, bless me!, well, I'm blowed! **f)** *om (på)* ~*en (*~*arna)* in the daytime, by day; *en gång (tre gånger) om* ~*en* once (three times) a day (per diem lat., every twenty-four hours); *om några* ~*ar* in a few days['time] **g)** *på* ~*en* a) se *om* ~*en* ovan b) punktligt to the day; *på* ~*en ett år sedan* a year ago to the (a) day; *mitt på* ~*en* in the middle of the day; *mitt på ljusa* ~*en* in broad daylight; *senare på* ~*en* later in the day; *vid denna tid på* ~*en* at this time of the day; jag har inte cyklat *på den* ~ *jag minns . .* for I don't know how long, . . since I don't know when; *på mången god* ~ for many a [long] day; *på* [*sina*] *gamla*

~ar var han . . as an old man (in his old age) he was . . **h)** kan jag få stanna *bara över ~en? . .* just for the day?; *bli kvar över ~en hos ngn* stay (spend) the day with a p.
2 dagsljus daylight, jfr *dager 1; ~en föll sparsamt in* very little daylight penetrated; *det är klart som ~en* it is as clear as day (as plain as a pikestaff); *vacker som en ~ (som ~en)* [as] beautiful as the day is long; *se (skåda) ~en* bildl. [first] see the light [of day]; *bringa i ~en* bildl. bring to light, elicit; *gå i ~en* gruv. crop out; *komma i ~en* bildl. come (be brought) to light; *det ligger i öppen ~* it is obvious (patent, evident) to everybody; *lägga i ~en* show, display, jfr vid. *ådagalägga; det är fadern upp i ~en* he (resp. she) is the very image of his (resp. her) father
daga, *ta[ga] ngn av ~* put a p. to death
dagas *itr. dep* dawn; *det ~* nu it is growing light, the day is dawning
dag|befäl koll. officers pl. on duty osv., jfr *dag-officer* **-bok** diary; H day-book; klientbok appointment-book; t.ex. rese~, bil~ log[-book]; *föra ~* keep a diary **-boksanteckning** note (entry) in a (one's) diary **-boksform,** *i ~* in diary form **-bräckning** se *dagning* **-drivare** idler, loafer **-driveri** loafing **-drömmar** *pl* day-dreams
dag|er *-ern -rar* **1** [dags]ljus [day]light; bildl.: belysning light; *det är full ~* it is [as] light as day; *innan det blev ~* before it got (grew) light; *i full ~* in a full light; *ställa i en gynnsam ~* put in a favourable light; *framstå i sin rätta ~* stand out in its right (true) light; *hålla ngt mot ~n* hold a th. up to the light **2** konst., *[skuggor och] -rar* light [and shade] sg.
dagerrotyp *-en -er* daguerrotype
dag|fjäril butterfly **-färsk** *a* se *dagsfärsk*
1 dagg *-en -ar* **1** sjö. rope's end **2** bly~ colt
2 dagg *-en 0* dew; *när ~en faller* when the dew is falling (falls) **-droppe** dew-drop **-drypande** *a* dew-drenched **-frisk** *a* fresh [, dewy] **-ig** *a* dewy
dagg|kåpa lady's mantle, dew-cup **-mask** earthworm **-pärla** dew-drop
daggryning se *dagning*
daggstänkt *a* dewy, dew-sprinkled
dag|hem crèche, day nursery **-hjälp** **1** städhjälp charwoman, daily [help] **2** arbetslöshetsersättning daily unemployment benefit **-jämning** equinox
daglig *a* daily, isht vetensk. diurnal, ibl. everyday, jfr ex.; *~ tidning* daily [paper]; *i ~t bruk* in everyday use; *i ~t tal* in everyday speech, colloquially **dagligdags** *adv* every day [of the week] **dagligen** *adv* daily, every day; tre gånger ~ äv. . . a day
dag|lön wages pl. by the day **-lönare** day-labourer
dagning *-en 0* dawn, daybreak; *i ~en* at dawn (daybreak)
dag|officer officer on duty, orderly officer, isht amer. officer of the day, sjö. officer of the watch **-order** mil. order of the day **-ordning** föredragningslista agenda; *stå på ~en* be on the agenda, bildl. äv. have come up for (be under) discussion; *övergå till ~en* proceed (pass) to the business (order) of the day **-penning** se *dag[s]penning* **-rum** sällskapsrum day-room
dags *adv, hur ~?* [at] what time?, when?; i går, i fjol *så här ~* [at] this time . .; i morgon, nästa år *så här ~* [by] this time . .; *så [här (resp. där)] ~ på dagen* at this (resp. that) time of [the] day; *det är ~ att gå nu* it is [about] time to go now; *är det så ~?* så sent? is it as late as that?; *det är så ~* för sent *nu!* it is a bit late now!
dags|aktuell *a* topical; nyligen genomförd recent . .; jfr för övrigt *aktuell* **-behov,** *sitt ~* one's requirements for one (resp. the) day **-bot** o. **-böter** fine sg. [proportional to one's daily income]; *han dömdes till -böter (10 -böter à 30 kronor)* ung. he was sentenced to pay a fine (a fine of 10 times 30 kronor, vanl. a fine of 300 kronor)
dagsens, *det är ~ sanning* it is gospel (the plain [and honest]) truth
dags|färsk *a* absolutely fresh, pred. äv. fresh today; *en ~ händelse* a quite recent event **-förtjänst** daily earnings pl. **-gammal** *a* attr. day-old, pred. a day old **-händelser** *pl* events of the day **-inkomst** daily income; skänka *en ~ . .* one day's income **-kassa** butiks day's takings pl., daily receipts pl.
dagskift day-shift
dags|kurs, *~en* the rate of the day, the day's rate; *till ~* at the current (till kursen i dag at today's) rate of exchange **-ljus** daylight; *vid ~* by daylight; *sky ~et* shun the light of day **-ljuslampa** daylight-lamp **-lån** H day-to-day loan, call loan **-lång** *a* day-long; *en ~ resa* a day's journey **-läget** the present situation
dagslända mayfly
dags|lön se *daglön* **-marsch** day's march; *fyra ~er* four marches **-meja** *~n 0* midday thaw **-nyheter** *pl* radio. news sg., dagens äv. today's news
dag[s]|penning day's wages pl., day-wage; mil. taxa daily rate of pay; *för ~* for daily wages
dags|politik current (kortsiktig short-sighted) politics **-press** daily press **-pris** current (today's) price; *till gällande ~er* at the current prices **-ranson** daily ration **-regn,** *vi får nog ~* it looks as if it is going to rain all day [today] **-resa** day's journey; *två -resor* two (a couple of) days' journey **-tidning**

daily [paper] **-verke** *~t ~n* arbete mot daglön day-work; *-verk[e]* livsgärning life-work; *gå på ~n* work by the day, do day-work [on a farm]; det blir *ett drygt ~* . . a whole (good) day's work

dag|teckna *tr* date **-tinga** *itr* kompromissa compromise, come to terms; *~ med sitt samvete* compromise with (square) one's conscience **-tingan** compromise; compromising **-tjänst** day duty **-trafik** day-services pl. **-traktamente** daily allowance [for expenses]; *han har 50 kr. i ~* he is allowed 50 kronor a day for [his] expenses **-tåg** day train

dahli|a *-an -or* dahlia

dakapo I *-t -n* encore **II** *adv* once more, da capo it.

daktyl *-en -er* dactyl **-isk** *a* dactylic

dal *-en -ar* valley, högt. vale, dale

dala *itr* sink, go down, descend, fall, spec. bildl. decline

Dalarna Dalarna, Dalecarlia

dal|botten bottom of a (resp. the) valley **-gång** long[ish] valley

dal|karl Dalecarlian **-kulla** Dalecarlian woman (resp. girl)

dallr|a *itr* skälva, darra quiver, tremble, om kind, gelé o.d. wobble, vibrera vibrate, quaver **-ing** quiver, tremble, wobble, vibration, quaver; jfr föreg.

dalmas Dalecarlian

Dalmatien Dalmatia **dalmatiner** Dalmatian **dalmati[n]sk** *a* Dalmatian

dalmålning Dalecarlian [peasant] wall-painting

dalsänka depression, ibl. valley

dalta *itr, ~ med ngn* kela pet (fondle) a p., klema [molly]coddle (pamper) a p.

Dalälven the [river] Dalälv[en]

1 dam *-en -er* **1** allm. lady; *en ~ av värld* a woman of the world; *stora ~en* quite the grown-up [young] lady; *mina ~er [och herrar]!* ladies [and gentlemen]!; 100 meter bröstsim *för ~er* . . for women; *vill ~en (~erna) vänta?* would you mind waiting, madam el. Madam (, ladies), please? **2** bordsdam [lady] partner [at table]; danspartner [lady] partner; *föra en ~ till bords* take a lady in to dinner; *jag hade henne till ~* she was my partner **3** kortsp. o. schack. queen

2 dam 1 *s, spela ~* play draughts; jfr *damspel* **2** *-en -er* dubbelbricka i damspel king

damask *-en -er, ~er* vanl. m. knappar el. blixtlås gaiters, långa äv. leggings, korta för herrar vanl. spats **-byxor** *pl* leggings

damast *-en (-et) -er* damask end. sg. **-duk** damask cloth

dam|bassäng ladies' swimming-pool **-bekant** *subst. a* lady friend **-besök,** *ha ~* have a lady visitor **-binda** sanitary towel (amer. napkin) **-bjudning** ladies' party, F hen-party **-byxor** *pl* under~ knickers, panties, trosor briefs **-cykel** lady's [bi]cycle **-dubbel** sport. women's doubles pl., match women's doubles match

damejeanne *-n -r* carboy, demijohn

dam|frisering lokal ladies' hairdressing saloon **-frisör** o. **-frisörska** ladies' hairdresser **-handske** lady's glove **-hatt** lady's hat **-konfektion 1** ladies' [ready-made] clothing, women's wear **2** se följ. **-konfektionsaffär** ladies' outfitter's [shop] **-kupé** ladies' compartment **-linne** lady's vest

1 damm *-en -ar* **1** fördämning, vall tvärsöver flod dam, weir, barrage, skydds~ vid hav dike, dyke, sea-wall **2** vattensamling pond, större, vid kraftverk o.d. pool, reservoir

2 damm *-et 0* dust; *riva (röra) upp mycket ~* kick up (raise) a dust (eg. a great deal of dust)

damma I *tr* dust, utan obj. äv. do the dusting; *~ av* t.ex. bordet dust, remove the dust from; *~ av i ett rum* dust a room; *~ ned* make . . [all] dusty; *~ på* prygla *ngn* dust a p.'s jacket **II** *itr* röra upp damm raise a great deal of dust; ge ifrån sig damm make a lot of dust; *det ~r väldigt* there are clouds of dust; *det ~r på vägen* the road is dusty; *så det ~r!* what a dust there is!

dammanläggning se *dammbyggnad*

dammborste dusting-brush, dust-brush

dammbyggnad (jfr *1 damm 1*) **1** byggande construction of a (resp. the) dam osv. **2** konkr. dam osv.

damm|fri *a* dustless, . . free from dust **-fylld** *a* om luft dust-laden **-grå** *a* dust-coloured **-gömma** dust-trap **-handduk** dust-cloth, duster **-höljd** *a* . . covered with dust, friare dusty

damm|ig *a* dusty; *det är så ~t på vägen* the road is so dusty **-korn** grain (speck) of dust, mote

dammlucka sluice[-gate], flood-gate

dammoln dust-cloud, cloud of dust

damm|suga *tr* vacuum-clean **-sugare** vacuum cleaner **-sugning** vacuum-cleaning **-torka** *tr* dust, jfr *damma 1* **-trasa** duster **-vippa** feather-duster **-virvel** whirl (tornado) of dust

damning *-en 0* dusting

damoklessvärd, *ett ~* a sword of Damocles

dam|rum ladies' [cloak-]room (amer. rest room) **-sadel** side-saddle **-singel** sport. women's singles pl., match women's singles match **-sko** lady's shoe **-skräddare** ladies' tailor

damspel konkr. draughts (amer. checkers) set; abstr. [game of] draughts (amer. checkers)

dam|sällskap, *i ~* a) with (in the company

of) ladies (resp. a lady) b) bland damer among ladies **-tidning** ladies' magazine **-toalett** lokal ladies' lavatory (cloak-room) **-underkläder** *pl* ladies' underwear sg., lingerie fr., sg. **-väska** [lady's] handbag, amer. äv. pocket-book

dan *(dann) a* F **1** bedrövlig awful; *det var då för ~ t!* what a pity (shame)! **2** betagen, *hon är så ~ i . .* she is so mad about . .

dana *tr* fashion, shape, form, *till* i samtliga fall into; *~* skapa *dem till hjältar* create them heroes; *~* utbilda (fostra) *ngn till . .* train (bring up) a p. to be[come] . .; *~ ngns karaktär* mould a p.'s character

dandy *-n -ar (-er)* dandy, fop

danism *-en -er* Danicism

1 dank *-en -ar* smalt ljus thin candle; talgljus tallow-candle, dip

2 dank, *slå ~* idle, loaf [about]

Danmark Denmark

dann *a* se *dan*

dans *-en -er* allm., isht om en *~*, om *~*stycke el. *~*tillställning dance; *~*ande, utförande av *~*, *~*konst dancing; bal ball; efter supén *blev det ~ . .* they (we etc.) had some dancing; *det går som en ~* it goes like clockwork, it is as easy as A B C (pie); *en ~ på rosor* a bed of roses; *~en kring guldkalven* the worship of the golden calf; *middag med ~* dinner and dancing; *vara ur ~en* bildl. be out of the running **dansa** *itr tr* **1** allm. dance, skutta trip, gå med *~*nde steg waltz, isht om häst prance; *gå och ~* ta danslektioner take dancing-lessons; *gå ut och ~* go out dancing; *ska vi ~?* shall we dance (F take a turn)?; *~ bra (dåligt)* be a good (poor) dancer; *~ folkdanser* do folk-dances; *~ vals* waltz; *båten ~de* på vågorna the boat was tossing . .; *~ efter grammofon* dance to a gramophone; *~ omkring* i rummet dance (waltz) around . .; *~ [om]kring* julgranen dance round . .; *det ~des hela natten* there was dancing the whole night; *~ sig trött* tire oneself [out] with dancing **2** falla, trilla tumble; bordsservisen *~de i golvet . .* went slithering (bounding) [on] to the floor; *~ ned* om t.ex. snöflingor come floating down, om t.ex. stenar come bounding down

dansande *a* dancing; *de ~* subst. a. the dancers **dansant** *a* **1** danslysten . . keen on (fond of) dancing **2** *hon är inte ~* kan inte dansa she cannot dance **dansbana** [open air] dance-floor, under tak dance-pavilion **danserska** [female] dancer, dancing girl; jfr äv. *dansös* **dansetablissemang** [public] dance-hall **dansgolv** dance-floor

dansk I *a* Danish; *~ skalle* butt with the (one's) head **II** *-en -ar* Dane **dansk|a** *-an* **1** pl. *-or* kvinna Danish woman **2** pl. *0* språk Danish. — Jfr *svenska* **danskfödd** *a* Danish-born; för andra sms. jfr äv. *svensk-*

dans|klubb dancing-club **-klänning** ball-dress, enklare dance frock **-konst** art of dancing; *~en* äv. the Terpsichorean art

dans|kunnig *a, vara ~* know how to dance **-lek** dance (ibl. singing) game **-lektion** dancing-lesson **-lokal** [public] dance-hall, ball-room **-lysten** *a* allm. . . keen on dancing, vid visst tillfälle . . eager to dance **-lärare** dancing-teacher, dancing-master **-lärarinna** dancing-teacher, dancing-mistress **-melodi** dance-tune **-musik** dance-music **-orkester** dance-orchestra(-band) **-palats** dance palace, palais de dance fr. **-restaurang** dance restaurant, café dansant fr. **-sjuka** St. Vitus's dance, chorea lat. **-sko** dancing-shoe, pump **-skola** dancing-school **-steg** dance-step **-tillställning** dance **-tur** set, figure

dansör dancer **dansös** [professional female] dancer; balettflicka dancing-(klassisk ballet-, i revy chorus-)girl **dansövning** dancing-exercise

dant *adv* F, *hon gick på så ~* she went on so awfully

Dardanellerna *pl* the Dardanelles

darr *-et (-en) 0, med ~ på rösten* with a shake (tremble) in one's voice **darra** *itr* allm. tremble, huttra shiver, skälva, dallra quiver, dallra, vibrera quaver, vibrate, skaka shake; *luften ~de av hetta* the air quivered with heat; *~ av köld* shiver with cold; *~ av rädsla* shake (tremble) with fright; *~ av vrede* quiver (shake, tremble) with anger; *~ i hela kroppen* shake (tremble) all over; *han ~r på handen* his hand shakes (trembles) **darrande** *a* trembling osv., om t.ex. händer äv. shaky, om t.ex. ljussken fluttering, om röst o. handstil tremulous, om åldrings ben doddering **darrgräs** quaking-grass **darrhänt** *a, han är så ~* his hands are so shaky **darrhänthet** shaky hands pl.; shakiness of one's hands **darrig** *a* se *darrande;* om åldring äv. doddering, om t.ex. linjer äv. wobbly; F svag shaky, nere äv. (pred.) out of sorts, off colour **darrning** trembling osv., jfr *darra;* tremor, shiver, quiver, shake; *råka i ~* go all of a tremble, have a trembling-fit, om sak start quivering (om sträng vibrating) **darrocka** electric ray **darrål** electric eel

darwinism Darwinism

dask 1 *-et 0* stryk, *ge ngn ~* give a p. a spanking **2** *-en -ar* slag slap **daska** *tr itr* **1** slå, *~ näven i bordet* bring one's fist down [bang] on the table; *~ [till] ngn* slap (spank) a p. **2** ramla, *~ i golvet* fall flat on to the floor **daskig** *a* sjaskig shabby; grå*~* dirty grey; urblekt faded

dass *-et* - F lav., vulg. bog[-house]

data *pl* **1** årtal dates **2** fakta data, facts **-be-**

handling data processing; computerization **-maskin** [electronic] computer
dater|a I *tr* date; *Ert brev ~t 2 maj* your letter of May 2nd; fyndet *kan ~s till 1200-talet* . . can be dated back to the 13th century **II** *rfl,* uttrycket *~r sig från förra århundradet* . . dates from (back to) the last century **-bar** *a* datable **-ing** dating
dativ *-en -er,* ~[*en*] the dative; *en ~* a dative **-objekt** dative (indirect) object
dato *-t -n* date; *trettio dagar a ~* thirty days after date; *från* [*dags*] *~* from date (today); *till*[*s*] *~* up to the present, to date
dator [electronic] computer
datum -[*et*] - *(data)* date; *poststämpelns ~* H date of postmark; *av gammalt ~* of ancient date, of long standing; *av senare ~* of [a] later (more recent) date **-parkering** ung. night parking on alternate sides of the street [according to whether the date is an even or odd number] **-stämpel** date stamp, dater **-stämpla** *tr* date-stamp **-visare** date case, perpetual calendar
d-dur D major
de se *den*
debacle *-n* (äv. *-t*) *0* débâcle fr.
debarkera *itr* disembark, land **debarkering** disembarkation, landing
debatt *-en -er* debate isht parl., diskussion discussion, överläggning deliberation, *om* i samtl. fall on; i pressen äv. controversy; *den ekonomiska ~en* här i landet är . . public discussions pl. on economic affairs . .; *stå under ~* be under discussion; *ställa ngt under ~* bring a th. up for discussion, make a th. the subject of a debate **debattera** *tr itr* debate, diskutera discuss; *~ om ngt* debate [on] (discuss) a th.; *~ igenom en fråga* thrash a question out **debattfråga** tvistefråga controversial question **debattinlägg** contribution to the (resp. a) debate etc.; *ett ~ i frågan om* . . a contribution to the problem of . .; *i ett ~ om* . . friare in an article (a speech etc.) on . . **debattör** debater
debet *oböjl. n* debit; bokföringsrubrik Debtor (förk. Dr.); *~ och kredit* debits and credits; *få ~ och kredit att gå ihop* get the two sides of one's accounts to agree; friare make both ends meet **debetsedel** ung. [income-tax] demand note, notice of assessment **debetsida** debit side **debitera** *tr* debit, ta betalt charge; *~ ngn ett belopp* ([*för*] *en vara)* debit a p.['s account] with (for) an amount (for an article), resp. charge a p. an amount (for an article) **debitering** debiting; debetpost debit item (entry) **debitor** *-n -er* debtor
debut *-en -er* début fr., first appearance **debutant** sångare osv. singer osv. (teat. actor resp. actress) making his (resp. her) début **debutbok** first book **debutera** *itr* make one's début
december *r* December (förk. Dec.); jfr *april* o. *femte*
decenni|um *-et -er* decade
decentralisera *tr* decentralize **decentralisering** decentralization
decharge *-n -r* polit. approval of the Cabinet-meeting minutes; H se *ansvarsfrihet; ~ beviljades* polit. the Cabinet-meeting minutes were approved by the Riksdag **-debatt** debate on [the approval of] the Cabinet-meeting minutes
dechiffrera *tr* decipher, kod decode
decibel pl. - fys. decibel
deciderad *a* pronounced, decided, marked
deci|gram decigram[me] **-liter** decilitre
decimal *-en -er* decimal **-bråk** decimal [fraction] **-komma** decimal point **-räkning** decimal arithmetic, decimals pl. **-system** decimal system **-tal** decimal number **-våg** decimal balance
decimera *tr* decimate, reduce [. . in number]
decimeter decimetre **decimetervåg** radio. decimetre wave **deciton** ung. two hundredweight (förk. 2 cwt.)
deckare F **1** roman detective story, S whodun[n]it **2** detektiv sleuth, tec, amer. dick
dedicera *tr* dedicate **dedikation** dedication **dedikationsexemplar** inscribed (dedication) copy
deducera *tr, ~* [*fram*] deduce **deduktion** deduction
defaitism defeatism **defaitist** defeatist
defekt I *-en -er* fel, skada defect, ofullkomlighet, bristfällighet imperfection, deficiency; *moraliska ~er* moral defects; *en ~ i hans karaktär* an imperfection (a defect) in his character **II** *a* defective, felaktig faulty, ofullständig imperfect; skadad damaged
defensiv *-en 0* o. *a* defensive; *hålla sig på ~en* be on the defensive
deficit -[*et*] - deficit, deficiency
defilera *itr, ~* [*förbi*] march (file) past **defilering** march past
definiera *tr* define **definierbar** *a* definable **definition** definition **definitiv** *a* bestämd definite, oåterkallelig definitive, final **definitivt** *adv* definitely osv., en gång för alla äv. once and for all; slutgiltigt finally
deflation *-en 0* ekon. deflation
deformera *tr* deform, förstöra utseendet av disfigure
deg *-en -ar* dough, smör~ paste; *en ~* a piece of dough (resp. paste)
degel *-n deglar* crucible
degeneration *-en 0* degeneration **degenerera** *itr* degenerate **degenererad** *a* degenerate; *en ~ individ* a degenerate
degig *a* **1** degartad doughy, pasty **2** *jag är ~ om händerna* my hands are covered with

dough

degradera *tr* degrade, mil. äv. demote, sjö. äv. disrate; bildl. reduce **degradering** degradation, demotion, disrating, reduction; jfr föreg.

degtråg kneading-trough

deism deism **deist** deist

dejlig *a* åld. fair

dekad *-en -er* decade

dekadans *-en 0* decadence **dekadanslitteratur** decadent literature **dekadanstecken** sign of decadence **dekadent** *a* decadent

dekan *-en -er* univ. head of a (resp. the) faculty, dean

dekantera *tr* decant

dekanus *- 0* se *dekan*

dekis F, *komma på ~* go to the dogs; *vara på ~* have come down in the world, have gone to the dogs

deklamation 1 uppläsning: utantill recitation, från bladet reading **2** se följ. **deklamationskonst** art of declamation **deklamatorisk** *a* declamatory; högtravande high-flown **deklamatör** reciter **deklamera** *tr* läsa upp: utantill recite, från bladet read [aloud]

deklaration 1 declaration, statement **2** ss. rubrik på varuförpackning ingredients, constituents **3** se *självdeklaration* **deklarationsblankett** income-tax return form **deklarera** *tr itr* **1** declare, state, proklamera proclaim **2** själv~ make one's return of income, fill in one's income-tax return form; tull~ declare; *~ falskt* make a false declaration; *~ för 20 000 kronor* return one's income at 20,000 kronor

deklassera *tr* degrade . . socially

deklination 1 gram. declension **2** astr., fys. declination **deklinationsändelse** declensional ending **deklinera I** *tr* decline **II** *itr* mista sin skönhet decline, fade

dekokt *-en -er* decoction, *på* of

dekolletage *-t 0* décolletage fr. **dekolleterad** *a* décolleté fr., om plagg äv. low-cut, low-necked

dekor *-en -er* décor fr., teat. äv. scenery **dekoration** decoration äv. orden; föremål ornament; *~er* teat. scenery, décor (fr.) bägge sg. **dekorationsmålare** teat. scene-painter **dekorativ** *a* decorative **dekoratör** *-[e]n -er* decorator; tapetserare interior decorator; teat. stage designer **dekorera** *tr* decorate äv. med orden

dekorum *- 0 n* decorum, propriety; *hålla på (iaktta) ~* observe the rules of propriety

dekret *-et -* decree **dekretera** *tr itr* decree; *~* tvärsäkert fastslå *att . .* lay it down that . .

del *-en -ar* **1** allm. part (jfr äv. ex. under *2*), ibl. portion; avdelning section; band volume; komponent component; bråkdel fraction; . . blandas med *en ~ vatten* . . one part of water; *stora ~ar av tidningspressen* large sections of the press

2 i delvis pron. uttr. av typen 'en [hel] del [av]' o. likn., *en ~* somligt something, [some] part of it, somliga some; *en ~ av befolkningen* part of the population; *en ~ bläck* (resp. *av bläcket)* rann ut some (resp. some of the) ink . .; *en ~ brev* (resp. *av breven) förstördes* some letters (resp. of the letters) were destroyed, a number of (resp. of the) letters were destroyed; *en ~ av brevet* some (part, om bestämd del a part) of the letter; *en ~ sanning* some (a good deal of) truth; *en ~ varor* (resp. *av varorna)* some goods (resp. some (part) of the goods)

en hel ~ åtskilligt a great (good) deal, plenty, F [quite] a lot; *en hel ~ tror det* a great (good) many [people] (quite a few people, F [quite] a lot [of people]) think so; *en hel ~ bläck (sanning)* a great (good) deal (F [quite] a lot) of ink (truth); *en hel ~ brev* (resp. *av breven) förstördes* a great (good) many (quite a few, a good few) letters (resp. of the letters) were destroyed, a fair (considerable) number (F [quite] a lot) of letters (resp. of the letters) were destroyed; *en hel ~ brev* äv. plenty of letters; *en hel ~ bättre* a good deal (lot) better

större (största) ~en av klassen (resp. *eleverna)* most (the major el. greater part) of the class (resp. most (the great el. large majority) of the pupils); *till ~s (en ~)* delvis in part, partly; några some of them; *till inte ringa ~* to no small extent; *till stor ~* largely, to a large (great) extent (degree), in [a] large (great) measure; *till största ~en* for the most part, mostly; *till en viss ~* to some extent

3 avseende respect; *i (till) alla ~ar* in all respects (particulars), in every respect (particular), throughout; *för ingen ~* på inga villkor on no account; tanklös är du också *för den ~en* . . as far as that goes, . . if it comes to that

4 'sak', *ta båda ~arna!* bägge två take both (the two) [of them]; du måste göra *endera ~en* . . one thing or the other, . . one of the two

5 *[å,] för all ~!* ingen orsak! don't mention it!, [oh,] that's [quite] all right!; *[ja,] för all ~, det kan jag väl göra* all right, I'll do it; *nej, för all ~!* visst inte! oh no, by no means!; not in the least!, certainly not!; why [no], not at all!; *akta dig för all ~ för att . .* whatever you do, take care not to . .; *låt honom för all ~ inte få veta det!* don't tell him on any account (him, whatever you do)!

6 andel share, beskärd del lot; *ha ~ i* ha intressen i have a share (an interest) in, vara inblandad i be concerned (implicated, mixed up) in, be a party to; *ha ~ i kök* have part use of the kitchen; rum *med ~ i kök* . . with use of kitchen; *ha sin ~ i* bidra till contribute to; *ta [verksam] ~ i ngt* take [an active] part in a th., jfr vidare *delta[ga]*; *för egen ~ kan jag* . . personally (for my [own] part) I can . .; *jag för min ~ tror* . . as for me (as far as I am concerned, for my part), I think . .; I for one think; *på min ~ kom 100 kronor* 100 kronor fell to my share; *det förtroende som har kommit mig till ~* the confidence placed in me; den vänlighet *som kommit mig till ~* . . that has been shown to me **7** kännedom, *få ~ av* be informed (notified) of (about); *ta ~ av [innehållet i]* study (acquaint oneself with) [the contents of]

dela I *tr* **1** särdela divide, dela upp divide (split) [up] (jfr *~ upp*), partition, stycka cut up (jfr *stycka*), *i* into; *~ med 5* divide by 5; *12 kan ~s med 3* äv. 12 is divisible by 3; *~ ett ord [på två rader]* divide a word [at the end of the line]; jag kan inte *~ [på] partiet* H . . divide the parcel; *det är ingenting att ~ [på]* it is not worth dividing **2** dela i lika delar, dela sinsemellan, o. delta i share; *~ en flaska vin [med]* split a bottle of wine [with]; *~ ngns glädje (vinsten, ngns åsikt)* share a p.'s joy (the profits, a p.'s view); *~ rum [med]* share the same room [with]; *vill du ~ äpplet med mig?* shall we share the apple?; *~ lika* share and share alike, om två äv. go fifty-fifty **II** *rfl* divide, dela upp sig divide up, separate, förgrena sig äv. branch [off], om t.ex. väg fork, klyva sig äv. split up, *i* into; *folkmassan ~de sig* the crowd parted **III** m. beton. part. **1** *~ av* dela [upp] divide [up], partition, *i* into; avskilja partition off, *ett hörn av ett rum* a corner of a room; *~ av ett ord* divide a word **2** *~ in* se *indela* **3** *~ med sig [åt andra]* share with other people; *~ med sig av ngt åt ngn* give a p. a little (bit) of a th. **4** *~ upp* indela divide up, break up, *i* into; fördela distribute, sinsemellan share, *mellan (på)* among[st], om två between; *~ upp sig* divide (split) up, jfr *II* **5** *~ ut* distribute, deal out, i småportioner dole out, fördela äv. portion (share) out, t.ex. proviant, ransoner äv. serve out, t.ex. gåvor, medicin, livsmedel äv. dispense; *~ ut en befallning [om]* issue (give) an order [for]; *~ ut brev (paket)* distribute (avlämna deliver) letters (parcels); *~ ut julklapparna* distribute the Christmas presents; *~ ut nattvarden [åt ngn]* administer the sacrament [to a p.]; *~ ut slag* deal out (administer) blows; *bolaget ~r ut 5 %* the company pays a 5 % dividend

delad *a* divided osv., jfr *dela*; *~ glädje är dubbel glädje* ung. a joy that's shared is a joy made double; *därom råder delade meningar* opinions differ (are divided) about that friare that is a matter of opinion **delaktig** *a* **1** av förmåner o.d., *vara ~ av (i)* share, come in for one's share of **2** i brott o.d., *vara ~ i* be implicated (mixed up) in; han *är ~ i brottet* jur. . . is an accessary to the crime **delaktighet** i brott o.d. complicity, implication, *i* in **delbar** *a* divisible, *med* by **delbarhet** divisibility

deleatur pl. - *n* dele[te]

delegat delegate **delegation** delegation, mission **delegera** *tr* delegate **delegerad** *a* delegated; *en ~* a delegate

delfin *-en -er* dolphin

del|ge o. **-giva** *tr*, *~ ngn ngt* inform a p. of a th., communicate a th. to a p.; *~ ngn sina intryck* give a p. one's impressions; *~ ngn en stämning* jur. serve a writ on a p. **-givning** jur. serving

delikat *a* delicate äv. kinkig; om mat o.d. delicious **delikatess** delicacy; *~er* H äv. delicatessen **delikatessaffär** ung. delicatessen shop

delinkvent criminal [under arrest]; culprit; delinquent

deliri|um *-et 0* delirium

delkredereprovision del credere commission

delleverans part delivery **delning** division, partition; biol. fission; delande äv. dividing osv., jfr *dela* **delningslinje** dividing line **delo** *oböjl. s, komma (råka) i ~ med ngn* fall out with (fall foul of) a p.; *ligga (vara) i ~ med ngn* be at variance (at loggerheads) with a p. **dels** *konj*, *~. . ~. .* partly . . partly . ., å ena sidan . . å andra sidan . . on [the] one hand . . on the other . ., så väl . . som . . . . as well as . . **delstat** federal (constituent) state, member of a federation **delsträcka** section

delta *-t -n* geogr. o. bokstav delta

del|ta[ga] *itr* **1** medverka m.m. take part, mera litterärt participate; som medarbetare collaborate; *~ i* ansluta sig till, instämma i äv. join, join in (jfr ex.), vara medlem[mar] av äv. be a member (resp. members) of; *~ i applåderna* join in the applause; *~ i arbetet* äv. share (join) in the work; *~ i* ett brott be a party to . .; *~ i debatten (samtalet)* äv. join [in] the debate (conversation); *~ i en expedition* äv. join in (be a member resp. members of) an expedition; *han -tog i kriget* äv. he served (was) in the war; *~ i en resa* go on a tour; *~ i sällskapslivet* be (mix) in (go into) society; *~ i ett val* take part in an election **2** närvara be present, *i* at; *~ i* bevista attend; *~ i en kurs* attend a course **3** *~ i* dela share [in], *ngns glädje* a p.'s joy; *~ i ngns sorg* sympathize with a p. in his sorrow **4** *~ i* ta sin andel av share, share in; *~ i betalningen* share in the payment; *~ i omkostnaderna* share the expenses

del|tagande I *a* medkännande sympathizing . ., sympathetic **II** *subst. a* medverkande, *de ~* those taking part osv., jfr *delta[ga]* o. *deltagare* **III** *~t 0* **1** (jfr *delta[ga] 1—2*) taking

part osv.; participation; medverkan co-operation; bevistande attendance, *i* at; anslutning turn-out; *~t i valet var livligt* there was a heavy poll, polling was heavy **2** medkänsla sympathy; *hysa ~ med* sympathize with, feel sympathy for **-tagare** (jfr *delta|ga| 1—2*) participator, participant, *i* in; member äv. i kurs, attender, *i* of; *-tagarna* ofta äv. those taking part osv., i tävling the competitors (entrants); *anmäla sig som ~* signify one's intention to take part etc.
deltavinge delta wing
del|tentamen part examination **-tid,** *arbeta på ~* have a part-time job **-tidsanställd** *a, vara ~* be employed part-time; *en ~* a part-time employee **-tidsarbete** part-time work. **-vis I** *adv* partially; partly, in part **II** *a* partial **-ägare** joint owner, part-owner, i firma partner **-ägarskap** *~et 0* joint-ownership, part-ownership, i firma partnership
dem se *den*
dema|gog *~en ~er* demagogue **-gogi** *~[e]n 0* demagogy **-gogisk** *a* demagogic
demarkationslinje line of demarcation
demarsch *-en -er* démarche fr.
demaskera *tr rfl* unmask äv. bildl.
dementera *tr* deny, contradict **dementi** [official] denial
demilitarisera *tr* demilitarize **demilitarisering** *-en 0* demilitarization
demimond *-en -er* kvinna demi-mondaine fr.
demission resignation **demissionera** *itr* resign **demissionsansökan** se *avskedsansökan*
demobilisera *tr itr* demobilize **demobilisering** demobilization
demo|grafi demography **-krat** democrat **-krati** democracy **-kratisera** *tr* democratize **-kratisering** democratization **-kratisk** *a* democratic
demolera *tr* demolish **demolering** demolition
demon demon, fiend **demonisk** *a* demoniacal, fiendish
demonstrant demonstrator **demonstration** i div. bet. demonstration **demonstrationståg** demonstration procession **demonstrativ** *a* demonstrative äv. gram., ostentatious **demonstrera** *tr itr* demonstrate, delta i demonstration äv. take part in a (resp. the) demonstration
demontera *tr* fabrik, maskin dismantle
demoralisera *tr* demoralize **demoraliserande** *a* demoralizing, *för* to **demoralisering** *-en 0* demoralization
den (n. *det*; pl. *de* resp. *dem,* F *dom*; ss. determ. pron. i gen. *dens,* pl. *deras*) **A** *best. art* the; *~ allmänna opinionen* public opinion; *~ 5 april* se under *femte*; *~ lille* obeton. *Sven* little Sven; *det medeltida Sverige* medieval Sweden; *jag och de mina* I and mine; *de närvarande* those (the people) present
B *pron* **I** pers. **1** *den, det* (jfr *2*) it; syftande på högre djur äv. he resp. she (ss. obj. him, her); syftande på länder samt båt, bil m.m. äv. she (ss. obj. her); syftande på kollektiver då individerna avses they (ss. obj. them); *det* syftande på barn äv. he resp. she (ss. obj. him, her); *de* they; *dem* them; *pengarna? de ligger på bordet* the money? it is on the table
2 *det* i opers. uttr., spec. fall o.d. **a)** vanl. — t.ex. ss. subjekt i opers. uttr. (jfr dock ex. under *b* slutet), ss. formellt subjekt med en inf. el. sats som eg. subjekt och i emfatiska konstr. — it; *det regnar* it is raining; *det är långt till . .* it is a long way to . .; *det är 10 grader kallt* it is 10 degrees below freezing-point; *det är åratal sedan jag . .* it is years since I . .; *det är tid att gå* it is time to go; *vad är det för dag i dag?* what day is it today?; *det står i tidningen att . .* it says in the paper that . .; *det tjänar ingenting till att försöka* it is no use trying; *det är synd att han . .* it is a pity that he . .; *vem är det som knackar?* who is [it (that)] knocking?; *det är mig, [som] de vill åt, inte dig* it is me [that] they want to get at, not you **b)** ss. formellt subjekt m. ett subst. ord som eg. subjekt i eng. there; *det är ingen brådska* there is no hurry; *det var mycket folk där* there were many people there; *det är ingenting kvar* there is nothing left; *det var en gång en kung* once upon a time there was a king; *det står en lampa där* there is a lamp standing there; *det blir åska* there will be a thunderstorm; *det drar här* there is a draught here; *det knackar på dörren* there is a knock at the door; *det luktar gott här* there is a nice smell here **c)** ss. eg. subjekt utbytbart mot 'han', 'hon', resp. 'de' he, she resp. they; vem är den där herrn (damen)? — *det är en kollega till mig . .* he (resp. she) is a colleague of mine **d)** ss. objekt vid vissa vb och ofta ss. pred.-fyllnad (jfr dock äv. ex. under *f*) so; *det gö'r han också (med)* so he does; kommer han? — *jag antar (hoppas, tror) det . .* I suppose (hope, think) so, . . I suppose etc. he will; *det tror jag, det!* I should just think so!; . . och jag hoppas att *han förblir det . .* he will remain so; *var det inte det jag sa!* I told you so!; han säger han är sjuk. *Det är han också, och det är jag med . .* So he is, and so am I [, too] **e)** ibl., isht beton., that, i vissa fall this; *det duger* that will do; *det var det, det!* o. *så var det med det!* that's (that was el. so much for) that!; *så är det, ja!* that's it!; *är det så?* is that so?; *det har jag aldrig sagt* I never said that; *det var snällt av Er!* that's very kind of you!; *det var det jag ville veta* that was what I wanted to know; *det vill säga* that is; *det är ju så, eller hur?* that's it (that's how it is), isn't

it?; *det är här Ni ska av* this is where you get off **f)** ibl. utan motsvarighet i eng., jfr ex., *varför frågar du det?* why do you ask?; jag kommer i morgon. — *ja, gör det!* . . yes (oh), do!; han idrottar inte, *och det gör inte jag heller* . . and nor (neither) do I; har du bett om lov? — *nej, det har jag inte* . . no, I haven't; *ha det trevligt* have a nice time [of it]; *jag tror inte jag kan (törs) det* I don't think I can (dare); *vi kände det som om* . . we felt as if . .; jag är inte någon expert, *det vet jag* . ., I know (. . and I know it); är du sjuk? — *ja, det är jag* . . yes, I am **g)** annan (ofta pers.) konstr. i eng., jfr ex., *det gör ont i foten* my foot hurts me; *det ser illa ut för honom* things (matters) look bad for him; *som det nu ser ut* as matters now stand; *det talas mycket om* . . there is much talk (people talk a great deal) about . .; *det är fullsatt i bussen* the bus is full; *det är lugnande med en cigarrett* a cigarette is relaxing; *det är mulet* the sky is overcast; *det var roligt att höra att* . . I am glad to hear that . . **h)** subst., *hon har det* charm o.d. she has it

II demonstr., *den, det* (jfr äv. *B I 2,* isht *e*) that; *den (det) där* (resp. *här)* allm. that resp. this [självst., isht vid motsättning, vanl. one]; *den [där (här)]* obegränsat självst. om pers., jfr de sista ex.; *det där* (resp. *här*) ibl. those resp. these, jfr ex.; *de [där], dem* those; *de här* these; ~ *dåren!* that (the) fool!; ~ *uslingen B.!* that wretch [of a] B.!; ~ *(det) är det!* that's it!; *det var som bara* ~! well, I never!; ~ *eller* ~ självst. this or that person; ~ *och* ~ *dagen* on such and such a day; *herr* ~ *och* ~ Mr. So-and-so, Mr. What's-his-name, Mr. What-d'ye-call-him; *det och (eller) det* this and (or) that; *på det och det avståndet* at such and such a distance; *jag trodde just det* I thought as much; *det har du så rätt i!* you are perfectly right there!; *är det* ~ *(det) här* (resp. *där*)? is this (resp. that) it?, is it this (resp. that) one?; *är det här mina handskar (min sax)?* — *ja, det är det* are these my gloves (scissors)? — yes, they are; *se på* ~! look at that fellow!; *har du sett* ~ *där [killen] (dom där [killarna]) förut?* have you seen that fellow (those [fellows]) before?

III determ.: a) fören., *den, det, de* the; beton. that, pl. those b) självst., *den* om pers. the (var och en äv. a) person (man el. annat lämpligt subst.), m. syftning på förut nämnt subst. och vid urval the (stark. that) one; var och en äv. anyone, anybody; i ordspråk o.d. he resp. she, ss. objekt him resp. her; *den som* var och en som äv. those who pl., whoever; *den, det* om djur o. saker som kan räknas the (stark. that) one, that, om massord that; *det [som], det där (här) [som]* vad what; *de, dem* those, om best. pers., djur o. saker äv. the ones; *de (dem) som* om pers. i allm. äv. (litt.) such as; *dens* . . of anyone osv., jfr ex. mot slutet; *deras* . . of those; ~ *av Er som* . . the one (beton. any one) of you that . ., whichever of you . .; *tag* ~ *av silver!* take the silver one, take the one of silver; *saken är* ~ *att* . . the fact [of the matter] is that . .; han har en förtjänst, ~ *att vara ärlig* . . that of being honest; *till* ~ *det vederbör* to whom it may concern; ~ *som blev glad det var jag!* and wasn't I glad!; ~ *som skriver dessa rader* the present writer; ~ *som vore rik ändå!* if only (litt. would) I were rich!; *han är inte* ~ *som klagar* he is not [the] one (a man, the man) to complain; *de hade det gemensamt, att de* . . they had this in common, that they . .; *inte det jag kan komma ihåg* not as far as I can (not that I) remember; *det här med att läsa* hela nätterna this business of reading . .; *allt det som* . . everything (all) that . .; *det finns det inom oss, som* . . there is that within us that . . ; *de lyckliga som* . . those fortunate people that (who) . .; *det är* ~*s fel, som* . . it is the fault of anyone (of the person, of the one [of them]) who . .; *i (på, under) det att* se under resp. prep.

IV rel., åld. = *som I 1, vilken 1;* . . *det Gud förbjude* . . which God forbid

denaturera *tr* denature; ~*d sprit* äv. methylated spirit[s pl.]

denne *(denna*; n. *detta*, pl. *dessa) pron* **1** fören. o. självst. (jfr dock *2*): a) den (osv.) här, nära i tid o. rum samt syftande framåt (ibl. äv. bakåt men då av vikt el. intresse för det följande) this, pl. these b) den (osv.) där, längre bort samt syftande bakåt that, pl. those; märk: självst. tillbakasyftande 'denna', 'detta', 'dessa', om djur och saker motsvaras i eng. ofta av pers. pron., 'dennas' osv. av poss. pron.; *dennes* (förk. *ds)* i datum instant (förk. inst.); *denna gång* a) lyckas han säkert this time . . b) lyckades han that time . .; *denna min anmärkning* a) that criticism of mine b) som kommer this criticism I have to make; man får leta efter *en sådan som denna* . . one like this (that) [one]; *förklaringen är denna* the explanation is this; *detta är mina bröder* these (those) are my brothers; *detta är alltså (detta om) detta* so much for that; *detta att han äter så mycket* [the fact of] his eating so much; *livet efter detta* the life to come; *långt före detta* long before that (this, om närvarande tid now); *i och med detta har du* . . by that you have . .; *låta detta vara detta* leave it at that

2 självst., syftande på förut nämnd person (nämnda personer) he resp. she, pl. they, ss. obj. him resp. her, pl. them; den (de) senare the latter; *denne, denna* äv., isht av tydlighetsskäl, the + lämpligt subst., that person ([gentle]man, lady, woman e.d.); *dennes* his, the latter's osv., jfr ovan; *dennas* her, fristående hers; the latter's osv.; *jag (min*

bror) frågade värden,. men ~ . . I asked the landlord, but he (my brother asked the landlord, but the latter el. that gentleman) . .
densamme *(den-, det-, de|samma) demonstr. pron* the same; med förbleknad betydelse = 'den', 'det', 'de' it, pl. they, ss. obj. them; [*tack,*] *detsamma!* the same to you!; *det gör (kan göra) detsamma* it doesn't matter; *det gör mig alldeles detsamma* it is all the same (all one) to me; *det var detsamma som att* inf. it was the same (as much) as to inf., it was tantamount to ing-form; *i detsamma hörde han* . . at that very (just at that) moment he heard . ., all at once he heard . .; *i detsamma som* [just] as; *med detsamma* at once, right away, i samma ögonblick at the same time; *med detsamma som* directly
densitet fys. density
dental *-en -er* o. *a* dental
departement *-et* - **1** ministerium ministry, department [of state], amer. department **2** franskt distrikt department **departementschef** head of a (resp. the) ministry etc., minister
depesch *-en -er* dispatch, despatch **-byrå** ung. news-office [and ticket agency]
deplacement *-et 0* sjö. o. fys. displacement
depon|ens *-ens -ens* el. *-entier n* deponent [verb]
deponera *tr* deposit, *hos* with, *i* [*en*] *bank* in (at) a bank
deportation deportation **deportera** *tr* deport
deposition konkr. deposit; abstr. depositing, deposition **depositionsräkning** deposit account
deppa *itr* F feel low, have the blues **deppig** *a* F, *vara* ~ se föreg.
depraverad *a* depraved, abandoned
depreciering *-en 0* depreciation
depression depression, ekon. äv. slump **depressionstillstånd** state of depression, depressed state of mind **deprimera** *tr* depress
deputation deputation **deputerad** *-en -e* deputy; medlem av en deputation delegate **deputeradekammare** chamber of deputies
depå *-n -er* depot; upplagt förråd dump; H safe custody **-fartyg** depot ship
derangera *tr* derange; ~*d* om klädsel . . in disorder
deras *pron* **1** poss.: fören. their, självst. theirs; för ex. jfr *1 min* **2** determ. se *den B III*
derby *-t -n* Derby
derivat *-et* - kem. derivative
dervisch *-en -er* dervish
desamma se *densamme*
desarmera *tr* disarm, bomb, mina o.d. äv. render . . innocuous
desav[o]uera *tr* ngn disavow, repudiate the actions of, ngt repudiate, go back on **desav[o]uering** disavowal, repudiation
desertera *itr* desert **desertering** desertion
desertör deserter
designera *tr* designate, *till* en befattning for . .; ~*d till ambassadör* designated [as] ambassador, ambassador designate
desillusion disillusion **desillusionerad** *a* disillusioned
desinfektera *tr* disinfect **desinfektion** disinfection **desinfektionsmedel** disinfectant **desinficera** *tr* disinfect; ~*nde* äv. disinfectant **desinficering** disinfection
deskriptiv *a* descriptive
desorganisation *-en 0* disorganization
desorganisera *tr* disorganize
desorienterad *a* confused, bewildered; *vara* ~ äv. be all at sea
desperado *-n -s* desperado **desperat** *a* förtvivlad desperate, ursinnig furious **desperation** *-en 0* desperation
despot *-en -er* despot **despoti** despotism
despotisk *a* despotic **despotism** despotism
1 dess *-et* - mus. D flat
2 dess 1 poss. pron. its, i vissa fall (jfr *den B I 1)* his, her, their; . . gatan och fortsatte till ~ *bortersta ända* . . the far end [of it]; för ex. jfr vidare *1 min* **2** i adv. uttr., *innan* ~ dessförinnan before then, senast då by then, by that time; *sedan* ~ since then; *till* ~ adv. till (until, up to) then, senast då by then, by that time; *till* ~ [*att*] konj. till, until **3** desto the; ~ *bättre* (resp. *värre*) all (so much) the better (resp. worse), lyckligtvis fortunately (olyckligtvis unfortunately); *ju förr* ~ *bättre (hellre)* the earlier (sooner) the better; *icke* ~ *mindre* none the less, nevertheless, notwithstanding [the fact]
dessa se *denne*
dess-dur D flat major
dessemellan *adv* in between, friare at intervals (times), every now and then
dessert *-en -er* sweet, bestående av frukt vanl. dessert; amer. dessert; sitta *vid* ~*en* . . at dessert **-frukt** fruit for dessert **-sked** dessert-spoon **-tallrik** dessert-plate **-vin** dessert-wine
dess|förinnan *adv* before then, förut beforehand, previously **-förutan** *adv* without it (resp. them) **-likes** *adv* likewise, also **-utom** *adv* besides, . . as well, vidare furthermore, ytterligare moreover, in addition
destillat *-et 0* distillate, distilled product
destillation distillation **destillationsapparat** distilling-apparatus, isht för sprit still
destillera *tr* distil **destillering** distillation
destination destination **destinationsort** [place of] destination **destinerad** *a* sjö. destined, om fartyg äv. bound, *till* for
desto *adv* = *2 dess 3*

destruktiv *a* destructive
det se *den*
detachement *-et* - detachment, draft **detachera** *tr* detail, mil. äv. detach
detalj *-en -er* **1** detail, ibl. particular; maskindel part; mil. section; *närmare ~er* är inte kända the immediate circumstances . .; kontrollera ngt *i ~ (i alla ~er,* resp. *in i minsta ~)* . . in detail (in its every detail, resp. minutely, down to the last detail, in the least little detail); *i ~ gående* minute; *gå in på ~er* go (enter) into detail|s|; *rik på ~er* se *detaljrik* **2** H, *handel i ~* retail business (trade); *sälja i ~* retail, sell |by| retail **detaljanmärkning** criticism of a minor point; *komma med ~ar* criticize a few minor points **detaljerad** *a* detailed, circumstantial **detaljerat** *adv* in detail
detalj|fråga question of detail **-granska** *tr* examine . . in detail **-granskning** examination in detail **-handel** retail trade, handlande retailing **-handelsaffär** retail shop **-handlare** retailer, retail dealer **-kännedom** knowledge of every detail **-pris** retail price **-rik** *a* . . full of details, circumstantial **-rikedom** wealth of detail|s| **-ritning** detail drawing
detektiv *-en -er* detective **-byrå** detective agency **-historia** detective story **-roman** detective story (novel)
detektor tekn. detector
determinativ *a* determinative **determinism** determinism
detonation detonation **detonera** *itr* detonate
detronisera *tr* dethrone **detronisering** dethronement
detsamma se *densamme* **detta** se *denne*
devalvera *tr* devaluate, devalue **devalvering** devaluation
devis *-en -er* motto, herald. äv. device
devot *a* servile, submissive, vördsam respectful; gudaktig devout
di *-|e|n 0, ge |ett barn| ~* give suck |to a child|, suckle (nurse) |a child|; *få ~* be put to the breast **dia** *tr itr* om barn suck; om moder suckle, nurse
diabetiker diabetic
diabolisk *a* diabolic|al|
diadem *-et* - tiara, diadem
diafragm|a *-at (-an) -er (-or)* diaphragm
diagnos *-en -er* diagnos|is (pl. -es); *ställa ~* make a diagnosis, *på* of; *ställa ~ på* äv. diagnose **diagnostik** *-en 0* diagnostics **diagnostiker** diagnostician **diagnostisera** *tr* diagnose
diagonal I *-en -er* **1** mat. diagonal **2** tyg diagonal |cloth| **II** *a* diagonal
diagram *-met* - schematisk figur diagram, isht med kurvor graph, isht med siffror i kolumner chart
diakon ung. lay worker **diakonissa** ung. deaconess **diakonissanstalt** ung. deaconesses' institution
dialekt *-en -er* dialect **dialektal** *a* dialect|al| **dialektforskare** dialectologist **dialektforskning** dialectology **dialektik** *-en 0* dialectics **dialektisk** *a* spetsfundig dialectic|al| **dialektordbok** dialect dictionary
dialog dialogue **-form** dialogue form
diamant diamond **-borr** diamond drill **-bröllop** diamond wedding **-hård** *a* adamantine **-nål** till skivspelare diamond needle (stylus) **-ring** diamond ring
diamet|er *-ern -rar* diameter **diametral** *a* diametrical
diapositiv transparency, diapositive, ramat |film| slide
diarieföra *tr* enter . . in a (resp. the) diary (journal) **diari|um** *-et -er* diary, journal
diarré *-n (*fackl. äv. *-|e|t) -er* diarrhoea end. sg.
dibarn suckling
didaktisk *a* didactic
dieselmotor Diesel engine
diet *-en 0* diet; *hålla ~* be on a diet; *föra hög ~* be on a rich diet **dietmat** diet|etic| food
differens *-en -er* difference **differential** *-en -er* mat. o. tekn. differential **differentialkalkyl** differential calculus **differentiera** *tr* differentiate; skol. stream **differentiering** *-en 0* differentiation; skol. äv. streaming
diffus *a* diffuse, friare blurred
difteri *-|e|n 0* diphtheria **-serum** anti-diphther|it|ic serum
diftong *-en -er* diphthong **diftongera** *tr* diphthongize **diftongisk** *a* diphthongal
dig *pron* se *du*
diger *a* thick, voluminös bulky, voluminous **-döden** the Black Death
digitalis *-en 0* läk. digitalis
digivning suckling, om människan ofta breast-feeding, nursing
digna *itr* segna ned sink down, collapse; tyngas ned be weighed down; *~ av* läckerheter groan with; *ett dignande bord* a table which is groaning under the weight of good things
dignitet *-en -er* mat. power **dignitär** dignitary
dika *tr* ditch, trench; *~ av (bort)* vatten drain off; *~ av (ut)* t.ex. mosse drain |. . by ditches|
dike *-t -n* ditch, trench, dike **dikesgrävare** ditcher **dikeskant** edge of a (resp. the) ditch **dikeskörning,** under veckohelgen *inträffade många ~ar* . . many cars drove into ditches **dikesren** ditch-bank **dikning** ditching, draining, drainage
1 dikt *adv* sjö. close; *hålla ~ babord* steer hard aport
2 dikt *-en -er* **1** poem poem; *hans ~er* äv. his poetical works **2** diktning m.m. fiction; poesi

poetry; ~ *och verklighet* fact and fiction; jfr *diktning* **3** påhitt, *rena ~en* pure fiction; *lögn och förbannad* ~ a lot of damned lies
1 dikta *tr* sjö. caulk
2 dikta *tr itr* författa write, compose, skriva vers äv. write (compose) poetry; ~ |*ihop (upp)*| hitta på invent, fabricate, make up; ~ *om* beton. rewrite, recast
diktafon ® se *dikteringsmaskin* **diktam|en** *-en -ina (-en) n* el. *r* diktering dictation; *efter (efter ngns)* ~ from (at a p.'s) dictation **diktamensövning** dictation exercise
diktan *oböjl. r, det går hela hans ~ och traktan ut på* that is the object of all his endeavours
diktanalys analysis of poetry **diktarbegåvning** poetic|al| talent **diktare** *-n* - writer, poet poet **diktart** branch of poetry
diktat *-et* - dictate|s pl.|; påtvungen överenskommelse enforced treaty **diktator** dictator **diktatorisk** *a* dictatorial, friare äv. imperious **diktatorsfasoner** *pl* dictatorial manners **diktatur** o. **diktaturstat** dictatorship
diktcykel cycle of poems
diktera *tr* dictate, *för* to **dikteringsmaskin** dictating machine
diktion *-en 0* diction
diktkonst poesi poetry; *~en* konsten att dikta the art of poetry **diktning** diktande writing, |literary| composition, vers~ writing of poetry; diktkonst, poesi poetry; litterär produktion literary (poetisk poetical) production (work, output); skönlitteratur ung. fiction **diktsamling** collection of poems **diktverk** större dikt |great| poem
dilamm kok. baby lamb
dilemm|a *-at (-an), pl. -an (-or)* dilemma, quandary
dilettant amateur, isht neds. dilettant|e (pl. -i) **dilettantisk** *a* dilettantish, amateurish **dilettantism** dilettantism, amateurism
diligens *-en -er* stage-coach
dill *-en 0* dill
dilla *itr* drivel, babble, talk nonsense **dille** *-t 0* **1** delirium the d.t.|'s| (förk. för 'delirium tremens') **2** mani, *ha ~ på* have a mania (craze) for **dilleri** drivel end. sg.
dill|krona head of dill **-kött** ung. |boiled| mutton (på kalv veal) with dill sauce
dim|bank bank of mist (fog) **-bildare** mil. smoke pot **-bildning** smoke screening; bildl. ung. hush-hush **-bälte** belt of mist (fog)
dimension dimension, storlek äv. size; *~er* proportioner äv. proportions **dimensionera** *tr* dimension
dim|figur vague (dim, indistinct) shape **-höljd** *a* . . |en|shrouded in mist (fog)
diminutiv *-et* -|*er*| o. *a* diminutive **-ändelse** diminutive ending (suffix)
dimljus fog-light **dimm|a** *-an -or* mist; dis haze end. sg.; tjocka fog **dimmig** *a* misty; hazy äv. bildl.; foggy; jfr *dimma; glasögonen är ~a* . . misted over
dimpa *damp dumpit itr* fall (plötsligt tumble, mjukt flop) down, *i golvet* on to the floor; ~ *ner* drop down
dim|ridå smoke screen **-slöja** veil of mist
din (n. *ditt,* pl. *dina) poss. pron* fören. your, åld., poet., relig. thy; självst. yours, åld., poet., relig. thine; ~ *dumbom!* you fool!, idiot!; *D~ tillgivne E.* i brevslut Yours ever (sincerely), E.; för ex. jfr vidare *1 min*
dinar *-en -er* dinar
diné *-n -er* dinner, bankett banquet **dinera** *itr* dine
dingla *itr* dangle, swing; ~ *i galgen* swing; ~ *med benen* dangle one's legs
dionysisk *a* Dionysian
diplom *-et* - diploma **diplomat** diplomat, diplomatist **diplomati** -|*e*|*n 0* diplomacy **diplomatisk** *a* diplomatic; *på ~ väg* through diplomatic channels **diplomerad** *a* . . holding a diploma, diplomaed
direkt I *a* direct; immediate isht omedelbar; rak äv. straight, rakt på sak gående äv. straightforward; järnv.: genomgående through, om tåg äv. non-stop; ~ *biljett (vagn)* through ticket (carriage); ~ *följd (orsak)* direct (immediate) effect (cause); *ett ~ förnekande* an outright (a flat) denial; *en ~ lögn* a downright lie; gällande *för ~ resa* . . for an unbroken journey; ~ *skatt* direct tax; ~ *svar* direct (straight) answer; det kommer inte *som en ~ överraskning* . . as a complete surprise **II** *adv* raka vägen direct, straight, right; genast o. på ett direkt sätt directly, omedelbart immediately; ~ rent ut sagt *oförskämd* downright insolent; ~ *proportionell* directly proportional; *inte ~ rik, men* . . not exactly rich, but . .; ~ *beröras av* strejken be directly (immediately) affected by . .; *se ~ på* look directly (straight) at; *svara ~ på* en fråga answer . . straight away, rättframt give a direct (straight) answer to . .; *ett* radio*program som sänds ~* a live programme **-flygning** non-stop flight **-insprutning** tekn. direct injection
direktion styrelse |board of| management, board |of directors|, directorate **direktiv** *-et* - terms pl. of reference, instructions pl., directive; *ge ngn ~* give a p. instructions, brief a p. **direktreferat** i radio running commentary **direktris** manageress, directress **direktsändning** icke bandad radiosändning live broadcast **direktör** -|*e*|*n -er* i bolag o.d. |general| manager, amer. vice-president, *i (vid)* of; för ämbetsverk superintendent, *vid (för)* of; |*verkställande*| ~ managing director, amer. president, *för* of **direktörsassistent** assistant manager

dirigent conductor **dirigentskap** *-et 0* conductorship **dirigera** *tr itr* direct; mus. conduct; sända send; ~ *om* divert
dis *-et 0* haze
discip|el *-eln -lar* pupil **disciplin** *-en* **1** pl. *0* lydnad o.d. discipline; *hålla* ~ keep (maintain) discipline (order); *kunna hålla* ~ äv. be a good disciplinarian **2** pl. *-er* vetenskapsgren branch of learning, discipline **disciplinbrott** breach of discipline **disciplinera** *tr* discipline **disciplinstraff** disciplinary punishment **disciplinär** *a* disciplinary
dis|harmoni discord, disharmony **-harmonisk** *a* disharmonious äv. bildl.; skärande discordant
disig *a* hazy **-het** haziness, haze
disjunktiv *a* disjunctive
1 disk *-en -ar* butiks~, bank~ counter, bar~ bar
2 disk *-en* **1** pl. *0* abstr. washing-up **2** pl. *-ar* konkr.: [odiskad dirty] dishes pl.; det blir *en stor* ~ . . a lot of washing-up to do; *torka ~en* do the drying-up
1 diska *tr itr* rengöra, ~ [*av*] wash up, ett enda föremål wash; itr. äv. wash up the dishes, amer. do (wash) the dishes
2 diska *tr* sport. F disqualify
diskant treble **-klav** treble clef **-röst** treble voice
disk|balja washing-up bowl, amer. dishpan **-borste** dish-brush, washing-up brush
disk|brock o. **-bråck,** *ha* ~ have a slipped disc
diskbänk [kitchen] sink **diskerska** dish-washer **diskhandduk** tea-towel **diskmaskin** dish-washing machine, dish-washer **diskmedel** flytande washing-up liquid (i pulverform powder), fackl. [washing-up] detergent
diskofil *-en -er* discophile
diskontera *tr* discount **diskontering** rörelse discounting, bill-broking; transaktion discounting of a (resp. the) bill; *lämna en växel till* ~ discount a bill **diskonto** *-t -n* bank~ bank rate (discount), privat~ market rate; *höja (sänka) ~t* raise (lower) the bank rate **diskontör** bill-discounter
diskotek *-et* - record library (collection) **diskotekarie** record librarian
diskplockare table clearer, amer. bus boy
diskreditera *tr* discredit; *~nde för* discreditable to
diskret I *a* discreet, grannlaga, taktfull äv. tactful, försynt äv. unobtrusive, tystlåten äv. reticent, dämpad quiet äv. om färg **II** *adv* discreetly etc. jfr *I* **diskretion** *-en 0* discretion, tystlåtenhet äv. reticence; ~ *hederssak* ung. strictly confidential; ~ *utlovas* strict confidence assured
diskriminer|a *tr* discriminate, *ngn* against a p. **-ing** discrimination, *av* against
disk|ställ i kök plate rack, amer. dish drainer **-trasa** dish-cloth

diskus *-en -ar* **1** disc|us (pl. -uses el. -i); *kasta* ~ throw the discus **2** se *diskuskastning* **-kastare** discus-thrower **-kastning** discus-throwing, throwing the discus
diskussion discussion, *om* about; isht parl. debate, *om* on; överläggning deliberation, *om* on; *ta upp till* ~ bring up for discussion etc. **diskussionsförening** debating society **diskussionsinlägg** contribution to the (resp. a) discussion (debate); jfr äv. *debattinlägg* **diskussionsämne** subject (topic) of (for) discussion **diskutabel** *a* debatable, tvivelaktig questionable **diskutera** *tr itr* discuss, mera intensivt argue, debattera debate, tr. äv. talk over; *det tål att* ~ that is a debatable (moot) point, it is open to discussion; *den saken skall vi inte* ~ äv. we won't argue about that; *det kan ju ~s, om* . . it is naturally open to discussion whether . .; ~ *igenom en fråga* thrash a question out
dis|kvalificera *tr* disqualify **-kvalificering** o. **-kvalifikation** disqualification
diskvatten dish-water
dispasch *-en -er* average statement (adjustment) **dispaschör** -[*e*]*n -er* average adjuster
dispens *-en -er* exemption, isht kyrkl. dispensation; *få* ~ be granted an exemption, be exempted; *ge ngn ~ från* exempt a p. from
dispensär tuberculosis clinic **-läkare** tuberculosis officer
disponent bruks~ managing director; souschef [sub-]manager, *för (vid)* of **-[s]bostad** managing director's residence
disponera *tr itr* **1** ~ [*över*] ha till sitt förfogande have . . at one's disposal (command), have the use of, bestämma helt över have entire disposal of, be in control of, command, använda utilize, make use of, ha tillgång till have access to, fördela t.ex. bolagsvinst distribute, allot; ~ *över tillgodohavandet på* ett konto have the right to make withdrawals from . .; *den tid jag ~r* [*över*] äv. the time I can spare; *pengarna kan ~s för* . . the money is available (may be used) for . . **2** planera arrange, plan, uppsats e.d. äv. outline **3** *klimatet ~r för* febersjukdomar the climate predisposes people to . .
disponerad *a* **1** hågad, upplagd disposed, inclined, [*för*] *att* inf. to inf. **2** mottaglig predisposed, liable, susceptible, *för* to **disponib|el** *a* available, disposable, . . at one's disposal (command); ~ *tid* äv. spare time; *-la tillgångar* liquid assets **disponibilitet,** *vara i* ~ be available (unattached), await posting; *försätta ngn i* ~ place a p. on the unattached list **disposition 1** förfogande disposal; *stå (ställa ngt) till ngns* ~ be (place a th.) at a p.'s disposal; *jag står till Er* ~ äv. I am at your service; *ställa sin plats till* ~ hand in one's resignation **2**

av en uppsats o.d. plan, outline; av stoffet disposition, arrangement **3** *~er* åtgärder arrangements, dispositions, förberedelser preparations; *vidta ~er* make arrangements etc. **4** mottaglighet predisposition, *för* to **dispositionsrätt** [right of] disposal, *till* of **dispositionsövning** exercise in planning an essay (resp. essays)

disproportion disproportion

disputation univ. [public] defence of a (one's) doctor's thesis **disputera** *itr* **1** tvista dispute, argue, *emot (med) ngn* with a p., *om* about **2** univ. [publicly] defend a (one's) doctor's thesis; *han ~de på . .* his doctor's thesis was on (about) . . **dispyt** *-en -er* dispute, controversy, altercation; *råka i ~* get involved in a dispute

diss *-et* - mus. D sharp

dissekera *tr* dissect äv. bildl. **dissektion** dissection

diss-moll D sharp minor

dissonans *-en -er* dissonance, discord

distans *-en -er* distance; *hålla ~* keep one's distance **distansera** *tr* [out]distance, outstrip **distansminut** nautical mile

distingerad *a* distinguished **distinkt I** *a* distinct **II** *adv* distinctly **distinktion** distinction

distorsion förvrängning distortion

distrahera *tr, ~ ngn* distract a p., distract (divert) a p.'s attention, störa disturb a p., put a p. off, förströ divert a p. **distraktion** tankspriddhet absent-mindedness, abstraction; förströelse distraction; han gjorde det *i ~ . .* in a fit of absent-mindedness (abstraction)

distribuera *tr* distribute **distribution** distribution; bokförlaget N.N. *i ~* H sold for the author by . . **distributiv** *a* distributive **distributör** distributor

distrikt *-et* - district

distrikts|chef district superintendent **-mästare** district champion **-sköterska** district nurse **-veterinär** district veterinary officer **-åklagare** district public prosecutor

disträ *a* absent-minded, distrait[e fem.] fr.

dit *adv* **1** demonstr. there; åt det hållet that way, in that direction; *~ bort (in, ned* etc.) away (in, down etc.) there; *resan ~ och tillbaka* the journey there and back; *~ hör (räknas) även . .* to that category also belongs (resp. belong) . .; *det var ~ jag ville komma* bildl. that's what I was getting (driving) at; *~ längtar jag* I long to go there, that is a place I long to go to; *det är ~ jag ska* that's where I'm going; *det är långt ~* rumsbet. it is a long way there, tidsbet. that's a long time ahead **2** rel. where; varthelst wherever; *den plats ~ han kom* the place he came to **-färd** journey there **-hörande** *a . .* belonging to it (resp. them), belonging there; hörande till saken related, relevant; *inte ~* irrelevant; *~ fall* cases belonging to that category **-intill**[**s**] *adv* se *dittills* **-komst** *~en 0, vid ~en* on my (his etc.) arrival there

dito *a adv* ditto (förk. do.); *nya skor och ~ strumpor* new shoes and new stockings; *~, ~!* the same to you!

ditresa journey there

1 ditt *pron* se *din*

2 ditt *oböjl. s,* prata om *~ och datt . .* this and that, . . all sorts of things, . . one thing and another

dittills *adv* till (up to) then, so far **-varande** *a . .* till (up to) then, previous

ditvägen, *på ~* on the (my etc.) way there

dityramb *-en -er* dithyramb **dityrambisk** *a* dithyrambic

ditåt *adv* in that direction, that way; *något ~* something like that (to that effect, in that style)

div|a *-an -or* diva **divalater** *pl* prima donna behaviour sg.

divan *-en -er* couch, divan

divergens *-en -er* divergence, divergency **divergera** *itr* diverge, differ **divergerande** *a* divergent

diverse *a* sundry, various; *~ saker* äv. sundries, odds and ends; *D~* rubrik: a) i tidning Miscellaneous b) i räkenskaper Sundries **-arbetare** labourer, ibl. odd-job man **-handel** butik general store **-handlare** general dealer

dividend *-en -er* dividend äv. på aktier; *minsta gemensamma ~* the least (lowest) common multiple **dividera I** *tr* divide, *med* by **II** *itr* F resonera argue [the toss], *om* about **divis** *-en -er* hyphen **division 1** mat. division **2** mil.: fördelning division; fartygsförband, flyg. squadron; artilleri~: ung. artillery battalion **divisionschef** flyg. squadron leader **divisionstecken** division sign **divisor** divisor

djungel *-n djungler* jungle **-telegraf** spec. skämts. bush-telegraph

djup I *a* allm. deep; isht i högre stil o. bildl. profound; friare: fullständig complete, stor great; *en ~ bugning* a deep (low) bow; *mitt ~a förakt* my profound (utter, supreme) contempt; *~ förnedring* utter degradation, profound abasement; *i de ~a leden* among the rank and file; *~ okunnighet* profound (complete) ignorance; *en ~ röst (ton)* a deep voice (tone); *en ~ sorg* a profound (great) grief, a deep sorrow; *i ~ sorg*[*dräkt*] in deep mourning; *ligga i ~ sömn* be fast asleep; [*försänkt*] *i ~a tankar* deep in thought, in a brown study; *~ tallrik* soup plate, mindre fruit salad plate; [*en*] *~ tystnad* a profound silence; *den ~are meningen med det* its underlying meaning; *göra ~are* äv. deepen; *i ~aste fred* at a time of profound peace; *ur ~aste hjärta* from the depth[s] of one's heart; *den ~aste orsaken* the fundamental cause; *i ~a[ste] skogen* in the depths of the forest

II *-et* - allm. depth, högt. äv. depths pl.; bildl. äv. profundity; poet. deep; avgrund abyss; *försvinna i ~et* go to the bottom, be lost in the depths, be engulfed (swallowed up) by the sea; *gå på ~et med ngt* go (penetrate) to the bottom of a th.; *komma ut på ~et* get out into deep water; *komma för långt ut på ~et* get out of one's depth

djup|blå *a* attr. deep-blue, pred. deep blue **-borrning** deep-boring, deep-drilling **-dykning** deep-sea diving **-frysa** *tr* freeze **-frysning** freezing **-fryst** *a, ~a livsmedel* frozen foods **-försvar** mil. defence in depth **-gruppering** mil. distribution in depth **-gräva** *tr* dig . . deep; *-grävd* attr. deep-dug **-gående I** *a* deep[-going]; bildl. profound; sjö. deep-draught **II** *s* sjö. draught **-hamn** deep-water harbour (port) **-havsfiske** deep-sea fishing **-havsforskning** deep-sea exploration (research), oceanography **-het** deepness, depth **-ing** F, *en ~* a deep one **-lek** *~en 0* depth **-lodning** sjö. deep-sea sounding

djupna *itr* deepen, *till* into; eg. vanl. get deeper; bildl. äv. grow more profound

djup|plöja *tr* trench[-plough] **-rotad** *a* deep-rooted **-röd** *a* attr. deep-red, pred. deep red **-sinne** profundity, depth [of thought] **-sinnig** *a* profound, deep **-sinnighet** *~en ~er* **1** yttrande profound remark **2** = *djupsinne* **-skärpa** depth of field

djupt *adv* isht eg. deep; isht bildl. deeply, profoundly, jfr *djup I; ~ allvarlig* very serious (grave); *~ bedrövad* deeply grieved; *~ kränkt (sårad)* deeply offended, touched to the quick; *~ känd tacksamhet* heartfelt gratitude; *~ liggande* deep-seated äv. bildl., om ögon deep-set; *~ rotad* deep-rooted; *~ rörd* deeply (profoundly) moved; *vara ~ sjunken* have fallen very low; *~ urringad* om kvinna décolleté fr., om klänning äv. low-cut, low-necked; *andas ~* se under *andas; beklaga ~* regret deeply (profoundly); *buga sig ~* bow low, make a low bow; *förakta ~* have a profound (an utter, a supreme) contempt for; *gräva ~* dig deep[ly]; *ligga ~* lie deep äv. bildl.; *fartyget ligger för ~* äv. the vessel draws too much water; *titta för ~ i glaset* take a drop too much; *sjunka ~* sink deep, bildl. fall low; *sova ~* sleep deeply; *han sov ~* he was fast asleep; *sucka ~* sigh deeply, fetch a deep sigh; *trycka hatten ~ ner i pannan* pull one's hat down over one's eyes; *tränga ~ in i* penetrate far into

djup|tryck copper-plate printing; photogravure [printing], intaglio **-tänkt** *a* profound, penetrating

djur *-et* - allm. animal; större fyrfota o. i bet. 'kreatur', bibl., föraktfullt o. bildl. äv. beast; *~et inom oss* the beast in (the animal within) us; *de oskäliga ~en* dumb animals; *arbeta som ett ~* work like a horse; *som ett jagat ~* like some hunted creature **-art** species of animal, animal species **-fabel** [animal] fable **-fett** animal fat **-försök** experiment on (with) animals **-geografi** zoogeography **-hud** animal's skin

djurisk *a* allm. animal; bestialisk bestial; köttslig, sinnlig carnal; rå, brutal brutal **djuriskhet** bestiality osv.

djur|kretsen astr. the zodiac **-kropp** carcass, carcase **-kult** animal worship, zoolatry **-liv** animal life **-läkare** veterinary [surgeon], veterinarian, F vet **-målare** painter of animals (animal life) **-park** zoologisk trädgård zoological park **-plågare** tormentor of animals; *vara en ~* äv. be cruel to animals **-plågeri** cruelty to animals **-riket** the animal kingdom **-saga** story (legend) about animals **-skydd** prevention of cruelty to animals **-skyddsförening** society for the prevention of cruelty to animals **-skötare** i zoologisk trädgård keeper [at a zoo]; lantbr. cattleman **-tämjare** animal-tamer **-vårdare** i zoologisk trädgård keeper [at a zoo] **-vän** lover of animals **-vänlig** *a* . . fond of (kind to) animals **-värld** animal world; fauna fauna

djäkel m.fl. se *jäkel* m.fl.

djärv *a* allm. bold, dristig äv. daring; oförvägen intrepid, audacious, käck äv. brave; vågsam, vågad venturesome, risky; fräck äv. cheeky, oförskämd insolent; *lyckan står den ~e bi* Fortune favours the brave **djärv|as** *-des -ts itr. dep* dare, jfr *2 våga;* venture, be bold osv. enough **djärvhet** boldness, daring, intrepidity, audacity, bravery, insolence; jfr *djärv; en stor ~* a great piece of audacity (effrontery)

[d]jäv|el *-eln -lar* devil, stark. bastard; *-lar!* bugger [it]!; *det (han) är en [riktig] ~ [till] att slåss* he is a [proper] devil at (som alltid vill slåss for) fighting; jfr *2 fan 2* **[d]jävla** *oböjl. a* o. *adv* bloody; damn[ed], amer. äv. goddam; *[din] ~ drulle* you bloody (damn[ed]) fool **[d]jävlas** *itr. dep, ~ med ngn* be bloody to a p. **[d]jävlig** *a* **1** se *djävulsk* **2** i kraftuttr. om pers.: vanl. bloody nasty, *mot* to; om sak vanl. bloody rotten (awful) **[d]jävligt** *adv* **1** devilishly osv., jfr *djävulsk* **2** i kraftuttr. bloody, damn[ed] **djäv|ul** *-ulen -lar* devil, fiend; jfr *2 fan* **djävulsdyrkan** devil-worship **djävulsk** *a* devilish; ondskefull fiendish; diabolisk diabolic[al]; infernalisk infernal, hellish **djävulskap** *-et 0* devilry, devilment; jfr *jäkelskap* **djävulskhet** devilishness **djävuls-**

rocka devil-fish, horned ray **djävulstro** belief in the devil **djävulstyg** devilry [**d**]**jävulusisk** *a* se *jäklig*
d-moll D minor
dobb|**el** *-let 0* gambling **dobbla** *itr* gamble **dobblare** gambler
dobermann|**pinscher**| Dobermann [pinscher]
docent v. universitet ung. reader, senior lecturer, amer. associate professor, *i* in **docentur** readership, senior lectureship, amer. associate professorship **docera** *itr* hold forth, lay down the law **docerande** *a* didactic, magisterial
dock *adv konj* likväl yet, nevertheless, still; emellertid however; ändå for all that, notwithstanding
1 dock|**a** sjö. **I** *-an -or* dock **II** *tr itr* dock äv. om rymdraket; tr. äv. admit . . into a (resp. the) dock
2 dock|**a** *-an -or* **1** leksak doll äv. bildl., barnspr. dolly; led~, marionett (äv. bildl.) puppet, marionette; attrapp, skylt~ dummy **2** garn~ o.d. skein **dockaktig** *a* doll-like, puppet-like **dockansikte** doll's face, bildl. äv. doll-like face
dockarbetare dock worker, docker
dock|**hem** doll's house **-huvud** doll's head **-kläder** *pl* dolls' clothes **-pojke** boy doll **-skåp** doll's house **-söt** *a, vara* ~ have a doll-like prettiness **-teater** puppet theatre (föreställning show) **-vagn** doll's pram
doft *-en -er* scent, odour, perfume; fragrance äv. bildl. **dofta I** *itr* smell; *det* ~*r* [*av*] *rosor* there is a scent of roses; *syrenerna* ~*r ännu* the lilacs are still fragrant **II** *tr,* ~ *mjöl över köttet* sprinkle flour over the meat **doftande** *a* [sweet-]scented; fragrant, *av* with; redolent, *av* of **doftlös** *a* scentless, odourless
dogg *-en -ar* se *bulldogg, boxer* m.fl.
Dogger[**s**] **bank** the Dogger Bank
dogm *-en -er* dogma; ~*en om* . . the dogma of . . **dogmatik** *-en 0* dogmatics **dogmatiker** dogmatist, dogmatician **dogmatisk** *a* dogmatic
dok *-et* - slöja veil; friare pall; *ta* ~*et* take the veil
doktor doctor (förk. Dr., Dr); jfr vid. *filosofie, juris* m.fl.; *det kan ingen* ~ *hjälpa* it can't be helped **doktorand** candidate for the doctorate **doktorinna** doctor's wife; ~*n N.* Mrs. N.
doktors|**avhandling** thesis [for a (resp. the) doctorate], doctor's dissertation (thesis), inaugural dissertation **-grad** doctor's degree, doctorate; *ta* ~*en* take a doctor's degree **-titel** title of doctor
doktrin *-en -er* doctrine **doktrinär** *a* doctrinaire
dokument *-et* - document; jur. äv. deed, instrument **dokumentalist** documentalist **dokumentarisk** *a* documentary **dokumentation** documentation äv. vetensk. verksamhet; substantiation **dokumentera I** *tr* eg. document, substantiate; ådagalägga give evidence of **II** *rfl,* ~ *sig som* . . establish one's claim to recognition as . ., establish oneself as . . **dokumentering** documentation, substantiation **dokumentskrin** deed-box **dokumentskåp** filing-cabinet **dokumentärfilm** documentary [film]
dold *a* hidden, concealed, förborgad äv. latent; hemlig secret; ~*a reserver* hidden reserves (assets); *med illa* ~ . . with ill-concealed (ill-disguised) . .
dolk *-en -ar* dagger, poniard **-stygn** o. **-stöt** dagger-thrust, stab
dollar *-n -*[*s*] dollar, amer. F buck; *5* ~ five dollars ($5) **-prinsessa** dollar princess **-sedel** dollar note; amer. dollar bill, F greenback
Dolomiterna *pl* the Dolomites
dolsk *a* se *lömsk*
1 dom *best. art* o. *pron* se *den*
2 dom *-en -er* kyrka cathedral
3 dom *-en -ar* omdöme samt jur. (isht i civilmål) o. i högre stil judg[e]ment; isht i brottmål sentence; i sjörätts- o. äktenskapsmål decree; jurys utslag verdict; *eftervärldens* ~ the verdict of posterity; *fällande (friande)* ~ ung. verdict of guilty (not guilty); *yttersta* ~*en* the last judg[e]ment; ~*en* över honom *löd på* . . he was sentenced to . .; *avkunna (fälla)* [*en*] ~ *över* pass (pronounce) judg[e]ment (resp. sentence) [up]on; ~ *har ännu inte avkunnats (fallit) i detta mål* äv. the case is still pending; *sitta till* ~*s över* bildl. sit in judg[e]ment upon; *sätta sig till* ~*s över* . . take upon oneself to judge . ., rise [up] in judg[e]ment against . . **domare 1** allm. judge, v. underrätt äv. magistrate, v. högre rätt justice, friare o. bildl. äv. adjudicator, arbiter **2** sport.: allm. idrott, kapplöpning m.m. judge, tennis m.m. umpire, fotboll, boxn. referee, F ref **Domar**[**e**]**boken** bibl. [the Book of] Judges sg. **domared** judicial oath **domarkår** judiciary, judicature **domarämbete** judicial office **dombok** judg[e]ment book
domdera *itr* bluster, go on, shout and swear
domedag judg[e]ment day, doomsday; *till* ~ till (until) doomsday
domherre zool. bullfinch
domicil *-et 0* domicile
dominans *-en 0* domination; dominance isht biol. **dominera** *tr itr* dominate; spela herre domineer, be overbearing; vara förhärskande be predominant (uppermost), predominate; ligga över hold the upper hand; ha utsikt över, behärska dominate, command **dominerande** *a* dominating osv., [pre]dominant

dominikan Dominican [friar] **dominikan[er]orden** best. form the Dominican Order **dominikansk** *a* Dominican
domino 1 *-n -s (-r)* dräkt domino **2** *-t 0* spel dominoes **-bricka** domino **-spel** [game of] dominoes; konkr. äv. set of dominoes
domkapitel [cathedral] chapter
domkraft tekn. jack
domkyrka cathedral
domna *itr,* ~ *[av (bort)]* go numb, get benumbed; om värk o.d. abate, subside, die down; friare go (grow) dormant; *min fot har ~t* 'somnat' my foot has gone to sleep, I have got pins and needles in my foot **domning** *-en 0* numbness; abatement; jfr föreg.
domprost [cathedral] dean; *~en N.* Dean N. **domprostinna** dean's wife; *~n N.* Mrs. N.
domptör *-[e]n -er* tamer
domsaga rural judicial circuit, judicial district **domsal** court[-room] **domsbasun** last trump **domslut** judicial decision **domsrätt** jurisdiction **dom[s]söndagen** the Sunday before Advent **domstol** court [of law (justice)]; isht hist. o. bildl. tribunal; bildl. äv. bar **domstolsförhandling[ar]** court proceedings pl. **domvärjo,** *falla (lyda) under ngns* ~ fall under a p.'s jurisdiction (cognizance)
domän *-en -er* domain, province; *[svenska] statens ~er* the [Swedish] crown-lands **-styrelsen** the Board of Crown Forests and Lands
don *-et* - verktyg tool; ~ pl. grejor gear, tackle end. sg.; ~ *efter person* to every man his due
donation *-en -er* donation; testamentarisk bequest **donationsbrev** dead of gift **donator** donor
Donau the Danube
donera *tr* donate, give [a donation of]; *de ~de medlen* the money presented
doning *-en -ar* thing; *~ar* äv. gear, tackle end. sg.
donjuan *-[en] -er* Don Juan
Don Quijote Don Quixote
dop *-et* - baptism; barn~ vanl. christening; fartygs~ o.d. naming, christening; *bära ett barn till ~et* present a baby at the font
dopa *tr* sport. dope
dop|akt [ceremony of] baptism, baptismal rite **-attest** certificate of baptism **-funt** baptismal (christening) font
doping *-en -ar* sport. doping
dopnamn baptismal (Christian) name
dopp *-et* - **1** *ta sig ett* ~ have a dip (plunge) **2** *kaffe med* ~ ung. coffee and cakes (buns)
doppa I *tr* allm. dip, ivrigt, hastigt plunge, helt o. hållet immerse; ~ *ngn* vid badning duck a p.; ~ *ned* dip . . [down], *i* into **II** *tr itr,* ~ *[bullar (skorpor* e.d.)] *i kaffet* dip (soak) buns (biscuits e.d.) in one's coffee; ~ *ta bröd till kaffet* have something to eat with one's coffee; *var så god och* ~ ta för Er! please help yourself (resp. yourselves) **III** *rfl* have a dip (plunge) **doppar[e]dagen** Christmas Eve
dopping *-en -ar* grebe
doppsko på käpp o.d. ferrule; på värjskida o.d. chape
doppvärmare immersion-heater
dop|skål christening-bowl **-vittne** sponsor
dorisk *a* Doric
dos *-en -er* dose [före följ. best. of]; *en för stor* ~ vanl. an overdose
dos|a *-an -or* box äv. tekn. o. elektr.; bleck~ tin
1 dosera *(dossera) tr* göra sluttande slope, escarp; kurva bank
2 dosera *tr* läk. dose **dos|is** *-en -er* se *dos*
dossié *-n -er* o. **dossier** *-[e]n -er* dossier, file
dotter *-n döttrar* daughter **-bolag** subsidiary [company], affiliated company **-dotter** granddaughter; *sons (dotters)* ~ great-granddaughter; *brors (systers)* ~ great-niece, grand-niece **-företag** subsidiary [company (enterprise, undertaking)] **-lig** *a* daughterly **-son** grandson; *sons (dotters)* ~ great-grandson; *brors (systers)* ~ great-nephew, grand-nephew **-språk** daughter language
dov *a* allm. dull, om smärta äv. aching; kvalmig sultry; undertryckt stifled, muffled **-het** dullness
dovhjort fallow-deer; hanne buck
dra *(draga;* jfr *dras) drog dragit* **I** *tr itr* (jfr äv. *II*) **1** eg. o. friare draw; häftigare el. kraftigare pull; hala haul; släpa drag, lug; streta med tug; bogsera tow; ~! pull!; ~ *åt var sitt håll* pull in different directions; *[ligga och]* sport. set the pace; *det är du som skall* ~ schack. it is your turn to move; ~ *i (på) klocksträngen* pull (friare ring) the bell; ~ *en båt över stenarna* drag a boat over the stones; ~ *eld på en tändsticka* strike [a light with] a match; ~ *förhänget åt sidan* draw the curtain to one side; ~ utstaka *en järnväg genom* . . run a railway through . .; ~ *en kork ur en butelj* draw a cork out of a bottle; ~ *kniv [mot ngn]* draw a knife [on a p.]; ~ *ett kort [ur leken]* draw a card [out of the pack]; ~ *ett tungt lass uppför en backe* pull a heavy load up a hill; ~ *en nit* draw a blank; ~ *ett streck över* . . draw a line across . .; ~ *ngn avsides* draw a p. aside; ~ *ngn i rocken (skägget)* pull a p. by the coat (the beard); ~ *ngn inför rätta* bring a p. up before a court of law; ~ *om vem som skall ge* kortsp. draw for the deal; ~ . . *ur (i) led* put . . out of (set . . into) joint; *komma ~gande[s] med* . . come along with . .; *kom inte ~gandes med några lögner!*

don't come to me with (bring me) any of your lies!; jfr *8* **2** tänja [ut], ~ *lakan* stretch (pull) the sheets; ~ *på munnen (smilbandet)* smile slightly; ~ *på orden (svaret)* speak (answer) in a hesitating manner **3** driva (maskin o.d.) work; vrida (vev o.d.) turn **4** locka attract; *ett stycke som ~r [folk (fullt hus)]* a play that draws [people (full houses)]; *man ~s (känner sig ~gen) till ngn* one feels drawn to (attracted by) a p.; ~ *[bort] uppmärksamheten från ngt* draw off (distract) attention from a th. **5** ta bort, subtrahera take [away], subtract **6** erfordra take; förbruka use [up]; konsumera consume **7** berätta, t.ex. en historia reel off **8** i vissa andra förb.: ~ *andan,* ~ *blankt,* ~ *benen efter sig,* ~ *en slöja över,* ~ *ngn vid näsan,* ~ *i betänkande* osv. se under resp. huvudord

II *itr* (jfr äv. *I*) **1** om te m.m. draw; *låta teet stå och* ~ let the tea draw **2** tåga march; gå go, pass; bege sig betake oneself; röra sig move; flytta (om fåglar) migrate; ~ *i fejd (härnad) mot* . . take up the cudgels against . .; ~ *i fält (krig)* take the field (go to the wars); ~ *åt skogen* o.d. go to blazes, go to the deuce; *gå och* ~. sysslolöst lounge (hang) about **3** opers., *det ~r [förskräckligt]* there is a [terrible] draught; *det ~r inte i skorstenen* the chimney doesn't draw

III *rfl* **1** mera eg.: förflytta sig move, bege sig repair, adjourn; *molnen ~r sig norrut* the clouds are passing to the north **2** *klockan ~r sig* se *IV,* ~ *sig efter (före)* **3** *hennes läppar drog sig till ett leende* her lips formed themselves into a smile **4** vara lättjefull, *ligga och* ~ *sig på soffan* be lounging (lie lolling) on the sofa **5** [*inte*] ~ *sig för ngt (för att* inf.) [not] be afraid of a th. (of ing-form); *inte* ~ *sig för ngt (för att* inf.) äv. not mind a th. el. think nothing of a th. (not mind ing-form); [*inte*] ~ *sig för att* inf. äv. [not] hesitate to inf.; ~ *sig för att* inf. äv. not like the idea of ing-form

IV m. beton. part. **1** ~ *av* a) klä av pull (take) off (äv. ~ *av sig*); avlägsna pull away b) dra itu pull . . in two c) dra ifrån deduct d) boktr. pull (strike) off **2** ~ *bort* a) tr. draw away, trupper o.d. withdraw; jfr *I 4* b) itr. move off, go away, om trupper withdraw c) ~ *sig bort* go away; *bortdragande flyttfåglar* migratory birds on the wing **3** ~ *sig efter* om klocka be losing, lose; *klockan har ~git sig 10 minuter efter* the clock is 10 minutes slow **4** ~ *fram* **a)** tr.: taga (släpa) fram draw (pull) out; anlägga, t.ex. järnväg construct; bildl. bring up (forward, out), produce; ~ *fram näsduken* pull out one's handkerchief; ~ *fram stolen [till fönstret]* draw up the chair [to the window] **b)** itr. advance; ~ *fram genom* äv. traverse **c)** ~ *sig fram [i världen]* get on [in the world], get along **5** ~ *för* gardin draw . ., pull . . across **6** ~ *förbi* go past, pass by **7** ~ *sig före* om klocka be gaining, gain; *klockan har ~git sig 5 minuter före* the clock is 5 minutes fast **8** ~ *ifrån* gardin o.d. draw (pull) aside (back); ta bort take away, subtract; ta (räkna) ifrån deduct; *han drog ifrån [de andra]* sport. he drew away [from the rest]; ~ *sig ifrån* evade, keep away from **9** ~ *igen* pull . . to; dörr o.d. shut, close **10** ~ *igenom* tr., t.ex. ett band draw (pull) . . through; bildl. go (work, hastigt run, ytligt skim) through . . **11** ~ *i gång ngt* set a th. working **12** ~ *ihop* samla gather . . together, trupper concentrate; ett hål på ett plagg run up, stitch . . together; förkorta, t.ex. artikel cut down; ~ *ihop sig* eg. contract, sluta sig close; *det ~r ihop [sig] till oväder* a storm is gathering; *det ~r ihop [sig] till regn* it looks like rain **13** ~ *in* **a)** tr. draw in äv. bildl.; dra tillbaka, återkalla withdraw, inställa discontinue, stop, take away; på viss tid suspend; avskaffa abolish, do away with; konfiskera confiscate; ~ *in ngn i ett rum* drag a p. into a room; ~ *in ett körkort* take away (resp. suspend) a driving licence; ~ *in magen* pull in one's stomach; ~ *in en tidning* confiscate (förbjuda suppress) a paper; *bli indragen* inblandad *i* be involved (get mixed up) in **b)** itr., ~ *in på* . . inskränka cut down . . **14** ~ *isär* draw . . apart (asunder) **15** ~ *i väg* move off, march (go) away; march, start, *till* for; friare F, ~ *i väg och* . . go and . . **16** ~ *med* drag . . along [with one]; ~ *med sig* a) eg. take . . about with one b) bildl. bring . . with it (resp. them), innebära mean, involve; *det ~r med sig, att man är* . . it brings with it (means) that one is . ., it entails (involves) one's being . .; ~ *med sig ngn i fallet* drag a p. down with one **17** ~ *ned* eg. draw (pull) down; smutsa ned make . . dirty; ~ *ned i smutsen* drag . . down into the mire; *gardinen är neddragen* the blind is down **18** ~ *om sig sjalen* draw the shawl around one's shoulders; ~ *[länge] om* se ~ *ut [på tiden]* **19** ~ *omkring* a) tr.: sprida, strö ut throw (scatter) . . about b) itr. wander about; jfr *ströva [omkring]* **20** ~ *omkull* pull down, slå omkull knock . . down (over) **21** ~ *på* a) tr., t.ex. maskin, motor set . . to work, start b) itr.: fortsätta go (push) on; ~ *på [sig]* put (pull) on; jfr *ådra-[ga] II* **22** ~ *samman* se ~ *ihop* **23** ~ *till* **a)** tr.: t.ex. dörr pull (draw) . . to; dra åt [hårdare] pull (tie) . . tighter, tighten; ~ *till bromsen* apply the brake **b)** itr.: 'breda på' pile it on; ~ *till med en svordom (lögn)* come out with a swear-word (lie) **c)** ~ *till sig* eg. draw . . towards one; absorbera absorb, attrahera attract äv. bildl.; dra tillsammans summon (collect) round one **24** ~ *tillbaka* draw back; ~ *tillbaka handen (trupperna)* äv. withdraw one's hand (the troops); ~ *sig tillbaka* eg. draw [oneself] back, retirera retreat; bildl. retire, amer. quit **25** ~ *undan* draw (pull, move) . . aside (out of the way), remove, withdraw; ~ *sig undan* move (draw) aside (out of the way), tillbaka fall (draw) back; ~ *sig undan från ngt* withdraw from a th.; jfr *undandra*[*ga*] *II* **26** ~ *upp* tr. draw (pull, lift, med spel wind, haul) up, fisk (vid metning) äv. land, odla raise; öppna open, uncork; klocka wind up; ~ *upp en jämförelse (parallell)* draw a comparison (parallel); ~ *upp . . med roten* pull (drag) . . up by the roots; ~ *upp benen under sig* curl up one's legs; ~ *upp en bil ur diket* haul a car out of the ditch; ~ *upp en båt* [*ur sjön*] pull a boat out of the sea; ~ *upp ngt ur fickan* pull (F fish) a th. out of one's pocket; ~ *upp ngn ur vattnet* drag (friare help el. rescue) a p. out of the water **27** ~ *ur* tr. draw (pull, drag) out; ~ *sig ur spelet (leken)* quit the game, friare back out, give up, F chuck it up **28** ~ *ut* **a)** tr.: eg. draw (pull, drag, ta take) out; förlänga draw out, prolong; tänja ut stretch out; ~ *ut tänder* extract teeth; [*låta*] ~ *ut en tand* have a tooth extracted; ~ *ut ngn på dåligheter* lead a p. into bad ways; ~ *ut ngt ur . .* draw osv. a th. out of . .; ~ *ut saften ur . .* extract the juice out of . .; ~ *ut en sticka ur . .* remove a splinter from . . **b)** itr. go off, *på jakt (i krig)* shooting (to the wars); march out; om rök o.d. find its way out, clear out, move off; ~ *ut på historien* make a long story of it; *han försökte ~ ut på tiden genom . .* he tried to spin out the time by . .; strejken *~r ut på tiden . .* is dragging on; *det ~r ut på tiden* blir sent it is getting rather late, tar lång tid it takes rather a long time; *det drog ut på tiden, innan . .* it was a long time before . .; jfr *utdragen* **29** ~ *vidare* move on **30** ~ *åt* draw (pull) . . tight[er], tighten; ~ *åt sig* draw (pull, drag) . . towards one; bildl. attract [. . to one], m. saksubj. absorb, suck up **31** ~ *över* [*tiden*] run over the time, *med* 15 min. by . .; ~ *över på* konto overdraw . .; ~ *över sig* pull . . over one, t.ex. olycka draw . . down upon one[self]; jfr *överdra*[*ga*]

drabant livvakt bodyguard hillebardjär halberdier; bildl. o. astr. satellite; hejduk henchman **-stad** satellite town **-stat** satellite state

drabba I *tr* träffa hit, strike; falla på [ngns lott] fall upon; hända [ngn] befall, happen to; beröra affect; *en sjukdom som ~r barn* an illness that affects children; *~s av . .* a) träffas av be hit by . . b) utsättas för be subjected to . . c) råka ut för meet with . .; *~s av en svår förlust* suffer a heavy loss **II** *itr,* ~ *samman (ihop)* a) mil. meet, encounter each other b) om enskilda come to blows (vid dispyt loggerheads), cross (measure) swords **drabbning** slag battle; stridshandling action; isht friare encounter; *klart* [*skepp*] *till ~!* clear the decks for action!; *mellan ~arna* friare between the bouts (encounters)

drag *-et - **1*** dragning, ryck pull, tug **2** m. stråke, penna o.d. stroke; *i korta* ~ i korthet briefly, in brief; *i stora* ~ i stort broadly, in broad outline **3** spelt. move äv. bildl.; *ett mycket skickligt* ~ a very clever move, a masterly stroke; *svart har ~et* black to play **4** särdrag, kännetecken allm. feature; ansikts~ äv. line; karaktärs~ trait, streak; släkt~ strain; *han har ett otrevligt ~ kring munnen* he has hard lines about his mouth; *ett utmärkande ~* a characteristic [feature], *för* of **5** nyans, anstrykning touch, strain **6** luft~, andetag m.m. allm. draught; *det är inget ~ i kaminen* the stove does not draw; *njuta* [*av*] *ngt i fulla ~* enjoy a th. to the full; *han tömde glaset i ett ~* he emptied (drained) the glass at a (one) draught (gulp) **7** tidpunkt, *i det ~et* at that juncture **8** fiskredskap trolling-spoon **draga** se *dra* **dragare** dragdjur draught-animal, beast of draught **dragas** se *dras*

drag|basun [slide-]trombone **-djur** se *dragare*

dragé *-n -er* dragée; läk. [sugar-coated] pill

dragen *a* berusad tipsy

drag|fri *a . .* free from draught[s]; *en ~* [*sitt*]*plats* a seat out of the draught **-färja** cable-ferry

dragg *-en -ar* grapnel, grappling-iron **dragga** *itr* drag, *efter ngt* for a th. **draggning** dragging; *företa ~ar i floden* drag the river

dragig *a* draughty; *det är ~t här* äv. there is a draught here

drag|kamp tug-of-war **-kedja** se *blixtlås* **-kista** chest of drawers **-kraft** traction force (power) **-kärra** hand-cart, barrow **-lucka** i eldstad damper **-låda** drawer

dragning 1 lotteri~ draw **2** attraktion attraction, drawing, *till* towards; böjelse äv. inclination, *till* for **3** nyans, *en ~ åt blått* a tinge of blue **dragningskraft** attractive force; [power of] attraction, lockelse äv. attractiveness; *ha stor ~* äv. be very attractive **dragningslista** lottery prize-list

dragnot [shore] seine

1 dragon kavallerist dragoon

2 dragon *-en 0* o. **-ört** tarragon

drag|oxe draught-ox **-plåster** läk. cantharidal (blistering) plaster; bildl. draw[ing-card], strong attraction **-rem** på seldon trace, draught; maskin~ belt; på vagnsfönster strap **-spel** accordion; concertina concertina **-spelare** accordionist; concertina-player **-stift** drawing-pen, ruling-pen

drakballong kite-balloon **drak|e** *-en -ar* dragon äv. ragata; pappers~, leksaks~ o. meteor. kite; tidning sheet, rag; jfr *drakskepp; släppa upp en ~* fly a kite **drakhuvud** dragon's

head
drakm|a *-an -er* drachma
drakonisk *a* Draconic, harsh
drak|skepp hist. Viking [dragon] ship **-sådd,** *en* ~ a sowing of dragon's teeth
dram|a *-at, -er* drama; uppskakande händelse tragedy **dramatik** *-en 0* drama äv. bildl. **dramatiker** dramatist, playwright **dramatisera** *tr* dramatize **dramatisering** dramatization **dramatisk** *a* dramatic
drank *-en 0* mäsk draff
drapera I *tr* drape, hang . . with drapery (resp. draperies) **II** *rfl* drape oneself; om tyg [*låta*] ~ *sig* drape itself **draperi** [piece of] drapery, hanging **draperistång** curtain pole
dras *(dragas) drogs dragits itr. dep,* [*få*] ~ *med* a) sjukdom be afflicted with, suffer from b) skulder, bekymmer be harassed by, be encumbered with; *du får* ~ *med det* äv. you have got (will have) to put up with it (make the best of it)
drastisk *a* drastic
drasut *-en -er, en lång* ~ a lanky fellow
drav|el *-let 0* drivel, twaddle, nonsense
dreg|el *-let (-eln) 0* dribble, slaver, slobber **dregla** *itr* dribble, slaver, slobber, drool; ~ *ned* dribble osv. all over **dreglig** *a* dreglande slobbery, slobbering; drypande av dregel (pred.) . . slobbered over
dreja I *tr* lergods turn, throw **II** *itr* sjö., ~ *bi* heave (bring) to **drejskiva** potter's wheel
dress *-en -er* togs pl.
dressera *tr* allm. train, *till (för)* for; friare school, drill, tutor; hund äv. break
dressin *-en -er* inspection trolley (amer. car)
dressyr training osv., jfr *dressera* **dressör** trainer; breaker; jfr *dressera*
drev *-et* **1** pl. - tekn. pinion **2** pl. *0* blånor [packing] tow, stuffing, oakum **3** pl. - jakt. drive, beat, battue fr. **drev|er** *-ern -rar* drever **drevjakt** battue fr. **drevkarl** beater, driver
dribbla *itr* dribble **dribblare** *-n* - dribbler **dribbling** dribbling, dribble
dricka I *drack druckit tr itr* allm. drink äv. supa; ~ intaga *en kopp kaffe (kaffe till frukost)* have a cup of coffee (coffee for breakfast); ~ *te med mjölk* have (take) milk in one's tea; *jag dricker det helst utan socker* I prefer it without sugar; *ska vi* ~ *något?* shall we have something to drink?; ~ *ngns skål* ([*en skål*] *för ngn*) drink a p.'s health, drink to (toast) a p.; *det dracks ganska sparsamt* there was very little drinking; *han har druckit* är berusad he has been drinking; ~ *av ölet* drink some of (taste) the beer; ~ . . *i djupa drag* take deep (long) draughts of . .; ~ *upp* finish, drink up; ~ *u'r flaskan* empty the bottle; ~ *ur teet* drink up (finish [drinking]) one's tea; ~ *sig otörstig* quench one's thirst [completely] **II** *s* **1** *-t 0* svagdricka ung. near beer **2** *en (två)* ~ öl a beer (two beers)
drickbar *a* drinkable, . . fit to drink **dricks** *-en 0* tip; *ge kyparen* ~ give the waiter a (his) tip, tip the waiter; *hur mycket skall jag ge i* ~*?* what tip should I give [him (her osv.)]?; [*systemet*] *att ge* ~ the tipping system
dricks|glas drinking-glass, glass, tumbler **-pengar** *pl* tip sg.; gratuity sg., gratuities; *är* ~*na inberäknade?* is service (the tip) included?; jfr *dricks* **-vatten** drinking-water **-vattensfontän** drinking fountain
drift *-en -er* **1** begär, böjelse urge, instinct, impulse, prompting; *lägre* ~*er* baser instincts; *av egen* ~ of one's own accord **2** verksamhet operation, working; igånghållande running, skötsel management; *elektrisk* ~ [the use of] electric power; *införa elektrisk* ~ *på järnvägarna* electrify the railways; *kontinuerlig* ~ continuous working; *vara billig i* ~ be economical; *arbeta med inskränkt* ~ work short time **3** *råka (komma) i* ~ get adrift **4** gyckel joking; *utsätta ngn för* ~ pull a p.'s leg
driftig *a* företagsam enterprising, verksam active, energetic; drivande go-ahead **driftighet** enterprise; energy; drive, F go **driftkucku** butt, laughing-stock **driftliv** drifter instincts pl. **drift[s]budget** operating (working) budget **drift[s]kapital** working capital **drift[s]kostnad** working (running, operative) expenses pl. **driftstopp** vid fabrik o.d. stoppage [of work], shut-down; järnv. suspension of traffic **driftsäker** *a* dependable, reliable **driftvärn** industrial civil defence service at state establishments
1 drill *-en -ar* mus. trill; fågels warble, warbling; *slå sina* ~*ar* warble
2 drill *-en 0* mil. drilling, drill
3 drill *-en -ar* borr drill
1 drilla *itr* mus. trill, quaver; om fågel warble
2 drilla *tr* mil. drill
3 drilla *tr itr* borra drill
drillborr [spiral] drill
drink *-en -ar* drink **drinkare** [habitual] drunkard, inebriate
drista *rfl,* ~ *sig* [*till*] *att* inf. venture to inf., make so bold as to inf. **dristig** *a* bold, daring **dristighet** boldness, daring
driv|a A *-an -or* [snow-]drift; *lägga sig i -or* form (pile itself up in)[great] drifts, drift
B *drev -it* **I** *tr* **1** eg. o. friare allm. drive; tvinga äv. force, compel, förmå impel; ~ *maskinen (verket)* operate the machinery; ~ *priserna i höjden* force up the prices; ~ *en pump* work (actuate) a pump; *driv det inte (inte saken) för långt (till sin spets)* don't carry (push) things too far (to extremes); ~ *ngn på flykten* put a p. to flight; ~*s till det yttersta (ytterligheter)* be driven (pushed) to extremities; *-en med elektricitet* driven by

electricity **2** trädg. force **3** bedriva, idka, ~ *handel* carry on trade; ~ *en affär (en fabrik)* run (carry on) a business (a factory); ~ *en politik* pursue a policy **4** ciselera chase **5** täta caulk

II *itr* **1** eg. drive; sjö. o. om moln, sand o. snö drift, få avdrift make leeway **2** [*gå och*] ~ ströva, stryka omkring loaf (walk aimlessly) about, flanera roam about **3** ~ *med ngn* skoja pull a p.'s leg; göra narr av make fun of a p., take a rise out of a. p.

III m. beton. part. **1** ~ *bort* a) tr. drive away (off); ~ *bort fienden från* . . äv. dislodge the enemy from . . b) itr. drift away **2** ~ *igenom* tr. drive through, bildl. force (carry) through; ~ *sin vilja igenom* have (get) one's own way **3** ~ *in* a) tr.: eg. drive in; ~ *in* . . *i* drive . . into; jfr *indriva* b) itr. drift in **4** ~ *omkring* itr. drift (walk aimlessly) about; ~ [*redlöst*] *omkring* sjö. be adrift; *kringdrivande* . . drifting about **5** ~ *på* tr. press (urge, push) on; absol. force the pace **6** ~ *tillbaka* tr. drive back, repel, repulse **7** ~ *undan* tr. drive . . out of the way; jfr ~ *bort* **9** ~ *upp* tr.: mera eg. drive up, pris o.d. run (force) up, bildl. äv. raise, increase, step up; jakt. start; anskaffa procure, obtain; ~ *upp en affär* work up a business; ~ *upp moln av damm* raise clouds of dust; *högt uppdrivna förväntningar* high expectations; *högt uppdrivna hyror* abnormally high rents **10** ~ *ut* a) tr. drive . . out, ur gömställe o.d. äv. dislodge; expel, *ur* from; onda andar exorcize, djävulen cast out b) itr. drift out

drivande I *-t 0* driving osv. (jfr föreg.), idkande vanl. pursuit; sysslolöst loitering **II** *a* driving osv.; *den* ~ *kraften* the driving force, motivet the motive power **drivankare** floating-anchor, drift-anchor, drag-anchor **drivaxel** driving shaft **drivbänk** hotbet, forcing-bed, frame

driv|e *-en -es* el. *-ar* sport. o. friare drive

driven *a* **1** ciselerad embossed, chased **2** skicklig clever; erfaren practised, experienced; *en* ~ [*hand*]*stil* ung. a flowing hand

driv|fjäder mainspring, bildl. äv. incentive, motive **-hjul** driving/-wheel, --gear **-hus** hothouse äv. bildl., forcing-house; oeldat äv. greenhouse, glass-house **-husplanta** hothouse plant **-husvärme** hothouse temperature **-is** drift-ice **-kraft** motive (propelling) force (power); bildl. driving force, om pers. äv. prime mover **-medel** fuel, propellant **-mina** drifting (floating) mine **-rem** driving-belt, belting **-rulle** på bandspelare capstan **-snö** drifting (drifted) snow **-ved** drift-wood

drog *-en -er* drug

dromedar *-en -er* dromedary

dropp *-et 0* **1** droppande drip[ping] **2** läk. drip

droppa I *itr* drip, fall in drops **II** *tr* distil, drop, *i* into; ~ *citronsaft i såsen* add drops of lemon juice to the sauce **dropp|e** *-en -ar* allm. drop; av kåda e.d. tear; [*liten*] ~ äv. droplet; [*som*] *en* ~ *i havet* only a drop in the ocean (bucket); *en* ~ *blod (vatten)* a drop of blood (water); ~*n urholkar stenen* constant dripping wears away a stone

dropp|flaska dropping-bottle **-formig** *a* drop-shaped, tear-shaped **-fri** *a* non-drip **-stensbildningar** *pl* stalactitic hängande [and stalagmitic stående] deposits (formations) **-stensgrotta** stalactite cave **-vis** *adv* by drops, drop by drop

drosk|a *-an -or* cab, droskbil äv. taxi[-cab]; för sms. jfr äv. *taxi-* **-kusk** cabman **-ägare** taxi[-cab] owner

drott *-en -ar* hist. ung. king, ruler

drottning queen äv. bildl. o. schack.; bi~ queen-bee; *balens* ~ the queen (belle) of the ball; *göra en bonde till* ~ schack. queen a pawn **-bonde** schack. queen's pawn **-lik** *a* queen-like, queenly

drucken *a* berusad: attr. drunken, pred. drunk; intoxicated äv. bildl.

drulla *itr* se *drumla* **drull|e** *-en -ar* clumsy fool; tölp boor; bil~ road-hog **drulleförsäkring** F = *ansvarighetsförsäkring* **drullig** *a* se *drumlig*

drumla *itr*, ~ *mot ngt* blunder (go blundering) into a th.; ~ *i (i sjön)* stumble into the sea (water); ~ *omkull* go sprawling over **drumlig** *a* clumsy, awkward; fumlig bungling **drumlighet** clumsiness end. sg.; *en* ~ a piece of clumsiness **drum|mel** *-meln -lar* lout, oaf (pl. äv. oaves), lubber; lymmel rascal **drummelaktig** *a* loutish, oafish, clumsy; rascally

drunkna *itr* be (get) drowned äv. bildl.; ~ *i* . . bildl. be snowed under (swamped) with . .; *jag* ~*r!* I'm drowning!; *räddad från att* ~ rescued from drowning; han *var nära att* ~ . . came near being drowned **drunkningsolycka** [fatal] drowning-accident

druv|a *-an -or* grape

druv|klase cluster (lös bunch) of grapes **-saft** grape-juice **-socker** grape-sugar

dryad *-en -er* dryad

dryck *-en -er* drink; tillagad, t.ex. kaffe, te m.m. beverage; gift~ potion; *starka* ~*er* strong drinks, alcoholic (amer. äv. hard) liquors (koll. liquor) **dryckenskap** *-en 0* drunkenness, inebriation; *vara hemfallen åt* ~ be addicted to drunkenness (drink[ing])

dryckes|broder boon companion **-kärl** drinking-vessel **-lag** drinking-bout, carousal, revel **-varor** *pl* drinks **-visa** drinking-song

dryckjom *oböjl. r* el. *n* **1** drickande drinking, carousing **2** dryckesvaror drinks pl.

dryfta *tr* discuss, talk over; debattera debate;

friare go into, argue
dryg *a* **1** om pers.: högfärdig, inbilsk haughty, overbearing, stuck-up, high-and-mighty, proud, 'viktig' self-important **2** om sak: a) som förslår lasting, economical [in use] b) väl tilltagen liberal, ample, stor large, rågad heaped c) betungande heavy, mödosam hard, heavy, tröttande weary; *ett ~t arbete* a hard (heavy) task, a tough job; *det är en ~ kilometer dit* it is quite a kilometre there; *en ~ kopp [mjöl]* a large cupful [of flour]; *[en] ~ ränta* a big interest; *en ~timme* just over an hour, a good (full) hour; *det här kaffet är ganska ~t [i användningen]* äv. this coffee goes a long way **dryga** *tr, ~ ut kaffe med cikoria* add chicory to coffee [to make it go further] **dryghet 1** (jfr *dryg 1)* haughtiness, overbearingness; self-importance **2** (jfr *dryg 2 a)* economy in use **drygt** *adv* **1** (jfr *dryg 1*) haughtily, overbearingly; self-importantly **2** *~ 300* fully 300, slightly more than 300; *~ hälften av . .* quite (a good) half of . .; *mäta ~* give good (full) measure
drypa *dröp drupit* **I** *tr* put a few drops of . ., *på (i)* on to (into) **II** *itr* drip; droppvis rinna ned trickle; *han dröp av svett* he was dripping with perspiration; *~ a'v* smita slink away
drypande I *a* allm. dripping; om ljus guttering; om näsa running **II** *adv, ~ våt* dripping wet
dråp *-et* - manslaughter, homicide båda end. sg.; *ett ~* a case of manslaughter **dråpare** *-n* - killer, homicide **dråplig** *a* screamingly funny; *vara ~* äv. be a scream **dråpslag** death-blow, bildl. äv. staggering blow
dråsa *itr* come tumbling down; *~ i'* falla i vattnet tumble into the water
drägel se *dregel*
drägg *-en 0* dregs pl.; slödder äv. scum; *tömma [ända] till ~en* drain to the lees (dregs)
drägla se *dregla*
dräglig *a* tolerable; om pers. . . easy to put up with; *ganska ~* äv. not at all bad; *någorlunda ~a villkor* fairly acceptable terms
dräkt *-en -er* **1** allm. dress end. sg.; bildl. o. friare, isht poet. attire end. sg.; national~ costume; fjäder~ plumage; *historiska ~er* historical dress (costumes) **2** jacka o. kjol suit, [tailored] costume
dräktig *a* bärande foster pregnant, teeming, . . with young **dräktighet 1** pregnancy, [period of] gestation, being with young **2** sjö. burden, tonnage, capacity, measurement
dräktpåse se *malpåse*
dräll *-en 0* diaper
dräll|a *-de -t* **I** *tr* spill **II** *itr, [gå och] ~* slå dank loaf about
dräm|ma *-de -t tr itr, ~ näven i* bordet bang one's fist on . .; *~ till ngn* wallop (clump, isht amer. slug) a p.; *~ igen dörren* slam the door
dränera *tr* täckdika o. läk. drain **dränering** drainage, täckdikning äv. draining **dräneringsrör** drain-pipe
dräng *-en -ar* farm-hand, åld. hind; *hans ~ar* äv. his men; *sådan herre, sådan ~* like master like man; *själv är bästa ~[en]* ung. if you want a thing done well, do it yourself **-fasoner** *pl* ung. boorish manners **-göra** drudgery, menial task **-kammare** o. **-stuga** farm-hands' quarters pl.
dränk|a *-te -t tr* eg. o. bildl. drown; översvämma (äv. om solen) flood; *~ [in] med olja* steep . . in oil, impregnate . . with oil; *[gå och] ~ sig* drown oneself
dräp|a *-te -t tr* kill, isht amer. slay; *du skall icke ~* bibl. thou shalt not kill; *~ av ngn* tysta munnen på squash a p. **dräpande** *a* bildl.: slående telling, förintande crushing
drätsel|kammare [borough] finance department **-kamrer[are]** ung. borough treasurer
dröj|a *-de -t itr* **1** låta vänta på sig be late, *med att komma* in coming; söla loiter, dawdle; *svaret har -t länge* the answer has been a long time [in] coming **2** låta anstå o.d., *~ med ngt* delay a th., be long about (uppskjuta put off, tveka med hesitate about) a th.; *~ med att* inf. be long [in] (delay, put off, hesitate about) ing-form; *han -de inte med att begagna tillfället* äv. he was quick to seize the opportunity; *vi ber om ursäkt för att vi -t med att besvara Ert brev* we apologize for the delay in answering your letter **3** vänta wait; stanna stop, stay; *~ [kvar]* stanna kvar linger, poet. tarry; *~ vid . .* bildl. dwell [up]on . .; *var god och dröj!* i telefon äv. hold on (hold the line), please!; *dröj lite (ett tag)!* wait (just) a moment!; *dröj inte länge!* don't be long!; *~ sig kvar* i stan stay on . . **4** opers., *det -er länge, innan . .* it will be a long [long] time (a long time will elapse) before . .; *det -de en evighet, innan . .* it was ages before . .; *det -de inte länge, förrän (innan)* han bad mig . . it was not long before . .; *det -de inte länge, innan han kom* he was not long in coming **dröjande** *a, ~ steg* dawdling footsteps **dröjsmål** *-et* - delay; *utan ~* without [any (the least)] delay, friare promptly
dröm *-men -mar* dream, *om* of (about); *i ~men, i mina ~mar* in [my] dreams; *i mina djärvaste ~mar* in my wildest dreams; *försjunken i ~mar* lost in a reverie (in day-dreams); *i ~marnas land* in the land of dreams, in dreamland; *hon var som en ~* she looked a perfect dream **-bild** vision **-bok** book of dreams **-lik** *a* dream-like **-likt** *adv* as in a dream **-lös** *a* dreamless

dröm|ma *-de -t* **I** *itr tr* dream, bildl. äv. muse, day-dream; *~ en dröm om . .* dream a dream about (of) . .; *det -da idealet* the ideal I (you osv.) have (resp. had) dreamt of; *det kunde jag aldrig ~ om* I could never dream of such a thing **II** *rfl, ~ sig tillbaka till . .* carry oneself back in imagination to . ., imagine oneself back in . . **drömmande** *a* dreamy **drömmare** *-n -* dreamer, visionary **drömmeri** dreaming; *~er* äv. musings; *ett ~* äv. a waking dream, a reverie

dröm|syn [dream-]vision **-tydare** o. **-tyderska** interpreter of dreams **-tydning** interpretation of dreams (resp. a dream) **-villa** dream house **-värld** dream-world, world of dreams

dröna *itr* drowse, idle **drönare 1** bi drone [bee] **2** pers. sluggard, snail

dröppel *-n 0* F the clap

drösa *itr* shower (tumble) down

du *pers. pron* you (åld., poet., relig. thou); *dig* you (resp. thee), rfl. yourself (resp. thyself; i adverbial m. beton. rumsprep. vanl. you); för ex. jfr äv. *jag*; *~ gode Gud!* good Lord!, good heavens (gracious)!; *kära ~!* my dear [fellow, girl m.m.]!; *hör ~!* se under *höra I e*; *kom (spring) ~ bara!* come (run) along!; *tag ~ det!* you take it!; *bli ~ [och bror] med ngn* ung. get on familiar terms with a p.; *säga ~ till ngn* address a p. as 'du', jfr *dua*; *vi är ~ [och bror] med varandra* ung. we have dropped the titles **dua** *tr, ~ ngn* address a p. as 'du' (by the familiar word 'du'), friare be on familiar terms with a p.; *vi ~r varandra* äv. we have dropped the titles

dual|is *-en -er* the dual **dualism** dualism **dualistisk** *a* dualistic

dubb *-en -ar* stud äv. på fotbollsskor, knob, boss; plugg [wooden] nail (pin); på verktygsmaskin centre; *is~* [ice-]prod; på däck: för landsvägskörning stud, för isbanetävling spike

1 dubba *tr* dub, *till riddare* a knight

2 dubba *tr* film dub

3 dubba *tr* däck provide . . with studs (resp. spikes, jfr *dubb*)

dubbel I *a* double äv. om blomma; tvåfaldig äv. twofold; *[det] dubbla antalet* double (twice) the number, double (twice) as many; *betala det dubbla [beloppet]* pay double [the amount], pay twice the amount (twice as much, double as much); *i sin dubbla egenskap av* in his dual (twofold) capacity of; *ett ~t syfte* a twofold aim; *ligga ~ av skratt* lie doubled up with laughter; *vika duken ~* fold the cloth double; *priserna har stigit till det dubbla* prices have doubled **II** *-n dubblar* doubles pl., match doubles match; *spela ~ (en ~)* play doubles (a game of doubles) **-arbete 1** samma arbete utfört två gånger duplication of work **2** två arbeten two jobs pl.; *kvinnor med ~ (dubbelarbetande kvinnor)* housewives with a paid (an outside) job **-beskattning** double taxation **-biff** ung. prime ribs pl. **-bottnad** *a* dubbeltydig ambiguous, equivocal; *en ~ människa* a man with a complex character **-bröllop** double wedding **-bössa** double-barrelled [shot]gun **-däckare** double-decker **-dörr** två dörrhalvor twin door; *~ar* innerdörr och ytterdörr double doors **-exponera** *tr* expose . . twice **-exponering** double exposure **-filig** *a* two-laned, two-lane . . **-form** språkv. doublet **-fönster** double-glazed window **-grepp** på fiol o.d. double-stop **-gångare** double **-haka** double chin **-het** doubleness, bildl. äv. duplicity **-knäppt** *a* double-breasted **-kommando** på t.ex. bil dual control

dubbel|liv double life **-match** doubles match **-mening** double sense (meaning) **-moral** double standard [of morality] **-namn** double-barrelled name **-pipig** *a* double-barrelled **-radig** *a* -knäppt double-breasted **-riktad** *a, ~ trafik* two-way traffic **-roll,** *spela en ~* bildl. play a double game **-rum** double room **-sidig** *a* two-sided; *~ lunginflammation* double pneumonia **-skriva** *tr* write . . twice **-spel** bedrägeri double-dealing; *spela ~* play a double game **-spår** double track **-spårig** *a* double-tracked; *en ~ järnväg* äv. a double line **-säng** double bed

dubbelt *adv* i dubbelt mått doubly, två gånger twice; *~ så gammal [som]* twice as old [as], as old again [as]; *~ så gammal som han* äv. twice his age; *~ så mycket (många) [som]* twice el. double as much (many) [as], as much (many) again [as], twice el. double the quantity (the number) [of]; *~ upp* as much again; *betala (se) ~* pay (see) double; *det räknas ~* it counts as two **dubbeltimme** skol. double-hour (two-hour) lesson **dubbel[t]verkande** *a* double-acting **dubbeltydig** *a* ambiguous, friare equivocal **dubbelvikt** *a* doubled, . . folded in two; *~ krage* turn-down collar; *~ av* skratt doubled up with . . **dubbla** *tr* kortsp. double **dubblé** *-n -er* guld- rolled gold **dubblera** *tr* double; sjö. äv. round; *~ en föreläsning* hold a lecture twice; *~ ett tåg* run a relief train **dubbleringståg** relief train **dubblett** *-en -er* **1** duplicate, isht ord~ doublet **2** två rum two-roomed flat (amer. apartment) [without a kitchen] **dublettnyckel** duplicate key

dubier *pl, ha sina ~* have one's doubts, *om* about **dubiös** *a* dubious, skum shady

dubror ung. intimate friend, chum

duell *-en -er* duel, *på pistol* with pistols **duellant** duel[l]ist **duellera** *itr* duel, fight a duel, *med* with; fight duels

duett *-en -er* duet

dug|a *-de (dög) -t itr* allm. do, vara lämplig, passa äv. be suitable (fit), gå an, passa sig äv. be fitting (becoming); vara god nog be good enough; vara utmärkt be fine (splendid), *till, åt, för* i samtl. fall for; *det -er* that will do (be all right); *det -er inte!* that will never do!, that is no good!, F that won't wash!; *det -er inte att* inf.: det räcker inte att it won't be enough to inf., det passar sig inte att it won't do to inf.; *-er det att äta?* is it fit (good enough) to eat?, can you eat it?; *han -er nog bra till officer* he will make a good (he is fitted to be an) officer; *han -er inte till officer* äv. he will be no good as (he is not the right sort for, he is not cut out to be) an officer; *. . -er inte till mycket* . . is not much good; *. . -er inte till någonting (ingenting till)* . . is no good, om sak äv. . . is [of] no use, om pers. äv. . . is fit (good) for nothing; *vad -er han till?* what is he good for?; *visa vad man -er till* show what one can do, show what one is capable of (worth, made of); *det heter ~ det!* that's pretty good (fine)!; *det var ett rekord som heter ~* that is something like (what I call) a record **dugande** *a* om pers. capable; jfr *duglig*

dugg *s* **1** *-et 0* regn drizzle **2** dyft, *inte ett ~* not a thing (bit); *inte ett ~ blyg* not a bit (not the least) shy; *det bryr jag mig inte ett ~ om* äv. I don't care in the least; *han gör aldrig ett [jäkla] ~* he never does a [damn] thing; *det är inte värt ett ~* it isn't worth a brass farthing; jag har glömt (läst, ätit upp) *vartenda ~* . . every scrap (single bit) of it **dugga** *itr* drizzle; *det ~r* äv. there is a drizzle; *det ~r [med] ansökningar* applications are pouring in **duggregn** drizzling rain **duggregna** *itr* se *dugga*

duglig *a* capable, skicklig äv. able, kompetent äv. competent, effektiv äv. efficient **-het** capability, ability, competence, competency, efficiency; jfr föreg.

duk *-en -ar* cloth, bord~ äv. table-cloth; stycke tyg piece of cloth; segel~, målar~, oljemålning canvas; *~ar* flaggor flags, ibl. bunting sg.; *[den] vita ~en* the screen; *lägga på' ~en* lay (spread) the cloth

1 duka *tr itr, ~ [bordet]* lay (spread) the table; *ett ~t bord* a table ready laid; *ett fint ~t bord* a well-laid table; *~ av [bordet]* clear the table; *är det avdukat?* have the things been cleared away?; *~ fram (upp)* eg. put . . on the table; *~ upp en historia* cook up a story; *~ ut* kopparna clear away . .

2 duka *itr, ~ under* succumb, *för* to

dukat *-en -er* ducat

dukning laying the (resp. a) table; *~en [av bordet]* the laying of the table

duktig *a* **1** bra o.d.: allm. good, *i* at, *[i] att* inf. at ing-form; duglig äv. capable (*i* at, in, *[i] att* inf. at (in) ing-form), able, effektiv äv. efficient, skicklig äv. clever, 'styv', 'slängd' äv. fine, smart, *i* i samtl. fall at, *[i] att* 'inf. i samtl. fall at ing-form; kunnig proficient, *i* in, at, *[i] att* inf. in ing-form; kompetent competent; begåvad gifted; *en mycket ~* tennisspelare äv. a crack . .; *det var ~t!* that's fine!, well done!; *han är ~ i sitt arbete* he is good at (he knows) his job; *~ i matematik* clever (good) at (strong in) mathematics; *vara ~ i skolan* be doing well at school **2** [fysiskt] stark o.d.: allm. strong, kraftig äv. robust, sturdy; kraftfull powerful, vigorous; återställd well (strong) [again]; pigg för sina år hale and hearty; frisk o. stark (om barn) ibl. bonny; *ro med ~a tag* row vigorously; *vara ~* vid full vigör be going strong **3** orädd, käck brave; *var nu en ~ gosse!* be a brave lad! **4** F stor o.d.: allm. big, large; ganska stor good-sized; ansenlig considerable, om penningsumma äv. goodly; riklig substantial; *en ~ aptit* a big (hearty) appetite; *ett ~t kok stryk* a jolly good beating; *en ~ promenad* a long walk; *ett ~t regn* some heavy (a heavy fall of) rain; *en ~ skrapa (avhyvling)* a good scolding **duktigt** *adv* **1** well, capably osv., jfr *duktig 1*; *det var ~ gjort!* well done!; *det var ~ gjort av dig* it was clever of you to do that **2** med besked with a vengeance; kraftigt powerfully, vigorously; *arbeta ~* work hard (with a vengeance); *få ~ betalt* be paid handsomely; *ljuga ~* tell a pack of lies; *skrika ~* cry lustily; *svära ~* swear freely; *äta ~* eat heartily; *få ~ med stryk* get a jolly good thrashing; *ge ngn ~ med stryk* thrash a p. soundly

duktyg bordslinne table-linen; material för dukar table-cloth material

dum *a* allm. stupid, isht amer. F dumb, enfaldig silly, foolish, daft, trögtänkt dull, obtuse, tjockskallig dense; förarglig annoying; barnspr.: 'elak' nasty, *mot* to; *inte [så] ~* oäven not bad; *han är ingen ~ karl* he is no fool; *~t prat* [stuff and] nonsense; *det var ~t av honom att* inf. he was a fool to inf.; *så ~t* förargligt! what a nuisance!; *så ~ jag var!* what a fool I was!; *han är inte så ~ som han ser ut* he is not such a fool as he looks; *det vore inte så ~t att* inf. *(om . .)* it would not be a bad idea to inf. (if . .); *det vore inte så ~t med en kopp kaffe* a cup of coffee would not be a bad idea **-bom** *~men ~mar* fool, idiot, ass, blockhead, duffer; *din ~!* you fool etc.! **-dristig** *a* foolhardy **-dristighet** *~en ~er* foolhardiness end. sg.; *en ~* a piece of f. **-dryg** *a* pompous; *han är ~* he is a pompous ass **-dryghet** pomposity

dumdumkula dumdum [bullet]

dumhet *-en -er* egenskap stupidity, dumbness osv., jfr *dum*; handling act of folly, stupid thing, blunder; yttrande stupid remark; *~er!* nonsense!, rubbish!, fiddlesticks!; *inga ~er!* none of your nonsense!; *begå (göra) en ~*

do a stupid (foolish) thing, make a blunder, göra något dumt do something (resp. anything) stupid; *prata ~er* talk nonsense (rubbish); *vad är det här för ~er?* what's all this nonsense? **dumhuvud** blockhead **dumma** *rfl* uppföra sig dumt make a fool (an ass) of oneself, begå en dumhet make a blunder **dummerjöns** *-en -ar* simpleton, oaf (pl. äv. oaves)
dumpa I *tr* varor dump **II** *itr* practise dumping, dump **dump|n|ing** dumping; *en ~* a case of dumping
dumsnut silly idiot (fool) **dumt** *adv* stupidly osv., jfr *dum; bära sig ~ åt* be silly (stupid), act like a fool, bära sig tafatt åt be awkward; jfr [*göra en*] *dumhet, dumma*
dun *-et* - koll. down end. sg.
dund|er *-ret -er* ljud rumble, thunder; om kanon äv. boom, om åska äv. peal, clap; *med ~ och brak* with a crash **dundra** *itr* thunder, om kanon äv. boom, om åska rumble, roar; *åskan (det) ~de* äv. there was a clap of thunder; *~ mot ngt* thunder against a th. **dundrande** *a* thundering; *ett ~ fiasko* a colossal fiasco; *ett ~ kalas* a slap-up feast; *en ~ succé* a roaring success
dung|e *-en -ar* group (clump) of trees, lund grove
dunig *a* downy, fluffy
1 dunk *-en -ar* behållare can
2 dunk I *s* **1** *-et 0* dunkande thumping, regelbundet upprepat throb[bing] **2** *-en -ar* slag, knuff thump; lek ung. hide-and-seek **II** *itj* thump!; *~ för mig!* i lek I'm in! **dunka I** *itr* thump, om puls, maskin o.d. throb; *~ i bordet* äv. bang (hammer) on the table; *~ på dörren* äv. hammer on the door; *~ på pianot* pound away at (pound on) the piano; *~ på' ngn* pound (pommel) [away at] a p. **II** *tr, ~ ngn i ryggen* slap (thump) a p. on the back
dunk|el I *a* skum dusky, obscure, mörk dark, rätt mörk darkish, mörk o. dyster gloomy; oklar, otydlig dim, obestämd, vag vague; svårbegriplig abstruse, [svårfattlig o.] oklar obscure; hemlighetsfull mysterious; *en ~ föreställning* a vague idea; *ha ett ~t minne av ngt* have a dim (vague) recollection of a th.; *~t ursprung* obscure origin **II** *-let 0* dusk, dystert gloom; oklarhet dimness, obscurity; *höljd i ~* bildl. wrapped in mystery **dunkelt** *adv* duskily osv., jfr *dunkel I*; *jag erinrar mig ~ att . .* I seem to remember dimly that . .
dunkudde down pillow
duns *-en -ar* thud **dunsa** *itr, ~* [*ned*] thud [down]
dunst *-en -er* **1** ånga vapour, fume, utdunstning exhalation; *slå blå ~er i ögonen på ngn* pull the wool over (throw dust in) a p.'s eyes **2** hagel dust-shot **dunsta I** *itr, ~* [*av (bort, ut)*], *låta . . (komma . . att) ~ av* förflyktigas evaporate; *~* [*av*] F smita make oneself scarce, hop it, take French leave; *~ bort* ta slut, gå upp i rök vanish into thin air, evaporate; *~ ut* bildl.: sippra ut transpire **II** *tr, ~ av (ut)* emit . . in the form of vapour; *~ ut* lukt exhale **dunstfylld** *a* vapour-laden, vaporous
duntäcke eiderdown
duo *-n (-t) -n (-s)* duet äv. bildl.
dupera *tr* take in, dupe; *låta ~ sig (sig ~s)* allow oneself to be taken in (duped)
duplett se *dubblett* **duplicera** *tr* duplicate **duplicering** duplication **dupliceringsmaskin** duplicator **duplikat** *-et* - duplicate **duplo,** *in ~* in duplicate
dur *oböjl. s* major; *gå i ~* be in the major key
durk *-en -ar* **1** golv floor **2** ammunitions~, krut~ magazine
durk|a *itr* bolt, run away **-driven** *a* skicklig clever, driven practised, *i* at; accomplished, *i* in; utstuderad cunning, artful; inpiskad thorough-paced . ., out-and-out . . **-slag** colander, cullender
dur|skala major scale **-tonart** major key
1 dus *n* se *sus 2*
2 dus *-en -*[*er*] i tärningsspel deuce
dusch *-en -ar* shower[-bath] äv. ~apparat, ~rum; hand~ hand-shower **duscha I** *itr* have a shower[-bath] **II** *tr* give . . a shower[-bath]
duskål se *brorskål*
dussin *-et* - dozen (förk. doz.); *fem (många) ~ knivar* five (many) dozen knives; *några ~ knivar* a few dozen (some dozens of) knives; 10 kr *~et (per ~)* . . a dozen; sälja *per ~* . . by the dozen **-människa** commonplace person **-tal** dozen, jfr *dussin; i ~* in dozens, by the dozen **-tals** *oböjl. a* [dozens and] dozens subst. i pl., *människor* of people **-vara** cheap (inferior) article **-vis** *adv* per dussin by the dozen; *~ med . .* dozens pl. of . .
dust *-en -er* kamp fight, tussle, sammandrabbning clash; bildl. äv. passage [of arms], tilt; *en hård ~, hårda ~er* ofta some (resp. any) hard fighting sg.; *ha en ~ med* bildl. äv. clash swords with; *utstå mången het ~* endure many hard blows
dusör gratuity, drickspengar äv. tip
duv|a *-an -or* pigeon; dove äv. bildl. **-blå** *a* pigeon-blue
duven *a* om dryck flat, stale; om person: dåsig drowsy, heavy; om växt drooping, faded **-het** flatness osv.
duv|fågel bird of the family columbidae lat. (of the pigeon family) **-hök** goshawk **-kulla** se *skogsstjärna*
duvna *itr* om dryck go flat (stale); om växt [begin to] droop
duvning 1 tillrättavisning o.d. dressing down

2 'gnuggning', *ge ngn en ~ [i]* coach a p. [in]
duv|slag dovecot[e], pigeon-house, pigeonry **-unge** young pigeon; *jag är ingen ~* I was not born yesterday, I am no chicken
dval|a *-an 0* tung sömn lethargy, torpor bägge äv. bildl., onaturlig trance; lättare drowse, doze; zool. hibernation; *ligga i ~* lie dormant, zool. hibernate **-lik[nande]** *a* lethargic, torpid, trance-like
dvs. förk. i.e., that is [to say]
dvälj|as *dvaldes (-des) dvalts (-ts) itr. dep* sojourn, abide
dvärg *-en -ar* allm. dwarf, pygme äv. pygmy, i sagor äv. gnome; på cirkus o.d. midget **-artad** *a* dwarfish **-björk** dwarf birch **-folk** pygmy people **-inna** female dwarf **-lik[nande]** *a* dwarf-like, förkrympt stunted **-pinscher** Miniature Pinscher **-spets** hund Pomeranian
dy *-n 0* mud, sludge; isht bildl. mire, slough **-blöt** *a* soaking wet, pred. äv. wet through **-botten** muddy bottom
dyft se *dugg 2*
dygd *-en -er* virtue, kyskhet äv. chastity; *~ens väg* the path of virtue; *göra en ~ av nödvändigheten* make a virtue of necessity **dygdemönster** paragon of virtue **dygdig** *a* virtuous, kysk äv. chaste
dygn *-et -* day [and night]; *ett (två) ~* äv. twenty-four (forty-eight) hours; *fem ~* five days [and nights]; *arbeta hela ~et (~et om)* work [the whole] day and night; *sova ~et om* äv. sleep twice (all) round the clock; *en gång per ~ (om ~et)* once a day, once every twenty-four hours; *vid denna tid på ~et* at this time of night (resp. day) **dygnslång** *a, en ~ resa* a twenty-four-hour journey, a journey of twenty-four hours **dygnsproduktion** daily output
dyig *a* muddy, sludgy, miry
dyk|a *dök (-te) -t itr* dive, om ubåt äv. submerge, om flygplan äv. nose-dive; *~* och snabbt komma upp igen duck; *~ fram* [suddenly] emerge; *~ ned i* dive into; *~ ned i* bassängen äv. plunge into . .; *~ ned till botten* dive [down] to the bottom; *~ på ngn* F pounce upon a p.; *~ upp* emerge *(ur* out of), eg. äv. come up (to the surface), visa sig, komma fram äv. turn up, appear, crop (om pers. pop) up, komma inom synhåll äv. come into sight; om tanke e.d. suggest itself; *~ upp igen* visa sig igen äv. reappear **dykand** sea duck **dykardräkt** diving-dress **dykare** diver; skalbagge diving-beetle **dykarhjälm** diving-helmet, diver's helmet **dykarklocka** diving-bell **dykarsjuka** caisson disease, F the bends
dykdalb *-en -er* dolphin
dykning dykande: diving, om ubåt äv. submergence, submersion; enstaka dive, plunge, om flygplan äv. nose-dive
dylik *a . .* of that (the) sort (kind), . . like that, such, liknande similar; *eller ~t* (förk. *e. d[yl].)* or the like, or suchlike [things]; *och ~t* (förk. *o. d[yl].), med mera ~t* and the like, and suchlike [things], friare: osv. et cetera (förk. etc.); jfr vidare *sådan*
dymmel|onsdag, *~[en]* Wednesday in Holy Week **-veckan** Holy Week
dyn *-en -er* dune, sand-hill
dyn|a *-an -or* cushion, till skydd mot t.ex. tryck samt stämpel~ pad
dynamik *-en 0* dynamics **dynamisk** *a* dynamic äv. bildl., dynamical **dynamit** *-en 0* dynamite **dynamitard** *-en -er* dynamiter, dynamitard **dynamitpatron** stick of dynamite, dynamite (blasting) cartridge **dynamo** *-n -r (-s)* dynamo (pl. -s), likströmsgenerator äv. direct-current generator
dynasti dynasty **dynastisk** *a* dynastic
dyng|a *-an 0* dung; muck äv. bildl.; *prata ~* talk a lot of rubbish **-grep[e]** dung-fork **-grop** dung-pit **-hög** dunghill
dyning, *~[ar]* swell, ground-swell båda sg.; bildl. se *efterdyning; hög ~* a heavy swell
dypöl [mud-]puddle
dyr *a* **1** eg.: som kostar mycket, vanl. expensive, dyrbar, kostbar äv. costly, som kostar mer än det är värt, vanl. dear; *för ~a pengar* at great expense; *~a priser* high prices; *det är ~a tider vi lever i nu* everything is very expensive (dear) nowadays; *det ställer sig ~t att* inf. it is an expensive business to inf.; *han är ~ på sina varor* he charges a high price (a lot) for his goods **2** bildl.: a) älskad dear b) högtidlig solemn, helig sacred c) ovärderlig, *nu är goda råd ~a* ung. now we are (resp. I am) in a mess [, what are we (resp. am I) to do?]; now we (resp. I) don't know which way to turn **-bar** *a* **1** dyr (jfr *dyr 1)* costly, dear, expensive **2** värdefull valuable, som man är rädd om, som har högt värde i sig själv precious; *~a* praktfulla *kläder* sumptuous clothes **3** iron.: 'obetalbar' priceless **-barhet** *~en ~er* konkr. article of [great] value; *~er* äv. valuables **-grip** *~en ~ar* se *-barhet;* skatt treasure
dyrk *-en -ar* skeleton key, picklock
1 dyrka *tr, ~ upp* lås pick, dörr open . . with a skeleton key
2 dyrka *tr, ~ upp priset* force up the price
3 dyrka *tr* tillbedja worship; beundra adore, avguda idolize **dyrkan** *- 0* worship, cult; adoration; hängivenhet devotion **dyrkansvärd** *a* adorable **dyrkare** *-n -* tillbedjare worshipper, beundrare adorer, anhängare devotee, votary, *av* i samtl. fall of
dyrkfri *a* om lås unpickable, om kassaskåp burglar-proof
dyrköpt *a* attr. dearly-bought, om t.ex. erfarenhet, seger attr. äv. hard[ly]-earned **dyrort** local-

ity where the cost of living is high, friare expensive place **dyrortsgruppering** regional division according to cost of living **dyrt** *adv* **1** (jfr *dyr 1*) expensively, dearly, at a high price, at great cost; dear jfr ex.: *han fick ~ betala (umgälla)* sin obetänksamhet he had to pay dear|ly| for . .; . . *kom att stå honom ~* . . cost him dear|ly|; *bo ~* |have to| pay a high rent; *sälja (köpa) ~* sell (buy) dear; *sälja sitt liv ~* sell one's life dear|ly| **2** högt dearly; *~ älskad* dearly beloved **3** högtidligt solemnly; *lova ~ och heligt (högt och ~)* promise solemnly **dyrtid** period of high prices (of high living costs) **dyrtidstillägg** cost-of-living allowance

dysch|a *-an -or* o. **dyschatell** *-en -er* couch

dysenteri *-|e|n 0* dysentery

dyster *a* gloomy, dismal, dreary, sombre, glädjelös cheerless, beklämmande depressing; svårmodig sad, melancholy, mournful, trumpen glum; *~ färg* dusky (dark, sombre) colour; *~ min* gloomy air; *vara ~ i hågen* be dejected, be in low spirits, F be down in the dumps **-het** gloom; gloominess osv.: depression; melancholy; jfr *dyster*

dyvåt *a* se *dyblöt*

då I *adv* allm. then, den gången, dåförtiden äv. at that time, in those days (times), vid det tillfället äv. on that occasion, i det ögonblicket äv. at that moment, i så fall äv. in that case, om så är äv. if so, that being so; som obeton. fyllnadsord vanl. utan |direkt| motsv. i eng.: |*just*| *~* |just| at the time; |*senast*| *~* by then, by that time; *~ och ~* now and then (again), occasionally, on and off, from time to time; *nå, ~ så!* då är det ju bra well, it's all right then!; *vad nu ~*? what's up now?; *och ~ särskilt* . . and especially . .; *den ~ sittande regeringen* the government in power at that time (then in power); *förstår du ~ inte att* . . but can't you see that . .; *ja, ~ gör jag det ~* well, in that case I'll do so; *du kommer ~*? well, you'll be coming then, won't you?; you are coming, aren't you?; *det var ~ det!* times have changed |since then|!; *när ~?* when?

II *konj* **1** tempor. when äv. rel.; vid det laget (den tid) då äv. by the time |that|; just som |just| as, samtidigt med att as; medan while, då däremot whereas; så snart som as soon as, directly; närhelst whenever; *den dag ~* . . the (ss. adv on the) day when (that) . .; *nu ~* now that, F now, nu medan now while; *~ jag var barn* when (medan while) I was a child; *~ jag var barn, lekte jag* . . äv. when a child, I played . .; *~ de väl hade ätit middag* . . once they had had dinner . .; *~ vi (de) anlände, bad vi* . . äv. on (on their) arriving, we asked . .; *~ han hoppade ned* vrickade han foten |in| jumping (|just| as he was jumping) down . .; *~ man ser honom* skulle man tro äv. to look at him . .

2 kausal as, i betraktande av att seeing |that|; *~ ju* since; *~ det förhåller sig så* that being so

dåd *-et* - illgärning outrage, brott crime; bragd deed, feat, exploit; han blygdes för *sitt ~* . . what he had done **-kraftig** *a* active, energetic **-lust** eagerness to accomplish great deeds **-lysten** *a* eager to etc. se föreg. **-lös** *a* inert, inactive

dåförtiden *adv* at that time, in those days (times)

dålig (jfr *sämre, värre, sämst, värst*) *a* **1** allm. bad, ofullkomlig, 'skral' äv. poor; sämre sorts inferior, |ur|usel F rotten; svag, klen weak, jfr ex.: *ett ~t arbete* a poor piece of work; *~ behandling* bad treatment; *~a betyg* skol. bad (low) marks; *ha ~ handstil* have a bad handwriting; *ha ~t hjärta* have a weak heart; *vara på ~t humör* be in a bad temper; *han har ~t huvud* he is not very bright; *vid ~ hälsa* in poor health; *ha ~ hörsel* be hard of hearing; *~ jordmån* poor soil; |*en*| *~ karaktär* a bad character; *vara vid ~ kassa* be short of cash; *~a kvinnor* bad women; *~ luft* bad (foul) air; *~a* ömtåliga *lungor* weak (delicate) lungs; *han är ingen ~ (är en ~) lärare* he is not a bad (is a poor, is a bad) teacher; *~ lön* low pay; *ha ~ mage* have a weak stomach (a bad digestion); *en ~ människa* a bad (stark. wicked) person; *~a nyheter (råd)* bad news (advice); |*ett*| *~t rykte* a bad reputation; *försvara en ~ sak* defend a bad cause; *ha ~t samvete* have a bad (guilty) conscience; *~ sikt* poor visibility; rummet är *i ~t skick* . . in bad condition (repair); *ett ~t skäl* a poor reason; *~ smak* bad taste äv. bildl.; tala *~ svenska* . . poor Swedish; *ha ~ syn* have |a| bad eyesight; *råka i ~t sällskap* get into bad company; *en ~ tanke om* a poor opinion of; *~a tider* hard (bad) times; *det är en ~ tröst* that is a poor consolation; *~a tänder* bad teeth; *~t uppförande* äv. misbehaviour, misconduct; *en ~ ursäkt* a poor (flimsy) excuse; *~a utsikter* a bad outlook, poor prospects; *~ vana* bad (objectionable) habit; *~a varor* inferior goods; *~t väder* bad (unfavourable) weather; *det här äpplet är ~t* this apple is a poor one (ruttet is bad); *det var inte ~t, det!* that's not bad (not half good)!; *han är ~ i engelska* he is poor (bad) at English; *det är ~t med disciplinen* discipline is bad; *det blir ~t med potatis i år* there will be a shortage of potatoes this year

2 krasslig poorly, unwell, ill, F bad, inte riktigt kry out of sorts; illamående sick; *bli ~* be taken ill; *jag känner mig ~* vanl. I don't feel |very| well; *det är ~t med honom i dag* he is not

very well today
dålighet *-en -er* badness, moralisk äv. wickedness båda end. sg.; *dra ut ngn på ~er* lead a p. into bad ways; *vara ute på ~er* be on the spree **dåligt** (jfr *sämre, värre, sämst, värst) adv* badly, ofullkomligt, 'skralt' äv. poorly; jfr *illa; ~ betald* poorly (badly) paid, ill-paid; *affärerna går ~* business is bad; *hans firma går ~* his firm is doing badly; den här varan *går ~* there is no market for . ., . . does not sell very well; *det går ~* allm. things are in a bad way; hur går det för dig med det där arbetet? — [*det går*] *~t* . . not at all well!; *det går ~ för honom* he is in a bad way, i skolan he is not doing very well, *i* engelska in . .; *ha det ~* [*ställt*] be badly off; *ha ~ med pengar* be short of money; *höra ~* hear badly, ha dålig hörsel be hard of hearing; *se ~* see badly, ha dålig syn have a bad eyesight; *sova ~* be a bad sleeper; *jag har sovit ~ i natt* I slept badly last night, I had a bad night [last night]; *~ utrustad* ill-equipped, poorly equipped; *vara ~ utrustad å huvudets vägnar* be poorly endowed; *hon äter* [*så*] *~* she has a poor appetite
dån *-et -* roar[ing], av åska roll[ing], rumble, rumbling, av kanoner o. kyrkklockor boom[ing]; *~et av åskan* äv. the thunder
1 dåna *itr* dundra roar, roll, rumble, boom; jfr *dån*
2 dån|a *itr* svimma, *~* [*av*] faint, swoon; *ligga avdånad* lie in a swoon **-dimpen,** *få ~* go off in a faint, have a fainting-fit
dåra *tr* charm, stark. bewitch, infatuate; förleda deceive **dåraktig** *a* foolish, silly, stark. idiotic, mad, insane; absurd absurd **dåraktighet** *-en -er* foolishness, folly, silliness, idiocy, madness, insanity, absurdity, jfr *dåraktig; en ~* dåraktig handling a (an act of) folly, a mad thing to do **dårdikt** nonsense verse **dår|e** *-en -ar* fool, idiot, nitwit, tokstolle loony; åld.: sinnessjuk lunatic, madman, kvinnlig madwoman **dårhus** madhouse **dårhusmässig** *a* . . ready for the madhouse; *det vore ju ~t!* that would be sheer madness (folly)! **dårskap** *-en -er* folly, handling äv. piece of folly; *det vore ~ att* inf. it would be sheer madness (folly) to inf.
dåsa *itr* doze, drowse, lata sig laze; *~ bort* tiden drowse away . . **dåsig** *a* drowsy, somnolent, heavy **dåsighet** drowsiness, somnolence, heaviness
då|tida *oböjl. a, ~ seder* the customs of that time (day); jfr *dåvarande* **-tiden,** *~s* se *dåtida* **-varande** *a,* [*den*] *~ ägaren* till huset the then owner . .; jfr *dåtida; under ~ förhållanden* vanl. as things were then; *~ lagstiftning* the legislation then in force; *i sakernas ~ läge* in the then state of affairs; *~ major S.* Major S., as he was then

däck *-et - **1*** sjö. deck; *alle man på ~!* all hands on deck!; *under ~* below [deck] **2** på hjul tyre, amer. tire; fackl. cover **däckad** *a* sjö. decked **däckslast** deck-cargo **däckspassagerare** deck-passenger **däcksplanka** deck-plank **däcksplats** deck accommodation end. sg.
dägg|a *tr* suckle **-djur** mammal; *~* pl. ss. zool. klass äv. mammalia lat.
däld *-en -er* dell, glen
däm|ma *-de -t tr, ~* [*av (för, till, upp)*] dam [up]; *~ in* omgärda med jordvall dike, dyke
dämpa *tr* mera eg.: allm. moderate, stark. subdue, ljud äv. deaden, muffle, ljus äv. reduce, färg[ton] äv. tone down, soften, eld äv. check, damp [down]; bildl.: iver, hänförelse m.m. damp [down], moderate, put (cast) a damper on, cool, glädje check, dampen, lidelse subdue, vrede, sorg mitigate, smärta alleviate, deaden; *~ en boll* sport. trap a ball; *~ farten* reduce (slacken) speed; *~ ett segel* sjö. spill a sail; *detta ~de stöten* that cushioned (softened) the shock; *~ vågorna* [*med olja*] [pour oil on the water to] subdue the waves; *~ ned radion* turn down the radio **dämpad** *a* subdued; om pers. äv. quiet; *~ belysning* äv. soft light; *~e färger* äv. soft (quiet) colours; *~ musik* soft music; *med ~ röst* in a subdued voice, in an undertone; jfr *dämpa*
dän *adv* away, off; dit och *~* . . back
däng *-et 0* stryk, *ge ngn ~* give a p. a walloping **dänga** *tr itr* **1** *~* [*och slå*] bang; *~ i dörrarna* bang the doors; *~ igen dörren* bang the door to **2** *~ näven i bordet* bang one's fist on the table; *~ på' ngn* thrash a p.; *~ ti'll ngn* give a p. a blow **3** *~ i väg* rush away
där *adv* **1** demonstr. there; *den (så, sådan) ~* se under *den B II, 3 så, sådan; här och ~* se under *2 här; ~ bak (bakom* m.fl.*)* ss. adv. se *därbak, därbakom* m.fl.; *~ bakom mig* there behind me; *~ i huset (trakten)* in that house (neighbourhood); *~ på platsen* there; *förhållandena ~ på platsen* äv. local conditions; *~ under* bordet under . . there; *~ uppifrån* taket up there from . .; *han ~* that fellow; *~ finns ingenting* there is nothing there; *~ gick jag och hoppades (väntade)* there I was, hoping (waiting); *~ gick jag och trodde att* . . to think that I believed that . .; *~ har du!* var så god! there you are!; *~ har (fick) du!* till den man slår take that!; *~ har du ett äpple!* here is an apple for you; *~ har vi det!, ~ ser du!* there you are!; *~ tar du fel* you are wrong there; han sade att han *bodde ~ och ~* . . lived in such and such a street (resp. place); *det var ~ som* . . se under *2* nedan **2** rel. where; varhelst wherever; *landet, ~* . . äv. the country in which . .; hon är så söt *~ hon sitter* . . sitting there;

huset är så vackert ~ *det ligger bland träden* . . situated as it is among the trees; *det var* ~ [*som*] de fann honom that was where . ., it was there [that] . .

där|an *adv, vara illa* ~ sjuk be in a bad way, illa ute be in a fix **-av** *adv* av denna (den, dessa, dem m.fl.) of (el. annan prep., jfr *av*) that (resp. it, those, them m.fl.); *på grund* ~ for that reason; ~ *följer att* . . [thence (from that)] it follows that . .; *men* ~ *blev ingenting* but nothing came of it; ~ *kommer det sig att* . . that's how . ., det är skälet till att . . that's [the reason] why . .; *det kommer sig* ~ *att han* . . it is owing to his (him) + ing-form; vi såg tio bilar, ~ *tre blå* . ., three of them (of which three were) blue **-bak** *adv* at the back [there], there at the back **-bakom** *adv* behind that (osv., jfr *därav*); bakom där behind there **-borta** *adv* over there **-bredvid** *adv* beside that (osv., jfr *därav*); nära close by [there] **-efter** *adv* **1** om tid: efter detta after that, sedan then, afterwards, subsequently, därnäst next; *kort* ~ shortly after[wards]; *under tiden* ~ in the time that followed; *året (ett år)* ~ the year (a year) after [that] **2** i enlighet därmed accordingly, according to that; *det blev också* ~ the result was as might be expected; . . *och rätta dig* ~*!* . . and act accordingly! **-emellan** *adv* om två between (om flera among) them; dessemellan in between; jfr *dessemellan; någonting* ~ mitt emellan something in between **-emot** *adv* **1** emellertid however, å andra sidan on the other hand, tvärtom on the contrary; i jämförelse därmed compared to it; *jag* ~ *tror* . . äv. as for me, I think . .; *då* ~ whereas; while [, on the other hand,] **2** mot denna etc. towards (el. annan prep., jfr *mot*) that (osv., jfr *därav*); *ingenting hjälper* ~ nothing is good for it; *ett* ~ *svarande belopp* a corresponding amount

därest *konj* if, in case, förutsatt att provided [that]; ~ *icke* äv. unless

där|framme *adv* over there, däruppe up there, därnere down there; *stå* ~ t.ex. framför ledet, klassen stand out there **-för** *adv* **1** fördenskull so, hence båda end. i satsens början, therefore, av den orsaken for that (this) reason, följaktligen consequently; *och* ~ [and] so, and therefore; *det är alltså* ~*!* so that's why!; ~ *är jag* . ., *det är* ~ [*som*] *jag är* . . that is [the reason] why I am . ., it is for that reason that I am . .; *men* ~ *kan man inte säga att* . . but that does not entitle one to say that . . **2** ~ *att* because; ~ *att han inte kom* because he did not come, because of (on account of, owing to) his not coming; *inte* ~ *att* . . not because (that) . . **3** för denna etc. for (el. annan prep., jfr *2 för I*) that (osv., jfr *därav*); *av* ~ *intresserade personer* by persons interested in it; *till stöd* ~ in support of it **-förinnan** *adv* = *dessförinnan*

där|hemma *adv* at home **-hän** *adv* **1** so far; *det kan gå* ~ *att* . . äv. things may come to such a pass that . .; *låt det inte gå (komma)* ~*!* don't let it come to that!; *hon ödmjukade sig ända* ~ *att hon* . . she humbled herself so far as to inf. (to the point of ing-form); *detta har ofta tytts* ~ *att* . . this has often been interpreted to the effect that . . **2** *lämna* . . ~ leave . . open; *det får vi lämna* ~ we must leave it at that; *det må lämnas* ~ *om* . . whether . . must remain undecided

där|i *adv* in (el. annan prep., jfr *2 i*) that (osv., jfr *därav*); i detta avseende in that respect; ett skrin *med* ~ *liggande nipper* . . with trinkets in it; *det förvånande* ~ *är* . . the surprising thing about it is . .; ~ *har du rätt* you are right there; ~ *gör du klokt* you are well advised to do so; ~ *gjorda påståenden* kansl. statements made therein; ~ *inbegripet* including; *de skiljer sig från engelsmännen* ~ *att* . . they differ from the English in that . .; jfr äv. ex. under *häri* **-ibland** *adv* among them; inklusive including **-ifrån** *adv* lokalt from there, från denna plats äv. from that place; från denna osv. from that (osv., jfr *därav*); [*bort, borta*] ~ away [from there]; *långt* ~ far from there, far away (off), bildl. far from it; *ut* ~ out of it, ut ur rummet etc. out of the room etc.; ~ *och dit* from there to there; *det finns inget undantag* ~ there is no exception to it; ~ *avgår rabatten* discount will be deducted; *han vägrade att avstå* ~ he refused to give it up; *han gick* ~ he left [the place]; *det var* ~ *han kom* that's where he came from; *ingen kom levande* ~ not one came out alive; *han reste* ~ *i går* he left [there] yesterday; ~ *räknat* är det tio år counting from then . .

där|igenom *adv* **1** bildl.: därmed, på så sätt by that, in that way, genom detta (dessa) medel by that (those) means; på grund därav owing to that, by reason of that, tack vare detta thanks to that; ~ genom att göra det *kunde han* . . by doing so he could . .; ~ *att han for bort kunde han (jag)* . . by going away he (through his going away I) could . . **2** igenom denna osv. through that (osv., jfr *därav*); genom där through there **-inifrån** *adv* from within, from in there **-innanför** *adv* inside [there] **-inne** *adv* in there; ~ *i* rummet there in . . **-intill** *adv* close by **-jämte** *adv* besides osv., jfr *dessutom*

där|med *adv* with (el. annan prep., jfr *2 med*) that (osv., jfr *därav*); med detta (dessa) medel äv. by that (those) means; ~ (med dessa ord) lämnade han rummet with that . .; ~ *var saken avgjord* that settled the matter; *målet förklarades* ~ *avslutat* the case was therewith declared closed; *alla* ~ *förenade rättigheter* all the rights attaching [thereto]; *och* ~ *jäm-*

förliga föremål and other similar objects; ~ *menade han* by that he meant [to say]; ~ *är inte sagt att* . . that is not to say that . .; *vare* ~ *hur som helst* be that as it may; ~ *är vi inne på* . . that brings us to . .; ~ *var det slut* that was the end of it; ~ *är mycket vunnet* that helps a great deal; ~ *är ingenting vunnet* there is nothing to be gained by it; *i enlighet* ~ accordingly; *i samband* ~ in that connection; nu gör du som jag säger *och* ~ *punkt* . . and that's that **-nedanför** *adv* down below there **-nere** *adv* down (below) there **-nerifrån** *adv* from down there **-näst** *adv* next, in the next place, then

där|om *adv* about (el. annan prep., jfr *2 om A*) that (osv., jfr *därav*); *norr (höger)* ~ [to the] north (to the right) of it; *ett förslag* ~ a proposal to that effect; ~ *kan vi vara eniga* we can agree about that; ~ *tvista de lärde* on that point doctors disagree **-omkring** *adv* **1** [all] round there; Stockholm *och trakten* ~ . . and environs, . . and the surrounding area **2** så ungefär, *eller* ~ or thereabout[s] **-ovan** *adv* up there; i himlen on high **-ovanpå** *adv* on [the] top of that (osv., jfr *därav*), i våningen över in the flat above [that] **-på** *adv* **1** om tid: efter detta after that, sedan then, afterwards, subsequently, därnäst next; *strax* ~ immediately afterwards; *året* ~ [the] next (the following) year, the year after [that]; ~ *bifölls förslaget* then the proposal was accepted **2** på denna osv. on (el. annan prep., jfr *på*) that (osv., jfr *därav*); *det beror* ~ *att han är* . . it is due to the fact that he is (to his being) . .; sockeln *med den* ~ *stående statyn* . . with the statue on it; *ett bevis* ~ *är* a proof of it (that) is

där|städes *adv* there; *förhållandena* ~ local circumstances **-till** *adv* **1** to (el. annan prep., jfr *till*) that (osv., jfr *därav*); *med hänsyn* ~ in view of that (dessa fakta those facts); *orsaken* ~ the reason for that (till att man gör så for doing so); *med* ~ *hörande* . . with the . . belonging to it (resp. them); en sportstuga *med allt vad* ~ *hör* . . and everything that goes with it; *en segelbåt med allt vad* ~ *hör* äv. a fully-equipped sailing-boat; ~ *kommer* frakt to that [there] must be added . ., then there is . .; ~ *kommer att han* . . moreover, he . .; added to this, he . .; *de* ~ *nödvändiga pengarna* the money necessary for the purpose **2** dessutom besides osv., jfr *dessutom*

där|under *adv* under (el. annan prep., jfr *2 under*) that (osv., jfr *därav*); under där under there; ~ *inbegripes* . . that includes . .; *och* ~ mindre än detta and less; nu följde en lång föreläsning, *och* ~ *somnade han* . . during which (and during it) he fell asleep; *barn på tolv år och* ~ children of twelve and under (below [that age]); *belopp på 100 kronor och* ~ amounts not exceeding 100 kronor **-uppe** *adv* up there; i himlen on high **-uppifrån** *adv* from up there; från himlen from on high **-ur** *adv* out of that (osv., jfr *därav*) **-utanför** *adv* outside **-ute** *adv* out there **-uti** *adv* = *däri* **-utifrån** *adv* from out there **-utöver** *adv* ytterligare in addition [to that], mer more; 100 kronor *och* ~ . . and upwards; *belopp på 100 kronor och* ~ äv. amounts of at least 100 kronor

där|varande *a* . . there, local . . **-varo** ~ *n 0* stay there, närvaro presence [there] **-vid** *adv* at (el. annan prep., jfr *2 vid*) that (osv., jfr *därav*); om tid äv.: vid det tillfället on that occasion, då then; i det sammanhanget in that connection; 'därvid' motsv. ofta av omskrivning, jfr ex.: ~ *blev det* there the matter rested; ~ när det sker *bör man helst* inf. when that happens, it is best to inf.; ~ *föll han och* . . in so doing he fell and . .; ~ *kom jag att tänka på* . . that made me think of . .; *man höll tal och* ~ betonades speeches were made and in them (made, in which) . .; *ett möte sammankallades, och* ~ fattades många viktiga beslut a meeting was convened, during which . .; han begärde tillstånd *och stödde sig* ~ *på* . . basing his petition on **-vidlag** *adv* in that respect; ~ *håller jag med dig* I am with you there

där|åt *adv* **1** åt det hållet in that direction, that way; *någonting* ~ something like that **2** åt denna osv. at (el. annan prep., jfr *åt*) that (osv., jfr *därav*); *hänge sig* ~ indulge in it; ~ *är ingenting att göra* there is nothing to be done about it, det kan inte hjälpas that cannot be helped; *en* ~ *syftande politik* a policy with that aim in view **-över** *adv* **1** over (el. annan prep., jfr *över*) that (osv., jfr *därav*); när planet passerade ~ . . over there; *förvånad* ~ surprised at it; ~ *i Amerika* over there in America **2** se *därutöver*

däst *a* bloated; *känna sig* ~ feel absolutely full up **-het** bloatedness

däven *a* fuktig damp, moist

dävert *-en -ar* sjö. davit

dö *dog dött* **I** *itr (*ibl. *tr)* die, avlida äv. pass away, omkomma äv. perish, be killed; *vi skall ju alla* ~ *en gång* äv. one can't live for ever; *jag är så hungrig så jag kan* ~ I'm dying of hunger, I'm starving; *här är så tråkigt så man kan* ~ I am bored to death here, I shall die of boredom here; ~ *rik (ung)* die rich (young); ~ *en naturlig död* die a natural death; ~ *en våldsam död* äv. meet with a violent death; ~ *som ungkarl (som flugor)* die a bachelor (like flies); ~ *av cancer (hunger, olycklig kärlek, skräck, ålderdomssvaghet)* die of cancer (hunger, a broken heart, fright, old age); ~ *av köld* die of cold (from exposure); ~ *av längtan efter ngt (efter att* inf.*)* be dying for a th. (to inf.); *hålla på (vara nära) att* ~ *av nyfikenhet (skratt)* be dying of curiosity (with laughter); ~ *av överansträngning (ett sår)* die from overwork (from el. of a wound); *vad dog han av?* what did he die of?; *det* ~*r han inte av* bildl. that won't kill him; ~ *för fosterlandet* die (give one's life) for one's country; ~ *för egen hand* die by one's own hand; ~ *före ngn* äv. predecease a p.; ~ *i cancer* die of cancer; *leendet dog på hennes läppar* the smile died on her lips; *en* ~*ende* a dying person (man resp. woman), one about to die

II m. beton. part. **1** ~ *bort* die away (down); *bullret dog bort* äv. the noise subsided; *han dog bort från hustru och barn* he died leaving a wife and family **2** ~ *undan* die off **3** ~ *ut* die out, om ätt äv. die off, become extinct, om eld äv. die down, om ord äv. become obsolete; *samtalet dog ut* the conversation flagged

död I *a* dead äv. bildl., livlös inanimate, lifeless; bollen är ~ sport. . . out of play; *en* ~ *blick* a vacant look; *en* ~ *bokstav* a dead letter; *Döda havet* the Dead Sea; ~*a inventarier* dead stock sg.; *dött kapital* dead capital, idle money; *dött lopp* dead heat; *han är en politiskt* ~ *man* he is finished politically; ~ *mans grepp* säkerhetsgrepp dead man's handle; ~ *punkt* tekn. dead centre (point), dödläge deadlock; ~*a punkter* bildl. dull moments; *ett dött språk* a dead language; ~ *säsong* slack (off) season, seasonal lull; ~ *den 5 maj* died on 5th May; ~ *för världen* dead to the world; *Döda* rubrik för dödsannonser Deaths; *den* ~*e* the dead man, den avlidne the deceased; *de* ~*a* the dead; *uppstå från de* ~*a* rise from the dead; ~*a och sårade* dead (killed) and wounded, casualties

II *-en -ar* death, frånfälle (isht jur.) decease, demise; ~*en* vanl. death, personifierad Death; ~ *åt förtryckaren!* death to the oppressor!; ~*en blev ögonblicklig* death was instantaneous; ~*en inträdde kl. 6* he (resp. she) died at 6 o'clock; *det blir hans* ~ it will be the death of him; . . *kan bli* ~*en för all handel* . . may be the end of all trade; *du är* ~*ens om* . . you are a dead man (you are done for) if . .; *det betyder en säker* ~ it is certain death; *få en bråd* ~ come to a sudden end; *ta (få)* ~ *på* kill [off], slå ihjäl put . . to death, kill, utrota exterminate; *han tar* ~*en på sig* he will kill (F do for) himself; *ligga för* ~*en* be dying, be nearing one's end, be on one's death-bed; *gå i* ~*en för* die for, go to one's death for; *trogen in i (intill)* ~*en* faithful unto death; mord *straffas med* ~*en* . . is punished (punishable) by death, . . is a capital crime; *vara nära* ~*en* be at death's door; *döma ngn till* ~*en* sentence a p. to death; misshandla ngn *till* ~*s* . . to death; *sörja sig till* ~*s* die of grief, av olycklig kärlek die of a broken heart; *sårad till* ~*s* mortally wounded

döda *tr* **1** kill äv. bildl., amer. äv. slay; ~ *tiden* kill time **2** H: bankbok, inteckning etc. cancel, konto close, check äv. stop **dödande I** *-t 0* killing; cancellation, closing, stopping; jfr *döda 1—2* **II** *a* se *dödlig; ett långsamt* ~ *gift* a deadly poison that acts slowly; *ett* ~ *fall (skott)* a fatal fall (shot) **III** *adv,* ~ *tråkig* deadly dull, boring

död|da|ga|r *pl, till* ~ så länge jag (etc.) lever to the end of my etc. life, to my etc. dying day (hour) **-dansare** tråkmåns crashing bore, glädjeförstörare spoil-sport, wet blanket **-full** *a* pred. dead drunk **-född** *a* stillborn; *ett -fött företag* an abortive enterprise **-förklara** *tr* officially declare . . dead **-förklaring** official declaration of death **-grävare** grave-digger, zool. äv. burying-beetle **-hungrig** *a* F, *jag är* ~ I'm starving **-kött** proud flesh

dödlig *a* mortal, dödsbringande äv. deadly, fatal, lethal; *en* ~ *dos* a lethal dose; *ett* ~*t gift* a deadly poison; *ett* ~*t hat* a mortal (undying) hatred; *en* ~ *sjukdom* a mortal disease, a fatal illness; *få en* ~ *utgång* be (prove) fatal; en sjukdom *med* ~ *utgång* a fatal . .; *en vanlig* ~ an ordinary mortal, an ordinary human being **dödlighet** mortality, antal dödsfall äv. death-rate; ~*en i* smittkoppor mortality from . . **dödlighetsprocent** [percentage of] mortality, death-rate **dödligt** *adv* mortally, fatally; jfr *dödlig;* ~ *förälskad* head over ears in love

död|läge bildl. deadlock, stalemate; *råka i (häva) ett* ~ reach (break) a deadlock **-period** slack period

döds|annons i tidning announcement in the deaths column, obituary notice; *hans* ~ the announcement of his death **-arbete,** ~*t* blev svårt his (resp. her) death-struggle . . **-attest** death certificate **-blek** *a* deathly pale, . . [as] pale as death, friare livid **-bo** estate [of a deceased person]; *den avlidnes* ~ the deceased's estate **-bricka** mil. identification tag **-bringande** *a* mortal osv., jfr *dödlig* **-bud,** ~*et* budet om hans (etc.) död the news of his etc. death; *ett oväntat* ~ the news of an unexpected death **-bädd** death-bed; *ligga på* ~*en (sin* ~*)* be on one's death-bed **-dag,** *hans* etc. ~, ~*en* the day (årsdagen anniversary) of his etc. death **-dans** Dance of Death, Danse Macabre **-dom** sentence of death, death-sentence, friare death-warrant; *avkunna en* ~ pass a sentence of death **-dömd** *a* . . sentenced (condemned) to death; *vara* ~ äv. be under sentence of death; *han är* ~ av många läkare he has been given up . .; *försöket är -dömt* the attempt is foredoomed to failure (doomed [in ad-

vance]); *huset är -dömt* the house is condemned **-fall** death; affären överlåtes *på grund av* ~ . . owing to the decease of the owner **-fara,** *han var i* ~ he was in danger of his life (in mortal danger) **-fiende** mortal enemy **-fruktan** fear of death **-fälla** death-trap **-förakt** contempt of (for) death; hoppa i det kalla vattnet *med* ~ . . without flinching **-föraktande** *a* intrepid **-förskräckt** *a, vara* ~ be in mortal fear **-hjälp** läk. euthanasia
dödskalle death's-head, skull; ~ *med korslagda benknotor* skull and cross-bones **-fjäril** death's-head moth
döds|kamp death-struggle **-körning** bilolycka med dödlig utgång fatal car accident **-liknande** *a* deathlike **-läger** death-bed; jfr *-bädd* **-mask** death-mask **-märkt** *a* . . having the marks of death [on one's face]; *vara* ~ have the etc. **-offer** vid olycka victim; *antalet* ~ the death toll, the number of fatal casualties; olyckan *krävde tre* ~ . . claimed three victims **-olycka** fatal accident **-orsak** cause of death **-riket** the kingdom of the dead **-rossling,** ~[*ar*] death-rattle sg. **-runa** obituary [notice] **-ryckningar** *pl* death-throes; *ligga i* ~*na* be in one's death-throes äv. bildl., be at one's (the) last gasp, bildl. äv. be on its (resp. their) last legs **-siffra** death toll **-sjuk** *a* dying **-straff** capital punishment; *avskaffa* ~*et* abolish capital punishment (the death-penalty); förbjudet *vid* ~ . . on pain (penalty) of death **-stund** hour of death; *i* ~*en* äv. in his etc. last hour **-stöt** death-blow äv. bildl. **-synd** relig. mortal sin; bildl. crime; *de sju* ~*erna* the Seven Deadly Sins **-sätt** manner of death
döds|tillfälle, *vid* ~*t* at the time of his etc. death **-trött** *a* pred. dead tired, F dead beat, dog-tired; *vara* ~ äv. be all in **-tyst** *a* . . [as] silent as the grave, deathly still **-tystnad** dead silence **-ur** zool. death-watch [beetle] **-ångest** agony [of death]; bildl. mortal dread (fear) **-år,** *hans* etc. ~, ~*et* the year of his etc. death **-ängel** angel of death
död|säsong o. **-tid** slack (off) season, seasonal lull **-vatten** dead water; bildl. deadlock; *råka i* ~ reach a deadlock (an impasse) **-vikt** deadweight
dölj|a *dolde dolt* **I** *tr* conceal, isht gömma äv. hide, hålla inne med äv. withhold, keep . . back, maskera äv. disguise, veil, genom förställning äv. dissemble, *för* i samtliga fall from; *han dolde inte att* . . äv. he made no secret of the fact that . .; ~ *sina avsikter* äv. keep one's intentions dark; ~ *en flykting* shelter (harbour) a fugitive; *jag har inget att* ~ I have nothing to hide; *orden är till för att* ~ *tankarna* words serve to conceal thought[s]; *hålla sig dold* be [in] hiding, keep under cover; jfr *dold* **II** *rfl* hide [oneself], conceal oneself, *för* from; *en känd poet -er sig* bakom denna signatur a well-known poet is hidden (concealed) . .; *de motiv som -er sig bakom* . . the motives which lurk behind . .
döm|a *-de -t tr itr* **1** allm. judge, *av, efter* by, from; isht i brottmål sentence, condemn; *döm själv!* judge for yourself; *jag -er honom inte* bildl. I do not set myself up in judgement of him; ~ *ngn att betala skadestånd* order a p. to pay damages; *att* ~ *av* . ., *av* . . *att* ~ judging (to judge) from (by) . .; *av allt att* ~ to all appearances; ~ *ngn för stöld (till två månaders fängelse)* sentence (condemn) a p. for larceny (to two months' imprisonment); *döm om min förvåning när* . . judge of (imagine) my surprise when . .; ~ *ngn till* [*50 kronors*] *böter* fine a p. [50 kronor]; ~ *ngn skyldig* [*till* . .] convict a p. (find a p. guilty) [of . .]; *staden är -d till undergång* the town is doomed to destruction; *planen är -d att misslyckas* the scheme is foredoomed to failure; ett sådant handlingssätt *-er sig självt* . . stands self-condemned; ~ *i* ett mål judge . .; ~ *ut* se *utdöma* **2** sport.: allm. idrott, kapplöpning m.m. act as judge, tennis m.m. umpire, fotboll, boxn. referee; ~ *bort* disallow; ~ *fel* make a wrong decision; ~ *frispark (straffspark)* award a free kick (a penalty [kick])
döp|a *-te -t tr* baptize, ge namn äv. christen, fartyg name, christen, ge öknamn äv. dub, nickname; . . *är -t till N.* . . was christened N.; *han lät* ~ *sig* he was baptized; *en -t jude* a Jewish convert; ~ *om* rename
dörj *-en -ar* fiske. hand line **dörja** *tr* fish . . by hand line
dörr *-en -ar* door, ~öppning äv. doorway; *den öppna* ~*ens politik* the policy of the open door; ~*en till köket* the kitchen door, the door to (of) the kitchen; *stänga* ~*en för* fortsatta förhandlingar close the door upon . .; *öppna* ~*en för* open the door for (t.ex. för förhandlingar to), släppa in admit; *för (inom) stängda (lyckta)* ~*ar* jur., parl. behind closed doors; *stå för* ~*en* bildl. be at hand, be near, be just round the corner, om något hotande be imminent; *det gick i* ~*en* the door opened [and shut]; nyckeln *sitter i* ~*en* . . is in the lock; *stå i* ~*en* stand in the doorway; *köra ngn på* ~*en* turn a p. out; *rusa på* ~*en* make for (rush to) the door; *visa ngn på* ~*en* show a p. the door; *följa ngn till* ~*en* see a p. out; *jag har inte varit utom* ~*en i dag* I have not been out today
dörr|foder door-case **-handtag** door-handle, runt door-knob **-karm** door-frame **-klocka** door-bell **-knackare** hawker, pedlar, tiggare beggar **-lås** door-lock **-matta** door-mat **-nyckel** door-key, latchkey **-post** door-post **-skylt** door-plate **-spegel**

door-panel **-springa** chink [of the door] **-stängare** door-check, door-closer **-tröskel** doorsill, threshold **-vakt[are]** door-keeper, porter **-vakterska** woman door-keeper, portress **-vred** = *-handtag* **-öppning** doorway

dös *-en -ar* arkeol. dolmen

döv *a* deaf, *för* alla varningar to . ., *på* ena örat in . .; *vara* ~ lomhörd be hard of hearing; *tala för ~a öron* talk to deaf ears **döva** *tr* lindra deaden, assuage; ~ *hungern* still one's hunger; ~ *samvetet* silence one's conscience **dövhet** deafness, lomhördhet hardness of hearing **dövstum** *a* deaf and dumb; *en* ~ a deaf mute **dövstumhet** deaf-mutism, deaf-muteness **dövstum[s]institut** deaf-and-dumb institution **dövörat,** *slå* ~ *till för* turn a deaf ear to; *han slog* ~ *till* he just wouldn't listen

E

e *e-|e|t,* pl. *e|-n|* **1** bokstav e |utt. i:| **2** mus. E
eau-de-cologne *-n 0* eau-de-Cologne
eau-de-vie *-n 0* ordinary |Swedish| brandy
ebb *-en 0* ebb|-tide|, low tide; ~ *och flod* the tides pl., ebb and flow; *det är* ~ the tide is |going| out; *det är* ~ *i kassan* för mig I am short of funds; *vid* ~ at low water **ebba** *itr,* ~ *ut* bildl. ebb |away|, peter out
ebenholts *-en (-et) 0* ebony; handtag *av* ~ äv. ebony . .
ebonit *-en 0* ebonite
echaufferad *a* hot |and bothered|
ecklesiastik|departement ministry of education and ecclesiastical affairs **-minister** minister of education and ecclesiastical affairs
ed *-en -er* oath, svordom äv. curse; *avlägga (svärja) en* ~ take (swear) an oath; *avlägga* ~*en* trohets- el. ämbetsed be sworn in, take the oath; *låta ngn avlägga* ~*en* swear a p. in; *gå (avlägga)* ~ *på det, ta det på sin* ~ take an oath on it, swear to it; *jag går* ~ *på (tar på min* ~*) att han . .* I swear that he . .; *ta* ~ *av ngn (låta ngn gå* ~ *på) att han* . . take a p.'s oath that he . .; *med (på, under)* ~ by (on |one's|, under) oath; *under* ~ *lämnad* förklaring sworn . .
e.d. förk. se under *dylik*
edd|a *-an -or* Edda **eddadikt** o. **eddasång** Eddic (Eddaic) poem
Eden Eden; ~*s lustgård* the Garden of Eden
eder *pron* se *er*
edgång taking an (resp. the) oath
edikt *-et* - edict
edition edition
edlig *a* sworn, . . on oath; ~ *skriftlig försäkran,* ~*t intyg* affidavit; *under* ~ *förpliktelse* under oath **edsbrott** violation of an (resp. the) oath **edsformulär** form of oath **edsförbund,** *schweiziska* ~*et* the Swiss (Helvetic) Confederation **edsvuren** *a* sworn
e-dur E major
Edvard eng. kunganamn Edward
e. dyl. förk. se under *dylik*
efemär *a* ephemeral
Efes|i|erbrevet |the Epistle to the| Ephesians sg.
effekt *-en -er* **1** verkan, |detalj som gör| intryck effect, resultat result; *göra (ha) god* ~ produce (have) a good effect **2** tekn. o. fys. power; *utveckla en* ~ *av* 100 hästkrafter develop . . **3** ~*er* bagage luggage sg., jfr *bagage;* tillhörigheter property sg., effects **effektfull** *a* striking, effective **effektförvaring** konkr. left-luggage office, cloak-room, amer. checkroom **effektiv** *a* **1** om sak effective, verksam äv. efficacious, faktisk äv. actual; 'som gör susen' effectual; ~ *arbetstid* actual working-hours; ~*t botemedel* effective (efficacious, stark. effectual) remedy; ~*a* nyttiga *hästkrafter* effective (useful) horse-power; ~ *ränta* effective (actual) rate; ~*a åtgärder* effective (stark. effectual) measures **2** om pers. efficient **effektiv|is|era** *tr* render . . |more| effective **effektivitet** (jfr *effektiv*) effectiveness, efficac|it|y; efficiency äv. verkningsgrad
effektreaktor power reactor **effektsökeri** straining after effect, playing to the gallery
effektuera *tr* H execute, fill **effektuering** H execution, filling **effektökning** power increase
efter I *prep* (se äv. under resp. huvudord) **1** allm. after, bakom äv. behind, följande på äv. following, ibl. (jfr ex.) post-; |*närmast (näst)*| ~ next to; |*omedelbart (genast)*| ~ on, immediately after; ~ |*det*| *att* konj. after; ~ *slutat arbete* after (when) work is (resp. was) over; *den ene* ~ *den andre* one after (bakom äv. behind) another (the other); *brev* ~ *brev* letter after (upon) letter; *dag* ~ *dag* day after day; ~ *några dagar* after a few days, a few days after|wards| (later), jfr ex. under *8;* förändringar ~ *döden* äv. post-mortem . .; barnets vård ~ *födelsen* äv. post-natal . .; förhållandena ~ *kriget* äv. post-war . .; tal ~ *middagen* after-dinner . .; *svag* ~ *sjukdomen* weak from the effects of the illness; ~ *en timme* vanl. an hour later; *dra . .* ~ *sig* draw . . behind one, drag . . along; han kom *gående* ~ *oss* . . walking after (behind) us; *han heter David* ~ *sin far* he is called D. after his father; *han lämnade . .* ~ *sig* he left . . behind |him|; . . *regerade* ~ *Napoleon* . . reigned after N.; *slå (smälla) igen dörren* ~ *ngn* slam the door on a p.; *spring* ~ *honom |och ta fatt honom|* run after him |and catch him|, jfr ex. under *2; stå* ~ *ngn i kön* stand behind a p. in the queue; *hans namn står* ~ *mitt* på listan his name comes after (follows) mine . .; *städa* ~ *sig* tidy up after oneself; *stäng dörren* ~ *dig!* shut the door after (behind) you!; *vara |långt|* ~ *de andra* be |far| behind the others äv. bildl.; *det är* ~ *midnatt* it is after (past) midnight; *du är* ~ *din tid* you are behind the times; *vissla (ropa)* ~ *ngn* whistle (shout) after (för att tillkalla for) a p.
2 (ibl. adv.) för att få |tag i| o. d. samt i uttryck för 'längtan' vanl. for; *annonsera (ringa, skriva, telefonera, telegrafera)* ~ advertise (ring, write, |tele|phone, telegraph) for; *böja sig* ~ *ngt* stoop to pick up a th.; *gripa (sträva)* ~

se under *5; gräva* ~ dig for; *vi har långt* ~ *vatten* we have a long way to go for water; *kippa* ~ *andan* pant for breath; *leta* ~ look for; *längta (längtan, tråna)* ~ long (longing, yearn) for; *han längtade* ~ *att hon skulle komma* he longed for her to come, he longed that she should come; *se sig om* ~ look about for; *spaningarna* ~ the search for; *springa* ~ *flickor* run after girls; *springa* ~ *hjälp (läkaren)* run for help (the doctor); *på språng* ~ in search of; *sända bud (skicka)* ~ send for; *söka (spana)* ~ look (search) for; *polisen var* ~ *honom* the police were after him (were on his tracks); *vara ute* ~ *en belöning* be out for a reward; *vissla (ropa)* ~ *ngn* se under *1;* ~ *honom!* catch him!; *fort* ~ hämta *bilen!* run and fetch the car, quick!

3 enligt vanl. according to, i vissa uttr. in, med ledning av o. d. äv. by, from, on, to (jfr ex.), efter förebild (mönster) av äv. after; segla ~ *kompass (stjärnorna)* . . by the compass (the stars); ~ *min mening* in my opinion, to my mind; klippa till ~ *ett mönster* . . from a pattern; ~ *denna princip* on (according to) this principle; ~ *gällande priser* on the basis of present prices; huset byggdes ~ *hans ritningar* . . to his design (plans); ~ *Strindberg* after |the manner of| (in imitation of) Strindberg; ~ *vad vi erfar har Sverige* . . we learn that Sweden has . .; ~ *vad jag hoppas (tror)* as I hope (believe); ~ *vad jag har hört* according to what I am told, from what I hear; ~ *vad han säger* according to him; ~ *vad jag vet* as far as I know; ~ *vad som* är känt as far as . .; *dansa* ~ *musik* dance to music; *ingenting att gå* ~ nothing to go by; *klä sig* ~ *årstiden (senaste modet)* dress according to the season (after the latest fashion); *rätta sig* ~ conform to; *ställa klockan* ~ *radion* set one's watch by the radio; *teckna* ~ *naturen* draw from nature; *temperaturen varierar allt* ~ *höjden* the temperature varies according to the altitude

4 längs efter along; nedför down; uppför up; *han gick* ~ *stranden* he was walking along the shore; *tårarna rann* ~ *kinderna på henne* the tears ran down her cheeks; *rysningar* ~ *hela ryggen* shivers all up (down) one's back

5 |i riktning| mot at; *kasta sten* ~ *ngn* throw stones at a p.; *slå* ~ aim a blow at; *sträva (gripa)* ~ aim (catch) at

6 |efterlämnad| av of; *märket* ~ *ett slag* the mark of a blow; *spåret* ~ *en räv* the track of (left by) a fox; hon är *änka* ~ *en präst* . . the widow of a clergyman, . . a clergyman's widow

7 från from; *arv (ärva, få |i arv|)* ~ inheritance (inherit) from; *det har han* ~ *sin far* he got that from his father; *ögonen har han* ~ *sin far* he has got his father's eyes

8 räknat från of; alltsedan since; |in|om in; *han dog inom en vecka* ~ *avresan (~ det att han hade rest)* he died within a week of his departure (of his going away); *år 40* ~ *Kristus* se under *Kristus;* ~ *faderns död (den dagen)* har han varit since his father's death (since that day) . .; ~ *några dagar* var han återställd in a few days . ., jfr ex. under *1;* ~ *en stund* in (after) a little while

9 ~ *hand* småningom gradually, by degrees, little by little, med tiden as time goes (resp. went) on, steg för steg step by step; de problemen får vi lösa ~ *hand* . . as they come up; ~ *hand som* |according| as

II *adv* (se äv. beton. part. under resp. enkla vb samt *I 2* ovan) **1** om tid after; *året* ~ the year after, the following (next) year; *kort* ~ shortly after|wards| **2** bakom, kvar, på efterkälken behind; jag gick före och *hon kom (sprang* etc.) ~ . . she came (ran etc.) after (behind) me; *vara* ~ *med* be behind (behindhand, betr. betalningar äv. in arrears) with

III *konj* **1** eftersom since etc., jfr *eftersom* **2** ~ |*det att*| after

efter|anmälan o. **-anmälning** sport. late entry **-apa** *tr* ape, mimic, imitate, copy; i bedrägligt syfte counterfeit **-apare** ~*n* ~ imitator, F copy-cat **-apning** konkr. imitation, i bedrägligt syfte counterfeit **-arbete** kompletterande arbete supplementary work, avslutande granskning |final| revision

efter|behandla *tr* tekn. give . . a finishing treatment **-behandling** läk. after-treatment, follow-up **-besiktning** supplementary (final) inspection **-beskattning** additional (supplementary) taxation **-beställning** additional (repeat) order, reorder **-bild** fysiol. after-image **-bilda** *tr* imitate, copy **-bildning** imitation, copy **-bliven** *a* efter i utvecklingen backward, psykiskt äv. mentally retarded; *vara* ~ efter sin tid be behind the times **-blivenhet** backwardness **-bränn-kammare** afterburner **-börd** ~*en* ~*er* afterbirth **-börs** |free| transactions on the stock exchange after |official| hours pl.

efter|datera *tr* post-date **-debitera** *tr* debit (charge) . . afterwards, jfr *debitera* **-dyning,** ~*ar* bildl. repercussions, reverberations, efterverkningar aftermath sg., after-effects, följder consequences, *efter* i samtl. fall of

efter|forska *tr* söka utröna inquire into, investigate; söka efter look for, try to trace **-forskning** undersökning investigation, inquiry; *anställa* ~*ar efter* institute a search for **-fråga** *tr* **1** se *fråga* [*efter*]; *herr Ek* ~*s* i annons ask for Mr. Ek **2** [*mycket*] ~*d*

-sökt . . in [great] demand **-frågan** ~ *0* **1** förfrågan inquiry; *vid* ~ on inquiry **2** H demand, *på* for; *det råder stor (ringa)* ~ *på* . . there is a great (is little) demand for . . el. . . is in great (little) demand **-frågning** se *-frågan 1* **-följa** *tr,* ~ *ngns råd* follow (act on) a p.'s advice; se vid. *följa [efter]* **-följande** *a* following, sedermera följande subsequent **-följansvärd** *a* . . worth following, . . worthy of imitation **-följare** ~*n* ~ efterhärmare imitator; *Kristi* ~ the imitators of Christ **-följd** **1** *vinna* ~ be followed; *exemplet manar till* ~ the example is worthy of imitation (worth following) **2** se *efterlevnad* **-följelse,** *Kristi* ~ the Imitation of Christ

efter|gift ~*en* ~*er* concession; av skatt, skuld o.d. remission **-giftspolitik** policy of appeasement **-given** *a* indulgent, yielding, compliant, lenient, *mot* to[wards]; ~ *för påtryckningar* yielding to pressure **-givenhet** indulgence, yieldingness, compliance, leniency, jfr föreg. **-gjord** *a* imitated; . . *är dåligt* ~ . . is a bad imitation **-glans** afterglow **-granska** *tr* syna scrutinize, kontrollera igen re-check **-granskning** scrutiny, re-check; jfr föreg.

1 efterhand *adv* se *efter I 9*

2 efter|hand, *i* ~ efter de andra last, after the others; efteråt afterwards; *sitta i* ~ kortsp. ung. be the second player **-hängsen** *a* persistent äv. om t.ex. snuva, . . difficult to shake off; *han är* ~ äv. he never leaves me (resp. us) alone **-hängsenhet** persistency **-härmning** imitation **-höst** late autumn

efter|klang lingering note; bildl. [faint] echo; hans poesi är *rena* ~*en* . . purely derivative **-klangspoesi** derivative poetry **-klok** *a* . . wise after the event **-komma** *tr* önskan comply with, befallning obey **-kommande I** *a* framtida future **II** *s, våra* ~ our descendants, våra efterträdare our successors, eftervärlden posterity sg. **-konstruktion** -rationalisering rationalization **-krav** cash on delivery, förk. C.O.D.; ~ *begäres för 5 kronor* C.O.D. 5 kronor; *ta ut sina kostnader genom* ~ charge one's expenses forward; *sända varor mot* ~ send goods C.O.D. **-kravsbelopp** amount to be collected on delivery **-kravsförsändelse** C.O.D. consignment **-krigstiden** the post-war period (era); ~*s* litteratur post-war . . **-kur** after-treatment **-kälke,** *komma på* ~*n* get behindhand (med betalning äv. into arrears), *med* with; fall (get left) behind, be out-distanced, *i* tävling in; *vara på* ~*n [med]* be behind (behindhand, resp. in arrears) [with] **-känning** after-effect, *efter* of; *jag har ännu* ~*ar av* . . I am still suffering from the after-effects of . .

efter|led språkv. last element **-leva** *tr* lag obey, conform to, föreskrift observe **-levande I** *a* surviving **II** *s, de* ~ the surviving relatives, the deceased's family sg., the survivors; du måste tänka på *dina* ~ . . those who will be left behind when you die **-leverans** supplementary delivery **-levnad,** *lagarnas* ~ the observance of the laws **-liggare** mil. straggler **-likna** *tr* imitate; *söka* ~ vara lika bra som try to equal, *i* in **-lysa** *tr* misstänkt o.d.: sända ut signalement på issue a description of, vilja komma i kontakt med wish to get into touch with, spana efter make inquiries for, look for; något förkommet, genom annons advertise the loss of; t. ex. släkting till sjuk person, i radio broadcast an S.O.S. for; *han -lyser mer konsekvens i* . . he would like to see more consistency in . .; *han är -lyst [av polisen]* he is wanted [by the police] **-lysning** som rubrik Wanted [by the Police]; i radio police message; *-lysningen av A.* the issuing of a description of A.; ~ *av* förkommet föremål advertisement (notice) of the loss of . .; jfr f. ö. *-lysa* **-låten** *a* o. **-låtenhet** se *-given* resp. *-givenhet* **-lämna** *tr* leave; ~ *maka och tre barn* leave a wife and three children; ~ *minnet av* en god människa leave behind the memory of . .; *hans* ~*de förmögenhet* the fortune he left [at his death]; *den* ~*de maken* the bereaved husband; ~*de skrifter* posthumous works **-längtad** *a* [much] longed-for . .; *en* ~ *premiär* a première that has (resp. had) been eagerly awaited; *du är* ~ av oss we are (resp. have been) longing for you

efter|middag afternoon; *kl. 3* ~*en* (förk. *e.m.*) at 3 o'clock in the afternoon (förk. at 3 p.m.); *i* ~*[s], i dag på* ~*en* this afternoon; *i går (i morgon)* ~ yesterday (tomorrow) afternoon; *på* ~*en, på (om)* ~*arna* in the afternoon; *[på] fredag* ~ adv. on Friday afternoon; *på* ~*en den 5 april* on the afternoon of April 5; jfr äv. motsv. ex. under *dag 1* **-middagsföreställning** afternoon performance, matinée **-middagskaffe** afternoon (ibl.: efter middagen after-dinner) coffee **-mäle** ~*t* ~*n* minnesruna obituary [notice]; eftervärldens omdöme posthumous reputation

efter|namn surname, family name, amer. äv. last name **-natten** the later part of the night **-prövning** univ. ung. supplementary examination **-rationalisering** rationalization **-räkning,** ~*ar* påföljder [unpleasant] consequences **-rätt** sweet, bestående av frukt dessert; F afters pl.; amer. dessert **-rättelse,** *ländа (tjäna) till* ~ be a guide (*för ngn* to a p.), åtlydas be observed; *ställa sig ngt till* ~ lag, befallning obey (föreskrift observe, comply with) a th.

efter|satt *a* **1** förföljd pursued **2** försummad

neglected **-seende,** *vid närmare* ~ on a closer inspection **-siktväxel** bill payable at a fixed date after sight, after-sight bill **-sinnande I** *a* musing, thoughtful **II** *adv* musingly, thoughtfully **-skickad** *a, du kommer som* ~ you are the very one we want **-skott,** *i* ~ in arrears, efter leverans after delivery, efter fullgjort arbete after the performance of the undertaking; få lön *i* ~ . . at the end of the month (resp. week) **-skottsbetalning** payment after delivery etc., jfr *-skott* **-skrift** postscript **-skänka** *tr* remit; ~ *ngn skulden* remit a p.'s debt, let a p. off the debt **-skänkning** remission **-skörd** aftercrop, -slåtter aftermath; bildl. gleanings pl. **-släckning 1** eg. final extinction of a fire (resp. of fires) **2** efter fest ung. follow-up party **-släng,** *en* ~ *av* influensa another slight bout of . . **-släntrare** straggler, senkomling late-comer **-släpning** lag, falling behind; om arbete backlog **-smak** after-taste; *det lämnar en obehaglig* ~ it leaves a bad taste [in the mouth] äv. bildl. **-som** *konj* då ju since, då as, i betraktande av att seeing [that]; *allt* ~ se *allteftersom* **-sommar** late summer; brittsommar Indian summer **-spana** *tr* search for, söka uppspåra [try to] trace; ~*d av polisen* wanted [by the police] **-spaning,** ~[*ar*] search sg.; *anställa* ~*ar efter* institute a search for **-spel** bildl. sequel; *få rättsligt* ~ have legal consequences

efterst *adv* furthest back, sist last **eftersta** *a,* [*den*] ~ vagnen the last (hindmost, rearmost) . .

efter|sträva *tr* söka åstadkomma [try to] aim at; söka skaffa sig try to obtain; söka nå try to attain; ~ *fullkomlighet* seek [to attain] perfection; ~ *makt* strive after power; *det vi skall* ~ *är* . . the thing we must aim at is . . **-strävansvärd** *a* desirable, . . worth aiming at **-stygn** backstitch **-ställd** *a* gram. postpositive **-syn 1** se *efterseende* **2** se *tillsyn* **-sådd** -såning re-sowing **-sägare** parrot; *bara en* ~ äv. a mere echo; *vara en* ~ *till ngn* parrot a p. **-sända** *tr* vidarebefordra forward, send on [. . to the addressee]; *-sändes* på brev to be forwarded, please forward; *-sändes icke* äv. to await arrival **-sändning** post. forwarding **-sätta** *tr* försumma neglect, be neglectful of **-sökt** *a,* [*mycket*] ~ anlitad, efterfrågad . . in [great] demand, omtyckt [much] sought-after . ., [very] popular

efter|tanke eftersinnande reflection, övervägande consideration; *en smula* ~ borde ha sagt dig att one moment's reflection . .; *detta kräver* ~ this requires careful consideration; *han greps av* ~*ns kranka blekhet* ung. afterwards he was seized with misgivings; *med* ~ with due consideration; *utan* ~ without due reflection; *vid närmare* ~ on second thoughts, on thinking it over **-taxera** *tr* betr. skatter assess [. . for arrears] **-taxering** additional assessment [for arrears] **-trakta** *tr* se *trakta* [*efter*] **-traktad** *a* coveted **-trupp** mil. rearguard; efterföljande grupp i allm. stragglers pl.; *bilda* ~*en* bring up the rear **-tryck 1** [särskild] tonvikt emphasis, stress; kraft force; *ge* ~ *åt* lay stress on, emphasize, stress; *för att ge* ~ *åt sina ord* äv. to lend (give) weight to one's words; *med* ~ with emphasis, emphatically, med kraft forcibly; *med* ~ *betona* [strongly] emphasize **2** av tryckalster: a) abstr. reprinting, olovligt piracy b) konkr. reprint, resp. pirated edition; ~ *förbjudes* all rights reserved, copyright reserved **-trycklig** *a* emphatic, forcible, allvarlig earnest, sträng severe; om aga o.d. sound; *i* ~ *ton* äv. emphatically; *på det* ~*aste* in the most emphatic fashion, in the most forcible manner **-trycklígen** o. **-tryckligt** *adv* emphatically etc.; energiskt energetically; grundligt thoroughly; uttryckligen expressly **-tryckning** reprinting, olovligt piracy **-träda** *tr* succeed; ~ . . *på tronen* follow . . on the throne **-trädare** ~*n* ~ successor; *A. Eks Eftr.* Successor[s] to A. Ek **-tänksam** *a* eftersinnande thoughtful, pensive, meditative; klok o. försiktig circumspect **-tänksamhet** thoughtfulness; circumspection **-tänksamt** *adv* thoughtfully etc.; with circumspection; jfr *-tänksam*

efter|utbildning mil. ung. supplementary training **-verkan** o. **-verkning** after-effect; *-verkningar* efterdyningar äv. aftermath sg., repercussions; *känna -verkningarna av* suffer from the after-effects of **-vinter** sen- late winter; kall vår [very] cold spell in spring **-vård** after-care **-värkar** *pl* after-pains **-världen** posterity; *gå till* ~ be handed down to posterity **-värme** remaining heat

efteråt *adv* **1** om tid afterwards, senare later; *någon tid* ~ some time afterwards (later); *flera dar* ~ several days later (afterwards) **2** bakom behind (after) me (him etc.)

egal *a, det är mig* ~*t* it is all the same (all one) to me

Egeiska havet the Aegean [Sea]

eg|en *a* **1** uttr. tillhörighet (jfr äv. under resp. huvudord) **a)** föregånget av gen. el. poss. pron. own; *hans många -na* barn the many . . he has himself; *skolans -na elever* the school's own pupils; *mitt -et hus* my own house; *är huset ditt -et?* is the house your own?; *Din* ~ *Karl* i brevslut Yours, Karl; *det var hans -na ord* those were his very words; *bli sin* ~ öppna egen affär start a business (shop) of one's own; *vara sin* ~ be one's own master; *av sina -na skall man höra det* ung. those in one's own family are usually one's worst critics **b)** föregånget av best. art. (som saknas i eng.) el. då poss. pron. lätt kan utsättas i sv. one's (my etc.) own; *det -na landet* one's (my etc.) own country; *för ~ del* kan jag for my [own] part . .; *med* mina *-na ögon* with my own eyes; han berättade om *-na och andras bedrifter* . . the exploits of himself and others **c)** övriga fall vanl. . . of one's (my etc.) own; *har han -na barn?* has he any children of his own?; *han har många -na fel (inget -et lexikon)* he has many faults (no dictionary) of his own; *bo i -et hus* live in a house of one's own; *med ~ ingång* with a private (separate) entrance; *ha -et rum* have a room to oneself

2 säregen, karakteristisk peculiar, *för* to; characteristic, *för* of; besynnerlig strange, odd, queer, peculiar; en åskådning *som är honom ~* . . peculiar to him; jfr *egendomlig*

egen|art distinctive (special, individual) character, peculiar nature, individuality **-artad** *a* peculiar, singular, besynnerlig äv. curious **-dom** *~en* **1** pl. *0* tillhörighet[er] property; *andras ~* the property of others; *fast ~* real property (estate); *lös ~* personal property (estate), personalty; dessa hus är *statens ~* äv. . . owned by the state **2** pl. *~ar* jord~, lant~ estate, mindre property

egendomlig *a* **1** sällsam, underlig strange, peculiar, odd, queer, singular, märkvärdig curious, remarkable, extraordinary; *ett ~t sammanträffande* a strange (curious) coincidence; *han är lite ~* he is a trifle odd (queer); *högst ~t!* most (very) extraordinary! **2** karakteristisk peculiar, *för* to; characteristic, *för* of **egendomlighet** *-en -er* strangeness, peculiarity, oddity, queerness, singularity; curious (remarkable) thing; jfr *egendomlig 1*; utmärkande drag peculiarity, [peculiar] feature, characteristic; *~er* peculiarities, strange (singular etc.) features; *~er i* klädsel, tal m.m. peculiarities of . .; *en ~ för honom (ngn, ngt)* a peculiarity of his (of a p.'s, of el. in a th.); jfr *egenhet* **egendomligt** *adv* strangely etc.; *~ nog* strangely etc. enough, strange to say

egendoms|agent estate-agent **-agentur** estate-agent's office **-folk,** *Guds ~* God's peculiar people **-gemenskap** community of property; allas public (communal) ownership **-lös** *a* . . without property, unpropertied, propertyless

egen|het *~en ~er* peculiarity, singularity, oddity, eccentricity; han har *sina ~er* . . certain (some) idiosyncracies (peculiarities etc., ways) of his own; *han har den ~en att vara (, att han är)* . . he has the curious habit of being . .; jfr *egendomlighet* **-händig** *a* ~t skriven . . in one's own hand[writing], . . written with one's own hand, autograph[ic]; *~ namnteckning* signature, autograph; *~a namnteckningen bevittnas [härmed]* authenticity of signature hereby certified **-händigt** *adv* med egna händer with one's own hands; *[högst] ~* alldeles själv oneself, in person, personally; *~ skriven* se *egenhändig*; *~ underskriven* . . signed with one's own hand

egen|kär *a* conceited; fåfäng vain; självbelåten self-complacent; *han är så ~* äv. he fancies (thinks a lot of) himself **-kärlek** conceit; vanity; self-complacency; jfr *egenkär* **-mäktig** *a* arbitrary, high-handed; *~t förfarande* jur. arbitrary conduct **-mäktighet** arbitrariness, egenmäktiga metoder high-handed methods pl. **-namn** proper noun (name) **-nytta** self-interest, selfishness **-nyttig** *a* self-interested, selfish; *av ~a bevekelsegrunder* äv. from motives of self-interest **-rättfärdig** *a* self-righteous **-rättfärdighet** self-righteousness **-sinne** self-will, wilfulness; envishet obstinacy, stubbornness **-sinnig** *a* self-willed, wilful; envis obstinate, headstrong **-sinnighet** se *egensinne* **-sinnigt** *adv* wilfully; envist obstinately

egenskap *-en -er* **1** sida, drag **a)** allm. quality; *goda (dåliga) ~er* äv. good (bad) points; *medfödda (förvärvade) ~er* hereditary (acquired) characters; *vissa ~er hos honom* . . äv. certain points about him . .; *han har den ~en, att han kan* . . he has the quality of being able to . .; *boken har den goda ~en att vara lättläst* äv. the book has the virtue (advantage) of being very readable **b)** särskild, fysisk ~, isht i naturv. property; *järnets ~er* the properties of iron **c)** utmärkande ~ characteristic; *en sann kritikers ~er* the characteristics of a true critic **d)** erforderlig el. önskvärd ~ qualification

2 ställning, roll capacity; *i [min (din* etc.*)] ~ av* . . in my (your etc.) capacity as . ., äv. as . .; *i denna sin ~* ansåg han in his capacity as such . .

egentlig *a* faktisk, verklig real, actual, virtual, true; riktig, äkta proper; *den ~a anledningen (innebörden)* the real el. true reason (significance); *i ordets ~a bemärkelse* in the proper (real, true, strict, literal) sense of the word; *~t bråk* mat. proper fraction; *den ~a chefen för* . . the real head (leader) of . .; *något ~t fel har han inte begått* he has not committed any actual fault; *i ~ mening* in a proper (strict, literal) sense; *romaner i ~ mening* novels proper; *det ~a Stockholm* Stockholm proper; *~t subjekt* gram. logical subject; *det ~a syftet med hans bok* the real object of his book

egentligen *adv* verkligen, i själva verket really, in reality, actually; strängt taget strictly (properly) speaking; när allt kommer omkring after all; rätteligen by rights; närmare bestämt, precis exactly; ibl. utan motsv. i eng., jfr ex.: *hon är ~ ganska söt* she is rather pretty, really; *~ borde jag klå upp dig* strictly speaking I ought to thrash you; *vad spelar det ~ för roll?* after all, what does it matter?; *vi borde ~ ha startat tidigare* we ought by rights to have started earlier; *vad menar du ~ med det?* what exactly do you mean by that?; *jag skulle ~ inte ha något emot att* inf. do you know, I wouldn't mind ing-form; *när skall vi ~ ta den där drinken?* when are we going to have that drink? **egentligt** *adv*, innehålla *föga ~ nytt* . . but (very) little [that is] really new

egenvärde intrinsic value **egethem** (pl. *egnahem*) ung. owner-occupied house

egg *-en -ar* [cutting] edge **egga** *tr*, *~ [upp]* incite, instigate, uppmuntra stimulate, spur, driva på egg . . on, urge, *till* i samtl. fall to, *till att* inf. to inf.: *~ upp* en folkmassa stir up . . **eggande** *a* inciting; stimulating; jfr *egga*; erotiskt ~ provocative; *ett ~ tal* an inciting speech; *~ musik* exciting music **eggelse** incitement, incentive; stimul|us (pl. -i), spur **eggverktyg** edge-tool

egid *-en 0* aegis

egnahem se *egethem* **egnahemslån** ung. loan to build one's own home **egnahemsrörelse** own-your-own-home movement

ego, *mitt alter ~* my alter ego lat. **egocentricitet** egocentricity, egotism, self-centredness **egocentriker** egocentric, egotist **egocentrisk** *a* egocentric, egotistic, self--centred **egoism** egoism, selfishness **egoist** egoist, self-seeker **egoistisk** *a* egoistic[al], selfish, self-seeking

Egypten Egypt **egypt|i|er** *s* o. **egyptisk** *a* Egyptian **egyptisk|a** *-an* **1** pl. *-or* kvinna Egyptian woman **2** pl. *0* språk Egyptian **egyptolog** Egyptologist **egyptologi** -[*e*]*n 0* Egyptology **egyptologisk** *a* Egyptologic[al]

ehuru *konj* [al]though, om också even if (though)

eiss *-et* - mus. E sharp

ej *adv* not m.m., se *inte*

eja *itj*, *~ vore vi där!* would we were there!

ejder *-n ejdrar* [common] eider [duck] **-dun** eider[-down] **-dunskudde** eider-down pillow **-dunstäcke** eider-down [quilt] **-han[n]e** male eider [duck] **-hona** female eider [duck]

ek 1 *-en -ar* träd oak[-tree] **2** *-en 0* virke oak[-wood]; möbler *av ~* äv. oak . . — För sms. jfr äv. *björk-*

1 ek|a *-an -or* [flat-bottomed] rowing-boat

2 eka *itr* echo, återskalla re-echo, reverberate, *mot* i samtliga fall from; *det ~r här* there is an echo here

ekarté *-n 0* kortsp. écarté

ek|bark oak-bark **-bord** oak table. — För andra sms. jfr *björk-*

ek|er *-ern -rar* spoke

EKG se *elektrokardiogram*

ekipage *-t* - **1** carriage [and horses], equipage, med betjäning turn-out **2** sport.: ridn. horse [and rider]; bil. car [and driver]; motorcykel motor cycle [and rider] **ekipera I** *tr* equip, fit out **II** *rfl* equip oneself, fit oneself out **ekipering** *-en 0* equipment, outfit

ekivok *a* risqué fr., indecent

eklatant *a* slående striking; *en ~ framgång* a brilliant success **eklatera I** *tr* förlovning announce **II** *itr* announce one's engagement **eklatering** announcement of an (resp. the) engagement **eklatt I** *adv*, *~ förlovad* officially engaged **II** *a*, *~ förlovning* official engagement

eklekticism eclecticism **eklektiker** *s* o. **eklektisk** *a* eclectic

ekliptika *-n 0*, *~n* the ecliptic

eklog *-en -er* eclogue

eklut, *gå igenom ~en* go through the mill

eklärer|a *tr* illuminate, light up **-ing** illumination[s pl.], lighting [up]; *praktfull ~* magnificent illuminations pl.

eklövskrans wreath of oak-leaves, oaken garland; för andra sms. jfr *björk-*

eko *-t -n* echo; *ge ~* echo, make an echo, bildl. resound

ekollon acorn

eko|lod echo-sounder **-lodning** echo--sounding

ekonom economist **ekonomi** -[*e*]*n 0* economy; ekonomisk ställning, finanser finances pl., financial position; *huslig ~* domestic economy; *han har god (dålig) ~* his financial position is good (bad) **ekonomibyggnad** farm building; *~er* äv. [estate] offices **ekonomichef** financial manager **ekonomie** *oböjl. a* . . of economics (förk. Econ.); jfr *teologie* **ekonomiförpackning** paket (påse osv.) economy-size packet (bag osv.) **ekonomisera** *itr* economize, *med* on **ekonomisk** *a* **1** economic, finansiell, penning- financial **2** sparsam, besparande economical; *~ i småsaker* economical in trifles; *~ metod (fart)* economical method (speed) **ekonomiskt** *adv* economically etc.; *vara ~ oberoende* be in a position of financial independence

ekoradio se *radar*

ekorr|bo squirrel's nest **-bär** [two-leaved] maianthemum

ekorr|e *-en -ar* squirrel **-skinn** squirrel-skin **-svans** squirrel's tail **-unge** young (baby) squirrel

ek|oxe stag-beetle **-planka** oak plank

e. Kr. se [*efter*] *Kristus*

eksem *-et* - eczema **-artad** *a* eczematous

ekstock båt = *1 eka;* för andra sms. jfr *björk-*
ekumenisk *a* oecumenical; *~t [kyrko]-möte* oecumenical council
ekvation equation; *~ av första graden* equation of the 1st degree **ekvationslära** theory of equations
ekvator *-n 0, ~n* the equator **ekvatorial** *a* equatorial **ekvatorstrakt** equatorial region
ekvilibrist equilibrist **-isk** *a* equilibristic
ekvivalens *-en 0* equivalence, equivalency **ekvivalent** *s* o. *a* equivalent
el- ss. förled i sms. electricity, . . of electricity, electric[al], electro-; jfr sms. nedan o. *elektrisk*
elak *a* **1** stygg, isht om barn naughty; nasty, *mot* to; ond, ondskefull evil, wicked, illvillig spiteful, malicious, malevolent; giftig venomous, virulent; ovänlig unkind, mean, *mot* to; *ett ~t skämt* a cruel joke; *ett ~t spratt* a nasty trick **2** se *elakartad* **3** obehaglig, om sak nasty, bad **elakartad** *a* om sjukdom o.d. malignant, virulent, svag. bad; friare serious, grave; *ta en ~ vändning* take a turn for the worse **elakhet** *-en -er* egenskap naughtiness, nastiness, wickedness etc., malice, malevolence, virulence, jfr *elak*; yttrande spiteful remark; handling piece of spite **elakt** *adv* spitefully, unkindly; *det var ~ gjort av honom* it was nasty (spiteful) of him to do that
elasticitet elasticity, resilience **elasticitetsgräns** limit of elasticity, elastic limit **elastisk** *a* elastic, springy, resilient
elchock electroshock
eld *-en -ar* **1** allm. fire äv. mil.; bildl. äv.: hetta, glöd ardour, hänförelse enthusiasm; *~!* mil. fire!; *~ upphör!* mil. cease fire!; *~en är lös!* [fire,] fire!; *bli ~ och lågor för* become very enthusiastic about; *vara ~ och lågor för* be fired with enthusiasm for; *fatta (ta) ~* a) eg. catch fire, explosionsartat burst into flames b) brusa upp fire (flare) up; *ge ~* mil. fire, begin firing; *göra upp ~* make (light) a fire; *sätta (tända) ~ på* set fire to, set . . on fire; *öppna ~* mil. open fire, *mot (på)* on; *röra om i ~en* stir (poke up) the fire; *vara i ~en* be under fire; *leka med ~en* isht bildl. play with fire; sitta *vid ~en* . . by the fire; torka sig *vid ~en* . . at the fire; *koka vid sakta (häftig) ~* boil over a slow (quick) fire **2** medelst tändstickor light; *jag får inte ~ på veden (cigarren)* the wood won't (I can't get the cigar to) light; *får jag be om lite ~?* [excuse me, but] may I have a light?; *jag kan inte hålla ~ på pipan* I can't keep the pipe alight; *stryka (tända) ~ på en tändsticka* strike a match
elda I *itr* spec. m. centralvärme heat, jfr äv. ex.; göra upp eld, t.ex. i kamin light a fire (resp. fires, the fire), make a fire; ha en brasa have a fire; *vem ~r i ert hus?* om centralvärme who looks after the central heating in your house?; *de måste snart börja ~* they will soon have to start [the central] heating; *har de slutat ~ hos er?* have they turned off the central heating in your house?; *~r du själv?* t.ex. i kamin do you light your own fire[s]?; *~ med ved (kol, olja)* use wood (coal, oil) for heating; *~ på'* pile fuel on (add fuel to) the fire; *~ upp i stugan* make a fire in . ., heat . . **II** *tr* **1** *~ [upp]* a) värma upp: t.ex. rum, ugn heat, get . . hot, t.ex. ångpanna stoke b) bränna [upp] burn [up] c) egga rouse, stir, inspire; *~ upp sig* get [more and more] excited (worked up) **2** *~ en brasa* tända light (ha have) a fire **eldare** på båt o. tåg stoker, fireman; i hus boiler-man
eld|begängelse cremation **-brand** fire-brand **-don** tinder-box **-dop** mil. baptism of fire, friare first real test **-dyrkan** fire-worship **-dyrkare** fire-worshipper **-fara** danger (risk) of fire; *vid ~* in case of fire **-farlig** *a* inflammable; *~a ämnen* äv. inflammables; *mycket ~* highly inflammable **-farlighet** inflammability **-fast** *a* fireproof; *~ lera* fire-clay; *~ tegel* fire-brick **-fasthet** fireproof quality **-flamma** flame of fire **-fluga** firefly **-fängd** *a* inflammable, bildl. äv. fiery **-fängdhet** inflammability, bildl. äv. fieriness **-gaffel** poker **-galler** rost grate **-gap** fiery furnace **-givning** mil. firing **-gnista** spark [of fire] **-handvapen** fire-arm, pl. äv. small-arms **-hastighet** rate of fire **-hav** sea of fire **-hund** andiron **-håg** fiery ardour, zeal **-härd** seat of the (resp. a) fire **-härdig** *a* se *brandhärdig* **-härja** *tr* ravage . . by fire; *~d* äv. fire-ravaged
eldig *a* fiery, ardent, spirited, passionate; *~ springare* fiery steed **eldighet** fire, ardour
eld|kula fire-ball **-kvast** puff of flame and smoke **-ledare** mil. fire-control officer **-ledning** mil. fire-control, taktisk fire-direction **-ledningsinstrument** mil. fire-control instrument **-linje** mil. firing-line
eldning *-en 0* heating; lighting of fires etc.; jfr *elda* **eldningsolja** fuel (heating) oil
eldorado *-t -n* El Dorado (pl. -s)
eld|pelare pillar of fire **-prov** hist. ordeal by fire; bildl. ordeal, prövosten acid test **-regn** shower of fire
eldrift, *~[en]* the use of electric power **eldriven** *a* . . driven by electricity, electrically-driven . .
eld|rum sjö. stokehole, stokehold **-röd** *a* . . red as fire, fiery red, flaming red; *bli ~* turn crimson **-rör 1** mil. tube, barrel **2** i ångpanna fire-tube **-själ** fiery spirit **-sken** light (glow) of a (resp. the) fire **-skrift,** *i (med) ~* in letters of fire **-skärm** fire-screen
Eldslandet Tierra del Fuego **eldsljus** artificial light, lamplight; *vid ~* by artificial light **eldslukare** fire-eater **eldslåga** flame of fire **eldsläckare** m.fl. sms. se *brandsläckare*

osv. **eldsländare** Fuegian **eldsmärke** födelsemärke naev|us (pl. -i)
eld|spruta mil. flame-thrower **-sprutande** *a,* ~ *drake* fire-drake; ~ *berg* volcano **-stad** fire-place, härd äv. hearth **-stod** bibl. pillar of fire **-strid** mil. firing, exchange of fire båda end. sg. **-stål** steel
eldsvåda fire, stor conflagration; *vid* ~ in case of fire **eldsvådeunge** minor fire
eld|säker *a* se *brandfri* **-tång** fire-tongs pl. **-understöd** fire support **-upphörorder** cease-fire **-vapen** fire-arm **-vatten** fire-water **-verkan** mil. fire effect **-yta** tekn. heating surface
elefant elephant **-bete** elephant's tusk **-förare** elephant-driver, i Indien äv. mahout **-han[n]e** bull elephant **-hona** cow elephant
elefant|iasis ~ *0* elephantiasis **-jakt** elephant-hunting, expedition elephant-hunt **-snabel** elephant's trunk **-unge** calf elephant
elegans *-en 0* smartness, elegance; *vilken ~!* what style (elegance)!; lösa uppgiften med *stor* ~ . . great elegance **elegant I** *a* smart, elegant; ~ och modern fashionable; väl utförd neat; F flott posh; *~a kläder* äv. F dressy clothes; *en ~ komplimang* a graceful (neatly-turned) compliment; *en ~ våning* an elegant flat; *med en ~ gest* with a graceful gesture **II** *adv* smartly etc.; *de har det mycket ~* F everything is very posh there
elegi elegy, *över* on **elegisk** *a* elegiac
elektor elector **elektorsval** utseende av elektorer election of [the] electors
elektricitet electricity
elektricitets|lära electricity **-maskin** electric machine **-verk** se *elverk*
elektrifiera *tr* electrify **elektrifiering** *-en 0* electrifying, electrification **elektriker** electrician **elektrisera** *tr* electrify **elektrisk** *a* eldriven, elproducerande, elektriskt laddad o.d. vanl. electric; friare, som har med elektricitet att göra vanl. electrical; ~ *affär* electric outfitter's [shop]; ~ *anläggning (belysning, ledning)* electric plant (lighting, wire); *~a artiklar* electrical supplies; ~ *energi* electrical energy; *~t ljus (värmeelement)* electric light (heater); ~ *spänning (ström, stöt)* electric tension (current, shock); *~a stolen* the electric chair; *avrätta ngn i ~a stolen* electrocute a p.; jfr äv. sms. m. *el-*
elektrod *-en -er* electrode
elektro|dynamik electrodynamics **-dynamisk** *a* electrodynamic; ~ *mikrofon* moving-coil microphone **-ingenjör** electrical engineer; civilingenjör graduate electrical engineer **-kardiogram** (förk. *EKG*) electrocardiogram (förk. E.C.G.) **-kemi** electrochemistry **-kemisk** *a* electrochemical **-lys** *~en ~er* electrolys|is (pl. -es) **-lytisk** *a* electrolytic **-magnet** electromagnet **-magnetisk** *a* electromagnetic **-magnetism** electromagnetism **-mekanisk** *a* electromechanical **-motorisk** *a* electromotive
elektron electron **-blixt** electronic flash **-hjärna** electronic brain
elektron|ik *~en 0* electronics **-isk** *a* electronic; ~ *musik* electronic music **-mikroskop** electron microscope **-rör** electronic valve, amer. vanl. electron tube
elektro|skop *~et* ~ electroscope **-teknik** electrotechnics, electrotechnology **-tekniker** electrotechnician **-teknisk** *a* electrotechnical **-terapi** electrotherapy
element *-et - (-er)* **1** allm. element; *~en (~erna, ~a)* grunddragen *av* the elements (rudiments) of; *kriminella* ~ criminal elements; *vara (inte vara) i sitt rätta* ~ be in (be out of) one's element **2** värmelednings~ radiator; *elektriskt* värme~ electric heater **3** fys. cell; *galvaniskt* ~ galvanic cell **4** byggnads~ unit **elementarbok** primer, textbook, *i* of **elementarpartikel** elementary (fundamental) particle **elementär** *a* elementary; *på ett ~t stadium* at an elementary stage; *det ~a* grunddragen *av ngt* the elements pl. of a th.
elev *-en -er* allm. pupil; vid högre läroanstalter vanl. student; på kontor junior clerk; i butik, lärling apprentice; jfr *lantbrukselev* o. *sjuksköterskeelev; vara ~ till (hos) J.* be a pupil of J.'s; *skolans f.d. ~er* the [school's] old boys (resp. [boys and] girls) **elevarbete** pupil's work, mer konkret piece of work done by a pupil
elevation elevation **elevator** elevator
elev|hem ung. [school] boarding-house **-kår** body of pupils (resp. students) **-råd** pupils' (resp. students') council **-tid** period of training **-uppvisning** pupils' (resp. students') performance
elfenben *-et 0* ivory; kula *av* ~ äv. ivory . .
elfenbens|arbete konkr. piece (specimen) of ivory-work; *~n* äv. ivories **-färg** [colour of] ivory **-färgad** *a* ivory-coloured, attr. äv. ivory **-inläggning** ivory inlay **-torn** ivory tower
elfte *räkn* eleventh; *i ~ timmen* at the eleventh hour; jfr *femte* **-del** eleventh [part]; jfr *femtedel*
elförbrukning consumption of electricity, electricity consumption
elidera *tr* elide **elidering** elision
eliminera *tr* eliminate **eliminering** elimination
Elisabet eng. drottningnamn Elizabeth **elisabetansk** *a* Elizabethan **elisabetsyster** [St. Elizabeth] sister of mercy
elision elision
elit *-en -er* élite fr.; *~en av . .* the pick (flower) of . . **-trupp** sport. crack (picked) team; *~er* mil. crack (picked, élite) troops

elixir *-et -* elixir
eljes|t| *adv* otherwise; ty annars, annars så or |else|, else; efter frågeord else; i motsatt fall if not, failing that; i vanliga fall generally, normally; ~ *ingen* nobody else; *den* ~ *vanliga* metoden the . . usual in other cases; *han är* ~ *mycket trevlig* friare äv. but he is really quite a nice fellow, you know; *vad gjorde du* ~ för övrigt? what did you do besides?; *vad tycker du* ~ *om min bok?* by the way, what do you think of my book?
elkamin electric heater **elkraft** electric power
eller *konj* or; *varken* . . ~ neither . . nor; ~ *också* ty annars, annars så or |else|; ~ *hur?* a) efter nekande sats, t.ex.: 'hon röker inte' . . does she?, 'han är inte (kan inte vara) här' . . is (resp. can) he? b) efter jakande sats, t.ex.: 'John röker |ju|' . . doesn't he?, 'hon har |väl| läst (kan |väl| tala) engelska' . . hasn't (resp. can't) she? c) ss. mera fristående, F what?, eh?, inte sant äv. isn't that so?, aren't I right?, don't you think?
ellips *-en -er* **1** geom. ellipse **2** språkv. ellips|is (pl. -es) **ellipsformig** *a* elliptic|al| **elliptisk** *a* **1** geom. elliptic|al| **2** språkv. elliptical
ellok electric locomotive **elmotor** electric motor
elmseld St. Elmo's fire (äv. ~*en*), corposant
el|mätare electricity meter **-nät** |electric| mains pl.
eloge *-n -r, ge ngn en* ~ praise a p.; *värd en* ~ worthy of great praise
elransonering rationing of electricity
Elsass Alsace **elsassare** *s* o. **elsassisk** *a* Alsatian
elsevir *-en -er* Elzevir
elspis electric cooker
elv|a I *räkn* eleven; jfr *fem|ton|* o. sms. **II** *-an -or* eleven äv. sport.; jfr *femma*
elverk ung. electricity board; för produktion power station
elyseisk *a* Elysian; *de Elyseiska fälten* the Elysian Fields
elände *-t* **1** pl. *0* misery, wretchedness; wretched (miserable) state of things; otur, besvär nuisance; leva i *ett obeskrivligt* ~ . . indescribable misery; *det var ett* ~*, att* . . förargligt what (it was) a nuisance that . ., oturligt what bad luck (what a misfortune) that . .; *fattigdom och* ~ misery and want; *till råga på* ~*t* to make matters worse **2** pl. *-n* stackare o.d. wretch; eländig sak wretched thing
eländig *a* wretched, miserable, underhaltig äv. very poor, lamentable, |ur|usel F rotten, lousy
e.m. förk. p.m., se vid. *eftermiddag|en|*
emalj *-en -er* enamel **emaljarbete** konkr. piece of enamel work **emaljera** *tr* enamel **emaljering** enamelling
emalj|färg enamel paint (colour) **-kärl** enamelled vessel **-målning** abstr. enamelling; konkr. enamel painting **-öga** artificial (glass) eye
emanation emanation
emancipation *-en 0* emancipation
emancipera *rfl* emancipate oneself **emanciperad** *a* emancipated
emanera *itr* emanate
emballage *-t -* packing, omslag wrapping
emballera *tr* pack, slå in wrap |up| **emballering** packing
embargo *-t (-n) 0* embargo; *lägga* ~ *på ngt* lay an embargo on a th.; lägga vantarna på lay hands on a th.
embarkera *itr* embark **embarkering** embarking, embarkation
emblem *-et -* emblem
embonpoint *-en 0* embonpoint fr.
embryo *-t -n* embryo (pl. -s) **embryolog** embryologist **embryologi** *-|e|n 0* embryology **embryonal** *a* embryonic, embryonal
emedan *konj* because; eftersom as, seeing |that|, då . . ju since; ~ *han var sjuk,* kunde han inte komma äv. being ill, . .
emellan I *prep* isht mellan två between; mellan flera, 'bland' among|st|; *låt det stanna oss* ~! let it remain strictly between ourselves!; *oss* ~ *sagt* between ourselves (you and me); *vänner* ~ between (resp. among) friends; *det här får bli en sak er* ~ you'll have to settle it between you (yourselves); jfr *mellan* **II** *adv* between; hus med trädgårdar ~ . . between |them|; ge *2 kronor* ~ . . 2 kronor into the bargain; se f.ö. beton. part. under resp. vb
emellanåt *adv* occasionally, sometimes, at times, at intervals; *allt* ~ se *alltemellanåt*
emellertid *adv konj* however
emerit|us I *a, professor* ~ emeritus professor **II** *-us -i* emerit|us (pl. -i)
emfas *-en 0* emphasis **emfatisk** *a* emphatic
emigrant emigrant **emigrantfartyg** emigrant ship **emigrantström** stream of emigrants **emigration** *-en 0* emigration **emigrera** *itr* emigrate
eminens *-en -er* eminence **eminent** *a* eminent; *i* ~ *grad* in an eminent (a very high) degree, eminently
emir *-en -er* emir, ameer, amir
emissarie emissary **emission** H issue; ~ *av aktier (obligationer)* share (bond) issue
emissionskurs rate of issue, issue price
emittera *tr* issue
emm|a *-an -or* stol |upholstered| easy chair
e-moll E minor
emot I *prep* se *mot* o. sms. som *framemot, tvärtemot; mitt* ~ opposite |to|, facing **II** *adv, mitt* ~ opposite; *huset mitt* ~ äv. the house across the road (street etc.); *inte mig* ~ I have no objection, I don't mind, it's all right with me; *det blåser* ~ emot oss the wind is against us; *stöta (gå, springa*

etc.) ~ m. underförstått subst. i sv. knock into el. against, collide with m. subst:et utsatt i eng. — Se f.ö. beton. part. under resp. vb

emotionell *a* emotional, känslomässig emotive

emot|se se *motse; ~ende Edert snara svar* awaiting (looking forward to) your early reply **-stå, -ta|ga|** m.fl. se *stå* |*emot*|, *ta* |*emot*| m.fl.

empir *-en 0* o. **empire** *-n 0* Empire style; stol *i* ~ Empire . .

empiriker empiric **empirisk** *a* empiric|al| **empirism** empiricism

empirstil Empire style; stol *i* ~ Empire . .

emsersalt Ems salt

emulsion emulsion

1 en *-en -ar* träd |common| juniper; virke juniper|-wood|

2 en *adv* omkring some, about, jfr ex.: *för ~* |*nio*| *tio år sedan* some (about) |nine or| ten years ago; *han har varit borta ~ fjorton dar* he has been away for about a fortnight; *~ femtio kronor* äv. somewhere around (something like) fifty kronor

3 en *(ett)* **I** *räkn* **1** allm. one; fören. ibl. (jfr ex.) a, framför vokalljud an; *~ och ~* one by one, i gåsmarsch in single file; *~ för alla och alla för ~* each for all and all for each, H jointly and severally; *~ och annan* o. likn. ex. se under *III 1; ~ och samma* one and the same; *alltid ett och samma!* always the same |thing|!; *i ett* se *i ett* |*kör (sträck)*| ned.; *i ett för allt* all included; *pris i ett för allt* inclusive (all-in) price; *ett är nödvändigt* one thing is necessary; *det är inte ~s fel att två träta* it takes two to make a quarrel; *det kommer på ett ut* it is all the same (all one), it all comes to the same thing |in the end|; *på ~* |*enda*| *dag* in one |single| day; *Rom byggdes inte på ~ dag* Rome was not built in a day; *tömma glaset i ett drag* empty the glass at a draught; *~ gång* once, se vid. *gång III;* det tog *~ och ~ halv timme* . . an (one) hour and a half, . . one and a half hours; *ett hundra femtio* a (one) hundred and fifty; *ett tusen ett hundra* one (a) thousand one hundred; *i ett* |*kör (sträck)*| without a break, at a stretch; *hon pratar i ett* |*kör*| she never stops talking; *med ett ord* |*sagt*| in a (one) word; jfr *fem* o.sms. samt *två-* o. *tre-* **2** *~ till, ytterligare (ännu) ~* another |one|, men ej fler one more; *~ gång till* once more; *~ kopp kaffe till* another (resp. one more) cup of coffee

II *obest. art* **1** a, framför vokalljud an; *ett backkrön* the top of a hill; *som ~ besatt* litt. like one possessed; springa *som ~ galning* . . like mad, . . like a madman; *~ herr Ek* a certain (one) Mr. Ek; [*får jag*] *~ kaffe!* vid beställning a coffee, please!; *~ sjuk* a sick person; se |*en*| *annan,* |*en*| *del 2* **2** framför vissa subst., vilkas eng. motsvarigheter inte kan bilda pl.: **a)** a piece of, an item of e.d.; *ett gott råd* a piece of (some) good advice; *~ smörgås* a piece (slice) of bread and butter; jfr under andra dylika subst. **b)** utan motsv., |*~*| *livlig trafik* busy traffic; |*ett*| *fint väder* fine weather **3** i vissa tidsadverbial spec. avseende förfluten tid one; *~ söndag (sommar)* blev jag sjuk one Sunday (summer) . .; *~ varm eftermiddag* i augusti var jag . . one (on a) hot afternoon . .; *~ dag (gång, tid)* se *dag 1, gång III* resp. *tid* ex. **4** i vissa värde- och måttsuttryck vanl. the; *till (för) ett pris av* at the price of; jfr under *belopp, fart 1, värde* **5** framför subst., som består av två lika delar a pair of; *~ sax (tång)* a pair of scissors (tongs)

III *pron* **1** 'den ena |. . den andra|', 'en och annan' o.d., |*den*| *~a systern* one (om endast två ibl. äv. the one) sister; *min ~a syster* one of my sisters; *den ~es ansikte* the face of one of them; |*den*| *~a . .* |*den*| *andra, ~ . . ~* |*annan*|· one (om endast två ibl. äv. the one) . . the other (om fler än två äv. another); *det ~a . . det andra* självst. one thing . . the other; *lova är ett, hålla ett annat* it is one thing to make a promise, and another thing to keep it; *den ~e säger ett, den andre ett annat* one |man| says one thing and another |man| says another; *jag kunde inte skilja den (det) ~a från den (det) andra* I did not know which was which; *och det ~a med det andra gjorde att jag måste* . . what with one thing and another I was obliged to . .; *från det ~a till det andra* from one thing to another (the other); *den ~a dagen efter den andra* one day after the other (another); *å ~a sidan . . å andra sidan* on |the| one hand . . on the other |hand|; *~ och (eller) annan* subst. somebody |or other|, a few (one or two) |persons|, one here or there; *ett och annat* subst. a thing or two, a few (one or two) things, something, t.ex. i ett yttrande a point or two etc.; vi talade om *ett och annat* . . one thing and another; *ett eller annat* kan yppa sig something or other . .; *~ eller annan bok* some book |or other|; *~ och annan dag (sida)* a day (page) or two, a few days (pages); *av ett eller annat skäl* for some reason or other, for one reason or another; *på ett eller annat sätt* somehow |or other|; *~ eller annan av* . . one or other of . .

2 *en sån ~ !* what a man (fellow resp. girl) |you are (vid omtal he resp. she is)|!; *såna ~a!* what fellows (resp. girls) |you (vid omtal they) are|!; *det var mig en tråkig ~!* what a dull fellow!; *ni är mig ~a ljushuvuden!* you are a |nice| lot of bright boys, to be sure!; *det (ni) är ~a stackare!* what miserable specimens!; *vad är ni för ~a (du för ~)?* mera eg. what sort of fellows resp. girls (a fellow osv.) are you?, friare who are you?; jfr *5 vad* **3** vanl. objektsform av 'man' one, a fellow osv. jfr *3 man; det skär ~ i hjärtat* it cuts one to the heart; *~s* [*egen*] one's [own]; *vad ska ~ göra?* what is one (a fellow etc.) to do? **4** någon, *det är ~ som* vill tala med dig somebody . .; *han är ~ som* vet vad han vill he is a fellow who . .; det måste stå i ~ (någon) *av de här böckerna* . . one [or other] of these books; *~ som du (dig)* a person like you

ena I *tr* unite; göra till enhet unify; förlika conciliate; *det ~de Italien* unified Italy **II** *rfl* agree, *om* on, as to, about, *om att* + inf. resp. sats to resp. that; come to an understanding (to an agreement, to terms)

enahanda I *a* the same; enformig monotonous **II** *-t 0* sameness, monotony; *det evigt ~* the drab monotony, the deadly sameness

enaktare *-n* - one-act play, one-acter

enande *-t 0* unification

enarmad *a* one-armed

enas *itr. dep* **1** förenas become united **2** = *ena II*

enastående I *a* unique, unparalleled, unequalled, unprecedented, matchless, exceptional; *~ arbetsförmåga* extraordinary capacity for work; *~ framgång* unequalled success; *~ mod* unexampled (outstanding) courage; *hennes ~ skönhet* her matchless beauty; *ett ~ tillfälle* an exceptional opportunity; *jag hade en ~ tur* I had exceptional (extraordinary) luck; *han är ~* he stands alone; *~ i sitt slag* unique **II** *adv* exceptionally; uniquely

en|atomig *a* monatomic **-bart** *adv* uteslutande solely, endast merely; helt enkelt simply; odelat wholly; *~ i Stockholm* finns det . . in Stockholm alone . .; det vore *~ glädjande* . . nothing but a pleasure **-bent** *a* one-legged **-bladig** *a* one-bladed osv.; jfr *fembladig*

enbuske juniper shrub (mindre bush)

enbyggare *-n* - monoecious plant

enbär juniper berry

encellig *a* unicellular

encyklik|a *-an -or* encyclic[al]

encyklopedi encyclop[a]edia **encyklopedisk** *a* encyclop[a]edic[al]

encylindrig *a* single-cylinder . .; jfr *femcylindrig*

enda *(ende) pron* only, sole, one, jfr ex.: förstärkande, isht i nekande satser o.d. single; *~ (ende) arvinge till* sole heir to; *. . är ~ barnet* . . is an only child; [*den*] *~ möjligheten* the only possibility; *den (det) ~* fören. the only; *den* (resp. *det*) *~* självst. the only one el. person (resp. thing); *. . är den ~ i sitt slag* . . is unique; *det ~ viktiga* the only important thing; *de ~* fören. the only, självst. the only ones; *vi är inte de ~ som tror* . . äv. we are not alone in believing . .; jag har bara *denna ~ vän* . . this one friend; *deras ~ barn* their only child; *en (ett) ~* just one; *en ~* måste bestämma only one . .; *en ~* (F *~ste) sak* äv. one thing and one alone; *ett ~ stort fiasko* a complete washout; *en ~ gång* just once; *bara en ~ gång* only once; *en ~ lång rad av* . . a [long] succession of . .; ligga *i en ~ röra* . . all in a mess; *med ett ~ slag* at a [single] blow; *inte en (ingen, inte ett, inget) ~* not a single [självst. one]; *inte en ~ av* mina vänner not a single one of . .; *hans ~ talang* his one [and only] (his sole) talent

endast *adv* only; jfr vidare *bara, blott, enbart*

ende se *enda*

endera *(ettdera)* **I** *pron* **1** av två, *~* [*av dem*] one [or other] of the two; vilken som helst either; *~ av oss (er)* måste göra det one [or other] of us (you) two . .; det står i *~ boken (~ av böckerna)* . . one [or other] of the two books; du måste göra *~ delen (ettdera)* . . one thing or the other **2** *~ dagen* one of these (one of the next few) days, any day now **II** *konj* F = *antingen*

endiv *-en -er* chicory, amer. endive

endossat endorsee **endossement** *-et* - endorsement **endossent** endorser **endossera** *tr* endorse **endossering** endorsement

en|dräkt *~en 0* harmony, concord, unity **-dräktig** *a* se *enig* **-däckad** *a* single-decked, one-deck . . **-däckare** single-decker

energi *-[e]n 0* energy äv. fys.; *med stor ~* very energetically **-förbrukning** consumption of energy **-förlust** loss of energy **-knippe** bundle of energy **-källa** source of energy

energisk *a* full av energi energetic, kraftig vigorous; ihärdig strenuous; *en ~ haka* a powerful chin **energiskt** *adv* energetically osv.; *förneka ~* deny emphatically; *gå ~ till väga* take a strong line

enervera *tr* göra nervös, *~ ngn* get on a p.'s nerves; *~nde* trying, stark. nerve-racking

en face *adv* full face **enfaceporträtt** full-face portrait

en|fald *~en 0* dumhet o.d. silliness, foolishness, stupidity; godtrogenhet o.d. simplicity **-faldig** *a* dum o.d. silly, foolish, stupid, godtrogen simple[-minded]; *~ stackare* simpleton **-familjshus** self-contained house **-fasig** *a* single-phase . ., monophase . . **-formig** *a* monotonous, humdrum, dull, grå och enformig drab **-formighet** monotony, dullness, sameness **-formigt** *adv* monotonously **-färgad** *a* . . of one (of uniform, of a single) colour, utan mönster plain; om ljus, målning monochromatic **-färgat** *adv*, *~ blå* plain blue **-född** *a* relig. only begotten

engagemang *-et -[er]* **1** anställning engagement; *erbjuda ngn ~* offer a p. a contract; *få ~* get an engagement **2** finansiellt åtagande commitment, engagement; *stora* ~ heavy commitments **3** delaktighet share, *i saken* in the matter **4** känslo~ o.d. devotion, *i* to **engagera I** *tr* **1** anställa engage **2** ta helt i anspråk absorb **II** *rfl* bli absorberad become absorbed, *i (för)* in; ~ *sig för* a) ta parti för, verka för stand up for b) binda sig för commit oneself to; ~ *sig i* a) delta i engage in, take an active hand in b) tvister, affärer become involved in **engagerad** *a* **1** anställd, upptagen engaged **2** invecklad [i t.ex. tvister, affärer] involved, *i* in; *vara för starkt* ~ *för att* inf. be too seriously committed to inf. **3** absorberad absorbed, *i* in; känslomässigt ~ *i* devoted to; ~ *litteratur* litt.-hist. committed literature **engagerande** *a* intressant fascinating

engelsk *a* English, brittisk ofta British; ~*t horn* mus. cor anglais; *Engelska kanalen* the [English] Channel; ~*a kyrkan* ss. institution the Church of England; ~*a ligan* the Football League; ~ *mil* mile; ~ *park* landscape garden; ~*t rött* English red; ~*a pund* pounds sterling; ~*a sjukan* rickets sg. el. pl., rachitis **engelsk|a** *-an* **1** pl. *-or* kvinna Englishwoman, dam English lady (flicka girl); *hon är* ~ vanl. she is English (British) **2** pl. *0* språk English; jfr *svenska 2*

engelsk|fientlig *a* anti-English, anti-British, Anglophobe **-född** *a* English-born, British-born; för andra sms. jfr äv. *svensk-* **--svensk** *a* English-Swedish, British-Swedish, Anglo-Swedish; ~ *ordbok* English-Swedish dictionary **-vänlig** *a* pro-English, pro-British, Anglophil[e]

engels|man Englishman; britt äv. Briton, amer. Britisher; *-männen* som nation el. lag o.d. the English, the British

engifte monogamy; *leva i* ~ be monogamous

England England, Storbritannien ofta [Great] Britain **englandsbåt,** ~*en* the boat for England

engradig *a,* ~*t vatten* + 1° C water that is one degree [centigrade] above freezing-point

en gros *adv* wholesale **engrospris** wholesale price

engångs|flaska non-returnable bottle **-företeelse** isolated case (phenomenon) **-karaktär,** *utgift av* ~ once-for-all expense, non-recurrent expense **-kostnad** once-for-all cost

enhet *-en -er* **1** odelat helt, samhörighet o.d. unity; *de tre* ~*erna* litt.-hist. the [dramatic] unities **2** mat., mil., sjö. m.m. unit; vid indexberäkning point **-lig** *a* uniform, homogen homogeneous; sammanfogad till en enhet, integrerad integrated; personal *i* ~ *klädsel* . . wearing a dress of uniform pattern **-lighet** uniformity, homogeneity

enhets|front united (common) front **-parti** unity party **-pris** standard (uniform) price, flat rate **-prisaffär** one-price store **-skola** comprehensive school **-strävanden** *pl* movement (sg.) towards unity **-tanke,** ~*n* the idea of a union **-verk** unification

en|hjärtbladig *a* monocotyledonous; ~*a* [*växter*] äv. monocotyledons **-hällig** *a* unanimous, solid **-hällighet** unanimity **-hänt** *a* one-handed **-hörning** unicorn

enig *a* enhällig unanimous; enad united; *bli (vara)* ~[*a*] agree, *med ngn om ngt* with a p. about (on) a th., *om att* + inf. resp. sats to resp. that; *vi blev* ~*a* äv. we came to an agreement (to an understanding, to terms); *vi är* ~*a* äv. we are agreed, we are of one opinion; *då är vi* ~*a då!* we are agreed then!, then that's settled! **enighet** samförstånd agreement; *nationell* ~ national unity; ~ *ger styrka* unity is strength **enigt** *adv* enhälligt unanimously; i endräkt in harmony; *uppträda* ~ take concerted action

enkammarsystem single-chamber system

enkannerligen *adv* particularly

enk|el *a* **1** allm. simple, lätt äv. easy, elementär äv. elementary, vanlig äv. common, ordinary, anspråkslös äv. plain, homely; ~ *och okonstlad* unsophisticated; *det -la faktum att* . . the simple (plain) fact that . .; ~ *kost* simple (plain, homely, frugal) fare; *en* ~ *klänning* a simple frock; *ett* ~*t levnadssätt* plain living; ~ *majoritet* a simple (an ordinary) majority; *den -le medborgaren* the man in the street; *en* ~ *metod* a simple (straightforward) method; *en* ~ oceremoniös *liten middag* an informal little dinner; [*bara*] *en vanlig* ~ *människa* [just] an ordinary person; *ett* ~*t* osammansatt *ord* a simple word; *med några -la ord* in a few simple words; *en rätt* ~ skral *prestation* a poor performance; *för att göra saken* ~ *(-lare)* to simplify the matter; *-la* tarvliga *skämt* cheap jokes; *ett* ~*t sätt* a) lätt a simple (an easy) way b) okonstlat simple (homely, unsophisticated) ways pl.; *se rätt* ~ *ut* be rather homely-looking **2** inte dubbel el. flerfaldig single; *en* ~ *2:a klass* [*biljett*] a single (amer. one-way) second-class [ticket]; *-la dahlior* single dahlias; ~*t porto* single postage **3** självklar, naturlig, *som en* ~ *gärd av* . . as a mere act of . .; *det är din -la plikt att* . . it is your plain duty to . . **4** *känna sig* ~ obetydlig feel [very] small, 'ställd' feel awkward

enkelbiff ung. middle ribs pl.

enkel|het simplicity, anspråkslöshet äv. plainness; *i all* ~ quite informally; *för* ~*ens skull* for the sake of simplicity **-hytt** single[-berth] cabin **-knäppt** *a* single-breasted **-rikta** *tr,* ~ *trafiken* introduce one-way traffic; ~*d* a) trafik. one-way . .

b) bildl. one-sided, narrow-minded **-rum** single room **-spår** single line **-spårig** *a,* ~ *järnväg* single-track railway; *vara* ~ bildl. have a one-track mind
enkelt *adv* simply; *klä sig* ~ äv. dress plainly; *helt* ~ simply; *jag tycker helt* ~ *inte om det* äv. I don't like it, that's all; *nu tiger du helt* ~*!* you just keep quiet! **enkel|t|verkande** *a* single-acting . .
en|kilosförpackning one-kilo package (parcel) **-klang** unison
enkom *adv* endast och allenast solely, särskilt purposely, especially, expressly; ~ *för att* inf. for the sole purpose of ing-form
enkrona one-krona piece
enkät *-en -er* inquiry
enkönad *a* unisexual
enlevera *tr* run away with, jur. abduct **enlevering** abduction
enlighet, *i* ~ *med* in accordance (compliance) with, se vid. *enligt; i* ~ *därmed* accordingly **enligt** *prep* according to, se vid. *efter I 3;* ~ *artikel 3* i fördraget by (under) article 3 . .; ~ *faktura* H as per invoice; ~ *lag* by law; se äv. under resp. subst.
en|mansbetjänad *a;* ~ *buss* one-man operated bus **-manshytt** single cabin **-mansteater** one-man show äv. friare **-mansutredning** one-man investigation **-mansvalkrets** single-member constituency **-mastad** *a* single-masted **-mastare** single-masted vessel **-milslopp** 10,000-metre race **-motorig** *a* single-engined, single-engine . .
enorm *a* enormous, immense **enormt** *adv* enormously, immensely; ~ *billig* tremendously cheap
en|plansvilla one-storeyed house (villa), bungalow **-procentig** *a* one-per-cent . .; jfr *femprocentig* **-pucklig** *a* one-humped **-pundssedel** one-pound note
enquet|e *-en -er* inquiry
enradig *a* enkelknäppt single-breasted; bot. uniserial; jfr f.ö. *femradig*
enris koll. juniper twigs pl. **-rökt** *a* . . smoked over a juniper fire
enrollera *tr* enrol[l], enlist; [*låta*] ~ *sig* enrol[l] oneself, enlist **enrollering** enrolment, enlistment
en|rum, *i* ~ utan vittnen privately, in private **-rummare** se följ. **-rumslägenhet** one-room[ed] flat
1 ens *a* F se *ense*
2 ens *adv* **1** en gång, över huvud even; *har du* ~ *försökt?* have you tried at all?; *inte* ~ not even, mindre än less than; *inte* ~ *då ville han* . . even then he would not . .; 20 år, *om* ~ *det* . ., if [as much as] that; inte före den tiden, *om* ~ *då* . ., if then; *få om* ~ *någon* few if anybody; *utan att* ~ *säga* . . without even (so much as) saying . . **2** *med* ~ all at once, all of a sudden; göra upp saken *med* ~ . . right away
ensak, det är *min* ~ . . my [own] business
ensam *a* allena alone jfr ex., utan sällskap äv. . . by oneself, utan hjälp äv. single-handed; enstaka solitary; endast en, ogift, ensamstående single; enda sole; enslig, kännande sig ensam lonely, lonesome; jfr äv. ex.; ~ *i sitt slag* unique; *jag* ~ kan . . I alone . .; ~ *förälder* single parent; ~ *innehavare* sole proprietor; jag fick *en* ~ *kupé* . . a compartment all to myself; *i* ~*t majestät* in splendid isolation; han är *en* ~ *människa* . . a lonely man; huset ligger på *en* ~ *plats* . . a lonely (an isolated) spot; *kämpa sin* ~*ma strid* fight single-handed (a lone struggle); ~*ma stunder* solitary hours; *vara* ~ *sökande* be the only applicant; *flyga* ~ fly solo; *känna sig* ~ feel lonely (lonesome, deserted); *han rår* ~ *om huset* he owns the house [himself]; *stå* ~ *i världen* be alone in the world; jag vill tala med dig ~ . . privately; *vara* ~ *om arbetet* do the work alone (all by oneself, single-handed); *han är inte* ~ *om att* inf. he is not alone in ing-form, he is not the only one to inf.
ensam|agentur sole agency **-försäljare** sole agent, *av* for **-försäljning** sole sale **-försäljningsrätt** sole sales rights pl. **-het** solitude; övergivenhet loneliness **-jungfru** general servant, maid-of-all-work **-rätt** sole right **-stående** *a* utan anhöriga single
ensamt *adv* **1** blott, ~ *detta* that alone **2** ~ *belägen* isolated; ~ *liggande* solitary; huset *ligger* ~ . . is in a lonely place
ensartad *a* uniform, homogeneous
ense *a, bli (vara)* ~ agree osv., jfr under *enig*
ensemble *-n -r* mus. ensemble; teat. cast
en|sidig *a* one-sided, inskränkt i sin bedömning m.m. äv. bias[s]ed, prejudiced; trångsynt narrow[-minded]; motsats 'ömsesidig' unilateral **-sidighet** one-sidedness, bias, prejudice, narrow-mindedness; jfr *ensidig* **-siffrig** *a,* ~*t tal* digit
ensilage *-t 0* ensilage
en|sitsig *a,* ~*t flygplan* single-seater **-skenig** *a,* ~ *järnväg* monorail
enskild *a* privat private, personlig personal; särskild individual, separate; *för min* ~*a del* as far as I am concerned, personally; *den* ~*a människan* el. *den* ~*e* the individual; *på* ~*a punkter* i vissa avseenden in certain respects; *inta (stå i)* ~ *ställning* come to (stand at) attention **enskildhet** ~*en* ~*er* detalj detail, particular **enskilt** *adv* privately, in private
enslig *a* solitary, lonely **enslighet** solitariness, loneliness **ensligt** *adv* se *ensamt 2*
ensling se *enstöring*

en|språkig *a* one-language . ., unilingual **-spännare** one-horse carriage **-staka** *oböjl. a* enskild separate, individual; sporadisk occasional; isolerad, sällsynt isolated, sällsynt äv. exceptional; ensam solitary; vi såg bara *några* ~ *bilar* . . a few stray cars; *någon* ~ *gång* once in a while, very occasionally; *på* ~ *ställen* in certain places, here and there; *bara vid* ~ *tillfällen* only on very rare occasions **-stavig** *a* monosyllabic äv. bildl. **-stavighet** monosyllabism **-stavigt** *adv*, svara ~ in monosyllables **-stämmig** *a* unanimous; mus. unison **-stämmighet** unanimity **-stämmigt** *adv* unanimously; mus. in unison **-ständig** *a* enträgen urgent **-ständigt** *adv* urgently; ~ *vägra att* inf. firmly decline to inf. **-störing** recluse, hermit **-störingsliv**, *leva ett* ~ be a recluse **-tal 1** singular; jfr *singularis* **2** mat. unit; ~ *och tiotal* units and tens

entent|**e**| *-en -er* entente fr.: *-en* i första världskriget the Allies pl.

entimmes|**föreställning** one-hour performance (på bio show) **-löpning** one-hour race

entita marsh-tit

entlediga *tr* dismiss, ämbetsman äv. remove . . |from office| **entledigande** *-t -n* dismissal, av ämbetsman äv. removal |from office|

entomo|**log** entomologist **-logi** ~|*e*|*n 0* entomology

entonig *a* monotonous **-het** monotony

entré *-n -er* **1** ingång entrance, förrum |entrance-|hall **2** |rätt till| inträde admission; *fri* ~*!* admission free! **3** inträdande på scenen entry, appearance; *göra sin* ~ make one's appearance **4** ~avgift se följ. **-avgift** entrance-fee, price of admission; ~*er* intäkter vid tävling o.d. gate-money sg. **-biljett** admission ticket

entrecote *-n -r* entrecôte fr.

entreprenad *-en -er* contract; *få* ~ *på* get the (a) contract for; *lämna (ta)* . . *på* ~ place (sign) a contract for . .; *utbjuda* . . *på* ~ invite tenders for . .; utföra . . *på* ~ . . on contract **entreprenadarbete** contract work **entreprenadvillkor** *pl* terms of contract **entreprenör** contractor

entrérätt first course

entresol|**l**|**våning** mezzanine, entresol

entrådig *a* om garn single-ply . .; om metalltråd single-wired

enträgen *a* urgent; ihärdig insistent; påträngande importunate; *på hans enträgna begäran* at his urgent request; *enträgna böner* |earnest| entreaties; ~ *inbjudan* pressing invitation; ~ *varning* serious warning; *han är mycket* ~ he is very insistent (resp. importunate) **enträgenhet** urgency; insistence; importunity; earnestness; seriousness **enträget** *adv* urgently osv., jfr *enträgen*; ~ *avråda ngn från att* inf. urge a p. not to inf.

entumsspik one-inch nail

entusiasm *-en 0* enthusiasm **entusiasmera** *tr* fill . . with enthusiasm, arouse enthusiasm in **entusiast** *-en -er* enthusiast **entusiastisk** *a* enthusiastic; ~ *för* keen on

en|**tydig** *a* med blott en betydelse unambiguous, otvetydig unequivocal, clear-cut **-var** *pron* var man everybody; *alla och* ~ each and all **-veten** *a* se *envis* **-vig** ~*et* ~ duel, single combat

environger *pl* environs

en|**vis** *a* obstinate, stubborn, ståndaktig, oböjlig äv. unyielding, halsstarrig äv. pertinacious, headstrong, tjurskallig äv. pigheaded, trilsk mulish; ihållande persistent; ~*t motstånd* stubborn (segt dogged) resistance; *en* ~ *otur* persistent (a run of) bad luck **-visas** *itr. dep* be obstinate (osv., jfr *envis*), persist, |*med*| *att* inf. in ing-form **-vishet** (jfr *envis*) obstinacy, stubbornness, unyieldingness, pertinacity, headstrongness, pigheadedness, mulishness, persistency **-vist** *adv* obstinately osv.; ~ *neka till* allt persist in denying . .; *tiga* ~ maintain a persistent silence

envoyé -|*e*|*n -er* envoy

en|**våldshärskare** absolute ruler, dictator **-våldsmakt** se *envälde* **-våningshus** one-storeyed (one-storied) house **-välde** autocracy, dictatorship, ss. system äv. absolutism **-väldig** *a* absolute, autocratic **-väldigt** *adv* absolutely; *regera* ~ be an absolute ruler **-värd**|**ig**| *a* univalent

enzym *-et* -|*er*| enzyme

enäggstvilling identical twin

enär *konj* se *eftersom*

en|**ögd** *a* one-eyed **-ögdhet** one-eyedness, blindness in one eye **-örad** *a* one-eared; om kärl . . with |only| one handle, one-handled

eolsharpa Aeolian harp

epidemi epidemic **epidemisjukhus** isolation hospital **epidemisk** *a* epidemic

epi|**fyt** ~*en* ~*er* epiphyte **-gon** ~*en* ~*er* |inferior| imitator **-gram** ~*met* ~ epigram

epik *-en 0* epic poetry **epiker** epic poet

epikuré -|*e*|*n -er* epicurean äv. bildl., gourmet epicure **epikureisk** *a* epicurean

epilepsi -|*e*|*n 0* epilepsy **epileptiker** *s* o. **epileptisk** *a* epileptic

epilog epilogue

episk *a* epic

episkopal *a* episcopal

episod *-en -er* episode, intermezzo incident **episodisk** *a* episodic

epist|**el** *-eln -lar* epistle

epitafi|**um** *-et -er* sepulchral tablet; gravskrift epitaph

epitel *-et* - epitheli|um (pl.-a)

epitet *-et* - epithet

epok *-en -er* epoch; *bilda* ~ mark an (a new)

epoch **-görande** *a* epoch-making
epos *-et* - epic
EP-skiva EP (pl. EPs)
epålett *-en -er* epaulet[te]
er *pron* **1** pers. se *ni* **2** poss.: fören. your, självst. yours; *Er tillgivne E.* Yours ever (sincerely), E.; *~a stackare!* you poor fellows!; *Ers Majestät* Your Majesty; för ex. jfr vid. *1 min*
er|a *-an -or* era
erbarmlig *a* eländig, usel wretched, miserable, mycket dålig (svag) very poor; ömkansvärd pitiable
erbjud|a I *tr* **1** ge anbud [om] o.d. offer, mera valt proffer, ibl. tender, isht självmant volunteer; *~ ngn sina tjänster* offer (proffer, tender) a p. one's services; *~ ngn (~s* el. *bli -en) att [få]* inf. offer a p. (be offered) a chance to inf.; *ta du emot, när det -s* you had better accept when the offer is made **2** förete, medföra present, förete äv. afford; skänka afford, offer; *~ en storslagen anblick* present (afford) a magnificent spectacle; *~ många fördelar* hold out (present, offer) many advantages; *~ föga av intresse* present little of interest; *~ skydd mot* provide (afford) shelter from; *~ svårigheter* present (be attended by) difficulties; *detta -er ett utmärkt tillfälle att* inf. this affords an excellent opportunity to inf. **II** *rfl* **1** förklara sig villig offer one's services, come forward, isht självmant volunteer, *som* i samtl. fall as; *~ sig att* inf. offer (resp. volunteer) to inf. **2** yppa sig, öppnas present itself, om tillfälle o.d. äv. occur, arise; *en härlig utsikt erbjöd sig* a wonderful view presented itself; *en möjlighet erbjöd sig för honom* a chance came his way **erbjudan** - *0* o. **erbjudande** *-t -n* offer, affärsanbud äv. tender; *få erbjudan* el. *ett erbjudande på ngt* (*att* inf.) be offered a th. (a chance to inf.); *hans erbjudan[de] till mig att [få] bli . .* his offer to let me be . .
erektion erection
eremit *-en -er* hermit, recluse, anchorite **-kräfta** hermit crab
erfar|a *tr* **1** få veta learn; *~ att (*resp. *ngt)* be informed that (resp. of a th.); *vi erfar av* Ert brev we learn (gather) from . .; *enligt vad vi -it har han . .* we learn that he has . . **2** röna, pröva på, *[få] ~* experience; *~ en stor besvikelse* meet with a great disappointment **erfaren** *a* experienced, practised, *i* in; *en gammal ~* lärare a veteran . . **erfarenhet** *-en -er* experience vanl. end. sg., jfr ex.; *~en visar* experience shows; *jag har blivit en ~ rikare* I have gained by that experience; *på ~ens väg* by experience, empirically; *jag har gjort den ~en att . .* I have found that . .; *göra betydelsefulla ~er* rön make important observations; *göra obehagliga ~er* have unpleasant experiences; *göra värdefulla ~er* lärdomar learn valuable lessons; *jag har [haft] dåliga (goda) ~er av . .* I have not been particularly (have been) satisfied with . ., I have not (have) found . . very good, friare I cannot (can) recommend . .; *ha stor ~* have a great deal of experience; *hans stora ~[er]* his great experience; *samla (vinna) ~er* collect (gain) experience; *av [egen] ~* from [personal] experience; *jag vet av bitter ~ att* äv. I have found to my cost that . .; *enligt min ~ (mina ~er)* as far as my experience goes; *brist på ~* inexperience
erforderlig *a* requisite, necessary **erfordra** *tr* require, nödvändiggöra call for **erfordras** *itr. dep* be required; jfr vidare *behövas*
ergonomi *-[e]n 0* arbetsvetenskap ergonomics, biotechnology
erhåll|a *tr* passivt mottaga receive; [för]skaffa sig, utverka, utvinna obtain; jfr vidare *1 få II 1*; *jag har -it Ert brev* I have received (H äv. am in receipt of) your letter; fartyget *erhöll allvarliga skador . .* was seriously damaged; *närmare upplysningar kan ~s genom . .* further information may be had (is available, is obtainable) through . .; *metall -s ur malm* metal is obtained from ore **erhållande** *-t 0* (jfr *erhålla)* mottagande receipt; *för ~ av licens* to obtain a licence
Erik Eric **eriksgata** ung. [kungens royal] tour of the country
erinra I *tr* **1** *~ [ngn] om ngt (*resp. *om att . .)* remind a p. of a th. (resp. [of the fact] that . .); *~ starkt om* have a strong resemblance to; *tidningen ~r om att . .* the paper reminds us that . .; *det bör ~s om att . .* it should be borne in mind that . . **2** invända, *jag har (det finns) inget att ~ mot det* I have (there can be) no objections to that **II** *rfl* remember, med större ansträngning recollect, recall; *som man torde ~ sig* as will be remembered; *såvitt jag kan ~ mig* as far as I remember, to the best of my recollection; *jag kan inte ~ mig att ha (att jag har)* sett honom I cannot remember (recollect, recall) having (that I have) . .; *jag kan inte ~ mig när . .* äv. I forget when . . **erinran** - *0* **1** påminnelse reminder, *om* of **2** anmärkning: a) förmaning admonition, caution b) invändning objection, *mot* to
erinring 1 se *erinran* **2** hågkomst recollection
erkänd *a* acknowledged, recognized; *det är en ~ sak att . .* it is an accepted fact (it is generally admitted) that . .; *allmänt ~ som* en duglig lärare universally recognized as . .; *bli ~* vinna erkännande obtain recognition
erkän|na (jfr *erkänd, erkänt)* **I** *tr* allm. acknowledge, bekänna, tillstå äv. confess [to] (jfr ex.), öppet bekänna, högt. äv. avow, medge äv. admit, own [to] (jfr ex.), uppskatta äv. recognize, appreciate, acceptera, godkänna äv. recognize, accept; *~ [sig skyldig], ~ alltsammans* se *bekänna [sig skyldig]* osv.; *tvinga ngn att ~*

extort a confession from a p.; ~ *sina brister* admit one's deficiencies; ~ *ett brott* confess to a crime; ~ *ngns förtjänster* acknowledge a p.'s merits; ~ *ett misstag* acknowledge (confess to, own to, admit) a mistake; ~ *mottagandet av* acknowledge [the] receipt of; ~ *en ny regering* recognize a new government; ~ *en viss svaghet för* confess (own) to a weakness for; ~ *sina synder* confess one's sins; ~ *att* acknowledge (confess, admit, own) that; *jag måste ~ att han inte är dum* I must say that for him (must confess) that he is no fool; ~ *för sig själv att* . . acknowledge (confess, admit) to oneself that . .; *härmed -nes att* jag mottagit this is to certify that . .; *det måste ~s att han* . . it must be admitted (granted, conceded, allowed, confessed) that he . .; admittedly, he . .; *det skall villigt ~s att* . . it is no use denying that . . **II** *rfl,* ~ *sig besegrad* acknowledge defeat, acknowledge (admit, own) that one has been defeated; *han har -t sig vara upphovsmannen* he has confessed (acknowledged) that he is (owned to being) the author

erkännande *-t -n* acknowledgement, confession, admission, recognition, jfr *erkänna*; *jag (vi) emotser ~ av* denna order please acknowledge receipt of . .; *förtjäna ~* deserve credit; *värd allt ~* worthy of every recognition; *med ~ av* allt han gjort måste man dock . . without wishing to deny . . **erkännansvärd** *a* commendable, creditable **erkännsam** *a* uppskattande appreciative; tacksam grateful, *mot* to; *visa sig ~ för* show [one's] gratitude for **erkännsamhet** appreciation; gratitude **erkänsla** *-n 0* gratitude, *för* for, *mot* to; *som en ~ för* in acknowledgement of; *mot kontant ~* for a consideration [in cash] **erkänt** *adv* admittedly; *han är en ~* duglig lärare he is recognized as a . .

erlägga *tr* pay; ~ *betalning* make payment, pay, *för* vara for . . **erläggande** *-t 0* payment; *mot ~ av* on payment of

ernå *tr* attain, achieve

erodera *tr* erode **erosion** erosion

erotik *-en 0* sex (äv. *~en*); kärleksdiktning amorous poetry; *~en i hans diktning* the erot[ic]ism in his poetry **erotiker** erotic; kärleksdiktare erotic poet **erotisk** *a* sexual, erotic; ~ *dikt* love poem

ersätta *tr* **1** gottgöra o.d.: **a)** ~ *ngn* compensate a p., *för* for; ~ *ngn för ngt* äv. make up to a p. for a th.; *jag skall ~ dig* äv. I will make it good to you; ~ *ngn för hans kostnader (utgifter)* äv. reimburse (repay, refund) a p. [for] his costs (expenses); ~ *ngn för hans arbete* remunerate (recompense, pay) a p. for his work **b)** ~ *ngt* compensate (make up) for (make good) a th.; ~ *en brist* supply a deficiency; ~ *den skada* man har vållat repair the damage . .; *få sina omkostnader ersatta* get compensation for one's expenses; . . *som inte kan ~s* irreparable . . (jfr under *2)* **2** träda i stället för, byta ut replace; *kol har ersatt olja* äv. coal has superseded oil; ~ *kol med olja* replace coal by (with) oil, substitute oil for coal; *få ngt ersatt* utbytt get a th. replaced; . . *som inte kan ~s* irreplaceable . . (jfr under *1*) **ersättande** *-t 0* utbytande replacement, *med* by **ersättare** *-n -* substitute; vi har inte funnit *någon ~ för honom* äv. . . anyone to take his place **ersättlig** *a* replaceable, om förlust o.d. reparable

ersättning 1 gottgörelse compensation, för kostnader, utgifter äv. reimbursement, repayment, för arbete remuneration, recompense, payment; skadestånd damages pl.; understöd, bidrag benefit; ~ *för förlorad arbetsförtjänst* compensation for loss of earnings; *ge ngn ~ för ngt* compensate a p. for a th.; få *100 kr. i (som) ~* . . 100 kr. in (by way of) compensation, för arbete . . a remuneration (payment) of 100 kr., i skadestånd . . 100 kr. damages; ~ *i pengar* pecuniary reward **2** utbyte replacement **3** surrogat substitute

ersättnings|anspråk claim for compensation (skadestånds- damages) **-leverans** replacement delivery **-medel** surrogat substitute **-skyldig** *a* . . liable to pay compensation, skadestånds- . . liable for damages **-skyldighet** liability to pay compensation (resp. damages) **-talan** action for damages

ertappa *tr* catch; ~ *ngn [i färd] med att* inf. catch a p. ing-form; ~ *ngn med lögn* catch a p. telling a lie (resp. lies); ~ *ngn på bar gärning* catch a p. red-handed (in the [very] act); ~ *sig med att* inf. catch oneself ing-form; *låta ~ sig med att* inf. let oneself be caught ing-form, get caught ing-form

eruption eruption **eruptiv** *a* eruptive

erövra *tr* inta (t.ex. stad, fästning), ta som byte capture, lägga under sig (t.ex. ett land, hela världen) conquer; vinna win; ~ *en ny marknad* capture a new market; ~ *fiendens ställningar* carry the enemy's positions **erövrare** *-n -* conqueror **erövring** conquest äv. bildl., intagande capture, taking; *göra en ~* make a conquest **erövringskrig** war of conquest **erövringslysten** *a* warlike, . . eager for conquest **erövringspolitik** policy of aggrandizement

eskad|er *-ern -rar* sjö. squadron; flyg. group, amer. air division **eskaderchef** sjö. commander-in-chief of a (resp. the) squadron; flyg. group captain, amer. colonel

eskapad *-en -er* adventure, escapade **eskapism** escapism

eskimå *-n -er* o. **eskimåisk** *a* Eskimo **eskimåkvinna** Eskimo woman

eskort *-en -er* escort; *under ~ av* under the escort of, escorted by **eskortera** *tr* escort
esomoftast *adv* ever and anon
esoterisk *a* esoteric
esperanto *- 0* Esperanto
esplanad *-en -er* avenue, boulevard fr.
espri *-|e|n* **1** pl. *0* kvickhet wit, esprit fr. **2** pl. *-er* fjäderprydnad aigrette
1 ess *-et -* kortsp. ace
2 ess *-et -* mus. E flat **ess-dur** E flat major
esse *oböjl. s, vara i sitt ~* be in one's element
essens *-en -er* essence
ess-moll E flat minor
essä *-n -er* essay **essäist** essayist
est *-en -er* Est|h|onian
est|er *-ern -rar* ester
estet *-en -er* aesthete **estetik** *-en 0* aesthetics **estetiker** aesthetician **estetisk** *a* aesthetic|al| **estetsnobb** aesthete
Estland Est|h|onia **estländare** *s* o. **estländsk** *a* o. **estnisk** *a* Est|h|onian **estnisk|a** *-an* **1** pl. *-or* kvinna Est|h|onian woman **2** pl. *0* språk Est|h|onian
estrad *-en -er* platform, dais, rostrum, musik ~ bandstand **-samtal** panel discussion
etablera I *tr* inrätta, grunda establish; åstadkomma bring about; *~ samarbete mellan* bring about a co-operation between; *~ strejk* go on strike **II** *rfl* slå sig ned settle down; *~ sig som affärsman* set up in business; *~ sig som tandläkare* set up as a dentist **etablering** o. **etablissemang** *-et -|er|* establishment
etage *-n -r* stor|e|y, floor **-våning** tvaplanslägenhet maisonette, amer. duplex apartment
etapp *-en -er* **1** allm. stage; lap isht sport.: *i |korta| ~er* by easy stages **2** mil. ung. rear (communications) zone **-linje** line of communication **-vis** *adv* by stages
etc. förk. etc.
eter *-n 0* (kem. *etrar*) ether **eterisk** *a* ethereal; *~a oljor* äv. essential oils
eternell *-en -er* immortelle, everlasting flower
etik *-en 0* ethics sg. el. pl.
etikett *-en* **1** pl. *0* umgängesformer etiquette; *hålla på ~en* be a stickler for etiquette **2** pl. *-er* lapp label äv. bildl.; *förse ngt med ~, sätta ~ på ngt* label a th. **etikettera** *tr* label **etikettsbrott** breach of etiquette **etikettsfråga** question of etiquette
Etiopien Ethiopia **etiopier** *s* o. **etiopisk** *a* Ethiopian
etisk *a* ethical; *~ dativ* the ethic dative
etnisk *a* ethnic|al| **etnograf** *-en -er* ethnographer **etnografi** *-|e|n 0* ethnography **etnografisk** *a* ethnographic|al| **etnolog** ethnologist **etnologi** *-|e|n 0* ethnology
etnologisk *a* ethnological
etrusker *s* o. **etruskisk** *a* o. **etruskiska** *-n 0* språk Etruscan
etsa *tr* etch; *~ bort* remove . . with acid; *~ in* etch in; *det har ~t sig fast i mitt minne* it has engraved itself on my memory
etsare *-n -* etcher **etsmedel** läk. caustic
etsning abstr. o. konkr. etching **etsnål** etching-needle
ett se *3 en;* för sms. jfr äv. *fem* sms. **ett|a** *-an -or* one, i tärningsspel o.d. äv. ace; *|en| ~* univ. 'one point'; *~n|s växel|* first, |the| first gear; *komma in som god ~* sport. come in an easy first; jfr *femma* **ettbetygskurs** ung. 'one-point' course, jfr *betyg 2* **ettdera** se *endera*
etter I *ettret 0* venom äv. bildl.; *spruta ~* bildl. spit out one's venom **II** *adv, ~ värre* ännu värre still worse, värre och värre worse and worse **-myra** myrmicine **-nässla** small stinging-nettle **-värre** se *etter |värre|*
etthundra m. sms. o.d. jfr *|fem|hundra* osv.
ettrig *a* bildl.: hetsig hot-tempered, fiery, argsint irascible, peppery, giftig vitriolic; ilsket envis violent, furious **ettrighet** *-en -er* fieriness, irascibility, fury, vitriol, jfr *ettrig; säga ~er* make vitriolic remarks **ettrigt** *adv, ~ anfalla* attack furiously; *~ gul* glaringly yellow
ett|struken *a* mus. once-accented; *-strukna C* middle C **-årig** *a* (jfr *femårig*) **1** one-year-old . ., pred. one |year old| **2** one-year . ., one year's . ., gällande för ett år o. om växt äv. annual; *en ~ växt* an annual |plant|; avtalet *är ~t* . . is for one year **-åring** om barn one-year-old child, om häst yearling. — För andra sms. jfr äv. *fem* sms.
etui *-|e|t -er (-n)* case
etyd *-en -er* étude fr., study
etyl *-en 0* ethyl **etylalkohol** ethyl alcoholic
etylen *-en 0* ethylene
etymolog etymologist **etymologi** etymology **etymologisk** *a* etymological
eufemism *-en -er* euphemism **eufemistisk** *a* euphemistic
eukalyptus *-|en| 0* eucalyptus
Euklides Euclid
eunuck *-en -er* eunuch
Europa geogr. Europe, myt. Europa **europamästare** European champion **Europaväg** European highway **europé** *-|e|n -er* European **europeisera** *tr* Europeanize **europeisk** *a* European
eustachisk *a, ~a röret* the Eustachian tube
eutanasi *-|e|n 0* euthanasia
Eva bibl. o. friare Eve
evad 1 *pron, ~ |som|* vad helst som whatever **2** *konj* whether
evakostym, *i ~* in one's birthday suit, in

the altogether
evakuera *tr* evacuate; *en ~d* an evacuee **evakuering** evacuation **evakueringsorder** evacuation orders pl.
evangeliebok ung. gospel book **evangelietext** gospel text **evangelisk** *a* evangelical **evangelisk-lut|h|ersk** *a* Lutheran **evangelist** evangelist **evangeli|um** *-et -er* gospel äv. bildl.; *Matteus' ~* the Gospel according to St. Matthew; *predika ~* preach the Gospel; *tro på ngt som på ~* take a th. for gospel truth
evenemang *-et -* |great| event (occasion); större, ceremoniell tillställning function
eventualitet *-en -er* eventuality, contingency, möjlighet possibility; *vara beredd på alla ~er* be prepared for all contingencies; *för alla ~er|s skull|* in order to provide against emergencies **eventuell** *a* möjlig possible; om det finns (blir m.m.) någon . . if any; jfr vidare ex.: *~a (ett ~t) fel* any faults (fault) that may occur; *en ~ fiende* a potential (possible) enemy; *~a följder* any consequences that may arise (there may be); *våra ~a förluster* our possible losses; our losses, if any; any losses we may incur; *vid ett ~t krigsutbrott* in the event of a war breaking out; *~a kostnader* any costs that may arise; *~a köpare* prospective buyers; tacksam för *~a order* H . . any orders that may be given (we may receive); *ett ~t överskott* the surplus, if any **eventuellt** *adv* möjligen possibly; om så behövs if necessary; jfr vidare ex.: *~ förekommande (uppkommande)* m.m. se *eventuell; vid ~* fult väder in the event of . .; *A. eller ~* vid förhinder *B.* A., or failing him (resp. her), B.; du kan behålla den *tills jag ~ behöver den* . . till I need it, that is if I ever will; *jag kan ~ hjälpa dig* I may be able to help you; Ni bör återlämna *~ mottaget kvitto* . . the receipt you may have obtained; *om han ~ skulle komma* if he should come; *han reser ~ i morgon* he may be going tomorrow
evidens *-en 0, bevisa till full ~* prove conclusively **evident** *a* obvious, evident, clear
evig *a* eternal, everlasting, ständig äv. perpetual, never-ending, alla äv. F 'evinnerlig'; *var ~a* se *vareviga; ~ berömmelse* everlasting fame; *den ~a döden* eternal death; *~a förebråelser* everlasting reproaches; *i en ~ kretsgång* in a perpetual circle; *det är en ~ lögn* that's a confounded lie; *detta ~a regnande* this everlasting rain; *det vore en ~ skam!* that would be an eternal shame!; *~ snö* everlasting snow; *den ~a staden* the Eternal City; *dessa ~a strejker* these eternal strikes; *jag har väntat en ~ tid* I've been waiting for ages; *det var en ~ tid sedan* . . it was ages since . .; *för ~ tid (~a tider)* for ever; *den ~a vilan* eternal rest
evighet *-en -er* eternity; *det är en |hel| ~ sedan* . . it is ages (quite an age) since . .; *för tid och ~* for ever; *i all ~* in all eternity, eternally; *aldrig i ~* kommer jag att göra det never in all my life . .
evighets|blomma everlasting flower, immortelle **-göra** never-ending job **-kalender** perpetual calendar **-skruv** tekn. worm
evigt *adv* eternally, everlastingly, perpetually, jfr *evig;* alltid ever; *han stannade ~ länge* he stayed an eternity; *för ~* for ever |and ever|
evinnerlig *a* eternal; jfr *evig*
evolution evolution
evärdlig *a* eternal; *för ~a tider* for ever |and ever|
exakt I *a* exact **II** *adv* exactly **-het** exactness, exactitude
exaltation *-en 0* exaltation **exalterad** *a* uppjagad over-excited, överspänd highly-strung
exam|en *-en -ina r* **1** själva prövningen examination, F exam; *ta (kuggas i) ~* get through el. pass (fail at) an el. one's examination **2** |utbildnings|betyg: akademisk degree; folkskollärar~, skeppar~ etc. certificate; ibl. diploma
examens|feber, *få (ha) ~* get (have) exam nerves **-fordringar** *pl* examination requirements **-läsa** *itr* work for an (one's) examination **-plugg** cramming (swotting) for one's exam **-skrivning 1** skriftlig examen written examination **2** se *-uppgift* **-uppgift** skriftlig: som skall lösas question (som skall översättas translation) paper, isht om löst el. översatt examination paper
examinand *-en -er* candidate, examinee **examination** examensförhör examination **examinator** examiner **examinera** *tr* **1** förhöra examine, utan objekt do the examining **2** växt determine |the species of| **examinering** av växter determination |of species|
excellens *-en -er* Excellency; *~en T.* His Excellency, Mr. T. **excellera** *itr* excel, *i* in, at
excent|er *-ern -rar* eccentric **excenterskiva** sheave, eccentric disk **excentricitet** *-en -er* eccentricity, bildl. äv. oddity **excentrisk** *a* eccentric, bildl. äv. odd
exceptionell *a* exceptional
excerpera *tr* bok o.d. extract (excerpt) examples from, make excerpts from, excerpt **excerpt** *-et -|er|* extract, excerpt
excess *-en -er* excess; *~er* äv a) övergrepp outrages b) utsvävningar orgies
exdrottning ex-queen
exeges *-en 0* exegesis **exeget** *-en -er* exegete **exegetik** *-en 0* exegetics sg. el. pl. **exegetisk** *a* exegetic|al|
exekution execution **exekutionsbiträde** bailiff **exekutionspluton** firing squad

exekutiv I *a* **1** verkställande executive; *~ makt* executive power **2** utmätnings-, *~ auktion* auction under a writ of execution; *på ~ väg* under a writ of execution **II** *-en -er* executive **exekutor 1** av testamente executor **2** av dom bailiff **exekvera** *tr* **1** mus. execute, perform **2** *~ en dom* carry out a sentence, i civilmål execute a judgement **exekvering** (jfr föreg.) **1** execution, performance **2** *~en av domen* the carrying out of the sentence, resp. the execution of the judgement

exempel *exemplet* - example, [inträffat] fall instance, *på* of; räkne~, tal problem, enklare sum; *ett bra ~ på detta* äv. a case in point; *ett dåligt ~* a) ej belysande a bad illustration, a poor example b) ej efterföljansvärt a bad example; *låt det bli ett varnande ~ för dig* let this be a warning (an example, a lesson) to you; *som ~ på* as an instance of; *jag följde hans ~* I followed his example (lead), gjorde likadant som han äv. I followed suit; *ta ~ av* take example by; *belysa ngt med ~* äv. exemplify a th.; *ta ngn till ~* take a p. as one's pattern; *till ~* (förk. *t.ex.*) for example (instance), låt oss säga äv. say; vid uppräkningar o.d. i skrift e.g.; *jag t.ex. kommer inte* I for one am not coming; *rovdjur, som t.ex.* lejon och tigrar predatory animals, such as (, like) . . **-lös** *a* unprecedented, unparalleled, unexampled, friare exceptional **-samling** collection of examples **-vis** *adv* se [*till*] *exempel; ~* kan jag nämna as an (by way of) example . .

exemplar *-et* - av bok, skrift o.d. copy; av en art specimen; *i två (tre) ~* om handlingar äv. in duplicate (triplicate); *faktura i två (tre) ~* äv. duplicate (triplicate) invoice **exemplarisk** *a* exemplary; *en ~ äkta man* äv. a model husband

exemplifiera *tr* exemplify **exemplifiering** exemplification, exemplifying

exercera I *itr* fullgöra sin värnplikt do one's military service **II** *tr itr* öva drill; *~ med ngn* drill (train) a p. **exercis** *-en 0* **1** värnplikt military service **2** övning drill **exercisfält** drill-ground **exercisreglemente** drill-book

exhibitionism exhibitionism **exhibitionist** exhibitionist

exil *-en 0* exile **-regering** exile government

existens *-en -er* **1** tillvaro existence; utkomst livelihood **2** individ character; *en misslyckad ~* a failure in life **-berättigande** raison d'être fr.; *systemets ~* the justification of the system; *boken har inget ~* the book serves no useful purpose **-medel** *pl* means pl. of subsistence **-minimum** subsistence level **-möjlighet** possibility of making a living

existentialism existentialism **existentialist** *s* o. **existentialistisk** *a* existentialist

existera *itr* exist, fortleva, livnära sig äv. subsist, *på* on; *fortfarande ~* leva kvar äv. be extant, be still in existence; *~nde* existing

exklusiv *a* exclusive, kräsen äv. select **exklusive** *prep* excluding, exclusive of, without **exklusivitet** exclusiveness

exkommunicera *tr* excommunicate

exkommunikation *-en 0* excommunication

exk|on|ung ex-king

exkrementer *pl* excrement sg., faeces

exkret *-et* - excreta pl.

exkurs *-en -er* excursus, utvikning digression **exkursion** excursion, isht amer. field trip

exlibris *-et* - ex-libris (pl. lika), book-plate

exmästare ex-champion

exorcism *-en -er* exorcism

exotisk *a* exotic

expandera *itr* expand **expansion** expansion **expansionskraft** expansive force **expansionskärl** expansion tank **expansionspolitik** policy of expansion **expansiv** *a* expansive

expatriera *tr* expatriate

expediera *tr* **1** sända send [off], dispatch, forward, H äv. ship **2** betjäna serve, attend to; *~ [en kund]* serve a customer; *finns det ingen som ~r här?* is [there] no one serving here? **3** utföra: beställning, order execute, carry out, telefonsamtal put through **4** ombesörja dispatch, deal with, attend to; klara av get . . done; ta livet av dispatch, dispose of; *det var snabbt ~t* det gick undan that was quick work; *och så var den saken ~d* well, that was that **expediering** (jfr *expediera*) **1** sending [off], dispatch, forwarding, shipment **2** *~ [av kunder]* serving customers; *~en går långsamt här* they are slow [in] serving you here **3** execution, carrying out; putting through **4** dispatch **expedit** *-en -er* [shop] assistant, amer. [sales] clerk **expedition 1** se *expediering* **2** lokal office **3** resa, trupp o.d. expedition

expeditions|avgift service charge **-chef** i ett departement ung. permanent under-secretary of state **-föreståndare** office manager **-kår** mil. expeditionary force **-ministär** caretaker government **-tid** office hours pl. **-vakt** ung. [government] office caretaker

expeditör varuavsändare forwarding agent

experiment *-et* - experiment; *anställa (göra) ett ~* carry out (make) an experiment

experimentalfonetik experimental phonetics **experimentell** *a* experimental; *på ~ väg* experimentally, by means of experiments **experimentera** *itr* experiment; *~ ut* discover (find out) [. . by means of experiments]; *~ ut* var felet ligger find out by trial and error . .; . . *är ännu inte fullt*

utexperimenterad . . is not yet fully developed (worked out) **experimenterande** *-t 0* experimentation **experimentstadi|um** experimental stage; *på -et* in the experimental stage
expert *-en -er* expert, *på* on, in, betr. praktiska ting at; authority, specialist, *på* on **expertis** *-en 0* **1** sakkunniga experts pl. **2** experternas uppfattning expert opinion **expertutlåtande** expert's (resp. experts') report
exploatera *tr* exploit äv. utsuga: gruva, patent, uppfinning äv. work, vattenkraft o.d. äv. harness, utilize, develop, naturtillgångar äv. tap, develop, ngns godtrogenhet m.m. äv. trade upon **exploaterande** *-t 0* o. **exploatering** exploitation, working, harnessing, utilization, development; jfr *exploatera*
explodera *itr* explode, blow up, om sprängladdning o.d. äv. detonate; om något uppumpat burst; *bringa (få, komma) ngt att* ~ explode (blow up, resp. detonate, burst) a th.; ~ *av skratt* explode with laughter **explosion** explosion, detonation, bursting, jfr *explodera;* spec. om tryckvågorna blast
explosions|artad *a* explosive **-fara** danger of explosion **-fri** *a* explosion-proof **-olycka** explosion **-säker** *a* explosion-proof
explosiv *a* explosive, fonet. vanl. plosive; *~a ämnen* explosives **explosiv|a** *-an -or* plosive
expo *-n -r* exhibition, show
exponent exponent (*för* of), matem. äv. index (pl. indices) **exponera I** *tr* utställa, blotta samt foto. expose **II** *rfl* expose oneself, *för* to **exponering** foto. exposure **exponeringsmätare** exposure meter **exponeringstid** time of exposure
export *-en -er* ~erande export[ation]; varor exports pl.; *en betydande* ~ *[av]* a considerable export trade [in]; Sveriges ~ *på (till) Norge* . . exports (export[ation]) to Norway **-affär 1** -firma export firm **2** *driva ~er* carry on an export trade **-artikel** export article, article for export; *-artiklar* äv. exports **-avdelning** export department **-chef** export manager
exportera *tr* export
export|firma export firm **-förbjuden** *a, -förbjudna varor* banned export goods **-förbud,** ~ *på* en vara a ban on the export of . . **-förening** export[ers'] association **-förpackad** *a* . . packed for export **-hamn** port for exports **-handel** export trade **-industri** export industry **-kredit** export credit **-land** exporting country **-licens** export licence (permit) **-marknad** export market **-premie** export bounty (bonus) **-tillstånd** export permit **-tillåten** *a, -tillåtna varor* goods permitted for export **-tull** export duty **-vara** export commodity (product); *-varor* äv. export goods, exports
exportör exporter **exportöverskott** jämfört med importen excess of exports over imports; som kan exporteras exportable surplus
exposé *-n -er* survey; summary, exposition
expresident ex-president
express I *-en -er* se *-byrå, -tåg* **II** *adv* express, på försändelser äv. by express (special) delivery **-avgift** express delivery charge **-brev** express (special delivery) letter **-byrå** transport agency, amer. express [company] **-försändelse** se *-brev, -paket* **-gods** koll. express goods pl.; *sända ngt som* ~ send a th. by express, express a th.
expression|ism expressionism **-ist** expressionist **-istisk** *a* expressionist[ic]
expressiv *a* expressive
express|paket express (special delivery) package (parcel, mindre packet) **-tåg** express [through train]
expropriation compulsory acquisition, expropriation **expropriera** *tr* compulsorily acquire, expropriate
extas *-en 0* ecstasy, friare äv. rapture; *råka i* ~ fall into an ecstasy, bildl. go into ecstasies (raptures), *över* over **extatisk** *a* ecstatic
extempore *adv* extempore, extemporaneously **extemporera** *tr itr* extemporize
extensiv *a* extensive
exteriör exterior
exterritorial|itets|rätt ex[tra]territorial rights pl.
extra I *oböjl. a* tilläggs- extra, additional, supplementary; särskild, ovanlig special; biträdande assistant, icke fast anställd temporary-staff . .; reserv-, till övers spare; det blir *en* ~ *avgift (kostnad, utgift)* äv. . . an extra; ~ *erbjudande* special offer; ~ *fördel* additional advantage; ~ *högtalare* extension loudspeaker; ~ *möte* extraordinary meeting; i dag blir det *någonting [alldeles]* ~ . . something [extra] special; *han är bara* ~ he is only on the temporary staff **II** *adv* extra; ovanligt exceptionally; separat separately; ~ *billig* exceptionally cheap, F dirt-cheap; ~ *god* extra good, superior; *per* ~ *kontant* prompt cash; ~ *prima kvalitet* extra (superior) quality; förtjäna *lite* ~ *(100 kronor* ~*)* . . a little extra (an extra 100 kronor); *läsa* ~ *med ngn* ge privatlektioner give a p. private lessons. — Se äv. sms. m. *extra* **-arbete** utöver det vanliga extra work **-fin** *a* superfine, superior **-förtjänst** se *biinkomst*
extrahera *tr* extract, *ur* from
extraknäck *-et* - bisyssla F job on the side
extrakt *-et -[er]* extract, *ur* from; ur skrift äv. abstract, *ur* of **extraktion** extraction, härkomst äv. descent
extra|lektion privat- private lesson **-nummer 1** tidnings special [edition] **2** uppträdandes

encore **-ordinarie** *oböjl.* *a* extraordinary; *han är* ~ [*tjänsteman*] he is on the temporary staff, he is a temporary-staff (non-permanent) official **-ordinär** *a* extraordinary, exceptional **-timme** skol. additional lesson **-tåg** special (dubblerat relief) train **-upplaga** special edition **-uterin** *a* extra-uterine **-utgift** additional expense

extra|vagans ~*en* ~*er* extravagance **-vagant** *a* extravagant

extrem *a* extreme **extremist** extremist

extremitet *-en -er* extremity

F

f *f -et,* pl. *f* **1** bokstav f [utt. ef] **2** mus. F
fabel *-n fabler* fable äv. bildl.; handling i roman o.d. plot **-aktig** *a* fabulous **-diktare** fabulist, writer of fables **-diktning** writing of fables; konkr. fable literature **-djur** fabulous animal
fabla *itr* talk wildly (nonsense), *om* about
fabricera *tr* manufacture, make; bildl. fabricate, make up
fabrik *-en -er* factory, bruk, verk works (pl. lika), amer. äv. plant, cellulosa~, textil~ mill, mindre, t.ex. snickeri~ [work]shop **fabrikant 1** se *fabriksägare* **2** tillverkare manufacturer, maker
fabrikat *-et -* **1** vara manufacture, product; isht textil~ fabric **2** tillverkning make, manufacture; *av svenskt ~* made in Sweden, Swedish-made **fabrikation** manufacturing, making; produktionsomfång output; *under ~* in process of manufacture **fabrikationsfel** defect [in workmanship] **fabrikationshemlighet** trade secret
fabriks|aktiebolag manufacturing company **-anläggning** industrial plant, se vid. *fabrik* **-arbetare** male factory hand (worker) **-arbete** factory work; konkr. se *fabriksvara* **-arbeterska** female factory hand (worker) **-distrikt** industrial district, i stad äv. factory quarter **-gjord** *a* factory-made **-märke** trade (manufacturer's) mark **-mässig** *a* factory . .; *~ tillverkning* large-scale production **-mässigt** *adv* on an industrial basis **-ny** *a . .* fresh from the factory, brand-new **-område** factory area **-rörelse,** *idka ~* carry on a manufacturing business **-samhälle** industrial community **-siren** hooter, factory siren **-skorsten** factory chimney **-stad** industrial (factory) town **-tillverkad** *a* factory-made **-tillverkning** large-scale production **-vara** factory-made article; *-varor* manufactured goods, manufactures **-ägare** factory owner, manufacturer
fabrikör *-[e]n -er* factory owner, manager; tillverkare manufacturer
fabulera *itr* romance, *om* about; give one's imagination [a] free rein **fabulös** fabulous, fantastic
facil *a* om pris moderate, reasonable; *på ~a villkor* äv. on easy terms
facit 1 *-[en] 0* ~bok answer book, answers pl., key **2** *- 0 n* lösning answer, total, resulting figure; result; bildl. final result
fack *-et -* **1** i hylla o. d. compartment, pigeon-hole; post~ post-office box; typogr. box; *lägga in* papperen *i deras respektive ~* äv. pigeon-hole . .; *uppdelad i ~* äv. pigeon-holed **2** gren inom industri o. hantverk branch, trade; yrke, isht lärt profession; område line, sphere; läro~ subject; roll~ parts pl.; *hans ~ är* invärtes medicin he specializes in . .; *prata ~* talk shop; *han är arkitekt av ~et* he is an architect by profession; *smed av ~et* smith by trade; *det hör inte till mitt ~* it is not my line, F it is not up my street **-arbetare** skilled workman, artisan **-bildad** *a* professionally trained, skilled; *icke ~* unskilled **-bildning** professional (specialized) training
fackel|blomster purple loosestrife **-bärare** torch-bearer **-sken** torchlight **-tåg** torchlight procession
fack|folk professionals, experts bägge pl. **-förbund 1** sammanslutning av fackföreningar: vanl. national [trade] union **2** företagares trade association **-förening** [local] branch of a (resp. the) trade union
fackförenings|bok ung. [trade-]union card **-funktionär** union official **-ledare** trade-union leader **-man** o. **-medlem** trade-unionist **-ombudsman** trade-union representative; för industri o.d. shop steward **-pamp** trade-union boss **-rörelse** trade-union movement, trade-unionism
fack|högskola ung. college (institute) for specialized studies **-idiot** narrow specialist **-kretsar** *pl* professional circles **-kunnig** *a* expert, skilled, experienced **-kunskap** expert (technical) knowledge end. sg.
fackl|a *-an -or* torch
fack|lig *a* professional, technical; hörande till fackföreningsrörelsen attr. trade[-union] . . **-ligt** *adv, han är ~ organiserad* he belongs to a trade union **-litteratur** specialist literature, mots. t. skönlitteratur non-fiction **-lärare** ung. special-subject teacher **-man** yrkesman professional; sakkunnig expert; *~ på området* expert in the matter (field) **-mannahåll,** *på ~* among experts **-minister** departmental minister **-mässig** *a* professional, technical, specialist **-organ 1** tidning trade (technical) journal **2** i FN specialized agency **-prat** shop talk **-press** specialist press **-skola 1** yrkesskola ung. vocational training school; *~ för huslig ekonomi* domestic science college **2** påbyggnad på grundskolan two-year continuation school **-språk** professional (technical) language **-term** technical term **-tidskrift** för handel, industri trade (för yrkeskategori professional, teknisk technical, vetenskaplig scientific) journal; *~er* trade osv. journals (press sg.) **-utbildad** o. **-utbildning** se *fackbildad* etc. **-verk** framework **-verksbro** truss bridge
fadd *a* jolmig flat, stale, vapid, insipid; banal vapid, insipid
fadder *-n faddrar* godfather, godmother, godparent; friare sponsor; *stå ~ till* be (act

as) godfather osv. to; friare stand sponsor to, bildl. äv. sponsor **-barn** godchild; krigsbarn o.d. sponsored (adopted) child **-gåva** christening gift **-skap** ~*et 0* sponsorship
faddhet flatness, insipidity; ~*er* platitudes, insipid remarks
fader *-n fäder* father; poet. o. om djur sire; *Gud* ~ God the Father; *den helige* ~*n* påven the Holy Father; *F*~ *vår som är i himmelen* Our Father, which art in heaven; *kubismens* ~ the father of cubism; *stadens fäder* the City Fathers; *våra* för*fäder* äv. our forefathers (ancestors); *vara i* ~*s ställe* be a father, *för* to, ofta be in loco parentis lat.; *på* ~*ns sida* on the (one's) father's side, attr. äv. paternal . .; *gå (samlas) till sina fäder* be gathered to one's fathers; jfr *far* **-lig** *a* fatherly äv. ~t öm. paternal **-lighet** fatherliness, paternal feeling (manner) **-ligt** *adv* in a fatherly way, like a father, paternally **-lös** *a* fatherless; jfr *moderlös* ex. **-mord** parricide **-mördare** **1** patricide, parricide **2** krage choker
faders|bunden *a, vara* ~ be bound (attached) to one's father, have a father fixation **-glädje** joy of fatherhood, paternal joy **-hjärta** paternal heart **-hus** home
fader|skap ~*et 0* fatherhood, isht jur. paternity; *påbörda ngn* ~*et till* . . affiliate (father) . . upon (to) a p. äv. bildl. **-skapsmål** paternity suit
faders|kärlek paternal love **-stolthet** paternal pride
fadervår pl. *-n* bönen the Lord's Prayer
fading *-en 0* radio. fading
fadäs *-en -er* platthet platitude; dumhet faux pas (pl. lika) fr.; *begå en* ~ commit a faux pas, put one's foot in it, drop a brick
fag|er *a* fair; *-ra ord* fair words
faggorna *pl, jag har en förkylning i* ~ I have a cold coming on; *vara i* ~ be coming (approaching, ahead)
fagott *-en -er* instrument bassoon **fagottblåsare** o. **fagottist** bassoonist
faiblesse *-n -r* se *fäbless*
fajans *-en -er* |glazed| earthenware end. sg., faience **-fabrik** faience works (workshop)
fakir *-en -er* fakir **-konst** fakir trick
faksimil *-et -* o. **faksimile** *-t -n (-r)* facsimile
faktisk *a* actual, real, factual; egentlig virtual; *det* ~*a läget* the actual (real) situation; kardinalen var *landets* ~*e regent* . . the virtual ruler of the country **faktiskt** *adv* as a matter of fact, in fact, actually, virtually; verkligen really
faktor *-n -er* **1** allm., äv. mat. factor, beståndsdel äv. element, *i* of el. in; *den mänskliga* ~*n* the human element (factor) **2** på tryckeri foreman, overseer
faktotum *n* right-hand man (resp. woman)
faktum -|*et*| - *(fakta)* fact, omständighet äv. circumstance; *fakta* äv. data; ~ *är* the fact is; *fakta i målet* jur. the case history; *han har sinne för fakta* he has a mind (F nose) for facts
faktura *-n fakturor* invoice, bill, account, *över* for, covering; *enligt* ~ as per invoice **-belopp** invoice amount **-datum** date of invoice **-skriverska** lady invoice clerk **-värde** invoice value
fakturera *tr* skriva faktura invoice, bill; prissätta price **faktureringsmaskin** invoicing (billing) machine
fakultativ *a* optional, facultative
fakultet *-en -er* faculty **fakultetsopponent** opponent appointed by the faculty
fal *a* mutbar venal
falang *-en -er* slagordning, grupp phalanx, wing
falhet venality
falk *-en -ar* isht jakt~ falcon, hawk **falka** *itr,* ~ trakta *efter* covet, hunt after, F have one's eye on **falkblick** eagle eye; *ha* ~ äv. be eagle-eyed **falkenerare** falconer **falkjakt** hawking, isht ss. konst, yrke falconry end. sg.
Falklandsöarna *pl* the Falkland Islands
fall *-et -* **1** mer eg.: allm. fall, 'kullerbytta' äv. tumble, nedfallande äv. descent, om pris, kurs, temperatur, tryck o.d. äv. decline, drop, störtande, undergång äv. downfall, sammanbrott äv. collapse, ruin, glidning i rytm o. toner äv. cadence, lutning äv. slope, |downward| gradient, declivity; stävs lutning rake, fallhöjd drop, vatten~ fall|s pl.|; *knall och* ~ |all| of a sudden, on the spot; *regeringens* ~ the |down|fall (overthrow) of the Government; *hårets* ~ the lie of the hair; *hennes hår har ett naturligt* ~ she has a natural wave in her hair; kjolen har ett *vackert* ~ . . graceful hang (fall); det blev *platt* ~ fiasko . . a complete failure (F a flop); *bringa (komma) ngn på* ~ overthrow a p., cause a p.'s downfall (ruin)
2 friare o. bildl.: förhållande m.m. case, händelse äv. event, exempel äv. instance; *ett intressant* ~ an interesting case; *ett oförutsett* ~ an unforeseen event; ~*et Dreyfus* the D. case (affair); *det var just* ~*et med honom* that was just the case with him; *detsamma är* ~*et med* . . the same applies to . ., it is the same with . .; *som* ~*et är med* . . as is the case with . .; *så är inte* ~*et* that is not the case (not so); *om så är* ~*et* if that is the case (is so), in that case; *från* ~ *till* ~ from case to case; *i* ~ *av* . . in case (the event) of . .; *i alla* ~ a) i alla händelser in any case, at all events, at any rate, anyhow, anyway, at least, det oaktat nevertheless, all the same b) i samtliga ~ in all cases; *i annat* ~ otherwise etc. jfr *annars; i bästa* ~ at |the| best; *i enstaka* ~ in a few isolated instances (cases); *i förekommande* ~ where appropriate,

vid behov should the occasion arise; *i nio ~ av tio* nine times (in nine cases) out of ten; *i så ~* in that case, if so; *i varje ~ = i alla ~ a); i vilket ~ som helst* in any case (event), äv. come what may, om två alternativ in either case; *i vissa ~* in certain cases, under certain circumstances; *i värsta ~* if the worst comes to the worst

3 sjö. hisståg halyard

fall|a *föll -it* **I** *itr* **1** mer eg.: allm. fall, ~ ned, ~ omkull äv. fall down (over), have a fall, tumble [down (over)], snava äv. trip, stumble, ~ ur händerna äv. drop, slip, om frukt, löv, regn o.d. äv. come down, dö äv. die, be killed, om tyg äv. hang, om dimma äv. descend, om temperatur, tryck, vatten o.d. äv. go down, om båtstäv rake; *låta .. ~ (*se äv. under *I 2)* let .. fall, drop .., släppa let .. go; *det föll mycket snö* there was a heavy fall of snow, a lot of snow fell; *han föll och gjorde sig illa* he had a bad fall; kjolen *-er bra (i mjuka veck)* .. hangs well (in graceful folds); klänningen *-er efter kroppen* .. follows the line of the figure; *ridån -er* the curtain falls; *~ för fosterlandet* fall (die) for one's country; *~ för en kula* fall from (be killed by) a bullet; *ljuset föll på tavlan* äv. the picture caught the light

2 bildl.: allm. fall, om kurs, pris o.d. äv. drop, go down, om regering o.d. äv. be overthrown, om fråga, förslag o.d. äv. fail, be defeated (rejected), fall through, come to nothing (jfr nedan *låta .. ~*), sjö. ~ från kurs se nedan *III ~ av; låta förslaget ~* drop the proposal; *låta masken ~* bildl. show oneself in one's true colours; *låta ett par ord ~ om att ..* drop (let fall) a few words to the effect that ..; *låta en plan ~* give up a plan; *avgörandet -er idag* the matter will be decided today; *dom (utslag) -er* om en vecka judg[e]ment will be pronounced (decision will be given) ..; *det föll några ord* mellan dem some words passed ..; jag vet inte *hur orden föll [sig]* .. how the words came, .. what were my (your etc.) actual words; *priserna föll kraftigt* äv. prices slumped; *det -er av sig självt* that is a matter of course, it goes without saying; *~ för* frestelsen yield (give way) to ..; *alla föll för honom* everybody fell for him; *~ i glömska* o. dyl. fraser se resp. subst.; *~ i ngns aktning* sink (go down) in a p.'s estimation, lose a p.'s esteem; hela besväret *föll på honom* .. fell to his lot; *misstanken (lotten, skulden) föll på honom* suspicion (the lot, the blame) fell upon him; *[sam]talet föll på politik* the conversation turned to politics; *av kostnaderna -er 5 % på* honom 5 % of the costs are to be borne by ..; *en stor del -er på* exportindustrin .. accounts for a great part of it; *det -er under (utanför)* .. it comes (falls) within (outside) the scope of ..; *det -er under* § 5 it falls (comes) under ..; *stigande och -ande skala* sliding scale; *-ande tendens* downward tendency (trend)

II *rfl* hända sig happen, chance; m. adj. predf.: te sig be; *alltefter som det -er sig* lämpar sig just as the case may be; *det är som det -er sig* slumpar sig it all depends; *när det så -er sig* when (as) occasion arises; *när det -er sig lägligt* when an opportunity offers, when convenient; *det -er sig naturligt [för mig] att ..* it comes natural [to me] to ..; *det -er sig svårt [för mig]* att lita på honom I find it difficult ..; *det föll sig så att han ..* it so happened that he .., he happened to inf.; *det föll sig så bra att jag ..* I was lucky enough to inf., as good luck would have it, I ..; *hur orden föll sig* se ovan *I 2* ex.

III m. beton. part. **1** *~ av* allm. fall off, om frukt o. löv äv. drop off, come down, om hår äv. come (fall) out, om ryttare äv. be thrown, sjö. ändra kurs äv. pay (keep) off, bear up [the helm]; magra grow thin; jfr äv. *avfalla* **2** *~ bort* drop (fall) [off], t.ex. ur minnet äv. drop out; försvinna be dropped, be discontinued, disappear, lapse; *e -er bort* i vissa ord e is dropped ..; *därmed -er invändningarna mot .. bort* that disposes of the objections to ..; *lektionen -er bort* the lesson will not be held; *tänderna har -it bort* i överkäken the teeth have dropped out .. **3** *~ framåt* fall forwards; frågan *föll framåt* .. was only temporarily defeated **4** *~ i* fall in, genom is fall through **5** *~ ifrån* dö pass away; avfalla drop off, fall away **6** *~ igen* fall (shut) to, close **7** *~ igenom* fall through; i examen fail, F be ploughed; om lagförslag o.d. be defeated; *han föll igenom vid valet* he was defeated (rejected) at the election **8** *~ ihop* fall in (down), collapse; bryta samman break down, collapse; *ögonen föll ihop på honom* he couldn't keep his eyes open **9** *~ in* fall in; stämma upp strike up, stämma in join in (äv. i samtal); *~ in i galopp* se under *galopp; ~ in i ledet* mil. fall in; *fienden föll in i landet* the enemy invaded the country; *ljuset -er in* genom fönstret the light comes in ..; *det föll mig in* it (the idea) occurred to (struck) me; *det har aldrig -it mig in* äv. it never crossed my mind (entered my head); *det skulle aldrig ~ mig in!* I wouldn't dream of it (such a thing)!; *när det -er honom in* when it occurs to him, whenever he likes. — Jfr äv. *infalla* **10** *~ isär* se *~ sönder* **11** *~ ned* fall (drop) down; *~ ned död* drop dead; *~ ned från* en stege äv. fall off ..; *~ ned inför ngn* prostrate oneself (fall down) before a p. **12** *~ nedför trappan* fall downstairs **13** *~ omkull* fall [over], fall (tumble, come) down, drop; *han höll på att ~ omkull av trötthet* he was ready to drop with fatigue **14** *~ på, när andan (lusten) -er på* se under *ande* o. *lust; natten -er på* night is closing (setting) in **15** ~ *samman* se ~ *ihop* o. *sammanfalla* **16** ~ *sönder* fall (drop, crumble) to pieces, isht bildl. break up; jfr *sönderfalla* **17** ~ *tillbaka* fall (slip) back; sacka efter fall behind, lag; ~ *tillbaka i* gamla vanor relapse into . .; *ha något att* ~ *tillbaka på* ekonomiskt have something [put by] to fall back on, F have a nest-egg; beskyllningen *-er tillbaka på honom själv* . . recoils on (comes home to) himself **18** ~ *undan* fall (slide) away; bildl. yield, give way (in), *för* to; F climb down **19** ~ *upp* turn up; boken *föll upp vid sidan tio* . . opened (fell open) at page ten **20** ~ *ur* fall out, *vagnen* of the carriage **21** ~ *ut* fall out; om stäv rake, flare; *han föll ut genom fönstret* he fell out of the window; jfr äv. *utfalla* **22** ~ *utför* fall downwards (downhill) **23** ~ *över* ramla fall (tumble) over; jfr äv. *överfalla*

fallandesjuka epilepsy, falling sickness

fallbila guillotine

fallen *a* **1** eg. fallen äv. bildl.; *en* ~ *kvinna (storhet)* a fallen woman (star); ~ *efter* hingst [sired] by, sto out of; *som* ~ *från skyarna* struck all of a heap **2** *vara* ~ *för* **a)** vara hågad (böjd) för feel inclined (disposed) to **b)** ha benägenhet för be inclined (addicted, given, prone) to, have a propensity for; *vara* ~ *för dryckenskap (lögner)* be addicted (given) to drunkenness (lying); *vara* ~ *för vrede* be prone to anger **c)** vara lämpad för have an aptitude (a gift) for **-het** ~*en* ~*er* begåvning, förmåga aptitude end. sg., gift, talent; ung man *med* ~ *för mekanik* . . of a mechanical turn, mechanically inclined . .

fallera *itr* mankera fail, go wrong

fall|frukt koll. windfalls pl. **-färdig** *a* ramshackle, tumbledown **-färdighet** tumbledown state **-förgasare** downdraught carburettor **-grop** pitfall äv. bildl. **-hastighet** falling velocity **-höjd** drop; vattens height of fall

fallissemang *-et* -[*er*] bankruptcy, failure, crash

fall|-lucka se *fallucka* **-rep** sjö. gangway, jfr *-repstrappa; vara på -et* ekonomiskt be on the brink of ruin **-repstrappa** gangway (accommodation) ladder **-seger** brottn. victory by (on) a fall **-skärm** parachute; *hoppa med (ut i)* ~ make a parachute jump, parachute, rädda sig bale out; *släppa ned med* ~ parachute, drop . . by parachute

fallskärms|hopp parachute descent (jump) **-hoppare** parachute jumper, parachutist **-jägare** parachutist, paratrooper, amer. äv. parachuter; jfr *-trupper* **-sele** parachute harness **-trupper** *pl* parachute troops, paratroops

fallucka trapdoor

falna *itr* die down; vissna fade, wither

fals *-en -ar* tekn. fold, seam, lap; snick. rabbet, rebate, spont groove, tongue; bokb. fold, guard, joint **falsa** *tr* tekn. o. bokb. fold; snick. rabbet; ~ *ihop* fold together; ~ *in* notch

falsari|um *-et -er* forgery, falsification

falsett *-en 0* mus. falsetto; *sjunga i* ~ sing falsetto; *tala i* ~ talk in a falsetto tone

falsifikat *-et* - falsification, vara spurious article

falsk *a* allm. false, svekfull äv. fraudulent, deceitful, insincere, låtsad äv. feigned, pretended, oäkta äv. spurious, fictitious, förfalskad äv. forged, oriktig äv. wrong, bedräglig äv. delusive, illusory; jfr äv. ex.: ~ *angivelse* är straffbar giving false information to the police . .; ~ *check (sedel)* forged cheque (bank-note); *under* ~ *flagg* under false colours äv. bildl.; ~*a förhoppningar* vain (delusive) hopes; *en* ~ *greve* a bogus count; ~ *lära* false (erroneous, unsound) doctrine; *under* ~*t namn* under a false (an assumed) name, under an alias; ~ *nyckel* false (skeleton) key; ~*t pass* forged (spurious) passport; ~*a pengar* bad (counterfeit) money (slantar coins); ~*a pärlor* sham (imitation) pearls; ~*t rykte* false (unfounded) report; *ett* ~*t sken av* . . a false air (appearance) of . ., a pretence of . .; ~ *sköldpaddssoppa* mock-turtle soup; ~ *slutledning* fallacy, fallacious (erroneous) conclusion; ~*t spel* kortsp. cheating, bildl. foul play; ~*t spår* wrong track (scent); ~*a tärningar* loaded dice; ~ *uppsyn* false (deceitful) looks pl.

falsk|deklarant [income] tax evader, F tax dodger **-deklaration** -deklarerande tax evasion, F tax dodging

falsk|eligen *adv* falsely, fraudulently etc., jfr *falsk* **-het** allm. falseness, hos pers. äv. duplicity, deceitfulness, disloyalty, oriktighet erroneousness **-myntare** coiner, counterfeiter **-myntning** coining, counterfeiting **-skyltad** *a* om bil . . provided with false [number (amer. vanl. licence)] plates **-spelare** cheat, yrkesmässig card-sharper

falskt *adv* falsely, fraudulently etc., jfr *falsk;* mus. out of tune; *handla* ~ *mot ngn* swindle (trick) a p.; *spela* ~ a) mus.: t.ex. på fiol play out of tune, t. ex. på piano play a false note (resp. some false notes) b) kortsp. cheat [at cards]; *svära* ~ perjure oneself, commit perjury; *vittna* ~ testify falsely, give false evidence (testimony)

falsning folding; snick. rabbeting

falukorv 'falu sausage', [kind of] lightly smoked and boiled sausage

familj *-en -er* family; ~*en Brown* the Brown family, the Browns pl.; ~*ens allt i allo* the family factotum; ~*en satt* vid middagsbordet the family were sitting . .; *bilda* ~ marry and

settle down; *vara av god* ~ come of good family (stock); *av holländsk* ~ of Dutch stock; *i* ~*ens sköte* in the bosom of one's family
familje|angelägenheter *pl* family affairs; family business end. sg. **-band** *pl* family ties **-bidrag** till värnpliktig family allowance **-fader** father (head) of a (resp. the) family, family man, paterfamilias **-flicka** flicka av familj girl of good family **-förhållanden** *pl* family affairs (levnadsomständigheter circumstances) **-försörjare** breadwinner, jur. head of a (resp. the) household **-grav** family grave (burial place, i kyrka m.m. äv. vault) **-hotell** se *kollektivhus* **-högtid** family reunion (celebration) **-krets** family circle; *i den trängre* ~*en* in one's immediate family **-kunskap** skol. ung. instruction in family matters **-liv** family (home) life **-medlem** member of a (resp. the) family **-namn** family name, surname **-nyheter** *pl* social news **-planering** family planning, planned parenthood **-råd** family council **-rätt** family law **-skäl,** *av* ~ for family reasons (considerations)
familjär *a* familiar; *vara alltför* ~ be too familiar (free), *mot* with
faml|a *itr* grope, *efter* for (after); ~ *i mörker* grope in the dark; ~ *sig fram* grope one's way **-ande** *a* groping; bildl. tentative; ~ *försök* hesitant attempt
famn *-en -ar* **1** armar arms pl.; fång armful [före följ. best. of]; *stora* ~*en* a big hug; *ta ngn i* ~ embrace a p., take a p. into (clasp a p. in) one's arms; *med* ~ *en full av* blommor carrying an armful of . . **2** mått fathom; vedmått cord; *på tio* ~*ars vatten* in ten fathoms of water **famna** *tr* **1** omfamna embrace, clasp [. . in one's arms]; omsluta encompass **2** ved cord
famnsdjup *a* attr. one-fathom deep **famntag** embrace, F hug
famös *a* beryktad notorious
1 fan *-et 0* på fjäder vane, web
2 fan *- 0* **1** den Onde the Devil **2** friare, i kraftuttr. o.d., *en stackars* ~ a poor devil; *fy* ~*!* hell!, svag. God!; *springa som (av bara)* ~ run like hell (svag. like blazes); *det var [som]* ~*!* oh, hell!, svag. well, I'll be damned!; *vad (var, vem)* ~ what (where, who) the devil (the hell, svag. the deuce); *nu är* ~ *lös!* [there's] the devil to pay!; *ta mig* ~, *om* . . I'll be buggered if . ., svag. I'm damned if . .; *det vete* ~ the devil [only] knows; *det ger jag* ~ *[i]* I don't care (give) a damn [about that]; *du kan ge dig* ~ *på det (på att* . .*)* you bet your bloody life (your bloody life that . .); *måla* ~ *på väggen* make things worse than they are; *tacka* ~ *för det!* I should bloody (svag. damn[ed]) well think so!; *vara full i (av)* ~ be a bit of a devil; *han måste för* ~ *förstå* he must bloody (svag. damn[ed]) well understand; det är ~ *så mycket bättre* . . a damned (svag. a darned) sight better
fan|a *-an -or* banner, standard, båda äv. bildl., flag; mil. colours pl., ss. emblem ensign; *den röda -an* the red flag; *med flygande -or och klingande spel* with flags flying and drums beating
fanatiker *-n -* fanatic, zealot **fanatisk** *a* fanatic[al] **fanatism** fanaticism
fan|borg massed standards pl. **-bärare** standard bearer
fanders *oböjl. s, åt* ~ *med* . .*!* . . be hanged!, to hell with . .!; *dra åt* ~*!* go to hell (blazes)!
faned oath of allegiance
faner *-et -* o. **fanera** *tr* veneer
fanerogam I *-en -er* phanerogam **II** *a* phanerogamous
faner|press veneering press **-skiva** veneer sheet
fanfar *-en -er* flourish, fanfare; *blåsa en* ~ sound a flourish
fan|flykt desertion **-junkare** warrant officer [class II]
fanken *oböjl. r* se *2 fan 2, katt* o. *sjutton 2*
fanskap *-et 0* devilry, handling o.d. piece of devilry; nuisance äv. om pers.
fanstång flagstaff
fantasi *-[e]n -er* **1** inbillningsförmåga, skapande ~ imagination; av ytligare, flyktigare art fancy, fantasy; *en frodig* (resp. *levande, livlig, sjuk*) ~ a fertile (resp. vivid, lively, diseased) imagination; *ge* ~*[e]n fritt lopp (spelrum)* give a free rein to one's imagination; *inte i min vildaste* ~ not in my wildest dreams **2** inbillning, infall fancy, fantasy; ~*er* äv. dreams; ~ *och verklighet* fact and fiction; *fria (rena)* ~*er* påhitt pure inventions; *sjukliga* ~*er* morbid (diseased) fantasies; *vilda* ~*er* äv. wild imaginings **3** mus. fantasia, fantasy; *fria* ~*er* improvisations **-bild** imaginary picture, vision **-dräkt** fancy-dress **-eggande** *a,* ~ *bilder* pictures that fire (fired etc.) the (resp. my etc.) imagination **-foster** figment [of the imagination], chimera **-full** *a* imaginative **-lös** *a* unimaginative, dull **-pris** fancy price **-rik** *a* imaginative **-skapelse** creation of the imagination, jfr äv. *fantasibild* **-stycke** mus. fantasia, fantasy, improvisation **-värld** world of make-believe (of the imagination)
fantast *-en -er* drömmare visionary, dreamer **fantasteri** [mere] fantasy **fantastisk** *a* fantastic **fantisera I** *itr* **1** drömma indulge in fancies, dream; fabla talk wildly **2** mus. improvise **II** *tr,* ~ *ihop* invent, concoct
fantom *-en -er* phantom
fanvakt colour-guard
far *fadern fäder* father, barnspr. dad, daddy, jfr äv. *fader* o. *farsgubben;* [*kära*] ~ om gubbe äv. gaffer; ~*s dag* Father's Day; *bli* ~ be-

come a father; *ska ~ gå ut?* i tilltal are you going out [,Father (Dad)]?; *han är ~ till A.* he is the father of A.; *han angavs som ~ till barnet* the child was fathered on him

1 far|a *-an -or* danger, stor el. hotande peril, risk risk, vågspel hazard; *ingen ~ på taket!* there's no fear of that!; *överhängande ~* imminent danger; *~n är* [*den*] *att* han . . the danger is that . .; *det är ~ å färde* danger threatens (is imminent); *det är ~ för krig* there is a danger of war; *det är ~ värt (för) att han . .* there is a danger (risk) of his ing-form, it is much to be feared that he . .; *det är ingen ~ för det!* there is no fear (danger) of that!; *det är ingen ~ med honom (den saken)* [there is] no cause for anxiety about him (that); *löpa ~ att* inf. run (incur) the risk of ing-form; *utsätta ngn för ~* expose a p. to danger (peril), put a p. in jeopardy, jeopardize (endanger, imperil) a p.; *utsätta sig för ~n att* inf. expose oneself to (incur) the risk of ing-form; riskera risk ing-form; *vara i ~* be in danger, äventyras be endangered (imperilled); *med ~ att* inf. at the risk of ing-form; *det är förenat med stor ~ att* it involves considerable risks to, it is very dangerous (perilous, risky) to; *hoppa med ~ för livet* jump at the risk of one's life, risk one's life in jumping; *vara utom ~* be out of danger; *vid ~* in case of danger; *ge '~n över'* signal sound [the] all-clear

2 far|a *for -it* **I** *itr* **1** färdas, isht till en plats go, *till* to; avresa leave, start, depart, set out, *till* i samtl. fall for; go off (away), *till* to; vara på resa travel; jfr *köra II 1*; *~ sjövägen* travel by sea; *~ söderut* go [to the] south; *vi for samma väg* we travelled by the same route; *~ sin väg* go away, leave; *~ vägen fram* i t.ex. bil drive along [the road]; *~ med järnväg (tåg* etc.) go (travel) by rail (train etc.); *~ med bil* äv. go (ride) in a car, köra motor, drive; *~ på landet* go into the country; *~ till staden* go in (om storstad up) to town; *~ till ngn* go to see (go on a visit to) a p.; *~ till fjällen* go up into the mountains; *låta hoppet ~* give up hope; *låta sorgen ~* dismiss (drive away) sorrow [from one's mind]

2 ila, rusa rush, tear, dash, plötsligt dart, shoot, susa whiz; *det for genom mitt huvud* it flashed through my mind; *~ i luften* explodera go (blow) up, be blown up; fjunet *far i luften* . . is flying in the air; han fick ett slag så att han *for i väggen* . . flew against the wall; *han for med handen över pannan* he passed his hand over his brow; *han lät blicken ~ över* he ran his eye over . .; *komma -ande* come rushing (tearing) along; *komma -ande in i rummet* come rushing (dashing, stojande bursting) into the room; *komma -ande nedför trappan* come rushing (charging) down the stairs

3 bildl., *~ illa* fare badly; be badly treated; *bilen far illa av att* inf. it is bad for the car to inf.; *han har -it illa* i Amerika he has had to rough it (had a hard time [of it]) . .; *det far du inte illa av* that will (can) do you no (won't do you any) harm; *~ illa med* ngt handle . . roughly, knock . . about; *han far väl av att* inf. it is (will be) good for him to inf.; *saken far väl av* . . the matter will be improved (will benefit) by . .; *~ efter* ett namn (ord) try to get hold of (to find) . .; *vad är det han far efter?* what is on his mind?, what is he thinking about?; *~ med osanning (lögn[er])* tell lies, be a liar

II m. beton. part. (jfr äv. *köra III*) **1** hatten *for av* . . flew off; pinnen *for av* . . broke (came) off; *~* rusa *av och an* dash (dart) to and fro **2** *~ bort* resa go (köra drive) away, *från* from; *~ bort från* staden äv. leave . . **3** *~ efter* ngn: söka upphinna go (köra drive) after . ., rusa dash (rush) after . ., för att hämta go and (to) fetch . ., go for . . **4** *~* stöta *emot ngt* hit a th., bump (knock) into (against) a th.; *~ emot ngn* köra ngn till mötes drive to meet a p. **5** *~ fram* a) eg.: komma farande go (köra drive) ahead b) bildl.: husera carry (go) on, härja ravage, cause havoc; *~ hårt fram med ngn* treat a p. harshly; *~ varligt fram med* ngt treat . . gently, be careful with . . **6** *~ förbi* go (köra drive, rusa dash) past (by), passera pass **7** *~ hit och dit* a) om pers.: rusa rush to and fro, resa go (travel) about b) om sak go from side to side, sway (fly) to and fro **8** jag undrar *vad som -it i honom* . . what has taken possession of (got into) him; *det for i mig* I hit on the idea, it flashed through my mind **9** *~ ifrån ngn* go (köra drive) away from a p., leave a p.; *hon for ifrån* sin väska she left (forgot) . . **10** *~ igen* om dörr o.d. shut, swing to **11** *~ igenom* travel (pass) through (across); *han for igenom* skrivelsen he skimmed through . .; *en tanke for igenom mig* a thought flashed through my mind; jfr *genomfara* **12** *~ ihop och slåss* fly at each other's throats **13** *~ in i* enter, go into; *musen for in i ett hål* äv. the mouse disappeared (ran) into a hole; *~ in till staden* go in (om storstad up) to town **14** *~ i väg* start, go off, set out; rusa go (rush) off, hurry away **15** *~ om* passera pass; *~ om varandra* utan att råkas cross each other's path without meeting **16** *~ omkring* go (travel, köra drive) about; om sak run (rulla roll) about; *~ omkring* [*som ett torrt skinn*] bustle about **17** *~ på ngn* fly at a p. **18** *~ tillbaka* återvända go back **19** *~ upp* a) rusa upp jump up (to one's feet) b) öppna sig fly open, open; *~ upp till Åre* go to Åre; *~ upp ur sängen* jump out of bed **20** *~ ur* come (slip) out; *det for ur mig* I blurted it out **21** *~ ut* a) eg. go (köra drive) out; *~ ut och åka* go for (take) a drive; ~ *ut på (till) landet* go into the country b) bildl., ~ *ut mot ngn* let fly at (okväda äv. rail at) a p. **22** ~ *vidare* go on, continue one's journey **23** ~ *vilse* lose one's way, go astray **24** ~ *över* go across, cross, traverse; ~ *över till England* go over to England; ~ *över ngt med en dammtrasa* pass a duster over a th.

farao *-n -ner* Pharaoh

farbar *a* om väg passable, practicable, negotiable; om farvatten navigable **-het** negotiability etc., jfr *farbar*

farbroder se *farbror* **-lig** *a* avuncular; välvillig benign; nedlåtande condescending

farbror allm. uncle; friare [kindly old] gentleman; *min (din* etc.) ~ äv. my (your etc.) paternal uncle; ~ *John* Uncle John; ~ *Johansson* Mr. ('Uncle') Johansson; ~*s tillgivne (tillgivna)* . . Your loving [eg. äv. nephew (resp. niece)] . .; [*min*] *fars (mors)* ~ my great-uncle, my grand-uncle; *kan* ~ *säga* vad . .? can you please tell me . .?; *är* ~ *trött?* are you tired [,Uncle]?; *vad är det för en* ~*?* barnspr. who is that (this) man?; *får jag säga* ~*?* may I call you 'Uncle'?; *hos* ~ pantlånaren at my (your etc.) uncle's

fardag moving day

farfader se *farfar* **-lig** *a* grandfatherly

far|far [paternal] grandfather, grandpa[pa], F granddad; father's father; ~*s far (mor)* great-grandfather (great-grandmother) **-föräldrar** *pl, mina* ~ my grandparents [on my father's side]

fargalt boar

farhåg|a *-an -or* oro fear, apprehension, ond aning misgiving; *hysa -or* entertain (have) apprehensions (fears), *för* about el. as to, *för att* sats that sats el. as to ing-form; *mina -or besannades* my misgivings turned out to be justified

farinsocker brown sugar

farisé *-[e]n -er* Pharisee **fariseisk** *a* pharisaic[al]

far|kost ~*en* ~*er* boat, craft (pl. craft); poet. bark **-led** [navigable] channel, fairway; rutt route, lane

farlig *a* **1** dangerous, *för* for, ibl. to; farofylld . . fraught with danger, perilous; äventyrlig hazardous, risky; ~*a följder* grave consequences; *ett* ~*t företag* a perilous (hazardous, risky) undertaking; *han är en* ~ *karl* att ha att göra med he is a dangerous fellow, kvinnotjusare äv. he is a regular lady-killer; *en* ~ *medtävlare (sjukdom)* a dangerous competitor (disease); *den* ~*a åldern* the critical years; *det är* ~*t att* inf. äv. it is not safe to inf.; *det är inte så* ~*t* it is not so bad [after all], det gör ingenting it doesn't matter; *det kan inte vara så* ~*t att försöka* äv. there can be no harm in trying; *vara* ~ *för den allmänna säkerheten* be a danger to the public **2** 'faslig' awful; *ett* ~*t besvär* a lot of trouble **-het** ~*en* ~*er* dangerousness, perilousness båda end. sg., danger; *inlåta sig på* ~*er* expose oneself to danger

farm *-en -ar (-er)* farm

farmaceut *-en -er* dispensing chemist's assistant; student pharmacological student **farmaceutisk** *a* pharmaceutical **farmaci** *-[e]n 0* pharmacy **farmacie** *oböjl. a* . . of pharmacy (förk. Phar[m].); jfr *teologie* **farmakologi** *-[e]n 0* pharmacology **farmakopé** *-n -er* pharmacopoeia

farmare farmer

farmoder se *farmor* **-lig** *a* grandmotherly

farmor [paternal] grandmother, grandma[mma], F granny; father's mother; ~*s far (mor)* övers. = *farfar*[*s far (mor)*]

faro|fylld *a* . . fraught with danger **-zon** danger zone

fars *-en -er* farce **-artad** *a* farcical

fars|arv patrimony **-gubben** F my (your etc.) [old] dad, the old man, the governor

farsot epidemic

farstu *-n -r* [entrance] hall, vestibule, trappavsats landing; *han faller inte i* ~*n* he is not so easily impressed

fart *-en -er* **1** hastighet: allm. speed, rapidity (end. sg.), ibl. rate, takt, tempo pace; sjö. 'rörelse framåt' headway, way; *5 knops* ~ 5 knots; *full* ~ *framåt!* full speed ahead!; *bestämma* ~*en* set the pace; *få* ~ gather speed (momentum), sjö. make headway, gather way; *ge gungan* ~ set the swing going; *göra (skjuta)* [*god*] ~ sjö. make [good] headway; *göra en* ~ *på 90 kilometer* do 90 kilometres an hour; *minska* ~*en* slow down, reduce speed; *sätta* ~ skynda på hurry up, F step on it; *sätta* ~ *på bilen* öka farten speed up the car; *elden tog* ~ the fire blazed up; *försäljningen har tagit* ~ [the] sales have received an impetus (have boomed); *tappa* ~*en* lose speed (sjö. headway); *öka* ~*en* speed up, increase (put on) speed, accelerate, vid löpning o.d. step up the pace, skynda sig hurry up; *av bara* ~*en* automatically, i hastigheten unintentionally; *i full* ~ at full speed; *köra i rasande* ~ drive at a furious speed; *han gick i rask* ~ he walked at a brisk pace; *med en* ~ *av 100 kilometer* at the rate of 100 kilometres; jfr äv. *hastighet*

2 gång, rörelse, *när han kommer i* ~*en* t.ex. med att berätta when he gets going (into his stride); *medan du ändå är i* ~*en* while you are at it; hon är ständigt *i* ~*en* . . on the go, med i 'svängen' . . in the swim; *i* ~*en* sedan klockan sju up and about . .; här har tjuvar varit *i* ~*en* . . at work

3 hast, liv, 'kläm' verve, swing; impetus, push; go, dash, F pep; *det är ingen* ~ *i honom* he is without any go (dash, F pep); *det är ~ och fläkt över berättelsen* the story is written with verve (swing) and spirit; *sätta ~ i (på) ngn* put some pep into a p., skynda på make a p. hurry up; *sätta ~ på ngt* give an impetus (a push) to a th., blåsa liv i put life into a th.; *sätta ~ på* liva upp *det hela* liven things up; *det gick i en ~* it was done in no time; *arbetet går med ~* work is progressing at full speed; pjäsen spelades *med ~ och entusiasm* . . with verve and gusto

4 sjöfart. *gå i inrikes (utrikes) ~* be engaged in coastal (foreign) trade

fart|begränsning speed limit **-dåre** F speed merchant, scorcher **-gräns** speed limit **-hållare** pace-maker **-mätare** se *hastighetsmätare*

fartyg vessel, ship, craft (pl. craft)

fartygs|befäl koll. ship's officers pl. **-befälhavare** captain, master **-besättning** crew, ship's company **-chef** örlog. commander **-inspektör** myndighets ship-surveyor **-register** register of shipping **-skrov** hull; utan master hulk. — Jfr äv. *skepps-*

farvatten vattenområde waters pl.; farled channel, fairway; *i egna (svenska) ~* in home (Swedish) waters

farväl I *itj* farewell!, good-bye! **II** *-et* - farewell, good-bye; *bjuda (säga) ~* bid farewell, say good-bye

fas *-en -er* **1** phase äv. bildl. **2** avsneddad kant bevel, chamfer

1 fas|a I *-an -or* blandad med avsky horror, skräck terror, bävan dread end. sg.; *en ~ns natt* a night of horror (terror); *krigets -or* the horrors of war; *det är min ~* it is my pet aversion; *hon är min ~* I detest her; *ha en ~ för ngt* a) skräck be mortally afraid of a th. b) avsky have a violent aversion to a th.; *slagen av ~* terror-stricken, horror-struck; *stel av ~* paralysed with terror; *fylla ngn med ~* fill (strike) a p. with horror (terror), horrify (terrify) a p. **II** *itr* **1** frukta shudder, *för* at; *~ för att* inf. dread ing-form **2** avsky loathe, abhor, *för att gå* going

2 fasa *tr* **1** avjämna bevel, chamfer **2** elektr. synchronize

fasad *-en -er* front, façade, frontage; tandläk. facing; *med ~en mot* . . facing (fronting) . . **-belysa** *tr* flood-light **-belysning** abstr. flood-lighting, konkr. flood-lights pl. **-klättrare** cat-burglar, amer. äv. porch climber **-tegel** material facing brick; ett hus med ~ . . brick facing

fasan pheasant **fasaneri** pheasantry **fasanhöna** hen pheasant **fasankyckling** young pheasant

fasansfull *a* förfärlig horrible, terrible, appalling, awful; ohygglig ghastly, gruesome; F awful, appalling, ghastly

fasantupp cock pheasant

fasaväckande I *a* horrifying, terrifying, gruesome, appalling **II** *adv* appallingly

fascinera *tr* fascinate

fasc|ism Fascism **-ist** *s* o. **-istisk** *a* Fascist

fasett *-en -er* facet **fasetterad** *a* faceted **fasettslipa|d** *a* . . cut in facets; *-t glas* faceted glass **fasettöga** faceted (compound) eye

fashionabel o. **fasjonabel** *a* fashionable

faslig *a* dreadful, frightful, terrible; awful; *det var ~t vad du ser trött ut!* you look dreadfully tired; *det var ett ~t väder!* what frightful weather!; *ett ~t besvär* an awful bother

fason 1 form shape, form, snitt cut; *förlora ~en* lose its (get out of) shape; *sätta (få) ~ på* . . put (pers. lick) . . into shape **2** sätt way **3** beteende, later manners pl.; *vad är det för ~er?* what do you mean by behaving like that?, where are your manners? **fasonerad** *a* ornamented; om tyg figured

1 fast I *a* eg. (orörlig o. mots. t. mjuk) o. bildl. (säker, ståndaktig, obeveklig) firm äv. H; fastsatt fixed, ej flyttbar stationary; mots. t. flytande solid, tät compact; fastställd, stadigvarande fixed, established, permanent, settled; *~ anställning* permanent appointment (job); *~ bostad* fixed abode, permanent address; *~ bränsle (föda, ämne)* solid fuel (food, substance); *~a bänkar* fixed benches; *~ egendom* real property (estate); *i ~ form* in solid form; *ta ~[are] form* assume a [more] definite shape; *~ grepp* firm grasp (grip); *~ grund* firm foundation; *~* stadig *hand (röst)* steady hand (voice); *med ~ hand* bildl. with a firm hand; *~ karaktär* strong (firm) character; *~ konduktör* fixed conductor; skjorta *med ~ krage* . . with collar attached; *~ kropp* solid; *~ kund (prenumerant)* regular customer (subscriber); *~a kunskaper* sound knowledge sg.; *~ köp (offert)* firm purchase (offer); *på ~a land* on dry land; *~ lön* fixed (utom provision basic) salary, regular pay; *ha ~ mark under fötterna* äv. bildl. be on firm ground; *en ~are organisation* a more compact (a closer-knit) organization; *ha ~a principer* have fixed principles; *~ pris* fixed price; *~ provision* flat commission; köpa (sälja) *i ~ räkning* . . firm (outright); *~ sken* fixed light; *~ upphängning* rigid suspension; *en ~ utgångspunkt* a solid basis to start from; *~ vänskap* firm (fast) friendship; *~ övertygelse* firm (unswerving) conviction; *kurserna (marknadspriserna) är ~a* prices rule firm; *~ i köttet* firm; *allt ~ och löst* i huset all the fixtures pl. and movables pl.; se äv. ex. under *II*

II *adv* **1** firmly etc. jfr *I;* ibl. firm; *vara ~ anställd* have a permanent appointment; *en*

~ *avlönad befattning* an appointment at a fixed salary; ~ *besluten* firmly resolved, determined; *hålla* ~ *tillsammans* stand firm together **2** fasttagen, *bli* ~ be (get) caught; *nu är du vackert* ~*!* now you are properly in for it!. — Se vid. beton. part. under resp. vb

2 fast *konj* though, although

1 fasta *oböjl. s, ta* ~ *på* ngns ord el. löfte make a mental note of . ., komma ihåg bear . . in mind; *det är ingenting att ta* ~ *på* that is nothing to go on

2 fast|a I *-an -or* **1** fastande fast[ing]; *tre dagars* ~ a fast of three days **2** fastlag, ~*n* Lent **II** *itr* fast; *på* ~*nde mage* on an empty stomach, fasting **fastedag** fast-day, fasting-day

fast|er *-ern -rar* [paternal] aunt; [*min*] *fars (mors)* ~ äv. my great-aunt, my grand-aunt

fastetid time of fasting

fasthet orörlighet o. ståndaktighet firmness äv. H; varaktighet steadfastness, permanence; stabilitet stability; täthet solidity, compactness; ~ *i karaktären* firmness (consistency) of character

fast|hålla *tr* se *hålla* [*fast*] **-hållande** ~*t 0* holding; ~ *vid* t.ex. krav insistence on . ., t.ex. påstående sticking to . ., t.ex. åsikt, fädernas tro adherence to . .

fastighet [house (jordagods landed)] property; fast egendom real estate (property); *inom* ~*en* äv. on the premises

fastighets|bolag real-estate (amer. äv. realty) company **-köp** house (real-estate) purchase **-mäklare** [isht amer. real-]estate (house-) agent, amer. äv. realtor **-skatt** tax on real estate **-skötare** caretaker **-ägare** house owner; hyresvärd landlord

fastlagen Lent; veckan t.o.m. fettisdagen Shrovetide

fastlags|bulle se *semla* **-ris** twigs (pl.) with coloured feathers [used as a decoration during Lent] **-söndag** (äv.~*en)* Quinquagesima [Sunday], Shrove Sunday

fastland mainland; världsdel continent **fastlandsklimat** continental climate

fastmera *adv* rather

fastna *itr* allm. get caught, catch; sätta sig fast, klibba stick [fast], get stuck [fast]; komma i kläm jam, get wedged; *frimärket* ~*r inte* the stamp does (will) not stick (adhere); *han har* ~*t för en blondin* he has been hooked by a blonde; *jag* ~*de* bestämde mig *för* . . I decided on . .; ~ *i gyttjan* stick (get stuck) in the mud; orden ~*de i halsen på honom* . . stuck in his throat; nyckeln ~*de i låset* . . jammed in the lock; ~ *i minnet* stick [fast] (remain) in the (resp. one's) memory; *han* ~*de med rocken på en spik* his coat caught on a nail; *min blick* ~*de på* . . my eye was caught (arrested) by . .; ~ *på kroken* be (get) hooked; *snön* ~*r på* . . the snow clings (adheres) to . .; ~ *på* ej lyckas lösa *ett tal* get stuck over (on) a sum

fast|naglad *a, stå som* ~ stand rooted to the spot; *stå som* ~ *av skräck* äv. be transfixed with fear **-slå** *tr* **1** eg. se *slå* [*fast*] **2** bildl.: a) hävda lay it down, maintain b) bevisa prove, fastställa establish (*att* the fact that), klart ådagalägga show (bring it out) clearly c) bestämma settle, fix; *det kan anses fastslaget* it may be regarded as an established fact

fast|ställa *tr* **1** bestämma appoint, fix, stipulate, establish, lay down; ~ *dag* appoint (fix) a day; *-ställt pris* fixed (set, stipulated) price; *i lag -ställd* provided (laid down, established) by law; *på de -ställda villkoren* on the terms approved (conditions stipulated el. laid down) **2** stadfästa confirm, ratify, sanction; ~ *balansräkningen* adopt the balance-sheet **3** konstatera, ådagalägga establish **-ställande** ~*t 0* appointment, fixing, establishment; isht jur. confirmation, ratification; jfr *fastställa* **-vuxen** *a* firmly (fast) rooted, *vid* to; jfr *fastnaglad*

fastän *konj* though, although

fat *-et -* **1** för mat dish; bunke basin, av metall äv. pan; *ett* ~ gröt a dish of . . **2** tefat saucer **3** tunna barrel, mindre cask; butt, hogshead äv. ss. mått; kar vat; *ett* ~ *olja* a drum (barrel) of oil; *ett* ~ *öl* a barrel of beer; *vin från* ~ wine from the wood (cask); *öl från* ~ draught beer; förvaras *på* ~ . . in barrels **4** bildl., *det ligger honom i* ~*et att* . . he is handicapped by the fact that . .

fatabur, *det är inte* [*taget*] *ur* min *egen* ~ I did not think of (did not hit upon) it myself, it is not my own idea

fatal *a* olycklig unlucky, unfortunate, ödesdiger fatal, disastrous, regrettable, förarglig annoying **fatalier** *pl* jur., *försitta sina* ~ let the days of grace slip by **fatalietid** prescribed time [för ansökan for application] **fatalism** fatalism **fatalist** fatalist **fatalitet** misfortune

1 fatt *a, hur är det* ~? what's the matter?, F what's up?

2 fatt *adv* **1** se *ifatt* **2** *få* ~ *i* get hold of, find, komma över äv. come across (by), pick up, lay hands upon; *ta* ~ *i* catch hold of, grasp, grip

fatta I *tr itr* **1** gripa catch, grasp, clutch, hugga tag i seize, take hold of; ~ *ngns hand* grasp a p.'s hand; ~ *pennan* take up one's pen; *han* ~*de tag i repet* som vi kastade till honom he clutched [at] the rope . .; ~ gripa *o'm ngt* clasp a th.
2 börja hysa o.d. conceive, take, form, be seized with, jfr ex.; ~ *agg mot (tillgivenhet för) ngn* form a grudge against (an attach-

ment for) a p.; ~ *ett beslut* come to (make, arrive at) a decision, vid möte pass a resolution; ~ *hat mot ngn* conceive a hatred of a p.; ~ *hopp* conceive a hope; *hon ~de nytt hopp* her hopes revived; ~ *kärlek till ngn* fall in love with a p.; ~ *medlidande med ngn* be seized with sympathy for a p.; ~ *misstankar mot (motvilja mot, vänskap för) ngn* conceive a suspicion of (a dislike for, a friendship for) a p.; ~ *mod* take courage; ~ *smak för* acquire a taste for; ~ *tycke för* take a fancy to

3 begripa understand, grasp, conceive, comprehend; *ha lätt (svårt) att* ~ be quick (slow) on the uptake; *omöjlig att* ~ incomprehensible; *det är mer än jag kan* ~ it is beyond me; *jag ~r inte hur* . . it beats me how . .; *jag ~r det såsom* . . I take it as . .; *om jag ~r saken rätt* as far as I can make out; *~r du vad jag menar?* äv. do you catch my meaning?

II *rfl* **1** sansa sig compose oneself, pull oneself together **2** *för att* ~ *mig kort* to be brief, to put it briefly (shortly), to make a long story short

fattad *a* lugn composed, collected

fatta|s *itr. dep* **1** finnas i otillräcklig mängd be wanting (lacking), saknas be missing; behövas be needed; jfr vid. ex.; *vad som* ~ *honom i* kunskaper what he lacks in . .; *det* ~ *mig* jag har ont om *pengar* I'm short of money; *det* ~ *mig* jag saknar *pengar* [*till det*] I have not got (I lack) the money [for it]; *det* ~ *5 kronor* i kassan I am (you are etc.) 5 kronor short, there is a deficit of 5 kronor; *det* ~ *5 öre* i beloppet there is 5 öre missing; *hon (klockan)* ~ *tio minuter i sex* it is ten minutes to six; *det* ~ *ännu tio minuter till* tågets avgång there are still ten minutes left before . .; *det -des honom inte mod* he was not lacking (wanting) in courage; *det* ~ *(-des) bara, att jag skulle* . .! I wouldn't dream of ing-form!; *det* ~ *(-des) bara (skulle bara* ~*)!* I should jolly well think so! **2** felas, *vad* ~ *dig?* what is the matter [with you]?

fattbar *a* comprehensible, conceivable, *för* to

fattig *a* **1** allm. poor, medellös penniless, behövande needy, utblottad destitute, impoverished; *~a (~t folk)* poor people; *rika och ~a* rich and poor; *de ~a* the poor; *de i anden ~a* the poor in spirit; *en* ~ a poor man; *~a riddare* kok. mock fritters, pain perdu (fr.) sg.; *en* ~ *stackare* a poor wretch; *göra* ~ impoverish; *han ser riktigt* ~ *ut* he looks properly down and out; *malmen är* ~ *på* silver the ore is poor in . .; ~ *på träd* lacking in trees **2** ringa, ynklig paltry; *~a fem öre* a paltry (wretched) five öre; *mina ~a slantar* my little bit of money; *efter* ~ *förmåga* to the best of my (your etc.) poor ability **-begravning** pauper's burial **-bössa** poor-box

fattig|dom *~en 0* **1** allm. poverty, armod penury, indigence, nöd destitution; ss. social företeelse pauperism; *leva i [stor]* ~ be living in [great] poverty (penury); *råka i* ~ be reduced to poverty, become impoverished **2** brist deficiency (*på* in, of); lack, want, starkare destitution, *på* i samtl. fall of; torftighet poorness, meagreness; ~ *på idéer* paucity of ideas **-domsbevis** bildl. admission of failure **-hjon** hist. workhouse inmate, friare pauper **-hus** hist. workhouse, poor-house **-kvarter** slum, poor quarter **-lapp** down-and-out; *en* ~ som jag F a poverty-stricken devil . . **-mansbarn** poor-man's child (pl. poor-people's children)

fattigt *adv,* ~ *klädd* dressed in poor clothes, shabbily dressed; *ha det [mycket]* ~ be [very] poorly off **fattigvård** o. sms. se *socialhjälp,* äv. *socialvård* m. sms.

fattning **1** grepp grip, hold, *om* round, of **2** för glödlampa socket, lamp holder; för t.ex. ädelsten setting, mount[ing] **3** behärskning composure, self-command, self-possession; *behålla ~en* keep one's head, maintain one's composure; *förlora ~en* lose one's head (composure); *återvinna ~en* recover one's composure; *bringa ngn ur ~en* disconcert (discompose) a p., förarga ngn äv. put a p. out; *utan att förlora ~en* composedly, coolly **fattningsförmåga** apprehension, comprehension; *ha dålig (god)* ~ be slow (quick) on the uptake; *det går över min* ~ it is beyond me

fatöl draught beer

faun *-en -er* faun **faun|a** *-an -or* fauna (pl. äv. faunae)

faute *-n -r* se *fåt*

favorisera *tr* favour; show partiality towards

favorit *-en -er* favourite, ibl. pet; *vara* ~ *hos ngn* be a favourite with a p. (of a p.'s); hon var *lärarens* ~ äv. . . the teacher's pet **-rätt** favourite dish **-system** favouritism **-uttryck** pet phrase

favör *-en -er* allm. favour; fördel advantage end. sg.; *till min* ~ to my advantage; in my favour äv. H; *visa ngn en* ~ do a p. a favour

f.d. förk. se under *2 före I 2*

f-dur F major

fe *-[e]n -er* fairy, poet. fay

feb|er *-ern -rar* fever äv. bildl.; *hög (lindrig)* ~ a high (slight) temperature (fever); *~n släpper* his (her etc.) temperature is going down; *få* ~ develop a temperature; *gå som i ständig* ~ be in a perpetual state of fever (excitement); *ha* ~ have (run) a temperature, be feverish; *ligga i* ~ be down (laid

up) with [a] fever; ligga i *40 graders ~* . . a temperature of 40 degrees centigrade
feber|aktig *a* feverish, febrile båda äv. bildl. **-anfall** attack (bout) of fever **-dröm** feverish dream **-fantasi,** *~er* delirium sg. **-fri** *a* . . free from fever **-het** *a* very feverish **-hetta** fever heat **-kurva** temperature curve (papper chart) **-rysning** shivering fit **-sjuk** *a* fevered; *en ~* a fever patient **-sjukdom** fever **-stillande** *a* antipyretic, febrifugal; *~ medel* antipyretic, febrifuge **-termometer** clinical thermometer **-träd** blue gum **-yr** *a* fever-wandering, fevered **-yrsel** delirium; *tala i ~* be delirious, rave
febrig *a* feverish **febril** *a* febrile, feverish **febrilt** *adv* feverishly
februari *r* February (förk. Feb.); jfr *april* o. *femte*
federal *a* federal **federalism** federalism **federalistisk** *a* federalistic **federation** federation **federativ** *a* federative **federativstat** federate state **federerad** *a* [con]federate[d]
fedrottning fairy queen **feeri** fairy drama; trolskt sceneri fairy world
feg *a* cowardly, dastardly, pusillanimous, F yellow; räddhågad timorous, timid; *din ~e usling!* you damned coward!; han är *en ~ stackare* . . a coward, F . . yellow; *visa sig ~* show cowardice (the white feather) **feghet** cowardice, dastardliness, pusillanimity, timidity **fegt** *adv* in a cowardly fashion; timorously
feja *tr itr* göra rent clean, sopa sweep
fejd *-en -er* feud; isht bildl. äv. quarrel, controversy; *leva (ligga) i ständig ~ med ngn* be at perpetual feud with a p., bildl. carry on a controversy against a p.
fel I *-et -* **1** skavank, defekt o.d. fault; kroppsligt ~ defect, infirmity; karaktärs~ o. ~ hos ting äv. defect, flaw, blemish; ofullkomlighet äv. imperfection, shortcoming; avigsida äv. weak point, demerit; missförhållande trouble; *~ och förtjänster* merits and demerits; *ett ~ i glaset* a flaw in the glass; *hela ~et är att* . . the whole trouble is that . .; *det största ~et hos* teaterpjäsen the chief drawback in . .; *det är [något] ~ på* . . there is something wrong (something the matter) with . .; *vara utan ~* be faultless **2** misstag mistake, error, fault; *grammatiska ~* grammatical mistakes; *ett grovt ~* t.ex. i en skrivning a serious error (mistake), a howler; *begå (göra) ett ~* make a mistake (mindre slip), commit a fault (an error, 'tabbe' a blunder) **3** skuld fault; *det är hans eget ~ att* sats it is his own fault that sats, he has only himself to blame for ing-form; *vems är ~et?* whose fault is that?, who is to blame?
II *oböjl. a* [attr. vanl. the] wrong; *uppge ~ adress* give the (a) wrong address; *vakna på ~ sida* get out of bed on the wrong side; jfr vidare *felaktig*
III *adv* wrong, isht före perf. ptc. wrongly; ibl. (jfr ex.) mis-; *~ underrättad* wrongly informed; *flyga ~* fly out of one's course; *ge ~* kortsp. misdeal; *ge ~ tillbaka* växla ~ give wrong change; *gå ~* go the wrong way, lose one's (miss the) way; *min klocka går ~* my watch is wrong; *ha ~* be wrong; *höra ~* mishear; jag har *kommit ~* . . gone wrong, till fel telefonnummer . . got on to the wrong number; *köra ~* drive the wrong way; *räkna ~* miscount, felberäkna miscalculate; *skjuta ~* miss (fail to hit) the mark; *skriva ~* göra ett skrivfel make a slip of the pen; *skriva ngt ~* write a th. wrong; *slå ~* ej träffa miss, bildl. be (prove) a failure, fail, go wrong (amiss); *det slår aldrig ~!* you can be sure. .!, you bet!; *alla hans planer slog ~* all his schemes miscarried; *skörden slog ~* the crops failed; *om inte alla tecken slår ~* if I am not mistaken; *stiga ~* miss one's footing; *ta ~* make a mistake, F get it wrong; *jag tar nog inte ~, om jag säger* . . it would probably be safe to say . .; *jag tog ~ på honom och A.* I mistook him for A.; *ta ~ på tiden* mistake (make a mistake about) the time; *det är inte att ta ~ på* it is unmistakable (obvious), F it sticks out a mile; jfr *missta[ga]*
fela *itr* **1** fattas be wanting, *i* in; för ex. jfr *fattas 1* **2** begå fel err; handla orätt do wrong; *att ~ är mänskligt* to err is human
fel|adresserad *a* wrongly addressed **-aktig** *a* oriktig erroneous, wrong, incorrect, mistaken; behäftad m. fel faulty, defective; osann false, misleading; ibl. äv. (jfr ex.) mis-; *~ användning* misapplication; *en ~ diagnos* a wrong (an error of) diagnosis; *~ märkning* av vara faulty marking; *~t påstående* misstatement; *i den ~a tron* att in the erroneous belief . . **-aktighet** *~en ~er* det felaktiga incorrectness, faultiness båda end. sg.; fel fault, mistake, error, inaccuracy
felande *a* **1** som fattas missing, wanting; *det ~* what is missing (wanting); *den ~ länken* the missing link **2** som begår fel erring; *den ~* the culprit (offender)
fel|as *itr. dep* se *fattas* **-bedöma** *tr* misjudge **-bedömning** misjudgment **-behandling** wrong treatment **-beräkning** miscalculation **-debitering** mischarge **-drag** wrong (false) move **-expediering** i butik e.d. mistake [on the part of the staff] **-finneri** *~[e]t 0* fault-finding **-fri** *a* faultless, flawless jfr *fel;* correct, oklanderlig impeccable; *en ~ diamant* a flawless diamond; *ett ~tt exemplar* a faultless (perfect) copy **-frihet** faultlessness, flawlessness, correctness **-giv-**

ning kortsp. misdealing; *en* ~ a misdeal **-grepp** error, mistake, slip
felik *a* fairy-like
fel|kalkyl miscalculation, misreckoning **-kast** miss **-läsning** misreading; vid uppläsning fault (slip) in reading **-marginal** margin of error **-parkering** förseelse parking offence **-räkning** miscalculation **-skrivning** miswriting; *en* ~ a slip of the pen, an error in writing, med skrivmaskin a typing error **-slagen** *a* bildl. unsuccessful, abortive, miscarried; gäckad disappointed **-slut** false (erroneous) conclusion (inference), fallacy **-spekulation** wrong (bad) speculation **-stavad** *a* wrongly spelt, mis-spelt **-stavning** mis-spelling **-steg** eg. o. bildl. slip, false step, bildl. äv. lapse **-syn** error [of judgment] **-sägning** slip of the tongue **-tolka** *tr* misconstrue, misinterpret **-tolkning** misconstruction, misinterpretation **-tryck** faulty print; frimärke error **-tändning** misfire, backfire **-underrättad** *a* misinformed **-växling** av pengar, *genom* ~ through a mistake in the change **-översatt** *a* mistranslated; . . *är* ~ . . has been incorrectly translated
fem *räkn* five; *vi* ~ the five of us; *vi var* ~ there were five of us; ~ *och* ~ fem åt gången five at a time; *de går* ~ *och* ~ they walk in fives; ~ *och femtio* kr five kronor and fifty öre; *vinna med 5—3* win [by] 5 to 3; *alla* ~ *bröderna* all the five brothers; *ha (kunna) ngt på sina* ~ *fingrar* have a th. at one's finger-tips (finger-ends), know a th. from A to Z; *en* ~ *sex gånger* [some] five or six times; ~ *hundra (tusen)* five hundred (thousand); *tåget går 5.20* the train leaves at five twenty (at twenty minutes past five); han kom *klockan halv* ~ . . at half past four; *linje 5* buss [bus] number 5, the number 5; *han bor* [*på*] *Storgatan 5* vanl. he lives at [No.] 5 Storgatan
fem|aktare ~*n* ~ five-act play, five-acter **-armad** *a* om ljusstake o.d. five-branched **-axlad** *a* five-axled **-bladig** *a* **1** tekn. five-bladed **2** bot. five-leaved, m. fem kronblad five-petal[l]ed **-båten** the five (five-o'clock) boat **-cylindrig** *a* five-cylinder . .; *denna* motor *är* ~ this is a five-cylinder . . **-dagarskonferens** five-day conference **-dagarsvecka** five-day week **-draget,** *vid* ~ [at] about five [o'clock] **-dubbel** *a* fivefold, quintuple; *betala -dubbla priset (det -dubbla)* pay five times the price (amount); *vika* ~ fold five times (in five) **-dubbelt** *adv* five-fold **-dubbla** *tr* multiply . . by five, increase . . fivefold (five times), quintuple; ~*s* increase fivefold (five times) **-etta** skjutn. direct hit, bull's eye **-faldig** *a* fivefold **-faldiga** *tr* = *-dubbla* **-faldigt** *adv* o. **-falt** *adv* fivefold, five times [over] **-femma** jur. F certified mental case; *förklara ngn som* ~ certify a p. [as insane] **-fingerört** *a* silvery cinquefoil **-fingrad** *a* bot. . . composed of five leaflets, quinate **-fotad** *a* metr., attr. . . having five feet; . . *är* ~ . . has five feet **-fotsplanka** five-foot plank **-föreställning** five-o'clock performance **-gradig** *a* om skala . . divided into five degrees; om vatten, + 5° C [attr. . . that is (was etc.)] five degrees [centigrade] above freezing-point
fem|hundra *räkn* five hundred; jfr *hundra* o. sms. **-hundrade** *räkn* five hundredth **-hundra[de]del** five hundredth [part]; jfr *femtedel* **-hundratal 1** *ett* ~ *personer* some (about) five hundred persons **2** ~*et* århundrade the sixth century; *på* ~*et* in the etc. **-hundraårig** *a* five-hundred-year-old . . osv., jfr i tillämpliga delar *hundraårig* **-hundraårsdag** o. **-hundraårsminne** five-hundredth (500th) anniversary
fem|hörnig *a* five-angled, pentagonal **-hörning** pentagon
feminin *a* feminine, feminiserad äv. effeminate **feminin|um** *-et -er* genus the feminine [gender]; ord feminine [noun] **feminism** feminism; kvinnoaktighet effeminacy **feminist** feminist **feministisk** *a* feministic
fem|kamp pentathlon; *modern* ~ modern pentathlon **-kampare** pentathlete **-kantig** *a* five-edged; -hörnig five-angled; -sidig five-sided **-kilosförpackning** five-kilo package (parcel) **-kronesedel** five-krona note **-kronorsmynt** five-krona coin **-ling** quintuplet, F quin
femm|a *-an -or* five äv. om betyg, vid tärnings- o. kortspel äv. cinque; sedel five-krona note; *en* ~ belopp five kronor; ~*n* a) om hus, rum, buss o.d. No. 5, number Five, om buss äv. the [No.] 5 b) skol. the fifth class (form), Class No. 5, Class V; ~*n* [*i hjärter*] the five (cinque) [of hearts]; *han kom in som (ligger* [*som*]*)* ~ he came in (is) fifth; *det var en annan* ~ F that's quite another cup of tea
fem|maktskonferens five-power conference **-mannaråd** council of five **-mastad** *a* five-masted **-mastare** five-master **-minutersrast** five minute rest (break) **-minuterstrafik,** *spårvagnarna går i* ~ there is a tram every five minutes (every fifth minute) **-männing** fourth cousin **-pass** arkit. cinquefoil **-procentig** *a* five-per-cent . .; *det här lånet är* ~*t* this is a five-per-cent loan **-procentslån** five-per-cent loan **-pundssedel** five-pound note, F fiver **-radig** *a* five-rowed; med fem tryckta el. skrivna rader five-line[d] . . **-ringad** *a* five-ringed **-rummare** o. **-rumslägenhet** five-room[ed] flat **-rumsvilla** five-room[ed] house (villa) **-rörsmottagare** five-valve-set, five-valve-

-receiver **-sidig** *a* five-sided **-siding** five--sided figure, pentagon **-siffrig** *a* attr. five--figure, . . of five figures; *talet är* ~*t* this is a five-figure number **-sitsig** *a,* ~ *bil* five--seater; bilen *är* ~ . . is a five-seater, . . seats five people **-skaftad** *a* o. **-skäftig** *a* vävn. five-heald **-slaget,** *vid* ~ a) precis kl. 5 on the stroke of five |o'clock|, at five o'clock sharp b) vid femtiden |at| about five |o'clock| **-snåret,** *vid* ~ |at| about five |o'clock| **-spaltig** *a* five-column|ed| . . **-språkig** *a* på fem språk five-language . ., . . in five languages; som talar fem språk attr. . . speaking five languages; *han är* ~ he speaks five languages **-stavig** *a* five-syllabled; attr. äv. five-syllable, . . of five syllables **-struken** *a* mus. five-times--accented **-strängad** *a* mus. five-stringed **-stämmig** *a* . . for five voices, . . in five parts, attr. äv. five-voice, five-part **-stämmigt** *adv* in five parts **-taget,** *vid* ~ |at| about five |o'clock| **-tal** five; ~*et* talet fem the number five; *ett* ~ some (about) five; *för varje* ~ for each (every) five

femte *räkn* fifth (förk. 5th); *Gustaf den* ~ *(V)* Gustav the Fifth, Gustav V (V.); *kung* ~ kortsp. five to the king; *den (det)* ~ *från slutet* the last but four; *för det* ~ in the fifth place, vid uppräkning fifthly; *hon är fyra år på det* ~ she is four, getting on for five; *den* ~ |*i månaden*| adverbial on the fifth |of the month|; *den* ~ *(5) april* adverbial on the fifth of April, on April 5th; *den* ~ *(5) april inföll på en söndag* the fifth of April (April 5th) was a Sunday; *Stockholm den 5 april (5/4) 1966* i brevdatering Stockholm, April 5|th| (5|th| April), 1966; ~ *budet* bibl. the sixth commandment, jfr *bud; han är* ~ *hjulet under vagnen* he is de trop; ~ *klassens (rangens)* . . fifth-rate . .; *för var* ~ *meter* |for| every five metres (every fifth metre); *komma på* ~ *plats* come fifth; *på* ~ *våningen* 4 tr. upp on the fourth (amer. fifth) floor; |*en gång*| *vart* ~ *år* once every five years, |once| every fifth year; *vart* ~ *år återkommande* . . five-yearly . .

femte|del fifth |part|; *två* ~*ar* two fifths; *en* ~*s sekund* a (one, ibl. the) fifth |part| of a second **-klassare** o. **-klassist** fifth--former **-kolonn** fifth column **-kolonnare** fifth columnist **-placering,** *få en* ~ come fifth

femtiden, *vid* ~ |at| about five |o'clock|, round about five |o'clock|

femti|elfte *räkn* umpteenth **-elva** *räkn* umpteen **-lapp** fifty-krona note

femtimmarsföreställning five-hour performance

femti|o| *räkn* fifty; *han är över de* ~ he is over fifty; jfr *fem* o. sms. **-fem** *räkn* fifty-five **-femte** *räkn* fifty-fifth **-kronesedel** fifty--krona note

femtionde *räkn* fiftieth **femtion|de|del** fiftieth |part|; jfr *femtedel*

femti|o||tal fifty; *för varje* ~ for each (every) fifty; ~*et* a) talet 50 the number fifty b) åren 50—59 the fifties; *på* ~*et* 1950-talet in the |nineteen| fifties, in the |19|50's; *tidigt* el. *i början (sent* el. *i slutet) på* ~*et* in the early (late) fifties; *en man (han är inne) på* ~*et* a man (he is) in his fifties; *ett (något)* ~ a) några och femtio |some| fifty odd b) ungefär femtio some (about) fifty; *ett (något)* ~ *till, ännu ett (något)* ~ another fifty |or so| **-talism** litt.hist. literary movement of the fifties **-talist** litt.hist. writer belonging to |the literary movement of| the fifties **-tusen** *räkn* fifty thousand **-årig** *a* fifty-year-old . . etc., jfr *femårig* **-åring** fifty-year-old man (resp. woman), man (resp. woman) of fifty |years of age|, quinquagenarian; ~|*ar*| äv. fifty-year-old|s| **-årsdag** fiftieth anniversary; födelsedag fiftieth birthday **-årsjubileum** o. **-årsminne** fiftieth anniversary, jubilee **-årsåldern,** *en man i* ~ a man aged (of the age of) about fifty; jfr vidare *femårsåldern* **-öring** fifty-öre piece

femton *räkn* fifteen; *klockan 15* at 3 o'clock in the afternoon, at 3 |o'clock| p.m.; jfr *fem* o. sms. **femtonde** *räkn* fifteenth; *för det* ~ in the fifteenth place; jfr *femte* **femton|de|del** fifteenth |part|; jfr *femtedel*

femton|hundra *räkn* fifteen hundred **-hundrafemtio** *räkn* fifteen hundred and fifty; *född år* ~ äv. born in fifteen fifty **-hundrameterslopp** fifteen-hundred-metre (1500--metre) race **-hundratalet** the sixteenth century; *på* ~ in the etc.; ~*s Sverige* sixteenth-century Sweden **-ljuslampa** se *-wattslampa* **-tiden,** *vid* ~ |at| about three |o'clock| in the afternoon (p.m.) **-wattslampa** fifteen-watt bulb **-åring** fifteen--year-old youth, youth of fifteen |years of age|; ~|*ar*| äv. fifteen-year-old|s|

fem|trådig *a* om garn five-ply . .; med fem metalltrådar five-wired **-tumsspik** five-inch nail **-tusen** *räkn* five thousand **-tusende** *räkn* five thousandth **-tusentonnare** five--thousand-tonner **-tusenårig** *a* five-thousand-year-old . . osv., jfr i tillämpliga delar *hundraårig* **-tåget** the five (five-o'clock) train **-täig** *a* five-toed **-uddig** *a* five-pointed; om gaffel o.d. five-pronged **-veckorskurs** five-week course **-våningshus** femplans- five-storeyed (five-storied) house **-växlad** *a* om växellåda five-speed . . **-årig** *a* **1** fem år gammal a) attr. five-year-old, . . of five |years of age| b) pred. five |years old|; *han var* ~ äv. he was a boy of five **2** som varar (varat) i fem år a) attr. five-year, five years', . . of five years, . . of five years' duration (standing) b) pred., avtalet *är ~t* . . is for five years **-åring** five-year-old child (häst horse), child osv. of five [years of age]; *~[ar]* äv. five-year-old[s] **-årsdag** fifth anniversary; födelsedag fifth birthday **-årsjubileum** o. **-årsminne** fifth anniversary **-årsperiod** five-year period **-årsplan** five-year plan **-årsåldern,** *i ~* at the age of about five, at about five years of age; *en pojke i ~* a boy aged (of the age of) about five; *vara i ~* be about five **-öresfrimärke** five-öre stamp **-öring** five-öre piece

fen|a *-an -or* fin äv. flyg. o. sjö.; *utan att röra en ~* without moving (stirring) a limb

fend|er *-ern -rar* o. **fendert** *-en -ar* fender

Fenicien Phoenicia **fenicier** *s* o. **fenicisk** *a* Phoenician

Fenix, *fågel ~* the Phoenix

fenol *-en 0* phenol **-harts** phenolic resin

fenomen *-et* - phenomen|on (pl. -a) **fenomenal** *a* phenomenal, extraordinary, startling, kolossal prodigious; *han är ~ på* . . he is fantastically good at . .

feodal *a* feudal **feodalism** feudalism **feodalväsen** feudal system

ferie se *ferier* **-arbete** holiday work, studieuppgift holiday task **-koloni** [children's] holiday camp **-läsning** holiday studies pl., studying in the holidays

ferier *pl* holidays; isht univ. o. domstols vacation, F vac båda sg.; parl. recess sg.; *han har ~* he is having a holiday **ferieskola** summer school

ferment *-et -[er]* ferment äv. bildl.

ferniss|a *-an -or* varnish; bildl. veneer **II** *tr* varnish; *~ om* revarnish

fe|saga fairy tale **-slott** fairy palace

fess *-et* - mus. F flat

fest *-en -er* **1** festival, firning celebration; festlighet festivity, rejoicings pl., merry-making; högtidlighet ceremony, function; ~måltid banquet, feast; bjudning party; *en ~ för ögat* a feast for the eyes; *gå på ~* go [out] to a party; *göra vardagen till ~* make every day a holiday; *klä sig till ~* allm. dress up **2** relig. feast, festival **festa** *itr* **1** kalasa feast, *på* on **2** *~ [om]* roa sig have a gay time; dricka booze; *gå ut (vara ute) och ~* rumla go (be) on the spree (binge); *~ av* have a send-off party for; *~ upp* squander . . on having a gay time (dricka upp on boozing)

fest|arrangör organizer of festivities; *~en* the person in charge of the arrangements **-dag** festival day, glädjedag day of rejoicing **-föremål,** *~et* the hero of the occasion **-föreställning** gala performance

festival *-en -er* festival **festivitas** *r* festivity

fest|klädd *a* attr. festively-dressed; i aftondräkt . . in evening dress **-kommitté** [organizing] committee **-lig** *a* fest- festival . ., glad äv. festal, festive; storartad grand, splendid; komisk comical; *vid ~a tillfällen* on ceremonious (festive, friare special) occasions **-lighet** *~en ~er* festivity; *~er* äv. festive entertainments; jfr *fest 1* **-marsch** festival march **-middag** o. **-måltid** banquet, feast

feston[g] *-en -er* festoon

fest|prisse bon vivant fr. **-skrift,** *en ~ tillägnad* . . a miscellany (volume, festschrift ty.) in honour of **-smyckad** *a* attr. gaily-decorated **-spel** *pl* festival sg. **-stämning** -humör festive mood; -atmosfär festive atmosphere, air of festivity **-tal,** *~et* the main speech, the speech in honour of the occasion **-tåg** procession **-våning** assembly (banqueting) rooms pl.

fet *a* fat äv. bildl., om t.ex. fläsk äv. fatty; fetlagd äv. stout, corpulent, fleshy, abnormt obese; välgödd äv. well-fed; bördig äv. rich, fertile; inbringande äv. lucrative; flottig oily, greasy; *en ~ bit* bildl. a titbit (tidbit); *~ hy* greasy skin; *~ mat (mjölk)* rich food (milk); *~a oljor (syror)* fatty oils (acids); *~ stil* se *fetstil; bli ~* grow (get) fat (om pers. äv. stout), isht om djur fatten; *det blir man inte ~ på* bildl. you won't grow fat on (get much out of) that; *det ~a på* köttet the fat part[s pl.] of . .; *han har det inte för ~t* he is none too well off **-aktig** *a* fatty, oleaginous; fattish

fetisch *-en -er* fetish, fetich **-dyrkan** o. **-ism'** fetishism, fetichism **-dyrkare** o. **-ist** fetishist, fetichist

fetknopp bot. stonecrop **fetlagd** *a* [somewhat] stout (corpulent), . . inclined to stoutness (corpulence); *ganska ~* äv. fattish, stoutish **fetma I** *-n 0* fatness, hos pers. vanl. stoutness, corpulence, corpulency; abnorm obesity **II** *itr* put on fat (flesh) **fetsill** fat herring **fetstil** extra bold type

fett *-et -er* fat äv. kem.; smörj~ grease; flott lard; stek~ dripping; mat~ shortening; *smörja med ~* grease **-bildande** *a* fattening **-bildning** -ansamling layer of fat, fatty accumulation (deposit) **-fläck** grease spot; *få en ~ på* . . get a spot of grease on . . **-halt** fat[ty] content; fettprocent percentage of fat **-haltig** *a* fatty, attr. äv. . . containing fat **-hjärta** fatty heart

fettisdag 1 eg. (första tisdagen efter fastlagssöndagen), *~[en]* Shrove Tuesday; *[på] ~en* adv. on Shrove Tuesday **2** oeg. (tisdag i fastan) Tuesday in Lent **fettisdagsbulle** se *semla*

fett|klump lump of fat **-pärla** speck of grease **-sot** adiposity, obesity **-spruta** grease gun **-svulst** fatty tumour, lipoma, adipoma **-syra** fatty acid **-valk** roll of fat **-ämne** fat, fatty substance

fetvadd unbleached cotton wool

fez *(fets) -en -er* fez

fiasko *-t -n* fiasco (pl. -s), failure, F washout,

flop; *göra* ~ be a fiasco osv., fail completely, om sak äv. fall flat
fibbla se *fibla*
fib|er *-ern -rer* fibre, hos trä äv. grain
fibl|a *-an -or* Hieracium hawkweed
fibrös *a* fibrous
fick|a *-an -or* pocket; *stoppa ngt i* ~*n* put a th. in one's pocket; *stoppa ngt i* [*sin*] *egen* ~ bildl. pocket a th. **-flaska** [pocket] flask **-format** pocket size; kamera *i* ~ pocket-size . . **-kniv** pocket-knife **-lampa** [electric] torch, isht amer. flashlight **-lampsbatteri** torch (isht amer. flashlight) battery **-lock** [pocket-]flap **-pengar** pocket-money sg. **-plunta** pocket-pistol **-stöld** pocket-picking; *en* ~ a case of p.-p.; *begå* ~ vanl. pick somebody's pocket (people's pockets) **-tjuv** pickpocket **-upplaga** pocket [book] edition **-ur** [pocket] watch
fideikommiss *-et* - estate in tail, entailed estate, t.ex. förmögenhet äv. trust, settlement; egendomen *är* ~ . . is entailed **-arie** tenant in tail, *till* to (of); holder of an entailed estate
Fidjiöarna *pl* the Fiji Islands
fiende *-n -r* enemy, *till* of; poet., stark. foe; ~*n* koll. the enemy; *bli* ~ *med ngn, göra ngn till sin* ~ make an enemy of a p., antagonize a p.; *skaffa sig* ~*r* make enemies **fiendehand,** *falla för (i)* ~ die at (fall into) the hands of the enemy **fiendeland,** *i* ~ in hostile country **fiendskap** *-en 0* enmity, hostility; mellan pers. äv. animosity; leva *i* ~ . . at enmity **fientlig** *a* hostile, *mot* to; mil. äv. enemy . .; fientligt inställd äv. inimical, *mot* to; ss. efterled i sms. ofta anti-, jfr t.ex. *samhällsfientlig; den* ~*a hären* the enemy army; ~ *inställning* animosity **fientlighet** *-en -er* hostility; *inställa* ~*erna* suspend hostilities **fientligt** *adv* hostilely, inimically; ~ *sinnad* hostile, *mot* to
fiffa *tr,* ~ *upp* smarten up
fiff|el *-let 0* crooked dealings pl., double-dealing, cheating
fiffig *a* fyndig clever, ingenious, smart
fiffla *itr* cheat; ~ *med* fuska med wangle, fake, cook, smussla med fiddle [about] with
figur figure; gestalt äv. form; i roman äv. character; ritad äv. diagram; vid målskjutning äv. dummy; individ isht neds. individual; *ha* [*en*] *bra* ~ . . a good figure; *en konstig* ~ a queer specimen (customer, fish); *göra en slät (ömklig)* ~ cut a poor figure; *åka* ~*er* på skridsko cut figures
figurera *itr* appear, figure
figur|lig *a* figurative, metaphorical **-sydd** *a* attr. form-fitting, åtsittande close-fitting, tight-fitting **-teckning** figure-drawing **-åkning** figure-skating
fik *-et* - F café
1 fika *itr* F have coffee
2 fika *itr,* ~ *efter* hanker after **fiken** *a* greedy, *efter* for; covetous, *efter* of
fikon *-et* - fig; *fick du* ~ [*, Zakarias*]*?* ung. that fooled you, didn't it? **fikon**[**a**]**löv** fig-leaf, isht bildl. fig-leaves pl. **fikonträd** fig[-tree]
fiktion fiction **fiktiv** *a* fictitious
fikus *-en -ar* india-rubber tree
1 fil *-en -er* rad row; ström av t.ex. bilar line, string; körfält [traffic] lane; *en* ~ *av* rum a suite of . .; rummen *ligger i* ~ . . are in a suite
2 fil *-en (-et) 0* surmjölk sour[ed] milk
3 fil *-en -ar* verktyg file **fila** *tr itr* file; ~ [*på*] *ngt* file (bildl. äv. polish up, give the finishing touches to) a th.; ~ *på fiol* scrape at a fiddle; ~ *av* jämna file . . smooth (bort off, isär in two)
filan|trop ~*en* ~*er* philanthropist **-tropi** ~[*e*]*n 0* philanthropy **-tropisk** *a* philanthropic[al]
filare filer
fila|teli ~[*e*]*n 0* philately **-telist** philatelist **-telistisk** *a* philatelic
filbunke kok. [bowl of] sour[ed] whole milk; *lugn som en* ~ [as] cool as a cucumber
filé *-n -er* **1** kok. fillet **2** textil. netting, net work **filea** *tr* fillet
filharmonisk *a* philharmonic
filial *-en -er* branch; jfr sms. **-affär** branch (i butikskedja multiple, chain) shop (amer. store) **-kontor** branch office
filigran *-et (-en)* -[*er*] filigree end. sg. **filigran**[**s**]**arbete** konkr. piece of filigree-work
Filip Philip
filipin, *spela* ~ [*med ngn*] play at philippines [with a p.]
Filipperbrevet [the Epistle to the] Philippians sg.
Filippinerna *pl* the Philippine Islands, the Philippines
filisté -[*e*]*n -er* Philistine
filkörning lane traffic, traffic-lane driving
film *-en -er* **1** film; på bio äv. [moving (motion)] picture, movie; ~[*en*] ~konst[en] the cinema; *en tecknad* ~ a (an animated) cartoon; se ngn *på* ~ . . on the films (the screen); *gå in vid* ~*en* go on the films (the screen), isht amer. go into the movies **2** hinna film **filma** **I** *tr itr* göra film [av] film, *ngt* a th.; take (make) a film, *ngt* of a th.; isht enstaka scen shoot **II** *itr* **1** medverka i film act in films (resp. a film) **2** F låtsas feign, simulate
filmarkering linjer lines pl. (skyltar signs pl.) marking the lanes
filmateljé film studio **filmatisera** *tr* adapt . . for the screen, make a screen version of, film **filmatisering** konkr. screen version
film|bild ss. reklam still **-biten** *a* film-struck; *vara* ~ äv. be a film-fan **-bolag** film company **-censur** film (cinema) censorship; myn-

dighet board of film censors **-fotograf** cam-era-man **-förevisning,** föredrag *med* ~ .. with the showing of a film (resp. films) **-för-fattare** scenario (script, screen) writer **-hjälte** hero of the screen **-inspelning** filming **-isk** *a* filmic, cinematic

filmjölk sour|ed| milk

film|kamera film camera, . oine-camera, movie-camera **-manuskript** |film| script **-regissör** film director **-rulle** foto. roll of film; biogr. reel |of film| **-skådespelare** film (screen) actor **-skådespelerska** film (screen) actress **-stjärna** film (movie) star

filo|log philologist **-logi** ~|e|n *0* philology **-logisk** *a* philological

filo|sof ~*en* ~*er* philosopher **-sofera** *itr* philosophize, *över* |up|on, about **-sofi** ~|*e*|*n 0* philosophy **-sofie** *oböjl. a,* ~ *dok-tor (fil. dr)* Doctor of Philosophy (i Engl. förk. Ph.D. efter namnet, jfr ex. i slutet); ~ *kandidat (magister;* förk. *fil. kand.* resp. *fil. mag.)* ung. graduate in the Faculty of Arts (vid naturveten-skaplig fakultet of Science), eng. motsv. ung. Bach-elor (Master) of Arts (resp. of Science; förk. B.A. (M.A.), amer. äv. A.B. (A.M.), resp. B.Sc. (M.Sc.), amer. äv. Sc.B. (Sc.M.), samtliga efter namnet); ~ *kandidatexamen (magisterexa-men)* ss. grad ung. (i Engl.) Bachelor (Master) of Arts |degree| osv., jfr ovan; ~ *studerande* Arts (resp. Science) student; *Fil. dr. Bo Ek* Dr. Bo Ek; Bo Ek, Esq., Ph.D.; *Fil. kand. (mag.) Bo Ek* Mr. Bo Ek, Fil. Kand. (Mag.); *Fil. stud. Bo Ek* Mr. Bo Ek **-sofisk** *a* philo-sophic, isht friare philosophical; *de* ~*a fakul-teterna* the faculties of arts and sciences; ~ *ämbetsexamen* se *filosofie* |*magisterexamen*|

filspån koll. filings pl.

filt *-en -ar* **1** säng~ blanket; res~ rug **2** tyg felt, felting **filta** *tr* felt; ~ |*ihop*| *sig* felt |up|, friare mat, get (become) matted; *hopfiltad* .. matted together

filt|er *-ret -er (-rer)* filter äv. foto., strainer, screen; på cigarrett filter tip **filtercigarrett** filter-tipped cigarette

filt|hatt felt |hat|; mjuk äv. trilby **-klädd** *a* felted

filtrat *-et* - filtrate **filtrera** *tr* filter, filtrate, strain **filtrering** filtering osv., filtration **filt-rerpapper** filter|ing| paper

filttoffel felt slipper

filur sly dog; *en* |*riktig*| *liten* ~ a cunning little devil

fimbulvinter very severe winter

fimp *-en -ar* fag-end **fimpa** *tr* stub |out|

fin *a* allm. fine; elegant smart, elegant; av god kva-litet äv. choice, select, high-class, superior, first-rate; tunn äv. thin; liten äv. small äv. boktr.; känslig, om t.ex. instrument äv. sensitive, delicate; noggrann, om t.ex. mätning äv. accurate, precise; bra äv. |very| good, nice; utmärkt F grand; skicklig äv. distinguished, eminent; självfin äv. noble; distingerad äv. distinguished|-looking|; mondän fashionable; skarpsinnig shrewd, keen; gracil delicate; subtil subtle; om ljud: hög high, svag faint; iron. äv. nice, pretty; *finare* ganska fin, om t.ex. middag grand; *extra* ~ superfine, .. of superior quality; ~ *och belevad* well-bred, polished; *ren (snygg) och* ~ nice and clean (neat, tidy); göra *en* ~ *affär* .. a good stroke of business (a bargain); *ett* ~*t ansikte* a fine (noble, distinguished|-looking|) face; ~*a betyg* high marks; ~ *familj* fine (good, för-näm aristocratic) family; *en* ~ *flicka* a girl of good family (breeding); ~*t folk* fashion-able (distinguished) people; *vara i* ~ *form* be at the top of one's form; *ha* ~ *hörsel* have good hearing; ~*a händer* delicate (finely shaped) hands; ~ *ironi* delicate (subtle) irony; *min* ~*a (*~*aste) klänning* my best (F party) dress; ~ *kvalitet* fine (good) quality; *ha* ~ *känsla för* have a sen-sitive feeling for; *en* ~ *man* a fine man, a thorough gentleman; *en* ~ *middag* god a first-rate (F slap-up) dinner, förnäm a fashion-able dinner-party; *ha* ~ *näsa för* have a keen nose for; *i* ~*t* bildat *sällskap* in polite society; ~*t sätt* fine (good, refined) man-ners; *på ett* ~*t sätt* delicately, tactfully, discreetly; *en* ~ *vink* a delicate (gentle) hint; *den* ~*a världen* the fashionable world, the world of fashion; *ha* |*ett*| ~*t öra* have a fine (sensitive) ear; |*det är (var)*| ~*t!* fine!, good!; *göra* ~*t* |*i rummet*| städa tidy up |the room|, pryda make things look nice |in the room|; *klä sig* ~ dress up; *det är inte* ~*t* |*att* inf.| it is not good manners (good form) |to inf.|; *det var* ~*t att du kom* it's a good thing you came; *det var inte vidare* ~*t av honom* that wasn't a very nice thing of him to do; *han är* ~ *på att* inf. he is very good at ing-form; *det är just det som är det* ~*a i sa-ken* that is just the beauty of it; *det* ~*a med* ngn (ngt) är a very good point about ..

final I *-en -er* **1** mus. finale äv. bildl. **2** sport. fi-nal; *gå upp i (gå till)* ~*en* enter the finals **II** *a* final **finalist** finalist **finalmatch** sport. final match (game) **finalsats 1** mus. final movement, finale **2** språkv. final clause

finans *-en -er* **1** ~*er* finances; hjälpa upp ~*er-na* . . the financial position **2** ~*en* ~männen financial circles pl., the financial world; *den högre* ~*en* high finance **-departement** ministry of finance; ~*et* i Engl. the Treasury, i Amer. the Department of Treasury

finansiell *a* financial **finansiera** *tr* finance, provide capital for **finansiering** financing

finans|man financier **-minister** minister of finance; i Engl. Chancellor of the Exchequer; i Amer. Secretary of the Treasury **-politik** financial policy **-rätt** finance **-tull** revenue

tariff (duty) **-väsen** finance, public finance[s pl.]
finbageri fancy bakery
finess *-en -er* **1** förfining refinement, takt äv. tact[fulness], delicacy, fint handlag finesse; *~en med* apparaten är a very good point about . . **2** *~er* a) subtiliteter subtleties, niceties; konster fine[r] points b) anordningar [exclusive] features, gadgets
fin|fin *a* tip-top, splendid, A 1; H first-rate, superior **-fördela** *tr* atomize äv. vätskor, pulverize
fing|er *-ret (-ern) -rar* finger; *ge honom ett ~, och han tar hela handen* give him an inch and he will take a mile; *ha ett ~ med i spelet* have a finger in the pie; *ha långa -rar* bildl. be light-fingered; *hålla -rarna borta från ngt* bildl. keep one's hands off a th.; *inte lägga -rarna emellan när det gäller* ngn (ngt) not handle . . with kid gloves; *peka ~ åt* point the finger of scorn at; *sätta -ret på . .* lay (put) one's finger on . .; *se [i]genom -rarna med ngt (*resp. *ngn)* wink el. connive at a th. (resp. be lenient with a p.); *räkna ngt på -rarna* count a th. on one's fingers; *slå ngn på -rarna* rap a p. over the knuckles, bildl. catch a p. out
finger|a *tr* feign, simulate; *-ad* vanl. fictitious, imaginary; attr. äv.: om t.ex. köp mock, om t.ex. strid sham; *-at namn* assumed (false) name
finger|avtryck finger-print **-borg** thimble; *en ~ [vin]* a thimbleful [of wine] **-borgsblomma** foxglove **-färdig** *a* dexterous **-färdighet** sleight of hand, [manual] dexterity; mus. finger technique, execution **-krok,** *dra ~* pull fingers **-led** finger-joint **-skiva** telef. [telephone] dial **-spets** finger-tip; *ut i ~arna* to the (his osv.) finger-tips **-svamp** Clavaria lat. **-sättning** mus. fingering **-topp** se *-spets* **-tuta** finger-stall; för tummen thumb-stall **-vante** [fabric (woollen)] glove **-visning** hint, pointer **-övning** mus. five-finger exercise
fingra *itr, ~ på* finger; friare vanl.: tanklöst fiddle about with, klåfingrigt tamper (meddle) with
fin|granska *tr* go through (examine) . . thoroughly **-gå** *itr, [vara ute och] ~* be [out] parading **-hackad** *a* attr. finely-chopped, pred. finely chopped; kok. äv. attr. finely-minced **-het** finhetsgrad fineness, tunnhet thinness; kvalitet, förfining delicacy
finish *-en 0* sport. o. tekn. finish
finit *a* finite
fink *-en -ar* finch
fink|a I *-an -or* **1** F arrest clink, quod; *[sätta] i ~n* [put] in clink (quod) **2** se *godsfinka* **II** *tr* put . . in clink (quod)
fin|kalibrig *a* attr. small-bore **-kam** [fine-]tooth comb **-kamma** *tr* comb . . with a [fine-]tooth comb, bildl. äv. comb [out]
finkel *-n 0* fusel **-olja** fusel oil
fin|klädd *a* pred. dressed up **-kläder** *pl* Sunday best sg., finery sg. **-kornig** *a* fine-grained; foto. attr. fine-grain **-känslig** *a* taktfull tactful, delicate; diskret discreet **-känslighet** tactfulness, tact, delicacy [of feeling]; discretion
Finland Finland **finlandssvensk I** *a* Finno-Swedish **II** *s* Finland-Swede
finlemmad *a* slender-limbed
fin|ländare Finlander, Finn **-ländsk** *a* Finnish **-ländska** kvinna Finnish woman
fin|mala *tr* grind (kött mince) . . small; *-malen* attr. finely-ground resp. finely-minced **-maskig** *a* fine-meshed, small-meshed **-mekanik** precision (fine) mechanics **-mekaniker** tillverkare precision-tool (instrument) maker
finn|a *fann funnit* **I** *tr* allm. find; träffa på äv. come upon, oförmodat come across; upptäcka äv. detect, discover; få, t.ex. tillfälle, äv. have, get; ha, t.ex. nöje, äv. take; inse, märka äv. see; anse äv. think, consider; råka ut för meet; röna meet with; *det står ingenstans att ~* är borta it is nowhere to be found; *jag -er av* Ert brev I see (observe, notice, perceive) from . .; *jag -er till min ledsnad att . .* I find to my sorrow (am sorry to find) that . .; *jag -er ingen anledning att* inf. I do not feel called upon (see no reason) to inf.; *~ guld (olja)* strike gold (oil); *jag -er inte ord att* uttrycka I have no (am at a loss for) words to . .; *han -er alltid det rätta ordet* he always knows the right word to say; *~ varandra* bildl. find one another; *~ en vän i ngn* find a friend in a p.; *jag fann i honom en man som* kunde . . I found him a man that . .; jfr vid. ex. under *nåd, nöje* m.fl.; *~ för gott* att think fit . ., choose . .; *~ på* hit [up]on, think of, jfr vid. *hitta [på]*; *~ på råd* find a way; *~ ut* find out
II *rfl* **1** *~ sig [vara]* find oneself **2** *~ sig själv* get to know oneself **3** känna sig feel, anse sig äv. find oneself **4** inte vara rådlös, *han -er sig alltid* he is never at a loss; *han fann sig snart* igen he soon collected his wits **5** *~ sig i* a) tåla stand, put up with, tolerate b) foga sig i submit to c) svälja sit down under, pocket; *få ~ sig i* nöja sig med have to be content (to content oneself) with; *~ sig i sitt öde* resign oneself (submit) to one's fate. — Jfr *rätta I 1*
finnande, *till ~s* to be found
finn|as *fanns funnits itr. dep* vara be; existera exist; stå att finna, påträffas be [to be] found, förekomma äv. occur; *[fortfarande] ~* se *~ kvar* nedan; *det -s* opers. there is (resp. are); *det -s folk som . .* there are (you will find) people who . .; *-s det . .?* har ni . .? have you [got] . .?; *den (de) -s [att få]* it is (they are) to be had; *den -s aldrig* när den behövs it is never there . .;

han -s inte mer [i livet] he is no more; det bästa kaffe *som -s* . . there is, F . . going; *den klokaste som -s (någonsin funnits)* the wisest man living el. alive (man that ever lived); *~ kvar* a) vara över be left b) inte vara borttagen (försvunnen) be still there c) fortfarande finnas: allm. remain, leva kvar survive, vara bevarad be extant; den *-s kvar [att få]* . . is still to be had; den *-s kvar här* . . is still here; ordet *-s med* . . is included; *~ till* exist, be in existence

1 finn|e *-en -ar* Finn

2 finn|e *-en -ar* läk. pimple **finnig** *a* pimply äv. om pers., pimpled

finnmark valuta Finnish mark

fin|polera *tr* give . . a high polish; *-polerad* polished äv. bildl. **-randig** *a* pin-striped **-rum** best room

finsk *a* Finnish; *Finska viken* the Gulf of Finland **finsk|a** *-an* **1** pl. *-or* kvinna Finnish woman **2** pl. *0* språk Finnish. — Jfr *svenska* **finskfödd** *a* Finnish-born; för andra sms. jfr äv. *svensk-* **finsk-ugrisk** *a* Finno-Ugric

fin|skuren *a* attr. fine[ly]-cut, pred. finely cut; bildl. äv. finely-chiselled . . **-slipa** *tr* blankslipa polish . . smooth; bildl. put the finishing touches to; *~d* bildl. polished **-smakare** epicure, gourmet; kännare connoisseur, *på* of **-snickare** cabinet-maker **-spunnen** *a* attr. fine-spun

1 fint *-en -er* feint, bildl. äv. trick, dodge, stratagem

2 fint *adv* finely osv., jfr *fin*; smått äv. small; bra vanl. [very] well, fine; *~ bildad* highly educated; *~ utarbetad* elaborately worked-out **fintrådig** *a* fine-threaded, finfibrig fine-fibred, om metall fine-wired

finurlig *a* slug shrewd, knowing, cute; sinnrik clever, ingenious; knepig smart

fiol *-en -er* violin, F fiddle; *spela ~* play the violin; *spela första ~[en]* eg. play the first violin; *spela första ~en* bildl. play first fiddle; *betala ~erna* bildl. pay the piper **-byggare** violin maker **-hals** neck of a (resp. the) violin **-låda** fodral violin case; resonanslåda body (sound box) of a (resp. the) violin **-spel** musik violin music, the sound of a violin (of violins) **-spelare** violin-player, violinist, F fiddler **-stall** bridge of a (resp. the) violin **-stråke** [violin-]bow **-sträng** violin-string

1 fira *tr itr, ~ [på]* sjö. ease off, slack[en]; *~ ned* let down, lower

2 fira I *tr* högtidlighålla celebrate, högre språk, isht relig. solemnize; ihågkomma, t.ex. födelsedag, äv. keep; hålla hold; tillbringa spend; hylla fête, omsvärma lionize; *~ minnet av* commemorate; *vi ~de honom [på hans födelsedag]* we celebrated his birthday; *en ~d skönhet* a celebrated beauty **II** *itr* ta ledigt take a day (resp. some days) off **firande** *-t 0* celebrating osv.; *till ~t av* in celebration (commemoration) of

firm|a *-an -or* firm; företag äv. [commercial (business)] house, business; *~*namn vanl. style; *~n* I. Ek o. Co. the firm of . ., i affärskorrespondens Messrs[.] . .; *teckna ~n* sign for the company; *uppta . . i ~n* vanl. admit (take) . . into partnership [in the firm]; *under ~* . . under the style of . . **firmafest** ordnad av företaget party for the employees

firmament *-et 0* firmament; *på ~et* in the firmament

firma|märke trade mark **-namn** style, firm name **-teckning** signing for a (resp. the) company

fischy *-n -er* fichu

fisk *-en -ar* **1** fish (pl. fish[es]); koll. fish sg.; fånga *några ~ar (mycket ~)* . . a few fish (a lot of fish); *en ful ~* bildl. an ugly customer; *stum som en ~* as dumb as a statue; *vara som en ~ i vattnet* be in one's element; *få sina ~ar varma* get a reprimand (F ticking-off, telling-off), be ticked (told) off, be hauled over the coals **2** *Fiskarna* astr. Pisces **fiska** *tr itr* fish; *ge sig ut (vara ute) och ~* go [out] (be out) fishing; *~ forell (pärlor)* fish trout (for pearls); *~ efter* bildl. angle (fish) for; *~ upp* fish up, hala fram fish out, få tag i fish (pick) up; *~ ut* en sjö deplete . . of fish **fiskaffär** fishmonger's [shop], amer. fish market **fiskafänge** *-t -n, Petri ~* the miraculous draught of fishes

fiskal *-en -er* ss. allmän åklagare public prosecutor

fiskarbefolkning fishing population **fiskarbåt** fishing-boat **fiskare** fisherman, metare äv. angler

fiskar|gubbe old fisherman **-hustru** fisherman's wife **-stuga** fisherman's cottage

fisk|art species of fish **-ben 1** av fisk fishbone **2** av val whalebone **-bensmönster** herring-bone pattern **-bestick** fish knife and fork **-blod,** *ha ~ i ådrorna* be cold-blooded **-blåsa** zool. fish-sound **-bullar** fish-balls **-damm** eg. fishpond; bildl. lucky dip, amer. grab bag

fiske *-t -n* fishing, *av* of; fiskeri, fiskerätt fishery; ss. näringsgren fisheries pl.; *allt ~ förbjudet!* fishing strictly prohibited!; *bedriva ~* fish; *vara ute på ~* be out fishing **-båt** fishing-boat **-don** pl. fishing-tackle sg. **-fartyg** fishing-vessel **-flotta** fishing-fleet **-gräns** limit of the fishing zone, fishing-limits pl. **-kort** fishing licence (permit) **-lycka,** *ha god ~* have good luck in one's fishing **-läge** fishing village (hamlet)

fiskeri fishery **-intendent** inspector of fisheries **-konsulent** fisheries expert, adviser as regards fisheries **-näring** fishing industry **-stadga** fisheries act

fiske|rätt fishing right[s pl.], right of fishing **-vatten** fishing-grounds pl., fishing-waters pl.

fisk|filé fillet of fish **-fjäll** fish-scale **-färs** fish mousse **-gjuse** osprey, fishhawk **-hall** [covered] fishmarket **-handel** se *-affär* **-handlare** i minut fishmonger, amer. fish dealer **-handlerska** fishwife **-håv** landing net, bag net **-konserver** *pl* tinned (isht amer. canned) fish sg. **-leverolja** cod-liver oil **-lim** fish glue **-lukt** smell of fish, fishy smell **-mås** common gull **-nät** fishing-net **-odling** abstr. pisciculture, fish breeding **-pinnar** *pl* kok. fish sticks **-redskap** fishing implement; koll. fishing-tackle **-rik** *a* . . abounding in fish **-rom** [hard] roe, spawn **-rätt** fish course (dish) **-skinn** fish-skin **-stim** shoal of fish **-stjärt** fish-tail **-sump** corf **-tärna** common tern **-yngel** koll. fry vanl. pl. **-öga** fish's eye; bildl. fishy eye

fiss *-et* - mus. F sharp - **-dur** F sharp major - **-moll** F sharp minor

fistel *-n fistlar* fistula **-artad** *a* fistulous **-gång** fistula

fix *a* **1** fixed; ~ *idé* fixed idea, idée fixe fr., friare monomania **2** ~ *och färdig* all ready

fixa *tr* fix, arrange; ~ skaffa *ngt åt ngn* fix a p. up with a th. **fixera** *tr* allm. fix; fastställa äv. determine, precisera define; skarpt betrakta äv. look fixedly at; ~ *sig på* psykol. have a fixation on **fixerbad** fixing bath **fixering** psykol., läk. o. m. blick fixation; foto., konst. fixing **fixeringsbild** puzzle picture **fixeringsmedel** fixative; foto. fixer **fixpunkt** lantmät. fixed point, bench mark **fixstjärna** fixed star

fjant 1 *-et 0* fussing **2** *-en -ar* busybody; narr conceited fool **fjanta** *itr,* ~ *för* fawn on, make up to; ~ *omkring* fuss (be fussing) about **fjantig** *a* beskäftig fussy, busybodyish; narraktig foolish **fjantighet** egenskap fussiness; foolishness

fjol, *i* ~ last year; *i* ~ *sommar* last summer; modeller *från i* ~ . . of last year, last year's . .

fjoll|a *-an -or* foolish (silly) woman (resp. girl), goose (pl. geese) **fjollig** *a* foolish, silly **fjollighet** *-en -er* egenskap foolishness osv.; handling folly

fjolår, ~*et* last year **fjor** se *fjol*

fjord *-en -ar* isht i Norge fiord, fjord; i Skottl. firth, frith

fjorton *räkn* fourteen; ~ *dagar* vanl. a fortnight, amer. äv. two weeks; ~ *dagars* ledighet a fortnight's . .; *i går för* ~ *dagar sedan* a fortnight ago yesterday; *med* ~ *dagars mellanrum* at fortnightly intervals; jfr *fem*[*ton*] o. sms. **fjortonde** *räkn* fourteenth; [*en gång*] *var* ~ *dag* [once] every (once a) fortnight; jfr *femte*

fjun *-et* - koll. down, fluff bägge end. sg. **fjunig** *a* downy, fluffy

fjäd|er *-ern -rar* **1** fågel~ feather, isht pryd-nads~ plume; koll. feathers pl.; *en* ~ *i hatten* bildl. a feather in one's cap; *få -rar* get its (resp. their) feathers; *lysa med lånta -rar* strut in borrowed plumes **2** tekn. spring; *dra av* ~*n i klockan* overwind the watch

fjäder|beklädd *a* feather-covered, feathered, plumy **-beklädnad** plumage **-bolster** feather-bed **-buske** plume **-dräkt** plumage **-fä** poultry koll.; *ett* ~ a fowl **-fäskötsel** poultry keeping (farming) **-harv** spring-tooth harrow **-kudde** feather pillow **-lätt** *a* . . [as] light as a feather, feathery **-moln** cirrus (pl. cirri), cirrus cloud **-penna** quill äv. skriv- **-prydd** *a,* ~ *hatt* plumed hat **-vikt** sport. featherweight **-våg** spring balance

fjädra I *itr* vara elastisk be elastic (springy, resilient); ge efter äv. yield, give **II** *rfl* **1** kråma sig strut, swagger; göra sig till show off, *för* to **2** se *I* **fjädrande** *a* springy äv. om t.ex. gång, elastic, resilient **fjädring** spring system, springing, springs pl.; elasticitet elasticity, resilience

1 fjäll *-et* - mountain; i Skandinavien äv. fjeld; hög~ alp, high mountain; fara *till* ~*en* (~*s*) . . to (up into) the mountains. — Jfr *berg*[*s*]-

2 fjäll *-et* - zool. o.d. scale **fjälla I** *tr* fisk scale **II** *itr* peel, läk. om pers. desquamate; ~ [*av sig*] peel (scale) off

fjällandskap mountain (alpine) scenery, alpland **fjällbiten** *a, vara* ~ be crazy about mountains

fjällfisk scaly fish **fjällig** *a* scaly, scaled; *du är* ~ på näsan your skin is peeling off your . .

fjäll|-landskap, --lämmel se *fjällandskap* o. *fjällämmel*

fjällning scaling; läk. peeling, desquamation

fjäll|ripa ptarmigan **-räv** arctic fox **-sjö** mountain lake, mindre tarn

fjällskivling, *stolt* ~ parasol mushroom

fjäll|uggla snowy owl **-vandring** mountain walk **-vidd,** ~*er* a vast expanse of mountains **-växt** alpine plant

fjällämmel lemming

fjälst|er *-ret -er* [sausage] casing

fjär *a* stand-offish, distant

fjärd *-en -ar* bukt ung. bay

fjärde *räkn* fourth; *vara* ~ *man* kortsp. make a fourth; jfr *femte* o. sms. **-del** quarter, fourth [part]; *tre* ~*ar* three quarters (fourths) **-delsnot** mus. crotchet, amer. quarter-note **-delspaus** mus. crotchet (amer. quarter-note) rest **-ringare** pupil in the fourth form of the 'gymnasium'; jfr *gymnasium*

fjäril *-*[*e*]*n -ar* butterfly; natt~ moth **fjärilshåv** butterfly-net **fjärilsim** butterfly [stroke]; *simma* ~ do the butterfly stroke **fjärilslarv** caterpillar **fjärilsnatur** butterfly (flighty) nature

fjärma I *tr,* ~ *från* bildl. estrange (alienate) from **II** *rfl,* ~ *sig från* retreat (bildl. become alienated) from **fjärmare** *a* more distant (remote), remoter **fjärran I** *oböjl. a* distant, remote, far-off, far-away; *i* ~ *land* äv. far away; *F*~ *Östern* the Far East **II** *adv* far [away (off)]; *när och* ~ far and near; *det vare mig* ~ *att* inf. far be it from me to inf. **III** *oböjl. n* distance; *i* [*ett avlägset*] ~ in the [remote] distance **-ifrån** *adv* from afar

fjärr|blockering järnv. centralized traffic control **-fotografering** telephotography **-kontroll** remote control **-robot** long-range missile **-skådare** clairvoyant **-spaning** flyg. long-range reconnaissance; med radar early warning **-styrd** *a* remote-controlled; ~ *robot* guided missile **-trafik** long-distance traffic **-vapen** *pl* long-range weapons **-värme** district heating

fjärsing *-en -ar* weever

fjärt *-en -ar* fart **fjärta** *itr* fart

fjäsk 1 *-et 0* a) kryperi fawning, *för* on; beställsamhet fuss, *för* of, *med* about b) brådska bustle, *med* about **2** *-en -ar* se *fjäsker* **fjäska** *itr* **1** ~ *för* krypa för fawn on, crawl to, make up to; krusa för make a fuss of; ~ *med* make a fuss about, fuss over **2** brådska be in a bustle, bustle **fjäsk|er** *-ern -ar* inställsam toady; beställsam busybody **fjäskig** *a* **1** krypande fawning; överdrivet artig, beställsam officious, fussy **2** *det är inte så* ~*t* viktigt it's not all that important

fjät *-et* - footstep; tupp~ step

fjättra *tr* fetter, shackle; chain, *vid* to; ~*d vid sängen* bedridden, confined to bed **fjättrar** *pl* fetters, shackles; isht bildl. trammels

f-klav F clef

f. Kr. se [*före*] *Kristus*

flabb 1 *-et 0* skratt cackle **2** *-en -ar* person trifler **flabba** *itr* cackle, *åt* at **flabbig** *a* trivial

flack *a* **1** eg. flat äv. om kulbana, level **2** bildl.: grund shallow, ytlig superficial

flacka *itr* rove; ~ *och fara* be on the move; ~ *omkring* [*i*] roam (wander, F knock) about **flackande I** *-t 0* wanderings pl. **II** *a, en* ~ *blick* an unsteady gaze

flacktång flat pliers pl.

fladdermus bat **fladdra** *itr* flutter äv. bildl.; flaxa, flyga äv. flit; vaja äv. flap, om hår o. flagga stream; flämta äv. flicker; ~*nde lockar* flowing locks **fladdrig** *a* **1** löst hängande flapping **2** bildl. flighty, volatile

flag|a I *-an -or* flake; av slagg o. hud~ scale **II** *itr rfl,* ~ *sig* flake [off], scale (peel) off; ~ *av* [*sig*] come off in flakes

flageolett *-en -er* flageolet

flagg *-en 0* flag, ibl. colours pl.; *föra svensk* ~ fly the Swedish flag; *stryka* ~ strike one's flag, bildl. äv. lower one's colours; *segla under främmande (falsk* bildl.) ~ sail under a foreign flag (under false colours) **flagg|a I** *-an -or* flag; ss. nationalitetssymbol äv. ensign; *-or* koll. äv. bunting sg.; *hälsa med* ~*n* dip the flag **II** *itr* fly (display) a flag (resp. flags), put out flags, sjö. fly the colours; ~ *på halv stång* have one's flag at half-mast; *det* ~*s* [*för* . .] the flags are out [in honour of . .]

flagg|dag, *allmän* ~ day on which the national flag should be flown **-duk 1** tyg bunting **2** flagga flag **-kapten** flag-captain **-lina** flag halyard **-ning,** *påbjuda* ~ order flags to be flown **-prydd** *a* . . gay (decorated, dressed) with flags, . . full of flags **-skepp** flagship **-spel 1** flaggor ung. [row of] bunting **2** sjö., -stång flagstaff **-stång** flag|staff, -pole **-underofficer** [navy] warrant officer

flagig *a* flaky, scaly **flagna** o. **flagra** *itr* flake [off], scale (peel) off

flagrant *a* flagrant, friare obvious

flak *-et* - **1** is~ floe **2** last~ platform [body] **-vagn** open-sided waggon

flamingo *-n -s (-*[*e*]*r)* flamingo (pl. -[e]s)

flamländare Fleming **flamländsk** *a* Flemish **flamländsk|a** *-an* **1** pl. *-or* kvinna Flemish woman **2** pl. *0* språk Flemish

flamm|a I *-an -or* flame äv. bildl. **II** *itr* blaze, bildl. äv. flame; ~ *för* en flicka be sweet on . .; ~ *upp* äv. bildl. flame (blaze, flare) up **flammande** *a* blazing, bildl. äv. flaming; t.ex. om appell fiery; ~ *hat (hänförelse)* blazing hatred (flaming enthusiasm) **flammig** *a* [röd]fläckig blotchy; om färg patchy; vattrad waved, wavy; ådrig om trä wavy[-grained]

flams *-et 0* ung. silly behaviour; fnitter silly giggles pl. **flamsa** *itr* fool (monkey) about **flamsig** *a* silly; fnittrig giggly

flamsk *a* Flemish **Flandern** Flanders

flandrisk *a* Flemish

flanell *-en (-et) -er* flannel, bomulls~ äv. flannelette; byxor *av* ~ äv. flannel . . **flanellbyxor** *pl* flannel trousers, flannels **flanellograf** *-en -er* flannel board

flanera *itr, vara ute och* ~ be out for a stroll

flank *-en -er* flank äv. mil.; *angripa fienden i* ~*en* attack the enemy in the flank, attack the enemy's flank **flankanfall** flank[ing] attack **flankera** *tr* flank, mil., beskjuta från sidan äv. enfilade

flanör *-en -er* person [who likes] strolling about

flarn *-et 0, driva som ett* ~ float [about] like a cockleshell

flask|a *-an -or* **1** bottle; apoteks~ äv. phial; di~ [feeding] bottle; till bordställ cruet; t.ex. bastomspunnen flask; *en* ~ vin a bottle of . .; *han sa inte* ~ F he didn't say a thing (a word); *uppföda* barn *med* ~ bring . . up on the bottle; [*förvara*] *öl på -or* [keep] beer in bottles; *slå (tappa) på -or* bottle, från större behållare decant **2** av metall can

flask|barn bottle|-fed| baby **-formig** *a* bottle-shaped **-hals** bottle-neck isht bildl. **-post** message in a bottle |thrown into the sea| **-öl** bottled beer

flat *a* **1** eg. flat; jämn äv. even; ej djup shallow; ~ *tallrik* |flat (ordinary)| plate; *med ~a handen* with the flat of the (one's) hand **2** bildl.: a) häpen taken aback, flabbergasted; förlägen abashed b) efterlåten weak; indulgent, *mot* towards **flat|a** *-an -or* **1** flat side **2** se *handflata* **flatbottnad** *a* flat-bottomed **flathet** efterlåtenhet weakness, indulgency; slapphet softness **flatskratt** guffaw, horse-laugh **flatskratta** *itr* guffaw

flau *oböjl. a* H dull, slack, depressed

flax *-en 0* luck; *ha* ~ be lucky, click

flaxa *itr* flutter; vaja flap; ~ *med vingarna* flap (flutter) its (resp. their) wings; ~ *omkring* |*i*| flutter about äv. om pers. **flaxig** *a* ombytlig flighty; hafsig sloppy

flegma *-n 0* phlegm; friare impassiveness, impassivity, indifference **flegmatiker** phlegmatic person **flegmatisk** *a* phlegmatic; impassive

flektion se *flexion*

flera I *a* (äv. *fler*) talrikare more; *är vi inte* ~? aren't there any more of us?; *de är ~ än vi* they are more numerous than we are; ~ |*människor*| än vanligt more people . . **II** *pron* (äv. *flere*) åtskilliga several; ~ |*olika*| various, different; *vid ~ tillfällen* äv. on more than one occasion; ~ |*människor*| several (quite a few) people; *vi är* ~ |*stycken*| there are several of us; *på ~s begäran* at the request of several persons

fler|atomig *a* polyatomic **-barnsfamilj** large family **-cellig** *a* multicellular **-delad** *a* . . in several parts **-dubbel** *a* multiple, manifold; *-dubbla* varv several . .; *betala -dubbla beloppet* pay several times the price **-dubbla** *tr* multiply **-faldig** *a, ~a* pl. many, numerous; *~a gånger* many times |over|, time and again, frequently; *han är* ~ mästare he is many times . . **-faldiga** *tr* multiply; skrift o. dyl. manifold, duplicate **-falt** *adv* many times, |ever so| much **-familjshus** block of flats **-fasig** *a* polyphase . . **-färgad** *a* multicoloured, . . in several colours **-färgstryck** abstr. multicolour (process) printing; konkr. multicolour print **-motorig** *a* multi-engined **-sidig** *a* geom. polygonal **-siffrig** *a, ~t* tal . . running into several figures **-språkig** *a* polyglot . ., multilingual . .; *han är* ~ he speaks several languages **-stavig** *a* polysyllabic **-stegsraket** multi-stage rocket **-städes** *adv* in several places **-stämmig** *a* polyphonic, concerted; ~ *sång* sjungande part-singing, sångstycke part-song **-stämmigt** *adv,* sjunga ~ . . in parts **-tal 1** *~et* majoriteten the majority; *~et* |*människor*| most (the generality of) people; *i ~et fall* in most (the majority of) cases **2** *ett* ~ flera . . |quite| a number of . ., several . . **3** gram. plural; jfr *pluralis* **-årig** *a* several years' . . osv., jfr *mångårig;* bot. perennial

flesta *a, de* ~ a) fören. most b) fristående: flertalet the majority, av alla människor äv. most (the majority of) people, av förut nämnda personer el. saker most of them; *de ~ pojkar* most boys; *de* ~ |*av*| *pojkarna* most of the boys; den som gör *de ~ felen (flest fel)* . . |the| most mistakes; *de* ~ |*av de*| *närvarande* most of those present

flexion *-en -er* gram. inflection

1 flick|a *-an -or* girl, käresta äv. girl friend; känslobeton. lass; poet. maid|en|; *-orna Ek* the Ek girls (sisters)

2 flicka *tr* **1** ~ *ihop* patch . . up **2** ~ *in* se *inflicka*

flick|aktig *a* girlish **-ansikte** girl's (flickaktigt girlish) face **-bekant** girl friend **-bok** book for girls **-jägare** skirt-chaser **-namn** girl's name; tillnamn maiden name **-pension** girls' |boarding-|school **-scout** girl guide (amer. scout) **-skola** girls' school **-snärta** young thing; hon är bara *en* ~ . . a chit of a girl **-stackare** poor girl **-tid** girlhood; *under hennes* ~ äv. during her unmarried days **-tycke,** *ha* ~ be popular with the girls **-unge** little girl

flik *-en -ar* t.ex. på kuvert flap; hörn av plagg corner; kant edge; spets tip; udd point; lösryckt bit patch, shred; bot. lobe

flika *tr,* ~ *in* se *inflicka*

flikig *a* bot. lobate, laciniate|d|

flim|mer *-ret 0* flicker; hjärt~ fibrillation **flimmerhår** *pl* cilia **flimra** *itr* flicker, shimmer; *det ~r för ögonen på mig* everything is swimming before my eyes

flin *-et 0* grin, hånlöje sneer; skratt snigger, cackle **flina** *itr* grin, hånle sneer; skratta snigger, cackle, *åt* i samtl. fall at

fling|a *-an -or* flake

flink *a,* ~ |*av sig*| quick, *att* inf. at (in) ing-form; ~ *i benen* quick of foot, nimble on one's feet; *vara ~ i fingrarna* have deft fingers

flint *-en 0* se *flintskalle*

flint|a *-an -or* flint **flintglas** flint-glass **flinthård** *a* flinty **flintlåsgevär** flint-lock

flint|skalle bald head (pate); *ha* ~ have a bald head (pate), be bald **-skallig** *a* bald, bald-headed **-skallighet** bald-headedness

flint|sten flintstone **-yxa** flint axe

flirt osv. se *flört* osv.

flis|a I *-an -or* skärva, spån chip; splittra, sticka splinter; tunn bit flake **II** *tr,* ~ *sönder* splinter **III** *rfl* splinter **flisig** *a* splintery

flit *-en 0* **1** allm. diligence; idoghet industry,

intellektuell äv. application; trägenhet assiduity; *med all* ~ diligently **2** *med* ~ avsiktligt on purpose, purposely; överlagt deliberately; med vilja wilfully **flitig** *a* diligent; idog industrious, intellektuellt äv. studious; arbetsam hard-working; trägen sedulous, assiduous, om t.ex. biobesökare regular, habitual; verksam busy; ofta upprepad frequent; *en* ~ *arbetare* a hard worker, a hard-working man; *~t arbete* diligent work; *göra ~t bruk av* make frequent (diligent) use of; *~a händer* busy hands; *~a Lisa* bot. sultan's balsam **flitigt** *adv* diligently osv.; *arbeta* ~ vanl. work hard; *gå* ~ i kyrkan go frequently . .; *läsa* studera ~ study hard, be studious; *vara* ~ *använd* be much used

1 flock *-en 0* av ylle o.d. flocks pl.

2 flock *-en -ar* **1** allm. flock, av flygande fåglar äv. flight; av rapphöns covey; av vargar o.d. pack (alla m. of framför följ. best.); jfr *skara, skock; gå i* ~ bildl. follow the herd; vargar jagar *i* ~ . . in packs **2** bot. umbel **flocka** *rfl* o. **flockas** *itr. dep* flock [together], *kring* round **flockblomstrig** *a* umbelliferous **flocktals** o. **flockvis** *adv* in (by) flocks osv.

flod *-en -er* **1** river; bildl. flood, torrent; staden ligger *vid ~en Avon* . . on the river Avon **2** högvatten high (rising) tide, flood[tide]; *det är* ~ the tide is in; *~en avtar (stiger)* the tide is ebbing (flowing); *vid* ~ at high tide (water) **-arm** branch of a (resp. the) river **-bädd** river-bed **-häst** hippopotamus **-ljus** flood-light **-mynning** mouth of a (resp. the) river; bred, påverkad av tidvattnet estuary **-område** [river-]basin **-spruta** firefloat **-strand** river-bank, riverside **-tid,** *vid* ~ at flood-tide **-våg** tidal wave, tidvattens- äv. tide wave, i -mynning [tidal] bore; stört- äv. seismic sea-wave

1 flor *-et -* tyg gauze; slöja veil; jfr *sorgflor*

2 flor *n, stå i [sitt]* ~ blomma be in bloom, blomstra be flourishing **flor|a** *-an -or* flora äv. bok; *en rik* ~ mångfald *av* . . a great variety of . .

florbehängd *a* . . hung with crape

Florens Florence **florentinare** *s* o. **florentinsk** *a* Florentine

florera *itr* grassera be prevalent (rife, rampant), prevail; blomstra flourish

florett *-en -er* foil; *på* ~ at foil **-fäktning** foil fencing

florstunn *a* filmy

floskler *pl* tomt prat empty phrases

flossamatta pile rug (carpet)

1 flott *oböjl. a* sjö., *bli (få)* ~ get (get . .) afloat; *vara* ~ be afloat

2 flott I *a* stilig smart, stylish, F posh, swell; påkostad luxurious; frikostig generous; överdådig extravagant, lavish; *en* ~*[are]* middag a grand (F slap-up) . .; *vara* ~ *[av sig]* be free with one's money **II** *adv* smartly, luxuriously osv.; med glans without the slightest hitch; *leva* ~ live in great style

3 flott *-et 0* grease; stek~ dripping; ister~ lard; fett fat

1 flott|a *-an -or* **1** ett lands samtl. örlogs- o. handelsfartyg marine end. sg. **2** sjövapen navy **3** samling fartyg, flygplan fleet

2 flotta *tr,* ~ *ned* m. flott make . . greasy

3 flotta *tr* float, drive; ss. flotte raft **flottare** floater, [log-]driver; rafter, raftsman

flottbas naval base

flottbro floating bridge, raft-bridge **flott|e** *-en -ar* raft

flottfläck se *fettfläck*

flotthet frikostighet generosity

flottig *a* greasy

flottilj *-en -er* sjö. flotilla; flyg. wing **flottist** seaman

flottled floatway, floating channel **flottning** floating, driving; rafting **flottningschef** floating foreman **flottningsränna** log flume (shoot, chute)

flottpärla speck of fat

flottstation naval station

flottyr deep[-frying] fat **-koka** *tr* fry (cook) . . in deep fat; *-kokt* [deep-]fried

flottör float äv. flyg.

flox *-en 0* phlox

flug|a *-an -or* **1** fly, fiske. äv. artificial fly; dille craze, fad; *en* ~ *gör ingen sommar* one swallow does not make a summer; *ha ~n på* have a mania (craze) for; *slå två -or i en smäll* kill two birds with one stone; *fiska med* ~ fly-fish, fish with fly **2** kravatt bow-tie **-fiske** fly-fishing **-fångare** fly-catcher äv. bot., fly-trap

flugig *a* crazy

flug|larv fly-maggot **-smuts** fly-specks pl., fly-spots pl. **-smälla** [fly-]swatter **-snappare,** *grå (svartvit)* ~ spotted (pied) fly-catcher **-svamp,** *vanlig* ~ fly agaric; *lömsk* ~ death cap **-vikt** flyweight

fluid|um *-et -er (-a)* fluid, vätska äv. liquid

fluktuation fluctuation **fluktuera** *itr* fluctuate, vary

flundr|a *-an or* flat-fish; skrubb~ flounder **flundrefisk** flat-fish

fluor *-en 0* fluorine **fluorescens** *-en -er* fluorescence **fluorescera** *itr* fluoresce **fluor[id]era** *tr* dricksvatten fluoridate

fluss *-en -er* o. **-medel** flux

flusspat fluorite, fluor-spar

flust|er *-ret -er* i bikupa hive entrance; bräde alighting-board

1 fly *-[e]t -n* sjö. fluke

2 fly *a* se *odryg*

3 fly *adv,* ~ *förbannad* absolutely furious

4 fly *-dde -tt* **I** *itr* **1** ge sig på flykt fly, flee ('flydde', 'flytt' vanl. end. fled), *för* before, *från* from;

ta till flykten run away, take [to] flight, skynda undan äv. run; undkomma escape; jfr *rymma I; bättre ~ än illa fäkta* ung. discretion is the better part of valour; ~ *till* ett annat land äv. take refuge in . .; ~ *ur landet* flee (fly) the country; ~ *bort från (undan [för]) ngt* flee a th.; ~ *undan rättvisan* flee from justice **2** försvinna vanish, disappear; *-dda tider* bygone days **II** *tr* avoid, shun, eschew
flyende *a* på flykt fleeing, fugitive . .; *de* ~ the fugitives
flyg *-et 0* **1** ~väsen aviation, flying **2** ~plan plane, koll. planes pl.; *med (per)* ~ by air; *sända med* ~ post. äv. airmail; *ta ~et till . .* take the plane to . . **3** ~vapen air force
flyga *flög flugit* **I** *itr* fly, med flygplan äv. travel (go) by air; fladdra om t.ex. insekt äv. flit; rusa, störta äv. rush, dash, dart; *jag har aldrig flugit* vanl. I have never been up in the air; ~ *i luften* explodera blow up, explode; tiden *flög [i väg]* . . flew; ~ *på London* om flygbolag run services to London; ett leende *flög över hans ansikte* . . passed rapidly over his face; ~ *över Atlanten* fly [across] the Atlantic **II** *tr* fly; via luftbro airlift
III m. beton. part. **1** ~ *av* blåsa av fly off; lossna come off [suddenly] **2** ~ *emot* . . stöta emot fly [up] against . ., crash into . . while flying; till mötes fly to meet . . **3** ~ *i* se *2 fara [i]* **4** ~ *igen* stängas slam [to] **5** ~ *ihjäl sig* be killed in an air crash **6** ~ *in* itr. fly in; ~ *in mot* approach **7** ~ *omkring* fly (flit osv.) about (around), virvla äv. whirl round **8** ~ *på* rusa på fly at, attack, set upon **9** ~ *upp* fly up; rusa upp start (spring) up; öppnas fly open; *uppflugen* perched, *i, på* on **10** ~ *ur* lossna fly off; korken *flög ur* . . flew (went off); ordet *flög ur mig* . . escaped me **11** ~ *ut* fly out, *ur* of; *ungarna har flugit ut [ur boet] (är utflugna)* the young birds have left their nest[s], om barn the kids have left home **12** ~ *över* ett område fly over . .
flygambulans ambulance plane **flygande** *a* i div. bet. flying; ~ *reporter* roving reporter; *i* ~ *fläng* in a terrific hurry, in double quick time; ~ *start* flying start **flyganfall** air raid **flygardräkt** flying suit **flygare** flyer, flier, flyg. vanl. airman; *kvinnlig* ~ airwoman
flyg|aspirant air force cadet **-bas** air base **-bild** se *flygfoto* **-biljett** air ticket **-biten** *a, vara* ~ be crazy about flying **-blad** leaflet **-bolag** airline (airway) [company] **-bomb** aerial (aircraft) bomb **-bränsle** aviation fuel **-buren** *a* airborne **-certifikat** pilot's certificate (licence) **-division** squadron **-duglig** *a* om -plan airworthy **-ekorre** flying squirrel
flygel *-n flyglar* **1** wing äv. mil., polit. o. sport.; stänkskärm wing, mudguard, amer. fender **2** mus. grand [piano] **-byggnad** [detached] wing
flyg|elev pilot in training **-eskader** group, amer. air division **-fisk** flying fish **-flottilj** wing **-formering** flight formation **-foto** bild air (aerial) photo[graph] **-frakt** air-freight **-fyr** airway beacon **-fä** winged insect **-fält** airfield **-färdig** *a* om fågel fledged; *inte* ~ unfledged **-förare** [air] pilot **-förbindelse** plane connection; -trafik air service **-förbud,** *utfärda* ~ *för* ground **-hastighet** flying (air) speed **-haveri** aircraft crash **-hjälm** airman's (flying) helmet **-höjd** flying altitude **-industri** aircraft (aviation) industry **-ingenjör** aeronautical engineer **-kapten** pilot **-karta** aviation map; flygfoto- aerial (air survey) map **-konst** aviation, [art of] flying **-kropp** fuselage **-larm** [air-raid] warning (alarm), alert **-ledes** *adv* by air, post. by airmail **-ledning,** ~*en* mil. the Air Force Headquarters sg. el. pl. **-linje** airline, airway **-lägenhet,** *två* ~*er i veckan* twice-weekly flights; *med första* ~ by the first [available] plane **-lärare** flying instructor **-maskin** se *-plan* **-medicin** aviation medicine, aeromedicine **-mekaniker** air[-craft] mechanic **-motor** aircraft engine **-myra** winged ant **-ning 1** flygande flying, -verksamhet äv. aviation; *avancerad* ~ aerobatics; *under* ~ while flying **2** -färd flight, -färder flights pl. **-nät** network of airlines **-officer** air-force officer **-olycka** [air] crash; mindre flying accident **-parad** fly-past **-passagerare** air passenger **-personal** air personnel **-plan** aircraft (pl. lika), aeroplane, amer. airplane; F plane; stort trafik~ airliner
flygplans|fabrik aircraft (aeroplane, airplane) factory **-fåtölj** reclining chair **-förare** [air] pilot
flyg|plats airport, aerodrome, amer. airdrome **-post** airmail **-räddningstjänst** air rescue service **-sand** shifting sand[s pl.] **-signalist** aircraft wireless operator **-sinnad** *a* air-minded **-sjuk** *a* air-sick **-sjuka** air-sickness **-skola** flying (aviation) school **-skrift** se *-blad* **-spanare** [air] observer **-spaning** air reconnaissance **-sport,** ~*[en]* flying, aviation **-stridskrafter** *pl* -vapen air force sg.; *[stora]* ~ [large numbers of] aircraft pl. **-styrman** co-pilot, second pilot **-teknik** aeronautical technics, aviation [engineering] **-teknisk** *a* aerotechnical **-tid** flying time **-trafik** air traffic (service) **-transport** air transport (~erande transportation) **-tur** flight **-uppvisning** air show **-utbildning** flying training **-vana,** *ha* ~ *(vara flygvan)* be used (accustomed) to flying **-vapen** mil. air force **-väder** flying weather **-värdinna** air-hostess **-väsen** aviation, flying **-ödla** pterodactyl
flyhänt *a* quick, . . quick at one's work
1 flykt *-en -er* flygande flight äv. bildl.; schvung

verve; *gripa tillfället i ~en* take time by the forelock; skjuta en fågel *i ~en* . . on the wing

2 flykt *-en 0* flyende flight; rymning escape; *vild ~* headlong flight, isht mil. rout; panikartad stampede; *~en från landsbygden* the flight from the country; *driva (jaga, slå) på ~en* put to flight, isht mil. rout; *vara stadd på ~* be fleeing, be on the run; *gripa (ta) till ~en* take [to] flight, friare take to one's heels; han dog *under ~en* . . during his flight **-försök** attempted escape; *göra ett ~* vanl. make an attempt to escape

flyktig *a* **1** kortvarig fleeting; övergående passing, transient, transitory; i förbigående casual; föga ingående cursory; *en (vid en) ~ bekantskap* a casual (on a passing el. cursory) acquaintance; *en ~ blick* a cursory (fleeting) glance **2** ombytlig inconstant, fickle, flighty **3** kem. volatile **flyktighet 1** ombytlighet fickleness, flightiness **2** kem. volatility

flykting refugee; flyende fugitive **flykting[s]-läger** refugee camp **flyktingström** stream of refugees

flyt|a *flöt flutit* **I** *itr* **1** bäras av vätska float äv. om simmare; ej sjunka äv. swim; ngt *har flutit i land* . . has been washed (has floated) ashore; stockar *-er med strömmen* . . are floating with (carried along by) the current **2** rinna flow; löpa ledigt, om t.ex. samtal flow, gå smidigt run smoothly (well); *allting -er* all things change; *det kommer att ~ blod* blood will be shed; *ett land som -er av* mjölk och honung a land flowing with . . **3** ha vätskeform be fluid, om t.ex. bläck run

II m. beton. part. **1** *~ bort* float (resp. flow) away; *~ bort med* strömmen be carried away by . . **2** *~* rinna *fram* flow along (forward) **3** *~ i,* färgerna *-er i varandra* . . run into each other **4** *~ ihop* a) om floder meet b) bli suddig become blurred **5** *~ in* a) eg., *~ in i* en sjö flow (run) into . . b) inbetalas be paid in, skänkas come in c) publiceras be inserted, appear **6** *~ ovanpå, vilja ~ ovanpå* try to be superior **7** *~ samman* se *~ ihop* **8** *~ upp* come (rise) to the surface **9** *~ ut* a) mynna flow out; *~ ut i* . . fall (flow) into . . b) sprida sig spread; bli suddig become blurred

flytande I *a* **1** på ytan floating; *hålla det hela ~* keep things going; *hålla sig ~* keep oneself afloat (bildl. äv. above water) **2** rinnande flowing äv. bildl., t.ex. om stil running; bildl. äv., isht om tal fluent **3** i vätskeform liquid, ej fast fluid; *~ föda* liquid food, slops pl. **4** vag vague, fluid **II** *adv* obehindrat fluently **flytdocka** floating dock **flytförmåga** skeppsbygg. buoyancy **flytning** läk. discharge; *~ar* från underlivet the whites, leucorrhea sg.

flytta I *tr* **1** ~ på move, placera om äv. shift **2** förlägga till annan plats transfer, *till* to; ~ bort, transportera remove **3** *bli ~d* uppflyttad, skol. be moved up **4** i spel move; *det är din tur att ~* äv. it is your move

II *itr* **1** byta bostad move; lämna sin bostad move [out]; lämna en ort (anställning) leave; om fåglar migrate; *~ från* staden leave . .; *~ till utlandet (sin bror)* vanl. go to live abroad (with one's brother); *~ ur landet* leave the country **2** *få ~* till högre klass, skol. be moved up **3** *~ på* se *I 1*

III *rfl, ~ [på] sig* move; ändra läge shift one's position; maka åt sig make way (room); *inte ~ sig* en tum not budge . .

IV m. beton. part. **1** *~ bort* tr. move . . away, remove, bära bort carry (take) away **2** *~ fram* **a)** tr. move . . forward; *~ fram stolen till* brasan draw (bring) the chair up to . .; *~ fram ngt [en vecka]* uppskjuta put off (postpone) a th. [for a week], förlägga till tidigare datum bring a th. forward [for a week]; *~ fram klockan en timme* put the clock on an hour **b)** itr. move up **3** *~ ihop* a) tr. put (move) . . together; *~ ihop sig* se *maka [ihop sig]* b) itr. go to live together **4** *~ in* a) tr., *~ in stolen i* . . omplacera move the chair into . .; jfr vid. *ta [in]* b) itr. move in, invandra immigrate; *~ in i* ett hus move into . .; *~ in till staden (en stad)* move into town (to a town) **5** *~ ned* a) tr.: omplacera move . . down (jfr vid. *ta [ned]*); sänka lower; sport. relegate; *bli nedflyttad* sport. be relegated, go down; skol. be moved down b) itr. move down **6** *~ om* omplacera move (shift) . . about, rearrange; ändra ordningen på transpose, matem. invert **7** *~ upp* a). tr.: omplacera move . . up (jfr vid. *ta [upp]*); höja raise; sport. promote; *bli uppflyttad* sport. be promoted, go up; skol. be moved up b) itr. move up **8** *~ ut* a) tr.: omplacera move . . out, *ur* of (jfr vid. *ta[ut]*) b) itr. move out, *ur* of; utvandra emigrate; *~ ut på landet* move out into the country **9** *~ över* a) tr. move, shift, föra över äv. transfer äv. bildl., frakta över convey, transport b) itr. move, *till* to

flytt|bar *a* movable; bärbar portable; ställbar adjustable **-bil** furniture (removal, amer. moving) van **-block** erratic block (boulder) **-fågel** bird of passage, migratory bird, migrant **-karl** [furniture] remover, amer. mover **-lass** vanful (vanload äv. fordon) of furniture **-ning 1** flyttande på moving; transport av t.ex. möbler removal; förflyttning transfer **2** byte av bostad removal; anmäla *~* . . change of address; *uppsagd till ~* under notice to quit; vi förlorade den *under ~en* . . when we moved **3** fåglars migration **4** skol. remove, *till* to

flyttnings|betyg för folkbokföringen certificate of change of address **-dag** moving day **-ersättning** grant towards (allowance for) moving-expenses **-tid** fåglars migratory season

flyttsaker *pl* under transport furniture sg. [that

is] (things [that are]) being removed

flytväst life-jacket, buoyancy jacket, amer. äv. life vest

flå *-dde -tt tr* skin, isht större djur äv. flay; ~ *skinnet av* . . djur skin . .; t.ex. korv strip the skin off . .

flåsa *itr* puff [and blow], breathe hard (heavily); flämta pant; *~nde av* ansträngning breathless with . .

fläck *-en -ar* allm. spot; ställe äv. patch; smuts~: av något fuktigt äv. stain, av något kladdigt smear, av t.ex. sot smut, stor oregelbunden blotch, liten speck; märke äv. mark; på djurhud äv. patch, mindre speckle; på t.ex. frukt äv. speck, av stöt bruise; missfärgning discoloration; litet område patch [of ground]; skam~ stain; *en bar* ~ a bare patch (spot); *en* ~ på näsan a smudge . .; *röd* ~ på hud red spot (patch), blotch; *leopardens ~ar* the leopard's spots; *det blir fula ~ar efter (av)* grädde . . makes (leaves) ugly stains; *sätta ~ar på* duken make stains ([dirty] marks) on . ., smutsa ned make a mess of . .; *ta ut ~ar [ur]* remove spots (stains) [from]; *ta åt sig ~ar* stain [easily]; *på ~en* genast on the spot; *vi står på samma* ~ bildl. we are still where we were; *jag får honom inte ur ~en* I can't move (budge) him; *vi kommer inte ur ~en med* arbetet we are not getting on (anywhere) with . .; *han rörde sig inte ur ~en* he didn't budge (move)

fläcka I *tr* bildl. stain, sully; ~ *ned* ngt stain . . [all over]; ~ *ned sig* get oneself (på kläderna one's clothes) [all] stained (soiled) **II** *itr*, ~ *ifrån sig* make (leave) stains

fläck|feber se *-tyfus* **-fri** *a* spotless, stainless äv. bildl.; oförvitlig immaculate **-ig** *a* **1** nedfläckad, smutsig spotted, stained, soiled, dirty **2** med fläckar spotted, spräcklig speckled **-tvål** detergent soap **-tyfus** typhus (jail) fever **-uttagning** spot (stain) removal **-uttagningsmedel** o. **-vatten** spot (stain) remover **-vis** *adv* in patches (places), here and there

fläder *-n flädrar* elder **-buske** elder bush **-bär** elderberry

flädermus bat

fläderte elder-tea

fläk|a *-te -t tr* split; ~ *upp* split (m. t.ex. kniv slit) . . open; *uppfläkt* om skjorta . . open down the front

fläkt *-en -ar* **1** vindpust breath [of air], breeze; schvung verve; *en* ~ *av* romantik an air of . .; *en frisk* ~ a breath of fresh air, bildl. a breeze; *milda ~ar* balmy breezes; *inte en* ~ *rörde sig* not a breath was stirring **2** ventilator fan, i maskiner, motorer äv. blower **fläkta I** *tr* fan; ~ *bort* fan away **II** *itr*, *det ~r [litet]* there is a light breeze; ~ *på ngn* fan a p. **III** *rfl* fan oneself **fläktrem** fan belt

flämta *itr* **1** andas häftigt pant, puff; ~ [*av* iver] gasp [with . .] **2** fladdra flicker (äv. ~ *till)*

flämtning (jfr *flämta*) **1** pant, gasp **2** flicker

fläng *-et 0* jäkt bustle, bustling; spring running to and fro; *i flygande* ~ in a terrific hurry, in double quick time **fläng|a** *-de -t* **I** *tr* strip, *av* off **II** *itr*, [*fara (flyga) och*] ~ be dashing (rushing) about

fläns *-en -ar* flange **flänsad** *a* flanged

flärd *-en 0* fåfänglighet vanity; ytlighet frivolity; prål luxury, show, ostentation **-fri** *a* unaffected, artless, simple; anspråkslös modest, unpretentious, unostentatious; *hans ~a väsen* his simple ways pl. **-frihet** artlessness; simplicity; modesty **-full** *a* fåfäng vain; nöjeslysten frivolous; prålsjuk showy, ostentatious **-fullhet** vanity osv., jfr *flärd*

fläsk *-et 0* färskt pork; saltat el. rökt sid~ o. rygg~ bacon **-filé** fillet (amer. tenderloin) of pork **-flott** dripping of pork (resp. bacon) **-hare 1** boneless loin of pork **2** se *-filé* **-ig** *a* porky, fleshy **-karré** loin of pork **-korv** pork sausage **-kotlett** pork chop **-lägg** fram hand (bak knuckle) of pork; tillagad ung. boiled pickled pork **-pannkaka** pancake with pork (resp. bacon) cut in dice **-skiva** slice of pork (resp. bacon) **-stek** se *grisstek* **-svål** bacon rind **-tärningar** *pl* dice of pork (resp. bacon)

flät|a I *-an -or* plait, braid, hårt flätad äv. pigtail; bakverk o. tobaks~ twist; *hon har -or* she wears [her hair in] plaits (braids) **II** *tr* plait, braid; t.ex. korg äv. weave; krans o.d. twine; ~ *korgar* plait (make) baskets; ~ *ihop* eg. plait . . together, interplait, interlace; ~ *in* plait . . in, isht bildl. intertwine, interweave; ~ *in ngt i* . . plait a th. in . ., interlace (interweave äv. bildl.) . . with a th., bildl. äv. weave a th. into . .; ~ *in sig i varandra* get entwined [together], get matted; ~ *samman* se ~ *ihop; sammanflätade bokstäver* interlacing letters; ~ *upp* unplait **flätverk** av vidjor o.d. wicker-work end. sg.; till staket o.d. wattle; mönster interlacing pattern

flöda I *itr* flow äv. bildl.; ymnigt stream äv. om ljus, pour; vinet *~de* . . flowed freely (like water); ~ *av* . . abound with . .; ~ *över* flow over, om flod äv. overflow; ~ *över av* tacksamhet overflow (brim over) with . .; jfr *överflöda* **II** *tr* tekn. prime **flödande** *a* bildl.: t.ex. vältalighet flowing, fluent; t.ex. fantasi abounding, exuberant **flöde** *-t -n* flow

flöj|el *-eln -lar* vane

flöjt *-en -er* flute; *blåsa (spela)* ~ play the flute **-blåsare** flute-player **-ist** flutist, flautist **-lik** *a* flute-like, fluty **-ton** flute-like tone (note)

flört *-en 0* **1** flirtation äv. bildl. **2** pers. flirt **flörta** *itr* flirt äv. bildl., *med* with **flörtig** *a* flirtatious, flirty

flöte *-t -n* float; *bakom ~t* F stupid, daft

flöts *-en -er* seam
f.m. förk. a.m., se vid. *förmiddag[en]*
f-moll F minor
FN se under *förent*
fnas *-et 0* shuck, skal äv. husks pl. **fnasig** *a* narig chapped, chappy
fnask *-et -* gatflicka prostitute, tart
fniss *-et 0* o. **fnissning** se *fnitter* **fnissa** *itr* se *fnittra*
fnitt|er *-ret 0* giggle[s pl.] **fnittra** *itr* giggle, titter, *åt* at **fnittrig** *a* giggling, giggly
fnoskig *a* dotty
fnurr|a *-an -or, det har kommit en ~ på tråden mellan dem* they have fallen out [with each other] **fnurrig** *a* bildl. grumpy, morose
fnys|a *-te (fnös) -t itr* snort, *av* ilska with . .; *~ åt* föraktfullt sniff at **fnysning** snort
fnöske *-t -n* tinder, touchwood
foajé *-n -er* foyer fr., lobby; artist~ green-room
fob *adv* H f.o.b.
fock *-en -ar* sjö. foresail
focka *tr* avskeda sack; avpollettera kick . . out
fock|mast foremast **-skot** foresheet
1 fod|er *-ret -er* **1** i kläder o. friare lining; *sätta ~ i* line; *med ~ av* . . lined with . . **2** bot. caly|x (pl. äv. -ces)
2 foder *fodret 0* ~medel feed[ing]stuff, forage; isht torrt fodder, feed; *ge korna ~* feed the cows, give the cows a feed **-beta** fodder-beet
foderblad sepal
foder|bord feeding passage **-brist** shortage of feed[ing]stuff **-enhet** feed-unit **-häck** feed rack **-kaka** (äv. *-kakor*) cattle-food cake **-medel** feed[ing]stuff, koll. äv. forage **-skörd** fodder-crop, forage-crop **-säd** feeding grain **-växt** fodder-plant, forage-plant
1 fodra *tr* sätta foder i line; *~de kuvert* lined envelopes
2 fodra *tr* mata feed, fodder, give . . a (its, resp. their) feed; *~ ett djur med kött* feed an animal on meat
fodral *-et -* case; av tyg o.d. cover
1 fog *oböjl. n, ha [fullt] ~ för ngt (för att* inf.*)* have [every (ample)] reason for a th. (to inf. el. for ing-form); *med fullt (allt) ~* with good reason, with [perfect] justice; *antagandet har ~ för sig* the assumption is reasonable
2 fog *-en -ar* joint, seam; *knaka (lossna) i ~arna* creak (loosen, get loose) at the joints, bildl. be shaken to its (resp. their) foundations
foga I *tr* **1** förena m. fog join, *i (vid)* to; friare o. bildl. add, bilaga o.d. attach, *till* to; *~ in* m.fl. se *infoga* osv. **2** avpassa suit, accommodate, *efter* to **3** *ödet har ~t det så, att* . . fate has ordained [it] (would have it so) that . . **II** *rfl* **1** underkasta sig, böja sig give in, yield, *efter ngn* to a p.; *han ~de sig alltid efter henne[s nycker]* he always humoured her; *~ sig efter bestämmelserna* comply with (conform to) the rules; *~ sig efter omständigheterna* accommodate (suit) oneself to circumstances; *~ sig efter andras vanor* fall (fit) in with other people's ways; *~ sig i sitt öde* resign oneself (yield, submit) to one's fate **2** falla sig, *det har ~t sig så (så att . .)* things have turned out [in] that way (come about in such a way that . .) **3** *~* ansluta *sig till* join [itself (resp. themselves)] on to, link (connect) on to
fogd|e *-en -ar* hist. ung. sheriff, bailiff
foglig *a* medgörlig accommodating, amenable; eftergiven, undfallande compliant **-het** accommodatingness, amenability, amenableness; compliancy
fogstryka *tr* point
fogsvans handsaw
fokus *-foci (-en -ar)* foc|us (pl. -i el. -uses)
fold|er *-ern -er[s] (-rar)* folder, *över* on (about)
foliant folio (pl. -s) **folie** *-n -r* foil; plast~ äv. film, sheet[ing] **foliera** *tr* **1** belägga m. folie foil, spegelglas äv. silver **2** numrera foliate **foliering** (jfr föreg.) **1** foiling; silvering **2** foliation **folio** *oböjl. r* el. *n* folio; *i ~* in folio **folioark** folio [sheet] **folioformat** folio [size]; *i ~* in folio
folk *-et -* **1** nation, medborgare people, ibl. nation; invånare äv. inhabitants pl., *i* in (of); *hela ~et* the entire population, the whole nation
2 *~et* de breda lagren the [common] people pl.; *Folkets hus (park)* ung. the People's Palace (Park); *en man (kvinna) av ~et* a man (woman) of the people
3 människor people pl., F o. isht amer. äv. folk[s] pl.; *mycket ~* many people; *vanligt ~* ordinary people, vem som helst äv. the man in the street; *leva som ~* live like civilized beings (a civilized being); sitt *som ~!* ordentligt . . properly!; *som ~[et] är mest* like the ordinary (general) run of people; *det finns ~ som tycker att* . . some people (there are those who) think that . .; *~ säger att* . . they say (it is said) that . .; *om ~ fick veta (reda på) det* if that should get about; *det blir nog ~ av honom till sist* he will turn out all right in the end; *jag skall nog göra ~ av honom* I'll make a man of him (lära honom skick och fasoner teach him manners); *har du inte sett ~ förr?* what are you staring at?; *~ och fä* människor o. djur man and beast; *det är skillnad på ~ och ~ (fä)* there are people and people
4 tjänste~ servants pl.; arbetare men, hands båda pl.; på kontor o.d. staff [of assistants]; manskap: mil. men pl., sjö. crew; *ha för lite ~* ofta be short-handed (under-staffed), sjö. be un-

dermanned
olk|bibliotek [free] public library **-bil** f. gemene man people's car; populär popular car **-bildning 1** undervisning adult education **2** bildningsgrad standard of general education **-bildningsarbete** = *-bildning 1* **-bokföring** national registration **-dans** folk-dance; folk-dancing; jfr *dans* **-danslag** team of folk-dancers **-demokrati** people's democracy **-domstol** people's court **-dräkt** national (peasant) costume **-etymologi** popular etymology **-fattig** *a* thinly (poorly, scantily) populated **-fest** national (folklig popular) festival **-front** popular front **-förbund** confederation; *Folkförbundet* the League of Nations **-försörjning** national food supply **-hav** vast crowd [of people] **-hem,** *~met* ung. the People's Home **-hjälte** national hero **-hop** crowd (pöbel- mob) [of people] **-humor** folk (popular) humour **-hushållning** national economy **-hälsa** public health **-högskola** folk high-school **-ilsken** *a* vicious, friare savage **-kyrka** national church **-ledare** leader of the people **-lig** *a* nationell national; populär, allmoge- m.m. popular; demokratisk democratic; folkvänlig affable **-lighet** popularity; affability **-liv** gatu-street life; *han betraktade ~et [på gatan]* he looked at the crowds [in the street] **-livsskildring** picture of the life [and manners] of the [common] people
folklo|r|e| *-ren 0* folklore **folkloristisk** *a* folkloric
folk|lynne national character **-massa** crowd [of people] **-mening,** *~[en]* public (popular) opinion **-minskning** decrease in (of) [the] population **-mord** genocide **-musik** folk music **-mängd 1** antal invånare population **2** -massa crowd [of people] **-möte** public (popular) meeting **-nöje** popular entertainment (amusement) **-omröstning** popular vote, referendum referendum, plebiscit plebiscite; *anordna en ~* take a popular vote (a referendum), hold (take) a plebiscite **-opinion,** *~[en]* public (popular) opinion **-park** people's [amusement] park **-partiet** ung. the Liberal Party **-partist** member of the Liberal Party **-pension** old-age pension **-pensionering** [general] old-age pension scheme **-pensionär** old-age pensioner **-polis** people's police **-ras** race [of people] **-representant** i parlament representative of the people **-republik** people's republic **-resning** popular rising **-rik** *a* populous, densely populated **-räkning** census [of population] **-rätt,** *allmän ~* [public] international law **-rättslig** *a, ~a frågor* questions of international law **-rörelse** popular (nationell national) movement
folk|saga folk-tale, legend **-samling** crowd, gathering of people; *det blev (uppstod) [en] ~* a crowd of people collected **-sjukdom** national (friare widespread) disease **-skockning** se *-samling* **-skola** elementary school **-skoleseminarium** [elementary-school teachers'] training college, amer. normal school **-skollärare** elementary-school teacher **-skollärarexamen** elementary-school teacher's examination (betyg certificate) **-skygg** *a* unsociable, retiring; shy äv. om djur **-skygghet** unsociability, shyness **-slag** nation, people **-spillra** remnant of a nation (people) **-stam** [racial] group; ras race **-styrd** *a* democratically governed **-styre[lse]** democracy **-stämning** public feeling **-sång** national- national anthem **-sägen** -saga popular legend **-talare** popular speaker (orator) **-tandvård** national dental service **-tom** *a* om gata, lokal o.d. deserted, . . empty of people; om trakt o.d.: sparsely inhabited, avfolkad depopulated **-ton,** *en visa i ~* a folklike song **-tribun** tribune **-tro** popular belief **-trängsel** crowd[s pl.] [of people] **-täthet** density of population **-universitet** folk university, University Extension Organization **-upplaga** popular edition **-upplopp** riot **-uppviglare** popular agitator **-vald** *a* popularly elected **-vandring** [general] migration; *den stora* germanska *~en* the Great Migration, the Germanic Invasions pl. **-vandringstiden** the era of the Great Migration (the Germanic Invasions) **-vett** [good] manners pl. **-vilja,** *~n* the will of the People **-vimmel** throng, [swarming] crowd [of people] **-visa** folk-song, ballad **-välde** democracy **-ökning** increase in (of) [the] population
f.o.m. se *från [och med]*
fon pl. - akustisk enhet phon
1 fond *-en -er* bakgrund background, teat. äv. back [of the stage]; *första radens ~* the dress-circle centre; *i ~en* teat. äv. upstage
2 fond *-en -er* kapital fund, stiftelse äv. foundation; *bolagets [egna] ~er* the capital accounts of the company; *en rik ~ av humor* a large fund (rich store) of humour **-börs** stock exchange
fonddekoration back-drop
fondemission bonus (scrip) issue, issue of bonus shares **fondera** *tr* fund
fondloge box facing the stage
fondmäklare stock-broker
fonem *-et -* språkv. phoneme **fonetik** *-en 0* phonetics **fonetiker** phonetician **fonetisk** *a* phonetic **fonologi** *-[e]n 0* phonology
fontanell *-en -er* fontanel[le]
fontän *-en -er* fountain
forcera *tr* **1** allm. force; påskynda speed up; *~d* intensifierad äv. intensified; *i ~t tempo* at an accelerated (a quickened) tempo, at

top-pressure speed **2** chiffer break **forcerad** *a* ansträngd forced, strained; överdriven overdone, exaggerated; konstlad affected; jfr äv. ex. under *forcera 1* **forcerat** *adv* forcedly, in a forced osv. way; *arbeta* ~ be working at top pressure

fordom I *adv* in times past, in days of old; högt. in days of yore, in bygone days **II** *oböjl. n, från* ~ from former (ancient) times **-dags** *adv* se *fordom I* **-tima** *adv* o. *s* se *fordom*

fordon *-et* - vehicle

fordra *tr* **1** m. personsubj.: begära, kräva demand, *ngt av ngn* a th. of (from) a p.; yrka på insist [up]on; göra anspråk på [som sin rätt] claim; lydnad o.d. exact; *han ~r mycket* he demands (expects) a great deal, är mycket fordrande äv. he is very exacting; *förstår du vad man ~r av dig?* do you understand what is required (förväntar expected) of you?; ~ *att ngn lämnar (skall lämna) rummet* insist upon a p.'s leaving (require a p. to leave) the room; ~ *räkenskap av ngn* call a p. to account; *jag har 10 kronor (ingenting) att* ~ *av honom* I have a claim of 10 kronor (no claims [to make]) on him; ~ *igen (tillbaka)* demand . . back, ask (request) to have . . returned; jfr *infordra* **2** m. saksubjekt: erfordra, tarva require, behöva äv. want, påkalla äv. call for; påbjuda prescribe; *arbetet ~r stor omsorg* äv. the task demands a great deal of care; *saken ~r vår uppmärksamhet* äv. the matter claims our attention; *vanlig hövlighet ~r att . .* ordinary civility prescribes (demands) that . .

fordran - *0* (jfr *fordringar*) **1** allm. demand, *på ngn* on a p., *på [att få]* for; krav äv. requirement, *på ngn* in a p.; *den första* ~ *på en lärare är . .* the first thing you expect (demand) of a teacher is . . **2** penning~ claim; debt; *ha en* ~ *på 100 kronor på (hos) ngn* have a claim on a p. for 100 kronor; *indriva en* ~ collect a debt **fordrande** *a* exacting, . . exacting in one's demands, krävande äv. exigent; anspråksfull pretentious **fordras** *itr. dep* behövas be needed osv., jfr *behövas*

fordringar *pl* **1** allm. demands; anspråk claims; vad som erfordras requirements; *~na för att bli antagen* the requirements for admission; *hans* ~ *i examen är . .* what he expects (demands) of candidates for examination is . .; *[motsvara] alla nutida* ~ [come up to] all modern requirements; *ha stora (för stora)* ~ *på livet* ask a lot (too much) of life; *ställa stora* ~ *på ngn (ngt)* make heavy (great) demands on a p. (a th.), demand a great deal of a p. (a th.) **2** penning~ claims; debts; jfr *fordran 2* **fordringsägare** creditor

forehand *-en 0* forehand; slag äv. forehand stroke

forell *-en -er* trout (pl. lika)

form *-en* **1** pl. *-er* allm. form, fason, skapnad äv. shape, snitt äv. make, cut, språkv. äv. voice (jfr ex.), [under]art äv. variety, kind; aggregationstillstånd state, konsistens äv. consistency; *hennes runda (yppiga)* ~*er* her ample curves (buxom charms); *förlora* ~*en* lose [its] shape; *hatten har förlorat ~en (sin ~)* the hat is out of shape; *ta* ~ take shape; *ta fast[are]* ~ assume a [more] definite shape; *[an]taga ~en av* take (assume) the form (shape) of; *för ~ens skull* for form's sake; *bara för ~ens skull* merely as a matter of form; *i aktiv* ~ språkv. in the active voice; *i bestämd* ~ språkv. in the definite form; *i bunden* ~ versifierad in poetry; *i fast* ~ in solid form, solid; *i* ~ *av* a) t.ex. ett ägg in the shape of b) t.ex. en dagbok in the form of c) t.ex. ånga in the state of; *hålla på ~en (~erna)* stand on ceremony, be a stickler for etiquette, be punctilious; *till ~en* in form (shape); *under övliga (högtidliga) ~er* with [the observance of] the customary forms and ceremonies

2 pl. *0* sport. o. friare form; *inte vara i (vara ur)* ~ be out of (not be in [good]) form, friare äv. be [a little] out of sorts (off colour); *i god (fin)* ~ in good (great) form

3 pl. *-ar* gjut~ o. bildl. mould; kok.: porslins~ dish, basin, eldfast casserole, bleck~ [baking] tin; *stöpt i samma* ~ made after the same pattern

forma *tr* allm. form, gestalta shape, utarbeta, avfatta äv. frame, ge form åt, utforma, fasonera äv. model, fashion, isht i [gjut]form, men äv. friare, särsk. dana mould, *till* i samtliga fall into; ~ *sig* form (shape, mould) itself (resp. themselves), *till* into; *det hela ~de sig till en hyllning till . . (till en kritik över . .)* the whole thing took the form of a homage to . . (resolved itself into a criticism on . .); ~ *till=forma;* jfr *utforma*

formalin *-et (-en) 0* formalin

formalism formalism **formalist** formalist, stickler for forms **formalistisk** *a* formalistic **formalitet** *-en -er* formality, form; ~*er* byråkratiskt pedanteri red tape sg.; *det är en ren* ~ it is only a matter of form; *utan ~er* without formality (ceremony)

format *-et* - size, om bok äv. format fr., om personlighet o.d. äv. calibre; *i stort* ~ äv. large-sized **formation** formation

form|bar *a* formable, mouldable, plastic **-barhet** plasticity, mouldability **-bröd** tin loaf

form|el *-eln -ler* formul|a (pl. -ae el. -as) **formell** *a* formal, konventionell äv. conventional; *ett ~t fel* an error of form, a technical error; *~t subjekt* formal (grammatical)

subject; *ha ~ begåvning* have a gift for (vara formellt skicklig be a master of) form: *i ~t avseende* formally
orm|enlig *a* . . correct (regular) in form **-enligt** *adv* correctly
ormera *tr* **1** vässa sharpen **2** mil. ~ |*sig*| form, *till* into **formering 1** av penna sharpening **2** mil. formation
orm|fattig *a* . . with few forms (varieties, språkv. inflections) **-fel** error of form, technical error **-fulländad** *a* . . perfect in form **-fulländning** *~en 0* i form perfect form; i stil finished style **-givare** designer **-givning** designing; modell, mönster design
ormlig *a* **1** i vederbörlig form formal, . . in due form **2** verklig actual, real, positive, veritable; riktig regular, absolute; uttrycklig express **formligen** *adv* direkt absolutely, downright; bokstavligen literally; faktiskt actually, really; riktigt regularly; rent av positively, simply **formligt** *adv* se *formligen*
orm|lära språkv. accidence **-lös** *a* mera eg. formless, shapeless, friare vague, indistinct, ill-defined **-rik** *a* attr. . . possessing a large number of forms (varieties); språkv. highly inflectional **-rikedom** abundance of forms (språkv. inflections) **-sak** matter of form, formality **-sinne** sense of (for) form **-skön** *a* beautifully formed, . . of a beautiful shape **-skönhet** beauty of form **-säker** *a, vara ~* have a good sense of form
ormulera *tr* formulate; avfatta äv. draw up, frame; stilisera word; *klart ~d* äv. clearly worded **formulering** formulation; drawing up, framing; wording **formulär** *-et* - formu|la (pl. äv. -lae); blankett form, amer. äv. blank
orm|vidrig *a* . . contrary to prescribed form, irregular, . . irregular in form
orn *a* förutvarande former, earlier; forntida ancient **-engelsk** *a* o. **-engelska** *s* Old English **-forskare** archaeologist, antiquarian **-forskning** archaeology, archaeological research **-fynd** ancient (förhistoriskt prehistoric, arkeologiskt archaeological) find **-grav** ancient grave **-kunskap** archaeology **-lämning** fast fornminne ancient monument; *~ar* allm. ancient remains **-minne** relic (monument) of antiquity (of the past); skylt ancient monument **-minnesförening** archaeological (antiquarian) association **-nordisk** *a* Old Norse **-stor** *a,* minnen *från ~a dar* . . of the great days of old **-svensk** *a* o. **-svenska** *s* Old Swedish **-sägen** ancient legend **-tid** förhistorisk tid prehistoric times pl.; *~en* före medeltiden antiquity; *~ och nutid* past and present; *den grå ~en* hoary antiquity, the hoary past; *i den grå ~en* in a dim and distant past **-tida** *a* ancient **-åldrig** *a* archaic
fors *-en -ar* rapid|s pl.|, vattenfallsliknande cataract, |water|fall; friare o. bildl. stream, torrent, cascade **forsa** *itr* rush, race; friare gush; *regnet ~de |ned|* the rain came down in torrents; *det ~de kring stäven* there was a lot of splashing at the bows **-färd** descent of a (resp. the) rapid (of the rapids); *göra en ~ (~er)* shoot the rapids
forska *itr* search, *efter* for; vetenskapa carry on (do) research|-work|; *~ i* inquire into, investigate; *se ~nde på ngn* scan a p.'s face, give a p. a searching look; jfr *utforska*
forskare *-n* - person doing research; lärd scholar, naturvetenskapsman scientist; m. spec. uppgift research-worker **forskargrupp** |scientific| research team **forskning** vetenskaplig research|-work|; ibl. study, *i* of; undersökning investigation, *i* into (on, respecting); inquiry, *i* respecting (as to, into); *den fria ~en* free inquiry; *~ens frihet* freedom of research
forsknings|anslag grant for research **-assistent** demonstrator **-fält** field of research **-institut** research institute **-resa** exploration expedition **-resande** explorer
forsla *tr* transport, convey, carry, *i (på) en kärra (på järnväg)* in a cart (by rail); *~ bort* carry away, remove; *~ fram* carry . . on (up); *~ undan* convey . . out of the way, remove **forsling** carriage, transportation, conveyance, haulage samtl. end. sg.
forsythi|a *-an -or* forsythia
1 fort *-et* - mil. fort
2 fort *adv* i snabbt tempo fast; på kort tid quickly, F quick; raskt rapidly, snabbt speedily; snart soon; *~!* quick!, sharp!; *~ast möjligt* as fast (osv.) as possible; *det gick ~* it was quick work; *det gick ~ för honom* it was a very quick business for him; *det går inte så ~ för mig att räkna* I can't count fast (quickly), I must take my time about counting; *låt det gå ~!* mind you are quick about it!, and be snappy about it!; *det går ~ att glömma* it does not take long (a long time) to forget; *gå för ~* om klocka be fast; *så ~ |som|* konj. as soon as, directly **forta** *rfl* om klocka, |*vilja*| *~ sig* |be inclined to| gain
fort|bestå *itr* continue |to exist| **-bestånd** continued existence, continuance **-bildning** further education (training) **-bildningskurs** continuation course **-fara** *itr* continue osv., jfr *fortsätta* **-farande** *adv* still; *rider du ~?* äv. do you keep up your riding?; *klockan ringer ~* äv. the bell keeps on ringing; *det är ~ lika varmt* äv. it is just as hot as ever **-färdig** *a, vara ~ |av sig|* be quick (nimble) about things (one's work) **-gå** *itr* go on **-gående** *a* continuing **-gång** |further| progress
fortifikationskår fortifications corps
fortkomstledamöter *pl* legs
fortkörning, *få böta för ~* be fined for

speeding
fort|leva *itr* live on, survive **-levande** *a* surviving, bestående existing **-löpande** *a* continuous, continuing; om kommentar o.d. running; om serie consecutive **-planta I** *tr* propagate äv. bildl., reproduce; friare o. bildl. äv. transmit, convey, *på (till)* to **II** *rfl* breed, propagate; överföras be propagated (transmitted), sprida sig spread, röra sig travel; *~ sig* genom delning reproduce oneself . . **-plantning** breeding, propagation, reproduction; transmission, spread, travelling; jfr föreg. **-plantningsdrift** reproductive (propagative, procreative) instinct **-plantningsduglig** *a* procreative, reproductive **-plantningsförmåga** biol. capacity for (power of) reproduction **-plantningsorgan** reproductive (sexual) organ **-satt** *a* fortlöpande continuous; återupptagen resumed; ytterligare further; senare subsequent; *få ~ hjälp* continue to receive assistance; *hans lämplighet för ~a studier* his fitness to continue his studies; *ett ~ uppskov* a prolongation of the delay **-skaffningsmedel** [means of] conveyance **-skrida** *itr* proceed; framskrida advance, progress **-skridande** *a* progressive, continuous
fort|sätta *tr itr* allm. continue, [*med*] *ngt* [with] a th., [*med*] *att spela* playing, to play; ledigare go (keep) on, [*med*] *ngt* with a th., [*med*] *att spela* playing; högt. o. isht efter uppehåll proceed, [*med*] *ngt* with a th.; jfr äv. ex.; *~* [*med*] *ngt* äv. carry on with a th., återuppta take up a th. again, resume a th., fullfölja carry on (pursue) a th.; *~ med* övergå till *att spela* Mozart go on to play . .; *-sätt att spela!* äv. please, play on!; *-sätt* [*bara*]*!* go (F carry) on!, go ahead!; *-sätt* [*framåt*]*!* please pass (move) along!; *~ rakt fram* keep straight on; och för resten, *-satte han* . . he went on (continued); *~ som man börjat* continue as one has begun; . . *-sätter (-sättes) i morgon* . . will continue (will be continued) tomorrow; *~ bekantskapen* continue (keep up, prolong) the acquaintance; *han -satte sin resa* (resp. *sin väg*) he continued (proceeded on) his journey (resp. went on his way); *~ den här vägen* keep on along this road; *~ med medicinen* go on taking the medicine. — Jfr *fortsatt* **-sättning** continuation, av litterärt alster äv. sequel, *av (på)* to; *~ (forts.)* [*följer i nästa nummer*] [to be] continued [in our next]; *god ~* [*på det nya året*]*!* ung. A Happy New Year!; *i ~en* vidare further, hädanefter henceforth **-sättningskurs** continuation course **-sättningsskola** continuation school
Fortuna, [*fru*] *~* [Dame] Fortune **fortuna**[**spel**] bagatelle
fort|vara *itr* continue [to exist], still continue **-varo** *~n 0* continued existence; bestånd survival
for|um *-um -a (-umet -um)* forum; *rätt ~* proper forum (quarter, place)
forward *-en -ar (-s)* forward **forwardskedja** forward-line
fosfat *-et -*[*er*] phosphate **fosfor** *-n 0* phosphorus **fosforescens** *-en 0* phosphorescence **fosforescera** *itr* phosphoresce **fosforescerande** *a* phosphorescent
fosfor|fri *a* . . free from phosphorus, non-phosphorous **-förening** phosphide **-förgiftning** phosphorus poisoning **-haltig** *a* phosphorous, phosphoric **-syra** phosphoric acid
fossil *-et* - o. *a* fossil
fostbrödralag sworn brotherhood
foster *fostret* - foetus, fetus; bildl. creation, product[ion]
foster|barn foster-child, fosterling **-bro**[**de**]**r** foster-brother **-dotter** foster-daughter **-fa**[**de**]**r** foster-father
foster|fördrivande *a* abortive **-fördrivning** [criminal] abortion
foster|jord native soil **-land** [native] country; *försvara ~et* defend one's country; *för kung och ~* for King and Country
fosterlands|fientlig *a* anti-patriotic **-förrädare** traitor [to one's country] **-kärlek** patriotism, love of one's country **-vän** patriot
fosterljud foetal (fetal) souffle
foster|ländsk *a* patriotic **-mo**[**de**]**r** foster-mother **-son** foster-son **-syster** foster-sister
fostervatten amniotic fluid
fostra *tr* bring up, rear, nurture; alstra foster, breed **fostran** - *0* bringing up osv.; nurture; fosterage; *fysisk ~* physical training **fostrare** *-n* - o. **fostrarinna** fosterer äv. bildl.
fot *-en fötter* (ss. måttsord -) foot (pl. 'feet', ss. måttsord ibl. 'foot', jfr ex.), äv. friare, t.ex. strump~, bergs~, träd~ o.d. samt på glas; på bord, lampa o.d. stand; på svamp base; *hög ~* på glas [long] stem; *6 ~ och 3 tum* 6 feet 3 inches, 6 foot (ibl. feet) 3; *få fast ~ i* gain a firm footing in; *sätta sin ~* [*hos ngn*] set foot [in a p.'s house]; *framför fötterna på ngn* at a p.'s feet, in front of a p.; *stå med ena ~en i graven* have one foot in the grave; *stampa med ~en* stamp one's foot; *jag har inte varit där med min ~* I have never been near the place; *hjälpa (sätta) ngn på fötter igen* set a p. on his feet again; *komma på fötter* ekonomiskt get straight, get on to one's feet; [*försätta*] *på fri ~* [set] free (at liberty, at large); *stå på god (förtrolig, vänskaplig) ~ med ngn* be on an excellent (an intimate, a friendly) footing with a p., be on excellent osv. terms with a p.; *på resande (rörlig) ~* on the move; *leva på stor ~* live in a big

way, live in a grand (great) style; *på stående* ~ off-hand, straight (right) off; *till* ~*s* on foot; *gå till* ~*s* äv. walk; *trampa . . under fötterna* trample . . underfoot; jfr äv. ex. under *ben*
fota *tr* base; ~ *sig* be based, *på* on **fotabjälle** *-t 0, från hjässan till* ~*t* from head to feet, from top to toe **fotarbete** footwork **fotbad** foot-bath **fotbeklädnad** skor o. strumpor footgear, skodon footwear **fotboll 1** bollen football **2** spelet [association] football, F soccer, footer; *spela* ~ play football
fotbolls|elva eleven **-lag** football team (side) **-match** football match **-plan** football ground; spelplanen vanl. football field, pitch **-sko** football boot **-spelare** footballer, football player
fot|broms foot-brake; på cykel coaster (back-pedal) brake **-folk** mil. foot-soldiers pl. **-fäste** foothold, footing äv. bildl.: *få* ~ get (gain, secure) a foothold (footing) äv. bildl.; *förlora* ~*t* lose one's foothold **-gängare** pedestrian **-knöl** ankle **-kurtis** foot-flirtation **-led** ankle joint **-not** footnote
foto *-t -n (-s)* photo (pl. -s); [*han är inte med*] *på* ~*t* [he is not] in the photo **-affär** camera shop, photographic dealer's **-album** photo[graph]-album **-artiklar** *pl* photographic requisites **-ateljé** photographer's studio, photo[graphic] studio **-blixt** flash-light **-cell** photo-electric cell **-elektrisk** *a* photo-electric
fotogen *-en (-et) 0* paraffin [oil], isht amer. kerosene, ibl. kerosine **-kamin** [paraffin] oil heater **-kök** paraffin [cooking] stove **-lampa** paraffin lamp, ibl. oil lamp
foto|graf ~*en* ~*er* photographer; film~ o. press~ äv. camera-man **-grafera** *tr* photograph, absol. äv. take photographs; [*låta*] ~ *sig* have one's photograph taken **-grafering 1** fotograferande photographing **2** se *fotografi 2* **-grafi 1** ~[*e*]*t* (~[*e*]*n*) ~*er* photograph; jfr *foto* o. sms. **2** -[*e*]*n 0* ss. konst photography **-grafisk** *a* photographic **-grammetri** ~[*e*]*n 0* photogrammetry **-grammetrisk** *a* photogrammetric **-gravyr** photogravure **-kopia** av handling o.d. photocopy
fotombyte change of feet
foto|metri ~[*e*]*n 0* photometry **-modell** photographer's model **-montage** photomontage
foton *-en -er* fys. photon
foto|sättning boktr. phototype setting **-telegrafi** phototelegraphy, picture telegraphy **-telegram** phototelegraph **-typi** photo engraving; konkr. line cut
fot|pall footstool **-pump** foot-pump **-riktig** (ibl. **-rät**) *a,* ~ *sko* correctly-fitting shoe
fots|bredd foot-breadth; *inte vika en* ~ not budge (yield) an inch; *en* ~ *mark* a foot of ground **-djup** *a,* ~ *snö* ankle-deep snow **-hög** *a* . . a (one) foot high (tall, in height)
fot|sid *a* attr. . . reaching [down] to the (one's) feet **-skada** foot-injury **-skrapa** [foot-]scraper **-spjärn** i båt stretcher; *ta* ~ *mot ngt* put (thrust) one's feet against a th. **-spår** footprint, footmark; *gå i ngns* ~ follow (walk, tread) in a p.'s footsteps **-steg 1** steg step; *höra* [*ljudet av*] ~ hear footsteps **2** på vagn footboard; på bil running-board **-ställning** fötternas ställning position of the feet, stance **-stöd** foot-rest **-sula** sole of a foot **-svamp** athlete's foot, epidermophytosis [of the feet] **-svett,** *ha* ~ have sweaty (perspiring) feet pl. **-valv** arch of a foot **-vandra** *itr* walk, F hike **-vandrare** walker, F hiker **-vandring** walking, F hiking; utflykt walking-tour, F hike, hiking-trip **-vård** care of the feet; pedikur pedicure **-ända** foot[-end]
foxterrier fox-terrier
foxtrot *-en -er* foxtrot
frack *-en -ar* dress-coat, tail-coat, F tails pl., white tie; ~kostym dress-suit; *klä sig i* ~, *ta* ~ [*en på sig*] put on tails (a white tie); *klädd i* ~ in [full] evening dress, F in a white tie, in tails **-klädd** *a* se föreg., ex. **-middag** full-dress dinner **-skjorta** dress shirt **-skört** coat-tail
fradga I *-n 0* froth, foam; ~*n står om munnen på honom* he is frothing (foaming) at the mouth; *tugga* ~ om häst foam, be champing foam **II** *itr rfl* foam, froth **fradgas** *itr. dep* foam, froth **fradgig** *a* frothy, foamy
fragil *a* fragile
fragment *-et* - fragment **fragmentarisk** *a* fragmentary
frakt *-en -er* **1** last: sjö. freight, cargo; järnvägs~, bil~ o. flyg~ goods pl., amer. äv. freight **2** avgift: sjö. o. flyg. freight; järnvägs~, bil~ carriage, amer. äv. freight; ~ *betald* freight (carriage) paid; ~*en betalas vid framkomsten* ss. transportklausul freight (carriage) forward; *betala 100 kronor i* ~ pay 100 kronor for (in) freight **frakta** *tr* sjö. freight; m. järnväg, bil, flyg carry, convey, amer. äv. freight; ~ *bort* forsla undan remove
frakt|avtal contract of affreightment **-fart** carrying (freight) trade; *gå i* ~ be engaged in the carrying trade **-fritt** *adv* frakt betald carriage (freight) paid, cost and freight **-gods** koll. goods pl. [forwarded (som skall sändas to be dispatched) by goods train]; *som* ~ järnv. by goods train **-godsexpedition** goods office
fraktion 1 grupp section, faction, group [of a party] **2** kem. fraction
frakt|kostnad freight charge **-nedsättning** reduction of freight (om tariff in freight rates) **-ning** freighting osv., carriage **-sats**

freight rate **-sedel** consignment note, [goods] way-bill, sjö. bill of lading

fraktur *-en* **1** pl. *0* boktr. black-letter, German type **2** pl. *-er* läk. fracture

fraktångare cargo boat (vessel), freighter

fram *adv* **1** rum: **a)** om rörelse: framåt, vidare on, along, forward m.m., jfr ex. nedan; ut out; till platsen (målet) there; jfr äv. beton. part. under resp. enkla vb; *jag måste ~!* I must get through!; *sanningen måste (skall) ~* the truth must come out (must be told); *~ med dig!* out you come!; [*kom*] *~ med . .!* [come] out with . .!; *kom (stig) ~!* a) ur gömställe, led o.d. come out! b) hit come here!; *han kom ~ och pratade med mig* he came up and talked to me; *knuffa ~ ngn* push (shove) a p. forward; *storma ~* rush ahead (forward, onward); *sätta ~ stolar* draw up chairs; *sätta ~ en stol åt ngn* bring [up] a chair for a p.; *ta ~* take out; *gå längre ~* go further [forward]; *gå* [*vägen*] *rakt (rätt) ~* walk right (straight) on [along the road]; *ända ~ dit* all the way there; *ända ~ till . .* as far as [to] . ., right (all the way) on to . .; *gå (springa* m.m.*) ~ till* (resp. *emot*) . . go (run m.m.) up to (resp. go etc. towards) . .; *vinden svepte ~ över slätten* the wind swept (was sweeping) across the plain; *~ och tillbaka* dit och åter there and back, av och an to and fro, backward[s] and forward[s]; *gå ~ och tillbaka i rummet* äv. walk up and down in the room, pace the room [up and down]; *vara ~ och tillbaka* F 'hit och dit' chop and change; *inte kunna komma vare sig ~ eller tillbaka* not be able to go [either] forwards or backwards **b)** om läge: framtill, i förgrunden forward, in front; på framsidan in front; *. . knäpps ~* . . is buttoned in (down the) front; *sitta långt ~* sit far forward (well in front); *~ och bak* in front and behind

2 tid, *längre ~* later on; *~ emot* se *framemot; ~ i maj (på hösten, på nyåret)* sometime el. some date in May (in the autumn, in the new year), a little way on into May osv.; *~ i veckan (på eftermiddagen)* later on in the week (in the afternoon); *~ på dagen* late in the morning; *långt ~ på dagen* late in the day; *till långt ~ på natten* until well (far) [on] into the night; *ända ~ till . .* right up to . .

fram|axel front axle **-ben** foreleg, front leg **-besvärja** *tr* conjure up, evoke, bildl. äv. call forth **-bringa** *tr* bring forth; skapa create; alstra produce, fys. generate; *~ ett ljud* produce (bring forth) a sound **-bära** *tr* se *bära* [*fram*] o. *framföra 1* **-del** forepart, front [part] **-deles** *adv* längre fram later on; i framtiden in the future; hädanefter henceforth, henceforward **-dra[ga]** *tr itr* se *dra* [*fram*] **-emot** *prep, ~ kvällen (sjutiden)* towards evening (seven o'clock) **-fart,** [*våldsam*] *~* härjning[ar] harrying[s pl.], ravaging[s pl.], utbredning violent spreading; *hans* [*vilda (våldsamma)*] *~* his rampage, his rampaging[s pl.], körning his reckless driving **-flyttning** moving forward osv., jfr *flytta* [*fram*]; uppskjutande postponement, *av* of **-fot** forefoot; *visa framfötterna* bildl. show one's paces, make a display [of one's accomplishments], briljera show off **-fusig** *a* påträngande pushing, forward, gåpåaraktig aggressive; oblyg unblushing, unabashed **-fusighet** pushingness osv. **-föda** *tr* bring forth; eg. äv. give birth to

framför I *prep* **1** eg. before, in front of, framom äv. ahead of; *driva . . ~ sig* drive . . before one; *hålla ngt ~ elden* hold a th. to the fire **2** bildl.: före before, över above, ahead of; *~ alla andra* before (in preference to) all others; *~ allt* above all; *hälsan ~ allt!* health first (before everything [else])!; *~ allt gäller det om . .* äv. it applies especially (first and foremost) to . .; *föredra te ~ kaffe* prefer tea to coffee **II** *adv* in front; *han är långt ~* he is far ahead

framföra *tr* **1** överbringa convey, isht hälsning äv. give; deliver äv. uttala; *framför min hälsning till . .!* [present] my compliments (my kind regards) to . .!, please remember me to . .!; *~ sin lyckönskan (sitt tack)* proffer one's best wishes (one's thanks); *~ en (sin) ursäkt* offer an apology (one's excuses); *~ sitt ärende* state one's errand (business); *är det något jag kan ~* [*till . .*]*?* i telefon o.d. can I give [. .] a message? **2** uppföra, förevisa present, produce, musik perform **3** fordon drive **4** se *föra* [*fram*]

framförallt *adv* se *framför* [*allt*]

framförande *-t 0* sätt att framföra (föredrag o.d.) delivery; av musik performance

fram|gaffel front fork **-gent** *adv,* [*allt*] *~* ever after, thenceforth; hädanefter henceforth **-gå** *itr* bildl. be clear (evident), *av* from; *det ~r av vad han säger, att . .* äv. it appears from what he says that . . **-gång** success; *ha ~ i . .* be successful (succeed, prosper) in . .; *med ~* äv. successfully; *utan ~* äv. unsuccessfully, with no success **-gångsrik** *a* successful **-hjul** front wheel **-hjulsdrift** front-wheel drive **-hålla** *tr* påpeka point out (*att* that), call attention to, *att* the fact that; betona emphasize, stress, lay stress upon, särskilt understryka give prominence to, *att* i samtl. fall the fact that; *~ . . som ett mönster (en förebild)* hold . . up as a model; *~ ngt för ngn* point out a th. to a p.; *~ nödvändigheten av . .* äv. insist on the necessity of . .; *~ sig själv* advertise oneself; jfr *framhäva* **-härda** *itr* persist, persevere **-häva** *tr* låta framträda bring out, set off; jfr *framhålla*

fram|i I *prep* in the front (fore part) of **II** *adv* in the front (fore part) **-ifrån** *adv* from the front **-kalla** *tr* **1** eg. se *kalla* [*fram*]; jfr *frambesvärja* **2** frambringa call (draw) forth, evoke, produce; åstadkomma bring about; förorsaka occasion, cause; uppväcka arouse, raise, awaken; ge upphov till give rise to; skapa create; ~ *motstånd* provoke opposition; ~ *skratt* arouse (provoke) laughter; ~ *svettning* induce perspiration **3** foto. develop **-kallning** foto., framkallande development, developing **-kallningsdosa** developing tank **-kasta** *tr* se *kasta* [*fram*] **-komlig** *a* om väg passable, trafficable; om vatten navigable; om terräng traversable; friare o. bildl. practicable **-komlighet** passability osv. **-komma** *itr* se *2 komma* [*fram*] **-komst** ~*en 0* ankomst arrival; *frakten betalas vid* ~*en* freight to be charged forward **-konstruerad** *a* concocted, imagined **-kropp** anterior part of the body

fram|leva *tr,* ~ *sitt liv i stillhet* pass one's life in tranquillity **-liden** *a, -lidne* . . the late . . **-lägga** *tr* se *lägga* [*fram*] **-länges** *adv* forward[s]; *åka* ~ på tåg ride (sit) facing the engine; [*både*] ~ *och baklänges* [both] backward[s] and forward[s] **-mana** *tr* frambesvärja conjure up **-marsch** onward march; advance äv. bildl., *mot* towards, in the direction of, m. fientlig avsikt on; *vara på* ~ be advancing, bildl. be gaining ground

framme *adv* **1** i förgrunden in front, *vid* at (by); *han står här* ~ he is standing [up] here; jfr *därframme; långt* ~ *i salen* well forward in (well to the front of) the hall **2** fram|tagen, lagd osv., synlig, 'ute' out; till hands ready; till beskådande on view (show); *solen är* ~ the sun is out; *maten står* ~ the meal is on the table; *låta portmonnän ligga* ~ leave one's purse about **3** framkommen, vid målet there; *vara* ~ äv. be at one's destination, have reached one's destination; *när (hur dags) är vi* ~? vanl. when do (shall) we get there (arrive [there])?; *vara* ~ *vid* . . have got as far as . ., have arrived at (reached) . .; *nu är vi* ~! here we are! **4** i spec. bet.: *hålla sig* ~ keep oneself [well] to the fore, push oneself forward, skaffa sig fördelar be on the look-out for what one can get [hold of]; *nu har han varit* ~ *igen* now he has been at work (gjort något ofog been up to mischief, been up to his [old] games) again; *det är nog han som har varit* ~ äv. it is probably he who has done it

fram- och återresa journey there and back

fram|om I *prep* before, ahead of, in advance of **II** *adv* ahead, in advance **-på I** *prep* **1** rum in (resp. on) the front part of **2** tid se *fram* [*på*] **II** *adv* in [the] front **-ryckning** advance **-sida** front [side], fasad äv. face; på mynt obverse; på tyg right side **-skjutande** *a* projecting; protruding äv. om underkäke; prominent; överhängande beetling **-skjuten** *a* advanced äv. mil.; bildl. prominent **-skrida** *itr* fortgå progress, advance **-skriden** *a* advanced; *tiden är långt* ~ it is getting late; *den långt -skridna tiden* the lateness of the hour **-skymta** *itr, låta* ~ *att* . . give an intimation that . . **-släpa** *tr,* ~ *sitt liv* under umbäranden drag on one's existence . . **-springande** *a* se *-skjutande*

framsteg progress end. sg., framåtskridande äv. advance; förbättring improvement; *ett* ~ a step forward, an improvement; *göra* ~ make progress (headway), progress, advance, vinna terräng go ahead, gain ground; *göra stora* ~ make much (great) progress (great headway, great strides) **framstegsfientlig** *a* reactionary, anti-progressive **framstegsman** progressive **framstegsparti** progressive party **framstegsvänlig** *a* progressive

fram|stupa *adv* flat [on one's face], prostrate; *falla (ligga)* ~ äv. fall (lie) prone; *kasta sig* ~ *i gräset* throw oneself headlong down on [to] the grass **-stycke** front [piece (part)] **-stå** *itr* visa sig [vara] stand (come) out, *som* as; *detta -står som omöjligt* this appears impossible **-stående** *a* bildl. prominent; högt ansedd, ypperlig eminent, distinguished, outstanding

framställ|a I *tr* **1** skildra describe, relate, livligt skildra, avbilda portray, högt. depict; ge en bild av give (present) a picture of; återge reproduce; ~ *ngn som en hjälte* skildra represent (på scenen present) a p. as a hero; *så som han -de saken* äv. according to his version **2** framlägga m.m. bring (put) forward, propose m.m., jfr *2 komma* [*med* obeton.], *lägga* [*fram*], *anföra 2* m.fl.; ~ *en fråga till ngn* ask a p. a question, put a question to a p. **3** tillverka: produce, make, fabriksmässigt äv. manufacture; kem. o.d. prepare **II** *rfl* yppa sig, om t.ex. fråga, svårighet arise **framställan** *- 0* se *framställning 2* **framställare** *-n* - **1** tillverkare producer **2** teat. creator, interpreter

framställning 1 beskrivning description, redogörelse statement, report, account, översikt survey, bild picture; personligt färgad skildring, avbildning representation; *kort*[*fattad*] ~ äv. resumé, précis (pl. précis) fr., summary; *konstnärens* ~ *av* . . the artist's presentation (portrayal, version version) of . .; *skådespelarens* ~ *av* . . the actor's rendering (version) of . .; *en* ~ *i bild* a representation in picture-form; *grafisk* ~ graph, diagram **2** förslag proposal, *om* for; proposition, *om* regarding, as to; hemställan petition, anhållan, hänvändelse application, *om* for; *på* ~ *av*

. . at the instance (on the recommendation) of . . **3** tillverkning production, fabriksmässig äv. manufacture; kem. o.d. preparation **framställningskostnad** cost of production **framställningssätt 1** tillverkningsmetod method of production, manufacturing process **2** författares style, talares delivery

fram|stöt mil. [forward] thrust, drive, *mot* against (on) **-synt** *a* förutseende far-seeing, förtänksam far-sighted **-synthet** förutseende foresight **-säte** front seat **-tand** front tooth **-tass** fore (front) paw

framtid future; *min* ~ mina framtidsutsikter my career; *~ens dom* the verdict of posterity; *~en ter sig mörk för dem* their futures look black; *det får ~en utvisa* time will show; *han har ~en för sig* a) är ung he has the future before him b) har de bästa utsikter he has a future before him; *för ~en* for the (in) future; *för (i) all ~* for all time; *någon gång i ~en* at some future date; *i en avlägsen ~* in some remote future; *i en nära ~, inom den närmaste ~en* in the near future; *ställa saken på ~en* let the matter rest for the time being **framtida** *oböjl. a* future

framtids|dröm dream of the future **-land** land of the future **-man** coming man **-möjligheter** *pl* potentialities, future possibilities **-plats** position with future possibilities **-utsikter** *pl* future prospects

fram|till *adv* in front, i främre delen in the front part; [*både*] ~ *och baktill* [both] in front and behind **-träda** *itr* **1** uppträda, visa sig appear; ~ *i radio* broadcast [on the radio] **2** avteckna sig stand out **3** se *3 träda* [*fram*] **-trädande I** *~t ~n* uppträdande appearance, offentligt äv. public appearance **II** *a* viktig prominent, outstanding, eminent, distinguished, påfallande, dominerande conspicuous, salient **-tung** *a* . . heavy at the front; flyg. nose-heavy **-vagn** bil. front suspension unit

framåt I *adv* ahead äv. bildl.; vid rörelseverb äv. along; vidare onward[s], forward; [*för (under)*] *flera (*resp. *två) månader* ~ for several months ahead el. to come (resp. for the next two months); *ett steg* ~ a (one) step forward; *ta ett stort steg* ~ make a great stride forward av. bildl.; *fortsätt* ~! keep straight on!; *gå* ~ göra framsteg, utvecklas go ahead, progress; *gå raskt (stadigt)* ~ bildl. make great strides, make rapid (steady) progress; *vara riktad* ~ be pointed forward; *luta sig* ~ lean forward; *se (titta)* [*rakt*] ~ look straight forward (on); *man måste se* ~ mot framtiden you have to look ahead **II** *prep* fram emot [on] toward[s], längs med [on] along; i tiden [on] toward[s] **III** *itj* on!, onward!, forward!; ~ *marsch!* forward, march! **IV** *oböjl. a* F, *vara* [*mycket*] ~ [*av sig*] be very go-ahead

framåt|anda go-ahead spirit, push **-böjd** *a* . . bent forward; *gå* ~ walk with a stoop **-gående I** *a* blomstrande thriving **II** *-t 0, vara på* ~ be in progress **-lutad** *a* om pers. . . leaning forward; jfr *-böjd* **-skridande** *-t 0* utveckling, ~[*t*] progress **-strävande** *a* bildl. pushing, go-ahead

fram|ända front [end]; på t.ex. timmerstock fore-end **-över I** *adv* forward; jfr *framåt I* **II** *prep, vinden svepte* ~ *slätten* . . across the plain

franc *-en -*[*s*] franc

franciskan|er| o. **-munk** Franciscan [monk] **-orden** best. form the Franciscan Order

1 frank *a* frank, open, straightforward

2 frank *-en -er* Frank **Franken** Franconia

frankera *tr* frimärka stamp; *otillräckligt ~t brev* insufficiently prepaid (stamped) letter **frankering** stamping **frankeringsmaskin** se *frankostämplingsmaskin*

frankisk *a* Frankish, isht om språk Franconian

franko *adv* portofritt postage free, post-free; fraktfritt carriage paid, free of carriage **-kuvert** postage (stamped) envelope **-stämpel** embossed (impressed) stamp **-stämplingsmaskin** franking machine, postage (postal) meter **-tecken** postage stamp

Frankrike France

Frans Francis

frans *-en -ar* fringe **fransad** *a* fringed **fransig** *a* trasig frayed

fransk *a* French; ~ *lilja* herald. fleur-de-lis (pl. fleurs-de-lis); *den ~a liljan* äv. the lily of France **franska 1** *-n 0* French; jfr *svenska 2* **2** *-t* - se *franskbröd*

fransk|-brittisk *a* Franco-British **-bröd** vitt bröd white bread; småfranska [French] roll; långfranska French loaf **--engelsk** *a* Franco-English; ~ *ordbok* French-English dictionary **-fientlig** *a* anti-French, Francophobe; för andra sms. jfr äv. *svensk* **-klassisk** *a* French-classical **--tysk** *a* Franco-German French-German; jfr *fransk-engelsk; ~a kriget* the Franco-Prussian War **-vänlig** *a* pro-French; Francophil[e]

frans|man Frenchman; *-männen* som nation el. lag o.d. the French **fransysk** *a* French; ~ *visit* flying call (visit) **fransyska 1** kvinna Frenchwoman; jfr *svenska 1* **2** slakt.: oxkött rump-steak piece **fransäs** *-en -er* ung. quadrille

frappant *a* striking; astonishing; jfr följ. **frappera** *tr* vara påfallande strike; förvåna astonish **frapperande** *a* striking; astonishing; jfr föreg.

1 fras *-en -er* phrase

2 fras *-et 0* rustle, rustling **frasa** *itr* rustle

fraseologi *-*[*e*]*n 0* phraseology **frasera** *tr itr* phrase

frasig *a* crisp
frasmakare phrasemonger **frasrik** *a* . . full of fine-sounding phrases
frasvåffla [crisp] waffle
fraternisera *itr* fraternize
fred *-en -er* peace; [*den*] *westfaliska ~en* the Peace of Westphalia; *~en i Tilsit* the Peace of Tilsit; *hålla (sluta) ~* keep the (conclude, make) peace; *leva i ~* live in peace; *inte kunna leva i ~ med varandra* not be able to live at peace with one another; *lämna ngn i ~* leave a p. alone (in peace); *jag får aldrig vara i ~* I never have any peace; *jag får aldrig vara i ~ för honom* he never gives me any peace; *låt mig vara i ~!* do give me a little peace!; *i ~ och ro* in peace [and quiet]; *underhandla om ~* negotiate terms of peace; jfr *tillfreds* **freda** *tr* protect, *mot (för)* from, against; *~ sitt samvete* appease one's conscience; *med ~t samvete* with a clear conscience; *~ sig* protect oneself; *inte kunna ~ sig för den misstanken att* . . not be able to escape from the suspicion that . .
fredag Friday; *~en den 8 maj* adv. on Friday, May 8th; *förra ~en* last Friday, ss. adv. äv. on Friday last; *nästa ~* se *I nästa I*; *i ~s* [*morse*] last Friday [morning]; *i ~s för en vecka (åtta dar) sedan* a week ago last Friday; *i ~s* [*i*] *förra veckan* on Friday last week; *i ~ens tidning* in Friday's paper; vi träffas *om (på) ~* . . next Friday; *om (på) ~arna* on Fridays; [*på*] *~ morgon* Friday morning; *på ~* [*om*] *åtta dar (om en vecka)* Friday week, a week on Friday **fredagskväll** Friday evening (senare night); *en ~* a (ss. adv. one, on a) Friday evening (night); *på ~arna* on Friday evenings (nights) **fredagstidning** Friday paper
fred|lig *a* peaceful; fridsam peaceable, inoffensive; *på ~ väg* in a peaceful way, by peaceful means, pacifically **-lös** *a* outlawed; *en ~* an outlaw; *förklara (göra) ngn ~* outlaw a p. **-löshet** outlawry
Fredrik Frederick
freds|anbud peace offer, offer of peace **-brott** violation of the peace **-domare** justice of the peace, förk. J.P. **-duva** dove of peace **-fot,** *på ~* on a peace footing **-fördrag** peace treaty, treaty of peace; *~et i* . . äv. the Peace of . . **-förhandlingar** *pl* peace negotiations (talks); *inledande ~* peace preliminaries **-konferens** peace conference **-kärlek** love of peace **-längtan** longing for peace **-mäklare** mediator **-pipa** pipe of peace **-pris,** *~et* Nobels the [Nobel] Peace Prize **-rörelse** peace movement **-slut** [conclusion of] peace **-stiftare** peacemaker **-strävan|de**] effort for (to bring about) peace **-styrka** peace-time strength **-tid,** *i (under) ~* in time[s] of peace **-tillstånd** state of peace **-trevare** peace feeler **-underhandlingar** se *-förhandlingar* **-utsikter** *pl* prospects of (outlook sg. for) peace **-villkor** *pl* peace terms **-vän** pacifist **-älskande** *a* peace-loving
fregatt *-en -er* frigate **-fågel** frigate (man-of-war) bird
frejdad *a* celebrated, renowned
frejdig *a, med ~t mod* with a bold heart
frekvens *-en -er* frequency äv. elektr. **frekvensmodulering** frequency modulation **frekvensundersökning** frequency investigation **frekvent** *a* frequent, common **frekventera** *tr* nöjeslokal o.d. frequent, patronize
frenesi *-[e]n 0* frenzy, stark. rabidness **frenetisk** *a* om t.ex. bifall frenzied, frantic; om iver phrenetic
frenolog phrenologist **frenologi** *-[e]n 0* phrenology **frenologisk** *a* phrenological
fresk *-en -er* fresc[o (pl. -o[e]s) **freskomålning** painting in fresco, fresco-painting; konkr. äv. fresco
fresta I *tr* **1** söka förleda, locka tempt; *~ ngn att göra ngt* tempt a p. to do (into doing) a th.; *känna sig (vara) ~d att* inf. feel tempted (svag. inclined) to inf. **2** *~ lyckan (ngns tålamod)* try one's fortune (a p.'s patience) **3** anstränga strain **II** *itr, ~ på ngt* se följ. **III** *~ på'* vara påfrestande be a strain, *ngt* on a th.; *~ på ögonen* äv. be trying to the eyes **frestande** *a* tempting, lockande äv. inviting; *det vore ~ att* inf. äv. one feels tempted (svag. inclined) to inf. **frestare** *-n -* tempter **frestelse** temptation; *falla för en frestelse (för ~r)* yield (give way) to temptation; *falla för ~n att* inf. yield (give way) to the temptation to inf.; *råka i ~* get into temptation **fresterska** temptress
fri *a* free, oavhängig äv. independent, ogenerad äv. free and easy; öppen, oskymd open; jfr *ledig* m. ex.; *under ~are former* more informally, under freer forms; *på ~ och egen grund* on freehold land; *~ höjd* trafik. headroom, [clear] headway; *~ idrott* athletics; *~tt inträde!* entrance (admission) free; *~ konkurrens* free (open) competition; *de ~a konsterna* the liberal arts; *i ~a luften* se *i det ~a* nedan; *en ~ marknad* a free (an open) market; *~tt* [*simsätt*] free style [swimming]; *bli ~* a) lössläppt be set free, be set at liberty, b) oransonerad come off the ration; *bli ~ från ngt* befriad från, av med get rid of a th.; *gå ~* bli frikänd be acquitted; *gå ~ från (för) ngt* undgå escape a th.; *göra sig ~ från ngt* get rid of (rid oneself of) a th.; *hålla vägarna ~a från snö* keep the roads clear of snow; *det står dig ~tt att* inf. you are [perfectly] free (at liberty) to inf.; *vara ~ från misstan-*

kar be clear of suspicion; *det är inte ~tt att jag tycker det* I am half inclined to think so; *det är inte ~tt att* . . it cannot be absolutely denied that . .; *ordet är ~tt* the debate is opened, everyone is now free to speak; 5000 kr *och allting ~tt* . . and all found; *~a och trälar* freemen and bondmen; *i det ~a* in the open [air], out of doors

1 fria I *tr* frikänna acquit; *hellre ~ än fälla* one should always give people the benefit of the doubt; *~nde dom* verdict of acquittal (of not guilty); *~nde vittnesmål* exonerating evidence **II** *rfl, ~ sig från misstankar* clear oneself of suspicion; *~ sig genom ed* clear oneself by one's oath, *från* from

2 fria *itr* eg. ~ [*till ngn*] propose [to a p.]; woo [a p.] äv. bildl.; *~ till ngns gunst* court a p.'s favour **friarbrev** [letter of] proposal **friare** suitor **friarfärd** o. **friarstråt,** *vara stadd på ~* be courting

fri|biljett [free] pass, teat. o.d. äv. free (complimentary) ticket **-bord** sjö. freeboard **-boren** *a* free-born **-brev** försäkr. paid-up (free) policy **-brottning** all-in (free-style) wrestling **-bytare** freebooter; äv. i krocketspel

frid *-en 0* peace; fridfullhet serenity; lugn tranquillity; *allting är ~ och fröjd* everything is all right; jfr *I ro I*

fridag free (off) day; tjänstefolks day out; *ha (ta sig) en ~* have (take) a day off (a holiday)

frid|full *a* peaceful, serene **-fullhet** peacefulness, serenity **-lysa** *tr* område samt djur, växt o.d. place . . under protection, preserve, minnesmärke äv. protect, schedule . . as a monument; jakt. äv. prescribe a close time for; avspärra enclose, forbid access to; *-lyst område* a) naturskyddsområde nature reserve b) spärrområde area enclosed [by order], enclosure [by order] **-lysning** preservation, protection, scheduling, enclosing, enclosure; jfr föreg. **-lysningstid** close time (season) **-sam** *a* peaceable, placid **-samhet** peaceableness, placidity

fridsfurste Prince of Peace **fridstörare** disturber of the peace

frielev free-place scholar

frieri proposal, offer of marriage

fri|exemplar gratisexemplar presentation (complimentary) copy; författares free copy **-ge** *tr* **1** släppa lös free, set . . free, release, liberate; *~ ngn* skänka friheten give a p. his freedom; *~ en fånge* äv. discharge a prisoner; *-givna slavar* emancipated slaves **2** exportvara o.d. raise the ban on; ransonerad vara take . . off the ration; frilista put . . on the free list; *~ försäljningen av* . . permit the sale of . .

frigid *a* frigid **frigiditet** frigidity

fri|giva se *frige* **-givning** setting free, release, liberation, emancipation; jfr *frige 1*

-gjord *a* fördomsfri open-minded; emanciperad emancipated; *en ~ ande* a free (an emancipated) spirit **-gjordhet** open-mindedness; emancipation **-göra I** *tr* bildl. liberate, set . . free **II** *rfl* bildl.: befria sig free oneself, make (set) oneself free, emancipate oneself; *jag kan inte ~ mig från den tanken att* . . I can't rid myself of the thought that . . **-görelse** *~n 0* befrielse liberation; emancipation emancipation **-hamn** free port **-hamnsområde** free-port area **-handel** free trade **-handelspolitik** free-trade policy **-handelsvänlig** *a* . . in favour of free trade, attr. äv. free-trade **-handlare** free-trader **-handsteckning** free-hand drawing **-herre** baron **-herrekrona** baron's coronet **-herreskap** *-et 0* barony **-herrinna** baroness; jfr *grevinna* **-herrlig** *a* baronial

frihet *-en -er* freedom, isht ss. mots. till fångenskap, tvång liberty; oberoende independence; från skyldighet exemption, immunity; utrymme för handlingsfrihet latitude, scope; *~, jämlikhet, broderskap* Liberty, Equality, Fraternity; *poetisk ~* poetic licence; *havens ~* the freedom of the seas; *pressens ~* the liberty of the press; *tankens ~* freedom of thought; *~ens sak* the cause of freedom (liberty); *~ under ansvar* freedom with responsibility; *eleverna beviljades en viss ~ i fråga om ämnesvalet* the pupils were allowed a certain latitude in selecting their subjects; *ge ngn full ~ att göra ngt* grant a p. entire liberty to do a th.; *ha full ~ att välja* enjoy full liberty of choice; *njuta av sin ~* enjoy one's liberty; *skänka ngn ~en* give a p. his freedom; *återfå ~en* recover (regain) one's freedom (liberty); *ta sig ~en att göra ngt* take the liberty of doing a th.; *ta sig ~er mot ngn* take liberties with a p.; jfr *fri- och rättigheter*

frihets|anda spirit of liberty **-begär** desire (longing) for freedom **-kamp** struggle for liberty **-krig** war of independence **-kämpe** patriot **-kärlek** love of liberty **-straff** imprisonment **-tiden** hist. ung. the Period of Liberty **-älskande** *a* liberty-loving

fri|hjul free wheel **-hult** *(-holt) ~et (~en) ~[ar]* [av rundtimmer wooden] fender **-idrott** athletics

frikadell *-en -er* forcemeat ball, quenelle

fri|kalla *tr* från plikt o.d. exempt äv. mil., från löfte o.d. release **-kallad** *a, ~ från värnplikt* exempt from military service **-kallelse** exemption; release; jfr *frikalla*

frikassé *-n -er* fricassee, *på* of

frikast sport. free throw

frikativ|a *-an -or* fricative

fri|koppla *tr* motor disengage **-koppling** disengagement **-kort** free pass **-kostig** *a* liberal, generous, om pers. äv. open-handed, om gåva äv. handsome **-kostighet** liberality;

generosity; open-handedness
friktion friction **friktionsfri** *a* frictionless
fri|kyrka Free Church **-kyrklig** *a* Free Church; jfr *frireligiös* **-kyrklighet** Free-Churchism **-känna** *tr* acquit, *från* of; find . . not guilty **-kännande I** *~t ~n* acquittal, verdict of not guilty; *yrka* [*på*] *~* plead not guilty **II** *a, en ~ dom* a verdict of acquittal (of not guilty) **-köpa** *tr* redeem, fånge, slav äv. ransom **-lager** bonded warehouse **-land** se *kalljord* **-lans** *~en ~ar* free-lance **-lista I** *s* free list **II** *tr* free-list, free, place . . on the free list; *~de varor* free-listed goods; *~ importen av en vara* free the import of an article
frilufts|bad open-air bathe **-dag** ung. sports day **-liv** outdoor life **-möte** open-air meeting **-område** ung. open-air recreation area **-teater** open-air theatre
fri|läge, *lägga växeln i ~* put (slip) the gear into neutral **-lägga** *tr* t.ex. fornfynd lay . . bare, uncover **-modig** *a* käck, öppenhjärtig frank, open; oförsagd candid; rättfram outspoken **-modighet** frankness osv. **-murare** freemason, mason **-murarloge** masonic lodge **-murarorden** best. form the Masonic Order, the Order of Free and Accepted Masons **-mureri** freemasonry äv. bildl. **-måndag,** *hålla (fira) ~* take a Monday off **-märka** *tr* stamp **-märke** [postage] stamp
frimärks|affär butik stamp-dealer's shop **-album** stamp-album **-automat** stamp-machine **-handlare** stamp-dealer **-häfte** book of stamps **-kassa** petty cash [for stamps] **-rulle** roll of stamps **-samlare** stamp collector **-samling** stamp collection
fri- och rättigheter *pl* rights and privileges
fri|passagerare unbooked passenger; sjö. stowaway **-plats** t.ex. i skola free place; på teater o.d. free seat **-religiös** *a* nonconformist, unorthodox; *vara ~* be a nonconformist
1 fris *-en -er* arkit. frieze
2 fris *-en -er* folkslag Frisian, Frieslander
frisedel mil. exemption warrant
frisera *tr* **1** eg., *~ ngn* do (dress) a p.'s hair **2** bildl. cook, doctor **frisersalong** hairdressing saloon, hairdresser's, barber's shop
fri|sim free style [swimming] **-sinnad** *a* liberal, broad-minded **-sinne** liberalism, broad-mindedness
frisisk *a* Frisian **frisisk|a** *-an* **1** pl. *-or* kvinna Frisian woman **2** pl. *0* språk Frisian
frisk *a* **1** kry, ej sjuk well end. pred.; [som är] vid god hälsa healthy; återställd recovered; oskadad, felfri sound; *~ och kry* hale and hearty; *~a tänder* sound teeth; *~ som en nötkärna* [as] sound as a bell; *~ till kropp och själ* sound in mind and body; *bli (känna sig) ~* get (feel) well (all right); *se ~ ut* look well; *en ~* [*människa*] a person in health; *de ~a* those who are well ([who are] in health) **2** övriga bet. allm. fresh, jfr vid. ex.; [*en*] *~ aptit* a keen (hearty) appetite; *~a krafter* renewed (fresh) strength sg. (vigour sg.); *hämta lite ~ luft* get some [fresh] air, take the air, have an airing; *~t mod!* cheer up!; *med ~a tag* with a will; [*ett glas*] *~t vatten* [a glass of] cold water; *~a vindar* fresh breezes
friska I *tr, ~ upp* freshen up äv. bildl.; *~ upp sina kunskaper (*resp. *minnet av ngt)* äv. refresh (brush up) one's knowledge (resp. refresh one's memory of a th.) **II** *itr, det (vinden) ~r i'* the wind is getting up (rising)
friskbetyg certificate of health **friskhet** fräschhet freshness **friskintyg** se *friskbetyg*
friskna *itr, ~ till* recover **friskskriva** *tr* declare . . fit, give . . a clean bill of health
frisksport ung. physical culture **frisksportare** ung. physical culturist, friare open-air type **friskt** *adv, det blåser ~* there is a fresh (cold) breeze (wind) blowing; *ljuga ~* tell lies like anything; *~ vågat är hälften vunnet* ung. nothing venture, nothing have (win)
friskus *-en -ar, han är en riktig ~* ung. he is [always] ready for anything
fri|slag sport. free hit **-spark** sport. free kick; *lägga en ~* take a free kick **-språkig** *a* outspoken, free-spoken **-språkighet** outspokenness
frist *-en -er* anstånd respite, grace; föreskriven tidrymd time (period) assigned, set term; *när utlöper ~en?* when is [the] deadline?
fri|stad bildl. sanctuary, [place of] refuge, asylum **-stat,** *Irländska ~en* hist. the Irish Free State **-stund** leisure moment (hour) **-stående** *a* eg. . . standing by itself (resp. themselves) **-ställa** *tr, ~ arbetskraft* release (permittera lay off) manpower (labour)
frisyr kamning style of hairdressing; coiffure (fr.) äv. konkr.; *vad tycker du om min ~?* how do you like my hair[-do]?
frisör -[*e*]*n -er* hairdresser, barber **frisörbiträde** hairdresser's assistant
fri|ta[ga] *tr* från skyldighet o.d. release, exempt, excuse, *från* from; från ansvar relieve, *från* of; *~ ngn (sig) från en beskyllning* absolve el. exonerate a p. (oneself) from an accusation **-tid** spare time, leisure [time]; ledig tid time off; *på ~en* in leisure (off-duty) hours, in one's leisure time (spare time, time off)
fritids|kläder *pl* leisure (casual) wear, sportswear **-område** recreation area (ground) **-problem** *pl* spare time problems **-sysselsättning** spare time occupation
fritt *adv* allm. freely; obehindrat unobstructedly; utan tvång unconstrainedly; efter behag at will; öppet, oförbehållsamt openly, frankly, unreservedly; avgifts~ free [of charge]; *~ fabrik* ex works; *~ järnvägsstation (kaj)* free railway

station (alongside ship); ~ *lager* säljarens ex warehouse; ~ *ombord* free on board; ~ *förfoga över ngt* have a th. at one's own (entire) disposal; *huset ligger ~ och öppet* the house commands a free view; *en ~ uppfunnen historia* a pure invention; jfr ex. under *fri* o. under *ledig 1*

fri|tänkare free-thinker **-tänkeri** -[*e*]*t 0* free-thinking **-vakt** sjö. off-duty watch; watch below; *ha ~* be off duty; be below **-vikt** järnv., flyg. free luggage allowance **-villig I** *a* allm. voluntary, mil. volunteer; skol. (om läroämne) optional, amer. elective; *på ~ väg* voluntarily, on a voluntary basis **II** *subst. a* mil. volunteer; *gå med som ~* volunteer **-villighet** voluntariness **-villigkår** volunteer corps **-villigt** *adv* voluntarily, of one's own free will

frivol *a* oanständig indecent, indelicate **frivolitet** *-en -er* indecency

frivolt somersault

frodas *itr. dep* thrive, flourish **frodig** *a* luxuriant, exuberant äv. bildl., isht om gräs, äng o.d. lush, isht om ogräs rank; om pers. o. djur fat, plump; *fet och ~* fat and flourishing **frodighet** luxuriance, exuberance, lushness etc.

from *a* gudfruktig pious; andäktig devout, religious; saktmodig, beskedlig quiet, gentle; *ett ~t bedrägeri* a pious fraud; *en ~ stiftelse* a pious (religious, charitable) foundation; *en ~ önskan* a pious hope, an idle wish; *~ som ett lamm* meek (gentle) as a lamb

fr.o.m. förk. se *från* [*och med*]

fromage *-n 0* mousse

fromhet piety; gentleness; jfr *from* **fromleri** -[*e*]*t 0* sanctimoniousness, hypocrisy

fromma *oböjl. r, till ~ för . .* for the [lasting] benefit (advantage) of . .

fromsint *a* meek, gentle, good-natured **-het** meekness osv.

frondera *itr* rebel, *mot* against **frondör** rebel, missnöjd malcontent

front *-en -er* front äv. bildl., mil. äv. front-line; *göra ~ mot* bildl. face **frontal** *a* frontal **frontalkrock** head-on collision **frontanfall** frontal attack **frontavsnitt** sector [of the front] **frontespis** *-en -er* arkit. frontispiece **frontförändring** change of front **frontsoldat** combat soldier **fronttjänst** active service

1 fross|a *-an -or* **1** *ha ~* köldrysningar have the shivers; *skaka av ~* have a shivering fit **2** ~[*n*] malaria o.d. ague

2 frossa *itr* **1** eg. gormandize; gorge, guzzle, *på* [up]on; gorge (glut, stuff) oneself, *på* with **2** bildl., *~ i . .* revel (luxuriate) in . ., otyglat hänge sig åt wallow in . . **frossare** glutton, gormandizer; reveller

frossbrytning fit of shivering (ague); jfr *1 frossa*

frosseri -[*e*]*t 0* gormandizing osv., jfr *2 frossa;* gluttony

frosskakning fit of shivering (ague); jfr *1 frossa*

frost *-en -er* frost; rim~ hoar-frost, white frost; *5 graders ~* 5 degrees of frost; *det var stark ~* there was a sharp (severe) frost

frosta *tr, ~ av* defrost

frost|beständig *a* frost-proof **-biten** *a* frost-bitten, frost-nipped **-fjäril** winter moth **-fri** *a* frostless, . . free from frosts **-härdig** *a* frost hardy

frostig *a* frosty

frost|knöl chilblain **-lackerad** *a* crackle-finished **-länd**[**ig**] *a* o. **-länt** *a . .* exposed to frosts **-natt** frosty night **-salva** frost salve **-skada** frost injury **-skadad** *a . .* damaged by frost **-skyddsmedel** anti-freeze **-varning** frost alert

frotté *-n -er* terry cloth **frottéhandduk** Turkish (terry) towel **frottera** *tr, ~* [*sig*] rub [oneself]; *~ sig* äv. give oneself a rubbing; *~ sig med ngn* hobnob (rub shoulders) with a p. **frotterborste** flesh-brush

fru *-n -ar* gift kvinna married woman (lady), hustru wife; husmor housewife, matmor mistress; *~ Ek* Mrs[.] Ek; *hur mår ~ Ek?* tilltal how are you [, Mrs. Ek]?; *en äldre ~, änka efter . .* an elderly lady, widow of . .; *ja, ~n!* tilltal i butik el. fr. tjänstefolk yes, Madam (F Ma'am)!; *hur mår ~n (Er ~)?* till herr Ek how is your wife (F missis)?, mera formellt how is Mrs. Ek?; *är ~n hemma?* till herr Ek is Mrs. Ek at home?, till obekant o. t. tjänstefolk is the lady of the house (äv. *~n i huset*) at home?, till tjänstefolk äv. is your mistress at home?; *nej, ~n är ute* no, Mrs. Ek (fr. tjänstefolk F the missis) is out; Några råd åt *unga ~n* (tidningsrubrik) . . young wives; jag och *några andra ~ar . .* some other [married] women (resp. housewives); *~arna Ek och Ask* Mrs. Ek and Mrs. Ask **frug|a** *-an -or, ~n* the (min fru my) missis (missus)

frugal *a* frugal

frukost *-en -ar* morgonmål breakfast; lunch lunch, skol~ o.d. äv. dinner; för ex. jfr *middag 2* **-bord** breakfast-table; *vid ~et* vid frukosten at breakfast **-dags** *adv, det är ~* it is time for breakfast; *vid ~* at breakfast-time

frukostera *itr* have breakfast, breakfast

frukost|kopp breakfast cup **-middag** early dinner **-rast** se *lunchrast*

frukt *-en -er* bot. o. friare fruit. koll. fruit[s pl.]; resultat äv. product, result, outcome; livsfrukt äv. issue; *~en av* hans forskningar the result (outcome) of . .; *färsk ~* fresh fruit[s]; *förbjuden ~ smakar bäst* forbidden fruit is sweetest; *bära ~* äv. bildl. bear fruit; *ej bära ~* bildl. äv. prove fruitless; *skörda ~en av* sin möda reap the fruits of . .; *sätta ~* set

frukta I *tr* allm. fear, fasa för dread; ledigare be afraid, *ngn (ngt)* of a p. (of a th.), *att* inf. vanl. of ing-form, *att* sats that; ~ *Gud* fear God; ~ *det värsta* fear the worst; *ja, jag* ~*r det!* yes, I am afraid so!; *det var* [*just*] *det jag* ~*de!* I feared as much!; *en* ~*d sjukdom* a dreaded disease **II** *itr,* ~ *för* t.ex. ngns liv, säkerhet fear for; ~ *för sitt liv* be in fear of one's life
fruktaffär butik fruit shop, fruiterer's
fruktan - *0* rädsla fear, stark. dread, *för* of, *för att* inf. of ing-form; respektfylld awe, *för* of; farhågor äv. fears pl., apprehension; *hysa* ~ *för* se *frukta I* o. *II; injaga* ~ *hos ngn* inspire a p. with fear; *darra av* ~ tremble with fear; *av* ~ *för att* de skulle upptäcka honom for fear [that] . .
fruktans|värd *a* terrible, terrific, awful, fearful, dreadful, horrible, formidable, samtl. äv. friare; *en* ~ *röra* an awful mess **-värt** *adv* terribly etc.
fruktassiett dessert-plate, fruit-plate
fruktbar *a* bördig fertile, rich; givande o.d. fruitful, productive, profitable; ~*t arbete* productive work; ~*t samarbete* fruitful co-operation; *göra* ~ bildl. turn to [good] account **-het** fertility; fruitfulness, productivity
fruktbärande *a* eg. fruit-bearing, fructiferous; bildl. se *fruktbar*
frukt|handel 1 se *-affär* **2** abstr. fruit trade **-handlare** i minut fruiterer **-kniv** fruit-knife **-kompott** stewed fruit **-konserver** *pl* tinned (isht amer. canned) fruit sg., isht hemlagade fruit preserves **-kräm** stewed fruit thickened with potato flour **-kött** pulp, flesh
frukt|lös *a* unavailing, futile, fruitless; *visa sig* ~ prove useless (of no avail) **-löshet** futility, fruitlessness, uselessness
frukt|odlare fruit-grower **-odling** fruit-growing; konkr. fruit farm **-saft** fruit juice **-sallad** fruit salad
fruktsam *a* om kvinna fertile; som snabbt förökar sig fecund, prolific **-het** fertility; fecundity
frukt|skål fruit dish **-skörd** -plockning fruit-gathering; konkr. fruit crop **-smak** fruity taste **-sort** kind of fruit **-tid** fruit season **-träd** fruit-tree **-trädgård** orchard **-vin** fruit wine **-år,** *gott* ~ year of good fruit crops **-ämne** ovary
fruntim|mer *-ret -mer* woman (pl. women), female; *-ren* äv. F the womenfolk
fruntimmers|aktig *a* womanish isht neds.; feminine **-fasoner** *pl* women's ways **-göra,** *det är* ~ that is a woman's job **-karl** lady-killer **-vecka,** ~*n* ung. Ladies' Week, the period July 18—24 (19—25) inclusive. — För övr. sms. jfr *kvinno-*
frus|en *a* **1** om saker frozen; frostskadad frost-bitten; *-et kött* frozen (refrigerated, mindre starkt chilled) meat **2** pers. chilly; *känna sig* ~ feel chilly; *vara* ~ *av sig* be sensitive to cold, feel the cold **frusenhet** chilliness; coldness äv. bildl.; sensitivity to cold
frusta *itr* snort
frygisk *a* Phrygian
fryntlig *a* genial, kindly; jovial **-het** geniality, kindliness; joviality
frys *-en -ar* se *frysbox*
frys|a *frös frusit* (jfr dock *II;* se äv. *frusen*) **I** *itr* **1** till is freeze; *det -er* it is freezing; *vattnet (rören) har frusit* the water is (the pipes are el. have) frozen **2** bli frostskadad get frost-bitten; *potatisen har frusit* the potatoes are frost-bitten **3** om pers. be (feel) cold, mycket starkt be freezing; *jag -er om händerna* my hands are cold
II äv. *-te -t tr* matvaror freeze, refrigerate, få att stelna äv. congeal; ~ *glass* freeze ice-cream
III med beton. part. **1** ~ *bort* om gröda get blighted by [the] frost **2** ~ *fast* freeze, *vid* [on] to; ~ *fast i* isen freeze fast in . .; *ligga fastfrusen* om fartyg be ice-bound **3** ~ *igen* freeze, get frozen; sjön *har frusit igen (är igenfrusen)* . . has (is) frozen over; ån *har frusit igen* . . has (is) frozen up **4** ~ *ihjäl* freeze to death **5** ~ *in* a) itr. (äv. ~ *inne*) om fartyg o. bildl. be frozen in; *infrusna krediter* frozen credits b) tr. (äv. ~*ned*) matvaror, se *II* **6** *det fryser på* it is freezing **7** *rören har frusit sönder* the frost has burst the pipes **8** ~ *till* freeze over; *tillfrusna hamnar* ice-bound harbours; jfr ~ *igen* **9** ~ *ut ngn* freeze a p. out
frys|box freezer **-fack** freezing-compartment, frozen storage compartment **-maskin** freezer, refrigerator **-ning 1** freezing, av livsmedel äv. refrigeration **2** ~*ar* frossbrytningar shivers **-punkt** freezing-point, nollpunkt äv. zero **-rum** cold-storage room **-teknik** refrigerating technique
fråg|a I *-an -or* question; förfrågan äv. inquiry, query; sak, problem äv. matter, point, problem; ss. ämne för diskussion, tvistefråga issue; jfr äv. ex.; ~*n för dagen* the topic (issue) of the day; *vilken* ~*!, det var också en* ~*!* what a question [to ask]!, iron. a fine question [to ask]!; ~*n är om* vi har råd the question is whether . .; *det är* [*just*] *det* ~*n gäller, det är* [*hela*] ~*n* that is [just] the point; *det är inte det* ~*n gäller* äv. that is irrelevant; *det är en annan* ~ återstår att se that remains to be seen; *det är nog* ~*n om* han kan . . it remains to be seen (it is doubtful) whether . .; *vad är det* ~ *om?* a) vad gäller saken? what is it all about? b) vad står på? what is the matter?, what is up? c) vad vill ni? what do you want?; *nu är det* ~[*n*] *om att* nu måste vi *arbeta* we have got to work now; *få* ~*n* bli förhörd *på*

ngt be tested on a th.; *göra ngn en ~, [fram]ställa en ~ till ngn* ask a p. a question, put a question to a p.; *kringgå [själva] ~n* evade the issue; *lösa ~n* solve the problem; mannen, boken *i ~* .. in question, .. concerned, .. referred to, ofta this ..; *han kan komma i ~* som chef he is a possible choice (a possibility) ..; *det kan komma i ~* hända it is just possible, *att* that; *det kommer aldrig i ~ (på ~n)!* [it is] out of the question!, certainly not!; *han kan inte komma i ~* he is out of the question (is ruled out); *sätta i ~* a) betvivla question, call .. in question b) föreslå propose, suggest; *i ~ om* beträffande concerning, with (in) regard to, with reference to, as to, as regards, jur. o. H äv. re; *det är utom all ~ att han är* mest lämpad it is beyond question (doubt) that he is .., he is unquestionably (undoubtedly) ..

II *tr itr* ask, *ngn om ngt* a p. about a th., jfr vid. ex.; utfråga interrogate, söka svar i (hos) question; höra sig för inquire; skol. förhöra test, *på* on; absol. ask [questions]; *~ dumt* ask silly questions; *får jag ~ en (dig [om] en) sak?* may I ask you a question?; *får jag ~* var .. will you please tell me ..; *varför det, om jag får ~* iron. why, may I ask; *~ efter ngn* ask (för att hämta call) for a p., intresserat ask after a p. (a p.'s health); *~ efter en bok* i bokhandeln inquire for a book (jfr *efterfråga); ~ [efter priset] på* en vara ask the price of ..; *han ~de* mig *efter min ålder* he asked [me] my age; *~ ngn om råd (till råds)* ask a p.'s advice; *~ ngn om vägen* ask a p. the way

III *rfl* ask oneself, wonder; *det kan man [verkligen] ~ sig!* you may well ask!

IV med beton. part. **1** *~ efter* bry sig om *ngt (ngn)* care about a th. (a p.); *jag ~r inte efter* vad andra tycker I don't care (bother about) .. **2** *~ sig fram* ask one's way **3** *~ sig för* inquire, make inquiries, *om ngt* about a th., *hos ngn* of a p. **4** *~ om* på nytt ask again, repeat the (one's) question **5** *~ ut ngn* question a p., interrogate a p., ask a p. questions

frågande I *a* inquiring, questioning; interrogative äv. gram.; *se ~ ut* look bewildered; *den ~* subst. a. the questioner, the inquirer **II** *adv* inquiringly etc.

fråge|form gram. interrogative form **-formulär** questionnaire fr., inquiry form **-ord** gram. interrogative **-sats** interrogative sentence (bisats clause) **-spalt** i tidning Readers' Queries **-sport** quiz **-ställare** questioner **-ställning,** *~en* problemet the [question at] issue, the problem **-tecken** question-mark, mark of interrogation; *se ut som ett levande ~* look the [very] picture of bewilderment; *sätta ett stort ~ för ngt* be very doubtful about a th. **-timme** question time

frågvis *a* inquisitive **-het** inquisitiveness

från (jfr *ifrån*) **I** *prep* **1** allm. from; bort (ned) ~ off; alltifrån, om tid since; se vid. ex. samt under resp. verb, subst., adj. o. adv.; *~ och med* (förk. *f[r].o.m.*) *den 1 maj* as from (amer. as of) May 1st; *f[r].o.m. 20/4 t.o.m. 5/5* from April 20th to May 5th inclusive; *~ och med den dagen* var han .. from that very day ..; *~ och med i dag* as from today, starting today; *~ och med nu* skall jag .. from now on; tre år *~ och med nu* .. from now; *f[r].o.m. sid. 10* from page 10 on[wards]; *~ det ena till det andra* from one thing to another, apropå by the way, incidentally; ~ 20 kr (20 år) *[och uppåt]* from .. [upwards]; *~ att ha varit* rik blev han utfattig after having been ..; *~ det jag kom hit* ever since I came here; *jag känner honom ~ Uppsala[tiden]* I have known him ever since we were at Uppsala; *börja ~ början* begin at the beginning; *~ fabrik* H ex factory; protest *~ ryskt håll* .. on the part of Russia; det blåser *~ land* .. off the shore; visa sig *~ sin bästa sida* .. at one's best; anfalla *~ sidan* .. in the flank; *falla ~ en stege* fall off a ladder; *gå ~ bordet* leave the table; *ta av ~ landsvägen* turn off the main road; *han är ~ Stockholm* he is from Stockholm (jfr *I 2*); *långt ~ hemmet* far from home

2 i prep.-uttr. ss. attr., vanl. of; *hr A. ~ Stockholm* Mr A. of Stockholm; *en* affärsman *~ Stockholm* äv. a Stockholm ..; *ett brev ~ Amerika* a letter from America; *bilder ~ Italien* italienska bilder pictures of Italy; *en kyrka ~ 1100-talet* a church of the 12th century; *undantaget ~ regeln* the exception to the rule; *bilder ~* tagna under *en resa* i England pictures taken on a journey ..; *en vän ~ skolåren* an old school-friend; *en vän ~ [min tid i] Rom* a friend I got to know in Rome

II *adv* **1** frånkopplad, på instrumenttavla o.d. off **2** se *till [och från]* **3** se *[i]från* ss. beton. part. under resp. vb

från|döma *tr, ~ ngn ngt* a) jur. deprive a p. of a th. [by judgement] b) bildl. se *frånkänna* **-fälle** *~t ~n* decease, death **-gå** *tr* ge upp give up, t.ex. plan, vana äv. relinquish, principer deviate from, åsikt, ståndpunkt recede from; jfr äv. *gå [ifrån]* **-hända** se *avhända* **-koppling** tekn. o. elektr. disconnection; jfr *koppla [ifrån]* **-känna** *tr, ~ ngn* auktoritet (originalitet) deny a p.'s .. **-landsvind** off-shore wind, land breeze **-lura** *tr* se *lura [av]* **-se** *tr* leave .. out of account, jfr *bortse [från]* **-sida** på mynt reverse, jfr *baksida* **-skild** *a* om makar divorced; *en ~* a divorced person, a divorcee **-skilja** *tr* t.ex. talong detach; jfr *avskilja I* **-stulen** *a, han blev ~* sina pengar he had . . stolen, somebody stole . ., he was robbed of . . **-stötande** *a* repellent, repulsive, forbidding; vämjelig repugnant, disgusting; *verka ~ på ngn* repel a p. **-säga** *rfl* t.ex. ett uppdrag decline, t.ex. ansvar disclaim; världen[s nöjen] renounce

från|ta|ga] *tr* se *ta [ifrån]* **-träda** *tr* **1** avgå från retire from, relinquish; *~ ämbetet* äv. vacate the post, retire [from the post], om mycket högtstående person resign office **2** avstå från: krav, förmån waive, egendom, rättighet surrender **-varande** *a* **1** eg. absent, *från* from; *de ~* those absent, vid möte o.d. äv. the absentees; *han är ofta ~* äv. he often stays away **2** bildl. absent[-minded], preoccupied; blick vacant **-varo** *~n 0* absence, *av* of, *från* from; avsaknad äv. want, *av* of; *lysa med sin ~* be conspicuous by one's absence

fräck *a* oförskämd impudent, insolent, *mot* to; audacious, F cheeky, amer. äv. fresh; skamlös shameless, brazen, barefaced, bold; vågad, om t.ex. historia risqué fr., indecent; *~ i mun* rude, coarse; *~t försök* t.ex. till rån daring attempt; *~ lögn* barefaced lie; *hans ~a uppsyn* his impudent air; *det var väl (nästan för) ~t!, det var det ~aste!* F what cheek!; *var lagom ~!* none of your impudence (cheek)!; *han var ~ nog att* inf. he was so impudent as to inf. **fräckhet** *-en -er* impudence, insolence, audacity, effrontery; F cheek, nerve, face samtl. end. sg.; *en ~ utan like* unprecedented effrontery; *hans ~er* yttranden his impudent remarks (uppförande behaviour sg.); *ha ~en att* inf. have the impudence (F cheek etc.) to inf., be so impudent as to inf. **fräckt** *adv* impudently etc., jfr *fräck; han svarade helt ~ att . .* he had the impudence (F cheek) to answer that . .

fräk|en *-nen 0* bot. horse-tail

fräkn|e *-en -ar* freckle; *få -ar* freckle, become freckled **fräknig** *a* freckled

fräls|a *-ade (-te) -at (-t) tr* save, redeem, deliver; *fräls oss ifrån ondo!* deliver us from evil!; jfr *frälst* **frälsare** *-n -* saviour; *Frälsaren* our Saviour, the Redeemer **frälsarkrans** sjö. lifebuoy **frälse I** *-t 0* **1** skattefrihet exemption from land dues to the Crown **2** *~t* adeln the nobles, the privileged classes båda pl. **II** *a, ~ och ofrälse [män]* noblemen and commoners **frälsning** salvation, redemption **Frälsningsarmén** the Salvation Army **frälsningssoldat** Salvationist **frälst** *a* frikyrkl., *bli ~* find salvation, see the light

främja *tr* promote, further, forward; isht m. saksubj. foster; hjälpa aid, understödja support, uppmuntra encourage **främjande I** *-t 0* promotion, furtherance; encouragement; *till ~ av . .* for the promotion etc. of . ., for promoting . ., [in order] to promote . . **II** *adv, verka ~ för* promote, encourage **främjare** promoter; supporter

främling stranger, *för* to; utlänning foreigner, jur. alien; friare äv. outsider **främlingsfientlig** *a . .* hostile to[wards] foreigners, xenophobic **främlingshat** xenophobia **främlingskap** *-et 0* om utlänning alien status; bildl. estrangement **främlingslegion,** *[franska] ~en* the Foreign Legion **främlingspass** alien's passport

främmande I *a* obekant strange, unknown, unfamiliar, *för* to; utländsk foreign, alien; andras, t.ex. egendom other people's; jfr äv. ex.; *~ ansikte* strange (unfamiliar) face; *en ~ herre* äv. a stranger; *~ hjälp* outside assistance; *falla (råka) i ~ händer* fall into the hands of strangers (fiendens händer of the enemy); *~ kapital* borrowed (loan, extraneous) capital; *~ kropp* ämne foreign body; resa *i ~ länder . .* in foreign countries (parts), . . abroad; *[fullkomligt] ~ människor* [perfect] strangers; *ett ~ ord (språk)* a foreign word (language); *det låter ~* it has an unfamiliar sound; tanken *är mig ~* obekant . . is unfamiliar to me, strider mot min natur . . is alien to me (to my nature); *jag är inte ~ för* . . är förtrogen med I am not unfamiliar with . ., har förståelse för I am not entirely out of sympathy with . ., har vetskap om I am not ignorant of . .; *jag är inte ~ för tanken* äv. the thought has sometimes crossed my mind; denna ordbildning *är ~ för svenskan . .* is foreign to (is not found in) Swedish; *bli ~ [för varandra]* drift apart, become estranged (strangers)

II *s* **1** *-n -* obekant stranger, gäst guest, visitor **2** *-t 0* gäster guests pl., visitors pl., company; *vi fick (det kom) ~* some people came to see us; *ha ~* äv. have a party; *de har ofta (mycket) ~* they entertain a great deal

främre *a* front, fore; *F~ Asien (Orienten)* ung. the Middle (äv. Near) East; *F~ Indien* India; *~ vokal* front vowel

främst *adv* först first, längst fram in front; om rang, ställning foremost; huvudsakligen principally, chiefly; se *först [och främst]; gå ~* go first, lead [the way], walk in front, i främsta ledet be in the front rank äv. bildl.; *ligga ~* i tävling lead; *stå ~ på* listan stand first on . ., head . .; *vara (stå) ~* bäst be foremost, förnämligast äv. be the most prominent **främ|sta** *(-ste) a* förnämsta, bästa foremost, viktigaste chief, principal, ledande leading; första first, front; *~ bänk[en]* the front seat; *vår -ste nu levande* författare our foremost living . .; *i ~ ledet* mil. in the forefront, bildl., bland de främsta in the front rank; *vår -ste leverantör* our chief supplier

frän *a* om lukt, smak rank, acrid; härsken rancid, skarp pungent äv. bildl.; bildl. äv. acrimonious,

bitter; sarkastisk caustic, biting; ~ *kritik* pungent criticism; *en* ~ *skildring* av undre världen a ruthless description . ., a frank exposure . .
frände *-n -r* kinsman, kvinnlig kinswoman; relative; ~*r* äv. kinsfolk **frändefolk** kindred nation (people) **frändskap** *-en 0* (kem. *-er*) kinship, relationship, blods~ consanguinity; kem. o. bildl. affinity
frånhet rankness, acridity; rancidity; pungency; acrimony, acerbity; jfr *frän*
fränk|a *-an -or* kinswoman
1 fräs *-en -ar* tekn. [milling] cutter, mill
2 fräs 1 *-et 0* se *fräsande* **2** fart. *för full* ~ at full speed; *sätta* ~ [*på ngt*] speed up [a th.]
1 fräs|a *-te -t tr* tekn. mill
2 fräs|a *-te -t* **I** *itr* **1** hiss; brusa, skumma fizz, svagt fizzle; vid stekning sizzle, frizzle, stänka och ~ sputter; ~ [*och spotta*] om katt spit, *åt* at; han var *så arg att han -te* . . hissing with rage; ~ *till* om pers. hiss **2** *fräs* [*ut*] *ordentligt!* snyt ut give your nose a good blow! **II** *tr* hastigt steka fry, frizzle; ~ *smör* heat butter; ~ *upp* värma upp fry up **fräsande** *-t 0* hiss, hissing, brus fizz, svagt fizzle; vid stekning sizzle, frizzling (sputtering) noise
fräsare pers. milling-machine operator (worker)
fräsch *a* fresh, fresh-looking; obegagnad new, ren clean **fräscha** *tr,* ~ *upp* freshen up, bildl. refresh, brush up **fräschhet** o. **fräschör** freshness; newness
frät|a *-te -t* **I** *tr itr,* ~ [*på*] ngt a) om syra o.d. corrode, eat into, erode b) bildl. gnaw [at], fret; ~ *hål på* eat a hole in; ~*nde bekymmer* gnawing care; ~*nde syra* corrosive acid; ~*nde ämne* corrosive; *verka* ~*nde på ngt* corrode a th., have a corrosive effect on a th.; *frätt av maskar* worm-eaten
II med beton. part. **1** ~ *bort* eat away, corrode away; erode **2** ~ *sig in i* eat into **3** ~ *sönder* corrode, eat holes (a hole) in **4** ~ *upp* eat away, corrode [. . completely]
frät|medel corrosive, läk. caustic, cautery **-ning** corrosion, erosion **-sår** malignant ulcer, bildl. canker
frö -[*e*]*t -n* **1** pl. H äv. *-er* seed, koll. seed[s pl.]; bildl. äv. germ, *till* of; *bilda (sätta)* ~ seed **2** busfrö little devil **fröa** *itr rfl,* ~ *sig* run (go) to seed, seed; ~ [*av sig*] shed its (resp. their) seed
frö|blandning seed mixture **-gömme** pericarp **-handel** abstr. seed-trade **-handlare** seedsman **-hus** seed-vessel, pericarp
fröjd *-en -er* glädje joy, lust delight; *en* ~ *för ögat (örat)* a delight to the eye (the ear); *i* ~ *och gamman* merrily **fröjda I** *tr* delight, gladden; *det* ~*r mig att höra* I am delighted to hear that **II** *rfl* se följ. **fröjdas** *itr. dep* rejoice, *åt (över)* in el. at; delight, *åt (över)* in
fröjdefull *a* joyful, joyous
frökapsel capsule, seed-case
frök|en *-en -nar* ogift kvinna unmarried woman; ung dam young lady; lärarinna teacher; ss. titel Miss; *F*~*!* a) i butik etc. Miss!, t. uppasserska Waitress!, F Miss! b) t. lärarinna Miss!; *kan* ~ *säga mig* . . could (can) you [please] tell me . . [, Miss]; *lilla* ~ F young lady; *-narna Ek* the Miss Eks, äldre, stelare the Misses Ek; ett par *äldre -nar* . . elderly spinsters; *F*~ *Ur* ung. the speaking clock, i Engl. TIM; *F*~ *Väder* ung. the telephone weather service
frö|kontroll seed testing **-mjöl** pollen **-odling** seed-growing **-planta** uppdragen ur frö seedling; som får sätta frö seed-plant **-spridning** seed dispersal **-ämne** ovule
fuchsi|a *-an -or* fuchsia
fuffens pl. *- n* knep trick[s pl.], dodge[s pl.], ofog mischief; *ha något* ~ *för sig* be up to some trick (to mischief)
fug|a *-an -or* fugue **fugerad** *a* fugal
fukt *-en 0* allm. damp, väta moisture, fuktighet[sgrad] humidity **fukta** *tr* moisten, damp, wet; ~ *läpparna* wet (moisten) one's lips; ~ *strupen* wet one's whistle **fuktapparat** damper **fukta|s** *itr. dep,* hennes ögon *-des* [*av tårar*] . . became moist (. . moistened) [with tears]
fukt|bevarande *a,* ~ *hudkräm* moisture cream **-drypande** *a* damp, . . wet with damp **-fläckig** *a* . . stained by damp, möglig mildewed **-fri** *a* torr . . free from damp, dry **-halt** moisture content
fuktig *a* damp; isht ständigt moist; om luft äv. humid; råkall damp, dank; klibbig clammy; ~*a händer* clammy (moist) hands; ~*t klimat* moist (damp) climate; ~ *kväll* fest wet night; ~*a läppar* moist lips; ~ *sommar* wet summer; *det är* ~*t i dag* it is a damp day **-het 1** dampness; moistness; humidity; jfr föreg. **2** fukt moisture, damp
fuktighets|grad degree of moisture, humidity **-mätare** hygrometer
fuktskadad *a* . . injured by damp; fläckig . . stained by damp (moisture)
ful *a* ugly; alldaglig plain; amer. äv. homely; vanprydande unsightly; föga tilltalande unattractive; anskrämlig hideous; om väder nasty, foul; i moralisk bem. bad, nasty; *den* ~*a ankungen* the Ugly Duckling; ~ *fisk* ugly customer; ~ *gubbe* F dirty old man; ~*a ord* dirty (bad) words, bad language sg.; ~ [*o*]*vana* nasty habit; ~*t spratt* nasty (dirty) trick; ~ *trakt* ugly (unsightly) district; ~ *i mun* foul-mouthed, coarse, rude; ~ *som synden.* (*stryk*) [as] ugly as sin; *hon är inte* [*alls*] ~ äv. she is not [at all] bad-looking; *det är* ~*t att stjäla* it is bad to steal **fulhet** ugliness etc.
fuling otäcking rotter; *din* ~*!* skämts., till pojke you rascal (scamp)!, you nasty boy!

full *a* **1** fylld o.d. full, *av (med)* of; isht bildl. filled, *av* with; av folk äv. crowded, packed; *alldeles* ~ pred. full up; *~t hus* a full (crowded) house, se äv. ex. under *hus; en korg ~ med* frukt äv. a basketful of . .; ~ *av harm* filled with indignation; *det är (vi har) ~t* fullbelagt, fullsatt we are full up; *det var ~t där* i rummet (kupén etc.) the room (compartment etc.) was full, there was no more room there; *det var ~t av folk i rummet* the room was full of people (crowded); *vara ~ av (med)* t.ex. ohyra (stark.) be teeming with . .; *hälla (slå) glaset ~t* fill the glass [up]; *klottra* väggarna *~a* scribble all over . .; se äv. ex. under resp. huvudord
2 hel, fullständig full; complete, whole, total; fullkomlig äv. perfect, absolute; *på ~t allvar* quite seriously, in real (dead) earnest; *vara i ~t arbete* be hard at work; *till ~ (min ~a) belåtenhet* to my complete satisfaction; *få ~t besked* äv. be fully informed; *njuta [av] ngt i ~a drag* enjoy a th. to the full; *~t förtroende* complete confidence; *i ~ gång* in full swing, at full blast; *~t krig* open war; ~ *likvid* payment in full; ~ *mobilisering* total mobilization; *skriva ut ~a namnet* write one's name in full; *~t pris* the full price; *med ~ rätt* with perfect justice, quite rightly; ~ *sommar* full summer; ~ *sysselsättning* full employment; *med ~ säkerhet* with absolute certainty; ~ *tid* sport. time; *vid ~ tid* ledde . . at full-time . .; *~a två timmar* fully (a full) two hours; *ha ~ tjänst* i skola be a full-time teacher; *dussinet ~t* a full (complete) dozen; *antalet är ~t* the number is complete; *månen är ~* the moon is full; *till ~o* in full, to the full, fully; se äv. ex. under resp. huvudord samt *fullt*
3 onykter: pred. drunk, attr. drunken, F tipsy, pred. tight; *supa sig ~* get drunk
fullastad *a* attr. fully-loaded
full|belagd *a* full, pred. äv. full up; *det är -belagt [hos oss]* we are full up **-blod** *~et ~* thoroughbred **-blodig** *a* thoroughbred, bildl. äv. out-and-out . ., one-hundred-per-cent . . **-blodshäst** thoroughbred [horse] **-blodsidealist** out-and-out idealist **-bokad** *a* fully booked, pred. äv. booked up
fullborda *tr* slutföra complete, finish, utföra accomplish, do, perform, fulfil; isht äktenskap consummate; *ett ~t faktum* an accomplished fact; *efter ~d gärning* when the deed was done; *~d handling* gram. completed action; *~d våldtäkt* consummated rape; *det är ~t* bibl. it is finished **fullbordan** - *0* completion; accomplishment; consummation; jfr föreg.; *i tidens ~* in the fullness of time, in due time; *gå i ~* be accomplished (fulfilled), om spådom äv. come true
full|fjädrad *a* fullt utvecklad, färdig full-fledged, durkdriven, skicklig accomplished, consummate, isht neds. thorough-paced . . **-följa** *tr* slutföra complete, finish, accomplish; genomföra follow out, carry out; fortsätta [med] pursue, carry on; följa upp follow up; ~ *en plan* follow out (pursue) a plan; ~ *segern* follow up the victory; ~ *sina studier* complete one's studies **-giltig** *a* valid; *~t bevis* conclusive evidence **-god** *a* [perfectly] satisfactory, likvärd adequate; utmärkt perfect, excellent; fullgiltig valid; fullvärdig: om mynt, vikt standard, om vara sound; ~ *kost* a balanced diet; *i -gott skick* in perfect (excellent) condition; *~a skäl* [very] good reasons; ~ *säkerhet* full security **-gången** *a* fully developed **-göra** *tr* plikt o.d. perform, do, discharge; åtagande o.d. fulfil, meet; order o.d. carry out, execute; ~ *sina förpliktelser* fulfil one's obligations, meet one's engagements; *icke ~* sina förbindelser äv. fail to comply with . ., fail in . .; ~ *likvid* settle the account; ~ *sin värnplikt* do one's military service; *efter -gjort arbete* for han when his work was done . . **-het** fullness **-klottrad** *a* . . scribbled all over
full|komlig *a* **1** utan brist, om t.ex. skönhet perfect; ~ *i sitt slag* perfect of its kind **2** fullständig, absolut complete, entire, absolute, utter, verklig, genuin äv. perfect, thorough, downright; *en ~ brist på logik* an entire want of logic; han är *en ~ främling för mig* . . an utter (a total) stranger to me; *en ~ skandal* a downright (perfect) scandal **-komlighet** *~en ~er* perfection **-komligt** *adv* perfectly; completely, entirely, absolutely; wholly; till fullo fully; alldeles quite; *behärska ett språk ~* have a complete command of a language; *behärska tekniken ~* äv. master the technique to perfection; *du har ~ fel* you are completely mistaken; ~ *obegriplig* utterly (completely) incomprehensible; ~ *omöjligt* quite (stark. absolutely) impossible **-komna** *tr* perfect; *det är ~t* bibl. it is finished **-komning** *~en 0* perfection
full|kornsbröd whole-meal bread **--lastad** m.fl. se *fullastad* m.fl.
fullmakt 1 bemyndigande authorization, befogenhet power of attorney, authority, isht vid röstning proxy; dokument power (letter) of attorney; *ge ngn ~ att* inf. authorize a p. to inf.; *äga oinskränkt ~* have full authority (unlimited powers); *enligt ~* as per power of attorney; *rösta genom ~* vote by proxy **2** ämbetsmans [letters pl. of] appointment; isht officers commission
fullmakts|innehavare [authorized] agent, attorney, proxy **-lag** enabling act
full|matad *a* om spannmål full-eared, full-ripe; om skaldjur meaty **-mogen** *a* full-ripe, fully ripe; mature äv. bildl. **-måne** full moon **-mäktig** *~en ~e* valt ombud delegate; jfr *stadsfullmäktig*

fullo, *till* ~ se *full 2*

full|packad *a* o. **-proppad** *a* crammed, packed, *med* with; chock-full, *med* of **-riggad** *a* full-rigged . . **-riggare** full-rigged ship **-satt** *a* full, stark. crowded, packed; *det är* ~ [*här*] we are full up (utsålt sold out) **-skriven** *a* . . filled with (full of) writing **-spikad** *a* F se *fullsatt* **-stoppad** *a* crammed **-stämmig** *a* full-voiced . ., om partitur full

full|ständig *a* komplett o.d. complete, entire, full; absolut o.d. perfect, total; jfr vid. *fullkomlig 2*; ~ *avhållsamhet* total abstinence; ~ *förbränning* perfect combustion; *skriva ut* ~*a namnet* write one's name in full; restaurang *med* ~*a rättigheter* [fully] licensed . .; ~ *tystnad* complete silence **-ständiga** *tr* complete, make . . complete **-ständighet** completeness; *för* ~*ens skull* for the sake of completeness **-ständigt** *adv* completely etc., jfr *fullkomligt* m. ex.

fullt *adv* completely, wholly, fully, to the full, quite; jfr ex.: *det är* ~ *förståeligt att* . . it is easy to (one can readily) understand that . .; ~ *medveten om att* . . fully aware that . .; ~ *tillräcklig* quite (perfectly) sufficient; ~ *övertygad om att* . . firmly convinced that . .; *njuta helt och* ~ *av ngt* enjoy a th. to the full; *påstå* ~ *och fast* contend positively; *tro* ~ *och fast på* . . believe firmly in . .; ~ *upp med* pengar plenty of . ., F lots of . .; *ha* ~ *upp att göra (med arbete)* have plenty to do, have one's hands full; ~ *ut så mycket* quite as much; ~ *ut så bra* äv. every bit as good; *arbeta för* ~ work full steam; *gå för* ~ go full speed (steam); *med radion på för* ~ with the wireless on at full blast; *inte* ~ ett år not quite . .; *lika* ~ se *likafullt*

full|talig *a* [numerically] complete; ~ *publik* full audience; *göra* ~ complete; *vara* ~ isht om truppstyrka be up to (be in full) strength; *är vi* ~*a?* are we all here? **-talighet** completeness, full number **-taligt** *adv,* möta upp ~ . . in full numbers, . . to a man **-tecknad** *a, listan är* ~ the list is filled [with signatures]; *lånet är -tecknat* the loan is subscribed in full **-tonig** *a* sonorous **-träff** direct hit; pjäsen blev *en verklig* ~ . . a real hit (complete success) **-tränad** *a, vara* ~ be at the peak of training **-vuxen** *a* full-grown; om pers. äv.: adult, attr. grown-up, pred. grown up; *bli* ~ grow up **-värdig** *a* se *fullgod* **-ända** *tr* **1** fullborda complete, finish **2** fullkomna perfect, accomplish; ~*d skönhet* perfect beauty; ~*d smak* consummate taste; ~*d världsman* accomplished gentleman **-ändning** ~*en 0* perfection

fullärd *a* skilled; *vara* ~ have served one's apprenticeship

fullödig *a* eg. o. bildl. sterling; bildl.: äkta genuine, gedigen thorough, substantial, fullt motsvarig fully adequate, fulländad consummate; ~ *poesi* genuine poetry

fult *adv* in an ugly (unsightly) manner (way), unattractively, jfr *ful;* i moralisk bem. nastily, in a nasty way; *klä sig* ~ dress unattractively (in bad taste); *det låter* ~ it sounds ugly (resp. nasty, bad); *det var* ~ *gjort* [*av dig*] that was a nasty (bad) thing of you to do, friare you ought to be ashamed of yourself

fumla *itr* fumble, *med* with, at **fumlig** *a* fumbling **fumlighet** fumblingness

fundament *-et* - foundation[s pl.] **fundamental** *a* fundamental, basic

fundera *itr* tänka think (*på, över* of, about, over, jfr ex.), ta sig en funderare äv. reflect (*på, över* on); grubbla ponder (*på, över* over), drömmande muse (*på, över* over, on), meditate, cogitate (*på, över* on); tveka hesitate; ~ *på* överväga *att* inf. think of (think about, consider, ha för avsikt contemplate) ing-form; ~ *hit och dit* turn the matter over in one's mind; *jag skall* ~ *på saken* I will think the matter over (consider the matter); *det är ingenting att* ~ *på* it is not worth thinking about (worth considering); *jag* ~*r så smått på att resa* I am half thinking of going; *jag har ofta* ~*t över* undrat *varför han* I have often wondered why he . .; ~ *ut* think (work) out **funderare,** *jag måste ta mig en* ~ *på saken* I must think the matter over [for a while] **fundering,** ~*ar* tankar thoughts, idéer ideas, teorier speculations; ~*ar kring* julen thoughts (reflections) on . .; *sitta* [*försjunken*] *i* ~*ar* be deep in thought, be in a brown study; *ha* ~*ar* planer *på att* inf. be thinking of ing-form

fundersam *a* tankfull thoughtful, meditative, drömmande musing; betänksam hesitant

fungera *itr* **1** gå riktigt work, function; hissen ~*r inte* . . is out of order (use), . . is not working **2** tjänstgöra: om pers. act, officiate, serve, *som* as; ~ *som* äv. perform the functions of; adverbet ~*r som adjektiv* . . functions as an adjective **funktion** allm. function äv. mat. o. språkv.; maskins o.d. arbetssätt functioning, working; *ha en* ~ *att fylla, fylla en* ~ serve a [useful] purpose; *i vilken* ~ är du här? in what capacity . .?; *ur* ~ out of use (order), not working **funktionalism** functionalism **funktionell** *a* functional **funktionera** se *fungera* **funktionsduglig** *a* som fungerar working, i gott skick . . in [good] working order, tjänlig serviceable **funktionär** official, functionary; vid tävling, utställning o.d. steward

funtad *a* F, *jag är inte så* ~ *att jag kan* . . I am not so constituted that I can . .; *han är så* ~ he is [made] that way; *enkelt* ~ stupid; *normalt (annorlunda)* ~ normal (different)

fur *-en* **1** pl. *0* se *furu* **2** pl. *-or* se följ. **fur|a** *-an -or* [long-boled] pine

furage *-t 0* forage, fodder
furie *-n -r* fury, termagant; mytol. Fury
furir -[*e*]*n -er* inom armén o. flyget sergeant; inom flottan petty officer
furnera *tr* furnish, provide, supply
furor[**e**] *r, göra* ~ create a furore
furst|**e** *-en -ar* prince, regent äv. sovereign; *furst B.* Prince B. **furstehus** ätt princely (royal) house
furstendöme *-t -n* principality; *~t L.* the principality of L. **fursteson** son of a prince, prince **fursteätt** se *-hus* **furstinna** princess **furstlig** *a* princely; ~ *gåva* princely gift; ~ *prakt* princely (regal) magnificence **furstligt** *adv* in a princely manner; *leva* ~ live like a prince; *bli* ~ *belönad* receive a princely reward
furu *-t (-n) 0* virke pine[wood], H redwood; bord *av* ~ deal . . **-möbler** *pl* deal furniture sg.
furunk|**el** *-eln -lar* furuncle
furu|**plank** koll. redwood deals pl. **-skog** se *tallskog* **-ved** pinewood [fuel] **-virke** H redwood, pine[wood] timber
fusion fusion, H äv. amalgamation, merger
fusk *-et 0* **1** skol., i spel cheating, skol. (gm att skriva av) äv. cribbing **2** klåperi botched (bungled, bad, hafsverk scamped) work, bad workmanship; *ett* ~ a botched etc. piece of work; *det har varit något* ~ *med arbetet* the work has been botched (bungled); hela huset *är rena ~et* . . is jerry-built **fuska** *itr* **1** skol., i spel cheat, skol. (gm att skriva av) äv. crib; ~ *i kortspel* cheat at cards; ~ *sig igenom* bluff (cheat) one's way through **2** klåpa dabble, *i* t.ex. konst, politik in; ~ *med ngt* slarva make a mess of a th., hafsa scamp a th.; ~ *bort* förfuska botch, bungle **fuskare** skol., i spel o.d. cheat, cheater **fusklapp** crib **fuskverk** se *fusk 2*
futil *a* futile **futilitet** *-en -er* futility; *~er* bagateller trifles
futtig *a* ynklig paltry; småaktig, trivial petty, trifling; lumpen mean, shabby; *~a* tio kronor a paltry . .; *~a bekymmer* petty troubles **-het** *~en ~er* paltriness; pettiness; meanness samtl. end. sg.; *~er* trivialiteter trifles
futur|**ist** futurist **-istisk** *a* futurist
futur|**um** *-um* el. -[*um*]*et -er,* ~[*et* etc.] the future [tense]; ~ *exaktum* the future perfect
fux *-en -ar* häst bay [horse]
fy *itj* phew!, ugh!, svagare oh!; tillrop till talare shame!; ~ *fan!* se *2 fan 2*; ~ *skam!,* ~ *skäms!* shame on you!, till barn naughty, naughty!; *det är inte* ~ *skam* inte illa that's not half bad
fylka *rfl* o. **fylkas** *itr. dep* flock, rally, *kring* round; bildl. rally, *kring* to **fylke** *-t -n* ung. county **fylking** phalanx
fyll|**a A** *-de -t* **I** *tr* **1** a) t.ex. behållare o. allm. fill äv. friare; stoppa full stuff äv. kok.; fylla på refill, replenish; fylla upp (helt), fylla ut t.ex. hål fill up, plats äv. take up; bildl.: behov, brist supply, plikt, ändamål fulfil b) hälla pour [out]; ~ *antalet* complete the number; ~ *ett länge känt behov* meet a long-felt want; ~ *sin funktion* serve (fulfil) one's purpose; ~ *en reservoarpenna* fill (refill) a fountain pen; annonsen *-er hela sidan* . . takes up the whole page; ~ *en tand* fill a tooth; ~ bensin*tanken* fill up [the tank]; ~ *vin i* glasen pour [out] wine into . .; *~s av fasa* be filled with fear; *hennes ögon -des av tårar* her eyes filled with tears; salongen *-des snabbt* . . filled up rapidly; jfr äv. *fylld* **2** *när -er du* [*år*]*?* when is your birthday?; *han -de femtio* [*år*] *i går* he was fifty yesterday; *till -da tjugo år* var han . . until he reached the age of twenty . .
II m. beton. part. **1** ~ *i* a) kärl fill [up] b) vätska pour in c) ngt som fattas, t.ex. namnet fill in; ~ *i en blankett* fill in (up) a form, amer. fill out a blank **2** ~ *igen* t.ex. hål fill up, stop [up], med det innehåll som funnits där förut fill in **3** ~ *på* a) kärl: slå fullt fill [up], åter fylla refill, replenish b) vätska pour in; ~ *på mera vatten i* kannan pour some more water into . .; ~ *på* [*behållaren*] put some more in[to the container]; ~ *på bensin* o.d. tanka fill up; *får jag* ~ *på lite kaffe?* do you want some more coffee? **4** ~ *upp* plats fill [up], take up; bildl. se *uppfylla* **5** ~ *ut* t.ex. tomrum, program fill up, fill
B *-an -or* F, *ta sig en redig* ~ have a good booze; han gjorde det *i ~n och villan* . . when he was drunk (had had a drop too much)
fyllbult boozer **fylld** *a* filled etc., jfr *fylla A,* kok. stuffed, *med* with; full, *med* of; ~ *choklad* chocolates [with hard (resp. soft) centres]; ~ *till randen* brimful; ~ *till sista plats* full up **fylleri** -[*e*]*t 0* drunkenness; *åtalad för* ~ charged with being drunk **fylleriförseelse** drinking offence **fyllerist** drunk, drunken person **fyllest** *adv, till* ~ adequately, sufficiently; på ett tillfredsställande sätt satisfactorily; *vara till* ~ be adequate (satisfactory, sufficient) **fyllhicka** hiccup [through drinking]; jfr *hicka I*
fyllig *a* **1** om person plump; frodig, isht om kvinna buxom; om figur, kroppsdel full, ample isht om barm, rounded; *~a läppar* full lips **2** bildl.: a) om framställning o.d. full, detaljerad detailed; om urval o.d. rich b) om ton, röst full, rich, mellow c) om vin full-bodied, . . of good body; om cigarr o.d. full-flavoured **fyllighet** plumpness, fullness, jfr föreg.; vins body **fyllna** *itr,* ~ *till* F get tipsy **fyllnad** *-en -er, till (som)* ~ as a complement
fyllnads|**anslag** supplementary grant **-gods** i tidning o. bildl. padding **-material** filling [material] **-ord** empty word **-prövning** skol. supplementary examination **-val** by-

-election **-ämne** i examen subsidiary (minor) subject
fyllning allm. filling äv. tand~; i kudde o.d. stuffing, padding; kok. stuffing, i bakverk filling, i pralin o.d. centre; vägfyllnad ballast **fyllo** *-t -n* F drunk **fyllsjuk** *a, vara* ~ be sick [after drinking] **fylltratt** boozer
fynd *-et* - **1** det funna find äv. bildl.; *göra ett* ~ gott köp make a bargain; sångaren är *ett verkligt* ~ . . a regular find **2** finnande finding, upptäckt discovery
fyndig *a* **1** påhittig inventive; ingenious äv. om sak; rådig resourceful; slagfärdig quick-witted, ready-witted, kvick witty; träffande apt; *en* ~ *lösning* an ingenious (clever) solution; *~a rim* apt rhymes; *ett ~t svar* a quick-witted (witty) answer, a repartee **2** malmförande metalliferous, ore-bearing **-het** *~en ~er* **1** bildl. inventiveness, ingenuity; resourcefulness; ready wit, readiness of wit, jfr föreg. *1* **2** malm ~ [ore] deposit
fynd|ort o. **-plats** finding-place; förekomstort locality, biol. habitat **-pris** bargain price
1 fyr *oböjl. n* se *fuffens*
2 fyr *-en -ar, en glad* ~ a jolly fellow
3 fyr *-en -ar* **1** fyrtorn lighthouse; mindre kustfyr beacon; fyrljus light **2** eld fire; *ge ~!* fire!; *få ~ i* t.ex. spisen light
1 fyra *itr,* ~ *av* fire, let off, discharge
2 fyr|a I *räkn* four; *inom* ~ *väggar* between four walls; *mellan* ~ *ögon* se *öga* ex.; *på alla* ~ on all fours; jfr *fem* o. sms. **II** *-an -or* four äv. roddsport.; *~n[s växel]* fourth, [the] fourth gear; jfr *femma* **fyrahundraårsjubileum** quatercentenary **fyraveckorssemester** four-week holiday **fyrbent** *a* four-legged äv. om stol o.d.
fyrbetjäning personal lighthouse staff
fyr|cylindrig m.fl. sms. jfr *fem* sms. **-dela** *tr* divide . . into four, quarter; *-delad* äv. four-piece . ., four-part . . **-dimensionell** a four-dimensional **-dubbel** *a* fourfold, quadruple; jfr *femdubbel* **-dubbla** *tr* multiply . . by four osv., jfr *femdubbla*; quadruple **-faldig** *a* fourfold; *ett ~t leve för* . . four (eng. motsv. three) cheers for . . **-filig** *a* four-laned, four-lane . . **-fotadjur** o. **-foting** quadruped, four-footed animal **-färgstryck** abstr. four-colour printing **-hjulig** *a* four-wheeled, four-wheel . . **-hjulsbroms** four-wheel brake **-händig** *a* mus., ~ *sättning* arrangement for duet **-händigt** *adv* mus., *spela* ~ play a duet (resp. duets) **-hörning** quadrangle **-kant** square, isht geom. quadrangle; *tio meter i* ~ ten metres square **-kantig** *a* square, geom. o.d. äv. quadrangular, friare äv. square-shaped **-klöver** se *-väppling* **-ling** quadruplet, F quad **-motorig** *a* four-engined, four-engine . .
fyrmästare [chief] lighthouse-keeper **fyr- och båkavgift,** *~[er]* light dues pl.
fyrop *pl* cries of "shame!"
fyrpass arkit. quatrefoil
fyr|personal lighthouse staff **-plats** lighthouse station
fyr|radig m.fl. sms. jfr äv. *fem* sms. **-sidig** *a* **1** four-sided **2** om broschyr o.d. four-page . .; *den här* broschyren *är* ~ this is a four-page . .
fyr|sken lighthouse light (ljusstyrka brilliancy) **-skepp** lightship
fyr|spann four-in-hand **-språng,** *i* ~ om häst at a (at full) gallop, [in] full career; friare at full (top) speed **-taktsmotor** four-stroke engine
fyrti[o] *räkn.* forty; jfr *fem[tio]* o. sms. **fyrti[o]ljuslampa** se *fyrti[o]wattslampa* **fyrtionde** *räkn* fortieth **fyrti[o]timmarsvecka** forty-hour week **fyrti[o]wattslampa** forty-watt bulb **fyrti[o]åring** jfr *femti[o]åring;* äv. quadragenarian
fyr|torn lighthouse [tower] **-vaktare** lighthouse-keeper
fyrverkeri, *~[er]* fireworks pl.; *ett* ~ a firework (pyrotechnic) display **-pjäs** firework
fyrväppling four-leaf clover; bildl.: grupp av fyra quartet[te]
fyrväsen lighthouses pl., lighthouse service
fysik *-en 0* **1** vetenskap physics **2** kroppskonstitution physique, constitution **fysikalisk** *a* physical; ~ *behandling* physiotherapeutic treatment **fysiker** physicist **fysikum** - *0 n* physical laboratory
fysio|log physiologist **-logi** *~[e]n 0* physiology **-logisk** *a* physiological
fysionomi *-[e]n -er* physiognomy
fysisk *a* physical; kroppslig äv. bodily, corporeal; ~ *fostran* physical training; ~ *geografi* physiography, physical geography; ~ *omöjlighet* physical (friare äv. utter) impossibility; ~ *person* jur. natural person
1 få *fick fått* **I** *hjälpvb* **1** få tillåtelse att **a)** allm. be allowed to, be permitted to; *~r* vanl. may, can; *fick (finge)* i indirekt tal might, could; *~r* (o. i indirekt tal *fick*) *inte* innebärande bestämt förbud must not; *om jag finge* ge dig ett råd if I might [be allowed to] . .; *~r jag gå nu? — Nej, det ~r du inte* may (can) I go now? — No, you may not (can't, resp. mustn't); *ingen ~r veta detta* utom du nobody must know this . .; *jag ~r inte för mamma* mother won't let me; *jag ~r inte* glömma det I must not . .; *vi ~r inte* röka här we must not . ., svag. we are not supposed to . .; *huset fick inte rivas [av dem]* they were not allowed (permitted) to demolish the house; *~r ej vidröras!* do not touch! **b)** med försvagad bet., isht i hövlighetsfraser: *be att* ~ inf. ask to inf., ibl. ask permission to inf.; *han bad att ~ tala med* direktören he asked to speak to . .; *vi ber att ~ meddela* att . . we wish (want) to (we would) inform you . .; lite gladare *om jag ~r*

be . . [if you] please; *~r jag be om brödet?* vid bordet may I trouble you for the bread?; *~r jag be er stänga* fönstret [would you] please shut . ., would you mind shutting . .; *~r jag fråga (lov att fråga)* . . may (hövligare el. iron. might) I ask . .; *~r jag föreställa* herr A. may I (let me) introduce [to you] . .; *låt mig ~ göra det* let me do it; *jag ~r (ber att ~) tacka så mycket* [I should like to] thank you very much; *~r jag (kunde jag ~) tala med* herr A. can (could) I speak to . .; *vad ~r det vara (lov att vara)?* i butik o.d. what can I do for you?, can I help you [, Sir resp. Madam]?
2 kunna, ha tillfälle el. möjlighet att **a)** allm. be able to, have an opportunity (a chance) to; *~r* vanl. can, ibl. (m. försvagad bet.) oövers., jfr ex.: *vi fick göra som vi ville* we could do as we liked; *numera ~r varje barn lära sig läsa* nowadays every child is taught to read; *vi ~r väl se* we'll see [about that]; *vi ~r tala om det senare* we can talk about that later; *det ~r vara så länge* that can wait; *då ~r det vara* lämnas därhän [we'll] leave it at that, then, gör er inte besvär don't bother **b)** *~ höra, ~ se, ~ veta* etc., se resp. verb
3 vara tvungen att, nödgas have to, F have got to; *~r* (o. i indirekt tal *fick*) vanl. must; *~ böta* be fined; *det ~r duga (räcka)* that will have to do; *du ~r ta (lov att ta)* en större väska you want . ., you [will] need . ., you must have . .; *du ~r ursäkta mig* you must excuse me; *jag fick vänta* äv. I was kept waiting
II *tr* jfr äv. resp. huvudord **1** erhålla o.d.: a) lyckas få, få tag i get, obtain; tillförsäkra sig secure; fånga, t.ex. fisk catch b) mottaga receive, get, få och behålla keep, have, komma i åtnjutande av have, tilldelas, få i present ofta be given, belönas med be awarded; få i betalning, tjäna get; röna meet with; [ofrivilligt] förvärva get, acquire, ådraga sig, t.ex. sjukdom get, contract, bli smittad catch c) elliptiskt för 'få på huden' o.d. se ex. i slutet; *~ arbete* get a job; *~ avslag* meet with a refusal; *~ barn* have children (resp. a child, a baby); *~ en fråga* be asked a question; *~ lov* se ex. under *I 1 b* o. *3* ovan samt *1 lov 1, 2, 3*; *~ sin lösning* find its solution, be solved; *här ~r den inte plats* there is no room for it here; *~ ro* find peace; *~ ett slut* come to an end; *~ snuva* catch a cold; *~ tandvärk* get a toothache; *~ tid* get (find) [the] time; *~ tillträde* be admitted; *~ ungar* bring forth young; *de fick varann* gifte sig *till slut* they got married in the end; *be att ~ svar* ask for an answer; *jag ska be att ~ (kan jag ~, ~r jag) lite frukt* i butik I should like (please give me) some fruit; some fruit, please; *~r jag* boken där, *är du snäll* will you [please] pass me . .; *var kan man ~ detta (finns detta att ~)?* where is this to be had?; boken *finns inte längre att ~* äv. . . is no longer obtainable, you cannot get . . any more; *vem har du ~tt den av?* who gave you that?; *jag fick en blick av honom,* som . . he gave me a look . .; *vad ~r vi till middag?* what are we having for dinner?, what's for dinner?; *~ sig en bit mat* get something to eat; *~ sig ett gott skratt* have a hearty laugh; *det ska du ~ för!* I'll pay you out for that!; *där fick han!* det var rätt åt honom! serves him right!; *där fick han* [*så han teg*]! that put him straight!, he got it that time!
2 med adj. el. ptc. ss. pred.-fylln., *han har ~tt det bra* [*ekonomiskt*] he is comfortably (well) off; *~ ngt färdigt* get a th. finished, finish a th.; *~ håret klippt* have (get) one's hair cut; *han fick benet överkört* his leg was run over; *jag fick mig tillskickat* ett paket . . was sent to me
3 förmå, bringa, *~ ngn till* [*att göra*] *ngt* make a p. do a th., get (bring) a p. to do a th.; *jag kunde inte ~ mig till att göra det* I could not bring myself to do it; *~ ngn i säng* get a p. to bed; *jag ~r det inte ur fläcken* I can't move it
III med beton. part. **1** *~ av* t.ex. locket get . . off; *~ av sig kläderna* get one's clothes off **2** *~ bort (dän)* avlägsna remove, bli kvitt get rid of **3** *~ ngn fast* get hold of a p., catch a p. **4** *~ fram* ta fram get . . out, *ur* of, produce, *ur* out of; [lyckas] anskaffa procure; [lyckas] framställa produce; framlocka, få att framträda, t.ex. det bästa hos ngn bring out; *jag kunde inte ~ fram ett ord* I could not utter (get out) a word; *~ sin vilja fram* se under *vilja A* **5** *~ för sig* att . . a) sätta sig i sinnet get it into one's head . . b) inbilla sig imagine . . **6** *~ hem* varor: om t.ex. butik get . ., få hemskickad have . . delivered; *vi fick hem soffan* igår the sofa arrived . . **7** *~ i ngt i* . . get a th. into . .; *~ i ngn ngt* få att svälja get a p. to take a th., lära get a th. into a p.['s head], inbilla get a p. to believe a th.; *~ i sig* tvinga i sig get . . down, svälja äv. swallow; *jag fick i mig lite kaffe* innan . . I managed to have some coffee . . **8** *~ ngn ifrån ngt* t.ex. en ovana get a p. to drop a th., talk a p. out of a th. **9** *~ igen* [lyckas] stänga close, make . . close; återfå get . . back, recover, återfinna äv. retrieve; *det skall du allt ~ igen!* I'll pay you back for that, you'll see! **10** *~ igenom* eg. get . . through; *~ igenom ett lagförslag* i parlamentet get a bill through Parliament, have a bill passed **11** *~ ihop* stänga close; samla get . . together, isht pengar collect; *vi fick ihop till* en vas we managed to collect enough money for . . **12** *~ in* get . . in; radio. get; *~ in ngt (ngn) i* . . get a th. (a p.) into . .; *~ in pengar* tjäna make money, samla ihop collect money; *~*

in varor get . . **13** ~ *loss* get . . off, få ur get . . out **14** ~ *med* [*sig*] bring . . [along]; *har du* ~*tt med allt?* have you got everything?; *inte* ~' *med* lämna [kvar] leave . . behind, utelämna omit; ~ *ngn med sig* få ngn att följa med get a p. to come (go) along, få ngn på sin sida get a p. over to one's side; *fick du något med av* kakan? did you get any of . .? **15** ~ *ned* get . . down, svälja äv. swallow **16** ~ *omkull* pressa ned force . . down **17** ~ *på* [*sig*] get . . on **18** ~ *tillbaka* get . . back; ~ *tillbaka på* 10 kr. get change for . .; jfr ~ *igen* **19** ~ *undan* ur vägen get . . out of the way, överstökad get . . over **20** ~ *upp* t.ex. dörr, lås get . . open, open; t.ex. lock get . . off; ögonen open, bildl. have . . opened, *för* to; knut untie, undo, get . . untied (undone); kork get . . out, *ur* of; kunna lyfta raise, lift; få uppburen get . . up; få ur sängen get . . up, get . . out of bed; få ur vattnet get . . out [of the water]; villebråd start; fisk land; skol.: få uppflyttad get . . promoted; kräkas upp bring up; ~ *upp farten* komma i gång get up speed, öka farten increase the speed **21** ~ *ur ngn ngt* get a th. out of a p. **22** ~ *ut* eg. get . . out, *ur* of; pengar draw, t.ex. lön, arv obtain; lösa solve; *jag kunde inte* ~ *ut något* få upplysningar *av honom* I could not get anything out of him; ~ *ut det mesta möjliga av* . . utnyttja äv. make the most of . . **23** ~ *över* få kvar have [got] . . left (to spare)

2 få (jfr *färre*) *pron. a* few, i vissa förb. (jfr ex.) a few; *alltför* ~ [all] too few; *blott* ~ only a few, friare very few; *de* ~ som the few . ., the minority . .; *de* ~ *vänner* [*som*] *jag har* . . the few friends that (what few friends) I have . .; *ganska* ~ rather few; *inte så* ~ [*vänner*] not (quite) a few [friends], quite a number [of friends]; *några* ~ a few, ibl. some few; *med några* ~ *ord* in a few words, briefly; *några* ~ *utvalda* a chosen few; *ytterst* ~ [*elever*] very few [pupils], a very small number [of pupils]; *han kan* berätta *som* ~ few can . . like him; *han är en talare (flitig) som* ~ there are few to equal him as a speaker (for industry)

fåfäng *a* **1** flärdfull vain; inbilsk conceited **2** gagnlös vain, futile, fruktlös fruitless, unavailing; pred. äv. in vain, of no avail; ~ *möda* futile efforts pl., labour in vain; *det* ~*a i att* inf. the futility (vainness etc.) of ing-form **3** ~ *gå lärer mycket ont* ung. idleness is the parent of all vices **fåfänga** *-n 0* flärd vanity; inbilskhet conceitedness; *sårad* ~ pique; [*en*]~*ns marknad* [a] Vanity Fair **fåfänglig** *a* vain, futile **fåfänglighet** intighet vanity, futility **fåfängt** *adv* **1** förgäves in vain **2** vainly etc., jfr *fåfäng*

fågel *-n fåglar* bird; koll.: a) jakt. [game] birds pl., wild fowl b) kok.: tam~ poultry, vild~ game birds pl.; *varken* ~ *eller fisk* neither fish, flesh nor fowl; *bättre en* ~ *i handen än tio i skogen* a bird in the hand is worth two in the bush; *fri som* ~*n* free as air; *hon äter som en* ~ she eats no more than a sparrow; *det vete fåglarna!* F Heaven knows! **-art** species of bird **-bad** birdbath **-berg** bird-cliff **-bo** bird's nest (pl. vanl. birds' nests) **-bur** bird-cage **-bär** wild cherry **-bössa** fowling-piece **-fri** *a* se *fredlös* **-frö** bird-seed **-holk** nesting box **-hund** pointer; setter **-jakt** bird-shooting [expedition expedition] **-kvitter** [vanl. the] twitter[ing] (chirping) of birds **-kännare** bird-fancier, ornithologist **-lik** *a* bird-like **-lim** bird-lime **-perspektiv,** [*se*] staden *i* ~ [have] a bird's-eye view of . . **-skrämma** scarecrow **-skådare** antik. augur; F ornitolog bird-watcher **-sträck** flight of birds **-sång** [vanl. the] singing of birds, bird song **-unge** young bird, ej flygfärdig nestling, fledgeling **-vinge** bird's wing **-väg,** ~*en* adv. as the crow flies **-vän** bird-lover **-ägg** bird's egg (pl. vanl. birds' eggs)

fåglalåt [vanl. the] singing (warbling) of birds

fåkunnig *a* ignorant **-het** ignorance

fål|e *-en -ar* föl colt; springare steed

fåll *-en -ar* sömn. hem

1 fålla *tr* sömn. hem; ~ *upp* hem up

2 fåll|a *-an -or* pen, fold; *släppa (stänga) in får i* ~*n* pen (fold) sheep

fåmannavälde oligarchy **fåmäld** *a* taciturn, silent, laconic, attr. äv. . . of few words

fån *-et* - fool, idiot, oaf (pl. -s el. oaves); *ditt* ~*!* you fool!; *stå inte där som ett* ~*!* don't stand there gaping (like a fool)! **fåna** *rfl* bete sig fånigt (larvigt) fool [about], be silly, play the fool; i tal talk nonsense, drivel **fån|e** *-en -ar* se *fån* **fåneri** foolery, stupidity; silliness end. sg.; ~*er* dumt prat nonsense sg., drivel sg.

fång *-et* - **1** famnfull armful [före följ. best. of] **2** jur., *laga* ~ legal acquisition

fånga I *s, ta . . till* ~ take . . prisoner, capture; *vi togs till* ~ we were taken prisoner[s]; *ta sitt förnuft till* ~ listen to reason, be sensible (reasonable) **II** *tr* catch, take båda äv. bildl.; i fälla trap, i nät net, i snara snare; infånga äv. capture, seize; ~ *ngns uppmärksamhet* arrest (catch) a p.'s attention; jfr äv. *2 fången* **fångdräkt** convict's uniform

fång|e *-en -ar* prisoner, captive, straffånge convict

1 fång|en *a, lätt -et lätt* [*för*]*gånget* easy come, easy go; *orätt -et snart* [*för*]*gånget* ill-gotten gains seldom prosper

2 fången *a* fängslad captured, imprisoned, captive; *hålla* ~ keep . . in captivity (. . prisoner); *sitta* ~ be imprisoned; ~ *i fördomar* swayed by prejudice **fångenskap** *-en 0* captivity; fängelsevistelse imprisonment, confinement; *råka i* ~ fall into captivity;

befria ngn, fly *ur ~en* . . from captivity **fång-lina** sjö. painter **fångläger** prison (prisoners') camp, mil. P.O.W. camp (förk. för Prisoner of War camp)

fångst *-en -er* **1** fångande catching, taking etc. jfr *fånga II* **2** byte catch äv. bildl., vid fiske äv. haul, take, draught; vid jakt bag **-fartyg** fishing boat, val~ whaling boat, whaler **-redskap** fiske. koll. fishing (val~ whaling) tackle

fång|transport konkr. convoy of prisoners **-vaktare** warder, gaoler, jailer; amer. prison guard, jailer **-vård** treatment of prisoners; se äv. *fängelseväsen* **-vårdsanstalt** prison, penal institution **-vårdsstyrelsen** se *kriminalvårdsstyrelsen*

fånig *a* dum silly, stupid, foolish, löjlig ridiculous **-het** *~en ~er* silliness end. sg., stupidity; se äv. *fåneri*

fåordig *a* se *fåmäld*

får *-et* - sheep (pl. lika) äv. bildl.; kött mutton; *~ i kål* ung. Irish stew

får|a I *-an -or* furrow; rynka äv. line; ränna, skåra äv. groove **II** *tr* furrow; *ett ~t ansikte* a furrowed (lined) face

fåra|herde shepherd äv. bildl. **-kläder,** *en ulv i ~* a wolf in sheep's clothing

får|aktig *a* neds. sheepish, sheeplike **-avel** sheep-breeding **-bog** shoulder of mutton **-fålla** sheep-fold **-hjord** flock of sheep **-hund** sheep-dog **-klippning** sheep-shearing **-kött** mutton **-sax** [sheep] shears pl. **-skalle** F blockhead, num[b]skull **-skinn** sheepskin **-skinnspäls** sheepskin coat **-skock** flock of sheep **-skötsel** sheep-farming **-stek** leg of mutton; tillagad roast mutton **-talg** mutton suet **-ticka** ung. pore fungus (mushroom) **-ull** sheep's wool

fåt *-en -er* mistake, blunder, mindre slip

få|tal minority; *endast ett ~ [medlemmar]* only a few [members], only a small number [of members]; *i ett ~ fall* in a minority of cases **-talig** *a* pred. few [in number]; *en ~ församling* a small assembly **-talighet** small number, paucity **-taligt** *adv, ~ besökt* poorly attended **-talsvälde** oligarchy

fåtölj *-en -er* armchair, easy chair

fåvitsk *a* dåraktig foolish

fä *-[e]t -n* **1** koll. cattle; *folk och ~* man and beast **2** lymmel blackguard, rotter, drummel, dumbom oaf (pl. -s el. oaves), dolt, ass, blockhead, fool; *ditt [dumma] ~!* you fool! **-aktig** *a* gemen mean, low, drumlig oafish, doltish

fäbless weakness; *ha en ~ för* have a weakness (partiality) for, be partial to

fäbod ung. chalet, shack **-vall** ung. mountain pasture

fäda *tr* radio. fade

fäderne *-t 0, vara släkt på ~t* be related on the (one's) father's side **-arv** patrimony, paternal inheritance **-bygd,** *~en* one's native country (resp. place), one's [ancestral] home **-gård** ancestral farm, family farm **-jord** native (ancestral) soil, fosterland native country

fäderneslånd [native] country, poet. native land, äv. fatherland; *försvara ~et* defend one's country

fäderne|stad native town **-ärvd** *a* . . handed down from father to son

fädning *-en 0* radio. fading

fäfot, *ligga för ~* lie uncultivated (waste)

fägna *tr, det ~r mig [att höra]* I am delighted [to hear that] **fägnad** *-en 0* delight

fägring *-en 0* poet. beauty; blomning bloom

fähund lymmel blackguard, rotter

fäkta *itr* **1** mil. o. sport. fence, friare fight **2** bildl., *~ med armarna* gesticulate [violently]; *~ med en gaffel* gesticulate with (brandish) a fork; *~* sträva *efter ngt* strive (struggle) for a th. **fäktare** fencer, swordsman

fäkt|konst [art of] fencing **-mask** fencing mask **-mästare** fencing master **-ning** fencing, *med, på* with; strid fight

fälb *-en 0* long pile plush **-hatt** silk hat

fälg o. **fälj** *-en -ar* på hjul rim

fäll *-en -ar* fell; täcke o. d. skin rug

fäll|a A *-an -or* trap; isht bildl. pitfall; i t.ex. fråga catch; *fånga i en ~* catch in a trap, entrap; *gå i ~n* fall (walk) into the trap, swallow the bait; *lägga ut en ~ för* set a trap for

B *-de -t* **I** *tr* (i bet. *2* äv. *itr*) **1** få att falla fell, träd äv. cut [down], slå till marken äv. knock . . down; 'golva' floor, isht jakt. bring down; låta falla, t.ex. ankare, bomb drop; sänka, t.ex. bom lower, lans level; *med -da bajonetter* with charged bayonets; *~ ett förslag* defeat a proposal; *~ regeringen* overthrow the Government; *~ tårar* shed tears **2** förlora, t.ex. blad, horn, hår shed, cast, fjädrar moult; *~ modet* lose courage; *~ [färgen]* om tyg lose [its] colour, fade; *färgen -er* the colour runs; *hunden -er* the dog is shedding its hair **3** avge, avkunna, *~ en dom* i brottmål pass (pronounce) a sentence, i civilmål pass (give) judgement; *~ ett omdöme* express an (give one's) opinion; *~ ett gott ord för ngn* put in a word for a p.; *~ utslaget* vara avgörande decide the matter, be decisive, turn (tip) the scale, jur. bring in the verdict; *~ ett yttrande* make (let fall) a remark **4** jur., förklara skyldig convict, *för* of **5** kem. se *~ ut*

II med beton. part. **1** *~ igen (ihop)* lock o.d. shut; fällstol o.d. fold up; jfr *~ ned* **2** *~ in* vika in fold in (back); *~ in . . [i]* infoga [i] let . . in[to], insert . . [in]; *en infälld bild (karta* etc.*)* an inset **3** *~ ned* lock o.d. shut; bom, sufflett etc. lower; krage turn down; paraply o.d. put down **4** *~ upp* lock o.d. open; krage turn up; paraply put up **5** *~ ut* kem. precipitate, bottensats deposit

fällande I *-t 0* brottslings conviction **II** *a* om t.ex. bevis damning
fäll|bar *a* folding, collapsible **-bom** järnv. lift gate **-bord** drop-leaf table **-kniv** clasp-knife **-ning 1** abstr., av träd felling **2** konkr.: kem. precipitate, geol. deposit, sediment **-stol** folding chair, utan ryggstöd camp-stool, vilstol deck-chair **-söm** [flat-]fell seam
fält *-et -* allm. field äv. sport., herald. o. bildl.; verksamhets~ äv. sphere, province, domain; arkit., på vägg o. dörr panel; *ett nytt ~ för forskning* a new field of research; *lämna ngn fritt ~ (~et fritt)* give a p. free scope (a free hand); *lämna ~et fritt (öppet) [för* gissningar] leave the field open [to . .]; *rymma ~et för ngn* leave a p. the field; *i ~* mil. in the field; *draga i ~* take the field; *det står ännu i vida ~et* it is still far from being settled; *arbeta på ~et* ej vid skrivbordet work in the field
fält|arbete field work **-armé** field army **-artilleri** field artillery **-duglig** *a* . . fit for active service **-flaska** mil. water-bottle, canteen **-flygare** short-service (non-commissioned) pilot; *förste ~* flight-sergeant pilot; *~ av första (andra) graden* sergeant pilot 1st (2nd) class **-fot,** *sätta på ~* place on a war footing **-grå** *a* field-grey
fältherre commander, general **-begåvning** strategic talent **-blick,** *ha ~* bildl. have an eye for strategy
fält|jägare ung. rifleman **-kanon** field-gun, field-piece **-kikare** dubbel field-glasses pl., binoculars pl. **-kök** field kitchen **-lasarett** field hospital **-liv** camp life **-läkare** army surgeon **-manöver** se *fälttjänstövning* **-marskalk** field marshal **-mässig** *a* . . for active service, active-service . .; *~ packning* field pack **-mätning** [detail] surveying end. sg. **-post** field post (mail), abstr. äv. army postal service **-präst** army chaplain, chaplain to the forces **-rop** lösen watchword, password; härskri war-cry **-skjutning** ung. field shooting against dummy targets **-skär** *~[e]n ~er* hist. barber-surgeon **-slag** pitched battle **-spat** geol. fel[d]spar **-säng** camp-bed, folding bed **-tecken** fana banner, standard **-telegraf** field telegraph **-tjänst** field (active) service **-tjänstövning** [field] manœuvres pl., en dags field-day **-tåg** campaign **-uniform** field uniform, battle dress
fängelse *-t -r* prison, gaol, isht amer. jail, penitentiary; fängsligt förvar imprisonment, *på livstid* for life; *få livstids ~* get a life sentence, be imprisoned for life; *dömas till (få) två års ~* be sentenced to two years' imprisonment, get a two years' sentence, F get two years; *sitta (sätta ngn) i ~* be (put a p.) in prison (gaol); *sätta ngn i ~* äv. imprison a p. **-cell** prison cell **-direktör** governor (amer. warden) [of a (resp. the) prison] **-gård** prison yard **-håla** dungeon **-kund** gaol-bird, jail-bird, old lag **-präst** prison chaplain **-straff** [term of] imprisonment; *avtjäna ett ~* serve a prison sentence, serve [one's] time **-väsen** prison (penal) system
fängsla *tr* **1** sätta i fängelse imprison, put . . in prison, confine . . to prison; arrestera arrest **2** fjättra fetter **3** intaga, tjusa captivate, fascinate; *~nde* tjusande captivating, fascinating, spännande, intressant absorbing, arresting, engrossing **fängslig** *a, hålla (taga) i ~t förvar* keep in (take into) custody
fänkål *-en 0* fennel; krydda fennel-seed
fänrik *-en -ar* **1** inom armén second lieutenant, inom flottan acting sub-lieutenant, inom flyget pilot officer; amer.: inom armén o. flyget second lieutenant, inom flottan ensign **2** hist. ensign
färd *-en -er* (jfr *färde)* **1** resa journey; till sjöss voyage; forsknings~ expedition; tur, utflykt trip, tour; m. bil, spårvagn etc. ride, flyg~ flight; *den sista ~en* one's last journey; *ställa ~en till* make for **2** bildl., *ge sig i ~ med att* inf. start (set about) ing-form; *vara i [full] ~ med att* inf. be busy ing-form **färdas** *itr. dep* travel **färdbevis** ticket **färdbiljett** ticket **färde** *s, dra sina ~* depart; *vad är på ~?* vad försiggår what is going on [here]?, vad står på what is the matter?; *det är fara på ~* danger threatens (is imminent)
färdig *a* **1** avslutad, fullbordad finished, completed, undangjord done; klar, beredd ready, prepared, *till* for; *~ att användas* ready for use; *~ att gå (att hjälpa)* ready to go (to help); *få (göra) ngt ~t* a) avsluta finish a th., get a th. finished (done) b) iordningställa get (make) a th. ready, *till* for; *bygga huset ~t* finish [building] the house; *skriva brevet ~t* finish [writing] the letter; *bli ~ med ngt* finish a th., F get through with a th.; *är du ~ [med arbetet]?* have you finished [your work]?, F isht amer. are you through [with your work]?; *han är alldeles ~* berusad el. slut he is done for, he is finished; *nu är det ~t!* iron. here we are!, well, that's that!, nu börjas det now we are in for it!; *köpa ~t* a) kläder buy ready-made (isht amer. ready-to-wear) clothes, buy off the peg b) mat buy food ready cooked; jfr *färdigt* **2** *vara ~* nära att inf. be on the point of ing-form; *vara ~ att spricka av nyfikenhet* be bursting with curiosity **3** *frisk och ~* safe and sound **-blandad** *a* ready-mixed **-byggd** *a* pred. finished, completed **-förpackad** *a* pre-packed **-gjord** *a* konfektionssydd ready-made, isht amer. ready-to-wear
färdighet *-en -er* skicklighet skill, proficiency; gott handlag dexterity; talang accomplishment; insikter och *~er* . . practical attainments; *~ i att* inf. proficiency (skill) in (dexterity at) ing-form; *teknisk ~* technical skill (proficien-

cy); *övning ger* ~ ordst. practice makes perfect

färdig|klädd *a* dressed; *jag är inte* ~ *än* I have not finished dressing yet **-knuten** *a* attr. made-up **-kokt** *a* boiled, cooked, pred. äv. done, jfr *2 koka I* **-lagad** *a* om mat attr. ready-prepared (-cooked), ready-to-eat; se äv. [*köpa*] *färdig*[*t*] *b)* **-ställa** *tr* prepare, get . . ready **-ställning** mil. ready [position]; ~*!* ready! **-sydd** *a* se *-gjord* o. [*köpa*] *färdig*[*t*] *a)*

färdigt *adv, äta* ~ finish eating; *låt mig tala* ~ let me finish [speaking] **färdigvara** finished product

färd|knäpp F, *en* ~ one for the road **-led** highway **-ledare** guide, leader, conductor **-medel** means pl. lika of conveyance **-riktning** direction of travel **-skrivare** bil. tachograph **-väg** route

färg *-en -er* colour äv. bildl.; målar~ paint; till färgning dye; tryck~ ink; nyans shade, tint, ton hue; kortsp. suit; *frisk* ansikts~ fresh complexion; *politisk* ~ [political] colour (complexion); *få* ~ om ansikte get a colour; *ge* ~ *åt tillvaron* give zest to life; *skifta* ~ change colour; *hon skiftade* ~ äv. her colour came and went; *vad är det för* ~ *på (vilken* ~ *har) bilen?* what colour is the car?; *i vilken* ~ skall huset målas? what colour . .?; *skildra i mörka* ~*er* paint in dark colours; *gå (passa) i* ~ *med* match [. . in colour]; *röd till* ~*en* red [in colour] **färga** *tr* colour; tyg, hår dye; kem.: glas o.d. stain; måla paint; bildl.: ge en viss prägel åt colour, tinge; *duken har* ~*t* [*av sig*] the dye has come off the cloth; ~ *om* re-dye **färgad** *a* coloured etc. jfr föreg.; [*starkt*] ~ bildl. [highly] coloured; *se ngt genom* ~*e glasögon* bildl. have a coloured view of a th.; *de* ~*e* som grupp the coloured people

färg|are dyer **-bad** dye-bath **-band** för skrivmaskin [typewriter] ribbon **-beständig** *a* colour-fast, unfadable **-bild** colour picture; för projicering colour slide (transparency) **-blad** för spritduplicering spirit carbon **-blind** *a* colour-blind **-blindhet** colour-blindness

färgeri dye-works (pl. lika)

färg|film colour film **-filter** colour filter **-fläck** på kläder o.d. paint stain **-foto**[**grafi**] bild colour photo[graph] (picture) **-fotografering** colour photography **-glad** *a* gay, richly coloured **-glädje** delight in colours; se äv. *-prakt* **-grann** neds. gaudy, glaring; se äv. *-glad* **-handel 1** butik ung. chemist's [and paint shop] **2** ~*n* verksamheten the dyes, paints and oils trade **-handlare** chemist [and paint dealer]

färg|karta colour chart; geogr. coloured map **-klick** daub (splash) of colour (konkr. paint) **-krita** coloured chalk, vax~ [coloured] crayon **-känsla** sense of colour **-känslig** *a* foto. colour-sensitive **-känslighet** foto. colour sensitivity **-litografi 1** bild chromolithograph, chromo (pl. -s) **2** process chromolithography **-låda** paint-box **-lägga** *tr* colour; foto. tint **-lära** chromatics **-lös** *a* colourless äv. bildl. **-ning** dyeing **-nyans** shade, tint, nuance **-penna** coloured pencil **-plansch** colour plate, coloured illustration (för vägg wall picture) **-prakt** display of colour **-prov** colour sample **-pyts** paint-pot **-rik** *a* richly coloured, . . rich in colour; colourful äv. bildl. **-rikedom** rich colouring (colours pl.), variety of colours **-sinne** sense of colour, colour sense **-skala** range of colours, colour gamut; konkr. colour chart (guide) **-skimrande** *a* iridescent **-spel** play of colours, -prakt display of colour, regnbågsskimmer iridescence **-spruta** paint-sprayer **-stark** *a* colourful äv. bildl., richly (brilliantly) coloured, gay **-sättning** colouring, colo[u]ration **-television** colour television (TV) **-ton** [colour] tone, hue, tint, shade; grönt *med blå* ~ äv. . . shaded in (tinged with) blue **-tryck 1** process colour-printing **2** bild colour-print. — Se äv. *-litografi* **-tub** paint tube **-äkta** colour-fast, fast, unfadable; tvättäkta wash-proof **-ämne** pigment; för färgning: av tyg o.d. dye[-stuff], av drycker, livsmedel colouring matter

färing se *färöing*

färj|a I *-an -or* ferry, isht mindre ferry-boat, tåg~ train-ferry **II** *tr,* ~ *över ngn* ferry a p. across; ~ *ngn över floden* ferry a p. across (over) the river **-förbindelse** ferry-service **-karl** ferryman **-led** ferry route **-läge** ferry berth **-pengar** *pl* fare, ferriage båda sg. **-ställe** ferry[-station] **-trafik** ferry-service

färm *a* rask prompt; t.ex. svar äv. ready **färmitet** promptitude, promptness

färre *komp* fewer; ~ [*till antalet*] *än* . . äv. less numerous than . .; *vi är* ~ *till antalet* i minoritet we are a minority; *mycket* ~ *fel* far fewer mistakes

färs *-en -er* beredd, till fyllning forcemeat, farce, stuffing; ss. rätt på fisk o.d. mousse; kött~ ss. råvara minced meat; jfr *köttfärs* **färsera** *tr* fylla stuff

färsk *a* frisk, ej konserverad, ej saltad e.d. samt bildl. fresh, bildl. äv. recent; ej gammal new; ~*t bröd* new bread; *av* ~*t datum* of recent date; ~ *fisk (frukt)* fresh fish (fruit); *jag har* ~*a hälsningar från din bror* I have just seen your brother who sends you his best wishes; ~*a nyheter* fresh news; ~ *potatis* new potatoes; ~*a spår* fresh (recent) tracks; ~*a ägg* fresh (new-laid) eggs **färska** *tr* metall fine, refine; ~ *upp* bröd make . . fresh [in the oven] **färskrökt** *a,* ~ *lax* smoked salmon **färskvaror** *pl* perishables **färskvatten** fresh water

Färöarna *pl* the Faroe Islands, the Faroes **färöing** Faroese (pl. lika), Faroe islander **färöisk** *a* Faroese, Faroeish

fäst *a* bildl., [*mycket*] ~ *vid* [very much] attached to, [very] fond of

fäst|a *-e fäst (-ade -at);* jfr *fäst* **I** *tr* **1** eg.: fastgöra fasten, fix, attach, isht m. lim o.d. affix, vid to; *fäst den med nålar (några stygn)!* fasten it [on] with pins (a few stitches)!, pin (resp. stitch) it on!; ~ *en tråd*[*ända*] fasten [off] a thread; ~ *ihop (igen, till)* fasten up, nåla äv. pin up, sy äv. stitch (sew) up; ~ *ihop* tillsammans fasten etc. . . together; ~ *upp* put (m. nålar pin) up äv. t.ex. hår; skörta upp tuck up; binda upp tie up **2** bildl., ~ *avseende vid* pay attention to; ~ *blicken på* fix (rivet) one's eyes on; ~ *ngns uppmärksamhet på ngt* call (draw, direct) a p.'s attention to a th., point a th. out to a p.; ~ *stor vikt vid* attach great importance to; ~ *ngt på papperet* commit a th. to paper (to writing)

II *itr* fastna, häfta adhere, stick; *spiken -er inte* the nail won't hold

III *rfl,* ~ *sig i ngns minne* om episod o.d. stick in a p.'s memory; ~ *sig vid ngn* become (get, grow) attached to a p.; *ha fäst sig vid ngn* be attached to a p.; ~ *sig vid ngt* pay attention to a th., notice (take notice of) a th.; *det är ingenting att* ~ *sig vid* it is not worth bothering about, you must not mind that

fästad *a* se *fäst* **fäste** *-t -n* **1** stöd, tag hold, fot~ foothold, footing samtl. äv. bildl.; *få* ~ find (get) a hold (a foothold), få fast fot get a footing; det var halt och *hjulen fick inget* ~ . . the wheels did not grip (bite) **2** hållare, handtag holder, svärds~ o.d. hilt, handle **3** fästpunkt: bro~ o.d. abutment, anat., bot. attachment **4** befästning stronghold äv. bildl., fort, fortress; *ett konservatismens* ~ a stronghold of conservatism **5** *himmelens* ~ the firmament

fästfolk, ~*et* the engaged couple

fästing tick

fäst|man fiancé fr., sweetheart, young man **-mö** fiancée fr., sweetheart, young lady

fästning mil. fort[ress] **fästningsvall** rampart **fästningsverk** fortifications pl.

fäsör hack

föda I *-n 0* food, näring äv. nourishment, kost äv. diet, för djur äv. feed, fodder; uppehälle living, bread; *fast* ~ solid food (nourishment); *flytande* ~ slops pl.; *arbeta för* ~*n* work for a (one's) living; *inte göra skäl för* ~*n* not be worth one's keep (salt)

II *födde fött tr* **1** (jfr *född*) sätta till världen give birth to; ~ [*barn*] bear a child (resp. children); *hon födde en son* äv. she was delivered of a son; *hon har fött* [*honom*] *två söner* she has borne [him] two sons; ~*s på nytt* be born anew; ~ *levande ungar* be viviparous **2** alstra breed, beget; *hat föder hat* hatred breeds hatred **3** ge föda åt feed, försörja support, maintain; ~ *sig* live, om djur feed *på* on; ~ *upp* djur breed, rear, barn bring up *han är uppfödd* på landet he has grown up . . *han är uppfödd i* lyx (resp. *uppfödd på* mjölk) he was bred in . . (resp. brought up on . .)

född *a* born; *Födda* rubrik Births; *av kvinna* ~ born of a woman; *Fru A.,* ~ *B.* Mrs. A., née B., Mrs. A., formerly Miss B.; *hon är* ~ *B.* her maiden name was B.; *när är du* ~? when were you born?; *han är* ~ *blind* he was born blind; *han är* ~ *svensk* he is a Swede by birth, he was born a Swede; *han är* ~ *till talare* he is a born orator

födelse birth; *alltifrån* ~*n* from [one's] birth, since one's birth; *efter (före) Kristi* ~ se [*efter (före)*] *Kristus* **-annons** announcement in the births column **-attest** birth certificate **-bygd** native place

födelse|dag birthday; *hjärtliga lyckönskningar (gratulationer) på* ~*en!* Many Happy Returns [of the Day]! **-dagsbarn** ung. person having a birthday; ett leve *för* ~*et* . . for + vederbörandes namn **-dagsbjudning** birthday party **-dagspresent** birthday present

födelse|datum date of birth **-kontroll** birth-control **-märke** birthmark **-ort** birthplace; i formulär place of birth **-stad** native town **-tal** birth-rate **-underskott** excess of deaths over births **-år** year of birth; *hans* ~ the year of his birth **-överskott** excess of births over deaths

föd|geni, *ha* ~ have an eye to the main chance, be acquisitive, friare know how to look after oneself **-krok** means (pl. lika) of livelihood, F meal ticket

födo|ämne food end. sg.; food-stuff, article of food; ~*n* äv. provisions, eatables, comestibles **-ämneskontroll** food control **-ämneslära** dietetics

födsel *-n födslar* birth; förlossning delivery; *från* ~*n* from [one's] birth; *av* ~ *och ohejdad vana* from long inveterate habit

1 föga I *oböjl. a* [very] little; *av* ~ *värde* of little value **II** *adv* [very] little; inte särskilt not very (resp. much); ~ *anade jag* . . little did I imagine . .; ~ *bättre än* sitt rykte only a little (but little) better than . .; resultatet var ~ *lysande* . . not very (. . scarcely) brilliant; ~ *smickrande* äv. unflattering; ~ *trolig* not very likely, not probable **III** *oböjl. s* [very] little; *det har* ~ *att betyda* it is of little (not of much) consequence (significance)

2 föga *s, falla till* ~ yield, submit, give in, *för* to; F climb down

föl *-et* - foal; unghäst colt, ungsto filly **föla** *itr* foal

följ|a *-de -t* **I** *tr* **1** gå bakom, efter, utmed samt bildl.

follow; efterträda succeed; *följ mig!* follow me!; *han -des* som regeringschef *av A.* he was succeeded . . by A.; ~ *en diskussion (händelsernas gång)* follow a discussion (the events); ~ *föreläsningar* attend lectures; *följ denna gata!* follow this street!; ~ *sitt eget huvud* have one's own way, please oneself; ~ *en ingivelse* act on an impulse; ~ *John* lek follow my leader; *vägen -er kusten* the road follows (runs along) the coast; ~ *modet* follow the fashion; ~ *en politik (plan)* pursue a policy (plan); ~ *reglerna* follow (comply with) the rules; ~ *ngns råd* follow (act on, take) a p.'s advice; ~ *ngn i hälarna* follow close behind a p., dog a p.['s heels], bildl. follow in a p.'s footsteps; ~ *ngn med blicken* watch a p. closely **2** ledsaga accompany äv. bildl., F come (dit go) with; ~ *ngn till tåget (båten* etc.) see a p. off; *jag -er dig en bit på väg* I will come with you part of the way; *han -de henne* en bit på väg he went with her . .
II *itr* follow; ss. konsekvens el. resultat äv. ensue, result; lyder *som -er* . . as follows; *brev -er* letter to follow, i telegram writing; *fortsättning -er* to be continued; *döden -de omedelbart* death occurred instantaneously (was instantaneous); *det krig som -de* the ensuing war; *härav -er att han* . . [hence (from this)] it follows that he . .; consequently (hence), he . .; *det -er av sig självt* it goes without saying, it is self-evident; de nackdelar *som -er med detta system* . . resulting from (attending) this system; de plikter *som -er med ämbetet* . . which go with the post; *den ena olyckan -de på den andra* one misfortune followed [upon] the other; *inget svar -de på hans fråga* there was no answer [given] to his question
III m. beton. part. **1** ~ *av ngn* see a p. off **2** ~ *efter* follow, jfr *I 1;* förfölja äv. pursue **3** ~ *ngn hem* see a p. home **4** ~ *med* **a)** komma med come (dit go) along, *ngn* with a p.; ~ *med ngn* äv. accompany a p.; *dörrhandtaget -de med* när jag . . the door handle came away in my hand . .; *det -er med på köpet* you get that thrown in **b)** hänga med o.d., *han kan inte* ~ *med [i klassen]* he cannot keep up with the class; han talar så fort att jag inte kan ~ *med* . . follow him; ~ *med sin tid* keep up (move) with the times, be (keep) up to date; ~ *med i boken* follow in the book **c)** vara uppmärksam be attentive **d)** bifogas se *medfölja* **5** ~ *upp* fullfölja follow up **6** ~ *ngn ut* see a p. out

följaktligen *adv* consequently, in consequence, accordingly; this being so; A. är sjuk *och kan* ~ *inte komma* äv. . . so he cannot come

följande *a* following; [*den*] ~ the following; ~ *dag* adv. [the] next day, [on] the following day; *den därpå (härpå)* ~ *diskussionen* blev . . the discussion that followed (came next) . ., the subsequent discussion . .; *på* ~ *sätt* in the following way, as follows, like this; *den* ~ *tiden* adv. in the subsequent period, in the time that followed; *därmed* ~ *utgifter* the expenses involved; *på* ~ *villkor* on the following conditions; *på varandra* ~ successive, consecutive; *det* ~ är . . the following . ., what follows . .; ~ har inbjudits the following . .; *han berättade* ~ he told us the following story; *han sade* ~ what he said was this, he said as follows; hans teori *är* ~ . . is as follows; *i det* ~ a) nedan o.d. below b) sedermera in the sequel

följas *itr. dep,* ~ *åt* go together, accompany each other; uppträda samtidigt occur at the same time, synchronize, t.ex. om symptom be concomitant

följd *-en -er* **1** räcka o.d. succession, sequence; serie series äv. t.ex. av tidskrift; *en* ~ *av olyckor* a series of accidents; fem år, femte året *i* ~ . . in succession, . . in a row; *i snabb* ~ in rapid succession; under *en lång* ~ *av år* . . a long succession of years **2** konsekvens consequence, *för* to; resultat result; *få oanade* ~*er* have unthought-of consequences; *ha (få)* ngt *till* ~ result in . .; *ha till* ~ *att* . . have the result that . .; *till* ~ *av* . . på grund av in (as a) consequence of . .; *till* ~ *av detta (därav, härav)* in (as a) consequence, consequently, on that account **-företeelse** consequence, sequel **-riktig** *a* logical; konsekvent consistent **-riktighet** logic; consistency **-sats** log. corollary **-sjukdom** complication, läk. sequel|a (pl. -ae) **-verkan** resulting effect

följe *-t -n* **1** *ha ngn i* ~ be accompanied by a p.; *slå* ~ *med ngn* join a p. **2** svit, uppvaktning suite, retinue, train, väpnat escort; skara band; neds., pack o.d. gang, crew, lot **-brev** covering (accompanying) letter **-båt** sport. accompanying boat **-sedel** delivery note **-slagare** o. **-slagerska** companion, uppvaktande attendant, follower

följetong *-en -er* serial story, serial

följsam *a* lydig obedient, foglig docile, smidig pliable, flexible

fölunge se *föl*

fönster *fönstret* - allm. window; inåt- el. utåtgående (vanl. sv. typ) casement [window]; skjut~ (vanl. eng. typ) sash window; *stå i fönstret* om pers. stand (be) at the window, om sak be in the window **-bleck** window-ledge, window-sill **-bräde** window-sill **-båge** ram window-frame **-glas** window-glass **-glugg** loop-hole, i snedtak dormer (attic) window **-hake** window-catch **-karm** window-frame **-kuvert** window-envelope **-lucka** shutter

-nisch window-recess, window-bay, isht konisk embrasure **-plats** t.ex. på tåg window-seat **-post** mullion **-putsare** window-cleaner **-ruta** window-pane **-skyltning** window-dressing **-smyg** se *-nisch* **-tittare** peeping Tom, voyeur fr. **-öppning** window[-opening]

1 för sjö. **I** *-en -ar* stem, prow, bow[s pl.]; *från ~ till akter* from stem to stern; *i ~ och akter* fore and aft; *i ~en* at the prow, in the bows **II** *adv, ~ och akter* fore and aft; *~ om* . . ahead (inombords forward) of . .; *~ om bogen* on the bow; segla *~ om masten* . . before the mast; *~ ut, ~ över* ahead, inombords forward

2 för I *prep* (se äv. under resp. subst., adj., adv., pron. o., vb; *~ att* se *II* o. *III* nedan; *~ så vitt* se *II 5*)

1 i div. vanl. bet. for: **a)** 'i utbyte mot' o.d. (jfr *8*): *det har du ingenting ~* you won't get paid for that; *köpa (betala) ~* buy (pay) for; köpa *~ 1 krona frimärken* . . a krona's-worth of stamps; jag kunde inte *~ mitt liv* . . for the life of me; *vad tar Ni ~* vad kostar . .? what do you charge for . .?; läsa *ord ~ ord* . . word for word; *öga ~ öga* an eye for an eye **b)** 'i stället för' o.d.: *en gång ~ alla* once [and] for all; *han arbetar ~ två* he works for two; *tala ~ ngn* speak for (on behalf of) a p. **c)** 'på grund av' o.d. (i vissa förb. dock andra prep., jfr ex.): *berömd ~* famous for; *jag får inte ~ pappa* father won't let me; *~ mig* får han göra vad han vill . . as far as I am concerned; *vad gråter du ~?* varför . .? what are you crying for?; *hon gråter ~ allting* she cries about everything; *vara missnöjd med ngn ~* ngt be dissatisfied with a p. on account of (because of) . .; *misstänka (anklaga) ~* suspect (accuse) of; *straffa (tacka) ~* punish (thank) for; *hon kunde inte tala ~ skratt* she couldn't speak for laughing; *det blir inte bättre ~ det* that won't make it any better **d)** 'i betraktande av': *han är lång ~ sin ålder* he is tall for [a boy of] his age; rocken är alltför (nog) varm *~ årstiden* . . for this time of the year; *~ våra förhållanden* är det en stor stad by our standards . . **e)** i tidsuttryck: *~ fem dagar [framåt]* for the next five days; få men *~ livet* . . for life; *~ [en] lång tid framåt* for a long time to come; se äv. *10* nedan; *~ detta* se *före [detta]*; *~ . . sedan* se *12* nedan **f)** 'till förmån (fördel, ibl. skada) för', 'avsedd för', '[avsedd] till', 'för att få' o.d. samt i div. förb. (jfr äv. *2* o. *16*): *använda en handduk ~ torkning* use a towel for [the purpose[s] of] drying (for drying purposes); *arbeta ~ ngn (ngt)* work for a p. (a th.); *dö (kämpa) ~ sitt land* die (fight) for one's country; vad kan jag *göra ~ dig?* . . do for you?; den publik han *skriver ~* . . writes for; *det är bra (bäst) ~ dig* it is good (best) for you; *farlig (lätt, omöjlig, skadlig, trevlig) ~* dangerous (easy, impossible, bad, pleasant) for; jag har ingen *användning ~ det* . . use for it; *en kalender ~ 1914* a calendar for 1914; *ett gott minne ~ ansikten* a good memory for faces; *ha smak (en svaghet) ~* have a taste (a weakness) for; *det är tid ~ dig att* . . it's time for you to . .; *vänskap (ömhet, tillgivenhet, vanvördnad, sympati) ~* friendship (fondness, attachment, disrespect, sympathy) for; *ha öga ~* have an eye for

2 i dativ- och därmed besläktade bet., ofta m. bibet. 'inför' samt i div. förb. (jfr äv. *1 f*) to; *berätta (läsa, sjunga, spela, visa) ngt ~ ngn* tell (read, sing, play, show) a th. to a p., tell osv. a p. a th.; *beskriva (nämna) ngt ~ ngn* describe (mention) a th. to a p.; *buga sig (ta av sig hatten) ~ ngn* bow (take off one's hat) to a p.; *blommorna dör ~ mig* my flowers keep dying; *vattnet kokade över ~ mig* I let the water boil over, I'm afraid; *elden slocknade ~ mig* the fire went out on me (in spite of my efforts); *blind ~* blind to; *gemensam ~ alla* common to all; *katastrofal ~* disastrous to; *tiden blev lång ~ honom* time seemed long to him; *det är nytt ~ mig* it is new to me, I am new to it; *outhärdlig ~* unendurable to; *påtaglig ~* obvious to; *svag ~* partial to; *viktig ~* important to; *öppen (stängd) ~* open (closed) to; . . blev *en chock (en missräkning, ett slag) ~ henne* . . a shock (a disappointment, a blow) to her; *en fara ~* a danger to; *en förlust ~* vetenskapen a loss to . .; vara *[som] ett hem ~ ngn* . . [like] a home to a p.; *~ mig* i mina ögon to me

3 uttr. ett genitivförhållande of; *chef (en förespråkare) ~* head (an advocate) of; *vara föremål ~* be the object of; *platsen ~ brottet* the scene of the crime; *priset ~* the price of; *tidningen ~ i går* yesterday's paper; *tiden ~* min avresa the hour of . .

4 '[till försvar (skydd)] mot', 'från' vanl. from; *dölja (gömma) ngt ~ ngn* conceal (hide) a th. from a p.; *skydda ngn ~ ngt* protect a p. from a th.; *vi har inga hemligheter ~ dig* we have no secrets from you; . . *är bra ~ huvudvärk* . . is good for headache

5 'i fråga om' about; du kan känna dig *lugn ~ honom* . . easy about him; *oroa sig ~ ngn (ngt)* worry about a p. (a th.)

6 'medelst' vanl. by; skriva *~ hand* . . by hand; jag har köpt det *~ egna pengar* . . with (out of) my own money; falla *~ första skottet (slaget)* . . to the first shot (blow)

7 'under ledning av' (om studier) from; *ta lektioner [i engelska] (läsa [engelska]) ~ ngn* take el. have lessons [in English] with (from) a p.; *gå och dansa (sjunga) ~ ngn* take el.

have dancing (singing) lessons with (from) a p., learn dancing (singing) from a p.
8 'till |ett pris av|' at; köpa tyg ~ *5 kronor metern* . . at 5 kronor a metre; *inte ~ det priset* not at that price; jfr äv. ex. under *1 a*
9 'såsom' (vid predf.) as, for el. utan motsvarighet; se resp. vb ss. *anse 2, hålla II 6, 2 kalla I* m.fl.
10 i distributiva uttr. o.d. by, with (jfr ex.); *dag ~ dag* day by day, every day; *ord ~ ord* se under *1 a; punkt ~ punkt* point by point; bli sämre ~ *varje dag* |*som går*| . . every day; ~ *var gång* jag ser honom each time . .; var och en ~ *sig* . . separately (individually)
11 'framför', 'inför': **a)** eg. before; *gardiner ~ fönstren* curtains before the windows; *ha hela dagen ~ sig* have the whole day before one; *hålla handen ~ munnen* hold one's hand before one's mouth; knyta en näsduk ~ *ögonen på ngn* . . over a p.'s eyes; *sova ~ öppna fönster* sleep with one's windows open **b)** bildl. o. friare to; för ex. se under *2*
12 ~ . . *sedan* . . ago; |*till*| ~ *ett år sedan* |until| a year ago; ~ |*inte*| *länge sedan* |not| long ago; middagen *är (var) färdig ~ länge sedan* . . has (had) been ready for a long time
13 ~ *sig själv* by oneself, to oneself, jfr ex.: han sitter ofta ~ *sig själv* . . by himself; *sjunga (le, tänka) ~ sig själv* sing (smile, think) to oneself; ha en hel våning ~ *sig själv* . . to oneself; *vara ~ sig själv* ensam be alone
14 i svordomar o.d., ~ *tusan* |*hakar*|*!* hang it!; se f.ö. resp. huvudord
15 i uppräkningar, ~ *det femte* in the fifth place, fifthly
16 i vissa förb. (se ex.) in, of; *intressera sig ~* take an interest in; *typisk (karakteristisk, utmärkande) ~* typical (characteristic) of
II *konj* o. i sms. konj. **1** ty for **2** ~ |*att*| därför att because; *inte ~ att jag* hört något not that I . . **3** ~ *att* på det att so (in order) that; ~ *att inte* litt. lest; ~ *att produktionen skall kunna ökas måste vi* . . for production to be increased we must . . **4** vägen var |*allt*|*för smal (inte bred nog) ~ att två bilar skulle kunna mötas* . . too narrow (not wide enough) for two cars to pass **5** ~ *så vitt* provided |that|; ~ *så vitt inte* ofta unless
III ~ *att* inf. **1** uttr. avsikt to inf., 'i avsikt att', 'i akt och mening att' o.d. in order (so as) to inf., for the purpose (with the intention) of ing-form, with a view to ing-form; efter rörelsevb i vissa talesätt: ing-form; *han har gått ut ~ att jaga (handla)* he has gone out shooting (shopping); *hon gick ut ~ att leta efter honom* she went out to look for him; *liksom ~ att* inf. as if to inf.; ~ *att inte tala om* . . not to mention . ., let alone . . **2** samordnande to inf.; han reste sin väg ~ *att aldrig återvända* . . never to return **3** |*allt*|*för (nog) stor ~ att* inf. too big (big enough) to inf. **4** inskränkande, han talar bra ~ *att vara utlänning* . . for a foreigner **5** i övriga fall for (äv. andra prep. jfr *I*) ing-form, ibl. to inf.; *misstänkt ~ att ha* . . suspected of having . .; *jag skäms ~ att tala om det* I am ashamed to tell you
IV *adv* **1** alltför too; *mycket ~ gammal* much too old; ~ *litet* too little, not enough; *det var då ~ väl, att du* . . it's a very good thing you . . **2** rumsbet., gardinen *är ~* . . is drawn; luckan (regeln) *är ~* . . is to; *hålla ~* ett skynke hold . . in front; *hålla ~ hålet* |*med någonting*| el. *hålla ~* |*någonting för*| *hålet* hold something before (in front of) the hole; *stå ~* är du snäll! stand in front . .!; *stå ~* skymma *ngn* stand in a p.'s way; *sätta ~ luckan* put up the shutter **3** motsats 'emot' for; jag är ~ *förslaget* äv. . . in favour of the proposal; är du ~ *eller emot* . . for or against; *skälen ~ och emot* äv. the pros and cons; *det kan anföras skäl ~ och emot* there is much to be said on both sides

för|a *-de -t* **I** *tr* **1** befordra, förflytta convey, bära carry, forsla transport, remove; ta med sig: hit bring, dit take; ~ *svensk flagg* carry (fly) the Swedish flag (colours); ~ *glaset* till munnen raise the glass . .; ~ *handen till mössan* touch (put one's hand to) one's cap; ~ *handen över* . . pass (move) one's hand over . .; ~ *lanternor* carry lights; ~ *ngn till sjukhus* take (remove) a p. to the hospital **2** leda lead, guide, ledsaga conduct, dit take, hit bring; ~ *bil* drive a car; ~ *ett fartyg* sail (navigate) a vessel, föra befäl på command a vessel; ~ *ett flygplan* fly a plane; ~ *ngn* i dansen lead a p. out; *vad -de dig hit?* what brought you here?; *vad -de dig på den tanken?* what put that idea into your head? **3** hantera, t.ex. pennan, spiran, äv. bildl. wield **4** H handla med deal in; *vi för billiga strumpor* we are running a cheap line in stockings **5** div. bildl. bet., ~ *förhandlingar (en korrespondens)* conduct (carry on) negotiations (a correspondence); ~ *ett tillbakadraget liv* lead a retired life; ~ *ngt till slut* see (carry) a th. through, go through with a th.; ~ *en politik* pursue a policy; *ett sådant språk han för!* what language he uses!; se äv. under resp. subst. **6** ~ hänföra *till* se *hänföra I 1*
II *itr* **1** lead; dörren *för till* . . leads to, ut till äv. . . opens on |to|; *det skulle ~* oss *för långt* it would carry (take) us too far **2** ~ *bra* i dans lead well
III *rfl* carry oneself; *han kan ~ sig* he has poise
IV tr. m. beton. part. (jfr *I*) **1** ~ *bort* take (lead, carry) . . away (undan off), remove **2** ~ *fram* carry etc. . . forward; ~ *fram* en idé, förstärkningar m.m. bring up; jfr *framföra* **3** ~ *framåt* främja carry . . forward **4** ~ *ihop* se

~ *samman* **5** ~ *in* **a)** eg. introduce, take (hitåt bring) . . in, lead (conduct) . . in, pers. högt. äv. usher in; ~ *ngn in i rummet* take etc. a p. into the room; ~ *in handen* put one's hand in; ~ *in* t.ex. en sond introduce; ~ *in* varor import; jfr *3 leda* [*in*] **b)** friare o. bildl.: ofta introduce; ~ *in* en annons insert . .; ~ *in* i räkenskaper, på en lista m.m. enter [up], record, *i (på)* in, inregistrera register, *i* in; jfr *införa* **6** ~ *med sig* a) eg. carry (take) . . [along] with one, hitåt bring b) bildl., ss. följd entail, involve, result in, lead to, ha i släptåg bring . . in its (resp. their) train; jfr *medföra* **7** *han -de oss omkring i slottet (på ägorna)* he took us over the castle (estate) **8** ~ *samman* bring . . together, saker äv. put . . together; jfr *sammanföra* **9** ~ *tillbaka* convey (conduct etc.) back; *släkten kan ~s tillbaka till* 1500-talet the family can be traced back to . . **10** ~ *undan* se ~ *bort;* åt sidan move (draw, push) . . aside **11** ~ *upp* a) eg. take (carry, lead) up b) skriva upp enter, post, *på* on; *för upp det på mitt konto (på mig)* put it down to my account; jfr *uppföra* **12** ~ *ut* convey etc. . . out, *ur* of, *på* into (on [to]); pers. högt. äv. usher out; ~ *ngn ut i sällskapslivet* bring a p. out; ~ *ut* pengar take [. . with one]; ~ *ut* en post i en kolumn H enter; ~ *ut* varor export **13** ~ *vidare* skvaller o.d. pass on **14** ~ *över* eg. convey (carry etc.) . . across; trupper, varor o.d. transport; överflytta transfer; bokhåll. carry over; ~ *över blod* transfuse blood; ~ *över ngn till sjukhus* get a p. conveyed to hospital; ~ *över pengar* till konto o.d. transfer money; ~ *över i ny räkning* H carry . . forward (pass . .) to new account; jfr *överföra*

förakt *-et 0* allm. contempt; överlägset disdain, hånfullt scorn; likgiltighet disregard; ~ *för faran* contempt of danger; *hysa* ~ *för ngn* feel contempt for a p., hold a p. in contempt

förakt|a *tr* ringakta despise, hold . . in contempt; försmå disdain, scorn **-full** *a* contemptuous; disdainful, scornful **-fullt** *adv* contemptuously etc., with contempt (disdain) **-lig** *a* **1** värd förakt contemptible; despicable; futtig paltry, mean; *en icke* ~ lärdom no mean . . **2** se *föraktfull*

för|allmänliga *tr* generalize **-andligad** *a* ethereal

föraning se *aning 1*

för|ankra *tr* allm. anchor, *vid* to; *fast ~d* djupt rotad deeply rooted, intimt förbunden . . bound by close ties **-ankring** anchorage; *han har en djup* ~ *i sin hembygd* he is bound to his native place by close ties

för|anleda *tr* **1** förorsaka, vålla bring about, cause, ge upphov till occasion, give rise to; *saken -anleder ingen åtgärd* no action will be taken in the matter **2** förmå, ~ *ngn att* inf. cause (induce, lead) a p. to inf., make a p. ren inf. **-anlåta** *tr* se *föranleda 2; känna (se) sig -anlåten att* feel called upon to **-anstalta** *tr itr,* ~ [*om*] göra anstalter för make arrangements for **-anstaltande** *~t 0* arranging; *på* ~ *av* myndigheterna by direction of . . **-arbeta** *tr* work [up], *till* into **-arbete** preparatory work end. sg.; utkast study, sketch

förare 1 vägvisare guide **2** av fordon driver, av motorcykel o.d. rider, av flygplan pilot; jfr äv. *kranförare* o. andra sms.

för|arga I *tr* annoy, provoke, chagrin, vex, gall, F rile, aggravate; *det ~r* mig it annoys etc . .; *det ~r mig att jag har* . . I am angry (disgusted) with myself for having . . **II** *rfl* get annoyed, *över* at (with) **-argad** *a* annoyed, provoked, vexed, irritated, chagrined; *bli* ~ be put out, be annoyed etc., *på ngn* with a p., *över ngt* at a th. **-argas** *itr. dep* se *förarga II* **-argelse 1** förtrytelse vexation, chagrin, mortification, F aggravation; förtret annoyance; *till allmän* ~ to everybody's annoyance **2** anstöt offence; *väcka allmän* ~ give general offence **-argelseklippa** source of annoyance, *för* to **-argelseväckande** *a* offensive; shocking; scandalous; ~ *beteende* disorderly conduct (behaviour) **-arglig** *a* **1** förtretlig annoying, provoking, vexing, irritating, tiresome, mortifying, brydsam awkward; *så ~t!* how [very] annoying!, what a nuisance (shame)!, it's too bad! **2** retsam, elak irritating, tantalizing, F aggravating **-argligt** *adv,* ~ *nog* unfortunately

förarhytt driver's cab (på tåg compartment), på flygplan cockpit

förband 1 läk. bandage; kompress o.d. dressing; *första* ~ first-aid bandage; *lägga* ~ *på* apply a bandage to, bandage, dress **2** mil. unit; flyg. formation

förbands|artiklar *pl* dressing material[s pl.] **-låda** first-aid kit **-plats** dressing (first-aid) station

för|banna *tr* curse, damn; *-banne mig om jag gör det!* I'll be (I'm) damned (svag. dashed, blowed) if I'll do it! **-bannad** *a* cursed; i kraftuttr. vanl. bloody, damn[ed], amer. goddam[n], svag. confounded, darned, blasted, dashed; *bli* ~ arg get [stark. damned] furious (angry), *på* with; *är du alldeles (rent)* ~*!* are you [bloody] mad! **-bannat** *adv* bloody, damn[ed], svag. confounded, blasted, darned, dashed **-bannelse** curse; ond önskan äv. imprecation, malediction; fördärv äv. plague, bane **-barma** *rfl* take pity, isht relig. have mercy, *över* on **-barmande** *~t 0* mercy, pity, compassion; *utan* ~ adv. äv. pitilessly, mercilessly, ruthlessly **-baskad** *a* confounded etc., jfr *förbannad*

förbehåll *-et* - reserve, reservation, klausul proviso, [saving] clause, inskränkning restriction, villkor condition; *ett tyst* ~ a mental reservation; *med (under)* ~ |*av*| *att* . . vanl. provided that . .; *med (under)* ~ *för* . . subject to . .; *med* ~ *för ev. fel och förbiseenden* H errors and omissions excepted (förk. E. & O.E.); *utan* ~ adv. äv. unconditionally, bildl. unreservedly, whole-heartedly

förbe|hålla I *tr,* ~ *ngn ngt* reserve a th. for (to) a p.; ~ *ngn* |*rätten*| *att* . . reserve a p. the right to inf. (of ing-form) **II** *rfl* reserve . . to (for) oneself; fordra demand, require **-hållen** *a* reserved, *för* for; *det var honom ensam -hållet att* inf. it was vouchsafed him alone to inf. **-hållsam** *a* reserved, reticent; guarded **-hållsamhet** reserve, reticence; guardedness **-hållslös** *a* unreserved, whole-hearted; villkorslös unconditional

för|benad *a* **1** ossified, bildl. äv. fossilized **2** i kraftuttr. confounded etc., jfr *förbannad* **-benas** *itr. dep* ossify **-bening** ossification

förbered|a I *tr* prepare, *för (på)* for **II** *rfl* prepare oneself, *för (på, till) ngt (att* inf.*)* for a th. (resp. for ing-form); göra sig i ordning get |oneself| ready, *för (till)* for, |*för (till)*| *att* inf. to inf.; ~ *sig för* en lektion prepare . . **-ande** *a* preparatory, preliminary; ~ *arbete (förhandlingar)* preliminary work (negotiations); ~ *skola* preparatory school **-else** preparation, *för (på, till)* for; ~*r* inledande åtgärder preliminaries

förbi I *prep* past, by; *gå (fara* etc.*)* ~ ngn (ngt) äv. pass |by| . . **II** *adv* **1** eg. past, by **2** slut over, past, gone, at an end; högkonjunkturen *är* ~ . . is at an end; *den tiden är* ~ då . . the time has gone by (överstånden äv. is over and done with) . .; jfr äv. *ute 2* **3** trött done up, all in

för|bida *tr* se *bida* **-bidan** se *väntan*

förbifart 1 provisorisk, vid vägarbete o.d. diversion, amer. detour **2** *i* ~*en* se *förbigående*

förbifartsled bypass

förbi|gå *tr* allm. pass . . over (by); strunta i ignore; ~ *ngt med tystnad* pass a th. over (by) in silence **-gående,** *i* ~ in passing, bildl. äv. incidentally, casually; *i* ~ |*sagt*| by the way; *ett ord i* ~ a passing (casual) word **-gången** *a, bli* ~ vid befordran be passed over; *känna sig* ~ feel left out |in the cold|

förbilliga *tr* cheapen, reduce the cost of

förbimarsch march past

för|binda I *tr* **1** sår bandage, dress **2** förena join, attach, *med* to; connect, *med* with (to), isht bildl. combine, associate, *med* with; *-bunden* allierad *med* allied to; *nära -bunden* i släktskap m.m. closely connected (bound up); *det är -bundet med stor risk.* it involves considerable risk **3** förplikta bind |jur. . . over|, *till* to, |*till*| *att* to inf. **II** *rfl* förplikta sig bind (pledge) oneself, *till* to, *till att* inf. to inf.

förbindelse 1 allm. connection, mellan pers. o. stater äv. relations pl.; kommunikation communication|s pl.| äv. mil., service; giftermål o.d. alliance; fri kärleks~ liaison, kortare love-affair; *daglig (direkt)* ~ daily (direct) service; *diplomatiska* ~*r* diplomatic relations; *kulturella* ~*r* cultural intercourse sg.; *få* ~ *med* telef. get through to; *ha* ~*r* försänkningar have good connections; *stå i* ~ *med* a) ha kontakt be in communication (touch, contact) with, H have dealings with b) vara förenad med be connected (communicate) with; *sätta ngt i* ~ *med* connect a th. with; *sätta sig (ngn) i* ~ *med* get in (put a p. into) touch with **2** förpliktelse engagement, obligation, undertaking; revers bond, skuld liability; *utan* ~ om pris not binding **-linje** mil. line of communication **-länk** |connecting| link

förbindlig *a* courteous, ytligare suave **-het** courteousness, suavity

förbi|passerande I *a* passing, . . passing by **II** *subst. a* passer-by; *de* ~ |the| passers-by **-se** *tr* overlook, avsiktligt disregard **-seende** ~*t* ~*n* oversight; *av* ~ through an oversight

för|bistring ~*en 0* confusion **-bittra** *tr* **1** ~ *livet för någon* embitter a p.'s life **2** förarga exasperate **-bittrad** *a* bitter; ursinnig furious, *över* about, at, *på* with; ~ *stämning* atmosphere |full| of resentment **-bittring** ~*en 0* bitterness, resentment; rage **-bjuda** *tr* allm. forbid; om myndighet o.d. prohibit, *ngn att* inf. a p. from ing-form; *det -bjuder sig själv*|*t*| it is out of the question **-bjuden** *a* forbidden; prohibited; *Parkering (Rökning)* ~ No Parking (Smoking); *på* ~ *tid* jakt. in the close season **-blanda** *tr* mix up; jfr *förväxla* **-blekna** *itr* fade **-bli** *itr* remain; ~ *ung* äv. keep young; boken *var och -blev borta* . . was gone for good |and all| **-blinda** *tr* blind äv. bildl.; blända dazzle, bedåra infatuate **-blindelse** infatuation **-bliva** se *förbli* **-blommerad** *a* ambiguous, euphemistic

för|bluffa *tr* amaze, astound, starkare dumbfound: F flabbergast; *bli* |*alldeles*| ~*d* be |quite| taken aback; *utan att låta sig* ~|*s*| without being perturbed **-bluffande** *a* amazing **-bluffelse** amazement **-blöda** *itr* bleed to death, die from loss of blood **-blödning** bleeding to death **-borgad** *a* dold hidden, *för* from, hemlig secret **-brinna** *itr* burn; bildl. be consumed **-bruka** *tr* allm. consume, use; göra slut på use up, krafter exhaust, pengar spend; nöta ut wear out **-brukare** consumer, user **-brukning** ~*en 0* consumption; av pengar expenditure **-brukningsartikel** article of consumption, i pl. äv. consumer goods pl. **-bruten** *a* forfeited, pred. vanl. forfeit **-brylla** *tr* bewilder, perplex, confuse, svagare puzzle **-bryllelse** ~*n 0* bewilderment **-bryta I** *tr* förverka forfeit **II** *rfl* offend, *mot* against; ~ *sig mot lagen* infringe the law **-brytaralbum** rogues' gallery **-brytare** criminal, grövre felon; dömd convict **-brytartyp** criminal type **-brytelse** crime, grövre felony

för|bränna *tr* burn up; sveda scorch **-bränning** burning; kem., fys. combustion **-bränningsgas** exhaust gas **-bränningsmotor** internal-combustion engine **-bränningsugn** incinerator **-brödra** *rfl* rpr. **1** get on familiar (friendly) terms with each other **2** se *titel* ex. **-brödring** *~en 0, ~ mellan folken* an (resp. the) establishment of good relations between peoples

förbud prohibition, *mot* of, officiellt ban, *mot* on; *det är ~ på det* that is prohibited (forbidden)

förbuds|fientlig *a* anti-prohibitionist **-märke** trafik. prohibitory sign **-vän** *s* o. **-vänlig** *a* prohibitionist

förbund *-et - **1*** mellan stater alliance, union, league, förening o.d. äv. federation, association, society; mellan partier pact; stats~ [con]federation; *Nationernas ~* the League of Nations; *ingå (sluta) ~ med* enter into an alliance with; *stå i ~ med* be allied with **2** fördrag compact, isht bibl. covenant

1 fö'rbunden *a* se *binda [för]*

2 förbu'nd|en *a* **1** se *förbinda I* **2** *jag vore Er mycket ~* I should be very much obliged to you; *Er -ne . .* i brev Yours very truly, . .; Gratefully yours, . .

förbunds|dagen i Västtyskland the Federal Diet **-kansler** Federal Chancellor **-republik** federal republic; *Förbundsrepubliken Tyskland* the Federal Republic of Germany

för|bygga *rfl* overbuild [oneself], build beyond one's means **-byta I** *tr* **1** se *byta [bort]* **2** *vara som -bytt* be changed beyond recognition **II** *rfl* se följ. **-bytas** *itr. dep* change, be turned, *i (till)* into **-bättra I** *tr* allm. improve, rätta äv. amend, moral. äv. reform, standard ameliorate; införa förbättringar på, fullkomna improve upon; *det ~r inte saken* that does not mend matters **II** *rfl* improve **-bättras** *itr. dep* improve **-bättring** improvement, av hälsan äv. recovery; i standard amelioration

för|bön intercession, *för* for, *hos* with; *göra ~* äv. intercede **-datera** *tr* antedate **-del** allm. advantage äv. i tennis, *framför* over, *för* to, *med* of; fromma äv. benefit, vinst äv. profit; *dra (ha) ~ av* benefit (profit) by, derive advantage etc. from; *skaffa sig ~ar* på ngns bekostnad feather one's own nest . .; *med ~* with advantage; *det kan med ~ användas* i stället för . . it may well be used . .; *vara till ~ för* be of advantage to; *det talar till hans ~* it is in his favour; det utföll *till hans ~* . . to his advantage; *visa sig till sin ~* appear to advantage

fördela *tr* allm. distribute, *bland (emellan, på)* among[st]; uppdela divide, *i* into; skifta ut allocate, utsprida spread, disperse; *~ rollerna* cast (assign) the parts; *~ en summa mellan* apportion an amount among; *~ utgifterna* över flera år spread the expenditure; *~ sig* be distributed

fördel|aktig *a* allm. advantageous, *för* to, vinstgivande profitable, gynnsam favourable, friare expedient; *~ dager* favourable light; *~t yttre* prepossessing (attractive) appearance **-aktigt** *adv*, köpa (sälja) *~* . . advantageously, . . to advantage

för|delare distributor **-delning 1** distribution; division; allocation, dispersion; assignment; apportionment; jfr *fördela* **2** mil. division

för|denskull *adv* se *därför 1* **-detting** has-been, back number **-djupa I** *tr* allm. deepen, make . . deeper; *~de studier* deeper studies; *~d i* en bok o.d. absorbed (engrossed, buried, deep) in **II** *rfl* tränga in enter deeply, *i* into; *~ sig i* studier o.d. become absorbed (engrossed) in **-djupning** eg. depression, hollow; mindre dent; i vägg recess, niche **-dold** *a* hidden; secret

fördom prejudice, ibl. bias (båda vanl. äv. *~ar*); *hysa en ~ (~ar) mot* have a prejudice (be prejudiced, be bias[s]ed) against

fördoms|fri *a* unprejudiced, unbias[s]ed; skrupelfri unscrupulous **-frihet** freedom from prejudice; unscrupulousness **-fritt** *adv* without prejudice (bias, scruple) **-full** *a* prejudiced, bias[s]ed **-fullhet** prejudice, bias

för|dra *tr* allm. bear, stand, tåla, uthärda äv. endure, finna sig i äv. put up with; *inte kunna ~* äv. hate **-drag 1** avtal treaty **2** *ha ~ med* show tolerance (forbearance) with **-draga** se *fördra*

fördragsam *a* tolerant, forbearing, *mot* towards **-het** tolerance, forbearance

fördrags|enlig *a* . . according to [the] treaty; *~ förpliktelse* treaty obligation **-stridig** *a* o. **-stridigt** *adv* . . contrary to [the] treaty

för|driva *tr* **1** eg. drive away (off); ur landet banish, expel; *~ foster* procure an abortion **2** *~ tiden* while away (pass, kill) [the] time **-dröja I** *tr* delay, retard, uppehålla detain **II** *rfl* be (get) delayed etc. **-dröjning** *~en 0* delay, retardation; detention **-dubbla I** *tr* eg. double, öka redouble **II** *rfl* se följ. **-dubblas** *itr. dep* double; redouble **-dubbling** doubling; reduplication **-dumma** *tr* make . . stupid; *verka ~nde* blunt (dull) the intellect **-dunkla** *tr* förmörka darken; obscure äv. bildl.; överträffa overshadow, eclipse **-dyra** *tr* raise the price of, make . . dearer; *~s* rise in price, become dearer **-dyring** rise (increase) in prices; *~en av* the rise osv. in the price of **-dystra** *tr* make . . gloomy, liv o.d. cast a gloom over; *hans ansikte ~des* his face darkened

fördäck foredeck

fördämning se *1 damm 1*

för|därv *~et 0* **1** olycka ruin, undergång destruction, stark. perdition; *det kommer att bli hans ~* it will be his undoing (stark. ruin); *vara ett ~ för* ha ett ~bringande inflytande på be demoralizing to; *bringa ngn i ~et* lead a p. to destruction, ruin a p. **2** sede~ corruption, depravation; depravity **-därva** *tr* **1** mera eg.: i grund ruin, destroy, skada damage, injure; spoliera spoil, nöjet o.d. äv. mar; förvanska corrupt **2** bildl.: förskämma taint, vitiate, moraliskt äv. corrupt, deprave; ngns rykte el. utsikter blight **-därvad** *a* **1** ruined etc., jfr *fördärva 1;* bragt i oordning deranged; *arbeta sig ~* work oneself to the bone; *gråta sig ~* cry one's eyes out; *slå ngn ~* beat a p. to a jelly **2** förskämd tainted, moraliskt äv. corrupt, depraved **-därvas** *itr. dep* be ruined etc. jfr *fördärva;* om mat go bad, become tainted

fördärv|bringande *a* fatal, ruinous **-lig** *a* pernicious; skadlig injurious, *för* to; destructive, *för ngt* of a th.; *~t inflytande* demoralizing influence

för|dölja *tr* se *dölja* **-döma** *tr* condemn; ogilla blame, censure; bibl. damn **-dömd** *a* eg. damned; i kraftuttr. confounded etc., jfr *förbannad* **-dömelse** *-n 0* condemnation; *evig ~* damnation **-dömlig** *a* reprehensible, . . to be condemned

1 före *-t 0, det är dåligt ~* skidföre the snow is bad for skiing; jfr *skidföre* o. *slädföre*

2 före I *prep* **1** allm. before, i rum äv. in front of, framom, äv. bildl. ahead (in advance) of, i tid äv. prior (previous) to; *fem* |*minuter*| *~ fem* five |minutes| to (amer. äv. of) five; *år 40 ~ Kristus* se under *Kristus; inte ~* kl. 7 not before (earlier than) . . **2** *~ detta* (förk. *f.d.*)*: ~ detta ambassadör i (professor vid)* . . formerly ambassador in (formerly el. sometime professor at) . .; |*den*| *~ detta rektorn* vid . . the late headmaster . .; *en ~ detta rektor* a former (pensionerad retired) headmaster; *~ detta världsmästare i simning* ex-swimming-champion of the world **II** *adv* allm. before, i förväg äv. in advance, ahead, främst äv. in front; *med fötterna (huvudet) ~* feet (head) foremost (first); *saken har varit ~* the matter has been dealt with (considered, discussed); jfr äv. *2 komma* |*före*| m.fl. vb

före|bild urtyp prototype, *för (till)* of; mönster pattern, model, ibl. example; *tjäna som ~ för* serve as a model to; *efter ~ av* on the pattern of; *ta . . till ~* take . . for a model **-bildlig** *a* föredömlig exemplary, model . . **-brå** *tr* reproach, *för* with, *för att* inf. for ing-form; klandra blame, *för* for **-bråelse** allm. reproach; *få ~r* vanl. be reproached (blamed) **-brående** *a* reproaching, reproachful **-bud** **1** varsel presage, yttre tecken omen, portent, *till* i samtl. fall of **2** poet. harbinger **-bygga** *tr* förhindra prevent, företa åtgärder mot provide (guard) against, förekomma forestall; *~ missförstånd* preclude (obviate) misunderstanding **-byggande I** *s* prevention; *till ~ av* for the prevention of **II** *a* preventive **-båda** *tr* herald, varsla promise, något ont portend, forebode **-bära** *tr* plead, allege, use . . as a pretext **-bärande** *~t ~n, med ~ av* sjukdom pleading . ., alleging . .

före|dra *tr* **1** ge företräde åt prefer, *framför* to; . . *är att ~* . . is preferable **2** framsäga deliver, recite; mus. execute, render **3** redogöra för present; jfr |*vara*| *föredragande* **-drag 1** anförande talk, föreläsning lecture, discourse, polit. o.d. address, *över* i samtl. fall on; *hålla* |*ett*| *~* give (deliver) a talk etc., lecture, hålla ett lärt föredrag äv. read a paper **2** diktion delivery; mus. execution, rendering **-draga** se *föredra* **-dragande** *~n ~, vara ~* submit (present) reports (a el. the report), *i* ett ärende on . .; vid konferens (amer.) be the rapporteur (fr.) **-dragning** presentation of reports etc. **-dragningslista** agenda, domstols cause-list **-dragshållare** lecturer **-döme** *~t ~n* example; mönster model, pattern; *vara ett gott ~* |*för ngn*| set |a p.| a good example **-dömlig** *a* . . worthy of imitation; model . . **-falla** *itr* **1** hända occur, pass **2** synas seem, appear; *det -faller mig* it seems (appears) to me **-finnas** *itr. dep* exist; be |to be| found **-fintlig** *a* existing **-ge** o. **-giva** *tr* pretend, allege **-givande** *~t ~n, under ~ av* under the pretext of **-gripa** *tr* forestall, anticipate

före|gå I *tr* **1** komma före precede, jfr äv. *gå* |*före*| **2** *~* |*ngn*| *med gott exempel* set |a p.| a good example **II** *itr* se *försiggå* **-gående I** *a* previous, preceding; tidigare äv. former, earlier; *~ dag* |adv. on| the previous day, the day before; |*den*| *~ talare*|*n*| the last speaker; *i det ~* har nämnts in the foregoing . ., i text äv. above . . **II** *~t ~n, hans ~* his previous life, his antecedents pl. **-gångare** o. **-gångerska** precursor, forerunner; företrädare predecessor **-gångsland** leading country **-gångsman** pioneer

före|havande *~t ~n, hans ~n* his doings (proceedings) **-hålla** *tr, ~ ngn ngt* expostulate (remonstrate) with a p. about (on, for) a th.

före|komma I *tr* **1** hinna före forestall; anticipate; *~ ngns önskan* anticipate a p.'s wish; *bättre ~ än ~s* prevention is better than cure **2** se *förebygga* **II** *itr* **1** anträffas occur, be met with, be found, exist **2** hända occur; *på -kommen anledning* se *anledning* ex. **3** jur., se *2 komma* |*före*| **4** synas, se *före-*

falla 2 **-kommande I** *a* **1** occurring; *ofta* (resp. *sällan)* ~ frequent resp. rare, . . of frequent (resp. rare) occurrence; *i ~ fall* där så är lämpligt where appropriate **2** tillmötesgående obliging, artig courteous **II** *s* se *förebyggande I* **-komst** *~en ~er* occurrence, presence båda end. sg.; fyndplats locality

före|ligga *itr* finnas till exist, be; finnas tillgänglig be available, be to hand; stå på mötets (vår) dagordning be before the meeting (before us); *här måste ~ ett misstag* there must be some mistake here; *något nytt -ligger ännu inte* no news is yet to hand (yet available); när en sådan situation *-ligger* . . arises; *i ~nde fall* in the present (this particular) case **-lägga** *tr* **1** ~ *ngn ngt* till påseende, underskrift o.d. put (place, lay) a th. before a p., underställa submit a th. to a p.; ~ *ngn en uppgift* set a p. a task; ~ riksdagen *en proposition* introduce a bill into . . **2** föreskriva prescribe; befalla order

före|läsa I *itr* hålla föreläsning lecture, *i (över)* on, *vid* at, *om* about **II** *tr itr* läsa upp read, *för* to **-läsare 1** föredragshållare lecturer **2** uppläsare reader **-läsning 1** föredrag lecture; *gå på ~* go to (attend) a lecture; *hålla ~* lecture, deliver (give) a lecture **2** uppläsning reading **-läsningskatalog** lecture list **-läsningssal** lecture room (hall, theatre) **-löpare** bildl. precursor, forerunner

föremål 1 ting object; article, thing **2** objekt object; ämne, anledning subject; *bli (vara) ~ för* experiment, förhandlingar o.d. be the subject of . ., kritik o.d. äv. be subjected to . .; *vara ~ för* intresse o.d. attract . ., be the centre of . .

förena (jfr *förent)* **I** *tr* allm. unite, *med* to, *till* into; till en större enhet äv. amalgamate; sammanföra bring . . together; förbinda join, connect, isht bildl. associate; kombinera combine äv. kem.; förlika reconcile; *vara ~d med* a) eg. be bound up (associated) with b) medföra, t.ex. fara involve, entail; vissa förmåner är *~de med tjänsten* . . attached to the appointment; *~de i* vänskap, äktenskap joined in . .; *med ~de krafter* with united efforts; *~t pronomen* se *pronomen* **II** *rfl* unite, *med* with; kem. o. friare combine, *med* with; om floder, linjer o.d. meet, join; ~ *sig med* ansluta sig till join; *låter inte ~ sig med* is inconsistent (incompatible) with; ~ *sig om* unite in, agree upon

förening 1 förbindelse association, union, combination, junction, jfr *förena;* kem. compound; *ingå* kemisk ~ combine; *i ~ med* in combination (jointly, together, coupled) with **2** sällskap association, society; club; polit. union, league, federation

förenings|band bond [of union], tie **-lokal** club room (premises pl.) **-länk** [connecting] link **-punkt** t.ex. floders junction, linjers converging point **-rätt** ung. right (freedom) of association

för|enkla *tr* simplify **-enkling** simplification **-enlig** *a* consistent, compatible; *inte ~* inconsistent, incompatible

förent *a, Förenta nationerna (*förk. *FN)* the United Nations [Organization] (förk. U.N.[O.]) sg.; *Förenta staterna* the United States [of America] (förk. [the] U.S.[A.]) sg.

före|sats avsikt purpose, intention; *goda ~er* good resolutions **-skrift** anvisning direction[s pl.], instructions pl., läkares äv. prescription, orders pl.; åläggande order, command; *enligt ~* according to directions etc., as directed **-skriva** *tr* prescribe, om lag o.d. äv. lay down, provide; direct, order; dictate; ålägga enjoin, *ngn ngt* a th. on a p.; ~ *ngn* diet o.d. prescribe . . for a p.; ~ *villkor för ngn* dictate terms to a p. **-skriven** *a* prescribed **-slå** *tr* propose, suggest, put forward, F vote; vid sammanträde move; ~ *ngn att* inf. propose (suggest) that a p. should inf.; ~ *ngn till* a) tjänst nominate a p. (put a p. forward as a candidate) for b) ordförande o.d. propose a p. as **-spegla** *tr,* ~ *ngn* ngt hold out to a p. the prospect (promise) of . . **-spegling** promise, prospect, *om* of; *genom falska ~ar* by making false promises, under false pretences

före|språkare *~n ~* **1** böneman intercessor, pleader, *för* for, *hos* with **2** förkämpe advocate, *för* of; spokesman, *för* for **-spå** *tr* profetera prophesy; förutsäga predict, *ngn ngt* a th. for a p. **-stava** *tr* **1** säga före dictate; ~ *ngn eden* administer the oath to a p. **2** *~d* föranledd *av* dictated (prompted) by **-stå I** *tr* be at the head of, be in charge of, manage, superintend; *hon ~r* affären, huset o.d. she is in charge of (she manages) . . **II** *itr* vara att vänta be near (approaching, at hand), vara överhängande be imminent, impend; jag vet inte *vad som ~r mig* äv. . . what is in store for me **-stående** *a* stundande approaching, pred. äv. at hand; isht om något hotande imminent, impending **-ståndare** manager, director, för institution superintendent, för skola head, principal, *för* i samtl. fall of **-ståndarinna** manageress, directress, för skola head[mistress], principal, på anstalt o.d. matron, *för* i samtl. fall of

före|ställa I *tr* **1** återge represent, spela äv. play the part of, be; *vad skall det ~?* what is this supposed to be? **2** se *presentera 1* **II** *rfl* **1** imagine, picture [to oneself]; think of **2** se *presentera 1* **-ställning 1** begrepp, idé idea, conception, notion, *om* of **2** teat. o.d. performance; *andra ~en* äv. the second house **3** erinring representation, expostulation; *göra ngn ~ar för ngt* expostulate with a p. about (on, for) a th.

föreställningssätt way of looking at things

före|sväva *tr, det ~r mig* att jag har I have a dim (vague) recollection . .; jag vet inte *vad som ~t honom* . . what was in his mind;

den tanken *har ~t mig* . . has sometimes crossed my mind **-sätta** *rfl* besluta make up one's mind, [*att göra*] *ngt* to do a th.; sätta sig i sinnet set one's mind, *att* inf. on ing-form; uträtta *vad man har -satt sig* . . what one has made up one's mind to do

före|ta *tr* undertake, carry out, perform, make; ~ *en resa* make (undertake) a journey; ~ *sig* se *ta* [*sig för*] **-tag** allm. undertaking, isht svårt enterprise; affärs~ o.d. enterprise, business, company, firm; mil. operation; *ett vågsamt* ~ a venture **-taga** se *företa* **-tagare** nationalekon. entrepreneur fr., ledare el. ägare av företag owner of a business enterprise, manufacturer, industrialist, arbetsgivare employer; *han är egen* ~ vanl. he runs his own business **-tagsam** *a* enterprising, . . [full] of enterprise **-tagsamhet** enterprise, initiative, enterprising spirit; *fri (privat)* ~ free (private) enterprise

företags|ekonomi business economics vanl. sg. **-nämnd** works (joint industrial) council, employer and employee committee

före|tal preface **-te** *tr* **1** framvisa, t.ex. pass show up, ta fram produce **2** anföra, t.ex. bevis bring forward, adduce **3** erbjuda, t.ex. anblick present **-teelse** allm. phenomenon (pl. phenomena), friare fact; 'figur' figure; *en vanlig* ~ an everyday occurrence **-träda** *tr* **1** representera represent **2** gå framför precede **3** ~ *ngn* i ämbete be a p.'s predecessor **-trädare** **1** föregångare predecessor **2** för idé o.d. advocate, upholder **-träde** *~t ~n* **1** förmånsställning preference, priority, *framför* over; *ha* ~ i rangordning take precedence, *framför* of (over); *lämna ~ åt trafik från höger* give way to traffic coming [in] from the right **2** förtjänst advantage, *framför* over; superiority end. sg., *framför* to **3** se *audiens* med ex.

företrädes|rätt förtursrätt [right of] precedence, priority, preference, preferential claim, vid teckning av aktier preferential right **-vis** *adv* preferably, isynnerhet especially

före|vara *itr* se *vara* [*före*] **-varande** *a*, *under* ~ *omständigheter* under present (existing) circumstances

föreviga *tr* perpetuate, immortalize; i skämts. bet. photograph, portray

före|visa *tr* show, demonstrate, *för* to, offentligt exhibit **-visning** showing vanl. end. sg., demonstration, exhibition; föreställning performance **-vita** *tr*, ~ *ngn ngt* reproach a p. with a th. **-vändning** pretext, ursäkt excuse, *för* for, undanflykt evasion; *under* ~ *av* on the pretext (pretence) of; *ta ngt till* ~ *för* take a th. as an excuse for

förfader ancestor, forefather

för|fall **1** allm. decay, om byggnad o.d. äv. disrepair, dilapidation; tillbakagång decline, decadence; urartning degeneration, degeneracy, moraliskt äv. degradation; *råka i* ~ fall into decay, om pers. fall on evil days, be going downhill **2** förhinder, *laga* ~ lawful (valid) excuse; *utan giltigt* ~ without due cause; *få (ha)* ~ be prevented from being present; *anmäla* ~ make excuses for one's non--appearance **-falla** *itr* **1** fördärvas fall into decay (om byggnad o.d. disrepair), om pers. go downhill, moraliskt o. äv. friare degenerate; ~ *till dryckenskap* take (become addicted) to drink[ing] **2** bli ogiltig become invalid (void), lapse; gå om intet, slopas come to nothing, be dropped **3** H ~ [*till betalning*] be (fall, become) due, mature **-fallen** *a* **1** decayed, dilapidated, om byggnad äv. . . in disrepair, tumbledown, om pers. . . gone downhill, stark. depraved **2** ogiltig invalid, void; förverkad forfeited, pred. vanl. forfeit **3** H, *vara* ~ [*till betalning*] be due; *vara* [*länge sedan*] ~ be overdue **-fallodag** due day (date), day (date) of maturity

för|falska *tr* falsify, t.ex. tavla fake, namn, sedlar o.d. forge, pengar counterfeit, livsmedel o.d. adulterate; *~de* om pengar äv. counterfeit . . **-falskare** falsifier etc., jfr föreg., adulterator **-falskning** förfalskande falsification, faking, forgery, counterfeiting, adulteration; konkr. imitation, fake, forgery **-fara** *itr* gå till väga proceed, *vid* in, *mot* against; handla act, *mot* towards; ~ *strängt mot (med) ngn* deal severely with a p. **-farande** *~t ~n* procedure, proceeding[s pl.]; tekn. process **-faras** *itr. dep* be wasted; go bad **-faren** *a* experienced, skilled **-faringssätt** procedure; tekn. process **-fasa** *rfl* be horrified, *över* at

för|fatta *tr* write, compose **-fattararvode** author's fee[s pl.] **-fattarbana** literary career

författar|e author, writer, *av (till)* of **-inna** author[ess], [woman] writer **-namn** pen--name **-rätt** [author's] copyright **-skap** *~et 0* authorship; alster work[s pl.], writings pl. **-verksamhet** literary activities pl.

författning **1** statsskick constitution **2** stadga statute **3** tillstånd condition, state **4** *gå i ~ om att* inf. take steps (measures) to inf.

författnings|enlig *a* constitutional; statutory **-samling** statute-book **-stridig** *a* unconstitutional **-ändring** amendment to the constitution

för|fela *tr* miss; ~ *sin verkan* fail to produce the desired effect **-felad** *a* utan verkan ineffective, misslyckad abortive; *ett -felat liv* a wasted life; *vara* ~ prove a failure **-fina** *tr* refine; *~de* seder polished . . **-fining** *~en 0* refinement; polish

förfjol, *i* ~ [during] the year before last

för|flacka *tr* make . . shallow (superficial) **-flackas** *itr. dep* become shallow (superficial) **-flackning** *~en 0* superficiality, shallowness **-flugen** *a* **1** random . ., oöverlagd wild; *-fluget ord* unguarded (rash) word **2** ~ *kula* stray bullet **-fluten** *a* past, förra last; *ett -flutet* a past **-flyktigas** *itr. dep* volatilize, bildl. äv. evaporate **-flyta** *itr* pass, go by, elapse **-flytta I** *tr* move, t.ex. tjänsteman transfer; omplantera, äv. bildl. transplant **II** *rfl* move, isht bildl. transport oneself **-flyttning** removal, transportation, transfer; transplantation **-foga I** *itr,* ~ *över* se *disponera 1* **II** *rfl* repair, betake oneself; ~ *sig bort* remove oneself **-fogande** ~*t* ~*n* se *disposition 1* **-foganderätt** right of disposition **-franska** *tr* gallicize, Frenchify **-friska** *rfl* refresh oneself **-friskning** refreshment

för|frusen *a* frost-bitten **-frysa I** *tr, han -frös fötterna* he got his feet frost-bitten **II** *itr* get frost-bitten, om växt äv. get blighted with frost; frysa ihjäl get frozen to death **-frysning** congelation; kylskada frost-bite **-fråga** *rfl* se *fråga* [*sig för*] **-frågan** ~ *0* o. **-frågning** inquiry; *framställa -frågningar hos* make inquiries of, *om* for **-fula** *tr* make . . ugly (uglier) **-fuska** *tr* bungle, botch **-fång** *n* detriment, isht jur. prejudice; *vara till* ~ *för* be to the detriment of

för|fäa *tr* brutalize, förslöa stupefy **-fäas** *itr. dep* become brutalized (stupefied) **-fäkta** *tr* en mening o.d. maintain, försvara defend, champion, sin rätt assert **-fäktare** av lära o.d. advocate **-fära** *tr* terrify, strike . . with terror, dismay, appal; ~*d över* terrified etc. at **-făran** ~ *0* terror, fasa horror, svag. dismay; *till stor* ~*n för* to the great horror of **-färas** *itr. dep* be terror-(horror-)struck, be appalled (shocked), *över* at (by)

förfärdig|a *tr* allm. make, *av* [out] of **-ande** ~*t 0* making

förfärlig *a* **1** skrämmande terrible, frightful, dreadful, hemsk appalling, shocking, samtl. äv. friare, F äv. awful **2** F omåttlig awful, tremendous **-het** ~*en* ~*er* se *ryslighet*

förfölj|a *tr* eg. pursue, chase; bildl. persecute, om tanke o.d. haunt; *-d av otur* dogged by misfortune **-are** pursuer; persecutor

förföljelse pursuit; bildl. persecution, *mot* of **-mani** persecution mania

förföra *tr* seduce **förförare** seducer

förfördela *tr* wrong, injure; förolämpa offend

förförelse seduction **-konst** art of seduction

förför|erska seducer, seductress **-isk** *a* seductive **-iskhet** seductiveness

förförra *a,* ~ *året* the year before last

för|gapa *rfl,* ~ *sig i* go crazy about (over) **-gasa** *tr* gasify **-gasare** carburettor **-gasas** *itr. dep* gasify **-gasning** gasification **-gifta** *tr* allm. poison, bildl. äv. envenom, moraliskt äv. taint **-giftning** poisoning **-giftningsförsök** attempted poisoning, *mot* of

för|gjord *a, det (allting) är som -gjort* it is hopeless (everything seems to be going wrong) **-glömma** *tr* forget **-grena** *rfl* o. **-grenas** *itr. dep* ramify, branch off, från samma punkt äv. fork **-grening** ramification; konkr. äv. fork **-gripa** *rfl,* ~ *sig på* ngn do violence to, violate, outrage, begå sedlighetsbrott mot äv. assault **-griplig** *a* kränkande injurious, straffbar criminal **-grova** *tr* coarsen, vulgarize

förgrund foreground; *träda i* ~*en* come to the front **förgrundsfigur** o. **förgrundsgestalt** prominent figure

för|grymmad *a* incensed, ursinnig enraged, uppbragt indignant, *på* with, *över* at **-gråten** *a* om ögon . . red (swollen) with weeping; *hon var alldeles* ~ she had been crying her eyes out **-grämd** *a* grieved, care-worn **-gubbas** *itr. dep* age, become old **-gudning** ~*en 0* idolization

förgyll|a *-de -t tr* gild, bildl. äv. embellish; ~ *om* regild; ~ *upp* bildl. touch up **-are** gilder **-ning** gilding; konkr. äv. gilt

för|gå I *itr* om tid pass [away (by)]; försvinna disappear, vanish **II** *rfl, han -gick sig mot* slog till *honom* he lost his head (stark. temper) and struck (förolämpade insulted) him **-gången** *a* past, . . gone by; *det -gångna* the past

förgår se *förrgår*

förgård forecourt

förgås *itr. dep* omkomma perish, die, förolyckas be lost, om världen come to an end, end; [*vara nära att*] ~ *av* nyfikenhet, skratt be dying with . .; *jag håller på att* ~ *av törst* I am perishing with thirst

förgäng|else ~*n 0* corruption **-lig** *a* perishable, corruptible; dödlig mortal; kortvarig transient, transitory **-lighet** ~*en 0* perishableness; transitoriness

förgäta *tr* se *glömma* **förgätmigej** *-en -*[*er*] bot. forget-me-not

för|gäves *adv* o. *pred. a* in vain **-göra** *tr* allm. destroy, döda äv. put . . to death **-hala** *tr* **1** dra ut på delay, retard, *genom (med)* by; förhandlingar protract; ~ *tiden* draw out the time, söka vinna tid play for time **2** sjö. warp

förhall [entrance-]hall, lobby

för|halning (jfr *förhala)* **1** delaying, protraction **2** warping **-halningstaktik** delaying tactics, playing for time

förhand 1 t.ex. veta *på* ~ beforehand; t.ex. betala, tacka *på* ~ in advance **2** kortsp., *ha (sitta i)* ~ be the first player

förhanden *adv* se *hand* ex. **-varande** *a,* ~ *omständigheter* [the] present circumstances

för|handla I *itr* negotiate, *om* about **II** *tr* överlägga om deliberate on, discuss **-handlare** negotiator **-handling** underhandling negotiation, överläggning deliberation; ~*ar* äv. talks, med bud och motbud bargaining sg., domstols, sällskaps proceedings, vetensk. skrifter o.d. äv. transactions

förhandlings|bord negotiating table **-rätt**

right to negotiate **-villig** *a* . . willing to negotiate
förhands|löfte advance promise **-reklam** advance publicity **-rätt** prior right **-uppgörelse** preliminary agreement **-visning** preview
för|hasta *rfl* be rash, be too hasty (precipitate) **-hastad** *a* överilad rash, [over-]hasty, precipitate; förtidig premature **-hatlig** *a* hateful, odious, obnoxious, *för* to **-hinder,** *få* ~ vara förhindrad att gå (komma etc.) be prevented from going (coming etc.); *de anmälde* ~ they said (sent word) [that] they were prevented from coming; *i händelse av* ~ in case of impediment **-hindra** *tr* prevent, *från att* inf. from ing-form **-hindrande** ~*t 0* prevention
förhistoria previous history; vetensk. prehistory **förhistorisk** *a* prehistoric
för|hjälpa *tr,* ~ *ngn till ngt* help (aid) a p. to obtain a th. **-hoppning** hope, förväntning expectation; ~*ar* utsikter prospects; *en grusad (sviken)* ~ a disappointment; *fästa (knyta) stora* ~*ar vid* set great hopes on; ~*arna är stora* hopes run high; *göra sig* ~*ar* indulge in expectations, *om* of; *ha (hysa)* ~*ar om* have (entertain) hopes of; *väcka* ~*ar hos ngn* arouse hopes (raise expectations) in a p., *om* of; *i* ~ *om* se [*i*] *hopp* [*om*] **-hoppningsfull** *a* hopeful; lovande promising
förhornas *itr. dep* keratinize
förhud foreskin, vetensk. prepuce
för|huggning mil. abatis **-hyda** *-hydde -hytt tr* sjö. o. byggn. sheathe **-hydningspapp** sheathing paper **-hyra** *tr* se *hyra II*
förhytt fore-cabin
förhåll|a *rfl* bete sig behave äv. kem., conduct oneself, act, förbli keep, remain; vara be äv. mat.; ~ *sig passiv* remain passive; *hur det än må* ~ *sig med det* however that may be; *så -er det sig med den saken* that is how matters stand; längden *-er sig till bredden som 3 till 2* . . is to the breadth as 3 [is] to 2
för|hållande ~*t* ~*n* **1** sakläge, tillstånd state [of things], conditions pl., fall case; ~*n* omständigheter circumstances; [*verkliga*] ~*t är det att* . . the fact [of the matter] is that . .; *som* ~*na nu är* in the present state of things (circumstances), F the way things are; *om så är* ~*t* if that is the case; *leva i goda (knappa)* ~*n* be in comfortable (straitened) circumstances; *sätta sig in i* ~*na* a) get acquainted with things b) i saken study the matter; *under alla* ~*n* in any case; *under alla livets* ~*n* in every situation of life; *under sådana* ~*n* in (under) the circumstances **2** förbindelse, relationer relations pl., inbördes ~ relationship; [*fritt*] kärleks~ affair; *stå i vänskapligt* ~ *till* be on friendly terms (a friendly footing) with **3** proportion, relation proportion, mat. ratio; *i* ~ *till* a) in proportion to, proportionate[ly] to b) i jämförelse med in relation to, compared with; *i* ~ *till sin ålder* är han . . for his age . .; *i* ~*t 1 till 3* in the ratio of 1 to 3 **-hållandevis** *adv* proportionately, jfr äv. *jämförelsevis* **-hållningsorder** orders pl., instructions pl.
för|håna *tr* scoff at **-hårdnad I** *a* hardened, läk. indurated **II** ~*en* ~*er* callosity, läk. induration
förhänge curtain
för|härda *tr* allm. harden; ~ *sig* harden one's heart **-härdad** *a* hardened; obdurate; okänslig callous, *mot* to **-härdas** *itr. dep* become hardened **-härdelse** obduracy **-härja** *tr* ravage, lay waste **-härjning** devastation **-härliga** *tr* glorify, exalt, extol **-härligande** ~*t 0* glorification **-härskande** *a* predominant; gängse prevalent; *vara* ~ äv. predominate, prevail **-häva** *rfl* brösta sig plume oneself, *över* on **-hävelse** arrogance end. sg.; *utan* ~ without boasting **-häxa** *tr* bewitch; tjusa enchant, fascinate **-häxning** bewitchment; enchantment
för|höja *tr* bildl. heighten, enhance; ~ *skönheten* enhance (add to) the beauty; ~ *stämningen* raise the spirits; *-höjt pris* increased price **-höjning** -höjande raising etc., enhancement; mera konkr. increase, t.ex. av temperatur rise, jfr äv. *höjning* **-hör** ~*et* ~ allm. examination, av vittne äv. hearing, utfrågning interrogation, questioning, rättsligt inquiry; skol~ test; *anställa (hålla)* ~ *med ngn* put a p. through an examination **-höra I** *tr* [cross-]examine, interrogate, question; ~ [*ngn på*] *läxan* test [a p. on] the homework **II** *rfl* inquire, *om* about, *hos* of **-hörsledare** interrogator
för|inta *tr* allm. annihilate, destroy **-intande** *a* destructive; kritik crushing, blick withering
förintelse ~*n 0* annihilation, destruction **-krig** war of annihilation **-vapen** weapon of [mass] destruction
för|irra *rfl* eg. go astray, get lost; *hur har du kunnat* ~ *dig hit?* what brings you here? **-ivra** *rfl* get carried away **-jaga** *tr* chase (drive) . . away; expel; isht bildl. äv. dispel, banish **-kalka** *tr* o. **-kalkas** *itr. dep* calcify **-kalkning** calcification; jfr *åderförkalkning*
för|kasta I *tr* allm. reject, repudiate, t.ex. förslag äv. turn down, vraka äv. discard **II** *rfl* **1** geol. be displaced **2** kortsp. throw the wrong card **-kastelse** ~*n 0* allm. rejection **-kastelsedom** condemnation, denunciation **-kastlig** *a* objectionable, klandervärd reprehensible, fördömlig . . to be condemned **-kastning** geol. fault
för|klara I *tr* **1** förtydliga explain, *för* to, klargöra äv. make . . clear, elucidate; ge förklaring på account for; utlägga expound, tolka interpret; *det* ~*r saken* that accounts for it; ~ *bort ngt* explain away a th., make excuses for a

th. **2** tillkännage declare, uppge state; ~ *krig mot* declare war on; ~*s häktad* be placed under formal arrest; ~*s skyldig* be found guilty, *till* of, *till att* inf. of ing-form **II** *rfl* **1** explain oneself; fria propose **2** ta parti declare oneself [to be], *för* in favour of, *mot* against; *han* ~*r sig inte kunna* inf. he declares that he is unable to inf. **-klarad** *a* **1** avgjord declared, avowed **2** ansiktet var *som -klarat* . . as if transfigured (glorified), *av* with **-klarande** *a* explanatory; belysande illustrative **-klaring 1** förtydligande explanation, *av (på, till, över)* of, *till att* why; utläggning exposition, expounding, tolkning interpretation; *som* ~ in explanation; *ge* ~ *på* account for; *allting har sin* ~ there is a reason for everything; *utan ett ord till* ~ without a word of explanation **2** uttalande declaration, statement; inför rätten evidence; *avge en* ~ make a declaration **3** bibl. glorification; *Kristi* ~ the Transfiguration of Christ **-klarlig** *a* eg. explicable, explainable; begriplig understandable, comprehensible; naturlig natural; *av lätt* ~*a skäl* for obvious reasons

för|klena *tr* disparage, depreciate **-klinga** *itr* die away; ~ *ohörd* fall on deaf ears

förklä *-t -n* se *förkläde*

förkläd|a *tr* disguise, *till* prins as a . .; vara *-d* äv. . . in disguise; ~ *sig* disguise oneself

förkläde *-t -n* **1** apron, barns pinafore **2** pers. chaperon

för|klädnad disguise; *skyddande* ~ biol. mimicry **-knippa** *tr* associate **-kola** *tr* o. **-kolas** *itr. dep* char, carbonize **-kolna** *itr* get charred; ~*de* rester charred . . **-komma** *itr* get lost; om brev o.d. miscarry **-kommen** *a* **1** missing, lost **2** avsigkommen . . down at heel, stark. disreputable, degenerate **-konstlad** *a* artificial, affected **-konstling** ~*en 0* artificiality **-korta** *tr* allm. shorten, avkorta abridge, cut, t.ex. ord abbreviate, bråk reduce; ~ *sitt liv* shorten (genom självmord put an end to) one's life; ~ *tiden* beguile the time; ~ *med 2* cancel 2; ~*d upplaga* abbreviated (abridged) edition **-kortas** *itr. dep* grow (get) shorter **-kortning** shortening end. sg., abridg[e]ment, abbreviation, reduction; jfr *förkorta* **-kovra I** *tr* improve, öka increase **II** *rfl* improve; ~ *sig i engelska* improve one's English **-kovran** ~ *0* improvement

förkrigskvalitet pre-war quality

för|kroma *tr* chromium-plate **-kroppsliga** *tr* embody, incarnate, personify; jfr *personifiera* **-kroppsligande** ~*t 0* embodiment, incarnation, personification **-krossad** *a* broken-hearted, ångerfull contrite **-krossande** *a* crushing, overwhelming; heart-breaking; ~ *blick* withering glance; ~ *majoritet* overwhelming majority; ~ *nederlag* crushing defeat **-krosselse** ~*n 0* broken-heartedness; ånger contrition **-krympt** *a* stunted, dwarfed; fysiol. abortive **-kunna** *tr* **1** försöka utbreda preach **2** tillkännage announce, *för* to, utropa proclaim, förebåda foreshadow, herald **-kunnare** ~*n* ~ preacher; announcer, herald **-kunnelse** preaching

förkunskaper *pl* previous knowledge (training) sg., *i* of, grundkunskaper grounding sg., *i* in; *utan erforderliga* ~ ung. without necessary qualifications

för|kväva *tr* o. **-kvävas** *itr. dep* choke, stifle, smother **-kyla** *rfl* catch [a] cold **-kyld** *a* **1** *en* ~ *person* a person with a cold; *bli* ~ catch [a] cold; *vara litet (mycket)* ~ have a slight (bad) cold **2** *nu är det -kylt!* that's torn (done) it! **-kylning** cold

för|kämpe advocate, champion, *för* of **-känning** feeling, av sjukdom äv. symptom, av fara äv. premonition, **-känsla** presentiment **-kärlek** predilection, preference, special liking, partiality, *för* i samtl. fall for; *med* ~ preferably

förkättrad *a* much decried

förköp av biljett advance booking [avgift fee]; *köpa i* ~ book . . in advance

förköpa *rfl* spend too much

förkörsrätt right of way, *framför* over

förlag *-et* - bok~ publishing firm (house), publisher[s pl.]; *utgiven på B:s* ([*författarens*] *eget*) ~ published by B. (resp. the author, at the author's (his etc.) own expense)

förlag|a *-an -or* original; model

förlags|artikel publication **-kapital** H working capital **-katalog** publisher's catalogue **-man** finansiär sleeping partner **-redaktör** editor [at a publishing firm] **-rätt** publishing right[s pl.]

förlam|a *tr* paralyse äv. bildl.; bedöva stun **-ning** paralysis (end. sg.) äv. bildl.

förled språkv. first element

för|leda *tr* locka, narra entice, inveigle, *till* into, leda på avvägar lead . . astray, seduce **-legad** *a* antiquated, obsolete, out-of-date . .; ~*e kvickheter (nyheter)* stale jokes (news) **-liden** *a* **1** förra last **2** till ända past, over, spent

förlig *a*, ~ *vind* se *medvind*

förlik|a *-te (-ade) -t (-at)* **I** *tr* reconcile, *med* to (with) **II** *rfl* become reconciled, reconcile oneself, *med* to; fördra put up, *med* with **förlik|as** *-tes -ts itr. dep* **1** försonas be reconciled **2** vara förenlig be consistent (compatible), *med* with

för|likna *tr* compare, *med* with, *vid* to **-likning** försoning reconciliation, i arbetstvist o.d. conciliation end. sg., uppgörelse (isht ekon.) [amicable] settlement, compromise; *ingå (träffa)* ~ a) effect a reconciliation b) uppgörelse arrive at an amicable settlement, come to

terms
förliknings|förslag proposal for a settlement **-kommission** conciliation board **-man** |official| conciliator, arbitrator
förlis|a *-te -t itr* be lost (|ship|wrecked), om båt äv. sink, founder **förlisning** loss, |ship|wreck
för|lita *rfl, ~ sig på* a) ngn trust in b) ngt trust to, rely on **-litan** *~ 0* o. **-litande** *~t 0* confidence; *i ~ på* trusting to, relying on **-ljudande** *~t ~n, enligt ~* according to report (a rumour) **-ljudas** *-ljöds -ljudits itr. dep, det -ljudes* it is reported (rumoured) **-ljugen** *a* false, mendacious **-ljugenhet** falsity, mendacity **-ljuva** *tr* sweeten, brighten **-lopp 1** tids lapse; *efter flera års ~* after |the lapse of| several years **2** skeende course, händelse~ course of events **-lora I** *tr itr* allm. lose, lida nederlag äv. be defeated (beaten), i spel äv. lose the game; *~ i* intresse, smak o.d. lose some of its . .; *~ i styrka (vikt, värde)* lose force (weight, value); *~ på affären* lose on the bargain **II** *rfl* lose oneself, be lost, disappear, *i* in; om ljud die away **-lorad** *a* allm. lost, försutten äv. missed, förspilld äv. wasted; *den ~e sonen* the Prodigal Son; *~e ägg* poached eggs; *jag är ~* äv. I am done for; *ge . . ~* give . . up for lost; *gå ~* be lost, *för* to; *i honom har en skådespelare gått ~* the world has lost an actor in him **-lorare** loser
förloss|a *tr* **1** läk. deliver **2** bibl. redeem **-ning 1** läk. delivery, childbirth **2** bibl. redemption
förlossnings|anstalt maternity (lying-in) hospital **-arbete** labour **-tång** midwifery (obstetric) forceps sg. el. pl.
förlov *- 0, med ~* |*sagt*| if I (resp. we) may say so
förlova *rfl* become engaged, *med* to **förlovad** *a* engaged |to be married|, *med* to; *Förlovade* tidningsrubrik Engagements; *de ~e* the engaged couple; *det ~e landet* the Promised Land **förlovning** engagement; *ingå ~* become engaged, *med* to
förlovnings|annons announcement in the engagements column **-ring** engagement ring
förlupen *a* runaway; om kula stray
förlust *-en -er* allm. loss, *för* to, *i (av)* of, *på* t.ex. transaktion on (by), t.ex. 100 kr of; skada äv. damage; av t.ex. livet, tjänsten (ss. straff) forfeiture . .; det vore *ren~* . . a dead loss; *lida stora ~er* sustain heavy losses (mil. äv. casualties); *sälja (gå) med ~* sell (be run) at a loss; *företaget går med ~* it is a losing company
förlusta *tr* divert; *~ sig* divert oneself
förlustbringande *a* attr. . . involving a loss (resp. losses), *för* to (for); *vara ~* involve a loss etc.; . . har alltid varit *ett ~ företag* . . a losing concern

förlustelse amusement; offentlig entertainment **-ställe** place of entertainment
förlust|ig *a, gå ~ ngt* lose (forfeit) a th. **-konto** loss account **-siffra** number of casualties
förlyfta *rfl* overstrain oneself by lifting, *på ngt* a th.; bildl. overreach oneself, *på* in
förlåt *-en -er* åld. veil
förlåt|a *tr* forgive, *ngn ngt* (resp. |*för*| att-sats) a p. |for| a th. (resp. for ing-form); pardon; ursäkta excuse; *förlåt!* ss. ursäkt I'm |awfully| sorry!, förnärmat pardon me!; *förlåt* ss. hövlig fråga o. inledning excuse (isht amer. pardon) me; *förlåt att jag* . . excuse my ing-form; *förlåt, jag hörde inte* |I| beg your pardon |I didn't catch what you said|, ibl. what |did you say|? **-else** *~n 0* forgiveness, *för* for; *be |ngn| om ~* ask (beg) a p.'s forgiveness; *få ~* be pardoned (forgiven) **-lig** *a* pardonable, excusable
förlägen *a* generad embarrassed, abashed, awkward, försagd self-conscious, shy; förvirrad confused; *göra ngn ~* embarrass a p. **-het 1** känsla embarrassment, awkwardness, confusion **2** trångmål embarrassment, difficulty, F scrape, fix; *vara i ~ för pengar* be in financial difficulties, be hard up for money
för|lägga *tr* **1** placera: lokalisera locate, place, *till* in; trupper o.d. station, billet, *i (vid)* in (at); flytta remove, transfer; handlingen *är -lagd till medeltiden* . . takes place in the Middle Ages; mötet *har -lagts till X.* . . will be held at X. **2** slarva bort mislay **3** böcker publish **-läggare** bok~ publisher **-läggning** location; mil. konkr. äv. station, camp **-läggningsort** mil. garrison |town|
för|läna *tr, ~ ngn* ngt grant a p. . ., begåva endow a p. with . ., tilldela confer . . on a p., hist. (ss. förläning) enfeoff a p. with . .; *~* glans *åt* lend . . to **-länga** *tr* lengthen, prolong, utsträcka extend, linje (mat.) äv. produce; *~ ett bråk* mat. extend a fraction; *-längda märgen* the medulla oblongata, the prolongation of the spinal cord **-längning** prolongation; extension **-läning** enfeoffment; gods fief, fee **-läst** *a* |over|studious
för|löjliga *tr* ridicule, hold . . up to ridicule **-löpa I** *itr* förflyta pass, avlöpa pass off, fortgå go, proceed; sjukdomen *-löper normalt* . . is taking a (its) normal course **II** *tr* överge run away from, desert **III** *rfl* forget oneself **-löpning** i ord indiscreet remark (i handling action); blunder **-lösa** *tr* deliver **-lösande** *a, han kom med det ~ ordet* he said the word which everyone had been waiting for (the right word)
förmak *-et - 1* salong drawing-room **2** i hjärta auricle
förmala *tr* grind
förman överordnad superior; arbetsledare fore-

man, supervisor
för|mana *tr* tillhålla exhort, tillrättavisa admonish, varna warn **-manande** *a* exhortative, admonitory, warning **-maning** exhortation, admonition, warning **-maningstal** [mild] lecture
förmast foremast
för|medla *tr* fungera som mellanhand vid act as [an] intermediary in; åvägabringa procure, arrange, effect, bring about; ~ *nyheter* supply news; ~*nde* intermediary **-medlare** mellanhand intermediary **-medling** mediation end. sg., agency äv. byrå; anskaffning procurement, arrangement; *genom hans* ~ through him (his agency)
1 förmena *tr* förvägra deny
2 för|mena *tr* tro be of the opinion, believe, think; ~ *sig ha rätt* hold (consider) that one is right **-menande** ~*t 0, enligt mitt* ~ according to my opinion **-ment** *a* supposed, föregiven putative
förmer[**a**] *adv, vara* ~ *än* be superior to
förmiddag morning; *kl. 11* ~*en* (förk. *f.m.*) at 11 o'clock in the morning (förk. at 11 a.m.); *i* ~*s* [late] this morning; *på* ~*en* in the middle of the morning; för ex. jfr vid. *eftermiddag*
förmiddags|dräkt morning dress **-kaffe** före kl. 12 late-morning coffee
för|mildra *tr* se *mildra*; ~*nde omständigheter* extenuating circumstances **-minska** *tr* se *minska*; *i* ~*d skala* on a reduced scale **-minskning 1** se *minskning* **2** foto. reduction **-moda** *tr* anta: suppose, med större visshet presume, F reckon, amer. guess; förvänta expect; gissa conjecture, surmise; ~ *att* förutsätta assume (take it) that; *den* ~*s vara* stulen it is believed to be . . **-modan** ~ *0* supposition, presumption; conjecture, surmise, guess; *mot* ~ contrary to expectation **-modligen** *adv* presumably; jfr vid. *antagligen* **-multna** *itr* moulder [away], decay **-multning** mouldering, decay båda end. sg.
för|myndare jur. guardian, *för* of; *spela* ~ *för* bildl. be patronizing towards; *stå under* ~ be under guardianship (in tutelage) **-myndarmedel** *pl* trust-money sg. **-myndarregering** regency **-mynderskap** ~*et 0* guardianship; bildl. authority
förmå I *tr itr* **1** kunna, orka, ~ [*att*] inf. be able to inf., be capable of ing-form; *jag (du* osv.*)* ~*r (*~*dde)* vanl. I (you osv.) can (could) jfr *kunna II, orka; jag* ~*r intet mot honom* I can do nothing (have no power) against him; det här är *allt vad huset* ~*r* . . all I (resp. we) can offer you **2** ~ *ngn* [*till*] *att* inf. induce (prevail upon, get, bring, övertala persuade) a p. to inf. **II** *rfl,* ~ *sig till att* inf. bring (induce) oneself to inf., besluta sig make up one's mind to inf.
förmåg|a *-an* **1** pl. *0:* fysisk el. andlig kraft power, *att* inf. to inf.; prestations~ capacity, *at* inf. for ing-form; fallenhet o.d. faculty, *att* inf. fo (of) ing-form; duglighet ability, *att* inf. to inf.; capability, *att* inf. of ing-form; läggning gift, talent aptitude, *att* inf. i samtliga fall for ing-form; *h (sakna)* ~ *att* koncentrera sig vanl. be able (b unable) to . .; jag gjorde *efter bästa* ~ . . t the best of my ability; *det står inte i min* ~ it is not in my power; *över min* ~ beyon my powers **2** pl. *-or, han är en verklig* ~ h is a man of great ability; *unga -or* youn talents
för|mån ~*en* ~*er* fördel advantage; särskil rättighet benefit; *sociala* ~*er* social benefits *till* ~ *för* hjälpande in aid (for the benefit) o gynnande in favour of; *ha* ~*en att* inf. hav the privilege of ing-form **-månlig** *a* allm. advantageous, *för ngn* to a p.; gynnsam favourable; vinstgivande profitable **-månsberättigad** *a* preferential **-månserbjudande** privilege (special) offer **-månsrätt** ju priority (preferential) right, priority **-månstagare** beneficiary
1 förmäl|a *tr* tell; *ryktet -er* att rumour has . .; *det -er inte historien* eg. history is silen on this point, friare that is not on record nobody knows
2 för|mäla *tr* gifta marry, *med* to; ~ *sig me* wed **-mälning** nuptials pl.; ~ *med* marriag to
för|märka *tr* notice; jfr vid. *märka 2* **-mäte** *a* presumptuous, om pers. äv. presuming, arrogant; djärv bold; *vara nog* ~ *att* make bol (so bold as) to **-mätenhet** presumptuousness, presumption, arrogance; boldnes **-mögen** *a* **1** rik wealthy, well-to-do, ric amer. äv. (attr.) well-fixed; pred. äv. well of amer. äv. well fixed; *en* ~ *man* äv. a man o means (property, fortune) **2** i stånd capable *till* of; *att* inf. of ing-form **-mögenhet** ~*e* ~*er* **1** större penningsumma fortune; kapital capital; privat~ [private] means pl.; ägodelar property; kvarlåtenskap estate; *ha* 100 kr. *i* ~ hav a capital of . . **2** ~*er* naturgåvor faculties
förmögenhets|brott crime against property **-förhållanden** *pl* financial circumstances **-rätt** law of property **-skatt** tax o capital (property), property tax
för|mörka *tr* darken äv. -dystra, obscure; bil t.ex. förstånd cloud; himlakropp eclipse **-mörka** *itr. dep* darken; be darkened osv. **-mörkels** astr. eclipse
för|namn Christian (first, isht amer. äv. given name **-natt,** *på* ~*en* before midnight
för|nedra I *tr* degrade **II** *rfl* demean (degrade) oneself; ~ *sig till* [*att* inf.] stoop [ing-form] **-nedring** ~*en 0* degradatio **-neka I** *tr* icke erkänna, svika deny; bestrida ä disavow; icke vidkännas disown, renounce; *ja kan inte* ~ *att* . . vanl. I must admit that . .

det kan inte ~s att . . it cannot be denied (there is no denying the fact) that . . **II** *rfl, han ~r sig aldrig* he is always the same **-nekande** *~t ~n* o. **-nekelse** denying osv.; denial; disavowal; renunciation, jfr *förneka I* **-nickla** *tr* nickel[-plate] **-nimbar** *a* perceptible, *för* to **-nimma** *-nam -nummit tr* perceive; känna feel, be sensible of **-nimmelse** sinnes~ sensation, filos. perception; *ha en ~ [av] att . .* have an impression (a feeling) that . .

förning, *ha ~ med sig* bring something to eat [and drink]

för|nuft *~et 0* allm. (äv. *~et*) reason; *sunt ~, sunda ~et* common sense; *det finns inget ~ i det* there is no sense in it; jfr vid. ex. under *förstånd* **-nuftig** *a* sensible, resonlig äv. reasonable; begåvad med (vittnande om) förnuft äv. rational; *ingen ~ människa* no sensible person, no man in his senses

förnufts|enlig *a* rational **-skäl** rational argument; *oemottaglig för ~* unamenable to reason **-vidrig** *a . .* contrary to reason, irrational

förnumstig *a* se *snusförnuftig*

för|nya *tr* allm. renew; renovera äv. renovate; upprepa repeat; fylla på t.ex. förråd replenish; ge nytt liv åt, bildl. regenerate; *~ sig* renew oneself; *~d prövning* re-consideration, fresh trial **-nyelse** renewal; renovation; repetition; replenishing; regeneration; jfr *förnya*

för|näm *a* distinguished, framstående äv. . . of distinction (rank); noble, aristocratic, högättad high-born; värdig dignified; högdragen lofty, superior; *spela ~* give oneself (put on) airs; *i ~ avskildhet* in splendid isolation; *den ~a världen* the world of rank and fashion **-nämhet 1** se *-nämitet 1* **2** högdragenhet loftiness, superiority **-nämitet** *~en* **1** pl. *0* förfining, stil distinction, refinement **2** pl. *~er* celebrity; i pl. äv. well-known people **-nämlig** *a* ypperlig excellent, fine **-nämligast** *adv* principally, chiefly **-nämst** *a* främst foremost; ypperligast finest, isht om pers. äv. greatest; viktigast, attr. principal, chief

för|när *adv* se under *2 när 2* **-närma** *tr* offend; *bli ~d över* äv. take offence at; jfr vid. *förolämpa*

för|nödenheter *pl* necessities; livs~ necessaries **-nöja** *tr, ombyte -nöjer* variety is the spice of life **-nöjd** *a* glad happy, pleased; belåten contented, satisfied; *glad och ~* pred. happy and content **-nöjelse** *~n 0* fägnad amusement **-nöjsam** *a* contented, . . content with little **-nöjsamhet** contentedness, contentment **-nöta** *tr* tid waste, *med ngt (att* inf.) on a th. (in ing-form)

förolycka|s *itr. dep* eg.: allm. be lost, omkomma äv. lose one's life, haverera äv. be wrecked, om flygplan äv. crash; *de -de* the victims [of the accident], the casualties

förolämpa insult, affront; svag. offend; *~d* min injured . .; *bli ~d över* be very much offended at **förolämpande** *a* insulting; offensive, *för* i båda fallen to **förolämpning** insult, affront, *mot* to

förom se under *1 för II*

förord 1 företal preface, foreword, prefatory note **2** rekommendation [special] recommendation **förorda** *tr* recommend, *hos* to, *till* for

för|ordna *tr* **1** bestämma ordain, decree; t.ex. testamentariskt provide, *om* for **2** ordinera prescribe **3** utse appoint, *ngn till förmyndare (rektor)* a p. [to be] guardian (headmaster); bemyndiga commission **-ordnande** *~t ~n* **1** testaments~ provision **2** tjänste~ appointment; *få ~ som rektor* be appointed headmaster **-ordning** ordinance, decree, edict, enactment, stadga regulation; *kungl. ~* Royal Ordinance, i Engl. Order-in-Council

för|orena I *tr* contaminate, pollute; foul äv. 'osnygga' **II** *itr* se *orena II* **-orening** -orenande contamination, pollution, fouling; *~ar* t.ex. i vatten a lot of contamination (pollution) sg., impurities **-orsaka** *tr* cause; föranleda occasion

förort suburb **förortsbo** *~n ~r* suburbanite **förortsområde** suburban area

förorätta *tr* wrong, injure; *~d* injured

för|packa *tr* pack; emballera wrap [up]; *~d* t.ex. i snabbköp prepacked **-packning** konkr. allm. pack, package; t.ex. ask äv. box, låda äv. case; emballage packing, wrapping; t.ex. i snabbköp prepack[age]; abstr. packaging

förpassa I *tr* skicka iväg send [off]; *~ ngn ur landet* order a p. to leave the country **II** *rfl, ~ sig bort* take oneself off

förpatrull mil. advance patrol (party)

för|pesta *tr* poison äv. bildl.; *~ rummet* poison the air in . . **-plikta** *tr, ~ ngn till att* inf. put (lay) a p. under an obligation to inf., bind (oblige) a p. to inf.; rikedom *~r . .* entails responsibility; *~ sig* bind (engage, commit) oneself, *[till] att* inf. to inf.; *~nde [för ngn]* binding [on a p.]; *känna sig ~d* feel [in duty] bound (obliged); *känna sig moraliskt ~d att* vanl. feel under a moral obligation to **-pliktelse** åtagande obligation, engagement, commitment, isht ekonomisk liability; skyldighet duty **-pliktiga** se *-plikta* **-pläga** *tr* traktera entertain; utspisa cater for; *~ med* traktera med treat to, utspisa med feed (provide) with **-plägnad** *~en 0* food, mil. äv. rations pl.; entertainment; -plägande feeding, mil. äv. messing

för|post mil. outpost **-postfäktning** outpost skirmish **-prickad** *a* se *pricka [för]* **-prövning** preliminary examination

för|puppa *rfl* o. **-puppas** *itr. dep* pupate, pass into the chrysalis stage, bildl. go into hibernation

förr *adv* **1** förut before; han njöt *som aldrig* ~ . . as he had never done before; *varken* ~ *eller senare* at no time before or after **2** fordom, ~ [*i tiden (världen)*] formerly, in former times (days); ~ *om åren* in earlier years; ~ *och nu* then and now; ~ *hade (var) han* . . he used to have (be) . .; *allt är som* ~ everything is as it used to be; nothing has changed **3** tidigare sooner, earlier; ~ *eller senare* sooner or later **4** hellre rather, sooner; ~ *svälter jag än jag går och tigger* I would rather (sooner) starve than go begging **förr|a** *(förre) a* **1** förutvarande former, före detta äv. late; tidigare earlier; ss. pron.: *den -e* . . *den senare* the former . . the latter; *under* ~ *hälften* av 1800-talet in the first half . . **2** närmast föregående last; [*i*] ~ *veckan* last week

förresten *adv* se [*för*] *rest*[*en*]

förr|fjol se *förfjol* **-går,** *i* ~ the day before yesterday; *i* ~ *morse* on the morning of the day before yesterday

förridare outrider

för|ringa *tr* undervärdera minimize, belittle, lessen; t.ex. ngns förtjänst detract from; t.ex. värdet av depreciate; brott palliate; ~*nde* förklenande depreciatory, derogatory **-rinna** *itr* bildl.: -svinna ebb away; -flyta pass [away], elapse **-rosta** *itr* rust away, corrode

förrum ante-room, antechamber

för|ruttna *itr* putrefy, decompose, isht om frukt, trä rot; -multna decay **-ruttnelse** ~*n 0* putrefaction, decomposition, corruption; decay; *stadd i* ~ putrescent **-ruttnelse-bakterier** *pl* putrefactive bacteria **-rycka** *tr* rubba dislocate, upset; snedvrida disturb **-ryckt** *a* tokig crazy, mad; *en* ~ a madman **-rymd** *a* runaway . .; om t.ex. fånge escaped . . **-ryska** *tr* Russianize **-ryskning** Russianization **-råa** *tr* coarsen, brutalize **-råas** *itr. dep* coarsen, become brutalized **-råd** ~*et* ~ store äv. bildl., stock, supply; mil. stores pl.; lokal store[-room], supply depot; resurser resources pl.; ha *i* ~ . . in store (reserve) **-råda** *tr* allm. betray, *åt, för* to; röja äv. F give away; ~ *sig* röja sig give oneself away

förråds|fartyg store carrier, supply ship **-förvaltare** storekeeper **-hus** storehouse, warehouse

för|rädare traitor, *mot* to **-räderi** treachery, *mot* to; lands~ treason; *ett* ~ an act of treachery (resp. treason) **-rädisk** *a* treacherous äv. bildl., *mot* to; lands~ treasonable

förrän *konj* innan before; *knappt hade han* . . ~ hardly (scarcely) had he . . when, no sooner had he . . than; *inte* ~ först not until (till); *det dröjde inte länge* ~ it was not long before; jfr *först 2*

förränta I *tr* placera place . . at interest; betala ränta på pay interest on **II** *rfl* yield interest, *med* at; ~ *sig bra* carry a high yield; [*stå och*] ~ *sig* accumulate

förrätt kok. first course

förrätta *tr* tjänstgöra vid: t.ex. dop officiate at; leda, t.ex. auktion conduct; göra: t.ex. bouppteckning make, t.ex. sin andakt perform; utföra: t.ex. sysslor discharge, carry out, ärende accomplish; vigseln ~*des* . . was conducted **förrättning** konkr. tjänste~ function, [official] duty, office; kyrkl. äv. ceremony, service; [*pågående*] ~*ar* proceedings; *vara ute på* ~*ar* be out on official duties

försagd *a* timid, diffident **-het** timidity, diffidence

försaka *tr* go without, deny oneself; avsäga sig give up; lära sig *att* ~ . . to go without things **försakelse** umbärande privation; *underkasta sig* ~*r* practise self-denial

för|samla I *tr* assemble, gather [. . together] **II** *rfl* se följ. **-samlas** *itr. dep* assemble, gather [together] **-samling 1** församlade pers., möte assembly; möte äv. meeting; folkrepresentation äv. convention, body; *ärade* ~*!* ladies and gentlemen! **2** kyrkl.: menighet congregation; kyrkosamfund church, frireligiös o. ej kristen community; socken parish

församlings|bo ~*n* ~*r* parishioner **-frihet** freedom of assembly **-hem** ung. parish house **-hus** ung. church hall **-syster** ung. deaconess

förse I *tr* provide, furnish, försörja äv. supply, utrusta äv. equip, fit, *med* i samtliga fall with; ~*dd med* om sak vanl. equipped (fitted) with; flaska ~*dd med etikett* . . with a label [on it], labelled . .; *vara* ~*dd* utrustad *med* äv. carry; stenen *är* ~*dd med inskription* . . has [got] (bears) an inscription **II** *rfl* skaffa sig provide oneself, *med* with; ta för sig help oneself, *med* to

förseelse fault; brott offence, misdemeanour

försegel head-sail

försegla *tr* seal äv. bildl.; t.ex. låda seal up **försegling** konkr. seal

försena *tr* delay, uppehålla äv. detain; förhala retard; ~ *sig* be late; *vara* ~*d* be late (behind time) **försening** delay

försig|gå *itr* äga rum take place äv. teat.; pågå, ske go (be going) on; avlöpa pass (go) off **-kommen** *a* advanced, nedsätt. forward; utvecklad precocious; kurs för *mera -komna* . . advanced students **-kommenhet** forwardness; precociousness, precocity

för|siktig *a* aktsam careful, *med* with; förtänksam, klok cautious, prudent, vaksam wary; ej överdriven conservative; 'diplomatisk' guarded, *med* vad man säger in . .; försynt, om t.ex. fråga discreet **-siktighet** care[fulness]; caution, cautiousness, prudence, wariness; guardedness; discretion äv. klokhet **-siktighetsmått** se *-siktighetsåtgärd* **-siktighetsskäl,** *av*

~ by way of precaution **-siktighetsåtgärd** precautionary measure; *vidta alla ~er* take every precaution **-siktigt** *adv* carefully osv., jfr *försiktig; gå ~ till väga* proceed cautiously (with caution); kör *~!* . . carefully! **-siktigtvis** *adv* by way of precaution
för|silvra *tr* silver-plate **-sinka** se *-sena* **-sitta** *tr* t.ex. tillfälle lose, miss; sin rätt forfeit; *ingen tid -sutten* no time lost **-sjunka** *itr, ~ i* hänge sig åt lose oneself (become absorbed) in; *-sjunken i* tankar absorbed (lost, deep) in . .; *-sjunken i sig själv* self-absorbed **-skaffa** *tr* procure, jfr *skaffa;* rendera bring; *vad ~r mig* det nöjet? what gives me . .? **-skansa** *rfl* entrench oneself; bildl. take shelter **-skansning** entrenchment
förskepp forebody
förskingra *tr* jur. embezzle, misappropriate; han har *~t* . . embezzled money **förskingrare** *-n -* embezzler **förskingring 1** jur. embezzlement, misappropriation, peculation, [fraudulent] conversion, isht av offentliga medel malversation **2** svenskar *i ~en* . . scattered abroad
förskinn leather apron
för|skjuta I *tr* **1** rubba displace **2** ej längre vidkännas: hustru cast off, repudiate, barn disown **3** se *-sträcka 2* **II** *rfl* rubbas get displaced (isht geol. dislocated); om last o. friare shift **-skjutas** *itr. dep* se *-skjuta II* **-skjutning** displacement äv. psykol., dislocation; shifting; jfr *-skjuta II*
för|skola se *lekskola* **-skoleålder** pre-school age **-skollärare** nursery-school teacher
förskona *tr, ~ ngn från (för) ngt* spare a p. a th. **förskoning** *-en 0* nåd mercy, forbearance
förskott *-et -* advance; *be om ~ på* lönen ask for an advance on . .; *i ~* in advance; *betala i ~* äv. prepay **förskottera** *tr* advance **förskottering** advancement
förskotts|betalning advance payment, payment in advance **-vis** *adv* in advance
förskrift copy
förskriva *rfl* **1** *~ sig från* härröra derive (datera sig date) from **2** *~ sig åt (till) djävulen* sell one's soul to the devil
förskräck|a *-te -t tr* frighten, scare, startle; *bli -t* be (get) frightened osv., *över* at; bestört get a shock **förskräck|as** *-tes -ts itr. dep* be frightened osv., jfr föreg. **förskräckelse** fright, alarm; bestörtning consternation; *ta en ända med ~* come to a sad end; *slippa undan med blotta ~n* get off with a fright **förskräcklig** *a* frightful, dreadful, F äv. awful; förfärlig terrible, horrible
för|skrämd *a* frightened, scared; skygg timid **-skuren** *a, i -skuret skick* blended [with domestic spirits] **-skyllan** *~ 0, utan [min] egen ~* through no fault of mine; *utan min ~ och värdighet* no thanks to me **-skämd** *a* eg. se *skämd;* bildl. se *fördärvad 2*
förskärare o. **förskärarkniv** carving-knife, carver
för|sköna *tr* make . . look more beautiful, beautify; skönmåla make . . look better, embellish, gloss over
1 förslag mus. långt appoggiatura it., kort acciaccatura it.
2 förslag 1 allm. proposal, *om, till* for; *[om] att* inf. to inf. el. for ing-form; råd suggestion; plan scheme, project, *till* for; utkast draft, *till* of; lag*~* bill; motion äv. motion; utskotts*~* recommendation[s pl.], *till* for; *väcka ~ om ngt (om att* sats*)* propose (parl. o.d. move) a th. (that . .); *på ~ av* . . on the proposal (parl. o.d. motion) of . .; *på mitt ~* on my suggestion; *har du* ngt (ngn) *på ~*? have you . . to suggest (. . to recommend)? **2** kostnads*~* estimate, *för, till* for **3** tjänste*~*, *upprätta ~* draw up a nomination list; *komma på ~* be nominated (recommended); *han står på ~[et]* he is a nominee
förslagen *a* cunning, crafty, artful
förslags|lista nomination list **-rum,** *få första (andra) ~met* be placed at the head of (placed second on) the list [of nominees] **-ställare** proposer [of the (resp. a) motion], mover **-vis** *adv* as a suggestion; försöksvis tentatively; ungefärligen roughly; låta oss säga [let us] say
för|slappa *tr* försvaga weaken; göra kraftlös enervate; t.ex. moralen relax **-slappas** *itr. dep* -svagas weaken; bli kraftlös become enervated; om t.ex. moral grow lax; om t.ex. intresse relax **-slappning** weakening; enervation; *~ i* sederna laxity (looseness) of . . **-slava** *tr* enslave **-slita** *tr, ~s* wear out **-sliten** *a* attr. worn-out, pred. worn out **-slitning** abstr. wear [and tear]; *~en av* . . the wearing out of . . **-sluta** *tr* t.ex. konservburk seal **-slutning** konkr. seal **-slå** *itr* suffice, jfr vid. *räcka B II 1; så det ~r* ordentligt with a vengeance, övermåttan as anything **-slöa** *tr* make . . apathetic osv., jfr följ. **-slöad** *a* apathetic; trög dull; håglös listless **-slöas** *itr. dep* grow (get) apathetic osv. **-slösa** *tr* squander, pengar *på spel* . . in (by) gambling; dissipate, *på* in
försmak foretaste, *av* of
för|små *~dde ~tt tr* avvisa reject, disdain; förakta despise; *~dd kärlek* rejected (despised) love **-smädlig** *a* **1** hånfull sneering, scoffing **2** se *förarglig 1* **-smädlighet** *~en ~er* yttrande sneer **-smäkta** *itr* languish, pine [away]; *jag ~r av törst* I am fainting with (dying of) thirst **-snilla** osv. se *-skingra* osv. **-soffa** o. **-soffas** se *-slöa* o. *-slöas* **-soffning** *~en 0* apathy, listlessness
försommar early [part of the] summer

-dag day in early (the early part of the) summer
för|sona I *tr* **1** förlika reconcile, *med ngn (ngt)* with a p. (to a th.) **2** se *sona; ett ~nde drag* a redeeming feature **3** blidka propitiate, conciliate **II** *rfl, ~ sig med* bli vän med become reconciled (make it up) with, finna sig i reconcile oneself (become reconciled) to; *~ sig* inbördes, se följ. **-sonas** *itr. dep* make it up, become reconciled **-soning** *~en 0* förlikning reconciliation; isht relig. atonement; *räcka ngn handen till ~* hold out the hand of reconciliation to a p. **-soningsoffer** relig. propitiatory sacrifice; friare peace-offering **-sonlig** *a* conciliatory, forgiving, placable **-sonlighet** conciliatory spirit, placability
för|sorg *oböjl. s* **1** *genom ngns ~* through a p., through (by) the agency of a p. **2** *dra ~ om* a) ngn provide for . . b) ngt see (attend) to . .; *dra ~ om att* see [to it] that **-sova** *rfl* oversleep [oneself]
förspel mus. o. bildl. prelude; film. short [film]
förspill|a *tr* waste, *på [att* inf.] on [ing-form]; *ett -t liv* äv. a misspent life; *det är -d kraft (möda)* it is a waste of energy (is labour thrown away)
för|språng start; erövrat lead, bildl. äv. advantage; *få ~ före ngn* get the start of a p., gå om gain the lead (bildl. äv. an advantage) over a p.; *stort ~* a long start (lead) **-spänt** *adv, han har det väl ~* ung. he has every chance of success
förspörjas *itr. dep* se *förljudas*
först *adv* **1** först [. . och sedan] first; först [. . men] at first; vid uppräkning first[ly]; ursprungligen originally; jfr äv. ex. under *främst; allra ~* first of all; *vara ~ på platsen (den ~ anlände)* be the first to arrive; *~ och främst* till att börja med first of all, to begin with, framför allt above all, huvudsakligast primarily; *~ som sist* genast now as well as later, en gång för alla once and for all; köp den *~ som sist . .* and have done with it **2** inte förrän not until, only; *~ då såg han . .* only (not until) then did he see . .; *~ efter en stund* only after a while; *jag fick det ~ i går* I only got it (didn't get it until) yesterday; *han kommer ~ i morgon (om en vecka)* he won't come until tomorrow (come for another week); *~ på kvällen* not until the evening
första *(förste) räkn* o. *a* first (förk. 1st); begynnelse- initial, opening; tidigaste, äldsta earliest, early; ursprungliga original; främste foremost; isht i titlar principal, chief, head (jfr ex.); *förste bibliotekarie* principal librarian; *på ~ bänk* i sal o.d. in the front row; *från ~ början* from the very start (beginning); *de ~ dagarna* var vackrare the first few days . .; jag reser *en av de ~ dagarna i nästa vecka (i maj)* äv. . . early next week (in May); *förste flygförare* senior pilot; *~, andra, tredje gången!* vid auktion going, going, gone!; *~ hjälpen* first aid; *~ klassens varor* first-class goods; *~ man [på kontoret]* head clerk; *~ sidan* i tidning the front page; *förste styrman* first (chief) officer, på mindre fartyg chief mate; *vid ~ bästa tillfälle* at the first (an early) opportunity; *på ~ våningen* bottenvåningen on the ground (amer. first) floor, en trappa upp on the first (amer. second) floor; *den ~ jag mötte* the first one I met; *han var den ~ som kom* he was the first to come; *förste bäste* vem som helst the first that comes (resp. came) along; *tag ~ bästa handduk (stol)* take the first towel (chair) handy; *den ~ i klassen* the top boy (resp. girl) of the form; *den ~ [i månaden]* adverbial on the first [of the month]; *det ~ du bör göra* the first thing you should do; jag ska gå dit *det ~ jag gör i morgon bitti . .* first thing tomorrow morning; *det ~* genast *jag fick höra det . .* directly I heard it . .; *för det ~* in the first place, for one thing, vid uppräkning firstly; *med det [allra] ~* as soon (early) as possible; jfr *femte* m. sms., *andra*
förstabas first bass
för|stad suburb **-stadium** preliminary stage **-stadsbo** suburban dweller, suburbanite **-stag** forestay
första|gradsekvation o. andra sms. jfr *andra-, femte-* **-majblomma** May-Day flower, small artificial flower [sold for charity and] worn on May Day **-majdemonstration** May-Day demonstration **-sidesnyheter** *pl* front-page news **-tenor** first tenor
för|statliga *tr* nationalize **-statligande** *~t 0* nationalization
förstaupplaga first edition
förstavelse prefix
förste se *första*
försteg, *ha ett ~ framför ngn* have an advantage over a p.; *lämna ngn ~et* give a p. precedence
förstelna *itr* se *stelna 1* **förstena|s** *itr. dep* petrify äv. bildl.; *-d av fasa* petrified with horror **förstening** petrifaction äv. konkr.
försteopponent opponent appointed by the faculty, first opponent
först|född *a* first-born **-föderska** woman having her first baby **-födslorätt** [right of] primogeniture, isht bibl. birthright **-klassig** *a* first-rate; F tip-top, A 1
förstlingsarbete first (maiden) work; detta är *ett ~ . .* the work of a beginner **förstnämnd** *a* first-mentioned
för|stockad *a* förhärdad hardened; inbiten confirmed; trångsynt hidebound **-stockelse**

~n 0, |hjärtats| ~ hardness of heart
förstone, *i* ~ at first, to start (begin) with
för|stoppa *tr* constipate **-stoppning** constipation; *ha* ~ be constipated **-stora** *tr* eg. o. foto. (äv. ~ *upp*) enlarge; optiskt o. bildl. magnify **-storing** foto. enlargement, konkr. äv. enlarged copy; magnification; *i stark* ~ greatly magnified (enlarged) **-storingsglas** magnifying glass
för|streckning o. **-strykning** i kanten mark, understrykning underlining
för|sträcka *tr* **1** läk. strain; ~ *sig* strain oneself **2** ~ *ngn pengar* advance a p. money (money to a p.) **-sträckning 1** strain, *i* of **2** advance **-strö** *tr* divert; roa entertain; ~ *sig* divert (amuse) oneself, *med* with; *med att* inf. by ing-form **-strödd** *a* absent-minded, preoccupied, abstracted **-ströddhet** absent-mindedness, preoccupation, abstractedness
förströelse diversion, recreation; nöje äv. amusement **-detalj** mil. recreation section **-litteratur** light reading
förstucken *a* allm. concealed, hidden; om t.ex. hot veiled
förstudium preliminary study
förstuga se *farstu* **förstukvist** porch, amer. stoop; utan tak front-door landing
för|stulen *a* furtive, stealthy, covert **-stumma** *tr* silence; bildl. strike . . dumb, dumbfound; *bli ~d* tystna, se följ. **-stummas** *itr. dep* become (fall) silent; ~ *av* häpnad be struck dumb with . .
förstygn running stitch
för|stå I *tr* allm. understand; begripa äv. comprehend, grasp, F get; bli klok på äv. make out; få klart för sig realize, inse see; kunna, veta know; *låta ngn* ~ *att* . . give a p. to understand that . .; *låta |ngn|* ~ antyda intimate (hint) |to a p.|; *å, jag ~r!* oh, I see!; du stannar här! *~r du (har du ~tt)?* ofta . . |do you| see?, . . is that clear?; *och så, ~r du* . . and then, you see, . .; *du ~r väl att* . . you must see (realize) that . .; ~ *att* inf.: kunna konsten know how to inf., ha vett nog have the sense to inf.; *jag ~r ingenting |av det hela|* I am completely at sea (at a loss); *~r du mig?* vad jag säger do you get me?, do you follow?, min inställning can you see my point?; ~ *mig rätt!* don't misunderstand me!; ~ *sin sak* know one's job (business); handla *så gott man ~r* . . to the best of one's ability; *såvitt jag ~r* as (so) far as I understand (can see); *jag -stod av hans sätt att* . . I could tell from his manner that . .; *jag -stod på honom att* . . I gathered from him (from what he said) that . .; *vad ~r du (vad ~s) med* en . . what do you understand (what is to be understood) by . .?; *det ~s av sig självt* that goes without saying, that stands to reason; *ja det ~s (~r du väl)!* of course!; *göra sig ~dd* make oneself understood; jfr vid. ex. under *fatta I 3*
II *rfl,* ~ *sig på att* inf. know (understand) how to inf.; ~ *sig på* ngt: förstå understand . ., kunna know about . ., vara kännare av be a judge of . .; *jag ~r mig inte alls på* . . kan ingenting om I know nothing about . ., har ingen förståelse för I am unable to appreciate . ., är ointresserad av I don't care for . .; *jag ~r mig inte på henne* I can't make her out
förståelig *a* se *begriplig* **förståelse** *-n 0* understanding; förstående äv. comprehension; sympati äv. sympathy; *ha full* ~ *för* sympathize with; *finna* ~ *hos* meet with sympathy (response) from **förstående** *a* understanding, sympathetic
förstånd *-et 0* tankeförmåga intellect; begåvning intelligence, F brains pl.; förnuft reason, vett sense; klokhet wisdom; fattningsförmåga understanding, comprehension; besinning senses pl.; *använd ditt* ~ use your intelligence (head); *förlora ~et* go out of one's senses, bli sinnessjuk lose one's reason; *ha gott* ~ have a good (sound) intellect, have common sense; *ha* ~ *|nog| att* . . have sense enough (the |good| sense) to . .; *han borde haft bättre* ~ he ought to have known better (to have had more sense); du talar *som du har* ~ *till* . . according to your lights; *tala* ~ *med ngn* make a p. see reason; *det går över mitt* ~ it is beyond me, it passes my comprehension; jag gjorde *efter bästa* ~ . . to the best of my judg|e|ment; *vara ifrån ~et* be out of one's senses; läsa ngt *med* ~ intelligently **förståndig** *a* förnuftig sensible äv. om sak; klok wise, judicious; förtänksam prudent; begåvad m. förstånd intelligent; *vara* ~ *nog att* . . have the intelligence (sense) to . .
förstånds|fråga skol. ung. question that tests the intelligence **-gåvor** *pl* intellectual powers **-människa** matter-of-fact (unimaginative) person **-mässig** *a* rational **-mässighet** rational character
förstås *adv* of course **förståsigpåare** expert, *på* on, in
för|ställa I *tr* disguise **II** *rfl* dissemble, dissimulate **-ställning** *~en 0* dissimulation **-ställningskonst** art of dissembling **-stämd** *a* **1** dejected, depressed, downhearted **2** mus. muffled **-stämning** *~en 0* -stämdhet dejection, depression; tryckt stämning gloom, gloomy atmosphere; *väcka allmän* ~ *i* staden cast a gloom over . . **-ständiga** *tr,* ~ *ngn att* inf. order (enjoin) a p. to inf. **-ständigande** *~t ~n* order **-stärka** *tr* allm. strengthen; isht tekn. samt utöka äv. reinforce; elektr. o. radio. amplify; foto. intensify; t.ex. kassa replenish **-stärkare** ljud~ amplifier **-stärkning** strengthening osv., jfr *-stärka;*

reinforcement; amplification, intensification (båda end. sg.), replenishment; *~ar* reinforcements

förstäv sjö. stem

för|störa I *tr* förinta, göra obrukbar destroy; tillintetgöra annihilate; undanröja dispose of; fördärva: allm. ruin äv. bildl.; spoliera äv. spoil; skämma mar; bildl. ödelägga wreck; omintetgöra undo; slösa bort waste; *~ nöjet för ngn* spoil (ruin) a p.'s pleasure; *~ ögonen genom* läsning ruin one's eyes by . .; *-störd hälsa* shattered (ruined) health; *hon är alldeles -störd av* sorg she is completely broken down with . .; *se -störd* härjad *ut* look worn and haggard **II** *rfl* slita ut sig wear oneself out; bli sjuk ruin (wreck) one's health **-störas** *itr. dep* be destroyed osv. jfr *-störa I*; långsamt decay; totalt perish **-störbar** *a* destructible, destroyable **-störelse** destruction; *vålla ~* cause (wreak) destruction (havoc) **-störelselusta** destructiveness, destructive urge **-störelsevapen** weapon of destruction **-störing** *~en 0* se *-störelse*

för|sumlig *a* vårdslös negligent, pred. äv. remiss, *i* in; pliktförgäten neglectful, *mot* of; om betalare defaulting, dilatory **-sumlighet** negligence; neglectfulness; *visa ~* be negligent **-summa** *tr* vårdslösa neglect; underlåta leave . . undone; utebli från, försitta miss; *~ att* inf. fail (omit) to inf., underlåta äv. neglect ing-form el. to inf.; *~ inte* [*tillfället*] *att höra* . .! don't miss [the opportunity of] hearing . .!; *~ tiden* not notice the time; *känna sig ~d* feel neglected (slighted, left out in the cold); *ta igen det ~de* make up for lost ground (tid time) **-summelse** neglect end. sg.; underlåtenhet omission; *en grov ~ i* tjänsten [a piece of] gross neglect in . .

för|sumpas *itr. dep* bildl. stagnate **-supen** *a* attr. drunken **-sutten** *a* lost osv., jfr *-sitta* **-svaga** *tr* allm. weaken, isht kroppsligt äv. enfeeble, debilitate; göra kraftlös enervate; försämra impair; *~d hälsa* impaired health; *~d syn* weakened eyesight **-svagning** weakening; försämring impairment **-svagas** *itr. dep* grow (become) weak[er], weaken; become impaired; synen *~* . . is failing

försvar *-et 0* allm. defence äv. sport.; rättfärdigande justification, förfäktande vindication, *av, för* i samtl. fall of; *det svenska ~et* a) the Swedish national defence b) konkr.: stridskrafterna the Swedish armed forces pl., försvarsanordningarna the Swedish defences pl.; *ta . . i ~* defend (stand up for) . .; *till ~ för* in defence (resp. justification osv.) of; *till hans ~* kan sägas . . in his defence; *säga till sitt ~* say for oneself

försvara I *tr* allm. defend, ta i försvar äv. stand up for; rättfärdiga justify; förfäkta vindicate; hävda maintain; *det kan inte ~s* it is indefensible **II** *rfl* defend oneself; isht i ord make (put up) a defence **försvarare** *-n* - allm. defender; förfäktare vindicator **försvarlig** *a* **1** försvarbar defensible; justifiable, vindicable; hjälplig [just] passable; tillfredsställande satisfactory **2** ansenlig considerable, respectable

försvars|advokat counsel for the defence, defence counsel **-anläggningar** *pl* defences **-attaché** military attaché **-beredskap** defensive preparedness **-departement** ministry of defence, amer. department of defense **-duglig** *a, sätta* fästningen *i ~t skick* render . . capable of defending itself **-fientlig** *a* . . opposed to national defence **-förbund** defensive alliance **-gemenskap** defence community **-gren** fighting service **-krafter** *pl* defensive forces **-krig** defensive war (krigföring warfare) **-lös** *a* defenceless **-makt** -krafter defensive forces pl.; militära myndigheter military authorities pl. **-minister** minister of defence; *~n* i Engl. the Secretary of State for Defence, i Amer. the Secretary of Defense **-område** military district **-spel** sport. defensive play **-spelare** sport. defender **-stab** defence staff **-ställning** mil. defensive position **-tal** jur. speech for the defence; friare apology **-tillstånd** state of defence **-vapen** defensive weapon **-vilja** will to defend oneself **-vänlig** *a* . . in favour of national defence **-väsen** national defence **-åtgärd** defensive measure

försvenska *tr* make . . Swedish; *bli ~d* el. *~s* become [rather] Swedish; *~d form* Swedish form **försvenskning** svensk språkform Swedish form, *av* of

för|svinna *itr* allm. disappear; fullständigt el. plötsligt vanish; komma bort be lost; gradvis fade [away]; avlägsnas be taken away (removed); ge sig i väg F make oneself scarce, sjappa make off, *med* with; *-svinn!* go away!, scram!, gå ut! get out!; *hans ilska (värken) -svann* his anger passed [away] (the pain passed [off]); *saker -svinner för mig* I'm always losing things; *han är -svunnen* he has disappeared, saknas he is missing; boken *är -svunnen (har -svunnit)* . . is missing (lost), . . has gone; *den -svunne* the missing man **-svinnande I** *~t 0* disappearance; *han var vid ~t iklädd* . . when last seen he wore . . **II** *a* obetydlig negligible **III** *adv* ytterst exceedingly

för|svåra *tr* allm. make (render) . . [more] difficult; förvärra make . . worse; lägga hinder i vägen för obstruct; *-svårande omständigheter* aggravating circumstances **-svär[j]a** *rfl* se *-skriva 2* **-syn** *~en 0* **1** *~en* Providence; *en ~ens skickelse* a special providence; *genom ~ens skickelse* by an act of providence, providentially; *låta det gå på Guds ~* trust to luck (chance) **2** hänsyn consideration, regard, *för* i båda fallen for **-synda** *rfl* offend, sin, *mot* i båda fallen against **-syndelse** offence, sin, *mot* against; breach, *mot* of **-synt** *a* hänsynsfull considerate, tactful, discreet; delicate äv. om t.ex. fråga; tillbakadragen unobtrusive; blygsam modest **-synthet** considerateness, delicacy; unobtrusiveness; modesty **-såt** *~et ~* bakhåll ambush; friare snare, trap; *lägga ~ för* lay an ambush (set snares) for; *ligga i ~* [*för*] lie in ambush [for] **-såtlig** *a* treacherous; t.ex. fråga tricky

försåvitt se *2 för II 5*

försäga *rfl* förråda sig give oneself away, say too much; förråda ngt let the cat out of the bag

för|säkra I *tr* **1** assure, *ngn om ngt (ngn* [*om*] *att . .)* a p. of a th. (a p. that . .); bedyra äv. swear; *han ~de att . .* he assured me (her osv.) that . .; *det ~r jag!* I promise ([can] assure) you!, stark. I swear! **2** se *tillförsäkra* **3** assurera insure, *mot* against; isht liv~ äv. assure; *han har ~t* [*hos . .*] he is insured [with . .]; *~ för högt (lågt)* over-insure (under-insure); *det är ~t för . . kr (till fulla värdet)* it is insured for . . kr. (at the full value) **II** *rfl* **1** *~ sig om* ngt make sure of . ., tillförsäkra (bemäktiga) sig äv. secure . .; *~ sig om att . .* make sure that . . **2** assurera, [*låta*] *~ sig* insure oneself, liv~ sig äv. have one's life insured **-säkran** *~ 0* assurance; jur. affirmation **-säkring 1** se föreg. **2** assurans insurance; liv~ m.m. äv. assurance; avgift äv. insurance premium; brev policy; *teckna en ~* a) ta take out (effect) an insurance [policy], *på* ngt on . .; *på . .* kr for . . b) ge underwrite an insurance

försäkrings|agent insurance agent **-belopp** amount (sum) insured, insurance amount **-bolag** insurance company **-brev** [insurance] policy **-givare** insurer; isht om livförsäkring assurer; sjö. underwriter **-kassa,** *allmän ~* expedition ung. regional social insurance office **-matematik** actuarial mathematics **-polis** se *-brev* **-premie** insurance premium **-summa** se *-belopp* **-tagare** policy-holder; *~n* äv. the insured, om livförsäkrad äv. the assured **-villkor** *pl* terms of insurance **-värde** försäkringsbart insurable (försäkrat insured) value **-väsen** insurance [business]

för|sälja *tr* sell **-säljare** salesman; säljare seller **-säljerska** saleswoman **-säljning** sale, sales pl.; -säljande äv. selling; välgörenhets~ sale of work; *lämna till ~* put up for sale

försäljnings|chef sales manager **-pris** sales (selling) price **-provision** commission on sales, sales (selling) commission **-summa** sum obtained from a (resp. the) sale **-villkor** *pl* terms of sale

för|sämra *tr* allm. deteriorate; -svaga, skada äv. impair; -värra make . . worse, worsen **-sämras** *itr. dep* deteriorate; get (grow, become) worse; om t.ex. hälsotillstånd change for the worse; gå tillbaka fall off; degenerera degenerate **-sämring** deterioration; impairment; change for the worse; falling off; degeneration **-sända** se *sända I* **-sändelse** konkr.: varu~ consignment; post~: allm. item of mail, brev letter, paket parcel; *assurerade ~r* insured articles (letters and parcels) **-sänka** *tr* **1** tekn. countersink **2** bildl., *~ i* sorg plunge into . .; *~ i* sömn throw into . .; *-sänkt i* tankar lost in . .; *-sänkt i djup sömn* vanl. fast asleep **-sänkning,** [*goda*] *~ar* good connections, useful contacts **-sätta** *tr* **1** sätta set, *i* rörelse in . .; i visst tillstånd put; *~ i frihet* set free (at liberty); *~ ngn i raseri* put (throw) a p. into a rage **2** förflytta, *~ berg* move (i bibeln remove) mountains; [*i tankarna*] *~ sig till* transport oneself in imagination to

försätts|blad -papper endpaper; fritt fly-leaf **-lins** foto. lens attachment

försök *-et -* ansats attempt, *till (att* inf.*)* at (to inf.); bemödande effort, endeavour, *till (att* inf.*)* i båda fallen at (at ing-form el. to inf.); experiment experiment, *med (på)* with (on); prov trial, *med* with; *~ till brott* attempted (attempt to commit a) crime; *göra (anställa) ~* [*med*] make (carry out) experiments [with], experiment [with]; *på ~* som experiment as an experiment, på prov on trial **försök|a I** *tr itr* allm. try, bjuda till, fresta på attempt, bemöda sig endeavour, [*att*] inf. i samtl. fall to inf.; *jag ska ~* I'll try; *försök!* vanl. have a try (F a go, a shot); *försök att vara* vänlig try to (F and) be . .; *han -te flera gånger innan . .* he had several tries (F goes, shots) before . .; *~ om* man kan komma fram try and see whether . .; *~* pröva *med vatten* ([*med*] *att vattna*) try water (watering); *försök inte* [*med mig*]*!* don't try that on [with me]!; *~ duger* there is no harm in trying **II** *rfl, ~ sig på ngt* (*att* inf.) try one's hand at a th. (at ing-form), våga sig på venture [on] a th. (ing-form); *~ sig som skådespelare* try one's fortune as an actor

försöks|anstalt experimental (research) station **-ballong** trial-balloon äv. bildl. **-gård** experimental farm **-heat** trial (preliminary) heat **-kanin** bildl. guinea-pig **-objekt** o. **-person** subject of an (resp. the) experiment; subject to experiment on **-utskrivning** discharge on trial **-verksamhet** experimental work, experiments pl., research **-vis** *adv* experimentally, by way of (as an) experiment, tentatively

för|sörja I *tr* sörja för provide for; underhålla support, keep, maintain; förse supply **II** *rfl* earn one's living, *med, genom* by; *~ sig* [*själv*] support (keep) oneself; *han -sörjer sig på att skriva romaner* he writes novels for a living **-sörjare** *~n ~* supporter; jfr vid. *familjeförsörjare* **-sörjning** *~en 0* support, maintenance, provision; *~ med livsmedel* food supply

försörjnings|balans balance of resources **-börda,** *han har [en] stor* ~ he has many dependents **-plikt** se *underhållsskyldighet* **-problem** supply problem

för|ta[ga] I *tr* **1** se *beta[ga] 1* **2** t.ex. verkan take away; t.ex. ljud deaden **II** *rfl* overdo it; *han -tar sig inte* he certainly doesn't overwork himself **-tal** ~*et 0* slander, stark. calumny **-tala** *tr* slander; calumniate; defame **-tappad** *a* lost **-tappelse** ~*n 0* perdition, damnation

förtecken fast [key-]signature; tillfälligt accidental; *med omvända* ~ in reverse

för|teckna *tr* registrera make (draw up) a list of, register **-teckning** list, catalogue, register, *på, över* i samtl. fall of **-tegen** *a* reticent, secretive **-tegenhet** reticence, secretiveness **-tenna** *tr* tin[-plate]

för|tid, *i* ~ prematurely; *gammal i* ~ old before one's time **-tidig** *a* premature; ~ *död* untimely death **-tidspension** early retirement pension, för invalider disablement (disability, för sjuka sickness) pension

för|tiga *tr* keep . . secret, conceal, *för ngn* i båda fallen from a p.; allt annat *att* ~ to say nothing of . . **-tjocka** *tr* thicken

för|tjusande *a* allm. charming; härlig delightful; söt, vacker lovely; utsökt exquisite; *så* ~*!* how perfectly charming osv.!; *en sådan* ~ *. .!* äv. what an adorable (enchanting) . .! **-tjusning** glädje delight, *över* at; entusiasm enthusiasm; hänförelse enchantment; *jag kommer med* ~ vanl. I'll be delighted to come; *det är min* ~ it is my delight **-tjust** *a* glad delighted, *över* at, *i* with, [*över (åt)*] *att* inf. to inf.; stark. enchanted, *över* with, by; charmed, *över* with; *bli* ~ intagen *i* become fond of, take quite a fancy to; *vara* ~ *i* vara betagen i be in love with, tycka om, t.ex. barn, mat be fond of, vara belåten med be delighted with, like

för|tjäna I *tr itr* tjäna: isht gm arbete earn; mera allm. make; *han* ~*r bra* he does well; ~ *mycket (bra)* [*på* ngt (*på att* inf.)] make a lot of money [by . . (by ing-form)]; ~ *på* vinna gain by, göra förtjänst make a profit on (by), profit by **II** *tr* vara värd: allm. deserve, t.ex. belöning äv. merit; *det* ~*r att anmärkas* it is worth noticing; *han fick vad han* ~*de* äv. he got his deserts **-tjänst 1** inkomst earnings pl.; vinst profit[s pl.]; *dela* ~*en* share the profits; *gå med* ~ run at a profit; *göra 100 kr i ren* ~ *på* . . make 100 kr. clear profit out of . . **2** merit merit, plus good point; förskyllan deserts pl.; ~*er* insatser services, *om* to; *det är [inte] din* ~ *att* . . it is [no (small)] thanks to you that . .; *tillskriva sig* ~*en av* ngt take the credit for . . [to oneself]; *efter* ~ förskyllan according to one's deserts; *utan egen* ~ without any merit of one's own, oförtjänt undeservedly

förtjänst|full *a* meritorious, creditable; om pers. se *förtjänt; en mycket* ~ *bok* äv. a book of great merit **-möjlighet** chance of earning money **-tecken** badge for merit

förtjänt *a, en högt* ~ man a highly deserving . ., a . . of great merit; *göra sig* ~ *av* deserve; *göra sig* ~ *om* deserve well of

för|tona *itr* fade away **-torka** *itr* become parched, dry up, vissna äv. wither [away] **-torkad** *a* torr dry; uttorkad parched; skrumpen wizened **-trampa** *tr* bildl. trample . . underfoot; *-trampad* -tryckt downtrodden

för|tret ~*en 0* förargelse annoyance, vexation; obehag trouble; *få* ~ *för* get into trouble for; *svälja* ~*en* swallow one's annoyance osv.; *vålla ngn* ~ obehag get a p. into trouble, do a p. mischief; *till sin [stora]* ~ såg han [much] to his chagrin . . **-treta, -tretas, -tretlig** se *förarga* osv. **-tretlighet** ~*en* ~*er* vexation, annoyance **-tro** se *anförtro*

förtroende *-t* **1** pl. *0* allm. confidence; tro äv. faith, trust, *för, till* i samtl. fall in; tillit äv. reliance; *få* ~*t att* inf. be entrusted with the task of ing-form; *ha (hysa)* ~ *för* have confidence osv. in; *jag har hans* ~ I am in his confidence, he trusts me; *inge [ngn]* ~ inspire [a p. with] confidence; *mista* ~*t för* lose confidence (one's trust) in; säga ngt *i [största]* ~ . . in [the strictest] confidence; *i* ~ *sagt* confidentially speaking; *med* ~ confidently **2** pl. *-n* confidence; *utbyta* ~*n* exchange confidences **-full** *a* trustful, trusting, confiding **-ingivande** *a, ett* ~ *sätt* a way that inspires confidence; *vara* ~ inspire confidence **-man** representant representative **-post** position of trust; heders- honorary office **-uppdrag** commission of trust; *jag har fått* ~*et att* inf. I have been entrusted with the task of ing-form **-votum** vote of confidence

för|trogen I *a* **1** förtrolig intimate **2** bekant, ~ *med* familiar (conversant) with **II** *subst. a* confidant, om kvinna vanl. confidante; *göra ngn till sin -trogna* vanl. take a p. into one's confidence **-trogenhet,** ~ *med* familiarity with, intimate knowledge of **-trolig** *a* **1** konfidentiell confidential **2** intim intimate, familiar, om vän äv. close; *ett* ~*t samtal* a heart-to-heart (an intimate) talk **-trolighet** familiarity äv. närgångenhet, intimacy

för|trolla *tr* förhäxa enchant; förvandla transform, *till* into; tjusa bewitch, fascinate **-trollning** ~*en 0* enchantment; bewitchment, fascination; jfr *förtrolla*; trollmakt spell; *bryta* ~*en* break the spell

förtrupp mil. advance guard, vanguard

för|tryck oppression; tyranni tyranny **-trycka** *tr* oppress; friare tyrannize over **-tryckare** oppressor **-tryta** *tr, det -tröt mig* it provoked (vexed, annoyed) me **-trytelse** ~*n 0* resentment, vexation, annoyance, stark. in-

dignation, *över* i samtl. fall at **-trytsam** *a* resentful
för|träfflig *a* excellent, friare splendid **-träfflighet** excellence; duglighet splendid qualities pl. **-tränga** *tr* **1** constrict, contract **2** psykol. se *tränga* [*bort*] **-trängning 1** constriction, contraction; läk. stricture, stenosis **2** psykol. se *bortträngning*
förträning sport. preliminary training
för|trösta *itr*, ~ *på* a) ngn trust in b) ngt trust to **-tröstan** ~ *0* trust, *på* ngn, ngt in . .; tillförsikt confidence **-tröstansfull** *a* hopeful, . . full of confidence **-tröttas** *itr. dep* tire, weary **-tulla** *tr* tullbehandla clear (declare) . . [in the Customs], examine . . for customs purposes; betala tull för pay duty on (for); har ni något *att* ~*?* . . to declare? **-tullning** tullbehandling [customs] clearance; betalning av tull payment of duty; tullformaliteter customs formalities pl. **-tullningsavgift** customs clearance fee **-tunna** *tr* thin, attenuate; kem. dilute; luft rarefy **-tunnas** *itr. dep* get (become) thin[ner]; glesna thin [out], om luft become rarefied, rarefy **-tunning** vätska thinner
förtur[**srätt**] priority, *framför* over
för|tvina *itr* vissna wither [away], *av* with; läk. atrophy **-tvining** ~*en 0* läk. atrophy **-tvivla** *itr* despair, *om ngt (ngn)* of a th. (about a p.) **-tvivlad** *a* olycklig extremely unhappy, oströstlig disconsolate, heartbroken; utom sig . . in despair, distracted; om t.ex. sinnesstämning despairing; desperat desperate, hopplös äv. hopeless; *vara* ~ be in despair, *över ngt (ngn)* at a th. (about a p.); beklaga be extremely sorry, *över ngt* about a th., [*över*] *att ha* . . to have (at having) . .; *det är så man kan bli (det kan göra en)* ~ it is enough to drive one to despair (F desperation) **-tvivlan** ~ *0* despair; desperation desperation, *över ngt* i båda fallen at a th.; missmod despondency; *med* ~*s mod* with the courage of despair **-tvivlat** *adv* desperately; enormt appallingly
förty *adv, icke (inte)* ~ none the less
för|tycka *tr, du får inte* ~ om you mustn't take it amiss . . **-tydliga** *tr* förklara make . . clear[er], elucidate **-tydligande** ~*t* ~*n* elucidation **-tyska** *tr* Germanize **-tyskning** Germanization **-täckt** *a* veiled, covert; *i* ~*a ordalag* indirectly, in a roundabout way **-tälja** *tr* tell; jfr *1 förmäla* **-tänka** *tr, det kan man inte* ~ *honom* you can't blame him [for doing that (so)]
förtänksam *a* försiktig prudent; förutseende wise **-het** forethought, prudence; förutseende foresight
för|tära *tr* äta eat; dricka drink; förbruka o. bildl. consume; *han har inte -tärt någonting* he hasn't had anything to eat or drink; *han -tär inte* vin äv. he never takes (touches) . .; *farligt att* ~*!* på flaska o.d. vanl. poison!; ~*s av* längtan, eld be consumed with . .; *-tärande* lidelse consuming . . **-täring** ~*en 0* **1** förtärande consumption **2** mat [och dryck] food [and drink], refreshments pl.; *fick ni någon* ~*?* äv. did you get anything to eat or drink? **-täta** *tr* condense, *till* into; koncentrera concentrate; ~*d stämning* tense atmosphere **-tätning** condensation äv. psykol.; concentration; ~ *i lungorna* induration of the lungs
för|töja *tr itr* moor, *vid* to; berth; göra fast make . . fast, *vid* to **-töjning** mooring **-töjningsboj** mooring-buoy **-törna** *tr* anger; [*bli*] ~*d* [be] angry (indignant), *på ngn* with a p., *över ngt* about a th.
förunderlig *a* underbar wonderful, marvellous; underlig strange, odd; *ha en* ~ *makt över* have an uncanny power over
förundersökning allm. o. jur. preliminary investigation
för|undra se *förvåna* **-undran** ~ *0* wonder, *över* at **-undras** *itr. dep* se *förvåna II* **-unna** *tr* grant; ett långt liv *har* ~*ts mig* . . has been given to me; *det har* ~*ts mig att* inf. I have been granted the privilege of ing-form
1 förut sjö. se under *1 för II*
2 förut *adv* om tid before; i förväg äv. beforehand, in advance; förr formerly; tidigare previously; *veckan* ~ the week before, [ss. adv. äv. in] the preceding week; jfr *2 före II*
förutan *prep, mig* ~ without me
förut|beställa *tr* boka book, reserve . . in advance **-bestämma** *tr* predestinera predestinate; *det var -bestämt* [*av ödet*] *att* . . it was fated that . . **-bestämmelse** predestination **-fattad** *a* preconceived; ~ *mening* vanl. prejudice
förutom *prep* se *utom 2*
förut|satt *a*, ~ *att* provided [that] **-se** *tr* foresee, anticipate, vänta expect **-seende I** *a* far-sighted, far-seeing; klok wise **II** ~*t 0* foresight; förtänksamhet forethought **-skicka** *tr*, ~ på förhand påpeka *att* start by mentioning that **-spå** se *förespå* **-säga** *tr* predict, foretell; isht meteor. forecast; förespå prophesy **-sägelse** prediction; forecast; prophecy; jfr *förutsäga* **-sätta** *tr* allm. presuppose; anta presume, assume; kräva, om sak äv. imply; ~ ta för givet *att* take it for granted that **-sättning** villkor condition, prerequisite, *för* i båda fallen of; grundval bas|is (pl. -es); antagande assumption, presumption; kvalifikation qualification, chans chance; *skapa* ~*ar för* create opportunities for; *under* ~ *att* . . på villkor att on condition (the understanding) that . ., förutsatt att on the assumption that . . **-sättningslös** *a* unbiassed, unprejudiced **-varande** *a* förre former; jfr vid. *före* [*detta*]
för|valta *tr* t.ex. kassa administer, jur. hold . . in trust; förestå manage; t.ex. ämbete discharge

[the duties of . .] **-valtare 1** administrator, jur. trustee; manager; jordbr. steward, [farm-]-bailiff **2** mil. warrant officer [class I] **-valtarskap** folkrättsligt trusteeship **-valtarskapsområde** trust territory **-valtning** administration; management; konkr. stats~ public administration, Government services pl.

förvaltnings|berättelse styrelse- annual report, report of the [board of] directors **-bolag** holding- holding (trust) company **-domstol** administrative court **-kostnader** *pl* administration (management) costs **-rätt** jur. administrative law **-år** financial year

för|vandla *tr* omskapa o. tekn. transform, förbyta äv. change, *till* i båda fallen into; ~ *till* äv.: omskapa, göra om turn (tekn., mat. o. bildl. convert, isht straff commute) into; till något mindre el. sämre reduce to; ~ ngt *till pengar* turn (convert) . . into [ready] money, realize . .; *huset ~des till* en fabrik the house was converted (turned) into . .; ~ *sig till* turn oneself into **-vandlas** *itr. dep,* ~ *till* övergå till turn (change) into, omskapas till be transformed into **-vandling** transformation; change; conversion; reduction, *till* i samtl. fall into; zool. o. bildl. metamorphos|is (pl. -es) **-vandlingskonstnär** quick-change artist **-vanska** *tr* distort, vantolka äv. misrepresent; t.ex. telegram garble, mutilate; ~*d* text corrupt . .

för|var ~*et 0* **1** jur. se ex. under *fängslig* **2** [safe-]keeping, charge; H [safe] custody; *i gott (säkert)* ~ in safe keeping; *i öppet* ~ H in safe custody deposit; *ha* ngt *i sitt* ~ have . . in one's charge (H custody); *lämna* ngt *i* ~ [*hos ngn (i en bank)*] deposit . . (leave . . for safe-keeping) [with a p. (in a bank)]; *ta* ngt *i* ~ take . . in safe keeping, take care of . . **-vara** *tr* allm. keep, lagra äv. store; H keep . . in safe custody; ~ bevara *för (mot)* preserve from; [*bör*] ~*s torrt* to be kept dry **-varing 1** abstr. keeping; lagring storage; av pengar o.d. safe-keeping; jur. preventive detention (custody) **2** konkr. se *effektförvaring*

förvarings|fack allm. locker; banks safe deposit box **-plats** repository; *detta är ~en för* . . this is the place where . . is (resp. are) kept; *inte ha någon ~ för* . . have nowhere to keep . . **-rum** storage-room **-ställe** se *-plats*

förvarning premonition, forewarning; *utan* ~ without notice

för|veckling complication **-vedas** *itr. dep* lignify **-vedning** ~*en 0* lignification **-vekliga** *tr* emasculate; ~*d* emasculate **-vekligas** *itr. dep* become emasculate **-verka** *tr* forfeit **-verkliga** *tr* realize, t.ex. plan carry . . into effect, implement **-verkligande** ~*t 0* realization, implementation **-verkligas** *itr. dep* be realized (carried into effect), materialize **-vildad** *a* om t.ex. ungdom uncivilized; om t.ex. seder demoralized; biol. (attr.) . . that has (had osv.) run wild **-vildas** *itr. dep* (jfr föreg.) become uncivilized (demoralized); run wild **-villa I** *tr* vilseleda mislead; förvirra confuse, bewilder; ~*nde* likhet deceptive . .; ~*nde* lik confusingly . . **II** *rfl* lose one's way (oneself) **-villelse** aberration, error

förvinter early [part of the] winter

för|virra *tr* allm. confuse; förbrylla bewilder, perplex, svag. puzzle, embarrass; bringa ur fattningen put . . out, disconcert; göra virrig muddle; *göra ngn ~d* confuse osv. a p.; ~*d flykt* disordered flight; *tala ~t* talk incoherently **-virring** ~*en 0* allm. confusion; persons äv. bewilderment, perplexity, embarrassment; oreda disorder **-visa** *tr* **1** allm. banish, lands~ äv. exile, *från, ur* i båda fallen from; relegera expel; bildl. relegate; ~ [*ur riket*] jur. deport **2** hänskjuta refer **-visning** banishment; exile; expulsion; relegation; deportation; jfr *förvisa 1* **-visningsort** place of banishment (exile) **-vissa I** *tr,* ~ *ngn om ngt (om att . .)* assure a p. of a th. (that . .); ~*d* övertygad convinced, *om ngt (om att . .)* of a th. (that . .); *ni kan vara ~d om att* . . you may rest assured that . . **II** *rfl,* ~ *sig om ngt (om att . .)* make sure of a th. (that . .) **-vissna** *itr* wither [away] **-vissning** ~*en 0* assurance; *i fast ~ om ngt (om att . .)* in full assurance of a th. (that . .); *skaffa sig ~ om ngt* make sure of a th. **-visso** *adv* assuredly, certainly **-vittra** *itr* o. **-vittras** *itr. dep* weather, disintegrate; smulas crumble [away] **-vittring** weathering, disintegration; crumbling

för|vrida *tr* distort, twist, t.ex. ansikte äv. contort; ~ *huvudet på ngn* turn a p.'s head **-vridning** distortion, twisting; contortion **-vränga** *tr* distort, twist; t.ex. lagen äv. pervert; misstyda äv. misrepresent **-vrängning** distortion; perversion; misrepresentation; jfr *förvränga* **-vuxen** *a* overgrown; missbildad deformed; förvildad . . overgrown with weeds **-vålla** se *vålla* **-vållande** ~*t 0, genom (utan)* [*hans*] *eget* ~ through his own negligence (through no fault of his [own]); *det skedde utan mitt* ~ åtgörande it was none of my doing

för|våna I *tr* surprise, astonish; stark. amaze; *det ~r mig* vanl. I am surprised osv.; *bli ~d* [*över ngt*] be surprised osv. [at a th.]; hon frågade ~*d* . . in surprise (astonishment) **II** *rfl* be surprised osv., jfr ovan; förundras wonder, *över ngt* i samtl. fall at a th.; *det är ingenting att ~ sig över* it is not to be wondered at **-vånande** *a* o. **-vånansvärd** *a* surprising osv. jfr *förvåna I* **-vånas** *itr. dep* se *förvåna II* **-våning** ~*en 0* surprise,

astonishment; amazement
förväg, *i ~* om tid in advance, beforehand; om rum ahead; *gå (skicka . .) i ~* go (send . .) on ahead; *gå* händelserna *i ~* anticipate . .
för|vägen *a* over-bold, rash **-vägra** se *vägra* **-välla** *tr* parboil **-vänd** *a* förställd disguised; oriktig wrong; onaturlig, äv. om uppfostran perverted; bakvänd, tokig preposterous, absurd **-vända** *tr* förställa disguise; *~ synen på ngn* throw dust in a p.'s eyes **-vändhet** *~en ~er* perversity **-vänta** *tr, ~ [sig]* expect; jfr vid. *vänta I* **-väntan** expectation, *på* of; lyckas *över [all] ~ . .* beyond [all] expectation[s]; *över ~ bra* better than expected **-väntansfull** *a* expectant; *vara ~* äv. be full of expectation **-väntning** expectation; *motsvara ~arna* come up to expectations; *ställa stora ~ar på* expect great things from **-världsliga** *tr, ~s, bli ~d* become worldly
för|värmare tekn. pre-heater **-värmning** pre-heating
för|värra I *tr* make . . worse, aggravate **II** *rfl* se följ. **-värras** *itr. dep* grow worse, become aggravated; försämras deteriorate
för|värv *~et ~* acquisition; *~ av* egendom acquisition of . .; *mina nyaste ~* my most recent acquisitions **-värva** *tr, ~ [sig]* allm. acquire; t.ex. vänner make; *surt ~d* hard-earned . . **-värvande** *~t 0* acquirement, acquisition; *kostnader för inkomstens ~* professional expenditure (outlay) sg.
förvärvs|arbetande *a* gainfully employed **-arbete** gainful work (employment, occupation); *hon har ~* she has a paid job **-avdrag** wife's earned income allowance **-källa** source of income **-liv** professional life **-syfte,** *i ~* for the purposes of making money
för|växla *tr* mix up, confuse; *~ med* äv. mistake for **-växling** confusion; misstag mistake **-växt** *a* se *förvuxen* **-yngra** *tr* rejuvenate; göra ungdomlig äv. make . . [look] younger **-yngras** *itr. dep* rejuvenate; *hon har -yngrats* she looks younger **-yngring** *~en 0* rejuvenation **-yngringskur** rejuvenation treatment **-ytliga** *tr,* **-ytligas** *itr. dep* se *förflacka, förflackas* **-zinka** *tr* zinc, galvanize **-åldrad** *a* antiquated; övergiven o. om ord obsolete; gammalmodig out-of-date; *bli ~* become antiquated osv. **-ädla** *tr* **1** allm. ennoble; t.ex. smak refine **2** tekn. work up, isht metaller refine, *till* i båda fallen into; process **3** djur, växter improve [. . by breeding] **-ädlas** *itr. dep* become ennobled (om smak refined) **-ädling** *~en 0* (jfr *förädla*) **1** ennobling; refinement **2** working up, refinement, processing, finishing **3** improvement [by breeding] **-ädlingsindustri** processing (finishing) industry
föräktenskaplig *a* premarital
föräld|er *-ern -rar* parent
föräldra|ansvar responsibility as a parent (resp. as parents) **-hem** [parental] home; *mitt ~* vanl. my parents' home **-lös** *a* orphan, . . without parents; hon är *~ . .* an orphan; *hon blev ~* she was orphaned (left an orphan) **-myndighet** parental authority **-möte** skol. parent-teacher (med enbart föräldrar parents') meeting
föräldrar *pl* parents **föräldraskap** parenthood
för|älska *rfl* fall in love, *i* with **-älskad** *a* . . in love; *~e* blickar amorous . .; *bli (vara) ~ [i]* fall (be) in love [with] **-älskelse** kärlek love, *i* for; svärmeri love-affair
för|änderlig *a* allm. variable äv. astr.; ombytlig äv.: om väderlek changeable, om t.ex. lycka fickle; stadd i förändring changing **-änderlighet** variability; changeableness osv. **-ändra I** *tr* byta, helt ändra change, *till* into; ändra på alter; förvandla transform, *till* into; variera vary; *det ~r saken* that alters matters (totalt makes all the difference); *han är helt ~d* he is completely changed, he is quite a different man **II** *rfl* se följ. **-ändras** *itr. dep* change, *till det bättre* for the better; delvis alter; *tiderna ~* times are changing **-ändring** change; omändring äv. alteration, variation; nyhet innovation; *vidtaga ~ar* make alterations; *han har undergått en stor ~* he has changed a great deal
för|ära *tr, ~ ngn ngt* make a p. a present of a th., present a p. with a th. **-äta** *rfl* overeat [oneself]; *~ sig på* ngt eat too much (resp. many) . . **-öda** *tr* devastate **-ödelse** devastation; *anställa stor ~* make (wreak) great havoc; *~ns styggelse* the work of destruction, bibl. the abomination of desolation
för|ödmjuka *tr* humiliate; *~ sig* humiliate (humble) oneself; *~nde* humiliating, *för ngn (för ngn att* inf.*)* to a p. (for a p. to inf.) **-ödmjukelse** humiliation
för|öka I *tr* se *öka I* **2** fortplanta propagate **II** *rfl* breed, propagate, multiply **-ökas** *itr. dep* se *föröka II* **-ökelse** fortplantning propagation **-ökning 1** se *ökning* **2** se *förökelse* **-öva** *tr* allm. commit, t.ex. brott äv. perpetrate **-övande** *~t 0* commission, av brott äv. perpetration; *vid ~t av . .* when committing osv. . .
föröver se under *I för II*
förövning preliminary exercise
fös|a *-te -t tr* driva drive; skjuta shove, push; *~ ihop (samman) . .* drive (resp. shove, push) . . together; för vid. ex. m. beton. part. jfr under *driva III* o. *skjuta II*

G

g *g-[e]t,* pl. *g[-n]* **1** bokstav g [utt. dʒi:] **2** mus. G
gabardin *-en (-et) 0* gabardine
gadd *-en -ar* sting
gadda *rfl,* ~ *sig samman* o. ~ *ihop sig* sammansvärja sig conspire, plot, *mot* against; sluta sig samman gang up, *mot* on (against)
gaelisk *a* Gaelic
gaffel *-n gafflar* fork; sjö. gaff **-bit,** *sill i ~ar* herring titbits pl. **-formig** *a* forked, bifurcated, fork-shaped **-klo** prong [of a (resp. the) fork] **-truck** fork-lift truck
gaffla *itr* F gabble, jaw, babble
gagat jet
gage *-t -[r]* fee; t.ex. boxares share of the purse
gaggig *a, vara* ~ be gaga
gagn *-et 0* nytta use; fördel advantage, benefit; jfr vid. *nytta I*; *till* ~ *för* vårt land for the benefit of . .; *vara till* ~ *för=gagna* **gagna** *tr itr,* ~ *[ngn (ngt)]* be of use (advantage) [to a p. (to a th.)]; ~ *ngn (ngt)* äv. benefit a p. (a th.); ~ ngns intressen serve . .; *vartill* ~*r det?* what is the use [of it]?; jfr äv. *båta*
gagn|elig *a* useful etc. jfr *nyttig* **-lös** *a* useless, . . of no use, futile **-löshet** uselessness, futility **-löst** *adv* to no purpose, in vain **-virke** timber **-växt** useful (economic) plant
1 gal|a *gol -[i]t itr* crow; om gök call
2 gala *-n galor* gala; *i [full]* ~ galadräkt in gala (full) dress **-föreställning** gala performance
galant I *a* artig o.d. gallant; ~*a äventyr* [amorous] affairs **II** *adv* **1** gallantly **2** förträffligt capitally, splendidly; *det gick* ~ it went off fine **galanteri** artighet o.d. gallantry **galanterivaror** *pl* fancy goods
Galaterbrevet [the Epistle to the] Galatians sg.
gala|uniform full dress uniform; *i* ~ äv. in full dress **-vagn** state coach
galax *-en -er* galaxy
galeas *-en -er* ung. ketch
gal|en *a* **1** sinnesrubbad samt friare mad (*av* with), crazy; F nuts end. pred., nutty, potty; ytterst förtjust crazy, mad, F nuts, *i* i samtl. fall about; uppsluppen wild, *av* with; *en* ~ *hund* a mad dog; *bli* ~ go mad; *det är så man kan bli* ~ it's enough to drive one mad (crazy); *är du [alldeles]* ~*?* äv. are you completely out of your mind?; *det är (var) inte så -et* dumt it's not bad **2** oriktig, på tok wrong; orimlig o.d. absurd
galenpanna madcap, våghals dare-devil **galenskap** *-en -er* vansinne madness; dårskap folly; *göra* ~*er* do crazy things; jfr *dårskap*
galet *adv* wrong etc., jfr *fel III* jämte ex.; *bära sig* ~ *åt* bakvänt be awkward, oriktigt set about it [in] the wrong way, dumt do a foolish thing; *gå* ~ go (om klocka be) wrong; *det hade så när gått* ~ it was a narrow escape; *det gick* ~ utför *för honom* things went wrong with him
galgbacke gallows hill **galg|e** *-en -ar* **1** gallows (pl. lika) **2** klädhängare [clothes-]hanger **galgenfrist** short respite **galgfysionomi** hangdog face **galgfågel** gallows-bird **galghumor** grim humour; macabre humour
galilé *-[e]n -er* Galilean **Galiléen** Galilee
galileisk *a* Galilean
galjons|bild o. **-figur** figure-head
gall|a *-an -or* vätska bile; hos djur o. bildl. gall; *utgjuta sin* ~ *över* vent one's spite (spleen) upon **-blåsa** gall-bladder
1 galler folk Gaul
2 galler *gallret* - skydds~ o.d. grating, i bur, cell m.m. bars pl., spjälverk lattice[-work], trellis[-work]; radio. grid; gnistskydd fire-guard **-fönster** barred window, finare lattice [window] **-grind** av järn wrought-iron gate
galleri gallery
gallerverk lattice-work etc., se *2 galler*
gall|feber, *reta* ~ *på ngn* drive a p. mad **-gång** bile-duct
gallicism *-en -er* gallicism **Gallien** o. **gallier** Gaul
gallimatias *r* nonsense, balderdash
gallionsbild se *galjonsbild*
gallisk *a* Gallic
gallra *tr itr* frukt, plantor, träd thin out, skog thin; eliminera eliminate; ~ *[i] sitt bibliotek* sort out unwanted books from one's library; ~ *bort (ut)* sort out, weed out **gallring** thinning, thinning out; sorting out; jfr *gallra*
gallsjuk *a* bilious
gall|skrik yell, loud screech **-skrika** *itr* yell, howl
gall|sprängd *a* bildl. splenetic, bilious **-sten** gall-stone; *ha* ~ have gall-stones
gallupundersökning Gallup poll; *företa en* ~ take a Gallup poll
galläpple gall
galning madman; . . *som en* ~ äv. . . like mad
1 galon *-et 0* tyg ® 'galon', polyvinyl-chloride-(PVC-)coated (amer. vinyl coated) fabric[s pl.]
2 galon uniformsband, ~*er* [gold (resp. silver)] braid (lace) sg. **galonerad** *a* braided, laced
galopp *-en -er* **1** ridn. gallop; *[rida i] kort* ~ canter; *fattar du* ~*en?* bildl. do you understand what the thing is all about?; *i [full]* ~ at a gallop (friare run); *falla in i* ~ break into a gallop **2** dans galop **galoppbana** race-course **galoppera** *itr* gallop

galosch *-en -er* galosh **-hylla** rack for galoshes
galt *-en -ar* zool. boar
galvanisera *tr* galvanize **galvanisering** galvanization **galvanisk** *a* voltaic, galvanic
galär galley **-slav** galley-slave
gam *-en -ar* vulture
game *-t* - **1** tennis game **2** *vara gammal i ~t* be an old hand |at it|
gamling old man (resp. woman); *~ar* old folks
gam|mal (jfr *äldre, äldst*) *a* allm. o. friare old; forntida ancient; ej längre färsk stale; jfr äv. under resp. huvudord: ~ firma o.d. äv. old-established . .; *-la* fordringar, fiendskap äv. . . of long standing; *~ och van* practised; *vara ~ och van* be an old hand; *en ~ kvickhet (nyhet)* a stale joke (piece of news); *-la* antika *möbler* antique furniture sg.: *-la nummer* av tidskrift o.d. back numbers; *en fem år ~ pojke* a five--year-old boy, a boy of five |years of age|, a boy aged five; *i det -la Rom* in ancient Rome; *en ~ skolkamrat till mig* äv. a former schoolfellow of mine; *den -la goda tiden* the good old times (days) pl.: *bli ~* grow (get) old; *han blir inte ~* he won't live to be an old man; *där blir han inte ~* F he won't stop there long; den där hatten *gör henne ~* . . ages her; *se ~ ut* look old, be old-looking; *inte se så ~ ut som man är* äv. not look one's age; *vara femtio år ~* äv. be fifty years of age; *bollen är ~* sport. that was a double bounce; *hur ~ är du?* äv. what is your age?; *~ är äldst* old folks know best; *sedan ~t* of old; *sedan (av) ~t* anser man for a long time past . ., from of old . .; *~ och ung (-la och unga)* old and young; *allt blev vid det -la* everything went on as before
gammal|dags *oböjl. a* old-fashioned äv. omodern, attr. äv. old-world, old-time **-dans** old-time dance (dansande dancing) **-modig** *a* old-fashioned, omodern äv. . . out of fashion (date); *~a åsikter* antiquated opinions **-modigt** *adv* in an old-fashioned way (manner) **-testamentlig** *a* attr. . . of the Old Testament; *i ~ tid* in Old Testament times **-vals** old-time waltz
gamman *r, i fröjd och ~* merrily
gamäng *-en -er* gamin fr.
ganglie *-n -r* o. **gangli|on** *-et -er* gangli|on (pl. äv. -a)
gangst|er *-ern -rar (*äv. *-ers)* gangster; friare hooligan **gangsterchef** gang-leader **gangsterfilm** gangster film
ganska *adv* tämligen fairly end. i förb. m. något positivt; stark., mycket very, quite; känslobeton. rather; 'rätt så' pretty; *~ gammal (lång)* äv. oldish (longish); *en ~ god (stor) chans* a fair chance; *~ mycket (många)* a great deal osv., jfr |*en hel*| *del*; *~* väl *mycket* |*folk*| rather a lot |of people|
gap *-et* - mouth; hål, öppning gap, opening; avgrund abyss **gapa** *itr* **1** om pers. o. djur: a) öppna munnen open one's mouth (om fågel its beak) |wide|; hålla munnen öppen keep one's mouth (resp. beak) open b) glo gape, *på* at c) skrika etc. bawl, shout, yell **2** om saker: vara vidöppen, icke sluta till gape; om avgrund o.d. yawn **gapande** *a* gaping; yawning; jfr *gapa 2*; *~ mun* |wide| open mouth (om fågels beak); *ett ~ sår* a gaping wound **gaphals** om barn bawling brat; skrytsam person loudmouth **gapskratt** roar of laughter, guffaw; *brista* |*ut*| *i ~* burst out laughing **gapskratta** *itr* roar with laughter, guffaw
garage *-t* - garage **garagera** *tr* put . . in a garage
garant guarantor, surety **garantera** *tr itr*, *~* |*för*| guarantee, friare äv. warrant; *~* ryktes sanning o.d. vouch for . . **garanti** guarantee, *för* for, *mot* against, *för att* that; spec. vid lån security; *lämna (ställa) ~*|*er*| *för* give (furnish) a guarantee for **garantibevis** written guarantee **garantilån** loan guaranteed by the State **garantisedel** certificate of guarantee **garantisumma** sum guaranteed, guaranteed amount
gard *-en -er* sport. guard **garde** *-t -n* mil. guards pl.; jfr *gardesregemente;* |*det*| *gamla ~t* bildl. the old guard
gardeni|a *-an -or* gardenia
gardera I *tr* guard; *~ med* etta (vid tippning) cover oneself with . . **II** *rfl* guard (trygga sig safeguard) oneself; *~ sig mot* förluster äv. cover oneself against . .
garderob *-en -er* **1** skrubb [built-in] wardrobe; kapprum cloak-room **2** kläder wardrobe **garderobié** -|*e*|*n -er* o. **garderobiär** cloak--room attendant **garderobsavgift** cloak--room fee **garderobskoffert** wardrobe trunk
gardesregemente Guards regiment
gardin *-en -er* curtain; rull~ blind **-stång** curtain-rod; för rullgardin rod
gardist guardsman
garn *-et* **1** pl. *-er* tråd: allm. yarn; ull~ äv. wool; bomulls~ äv. cotton **2** pl. - nät net; *fastna i ngns ~* bildl. get caught in a p.'s toils **-affär** shop that sells yarn
garner|a *tr* **1** kläder o.d. trim **2** maträtt garnish, tårta decorate **-ing** (jfr föreg.) konkr. **1** trimming **2** garnish, decoration
garn|fiske net-fishing **-härva** skein of yarn etc., se *garn 1*
garnison *s* o. **garnisonera** *tr* garrison; *ligga i garnison* be garrisoned **garnisonssjukhus** military hospital **garnisonsstad** garrison town
garnityr *-et* - garniture; uppsättning set

garnnystan ball of yarn etc., se *garn 1*
garva *tr* tan; efterbehandla curry, dress **garvad** *a* eg. tanned äv. om hy; bildl. hardened, erfaren experienced **garvare** tanner **garveri** tannery **garvsyra** tannic acid, tannin
1 gas *-en 0* tyg gauze
2 gas *-en -er* fys. gas; *~er* i tarm o.d. wind sg., läk. flatus sg.; *ge [motorn] mer ~* step on the gas; *minska ~en* sakta farten slow down
gasa I *tr* mil. gas **II** *itr, ~ på* step on the gas
gasbinda gauze bandage
gascognare se *gaskonjare*
gasell *-en -er* gazelle
gas|form, *i ~* in the form of gas **-formig** *a* gaseous **-förgifta** *tr* gas **-förgiftning** gas poisoning
gask *-en -er (-ar)* studentfest ung. [students'] party **gaska** *itr, ~ upp sig* cheer up
gas|kammare gas chamber **-klocka** gasometer
gaskonjare Gascon
gas|kran gas-tap, gas-cock **-kök** gas-ring **-ledning** gas conduit (huvud~ main) **-ljus** gaslight **-lukt** smell of gas **-låga** gas flame, häftigare gas-jet **-mask** gas-mask **-mätare** gas-meter
gasol *-en 0* LPG, förk. för liquefied petroleum gas; ® Calor gas
gas|pedal accelerator [pedal], throttle [pedal] **-pollett** gas-meter disc
gass *-et 0* heat **gassa I** *itr* be broiling [hot] **II** *rfl, ~ sig i solen* bask (starkare broil) in the sun **gassig** *a* broiling [hot]
gasspis gas-cooker
1 gast *-en -ar* sjö. man, hand
2 gast *-en -ar* vålnad ghost **gasta** *itr* yell, bawl **gastkramande** *a* hair-raising
gastro|nom gastronome, gastronomist **-nomi** *~[e]n 0* gastronomy **-nomisk** *a* gastronomic[al]
gas|tändare gas lighter **-ugn** gas-oven **-verk** gas-works (pl. lika); för administration ung. gas board
gat|a *-an -or* street; uthuggen i skog lane; körbana roadway; *gammal som ~n* as old as the hills; *på ~n* in (amer. on) the street; *på öppen ~* in the street; *vara på sin mammas ~* be on one's home ground; rum *åt ~n* front . . **-flicka** street-walker (-girl), prostitute **-hörn** street corner **-lopp,** *löpa ~* run the gauntlet **-lykta** street lamp **-läggning** konkr. pavement **-pojke** street-urchin **-sopare** street-sweeper, scavenger **-sten** paving-stone; koll. paving-stones pl.
gatt *-et -* sjö. **1** sund narrow inlet, narrows pl., gut **2** hål hole
gatu|arbete, *~[n]* road-work sg., reparation street repairs pl. **-belysning** street-lighting **-försäljare** street vendor, hawker **-korsning** crossing; i trafikförordningar o.d. road junction **-nät** street system **-strid,** *~er* street fighting sg. **-vimmel,** *i -vimlet* among the crowds [in the street]
1 gavel *r, på vid ~* wide open; *öppna dörren på vid ~* open the door wide
2 gavel *-n gavlar* på hus gable; ett fönster *på ~n* . . in the gable **-rum** gableroom
gavott *-en -er* gavotte
g-dur G major
ge *gav givit (gett;* jfr *ges)* **I** *tr* **1** allm. give; skänka äv. present (*ngn ngt* a p. with a th.), högtidligare bestow (*ngn ngt* a th. on a p.); bevilja, t.ex. ngn anstånd, sitt samtycke äv. grant, accord; tillhandahålla, förse med äv. supply, provide, furnish (*ngn ngt* a p. with a th.); räcka hand, vid bordet pass; avkasta, inbringa, t.ex. frukt, ränta, resultat yield; jfr äv. resp. huvudord; det kommer att *~ arbete åt många* . . provide work for a great many [people]; *~ en fest* give a party; *~ ngn förlåtelse* pardon a p.; *~* glans *åt* lend . . to; *inte ~ mycket för* ngns omdöme not think much of . .; *träden ~r skugga* äv. the trees afford shade; *~ ngn ett slag* strike (deal) a p. a blow; *hur mycket ~r du i hyra?* how much rent do you pay?; *boken gav* mig *inte mycket* I didn't get much out of the book; *jag skall ~ dig!* F I'll give it to you (pay you out)!; *Gud give att* . . God grant [that] . . **2** teat. give, perform **3** kortsp. deal; *du ~r!* it is your deal!; *~ fel* misdeal
II *rfl* kapitulera surrender, erkänna sig besegrad yield, friare, äv. ge tappt give in; om mur bend, om rep give; om köld break; avta abate, subside; jfr äv. resp. huvudord; *~ sig tid till vila* give oneself time for rest; *~ sig åt ngn* sexuellt give oneself to a p.; *det ~r sig självt* it goes without saying, it is obvious; *det ~r* ordnar *sig nog med tiden* it will be all right in time; *~ sig i samspråk med* enter into conversation with; *det kan du ~ dig på!* F you bet!
III m. beton. part. **1** *~ sig av* F be off; sjappa make off; jfr vid. *bege [sig av]* **2** *~ efter* yield, bildl. äv. give way, *för* i båda fallen to; avta abate, diminish; *~ efter för ngns krav* give in to a p.'s demands; *~ efter på* sina fordringar reduce . ., abate . . **3** *~ emellan* give . . into the bargain **4** *~ ifrån sig* a) lukt, ljus, värme emit, give off b) livstecken give; ljud utter c) lämna ifrån sig give up, surrender **5** *~ igen* a) eg. give back, return b) bildl. retaliate; svara give as good as one gets **6** *~ sig in på* ett företag embark upon . ., en diskussion o.d. enter into . .; *~ sig in vid teatern* go on the stage **7** *~ sig i väg* se *~ sig av* ovan **8** *~ ngn ngt med* på vägen give a p. a th. to take along [with him (resp. her)] . .; *~ med sig* avta abate, subside; se vid. *~ efter* **9** *~ om* kortsp. deal again, redeal **10** *~ sig på ngn* set about a p.; *~ sig på affärer* take up business; *~ sig på ett problem* tackle a problem; *~ sig på studier*

start studying **11** ~ *till* ett skrik, skratt o.d. give . .; ~ *sig till att* inf. start (set about) ing-form; understå sig have the cheek to inf.; ~ *sig till att supa* take to drinking **12** ~ *tillbaka* a) lämna give back, return b) vid växling, ~ [*ngn*] *tillbaka* give a p. change, *på* for; *jag kan inte* ~ *tillbaka* I've got no change; ~ [*ngn*] 2 kronor *tillbaka* give a p. back . . **13** ~ *upp* give up; ~ *upp* hoppet, försöket äv. abandon . .; *jag* ~*r upp!* till motståndare, äv. you win!; ~ *upp ett skrik* give a cry **14** ~ *ut* a) betala ut spend b) publicera, låta trycka publish, bring out, issue; redigera [o. ge ut] edit; t.ex. en förordning, sedlar issue; ~ *sig ut* a) bege sig go out; ~ *sig ut och fiska* go out fishing; ~ *sig ut på en utfärd* set off on an excursion, go for an outing b) ~ *sig ut för läkare* pass oneself off as a doctor; ~ *sig ut för att* inf. pretend to inf. **15** ~ *sig åstad* start, set out (off)

gebit *-et* - province, domain; jfr *område 2*

gedig|en *a* **1** om metall: oblandad pure, massiv solid **2** bildl. sterling, solid, äkta äv. genuine; *ett -et arbete* a piece of solid workmanship; *-na kunskaper* sound knowledge

gedigenhet bildl. solidity, genuineness; persons äv. sterling qualities pl.

gehäng *-et* - sword-belt; axel~ baldric

gehör *-et 0* **1** eg. ear; *ha absolut* ~ have absolute pitch; *ha gott* ~ *(sakna* ~*)* have a good (poor) ear [for music]; *efter* ~ by ear **2** *vinna* ~ om idé meet with sympathy, gain a hearing; *han vann* ~ *för sina synpunkter* his views met with sympathy (gained a hearing)

geigermätare Geiger counter

gejser *-n gejsrar* geyser

gelatin *-et (-en) 0* gelatin[e] **gelé** *-[e]t (-n) -er* jelly äv. bildl. **gelea** *rfl* jelly

gelik|e *-en -ar* jämlike equal; *du och dina -ar* you and the likes of you

1 gem *-men -mer* graverad ädelsten gem

2 gem *-et* - pappersklämma paper-clip

gemak *-et* - [state] apartment, state room

gemen *a* **1** nedrig, simpel mean, dirty, low; *en* ~ *lögn* a dirty lie; *ett* ~*t uppförande* äv. base conduct **2** ~*e man* ordinary people pl.; *i* ~ in general **3** ~*a* [*bokstäver*] lower-case letters **-het** ~*en* ~*er* egenskap meanness, baseness; handling piece of meanness, dirty trick **-ligen** *adv* commonly, generally

gemensam *a* allm. common, *för* to; isht förenad joint; ömsesidig mutual; *vi hade* ~ *kassa* under resan we pooled our money (funds) . .; *ha* ~*t sovrum* sleep in the same bedroom; *inte ha något* ~*t* have nothing in common; *göra* ~ *sak med* make common cause (throw in one's lot) with **gemensamhet** community, *i* t.ex. intressen of **gemensamhetsbad** badning mixed bathing **gemensamhetskänsla** sense of community **gemensamt** *adv* jointly; *ansvara* ~ *för* be jointly responsible for; *äga ngt* ~ own a th. jointly (in common); *inta middag* ~ dine together; *vi köpte* betalade *det* ~ we bought it between us

gemenskap *-en 0* **1** självlig ~ intellectual fellowship, spirit of community, samhörighet solidarity; relig. communion **2** samfälld besittning community **gement** *adv* meanly, basely; *det var* ~ *gjort* that was a mean thing (trick) [to do]

gems *-en -er* chamois

gemyt *-et 0* se *gemytlighet* **-lig** *a* om pers.: fryntlig genial, jovial, godmodig good-humoured, good-natured, trevlig pleasant; om sak [nice and] cosy **-lighet** geniality, joviality, good humour (nature), pleasantness; cosiness; jfr *gemytlig*; *i all* ~ bekvämt och skönt cosily and comfortably

gemål *-en -er* consort

1 gen *-en -er* gene, factor

2 gen *a* short, direct, near **gena** *itr* ta en genväg take a short cut

genant *a* embarrassing, awkward, *för* for

genast *adv* at once, immediately, straight away (off); *nu* ~ at once, immediately, [at] this very moment (instant); *och det* ~*!* and look sharp about it!; *jag kommer* ~ om ett ögonblick! coming directly!; ~ *i morgon bitti*[*da*] first thing tomorrow morning; ~ [*som*] *jag kom ut* . . the moment I came out . .

gendarm *-en -er* gendarme fr.

gendriva *tr* refute, confute

genea|log genealogist **-logi** genealogy **-logisk** *a* genealogical

genera I *tr* besvära trouble, bother; jfr ex. under *besvära I*; hindra hamper; ~*r det* [*Er*], *om jag röker?* do you mind if I smoke (mind my smoking)?; *det skulle inte* ~ *honom att ljuga* he wouldn't hesitate to lie **II** *rfl*, ~ *dig inte* [*för mig*]! äv. iron. don't mind me!; *han* ~*r sig inte för att ljuga* he doesn't hesitate to lie; *han* ~*r sig minsann inte* he certainly doesn't stand on ceremony **generad** *a* embarrassed (*över* at), förlägen äv. self-conscious; *göra ngn* ~ embarrass a p., make a p. embarrassed; *vara* ~ *för* inför *ngn* be embarrassed in a p.'s presence

general *-en -er* general; inom flyget i Engl. air chief marshal; jfr *generallöjtnant* o. *generalmajor* **-agent** general agent **-agentur** general agency **-direktör** director-general **-församling** general assembly **-guvernör** governor-general

generalisera *tr* generalize; man bör inte ~ äv. . . make sweeping statements **generalisering** generalization

general|konsul consul-general **-löjtnant** lieutenant-general; inom flyget i Engl. air marshal **-major** major-general; inom flyget i Engl.

air vice-marshal **-order** general orders pl. **-repetition** [full-]dress (final) rehearsal, *på* of **-sekreterare** secretary-general **-ska** general's wife; *~n L.* Mrs. L. **-stab** general staff **-stabschef** chief of the general staff **-stabskarta** ordnance map **-stabsofficer** staff officer

generation generation **generationsmotsättning,** *~ar* disagreements between the older and younger generation[s] **generator** generator

generell *a* general **generellt** *adv, ~ sett* from a general point of view

generositet generosity, liberality **generös** *a* generous, liberal

genetik *-en 0* genetics **genetiker** geneticist **genetisk** *a* genetic

Genève Geneva

genever *-n 0* hollands, geneva

Genèvesjön the Lake of Geneva

gengas producer gas, framställd av trä wood-gas **-bil** producer-gas car

gen|gångare ghost, spectre **-gåva** gift in return; *med gåvor och -gåvor varar vänskapen längst* one gift for another makes good friends **-gäld,** *i (till) ~* in return; å andra sidan on the other hand **-gälda** *tr* repay

geni *-[e]t -er (*äv. *-n)* genius **genial[isk]** *a* lysande brilliant; om saker: fyndig, sinnrik ingenious; *en ~* snillrik *man* a man of genius; *han är ~* snillrik he is a genius **genial[isk]t** *adv* lysande brilliantly; *det är ~ gjort (tänkt)* it is a stroke of genius **genialitet** snille genius, svag. brilliance **genie** *-n -r* geni|us (pl. -uses, ibl. -i) **geniknöl,** *gnugga ~arna* F cudgel one's brains

genitiv *-en -er, ~[en]* the genitive; *en ~* a genitive

geni|us *-en -er* geni|us (pl. -uses, ibl. -i)

gen|klang echo; bildl. response, sympathy; *vinna (väcka) ~* meet with response (sympathy) **-ljud** echo, reverberation; *ge ~* echo; resound äv. bildl. **-ljuda** *itr* echo, resound, reverberate, *av* i samtl. fall with **-mäla** *tr* reply; starkare retort; invända object, *mot (på)* to **-mäle** *~t ~n* reply, retort

genom I *prep* (se äv. under resp. huvudord) **1** i rums- o. tidsbet. vanl. through; via via, by way of; *han gick ~ parken* he went (walked) through the park; *färden ~ Sahara* the journey across (the crossing of) the Sahara; *resa hem ~ Tyskland* travel home via (by way of) Germany; *han är den främste löparen ~ tiderna* he is the greatest runner of all time; *titta in (ut) ~ fönstret* look in at (out of) the window; *komma in ~ dörren* äv. come in at (för att spec. framhäva vägen by) the door; *kasta ut ngt ~ fönstret* throw a th. out of the window; jfr äv. *igenom I* **2** angivande förmedlare o.d. through, ombud, överbringare by; *sälja varorna ~ en agent* sell the goods through an agent; *nyheten nådde dem ~ pressen* the news reached them through [the medium of] the press; *skicka* en hälsning *~ ngn* send . . by a p. **3** uttr. medel: 'av' by, 'medelst' by [means of]; uttr. orsak: 'på grund av', 'tack vare' through, owing to, by, thanks to; *~ enträgna böner* by means of persistent prayers; *~ hans hjälp* kunde jag by (thanks to) his assistance . .; *~ köp (gifte)* by purchase (marriage); omkomma *~ olyckshändelse (drunkning)* . . through el. owing to an accident (by drowning) **4** *tre ~ fyra* (¾) three divided by four **II** *adv* se *igenom II*

genom|arbeta *tr* gå igenom grundligt go through . . thoroughly **-bläddring,** *en [flyktig] ~* a cursory perusal **-blöt** *a* se *-våt* **-borra** *tr* om (med) vapen samt bildl. pierce, med dolk stab **-brott** eg. break-through; *demokratins ~* the full emergence of democracy; *få sitt ~ som författare* make one's name as an author **-bruten** *a, -brutna strumpor* open-work stockings **-bäva** *tr, ~s av* be thrilled with **-driva** se *driva [igenom]* **-dränka** *tr* a) med pers. subj. soak, *med* in; saturate, drench, *med* with b) med saksubj. soak through, saturate **-dålig** *a* thoroughly bad **-elak** *a* downright ill-natured **-fara** *tr, han -fors av en rysning* a shudder passed over him, av välbehag he felt a sudden thrill of pleasure; jfr *fara [igenom]* **-fart** passage; *~ förbjuden!* no thoroughfare! **-fartsled** through route **-fartsväg** thoroughfare **-forska** *tr* trakt explore . . thoroughly **-frusen** *a* om pers., pred. chilled to the bone **-föra** *tr* carry through (out), förverkliga effect, realize, utföra accomplish; *~ en plan* carry out a plan **-förande** *~t 0* carrying through (out), realization, accomplishment **-förbar** *a* practicable, feasible

genom|gjuten *a* inlaid **-god** *a* om pers. genuinely (inherently) good **-gripande** *a* sweeping, radical; grundlig thorough **-gräddad** *a* pred. [thoroughly] done **-gå** *tr* se *gå [igenom]* **-gående I** *a* järnv. through . .; *ett ~ drag* a common feature; *ett ~ fel* a general mistake **II** *adv* throughout; utan undantag without exception; konsekvent consistently; *~* sämre . . throughout **-gång 1** av text, *vid ~en av läxan* gjorde läraren on going through the lesson . .; *vid ~ av våra böcker* on going over our books **2** väg igenom passage **-gångsrum** room giving access to another room (resp. other rooms) **-gångstrafik** through traffic **-hederlig** *a* downright honest **-hygglig** *a* very decent **-ila** *tr* bildl. pass through; *~s* se *genomfara* ex. **-kokt** *a* pred. [thoroughly] done **-korsa** *tr* fara igenom travel [through] the length and breadth of; om blixtar flash through (across); *ett av kana-*

ler ~t land a country criss-crossed by canals **-leva** *tr* live (go) through, uppleva experience **-lida** *tr* endure, suffer, go through **-lysa** *tr* med röntgenstrålar X-ray, fluoroscope; se vid. *lysa* [*igenom*] **-lysande** *a* translucent **-lysning** med röntgenstrålar fluoroscopy **-läsa** *tr* se *läsa* [*igenom*] **-läsning** perusal; *efter en enda ~* äv. after reading it (resp. them) through only once **-marsch** mil. march [through], passage **-musikalisk** *a* very musical

genom|pyrd *a* impregnated, *av (med)* with; bildl. imbued, *av* with **-resa I** *s, ~* [*genom E.*] journey through [E.]; *på ~n* [in] passing through; *jag är här på ~* I am passing through here **II** *tr* se *resa* [*igenom*] **-rutten** *a* pred. rotten all the way through; bildl. pred. rotten to the core **-skinlig** *a* transparent, eg. äv. diaphanous **-skinlighet** transparency **-skåda** *tr* see through . ., planer, förklädnad äv. penetrate **-skärning** tvärsnitt cross-section; *visa ngt i ~* show a th. in section; 2 meter i ~ . . in thickness (diameter) **-slag**[**skopia**] carbon copy **-slagspapper** manifold paper **-snitt 1** medeltal average; *i ~* on an (the) average; *under (över) ~et* below (above) [the] average **2** se *-skärning* **-snittlig** *a* average, ordinär ordinary **-snittligt** *adv* on an (the) average **-snittshastighet** average speed **-snittsmänniska** ordinary person; *~n* äv. the average man **-stekt** *a* pred. [thoroughly] done **-ströva** *tr* se *ströva* [*igenom*] **-svettig** *a* pred. wet through with perspiration **-syra** *tr* bildl. permeate, imbue; *~s av* be permeated (imbued) with **-söka** *tr* se *leta* [*igenom*]

genom|tryckt *a* pred. printed right through **-tråkig** *a* terribly boring **-tränga** *tr* se *tränga* [*igenom*] **-trängande** *a* piercing; *en ~ lukt* a penetrating smell **-tränglig** *a* penetrable, *för* by; pervious, *för* to **-trängningsförmåga** penetration **-trött** *a* dog-tired **-tåg** mil. march [through], passage **-tänkt** *a,* [*väl*] *~* well thought-out, om t.ex. framställning well-reasoned, om t.ex. tal carefully prepared **-vakad** *a, en ~ natt* a night without any sleep **-varm** *a* thoroughly warm (hot) **-våt** *a* wet through end. pred., soaking wet, drenched, *av* with; *göra ~* drench, soak

genre *-n -r* genre fr. **-bild** genre picture

genrep *-et -* se *generalrepetition*

gen|saga protest **-skjuta** *tr* intercept, upphinna take a short cut and overtake **-strävig** *a* refractory, svagare reluctant **-strävighet** refractoriness, reluctance **-störtig** *a* se *gensträvig* **-svar 1** genklang response, sympathy; *finna ~* meet with [a] response **2** svar reply **-sägelse** contradiction; *utan ~* incontestably, indisputably

gentemot *prep* bildl.: emot towards, to, against; i förhållande till in relation to; i jämförelse med in comparison with, compared to, [as] compared with

gentil *a* frikostig generous; elegant, 'flott' fine, stylish, smart; *visa sig ~* frikostig show generosity

gentjänst service in return

gentleman gentleman **gentlemannamässig** *a* gentlemanly, gentlemanlike **gentlemannamässigt** *adv* like a gentleman

Genua Genoa **genues** *-en -er* o. **genuesare** *s* o. **genuesisk** *a* Genoese

genuin *a* äkta genuine; verklig real

genus *- (äv. -et) -* gram. gender

genväg short cut äv. bildl.; *ta en ~* take a short cut

geo|fysik geophysics **-fysisk** *a* geophysical **-graf** *~en ~er* geographer **-grafi** *~*[*e*]*n 0* geography **-grafisk** *a* geographic[al] **-log** geologist **-logi** *~*[*e*]*n 0* geology **-logisk** *a* geologic[al] **-metri** *~*[*e*]*n 0* geometry **-metrisk** *a* geometric[al]

Georg George

georgette *-n 0* georgette

gepäck *-et 0* luggage, bags pl.

geriatri *-*[*e*]*n 0* o. **geriatrik** *-en 0* geriatrics

gerill|a *-an -or* **1** trupper guerillas (guerrillas) pl. **2** se följ. **-krig** guer[r]illa war (krigföring warfare)

german Teuton **germanism** *-en -er* Germanism **germanist** Germanic philologist, Germanist **germansk** *a* Germanic; ibl. Teutonic

ges *(givas) itr. dep, det ~* finns . . there is (resp. are) . .

geschäft *-et -* business end. sg.; jobberi racket **geschäft**[**s**]**makare** jobber

gesims *-en -er* cornice

gess *-et -* mus. G flat **gess-dur** G flat major

gest *-en -er* gesture

gestalt *-en -er* figure; i roman character; väsen shape; form shape, form; *en av historiens största ~er* one of the greatest figures of (in) history; *i en tiggares ~* in the guise (shape) of a beggar **gestalta I** *tr* shape, form, mould; teat. create **II** *rfl* utveckla sig turn (work) out; arta sig shape; *~ sig annorlunda* take a different turn **gestaltning** formation; roll~ creation; form o.d. form, shape, configuration **gestaltningsförmåga** power of creating characters **gestaltpsykologi** gestalt (ty.) psychology

gestikulera *itr* gesticulate **gestikulering** gesticulation

gesäll *-en -er* journeyman **-prov** abstr. test; konkr. qualifying piece of work

get *-en -ter* goat **getabock** he-goat, billy-goat **getherde** goatherd

geting wasp **-bo** wasp's nest (pl. wasps' nests);

sticka sin hand i ett ~ bildl. stir up a hornet's nest **-midja** wasp-like waist **-sting** wasp sting **-svärm** swarm of wasps
get|mjölk goat's milk **-ost** goat's milk cheese **-skinn** läder kid; *handskar av* ~ kid gloves
getto *-t -n* ghetto
getöga, *kasta ett* ~ *på ngt* take a quick glance at a th.
gevär *-et* - spec. mil. rifle, t.ex. jakt~ gun; *i* ~! to arms!; *för fot* ~! order arms!
gevärs|eld rifle fire **-kolv** rifle butt **-pipa** barrel of a (resp. the) rifle **-salva** volley of rifle fire
Gibraltar sund the Straits pl. of Gibraltar
gid *-en -er* guide
giff|el *-eln -lar* croissant
1 gift *-et -er* poison äv. bildl.; hos ormar o.d. venom äv. bildl.; virus virus; toxin toxin; *ge ngn* ~ förgifta poison a p.
2 gift *a* married, *med* to; *bli lyckligt (aldrig bli)* ~ be happily (never get) married; *vad heter hon som* ~? what's her married name?
gif|ta *-te -t* **I** *tr,* ~ *bort* marry off; ~ *bort* . . *med* marry . . to **II** *rfl* marry, *med ngn* a p., *av* kärlek (*för* pengar) for . .; get (be) married, *med ngn* to a p.; ~ *sig rikt (till pengar)* marry money, marry a fortune; inte mycket [pengar] att ~ *sig på* . . marry on; ~ *in sig i* marry into; ~ *om sig* get married again, *med* to; remarry, *med ngn* [with] a p. **giftaslysten** *a* pred. anxious to get married **giftastankar,** *gå i* ~ be thinking of getting married **giftasvuxen** *a* marriageable, pred. äv. old enough to marry
gift|blandare poisoner **-blåsa** bildl. venomous person **-bägare** poisoned cup **-dryck** poisoned drink (draught)
gifte *-t -n* marriage; *hans barn i första* ~*t* the children of his first marriage; *i första* ~*t* hade han tre barn by his first marriage . . **giftermål** *-et* - marriage; jfr vid. *äktenskap* ex. **giftermålsanbud** proposal (offer) of marriage **giftermålsannons** marriage advertisement **giftermålsbalk** marriage act (code)
giftfri *a* non-poisonous **giftgas** poison gas **giftig** *a* poisonous äv. om förtal, venomous äv. 'spydig' o.d., stark. virulent; läk. toxic **giftighet** *-en -er* poisonousness, venomousness, jfr *giftig;* ~*er* i ord spiteful remarks **giftmord** murder by poison; *ett* ~ a case of murder by poisoning **giftmördare** poisoner **giftorm** venomous snake
giftorätt right to half of the property held by the other party to the marriage
gift|skåp poison cupboard **-tand** [poison-]fang **-verkan** toxic effect
gigant giant **-isk** *a* giant . ., gigantic
gigg *-en -ar* gig äv. sjö.
gigolo *-n -r (-s)* gigolo (pl. -s)
gikt *-en 0* gout **-anfall** attack of gout **-bruten** *a* gouty **-knöl** arthritic swelling
gilja, giljare m.fl. se *2 fria* o. *friare* m.fl.
giljotin *-en -er* o. **giljotinera** *tr* guillotine
gill *a, tredje gången* ~*t!* third time lucky!; ~ *a gång* se *gång I 4* **gilla** *tr* approve of; tycka bra om like; jur. approve; *en* ~*nde blick* a look of approval **gillande** *-t 0* approval
gille *-t -n* **1** kalas banquet, feast **2** skrå, förening guild, förening äv. society, club
gill|er *-ret -er* trap äv. bildl., gin
gille|s|stuga modern ung. recreation room, amer. äv. rumpus room
gillra *tr,* ~ *en fälla för ngn* set a trap for a p.
giltig *a* valid; ~ [*i*] *en månad* available (valid) for one month; *förklara* . . [*för*] *giltig* declare (pronounce) . . to be valid **giltighet** validity, biljetts äv. availability; *äga* ~ om lag o.d. be in force **giltighetstid** period of validity
1 gin *-en (-et) 0* spritdryck gin
2 gin *a* o. **gina** *itr* se *2 gen* o. *gena*
ginst *-en -er* broom
gips *en -er* **1** till väggar o. tak plaster; tekn. o. läk. plaster [of Paris]; miner. gypsum; en staty *i* ~ . . in plaster **2** ~figur plaster-figure **gipsa** *tr* **1** t.ex. tak plaster **2** läk. put . . in plaster [of Paris]; *han ligger* ~*d* he is in plaster **gipsavgjutning** konkr. plaster cast **gipsfigur** plaster-figure **gipsförband** plaster[-of-Paris] bandage **gipstak** plaster[ed] ceiling
gir *-en -ar* o. **gira** *itr* sjö. yaw, sheer; friare, äv. om bil o.d. turn, swerve
giraff *-en -er* giraffe
girera *tr* överföra transfer **girering** överföring transfer
girig *a* snål avaricious, miserly; lysten, begärlig greedy (*efter* for el. of), covetous (*efter* of); *en* ~ [*person*] a miser **girigbuk** miser **girighet** avarice; greed[iness], covetousness; jfr *girig* **girigt** *adv* avariciously; greedily, covetously, with avidity; jfr *girig*
girland *-en -er* festoon, garland
giro *-t 0* se *bankgiro* o. *postgiro*
giss *-et* - mus. G sharp
gissa I *tr itr* guess; sluta sig till divine; förmoda conjecture; ~! guess!, have a guess!; ~ *rätt (fel)* guess right (wrong), make a correct (wrong) guess; *rätt* ~*t* av dig! you've guessed right!; *det var bra* ~*t* that was a good guess; *det har* ~*ts hit och dit* various guesses (conjectures) have been made; *du får* ~ *tre gånger* I give you three guesses; *jag* ~*r på Erik (på att det blir han)* I guess Erik ([that] it will be him) **II** *rfl,* ~ *sig fram* guess, proceed by conjectures; ~ *sig till* guess, ngns tankar o.d. äv. divine; *det kan man inte* ~ *sig till* there's no guessing that
giss|el *-let -el* scourge, bildl. äv. curse **gissel-**

slag lash with a (resp. the) scourge **gissla** *tr* scourge; lash isht bildl.
gisslan - *0* hostage, om flera pers. hostages pl.; *ställa (ta)* ~ hand over el. provide (seize el. take) hostages
giss-moll G sharp minor
gissning guess, conjecture; *det är rena ~ar* it is pure guesswork **gissningstävlan** guessing competition **gissningsvis** *adv* at a guess
gisten *a* om eka, tunna o.d. leaky **gistna** *itr* become leaky
gitarr *-en -er* guitar **gitarrist** o. **gitarrspelare** guitarist, guitar player
gitt|a *-e (-ade) -at itr* F, *jag -er inte* höra på längre I can't be bothered to . .; han får bråka *bäst han -er* . . as much as he likes
giv *-en 0* kortsp. o. bildl. deal; *~en* pers. the dealer; *du har ~en* it is your deal **giva** se *ge* **givakt** *n, stå i [stram] ~* stand at [strict] attention **givande** *a* vinst~ profitable, lönande paying; bildl. profitable, rewarding, worth-while; *~ diskussioner* äv. fruitful discussions **givar|e** *-en* - o. **givarinna** giver **givas** se *ges* **giv|en** *a* given; avgjord, säker clear, evident, om t.ex. fördel, värde o.d. decided, definite, distinct; *under -na förhållanden* under given circumstances; det är *en ~ sak* . . a matter of course; *en ~ vinkel* a given angle; *det är -et!* of course!; *det är -et, att hon gör det* of course she will do it; *ta för -et att* . . take it for granted that . . **givetvis** *adv* [as a matter] of course, naturally [enough] **givmild** *a* generous, open-handed, liberal **givmildhet** generosity, open-handedness, liberality
1 gjord *-en -ar* girth
2 gjord *a* påhittad: attr. made-up, pred. made up; jfr vid. *göra*
gjut|a *göt -it tr* **1** hälla pour; sprida (t.ex. skimmer) shed; *~ tårar* shed tears **2** tekn. cast, metall o. glas äv. found; friare, 'forma' mould; *-na i samma form* eg. o. bildl. cast in the same mould; hans rock *sitter som -en* . . fits like a glove; *~ av ngt* take a cast of a th., cast a th.; *~ om* recast, refound **gjutare** founder **gjuteri** foundry
gjut|form mould **-gods** castings pl. **-järn** cast iron **-järnsrör** cast-iron pipe **-ning** casting etc., jfr *gjuta* **-stål** cast steel
g-klav G clef
glacéhandske kid glove
glacial *a* glacial **glaciär** glacier **glaciärälv** glacier-river
glad *a* uppfylld av glädje (isht tillfälligt) happy, nöjd, belåten pleased (*över* about, with), förtjust delighted (*över* with, at), svag., vanl. end. pred. glad (*över* about, *över att* sats [that] sats), samtl. äv. i hövlighetsfraser; gladlynt, glättig, uppmuntrande cheerful, sorglös, lättsinnig gay; uppsluppen, munter merry; ~ [*och trevlig*] jolly; *göra sig en ~ dag (kväll)* make a day (night) of it; *~a färger* gay colours; *~ jul!* [A] Merry Christmas!; *en ~ melodi* a gay (cheerful) tune (melody); *~a nyheter* good (högtidligare joyful) news sg.; jag har inte haft *en ~ stund sedan dess* . . a happy moment since [then]; *Glada änkan* the Merry Widow; *en ~ överraskning* a pleasant surprise; *göra ngn ~* make a p. happy; *det gör ingen människa ~* nobody will be any happier for that; *jag känner mig lite ~are i dag* I feel a bit more cheerful today; *han såg inte vidare ~ ut* [*över det*] he did not look very happy (pleased) [about it]; *vara litet ~* av sprit be a bit merry; *du kan vara ~,* att det inte är värre you may be glad . .; *jag är ~, att du kom* I am glad (stark. so happy, delighted) that you came; *vara ~ i* mat be fond of . .
glad|a *-an -or* kite
glad|e|ligen *adv* gärna willingly; med lätthet easily
gladiator gladiator **gladiatorsspel** gladiatorial combat
gladiol|us *-usen -us (-er)* gladiol|us (pl. -i)
gladlynt *a* cheerful; glad o. vänlig good-humoured; ~ o. skämtsam jovial **gladlynthet** cheerfulness, good humour
glam *-met 0* gaiety, laughing and talking **glamma** *itr* [laugh and] talk merrily
glans *-en 0* **1** glänsande yta: lustre, sidens o.d. gloss, gulds glitter, pålagd el. erhållen gm gnidning polish **2** sken, skimmer brilliance, brightness, bländande glare; strål~ radiance **3** prakt splendour, magnificence; ära, berömmelse glory, lustre; *skänka ~ åt* lend lustre to; *i all sin ~* in all one's glory; *klara* ett prov *med ~* come out of . . with flying colours **glansdagar** *pl* palmy days **glansfull** *a* bildl. brilliant **glansig** *a* glossy; om papper glazed; glänsande lustrous **glans|k|is,** *det var ~ på sjön* the lake was covered with glassy ice
glans|lös *a* lustreless, lack-lustre, dull **-nummer** star turn, show-piece **-papper** glazed paper **-period** heyday end. sg., palmy days pl.; t.ex. dramats golden age **-punkt** highlight **-roll** most brilliant (celebrated) role **-stryka** *tr* clear-starch **-tid** se *-period*
glapp I *a* loose **II** *-et 0, det är ~ på handtaget* the handle is loose **glappa** *itr* be loose, fit loosely, om sko äv. flop about **glapprum** play
glas *-et* - **1** ämne o. dricksglas glass; dricksglas utan fot äv. tumbler; glasruta pane [of glass], större sheet of glass; jfr *tomglas; ~ och porslin* glass[ware] and china; *ett ~ vin* a glass of wine; *två* hela *~ vin* äv. two glassfuls of wine; *dricka ett ~ med ngn* have a glass with a p.; *han tar sig ett ~* då och då he has a drink . .; gjord *av ~* . . of glass; *en*

flaska *av glas* vanl. a glass . .; *låta sätta ngt inom ~ och ram* have a th. framed [and glazed] **2** sjö. bell; *slå (slå åtta) ~* strike (strike eight) bells **-affär** butik glass shop **-aktig** *a* o. **-artad** *a* glassy, vitreous; *en ~ blick* a glassy look **-assiett** [small] glass plate **-bit** piece (fragment) of glass **-blåsare** glass-blower **-bruk** glassworks (pl. lika) **-burk** glass jar **-dörr** glass door; till trädgård äv. French window

glasera *tr* glaze; bakverk ice, frost

glas|hus, *man skall inte kasta sten, när man [själv] sitter i ~* people (those) who live in glass houses should not throw stones **-klar** *a* . . as clear as glass, limpid **-klocka** glass case **-kupa** till ost o.d. glass cover **-målning** bild stained-glass picture; *ett fönster med ~ar* a stained-glass window **-mästare** glazier **-pärla** glass bead **-ruta** pane [of glass] **-rör** glass-tube

glass *-en -er* ice-cream; *en ~* an ice[-cream] **-bar** ice-cream parlour **-bomb** ice-pudding **-försäljare** ice-cream vendor (seller)

glas|skiva glass-plate, plate of glass; på bord glass table-top; i mikroskop o.d. glass slide **-skärva** fragment of glass; *-skärvor* äv. broken glass sg., pieces of broken glass **-slipare** glass-grinder, glass-cutter

glasspinne ung. ice[-cream] **glasstrut** [ice-cream] cornet (större cone) **glasstånd** ice-cream stall

glasull glass-wool **glasvaror** *pl* glassware sg. **glasveranda** glass-enclosed veranda

glasyr glazing, glaze; socker~ icing, frosting

glasögon *pl* spectacles, glasses, bil~ o.d. goggles; *ett par ~* a pair of spectacles (glasses); *använda (ha) ~* wear spectacles (glasses) **-bågar** *pl* ett par spectacle frame sg. **-fodral** spectacle case **-orm** cobra **-prydd** *a* spectacled

1 glatt *adv* (jfr *glad)* gaily, cheerfully, joyfully; *bli ~ överraskad* be pleasantly surprised; *det gick ~ till* we (you etc.) had a very merry time [of it]; *han accepterade ~* (med glädje) mitt anbud he gladly accepted . .

2 glatt I *a* smooth; bot. glabrous; ~ o. glänsande glossy, sleek, shiny; hal slippery; springa *för glatta livet* . . for all one is worth **II** *adv* smoothly

gles *a* thin; om befolkning sparse; om vävnad loose; *~a tänder* teeth with gaps in between; *bli ~* se *glesna* **glesa** *tr, ~[ur]* thin out **glesbebyggelse,** *område med ~* sparsely built-up area **gleshet** thinness etc.

glesna *itr* thin [out], get (become) thin[ner]; *vännernas skara börjar ~* för honom his circle of friends is diminishing **glest** *adv* thinly, sparsely, loosely; jfr *gles; . . är ~ besatt* . . is sparsely filled; *träden står ~* the trees are widely scattered

gli *-[e]t -n* **1** eg., koll. [small] fry pl. **2** bildl. brat

glid *-et -* **1** glidsteg glide, slide **2** skidföre. *det är bra ~* ung. it is good snow for skiing **3** *ungdom på ~* young people going astray

glid|a *gled -it itr* över vatten, om flygplan o. friare (lätt, ljudlöst o.d.) glide; över fast yta o. frivilligt slide; halka slip, slide; *[låta] ~* om hand, blick pass, run; tillfället *gled mig ur händerna* . . slipped out of my hands; *~ ifrån varandra* bildl. drift apart, become estranged; *samtalet gled in på* . . the conversation passed on to . .; *mina strumpor -er ner* my stockings are coming down; *~ över ngt* bildl. pass [lightly] over a th.; *~nde skala* sliding scale **-flygplan** glider **-flykt** glide, om flygplan äv. volplane; *-flygande* gliding flight; *gå ned i ~* volplane **-lager** plain (journal) bearing **-ning** glide, slide, *-ande* gliding, sliding; jfr *glida; en ~ i betydelsen* a shift in meaning **-yta** sliding surface

glimma *itr* gleam, svag. glimmer, glittra glitter, om dagg o.d. glisten, *av* i samtl. fall with; *det är ej guld allt som ~r* all is not gold that glitters **glim|mer 1** *-ret 0* glans gleaming etc. gleam, glitter; jfr *glimma* **2** *-mern 0* miner mica **glimra** *itr* se *glimma* **glimt** *-en -ar* gleam, flash båda äv. bildl.; skymt glimpse; *han har en ironisk (humoristisk) ~ i ögat* there is an ironical glint (a humorous twinkle) in his eye[s]; *se en ~ av ngt (ngn)* catch a glimpse of a th. (a p.) **glimta** *itr* gleam, flash; *~ fram* shine forth

glіring gibe, sneer, taunt; *ge ngn en ~ för ngt* gibe (sneer) at a p. about a th.

glitt|er *-ret 0* glitter, lustre; daggens o.d. glistening; julgrans~ o.d. tinsel äv. bildl.; grannlåt gewgaws, baubles båda pl. **glitterguld** tinsel

glittra *itr* glitter, tindra sparkle, om dagg glisten, *av* i samtl. fall with **glittrande** *adv, vara ~ glad* . . in sparkling[ly high] spirits

glo *-dde -tt itr* stare, argt, vilt glare, dumt, med öppen mun gape, *på* i samtl. fall at

glob *-en -er* globe **global** *a* global

glop *-en -ar* whipper-snapper, puppy

glori|a *-an -or* halo, nimbus, aureole **glorifiera** *tr* glorify **glorifiering** glorification

glos|a *-an -or* **1** ord word; vokabel vocable **2** spe~ taunt **-bok** att skriva i vocabulary [notebook]; tryckt glossary, vocabulary **-förråd** vocabulary

glosögd *a* pop-eyed

glufsa *itr, ~ i sig* maten scoff . ., gobble down . .

glugg *-en -ar* hål, öppning hole, aperture, opening; jfr *vindsglugg*

glukos *-en 0* se *glykos*

glunkas *itr. dep, det ~* there is a rumour going, *om* about, *om att* that

glupande *a, ~ aptit (ulvar)* ravenous appetite (wolves) **glupsk** *a* greedy, *på (efter)* for el. of; ravenous, voracious; om storätare gluttonous **glupskhet** greed[iness]; voracity; gluttony **glupskt** *adv* greedily etc., jfr *glupsk; äta ~* eat greedily

glutta *itr* F, *~ i* tidningen take a glance at . .

glycerin *-et (-en) 0* glycerine

glykos *-en 0* glucose

glåmig *a* pale [and washed out]; gulblek sallow **-het** paleness; sallowness

glåpord taunt, jeer, scoff; *kasta ~ efter ngn* jeer (scoff) at a p.

gläd|ja *gladde glatt* **I** *tr* give . . pleasure, *med* with, *med att* inf. by ing-form; please; stark. delight, make . . happy; *det -er mig!* ss. svar I am so glad!; *det -er mig* att + inf. el. sats I am glad (stark. delighted) . . **II** *rfl* be glad, *åt (över)* about; rejoice, *åt (över)* at el. in; be pleased, *åt (över)* with; *jag -er mig åt att få träffa honom* I am looking forward to (am delighted at the prospect of) meeting him; *kunna ~ sig åt* god hälsa enjoy . . **glädjande I** *a* trevlig pleasant; tillfredsställande, t.ex. om resultat gratifying, *för* to, *att* inf. to inf.; *en ~ tilldragelse* a happy event; *~ nyheter* good news **II** *adv, ~ nog* fortunately enough **glädjas** *gladdes glatts itr. dep* se *glädja II*

glädje *-n 0* joy, *över* at; isht nöje pleasure, *över* in; förtjusning delight, *över* at; [känsla av] lycka happiness; munterhet mirth; belåtenhet satisfaction, *över* at; gagn, nytta use, jfr *nytta I; ~ och gamman* mirth and jollity; *~n stod högt i tak* the mirth ran high; *det är mig en [stor] ~ att* inf. it is a pleasure to me to inf., I have great pleasure in ing-form; *han hade ~ av sina barn* his children were a delight (a [source of] joy) to him; *finna ~ i att* inf. delight (take pleasure) in ing-form; *utom sig av ~* beside oneself with joy; *gråta (sjunga) av ~* weep (sing) for joy; *han antog mitt förslag med ~* he gladly accepted my proposal; *jag hör till min ~ att . .* I am glad to hear that . .; *till stor ~ för föräldrarna* to the [great] delight of the parents

glädje|betygelse expression of joy **-bringare** harbinger of joy **-budskap** glad tidings pl.; *ett ~* joyful news **-dag** day of rejoicing **-dödare** kill-joy, F wet blanket **-fattig** *a* se *-lös* **-fest** festival of rejoicing **-flicka** prostitute **-källa** source of joy **-lös** *a* joyless; cheerless **-rik** *a* . . full of joy, joyful **-rop** shout (cry) of joy **-rus** transport of joy **-spridare** ung. person (resp. thing) that spreads happiness **-språng** leap for joy, caper **-strålande** *a* . . beaming with joy, radiant **-tår** tear of joy **-yttring** manifestation of joy **-ämne** subject (cause) for (of) rejoicing

gläfs *-et 0* eg. yelp, yap, -ande yelping, yapping; bildl. yapping **gläfs|a** *-te -t itr* eg. yelp, yap, *på* at; bildl. yap

gläns|a *-te -t itr* shine äv. bildl., glitter, om t.ex. tårar glisten, *av (med)* i samtl. fall with; om t.ex. siden be glossy; jfr äv. *briljera* **glänsande** *a* **1** eg. shining etc.; om t.ex. ögon lustrous; om t.ex. siden glossy **2** bildl. brilliant, splendid

glänt, *dörren står på ~* the door is slightly open (is ajar) **glänt|a I** *itr, ~ på dörren* open the door slightly **II** *-an -or* glade

glätta *tr* smooth; papper glaze; polera polish

glättig *a* gladlynt cheerful, sorglös gay **-het** cheerfulness, gaiety

glöd *-et (*isht bildl. *-en) - (-er)* **1** konkr. live coal, koll. o. pl. ofta embers pl.; *de[n] slocknande ~en* the dying embers **2** sken glow; hetta heat; stark känsla ardour, glow, fervour, lidelse passion **glöd|a** *-de glött itr* glow äv. bildl., be [all] aglow isht bildl., *av* with; bildl. äv. burn, *av* t.ex. harm with **glödande** *a* glowing, om färger äv. flaming, fiery; om metall red-hot, white-hot; om känslor, nit ardent, fervent, burning, fiery; lidelsefull passionate; *samla ~ kol på ngns huvud* heap coals of fire on a p.'s head

glödga *tr* make . . red-hot (white-hot): vin mull **glödgad** *a* om metall red-hot, white-hot

glöd|het *a* se *glödgad;* friare glowing hot **-hög** pile of embers **-lampa** [electric] bulb; fackl. incandescent lamp **-rita** *tr itr, ~ [ngt]* do [a th. in] poker-work; *en ~d ram* a frame done in poker-work **-strumpa** incandescent mantle **-tråd** filament

glögg *-en -ar* 'glögg', vin~ mulled wine (brännvins~ burnt and spiced snaps) served with raisins and almonds

glöm|ma *-de -t* **I** *tr* forget; ss. vana be forgetful, *ngt* of a th.; försumma neglect; lämna kvar, se *~ kvar* ned.; *glöm det nu inte!* now don't forget!; *jag har -t hans namn* för tillfället I forget (have forgotten) his name; *jag hade alldeles -t [bort] det* äv. it had entirely slipped (escaped) my memory; *jag hade sånär -t det viktigaste* I almost forgot the most important thing; saken *är redan -d . .* has been already forgotten; *~ bort (av)* forget [. . altogether]; *bortglömd* [altogether] forgotten; *~ kvar* leave . . behind; *~ kvar ngt på bordet* leave a th. [lying] on the table; *en kvarglömd bok* a book that has (resp. had) been left behind [and forgotten]; *kvarglömda effekter* lost property sg. **II** *rfl, ~ sig [själv]* forget oneself; *han -de sig ända därhän att han slog henne* he forgot himself so far as to strike her; *~ sig kvar* stay on **glömsk** *a* forgetful, ej aktgivande äv. unmindful, *av* t.ex. plikter of . .; disträ o.d. absent-minded; *~ av* t.ex. ngns närvaro, omgivningen oblivious of . .; *vara ~ [av sig]* vanl. have a bad memory

glömska *-n 0* **1** egenskap forgetfulness; absent-mindedness; *av ren ~* out of sheer forgetfulness **2** förgätenhet oblivion; *falla* *(råka) i* ~ be forgotten, fall (sink) into oblivion

g-moll G minor

gnabb *-et 0* bickering[s pl.]; *ett* vänskapligt ~ a . . tiff **gnabbas** *itr. dep* bicker, starkare wrangle, *om* about

gnag|a *-de -t tr itr* gnaw äv. bildl., smågnaga nibble, *på ngt* [at] a th.; ~ *hål på (i)* gnaw holes (resp. a hole) in; ~ *av* itu gnaw . . in two, bort gnaw off; ~ *av* [*köttet från*] *ett ben* pick a bone; ~ *sig igenom (ut)* gnaw one's way through (out) **gnagare** rodent

gnat *-et 0* nagging, cavilling, carping, jfr följ. **gnata** *itr* nag, *på* at, *över* about; cavil, carp, *på, över* at **gnatig** *a* nagging; ~ [*av sig*] fretful, peevish

gnejs *-en -er* gneiss **-artad** *a* gneissic

gnid|a *gned -it* **I** *tr itr* rub; ~ [*på*] *ngt* med handen rub a th. . .; ~ [*på*] *fiolen* scrape the fiddle; ~ *in* ngt *(in* ngt *i)* rub . . in (into); ~ *in* huden (sig) *med* rub . . with; ~ *sig* rub oneself; ~ *sig i ansiktet* rub one's face **II** *itr* snåla be stingy, *på* with; ~ *och spara* F pinch and scrape **gnidar|e** *-en* - miser, skinflint **gnidig** *a* stingy, niggardly, miserly **gnidighet** stinginess, niggardliness **gnidningselektricitet** frictional electricity

gniss|el *-let 0* squeak[ing] etc., jfr *gnissla;* bildl. jars pl.; *utan* ~ bildl. without a hitch

gnissla *itr* squeak, om dörr o.d. äv. creak, 'skrika' screech; om syrsan chirp; *det* ~*r i maskineriet* a) eg. there's a squeaking (grating) sound in the works b) bildl. things are not working smoothly; ~ *med tänderna* se *skära* [*tänder*]

gnist|a *-an -or* spark; smula, spår av t.ex. sanning vestige, trace, av t.ex. förstånd particle; *en* ~ [*av*] *hopp* a ray (spark) of hope; *ha* ~*n* energin o.d. have the right spirit; *spruta -or* emit (give out) sparks, om ögon flash **gnistbildning** formation of sparks **gnistfångare** spark-arrester **gnistkvast** bunch of sparks **gnistra** *itr* sparkle, *av* with; spraka äv. emit (give out) sparks; *hans ögon* ~*de av vrede* his eyes flashed with anger **gnistregn** shower of sparks **gnistsläckare** gnistfångare spark-arrester

gno *-dde -tt* **I** *tr* rub; med borste scrub **II** *itr* arbeta, knoga toil, grind, work [hard], drudge, *med* i samtl. fall at; springa scurry, hurry; ~ arbeta *på*' work away

gnola *tr itr* hum, [*på*] *ngt* a th.

gnosticism gnosticism

gnugga *tr* rub; plugga med cram, grind, *i (på)* in; ~ [*sig i*] *ögonen* rub one's eyes

gnutt|a *-an -or* tiny bit; droppe drop; nypa pinch; *inte en* ~ *sunt förnuft* not an ounce of common sense

gny **I** *-[e]t 0* din; dån roar[ing]; buller [confused] noise; stoj racket; bildl. grumbling; *vapnens* ~ the clatter of arms **II** *-dde -tt itr* roar; yttra missnöje grumble, *över* at (about); om hund whimper

gnägga *itr* neigh, mindre högt whinny; *ett* ~*nde skratt* a cackling laugh **gnäggning** neighing; *en* ~ a neigh (whinny)

gnäll *-et 0* **1** gnissel squeak[ing], creak[ing] **2** jämmer whining, whine, kvidande whimpering; klagomål grumbling, *över* at (about); gnat nagging, *på* at, *över* about **gnäll|a** *-de -t itr* **1** om dörr, gångjärn o.d. squeak, creak **2** jämra sig whine, kvida whimper, *efter* for; yttra missnöje grumble (*för* el. *över ngt* at el. about a th., *för ngn* to a p.), klaga complain (*över ngt* of el. about a th.) **gnällig** *a* om dörr o.d. squeaky, creaky; gäll shrill; jämrande, som alltid yttrar sitt missnöje whining **gnällmåns** *-en -ar* whiner, cry-baby

gobeläng *-en -er* tapestry

god (jfr *gott;* se äv. ex. under resp. subst.) **I** *a* (jfr *bra I, bättre I, bäst I)* **1** allm. good, vänlig äv. kind (*mot* to), angenäm äv. pleasant, agreeable, nice, välsmakande äv. nice; gynnsam favourable; jfr äv. *II 3; den* ~*e Bo* något iron. our friend Bo; ~ *dag!* se under *dag 1; på* ~ *engelska* in good English; *ha* ~*a förhoppningar om att tillfriskna* have excellent hopes of recovering; ~*e Gud!* good heavens (gracious)!; *tack,* ~*e Gud . .!* thanks Dear Lord . .!; *hans* ~*a hjärta* his kind heart; *en* ~ *idé* a good (fine, F capital) idea; ~ *jul!* [A] Merry Christmas!; ~ *mat* good (nice) food, good things to eat; ~ *natt!* good night!; *gott nytt år!* [A] Happy New Year!; hon är *ett gott parti* . . an eligible match; *i* ~*an ro* in peace and quiet; *ha gott samvete* have a clear conscience; *ha ett gott sätt* have pleasing (affable) manners; ~ *sömn* sound sleep; *på* ~*a villkor* on favourable (easy) terms; ~ *vind* favourable (good, fair) wind; *göra* [*en*] ~ *vinst på ngt* make a good (handsome) profit on (out of) a th.; *en* ~ intim *vän* a great friend; *en* ~ obeton. *vän* [*till mig*] a friend of mine; *han blir väl* ~ *igen* he'll come round [again] all right; *låt allt bli gott igen mellan er!* try to make it up!; *göra det gott igen* make it up [again], put it straight (right); *hålla sig för* ~ *att göra det* consider it below one's dignity to do it, be above doing it; *ta . . för gott* se *godta*[*ga*]*; det är (vore) kanske lika (så) gott att du gör (gjorde) det genast* you might as well do it at once; jag gick inte dit och *lika (så) gott var det* . . it was just as well; *så långt är allting gott och väl* so far so good; *de är lika* ~*a* iron. they are just as bad; *han är inte* ~ *på mig* he has it in for me; *vara* ~ *(gott) nog åt ngn* be good enough for a p.; *ålen är* (smakar) ~*are* i dag the eel tastes better . .

var så ~*!* a) här har ni here you are [, Sir resp.

Madam, Mr. Jones, Miss osv.]!, ta för er help yourself (resp. yourselves), please!; ofta utan motsv. i Engl. b) ja, gärna you are [quite (very)] welcome [to it]!, naturligtvis [do,] by all means!, certainly!; *var så ~ och sitt (ta plats)!* [do] sit down (take a seat), won't you?; please take a seat!; *var [så] ~ och* stäng dörren!, *vill ni vara så ~ och* stänga dörren! . ., please!, will (would) you [kindly] . .?; kindly (be so kind as to) . .!; *du är så ~ och kommer genast!* just you come at once!

2 tillräcklig good; ansenlig considerable; *här finns ~ plats* there is plenty of room here; *~ tid* äv. ample (plenty of) time, jfr *tid* ex.

3 lätt, han är inte *~ att tas med* . . easy (an easy customer) to deal with; *det är inte gott att säga* it is hard to say; *det är inte gott [för mig] att veta* äv. how am I to (should I) know?

4 jur., *~ man* konkursförvaltare trustee; i stärbhus executor, förordnad av domstol administrator

5 *vara ~ för* 10.000 kr. be good (safe) for . .

II subst. **1** *föredra det ~a framför det onda* prefer good to evil; *det högsta ~a* the supreme good, summum bonum lat.; *för mycket av det ~a* too much of a good thing; *det ~a i* saken var the good (best, great) thing about . ., the beauty of . .; *livets ~a* the good things pl. of life

2 *gå i ~ för* guarantee, jfr *[gå i] borgen [för]*

3 *gott* **a)** allm., *allt gott* everything good, all good things pl., jfr *all I 1* ex.; *gott och ont* good and evil; ett stadgande *på gott och ont* . . that cuts both ways; ge ngn *lika gott igen* . . tit for tat; *det gjorde gott!* kändes skönt that was good!; den medicinen *gjorde gott* . . did me (you osv.) good; *göra mycket gott* i det tysta do a lot of good . .; *ha gott av* derive (have) benefit from; *inte ha något gott* att säga om ngn not have a good thing . .; kom ska du få *något gott att äta* . . something nice to eat

b) *gott om: ha gott om tid (äpplen)* have plenty of time (apples); *det är (finns) gott om* . . a) tillräckligt med there is (resp. are) plenty of . . b) mycket: m. subst. i pl. there are a great many (F are lots of) . ., m. subst. i sg. there is a great deal of . .; *det är (finns) gott om frukt* äv. fruit is plentiful

4 se *godo*

Godahoppsudden the Cape of Good Hope

god|artad *a* läk. non-malignant, benign; sjukdomen *fick ett -artat förlopp* . . pursued an innocent course **-bit** dainty morsel; titbit äv. bildl. **-dag** *itj* se *[god] dag* under *dag 1* **-dagar** *pl, ha ~* have an easy time [of it] **-dagspilt** bon vivant fr., pampered individual **-[e]man** se *god I 4* **-het** goodness, vänlighet kindness, *mot* to[wards]; välvilja benevolence, jfr *-hjärtenhet; ha [den] ~en att gå!* be so kind as to go!, be good enough to go! **-hetsfullt** *adv* kindly **-hjärtad** *a* kind-hearted **-hjärtenhet** kind-heartedness **-ing** F sweetie-pie, amer. cutie **-känd** *a* avgångsbetyg, äv. univ. *(B)* passed, 1 point; *bli ~ [i examen]* pass [one's examination]; *icke fullt ~ (BC)* failed; jfr *beröm 2* **-känna** *tr* **1** gå med på approve, agree to, F okay, OK; gilla, t.ex. förslag approve of, om myndighet o.d. pass, bekräfta confirm; medge, erkänna som riktig allow, admit, acknowledge; t.ex. ursäkt, bevis accept; sanktionera sanction; *ej ~* äv. disapprove [of], disallow, om myndighet betr. förslag reject; *-kännes* på dokument approved **2** efter prövning, *~ ngn* i examen pass a p.; *~s* äv. pass; *ej ~* reject, jfr *kugga; ~ ngn som* sitt ombud approve a p. as . . **-kännande** *~t 0* approving osv.; approbation, approval; confirmation; admittance; acknowledgement, acceptance **-lynt** *a* good-humoured, good-tempered **-lynthet** good-humouredness, good humour **-modig** *a* good-natured **-modighet** good-naturedness, good nature **-natt** *itj* good night!; *säga ~ åt ngn* say good night to a p. **-nattkyss** good-night kiss

godo, göra upp saken *i ~* . . amicably, . . in a friendly spirit; *en uppgörelse i ~* an amicable settlement; *med ~ eller ondo* by friendly means or otherwise, by fair means or foul; *saldo Eder till ~* balance in your favour; *jag har . . till ~ hos dig* you owe me . .; *kan jag få ha det till ~* till en annan gång? can I leave it [standing] over . .?; *[få] hålla till ~ med* [have to] put up with, [have to] stand; *håll till ~!* a) tag för er! [please] help yourself (resp. yourselves)! b) svar på tack you are [quite (very)] welcome [to it]!; *det kommer firman till ~* blir till gagn för it will be (prove) of use to the firm; *det kom dig till ~* tillföll dig you benefited by it; *räkna ngn ngt till ~* äv. bildl. put a th. down to a p.'s credit

gods *-et -* **1** koll., varor o.d. goods pl.; last, amer. freight; *lätt (lättare) ~* bildl. light stuff **2** lantegendom estate, större manor **3** ägodelar property; possessions pl. **4** material material **5** *löpande ~* sjö. running gear

godsaker *pl* sötsaker sweets, amer. candy sg.

gods|bangård goods station **-expedition** lokal goods (parcels, amer. freight) office **-finka** mindre resgodsvagn luggage (guard's) van, amer. baggage car, boxcar; jfr *-vagn* **-förvaltare** [estate] steward, land-agent **-magasin** goods shed (warehouse) **-trafik** goods (carrying) traffic, amer. freight traffic (service) **-tåg** goods train, amer. freight [train] **-vagn** [stängd covered] wag[g]on, goods wag[g]on (van); amer. freight car, öppen flatcar; jfr *-finka* **-ägare** landed proprietor, landowner, estate owner; *~n* the landlord (adlig squire)

god|ta[ga] *tr* approve [of], accept, förslag agree to **-tagande** *~t 0* approving osv.; approval, acceptance **-tagbar** *a* acceptable **-templare** Good Templar **-trogen** *a* confiding, credulous, unsuspecting **-trogenhet** confidingness osv., credulity **-tycke 1** gottfinnande, *efter [eget] ~* at one's [own] discretion; efter tycke och smak at pleasure (will) **2** egenmäktighet, *[det] rena ~t* pure arbitrariness **-tycklig** *a* allm. arbitrary äv. egenmäktig; nyckfull capricious; utan grund gratuitous **-tycklighet** arbitrariness osv. **-villig** *a* voluntary **-villigt** *adv* arbitrarily, of one's own accord

goja *-n 0, rena ~n* piffle, drivel; *prata ~* talk bosh (rubbish)

1 golf *-en -er* bukt gulf, jfr *bukt 2, vik*

2 golf *-en 0* spel golf; *spela ~* play golf, golf **-bana** golf-course; golf-links vanl. sg.; *en ~* a g. **-byxor** *pl* plus-fours **-klubba** golf-club **-spel** [game of] golf **-spelare** golf-player, golfer

Golfströmmen the Gulf Stream

Golgata Golgotha; ibl. Mount Calvary

Goliat Goliath

golv *-et -* allm. floor; sten~ i större byggnad äv. pavement; ~beläggning flooring; slänga ngt *i ~et,* sänka blicken *mot ~et . .* to the floor

golva *tr* boxn. floor

golv|beläggning konkr. flooring **-bjälke** [floor-]joist **-bonare** floor-polisher **-bräder** *pl* floor-boards **-drag** [vanl. a] draught along the floor **-lack** floor varnish **-lampa** standard lamp, floor-lamp **-mopp** mop **-springa** crevice in the floor **-tilja** floor-board **-trasa** floor-cloth **-ur** grandfather['s] clock **-yta** floor-surface, -ytinnehåll äv. floor-area

gom *-men -mar* palate, eg. äv. roof of the mouth **-ljud** palatal [sound] **-segel** soft palate, velum (pl. vela)

gona *rfl* enjoy oneself, have a good time [of it]

gondol *-en -er* båt gondola **-jär** *~[e]n ~er* gondolier

gonggong *-en -er* gong

gonorré *-n -er* gonorrhoea

goodwill *-en 0* goodwill

gordisk *a, [den] ~a knuten* the Gordian knot

gorill|a *-an -or* gorilla

gorma *itr* brawl; *~ för (över)* kick up a row about

Gosen [the land of] Goshen

goss|aktig *a* boyish, boy-like **-ansikte** boy's (boyish) face; *~n* boys' faces

goss|e *-en -ar* allm. boy, känslobeton. äv. lad, friare äv. fellow, chap; jfr *pojke* o. sms.; *gamle ~!* old boy (fellow, chap, man)!; *en snygg ~* iron. a nasty piece of work **gossebarn** male (boy-)child **gosselynne** boy nature **gosskläder** o. andra sms. se *pojk-*

got *-en -er* Goth **gotik** *-en 0* Gothic, Gothic style (epok period) **gotisk** *a* o. **gotiska** *-n 0* språk Gothic

gott I *oböjl. s* **1** se *god II 3* **2** sötsaker sweets pl., amer. candy

II *adv* (jfr *bättre II, bäst II)* **1** allm. well osv., jfr *bra II 1; ~ och väl* lätteligen easily; *~ och väl* 50 personer a good . .; han är *~ och väl 50 . .* well over 50; *ha det varmt och ~ i sitt rum* have a nice warm room; *hälsa så ~!* all my regards!; *leva ~* live well; *lukta (smaka) ~* smell (taste) nice (good); *det skall smaka ~ att få sig* litet mat it'll be good to have . .; *skratta ~* laugh heartily, *åt* at; *sova ~* sleep soundly osv., jfr *sova;* dra åt en skruv *för ~ . .* once and for all; bosätta sig i X *för ~ . .* for good; *göra så ~ man kan* do one's best, do what one can, do as well as (as best) one can; man får *reda sig så ~ man kan . .* make the best of things; *så ~ först som sist* just as well now as later; *så ~ som ingenting* practically [speaking] (next to) nothing; *så ~ som* färdig practically (all but, as good as) . ., jfr *nästan* m. ex. **2** lätt, *det kan jag ~ förstå* I can very well (easily) understand that **3** gärna, *det kan du ~ göra* you can very well do that

gotta *rfl* have a good time [of it]; *~ sig åt (i) ngt* revel (take great pleasure) in a th.

gottaffär o. **gottbutik** sweet shop, amer. candy store **gotter** *pl* sweets, amer. candy sg.

gott|finnande *~t 0, efter* [ditt *eget*] *~* as you think best; jfr *godtycke 1* **-göra** *tr* **1** m. sakobj.: ersätta make up for; sona make . . good; avhjälpa: t.ex. fel redress, förlust repair, retrieve, försummelse remedy, make amends for, skada make good . . **2** m. personobj.: ersätta, *~ ngn för ngt* make up to (compensate) a p. for a th., för skada äv. indemnify a p. for a th., för utlägg äv. repay (reimburse) a p. for a th., för besvär, arbete recompense (betala remunerate) a p. for a th.; *~ ngn för hans förlust* make good a p.'s loss to him, compensate (indemnify) a p. for his loss **-görelse 1** ersättning: indemnification, compensation, recompense, för utlägg reimbursement, återbetalning refund, betalning remuneration, payment, consideration, skadestånd indemnity, damages pl., *för* i samtl. fall for; göra ngt *mot skälig ~ . .* for a reasonable consideration **2** avhjälpande redress, *av* of; amends, *av* for

gottköps|affär butik bargain store, cut-price shop **-fras** cheap phrase **-kvickhet** shallow witticism; *~er* äv. cheap jokes **-pris,** *till ~* at a bargain price **-varor** *pl* cheap articles, cheap-line goods

gottskriva *tr* H, *~ ngn ngt* place a th. to a p.'s credit; jfr *kreditera*

gottsugen *a, jag är* ~ just nu I feel like something sweet to eat, alltid I have a sweet tooth
gourmand *-en -er* matvrak gourmand; finsmakare gourmet **gourmé** *-[e]n -er* gourmet
gouterad *a* appreciated
grabb *-en -ar* pojke boy, kille chap, fellow, amer. guy
grabb|a *tr itr,* ~ *[tag i]* grab [hold of]; ~ *åt sig* grab..for oneself **-näve** [big (whole)] fistful, *[med]* nötter of..
grace *-n -r* **1** behag grace[fulness], charm; gunst favour; *dela på ~rna* distribute one's favours **2** *de tre ~rna* the three Graces **gracil** *a* slender [and delicate] **graciös** *a* graceful
grad *-en -er* **1** allm. degree; utsträckning extent; nyans shade; *i hög* ~ to a great (high) degree, to a great extent; *i hög* ~ + adj. highly, exceedingly, immensely; *i högsta* ~ in the highest degree; extremely, supremely; *till den ~ blyg att* . . shy to such a degree (an extent) that . .; *till en viss* ~ to a certain degree (extent) **2** enhet vid mätning o.d. degree; *det är 10 ~er kallt (minus)* it is 10 degrees centigrade below zero (freezing-point), amer. o. äldre britt. motsv. it is 14 degrees Fahrenheit; *det är 10 ~er varmt (plus)* it is 10 degrees centigrade above zero (freezing-point), resp. it is 50 degrees Fahrenheit; *i 45 ~ers vinkel* at an angle of 45 degrees; *på 60 ~ers nordlig bredd* at 60 degrees North latitude; koka *vid 60—70 ~er* . . at a temperature of from 60 to 70 degrees centigrade **3** typogr. size of type **4** rang rank, grade; stadium stage; *stiga i ~erna* rise in the ranks; tjänstemän *av lägre ~[er]* . . of the lower grades **-beteckning** mil., konkr. badge of rank, insignia vanl. pl.
gradera *tr* indela i grader, klassificera grade, *efter* according to; tekn. graduate **gradering** gradation; graduation
grad|indelning division into degrees (resp. grades, jfr *grad*) **-skillnad** difference of (in) degree **-skiva** protractor
gradualavhandling doctor's dissertation
gradvis I *adv* by degrees, gradually, step by step **II** *a* gradual
grafik *-en 0* konst~ graphic art; gravyr engraving; grafiska blad prints, graphic works, gravyrer engravings alla pl. **grafiker** konst~ printmaker, graphic artist; typogr. formgivare graphic arts designer **grafisk** *a* graphic; ~ *konst* se *grafik;* ~ *industri* printing industry
grafit *-en 0* graphite
grafolog graphologist
gram *-met -* gram[me]
grammatik *-en -er* grammar **grammatikalisk** *a* grammatical[ly correct] **grammatiker** grammarian **grammatisk** *a* grammatical

grammofon gramophone, amer. phonograph **-inspelning** recording **-nål** för pickup gramophone stylus **-program** program[me] of gramophone records **-skiva** [gramophone] record (disc)
gramse *a, vara* ~ *på ngn* bear a p. a grudge
gran 1 *-en -ar* träd [Norway] spruce, spruce fir, vard. vanl. fir; jul~ Christmas tree **2** *-en 0* virke spruce [wood], H whitewood. — För sms. jfr äv. *björk-*
1 granat *-en -er* miner. garnet
2 granat *-en -er* mil. shell; hand~ hand grenade **-eld** shell fire **-grop** shell-hole **-kastare** grenade-thrower, lätt trench mortar, sjö. mortar **-skärva** o. **-splitter** shell-splinter
granatäpple pomegranate
granbarr spruce-(vard. vanl. fir-)needle
1 grand *-et -* **1** *~et och bjälken* the mote and the beam **2** smula, *inte göra ett skapande[s]* ~ not do a mortal thing (a stroke of work); *lite[t]* ~ *(grann)* t.ex. pengar just a little, t.ex. bättre just a trifle; *vänta lite[t]* ~ *(grann)* wait a little (a moment)
2 grand *-en -er* spansk titel grandee
grand danois *r* Great Dane
grandezza *-n 0* grandiosity, grandeur **grandios** *a* grandiose
granhäck spruce (vard. vanl. fir) hedge
granit *-en -er* granite **-block** granite block **-hård** *a* . . [as] hard as granite
gran|kott[e] spruce-(vard. vanl. fir-)cone **-kåda** spruce (vard. vanl. fir) resin
1 grann se *1 grand 2*
2 grann *a* **1** berömmande: lysande, t.ex. om färg brilliant, dazzling, ståtlig, t.ex. om karl splendid, fine-looking, t.ex. om röst magnificent; *grant väder* magnificent weather **2** klandrande: brokig, isht om färger gaudy, gay, prålig gorgeous, garish, showy, utstyrd F dressed (dolled) up, om fraser o.d. high-sounding, fine
grannby neighbouring (adjacent) village
grann|e *-en -ar* neighbour
grann|folk 1 grannar, *~et* the (resp. our osv.) neighbours pl. **2** nation neighbouring (neighbour-)nation **-fru** neighbour's wife **-gård** bondgård neighbouring (adjacent) farm
grann|laga *a* finkänslig tactful; hänsynsfull considerate; diskret discreet; ömtålig (om sak) delicate **-lagenhet** tactfulness osv.; tact; discretion; delicacy **-lagenhetsskäl,** *av* ~ from a desire to be tactful (considerate)
grann|land neighbouring (adjacent, adjoining) country; *två -länder* äv. two neighbour-countries; *vårt västra* ~ our neighbouring country in the West
grannlåt *-en -er,* ~*[er]* a) grann utsmyckning showy decoration (ornamentation) sg.; frills (pl.), äv. ordprål; grann utstyrsel, granna kläder o.d. finery sg. b) granna saker showy ornaments pl.,

granna smycken, bjäfs o.d. fripperies pl.
grann|skap *-et 0* neighbourhood; närhet äv. vicinity **-stat** neighbouring state; jfr *-land* ex. **-sämja** neighbourliness, [good] neighbourship; *leva i god* ~ be on neighbourly terms
granntyckt *a* nogräknad, kräsen fastidious, over-particular, squeamish, dainty; snarstucken touchy
gran|ris koll. spruce-(vard. vanl. fir-)twigs pl. **-ruska** spruce-(vard. vanl. fir-)branch
gransk|a *tr* undersöka examine, study; besiktiga inspect; syna scrutinize, noga iaktta observe . . closely; utforska look (inquire) into; kontrollera, siffror, manuskript o.d. check, om revisor audit; recensera review **-ande** *a* om t.ex. blick scrutinizing, ibl. critical **-are** examiner, inspector; av litteratur reviewer **-ning** examining osv.; examination, study; inspection; scrutiny; check-up; review; jfr *granska*
granskog o. andra sms. jfr *björk-*
grapefrukt grapefruit
grassera *itr* om sjukdom o.d. be rife (prevalent), stark. rage; om osed o.d. run rampant; ~ *i* om spöken haunt; ~ *i* en trakt (om rövare, rovdjur o.d.) infest
gratifikation bonus, ibl. gratuity
gratin se *gratäng* **gratinera** *tr* bake . . in a gratin-dish, gratinate; ~*d* fisk . . au gratin fr.
gratis I *adv* for nothing, free [of charge (cost)], gratis **II** *a* free, gratuitous; *inträde* ~ admission free **-aktie** bonus share, amer. stock dividend **-biljett** se *fribiljett* **-exemplar** free copy **-nöje** free entertainment **-passagerare** se *fripassagerare* **-undervisning** free instruction
gratulant congratulator, friare caller **gratulation** congratulation; *varma (hjärtliga)* ~*er* [*till* jubileet]*!* hearty congratulations [on . .]!; *hjärtliga* ~*er på födelsedagen!* Many Happy Returns [of the Day]!; jfr *gratulera* **gratulationsbrev** congratulatory letter **gratulera** *tr* äv. absol. congratulate, *till* on; iron. pity; *jag* ~*r* [*på bröllopsdagen (högtidsdagen)*]*!* congratulations!; *jag ber att få* ~ *på födelsedagen!* Many Happy Returns [of the Day]!
gratäng *-en -er* gratin fr.
1 grav *a* språkv., ~ *accent* grave accent
2 grav *a* svår, allvarlig, om t.ex. beskyllning serious, om t.ex. anmärkning äv. damaging
3 grav *-en -ar* **1** för död allm. grave äv. bildl.; murad tomb; uppbyggd, uthuggen sepulchre; *på* ~*ens brädd* bildl. on the brink of the grave; *följa ngn till* ~*en* pay one's last respects to a p.; *lägga ngn i en för tidig* ~ bring a p. prematurely to the grave **2** dike, isht mil. trench; grop pit; vall~ o.d. fosse, moat
gravad *a* ung. raw spiced
gravallvarlig *a* solemn, portentous
gravand sheldrake; hona äv. shelduck
gravation encumbrance **gravationsbevis** [official] certificate of search **gravationsfri** *a* unencumbered
gravera *tr* inrista engrave, *i (på)* on; ~ *in* engrave, incise, carve, *i (på)* on
graverande *a,* ~ *omständigheter* aggravating circumstances
gravering engraving
grav|fynd burial (grave) find **-fält** grave-field **-häll** grave-slab(-cover) **-hög** burial-(grave-)mound, tumul|us (pl. -i), barrow
gravid *a* pregnant **-itet** ~*en* ~*er* pregnancy
gravitation *-en 0* gravitation **gravitetisk** *a* grave, solemn, friare äv. pompous
grav|kammare sepulchral chamber, sepulchre **-kapell** för jordfästning [sepulchre] chapel **-kor** chapel **-kulle** grave[-mound]
gravlax ung. raw spiced salmon
grav|lik *a,* ~ *tystnad* deathlike silence; *med* ~ *röst* in a sepulchral voice **-läggning** interment **-monument** mausoleum; se vid. *-vård* **-plats** begravningsplats burial-ground; grav grave, burial-place; köpa ~ . . a piece of ground for one's grave **-plundring** grave-robbing **-skick** burial custom **-skrift** epitaph **-sten** gravestone, tombstone, amer. marker **-sätta** *tr* jorda inter **-urna** cinerary (sepulchral) urn **-valv** [burial (sepulchral)] vault, tomb, i kyrka crypt **-vård** av trä memorial cross, av sten tomb, memorial stone, sepulchral monument; se vid *-sten*
gravyr engraving, etsning etching, kopparstick [copperplate] engraving
gravöl funeral feast, hist. äv. arval
gravör -[*e*]*n -er* engraver
gredelin *a* o. **gredelint** *s* se *lila*
gregoriansk *a* Gregorian **Gregorius** Gregory
grej *-en -er* sak thing, friare what-d'you-call-it, what's-its-name; manick gadget **greja** *tr* ordna fix **grejor** *pl* things, gadgets (jfr *grej);* paraphernalia; hophörande tackle, gear, kit alla tre sg.
grek *-en -er* Greek **grekinna** Greek woman
grekisk *a* Greek; om anletsdrag, antika o. antikiserande förh. Grecian **grekisk|a** *-an* **1** pl. *0* språk Greek **2** pl. *-or* kvinna Greek woman. — Jfr *svenska* **grekisk-katolsk** *a,* ~*a kyrkan* the Eastern Orthodox (the Greek) Church; *en* ~ *trosbekännare* an orthodox Catholic **Grekland** Greece
gren *-en -ar* **1** allm. branch; större träd~ limb, dito m. kvistar bough; mindre twig; av flod, bergskedja äv. arm; förgrening ramification, gaffelformig fork; skol. stream; del av tävling event **2** skrev crutch, crotch, fork **grena** *rfl,* ~ [*ut*] *sig* branch [out], fork, i två äv. bifurcate, flerfaldigt äv. ramify, *i* i samtl. fall into
grenadjär -[*e*]*n -er* grenadier
grenhopp straddle-jumping, enstaka straddle-

-jump **grenig** *a* branched; grenrik branchy, ramified **grenljus** branched candle **grenrör** branch **grensle** *adv* astraddle; astride, *över* of **grenverk** koll. branches pl.
grep *-en -ar* pitchfork, gödsel~ manure-fork
1 grep|e *-en -ar* se *grep*
2 grep|e *-en -ar* handtag handle; korg *med* ~ handled . .
grepp *-et* - **1** allm. grasp äv. bildl., *i (om)* of; hårdare grip äv. bildl., *i* el. *om* of, on, *på* el. *om* ämne on, of; hastigt grab, clutch, *efter (åt)* at; tag hold äv. brottn.; fäste purchase; *ett klokt* ~ a wise move; *man får inget* ~ *om det* one can't get a grasp (grip) of it; *så snart man får riktigt* ~ *på (om) ämnet* F directly you get the hang of the subject properly; *ha det rätta* ~*et på ngt* have the knack of a th. **2** handgrepp manipulation; knep trick **3** konkr.: handtag handle
grev|e *-en -ar* count; i Engl. earl; ~*n* vid omtal vanl. His (vid tilltal Your) Lordship; *komma i* ~*ns tid* come in the nick of time **greve-krona** count's (resp. earl's) coronet **greve-titel** title of count (resp. earl) **grevinna** countess; ~*n* vid omtal vanl. Her (vid tilltal Your) Ladyship **grevlig** *a* attr. count's (resp. earl's) . ., äv. . . of a count (resp. of an earl), jfr *greve* **grevskap** *-et* - **1** grevevärdighet countship, i Engl. earldom **2** område county
griff|el *-eln -lar* eg. slate-pencil; antik style, styl|us (pl. äv. -i) **griffeltavla** slate
grift *-en -er* tomb, grave
griljera *tr,* ~ *ngt* dip (coat) a th. with egg and breadcrumbs and fry (resp. roast) it
grill *-en -ar* **1** grill äv. lokal **2** kylar~ grill[e] **grilla** *tr* grill, isht amer. broil **grillbar** *s* ung. grill bar
griller *pl* fads [and fancies], whim[s pl.]
grimas *-en -er* grimace, wry face; *göra en* ~ make (pull) a [wry] face, *åt* at; *göra* ~*er* = följ. **grimasera** *itr* make (pull) faces, grimace
grimm|a *-an -or* halter **grimskaft** av metall halter-chain, av läder halter-strap
grin *-et* - **1** sur min o.d. sour look **2** flin grin; gapskratt guffaw; hånleende sneer **3** gnäll whine, whining; kink fretting; gråt crying **grina** *itr* **1** grimasera, ~ *[illa]* pull (make) [wry] faces (a wry face), *mot, åt* at **2** flina grin; skratta laugh; gapskratta guffaw; hånle sneer, *mot, åt* i samtliga fall at **3** gnälla whine; kinka fret; gråta cry **4** gapa gape
grind *-en -ar* trädgårds~ gate, liten spjäl~ lattice-door, wicket[-gate]; vid järnvägsövergång [level-crossing] gate[s pl.]; kricket~ wicket **-stolpe** gate-post **-stuga** [gate-keeper's] lodge **-vakt** gate-(lodge-)keeper; i kricket wicket-keeper
grin|ig *a* **1** gnällig whining, whimpering; kinkig, om barn fretful **2** knarrig grumpy; kritisk fault-finding; kinkig, petnoga particular **-olle** o. **-sibba** cry-baby, whiner
grip *-en -ar* griffin
grip|a *grep -it* **I** *tr* **1** fatta tag i: allm. o. bildl. seize, tjuv o.d. äv. capture, catch; kraftigt fatta tag i äv. catch (take) hold of; ~ *[om] ngt* clasp (grasp) a th., med fast tag clutch (grip) [hold of] a th.; ~ *ngn i armen* seize a p. by the arm, seize hold of a p.'s arm; ~ *tyglarna* bildl. take (assume) the reins; ~ *ngt ur luften* make a th. up, invent a th.; ~*s av* förtvivlan (samvetskval) be seized with . .; ~*s på bar gärning* be caught in the act **2** djupt röra [profoundly] touch (move), [deeply] affect; absol. be deeply affecting (moving); stark. thrill, grip **II** *itr,* ~ *efter ngt* grasp (catch, snatch) at a th.; ~ *om ngt* se under *I 1;* ~ *till flykten* take [to] flight; ~ *till vapen* take up arms **III** med beton. part. **1** ~ *sig an med ngt (att arbeta)* set about a th. (working); ~ *sig verket an* set (go) to work [at it] **2** ~ *fatt [i, på]* catch [hold of] **3** ~ *in* bildl. se *ingripa 2;* ~ *in i varandra* om t.ex. kugghjul interlock, engage **4** ~ *omkring sig* spread, gain ground, om farsot o.d. äv. become rampant
gripande *a* rörande touching osv., jfr *gripa I 2;* pathetic, poignant **gripbar** *a* fattbar apprehensible; påtaglig palpable, tangible **gripen** *a* **1** seized, *av* t.ex. förtvivlan with; historien är *fullständigt* ~ *ur luften* . . wholly imaginary (entirely made up) **2** rörd touched osv., jfr *gripa I 2;* impressed **gripenhet** emotion **grip-organ** prehensile organ **gripskopa** grab **griptång** pincers pl.
gris *-en -ar* **1** svin [young (little)] pig; späd~ sucking-pig, sucker; kok., ~kött [young] pork; *köpa* ~*en i säcken* buy a pig in a poke **2** bildl. pig; smeks. sweetie **grisa** *itr* **1** farrow **2** ~ *ner* (itr.) *(ner sig)* make the place in (get oneself in[to]) a mess **grisaktig** *a* piggish **grisfötter** *pl* kok. pigs' trotters **grisig** *a* filthy, dirty **griskulting** sucking-pig, F piggy **grismat** eg. pig feed, av avfall, isht flytande swill; neds. om mat hogwash, muck
grissl|a *-an -or* zool. guillemot
grisstek 1 stekt gris roast pork **2** *en* ~ slakt. a leg of pork
gro *-dde -tt itr* eg. germinate, sprout; växa grow; bildl. rankle; *det [ligger och]* ~*r i honom* it rankles (is rankling) in his breast (mind); ~ *fast (igen)* se *växa fast (igen)* **-bar** *a* germinative
grobian boor, churl; stark. ruffian
groblad plantain
grod|a *-an -or* **1** zool. frog **2** fel blunder; grövre howler; *säga (göra) en* ~ make a blunder (howler)
grodd *-en -ar* konkr. germ, sprout
grod|damm frog-pond **-djur** batrachian **-larv** tadpole **-man** frogman **-perspektiv,**

[*sedd*] *i* ~ [when (as) seen] from underneath, bildl. from a worm's-eye view **-rom** frog spawn **-yngel** tadpole; koll. tadpoles pl.
grogg *-en -ar* whisky (konjaks~ brandy) and soda, amer. F highball; gin~ gin and tonic; *en* ~ äv. a glass of whisky osv. and soda; *2 ~ar* two whiskies and soda[s] **grogga** *itr* drink whisky osv. **grogglas** tomt whisky-tumbler **groggy** *a* groggy
grogrund se *groningsgrund*
groll *-et 0* grudge; *gammalt* ~ a long-standing grudge; *glömma gammalt* ~ let bygones be bygones; jfr *agg*
groning germinating osv., jfr *gro;* germination **groningsgrund** bildl. fertile soil, i dålig bet. ofta breeding ground, hot-bed
grop *-en -ar* pit, större hollow, cavity; i väg hole; flyg. [air-]pocket; buckla dent; i kind, haka dimple; *den som gräver en* ~ *åt andra, faller själv däri* ung. those who set a trap for others, fall into it themselves, ss. konstaterande efteråt the biter bit[ten] **gropig** *a* eg. . . full of holes; om väg . . worn into holes; ojämn uneven; om sjö rough; om luft bumpy
gross *-et* - gross (pl. lika)
grossess *-en -er* pregnancy; *i* ~ pregnant attr. o. pred.
grosshandel wholesale trade (handlande trading) **grosshandelsfirma** wholesale business (firm) **grosshandelspris** wholesale price **grosshandlare** o. **grossist** wholesale dealer, wholesaler
grotesk *a* grotesque
grott|a *-an -or* cave, större cavern, målerisk el. konstgjord grotto (pl. -[e]s)
grottekvarn treadmill
grott|forskare cave explorer, speleologist **-målning** rock-painting [in a cave (in caves)] **-människa** förhist. cave-man, cave-dweller, troglodyte
grov *a* allm. coarse; obearbetad, med ~ yta, ungefärlig, ohyfsad äv. rough; tjock äv. thick; storväxt big, heavy; svår, allvarlig gross, serious; ohyfsad äv. rude, *mot* towards, to; jfr vid. ex.; *~t arbete* rough (heavy) work; *~t artilleri* heavy artillery (guns pl.) äv. bildl.; *ta till (rycka fram med det) ~a artilleriet* bildl. bring up one's heavy guns; *~t bedrägeri* gross deception; *en* ~ *bjälke* a thick (heavy) beam; *ett ~t brott* a felony, a serious (stark. heinous) crime; *~a* ansikts*drag* coarse (gross) features; *i ~a drag* in rough (broad) outline[s]; roughly, crudely; *~a fasoner* crude (rude, coarse, boorish) manners; *ett ~t fel* a gross (grave) blunder el. error; *en* ~ *förolämpning* a gross insult; *en* ~ *handduk* a rough towel; ~ *hy* coarse complexion; ~ *kaliber* heavy calibre; *en* ~ stor och tjock *karl* a big strong (strapping) fellow; *en* ~ *kätting* a thick (heavy) chain; *en* ~ *lögn* a big (F thumping, thundering) lie; *~a maskor* large meshes (stitches); *~a medel* coarse means; *~t missbruk* gross misuse; ~ *oaktsamhet* gross negligence; ~ *okunnighet* gross (crass) ignorance; *~a ord* coarse (foul) language sg.; ~ *orättvisa* gross (glaring) injustice; *~a pengar* lots of (F big) money; *ett ~t rep* a stout rope; ~ *röst* gruff (rough, coarse) voice; *~t salt* coarse-grained salt; ~ *sand* coarse sand; ~ *sjö* heavy sea; *~a skor* heavy shoes; *ett ~t skämt* a rude (coarse) joke; *~t smicker* fulsome adulation (flattery); *~t språk* coarse (rough) language; ~ *stöld* grand larceny; *~a tillmälen* abusive epithets, invectives; ~ *tråd* coarse thread; *~t tyg* rough (coarse) cloth; ~ *överdrift* gross exaggeration; *bli* ~ ovettig become (turn) abusive (rude), *mot* to; *vara* ~ *i munnen* be foul-mouthed, use coarse (rough) language; *det var ändå väl ~t!* F that's a bit [too] thick!
grov|arbetare unskilled (general) labourer **-arbete 1** allm. heavy (rough) work; grovarbetares unskilled work (labour) **2** grövre förarbete. *~t är undanstökat* the spadework has been got through **-göra** se *-arbete* **-het** *~en ~er,* ~*er* otidigheter coarse (foul, abusive) language sg.; *säga ~er* make coarse (insulting) remarks, be abusive, jfr [*vara*] *grov* [*i munnen*] **-huggare** se *grobian* **-hyvla** *tr* rough-plane **-kalibrig** *a* large-calibred (-bored) **-kornig** *a* **1** eg. coarse[-grained]; foto. coarse-grain **2** bildl. coarse, gross; om t.ex. skämt äv. broad **-kornighet** coarseness osv.; *hans* ~ äv. his rough tongue **-lek** [degree of] coarseness (thickness, heaviness; jfr *grov*); storlek size **-lemmad** *a* coarse-limbed **-mala** *tr* grind (kött mince) . . coarsely; *-malen* attr. coarsely-ground (resp. -minced) **-maskig** *a* coarse-(wide-)meshed **-smed** blacksmith **-sortering** primary sorting **-spunnen** *a* textil. coarse-spun **-stammig** *a* thick-stemmed **-sysslor** *pl* rough jobs **-tarm** colon **-trådig** *a* coarse-threaded, -fibrig coarse-fibred, om metall coarse-wired **-ända** thick end
grubb|el *-let 0* ängsligt, dystert brooding, ideligt rumination, drömmande musing[s pl.], *över* i samtl. fall on, over; religiöst obsession; tungsinne melancholy; *dystert* ~ gloomy meditation, *över* on, over **grubbla I** *itr* fundera ponder, cogitate; brood, ruminate, muse (jfr *grubbel*), *på* i samtl. fall [up]on, *över* over; mull, *på* over; bry sin hjärna puzzle [one's head], *på* about, *över* over; *gå och* ~ a) för tillfället be in a brown study b) som vana be given (a prey) to brooding (tungsint äv. melancholy) **II** *rfl,* ~ *sig fördärvad över* ett problem rack one's brains trying to think out . . **grubblande I** *-t 0* pondering; jfr *grubbel* **II** *a*

brooding, cogitative, meditative; tungsint melancholy **grubblare** *-n* - brooder, cogitator, ruminator; han är *en* ~ . . given to brooding (tungsint melancholy) **grubbleri** -[*e*]*t -er* se *grubbel; försänkt i* ~*er* absorbed in speculation, in a brown study
gruff *-et* - bråk, gräl row; se *gräl* o. ex. **gruffa** *itr* bråka, träta make (kick up) a row, squabble, *för, om* about; knota grumble, grouse, *för, om* about, at; ~ *på ngn* scold (rate) a p.
grumla *tr* eg. muddy, make . . muddy; t.ex. källa, äv. ngns tanke (sinne) make (render) . . turbid; luften, äv. intryck, ngns lycka cloud, dim; förhållande, vänskap cloud; göra suddig blur; fördunkla obscure **grumlas** *itr. dep* eg. become muddy (turbid; om luften clouded, dimmed, cloudy); bildl. become clouded osv., jfr *grumla;* om röst become thick **grumlig** *a* eg. muddy äv. om t.ex. färg o. hy, turbid äv. om t.ex. tankar, isht om vätska cloudy, *av* i samtl. fall with; om luften o.d. clouded, dimmed, cloudy; hes thick; oredig muddled, confused; dunkel obscure, otillförlitlig doubtful; *en* ~ *föreställning om* a hazy idea of; *fiska i* ~*t vatten* fish in troubled waters **grumlighet** muddiness osv.; turbidity; obscurity
grums *-et 0* allm. dregs, isht i kaffe grounds, isht i vin lees alla pl., isht i vatten sediment
grumsa *itr* grumble, F grouse
grumsig *a* dreggy; jfr *grumlig*
1 grund *-en -er* **1** grundval, underlag foundation, *till* of; hus~ äv. foundations pl.; bottenyta, bakgrund ground; bildl. äv. basis; [*de*] *första* ~*erna* the elements; *ha en god* ~ have a good foundation, be well grounded; *lägga* ~*en till* se *grundlägga;* ryktet *saknar all* ~ . . is completely unfounded (without any foundation); *ligga till* ~ *för* be the basis (at the bottom) of, om princip o.d. underlie; *lägga ngt till* ~ *för* . . bildl. make a th. the basis of . .; brinna ner *till* ~*en* . . to the ground
2 friare, i vissa uttr., *i* ~ fullständigt entirely, totally, completely, utterly; kunna (känna) ngt *i* ~ [*och botten*] . . thoroughly (through and through); *i* ~*en, i* ~ *och botten* i själ och hjärta at heart (bottom), basically, essentially, i alla fall after all, faktiskt in reality; *gå till* ~*en med* frågan probe . . right through, go to the bottom of . .
3 mark ground; *få gå från gård och* ~ have to relinquish one's house [and lands]; *på fri och egen* ~ on freehold land
4 skäl reason, ground[s pl.], *till* for; orsak cause, *till* of; bevekelse~ motive; *ha sin* ~ *i ngt* be founded (based) on a th.; bero på be due to a th.; *på goda* ~*er* for excellent reasons; *på* ~ *av* on account of, because of, owing to, till följd av as a result (consequence) of; *på* ~ *därav* äv. on that account, for that reason; *stängt på* ~ *av reparation* closed for repairs
5 princip principle; handla *efter samma* ~*er* . . on the same principles
2 grund I *a* shallow äv. om kunskaper **II** *-et* - grunt ställe shoal; sand~ o.d. bank; undervattensklippa sunk[en] rock; *komma av* ~*et* get afloat; *gå (stå) på* ~ run (be) aground
1 grunda I *tr* **1** grundlägga found, affär, tidning äv. establish, set up; inrätta institute; förmögenhet lay the foundation of **2** stödja, ~ *sin mening på* base one's opinion on **3** grundmåla ground, prime **II** *rfl* rest (be based), *på* [up]on
2 grunda *itr* fundera ponder, meditate
grundad *a* väl~, om t.ex. farhåga well-founded, om misstanke äv. well-grounded; befogad, om t.ex. anledning äv. good; rimlig reasonable **grundare** grundläggare founder
grund|avgift basic fee **-begrepp** fundamental principle; pl. äv. elements **-betydelse** basic meaning, primary sense **-drag** fundamental (essential) feature; *G*~*en av Europas historia* titel An Outline of European History **-falsk** *a* fundamentally (radically) wrong el. false **-fel** fundamental fault (defect, error) **-form** primary (original, fundamental) form; substantivs common case **-forskning** basic (fundamental) research **-färg 1** fys. primary colour **2** bottenfärg ground-colour **3** mål. first coat, priming paint **-förkyld** *a, vara* ~ have a terrible cold **-förutsättning** fundamental condition, prerequisite
grund|gående *a* shallow-draught . . **-känning** grounding; *få* ~ ground, bump the bottom
grund|lag polit. fundamental (betr. författningen constitutional) law; författning constitution **-lagsbrott** infringement of the constitution **-lagsenlig** *a* constitutional **-lagsstridig** *a* unconstitutional
grund|lig *a* allm. thorough äv. om pers.; gedigen solid, sound; ingående close; noggrann careful; genomgripande thorough-going; om t.ex. undersökning äv. exhaustive; om t.ex. studier äv. profound; om t.ex. förändring fundamental; om t.ex. reform radical; *en* ~ *förkylning* a [very] bad cold; *ett* ~*t kok stryk* a sound (good) thrashing **-lighet** thoroughness osv.; solidity, care, profundity **-ligt** *adv* thoroughly osv., jfr *grundlig;* fullständigt completely, utterly
grund|linje 1 mat. base[-line] **2** -drag, ~*rna till* the outlines of **-lägga** *tr* found, lay the foundation[s] (bildl. äv. basis) of; jfr *1 grunda I 1* **-läggande** *a* fundamental; om t.ex. princip äv. basic **-läggare** skapare founder **-läggning 1** grundande foundation, establishment **2** byggnadsarbete foundation-laying **-lön** basic salary (resp. wages pl.) **-lös** *a* om t.ex. påstående groundless; om t.ex rykte baseless; om t.ex. misstanke unfounded **-mur** foundation

wall **-murad** *a* bildl. solidly established **-orsak** primary (original) cause **-plåt** nucleus, *till* of; first contribution; *skänka ~en till en fond* start a fund by giving a donation **-princip** basic (fundamental, underlying) principle **-pris** basic price **-regel** fundamental (basic) rule (principle) **-sats** princip principle; levnadsregel maxim; en man *med ~er* . . of principles **-skola** [compulsory] comprehensive school **-skott** bildl., *ett ~ mot . .* a deathblow to . . **-sten** foundation-stone **-stomme** ground-work, bildl. äv. nucleus, *till* of **-stämning** key-note

grund|stöta *itr* run aground **-stötning** grounding

grund|syn basic view **-tal** gram. cardinal number **-tanke** fundamental (basic, leading) idea **-tema** main (leading) theme **-text** original text **-ton** mus. (skalas) o. bildl. keynote; fys. fundamental tone **-val** *~en ~ar* foundation; bildl. äv. ground-work, bas|is (pl. -es); *skakas i sina ~ar* be shaken to its (resp. their) [very] foundations; *på ~ av* on the basis of **-vatten** i jorden subsoil water **-villkor** se *-förutsättning* **-ämne** element

grunk|a *-an -or* se *grej, grejor*

grunna *itr* se *2 grunda*

grupp *-en -er* allm. group; klunga äv. cluster; av träd äv. clump; avdelning section; mil. squad; flyg. flight **-arbete** team-work **-bild** group-picture **-chef** mil. squad (sjö. section) leader; flyg. flight commander (amer. leader)

grupp|era I *tr* group [. . together], *i* into; *~ om* regroup **II** *rfl* group [oneself] **-ledare** sport o.d. group-leader **-livförsäkring** group life insurance **-vis** *adv* by groups osv.; en grupp i sänder a (one) group osv. at a time; ordna| de| *~ . .* in groups osv., jfr *grupp*

grus *-et 0* gravel äv. läk.; *ligga i ~ [och spillror]* be in ruins; *resa sig ur ~et* om stad o.d. rise out of its ruins (the dust)

grus|a *tr* gravel; bildl., t.ex. ngns förhoppningar dash [. . to the ground], gäcka frustrate **-hög** gravel heap; ruinhög ruins pl., heap of ruins (rubble) **-ig** *a* gravelly **-tag** gravel-pit **-väg** gravelled road

1 gruv|a *-an -or* mine; kol~ äv. pit

2 gruva *rfl*, [*gå och*] *~ sig för (över) ngt* dread (be dreading) a th.

gruv|aktie mining (kol~ äv. colliery) share **-arbetare** miner; kol~ äv. collier, pitman **-arbete** mining, mine-working; kol~ colliery-work, coal-mining **-distrikt** mining district **-drift** mining **-fält** mining district (field); kol~ coal-field **-gas** metan methane, fire-damp **-lampa** miner's lamp

gruvlig *a* dreadful, horrible; F awful; jfr *förfärlig*

gruv|olycka mining (kol~ äv. pit) accident **-ras** falling-(caving-)in of a (resp. the) mine (kol~ äv. pit) **-samhälle** mining community (village) **-schakt** [mine-]shaft **-stolpe** o. **-stötta** pit prop

1 gry *-[e]t 0, det är gott ~ i honom* he has [got] grit [in him]

2 gry *-dde -tt itr* dawn äv. bildl., eg. äv. break; *dagen ~r* nu the day is dawning **-ende** *a* dawning; bildl. äv. budding

grym *a* cruel, *mot* to; ~ o. vild fierce, ferocious; skoningslös ruthless; F ryslig awful; *ett ~t öde* äv. a harsh fate **-het** *~en ~er* cruelty, *mot* to; stark. atrocity; *begå en ~* commit an act of cruelty, *mot* on; commit an atrocity

grymt|a *itr* grunt **-ning** grunt[ing]

gryn *-et -[er]* korn grain; koll. H hulled grain; jfr *havregryn* o.d. sms. **gryna** *rfl* granulate

grynig *a* grainy; gritty; granular

gryning dawn äv. bildl.; jfr *dagning*

grynn|a *-an -or* sunk[en] rock, reef

grynvälling, *sälja sin förstfödslorätt för en ~* sell one's birthright for a mess of pottage

gryt *-et* - jakt. earth, burrow

gryt|a *-an -or* pot, större cauldron; sylt~ [preserving] pan; av lergods casserole, terrine båda äv. maträtt; *små -or har också öron* little pitchers have long ears **-lapp** kettle-holder **-lock** pot-lid **-stek** ung. braised beef

grå *a* (jfr *grått*) grey, isht amer. gray; ~hårig äv. grizzled; trist äv. drab, dull, dreary, gloomy; mulen äv. overcast; *det ger (skaffar) mig ~a hår* it is enough to turn my hair grey; *den ~ vardagen* the monotonous round of everyday life; *i dag är det ~tt* it is grey and cloudy today; *~ av ålder* hoary with age; *~ i hyn* ashy-complexioned; för sms. jfr äv. *blå-* **-aktig** *a* greyish **-berg 1** gruv. gangue, waste (dead) rock **2** bergart granite **-blek** *a* attr. ashen-grey, pred. ashen grey **-blå** *a* grey[ish]-blue **-broder** franciskan Grey Friar, Franciscan **-brun** *a* grey[ish]-brown; murrig dun-coloured **-daskig** *a* dirty grey; -aktig greyish **-gosse** F ung. elderly messenger **-gäs** greylag [goose] **-het** greyness, bildl. äv. dullness osv. **-hund** elkhound **-hårig** *a* grey-haired; poet. hoary; -sprängd grizzled; *han är ~* vanl. he has grey hair; *bli ~* turn grey; *det är så man kan bli ~ [när man hör . .]* it is enough to turn one's hair grey [to hear . .] **-hårsman** grey-haired (grey-headed) [old] man **-kall** *a* bleak, chill, raw; *det är ~t* i dag it is bleak (a dreary cold day) . . . — För sms. jfr äv. *blå-*

gråll|e *-en -ar* häst grey horse **gråmelerad** *a* attr. . . of mixed grey shades, om tyg äv. pepper-and-salt . . **gråna** *itr* turn (go) grey; *~ i tjänsten* grow grey in the service; *~d* åldrad grey-headed, hoary; om hår grey, grizzled

grå|papper allm. drying paper; isht för växtpressning pressing paper, amer. äv. plant drier **-päron** ung. small brownish-green pear **-sej** coal-fish, amer. pollack **-skägg** pers. greybeard **-skäggig** *a* grey-bearded **-sparv** house-sparrow **-spräcklig** *a* . . speckled grey, om tyg äv. pepper-and-salt . . **-sprängd** *a* grizzled **-sten** granite; sjunka *som en* ~ . . like a stone **-sugga** wood-louse **-svart** *a* grey[ish]-black **-säl** grey seal. — För sms. jfr äv. *blå-*

gråt *-en 0* gråtande crying, tyst äv. weeping; tårar tears pl.; snyftningar sobs pl.; *ha ~en i halsen* be on the verge of tears, have a lump in one's throat; *svälja ~en* gulp down one's tears **gråt|a** *grät -it tr itr* cry, *efter* for, *för* about, *över* over; tyst äv. weep, *över* over; tjuta blubber; ~ *av glädje* weep (cry) for joy, shed tears of joy; ~ *av smärta* cry with pain; ~ *förtvivlat* cry one's eyes (heart) out; *hon har lätt för att* ~ she cries easily; *det är så man kan* ~ [*åt det*] it is enough to make one cry; ~ *ut* have a good cry; ~ *bittra tårar* weep (shed) bitter tears; ~ *sig till sömns* cry oneself to sleep; hon sa *-ande* . . in tears **gråtattack** fit of crying **gråterska** professional mourner **gråtfärdig** *a, vara* ~ be ready to cry, be on the point of crying **gråtmild** *a* tearful; sentimental sentimental

gråtrut herring gull **grått** *s* grey, isht amer. gray; *måla* ~ *i* ~ bildl. paint in drab colours; jfr *blått* **gråverk** squirrel [fur] **gråvit** *a* grey[ish]-white **gråväder** dismal (dull) weather **gråvädersstämning** gloom **gråögd** *a* grey-eyed

1 grädda *tr* i ugn bake; plättar fry, make; *inte nog ~d* om bröd slack-baked

2 grädda *-n 0* bildl., *~n av societeten* the cream of society **gräddbakelse** cream cake **grädde** cream; *tjock (tunn)* ~ vanl. double (single) cream

grädd|fil sour[ed] cream **-färgad** *a* cream-coloured, attr. äv. cream **-glass** full cream ice **-kanna** cream-jug **-mjölk** milk mixed with cream **-ost** cream cheese **-snipa** cream-jug **-strut** cornet (större cone) with whipped cream **-sås** sauce made with cream **-vit** *a* attr. creamy-white, pred. creamy white

gräl *-et 0* **1** tvist quarrel, träta squabble, wrangle, tiff, amer. äv. spat, *om* i samtl. fall about, over; grälande quarrelling osv., quarrels pl.; bråk row; *börja (söka)* ~ pick a quarrel, *med* with; *råka i* ~ *med ngn* fall out with a p., *om* over **2** ovett scolding; gnat nagging; *få* ~ *för* get a scolding for **gräla** *itr* **1** tvista quarrel, have words (a quarrel), träta squabble, wrangle, *med* (resp. *om*) i samtl. fall with (resp. about) **2** vara ovettig scold, *på ngn* a p., *för* for; ~ *ordentligt på ngn* give a p. a good scolding; ~ *över ngt* grumble about (over) a th.

gräll *a* glaring, om färg äv. loud, om ljus äv. garish

gräl|makare quarrelsome (cantankerous) person **-sjuk** *a* quarrelsome, cantankerous **-sjuka** quarrelsomeness, cantankerousness

gräm|a *-de -t* **I** *tr* vålla sorg grieve; förtryta vex, mortify; *det -er mig att han* . . I can't get over the fact that he . . **II** *rfl* fret, *över* over; *gå och* ~ *sig* go around fretting; ~ *sig till döds* fret one's heart out **grämelse** sorg grief; harm mortification

gränd *-en -er* alley, [by-]lane; ruskig slum

gräns *-en -er* geografisk och ägo~ boundary; stats~ frontier; ~område border[s pl.], confines pl.; yttersta ~, isht bildl. limit, bildl. äv. bounds pl.; skiljelinje boundary line, borderline, dividing line; *nedre (övre)* ~ lower (upper) limit (boundary); *dra ~en* eg. fix the boundary; bildl. draw the line, skilja äv. draw (make) a distinction; *allting har en ~, det finns en ~ för allting* there is a limit to everything; *det finns inga ~er för* hans fåfänga there are no bounds to . .; överskrida *~en för det passande* . . the bounds of decorum; *sätta en* ~ *för* begränsa set bounds (limits) to, stävja put an end (a stop) to; *inom landets (stadens) ~er* within [the borders of] the country (the limits of the city); *inom möjligheternas ~er* within the bounds of possibility; *hålla sig inom vissa ~er* keep within [certain] limits; *vara (stå) på ~en till* bildl. be on the verge of, gränsa till border (verge) on; . . *ligger vid skotska ~en* . . lies on the Scottish border; lättsinne *utan* ~ boundless . .

gränsa *itr,* ~ *till* allm. border on; eg. äv.: ligga intill abut on, adjoin, begränsas av be bounded by; bildl. äv. verge on; *en till visshet ~nde sannolikhet* a probability amounting almost to certainty

gräns|befolkning border (frontier) population **-bevakning** abstr. guarding of the frontier; konkr. frontier guard **-bo** *~n ~r* borderer **-fall** bildl. borderline case **-intermezzo** border (frontier) incident **-kostnad** ekon. marginal cost **-kränkning** violation of the frontier

gränsle *adv* se *grensle*

gräns|linje äv. bildl. boundary [line], borderline, line of demarcation **-lös** *a* boundless, limitless, bildl. äv. unbounded; friare: ofantlig immense, oerhörd extreme, hejdlös enormous, tremendous **-löst** *adv* boundlessly, immensely osv. **-märke** boundary mark, landmark; bildl. se *-linje* **-område** border district; bildl. borderland **-postering** frontier outpost **-reglering** rectification of the frontier (of frontiers) **-spärr** abstr. closing of the frontier **-station** frontier station **-trakt** se *-område* **-tvist** boundary (resp. frontier) dispute **-värde** mat. limit

gräs *-et* - grass äv. koll.; *i ~et på ~*mattan on (bland ~et in) the grass; *ha (tjäna) pengar som ~* have money to burn (make heaps of money) **-and** mallard, wild duck **-art** species of grass; *~er* grasses **-bete** pasture **-bevuxen** *a* grass-covered(-grown) . . **-frö** koll. grass-seeds pl. **-grön** *a* grass-green **-hoppa** grasshopper; bibl. samt i Afrika, Asien locust **-hoppssvärm** swarm of locusts **-klippare** o. **-klippningsmaskin** lawn-mower
gräslig *a* ohygglig, ryslig shocking, terrible; F väldig awful, frightful; gemen horrid, *mot* towards **-het** *~en ~er* shockingness osv.; gräslig sak shocking osv. thing; ogärning atrocity
gräs|lök chives pl.; ss. växt chive **-matta** lawn; ej ansad grassy space; *på (i) ~n* vanl. on (in) the grass **-plan** -matta lawn; sport.: t.ex. fotb. grass-pitch (jfr vid. *plan I A 1*); *på ~* vanl. on the grass **-slätt** grassy plain **-strå** blade of grass **-torva** turf, sod **-växt** konkr. gramineous plant **-änka** grass widow **-ätare** zool. graminivorous animal
grätten *a* fastidious, *på* about; choos[e]y
gräv|a *-de -t* **I** *tr itr* allm. dig, *efter* for; företa utgrävning samt gm grävning bygga äv. excavate; t.ex. tunnel äv. cut; böka grub, *efter* for; isht om djur burrow; rota rummage, *efter* for, *i* in; *~ [efter] guld* dig for gold
II m. beton. part. **1** *~ bort* remove **2** *~ fram* dig out äv. bildl.; bringa i dagen dig up, unearth, excavate **3** *~ ned* gömma bury, *i* in; *~ ned sig [i]* mil. dig oneself in[to]; *~ ned sig i* dig (om djur burrow) one's way down into, begrava sig bury oneself (friare get too absorbed) in **4** *~ upp* a) dig (bildl. äv. rake) up, *ur* from; bringa i dagen äv. unearth, excavate; isht lik disinter, exhume b) bearbeta gm grävning dig up **5** *~ ut* bringa i dagen excavate
gräv|ling badger **-maskin** excavator **-ning** digging osv., jfr *gräva I;* isht vetensk. excavation **-skopa 1** eg. bucket, dipper **2** se *-maskin*
gröd|a *-an -or* crops pl.; skörd crop; *växande ~* standing crops
grön *a* (jfr *grönt*) green, oerfaren äv. callow, raw; *~ av avund* green with envy; *~a druvor* vanl. white grapes; *vara på ~ kvist* be successful, do well for oneself, be in clover; *vid ~t ljus* trafikljus at the green light (lights); *i min ~a ungdom* in my callow youth, in my salad days; *den ~a vågen* trafik. the green wave; *den ~a ön* Irland the Emerald Isle; *göra sig ~* viktig put on airs; *i det ~a* in the open, out of doors, i ~gräset on the grass; för sms. jfr äv. *blå-* **-aktig** *a* greenish **-bete,** *vara på ~* bildl. be in the country **-blek** *a, ~* i ansiktet green . . **-blå** *a* green[ish]-blue **-foder** green fodder **-gräs,** *i ~et* on the grass **-gul** *a* green[ish]-yellow **-göling** green woodpecker; bildl. greenhorn **-het** greenness äv. bildl. **-kål** kale, borecole; soppa kale soup. — För sms. jfr äv. *blå-*
Grönköping ung. Little Puddleton; småstad one-horse town **grönköpingsmässig** *a* ung. provincial, parochial **Grönland** Greenland; *på ~* in G. **grönländare** Greenlander **grönländsk** *a* attr. Greenland **grönländsk|a** *-an -or* kvinna Greenland woman
grön|område green open space **-rätt** vegetable course (dish) **-sak** vegetable; *~er* äv. greens
grönsaks|affär o. **-handel** greengrocer's [shop], greengrocery **-handlare** i minut greengrocer **-konserver** *pl* tinned (isht amer. canned) vegetables **-land** plot of vegetables **-soppa** vegetable soup
grön|sallad växt lettuce; rätt green salad **-siska** siskin
grönska I *-an 0* grön växtlighet verdure, grönt gräs green; grönt lövverk greenery, green foliage; grönhet greenness, verdancy **II** *itr* vara grön be green; bli grön turn green **grönskande** *a* verdant **grönsåpa** soft soap **grönt** *s* **1** grön färg green; jfr *blått* **2** grön|foder, -saker green-stuff **3** till prydnad greenery. — För sms. jfr äv. *blå-*
gröp|a *-te -t tr, ~ ur* hollow (scoop) out
gröpe *-t 0* groats pl.
gröt *-en -ar* kok.: isht av gryn el. mjöl porridge, av t.ex. ris pudding; ~lik massa mush, pulp, mess; läk. poultice; *gå som katten kring het ~* beat about the bush; *vara het på ~en* be over-eager **-aktig** *a* porridge-like, pulpy, thicky, mushy **-frukost** morning porridge with coffee and rolls **-ig** *a* **1** se *grötaktig* **2** bildl.: otydlig om röst thick; oredig muddled
grötmyndig *a* pompous, self-important **-het** pomposity, self-importance
guano *-n (-t) 0* guano; goja rubbish
gubbaktig *a* gubbliknande old man's . ., neds. old-fog[e]yish; senil senile **gubb|e** *-en -ar* **1** pers. old man (pl. men) äv. om make, far o. överordnad, jfr *farsgubbe; -ar* karlar fellows, chaps; *[gamle] ~n Ek* old Ek; *~n Noak* Father Noah; *min ~ [lilla]!* till barn my [dear] boy! **2** bildl.: *rita -ar* draw funny figures; bok *med -ar* . . with pictures (porträtt portraits); *~ eller pil* på mynt heads or tails; *~n i lådan* jack-in-the-box; *~n i månen* the man in the moon **3** se *grimas* **4** misstag blunder **5** *den ~n går inte!* that won't wash! **gubbig** *a, han börjar bli ~* he is getting old; jfr vid. *gubbaktig*
gubb|roll old man's part **-stackare** poor old devil **-strutt** dodderer **-tjuv** old devil **-välde** government by greybeards, gerontocracy **-ålder** old age; *vara i ~n* neds. be in one's dotage
gubevars I *itj* se *bevars* **II** *adv* förstås of course, iron. if you please
gud *-en -ar* god, deity, divinity; *Gud [Fader]*

God [the Father]; *Gud* om jag finge! My God . .!; [*du milde (store)*] *Gud!* Good Lord (Heavens, gracious)!; *han är inte Guds bästa barn* ung. he is not an angel exactly; *med Guds hjälp* with God's help; *det var en Guds lycka* att it was a great mercy (a piece of good fortune) . .; *Guds ord* the Word [of God]; tig *för Guds skull!* . . for goodness' (God's, Heaven's) sake!; *ett Guds under* a miracle [of miracles]; *en Gudi behaglig gärning* a deed well-pleasing to God; *det vete Gud (~arna)!* Heaven [only] (God, Goodness) knows!; *Gud ska veta att* . . Heaven knows that . .; *ja, det ska Gud veta* [*att jag är*]*!* I'll say I am!; *om Gud vill* God willing, please God; *Gud vare (ske) lov!* thank God (Heaven, goodness)!; känna *Gud och hela världen* . . [every] Tom, Dick, and Harry; *han är skyldig Gud och hela världen pengar* he owes money all round; *ta Gud i hågen* take one's courage in both hands; *vid Gud!* by God!; *göra buken till sin ~* make a god of one's belly; det var *en syn för ~ar* . . a glorious sight, komiskt . . too funny for words. — Se äv. *gudinog, gudskelov*

guda|benådad *a* om pers. divinely gifted; friare inspired, divine **-bild** idol **-boren** *a* god-begotten **-dryck** nectar, bildl. äv. drink fit for the gods **-gåva** divine gift; humorn är *en ~* . . a gift of the gods

gudaktig *a* se *gudfruktig*

guda|lik *a* godlike **-lära** mythology **-saga** [divine] myth; *den nordiska ~n* Scandinavian mythology **-tro** belief in gods **-vacker** *a* divinely beautiful **-väder** divine weather **-väsen,** *ett ~* a god

gud|barn godchild **-dotter** goddaughter **-far** godfather **-fruktig** *a* godfearing, pious, godly, om pers. äv. devout, religious **-fruktighet** piety, godliness osv.

gudilov se *gudskelov* **gudinna** goddess **gudinog** *adv* more than enough **gudlig** *a* godly, pious; neds. goody[-goody] **gudlighet** godliness, piety; goody-goodiness **gudlös** *a* godless, ungodly, ogudaktig äv. impious; hädisk profane, blasphemous **gudlöshet** godlessness osv.; i ord profanity **gudmor** godmother **gudom** *-en -ar* divinity, deity, abstr. äv. godhead; *~en* the Godhead **gudomlig** *a* divine äv. bildl. **gudomlighet** *-en -er* **1** gud divinity, deity **2** egenskap divineness

guds|begrepp concept of God **-dyrkan** worship [of God] **-fruktan** fromhet godliness, piety **-förgäten** *a* om plats godforsaken **-förnekare** atheist **-förtröstan** trust in God **-gåva,** *-gåvorna* maten the good things provided, the provender sg.

gudskelov *itj adv* **1** *~* [*att du kom*]*!* Thank goodness (Heaven) [you came]! **2** lyckligtvis fortunately **gudsnådelig** *a* sanctimonious, t.ex. min sanctified; salvelsefull unctuous **gudson** godson

gudstjänst [divine] service; allmännare worship; *~en börjar* . . service (church, resp. chapel) begins . .; *~ hålles dagligen* divine service is held daily; *förrätta ~en* om präst officiate [at the service]; *före ~en* before [the] service, before church osv.; *under ~en* during [the] service **-förrättare,** *~n* the officiating clergyman (priest) **-lokal** place of worship **-ordning** order for divine service, liturgy **-tid,** *~er* anslag hours of public worship

guide *-n -r* se *gid*

gul *a* (jfr *gult*) yellow; om hy äv. sallow; *~a febern* yellow fever; *~t ljus* trafik. amber light; *~a ärtor* split peas; *slå ngn ~ och blå (grön)* beat a p. black and blue **gul|a** *-an -or* yolk **gulaktig** *a* yellowish, yellowy

gulasch *-en* **1** pl. *0* kok. goulash **2** pl. *-er* pers. profiteer; spiv

gul|blek *a* sallow **-brun** *a* yellow[ish]-brown

guld *-et 0* gold; *god (trogen) som ~* [as] good as gold (true as steel); *lova ngn ~ och gröna skogar* promise a p. wonders (the moon); *skära ~ med täljknivar* coin money; make money hand over fist **-arbete** konkr. specimen of gold-work **-armband** gold bracelet **-bad** foto. gold[-toning] bath **-belagd** *a* gold-coated **-blond** om hår light golden[-coloured]; om pers. golden-haired **-bokstav** gold (gilt) letter **-broderad** *a* gold-embroidered **-brokad** gold brocade **-brons** legering gold bronze; pulver bronze gilding **-brosch** gold brooch **-brun** *a* attr. golden-brown, pred. golden brown; om hår äv. auburn **-bröllop** golden wedding **-bröllopsdag** golden-wedding day **-bröllopspar** couple celebrating their golden wedding **-bågad** *a* om t.ex. glasögon gold-rimmed **-dosa** gold box **-dubblé** rolled gold **-feber** gold fever **-fisk** goldfish **-fyndighet** gold deposit **-färgad** *a* gold-coloured, golden **-förande** *a* gold-bearing, auriferous

guld|galon gold braid (lace) (bägge end. sg.) **-galonerad** *a* gold-braided, gold-laced **-glans** golden lustre **-glänsande** *a* . . shining like gold **-gruva** gold-mine äv. inkomstkälla; kunskapskälla mine of information **-grävare** gold-digger; -letare prospector **-gul** *a* attr. golden-yellow, pred. golden yellow **-halt** gold content, procentdel percentage of gold **-haltig** *a* attr. . . containing gold; se äv. *-förande* **-infattning** konkr. gold mounting (setting) **-kalven,** *dansen kring ~* the worship of the golden calf **-kant** gilt edge; på porslin o.d. gold rim **-kantad** *a* gilt-edged äv. om värdepapper; gold-rimmed **-kassa** bank. holding (stock) of gold **-kedja** gold chain

-klimp eg. [gold] nugget **-klocka** gold watch **-korn** grain of gold; visdomsord pearl [of wisdom] **-krog** posh [and expensive] (plush) restaurant **-krona** gold crown äv. tandläk. **-makare** alchemist **-makeri** ~[e]t *0* alchemy **-malm** gold ore **-medalj** gold medal **-medaljör** gold medallist **-mynt** gold coin (piece); koll. gold [coins] **-myntfot** gold standard **-märke** sport. gold badge **-papper** golden paper **-plomb** gold filling **-pläterad** *a* gold-plated **-pokal** sport. gold cup

guld|ram gilt (gold) frame **-reserv** gold reserve **-ring** gold ring **-sand** gold-sand, auriferous sand **-smed** goldsmith; juvelerare vanl. jeweller **-smedsaffär** jeweller's [shop] **-smedskonst** goldsmith's art **-smidd** *a* gold-laced **-smide** abstr. goldsmith's work **-smycke** gold ornament; *~n* äv. gold jewellery sg. **-snitt** gilt-edge[s pl.]; endast överkant gilt top; bok *med· ~* äv. gilt-edged . . **-stickad** *a* gold-embroidered **-stoft** eg. gold-dust **-stämpel** gold mark **-tacka** gold bar (ingot) **-tand** gold[-crowned] tooth **-tryck** -bokstäver gold-print; bokb. gold-tooling **-tråd** massiv gold wire; guldomspunnen gold thread **-törst** thirst for gold **-vaskare** gold-washer **-våg** eg. gold scales pl.; *väga sina ord på ~* weigh every word, pick and choose every word one says **-värde** t.ex. valutans gold value; *~t i* ngt the value of the gold in . .; sälja ngt *till ~t* . . for its value in gold **-åder** gold vein **-ålder** golden age

gulgrön *a* yellow[ish]-green **gulhyad** *a* yellow-skinned **guling** mongol yellow man

gull|gosse darling, pet, blue-eyed boy; *en lyckans ~* a spoilt darling of Fortune **-ig** *a* sweet; attr. äv.: dear, darling; näpen äv. (amer.) cute **-regn** bot. laburnum **-ris** bot. golden rod **-stol,** *bära ngn i ~* carry a p. in a lady-chair **-viva** cowslip

gulmetall brass, yellow metal **gulmåra** lady's (yellow) bedstraw **gulna** *itr* become (turn) yellow, yellow; bli urblekt fade; *~d av ålder* yellowed with age **gulockra** yellow ochre **gulröd** *a* yellow[ish]-red **gulsiktig** *a* jaundiced **gulskiva** foto. yellow filter **gulsot** *-en 0* jaundice **gulsparv** yellow bunting **gult** *s* yellow; jfr *blått* **gulvit** *a* yellow[ish]-white. —För sms. jfr äv. *blå-*

gumaktig *a* old-womanish; senil senile

gumm|a *-an -or* old woman (pl. women), ibl. old lady, skämts. old girl; *~n B.* old Mrs. (resp. Miss) B.; lugna sig (dig) *~n lilla!* a) mer eg. . . my good woman! b) till t.ex. hustru . . my pet (dear)!; *min ~, ~n min* min hustru F the wife, vulg. my (the) old woman; seså, *min lilla ~!* a) till t.ex. hustru . . my pet (dear, old girl)! b) till barn . . little (young) lady!, my pet!

gummera *tr* gum

gummi *-t -n* **1** ämne rubber; klibbig substans gum **2** rader~ [india-]rubber, isht amer. o. för bläck eraser; *ett ~* a [piece of] rubber **3** preventivmedel French letter, amer. rubber, safe[ty] **-band** rubber (elastic) band **-batong** rubber truncheon **-boll** rubber ball **-båt** rubber boat (dinghy) **-duk** rubber sheeting (typogr. blanket) **-handske** rubber glove **-hjul** [wheel with] rubber tyre, rubber-tyred wheel **-klack** rubber heel **-plantage** rubber plantation **-propp** rubber plug (stopper) **-ring** rubber ring (till cykel o.d. tyre, för emballage band) **-skor** *pl* rubber shoes **-slang** rubber tube (större hose) **-snodd** elastic (rubber) band **-strumpa** elastic stocking **-stövel** rubber (gum) boot; *-stövlar* äv. wellingtons **-sula** rubber sole **-träd** **1** Eucalyptus gum-tree **2** Ficus elastica [india-]rubber tree **-tuta** rubber finger-stall **-tyg** waterproof material **-varor** *pl* **1** allm. rubber articles **2** preventivmedel contraceptives

gump *-en -ar* rump

gums|e *-en -ar* ram **-horn** ram's horn

gumstackare poor (wretched) old woman

gung|a I *-an -or* swing; *vara i ~n* F be half seas over **II** *itr* i gunga o.d. swing; på -bräde seesaw; i -stol, vagga o. på vågor rock; om båt äv. (stark.) toss; vaja [för vinden] wave; om mark o.d., äv. bildl. quake, totter; svaja under ngns steg rock, sway up and down; *det ~de duktigt* på resan there was a good deal of tossing . .; *sitta och ~ på stolen* sit tilting one's chair; *~ på vågorna* float up and down, om pers. i båt be rocked (tossed) on the waves; *känna marken ~ under sina fötter* bildl. feel the ground tottering beneath one's feet **III** *tr* pers. give . . a swing; ett barn på knät o.d. dandle **-bräde** seesaw **-fly** quagmire äv. bildl. **-häst** rocking-horse **-ning** swinging osv., jfr *gunga II;* swing, rock; *sätta ngt i ~* set a th. rocking **-stol** rocking-chair

gun[n]rum wardroom; på större örlogsfartyg, för de lägre officerarna gunroom

gunst *-en 0* allm. favour; *stå [högt] i ~ hos ngn* be in high favour with a p., stand high in a p.'s favour, be in a p.'s good graces; *fria till folkets ~* court popular favour **gunstig** *a* gynnsam favourable, propitious; lyckan var *mig ~* . . propitious to me; *min ~ herre!* my fine fellow!; *det passar väl inte ~ herrn!* it doesn't suit his lordship (highness)! **gunstling** favourite **gunstlingssystem** favouritism

gunås I *itj* tyvärr alas!, worse luck!, ss. adv. sad to say **II** *adv* minsann certainly, ibl. God knows

gupp *-et -* **1** upphöjning bump, grop pit, hole; i pl., trafik. uneven road; i skidbacke jump **2** stöt, knyck jolt, jog **guppa** *itr* på väg jolt, jog, om åkdon äv. bump; på vatten bob [up and down],

om båt äv. rock **guppig** *a* om väg bumpy
gurg|el *-let* - F gräl row; kiv squabble **gurgelvatten** gargle **gurgla I** *tr itr* **1** eg. gargle **2** om ljud gurgle **II** *rfl* gargle [one's throat] **gurgling 1** eg. gargling, gargle **2** om ljud gurgling
gurk|a *-an -or* cucumber, koll. äv. cucumbers pl.; liten gherkin, koll. gherkins pl.
Gustav isht hist. Gustavus; modernt vanl. Gustav[e]; ~ *Adolf* Gustavus Adolphus **gustavian** *-en -er* o. **gustaviansk** *a* Gustavian
guterad *a* appreciated, omtyckt popular
guttaperka *-n 0* gutta-percha
guttural *a* guttural
guvernant governess, *för* to **guvernör** -[*e*]*n -er* governor
gyck|el *-let 0* skoj play, sport; skämt fun; spe game[s pl.]; upptåg joking, jesting, larking, joke[s pl.], jest[s pl.], lark[s pl.]; *driva* ~ *med* se *gyckla* [*med*]; *bli föremål för* ~ be made a laughing-stock of **gyckelbild** illusion **gyckelmakare** joker, jester, wag **gyckla** *itr* skoja, skämta joke, jest, håna jeer, *med, över* i samtl. fall at; ha puts för sig play tricks (pranks); spela pajas play the buffoon; ~ *med ngn* make fun of (poke fun at) a p. **gycklare** allm. joker, yrkesmässig jester; bildl. äv. wag; neds. buffoon, clown
gylf *-en -ar* fly [of the resp. one's trousers], F flies pl.
gyllen|e *oböjl. a* guldliknande golden; av guld gold, ibl. golden; *med* ~ *bokstäver* in gold[-en] letters; *den* ~ *friheten* glorious liberty; *gå den* ~ *medelvägen* strike the golden mean (happy medium); ~ *snittet* the golden section; ~ *tider* palmy days **-läder** gilt leather
gymnasial *a* eg., attr. 'gymnasium', jfr *gymnasium* **gymnasieingenjör** engineer trained at a 'gymnasium' **gymnasieskola** continuation school [on the 'gymnasium' level], jfr *gymnasium* **gymnasist** pupil at a 'gymnasium', i Engl. ung. motsv. sixth former, i Amer. ung. motsv. senior high school scholar **gymnasi|um** *-et -er* 'gymnasium', i Engl. ung. motsv. sixth form [of a grammar school], i Amer. ung. motsv. senior high school
gymnast *-en -er* gymnast; kvinnlig woman g.
gymnastik *-en 0* övningar o.d. gymnastics vanl. sg.; skol. äv. physical training (exercises pl.), F gym; som studieämne physical culture; morgon~ o.d. exercises pl.; *den svenska* ~*en* Swedish gymnastics (drill); . . *är en bra* ~ . . is an excellent [form of] exercise **-byxor** *pl* korta gymnasium (F gym) shorts **-direktör** -lärare ung. certified gymnastics (physical training) instructor (master resp. mistress) **-dräkt** gymnasium (F gym) suit (dams tunic) **-lektion** gymnastics lesson **-lärare** physical training (F gym) master, ss. idrotts- games master **-redskap** piece of gymnastic apparatus, gymnastic appliance (koll. appliances pl.) **-sal** gymnasium, F gym **-sko** gymnasium (F gym) shoe **-trupp** gymnastic team **-uppvisning** gymnastic display
gymnastisera I *itr* do gymnastics **II** *tr* exercise; *en väl* ~*d kropp* a body kept fit by gymnastic training **gymnastisk** *a* gymnastic; ~*a övningar* physical exercises
gyneko|log gynaecologist **-logi** ~[*e*]*n 0* gynaecology **-logisk** *a* gynaecological
gynna *tr* favour; beskydda patronize; understödja äv. support; främja further, promote, encourage; *behandlas som mest* ~*d nation* be treated on the basis of most-favoured nation **gynnare 1** välgörare favourer osv.; beskyddare patron **2** skämts. fellow, customer
gynnsam *a* favourable, *för* to; om förhållanden äv. propitious, auspicious; *ta en* ~ *vändning* äv. take a turn for the better; *i* ~*maste fall* äv. at best
gyro|kompass sjö. gyro-compass **-skop** ~*et* ~ gyroscope **-stabilisator** gyrostabilizer
gytt|er *-ret 0* conglomeration, agglomeration; oredig anhopning confusion, F muddle
gyttj|a *-an -or* mud; dy sludge, slough; blöt, lös ooze; smuts mire, slush
gyttje|bad mud-bath **-botten** oozy bottom **-pöl** muddy (mud-)puddle
gyttjig *a* muddy; sludgy; oozy; miry; slushy; nedsmord m. gyttja muddied, mired; jfr *gyttja*
gyttra I *tr,* ~ *ihop (samman)* cluster . . together **II** *rfl* get (be) conglomerated (agglomerated) **gyttrig** *a* . . clustered together **gyttring** se *gytter*
gå *gick gått* (se äv. ex. m. 'gå' under resp. subst., adv. m.m.; jfr *gången, gående*) **I** *itr (tr,* jfr äv. *II)*
A allm. (innebärande rörelse isht i rummet samt friare)
1 ta sig fram till fots, promenera (ofta m. motsatsbetoning) walk; m. avmätta steg pace, m. långa steg stride, m. stolta el. gravitetiska steg stalk, m. fasta steg march, i sakta mak stroll; stiga step, *åt sidan* to one side; *ha svårt* [*för*] *att* ~ find walking difficult; *gå ut och* ~ se ~ *u't* ned.; *jag har varit ute och* ~*tt (har* ~*tt en promenad)* I have been out for (taken) a walk; ~ *en kilometer* på en kvart walk a kilometre . .; ~ *till fots* walk, go on foot; ~ *tyst* tread (step) softly; *det* ~*r* i trappan there are footsteps . .
2 fara, ge sig i väg, röra sig samt friare (jfr äv. *B)* vanl. go; färdas travel äv. om t.ex. ljudet; om samfärdsmedel äv. run, om fartyg äv. sail, regelbundet ply; bege sig av leave, avgå äv. depart (*till* for), se vid. *avgå;* passera pass; röra sig äv. move, om t.ex. vagn, vågor run; om maskin, hiss o.d. run, fungera work; vara, t.ex. i tredje klassen, på sitt femte år be; *nu måste jag* ~ äv. now I must be off (going); *där gick* tåget, startskottet, sista chansen,

glaset |sönder|! there went . .!; *bilen har ~tt* 5.000 mil the car has done . .; *klockan ~r* the clock is going; klockan *~r rätt (fel)* . . is right (wrong); min klocka *~r mycket bra (alldeles rätt)* . . keeps very good (perfectly right) time; *ridån gick* the curtain fell; *vart ska du ~?* where are you going |to|?; *~ sorgklädd* be in (wear) mourning; *~ en genväg* take a short cut; *~ Storgatan* go along (hålla sig till äv. follow) Storgatan; *~ och gifta sig* go and get married; *~ och (för att) hämta* go to fetch; *~ och lägga sig* go to bed; får jag komma *som jag ~r och står?* . . just as I am?; jag äger bara *vad jag ~r och står i* . . what I've got on; *~ och ta lektioner för* . . be taking lessons from . .; *~ och tigga* go begging; *du ska inte ~ och tro att* . . you must not think that . .; *~ som* underläkare be (hold the position of, serve as) . .; *~ efter* anvisning o.d. go by . ., follow . .; *han gick från* sitt hem kl. 9 he left . .; *~ för halv avgift* go |in| (be admitted) |at| half price; *~ i hatt (uniform)* wear a hat (a uniform); *~ i kyrkan* go to church; *~ i ngns* fickor go (pry) into (search) a p.'s . .; *det har ~tt mal i* . . the moths have got at . .; *det har ~tt politik i saken* politics have come into the matter; *~ i (ur) vägen för ngn* get into (out of) a p.'s way; *~ med bara armar* have one's arms bare; *~ med elektricitet* äv. be worked (driven) by electricity; *~ med glasögon* wear spectacles; *~ med portfölj* carry a brief-case; *~ med tandvärk* have |got| (suffer from) |a| toothache; *det gick med rasande fart* för oss we (vid t.ex. bilfärd the car) went at a tremendous pace; *~ |omkring| i* t.ex. trasor, tofflor go about in . .; *~ på* apoteket (teatern) go to . .; *~ på* föreläsningar attend (go to) . .; *~ på* universitet be at . .; *~ på avskedsvisit till (hos) ngn* go to pay a p. a farewell visit; *klockan ~r på 12* it is getting on for 12 o'clock; *~ |i arv| till ngn* om egendom be handed down (passed on) to a p.; *~ till sig själv* look at oneself; *båten ~r till* Hull äv. the steamer is bound for . .; *färden gick till* . . vi reste we went (vi fortsatte we went on) to . .; *pengarna ~r till* . . används the money goes to . . (ges ut äv. is spent on . .); *~ under* namnet . . (antaget namn) pass under . .; flygplanet (stormen) *gick över staden* . . passed over the town

3 föra, leda: om väg, flod o.d. (i viss riktning) run, (till mål) go, om väg o.d. äv. lead; om trappa, dörr o.d. lead, *till* to, *in i* into

B spec. bet. **1** avlöpa go |off|, pass off, turn out; låta sig göra be possible; lyckas succeed; passera, duga pass; *det ~r nog* that will be all right; *det ~r inte* ~r inte an it won't do, it can't be done, fungerar inte it won't work, är omöjligt it is impossible; *det måste ~!* it must go!; *det ~r illa att arbeta,* när . . it is difficult to work . .; jag visste, *att det skulle ~ så* . . that that would happen; *så ~r det,* när . . that's what happens . .; klockan *~r inte att laga* it is impossible to repair . .; *~r de att tvätta?* will they wash?; *det gick |i alla fall|!* I (resp. you osv.) managed it |anyhow|!; om allt *~r bra* . . goes well; hans affär *~r bra* . . is doing (going) well; *det gick bra för honom* i prov o.d. he got on (did) well; *~ lyckligt* go off successfully; *låt ~ för den här gången!* just (let it pass for) this once!, all right!; *det ~r lätt |för dig|* att kritisera it is easy (an easy thing) |for you| . .; *det får ~ hur det vill* never mind what happens; *hur det än ~r* whatever happens; *hur ~r det för dig?* how are you getting on (amer. making out)?; *hur ~r det för honom om* . .? what will happen to him if . .?; ta reda på *vad ngn ~r för* . . what sort of |a| person he (resp. she) is; *hur går det med* arbetet (boken)? how is . . getting on?; *hur ~r det med* utfärden? what about . .?; *det gick på* en timme it took . . **2** äga rum, spelas o.d.: om idrottstävling come off, be played |off|; om pjäs o.d. be on, om film äv. be shown; om trumma be beating; om tapto, revelj sound; *pjäsen gick ett halvt år* the play ran for (had a run of) six months; *pjäsen gick för fulla hus* i veckor the play drew full houses . . **3** säljas: *~ åt* sell, t.ex. på auktion be sold; bära sig pay **4** förflyta pass, go |by|, elapse; *vad tiden ~r!* how time flies!; *få tiden att ~* kill time **5** vara spridd, om sjukdom o. rykte o.d. be about; vara gångbar, om mynt o.d. be current; *det ~r rykten* there are rumours about; *det ~r rykten om att* . . there are rumours |going about| that . .; *influensan har ~tt mycket i höst* there has been a lot of influenza this autumn **6** rymmas, innehållas go, *i* into; *det ~r* två liter *i flaskan* the bottle holds . .; *det ~r 100 öre på* en krona there are 100 öre in (to) . . **7** sträcka sig go, extend, nå reach; *~ till* t.ex. knäna reach |down resp. up| to . . **8** *~ till (på)* belöpa sig till amount (come) to; resan (biljetten) *~r på 10 kronor* . . costs 10 kronor **9** *~* gripa sig an med *att* t.ex. redogöra för proceed to

II *tr, ~ ed* take (swear) an oath; *~ ärenden* have some jobs to do, om t.ex. springpojke go |on| errands, för inköp go shopping

III *rfl, ~ sig trött* tire oneself out by walking; *~ sig varm* walk till one is hot; värma upp sig walk the chill off

IV med beton. part. (här ej upptagna uttryck söks under partikeln, t.ex. |*gå*| *lös*) **1** *~ an* **a)** passa, gå för sig do; vara passande äv. be proper; vara tillåten be allowed; vara möjlig be possible; *det ~r inte an* vanl. it won't (will never) do; *svaret ~r an* är hjälpligt the answer will do (pass); *det ~r alltid an att försöka* there is no harm in trying; hur mår du? — Åja, *det ~r*

|väl| *an* någorlunda . . only middling (so so); *det* ~*r väl an* för den som är rik it is all right (very well) . . **b)** ~ på |värre| F go on

2 ~ *av* a) stiga av get off; jfr *stiga |av|* b) om plagg come off c) brista break, plötsligt äv. snap |in two| d) lossna, om färg o.d. come off e) nötas av, om kedja, tråd o.d. wear through, om färg, hud o.d. wear (rub) off f) om skott o. eldvapen go off g) ~ *av och an på golvet* pace the floor

3 ~ *bort* **a)** avlägsna sig go (resp. walk) away; ~ *bort* fram *till* walk (resp. step, go) up to; ~ *bort sig* lose one's way **b)** på bjudning go out, *på middag* to dinner **c)** dö die, i högre stil pass away, depart |from| this life; *den bortgångne* the deceased (departed) **d)** om t.ex. fläck disappear, avlägsnas be removed; jfr ~ *av d)* o. *e)* ovan

4 ~ *efter* a) följa walk (resp. go) behind, follow b) om klocka be slow c) se *hämta I*

5 ~ *emellan* se *3 träda |emellan|*

6 ~ *emot* a) möta go to meet, mil. äv. advance against b) stöta emot go (resp. run) against . ., jfr |*stöta*| *emot* c) . . ~*r mig emot* är motigt . . is going (resp. goes) against (wrong for) me

7 ~ *fram* a) eg. go (resp. walk osv.) forward; mil. advance; ~ *fram till* go osv. up to b) konfirmeras be confirmed c) om t.ex. flod, väg run d) om skott reach its mark e) svepa fram pass f) gå till väga proceed. — Jfr äv. *fara |fram|*

8 ~ *framför* se ~ *före* ned.

9 ~ *för sig* se ~ *an a)* ovan

10 ~ *förbi* a) passera förbi go (resp. walk) past (by), pass |by|; titta in *när du* ~*r förbi* . . when you pass by b) gå om overtake . . |in walking|, vid tävling go (get) ahead, *ngn* of a p. äv. bildl., get past . ., pass . . c) hoppa över pass over d) undgå escape. — Jfr *förbigå*

11 ~ *före* a) framför (eg.) go (resp. walk) in front, *ngn* of a p. b) i förväg go osv. on in front c) i ordningsföljd precede, go before d) om klocka be |too| fast e) ha företräde framför go (rank) before, have priority over

12 ~ *i* rymmas, så mycket som ~*r i |den|* . . will go in (into it), . . it will hold; *det där* ~*r inte i mig!* jag låter inte lura mig that won't go down with me!

13 ~ *ifrån* **a)** lämna leave; avlägsna sig get away; överge äv. desert, abandon; glömma |kvar| leave . . behind; tåget *gick ifrån mig* vanl. I missed . . **b)** frånhändas, ~ *ifrån ngn* pass away from a p. **c)** frånräknas, 5 kr. ~*r ifrån* . . is to be deducted **d)** ge upp se *frångå*

14 ~ *igen* a) sluta sig, om dörr o.d. shut |to| b) spöka come back; den gamle ägaren ~*r igen i huset* . . haunts the house c) upprepa sig reappear, recur; *allt* ~*r igen* everything repeats itself

15 ~ *igenom* a) eg. go (resp. walk, pass) through, gå tvärs över cross, go osv. across; passera |igenom| pass; tränga igenom go through, penetrate, om vätska soak through b) ständigt komma igen i, genomsyra pervade c) behandla, undersöka go (hastigt run) through, se igenom look through, inspektera, granska go over, overhaul d) uppleva, |få| utstå pass (go) through, svårigheter experience, undergo, suffer, läkarbehandling go through, undergo; överleva pull through e) läxa go over; årskurs, skola go (pass) through, kortare kurs take, examen pass f) antas, godkännas: i examen pass, get through, om förslag o.d. äv. be passed, om motion be carried, hos myndighet be approved, om begäran be granted

16 ~ *ihop* a) sluta sig close up; mötas meet; förena sig join, unite, sammanfalla äv. coincide, be merged b) passa ihop agree, correspond, match; ~ *bra ihop* samsas get on well c) *få det* inkomster och utgifter *att* ~ *ihop* make both ends meet; affären *gick inte ihop* . . did not pay its way

17 ~ *ikull* se ~ *omkull*

18 ~ *in* **a)** eg. go (resp. walk, step) in, enter, gå inomhus go osv. inside **b)** t.ex. skor break (wear) in **c)** om tid: börja, randas begin, commence, om årstid o.d. come, set in; *dagen gick in* strålande klar the day dawned . . **d)** rymmas se ~ *i* ovan **e)** m. prep.: ~ *in för* go in for, t.ex. idé äv. embrace, adopt, slå sig på äv. take up, stödja äv. support; *bordet* ~*r inte in genom* dörren the table does (will) not go in through . .; ~ *in i* klubb o.d. join, become a member of, enter; ~ *in i* sitt sjuttonde år enter upon . .; korken ~*r inte in |i hålet|* . . does not go in |the hole|; ~ *in i det allmänna medvetandet* become part of the public consciousness; ~ *in i (in på) ngns rum* el. ~ *in till ngn* go osv. into (enter) a p.'s room; ~ *in med* t.ex. ansökan se *lämna |in|;* ~ *in på* eg. enter; ge sig in på, t.ex. ämne enter upon, t.ex. detaljer enter (go) into; samtycka till se ~ *med på;* ~ *in till* de andra join . .; ~ *in vid* armén join (enter) . .; ~ *in vid teatern* go on the stage

19 ~ *inåt* se *inåt II*

20 ~ *isär* eg. come apart; om åsikter o.d. diverge, be divergent

21 ~ *itu* i två delar go (come, break) in two, sönder break

22 ~ *med* **a)** göra sällskap, följa go (komma come) along (too, as well), go (komma come) with me (him osv.); ~ *med ngn* go (komma come) |along| with (beledsaga accompany, sluta sig till join) a p. **b)** deltaga join in **c)** ~ *med i* klubb o.d. join, become a member of, enter **d)** ~ *med på* samtycka till agree (consent) to, godkänna approve |of|, godta äv. accept; vara med på äv. be ready for; medge admit, agree

23 ~ *ned (ner)* allm. go down äv. om t.ex. svullnad; eg., om pers. äv. walk (resp. step) down, descend, i nedre våningen go downstairs; flyg. äv. descend, landa alight, land; om ridå äv. fall, drop; om himlakropp äv. set; om priser, temperatur o.d. äv. sink, fall, drop, decline; ~ *ned* |*i den* resp. *dem*| *(ned i ngt)* få plats go into it resp. them (into a th.); ~ *ned i* vikt äv. lose |in| . .; ~ *ned sig* |*på isen*| go through |the ice|

24 ~ *nedför* se under *nedför;* jfr ~ *utför*

25 ~ *nedåt* se under *nedåt;* jfr ~ *utför*

26 ~ *om* a) nå omkring go round b) passera, äv. bildl. se ~ *förbi;* ~ *om varandra* om pers. (utan att ses) pass each other, om brev cross in the post c) göras om be repeated (done again); *matchen får* ~ *om* the match must be replayed, there must be a replay; ~ *om tredje klass* remain in the third form

27 ~ *omkring* **a)** promenera hit och dit walk osv. (allm. go) about, *i huset (på gatorna)* the house (|in| the streets); ~ *omkring huset* walk osv. (allm. go) round the house; ~ *omkring och sälja (tigga)* go round (about) selling (begging); *han* ~*r omkring och säger att* . . he goes around saying that . . **b)** räckas omkring se ~ *runt* ned.

28 ~ *omkull* (F *ikull*) a) eg. se *falla* |*omkull*| b) bildl., firman *har* ~*tt omkull* . . has become (gone) bankrupt

29 ~ *på* a) stiga |upp| pa get on; se vid. *stiga* |*på*| b) gå på grund run aground c) fortsätta go on; gå framåt go ahead, push on, skynda på make haste, hurry up; gå an |värre| go on d) om kläder go on e) *han* ~*r på* (börjar tjänstgöra) kl. 17 he goes on duty . . f) *jag* ~*r inte på* 'sväljer inte' *vad som helst* I can't swallow just anything

30 ~ *runt* a) se ~ *omkring a)* ovan b) räckas omkring pass (go, be handed) round c) svänga runt go round; kantra capsize, turn turtle; *det* ~*r runt för mig* my head is going round

31 ~ *samman* se ~ *ihop* ovan

32 ~ *sönder* se under *sönder*

33 ~ *till* **a)** besöka go and see, visit; *han gick till henne* i går he went to see her . .; ~ *till och från* om tillfällig hjälp come in |for a few hours| **b)** försiggå come about (högt. to pass); hända happen; ordnas be arranged (done); visa ngn *hur det* ~*r till att sy* . . how to sew; *hur ska det* ~ *till?* how is that to be done (managed)?; *så gick det till* that was (is) how it was done (what happened); *så* ~*r det till här i världen* that's the way of the world; *det gick livligt till* things were lively; *det gick högtidligt till* there was an atmosphere of solemnity about it; *det här* ~*r inte riktigt till* there is something wrong here **c)** om växt come up (on) **d)** om fisk come in

34 ~ *tillbaka* a) återvända go back, vända om äv. return båda äv. bildl. b) i tiden go (date) back, *till* to c) upphävas, återgå be cancelled (annulled) d) minska, avta recede, decrease, abate, subside e) försämras, gå utför deteriorate, decline, go backwards, fall off; *det har* ~*tt tillbaka för honom* he has come down in the world

35 ~ *tillsammans* se ~ *ihop b)* ovan

36 ~ *undan* a) gå ur vägen, väja get out of the way, stand clear (back) b) gå fort get on fast, progress fast (rapidly); *låt det* ~ *undan!* make haste!, push on!

37 ~ *under* a) förolyckas: om pers. be ruined, om fartyg go down, founder, om t.ex. stad be destroyed, om rike fall, perish, om världen come to an end b) komma med lägre bud underbid, bid lower

38 ~ *upp* **a)** i fråga om rörelse uppåt, äv. friare: allm. go up, rise; eg., om pers. äv. walk (resp. step) up, i övre våningen vanl. go upstairs, ur säng get up, kliva upp get out, *ur* vattnet of . .; om ballong äv. ascend, om flygplan take off, i brant vinkel zoom; om himlakropp rise; om pris o.d. go up, rise; *det gick upp för mig, att* . . it dawned upon me that . ., I realized that . .; ~ *upp i tentamen (engelska)* go in (sit) for (take) one's exam|ination| (English exam|ination|) **b)** öppna sig: om dörr o.d. open, come (swing, fly) open; om sår open; om sjö (is) break up; om plagg rip, tear, *i sömmen* at the seam; om t.ex. brosch come unfastened; om knapp el. knäppt plagg come unbuttoned; om knut come undone **c)** ~ *upp i rök* go up in smoke äv. bildl. **d)** ~ *upp* |*till*| se *uppgå* |*till*| **e)** ~ *upp i* vara (resp. bli) fördjupad i be (resp. become) absorbed (engrossed) in; ~ *upp i* sin roll enter into (identify oneself with) . . **f)** ~ *upp i* vara (resp. bli) införlivad med be (resp. become) merged in **g)** ~ *upp* |*e*|*mot* kunna mäta sig med come up to; *ingenting* ~*r upp* |*e*|*mot* . . äv. there is nothing like . .

39 ~ *uppe* om patient be |up and| about

40 ~ *uppför* om pers. go (resp. walk) up, mount, ascend, kliva climb; om väg go up|hill|, ascend; ~ *uppför trappan* äv. go upstairs

41 ~ *ur* |ngt| a) om pers.: fordon step (get) out |of . .|; jfr *stiga* |*ur*|; klubb e.d. leave |. .|; ~ *ur* |*tävlingen*| withdraw |from the game|, give up b) om fläck, färg come out |of . .|, blekas fade |out of . .|, försvinna disappear |from . .| c) om knapp o.d. come (fall) off |. .|

42 ~ *ut* (jfr äv. *utgå)* **a)** eg. o. friare go (resp. walk) out, *genom dörren* at the door; gå utom dörren go outside; träda ut äv. step out|side|; ~ *ut* |*och* ~| go |out| for (take) a walk, som vana äv. go out walking; ~ *ut skolan* leave (genomgå finish) school; ~ *ut som segrare* come off a victor **b)** tryckas appear, be issued **c)** om patiens come out **d)** utlöpa, gå till ända come to an end, run out, expire; *tiden är utgången* time is up **e)** dö |ut| become extinct, die out **f)** ~ trampa *ut skorna* stretch one's shoes **g)** m. prep.: ~ *ut från* eg., om t.ex. järnväg o.d. start out from äv. bildl. om t.ex. resonemang; förutsätta presuppose osv., jfr *förutsätta;* märka vad det hela ~*r ut på* . . amounts to;

leken ~*r ut på* the idea of the . . is; hans resonemang *gick ut på att* inf. . . was aimed at ing-form; ~ *ut ur rummet* leave the room; jfr äv. ~ *ur a); låta* sin vrede o.d. ~ *ut över* vent . . upon; *hans missnöje gick ut över* eleverna he was dissatisfied, so he took it out of his . .; *det är alltid* kvinnan [*som*] *det* ~*r ut över* it's always . . who suffers (pays)

43 ~ *utför* om pers. go (resp. walk) down[-wards], descend; om väg go downhill; *det* ~*r utför med honom* he is going downhill

44 ~ *utåt* se *utåt II*

45 ~ *vidare* eg. go (resp. walk) on; fortsätta go on, proceed, *i, med* with; *låta ngt* ~ *vidare* pass on a th. (a th. on); *låt* smöret ~ *vidare!* äv. pass round (along) . .!

46 ~ *åt* **a)** behövas be needed osv., jfr *behövas; hela dagen gick åt för mig att* inf. it took me the whole day to inf., my whole day went in ing-form **b)** ta slut: förtäras be consumed, förbrukas be used up **c)** ha åtgång sell, *bra* well **d)** ~ *åt av skratt* be dying with laughter; ~ *åt av värme* swelter **e)** ~ *illa åt ngn* treat a p. harshly; ~ *illa åt* handskas vårdslöst med *ngt* handle a th. roughly, knock a th. about **f)** *vad* ~*r det åt dig?* what is the matter with (has come over) you?

47 ~ *över* **a)** färdas över, korsa (äv. absol.) go (resp. walk) across, cross [over]; ~ *över till* grannen go round (over) to . . **b)** nå högre än go (resp. run, rise, be) above **c)** bildl., överstiga: t.ex. förstånd pass, t.ex. förväntan surpass, t.ex. förnuft transcend; *det* ~*r över mina krafter* it exceeds my strength, it is beyond my power[s] **d)** drabba overtake, befall **e)** upphöra abate, cease, stop; om smärta, vrede äv. pass [off]; *det* ~*r över med åren* you (he osv.) will grow out of it **f)** granska o.d. go over, overhaul; syna look over (through) **g)** ~ *över i* t.ex. andra händer, förvandlas till pass into; ~ *över i varandra* om t.ex. färger run (melt, småningom äv. merge, shade off) into each other **h)** ~ *över till* friare o. bildl.: andra ägare pass to; reserven, flytande tillstånd pass into; t.ex. annat parti, fienden go over to; dagordningen, annan verksamhet, annat ämne pass on to; skrida till proceed to; överlämnas till be handed on (transmitted) to; överflyttas till be transferred to, om egendom, makt be vested in, jur. devolve on; förändras till change (turn, be transformed) into; byta till change to; ~ *över till kristendomen* embrace (be converted to) Christianity, become a (oväntat turn) Christian; stormen *gick över till orkan* . . turned into a hurricane

gåbort[s]klänning party-dress

gådrulle jay-walker

gående I *-t 0* walking, going osv., jfr *gå* **II** *a* walking, going osv.; *en* ~ a pedestrian; *supén serverades vid* ~ *bord* a buffet supper (a stand-up buffet) was served; *för långt* ~ *slutsatser* conclusions which are (were osv.) too far-reaching

gågata pedestrian street

gång *-en* **I** pl. *0* **1** gående [till fots] walking, promenad walk; sätt att gå (om levande varelser) allm. gait, walk, om häst pace; *en graciös (värdig)* ~ a graceful (dignified) walk; *en ostadig* ~ an unsteady gait; *ha* [*en*] *spänstig* ~ walk with a springy step (gait); *påskynda* ~*en* hasten one's steps, quicken one's pace; *känna igen ngn på* ~*en* recognize a p. by his way of walking (på stegen by his step) **2** färd (om fartyg) run, gm (i) vatten, is o.d. passage, *genom, i* through **3** rörelse, verksamhet o.d.: om maskin o.d. working, running, motion, action; *solens skenbara* ~ över himlavalvet the apparent motion of the sun . .; motorn *har* [*en*] *jämn* ~ . . runs smoothly; motor *med tyst* ~ . . that runs silently; *få* t.ex. maskin, samtal *i* ~ get . . going (started), start . .; *hålla* . . *i* ~ keep . . going; *komma* [*riktigt*] *i* ~ get [properly (well)] started (going), om maskin o.d. äv. begin working (running) [as it should]; *sätta* . . *i* ~ start . ., set . . going; *sätta i* ~ itr. start, go ahead, med arbete get busy; *vara i* ~ be going, om maskin, företag o.d. äv. be running (working), be in operation, om tåg be in motion, om förhandlingar, samtal be in progress, be proceeding, om pers. be on the go; *vara i full* ~ om arbete o.d. be in full swing; *på* ~ i görningen, under arbete in hand, in preparation **4** fortgång progress, förlopp course; *världens* ~ the way of the world; *allting går sin gilla (jämna, vanliga)* ~ things are going on just (much) as usual; *rättvisan skall ha sin* ~ justice must take (have) its course; *låta saken ha sin* ~ let the matter take its course; *under samtalets* ~ in the course of the conversation

II pl. *-ar* väg path[way], walk; i o. mellan hus passage, korridor äv. corridor; i kyrka aisle; mellan bänkrader på teater, i buss o.d. gangway, amer. aisle; underjordisk gallery, under gata o.d. subway; anat. duct

III pl. *-er* tillfälle, omgång m.m. time **a)** ex. i sg.: *en* ~ a) allm. once b) om framtid one (some) day, some time c) ens even; *en* ~ *för alla* once [and] for all; *en* ~ [*i tiden (världen)*] förr at one time; *en* ~ *om året* once a year; *en* ~ *vart tredje år* once every three years; *en* ~ *till* once more; gör det inte *en* ~ *till!* . . again!; *en halv* ~ *till så stor* half as large again; *en* ~ *är ingen* ~ it doesn't matter for once; *det var en* ~ i saga once upon a time there was; *det är nu en* ~ *så, att öl* kostar mer well, that's how it is, beer . .; *en annan* ~ ss. adv. another time, on another occasion, avseende framtid some other time; *en och annan* ~ every now and then, once in a while, occasionally; *den* ~*en* vid det tillfället that time, on that occasion, på den tiden at that time, then; *förra (första)* ~*en* last (the first) time; *det är första* ~*en jag ser . .* it is the first time I have seen . .; *då jag första* ~*en såg honom* when I first saw him; *någon* ~ måste det ske some day (time) [or other] . .; *någon* ~ ibland once now and then, from time to time; *någon* ~ i maj some time [or other] . .; *någon enda (enstaka)* ~ once in a while, very occasionally; *varje ([för] var)* ~ jag badar each (every) time . ., närhelst whenever . .; *för en* ~*s skull* for once [in a while]; *[bara] för den här* ~*en* [just] for this once; *med en* ~ all at once; *på en* ~ a) samtidigt at a (the same) time, at once b) i en enda omgång in one go c) plötsligt all at once, suddenly; ~ *på* ~ time after time, over and over again; *två åt* ~*en* two at a time **b)** ex. i pl.: *alla* ~*er* säkert definitely; *många* ~*er [större]* many times [as large]; *några* ~*er* a couple of times; *två* ~*er* twice; *tre* ~*er* three times, åld. thrice; *två* ~*er två är . .* twice (two times) two is . ., two twos are . .; *två* ~*er till* twice more, two more times; *storlek 10* × *(*~*er) 15* size 10 by 15

gång|are sport. walker **-art** hästs pace **-bana** foot-path; trottoar pavement, isht amer. sidewalk **-bar** *a* **1** framkomlig negotiable, passable, practicable **2** gällande, gängse current; lättsåld saleable, marketable; *i* ~*t mynt* in current coin, in legal tender **-barhet** currency; saleability, marketability; jfr *-bar 2* **-bord** sjö. gangway **-bro** foot-bridge

gång|en *a* **1** förfluten . . gone by, bygone . .; om t.ex. tid, vecka äv. past; *det -na* the past **2** *långt* ~ om sjukdom o.d. far advanced

gång|gata pedestrian street **-grift** passage grave **-järn** hinge **-kläder** *pl* wearing-apparel sg. **-låt** marching-tune **-matta** runner **-rekord** walking record **-spel** sjö. capstan **-sport** walking, på landsväg road walking **-stig** foot-path, path **-trafik,** *endast* ~ pedestrians only; *ej* ~ no pedestrians **-tunnel** [public] subway, amer. underpass **-tävlan** walking competition **-väg** [public] foot-path

gåpåaraktig *a* hustling, pushing, go-ahead

gåpåare pusher, go-getter

går, *i* ~ yesterday; *i* ~ *kväll (morse* osv.*)* yesterday evening (morning osv.); *i* ~ *kväll* äv. last evening (senare night); *i* ~ *natt, natten till i* ~ the night before last; *i* ~ *[för] åtta dagar sedan* a week ago yesterday; *det var inte i* ~ *[som] vi sågs sist* it's ages since . .; *han är inte född i* ~ he was not born yesterday

gård *-en -ar* **1** kringbyggd plats o.d.; allm. yard; bak~ backyard; borg~ o.d. court[yard]; på lantgård farmyard; gårdsplan framför t.ex. herrgård courtyard; *bo två trappor upp åt* ~*en* live on the second floor at the back; *ett rum åt* ~*en* a back room **2** egendom o.d.: bond~ farm, större, herr~ estate; boningshus: på bond~ farm[-]-house], på herr~ manor-house **3** ljusring halo

går|dag, ~*en* yesterday, föregående dag äv. the day before, the previous day **-dagstidning** yesterday's paper (äv. ~*en)*

gårdfari|handel house-to-house peddling **-handlare** [licensed] pedlar

gårds|dräng farm-hand **-folk 1** ~*et* invånarna på gården the people pl. living on the farm **2** tjänare farm-hands pl. **-hus** back building **-karl** odd-job man, caretaker, amer. janitor **-plan** courtyard **-rum** back room **-sida,** *åt* ~*n* at the back

gårdvar *-en -ar* watch-dog äv. om pers.

gås *-en gäss* goose (pl. geese) äv. bildl.; *det är som att slå vatten på en* ~ it's like water off a duck's back; *dèt går vita gäss [på sjön]* there are white-caps (white horses) [on the sea] **-flock** flock of geese **-flott** goose-dripping **-han[n]e** gander **-hud** bildl. goose-flesh; *få* ~ äv. get goose pimples **-karl** gander **-krås** giblets pl. **-leverpastej** pâté de foie gras fr. **-marsch,** *gå i* ~ walk in single file **-penna** skrivpenna quill [pen] **-unge** gosling

gåt|a *-an -or* riddle, friare äv. mystery, puzzle, enigma; *det är mig en* ~ it is a mystery to me **-full** *a* o. **-lik** *a* mysterious, puzzling, enigmatic[al]

gåv|a *-an -or* allm. gift äv. bildl.; vard. present; testamenterad bequest, legacy; donation donation; *andliga -or* intellectual gifts (endowments); *få [mottaga] ngt i (som)* ~ have a th. given one as a present; en man *med stora -or* äv. . . of great parts

gåvo|brev deed of gift **-medel** *pl* gift funds; *genom* ~ donationer by donations **-paket** gift parcel (amer. package)

gäck 1 *-en -ar, släppa* ~*en lös* let oneself go **2** *-et 0, driva* ~ *med* se *gäckas [med]*

gäcka *tr* omintetgöra frustrate, bedraga, undgå baffle, fly undan elude; ~*de förhoppningar* disappointed (frustrated) hopes; *ett* ~*nde skratt* a mocking laugh; ~*nde skugga* elusive shadow **gäckas** *itr. dep,* ~ *med* håna mock (scoff) at, gyckla med make fun of, retas med trifle with **gäckeri** *-[e]t -er* mockery

gädd|a *-an -or* pike (pl. äv. likå)

gäl *-en -ar* gill; djur *som andas med* ~*ar* gill-breathing . . **gäla** *tr* gill, gut

gäld *-en 0* debt[s pl.]; jfr vid. *skuld 1* **gälda** *tr* betala pay, sona atone for **gäldenär** debtor

gälhåla gill-cavity(-chamber)

gälisk *a* Gaelic

gäll *a* shrill; om färg crude

gäll|a *-de -t itr tr* **1** ~ *[för]* räknas count, vara värd be worth; *esset -er [för]* 1 eller 14 the ace counts . . **2** äga giltighet: allm. be valid, om lag, kontrakt o.d. äv. be (remain) in force, apply, om mynt o.d. be current, vara tillämplig på apply to, concern; bestämmelsen *-er från 1 januari* . . applies (abonnemanget . . runs) [as] from (. . comes into effect on) 1st January; biljetten *-er [för] 1 månad* . . is valid (available) for a month; *detta -er [för]* samtliga fall this holds [good] for . .; *detta -er också [om] X.* this is also true of X.; erbjudandet *-er till 15 april* . . is open to 15th April; förbudet *-er endast [för] utlänningar* . . only applies to foreigners; mitt löfte *-er fortfarande* . . still holds good **3** vara av vikt, hans ord *-er mycket* . . have (carry) great weight, *hos* with **4** anses be regarded, *för (som)* as; pass, *för* for; *han vill gärna [gå och] ~ för* liberal he sets up to be . . **5** angå: avse be intended for, be aimed at, röra concern, have reference to; anmärkningen *-de mig* . . was aimed at me; *detta -er er alla* this concerns all of you; min första tanke *-de henne* . . was for her; *vad -er saken?* what is it about?; *vad -de resan?* what was the object (purpose) of the journey? **6** opers., *det -er* (är fråga om) vanl. it is a question (matter) of; *det -er liv eller död* it is a matter of life and death; *det -er hans ära* his honour is at stake; *det -er* att sparka bollen i mål the object is . .; *här -er det att se upp!* now look out!; *nu -er det!* now for it!; *nu -er det oss!* now it's our turn!; *nu -er det att handla* now is the time for action; *nu -er det att handla snabbt* now we (you etc.) must act quickly; *när det -er* i nödfall at a pinch, i en kritisk situation in an emergency, kommer till kritan when it comes to it; *när det -er X.* har du rätt as far as X. is concerned . .; springa *som om det -de livet* . . for dear life; han kunde inte säga det, *om det så -t livet* . . to save his life

gällande *a* giltig valid, *för* for; om lag o.d. äv. . . in force; tillämplig applicable, *för* to; rådande present, current, existing; *det ~ avtalet* the existing agreement; *äga ~ kraft* be in force, be legally valid; *enligt ~ lag* according to existing law; *i nu ~ mynt* in current coin, in legal tender; *nu ~ priser* the ruling (current) prices; *det ~ systemet* the present system; *göra ~* hävda maintain, assert, claim, starkt framhäva argue, urge; *göra sina anspråk ~* establish one's claims; *göra ~* t.ex. sitt inflytande, sina kunskaper bring . . to bear, *gentemot* on; *göra sin rätt ~* assert one's right; *göra sig ~* a) hävda sig assert oneself b) vara framträdande be in evidence, manifest itself (resp. themselves), tell, make itself (resp. themselves) felt; ålderdomen *börjar göra sig ~* . . is beginning to tell

gällen *a* slightly turned, pred. äv. on the turn

gäl|lock gill-cover **-springa** gill-slit

gäms *-en -er* se *gems*

gäng *-et -* allm. gang; kotteri äv. set

gäng|a I *-an -or* thread, worm; *allt går i de gamla -orna igen* bildl. things have gone back into the old groove again; vara, komma *ur -orna* bildl. F . . off the hooks; *känna sig ur -orna* F feel off colour **II** *tr* thread

gänglig *a* lanky **-het** lankiness

gängse *oböjl. a* current, förhärskande äv. prevalent; vanlig usual; *vara ~* äv. prevail

gärd *-en -er, en ~ av* tacksamhet o.d. a token of . .

gärda *tr, ~ in* se *inhägna; ~ om* se *omgärda*

gärde *-t -n* **1** stängsel fence; *~t är upprivet* bildl. the game is lost (all up) **2** åker field **gärdsgård** fence **gärdsgårdsstör** fence pole **gärdsmyg** wren

gärna *adv* villigt willingly, readily, med nöje gladly, with pleasure; i regel often, generally, usually; jfr äv. ex.; *~ det!, så ~ [så]!* by all means!; *~ för mig!* I have no objection!, it is all right with me!, det är mig likgiltigt I don't care!; *hur ~ jag än ville* however much I should like to; *inte ~* knappast hardly, scarcely, not very well; *jag gör det mer än ~* I'll be delighted (I should love) to do it; *mycket ~!* with pleasure!, certainly!; *använd ~* bagagekärrorna! please use . .!; *han cyklar ~* med förkärlek he likes (is fond of) cycling; *jag erkänner ~ att* . . I don't mind admitting (I am quite prepared to admit) that . .; *han får ~* försöka he can . . if he likes, he can certainly (is welcome to) . .; *du kan [lika] ~* göra det you may just as well . .; *du kunde ~* ha svarat you might at least . .; *en ~ sedd gäst* an ever-welcome guest; *jag såge ~ att du* . . I would appreciate it if you . .; *brasan slocknar ~* om inte the fire is liable to go out . .; *han talar ~ om* sina böcker he likes (is fond of) talking of . .; *jag skulle [bra] ~ vilja veta* . . I should [very much] like to know . .

gärning 1 handling deed, act, action, bedrift achievement; *göra en god ~* do a good deed (a kindness); *i ord och ~* in word and deed; *på bar ~* se *1 bar* **2** verksamhet work, kall duties pl. **gärningsman,** *~nen* the perpetrator [of the crime], svagare the culprit

gäsp|a *itr* yawn, *åt* at; *~ munnen ur led* yawn one's head off **-ning** yawn

gässling gosling

gäst *-en -er* allm. guest, *i (vid)* at; besökande äv. visitor, på restaurang o.d. äv. patron, *på* of; på hotell vanl. resident, inackordering boarder; jfr äv. *främmande II 2* ex.; *vara flitig ~* a) be a frequent guest (visitor), *hos ngn* at a p.'s home b) i offentlig lokal be a regular frequenter, *på (hos, i)* of; döden är en *fruktad ~* bildl. . . dreaded visitant

gästa *tr itr* besöka visit; *~ [hos] ngn* be a p.'s guest, vistas hos ngn stay with a p. as his (her etc.) guest **gästabud** feast, banquet

gäst|artist guest artist (star) **-bok** guest

(resande- visitors') book **-fri** *a* hospitable, *mot* towards (to) **-frihet** hospitality **-föreläsare** visiting lecturer **-givare** innkeeper, landlord **-givargård** o. **-giveri** inn **-hem** guest-house, enklare hostel **-roll,** *ge en ~* appear as a guest, give a guest performance **-rum** spare bedroom, finare guest-room **-spel** teat. special (guest, star) performance (appearance) **-spela** *itr* teat. give a special (guest, star) performance, appear as a guest **-uppträdande** se *gästspel* **-vänlig** *a* se *gästfri*

gö|da *-dde -tt* **I** *tr* **1** fatten [up], djur äv. fat; *slakta den -dda kalven* kill the fatted calf **2** med konstgödning fertilize **II** *rfl* feed (fatten) [oneself] up, fatten

göd|boskap beef (fattening, fat) cattle pl., fat stock pl. **-kalv** beef calf, fatted (fattening) calf; kok. prime veal **-kur,** *sätta ngn på en ~* put a p. on a fattening diet **-kyckling** spring chicken, ibl. broiler

gödning 1 gödande fattening etc., jfr *göda* **2** konkr., se följ. o. *gödsel*

gödnings|medel o. **-ämne** fertilizer

gödsel *-n 0* naturlig manure, dung, konst~ fertilizer[s pl.] **-grep[e]** dung-fork **-hög** dunghill **-spridare** maskin manure-spreader, för konstgödning fertilizer distributor **-stack** se *-hög* **-stad** dung-(manure-)pit **-vatten** liquid manure

gödsla *tr* manure, dung, konst~ fertilize

gödsling manuring etc., jfr föreg.

gök *-en -ar* **1** zool. cuckoo; *~en gal* the cuckoo calls **2** F kurre fellow, bird **-blomma** o. **-blomster** ragged robin **-klocka** cuckoo-clock **-unge** young cuckoo äv. bildl. **-ärt** bitter vetch

göl *-en -ar* pool, liten sjö äv. mere

göm|ma A *-man -mor* hiding-place; isht bildl. secret place; *i mina -mor* lådor, skåp m.m. in my drawers (cupboards m.m.); *hjärtats innersta -mor* the innermost recesses of the heart **B** *-de -t* **I** *tr* **1** dölja hide [. . away], conceal, *för* from; *hålla sig -d* keep in (be [in]) hiding, lie low; *~ ansiktet i händerna* hide (bury) one's face in one's hands; *~ nyckeln* lek hide the key; *~ ringen* lek hunt the ring; *~ undan* hide . . away, *för* from; put . . away out of sight **2** förvara: allm. keep, spara äv. save [up], put . . by (aside), *till (åt)* i samtl. fall for; *~ ngt* i sitt hjärta cherish (treasure, keep) a th. . .; äpplena *tål att ~[s]* . . will keep **II** *rfl* hide, conceal oneself, *för* from, *undan* out of the way

gömme *-t -n* o. **gömsle** *-t -n* o. **gömställe** hiding-place, F för pers. hide-out

göra A *gjorde gjort* (se äv. ex. under resp. subst., adj., pron. el. adv.) **I** *tr itr* **1** m. konkr. subst. som obj.: tillverka, förfärdiga allm. make; *fabriken gör* elspisar the factory makes (manufactures) . .; *~ en förteckning* äv. draw up a list; *~ ett porträtt* o.d. ex. se under *2*

2 m. abstr. subst. som obj.: a) do: i allm. vid obj. som betecknar mera obestämd verksamhet, tjänst, fördel el. skada el. betecknar resultatet av konstnärligt el. tekniskt framställande b) make: i allm. i bet. åstadkomma [något nytt], bringa till stånd, skapa o.d., varvid 'göra' + obj. ofta kan utbytas mot enkelt vb c) andra vb, se ex.; *~ affärer* do business; *~ en god affär* make a good bargain; *~ ngn ett anbud* make a p. an offer; *~ ett anfall mot . .* make an attack upon . .; *~ ett gott arbete* do good (a good piece of) work; *~ en bekännelse* make a confession; bindningen *är gjord för hand* . . has been done by hand; *~ förbättringar (ett försök)* make improvements (an attempt); *~ ngn den glädjen att* inf. give (do) a p. the pleasure of ing-form; *~ invändningar (svårigheter)* raise objections (difficulties); *bilen gör* 130 kilometer the car is doing (kan prestera can do) . .; *~ London* som turist do London; *~ läxorna* do one's homework; *~ ett mål* score a goal; *vi kan ~ detta papper* denna papperskvalitet *i tre olika nyanser* we can do this paper in three different shades; *~ en paus* pause, have a break; *~ ett porträtt* do a portrait; *~ en promenad (en cykeltur)* go for a walk (cycle ride); *~ en resa* make a journey; *vi gjorde resan* på sex timmar we did the journey . .; *~ revolt* revolt; *~ revolution* bring about (start) a revolution; *~ ngn sorg* cause a p. sorrow (distress); *tillfället gör tjuven* opportunity makes thieves pl.; *~ sin värnplikt* do one's military service; *~ stora ögon* open one's eyes wide, stare; *~ en översättning* do a translation

3 m. neutr. pron. el. adj. som obj. samt i inf.-uttr. av typerna 'ha [ngt] (få) att göra [med]', 'vara att göra': allm. do, jfr äv. *6* ned.; *jag gör det inte!* I shall do nothing of the kind!, I won't do it!; *det (något sådant) gör man inte* that is not done; *det gör mig detsamma* it is all the same to me; *det gör ingenting!* it doesn't matter!, never mind!; *det gör ingenting (mycket) till saken* it makes no (a great) difference; *inte så mycket att det gör något* nothing worth mentioning; *han kan inte ~ mig något* he cannot do me any harm; *det går att ~ något av honom* there is something to be made [out] of him; *gör det [Er] något, om . .?* will it (I hope it will) be all right [with you] if . .?; *~ sitt (sitt bästa)* do one's part (best); *sådant görs inte* that sort of thing isn't done; *han vet vad han gör* he knows what he is doing (about, F up to); *vad har jag gjort, eftersom du gråter?* what have I done to make you cry?; *vad gör det?* what does it matter?, what of that?; *vad gör det mig, om . .?* what do I care if . .?; *vad gör det* om han får läsa brevet? what harm can it do . .?; *vad skall jag ~ med dig?* se under *III; ha att ~ med* have to do with, deal (have dealings) with; *lätt att ha att ~ med* easy to deal (dra jämnt med get on) with; *allt som har med sjön att ~* everything connected (F to do) with the sea; *då får du med mig att ~!* then you will catch it from me (will have me to deal with)!; *du har ingenting här att ~!* you have no business to be (come) here!; *det har ingenting med detta att ~* it has nothing to do with this; boken har *ingenting med verkliga livet att ~* . . no relation to life; *han har mycket att ~* äv. he is very busy; *vad har du här att ~?* what are you doing here?; *vad har du med det att ~?* what's it got to do with you?, that is none of your business!; *det är ingenting att ~ åt det* it cannot be helped, there is nothing to be done; *vad är att ~?* what is to be done?

4 m. att-sats som obj.: förorsaka make, cause; *det gjorde att bilen stannade* that made the car (caused the car to) stop; *detta gjorde* (hade till följd) *att* han fick svårt att svälja the result of this (that) was that . .; *detta gjorde att jag fullkomligt tappade huvudet* this caused me completely to lose my head; *detta gör att jag tvekar* that makes me (that causes me to, F that is why I) hesitate; *vad är det som gör att den flyger?* what makes it (causes it to) fly?

5 m. [ack.-obj. o.] obj. predf.: allm. make; *~ ngn galen* drive a p. mad; *~ ngn olycklig* make (render) a p. unhappy; *~* golvet *rent (rent* [*på*] golvet*)* clean . .; *~ saken värre* make matters (things) worse; *~ ngn till general (sin arvinge)* make a p. a general (one's heir); *~ natten till dag* turn night into day; *vi har gjort det till vår uppgift att* . . we have made it our task to . .

6 i stället för förut nämnt vb vanl. do, dock ofta utelämnat efter hjälpvb; jfr för övrigt nedanstående typex.; han reste sig *och det gjorde jag också* . . and so did I; har du läst läxorna? *— Nej, det har jag inte* [*gjort*]. *— Gör det då genast!* . . No, I haven't. — Then do it at once!; skall jag stänga? *— Ja, gör det* . . Yes, do; *regnar det? — Ja, det gör det* is it raining? — Yes, it is; om du inte tar boken, *gör han det* . . he will; han smekte henne *som man skulle ha gjort med en kattunge* . . as one would [have done] a kitten

7 utgöra make; *det gör fem per man* that will be five per person; två gånger två *gör fyra* . . make[s] four; 20 shillings *gör ett pund* . . make one pound

8 handla, gå till väga, bära sig åt act, behave, i ledigare stil do; *gör mot andra som du vill att de skall ~ mot dig* do as you would be done by; *hur gör man för att få . .?* how do you get . .?; jag vet inte *hur man bör ~* . . how to act, . . what one ought to do; *hur kan du ~ så?* how can you behave (act) like that?; *~ fel (rätt)* do wrong (right); *det var dumt gjort* that was a silly thing to do; *det var dumt gjort av honom* it was silly of him [to do that]

9 särskilda fall: *~* en kvinna *med barn* get . . with child; *det låter sig inte ~*[*s*] it cannot be done, it is not feasible; *gjort är gjort* it is no use crying over spilt milk

II *rfl* **1** allm. make oneself; låtsas vara make oneself out to be, pretend to be; *~ sig bättre än man är* make oneself out (pretend) to be better than one is; *~ sig fin i håret* make one's hair [look] nice; *~ sig förstådd (till herre över . .)* make oneself understood (master of . .); *~ sig ren om händerna* clean one's hands; *~ sig till domare över ngn* constitute oneself (set oneself up as) a judge of a p.; *~ sig till martyr* make a martyr of oneself; *~ sig besvär att* inf. take the trouble to inf.; *~ sig en föreställning om ngt* form a conception (an idea) of a th.; *du kan inte ~ dig en föreställning om hur* . . you cannot imagine how . .; *~ sig en förmögenhet (god förtjänst)* make a fortune (a good profit); *det låter inte ~ sig* it cannot be done **2** passa, ta sig ut, *han gör sig alltid på kort* he always comes out well [in photographs]; sådant *gör sig alltid* . . always makes a good impression; *han (skämtet) gjorde sig inte* i det sällskapet he (the joke) was no success . .; *kudden gör sig bra i soffan* the cushion goes well together with the sofa

III m. beton. part. **1** *~ an* se *angöra* **2** *var skall jag ~ av* brevet? where am I to put (what am I to do with) . .?; jag blev så generad, att jag inte visste *var jag skulle ~ av mig* . . where to look; *~ av med* a) förbruka spend, göra slut på äv. get (run) through b) ta livet av kill, make away with; *~ sig av med* get rid of, dispose of **3** *~ bort ngn* förbrylla ngn confuse (med finter fool) a p.; *~ bort sig* make a fool of oneself, misslyckas fail completely **4** *lätt att ~ efter* easily imitated (copied) **5** *~ ngn emot* cross (thwart) a p. **6** *~ fast* fasten, surra secure, lash, förtöja make . . fast, *vid* to **7** *~ ifrån sig* avsluta get . . done; *det har han gjort ifrån sig bra* he has done a good job there **8** *~ loss* disengage, loose, en båt unmoor; jfr *lossa* o. *lösgöra* **9** *vad skall jag ~ med dig?* what am I to do with you?; *vad har du gjort med henne eftersom hon gråter?* what have you done to her to make her cry? **10** *~ ned* a) eg.: t.ex. fiende destroy, wipe out b) bildl.: t.ex. bok slash, slate, pull . . to pieces **11** *~ om* på nytt do (resp. make) . . over again, ändra alter, upprepa do . . again, repeat; *gör inte om det!* don't do it again! **12** *~ på sig* do it in one's pants **13** *han* *gjorde sitt till för att planen skulle lyckas* he did his part to make the plan succeed; *detta gjorde sitt till att* inf. that contributed (did) its share to inf.; *det gör varken till eller från* it makes no difference (odds) [either way]; ~ *sig till* göra sig viktig, kokettera show off, sjåpa sig be affected, put it on; ~ *sig till för ngn* make up to a p. **14** ~ *undan ngt* get a th. done (out of the way, off one's hands); *undangjord* i förväg done (ready) [beforehand (in advance)]; *nu är de't undangjort!* now that's finished (over and done with)! **15** ~ *upp* betala settle [up], enas settle, come to terms, klara upp, hämnas settle [accounts], get even, *med* with; ~ *upp* budget, förslag, kontrakt, plan, program o.d. draw up; ~ *upp planer* äv. make (form) plans; ~ *upp räkningen* bildl. settle (square) accounts; ~ *upp saken* settle (arrange) the matter; *vi gjorde upp att* fara bort tillsammans we arranged to . .; *vi gjorde upp [om] dag* we agreed on a day; *uppgjord i förväg* prearranged, preconcerted **16** *det går inte att* ~ *något åt det (honom, uppsatsen)* there is nothing to be done about it (with him, to the essay)

B *-t 0* arbete work, business, job, besvär äv. trouble; *jag hade ett fasligt ~ att öppna dörren* I had a tremendous job opening the door; *han hade fullt ~ med att* trösta henne he had a lot of trouble to . .

Göran, *Sankt* ~ St. George

görande *-t -n, hans ~[n] och låtande[n]* his doings pl.

görd|el *-eln -lar* girdle **gördeldäck** bil. radial[-ply tyre]

görlig *a* practicable, feasible, possible; *för att i ~aste mån* inf. in order as far as possible to inf. **görningen,** *det är något i ~* there is something brewing (in the wind) **göromål** business, work båda end. sg., åliggande duty

1 gös *-en -ar* fisk pike-perch

2 gös *-en -ar* tackjärnsstycke pig

3 gös *-en -ar* sjö.: flagg jack

1 göt *-en -ar (-er)* folk Geat

2 göt *-et* - gjutet järn- el. metallstycke: allm. casting; tacka ingot, bloom, billet

Göteborg Gothenburg, Göteborg

götisk *a* Geatish

h *h-* |e|t, pl. *h*|-n| **1** bokstav h |utt. eitʃ|; *inte uttala* ~ i dialekt drop one's aitches **2** mus. B |natural|

1 ha *hade haft* **I** *hjälpvb* **1** tempusbildande have; *vem* ~*r sagt* |*dig*| *det?* ofta who told you |that|?; ~*r du någonsin sett* något liknande? did you ever see . .?; *du* ~*r snart glömt det* you will soon have forgotten it; *om jag* |~*de*| *vetat* . ., ~*de jag vetat* . . if I had (I'd) known . ., had I known . .; *det* ~*de jag aldrig trott* |*om honom*|! I should never have thought it |of him|! **2** modalt, vara tvungen, ~ *att* anmäla, lyda osv. have to . .; *ni* ~*r att* infinna er kl. 5 you are to . .; jfr äv. *äga* |*att*|

II *tr* (se äv. ex. m. 'ha' under resp. huvudord) **1** äga (äv. friare) **a)** allm. have, ledigare have got, mera valt possess; inneha, hålla hold; hålla sig med, förvara keep; bära (t.ex. kläder) wear; åtnjuta enjoy; ~ *aktier* hold shares; ~ *aktning för ngn* feel respect for a p., respect a p.; ~ *ansvar* be responsible; ~*r du ofta besök?* do you often have visitors?; ~*r du besök* just nu? have you |got| visitors?; ~ *en egenskap* possess a quality; *vilken färg* ~*r den?* what colour is it?; ~ *hund* keep a dog; *jag* ~*r huvudvärk* I have (I've) |got| a headache; ~ *rött hår* äv. be red-haired; ~ *god hälsa* enjoy good health; *det* ~*r sitt intresse att* inf. it is of interest to inf.; ~ *kort kjol* wear a short skirt; ~ *rätt (orätt)* be right (wrong); ~ *tur* have luck, be lucky; ~ *en åsikt* hold an opinion; det kan *vara bra att* ~ . . come in handy; ~ *ngn att fråga* have |got| a p. to ask; *jag* ~*r ingenting att göra* I have |got| nothing to do; *vad* ~*r du här att göra?* what are you doing here?; *vem* ~*r ni i historia?* who do you have for history?; ~ *ngn till granne* have a p. as (for) a neighbour; ~ använda *ngt till ngt* have (use) a th. as a th.; *vad ska man* ~ *det till?* what is it for?

b) i vissa förb. m. tids- el. rumsadverbial, *i dag* ~*r vi fredag* today is Friday, it is Friday today; *var* ~*r du handskarna?* where are (brukar du ha do you keep) your gloves?; man vet aldrig *var man* ~*r honom* . . where you are with him; *där* ~*r vi tåget* there's the train; *där* ~*r vi honom ju!* there he is!; *där* ~*r vi det!* that's it!, there you are!; *nu* ~*r jag det!* now I've got it!; *nu* ~*r jag dig* |*allt*|! I've got you there!

2 få, erhålla have, ibl. get; jfr vid. ex.; *hur mycket (vad) skall (vill) ni* ~ *för den?* what do you want for it?; *vad vill ni* ~? what do you want?, om förtäring what will you have?, what would you like |to have|?; *jag skulle* |*vilja*| ~ . . I want . ., please; I should like . .; *här* ~*r du pengarna* here's the money; *det kan han gärna* ~! det var rätt åt honom serves him right!; *där* ~*r du för att du ljuger!* that's what comes of your lying!; *där* ~*r man för* sin vänlighet that is what you get for . .; *vad* ~*r han i lön?* what salary does he get?; *varifrån* ~*r du* uppgiften? where did you get . . |from|?

3 förmå, bringa, ~ *ngn* |*till*| *att göra ngt* get a p. to do a th., make a p. do a th.; ~ *mig inte att skratta* don't make me laugh; han kommer att överklaga och *det är dit jag vill* ~ *honom* . . that is what I want him to do

4 i uttr. som betecknar omständigheter o.d. (jfr *II 1*), ~ *det bra* gott ställt be well (comfortably) off; ~ *det så bra!* have a good time!; ~ |*det*| *ordentligt* i sitt rum keep things tidy . .; *sämre kan man* ~ *det* things might be worse; ~ |*det*| *trevligt (roligt)* have a nice time |of it|, enjoy oneself; *så trevligt ni* ~*r* |*det*|! inrett o.d. what a nice place you've got!; *hur* ~*r du det?* how are (F how's) things?, hur mår du? how are you?; *hur* ~*r du det med* kläder? how are you off for . .?; *han ville* ~ (tyda, få) *det till att* jag mindes fel he made out that . .; *han vill* ~ *det så* he likes it like that; ~ *ledigt* be free, be off duty; ~ *lätt (svårt) att* inf. find it easy (difficult) to inf.; ~ *lätt för* språk have a gift for . ., be good at . .

III *rfl* F **1** må gott, roa sig have a good (nice) time, enjoy oneself **2** *hon skrek och* ~*de sig* she screamed and shouted

IV m. beton. part. **1** ~ *av* bryta break |off| (itu . . in two) **2** ~ *bort* tappa lose; få bort remove, take away; bli kvitt get rid of **3** *jag* ~*r inget emot* . . I have nothing against . ., I have no objection to . .; *vad* ~*r du emot honom?* what have you got against him?; *om ni inte* ~*r något emot det* vill jag if you don't mind (object) . .; ~*r ni något emot att jag röker?* do you mind my smoking?; *han* ~*r skenet emot sig* appearances are against him **4** ~ *fram* se *få* |*fram*| **5** ~ *framför sig* have in front of one; ~ hela livet *framför sig* have . . before one **6** ~ *för sig* **a)** *han* ~*r tiden för* framför *sig* he is |still| young, he has the future before him; jfr äv. ~ |*framför sig*| ovan **b)** *vad* ~*r du för dig* gör du? what are you doing?, isht ofog what are you up to?; ~*r du något för dig i kväll?* have you anything on this evening? **c)** tro, mena think, föreställa sig have an idea, be under the impression, inbilla sig imagine; *han* ~*r* |*fått*| *för sig* (satt sig i sinnet) *att* han ska he has got it into his head that . . **7** ~ *i* hälla, lägga i put . . in **8** ~ *in* se *få* [*in*] **9** ~ en vara *inne* have . . in stock **10** ~ *kvar* ha över have . . left, ännu ha still have; se vid. *kvar* **11** ~ *med* [*sig*] **a)** föra (ta) med sig have with one, hit bring [along], bring with one, dit take along; ~*r du med dig allt* vad du behöver? have you brought (got) everything . .?; ~ *ögonen med sig* keep one's eyes open **b)** *det* ~*r det goda med sig att* . . it has the advantage that . ., the good thing about it is that . . **12** ~ *om sig* t.ex. en filt have . . round one; ~ *mycket om sig* bildl. have many things to attend to, be busy **13** ~ *på sig* **a)** vara klädd i have . . on, wear; *han* ~*de ingenting på sig* he had nothing on **b)** vara försedd med, ~ pengar *på sig* have [got] . . about (on) one; ~*r du en penna på dig?* have you got a pencil [on you]? **c)** ha till sitt förfogande, *vi* ~*r hela dagen på oss* we have all the day before us (at our disposal); *vi* ~*r bara en dag på oss* we have only one day left (to spare) **14** ~ *sönder* t.ex. en vas break, t.ex. klänning tear; jfr *sönder*

2 ha *itj* ha!

Haag the Hague

habegär possessive instinct

habil *a* duglig able, competent; smidig adroit, clever, förbindlig suave

habitué -[*e*]*n -er* habitué fr., jfr *teaterhabitué*

Habsburg Hapsburg

1 hack, *följa ngn* ~ *i häl* follow hard on (close [up]on) a p.'s heels

2 hack *-et* - skåra, hugg notch, cut, isht mindre o. oavsiktligt nick, allm. äv. mark

1 hack|a *-an -or* **1** kortsp. small (low) card **2** penningsumma, tjäna *en* ~ . . a bit of cash **3** *han går inte av för -or* he is not just a nobody

2 hack|a I *-an -or* spetsig pick[axe]; bred mattock; mindre, för rensning o.d. hoe **II** *tr* **1** jord hoe **2** hacka i bitar chop, mkt fint mince; ~*t kött* minced meat; *varken* ~*t eller malet* bildl. neither one thing nor the other **3** ~ *hål på* pick (om fågel äv. peck) a hole (resp. holes) in; ~ *ett hål i isen* cut a hole in the ice **4** *han* ~*de tänder* his teeth chattered **III** *itr* **1** ~ *i (på)* eg. hack at, om fågel pick (peck) at; ~ *på* kritisera nag [at], pick on, find fault with **2** stamma, staka sig stammer, stutter, generat, osäkert hum and ha[w] **3** ~ *och hosta* hack and cough, om motor cough, hesitate **4** sjö., ~ *i vinden* hug the wind **IV** m. beton. part. **1** ~ *loss* hack (chop) away **2** ~ *sönder* t.ex. is cut (break) up **3** ~ *ut ögonen på ngn* om fågel peck a p.'s eyes out

hackelse *-n 0* chaff **-maskin** chaff-cutter

hackhosta hacking (dry) cough

hack|ig *a* **1** om egg o.d. jagged **2** om framställningssätt stammering, stuttering, halting, om t.ex. rytm jerky **-kyckling,** *han är deras* ~ they are all picking on him **-mat** bildl. röra mess, hash; *göra* ~ *av* ta kål på make mincemeat (hay) of **-spett** ~*en* ~*ar* woodpecker

haffa *tr* F nab, cop

hafs *-et 0* slarv slovenliness, carelessness **hafsa** *itr*, ~ *med (ifrån sig) ngt* scamp a th., scramble through a th. **hafsig** *a* slovenly; om pers. äv. careless; om arbete äv. scamped, slipshod, slapdash **hafsigt** *adv* in a slovenly etc. manner (way); carelessly **hafsverk** se *hastverk*

hag|e *-en -ar* **1** betes~ enclosed [wooded] pasture[-land], [enclosed] field **2** lund grove **3** barn~ play pen **4** *hoppa* ~ play hopscotch

hagel *haglet* - **1** meteor. hail; *ett* ~ a hailstone **2** bly~ [small] shot, grövre buckshot (båda pl. lika) **-by** hailstorm **-bössa** shot-gun, fowling-piece **-korn** hailstone **-skur** shower of hail, hailstorm **-svärm** charge of shot

hagla *itr* hail; om t.ex. kulor, protester äv. rain anbud (frågor) ~*de över dem* . . were showered [down] upon them; kvickheterna ~*de* . . came thick and fast

hagtorn *-en -ar* hawthorn

haj *-en -ar* shark äv. bildl. om pers.

1 haja *tr* F fatta get

2 haja *itr*, ~ *till* be startled, start

hak *-et* - notch, cut, nick; jfr *hack*

1 hak|a *-an -or* chin; *tappa* ~*n* be taken aback

2 haka *tr* **1** ~ *av* unhook, unhitch, dörr o.d. unhinge **2** ~ *fast ngt* hook (hitch) a th. on, fasten a th., *i, vid* to; ärmen ~*de fast i en spik* . . [got] caught on a nail; ~ *sig fast* cling, *vid* to **3** ~ *på* ngt hook (hitch) . . on; t.ex. grind hang . . **4** ~ *upp sig* **a)** om mekanism o.d. get stuck, om t.ex. blixtlås äv. get caught; *det har* ~*t* [*upp*] *sig någonstans* bildl. there's a hitch somewhere; *allting har* ~*t upp sig* trasslat till sig things have got into a mess **b)** om pers., ~ *upp sig på* t.ex. en svår passus get stuck at (over); ~ *upp sig på småsaker* worry [too much] about trifles

hak|e *-en -ar* **1** eg. hook; fönster~ o.d. äv. catch, typogr. square bracket **2** bildl., *det finns en* ~ ett aber, hinder there is a snag in it (en nackdel a drawback to it); *tusan -ar!* the deuce!

hakgrop dimple [in the chin]

hakkors swastika

hak|lapp bib, ibl. feeder **-påse** double chin **-rem** chin-strap **-skägg** chin-beard

hal *a* slippery, om pers. äv. sleek, oily, smooth[-tongued]; *komma ut på* ~*is* bildl. skate on (over) thin ice; ~ *tunga* smooth (glib) tongue; ~ *som en ål* slippery as an eel äv. bildl.; *det är* ~*t på vägarna* the roads are slippery; *sätta ngn på det* ~*a* drive a p. into a corner

hala *tr itr* haul isht sjö., pull, tug; ~ *i* el. *på ett tåg* haul at a rope; ~ *an* ett skot haul . . taut, tally . .; ~ *in* haul in (home); ~ *ned* haul down, lower; ~ *ned flaggan* lower the flag; ~ *sig ned* let oneself down, lower oneself; ~ *upp* haul (pull) up; ~ *upp ngt* [*ur* fickan] fish a th. out [of . .]; ~ *ut* haul out; ~ *ut på tiden med* se *förhala 1*

halhet bildl. smoothness, glibness

halka I *-n 0* slipperiness; *det är svår* ~ the roads (resp. streets) are very slippery, it is very slippery; kör försiktigt *i* ~*n* . . on the slippery roads **II** *itr* slip, *på* on; slide; slira skid; ~ *av* slip (glide) off; ~ *omkull* slip [and fall], slip down (over); en anmärkning ~*de ur mig* I let slip . .; ~ *över* bildl., ytligt beröra slide over, pass [lightly] over **halkfri** *a* tekn., attr. non-skid, non-slip **halkig** *a* slippery, F slippy

hall *-en -ar* hall; i hotell ofta lounge; jfr *saluhall, vagnhall* etc. **-bord** hall table

halleluja *itj* hallelujah!

hallick *-en -ar* ponce, pimp

hallon *-et -* raspberry **-buske** raspberry [bush] **-saft** raspberry juice (resp. syrup, jfr *saft*) **-sylt** raspberry jam

hallstämpel hallmark

hallucination hallucination

hallå I *itj* hallo!, isht telef. hullo!, hello!; isht jakt. halloo; ~, ~! i högtalare o.d. attention, please!; ~ [*där*]*!* I say!, hey!, ohövligt hey you! **II** - [*e*]*t 0* rop hallo etc.; rabalder o.d. hullabaloo, uproar, to-do **hallåa** *itr* shout hallo, hallo; radio. announce **hallåkvinna** o. **hallåman** radio. announcer

halm *-en 0* straw **-arbete** abstr. o. koll. straw work; koll. äv. plaited straw **-bädd** straw bed, pallet **-gul** *a* straw-coloured **-hatt** straw hat, F straw **-madrass** straw mattress, paillasse **-matta** straw mat **-stack** straw-stack(-rick) **-strå** straw; *gripa efter ett* ~ bildl. catch at a straw **-tak** thatched roof **-täckt** *a* om tak thatched

halo *-n -er* halo **-effekt** halo effect

hals *-en -ar* **1** eg. neck äv. friare på plagg, kärl, fiol etc. samt bildl.; strupe throat; ~ *över huvud* precipitately, headlong; *bryta* ~*en av sig* break one's neck; *ge* ~ raise a cry (a shout), om hund give tongue; *ha bar* ~*(*~*en bar)* be bare-necked; *det kostade honom* ~*en* it cost him his life; *skära* ~*en av ngn* cut a p.'s throat; *skrika av (för, med) full* ~ shout at the top of one's voice; *ha gråten i* ~*en* be on the verge of [bursting into] tears; *han fick ett ben i* ~*en* a bone stuck in his throat; *sätta ngt i* ~*en* vrångstrupen äv. choke on a th.; skjortan är *för vid (trång) i* ~*en* . . too wide (tight) round the neck; *hög (låg) i* ~*en* high (low) at the neck; *ha ont i* ~*en* have a sore throat; *falla ngn om* ~*en* fall on a p.'s neck; *få* ngn el. ngt *på* ~*en* be saddled with . .; *få en sjukdom på* ~*en* contract a disease; *du kommer att få polisen på* ~*en* you will have the police [down] on you; *sträcka på* ~*en* crane [one's neck]; *sitta* [*upp*] *till* ~*en i ngt* be up to one's neck in a th.; *det står mig upp i* ~*en* I am fed up with it **2** på nottecken stem **3** sjö. tack; *ligga för babords* ~*ar* be (stand) on the port tack **halsa I** *tr,* ~ *en öl* take a swig at a bottle of beer **II** *itr* sjö., ~ [*om*] wear, tack

hals|band smycke necklace; för hund collar **-bloss,** *dra* ~ inhale **-brytande** *a* breakneck . ., hazardous **-bränna** ~*n 0* heartburn, pyrosis **-böld** quinsy, peritonsillar abscess **-duk** scar|f (pl. äv. -ves), stickad muffler, comforter; sjalett kerchief; slips necktie **-fluss** läk. tonsillitis; se äv. *halsont* **-grop,** jag kom *med hjärtat i* ~*en* . . with my heart in my mouth **-hugga** *tr* behead, decapitate **-huggning** beheading, decapitation **-järn** hist. iron collar **-kedja** necklace, chain **-kota** cervical vertebra; *översta* ~*n* the atlas **-krås** ruffle, frill **-linning** neckband **-längd,** *vinna med en* ~ win by a neck **-mandel** läk. tonsil **-ont,** *ha* ~ have a sore throat **-pulsåder** carotid artery **-ring** necklet **-ringning** neck-line **-smycke** necklace, hängsmycke pendant **-starrig** *a* obstinate, stubborn, mulish **-starrighet** obstinacy, stubbornness, mulishness **-tablett** lozenge, pastille

halst|er *-ret -er* gridiron, grill; *hålla (steka) ngn på* ~ keep a p. on tenterhooks **halstra** *tr* grill

1 halt *-en 0* **1** av t.ex. socker samt av metall i legering content, procentdel percentage **2** bildl. substance, värde worth; *inre* ~ intrinsic value

2 halt I *-en -er* uppehåll halt; *göra* ~ mil. halt, friare äv. come to a halt, [make a] stop **II** *itj* mil. halt!, friare äv. stop!

3 halt *a* lame, limping, . . lame in one leg **halta** *itr* **1** eg. limp, hobble; ~ *på* vänster fot limp with . . **2** bildl. om vers, jämförelse etc. halt, limp

haltlös *a* worthless, valueless

halv (jfr *halvt) a* half; *en* ~ sida half a . .; ~*a sidan* half the page; *en och en* ~ *timme* an hour and a half, one and a half hours; *en och en* ~ *månad* vanl. six weeks; *ett och ett* ~*t år* vanl. eighteen months; *två och en* ~ *månad*[*er*] two and a half months, two months and a half; *två och en* ~ *procent* two and a half per cent; ~ *avgift* för resa, ~ *biljett* half fare; *ha* ~ *fridag, ha lov* ~*a dagen* have a half-holiday; *en* ~ *gång till (en och en* ~ *gång) så mycket* half as much again; ~ *lön* half-pay; *för* ~ *maskin* at half-speed; *för (till)* ~*a priset* at half-price, at half the price; *barn* ~*a priset* teat. o.d. children admitted half-price; ~*a Stockholm* half Stockholm; *ett fotografi i* ~ *storlek* a half-size photograph; flaggan är *på* ~ *stång* . . at half-

-mast; ~ *tjänst* i skola half-time teaching; stämma *en* ~ *ton högre* . . a semitone higher; *möta ngn på* ~*a vägen* bildl. meet a p. half-way; *lyssna med ett* ~*t öra* listen only with one ear; *klockan slår* ~ it is striking the half-hour; *klockan är precis* ~ [*fem*] it is just half past [four]; [*klockan*] ~ *fem* at half past four, at four-thirty, F half four, amer. half after four; *fem i* ~ [*fem*] twenty-five minutes past [four]

halv- half-, isht vetensk. semi-; i sms. m. adj. o. perf. ptc.: betr. attr. resp. pred. form se typex. *halvbesatt*

halv|a *-an -or* **1** eg. half (pl. halves) **2** se *halvbutelj* **3** *en* ~ *kaffe* a cup of coffee **4** ~*n* andra snapsen ung. the second glass **-annan** *a* se *en och en halv* [*timme, månad* etc.] under *halv* **-ark** half-sheet **-automatisk** *a* semi-automatic **-back** sport. half-back **-besatt** *a* attr.: *en* ~ salong a half-filled . .; pred.: salongen *är* ~. . . is half filled **-bildad** *a* attr. half-educated, semi-educated **-bildning** superficial education **-blind** *a* attr. half-blind; *vara* ~ be half blind **-blod** ~*et* ~ häst half-bred; människa half-breed **-bra** *a* middling, moderate **-bro[de]r** half-brother **-butelj** half-bottle; *en* ~ vin half a bottle of . . **-cirkel** semicircle **-cirkelformig** *a* semicircular **-dager** half-light, twilight **-dagsplats** part-time job **-dan[n]** *a* F mediocre, middling **-dunkel I** *s* dusk, semi-darkness, half-light **II** *a* dusky, dim **-dussin** half-dozen **-däck** sjö. övre akterdäck quarter-deck **-däckad** *a* sjö. half-decked; ~ *båt* äv. half-decker **-död** *a* pred. half dead, *av* with **-dörr** half door; nedre hatch **-enskild** *a* semi-private

halvera *tr* halve, divide . . into halves, geom. bisect; ~ *kostnaderna* go halves **halveringstid** fys. half-life

halv|fabrikat semi-manufactured article; koll. semi-manufactures pl. **-femtiden,** *vid* ~ [at] about half past four **-fet** *a* **1** typogr. bold-face[d] **2** ~ *ost* low-fat (non-fat) cheese **-figur,** porträtt *i* ~ half-length . . **-flaska** se *halvbutelj* **-fransk** *a,* ~*t band* half binding, half-calf [binding]; [*bunden*] *i* ~*t band* half-bound, in half calf **-full** *a* attr. half-full; om pers., pred. [a bit] tipsy **-fylld** *a* attr. half-filled **-färdig** *a* attr. half-finished, (half-completed) **-gammal** *a* om pers., attr. . . who is getting on [in years]; middle-aged **-gräs,** ~*en* [the] sedges, the sedge family **-gud** demigod **-gången** *a* om foster, attr. half-mature **-herre** would-be gentleman **-het** 'ljumhet' half-heartedness; ~*er* half measures **-hjärtad** *a* half-hearted, lukewarm **-hjärtat** *adv* half-heartedly, by halves **-hög** *a* **1** om klack o.d. rather low, . . of medium height **2** *med* ~ *röst* half aloud, in an undertone **-klar** *a* meteor. fair **-klot** hemisphere **-klädd** *a* attr. half-dressed **-kväden** *a, förstå* ~ *visa* know how to take a hint **-kvävd** *a* attr. half-choked, half-smothered; t.ex. om snyftning gäspning stifled **-ledare** fys. semi-conductor **-lek** sport. half **-ligga** *itr* recline; *i* ~*nde ställning* in a semi-recumbent (reclining) position **-linne** union linen, half-linen **-ljus,** *köra på* ~ drive with dipped (amer. dimmed) headlights **-lång** *a* **1** om kjol o.d.: attr. half-length, pred. of half-length; ~ *ärm* half-sleeve **2** fonet. half-long **-mesyr** half measure **-mil,**[*en*] ~ five kilometres, eng. motsv. ung. three miles **-modern** *a* om våning o.d. semi-modern **-måne** half-moon, crescent; på nagel lunule; *det är* ~ äv. the moon is half full **-mörker** se *halvdunkel I* **-naken** *a* attr. half-naked; konst. semi-nude **-not** mus. minim, amer. half-note **-officiell** *a* semi-official, quasi-official **-part** half (pl. halves), half share, jur. äv. moiety **-pension** på hotell o.d. partial board **-portion** half-portion **-profil,** *porträtt i* ~ semi-profile portrait, three-quarter-face **-relief** konst. mezzo-rilievo it. **-rim** assonance **-rå** *a* attr. half-raw; om kött äv. underdone **-sanning** half-truth **-sekel,** *första -seklet* the first half-century; *för ett* ~ *sedan* half a century ago **-sekelgammal** *a* attr. fifty-year-old, half-a-century old, . . of fifty years **-sekel[s]jubileum** fiftieth anniversary **-skugga** half-shade, konst. o. astr. penumbra **-slag** half hitch; *dubbelt* ~ clove hitch **-slummer** drowse **-sova** *itr* be half asleep, doze, drowse; ~*nde* . . half asleep, dozing etc. **-springa** *itr, han -sprang* nedför trappan he half ran . .; *jag fick* ~ för att hinna I had almost (practically) to run . . **-statlig** *a* . . partly owned by the State **-stor** *a* medium[-sized]; se äv. *halvvuxen* **-strumpa** [short] sock **-sula** *tr* sole **-sulning** soling **-svälta** *itr* be half starving **-syskon** *pl* half-brother[s pl.] and (resp. or) half-sister[s pl.] **-syster** half-sister **-söt** *a* om vin o.d. medium sweet

halvt *adv* half; ~ *på skämt* half in jest; *göra ngt* ~ [*om* ~] do a th. by halves; ~ [*om* ~] *lova* give a half-and-half promise; ~ *om* ~ *ha lust att* inf. have half a mind to inf.

halv|tid 1 sport. half-time **2** *arbeta på* ~ have a part-time job, be on half-time; jfr vid. *deltid* m. sms. **-timme,** *en* ~ half an hour, isht amer. a half-hour; *den första* ~*n* the first half-hour; *varje* ~ every half-hour, adv. äv. half-hourly; *om en* ~ in half an hour['s time]; *en* ~*s* resa half an hour's . ., a half-hour's . . **-tokig** *a* F attr. half-mad, [half-]cracked, [half-]crazy **-ton** mus. semitone; typogr. half-tone **-torr** *a* **1** allm., attr. half-dry **2** om vin medium dry **-trappa,** *en* ~ half a flight (a half-flight) [of stairs] **-vaken** *a* pred. half awake **-vante** mitt[en] **-vild** *a* om folk semi-barbarian, semi-savage, om djur, attr. half-wild **-vokal** semivowel **-vuxen** *a* half grown-up; ~ [*person*] adolescent **-vägs** *adv* half-way, midway **-värld** demi-monde fr. **-år,** [*ett*] ~ six months, [a] half-year; *första* ~*et 1965* the first half of 1965; [*under* el. *i*] *ett* ~ [for] six months (half a year); *varje* ~ every six months, adv. äv. semi-(bi-)annually, half-yearly **-årlig** *a* half-yearly, semi-(bi-)annual **-årsgammal** *a* attr. six-month-old, . . of six months **-års-ränta** half-yearly interest **-årsvis** *adv* every six months, half-yearly, semi-(bi-)annually **-ädelsten** semiprecious stone **-ö** peninsula **-öppen** *a* pred. half open, på glänt ajar

hambo *-n* -[*r*] o. **-polska** Hambo [polka]

hamburgare kok. hamburger **hamburger-kött** ung. smoked salt horseflesh

hamit *-en -er* Hamite **-isk** *a* Hamitic

hammar|e -[*e*]*n -e (hamrar)* hammer; anat. malleus lat.; ~*n och skäran* symbol the hammer and sickle

hammel *-n hamlar* wether; kok. mutton

hammock *-en -ar* garden hammock

hammondorgel Hammond organ

1 **hamn** *-en -ar* **1** gestalt guise, shape; *skifta* ~ be transformed **2** se *vålnad*

2 **hamn** *-en -ar* isht mål för sjöresa, hamnstad port; isht om själva anläggningen, tilläggsplats harbour, dockhamn docks pl.; bildl. o. poet. äv. haven; *främmande* ~*ar* foreign ports; *isfri (naturlig)* ~ ice-free (natural) harbour; *säker (trygg)* ~ safe port (harbour, bildl. äv. haven); *komma (ligga) i* ~ arrive (be) in port; *löpa in i en* ~ *(*~*en)* enter a harbour ([the] harbour); *föra ngt i* ~ bildl. carry a th. to a conclusion **hamna** *itr* land [up], *i* t.ex. diket, fängelse in; vagare get, *i* into; go; sluta sin bana end [up], *i* in; *brevet* ~*de i* papperskorgen the letter ended up in . .

hamn|anläggning harbour, m. dockor docks pl. **-arbetare** dock worker, docker; stuvare stevedore **-avgift**[**er** *pl*] harbour (resp. dock) dues pl. **-bassäng** dock **-direktör** port director **-fogde** se *-styrman* **-kapten** harbour-master **-kontor** port (harbour-master's) office **-kvarter** dock district, dockland **-område** harbour [area], dock area **-plats** lastkaj wharf (pl. wharfs el. wharves), amer. dock **-stad** port, vid havet äv. seaport **-styrelse** harbour board; port authorities pl.; *Stockholms* ~ the Port of Stockholm Authority **-styrman** [assistant] harbour-master **-väsen** port service

hamp|a *-an 0* **1** hemp **2** *ta ngn i* ~*n* take (seize) a p. by the scruff of the neck, collar a p. **-frö** hempseed äv. koll.

hamra *tr itr* hammer, beat; ~ *på pianot* pound [on] the piano; ~*t silver* beaten silver; ~ *in* hammer in; ~ *in* ngt [*i ngn*] bildl. din . . into a p.; ~ *ut* beat (hammer) out

hamst|er *-ern -rar* [common] hamster

hamstra *tr itr* hoard **hamstrare** hoarder

hamstring hoarding

han *pers. pron* he; *honom* him; ~, *honom* om djur äv. o. om sak vanl. it (jfr *den B I 1*); ~ *(honom)* [*som står*] *där borta* the (that) man [who is standing] over there; för ex. jfr äv. *jag*

hanblomma male (staminate) flower

hand *-en händer* hand; *aviga* ~*en* the back of the hand; *flata* ~*en,* ~*ens insida* the palm [of the hand]; *knuten* ~ [clenched] fist; ~*en på hjärtat,* tyckte du verkligen om det? [tell me] honestly, . .; *anhålla om en dams* ~ ask for a lady's hand [in marriage]; *byta* ~ change hands; *bära* ~ *på ngn* lay hands on a p.; *bära* ~ *på sig själv* make an attempt on one's own life; *ge ngn en* [*hjälpande*] ~ lend a p. a hand; *ha fria händer* have a free hand, be a free agent; *ha* [*god*] ~ *(inte ha ngn* ~*) med ngn* be (not be) able to manage a p.; *han har ingen* ~ *med pengar* he can't handle money; *ha sin* ~ *med i spelet* have a hand in it, be involved; *ha* ~ *om* be in charge of, be responsible for, handle; *hålla sin* ~ *över ngn* protect (shield) a p.; *skaka* ~ [*med ngn*] shake hands [with a p.]; *sätta händerna i sidan* put one's arms akimbo; *ta* ~ *om* take care (charge) of, look after; *ta sin* ~ *ifrån* wash one's hands of, drop, abandon; *jag tvår mina händer* I wash my hands of it; *efter* ~ se *efter I 9; för* ~ by hand, manually; *gjord för* ~ hand-made, made by hand; *vara för* ~*en* a) föreligga exist b) vara nära förestående be [close] at hand, be near; *ha ngt för händer* have a th. on (in) hand, be busy (occupied) with a th.; *i första* ~ in the first place, first [of all], helst preferably; upplysningar *i första* ~ . . at first hand, first-hand . .; jfr äv. *andra* ex.; *gå* ~ *i* ~ walk hand in hand; ~ *i* ~ *med* bildl. hand-in-hand with; *allt går honom väl i händer* he makes a success of everything he touches; *ha* situationen *i sin* ~ have . . well in hand, be master of . .; *hålla ngn i* ~[*en*] hold a p.'s hand; *hålla varandra i*~[*en*] hold hands; *komma (övergå) i andra händer* change hands, be transferred; *det står i Guds* ~ it is in the hands of God; *ta ngn (varandra) i* ~[*en*] take a p.'s hand (each other's hands); *ta* [*ngn*] *i* ~ hälsa shake hands [with a p.], shake a p.'s hand; *ta mig i* ~ *på* [*att du gör*] *det!* your hand on it!; *de kan ta varann i* ~*!* iron. they go well together!; *ta saken i egna händer* take the matter in one's own hands; *vara i goda händer* be in good hands, t.ex. om barn äv. be well looked after (cared for); börja *med två tomma händer* . . empty-handed; *med varm* ~ gärna gladly; *bort med händerna!* hands off!; *upp med händerna!* hands up!, put them up!; *vara kall om händerna* have cold hands; *lämna* 50 kr *på* ~ pay a deposit of . ., pay . . on account; *ha ngt på* ~ H have an option on a th.; *vara lätt på* ~ be light-handed, have a light hand; spelet var bra *på alla händer* . . all round; *stå på händer* do a handstand; *på egen* ~ by oneself, alone, on one's own, utan hjälp äv. single-handed; *teckna på fri* ~ do free-hand drawing; *till ~a* på brev by hand, by messenger; brevet *har kommit mig till ~a* . . is [duly] to hand; *gå ngn till ~a* assist a p., lend a p. a hand; *ha till ~s* have handy (at hand, ready, [ready] to hand); ta *det som ligger närmast till ~s* . . what[ever] is (comes) handy; denna förklaring *ligger nära till ~s* . . is a very likely one, . . presents itself immediately; *under* ~ t.ex. avyttra, sälja privately, by private sale, t.ex. meddela confidentially, privately; *gå ur ~ i ~* pass from hand to hand, be handed about; *leva ur ~ i mun* live from hand to mouth; *få ngt ur händerna* get a th. off one's hands, get a th. done (finished); *låta tillfället gå sig ur händerna* let the opportunity slip [through one's fingers], miss (lose) the opportunity; *ge vid ~en* visa prove, show, tyda på indicate

hand|arbete sömnad needlework, broderi embroidery; stickning knitting; *ett* ~ konkr. a piece of needlework (embroidery, knitting) **-bagage** hand-luggage **-balsam** hand lotion (milk) **-bibliotek** reference library **-bojor** *pl* handcuffs; *belägga ngn med* ~ handcuff a p. **-bok 1** handbook, manual; ~ *i* psykologi handbook of . . **2** se *kyrkohandbok* **-boll** handball **-brev** personal letter **-broms** handbrake **-duk** towel **-dusch** hand-shower

handel *-n 0* **1** varu~ trade (äv. *~n,* jfr ex.); handlande trading; i stort, internationell o. ss. näring äv. commerce, affärer, affärsliv business; isht olovlig traffic; marknad market; ~ *med (i) bomull* trade in cotton, cotton trade; ~ *med* fienden är förbjuden trading with . .; *~[n] på (med) utlandet* foreign trade; *~n på Kina* the China trade; *~[n] och sjöfart[en]* trade and shipping; *driva (idka)* ~ *med* land, person trade with . ., carry on trade (business) with . ., vara trade (deal) in . .; *vara [ute] (finnas) i ~n* be on the market **2** ~ *och vandel* dealings pl., conduct

handeldvapen fire-arm, pl. äv. small arms

handels|agent [commercial] agent **-attaché** commercial attaché **-avtal** trade agreement, traktat commercial treaty, treaty of commerce **-balans** balance of trade **-balk** jur. commercial code **-block** trade bloc **-bod** shop, amer. store **-bok** ledger, account book **-bolag** trading company **-bruk** trade usage (custom) **-delegation** trade mission (delegation) **-departement** ministry of commerce; *~et* i Engl. the Board of Trade, i Amer. the Department of Commerce **-fartyg** merchant vessel, merchantman **-firma** trading (commercial) firm **-flagg[a]** merchant flag **-flotta** fartyg mercantile (isht amer. merchant) marine end. sg merchant fleet; ss. organisation merchant navy **-förbindelse,** *~r* abstr. trade (commercial) relations **-gymnasium** higher commercial school **-högskola** school of economics [and business administration] **-idkare** tradesman (pl. trades|men el. -people) **-institut** commercial school (institute) **-kalender** trade directory **-kammare** chamber of commerce **-korrespondens** business (commercial) correspondence **-krig** commercial (trade) war **-kunskap** skol. commerce **-linje** commercial stream

handels|man affärsinnehavare shopkeeper **-minister** minister of commerce; i Engl. President of the Board of Trade; i Amer. Secretary of Commerce **-politik** trade (commercial) policy **-politisk** *a* politico-commercial; *~a åtgärder* trade [policy] measures **-register** trade register **-resande** commercial traveller, amer. äv. traveling salesman; ~ *i* cigarrer traveller in . . **-räkning** läroämne commercial arithmetic **-rätt** jur. commercial law **-sida** i tidning financial page **-sjöfart** merchant (mercantile) shipping **-skola** commercial school, school of commerce **-stad** commercial town (city) **-traktat** se *-avtal* **-trädgård** market garden, amer. truck garden (farm) **-utbildning** commercial education **-utbyte** trade [exchange] **-vara** commodity; *-varor* äv. merchandise sg [mercantile (commercial)] goods

hand|fallen *a* förbluffad nonplussed, taken aback, dumbfounded; förbryllad, rådvill perplexed, puzzled, rådvill äv. at a loss; samtl. end. pred. **-fast** *a* om pers. sturdy, hefty **-fat** wash-basin, hand-basin, amer. äv. washbowl **-flata** palm [of the hand], flat of the hand **-full,** *en* ~ jord a handful of . . **-gemäng** *~et* ~ scuffle, mêlée fr., mil. hand-to-hand fighting; *det kom till ~, de råkade i* ~ they came to blows **-gjord** *a* hand-made **-granat** mil. hand-grenade **-grepp** manipulation **-griplig** *a* **1** *~t skämt* practical joke; ~ *tillrättavisning* corporal punishment **2** påtaglig palpable, tangible, tydlig obvious; *~t bevis för* material (tangible) proof of **-gripligheter** *pl, gå [över] till* ~ come to blows **-gripligt** *adv, gå* ~ *till väga* use physical force **-gången** *a, hans -gångne man* his henchman **-ha[va]** *tr* hantera: t.ex. vapen handle, [försköta att] sköta manage; ha hand om be in charge of, be responsible for, förvalta administer; *frågan -has av* . . the question is in the hands (the charge) of . . **-havande** *~t 0* handling etc.. management, administration

handicap el. **handikapp** *-et (-en)* - handicap, *för* to **handikappa** *tr* handicap

hand|kanna för tvättvatten water-jug **-kassa** ready money **-klappning**[**ar** *pl*] clapping sg. [of hands], applause sg. **-klaver** se *dragspel* **-klovar** *pl* se *-bojor* **-knuten** *a* om rya o.d. hand-made **-kraft** manual power, hand-power; *drivas med* ~ be worked by hand (manually) **-kvarn** quern, hand-mill **-kyss** kiss on the hand

handla *itr* (ibl. *tr)* **1** göra affärer **a)** driva handel trade, deal, do business, isht olovligt traffic, *med* en vara i samtl. fall in . ., *med (på)* utlandet with . .; ~ *i parti* do a wholesale trade (business) **b)** göra sina uppköp shop, do one's shopping, *hos A.* at A.'s; köpa buy; *jag* ~*r hos A.* äv. I [always] go to A.'s, I am a customer of A.'s; *gå [ut] och* ~ go [out] shopping; ~ *mat* buy food; ~ *upp* a) varor buy in . . b) pengar spend . . on shopping

2 verka, bete sig act; bete sig äv. do; vidta åtgärder äv. take action; *tänk först och* ~ *sen!* think before you act!; ~ *rätt* do right, act rightly; ~ *snabbt* act promptly; ~ *ärligt mot ngn* deal fairly with (act fairly by) a p.; *det var klokt* ~*t av dig* that was wise (well done) of you

3 ~ *om* a) röra sig om be about, behandla deal with b) gälla, vara fråga om be a question (matter) of

handlag *-et 0* skicklighet knack, skill, dexterity; *hans* ~ *med* sätt att handskas med his way of handling; *ha [det rätta]* ~*et* have the knack of it; *ha gott* ~ *med* barn, djur have a good hand with . ., know how to handle (manage) . .

handlande *s* **1** *-t 0* a) trading etc. jfr *handla 1* b) acting etc. jfr *handla 2;* handlingssätt äv. conduct; *i allt sitt* ~ är han . . in all his actions (dealings) **2** *-n* - dealer, *med* in; handelsidkare tradesman, butiksägare shopkeeper

hand|led wrist **-leda** *tr* undervisa instruct, vägleda guide, i studier o.d. supervise, tutor, i forskningsarbete äv. direct **-ledare** instructor, studie~ o.d. supervisor, tutor **-ledning** instruction; guidance; supervision, direction; jfr *-leda;* ~ *i* psykologi boktitel [A] Guide to . .

handling **1** handlande, gärning action, gärning äv. act, deed; *fientlig* ~ act of hostility, hostile act (action), mellan stater enemy action; *straffbar* ~ punishable offence; *en* ~*ens man* a man of action; *låta ord följas av* ~ suit the action to the word; *omsätta* en idé *i* ~ carry . . into effect (action), realize . .; *gå från ord till* ~ translate words into deeds **2** i bok, pjäs etc. story, action, intrig plot, *i* of; ~*en tilldrar sig i* London the scene is laid in . . **3** urkund document; *lägga ngt till* ~*arna* put a th. aside

handlings|frihet freedom (liberty) of action; *ha full* ~ äv. be a free agent **-kraft** energy, F drive **-kraftig** *a* energetic, active **-människa** man (resp. woman) of action **-sätt** conduct, way of acting

hand|lov[**e**] wrist **-lån** temporary loan **-lägga** *tr* -hava handle, behandla deal with; ~ *ett mål* hear a case **-läggning,** ~*en av* ärendet the handling (management) of . .; *målets* ~ the hearing of the case **-löst** *adv* headlong, precipitately **-målad** *a* hand-painted **-penning** deposit; down payment **-plockad** *a* utvald [hand-]picked **-påläggning** kyrkl. imposition (laying on) of hands; *bota genom* ~ cure by one's touch **-räckning** **1** hjälp assistance, aid; *ge ngn en* ~ lend a p. a [helping] hand (penninglån a bit of money) **2** mil.: tjänst fatigue[-duty], manskap fatigue-party; *tjänstgöra som* ~ be on fatigue[-duty] **-rörelse** movement of the (one's) hand, gest äv. gesture

handsbredd handbreadth, hand **handsekreterare,** *[ngns]* ~ private secretary [to a p.]

handskaffär glove-shop

handskas *itr. dep,* ~ *med* hantera handle; behandla treat; *han kan* ~ *med* barn, djur he knows how to handle (manage) . .; ~ *vårdslöst med* skarpa vapen play about with . ., be careless with . .

handsk|e *-en -ar* glove, krag~ gauntlet; *passa som hand i* ~ fit like a glove; *ta upp den kastade* ~*n* bildl. pick up the gauntlet, accept the challenge **-fack** i bil glove locker (isht amer. compartment) **-makare** glover **-nummer** size in gloves

hand|skrift manuskript manuscript **-skrivelse** se *-brev* **-skriven** *a* hand-written, . . written by hand **-slag** handshake; *lova (bekräfta) ngt med* ~ shake hands on a th. **-smidd** *a* handwrought **-spegel** hand-mirror **-stickad** *a* hand-knitted **-stil** handwriting; *driven* ~ a flowing hand **-svett,** *ha* ~ have clammy (perspiring) hands **-sydd** *a* hand-sewn, om plagg äv. hand-made **-såg** handsaw **-sätta** *tr* set (compose) . . by hand **-sättare** [hand] compositor **-tag** **1** på dörr, kärl, väska etc. handle, *på, till* of; runt knob; på yxa äv. helve **2** *ge ngn ett* ~ hjälp lend a p. a hand; *han har inte gjort ett* ~ skapande grand he has not done a stroke of work **-tryck** metod hand (block) printing **-tryckning** **1** eg. pressure of the hand, -slag handshake **2** *ge ngn en* ~ dusör give a p. a tip (tips, a gratuity), muta grease a p.'s palm **-tryckt** *a* hand-printed, block-printed **-uppräckning,** rösta *genom* ~ . . by show of hands **-vapen** hand weapon; eldvapen pl. small arms **-vändning,** det är gjort *i en* ~ . . in no time, . . in a twinkling (jiffy, trice); *det är*

inte gjort i en ~ it takes time to do it **-väska** handbag
1 han|e *-en -ar* allm. male; fågel~ ofta cock; ss. efterled i sms. se t.ex. *ejder-, elefant-, har|hane*
2 han|e *-en -ar* **1** åld. tupp cock **2** på gevär cock; *spänna ~n på* geväret cock . . **hanegäll,** *i ~et* at cockcrow
hangar *-en -er* hangar **-fartyg** aircraft carrier
han|hund [he-]dog **-hänge** bot. male catkin
hank *-en -ar* **1** *inom stadens ~ och stör* within the confines (limits) of the city **2** hängare hanger
hanka *rfl, ~ sig fram* [manage to] get along
hankatt tomcat
hankig *a* F pred. off colour, out of sorts, rotten
hankön eg. male sex; djur *av ~* äv. male . .
hanne se *1 hane* **hanorgan** male organ
hanrej *-en -ar (-er)* cuckold
hans *poss. pron* his; om djur o. sak vanl. its; för ex. jfr *1 min*
Hansan the Hanseatic League **hansestad** Hanseatic town
hantel *-n hantlar* dumbbell
hanter|a *tr* allm. t.ex. verktyg, vapen handle; [förstå att] sköta manage, t.ex. maskin work, t.ex. yxa, svärd wield; använda use, make use of; behandla treat; *lätt att ~* handy; easy to handle äv. om pers. **-ing 1** -ande handling etc. jfr föreg. **2** näring, yrke trade, business; *skum ~* shady business **-lig** *a* handy; manageable äv. om pers.
hant|langa *itr, ~ åt* t.ex. murarbas fetch and carry for **-langare** allm. helper, assistant; murar~ (ss. yrke) hodman; bildl. neds. henchman, tool, minion
hant|verk yrke trade; isht hist. samt konst~ craft, handicraft; stolen är *ett fint ~* . . good craftsmanship (workmanship) **-verkare** craftsman, artisan; friare: allm. workman, mechanic, snickare (resp. målare etc.) joiner (resp. painter etc.)
hantverks|förening crafts association **-mässig** *a* om framställning manual, . . by hand; neds. mekanisk mechanical **-skrå** craft guild **-utställning** arts and crafts exhibition
harakiri *-t (-n) 0* hara-kiri jap.
harang *-en -er* o. **harangera** *tr* harangue
har|e *-en -ar* hare; ynkrygg coward, F funk; *rädd som en ~* as timid as a hare; *ingen vet var ~n har sin gång* ung. there's no knowing what will happen
harem *-et* - harem **haremsdam** odalisque
har|han[n]e buck [hare] **-hjärtad** *a* chicken-hearted **-hona** doe [hare]
haricots verts *pl* French (string) beans
harig *a* timid, cowardly, F funky **harjakt** hare-hunt, jagande hare-hunting

harkla *itr rfl* clear one's throat, hawk; säga hm hem **harkling** hawking; hemming
harkrank zool. crane-fly, daddy-longlegs
harlekin *-en -er* harlequin
harm *-en 0* indignation, förbittring resentment, *över ngt* at a th.; poet. ire, wrath; förtret vexation, annoyance; *utösa sin ~ över ngn* vent one's indignation on a p.; *med ~* harmset indignantly **harma** *tr* fill . . with indignation, förtreta vex, annoy **harmas** *itr. dep* vara upprörd feel indignant, *på ngn* with a p., *över ngt* at a th.; *~ över ngt* äv. resent a th. **harmlig** *a* F förtretlig annoying, provoking **harmlös** *a* oförarglig inoffensive, innocent, harmless
harmoni harmony, samklang äv. concord **harmoniera** *itr* harmonize; *~ med* harmonize (be in harmony) with **harmonik** *-en 0* harmonics vanl. sg. **harmonilära** mus harmony **harmonisera** *tr* harmonize **harmonisk** *a* allm. harmonious; fackl. mus., mat harmonic **harmoni|um** *-et -er* harmonium, reed-organ
harmsen *a* upprörd indignant, förbittrad resentful, förtretad vexed **-het** se *harm*
harmynt *a* harelipped **-het** harelip
harnesk *-et* - rustning armour äv. bildl.; bröst~ rygg~ cuirass; *ett ~* ofta a suit of armour, a pair of cuirasses; *vara i ~* [*mot*] be up in arms [against]
harp|a I *-an -or* **1** mus. harp **2** F käring [old] hag, termagant **3** såll screen, lantbr. riddle **II** *tr* sålla screen; riddle **harpist** harpist **harpolek** o. **harpspel** harp-playing
harpun *-en -er* o. **harpunera** *tr* harpoon **harpunerare** harpooner
harpy|a *(harpyj|a) -an -or* myt. harpy
harr *-en -ar* grayling
harsk[l]a se *harkla*
har|skramla rattle **-syra** [wood] sorrel
hart *adv, ~ när* omöjligt well-nigh . .
hartass, *stryka över med ~en* smooth things over
harts *-et -er* resin, isht stelnat rosin **hartsa** *tr* rosin **hartsaktig** *a* resinous
harv *-en -ar* o. **harva** *tr* harrow
harvärja, *ta till ~n* cut and run
has *-en -or (-ar)* hock, hough; *rör på ~orna,* get a move on! **hasa** *itr tr* glida slide, slither; dra fötterna efter sig shuffle [one's feet] shamble; *~ ned* om strumpa slip down; *~ sig ned*[*för backen*] slither (slide) down [the hill]
hasard *-en 0* **1** se *hasardspel; spela ~* gamble **2** *det är* [*en*] *ren ~ (rena ~en)* slump it is all a matter of chance **hasardera** *tr* hazard, venture
hasard|spel gamble, game of chance; -spelande gambling **-spelare** gambler
haschisch *-en (-et) 0* hashish, hasheesh
hasp *-en -ar* o. **haspa** *tr* hasp

haspel -*eln* -*lar* reel; gruv. o.d. windlass **haspelspö** spinning rod **haspla** *tr* reel; ~ *ur sig* F spout

hassel -*n hasslar* hazel, koll. hazels pl.; för sms. jfr äv. *björk-* **-buske** hazel-bush(-shrub) **-käpp** hazel-stick **-mus** [common] dormouse **-nöt** hazel-nut

hast *oböjl. r* hurry, haste; *i största (all)* ~ in great haste, in a great hurry, hastily, hurriedly, hals över huvud precipitately; det var allt jag kom på *i en* ~ . . on the spur of the moment **hasta** *itr* hasten, hurry; *det* ~*r inte* [*med det*] there is no hurry [about it], it is not urgent **hastig** *a* snabb rapid, quick, speedy, skyndsam hurried, förhastad, brådstörtad hasty, plötslig, bråd sudden; *i* ~*t mod* unpremeditatedly, jur. without premeditation; *ta ett* ~*t slut* come to a sudden end **hastigast** *adv* se under *hastigt*

hastighet -*en* -*er* **1** fart speed, hastighetsgrad äv. rate [of speed], isht vetensk. velocity; snabbhet rapidity, swiftness båda end. sg.; *hög* ~ high (great) speed (velocity); *högsta* [*tillåtna*] ~ the speed limit, maximum speed; *dess högsta* ~ är . . its top speed . .; *låg* ~ slow (low) speed; *ljusets* ~ the velocity of light; *hålla (köra med) en* ~ *av* 80 km/tim drive at a rate of . .; se äv. *fart* **2** brådska, *i* ~*en* glömde han . . in his hurry . .; se äv. [*i en*] *hast*

hastighets|begränsning speed limit **-bestämmelser** *pl* speed limit regulations **-mätare** speedometer; flygv. air-speed indicator **-rekord** speed record **-åkning** på skridsko speed skating

hastig|t *adv* rapidly etc. jfr *hastig; vara* ~ *verkande* have a rapid effect; *helt* ~ plötsligt all of a sudden, oväntat quite unexpectedly; ~ *och lustigt* a) utan vidare without much ([any] more) ado, straight away b) se [*i en*] *handvändning;* läsa igenom ngt *som -ast* . . hastily, flyktigt . . cursorily; *titta in som -ast* pop in for a moment **hastverk,** *ett* ~ fuskverk a scamped piece of work; boken (resp. filmen) *är ett (är inget)* ~ . . was (was not) written (resp. produced, made) in haste

hat -*et 0* hatred, ibl. (i mots. t. kärlek samt poet.) hate; avsky detestation, loathing, abhorrence; *hysa* ~ *till (mot) ngn* have a hatred of a p.; *kärlek och* ~ love and hate **hata** *tr* hate, avsky detest, loathe, abhor **hatfull** *a* o. **hatisk** *a* spiteful, rancorous, . . full of hatred, *mot* towards

hatt -*en* -*ar* hat; på tub o.d. samt på svamp cap; *hög* ~ top (silk) hat; ~*en av* [*för* . .]*!* hats off [to . .]!; *lyfta på* ~*en* raise one's hat, *för* to; *han är karl för sin* ~ he can hold his own, he can stand up for himself **-affär** hat-shop, dam~ äv. milliner's [shop] **-ask** hatbox, bandbox **-band** hatband **-brätte** hat-brim **-hylla** hat-rack **-hängare** hat-peg **-kulle** crown [of a hat] **-makare** hatter **-nummer** size in hats **-nål** hatpin **-skrålla** F frightful [old] hat **-stomme** hat-body

haubits -*en* -*er* (-*ar*) howitzer

haussa *tr* **1** ~ (F ~ *upp) priserna* allm. force up [the] prices **2** ~ *(*F ~ *upp)* uppreklamera boom **hausse** -*n* -*r* boom, rise [in prices], bull-market; *spekulera i* ~ speculate for a rise, bull the market **haussespekulant** bull

hautrelief high relief, alto-relievo

hav -*et* - sea; världshav ocean; bildl., av t.ex. ljus flood; ~ *och land* land and water, sea and land; *på andra sidan* ~*et* across the sea; *från* [*länderna på*] *andra sidan* ~*et* from overseas, attr. overseas . .; [*som*] *en droppe i* ~*et* a drop in the ocean (bucket); *på* ~*et* till sjöss at sea; [*ute*] *på öppna* ~*et (till* ~*s)* on the open sea, jur. o. poet. on the high seas; *gå ut (sticka) till* ~*s* put (stand) out to sea; vistas *vid* ~*et* . . at the seaside, . . by the sea; *en stad vid* ~*et* a town [situated] on the sea, a seaside town; 500 m *över* ~*et* . . above sea level

hava se *ha*

Hawaiiöarna *pl* the Hawaiian Islands

havande *a* gravid pregnant **-skap** ~*et* ~ pregnancy

havann|a -*an* -*or* cigarr Havana [cigar]

haverera *itr* lida skeppsbrott be wrecked äv. friare o. bildl.; om flygplan, bil o.d. crash, be crashed; få motorfel o.d. have a breakdown; ~*d* sjöoduglig disabled, skadad damaged **haveri** skeppsbrott [ship]wreck; flyg~, bil~ o.d. crash, motor~ o.d. breakdown; skada damage; *enskilt (gemensamt)* ~ jur. particular (general) average; *göra* ~ se *haverera* **haverikommission** commission (committee) of inquiry **haverist** båt disabled vessel; flygplan crashed aircraft

havre -*n 0* oats vanl. pl.; planta oat; *för mycket* ~ *är* . . too much oats is . .; *den här* ~*n är dålig* these oats are bad **-gryn** koll. porridge (valsade rolled) oats vanl. pl. **-**[**gryns**]**gröt** [oatmeal] porridge **-kex** oatmeal biscuit **-mjöl** oatmeal, oat flour **-must** concentrated preparation of oats **-välling** oatmeal gruel **-åker** med gröda field of oats

havs|arm arm of the sea, inlet **-bad 1** badort seaside resort **2** badande sea-bathing; *bada* ~ bathe in the sea **-band,** *i* ~*et* i yttersta skärgården on the outskirts of the archipelago **-botten** bottom of the sea **-bris** sea-breeze **-bukt** bay, gulf **-djup** depth [of the sea (ocean)] **-fauna** marine fauna **-fiske** [deep-]sea fishing **-forskning** oceanography, marine research **-gud** sea-god **-katt** catfish **-klimat** coastal (ö- insular) climate **-kryssare** cruising yacht, ocean racer **-lax 1** salmon [caught in the sea] **2** gråsej smoked [salmon-coloured] coal-fish **-luft** sea air **-sköldpadda** turtle **-strand** seashore, beach **-ström** ocean (sea-)current **-trut** [greater] black-backed gull **-vatten** sea-water **-vik** bay, liten inlet **-växt** sea (marine) plant **-yta** surface [of the sea]; 1000 m. *över ~n . .* above sea level **-ål** ål conger[-eel] **-örn** sea-eagle, white-tailed eagle

H-balk H-beam, H-girder

h-dur B major

heat *-et* - heat

hebré *-[e]n -er* Hebrew **Hebréerbrevet** [the Epistle to the] Hebrews sg. **hebreisk** *a* Hebrew, Hebraic **hebreiska** *-n 0* språk Hebrew

Hebriderna *pl* the Hebrides

hed *-en -ar* moor, ljung~ heath

heden *a* se *hednisk* **-dom** *~en 0* hednisk tro heathenism, heathendom, avguderi, gudlöshet paganism **-hös,** *från (sedan) ~* from time immemorial

heder *-n 0* ära, hederskänsla honour, beröm[mel-se] credit; hederlighet honesty; *~ och tack!* F much obliged!; *göra vad ~n fordrar* do as honour demands; *göra (visa) ngn ~* honour a p.; *göra ~ åt anrättningarna* do justice to the meal; *honom kommer du att få ~ av* he will do you credit; *han har ingen ~ i sig (i kroppen)* he has no sense of honour (no self-respect); *ta ~ och ära av ngn* calumniate (defame, skriftl. libel) a p.; *vara en ~ för* sin kår be a credit to . .; bestå ett prov *med ~* . . with credit; *han bär sina år med ~* he carries his years well; *på ~ och samvete!* [up]on my honour!, honestly!; *försäkra på ~ och samvete (på tro och ~)* declare solemnly (on oath); *till hans ~ skall det sägas* att it must be said to his credit . .; *komma till ~s igen* come into favour again **hederlig** *a* ärlig, redbar honest, anständig decent; hedersam honourable; *~ begravning* honourable burial; *~ belöning* a handsome reward; *en gammal ~* kakelugn a good old . . **hederlighet** ärlighet, redbarhet honesty **hedersam** *a* se *hedrande*

heders|betygelse o. **-bevisning** [mark of] honour, mark of respect, distinction; *under militära ~r* with military honours **-borgare** honorary freeman, *i* of **-doktor** honorary doctor, doctor honoris causa lat. **-gåva** testimonial, mark (token) of respect **-gäst** guest of honour **-knyffel,** *en riktig ~* a real brick **-kodex** code of honour **-känsla** sense of honour **-ledamot** honorary member, *av, i* of **-legionen** the Legion of Honour **-man,** *en ~* an honest man, F a good old sort **-omnämnande** honourable mention **-ord** word of honour, mil. parole; *på ~!* tro mig! upon my word!, F honour bright! **-plats** place (sittplats seat) of honour **-prick** se *-knyffel* **-pris** special prize **-sak,** *det är en ~ för mig* I regard it as a point of honour **-skuld** debt of honour **-titel** honorary title **-uppdrag** honorary task **-vakt** guard of honour

hedervärd *a* honourable, attr. äv. worthy

hedna|folk heathen people **-tiden** heathen times pl. **-världen** the heathen world, heathendom

hedning *-en -ar* o. **hednisk** *a* heathen vanl. före kristendomen pagan; icke-judisk gentile

hedra I *tr* honour; *det ~r honom att* han . . it does him credit that . .; *~ ngn med* ett besök do (pay) a p. the honour of . .; *~ ngn med* en order H favour a p. with . .; *~* bröllopet *med sin närvaro* attend . . **II** *rfl* utmärka sig distinguish oneself **hedrande** *a* efter hederns bud honourable; aktningsvärd creditable; smickrande flattering; *en ~ vandel* honourable conduct; *han fick det ~ uppdraget att* inf he was entrusted with the responsible task of ing-form

hegemoni *-[e]n 0* hegemony

hej *itj* hälsning o. utrop hallo!, isht amer. hi [there]!; utrop äv. hey!; *~ [då]!* adjö bye-bye!, cheerio!; *~ så länge!* so long!; *man ska inte ropa ~ förrän man är över bäcken* don't crow too soon **heja I** *itj* sport. come on!, amer. äv. attaboy!, bravo well done!; i hejaramsa rah! **II** *itr, ~ på* a) ett lag o.d. cheer [on], hålla på support b) säga hej åt say hallo to

hejaklack cheering section; supporters pl

hejaramsa cheer, amer. äv. yell

1 hejare tekn. drop-hammer, pålkran pile-driver

2 hejare se *baddare* **hejarop** cheer

hejd *oböjl. r, det är ingen ~ på . .* there are no bounds (is no limit) to . .; hans fåfänga *var utan ~* . . was inordinate (boundless), . . knew no bounds **hejda I** *tr* stoppa allm. stop; m. abstr. obj.: tygla, få under kontroll check, hämma hindra t.ex. utveckling äv. arrest, ström, flöde äv. stem; *~ farten* slow down; *~ ngns framfart* check a p.'s progress; *inget kunde ~ honom* nothing could stop him; *~ ofoget* put a stop to the mischief; *~ en taxi* stop (hail) a taxi; *~ tårarna* keep back one's tears; *~ sin vrede* check (restrain) one's anger **II** *rfl* hålla igen check oneself, i tal äv. break off, stop

hejdlös *a* obändig uncontrollable; vild wild våldsam violent; ofantlig tremendous, enormous; obegränsad unlimited, unbounded, måttlös inordinate, excessive **hejdlöst** *adv* uncontrollably etc. jfr föreg.; F väldigt awfully; *ha ~ roligt, roa sig ~* have the time of one's life

hejduk *-en -ar* henchman, tool

hejdundrande *a* F tremendous, colossal

överdådig slap-up . .; *ett ~ fiasko* äv. a complete flop **hejsan** *itj* se *hej*

hekatomb *-en -er* hecatomb

hektar *-et (-en)* - hectare; *ett (en) ~* eng. motsv. 2.471 acres

hektisk *a* hectic

hekto *-t* - hectogram[me]; *ett ~* eng. motsv. ung. 3.5 ounces **-graf** *~en ~er* o. **-grafera** *tr* hectograph **-gram** se *hekto* **-liter** hectolitre; *en ~* eng. motsv. ung. 22 gallons **-vis** *adv* per hekto by the hectogram[me]

hel *a* **1** total, odelad **a)** översikt av betydelser samt konstr. vid 'whole' o. 'all': allm. whole (i vissa fall the whole of), hel och hållen äv. entire, full[ständig] äv. full, complete, sammanlagd äv. total; i vissa fall äv. all; känslobeton. quite, jfr ex. under *b); en ~ dag* a whole day; *~a dagen* adv. all day [long], all the day, the whole (entire) day; *~a följande dag (den dagen, 1965)* the whole of (adv. äv. all) the following day (that day, 1965); *~a dagar* whole days; *fem ~a dagar* five whole days; *~a fem dagar* a whole (no less than) five days; [*under (i)*] *~a sitt liv* var han all his life . ., throughout ([for] the whole of) his life . .; *~a staden (~a Stockholm)* a) platsen vanl. the whole [of the] town (the whole of Stockholm) b) invånarna vanl. all the town (all Stockholm)

b) ytterligare ex.: *~a ansvaret* the whole (entire, full) responsibility; *~ arbetsdag* full working day; *~a beloppet* the full (whole, total) amount, the total; *en ~ del* se under *del 2; vad i ~a friden (tiden) . .?* what on earth . .?; det är ju *en ~ förmögenhet* . . quite a fortune; *av ~a mitt hjärta* with all my heart; *som en ~ karl* like a man; *längs ~a kusten* all along the coast; *över ~a landet* throughout (all over) the country; *~a namnet* full name, [the] name in full; *~a tal* whole numbers, integers; *~a tiden* adv. all the time, the whole time; det har jag vetat *~a tiden* . . all along; tåget går *varje ~ timme* . . every hour [on the hour]; *för varje ~t varv* for each complete turn; *~a året* adv. all through the year, throughout the year, during the whole of the year; *det är inte så ~t med* kunskaperna . . is not as it ought to (should) be, . . is not quite all right

i substantivisk anv.: *en ~* och två femtedelar one . .; fyra halva är *två ~a* . . two wholes; *bilda ett ~t* form a (one) whole; *det ~a* kan lätt förklaras the whole thing . .; *det ~a var mycket trevligt* it was all very nice; få en överblick av *det ~a* . . the whole of it; vad tycker du om *det ~a?* . . it all?; *i det [stora] ~a, på det ~a taget* i stort sett on the whole, i allmänhet in general

2 ej sönder whole, om glas o.d. äv. [attr. . . that is (was etc.)] unbroken (not broken, not cracked); om kläder o.d.: ej slitna [attr. . . that are etc.] not worn out (ej sönderrivna not torn), attr. . . that do etc. not need repairing; utan hål . . without any holes; *det finns inte en ~ tallrik i huset* there isn't a whole plate in the house; *~ peppar* unground (whole) pepper

hel|a I *tr* bibl., poet. heal **II** *-an -or* **1** se *helbutelj* **2** *en ~ kaffe* a pot of coffee **3** *~n* första supen ung. the first glass **helafton,** *ha en ~* F make a night of it **helaftonsföreställning** whole-evening performance **helas** *itr. dep* heal [up] **helautomatisk** *a* attr. fully-automatic **helbefaren** *a, ~ matros* able seaman

helbrägda *oböjl. a* whole **-görare** [faith-]-healer **-görelse** [faith-]healing

hel|butelj [large] bottle **-dagsarbete** full-time (whole-time) job **-dagsutflykt** all-day excursion **-dragen** *a* om linje continuous **-fabrikat** finished article **-fet,** *~ ost* fat (gräddost full-cream) cheese **-figur,** *porträtt i ~* full-length portrait **-försäkring,** *~ för motorfordon* comprehensive [motor-]car insurance

helg *-en -er* kyrkl. festival, feast; friare (ledighet) holiday[s pl.]; F veckohelg week-end; *i ~ och söcken* both on weekdays and Sundays **helga** *tr* göra helig sanctify; hålla helig keep . . holy; viga, ägna consecrate; *~t varde ditt namn* bibl. hallowed be thy name; *~ sitt liv åt* consecrate (devote, dedicate) one's life to; *ändamålet ~r medlen* the end justifies the means

helgd *-en 0* okränkbarhet sanctity, helighet sacredness; *hålla i ~* hold sacred, dag äv. keep holy, observe **helgdag** holiday **helgdagsafton** day (resp. evening) before a holiday (Church festival) **helgedom** *-en -ar* helig plats sanctuary, shrine, byggnad äv. temple, sacred edifice **helgeflundra** halibut **helgelse** *-n 0* sanctification **helgerån** sacrilege **helgfri** *a, ~ dag* weekday, working day; tåget går *~a lördagar* . . on ordinary Saturdays

helgjuten *a* eg. . . cast in one piece; bildl. om t.ex. personlighet sterling . ., harmonisk harmonious, fulländad consummate

Helgoland Heligoland

helgon *-et* - saint äv. bildl.; *förklara för ~* canonize **-bild** image [of a saint] **-dyrkan** worship of saints, hagiolatry **-förklaring** canonization **-gloria** halo **-legend** legend **-lik** *a* saintly, saintlike

helgryn koll., vete~ hulled wheat sg.

helg[s]målsringning ringing in of a (resp. the) sabbath (Church festival) **helgtrafik** holiday (resp. week-end) traffic

helhet *-en 0 (*ibl. *-er)* whole, totality, entirety; *bilda en ~* form a whole; lösa en fråga, publicera en artikel *i sin ~* . . in full, . . in its entirety; folket *i sin ~* the whole of . .; *som ~ betraktad* [taken] as a whole

helhets|intryck overall (total) impression **-syn** comprehensive (overall) view **-verkan** overall (total) effect

helig *a* till sitt väsen holy, ss. föremål för religiös vördnad sacred; okränkbar sacrosanct, inviolable; from pious, helgonlik saintly; *den ~e ande* the Holy Ghost; *o, ~a enfald!* O sancta simplicitas! lat.; *Erik den ~e* St[.] (Saint) Eric; *~ ko* sacred cow; *~t löfte* sacred (solemn) promise; *~a ting* sacred things; *det allra ~aste* bibl. the Holy of Holies **-het** holiness; helgd sacredness, sanctity; *Hans ~* påven His Holiness

helikopt|er *-ern -rar* helicopter

helinackorderad *a, vara ~* have full board and lodging, be a full boarder

heliotrop *-en -er* heliotrope

heli|um *-um* el. *-|um|et 0* helium

helkadens perfect cadence, full close

hell *itj, ~ [dig]!* hail [to thee]!

hellen *-en -er* Hellene **hellensk** *a* Hellenic

heller *adv* efter negation (ibl. underförstådd) either; *[och] inte ~* äv. nor, [and] neither; för konstr. se ex.; jag hade ingen biljett *och [det hade] inte han ~ ..* and he hadn't [got one] either, .. nor had he, .. [and] neither had he; jag hade ingen biljett *och inga pengar ~ (och ~ inga pengar)* .., nor [had I] any money, .. nor (neither) did I have any money; jag förstår inte det här. — *Inte jag ~ ..* Nor (Neither) do I; jag sade att jag inte förstod *och det gjorde jag inte ~* .. nor did I, .. and I didn't; jag sade att jag inte tagit den *och det hade jag inte ~* .. and I hadn't, .. nor (neither) had I; vi hade så det räckte *men ~ inte mer ..* but no more; *det har jag [ju] ~ aldrig sagt!* but I never said that!; *men så är han ~ inte rik* but then he is not rich; varför skriker du så, *jag är väl inte döv ~ ..* I am not deaf [, you know]; *[det gör jag så] fan ~!* I'll be damned if I do!

hel|linne pure linen **-ljus,** *köra på ~* drive with headlights on

hellre *adv* rather, sooner, i vissa fall better, jfr ex.; *mycket (långt) ~* much rather (sooner); *jag vill ~ (skulle ~ vilja)* inf. I would rather (sooner) inf., I [should] prefer to inf.; *~ än att* inf. rather (sooner) than inf.; *~ dör jag [än jag gör det]* I would rather die [than do that]; *då gå'r jag ~ [in that case]* I prefer to walk; *jag går* i vanliga fall *~ än jag åker* I prefer walking to riding; *~ det än* inget alls rather (better) that than ..; *ju förr dess ~* the sooner the better; *jag vill (önskar) ingenting ~!* there is nothing I would like better!, nothing would please me more!; *kom ~* på fredag I'd (we'd) rather you came ..

hel|lång *a* attr. full-length **-not** semibreve, amer. whole-note **-nykterhet** total abstinence, teetotalism **-nykterist** teetotaller, total abstainer **-omvändning** mil. about turn (isht amer. face); *göra en ~* bildl. perform a volte-face (fr.), reverse one's policy (opinions etc.) **-pension** full board [and lodging] **-sida** full page **-siden** pure silk **-sidesannons** full-page advertisement

helsike *-t 0* svag. variant för *helvete*

Helsingfors Helsinki

Helsingör Helsingør, Elsinore

helskinnad *a, komma (slippa) ~ undan* escape unhurt (safe and sound, unscathed)

helskota *s* svag. variant för *helvete*

hel|skägg full beard; *ha ~* wear a [full] beard **-spänn,** *på ~* om gevär at full cock, om pers. on tenterhooks, in suspense

helst I *adv* **1** företrädesvis preferably, isht i förb. m. vb rather; jfr ex.; *~ i dag* preferably today; *jag vill ~* inf. I would rather inf., I [should] prefer to inf.; *jag vill allra ~ (~ av allt)* inf. I want most of all to inf., I should like best to inf.; *[jag vill] ~ inte, jag vill ~ slippa (ser ~ jag slipper)* I would rather not; *jag ser ~ att han inte kommer* I should prefer him not to come; *den skall ~ drickas varm* it should be (it is best) drunk hot; det är en historia *som ~ skall glömmas ..* which is best forgotten; *~ skulle jag (jag skulle ~) ta den här* I should prefer this one

2 i uttr. *som ~*: *hur som ~* på vilket sätt som helst [just] anyhow, in [just] any way, hur ni vill however (just as) you like (please, choose); *hur som ~, så* tänker jag .. in any case, ..; *vare därmed hur som ~* be that as it may, however that may be; *hur mycket (länge* etc.*) som ~* hur mycket etc. ni vill as much (as long etc.) as [ever] you like; *jag skulle kunna sitta här hur länge som ~* I could go on and on sitting here, I could sit here any amount of time; *jag kan inte stanna hur länge som ~* I can't stay an unlimited time, there is a limit to how long I can stay, F I can't stay for ever; jag betalar *hur mycket (vad) som ~ ..* any amount [of money], .. anything [you like]; *jag vill inte betala hur mycket som ~* I don't want to pay just any price; *han må vara hur rik som ~* however rich he may be, no matter how rich he is; *det var hur trevligt som ~* mycket trevligt it was very (ever so) nice; *ingen som ~ anledning* no reason whatever (stark. whatsoever); *utan någon som ~ kostnad* without any cost whatever; *när som ~* [at] any time, när ni vill whenever you like; *inte när som ~* not just any time; *vad som ~* anything, vad ni vill anything (whatever) you like; du får inte göra *vad som ~ ..* just anything you like; *var (vart) som ~* anywhere, var (vart) ni vill wherever you like; *inte var som ~* not just anywhere; *vem som ~* anybody, vem ni vill whoever you like; *vem som ~ som ..* anybody (anyone) who .., whoever .., litt. whosoever

. .; han är *inte vem som* ~ . . not just anybody; *det kan inte vem som* ~ [*göra*] it is not [just] everybody that can do that; *vilken som* ~ a) se *vem som* ~ ovan b) av två either [of them] c) vilken ni vill whichever [of them (resp. the two)] you like; vilken buss skall jag ta? — *Vilken som* ~ . . Any bus; du får ta *vilka som* ~ . . any you like; *vilken som* ~ *av pojkarna* any one of the boys; *vilken pojke som* ~ any boy; *i vilket fall som* ~ in any case, i alla händelser at any rate, i båda fallen in either case

II i konj. förb., ~ *som (när, om)* especially as (when, if)

hel|stekt *a* . . roasted whole **-svart** *a* attr. whole-black, pred. all black **-syskon** *pl* full brothers and sisters

helt *adv* fullständigt, alltigenom, i sin helhet (äv. ~ *och hållet*) entirely, completely, absolutely, totally, wholly, altogether, all; alldeles quite; ~ *eller delvis* wholly or partially; njuta ~ *och fullt* . . to the full; *jag instämmer* ~ I fully (quite) agree; *han svarade* ~ *fräckt att* . . he had the impudence to answer that . .; *ägna sig* ~ *åt* devote oneself entirely to, give one's [whole and] undivided attention to; *det är något* ~ *annat* that is [something] quite different, that is quite another matter; ~ *enkelt* [*omöjligt*] simply [impossible], jfr *enkelt;* [*inte förrän*] ~ *nyligen* [only] recently; ~ *nära* quite near; ~ *nöjd* fully (perfectly) satisfied; *en* ~ *obetydlig summa* a quite insignificant (quite a small) sum; ~ *om!* about turn (isht amer. face)!; *göra* ~ *om* eg. turn (face) about; ~ *plötsligt* all at once, all of a sudden; ~ *säkert (visst)* surely, no doubt; ~ *ung* quite young

hel|tid, *arbeta på* ~ work full-time, have a full-time job; *lärare på* ~ full-time teacher **-tidsanställd** *a, vara* ~ be employed full-time; *en* ~ a full-time employee **-tidsarbete** full-time job **-timme,** *varje hel*[*- och halv*]*timme* every hour [and half-hour] **-täckande** *a,* ~ *matta* wall-to-wall ([close-]fitted) carpet; ~ *färg* flat colour **-täckt** *a,* ~ *bil* closed [motor-]car **-veckad** *a* knife-pleated

helvete *-t -n* hell, bildl. äv. inferno; ~*t* hell; *det var ett rent* ~ it was [sheer] hell; *ett* ~*s* oväsen a hell (svag. the very deuce) of a . ., a damned (blasted, infernal) . .; [*det ska du*] *i* ~ *heller!* like hell you will!; *vad i* ~ *gör du?* what the (isht amer. in) hell (svag. the deuce) are you doing?; *dra (gå) åt* ~ go to hell (to the devil, svag. to blazes); *det gick åt* ~ svag. äv. it was ruined **helveteskval** *pl* [vanl. the] torments of hell (of the damned) **helvetesmaskin** infernal machine **helvetisk** *a* hellish; infernal

hel|vit *a* attr. whole-white, pred. all white **-ylle** all wool, pure wool; tröja *av* ~ all-wool (pure-wool) . . **-år,** prenumerera *för* ~ . . for a whole year (twelve months) **-årsprenumerant** annual (yearly) subscriber

hem I *-met* - home äv. anstalt; bostad äv. house, place; *eget* ~ a home of one's own; *lämna* ~*met* leave home; *bort (borta) från* ~*met* away from home; *i* ~*met* hemma at home, in one's home **II** *adv* **1** home, tillbaka äv. back; *gå* ~ go home; *gå* ~ *till ngn* go to a p.'s home (house, place); *kom* ~ *till mig!* come round to my place!; *hitta* ~ find one's way home; *hälsa* ~*!* remember me to your people!; *då kan vi hälsa* ~*!* iron. then it's all up with us (we're done for)!; *han har kommit* ~ *från* utlandet he is home (back) from . ., he has returned from . .; jag ska *köpa* ~ *lite mat* . . buy some food; *jag vill* ~ I want to go home; *vända* ~ return [home] **2** kortsp., *gå* ~ i bridge make one's contract, friare win; *det gick* ~ om skämt o.d. it (the point) went home; *ta* ~ *spelet* äv. friare win [the game]; *ta* ~ *ett stick* make (win) a trick

hem|arbete 1 homework **2** hushållsarbete housework **-bageri** baker's [shop], baker's shop [selling home-made bread and cakes] **-bakad** *(-bakt) a* home-made **-biträde** [domestic] servant, maid **-bjuda** *tr* **1** jur. erbjuda offer **2** se *bjuda* [*hem*] **-bryggd** *a* home-brewed **-bränning** home-(olaglig illicit)distilling **-bygd,** ~*en* one's native place (home district) **-bygdskunskap** skol. ung. local geography and history **-bygdsmuseum** ung. old homestead museum, local arts-and-crafts museum **-bygdsvård** ung. preservation of local monuments **-bära 1** se *bära* [*hem*] **2** bildl., ~ *ngn sin hyllning (sitt tack)* pay one's respects (offer one's thanks) to a p.; ~ *segern* win the day **-bärning** [home] delivery **-dragande** *a, komma* ~[*s*] *med* ngn, ngt come home bringing (with) . . **-falla 1** ~ *åt (till)* t.ex. laster yield (give way) to, t.ex. en känsla äv. surrender [oneself] to, t.ex. dryckenskap become addicted to, t.ex. manér acquire, drift into, t.ex. glömskan fall a victim to **2** jur., ~ *till* kronan devolve (revert) to . . **3** *vara -fallen till straff* incur a penalty **-fridsbrott** hos mig violation of the privacy of my home **-frys** home freezer **-färd** home[ward] journey; *på (under)* ~*en* on one's (the) way home **-föra** *tr* take (hit bring) . . home; ~ *ngn som sin brud* marry a p.; ~ *ett pris* carry off a prize; ~ *segern* win the day **-förlova** *tr* mil. disband, demobilize, skol. dismiss; riksdag adjourn **-förlovning** disbandment, demobilization; dismissal; adjournment; jfr föreg. **-försäkring** householders' comprehensive insurance (policy); jfr *försäkring*

-gift *~en ~er* dowry **-gjord** *a* home-made **-gående** *s, vara på ~* sjö. be homeward bound **-hjälp** home (domestic) help **-ifrån** *adv* om t.ex. hälsning from home; bort a från hemmet [away] from home, away; *gå (resa) ~* leave home, start (set out) from home; *vara ~* borta be away [from home] **-inredning** interior decoration, home furnishing **-inredningsarkitekt** interior decorator (designer)

hemisfär *-en -er* hemisphere

hemkallelse o. **-order** dipl. recall

hem|komst *~en 0* home-coming, return [home] **-konsulent** domestic science adviser **-kultur,** svenskarna har *hög ~* . . a high standard in their homes **-kunskap** domestic science **-känsla** feeling of homeliness (cosiness, being at home) **-kär** *a, vara ~* be fond of one's home **-lagad** *a* om mat home-made; *~ mat* äv. home cooking **-land** native country (land), bildl. o. poet. home; *~et* äv. one's [own] country, emigrants äv. the old country; *det är mitt andra ~* this is my second home **-landstoner** *pl.* bildl., *detta är ~ för mig* this is quite like home (is a reminder of home)

hemlig *a* allm. secret, *för* from; dold äv. concealed, hidden; [skeende] i smyg äv. clandestine; ej offentlig äv. private, förtrolig äv. confidential; *~t (strängt ~t)* på dokument secret (top secret, most secret); *~ agent* secret agent; *~a papper* secret (confidential) documents; *~t samförstånd* secret understanding, maskopi collusion; *~t [telefon]nummer* private number; *vi höll det ~t för honom* we kept it secret (a secret) from him **hemligen** *adv* secretly, in secret, i smyg clandestinely

hemlighet *-en -er* secret; mysterium mystery; *en offentlig (väl bevarad) ~* an open (a closely guarded) secret; *bevara en ~* keep a secret; *ha ~er för ngn* have secrets from a p.; *inte göra någon ~ av* make no secret of; *~en med det* the secret of it; *det är hela ~en* så enkelt var det that is all there is to it; *i [all] ~* secretly, in secret, in secrecy; *giftermål i ~* clandestine marriage; *vara invigd i ~en* be [initiated] in the secret **hemlighetsfull** *a* gåtfull mysterious, förtegen secretive, *om* angående on **hemlighetsmakeri** mystery-making, secretiveness, F hush-hush

hemlig|hålla *tr* keep . . secret, conceal, *för ngn* from a p.; *det -hölls för honom* äv. he was kept in the dark about it **-hållande** *~t 0* concealment **-stämplad** *a* . . classified strictly secret, classified; *det är -stämplat* friare that is a secret

hem|liv home life **-lån,** *som ~* om bok for home reading **-längtan** homesickness; *känna ~* feel homesick **-läxa** homework end. sg., jfr *läxa I 1* **-lös** *a* homeless

hemma *adv* at home (äv. bildl., *i* ett ämne, *p*[*å*] ett område in, jfr *hemmastadd*); *~ [hos oss]* brukar vi at home . ., in our home . ., jfr *här hemma; du kan bo ~ hos oss* . . at our plac[e] (house), . . with us; *~ hos Eks* at the Ek[s'] [place etc.]; *~ och ute* utomlands at home an[d] abroad; *ha ngt ~* på lager have a th. in stoc[k] (hemköpt at home, in the place); *hålla si[g] (stanna) ~* keep (stay) at home, keep in[-]doors, stay in[doors]; *höra (vara) ~ i S.* s[e] *höra [hemma i]; känn dig som ~!* mak[e] yourself at home!, iron. äv. don't mind me *vara ~* a) be at home, inne äv. be in b) hem[-]kommen be home, be back [home]; *vara en[-]sam ~* be alone [in the house]

hemma|bruk, *för ~* for domestic use, fo[r] the house[hold] **-dotter** daughter living a[t] home **-fru** housewife **-gjord** *a* home-mad[e] **-hörande** *a, ~ i* a) jur. om pers. domiciled i[n] b) om fartyg of, belonging to; *vara ~ i* se *hör[a] [hemma i]* **-klänning** indoor dress **-kvä[ll]** evening at home **-lag** sport. home tea[m] **-marknad** home market

hemman *-et -* homestead, [freehold] farm

hemmansägare ung. yeoman, freeholder friare vanl. farmer

hemma|plan sport. home ground; *spela p[å] ~* play at home **-seger** sport. home wi[n] **-sittare** stay-at-home **-stadd** *a* at home obesvärad äv. at ease båda end. pred.; acklimatisera[d] äv. acclimatized; *vara ~ i* ett ämne be at hom[e] in (familiar with, versed in) . . **-varande** *a* . . living at home; *de ~* those at home

hemoglobin *-et 0* h[a]emoglobin **hemor[-]rojder** *pl* h[a]emorrhoids

hem|ort home district, jur. domicile; fartyg home port, port of registry; örlogsfartygs hom[e] base **-ortsrätt,** *ha ~ i* kommun have a righ[t] to public support (domiciliary rights) in . . *ordet har fått ~ i* vårt språk the word ha[s] gained recognition in . . **-permanent** hom[e] perm **-permission** home leave **-resa** home journey, till sjöss home[ward] voyage journey etc. home; *på ~n* blev vi . . on our wa[y] home . . **-samarit** home help [and nurse]

hemsk *a* **1** allm. ghastly, ohygglig äv. grisl[y] gruesome; fruktansvärd äv. terrible, horribl[e] svag. awful, frightful; kuslig, spöklik uncann[y] weird, eery; dyster dismal, dreary, gloom[y] *en ~ anblick* äv. a shocking appearance; *e[n] ~ hatt* an awful (a frightful, a terrible, horrible) hat; *en ~ sjukdom* a terrible dis[-]ease; *en ~ spökhistoria* a horrible (creep[y]) ghost story **2** F förstärkande, *en ~ massa* fo[r] an awful lot of . . **-het** *~en ~er* ghast[-]liness etc.; *krigets ~er* the horrors of war

hemskillnad judicial separation

hemskt *adv* F väldigt awfully, frightfully

hem|slöjd handicraft; [domestic (home)] arts and crafts pl. **-stad** home town **-stic[k]**

kad *a* home-made(-knitted) **-ställa** *tr itr* **1** ~ [*hos ngn*] *om ngt* anhålla request a th. [from a p.], petition [a p.] for a th. **2** föreslå suggest, propose, *att* that; hänskjuta submit, refer, *ngt till ngns prövning* a th. to a p.'s consideration **-ställan** ~ *0* request, petition; suggestion, proposal **-sydd** *a, den är* ~ jag har sytt den I have made it myself **-syster** home help (helper) **-söka** *tr* **1** härja, drabba o.d.: om t.ex. fiendetrupper invade, om t.ex. sjukdom afflict, om t.ex. skadedjur infest, om t.ex. naturkatastrof devastate, om spöken haunt **2** F oväntat hälsa på inflict oneself upon **3** bibl. o.d. (ss. straff) visit **-sökelse** **1** av t.ex. sjukdom affliction, av t.ex. skadedjur infestation; katastrof disaster, calamity **2** bibl. o.d. (ss. straff) visitation **-tam** *a* om pers. at home pred. **-trakt** home district (area) **-trevlig** *a* ombonad cosy [and intimate], nice and comfortable, snug, hemlik homelike, homely; om pers. pleasant **-trevnad** cosiness, [home] comfort, homelike atmosphere (feeling), hominess

hemul *-n 0* bildl., *det finns* ~ *för* detta påstående there is good authority for . .

hem|van *a* **1** välbekant familiar **2** se *hemmastadd* **-vist** *~et (~en)* ~ poet. abode; jur. domicile, [place of] residence, place of abode; naturv. habitat; *med* ~ *i* jur. domiciled in (resp. at); *vara* ~ *för* bildl. be a seat (centre) of **-vårdarinna** home help (helper) **-väg** way home; fartyg *på* ~ homeward bound . .; *på ~en* blev jag . . on my (the) way home . .; *bege sig på* ~ set out for home **-vändande** *a* . . returning home, . . on his (their etc.) way home **-värn** home defence; konkr. Home Guard **-värnsman** Home Guard **-vävd** *a* hand-woven; *-vävt tyg* äv. homespun **-åt** *adv* homeward[s]; home, towards home; *vända* ~ return [home], turn back home

henna *-n 0* henna

henne *pron* se *hon* **hennes** *poss. pron* fören. her, om djur äv. o. om sak vanl. its; självst. hers; *den moderna människan och* ~ . . modern man and his . .; för ex. jfr vidare *1 min*

Henrik Henry

heraldik *-en 0* heraldry **heraldiker** heraldist, armorist **heraldisk** *a* heraldic

herbari|um *-et -er* herbari|um (pl. -a)

herdabrev pastoral letter

herde *-n herdar* fåra~ o. bildl. shepherd **-dikt** pastoral [poem], bucolic **-folk** pastoral people **-pipa** shepherd's pipe **-stav** [shepherd's] crook **-stund** [hour of] dalliance

herdinna shepherdess

hereditär *a* hereditary

herkulesarbete Herculean labour (task)

hermafrodit *-en -er* hermaphrodite

hermelin *-en -er* ermine **hermelinscape** ermine cape

hermetisk *a* hermetic **hermetiskt** *adv,* ~ *sluten* hermetically sealed

Herodes Herod

heroin *-et 0* heroin

heroisk *a* heroic[al] **heroism** heroism

heros *-en heroer* hero

herostratiskt *adv, bli* ~ *ryktbar* make oneself notorious (ingloriously renowned)

herr se *herre 2* **herrans** se *herre 4* **herravdelning** [gentle]men's department **herravälde** *-t 0* makt[utövning] domination, styrelse rule, sway, välde dominion, överhöghet supremacy, ascendancy, *över* i samtl. fall vanl. over; övertag samt behärskning mastery, command, kontroll control, *över* i samtl. fall vanl. of; *förlora ~t över bilen (över sig själv)* lose control of the car (control el. command of oneself, one's self-control); *ha ~t till sjöss* have the command (the mastery) of the seas, have naval supremacy; *kämpa om ~t* struggle for supremacy; *lägga ett land under sitt* ~ subjugate a country; *stå under brittiskt* ~ be under British rule (domination)

herr|bekant *subst. a* gentleman (male) friend **-besök,** *ha* ~ have a gentleman visitor **-betjänt** klädhängare valet stand **-bjudning** [gentle]men's party, F stag party **-cykel** man's [bi]cycle **-dubbel** men's doubles pl., match men's doubles match

herr|e (o. *herr* se *2*) *-n* (el. *-en* se *3* o. *4*) *-ar* **1** mansperson **a)** allm. gentleman, man (pl. men); dams kavaljer partner; *spela* [*fin*] ~ play the gentleman; *höga -ar* important [gentle]men, pampar bigwigs, VIPs; *smarta -ar* F smart fellows **b)** i tilltal utan följ. personnamn, *vill -n* (artigare *min* ~) *vänta?* would you mind waiting, sir (Sir)?; *vill -arna vänta?* would you [gentlemen] mind waiting, please?; *mina* [*damer och*] *-ar!* [ladies and] gentlemen!; *min bäste* ~, sådant går inte för sig! my dear sir, . .!

2 *herr* ss. titel framför personnamn (ibl. framför annan titel, se ex.) **a)** allm. Mr[.]; *tycker herr A. det?* i tilltal do you think so, Mr. A.?; *-ar*[*-na*] *A. och B.* Mr. A. and Mr. B.; *-arna Ek* the Mr. Eks; *herr domare!* jur. vanl. Your Honour!; *Herr redaktör!* i brevhuvud Sir,; *herr talman (ordförande, president)!* Mr. Speaker (Chairman, President)!; *herrar kritiker* the critics **b)** i brevutanskrift o.d.: *Herr Bo Ek* Mr. Bo Ek, t. ung pojke Master Bo Ek, t. pers. i högre samhällsställning vanl. Bo Ek, Esq. (jämte ev. [akademisk o.d.] titel), amer. vanl. Mr. Bo Ek; [*Herr*] *Professor*[*n*] *Bo Ek* Professor Bo Ek; *Herrar Ek & Co* firma Messrs[.] Ek & Co.

3 i spec. bet.: härskare master (friare om kvinna, land mistress), i vissa fall lord; husbonde master; ägare master, owner; *är -n hemma?* till tjänstefolk is Mr. X. (your master) at home?; *-n i huset* the master of the house; *-en till* godset A. the lord of . .; *min ~ och man* skämts. my lord and master; *skapelsens -ar* the lords of creation; *sådan ~ sådan hund (dräng)* like master like dog (man); *vara sin egen ~* be one's own master (om kvinna mistress), be on one's own, be a free agent, be independent; *vara ~ i sitt eget hus* be master in one's own house; *vara ~ på täppan* rule the roost; *England var ~ på haven* England was the mistress of (had the command el. mastery of) the seas; *bli ~ över elden* get the fire under control; *spela ~ över ngn* lord it over a p.; *vara ~ över sig själv* be master (om kvinna mistress) over oneself, control oneself; *vara ~ över situationen* be master of the situation, have the situation well in hand (under control); omständigheter *som jag inte är ~ över* . . beyond my control

4 *Herren* (åld. *Herran)* the Lord; *Herre!* O Lord!; *~ gud!* F Good Heavens (God)!; *ett -ans oväder* dreadful weather; *i (på) många -ans år* for ages [and ages], for donkey's years; *vad (varför) i Herrans namn* . .? what (why) on earth . .?

herre|dag hist. diet **-folk** master race

herr|ekipering butik gentlemen's outfitting shop, [gentlemen's] outfitter's

herre|lös *a* ownerless; *~t gods* äv. abandoned (unclaimed) property; *~ hund* äv. stray dog; *~ häst* riderless horse **-man** gentleman **-säte** country-seat, manor

herr|frisör hairdresser, barber **-främmande** koll. gentlemen visitors pl.

herrgård byggnad country-house(-seat), mansion, manor[-house]; gods country (residential) estate, manor, manorial estate

herrgårds|roman ung. novel set in a country-house **-vagn** bil estate car, isht amer. station-wagon, ibl. [shooting] brake

herr|handske man's glove **-hatt** [man's] hat **-kläder** *pl* men's clothes (wear sg.) **-konfektion** kläder men's [ready-made] clothing **-kostym** [man's] suit **-kupé** gentlemen's compartment **-middag** [gentle]men's dinner-party **-mod** [gentle]men's fashion

herrn|hutare *s* o. **-hutisk** *a* Moravian

herr|paraply [gentleman's] umbrella **--rum** se *herrum* **-singel** men's singles pl., match men's singles match

herrskap *-et* - **1** äkta makar: *~et Ek* Mr[.] and Mrs[.] Ek; *unga ~et* de unga tu the young couple; *är ~et hemma?* till hembiträde o.d. are Mr. and Mrs. X. at home?; *~et* är bortrest äv. the family . ., the (my) master and mistress . . **2** i tilltal t. sällskap av båda könen, *när skall ~et resa?* when are you leaving?; *mitt ~!* ladies and gentlemen! **3** herrskapsfolk gentlefolk[s] pl.

herr|sko man's shoe; *-skor* isht H men's footwear sg. **-skräddare** [men's] tailor **-strumpa** man's sock **-sällskap,** *i ~* a) om dam in male company b) bland herrar among gentlemen **-tidning** men's paper (magazine) **-toalett** [gentle]men's lavatory, F gents, amer. äv. men's room **-tycke,** *hon har ~* she has sex appeal (is attractive to men)

herrum i hem ung. study

hertig *-en -ar* duke **-döme** *~t ~n* område duchy **-inna** duchess **-lig** *a* ducal

hes *a* hoarse, beslöjad äv. husky **-het** hoarseness; huskiness

het *a* hot; om t.ex. längtan äv. ardent, om t.ex. böner äv. fervent; upphetsad heated, excited; *en ~ debatt* a heated discussion; *~a linjen* the hot line; *~t temperament* hot temper; *~t vatten* [very] hot water; *~* klimat*zon* torrid zone; *bli ~* brusa upp lose one's temper, fly into a passion, get excited; *hon blev ~ om kinderna (öronen)* her cheeks went hot el flushed up (her ears began to tingle); *få det ~t [om öronen]* get into hot water; *göra det ~t för ngn* make it (things) hot for a p., give a p. a hot time of it, give a p. hell; *vara ~ på ngt* be hot (keen) on a th.; *när* valstriden *stod som ~ast* in the hottest part of . .

het|a *-te -at itr* **1** benämnas be called (named), *efter* after; *vad -er han?* vanl. what is his name?; jag har glömt *vad han -er* . . his name, . . what he is called; *vad ska* ert barn *~?* what are you going to call . .?; *vad -er hon i förnamn (i sig själv)?* what is her Christian name (was her maiden name)?; finns här någon *som -er Ek* . . of the name of (named, called) Ek; *det finns något som -er* uppoffring there is such a thing as . .; *allt vad* bröd *-er* everything in the way of . .; intresserad av *allt vad sport -er* . . everything connected with (to do with) sport; *allt vad vetenskap -er* äv. everything scientific; futurism, kubism *och allt vad de -er* . . and what not; *vad -er* 'bok' *i pluralis?* what is the plural of . .?; *vad -er det* ordet, uttrycket etc. *på engelska?* what is that in English?, what is the English [word (equivalent)] for that?; . . *eller vad det -er* . . or whatever it is called **2** opers. **a)** lyder, står [skrivet], *det -er i lagen* . . the law says . .; *som det -er* as the word (term) is, as the phrase goes (runs, is), i ordspråket as the saying goes; *som det -er* vi säger *på svenska* as we say in Swedish; *som det så vackert -er* as they so prettily put it; ett telegram *där det -er (-te) att* . . to the effect that . .; *det -er inte* stog, *det -er* stod it's not . ., it's (but) . . **b)** påstås, *det -er* (F *det -s*) *att han är* son till he is said to be . . it is said (reported) that he is . ., there is a rumour (a report) [to the effect] that he is . .; *det -er (-s) att han är* på sammanträde, iron. he is supposed to be . .; he is . ., so they say; *länder som skall -as vara civiliserade* countries which are supposed to be civilized, so-

-called civilized countries

heterodox *a* heterodox **heterogen** *a* heterogeneous **heterogenitet** heterogeneity

hetlevrad *a* hot-tempered, choleric, irascible

hets *-en 0* ansättande baiting, förföljelse persecution, *mot* of; uppviglande agitation, *mot* against; upphetsad stämning frenzy; jäkt, hetsigt tempo bustle, rush [and tear]; *bedriva* ~ *mot* ansätta bait, uppvigla [folk] mot agitate (incite people) against, work people up [into a frenzy] against

hetsa *tr* jäkta rush, urge [. . on], press; reta, egga (äv. bildl.) bait; tussa set; jakt., förfölja m. hundar hunt; ~ jäkta *mig inte!* don't rush me!; ~ *hundar på en tjur* bait a bull with dogs; ~ *en hund på ngn* set a dog on a p.; ~ *ihop* rivaler set . . on each other; ~ [*upp*] egga excite, sporra, t.ex. ngn till kamp äv. incite, egg . . on, urge, work up, t.ex. folkopinionen äv. inflame; stimulera äv. stimulate; ~ *upp sig* get excited (worked up) **hetsande** *a* **1** om t.ex. tal inflammatory **2** rusande heady; om t.ex. kryddor heating **hetsig** *a* **1** häftig, om t.ex. lynne, ord hot, om t.ex. dispyt äv. heated; hetlevrad hot-tempered, choleric, irascible, lättretad hot-headed, hasty; om persons tal, uppförande äv. impetuous; lidelsefull passionate, vehement; om feber ardent **2** jäktig bustling **hetsighet** hotness etc.; heat; impetuosity; vehemence; jfr föreg. **hetsjakt** jakt. hunting, hunt; bildl., jäkt rush; ~*en efter* t.ex. nöjen the chase after, t.ex. berömmelse the pursuit of; ~ *på* se *hets* [*mot*]

hetsporre hotspur

hett *adv* hotly, ardently etc. jfr *het; solen brände* ~ the sun burnt hot; *det gick* ~ *till* man slogs o.d. things got pretty rough, känslorna svallade feeling ran high; han kände att *det började osa* ~ . . the place began to be too hot for him; *när* valstriden *stod som hetast* in the hottest part of . . **hetta I** *-n 0* heat, bildl. äv. ardour, passion; *i stridens* dispytens ~ in the heat (ardour) of the debate **II** *itr* vara het be hot, alstra hetta give heat; om hetsande dryck o.d. be heating; *hennes kinder* ~*de* her cheeks were burning (burned); *det* ~*r i öronen* [*på mig*] my ears are tingling; ~ *upp* heat äv. bildl., heat up, make . . hot

hetär hetaera, hetaira, friare courtesan

hexamet|er *-ern -rar* hexameter

hibiskus *-en -ar* hibiscus

hicka I *-n 0* hiccup, hiccough; *få (ha)* ~ get (have) the hiccups **II** *itr* hiccup, hiccough, have the hiccups **hickning** hiccup, hiccough

hickory *-n 0* hickory; skidor *av* ~ äv. hickory . .

hierarki hierarchy **hierarkisk** *a* hierarchic[-al] **hieroglyf** *-en -er* hieroglyph; ~*er* äv. hieroglyphics

hillebard *-en -er* halberd, halbert

Himalaya[**bergen**] the Himalayas, the Himalaya Mountains båda pl.

himla I *a* F awful, tremendous **II** *adv* awfully etc. **III** *rfl* roll up one's eyes to heaven; förfasa sig be scandalized (shocked), *över* at

himlakropp celestial (heavenly) body, orb

himlande *a* sanctimonious

himla|stormande *a* obändig irrepressible, omstörtande revolutionary, titanisk titanic **-stormare** revolutionary; Titan **-valv** vault (canopy) of heaven; *på* ~*et* in the firmament

him|mel *-len (-mel[e]n) -lar* **1** himlavalv, sky, o.d. vanl. sky; himmelrike, himmelska makter heaven; [*o, (du milde)*] ~*!* [good] Heavens!; *en klar (molnig)* ~ a clear (an overcast) sky; *alla -lens fåglar* all the birds of the air; *för alla -lens vindar* to the four winds of heaven; *röra upp* ~ *och jord* move heaven and earth; en gåva *från -len* . . from above (heaven); *i sjunde -len* in the seventh heaven; *allt mellan* ~ *och jord* everything under the sun; *hänga mellan* ~ *och jord* hang in mid air; solen *stod högt på -len* . . was high [in the sky (heavens)]; en stjärna *på konstens* ~ . . in the world of art; *komma till -len* go to heaven; *under Italiens* ~ under Italian skies **2** päll, baldakin canopy **himmelrike** heaven, paradise; ~*t* bibl. the kingdom of heaven

himmels|blå *a* o. **-blått** *oböjl. s* sky-blue, azure; jfr äv. *blått* **-ekvator** celestial equator **-färd,** *Kristi* ~ the Ascension [of Christ] **-färdsdag,** *Kristi* ~ Ascension Day **-hög** *a* se *skyhög*

himmelsk *a* allm. heavenly, ibl. celestial, bildl. äv. divine; *en* ~ *dryck* a divine drink; *den* ~*e Fadern* the heavenly Father

himmels|skriande *a* glaring . ., crying . .; om t.ex. brott atrocious; *en* ~ *orättvisa* a glaring [piece of] injustice **-stormande** *a* se *himlastormande* **-streck 1** luftstreck zone, skies pl., clime **2** se *väderstreck* **-säng** four-poster bed **-vid** *a* bildl. enormous, immense

hin, ~ [*håle (onde)*] the devil, the Evil One, Old Nick; hon är *ett hår av* ~ . . a devil of a woman

hind *-en -ar* hind

hind|er *-ret -er* allm. obstacle, *för* to, svårighet äv. impediment, fördröjande ~ äv. hindrance, blockerande ~ äv. obstruction, bildl. äv. bar, handicap; sport.: häck o.d. fence, hurdle, dike o.d. äv. ditch, jfr äv. *hinderlöpning; ett allvarligt* ~ a formidable (dangerous) obstacle; *lägga* ~ *i vägen för ngn* put (place) obstacles in a p.'s way; *det möter inget* ~ (~ *att* inf., ~ *att du* . .) there is nothing to prevent it (prevent ing-form, prevent you[r] ing-form), there can be no objection to that (to ing-form, to you[r] ing-form); *vara till* ~*s för ngt (*resp. *ngn)* be el. form an obstacle to a th. (resp. be a hindrance to a p., be in a p.'s way), jfr äv. *hindra 2; ta ett* ~ sport. take (clear) an obstacle (a fence etc.); *utan* ~ *av* . . notwithstanding . .

hinder|bana steeplechase course **-löpning** steeplechase, -löpande steeplechasing

hindersam *a, vara* ~ till hinders be a hindrance, *för* to, be in the (my etc.) way, till besvär be cumbersome

hindra *tr* **1** förhindra prevent, avhålla keep, restrain, hejda stop; ~ *ngn* i hans strävanden check a p. . .; *det är ingenting som* ~*r att du* . . there is nothing to prevent you[r] (you from) ing-form; *ingenting kan* ~ *mig* [*från*] *att* inf. there is nothing to prevent my el. me (me from) ing-form **2** vara till hinders för hinder, stå el. lägga sig hindrande i vägen för något hamper, obstruct, impede, interfere with; ~ *ngn* i hans arbete vanl. hinder a p. . .; ~ *trafiken* impede (obstruct, interfere with) the traffic; träden ~*r utsikten* . . obstruct (block) the view; *låt inte mig* ~ uppehålla *dig* don't let me detain (delay, störa disturb) you; *det* ~*r inte att* det var oförskämt . . all the same; *stå* ~*nde i vägen* äv. be an obstruction (a hindrance), *för* to

hindu -[*e*]*n -er* o. **hinduisk** *a* Hindu, Hindoo **hinduisk|a** *-an -or* kvinna Hindu (Hindoo) woman (flicka girl) **hinduism** Hinduism **hindustani** *oböjl. s* Hindustani

hingst *-en -ar* stallion

hink *-en -ar* vatten~ bucket, mjölk~, slask~, skur~ pail båda m. of framför följ. best.

1 hinn|a *hann hunnit* **I** *tr itr* **1** uppnå reach **2** nå, komma reach, get [on], advance; *hur långt har du hunnit* med dina studier how far have you reached (got [on], advanced) . .; *så långt har jag ännu inte hunnit* I haven't got that far yet; han hade *hunnit halva vägen* . . got (i riktning mot den talande come) half the distance; *nyheten har inte hunnit dit* the news has not reached there **3** hinna få färdig manage to accomplish, [manage to] get . . done (finished); *jag måste* ~ [*med*] *läxorna* före middagen I must get my homework done (finished) . . **4** ha tid have (få tid find, get) [the] time, lyckas manage it; för konstr. se ex.; ~ *byta* have time to change; *allt vad han -er* as fast as [ever] he can; *om jag -er* if I get (find) [the] time, if I can spare the time; *det -er jag inte* I have no time for (to do) that; *färgen hade hunnit torka* the paint had had time to dry (had already dried); *han hade hunnit vara* präst i 20 år innan . . he had already been . .; *klockan hann (hade hunnit) bli två* it was already two o'clock **5** komma i tid [manage to] be (get there, hit come [here]) in time; *jag -er inte dit* [*i tid*] äv. I shall be too late; ~ [*med*] *tåget* se nedan under *II*

II tillsammans m. beton. part. vanl. [manage to] get, jfr dock följ. ex. **1** ~ *fram* arrive [in time], till at (resp. in); get there (hit here); så snart *de hann fram* äv. . . they reached their destination **2** ~ [*i*]*fatt* se *ifatt* **3** ~ *med* [*ngn*] inte bli efter [manage to] keep up [with a p.], follow [a p.]; ~ [*med*] *att äta* have time to eat; ~ *med* ett arbete [manage to] finish . . (get . . done); *man -er inte med* sådant nu för tiden one hasn't [got] time for . .; ~ *med tåget* [manage to] catch the (my etc.) train; *inte* ~ *med* tåget äv. miss . . **4** ~ *undan bra* med ett arbete get on well **5** ~ *upp* ifatt catch . . up, catch up with, förfölja o. ~ upp run down

2 hinn|a *-an -or* allm., mycket tunn film, skal, överdrag skin; zool. o. bot. membrane

hinsidan, *på* ~ [*om*] beyond

1 hipp, *det är* ~ *som happ* it makes no difference, it comes to the same thing

2 hipp *itj,* ~, ~ *hurra!* hip, hip hurrah!

hipp|a *-an -or* party

hippodrom *-en -er* hippodrome

hirs *-en 0* millet

hisklig *a* förskräcklig horrible, terrifying, friare o. mera F frightful, awful

hisna *itr* se *hissna*

1 hiss *-en -ar* lift, spannmåls~ o.d. o. amer. elevator, byggnads~, varu~ o.d. hoist

2 hiss *-et* - mus. B sharp

hissa *tr* **1** eg. hoist [up]; ~ *en flagga* hoist (run up) a flag; ~ *ett segel* hoist [up] a sail; ~ *segel* avsegla set sail; ~ hala *ned* lower [down] **2** pers. toss

hiss|dörr lift door **-konduktör** lift attendant (man, pojke boy), amer. elevator operator (man etc.) **-korg** lift cage

hissna *itr* feel dizzy (giddy); ~*nde* höjd, djup dizzy (giddy) . .

hisstrumma lift shaft (well)

histolog histologist **histologi** -[*e*]*n 0* histology

histori|a *-en* **1** pl. *0* skildring el. vetenskap history; *forntidens (medeltidens, nyare tidens)* ~ ancient (medi[a]eval, modern) history; *svensk (allmän)* ~ Swedish (universal) history; *gå till -en* become (go down in) history **2** pl. *-er* berättelse: allm. story, *om* about (of), diktad äv. tale, 'skeppar~' äv. yarn, tall story; *berätta en* ~ tell a story, F spin a yarn; *det hör till -en* att . . it is part of the story . . **3** pl. *-er* sak thing, affair, business, story; *det blir en dyr* ~ *för honom* it will cost him dear; *hela -en* the whole thing (affair); *just en snygg* ~*!* that's a pretty business (kettle of fish)!

historie|berättare story-teller **-bok** history book **-forskare** historian **-forskning** history research **-skrivare** historian, historiographer **-skrivning** ss. vetenskap historiography

historik *-en -er* history, *över* of **historiker** *-n* - historian **historisk** *a* **1** allm. historical;

mina ~a studier my history studies; *mitt ~a vetande* my knowledge of history; *i ~ tid* within historical times **2** märklig historic; *ett ~t ögonblick* a historic moment **3** gram., *~t presens* the historic present

hit *adv* allm. here; åt det här hållet this way, in this direction; dit, så långt thus far; *kom ~ (~ ner* etc.*)!* come (come down etc.) here!; *kom ~ med* boken! bring . . here!; *~ med det!* give it [to] me!; *~ och dit* eg. to and fro, i högre stil hither and thither; hon är *så ~ och dit* . . always shilly-shallying; kasta *~ och dit* . . all over the place; *prata ~ och dit* än si, än så say so many different things; *än ~, än dit* in one direction and another; *ända ~* as far as this (here); han har *flyttat ~* . . moved here (to this place); *~ hör* alla barrträd under this category come (belong) . .; *det hör inte ~* that has nothing to do with this (it); *han kom ~* i går he arrived [here] . .; han har *skickat ~* boken . . sent the book here ([over] to me resp. us)

hiterst *adv* o. **hitersta** *a* nearest

hit|hörande *a, ~ fall* cases belonging to this category; *alla ~* förhållanden all the relevant . . **-intills** *adv* se *hittills* **-komst** *~en 0, vid ~en* on my (his etc.) arrival here **-om** *prep* on this side [of] **-resa,** *på ~n* on the (my etc.) journey here

hitta I *tr* allm. find, träffa på come (hit, light) [up]on, komma över come across, pick up; *det är som ~t för det priset* it is dirt cheap; *~ på* a) komma på, tänka ut think of, hit [up]on b) uppfinna invent c) uppdikta make up; *vad ska vi ~ på [att göra]?* what shall we do?; *det kan ~ på att hända* F it might chance to happen **II** *itr* finna vägen find (känna vägen know) the (my etc.) way

hittebarn foundling **hittebarnshem** foundling hospital **hittegodsmagasin** lost property office **hittelön** reward; *10 kr i ~* 10 kr. reward

hittills *adv* up to now (the present), till now, hitherto; så här långt so (thus) far; *den ~ värsta ödeläggelsen* the worst destruction ever **-varande** *a, den ~* ordningen the . . we (they etc.) have had up till now, the present . .

hit|vägen, *på ~* on the (my etc.) way here **-åt** *adv* in this direction, this way

hiva *tr* allm. heave, F kasta äv. throw, chuck

hjord *-en -ar* herd; får~ o. menighet flock **-instinkt** herd instinct

hjort *-en -ar* deer (pl. lika); hanne: kron~ stag, dov~ buck **-djur,** *~en* the deer **-horn 1** deer horn, antler **2** ämne hartshorn **-hornssalt** ammonium carbonate; hartshorn **-kalv** young deer, dovhjortskalv äv. fawn **-ko** hind

hjortron *-et -* cloudberry, dwarf mulberry **-sylt** cloudberry jam

hjortskinn läder deerskin, f. handskar o.d. buckskin

hjul *-et -* allm. wheel, trissa castor; *en kärra med två ~* äv. a two-wheeled barrow **hjula** *itr* turn cart-wheels, cartwheel

hjul|axel på vagn axle-tree **-bent** *a* bandy-(bow)-legged **-bår** wheeled stretcher **-eker** spoke **-nav** hub **-spår** wheel track, djupare rut; fortsätta *i de gamla ~en* bildl. . . in the [same] old rut **-tryck** wheel pressure **-ångare** paddle-steamer, isht amer. äv. side--wheeler

hjälm *-en -ar* allm. helmet **-buske** crest **-galler** visor, vizor

hjälp 1 *-en 0* allm., äv. om pers. help, bistånd äv. assistance, aid, nytta äv. use, undsättning rescue, understöd support, relief; botemedel remedy, *mot (för)* for; *snar ~ är dubbel ~* ung. he gives twice who gives quickly; *få ~ av ngn* finansiellt be helped (assisted) by a p., receive assistance from a p.; *ge första ~en* vid olycksfall administer first aid; *sända ~* till katastrofområdet send relief . .; *söka ~ hos ngn* seek assistance from a p.; *tack för ~en!* thank you for your kind help!; *med ~ av* en linjal by means of . .; *komma ngn till ~* come to a p.'s assistance (aid, undsättning rescue); *ta* händerna *till ~* make use of . ., have recourse to . .; *det var honom till god ~* it was a (of) great help (was of great assistance) to him, it proved very helpful (useful) to him; *utan ~* äv. unaided; jfr äv. *tillhjälp* **2** *-en -er,* ridk. *~er* aids

hjälp|a *-te -t* **I** *tr itr* allm. help, bistå äv. assist, vara behjälplig äv. aid, bispringa äv. succour, understödja äv. support; undsätta relieve; avhjälpa remedy; nytta, tjäna till avail, be of use (avail); om botemedel be effective, have a good effect, be (do) good, *mot (för)* for; *hjälp!* help!, F oj då o.d. oh, dear!; *det -er inte* hur mycket jag än försöker it makes no difference . .; *det -te!* that has done the trick!; *det -te inte att gräla på henne* it was no use scolding her; *det kan inte ~s (det -s inte)* it cannot be helped, there is nothing to be done about it; *det är lätt -t* that is easily remedied (put right); *vad -er det, att jag . .?* what is the good (use) of my el. me ing-form?; *här -er inga böner!* nothing can be done about it!; *vill du ~ mig* ett ögonblick? just give me (just lend) a hand [here], will you?; *han är då, Gud -e mig,* inte något dygdemönster upon my word, he is . .; *jag kan inte ~ det* I cannot (could not) help it, it is not my fault; *~ ngn med ngt* help a p. with a th.; *~ ngn* med hans arbete assist a p. . .; *räcka en -ande hand* lend a helping hand

II m. beton. part. **1** *~ ngn av med* rocken help a p. off with . ., relieve a p. of . . **2** *~ fram ngn* i livet help a p. [to get] on **3** *~ ngn på med* rocken help a p. on with **4** *~ till* a) help, lend a hand, make oneself useful (helpful) b)

bidraga till help, contribute; ~ *till med att* inf. help me (him etc.) [to] inf. el. in ing-form, lend a hand in ing-form **5** ~ *upp* a) pers. help . . [to get] up b) bättra på improve **6** ~ *ngn över* de värsta svårigheterna äv. tide a p. over . .

hjälpaktion relief action (measures pl.) **hjälpande I** *a* helping etc. jfr *hjälpa I* **II** *adv*, *träda ~ emellan* step in to help **hjälpare** helper; *en ~ i nöden* a friend in need **hjälp|as** *-tes -ts itr. dep* **1** *det -s inte* se *hjälpa I* ex. **2** ~ *åt* help one another, join hands

hjälp|behövande *a* . . requiring (in need of) help (assistance), fattig needy **-klass** remedial class **-kryssare** auxiliary cruiser **-källa** allm. source of help, isht pekunjär resource; f. litterärt arbete work of reference, source; jfr äv. *hjälpmedel*

hjälp|lig *a* passable, tolerable **-lös** *a* helpless **-löshet** helplessness **-löst** *adv* helplessly; ~ *förlorad* hopelessly lost **-medel** aid, means (pl. lika) [of assistance], pl. äv. facilities; botemedel remedy; översättning *utan ~* . . without dictionaries [and grammars] **-motor** auxiliary engine (motor) **-präst** curate, assistant priest

hjälpred|a *-an -or* **1** pers. helper, assistant; mammas lilla ~ . . help **2** handbok guide, *för (vid)* for **hjälpsam** *a* helpful, *mot* to; ~ [*mot*] äv. . . ready (willing) to help **hjälpsamhet** helpfulness etc. jfr föreg.

hjälp|station first-aid station **-sökande** *a* . . seeking relief; *en ~* an applicant for relief (assistance) **-trupp,** *~er* auxiliary troops, auxiliaries **-verb** auxiliary [verb] **-verksamhet** relief (välgörenhet charity) work

hjält|e *-en -ar* hero; *dagens ~* the hero of the day

hjälte|bragd o. **-dat** heroic deed, deed of valour **-dikt** poem heroic poem **-dyrkan** hero worship **-dåd** se *hjältebragd* **-död,** *dö ~en* die the death of a hero **-mod** heroism, valour **-modig** *a* heroic **-modigt** *adv* heroically **-roll** heroic part **-tenor** tenore robusto it.

hjältinna heroine

hjärn|a *-an -or* brain äv. om pers.; förstånd o. hjärnsubstans vanl. brains pl.; *lilla -an* cerebellum; *stora -an* cerebrum **-bark** cerebral cortex **-blödning** cerebral h[a]emorrhage; *en lindrig ~* a slight attack of c. h. **-gymnastik** mental gymnastics **-hinna** membrane of the brain **-hinneinflammation** meningitis; *en lindrig ~* a slight attack of m. **-kirurgi** brain surgery **-kontor** F upper storey **-skakning** concussion [of the brain] **-skål** brain-pan(-case) **-spöke** figment [of the brain], creation of the imagination **-trust** brain[s] trust **-tvätt** brain-washing **-vindling** convolution of the brain

hjärta *-t -n* heart; *säga (säga ngn) sitt ~s mening* speak (give a p. a piece of) one's mind; *ha svagt (ett gott) ~* have a weak (a kind) heart; *lätta sitt ~* anförtro sig åt någon unburden one's mind (heart); *stå ngns ~ nära* be dear to a p.'s heart; *ha ~ för* sin nästa feel for . .; *ha ~ i bröstet* have a heart; *han har ~t på rätta stället* his heart is in the right place; *ha ~t på tungan* wear one's heart on one's sleeve; *jag har inte ~ till det* ([*till*] *att* inf.) I haven't [got] the heart for it (the heart to inf.); *av hela mitt ~* with all my heart; *i djupet av sitt ~* in one's heart [of hearts]; *det skär mig i ~t* it cuts me to the quick, it breaks my heart; *i ~t av* staden in the heart (very centre) of . .; *med sorg i ~t* with a sorrowful heart; *med bävande ~* tremblingly; *med lätt (tungt) ~* with a light (heavy) heart; *med lättat ~* with a sense (feeling) of relief; vara *lätt om ~t* . . light-hearted; saken *ligger mig varmt om ~t* I have . . very much at heart; *ha ngt på ~t* have a th. on one's mind; *lägga* en förmaning *på ~t* take . . to heart; *lägga ngn ngt på ~t* impress a th. on a p.; *gå till ~t* stir the heart, go straight to a p.'s heart; *trycka ngn till sitt ~* clasp a p. to one's bosom; *tala fritt ur ~t* give one's frank opinion [about things]; *~ns glad* [*över*] *att* inf. exceedingly delighted at ing-form; *~ns gärna* a) with all my heart b) vid tillåtelse by all means; *av ~ns lust* to one's heart's content; *kära ~n*[*d*]*es!* dear me!

hjärtblad cotyledon, seed-leaf

hjärte|angelägenhet affair of the heart **-barn** pet [child], darling **-blod** life-(heart['s])-blood **-glad** *a* extremely glad **-god** *a* truly (very) kind-hearted **-krossare** lady-killer **-lag** *~et* ~ sinnelag disposition; hjärta heart, mind

hjärter *-n* - koll., äv. ss. bud, hearts pl.; *en ~* a (resp. one) heart; *~ är trumf* hearts are trumps; *spela ~* ett hjärterkort play a heart **-bud** heart call **-dam** [vanl. the] queen of hearts **-fem** the five of hearts **-hacka** small heart **-kort** heart

hjärte|rot, *det grep oss in i -rötterna* we were deeply affected by it; det värmde *ända in i -rötterna* . . the cockles of the heart **-sak,** *det är en ~ för mig* I have it very much at heart **-sorg** deep-felt grief, heartache; *dö av ~* die of a broken heart **-suck** deep-drawn sigh **-varm** *a* [very] hearty **-vän** bosom friend; hjärtanskär sweetheart

hjärt|fel [organic] heart-disease **-formig** *a* heart-shaped; bot. cordate **-förlamning** heart-failure **-förmak** auricle **-förstoring** enlargement of the heart **-infarkt** infarct of the heart **-innerlig** *a* most (very) fervent, heartfelt **-innerligt** *adv* F most awfully; ~

trött på . . thoroughly tired of . . **-kammare** ventricle **-klappning** palpitation [of the heart]; *få* ~ get palpitations **-kramp** läk. angina pectoris lat. **-lidande** heart trouble, heart-disease

hjärtlig *a* cordial, stark. hearty, friare warm, kind, *mot* i samtl. fall to; *~a gratulationer (lyckönskningar) på födelsedagen!* Many Happy Returns [of the Day]!; *ett ~t mottagande* a warm (cordial, hearty) welcome; *~t tack!* thanks very much; *rikta ett ~t tack till ngn* thank a p. cordially (warmly) **-het** cordiality, stark. heartiness

hjärt|ligt *adv* cordially etc. jfr *hjärtlig;* ~ *trött på* heartily sick of; *jag gratulerar* ~ *till* . . my hearty congratulations on . . **-ljud** cardiac sound **-lös** *a* heartless **-löshet** heartlessness **-nupen** *a* vekhjärtad sentimental, easily moved **-nupenhet** sentimentality **-pulsåder** aorta **-punkt** centralpunkt centre, heart; core **-sjuk** *a* . . suffering from [a] heart-disease **-skrämd** *a* F . . frightened out of one's wits **-skärande** *a* heart-rending (-breaking) **-slag 1** pulsslag heartbeat **2** läk. heart-failure **-slitande** *a* se *hjärtskärande* **-stärkande** *a (*äv. ~ *medel)* cordial **-verksamhet** action of the heart **-ängslig** *a* nervous and frightened, *över* at

hjäss|a *-an -or* allm. crown; top [of the head]; *skallig* ~ F bald pate **-ben** parietal bone

hm *itj* [a]hem!, h'm!

h-moll B minor

ho *-n -ar* trough, tvättho [laundry] sink

hobb|y *-yn -yer (-ies)* hobby **hobbyrum** hobby-room **hobbyverksamhet** hobby activity

hockey *-n 0* hockey **-klubba** hockey stick

hojta *itr* shout, yell, hollo, F o. amer. äv. holler

hokuspokus I *itj* hey presto!, ss. trollformel abracadabra **II** *n* hocus-pocus; mumbo-jumbo

holdingbolag holding company

holk *-en -ar* **1** fågel~ nesting box **2** bot. calycle **holka** *tr,* ~ *ur* hollow [out]; gräva ur dig out, excavate; *urholkad* äv. hollow, concave

Holland Holland **holländar|e** Dutchman; *-na* som nation el. lag o.d. the Dutch **holländsk** *a* Dutch **holländsk|a** *-an* **1** pl. *-or* kvinna Dutchwoman **2** pl. *0* språk Dutch. — Jfr *svenska*

holm|e *-en -ar* islet, isht i flod holm[e]

homeo|pat *~en ~er* hom[o]eopath[ist] **-pati** *~[e]n 0* hom[o]eopathy **-patisk** *a* hom[o]eopathic

homerisk *a* Homeric **Homeros** Homer

homo|fil *~en ~er* F man homo, queer, pansy, kvinna Lesbian **-gen** *a* homogeneous **-genisera** *tr* homogenize **-genitet** homogeneity **-nym I** *~en ~er* homonym **II** *a* homonymous **-sexuell** *a* homosexual; *en* ~ a homosexual

hon *pers. pron* she; *henne* her; *~, henne* om djur äv. o. om sak vanl. it (jfr *den B I 1*); ~ *(henne)* [*som står*] *där borta* the (that) woman (that one) [who stands] over there; *den moderna människan har . ., och* ~ . . modern man has . ., and he . .; *vad är* ~ klockan? o. likn. fraser jfr [*vad är*] *klocka*[*n*] osv.; för ex. jfr äv. *jag*

hon|a *-an -or* female, om vissa hovdjur, elefant, val, krokodil m.fl. cow, om fåglar ofta hen; ss. efterled i sms. se t.ex. *ejder-, elefant|hona* **-blomma** female flower **-katt** she-cat **-kön** eg. female sex; djur *av* ~ äv. female . .

honnett *a* honest, straightforward, fair

honnör *-en -er* **1** mil.: hälsning salute, hedersbevisning honours pl.; *göra* ~ [*för*] salute **2** erkännande o. kortsp. honour **honnörsbord** table of honour

honom *pron* se *han*

honorar *-et* - fee **honoratiores** *pl, stadens* ~ the notabilities of the town **honorera** *tr* remunerate, pay; t.ex. växel honour; skuld pay off, settle

honung *-en 0* honey

honungs|burk honey pot (jar); med innehåll pot (jar) of honey **-dagg** honey dew **-gul** honey-coloured **-kaka** i bikupa honeycomb **-len** *a* honeyed; ~ *röst* mellifluous voice **-slungare** [honey] extractor **-söt** *a* honey-sweet; bildl. se *honungslen*

hop I *-en -ar* skara crowd, hög heap; friare lot; *en* ~ [*med*] . . a crowd osv. of . .; [*den stora*] *~en* the multitude (masses pl.); *en hel* ~ [*med*] *pengar* a lot (lots, heaps båda pl.) of money; *höja sig över ~en* rise above the common herd **II** *adv* se *ihop*

hopa I *tr* heap (pile) up, friare o. bildl. accumulate, *över* upon; *en ~d* . . a heaped-up etc. . . **II** *rfl* accumulate, *över ngn* over a p.'s head; t.ex. om moln mass, om snö drift, form drifts (resp. a drift); ökas increase **hopas** *itr. dep* se *hopa II*

hop|fallen *a* se *hopskrumpen* o. *infallen* **-foga** *tr* put together, join **-fällbar** *a* folding . ., collapsible, foldable **-fälld** *a* attr. shut-up, om paraply closed, furled, attr. äv. rolled-up; jfr äv. *hopslagen* **-gyttring** konkr. conglomerate **-klibbad** *a* . . stuck together **-kok** concoction, mishmash **-kommen** *a, en bra* ~ bok a . . that is well put together, a well-composed . . **-krupen** *a* m. uppdragna axlar, attr. hunched-up; *sitta* ~ se *krypa* [*ihop*]

1 hopp *-et 0* allm. (äv. *~et*) hope, förhoppningar ofta hopes pl., *om* of; förtröstan trust; *allt* ~ *är ute* there is no longer any hope; läkaren *ger inte något* ~ . . holds out no hope of recovery; *ha* el. *hysa* ~ *(gott ~) om att* inf. have el. entertain hopes (every hope) of ing-form;

sätta sitt ~ till . . (till framtiden) set (centre) one's hope[s] on . . (put one's trust in the future); *i ~ om ett snart svar* hoping to receive an early reply; *i ~ om att* inf. (*om att* sats) in the hope of ing-form (that sats), i brev hoping (trusting) to inf. (that sats)

2 hopp *-et* - **1** allm., äv. sport o.d. (jfr dock *2* nedan) o. bildl. jump, språng äv. leap, snabbt o. elastiskt äv. spring, långt skutt äv. bound, lekfullt skutt skip, studsning äv. bounce, isht fågels hop; dykning på huvudet vanl. dive, plunge; *ett ~ i tankegången* a jump (sudden transition) in the line of thought; *göra ett ~ framåt* bildl. take a leap forward; *göra ett ~* i berättelsen skip a piece (a few pages) . .; *ta ett ~* jump, make (take) a jump **2** hoppning: sport. jumping, gymn., över bock o.d. vaulting

hoppa I *itr (tr)* jump, leap, spring, bound, skip, bounce, dive, plunge, jfr *2 hopp 1;* isht om fågel, loppa o.d. hop; *~ och skutta* t.ex. om barn, lamm skip (gambol, frisk) about; *det kom honom att ~ högt* av överraskning it made him jump; *~ av glädje* jump for joy; hjärtat *~de av glädje (i bröstet)* . . leapt for joy (resp. . . gave a bound); *~ av ilska (smärta)* dance up and down with rage (in pain); *~ med frågorna* shoot one's questions at random; *~ på ett ben* hop [on one leg]; *~ längdhopp* do the long jump (ägna sig åt längdhoppning go in for long jumping); *~ bock* o.d. se under resp. subst.

II m. beton. part. **1** *~ av:* a) eg. *~ av [bussen* resp. *tåget]* jump off [the bus] resp. jump out [of the train]; locket *har ~t av* . . has come (flown) off b) bildl. back out, defect, polit. seek political asylum **2** *~ i* jump etc. (på huvudet dive) in **3** *~ in* som ersättare step in, *för ngn* in a p.'s place **4** *~ omkring* jump (hop etc.) about, lekande skip, gambol **5** *~ på:* a) *~ på [bussen* resp. *tåget]* jump on [to the bus] resp. jump in[to the train] b) *~ på ngn* fly at a p.['s throat], jump on a p. c) *~ på* ett erbjudande jump at . ., seize upon . . **6** *~ till* give a jump, start **7** *~ upp* jump etc. up, från sin plats leap to one's feet; *~ upp i sadeln* leap (vault) into the saddle **8** *~ ur [vagnen]* jump etc. out [of the carriage]; sprinten *har ~t ur* . . has fallen out **9** *~ över* a) eg. jump over (across) b) bildl.: gå förbi, utelämna skip, leave out, omit, ofrivilligt miss out, forget

hoppare jumper; sim~ diver

hoppas *itr.* o. *tr. dep* hope, *på* for, förlita sig trust vanl. m. att-sats; ibl. hope for, jfr ex.; *~ det bästa* hope for the best; *det ~ jag (skall vi väl ~)* I (let us) hope so; blir det regn? — *Det ~ jag att det inte blir* . I hope not; *det var mer än jag vågade ~* it was more than I dared [to] hope for; *vi får ~ att* it is to be hoped that; *~ i det längsta* hope against hope; *jag ~ på honom* I set my hopes on him

hoppetoss|a *-an -or* liten flicka will-o'-the-wisp; neds. jade, flibbertigibbet

hopp|full *a* hopeful; confident **-fullhet** hopefulness **-ingivande** *a* hopeful, promising

hoppjerk|a *-an -or* ung. drifter

hoppla *itj* houp-la!

hopp|lös *a* allm. hopeless; desperate; *~ förtvivlan* äv. blank despair; företaget *var ~t* äv. . . was a forlorn hope; *ge upp ngt som ~t* give a th. up as a bad job **-löshet** hopelessness; despair

hoppning jumping **hopprep** skipping-rope, isht amer. jump rope; *hoppa ~* skip

hop|pressning se före *-rafsad*

hoppsan *itj* whoops!

hopp|skida jumping ski **-torn** diving tower

hop|pressning compression **-rafsad** *a* [attr. . . that has (had osv.) been] scrambled together; *ett -rafsat brev* a scrawl; *en ~ skara* a motley crew **-rullad** *a* attr. rolled-up **-sjunken** *a* pred. shrunk up, attr. shrunken[-up] **-skjutbar** *a* folding . . , telescopic **-skrumpen** *a* shrivelled, wizened **-slagen** *a* om bok closed, om bord o.d., attr. folded-up; jfr äv. *hopfälld* o. *slå [ihop]* **-slingrad** *a* entwined **-sparad** *a* attr. saved-up; *hans ~e slantar* äv. his savings **-sättning** av maskin o.d assembly **-tagning** av maskor narrowing

hoptals *adv* by (in) heaps; *~ med* . . heaps of . .

hop|vikbar *a* foldable, collapsible **-vuxen** *a* o. **-växt** *a* se *sammanvuxen*

hor *-et 0* adultery; fornication **hor|a** *-an -or* whore

Horatius Horace

hord *-en -er* allm. horde

horisont *-en -er* allm. horizon, eg. äv. skyline; *vidga sin ~* widen one's intellectual horizon; *med en snäv ~* bildl. with a narrow outlook, narrow-minded . .; . . *avtecknar sig mot ~en* . . stands out against the horizon, . . is on the skyline; *vid ~en (*solen *står vid ~en)* on (. . is at) the horizon; *det går över min ~* it is beyond me

horisontal *a* horizontal **-plan** horizontal plane

hormon *-et -er* hormone **-preparat** hormone preparation

horn *-et* - allm. horn, hjorts äv. antler, signal~ äv. bugle, på bil o.d. äv. hooter; *ha ett ~ i sidan till ngn* have [got] one's knife into (isht amer. have it in for) a p.; *stånga ~en av sig* bildl sow one's wild oats; *en* dosa *av ~* äv. a horn . .; *försedd med ~* horned; *ta tjuren vid ~en* äv. bildl. take the bull by the horns **-artad** *a* horny **-blåsare** horn player, hornist, mil bugler **-blände** hornblende **-boskap** horned cattle pl. **-bågad** *a, ~e glasögon* horn-rimmed spectacles **-hinna** cornea **-musik** brass (horn) music **-signal** bugle call **-stöt** mus. horn (bugle) blast **-uggla** horned owl **-ämne** keratin

horoskop *-et* - horoscope; *ställa ngns ~* cast a p.'s horoscope

horribel *a* horrible

horst *-en -ar* horst

hortensi|a *-an -or* hydrangea

hos *prep* (se äv. resp. subst., adj. o. vb) **1** rumsbet. o. friare: **a)** hemma (i tjänst) hos o.d. at (m. konstruktionsförändring i eng., jfr ex.), with; i personlig tjänsteställning hos o. ibl. äv. annars (jfr ex.) to; expedit *~ Anderssons* . . at Andersson's; inbrott *~ professor B.* . . at Professor B.'s; kokerska *~ familjen X.* . . at X.'s [house], . . in the family (service, employ) of X.; sekreterare *~ ngn* . . to a p.; *han är anställd ~* Brown & Co he works with . .; *arbeta ~ ngn* work for (be employed by) a p.; han bor (äter middag etc.) *~ sin farbror (~ oss)* . . at his uncle's [house (place)] (at our house), . . with his uncle (with us); *kartan finns (säljes) ~* alla bokhandlare the map is obtainable at (is sold by) . .; dolken hittades *~* på *honom* . . on him; köpa (beställa) ngt *~ juveleraren* . . from the jeweller, . . at the jeweller's; allt som köps *~ oss* . . from us, . . at our establishment; förslaget ligger nu *~ styrelsen* . . in the hands of the board; *jag var ofta ~ A.* I went to A.'s house a good deal; I was a frequent guest of A.'s; jag har varit *~ doktorn* . . to the doctor (at the doctor's); jag har varit *~ honom med boken* . . to him with the book; *~ oss* i vårt land in this (our) country, with us, hemma hos oss at our place; han är *inne ~ patienten (sig)* in the patient's (in his) room; *utgiven ~* . . published by . .

b) bredvid by; tillsammans (i sällskap) med with; bland among; kom och sitt *~ mig i soffan* . . by me (by my side) on the sofa; *jag satt (var) ~ honom när* . . I sat (was) with him when . .; *jag är strax tillbaka ~ er* I shall be with you in a few minutes; vistas *~ indianerna* . . among the Indians

2 bildl. **a)** i samband m. uttr. som anger egenskap, utseende, känsla, organ o.d.: i, inom in, in i into, över, i det yttre hos about; för att uttrycka fel, gunst, vana o.d. hos ngn with, jfr ex.; blodomloppet *~ fiskarna* . . in (of) fishes; en god egenskap *~ en lärare (detta vin)* . . in a teacher (this wine); *felet ligger ~ honom* the fault lies with him; *stå högt i gunst ~ ngn (dem)* be in high favour with a p. (among them); *ironin ~ A.* A.'s irony; *väcka missnöje ~ ngn* displease a p.; *ingjuta mod ~ ngn* infuse courage into a p.; *det finns något ~ henne* . . there is something about (inom in) her . .; oron *~ hans föräldrar* . . felt by his parents (in his parents' minds); det är en ovana *~ mig* . . with me; det vittnar om slarv *~ dem (tillverkaren)* . . on their part (on the part of the manufacturer); så var det *~ de gamla grekerna* . . with the ancient Greeks; *värdet ~* av *boken* ligger i . . the value of the book . .

b) i en författares verk o.d. in; uttrycket finns *~ Shakespeare* . . in Shakespeare

hosianna *itj* o. *-t 0* hosanna

hospital *-et* - [lunatic] asylum

hospits *-et* - hostel; ibl. temperance hotel

host|a I *-an 0* cough, coughing; *envis (våldsam) ~* hacking (racking) cough; *få ~* get a cough; något som *lindrar -an* . . relieves the cough **II** *itr (tr)* eg. cough, have a cough; säga 'hm' hem, *åt ngn* to a p.; F yttra say, mumble; *~ lätt (~ till)* give a slight cough (resp. hem); *~ blod* cough up blood; *~ upp* cough up, expectorate **-anfall** o. **-attack** fit (attack) of coughing

hosti|a *-an -or, ~n* the Host

host|medicin cough mixture (syrup) **-pastill** cough-lozenge(-drop)

hot *-et 0* allm. threat[s pl.], *mot* against, *om* of; ständigt hot, hotande fara: mera valt menace, *mot* to; *tomt ~* empty (idle) threats; *bruka ~* use threats; *ett ~ mot världsfreden* a menace to world peace; *med (under) ~ om* hämnd with threats (a threat) of . .; *med ~ tvinga ngn att göra ngt* intimidate (bully) a p. into doing a th.

hota *tr itr* allm. threaten, mera valt samt utan följ. inf. menace, sport. äv. challenge, förestå äv. be imminent (impending); *~ med* threaten with, threaten, jfr ex.; *~ ngn med fingret* shake one's finger at a p.; *~ med hämnd (laga åtgärder)* threaten revenge ([legal] proceedings); *~ ngn med stryk* threaten to thrash a p.; *de ~de honom med omedelbar uteslutning* they threatened him with immediate expulsion; *~ ngn till livet* threaten a p.'s life; *strejk ~r* a strike is imminent; *det ~r att bli regn* it threatens to rain, it looks like rain; *~s av fara (ruin)* be threatened by danger (with ruin)

hotande *a* threatening, menacing, överhängande imminent, impending; *en ~ fara* a menacing (imminent) danger; *den ~ krisen (strejken)* the threatened crisis (strike); *vädret ser ~ ut* the weather looks threatening

hotell *-et* - hotel; *~ Svea* the Svea Hotel; *bo på (ta in på [ett]) ~* stay (put up) at a hotel **-direktör** hotel manager **-rum** hotel room **-råtta** F hotel thief **-räkning** hotel bill; *betala ~en* äv. check out **-rörelse** hotel business; *driva ~* run a hotel (resp. hotels) **-vaktmästare** hotel porter

hotelse *-n -r* threat, *mot* against; menace, *mot* to; *fara ut i ~r mot ngn* utter threats against a p., menace a p. **-brev** threatening letter

hotfull *a* threatening, menacing
hottentott *-en -er* Hottentot
1 hov *-en -ar* på djur hoof (pl. -s el. ibl. hooves); *försedd med ~ [ar]* äv. hoofed
2 hov *-et -* court; *vid ~et* at court; *hålla ~* keep court **-bal** court ball **-dam** lady-in--waiting, *hos* to
hovdjur hoofed animal (mammal)
hovdräkt court dress
hovera *rfl* se *2 brösta*
hov|folk courtiers pl. **-fotograf** court photographer, jfr äv. *hovjuvelerare* **-fröken** maid of honour, *hos* to **-funktionär** court functionary (official) **-förvaltning,** *~en* the Department of the Keeper of the Privy Purse and Treasurer to the King **-juvelerare,** *~[n] A.* Mr A., [by appointment] jeweller to H. M. (His Majesty) the King **-kapell,** *[Kungl.] ~et* the Royal Opera--House Orchestra **-krets,** *i ~ar* in court circles **-leverantör,** *[kunglig] ~* purveyor to His Majesty the King (el. to the court) **-man** courtier **-marskalk** ung. marshal of the court **-mästare 1** på restaurang head waiter **2** i privathus butler, finare steward **-narr** court-jester **-nigning** reverence **-predikant** chaplain to the King
hovrätt ung. court of [civil and criminal] appeal
hovrätts|assessor ung. assistant justice (associate judge) of [a (resp. the) court of] appeal **-fiskal** ung. judge referee to a (resp. the) court of appeal, reporting clerk to etc. **-notarie** ung. law clerk of a (resp. the) court of appeal **-president** president of a (resp. the) court of appeal, chief justice of appeal **-råd** ung. justice of [a (resp. the) court of] appeal
hovsam *a* moderate; hänsynsfull considerate **hovsamt** *adv* with moderation, considerately
hovslag hoof beat; *~* hördes the clatter of a horse's hoofs . . **hovslagare** farrier, blacksmith
hov|sorg court mourning **-stall,** *~et* the Royal Stables pl.; i Engl. the Royal Mews Department **-stallmästare** crown equerry **-stat,** *~en* the royal household
hovtång pincers pl.
hu *itj* ugh!, whew!
huckle *-t -n* kerchief
hud *-en -ar* allm. skin, på större djur o. tjock avflådd djur~ hide; *beredda (oberedda) ~ar* dressed (raw) hides; *få (*resp. *ge ngn) ordentligt på ~en* F a) med stryk get a good hiding (resp. tan a p.'s hide) b) med ovett be told off (resp. haul a p. over the coals); *ha tjock ~* bildl. be thick--skinned **-flänga** *tr* eg. o. bildl. castigate, scourge **-färg 1** eg. colour of the (resp. his etc.) skin, hy complexion **2** färgnyans flesh--colour **-kräfta** skin cancer **-kräm** skin cream **-lös** *a* **1** eg. excoriated, sårig raw, genom skavning o.d. galled **2** bildl. skinless **-sjukdom** skin (cutaneous) disease **-specialist** dermatologist **-veck** fold [of the skin] **-överföring** skin grafting
hugad *a, ~e spekulanter* prospective (intending) buyers
hugenott *-en -er* Huguenot
hugfästa *tr, ~ [minnet av]* ngn (ngt) commemorate . . **hugfästelse** *-n 0, till ~ av* stadens grundande in commemoration of . .
hugg *-et -* **1** m. skärande vapen el. verktyg cut, som fläker upp äv. slash, m. kniv o.d. stab, samtl. äv. ärr el. märke; slag blow, stroke, m. tänder, äv. om fisk bite; *måtta ett ~ mot* . . aim a blow etc. at . .; med käppen *i högsta ~* . . ready to strike; *överfalla ngn med ~ och slag* violently assault a p. **2** häftig smärta stab of pain, twinge **3** bildl. blow; *ge ~ på sig* lay oneself open to attack (ge anledning till kritik criticism); *rikta skarpa ~ mot ngn* level damaging blows (resp. criticism) at a p.
hugg|a *högg -it* **I** *tr itr* **1** m. vapen el. verktyg cut, hew, strike, fläka upp äv. slash, stympa äv. hack; m. kniv o.d. stab, *efter ngn* at a p.; klyva i små stycken chop; om bildhuggare carve; *~ sten* cut (hew) stone; *~ timmer* hew timber; *~ ved* chop (cut) wood **2** m. tänderna o.d. grab, clutch; t.ex. om fisk, hund bite, om orm äv. strike; *fisken -er bra* the fish is biting (rising) freely; hunden *högg mig i benet* . . bit my leg; *~ klorna (tänderna) i ngt* dig one's claws (sink one's teeth) into a th.; *~ sporrarna i hästen* dig one's spurs into one's horse **3** friare o. bildl.: gripa catch (seize) [hold of], *i* t.ex. armen by; F nab, cop; F stjäla pinch, snatch, nab, grab, idé el. text o.d. crib; om fartyg: stampa pilch, slå mot brygga o.d. bump, *mot* on; om smärta se *~ till* ned.; *~ i sten* go wide of the mark; *~ på ngn* nag at a p.; *det är -et som stucket* it comes to the same thing (makes no difference), *om* whether
II *rfl, ~ sig i benet* cut one's leg; *han högg sig [en] väg* genom snåren he cleared a way for himself . .
III m. beton. part. **1** *~ av* cut off, sever, *från* from; i två bitar chop (cut) . . in two; *~ av en bit från* . . chop (cut) a piece off . .; *~ av den gordiska knuten* cut the Gordian knot; *en avhuggen gren* a lopped-off branch; *avhuggna meningar* abrupt sentences **2** *~ för sig* a) ta för sig help oneself [greedily], *av* to b) ta grovt betalt charge stiff prices; *han högg för sig* av mig äv. he made me pay through the nose **3** *~ i* hjälpa till lend a hand, ta i av alla krafter make a real effort; *~ i* sätta i gång *[med ngt]* get down to (F get cracking on) a th., set to a th.; *jag måste själv ~ i* I had to take a hand myself **4** *~ sig [i]genom* cut one's

way through **5** ~ *in på* a) fienden charge . . b) t.ex. smörgåsen F tuck into . .; ~ *in ngt i* . . carve (cut) a th. in . . **6** ~ *ned* a) ett träd fell (cut down) . . b) fienden cut . . to pieces, massacre **7** ~ *till* a) slå till deal m. obj. utsatt i eng. a blow (cut etc.), strike, bita bite, *mot* at b) forma shape c) ta grovt betalt se ~ *för sig* d) *det högg till* i tanden there was a twinge . . e) ~ *till med* gissa på make a guess at **8** ~ *upp* a) i bitar cut (chop) up b) ett fartyg break up c) t.ex. en vak make **9** ~ *ut* cut out, *ur* of, t.ex. relief carve, *ur* out of; skogsv. cut down, fell, gallra thin out

huggare *-n* - **1** vapen cutlass **2** bildl. se *baddare*

hugg|järn chisel **-kubb[e]** chopping-block **-orm** viper, adder **-sexa,** *det blev en riktig* ~ everybody had to grab the food for themselves **-tand** vass tand äv. orms fang; bete tusk **-värja** rapier

hugna *tr* favour; ibl. gladden; ~ *ngn med* en orden, ett besök favour a p. with . . **hugnad** *-en 0, till* ~ *för* to the comfort of

hugskott *-et* - passing fancy, idea; jfr äv. *nyck* **hugsvala** *tr* comfort; solace **hugsvalelse** *-n 0* comfort; solace; consolation

huj I *itj,* ~, vad det gick! whew (F my), . .! **II** *oböjl. n, i ett* ~ F in a jiffy

huk *oböjl. s, sitta på* ~ squat, sit on one's heels; *sätta sig på* ~ squat down **huka** *rfl* crouch [down]

huld *a* välvillig benignant, kindly, älskvärd gracious, trogen loyal, *mot* i samtl. fall to (towards); *ett hult leende* a benignant smile; *min ~a maka* F my loving wife; *lyckan var honom* ~ fate was kind to him, fortune favoured him

huldr|a *-an -or* lady (siren) of the woods

hull *-et 0* vanl. flesh; *ha (vara vid) gott* ~ a) om pers. be well filled out, fyllig be plump b) om djur be fat, be in good condition; *ha dåligt* ~ be thin; *leva på ~et* live on one's fat; *lägga på ~et* put on flesh (om pers. äv. weight), fill out; *tappa ~et* lose flesh (weight); *med* ~ *och hår* whole, entirely

huller om buller *adv,* allt ligger ~ . . in a mess, . . higgledy-piggledy; *fly* ~ flee helter-skelter; *springa* ~ om varandra run pell-mell

hulling barb; på harpun o.d. fluke

hum I *oböjl. r* el. *n, ha en* ~ *om latin* have a smattering of Latin; *jag har ingen* ~ aning *om* . . I have no idea (notion) of . . **II** *itj* se *hm*

human *a* människovänlig humane, hygglig kind, considerate; *~t pris* reasonable price **humaniora** *oböjl. pl* arts subjects, isht klassiska språk o.d. the humanities **humanisera** *tr* humanize **humanism** humanism **humanist** humanist; studerande arts student **humanistisk** *a* humanistic; *~a fakulteten* the Faculty of Arts; ~ *linje* arts side **humanitet** humanity **humanitär** *a* humanitarian

humbug 1 *-en 0* bedrägeri humbug **2** *-en -ar* pers. humbug, impostor, charlatan **humbugsmedicin** quack remedy

huml|a *-an -or* bumble-bee

humle *-n (-t) 0* hops pl.; ~planta hop

humle|blomster water avens **-bo** bumble-bee's nest

humle|gård hop-garden **-ranka** hop-bine **-stör** hop-pole äv. bildl.

hummer *-n humrar* lobster **-bur** lobster-pot **-burk** tin (amer. can) of lobster **-klo** lobster's claw **-tina** se *-bur*

humor *-n 0* humour, sinne för humor sense of humour **humoresk** *-en -er* litt. humorous story (sketch); mus. humoresque **humorist** humorist **humoristisk** *a* humorous

humus *-en 0* humus **-rik** *a* . . rich in humus

humör *-et* - lynne temper, temperament; sinnesstämning humour, spirits pl., mood; *ha ett glatt* ~ have a cheerful temperament; *fatta* ~ bli ond bridle up, *över* at; *förlora (tappa) ~et* bli ond lose one's temper, bli på misshumör be put out of humour (spirits); *hålla ~et uppe* keep up one's spirits; han är inte *i (vid)* ~ . . in the best of tempers; *upp med ~et!* cheer up!; *vara på sitt bästa* ~ be in a very good mood (in very good spirits); *på dåligt* ~ in low (bad) spirits, F out of sorts, blue, sur, vresig in a bad temper, in an irritable mood; *på gott* ~ in high (good) spirits, in a cheerful (good) mood; *inte vara på* ~ *att* inf. not be in the mood to inf., not feel like ing-form; *hetsig till ~et* hot-tempered; *bringa ngn ur* ~ put a p. out [of humour (temper)]; *vara ur* ~ be out of humour (spirits, F sorts)

hund *-en -ar* dog, jakt~ äv. hound; han~ male dog; *frysa som en* ~ be chilled to the marrow; *följa ngn som en* ~ follow a p. like a dog; *skämmas som en* ~ be thoroughly ashamed of oneself; *smyga sig undan som en våt* ~ sneak away like a whipped cur; *vara våt som en* ~ be drenched to the skin; *leva som* ~ *och katt* lead a cat-and-dog life; *[få] slita* ~ [have to] rough it; *där ligger en* ~ *begraven* there is something fishy about this, I smell a rat here; *lära gamla ~ar sitta* teach an old dog new tricks

hund|aktig *a* dog-like; canine **-bett** dog-bite **-bröd** dog-biscuit **-dagarna** *pl* the dog-days **-gård** kennels pl. **-göra** drudgery; *ett* ~ a piece of drudgery **-halsband** dog-collar **-huvud** dog's head; *få bära ~et för ngt* be made the scapegoat for a th. **-kapplöpning** dog (greyhound) race **-kex** dog-biscuit **-koja** kennel **-koppel** leash; se vidare *koppel 1* **-käx** *~en 0* o. **-käxa** *~n 0* bot. se

hundloka **-liv,** *leva ett* ~ lead a dog's life **-loka** wild chervil **-lort** dog's dung **-piska** dog-whip
hundra *räkn* hundred; [*ett*] ~ a hundred; *e'tt* ~ one hundred; ~ *fem* a (one) hundred and five; *fem* ~ five hundred; *ett tusen ett* ~ a (one) thousand one hundred; *år 196* adv. in [the year] 196 (one hundred and ninety-six); *flera (många)* ~ several (many) hundred (fören. äv. hundreds of); *vi var flera* ~ there were several hundreds of us; *några* ~ a few hundred, fören. äv. some hundreds of; *ett par* ~ fören. o. självst. a couple of hundred; *ungefär* ~ *personer* some (about a) hundred people; *fem på (per)* ~ five in (out of) a hundred; säljas *per* ~ .. by the hundred
hundracka cur, mongrel
hundrade I *-t -n* hundred; *i* ~*n* in hundreds **II** *räkn* hundredth; jfr ex. under *femte* **hundra[de]del** hundredth [part]; *två* ~*ar* two hundredths; *en* ~*s sekund* a (one, ibl. the) hundredth of a second
hundra|faldig *a* hundredfold **-faldigt** *adv* o. **-falt** *adv* a hundredfold **-fem** *räkn* a (one) hundred and five **-femte** *räkn* hundred and fifth **-femtiotusen** *räkn* a (one) hundred and fifty thousand **-gradig** *a* om termometer o.d. centigrade; jfr vid. *femgradig* **-kronesedel** o. **-kronorssedel** o. **-lapp** one-hundred-krona note **-ljuslampa** se *-wattslampa* **-meterslopp** hundred-metre race **-procentig** *a* one-hundred-per-cent ..; jfr *femprocentig*
hundras breed of dog
hundra|tal hundred; ~ *och tusental* hundreds and thousands; ~*et* talet 100 the number one hundred; ~*et (något* ~, *ett* ~*) människor* hade infunnit sig some (about a) hundred people ..; [*på*] ~*et* år 100—200 [in] the second century; *flera* ~ o. likn. ex. se [*flera*] *hundra* o.d.; räkna sina vänner *i* ~ .. by the hundred; *komma i* ~ come in [their] hundreds **-tals** *oböjl. a* hundreds subst. i pl., *människor* of people; ~ *människor* äv. people in hundreds **-tusen** *räkn,* [*ett*] ~ a (one) hundred thousand **-tusentals** *oböjl. a* hundreds of thousands subst. i pl., *människor* of people **-wattslampa** hundred-watt bulb **-årig** *a (*jfr *femårig)* **1** hundred-year-old .., pred. a (one) hundred years old **2** hundred-year[-long] .., hundred years' ..; *en* ~ fred äv. a century-long ..; traditionen *är* ~ .. goes back a hundred years **-åring** centenarian **-årsdag** hundredth anniversary, centenary; födelsedag hundredth birthday **-årsjubileum** o. **-årsminne** centenary
hundrova bryony
hundsa *tr* o. **hundsfottera** *tr* se *hunsa*
hund|sim [vanl. the] dog stroke **-skall** [vanl. the] barking of dogs (resp. a dog), jakt. äv. cry of hounds **-skatt** dog-licence **-skattemärke** dog-licence plate **-släde** dog sledge **-släkte,** ~*t* the canine race **-spann** dog team **-utställning** dog show **-vakt** sjö. middle watch **-valp** pup[py] **-viol** dog-violet **-väder,** [*ett*] ~ beastly (dirty) weather **-vän** dog lover **-år** year of hard struggle **-ägare** dog-owner **-öra** dog's ear (pl. dogs' ears); boken *har -öron* vanl. .. is dog['s]-eared
hunger *-n 0* allm. hunger, *efter* for; svält äv. starvation; *lida* ~[*ns kval*] suffer from [the pangs of] hunger; *känna* ~ be (feel) hungry; *stilla* ~*n (*resp. *den värsta* ~*n)* appease (resp. take the edge off) one's hunger; *jag förgås av* ~ F I am simply starving **hungerkravaller** *pl* food riots **hungersnöd** famine **hungerstrejk** *s* o. **hungerstrejka** *itr* hunger-strike **hungra** *itr* be hungry (starving), svälta starve, hunger; ~ *efter nyheter (*resp. *medkänsla)* hunger for news (resp. starve for sympathy); ~ *ut* en stad starve out (.. into surrender); *uthungrad* famished, starving; *jag är alldeles uthungrad* F I am simply starving **hungrig** *a* allm. hungry, utsvulten starving, *efter* for; ~ *som en varg* hungry as a wolf (hunter); *bli* ~ get hungry
hunn *-en -er* o. **hunner** *-n* - Hun
hunsa *tr itr,* ~ [*med*] bully, browbeat, hector, F äv. push .. around
hur *adv* **1** allm. how, ibl. what jfr ex.; ~ *då?* how?; ~ *så?* varför why [, then]?; ~ *gammal är han?* how old (what age) is he?; ~ *stor blev inte min förvåning* då .. imagine (how great was) my surprise ..; ~ *stor lön har du?* how large a (what) salary do you get?; ~ [*sa*]*?* what [did you say]?, I beg your pardon?; ~ *ser han ut?* a) hur förefaller han? how does he look? b) hurudant utseende har han? what does he look like?; ~ *var* filmen? what was .. like?, how was ..?; ~ *är det med honom* hans hälsa? how is he?; jag vet inte ~ *jag skall förklara det* .. how to explain it; *vi såg på* ~ *skeppet sjönk allt djupare* we watched the ship sink deeper and deeper **2** i vissa förb., ~ .. [*än*] vanl. however; ~ *skicklig han än är* however clever he may be, no matter how clever he is, clever as he may be; ~ *jag än gör (bär mig åt)* whatever I may do, do what[ever] I may; ~ *man än försöker* however [much] one may try, try as one may; jag kan inte, ~ *gärna jag än ville* .. however much I should like to; *det må vara därmed* ~ *det vill,* men .. be that as it may .., however that may be ..; ~ *han krånglade,* så fick han till slut upp låset [by] worrying away [at it] ..; ~ *det nu var* a) så kom han till sist whatever happened .. b) så blev vi ovänner somehow [or other] ..; *eller* ~ se under *eller;* ~ *som helst* se *helst I 2*

hurdan *a,* ~ *är han?* what is he like?, what sort (kind) of person is he?; ~ *var* filmen? what was . . like?, how was . .?; du vet ~ *hon är* . . how she is; ~*t vädret än blir* whatever (no matter what) [sort of] weather we may have

hurra I *itj* hurrah!, hurray! **II** *-t -[n]* cheer, hurrah, hurray; jfr *leve* **III** *itr* hurrah, hurray, cheer; ~ *för ngn* give a p. a cheer, cheer a p.; *ingenting (inte mycket) att* ~ *för* F nothing to write home about (to boast of) **-rop** cheer

hurtfrisk *a* hearty; *hon är* ~ she is a hearty type **hurtig** *a* rask brisk, munter cheerful, pigg lively, vaken alert, käck dashing **hurtighet** briskness etc. jfr föreg.; dash

hurts *-en -ar* på skrivbord pedestal

huru *adv* se *hur* **hurudan** *a* se *hurdan* **huruledes** *adv* how, in what way (manner) **hurusom** *konj* how; att that **huruvida** *konj* whether

hus *-et* - **1** allm. o. isht mindre house, större byggnad building, hyreshus äv. block [of flats]; familj house, family, household; ~*et Rothschild* the house of R.; *alla* ~ *i staden* var flaggprydda all the buildings of the town . .; *gå (*resp. *spela) för fulla* ~ draw crowded houses (resp. play to capacity); pjäsen *drar fullt* ~ . . fills the house, . . draws a packed house; *det var fullt* ~ (utsålt) i går there was a full house . .; *göra rent* ~ [*i* skafferiet] polish everything off [in . .]; *göra rent* ~ *med* gamla fördomar make a clean sweep of . ., cast off . .; *föra stort* ~ keep up a large establishment; *hålla öppet* ~ keep open house; *hålla tillgodo med vad* ~*et förmår* take pot luck; *var har du hållit* ~*?* wherever (where) have you been?; *som barn i* ~*et* as a member of the family; *gå ur* ~ *i* ~ go from house to house; *gå man ur* ~*e* turn out to a man; han äter oss *ur* ~*et* . . out of house and home **2** snigels shell

hus|a *-an -or* housemaid, som serverar parlourmaid **husapotek** family medicine chest

husar *-en -er* hussar **-regemente** hussar regiment

hus|arrest house arrest **-behov,** *till* ~ a) eg. for household requirements b) någotsånär [just] passably (moderately) **-bock** house longhorn beetle **-bonde** master **-bondfolk** master and mistress pl. **-båt** houseboat

husdjur domestic animal; ~*en* koll. äv. the livestock sg. **husdjursförsäkring** livestock insurance; jfr *försäkring*

husera *itr* **1** ~ *i* hemsöka infest, om spöke o.d. haunt **2** härja, väsnas F carry on; ~ *fritt* run riot

husesyn, *förrätta* ~ [*i* fastighet] carry out a (resp. the) prescribed inspection [of . .]; *gå* ~ [*i*] friare make a tour of inspection [of]

hus|fader head of a (resp. the) family **-faderlig** *a* paternal **-fluga** [common] house-fly **-folk** tjänare domestic servants pl. **-frid** domestic peace; *vad gör man inte för* ~*ens skull?* anything for the sake of peace and quiet (for a quiet life)! **-fru** på hotell o.d. housekeeper, matron **-föreståndarinna** housekeeper **-förhör** parish catechetical meeting **-geråd** ~*et* ~ köksredskap household (kitchen) utensil (koll. utensils pl.) **-gud** household god

hushåll *-et* - household, [domestic] establishment, ménage fr.; hushållning housekeeping; *bilda eget* ~ set up house; *ha eget* ~ have one's own establishment; *10 personers* ~ a household of 10 [persons]; *sköta* ~*et för ngn* keep house for a p., do a p.'s housekeeping for him (resp. her) **hushålla** *itr* **1** keep house, do the housekeeping **2** vara sparsam economize, *med* on; be economical, *med* with **hushållerska** housekeeper **hushållning 1** eg. housekeeping **2** sparsamhet economizing; economy, thrift **hushållningssällskap** [county] agricultural society

hushålls|aktig *a* economical, thrifty **-arbete** housework, domestic (household) work **-bok** book of household accounts **-budget** housekeeping (family) budget **-göromål** *pl* housework sg. **-kassa** se *hushållspengar* **-lärare** domestic science teacher **-maskin** electrical domestic appliance **-papper** crepe paper **-pengar** *pl* housekeeping money (allowance) båda sg. **-rulle** kitchen roll **-skola** domestic science school **-teknisk** *a,* ~ *linje* domestic science stream **-våg** kitchen scales pl.

hus|jungfru se *husa* **-knut** corner of a (resp. the) house **-kors** besvärlig hustru vixen, virago (pl. -s) **-kur** household remedy

huslig *a* domestic, intresserad av husligt arbete domesticated, överdrivet ~ house-proud; ~*t arbete* se *hushållsarbete* **-het** domesticity

husläkare family doctor **huslänga 1** långsträckt hus long low house, flygel wing **2** rad av hus row of houses **husmanskost** homely fare, plain food **husmo[de]r** housewife; på sjukhus, internat o.d. matron **husmodersförening** housewives' league

hus|nummer house number **-rad** row (range) of houses **-rannsakan** se *husundersökning* **-rum** accommodation, lodging; *ha fritt* ~ äv. live rent-free; *ge ngn* ~ tak över huvudet shelter a p., put a p. up

huss|e *-en -ar* F master

hussit *-en -er* o. **hussitisk** *a* Hussite

hus|svala house-martin **-tak** [house-]roof, [house-]top **-tomte** myt. brownie

hustru *-n -r* wife; *ha* ~ *och barn* have a wife and children (and family); *ta ngn till* ~ take a p. to wife, marry a p. **-mord** wife-murder, uxoricide **-plågare,** *han är en* ~

he tyrannizes his wife
hus|typ type of house **-tyrann** domestic tyrant **-undersökning** search, razzia raid; *företa ~ hos ngn* search (raid) a p.'s house **-vagn** caravan, amer. [house-]trailer **-vill** *a* homeless **-värd** landlord
hut I *itj, [å (vet)] ~!* none of your sauce (cheek)! **II** *oböjl. r, lära ngn veta ~* teach a p. manners; *han har ingen ~ i sig* he has no sense of shame [in him] **huta** *itr, ~ åt (till) ngn* give a p. a good dressing-down (telling-off)
hutch *-en -ar* se *hurts*
hutlös *a* shameless, impudent
hutt *-en -ar* F snifter **hutta** *itr* F take a drink [every now and then], tipple
huttla *itr* F **1** tveka shilly-shally; vara undfallande be meek and mild, *med* to **2** *jag låter inte ~* driva gäck *med mig!* I am not to be trifled with!
huttra *itr* shiver, *av* with
huv *-en -ar* allm. hood; för skrivmaskin o.d. cover; på penna cap; se äv. *motorhuv, rökhuv* o. *tehuv*
huv|a *-an -or* hood
huvud *-et -[en]* allm. head, pers. brain, intelligens o.d. äv. brains pl.; på brevpapper o.d. heading; jfr äv. *piphuvud* m.fl. sms.; *han har ett gott ~, det är ~ på honom* he is clever, he has got brains; *han har ~et på skaft* he has got a good head on his shoulders; *han har ~et fullt av* dumheter his head is full of . .; *ha sitt ~ för sig* a) ha sin egen mening have a will of one's own b) vara originell be quite a character; *hålla ~et kallt* keep cool, keep one's head; *köra ~et i väggen* bildl. run one's head against the (a) [brick-]wall; *vara ~et högre än ngn* be head and shoulders above (eg. äv. be a head taller than) a p.; *handla efter [sitt] eget ~* go one's own way; *dum i ~et* stupid, foolish; *ha ont i ~et* have a headache; *få ngt i (ur) sitt ~* get a th. into (out of) one's head; *få i sitt ~ att man skall . .* take it into one's head to inf.; *kort om ~et* a) hetlevrad short-tempered, huffy b) dum stupid; *stå på ~et* nedför trappan fall head foremost (first) . .; *stå på ~et i kofferten* packa be up to the neck in packing; *ställa ngt på ~et* bildl. turn a th. topsyturvy (upside down); *stiga [ngn] åt ~et* go to the (a p.'s) head, om vin äv. be heady; vattnet *gick över ~et på honom* . . reached above his head; *över ~ taget* se *överhuvudtaget*
huvud|affär mots. filial main shop (amer. store), central branch **-agent** chief (principal) agent **-ansvar** chief (main) responsibility **-arvinge** principal heir (kvinnlig heiress) **-bangård** main (central) station **-beståndsdel** main (principal, chief) ingredient **-bok** H [general] ledger **-bonad** headgear **-bry,** *göra sig mycket ~* puzzle a great deal, *för* about, *för att* inf. to inf.; *vålla ngn ~* give a p. a headache **-byggnad** main building **-del** main (greater) part **-drag** se *grunddrag* **-duk** headcloth **-figur** principal (leading, centralfigur centre) figure; jfr *huvudperson* **-film** feature film (isht amer. picture) **-form 1** anat. shape of the head **2** huvudart principal form **3** verbs voice **-förhandling** jur. trial **-gata** main (principal) street, thoroughfare **-gärd 1** på säng bed's head **2** kudde pillow **-hår** hair [of the head] **-ingång** main entrance **-intresse** principal (chief, main) interest **-jägare** head-hunter **-kassa** general cash department, central pay office **-knopp** F noddle, top storey **-kontor** head office, headquarters pl. **-kran** main tap **-kudde** pillow **-kvarter** hög- headquarters sg. el. pl.
huvud|led trafik. major road; *korsning med ~* vägmärke major road ahead **-ledning 1** för gas, vatten o.d. main [pipe] **2** elektr. main circuit **-linje** principal (telegr. main, trunk) line **-lös** *a* **1** eg. headless **2** bildl.: oförståndig foolish, dumdristig foolhardy, desperate **-löshet** oförstånd foolishness, folly **-man 1** för ätt head, *för* of **2** jur. o. H principal; i sparbank trustee **-massa** bulk, main part **-måltid** principal meal **-nyckel** master-key, passkey **-näring 1** ekon. allm. principal (chief, primary) industry **2** föda primary (principal) nutriment **-ord 1** nyckelord principal word, key-word **2** språkv. main word, head-word **-orsak** se *grundorsak* **-part** major (chief) part, bulk **-person** i drama, roman o.d. principal (leading) character **-postkontor** general (head) post office **-prydnad** head-dress **-punkt** main (chief, principal) point
huvud|redaktör editor-in-chief äv. för uppslagsverk o.d., [chief] editor **-regel** principal (chief) rule **-roll** principal (leading) part; *med . . i ~en (~erna)* starring . . **-räkning** mental arithmetic (calculation) **-rätt** main course **-sak** main (principal, most important) thing, main question (point); *i ~* in the main, in substance, on the whole **-saklig** *a* principal, main, chief, egentlig, första primary, väsentlig essential **-sakligen** *adv* principally etc. jfr föreg., mostly, in the main **-sallat** [cabbage] lettuce **-sats** gram. main (principal) clause **-skalle** skull **-skalleplats,** *~en* bibl. Calvary **-skål** cranium **-skäl** principal (primary) reason **-språk** principal language **-stad** capital, stor metropolis, *i* of **-stråk** väg arterial road, highway, gata main street **-strömbrytare** master switch **-stupa** *adv* med huvudet före head first (foremost); headlong äv. bildl.; brådstörtat precipitately **-styrka** mil. main body **-stämma** principal part (voice, i orgel stop) **-svål** scalp **-syfte** principal (main) aim (purpose), *med* of **-säte** [principal] centre **-talare** principal

speaker **-tanke** leading idea **-tema** main theme **-titel** huvudpost i budgeten ung. main section of the budget **-ton 1** mus. keynote **2** språkv. primary (principal) stress **-uppgift** -värv main task (-funktion function) **-verb** verb [of full meaning], i sammansatt tempus main verb **-vikt,** *lägga ~ en på (vid) ngt* lay particular (the main) stress on a th. **-villkor** principal (chief) condition **-vittne** principal witness **-väg** main road **-värk** headache; *ha [en brinnande] ~* have a [splitting] headache; *lida av ~* suffer from headache[s pl.] **-ämne** chief (principal, univ. äv. major) subject **-ända** på bord, säng head [end]

hux flux *adv* F all of a sudden, straight away

hy *-n 0* allm. complexion, hud skin

hyacint *-en -er* hyacinth, miner. äv. jacinth

hybrid I *a* o. **II** *-en -er* hybrid

hybris *-[en] 0* arrogance, hubris grek.

hyckla I *tr* sham, feign, simulate, put on a show of, *[in]för* i samtl. fall before; *~d fromhet* sham piety; *~t deltagande* pretended sympathy **II** *itr* be hypocritical, *[in]för* to; play the hypocrite, *[in]för* with; dissemble, *[in]för* to **hycklande** *a* hypocritical, i tal äv. canting **hycklare** hypocrite **hyckleri** hypocrisy; i tal äv. cant **hycklerska** hypocrite

hydd|a *-an -or* hut; stuga cabin, cottage

hydr|a *-an -or* hydra äv. bildl.

hydrat *-et -[er]* hydrate **hydraulisk** *a* hydraulic

hydro|fon *~en ~er* hydrophone **-for** *~en ~er* tryckbehållare (ung.) pressure tank **-grafi** *~[e]n 0* hydrography **-plan** seaplane, float-plane; flying-boat

hyen|a *-an -or* hyena äv. bildl.

hyende *-t -n* åld., kudde cushion; *lägga ~ under lasten* bolster up (encourage) vice

hyfs *oböjl. r* skick, hyfsning [good] manners pl.; *sätta ~ på* snygga upp se *hyfsa 1; sätta ~ på ngn* bibringa ngn hyfsning teach a p. [good] manners, F lick a p. into shape **hyfsa** *tr* **1** snygga upp, putsa, *~ [till]* trim (tidy) up, make .. tidy (trim, presentable), manuskript o.d. touch up **2** ekvation simplify, reduce **hyfsa|d** *a* pers. well-behaved, well-mannered; *-t uppträdande* good manners pl. **hyfsning** *-en 0* **1** se *hyfs* **2** mat. simplification, reduction

hygge *-t -n* avverkning [timber-]felling; avverkat område clearing

hygglig *a* **1** välvillig, präktig decent, nice, snäll kind, good, *mot* i samtl. fall to; väluppfostrad well-behaved; *en ~ flicka* a decent (nice) [sort of] (anständig a respectable) girl; *var ~ och hjälp mig* would you mind helping me?; för ytterligare uttr. jfr *snäll* **2** skaplig decent; rimlig, t.ex. om pris fair, reasonable, moderate; *[ett] ~t väder* decent weather **-het** kindness etc. jfr föreg.

hygien *-en 0* hygiene äv. bildl., hygienics **hygienisk** *a* hygienic

hygro|meter hygrometer **-skopisk** *a* hygroscopic

1 hyll|a *-an -or* **1** eg., allm. shelf (pl. shelves), möbel m. flera -or set of shelves, jfr *bokhylla* o. *nothylla;* bagage~ o.d. rack; *lägga ngt på ~n* äv. bildl. put a th. on the shelf; *det tar man inte på ~n* F that's not to be had for the asking **2** teat. F, *~n* the gods; sitta *på ~n* .. in the gods

2 hylla I *tr* **1** gratulera congratulate, hedra, ära pay tribute (homage) to, honour, m. offentligt bifall give .. an ovation, m. hurrarop cheer, m. applåder applaud, m. fest fête; ny kung o.d. swear allegiance to; *han ~de* sin företrädare he paid a warm tribute to .. **2** omfatta, t.ex. åsikt, princip o.d. embrace, stödja, t.ex. parti, sak support; *en allmänt ~d grundsats* a very generally accepted theory **II** *rfl, ~ sig till* se *ty [sig till]*

hylle *-t -n* perianth

hyll|fack pigeon-hole **-meter** running metre

hyllning congratulations pl., tribute, homage end. sg., ovation, cheers pl., applause, *för* i samtl. fall to; jfr *2 hylla I 1; bringa ngn sin ~* pay one's tribute (homage) to a p.; *bli föremål för ~ar* receive an ovation, be fêted

hyllnings|dikt complimentary poem **-gärd** tribute of respect, *åt* to **-telegram** telegram of congratulation

hyll|papper shelf paper **-remsa** shelf edging; *en ~* a piece of shelf edging; *-remsor* [some] shelf edging sg.

hyls|a *-an -or* allm. case, casing, huv, kapsyl cap, capsule; bot. shell, hull

hymen *oböjl. s* myt. Hymen; *knyta ~s band* join in the bonds of marriage

hymla *itr* F hyckla, krumbukta pretend; *~* smussla *med ngt* try to shuffle a th. away

hymn *-en -er* hymn; friare anthem

hynd|a *-an -or* bitch

hyperb|el *-eln -ler* hyperbola

hyperbol *-en -er* hyperbole

hyper|kritisk *a* hypercritical **-modern** *a* ultra-modern **-nervös** *a* extremely nervous **-trofi** hypertrophy

hypnos *-en -er* hypnos|is (pl. -es) **hypnotisera** *tr* hypnotize **hypnotisk** *a* hypnotic **hypnotism** hypnotism **hypnotisör** hypnotist

hypo|fys *~en ~er* hypophys|is (pl. -es), pituitary body **-konder** *~n -kondrer* hypochondriac **-kondri** *~[e]n 0* hypochondria **-kondrisk** *a* hypochondriac

hypotek *-et -* inteckning mortgage; säkerhet security **hypoteksbank** ung. mortgage bank **hypotekslån** mortgage loan, loan on mortgage

hypotenus|a *-an -or* hypotenuse

hypotes *-en -er* hypothes|is (pl. -es) **hypotetisk** *a* hypothetic[al], tvivelaktig doubtful
hyr|a I *-an -or* **1** för bostad o.d. rent, för tillfällig lokal, bil, radio o.d. hire; *betala* 5000 kr *i* ~ pay a rent of . .; *vad betalar du i* ~ *för* a) våningen o.d. how much (what) rent do you pay for . . b) pianot o.d. what do you pay for the hire of . . **2** sjö.: a) lön wages pl., pay b) tjänst berth; *ta* ~ ship, sign articles, *på* on board
II *tr itr* **1** förhyra rent, hire, jfr *hyra I 1; att* ~ annonsrubrik o.d. a) rum o.d. to let b) lösöre, båt o.d. for (on) hire, amer. i båda fallen äv. for rent; ~ *av (hos) ngn* rent from a p.; ~ *per vecka* take rooms by the week; ~ *rum* live in rooms (lodgings, F digs), skaffa rum find accommodation; ~ *en stuga* för sommaren rent (take) a cottage . .; ~ *in sig hos ngn* take lodgings with a p.; ~ *ut* a) hus o.d. let, för lång tid lease b) lösöre, båt o.d. hire out, let out . . on hire; ~ *ut rum* take in lodgers; ~ *ut rum åt ngn* let a room (resp. rooms pl.) to a p.; ~ *ut . . i andra hand* äv. sublet . . **2** sjö., anställa hire, engage, ship
hyrbil hired car
hyres|annons 'to-let' advertisement **-avkastning** rent yield **-avtal** för t.ex. våning rental (för lösöre, båt o.d. hiring-)agreement **-belopp** rent amount **-bidrag** housing (rent) allowance **-fri** *a* o. **-fritt** *adv* rent-free **-förmedling** konkr. se *uthyrningsbyrå* **-gäst** i våning o.d. tenant; inneboende lodger, amer. roomer **-hus** block of flats, amer. apartment house **-höjning** rent increase **-kasern** tenement[-house] **-kontrakt** flerårigt lease, kortare tenancy agreement; för lösöre hire contract **-lag,** ~*en* the Housing Act **-ledig** *a* vacant **-marknad** housing-market **-nämnd** rent tribunal **-reglering** rent control **-rum** lodgings, F digs båda pl. **-tid** term of a lease, tenancy **-värd** landlord **-värdinna** landlady
hys|a *-te -t tr* **1** eg. house, accommodate, put up, ge skydd åt shelter, give shelter to, rymling o.d. harbour, innehålla äv. contain; ~ *in ngn hos ngn* find lodgings (a lodging, quarters) for a p. with a p.; ~ *in ngt hos ngn* store a th. at a p.'s house; ~ *in sig hos ngn* take up quarters with a p. **2** bildl. entertain, en mening äv. hold, t.ex. förhoppningar, en känsla, planer äv. cherish, t.ex. hämndbegär äv. harbour, nurse, t.ex. respekt feel, *mot* i samtl. fall towards; ~ *förkärlek för* . . have a special liking for . .
hysk|a *-an -or* **1** eye; ~ *och hake* hook and eye **2** bildl. F, *klara* ~*n* make it
hyss *-et -, ha* ~ *för sig* be up to mischief
hyss[j] *itj* hush!, shsh! **hyss[j]a** *itr* ropa hyssj ~ *[åt]* cry hush [to]
hysteri *-[e]t (-[e]n) 0* hysteria, anfall hysterics pl. **hysteriker** hysteric **hysterisk** *a* hysteric[al]; *bli* ~ go into hysterics

hytt *-en -er* sjö. cabin, berth, elegantare state-room; jfr äv. *badhytt* o. *telefonhytt*
1 hytta *itr* se *höta*
2 hytt|a *-an -or* smelting-house (järnbruk -works pl. lika), foundry; masugn blast furnace
hytt|fönster sjö. cabin window, -ventil porthole **-kamrat** cabin-mate **-plats** berth
hyva *tr* se *hiva*
hyvel *-n hyvlar* **1** snick. plane **2** se *rakhyvel*
hyvelbänk carpenter's bench **hyvelspån** shaving, koll. shavings pl. **hyvla** *tr* plane; t.ex. ost slice, väg scrape; ~ *av* jämna plane . . smooth, smooth, ta bort plane (smooth) . . off, kanter äv. shoot; ~*de bräder* planed (dressed) boards, floorings **hyvleri** planing mill
hå *itj* oh!, föraktfullt äv. pooh!; ~ ~ *jaja!* oh, dear, dear!
håg *-en 0* **1** sinne mind; hjärta heart; *dyster (glad) i* ~*en* in low spirits (in a happy mood); *det leker mig i* ~*en att* inf. I am toying with the idea of ing-form; *slå* ngt *ur* ~*en* dismiss . . from one's mind (thoughts), give up all idea of . . **2** lust inclination, *för* for; önskan desire, *för* for; *ha* ~ *och fallenhet för* . . have an inclination and an aptitude for . . **hågad** *a* inclined, *för* for; *vara* ~ *att* äv. be minded to; *jag känner mig inte* ~ *att* inf. ofta I don't feel like ing-form **hågkomst** *-en -er* recollection, memory, *av* of; ~*er* äv. reminiscences, *från* barndomen of . . **håglös** *a* listless; oföretagsam unenterprising; loj indolent **håglöshet** listlessness; indolence
hål *-et -* hole i olika bet., äv. kyffe; reva äv. tear, *på* in; läcka äv. leak; öppning äv. aperture; luft~ vent; gap, lucka gap; springa på t.ex. sparbössa slot; kantat t.ex. i bälte eyelet; grop t.ex. i marken äv. pit; *bränna (knacka, riva, nöta* m.fl.*)* ~ *på* göra [ett] hål i burn (knock, tear, wear m.fl.) a hole (resp. holes) in; *få (klämma* m.fl.*)* ~ *på* få upp, öppna get (press m.fl.) . . open; *det gick* ~ *på bölden* the abscess burst; *det gick* ~ *på* strumpan . . got a hole; *det har gått (är)* ~ *på* strumpan äv. there is a hole (resp. are holes) in . .; *[låta] göra* ~ *i öronen* have one's ears pierced; *han har [nött]* ~ *på armbågarna* vanl. his jacket is out at the elbows; *slå* ~ *i* t.ex. papper punch; *slå* ~ *på knät* wound one's knee; *slå* ~ *på* ägget break . .
hål|a *-an -or* **1** grotta cave, cavern; större djurs o. bildl. den, t.ex. rävs äv. hole, burrow; anat. cavity **2** småstad hole **hålfot** arch **hålfotsinlägg** arch support
hålig *a* insjunken hollow **hålighet** *-en -er* konkr. cavity äv. anat., hollow **hålkort** punched card **hålkortsmaskin** punched card [accounting] machine **hålkäl** cavet|to (pl. -ti el. -tos), concave (fluted) moulding
håll *-et -* **1** riktning direction; sida quarter, side; *från alla* ~ *[och kanter]* from all direc-

tions (quarters, sides), from every direction (quarter), from everywhere; höra *från säkert* ~ from a reliable quarter (source); *från (på) det ~et* bildl. from (in) that quarter; *på alla* ~ everywhere, bildl. on all sides; *på annat* ~ in another quarter, elsewhere; *på sakkunnigt* ~ in competent quarters, among experts; *på sina* ~ in some places, here and there; *åt annat* ~ in another direction; han gick *åt mitt* ~ *(samma* ~ *som jag)* . . my way; de gick *åt var sitt (var och en åt sitt)* ~ . . separate ways; *någonting åt det ~et* i den stilen something like that **2** avstånd distance (jfr ex. under *avstånd); inte på långa* ~ *så* bra not nearly so . .; ha ngt *på nära* ~ . . close at hand, . . near by; sedd *på nära* ~ . . at close quarters **3** skott~ range, *för* of **4** läk. stitch; *få* ~ get a stitch

håll|a *höll -it* (jfr äv. ex. under resp. subst., adj. o. adv.) **I** *tr itr* (jfr äv. *II* o. *III*) **1** i fysisk bem., t.ex. m. handen el. i viss ställning hold; ~ *huvudet stilla* hold (längre tid keep) one's head still; ~ *händerna för öronen* (*öronen på ngn*) hold (sätta put) one's hands to one's (a p.'s) ears; ~ [*i*] *ngt* [*åt ngn*] hold a th. [for a p.]; ~ *ngt i* handtaget (*i* handtaget *på ngt*) hold a th. by . .; ~ *ngt mot* ljuset hold a th. up to . .; ~ *ngn om halsen (handleden)* hold (ta put) one's arm[s] round a p.'s neck (hold a p.'s wrist); ~ *hårt om ngt* hold a th. tight; ~ *stadigt (ett stadigt tag) om* ngt keep [a] firm hold (a firm grip) of . .; ~ [*fingret*] *på* knuten hold (sätta put) one's finger on . . **2** [bi]behålla, hålla i visst skick keep; ~ *farten* keep up the speed; ~ *för hög fart* go too fast; ~ *försprånget* maintain the lead; ~ *sitt löfte* keep one's promise; ~ *en plats* [*åt* ngn] keep a seat [for . .]; ~ *tiden* vara punktlig be punctual, keep to time, inte överskrida tiden manage in time; ~ dörren *stängd* keep (m. handen hold) . . shut; affärerna *-er stängt* . . are closed; ~ *en tavla (ett rum) i* ljusa färger paint a picture (decorate a room) in . .; ~ *rent i huset (omkring sig)* keep the house (keep things) tidy; ~ *ngt för sig själv* tiga med keep a th. to oneself; ~ *ngn till* arbete keep a p. to . .

II *tr* (jfr äv. *I*) **1** försvara hold **2** ha, kosta på [sig] keep; prenumerera på take in; ~ *banken* keep the bank; ~ *ngn i* skola keep a p. at . .; ~ *ngn med mat* kosta på keep a p. in food, tillhandahålla furnish (supply) a p. with food **3** avhålla hold; framföra: t.ex. föredrag give, deliver, t.ex. tal äv. make, se vid. ex. under *föredrag, föreläsning, lektion, tal 2* m.fl.; ~ *examen* ([*ett*] *möte)* hold an examination (a meeting); ~ *gudstjänst* hold (leda conduct) [divine] service; ~ *en konsert* give a concert; föräldrarna *höll bröllopet* [*för henne*] . . gave the wedding [for her] **4** om mått o.d.: rymma hold; innehålla contain; mäta measure; ~ *(inte* ~*) fulla vikten* be full (fall short in) weight **5** vid vadhållning bet, *på* on; *jag -er fem mot ett* (*en* femma) *på att han vinner* I bet el. lay five to one (you a . .) [that] he will win **6** anse consider; ~ *ngn för en* skurk consider a p. (regard a p. as) a . .; *jag -er* [*det*] *för troligt* att I think (consider) it likely . .; ~ ngt *kärt (heligt)* hold . . dear (holy)

III *itr* (jfr äv. *I*) **1** vara stark nog: bibehållas, vara slitstark äv. bildl. last, om kläder äv. wear; om t.ex. rep, spik hold; inte spricka sönder not break; om is bear; glaset *-er (höll)* . . won't (didn't) break; glaset *-er inte (höll inte)* . . will break (. . broke); argumentet *-er inte* . . doesn't hold water (F won't wash); stolen *-er inte* [*att sitta (stå) på*] . . doesn't hold (bear) a person's (my osv.) weight; ~ *för* påfrestningen bear . ., stand . .; tyget *-er att slita på (att tvätta)* . . wears well (will stand washing) **2** färdas i viss riktning: fortsätta keep, ta av turn; sjö. stand, *på (mot)* for; sikta aim **3** stanna stop, stå stilla äv. wait; *bilen -er (höll) framför* dörren the car is [standing] (the car pulled up) at . . **4** ~ *på* **a)** spara på hold on to; ~ *på slantarna* be careful with one's money; ~ *på ngt för (åt) ngn* reserve (keep) a th. for a p. **b)** hävda: t.ex. sin mening stick (adhere) to; t.ex. rättigheter stand on **c)** vara noga med make a point of; ~ [*mycket*] *på formerna (sin värdighet)* stand [strictly] on ceremony (one's dignity); ~ [*styvt*] *på* punktlighet (*på att ngn ska vara* punktlig) insist [absolutely] on . . (that a p. [should] be . ., on a p.'s being . .); en flicka bör ~ *på sig* ung. . . keep her dignity **d)** sätta värde på, ~ *mycket (styvt) på* ngn think much (a lot) of . ., set great store by . . **e)** satsa, ~ *på* en häst bet (put one's money) on . ., back . .

IV *rfl* **1** m. handen el. händerna, ~ *sig i* handtaget hold on to . .; ~ *sig för näsan* hold one's nose **2** i viss ställning hold oneself; förbli, vara keep [oneself]; förhålla sig keep, förbli remain, stay; ~ *sig frisk* keep fit (in good health); ~ *sig hemma* keep (stay) at home; ~ *sig redo* hold (keep) oneself ready, be prepared; ~ *sig ren* keep [oneself] clean; ~ *sig stilla* inte röra sig keep (hold oneself) still, vara lugn keep quiet; ~ *sig vaken* (*vaken med* kaffe) keep awake (keep oneself awake with . .); ~ *sig väl med* ngn keep in with . .; ~ *sig för sig själv* keep [oneself] to oneself; ~ *sig på* trottoaren keep to . . **3** behärska sig restrain (betr. naturbehov äv. contain) oneself; *jag kunde inte* ~ *mig från att* inf. I couldn't help ing-form **4** stå sig: om t.ex. matvaror keep; om väderlek hold, last; försvara sig hold out; färgen *-er sig i tvätten* . . stands washing **5** kosta på sig, ~ *sig med bil* keep a car; ~ *sig med* kläder *själv* keep oneself in . . **6** ~ *sig till* ngt: inte lämna keep (stick) to; rätta sig efter follow; åberopa go

by
V m. beton. part. **1** ~ *av* a) tycka om be fond of, be attached to, stark. love; jfr *avhållen* b) sjö., ~ *av från* ett grund bear away from . . **2** ~ *borta* keep . . off; ~ *sig borta* keep (stay) away, *från* from **3** ~ *efter ngn* övervaka keep a close check on (a tight hand over) a p.; ~ *efter* ogräs o.d. keep down; hon är *strängt efterhållen* . . strictly kept in check **4** ~ *emot (emot med knät)* m. underförstått subst. i sv. put one's weight (put one's knee) firmly against m. subst:et utsatt i eng.; ~ *emot* bildl. make (offer) resistance, resist [it] **5** ~ *fast* ngn, ngt hold [. . fast], fästa (om sak) äv. hold . . on, hold (keep) . . in place; ~ [*stadigt*] *fast i* keep [firm] hold of; ~ *fast vid* bildl. stick (hold) to, t.ex. åsikt äv. adhere to, t.ex. krav insist on; ~ *sig fast i (vid)* hold on (cling) to **6** ~ *fram* hold out äv. barn **7** ~ *sig framme* se ex. under *framme 4* **8** ~ *för näsan* hold one's nose; ~ *för öronen* hold (sätta put) one's hands over (stop) one's ears; ~ *för* ett skynke (hålet) se *2 för IV 2* **9** ~ *före att* be of the opinion that **10** ~ *i ngt* [*åt* ngn] hold a th. [for . .]; ~ *i* fast *ngt* hold (keep hold of) a th., för att stödja sig hold on to a th.; ~ *i sig* [*i* handtaget] hold on [to . .]; ~ *i sig* fortfara go (keep) on, continue **11** ~ . . *ifrån sig* keep . . off (away, på avstånd at a distance); ~ *sig ifrån* ngn keep away from . ., avoid . . **12** ~ *igen* a) stängd keep . . shut (closed, t.ex. kappa together) b) ~ emot, inte släppa efter hold tight, bildl. act as a check **13** ~ *ihop* a) tr.: samman (eg. o. bildl.) keep . . together, stängd se ~ *igen a)* b) itr. keep (vara lojal äv. F stick, inte gå sönder hold, 'sällskapa' be) together; *inte* ~ *ihop* [*längre*] vara trasig, tröttkörd be falling to pieces; ~ *ihop* 'sällskapa' *med* . . äv. go with . . **14** ~ *in* a) dra in pull in b) häst pull up c) sjö. ~ *in mot land* stand in for the shore **15** ~ *inne* a) inomhus keep . . in[doors]; ~ *sig inne* keep indoors b) t.ex. lön withhold, keep . . back c) ~ *inne* tiga *med* keep . . to oneself **16** ~ *isär* keep (bildl. tell) . . apart; ~ *isär begreppen* keep the ideas apart **17** ~ *kvar* få att stanna kvar keep, fördröja äv. detain; fasthålla hold; ~ *sig kvar* [manage to] remain (stay); ~ *sig kvar i sadeln (på vägen)* keep the seat (the road); *bli kvarhållen på* sjukhuset o.d. be detained at . . **18** ~ *med ngn* instämma agree with a p.; stå på ngns sida side (take sides) with a p.; *jag håller med* [*dig*] *om det (om att . .)* I agree with you there (that . .); *håll med om att* . . you must agree (admit) that . . **19** ~ *ned* a) allm. hold . . down b) sjö., ~ *ned mot (på)* bear down on **20** ~ *nere* bildl. keep . . down **21** ~ *om ngn* hold (ta put) one's arms round a p.; ~ *om* ngn *hårt* hold . . tight **22** ~ *på* **a)** vara i färd med, ~ *på att skriva* be [sysselsatt med busy] writing; ~ *på med* ngt be busy with . ., arbeta äv. be at work upon (engaged on) . .; *medan jag -er på* [*med det*] while I am about (at, doing) it; *vad -er du på med?* what are you doing [just now]?; huset *-er på att byggas* . . is being built **b)** fortsätta go (keep) on; vara last; vara i gång be going, be on the go; *jag höll på ett år för att* få den färdig it took me a year to . . **c)** vara nära att, ~ *på att* inf. be on the point of ing-form; *jag höll på att falla* vanl. I almost (very nearly) fell; *jag -er (höll) på att dö av hunger* I am dying (I nearly died) of hunger **23** ~ *samman* se ~ *ihop* **24** ~ *till* **a)** uppehålla sig be to be found, om djur be met with; bo live, F hang out; vara, hållas be; ~ *till på* krogarna frequent . .; *hon -er mest till* i köket she spends most of her time . .; ingen vet *var han -er till* . . his whereabouts **b)** se ~ *igen a);* ~ *till* figuren keep . . together; ~ *till* håret keep . . in place **25** ~ *tillbaka* hejda keep . . back, återhålla, hämma restrain **26** ~ *undan* a) väja keep out of the way, *för* of b) behålla försprånget keep the lead c) ~ god fart keep a good speed d) se *undanhålla* e) ~ . . borta keep (med händerna hold) . . out of the way (. . aside); ~ *ngn undan från* utanför *ngt* keep a p. out of a th.; ~ *sig undan* gömd keep in hiding (*för* from), friare lie low; skolka make oneself scarce **27** ~ *upp* **a)** upplyft hold up; öppen, med handen hold (medelst anordning keep) . . open; ~ *upp dörren för ngn* vanl. open the door to a p.; ~ *upp ögonen* keep one's eyes open; se äv. ~ *uppe* **b)** göra uppehåll pause; sluta regna stop raining; ~ *upp* upphöra *med* stop, cease, leave off, *att* inf. i samtl. fall: ing-form **28** ~ *uppe* **a)** uppbära hold . . up, hålla på plats äv. keep . . up, stötta äv. support; ~ *ngn uppe* vaken keep a p. up; ~ *sig* (~ *ngn) uppe* över vattnet keep [oneself] (keep a p.) afloat; ~ *sig uppe* inte sängliggande keep on one's legs, stay up, livnära sig support oneself; ~ modet o.d. *uppe* keep up . .; ~ priserna o.d. *uppe* keep . . up; *hoppet höll mig uppe* hope kept me going, I was buoyed up by hope **b)** om väder, medan *det -er uppe* . . it holds up (keeps fine) **29** ~ *ut* a) räcka ut hold out b) dra ut på, t. ex. en ton sustain c) uthärda hold out, inte ge tappt hold on, persevere, F stick it [out]; ~ stå *ut med* stand, put up with **30** ~ *ngn (~ sig) utanför* [*det*] bildl. keep a p. (keep) out of it **31** ~ *ute* utestänga keep out

hållare allm. holder, jfr *lamphållare* m.fl. **hållas** *hölls hållits itr. dep* **1** *låta ngn* ~ let a p. have his (resp. her) way, lämna ifred leave a p. alone **2** vistas, se *hålla* [*till*] **hållbar** *a* **1** slitstark durable, hard-wearing, om tyg, plagg, attr. . . that wears well (will wear); om färg fast; om födoämnen non-perishable, attr. . . that keeps well (will keep) **2** som kan försvaras tenable, t.ex.

teori äv. valid **hållbarhet 1** materials o. färgs durability; födoämnens keeping qualities pl. **2** tenability, validity **hållet** *adv* se *helt*

håll|fast *a* strong, firm, solid **-fasthet** strength, firmness **-fasthetslära** mechanics of materials, science of the strength of materials **-fasthetsprov** strength test **-hake** bildl. hold, *på* on

hållning *-en 0* kropps~ carriage, posture; uppträdande bearing, conduct; inställning attitude, *mot* to[wards]; stadga backbone, firmness; på börs tone, tendency; *ha [en] god ~* have a good carriage, hold oneself well

hållnings|fel fault of posture **-gymnastik** exercises pl. for improving posture **-lös** *a* bildl. spineless, flabby **-löshet** spinelessness, flabbiness

håll|plats buss~ osv. stop; järnv. halt **-punkt** bas|is (pl. -es), *för* for; *en ~ för* minnet something for . . to hold on to

hål|remsa punched tape **-rum** se *hålighet* **-slag** perforator, punch **-slev** perforated ladle **-söm** hemstitch[ing]; *sy ~* hemstitch **-timme** skol. gap [between lessons], ibl. free period **-väg** gorge, ravine **-ögd** *a* hollow-eyed

hån *-et 0* scorn; förlöjligande derision, mockery; hånfulla ord taunts pl., sneers pl.; *ett ~ mot* an insult to; *få lida ~ och spott* be made to suffer scorn and ridicule **håna** *tr* make fun of, deride, i ord äv. scoff (sneer) at, taunt, mock, *för* i samtl. fall because of **hånflina** *itr* se *hånskratta* **hånfull** *a* scornful, om t.ex. skratt äv. derisive, sardonic; scoffing osv. jfr *håna*

hångla *itr* pet, neck, *med ngn* a p.

hån|le *itr* smile scornfully osv. jfr *hånfull;* sneer, *åt* i samtl. fall at **-leende** *s* scornful osv. smile **-skratt** scornful osv. laugh (skrattande laughter) **-skratta** *itr* laugh scornfully osv. jfr. *hånfull;* jeer, *åt* i samtl. fall at

hår *-et* - hair; *få ~* grow hair; *ha [ett] vackert ~* have beautiful (a beautiful head of) hair; *ha kort[klippt] ~* vanl. wear one's hair short; *[låta] klippa ~et* have one's hair cut; *. . med rött ~* äv. red-haired . .; det lyckades, men *det hängde på ett ~ . .* it was a near thing; *det var på ett ~ när att han hade blivit dödad* he came within an ace of being killed; *på ~et* exakt to a hair **håra I** *itr, ~ [av sig]* shed (drop) one's hair **II** *tr, ~ ned* cover . . with hair[s]

hår|avfall loss of hair **-band** hair-ribbon; pannband fillet **-beklädd** *a* . . covered with hair **-beklädnad** coat, fur **-bevuxen** *a* o. **-beväxt** *a* hairy **-borste** hairbrush **-borttagningsmedel** hair-remover, depilatory **-botten** scalp

hård *a* allm. hard äv. bildl.; sträng äv. severe, *mot* on, towards; omild äv. rough; barsk äv. harsh, *mot* to; hårdhjärtad äv. hard-hearted; fast äv. firm; stadig tight; ljudlig loud; foto.: onyanserad contrasty; *~ men rättvis* strict but fair; *ett hårt arbete* hard (heavy) work, F a hard (tough) job; *~ bädd* hard bed; *~ fart* high speed; *~a färger (ljud)* harsh colours (sounds); *med ~ hand* with a heavy hand; *en ~ knut (kram)* a tight knot (hug); *~ konkurrens* severe (keen) competition; *~ kritik* severe criticism; *hårt motstånd* strong (stubborn) opposition; *~ nödvändighet* stern necessity; *hårt träslag* äv. hardwood; *hårt väder* rough weather; *göra ~* make (render) . . hard, harden; *göra sig ~* harden one's heart, *mot* to[wards]; *vara ~ mot* ngn be hard on . ., treat . . harshly; *han satte hårt mot hårt* he gave as good as he got, he was just as tough

hård|fjällad *a* bildl. hard-boiled **-frusen** *a* . . frozen hard **-för** *a* tough, robust **-gummi** hard rubber **-handskar,** *ta i med ~na [med]* take strong measures (a strong line) [against] **-het** allm. hardness; stränghet äv. harshness, severity **-hetsgrad** degree of hardness **-hjärtad** *a* hard[-hearted] **-hudad** *a* thick-skinned **-hänt I** *a* omild rough; sträng heavy-handed, *mot* with **II** *adv, handskas ~ med . .* handle . . roughly, be rough with . . **-koka** *tr* boil . . hard **-kokt** *a* om ägg o. bildl. hard-boiled; *~a* svårkokta *bönor* beans that take a great deal of boiling

hårdna *itr* harden, become hard[er]; om konkurrens get tougher **hårdnackad** *a* stubborn; t.ex. motstånd äv. dogged; t.ex. nekande äv. obstinate **hårdost** hard cheese

hår|draga *tr* bildl. strain; *-dragen* äv. far-fetched, forced

hård|saltad *a* very (heavily) salted **-smält** *a* indigestible, . . difficult to digest båda äv. bildl. **-stekt** *a* . . too much roasted (osv., jfr *steka I)* **-sövd** *a, vara ~* be a heavy sleeper **-valuta** hard currency

hår|filt hair-felt **-fin** *a* tunn . . [as] fine (thin) as a hair; minimal subtle, minute **-fläta** se *fläta I* **-frisör** hairdresser; herrfrisör äv. barber **-frisörska** hairdresser **-färg** hair colour, colour of one's hair **-färgningsmedel** hair-dye **-fäste** edge of the scalp; hon rodnade *upp till ~t . .* up to the roots of her hair **-ig** *a* hairy **-klippning** hair-cutting **-klyveri,** *~[er]* hair-splitting sg. **-klädsel** hair-dress **-klämma** hair clip (grip), amer. äv. bobby pin **-knut** knot of hair, bun **-kärl** capillary **-lock** lock [of hair] **-medel** hair restorer **-nål** hairpin **-nålskurva** hairpin bend **-nät** hair-net **-piska** queue **-resande** *a* hair-raising; ryslig äv. appalling, horrible; *det är ~* äv. it makes your hair stand on end **-rör** capillary tube **-rörskraft** capillary attraction, capillarity **-sida** på hud hairy (hair)

side **-sikt** hair-sieve **-slinga** strand [of hair]
hårsmån, inte vika *en* ~ . . an inch; [*inte*] *en* ~ bättre [not] a shade (bit) . . **hår-spänne** hair-slide; jfr *hårklämma* **hårstrå** hair
hårt *adv* intensivt, kraftigt hard, strängt severely; barskt harshly; stadigt tight; fast, tätt firmly, firm; ljudligt loud; mycket [very] much resp. very; ~ *beskattad (lastad)* heavily taxed (laden); ~ *frusen* . . frozen hard; *vara* ~ *insomnad* be fast asleep; *vara* ~ *packad* be tightly packed; ~ *pumpad* ring . . pumped-up hard, hard . .; ~ *spänd* lina very tense . .; ~ *åtsittande* klänning very tight-fitting . .; *arbeta* ~ work hard; *dra åt* ~ *(hårdare)* tighten very much (more); *krama* ngn ~ hug . . tight; *det känns* ~ bittert it feels hard; *ligga (sitta)* ~ lie on a hard bed (have a hard chair el. seat); byxorna, korkarna *sitter* ~ . . are tight; *det sliter* ~ *på tyget (nerverna)* it wears out the material very much (is a great strain on the nerves); *ta* ngt ~ bildl. take . . very much to heart
hår|test wisp [of hair] **-tofs** tuft [of hair] **-tork** hair-drier **-tvätt** washing of the hair, shampoo **-valk** hair-pad **-vatten** hair-lotion, hair-tonic **-vård** care of the hair **-växt,** ha *klen* ~ . . a poor growth of hair; *generande (missprydande)* ~ superfluous hair[s pl.]
håv *-en -ar* bag net; kyrk~ collection-bag; *gå med* ~*en* bildl. fish for compliments **håva** *tr,* ~ *in* bildl. rake in; ~ *upp* land; bildl. fish out, *ur* of
håvor *pl* bounties; *bordets* ~ the good things of the table
1 häck *-en -ar* **1** hedge; *bilda* ~ bildl. form a lane **2** vid häcklöpning hurdle; *110 m* ~ 110 metres hurdles
2 häck *-en -ar* **1** foder~ rack **2** frukt~ crate
häcka *itr* breed
häckl|a I *-an -or* hackle **II** *tr* **1** hackle **2** bildl.: kritisera cavil (carp) at; avbryta, ansätta m. frågor heckle
häck|löpare hurdler **-löpning** hurdle-race, -löpande hurdle-racing
häckningstid breeding season **häckplats** breeding place
häda *tr itr* (äv. ~ *Gud*) blaspheme
hädan *adv, gå (skiljas)* ~ depart this life; *vik* ~ *!* get thee hence!, begone! **-efter** *adv* in future, from now on, henceforth, henceforward **-färd** departure [from this life] **-gången** *a* departed **-kalla** *tr, bli* ~*d* be called hence
hädare *-n* - blasphemer **hädelse** blasphemy, *mot* against; svordom curse **hädisk** *a* blasphemous, profane; vanvördig irreverent
häft|a I *-an -or* adhesive, adhesive tape **II** *tr* **1** bokb. stitch, sew; *-ad* obunden paper-bound, unbound; *-ad bok* vanl. paper-back **2** ~ *fast* . . *(fast* . . *vid)* fasten . . on (. . [on] to); ~ *ihop* fasten . . together **III** *itr* **1** sitta fast stick, adhere, *vid* i båda fallen to; ~ *vid* bildl., om t.ex. misstanke attach to **2** ~ *i skuld* [*till ngn*] be in [a p.'s] debt **häftapparat** stapling-machine, stapler **häfte** *-t -n* liten bok booklet; frimärks~ osv. book; skriv~ exercise book; av bok part, instalment; av tidskrift number **häftesvis** *adv* in parts osv., jfr ovan
häftig *a* **1** isht om sak: våldsam violent, om t. ex. smärta äv. acute, severe, lidelsefull äv. vehement, om t.ex. lynne äv. impetuous; hetsig hot, om t.ex. dispyt äv. heated; intensiv intense, fierce; ivrig eager, keen; hastig sudden; ~ *feber* high fever; *ett* ~*t oväder (regn)* a violent storm (heavy downpour); *en* ~ *rörelse* a sudden movement **2** isht om pers.: hetlevrad hot-headed, hot-tempered, lättretad quick-tempered, hasty, upphetsad excited; *en* ~ *motståndare till* . . a violent opponent of . .; *han blir* [*lätt*] ~ he loses his temper [easily] **häftighet** (jfr ovan) violence, acuteness, severity, vehemence, impetuosity; heat; intensity, fierceness; häftigt lynne hot (violent) temper, hot-headedness **häftigt** *adv* violently osv., jfr *häftig*, hastigt quickly, t.ex. dricka fast; plötsligt suddenly; *andas* ~ breathe quickly; *bli* ~ *sjuk* plötsligt fall suddenly (svårt seriously) ill; *koka* ~ boil fast (fiercely); *regna* ~ rain heavily (fast); hjärtat *slår* ~ . . beats excitedly (abnormally fast); svara ~ . . hotly
häft|klammer [paper] staple **-plåster** sticking-plaster, adhesive plaster **-stift** drawing-pin, amer. thumbtack
häger *-n hägrar* heron
hägg *-en -ar* bird-cherry
hägn *-et 0* beskydd protection; *i (under) lagens* ~ under the protection of the law
hägna *tr,* ~ *in* se *inhägna* **hägnad** *-en -er* inhägnad fence
hägra *itr* **1** eg., *det* ~*r* i öknen there is a mirage . . **2** bildl., en bil ~*r* [*för mig*] . . is my dream I dream of getting . .; *ett mål som* ~*r* [*för mig*] a goal which I dream of attaining; *det* ~*r som ett paradis* [*för dem*] it seems a paradise in their imagination **hägring** mirage, bildl. äv. illusion
häkt|a I *-an -or* [small] hook **II** *tr* **1** fästa hook; ~ *av* unhook, *från* off, from; ~ *ihop (igen)* hook el. do up; ~ *på* ngt hook . . on, *på* to; ~ *upp sig* catch, get caught **2** arrestera arrest, take . . up (into custody); *vara* ~*d* be under arrest (in custody); *den* ~*de* the man (resp. woman) under arrest (in custody), the prisoner **häkte** *-t -n* custody; konkr. gaol, jail, prison; *inmana* ngn *i* ~ place (put) . . under arrest; *kvarhålla* ngn *i* ~ detain . . [in custody]; *frige* ngn *ur* ~*t* discharge . .

[from prison] **häktningsorder** warrant [of arrest]; *utfärda ~ mot ngn* issue a warrant against a p. (a warrant for a p.'s arrest)

häl *-en -ar* anat. o. strump~ heel; följa *ngn [tätt] i ~arna* . . [close] on a p.'s heels

hälare *-n -* receiver [of stolen goods], fence

häleri *-[e]t 0* receiving [stolen goods]

hälft *-en -er* half (pl. halves); *hans äkta (bättre) ~* F his better half; *~en av boken* [one] half of the book, half the book; *~en av hans pengar* half his money; *~en av tio* half of ten; *~en av dem är* ruttna half of them are . .; jag förstod inte *~en av vad han sade* . . [one] half of what he said; *~en mjölk [och] ~en vatten* half milk, half water; *ta ~en var* take half each; *betala ~en var* äv. go halves; *~en så stor [som . .]* half as large [as . .], half the size [of . .]; *på ~en så lång tid* in half the time; göra ngt *[bara] till ~en* . . by halves; *till ~en dold* half hidden

hälgångare plantigrade

häll *-en -ar* **1** berg~ flat rock **2** platta slab, av sten stone slab; på kokspis top; i öppen spis hearth

1 häll|a *-an -or* byx~ strap; skärp~ loop

2 häll|a *-de -t* **I** *tr* pour, *ngt i (på)* ett kärl a th. into . .; slå throw, *i slasken* down the sink; *~ [ut]* spilla spill; *~* ett glas *fullt* pour . . full, fill [up] . .; *~ [i (på)]* mera vatten *på teet* pour . . on (tillsätta add . . to) the tea; *~ av (ifrån)* pour off; *~ bort* pour (throw) away; *~ i vin [i* ett glas*]* pour out wine [into . .]; *~ i (upp)* [en kopp] te *åt ngn (åt sig)* pour out . . for a p. (pour oneself out . .); *~ i sig (ngn)* ngt pour . . down one's (a p.'s) throat; *~ ihop* blanda mix . . [together]; *~ ur* tömma empty out **II** *itr, det -er ned* it is pouring down; *~nde regn* pouring rain

hälleberg rock **hälleflundra** halibut **häll-kista** stone cist

häll|regn pouring rain **-regna** *itr, det ~r* it is pouring with rain

hällristning rock-carving

1 hälsa *-n 0* health; *återvinna ~n* be restored to health; *se ut som ~n själv* look the very picture of health; *bra för ~n* good for the health (F for you); *slit den med ~n!* you are welcome to it!; *vara vid god ~* be in good health, be quite well

2 hälsa *tr itr* **1** välkomna greet; högt. salute; *~ ngn välkommen* bid a p. welcome, welcome a p.; *~ ngn med* hurrarop greet (hail) a p. with . .; *~* ngt *med tillfredsställelse* receive . . with satisfaction, welcome . .; *var ~d!* hail! **2** säga goddag o.d. vid personligt möte, *~ [på ngn]* say how do you do (förtroligare say hallo) [to a p.], ta i hand shake hands [with a p.], buga bow (nicka nod, lyfta på hatten raise one's hat) [to a p.], mil. salute [a p.]; *de ~r på varandra [då de möts]* they exchange greetings when they meet; *han ~de inte ens [på mig]* he didn't even acknowledge me, he cut me dead; *~ tillbaka [på ngn]* return a p.'s greeting **3** skicka hälsning, *~ [till ngn]* send [a p.] one's compliments (formellare respects, förtroligare regards, love); *~ dem så hjärtligt (mycket) [från mig]* give them my kindest (best) regards (my love); *~ din fru [så mycket]* vanl. please remember me to your wife; *~ honom (~ [honom] och säg) att* . . give him my compliments and tell him that . .; *han ~r så mycket [till dig]* he sends you his best (kindest) regards, he asks to be remembered to you; *han ~r (låter ~) att* . . he sends word that . .; *jag kan ~ [dig] från* din bror I have news (greetings) from . .; *jag skulle ~ från herr A och säga att . . (fråga om . .)* I was to tell (ask) you from Mr. A with his compliments (osv.) that . . (if . .); *vem får jag ~ ifrån?* a) anmäla what name, please? b) i telefon: allm. what name am I to give (say)?, när den efterfrågade ej kan ta samtalet äv. who[m] am I to say called? **4** *~ på [ngn, hos ngn]* besöka call round [on a p.], drop in (amer. stop by) [to see a p.]; *[gå (komma) och] ~ på ngn* go (come) round and see a p., call on a p., look a p. up; han kom *och ~de på [mig]* . . to see me

hälskydd heel protector

hälsning allm. greeting; bugning bow; nick nod; isht mil. salute; *~[ar]* som man sänder äv. compliments pl., respects pl., förtroligare regards pl., love sg.; bud message[s pl.]; *jag ber om min [obekanta] ~ till henne* my kind regards (please remember me) to her [though I have not the pleasure of knowing her]; *hjärtliga ~ar från . . (till . .)* i brevslut love from . . (kind[est] regards to . .); *Med vänlig ~* i brevslut Yours [very] sincerely, **hälsnings-plikt** obligation to salute **hälsningstal** address of welcome; *hålla ~et för* ngn deliver the opening speech, welcoming . .

hälso|brunn spa **-farlig** *a* . . injurious to [the] health **-kontroll** health control, individuell check-up of one's health **-lära** hygiene **-sam** *a* sund healthy, äv. bildl., om klimat äv. salubrious; nyttig, t.ex. om föda wholesome, bildl. äv. salutary; *vara ~ för* vanl. be good for **-skäl,** *av ~* for reasons of health **-tillstånd,** *hans ~* [the state of] his health; *~et i* skolan the health of . . **-vådlig** *a* ohälsosam unhealthy, t.ex. bostad insanitary; skadlig . . injurious to [the] health **-vård** hygiene; organisation health service

hälsovårds|lära hygiene **-nämnd** public health committee (board) **-stadga** ung. public health act

hälta *-n 0* lameness

hämma *tr* hejda check; hindra hamper, impede, t.ex. trafiken äv. hold up; fördröja retard; psykol. inhibit; ~ *blodflödet* stop (arrest, sta[u]nch) the bleeding; ~ *ngn i växten* stunt a p.'s growth; *verka* ~*nde på* hamper, have a restrictive influence (psykol. an inhibitory effect) on **hämmad** *a* psykol. inhibited

hämna I *tr* se *hämnas I* **II** *rfl* straffa sig, synden ~*r sig själv* . . brings its own punishment; *det kommer att* ~ *sig* om jag . . I will have to pay for it . . **hämnas** *dep* **I** *tr* avenge, isht vedergälla revenge **II** *itr* avenge (revenge) oneself, *på ngn för ngt* on a p. for a th.; ~ *på ngn* äv. be revenged (avenged) on a p., take revenge on a p.; *för att* ~ vanl. in (out of) revenge; *jag ska* ~*!* I mean to have my revenge!

hämnd *-en 0* revenge, högtidl. vengeance; ~*en är ljuv* revenge is sweet; *ta* ~ *på ngn för ngt* take one's revenge on a p. for a th. **-begär** desire for revenge; *av* ~ out of revenge **-girig** *a* vindictive, [re]vengeful **-känsla** revengeful feeling **-lysten** *a* se *-girig*

hämning psykol. inhibition **hämningslös** *a* uninhibited; ohämmad unrestrained

hämpling linnet

hämsko bildl. drag, *på* on

hämta I *tr* eg.: allm. fetch, *ngt åt ngn* a p. a th.; avhämta vanl. collect, take away; bildl.: t.ex. upplysningar get, t.ex. näring, tröst draw, derive; ~ *ngt åt ngn (sig)* äv. get (bring) a p. (oneself) a th.; [*gå och*] ~ äv. go for; [*komma och*] ~ vanl. call (come) for; [*låta*] ~ send for; ~ *ngn på* hotellet (*vid* stationen) call for a p. at . . (meet a p. at . .); *du har ett brev att* ~ *på* posten vanl. there is a letter for you at . .; *där har man (finns det) ingenting att* ~ you won't get much there (out of that); ~ *litet luft* get some air; *citatet är hämtat från* . . the quotation is taken (drawn) from . .; ~ *in* ta in bring (utifrån fetch) in, ta igen make up for; ~ *in försprånget* reduce the lead; ~ *upp* forsla upp [go and] bring up, ta upp i förbifarten pick up, flera pers. äv. collect; ~ *ut* avhämta collect, *på, från* from; ta ut, t.ex. pengar take out, *på* banken from (at) . . **II** *rfl* recover äv. om marknadsläge o.d., *efter, från* from; jag har inte ~*t mig än (mig efter chocken)* äv. . . got over it yet (over the shock)

hämtare sak carrier

hän *adv, vart ska du* ~*?* where are you going?; *vart vill han* ~*?* bildl. what is he driving at?; ~ *emot* towards, in the direction of; *ge sig* ~ let oneself go (se vid. *hänge* rfl.)

händ|a *-e hänt* **I** *itr* happen, förekomma äv. occur; äga rum take place; ~ drabba *ngn* happen to a p.; *har det hänt* [*honom*] *någonting?* has anything happened [to him]?; *det har hänt en olycka* vanl. there has been an accident; *det -e mig* en olycka vanl. I had (met with) . .; *vad har hänt med* . . what has happened to . .; *det (sådant) -er så lätt* such things happen; *det -er* [*så*] *lätt att man glömmer* one [so] easily forgets; ~ *vad som* ~ *vill* come (happen) what may; *vad som än -er* whatever (no matter what) happens; följa med vad som *-er* . . is happening (going on); *det kan* [*nog*] ~ *att jag går* I may [perhaps] go perhaps I'll go; *det kan väl* ~ *att boken är tråkig men* . . the book may be boring, but . .; *nåja, det må vara hänt!* all right [,then]! **II** *rfl* happen, chance, come about; *det -e sig att jag gick* I happened (chanced) to go

händelse 1 tilldragelse: allm. occurrence; viktigare event; obetydligare incident; episod episode; *dagens* ~*r* the happenings of the day; ~*rnas centrum* the centre of events **2** tillfällighet coincidence; *av en* [*ren*] ~ by [mere] accident (chance); *jag såg* . . *av en* ~ vanl. I happened to see . . **3** fall case; *för (i) den* ~ *att han skulle komma* in case he comes (should come); *i* ~ *av eldsvåda (min död)* in the event of fire (of my death), in case of fire; *i alla* ~*r* at all events, in any case **-diger** *a* eventful **-fattig** *a* uneventful **-förlopp** course of events; handling story; [*det troligaste*] ~*et är* . . what [most probably] happened is . . **-lös** *a* uneventful **-rik** *a* eventful **-vis I** *adv* by chance, by accident, accidentally; *jag var* ~ *där* I happened to be there; *jag kom* ~ *att se* . . I happened to see . ., I accidentally saw . . **II** *a* attr. chance

händig *a* handy **-het** handiness

hänför|a I *tr* **1** ~ [*till*] allm. assign [to], räkna till äv. classify [among], tillskriva äv. attribute [to] **2** hänrycka captivate, fascinate, *med* with; människorna *var -da* äv. . . were swept off their feet; *-d av (över)* in raptures over, enchanted with, carried away (transported with delight) by; *i -da ordalag* in enthusiastic terms **II** *rfl,* ~ *sig till* avse have (bear) reference to, relate to; räknas till belong to **hänförande** *a* fascinating, enchanting, ravishing **hänförelse** *-n 0* rapture, enthusiasm; *vara full av* ~ *över* be in raptures over

häng|a *-de -t* **I** *tr* **1** allm. hang äv. avrätta; över axeln (axlarna) äv. sling; fritt äv. suspend; ~ *ngt i taket* (*i* trädet) hang el. suspend a th. from . . (hang [up] a th. on . .); ~ *ngt på* en krok hang (friare put) a th. on . .; ~ ngt *till tork* hang . . up (utomhus out) to dry; ~ *ngt över* ngt (ngn) put a th. over . .; ~ *läpp* bli sur pull a long face, vara sur mope [about]; ~ *näsan över boken* pore over the book **2** ~ *ngn* sport. hang after a p.

II *itr* **1** allm. hang, *i* ett rep by (för att hålla sig fast to) . ., *på* en spik on (from) . .; ~ *i* taket hang (be suspended) from . .; köttet bör ~ . .

be hung; kjolen *-er baktill* . . is coming down at the back; tavlan *-er snett* . . is hung crooked; ~ *och dingla (slänga)* hang loose, dangle; *gå och* ~ loiter [about (amer. around)]; *sitta och* ~ loll, lounge; *stå och* ~ hang about, lounge [about]; ~ *ngn i kjolarna* cling to a p.'s skirts; ~ *med huvudet* hang one's head; *hon -er om halsen på honom* she clings round his neck; ~ *på krogen* hang about in (at) . .; ~ *vid* talarens läppar hang upon . .; ~ *över böckerna* sit at one's books **2** *det -er på* beror på it depends on, avgörs av it hinges on

III *rfl,* [*gå och*] ~ *sig* hang oneself

IV m. beton. part. **1** ~ *av sig* [*ytterkläderna*] hang up one's things **2** ~ *efter ngn* be running after a p., follow a p. about [everywhere]; sjukdomen *-er efter* . . hangs on **3** ~ *fast vid* bildl. cling (stick) to; ~ *sig fast vid* hang on (cling) to **4** ~ *fram* kläder hang out **5** ~ *framme* be hanging out, slarvigt be hanging about **6** ~ *för* ett skynke hang . . in front, jfr vid. ex. under *2 för IV 2* **7** ~ *i* om t.ex. lukt cling, om t.ex. sjukdom hang on; arbeta keep at it **8** ~ *ihop* **a)** sitta ihop stick together; äga sammanhang hang together, be coherent; se vid. *hålla* [*ihop b)*] **b)** förhålla sig, *så -er det ihop* that is how it is (how matters stand); *det här -er inte rätt ihop* there must be something wrong here **c)** ~ *ihop med* bero på be a consequence (result) of; höra ihop med be bound up (connected) with **9** ~ *in ngt i* garderoben hang a th. up in . . **10** rocken *-er kvar där* . . is still [hanging] there; *låta* ~ *kvar* leave **11** ~ *med* [*i svängen*] keep up with things; ~ *med* [*de andra*] keep up with the rest; ~ *med i* diskussionen follow . . **12** ~ *ner* itr. hang down **13** ~ *om* tavlor rehang . . **14** ~ *på ngn (sig)* ett halsband hang . . round a p.'s neck (put on . .); ~ *sig på ngn* force oneself (one's company) upon a p. **15** ~ *samman* se ~ *ihop* **16** ~ *undan* put . . away **17** ~ *under* synas show **18** ~ *upp* hang [up]; ~ *upp sig* catch, get caught, hitch, *på* i samtl. fall on; ~ *upp sig på* bildl.: fästa sig vid fasten on, stick (get stuck) at, friare worry about, ta illa upp take exception to; *upphängd i* taket hanging (suspended) from . .; *upphängd på* väggen hanging (hung up) on . . **19** ~ *ut* ngt hang (friare put) out . .; klänningen har *-t ut sig* . . lost its creases after hanging **20** ~ *över* en tavla [*med ngt*] hang a th. over . ., cover . . [with a th.]; arbetet *-er över mig* . . is hanging over me

hängande *a* allm. hanging; fritt suspended, *i* taket from . .; ned~ pendent, pendulous; *bli* ~ *i* ett träd be caught in . ., catch in . .

hängare i kläder samt galge hanger; se vid. *klädhängare* **hängbjörk** weeping birch **hängbro** suspension-bridge **hänge** *-t -n* catkin

hän|ge *(-giva) rfl,* ~ *sig åt* allm. give oneself up to, t.ex. förtvivlan äv. abandon (surrender) oneself to, give way to, t.ex. nöjen, laster äv. indulge in; se vid. [*ge sig*] *hän*

hängfärdig *a, vara* ~ be [down] in the dumps; *se* ~ *ut* look down in the mouth

hängig *a* . . out of sorts; hållningslös limp

hän|giva se *hänge* rfl. **-given** *a* devoted, tillgiven äv. affectionate; *vara ngn* ~ be devoted (attached) to a p. **-givenhet** devotion äv. hängivelse, attachment; affection

häng|koj hammock **-lampa** hanging (suspended) lamp **-lås** padlock; *sätta* ~ *för* padlock **-matta** hammock **-ning** allm. hanging

hängselstropp brace-end

hängsjuk *a, vara* ~ be off colour

hängslekjol brace skirt **hängslen** *pl* braces, amer. suspenders

häng|smycke pendant **-växt** hanging plant

hän|rycka se *-föra I 2* **-ryckning** rapture; extas ecstasy; *falla i* ~ [*över*] go into raptures (resp. ecstasies) [over] **-seende** ~*t* ~*n* respect; *i alla* ~*n* in all respects, in every respect (way); *i tekniskt* ~ as regards technique, technically; *i* ~ *till* det faktum att in consideration (view) of . ., considering . .; jfr vid. ex. under *avseende* **-skjuta** *tr* refer, submit, *till* to **-syfta** *itr,* ~ *på* allude to, anspela på hint at **-syftning** allusion, *på* to; hint, *på* at

hänsyn *-en* - allm. consideration äv. hänsynsfullhet; regard, hänseende äv. respect; aktning deference; skäl reason; *låta alla* ~ *fara* throw discretion to the winds; ~*en till* barnen consideration for . .; *ta* ~ *till* a) visa omtanke show consideration for, t.ex. ngns känslor äv. consider b) beakta take . . into consideration (account), consider, som förmildrande omständighet äv. make allowance for c) bry sig om pay attention (regard) to; *utan att ta* ~ *till* . . bry sig om, äv. disregarding . ., quite regardless of . .; *av* ~ *till* av omtanke out of consideration (regard, respect) for; *med* ~ *till* beträffande with (in) regard to, as regards, i betraktande av in view (consideration) of, considering; *utan* ~ *till person* without distinction of persons

hänsyns|full *a* considerate, *mot* to, towards; thoughtful **-fullhet** considerateness, thoughtfulness; hänsyn consideration **-lös** *a* ruthless, *mot* to; taktlös inconsiderate, *mot* to, towards; thoughtless, *mot* of; ansvarslös reckless; ~ *uppriktighet* brutal frankness; *vara* ~ [*mot andra*] äv. be regardless of other people['s feelings] **-löshet** ruthlessness osv. **-tagande** consideration, *till* of

hän|visa *tr* allm. refer, *till* to; ~ *ngn att vända sig till* . . äv. direct a p. to apply to . .; *han* ~*de till* sin bristande erfarenhet (ss. ursäkt) he pleaded . . as an excuse; *vara* ~*d till*

|att använda| *ngt* be reduced to |using| a th.; *vara ~d till sig själv* be thrown upon one's own resources **-visning** reference; i ordbok o.d. äv. cross-reference; *med ~ till..* hänvisande till with reference to.., referring to.., åberopande ss. ursäkt pleading.. as an excuse **-vända** *rfl, ~ sig till ngn* apply to a p., *för |att få|* upplysningar for.. **-vändelse** application, *till* to; *genom ~ till* vanl. by applying to

häpen *a* amazed, astounded, svag. astonished, surprised; obehagligt förvånad startled, *över* i samtl. fall at; *bli ~* be amazed (osv.), överraskad äv. be taken by surprise, förbluffad be taken aback; *nu blev du allt ~!* that surprised you, didn't it!; han lyssnade ~ .. in amazement **häpenhet** amazement, astonishment, *över* at; *i ~en* glömde han in his amazement..; *i första ~en* vanl. in the confusion of the moment **häpna** *itr* be amazed osv., jfr *|bli| häpen* **häpnad** *-en 0* amazement, astonishment; *slå med ~* strike with amazement, amaze, astound **häpnadsväckande** *a* amazing, astounding; oerhörd stupendous

1 här *-en -ar* army, bildl. äv. host

2 här *adv* here; där there; härvidlag äv. in this case; *den (så, sådan) ~* se under *den B II, 3 så, sådan; ~ bak (bakom* m.fl.*)* ss. adv. se *härbak, härbakom* m.fl.; *~ bakom mig* here behind me; *~ i huset (landet)* in this house (country); *~ i staden* i den här staden in this town, inte på landet here in |the| town; hos *en firma ~ i staden* ofta.. a local firm; *~ i Sverige* |here| in Sweden; *~ under* soffan under ..here; *~ uppifrån* taket up here from..; *damen ~* this lady; *min vän ~* my friend here; *~ bor jag, det är ~ jag bor* this is where I live; *~ finns (är) inte en människa* there is not a soul here; *~ går vägen till..* this is the way to..; *~ har jag gått och väntat (hoppats)* here I have been, waiting (hoping); *~ har du!* var så god! here you are!; *~ har du boken!* here's the book |for you|!; *~ är jag!* here I am!; *han är ~ för att* lämna boken he has come to..; *han var ~ med* boken he brought (came with)..; *har någon varit ~* medan.. äv. has anyone called..; *~ är så skönt* it is so nice here; *det var ~ |som|..* this is |the place| where..; *~ har du fel* that's where you are wrong; *~ och där (var)* here and there; *både ~ och där* lite varstans here, there and everywhere; *både ~ och där i (på)..* all over..

härad *-et -|er| (-en)* hist., ung. hundred **häradshövding** ung. district (rural) |court| judge **häradsrätt** ung. district (rural) court

här|av *adv* av denna (den, dessa, dem m.fl.) of (el. annan prep., jfr *av*) this (resp. it, these, them m.fl.); i berättande stil (=därav) vanl. of osv. that (resp. those); *på grund ~* for this reason; *~ följer att..* |hence (from this)| it follows that..; för ex. jfr vid. under *därav* **-bak** *adv* at the back here, here at the back **-bakom** *adv* behind this (osv., jfr *härav*); bakom här behind here (där there) **-borta** *adv* over here

härbre *-t -n* ung. log-cabin raised from the ground

härbredvid *adv* beside this (osv., jfr *härav*); nära här close by here (där there); han bor *strax ~..* just round the corner

härbärge *-t -n* husrum shelter, lodging; ungkarlshem hostel, common lodging-house; skaffa ngn *~ för natten..* shelter (|a| lodging) for the night **härbärgera** *tr* house, isht pers äv. lodge, give shelter to

härd *-en -ar* allm. hearth; bildl. centre, seat, isht läk. äv. foc|us (pl. -uses el. -i), isht för något dåligt hotbed, *för* i samtl. fall of; *egen ~ är guld värd* there is no place like home; *vid hemmets ~* by the fireside, round the family hearth

härda I *tr* allm. harden, *mot* to; tekn. äv.: t.ex. metall, glas temper, plast cure; *~ ngn* vanl. make a p. hardy; *~ ngn mot* köld inure a p. to..; *~d* motståndskraftig hardy, okänslig hardened **II** *itr, ~ ut* endure; *jag ~r inte ut längre* I can't stand (bear) it any longer; *jag ~de ut* länge I put up with it..; *~ ut med* se *uthärda I* **III** *rfl* harden oneself, *mot* to; *~ sig mot* äv. inure oneself to **härdig** *a* hardy **härdighet** hardiness **härdning** *-en 0* hardening, tekn. äv. tempering, curing; jfr *härda I*

här|efter *adv* **1** om tid: framdeles se *hädanefter;* efter detta after this (that), från denna tid from now, senare subsequently, efteråt afterwards, härpå then; *kort ~* shortly afterwards; *ett år ~* a year hence (after this) **2** i enlighet härmed accordingly **-emellan** om två between these |two|, om flera among these, mellan oss between us; *~ och* London between here and.. **-emot** *adv* towards (el. annan prep. jfr *mot*) this (osv., jfr *härav*); *argumenten ~* the arguments to the contrary; för ex. jfr vid. *däremot 2* **-fram** *adv* in front here, here in front **-framme** *adv* over here osv., jfr *därframme* **-för** *adv* for (el. annan prep., jfr *2 för I*) this (osv., jfr *härav*); *som bevis ~* as a proof of this; jfr vid. ex. under *därför 3*

härförare commander, general

här|förbi *adv* past here; *gå ~* äv. pass by here **-hemma** *adv* at home, hos mig (oss) in this house; här i landet in this country; *~ i* Sverige here in.. **-i** *adv* in (el. annan prep., jfr *2 i*) this (osv., jfr *härav*); i detta avseende in this respect; *~ ligger* hemligheten in this |fact (circumstance)| lies..; *~ ligger förklaringen till* ngt vanl. this accounts for..; *~ ligger svårigheten* this is where the difficulty comes in; *~ har du rätt* you are right here; för ex. jfr vid. under *däri* **-ibland** *adv* among these; inklusive including **-ifrån** *adv* **1** lokalt from here; från denna plats (punkt) äv. from this place [point); [*bort (borta)*] ~ away [from here]; [*l*]*ångt* ~ far from here, far off; *ut* ~ ut ur rummet etc. out of this room etc.; *ut* ~*!* försvinn get out of here!; ~ *och dit* from here to there; *gå (resa* osv.*)* ~ leave [here]; *håll dig* ~*!* keep out of it!, keep off!; *han kom* ~ äv.: från det här hållet he came this way, från den utpekade platsen this is where he came from **2** från denna osv. from this (osv., jfr *härav*); *bortsett* ~ apart from this [fact]; *det är* ~ *han har fått* sina idéer this is where he has got . . from; ett år ~ *räknat* . . counting from now. — Jfr äv. *därifrån* **-igenom** *adv* **1** bildl.: på så sätt in this way, by this, thus; genom detta (dessa) medel by this (these) means; på grund härav owing to this, by reason of this, tack vare detta thanks to this; för ex. jfr under *därigenom 1* **2** genom denna osv. through this (osv., jfr *härav*); genom här through here (där there); genom detta rum etc. äv. through this room etc. **-inifrån** *adv* from in here (där there) **-innanför** *adv* inside here (där there) **-inne** *adv* in here (där there); ~ *i rummet* here in the room, in this room **-intill** *adv* se *härbredvid* **-inunder** *adv* i våningen under in the flat below [this]; se vid. *härunder* **-invid** *adv* se *härbredvid*

[h]ärja I *tr* allm. ravage, under plundring äv. harry, ödelägga devastate, lay waste; ~*d av* sjukdom wasted by . .; *se* ~*d ut* look worn and haggard; *ett* ~*t ansikte* a ravaged face **II** *itr* **1** ~ *i (på, bland)* ravage osv., jfr *I;* ~ *svårt i (bland)* vålla förstörelse vanl. wreak (make) [great] havoc in (among) **2** grassera rage **3** F väsnas o.d. play about, rasa carry on; svira riot; ~ få göra *som man vill* el. ~ *ensam* have it all one's own way; ~ rya *med ngn* order (chivy) a p. about **härjning,** ~*ar* allm. ravages

[h]ärjämte *adv* in addition [to this]

[h]är|komst ~*en 0* börd extraction, birth, parentage; härstamning descent, lineage; ursprung origin; *av förnäm* ~ of noble birth; *av utländsk* ~ of foreign extraction **-leda I** *tr* allm., isht språkv. derive, *från* from; deducera deduce, *från, ur* from **II** *rfl* **1** språkv. derive, be derived, *från* from **2** se *härröra* **-ledning** språkv. derivation

[h]ärlig *a* allm. glorious äv. iron.; underbar wonderful, F gorgeous; förtjusande lovely; skön delightful; läcker delicious; storartad magnificent, splendid, grand; ~*t!* bra fine!; *det vore* ~*t (en* ~ *sak)* om it would be fine el. wonderful (a fine thing) . .; *hon är för* ~ komisk she is a scream (too funny for words) **härliga** *adv,* arbeta *så det står* ~ *till* . . like anything **härlighet** *-en -er* **1** glans o. bibl. glory; prakt splendour; *all* ~*en, alla* ~*er* i skyltfönstren all the delightful things . .; ~*er* läckerheter delicacies **2** *hela* ~*en* alltihop the whole lot (thing, show)

härma *tr* allm. imitate, apa efter äv. copy; förlöjligande o. naturv. mimic; ~ *efter* imitate **härmas** *itr. dep* imitate; mimic

härmed *adv* with (el. annan prep., jfr *2 med*) this (osv., jfr *härav*); ~ med dessa ord with these words; ~ *bifogas* enclosed please find, we hand you herewith; ~ *får jag meddela att* . . I hereby wish to inform you that . . ; ~ *är det slut på* programmet this is the end of . .; ~ *är saken avgjord* this settles the matter; för ex. jfr vid. under *därmed*

härmning *-en 0* imitation **härmningsförmåga** imitative gift, power of imitation

härnad *-en -er* war; *dra i* ~ *mot* bildl. take up arms against **härnadståg** war[like] expedition

här|nedan *adv* i t.ex. kontrakt here[in]after, herein **-nedanför** *adv* down below here (där there); skriv det ~ . . down (at the bottom) here **-nere** *adv* down here (där there); i våningen under downstairs here; i jordelivet here below; ~ *i* kajutan down [below] here in . . **-nerifrån** *adv* from down here osv. jfr ovan **-näst** *adv* nu närmast next [of all]; nästa gång next time; sedan after this; *när vi ses* ~ when we meet again next time

härold *-en -er* herald

härom *adv* **1** om, angående det (detta, den saken) about (el. annan prep., jfr *2 om A*) it (this el. that [matter]); ett förslag ~ . . to this effect; för ex. jfr vid. *därom* **2** staden ligger *norr* ~ . . [to the] north from here; *till höger* ~ t.ex. huset to the right of it (utpekande of this [house]) **-dagen** *adv* the other day **-kring** *adv* [all] round here (där there); i trakten äv. in the country round about here, in this neighbourhood **-kvällen** *adv* the other evening (night) **-natten** *adv* the other night **-sistens** *adv* recently, a little while ago **-året** *adv* a year or two (so) ago

här|ovan *adv* above **-ovanpå** *adv* on [the] top of this (osv., jfr *härav*); i våningen över in the flat above [this] **-på** *adv* **1** om tid: efter detta after this; sedan then, subsequently **2** på denna osv. on (el. annan prep., jfr *på*) this (osv., jfr *härav*). — För ex. jfr *därpå*

härröra *itr,* ~ *från* ha sitt ursprung i originate (arise, spring, proceed) from, härstamma från derive from, förskriva sig från date from; ~ *av* bero på be due to; misstaget *härrör* [*där*]*av att* . . äv. is traceable (goes back) to the fact that . .

härs *adv,* ~ *och tvärs* in all directions, this way and that way; ~ *och tvärs genom (över)* . . vanl. all over . .

härska *itr* rule isht m. personsubj.; regera reign, vara allenarådande reign supreme, *över* i samtl. fall over; råda prevail, be prevalent; ~ *över* äv. dominate [over], hold rule over, master; *det*

~*r* är, råder . . vanl. there is (resp. are) . .; *tystnad ~de i* . . silence reigned in . .; ondskan *~r i världen* . . rules the world **härskande** *a* eg. ruling; gängse prevalent, attr. äv. prevailing; förhärskande predominant; *vara ~* äv. prevail
härskara host äv. relig.
härskare *-n* - ruler; regent sovereign, *över* of; herre master, *över* of; *~n över liv och död* the arbiter of life and death **härskarinna** ruler, sovereign, mistress; jfr ovan; husets ~ the mistress of . . **härskarlater** *pl* domineering ways **härskarmin** commanding air
härsken *a* rancid; bildl. moody
härsk|lysten *a* attr. . . with a desire for power; despotisk domineering **-lystnad** desire (craving) for power; domineeringness
härskna *itr* go (become, turn) rancid; *~ till* bildl. get moody
härskri war-cry; bildl. outcry **härsmakt,** *med ~* by force of arms
här|stamma *itr, ~ från* vara ättling till be descended from, come of, komma från originate (come) from, derive one's origin from, datera sig från date from (back to), härleda sig från be derived from **-stamning** varelses descent; ursprung origin; härledning derivation
härstädes *adv* here; jfr *därstädes*
härtagen *a* conquered
här|tappad *a* i Sverige . . bottled in Sweden **-tappning** svensk wine osv. bottled in Sweden **-till** *adv* to (el. annan prep., jfr *till*) this (osv., jfr *härav*); *med hänsyn ~* in view of this (resp. these facts); för ex. jfr vid. *därtill* **-under** *adv* under (el. annan prep., jfr *2 under*) this (osv., jfr *härav*); under här under here (där there); *~ inbegripes* this includes; för ex. jfr vid. *därunder* **-uppe** *adv* up here (där there) **-uppifrån** *adv* from up here (där there) **-ur** *adv* out of this (osv., jfr *härav*) **-utanför** *adv* outside here (där there) **-ute** *adv* out here (där there) **-uti** *adv* se *häri* **-utifrån** *adv* from out here (där there) **-utöver** *adv* in addition to this (that, it); jfr vid. *därutöver*
härv|a *-an -or* skein; virrvarr tangle äv. bildl.; *en trasslig ~* a tangled skein äv. bildl.
här|varande *a, ~ myndigheter* i staden osv. the authorities here (of this town osv.), the local authorities **-varo** *~n 0* stay here; närvaro presence [here]
härv|el *-eln -lar* reel
härvid *adv* at (el. annan prep., jfr *2 vid*) this (osv., jfr *härav*); i det sammanhanget in this connection; för ex. jfr *därvid* **-lag** *adv* i detta avseende in this respect; i detta fall in this case; i detta sammanhang in this [matter]; här here; *~ har du rätt* you are right here
här|åt *adv* **1** åt det här hållet this way, i den här riktningen äv. in this direction **2** åt denna osv. at (el. annan prep., jfr *åt*) this (osv., jfr *härav*); för ex. jfr *däråt* **-över** *adv* over (el. annan prep., jf *över*) this (osv., jfr *härav*); planen flög ~ . . ove here; *förvånad ~* surprised at it (this)
hässj|a **I** *-an -or* hay-drying rack **II** *tr ~ hö* pile hay on drying racks
häst *-en -ar* **1** horse; jfr *ridhäst; man skal inte skåda given ~ i munnen* you (one) mus not look a gift-horse in the mouth; *sätta si på sina höga ~ar* ride the high horse; [*sit ta*] *till ~* [be] on horseback; *stiga till ~* mount [one's horse], get on one's horse poliser *till ~* mounted . . **2** gymn. [vaulting-] horse **3** schack. knight **4** *~ar* F se ex. unde *hästkraft* **-avel** horse-breeding **-droska** [horse-drawn] cab **-fluga** horse-fly **-gödsel** horse-dung **-hov** horse's hoof **-hov[s-ört]** coltsfoot (pl. -s) **-kapplöpning** se *kapplöpning 2* **-karl** kännare [good] judge o horses (horseflesh); ryttare horseman **-kastanj[e]** horse-chestnut **-kraft** horse-powe (pl. lika; förk. h.p.); *en motor på 50 ~er* fifty horse-power engine **-krake** jade **-ku** drastic cure **-kött** kok. horse-flesh **-lass** lastad vagn loaded cart; *ett ~ [gödsel]* a cart load [of dung] **-lort** koll. horse-dropping pl. **-längd** sport. [horse-]length; vinna *med e ~* . . by a length **-man** hår horse's man **-minne** phenomenal memory **-rygg,** *p ~en* on horseback **-skjuts** carriage, horse-drawn vehicle **-sko** horseshoe **-skoform** bord *i ~* horseshoe . . **-skoformig** *a* horseshoe-shaped **-skojare** horse-dealer, cope **-skomagnet** horseshoe magnet **-skosöm** horseshoe-nail **-skötare** groor **-spillning** horse-droppings pl. **-sport** equestrian sports pl. **-svans** horse's tail; frisy pony-tail **-tagel** horsehair **-uppfödare** horse-breeder **-uppfödning** horse-breedin
hätsk *a* hatisk spiteful, rancorous, malignant *mot* i samtl. fall towards; friare: t.ex. utfall savage t.ex. fiende implacable, t.ex. fiendskap bitter fierce **-het** spitefulness, rancour, malignancy; savageness, bitterness
hätt|a *-an -or* hood; barns bonnet
häv|a *-de -t* **I** *tr* **1** lyfta, slänga heave **2** bild.: upp häva t.ex. blockad raise; annullera annul, t.ex. kor trakt äv. cancel, revoke; bota cure; *~ en slad* bil. correct a skid; jfr vid. *upphäva I 2* **II** *itr, p tå häv!* on your toes rise! **III** *rfl* **1** lyfta si raise (lift) oneself [up], *på* en arm on . .; pu oneself up, *i (på) armarna* by one's arm **2** höja och sänka sig heave **IV** m. beton. part. *~ i sig* put away **2** *~ upp* ett skri raise . . *~ upp sin röst* open one's mouth, [begi to] speak **3** *~ ur sig* come out with **hävande** *-t 0* (jfr *häva I 2*) raising; annulmen cancellation; curing; jfr vid. *upphävande 2*
hävd *-en -er* **1** tradition custom, tradition jur. (långvarigt innehav) prescription; *gamma ~* sedvana old (time-honoured) custom

urminnes ~ jur. prescription from time immemorial; *vinna* ~ om t.ex. bruk become sanctioned by long usage, om t.ex. ord be adopted into the language **2** jordbr. (mots. vanhävd) cultivation **3** ~*er* history sg., annals
hävda I *tr* försvara assert, maintain; förfäkta uphold; ~ *att* . . påstå assert (maintain) that . ., göra gällande claim (argue) that . .; ~*d* H maintained **II** *rfl* försvara sin ställning hold one's own, *gentemot* ngn with . .; göra sig gällande assert oneself; ~ *sig i konkurrensen* keep up with the competition **hävdatecknare** historian **hävdvunnen** *a* jur. prescriptive; traditionell . . sanctioned by usage, om t.ex. bruk äv. time-honoured; om språkbruk established
hävert *-en -ar* siphon **hävstång** lever äv. bildl. **hävstångsarm** lever arm
häx|a *-an -or* witch, hag, båda äv. käring; eg. äv. sorceress; smeks. witch **häxdans** eg. witches' dance; bildl. welter **häxeri** witchery, sorcery; magi witchcraft **häxkittel** bildl. maelstrom **häxmästare** bildl. wizard **häxprocess** witch-trial
hö -[*e*]*t 0* hay; *bärga* ~ slå o. torka make (köra in gather in) hay **-bärgning** slåtter hay-making **-feber** hay-fever
1 höft, *på en* ~ på måfå at random; planlöst in a slapdash (haphazard) way; på ett ungefär roughly, approximately
2 höft *-en -er* hip; ~*er fäst!* hands to hips! **-ben** hip-bone **-hållare** girdle **-led** hip-joint **-skynke** loin-cloth
1 hög *-en -ar* **1** samling heap, ordnad äv. stack; staplad pile; mängd äv. lot; *en* ~ [*med (av)*] böcker m.m. a heap osv. of . .; [*stora*] ~*ar* massor *med* heaps [and heaps] of, lots [and lots] of; *hela* ~*en* allesammans the whole lot; *i en enda* ~ röra all in a heap; *ta* [*en*] *i* ~*en* på måfå pick out the first that comes [handy]; *lägga (samla) pengar på* ~ accumulate (amass, pile up) money; ett exempel *ur* ~*en* . . at random, . . at haphazard **2** se *gravhög*
2 hög (jfr *högre I* o. *högst I*) *a* **1** allm. high, högt liggande (t.ex. om läge) äv. elevated; lång (t.ex. om skorsten, träd, gestalt) tall; av imponerande höjd lofty; stor: t.ex. om belopp large, t.ex. om straff, böter heavy, t.ex. om anspråk great; högt uppsatt (om pers. o. rang) eminent, exalted; högdragen haughty; *ha* ~ [*ansikts*]*färg* have a high colour; ~*a berg* high (lofty) mountains; ~*a betyg* high marks; ~ *byggnad* high (tall) building; ~*t gräs* long grass; ~ *gäst* distinguished (kunglig august) guest; ~*a ideal* high ideals; ~ *luft* clear air; ~ *officer* high-ranking officer; ~*a priser* high prices; ~*a skatter* high taxes; ~ *snö* deep snow; ~*a stövlar* high[-legged] boots; *ha en* ~ *tanke om* have a high (great) opinion of; *det är* ~ *tid* [*att jag går*] it is high time [for me to go]; *vid* ~ *ålder* at an advanced (a great) age; *en* ~ *ämbetsman* a high[-ranking] official; *vara* ~ [*av sig*] be haughty (high and mighty); ~ *och låg* high and low **2** om ljud: högljudd loud, högt på tonskalan high; gäll high-pitched; ~*a C* top C; *med* ~ *röst* in a loud voice
högadel, ~*n* the high nobility, i Engl. äv. the peerage
högaffel hay-fork
hög|akta *tr* respect, think highly of, *för* for; hold . . in high esteem **-aktning** deep respect, high esteem; *Med utmärkt* ~ i brev se *högaktningsfullt* ex. **-aktningsfull** *a* respectful **-aktningsfullt** *adv* respectfully; *H*~ i brev Yours faithfully ([very] truly),; amer. äv. Very truly yours, **-aktuell** *a* . . of great immediate (osv.) interest, highly topical, jfr vid. *aktuell* **-altare** high altar **-barmad** *a* high-bosomed **-bent** *a* om t.ex. stol high-legged **-blå** *a* attr. bright-blue, pred. bright blue **-borg** bildl. stronghold **-bro** elevated (high-level) bridge **-buren** *a, gå med -buret huvud* . . with one's head erect **-djur** bildl. VIP, bigwig **-dragen** *a* haughty, arrogant, lofty; överlägsen supercilious **-dramatisk** *a* bildl. highly dramatic
högeligen *adv* highly, greatly, exceedingly
hög|er I *a, subst. a* o. *adv* right; attr. äv. right-hand, jfr ex.; *min -ra arm (ärm)* my right arm (right[-hand] sleeve); ~ *hand, -ra handen* the (one's) right hand; *på* ~ *hand* till höger *ser man* . . on your (the) right you see . .; hon är *hans -ra hand* . . his right-hand man; *på* ~ *sida (-ra sidan)* [*om*] on the right-hand side [of]; *gå på* ~ *sida!* keep to the right!; komma *från* ~ . . from the right; *från* ~ *och vänster* from right and left; *till (åt)* ~ to the right; *se till* ~ look [to the] right; sitta, vara belägen *till* ~ *om* . . to the right of; *till* ~ *och vänster* bildl. right and left; [*göra*] ~ *om* [do a] right turn **II** *s* **1** ~*n 0* a) polit., ~*n* allm. the Right, ss. parti the Conservatives pl. b) sport., *en* [*rak*] ~ a [straight] right **2** pl. lika, se *högerman*
höger|back right [full] back **-gir** right-hand yaw osv., jfr *gir* **-gängad** *a* right-handed **-halvback** right half[-back] **-handske** right-hand glove **-hänt** *a* right-handed **-inner** inside right **-kvinna** Conservative woman **-ledare** Conservative leader **-man** Conservative **-orienterad** *a* attr. right-wing; *vara* ~ have Conservative leanings (a Conservative outlook) **-parti** Conservative (right-wing) party **-sida** i bok right-hand page **-sko** right[-foot] shoe **-styrd** *a* right-hand driven **-sväng** right[-hand] turn **-trafik** right-hand traffic; *det är* ~ *i* . . vanl. in . . traffic keeps to (. . you drive on) the right **-ytter** outside right
hög|fjäll alp, high mountain **-fjällshotell**

mountain hotel **-form,** *vara i* ~ be in great form **-frekvens** high frequency **-frekvent** *a* fys. attr. high-frequency; bildl. . . of high frequency
högfärd *-en 0* allm. pride, *över* in; fåfänga vanity; inbilskhet conceit **högfärdig** *a* proud, *över* of, ibl. about; vain, *över* about; conceited, *över* about; jfr *högfärd;* mallig stuck-up **högfärdsblåsa** pompous creature **högfärdsgalen** *a* pompous, . . full of self-importance
hög|förrädare person guilty of high treason **-förräderi** high treason **-förrädisk** *a* treasonable **-gradig** *a* attr. high-grade; ~ nervositet . . of high grade **-halsad** *a* om kläder high-necked
höghet *-en* **1** pl. *-er* titel, *Ers (Hans) Höghet* Your (His) Highness **2** pl. *0* loftiness, upphöjdhet äv. highness, högdragenhet äv. haughtiness
hög|hus multi-storey block (building), arkit. tower block **-husbebyggelse** konkr. multi-storey blocks osv. (samtl. pl.) **-intressant** *a* highly interesting **-kant,** stå (ställa) *på* ~ . . on [its] end **-klackad** *a* high-heeled **-klassig** *a* high-class **-konjunktur** boom, prosperity; *det råder* ~ there is a boom; *under* ~ in times of prosperity **-kvarter** headquarters sg. el. pl. **-kyrka** *s* o. **-kyrklig** *a* High Church **-land** highlands pl., uplands pl.; *Skotska -länderna* the [Scottish] Highlands **-ljudd** *a* ljudlig loud; högröstad: om pers. loud-voiced, om t.ex. folkhop vociferous; bullersam noisy; *bli* ~ tala högt raise one's voice **-ljutt** *adv* loudly; *tala* ~ talk loud (in a loud voice, at the top of one's voice) **-ländare** skotte Highlander **-länt** *a* attr. upland; landet *är* ~ . . is of an upland character **-läsning** reading aloud, *ur* from **-mod** allm. pride; överlägsenhet arrogance; högdragenhet haughtiness; ~ *går före fall* pride goes before a fall **-modern** *a* ultra-modern **-modig** *a* proud, *över* of, ibl. about; arrogant; haughty; jfr *högmod* **-mässa** prot. morning service; katol. high mass **-oktanig** *a,* ~ *bensin* high-octane petrol **-platå** se *högslätt* **-prosa** literary prose
högre I *a* higher osv., jfr *2 hög*; i rang o.d. äv. superior, *än* to; övre upper; ledande high; *de* ~ *klasserna* skol. the upper (senior) forms, samhälls- the upper classes; *i de* ~ *kretsarna* in high (exalted) circles; *den* ~ *matematiken* higher (advanced) mathematics; *en* ~ *officer* a superior (ganska hög high-ranking) officer; *på* ~ *ort* vanl. in high quarters; order *från* ~ *ort* . . from above; ~ högtidligt *språk* elevated language; *den* ~ *undervisningen* higher education; *ett* ~ *väsen* a superior being; *en* ~ *ämbetsman* a high[er]-grade official **II** *adv* higher, more highly osv., jfr *högt;* ganska högt highly; mera more; ~ *avlönade* arbetare higher-paid (ganska högt highly paid) . .; byggnader *på* ~ ganska högt *belägna platser* . . lying fairly high up; *gå* ~ betala mera go higher; *hänga* tavlan ~ hang . . higher [up]; ~ *stående djur (folk)* higher animals (people on a higher level); *tala* ~*!* speak louder (up)!; *älska ngn* ~ love a p. better (more); *ingenting önskar jag* ~ än I desire nothing better . .
högrest *a* reslig tall
högreståndskultur upper-class culture
hög|röd *a* attr. bright-red, pred. bright red; vermilion; *bli* ~ [*av* ilska] turn scarlet [with . .] **-röstad** se *högljudd* **-sinnad** *a* o. **-sint** *a* high-minded, noble-minded; om t.ex. karaktär noble **-sjöbogserare** ocean-going tug **-skola** ung. institute of advanced studies; *teknisk* ~ university of technology **-skole|ut|bildad** *a* . . trained at an institute of etc., jfr föreg. **-slätt** [high] tableland, [high] plateau (pl. -s el. -x) **-sommar** high summer; *på* ~*en* in the height of the summer **-sommardag,** *en riktig* ~ a real summer's day **-spänning** high voltage **-spänningskabel** high-tension cable
högst I *a* highest osv., jfr *2 hög*; attr.: om antal, fart m.m. äv. maximum, översta äv. top, topmost, i makt el. rang supreme, yttersta extreme; *min* ~*a chef* my chief boss; ~*a domstolen* the Supreme Court [of Judicature]; *på* ~*a hyllan* on the top (topmost) shelf; *av* ~*a klass* of the highest class, first-rate . .; ~*a makten* the supreme power; säljas *till* ~*a pris* . . at top price; notera ~*a möjliga pris* . . the highest possible (the maximum) price; ~*a vikt* maximum weight; *av* ~*a vikt* of the highest (of the utmost, of supreme) importance; *på* ~*a växeln* on top [gear], on the highest gear; *min* ~*a önskan* my greatest wish; *den Högste* the Most High; *det* ~*a* jag kan betala the [ut]most . .; *på det* ~*a* förnärmad deeply (profoundly) . . **II** *adv* **1** highest, most highly osv., jfr *högt*; mest most; när aktierna *står* [*som*] ~ . . are at their highest; [*allra*] ~ *upp*[*e*] at the [very] top, *på, i* of; ~ *uppe under taket* under the very roof; ~ *däruppe* right up there **2** mycket, synnerligen very, most; högeligen äv. highly, greatly; ytterst äv. extremely, exceedingly; ~ *sällan* very seldom **3** inte mer än at [något stark. the] most; *summor på* ~ 100 kr. sums not exceeding . .; *utfärda på* ~ ett år issue for a maximum period of (for a period not exceeding) . .; ~ *(allra* ~*) 5 personer* 5 people at most (at the very most), i t.ex. hiss not more than 5 people; det varar ~ *en timme* . . not more than an hour (på sin höjd one hour at the most)
högstadielärare teacher in the upper department osv., jfr följ. **högstadi|um,** *-et*

i grundskolan the upper department |of the comprehensive school|

högstbjudande *a, den ~* the highest bidder

hög|stämd *a* high-toned, lofty, elevated **-svenska** ung. standard Swedish **-säsong** peak season; *under ~en* äv. during the height of the season, when the season is (resp. was) at its height **-säte,** *sitta i ~t* occupy the seat of honour, bildl. be allowed to rule

högt (jfr *högre II, högst II*) *adv* **1** high; i hög grad, mycket highly; högt upp high up; *vara ~ begåvad (betald)* be highly gifted (paid); *flyga ~* fly high; *vara ~ (alltför ~) försäkrad* be heavily insured (be over-insured); *tavlan gick ~* på auktion the picture was sold at a high price (fetched a good price); *leva ~* live a high life; *leva ~ på* sitt goda rykte live on . ., make capital out of . .; *ligga ~ med (ha ~ under) huvudet* lie with one's head high; staden *ligger ~* . . stands on high ground; *~ räknat* at a high (liberal) estimate; *sitta ~* på en hög stol o.d. have a high seat; tavlan *sitter för ~* . . is too high up; solen (termometern) *står ~* . . is high; bildningen *står ~* . . is on a high level; aktierna *står ~* . . are high (up); *~ stående* se *högtstående*; *älska ngn ~* love a p. dearly; *~ ovan (över)* molnen far (high) above . . **2** om ljud: så det hörs loud, högljutt loudly; ej tyst, ej för sig själv aloud; högt på tonskalan high; *läsa ~ för ngn* read aloud to a p.; skrika *så ~ man kan* vanl. . . at the top of one's voice **3** *fem man ~* five |men| strong

högtalaranläggning t.ex. på flygplats public-address system, tannoy ® **högtalare** loud-speaker

högtals *adv, ~ med* heaps |and heaps| of, lots |and lots| of

högtflygande high-flying; bildl. om t.ex. planer ambitious

högtid festival, feast; *de stora ~erna* the high festivals; *det är en ~ för mig att . .* it is a treat for me to . . **högtidlig** *a* allvarlig solemn; stämningsfull impressive; ceremoniell ceremonial, formal; *en ~ stämning* vanl. a solemn atmosphere; *vid ~a tillfällen* on ceremonious (friare grand, special) occasions; *det hela var mycket ~t* vanl. it was all very impressive (solemn |and grand|); *se ~ ut* look solemn **högtidlighet** *-en* **1** pl. *0* solemnity; impressiveness; formality **2** pl. *-er* ceremony, function **högtidlighålla** *tr* celebrate, jfr vid. *2 fira I* **högtidligt** *adv* solemnly osv., jfr *högtidlig; ta det inte så ~!* don't take it so seriously!

högtids|dag fest- festival (minnes- commemoration) day; många lyckönskningar *på ~en (din ~)* . . on this great occasion **-dräkt** afton- evening dress **-klädd** *a* festively-dressed attr.; i aftondräkt . . in full (evening) dress **-stund** hour of enjoyment; hans lektioner är *riktiga ~er* . . a real treat |to listen to| **-tal** se *festtal*

hög|trafik, *vid ~* at peak hours **-travande** *a* bombastic, om t.ex. språk äv. high-flown, high-falutin|g| **-tryck** meteor. o. tekn. high pressure; område area of high pressure; arbeta *för ~* . . at high pressure **-trycksrygg** ridge of high pressure

högt|stående *a* |highly| advanced; *kulturellt ~* människor . . on a high level of culture **-svävande** *a* om t.ex. planer ambitious

hög|tysk *a* o. **-tyska** High German **-vakt** main guard **-vatten** high water **-vattenstånd** high-water level **-vilt** big game **-välvd** *a* high-arched; *~ panna* domed forehead **-växt** *a* allm. tall **-önsklig** *a, i ~ välmåga* in the best of health

höj|a *-de -t* **I** *tr* (ibl. *itr*) allm. (eg. o. bildl.) raise; öka äv. increase, t.ex. hyra äv. advance, put up, isht bildl. heighten; förbättra improve; främja promote; mus. raise |. . in pitch|; *~* muren *|med| en meter* increase the height of (heighten) . . by one metre; *~ gatan* raise the level of the street; *~ sitt glas (en skål) för* raise one's glass (drink a health) to; *~ moralen* improve |public| morals, raise moral standards; *~ rösten* raise one's voice; *det -des röster för* förslaget voices were raised in favour of . .; *~ till skyarna* praise (extol) to the skies; *~ |på|* en tavla put . . higher up; *~ |på| ögonbrynen* raise one's eye-brows; *~ upp* raise, jfr vid. *upphöja; |en| -d levnadsstandard* a raised standard of living; *till -da priser* vanl. at advanced (increased) prices; *med -d revolver (röst)* with one's revolver raised (in a raised voice); *vara -d över* för god för be above, be superior to, oberörd av be beyond; *-d över alla misstankar (allt tvivel)* above suspicion (beyond doubt) **II** *rfl* rise, om t.ex. terräng äv. ascend, resa sig (i förhållande till omgivningen) äv. tower, om pers. äv. raise oneself; *landet -er sig |med|* en meter the land rises by . .; *~ sig på tå* raise oneself (rise) on tiptoe; *~ sig över* om pers.: bli bättre än rise (raise oneself) above, vara bättre än be superior to, stark. tower above

höjd *-en -er* **1** allm. height, kulle äv. hill, eminence; abstr., isht geogr., geom. o. astr. äv. altitude, geogr. äv. elevation; storlek, t.ex. räntas highness; längd, t.ex. skorstens tallness; nivå level; intensitet degree; mus. pitch; *~ över havet* altitude (elevation) above sea level; nå *bergets högsta ~* . . the summit (top) of the mountain; nå *ärans ~er* . . the pinnacles of glory; *det är då ~en!* that's the limit!; *~en av* dumhet, lycka the height of . .; *~en av* elegans the |very| height (acme) of . .; *skjuta* *i ~en* run (shoot) up, om t.ex. priser äv. soar, go up and up; *i ~ med* a) i nivå med on a level with, lika högt som at the level of b) i jämbredd med abreast of c) se *på ~en av* ned.; den är 5 m *på ~en* . . high, . . in height; *på 5 meters ~* at a (the) height of 5 metres; *flyga på hög (stor) ~* fly at a high (great) altitude; *på ~en av* Kap Horn a) på samma breddgrad in the latitude of . . b) utanför off . .; *stå på ~en av* a) t.ex. sin makt be at the height (summit, zenith) of b) t.ex. sin tids bildning be abreast of; *på sin [högsta] ~* 10 år . . at the [very] most (utmost); *på sin ~* ett påpekande no more than . .; han dricker *på sin ~ vin* . . wine, that's all **2** se *höjdhopp* **3** himmel, en gåva *från ~en* . . from above (on high)

höjd|flygning altitude flight (flygande flying) **-förhållanden** *pl* geol. elevation sg. **-hopp** high jump (hoppning jumping) **-hoppare** high jumper **-led,** *i ~* vertically **-läge** mus. se *höjdregister* **-mätare** altimeter, altitude indicator **-mätning** height (altitude) measuring; altimetry end. sg. **-punkt** bildl. climax, *i* dramat of . ., *på* festligheterna to . .; clou highlight; kulmen height, culmination; *den betecknar ~en i* karriär it marks the high-water mark of . .; kulturen *nådde sin ~* . . reached its peak (acme, zenith) **-register** upper register **-rekord** sport. high-jump (flyg. altitude) record **-roder** elevator **-skillnad** difference of (in) altitude **-sträckning** ridge, range of hills

höjning *-en -ar* höjande raising osv. jfr *höja I;* increase, advance; improvement; ökning rise (amer. raise), rising, increase, advance; geol. rising, uplift; *en ~ i marken* a rise (an elevation) in the ground; *~ och sänkning* i t.ex. priser rising and falling, rise and fall **höj- och sänkbar** *a* vertically adjustable

hök *-en -ar* hawk

hö|lada hay-barn **-lass** hay-load; lastad skrinda loaded hay-cart

hölj|a *-de -t tr* betäcka cover; insvepa wrap [up], envelop; *~ sig i* wrap oneself in; *~ sig med (-d av) ära* cover oneself (covered) with glory; *-d i dimma* shrouded (blanketed) in fog; *-d i dunkel* bildl. shrouded in mystery; *-d i trasor* covered in rags; *~ in* = *hölja; ~ över* cover over **hölje** *-t -n* omhölje envelope; täcke cover[ing]; av lådtyp o.d. case, på radioapparat o.d. cabinet

hölst|er *-ret -er* **1** pistol~ holster **2** bot. spathe

hön|a *-an -or* **1** eg. hen, ung~ pullet; kok. chicken; som efterled i sms. ofta framförställt i eng., jfr *fasanhöna* **2** våp goose (pl. geese)

höns *-et -* **1** eg. [barn-yard (domestic)] fowl, koll. poultry sg., fowls pl., chickens pl.; kok. chicken; *vara (han vill vara) högsta ~et i korgen* be [the] cock of the walk (he wants to be top dog); *som yra ~* like giddy geese **2** våp goose (pl. geese) **-avel** poultry-keeping poultry-farming **-buljong** chicken broth **-bur** hen-coop **-eri** -gård poultry-farm **-fågel** gallinaceous bird **-gård** inhägnad chicken run; hönseri poultry-farm **-hjärna,** *ha en riktig ~* be feather-brained **-hus** poultry-house **-minne,** *ha ett riktigt ~* have a memory like a sieve **-nät** chicken-wire **-skötsel** poultry-keeping, poultry-farming **-ägg** hen's egg (pl. vanl. hens' eggs)

hör|a *-de -t* **I** *tr itr* eg. o. friare hear, få veta äv. learn, be told (alla äv. *få ~*); uppfatta ofta catch; lyssna listen; ta reda på find out; för konstr. o övers. i spec. fall se ex. — Ex.: **a)** m. enbart obj., *~ föreläsningar* attend lectures; *~ musik* listen to music; *~* rådfråga *olika myndigheter* consult different authorities; *~ radio* listen to the radio, listen in; tycka om att *~ sin egen röst* . . hear the sound of one's own voice; *~ ett vittne* hear (examine) a witness; så får du inte göra, *hör du det?* . . do you hear? **b)** m [obj. o.] inf., *hon -de honom komma nedför trappan* she heard him come (honom när (hur) han kom him coming) downstairs; *han -des komma* I etc. heard him come (resp. coming); *~ sitt namn nämnas* hear one's name mentioned; *jag har -t sägas att* . . I have heard [it said] (heard say, been told) that . ., man har låtit mig förstå att . . I am given to understand that . .; *[få] ~ talas om* hear of; *jag har ofta -t talas om honom* I have often heard him spoken of **c)** m. [obj. o.] prep.-best., *~ av ngn att* . . learn from (be told by) a p. that . .; *jag -de det av honom själv* I heard it from his own lips; *jag hör av (på) namnet att* . . I hear by the name that . .; *har du -t [något] från honom?* have you heard from him?; du måste *~ med* fråga *henne* . . ask her; *hör på de'n!* se under *e* ned.; *~ på ngn (ngt)* listen to (i radio listen in to) a p. (a th.); *det -s på honom (på hans röst) att* . . you can tell by (from) his voice that . .; *han ville inte ~ på det örat* he just wouldn't listen **d)** i pass., *det -s* att han är arg you can hear . .; *det -s bra härifrån* you can hear well from here; tala högre, *det -s så dåligt* . . I (resp. we) can't hear you; *det -des* en knackning there came (was) . .; *vi -s* igen nästa vecka (i radio) we'll be on the air . .; *hans röst -s långt* his voice carries far; *ett skott -des* a shot was heard (ljudligare rang out); se äv. ex. under *b* o. *c* ovan **e)** i imper., *hör!* listen!, hark!; *hör, hör!* uttr. bifall hear! hear!; *hör och häpna!* just listen to this!; *hör du,* jag tror han ljuger you know, . .; *hör du [du],* är det sant att . . [look] here (I say), . .; *nej, hör du (nu)!* protesterande come! [come!]; really now!; . . *och hör sen!* . . and that's that!; *gå och hör* om han har rest go and find out . .; *hör på de'n!* listen to him (resp. her)!, jag har aldrig hört på maken well, I never! **f)** *låta*

~: *låt ~!* out with it!; *han lät ~* en gäll vissling he emitted . .; *han lät inte ~ ett ljud (ett ord* av missnöje) he didn't let a sound escape him (let fall a [single] word . .); sångaren *låter sällan ~ sig offentligt* . . seldom sings in public; *det låter ju ~ sig* förefaller rimligt that's quite plausible, låter ju bra that's something like

II *itr* **1** ~ *till:* a) om ägande o. medlemskap belong to, vara medlem[mar] av äv. be a member (resp. members) of, en fin familj o.d. ofta äv. come (be) of b) vara en av be one of, vara bland be among c) vara tillbehör till o.d. go with; *han hör till dem som . .* he is one of those who . .; *det hör till* yrket it goes with . ., it is part of . .; *det hör till det svåraste* jag har gjort it is one of the most difficult things . .; *det hör inte till saken* se *det hör inte hit* under *III; vart hör det här?* var brukar det ligga (stå)? where does this go (belong)? **2** ~ *under* en rubrik o.d. come (fall, belong) under

III m. beton. part. **1** ~ *av ngn* hear from a p.; *jag har inte -t av boken* som jag beställde I have heard nothing about the book . .; *jag låter ~ av mig ("hör av mig")* nästa vecka you will hear from me . .; *han har inte låtit ~ av sig (inte -ts av, "inte -t av sig")* there is no news from him, he has not been heard of, har inte skrivit he has not written (sent word), har inte kommit he has not turned up **2** ~ *dit* belong there; jfr ~ *hit* **3** ~ *efter* a) lyssna listen: lägga märke till listen to, *hur* how b) ta reda på find out; fråga inquire, *hos* of; *hör efter hos* portvakten vanl. ask . .; *har du -t efter bagaget?* have you inquired about the luggage? **4** ~ *sig för* inquire, *om ngt* about a th., *hos* of **5** ~ *hemma i* belong to äv. om fartyg; *han hör hemma* bor *i S.* he lives in (härstammar från hails from) S. **6** ~ *hit:* a) *hör hit* lyssna *ett slag!* just listen a moment! b) höra hemma här belong here; *det hör inte hit* till saken it has got nothing to do with this [matter], it does not come in here, that's neither here nor there, it is irrelevant **7** ~ *ihop (samman)* belong together, bruka följas åt go together; ~ *ihop (samman) med* be connected with, bruka åtfölja go with **8** *det tål att ~s om* it is worth listening to (hearing) again **9** ~ *på* listen; ~ *på ngn (ngt, vad som* sägs) listen to a p. (to a th., to what . .); *hör på nu!* now listen!; *hör på,* kan du . .? look here (I say), . .? **10** ~ *samman* se ~ *ihop* **11** ~ *till* a) tillhöra belong to, se vid. *II 1; med allt som hör till* se [*med allt vad*] *därtill* [*hör*] b) *det hör till* anses korrekt [*att man skall* inf.] it is the right and proper thing [for one to (that one should) inf.] **12** ~ *upp* a) lyssna pay attention b) ~ *upp läxan* test the homework c) sluta cease osv., jfr *upphöra*

hör|ande *~t 0* vittnes hearing, examination; *utan hans ~* without consulting (resp. having consulted) him **-apparat** hearing aid **-bar** *a* audible **-barhet** audibility **-fel** mishearing **-glasögon** hearing-aid glasses **-håll,** *inom (utom) ~* within (out of) earshot **-lur 1** telef. receiver; radio. earphone, headphone **2** för lomhörd ear-trumpet

hörn *-et -* corner; *Europas oroliga ~* the storm-centre of Europe; *i ~et* i vrån in the corner; *i ~et av* Kungsgatan at the corner of . .; en affär *i ~et . .* on (at) the corner; *får jag vara med på ett ~?* may I join you?

hörn|a *-an -or* **1** se *hörn* **2** sport. corner; *lägga en ~* take a corner

hörn|hus corner house **-pelare** bildl. = följ. **-sten** corner-stone äv. bildl. **-tand** canine tooth

hörsal lecture hall (theatre)

hör|sam *a* obedient, *mot* to **-samhet** obedience, *mot* to **-samma** *tr* befallning obey, kallelse respond to, inbjudan accept

hörsel *-n 0* hearing; *ha dålig (god) ~* be hard of (have a good sense of) hearing; *spänna ~n* strain one's ears **-gång** auditory meatus **-nerv** auditory nerve **-sinne** sense of hearing, auditory sense **-skadad** *a, vara ~* have impaired hearing; *de ~e* those with impaired hearing

hör|spel radio play **-sägen,** *av ~* by hearsay; *. . grundar sig på -sägner . .* is (resp. are) merely hearsay

hö|skrinda hay-cart **-skulle** hayloft **-skörd** abstr. hay-harvest, -slåtter hay-making; konkr. hay crop **-snuva** hay-fever

höst *-en -ar* autumn äv. bildl., amer. vanl. fall; *~en* [the] autumn; *~en* (adv. [*på*] *~en*) *1914* the (adv. in the) autumn of 1914; *det blev ~* autumn came; *avsedd för ~en* for autumn use; [*nu*] *i ~, nu på ~en, denna ~* this autumn; *i* nästkommande *~* vanl. next autumn; *i ~as* last autumn; *om (på) ~en (~arna)* in [the] autumn; *till ~en* this autumn; [*inte senare än*] *till ~en* by the autumn; [*ända*] *till ~en* till (until) the autumn; stanna *över ~en . .* [for] the [whole] (through the) autumn **hösta** *tr, ~ in* bildl. se *inhösta*

höstack haystack, hayrick

höst|dag autumn (höstlik autumnal) day, day in [the] autumn **-dagjämning** autumnal equinox **-kanten,** *på ~* about the beginning of autumn **-lig** *a* autumn . . **-lik** *a* autumnal **-regn** autumn (höstlikt autumnal) rain **-riksdag** autumn session of the 'Riksdag' **-råg** autumn-sown rye **-stämning** autumnal atmosphere **-termin** autumn term

höt|a *-te -t itr, ~ åt ngn* [*med näven*] shake one's fist at a p.

hö|tapp wisp of hay **-tjuga** hay-fork **-torgskonst** ung. trashy art

hövan, *över* ~ övermåttan beyond [all] measure, högeligen excessively, otillbörligt unduly; *han blev bönhörd över* ~ he got more than he bargained for **höv|as** *-des -ts itr. dep* become, *ngn* a p.

hövding indian~ o.d. chief, för stam äv. headman, anförare leader

hövisk *a* artig courteous; ridderlig chivalrous **-het** courteousness, chivalry

hövitsman captain

hövlig *a* inte direkt ohövlig civil, artig polite, belevad, förekommande courteous, aktningsfull respectful, *mot* i samtl. fall to **hövlighet** civility, politeness, courteousness, courtesy, respectfulness; jfr föreg.; *en* ~ an act of courtesy; *~en fordrar . .* politeness demands . .; *av ren* ~ borde han ha . . in common courtesy . . **hövlighetsfras** polite phrase **hövlighetsvisit** formal call, courtesy visit **hövligt** *adv* civilly osv., jfr *hövlig; bemöta ngn* ~ treat a p. with civility; *svara* ~ give a civil reply

hö|volm *(-vålm)* haycock

I

i *i*-[*e*]*t*, pl. *i*[-*n*] bokstav i [utt. ai]

1 i I *prep* (se äv. under resp. huvudord) **A** om rumsförh. o. bildl. **1** uttr. befintl., äv. friare (se isht *h*) **a)** 'inuti', 'inne i', 'inom' in, 'vid' el. när prep.-uttr. anger en lokal vanl. at (Märk: Vid [namn på] större stad samt stad el. ort av intresse el. vikt för den talande anv. vanl. in, framför mindre stad o. ort f.ö. vanl. at); *biskopen* ~ *A.* o.d. ex. se under *C; ha* plats ~ *en bank (fabrik)* . . at (in) a bank (factory); det har jag läst ~ *en bok* . . in a book; höra efter ~ *bokhandeln* . . at the bookseller's; sitta ~ *fönstret* at (by) (i öppningen in) the window; *hålla ngn* ~ *handen* se under *4;* ~ *hemmet (kyrkan, skolan)* se resp. subst.; hälsa på ~ *vårt hem (vår våning)* at our place (our flat); ~ *vårt hus* a) inne i huset in our house b) hemma hos oss at our house; *betala* ~ *kassan* i butik pay at the cash-desk; ~ *Kent (Skandinavien, Sverige, Tokyo)* in Kent (Scandinavia, Sweden, Tokyo); *han bor* ~ *Lund* vanl. he lives at Lund; *jag bor här* ~ *Lund* I live here in Lund; titta på tavlor ~ *Nationalmuseum* . . at the National Museum; *det var tyst* ~ *rummet* vanl. the room was quiet, jfr *13; promenera* ~ hit och dit i *stan* walk about the town; ~ *hela världen* in the whole (throughout the, all over the) world; ~ *ena änden* av stången at one end . .; jfr äv. *A 8* o. *C* **b)** 'på [ytan av]', '[ovan]på' o.d. vanl. on; uttrycket ~ *hans ansikte* . . on his face; *klia sig* ~ *huvudet* scratch one's head; *sitta* ~ *sanden (soffan, trappan)* sit on the sand (sofa, stairs); *flugor* ~ *taket* flies on the ceiling; *sitta* ~ *trädet* sit on (in) the tree **c)** 'från' from; lampan *hänger* ~ *taket* . . hangs from the ceiling; tre barn ~ *ett tidigare äktenskap* . . from an earlier marriage **d)** 'genom' vanl. through; höra ngt ~ *högtalaren* . . over the loudspeaker; *titta* ~ kikaren look through . .; *tala* ~ *näsan* talk through one's nose; *blåsa* ~ *trumpet* blow a trumpet **e)** 'bland' among; sitta ~ *buskarna* . . among the bushes **f)** 'kring' round; kjolen *sitter för hårt* ~ *midjan* . . is too tight round the waist **g)** 'till' (jfr ex.) to; *göra ett besök* ~ resa till . . pay a visit to . .; *har du varit* ~ till . . have you been to (in) . . **h)** friare: i allm. in, angivande verksamhet m.m. ofta at; äv. andra prep. (jfr ex. o. resp. huvudord): *5* ~ *15 går 3 gånger* 5 into 15 goes 3 times; ~ *arbete (vila)* at work (rest); ont ~ *magen,* trött ~ *benen* o.d. uttr. se *13;* är det någonting *egendomligt* ~ *det?* . . odd about that?; ~ *frihet* at liberty; ~ *historien (konsten, litteraturen)* in history (art, literature); *det roliga* ~ *historien* o.d. ex. se under *C;* mäta 10 m ~ *omkrets (höjd)* . . in circumference (height); *dra* ~ *repet* pull at the rope; ~ *en farlig situation* in a dangerous situation; ~ *liten skala* on a small scale; gå framåt ~ *studierna* . . in one's studies; ~ *hög stämning* in high spirits; *vara* ~ *tjänst* be on duty; *trög* ~ *uppfattningen* slow (dull) of comprehension; *ett folk* ~ *vapen* a nation under arms

2 uttr. riktning, rörelse, övergång, förändring vanl. into, vid vissa vb (jfr ex.) in, i vissa uttr. to; 'på' on; *dela (skära)* ~ tre delar divide (cut) into . .; *falla* ~ *vattnet* fall into the water; gravera ~ *koppar* . . on copper; *hissa upp* ~ *taket* hoist up to the ceiling; *hälla (slå)* ngt ~ *slasken* throw . . down the sink; *klättra upp* ~ *ett träd* climb up a tree; *knacka* ~ *väggen* knock on the wall; *placera* ~ place in; *resultera* ~ result in; *sjunka tillbaka* ~ *stolen* sink back into one's chair; slå ngn ~ *huvudet* . . on the head; *slå* ~ *stycken* smash (knock) to bits (pieces); *stampa* ~ *marken* stamp on the ground; *stoppa ngt* ~ *fickan* put a th. in[to] one's pocket; *störta* landet ~ *krig* plunge . . into war; kulan träffade honom ~ *axeln* . . on the shoulder; *växla* mynt ~ *sedlar* change . . into notes

3 'gjord av' of, ibl. in; en staty ~ *brons* . . in bronze; *ett bord* ~ *ek* an oak table, a table [made] of oak; en trappa ~ *grå granit* . . of grey granite; en blus ~ *nylon* . . [made] of nylon, a nylon . .

4 'medelst' by, ibl. in (jfr ex.); om fart o.d. at; han fördes dit ~ *bil* . . by car; *betala* ~ *check (kontanter, svensk valuta)* pay by cheque (in cash, in Swedish money); ~ *full fart* at full speed; ~ *vilken färg målade han huset?* what colour did he paint the house?; ~ *galopp* at a gallop; *hålla ngn* ~ *handen* hold a p. by the (hold a p.'s) hand; ~ *ett hopp* at one bound; *ta ngn* ~ *kragen* seize a p. by the collar; dricka en skål ~ *rödvin* . . in claret; *hängande* ~ *ett snöre* hanging by a string

5 'i och för' ofta on; han är här ~ *affärer* . . on business; jfr *D 1*

6 '[på grund] av', ~ *brist på* for want of; *dö* ~ cancer die of . .; *dödligheten* ~ cancer mortality from . .; *ligga sjuk* ~ influensa be down with . .; ~ trots *all sin rikedom* är han olycklig for all his wealth . .

7 'i form av' o.d. vanl. in, 'såsom' as; förlora 100 man ~ *döda och sårade* . . in dead and wounded; ~ *högar* högvis by heaps; *hur mycket har du* ~ *fickpengar?* how much pocket-money do you get?; betala ~ *kontanter* o. andra ex. se under *4; ha* 20000 ~ *lön* have a salary of . .; föreligga ~ *manuskript* . . in manuscript; få ~ *present* . . as a present; ~ *regel* as a rule; ~ *stora skaror* in great crowds; betala . . ~ *skatt* . . in taxes; ett bokverk

~ *tre volymer (band)* . . in three volumes
8 'medlem av' ofta on; han är ~ *försvarsstaben (armén)* . . on the Defence Staff (in the army); *gå* ~ andra klass be in . .; sitta ~ *en kommitté (en jury)* . . on a committee (a jury)
9 'angående', 'om' on; *ge föreläsningar* ~ fonetik give lectures on . .; uttala sig ~ *en fråga* . . on a question
10 'enligt', det är förbjudet ~ *lag* . . by law; ett hus *helt* ~ *min smak* . . entirely to my taste
11 i uttr. av typen 'bra (dålig) i' o.d. vanl. at; *bra (dålig)* ~ engelska good (poor el. bad) at . .; *flitig (lat)* ~ *arbetet* diligent (lazy) at (med about) one's work; *hans like* ~ *styrka* his equal in strength; *överträffa alla* ~ *simning* beat everyone at swimming
12 i uttr. av typen 'kär i' o.d., *förtjust* ~ *blommor* fond of flowers; *förälskad (kär)* ~ in love with, enamoured of; *galen* ~ crazy about; jfr resp. huvudord
13 i uttr. av typen 'ont i magen' o.d., *hon är fin* ~ *håret* her hair is nice; *ha ont* ~ *huvudet (magen)* have a headache (a stomach ache); *jag har ont* ~ *knät* my knee hurts; *han är smutsig* ~ *ansiktet* his face is dirty; *jag är trött* ~ *armen (benen)* my arm is (my legs are) tired; jfr resp. huvudord
B om tidsförh. **1** prep.-uttr. svarar på frågan n ä r?: 'under' in, 'vid' at; 'före' to; 'nästa' next, 'sista' last; i vissa vanl. uttr. this, to- (jfr ex. i slutet samt resp. huvudord); *den 5* ~ *månaden* o.d. ex. se under *C;* ~ *april* in April; *Stockholm* ~ *april 1920* Stockholm, April 1920; *fem* [*minuter*] ~ *fem* five [minutes] to (amer. äv. of) five; ~ *första försöket* at the first attempt; ~ *påsk* at Easter; ~ *påskveckan* in Easter-week; ~ *slutet (början) av* månaden vanl. at the end (beginning) of . .; stanna *till* ~ inemot *slutet av veckan* . . until towards the end of the week; ~ *solnedgången (gryningen)* at sunset (dawn); ~ *forna tider, förr* ~ *tiden* in earlier (olden) times; ~ *ungdomen* in one's youth; ~ *en ålder av* at the age of; [~] *vilket ögonblick som helst* [at] any moment; — ~ *höst* this (nästkommande vanl. next) autumn; ~ *morse (eftermiddag)* this morning (afternoon); ~ *natt* som är el. som kommer tonight, som var last night
2 prep.-uttr. svarar på frågan h u r l ä n g e? for; ~ *månader (åratal)* for months (years); *nu* ~ *en lång tid* om förfluten tid for a long time past; *nu* ~ *tio år* [for] the last (om framtid next) ten years, these [om framtid next] ten years
3 'per', *med en fart av* 90 km ~ *timmen* at the rate of . . an (per) hour; *en gång* ~ *veckan* once a week
C i prep.-attr. vanl. of, isht efter superl. samt i rent lokal bet. in; *biskopen (domkyrkan)* ~ *A.* the Bishop (Cathedral) of A.; *freden (fördraget)* ~ *A.* the Peace (Treaty) of A.; *gatorna* ~ *A.* the streets of A.; *professor* ~ *engelska vid universitetet* ~ *A.* professor of English at (in) the university of A.; *en vacker morgon* ~ *april* a (adv. on a) fine April morning; *det pinsamma* ~ *hans belägenhet* the painfulness of (the painful nature of) his situation; *det finns ett kapitel* ~ *bibeln* som there is a chapter in the Bible . .; läsa ett kapitel ~ *bibeln* . . out of the Bible; *det roliga* ~ *historien* the amusing part of the story; *huvudstaden* ~ *landet* the capital of the country; *den största staden* ~ *landet* the biggest city in the country; han föddes *den 5* ~ *månaden* . . [on] the 5th of the month; *huset* ~ *parken* the house in the park; *hjälten* ~ *romanen* the hero of the novel; *glaset* ~ *rutan* the glass in the pane; han kommer *en av de första dagarna* ~ *nästa vecka* . . on one of the early days of next week; *ett hus* ~ *fem våningar* a house of five stories, a five-storied house
D i vissa prep. o. konj. förb. **1** ~ *och för studier* for the purposes of study; ~ *och för* åstadkommande av . . with a view to ing-form; ~ *och för sig* säger uttrycket föga in itself . .; ~ *och för sig* utgör åldern inget hinder taken by itself (properly speaking) . .; *den tanken är orimlig redan* ~ *och för sig* the very idea itself (as such) is absurd; *om man betraktar saken* ~ *och för sig* looking at the thing on its own merits; det har *inget värde* ~ *och för sig* . . no intrinsic value; jfr *A 5*
2 ~ *och med detta nederlag* var allt förlorat with this defeat . .; ~ *och med att* så snart som as soon as, i det avseendet att in that; ~ *och med att jag går* är jag . . in (genom by) going . .
3 *du gjorde rätt* ~ *att hjälpa (du hjälpte) honom* you were right in helping him; *han liknar sin bror* ~ *att* i det avseendet att *han* . . he resembles his brother in that he . .
4 ~ *det* [*att*] konj. [just] as; ~ *det han sade detta,* lyfte han på hatten [in] saying this . .
II *adv, en vas* (resp. *vaser*) *med blommor* ~ a vase (resp. vases) with flowers in it (resp. them); ~ *med dig (det)!* in with you (it)!; *hoppa* ~ jump in (into the water); *vill du hälla (slå)* ~ *åt mig?* please pour out some for me!; *häll (slå) inte* ~ för mycket! don't pour in . .!; *hälla (slå)* ~ *vatten i* kannan pour water into . .; *han har legat* ~ i badet *en timme* he has been in for an hour; se vid. betonad part. under resp. vb
I *pers. pron* åld. = *ni*
iakt|ta|ga| *tr* **1** eg. observe, lägga märke till äv. notice, [uppmärksamt] betrakta vanl. watch **2** bildl. observe; t.ex. försiktighet, måtta exercise, use; ~ *försiktighet* m.m. ofta = *vara försiktig* m.m.; ~ (~ *sträng) diet* observe a (adhere to a strict) diet; ~ *neutralitet (tystnad)* main-

tain neutrality (silence) **-tagande I** *~t 0* **1** eg. observing etc., observation **2** efterlevande observance, *av* of; *under ~ (utan ~) av . .* observing etc., jfr *iaktta[ga] 2* (without observing etc.) . . **II** *a* observing etc.; om ögon, blick observant **-tagare** observer **-tagelse** observation; *jag har gjort den ~n att . .* I have noticed (erfarenheten it is my experience) that . . **-tagelseförmåga** powers pl. of observation

iberisk *a* Iberian

ibland I *prep* se *bland* **II** *adv* stundom sometimes, då och då occasionally, now and then, at times

icke *adv* not m.m., se *inte* **- -angreppspakt** non-aggression pact **- -fackman** non--professional, non-specialist, layman **- -rökare** non-smoker **- -vara** non-existence

id *-en -ar* zool. ide

idag *adv* se *[i] dag*

id|as *-des itts itr. dep* have enough energy, *göra ngt* to do a th.; *inte ~ [göra ngt]* vara för lat be too lazy [to do a th.]; *jag -s inte* höra på längre I can't be bothered to . .

ide *-t -n* winter quarters pl., winter lair; *gå i ~* eg. go into hibernation, bildl. shut oneself up in one's den; *ligga i ~* eg. hibernate

idé *-[e]n -er* idea äv. filos., föreställning äv. notion, begrepp äv. conception, *om* i samtliga fall vanl. of; *~ernas värld* the world of ideas; *en fix ~ hos honom* a fixed idea of his; *det är ingen ~!* there is no point in it!; *det är ingen ~ att göra (att han gör) . .* it is no good el. use doing (his doing) . .; *få en ~* hit on (be struck by) an idea; *~n till romanen fick jag . .* I got the idea of the novel . .; *han har sina [konstiga] ~er* he has some odd ideas (queer notions); *en man med ~er* a man of ideas; *jag skulle aldrig komma på den ~n att* inf. I should never dream of ing-form; *hur har du kommit på den ~n?* what put that idea into your head?

ideal I *-et -* ideal, *för (av)* of **II** *a* ideal **idealbild** ideal image **idealisera** *tr* idealize **idealisering** idealization **idealisk** *a* ideal, friare perfect **idealism** idealism **idealist** idealist **idealistisk** *a* idealistic **idealitet** idealism **idealkvinna** ideal (model) woman **idealstat** ideal state, utopisk stat Utopia

idé|association association of ideas **-debatt** ung. public discussion[s pl.] on cultural, political, and kindred subjects **-drama** problem play

ideell *a* idealistic; *~ förening* non-profit--making association

idéfattig *a . .* devoid of ideas; friare unimaginative

idegran yew[-tree]

idel *oböjl. a* om t.ex. avundsjuka sheer, pure; om t.ex. skvaller mere, om t.ex. bekymmer nothing but; *~ segrar* i tävling nothing but wins; *hon var ~ öra (solsken)* she was all ears (smiles)

idelig *a* continual, perpetual; incessant **ideligen** *adv* continually etc.; *~ fråga* samma sak keep [on] asking . .

idélära, *Platons ~* Plato's doctrine of ideas

identifiera *tr* identify **identifiering** o. **identifikation** identification **identisk** *a* identical, *med* with **identitet** identity; *styrka sin (fastställa ngns) ~* prove one's (establish a p.'s) identity **identitetsbricka** identity disc **identitetskort** identity card **identitetspapper** *pl* identification papers

ideo|log ideologist **-logi** ideology **-logisk** *a* ideological

idé|rik *a . .* full of ideas; friare inventive **-rikedom** wealth (profusion) of ideas **-strömning** current of ideas **-värld** world of ideas

idiom *-et -* idiom **idiomatisk** *a* idiomatic

idiosynkrasi motvilja aversion, *mot* to; överkänslighet hypersensitiveness, *för* to

idiot *-en -er* idiot, ss. skällsord äv. fool, jfr *dumbom* **idioti** idiocy **idiotisk** *a* idiotic **idiotism** *-en -er* galenskap o.d. idiocy **idiotsäker** *a* foolproof

idissla *tr itr* **1** eg., *~ [födan]* ruminate, chew the cud **2** bildl. repeat . . [over and over again]; *~ samma sak* vanl. be harping on the same string **idisslande I** *-t 0* **1** rumination **2** harping [on the same string], repetition **II** *a* eg. ruminating, ruminant; isht för tillfället cud-chewing **idisslare** *-n -* ruminant

idka *tr* bedriva carry on, utöva practise; studier pursue; ägna sig åt devote oneself to, t.ex. idrott go in for; *~ familjeliv* cultivate the society of one's family; *~* bedriva *studier [i språk* osv.] vanl. study [languages osv.]; *~ sällskapsliv* go in for society life **idkande** *-t 0* vanl. practice; pursuit

idog *a* industrious, arbetsam laborious, trägen, om t.ex. arbete assiduous **-het** industry, laboriousness, assiduity

idol *-en -er* idol, favorit great favourite

idrott *-en -er* **1** koll. sports pl., sport; fotboll, tennis o.d. games pl.; *[allmän (fri)] ~* athletics **2** se *idrottsgren* **idrotta** *itr* go in for sport etc. **idrottande** *-t 0, för ~ts egen skull* for the sake of sport itself

idrotts|dag ung. games day **-evenemang** sporting event **-förbund** athletic[s] federation (league) **-förening** athletic association **-gren** branch of athletics; [kind of] sport; [type of] game; jfr *idrott 1* **-instruktör** coach, trainer **-intresse** interest in sport **-intresserad** *a . .* interested in sport **-klubb** athletic club **-kvinna** sportswoman, friidrottswoman athlete **-ledare** sports leader, av större format leading figure in the sports world;

arrangör sports (resp. athletics) organizer **-lig** *a* athletic **-man** sportsman, friidrottsathlete **-märke** athletics badge **-nyheter** *pl* sports (sporting) news sg. **-plats** sports ground (field) **-prestation** [athletic] feat **-sida** i en tidning sporting page (section) **-stjärna** sports star, ace **-term** sporting term **-tidning** sporting paper **-trupp** athletics team **-tävling** athletic contest

ids se *idas*

idyll *-en -er* dikt o. ibl. friare idyll; plats idyllic spot; stämning o.d. idyllic atmosphere **-isk** *a* idyllic

ifall *konj* **1** såvida (*äv.* ~ *att)* if, in case; antag att supposing [that], förutsatt att provided [that] **2** huruvida if, whether

ifatt *adv, hinna (gå, köra* etc.*)* ~ *ngn* catch up with a p., catch a p. up, draw up level with a p.; *vara* ~ *ngn* have caught a p. up

ifjol *adv* se [*i*] *fjol*

ifred *adv* se [*i*] *fred*

ifråga *adv* o. **-komma** *itr* o. **-sätta** *tr* se *fråga I* **-varande** *a,* ~ *fall* the case in question (at issue, som det hänsyftas på referred to)

ifrån I *prep* se *från I; flyga* (*köra* etc.) ~ ngn (ngt) a) bort ifrån fly (drive etc.) away from . . b) genom överlägsen hastighet fly (drive etc.) ahead of . .; *lägga* ~ *sig* ngt put . . down (*på* bordet on . .), undan, bort put away . ., put . . aside, lämna kvar leave . . [behind]; *nu är vi* ~ det bekymret now we have got . . behind us; *vara* ~ utom *sig* be beside oneself, *av* with **II** *adv* borta away; *kan du gå (komma)* ~ *en stund?* can you get away for a while?; regeln *är* ~ . . has been pulled back; gardinen *är* ~ . . has been drawn aside. — Se f.ö. beton. part. under resp. vb samt sms. som *varifrån* m.fl.

ifyllning av blankett filling in (up)

iföra o. *iförd* se *ikläda* o. *iklädd*

igel *-n iglar* leech äv. bildl.

igelkott *-en -ar* hedgehog

igen *adv* **1** ånyo again; *behöver du pengar nu* ~*?* do you want money again already?; *vad heter han nu* ~*?* now what's he called?; *besöka* ~ äv. revisit; *om* [*och om*] ~ over [and over] again; *om* ~ en gång till once more **2** tillbaka, åter back; *slå* ge ~ hit back **3** emot, se *hålla* [*igen b)*] **4** tillsluten, till, ihop o.d. shut, closed, together (jfr *hålla* [*igen a)*]), to, down (jfr *slå* [*igen a)* o. *b)*]); *fylla* ~ fill up, med det innehåll som funnits där förut fill in; *knäppa* ~ button up; dörren *är* ~ . . is shut **5** se *ta* [*igen*]. — Se äv. beton. part. under resp. vb **-kännande** *a, ett* ~ *leende* a smile of recognition **-känningssignal** recognition signal **-känningstecken** mark of identification **-kännlig** *a* recognizable, *för* to, *på* by **-mulen** *a* overclouded, overcast

igenom I *prep* through, se vid. *genom I;* [*hela*] *dagen (livet, 1700-talet)* ~ throughout the day (one's life, the eighteenth century); [*hela*] *året* ~ all the year round, all through the year, throughout the year **II** *adv* through. — Se f.ö. beton. part. under resp. vb

iglo[**o**] *-n -s (-er)* igloo

ignorera *tr* ignore, take no notice of, pers. äv. give . . the cold shoulder; t.ex. varning disregard; ej hälsa på cut [. . dead]

igång *adv* se *gång I 3* **-sättande** ~*t 0* o. **-sättning** start, starting [up]

igår *adv* se *går*

ihjäl *adv* to death; plötsligt dead; *skjuta* ~ *ngn* shoot a p. dead; *konkurrera* ~ *ngn* drive a p. out of the market (out of business); *hålla på att skratta* ~ *sig* nearly die [of] laughing; *svälta* ~ itr. die of hunger (starvation); se f.ö. beton. part. under resp. vb

ihop *adv* **1** tillsammans together; gemensamt jointly **2** köra ~ . . into one another; *köra* ~ *med* collide with **3** till en enhet, igen o.d. up, jfr t.ex. *fälla* [*ihop*], *fästa* [*ihop*] **4** uttryckande minskning up; *krympa* ~ shrink up; *smälta* ~ bort melt away. — Jfr beton. part. *ihop* o. *samman* under resp. enkla vb; för sms. jfr äv. sms. med *hop* o. *samman*

ihåg *adv, komma* ~ remember, erinra sig recollect, återkalla i minnet call . . to mind, recall; lägga på minnet bear (keep) . . in mind; *jag kommer inte* ~ (har glömt) namnet, var jag har sett honom I forget . .; *kom* ~ *att* [*du skall*] *skriva!* don't forget to write!, remember to write!; *komma* ~ *ngn i sitt testamente* remember a p. in one's will; *det bör kommas* ~ att äv. it should be borne in mind . .; jfr *minnas*

i|hålig *a* hollow, bildl. äv. empty **-hålighet** ~*en* ~*er* det ihåliga hollowness; emptiness; hål cavity, hollow space **-håligt** *adv* hollowly; *klinga* ~ ring hollow **-hållande I** *a* om t.ex. köld, torka, applåder prolonged; om t.ex. regn continuous; ~ *regn* äv. steady downpour **II** *adv* continuously; steadily **-hängande** *a* persistent

ihärdig *a* om pers. persevering, persistent, *i* in; trägen assiduous; ~*t nekande* persistent denial **-het** perseverance, persistence; assiduity; jfr föreg.; seghet tenacity [of purpose]

ikapp *adv* **1** i tävlan, *cykla (segla* m.fl.*)* ~ have a cycling (sailing m.fl.) race, *med ngn* with a p., *med varandra* against (with) each other; *rida* ~ [*med ngn*] race [a p.] on horseback; *simma* ~ *med ngn 100 meter* swim a p. 100 metres; *ska vi simma* ~ [*100 meter*]*?* shall we [swim 100 metres and] see who is the fastest (best) swimmer?; *springa* ~ run a race; *springa* ~ *med ngn* race a p., *till* to; *ska vi springa* ~ [*dit*]*?* shall we race [there]?, let's run and see who comes first [there]!; *ska vi äta* ~ [*med varandra*]*?* let's see who finishes his food first (ska vi se vem som äter mest who eats most)! **2** se *ifatt*

ikläda I *tr,* ~ *ngn ngt* array (dress äv. mil., attire) a p. in a th. **II** *rfl* **1** eg., ~ *sig ngt* array oneself (attire oneself, dress oneself [up]) in a th. **2** bildl., ~ *sig ansvaret för ngt* shoulder the responsibility for a th.; ~ *sig förpliktelser* assume obligations **iklädd** *a* dressed in, wearing, ibl. in; jfr äv. *ikläda; endast* ~ nattdräkt with only . . on, wearing only . .

ikon *-en -er* icon, ikon

ikraft *adv* se [*i*] *kraft 3* **-trädande** ~*t 0,* lagens ~ the coming into force of . .

i|kring *prep adv* se *omkring* o. *kring* **-kull** *adv* se *omkull* **-kväll** *adv* se *kväll*

1 il *-en -ar* vindil gust [of wind]; by squall

2 il *-et* - se *ilgods* m.fl.; *skicka ngt som* ~ send a th. by express

1 ila *itr* hasta speed, vardagligare hurry, hasten; rusa dash; *tiden* ~*r* time flies; ~ *förbi* om snälltåg o.d. sweep past, om bil o.d. flash past, *ngn (ngt)* a p. (a th.)

2 ila *opers. itr, det* ~*r i tänderna* [*på mig*] I have shooting pains in my teeth

ilandsätta m.fl. sms. se ex. m. *i land* under *land 2;* jfr *landsätta*

ilastning loading

il|bud meddelande express message, *efter* for; pers. express messenger **-gods** koll. express goods pl., goods pl. sent (som skall sändas to be sent) by express train; *som* ~ by express **-godsexpedition** lokal express office **-godspaket** express parcel

Iliaden the Iliad

illa *adv* badly etc., jfr *dåligt* m. ex.; i vissa fall, bl.a. ss. predf., bad; jfr f.ö. ex.: *inte* [*så*] ~*!* not [half] bad!; ~ *kvickt* pretty (damned) quick; ~ *sjuk* seriously ill; *en* ~ *använd dag* an ill-spent day; *dansa* ~ dance badly, be a poor dancer; *det föll sig så* ~ *att dörren* gick i baklås *(att han halkade)* unfortunately it so happened that the door . . (he was unlucky enough to slip); *det kan gå* ~ [*för dig*] om du inte slutar med det där you may get into trouble . ., something [unfortunate] may happen to you . .; *kritiken gick* ~ *åt boken* the book was badly slated (strongly attacked) by the critics; *göra* ~ do wrong; *göra ngn (sig)* ~ hurt a p. (oneself); *göra sig* ~ *i handen* hurt one's hand; *den* ~ *gör han* ~ *far* ung. you (he etc.) got what was coming to you (him etc.), om framtid you (he etc.) will get what is coming to you (him etc.); ~ *klädd* badly (shabbily) dressed; *man ligger mycket* ~ *i den här sängen* vanl. this bed is very uncomfortable; *det luktar (smakar)* ~ it smells (tastes) nasty (bad), it has a nasty (bad) smell (taste); *må* ~ ha kväljningar feel (be) sick; *jag mår* ~ *bara jag tänker på det* it makes me sick to think of it; ~ *plågad av* reumatism sorely afflicted with . .; *det ser* ~ *ut* it looks (things look) bad; *hon ser inte* ~ *ut* she is not bad-looking; *sitta* ~ a) på stol o.d. sit uncomfortably, på teater o.d. have a bad seat (resp. bad seats) b) om kläder be ill-fitting, fit badly; ~ *skadad* badly (severely) hurt (damaged); *det står* ~ *till med honom* he is in a bad way; *ta* ~ *upp* take offence; *ta* ~ *upp att* sats take it amiss that sats; *ta inte* ~ *upp!* don't be offended [at it]!, no offence [was meant]!; *jag hoppas du inte tar* ~ *upp (tycker* ~ *vara), om jag säger* . . äv. I hope you won't mind my saying . .; *det togs mycket* ~ *upp* it was very much resented; *ta mycket* ~ *vid sig* be very upset (put out), *över* about; *tala (tänka)* ~ *om ngn* speak (think) ill of a p.; *det var* ~*, det!* F that's a pity!; *det är ganska* ~ att . . it is rather a bad thing . .; *det är* ~ *nog som det är* things are bad enough as they are; *det vore inte så* ~ om . . it would be quite a good thing . .; *så* ~ *kan det väl* [*ändå*] *inte vara?* it can't be that bad (as bad as all that), I hope!; *om det vill sig* ~ if things are against you (me etc.); *jag vill honom inget* ~ I don't wish him any harm

illa|luktande *a* nasty-smelling, starkare evil-smelling **-mående I** ~*t 0* indisposition **II** *a, känna sig (vara)* ~ känna kväljningar feel (be) sick **-sinnad** *a* om pers. ill-disposed, *mot* to (towards); om handling malicious **-sittande** *a* om kläder, attr. badly-fitting **-smakande** *a* attr. . . with a nasty (disagreeable) taste; oaptitlig unsavoury; *vara* ~ have a nasty (disagreeable) taste

illdåd se *illgärning*

illegal *a* illegal **illegitim** *a* illegitimate

iller *-n illrar* polecat

illfundig *a* [maliciously] cunning, crafty, lömsk insiduous, wily **-het** ~*en* ~*er* [malicious] cunning, craftiness, wiliness, samtl. end. sg.; ~*er* uttalanden insiduous remarks

ill|gärning outrage, *mot* on; wicked (evil, foul) deed **-gärningsman** evil-doer, malefactor

illistig *a* se *illfundig*

illitterat *a* illiterate, unlettered

illmarig *a* knowing, sly, cunning, skälmsk arch

illojal *a* disloyal; ~ *konkurrens* unfair competition

ill|parig *a* se *illmarig* **-röd** *a* terrifically (blazing) red **-tjut** F terrific yell **-tjuta** *itr* yell terrifically

illumination illumination **illuminera** *tr* illuminate äv. handskrift

illusion illusion, villa, villfarelse delusion; *göra sig* ~*er* cherish (have) illusions, *om* about, *om att* [to the effect] that; *beröva ngn hans* ~*er* disillusion a p. **illusionist** illusionist, conjurer **illusionsfri** *a* . . free from all illusion[s] **illusorisk** *a* skenbar illusory, inbillad

imaginary
illuster *a* illustrious **illustration** illustration; *till* ~ belysande *av, som* ~ *till* in (as an, by way of) illustration of; *tjäna som* ~ *till* serve to illustrate, be illustrative of **illustratör** illustrator **illustrera** *tr* illustrate, bildl. äv. be illustrative of; *rikt* ~*d* profusely illustrated
ill|vilja groll spite, ill will, elakhet malevolence, djupt rotad malignity; *av* ~ from (out of) spite **-villig** *a* hätsk spiteful, elak malevolent, malignant, *mot* i samtl. fall towards; jfr äv. *illasinnad* **-vrål** o. **-vråla** se *illtjut* o. *illtjuta*
ilmarsch forced march
ilning av glädje o.d. thrill, *av* of; t.ex. i tand shooting pain
il|paket express parcel **-samtal** express (urgent) call
ilska *-n 0* [hot] anger, starkare rage, fury, *över ngt* at a th.; *i* ~*n* glömde han . . in his anger; göra ngt *i* ~*n* . . in a fit of anger; *låta sin* ~ *gå ut över ngn* vent one's anger on a p.
ilsken *a* ond angry, isht amer. mad, F o. om djur savage, wild, ursinnig furious; argsint, äv. om djur, fierce; skärande, om ljud piercing; *bli* ~ get angry (wild, frantic), *på ngn* with a p., *över ngt* at a th.; fly into a temper (passion, rage), *på ngn* with a p., *över ngt* over a th. **ilsket** *adv* [very] angrily etc., jfr föreg.; ~ *grön* glaring green **ilskna** *itr,* ~ *till* fly into a temper etc., jfr [*bli*] *ilsken*
iltelegram express (urgent) telegram
imaginär *a* imaginary äv. mat.
imbecill *a* imbecile
imitation allm. imitation **imitatör** imitator; isht professionell mimic **imitera** *tr* imitate; pers. äv. mimic, take off; ~*d* oäkta, vanl. imitation attr.
imma I *-n 0* mist, steam; *det är* ~ *på* glaset . . is misted over **II** *itr rfl* bli immig become misted over; *det* ~*r* [*sig*] *på* glaset (glaset ~*r sig*) . . is getting misted over
immateriell *a* immaterial
immatrikulera *tr* matriculate
immig *a* misty, steamy
immigrant immigrant **immigration** *-en 0* immigration **immigrera** *itr* immigrate, *till* into
immun *a* immune, *mot* to (against, from); *göra* ~ se följ. **immunisera** *tr* render . . immune, *mot* to (against, from); immunize, *mot* against **immunitet** immunity
imorgon o. **imorron** *adv* se *morgon* **imorse** *adv* se *morse*
imperativ 1 *-en -er* gram., ~[*en*] the imperative [mood]; *en* ~ an imperative **2** *-et* - filos. imperative
imperator imperator lat., kejsare emperor **imperatorisk** *a* imperial; *en* ~ *gest* an imperious gesture
imperfekt *-et* -[*er*] o. **imperfekt|um** *-um* (*-et*) *-er,* ~[*et* etc.] the past tense, the past end. sg., the preterite [tense]
imperialism imperialism **imperialist** imperialist **imperialistisk** *a* imperialistic
imperi|um *-et -er* empire
imponera *itr* impress, *på ngn* a p., make a great impression, *på ngn* on a p.; *han låter sig inte* ~[*s*] *av* . . he is not impressed with (by) . ., he is unimpressed by . . **imponerande** *a* allm. impressive, om t.ex. storlek, värdighet imposing attr., om t.ex. antal, siffror striking, om t.ex. yttre, egenskaper commanding
im|popularitet unpopularity **-populär** *a* unpopular, *hos (bland)* with
import *-en 0* verksamheten import, importation, mängden importvaror imports pl. **importera** *tr* import, *till* ett land into . .; ~*de varor* se under *importvara* **importfirma** import firm **importförbud** import prohibition (ban); *det är* ~ *på* dessa varor there is a ban on the import of . . **importlicens** import licence **importvar|a** imported article; *-or* äv. imports, import (imported) goods **importör** importer **importöverskott** excess of imports over exports, import surplus
impotens *-en 0* impotence **impotent** *a* impotent
impregnera *tr* impregnate, *med* with; göra vattentät waterproof, make . . waterproof; ~*t tyg* waterproof material **impregneringsmedel** impregnating agent
impressari|o *-on -er* manager, impresario (pl. -s)
impressionism impressionism **impressionistisk** *a* impressionist[ic]
improduktiv *a* unproductive; oräntabel unprofitable
improvisation improvisation **improvisatör** improviser **improvisera** *itr tr* improvise, extemporize; ~*d* improvised, extemporaneous; *ett* ~*t tal* äv. an impromptu (extempore) speech
impuls *-en -er* impulse, eggelse utifrån äv. incentive, impetus, stimulus, spur, incitement **impulsiv** *a* impulsive **impuls|köp** -köpande impulse buying; *ett* ~ a purchase made on the impulse; *göra* [*ett*] ~ buy on the impulse
in *adv* allm. in; in i huset o.d. inside; *Hamlet* ~ från höger (scenanvisning) enter Hamlet . .; *kom (stig)* ~ ett tag! step inside . .!; *jag måste* ~ I have got to go (come, get) in (resp. inside); *hit (dit)* ~ in here (there); ~ *i* vanl. into; ~ *i huset* äv. inside the house; *gå* ~ *i* rummet äv. enter . .; *gå* ~ [*i*]*genom* dörren walk in through . ., enter by . .; *simma* ~ *mot* stranden swim towards . .; ~ *på* se *inpå I; gå* ~ *på* t.ex. scenen, kontoret go into . .; ~ *till staden* in (om storstad up) to town; se äv. beton. part. under resp. vb

inackordera *tr* board and lodge; ~ *sig* arrange to board [and lodge]; *vara (bo)* ~*d* board and lodge, be boarded, be a boarder; *vara* ~*d i maten* board, take one's meals, *hos ngn* i samtl. fall with a p. (at a p.'s place) **inackordering** *-en* **1** pl. *0* abstr. board and lodging **2** pl. *-ar* pers. boarder, paying guest; *ha (ta emot)* ~*ar (*~*ar i maten)* take in boarders etc. **inackorderingsställe** boarding-house, home for paying guests

inadekvat *a* inapt, inexact, inadequate **inadvertens** *-en -er* inadvertence

inalles *adv,* ~ 50 kr . . in all, . . altogether

inaktuell *a* förlegad, passé out of date, of no interest any longer, inte aktuell just nu not contemplated for the present samtl. end. pred.; jfr *aktuell*

in|andas *tr. dep* breathe in, inhale **-andning** breathing in, inhalation; *en djup* ~ a deep breath **-arbetad** *a* se *arbeta* [*in*]

inatt *adv* se [*i*] *natt*

in|avel inbreeding **-begrepp,** ~*et (ett* ~*) av* the quintessence of **-begripa** *tr* **1** innefatta comprise, embrace, medräkna include; jfr äv. *inberäkna* **2** *-begripen i* t.ex. ett samtal engaged in, t.ex. ordväxling in the middle of **-beräkna** *tr* include, take . . into account, count in; *allt* ~*t* everything included; *frakten* ~*d* [the] freight included, including [the] freight **-bespara** *tr* save **-besparing** saving end. sg.; *göra* ~*ar* economize **-betala** *tr* se *betala* [*in*] **-betalning** payment, inbetalande äv. paying in; avbetalning part payment, instalment **-betalningskort** post. postal cheque [paying-in form]

inbilla I *tr,* ~ *ngn ngt* make a p. (lead a p. to) believe a th.; *det kan du inte* ~ *mig!* you can't put that over on me!; *vem har* ~*t dig det?* who[ever] put that into your head? **II** *rfl* imagine, fancy; ~ *dig ingenting!* don't [you] get ideas into your head!; ~ *sig en massa dumheter* imagine a lot of rubbish; ~ *sig vara (att man är) något* think a great deal (think no end) of oneself; ~ *sig vara en stor man* think one is a great man; du såg inget spöke, *det var bara som du* ~*de dig* it was only your imagination **inbillad** *a* imagined, fancied; friare, t.ex. oförrätt, sjukdom imaginary **inbillning** imagination, felaktig föreställning äv. fancy; *det är bara* ~[*ar*]*!* it is only your (his etc.) imagination

inbillnings|foster figment of the imagination, illusion **-förmåga** o. **-kraft** [power of] imagination, imaginary power **-sjuk** *a, en* ~ an imaginary invalid **-sjuka** o. **-sjukdom** imaginary illness

inbilsk *a* conceited, stuck-up; *vara* ~ äv. think a lot of oneself **-het** conceit

inbindning allm. binding; *till* ~ to be bound

inbiten *a* t.ex. ungkarl confirmed, t.ex. rökare, vana inveterate

inbjud|a *tr* invite, bildl. äv. tempt, *till* to, *till att* inf. to inf.; *A. har äran* ~ Herr X. till middag A. requests the pleasure of the company of . .; *allmänheten -es* the public are cordially invited; ~ *till teckning av aktier* invite subscriptions to a share issue (for shares); *det -er till slöseri* it invites waste **inbjudan** *- 0* invitation; *på* ~ *av* by (at, on) the invitation of **inbjudande** *a* inviting, lockande tempting, om mat o.d. appetizing **inbjudare** invitor, värd host; *han (*resp. *kommittén) står som* ~ the invitations are issued in his name (resp. by the committee) **inbjudning** se *inbjudan* **inbjudningskort** invitation card

inbland|a *tr* se *blanda* [*i* o. *in*] **-ning 1** tillsats admixture **2** bildl.: ingripande intervention; i andras affärer interference, meddling båda end. sg.

in blanko *adv* in blank

in|blick glimpse; insight end. sg.; breven ger oss *en* ~ *i hans hemliv* . . a glimpse of his home life; *skaffa sig* ~ *i* get an insight into **-bringa** *tr* yield, bring [in], fetch; *affären* ~*r* avkastar . . the business yields . .; *hans författarskap* ~*r* ett par tusen om året his literary work brings him . .; *tavlorna* ~*de* 1000 kr (vid försäljning) the pictures fetched . . **-bringande** *a* lucrative, profitable, remunerative **-bromsning** braking; *en mjuk* ~ a gentle application of the brakes; *göra en mjuk* ~ brake (apply the brakes) gently

inbrott 1 av tjuv: på dagen housebreaking, på natten burglary; *ett* ~ an act (a case) of housebreaking, resp. a burglary; *göra (föröva)* ~ break into a (resp. the) house (into houses), om natten commit burglary; *göra* ~ *i* break into, resp. burgle, amer. äv. burglarize **2** inträdande setting in; *vid dagens* ~ at break of day, at daybreak (dawn); *vid nattens* ~ at nightfall, at the coming of night; *en ny tids* ~ the beginning of a new era

inbrotts|försäkring burglary insurance; jfr *försäkring* m. ex. **-stöld** se *inbrott 1* **-tjuv** housebreaker, nattlig burglar

in|bryta *itr* se *bryta* [*in*] **-brytning,** *göra en* ~ *i fiendens linjer* break into the enemy lines **-buktad** *a* concave; *vara* ~ äv. bend inwards **-buktning** inward bend; *göra en* ~ bend inwards **-bunden** *a* **1** om bok bound **2** sluten uncommunicative, reserved **-bundenhet** uncommunicativeness, reserve **-byggare** se *invånare* **-byggd** *a* se *bygga* [*in*] **-byte,** *ta* t.ex. bil *i* ~ trade in . ., accept . . in part payment **-bytesbil** trade-in car **-bädda** *tr* se *bädda* [*in*] **-böjning** incurvation

inbördes I *oböjl. a* ömsesidig mutual, reciprocal; se äv. ex.; *ett sällskap för* ~ *beundran* a mutual admiration society; ~ *hjälp* reciprocal help; ~ *likhet* similarity [between them (you etc.)]; ~ *läge (ordningsföljd)* relative position (order); ~ *testamente* [con]joint will **II** *adv* mutually, reciprocally; sinsemellan between (resp. among) themselves osv., jfr *sinsemellan* **-krig** civil war

incest *-en -er* incest

incitament *-et* - incentive, stimul|us (pl. -i), impetus

indefinit *a* indefinite

indela *tr* allm. divide [up]; i underavdelningar subdivide, klassificera classify, group, *i* into, *efter* according to; ~ *sin tid* map out one's time **indelning** division, subdivision, classification, grouping, mapping out, jfr föreg. **indelningsgrund** principle (basis) of division etc., jfr föreg.

inder se *indier*

index *-en (-[et])* - ind|ex (pl. -exes, i vetenskaplig stil -ices), *för (över)* of **-bunden** *a* o. **-reglerad** *a* . . tied to the cost of living index, index-tied, index-bound

indian *-en -er* [American (Red)] Indian; *leka ~er [och vita]* play at [cowboys and] Indians **indianbok** Red-Indian story-book **indianhövding** [Red-]Indian chief **indianreservat** Indian reservation, reserve for Indians **indiansk** *a* [American (Red-)]Indian **indiansk|a** *-an -or* [American (Red-)] Indian woman (resp. girl) **indiansommar** Indian summer **indiantjut** Indian war-whoop

indiciebevis circumstantial evidence end. sg.; *ett* ~ a piece of c. e. **indici|um** *-et -er* tecken o.d. indication, *på* of; jur., döma *på -er* . . on circumstantial evidence

Indien India **indier** *-n* - Indian

indifferens *-en 0* indifference **indifferent** *a* indifferent; kem. neutral

indignation *-en 0* indignation **indignerad** *a* indignant, *över* at

indigo *-n 0* indigo **-blå** *a* attr. indigo-blue, pred. indigo blue **-färg** ämne indigo dye

indikation indication

indikativ *-en -er,* ~*[en]* the indicative [mood]; *en* ~ an indicative **-form** indicative form

indirekt I *a* allm. indirect; ~ *anföring* indirect (reported) speech **II** *adv* indirectly; på indirekt väg by indirect means

indisk *a* Indian

in|diskret *a* indiscreet, ogrannlaga tactless **-diskretion** indiscretion; tactlessness end. sg. **-disponerad** *a* allm. indisposed, ohågad äv. . . not in the right mood; om sångare . . out of voice **-disposition** indisposition

individ *-en -er* (bot. o. zool. *-et* -) allm. individual, zool. äv. specimen, F 'kurre' äv. specimen, character; *en avsigkommen* ~ a shabby-looking individual (specimen); *en skum* ~ a shady character (customer); *per* ~ vanl. per head **individualisering** individualization **individualism** individualism **individualistisk** *a* individualistic **individualitet** *-en -er* individuality **individuell** *a* individual

indo|europé *s* o. **-europeisk** *a* Indo-European

indolens *-en 0* indolence **indolent** *a* indolent

Indonesien Indonesia

in|draga *tr* se *dra [in]* **-draget** *adv, leva* ~ lead a frugal (retrenched) life **-dragning** withdrawal, discontinuation, suspension, abolition, confiscation; jfr *dra [in]; dömas till ~ av körkortet* get one's driving licence suspended (taken away), för alltid be disqualified from driving **-dragningsstat,** *leva på* ~ sparsamt live on a reduced (retrenched) scale; *sätta ngn på* ~ bildl. put a p. on short commons (allowance) **-driva** *tr* fordringar, skatter collect, på rättslig väg recover **-drivning** collection, recovery, jfr *indriva*

induktions|apparat induction coil **-ström** induction (induced) current

industri industry; ~*ns* rationalisering, rationaliseringen *inom* ~*n* vanl. industrial . .; *hantverk och* ~ the crafts and industries pl.; *bland* ~*ns män* among industrialists **industrialisera** *tr* industrialize **industrialisering** *-en 0* industrialization **industrialism** industrialism **industriarbetare** industrial worker

industriell *a* industrial

industri|företag industrial concern (enterprise) **-gren** branch of industry **-idkare** industrialist, manufacturer **-man** industrialist **-mässa** industrial (industry, industries) fair **-ort** industrial centre (stad town, city) **-semester** ung. general industrial holiday

ineffektiv *a* ineffective; om pers. inefficient

inemot *prep* framemot towards, nästan close [up]on, nearly, almost; han kom ~ *aftonen* . . towards evening; *det var* ~ *midnatt* it was close on midnight; han är ~ *60* . . close on 60; ~ *300 volymer* close on 300 volumes

inetsa *tr* se *etsa*

infall 1 påhitt, idé idea, thought, nyck whim, fancy, kvickt el. lustigt yttrande sally, flash of wit; *ett lyckligt* ~ a bright idea, F a brain-wave; *han fick det ~et att han skulle gå* på bio he took it into his head to go . . **2** mil. invasion, *i* of; *göra [ett]* ~ *i* ett land invade . . **infall|a** *itr* **1** inträffa fall; julafton *inföll på en onsdag* . . fell on a Wednesday; *den första perioden inföll* i början av seklet the first period took place . . **2** inflicka put in; du har fel, *inföll han* . ., he put (struck) in **3** mynna fall; Neckar *-er i Rhen* . . falls into the Rhine. — Jfr *falla [in]* **infall|en** *a, -et ansikte* hollow-cheeked face; *-na kinder* sunken (hollow) cheeks **infalls-**

vinkel bildl. angle of approach
infam *a* infamous, skändlig vile; *en ~ lögn* an infamous lie **infamt** *adv* infamously; *vara ~ påpassad* ung. be closely watched, be watched night and day
infanteri -[e]t *0* infantry; *vid ~et* in the Infantry **infanteriregemente** infantry regiment **infanterist** infantryman, foot-soldier
infantil *a* infantile
infart *-en -er* infartsled approach äv. sjöledes; infartsport o.d. entrance, entrance gate; *förbjuden ~* trafik. no entry; *vid ~en* under färden in *till X.* while (when) approaching X. **infartsparkering** system park-and-ride system
infatta *tr* kanta border, edge, ädelsten o.d. set, mount; *~ ngt i ram* frame a th. **infattning** konkr. border, edge, setting, mount[ing], frame, jfr föreg.
infektera *tr* infect **infektion** infection **infektionsrisk** risk of infection **infektionssjukdom** infectious disease
infernalisk *a* infernal **inferno** *-t -n* inferno (pl. -s)
infiltration infiltration **infiltrera** *tr* eg. o. bildl. infiltrate
infinit *a* infinite **infinitiv** *-en -er, ~[en]* the infinitive [mood]; *en ~* an infinitive **infinitivmärke** [vanl. the] sign of the infinitive
infinna *rfl* visa sig appear, make one's appearance, inställa sig put in an appearance, turn up, isht m. följ. prep.-best. present oneself; komma come; vara tillstädes be present; *~ sig hos ngn* t.ex. för att anhålla om ngt present oneself before a p.; *~ sig vid* t.ex. begravningen attend (be present at) . ., t.ex. mötet äv. present oneself (turn up) at . .; jfr *inställa II 1—2*
inflammation inflammation **inflammera** *tr* inflame **inflammeras** *itr. dep* become (get) inflamed
inflation *-en 0* inflation **inflationistisk** *a* o. **inflatorisk** *a* inflationary
in|flicka *tr* interpose, put in, i skrift insert **-flika** *tr* se föreg.
influensa *-n 0* influenza, F [vanl. the] flu **influera** *tr itr, ~ [på]* influence
in|flygning mot flygplats approach **-flyta** *itr* se *flyta [in]* **-flytande** *~t ~n* bildl.: allm. influence (*hos* with, *på* on), makt äv. ascendancy, sway (*på* over), inverkan äv. effect; *röna ~ av* be influenced by; *ha (öva) ~ på* have (exert) an influence on, influence; *under ~ av* under the influence of, influenced by
inflytelse influence, jfr föreg. **-rik** *a* influential
in|flytta *itr* invandra immigrate; jfr *flytta [in]* **-flyttning** moving in, i ett land immigration; *~en till* städerna har ökat the number of people moving into . .; våningen är *färdig för ~* . . ready for occupation **-flöde** influx, inflow, *i* into **-foga** *tr* fit . . in, insert; inkorporera incorporate; *~ ngt i (på)* . . fit (insert) a th. into . . **-fogning** fitting in, insertion **-fordra** *tr* **1** allm. demand, hövligare request, solicit; *~ anbud på* invite tenders for; *~ uppgifter från ngn om* . . call upon a p. for (demand from a p.) a statement as to . . **2** se *återfordra*
information information end. sg.; *en ~* a piece of information **informationskälla** source of information **informationsmöte** information meeting **informationsväsen** underrättelseväsen intelligence service **informator** [private] tutor, *för* to
informell *a* informal
informera *tr* inform, *om* of; brief, *om* on; *väl ~d* well-informed; *hålla ngn ~d* keep a p. posted
infraröd *a* infra-red
in|fria *tr* redeem, förbindelse äv. meet, skuld äv. discharge, pay off, förhoppning, löfte äv. fulfil; *~ en växel* take up (honour, meet) a bill **-frusen** *a* se *frysa [in]* **-frysning** freezing, av matvaror äv. refrigeration
infusion infusion **infusionsdjur** infusorian; *~* pl. ss. zool. klass äv. infusoria pl.
in|fånga *tr* catch, rymling o.d. äv. capture **-fällbar** *a* retractable **-fällning** infällande letting in; konkr. inlay, sömn. insertion, inset **-född** *a* native[-born]; *en ~* subst. a. a native; *den ~a* inhemska *befolkningen* the indigenous population; *en ~ svensk (londonbo)* a native of Sweden (London), a native-born Swede (Londoner) **-föding** native
inför *prep* (se äv. resp. huvudord) **1** i rumsbet. o. friare: allm. before, i närvaro av in the presence of; *~ den nyktra verkligheten* skingras alla drömmar face to face with (when it comes to) sober reality . .; *ansvarig ~ ngn* responsible to a p.; *stå maktlös ~* ngn (ngt) be powerless against . .; *häpna ~ ngt* be astonished at a th.; *stå (ställas) ~* ett svårt problem be brought up against . ., be brought face to face with . ., be confronted with . .; *ställd ~ [ett] fullbordat faktum* faced with an accomplished fact **2** i tidsbet. o. friare: omedelbart före on the eve of, vid at, med . . i sikte at the prospect of; full av förväntningar *~ julen* . . at the prospect of Xmas; *~ utsikten (hotet) att* inf. el. sats at (faced with) the prospect (threat) of ing-form; *stå ~ sitt avgörande* be on the eve (point) of settlement (being settled); *stå ~ bankrutt* be faced with bankruptcy
in|föra *tr* ge spridning åt, t.ex. ett nytt mod, en vara introduce, *i* into; påbjuda o.d. inaugurate, initiate; jfr vidare *föra [in]* o. *importera* **-förande** introduction etc., jfr föreg.; H entry; av annons insertion **-förliva** *tr* allm. incorporate; *~ ngt med* sina samlingar add a th. to . . **-förpassa** *tr* dispatch, remove, *i* to **-försel** *~n 0* **1** se *import* o. sms. **2** *~ i lön* attachment of

wages **-förskaffa** *tr* procure, obtain; ~ *upplysningar om* procure particulars about **-förskriva** *tr,* ~ *ngt (arbetare)* [*från utlandet*] order a th. (engage workers) from abroad **-förstådd** *a, vara* ~ *med* agree (be in agreement) with

ingalunda *adv* förvisso inte by no means; inte alls not at all

inge *tr* **1** lämna in, skrivelse o.d. hand in, present **2** ingjuta inspire, infuse, instil; intala suggest; bibringa convey; ~ [*ngn*] *aktning (förtroende, hopp, mod)* inspire [a p. with] respect (confidence, hope, courage); ~ *ngn den föreställningen att* . . convey the [false] idea to a p. that . .; ~ *ngn en känsla av* . . inspire a p. with (give a p.) a feeling of . ., instil a feeling of . . into a p.['s mind]; ~ *ngn tanken* uppslaget *att* inf. el. sats suggest to a p. [the idea] that sats, uppslaget till något ont äv. put it into a p.'s head to inf.

ingefära *-n 0* ginger; *syltad* ~ preserved g.

ing|en *(intet* el. *inget, inga) obest. pron* (se äv. *nästan* ex., *enda* ex.; ~ *annan* se *4* nedan) **1** fören. no; jfr äv. ex. o. *ingenting; det kom -a brev i dag* there were no (weren't any) letters today; han är ~ *dumbom (tyrann)* . . not a (känslobetonat: 'inte alls någon', 'motsatsen till' no) fool (tyrant); *-a (-a mer) dumheter!* none (no more) of your nonsense!; *han har* ~ *stark fysik* he has not [got] (does not have) a strong constitution; ~ *dum idé!* not a bad idea!; ~ *levande* torde minnas det nobody (no one, none) alive (living) . .; ~ *människa* vanl. nobody, stark. 'inte en enda' not a [single] person; ~ *människa ensam* no one man; *det är* ~ *sak* konst it's easy enough; han är ~ *stor skald* . . not a great (not much of a) poet; det är ~ *tillfällighet att* . . no mere coincidence that; se äv. [*ingen*] *annanstans, 2 vart* ex. m. fl.

2 självst. utan syftning: **a)** om pers., *ingen, inga* nobody, no one bägge sg., ibl. none pl.; ~*s* ovän nobody's (no one's) . .; *det var* ~ *(-a) där* som jag kände there was nobody (no one) there (were no people el. none there) . .; ~ *kan tjäna två herrar* no man can serve two masters; ~ *levande* se under *1;* ~ *mer* får komma in no more people . . **b)** allmänt neutralt, *intet, inget* nothing; *-et är omöjligt* nothing is impossible; jfr *ingenting*

3 självst. m. underförstått huvudord el. m. partitiv konstr. none; han letade i fickorna efter cigarretter (en cigarrett) men *hittade -a (~)* . . found none, . . did not find any (one); finns det inget hopp (kaffe kvar)? — *Nej, intet (-et)* . . No, none; ~ *av dem har* kommit tillbaka none of them have (has) . ., inte en enda not one of them has . ., av två neither of them has . .; jfr *ingenting*

4 ~ *annan* ingen annan människa vanl. nobody (no one) else; ~ *annan* bok no other . .; den här duger inte, *har du* ~ *annan?* . . haven't you got another (any other) [one]?, . . have you got no other [one]?; ~ *annan (-a andra) av mina vänner har* . . not another of my friends has . ., none of my other friends have (has) . .; ~ *annan än* se *annan 3* ex.

ingen|dera *(intet-* el. *inget-) obest. pron* fören. o. självst.: a) av två neither b) av flera än två = *ingen;* ~ *delen (intet-, inget|dera)* stämmer neither of them . .; ~ [*parten*] ville ge vika neither [party] . ., neither [of the two parties] . .

ingeni|um *-et -er* wit

ingenjör -[*e*]*n -er* engineer **ingenjörsfirma** engineering firm **ingenjör**[**s**]**trupper** *pl* engineers, sappers **ingenjörsutbildning 1** utbildande training of engineers **2** *han har fått* ~ he has been trained as an engineer **ingenjörsvetenskap** [science of] engineering

ingen|mansland no man's land **-stans** *adv* o. **-städes** *adv* nowhere; sådana metoder *kommer du ingenstans med* . . will get you nowhere

ingenting *obest. pron* allm. nothing; m. partitiv konstr. none; ~ *(inget, intet) betydelsefullt* nothing important; ~ *gott* kan komma av det no good . .; *det var* ~ [*mer eller*] *mindre än* ett nederlag it was nothing short of . .; ~ *nytt* nothing new, inga nya kläder äv. no new things, inga nya meddelanden o.d. no news; ~ *av detta* none of this; ~ *av hans forna* entusiasm none of his former . .; ~ *av värde* nothing of value; *det är* ~ *att ha* it is not worth having; *honom är det* ~ *med* he is no good; *det är* ~ *som angår dig* it is none of your business; mina förluster *är* ~ *(ett intet) mot dina* . . are nothing to yours; det gör han *som* ~ . . as if it were nothing; *det bevisar* ~ that does not prove anything; *jag har* ~ *att invända* I have no objection; få ngt *för* ~ . . for nothing, . . free; hon gråter *för* ~ . . on the slightest provocation; *det ska du inte ha gjort för* ~*!* hotande I'll pay you out for that!; se vid. *betyda* ex., *bli* [*av*] ex., *nästan* ex. m. fl.

ingenvart *adv* se *2 vart* ex.

ingeny -[*e*]*n -er* ingénue fr. **-roll** ingénue's part

in|gift *a, bli* ~ *i* en familj marry into . . **-gifte 1** i en släkt, *genom* ~ *i* . . by marrying into . . **2** mellan nära släktingar inmarriage **-giva** *tr* se *inge* **-givelse** inspiration inspiration, prompting; idé impulse, idea; *en lycklig* ~ *kom honom att öppna* dörren through a sudden inspiration (F a brain-wave) he opened . .; *följa stundens* ~ act on the impulse (spur) of the moment **-gjuta** *tr* bildl., ~ *nytt liv i ngt* infuse new life into a th.; jfr *inge 2*

ingrediens *-en -er* ingredient, friare constituent [element], *i* of

ingrepp 1 läk. [surgical] operation; *göra ett ~* perform an operation **2** intrång encroachment, ingripande interference; *göra ~ i* se *ingripa 2*

ingress *-en -er* introduction; preamble äv. jur.

in|gripa *itr* **1** se *gripa [in i varandra]* **2** bildl.: inskrida intervene, *i* in; isht hjälpande step in; störande, hindrande interfere, *i* in; göra intrång encroach, infringe, *i* on; *~ mot* take measures (m. laga åtgärder action) against, intervene against **-gripande I** *~t ~n* inskridande intervention, action, inblandning interference **II** *a* radical, thorough; långtgående far-reaching attr. **-grodd** *a* t.ex. om smuts, fördomar ingrained, t.ex. om misstro, motvilja deeply rooted, attr. äv. deep-rooted, t.ex. om agg inveterate; *en ~ vana* an ingrained (an inveterate, a deep-seated) habit

ingå (jfr *gå [in]*) **I** *itr* **1** ankomma arrive, om underrättelse, brev o.d. äv. come to hand; *ett just ingånget brev* a letter just received **2** höra till, vara en [bestånds]del av, *~ i* be (form) [an integral] part of, inbegripas i be included in; *P. ~r i* tillhör *laget* sport. P. is in the team; *det ~r i* hans skyldigheter att . . it is one (part) of . .; *fiskbullar ~ i* dagens matsedel fish-balls are [an item] on . . **3** *~ i svaromål* reply to a charge **II** *tr* (se äv. resp. huvudord) stifta, t.ex. förbund o.d. enter into, t.ex. överenskommelse o.d. make, fördrag äv. conclude; *~ avtal med* äv. arrive at (come to) an agreement with; *ingångna* avslutade *avtal* agreements entered into etc.

ingående I *-t 0, fartyget är på ~* inward bound **II** *a* **1** ankommande arriving; t.ex. om brev, belopp incoming, om fartyg äv. inward-bound attr. **2** H se *[ingående] saldo* **3** bildl.: grundlig, t.ex. om förhör, granskning, studium thorough, close, t.ex. om kännedom äv. intimate, t.ex. om beskrivning, redogörelse detailed, uttömmande, t.ex. om samtal, undersökning exhaustive **III** *adv* thoroughly etc. jfr *ingående II 3; kritisera (diskutera) ngt ~* criticize (discuss) a th. in detail

ingång *-en -ar* **1** konkr. entrance, way in; *stora ~en till* . . the main entrance to . .; biljetter *vid ~en* . . at the entrance (door[s]) **2** inträde entrance; *~ från gården* entrance from the yard; *förbjuden ~!* No Admittance! **3** början beginning, commencement; *fr.o.m. ~en av* nästa år from the beginning of . .; detta betydde *~en av en ny era* äv. . . the dawn of a new era **4** H mottagande receipt **ingången** *a* se *ingå* o. jfr. *gå [in]* **ingångsdörr** entrance [door] **ingångspsalm** opening hymn

inhalation inhalation **inhalationsapparat** inhaler **inhalera** *tr* inhale

in|handla *tr* buy, purchase **-hav** inland sea **-hemsk** *a* domestic, home . ., inrikes inland, internal; *den ~a befolkningen* the native population; *~a lån* domestic loans; *~a produkter* home (domestic) products; *växten är ~ i* . . this plant is a native of (indigenous to) . .; *malarian är ~ i* . . malaria is endemic in . .

inhibera *tr* inställa cancel, call off

inhuman *a* inhuman

in|hysa *tr* se *hysa [in]* **-hägna** *tr* enclose; *~ ngt med staket (*resp. *mur, plank)* äv. fence (resp. wall, board) in a th. **-hägnad** *~en ~er* allm. enclosure, stängsel äv. fence; för boskap o.d. amer. corral **-hämta** *tr* **1** få veta, lära pick up, learn, skaffa sig obtain, procure, *av* i samtl. fall from; *~ kunskaper i* acquire knowledge of; *~ ngns råd* ask a p.'s advice, consult a p.; *~ ngns tillåtelse* obtain a p.'s consent; *~ upplysningar om* obtain information (make inquiries) about **2** se *hämta [in]* **-hösta** *tr* bildl. reap, win; *~ 5 poäng* sport. score 5 points

inifrån I *prep* from inside, from within, from the interior of **II** *adv* from inside, isht friare from within

initial *-en -er* initial

initiativ *-et -* initiative; *han tog ~et till det nya biblioteket* he took the initiative in creating the new library; *på eget ~* on one's own initiative **-rik** *a* enterprising **-tagare** initiator, promoter, *till* of

initierad *a* well-informed, *i* on; initiated, *i* in[to]; F . . in the know

injaga *tr* bildl., *~ skräck hos ngn* strike terror into a p.; *~ respekt hos ngn* inspire a p. with respect

injektion injection, F shot **injektionsnål** [injection] needle **injektionsspruta** syringe; för injektion under huden hypodermic [syringe], F hypo **injic[i]era** *tr* inject

in|kalla *tr* se *kalla [in]* **-kallad** *subst. a* person called up for military service, amer. draftee **-kallelse** allm. summons; mil.: inkallande calling up, amer. drafting, induction, order om tjänstgöring call-up, amer. draft call **-kallelseorder** calling-up (amer. induction) papers pl.

inkapabel *a* incapable, *att* inf. of ing-form

inkarnation incarnation

in|kassera *tr* collect; lösa in cash **-kasserare** [debt] collector **-kassering** collection [of debts]; collecting; *till ~* for collection

inkasserings|avgift collecting (collection) fee **-byrå** debt collecting agency (office) **-kostnader** *pl* collection expenses

inkasso *-t 0* se *inkassering* o. sms

in|kast *~et ~* **1** sport. throw-in; *göra [ett] ~* take a throw-in **2** f. mynt o.d. slot **-klarering** sjö. clearance inwards, inward clearance

inklination astron. inclination; magnetnåls dip

inkludera *tr* include, comprise **inklusive** *prep* including, inclusive of, . . included; *det är ~* oms it includes . .
inknappning reduction
inkognito I *adv* o. *oböjl. pred. a* incognito **II** *-t 0* incognito; *bevara (röja) sitt ~* preserve (reveal) one's incognito; *under djupaste ~* vanl. strictly incognito
inkokning 1 inkokande preserving etc. jfr *2 koka* [*in*] **2** konkr., *~ar* [*av frukt (grönsaker)*] preserved (bottled) fruits (vegetables)
in|komma *itr* se *2 komma* [*in*] **-kommande** *a* som mottas . . that is (was etc.) received (som inlämnas handed in); t.ex. om brev, fartyg incoming **-kommen** *a* attr.: anländ . . arrived, mottagen . . received
in|kommensurabel *a* incommensurable, not comparable **-kompetens** oduglighet incompetence, disability, obehörighet lack of qualifications **-kompetent** *a* oduglig incompetent, *för (till)* for, *till att* inf. to inf.; inte kvalificerad unqualified
inkomst *-en -er* **1** persons regelbundna ~ income, *av (på)* from; förtjänst profit, *av (på)* of; *ha goda* (resp. *små*) *~er* have a good (resp. a small) income (om flera personers skilda inkomster good resp. small incomes); *mina ~er och utgifter* my income and expenditure; *affären ger en stor (klen) ~* the transaction yields (gives) large profits (a slender profit); *han har* 20.000 kr. *i årlig ~* he has an [annual] income of . .; *~ av arbete (kapital)* ss. skatteterm earned (unearned) income **2** *~*[*er*] intäkter receipts (*av* from), takings (*av* from), proceeds (*av* of), samtl. pl., statens, kommunens revenue[s pl.] (*av* from); *~en av* konserten the proceeds of . . **-bringande** *a* se *inbringande* **-klass** income-bracket **-källa** source of income (statlig o.d. revenue) **-sidan,** *på ~* bildl. on the credit side **-skatt** income-tax **-tagare** person in receipt of an income **-utjämning** levelling [out] (equalization) of incomes **-ökning** increase in earnings, rise of income
in|kongruens *~en ~er* incongruity **-kongruent** *a* allm. incongruous, mat. äv. incongruent **-konsekvens** motsägelse inconsistency; bristande följdriktighet inconsequence **-konsekvent** *a* inconsistent; inconsequent
inkorporera *tr* incorporate, *i (med)* in[to]
inkorporering incorporation
inkorrekt I *a* incorrect **II** *adv* incorrectly; *handla ~ mot ngn* act with impropriety towards a p.
in|kråm *~et 0* i bröd crumb; se äv. *innanmäte* **-krånglad** *a* invecklad complicated, involved, entangled **-kräkta** *itr* encroach, trespass, tränga [sig] in äv. intrude, *på* i samtl. fall [up]on; *~ på* t.ex. patent, rättigheter äv. infringe **-kräktare** *~n ~* encroacher, trespasser, intruder, infringer, jfr föreg.; i ett land invader, *i* of **-kräktning** encroachment, trespass, intrusion, infringement, jfr *inkräkta*
inkubationstid incubation period
inkvartera *tr* isht mil. billet, quarter, *hos* on, friare äv. lodge, accommodate, *hos* with; *~ sig hos ngn* quarter (billet) oneself on a p., take up one's quarters with a p. (at a p.'s [place]) **inkvartering 1** inlogering billeting etc. jfr föreg., accommodation **2** kvarter quarters pl., billet **3** *ta emot ~ar* a) mil. receive (take in) billeted soldiers b) friare provide accommodation for people **inkvarteringsbyrå** accommodation bureau
inkvisition *-en 0, ~en* hist. the Inquisition **inkvisitionsdomstol** court of inquisition **inkvisitorisk** *a* inquisitorial
inköp purchase; *jag gör mina ~* handlar *hos* . . I shop (buy my things) at . .; *jag måste göra några ~* I have some purchases to make, I must do some shopping; *stora ~* large (heavy, large-scale) purchases; *~ i stora partier* t.ex. av vete bulk purchases (buying); *det kostar* 5 kr. *i ~* the cost price is . .; *till ~ av* kläder for buying . ., for the purchase of . . **inköpa** *tr* buy in; jfr *köpa* **inköpschef** head buyer **inköpspris** cost price; sälja *till (under) ~*[*et*] . . at (below) cost price
inkörning av bil, motor running-in **inkörsport** entrance [gate], själva öppningen o. bildl. gateway **inkörsväg** approach, privat äv. drive
inlag|a *-an -or* **1** skrift petition, memorial, address, jur. äv. plea **2** i cigarr filler
inlag|d *a* (jfr äv. *lägga* [*in*]) **1** dekorerad inlaid; *-t arbete* äv. inlay **2** i ättika pickled; *~ sill* pickled herring
inland *-et 0* **1** mots. till kustland interior, inland [parts pl.] **2** *i in- och utlandet* at home and abroad **inlandsis** inland ice
in|leda *tr* **1** börja, igångsätta begin, t.ex. affärsförbindelser, debatt, möte, samtal open, t.ex. undersökningar institute, set . . on foot, initiate, t.ex. angrepp, offensiv launch; *~ bekantskap* form an acquaintance; *~ förhandlingar* open (enter into, enter upon, initiate) negotiations; *detta -ledde en ny epok* this ushered in (inaugurated) a new epoch **2** *-led oss icke i frestelse* lead us not into temptation. — Jfr *leda* [*in*] **-ledande** *a* introductory, prefatory, opening, preliminary, initial; *~ anmärkningar (kapitel)* introductory (prefatory, opening) remarks (chapter); *~* förberedande *möte* opening (preliminary, initial) meeting **-ledare** av diskussion opening speaker **-ledning 1** början beginning, opening; förord, grundlinjer introduction **2** inledande av vatten o.d. laying on
inlednings|anförande introductory (opening) speech (address) **-vis** *adv* by way of introduction

in|lemma *tr* incorporate, *i* in; annex, *i* to **-levelse** ~*n 0* feeling, insight, psykol. empathy; *hans* [*förmåga av*] ~ *i rollen* his power of living the part **-ljud** språkv. medial sound; *i* ~ in a medial position **-logera** *tr* se *hysa* [*in*] **-lopp 1** infartsled entrance, approach; ~*et till* hamnen the entrance of . .; ~*et till* Stockholm the sea-approach to . . **2** flods inflöde inflow, *i* into **3** tekn. inlet, intake **-lån 1** språkv. borrowed word (phrase); ~ *från* latinet word taken (borrowed) from . . **2** H se följ. **-låning 1** allm. borrowing **2** H deposits pl.; inlånande receiving . . on deposit **-låningsränta** interest on deposits, räntefot deposit rate

in|låta *rfl,* ~ *sig i (på)* a) t.ex. diskussion, tävlan enter into . . b) t.ex. affärer embark (enter) upon . . c) t.ex. samtal, politik, strid engage in . . d) t.ex. tvivelaktig transaktion get mixed up in . .; ~ *sig med ngn* have dealings with a p., take up (associate) with a p.

in|lägg ~*et* ~ **1** eg.: veck tuck, något inlagt insertion **2** bildl., i diskussion o.d. contribution, *av* ngn from . ., *i* to **-lägga** *tr* (se äv. *lägga* [*in*]) **1** snick. o. konst. inlay **2** ~ *stora förtjänster om ngt* render great services to a th. **-läggning 1** putting in etc., jfr *lägga* [*in a)*], insertion **2** konserv[ering] a) abstr. preserving etc., jfr *lägga* [*in b)*] b) konkr., ~*ar* [*av frukt (grönsaker)*] preserved etc. fruits pl. (vegetables pl.); *det är min egen* ~ vanl. I have bottled this myself; *olika* ~*ar* different kinds of preserved etc. **3** snick. o. konst. a) abstr. inlaying b) konkr. inlay **-läggssula** insole

in|lämning 1 inlämnande handing in, delivery; till förvaring leaving **2** inlämningsställe receiving-office; jfr äv. *resgodsinlämning* m.fl. sms. **-lämningsbevis** se *inlämningskvitto* **-lämningsdag** allm. date of delivery (f. post posting) **-lämningskvitto** allm. certificate of delivery, f. rek. brev receipt of registration; f. effektförvaring cloak-room receipt (ticket, check)

in|ländsk *a* se *inhemsk* o. *inrikes; in- och utländska valutor* domestic and foreign currencies (moneys) **-lärd** *a,* attr. . . that has etc. been learnt; han läste upp det *som en* ~ *läxa* . . like a lesson he had learnt off by heart; *en* ~ *gest* a studied gesture **-lärning** learning, utantill memorizing **-lärningsmaskin** teaching machine, robot teacher **-lärningsstudio** språklaboratorium language laboratory **-lärningstid** learning (training) time **-löpa** *itr* **1** sjö. se *löpa* [*in*] **2** om underrättelse o.d. come in (to hand, through), arrive **-lösa** *tr* se *lösa* [*in*] **-lösbar** *a* redeemable, payable; *icke* ~ irredeemable, non-payable **-lösen** allm. redemption; av check cashing, av växel honouring, payment

in|malningstvång milling obligation, obligation to mix in [a fixed proportion of home-grown grain in imported grain] in milling **-marsch** entry **-matning** tekn. feeding, intake, *i* into; vid databehandling input **-mundiga** *tr* skämts. partake of **-muta** *tr* take out a mining-concession(-claim) for, claim äv. bildl. **-mutare** claim-holder **-mönstring** mil. enrolment

innan I *konj* before; i samband m. nek. uttr. ibl. (i bet. 'förrän') until; ~ *du berättade det,* visste jag ingenting om saken until (before) you told me . .; jfr *dröja 4* **II** *prep* before; ~ *kvällen* before evening; ~ *dess* se *dessförinnan* **III** *adv* **1** tidsbet. se *2 förut* **2** rumsbet., *utan och* ~ se *utan II*

innan|döme ~*t* ~*n,* ~[*n*] inside, interior båda sg.; *jordens* ~[*n*] the bowels of the earth **-fönster** inner window **-för I** *prep* inside, within; bakom t.ex. disken, skranket behind; *alldeles* ~ *dörren* just inside the door; ~ *murarna* within (inside) the walls; ~ *rocken* under the (his etc.) coat; ~ *tamburen* vanl. beyond (at the back of) the hall **II** *adv, i rummet* ~ in the room beyond; *det* ~ (innanför taggtråden) *belägna (liggande) området* the area within the barbed wire **-hav** inland sea **-lår** av kalv fillet, av oxe o.d. thick flank **-läsning** reading [aloud] **-mäte** ~*t* ~*n* hos djur entrails, guts, bowels, samtl. pl.; i frukt o.d. pulp **-till** *adv* se *läsa* [*innantill*]

in natura in kind

inne *adv* **1** rumsförh. o. bildl.: allm. in, inomhus indoors, inne i huset (stallet etc.) äv. in the house (stable etc.); på bankkonto se *innestående;* det är kallare ~ *än ute* . . indoors than outdoors (out of doors); *skörden är lyckligt* ~ the harvest is safely in; *finnas* ~ a) i kassan be in hand b) om vara be in stock (on hand); *vara* ~ be in äv. sport. o. bildl.; ~ *bland* bergen right in among . .; *han var* ~ *hos dem* på hemvägen he called at their place . .; han är ~ *hos rektorn* . . with the headmaster in his study; ~ *i* a) t.ex. huset, bilen in[side] b) t.ex. staden, skogen in; *jag har varit* ~ *i stan* I have been in (up) to (into the) town; *långt* ~ *i landet* far inland, far (a long way) up country; *längst* ~ *i* garderoben at the back of . .; *vara* ~ *i* ngt bildl. be at home (familiar) with . ., be well up in . ., know about . .; *han var så* ~ *i* samtalet att han inte märkte . . he was so absorbed by . .; ~ *på gården* in the yard; *därmed var han* ~ *på* frågan om . . this brought him on to . .; *jag har varit* ~ *på den tanken* I have thought of (about) that myself; *vara* ~ *på farliga vägar* bildl. have got on to dangerous ground; *medan vi är* ~ *på* detta ämne while we are on (we are dealing with) . .; se äv. beton. part. under resp. vb

2 tidsförh.: *nu är tiden* ~ *att* inf. now the time has come to inf.; *när tiden är* ~ äv. in due time; den stora dagen *var* ~ . . was here (there, had come); *vara* [*ett stycke*] ~ *i* maj (~ *på* det nya året) be (have got) [a little way] into . .

inne|bana se *inomhusbana* **-bo** *itr*, ~ *(vara ~ende) hos ngn* lodge with a p. **-boende I** *a* naturlig, medfödd inherent; egentlig intrinsic **II** *subst. a* lodger, amer. äv. roomer; *alla de* ~ räddades all the inhabitants (inmates) of the house . . **-bruk,** *för (till)* ~ for indoor use **-bränd** *a, bli* ~ i ett hus (garage etc.) be burnt to death in a house (garage etc.) **-byggare** se *invånare* **-bära** *tr* betyda imply, mean, signify, föra med sig äv. involve; *detta -bär* är liktydigt med *en förolämpning mot* . . that amounts to an insult to . .; *med allt vad detta -bär* with all that this implies (involves) **-börd** betydelse meaning, signification, import, innehåll content, innehåll o. räckvidd purport, ordalydelse, andemening tenor, *av (i)* i samtl. fall of; *den verkliga ~en av hans tal* stod snart klar för alla the real purport of his speech . .; mitt liv fick *en helt ny* ~ . . quite a new meaning (significance) **-dräkt** costume (suit) [for indoor wear] **-fatta** *tr* innesluta i sig contain, inbegripa include, comprise, bestå av consist of; omfatta embrace

inne|ha *tr* hold, be in possession of, have . . in one's possession, possess; occupy; ~ *rekordet* hold the record; ~ *ett högt ämbete* hold (occupy) a high office **-hav** *~et* ~ ägande possession, ownership; mera konkr. holding; *hans* ~ *av aktier* var stort his holding of shares . . **-havare** t.ex. av mästerskap, värdepapper, ämbete holder; besittare possessor; ägare owner, t.ex. av rörelse proprietor, av butik o. pensionat äv. keeper; *lägenhetens* ~ the occupier of the flat; *ny* ~ (i annons o.d.) under new management; *~n* av denna skrivelse the bearer . .; jfr äv. *licensinnehavare* o.a. sms. **-havarinna** proprietress, jfr f.ö. *innehavare*

innehåll *-et 0* contents pl.; tankeinnehåll el. innebörd samt procenthalt o.d. content, huvud~ substance, ordalydelse tenor; hennes liv fick *nytt* ~ . . a new meaning (purpose); ett brev *av följande* ~ . . to the following effect; *till ~et* as regards the contents **innehåll|a** *tr* **1** contain; *vad -er* lådan (brevet)? äv. what is there in . .? **2** t.ex. lön withhold, keep . . back

innehålls|diger *a* bildl. . . pregnant with significance, jfr *innehållsrik* **-förteckning** table (list) of contents, *till* of; index, *till* to (of) **-lös** *a* empty, attr. äv. . . containing very little **-rik** *a* attr. . . containing a great deal (lots of things); mångsidig, omfattande comprehensive; *det är ett ~t brev* there is a great deal of matter in this letter; *en* ~ händelserik *dag* an eventful day; *ett ~t liv* a full life

inneliggande *a* **1** ~ *beställningar* orders on hand; ~ *lager* the stock on (in) hand **2** bifogad enclosed

inner *-n inrar* sport. inside forward **-bana** inside track **-dörr** inner door **-ficka** inside pocket

inner|lig *a* förtrolig intimate; djupt känd heartfelt, sincere; hängiven devoted, ardent; brinnande fervent; ~ *avsky* intense dislike; ~ *kärlek* devoted (ardent) love; *min ~aste önskan* my dearest wish **-ligen** *adv* se *innerligt* **-lighet** intimacy; heartiness, sincerity; devotedness; fervour, intensity; jfr *innerlig* **-ligt** *adv* **1** intimately; sincerely etc., jfr *innerlig; hålla* ~ *av ngn* be exceedingly fond of a p. **2** förstärkande heartily, utterly; exceedingly, extremely; *det gör mig* ~ *ont* I am terribly sorry; ~ *tacksam* deeply grateful; ~ *trött på alltsammans* sick and tired of it all; *det behövs så* ~ *väl* it is so badly needed; *du vet så* ~ *väl* . . you are so perfectly well aware . .

inner|sida inner side; handens inside, palm **-skär,** *åka* ~ do the inside edge **-slang** inner tube

innerst *adv,* ~ [*inne*] a) eg. farthest in, på den inre sittplatsen on the inside, i mitten in the middle, i bortre ändan at the farthest end b) bildl. deep down, in one's heart of hearts, i grund och botten at heart; ~ *i hörnet* in the very corner; ~ *i* skåpet at the back of . . **innersta** *a* eg. innermost, friare inmost; *hans* ~ *tankar* his inmost thoughts; *i sitt* ~ in one's heart [of hearts]; *det* ~ *av (i)* blomman the innermost part of . .; jfr äv. *inre II*

inner|stad inner city; *i ~en* in the centre (central part) [of the town] **-sula** insole **-tak** ceiling **-vägg** interior (inside) wall, mellanvägg partition **-öra** internal ear, labyrinth

inne|sko indoor shoe **-sluta** *tr* allm. enclose äv. mil.; omge encompass, encircle, surround äv. mil.; innefatta include; ~ *ngn* i sina böner remember a p. . . **-stående** *a* insatt på bankkonto deposited, . . on deposit; hur mycket *har jag (finns)* ~ (outtaget)? . . is still due to me?; ~ *fordringar* claims remaining to be drawn; ~ *lön* salary (wages) due; ~ *på bank* kr. 5.000 äv. cash at bank . . **-varande** *a* **1** *de* ~ subst. a. those (the persons) in the room (i huset osv. in the house osv.) **2** om tid present, löpande äv. current; ~ *år* the current (this) year; *den 3 i* ~ *månad* adv. on the third of this month **-vånare** se *invånare*

innästla *rfl* se *nästla*

inofficiell *a* unofficial, non-official; t.ex. besök äv. informal

inom *prep* **1** rumsförh. o. friare within, innanför äv. inside, inuti, i äv. in, jfr ex.; han hade knappt *kommit* ~ *dörren* . . got inside the door; ~ *industrin* in [the sphere of] industry; utvecklingen ~ *textilbranschen* . . in the textile trade; frågan diskuterades först ~ *partiet* . . within (inside) the party; ~ *styrelsen* bland styrelsemedlemmarna among the members of the board; ~ *sig* i sitt inre inwardly, in one's heart (mind), within one; han tänkte ~ *sig* (för sig själv) . . to himself; *styrelsen utser* ~ *sig* . . the board elect among their number . .; *både* ~ *och utom skolan* both in school and out [of it]; se äv. resp. subst. **2** tidsförh.: inom gränserna för within, i bet. 'om', 'under' äv. in, på kortare tid än äv. in under (less than), inside; ~ [*loppet av*] *ett år* in (within) [the course of] a year; ~ *den närmaste tiden* in the immediate future; ~ *ett ögonblick* in a moment; ~ *kort* in a short time, shortly

inombords *adv* **1** sjö. on board **2** friare: 'i kroppen' inside; *han har mycket* ~ inom sig he has got a lot in him **-motor** inboard motor

inomhus *adv* indoors **-antenn** indoor aerial **-bana** f. tennis covered court, f. ishockey [indoor] rink **-bruk** indoor use

inomskärs *adv* inside the islands (skerries)

inordna *tr* placera, inrangera arrange [. . in order], range; *det är svårt att* ~ *dem* they are difficult to range (place), *i* in, *under* under, *bland* with (among); ~ *ngt i* ett system fit in a th. in . ., fit a th. into . .; ~ *sig i* samhället conform to . .

in|packning omslag m. olja, vatten m.m. pack **-pass** interjection; avbrott interruption; *göra ett* ~ throw in a remark **-piskad** *a* thorough-paced . .; out-and-out . .; *en* ~ *lögnare* an arrant (a consummate) liar; *en* ~ *skojare* an arch rogue **-piskare** polit. whip **-planta** *tr* bildl. implant, *hos ngn* in a p.['s heart (mind)] **-plantering** av djur, växter transplantation, introduction **-prägla** *tr* bildl. engrave, impress; ~ *ngt i minnet* engrave (impress) a th. [up]on one's mind; *det har* ~*t sig (*~*ts) i hans minne* it remains fixed in (impressed on, stamped on) his memory **-pränta** *tr,* ~ *ngt hos ngn (i ngns minne)* impress a th. on a p., F drum a th. into a p. **-pyrd** *a,* ~ *med damm* thick with dust; ~ *med rök* reeking with smoke; ~ *med fördomar* steeped in prejudice[s]

inpå I *prep* **1** rumsförh., *våt* ~ *bara kroppen* wet to the [very] skin; *alldeles (för nära)* ~ ngn (ngt) quite (too) close [up] to . . **2** tidsförh., *till långt* ~ natten until far into . .; *ett stycke* ~ tredje året a little way [on] into . .; *nära* ~ julen close [on] to . . **II** *adv, för tätt* ~ too close (near) [to it (him etc.)]

in|ramning konkr. frame; friare äv. setting, framework end. sg. **-rangera** *tr* se *inordna* **-rapportera** *tr* report

inre I *a* **1** rumsförh.: längre in belägen inner, interior, inside, jfr ex.; invärtes, intern internal; inomhus indoor; *det* ~ *Afrika* the interior of A.; ~ *angelägenheter* lands domestic el. home (t.ex. förenings internal) affairs; *de* ~ *delarna av staden* the centre of the town; ~ *diameter* interior diameter; ~ *fiender* internal enemies; ~ *och yttre fiender* inom o. utom landet enemies at home and abroad; ~ *gård* inner court; *den* ~ *kretsen* the inner circle; ~ *mått* inside measure **2** bildl.: hörande t. själslivet inner, inward, egentlig intrinsic; *en* ~ *drift* an impulse from within; ~ *frid* inward peace; ~ *liv (stämma)* inner life (voice); *för hans* ~ *syn (öga)* to (in) his mind's eye; ~ *värde* intrinsic value **II** *subst. a* innandöme inside; persons inner man; *hela mitt* ~ upprördes my whole soul (being) . .; *det* ~ av landet the interior . .; de kval hon led *i sitt* ~ vanl. . . inwardly; jfr äv. *innersta* ex.

in|reda *tr* fit up, equip, *till* as; decorate, med möbler furnish; ordna arrange; ~ bottenvåningen *till butiker* äv. make shops of . .; *vackert -redd* beautifully appointed; *en väl -redd* planerad . . a well-planned (utrustad well fitted-up, well-equipped) . . **-redning 1** inredande fitting-up, equipment, decoration, furnishing **2** konkr. [interior] fittings (appointments), väggfast ~ fixtures, samtl. pl., *i* in (of) **-redningsarkitekt** interior designer (decorator) **-registrera** *tr* register, *på ngn* in a p.'s name; hos domstol äv. enrol[l]; anteckna record, H enter, file; ~ *en framgång* score a success **-registrering** registering etc. jfr föreg., registration, enrol[l]ment

inresa *s* **1** till ett land entry **2** ~*n till staden* the journey up to town (into town)

inrese|tillstånd konkr. entry permit **-visum** entry visa

inriggad *a* inrigged; ~ *båt* inrigger

inrikes I *a* inländsk domestic, home, inland, internal; ~ *sjöfart* inland (internal) navigation; jfr äv. sms. **II** *adv* within (in) the country **-departement** ministry (amer. department) of the interior; ~*et* i Engl. ung. the Home Office **-flyg** domestic aviation; ~*et* flygbolagen the domestic airlines pl., flygningarna [the] domestic flights pl. **-handel** domestic (home) trade **-minister** minister (amer. secretary) of the interior, i Engl. ung. Home Secretary **-nyheter** *pl* domestic news **-politik** domestic politics pl. (politisk linje, tillvägagångssätt policy) **-politisk** *a,* en ~ debatt . . on domestic policy; en ~ fråga . . relating to d. p.; av ~*a* skäl . . of d. p.; utvecklingen *på den* ~*a fronten* . . on the domestic front **-porto** inland (amer. domestic) postage **-ärenden** *pl, för* ~ ung. for Home Affairs

in|rikta I *tr* se *rikta* [*in*] **II** *rfl,* ~ *sig på* se [*vara*] *inriktad* [*på*] **-riktad** *a, socialt* ~ verksamhet . . that has social aims in view; *estetiskt* ~*e* ungdomar . . with an æsthetic bent (trend, bias); *vara* ~ *på att* inf. a) sikta mot aim at (be bent on) ing-form b) koncentrera sig på concentrate on (direct one's energies towards) ing-form; *alla var* ~*e* beredda *på att detta skulle hända* everybody was prepared for that to happen; *han är helt* ~ *på* (upptagen av) studiet av . . the whole of his attention is taken up with . .; *han är mera* ~ *på* lagd för he has a greater bent for **-riktning 1** eg.: justering adjusting, putting . . in position, i linje m. något alignment; av vapen sighting, aiming **2** bildl.: målsättning [aim and] direction; koncentration concentration; tendens trend; jfr äv. *inställning 2*

inringning 1 ringande ringing in **2** omringning encirclement

in|ristning engraving (end. sg.), inscription **-rop** vid auktion purchase **-ropa** *tr* se *ropa* [*in*] **-ropning** på scen o.d. call, efter ridåfallet curtain-call **-rota** *rfl* eg. o. bildl. take root, get (gain) a footing, *hos* i samtl. fall in the mind[s pl.] of **-rotad** *a* t.ex. om ovilja, fördom deep-rooted, t.ex. om respekt deep-seated, t.ex. om vana inveterate, ingrained **-ryckning** mil. **1** intåg entry **2** till militärtjänst, ~ *sker* den 1 mars joining-up takes place . . **-ryckningsdag** calling-up day **-rymma** *tr* innehålla contain, inbegripa include, finna plats för find room for; huset *-rymmer fyra lägenheter (*resp. *familjer)* . . contains four flats (resp. accommodates four families); ämnet *bör* ~*s i schemat* room ought to be found for . . on the time-table; *biblioteket är -rymt* i övervåningen the library is housed (located) . . **-rådan** ~ *0, på (mot) min (ngns)* ~ on (contrary to) my (a p.'s) advice

in|rätta I *tr* **1** grunda establish, set up, start; ~ *en befattning* create a post; ~ *en skola* found a school; vi har ~*t ett lagerrum på vinden* . . had [part of] the attic fitted up as a store-room; skolan har ~*ts till sjukhus* . . been converted into a hospital **2** anordna arrange; organize; ~ *det bekvämt för sig* arrange things comfortably for oneself; ~ *sitt liv efter ngt* order one's life according to (adapt one's life to) a th.; *en sinnrikt* ~*d* apparat an ingeniously contrived . .; *speciellt* ~*d för ngt* especially constructed (adapted) for a th. **3** *människan är nu en gång så* ~*d* funtad [*att hon* . .] that's the way people are [— they . .] **II** *rfl* **1** ~ *sig* bekvämt settle down . . **2** anpassa sig adapt (accommodate) oneself, *efter (för)* to **-rättning 1** anstalt establishment, social äv. institution **2** anordning, mekanism device, appliance, contrivance, apparatus; F 'manick' contraption, gadget **-rökt** *a* om pipa, attr. . . that has been broken in

insamling hopsamling collection; *sätta igång en* penning~ start (get up, raise) a subscription, *för* for (in aid of) **insamlingsställe** collecting depot

insats 1 lös del i ngt liner, inset, insertion äv. sömn.; t.ex. [pappers]~ i oljefilter cartridge; dosa av trä med ~ *av glas* . . removable glass container **2** i spel o.d. stake[s pl.]; kontant~ deposit; *försvara friheten med livet som* ~ stake one's life for freedom; det var ett företag *med livet som* ~ . . in which [his etc.] life was at stake **3** prestation achievement, work, effort, bidrag contribution; idrotts~ performance; landets *militära* ~ the military effort . .; *hans vetenskapliga* ~ his achievement[s pl.] in the sphere of science, his scientific achievement[s pl.] (work); *göra en* ~ *för (i)* make a contribution to, contribute one's share to, work (do something) for; *han har gjort en stor* ~ *inom* föreningen he has done great work for (has taken a great share in the work of) . . **-kapital** investment (invested) capital **-lägenhet** ung. freehold flat, amer. cooperative apartment

insatt *a* hemmastadd o.d. se under *sätta* [*in c)*]

inscenering se *iscensättning*

in|se *tr* see, perceive, understand, vara på det klara med äv. realize; *jag kan inte* ~ . . I do not (I fail to) see . .; *jag* ~*r fullkomligt att* . . (*vikten* av . .) I fully realize that . . (the importance . .), I am fully aware that . . (aware of el. alive to the importance . .); *av lätt -sedda skäl* for obvious reasons **-seende** ~*t 0* tillsyn supervision; *ha* ~[*t*] *över ngt* supervise a th. **-segel** seal **-segla** *tr itr* se *segla* [*in*]

insekt *-en -er* insect, amer. äv. bug

insekt[s]|bett insect-bite **-håv** butterfly-net **-medel** insecticide **-samlare** entomologist **-samling** entomological collection **-ätande** *a* insectivorous **-ätare** insect-eater, insectivore

insemination insemination **inseminera** *tr* inseminate

insida inside, inner side; i bet. 'inre' interior

insignier *pl* insignia

insikt *-en -er* **1** inblick insight; kännedom knowledge, *i (om)* of, förståelse understanding, *i* of; *få bättre* ~ *i ngt* gain a better insight into a th.; *komma till* ~ *om ngt* realize (see) a th., become alive to (aware of) a th. **2** ~*er* kunskaper knowledge end. sg.; *ha goda (sakna)* ~*er i* ett ämne have a sound (be lacking in) knowledge of . . **insiktsfull** *a* om pers. well-informed; om skildring penetrating, discerning; t.ex. om ledning competent; jfr äv. *klok*

insinuant *a* insinuating **insinuation** insinuation **insinuera** *tr itr* insinuate

insistera *itr* insist; ~ *på* [*att ngn kommer*] insist on [a p.'s coming]

in|sjukna *itr* fall (be taken) ill, *i* with; ~ *i* äv. get **-sjunga** *tr* se *sjunga* [*in*] **-sjungning** recording **-sjunken** *a* sunken; *-sjunkna ögon* äv. hollow eyes

insjö lake **-fisk** freshwater (lake) fish

in|skeppa I *tr* **1** införa import . . by ship, *i* into **2** föra ombord ship, put . . on board, t.ex. trupper, hästar äv. embark, *till* for **II** *rfl* embark, take ship, *till* for; ~ *sig* [*på*] äv. go on board **-skeppningshamn** port of embarkation (för last shipping) **-skjuta** *tr itr* se *skjuta* [*in*] **-skjutbar** *a* attr. sliding . .; dörren *är* ~ . . is a sliding door **-skrida** *itr* step in, intervene, [*till förmån*] *för* on behalf of, for, *mot ngn* against a p., *mot ngt* to prevent a th., *mellan* between; interfere, *i ngt* in a th.; ~ *mot* ngn (ngt) äv. take measures against . . **-skridande** ~*t* ~*n* stepping in etc; intervention; interference; jfr föreg. **-skrift** o. **-skription** allm. inscription, på gravsten äv. epitaph, runt mynt o.d. äv. legend

inskriv|a *tr* **1** se *skriva* [*in*] **2** mat. inscribe **-ning** i skola, kår o.d. enrol[l]ment, mil. äv. enlistment, vid universitet o.d., jur. o. H registration

inskrivnings|avgift enrol[l]ment (registration) fee jfr föreg. **-bok** mil. enrol[l]ment book **-domare** ung. court registrar **-område** mil. registration area

inskränka I *tr* begränsa restrict, limit, confine, circumscribe, minska reduce, cut [down], curtail; ~ *antalet* deltagare limit (restrict) the number of . .; ~ *driften* t.ex. vid fabrik curtail (cut down) operations; ~ *ngns handlingsfrihet* restrict (circumscribe) a p.'s freedom of action **II** *rfl* minska sina utgifter economize, cut down one's expenses, retrench; ~ *sig till* a) nöja sig med confine (restrict) oneself to, *till att* inf. to ing-form b) endast röra sig om be limited (confined, restricted) to, reduce itself to, only amount to, *till att* inf. i samtl. fall to ing-form; inte överskrida äv. not exceed **inskränkande** *a* restrictive **inskränkning** restriction, limitation, reduction, curtailment, retrenchment end. sg., jfr *inskränka;* förbehåll qualification, modification; *göra* ~*ar i ngns* rörelsefrihet put (impose) restrictions (restraints) on . .; regeln gäller *med vissa* ~*ar* . . with certain qualifications **inskränkt I** *a* **1** eg. restricted etc., jfr *inskränka;* ~ *monarki* a limited monarchy; *i* ~ *bemärkelse* in a limited (narrow, restricted) sense **2** bildl., om pers. limited, dum stupid; trångsynt narrow[-minded] **II** *adv* restrictedly, in a restricted way; *leva* ~ sparsamt lead a frugal life **inskränkthet** dumhet stupidity; trångsynthet narrowness of outlook

in|skärning snitt incision, skåra cut, notch; t.ex. i kust indentation **-skärpa** *tr* inpränta inculcate, enjoin, impress, eftertryckligt framhålla bring home; ~ *hos ngn plikten att lyda* inculcate in el. on (enjoin on) a p. the duty of obedience; ~ *vikten av ngt hos ngn* bring home to (impress on) a p. the importance of a th. **-slag 1** vävn., koll. weft **2** bildl., allm. element; del, 'nummer' äv. feature, drag äv. strain, streak; tillsats äv. contribution; *ett färgstarkt* ~ *i* gatubilden a colourful contribution to . .; *ett intressant* ~ *i* programmet an interesting feature of . .; *ett* ~ *av* t.ex. fåfänga, grymhet, humor a streak of . .; *ett* ~ *av* t.ex. mysticism, sinnessjukdom a strain of . .; *ett* ~ *av* mongoler a sprinkling (an interspersion) of . .

in|smickrande *a* ingratiating, blandishing; ~ *leende* ingratiating smile; ~ *melodi* seductive melody **-smyga** *rfl* se *smyga III* ex. **-snöad** *a, bli* ~ get (be) snowed up el. in (snow-bound), utsatt för snöhinder äv. get (be) held up by [the] snow

insolvens insolvency **insolvent** *a* insolvent

in|somna *itr* se *somna* [*in*] **-spark** fotb. goal kick; *göra* ~ take a goal kick

in spe, *min hustru* ~ my wife to be; författare ~ future (would-be äv. iron.) . .

inspektera *tr* inspect **inspektion** inspection; *förrätta* ~ *i (av)* carry out an inspection in (of), inspect **inspektionsresa** tour of inspection **inspektor 1** [- -´-] -[*n*] *-er* skol. o. univ. inspector, *för (vid)* of **2** [- - -´] -[*e*]*n* *-er* jordbr. manager, steward, bailiff, *på* on (of); järnv. station-master **inspektris** inspectress, woman inspector **inspektör** -[*e*]*n* *-er* allm. inspector, besiktningsman o.d. äv. surveyor, kontrollör supervisor

in|spela *tr* se *spela* [*in*] **-spelning** allm. recording; film~ production, -spelande äv. producing, filming; film~ *pågår* vanl. production is on; *jag har en* ~ kl. 5 I have a recording [session] . .; filmen *är under* ~ . . is being produced

inspelnings|apparat recorder **-bil** recording van

inspicient stage (film unit) manager

inspiration inspiration **inspirera** *tr* inspire

in|spruta *tr* se *spruta* [*in*] **-sprutning** injection **-sprängd** *a* inblandad interspersed; ~ *med* äv. mixed (sprinkled) with **-spärrad** *a* se *spärra* [*in*] **-spärrning** confinement, incarceration; ~ *i ensam cell* solitary confinement

installation installation, inauguration, enthronement, jfr *installera;* elektr. äv. wiring **installationsföreläsning** inaugural (inauguration) lecture **installatör** -[*e*]*n* *-er* electrician, installation engineer **installera** *tr* allm. install, *i* in; pers. äv. inaugurate, *i* into; biskop äv. enthrone, *i* in; leda in telefon m.m. äv. put in, tekn. äv. set up, mount; ~ *sig* install (settle, establish) oneself

instans *-en -er* jur. instance; myndighet authority; *i första* ~*en dömer* häradsrätten . . is the court of first instance; *gå till högre* ~ carry on the case to a higher court; *i högsta* ~ in the final court of appeal; målet har gått *genom alla* ~*er* jur. . . through all the courts; ärendet har gått *genom alla* ~*er* . . through the

hands of all the appropriate authorities; *i alla ~er* at all levels; *i sista ~* (hand) bildl. in the last resort, in the end
in|steg, *få (vinna) ~* get (obtain, gain) a footing (*hos* ngn with . .), få spridning, t.ex. om åsikt, sed äv. be introduced, begin to be adopted, få fast fot, t.ex. om rörelse i ett land, nytt ord äv. establish itself, bli gynnsamt mottagen, t.ex. om vara på en marknad äv. find (come into) favour; *vinna allt mera ~* gain [more and more] ground **-stifta** *tr* t.ex. orden, pris institute, relig. äv. ordain; grunda, t.ex. fond establish, found **-stiftare** instituter; founder
instinkt *-en -er* instinct; *sunda ~er* healthy instincts; *av ~* by instinct; handla *på (efter) ~* . . upon instinct **instinktiv** *a* instinctive **instinktivt** *adv* instinctively, by instinct
institut *-et -* **1** inrättning, allm. institute, *för* for (of); läroanstalt äv. school, college; t.ex. bank~ institution **2** jur. institution **institution** allm. institution, univ. institute
instruera *tr, ~ ngn i ngt* teach a p. a th.; *~ ngn* ge föreskrifter *att (*undervisa *ngn [om] hur han skall)* inf. instruct a p. to (how to) inf. **instruktion** **1** abstr., handledning instruction; *~[er]* föreskrift instructions, anvisning directions, båda pl.; information, isht mil. briefing **2** konkr., skrift, bok instructions pl.
instruktions|bok instruction book, manual **-film** instructional film **-sköterska** nursing instructor, tutor sister
instruktiv *a* instructive **instruktris** instructress **instruktör** instructor **instrument** *-et -* allm. instrument **instrumentalmusik** instrumental music **instrumentation** instrumentation, orchestration, scoring **instrumentbräda** switchboard panel, på bil facia [panel], dashboard **instrumentera** *tr* orchestrate, score **instrumentflygning** instrument flight, -flygande instrument (blind) flying **instrumentlandning** instrument landing, landing by instruments **instrumenttavla** switchboard panel
in|strödd *a* bildl. interspersed **-strömmande** *a* inpouring etc., jfr *strömma [in]* **-studering** av pjäs o.d. rehearsal; *~en av rollen* the studying of the part; *en (en pjäs i) ny ~* a new production **-stundande** *a, ~ sommar* the coming summer
inställ|a **I** *tr* upphöra med stop, discontinue, suspend; inhibera cancel; *~ arbetet* strejka strike, go on strike, walk out; *~ betalningarna* suspend (stop) payment; *~ en bjudning* call off a party; *~ fientligheterna* cease fire, tillfälligt suspend hostilities; *~ förhandlingarna* discontinue (suspend) [the] negotiations **II** *rfl* **1** om pers.: isht vid domstol appear, present oneself, vid mötesplats put in an (make one's) appearance, turn up; *~ sig hos ngn (*resp. *till tjänstgöring)* äv. mil. report [oneself] to a p. (resp. report for duty); *~ sig inför rätta* appear before (in) the (resp. a) court **2** bildl.: om sjukdomssymptom come on, om känsla make itself felt; *då -er sig* den frågan then . . presents itself; sömnen ville inte *~ sig* . . come **3** *~ sig på* se *ställa [in sig på]* **inställande** *~t 0* upphörande suspension, discontinuation, inhiberande cancellation **inställbar** *a* adjustable
inställd *a, vara ~* beredd *på ngt* be prepared for a th.; *vara ~ på att* inf. a) be prepared to inf. b) ämna intend to inf.; *vara sympatiskt ~ till* ngt be sympathetic towards . .; *vänligt ~* favourably (kindly) disposed
inställelse **1** jur. o.d., allm. appearance; *~ till tjänstgöring* reporting for duty; *iaktta personlig ~ vid* rätten put in a personal appearance before . ., appear [in person] before . .; *försumma ~* default; *försummad ~* default **2** se *arbetsinställelse* m.fl. sms. o. *inställande* **-order** calling-up order
inställning **1** reglering o.d. adjustment, adjusting etc., jfr *ställa [in b)]* **2** bildl. attitude, outlook, point of view, approach; *hans politiska ~* his political outlook; *ha en annan ~ till* . . have a different point of view as regards (different approach to) . .; *en negativ ~ till* . . a negative attitude towards (to) . .
inställsam *a* ingratiating, krypande cringing **-het** ingratiation
1 instämm|a *itr* **1** bildl., ansluta sig agree, *i (med)* with, concur, *i* in, *med* with; *[jag] -er!* I agree; *jag -er [med er] i att* sats I agree [with you] that sats; *~ i ett förslag* agree to (assent to, second) a proposal **2** i t.ex. sång se *1 stämma [in]*
2 instämma *tr* jur. se *3 stämma II*
instämmande **I** *-t -n* bifall agreement, concurrence, assent; *med ~[n] av (från)* flera ledamöter with [acclamations of] assent from . .; *med ~ i* föregående yttrande agreeing with . . **II** *a* concurring; *en ~ nick* a nod of assent
instäng|d *a* **1** eg. shut (inlåst locked) up pred.; *ett -t liv* a confined life **2** om luft stuffy, close
insubordination insubordination
insugningsventil inlet valve
insulin *-et 0* insulin **insulär** *a* insular
insupa *tr* **1** frisk luft o.d. drink in, inhale **2** bildl. imbibe
insurgent *-en -er* insurgent, rebel
in|svängd *a* . . curved (rounded) inwards; *~ i midjan* shaped at the waist **-syltad** *a* F bildl. mixed up, involved **-syn** **1** view; mil. observation; trädgården *är skyddad (öppen) för ~* . . is shut off from (open to) people's view **2** bildl. [public] control, *i* of; insight, *i* into **-sändande** av pengar remittance **-sändare** **1** debattinlägg letter to the press (till viss tidning the editor) **2** pers. correspondent

in|sätta *tr* **1** utse, förordna appoint; installera install, i rättigheter, ämbete establish; ~ *ngn som sin arvinge* make (appoint) a p. one's heir **2** se *sätta* |*in*| **-sättare** i bank depositor **-sättning 1** anbringande putting in, insertion, fitting |in| **2** i bank deposition; insatt belopp deposit

intag *-et 0* tekn. intake; friare äv. inlet

in|ta|ga| *tr* **1** plats, ställning, hållning m.m.: a) placera sig i (på), t.ex. sin plats take b) försätta sig i (resp. befinna sig i), t.ex. liggande ställning place oneself in (resp. be in) c) |inne|ha, t.ex. en ledande ställning occupy, hold, have d) t.ex. en ståndpunkt take up; ~ *en avvaktande hållning* take up a wait-and-see attitude; ~ *ordförandeplatsen* take the chair; ~ *ngns plats* träda i stället för ngn fill a p.'s place; *de har redan -tagit sina platser* äv. they are already seated; ~ en pose assume (take up) . .; han blev tvungen att ~ *sängen* . . take to his bed **2** mil. erövra take, capture, besätta äv. occupy; ~ . . *med storm* carry . . **3** måltid o.d. have, eat, take; *de -tog förfriskningar* they had refreshments; *han -tog sina måltider* på hotellet he had (ate) his meals . . **4** betaga, fängsla captivate, attract; *vara (bli) -tagen av (i) ngn* be captivated by a p. **5** ~*s av* t.ex. beundran, kärlek be seized (filled, t.ex. fruktan äv. struck) with . . **6** mera eg. bet. se *ta* |*in*| **intagande I** *-t 0* **1** taking in etc., jfr *ta* |*in*|; av annons o.d. insertion; i förening, på sjukhus m.m. admission, *i (på)* |in|to; på vårdanstalt commitment, *på* to **2** taking etc., jfr *inta*|*ga*|*;* mil. äv. capture, occupation **II** *a* captivating, attractive; charming **intagning** se *intagande I*

intakt *a* intact

intala *tr* **1** bildl., ~ inge *ngn (sig)* mod o.d. inspire a p. with (give oneself) . .; ~ inbilla *ngn (sig) ngt* put a th. into a p.'s (one's) head; ~ *ngn att* sats put it into a p.'s head that sats; ~ övertala *ngn (sig) att* inf. el. sats persuade a p. (oneself) to inf. (that sats) **2** eg. se *tala* |*in*|

inte *adv* **1** allm. not (i vissa fall jämte omskrivn. av huvudvb, jfr ex.); ibl. no (jfr äv. *3*), none, never, m.m., se ex. ned.: |*visst*| ~*!* certainly not!, oh no!, by no means!; ~ |*det*|*?* verkligen! no?, really?, is that so?; *jaså,* ~ *det?* konstaterande efter nekat yttrande oh not?, oh you don't (aren't etc.)?; ~ *en enda gång* not (never) once; *jag hade just* ~ *mycket* att klaga över äv. I had nothing much . .; *jag har* ~ *(~ någon) tid* I have no time; *jag vet (visste)* ~ I do not (did not, ledigare don't, didn't) know; *jag kan (vill)* ~ I cannot el. can't (will not el. won't); *det hoppas jag* ~*!* I hope not!; hon reste *för att* ~ *återkomma* . . not (never) to return; *en* ~ *alltför* ärorik bana a none too . .; det var ~ *för tidigt* . . none too early; *uppgiften är* ~ *lätt* äv. the task is no easy one; hon är förtjusande, ~ *sant?* . . isn't she?; han röker, ~ *sant?* . . doesn't he?; *i* ~ *obetydlig omfattning* to no (to a not) inconsiderable extent; ~ *tillfredsställande* ursäkt . . that is (resp. was) not satisfactory, jfr äv. *2;* ~ *för* ~|*t*| not for nothing; ~ *dess (desto) mindre,* ~ *förty (heller* etc.*)* se *2 dess 3, förty* etc.

2 före isht jakande attr. adj. ibl. in-, un-, non- - el. omskrivn. m. rel. sats (jfr *1);* ~ *ätliga* svampar inedible . .; *en* ~ *avundsvärd* lott an unenviable . .; *en* ~ *återkommande* utgift a non-recurring . .

3 ofta före komp. no; *det blir* ~ *bättre för det!* it'll be no (none the) better for that!, that won't make things better!; ~ *längre (mera)* no longer (more); ~ *senare än* not (mera känslobetonat no) later than; det räcker, ~ *hungrigare än jag är* . . as I am not so hungry

4 utan nek. bet. i utrop el. retorisk fråga vanl. utan motsv. i eng., jfr ex.: *hur skickligt har han* ~ . .! how cleverly he has . .!; *vem måste* ~ *inse* . .? who can help seeing . .?; *vilken* utomordentlig stilist *är han* ~! what a|n| . . he is!

in|teckna *tr* fastighet mortgage, *för* for, *över skorstenarna* up to the hilt **-teckning** i fastighet mortgage, *för (på)* for, *i* on; *ta en* ~ om ägaren raise a mortgage; *lån mot* ~ loan on mortgage

integral|kalkyl o. **-räkning** integral calculus **integration** matem., polit., ekon., skol. o. friare integration **integrera** *tr* (jfr föreg.) integrate **integrerande** *a,* ~ *del* integral part **integritet** integrity

intellekt *-et* - intellect **intellektualism** intellectualism **intellektuell** *a* intellectual; själslig (motsats 'fysisk') mental; *en* ~ an intellectual, F a highbrow **intelligens** *-en* **1** pl. *0* intelligence **2** pl. *-er* pers. man (resp. woman) of intelligence **intelligenskvot** intelligence quotient **intelligensundersökning** intelligence test **intelligensålder** mental age **intelligent** *a* intelligent, clever; *vara* ~ äv. have brains **intelligent|s|ia** *-n 0,* ~*n* the intelligentsia

intendent allm. föreståndare manager, superintendent; förvaltare steward; vid museum curator, keeper; sjö. o. flyg. purser; mil.: lägre quartermaster, högre commissary **intendentur** ung. supply service

intensifiera *tr* intensify **intensitet** intensity, i arbete o.d. äv. intensiveness **intensiv** *a* intense; koncentrerad intensive äv. om jordbruk; energisk, isht om pers. äv. energetic **intensivt** *adv* intensely etc.; *lyssna* ~ listen intently

intention intention

inter|ferens ~*en 0* interference **-foliera** *tr* interleave, friare intersperse

interimistisk *a* provisional, temporary **interimsbevis** scrip **interimskvitto** interim receipt **interimsregering** provisional (stopgap) government

interiör det inre interior; inomhusbild indoor picture; *~er* intima bilder inside (intimate) pictures
inter|jektion interjection **-kontinental** *a* intercontinental **-lokutör** interlocutor **-mezzo** *~t ~n* mus. o. friare intermezz|o (pl. -i el. -os); bildl., t.ex. vid en gräns incident **-mittent** *a* intermittent
intern I *a* internal; *~ television* closed-circuit television **II** *-en -er* internerad: på anstalt o.d. inmate, i fångläger internee **internat** *-et -* boarding school
inter|national *~en ~er* **1** *Första* (etc.) *~en* the First (etc.) International **2** *Internationalen* sången The Internationale fr. **-nationalisera** *tr* internationalize **-nationalism** internationalism **-nationell** *a* international
internatskola boarding school **internera** *tr* i fångläger intern, på anstalt o.d. detain, *i (på)* in; *en ~d* se *intern II* **internering** internment; detention
inter|nordisk *a* ung. inter-Scandinavian **-parlamentarisk** *a* interparliamentary **-pellant** questioner, interpellator **-pellation** question, interpellation; *framställa en ~* ask a question **-pellera** *tr, ~ ngn om ngt* put a question to a p. about a th. **-planetarisk** *a* interplanetary **-polera** *tr* interpolate **-punktera** *tr* punctuate **-punktion** *~en 0* punctuation **-punktionstecken** punctuation mark **-regnum** *~[et] 0* interregnum, *på* of **-rogativ** *a* interrogative **-urban** *a, ~t samtal* se *rikssamtal* **-vall** *~en (~et) ~[er]* interval **-venera** *itr* intervene **-vention** intervention
intervju *-n -er* interview; *anhålla om en ~ med ngn* ask a p. for an interview; *göra en ~ med ngn* have an interview with a p. **intervjua** *tr* interview **intervjuare** *-n -* interviewer **intervjuuttalande,** *i ett ~* in an interview
intet *obest. pron* **1** allm. se *ingen* **2** spec. fall: a) *det tomma ~* empty nothingness b) *gå (göra . .) om ~* come (bring . .) to naught (nothing) **intetsägande** *a* om fraser, samtal o.d.: tom, innehållslös empty, meningslös meaningless, insignificant, intresselös uninteresting, fadd vapid (äv. om pers.); om mat insipid; uttryckslös, om t.ex. ansikte expressionless; *ett ~ ansiktsuttryck (leende)* a vacant expression (smile); *ett ~* till intet förpliktande *svar* a non-committal answer; *se ~ ut* look insignificant **intighet** *-en -er* tomhet emptiness, värdelöshet worthlessness; *~er* obetydligheter trifles
intill I *prep* **1** om rum: fram till up to; *alldeles (tätt) ~* quite close to, med beröring [up] against **2** om tid until, up (down) to; *~ slutet* to the very end **3** om mått o.d. up to **II** *adv, i rummet ~* in the adjoining (adjacent) room; *vi bor alldeles ~* we live next door

intim *a* intimate; *en liten ~ lokal* äv. a little cosy place; *ett ~t samband* a close connection; *en av hans ~are vänner* äv. one of his close friends; *bli ~ med ngn* get on intimate terms with a p. **intimitet** *-en -er* intimacy
intolerans *-en 0* intolerance **intolerant** *a* intolerant
intonation intonation **intonera** *tr* intone; spela upp strike up
intransitiv *a* intransitive
intravenös *a* intravenous
intressant *a* interesting **intresse** *-t -n* interest; *~t är en viktig faktor* interest is an important element; *. . har nyhetens ~ . .* has the interest of novelty; *. . har (är av) stort ~ för mig . .* is of great interest to me; *fatta (ha, hysa) ~ för ngt* take an interest in a th.; *visa livligt ~ för . .* show (display) a keen interest in . .; *av ~ för saken* from (out of) interest in the matter; *det har förlorat betydligt i ~* it has lost a good deal of its interest; *det ligger i ert eget ~ att* inf. it is to your own interest to inf.
intresse|gemenskap community of interests **-kontor** personnel welfare department **-lös** *a* ointressant uninteresting, . . without interest **-löshet** lack (absence) of interest **-löst** *adv* without interest
intressent partner, interested party **intressera I** *tr, det ~r mig mycket (inte)* it is of great (no) interest to me; *om det ~r (kan ~) [er]* if it interests (may interest) you; *~ ngn för ngt* interest a p. in a th. **II** *rfl, ~ sig (sig mycket) för . .* take an interest ([a] great interest) in . ., be [very much] interested in . .
intresserа|d *a* interested, *i (av)* in; *nedlägga ett -t arbete på . .* put one's heart in one's work on . .; *religiöst ~e personer* persons with (possessed of) religious interests; *vara ~ i ett företag* have an interest (be interested) in an undertaking; *~e* subst. a. persons interested **intressesfär** sphere of interest **intresseväckande** *a* interesting
intrig *-en -er* intrigue, machination; plot äv. förveckling (i roman, drama) **intrigant I** *a* scheming **II** *-en -er* intriguer, schemer **intrigera** *itr* intrigue **intrigmakare** intriguer, schemer **intrigspel** intriguing, scheming
intrikat *a* invecklad intricate, complicated; svår difficult; delikat delicate
introducera *tr* introduce, *hos* to **introduktion** introduction **introduktionsbrev** letter of introduction
in|tryck bildl. impression; *få (ha) det ~et att . .* get (be under) the impression that . .; *jag fick ett gott ~ av honom* he impressed me favourably; *ge (göra) ~ av . .* give (convey, produce) the impression of . .; *göra ett djupt ~ på ngn* make a deep impression on a p.; *ta ~ av . .* be influenced by . . **-trång**

~et 0 encroachment, trespass; *göra ~ på (i)* . . vanl. encroach (trespass) [up]on . . **-träda** *itr* **1** eg. se *3 träda* [*in*] **2** friare, *~ i en förening (en firma)* join a society (a firm); *~ i kriget* enter the war; *~ i ngns ställe* take a p.'s place; *~ i sitt ämbete* take up one's office **3** bildl.: inträffa set in, börja commence, begin, uppstå arise, följa ensue; *så snart en förbättring -träder* as soon as there is an improvement **-träde** *~t 0* **1** entrance, isht friare entry; tillträde admission, admittance; *göra sitt ~ i* . . eg. vanl. enter . .; *ta sitt ~ i* t.ex. akademi take one's seat as a member of; *söka ~ i* t.ex. skola apply for admission into (entrance in); *vid hans ~ i rummet* on his entering the room; *vid vårens ~* on the setting in of spring **2** se *inträdesavgift*

inträdes|ansökan o. **-ansökning** application for admission (entrance) **-avgift** entrance-fee **-biljett** admission ticket **-fordringar** *pl* entrance requirements; *~na är* . . what is required (expected) of candidates for entrance . . **-prov** o. **-prövning** entrance examination **-sökande** *subst. a* applicant [for admission] **-tal** inaugural address

inträffa *itr* **1** hända happen, occur, come about; infalla occur, fall, *på* en söndag on . .; *om en olycka ~r* if there is an accident, if an accident occurs **2** ankomma arrive

intuition *-en 0* intuition **intuitiv** *a* intuitive

in|tyg certificate, *om (över, på)* of; isht av privatpers., utförligare testimonial, *om (över, på)* respecting (as to); jur. affidavit; skol. excuse; *utfärda (förete) ett ~* issue (show, present) a certificate osv.; *ge* el. *lämna* el. *utfärda ett ~ om ngt* äv. certify (attest, bekräftande affirm) a th.; *enligt ~ av* . . as certified (attested) by . . **-tyga** *tr* skriftligen certify, attest, bekräfta affirm, substantiate; *härmed ~s att* . . vanl. this is to certify that . . **-tåg** entry; *hålla sitt ~* make one's entry, *i* into; *våren har hållit sitt ~* spring has come **-täkt** *~en ~er* **1** *~er* influtna medel receipts, *av* from; proceeds, *av* of; statliga o. kommunala revenues; jfr f.ö. *inkomst* **2** *ta ngt till ~ för* . . take a th. as a pretext (försvar justification) for . .

in|under I *adv* underneath; *våningen ~* the apartment below; *ha mycket (litet, ingenting) ~* have a lot (very little, nothing) on underneath; *det ligger något ~* bildl. there is more in this than meets the eye **II** *prep* underneath, beneath, below **-uti** *adv* o. *prep* inside

invadera *tr* invade

in|vagga *tr, ~ ngn i säkerhet* lull a p. into security; *låta sig ~s i* . . let oneself be lulled (rocked) into . . **-val** election, *i* to

invalid *-en -er* disabled person, krigs~ disabled soldier **invalidiserad** *a* disabled, crippled **invaliditet** disablement, disability **invaliditetsförsäkring** disability insurance; jfr *försäkring 2* **invalid**[**itets**]**pension** se *förtidspension*

in|vand *a, ~a föreställningar* ingrained opinions; *~a handgrepp* practised manipulations **-vandra** *itr* immigrera immigrate, *i (till)* into (to); granen har *~t till Sverige* . . found its way into Sweden; *antalet till Sverige ~de personer* the number of persons that have immigrated into Sweden **-vandrare** immigrant **-vandring** immigration

invasion invasion **invasionsarmé** invasion (invading) army **invasionshot** threat of invasion

in|veckla I *tr, ~s (bli ~d) i ngt* get mixed up (embroiled, involved) in a th.; *vara ~d i en process* be involved in a lawsuit **II** *rfl, ~ sig i ngt* get [oneself] involved (entangled) in a th.; *~ sig i motsägelser* contradict oneself, get tied up in contradictions **-vecklad** *a* komplicerad complicated, complex, intricate; *göra mer ~* complicate

invektiv *-et -* invective

inventarieförteckning inventory; *upprätta en ~* make (draw up) an inventory

inventari|um *-et -er* **1** se *inventarieförteckning* **2** pers., *ett gammalt ~* a (an old) fixture **3** *-er* effects, movables, stores; *fasta -er* fixtures; *levande och döda -er* live and dead stock sg. **inventera** *tr, ~* [*ngt*] make (take) an inventory [of a th.]; *~ kassan* make an audit of the cash; *~* [*lagret*] take stock **inventering** inventory, lager~ stock-taking **inventeringsrealisation** stock-taking sale

inventiös *a* ingenious[ly planned (välinredd fitted up)]

in|verka *itr* have an influence; *~ på ngt* act (have an influence, operate) on a th.; *~ på* äv. affect, influence; *~ gynnsamt (skadligt)* [*på* . .] have a favourable influence (an injurious effect) [on . .] **-verkan** influence, action, effect; *röna ~ av* . . be influenced (affected) by . .; *utöva ~ på* . . influence . ., affect . . **-verkning** se *-verkan*

inversion inversion **invertera** *tr* invert

investera *tr* invest **investering** investment

invid I *prep* by; utefter alongside; *alldeles (tätt) ~ väggen* very close to the wall **II** *adv* close (near) by; *i rummet ~* in the adjoining (adjacent) room

in|viga *tr* **1** byggnad, skola o.d. inaugurate, utställning, bro, järnväg o.d. äv. open; fana o.d. dedicate; kyrka consecrate **2** installera consecrate, *till biskop* a bishop **3** kläder, en ny pipa o.d.: bära wear (använda use) . . for the first time **4** *~ ngn i ngt* göra ngn förtrogen med ngt initiate a p. into a th.; ~ *ngn i en hemlighet* let(take) a p. into a secret; *han är -vigd* he is initiated, F he is in the know; *han är -vigd i planen* he is in the secret of (is initiated into) the plan **-vigning** inauguration, opening, dedication, consecration; jfr *inviga 1* o. *2* **-vignings-fest** eg. inaugural (opening) ceremony; inflyttningsfest house-warming [party] **-vig-ningstal** inaugural (dedicatory) speech

invit *-en -er* inbjudan invitation; vink hint **in-vitera** *tr* invite, ask

invånarantal, [*hela*] *~et* the [total] number of [the] inhabitants, the total population **invånare** inhabitant, i hus äv. inmate, i stadsdel o.d. resident; *per ~* äv. per head

in|vägning weighing in **-vända** *tr, jag -vände att . .* I objected (made el. raised the objection) that . .; *det finns mycket att ~ mot . .* there are many (strong) objections to . ., there is a great deal [to say] against . .; *jag har inget att ~* [*mot det*] I have no objections [to it], I have nothing against it; *vad har du att ~ mot . .?* what have you got against . .?; *hån hade inte ett ord att ~ mot . .* he had not a word to say against . .; *mot detta kan ~s att . .* against this it may be said that . .; *åtskilligt kunde vara att ~ mot . .* many objections might be made against . . **-vändig** *a* internal; ficka e.d. inside **-vändigt** *adv* internally; i det inre in the interior; på insidan [on the] inside **-vändning** objection, *mot* to, against; *göra (komma med) ~ar mot* object to, raise objections to el. against, demur to; *det kan göras (resas) vissa ~ar mot detta förslag* this proposal is open to certain objections; *utan ~*[*ar*] äv. without demur **-vänta** *tr* avvakta await; vänta på wait for **-värtes I** *a* sjukdom, bruk o.d. internal **II** *adv* inom sig inwardly **-ympa** *tr* bildl. implant, engraft, *ngt hos ngn* a th. in a p. (in a p.'s mind); jfr *ympa* [*in*]

inåt I *prep* toward[s] (into, betecknande befintl. in) the interior of; *~ landet* äv. up country; *ett rum ~ gården* a room facing the yard (at the back) **II** *adv* inward[s]; gå *längre ~ . .* further in[to the interior]; *dörren går ~* the door opens inwards; *gå ~ med tårna (fötterna)* turn in one's toes [when walking] **-vänd** *a* eg. . . turned inward[s]; introverted, bildl. äv. introspective; självupptagen self--absorbed **-vändhet** bildl. introspectiveness; introverted character (nature)

inälvor *pl* bowels, intestines; djurs viscera, entrails, F guts; *hungern gnagde i hans ~* hunger was gnawing at his vitals **inälvs-mask** intestinal worm (koll. worms pl.)

inöva *tr* se *öva* [*in*]

iordning|ställa *tr* se [*ställa i*] *ordning* **-ställande** *~t 0* eg. putting in[to] order osv., jfr [*ställa i*] *ordning*; färdigställande preparation

Irak Iraq **iraker** *s* o. **irakisk** *a* Iraqi

Iran Iran **iran** *s* o. **iransk** *a* o. **iranska** *-n 0* språk Iranian

irer Irishman; jfr *irländare*

iridi|um *-um*[*et*] *(-et) 0* iridium

iris *-en -ar* anat. o. bot. iris

irisk *a* o. **iriska** *-n 0* språk Irish **Irland** Ireland **irländar|e** Irishman; *-na* som nation el. lag o.d. the Irish **irländsk** *a* Irish **irländsk|a** *-an* **1** pl. *-or* Irishwoman **2** pl. *0* språk Irish

ironi *-*[*e*]*n 0* irony, hån sarcasm; *genom en ödets ~* by the irony of fate, ironically enough **ironiker** ironist **ironisera** *itr, ~ över . .* speak ironically of . ., make iron-ic[al] remarks about . . **ironisk** *a* ironic[al], hånfull sarcastic

irra *itr, ~* [*omkring*] wander (rove) about; *han har en ~nde blick* his eyes are always wandering

irrationell *a* irrational; mat. äv. surd

irrbloss will-o'-the-wisp

irreguljär *a* irregular **irrelevant** *a* irrelevant **irreligiös** *a* irreligious **irreparabel** *a* irreparable

irr|färd, *~er* wanderings [here and there] **-gång** maze, labyrinth

irritabel *a* irritable **irritation** irritation **irritationsmoment** source of irritation, irritating thing **irritera** *tr* irritate, bildl. äv. annoy, nettle, exasperate; *han ~r mig* äv. he gets on my nerves; *bli ~d* äv. be (get) put out; *han är ~d på mig (över det)* he is annoyed with me (at that)

irr|lära false doctrine, relig. äv. heresy **-lärig** *a* heretical, heterodox[ical]

is *-en -ar* ice end. sg.; *fast ~* fast ice; *varning för svag ~* Notice: Ice unsafe here!; *~en (~arna) på insjöarna låg kvar* the lakes remained frozen (coated with ice); *~arna har ännu inte lagt sig* the waters have not yet [got] frozen over; *när isen går (bryter) upp* when the ice breaks up; *~arna är osäkra* the ice is not safe; *vara kall som ~* om kroppsdel be as cold as ice, om pers. be like ice; *bryta ~en* äv. bildl. break the ice; *lägga ngt på ~* äv. bildl. put a th. in cold storage; *blodet blev till ~ i hans ådror* his blood ran cold (froze in his veins); *vara* [*alldeles*] *under ~en* moraliskt have gone under (gone to the dogs), ekonomiskt äv. be down and out [completely] **isa** *tr* iskyla (dryck) ice, put . . [down] on ice

isabell[**a**]**färgad** *a* Isabella coloured, isabelline, biscuit-coloured, cream-coloured

isande *a* icy eg. o. bildl.; *en ~ köld* eg. a biting (severe, keen) cold (frost), bildl. an icy coldness (extreme chilliness), *mot* to[wards]

isa|s *itr. dep, blodet -des i mina ådror* my blood ran cold (froze in my veins)

is|banelopp o. **-banetävling** motor race

(tävlande racing) on ice **-bark** coating of ice **-belagd** *a* icy, ice-covered **-berg** iceberg **-berättelse** ice report **-bildning** formation of ice **-bill** ice-pick **-bit** piece (lump, bit) of ice **-björn** polar bear **-block** block of ice **-blomma** på fönster o.d. ice-fern; *-blommor* äv. frost-work sg. **-blåsa** läk. ice-bag **-brytare** ice-breaker **-bränna** *~n -brännor* ice-scarring, ice-blight (båda end. sg.) **-bälte** ice-belt

iscen|sätta *tr* produce, stage; bildl. stage, engineer **-sättning** production; staging; konkr. [stage-]setting

isch *itj* ugh!

ischias -[*en*] *0* sciatica

is|dubb ice-prod **-dös** ice-pit, ice-clamp **-flak** ice-floe **-fri** *a* ice-free **-förhållanden** *pl* ice-conditions **-gata,** köra (halka) *på ~n* . . on the icy road[s]; backen var *en enda ~* . . one sheet of ice **-hav,** *Norra (Södra) ~et* the Arctic (Antarctic) Ocean **-hinder** ice obstacle **-hink** iskylare ice-pail **-hockey** ice-hockey **-hockeyklubba** ice-hockey stick **-hockeyspelare** ice-hockey player

isig *a* icy; eg. äv. ice-glazed; bildl. äv. frosty

is|jakt ice-yacht, ice-boat **-jaktsegling** ice-yachting, ice-boating; färd ice-yachting (ice-boating) trip **-kall** *a* . . [as] cold as ice, ice-cold; isande icy, bildl. äv. frigid, glacial; isht om ngt som borde vara varmt äv. stone-cold **-kant,** *vid ~en* at the edge of the ice **-klump** lump of ice **-kyla** icy cold; bildl. iciness **-kyld** *a* t.ex. dryck ice-cooled

islam - *0* Islam **islamitisk** *a* Islamitic, Islamic

Island Iceland **islandslav** o. **islandsmossa** Iceland moss **islandssill** Iceland herring (koll. herrings) **islandströja** Iceland sweater

is|lossning break-up of the ice, i flod äv. débâcle fr. **-läggning** freeze-up

isländare Icelander **isländsk** *a* Icelandic; på Island äv. Iceland . . **isländsk|a** *-an* **1** pl. *-or* kvinna Icelandic woman **2** pl. *0* språk Icelandic **isländning** Icelander

ism *-en -er* ism

isobar *-en -er* isobar

isolation **1** avskildhet isolation **2** fys., tekn. insulation **isolationism** isolationism **isolationist** *s* o. **isolationistisk** *a* isolationist **isolator** insulator **isolera** *tr* **1** avskilja isolate, segregate; *han ~r sig* he keeps to himself, he withdraws from other people **2** fys., tekn. insulate **isoleringsband** insulating tape **isoleringsförmåga** fys., tekn. insulating property **isoleringsmaterial** insulating (elektr. äv. non-conducting, värmeisolerande äv. lagging) material

isop *-en 0* hyssop

isoterm *-en -er* isotherm **isotop** *-en -er* isotope

is|pigg icicle **-pik** ung. ice-stick

Israel Israel **israelier** *s* o. **israelisk** *a* Israeli **israelit** *-en -er* Israelite **israelitisk** *a* Israelitic, Israelite

is|rapport ice report **-ränna** channel through the ice **-skorpa** crust of ice **-skruvning** [rotatory] ice-pressure **-skåp** ice-box **-sörja** på land ice-slush; i vatten broken ice

istadig *a* restive **istadighet** restiveness

istapp icicle

ister *istret 0* flott lard **-buk** pot-belly äv. pers., F corporation

istid ice age, glacial period

iståndsätta *tr* se [*sätta i*] *stånd*

istäcke coating of ice; geol. ice-sheet, ice-cap

istället *adv* se *i stället* under *ställe 2*

is|upplag ice-store **-upptagning** harvesting of [the] ice **-vatten** icy water; avkylt m. is iced water, ice-water **-vinter,** *en svår ~* a winter with difficult ice-conditions

isynnerhet *adv* se [*i*] *synnerhet*

isänder *adv* se [*i*] *sänder*

isär *adv* åtskils apart; ifrån varandra away from each other; jfr äv. beton. part. under resp. enkla vb **-tagbar** *a, lätt ~* . . easy to take to pieces

isättning sömn. insertion

Italien Italy **italienare** *s* o. **italiensk** *a* Italian **italiensk|a** *-an* **1** pl. *-or* kvinna Italian woman **2** pl. *0* språk Italian. — Jfr *svenska*

italienskfödd *a* Italian-born; för andra sms. jfr äv. *svensk-*

itu *adv* **1** i två delar in two, in half (halves); sönder, *gå (vara) ~* go to (be in) pieces **2** se *ta* [*itu med*]

iver *-n 0* eagerness, keenness; nit zeal, ardour, stark. fervour; *med stor ~* with great zest, with alacrity **ivra** *itr, ~ för* t.ex. nykterhet be an eager (a zealous, a keen) supporter of **ivrare** *-n -* eager (zealous, keen) supporter, *för* of **ivrig** *a* eager, keen, stark. ardent; angelägen äv. anxious; enträgen urgent; energisk energetic; nitisk zealous, strenuous; innerlig devout, earnest; *bli (vara) ~* lätt upphetsad get (be) excited

iögon[en]fallande *a* framträdande conspicuous; tydlig, påtaglig very obvious, pred. äv. very much in evidence; slående striking; *på ett ~ sätt* conspicuously

J

j *j*-[*e*]*t*, pl. *j*[-*n*] bokstav j [utt. dʒei]

ja I *itj* (ibl. *adv*) **1** bekräftande, bifallande o.d., allm. yes, artigare o. isht till överordnad yes, Sir (resp. Madam); ss. utrop ay [, ay]!; vid upprop here!; uttr. motvilligt medgivande o. undvikande svar well; *regnar det fortfarande? — Ja* [*, det gör det*] is it still raining? — Yes [, it is]; *kommer du? — Ja, jag vet inte* are you coming? — Well, I don't know; *går du med på mitt förslag?— Ja, jag vet inte* will you accept my proposal? — Why (Well), you know, I'm not quite sure **2** m. försvagad innebörd, anknytande o.d., ibl. rent pleonastiskt well; *kommer du med oss? — Nej! — Ja, slipp då!* are you coming with us? — No! — [Well,] then don't; *~, då går vi då* well, let's go then; *om du gör det, ~ då . .* if you do that, [then] . .; *~, se pojkar (fruntimmer)!* these boys (women)!; *~, i så fall . .* very well, in that case . .; *just det, ~!* that's just it!; *~, ~, det är ingenting att göra åt det* well, there is nothing to be done about that; *~* [*, ~*]*, jag kommer* lugnande all right (irriterat yes, yes,) I'm coming! **3** uttr. en stegring: *jag trodde, ~, jag var säker på att han var oskyldig* I thought he was innocent, in fact I was sure of it, högt. I thought, nay, I was sure that he was innocent; *trettio, fyrtio, ~, femtio* thirty, forty, even (nay) fifty **4** i förb. m. adv. el. annan itj., *~ då!* oh yes!; *~ ~ män*[*san*]*!* to be sure!, isht amer. sure thing!; se vid. resp. adv. o. itj.

II -[*e*]*t* -[*n*] yes (pl. yeses); vid röstning aye; *få ~* receive (have, get) an answer in the affirmative (a favourable answer el. reply), vid frieri be accepted; *rösta ~* vote for the proposal (in the affirmative); *svara ~* answer in the affirmative; *hon svarade genast (gav honom genast sitt) ~* she accepted him straight off; *säga ~ till ngt* agree to a th.; se äv. *besvara 1*

1 jack *-et* - djup skåra gash; se vid. *2 hack*

2 jack *-en -ar* telef. jack; stickpropp plug

jack|a *-an -or* jacket

jacketkrona jacket crown

jackett *-en -er* morning-coat, cut-away

jag I *pers. pron.* I; *mig* me, rfl. myself (i adverbial m. beton. rumsprep. vanl. me); *~ (mig) själv* se under *själv; ~* [*, min*] *stackare!, stackars ~!* poor me!; *min fru och ~* vanl. my wife and I (ibl. me el. myself); *J~?* vanl. Me?; *~ sladdade med bilen* my car skidded; *det är ~* vanl. it's me, telef. speaking; *det är ~ som har fel* it is I (ibl. me) who am wrong; en fin karl *som ~ . .* like me; *äldre än ~* older than I [am] (than me, ibl. than myself); *ingen annan än ~* kunde . . no one . . but me, no one but I (me) . .; *du var mig* etisk dativ *en . .* you are a (resp. an) . .; *han gav mig den* he gave it [to] me; *jag har lärt mig det* I have learnt it; *han tog mig i armen* he took my arm; *jag tror mig ha rätt i det* I think I am right in that; *jag tog av mig handskarna (tvättade mig om händerna)* I took off my gloves (washed my hands); *gärna för mig* se under *gärna; jag har inga pengar på mig* I have no money about (on) me; *en vän till mig* a friend of mine; *kom hem till mig!* come round to my place; *jag var utom mig* I was beside myself; jfr äv. *sig* **II** *-et* - filos. ego (pl. -s); *hans andra ~* his alter ego lat.; *hans bättre ~* his better self; *visa sitt verkliga ~* come out in one's true colours

jaga I *tr* allm. o. isht om hetsjakt hunt; m. gevär ('skjuta') shoot (amer. dock hunt); friare o. i bet. 'förfölja' äv. chase, hound; *vara ute och ~* be out hunting (resp. shooting); *pojkarna ~de en fjäril* the boys were chasing [after] a butterfly; *struts*[*en*] *~s ofta från hästryggen* the ostrich is often hunted on horseback; *tjuvarna ~des på gatorna* the thieves were hunted up and down the streets; *~ efter ngt* run after (pursue) a th.; *~ bort* drive away; *~* driva *in* drive in; *~ upp:* a) *~ upp ngn ur sängen* drive (chase) a p. out of his (resp. her) bed b) få tag i get hold of c) göra upprörd upset; *en uppjagad stämning* a heated atmosphere; *~ ut* chase out **II** *itr* ila drive, chase, sweep; rusa hurry, dash; *~nde skyar* scudding clouds **jagare** *-n* - **1** krigsfartyg destroyer **2** segel flying jib

jagbetonad *a* egocentric[ally bias[s]ed]

jagform, *i ~* in the first person, in the I-form **jagisk** *a* individual

jaguar *-en -er* jaguar

jaha *itj* betänksamt well [, let me see (think)]; bekräftande yes [, to be sure]; jaså oh, I see

jak *-en -ar* yak

jaka *itr* say 'yes', *till* to; answer 'yes' (in the affirmative) **jakande I** *a* affirmative **II** *adv* affirmatively; *svara ~* [*på en fråga*] reply [to a question] (answer [a question]) in the affirmative

jakaranda *-n 0* trä jacaranda [wood]

Jakob eng. kunganamn James

1 jakt *-en -er* sjö. yacht

2 jakt *-en -er* jagande hunting, shooting, jfr *jaga I;* jaktparti hunt, resp. shoot; *~ och fiske* hunting and fishing; *~en efter mördaren* the hunt for the murderer; *~en efter berömmelse (rikedom)* the pursuit of fame (wealth); *anställa ~ på . .* institute a hunt for . .; *gå på ~* go [out] shooting, resp. go hunting; *vara på ~* be out hunting (resp. shooting); *vara på ~ efter* förfölja be in pur-

suit of, be chasing, söka be hunting [for], t.ex. nöjen, en våning be on the hunt for
jakt|byte jägares bag; djurs prey, game, quarry **-falk** gerfalcon **-flyg** fighters pl., vapenslag fighter command **-flygare** fighter pilot **-flygplan** fighter **-gevär** sporting gun; hagelgevär shotgun **-horn** hunting-horn, bugle **-hund** sporting dog, amer. hunting dog **-hydda** hunting-box, resp. shooting-box **-kniv** hunting-knife **-kort** hunting licence **-lag** game act **-lycka,** *ha ~* be lucky with the game, have good sport **-mark[er]** hunting-grounds pl.; *de sälla -markerna* the happy hunting-grounds **-plan** fighter, pursuit plane **-rätt** -rättigheter hunting (resp. shooting) rights pl. **-slott** hunting seat **-sällskap** hunting (resp. shooting) party; *~et* vid parforcejakt äv. the hunt (field, meet) **-tabell** sporting almanac **-tid** hunting (resp. shooting) season
jalusi -[*e*]*n* *-er* spjälgardin Venetian blind; skåp~ o.d. roll-front
jama *itr* miaow, mew; *~ me'd* bildl. agree [about everything]
jamb *-en -er* iamb; iam|bus (pl. -buses el. -bi) **jambisk** *a* iambic
jamboree *-n -r* jamboree
januari *r* January (förk. Jan.); jfr *april* o. *femte*
Japan Japan **japan[es]** *-en -er* Japanese (pl. lika), F Jap **japan[esi]sk** *a* Japanese **japan[esi]sk|a** *-an* **1** pl. *-or* kvinna Japanese woman **2** pl. *0* språk Japanese. — Jfr *svenska* **japanskfödd** *a* Japanese-born; för andra sms. jfr äv. *svensk-*
jargong *-en -er* jargon; svada jabber
jaröst vote in favour, aye
jasmin *-en -er* jasmine
jaspis *-en -ar* jasper
jass m. avledn. o. sms. se *jazz*
jaså *itj* oh!, indeed!, is that so?, you don't say so!, really?; *~, gjorde han det?* oh, [he did,] did he?; *~, han kommer* [*alltså*] *inte!* oh, he is not coming [then]?; varför stannade du? — *J~, du såg det! . .* Oh, so you saw that!; *~, det är mitt fel!* it's my fault, is it?; *~, inte det?* no?
jasägare yes-man
javan[es] *-en -er* Javanese (pl. lika) **javan[esi]sk** *a* Javanese **javan[esi]sk|a** *-an* **1** pl. *-or* kvinna Javanese woman **2** pl. *0* språk Javanese
javisst *itj* se [*ja*] *visst*
jazz *-en 0* jazz; *dansa ~* dance to jazz, jazz **jazza** *itr* se föreg., ex. **jazzbalett** jazz ballet **jazzband** jazz band **jazzmusik** jazz music
Jeanne d'Arc Joan of Arc
jeans *pl* jeans
jeep *-en -ar* jeep
jehu *s, som ett (en) ~* like a hurricane
jeremiad *-en -er* jeremiad, lamentation; *sluta upp med dina ~er!* stop whining (moaning)!
Jeriko Jericho
jersey *-n 0* jersey
jesuit *-en -er* Jesuit **jesuit[er]orden** best. form the Society of Jesus **jesuitisk** *a* Jesuit, neds. Jesuitic[al]
Jesus Jesus; *Jesu liv* the life of Jesus **-barnet** the Infant (the Child) Jesus
jet|drift jet propulsion **-driven** *a* jet-propelled **-motor** jet engine
jetong *-en -er* spel~ counter; belönings~ medal
jetplan jet [plane]
jiddisch *-en 0* Yiddish
jiujitsu *-n 0* j[i]u-jitsu, jiujitsu
jo *itj* (ibl. *adv*) **1** ss. svar på nekande el. tvivlande fråga el. påstående [oh (why),] yes; eftertänksamt well; oh; why; *fick du inte tag i honom? — Jo, det fick (gjorde) jag* didn't you get hold of him? — [Oh, yes,] I did; *~, det är han!* ss. svar på: a) är han inte hemma? oh yes, he [certainly] is (he's at home [, all right])! b) är han inte sjuk? oh yes, he is [, that's right]! c) är han inte bra tråkig? [why,] yes, he certainly is! **2** med försvagad innebörd, inledande, anknytande o.d., *~, det var* [*så*] *sant . .* oh, [yes,] that reminds me . .; *~, jag tänkte fråga om Ni kan . .* I should like to ask you if you can . .; *~ ~, så går det* well, that's what happens **3** i förb. m. adv. el. annan itj., *~ då!* oh yes!; *varför hör du inte på? — Jo då, det gör jag!* why aren't you listening? — I am beton. listening!; *~ ~ män[san]!* to be sure!; I'll say!; amer. sure thing!; se vid. resp. adv. o. itj.
JO se *justitieombudsman*
jobb *-et -* job äv. arbetsplats, work end. sg. **jobba** *itr* **1** arbeta work, be on the job; ligga i go at it **2** spekulera speculate; göra tvetydiga affärer do jobbing **jobbare** **1** arbetare worker **2** börs~ o.d. speculator, fastighets~ jobber, kristids~ o.d. profiteer **jobberi** speculation, stark. racket **jobbig** *a, det är ~t* it's hard work (a tough job)
jobspost bad news; *en ~* a piece of bad news
jockej *-en -er* o. **jockey** *-n -er* jockey
jod *-en 0* iodine
joddla *itr* yodel **joddling** joddlande yodelling
jod|haltig *a* iodic **-sprit** tincture of iodine
jogga *itr* ung. limber up
Johan[nes] John; *Johannes döparen* St. John the Baptist; *Johannes' evangelium* the Gospel according to St. John
jok|er *-ern -rar* joker
joll|e *-en -ar* liten roddbåt el. segel~ dinghy, skiff; större (skeppsbåt) jolly-boat, yawl, örlog. tender
joll|er *-ret 0* babble, babbling; småbarns äv. crowing, prattle **jollra** *itr* babble; crow, prattle; jfr föreg.
jolmig *a* mawkish; fadd vapid; blaskig wishy-

-washy
jon *-en -er* ion
jonglera *itr* juggle **jonglör** juggler
jonisera *tr* ionize **jonisering** ionization
jonisk *a* Ionic; om invånare Ionian
jonosfär ionosphere
jord *-en -ar* **1** jordklot earth; värld world; *Moder* ~ Mother Earth; [*här*] *på* ~*en* on [this] earth; *frid på* ~*en* peace upon earth; *på hela* ~*en* in the whole world; *resa runt* ~*en* go round the world; *till* ~*ens ände* to the ends of the earth
2 mark ground; jordmån soil; mylla, mull earth, amer. äv. dirt; stoft dust; *odla* ~*en* cultivate the ground (soil); *av* ~ *är du kommen,* ~ *skall du åter varda* earth to earth, ashes to ashes, dust to dust; *kunna (vilja) sjunka genom* ~*en av blygsel* be ready to sink into the ground with shame; *falla i god* ~ fall into good (on fertile) ground; *komma ordentligt i* ~*en* bli begravd be decently buried; *få ngn i* ~*en* get a p. laid to rest; *hålla sig (stå med båda fötterna) på* ~*en* keep both feet firmly on the ground; *under* ~*en* under (below) ground; *gångar under* ~*en* underground passages; *gå under* ~*en* bildl. go underground (under ground), go to earth
3 område land; *ett stycke* ~ a piece of land; *kronans* ~ Crown lands
4 elektr. (jordledning) earth, amer. ground
jorda *tr* **1** begrava bury **2** elektr. earth, amer. ground **jordabalken** the Code of Land Laws **jordande** myt. earth spirit, gnome
Jordanien Jordan **jordansk** *a* Jordanian
jord|art soil [type]; geol. [sort of] earth **-axel** axis of the earth **-bana** sport. dirt track **-bruk 1** abstr. agriculture, farming **2** konkr. farm, holding, mindre plot **-brukare** farmer, agriculturist
jordbruks|arbetare [farm] labourer **-departement** ministry (amer. department) of agriculture **-distrikt** agricultural district **-minister** minister (amer. secretary) of agriculture **-produkt** agricultural (farm) product; ~*er* äv. agricultural (farm) produce sg. **-redskap** agricultural (farming) implement
jord|bunden *a* earth-bound, earthy **-bävning** earthquake **-drott** great landowner **-egendom** landed property
jordeliv, ~*et* the (this) present life, our life on earth **jordenruntflygning** round-the--world flight
jord|fräs rotary cultivator **-fynd** arkeol. earth find **-fästa** *tr* read the funeral service over **-fästning** funeral service **-förbättring** improvement of the soil **-glob** [terrestrial] globe **-golv** earth[en] (amer. dirt) floor
jordgubbe strawberry **jordgubbsland** strawberry bed **jordgubbssylt** strawberry jam
jordhåla cave (hole) in the earth; soldaters dug-out **jordhög** mound **jordig** *a* nersmutsad . . soiled with earth **jordisk** *a* earthly, terrestrial, världslig worldly, relig. äv. mortal, timlig temporal; *hans* ~*a kvarlevor* vanl. his mortal remains; *det* ~*a livet* the (this) present life; *lämna det*[*ta*] ~*a* depart this life
jord|kabel underground cable **-klot** earth; ~*et* äv. the globe **-klump** clod (lump) [of earth] **-kula** håla den (cave) [in the earth] **-lager** earth-layer **-lapp** patch (plot) of ground **-ledning** elektr. underground wire; radio. earth lead; rör- underground pipe **-loppa** flea-beetle **-magnetism** geomagnetism, terrestrial magnetism **-mån** ~*en* ~*er* äv. bildl. soil **-ning** elektr. earthing **-nära** *a* earthy **-nöt** peanut, bot. äv. groundnut **-ras** landslip **-reform** land reform **-ränta** income from landed property, rent **-skalv** earthquake **-skorpa** [earth] crust **-skred** äv. bildl. landslide **-stöt** earthquake **-vall** rampart, earthwork **-yta** markyta surface of the ground; *på* ~*n* jordens yta on the earth's surface, on the face of the earth **-ärtskocka** Jerusalem artichoke **-ärtskockspuré** cream of artichoke soup
jos *-en -er* se *juice*
jota *oböjl. n, inte ett* ~ not a jot, not an iota (atom)
jour 1 *-en -er, ha* ~[*en*] be on duty **2** se *à jour* **-havande I** *a* . . on duty (in charge) [for the day] **II** ~*n* ~, ~[*n*] om läkare the doctor (om officer the officer) on duty
journal *-en -er* **1** dagbok, tidning journal; läk. case-book; sjö. log-book, log **2** film news-reel **journalist** journalist **journalistik** *-en 0* journalism **journalistisk** *a* journalistic
jourtjänst läkares o.d. emergency duty (låssmeds o.d. service), dygnet om 24-hour duty (resp. service)
jovial[**isk**] *a* jovial, genial **jovialitet** joviality, geniality
jox *-et 0* smörja, skräp trash, rubbish, tripe; besvär bother, trouble **joxa** *itr,* ~ *med ngt* mess (muck) about with a th.
ju *adv* **1** bekräftande o.d. why först i satsen; naturligtvis of course, förstås to be sure, visserligen it is true, som bekant as we [all] know, det vet du ju [as] you know (see); *du kan* ~ *göra det* a) om du vill you can do so, to be sure b) m. beton. 'du' you can do it; *varför hör du inte på? — Ja, men jag gör* ~ *det!* why aren't you listening? — But I am beton. listening!; *du sa* ~ *halv två* [*eller hur?*] but you said one thirty [didn't you?]; *det menar du* ~ *inte* you don't mean that, I'm sure; *jag har* ~ *sagt det* flera gånger I have said (told you) so . . , haven't I?, I told you so . . , didn't I?; *där är han* ~*!* why, there he is! **2** konj., ~

. . *dess (desto,* ibl. *~)* the . . the; *~ förr dess (desto) bättre* the sooner the better
jubel *jublet 0* hänförelse enthusiasm, rejoicing, triumferande exultation, glädjerop shout[s pl.] of joy, enthusiastic cheering (cheers pl.), *över* at; munterhet hilarity, merriment; *då brast jublet lös* then a storm of rejoicing (resp. cheering) burst forth **-doktor** 'jubilee' doctor, person who has held a doctorate for fifty years **-idiot** prize idiot **-rop** cry of joy **-skri** shout of joy
jubilar *-en -er* person celebrating a special anniversary **jubilera** *itr* celebrate one's (a special) anniversary **jubile|um** *-et -er* [special] anniversary **jubileumsfest** anniversary celebration **jubileumsfrimärke** commemorative [stamp]
jubla *itr* högljutt shout with joy, inom sig rejoice, exult, *över* at (about); *~nde* shouting; *~nde glad* radiantly happy
judafolket the Jewish people pl.
judaskyss Judas kiss
jud|e *-en -ar* Jew **Judéen** Judaea, isht amer. Judea
jude|fientlig *a* anti-Jewish **-frågan** the Jewish question **-förföljelse** persecution of the Jews **-hat** hatred of the Jews **-kristen** *a* Judaeo-Christian **-kvarter** Jewish quarter
judendom *-en 0, ~[en]* Judaism
judepogrom pogrom against the Jews **judevänlig** *a* pro-Jewish
judiciell *a* judicial
judinna Jewess **judisk** *a* Jewish, neds. (end. attr.) äv. Jew
judo *-n 0* judo
jugoslav *-en -er* Jugoslav, Yugoslav **Jugoslavien** Jugoslavia, Yugoslavia **jugoslavisk** *a* Jugoslav[ian], Yugoslav[ian] **jugoslaviska** Jugoslav (Yugoslav) woman
juice *-n -r* fruit juice
jul *-en -ar* Christmas (förk. Xmas), ibl. (avseende hednisk tid samt poet.) Yule[tide]; *god ~!* [A] Merry Christmas!; han kommer *i ~* . . at (denna jul this) Christmas; *i ~as* last Christmas; *om (på) ~en (~arna)* at Christmas[-time] [varje år every year]; få ngt färdigt *till ~* . . by Christmas; vad gav du honom *till ~* . . for Christmas; *jag fick det till ~* som julklapp I got it as a Christmas present; *stanna ~en ut (över ~en)* stay over Christmas (till Christmas is over) **jula** *itr* tillbringa julen spend Christmas
jul|afton, *~[en]* Christmas Eve; *~[en] (på ~[en])* var vi . . on Christmas Eve . . **-bak,** *ha (ställa till med) ~* do some baking for Christmas **-bock** Christmas goat [av halm made of straw] **-bok** Christmas book; julklappsbok book for Christmas **-boksflod** flood of books at Christmas **-bord** middagsbord Christmas dinner-table **-brådska** Christmas rush **-dag 1** *~[en]* Christmas Day; *[på] ~en* var vi . . on Christmas Day . . **2** *~arna* julhelgen Christmas, the Christmas holiday sg. **-dagsmorgon** Christmas morning **-ferier** *pl* Christmas holidays **-fest** t.ex. i skola Christmas party **-fint** *adv, vi har ~ här hemma* we have [got] the home nice for Christmas **-firande** *s* celebration of Christmas; *svenskt ~* the Swedish way of celebrating Christmas **-glädje** Christmas cheer **-gotter** *pl* Christmas sweetmeats, good things to eat for Christmas **-gran** Christmas tree; *det är ingenting att hänga i ~[en]* bildl. it is nothing to write home about **-gransfot** Christmas tree stand **-gransplundring** children's party after Christmas at which the Christmas tree is stripped of decorations **-gransprydnader** *pl* Christmas tree decorations **-gris** Christmas pig **-gröt** se *risgrynsgröt* **-handel** Christmas trade **-handla** *itr* do one's Christmas shopping **-helg** jul Christmas; *under ~en* during Christmas (ledigheten the Christmas holidays) **-hälsning** Christmas greeting
juli *r* July; jfr *april* o. *femte*
juliansk *a* Julian
jul|klapp Christmas present; *köpa ~ar* äv. buy presents for Christmas; önska sig ngt *i (till) ~* . . for Christmas **-klappsutdelning** distribution of Christmas presents **-kort** Christmas card **-korv** Christmas sausage
julle se *jolle*
jul|lek Christmas game **-ljus** Christmas candle **-lov** Christmas holidays pl. **-marknad** Christmas fair **-otta** early service on Christmas Day
julp *-en -ar* se *gylf*
jul|pynt Christmas decorations pl. **-ros** Christmas flower (rose) **-skinka** [baked] Christmas ham **-skyltning** Christmas window-display **-stjärna 1** *~n* the Star of Bethlehem **2** i julgran star on the top of a Christmas tree; i fönster illuminated star placed in a window [at Christmas] **3** bot. poinsettia **-städa** *itr* make the place clean and tidy for Christmas **-stämning** Christmas spirit (atmosphere) **-stök** preparations pl. for Christmas **-sång** Christmas carol (song) **-tid** Christmas-time, Christmas-tide **-tidning** Christmas magazine **-tomte** Father Christmas, Santa Claus (båda äv. *~n*)
jumbo *-n 0, komma (bli, ligga) ~* come (be) last
jumpa *itr* jump from one piece of floating ice to another
jump|er *-ern -rar (-ers)* jumper
jungfru *-n -r* **1** ungmö maid[en]; kysk kvinna

virgin; *Jungfrun* astr. Virgo, the Virgin; *J~ Maria* the Virgin [Mary], the Holy Virgin; *Jungfrun av Orleans* the Maid of Orleans **2** hembiträde maid[-servant] **3** tekn. beetle, rammer **-färd** maiden voyage **-födsel** biol. parthenogenesis **-kammare** servant's [bed]room **-lig** *a* maidenly, maiden . . ; maidenlike; ~ *mark* virgin soil **-lighet** maidenliness; virginity **-tal** maiden speech

jungman ordinary seaman

juni *r* June; jfr *april* o. *femte*

junior I *a* junior; A.B. Smith ~ (förk. *jun.*) . . , Junior (Jun., Jr.) **II** -[*e*]*n -er* sport. junior

junk|er *-ern -rar* hist. squire, [young] nobleman, i Preussen junker

junonisk *a* Junoesque, Junonian, friare majestic

junt|a *-an -or* militär~ junta

Jupiter Jupiter äv. astr., ibl. Jove

juraperioden geol. the Jurassic period

juridik *-en 0* law, ss. vetenskap äv. jurisprudence; *studera* ~ study [the] law **juridisk** *a* allm. legal; juridical; avseende rättsvetenskap jurisprudential; *den ~a banan* the legal profession; *slå in på den ~a banan* go in for a legal career; ~ *examen* grad law degree; ~ *fakultet* faculty of law; ~ *föreläsning* lecture on jurisprudence; ~ *hjälp* legal assistance; *~t ombud* legal representative; ~ *person* (mots. fysisk) juridical (juristic[al], artificial) person **juridiskt** *adv* legally osv.; ~ *sett* from a legal point of view

juris, ~ *doktor (jur. dr)* Doctor of Laws (of Civil Law; i Engl. förk. LL.D., resp. D.C.L., båda efter namnet); ~ *kandidat (jur. kand.)* ung. graduate in Law, eng. motsv. ung. Bachelor of Laws (förk. LL.B. efter namnet); ~ *studerande* law student; jfr vid. under *filosofie* **jurisdiktion** *-en 0* jurisdiction **jurist 1** praktiserande lawyer osv., jfr *advokat;* rättslärd jurist **2** juris studerande law student **jury** *-n -er* jury; *vara medlem av en* ~ serve on a jury **juryman** juryman, juror

jus *-en 0* se *2 sky*

1 just *adv* just; exakt, precis äv. exactly, precisely; egentligen, verkligen really; *jag skall ~ gå* [*ut*] I'm just going [out]; *jag har ~ kommit* I've just got here; *jag undrar ~ hur* . . I really wonder how . . ; ~ *där*[*i*] *ligger* svårigheten that is just (exactly) where . . lies; ~ *nu* i detta ögonblick just (right) now, [just] at this very moment, för närvarande at the present moment; ~ *samma kväll* [on] that very (same) evening; ~ *i detta (samma) ögonblick* [just] at this (that) moment; *det var ~ trevligt!* very nice, indeed (to be sure)!; *det är ~ den mannen* he is just the man (the very man); *han är ~ den rätte!* he is just the [right] one! äv. iron; *ja, ~ han!* yes, him!, the very man!; varför väljer man ~ *honom?* . . him of all people?; ~ *det* [*, ja*]*!* that's right!; *det kan göra ~ detsamma* it makes no difference at all (whatever); ~ *ingenting* ingenting särskilt nothing in particular, så gott som ingenting practically nothing

2 just I *a* regelmässig, äv. rättvis, hederlig fair; korrekt correct, *mot* i båda fallen to[wards]; oklanderlig irreproachable, om uppträdande, klädsel unexceptionable; pred.: i sin ordning all right, in order **II** *adv* fair[ly]; correctly osv.; *handla ~ mot ngn* treat a p. fairly; *spela* ~ play fair

justera *tr* **1** adjust, instrument regulate, set . . right, mekanism true up; mått, vikt gauge, verify; protokoll check, confirm, approve **2** sport. injure **justerbar** *a* adjustable **justering 1** adjusting, regulating osv., verification, jfr *justera 1* **2** sport.: skada injury **justeringsman,** utse två *justeringsmän* . . members to check the minutes

justitie|departement ministry (amer. department) of justice; *~et* eng. motsv. the Lord Chancellor's Office, i vissa funktioner the Home Office **-kansler,** *~n* ung. the Attorney-General **-minister** minister of justice; *~n* eng. motsv. the Lord Chancellor, the Home Secretary (jfr *-departement*), i Amer. the Attorney General **-mord** judicial murder, juridiskt misstag miscarriage of justice **-ombudsman,** *~nen* (förk. *JO*) the Ombudsman, the [Swedish] Parliamentary Commissioner for the Judiciary and Civil Administration **-råd** Justice of the Supreme Court; i Engl. ung. Lord Justice; i Amer. Associate Justice of the Supreme Court

jute *-n (-t) 0* växt o. fiber jute **-väv** jute cloth, gunny

juvel *-en -er* jewel äv. bildl., ädelsten gem; *~er* eg. äv. jewel[le]ry sg. **juvelbesatt** *a* jewelled **juvelerarаffär** jeweller's [shop] **juvelerare** jeweller

juvel|halsband diamond necklace **-prydd** *a* bejewelled **-ring** diamond ring **-skrin** jewel-case

juv|er *-ret -er* udder

jyck|e *-en -ar* hund dog, F pooch; neds. cur; prisse beggar, johnny, bloke

Jylland Jutland

jädrans *oböjl. a* o. *adv* o. **jädrig** *a* se *jäkla, jäklig*

jägare person som jagar sportsman; yrkes~ o. bildl. hunter; friare äv. huntsman **jägarfolk** nation of hunters **jägarspråk** sporting language (jargon) **jägmästare** forest officer, [certified] forester

jäk|el *-eln -lar* devil; *-lar!* damn [it]!, confound it!; *en stackars ~* a poor devil **jäkelskap** *-et 0, göra ngt på rent ~* do a th. out of sheer devilment — jfr äv. följ. **jäkelstyg** mischief **jäkla I** *oböjl. a* blasted, darned, dashed, blooming, bally, stark. damn[ed], cursed, deuced, confounded; *en ~ röra* äv. a devil of a mess **II** *adv* damn[ed], confoundedly **jäklas** *itr. dep, ~ med ngn* be [damned] nasty to a p. **jäklig** *a* om pers. vanl. damn[ed] nasty, *mot* to; om sak vanl. damn[ed] rotten (awful) **jäklighet** elakhet [damned] nastiness **jäkligt** *adv* damn[ed], confoundedly

jäkt *-et 0* brådska hurry, haste; fläng bustle, hustle, rush [and tear]; *storstadens (vardagens) ~* the rush and tear of the city (of everyday life); *ett fasligt (evinnerligt) ~* a constant rush and tear; *det blir ett sådant ~* att hinna dit it will be such a rush . .; *~et efter nöjen (popularitet)* the hectic pursuit of amusements (popularity) **jäkta I** *itr* be [always] on the move (go), be in a hurry; *vi måste ~* för att komma i tid we must rush . .; *~ inte!* don't rush (hurry)!, ta det lugnt take it easy! **II** *tr* hurry . . on, keep . . on the drive (run), never leave . . in peace; *~ mig inte!* don't rush me!; *~d* jagad driven, chased, hetsad harried, worried; *som ett ~t villebråd (djur)* like a hunted deer; *~d av arbete* pushed (driven) with work; *~ ihjäl sig* drive oneself to death **jäktande** *-t 0* se *jäkt* **jäktig** *a* terribly busy, hectic **jäktigt** *adv, ha det ~* have a terribly busy (hectic) time of it

jäm|bred *a* se *jäm[n]bred* **-bredd,** *i ~ med* side by side with, bildl. on a level with **-bördig** *a* **1** jämgod . . equal in merit, equal, *med* to, . . of equal merit, *med* with; *utan ~ medtävlare* without a (any) competitor of his (her osv.) own class **2** av lika god börd . . equal in birth; bli behandlad *som [en] ~* . . as an equal **-bördighet** equality [in merit, resp. in birth, jfr föreg.] **-fota** *adv, hoppa ~* jump with both feet together

jämför|a *tr* compare; *~ med* a) anställa jämförelse mellan compare . . with b) förlikna vid compare . . to; *jämför* (förk. *jfr*) . . compare (cp.) . . , confer (cf.) lat. . . ; *han (det) kan inte ~s med* . . he (it) cannot be compared (cannot compare) with . . , there is no comparison between him (it) and . . , he (it) is not comparable with . . , friare äv. he (it) and . . are not in the same class; *-t med* el. *om man jämför med* äv. in comparison with; *~nde* t.ex. språkforskning comparative **jämförbar** *a* comparable

jämförelse comparison; *dra upp en ~ mellan* . . äv. draw a parallel between . .; *utan [all] ~* without [any] (beyond [all]) comparison; *utan ~ för övrigt* vill jag ändå påstå passing by other points of comparison . .; *vid en ~* fann man . . on comparison . ., on a comparison [being made] . .; *vid en ~* måste man ta hänsyn till . . when (in) making a comparison . . **jämförelsevis** *adv* comparatively, förhållandevis proportionately, relativt relatively; *den var ~ billig* friare äv. it was rather cheap **jämförlig** *a* comparable, . . to be compared, *med* with; likvärdig equivalent, *med* to

jäm|gammal *a* se *jämnårig* **-god** *a* se *jäm[n]god*

jämka *tr itr* **1** eg., *~ [på]* maka (flytta) på move, shift; *~ på* ändra på, justera adjust; *~ på stolen (slipsen)* adjust [the position of] the chair (one's tie); *vill du ~ [på] dig lite (lite på dig)?* can't you move (shift) your position a little?; *~ ngt till rätta* put a th. straight (into its right place); *~ ihop er lite* please, move a little closer together **2** bildl. **a)** avpassa adapt, *efter* to; *~ på* t.ex. sina åsikter, principer: justera adjust, modifiera modify, pruta på give way [a little] as regards **b)** slå av på, *~ något på priset* knock something off the price **c)** medla o.d., *~ mellan två parter* mediate between two parties; *~ ihop olika uppfattningar* bring different (variant) opinions into line with each other **jämkning** justering [re]adjustment; modifiering modification

jämlik *a* equal **jämlike** equal **jämlikhet** equality **jämlikt** *prep* according to, in accordance with

jämlöpande se *jäm[n]löpande*

jämmer *-n 0* jämrande groaning, moaning; klagan lamentation; elände misery **-dal** vale of tears **-full** *a* doleful **-lig** *a* **1** eländig, ömklig miserable, wretched, pitiable **2** klagande mournful, wailing **-rop** o. **-skri** wail[ing], nödrop cry of distress

jämn *a* **1** om yta: utan ojämnheter even, plan level, slät smooth

2 likartad, regelbunden even, regular; likformig uniform; alltigenom lika equable; konstant constant; kontinuerlig continuous; *~a andetag* regular (even) breathing sg.; *en ~ kamp* an even struggle; *ett ~t klimat* a steady (equable) climate; *av ~ kvalité* of uniform quality; *ha ett ~t lynne* be of an unruffled temperament, be even-tempered; *med ~a mellanrum* at regular intervals; *ha ~t sjå [med] att* inf. have a proper job + ing-form; *hålla ~a steg med* keep in step with, bildl. keep pace (even, up) with; *en ~ ström av resande* a continuous stream of travellers; . . *har ökat i ~ takt* . . has increased at a steady rate; *~ temperatur (värme)* uniform temperature (heat)

3 om tal, mått o.d., äv. i bet. 'avrundad' even; *~a par* an equal number of men and women; *ha ~a pengar* have [got] the exact change; *en ~ summa* äv. a round sum; *i ~a tusental* in even thousands; *det är ~t!* sagt t.ex. till en kypare never mind the change (what's over)!, [please,] keep the rest!; det är (blir) *precis*

~*t* . . just right, . . the right (exact) amount
jämna *tr* eg. level, make . . level (even, smooth); kanterna på ngt even up; klippa jämn, 'putsa' trim; bildl., t.ex. vägen för ngn smooth; ~ *med marken (jorden)* level with the ground; ~ *av* marken level, yta äv. make . . even, tekn. face; klippa jämn, 'putsa' trim [up]; ~ *till (ut)* level, make . . level; *det ~r ut sig* it evens itself out; jfr *utjämna* **jämnan,** *för* ~ for ever **jäm[n]bred** *a* equally broad (resp. wide); lika bred överallt . . of a uniform breadth (resp. width) **jäm[n]god** *a, vara ~a* be equal to one another; *vara ~ med* be just as good as, be quite up (equal) to
jämn|grå *a* . . of an even grey[ness] **-het** evenness, levelness osv., regularity, uniformity, jfr *jämn* **-hög** *a* equally high (resp. tall etc.); m. alla partier lika höga (om t.ex. en mur) of a uniform height **-höjd,** *i ~ med* on a level with äv. bildl.
jäm[n]löpande *a* parallell parallel, *med* to **jämnmod** equanimity, composure **jämnmulen** *a, en ~ himmel* an entirely overcast sky **jäm[n]smal** *a* equally narrow (resp. thin); lika smal överallt . . of a uniform narrowness osv. **jäm[n]stark** *a, vara ~a* be equal in strength, be equally strong **jäm[n]stor** *a* med alla enheter lika stora . . of a uniform size; *vara ~a* be equal in size **jämnstruken** *a* medelmåttig mediocre, indifferent; om betyg uniformly low
jämnt *adv* **1** even[ly], level, smoothly, regularly osv., jfr *jämn 1* o. *2; dela ~* divide equally; *dra ~* pull even; *inte dra ~* komma överens not pull well together; *gå ~* om maskin o.d. work (run) evenly (smoothly); *vara ~ fördelad* be equally divided; *det väger ~* the scales are even, bildl. it is even **2** precis exactly; *du är dum, det är just ~ vad du är!* you're silly, that's what you are!; *och därmed ~* basta! and that's that!, and that's enough!; *jag tror honom inte mer än ~* I only half believe him; *det är inte mer än ~ att han reder sig* he just about manages; jfr *nätt [och jämnt]*
jäm[n]tjock *a* equally thick; lika tjock överallt . . of a uniform thickness **jämnårig** *a* . . of the same age, *med* as; *han och jag är ~a* he and I are just about the same age; *mina ~a* persons of my [own] age
jämra *rfl* kvida wail, moan; stöna groan; gnälla whine; klaga complain, *över* i samtl. fall about; beskärma sig lament, *över* about (over)
jäms *adv, ~ med (efter)* a) i jämnhöjd med at the level of, level (flush) with b) längs, utmed alongside [of]
jäm|sides *adv* eg. side by side, *med* with; abreast, *med* of; ~ *med* äv. alongside [of] äv. bildl., samtidigt med contemporaneously with; *löpa (gå) ~ med* äv. run parallel with
-smal *a* se *jäm[n]smal* **-spelt** *a* evenly matched, pred. äv. even **-stark** o. **-stor** se *jäm[n]stark* o. *jäm[n]stor* **-ställa** *tr* place . . side by side (on a level), *med* with; place . . on an equality (on an equal footing, on a par), *med* with; rank (class) . . in the same category, *med* as; *vara -ställd med* rank [equal] with; jfr *likställd*
jämt *adv* alltid always; ~ *[och ständigt (samt)]* el. *ständigt och ~* for ever, oupphörligt incessantly, perpetually, gång på gång constantly, continually; ~ *och ständigt* osv. *göra ngt* äv. keep on doing a th. [all the time]
jämte *prep* tillika med in addition to, together with; inklusive including; utse ngn att ~ *ord föranden underteckna* protokollet . . to assist the chairman in signing . .; *kungaparet ~ uppvaktning* the Royal Couple and their suite
jämvikt allm. balance äv. bildl.; eg. o. fys. equilibrium; *återfå (återställa) ~en* recover one's (redress the) balance; *vara i ~* äv. bildl. . . [well-]balanced; *bringa ngn ur ~[en]* put (throw) a p. off his balance **jämviktsläge** state (position) of equilibrium äv. bildl.
jämväl *adv* likewise; även also
jänt|a *-an -or* lass
järn *-et -* iron äv. ss. läkemedel o. bildl.; *ha [för många] ~ i elden* have got [too] many irons in the fire; balk *av ~* äv. iron . .; *masterna är av ~* the masts are made of iron **-affär** butik ironmonger's [shop], amer. hardware store **-balk** iron girder **-band** iron band (hoop) **-beslag** iron mounting **-betong** reinforced concrete, ferro-concrete **-brist** läk. lack of iron **-bro** iron bridge **-bruk** ironworks (pl. lika), foundry **-dörr** iron door **-ek** holly **-filspån** *pl* iron filings **-galler** iron grating **-grepp** iron grip **-grind** iron gate **-gruva** iron mine
järn|halt iron content, percentage of iron **-haltig** *a* attr. . . containing iron; ferruginous, ferriferous; läk. o. isht om källa o.d. chalybeate **-hand,** *styra (regera) med ~* rule with a rod of iron **-handel** butik se *-affär* **-handlare** i minut ironmonger, amer. hardware dealer **-hantering** iron industry (trade) **-hård** *a,* bildl. . . as hard as iron; attr. äv. iron; *en ~ vilja* äv. a will of iron **-hälsa** iron constitution **-industri** iron industry **-konstruktion** iron construction (frame) **-kors** iron cross äv. om orden **-lunga** respirator iron lung **-malm** iron ore **-nätter** *pl* frosty nights [på senvåren in the late spring (på förhösten early autumn)] **-oxid** ferric oxide **-plåt** sheet iron; *en ~* a piece of sheet iron **-preparat** iron preparation (tonic) **-ridå** teat. safety curtain; polit. iron curtain **-skodd** *a* iron-shod . ., om käpp o.d. iron-tipped . .

-skrot scrap-iron, refuse iron **-spett** iron-bar lever **-spis** iron range **-stång** iron bar (rod) **-säng** iron bedstead **-tråd** iron wire **-varor** *pl* ironmongery, ironware, isht amer. hardware, samtliga sg. **-verk** ironworks (pl. lika) **-vilja** iron will
järnväg railway, amer. vanl. railroad; *resa med (skicka med* el. *på)* ~ go (dispatch) by rail (train); *vara* [*anställd*] *vid* ~*en* be [employed] on the railway; *möta ngn vid* ~*en* meet a p. at the station
järnvägs|anläggning railway construction (building); konkr. railway **-arbetare** -byggare navvy; linjearbetare surfaceman, amer. section hand **-bank** railway embankment **-biljett** railway ticket; *betala* ~*en* pay one's railway fare **-bom** level-crossing gate **-bro** railway bridge **-bygge** railway construction (building) **-förbindelse** railway connection, rail (train) service **-hotell** railway (station) hotel **-knut** junction **-konduktör** guard, amer. conductor **-korsning** plankorsning level (amer. grade) crossing **-kupé** railway compartment **-linje** railway line **-man** railwayman **-nät** railway network (system) **-olycka** railway accident **-resa** railway journey, amer. train ride **-restaurang** railway restaurant, refreshment room, mindre buffet **-skena** rail; *-skenor* ofta metals **-spår** railway track **-station** railway station, amer. railroad station, depot **-styrelsen** the [Swedish] National Railways Board **-taxa** railway charge[s pl.] **-tjänsteman** railway employee (clerk, högre official) **-trafik** railway traffic **-tåg** [railway] train **-vagn** railway-car[riage], amer. railroad car; godsvagn railway truck (waggon) **-övergång** railway crossing; plankorsning level (amer. grade) crossing
järnåldern the Iron Age **järnåldersfynd** Iron-Age find
järp|e *-en -ar* hazel-hen, hazel-grouse
järtecken omen, portent, sign
järv *-en -ar* wolverine
jäs|a *-te -t itr* ferment; *låta* degen ~ allow .. to rise; *det -te i sinnena* people's minds were in a ferment; ~ *upp* om deg rise; ~ *över* om deg rise and run over **jäsning** fermentation; bildl. äv. ferment; *bringa* . . *till (befinna sig i)* ~ bildl. work up el. excite . . into a ferment (be in a [state of] ferment) **jäsningsprocess** fermentative process **jäsningsämne** ferment, leaven **jäst** *-en 0* yeast **jästmjöl** o. **jästpulver** se *bakpulver* **jästsvamp** yeast fung|us (pl. -i), blastomycete
jätte I *-n jättar* giant **II** *oböjl. a* terrific **-anläggning** giant establishment, mammoth establishment **-ansträngning** gigantic effort **-arbete** gigantic (herculean) [piece of] work **-bra** *a* se *-fin* **-brand** great fire **-demonstration** mammoth demonstration **-fin** *a* first-rate, smashing, terrific **-förlust** tremendous loss **-god** *a* terrifically good **-gryta** geol. giant's kettle (caldron), pot-hole **-hög** *a* enormously high (om t.ex. skorsten, träd tall) **-lik** *a* gigantic, colossal, immense, enormous, huge **-steg** giant stride **-stor** *a* gigantic, colossal **-vinst** på en transaktion tremendous profit (på tips win) **-ödla** great saurian
jättinna giantess, female giant
jäv *-et* - challenge, *mot* to; *anföra* el. *inlägga* ~ *mot* make el. lodge a challenge to, raise an objection against **jäva** *tr* **1** jur.: domare, vittne o.d. take exception to, testamente o.d. challenge [the validity of] **2** vederlägga invalidate, falsify, bestrida contest
jävel se [*d*]*jävel*
jävig *a* om vittne o.d. challengeable, exceptionable; ej behörig disqualified, non-competent, incompetent **jävighet** challengeability osv.; disqualification, non-competence osv., jfr föreg.
jävla m.fl. se [*d*]*jävla* m.fl.
jökel *-n jöklar* glacier **-port** mouth of a (resp. the) glacier **-vatten** glacier water **-älv** glacier-torrent, glacier river
jöss|e *-en -ar* hare, personifierad the Hare
jösses *(jössus) itj* se *kors II*

K

k *k*-|*e*|*t*, pl. *k*|-*n*| bokstav k | utt. kei|
kabaré -*n* -*er* underhållning o.d. cabaret, floor show
kabbelek *(kabbelök)* -*en* -*ar* o. **kabbelek|a** -*an* -*or* marsh marigold
kabel -*n* *kablar* **1** elektr. cable **2** sjö. hawser
kabeljo -*n* *0* dried cod
kabeltelegram cable| gram|
kabin -*en* -*er* passagerares cabin; pilots äv. cockpit
kabinett -*et* -|*er*| **1** rum. skåp. regering cabinet **2** toalett public convenience, public lavatory
kabinetts|format cabinet size **-fråga** förtroendevotum. *ställa* ~ demand a vote of confidence **-kammarherre** ung. Lord Chamberlain-in-Waiting **-sekreterare** under-secretary of state for foreign affairs
kabla *tr itr* cable
kabriolett -*en* -*er* bil convertible
kabyss -*en* -*er* sjö. galley, cook-house
kackalorum -*et* *0* hullabaloo, row, racket
kackerlack|a -*an* -*or* cockroach, black--beetle
kackla *itr* cackle äv. bildl.: om höna äv. cluck
kadaver *kadavret* - carcass; ruttnande as carrion **-lydnad** blind (unquestioning) obedience
kadens -*en* -*er* mus.: avslutning cadence, soloparti cadenza
kad|er -*ern* -*rar* *(-rer)* mil. o. polit. cadre
kadett -*en* -*er* armé- o. flyg. cadet; sjö. naval cadet, midshipman **-fartyg** training ship
kadmi|um -*um*|*et*| *(-et)* *0* cadmium
kadrilj -*en* -*er* dans quadrille
kafé -|*e*|*t* -*er* café; på hotell o.d. coffee-room; m. utomhusservering open-air café **-idkare** café-keeper
kafeteri|a -*an* -*or* cafeteria
kaffe -*t* *0* coffee; *två* ~*!* two coffees, please!; ~ *med grädde* coffee with cream; ~ *utan grädde* black coffee; *dricka (koka)* ~ have (make) coffee; *vara på* ~ *hos ngn* have coffee at a p.'s place **-blandning** coffee blend **-bricka** coffee tray; *hon kom med en* ~ m. kaffe she brought in coffee on a tray **-bryggare** coffee percolator **-bröd** koll. ung. buns and cakes |to go with the coffee| pl. **-fat** small saucer **-frukost** ung. Continental breakfast **-grädde** coffee cream **-kanna** coffee-pot **-kokare** apparat se *-bryggare* **-kopp** coffee-cup; kopp kaffe cup of coffee; mått coffee-cupful **-kvarn** coffee-mill **-moster** coffee addict **-panna** coffee-kettle
kaffer -*n* *kaffrer* Kaffir
kaffe|rast coffee break **-rep** coffee party **-servering** se *kafé* **-servis** coffee set **-sked** coffee-spoon **-sump** coffee-grounds pl. **-tår** drop of coffee **-ved** bildl.. *det blev bara* ~ *av det* it was smashed to bits (smithereens)
kaftan österländsk långrock caftan; prästrock cassock
kagg|e -*en* -*ar* keg, cask
kainsmärke mark (brand) of Cain
kaj -*en* -*er* quay; lossningsplats för fartyg äv. whar|f (pl. äv. -ves); last~ amer. dock; strandgata embankment
kaj|a -*an* -*or* jackdaw, daw; *full som en* ~ |as| drunk as a lord
kajak -*en* -*er* kayak
kajennpeppar cayenne pepper
kajka *itr* row (segla sail) aimlessly (med svårighet with difficulty)
kaj|pengar *pl* quayage sg. **-plats** quay--berth
kajut|a -*an* -*or* cabin; liten cuddy **-trappa** companion-way
kak|a -*an* -*or* allm., äv. t.ex. tårta, socker~ o.d. samt foder~ m.m. cake; små~ biscuit, amer. cookie; jfr *chokladkaka;* ~ *söker maka* like will to like, neds. birds of a feather flock together
kakadu -*n* -*er* o. **kakadu|a** -*an* -*or* cockatoo
kakao -*n* *0* bot. cacao äv. likör: pulver. dryck cocoa **-böna** cocoa bean **-smör** cocoa butter **-träd** cacao-tree
kakburk cake-tin
kakel *kaklet* - platta tile; koll. tiles pl. **-klädd** *a* tiled **-ugn** |tiled| stove **-ugnsmakare** stove-builder
kak|fat cake-dish **-form** för bak baking tin, cake-tin **-gaffel** pastry fork
kaki -*n* *0* färg o. tyg khaki
kakté -*n* -*er* cactaceous plant **kaktus** -*en* -*ar* cactus (pl. äv. cacti)
kaktång pastry tongs pl.
kal *a* mera allm. bare; om träd äv. leafless; skallig bald
kalabalik -*en* -*er* uproar, tumult, affray
kalabass = *kalebass*
kalas I -*et* - bjudning party; festmåltid feast; *betala* ~*et* bildl. pay for the whole show, foot the bill; *hela* ~*et* alltihop the whole thing (lot); *ställa till* ~ throw (give) a party **II** *itj* F 'fint' smashing! **kalasa** *itr* feast, make merry; ~ *på ngt* feast on a th. **kalaskula** paunch; *ha* ~ have a |large| corporation **kalasmat** wonderful food; lyxmat delicacies pl.
kalci|um -*um*|*et*| *(-et)* *0* calcium
kalebass -*en* -*er* calabash
kalejdoskop -*et* - kaleidoscope **-isk** *a* kaleidoscopic| al|
kalender -*n* *kalendrar* **1** tidsindelning calendar

2 se *almanack|a|* **3** årsbok year-book, annual; adress~ o.d. directory **-bitare,** *han är |en|* ~ he is always studying reference books (calendars) **-månad** calendar month

kalfaktor batman, officer's orderly

kalfatra *tr* **1** sjö. caulk **2** kritisera find fault with, criticize, censure

kal|fjäll bare mountain region above the tree-line **-hugga** *tr* clear, amer. clear-cut

kali *-t 0* potash

kalib|er *-ern -rar (-rer)* calibre, caliber; storlek äv. size; bildl. äv. character, stamp

kalif *-en -er* caliph, calif

Kalifornien California **kalifornisk** *a* Californian

kalisalpeter potassium nitrate

kali|um *-um|et| (-et) 0* potassium

1 kalk *-en -ar* **1** bägare goblet, cup äv. bildl.; nattvards~ chalice **2** bot. perianth

2 kalk *-en 0* kem. lime; ss. bergart limestone; *släckt (osläckt* resp. *bränd)* ~ slaked (unslaked, quick resp. burnt) lime

kalk|a *tr* **1** vitmena limewash, whitewash **2** jorden lime **-avlagring** lime deposit **-brott** lime-stone quarry **-bruk 1** bränneri lime-works (pl. lika) **2** murbruk |lime-|mortar

kalker|a *tr* **1** eg. trace **2** bildl. copy; ~ *på* . . model on . . **-papper 1** genomskinligt tracing-paper **2** karbonpapper carbon paper

kalk|halt lime content **-haltig** *a* limy, calcareous, calcarious

kalkon turkey **-tupp** turkey-cock

kalksten bergart limestone

kalkyl *-en -er* calculation; kostnadsberäkning cost estimate **kalkylator** cost accountant

kalkylera *tr itr* calculate, estimate; ~ *fel* äv. miscalculate; *det har jag inte ~t med* I did not reckon with that

1 kall *a* **1** mer el. mindre eg.: allm. cold, sval cool, kylig chilly, frostig frosty; flera grader ~*t* . . below freezing-point; *han är ~ om fötterna* his feet are cold (frozen) **2** bildl., om t.ex. färg o. pers. cold, jfr *kallsinnig;* okänslig frigid, unfeeling; *det ~a kriget* the cold war; *~a siffror* cold figures; *hålla huvudet ~t, ta saken ~t* keep a cool head; keep cool, calm and collected

2 kall *-et -* levnadskall vocation, calling; livsuppgift mission in life

1 kall|a *-an -or* bot. calla

2 kalla I *tr* benämna allm. call; ~ *ngn |för| lögnare* call a p. a liar; ~ *ngn |för| du* se *dua; ~r du det |för| att arbeta?* do you call that working?; ~ *saken vid dess rätta namn* call a spade a spade **II** *tr itr* tillkalla send for, call (äv. ~ *på);* officiellt summon; utse appoint; *plikten ~r* duty calls; ~ *på barnen* call the children; ~ *på en taxi* call a taxi; ~ ngn *till ordningen* call . . to order; ~ *till* sammankalla *bolagsstämma* call a shareholders' meeting; ~ *ngn till ledare för* . . appoint a p. to lead . .; ~ *ngn till professuren i* engelska offer a p. the chair of . .; ~ *fram ngn* ask a p. to come forward; ~ *hem* ask . . to come home, dipl. recall, mil. withdraw; ~ *in* a) inbeordra, instämma summon b) mil. call up, isht amer. draft, till värnplikt äv. conscript; jfr *inkallad;* ~ *in ngn som vittne* call (summon) a p. as a witness; ~ *till sig* call

kallad *a* called etc., jfr *2 kalla;* föranlåten called |upon|; *många äro ~e men få utvalda* many are called, but few are chosen; *känna sig föga* ~ lämpad *för* feel unfit for . .; *så ~ (s.k.)* se ex. med *så kallad* under *3 så I 1*

kall|bad ute bathe, i kar cold bath; ~ är nyttigt bathing . . **-blodig** *a* **1** eg. cold-blooded **2** bildl.: lugn cool, oberörd indifferent, orädd fearless, beräknande calculating; *~t mord* murder in cold blood; ~ *mördare* cold-blooded murderer **-blodigt** *adv* coolly osv., hänsynslöst deliberately; *mörda ngn* ~ murder a p. in cold blood **-brand** gangrene **-dusch** cold shower; *det kom som (gav mig* el. *honom* osv.) *en* ~ it was like a dash of cold water |to me (him osv.)|

kallelse 1 ~ *till* sammanträde notice (summons) to attend . .; *få* ~ *till professuren i* engelska be offered the chair of . . **2** se *2 kall; känna* ~ *för ngt* feel a call for a th.

kall|front cold front **-grin** sneer **-grina** *itr* sneer, *åt* at **-hamrad** *a* bildl. hard-boiled, tough

kalligrafi *-|e|n 0* calligraphy

kall|jord, *odla på* ~ grow outdoors; *odling på* ~ outdoor cultivation **-jordstomat** outdoor-grown tomato

kallna *itr* get cold; isht tekn. o. bildl. cool

kall|permanent|ning| cold wave (-permanentande waving) **-prat** small talk **-prata** *itr* talk about nothing in particular, gossip **-sinnig** *a* kall cold, likgiltig indifferent, t.ex. om publik unresponsive **-sinnighet** coldness; indifference; spelet bemöttes *med* ~ . . with a complete lack of response **-skuren** *a, -skuret* subst. ung. cold buffet dishes pl. **-skänka** *~n -skänkor* cold buffet manageress **-startknapp** choke **-sup,** *jag fick en* ~ I swallowed a lot of cold water **-svett** cold sweat (perspiration) **-svettas** *itr. dep* be in a cold sweat (perspiration); *börja* ~ break out in a cold sweat osv.

kallt *adv* **1** bildl. coldly; oberört coolly; likgiltigt indifferently **2** *förvaras* ~ keep in a cool place

kall|valsad *a* cold-rolled **-vatten|s|kran** cold-water tap

kalmuck *-en -er* Kalmuck, Kalmyk

kalops *-en 0* ung. Swedish beef stew |cooked with peppercorn and bay leaf|

kalori calorie **-behov** calorie requirement

-meter calorimeter
kalott *-en -er* huvudbonad skull-cap
kalsonger *pl* |under|pants; *stå i bara ~na* stand (be) in one's underwear
kalufs *-en 0* o. **kaluv** *-en 0* forelock, tjock mane; *ta ngn i ~en* pull a p. by the hair
kalv *-en -ar* **1** djur calf (pl. calves) **2** kött veal **3** se *kalvskinn*
kalv|a *itr* calve **-bräss** sweetbread **-filé** fillet of veal **-färs** råvara minced veal; rätt ung. |minced| veal loaf
kalvin|ism *~en 0* Calvinism **-ist** Calvinist **-istisk** *a* Calvinistic
kalv|kotlett veal chop (benfri cutlet) **-kött** veal **-lever** calf's liver **-rul|l|ad** |fylld stuffed| veal roll (roulade) **-skinn** bokb. calf-|skin|, calf-leather **-stek** maträtt roast veal
kam *-men -mar* comb; på tupp crest; på berg ridge; på våg crest; *skära alla över en ~* treat (bedöma judge) everyone alike **-axel** bil. camshaft; *överliggande ~* overhead camshaft
kamé *-n -er* cameo (pl. -s)
kamel *-en -er* camel; enpucklig dromedary
kameleont *-en -er* chameleon äv. bildl.
kamelhår camel-hair
kameli|a *-an -or* camellia
kamera *-n kameror* camera **-jakt,** *vara ute på ~* be out hunting for pictures **-konst** art photography; fotografier photographs pl.
kameral *a* fiscal, attr. äv. . . of public revenue
kamfer *-n 0* camphor
kam|garn worsted |yarn| **-garnstyg** worsted
kamin *-en -er* |järn~ iron| stove; el~, fotogen~ heater
kamkofta dressing jacket
kamma *tr* comb; *~ sig (håret)* comb one's hair; *~ bena* make a parting; *~ noll* F draw a blank; *~ in* håva in. t.ex. pengar rake in; *~ tillbaka håret* comb one's hair away from one's (the) face; *ha håret uppkammat* wear one's hair piled up on top of one's (the) head; *~ ut* håret comb out . .
kammar|e *-|e|n kamrar (-e)* **1** rum chamber, parl. äv. house; small room; *första (andra) ~n* the First (Second) Chamber |of the Riksdag|, the Upper (Lower) House **2** i hjärta ventricle **-herre** chamberlain **-jungfru** lady's-maid **-lärd** *a, en ~* a bookish person **-musik** chamber music **-skrivare** ung. clerk **-spel** ung. chamber play **-tjänare** valet
kamning combing; frisyr hair-style, coiffure fr.
kamomill *-en -er* camomile **-te** camomile tea
kamouflage se *camouflage*
1 kamp *-en -er* strid fight, battle båda äv. bildl.: mödosam struggle, *om* makten for . .; *~en för tillvaron* the struggle for existence (life); |*ta upp*| *~en mot sjukdom och nöd* |take up| the fight against disease and poverty; *en ~ på liv och död* a life-and-death struggle
2 kamp *-en -ar* hästkrake jade
kampa *itr* se *campa*
kampanj *-en -er* **1** allm. campaign, t. ex. insamlings~, reklam~ äv. drive **2** arbetsperiod |working| season
kampare se *campare*
kampera *itr* camp |ute out|; *~ ihop* bo share rooms; hålla ihop keep together
kamping se *camping*
kamplust fighting spirit
kamrat companion; comrade äv. polit.: arbets~ fellow-worker; vän friend, F se *kompis;* jfr äv. *klass-, lek-, res|kamrat* m. fl.; *~ i skolan* schoolfellow, schoolmate; han är *en god ~* . . a good sport, . . a brick; *dåliga ~er* sällskap bad company sg.: *en |gammal| ~ till mig* a|n old| schoolmate osv. of mine, one of my |old| schoolmates osv.; *~erna* i skolan, på kontoret o.d. vanl. the others, the other boys (resp. girls, fellows, women) **-anda,** |*god*| *~* |vanl. a| spirit of comradeship, camaraderie fr.: *~n var dålig* bland . . there was no real spirit of comradeship . . **-förening** av nuvarande kamrater: skol. school society (club), på arbetsplats social club; av f.d. kamrater mil. old comrades' (skol. boys' resp. girls') association **-krets,** *i ~en, i min* osv. *~* among my osv. friends (m.m., jfr *kamrat*) **-lig** *a* friendly; lojal, bussig sporting; *på ~ fot* on a familiar footing; *med ~a hälsningar* with fraternal greetings; *ett ~t råd* the advice of a friend; *~t umgänge* informal |social| intercourse; *vara ~* lojal be a sport; *vara ~* förtrolig *mot* barn, elever be good friends with . .; *vara alltför ~ mot* . . be too familiar (informal) with . . **-ligt** *adv* förtroligt in a familiar manner, informellt informally **-skap** *~et 0* abstr. comradeship; jfr *-anda* **-äktenskap** companionate marriage
kamrer *-|e|n -er* |i chefsställning chief (senior)| accountant; chef för banks avdelningskontor branch manager; kontorschef head clerk; kassaföreståndare chief of the cashier's department
kan se *kunna*
kan|a **I** *-an -or* slide; *åka (slå) ~* slide **II** *itr* slide
Kanaan Canaan
kanadensare **1** folk Canadian **2** kanot Canadian |canoe| **kanadensisk** *a* Canadian
kanadensiska kvinna Canadian woman
kanal *-en -er* **1** byggd canal; geogr. channel *Engelska ~en* the |English| Channel **2** anat. canal; t.ex. tår~ duct **3** tel. o. bildl. channel
kanalisera *tr* canalize; bildl. äv. channel
kanalje *-n -r* rascal; skämts. om barn äv. scamp

skurk scoundrel
kanariefågel canary **kanariegul** *a* canary-yellow **Kanarieöarna** *pl* the Canary Islands, the Canaries
kancer *-n 0* se *cancer*
kandar *-et -* slags betsel curb bit
kandelab|er *-ern -rar* candelabra
kanderad *a* candied
kandidat 1 sökande candidate, applicant, *till* for; uppsatt nominee; *ställa upp som ~* se *kandidera* **2** univ.: utan examen undergraduate; med examen graduate; jfr vid. under *filosofie, juris* m. fl. **3** F se följ. **kandidatexamen** ss. grad ung. bachelor's degree **kandidatur** candidature **kandidera** *itr* allm. come forward (offer oneself) as a candidate, *till* for; *~ till* polit. stand (isht amer. run) for
kandisocker sugar-candy
kanel *-en 0* cinnamon
kanfas *-en 0* canvas; styv buckram
kanhända *adv* perhaps; jfr *kanske*
kanik *-en -er* canon
kanin *-en -er* rabbit; barnspr. bunny **-avel** rabbit-breeding, rabbit-farming **-bur** rabbit-hutch **-han|n|e** buck-rabbit **-hona** doe-rabbit
kanist|er *-ern -rar* burk o.d. canister, tin, för vätska can
kanjon canyon
kann|a *-an -or* **1** kaffe~ o.d. pot; grädd~, hand~ jug, amer. pitcher; trädgårds~ o.d. |watering| can; dryckes~ m. lock tankard; alla m. of framför följ. best. **2** tekn. piston
kannibal *-en -er* cannibal **kannibalism** cannibalism
kann|ring tekn. piston ring **-stöpa** *itr* talk |amateurishly about| politics; friare theorize, *om* about **-stöpare** *~n ~* armchair (amateur) politician **-stöperi** talking politics, friare theorizing (båda äv. *~er)*
1 kanon *- -er r* rättesnöre canon; mus. äv. round
2 kanon 1 mil. gun; åld. cannon (pl. vanl. lika); *komma som skjuten ur en ~* come like a shot **2** *de stora ~erna* pamparna the bigwigs; sport.: om spelare the crack players, om simmare the ace swimmers **kanonad** *-en -er* cannonade; |continuous| gunfire end. sg.
kanon|båt gunboat **-dunder** |vanl. the| thunder (roaring, booming) of |the| guns **-eld** gunfire **-fotograf** street photographer
kanonisera *tr* canonize **kanonisering** canonization **kanonisk** *a* canonical; *~ rätt* canon law
kanon|kula cannon-ball **-mat** cannon-fodder **-salva** salvo (pl. -|e|s) **-skott** gunshot
kanot *-en -er* allm., äv. segel~ canoe; kanadensare Canadian |canoe|; kajak kayak
kanot|a *itr* canoe **-färd** canoe-trip **-idrott** o. **-sport** canoeing **-ist** canoeist

kanske *adv* perhaps, maybe; *den ~ bästa . .* perhaps the best . .; kan du komma? *K~ . .* I may (might), . . I'll see; hon blir nog glad. *K~ det . .* Perhaps, . . She may (might); *jag ~ träffar* honom i kväll I may (might) meet . .; *han skulle ~ göra det, om . .* he might do it, if . .; *~ vi skulle gå ut?* förslag what about going out?; *du ~ har* råkar ha *. .?* do you happen to have . .?, do you have . . by any chance?; *du vill ~ ha* litet te? perhaps you would like . .?; *skulle jag ha* bett honom om ursäkt, *~?* förtrytsamt I suppose you think that I should have . .; *ni ~ inte har något emot att jag öppnar* fönstret? do (would) you mind my opening . .?; *du skulle ~ vilja hjälpa mig?* would you mind helping me?; *~ jag ska göra allt själv?* förtrytsamt must I (am I to) do everything myself?
kansler *-n -er* chancellor **kanslersämbete** chancellorship
kansli *-|e|t -er (-n)* vid beskickning chancellery; vid ämbetsverk o.d. secretariat|e|, secretary's (vid universitet registrar's, vid teater |general| manager's) office alla äv. ss. lokal: *Kungl. Maj:ts ~* the Government Offices pl. **-personal** chancellery (resp. office) staff **-råd** head of a (resp. the) division (section), principal assistant secretary **-sekreterare** assistant secretary **-språk** officialese, official jargon båda äv. neds.
kant *-en -er* **1** allm. (ytter~) edge; bård o.d. border, ibl. verge; på plagg edging, trimming; på tyg selvage, selvedge; marginal margin; på kärl o. hatt brim; bröd~ crust; ost~ rind; hörn corner; trasig *i ~en . .* at the edge (om kopp o.d. brim); skriva *i ~en . .* in the margin; *~ i ~* edge to edge; *ställa på ~* place on edge **2** bildl., *på den här ~en* har vi inte haft regn . . in this part (corner) of the world . .; *hålla sig på sin ~* keep oneself to oneself, keep aloof; *komma på ~ med ngn* fall out with a p., get on the wrong side of a p. **kanta** *tr* sätta kant på edge, sömn. trim; utgöra kant vid line, border, jfr ex.; gatan var *~d av folk . .* lined with people; stigen var *~d med blommor . .* bordered with flowers
kantarell *-en -er* chanterelle
kantat cantata
kantband edging, trimming **kanthugga** *tr* trim; virke square-edge **kantig** *a* allm. angular; bildl. abrupt, tafatt awkward, isht om ungdom gawky **kantighet** bildl. abruptness etc.; *slipa av ngns ~er* impart some refinement (polish) to a p.
kanton canton
kantor cantor, precentor
kantra *itr* **1** sjö. capsize **2** ändra riktning: om tidvatten turn; om vind o. opinion veer
kant|sten kerb-stone, isht amer. curbstone **-stött** *a* om porslin chipped **-växt** border

plant
kanyl *-en -er* cannula (pl. -e), avledande drain; injektionsnål injection needle
kaolin *-et (-en) 0* kaolin, china-clay
kaos *-et 0* chaos, bildl. äv. utter confusion
kaotisk *a* chaotic
1 **kap** *-et -* udde cape
2 **kap** *-et -* fångst capture; *ett gott (fint) ~* a fine haul
1 **kapa** *tr* **1** sjö., uppbringa take, capture **2** *~ åt sig* lay hands on, run off with
2 **kapa** *tr* hugga, skära av: sjö., t.ex. master cut away, lina cut; skogsv. crosscut, isht amer. buck; *~ |av|* cut off (sjö. away), t.ex. kroppsdel chop off
kapabel *a* able, *till* to; capable, *till* of **kapacitet** *-en* **1** pl. *0* allm. capacity; skicklighet ability **2** pl. *-er* pers. able man (resp. woman); *en stor ~* a person of outstanding ability
kapar|e o. **-fartyg** privateer
1 **kapell** *-et -* överdrag cover
2 **kapell** *-et -* **1** kyrka, sido~, slotts~ chapel; bönekammare oratory **2** mus. orchestra **-mästare** conductor
kapillär *-en -er* o. *a* capillary **-kraft** capillarity
1 **kapital** *a, ett ~t misstag* a capital (stupendous) error (mistake); *det är en ~ dumhet att* inf. it is downright stupid to inf.
2 **kapital** *-et -* allm. capital; mots. ränta principal; *~et* kapitalismen capitalism; han har *ett litet ~* . . a small amount of capital **-bildning** capital formation **-budget** capital budget **-flykt** flight of capital **-försäkring** endowment assurance; jfr *försäkring* m. ex. **-insats** capital investment
kapitalisera *tr* capitalize **kapitalisering** capitalization **kapitalism** capitalism **kapitalist** capitalist **kapitalistisk** *a* capitalistic, attr. äv. capitalist
kapital|placering |capital| investment, investment of funds **-räkning** deposit account |subject to 2 (4 osv.) months' notice| **-samlingsräkning** deposit account |in certain cases subject to 6 months' notice| **-stark** *a* . . well equipped with capital
kapitalt *adv, misslyckas ~* be a complete failure, fail completely
kapital|tillgångar *pl* capital resources (assets), privatpersons means **-varor** *pl* capital goods
kapit|el *-let -el* allm. chapter; ämne topic, subject; *ett |helt| annat ~, ett ~ för sig* bildl. quite another story; *det blir ett senare ~* we'll (I'll) come to that later; *ett lyckligt ~* i hennes liv a happy chapter . . **kapitelrubrik** chapter heading, title
kapitulation surrender end. sg., capitulation båda äv. bildl.; *~ utan villkor* unconditional surrender **kapitulationsvillkor** *pl* capitulation terms, terms of surrender **kapituler**a *itr* surrender äv. bildl., capitulate; *~ för* ngr charm (*inför* ett hot) vanl. surrender to . .
kapitäl **1** *-et (-en) -|er|* arkit. capital **2** *-en -er* typogr. small capital
kaplan hjälppräst assistant vicar; hus~ o. kato chaplain, *hos* to
kapock *-en 0* kapok
kapp *adv* se *ikapp*
kapp|a *-an -or* **1** dam~, militär~ coat; präst~ gown; *vända ~n efter vinden* trim one' sails to every wind, be a turncoat (a time -server) **2** på gardin pelmet
kappas *itr. dep* race, *om* ngt for . ., compet (äv. bildl.), *om* for, *om att* inf. to inf.; *de ~ |med varandra|* they are racing each othe (one another); *ska vi ~ !* let's have a race! *~ med ngn* race a p.; jfr *ikapp*
kapp|e *-en -ar* ung. half-peck
kappficka coat-pocket
kapp|körning -körande racing **-löpnin**g race, -löpande racing (båda äv. bildl.), *efter* for häst~ |horse-|race resp. |horse-|racing; *~ e om att* inf. the race to inf.
kapplöpnings|bana race-track; häst~ race -course **-häst** race-horse **-sport** horse -racing **-stall** racing stable
kapprak *a* bolt upright
kapp|rodd boat-race, -roende boat-racing
kapprum cloak-room
kapp|rustning arms (armaments) race en sg. **-segling** sailing-race, regatta regatta; -seg lande sailing-boat racing, m. större båtar yacht -racing **-seglingsbåt** racing sail-boat (stör yacht) **-simning** swimming-race; simmand competition swimming
kappsäck portmanteau (pl. äv. -x); se vid. *res väska*; *bo i ~* live in suitcases
kapriciös *a* capricious, whimsical
kaprifol *-en -er* o. **kaprifoli|um** *-en (-um -er* honeysuckle
1 **kapris** *-en -er* nyck caprice, whim
2 **kapris** *-en 0* krydda capers pl. **-sås** cape sauce
kapsejsa *itr* capsize; välta turn over
kaps|el *-eln -lar* capsule **kapsla** *tr* tekn. en close; *~ in |sig|* läk. encapsulate; *inkapsla* om t.ex. tumör encysted
kapson, *lägga ~ på ngn* curb (tysta ne muzzle) a p.
Kapstaden Cape Town
kapsyl *-en -er* på t. ex. vinbutelj |bottle| ca på t.ex. mjölk-, öl-, läskedrycksflaska |bottle| to skruv~ screw cap **-öppnare** bottle opener
kapsåg crosscut saw
kapten *-en -er* **1** sjö~ o. sport. captain; fartygs~ äv. master, *på, för* i båda fallen of **2** inom armé captain; inom flottan lieutenant; inom flyg flight lieutenant, amer. captain; befattningsmä sigt motsv. *major* resp. inom flottan lieutenan

-commander
kapucin *-en -er* o. **kapuciner** o. **kapucin|er|munk** Capuchin |friar| **kapucin|er|-orden** best. form the Capuchin Order
kapun *-en -er* kok. capon
kapuschong *-en -er* hood; på munkkåpa cowl
kaputt *oböjl. a* ruined, done for
kar *-et* - tub, större vat; bad~ bath |tub|
karaff *-en -er* decanter **karaffin** *-en -er* carafe
karakterisera *tr* characterize; beteckna describe; vara betecknande för be characteristic (typical) of **karakteristik** *-en -er* characterization, friare description; karaktärsteckning character sketch (djupare study), litt. appreciation **karakteristisk** *a* characteristic, typical, *för* of
karaktär allm. character; beskaffenhet nature, quality; läggning disposition, mentality; viljestyrka will-power; jfr *karaktärsfasthet*; *hurdan är hans (hennes) ~?* what sort of person (man resp. woman) is he (resp. she)? ; *samtalet fick ~en av* en diskussion the conversation turned into . . **karaktärisera** m.fl. se *karakterisera* m.fl.
karaktärs|daning formation of character (personality), character building **-drag** o. **-egenskap** characteristic, trait of character, |distinguishing| feature; framträdande drag salient feature **-fast** *a* attr. . . of firm (stark strong) character; *han är ~* he has a firm (resp. strong) character **-fasthet** firmness (-styrka strength) of character, grit **-fel,** *det är ett ~ hos honom* it is a flaw in his character **-lös** *a* . . lacking in character (principle) **-löshet** lack (want) of character (principle) **-skildring** study from life, character sketch **-skådespelare** ung. character actor **-stark** *a* se *-fast* **-svag** *a* spineless, weak
karamell *-en -er* sweet, amer. candy **-påse** fylld bag of sweets
karantän *-en -er* quarantine; *ligga (lägga) i ~* be (put) in quarantine
karat *-en (-et)* - carat; *18 ~s guld* 18-carat gold
karavan caravan; bil~ motorcade **karavanseraj** *-en (-et) -er* caravanserai
karbad |varmt hot| bath
karbas *-en -er* rotting cane; ris birch|-rod|
karbid *-en 0* |calcium| carbide
karbin *-en -er* carbine **-hake** snap-hook
karbol *-en 0* o. **-syra** carbolic acid, phenol
karbonpapper carbon-paper, carbon
karbunk|el *-eln -lar* carbuncle
karburator se *förgasare*
kard|a I *-an -or* card; för ull äv. carding comb **II** *tr* card
kardanaxel propeller shaft **kardanknut** universal (cardan) joint **kardansk** *a*, *~ upphängning* cardanic suspension
kardborre växt burdock; blomkorg bur|r| äv. bildl., teasel
kardemumma *-n 0* cardamom; *summan av ~n* the long and the short of it
kardinal *-en -er* cardinal **-dygd** cardinal virtue **-fel** cardinal error **-tal** mat. cardinal number
kardiogram *-met* - cardiogram
karenstid qualifying (amer. waiting) period
karg *a* om landskap barren, om jord äv. bare; *~ på ord* sparing of words, taciturn **-het** barrenness, bareness, jfr föreg.
karies - *0 r* caries lat., decay
karikatyr caricature; politisk skämtteckning cartoon; bildl. travesty **karikatyrtecknare** caricaturist; cartoonist **karikera** *tr* caricature
Karl Charles; *~ den store* Charlemagne, Charles the Great
karl -|*e*|*n -ar* allm. man (pl. men), F fellow, chap, amer. guy; äkta man F old man; *en ~ står vid sitt ord* a man is as good as his word; *bra ~ reder sig själv* ung. everyone must depend on himself; *tänka sig att han, gamla ~en, skulle* inf. to think that a man of his age should inf.; *det blir nog ~ av dig också!* ung. we'll make a man of you yet!; han är *stora ~en* . . a man; han är inte *~ till att* inf. . . the man to inf.; *det är han ~ till* he has what it takes; *som en hel ~* like a man; se *hatt* ex.
karlakarl, *en ~* a real man **karlaktig** *a* manly, virile; om kvinna mannish **karlatag,** *det var |ett| ~!* F that was a bit of work!
Karlavagnen the Plough, Charles's Wain, amer. the Big Dipper
karl|galen *a* se *-tokig* **-göra,** *|ett| ~* a man's job **-hatare** man-hater
karljohanssvamp cep
karlsbadersalt Karlsbad salt
karl|slok bloke **-stackare** poor man (wretch) **-tokig** *a* man-mad, . . crazy about men **-torka,** *det rådde stor ~* gentlemen were scarce **-tycke,** *ha ~* have 'it', have sex-appeal, be popular with men
karm *-en -ar* **1** armstöd arm **2** dörr~, fönster~ frame, case
karmelit *-en -er* Carmelite **karmelit|er|-orden** best. form the Carmelite Order
karmin *-et (-en) 0* carmine **karminröd** *a* carmine|-red|, scarlet **karmosin** *-et (-en) 0* crimson **karmosinröd** *a* crimson|-red|
karmstol armchair
karneol *-en -er* cornelian
karneval *-en -er* carnival; maskeradbal fancy dress ball **karnevalståg** carnival procession
karolin *-en -er* soldat soldier of Charles XII
karolingisk *a* Carlovingian, Carolingian

karolinsk *a* Caroline
kaross *-en -er* **1** vagn coach **2** se följ. **karosseri** body, coachwork
karotin *-et 0* carotin, carotene
1 karott *-en -er* fat deep dish
2 karott *-en -er* morot carrot
karp *-en -ar* carp (pl. lika)
Karpaterna *pl* the Carpathians
karpdamm carp pond
karriär allm. career; befordran advancement; *göra* ~ make a career, get on in the world; *i* |*full*| ~ in full career, at a run (gallop)
karsk *a* oförskräckt plucky; morsk cocky; självsäker cocksure
karstbildningar *pl* geol. karst formation sg.
kart *-en* -|*ar*| koll. unripe (green) fruit sg. (bär berries pl.); *en* äppel~ an unripe apple
kart|a *-an -or* **1** geogr. map, sjökort chart, geol. survey, *över* i samtl. fall of **2** *en* ~ frimärken a sheet of . . ; *en* ~ tryckknappar a card of . . **3** *komma på överblivna* ~*n* remain on the shelf
kartager *s* o. **kartagisk** *a* Carthaginian
Kartago Carthage
kart|blad map-sheet **-bok** atlas
kartell *-en -er* cartel
kartfodral map-case, map-holder
kartig *a* unripe
kart|lägga *tr* map, chart, survey, jfr *karta 1;* bildl. map out **-läggning** mapping osv. **-läsare** o. **-läserska** map-reader **-läsning** map-reading
kartnagel deformed nail
kartograf *-en -er* cartographer
kartong *-en -er* **1** papp cardboard, carton **2** pappask carton, cardboard box **3** konst. cartoon
kartotek *-et* - **1** kortregister card index (register); friare äv. file **2** skåp filing cabinet
kart|ritare o. **-riterska** map-drawer **-ritning** map-drawing
kartusch *-en -er* konst. cartouche
kartverk 1 bok atlas **2** anstalt map office; *Rikets allmänna* ~ the Geographical Survey Office of Sweden
karusell *-en -er* merry-go-round, roundabout; *åka* ~ ride on the roundabout
karva *tr itr* tälja whittle, *i, på* at; chip; skära carve, cut; ~ *i* . . oskickligt hack away at . ., cut . . about
karyatid *-en -er* caryatid
kasa *itr* se *hasa*
kaschmir *-en (-et) 0* vävnad cashmere
kasein *-et 0* casein
kasematt *-en -er* casemate
kasern *-en -er* mil. barracks (pl. lika), ibl. barrack; hyres~ tenement|-house| **-förbud** confinement to barracks **-gård** barrack square **-vakt** barracks guard
kasino *-t -n* spelhus o.d. casino (pl. -s)

1 kask *-en -ar* hjälm helmet
2 kask *-en -ar* brännvins~ ung. coffee with a dash of snaps (konjaks~ brandy)
kaskad *-en -er* cascade äv. av ljus, toner, torrent äv. av ord
kaskoförsäkring sjö. hull insurance; bil. insurance against material damage to a (resp. one's) motor vehicle; jfr *försäkring*
kasper *-n 0* teat., *K*~ Punch **-teater** ung. Punch and Judy show
Kaspiska havet the Caspian Sea
kass|a *-an -or* **1** |tillgängliga| pengar money, funds pl.; intäkter H takings pl., receipts pl.; fond fund; *min* ~ tillåter inte . . my purse . .; ~*n utgör* . . the cash balance is . ., för oss (mig) we (I) have . .; ~*n stämmer* the cash-account balances; *en mager (välförsedd)* ~ a slender (long) purse; *göra upp* ~*n för dagen* balance (make up) the day's cash (cash for the day); *hon sköter* ~*n* i firma she is the cashier; *brist i* ~*n* deficit in the cash|-account|; *ha* 500 kr. *i* ~*n* have . . available (. . in cash, i kassaskrinet e.d. . . in the el. one's cash-box e.d.); betala *per* ~ H . . in cash; *ur (av)* |*min* osv.| *egen* ~ out of my osv. own pocket (purse); *vara* |*stadd*| *vid* |*god*| *(vid dålig)* ~ be in (be short of) cash **2** ~kontor o.d. allm. cashier's office, isht för löneutbetalning o.d. pay-office; ~lucka o.d.: i bank cashier's (isht amer. teller's) desk, i varuhus o.d. cash-desk, pay-desk, |cash-|counter, på postkontor counter; teat. o.d. box-office
kassa|apparat cash register **-behållning** cash in hand **-bok** cash-book **-brist** deficit **-fack** safe-deposit box **-förvaltare** i klubb o.d. treasurer **-kladd** waste book **-konto** cash-account **-kontroll** cash audit **-kvitto** |cash| receipt **-pjäs** box-office success **-rabatt** cash discount; *3 %* ~ 3 % discount |for cash| **-register** cash register **-skrin** cash-box **-skåp** safe **-valv** strong-room, större vault-room
kass|e *-en -ar* isht av papper carrier (amer. carry) bag, av nät string bag
1 kassera *tr* utrangera discard, scrap; underkänna reject, förslag o.d. äv. turn down; utdöma t.ex. kött condemn
2 kassera *tr,* ~ *in* collect; lösa in cash
kassett *-en -er* **1** byggn. coffer **2** foto., för rullfilm film-holder, cassette
kassun *-en -er* caisson
kassör -|*e*|*n -er* cashier, i bank äv., isht amer. teller; i förening o.d. treasurer **kassörska** |lady| cashier
1 kast *-et* - allm. throw, ss. idrottsgren throwing, med metspö o.d. cast; med huvudet toss, *med* of; förändring change, *i* of; om vind gust; *det är ditt* ~ it is your |turn to| throw; *göra ett* ~ *med huvudet* toss one's head; *stå sitt* ~ take the consequences; *ge sig i* ~ *med* tackle, börja ta

med grapple with
2 kast *-en -er* klass caste
3 kast *-en -er* boktr. case
kasta I *tr* (ibl. *itr*) **1** allm. throw, F chuck; häftigt o. vårdslöst fling, häftigt äv. sling; lätt o. lekfullt (ofta uppåt) toss; lyfta o. slänga pitch; vräka hurl; isht bildl. samt vid fiske cast; kortsp. (saka, göra sig av med) discard; ~ |*bort*| throw away; ~ *ankar* m.fl. se *1 ankare* m.fl.; ~ *en boll* throw a ball; ~ *boll* play catch; ~ *masken* throw off the mask; *månen ~de ett blekt sken* in i rummet the moon shed a pale light . .; ~ *i fängelse* put in prison; ~ *ngn i gatan (marken)* throw (slå knock) a p. down; ~ *ngt i huvudet på ngn* throw a th. at a p.'s head; ~ *med spö* cast **2** sömn. overcast
II *itr* (jfr äv. *I*) **1** om vind chop about **2** veter. abort
III *rfl* allm. throw oneself; ~ *sig i* en bil jump into . .; ~ *sig i kläderna* fling one's clothes on; ~ *sig i* vattnet plunge into . .; vågorna *~de sig mot klippan* . . beat against the rock; ~ *sig på knä för ngn* fall on one's knees to (before) a p.
IV m. beton. part. **1** ~ *av* throw (vårdslöst fling) off; hästen *~de av ryttaren* . . threw the (its) rider; ~ *av sig* t.ex. täcket throw off, kläderna äv. (snabbare) whip (helt o. hållet strip) off; ~ *sig av* cykel, tåg o.d. jump off; ~ *sig av och an* toss |about| **2** ~ *bort* throw (chuck, fling, sling, jfr ovan) away; tid waste, pengar äv. squander, *på* on; det skulle vara *bortkastad tid (bortkastat |arbete|) att* . . time thrown away (work thrown away, in vain) to . . **3** ~ *fram* fråga, påstående put in; ~ *fram en antydan om ngt* hint at a th.; ~ *fram ett förslag om ngt* propose (suggest) a th., put forward a proposal for a th. **4** ~ *i* a) eg. throw (etc.) . . in; ~ *i ngn i* vattnet throw (etc.) a p. into . .; ~ *sig i |vattnet|* plunge in|to the water| b) *han ~de i sig maten* he bolted (gulped down, wolfed down) his food **5** ~ *ifrån sig* throw (etc., jfr ~ *bort*) away; *han ~de ifrån sig* rocken *på stolen* he threw . . down on the chair **6** ~ *igen* a) fylla fill . . up (med vad som var där förut in); *en nyligen igenkastad* grav a newly filled-in . . b) hastigt stänga slam **7** ~ *in* **a)** eg. o. friare throw (etc.) . . in; ~ *in* trupper throw in . .; ~ *in* en sten *genom fönstret* throw (etc.) . . through the window into the room (hall osv.); ~ *sig in i* ett företag throw oneself into . .; ~ *sig in på en ny bana* set out on a new career **b)** inflicka interject **8** ~ *loss* sjö. a) tr. let go b) itr. cast off **9** ~ *ned* **a)** eg. throw (etc.) . . down, *på* t.ex. golvet on, gatan into; ~ *sig ned i* en fåtölj flop down in . .; ~ *sig ned* omkull *på* marken throw oneself to . . **b)** bildl., ~ *ned några rader* jot down a few words **10** ~ *om* **a)** en gång till throw (fiske. cast) again (once more) **b)** ändra riktning (ordningsföljden på): om vinden veer round, t.ex. två rader transpose; ~ *om rodret* shift the helm **c)** ändra åsikt o.d. se *sadla |om|* **d)** svepa om, ~ *om sig* en sjal throw (wrap) . . around one's shoulders **11** ~ *omkring* t.ex. skräp throw about, scatter, strew; *leksaker låg kringkastade överallt på* golvet toys were lying scattered (strewn) about all over . . **12** ~ *omkull* a) eg. throw (stark., isht m. saksubj. knock) . . down (over) b) bildl. se *kullkasta* **13** ~ *på* en duk *på bordet* throw . . on the table; ~ *på sig kläderna* fling one's clothes on **14** ~ *till ngn* ett föremål throw (chuck, toss, jfr ovan) . . to a p. **15** ~ *tillbaka* throw . . back äv. mil.; fys. se *återkasta;* ~ *en blick tillbaka |på|* look back |at| **16** ~ *undan* throw (chuck, toss, jfr ovan) . . aside **17** ~ *upp* **a)** uppåt throw (toss) . . up, *i* luften into . .; t.ex. jordhög throw up; *vad* havet *~r upp* what . . washes up |on shore|, the jetsam of . .; *uppkastad på stranden* washed ashore; ~ *sig upp på* tåget (cykeln) jump on |to| . . **b)** öppna, *vinden ~de upp* fönstret the wind flung . . open **c)** kräkas: itr. vomit; tr. throw up, vomit **18** ~ *ut* throw (etc.) . . out, *genom* t.ex. fönster *(från* t.ex. krog) of; sjö., last jettison; ~ *ut* pengar *på* waste (squander, S blow) one's . . on; ~ *ut ngt i* marknaden throw a th. on . .; ~ *sig ut genom* fönstret jump (throw el. chuck oneself) out of . . **19** ~ *åt* hunden *ngt* throw a th. to . . **20** ~ *över* en boll *till ngn* throw (toss) . . to a p.; ~ *över bollen!* över muren o.d. throw the ball over |to me (us osv.)|!; ~ *över ngn* en filt throw . . over a p.; ~ *över sig* en kappa throw on . .; ~ *sig över ngn* fall upon a p.; ~ *sig över* slå ned på *ngt* äv. bildl. pounce upon a th.; ~ *sig över maten* tuck right into the food
kastanj *-en -er* o. **kastanje** *-n -r* träd o. frukt a) äkta chestnut, frukt äv. sweet chestnut b) häst~ horse-chestnut; *krafsa (kratsa) kastanjerna ur elden åt (för) ngn* pull the chestnuts out of the fire for a p. **-brun'** *a* om hår chestnut |brown|
kastanjett *-en -er* castanet
kastby gust |of wind|, squall
kastell *-et* - citadel
kastilian|are| *s* o. **kastiliansk** *a* Castilian
kastlös *a, en* ~ a pariah; *de ~a* vanl. the Untouchables
kastrat *-en -er* eunuch **kastratsångare** castrat|o (pl. -i) **kastrera** *tr* castrate, djurhane äv. geld; *~d häst* gelding **kastrering** castration; gelding
kastrull *-en -er* saucepan, |stew-|pan
kast|sjuka abortion **-spjut** javelin **-spö** fiske. casting rod **-söm** overcasting; stygn whip-stitch **-vapen** missile **-vind** se *kastby*
kastväsen, *~det* the caste system

kasuar *-en -er* cassowary
kasus *- - r* el. *n* språkv. case **-böjning** case declension **-ändelse** case ending (termination)
katafalk *-en -er* catafalque
katakomb *-en -er* catacomb
katalan *s* o. **katalansk** *a* Catalonian, Catalan
katalog catalogue, *över* of; telefon~ directory; se *universitetskatalog* **katalogisera** *tr* catalogue **katalogpris** catalogue (list) price
kata|lys *~en 0* catalysis **-lysator** catalyst
katapult *-en -er* catapult **-stol** ejection seat
katarakt *-en -er* vattenfall o. läk. cataract
Katarina Catherine
katarr *-en -er* catarrh
katastrof *-en -er* allm. catastrophe; t.ex. tåg~, flyg~ disaster; finanskrasch crash; litt.-hist. dénouement fr. **katastrofal** *a* catastrophic, disastrous **katastrofalarm** emergency signal **katastrofartad** *a* se *katastrofal* **katastroffall** om pers. emergency case
kated|er *-ern -rar* lärares teacher's (föreläsares lecturer's) desk
katedral *-en -er* cathedral
kategori *-|e|n -er* category äv. filos.; klass class; grupp group; sort sort; *olika ~er av* skolor e.d. various types of . . **kategorisk** *a* categorical; tvärsäker dogmatic; om t.ex. påstående definite; om t.ex. förnekande flat **kategoriskt** *adv* categorically; dogmatically; *neka ~ till* ngt flatly deny . ., deny . . point-blank
katekes *-en -er* catechism
katet *-en -er, ~erna* the two smaller sides of a right-angled triangle
katet|er *-ern -rar* catheter
katgut *-en 0* catgut
katod *-en -er* cathode
katolicism Catholicism (äv.: *~en*) **katolik** *-en -er* Catholic **katolsk** *a* Catholic; *|den| ~a kyrkan* the |Roman| Catholic Church
katrinplommon torkat prune **-kompott** stewed prunes pl.
katt *-en -er* cat, F puss|y-cat|; tigrerad äv. tabby|cat|; han~ tom-cat; *inte en ~* var där not a soul . .; *arga ~er får rivet skinn* ung. you asked for it and you got it; *när ~en är borta dansar råttorna på bordet* when the cat's away the mice will play; *det osar ~* I (you osv.) smell a rat; *det vete ~en* blowed if I know; *det ger jag ~en |i|* I don't care a damn about that; *du kan ge dig ~en på det (på att . .)* you bet your life (your life that . .); jfr *sjutton 2* o. *2 fan 2* **katt|a** *-an -or* she-cat; cat äv. om kvinna **kattaktig** *a* cat-like, feline **kattdjur** feline
Kattegatt the Cattegat, the Kattegat
katt|fot bot. cat's-foot **-guld** geol. yellow mica
kattgutt *-en 0* catgut

katt|lik *a* cat-like, feline **-ost** mallow **-rakande** *~t 0* hullabaloo **-skinn** catskin **-släkte,** *~t* the feline (cat) family **-uggla** tawny owl
kattun *-et (-en) -er* calico; tryckt äv. cotton print
katt|unge kitten; *lekfull som en ~* äv. kittenish **-öga** eg. cat's eye; på cykel rear-reflector
kaukasisk *a* Caucasian **Kaukasus** the Caucasus
kausal *a* causal **-sammanhang** causal connection **-sats** causal clause
kaustik *a* caustic
kautschuk *-en* **1** pl. *0* ämne rubber, caoutchouc **2** pl. *-ar* radergummi |india-|rubber; isht amer. o. för bläck eraser
kav *adv, ~ lugn* spegelblank dead calm; *det var ~ lugnt* there was a calm
kava *itr, ~ |sig| fram* flounder ahead
kavaj *-en -er* jacket äv. udda, coat; se äv. följ **-kostym** lounge (amer. vanl. business) suit; på bjudningskort informal dress
kavaljer *-|e|n -er* hist. cavalier; gentleman gentleman; bords~, dans~ partner; beundrare beau (pl. -x); ledsagare escort
kavalkad *-en -er* cavalcade äv. bildl.
kavalleri cavalry **kavallerist** cavalryman horse-soldier
kavat *a* käck plucky; morsk cocky
kavel *-n kavlar* se *kavle* **-bro** ung. causeway |of tree trunks| **-dun** bulrush, reed mace
kaviar *-|e|n 0* caviar|e|
kavitet *-en -er* cavity
kavla *tr* roll; *~ ned* strumpa roll down, ärm unroll; *~ upp* roll (tuck) up; *~ ut* deg roll out **kavl|e** *-en -ar* bröd~ rolling-pin
kax|e *-en -ar* pamp bigwig; översittare bully **kaxig** *a* morsk cocky, stuck-up; kavat plucky övermodig superior; översittaraktig overbearing
kedj|a I *-an -or* chain äv. bildl.; av berg äv. range följd äv. series (pl. lika), av tankar äv. train; i fotboll forward-line; av poliser cordon; *bilda ~* form a chain, för avspärrning link hands; *slå ngn -or* put a p. into chains **II** *tr* chain, *vid* to *~d* äv. . . in chains; *~ fast* chain |. . fast (on)|
kedje|brev chain-letter **-byte** vid våningsbyte multiple |flat| exchange, chain |flat| exchange **-fånge** hist. chained captive **-hus** link house **-reaktion** chain reaction **-rökare** chain-smoker **-skydd** chain-guard **-stygn** o. **-styng** chain-stitch
kejsar|dotter emperor's daughter **-döme** *~t ~n* empire; *~t* Japan the empire of . .
kejsar|e emperor **-grönt** imperial green **-inna** empress **-krona 1** eg. imperial crown **2** bot. crown imperial **-rike** empire **-snitt** Caesarean section **-värdighet** emperorship, imperial dignity
kejserlig *a* imperial; *de ~a* the Imperialists

kela *itr* make love, pet; ~ *med* smeka pet, fondle, cuddle; ~ *med,* ~ *bort* skämma bort pamper, coddle, spoil **kelen** *a* loving; attr. äv. . . wanting to be cuddled **kelgris** pet; favorit favourite, darling **kelig** *a* se *kelen*
kelt *-en -er* Celt **keltisk** *a* o. **keltiska** *-n 0* språk Celtic
kemi *-|e|n 0* chemistry; *teknisk* ~ industrial chemistry **kemikalier** *pl* chemicals **kemisk** *a* chemical; ~ *tvätt* dry-cleaning **kemiskt** *adv* chemically; *tvätta* . . ~ dry--clean . .; ~ *fri från* bildl. completely innocent (devoid) of . . **kemisk-teknisk** *a* chemico-technical **kemist** chemist **kemiteknik** chemical engineering **kemtvätt** metod dry-cleaning; tvätteri dry-cleaner's **kemtvätta** *tr* dry-clean
kenn|el *-eln -lar* kennels pl.
kentaur *-en -er* centaur
keps *-en -ar* |peaked| cap
keramik *-en 0* ceramics; alster ceramics pl., ceramic ware, pottery **keramisk** *a* ceramic
kerub *-en -er* änglabarn cherub
ketchup *-en 0* ketchup, ibl. catsup
kex se *1 käx*
KFUK |vanl. the| Y.W.C.A. (Young Women's Christian Association) **KFUM** |vanl. the| Y.M.C.A. (Young Men's Christian Association)
1 kick, *på ett litet* ~ i ett nafs in a jiff|y|
2 kick *-en -ar* spark kick **-start** pedal kick--starter
kid *-et -* rädjurskalv fawn
kidnapp|a *tr* kidnap **-|n|ing** kidnapping
kika *itr* titta nyfiket, i smyg osv. peep, peek, *på* at; *får jag* ~ *på det?* F let me have a squint at it; jfr *titta*
kikar|e binoculars pl., fält~ äv. field-glasses pl., teater~ äv. opera-glasses pl.; tub för ett öga telescope; *en* ~ a pair of binoculars osv.: a telescope; *ha ngt i -n* have |got| one's eye on a th.; *vad har du i -n?* a) för planer what are your plans? b) för rackartyg o.d. what are you up to? **-sikte** telescopic sight
kikhosta whooping-cough **kikna** *itr* choke (be nearly suffocated) with coughing, vid kikhosta whoop; ~ *av skratt* choke with laughter; skratta *så man* ~*r* . . till one chokes (splits)
kil *-en -ar* wedge; typogr. quoin; sömn. gusset, gore; på strumpa slipper heel
1 kila *tr* m. kil o.d. wedge; ~ *fast* wedge, fix . . with a wedge; ~ *in* . . |*i* . .| wedge . . in|to . .|; ~ *sig in* eg. wedge oneself in; *ligga (sitta) inkilad i* springan be wedged into . .
2 kila *itr* ila o.d. scamper, skynda hurry; jfr *2 springa; nu* ~*r jag* |*i (min) väg*|*!* now I'll (ibl. I must) be (run) off!; ~ *hem* be off (pop) home; ~ *över* gatan pop over . .; ~ *stadigt* F go steady; ~ *in* |*till* ngn| pop (slip) in |to see . .|; ~ *i väg nu!* push (run) off now!
kil|ben i kraniet sphenoid, sphenoid bone **-formig** *a* wedge-shaped; bot. cuneate **-klack** wedge heel
killa *tr itr* se *kittla*
kill|e *-en -ar* pojke boy, karl fellow, chap; amer. guy
killing kid
kilo *-t -* kilo (pl. -s): *ett* ~ eng. motsv. ung. 2.2 pounds (förk. lb|s|.); *5* ~ äpplen 5 kilos (resp. 11 pounds) of . .; han väger *70* ~ äv. (i britt. mått) . . 11 stone; 2 kr. ~*t* . . a kilo **-gram** kilogram|me|; jfr *kilo* **-meter** kilometre, kilometer; *en* ~ eng. motsv. ung. 0.62 miles **-watt** kilowatt **-wattimme** kilowatt-hour **-vis** *adv* per kilo by the kilo; ~ *med* . . kilos pl. of . .
kil|rem V-belt **-skrift** cuneiform, cuneiform writing
kilt *-en -ar* kilt
kimono *-n -|e|r (-s)* kimono (pl. -s)
kimrök lampblack, carbon black
Kina China
kina *-n 0* farm. quinine **-bark** cinchona (Peruvian) bark
kind *-en -er* cheek; *vara blek om* ~*erna* have pale cheeks, be pale-cheeked **-ben** cheek-bone
kindergarten *- - r* se *lekskola*
kind|k|n|ota cheek-bone **-tand** molar
kines *-en -er* Chinese (pl. lika), spec. vard. Chinaman, F Chinee, Chink; *en* ~ vanl. a Chinaman **kinesa** *itr, du* kan |*få*| ~ *hos mig* . . have a shake-down at my place **kineseri 1** konst. chinoiserie fr. **2** bildl. pedantry, byråkrati red tape **kinesisk** *a* Chinese; *Kinesiska muren* the Great Wall of China **kinesisk|a** *-an* **1** pl. *-or* kvinna Chinese woman **2** pl. *0* språk Chinese. — Jfr *svenska* **kinesiskfödd** *a* Chinese-born; för andra sms. jfr äv. *svensk-* **kinesisk-japansk** *a* Sino-Japanese **kinesögon** *pl* slanting eyes
kinin *-et (-en) 0* quinine
kinka *itr* gnälla, om småbarn fret, whine; vara gnällig be fretful **kinkig** *a* **1** om pers.: fordrande exacting, . . hard to please; granntyckt, petnoga, kräsen particular, fastidious, dainty, *på (med)* mat about . .; gnällig fretful **2** om sak: svår, besvärlig difficult; brydsam awkward; ömtålig ticklish, delicate, tricky; *det är inte så* ~*t* |*med det*| it's not all that important
kiosk *-en -er* kiosk; telefon~ äv. call-box, amer. telephone booth; tidnings~ news-stand, större book-stall; gott~ sweet-stall, amer. candy stall
1 kippa *itr,* ~ *efter andan* gasp for breath (air)
2 kipp|a *itr* om sko flop about **-skodd** *a, gå* ~ utan strumpor walk about in one's shoes without any stockings (resp. socks) on

kirgis *-en -er* o. **-isk** *a* Kirghiz
kiro|praktiker o. **-praktor** chiropractor
kirurg surgeon **kirurgi** *-|e|n 0* surgery **kirurgisk** *a* surgical
kis *-en -er* miner. pyrites (pl. lika). pyrite-ore
kis|a *itr* närsynt peer, *mot* at; ~ *med ögonen mot (på)* . . look at . . with screwed-up eyes; ~ *mot* solen screw up one's eyes in (resp. because of) . . **-ande** *a* om ögon screwed-up, squinting
kisel *-n (kislet) 0* grundämne silicon **-sten** pebble|-stone|, koll. pebbles pl.
kiss *itj*, ~*!* ~*!* puss, puss!
kissa *itr* F wee-wee, do a wee-wee, mera vulg. piddle, pee
kisse *-n kissar* o. **-katt** o. **-miss** pussy|-cat|
kist|a *-an -or* förvaringsmöbel chest, sjö. äv. locker; penning~ coffer; lik~ coffin, amer. äv. casket **-botten,** ha pengar *på* ~ . . saved up
kitslig *a* **1** småaktig petty, cavilling; ogin disobliging; petig finical; överdrivet kritisk censorious; nedrig nasty; trakasserande vexatious **2** om sak: svår, besvärlig difficult **-het** ~*en* ~*er* **1** om pers. pettiness osv. **2** småaktig anmärkning cavil, petty osv. remark
kitt *-et 0* allm. cement; glasmästar~ putty **kitta** *tr* cement; putty
kittel *-n kittlar* stew-pan, större cauldron äv. bildl.: grytliknande pot; te~, fisk~ kettle; ~dal se följ. **-dal** geol. basin, cirque
kittla **I** *tr* tickle; isht bildl. äv. titillate **II** *itr*, *det* ~*r i näsan på mig* my nose tickles; *det* ~*r i magen på mig* jag hissnar I feel giddy (dizzy) **kittlas** *itr. dep,* ~ *inte!* don't tickle! **kittlig** *a* ticklish **kittling** kittlande tickling; kittlande känsla, klåda tickling feeling, tickle
kiv *-et 0* quarrel; ~ande quarrelling, squabbling, i ord äv. wrangling, *om* i samtl. fall about, as to; *på pin* ~ out of pure (sheer) cussedness, för att retas just to tease **kivas** *itr. dep* gräla quarrel, squabble, munhuggas wrangle, *om* about, as to; tvista contend, *om* for; ~ *om* de bästa bitarna scramble for . .
kjol *-en -ar* skirt, under~ petticoat; *springa efter alla* ~*ar* run after every skirt; *hänga i* ~*arna på ngn* bildl. be tied to a p.'s apron-strings **-linning** waist-band **-regemente** petticoat government
kjortel *-n kjortlar* åld. kirtle; jfr *kjol* **-vägen,** *gå* ~ make use of the influence of women **-välde** se *kjolregemente*
1 klabb *-en -ar* trä~ chunk of wood
2 klabb *-et 0, hela* ~*et* the whole lot (bag of tricks) **klabba** *itr* **1** om snö stick **2** se *kladda* **klabbföre,** *det är* ~ vid skidakning the snow is rather wet for skiing **klabbig** *a* sticky **klabbsnö** |wet and| sticky snow
1 klack *-en 0* teat. claque fr.
2 klack *-en -ar* på skodon heel; *slå* ~*arna i taket* bildl. kick up one's heels; *slå ihop* ~*arna* click one's heels
3 klack *itr. imperf* se *1 kläcka*
klack|a *tr* heel **-bar** *s* heel bar **-järn** heel-iron **-ning** heeling **-ring** signet-ring
1 kladd *-en -ar* rough copy, *till* of; koncept |rough| draft, *till* for, of; H kassa~ waste book
2 kladd **1** *-et 0* kludd daub, klotter scribble **2** *-en -ar* kläpare bungler; odugling good-for-nothing **kladda** *itr* kludda, måla daub; klottra scribble; *vem har* ~*t* på bordet (tapeten)? who has made a |sticky| mess . . (made dirty marks . .)?; ~ *med* lera o.d. mess about with; ~ *ner* soil, med bläck smudge | . . all over|; ~ *ner sig* make a mess all over oneself **kladder** *-n kladdar* se *2 kladd 2* **kladdig** *a* klibbig sticky; nedkladdad smeary; ~t skriven scribbly; degig doughy, pasty; berusad squiffy; *jag är* ~ *om händerna* my hands are sticky
klaff *-en -ar* flap; på bord äv. |drop| leaf (pl. leaves); på sekretär fall-front; på blåsinstrument key; anat. valve; ventil~ äv. clack; bro~ leaf, bascule
klaffa *itr* stämma tally, fungera |bra| work
klaffbord folding (drop-leaf) table **klaffbro** bascule-bridge **klaffel** läk. valvular disorder **klaffsits** på teater o.d. tip-up seat **klaffventil** flap-valve
klafs *itj* squelch! **klafsa** *itr* squelch
klaga *itr tr* **1** beklaga sig complain, *över* about, of, *för, hos* to; make complaints; knota grumble, *över* at, over, about; högljutt lament; t.ex. sin nöd lament over, bewail; *Gudi* ~*t* sad to say; ingen kan ~ *på honom (maten)* . . find fault with him (the food); maten *var inte att* ~ *på* . . left no room for complaint **2** inkomma med klagomål lodge a complaint
klagan *- 0* klagomål complaint, *över* about; veklagan lament|ation|, knot grumbling, hög-ljudd wail|ing| **klagande** **I** *a* complaining osv., jfr *klaga 1;* om röst, ton äv. plaintive; sorgsen mournful **II** *-n -* jur. complainant, lodger of a (resp. the) complaint
klago|låt wailing, lamentation **-mur,** *Klagomuren* the Wailing Wall; ~*en* bildl. the department for complaints **-mål** complaint, *över, på* about; *anföra (framföra)* ~ *hos ngn mot ngt* lodge (make) a complaint about a th. with a p. **-rop** o. **-skri** lamentation|s pl.|; *-rop, -skri|n|* t.ex. i pressen an outcry **-skrift** written complaint **-visa** lamentation; *Klagovisorna* Lamentations
klammer **1** hakparentes square bracket; sammanfattningstecken brace; *sätta . . inom* ~ put . . in square brackets **2** häft~ staple
klammeri, *råka i* ~ *med ngn (rättvisan)* fall foul of a p. (the law)
1 klamp *-en -ar* träklabb chunk of wood
2 klamp *-et 0* klampande tramping; klampande ljud tramp **klampa** *itr* gå tungt tramp

1 klamra *rfl,* ~ *sig fast vid* eg. cling tight on to, hang on to; bildl. cling firmly to; *fastklamrad* firmly clinging, *vid* to
2 klamra *tr* m. häftklammer staple, bokb. stitch
klan *-en -er* clan
klander *klandret 0* **1** allm. blame, stark. censure, kritik criticism; *uppbära* ~ be blamed etc., jfr *klandra* **2** jur., *anföra* ~ *mot* protest (lodge el. enter a protest) against, testamente äv. dispute **-fri** *a* se *oklanderlig* **-sjuk** *a* . . fond of fault-finding, censorious **-sjuka** censoriousness; ss. egenskap fondness for fault-finding **-votum** vote of no confidence (of censure) **-värd** *a* blameworthy, reprehensible, censurable
klandra *tr* tadla blame, censure, find fault with, kritisera criticize
klang *-en -er* allm. ring end. sg., stark. clang; ljud sound; av glas clink, av mynt äv. chink; av klockor ringing, av samstämda kyrkklockor peal; ton|fall| äv. tone; *hans namn har god* ~ he has a good name; ordet har |*en*| *otrevlig* ~ bildl. . . an unpleasant ring **-full** *a* sonorous **-fullhet** sonorousness, sonority **-färg** timbre, |tone| quality **-färgskontroll** tone control **-lös** *a* flat, dull
klank|a *itr* grouse, grumble, *på* about, at **-ande** ~ *t 0* grousing, grumbling
klapp *-en -ar* **1** smeksam pat, lätt slag tap **2** F se *julklapp* **klappa** *tr itr* ge en klapp pat, t.ex. på axeln äv. tap, stark. clap; smeka stroke, caress; knacka knock; kläder beat; om hjärta beat, häftigt palpitate, härdare throb; ~ *ngn på kinden* pat a p. on the cheek; ~ |*i*| *händerna* clap one's hands, applaud; ~ *händerna åt ngn* clap a p.; *med* ~*nde hjärta* with a beating heart; saken *är* ~*d och klar* . . is (has been) fixed up; ~ *ihop* F kollapsa go (fall) to pieces; ~ *om ngn* hug a p., give a p. a big hug; ~ *till* a) slå smack b) jorden pat |down|
klapp|er *-ret 0* klapprande clattering osv., jfr *klappra;* clatter
klappjakt eg. battue fr.; bildl. witch-hunt, *på* for; *anställa* ~ *på (efter)* start a hue and cry after; hound
klappra *itr* clatter; om hästhovar clip-clop; om tänder chatter; *han* ~*de med tänderna* his teeth chattered
klappträ |clothes-|beater, batlet
klar *a* **1** ljus o.d., tydlig allm. clear; om väder äv. samt om t.ex. färg, solsken bright; om t.ex. hy transparent; om vatten högt. äv. limpid; om framställning, stil äv. lucid, limpid; tydlig, om t.ex. |telegram|-språk, skyldighet, svar plain; märkbar distinct; uppenbar äv. obvious, |self-|evident, stark. manifest; begriplig intelligible; åskådlig perspicuous; oförtydbar, prononcerad pronounced, om t.ex. motståndare avowed, declared, open; avgjord, om t.ex. favorit decided, om t.ex. seger clear, definite; ~*t* meteor. visibility good; framstå *i* ~ *belysning* . . in a clear light; ~*t besked* exact information; ha (med) ~ *blick* a) sinne . . an open eye, *för* for b) uppfattning . . a clear grasp, *för* of; ~ *himmel* äv. a cloudless sky; *en man med* ~*t huvud* äv. a clear-headed man; *en* ~ *panna* an open brow; *ha* ~*a papper* have one's papers (documents) in order, bildl. be all right (reliable, spotless); *i (vid)* ~*t* bra *väder* in fair weather; *bli* ~ *i huvudet* äv. come to one's right senses; *det blev (stod)* ~*t för mig,* att . . it became (was) clear (obvious) to me . . , småningom it dawned upon me . . , jag insåg I realized |clearly| . . ; *få ngt* ~*t för sig* get a clear idea of a th.; *få* ~*t för sig, hur* . . realize how . . ; *göra* ~*t för* ngn se *klargöra 1; ha* ~*t för sig,* vad . . be clear about (as to) . . , have a clear idea of . . ; *man har alltid haft* ~*t för sig,* att . . one has always known . . ; *det är* ~*t* äv. that's evident (obvious), givetvis naturally, of course; *saken är* ~*!* that settles it!; *komma (vara) på det* ~*a med* ngt realize . .; *vara (ha kommit) på det* ~*a med* ngt *(med att)* äv. be clear about . . (|about the fact| that); *han har varit på det* ~*a med det* länge he has known it . .
2 färdig ready, *för, till* for; uppgjord arranged, settled up, F fixed up; gjord done; ~*t* |*till*| Rom! telef. you are through to (isht amer. connected with) . . ; ~*t att vända!* sjö. ready about! ; ~*a, färdiga, gå!* ready, steady, go!, are you ready? go!; utnämningen *blir* ~ *nästa vecka* . . will be made next week; *göra* . . ~ sjö. se *klargöra 2; det är* ~*t* fixat *nu* it's O.K. now; *är du* ~ |*med arbetet*|? have you finished |your work|?, F isht amer. are you through |with your work|? **3** sjö., *gå* ~ *för* go (pass) clear of
klara I *tr* **1** eg.: göra klar clarify; strupen clear **2** sjö., ankaret, en udde clear **3** komma över (förbi), om t.ex. häst, fordon clear, negotiate **4** bildl. (jfr äv. ~ *av*): a) ~ (reda) upp settle, ordna äv. arrange; lösa, t.ex. problem solve, F do; få . . gjord get . . done; gå i land med manage; lyckas med, t.ex. en svår uppgift cope with, tackle . . successfully; stöka undan F do b) tåla: om pers. be able to stand, om sak be able to stand up to c) betala settle, square d) rädda, ~ . . *ur en knipa* help . . out of straits; *det ska jag nog* ~*!* I'll take care of that (F fix it)!; *för att* ~ *begreppen en smula* |*för ngn*| to make things a little clearer |to a p.|; ~ *sin examen* get through one's exam; ~ *krisen* get through the crisis, friare pull through; ~ *en sjukdom (svår situation)* pull through; ~ *tankarna* clarify one's thoughts; ~ *av* ordna clear off, skuld, räkning äv. settle |up|; bli kvitt get rid of; ~ *upp* clear up, se vid. *4 a* ovan; ~ *ut* se *reda* |*ut*| **II** *rfl* reda sig, t.ex. bra manage, get

on (by), F do, isht amer. make out, t.ex. utan hjälp (missöde) get along; bli godkänd i examen pass; rädda sig get off, escape; vid sjukdom pull through; *han ~r sig alltid* i alla lägen he always falls on his feet; *han ~r sig nog!* äv. he'll do all right!, he'll pull it off!; *~ sig bra* äv. give a good account of oneself, i examen pass with flying colours; *~ sig bra i skolan* do well at school; de som *~de sig bäst* . . came off best; *~ sig själv* help oneself, ekonomiskt fend for oneself; *~ sig från* förkylning avoid . . ; *~ sig med litet* do with little; *jag kan inte ~ mig på* den här lönen I cannot manage (make both ends meet) on . . ; *~ sig utan* ngt do without . ., dispense with . .; *~ sig fram (igenom)* | manage to | get (make one's way) along (through); *~ sig undan* get off, escape

klar|blå *a* attr. bright-blue, pred. bright blue **-bär** sour cherry, amarelle

klarer|a *tr* **1** ordna arrange, F fix up **2** sjö. clear; *~ in (ut)* clear . . inwards (outwards) **-ing** sjö. clearance

klar|göra *tr* **1** förklara o.d. make . . clear, utreda elucidate, explain, påvisa demonstrate, *för ngn* i samtl. fall to a p.; *~ för ngn (sig själv),* att (hur) . . make it clear to a p. (to oneself) . . ; *ett ~nde exempel* an elucidatory (illustrative) example **2** sjö. clear, get . . ready; t.ex. mina, livbåt prepare **-het** (jfr *klar 1*) clearness osv., isht bildl. clarity; transparency; limpidity; lucidity; upplysning enlightenment, *i, om* on, as to; *bringa ~ i ngt* throw (shed) light on a th.; *få (skaffa sig) ~ i* ngt get a clear idea (picture) of . . ; polisen *har inte fått ~ i (komma till ~ i* el. *om) saken* . . are not clear about the matter; *gå från ~ till ~* go from strength to strength

klarinett *-en -er* clarinet **-blåsare** clarinet-player, clarinettist

klar|lägga *tr* se *klargöra 1* **-medel** clarifier; brygg. fining substance

klarna *itr* **1** bli ljus|are|: om himlen clear, become clear|er|, om vädret clear up, ljusna brighten up äv. bildl.: bli klar|are|. om läge o.d. become clear|er|, *för* to; *det* vädret *~r* it is clearing up; *det* saken o.d. *börjar ~* things are looking up; *det börjar ~ för mig* it is beginning to dawn upon me; *~ upp* clear (brighten) up **2** om vätska clarify, om kaffe äv. settle

klar|röd *a* attr. bright-red, pred. bright red **-signal** järnv. go-ahead (line clear) signal; *få (ge ngn) ~* bildl. get (give a p.) the green light (the O.K.) **-synt** *a* clear-sighted; skarpsynt perspicacious **-synthet** clear-sightedness, clarity of vision; skarpsynthet perspicacity

klart *adv* clearly osv., jfr *klar;* avgjort, utpräglat decidedly, definitely, t.ex. fientlig openly; *se ~ i* en sak have a clear vision regarding. . ; *uttrycka sig ~* express oneself clearly; *har jag uttryckt mig ~ nog?* have I made myself clear?

klar|text text en clair fr.; *i ~* en clair fr., friare in plain language **-tänkt** *a* clear-thinking, clear-headed **-vaken** *a* attr. wide-awake, pred. wide awake **-ögd** *a* eg. bright-eyed, clear-eyed; bildl. se *klarsynt*

klas|e *-en -ar* allm. cluster isht fastsittande: isht lös bunch båda m. of framför följ. best.: bot. raceme

klass *-en -er* allm. class; skol.: ~avdelning class, form, årskurs form, amer. i båda bet. grade; ~rum classroom; rang~ grade, order; *första ~ sovvagn* first class sleeping-car; *ett första ~ens hotell* a first-class (utmärkt first-rate) hotel; *andra ~ens* sekunda second-rate; *åka |i| andra ~* travel (go) second class (second); *han (*resp. *det) står i en ~ för sig* he (resp. it) is in a class by himself (resp. itself)

klassa *tr* sjö. class; *~ ned* t.ex. en prestation belittle **klassamhälle** class society

klass|anda class spirit **-betonad** *a, vara ~* have a class-bias **-bok** class register **-fördom** class prejudice **-föreståndare** form master **-föreståndarinna** form mistress **-hat** class-hatred

klassicism classicism (äv. *~en*)

klassificera *tr* classify **klassificering** o. **klassifikation** klassificerande classification, classifying; sätt att klassificera way of classifying

klassiker classic; forskare classical scholar

klass|indelning klassificering. t.ex. av fartyg classification; biol. distribution into classes; social class division; *en ny ~* maste göras (skol.) a re-division of the classes . . **-intresse** class interest

klassisk *a* **1** eg.: antik o. om t.ex. musik classical; friare classic, om exempel. skrift äv. standard; *~ mark* classic ground **2** se *löjlig*

klass|kamp class struggle **-kamrat** class-mate; *mina ~er* äv. the boys el. fellows (resp. girls) in my form

klasskillnad class-distinction

klass|lärare o. **-lärarinna** class teacher **-medvetande** class-consciousness **-medveten** *a* class-conscious **-rum** classroom **--samhälle** se *klassamhälle* **--skillnad** se *klasskillnad* **-vis** *adv* by classes; en klass i sänder a (one) class at a time; ordnad|e| *~* . . in classes **-välde** class rule

klatsch I *itj* crack! **II** *-en -ar* pisksmäll lash, ljudlig crack; dask slap **klatscha** *itr tr* **1** om piska crack; *~ med piskan* crack one's (the) whip; *~ till hästen* give the horse a lash; *~ |till| ngn* slap a p. **2** *~ dit* färg *på ngt* daub (dash) . . on to a th. **3** *~ med ögonen åt* ngn ogle . ., make eyes at . . **klatschig** *a* effektfull, iögonfallande striking, flott smart, snärtig.

om svar witty, schvungfull dashing, djärv bold
klausul *-en -er* clause
klav *-en -er* key; mus. äv. clef
klavbinda *tr* bildl. tie down, fetter, t.ex. pressen shackle **klave** se *krona* |*och klave*|
klaver *-et* - piano piano (pl. -s): *trampa i ~et* put one's foot in it, drop a brick **-utdrag** piano arrangement (score)
klaviatur keyboard
klavikord *-et* - clavichord
klema *itr, ~ med* pamper, coddle; *~ bort* spoil |. . by indulgence| **klemig** *a* veklig pampered, coddled, effeminate, soft
klen *a* **1** sjuklig o.d.: feeble, ömtålig delicate, bräcklig frail, *till hälsan* in health; isht om barn äv. weakly; svag weak; för tillfället poorly pred.: *hans ~a hälsa* his delicate health; *~a lungor* weak (delicate) lungs; *ha ~ mage* have a weak stomach (a poor digestion); *vara ~* äv. be sickly, be of weak el. delicate health **2** spenslig. *med ~ kroppsbyggnad* with a slender frame **3** underhaltig, skral poor, svag feeble, mager meagre, slender; *ha ~ underbyggnad* have a poor (an inadequate) grounding; *en ~ ursäkt* a poor (flimsy) excuse; *vara ~ i engelska* be poor at (skol. weak in) English; *det är ~t med maten* food is scanty, jfr *klent* |*beställt*|; han är *~ till förståndet* . . of feeble (weak) intellect, F . . not all there **-het** sjuklighet o.d. feeble osv. |state of| health, delicacy, frailty; *allmän ~* general debility **-modig** *a* faint-hearted, pusillanimous **-modighet** faint-heartedness, pusillanimity
klenod *-en -er* dyrgrip article of |great| value; gem, treasure äv. bildl. om sak o. pers.; bildl. om pers. äv. jewel
klensmed ung. locksmith **klent** *adv* feebly osv., jfr *klen; ~ begåvad* poorly gifted; *det är ~ beställt med* . . (. . lämnar mycket övrigt att önska) . . leaves (resp. leave) much to be desired **klentrogen** *a* incredulous, sceptical; svag i tron . . of little faith attr. **klentrogenhet** incredulity, scepticism; want (lack) of faith; jfr föreg.
klenät *-en -er* ung. twisted fried cake, amer. cruller
kleptoman kleptomaniac **kleptomani** -|*e*|*n 0* kleptomania
klerikal *a* clerical
kleta *tr itr* o. **kletig** *a* se *smeta* resp. *smetig*
kli -|*e*|*t 0* bran
klia I *itr* itch; *det ~r i fingret (örat) på mig* my finger (ear) itches; *det ~r i fingrarna på mig att* inf. (bildl.) my fingers are (I am) itching to inf.; *det ~r i hela kroppen på mig* I am itching all over **II** *tr* scratch **III** *rfl* scratch oneself; *~ sig i huvudet* scratch one's head
klibba *itr* vara klibbig be sticky (adhesive); fastna stick, cling, *på, vid* to; tungan *~r vid gommen* . . cleaves (adheres) to the palate; *~ ihop* |*sig*| stick |together| **klibbig** *a* allm. sticky, *av* with; som fastnar adhesive; om vätska gluey, naturv. glutinous, viscous
kliché *-n -er* **1** boktr. |printing| block (isht amer. plate), cut; autotypi half-tone block (cut); fototypi line cut **2** bildl. cliché fr., stereotyped (hackneyed) phrase
1 klick *-en -ar* klump: allm. lump; mindre smör~ knob; grädd~ vanl. dollop; färg~ daub, smear, dab (alla m. of framför följ. best.); *han har fått en ~ på sig* bildl. his reputation has been tarnished
2 klick *-en -ar* kotteri clique, coterie, set; polit. faction
3 klick *-en -ar* klickskott misfire **klicka** *itr* **1** knäppa click **2** om skjutvapen, motor misfire; om skott fail to go off; 'strejka' go wrong, break down, om t.ex. minnet be at fault; misslyckas fail
klickväsen cliquishness, cliquism
klient client **klientel** *-et (-en)* - clientele; clients pl., body (set) of clients
klimakterisk *a* climacteric|al| **klimakteri**|**um** *-et 0* climacteric, menopause
klimat *-et* - climate, poet. clime **klimatförhållanden** *pl* climatic conditions, climate sg. **klimatisk** *a* climatic **klimatombyte** change of climate
klimax *-en -ar* climax
klimp *-en -ar* allm. lump, av t.ex. levrat blod clot (båda m. of framför följ. best.); guld~ nugget; kok. ung. dumpling, koll. dumplings **klimpa** *rfl* get lumpy **klimpig** *a* lumpy
1 kling|**a** *-an -or* blade; svärd, värja sword, mera valt blade
2 kling|**a** *-ade* (poet. *klang*) *-at* (poet. *klungit*) *itr* allm. ring; ljuda, låta sound; genljuda resound; om mynt jingle, chink; om glas tinkle, chink, vid skålande clink; hans ord *~de äkta* . . rang true, . . had a genuine ring; *~ i glaset* för att äska ljud tap one's glass; *~ med glasen* clink glasses **klingande I** *-t 0* ringing osv. **II** *a* ringing; *~ mynt* hard cash; *på ~ latin* in high-sounding Latin; *på ~* ren *svenska* in pure Swedish
klinik *-en -er* clinic; vid större sjukhus clinical department; privat sjukhem nursing home **klinisk** *a* clinical
klink *-et 0* piano~ strumming (tinkling) on the piano
1 klink|**a** *-an -or* dörr~ latch
2 klinka *itr tr, ~* |*på*| *piano* strum (tinkle) on the piano **klinkande** *-t 0* se *klink*
klinkbyggd *a* clinker-built
klint *-en -ar (-er)* kulle hill; bergstopp peak; bergbrant perpendicular hill-side, vid kust cliff
klipp *-et* - m. sax snip, hack, film~ cut; i biljett clip, punch; tidnings~ |press| cutting, amer. clipping
1 klipp|**a** *-te -t* **I** *tr* allm. cut; naglar äv. pare;

gräs mow; vingar clip; får shear; biljett clip, punch; putsa, t.ex. skägg, häck trim; figurer o.d. cut out; film cut, redigera edit; *rakas eller ~s?* shave or haircut?; |*låta*| ~ *håret* få håret klippt have one's hair cut; ~ *kuponger* clip (cut off) coupons, skämts. rake in one's dividends; *som -t och skuren till* det arbetet *(till att* inf.*)* just cut out for . . (for + ing-form) **II** *itr,* ~ *med ögonen* blink, menande wink; ~ *med öronen* twitch one's ears **III** *rfl,* |*låta*| ~ *sig* få håret klippt have one's hair cut **IV** m. beton. part. **1** ~ *av* cut (hastigt snip) off, itu cut . . in two; avbryta, t.ex. sina förbindelser sever, t.ex. samtal cut . . short, put a stop to **2** ~ *bort* cut osv. off (away) **3** ~ *itu* . . cut . . in two (half) **4** ~ *ned* t.ex. en häck trim down **5** ~ *sönder* . . cut . . |all| to pieces (bits), i små bitar cut (snip) . . |up| into |tiny| pieces **6** ~ *till* mönster o.d. cut out; ~ *till ngn* land (give) a p. one **7** ~ *upp* cut open, slit **8** ~ *ur (ut)* . . cut (clip) . . out, *ur en tidning* of a newspaper

2 klipp|a *-an -or* berg rock äv. bildl.: skarpkantig o. brant havs~ cliff **-avsats** rock-ledge **-block** rock, boulder **-brant** precipice **-fisk** split dried cod **-håla** rocky cave

klippig *a* rocky; om berg craggy; om kust iron-bound; *Klippiga bergen* the Rocky Mountains, the Rockies

klipp|kort spårväg o.d. punch-ticket **-ning** -ande cutting osv., jfr *1 klippa,* av håret hair-cutting; *be om* ~ ask for a haircut

klipp|rev reef of rocks **-spets** crag, pinnacle of a (resp. the) rock **-utsprång** projecting rock **-vägg** wall (face) of rock, vid kust cliff **-ö** rocky island

klipsk *a* snarfyndig quick-(ready-)witted; förslagen crafty; se vid. *knipslug*

klirra *itr* allm. jingle; om mynt äv. chink; om glas clink, chink; om metall ring, *mot* on; om fönster rattle; om sporrar clink **klirrande** *-t 0* jingling osv.

klisché *-n -er* se *kliché*

klist|er *-ret 0* paste, fackl. adhesive, cement; *råka i -ret* get into trouble (a mess); *sitta i -ret* be in a mess (a fix, the soup)

klister|burk paste-pot **-remsa** adhesive (gummerad gummed) tape

klistra I *tr* paste, fackl. cement, mera allm. stick **II** m. beton. part. **1** ~ *fast ngt* |*på (vid)* . .| paste (stick) a th. on |to . .|; *sitta* |*som*| *fastklistrad vid* TV:n be glued to . . **2** ~ *igen* stick down **3** ~ *ihop* t.ex. två papper paste (stick) together **4** ~ *in ngt* |*i* . .| paste (stick) a th. in|to . .|; ~ *in* frimärken se ~ *upp* **5** ~ *på ngt* |*på* . .| paste (stick) a th. on |to . .| **6** ~ *upp* t.ex. en affisch paste (stick) up; ~ *upp* en affisch *på väggen* paste (stick) . . up on the wall; ~ *upp frimärken* |*i* ett album| hinge stamps |in . .|; ~ *upp* en karta *på väv* mount . . on cloth **7** ~ *över* ett hål paste something over . .

klitter *pl* dunes, sand-hills

kliv *-et* - stride; *ta ett stort* ~ take a long stride

kliv|a *klev -it* **I** *itr* med långa steg stride, gravitetiskt stalk; stiga step; klättra climb; trampa tread; *komma ~nde* come striding along; ~ *över* tröskeln cross . ., step across . . **II** m. beton. part. (jfr äv. *stiga II*) **1** ~ *i* bil climb into, båt step into; *han klev i* |*vattnet*| med ena foten he went in|to the water| . . **2** ~ *på* se *stiga* |*på*|; han bara *klev på* a) gick vidare . . went striding osv. ahead b) steg in |utan att knacka| . . walked (marched) |straight| in **3** ~ *upp i* vagn (*på* tåg) get up into . .; ~ *upp i ett träd* climb |up| a tree; ~ *upp på* en stege, stol climb on to . . **4** ~ *över* dike o.d. stride osv. across . ., gärdesgård climb (get) over . .

klo *-n -r* allm. claw; rovfågels äv. talon; kräft~ äv. pincers pl.: på gaffel, grep o.d. prong; *dra in ~rna* draw in one's claws äv. bildl.; *få . . i sina ~r* get . . into one's clutches; *råka i ~rna på* procentare get into the clutches of . .; *slå ~rna i* . . strike one's claws into . .

kloak *-en -er* sewer; zool. cloac|a (pl. -ae) lat. **-brunn** cesspool **-djur** monotreme **-ledning** |main| sewer **-rör** sewer, sewage pipe **-system** sewage system **-trumma** sewer **-vatten** sewage

klock|a I *-an -or* **1** att ringa med o. bot. bell; *ringa på ~n* ring (elektrisk ~ press) the bell **2** ur: fick~, armbands~ watch; vägg~ o.d. clock; *hur mycket (vad) är ~n?* what is the time?, what time is it?; *hur mycket är din ~?* what time does your watch (do you) make it?; kan du *säga* |*mig*| *vad ~n är?* . . tell me the |right| time?; *~n är ett (halv ett)* it is one |o'clock| (half past twelve, twelve thirty, amer. äv. half after twelve); *~n är fem minuter över ett* (resp. *i ett*) it is five minutes past (amer. äv. after) one (resp. to, amer. äv. of el. before one); *min ~ är ett* it is one |o'clock| by my watch; *~n är mer (mindre)* än jag trodde it is later (earlier) . .; *~n K* zero hour, H-hour; *~n blev sex* och ännu . . six o'clock came. ., it was (got on to) six |o'clock| . . ; *~n är (börjar bli) mycket* it is (is getting) late; *~n tre (halv tre)* adv. at three |o'clock| (half past two, two thirty, amer äv. half after two); allting *går efter ~n* . . goes by clockwork; *veta vad ~n är slagen* bildl. know what to expect **II** *tr* **1** *~d kjol* bell-shaped skirt **2** sport., *han ~des för 10,8* he |was| clocked 10.8

klockar|e ung. parish clerk and organist; kyrkomusiker precentor **-far** allt i allo factotum **-kärlek** penchant fr.

klock|armband watch-bracelet **-boj** sjö. bell-buoy **-formig** *a* bell-shaped **-gjutare**

bell-founder **-hatt** bell-shaped hat, cloche fr. |hat| **-kedja** watch-chain **-kjol** bell|-shaped| skirt **-ljung** bell-heather **-ren** *a* .. |as| clear as a bell **-ringning** syssla bell-ringing; ljud |vanl. the| ringing of bells (resp. a bell) **-slag,** *på ~et* on the stroke |of the clock| **-spel** klockor chime |of bells|; ljud chimes pl. **-stapel** |detached| bell-tower (belfry)

klok *a* förståndig wise; omdömesgill judicious; förnuftig sensible; förtänksam. försiktig prudent; intelligent intelligent, om djur äv. sagacious; skarp. klipsk shrewd; nykter. praktisk hard-headed; välbetänkt well-advised; tillrådlig advisable; vid sina sinnens fulla bruk sane, .. in one's senses; *~ gubbe* bildl. ung. nature-healer; *~a råd* vanl. sensible advice sg.: jag är *lika ~ som förut* .. none the wiser |for that|, .. just as wise as I was before; *det var ~t av dig* that was very wise (sensible) of you; *det är inte ~t* F it's crazy; *jag blir inte ~ på honom (detta)* I cannot make him (it) out; han är *inte riktigt ~* 'galen' F .. not all there, .. not quite right in the head, .. dotty, .. nuts **klokhet** (jfr föreg.) wisdom; judiciousness; sense; prudence; intelligence, sagacity; shrewdness; *ha ~en att* inf. have the good sense to inf. **klokt** *adv* wisely osv., jfr *klok; ~ nog gjorde han det inte* äv. he had sufficient (the) good sense not to do it; *du gjorde ~ (klokare) i att gå* you would be wise to go

klor *-en 0* chlorine **klorid** *-en -er* chloride **klorkalk** chloride of lime **kloroform** *-en 0* o. **kloroformera** *tr* chloroform **klorofyll** *-et (-en) 0* chlorophyll **klorvätesyra** hydrochloric acid

klosett *-en -er* toilet; ~rum äv. lavatory **-papper** toilet-paper

kloss *-en -ar* träklump block, jfr *byggkloss;* klumpig person |great| hulk

kloster *klostret* - monastery; nunne~ convent, nunnery; *gå i ~* enter a monastery osv.: *sätta* en flicka *i ~* shut up .. in a convent (nunnery) **-aktig** *a* monastic; conventual; jfr *kloster* **-broder** monk, friar **-cell** |monastery osv.| cell **-gård** cloister garth **-kyrka** abbey, monastery church **-liv** monastic (resp. convent) life **-löfte,** *avlägga ~|t|* take the vow|s pl.| **-ruin** ruined abbey (monastery osv.) **-skola** numera convent school **-väsen,** *~det* monasticism, the monastic system

1 klot *-et* - kula ball äv. om jorden: i bowling äv. bowl; glob globe, vetensk. sphere, astr. orb; jfr *jordklot*

2 klot *-en 0* tyg sateen; bokb. cloth **-band** cloth-binding; *i ~* in cloth

klot|formig *a* ball-shaped; globular; spherical **-rund** *a* .. round like a ball; om pers. rotund, F tubby; jfr föreg.

klots *-en -ar* se *kloss*

klott|er *-ret 0* scrawl, scribble, doodle, klottrande scrawling, scribbling, doodling; jfr följ. **klottra** *itr tr* scrawl, ofta meningslöst som ett barn scribble; tankspritt rita figurer doodle; *~ ned* a) skriva ned scrawl, jot down b) fullklottra scrawl (scribble) all over **klottrig** *a* om stil scrawling

klov|e *-en -ar* tekn. vice

klubb *-en -ar* club

klubb|a I *-an -or* club, mindre mallet; auktions~ hammer; ordförande~ gavel, hammer; slickepinne lolly, lollipop; jfr *bandyklubba* o. andra sms.: *föra ~n* act as chairman; *gå under ~n* go (come) under the hammer **II** *tr* **1** slå ihjäl club **2** *~ |igenom|* driva igenom, t.ex. förslag push through; *~ ned* a) talare call .. to order b) förslag turn down **3** vid auktion. *~s för* 100 kr be knocked down for ..

klubb|lokaler *pl* club premises **-mästare 1** anordnare av fester ung. Master of Ceremonies **2** sport. club champion

klubbslag vid sammanträde fall of the |chairman's| mallet; vid auktion blow (rap) of the hammer

klucka *itr* **1** om höns o.d. cluck, om kalkon äv. gobble; *ett ~nde skratt* a chuckle **2** om vätska gurgle; om vågor lap

kludd 1 *-et 0* dålig målning daub; *bara ~* a mere daub **2** *-en -ar* kläpare bungler, botcher **kludda** *itr tr, ~ |i|* daub; *~ ner* smudge **kluddig** *a* om målning dauby; fläckig blotchy, smudgy

klump *-en -ar* **1** lump äv. i halsen. av något fuktigt äv. blob; jord~ clod; klunga clump **2** *i ~* a) alla tillsammans in a lump b) utan åtskillnad indiscriminately **klumpa** *rfl* bilda klumpar form clods **klumpeduns** *-en -ar* clumsy lout, clodhopper; kläpare bungler **klumpfot** eg. club-foot **klumpfotad** *a* club-footed **klumpig** *a* clumsy, åbäkig äv. unwieldy, lumbering, otymplig äv. ungainly, tung äv. heavy, tafatt äv. awkward, heavy-handed, tölpig äv. churlish **klumpighet** *-en -er* egenskap clumsiness; uttryck, anmärkning m.m. clumsy expression (remark m.m.) **klumpsumma** lump sum **klumpvis** *adv* i klungor in clumps

klung|a *-an -or* grupp group, av träd äv. clump; skock bunch, knot; svärm, klase m.m. cluster; alla m. of framför följ. best.

klunk *-en -ar* gulp, draught; mindre drop; alla m. of framför följ. best.: *en ~ kaffe* a drink (liten sip) of coffee; *ta sig en ~ av ölet* take a swig (a pull) at the beer **klunka I** *tr, ~ i sig* gulp .. down, quaff **II** *itr* om vätska gurgle; om vågor lap

kluns *-en -ar* **1** klump lump **2** klumpeduns clodhopper **klunsig** *a* se *klumpig*

klusil *-en -er* fonet. stop

klut *-en -ar* huvud~ kerchief; trasa rag; lapp

patch; segel sail; *sätta till alla ~ar* clap on all sail, bildl. do one's utmost **kluta** *itr, ~ ut sig* get oneself up
kluven *a* split osv., jfr *klyva;* om personlighet split, dissociated; bot. cleft; *~ stjärt* forked tail
klyft|a *-an -or* **1** bergs~ cleft, ravin ravine, bred o. djup chasm, mellan branta klippor gorge, smal crevice; bildl. cleavage, breach, rift, svalg gap, gulf **2** apelsin~ segment, i dagligt tal piece; ägg~, äpple~ o.d. |wedge-shaped| slice; vitlöks~ clove **klyftig** *a* bright, clever, smart, shrewd **klyftighet** brightness osv.
klyk|a *-an -or* gren~ fork, crotch, crutch; kläd~ |clothes-|peg; år~ rowlock
klys *-et* - sjö. hawse| -hole|
klysch|a *-an -or* fras hackneyed phrase (expression), cliché fr.
klyva *klöv kluvit* **I** *tr* allm. split, cleave; skära itu cut . . in two, dela divide up; *~ atomer* split atoms; *~ luften* om fågel cleave (om ljud split) the air; *~ näbb* bicker; *~ vågorna* cleave (breast) the waves; jfr *kluven* **II** *rfl* split **klyvarbom** sjö. jib-boom **klyvare** sjö. jib **klyvas** *itr. dep* split up, *i* into **klyvbar** *a* cleavable, om atom fissionable **klyvbarhet** atoms fissionability **klyvfrukt** schizocarp **klyvning** splitting osv., jfr *klyva;* av atom äv. fission
klå *-dde -tt tr* **1** ge stryk thrash, beat, F lick alla äv. besegra; *~ upp |ordentligt|* give . . a |good (sound)| thrashing (beating) **2** klia scratch **3** pungslå fleece, *på* of; cheat, F do, diddle, *på* out of; *~ ngn in på bara benen (kroppen)* clean a p. out, bleed a p. white; *~ åt sig* grab, collar
klåda *-n 0* itch| ing|, retning irritation
klåfingrig *a, vara ~* be unable to let things alone, be always at things **-het** inability to let things alone
klåpa *itr* bungle, botch **klåpare** bungler, botcher, *i* at
klä *(klä|da) -dde -tt* (jfr äv. *klädd*) **I** *tr* **1** iföra kläder dress, förse med kläder clothe; pryda attire, array **2** bekläda: invändigt line, utvändigt face, t.ex. med blommor deck; förse med överdrag cover, jfr *~ över; ~ julgranen* decorate the Christmas tree; *~ sina tankar i ord* clothe one's thoughts in words; *~ väggarna* som panelhöns be wallflowers; *~* en vägg *med bräder (tapeter)* board (paper) . . **3** passa suit; become äv. anstå; *rött ~r henne, hon ~r i rött* red suits her, she looks well in red **4** *få ~ skott för ngt* be made the scapegoat for a th.; *jag fick ~ skott för honom* I was made his scapegoat
II *rfl* dress, ibl. dress oneself, jfr *~ på sig;* om naturen o.d. clothe oneself; *~ sig |själv|* dress oneself; *~ sig väl* a) med smak dress well, be well dressed b) varmt: ta på sig put on (bära wear) warm clothing (things); *~ sig fin* dress up; *~ sig i* frack put on (bära wear) . .
III m. beton. part. **1** *~ av ngn* undress a p.; *~ av ngn in på bara kroppen* strip a p. |to the skin|; *~ av sig* undress, take off one's clothes; *~ av sig naken* strip |naked|; *alldeles avklädd* fully undressed, quite naked **2** *~ om* möbler o.d. re-cover; *~ om |sig|* change, ta på sig mörk kostym o.d. dress; *är du omklädd?* have you changed (dressed)? **3** *~ på ngn* put a p.'s clothes on for him (resp. her), help a p. on with his (resp. her) clothes; *~ på* barn, docka dress . . ; *~ på ngn* skjortan put a p.'s . . on |for him resp. her|; *~ på sig* dress, put on one's clothes; *~ på er ordentligt!* put plenty |of clothes| on!, wrap |yourselves| up well!; *påklädd* dressed **4** *~ upp* barnen get some new clothes for . ., i fina kläder dress . . up **5** *~ ut ngn (sig) till* zigenare dress a p. up (|oneself| up) as a . .; *utklädd* dressed up **6** *~ över* möbler o.d. cover, *med* with; upholster, *med* in, with; tekn., linda om dress
1 kläcka *itr, det klack till i mig* I started, it gave me a start (jump)
2 kläck|a *-te -t tr* hatch; *~ fram* eg. incubate; bildl. hit |up|on; *~ ur sig* bring out, come out with, kvickhet crack; *~ ut* eg. hatch |out|, bildl. hit |up|on; *~s |ut|* hatch |out| **-ning** hatching, incubation
kläda se *klä* **klädd** *a* dressed osv., jfr *klä* (inkl. *påklädd* o. *utklädd* under *III*); *hur ska jag vara ~?* äv. what am I to wear?; *som man är ~ blir man hädd* ung. fine feathers make fine birds; *klätt kort* picture-card, court-card; *vara ~ i blått* äv. wear blue; *en soffa ~ med skinn* äv. a leather-covered sofa **kläde** *-t -n* **1** tygsort cloth, kostymtyg broadcloth båda end. sg. **2** tygstycke, duk cloth **klädedräkt** costume (äv. *~en*); dress end. sg.
kläder *pl* allm. clothes; klädsel clothing, dress båda end. sg.; isht H wear end. sg.; *han äger inte ~na på kroppen* he has not got a shirt to his back; *jag skulle inte vilja vara i hans ~* I wouldn't |like to| be in his shoes; *om jag vore i dina ~* som du äv. if I were you; *med ~na på* fully dressed; jag har inte *varit ur ~na i natt* . . been to bed all night
kläd|es|borste clothes-brush
klädes|fabrik cloth mill **-persedel** o **-plagg** article of clothing
kläd|förråd stock of clothes; rum clothes-storeroom **-hängare** galge |clothes-|-hanger; krok |coat| peg; list el. hylla med krokar rack; ställning hat-stand **-konto** i kassabok clothing-account **-korg** clothes-basket **-lina** clothes-line **-loge** teat. dressing-room, tiring-room **-lus** body-louse **-nad** *~en ~er* garment äv. bibl., raiment end. sg. **-nypa**

clothes-peg, amer. clothespin **-pengar** *pl* clothing (kvinnas äv. dress) allowance sg. **-sam** *a* becoming äv. bildl., *för* to
kläds|el *-eln -lar* **1** påklädning dressing **2** klädedräkt, sätt att klä sig dress, högt. attire; kläder äv. clothes pl.; *ordna sin* ~ adjust one's clothing **3** överdrag på möbler o.d. covering, i bil äv. upholstery
kläd|skåp wardrobe **-snobb** dandy, tailor's dummy **-streck** clothes-line **-vård** care of the (one's) clothes **-väg,** *i* ~ as regards (in the way of) clothes
kläm *-men -mar* **1** eg., *få fingret i* ~ get one's finger caught; *komma i* ~ get jammed; *råka i* ~ bildl. se *klämma A 2* **2** kraft, energi force, vigour; fart o.d. go, dash; *det är* ~ *i honom* he is full of go (F pep); *det är ingen* ~ *i honom* he has got no go (dash, F pep); *med fart och* ~ with vigour and dash **3** slut~ summing-up, kärnpunkt |main| point **4** *ha* ~ *på* förstå *ngt* know all about a th.; *ha* ~ *på hur . .* (*att* inf.) know how . . (how to inf.); *inte ha* ~ *på ngt* not know much about a th.
kläm|ma A *-man -mor* **1** för papper o.d. clip, med fjäder äv. spring-clip **2** knipa, trångmål straits pl., scrape; *råka* (resp. *sitta*) *i* ~ get into (resp. be in) a scrape (fix, tight corner, hole, jam); *sitta i* ~ äv. be in a mess (spot)
B *-de -t* **I** *tr itr* squeeze; om skodon pinch, hurt; *veta var skon -mer* bildl. know where the shoe pinches; ~ *på en böld* squeeze a boil; *han -de fingret i* dörren he got his finger caught in . .; ~ *ngn på* en summa squeeze . . out of a p.; *jag har -t mig |i fingret|* I have squeezed (stark. crushed) my finger
II m. beton. part. **1** ~ *av: få fingret avklämt* get one's finger crushed |and severed| **2** ~ *efter* clamp (isht amer. crack) down on; straffa punish **3** ~ *fast* fästa fix, fasten; med |pappers|-klämma clip . . |securely together|; *fastklämd* inklämd se under ~ *in* **4** ~ *fram* = ~ *ut;* ~ *fram med ngt* come out with a th.; ~ *sig fram* squeeze oneself through **5** ~ *i med* melodi strike up, hurrarop give **6** ~ *ihjäl* squeeze . . to death **7** ~ *ihop* flera föremål squeeze . . together, ett föremål flatten **8** ~ *in ngt |i . .|* squeeze a th. in|to . .|; *sitta inklämd* fastkilad sit (om sak be) jammed (squeezed, wedged) in **9** ~ *sönder* crush (squeeze) |i bitar . . to pieces| **10** ~ *till* a) eg.: förena med t.ex. tång press . . together; ~ *till* locket press in (ned down) . . b) F klå sock (give) . . one c) bildl.: göra slag i saken go right ahead; *han -de till med en svordom* he swore **11** ~ *ur sig* bildl. come out with, F spit . . out **12** ~ *ut ngt ur . .* squeeze a th. out of . . **13** ~ *åt* bildl. se ~ *efter*
klämmare se *klämma A 1* **klämmig** *a* om musik dashing, spirited; om pers. smart, . . full of go, modig plucky **klämskruv** binding screw
klämt|a *itr* toll; ~ *i klockan* toll the bell **-ning** -ande tolling, toll; jfr följ. **-slag** toll
kläng|a *-de -t* **I** *itr* klättra climb äv. om växt; jfr *klättra* **II** *rfl* climb, om växt äv. creep; ~ *sig fast vid . .* cling tight on to **klänge** *-t -n* tendril **klängros** climbing rose, rambler |rose| **klängväxt** climber, climbing plant
klänning dress, vardags~ äv. frock, för eftermiddags- och kvällsbruk äv. gown **klänningstyg** dress material
kläpp *-en -ar* i ringklocka tongue, clapper; glas~ i ljuskrona drop
klärobskyr *-en 0* chiaroscuro
klärvoajans *-en 0* clairvoyance **klärvoajant** *a* clairvoyant; *en* ~ a clairvoyant
klätter|fågel climber, scansorial bird **-ros** se *klängros* **-växt** se *klängväxt*
klättra *itr* climb; med möda clamber; kravla scramble; ~ *i träd* climb trees; ~ *ned* climb down, *från trädet* the tree; ~ *nedför* climb down, descend; ~ *upp (upp i trädet)* climb up (|up| the tree); ~ *upp på* ett tak climb |up| on to . .; ~ *uppför* en stege, ett berg climb |up| (ascend, scale, mount) . .
klös|a *-te -t tr* scratch; ~ *ut ögonen på ngn* scratch a p.'s eyes out **klösas** *itr. dep* scratch, reciprokt scratch each other
klöv *-en -ar* |cloven| hoo|f (pl. äv. -ves) **-djur** cloven-footed animal
klöver *-n* **1** pl. *0* bot. o. jordbr. clover, bot. äv. trefoil **2** pl. - kortsp. club resp. clubs pl., jfr *hjärter* m. sms. **-blad** clover-leaf; arkit. trefoil; bildl. trio (pl. -s) **-fält** med gröda field of clover
klövja *tr* varor transport . . on (by) pack-horses (resp. a pack-horse); djur pack **klövjebörda** pack-horse pack **klövjehäst** pack-horse
klövsjuka se *mul- och klövsjuka*
knack|a *tr itr* knock, hårt rap, lätt tap; om motor knock, pink; på skrivmaskin tap|-tap|; ~ *hål på ett ägg* crack an egg; ~ *sten* break stone; ~ *i bordet* rap |on| the table; ~ *i glaset* för att äska ljud tap one's glass; ~ *på dörren* knock osv. at the door; *det* ~ *r* there's a knock, there's somebody knocking; ~ *ner ngt på* skrivmaskin tap a th. out on . .; ~ *på'* knock osv. |at the door|; ~ *på' hos ngn* knock at a p.'s door; ~ *sönder* break . . to pieces; ~ *ur pipan* knock out one's pipe **-ning** -ande knocking osv.; *en* ~ *på dörren* a knock (resp. rap, tap, rat-tat) at the door; jfr *knacka*
knaggla *rfl,* ~ *sig igenom* en bok struggle through . . **knagglig** *a* om väg o.d. rough, bumpy, uneven; om t.ex. vers rugged; ~ *engelska* broken English **knaggligt** *adv, det går* ~ *för honom i skolan (i engelska)* he is pretty weak at school (in English); *ha det* ~

ekonomiskt be pretty hard up

knaka *itr* creak; stark. crack; *golvet ~r* the floor creaks; *det ~r i isen* the ice is cracking; *det ~r i lederna på mig* my joints are cracking; *det ~de i trappan* the stairs creaked

knal *a, det är ~t med födan* food is rather scarce; *det är ~t med hans kunskaper i engelska* his knowledge of English is not up to much

knall *-en -ar* bang, gevärs, pistols äv. crack, report; vid explosion detonation; åsk~ crash, peal, clap, korks pop; *dö ~ och fall* segna ned fall down dead on the spot

1 knalla *itr* smälla bang, crack; om åska crash; explodera detonate; om kork pop; ~ skjuta *med* pistol bang . .

2 knalla *itr* (ibl. *rfl*) gå långsamt trot; *~ vidare* äv. push on; *det ~r [och går]* I am (he is osv.) jogging along [pretty well]; *~ [sig] i väg* trot (push, toddle) off; *~ dig härifrån!* you'd better be off!

knall|ande *~t 0* smällande banging osv., jfr *1 knalla;* vid explosion detonation **-dosa** järnv. detonator

knall|e *-en -ar* liten höjd [bare] hillock

knall|effekt sensation, sensational effect; isht obehaglig bombshell **-gas** oxy-hydrogen gas **-hatt** tändhatt percussion cap **-pulver** fulminating powder **-röd** *a* vividly red; *vara alldeles ~ i ansiktet* be red as a beetroot

knalt *adv, ha det ~ [ställt]* ekonomiskt be poorly (badly) off, be hard up

knap *-en -ar* sjö. cleat

knapert *adv, ha det ~* be hard up

1 knapp *-en -ar* **1** allm. button äv. i strömbrytare; jfr *krag-, manschett-, skjort|knapp* **2** knopp knob, prydnads~ äv. boss, på svärd o. sadel pommel, på mast o. flaggstång (sjö.) truck **3** ståndar~ anther

2 knapp *a* scanty; knappt tillmätt, om t.ex. tid, vikt short; mager meagre, om lön äv. barely sufficient; nätt och jämnt tillräcklig: om t.ex. utkomst bare, om t.ex. seger narrow; inskränkt, om t.ex. levnadsomständigheter reduced, straitened; kortfattad brief, jfr *knapphändig;* avmätt, reserverad reserved, om rörelser sparing; . . är *i ~aste laget* . . barely enough (sufficient), . . rather scanty; *en ~ (~a två)* liter (kilometer m.m.) a little less than one (two) . ., just under one (two) . ., barely one (two) . .; *[en] ~ majoritet* a bare (narrow) majority; *med ~ nöd rädda sig från att drunkna* narrowly escape drowning; *han hann (kom, slapp) undan med ~ nöd* he had a narrow escape (a close shave, amer. a close call), he escaped by the skin of his teeth; *tiden är ~* time is [running] short; *~t om (med) = ont om* se *ond II 3 c*

knappa *tr, ~ av (in) på* skära ned reduce, cut down, curtail **knappast** *adv* se *knappt 2* **knapphet** scantiness osv.; reserve; jfr *2 knapp;* brist shortage, scarcity, *på* of

knapphål buttonhole

knapphåls|blomma buttonhole **-sax** buttonhole scissors pl. **-silke** buttonhole silk

knapphändig *a* meagre, scanty; kortfattad brief; om förklaring, ursäkt äv. scantily worded, curt, bald

knappnål pin; *fästa . . med ~ar* fasten . . [up (on)] with pins, pin . . [on], *vid* to

knappnåls|brev sheet of pins **-huvud** pin-head **-stick** pin-prick

knapprad row of buttons

knappt *adv* **1** otillräckligt o.d. scantily osv., jfr *2 knapp;* snålt sparingly; fåordigt curtly; *ha det ~* be badly (poorly) off, be in straitened circumstances; *leva ~* live sparingly; *~ tillmätt* portion, vila scanty, jfr *tillmätt* o. *tilltagen* ex.; *vinna ~* win by a narrow margin **2** knappast hardly, scarcely; nätt och jämnt barely; jfr *[med] knapp [nöd]; ~ en* liter se *[en] knapp* [liter]; *hon är ~ 15 år* she is scarcely (barely, not quite) 15; *det tror jag ~* I scarcely (hardly) think so; *det var ~ att jag hann undan* I barely managed to escape; *~ . . förrän* hardly (scarcely) . . when; no sooner . . than

knapra *itr* nibble; *~ på* ngt nibble [at] . ., hörbart munch away at . ., crunch [up] . .; mumsa på munch . . **knaprig** *a* crisp

knark *-et 0* dope, amer. äv. junk **knarkare** dope fiend, amer. äv. junkie

knarr 1 *-et (-en) 0* sko~ creaking, squeaking; *jag har ~ i skorna* my shoes creak (squeak) **2** *-en -ar* pers. old grumbler **knarra** *itr* om t.ex. golv, trappa, dörr creak, om skor äv. squeak; om snö crunch **knarrig** *a* **1** eg. creaking osv.; creaky; squeaky äv. om röst **2** om pers.: vresig o.d. morose, peevish, grumpy, surly

knastra *itr* crackle; om grus o. något mellan tänderna crunch

knatt|e *-en -ar* little fellow (lad)

knatt|er *-ret 0* rattle osv., -rande rattling osv., jfr följ. **knattra** *itr* rattle, om t.ex. skrivmaskin clatter

knega *itr* toil, *uppför* backen up . .

kneken, *vara på ~* be down on one's luck

knekt *-en -ar* **1** soldat soldier **2** kortsp. jack, knave

knep *-et* - trick; fint, fuffens äv. dodge, gimmick; list stratagem, ruse, svag. device, i affärer bit of sharp practice; konstgrepp artifice; *känna till ~et* know the trick, know how it is done; *kunna ~en* know the tricks of the trade, know the ropes **knepig** *a* slug o.d. artful, cunning, shrewd; sinnrik ingenious; besvärlig hard, kvistig ticklish, tricky

knip *-et* - mag~ vanl. stomach-ache

1 knip|a A *-an -or* straits pl., jfr vid. *klämma A 2; penning~* financial straits pl. **B** *knep -it* **I** *tr* **1** nypa pinch, m. tång o.d. äv. nip; *~ av* nip (pinch) off (itu . . in two); *~ ihop* eg. pinch . . together (igen . . to); *~ ihop läpparna* compress one's lips; *~ ihop ögonen* screw up one's eyes; *med hopknipna läppar* äv. close-(tight-)lipped **2** *~ en applåd* elicit a cheer **II** *itr, det -er i magen på mig* I have [got] a griping pain in my stomach; *om det -er* bildl. at a pinch

2 knip|a *-an -or* zool. goldeneye

knipp|a I *-an -or* rädisor, blommor o.d. bunch; sparris o.d. bundle, hö äv. truss; ris o.d. fag[g]ot; alla m. of framför följ. best. **II** *tr, ~ [ihop]* bundle, tie [up] . . in bundles (resp. a bundle) osv. **knippe** *-t -n* **1** se *knippa I* **2** *ljus~, strål~* pencil **3** bot. cyme **knippvis** *adv* buntvis by the bunch osv., jfr *knippa I*

knipsa *tr, ~ av* bort clip (snip) off

knip|slug *a* knowing, shrewd, astute; listig crafty, artful, sly, cunning, wily **-tång** tekn. [end-cutting] pincers (nippers) pl. **-tångsmanöver** mil. pincer movement

knittel *-n 0* o. **-vers** doggerel [verse]

kniv *-en -ar* knife; *rak~* razor; *skarp som en ~* se *knivskarp; sätta ~en på strupen på ngn* bildl. present a p. with an ultimatum, leave a p. no alternative **knivblad** blade of a (resp. the) knife **knivhugg** stab (slash) [with (om sår of) a knife] **knivig** *a* listig crafty, jfr *knipslug;* kvistig ticklish **knivkastning** bildl. altercation, polit. cross-fire **knivlägg** knife-rest **knivsegg** knife-edge

kniv|skaft handle of a (resp. the) knife **-skarp** *a* . . [as] sharp as a razor, knife-edged, bildl. äv. razor-sharp **-skära** *tr* knife, gash . . with a knife **-sting** o. **-styng** se *knivhugg*

knivsudd point of a (resp. the) knife; *en ~ salt* a pinch of salt

knix *-en -ar* bob, curts[e]y **knixa** *itr* bob, curts[e]y, drop a curts[e]y

knocka *tr* boxn. knock out **knockout I** *-en -er* knock-out (förk. K.O.); *vinna på ~* win by (on) a knock-out **II** *a, slå ~* knock out

knodd *-en -ar* bounder

knog *-et 0* work, F fag; *ha ett väldigt ~ med att* inf. have an awful job to inf. **knoga** *itr* arbeta work, plod, drudge, m. studier o.d. grind away, *med* i samtl. fall at; *~* brottas *med* en uppgift o.d. struggle with . .; *~ på* en koffert lug . .; *~ uppför* en backe trudge up . .; *~ på'* gå vidare trudge (plod) along, arbeta på' grind (peg) away, *med* at

knog|e *-en -ar* knuckle

knogig *a* fagging; jfr *besvärlig*

knollrig *a* frizzy, om negerhår woolly

knop *-en* **1** pl. *-ar* knut knot **2** pl. - hastighetsmått knot; *fartyget gör 20 ~* the vessel does 20 knots

knopp *-en -ar* **1** bot. bud; *gå i ~, skjuta ~[ar]* bud **2** knapp, kula knob, prydnads~ äv. boss; på mast o. flaggstång (sjö.) truck **3** F huvud nob, nut; *[lite] konstig i ~en* a bit cracked **knoppas** *itr. dep* bud **knoppning** *-en 0* budding äv. bildl., gemmation äv. zool.

1 knorr *-et 0* se *knot*

2 knorr *-en -ar* curl; *ha ~ på svansen* have a curly tail; *slå ~ på* curl

1 knorra *itr* **1** knota murmur, *över* at; stark. grumble, F grouse, *över* at, about **2** kurra, om mage rumble

2 knorra *rfl, ~ [ihop] sig* curl [up]

knot *-et 0 ~ande* murmuring, *över* at; stark. grumbling, *över* at, about

1 knota *itr* murmur; grumble; jfr *1 knorra 1*

2 knot|a *-an -or* ben bone **knotig** *a* bony, mager scraggy; om träd knotty

knott *-et (-en) -* gnat, black fly; koll. gnats, black flies

knottra *rfl, skinnet ~r sig på mig* I get goose-pimples (goose-flesh) **knottrig** *a* skrovlig granular; om hud rough; om träd knotty; *jag blir ~* I get goose-pimples (goose-flesh)

knubbig *a* plump, om pers. äv. chubby, neds. podgy

knuff *-en -ar* push, shove; m. armbågen för att väcka uppmärksamhet nudge; i sidan poke, dig; av en vagn o.d. bump; *få [sig] en ~ av* en förbipasserande be jostled by . .; frågan *fick en ~ framåt* . . got an impetus **knuffa I** *tr (itr)* push, shove; m. axeln shoulder, jostle; m. armbågen elbow, nudge; i sidan poke, dig; *~ ngn i sidan* vanl. poke (dig) a p. in the ribs; *~ inte på* bordet! don't jog . .! **II** m. beton. part. **1** *~ fram ngn* bildl. push a p.; *~ sig fram* elbow (shoulder) one's way [along] **2** *~ in ngn [i . .]* push osv. a p. in[to . .] **3** *~ ned ngn från* en stol o.d. push a p. down off . . **4** *~ omkull* push (shove, knock) . . over, upset **5** *~ till* se *I* ovan; äv. knock (bump, pers. äv. push) into **6** *~ undan* push osv. . . aside (out of the way) **7** *~ upp* dörren push . . open **knuffas** *itr. dep, ~ inte!* don't push (shove)!

knuss|el *-let 0* niggardliness osv., cheese-paring [ways pl.], svag. parsimony jfr *knusslig; utan ~* without stint **knussla** *itr* be niggardly osv., jfr *knusslig* **knusslig** *a* niggardly, stingy, cheese-paring, isht om pers. äv. parsimonious, mean, close[-fisted] **knusslighet** se *knussel*

knut *-en -ar* **1** som knytes, äv. friare knot; *hår~* äv. bun; *knyta (slå) en ~* make (tie) a knot, *på* in; *det är just ~en* bildl. that's just the trouble ([crucial] point) **2** *hus~* corner; vi hade fienden *inpå ~arna* . . at our very door[s]; *inte gå utanför (utom) ~en (~arna)* stanna inomhus not go out [of doors] **3** se

knutpunkt **knuten** *a* tied osv., se *knyta*
knut|ig *a* knotty **-piska** knout **-punkt** centrum centre; järnvägs~ junction
knyck *-en -ar* ryck jerk, svag. twitch **knyck|a** *-te -t* **I** *itr* rycka jerk, svag. twitch; ~ *på nacken* högdraget o.d. toss one's head, bridle; ~ *till* give a sudden jerk **II** *tr* stjäla pinch, swipe, bone, idéer o.d. lift, crib **knyckig** *a* ryckig jerky
knyckla *tr,* ~ *ihop* crumple up; ~ *till* batter
knyppeldyna lace-pillow **knyppelpinne** |lace-|bobbin **knyppla** *tr itr,* ~ |*spetsar*| make lace; ~*d|e| spets|ar|* pillow-(bobbin-) -lace sg. **knypplerska** lace-maker **knyppling** knypplande lace-making; spets pillow--(bobbin-)lace end. sg.
knyst *n, inte ett* ~ ljud not the least (slightest) sound; *inte |säga| ett* ~ not |breathe (utter)| a word, *om* about **knyst|a** *-e (-ade) knyst (-at) itr (tr), utan att* ~ without breathing (uttering) a word, utan att mucka without murmuring (a murmur)
knyta *knöt knutit* **I** *tr* **1** eg. tie, t.ex. skosnöre äv. fasten, slips äv. knot; ~ *nät* make nets; ~ *en rya* make a rya rug **2** ~ *handen (näven)* clench one's hand (fist), hotfullt shake one's fist, *åt, mot* at; ~ *näven i byxfickan* bildl. pocket one's anger **3** bildl., ~ *bekantskap med ngn* make a p.'s acquaintance, strike up an acquaintanceship with a p.; ~ *förbindelser* establish (form) connections; ~ *ett villkor till* attach a condition to; ~ *ngn till* anställa vid engage a p. with; *knuten till* attached to, connected with, parti associated with; *vara |fast| knuten till* anställd vid be on the |permanent| staff of; *hans namn är knutet till* uppfinningen his name is linked to . . **II** *rfl* **1** om kål, sallad head, heart **2** lägga sig turn in **3** *det knöt sig för honom* i talet he suddenly couldn't utter a word **III** m. beton. part. **1** ~ *an* se *anknyta II* **2** ~ *fast* tie, fasten, *vid, på* to **3** ~ *igen* tie up **4** ~ *ihop* två föremål tie (knot) . . together; säck o.d. tie up **5** ~ *in* tie up **6** ~ *om* . . *om|kring|* tie . . round **7** ~ *samman* eg. se ~ *ihop;* bildl. äv. unite **8** ~ *till* säck o.d. tie up; hårt tie . . tight **9** ~ *upp* a) lossa untie, knut, knyte o.d. äv. undo; öppna t.ex. säck open b) fästa upp tie up **10** ~ *åt* hårt tie . . tight
knyt|e *-et -en* bundle, *med* of; *ett litet* ~ om barn a little mite **-kalas** ung. Dutch treat
knyt|näve |clenched| fist **-nävsslag** punch **-nävsstor** *a* . . |of| the size of one's fist
knåda *tr* knead äv. massera
knåp *-et 0* se *knåpgöra* **knåpa** *itr* pyssla potter about, *med* at; knoga plod (peg) away, *med* at; ~ *ihop* ett brev put together |some sort of| . . **knåpgöra** *s* finicky job
knä *-|e|t -n* **1** mer eg. knee äv. på byxben o. strumpa; sköte lap; *han har* ~*n på byxorna* his trousers are baggy at the knees; *böja* ~ se *knäböja;* ~*na böj!* knees bend!; ha ett barn *i* ~*t* . . on one's knee|s|, . . on (in) one's lap; ta ett barn *i* ~*t* . . on to one's knee|s| (lap); sitta *i* ~*t på ngn* . . on a p.'s knee, . . on (in) a p.'s lap; *falla på* ~ |*för* . .| kneel (kneel down) |to . .|, go down on one's knees |to . .|, fall on one's knees |before . .|, jfr *knäböja; ligga (stå) på* ~ be kneeling, be on one's knees, jfr *knäböja; tvinga ngn på* ~ bring a p. to his knees; vattnet *gick upp till* ~*na* . . was knee-deep **2** krök elbow äv. tekn., bend **knäa** *itr* gå knäande walk with bended (bent) knees
knä|byxor *pl* short trousers; till folkdräkt o.d. |knee-|breeches **-böja** *itr* bend (bow) the knee, kneel, isht relig. genuflect, *för* i samtliga fall to, *inför* before, to **-böjning** genuflection; gymn. knee-bending
knäck *-en -ar* **1** spricka crack; bildl.: hårt slag blow; hans hälsa *fick en* ~ . . was wrecked; *ta* ~*en på ngn* nearly kill a p. **2** karamell toffee, amer. äv. taffy **knäck|a** *-te -t tr* **1** eg.: spräcka o.d. crack; bryta av break, hastigt tvärs över snap **2** bildl.: pers. break, ruin, hälsa break down, stark. shatter, wreck; t.ex. problem floor; *en svår nöt att* ~ a hard nut to crack
knäckas *itr. dep* crack; break; snap; jfr föreg. **knäckebröd** crispbread, amer. äv. rye--crisp
knä|fall genuflection **-falla** *itr* se |*falla på*| *knä* **-hund** lap-dog **-hög** *a* knee-high **-kort** *a* knee-length **-led** knee-joint
knäpp **1** *-en -ar* **a)** ljud click, smäll snap, av sträng twang, tickande tick; finger~ flick, flip **b)** köld~ spell **2** *-et* - se *1 a); inte ett (minsta)* ~ not a (the least little) sound
1 knäpp|a *-te -t* smälla m.m. **I** *tr* **1** ~ pappers-tussar o.d. *på ngn* flick (flip) . . at a p.; ~ *av (på)* ljuset o.d. se under *2 knäppa 3;* ~ *bort ngt |från* . .| flick a th. away |off (from) . .|; ~ |*till*| *ngn på fingrarna (näsan)* give a p. a flick on the fingers (flip a p. on the nose) **2** foto. snap **3** skjuta: djur pot, person S bump . . off **4** ~ *nötter* crack nuts **II** *itr, det -er i* väggen there's a ticking in . .; ~ *med fingrarna* hörbart snap one's fingers; ~ *på* sträng pluck, gitarr o.d. twang; ~ |*till*| click; *det -te |till| i* låset . . gave a click; *det -te till och blev kallt* ung. the frost set in
2 knäpp|a *-te -t tr* **1** m. knapp button, m. spänne buckle; ~ *knappen (spännet)* do up the button (buckle); klänningen *-s i ryggen* . . buttons down (up at) the back; ~ *igen (ihop, till)* t.ex. rocken button up; ~ *ned byxorna* på sig take (let) down one's trousers; ~ *upp* t.ex. rocken unbutton, knappen undo **2** ~ |*ihop*| *händerna* clasp (fold) one's hands **3** ~ *av (på)* t.ex. ljuset, radion switch off

(on) **knäppe** *-t -n* enklare clasp, låsbart catch
knäppinstrument plucked string instrument
knäppning m. knapp|ar| buttoning; klänning *med ~ bak* . . that buttons down (up at) the back
knä|reflex knee-jerk, patellar reflex **-skada** knee injury **-skydd** knee-pad, knee-protector **-skål** knee-cap, patell|a (pl. äv. -ae) lat. **-stående** *a*, skjuta *i ~ |ställning|* . . in the kneeling position **-svag** *a* . . weak (shaky) in the knees, weak-kneed **-sätta** *tr* godta adopt **-veck** hollow of the knee; hänga *i ~en* . . by the knees; *darra i ~en av rädsla* tremble at the knees with fear
knöl *-en -ar* **1** ojämnhet, bula o.d. bump, lump; upphöjning o.d. boss, knob, knot, mindre nodule; utväxt protuberance, wen; kyl~ chilblain; gikt~ o.d. node; svulst tumour; på träd knob; begonia~, potatis~ o.d. tuber **2** bildl. bastard, svag. swine **knöla** *tr, ~ ihop* crumple up; *~ till* batter **knölaktig** *a* se *knölig 2* **knölig** *a* **1** ojämn o.d.: om t.ex. väg bumpy; om madrass o.d. lumpy; om t.ex. finger, träd knobbly, knotty, gnarled; läk. nodular; bot. tuberous **2** bildl. swinish; *en ~* karl a bastard of a . . **knölpåk** käpp knobbly stick; vapen cudgel, bludgeon **knölros** erythema nodosum lat. **knölsvan** mute swan
knös *-en -ar, en rik ~* a rich fellow
ko *-n -r* cow
koaffyr coiffure fr.
koagulera *itr* coagulate, clot
koalition coalition **koalitionsregering** coalition government
koaxialkabel coaxial cable
kobb|e *-en -ar* skär islet |rock|, rock
kobent *a* knock-kneed
kobolt *-en 0* cobalt **-blå** *a* cobalt-blue attr.
kobr|a *-an -or* zool. |Indian| cobra
kock *-en -ar* |male| cook; *ju flera ~ar dess sämre soppa* too many cooks spoil the broth **kock|a** *-an -or* |female (woman)| cook
kod *-en -er* o. **koda** *tr* code
kodein *-et 0* codeine
kodex *-en -ar* **1** handskrift cod|ex (pl. -ices) lat. **2** lagsamling o. friare code **kodifiera** *tr* codify, code **kodifiering** o. **kodifikation** codification **kodtelegram** code telegram
koefficient mat. coefficient
koffein *-et (-en) 0* caffeine
kofferdifartyg se *handelsfartyg*
koffert *-en -ar* trunk
kofot bräckjärn crowbar, isht inbrottsverktyg jemmy, amer. jimmy
koft|a *-an -or* stickad cardigan, grövre jacket
kofångare på bil bumper; järnv. cow-catcher
kog|er *-ret -er* quiver
ko|gödsel cow-dung **-handel** polit., |*en*| *~* |a bit of| horse-trading
kohesion *-en 0* cohesion
koj *-en -er* sjö. häng~ hammock; fast *~* se *kojplats; gå (krypa) till ~s* turn in
1 koj|a *-an -or* cabin, hut, usel hovel
2 koja *itr rfl* turn in
kojplats sjö. bunk, |sleeping-|berth
kok *-et -* **1** *ett ~* potatis a potful of . .; oljan kan användas *till flera ~* . . for frying several times; *komma i ~* come to the boil **2** *ett |ordentligt| ~ stryk* a |good| hiding (thrashing)
1 kok|a *-an -or* jord~ clod
2 kok|a äv. *-te -t* **I** *tr* |ngt i| vätska boil, i kort spad stew; laga |till| (t.ex. kaffe o.d., soppa, gröt, äv. karameller, lim m.m.) make; *~ inte kaffet för länge!* do not boil the coffee too long!; *~ kläderna* boil the laundry; *~ köttet mört* boil the meat until tender; *~ soppan* en kvart se *låt soppan ~* . . under *II; ~ soppa på en spik* ung. make a lot out of next to nothing; *-t* färdigkokt, om t.ex. fisk, kött äv. cooked, pred. äv. done **II** *itr* allm. boil, sjuda simmer; *låt soppan ~* en kvart let the soup simmer for . .; . . *står och ~r (är nära att ~)* . . is (is nearly) boiling; *det ~de i mig (jag ~de) av* vrede I was boiling (simmering, seething) with . . **III** m. beton. part. **1** *~ av* decoct, boil down **2** *~ bort* itr. boil away **3** *~ ihop* boil down; bildl., t.ex. en historia concoct, make (cook) up **4** *~ in* tr., frukt, grönsaker preserve, i glasburk bottle; *inkokt* fisk poached cold . ., i gelé . . in aspic **5** *~ upp* a) itr. come to the boil b) tr. bring . . to the boil **6** *~ ur* **a)** kött se *~ av; urkokt* för mycket kokt overboiled, attr. äv. . . with all the goodness (flavour) boiled out |of it| **b)** *~* ren, t.ex. kastrull boil (scald) out **7** *~ över* boil over äv. bildl.
kokain *-et 0* cocaine
kokard *-en -er* cockade
kokbok cookery-book, amer. cookbook
kokerska |female (woman)| cook
kokett **I** *a* coquettish, tillgjord affected **II** *-en -er* coquette **kokettera** *itr* coquet|te|, flörta flirt, *för, med* with; *~* skryta o.d. *med ngt* show off a th. **koketteri** *-|e|t -er* coquetry
kokhet *a* boiling (piping, steaming) hot
kokill *-en -er* gjutform chill |mould|
kok|konst cookery, culinary art **-kärl** cooking-utensil, pl. äv. pots and pans; mil. mess-tin **-låda** cooking-box, self-cooker **-ning** boiling osv., jfr *2 koka; bringa (komma) i ~* eg. bring (come) to the boil
kokong *-en -er* cocoon
kokoppor *pl* cow-pox sg.
kokos|fett coconut butter (oil) **-matta** coir mat (resp. carpet, gångmatta runner) **-nöt** coconut **-olja** coconut oil **-palm** coconut palm, coco-palm

kokott *-en -er* cocotte fr., demimondaine fr.
kok|platta hot-plate **-punkt,** *på ~en* at the boiling-point äv. bildl.
koks *-en 0* coke
kok|salt common salt **-saltlösning** salt-solution
kokseldad *a* coke-heated
kok|spis cooking-stove, amer. cookstove **-vagn** mil. field kitchen **-vrå** kitchenette
kol *-et* (ss. koll. äv. *-en*) - **1** bränsle: sten~ coal äv. koll.; trä~ charcoal; *ett ~* ~stycke a coal, a piece (lump) of coal (resp. charcoal); *utbrända ~* cinders; *bränna sina ~ förgäves* have one's trouble for nothing **2** rit~ drawing charcoal **3** kem. carbon
1 kol|a *-an -or* hård toffee, mjuk caramel
2 kola *itr, ~ |av|* F dö kick the bucket, peg out, turn up one's toes
3 kola *itr* sjö.: ta in kol coal, bunker
kolar|e charcoal-burner **-tro** blind (implicit) faith
kol|box 1 sjö. |coal-|bunker **2** lår coal-box **3** hink coal-scuttle **-brikett** coal-briquet|te| **-brytning** coal-mining **-båt** collier
kolchos *-en -er* kolkhoz
kol|dioxid carbon dioxide **-eldad** *a* coal-heated
kolera *-n 0* |Asiatic| cholera **-epidemi** cholera-epidemic
koleriker choleric (irascible) person **kolerisk** *a* choleric, irascible
kol|fyndighet coal deposit **-fält** coal-field **-förande** *a* geol. carboniferous, coal-bearing **-förening** carbon compound **-förråd** supply (stock) of coal, upplag coal depot **-gruva** coal-mine, coal-pit, stor colliery **-gruv|e|arbetare** collier, |coal-|miner, pitman -|**gruve**|**industri** coal industry **-halt** carbon content **-haltig** *a* kem. carbonaceous; geol. se *-förande* **-hydrat** carbohydrate
kolibakterie colon bacillus (pl. bacilli)
kolibri *-n -er (-s)* humming-bird
kolik *-en 0* colic **-smärtor** *pl* colicky pains
kolj|a *-an -or* haddock
koljé *-n -er* necklace
kolka *tr, ~ |i sig|* swill, gulp down
kolkällare coal-cellar
kolla *tr* F check, m. att-sats äv. see, make sure; se vid. *kollationera*
kollaboratör collaborator
kollager 1 geol. coal-bed, coal-seam, coal-measure **2** se *kolförråd*
kollaps *-en -er* o. **kollapsa** *itr* collapse
kollast, *med ~* with a cargo of coal
kollationera *tr* motläsa collate, jämföra äv. compare |carefully|; räkenskaper check |off|, verify, telegram repeat |. . for verification|; *~ sina intryck* compare notes **kollationering** collating osv.; collation; comparison |of notes, *av* as to|; check; verification, av telegram äv. repetition
kolleg|a *-an -er* yrkesbroder colleague; jfr *medhjälpare; mina -er* på kontoret my fellow-workers; *hans -er bland skådespelarna (prästerna, officerarna)* his fellow-actors (fellow-clergymen, brother officers); ministern mötte *sin franske ~ . .* his French counterpart (opposite number) **kollegial** *a* se *kamratlig;* lojal loyal **kollegiebox** student's |loose-leaf| note box **kollegierum** lärarrum staff-room, |teachers'| common-room; där kollegium hålls staff committee-room
kollegi|um *-et -er* **1** lärarkår |teaching-|staff **2** sammanträde staff (teachers') meeting
kollekt *-en -er* collection; *ta upp ~* make a c. **kollekthåv** collection-bag **kollektion** collection äv. H; jfr *provkollektion*
kollektiv I *a* collective **II** *-et -|er|* collective, jordbruk äv. collective farm, språkv. äv. collective noun **-avtal** collective agreement **-förhandlingar** *pl* collective bargaining sg. **-hus** block of service flats, amer. apartment hotel
kolli *-t -|n|* package, parcel; resgods äv. piece |of luggage|
kollidera *itr* collide, bildl. äv. clash; *~ med* sjö. o. bildl. äv. run foul of; *~ med ngn* äv. come into collision with a p. **kollision** collision, bildl. vanl. clash; *komma (råka) i ~* se *kollidera*
kolloid I *-en -er* colloid **II** *a, ~|al|* colloidal
kollra *itr, ~ bort ngn* make a p. mad osv., jfr *kollrig;* förvrida huvudet på ngn turn a p.'s head; *bli bortkollrad* have one's head turned **kollrig** *a* tokig mad, crazy, *av* with; *bli ~* go mad (crazy)
kollämpare sjö. coal-trimmer **kolmila** charcoal stack (pile) **kolmörk** *a* pitch-dark **kolmörker** pitch-darkness **kolna** *itr* förkolna get charred; elden *har ~t . .* has turned to embers
kolon *-et -* skiljetecken colon
koloni allm. colony; lydland äv. dependency; jfr *barn-, skollovs|koloni*
kolonial *a* colonial **-makt** colonial power **-politik** colonial policy (resp. politics pl., jfr *politik*) **-varor** *pl* colonial products (produce sg.) **-välde 1** kolonier colonial possessions pl., större colonial empire **2** se *-makt*
koloniområde koloniträdgårdar allotment-garden area **kolonisation** *-en 0* colonization **kolonisatör** colonizer **kolonisera** *tr* colonize **kolonistuga** allotment-garden cottage **koloniträdgård** allotment |garden|
kolonn *-en -er* byggn., mil., tekn. column **kolonnad** *-en -er* colonnade, ibl. peristyle
colorado|skal|bagge Colorado beetle
koloratur coloratura it., end. sg. **-sånger-**

ska coloratura singer
kolorera *tr* eg. colour; *den ~de veckopressen* neds. ung. |vanl. the| cheap popular weekly magazines pl.
kolorit *-en -er* färg colouring end. sg., färgbehandling äv. colour-treatment; mus. timbre
kolos eg.: av kol coal (av ved osv. wood osv.) fumes pl.; jfr *koloxid*
koloss *-en -er* coloss|us (pl. äv. -i), friare äv. monster; *en ~ på lerfötter* a monster (colossus) with feet of clay **kolossal** *a* colossal, om t.ex. framgång äv. enormous, tremendous, immense, huge, om t.ex. summa äv. staggering, häpnadsväckande, om t.ex. okunnighet äv. stupendous **kolossalstaty** colossal statue **kolossalt** *adv* vanl. enormously osv., jfr *kolossal; ~ stor* äv. enormous osv.; *~ mycket bättre* ever so much . .; *~ trevlig* äv. awfully jolly
Kolosserbrevet |the Epistle to the| Colossians sg.
koloxid carbon monoxide **-förgiftning** carbon monoxide poisoning
kolportage *-t 0* **1** bokförsäljning book canvassing **2** dålig litteratur, *rena ~t* pure trash **kolportageroman** neds. cheap novel|-ette|, amer. dime novel **kolportera** *tr*, *~ |ut|* böcker canvass, hawk . . about, rykten spread **kolportör** *-|e|n -er* bokförsäljare book canvasser, av religiös litteratur colporteur; predikant lay preacher
kol|skyffel coal-shovel **-stybb** för löparbanor o.d. cinders pl.; *~en* banan the |cinder-|-track **-svart** *a* coal-black, jet-black **-syra 1** syra carbonic acid **2** gas carbon dioxide **-syrad** *a* källa o.d. carbonated; *-syrat vatten* aerated (isht amer. carbonated) water **-syrebad** carbon-dioxide bath **-syresnö** carbon-dioxide snow
kolt *-en -ar* för barn |child's| frock
kol|tablett charcoal tablet **-teckning** charcoal-drawing **-trast** blackbird **-trådslampa** carbon-filament lamp
kolugn *a* . . |as| cool as a cucumber
kolumbari|um *-et -er* columbari|um (pl. -a)
kolumn *-en -er* column **-titel** headline
kolupplag se *kolförråd*
kolv *-en -ar* **1** i motor o.d. piston; i tryckpump plunger **2** löd~ copper-bit **3** på gevär butt **4** i lås bolt **5** kem., av glas flask **6** bot., blom~ spad|ix (pl. -ices) **-ring** piston ring
kol|väte hydrocarbon **-ångare** collier
kombination sammanställning o.d. combination **kombinationsförmåga** faculty (power) of combination **kombinationslås** combination-lock **kombinera** *tr* combine **kombinerad** *a* combined; *~ radio och TV* äv. radio and TV in one **kombivagn** se *herrgårdsvagn*
komedi 1 lustspel comedy **2** förställning shamming; sluta upp med *den här ~n!* . . this play-acting!; *spela ~* be play-acting, put on an act **-författare** comedy-writer, klassisk comic playwright
komet *-en -er* comet **-bana** comet's orbit **-lik** *a* comet-like; bildl., om karriär meteoric **-svans** comet's tail
komfort *-en 0* comfort **komfortabel** *a* comfortable
komik *-en 0* något komiskt comedy, comicalness, komisk verkan comical effect, komisk konst comic art **komiker** skådespelare comic actor, isht på varieté comedian **komisk** *a* komedi-, rolig comic; skrattretande, löjlig comical, ridiculous, ludicrous, lustig äv. funny, droll
komjölk cow's milk
1 komma *-t -n* skiljetecken comma; i decimalbråk point
2 komm|a *kom -it* **I** *tr* föranleda o.d., *~ ngn att* inf. a) vanl. make . . ren inf. b) förmå induce (lead) . . to inf.: *~ få ngn att skratta* äv. set a p. off laughing
II *itr* (jfr *kommande;* jfr äv. ex. med 'komma' el. 'råka' under resp. subst., adv. m.m.) **1** eg., äv. friare o. bildl.: allm., spec. till den talandes (el. ibl. den tilltalades) verkliga el. tänkta uppehållsort come; till annan plats än den talandes uppehållsort, ofta med viss svårighet, el. i prep.-uttr. angivande situation o.d., äv. hinna, råka komma, hamna get; anlända äv. arrive (*till* at, i vissa fall in); infinna sig, uppträda o.d. äv. appear, F turn up; närma sig äv. approach; *här -er Bo* here comes (is) Bo; han (tåget) *kom klockan 9* . . arrived (came |here|, dit got there) at 9 o'clock; *när -er* tåget *|hit|?* äv. when will . . get (be) here?; *tåget skulle ~* kl. 12 the train was due . .; jag tar med mig boken *när jag -er* . . when I come; *|jag| -er genast!* |I'm| coming!; *jag -er inte* (*tänker inte ~* gå) på festen I'm not going |to go|, I shan't be there; *-er det många?* hit will there be many people |coming| here (dit |going| there)?; *han kom för sent* he was (came, arrived) too late; *det kom meddelande, att* . . word came (was brought) |to say| that . . ; pengarna (hjälpen) vi hoppades på *kom inte* . . was not forthcoming; *"Ha!" kom det triumferande* "Ha!", came the triumphant cry; grödan börjar *~* . . come up (sprout); *hur långt kom* hann *vi* i läseboken *sist?* how far did we get . . last time?; inte veta *vad som ~* hända *skall* . . what is |going| to come |about| (happen); *nu -er* det roliga now comes (now for) . . ; *när hans tur kom (turen kom till honom)* when it came to (was) his turn; *under (i) dagar som -er* in days |that are| to come; *påsken -er tidigt* i år äv. Easter will be early . .; *vart vill du ~ ?* vad syftar du på? what are you driving at?; *~ och gå* allm. come and go; *kom och hälsa på mig!* come and see me!, look me up!; jag har lovat *~ och*

hälsa på dem . . to go and see them; *kom* [*nu*] *inte och ljug för mig!* [now] don't come lying to me!; *kom* [*nu*] *inte och stör mig (säg, att* . .*)* don't disturb me (say [that] . .) [now]; ~ *springande (cyklande* osv.) come running (cycling osv.) along; *bäst som jag kom gående på* gatan, blev jag överfallen just as I was walking (going) along . .

m. obeton. prep. ~ *av* bero på be due to; ~ *av (från)* härstamma från, om ord be derived from; *han kom efter* efterträdde . . he came after (succeeded) . .; ~ *från* en fin familj come of . .; *gråt hördes* ~ *från* rummet intill crying was heard coming from . .; *han kom oskadd från* äventyret he came out of . . uninjured; var gång båten *kom genom sundet* . . passed through the sound; ~ *i balans* become balanced; ~ *i beröring med* get into contact (touch) with; ~ *i darrning (skakning)* start trembling (shaking); ~ *i fängelse* be put into (be sent to, go to) prison; ~ *i jorden* a) begravas be buried b) om frö, växt be put into the soil; ~ *i oordning (ett svårt läge)* get into disorder (an awkward position); ~ *i säng* get to bed; ~ *i tid* be (hit come, dit get there) in time; *det (han) kom i* tidningen it (he) got into . . ; ~ *fort i (ur) kläderna* get dressed (undressed) quickly; *var -er du ifrån?, varifrån -er du?* where do (plötsligt el. närmast have) you come from?; ~ *med* ha med sig bring; en historia, lögner come out with, tell; anmärkning, påstående, skämt, ursäkter make; undanflykter, förslag, plan bring (put) forward, invändningar äv. make, raise; anhållan, anklagelser prefer; klagomål lodge; anspråk advance; nya fakta o.d. produce, yppa reveal; *här -er Bo med* kaffet! here's Bo [coming] with . .; *har du -it med* tåg? vanl. did you come by . . ? ; *vad har du att* ~ *med?* äv.: säga what have you got to say (erbjuda offer, visa show, föreslå suggest)?; det är ingenting *att* ~ *med!* äv. (visa upp) . . to make a show of!; *kom* [*nu*] *inte med några* ursäkter (invändningar)! no (none of your) . . [, now (mind)]!; ~ *på* bal (bröllop) vanl. be at a . . ; ~ *på besök (visit)* call; *vi -er aldrig på* bio we never go (får aldrig tid get) to . . ; ~ *på fri fot* friges *igen* be set at liberty again; ~ *på bättre humör* get into a better temper; *det -er på* räkningen it will be put down on (in) . .; ~ *på* resp. ~ *till* se äv. *2—3* resp. *4—5* ned.; *jag -er till dig* i morgon I'll come to you . .; *när jag -er till* Lund when I get (till dig come) to . ., avseende slutmål when I reach . .; *jag -er kanske till* London inom kort I may be coming (reser be going) [over] to . .; *man -er till* slottet genom en park you approach (-er fram till get to, reach) . .; platsen är inte *lätt att* ~ *till* . . easy to get to (at); ~ *till* uppgörelse come to, beslut o. avgörande äv. samt t. ex. insikt, resultat, slutsats arrive at; ~ *till nytta* be of use, be some good, come in useful; ärendet *-er under behandling i dag* . . will (is to) be dealt with today; ~ *utom dörren* get outside [the door]

2 ~ *på* tillfalla, tillkomma: *hur mycket -er* blir det *på var och en?* how much does it come to (work out at) per head (for each one)?; *på hans andel kom* 200 kr. . . fell (came) to his share; *på varje herre kom tre damer* to each gentleman there were three ladies; *av kostnaderna -er 5 % på mig* 5 % of the costs are to be borne by me

3 ~ *på* uppgå till: *det kom* [*allt som allt*] *på* 10 kr. it came (amounted) [altogether] to . .

4 ~ *till* innebärande tillägg: *till detta -er, att han är* en bra föreläsare in addition to this he is . .; se vid. ~ *till b)* under *IV* ned.

5 opers., *det kom till* en scen (ett häftigt uppträde) there was a . .

6 ~ *att* inf. **a)** uttr. framtid, *-er att* inf.: i första pers. shall (will) inf., i övriga pers. will inf.; *-er du (ni) att* inf.? äv. are you going to inf.?; jfr äv. *1 skola* **b)** uttr. försynens skickelse, *han kom aldrig att återvända* till sitt hem he was never to return . ., he never, as it happened, returned . . **c)** småningom come to inf., jfr ex.; råka happen to inf.; *hur kom du att* tänka på det, lära dig svenska, förälska dig i henne? how did you come (resp. happen) to . .?; *vi kom händelsevis att* tala om . . we happened [by chance] to . .; *småningom kom jag att* tycka om det äv. gradually I got (grew) to . .; *han kom att slå sönder* fönstret he broke . . by accident; *jag kom att tänka på* att jag . . it occurred to me . ., I happened to think of the fact . .

III *rfl* **1** tillfriskna recover, ledigare get better, *efter* sjukdom vanl. from **2** hända o.d. come about, happen; ~ *sig av* bero på come from, be due (owing) to; *hur -er de't sig?* how is that?, how come?, why?; *hur kom det sig, att* han . .? how is it (did it come about) that . .?; jfr *därav*

IV m. beton. part **1** ~ *an* a) ~ *an på* se *bero 1 b* b) *kom an!* come on!

2 ~ *av* se *stiga* [*av*]; ~ *av grundet* get afloat; ~ *av sig* stop [short], get stuck, tappa tråden lose the thread

3 ~ *bort* avlägsna sig get away; gå förlorad get (be) lost, försvinna disappear, om brev äv. miscarry; *han kom bort från henne i trängseln* he lost her in the crowd

4 ~ *efter* bakom come (gå go resp. walk) behind (after . ., jfr ex.), följa [efter] follow, ~ senare come afterwards; bli efter get (fall) behind; gå du före — *jag -er efter* [*dig*] . . I'll come after you, . . I'll follow [on (you)], senare . . I'll join you later [on]; ~ tio minuter *efter* [*de andra*] turn up . . after the others

5 ~ *emellan* a) *fingrarna kom emellan*

|*i* dörren (maskinen)| my osv. fingers got caught |in . .| b) bildl. intervene

6 ~ *emot* a) möta come (dit go) towards (to meet) b) stöta emot go (snabbare run, häftigare knock) against (into) . ., jfr |*stöta*| *emot*

7 ~ *fram* **a)** stiga fram: hit come (dit go) up (långsamt along), ur gömställe, led o.d. come out (*ur* of), emerge; *kom fram!* hit come here! **b)** ~ vidare get on (igenom through, förbi past); på telefon get through **c)** hinna (nå) fram: dit get there, get to (reach) the place, hit get here; anlända arrive; om brev äv. come to hand; bildl., *vi har -it fram till* följande siffror we have arrived at . .; *vi kom fram till* fann *att . .* we came to the conclusion that . .; ryktet *kom fram till honom* vanl. . . reached his ears **d)** framträda, bli synlig come out, appear, emerge; ~ till rätta turn up, be found **e)** bli bekant come out; *de upplysningar som -it fram* föranleder mig . . the information that has come to hand . . **f)** lyckas, ~ |*sig*| *fram* get on **g)** ~ *fram med* framföra o.d. se ~ *med* ovan *II 1;* ~ *fram med sitt ärende* state one's business; *kom fram med . .!* |come| out with . .!

8 ~ *framåt* advance, go forward båda äv. bildl.

9 ~ *för* a) *det kom för mig,* att . . it struck (occurred to) me . . b) ~ *sig för med att* inf. bring (induce) oneself to inf., besluta sig make up one's mind to inf.

10 ~ *förbi* eg. pass, ~ fram get past; ~ undan get past (round)

11 ~ *före* a) ~ *före* |*ngn*| eg. get there (hit here) before (ahead of) a p.; i tid, i rang come before (precede) a p.; vid tävling get ahead (in front) of a p. b) *målet -er före* på måndag the case comes on (will be called) . .

12 ~ *ifrån* **a)** med obj.: ~ bort ifrån get away from; bli kvitt o.d. get rid of; ~ *ifrån varandra* get separated, bildl. äv. drift apart; ~ *ifrån äventyret* med livet i behåll come out of the adventure . .; *man kan inte* ~ *ifrån* förneka |*det faktum*| *att . .* there is no getting away from the fact that . . **b)** utan obj. get away, bli ledig get off, *på* en timme for . .

13 ~ *igen* återkomma se ~ *tillbaka* ned.; ännu en gång come again; *kom igen!* kom an come on!

14 ~ *igenom* eg. come (resp. get) through; t.ex. en svårläst bok, en massa arbete get (plough) through; t.ex. sjukdom, examen get (go, ibl. come) through |. . successfully|

15 ~ *ihop sig* fall out, *om* about

16 ~ *ihåg* se *ihåg*

17 ~ *in* (jfr *inkommande, inkommen)* allm. come in äv. om t.ex. tåg, pengar, varor; om pengar, förslag o.d. äv. be received; inträda äv. enter; lyckas ~ in get in; ~ inomhus come (resp. get) indoors; *be att få* ~ *in* äv. ask to be let in; ~ *in i* a) rummet, butiken come (resp. get, kliva walk, step) into, enter b) firma obtain a post at (in) c) skola be admitted to d) tidningen (om artikel o.d.) be inserted (appear) in e) få upp skåp o.d. get . . open f) ett ämne become acquainted (familiar) with; ~ *in med* a) ett brev, en bricka o.d. come in with (bringing, carrying) b) anbud, uppgifter hand in c) ansökan make, present, submit d) klagomål lodge; ~ *in på* a) sjukhus o.d. be admitted to b) samtalsämne get (apropå drift) on to; ~ *in vid* t.ex. posten, filmen be (F get) taken on in

18 ~ *i väg* get off (away, started); det är på tiden, *att vi -er i väg . .* |that| we were off, . . for us to be off

19 ~ *loss* a) om sak come off b) om pers.: eg. get away (ut out); bildl. get away

20 ~ *lös* eg. get loose, på fri fot escape, run away; om eld break out

21 ~ *med* **a)** göra sällskap, följa come (dit go) along, come (dit go) with me (him osv.); ~ *med ngn* come (dit go) |along| with (sluta sig till join) a p. **b)** deltaga join in, *i leken (kriget)* the game (war); ~ *med* indragas |*i* krig| be (get) drawn in|to . .|; ~ *med i* klubb o.d. join . .; *-er du med* |*oss*| *på* en promenad? will you join us in . .? **c)** hinna med tåg (båt) catch . .; *han kom inte med* tåget äv. he missed . . **d)** bli medtagen: termosen *kom inte med . .* was not brought |along| (glömdes was left behind); namnen *kom inte med på listan . .* were not included in the list; *han kom inte med på* fotografiet he didn't get into . .

22 ~ *ned (ner)* come down, descend, klättra ned äv. go down; lyckas ~ ned o.d. get down, *från* taket from, trädet out of; ~ *ned från* stegen get off . .; ~ *ned* i undervåningen go (resp. come) downstairs; *han kom ned i vattnet med foten* his foot got into the water; ~ *ned på fötterna* alight (bildl. fall) on one's feet; ~ *ned på huvudet* come down on one's head; ~ *ned* till stationen come . .

23 ~ *omkring* a) ~ *vida omkring* travel far and wide b) *när allt -er omkring* after all, when all is said and done

24 ~ *på* **a)** stiga på get (resp. come) on; se vid. *stiga* |*på*| **b)** falla på, *när lusten -er på* |*honom*| kan han . . when he is in the mood . . **c)** inträffa, *det kom hastigt på!* that was sudden! **d)** erinra sig think of, recall, remember; *jag kan inte* ~ *på* namnet äv. . . escapes me **e)** upptäcka, t.ex. sammanhanget find out, discover; ~ *på* hemligheten get behind (come |up|on) . . **f)** hitta på think of, hit |up|on; *han kom på* en bra idé . . struck him; jfr vid. *idé* ex. **g)** överraska come upon; se vid. *ertappa*

25 ~ *till* **a)** besöka, ~ *till ngn* come (dit go) and see a p.; *han kom till oss* i går he came to see us . . **b)** tilläggas be added; *dessutom -er* oms *till* in addition there will be . .; *här-*

vid -er det till, att . . to this must be added that . . **c)** uppstå arise, come about; ~ till stånd: om institution o.d. come into existence, om t.ex. dikt be written (om tavla made, om musik composed), om företag spring up, grundas be established; födas be born; en del extrautgifter *har -it till . .* have cropped up; *det kom till på så sätt att han hade . .* it came about through his having . .

26 ~ *tillbaka* return äv. bildl., come (go resp. get) back, jfr *återkomma; jag -er tillbaka* i morgon äv. I'll call again . .; *jag -er snart tillbaka!* I'll soon be back!; *han har -it tillbaka* äv. he is back again; *du måste ~ tillbaka med den* you must bring it back

27 ~ *tillsamman|s|* come together, träffas meet, samlas gather

28 ~ *undan* itr.: undkomma get off, escape

29 ~ *under* t.ex. bil come (hamna land, slängas get flung) under

30 ~ *upp* allm. come up, dit upp go up; ta sig (stiga) upp o.d. get up (*i* ett flygplan, sadeln into . .; *i ett träd* a tree, *på* ett tak on to . .); efter sjukdom get up; om himlakropp vanl. rise; om växt come up, shoot |up|; om idé, modesak come into vogue (in, up), om idé äv. arise, establish itself; om fråga, förslag come (be brought) up, *till behandling* for discussion; *ha -it upp igen* efter sjukdom äv. be about again; ~ *sig upp* make one's way, get on; ~ *upp |i* nästa klass| be moved up |to . .|; ~ *upp i (till) en hastighet av . .* reach a speed of . .; ~ *upp med* t.ex. en idé, ett nytt mod start, originate; ~ *upp ur* vattnet come (resp. get) |up| out of . .

31 ~ *ur* ngt get out of . .

32 ~ *ut* **a)** eg. come (dit go; lyckas ~ get) out, *ur* of; ur gömställe o.d. emerge, *ur* from; ~ utrikes come osv. abroad; *så snart vi |hade| -it ut* på gatan, till sjöss, ur svårigheterna äv. as soon as we were out . . **b)** om bok o.d. come out, appear, be published, om förordning o.d. be issued; *en nyligen utkommen bok* a book that has recently appeared (|that has been| recently published); *utkommande* böcker forthcoming . . **c)** om rykte o.d. get about (abroad), om hemlighet äv. be revealed **d)** *jag kan inte ~ ut med* hela summan I can't afford to pay . .

33 *vad -er det mig vid?* what business is it of mine?, what is that to me?

34 ~ *åt* **a)** få tag i get hold of, secure, jfr ~ *över c* ned.: nå reach; *jag kan inte ~ åt* de inlåsta böckerna I can't get at . . **b)** förstå, t.ex. betydelsen av ett ord make out **c)** komma till livs, få fast o.d. get at, skada äv. do a bad turn to **d)** sätta åt, jag vet inte *vad som kom åt honom* . . what came over (possessed, got into) him **e)** röra vid, stöta emot touch, come in|to| contact with **f)** få tillfälle get a chance (an opportunity), *att* inf. to inf. el. of ing-form

35 ~ *över* **a)** eg. come (dit go, lyckas ~ get) over (tvärs över, t.ex. flod across); flod o.d. äv. cross; *jag -er över* på besök *senare!* I'll come round later on! **b)** friare, t.ex. till ngns sida (parti) come over (round), *till* to **c)** få tag i get hold of, come by, lay |one's| hands on, hitta find, come across, till billigt pris pick up **d)** bemäktiga sig ngn, om känsla, raseri, aning o.d. come over, seize; drabba ngn, om t.ex. olycka come upon, befall; överraska ngn, om t.ex. oväder overtake **e)** övervinna, t. ex. förlust get over, svårigheter äv. surmount, t.ex. skandal live . . down

kommande I *-t 0* coming **II** *a* allm. coming; om år, släkten äv. o. om dagar . . to come; framtida, t.ex. tid, utveckling, för ~ behov future; nästkommande next; ~ *släkten* äv. succeeding generations, posterity sg.; *gömma (spara)* ngt *för ~ behov* äv. F put . . by for a rainy day

kommandit|bolag ung. limited partnership company **-delägare** limited partner

kommando *-t -n* command; jfr *-ord; lyda ~* obey orders; *föra ~ över* be in command of, command; *ta ~t över* take command of **-brygga** sjö. |captain's| bridge **-ord** |word of| command, word

kommatera *tr itr* put |the| commas in; förse m. skiljetecken i allm. punctuate **kommatering** *-en 0* |vanl. the| placing of commas; punctuation; jfr föreg. **kommateringsfel** punctuation-mistake, punctuation-error

kommendant commandant, i fästning el. för garnison äv. governor, *i, på* of **kommendera** *tr itr* command; ~ *ngn* i befallande ton äv. order (F boss) a p.; ~ *'halt'* give the order (word of command) 'Halt'; *bli ~d till . .* se *|få en| kommendering |till|;* jfr f.ö. *befalla* **kommendering** förordnande appointment; *få en ~ till . .* receive orders for |service in| . .

kommendör *-|e|n -er* **1** inom flottan commodore, amer. rear admiral lower half; yngre i tjänsten captain **2** av orden Knight Commander **3** i Frälsningsarmén commissioner **kommendörkapten,** ~ *av första graden* captain, yngre i tjänsten commander; ~ *av andra graden* commander **kommendörstecken** Knight Commander's cross

kommensurabel *a* commensurable

kommentar *-en -er* **1** allm., ~*|er|* skriftlig|a| notes pl., annotations pl., muntlig|a| comment|s pl.|, *till* i samtl. fall on **2** utläggning, tolkning commentary, *till* on **kommentator** commentator **kommentera** *tr* comment on; förse med noter annotate, make notes on

kommers *-en -er, ~en var i full gång* trade was in full swing; *sköta ~en* run the business **kommerseråd** head (chief) of division to the |Swedish| Board of Commerce **kommersialisera** *tr* commercialize **kommersiell** *a* commercial **Kommerskollegium**

best. form the |Swedish| Board of Commerce **komminist|er** *-ern -rar* ung. assistant vicar (rector)
kommissariat *-et -* commissioner's office **kommissarie** *-n -r* **1** utställnings~ o.d. commissioner **2** polis~ superintendent, ibl. inspector
kommission 1 commission **2** köpa (sälja) *i ~ . .* on commission **kommissionsaffär** commission transaction; *göra ~er* do business on a commission basis **kommissionär** fartygs~, lotteri~ agent
kommitté *-n -er* committee; *sitta i (tillsätta) en ~* be on (appoint) a committee **kommittéledamot** committee member **kommitterad** *subst. a* **1** se föreg. **2** kommissionsmedlem commissioner, member of a (resp. the) commission
kommod *-en -er* wash-stand
kommun *-en -er* ss. administrativ enhet: stads~ municipality, town (urban) district, lands~ rural district; myndigheterna local authority; *bli övertagen av ~en* be taken over by the local authority
kommunal *a* local government, local, stads- äv. municipal samtl. end. attr.: *~ självstyrelse* local government **-anställd** *subst. a* local government (resp. municipal) employee **-fullmäktig** ung. |local government| councillor **-kontor** local government office **-man,** *en framstående ~* a prominent man in local government affairs **-nämnd** ung. local government committee (board) **-pamp** local government boss (bigwig) **-politik** local (resp. municipal) politics vanl. sg. **-skatt** koll. ung. local taxes pl., i Engl. ung. rates pl. **-val** local government (i stad äv. municipal) election
kommunicera *itr* communicate; *~nde kärl* communicating vessels **kommunikation** communication
kommunikations|departement ministry of communications; *~et* i Engl. the Ministry of Transport **-medel** means (pl. lika) of communication; *allmänna ~* public services **-minister** minister of communications, i Engl. Minister of Transport **-tabell** time-table **-väsen,** *det* svenska *~det* the . . communications system
kommuniké *-n -er* communiqué fr., bulletin
kommunism (äv. *~en*) Communism **kommunist** Communist **kommunistisk** *a* Communist **kommunistparti** Communist party
komock|a *-an -or* kospillning cow pat
kompakt *a* compact; om mörker äv. dense; om massa äv. solid
kompani *-|e|t -er* mil. o. H company **-chef** company commander **-vis** *adv* by companies; in companies; jfr *klassvis*

kompanjon partner; *bli ~er* vanl. go into partnership |with each other|; ta ngn *till |sin| ~ . .* into partnership |with one| **kompanjonskap** *-et 0* partnership; *ingå ~ med* enter (go) into partnership with
komparation comparison **komparativ I** *-en -er, ~|en|* the comparative; *en ~* a comparative **II** *a* comparative **komparera** *tr* compare
kompass *-en -er* compass; navigera *efter ~ . .* by |the aid of| the compass **-nål** compass needle **-ros** compass card
kompendi|um *-et -er* compendium
kompensation compensation **kompensera** *tr* compensate; uppväga compensate |for|, make up for
kompetens *-en 0* allm. competence; kvalifikationer qualifications pl.; jfr *behörighet* **kompetent** *a* competent; kvalificerad äv. qualified
kompilera *tr* compile
kompis *-en -ar* pal, mate, amer. buddy
komplement *-et -* complement; *vara (utgöra) ett ~ till* äv. be complementary to **-färg** complementary colour **-vinkel** complementary angle
komplett I *a* complete; *han är en ~ idiot* äv. he is a downright fool (a blithering idiot); *en ~ skandal* an utter scandal **II** *adv* alldeles completely, absolutely, downright **komplettera I** *tr* complete, make up; göra fullständigare äv. supplement; förråd o.d. äv. replenish; *~ varandra* complement each other; *~nde* material, upplysningar o.d. complementary, tilläggs- supplementary **II** *itr, ~ i engelska* take (läsa prepare for) a supplementary examination in English **komplettering** kompletterande completion, making up; tillägg complementary addition; utvidgning amplification; av förråd o.d. äv. replenishment; skol. o.d. supplementary examination; *till ~ av* förut lämnade uppgifter to supplement . ., in amplification of . .
komplex *-et (-en) -|er|* **1** abstr.: psykol. complex; friare, t.ex. av frågor set **2** konkr.: hus o.d. group of buildings, block
komplicera *tr* complicate; fallet *har ~ts* läk. complications in . . have set in **komplicera|d** *a* complicated; *en ~ karaktär (situation)* äv. a complex character (situation); *-t benbrott* vanl. compound fracture **komplikation** complication
komplimang compliment; *säga (ge) en ~* pay a compliment; *ge ngn en ~ för ngt* compliment a p. on a th. **komplimentera** *tr* compliment, present one's compliments to, *för* on
komplott *-en -er* plot; *anstifta en ~* conspire, form a conspiracy; *vara i ~ med ngn* be in conspiracy with a p.
komponent component **komponera** *tr* mus. o. litt. compose; sammanställa, t.ex. matsedel

o.d. put . . together; ~ *musiken till* . . äv. write the music to (for) . . **komponist** composer **komposition** composition **kompositör** composer
kompost *-en -er* compost **-hög** compost heap
kompott *-en -er* compote, *på* of; frukt~ stewed fruit
kompress *-en -er* läk. compress; *steril* ~ sterile |gauze| dressing **kompression** compression **kompressionsförhållande** compression ratio **kompressor** compressor **komprimera** *tr* compress; *~d luft* compressed air
kompromettera *tr* compromise; *~nde* compromising; *vara ~nde för* äv. compromise; ~ *sig* compromise oneself
kompromiss *-en -er* compromise; *gå med på (ingå) en* ~ agree to el. accept (enter into, reach) a compromise **kompromissa** *itr* compromise, *om* about **kompromissförslag** proposed compromise **kompromisslös** *a* uncompromising
kon *-en -er* cone; *stympad* ~ frustum |of a cone|, truncated cone **kon|a** *-an -or* tekn. cone, taper
koncentrat *-et* - concentrate; bildl. epitome; *i* ~ in a concentrated form **koncentration** concentration; *en stark (stor)* ~ a high degree of concentration **koncentrationsförmåga** power of concentration **koncentrationsläger** concentration camp; *komma i* ~ be sent to a concentration camp **koncentrera** *tr* concentrate, *på* on; isht bildl. äv. focus, centre, *på* on; *intresset ~s till (kring, på)* . . äv. the interest concentrates on . .; ~ *sig* concentrate (*på* on), fatta sig kort be short and to the point; ~ *sig på ngt* äv. focus (centre) one's attention on a th. **koncentrisk** *a* concentric
koncept *-et -|er|* |rough| draft, *till* of; *tappa ~erna* förlora fattningen lose one's head; *utarbeta ett* ~ work out (draw up) a first outline
koncern *-en -er* combine, group |of companies|
koncession concession, licence; *bevilja ngn ~ för* . . grant a p. a concession for . .
koncessiv *a* concessive
konciliant *a* conciliatory
koncis *a* concise **koncist** *adv*, *|kort och|* ~ concisely
kondensation condensation **kondensator** condenser; elektr. äv. capacitor **kondensera** *tr* condense
kondition 1 kropps~ condition; *jag är i dålig (god)* ~ I am out of (am in) condition (sport. training); vara *i utmärkt* ~ . . splendidly fit **2** *~er* H conditions, terms **konditional** *a* conditional **konditionalis** - *0 r* the conditional |mood| **konditionalsats** conditional clause
konditor pastry-cook, confectioner **konditori** *-|e|t -er* servering café, i Engl. ofta tea-shop, patisserie fr., tea-room; butik confectioner's |shop| **konditorivaror** *pl* confectionery sg., confectionery wares
kondoleans *-en -er* condolence|s pl.| **kondoleansbesök** visit of condolence **kondoleansbrev** letter of condolence **kondolera** *tr*, ~ *ngn* condole el. sympathize (express one's condolence|s| el. sympathy) with a p., *med anledning av* on
kondom contraceptive sheath, condom
kondor *-en -er* condor
konduktör *-|e|n -er* spårvagns~, buss~ conductor; järnvägs~ guard, ibl. ticket-collector, amer. conductor; *kvinnlig* ~ conductress, F clippie
konfekt *-en 0* choklad~ |assorted| chocolates; karameller o.d. bon-bons, sweets samtl. pl., amer. candy, candies pl.; blandad chocolates and sweets pl.; *han blev lurad på ~en* he did not get what he expected, blev besviken he was disappointed **-ask** med innehåll box of chocolates |and sweets|
konfektion *-en 0* kläder ready-made clothing (garments pl.); *köpa* ~ äv. buy off the peg **konfektionskläder** *pl* ready-made clothes (clothing sg.) **konfektionssydd** *a* ready-made; isht amer. ready-to-wear
konferencié o. **konferencier** *-|e|n -er* compère, isht amer. master of ceremonies
konferens *-en -er* conference; sammanträde meeting **konferensrum** conference room
konferera *itr* confer, *om* about, as to; diskutera äv. discuss the matter
konfession confession, creed **konfessionslös** *a* om pers. attr. . . adhering to no creed
konfetti *-n 0* koll. confetti sg.
konfidentiell *a* confidential **konfidentiellt** *adv* confidentially; *säga (behandla) ngt strängt* ~ say a th. in strict confidence (treat a th. as strictly confidential)
konfirmand *-en -er* candidate for confirmation **konfirmation** confirmation **konfirmationsundervisning** preparation for confirmation **konfirmera** *tr* kyrkl. o. H confirm
konfiskation se *konfiskering* **konfiskera** *tr* confiscate; beslagta äv. seize **konfiskering** confiscation; seizure
konflikt *-en -er* conflict äv. psykol.; strid clash; tvist dispute; *komma i* ~ *med lagen* come into conflict with the law; *han har inte tidigare varit i* ~ *med lagen* ung. there are no previous convictions against him
konfrontation confrontation **konfrontera** *tr*, ~ *ngn med* . . confront a p. (bring a p.

face to face) with . .

konfundera *tr* confuse, bewilder **konfys** *a* confused, bewildered; *göra ngn ~* confuse (bewilder, fluster) a p.

kongenial *a, en ~ översättning* a translation true to the spirit of the original

konglomerat *-et* - eg. conglomerate; bildl. conglomeration

Kongo staten o. floden the Congo **kongoles** *-en -er* o. **kongolesisk** *a* Congolese

kongress conference, större o. hist. congress; *~en* i U.S.A. |the| Congress **kongressa** *itr* hålla en kongress hold a conference (resp. congress) **kongressdeltagare** member of a (resp. the) conference (resp. congress) **kongressledamot** av kongressen i U.S.A. member of |the| Congress

kongruens *-en 0* congruity; mat. congruence; språkv. concord **kongruent** *a* congruous; mat. congruent, geom. äv. . . equal in all respects

konisk *a* konformig conical; mat., t.ex. sektion conic

konjak *-en 0* brandy, ibl. cognac; *ta |sig| en ~* take a brandy

konjugation conjugation **konjugera** *tr* conjugate

konjunktion språkv. o. astr. conjunction **konjunktiv** *-en -er, ~|en|* the subjunctive |mood|; *en ~* a subjunctive

konjunktur ~läge state of the market, ~utsikter trade outlook; *~er* ~förhållanden trade conditions; *goda (dåliga) ~er* se *högkonjunktur* resp. *lågkonjunktur; de politiska ~erna* the political situation sg. |of the moment| **konjunkturbetonad** *a* . . dependent on the economic (resp. political) situation **konjunkturutveckling** business (economic) trend (development)

konkav *a* concave

konklav *-en -er* conclave

konkordans *-en -er* ordförteckning concordance

konkret *a* concrete; *ett ~ förslag* äv. a tangible proposal

konkubin *-en -er* concubine

konkurrens *-en 0* competition; *fri ~* open competition, freedom of competition; *hård (hänsynslös) ~* keen (cut-throat, reckless) competition; *illojal ~* unfair competition; *ta upp ~en med* . . enter into competition with . . **-befrämjande I** *a* attr. . . promoting competition **II** *adv, verka ~* have the effect of promoting competition **-begränsande** *a* attr. . . reducing competition; jfr vidare föreg. **-kraftig** *a* competitive

konkurrent competitor, *om* for; friare äv. rival **konkurrera** *itr* compete, *om* for; *börja ~ med ngn* enter into (take up) competition with a p.; *~nde firmor* competing (rival) firms; *~ ut ngn* drive a p. out of the market (out of business)

konkurs *-en -er* bankruptcy; *bedräglig ~* fraudulent bankruptcy; *begära ngn i ~* file a bankruptcy petition against a p.; *begära sig i ~* file one's petition |in bankruptcy|; *försätta ngn i ~* declare (adjudge) a p. bankrupt; *gå i ~* träda i konkurs file one's petition |in bankruptcy|, göra konkurs go (become) bankrupt, go into bankruptcy, om bolag äv. go into liquidation; *göra ~* se föreg. ex. **-ansökan** o. **-ansökning** petition in bankruptcy; *inge ~ (sin ~)* file a (one's) petition |in bankruptcy| **-bo** bankrupt's (bankrupt|cy|) estate **-förbrytelse** criminal offence against the Bankruptcy Act **-förfarande** proceedings pl. in bankruptcy **-förvaltare** |official| receiver, mindre officiellt trustee **-lager** bankrupt|'s| stock **-massa** se *-bo* **-mässig** *a* ung. insolvent; *vara ~* be on the verge of bankruptcy **-realisation** |clearance| sale of a (resp. the) bankrupt|'s| stock|s|

konnässör connoisseur, *på* of (in)

konossement *-et* - bill of lading (förk. B/L)

konprick sjö. buoy (beacon) with cone point up

konsekutiv *a* consecutive

konsekvens *-en -er* överensstämmelse consistency; |på|följd consequence; *det finns ingen ~ i hans handlingssätt* äv. there is no sense (logik logic) in his actions; *den logiska ~en* the logical conclusion; *ta ~erna* take the consequences; *i ~ härmed (därmed)* as a logical consequence of this (of that) **konsekvent I** *a* consistent **II** *adv* consistently; genomgående throughout

konselj *-en -er* cabinet meeting; *~en* statsrådsmedlemmarna the Cabinet; *i fredagens ~* bestämdes det . . in the meeting of the Cabinet on |last| Friday . . **-beslut** cabinet decision **-president** prime minister

konsert *-en -er* **1** concert; av solist recital **2** musikstycke concerto (pl. -s) **konsertera** *itr* give a concert (resp. |a series of| concerts)

konsert|flygel concert grand **-förening** concert society **-hus** concert hall **-mästare** leader |of an (resp. the) orchestra| **-sal** concert hall

konserv *-en -er, ~er* tinned (isht amer. canned) goods (food sg.); se äv. *inläggning 2 b)* **konservatism** conservatism **konservativ** *a* conservative; *de ~a* polit. the Conservatives **konservator** vid museum o.d. curator, keeper; av t.ex. tavlor restorer; djuruppstoppare taxidermist **konservatori|um** *-et -er* academy of music, conservatoire fr. **konservbrytare** se *konservöppnare* **konservburk** tin, isht amer. can; av glas preserving-jar

konservera *tr* bevara, skydda mot förruttnelse

preserve äv. kok. (se vidare *lägga* |*in*|); restaurera restore **konservering** preservation, se äv. *inläggning 2 a);* restaurering restoration **konserveringsapparat** sterilizer **konserveringsmedel** preservative **konservfabrik** cannery **konservöppnare** tin-opener, ibl. can-opener, amer. can opener

konsignation, *i* ~ on consignment **konsignationslager** consignment stock

konsistens *-en -er* consistency; *anta fast* ~ stelna set, hardna harden, solidify; *till* ~*en* in consistency **-fett** |cup| grease

konsistori|um *-et -er* **1** kyrkl. consistory **2** univ., *större (mindre) -et* ung. the |University| Senate (Council)

konsol *-en -er* bracket; arkit. corbel, s-formad console

konsolidera *tr* consolidate; ~ *sin ställning* äv. strengthen one's position

konsonant consonant **konsonantförbindelse** consonant combination **konsonantisk** *a* consonantal

konsorti|um *-et -er* syndicate

konspiration conspiracy, plot **konspiratör** conspirator, plotter **konspirera** *itr* conspire, plot

konst *-en -er* **1** konstnärlig o. teknisk förmåga art; skicklighet skill; kunnande science; konstverk (koll.) |works pl. of| art; ~|*en*| *och vetenskap*|*en*| the |fine| arts and sciences pl.; ~*en för* ~*ens skull* art for art's sake; *livet är kort,* ~*en lång* art is long, life is short; ~*en att* inf. the art of ing-form, förmågan the ability to inf.; *efter alla* ~*ens regler* according to the rules |of the game| (to all the recognized rules), grundligt thoroughly, soundly; *de sköna* ~*erna* the |fine| arts; *det är (var) ingen* ~*!* that's easy |enough|!, there is nothing to it!; *det är ingen* ~ *för honom att* inf. it's easy (no great matter) for him to inf.; *det är just* ~*en!* that's the whole secret |of it|!; *kunna* ~*en (sin* ~*)* be master of (a master in) one's craft; *han kan* ~*en att* inf. he knows how to inf.; *göra ngt till en* ~ bring (carry) a th. to a fine art

2 ~*er* konststycken, trick tricks, dodges; *alla* ~*er och knep* all the ins and outs; *göra* ~*er* do (perform) tricks, om akrobat do (perform) stunts

3 *vad är det för* ~*er* dumheter? what nonsense is this?; *hon har alltid så mycket* ~*er för sig* ung. she is always so difficult (awkward)

konst|akademi academy of art (fine arts) **-alster** work of art **-anmälare** art reviewer (critic)

konstant I *a* constant; oföränderlig invariable; beständig, varaktig perpetual **II** *s* mat. constant

konstap|el *-eln -lar* **1** polis~ |police| constable; ~*n* i tilltal vanl. officer **2** mil. bombardier

konstart konstgren branch of art; konstform form of art

konstatera *tr* mera eg.: fastställa establish (*att* the fact that), bekräfta certify; verify, iakttaga notice, observe, lägga märke till, notera note, bevittna see, utröna find |out|, |på|visa show, förvissa sig om ascertain; friare: (i yttrande) fastslå state, hävda declare, påpeka point out (*att* that), framhålla call attention to (*att* the fact that); *jag bara* ~*r faktum (fakta)* I am merely stating a simple fact (the facts); *smittkoppor har* ~*ts i . .* cases of smallpox have been recorded in . . **konstaterande** *-t -n* establishing osv.; establishment, certification, verification, ascertainment; påstående statement, assertion; upptäckt finding, discovery

konstbevattning artificial irrigation

konstellation constellation

konsternerad *a, bli* ~ be taken aback, be dismayed, be nonplussed

konst|fiber synthetic (artificial) fibre **-flygning** stunt (trick) flying, aerobatics **-frusen** *a* artificially frozen **-färdighet** dexterity, skill **-föremål** object of art, objet d'art fr. **-förfaren** *a* skilled **-gjord** *a* artificial; *på* ~ *väg* by artificial means, artificially **-grepp** |yrkes|knep trick |of the trade|; list, listigt påfund |crafty| device, artifice **-gödning** se *-gödsel* o. *-gödsling* **-gödsel** artificial manure, |artificial| fertilizer **-gödsling** artificial manuring **-handel** försäljningslokal art |dealer's| shop, större art gallery **-handlare** art-dealer **-hantverk** |art| handicraft; arts and crafts pl., föremål (koll.) art wares pl., handicraft products pl. **-hantverkare** craftsman **-harts** synthetic (artificial) resin **-historia** |vanl. the| history of art **-historiker** art historian **-historisk** *a* som behandlar (resp. hänför sig till) -historia . . on (resp. concerning) the history of art

konstig *a* underlig odd, strange, queer, F funny; bisarr eccentric, cranky; invecklad intricate; svår difficult; *en* ~ *kropp* kurre a rum customer, an odd fish; *han är en smula* ~ (|*lite*| ~ *i knoppen)* he is a bit eccentric (|a bit| cranky); ~*are än så är det inte* that is all there is to it; *känna sig* ~ feel queer **-het** ~*en* ~*er* oddity, strangeness; ~*er* egendomliga drag oddities, strange features

konst|industri art industry, industry of applied arts **-industriell** *a* . . of applied (industrial) art **-intresse** interest in art **-intresserad** *a* . . interested in art; *den* ~*e allmänheten* the art-loving public **-is** artificial ice

konstituera *tr* **1** grunda, inrätta constitute; *styrelsen har* ~*t sig* the board has elected its officers **2** utnämna tillfälligt appoint . .

temporarily (ad interim), *till* . . to be . . **konstituerande** *a* om sammanträde inaugural; om bolagsstämma statutory; ~ *församling* constituent assembly **konstitution** constitution **konstitutionell** *a* constitutional **konstitutionsutskott** standing committee on the constitution **konstitutiv** *a* grundläggande fundamental; väsentlig essential

konst|kritik art criticism **-kritiker** art critic **-kännare** judge of art, art expert

konstlad *a* affekterad affected; låtsad assumed; tvungen forced, onaturlig laboured; artificiell artificial; *med ~ e medel* by artificial means

konst|läder artificial (imitation) leather, leatherette, art leather **-lös** *a* artless **-mässig** *a* konstnärlig artistic; skicklig skilful

konstnär -|e|n *-er* allm. artist, målare äv. painter; *han är en verklig ~ på sitt område* he is a master of his craft **konstnärinna** artist **konstnärlig** *a* artistic; ~ *ledare* art director **konstnärlighet 1** ~ *en* det konstnärliga *i* . . the artistry of (in) . . **2** konstnärligt kunnande artistry, förmåga artistic ability **konstnärsbana,** *välja (slå in på) ~ n* chose an artistic career **konstnärskap** *-et 0* **1** konstnärlighet artistry **2** ~ *et* (att vara konstnär) förpliktar |the fact of| being an artist . .

konstnärs|krets, *i ~ar* in artists' circles **-liv,** ~ *et* allm. an artist's life; ~ *et i Paris* life in artistic circles in Paris **-natur 1** -lynne artistic temperament **2** konstnär |true| artist

konst|paus rhetorical pause **-produkt 1** mots. naturprodukt artificial product **2** konstalster artistic (art) product

konstra *itr* krångla, om t.ex. barn be awkward

konst|rik *a* konstnärlig artistic **-riktning** -stil style |of art|; 'skola' school |of art|

konstruera *tr* allm. construct; göra utkast till äv. design; rita upp äv. draw; språkv. construe; verbet ~ *s med dativ* . . governs (takes) a (the) dative **konstruerad** *a* constructed osv.; uppdiktad invented, fabricated, concocted, made-up . .; *en normalt ~* hjärna, person a normally constituted . . **konstruktion** construction äv. språkv., design (jfr *konstruera*); påhitt device, uppfinning invention; *den bärande ~ en* the supporting structure; . . *är en fri (ren) ~* ett tankefoster . . lacks reality

konstruktions|fel tekn.: abstr. error (fault) in design, konkr. constructional fault, fault in the construction; språkv. construing-error **-ordbok** svensk ~ dictionary of . . |grammatical| usage **-ritning** construction|al| drawing

konstruktiv *a* constructive **konstruktör** constructor, designer; jfr *konstruera*

konst|sak se *-föremål;* konstverk work of art **-samlare** art collector, collector of works of art **-samling** art collection, offentlig art gallery **-siden** o. **-silke** rayon, artificial silk **-skatt** art treasure **-skicklig** *a* |artistically| skilful **-skicklighet** |artistic| skill **-slöjd** se *-hantverk* o. *-industri* **-smide** koll. art metal work **-stoppa** *tr* mend . . invisibly **-stoppning** invisible mending **-stycke** trick; kraftprov tour de force (pl. tours de force); *de lyckades med |det| ~ t att leva på* hans lilla lön they managed to live on . . — no mean achievement; *något av ett ~* something of a feat **-term** art (artists') term; friare technical term **-utställning** art exhibition **-verk** work of art **-åkare** o. **-åkerska** figure skater **-åkning** figure skating **-älskande** *a, den ~ allmänheten* the art-loving public **-älskare** art-lover, dilettant|e (pl. -i)

konsul *-n -er* consul äv. hist. **konsulat** *-et* - consulate **konsulat|s|tjänsteman** consular official (employee)

konsulent adviser, consultant; i offentlig tjänst äv. advisory officer

konsulinna consul's wife; ~ *n N.* Mrs. N.

konsult *-en -er* statsråd ung. minister without portfolio **konsultation** consultation **konsultativ** *a* consultative; ~ *t statsråd* ung. minister without portfolio **konsultera** *tr* consult; ~ *en läkare* consult (friare see) a doctor; ~ *nde ingenjör* consulting engineer

konsum - - *n* butik o. förening co-op

konsument consumer **-institut** institute for consumer information **-intresse,** *det är ett ~* it is a matter of interest to consumers **-kunskap** skol. ung. instruction in goods and consumption **-prisindex** consumer price index **-upplysning** information for consumers

konsumera *tr* consume **konsumtion** *-en 0* consumption

konsumtions|artikel article of consumption **-förening** |consumers'| co-operative society **-kredit** consumer credit **-vara** article of consumption; *-varor* äv. consumer (consumption) goods

kontakt *-en -er* **1** beröring, förbindelse contact, bildl. ofta äv. touch; *bra (goda) ~ er* förbindelser useful contacts; *få (ta, komma i) ~ med* get into contact (touch) with, contact; *förlora ~ en med* lose contact (touch) with; *hålla ~ en (vara* el. *stå i ~) med* keep (be) in touch with, maintain contact with; *söka ~ med* try to get into touch (to close quarters) with; *komma i ~ med folk* make contacts |with people| **2** strömbrytare switch; stickpropp |connecting| plug; vägguttag point **kontakta** *tr* contact, get into touch (contact) with

kontakt|gift contact insecticide **-glas** ögonglas contact lens **-ledning** elektr. overhead contact wire, för trådbuss trolley-wire **-lins** contact lens **-man** contact |man| **-svårigheter** *pl* difficulty sg. in making contacts

[with people]
kontamination contamination
kontant H **I** *a* cash; ~ *betalning* cash payment, ready money; *mot* ~ *betalning* for cash, for ready money; *vid* ~ *betalning* if cash is paid; *rabatt vid* ~ *betalning* discount for (against) cash; ~ *erkänsla* [compensation in] hard cash; ~*a medel (pengar)* ready money sg.; ~*a utlägg* out-of-pocket expenses; *per extra* ~ for prompt (spot) cash **II** *adv, betala* bilen ~ pay cash for . ., pay for . . [in] cash; att betalas ~ *vid leverans* . . cash on delivery; köpa (sälja) ~ . . for cash, . . for ready money **kontantaffär** cash transaction; *bara göra* ~*er* only do business on a cash basis (for cash) **kontantbelopp** cash amount, amount in cash **kontantbetalning** se *kontant* [*betalning*] **kontanter** *pl* ready money sg.; *i* ~ cash [money] in hand **kontantförsäljning** cash sale; *vi har bara* ~ we only do business on a cash basis
kontemplation contemplation **kontemplativ** *a* contemplative
kontenans *-en 0, bevara* ~*en* keep one's countenance; *förlora* ~*en* be disconcerted, be put out, förlora fattningen lose one's head
kontenta *-n 0,* ~*n av* . . the gist of . .
konteramiral rear-admiral
konterfej *-et* - picture
kontinent *-en -er* continent; [*den europeiska*] ~*en* the Continent [of Europe] **kontinental** *a* continental
kontingent 1 mil. contingent, friare äv. group **2** kvot quota, allocation
kontinuerlig *a* continuous **kontinuitet** continuity
konto *-t -n (konti)* account, amer. äv. charge account; löpande räkning current account; *ha* ~ *i en affär (bank)* have an account at a shop (with el. in a bank); *öppna (lägga upp) ett* ~ *för ngn* open (establish) an account for a p.; ha ett belopp *på ett* ~ *hos (i) en bank* äv. . . standing to one's credit at (in) a bank; *skriv (sätt) upp det på mitt* ~*!* put it [down] to my account!; *sätta in på ett* ~ pay into an account **-innehavare** holder of an (resp. the) account, account-holder **-kurant** current account; utdrag statement of account
kontor *-et* - office; *vara (sitta) på* ~*et* be in (at) the office; *ha plats på* [*ett*] ~ be employed in (at) an office, have [got] a clerical job **kontorist** clerk, office (clerical) employee; *hon (han) är* ~ vanl. she (he) works in an office
kontors|anställd *subst. a* office employee, clerk **-arbete** office (clerical) work **-artiklar** *pl* office utensils (tillbehör accessories, materiel supplies) **-chef** head of an (resp. the) office, office manager **-folk** clerks pl., office workers pl. **-förnödenheter** *pl* office supplies **-lokal,** ~[*er*] office premises pl. **-maskin** office (business) machine **-personal** office (clerical) staff **-plats** job in an (resp. the) office **-teknik** office technique **-tid** office hours pl. **-vana,** *ha* ~ be accustomed to office routine (work); *med* 3 års ~ with . . office experience
kontoutdrag statement of account
kontra *prep* versus lat. **-band** contraband [goods pl.] **-bas** contrabass, basfiol vanl. double-bass **-bok** [customer's] pass-book **-diktorisk** *a* contradictory
kontrahent contracting party **kontrahera** se *kontraktera* **kontrakt** *-et* - **1** avtal o.d. contract äv. kortsp., högt. covenant; överenskommelse agreement; försäkr. äv. treaty; hyres~ lease; *avsluta (ingå) ett* ~ *med ngn om ngt (om att* inf.*)* enter into (make) a contract with a p. about a th. (to inf. el. about ing-form); *bryta (uppsäga) ett* ~ break (give notice of termination of) a contract; *enligt* ~[*et*] contractually; *enligt detta* ~ according to (under) this contract **2** kyrkl. [landsbygds~ rural] deanery **kontraktera** *tr itr,* ~ [*om*] ngt contract for . .; *den* ~*de* kvantiteten äv. the . . stipulated [for] in the contract; *till det* ~*de priset* äv. at [the] contract price
kontrakts|bridge contract bridge **-brott** breach of contract **-enlig** *a* contractual, attr. äv. . . as contracted [for]; inom *den* ~*a tiden* . . the time specified in the contract **-enligt** *adv* contractually; utförd ~ . . as per contract **-prost** [i landsbygdskontrakt rural] dean
kontra|mandera *tr* countermand, avbeställa äv. cancel **-märke** check **-order** contrary order[s pl.], counter-order[s pl.] **-punkt** counterpoint **-revolution** counter-revolution **-signera** *tr* countersign **-signering** signatur counter-signature **-spionage** counter-espionage
kontrast *-en -er* contrast, *mot, till* to **kontrastera** *itr* contrast, *mot* with **kontrastmedel** läk. contrast medium **kontrastverkan** o. **kontrastverkning** contrasting effect, effect of contrast
kontroll *-en -er* **1** övervakning o.d.: **a)** övervakande åtgärd check, check-up, *av (på, över)* on; *göra (ta) en* ~ make a check **b)** tillsyn, övervakande control, supervision, inspection; *för* ~*ens skull* for the sake of control **2** [full] behärskning control, *över* t.ex. bilen of, t.ex. en skolklass over; ha ngt *under* ~ . . under control, friare äv. . . well in hand **3** konkr.: a) ~ställe check-point, control [station] b) ~anordning control c) *det är* ~*ens* kontrollanternas *sak att* inf. it is the business of the supervisors (etc., jfr *kontrollant*) to inf. **kontrollampa** pilot (warning) lamp **kontrollanordning** control
kontrollant supervisor, inspector; control-

ler äv. sport. **kontrollera** *tr* **1** granska check [up on], en uppgift äv. verify; pröva, undersöka test; övervaka supervise, inspektera inspect; ~ *biljetterna* examine the tickets; ~ *att* det stämmer äv. F see (make sure) that . .; ~*d mjölk* certified milk; ~*t silver* hall-marked silver **2** behärska control

kontroll|grupp vid experiment control group **-kommission** polit. control commission **--lampa** se *kontrollampa* **-märke** check **-mäta** *tr,* ~ *ngt* [re]measure a th. for [the purpose of] checking it **-nummer** check number; kodnummer key number **-räkna** *tr* addering o.d. recount and check off; ~ *ngt* t.ex. sifferkolumn add up a th. again to check (verify) it, t.ex. räknetal re-work a th. to check it **-station** control station **-stämpel** på silver o.d. hall-mark; på dokument control stamp **-torn** control tower **-väga** *tr,* ~ *ngt* [re-]weigh a th. for [the purpose of] checking it **-vägning** check weighing

kontrollör -[e]*n* -*er* controller, övervakare o.d. äv. supervisor, inspector

kontrovers -*en* -*er* controversy **kontroversiell** *a* controversial

konträr *a,* de är ~*a motsatser* . . diametrical opposites

kontur -*en* -*er* outline, eg. äv. contour; friare o. bildl. äv. line **-lös** *a* vague[ly outlined] **-teckning** outline drawing

kontusion contusion, bruise

konung -*en* -*ar* king; *heliga tre* ~*ar* de tre vise männen the Magi; *vara* ~ *över* t.ex. ett stort rike be king of (t.ex. ett fritt folk over) **Konungaboken** bibl., *Första* ~ the First Book of the Kings **konungadöme** m.fl. sms. se *kungadöme* m.fl. sms. **konungslig** *a* regal, royal; majestätisk äv. kingly, kinglike

konvalescens -*en 0* convalescence **konvalescent** convalescent [patient]; *vara* ~ *efter* en sjukdom be recovering from . . **konvalescenthem** convalescent home

konvalje -*n* -*r* lily of the valley

konvenans -*en 0* propriety, convention; ~*en* proprieties pl., convention, the conventions pl.; *bryta mot* ~*en* commit a breach of etiquette **konvent** -*et* - sammankomst convention **konvention** överenskommelse o. bruk convention **konventionell** *a* conventional; ~*a former* äv. conventionalities; *vara* ~ äv. stand on ceremony

konvergera *itr* converge, *mot* en punkt towards . .

konversation conversation; *föra en* ~ carry on a conversation **konversationslexikon** encyclop[a]edia **konversationstalang** ngns conversational powers pl. **konversera** *itr tr* converse, [*med*] *ngn* with a p., *om ngt* about (on) a th.

konvertera I *tr* förvandla convert, *till* into **II** *itr* relig. be converted, become a convert **konvertering** conversion **konverteringslån** conversion loan **konvertibel** *a* convertible **konvertit** -*en* -*er* convert

konvex *a* convex

konvoj -*en* -*er* convoy; *i* ~ under convoy

konvojera *tr* convoy

konvolut -*et* - kuvert envelope, cover; med handlingar wrapper

konvulsion convulsion **konvulsivisk** *a* convulsive

kooperation -*en 0* (äv. ~*en*) co-operation **kooperativ** *a* co-operative

koordinera *tr* co-ordinate

kopi|a -*an* -*or* copy äv bildl.; avskrift äv. transcript; genomslags~ [carbon] copy; foto. vanl. print; av konstverk o.d. replica; imitation imitation; *med fyra -or* i fem exemplar in five copies; *ta* [*en*] ~ *av* . . copy . ., make a copy (print osv.) of . .; *ta flera -or av* skrivelse o.d. äv. manifold . . **kopiebläck** copying-ink **kopiebok** för brevkopior letter-book **kopiepapper** karbonpapper carbon[-paper]; foto. printing-paper **kopiera** *tr* copy; skriva av äv. transcribe; foto. vanl. print **kopist** foto. photofinisher

kopiös *a* copious, [super]abundant, overwhelming **kopiöst** *adv* copiously

kopp -*en* -*ar* cup; ss. mått äv. cupful; *en* ~ *te* a cup of tea; *en* full ~ *vatten* äv. a cupful of water

1 kopp|a -*an* -*or* **1** blemma pustule, vesicle **2** -*or*[*na*] se *smittkoppor* resp. *vattenkoppor*

2 koppa *tr* cup

koppar -[e]*n 0* copper; ~slantar coppers pl.; kastrull *av* ~ äv. copper . . **-färgad** a copper-coloured **-förande** *a* copper-bearing, cupriferous **-gruva** copper mine **-halt** copper content, percentage of copper **-haltig** *a* attr. . . containing copper; coppery, cupreous **-kittel** copper pan (osv., jfr *kittel*) **-malm** copper ore **-mynt** copper [coin] **-orm** blindworm, slow-worm **-plåt** sheet copper; *en* ~ a copper sheet (plate) **-röd** *a* copper-coloured; -*rött hår* coppery[-red] hair **-slagare 1** eg. copper-smith **2** pl., bakrus hangover sg.; *ha* ~ have a hangover **-slant** copper **-stick** abstr. o. konkr. copperplate [engraving] **-stickare** copperplate engraver **-tråd** copper wire

kopp|el -*let* ~ **1** hund~ leash, lead, för två hundar couple; djuren: två hundar brace (pl. lika) el. couple (tre hundar leash, flera hundar pack) [of dogs (hounds)]; bildl.: hop, skara pack; *gå (ledas) i* ~ be (be held) in leash (i band on the lead) äv. bildl. **2** mil. shoulder belt **3** järnv. coupler

koppla I *tr* **1** tekn. o. elektr. couple [up]; elektr. (t.ex. element) äv. connect; radio., telef. connect [up (on)]; ~*de* [*svängnings*]*kretsar* coupled circuits **2** binda i koppel leash, couple; jfr *koppel 1; ~ [upp] hunden* äv. put the dog on the lead

II *itr* **1** fatta, *han ~r långsamt* he is slow on the uptake **2** bedriva koppleri procure

III m. beton. part. **1** ~ *av* a) tr. järnv. o.d. uncouple, radio. o.d. switch (turn) off; bildl.: avlägsna remove, avskeda dismiss b) itr. rekreera sig relax; ~ *av fullständigt* äv. make a complete break with one's ordinary routine **2** ~ ngn *fel* telef. put . . on to a wrong number **3** ~ *ifrån* järnv. o.d. uncouple; tekn. o. elektr. disconnect, disengage; motor o.d. äv. throw . . out of gear **4** ~ *ihop* eg. couple . . [up] together; elektr. connect, join up; friare couple (put) . . together, link up **5** ~ *in* a) ledning o.d. connect, join up, put . . in circuit; t.ex. elektrisk apparat plug in b) anlita call in **6** ~ *loss (lös)* t.ex. hund unleash **7** ~ *om* telef. connect [. . over] **8** ~ *på* elektr., radio o.d. switch (turn) on **9** ~ *till* t.ex. vagn put on, attach **10** ~ *ur* elektr. disconnect, disengage; motor. declutch

kopplare sutenör procurer, pander **koppleri** procuration **kopplerska** procuress, panderess **koppling** kopplande coupling osv., jfr *koppla I 1* o. *2;* tekn. äv. connection; bil. clutch

kopplings|pedal clutch pedal **-schema** wiring-diagram **-tavla** switch-board **-ton** telef. dialling tone

kopporna *pl* se *smittkoppor* resp. *vattenkoppor* **koppärr** pock[-mark], pit **koppärrig** *a* pock-marked

kopra *-n 0* copra

kopt *-en -er* o. **kopter** Copt **koptisk** *a* Coptic

kopulation biol. copulation

kor *-et -* arkit. chancel, presbytery, altarets plats sanctuary; grav~ chapel

kora *tr* choose, select, *till* as

koral *-en -er* chorale, psalm hymn **-bok** hymnal [containing the melodies]

korall *-en -er* coral; ett halsband *av* ~ a coral . . **-djur** *pl* anthozoa **-fiskare** coral-fisherman **-fiske** coral-fishing **-halsband** coral necklace **-rev** coral reef **-röd** *a* coral-red **-ö** coral island

koran *-en -er, Koranen* the Koran; *en* ~ a copy of the Koran

kord *-en 0* textil. cord

kordial *a* cordial

kordong *-en -er* cordon

korean *s* o. **koreansk** *a* Korean

koreografi *-[e]n 0* choreography

korg *-en -ar* **1** allm. basket, större, isht matsäcks~ hamper, för bär o.d. (av spån) punnet; *en ~ med* äpplen vanl. a basket of . . **2** bildl., *få en ~ (~en)* be refused (turned down); *ge ngn en ~ (~en)* refuse a p., turn a p. down **-arbete** basketwork, av vide wickerwork; *ett* ~ a piece of basketwork etc. **-blommig** *a* bot. composite **-boll** [a simpler form of] basket-ball **-flätning** basketry **-makare** basket-maker **-möbler** *pl* wicker[work] (basketwork) furniture sg.

korgosse choir-boy

korgstol wicker[work] (basketwork) chair

korint *-en -er* currant **Korint|i|erbrevet,** *Första* ~ the First Epistle to the Corinthians **korintisk** *a* Corinthian **korintkaka** currant cake

korist chorus-singer; kyrkl. choir-singer

kork *-en -ar* **1** ämne o. propp cork; *dra ~en ur* flaskan uncork . ., draw the cork out of . .; *sätta ~en i* flaskan cork . ., put the cork in . .; dyna *av* ~ äv. cork . . **2** bildl., *vara styv i ~en* be cocky **korka** *tr* cork; ~ *igen (till)* cork; ~ *upp* uncork **korkad** *a* inskränkt stupid

kork|dyna cork pillow **-ek** cork oak **-matta** linoleum- [piece of] linoleum (lino) **-munstycke,** cigarrett *med* ~ cork-tipped . . **-skruv** corkscrew **-skruvslockar** *pl* corkscrew curls **-smak** taste of cork **-sula** cork sole

korn *-et -* **1** sädeskorn, frö grain; liten partikel äv. granule; *ett ~ av sanning* a grain of truth; *ge tionde ~et* yield a tenfold harvest **2** sädesslag barley **3** på skjutvapen bead, mil. äv. front sight; *ta fint (grovt, struket)* ~ take fine (coarse, level) sight **4** bildl. uttr., *få ~ på ngt* få syn på get sight (få nys om get wind) of a th.; *ta ngt på ~et* get a th. (hit a th. off) to the life **-blixt** flash of heat (summer) lightning **-blå** *a* cornflower blue **-bod** granary

kornett *-en -er* cornet

korngryn barley-grain, grain of barley; koll. barley groats pl., pärlgryn pearl barley **korngrynsgröt** barley porridge **kornig** *a* granular, granulous **kornighet** granularity, granulation; foto. graininess

kornisch *-en -er* gesims o. gardin~ cornice

korn|knarr corncrake, landrail **-mjöl** barley meal **-åker** med gröda field of barley

koron|a *-an -or* astr. coron|a (pl. äv. -ae)

korp *-en -ar* **1** zool. raven **2** hacka pick[axe] **-gluggar** *pl, upp med ~na!* open your eyes!

korporation corporate body, body corporate; ss. juridisk pers. äv. corporation **korporationsidrott** inter-company (inter-works) athletics

korpral *-en -er* corporal

korpsvart *a* raven-black

korpulens *-en 0* stoutness, corpulence **korpulent** *a* stout, corpulent

korrekt *a* correct; felfri faultless **korrektiv** *-et -* corrective

korrektur *-et -* proof[s pl.], avdrag proof-sheet; *i* ~ in proof; *läsa ~ på* . . read the proofs of . . **-fel** error in a proof (resp. the proofs) **-lack** till stencil stencil correcting fluid **-läsa** *tr* proof-read, read . . in proof; *illa -läst* badly proof-read **-läsare** proof-reader **-läsning** proof-reading **-tecken** proof-reader's mark, proof-mark

korrelat *-et* - gram. antecedent

korrespondens *-en 0* brevväxling correspondence; undervisning *per* ~ . . by correspondence **-institut** correspondence school (college) **-kort** correspondence card **-kurs** correspondence course **-undervisning** postal tuition

korrespondent correspondent äv. till tidning; på kontor o.d. correspondence clerk **korrespondera** *itr* brevväxla o. överensstämma correspond

korridor *-en -er* allm. corridor, på tåg amer. aisle; gång passage, amer äv. hallway; i offentlig byggnad o. isht parl. lobby **-politik** lobbying; *bedriva* ~ lobby

korrigera *tr* correct; revidera revise **korrigering** rättelse correction; revision

korrosion *-en 0* corrosion

korrugerad *a,* ~ *plåt* corrugated sheet|-metal|

korrumpera *tr* besticka o. språkv. corrupt **korruption** *-en 0* corruption, graft

kors I *-et* - cross äv. bildl.; mus. sharp; anat. loins pl., på häst croup; *bära sitt* ~ bildl. bear one's cross; *nu måste vi rita |ett|* ~ *i taket!* ung. wonders will never cease!; *sätta ett* ~ *för (vid) ngt* mark a th. with a cross, t.ex. på en lista put a cross against a th.; *lägga i* ~ cross; *lägga armarna (benen) i* ~ fold el. cross one's arms (cross one's legs); *se (titta) i* ~ squint, be cross-eyed; *sitta med armarna (händerna) i* ~ bildl. twiddle one's thumbs, sit doing nothing; sitta *med benen i* ~ . . with legs crossed, . . cross-legged; *krypa till* ~*et* humble oneself, eat humble pie, kiss the rod **II** *itj,* ~ *|i Jesu (jösse) namn* el. *i alla mina dar|!* well, I never!, I'm blowed!, bless (goodness gracious) me!, good heavens! **III** *adv,* ~ *och tvärs* åt alla håll in all directions, this way and that way

korsa I *tr* cross äv. friare o. i bet. 'stryka' el. 'korsa över'; biol. äv. interbreed; skära intersect; ~ *ngns planer* cross (thwart) a p.'s plans; *vägarna* ~*r varandra (*~*s)* the roads cross (intersect) |each other|; ~*d check* crossed cheque; ~ *över* cross out **II** *rfl* **1** göra korstecknet cross oneself, make the sign of the cross **2** biol. cross, interbreed

korsar *-en -er* corsair

kors|band post. **1** sända *som* ~ a) trycksak|er| . . as printed matter b) varuprov . . as sample|s| c) bok, böcker . . by book-post **2** se följ. **-bandsförsändelse** item (packet) sent as printed matter (by book-post), sample; jfr *korsband 1* **-befruktning** cross-fertilization, vetensk. xenogamy **-ben** anat. rump-bone, vetensk. sacr|um (pl. -a) **-blommig** *a* bot. cruciferous **-drag** draught **-eld** cross-fire

korselett *-en -er* corselette **korsett** *-en -er* corset; av äldre typ se *snörliv*

kors|farare ~*n* ~ crusader **-formig** *a* . . formed like a cross, arkit. cruciform **-fästa** *tr* crucify **-fästelse** crucifixion **-förhör** cross-examination **-förhöra** *tr* cross-examine **-förlamning** veter. paraplegia **-gång** **1** vid klostergård cloister **2** i kyrka cross-aisle **-hänvisning** cross-reference

korsikan|are| *s* o. **korsikansk** *a* Corsican **korsikanska** kvinna Corsican woman

kors|kyrka cruciform church **-lagd** *a* crossed; *med* ~*a armar* with folded arms; sitta *med* ~*a ben* . . cross-legged, . . with legs crossed **-ning** allm. crossing; biol.: abstr. äv. crossbreeding, konkr. cross|breed| **-näbb** crossbill **-ord|sgåta|** crossword |puzzle|; *lösa ett korsord* do (solve) a crossword **-riddare** korstågs- crusader **-rygg,** ~*en* the small of the back, the lumbar region; *värk i* ~*en* äv. lumbago **-spindel** cross-spider, garden-spider **-stygn** o. **-styng** cross-stitch **-tecken,** *göra -tecknet* make the sign of the cross, korsa sig äv. cross oneself **-tåg** crusade äv. bildl. **-virke** half-timber work **-virkeshus** half-timbered house **-vis** *adv* crosswise **-väg** cross-road; se äv. *vägkorsning*

1 kort *-et* - **1** spel~, vy~, visit~ m.m. card; *fina* el. *bra (dåliga)* ~ spelt. a good (bad el. poor) hand; *högsta* ~*et* äv. the master-card; *lägga* ~*en på bordet* put one's cards on the table; *sköta (spela) sina* ~ *väl* play one's cards well; *spå i* ~ tell fortunes by the cards; *sätta allt på ett* ~ stake everything on one card (throw), friare put all one's eggs in one basket **2** foto photo (pl. -s), picture **3** sjökort chart; *segla efter* ~*|et|* sail by chart

2 kort I *a* **1** short; kortfattad, kortvarig äv. brief; avfärdande curt (*mot* with, towards), abrupt (*mot* with); *tämligen* ~ ofta shortish; *ett* ~ *besök* a brief (short) visit; ~ *kredit (*~*a lån)* short|-term| credit (loans); *med* ~ *livslängd* of short (brief) duration (life); *med* ~*a mellanrum* at short (brief) intervals; koka ngt *i* ~ *spad* . . in a minimum amount of water; *dra det* ~*aste strået* get the worst of it; stanna bara *en* ~ *stund* . . |for| a |very| little while; *en* ~ *tid* a short time, a little while; *för |en|* ~ *tid sedan* a short while ago, friare recently; *en* ~ *tid därefter (efteråt)* shortly afterwards; *jag tillbragte en* ~*|are| tid där* I spent a short time there; ~*a varor* sybehörs- o. bomullsvaror, ekiperingsartiklar o.d. haberdashery sg., kramvaror small-wares, amer. notions; ~ *vokal* short vowel; *en* ~ *översikt* a brief review; *dagarna börjar bli* ~*are* the days are getting shorter (are drawing in); glädjen *blev* ~ . . was short-lived; *gör pinan* ~*!* don't prolong the agony!; *göra* ~*are* äv. shorten, förkorta äv. abbreviate, cut down; se vidare ex. under resp. huvudord, t.ex. *drag 2, galopp, huvud* osv.

2 *komma till* ~*a* fail, dra det kortaste strået get the worst of it

II *adv* shortly isht i tidsuttr.: kortfattat vanl. briefly; koncist concisely; summariskt summarily; tvärt, snävt abruptly, curtly; ibl. short; *andas* ~ be short of breath; *för att fatta mig* ~ to be brief osv., jfr *fatta II 2; hålla ngn* ~ keep a tight rein on a p.; *referera ngt* [*helt*] ~ give a summary [report] of a th.; ~ *sagt* in short, in brief, friare to cut a long story short, to put the matter in a nutshell; . . *uttalas* ~ . . is pronounced short; ~ *därefter* el. *efteråt (dessförinnan* el. *förut)* shortly el. a short time afterwards (before); ~ *innan* han reste shortly (soon) before . .; ~ *och gott* helt enkelt simply (jfr ~ *sagt* ovan); *han sade mig* ~ *och gott, att* . . he told me in so many words that . .

korta *tr* shorten; ~ *av* [*på*] . . shorten . . [down]; minska cut down, reduce; förkorta äv. abbreviate **kortbent** *a* short-legged

kortbrev letter-card

kortbyxor *pl* shorts

kortege *-n -r* cortège fr., festtåg procession

korteligen *adv* kort sagt in short

kort|fattad *a* brief, short, summarisk summary; *K*~ *lärobok i* . . A Short (Concise) Textbook of . . **-film** short [film], F quickie **-form** språkv. abbreviation, short form **-fristig** *a* short-term . . **-halsad** *a* short-necked **-het** shortness; *för* ~*ens skull* for brevity's sake; *i* ~ vanl. briefly **-huggen** *a* bildl. abrupt, choppy

korthus house of cards

kort|hårig *a, vara* ~ om pers. have short hair; ~*a hundar* short-haired dogs **-klippt** *a* om pers., *vara* ~ have close-cropped (short-cropped) hair, have (wear) one's hair short, snaggad have (wear) a crew-cut

kort|konst card-trick **-lapp** F playing-card **-lek** pack (amer. äv. deck) [of cards]

kortlivad *a* short-lived

kort|låda för -system card-index cabinet **-oxe** card maniac **-register** card index, *över* of **-ryttare** signal

kort|sida short side **-siktig** *a* short-term . . **-skallig** *a* brachycephalic **-sluta** *tr* short-circuit **-slutning** short circuit, F short

kort|spel 1 -spelande playing cards; *fuska i* ~ cheat at cards **2** art card-game **-spelare** card-player

kort|strumpa sock **-synt** *a* short-sighted **-synthet** short-sightedness

kortsystem card-index system; konkr. card index

kort|tänkt *a* kortsynt short-sighted; tanklös thoughtless **-varig** *a* . . of short (brief) duration, short; övergående transitory, transient; *en* ~ *framgång* a short-lived success **-varighet** shortness, briefness **-våg** short wave; *lyssna på* ~ listen to the short-wave [stations] **-vågssändare** short-wave transmitter **-vägg** shorter wall **-växt** *a* short, om pers. äv. . . short in stature, om säd o.d. äv. . . short in growth **-ända** short side **-ärmad** *a* short-sleeved

korum -[*et*] - [regimental] prayers pl.

korund *-en -er* corundum

korus, *i* ~ in chorus

korv *-en -ar* sausage; *varm* ~ hot dog (koll. dogs pl.); *stoppa (tycka om)* ~ stuff (like) sausages **korva** *rfl* om strumpa o.d. be sagging

korvett *-en -er* corvette

korv|försäljare o. **-gubbe** hot-dog man **-skinn** sausage skin **-spad,** *klart som* ~ as plain as a pikestaff **-stoppning** bildl. cramming **-stånd** hot-dog stand **-öre,** *inte ha ett* ~ not have a brass farthing

koryfé -[*e*]*n -er* bildl. leader, iron. bigwig

kos, gå (springa, flyga o.d.) *sin* ~ . . away; *han har gått sin* ~ he has gone **kos|a** *-an -or, styra (ställa)* ~*n (sin* ~*) till (mot, åt)* . . wend (make) one's way towards . .

kosack *-en -er* Cossack

koschenill *-en 0* cochineal

kosing *-en -ar,* ~[*ar*] dough sg., isht amer. spondulicks pl.

koskälla cow-bell

kosmetik *-en 0* skönhetsvård beauty care

kosmetisk *a* cosmetic; ~*a medel* cosmetics **kosmetolog** cosmetologist, cosmetician; skönhetsexpert äv. beautician

kosmisk *a* cosmic; ~ *strålning* cosmic radiation **kosmonaut** *-en -er* cosmonaut

kosmopolit *-en -er* cosmopolitan, cosmopolite **kosmopolitisk** *a* cosmopolitan

kosmos *- 0* cosmos

kospillning cow-dung **koss|a** *-an -or* [moo-]cow

kost *-en 0* fare; *god och närande* ~ good nourishing food (fare); *en mager* ~ a poor diet, bildl. a meagre fare; *vegetarisk* ~ vegetarian diet (fare); ~ *och logi* board and lodging (residence)

kosta *tr itr* cost; gå (belöpa sig) till go (amount, run) to; bekosta se d.o.; *hur mycket (vad)* ~*r* . . how much (what) does . . cost?, how much is . .?, om ersättning för prestation (t.ex. lagning, klippning o.d.) ofta how much do I (resp. we) owe you for . .?, what have I (we) got to pay for . .?; *det* ~*r ingenting* äv. there is nothing to pay (no charge); du måste *fråga vad det* ~*r* . . ask the price; *det får* ~ *vad det vill* el. *det spelar ingen roll vad det* ~*r* äv.

money is no object; ~ *vad det* ~ *vill* bildl. no matter what the cost (it costs); *strunt i vad det* ~*r!* hang the expense!; *det* ~*r mer än det smakar* it costs more (is more trouble) than it is worth; *det* ~*r* |*en massa*| *pengar* it costs a lot of money; . . *kan* ~ *dig livet* . . may cost you your life; *det* ~*de mig mycken möda* äv. it caused (gave) me a lot of trouble; . . ~*de mig mycket pengar* äv. I had to pay a good deal (a lot of money) for . . ~ *på'* **a)** lägga ut, offra spend (pengar äv. lay out), *på ngn (ngt)* on a p. (a th.); se äv. *bekosta;* ~ *på ngn* ngt go to the expense of giving a p. . .; *han har* ~*t på* huset *en hel del* he has spent a good deal on . .; ~ *på sig ngt* treat oneself to a th.; *jag kan inte* ~ *på mig . . (att . .)* I can't afford . . (to . .); jfr *påkostad* **b)** vara påkostande, *det* ~*r på* it is trying (är ansträngande a great effort), *att* inf. to inf.: *det* ~*r på att läsa* . . äv. it takes an effort to read . .; *det* ~*r på* hjärtat it is a strain on . .

kostall cow-shed, cow-house

kostbar *a* dyrbar costly; värdefull precious

kostbarhet konkr. treasure, precious object

kost|er *-ern -rar* o. **kosterbåt** |Scandinavian| double-ender

kost|föraktare ~*n* ~, *han är ingen* ~ eg. he certainly likes good food **-håll** fare, diet

kostlig *a* **1** se *kostbar* **2** dråplig priceless

kostnad *-en -er,* ~|*er*| allm. cost sg., jur. o. i bokföring vanl. costs pl., utgift|er| expense|s pl.|, utlägg outlay|s pl.|, avgift|er| charge|s pl.|; *höga (stora)* ~*er* heavy expenses (expenditure sg.); *betala (bestrida)* ~*erna* pay (defray) the expenses (jur. |the| costs); . . skulle *draga (medföra) en* ~ *av hundratals kronor* . . involve an outlay (expenditure) of hundreds of kronor; *vålla ngn* ~*er* put a p. to expense; *för en* ~ *av* at |a cost of|; *på mottagarens* ~ *och risk* at consignee's expense and risk; *utan* ~|*er*| *för oss* without any expense|s| on our part

kostnads|beräkning kalkyl estimate of cost|s| **-fri** *a* . . free of cost (avgiftsfri of charge) **-fritt** *adv* free of cost (resp. of charge) **-fråga** question of cost **-förslag** estimate of cost|s|, quotation **-skäl,** *av* ~ because of the expense

kostpengar *pl* board wages

kostsam *a* costly, expensive, dear

kostym *-en -er* **1** suit; *mörk* ~ dark lounge suit **2** teat. o.d. costume; maskerad~ fancy dress

kostymbal fancy-dress (costume) ball

kostymera *tr* dress . . up, *till* for, *såsom* as; ~ *sig* dress |oneself| up; ~ *om sig* change costumes **kostymering** dressing; konkr. dress

kosvamp Boletus bovinus lat.

kot|a *-an -or* rygg~ vertebr|a (pl. -ae)

kotiljong *-en -er* cotill|i|on

kotknackare F chiropractor

kotlett *-en -er* chop, benfri cutlet

kott|e *-en -ar* **1** eg. cone **2** bildl., *inte en* ~ not a soul; *varenda* ~ every man alive, every man jack |of them|

kotteri coterie, set, neds. clique; *dela upp sig i (bilda)* ~*er* form cliques **-väsen** cliquism, cliquishness

ko|vända *itr* sjö. veer, wear **-vändning** sjö. veering, wearing; bildl. volte-face; *göra en* ~ bildl. execute a volte-face **-ögd** *a* cow-eyed **-ögon** *pl* cow's eyes

krabat *-en -er* chap, fellow; *din lilla* ~*!* you little beggar (monkey, rascal)!

krabb *a* sjö. choppy

krabb|a *-an -or* crab

krackelerad *a* crackled

krafs *-et 0* **1** klotter scrawl **2** skräp trash, krimskrams knick-knacks pl. **krafsa** *tr itr* scratch, *efter* föda for . ., *på* dörren on (at) . .; ~ *ned* hastigt nedskriva scrawl, scratch; ~ *till (åt) sig* om pers. grab hold of

kraft *-en -er* **1** allm. (styrka, förmåga, verkan o.d.): a) natur~ o.d. force b) förmåga |till ngt|, drivkraft m.m., äv. elektr., mek. o.d. power c) |kroppslig el. andlig| styrka strength (äv. ~*er* jfr ex.) d) spänst, vigör vigour; energi energy; intensitet intensity e) verkan active influence, efficacy, t.ex. örts läkande ~ virtue; *elektrisk* ~ ss. drivkraft o.d. electric power; *magnetisk* ~ magnetic force, magnetism; *nedbrytande* ~*er* destructive forces; *skapande* ~ creative power; ~*er är i rörelse för att* inf. there are forces at work to inf.: ~*erna* svek honom, *hans* ~*er* avtog his strength . .; *få (hämta, samla)* |*nya*| ~*er* recover (regain, gain |new|) strength, recuperate, F pick up; *ha* ~ *att* bära motgången have the strength to . .; *ha* ~ *att leva* have the power to live; *pröva sina* ~*er på* try one's strength on, ge sig i kast med grapple with, tackle, attack; *samla* |*alla*| *sina* ~*er* (|*all*| *sin* ~) *till* ett sista försök collect one's |whole| strength (pull oneself together) for . .; *spänna all sin* ~ *för att* inf. strain every nerve to inf.: *sätta* ~ *bakom sitt ord* give (lend) force to one's words; *sätta in (ägna) hela sin* ~ *på* (resp. *åt*) apply (devote) all one's energies to; febern *har satt ned hennes* ~*er* . . has weakened her strength; *det kommer att ta all min* ~ [*i anspråk*] it will tax all my powers; *det överstiger mina* ~*er* it is too much for me, it is beyond my power; *av alla* ~*er* så mycket man orkar: t.ex. arbeta with all one's might (strength), t.ex. springa for all one is worth, for dear life, as fast as one's legs can carry one, t.ex. skrika at the top of one's voice, t.ex. ta i, kämpa as hard as ever one can, hard; *av egen* ~ by one's own |unaided| efforts; han är ännu *i sin fulla* ~ . . in his

prime, . . in the full vigour of manhood; *i sin ~s dagar* var han |when he was| in his prime . ., etc., jfr föreg. ex.: t.ex. uppträda, uttala sig *med ~* with vigour (energy), jfr *kraftigt 1;* t.ex. slungas *med våldsam ~* with great force, äv. violently; *med förenade ~er* lyckades vi by our united (combined) efforts . ., jointly . ., together . .; *med förnyad ~ (friska ~er)* with renewed (fresh) vigour (strength)
2 pers.: man man, kvinna woman; arbetare worker, workman, medarbetare helper, co-operator; *vara den drivande ~en* be the driving force (the leading spirit); *duglig ~* capable man (resp. woman); *frivilliga ~er* äv. volunteers; tidningens *förnämsta ~er* the leading members (people) on the staff of . .; firman (teatern etc.) har förvärvat *nya ~er* . . new people
3 jur. **a)** giltighet force; *bindande (laga) ~* binding (legal) force; *äga ~* hold good, be in force; *träda i ~* come into force (effect), take effect; *vara i ~* be in force (effect); *träda ur ~* be annulled; *utan ~ och verkan* |null and| void, invalid, of (to) no effect **b)** *i ~ av* by virtue of
kraft|anläggning power plant (station) **-ansträngning** exertion, effort, all-out attempt; *göra en ~* exert oneself, make a real effort, ta sig samman pull oneself together; *en sista ~* a supreme (last-minute) effort **-centrum** fys. centre of force **-foder** lantbr. concentrated feed (fodder) **-full** *a* mäktig, t.ex. om gestalt, härskare powerful; effektfull o.d., t.ex. om stil forcible, t.ex. om tal forceful; vital, stark vigorous, strong, energisk energetic; *i ~a ordalag* in forcible words; *en ~ personlighet* a forceful personality; *en ~ politik* an energetic policy; *~ stämma* powerful (strong) voice; *~a åtgärder* strong (energetic, forcible, friare drastic) measures **-fält** fys. field |of force| **-förbrukning** elektr. o.d. power consumption **-förlust** fys. power loss; läk. loss of strength
kraftig *a* **1** kraftfull (jfr d.o. m. ex.) powerful, kraftigt verkande äv. potent, stark strong, livlig, eftertrycklig vigorous; våldsam violent, hard; *~ beskjutning* vigorous (brisk) fire; *~t bistånd* powerful (vigorous, friare active) assistance; *en ~ dos* a strong dose; *~ drog* potent (powerful) drug; *~ kritik* strong (vigorous, friare severe) criticism; *~ motor* powerful (strong) engine; *~t motstånd* powerful (energetic) resistance; *ett ~t nej* an emphatic no; *~a påtryckningar* strong pressure; *ett ~t slag* a powerful (strong, violent, hard, heavy) blow
2 stor, avsevärd, t.ex. förlust, minskning, ökning great, big, substantial, considerable, om t.ex. nedgång äv. heavy, om t.ex. ökning äv. sharp, steep; *en ~ förbättring* av villkoren a great (considerable, decided) improvement . .; *e ~ prissänkning* äv. a drastic reduction prices; *överskottet är så pass ~t som . .* tl surplus is as much as . .
3 stor till växten el. omfånget big; stadigt byggd stu dy, robust; fetlagd samt om produkt o. utföran stout; tjock, tung heavy äv. t.ex. om tyg; *~ be stomme* sturdy frame; *~ byst* big boson *~ haka* powerful chin; *~ karl* strappir (robust, hefty, strong) fellow; *~a skor* sto (strong) shoes; *~a ögonbryn* hea (marked) eyebrows
4 om mat, måltid: bastant substantial, solid, n rande nourishing, nutritious, fet rich, tun heavy
kraftigt *adv* **1** med kraft, starkt etc. powerfull strongly etc., jfr *kraftig 1; ~ byggd* strong (sturdily) built, sturdy; *~ framhålla* n stress a th. emphatically; *~ stödja* en sak ä go strongly to support . .; *~ verkande* t.e gift powerful, potent, very effective **2** i h grad, betydligt greatly, very much, substantia ly etc., jfr *kraftig 2; ~ bidraga till* contribu greatly to . .; *~ förbättrade* villkor conside ably improved . .; verksamheten skall *~ utvic gas* äv. . . be largely extended
kraft|karl bildl. man of action **-källa** sourc of energy **-ledning** power line **-lös** *a* sva klen weak, feeble, orkeslös, utmattad effete, sla (äv. bildl. om t.ex. stil) nerveless; maktlös, vanmäkt powerless, impotent **-löshet** weaknes feebleness, lack of strength; powerlessnes impotence; jfr föreg. **-människa,** han (hon) *ä en ~* . . has a strong personality **-mätnin** friare o. bildl. trial of strength, tävlan contes dragkamp tug of war **-natur** se *-människ* **-nät** grid **-papper** kraft |paper| **-presta tion** feat |of strength|, tour de force, *av ng* on a p.'s part **-prov** trial (test) of strengtl jfr föreg. **-station** se *kraftverk* **-tag,** *ett verk ligt ~* eg. a really strong pull (F big tug); *t ett ~ för att* inf. make a vigorous effort |i order| to inf. **-uttryck** oath, curse, exple tive; *~* pl. äv. strong (profane) language s **-utveckling** t.ex. motors generation of power friare, aktivitet activity **-verk** power statio (plant, house), generating station **-åtgär** strong (energetic, forcible, friare drastic measure **-överföring** transmission of pow er, |power| transmission
krag|e *-en -ar* collar; på strumpa o.d. top; *t ngn i ~n* friare seize a p. by the scruff of th (his) neck; *ta sig i ~n* rycka upp sig pull one self together, make an effort **-handsk** gauntlet **-knapp** stud, amer. äv. collar butto **-nummer** size in collars **-skyddare** scar (pl. äv. scarves) **-sten** byggn. corbel **-stöve** top-boot
krak|e *-en -ar* **1** ynkrygg coward, F funk stackare wretch; *stackars ~!* äv. poor thing

2 häst~ jade, hack
krakel *-et 0* row, brawl, noisy quarrel
krakmandel dessert (soft-shell) almond (koll. almonds pl.)
1 kram *-et 0 se -varor;* bildl. trash
2 kram *a* om snö wet, cloggy
3 kram *-en -ar* hug, smeksam cuddle **krama** *tr* **1** trycka, pressa, t.ex. ngns hand, saften ur frukt squeeze, press; till mos o.d. squash; ~ *saften ur* en citron squeeze . . dry, squeeze the juice out of . .; ~ *ihjäl* squeeze . . to death; ~ *ihop* ett papper o.d. crumple up; ~ *ur* squeeze |. . dry| **2** omfamna hug, embrace, smeksamt cuddle **kramas** *itr. dep* rpr. embrace, cuddle
kramp *-en -er* i ben, fot etc. cramp; ~ryckning spasm, konvulsion|er| convulsion|s pl.|; *få* ~ t.ex. i benet be seized with cramp
kramp|a *-an -or* cramp|-iron|, clamp, dog; märla, för hänglås o.d. staple
kramp|aktig *a* läk. o. friare, t.ex. gråt spasmodic, convulsive; *~t försök* desperate effort; *hålla ngt i ett ~t grepp* clutch a th. tight **-anfall** attack of cramp, spasm, convulsive fit; jfr *kramp* **-lösande** *a* (äv. *~ medel*) antispasmodic **-ryckning** spasm, twitch
kramsfågel koll. |edible| small birds pl.
kramvaror *pl* small-wares, amer. notions
kran *-en -ar* vatten~, gas~ etc. tap, cock, isht amer. faucet; lyft~ crane; vulg., näsa conk **-arm** jib **-förare** crane operator
krani|um *-et -er* skull; läk. crani|um (pl. äv. -a)
krans *-en -ar* blomster~, lager~, ornament o.d. wreath, garland; huvud~ äv. chaplet; vid begravning |funeral| wreath; ringformigt föremål ring äv. bakverk; krets, ring circle, ring **kransa** *tr* se *bekransa* **kransartär** coronary artery; förkalkning *i ~erna* coronary . . **kransblommig** *a* bot. labiate
kranskötare crane operator
krans|list cornice, ornamental moulding **-ställd** *a* bot. whorled, verticillate|d|
krapp *-en 0* kem. o. bot. madder
kras *-et 0* crack; *gå i ~* go to pieces äv. bildl., stark. fly into (burst to) pieces, be smashed |to smithereens|; *slå . . i ~* break . . to pieces, smash . . |to pieces el. smithereens| **krasa** *itr* crunch, scrunch
krasch I *itj* crash! **II** *-en -ar* crash, smash, bildl. äv. collapse, failure **krascha** *itr tr* krossa, krocka o.d. crash, smash; göra bankrutt o.d. smash, go |to| smash
kraschan grand star |of an order|
kraschlanda *itr* crash-land
krass *a* lumpen, låg, om t.ex. egennytta, motiv, materialism base, mean, low, stark. sordid; rå, grov, om t.ex. uttryck coarse, gross; *~a synpunkter* egennyttiga |self-|interested (materialistiska materialistic, cyniska cynical) views; *den ~a verkligheten* stern reality
krasse *-n 0* blomster~ nasturtium, Indian cress; krydd~ garden cress
krasslig *a* pred. seedy, out of sorts, poorly **-het** seediness
krater *-n kratrar* crater
krats *-en -ar* tekn. scraper **kratsa** *tr* scrape, *ur* out; riva scratch
kratt|a I *-an -or* **1** redskap rake **2** F pers. funk **II** *tr* rake
krav *-et -* allm. demand; anspråk claim; anmaning att betala demand for payment; *nödvändighetens ~* what necessity demands; *ett rättmätigt ~* a legitimate claim; *~ på* t.ex. reformer demand for, stark. insistence on; *resa ~ på* begära call for, jur., göra anspråk på claim, lay claim to; jfr *fordran, fordringar*
kravaller *pl* riots, disturbances
kravatt *-en -er* |neck|tie **-nål** tie-pin
kravbrev demand note, påminnelse reminder
kravellbyggd *a* om båt carvel-built
kravla *itr* crawl; *~ sig upp* a) crawl up, *på* on to b) mödosamt resa sig struggle to (up on) one's feet
krax|a *itr* croak **-ande** *~t 0* croak|ing|
kreation *-en -er* creation
kreatur *-et -* **1** |farm| animal; ~ pl. (nöt~) cattle pl.: *fem ~* nöt~ five head of cattle **2** hejduk tool, creature
kreaturs|besättning stock |of cattle|; livestock end. sg. **-foder** cattle-feed, cattle-fodder **-handlare** cattle (livestock) dealer **-lös** *a* . . without cattle **-stam** breed of cattle
kreatör mode~ fashion designer
kredit 1 |-'-| *oböjl. n* tillgodohavande credit; bokföringsrubrik Creditor (förk. Cr.); *till Ert ~* to your credit, in your favour; se äv. ex. under *debet* **2** |--'| *-en -er* credit, förtroende äv. credit rating, standing; *få ~* get (receive) credit; *ha ~ hos A.* have |a| credit with A.; *öppen ~* open account (credit); *köpa på ~* buy on credit (F on tick) **-anstalt** credit institution
kreditera *tr* H credit; *~ ett konto med (ngn |för|)* ett belopp credit an account (a p.) with . ., credit . . to an account (to a p.) **kreditering** post credit entry, entry on the credit side; returnera varor *för ~* . . to be credited **kreditgivning** granting of credit|s| **kreditiv** *-et -* H letter of credit **kreditivbrev** dipl. credentials pl.
kredit|kort credit card **-köp** credit buying; purchase on credit **-marknad** credit market **-nota** credit-note
kredit|or creditor **-saldo** credit balance **-sida** credit side äv. bildl. **-upplysning** se *soliditetsupplysning* **-åtstramning** credit squeeze
kreera *tr* create
kremation cremation **krematori|um** *-et -er* crematori|um (pl. äv. -a), crematory
Kreml the Kremlin

kreml|a *-an -or* Russula lat.
krenelerad *a* crene[l]lated, battlemented
kreol *-en -er* o. **kreolsk** *a* creole, Creole
kreosot *-en (-et) 0* creosote
Kreta Crete **kretensare** Cretan
kretin *-en -er* läk. cretin
kreti och pleti every Tom, Dick and Harry sg.
kretong *-en -er* cretonne
krets *-en -ar* eg. o. friare circle; ring av saker el. personer äv. ring; område district, jfr *valkrets;* förenings~, lokalavdelning o.d. branch [organization], district (local) section; tekn., t.ex. ström~ circuit; *en sluten (trängre)* ~ några få a narrow circle, ett utvalt sällskap a select few pl.; *umgås i de bästa (i finare)* ~*ar* move in fashionable (superior) circles, move in [high] society; *i litterära* ~*ar* in literary circles; *vi rör oss i olika* ~*ar* we move in different circles (spheres); *i sakkunniga* ~*ar* in competent quarters, among experts; *känd i vida* ~*ar* vanl. widely known; *i vidare* ~*ar* in wider circles, more widely; *i välinformerade* ~*ar* in well-informed circles (quarters)
krets|a *itr* circle, move in circles (resp. a circle), om fågel wheel, circle, sväva hover; ~ *kring ngt* om planet o.d. revolve round (orbit) a th.; *hans tankar -ade alltid kring* arbetet . . was always in his thoughts, his thoughts were continuously centred on . . **-formig** *a* circular **-gång** cyclic (revolving, circular) motion, circle; bildl., t.ex. historiens, livets round; *gå i* ~ move (go round) in a circle, revolve; jfr följ. **-lopp** t.ex. blodets circulation; t.ex. jordens revolution, orbit; *årstidernas* ~ the cycle (return) of the seasons
krevad *-en -er* explosion, burst **krevadgrop** bomb (min~ mine) crater **krevera** *itr* explode, burst; ~ *av* skratt explode with . .
kri|a *-an -or* [written] composition; jfr *uppsats 1* äv. för sms.
kricket *-en 0* cricket **-spelare** cricketer
krig *-et* - war, krigföring warfare; *det kalla* ~*et* the cold war; för *det moderna* ~*et* . . modern warfare; ~*ets lagar* the laws of war; *börja* ~ *mot* start a (go to) war against; *föra* ~ *mot* make (wage) war against; *förklara ett land* ~ declare war [up]on a country; *vara (ligga) i* ~ *med* be at war with; *vara med i* ~*et* serve (fight, be) in the war; *draga (gå) ut i* ~ om soldat åld. go to the war[s]
kriga *itr* war, make war, *mot* against; ligga i ~ äv. be at war, *mot* with **krigaranda** warlike (martial) spirit **krigare** soldier, litt. el. åld. warrior **krigarliv** military life, soldiering **krigaryrke,** *välja* ~*t* choose the military profession **krigförande** *a* belligerent; *icke* ~ non-belligerent; ~ *makt* belligerent [power], power at war; *de* ~ the belligerents
krigföring *-en 0 (*äv. ~*en)* warfare **krigisk** *a* om folk, sinnelag o.d. warlike, martial bellicose; om bragd o.d. warlike; om konflikt o.d. military
krigs|arkiv military record office **-beredskap** preparedness for war **-byte** trofé war-trophy; *som* ~ . . as booty (spoils [of war] loot); *ta [ett] rikt* ~ take rich spoils **-dans** war-dance **-domstol** se *krigsrätt* **-fara** danger of war **-fartyg** warship, man-of-war (pl. men-of-war) **-film** war film **-flotta** sjövapen navy; samling fartyg battle fleet **-fot,** *vara (sätta) på* ~ be (put) on a war-footing; *sätta på* ~ äv. mobilize, put on a war establishment; *vara på* ~ *med ngn* bildl. have a war on with a p. **-fånge** prisoner of war (förk. P.O.W.), hist. war captive **-förberedelser** *pl* war (warlike) preparations **-förbrytare** war criminal **-förklaring** declaration of war **-försäkring** war risk[s] insurance; jfr *försäkring* m. ex. **-gud** war-god **-handling** polit. act of war **-hetsare** warmonger **-historia** military history **-hot** threat of war **-här** army **-härjad** *a* . . devastated by war **-industri** war industry **-invalid** disabled soldier, war cripple **-kassa** war-chest äv. friare **-konst** art of war (warfare); ngns strategy **-korrespondent** war correspondent
krigs|lag military law; *de internationella* ~*arna* the international rules of warfare **-ledning,** *högsta* ~*en* the supreme [military] command **-list** stratagem äv. bildl. **-lycka** fortune[s pl.] of war; framgång success in the field **-makt,** ~*en* the armed (fighting) forces pl. (services pl.) **-man** vanl. soldier litt. el. åld. warrior **-materiel** war equipment munitions pl. **-moln** war cloud **-mål** war aim **-målning** infödings o.d. war-paint; dams heavy make-up **-operationer** *pl* military operations **-orsak** cause of war, casus belli (pl. lika) lat. **-potential** war potential **-propaganda** war propaganda **-risk** danger (risk) of war; försäkr. war-risk[s pl.] **-råd,** *hålla* ~ hold a council of war **-rätt** domstol court martial (pl. courts martial, court martials) military tribunal (court); *ställas inför* ~ be court-martialled **-skada** materiell war damage; persons injury sustained in war (resp. the war) **-skadad** *a* om pers. [war] disabled **-skadeförsäkring** war risk[s] insurance **-skadestånd** reparations pl. [for war damages], war indemnity **-skola** military academy **-skuld 1** ansvar war guilt **2** ekon. ~*er* war debts **-skådeplats** theatre (seat) of war, theatre of operations **-stig,** *på* ~*en* on the war-path äv. bildl. **-tid** wartime; *i* ~ in wartime; *i* ~*er* in [times of] war; förhållningsregler *i* ~ wartime . . **-tillstånd** state of war; *i* ~ in a state of war, at war **-tjänst**

active service; *göra* ~ be on active service; *vägra att göra* ~ refuse to bear arms; *gå i främmande* ~ enlist in the army of a foreign power **-trött** *a* war-weary **-utbrott** outbreak of war **-vetenskap** military science **-veteran** veteran, ex-service man **-väsen** organisation military organization (system) **-år** year of war (resp. the war), war year **-änka** war-widow

krikon *-et* - bullace

Krim the Crimea

kriminal *-en 0* F se *-polis* **-assistent** ung. detective sub-inspector; *förste* ~ detective inspector **-film** detective film

kriminalisera *tr* outlaw, make . . a criminal offence **kriminalitet** crime; brottslig egenskap criminality; ~*en* ökar crime . .

kriminal|kommissarie ung. detective superintendent **-lag** criminal law **-polis,** ~*en* the criminal police, i Engl. the Criminal Investigation Department, the C.I.D. **-roman** detective story (novel) **-vård** treatment of offenders **-vårdsstyrelsen** i Sverige the National [Swedish] Prisons Board, i Engl. the Prison Commission[ers pl.]

kriminell *a* criminal **kriminolog** criminologist **kriminologi** -[*e*]*n 0* criminology

Krimkriget the Crimean War

krimmer *-n 0* [imitation] astrakhan

krimskrams *-et 0* knick-knacks pl., gewgaws pl., trumpery, showy ornaments pl., isht i klädedräkt fripperies pl.

kring I *prep* **1** [runt] om vanl. round, isht amer. around; [i trakten] omkring, äv. friare om tid, mått etc. [round] about; omgivande surrounding; *kretsa* ~ *solen* revolve round (about, amer. around) the sun; *männen* ~ tronen the men around . .; ~ *jul (de femtio)* [round] about Christmas (fifty [years of age]); ~ noll, kl. 7 round about . .; ~ kl. 7 äv. at about . .; *mystiken* ~ försvinnandet the mystery surrounding . . **2** om, angående about, concerning; *en debatt (tankar)* ~ ett ämne a debate (thoughts) on . .; *K*~ *matchen* rubrik vanl. The Match. – Jfr *omkring I* o. *2 om A* **II** *adv* se *omkring II*

kring|boende *a, de* ~ those living around, grannarna the neighbours **-byggd** *a* om gård o.d. . . surrounded (shut in) by buildings **-drivande** m.fl. sms. se äv. under resp. verb med den beton. part. *omkring* **-flackande** *a, föra ett* ~ *liv* ströva (irra) omkring lead a wandering (roving) life, wander, resa hit o. dit travel about **-fluten** *a,* ~ *av havet* surrounded (washed) by the sea **-gå** *tr* lagen, reglerna evade, circumvent, en bestämmelse o.d. äv. get round; ~ *frågan* evade (sidestep) the question, evade (shirk, dodge) the issue; ~*ende rörelse* mil. [out]flanking movement; ~*ende svar* evasive answer **-gärda** *tr* omge fence in, enclose; inskränka, t.ex. ngns frihet circumscribe, restrict; ~*d av* restriktioner surrounded (hedged in) by . .

kringl|a *-an -or* **1** kok. pretzel; vete~ ung. twist bun **2** på skidstav disc

kring|liggande *a* omgivande surrounding **-resande** *a* travelling, touring, om teatersällskap o.d. äv. itinerant, strolling **-ränna** *tr* mil. surround **-skära** *tr* bildl., t.ex. ngns makt curtail, circumscribe, restrict, limit **-spridd** *a* o. **-strödd** *a* . . scattered about; *ligga* ~[*a*] *i rummet* be scattered about the room **-stående** *a, de* ~ those standing round, the by-standers **-vandrande** *a* strolling, itinerant

krinolin *-en -er* crinoline

kris *-en -er* crisis (pl. crises) äv. ekon. **-läge** crisis (pl. crises), critical state **-möte** emergency meeting

kristall *-en -er* crystal, glas äv. cut glass; vas *av* ~ crystal . ., cut-glass . .; *bilda* ~*er* form crystals, crystallize **-glas** material crystal [glass], cut glass

kristallinisk *a* crystalline **kristallisera** *tr itr rfl* (äv. ~ *ut sig*) o. **kristalliseras** *itr. dep* crystallize, *till* into **kristallisering** crystallization **kristallisk** *a* crystallic, crystalline

kristall|klar *a* crystal-clear, . . as clear as crystal **-klart** *adv* with crystal clearness **-krona** cut-glass chandelier **-kula** crystal [ball] **-mottagare** radio. crystal set (receiver) **-olja** white spirit **-vas** crystal vase, cut-glass vase

krist|en I *a* Christian; *den -na världen* äv. Christendom; *vara* ~ be a Christian **II** *subst. a* Christian **kristendom** *-en 0* **1** ~[*en*] Christianity **2** se *kristendomskunskap* **kristendomsfientlig** *a* antichristian **kristendomskunskap** skol. religion, bibelkunskap scripture **kristenhet,** ~[*en*] Christendom

Kristian Christian

kris|tid time (period) of crisis; ekon. äv. [time (period) of] depression, slump -[**tids**]**åtgärder** *pl* emergency measures

Kristi Himmelsfärdsdag Ascension Day

kristlig *a* kristen Christian; lik Kristus, t.ex. om sinnelag Christlike; friare charitable; *göra ett* ~*t byte* F make a fair exchange; se *KFUK* o. *KFUM* **kristna** *tr* **1** omvända christianize **2** döpa christen, *till Bo* Bo **kristtorn** bot. holly

Kristus Christ; *efter* ~ (förk. *e. Kr.*) A. D. (förk. f. Anno Domini); *före* ~ (förk. *f. Kr.*) B. C. (förk. f. before Christ); *år 40 före* (resp. *efter)* ~ the (adv. in the) year 40 B. C. (resp. A. D.) **Kristusbarnet** the Infant Christ, the Christ-child

krit|a I *-an -or* **1** chalk, färg~ crayon; *en* [*bit*] ~ a [piece of] chalk; *en ask -or* a box of chalks (resp. crayons) **2** *ta på* ~ buy on tick; *när det kommer till -an* when it comes

to it **II** *tr* chalk; t.ex. fönster whiten **-bit** piece of chalk
kriteri|um *-et -er* criter|ion (pl. -ia), *på* of
kritig *a* chalky
kritik *-en 0* (ibl. *-er*) bedömning criticism; tadel äv. censure; anmälan review, kort notice; kritisk avhandling critique; *~en* kritikerna the critics, the reviewers båda pl.; *den litterära ~en* literary criticism; *få dålig (god) ~* be unfavourably (favourably) reviewed; *skarp ~* severe criticism; *komma med ~* criticize; *läsa ngt med ~* read a th. critically; *under all ~* beneath contempt, miserable; *höjd över all ~* above reproach **kritiker** critic, anmälare äv. reviewer **kritiklust|a|** love of criticizing **kritiklysten** *a* critical, censorious, fault-finding, småaktigt carping **kritiklös** *a* uncritical, utan urskillning äv. indiscriminate **kritisera** *tr* **1** klandra criticize, censure, find fault with, pass strictures on; småaktigt carp at; *du skall då alltid ~* you are always finding fault **2** recensera review **kritisk** *a* **1** (t. *kris*) critical; avgörande äv. crucial; *~ situation* critical situation, nödläge äv. emergency; *det ~a ögonblicket* the critical (crucial) moment **2** (t. *kritik*) critical, *mot* of; kräsen äv. discriminating; jfr äv. *kritiklysten*
krit|klippa chalk cliff **-perioden** geol. the Cretaceous period **-pipa** clay-pipe **-streck** stroke drawn with a chalk **-vit** *a* . . |as| white as chalk (i ansiktet as a sheet), snow-white
kroat *-en -er* Croat **Kroatien** Croatia **kroatisk** *a* Croatian
krock *-en -ar* bil~ o.d. collision, crash **krocka** *itr tr* **1** om bil o.d., *~ |med| ngt* collide with a th., run (crash, smash, lätt bump) into a th.; *bilarna ~de* the cars collided (ran etc. into each other) **2** se följ. **krock|er|a** *tr itr* i krocket roquet; *~ |bort|* croquet
krocket *n* croquet **-klubba** croquet mallet **-spel** croquet; konkr. croquet set
krog *-en -ar* restaurang restaurant; värdshus o.d. inn, tavern **-rond,** *gå ~* go on the spree **-värd** se *krögare*
krok *-en -ar* **1** hake, häng~, met~ etc. hook äv. boxn.; *lägga |ut| sina ~ar för ngn* spread one's net for (try to catch) a p.; *få* en man *på ~en* hook . .; *nappa på ~en* bildl. swallow the bait **2** krök|ning| bend, curve, turn, vindling winding; *göra en ~* omväg go a roundabout way (a long way round); *gå i ~ar* om väg o.d. wind **3** F, *här i ~arna* in these parts, about (near) here, hereabouts **kroka** *tr* hook; *~ av* unhook; *~ upp* hook up
krokan croquembouche fr.
krokben, *sätta ~ för ngn (ngns planer)* trip a p. up (upset a p.'s plans)
krokett *-en -er* croquette
kroki *-|e|n -er* skiss |rough| sketch
krokig *a* crooked; i båge curved, böjd bent; *~a* deformerade *fingrar* gnarled fingers; *~ näsa* hooked nose; *~ väg* curved (winding) road; *gå ~ |i ryggen|* walk with a stoop; jfr *krokryggig* **krokighet** crookedness; curvature **kroklinje** curve, curved line
krokna *itr* bågna bend; bli krokig get crooked (etc., jfr *krokig)* **kroknäsa** hook-nose, hooked nose **kroknäst** *a* hook-nosed
krokodil *-en -er* crocodile **-tårar** *pl* crocodile tears
krok|ryggig *a* stooping, bent; *gå ~* walk with a stoop; *sitta ~* sit hunched up; *vara ~* have a stoop (hunched shoulders), hunch one's shoulders **-ryggighet** stoop **-sabel** scimitar
krokus *-en -ar* crocus (pl. äv. croci)
krokväg omväg roundabout (circuitous) way; *gå en ~* äv. go a long way round; *gå ~ar* bildl. use underhand means (methods); *på ~ar* bildl. in a roundabout way, indirectly, deviously
krollsplint *-en 0* vegetable fibre
krom *-en 0* chromium **-alun** chrome alum
kromatisk *a* chromatic
kromgult chrome yellow
kromosom *-en -er* chromosome
kromstål chrome (chromium) steel
kron|a *-an -or* **1** kunga~, brud~ o.d. samt träd~ o. tand~ crown; hertig~ o.d. coronet; blom~ corolla; träd~ äv. |tree-|top, head; horn~ antlers pl.; ljus~, tak~ chandelier; *~ eller klave* heads or tails; *spela ~ och klave om ngt* toss for a th.; *en ~ bland kvinnor* a pearl among women; *sätta ~n på verket* supply the finishing touch, be the crowning glory; *~n* kungamakten, staten the Crown, staten äv. the State (Government); *~ns egendom* State (Crown, Government) property; *äta ~ns kaka* have a civil-service job; *vara i ~ns kläder* wear a (the King's) uniform, be in military service **2** svenskt mynt |Swedish| krona (pl. kronor), ibl. Swedish crown (förk. |Sw.| kr. resp. Sw. cr.)
kron|blad petal **-hjort** red deer, hane äv. stag
kronikerhem home for chronic invalids **kronisk** *a* chronic **kroniskt** *adv* chronically; *vara ~ sjuk* be a chronic invalid
kronjuveler *pl* Crown jewels
krono|fogde ung. sheriff **-jord** crown-land|s pl.|
kronologi *-|e|n 0* chronology **kronologisk** *a* chronological **kronomet|er** *-ern -rar* chronometer
krono|park crown (state) forest area **-skog** crown (state) forest
kron|prins crown prince; *engelska ~en* vanl. the Prince of Wales **-prinsessa** crown princess **-stämplad** *a* . . stamped with a

crown **-tal,** *utjämna . . till närmast högre ~* round . . off upwards to the nearest krona **-vittne 1** huvudvittne principal witness **2** *bli ~* vittne mot medbrottsling (i Engl.) turn King's (resp. Queen's, i Amer. State's) evidence **-vrak** ung. reject **-ärtskocka** |globe| artichoke **-ärtskocksbottnar** *pl* artichoke hearts

kropp *-en -ar* body äv. fys., mat. o.d.; bål äv. trunk; slakt. carcass, carcase; *fast ~* fys. solid; *främmande ~* foreign body; *en konstig ~* karl F a queer fellow; *ha ylle närmast ~en* wear wool next to the skin; *våt inpå bara ~en* wet to the skin; darra *i hela ~en,* ha utslag *över hela ~en* vanl. . . all over; *han har ingen heder i ~en* he has no sense of honour; *till ~ och själ* in mind and body; bra för *~en* organismen . . the system **-kaka** potato dumpling stuffed with chopped pork

kropps|aga corporal punishment **-ansträngning** physical exertion **-arbetare** manual labourer (worker) **-arbete** manual labour (work) **-byggnad** build, physique, bodily constitution; person *med kraftig (spenslig) ~* äv. strongly (slenderly) built . . **-del** part of the body **-hydda** body **-krafter** *pl* physical strength sg.

kropps|lig *a* bodily, physical **-ligen** *adv* physically; *vara ~ närvarande* be present in the flesh, be bodily present

kropps|längd height, stature **-pulsåder,** *stora ~n* the aorta **-rörelse** motion physical exercise **-storlek,** *porträtt i ~* life-size portrait **-straff** corporal punishment **-styrka** physical strength **-ställning** posture **-temperatur** body temperature **-tyngd** weight |of the (one's) body| **-visitation** |personal (bodily)| search **-visitera** *tr* search, F frisk **-vård** care of the (one's) body **-värme** heat (temperature) of the body, body (animal) heat **-övningar** *pl* physical exercises (training sg.)

kross *-en -ar* crusher, crushing mill (machine), sten~ stone crusher

1 krossa *tr* crush; slå sönder break, smash |up|, dash |. . to pieces|, shatter, förstöra wreck; benet *~des* . . was crushed; *~ ngns hjärta* break a p.'s heart; *~ ngns makt* break (shatter) a p.'s power; *~ allt motstånd* crush all resistance; *~de förhoppningar* shattered hopes

2 krossa *tr* korsa, fara över cross

krossår bruise, contusion

krubb|a *-an -or* manger, crib; jul~ crib

krubbitare häst crib-biter

krucifix *-et -* crucifix

kruk|a *-an -or* **1** blom~ o.d. pot, sylt~ o.d. äv. jar; vatten~ o.d. pitcher **2** pers. F coward, funk **-makare** potter **-skärva** isht arkeol. potsherd, till blomkruka shard **-växt** potted plant, pot-plant

krulla *tr rfl* curl, |om| hår äv. frizz|le| **krullig** *a* curly, tätare frizzy, om t.ex. negerhår woolly

krum *a* krokig crooked, böjd bent, om rygg hunched **krumbukt** *-en -er, ~er* a) kurvor windings b) bugningar obeisances, choser frills c) omsvep dodges, shuffling sg.; *göra ~er* omsvep dodge, shuffle; hälsa *med många ~er* . . with a lot of bowing and scraping; *utan ~er* omsvep vanl. straight out, in so many words **krumbukta** *itr rfl* ringla wind; buga sig make obeisance, *för* to; svansa fawn, *för* on; göra omsvep dodge, shuffle **krumelur** *-|e|n -er* snirkel flourish, curlicue, oläslig signatur o.d. squiggle; 'gubbe', figur doodle; förstrött *rita ~er* doodle **krumsprång** caper, gambol; *göra ~* caper |about|, gambol, frisk

krupp *-en 0* croup

1 krus *-et -* kärl jar, av flasktyp m. handtag jug, isht vatten~ pitcher; |öl|sejdel mug, m. lock tankard; alla m. of framför följ. best.

2 krus *-et 0* krusande bildl. ceremony; beställsamhet fuss, to-do; trugande pressing; *utan ~* without |any| ceremony, utan vidare without |any| more ado **krusa I** *tr rfl* göra (resp. bli) krusig curl, crisp, |om| hår äv. frizzle; |om| vattenyta ripple; rynka, t.ex. tyg ruffle; *hans läppar ~des till* ett hånleende his lips curled into . . **II** *tr itr, ~ |för varandra|* iaktta formaliteter stand on ceremony; *~ |för| ngn* vara |överdrivet| uppmärksam mot make a fuss of a p., ställa sig in hos t.ex. överordnad make up to a p., curry favour with a p.; *inte ~ ngn* ej ha försyn för have no regard for a p.; *hon skall alltid ~s (låter alltid ~ sig)* she always requires |a great deal of| pressing, you always have to ask her twice

krus|bär gooseberry **-bärsbuske** gooseberry bush

kruserlig *a* ceremonious, deferential **krusflor** crape **krushårig** *a* frizzy|-haired|, curly-headed **krusiduller** *pl* |superfluous| ornaments; i skrift flourishes, curlicues; bildl. frills; jfr *krumbukter* **krusig** *a* curly, om hår äv. frizzy; isht bot. curled, wrinkled; om vattenyta rippled **kruskål** |curled| kale, borecole **krusmynta** |curled| mint **krusning** på vattenyta ripple

krust|a *-an -or* crust

krustad *-en -er* croustade

krut *-et 0* **1** gunpowder, powder; *spilla (kosta) ~ på döda kråkor (hökar)* waste one's powder and shot; *det är ~ i honom* F he has got some go (pep) **2** *ont ~ förgås inte så lätt* ill weeds grow apace **-durk** powder-magazine äv. bildl. **-gubbe** tough old boy

krutong *-en -er* brödskiva croûte fr.

krut|rök gunpowder smoke **-stänkt** *a* powder-stained

krux *-et -* crux (pl. äv. cruces)

kry *a* well end. pred.; återställd recovered; isht om

äldre pers. hale [and hearty]; jfr vid. *frisk* **krya** *itr,* ~ *på sig* get better, recover, pick up; ~ *på dig!* try to get better!

kryck|a *-an -or* crutch; käpp~ handle, crook, t.ex. guld~ äv. top; *gå på -or* walk on crutches

krydd|a I *-an -or* växtprodukt spice äv. bildl., smakförhöjande tillsats seasoning, flavouring (samtl. äv. *-or* i koll. bem.), bords~ condiment; *för mycket -or* i maten (i brödet) too much seasoning (spice) . .; salt och peppar *är -or . .* are seasonings; *hungern är den bästa ~n* hunger is the best sauce; *livets ~* the salt (spice) of life **II** *tr* isht m. salt o. peppar season, isht m. andra kryddor spice äv. bildl.; ~ *efter smak* i recept add seasoning to taste; ~ *sitt tal med* spice (interlard) one's speech with; *~d* seasoned; spicy äv. bildl. **-burk** spice-jar **-hylla** spice-rack **-krasse** garden cress **-nejlika** clove **-ost** seed-spiced (clove-spiced) cheese **-peppar** allspice **-salt** aromatic (seasoned) salt **-skorpa** spiced rusk **-stark** *a* spicy, strongly (highly) seasoned **-växt** aromatic plant, herb, isht exotisk spice[-plant]

krylla *itr* F, *det ~de av myror* på platsen the place was alive (crawling) with ants; *stranden ~de av folk* the beach was swarming with people; jfr *vimla*

krymp|a *-te -t tr itr* shrink; *-t* krympfribehandlad pre-shrunk; ~ *ihop* shrink [up], förminskas äv. contract **krympfri** *a* unshrinkable; krympfribehandlad pre-shrunk **krympling** cripple; *bli ~* be crippled; *göra till ~* cripple **krympmån,** *beräkna (ta hänsyn till) ~* allow for shrinkage **krympning** shrinkage

kryp *-et -* creepy (crawly) thing (creature); insekt insect äv. friare om pers.; smeks., pyre mite [of a child]

kryp|a *kröp krupit* **I** *itr* crawl, isht tyst o. försiktigt creep; om barn crawl, amer. äv. creep; om växt creep, trail; klättra climb; friare go, get jfr ex.; ~ *bakom* se *II* ned.; *timmarna kröp fram* the hours crept (crawled) by; ~ *för ngn* bildl. cringe (grovel) to a p., fawn on a p.; *det -er i mig när jag ser det* it gives me the creeps (makes my flesh crawl el. creep) to see it; *man får lära sig ~ innan man kan gå* you must learn to walk before you can run; ~ *i (ur) kläderna* get into (out of) one's clothes; ~ *i säng (till kojs, till sängs)* go to bed; ~ *till korset* kiss the rod, humble oneself; ~ *ur skalet* come out of one's shell äv. bildl.

II m. beton. part. **1** ~ *bakom* t.ex. en buske creep (gömma sig hide) behind . .; ~ *bakom ngn[s rygg]* bildl. shield oneself behind a p. **2** ~ *fram* komma fram come out äv. bildl. **3** ~ *ihop* t.ex. i soffan, ett hörn huddle [oneself] up, huka sig, kura crouch, isht av fruktan o.d. cower; krympa shrink; *sitta hopkrupen* sit huddled up (resp. crouching, cowering) **4** ~ *in* t.ex. genom fönstret (smygande) creep in; ~ *in i sitt skal* bildl. shrink (retire) into oneself (one's shell) **5** ~ *omkring* om barn crawl (amer. äv. creep) about **6** ~ *upp* [*i* soffhörnet o.d.] huddle [in . .]

krypande *a* crawling, creeping etc., jfr föreg., om känsla äv creepy; bildl., lismande o.d. cringing, fawning, obsequious **krypbyxor** *pl* crawlers **kryperi** cringing [and fawning], obsequiousness båda end. sg. **krypfil** slow-traffic lane, amer. creeper lane **kryphål** bildl. loophole **krypin** *-net -* gömställe, hål nest, hole, vrå nook, corner; lya den; *ett eget ~* a place of one's own **krypköra** *itr* edge along [by using clutch and accelerator] **krypkörning** edging along etc. **krypskytt** jakt. stalker, tjuvskytt poacher; mil sniper

krypt|a *-an -or* crypt **kryptisk** *a* cryptic **kryptogam** *-en -er* cryptogam **krypto-kommunist** crypto-communist

krysantem|um *-[um]en -um (-er)* chrysanthemum

kryss 1 *-et -* kors cross; vid tippning draw; *i ~* crosswise **2** *-en 0* sjö. a) segling mot vinden windward sailing, beating, tacking b) utan bestämd kurs cruising; *ligga på ~* se *kryssa 1*

kryssa *itr* **1** sjö.: a) segla mot vinden sail (beat) to windward, beat, tack b) segla omkring samt företa långfärd (om turistfartyg o.d.) cruise; [*ligga och*] ~ t.ex. i skärgården be [out] cruising, sail to and fro **2** friare: röra sig i sicksack walk (go, hit come) zigzag, zigzag **3** ~ *för* markera mark [. . with a cross], put a cross against **kryssare** cruiser; jfr *havskryssare* **kryss-faner** plywood **kryssning 1** långfärd cruise **2** se *kryss 2* **kryssningsfartyg** cruise liner **kryssvalv** cross-vault[ing]

krysta *itr* v. avföring strain [at stools]; vid förlossning bear down **krystad** *a* tvungen, sökt strained, laboured, forced

krystallos *-en 0* crystallose

kryst|ning, *~ar* strain, abdominal pressure, vid förlossning bearing down samtl. sg. **-värkar** *pl* bearing-down contractions

kråk|a *-an -or* **1** fågel crow; *hoppa ~* hop; *elda för -orna* ung. let the fire go up the chimney **2** märke tick; *sätta en ~ för ngt* mark a th. with a tick, put a tick against a th. **-bär** crowberry **-fötter** *pl* dålig handstil scrawl sg. **-ris** bot. crowberry **-slott** old dilapidated mansion **-spark** sömn. feather-stitch **-sång,** *det är det fina i ~en* that is [just] the beauty of it, that is just the point **-vicker** bot. tufted vetch **-vinkel** hole, one-horse town

kråma *rfl* prance [about]; om pers. äv. strut (swagger) [about]; om häst äv. arch its neck

krång|el *-let 0* besvär, bråk trouble, fuss, bother, svårigheter, invändningar difficulties pl., olägenhet inconvenience, förvecklingar complications pl.: *det är något ~ med motorn* there is something wrong with the engine; *ställa till ~* se följ. **krångla I** *itr* **1** ställa till krångel make a fuss, göra svårigheter el. invändningar make (raise) difficulties, be awkward; förorsaka besvär give (cause) trouble; vara obeslutsam shilly-shally, waver; erkänna *utan att ~ . .* without shuffling; ~ pilla *med* t.ex. laset mess (play) about with, tamper with; ~ *med betalningen* tvista argue about the payment **2** 'klicka' o.d., om t.ex. motor, radio go wrong; om t.ex. lås, broms jam; magen, motorn ~*r* there is something wrong with . . **II** m. beton. part. **1** ~ *sig ifrån ngt* slingra sig undan dodge (shuffle out of) a th., manage to get out of a th. **2** ~ *sig igenom ngt* get through a th. in one way or other, muddle through a th. **3** ~ *till* t.ex. en fråga: röra till make a mess (a muddle) of, göra invecklad complicate, entangle

krånglig *a* svår difficult, hard, svårlöst äv. knotty, ticklish, invecklad complicated, intricate; besvärlig (äv. om pers.) troublesome; kinkig, trilsk awkward; dålig, svag, t.ex. om mage, nerver weak; *en ~ motor* som 'klickar' an engine that keeps going wrong (is always giving trouble), jfr äv. *krångla*

1 krås *-et 0* gås~ o.d. giblets pl.: *smörja ~et* gorge oneself

2 krås *-et* - på kläder ruffle, frill

kräft|a 1 *-an -or* zool. crayfish, crawfish (båda äv. *-or*); *vara röd som en kokt ~ |i synen|* look like a boiled lobster; *fiska (fånga) -or* catch crayfish **2** *-an 0* läk. cancer; bot. o. bildl. canker **3** *Kräftan* astr. Cancer **-cell** läk. cancer cell **-djur** *pl, ~en* |the| crustaceans **-fiske** crayfishing **-forskning** läk. cancer research **-gång,** *gå ~* move backwards **-håv** crayfish net **-klo** claw (pincers pl.) of a crayfish **-pest** parasitic mould |which attacks crayfish| **-sjukdom** läk. cancer disease **-skada** bildl. canker **-skal** crayfish shell **-skiva** crayfish party **-stjärt** crayfish tail **-svulst** läk. cancerous tumour (growth) **-sår** läk. cancerous ulcer

kräk *-et* - **1** stackare poor thing, föraktl. wretch; knöl, fä brute, beast; *ett ~ till karl* a wretch of a fellow; *ett beskedligt ~* en 'mes' a milksop **2** se *kreatur*

kräk|as *-tes -ts dep* **I** *itr* vomit, be sick; *vilja ~* feel sick; *det är så man kan ~ |åt det|* F it is enough to make one sick **II** *tr* (äv. *~ upp*) throw up, vomit; *~ blod* vomit blood

kräkl|a *-an -or* crosier, crozier

kräk|medel läk. emetic **-ning** vomiting (äv. *~ar*), kräkningsanfall attack of vomiting

kräl|a *itr* **1** krypa crawl, creep; ~ *i stoftet* bildl. grovel |in the dust|, *för* to **2** ~ |*av ngt*| se *krylla* **-djur** reptile

kräm *-en -er* allm. cream; jfr *sko-, tandkräm* etc.; maträtt se *frukt-, saftkräm*

krämar|e shopkeeper, tradesman, neds. huckster **-själ** mercenary soul

krämfärgad *a* o. **krämgul** *a* cream--coloured **krämig** *a* creamy

kräml|a *-an -or* Russula lat.

krämp|a *-an -or* ailment; *ålderdomens -or* the infirmities of old age

kräng|a *-de -t* **I** *tr* **1** vända ut och in på, t.ex. ett plagg turn . . inside out **2** mödosamt dra, t.ex. en tröja över huvudet force; ~ *av |sig|* pull off, wriggle out of **3** sjö., kölhala careen, heave . . down **II** *itr* sjö. heel |over|, careen; slänga, om bil, flygplan o.d. sway **krängning** heel|ing|, careening, swaying; jfr *kränga II*

kränk|a *-te -t tr* skymfa, bryta mot violate; överträda, inkräkta på infringe, invade; förorätta wrong, d:o samt såra injure; förolämpa offend, insult, stark. outrage; ~ *freden* break the peace; ~*nde* förolämpande insulting, om yttrande äv. offensive, om tillmäle abusive; *det är ~nde för mig* it is an insult to me; *-t* förolämpad offended etc., hurt |in one's feelings|; *en min av -t oskuld* an air of injured innocence; *-t stolthet* outraged pride; *känna sig -t över ngt* äv. take offence at (resent) a th. **kränkning** (jfr föreg.) violation, t.ex. av ngns rättigheter infringement, t.ex. av fördrag infraction, *av* i samtl. fall of; offence, *av* against; insult, *av* to; outrage, *av* upon

kräpp *-en (-et) -er* crêpe fr., crepe, krusflor crape **kräppapper** crêpe paper, crinkled paper **kräpperad** *a* crinkled **kräppnylon** stretch nylon

kräsen *a* fastidious, particular, F choosy, *på* i samtl. fall about; om smak o.d. discriminating; *en ~ gom* a fastidious (discriminating) palate; *en ~ publik* a discriminating public; *vara ~* äv. be hard to please **kräslig** *a* läcker choice, delicious; överdådig sumptuous

1 kräv|a *-an -or* crop, craw

2 kräv|a *-de -t tr* **1** fordra (jfr d.o. m. ex.): **a)** m. personsubj.: begära demand; resa krav på call for, jur. claim; yrka på insist |up|on; absolut fordra exact; ~ *för mycket av livet* ask too much of life **b)** m. saksubj.: behöva, erfordra require, demand; påkalla call for, t.ex. ngns uppmärksamhet äv. claim, nödvändiggöra äv. necessitate; ta i anspråk, t.ex. tid take; *rättvisan -er att vi . .* justice requires us to inf.: ~ *plats* take up |much| room **2** fordra betalning av, ~ *ngn |på betalning|* demand payment from a p., request a p. to pay **3** kosta, *olyckan -de tre liv* the accident claimed (cost) three victims **krävande** *a* om arbete, uppgift o.d. exacting, mödosam, svår arduous, heavy, hard; påfrestande, t.ex. om tid trying **kräv|as** *-des -ts itr. dep* behövas be needed etc., jfr *behövas; det -s mycket av honom* great demands are made

on him
krögare värdshusvärd innkeeper; skämts., källarmästare restaurant keeper
krök *-en -ar* bend; av väg, flod o.d. äv. curve, winding; sväng turn **krök|a** *-te -t* **I** *tr* (ibl. *itr*) bend, i båge äv. curve; ~ [*på*] t.ex. armen, fingret crook, hook, t.ex. ryggen bend; ~ [*på*] *läpparna* curl one's lips; ~ *rygg* a) om katt arch its back b) bildl. om pers. cringe, kowtow, *för* to; *ingen skall* ~ *ett hår på hans huvud* nobody shall hurt a hair of his head **II** *itr rfl* allm. bend; om väg o.d. äv. curve; om läpp curl, curve; ~ [*på*] *sig* a) bågna, slå sig bend, get bent, bli krokig get crooked b) om pers.: böja sig bend down **krökning 1** krökande bending etc.: av läpparna curl **2** se *krök*
krön *-et* - bergs~ o.d. crest, ridge; mur~ coping; allmännare (högsta del) top; *~et* [*på en backe*] the brow (top) of a hill **krön|a** *-te -t tr* **1** allm. crown, bilda krön (topp) på äv. crest, top, surmount; ~ *ngn till kung* crown a p. king; *~s med framgång* be crowned with success, be successful **2** vikter o.d. seal (stamp) . . with a crown
krönik|a *-an -or* chronicle, annaler äv. annals pl.; friare, t.ex. vecko~ (resp. månads~) diary, survey of the events (news) of the week (resp. month); tidningsartikel o.d. över visst [kulturellt] ämne review, column **Krönikeboken,** *Första* ~ the First Book of the Chronicles **krönikespel** chronicle play **krönikör** chronicler, i tidning columnist
kröning kunga~ o.d. coronation
krösus *-en -ar* Croesus
kub *-en -er* cube; *~en på 5* the cube of 5
kuban *s* o. **kubansk** *a* Cuban
kubb *-en -ar* hatt bowler (amer. derby) [hat]
kubb|[e] *-en -ar* hugg~, trä~ block
kubera *tr* cube, mat. äv. raise . . to the third power **kubering** cubing
kubik, *5 i* ~ the cube of 5 **-innehåll** cubic content, volume, cubage **-meter** cubic metre (förk. cu.m.) **-rot** cube root
kubisk *a* cubic[al], kubformig äv. cubiform
kubism cubism **kubistisk** *a* cubist[ic]
kuck|el *-let 0* hanky-panky
kuckeliku *itj* cock-a-doodle-doo!
kudd|e *-en -ar* cushion, huvud~ pillow **-krig** pillow-fight **-var** cushion-(resp. pillow-)case
kuf *-en -ar* odd customer, rum fellow **kufisk** *a* hist. Cufic, Kufic; bildl. odd
kugga *tr* i tentamen o.d. fail, F plough; *han blev ~d* he failed (was ploughed)
kugg|e *-en -ar* cog äv. bildl., tooth (pl. teeth)
kuggfråga catch (tricky) question, poser
kugghjul gear-wheel, cog-wheel; drev, litet ~ pinion
kuggningsprocent percentage of failures
kujon coward, F funk **kujonera** *tr* topprida bully, kuscha browbeat, cow; *~d* om äkta man hen-pecked
kukeliku *itj* cock-a-doodle-doo!
kul *a* lustig funny, trevlig nice, jolly, roande amusing, underhållande entertaining; *vi hade väldigt* ~ roligt we had great fun (trevligt a very nice time); *så ~ att träffas igen!* how nice to see you again!
1 kul|a *-an -or* **1** allm. ball, klot äv. globe, sphere, orb; gevärs~ bullet; bröd~, pappers~ o.d. pellet; sten~ (leksak) marble; på termometer bulb; i radband bead; bula, t.ex. i pannan bump; *förlupen* ~ stray bullet; *skjuta sig en* ~ *för pannan* blow one's brains out; *spela* ~ play marbles **2** sport.: a) redskap shot, weight b) se *kulstötning; stöta* ~ put the shot (weight) **3** *börja på ny* ~ start afresh
2 kul|a *-an -or* grotta cave, håla hole, lya den, lair; F rum den, digs pl.
kul|bakterie coccus (pl. cocci) **-bana** projektil trajectory **-blixt** flash of ball lightning
kulen *a* om väderlek, dag raw [and chilly], bleak
kul|formig *a* ball-shaped, globular, spherical **-hål** bullet-hole
kuli *-n -er (-s)* coolie
kulinarisk *a* culinary
kuling gale; *frisk* ~ strong breeze; *styv (hård)* ~ moderate (fresh) gale
kuliss *-en -er* teat.: vägg side-scene, sättstycke set-piece; bildl. [false] front; *~er* dekor vanl. scenes; *växla ~er* change (shift) the scenes; *bakom ~erna* behind the scenes äv. bildl.; *~en (~erna)* mellan scendekorationerna in the wings
1 kull se *omkull*
2 kull *-en -ar* av däggdjur litter, av fåglar brood, friare, t.ex. student~ batch; samtl. m. of framför följ subst.; barnen *i den andra ~en* . . of the second marriage
3 kull, *leka* ~ play he (tag)
4 kull *-en -ar* hatt~ se *1 kulle*
1 kull|a *-an -or* se *dalkulla*
2 kulla *tr* i lek, ~ *ngn* make a p. "it", he (tag) a p.
kullager ball bearing
kullblåst m.fl. sms., se under resp. verb m. den beton. part. *omkull* **kullbyttera** *itr* tumla överända tumble over, om bil o.d. overturn; bildl. (göra konkurs) fail, come to ruin
1 kull|e *-en -ar* hatt~ crown; *en hatt med låg (hög)* ~ äv. a low-(high-)crowned hat
2 kull|e *-en -ar* hill; liten hillock, mound
kul|led ball-and-socket joint
kullerbytta somersault; fall fall, tumble; *framlänges (baklänges)* ~ forward (backward) roll; *slå (göra) en* ~ turn a somersault, isht ofrivilligt turn head over heels; *bilen gjorde en* ~ äv. the car overturned (turned turtle)
kullersten cobble[-stone]; koll. cobbles pl.
1 kullig *a* om terräng o.d. hilly, mjukt böljande

undulating

2 kullig *a* om nötboskap hornless, polled

kull|kasta *tr* bildl., t.ex. ngns planer upset, throw over, t.ex. teori overthrow **-körning** störtning m. t.ex. cykel fall **-ridning** fall fall, tumble

kullrig *a* kupig bulging, convex, knölig bumpy, om stenläggning cobbled

kullsegling capsizing

kulmen - *0* culmination, highest point, summit, acme; höjdpunkt, t.ex. festens climax; ekon., statist. o.d. peak, maximum; *emigrationen nådde* |*sin*| ~ . . reached its peak; ~ *på hans karriär* the culmination of his career **kulmination** culmination **kulminera** *itr* culminate, *i* in; reach one's peak (climax m.m., jfr *kulmen*)

kul|ram abac|us (pl. äv. -i) **-regn** rain (hail) of bullets -|**spets**|**penna** ball pen, ball-point |pen| **-spruta** machine-gun **-sprutegevär** light machine-gun, Bren gun **-sprutepistol** sub-machine-gun, tommy gun **-stötare** shot-putter **-stötning** putting the shot (weight)

kult *-en -er* cult **-handling** cult ceremony

kultiverad *a* bildl., t.ex. om smak, språk cultured, refined, cultivated; *en* ~ *man* äv. a man of culture

kultje *-n 0* se *kuling*

kultur 1 civilisation civilization (äv. ~*en*), etnogr. samt |andlig| bildning culture (äv. ~*en*); |grad av| förfining |standard (stage) of| refinement, jfr *hem-, mat|kultur* etc.; *andlig* ~ |intellectual| culture; *den antika* ~*en* the civilization of ancient times; *materiell (teknisk)* ~ material (technical) culture; *primitiva* ~*er* primitive cultures; *den västerländska* ~*en* Western civilization **2** jordbr. o.d. cultivation, isht trädg. samt bakterie~, vävnads~ etc. culture; skogsv. planting, plantation; växter plants pl.; *ligga (bringa* ett område*) under* ~ be under (bring . . into) cultivation **-arv** cultural heritage **-attaché** cultural attaché **-bygd** district with |many| cultural traditions **-centrum** centre of culture, cultural centre **-debatt** public discussions |on cultural matters| pl.

kulturell *a* cultural **kulturellt** *adv* culturally; ~ *högtstående* kretsar . . of a high level of culture

kultur|faktor cultural factor **-fientlig** *a* . . |attr. which is| inimical (hostile) to culture **-folk** civilized nation **-geografi** ethnogeography **-historia** cultural history, |vanl. the| history of civilization; *Europas* ~ the history of European civilization **-historisk** *a* som behandlar (resp. hänför sig till) -historia . . on (resp. concerning) the history of civilization; vanl. historical **-land** civilized country **-liv,** ~*et i* Sverige cultural life in . ., the cultural life of . . **-lös** *a* uncivilized, barbarian **-minnesmärke** relic of |ancient| culture, byggnadsverk o.d. vanl. ancient (historical) monument **-människa** mots. vilde civilized person; bildad person cultured person **-personlighet** intellectual leader, leading personality in the field of culture **-produkt** product of |a| civilization, cultural product **-samhälle** civilized society (community) **-sida** i tidning cultural page **-snobb** high-brow **-språk** civilized language; *de stora* ~*en* ung. the principal languages of the civilized world **-utbyte** cultural exchange|s pl.| **-växt** cultivated plant

kulvert *-en -ar* culvert, conduit

kulör colour, ansiktsfärg o. bildl. complexion; schattering, isht bildl. shade **kulört** *a* coloured, t.ex. om tyg, garn äv.: mönstrad el. |fler|färgad fancy attr., randig striped; ~ *lykta* papperslykta Chinese lantern **kulörtvätt** konkr. coloured garments pl.

1 kummel *kumlet* - sten~ cairn, grav~ vanl. barrow

2 kummel *-n kumlar* fisk hake

kummin *-en (-et) 0* caraway, farm., spis~ cum|m|in

kumpan kamrat companion; karl fellow; *A. och hans* ~*er* A. and his gang (cronies)

kumulativ *a* cumulative, accumulative

kund *-en -er* customer, artigt, om fast kund patron äv. på t.ex. restaurang; mera formellt client; ~*er* kundkrets äv. clientele sg.; *förlora (behålla) ngn som* ~ lose (keep) a p.'s custom; *vara* ~ handla *hos A.* shop at A.'s, give one's custom to A.; han är ~ *hos oss* . . a customer of ours

kunde se *kunna*

kund|krets customers pl., clientele, vid affärsöverlåtelse äv. goodwill; förbindelser connection|s pl.|; ha *en stor* ~ . . a wide circle (a great number) of customers, . . a wide clientele (connection) **-service** o. **-tjänst** |customer| service

kung *-en -ar* king äv. kortsp., schack. o. bildl.; i kägelspel kingpin; *gå till* ~*s* ung. apply to the highest authorities, till högsta domstolen carry one's case to the supreme court; jfr *konung*

kunga|döme ~*t* ~*n* monarchy, -rike äv. kingdom; jfr *-rike* **-familj** royal family **-längd** list of kings **-makt** royal power **-par** King and Queen m. pred. i pl., royal couple **-rike** kingdom; ~*t Sverige* the Kingdom of Sweden

kunglig *a* royal, om makt, glans, värdighet m.m. äv. regal; isht bildl. äv. kingly, 'furstlig' äv. princely; *Kungliga (Kungl.) Biblioteket* the National |Swedish| Library; *Kunglig Majestät (K|ungl|. M|aj|:t)* regeringen the |Swedish| Government; ~ proposition Government . .; *de* ~*a* kungafamiljen the royal family sg. el. pl., kungligheterna the royal personages **kunglig-**

het *-en -er* **1** abstr. royalty **2** pers. royal personage **kungligt** *adv* royally; *roa sig* ~ enjoy oneself immensely (F no end)
kungs|bonde schack. king's pawn **-fiskare** kingfisher **-fågel** goldcrest, goldencrested wren **-gård** ung. State demesne **-kobra** king cobra **-ljus** mullein **-tanke** leading (central) idea **-tiger** Bengal tiger **-vatten** kem. aqua regia lat. **-väg** bildl. royal road **-örn** golden eagle
kun|göra *tr* announce, make . . known (utan sakobj. ofta make it known), högt. notify, proclaim, *för* i samtl. fall to; förordning o.d. promulgate; *härmed -göres att* . . notice is hereby given that . .; ~ en befattning [*till ansökan*] *ledig* announce (advertise) . . as vacant **-görelse** announcement, [public] notice, notification, proclamation; promulgation; advertisement; jfr föreg.; *kunglig* ~ royal proclamation (påbud edict)
kunna *kunde kunnat* (pres. *kan*) **I** *tr* (m. subst. obj.) 'känna till'; 'behärska', 'ha lärt sig' know; *han kan allt* vet he knows everything, kan göra he can do everything; *han kan* [*allt om*] *bilar* he knows all about cars; *nu kan vi det här!* nu är vi färdiga med (och trötta på) det här we've had quite enough of this now!; *han kan alltid* [*sina läxor*] he always knows his homework, he is always prepared; *han kan sina saker* he knows his business; *han kan flera språk* he knows (is acquainted with, kan tala can speak) several languages
II *hjälpvb* (m. utsatt el. underförstådd inf.); se äv. ex. m. 'kunna' under resp. huvudord ss. *tänka III, fråga I* m.fl. **A** *kan* (resp. *kunde*) uttr. förmåga, faktisk, ifrågasatt el. förnekad möjlighet m.m. vanl. can (resp. could), uttr. oviss möjlighet, tillåtelse m.m. vanl. may (resp. might); i vissa fall (mera stelt, högt. e.d. och ibl. då 'kan (kunde)' = 'skall (skulle) kunna') anv. äv. övers. enl. *B;* se vid. rubriker o. ex. nedan
1 om förmåga: 'förmår', 'har kunskap att' o.d. allm. can (resp. could); jag skall göra *allt jag kan* äv. . . everything in my power; *jag kan själv* I can do it myself; *bara jag kunde!* if only I could!; *jag kan inte mer* m.fl. ex. se under *orka; man kan vad man vill* where there's a will there's a way; *visa vad man kan* [*göra*] show what one can do; frisk luft kan inte skada. — *Jo, vad den kan!* . . Can't it though!; *vi sprang det fortaste vi kunde* we ran as fast as [ever] we could; *jag skall göra så gott jag kan* I will do my best, I will do as well as (as best) I can; *när han kan arbeta igen* äv. when he is able to work again; *det kan ju jag också* [*göra*] why, I can do it too; *kan du höra* vad jag säger? can you hear . .?; *han kan köra bil* förstår sig på att he knows how to drive a car, är i stånd att he is capable of driving a car; *prata kunde hon!* she could certainly talk!; *jag kan (kan inte) simma* I can (cannot, can't) swim; *han kunde inte skriva* hade inte lärt sig det he could not write på grund av t.ex. handskada he was unable to write; den gamle pratmakaren, *som aldrig kunde sluta!* . . who never knew when to shut up!; *det kan jag inte säga* I'm afraid I can't (couldn't) tell you
2 om möjlighet **a)** nekad el. ifrågasatt can (resp. could); *jag kan inte förstå* I cannot (I fail to) understand; *det kan jag omöjligen gå med på* I cannot possibly agree to that; *man kan inte förneka att* . . there is no denying the fact that . .; *han kan (kunde) inte hejdas* äv. he is (was) not to be stopped, there is (was) no stopping him; *jag kan inte komma i morgon* I can't (shan't be able to) come tomorrow; *kan du komma i morgon?* can you come tomorrow?; *det kan inte vara sant* that can't be true; *kan detta vara sant?* can this be true?; *man kan aldrig veta när* . . there's no knowing when . .
b) säker: 'kan faktiskt', 'har tillfälle att', 'är oförhindrad att' o.d. can (resp. could), i vissa talesätt (jfr ex.) may (resp. might); *man kan lätt föreställa sig* . . you can (may) easily imagine . .; *man kan gifta sig med sin kusin* you can marry your cousin; *det kan du* är lätt för dig att *göra (säga) som är* . . it's easy for you (for you to say), you are . .; *det kan ifrågasättas om* . . it may (can) be questioned whether . .; *han kan* är oförhindrad att *komma i morgon* he can come tomorrow; *boken kan köpas* i vilken affär som helst the book can (is to) be had . .; *jag vet att problemet kan* låter sig *lösas* I know that the problem can be solved; *du kan* det står dig fritt att *räkna pengarna själv* you can (may) count the money yourself
c) tänkbar [men osäker]: (vanl. end. i jakande sammanhang) 'kan kanske (eventuellt, möjligen o.d.)' may (resp. might); *du kunde ha förkylt dig* you might have caught a cold; *han kan komma* vilket ögonblick som helst he may come . .; *jag kan ha misstagit mig* I may have been mistaken; *fastän det kan tyckas löjligt* although it may seem absurd; *det kan (kunde)* [*tänkas*] *vara sant* it may (might) be true; *kan så vara* maybe; *det kan vara osanning* it may not be true; *det kan (kunde) ha varit* omkring midnatt it may (might) have been . .; *det är så man kan bli* galen (*kan* gråta åt det), *det kan göra en* galen it's enough to make one . .; *man kan bli kommunist för mindre* it makes you feel like becoming a communist
3 om tillåtelse o.d. 'får', 'kan få', vanl. may (resp. might), ofta (jfr ex.) can (resp. could); *kan (kunde) jag få lite mera te?* may el. can (might, could) I have some more tea, please?; *du kan komma om du vill* you may (can) come if you wish; *kan jag få komma in?* may (can) I come in?; *nej, det kan du*

inte no, you can't (mayn't); *kan (kunde) jag få fråga dig om en sak?* may el. can (might, could) I ask you a question?; *du kan inte få tala med honom* you cannot (can't) speak to him; *jag kan (kunde)* tillåter mig *nämna (tillägga, försäkra) att . .* I may el. can (might) mention (add, assure you) that . .

4 särsk. fall (mer el. mindre tydligt skilda från huvudfallen 1—3 och från varandra): **a)** 'har rätt (goda skäl) att' vanl. may (resp. might); *man kan tryggt förutsäga att . .* it may (can) be safely prophesied that . .; *det kan man kalla otur!* that's what I call bad luck!; *jag tror jag kan säga att jag har gjort mitt bästa* I think I may (can) say that I have done my best; *man kan väl säga att han . .* surely one may (can, is entitled to) say that he . .; *du kan vara glad att du inte kom* you may be glad you didn't come

b) 'må' samt i förb. m. 'lika väl', '|lika| gärna' vanl. may (resp. might); *de kunde gärna ha erbjudit oss . .* they might |at least| have offered us . .; *du kan lika gärna göra det själv* you may as well do it yourself; *det kan du ha rätt i* you may be right there; *man kan ha vilka åsikter som helst,* så får man ändå no matter what views one may have . .; *hur egendomligt det än kan synas* strange as it may seem; *du kan säga vad du vill men . .* you can say what you like, but . .; *du kan tro* jag blev glad you bet . .; *du kunde gärna vara* lite snällare mot din syster you might be . .

c) i uttryck för försäkran, bedyrande o.d. may (resp. might), can (resp. could); *du kan räkna på mig* you may (can) count on me; *du kan vara övertygad om att . .* you may (can) rest assured that . .

d) uttr. uppmaning vanl. can (resp. could); *ni kan behålla resten* you can keep the rest; kommer någon *så kan du säga . .* you can tell him; *ni kan ta in kaffet nu* you can bring the coffee now; *nu kan det vara nog* nu vill jag inte höra mer! that's enough from you!; *kan du inte vara tyst!* can't (will) you be quiet?; *du kan väl komma* vädjande do come, please!

e) i avsiktsbisatser vanl. may (resp. might); *hon låste dörren så att ingen kunde komma in* she locked the door so that no one might (could, should) come in

f) i frågor uttr. indignation, förvåning o.d. can (resp. could); *varför kan det inte sluta regna?* why can't it stop raining?; *hur kan du vara så dum?* how can you be so stupid?

g) i okunnighetsfrågor can (resp. could), may (resp. might); *vad kan* en sådan här vas *kosta?* what can . . cost?; *vem kan det vara?* who can (might) it be?; *vad kan klockan vara?* I wonder what the time is?; *hur kan det komma sig att . .?* how is (comes) it that . .?

h) 'torde |kunna|', *boken kan väl kosta . . (kostar väl . . kan jag tro)* I should think the book must cost about . .; *det kan lätt missförstås* it may (can) easily (it is apt to) be misunderstood; *som man kan se* as you may (can) see; *han kan väl inte vara sjuk* surely he can't be ill

i) 'brukar', 'har en tendens att' o.d. will (resp. would), can (resp. could); *sådant kan ofta hända i krigstid* such things will often occur in times of war; *hon kan (kunde) sitta så i timmar i sträck* she will (would) sit (she sits resp. sat) like that for hours on end; *barn kan vara mycket prövande* children can be very trying; *hon kan vara sarkastisk* är ibland she can (har en tendens att vara is apt to) be sarcastic; *så* tankspridd *man kan vara!* how . . one can be!

B *kunna* inf. (resp. *kunnat*) 'vara i stånd att' m.m. be (resp. been) able to, 'ha förmåga att' äv. have (resp. had) the power (om andlig förmåga ability) to, 'vara i tillfälle att' äv. be (resp. been) in a position to, 'förstå sig på att' äv. know (resp. known) how to; jfr äv. ex.; *inte ~* äv. be unable to; att vilja är ett, *att ~ ett annat . .* to be able to is another; problemet *tycks knappast ~ lösas . .* hardly seems to be capable (to admit) of being solved (of solution); *han börjar ~ tala* he is beginning to talk; *jag kommer att ~ göra det i morgon* I shall be able to (I can) do it tomorrow; *skulle ~* 'kunde' ofta could (resp. might, jfr *A*); jag har gjort *så gott jag |har| ~t . .* as well as I could; hur är det möjligt att detta *|har| ~t fortsätta . .* has been able to continue; *det är konstigt att hon har ~t glömma det* it is strange that she should forget it; *han har ~t göra det* det är möjligt att han gjort det he may have done it; *detta har inte ~t undvikas* it has not been possible to avoid this; *skulle ha (hade) ~t |göra|* 'kunde ha |gjort|' ofta could (resp. might, jfr *A*) have |done|; *hade hon (om hon |hade|) ~t* göra det, så . . had she (if she had) been able (in a position) to . .

III m. beton. part., *jag kan inte med honom (det* resp. *att se . .)* I can't stand him (it resp. seeing . .)

kunnande *-t 0* kunskap knowledge; förmåga ability, tillägnad färdighet proficiency; skicklighet skill, t.ex. boxares, fäktares science; *|tekniskt| ~* F |technical| know-how **kunnig** *a* som har reda på sig well-informed (pred. well informed), *i* on; kunskapsrik äv. knowledgeable, *i* about; erfaren experienced, *i* in; kompetent competent; skicklig clever, |very| good, *i* at; skicklig o. förfaren expert, *i* at, in; yrkesskicklig skilled, *i* at, in; duglig capable, *i* at, in; bevandrad versed, *i* in; *ett ~t arbete* an able piece of work; *vara tekniskt ~* possess technical skill (F the |technical| know-how) **kunnighet** kunskaper knowledge, *i* of; erfarenhet ex-

perience, *i* of; |yrkes|skicklighet skill, *i* at, in; färdighet proficiency, *i* in; duglighet capability, *i* at, in
kunskap *-en -er* knowledge end. sg., *i, om* of; elevs äv. proficiency end. sg., *i* in; *~er (grundliga ~er) i* ett ämne some (ibl. a) knowledge (a sound knowledge) of . .; *~ens träd (träd på gott och ont)* the tree of knowledge (the knowledge of good and evil); jfr äv. ex. under *kännedom* **kunskapsrik** *a* attr. well-informed, pred. well informed **kunskapsteori** theory of cognition **kunskapstörst** thirst for knowledge **kunskapstörstande** *a* attr. . . thirsting for knowledge; *vara ~* thirst for knowledge
kup|a I *-an -or* skydds~ allm. shade äv. lamp~; globformig globe; bi~ hive; på behå cup; se *ostkupa* **II** *tr* **1** *~ handen* cup one's hand **2** *~ potatis* earth up potatoes
kupé *-n -er* **1** järnv. compartment **2** fordon coupé
kupera *tr* **1** stubba: svans dock, öron crop **2** kortsp. cut **kuperad** *a* kullig hilly; vågig undulating, rolling; *~ terräng* äv. broken ground
kupig *a* convex|ly rounded|; om ögon, panna bulging
kuplett *-en -er* revue (comic, snabbt framförd patter) song **-sångare** singer of revue etc. songs
kupol *-en -er* dome; liten cupola **-formig** *a* domed, dome-shaped
kupong *-en -er* allm. coupon; på postanvisning o.d. counterfoil, amer. stub; hotell~, mat~ voucher **-häfte** book of coupons (resp. vouchers)
kupp *-en -er* coup, inbrotts~ äv. raid; överrumpling surprise|-stroke|, coup de main fr.; stats~ coup d'état fr., upprorsförsök putsch ty.; *en djärv ~* äv. a bold stroke, a daring move; *göra en ~* polit. stage a coup, ett inbrott bring off a coup, make a raid; förkyla sig (dö) *på ~en* . . as a result |of it|; jag köpte tyget hos X. och förtjänade 50 kr. *på ~en* . . on it (the deal) **-försök** attempted coup osv.; *göra ett ~ mot banken* make an attempt to raid the bank **-makare** perpetrator of a (resp. the) coup (resp. putsch); rånare raider
1 kur *-en -ar* vakt~ sentry-box; skjul shed
2 kur *-en -er* läk. cure äv. bildl., |course of| treatment, *mot, för* for; *gå igenom en ~* undergo a cure (treatment)
3 kur *-en -er* uppvaktning **1** vid hovet court, drawing-room, för enbart herrar levee **2** *göra* ngn *sin ~* pay one's addresses to . ., make love to . . , court . .
kura *itr, ~ ihop |sig|* huddle |oneself| up; *sitta och ~* slöa idle (sit idling) away the time, ha tråkigt mope, sit moping
kurage *-t 0* pluck; se vid. *1 mod* m. ex.
kuranstalt sanator|ium (pl. äv. -ia), vatten~ hydro (pl. -s)
kurant *a* **1** H gångbar sal|e|able, marketable; lättsåld, attr. . . that sells (resp. sell) easily **2** kry fit end. pred., om åldring hale |and hearty|
kurator 1 allm., social~ |social| (skol~ school) welfare officer; sjukhus~ almoner **2** univ., nations~ 'curator', counsellor; *förste (andre) ~* ung. president (vice-president)
kurbits *-en -ar* gourd, pumpkin
kurera *tr* cure, *för* of
kur|furste elector **-furstendöme** electorate **-furstlig** *a* electoral
kurhotell health resort hotel
kurial|språk o. **-stil** se *kanslispråk*
kuriositet *-en -er* curiosity, konkr. äv. curio (pl. -s); *för ~ens skull* el. *som en ~* kan nämnas äv. as a matter of curiosity . . **kuriositetsvärde,** saken *har bara ~* . . is of interest only as a curiosity **kurios|um** *-umet -a* se *kuriositet*
kurir *-en -er* courier **-plan** courier plane **-post,** *med ~* in the courier's bag
kuriös *a* curious, odd, quaint
kurort health resort, brunns~ spa
1 kurra *-n 0* F arrest clink, quod; *sitta (sätta ngn) i ~n* be (put a p.) in clink (quod)
2 kurra *itr, det ~r i magen på mig* my stomach is rumbling
kurragömma, *leka ~* play hide-and-seek
kurr|e *-en -ar* prisse fellow, chap, S bloke, amer. guy; *en underlig ~* äv. an odd customer
kurry *-n 0* curry|-powder|
kurs *-en -er* **1** riktning: sjö., flyg. o. bildl. course; polit. o.d. äv. tack, |line of| policy; *hålla ~en* sjö. o. flyg. keep (stand on) one's course; *hålla (styra) ~ på (mot)* a) sjö. steer for, snabbt bear down |up|on, en hamn stand in for, en udde stand (make, head) for b) flyg. o. t.ex. om fotvandrare, äv. i bet. 'sätta ~ på' steer (head) for; *ändra ~* change (alter) one's course, sjö. äv. veer **2** H rate, *på* for; |market| price, *på* of; värdepappers äv. quotation, *på* for; på valutor rate |of exchange|; *noterad ~* price (resp. rate) quoted; *högsta ~* |vanl. the| peak price (resp. highest quotation); *lägsta ~* |vanl. the| bottom price (resp. rate); *stå högt i ~* be at a premium, bildl. äv. be in great repute (om idéer o.d. favour), *hos* with; *stå lågt i ~* be at a discount äv. bildl.; *en aktie till en ~ av* 125 kr. a share at the price of . . **3** skol., univ. course; kursprogram äv. curricul|um (pl. äv. -a), isht för visst ämne syllab|us (pl. äv. -i); övning|skurs| univ. training-course, class; koll., kursdeltagare class, set; *gå igenom (delta i) en ~* attend a course; *ta en ~ i matlagning* take (attend) classes in cookery
kurs|deltagare univ. o.d. member of a (resp. the) course, course member, ibl. student; *samtliga ~* äv. the whole class **-fall** H fall

(decline, drop) in prices (resp. rates), fall of the exchange, plötsligt slump **-förlust** H loss on exchange **-förändring 1** sjö. o. flyg. alteration of course, bildl. change of course (policy) **2** H alteration in [the] prices (resp. rates, quotations)

kursiv I *-en 0* italics pl.; *med (i) ~* in italics **II** *a* **1** boktr. italic **2** *~ läsning* se *kursivläsning* **kursivera** *tr* italicize äv. bildl., print .. in italics; *~d* äv. .. in italics; *~d stil* italics pl. **kursivering** abstr. italicizing osv.; *~[ar]* = *kursivstil* **kursivläsning** oförberedd reading without preparation; flyktig rapid reading **kursivstil** italics pl.; *med ~* in italics **kursivt** *adv, läsa ~* read without preparation (resp. rapidly, jfr *kursivläsning*)

kurs|kamrat, *en ~* a person who is on the same course; vi är *~er* .. together on the same course **-ledare** leader of a (resp. the) course, course-leader **-lista** H över aktier o.d. stock exchange list; över utländska valutor list of foreign exchange rates **-litteratur** course books pl. (literature) **-notering** H official (market) quotation **-plan** curricul|um (pl. äv. -a), isht för visst ämne syllab|us (pl. äv. -i) **-stegring** rise of (advance in) prices, plötslig boom **-verksamhet** kurser [educational, praktisk training] courses pl. **-vinst** H profit[s pl.] on exchange **-värde** market (valutas exchange) value

kurtage *-t 0* brokerage

kurtis *-en 0* flirtation äv. bildl., philandering **kurtisan** courtesan **kurtisera** *tr, ~ en flicka* carry on a flirtation (flirt) with (göra sin kur court) a girl **kurtisör** flirt, philanderer

kurv|a *-an -or* allm. curve, [väg]krök äv. bend; diagram graph; dålig sikt *i ~n* .. at the curve (bend); *ta en ~* take a curve **kurvig** *a* curving, om kvinnliga former curvy, curvaceous

kusch *itj* [lie] down! **kuscha I** *itr* om hund lie down **II** *tr* browbeat, cow, äkta man äv. hen-peck; *~d* äv. .. kept down (under)

kusin *-en -er* [first] cousin **-barn** kusins barn first cousin once removed; syssling second cousin

kusk *-en -ar* driver, isht privat coachman **kuska** *itr, ~ omkring [i]* gad (travel) about **kuskbock** [coach-]box, driver's seat

kuslig *a* ohygglig gruesome, hemsk, spöklik uncanny, weird; ruskig, om t.ex. kväll horrible, stark. ghastly; *känna sig ~ till mods* feel creepy, have a creepy sensation; se vid. *hemsk 1*

kust *-en -er* coast; strand shore; *bo vid ~en* live on the coast (för ferier at the seaside, by the sea) **-artilleri** coast artillery **-artillerist** coast-artilleryman **-band,** *i ~et* on the sea coast (seaboard) **-befolkning** coastal (littoral) population **-bevakning** sjö. (abstr.) coast watching; tull~ waterguard branch **-bevakningsfartyg** sjö. coast guard ship **-bo** inhabitant of the coast **-fart** coasting-trade **-fartyg** coaster, coasting vessel **-flotta,** *~n* the Coastal (i Engl. ung. the Home) Fleet **-försvar** coast[al] defence **-jägare** mil. commando (pl. -s), commando soldier **-klimat** coastal climate **-linje** coast-line, shoreline **-radiostation** coast radio station **-remsa** coastal strip **-stad** coastal (badorts~ seaside) town, med hamn seaport **-sträcka** stretch of coast, littoral; stormvarning har utfärdats *för ~n mellan A. och B.* .. for the coastal region between A. and B. **-trakt** coastal region

kuta *itr* **1** gå krokig walk with a stoop **2** F springa, *~ [i väg]* trot (dart) [away] **kutig** *a* om rygg bent; se vid. följ. **kutryggig** *a* bent, stooping; jfr *krokryggig*

1 kutt|er *-ret 0* duv~ cooing äv. bildl.

2 kutt|er *-ern -rar* båt: segel~ cutter, fiske~ vessel

kutting small keg

kuttra *itr* coo äv. bildl.

kutym *-en -er* usage, custom, practice; *det är ~ att* inf. it is customary (a [recognized] custom) to inf.

kuva *tr* allm. subdue; t.ex. uppror äv. suppress, put down; känslor äv.: undertrycka repress, betvinga curb, check, bring .. under control; *inte låta ~ sig* not give in

kuvert *-et -* **1** brev~ envelope **2** bords~ cover; 25 kr. *per ~* .. a head; *det var dukat med sex ~* covers were laid for six **kuvertbröd** [French] roll **kuvertera** *tr* put .. into an envelope (resp. into envelopes)

kuvös incubator

kvacksalva *itr* practise quackery, *med* ngn on ..; bildl., fuska dabble, *med* ngt with .. **kvacksalvare** quack [doctor]; charlatan charlatan; fuskare dabbler **kvacksalveri** quackery; charlatanry; dabbling; jfr *kvacksalvare*

kvadda *tr* krossa o.d. smash

kvad|er *-ern -rar* o. **kvadersten** ashlar

kvadrant quadrant

kvadrat square; *~en på* 2 är 4 the square of ..; *2 m i ~* 2 m. square; *3 [upphöjt] i ~* 3 squared, 3 raised to the second power; fräckhet *i ~* ung. the very height of ..; *växa med ~en på* avståndet increase in proportion to the square of .. **-isk** *a* geom. o. friare square; mat. quadratic **-meter** square metre **-rot** square root; *dra ~en ur ett tal* extract the square root of a number

1 kval *-et (-en) 0* sport. se *kvalificering*

2 kval *-et -* lidande suffering, pina torment; oro, ångest anguish, vånda agony båda end. sg.; lida *hungerns (svartsjukans) [alla] ~* .. the pangs of hunger (the torments of jealousy)

-full *a* agonizing; om död extremely painful **kvalificera** *tr rfl* qualify, *till, för* for; denna examen *~r* [*honom*] *för statstjänst* . . qualifies him for public service **kvalificerad** *a* qualified, *till, för* for; om t.ex. arbetskraft skilled; om t.ex. undervisning superior, advanced; om brott aggravated; *~ majoritet* vanl. a two-thirds majority [at least] **kvalificering** qualification; *klara ~en till* . . sport. manage to qualify to . . ; se äv. följ. **kval[ificerings]-match** qualifying match **kvalifikation** allm. qualification

kvalitativ *a* qualitative **kvalité** *-n -er* H se följ. **kvalitet** *-en -er* allm. quality, H äv., i bet. kvalitetsklass grade; *av bästa (god, prima, dålig, sämre) ~* of the best, ([a] good, [a] first-rate, [a] poor, [an] inferior) quality; varor *av bästa ~* äv. first (top) quality . . **kvalitetsvara** superior (high-class) article, quality product

kvalm *-et 0* kvav luft o.d. close (osv., jfr *kvalmig*) atmosphere

kvalmatch qualifying match

kvalmig *a* kvav o.d. close, suffocating, stifling, stuffy; äcklig, om lukt sickly, nauseous, nauseating

kvalst[er *-ret -er* mite

kvantitativ *a* quantitative **kvantitet** *-en -er* quantity; mängd äv. amount **kvantteori** quantum theory **kvant[um** *-um[et] -a (-um)* mängd quantity, amount, portion, quant[um (pl. -a)

kvar *adv* på samma plats som förut [still] there (resp. here); kvarlämnad left [behind]; efter [sig] behind; vidare, längre (i förb. m. verb som 'stanna') on; i behåll (i förb. med 'vara' o. 'finnas'): om institution o.d. in existence, om bok, dokument extant, bevarad preserved; återstående, övrig left, över, till övers [left] over, left [over]; fortfarande still; ytterligare more; *bli (finnas, stanna, vara) ~* äv. remain; om man drar 3 från 10, *hur mycket blir [det] ~?* . . how much (what) is [there] left [over] (is the remainder)?; *finns* morgontidningen *~* att få? äv. is . . still available (to be had)?; *ha* 5 kr. *~* have . . left [over]; *ha ~* behålla keep; *hon har* sitt ilskna humör *~* she still retains . .; *har vi långt ~?* av vägen are we [still] far off?; *inte ha långt ~* [*att leva*] not have long (a long time) left [to live]; *boken ligger ~* på bordet the book is still [lying] [there] (kvarlämnad has been left) . .; *låta* ngt *ligga* (*stå* m.fl.) *~* [*där*] leave . . [there]; *stå ~* friare o. bildl. remain, [*som medlem*] *i* a member of; *lunchen får (kan) stå ~*, tills vi kommit hem lunch can be left [where it is] . .; en flygel av slottet *står ~* . . still stands, there is . . left [standing]; *stå ~ i tjänsten* keep one's position, remain in service; 4 från 5 *står 1 ~* . . leaves 1; *~ står i alla fall, att* . . there remains in any case the fact that . .; *han var* [*ännu*] *~* [*där*] *(var inte ~* [*där*]) när jag gick he was still there el. there still (was not there) . .; *allt som var ~* all that was left (remaining, efter kalas o.d. left over); under de få dagar *som är ~ till jul* äv. . . remaining to Christmas; *det var* bara fem minuter *~* äv. there were . . to go (run); *det är mycket ~ av (på)* arbetet there is a great deal of . . [still] left (remaining to be done); *det är långt ~ till* målet there is a long way left [to go] to . . — Jfr äv. beton. part. under resp. verb

kvar[bliven *a, -blivna* biljetter . . remaining (left) over (unsold) **-glömd** *a* se under *glömma* [*kvar*]

kvark *-en 0* curd [cheese], isht amer. cottage cheese, fetare [fresh] cream cheese

kvarka *-n 0* veter. [vanl. the] strangles sg. el. pl.

kvar[leva *-levan -levor* **1** av mat, *-levorna* the remnants (remains), *av, efter* of **2** bildl. remnant, rest residue; gengångare relic, survival **3** *hans jordiska -levor* his mortal remains **-levande** *a* surviving; *de ~* the survivors, jfr *efterlevande II* **-liggande** *a* ej avhämtad unclaimed; jfr *ligga* [*kvar*] **-låtenskap** *~en 0* property left [by a deceased person]; *hans ~* uppgår till . . the property left by him . .; *litterär ~* literary remains pl. **-lämna** *tr* se *lämna* [*kvar*]

kvarn *-en -ar* mill, för spannmål äv. flour-mill, väder~ äv. windmill; *prata som en ~* talk nineteen to the dozen; *den som kommer först till ~en får först mala* first come, first served **-damm** vattensamling mill-pond; fördämning mill-dam **-hjul** mill-wheel **-industri** flour-mill industry **-sten** millstone **-vinge** windmill-sail

kvar[sittare pupil who has not been moved up; *bli ~* [*i trean*] stay down [in the third form] **-skatt** [income] tax arrears pl., back tax[es pl.] **-stad** *~en ~er* sequestration, *på* of; om fartyg embargo, *på* on; om tryckalster impoundage, tillfällig suspension, *på* of; *belägga med ~* sequestrate; embargo; impound, suspend **-stå** *itr* se [*stå*] *kvar* **-stående** *a* remaining; *~ skatt* se *kvarskatt*

kvart *-en -er* (i bet. 2 efter grundtal -) **1** fjärdedel quarter; *en (ett) ~s* . . a quarter of a[n] . .; avståndet är *en (fem) och tre ~s meter* . . a metre (five metres) and three-quarters; jfr *trekvart 2* **2** *~s* timme quarter of an hour; *akademisk ~* academic quarter; *slå ~er* strike the quarters; *klockan är en ~ över (i) två* it is a quarter past el. amer. after (to, amer. äv. of, before) two; *fem ~* an hour and a quarter **3** format quarto **4** mus. fourth **5** fäkt. quart, carte

kvartal *-et -* quarter [of a (resp. the) year]

kvartals[hyra quarter's rent **-skifte** beginning of the (resp. a) new quarter **-vis** *adv* by

the quarter, quarterly
kvarter *-et* - **1** hus~ block; område district, friare neighbourhood; neger~, konstnärs~ o.d. quarter **2** man~ quarter **3** logi quarters pl., mil. äv. (i privathus) billet; *söka* ~ för natten look for quarters (lodgings, accommodation) . .; *ligga i* ~ be billeted
kvarteron quadroon
kvartett *-en -er* quartet
kvarting, *en* ~ |punsch| ung. a small bottle |of . .|
kvarto, *i* ~ in quarto
kvarts *-en -er* miner. quartz
kvartsfinal sport. quarter-final **kvart|s|-format** quarto
kvartslampa ultraviolet lamp
kvartssekel quarter of a century; *ett* ~ äv. twenty-five years pl.
kvartär *a* quaternary **-perioden** geol. the Quaternary period
kvarvarande *a* remaining, . . remaining behind; *de* ~ |*personerna*| those left (still) there
kvasi|bildning superficial education **-elegant** *a* flashy **-filosof** pseudo-philosopher **-litterär** *a* pseudo-literary **-vetenskap** pseudo-science
kvast *-en -ar* **1** eg. broom, ris~, gatsopares ~ äv. besom; viska whisk; *nya* ~*ar sopar bäst* new brooms sweep clean **2** knippa bunch **3** se *-prick* **4** bot. corymb **-formig** *a* broom--shaped **-prick** sjö. buoy (beacon) with broom **-skaft** broomstick
kvav I *a* allm. close; instängd äv. stuffy; tryckande oppressive, sultry; kvävande stifling, suffocating; fuktig o. ~ muggy **II** *s, gå i* ~ sjö. founder, go down; bildl. come to nothing
kverulant grumbler, querulous (cantankerous) person **kverulera** *itr* make a fuss, *över* about; be cantankerous
kvick *a* **1** snabb quick; flink äv. nimble; livlig, t.ex. om ögon lively; ~ *i benen (fingrarna)* se *flink; vara* ~ |*med*| *att* svara be very ready to inf. **2** spirituell, vitsig witty, jfr *fyndig 1;* ~ o. spetsig, t.ex. om replik smart; *en* ~ *och rolig* bok a clever (cleverly-written) . ., a . . sparkling with wit; försök inte att vara ~ . . funny (facetious); *så* ~*t* |*av dig*|*!* how clever |of you|! äv. iron.: *han vill bara göra sig (vara)* ~ he is only trying to be witty; *göra sig* ~ *på ngns bekostnad* crack jokes at a p.'s expense, make fun of a p.; jag förstår inte *det* ~*a i det här* . . the point of this **kvicka** *itr rfl,* ~ *på (sig)* hurry up
kvick|het ~*en* ~*er* **1** snabbhet quickness osv., jfr *kvick 1* **2** espri wit **3** kvickt uttryck witticism, joke; *gamla vanliga* ~*er* stale |old| jokes, chestnuts; *säga* |*dumma*| ~*er* crack |feeble| jokes **-huvud** wit, witty fellow
kvickna *itr,* ~ *till* revive, återfå sansen äv. come to (round), friare brighten up
kvickrot couch|-grass|, quitch|-grass|
kvicksilver mercury, spec. bildl. äv. quicksilver; *ha* ~ *i kroppen* bildl. never be able to keep still; hon är *som* |*ett*| ~ . . like quicksilver **-gruva** quicksilver mine **-preparat** mercurial preparation **-termometer** mercury thermometer
kvickt *adv* **1** snabbt quickly osv., F quick; ~ *ska det gå!* make it snappy |, now|!, be quick (smart) about it!; *så* ~ *går det inte* it can't be done as quick as that; *sjappa kvickare* än man kom make off quicker (more quickly) . . **2** spirituellt o.d. wittily osv.; *inte vidare* ~ *gjort!* not a particularly smart (clever) thing to do!; *det var* ~ *svarat* |*av honom*|*!* that was a very witty reply |of his|. - Jfr *kvick*
kvicktänkt *a* quick-witted, ready-witted; *inte vidare* ~ not very clever
kvid|a *kved (kvidde) -it itr* whimper; klaga whine, *över* about
kvig|a *-an -or* heifer **-kalv** cow-calf
kvillajabark quillaja (soap) bark
kvinn|a *-an -or* (äv. ~*n*) woman (pl. women); *det är en* ~ *med i spelet* there's a woman in it; ~*ns rättigheter* women's rights; *-or* statist. o.d. females; växa upp *till* ~ . . into a woman (to womanhood) **-folk 1** koll. women pl.; ~*et* i byn o.d. äv. the womenfolk pl. **2** *ett* ~ a woman **-kön,** ~*et* the female sex, kvinnosläktet womankind; *av* ~ of |the| female sex; hälften (25) *av* ~ . . women (females)
kvinnlig *a* (jfr äv. sms. på *kvinno-* ned.) av el. för ~t kön female; framför yrkesbeteckning vanl. woman jfr ex.; typisk el. passande för en kvinna feminine, isht om |goda| egenskaper, ~ av sig samt motsats flick- womanly; avsedd för kvinnor, t.ex. bilklubb, sysselsättning women's, ladies' bägge end. attr.; om man neds. womanish, stark. effeminate; ~ *arbetskraft* female labour; ~ *blygsamhet* womanly modesty; ~ *konduktör* female driver, woman driver (pl. women drivers), conductress; ~ *läkare* woman (lady) doctor (pl. women resp. lady doctors); ~ *nyfikenhet* feminine curiosity; ~*t rim* feminine rhyme; ~ *rösträtt* women's suffrage, votes pl. for women; ~ *ungdom* koll. young women (ladies), girls alla pl.; *det* |*evigt*| ~*a* the |eternal| feminine jfr följ. **kvinnlighet** womanliness, womanhood, *hos* in; femininity, hos man äv. womanishness, stark. effeminacy **kvinnligt** *adv* in a womanly way; femininely; womanishly, effeminately; jfr *kvinnlig*
kvinno|ansikte woman's face **-arbete** women's work **-bröst** female breast **-dräkt** female (woman's) dress **-dyrkan** woman--worship, devotion to woman (the fair sex) **-emancipation** emancipation of women

-frid, *~en* på gatorna *har minskat* women are more often molested . . **-fängelse** women's prison **-gestalt 1** female form **2** i bok o.d. female character, woman (pl. women) **-hatare** woman-hater, misogynist **-hjärta,** *~t, ett ~* a woman's heart **-klinik** women's clinic **-kännare** connoisseur of the female sex **-kön** se *kvinnkön* **-linje,** *~n* the female line, the distaff side; *gå i arv på ~n* be handed down (om egenskap be hereditary) on the distaff side **-list** feminine cunning, woman's wiles pl. **-logik** feminine logic **-läkare** specialist in women's diseases, gynaecologist **-namn** female name **-rov** abduction; rape **-rörelse,** *~n* feminism **-röst** fysiol. female voice **-saken** feminism **-sakskvinna** woman advocate of feminism, rösträttsförkämpe suffragette **-sida** se *-linje* **-sjukdom** · woman's disease; *~ar* women's diseases **-tjusare** lady-killer **-tycke,** *ha ~* have a way (be popular) with women, have sex-appeal **-välde** government by a woman (resp. by women), gynaecocracy

kvinnsperson woman (pl. women), female

kvint *-en -er* **1** mus. a) intervall fifth b) se *kvintsträng* **2** fäkt. quinte **kvintessens** quintessence **kvintett** *-en -er* quintet **kvintilera** *itr* på fiol scrape, *på fiolen* the fiddle; på flöjt tootle, *på* on **kvintsträng** first (E) string, chanterelle

kvissl|a *-an -or* |small| pimple, pustule **kvisslig** *a* pimply

kvist *-en -ar* **1** på träd o.d. twig, mindre sprig, isht avskuren ss. prydnad spray, större vanl. branch; . . *blommar på bar ~* . . blooms on a bare (naked) twig, . . blooms in advance of the leaves **2** i virke knot, knag **kvista I** *tr, ~* |*av*| lop, trim **II** *itr, ~* |*av (in)*| *till stan* pop (nip) into town; *~ i väg* slip off; *~ över (hem) till ngn* pop (nip) over (home) to a p. **kvistfri** *a* clean **kvistig** *a* **1** om träd o.d. twiggy, spriggy; branchy **2** om virke knotty, knaggy **3** svårlöst o.d. knotty; *en ~ fråga* äv. a difficult (sticky) question, a poser

kvitt *oböjl. a* **1** ej skyldig. *därmed är vi ~* that makes us quits (square); *vara ~* |*med* ngn| be quits |with . .|; *~ eller dubbelt* i spel double or quits (nothing) **2** *bli ~ ngn (ngt)* bli fri från get rid (quit) of a p. (a th.); *skönt att bli ~ honom* (*det* m.m.)! äv. good riddance!; *göra sig ~* . . rid oneself of . . **kvitta** *tr* set off, *med, mot* against; *~ en skuld mot en annan* äv. settle a debt per contra; jag tycker *vi ~r* [*med varann*| . . quit scores; *~* |*sina röster*| polit. pair |off|; *det ~r, det ~r* |*mig*| *lika* it's all one (the same) |to me|, it makes no difference |to me|

kvitten *- - r* el. *n* quince

kvittens *-en -er* receipt

kvitt|er *-ret 0* chirp osv.: kvittrande chirping osv.: jfr *kvittra*

kvittera *tr itr* räkning receipt, t.ex. belopp acknowledge, skriva under sign; sport. equalize; *en ~d räkning* a receipted bill; *~s* på räkning received with thanks; . . *som härmed ~s* . . which is herewith duly acknowledged; *betalt ~s!* bildl. tit for tat!; *hon ~de hans oförskämdhet med* . . she paid back his insolence with . .; *~ ut* sign for; t.ex. på posten collect, pengar o.d. äv. cash **kvitteringsmål** equalizer

kvittning set-off; kvittande setting off; polit. pairing |off|

kvitto *-t -n* receipt, *på* for; spårvagns~ ticket **-blankett** receipt-form

kvittr|a *itr* chirp äv. bildl.; eg. äv. twitter, chirrup **-ande** *~t 0* chirping osv.

kvot *-en -er* quota; vid division quotient **kvotera** *tr* fördela i kvoter allocate . . by quotas

kväde *-t -n* lay, *om* of; poem, song

kväk|a *-te -t itr* croak

kväkare *-n -* Quaker

kvälj|a *-de -t* (i bet. 2 vanl. *kvalde kvalt) tr* **1** äckla make . . feel sick, nauseate; *det -er mig att* inf. äv. it turns my stomach (friare makes me sick) to inf. **2** jur., *~ dom* impeach a judicial sentence pronounced **-ande** *a* sickening äv. friare, nauseating, nauseous **-ning,** *~ar* sickness, nausea båda sg.: *få (ha) ~ar* be sick; *få ~ar av ngt* be nauseated by a th.; *man får ~ar bara man ser det* the mere sight of it is enough to make one sick

kväll *-en -ar* **1** afton: allm. evening; senare night äv. ss. motsats till 'morgon'; jfr äv. motsv. ex. under *dag 1; en ~ i maj* är . . an evening in May . ., a May evening . .; trevlig att gå ut med *en ~* . . of an evening; *god ~!* a) vid ankomst good evening! b) vid avsked good evening (resp. night)!; *hela ~en* brukade hon . . all the evening (resp. all night) . ., the whole evening (resp. night) . .; *i ~* this evening, tonight, starkt beton., 'denna kväll' äv. this night; *i fredags ~* last Friday evening; *i går (morgon) ~* yesterday el. last (tomorrow) evening (resp. night); *mot ~en* towards evening; *det lider mot ~en* the day is drawing to a close; *om (på) ~en (~arna)* in the evening (evenings), of an evening; *sent på ~en* late in the night; *kl. 10 på ~en* at 10 |o'clock| in the evening (at night); |*på*| *fredag ~* skall vi . . next Friday evening . .; jfr *i fredags ~* ovan samt *fredagskväll; på ~en den 3 maj* brann det . . on the evening (resp. night) of May 3rd . .; |*under*| *de närmaste ~arna* är jag ledig during (on) the next few evenings . ., for a few evenings to come . . **2** *äta ~* kvällsmat have supper

kväll|a *-de -t itr, ~* |*fram*| om vatten well

(gush) forth, *ur* from
kväll|as *itr. dep, det* ~ nu evening (night) is drawing (coming) on, det skymmer it is getting dark **-ningen,** *i* ~ at nightfall (poet. even|tide|)
kvälls|arbete evening (resp. night) work **-belysning** evening light **-kröken** (o. *-kvisten*), *på* ~ in the evening; *så här på* ~ about this time in the evening **-kurs** evening class (course) **-kyla** chill|iness| of |the| evening **-luft** evening air **-mat** supper; *äta* ~ have supper **-mål|tid|** evening meal, supper **-nyheter** *pl* i radio late news **-sol** evening (setting) sun **-stund** evening hour, poet. eventide **-sömnig** *a,* alltid *vara* ~ be sleepy towards (of an) evening **-tid,** *studier på* ~ studying in the evening **-tidning** evening paper **-trött** *a,* alltid *vara* ~ be tired towards (of an) evening **-underhållning** evening entertainment **-undervisning** lärares evening teaching **-vard** ~*en* ~*er* se *-mat* o. *-mål|tid|* **-öppen** *a, ha -öppet* be open in the evening
kväs|a *-te -t tr* ngns högmod humble, take the wind out of; ~ *|till| ngn* take a p. down |a peg or two|
kväv|a *-de -t tr* allm. choke; om syrebrist el. rök äv. suffocate, stifle, om gas asphyxiate; eld el. med t.ex. kudde, kyssar smother; gäspning, gråt, skratt stifle, smother; hosta, opposition suppress, revolt quell; *vara nära att* ~*s* be almost choking (ready to choke), *av* with; stå packade *så att man kan* ~*s* . . to suffocation **-ande** *a* om värme suffocating, stifling; om känsla choking
kväve *-t 0* nitrogen **kvävehaltig** *a* nitrogenous **kvävgas** nitrogen gas
kvävning *-en 0* choking; suffocation, stifling, asphyxiation; smothering; jfr *kväva* **kvävningsanfall** choking fit
kybernetik *-en 0* cybernetics sg. el. pl.
kyckling chicken äv. kok.; isht nykläckt chick; som efterled i sms. ofta young, se *fasankyckling; stekt* ~ roast chicken **-höna** mother-hen **-kull** brood of chickens
kyffa *rfl,* ~ *ihop sig* huddle together **kyffe** *-t -n* poky hole, ruckel hovel
kyl *-en -ar* **1** kylskåp fridge **2** se *kylhus, kylrum*
kyl|a I *-an 0* **1** eg.: allm. cold; svalka chilliness; *när* ~*n* höstkylan *börjar* äv. when the chilly period sets in; vara ute *i* ~*n* . . in the cold weather; jfr *köld 1* **2** bildl. coldness, t.ex. i förhållande mellan folk coolness, chilliness **II** *-de -t tr* **1** ~ *|av|* cool |down|, chill båda äv. bildl., tekn. äv. refrigerate; ~ *ned* chill; ~ *ut* let . . get quite cold; rummet *är utkylt* . . has become quite cold **2** förfrysa, ~ *ansiktet* get one's face frost-bitten **3** kännas kall, ledstången *-er* . . feels cold

kylanläggning refrigerating plant
kylar|e **1** på bil radiator **2** kylapparat cooler, condenser **3** ishink |wine| cooler, ice-pail **-gardin** radiator shutter|s pl.| **-vätska** anti-freeze
kyl|disk refrigerated display cabinet **-fläns** cooling flange, fin **-hus** cold store
kylig *a* cool, stark. cold, obehagligt ~ chilly alla äv. bildl. **kyligt** *adv* coolly; t.ex. hälsa distantly
kylknöl chilblain
kyll|er *-ret -er* buff-coat, buff-jerkin
kyl|ning cooling, tekn. refrigeration **-rum** cold-storage room **-skada** frost-bite **-skåp** refrigerator, F fridge, amer. äv. icebox **-slagen** *a* om dryck slightly warmed, tepid; kylig cool **-system** cooling system; *slutet* ~ sealed cooling system **-sår** broken chilblain **-vagn** järnv. refrigerator wag|g|on **-vatten** cooling water
kymig *a* nasty, mean
kyndelsmässa Candlemas
kynne *-t -n* |natural| disposition, temperament; character, nature äv. om t.ex. landskap
kypare waiter
kypert *-en -ar* twill **kyprad** *a* om väv twilled
kyrk|a *-an -or* church, sekts o.d. chapel; ~*n* a) ss. institution the Church b) gudstjänsten church; *en* ~*ns tjänare (man)* an ecclesiastic, a churchman, isht katol. a priest; *gå i* ~*n* go to (attend) church (resp. chapel), ibl. worship; *vara i* ~*n* bevista gudstjänsten be at (in) church
kyrk|backe, *på* ~*n* |in the open space| outside the church **-besök** m. fl. sms. se *kyrk|o|-besök* osv. **-bröllop** church wedding **-by** church village **-båt** church-boat **-bänk** pew **-dags** *adv, det är* ~ dags att gå till kyrkan it is time to gó to church; *vid* ~ at service-time **-dörr** church-door **-folk** church-goers pl.; jfr *kyrk|o|besökare* **-fönster** church window **-håv** collection-bag **-kaffe** after-church coffee **-klocka** **1** church bell **2** ur church clock
kyrklig *a* **1** vanl. church . .; formellare, t.ex. om myndighet ecclesiastical; ~ *angelägenhet* äv. ecclesiastical matter; *ha* ~*a intressen* take an interest in the Church; ~ *jordfästning* Christian burial; ~ *handling* religious ceremony, ministration; ~ *vigsel* church wedding **2** se *kyrksam*
kyrkoadjunkt curate
kyrk|o||besök attendance|s pl.| at church **-besökare** regelbunden church-goer, tillfällig attender at church **-bok** parish register **-bokföra** *tr* ung. register **-bokföring** ung. registration
kyrko|fader Father of the Church **-fullmäktig** ung. member of a (resp. the) vestry;

~*e* pl. ung. the vestry sg. **-furste** prelate **-gård** cemetery; kring kyrka churchyard **-handbok** service-book; *Kyrkohandboken* i Engl. the Book of Common Prayer **-herde** vicar, rector, katol. parish priest, *i* of; ~ |*Bo*| *Ek* |the| Rev. (utläses the reverend) Bo Ek **-herdeboställe** vicarage, rectory, katol. presbytery **-historia** church (ecclesiastical) history **-historiker** church (ecclesiastical) historian **-konsert** konsert i kyrka church concert **-lag** canon law **-musik** church (sacred) music **-möte** synod; *-mötet i* Nicaea the Council of . . **-ruin** ruined church; *en* ~ äv. the ruins pl. of a church **-råd** church council **-samfund** |church| communion, church

Kyrkostaten hist. the States pl. of the Church, the Papal States pl.

kyrko|stämma parish meeting **-år** ecclesiastical year

kyrk|råtta, *fattig som en* ~ poor as a church mouse **-sam** *a, vara* ~ |*av sig*| be a regular church-goer **-silver** church plate **-skriva** *tr* ung. register **-socken** parish **-spira** church steeple (spire) **-torn** church tower **-tupp** church weathercock **-vaktare** o. **-vaktmästare** verger **-värd** churchwarden **-ängel** | bildl. chubby-cheeked | cherub

kysk *a* chaste äv. bildl. **kyskhet** chastity **kyskhetslöfte** vow of chastity **kyskt** *adv* chastely; *leva* ~ lead a chaste life

kyss *-en -ar* kiss **kyss|a** *-te -t tr* kiss; *han -te henne på munnen (hand|en|)* he kissed her on the mouth (kissed her hand); ~ *ngn till avsked* kiss a p. good-bye; ~ *bort* tårarna kiss away . . **kyss|as** *-tes -ts itr. dep* rpr. kiss |each other|; ~ *och smekas* äv. bill and coo **kysstäck** *a* perfectly sweet; om mun kissable **kyssäkta** *a* om läppstift kiss-proof

kåd|a *-an -or* resin **kådig** *a* resinous

kåk *-en -ar* ruckel ramshackle (tumbledown) house, mindre hovel, shack; F o. skämts. för hus house, byggnad building

kål *-en 0* **1** cabbage **2** bildl., *göra (ta)* ~ *på* nearly kill, F do for, friare drive . . mad; det här (barnen) *tar* ~ *på mig* . . will be the death of me **-blad** cabbage-leaf **-dolma** ~*n* ~*r* ung. stuffed cabbage roll **-fjäril** large white **-huvud** |head of| cabbage **-mask** caterpillar **-rabbi** kohlrabi, turnip-cabbage **-rot** swede, Swedish turnip, amer. äv. rutabaga **-soppa** cabbage-soup **-supare,** *de är lika goda* ~ |*båda två*| they are |both| tarred with the same brush, one is as bad as the other

kånka *itr,* ~ *på (i väg med) ngt* lug (go away lugging) a th.

kåp|a *-an -or* **1** munk~ cowl; kor~ cope **2** tekn.: skydds~ cover, casing; rökhuv hood

kår *-en -er* allm. body; mil. o. dipl. corps (pl. lika): jfr *lärarkår* o.d. sms.; *han är en prydnad för sin* ~ he graces his profession **-anda** esprit de corps fr., team spirit

kår|e *-en -ar* **1** vindil breeze; krusning på vatten ripple **2** bildl., *det går kalla -ar efter (längs) ryggen på mig* a cold shiver runs (goes) down my back, I get the creeps

kårhus för studenter students' union building

kåsera *itr* hålla ett kåseri ung. give a talk, skriva ett kåseri ung. write a light article, *om (över)* on **kåserande** *a* chatty, conversational, informal **kåseri** causerie fr.; i tal äv. |informal| talk; i tidning äv. light (chatty, conversational) article **kåsör** i tidning ung. columnist **kåsös** i tidning ung. female columnist

kåt *a* randy

kåt|a *-an -or* |Lapp| cot (tält~ äv. tent)

käbb|el *-let 0* bickering osv., jfr följ. **käbbla** *itr* bicker, wrangle, squabble, gnata nag, *om* i samtl. fall about; ~ *emot* answer back

käck *a* hurtig, klämmig dashing, jaunty, om t.ex. melodi sprightly; frimodig frank äv. om t.ex. svar; pigg bright; oförskräckt plucky, . . full of go, high-spirited; piffig, om klädesplagg saucy, om t.ex. uppnäsa pert; piffigt klädd smart **käckhet** dashingness osv.; dash; pluck **käckt** *adv* dashingly osv., jfr *käck;* in sprightly (high-spirited) fashion; *med mössan* ~ *på sned* with one's cap jauntily on one side

käft *-en -ar* **1** ~|*ar*| käkar, gap jaws pl., isht hos djur äv. chaps pl.; *dödens (djurets)* ~*ar* the jaws of death (the animal); *håll* ~|*en*|*!* shut up!; *vara slängd i* ~*en* have the gift of the gab, slagfärdig be quick at repartee; *vara stor i* ~*en* shoot one's mouth off; *slå ngn på* ~*en* hit (punch) a p. in (on) the jaw **2** på verktyg jaw **3** *inte en* ~ F not a |living| soul **käfta** *itr* prata jaw; käbbla wrangle; ~ *emot* answer back (saucily)

kägel|bana skittle-(ninepin-)alley **-formig** *a* conical, cone-shaped **-klot** skittle-ball **-snitt** mat. conic section **-spel** -spelande skittle-playing, skittles sg. **-spelare** skittle-player, skittler

kägl|a *-an -or* **1** allm. cone **2** i kägelspel skittle, ninepin; *slå (spela) -or* play skittles (ninepins)

1 käk *-en -ar* se *käke*

2 käk *-et 0* mat grub **käka I** *itr* have some grub **II** *tr* have, *middag* dinner

käkben jaw-bone, undre äv. mandible **käk|e** *-en -ar* jaw **käkled** jaw-joint

kälkbacke toboggan-run

kälk|borgare *s* o. **-borgerlig** *a* philistine, bourgeois fr.

kälk|e *-en -ar* toboggan, sledge; *åka* ~ toboggan, sledge; göra en -tur go tobogganing (sledging) **-åkare** tobogganer, sledger **-åkning** tobogganing, sledging

käll|a *-an -or* källsprång spring; flods source äv.

bildl.: *en helig* ~ a holy well; *varma -or* hot springs; *han är min* ~ he is my authority (informant); *min* ~ *för uppgiften* the source of my information; *en* ~ *till* glädje (förargelse) a source of . .; *från (ur) säker* ~ from a reliable source, on good authority; *gå till -orna* källskrifterna consult the original sources; *skatt vid* ~*n* se *källskatt*

källar|e -[e]*n* -*e (källrar)* **1** förvaringslokal cellar; jordvåning basement **2** se *krog, restaurang* **-fönster** cellar (resp. basement) window **-glugg** cellar air-hole **·-mästare** restaurant-keeper, restaurateur fr. **-trappa** cellar stairs pl., stairs pl. to the cellar[s] **-valv** cellar-vault **-våning** basement

käll|beskattning taxation at the source; ~[en] systemet the Pay-As-You-Earn (förk. P.A.Y.E.) system, amer. the Pay-As-You-Go plan **-drag** se *-åder* **-flod** source **-forskning** original research, study of [original] sources **-frisk** *a* om vatten spring-cool **-förteckning** se *litteraturförteckning* **-kritik** criticism of the (resp. one's) sources **-skatt** tax at [the] source [of income], Pay-As-You-Earn (förk. P.A.Y.E.) tax, amer. withholding (Pay-As-You-Go) tax; jfr *-beskattning* **-skrift** källa [written] source **-språng** [gushing] spring **-studium** study of sources (äv. *-studier*) **-vatten** spring water **-åder** vein of water; källa spring

kält *-et 0* nagging, *på* at **kälta** *itr* nag, *på ngn* [at] a p.

kämpa I *itr* (ibl. *tr*) slåss fight, bildl. äv. contend; brottas struggle; ~ *en hård kamp* fight a hard battle; ~ *för ngt* fight for a th.; ~ *med* ngn (varandra) fight [with] . ., struggle with . .; *ligga och* ~ *med döden* be struggling against (fighting a struggle with) death; ~ *med (mot) svårigheter* contend with difficulties; *ha* svårigheter *att* ~ *med* äv. labour under . .; ~ *mot fattigdomen* fight (struggle) against poverty; ~ *mot vinden* battle against the wind; ~ *mot (med) gråten* fight back one's tears; *ha att* ~ *mot* nöd (otur) have . . to contend with (combat); ~ *om ngt* contend for a th.; ~ [*e*]*mo't* bjuda motstånd offer resistance; han har ~*t ut (slut)* avlidit . . fought his last fight, . . ended his struggle[s] **II** *rfl*, ~ *sig igenom* ngt fight one's way through . ., isht bildl. struggle through . . **kämpagestalt** giant figure

kämp|e *-en -ar* **1** stridsman warrior **2** förkämpe champion, protagonist, *för* of

kän|d *a* **1** bekant: mots. okänd known; väl~, attr. well-known (pred. well known), ryktbar famous, noted, beryktad notorious, *för ngt* i samtl. fall for a th.; välbekant familiar, *för ngn* to a p.; ~ *av alla (av polisen)* known by all (to the police); *icke* ~ äv. unknown; *ett allmänt -t fall* a case known to (by) people in general; det är *en* [*allmänt*] ~ *sak* äv. . . a fact familiar to all, . . common knowledge; *bli* ~ yppad be disclosed; *göra sig* ~ *som* . . win (establish) a reputation as . .; det är *allmänt -t* . . widely (generally, universally) known, neds. . . notorious; *vara illa* ~ ansedd be of bad (evil) repute; *vara* ~ *för att vara* . . be known to be . ., have the reputation of being . .; *vara* ~ *för* sin hemslöjd be noted for . .; *vara* ~ *under namnet* . . äv. go by the name of . . **2** förnummen felt; *vårt djupt* ~*a tack* our heartfelt thanks pl.

käng|a *-an -or* boot, amer. shoe; *ge ngn en* ~ pik have a dig at a p. **-snöre** boot-lace, amer. shoestring

känguru *-n* -[*e*]*r* kangaroo

känn, *på* ~ by instinct; *ha ngt på* ~ feel a th. instinctively, sense a th.; *ha på* ~ *att* . . have a (the) feeling (an impression) that . .

kän|na A *s, ge till* ~ meddela o.d. se *tillkännage; ge sina känslor till* ~ *för ngn* reveal one's feelings to a p.; *ge sitt missnöje till* ~ *för ngn* make one's dissatisfaction felt to a p.; *ge sig till* ~ om pers. make oneself (one's presence) known, reveal one's identity, *för ngn* to a p.; om t.ex. missnöje manifest itself

B *-de -t* (jfr *känd*) **I** *tr itr* **1** förnimma: kroppsligt o. själsligt i allm. feel; ha en obestämd förkänsla av sense; pröva [try and] see; jfr äv. ex. m. 'känna' under resp. subst.; ~ *avund (besvikelse)* m.fl. återges enl. mönstret be el. feel envious (disappointed); ~ *en svag doft* notice a faint scent; ~ *förlusten djupt* feel the loss deeply, take the loss badly; ~ *gaslukt* smell gas; *jag -de gaslukt* äv.: märkte I noticed (upptäckte detected) a smell of gas; ~ *glädje* feel joy, rejoice; ~ *hunger (törst)* feel (be) hungry (thirsty); *inte* ~ *någon lust att* inf. not feel like ing-form; ~ *tacksamhet mot ngn för ngt* feel (be) grateful to a p. for a th.; ~ *trötthet* feel tired; ~ *ånger* have a feeling of remorse; feel sorry, *över* for; ~ *det* skönt (obehagligt) *att* inf. find it . . to inf.; ~ *det som* ett nöje (en plikt) *att* inf. feel it . . to inf.; *-ner du* hur kallt det blivit? do you feel (märker notice) . . ?; *känn* [*efter*] *om* kniven är vass [try and] see whether . . , jfr vid. ~ *efter* ned.; ~ *djupt för ngn* feel deeply for a p., sympathize deeply with a p.; ~ *i fickan efter pengar* feel in one's pockets for money; ~ *ngt på lukten (smaken)* tell a th. by the smell (taste); *jag -ner på dig,* att du har ätit lök I can smell . .; *känn på* kniven *så vass* (*på* min panna *så het) den är!* feel how sharp . . (hot . .) is!; *känn på* den här cigarren: lukta smell . ., rök try . . ; jfr *kännas* **2** känna till, vara bekant med know, jfr ~ *till* ned.; ~ *ngn till namnet (utseendet)* know a p. by name (sight); ~

ngn flyktigt have a nodding acquaintance with a p.; *-ner herrarna varandra?* äv. have you made each other's acquaintance?; *-ner jag henne rätt* så kommer hon if I know her at all (have summed her up right) . . ; *inte ~* veta av *fruktan (några gränser)* know no fear (bounds); *lära ~* get to know; *lära ~ ngn* äv. make a p.'s acquaintance, småningom come to know a p.; *vi lärde ~ varann* vid universitetet äv. we became (got) acquainted . .; *på sig själv -ner man andra* one judges others by oneself

II *rfl* feel; märka |att man är| feel oneself; *~ sig kry (trött)* feel well (tired); *~ sig som främling* i sitt eget hem feel oneself (feel like) a stranger . . ; *~ sig ha (vara)* . . feel that one has (is) . .; *~ sig växa* i kraft och förmåga feel oneself (that one is) growing . .; *känn dig själv!* know thyself!

III m. beton. part. **1** |*få*| *~ av* t. ex. kölden feel; *få ~ av* t.ex. arbetslöshet experience; *han fick ~ av att* han varit dum he was made to feel . .; jfr *känning 2* ex. **2** *~ efter i sina fickor* search (feel) one's pockets; *~ efter om* dörren är låst (potatisen är kokt) see if . . ; *~ efter om* man är hungrig feel if . . ; *~ efter hur* såsen *smakar* try . . and see how it tastes; *känn inte efter så mycket!* don't worry so much about yourself! **3** *~ sig för* eg. o. bildl. feel one's way, *hos ngn* with a p.; *~ sig för hos ngn* äv. sound a p.; *~ sig för* |*i* ny miljö| try to find one's bearings |in . .| **4** *~ igen* recognize; *jag skulle ~ igen honom* genast (bland hundra) äv. I would know him . .; *~ igen ngn på* rösten (gången) äv. know a p. by . .; man kan alltid *~ igen en militär* |*på hållningen*| . . tell a military man |by his carriage|; *hon -ns lätt igen på* sin klänning it is easy to recognize (tell) her by . .; *~ igen sig* hitta, t.ex. i stad know one's way about; *~ igen sig* |*själv*| *på* t.ex. fotografi recognize oneself from . . ; *är jag igenkänd?* av dig do you recognize me (who I am)?; *en igenkännande* blick a . . of recognition **5** *hon kände med sig att hon hade* . . she was aware of having . . , she felt that she had . . **6** |*få*| *~* pröva *på* t.ex. motgång |have to| experience; *få ~ på hur det är* t.ex. att ha det knappt be made to feel what it is like . .; *det -ns* kostar *på att* få börja om it is trying to . ., jfr *kosta* |*på b*|; *hon lät mig ~ på* sin ilska she let (made) me feel (experience) . . ; *du ska få ~ på annat!* I'll show you what-for!; *~ på sig* att . . have a (the) feeling . ., feel instinctively . . **7** *~ till* know, be acquainted with; veta av (om) know (have heard) of; vara hemma i, t.ex. arbete, knep äv. be up to; *~ väl till* äv. know all about

kännande *a* feeling; om t.ex. varelse sentient **kännarblick,** *med ~* with the eye of a connoisseur (an expert) **kännare** *-n* - konst~ o.d. connoisseur, judge, *av* of; expert expert, *av, på* on, in; authority, *av, på* on; *~ av* svensk standard *säger så* people who know all about . . say so **kännarmin,** *med ~* with the air of a connoisseur

kän|nas *-des -ts itr. dep* **1** feel; handen *-ns våt* . . feels wet; tyget *-ns mjukt* äv. . . is soft to the touch; *det -ns* t.ex. kallt, underligt it feels . . ; *det -ns skönt* äv. it is a pleasant feeling; *det -ns inte* I (you osv.) don't feel it; *det -ns litet* t.ex. i tanden på mig I feel it a little; *det -ns lugnande för mig att veta det* it is a relief to me to know |that|; *hur -ns det* |*nu*|*?* how do you feel (are you feeling) |now|?; *hur -ns det att börja* arbetet igen? how does it feel to begin (beginning) . . ? ; jag vet hur *det -ns (-ns för honom)* . . it (he) feels; *det -ns på lukten* att . . you can tell by the smell . . **2** *~ vid* erkänna, t.ex. misstag, barn acknowledge; *inte vilja ~ vid* refuse to acknowledge, disown, t.ex. sin egen far äv. be ashamed of; *vem -ns vid* äger . .? who is the owner of . .?; jfr *vidkännas*

kännbar *a* förnimbar perceptible, märkbar noticeable, påtaglig obvious, *för* to; avsevärd considerable, svår severe, allvarlig serious, tung heavy, smärtsam, påkostande painful, *för* i samtl. fall for; *en ~ brist på* livsmedel a much-felt want of . . , stark. a pressing need of . . ; *~t* straff . . that is (was osv.) really felt; behovet *gör sig ~t* . . is making itself felt

känne|dom *~en 0* kunskap knowledge, *om* of; bekantskap acquaintance, närmare familiarity, *om* with; *få ~ om (om att)* receive information (be informed) about (that); *jag har fått ~ om att* . . äv. it has come to my knowledge that . . ; *ha ~ om* know about, be aware (informed) of; *ta ~ om* take cognizance of; *med ~ om* knowing, with a knowledge of; *bringa till ngns ~* bring to a p.'s knowledge (notice); *det har kommit till vår ~ att* . . we have been informed (information has reached us) that . . **-märke** se *-tecken; geniets ~* the hallmark of genius **-tecken 1** igenkänningstecken |distinctive| mark, token **2** utmärkande egenskap characteristic, distinctive feature, attribute; symtom symptom; tecken mark, criteri|on (pl. -a), *på* i samtl. fall of **-teckna** *tr* characterize, mark, be characteristic of; *~s av* äv. be distinguished by **-tecknande** *a* characteristic; *ett ~ drag* äv. a distinctive trait

känning 1 kontakt touch, mil. äv. contact; *ha ~ med (av) land* be within sight of land; *få ~ med botten* touch (strike) |the| bottom **2** smärtsam förnimmelse sensation of pain; *ha ~ av* t.ex. feber, sina nerver be troubled by . .; *ha (få) ~* olägenhet *av* krisen be (get) affected by . . ; jfr *efterkänning* **3** förkänsla presentiment; jfr *förkänning*

känsel *-n 0* sinne feeling, *i* in; perception of touch; jfr *-sinne; ha fin ~* have a fine sense of feeling (resp. touch); förlora *~n* . . sensibility (one's sense of feeling); *jag har inte någon ~ i* foten äv. my . . is numb (asleep) **-förnimmelse** tactual sensation, sensation of touch **-nerv** sensory nerve **-organ** tactile organ **-sinne** för värme, köld, smärta sense of feeling; för tryck [sense of] touch, tactile sense **-spröt** feeler, palp

känsl|a *-an -or* allm. feeling, *för ngn (ngt)* towards a p. (for a th.); sinnesförnimmelse sensation; sinne, uppfattning, medvetande sense; andlig, isht moralisk sentiment, *av medlidande* of pity; varm affection; förmåga att känna, stark ~ emotion; *mänskliga -or* human feelings (emotions resp. sentiments); *ömma -or* tender feelings (affections); *en ~ av hunger (köld)* a feeling of hunger (a sensation of cold); *en ~ av* sin egen obetydlighet a sense of . .; *jag har en stark ~ [av] att* . . I have a strong feeling (föraning presentiment) that . .; *ha ~ för* rätt och orätt have a sense of . .; . . *som tilltalar ~n* . . that appeals (resp. appeal) to one's sense of feeling; *vädja till* väljarnas *-or* appeal to the emotions of . .; *i ~n av* sitt eget värde conscious of . .; *i ~n av att* . . feeling that . .; *med ~ och övertygelse* with real feeling

känslig *a* allm., om pers. samt mer fackl. sensitive, *för* to; mottaglig för t.ex. smärta, drag, motgång, smitta, intryck susceptible, om kroppsdel sensible, *för* to; lättrörd, ömsint emotional; lättretlig touchy; ömtålig delicate; känslofull emotional, . . full of feeling, rörande moving, sentimental sentimental; *ett ~t ämne* a delicate (ticklish) subject; *~ för* kritik sensitive to . .; *~ för intryck* impressionable; *~ för* vänlighet sensible to . .; barn *i den ~a åldern* . . at the impressionable age **-het** sensitivity, sensitiveness; susceptibility; sensibility, *för* i samtl. fall to; emotionality; touchiness; delicacy; moving quality; sentimentality; jfr föreg.

känslo|betonad *a* emotionally tinged, emotive **-full** *a* . . full of feeling, emotional; jfr vid. *-sam* **-liv** emotional life **-lös** *a* allm. insensitive, insensible, *för* to; domnad numb; isht själsligt callous, unemotional; unfeeling, *för ngn* towards a p.; likgiltig, t.ex. för förebråelser indifferent, *för* to; apatisk apathetic **-löshet** insensitiveness osv.; insensibility; indifference; apathy; jfr föreg.; *hans ~* brist på känsla äv. his lack of emotion (kyla feeling) **-människa** emotional person, utpräglad emotionalist **-sak** matter of sentiment **-sam** *a* -full emotional, sentimental sentimental, stark. mawkish **-skäl** sentimental reason **-tänkande** *~t 0* emotional thinking **-utbrott** outburst of feeling

käpp *-en -ar* allm. stick; tunn, äv. rotting cane; stång rod; *få smaka ~en* get a caning; *sätta en ~ i hjulet* throw a spanner into the works; *sätta [en] ~ i hjulet för ngn* put a spoke in a p.'s wheel; *gå med ~* bära carry (med hjälp av walk with) a stick **-häst** hobby-horse, bildl. äv. hobby, fix idé fad **-rak** *a* bolt upright, . . [as] straight as a poker **-rapp** blow with a (resp. the) stick **-rätt** *adv, det gick ~ åt skogen* it went all to blazes

kär *a* **1** avhållen dear, *för* to; älskad beloved, om sak äv. cherished, *för* by; kärkommen welcome; *~a barn (ni)!* my dear (till flera dears)!; slita sig från *sina ~a böcker* . . the books [that] one is (was osv.) so attached to; *~a du!* my dear [fellow, girl etc.]; *Käre herr Ek!* i brev Dear Mr. Ek,; förtroligare My dear Ek,; ha ngn *i ~t minne* . . in cherished (fond) remembrance; *kruset är ett ~t minne* från min resa the jar is a precious souvenir . .; *en ~ plikt* a pleasant duty, a privilege; *hans ~aste syssla* var . . the occupation [that] he was fondest of . .; det är *min ~aste önskan* . . my dearest (fondest) wish; *om livet är dig ~t* if you value your life; *det skulle vara mig ~t om* . . I should be glad if . .; *ha ngn ~* be fond of (love) a p.; *mina ~a* my dear ones, those dear to me **2** förälskad in love (stark. infatuated), *i* with; *bli ~ i* fall in love with; *vara ~ i* be in love with, F be sweet (gone) on

1 kära *rfl, ~ ner sig i* [go and] fall in love with, fall for

2 kära *itr* jur. bring an action [before a court of law] **kärande** *-n -* plaintiff; i brottmål prosecutor

kärest|a *-an -or* sweetheart; *hans ~* fästmö äv. his fiancée fr. (F girl)

käril *-et -, ett svagt ~* a weak vessel

käring i olika bet. old woman (pl. women); [*gammal*] *ful ~* äv. crone, hag **-aktig** *a* old-womanish **-knop** o. **-knut** granny['s] knot **-prat** old woman's (resp. women's) gossip, old wives' tales pl. **-tand** bot. bird's-foot trefoil, babies' slippers pl.

kärkommen *a* welcome

kärl *-et -* allm. vessel, biol. äv. duct; förvarings~ receptacle, container, *för, till* for

kärlek *-en 0* allm. (äv. *~en*) love, *till* vanl. of, for; tillgivenhet affection, *till* for; hängivenhet devotion, *till, för* t.ex. studier to; lidelse passion, *till* for; kristen ~ charity; 'flamma' love, F flame; *~en till Gud* love to (the love of) God; *~ till nästan* neighbourly love, charity; *göra det av ~ till* ngn (ngt) do it out of love (affection) for . .; gifta sig *av ~* . . for love; *dö av olycklig ~* die of a broken heart

kärleks|affär love-affair, romance **-brev** love-letter **-dryck** love-potion, philtre **-full** *a* älskande loving, affectionate, öm tender, *mot* i samtl. fall to[wards]; hängiven, om t.ex.

studium devoted; kärlig, om t.ex. blick amorous; jfr *kärlig* **-förbindelse** o. **-förhållande** love-affair, liaison **-förklaring** declaration of love **-gnabb** lovers' quarrels pl. **-gud** god of love **-historia 1** berättelse love-story **2** se *-affär* o. *-förbindelse* **-krank** *a* lovesick **-kval** *pl* pangs of love **-lös** *a* **1** hårdhjärtad uncharitable, *mot* to **2** om t.ex. barndom loveless **-pant** love-token; barn pledge of love **-roman** love-story **-upplevelse** erfarenhet av kärleken experience of love end. sg.; jfr *-affär* **-verk,** *utöva ~* do (perform) works of charity **-äventyr** amorous adventure **-ört** orpine, livelong

kärlig *a, kasta ~a blickar på ngn* look amorously at a p.

kärl|kramp vascular spasm **-sammandragande** *a, ~ medel* vasoconstrictor **-utvidgande** *a, ~ medel* vasodilator

1 kärn|a I *-an -or* smör~ churn **II** *tr, ~ smör* churn, make butter

2 kärn|a I *-an -or* **1** frukt~: i äpple, päron, citrusfrukt pip; i gurka, melon, russin, druva seed, i druva äv. pip; i stenfrukt stone, amer. pit; i nöt kernel; *ta ut -orna ur* remove the pips osv. from, gurka o.d. äv. seed, stenfrukt äv. stone, amer. pit **2** i säd grain **3** friare: tekn. samt gaslågas core; jordens kernel; fys. o. naturv. nucle|us (pl. -i); i träd heart **4** bildl. (t.ex. av sanning) core; *~n* det väsentliga äv. the essence,·*i* of; *~n* bästa delen *av* landets ungdom the pick (flower) of . .; *komma till |själva| ~n i saken* get to the heart (crux, root) of the matter **II** *tr, ~ |ur|* äpplen core; se vid. *ta ut -orna ur* ovan *I 1*

kärn|bränsle o.d. sms. se äv. *atom-* **-forskning** nuclear research **-fri** *a* om citrusfrukt pipless, seedless; om russin seedless, urkärnad seeded; om stenfrukt stoneless, urkärnad stoned **-frisk** *a* om pers. thoroughly healthy (sound), . . sound as a bell **-frukt** pome **-full** *a* bildl. vigorous, mustig pithy; *|kort och| ~* äv. sententious **-fysik** nuclear physics **-fysiker** nuclear physicist **-gubbe** tough old boy **-hus** core **-is** ung. blue (clear) ice **-kemi** nuclear chemistry **-klyvning** nuclear fission **-laddning** nuclear charge

kärnmjölk buttermilk

kärn|punkt, *~en i . .* the principal (cardinal, main) point in (of) . . **-reaktor** nuclear reactor **-skugga** umbra (pl. -e) **-språk** pithy language; sentens apophthegm **-sprängning** se *-klyvning* **-sund** se *-frisk* **-svensk** *a . .* Swedish through and through **-trupper** *pl* picked troops **-vapen** nuclear weapon **-vapenfri** *a, ~ zon* non-nuclear zone **-vapenkrig** nuclear war (krigföring warfare) **-vapenprov** nuclear test **-ved** o. **-virke** heartwood, duramen **-värmeverk** nuclear heating plant

käromål jur. plaintiff's case

kärr *-et* - marsh, myr swamp, fen

kärr|a *-an -or* **1** eg. cart; drag~, skott~ barrow; F om bil car, isht om äldre jalop|p|y **2** se *-lass*

kärrhök, *blå ~* hen-harrier; *brun ~* marsh harrier

kärring se *käring*

kärrlass cart-load, barrow-load (jfr *kärra 1*) m. of framför följ. best.

kärr|mark marktyp marshy ground (soil); område marsh|land| **-mes** marsh tit|-mouse| **-sköldpadda** |European| pond tortoise

kärv *a* allm. harsh; om yta, före äv. samt om motor rough; om smak äv. acrid, sammandragande astringent; om ljud äv. strident; om landskap äv austere; bildl., om stil, språk, humor rugged, om pers. gruff, om kritik pungent **kärva** *itr* om motor bind

kärv|e *-en -ar* lantbr. shea|f (pl. -ves): *binda |ngt i| -ar* sheaf |a th.|

kärvhet harshness osv.: acridity; astringency; austerity; pungency; jfr *kärv*

kärvänlig *a* öm affectionate; överdrivet vänlig ingratiating; *kasta ~a blickar på ngn* make eyes at a p.

kättarbål stake **kättare** *-n* - heretic

kätt|e *-en -ar* lantbr. pen, |loose| box

kätteri heresy **kättersk** *a* heretical, friare heterodox

kätting chain; ankar~ äv. cable

kättja *-n 0* lust|fulness| **kättjefull** *a* lustful, lecherous

1 käx *-et (-en)* - kaka biscuit, amer. cracker

2 käx *-et 0* käxande nagging; persistent asking

käxa *itr* nag, *på* at, *efter, om* for; keep nagging, keep on asking, *efter, om* for; *~ sig till ngt* get a th. by nagging (persistent asking) |for it|

käxburk biscuit-tin, mindre biscuit-box; burk käx tin (resp. box) of biscuits

kö *-n -er* **1** biljard~ cue **2** rad av väntande queue, file, isht amer. line; *bilda ~* form a queue; *stå (ställa sig) i ~* se *köa; ställa sig i ~n* take one's place in the queue **3** slutet av trupp rear **köa** *itr* queue |up|, isht amer. stand in line, line up

kö|bildning, *det är ~* there is a queue, a queue has formed; *för att undvika ~* to avoid a queue **-bricka** queue number (check)

kök *-et* - **1** eg. kitchen **2** kokkonst cuisine, cookery; känd för sitt *goda ~* äv. . . excellent cooking (food) **3** kokapparat stove

kökkenmödding kitchen midden

köks|a *-an -or* |assistant female| cook

köks|avfall kitchen-refuse, garbage **-departement** culinary department **-dörr** kitchen (yttre back) door **-förkläde** kitchen apron **-geråd** kitchen utensils pl. **-handduk** kitchen towel **-ingång** kitchen (back) entrance **-inredning** kitchen fixtures pl.

-kniv kitchen-knife **-latin** dog-Latin **-maskin** kitchen machine **-mästare** chef fr. **-skåp** kitchen cupboard **-spis** kitchen range, elektrisk el. gasspis cooker **-trappa** kitchen steps pl., inre backstairs pl. **-trädgård** kitchen garden, vegetable garden **-väg,** *gå ~en* go by the backstairs, gm köket go through the kitchen **-växt,** *~er* grönsaker vegetables, kryddväxter aromatic plants

köl *-en -ar* keel; *sträcka ~en till* ett fartyg lay [down] the keel of . .; *driva med ~en i vädret* drive bottom up; fraktas *på svenska ~ar* . . in Swedish bottoms; *fartyget kom på rätt ~* sedan . . the ship righted herself . .; *komma på rätt ~* bildl. get on to the right tack

kölapp queue [number] ticket

köld *-en 0* **1** eg.: allm. cold; frost frost; kall väderlek cold weather; köldperiod spell of cold [weather]; gå ut *i 10 graders ~* . . in 10 degrees below freezing-point **2** bildl.: kylighet coldness, likgiltighet indifference **-blandning** freezing-mixture **-förnimmelse** sensation of cold **-grad** degree of cold (frost), jfr *minusgrad* **-knäpp** cold spell **-rysning** cold shiver **-skada** frost-bite **-våg** cold wave

kölhala *tr* sjö., för reparation careen

Köln Cologne

köl|plåt keel-plate **-rum** bilge **-sträckning** laying [down of] the keel **-svin** ke[e]lson **-vatten** wake äv. bildl.

kön *-et -* **1** allm. sex; *av kvinnligt (manligt) ~* of the female (male) sex; hälften (25) *av kvinnligt (manligt) ~* . . females (males) **2** gram. gender **-lös** *a* sexless; bot. o. om t.ex. myra neuter; om fortplantning asexual

köns|akt sexual act; *~en* äv. coitus **-bestämning** sex-determination **-cell** sex cell, gamete **-delar** *pl, yttre ~* genitals, privates; jfr *-organ* **-diskriminering** discrimination between the sexes **-drift** sex[ual] instinct (urge) **-hormon** sex hormone **-liv** sex[ual] life **-mogen** *a* sexually mature **-mognad** sexual maturity **-organ** sexual organ; pl. jfr *-delar* **-sjukdom** venereal disease **-umgänge** [sexual] intercourse

köp *-et -* allm. purchase; köpande buying; transaktion F deal; kortsp. exchange; *göra ett gott ~* make (get) a good bargain; *ta varor på öppet ~* take goods on a sale-or-return basis (with the option of returning them); *man får det (det följer* el. *kommer med) på ~et* you get that into the bargain (thrown in); *[till] på ~et* allm. . . into the bargain, dessutom . . in addition, what's more . ., till och med even, vad mer är . . over and above that, till råga på allt to crown it all; *till på ~et* i London . . of all places; förlora ena armen, den högra *till på ~et* . . at that

köp|a *-te -t tr* buy äv. bildl., purchase, *av ngn* from a p.; tubba suborn, muta bribe, buy over; kortsp. (byta ut) exchange; ha pengar *att ~ för* . . to buy [things] with; *det finns [inte] att ~* it is [not] to be bought (had); *Önskas ~* rubrik Wanted; *kan jag få ~* litet ost? I should like [to have] . .; *~ ngn (sig) ngt* buy a p. (oneself) a th.; *den som -er dyrt, -er billigt* it always pays to buy quality; *~* karameller *för en krona* äv. buy a krona's-worth of . .; *~ hem* t.ex. mat, frukt buy; *~ in* buy in; *~ upp* buy up; *~ upp sina pengar* spend all one's money [in buying things]; *~ ut* en delägare buy . . out

köpare buyer, purchaser; *vi är ~ till* . . we are purchasers of . .

köpe|avtal contract of sale **-brev** bill of sale **-kontrakt** contract of sale

Köpenhamn Copenhagen **köpenhamnare** Copenhagener

köpenickiad *-en -er* ung. hoax

köpenskap *-en 0* trade, handlande trading; *idka ~* do business

köpe|skilling o. **-summa** purchase-money, purchase-sum

köping ung. [small] market town; eng. motsv. ung. urban district

köp|kort H credit card **-kraft** purchasing power **-kraftig** *a* se *köpstark* **-kurs** för värdepapper bid price (quotation), för valutor buying rate **-lust** desire (inclination) to buy things; efterfrågan [buying] demand **-lysten** *a, ~* publik . . that is (was etc.) keen on buying things **-man** business man, handlande tradesman, grosshandlare o. åld. merchant **-mannabana,** *slå in på ~n* go into business **-mansfamilj** merchant family **-order** order to buy, buying-order **-slagan** *~0* bargaining; kompromissande compromising **-slå** *itr* bargain; kompromissa compromise **-stark** *a, ~* publik . . with great purchasing power, . . with [plenty of] money to spend **-strejk** buyers' strike **-tvång,** *utan ~* with no obligation to purchase

1 kör *-en -er* sång~ choir, t.ex. i opera, oratorium chorus; sångstycke chorus äv. bildl.; *i ~* in chorus

2 kör, *i ett ~* without stopping, continuously, t.ex. arbeta äv. at a stretch; *hon pratar i ett ~* äv. she keeps on talking

kör|a *-de -t* **I** *tr* **1** framföra, styra: allm., t.ex. fordon, häst drive, motorcykel ride, t.ex. skottkärra, barnvagn push, wheel, trundle; *~ en motor med (på)* bensin run an engine on . . **2** forsla: allm. take, i bil äv. drive, run, i kärra cart, wheel, i barnvagn push, wheel, isht [tyngre] gods, t.ex. om tåg äv. carry, transport, convey; *han -de henne [med bil]* till stationen äv. he gave her a lift . . **3** stöta, sticka, stoppa run, thrust, stick; *~* fingrarna *genom håret* run . . through one's hair; *~* en kniv *i ngn* äv. stab a p. with . .

4 jaga, mota, ~ *ngn på dörren (porten)* turn (utan vidare bundle) a p. out; ~ *barnen i säng* pack the children off to bed **5** ~ visa *en film* show a film; filmen *har -ts tre veckor* . . has run three weeks **6** kugga plough, fail

II *itr* **1** allm. drive, i (med) bil äv. motor; på [mo-tor]cykel ride; åka go, ride, färdas travel, jfr *2 fara I 1, åka I 1;* om bil äv., om tåg o.d. vanl. run, go äv. betr. hastighet; om fabrik work, [*i*] *dubbla skift* double shifts; *kör!* i väg go ahead!; han steg upp på cykeln *och -de* . . and rode; *han kör* kör bil *bra* he drives well, he is a good driver; *lära sig* [*att*] ~ köra bil learn how to drive [a car]; *skall vi* ~ *nu?* shall we start (set off) now?; *har de -t* farit *ännu?* have they gone [away] (left) yet?; ~ *sin väg* [*med* gästerna] drive away (off) [with . .]; *bussen kör (vi -de)* Nygatan the bus runs (goes) along (we took) . .; ~ *vägen till Hjo* take the road to[wards] Hjo; ~ tre kilometer *på cykel* vanl. cycle . .; *han -de* [*med bilen*] *(bilen -de) rakt på* . . he drove (the car ran) straight into . .; ~ *uppför* en backe *på ettan* take (climb) . . in first [gear]; *kör över* Gävle! drive (go; hit come) via . .!; han (bilen, motorcykeln) *kom ~nde* vanl. . . came along

2 kuggas i tentamen o.d. be ploughed, inte bli uppflyttad not be moved up, stay down; ~ *på en skrivning* be ploughed in a written test

3 *kör för det!, kör i vind!* all right!, O.K.!, right ho!, agreed!

4 ~ *med* a) ~ *med* jäkta *folk* boss (order) people about, worry people b) *han kör jämt med* t.ex. sina teorier, de oregelbundna verben osv. he is always trotting out (going on about) . .

III m. beton. part. (jfr *2 fara II, åka II*) **1** ~ *av* **a)** ~ *av vägen* med bilen drive off the road **b)** tåget *-de av honom benen* . . ran over him and severed his legs **c)** ~ *av ngn från* bussen turn a p. out of . ., make a p. get out of . . **2** ~ *bort* a) tr.: forsla undan take osv. away; driva bort drive (send) . . away (off), pack . . off, jaga bort äv. chase . . away; avskeda turn . . off, dismiss, F give . . the sack b) itr. drive away **3** ~ *efter* se *åka* [*efter*] **4** ~ *emot* en lyktstolpe run into . . **5** ~ *fast* get stuck äv. bildl., come (be brought) to a dead stop (a standstill); förhandlingarna *har -t fast* . . have come to a deadlock **6** ~ *fram* **a)** itr., ~ framåt drive (resp. ride) on (ahead); *bilen -de fram till* trappan the car drove up to . . **b)** tr., ~ *fram bilen (varorna) till* dörren drive the car (take etc. the goods) up to . .; ~ knuffa *fram ngn* thrust (push) a p. forward (ut out); ~ *fram hakan* stick out one's chin **7** ~ *förbi* drive (resp. ride) past; jfr ~ *om* ned. **8** ~ *före* framför drive (resp. ride) in front, *ngn* of a p.; i förväg drive osv. on before (in advance); i ordningsföljd drive osv. before **9** ~ *i ngn* mat force . . into a p. (down a p.'s throat), kunskaper cram . . into a p.['s head] **10** ~ *ifatt* catch up with, se vid. *ifatt* **11** ~ *ifrån* ngn (ngt) se *ifrån I* **12** ~ *igenom* [*staden*] drive (resp. ride) through [the town] **13** ~ *ihjäl ngn* run over a p. and kill him (resp. her); ~ *ihjäl sig* dödas i en bilolycka be killed in a car accident **14** ~ *ihop* a) kollidera run into one another; ~ *ihop med* run into, collide with b) fösa ihop drive (pack, crowd) . . together, *i (på)* into c) bli osams fall out d) *det har -t ihop sig* [*för mig*] things are piling up **15** ~ *in* **a)** eg., ~ *in* med bilen [*på* gården] drive in[to . .]; ~ *in bilen* [*i garaget*] drive the car into the garage; ~ *in ngn* med bil [*till staden*] drive a p. in[to town]; ~ *in* hö (säd) bring (äv. cart) in . .; *tåget -de in* [*på* stationen] (*in på* ett sidospår) the train pulled in [at . .] (switched in on to . .) **b)** ~ *in* en försening (tio minuter) make up for . . (save . .) **c)** ~ *in* (vänja in) en häst break . . [in]; ~ *in* trimma in *en ny bil* run in a new car **d)** driva (jaga) in, t.ex. barn pack (send) . . in (indoors) **e)** ~ stöta (stoppa) *in* . . [*i*] thrust (stick, push, F shove, poke) . . in[to] **16** ~ *i väg* a) itr. drive (resp. ride) off b) tr. se ~ *bort* ovan **17** ~ *ned* **a)** itr. drive (resp. ride) down; ~ *ned i* diket drive osv. into . . **b)** tr., eg. drive osv. . . down; stöta ned o.d. äv. thrust . . down; jaga ned make . . get (hit come) down, *från* stege o.d. off; ~ *ned handen i* fickan thrust (stick) one's hand in[to] one's . . **c)** rfl., ~ *ned sig på isen* go through the ice when driving (resp. riding) on it **18** ~ *om* passera overtake, pass **19** ~ *omkring* a) itr. drive (resp. ride) round; ~ *omkring* [*med ngn*] *i stan* drive [a p.] round town b) tr. drive . . round **20** ~ *omkull ngn* knock a p. down; ~ *omkull med cykeln (på cykel)* fall from (off) one's bicycle [while riding] **21** ~ *på* a) itr.: fortare drive (resp. ride) faster, vidare drive osv. on; *kör på bara!* äv. just go ahead! b) tr., ~ *på ngn* kollidera med run into a p., omkull ngn knock a p. down; *kör* driv *på* hantverkarna! keep . . at it!; ~ *på asfalt* t.ex. på vägen lay asphalt **22** ~ *sönder* t.ex. ett staket drive (resp. ride) into . . and smash it; ~ *sönder sin bil* vid krock smash up (fördärva motorn ruin) one's car; ~ *sönder en väg* cut up a road badly **23** *kör till!* all right!, O.K.!, right ho! **24** ~ *tillbaka* a) itr. drive (resp. ride) back b) tr., forsla take osv. . . back **25** ~ *undan* a) itr.: ur vägen drive (resp. ride) out of the way, raskt drive osv. away at a great pace b) tr.: bil drive . . out of the way (to one side), skräp remove (get) . . out of the way; se vid. ~ *bort* ovan **26** ~ *upp* a) itr. drive (resp. ride) up; för körkort take one's driving test b) tr., eg. take osv. up; sticka upp stick (put) up; lura fleece, friare swindle, *på* of; ~ *upp* ngn *ur sängen* make . . get (rout . . [up]) out of bed; *han blev uppkörd* mitt i natten äv. he was roused (made to get up) . . **27** ~ *ut* a) itr. drive (resp. ride) out; ~ *ut på landet* med bil drive (göra en tur go for a drive) into the country b) tr., t.ex. gödsel i kärra cart out, varor deliver; ~ kasta *ut ngn* turn a p. out |of doors| (ur rummet out of the room) **28** ~ *över* a) t.ex. gata, bro drive (resp. ride) across, cross b) ~ *över ngn* vanl. run over a p.; *bli överkörd* be (get) run over; *få benet överkört* have one's leg run over

körare 1 kare fresh (gynnsam favourable) breeze **2** *du får ge honom en* ~ bildl. you must give him a shaking-up

kör|bana på gata road|way|, carriageway, amer. pavement **-bar** *a* . . fit for driving (för |motor|cykel riding) **-fält** se *1 fil* m. sms. **-förbud,** *belägga* bil *med* ~ impose a driving ban on . . **-hastighet** speed **-kort** driving (driver's) licence; *internationellt* ~ international driving permit **-kortsprov** driving test **-kunnig** *a, han är* ~ he can (knows how to) drive (med motorcykel ride a motor-cycle) **-lektion** driving lesson **-ning** -ande driving osv., jfr *köra;* av varor äv. haulage; körtur o.d.: med bil drive, mer yrkesmässig run; taxichauffören hade bara *fyra* ~*ar på hela dagen* . . four fares all day **-riktning** direction of travel **-riktningsvisare** |direction| indicator

körsbär cherry

körsbärs|brännvin kirsch|wasser| **-kärna** cherry-stone **-likör** cherry brandy **-röd** *a* cherry-red; ~*a* läppar cherry . . **-saft** cherry juice (sockrad, för spädning syrup) **-sylt** cherry jam **-trä** cherry-wood **-träd** cherry|-tree|

kör|skicklighet driving-skill, om |motor|cyklist riding-skill **-skola** se *bilskola*

körsl|a *-an -or, en* ~ *(tyngre -or)* the transport of a load (of heavy loads)

körsnär *-|e|n -er* furrier, handlare äv. fur-dealer

körsträcka, *tillryggalagd (sammanlagd)* ~ distance (total distance) covered

körsång sjungande choir-singing; komposition chorus, part-song

körtel *-n körtlar* gland **-aktig** *a* o. **-artad** *a* glandular **-sjukdom** glandular disease

kör|tid driving-time, med |motor|cykel riding-time, järnv. running-time; ~*en |från A. till B.|* är en timme the time it takes to drive (med |motor|cykel ride) from A. to B. . .; *fem timmars* ~ a run (med bil äv. drive, med |motor|cykel ride) of five hours **-trafik** vehicular traffic

körvel *-n 0* dansk chervil

körväg mots. gångväg road|way|, carriageway, i park o. till privathus drive; *det är* en kvarts (kilometers) ~ *dit* it is . . drive (med |motor|cykel ride) there

kött *-et 0* allm. flesh äv. bildl.: slaktat meat, jfr äv. *fårkött, kalvkött* m. fl.: frukt~ äv. pulp; mitt eget ~ *och blod* . . flesh and blood; *få* ~ *på benen* fetma äv. put on flesh; *sätta* ~ *på benen på ngt* bildl. fill a th. out |and make it more interesting|; *fast i* ~*et* firm|-fleshed|; *lös i* ~*et* flabby, bildl. äv. spineless **-affär** butik butcher's |shop| **-aktig** *a* o. **-artad** *a* flesh-like **-ben** bone |with some meat on it| **-besiktning** meat-inspection **-besiktningsbyrå** meat-inspector's office **-bit** |small| piece of meat **-bulle** |Swedish| meat-ball **-diet** meat diet **-ed** gross oath (swear-word) **-extrakt** meat extract **-fat** meat-dish **-färgad** *a* flesh-coloured **-färs** råvara minced meat; beredd, till fyllning stuffing, force-meat; rätt |minced| meat loaf **-gryta** kärl stew-pot; rätt hotpot, steak casserole; *Egyptens -grytor* the flesh-pots of Egypt; *sitta vid maktens -grytor* ung. hold the reins of power

köttig *a* fleshy

kött|klubba steak hammer **-konserver** *pl* tinned (isht amer. canned) meat sg. (meats) **-kontroll** meat-inspection **-korv** beef and pork sausage **-kvarn** |meat-|mincer, mincing-machine **-lös** *a* fleshless; om t.ex. diet, dag meatless **-mat** animal food, meat **-rätt** meat course (dish) **-saft** meat juice, gravy **-sida** på hud flesh side **-skiva** slice of meat **-slamsa** scrap of flesh (av-slaktat kött meat)

köttslig *a* **1** egen own; om t.ex. broder, kusin äv. . . german **2** sinnlig carnal, bibl. fleshly

kött|soppa |meat-|broth, meat soup **-spad** |meat| stock, gravy **-stycke** piece (större med ben i joint) of meat **-sår** flesh-wound **-varor** *pl* meat sg. **-yxa** |butcher's| chopper, cleaver **-ätande I** *a* om människor meat-eating, om djur flesh-eating, carnivorous **II** ~*t 0, minska på* ~*t* reduce the consumption of meat **-ätare** människa vanl. meat-eater, djur flesh-eater, carnivore

L

l *l-et,* pl. *l* bokstav l [utt. el]
1 labb *-en -ar* paw, näve äv. fist
2 labb *-en -ar* zool. skua, amer. jaeger
3 labb *-et 0* o. **labbis** - - laboratorium lab
laber *a* sjö. light
labial *-en -er* o. *a* labial **labialisera** *tr* labialize **labialisering** labialization
labil *a* unstable äv. psykol., naturv. äv. labile; *~t jämviktsläge* unstable equilibrium **labilitet** unstableness, naturv. äv. lability
laborant laboratory worker (assistant, elev student) **laboration** experiment laboratory experiment; arbete (äv. *~er*) laboratory work; övning (skol.) laboratory lesson **laborator** univ. ung. reader, amer. associate professor [of the faculty of science] **laboratori|um** *-et -er* laboratory **laboratorsassistent** med. o. **laboratris** medical [laboratory] technician **laborera** *itr* **1** eg. do laboratory work **2** bildl., *~ med* arbeta med work with, röra sig med play about with
labyrint *-en -er* labyrinth äv. anat., maze **-isk** *a* labyrinthine, mazy
lack *-et (-en) -[er]* **1** sigill~ sealing-wax; lacksigill seal **2** fernissa lacquer, varnish; till konstföremål japan; färg enamel; ämne [gum] lac **3** se *lackering* **4** ~ läder patent leather
1 lacka *tr* **1** seal [. . with sealing-wax]; *~ igen (ihop)* seal up . . (. . up with sealing-wax) **2** se *lackera*
2 lacka *itr, svetten ~r av honom* he is dripping with sweat (perspiration)
3 lacka *itr, det ~r mot jul* Christmas is drawing near
lackarbete konkr. piece (specimen) of lacquer-work; *~n* äv. lacquer-ware sg.
lackera *tr* lacquer, japan; måla enamel, paint; naglar o. fernissa varnish; [*låta*] *~ om* en bil have . . repainted (recellulosed) **lackering** abstr. o. konkr.: lacquering, enamelling osv., jfr ovan; bil~ paintwork end. sg., konkr. äv. paint **lackfernissa** se *lack 2* **lackfärg** enamel paint, lacquer
lackmus *-en 0* litmus **-papper** litmus-paper
lack|skinn patent leather **-sko** patent-leather shoe **-stång** stick of sealing-wax **-viol** wallflower
lad|a *-an -or* barn
ladda *tr* fylla: allm. load, skjutvapen äv. charge; elektr. charge; bössan, kameran *är ~d* . . is loaded; stämningen *var ~d* . . was charged; det är *en ~d roman* ung. . . a novel packed with events and excitement; *han är ~d med energi* he is full of energy; *~ om* reload, elektr. recharge; *~ upp* a) elektr. charge b) rusta sig get ready; *~ ur* eg. discharge; *~ ur sig* eg. discharge oneself, om moln äv. explode, burst, om batteri äv. run down; bildl., t.ex. ovett come out with; *~ ur sig* [*hos* ngn] relieve one's feelings [to . .]
laddning abstr. loading osv., jfr *ladda;* konkr.: charge, i skjutvapen äv. load; *en* [*hel*] *~* böcker loads pl. of . . **laddningskapacitet** elektr. charge capacity **laddningsstation** battery charging station (depot)
la|du|gård cow-house, amer. äv. barn; *ha ~* ha kor keep cows
la|du|gårds|besättning stock of cattle; *en ~ på 50 kor* fifty cows pl., a herd of fifty cows **-förman** farm foreman **-karl** o. **-skötare** cowman **-skötsel** cattle-tending
ladusvala swallow
lafs *-et 0* slapphet sloppiness; larv drivel, rot **lafsa** *itr* shuffle **lafsig** *a* slapp sloppy; larvig silly
1 lag *-en 0* avkok decoction; lösning solution; spad liquor; socker~ syrup
2 lag *-et -* **1** se *1 lager 2* **2** sällskap company, krets set; sport. o. arbets~ team, sport. äv. side; båt~ crew; arbetar~ gang; *bryta ~et* be the first to break up; *gå ~et runt* go the round, circulate (be passed round) among the company; *låta* ngt *gå ~et runt* pass (hand) . . round; den yngsta *i ~et* . . of the company (bland oss osv. of us osv.): *ge sig i ~ med ngn* take up with a p.; *ha ett ord med i ~et* have a voice (a say) in the matter; *över ~* genomgående without exception, all along the line, utan åtskillnad wholesale, samtliga all round, to a man, över huvud taget on the whole, in general; *bjuda på* öl *över ~* stand . . all round **3** skol., *ett ~* skrivböcker a batch of . . **4** ordning, *i (ur) ~* in (out of) order **5** belåtenhet, *göra (vara) ngn till ~s* please (suit) a p. **6** *i kortaste ~et* rather (a bit) short, almost too short, om t.ex. kjol äv. a little on the short side, too short if anything; 10 kronor är *i mesta (minsta) ~et* . . pretty much (precious little); *i senaste ~et* almost too late, i sista minuten only just in time, at the last moment; *vid det ~et* by that time; *vid det här ~et* by now, by this time
3 lag *-en -ar* allm. law; jur.: antagen av statsmakterna act [i Engl. of Parliament, i USA of Congress]; förordning statute, enactment; lagbok code; *Sveriges rikes ~* boktitel the Statute Book of Sweden; *~en om* a) allm., t.ex. tillgång och efterfrågan the law of . . b) jur. the Act (law) relating to . .; *~en om* hyresstopp o.d. vanl. the . . Act; *~ och rätt* law and order, rättvisa [law and] justice; *~ar och förordningar* rules and regulations; *det är ~ på* det (*på att* hel sats) there is a law about . . (a law [saying] that . .); *din vilja är min ~*

your will is law to me; *läsa ~en för ngn* give a p. a lecture; *stifta ~ar* make laws, lagstifta legislate; *enligt ~[en]* by (according to) law; det är *i ~ förbjudet* . . prohibited by law; *i ~ens namn* in the name of the law

laga *a* lagenlig legal; laggiltig lawful; giltig, t.ex. skäl valid; *vid ~ ansvar (straff)* under penalty of law; *~ forum* competent courts pl.; *vinna ~ kraft* gain legal force, become legal; *i ~ ordning* according to the regulations prescribed by law, friare in due order; *i ~ tid* within the time prescribed [by law], friare in due time

2 laga I *tr* **1** *~ [till]* allm. make, gm stekning o.d. äv. cook; göra i ordning, t.ex. måltid prepare, get. . ready, amer. äv. fix; t.ex. sallad äv. dress; tillblanda mix; medicin make up; *~ mat* cook; *hon ~r god mat* she is a good cook, she cooks well; *~ maten* do the cooking; *~ sin mat själv* do one's own cooking; *~d* färdiglagad *mat* se *färdiglagad; äta ~d mat* eat cooked food[s pl.], måltid have a hot meal (resp. hot meals) **2** reparera repair, amer. äv. fix, göra hel igen äv. mend; stoppa darn; lappa patch [up]; tänder fill; *~ upp* do . . up, t.ex. kläder mend **II** *itr, ~ [så] att* . . se till see [to it] that . ., ställa om arrange (manage) it so that . .; *~ att ngt blir gjort* i tid get (have) a th. done . .; *~ att ngn får ngt (får veta . .)* äv. get a p. a th. (let a p. know . .); *jag ska ~ [så] att jag (han) träffar* . . I'll arrange to (for him to) meet . .; *~ att du kommer i tid (inte kommer för sent)!* mind you are in time (take care not to be late)! **III** *rfl, ~ sig hem (i väg)* go home (be off); *~ sig i ordning* get [oneself] ready

lagakraftvunnen *a* attr. . . having gained (acquired) legal force

lagarbete team-work

lag|beredning delegation law-drafting board (committee) **-bestämmelse** legal (statutory) provision **-bok** statute-book, code of laws **-brott** breach (violation, infringement) of the law; -brytande law-breaking **-brytare** law-breaker **-bud** [legal] enactment **-bunden** *a* . . regulated by law; t.ex. utveckling . . conformable to law; t.ex. frihet constitutional; samhälle constitutionally organized **-bundenhet** t.ex. naturens conformity (adherence) to law

lagd *a* om pers., *vara ~ för (åt)* ngt be naturally fitted (have a bent) for . .; *vara* konstnärligt *~* be . . inclined; *vara filosofiskt (praktiskt) ~* be of a philosophic turn of mind (have a practical turn)

lagenlig *a* . . according to [the] law, lawful

1 lag|er *-ret -er* **1** förråd stock, *av, i* of; sortiment äv. assortment; varu~ stock-in-trade; stort beredskaps~ stockpile; lokal: rum stock-room[s pl.], store (storage) room[s pl.], magasin warehouse; sälja *hela -ret* . . the entire stock; sälja *från ~* . . from stock; *ha . . på ~* have . . in stock (on hand), bildl. have a stock of . .; hämta ngt *på -ret* . . from the stock-room; *lägga . . på ~* lay (put) . . in stock; den *är slut på -ret* . . is out of stock **2** skikt: allm. layer, av färg äv. coat; geol. äv. samt bildl. strat|um (pl. -a), geol. äv. bed; avlagring, fällning deposit **3** tekn. bearing

2 lag|er *-ern -rar* bot. laurel; *skörda (skära) -rar* bildl. win laurels; *vila på sina -rar* rest on one's laurels

3 lager *-n* - öl lager

lager|arbetare storeman **-behållning** stock[s pl.] [in (on) hand] **-bok** stock-book, store-book, warehouse-book **-bokhållare** stock bookkeeper

lager|bär bay-berry **-bärsblad** bay leaf

lager|chef warehouse (stores) manager, head stores-clerk **-föra** *tr* have (keep) . . in stock, stock **-inventering** stock-taking

lager|krans ss. utmärkelsetecken laurel wreath **-kransa** *tr* crown . . with the laurel wreath **-krönt** *a* laureate

lagerlokal stock-room, store (storage) room, magasin warehouse

lagerträd laurel, bay[-tree]

lager|utrymme storage space **-öl** lager [beer]

lag|fara *tr* have . . legally ratified (fast egendom . . registered) **-faren** *a* lagkunnig . . well versed in the law **-fart,** *söka ~ på* köp apply for the legal ratification of . .; *söka (få) ~ på* fastighet apply for the registration of one's title to (secure a legal confirmation of one's acquisition of) . . **-fartsbevis** certificate of registration of title **-fången** *a* lawfully acquired **-fästa** *tr* confirm . . by law; göra laglig validate **-föra** *tr* ngn sue, *för* for; ngt take legal proceedings against **-förslag** [proposed] bill

lagg *-en -ar* kok. frying-pan; för våfflor waffle-iron; *en ~* våfflor a round of . . **-kärl** container made of wooden staves; ofta barrel, cask

lagisk *a, vara ~* keep strictly to the law

lagkapten captain [of a (resp. the) team]

lagkunnig *a* . . well versed in the law **-het** knowledge of the law

lagledare sport. manager of a (resp. the) team

laglig *a* laga legal; erkänd av lagen, t.ex. arvinge, hustru, regering lawful, rättmätig äv. legitimate, t.ex. ägare rightful; *~ befogenhet* statutory powers pl.; *på ~ väg* by lawful (legal) means, legally; det är *~t* . . legal[ly authorized]

lagligen se *lagligt* **laglighet** legality; lawfulness; legitimacy **lagligt** *adv* lagenligt legally; t.ex. gift lawfully; *~ skyddad* protected by law; *gå ~ till väga* adopt lawful means (measures)

lag|lott ung. statutory share of inheritance **-lydig** *a* law-abiding **-lös** *a* lawless **-löshet** *~en ~er* tillstånd lawlessness; handling lawless act **-man** vid hovrätt ung. president of a (resp. the) court of appeal division

lagning 1 reparation repair|ing|, amer. äv. fixing; mending osv., jfr *2 laga I 2; skicka . . till ~* . . to be repaired **2** kok., *~ av mat* cooking; se vid. *tillagning*

lagom I *adv* just right; nog just enough; tillräckligt sufficiently; måttligt in moderation, moderately; den är |*alldeles, just*| *~ saltad* . . salted just right; den är *~ liten (stor)* . . just small (large) enough, . . just the right size; *det är ~ svalt (varmt)* the temperature is just right, it is not too hot, and not too cold; *komma precis ~* i tid be just in time, lägligt come at the right moment; *skrik ~!* don't shout like that!; *var ~ mallig (fräck)!* don't be so stuck-up (cheeky)!; *det här är så ~* trevligt this is anything but . . **II** *a* a) pred. just right; nog enough b) attr.: tillräcklig adequate, sufficient; lämplig, passande fitting, appropriate, suitable; måttlig moderate; *på ~ avstånd* at just the right distance; *är det här ~* |*mycket*|*?* is this enough (about right)?, räcker det will this do?; steken är |*alldeles*| *~* . . done to a turn; skon *är* |*precis*| *~ åt mig* . . fits me |exactly|; *det är* |*just*| *~ åt honom* iron. it serves him right **III** *oböjl. s, det rätta ~* the golden mean; *~ är bäst* ung. everything in moderation

lagparagraf paragraph (section) of a law (an Act, resp. the law, the Act)

lagra I *tr* förvara store äv. t. ex. i datamaskin; magasinera warehouse; för kvalitetsförbättring: vin leave . . to mature, ost leave. . to ripen; *~ av* deposit **II** *rfl* **1** geol. stratify **2** om t.ex. damm settle |in layers|; *~ av sig* be deposited in layers (strata). — Jfr följ. **lagrad** *a* **1** förbättrad gm lagring: om ost ripe, om vin matured, om t.ex. cigarrer seasoned **2** geol. stratified **3** tekn. . . journalled in bearings. — Jfr *lagra* **lagring** (jfr *lagra*) **1** storage, storing; warehousing; för kvalitetsförbättring maturing, seasoning **2** geol. stratification **lagringstid,** varan *har lång ~* . . can be stored for a long time

lag|rum se *lagparagraf* **-skipning** *~en 0* administration (execution) of the law **-språk** legal language **-stadgad** *a* statutory, . . fixed (laid down, prescribed) by law **-stiftande** *a* legislative; *~ församling* legislative assembly (body) **-stiftare** law-maker äv. friare. legislator **-stiftning** *~en 0* konkr. legislation, law|s pl.|, *mot* against, *om* relating to, respecting **-stiftningsfråga** legislative question **-stil** legal language **-stridig** *a* . . contrary to |the| law; olaglig illegal **-söka** *tr, ~ ngn* |*för gäld*| sue a p. |for (in respect of) a debt| **-sökning** debt-recovery procedure (bestämt fall case) **-term** legal term, law-term **-tima** *a, ~ riksdag|en|* the ordinary (statutory) session of the Riksdag

lag|tävlan o. **-tävling** team competition

lagun *-en -er* lagoon

lag|utskott ung. standing committee on law-procedure **-vigd** *a* |lawfully| wedded *min ~a* my better half **-vrängare** law-perverter

lagård se *la|du|gård*

lag|ändring alteration in (förbättring amendment of) an (resp. the) Act **-överträdelse** transgression of the law, mindre äv. misdemeanour

laka *tr, ~ ur* leach; kok. remove the salt from . . by soaking; jfr *urlakad*

lakan *-et -* sheet; *ligga mellan ~* sjuk be in bed; *vit som ett ~* |as| white as a sheet **lakanspåse** |inner| sleeping bag **lakansväv** sheeting

1 lake *-n 0* se *saltlake*

2 lak|e *-en -ar* burbot

lakej *-en -er* lackey äv. bildl.; eg. äv. footman

lakonisk *a* laconic

lakrits *-en 0* liquorice, licorice **-båt** |boat-shaped| liquorice gum

lakun *-en -er* lacun|a (pl. -ae el. -as)

lalla *itr* sluddra drool

lam *a* eg. (förlamad) paralysed; domnad: isht av köld numb, av ansträngning stiff; bildl.: föga övertygande lame, svag feeble; *han är ~ i benen* vanl. his legs are paralysed osv.

1 lam|a 1 *-an -or* zool. llama **2** *-an (-at) 0* tyg llama

2 lam|a *-an -aer (-or)* munk lama

lamé *-n -er* lamé fr.

lamell *-en -er* naturv. lamell|a (pl. -ae); lamin|a (pl. -ae) äv. geol.; bil.: i koppling disc, i kylare rib, gill, slat; elektr. segment, bar **-artad** *a* lamellar, lamellate **-formig** *a* lamelloform **-koppling** [multiple] disc clutch **-trä** laminboard

lamhet paralysis, numbness osv., jfr *lam*

lamm *-et -* lamb **lamma** *itr* lamb

lamm|kotlett lamb chop **-kött** kok. lamb **-sadel** saddle of lamb **-skinn** berett lambskin **-stek** leg of lamb; tillagad roast lamb **-ull** lamb's-wool **-unge** young (späd ewe) lamb, lambkin; *vara dödens ~* be done for

lamp|a *-an -or* lamp; glöd~ vanl. bulb **lampett** *-en -er* bracket lamp (m. levande ljus candlestick), sconce

lamp|fot lamp-stand **-glas** |lamp| chimney **-hållare** fattning electric light socket **-kupa** globe **-sken,** läsa *vid ~* . . by lamplight **-skärm** lamp-shade

lam|slå *tr* allm. paralyse; *-slagen av* skräck paralysed with . .

land *-et länder* (ibl. -) **1** rike: eg. country;

högre stil o. mera bildl. land; *Sveriges* ~ |the land of| Sweden; *det heliga* ~*et* the Holy Land; *drömmarnas* ~ the land of dreams; ~*ets* tillgångar the country's (the national) . .; *från alla världens länder* from all over the world; en av *de stilla i* ~*et* . . those quiet people; stad *som ligger inne i (inåt)* ~*et* inland . . ; *både inom och utom* ~*et* inside and outside the country, at home and abroad; fara ~ *och rike runt (omkring)* . . all over the country **2** fastland land, strand shore; *se (veta) hur* ~*et ligger* bildl. see how the land lies (know the lie of the land); *lägga ut från* ~ put off from the land (the shore); *i* ~ allm., t.ex. driva, gå, vara ashore, on shore, på landbacken on land; *gå (stiga) i* ~ a) go ashore, *på* ön on . . b) debarkera äv. go on shore (jfr vid. *landstiga*); *gå i* ~ *med* bildl. manage, cope with; *lägga i* ~ se *lägga* |*till*|; *sätta i* ~ a) put . . ashore, *på* ön on . . b) föra i land äv. put . . on shore (jfr vid. *landsätta*); styra *inåt (mot)* ~ äv. landward|s|; *på* ~ a) mots. till sjöss on shore, ashore b) mots. i vattnet on land; *till* ~*s och till sjöss* a) t.ex. färdas by sea and land b) t.ex. strida on land and sea; segla *utmed* ~ . . alongshore **3** jord land, territorium äv. territory; trädgårds~ |garden| plot, m. t.ex. grönsaker, potatis vanl. patch **4** landsbygd. *vara från* ~*et* come from the country äv. neds.; *bo (fara |ut|) på* ~*et* live in (go into) the country; *livet (en stuga) på* ~*et* vanl. country life (a country cottage)

landa *itr* allm. land äv. bildl.; flyg. äv. come (touch) down **landamären** *pl, inom våra* ~ within our borders

land|avträdelse cession of territory (land) **-backe,** *på* ~*n* on land (shore) **-bris** land breeze **-djur** terrestrial (land) animal **-flygplan** landplane **-fäste** bros abutment |of a (resp. the) bridge|; förtöjning mooring **-förbindelse** förbindelse med fastlandet connection with the mainland **-gräns** land-frontier **-gång** konkr. **1** sjö. gangway, gang-plank **2** lång smörgås ung. long open sandwich **-gångsförbud** sjö., *få (ha)* ~ be confined to one's ship **-höjning** uplift, elevation of the land **-karta** terrestrial map **-krabba** F landlubber **-känning 1** *få (ha)* ~ come (be) within sight of land; *förlora* ~*en* lose |one's| touch with land **2** grundstötning grounding; *få* ~ touch ground **-mina** land-mine **-märke** sjö. landmark

landning landing

landnings|bana runway **-fyr** flyg. beacon **-förbud,** *få (ha)* ~ be prohibited from landing **-hjul** landing wheel **-plats** sjö. landing place; flyg. landing ground **-sträcka** landing run **-ställ** se *landställ* **-tillstånd** permission to land

land|område territory **-permission** shore leave **-remsa** strip of land

lands|arkiv ung. provincial record office **-bygd** country, countryside; *på den* svenska ~*en* in the . . countryside; ~*ens befolkning* the rural population **-del** part of a (resp. the) country **-fiskal** se resp. *polismästare, distriktsåklagare* o. *kronofogde* **-flykt** exile; *gå i* ~ go into exile **-flyktig I** *subst. a* exile **II** *a* . . in exile **-flykting** exile **-fogde** se resp. *länspolischef* o. *länsåklagare* **-förrädare** traitor |to one's country| **-förräderi** treason **-förrädisk** *a* treasonable **-församling** country (rural) parish **-förvisa** *tr* exile, banish, expatriate **-hövding** ung. |county| governor, *i* of

landsida, t.ex. sedd *från* ~*n* from |the| shore (land)

lands|kamp international |match| **-kamrer|are|** ung. county treasurer **-kansli** county secretariat|e| **-kanslist** county clerk

landskap -*et* - **1** provins province **2** natur o. tavla landscape; sceneri scenery **landskapsmålare** landscape-painter

lands|kommun rural district **-kyrka** lantcountry (rural) church **-lag** sport. international team; *svenska* ~*et* vanl. the Swedish team **-lagsspelare** international, member of an (resp. the) international team **-man** från samma land fellow-countryman, compatriot, *till* ngn of . .; *vad är han för* ~? what nationality is he? **-maninna** fellow-countrywoman, compatriot; jfr -*man* **-mål** |provincial| dialect **-omfattande** *a* country-wide, nation-wide

Landsorganisationen, ~ *i Sverige* (förk. *LO*) the Swedish Confederation of Trade Unions; *Brittiska* ~ the Trades Union Congress (förk. TUC); *Amerikanska* ~ the American Federation of Labor and Congress of Industrial Organizations (förk. AFL-CIO)

landsort, ~*en* the provinces pl.; *i* ~*en* äv. in the country

landsorts|bo ~*n* ~*r* provincial **-mässig** *a* provincial **-tidning** provincial newspaper **-upplaga** provincial edition

lands|plåga |national| scourge, friare nuisance, pest. **-sorg** national (public) mourning

land|stiga *itr* isht mil. land, disembark; jfr vid. |*stiga i*| *land* **-stigning** landing, disembarkation **-stigningsföretag** landing operation **-stigningsförsök** attempt to land, attempted landing

lands|ting ung. county council **-tingsman** ung. county councillor **-tingsmannaval** ung. county |council| election

land|storm ung. veteran reserve **-stridskrafter** *pl* land-forces **-strykare** tramp **-sträcka** tract of land **-ställ** flyg. undercarriage, landing gear **-ställe** place in the country, country house (mindre cottage, större residence, estate)

lands|väg main road; *på allmän* ~ on the public highway **-vägsbuss** coach **-vägslopp** sport. road race **-vägsriddare** knight of the road **-ända** part of a (resp. the) country

land|sänkning subsidence |of the earth crust| **-sätta** *tr* isht mil. land, från fartyg äv. disembark; jfr vid. |*sätta i*| *land* **-sättning** landing, disembarkation **-sättningstrupper** *pl* landing-troops **-tunga** udde tongue of land, spit; näs neck of land **-vind** land wind **-vinning** fys.-geogr., abstr. land reclamation; ~*ar* bildl. achievements, conquests, advances; *kirurgins* ~*ar* the achievements osv. in the field of surgery **-väg,** ~*en* adv. by land, overland

landå *-n -er* landau

langa I *tr* räcka från hand till hand pass . . from hand to hand; skicka hand; kasta chuck, sling; ~ *hit* ge mig . .*!* let me have . .!, just give me . .! **II** *tr itr,* ~ |*sprit*| bootleg |alcoholic liquor| **langare** sprit~ bootlegger

langett *-en -er* blanket-stitching

langobard *-en -er* Lombard

lanolin *-en (-et) 0* lanolin

lans *-en -ar* lance; *bryta en* ~ *för* take up the cudgels for

lansera *tr* allm. introduce; införa i marknaden äv. bring out, put . . on the market; göra modern äv. bring . . into fashion; göra populär popularize; komma upp med t.ex. mod. idé start, launch

lansett *-en -er* lancet **-fisk** lancelet **-formig** o. **-lik** *a* lanceolate

lant|arbetare farm worker, agricultural labourer, farm-hand **-befolkning** country (rural) population **-bo** ~*n* ~*r* rustic, man äv. countryman, kvinna äv. countrywoman; ~*r* vanl. country-people; *bli (vara)* ~ settle down (live) in the country **-brevbärare** rural postman (amer. mail carrier) **-bruk 1** abstr.: ss. näringsgren agriculture; arbete farming **2** konkr. farm **-brukare** farmer

lantbruks|elev praktikant vid lantbruk farm apprentice **-högskola** agricultural college **-möte** farmers' meeting **-produkt** osv. se *jordbruksprodukt* osv. **-skola** farm school **-utställning** agricultural (farm) show

lantegendom estate

lantern|a *-an -or* sjö. light; flyg. navigation (position) light

lant|folk country-people pl. **-gård** farm **-handel** affär country (village) shop (isht amer. store) **-handlare** country (village) shop-keeper **-hushåll** country (farm, farmer's) household **-hushållning** agriculture, husbandry **-hushållsskola** rural domestic school **-junkare** country squire. — För sms. se äv. *land*| *s*|-

lantlig *a* eg. rural, attr. äv. country; enkel rustic äv. neds., countrified; landsortsmässig provincial **-het** rural simplicity, rusticity

lant|liv country life **-lolla** country wench **-luft** country air **-man** farmer **-mannaförening** farmers' union **-mätare** |land-| surveyor **-mäteri** ~|*e*|*t 0* mätning |land-|surveying **-mäterikarta** surveyor's map — För sms. se äv. *land*| *s*|-

lapa *tr itr* om djur lap; om människor: F drick drink; ~ *luft (sol)* take in some air (bask in the sun); ~ *i sig* lap (resp. drink) up

lapidarisk *a* laconic, brief

lapis *-en 0* lunar caustic, nitrate of silver ~ *lazuli* lapis lazuli

1 lapp *-en -ar* same Lapp, Laplander

2 lapp *-en -ar.* till lagning o. som ögonskydd patch; trasa cloth; etikett label, t.ex. pris~ äv. ticket, tag; meddelande note; bit: allm. piece, bit, scrap, pappers~ äv. slip; skriva på *lösa* ~*ar* . . odd bits of paper; *det är* ~ *på luckan* teat. there is a full house **lappa** *tr* eg. patch; laga mend; ~ *ihop* äv. bildl. patch up, repair; ~ *till* slå till *ngn* slap a p.

lapp|dräkt Lapp costume **-hund** 'lapphund', Lapland dog **-kast** sport. ung. |high-|kick turn **-kvinna** Lapp woman **-kåta** s *kåta*

Lappland Lapland

lapplisa traffic warden; F (amer.) meter maid

lappländsk *a* Laplandish, attr. vanl. Lapland

Lappmarken Lapland

lappning lappande patching, mending; lappat ställe mend

lappri *-t 0* trifles pl.: *det är rena* ~*t* it is a mere trifle (nothing)

lappsjuka melancholy through being isolated

lapp|skrivning skol. |improvised| short written test |in class| **-skräddare** repairing-tailor **-täcke** patchwork (crazy) quilt **-verk,** |*ett*| ~ |a piece of| patchwork

lapsk *a* attr. Lapp, pred. Lappish **lapsk|a** *-an* **1** pl. *-or* kvinna Lapp woman **2** pl. *0* språk Lappish

lapskojs *-en 0* kok. lobscouse

lapsus *-en -|ar|* lapse, slip

larm *-et -* **1** oväsen noise, buller din **2** alarm alarm; ~signal alert, flyg~ äv. air-raid warning; *slå* ~ sound the alarm, bildl.: varna warn, protestera raise an outcry; så fort det händer något *slår pressen* ~ |*om det*| äv. . . the press draws public attention to it **larma I** *itr* make a noise (din); *en* ~*nde hop* a clamorous crowd **II** *tr* alarmera call, t.ex. brandkår äv. call out **larmapparat** o. andra sms. se *alarm-* **larmberedskap** alert; *ligga i* ~ stand by, be on the alert

1 larv *-en -er* zool.: allm. larv|a (pl. -ae); av t.ex.

-järil, mal caterpillar, av t.ex. skalbaggar grub; av flugor maggot

larv *-et 0* dumheter rubbish, nonsense

larva I *itr* traska toddle, *i väg* off; *gå och ~*, *~ omkring* potter about **II** *rfl* prata dumheter talk rubbish; vara dum be silly, play the fool; pråka play about

larvfötter *pl* tekn. caterpillars, caterpillar treads; *traktor med ~* caterpillar tractor

larvig *a* silly

larv|stadium larval stage **-traktor** caterpillar tractor

lasarett *-et -* |general| hospital **lasaretts-fartyg** hospital ship

lasciv *a* lascivious

las|er *-ern -rar* fys. laser

lasera *tr* glaze

lask *-en -ar* tekn. scarf; yttre förbindelsestycke fish-plate **laska** *tr* **1** tekn. scarf **2** sömn. sew . . with a saddle-stitch

lass *-et -* last load; lastad vagn loaded cart (jfr t.ex. *hölass*); *ett* bil*~ kol* a lorry-load of coal; ta *fullt ~* . . a full load; *ett ~* |*med*| smörgåsar a big pile of . . ; *dra ett tungt ~* bildl. bear a heavy burden **lassa I** *tr* load; *~* allt arbetet *på ngn* load (pile) . . on to a p. **II** m. beton. part. se *1 lasta II*

lasso *-n -er* lasso (pl. -|e|s): *kasta ~* throw the lasso; *fånga med ~* lasso

lass|tals *adv*, *~* stora mängder *av (med)* . . loads (cartloads) of . . **-vis** *adv* **1** i lass by the cartload **2** se *-tals*

1 last *-en -er* **1** eg.: skepps*~* cargo, freight; börda load; *med full ~* with a full load; *frakta en ~* spannmål carry a cargo (freight) of . . ; *ta in ~* ship (take in) |a| cargo; *med ~ av* . . carrying (loaded with) a cargo of . . **2** *falla (ligga)* ngn *till ~* |*ekonomiskt*| become (be) a |financial| burden to . . ; *ligga samhället till ~* be a charge to the public **3** *lägga ngn* ngt *till ~* lay . . to a p.'s charge, blame a p. for . .; *låta* ngt *komma sig till ~* render oneself guilty of . ., lay oneself open to blame for . .

2 last *-en -er* **1** fel o. d. vice, dålig vana äv. bad habit; *hemfallen åt ~er* given to vice **2** se *1 last 3*

1 lasta I *tr itr* allm. load; inskeppa äv. ship; ta ombord take in, take (put) . . on board; ta in last take in cargo; ha lastförmåga av carry; *~ och lossa* load and unload; *fartyget ~r* trä the vessel is loading (taking |in|) . . ; *fartyget ~r på* London the vessel is taking in cargo for . .; *~ varor på* London ship goods for . . ; *~d med* . . loaded (laden) with . ., om fartyg äv. with a cargo of . . **II** m. beton. part. **1** *~ av* unload; bildl.: minska belastningen på relieve the pressure on; *~ av ngn ngt* relieve a p. of a th.; *~ av sig bekymren på* andra unburden one's troubles to . . **2** *~ i (in)* load, *i* into; *~ i för mycket* |*i den*| put too much in|to| it **3** *~ om* a) på nytt reload b) till annat transportmedel transfer, trans-ship, *på (till)* on to **4** *~ på* load, *på* on to; absol. be loading; *~ på för mycket* |*på den*| load it too full, overload it; *~ på ngn* ngt load (bildl. saddle) a p. with . .; *~ på sig* arbete burden oneself |up| with . . **5** *~ ur* unload

2 lasta *tr* klandra blame, *för* for

lastageplats sjö. whar|f (pl. -fs el. -ves), amer. dock

lastbar *a* vicious, depraved **-het** depravity

last|bil lorry, truck, amer. truck **-bilschaufför** lorry-driver, amer. truck-driver, teamster **-båt** cargo-ship, freighter **-djur** beast of burden

lastex ® *-en 0* lastex

last|fartyg cargo-ship, freighter **-flak** platform |body| **-förmåga** loading (carrying) capacity **-förteckning** freight (loading) list **-gammal** *a* extremely old; *så ~ är jag inte* I am not that old **-kaj** sjö. whar|f (pl. -fs el. -ves), amer. dock; vid godsstationer loading platform **-lucka** |cargo-|hatch **-mottagare** consignee **-ning** loading; *för ~ med* S/S M. to be shipped on board . .

lastnings|hamn loading port, port of loading **-kostnader** *pl* loading expenses, cost sg. of loading **-plats** se *lastageplats* **-tid** time of loading

last|pråm lighter **-rum** sjö. konkr. hold; utrymme cargo (stowage) space **-vagn** lastbil lorry, truck **-ångare** cargo-steamer, freighter

lat *a* allm. lazy; loj indolent; sysslolös idle, *i* i samtl. fall at **lata** *rfl* be lazy, have a lazy time; slöa laze, idle; *gå och ~ sig* idle about

latent *a* latent

later *pl* fasoner behaviour sg., manners; *stora ~* grand airs; uppträda *utan* |*stora*| *~* . . unassumingly

lathund lätting slacker, lazy dog; hjälpreda: för översättning crib, för räkning ready-reckoner

latin *-et 0* Latin; jfr *svenska 2* **Latinamerika** Latin America **latinare** skol. pupil on the classical line (side) **latinisera** *tr* latinize **latinlinje** skol. classical line (side) **latinsegel** lateen sail **latinsk** *a* Latin

latitud *-en -er* latitude äv. bildl.; *på 30° nordlig ~* in latitude 30° north

latmansgöra, det är *inget ~* . . no easy job

latmask lätting lazy-bones (pl. lika)

latrin *-en -er* **1** avträde latrine **2** exkrementer night-soil

latsida, *ligga på ~n* be idle

latt|a *-an -or* sjö. batten

laudatur pl. *- n* betyg great distinction

lav *-en -ar* lichen

lav|a *-an -or* lava **lavaström** lava stream

(flow)
lav|e *-en -ar* brits bench
lavemang *-et* - enema **lavemang|s|kanna** enema-can, irrigator
lavendel *-n 0* lavender **-blå** *a* lavender-blue **-olja** lavender-oil, oil of lavender
lavera *tr* konst. wash **lavering** konkr. wash-drawing, tinted drawing
lavett *-en -er* gun-carriage
lavin *-en -er* avalanche äv. bildl. **-artad** *a* avalanche-like **-artat** *adv,* växa ~ . . like a rolling snowball **-skydd** snowshed
lax *-en -ar* salmon (pl. lika): *en glad* ~ F a gay dog **laxa** *tr* byggn. dovetail
laxativ *-et* - se *laxer|ings|medel* **laxera** *itr* take a purgative (svagare laxative) **laxering** purging **laxer|ings|medel** purgative, svagare laxative
lax|fiske -fiskande salmon-fishing **-färgad** *a* salmon-coloured, attr. äv. salmon **-stjärt 1** eg. salmon's tail **2** tekn. dovetail **-trappa** salmon ladder (leap, stair) **-yngel** koll. salmon fry vanl. pl., på tidigare stadium alevins pl. **-öring** salmon trout (pl. lika)
layout *-en -er* lay-out
le *log lett itr* smile äv. iron., *åt* at; ~ *mot* smile at (bildl. |up|on)
lebeman bon vivant fr.
1 led *-et* - öppning i gärdsgård ung. gap in a (resp. the) fence; grind gate
2 led *-en -er* väg way; rutt route, trafikled i stad äv. thoroughfare; farled fairway; riktning direction, way; I m *på ena* ~*en* . . one way (direction); *på fel (rätt)* ~ in the wrong (right) direction, wrong (right) way; *skära (vända)* ngt *på andra* ~*en* cut (turn) . . the other way |on (about)|
3 led I *-en -er* fog: anat., bot. o. tekn. joint, bot. äv. node; del av finger, tå phalanx; del av leddjur segment; *styv i* ~*erna* stiff in the joints; darra *i alla* ~*er* . . in every limb; *dra . . i* ~ *igen* set . . again; *ur* ~ äv. bildl. out of joint; *dra (få) ur* ~ dislocate, put out of joint; *gå ur* ~ get dislocated
II *-et -|er|* **1** länk, t.ex. i beviskedja link; stadium stage; beståndsdel part; *vara ett |viktigt|* ~ *i* . . form |an essential| part of . . **2** mat. term **3** mil. o. gymn.: personer bredvid varandra rank äv. bildl., bakom varandra file; rad line, row; *bakre (främre)* ~*et* the rear (front) rank; *ställa sig bredvid (efter)* ngn *i* ~*et* fall in beside (file up behind) . .; *en man i* ~*et* menig a common soldier, friare one of the common herd; *gå ur* ~*et* fall out
III *-en (-et) -|er|* **1** släkt~ generation; släktskaps~ degree |of kindred|; linje line; äktenskap *i förbjudna* ~*|er|* . . within the prohibited degrees of relationship; *härstamma i rakt nedstigande* (resp. *i femte*) ~ *från* . . be a lineal (direct) descendant of . . (resp. a descendant of . . five generations removed); släkt *i uppstigande* ~ . . in lineal (the direct line of) ascent **2** språkv. element
4 led *a* **1** trött, vara ~ *på (åt)* . . tired (weary, sick |and tired|) of, . . fed up with; ~ *vid livet* tired of life **2** ful ugly, hideous **3** ond evil; stygg nasty, *mot* to; *den* ~*e* the Evil One
1 leda *-n 0* weariness, *vid* of; trötthet boredom, tedium, ennui fr.; avsmak disgust, loathing, svag. distaste; motvilja repugnance; övermättnad satiety; *inge ngn* ~ *för* ngt make a p sick of . .; *känna* ~ avsmak *vid* ngt have a loathing for . ., be disgusted with . .; *av* ~ *vid* arbetet because one is (resp. was) sick of . .; höra ngt *|ända| till* ~ . . till one is sick of it, . . ad nauseam
2 leda I *tr itr,* anat. ~ *|på|* flex **II** *itr,* ~ *mot* articulate (be articulated) with
3 led|a *ledde lett* **I** *tr* allm. lead; anföra äv. sam t.ex. undersökning, förhör conduct, mil. command; styra, förestå manage, direct, F run, F boss; ha hand om be in charge of; ha överinseende över superintend, supervise; vägleda guide; rikta t.ex. tankar direct; fys. o. elektr. conduct; transportera, t.ex. vatten convey; härleda, t.ex. ursprung trace, *från* from; ~ ett barn *vid handen* (en hund *i band*) lead . . by the hand (. . on a leash); ~ en cykel push (wheel) . .; ~ ett företag manage (run, conduct, be in charge of) . .; ~ *en flod i* en annan fåra divert a river into . .; ~ *ett sammanträde* conduct (vara ordförande take the chair at, preside over) a meeting; *|låta sig|* ~*s av* ngt be governed (guided) by . .
II *itr* lead äv. sport.; Sverige *-er med 3—2* . . is leading |by| 3—2; *vart ska det* ~*?* bildl. where will it lead to?, what will the outcome of it be?; *vart -er* den här vägen? where does . . lead |to|?; diskussionen *-er ingen vart* . . leads nowhere (doesn't take you anywhere); ~ *till* lead to, resultera i äv. result (end) in, föranleda lead up to; *det ledde inte till något (något gott)* it came to nothing (no good came out of it)
III m. beton. part. **1** ~ *av* (*bort* bildl.) se *avleda 1* **2** ~ *fram* a) tr.: ngn lead . . up, *till* to b) itr. lead, bildl. äv. lead up, *till* to **3** ~ *ifrån sig* misstankarna avert . . **4** ~ *in* ngn (ngn *i rummet*) lead . . in (. . into the room); ~ *in* t.ex. vatten lay . . on, *i* in; ~ *in* samtalet *på* turn (direct) . . on to; ~ *in ngn på* en bana start a p. on . . **5** ~ *tillbaka* lead (bildl. trace) back, *till* to
ledad *a* försedd med leder articulate|d|
ledamot *-en ledamöter* member; i lärt sällskap o.d. fellow, *av, i* i båda fallen of
ledande *a* allm. leading; om t.ex. princip guiding, ruling; fys. conducting, conductive; *i* ~ *kretsar* in influential (governing) circles; en man

~ *ställning* . . in a leading (framskjuten prominent) position; *vara* ~ lead; *de* ~ *inom* företaget those in a leading position within . .

ledare 1 pers.: allm. leader; väg~ äv. guide; anförare conductor; arrangör, t.ex. idrotts~ äv. organizer; ~ *av (för)* ett företag manager (head) of . .; *konstnärlig* ~ art director **2** i tidning leader, editorial **3** fys. conductor, *av (för)* of

ledar|egenskaper *pl* qualities of leadership **-förmåga** ability to lead; person leader **-hund** i spann leader-dog; blindhund guide dog, amer. äv. seeing-eye dog **-post** leading position **-skap** leadership **-skribent** leader--writer, isht amer. editorial writer

led|a|s *leddes letts itr. dep* be bored, *vid (åt)* with; ~ *efter* sakna miss . . very badly

ledband, [*gå*] *i* ~ [be] in leading-strings; *hålla ngn i* ~ äv. lead a p. by the nose

led|brosk anat. articular cartilage **-bruten** *a* stiff; *känna sig alldeles* ~ be aching all over **-djur** arthropod **-docka** jointed doll; bildl. puppet

ledfyr sjö. leading light; bildl. beacon

led|gång joint, articulation **-gångsreumatism** rheumatoid arthritis **-håla** joint cavity

ledig *a* **1** fri a) om pers.: free, pred. äv. not occupied; sysslolös unoccupied, idle; arbetslös unemployed b) om tid: free, . . off; inte upptagen leisure . ., spare . .; *en* ~ *dag i veckan* one day off a week; ~*a lördagar* free Saturdays; jag har aldrig *en* ~ *stund* . . a spare moment, . . a moment to spare; *på* [*mina*] ~*a stunder* in my spare (leisure) time, in my odd moments; *bli* ~ [*från arbetet*] get off [work (duty)]; *få* ~*t en timme (en vecka)* get an hour off (a week's holiday); *ge ngn* ~*t* (~*t* en dag) give a p. time off (let a p. take . . off); *göra sig* ~ (~ en dag) take time off (take . . off); *ha (få)* ~*t från skolan (sista lektionen)* [*den dagen*] have (be given) a holiday from school (have resp. get the last lesson off) [on that day]; *han har aldrig* ~*t* he never has any time off (any leisure); *ta sig* ~*t en dag (vecka)* take a day off (a week off el. a week's holiday); *hon är* ~ *(har* ~*t) i dag* she has today off, har sin ~a dag she has her day off today

2 obesatt, obebodd vacant, om t.ex. sittplats vanl. unoccupied; ej upptagen om t.ex. taxi (pred.) not engaged, to be had; disponibel: attr. spare, pred. free, to spare, not in use; att tillgå available; ss. skylt: på taxi for hire, på t.ex. toalett vacant; *det finns inte en* ~ *bil* there isn't a taxi to be had; ~*a platser* tjänster vacancies, ss. tidningsrubrik: allm. Situations Vacant, till offentliga befattningar Official Appointments; *bli* ~ om tjänst fall (become) vacant; tjänsten är *fortfarande* ~ . . still open; *är bilen* ~*?* till taxichauffören are you free?; *är den här platsen* ~*?, är det* ~*t här?* is this seat free?

3 otvungen easy äv. om t.ex. hållning; flytande: om handstil flowing, om språk fluent, natural; bekväm, om t.ex. kläder comfortable, loose-fitting; smidig, om t.ex. rörelser relaxed, supple; ~*a!* [stand] at ease!; *ett* ~*t sätt* free and easy manners pl.

ledig|annonsera *tr* advertise . . as vacant **-bliven** *a,* ~ tjänst . . that has (resp. had) fallen vacant **-förklara** *tr* announce . . as vacant **-het** ~*en* ~*er* **1** ledig tid free time, leisure, time off; semester holiday **2** otvungenhet: i umgänge easiness (ease) of manner; stils o.d. ease, easy flow; i rörelser freedom **-hetskommitté** skämts., *han tillhör* ~*n* he is a member of the leisured classes

ledigt *adv* **1** *få (ge ngn)* osv. ~ se ex. under *ledig 1* **2** med lätthet, allm. easily; bekvämt comfortably; obehindrat, t.ex. röra sig freely; utan risk certainly; gladeligen gladly, willingly; röra sig ~ otvunget . . with ease; *han talar* ~ *(engelska* ~*)* he is a fluent speaker (speaks English fluently); *sitta* ~ om kläder fit comfortably, be an easy fit

led|inflammation arthritis **-kapsel** anat. joint-capsule

ledkort guide card

ledlös *a* utan leder jointless; slapp i lederna loose--jointed, loose-limbed; bildl. unprincipled

ledmotiv recurrent theme, leitmotif ty., bildl. äv. leading (guiding) principle

ledning 1 skötsel o.d. management; ledarskap leadership; mil. command; väg~ guidance; ledtråd lead, clue; sport. lead; *ta* ~*en* take the lead, sport. äv. go ahead, ta befälet take over command; *tjäna som* ~ serve as a guide; *med* ~ *av* dessa iakttagelser guided by (with the aid of) . .; *till* ~ *för* intresserade for the guidance of . .; *under sakkunnig* ~ under expert guidance; *under* ~ *av* a) t.ex. erfarna lärare under the guidance (superintendence, direction) of b) mus. conducted by; *stå (vara) under* ~ *av* . . om t.ex. företag be under the management (in the charge) of . . **2** koll. om pers., ~*en* inom företag the management, the executives (managers) pl., t.ex. inom parti the leaders pl., mil. the command **3** tekn.: elektr., tråd wire, grövre cable; kraft~ o. telef. line; rör pipe

lednings|brott telef. o.d. line breakdown **-förmåga** conductivity **-nät** main system **-stolpe** telef. telegraph-pole **-tråd** wire

ledsaga *tr* allm. accompany äv. mus.; beskyddande escort; ss. uppvaktande attend **ledsagare** se *följeslagare*

ledsam *a* långtråkig boring, tedious; ointressant dull; se vid. *tråkig* **ledsamhet** *-en -er* långtråkighet boredom; hon är ~*en själv* . . a real bore; här *vilar inga* ~*er* ung. everything is bright and cheerful . .; se vid. *tråkighet* **ledsamt** *adv* se *tråkigt* **ledsen** *a* **1** sorgsen sad;

olycklig unhappy; bekymrad distressed, worried; bedrövad grieved, *över* i samtl. fall about; förargad annoyed, *för (över)* ngt at (about) . ., *på* ngn with . .; besviken disappointed; *över* at; sårad hurt, *över* about; end. pred.: beklagande, ofta i hövlighetsfraser sorry, illa berörd upset, *över* i båda fallen about; *jag är ~ |att jag gjorde det|* I am sorry |I did it (for having done it)|; *jag är ~ att jag stör (störde) dig* I am sorry to disturb (to have disturbed) you; *jag blir inte |alls| ~ om* ofta I don't mind |a bit| (tar inte illa upp take it |at all| amiss) if . .; *var inte ~!* vanl. cheer up!; *var inte ~* bekymrad *|för det|!* vanl. don't worry |about that|!; *vad är du ~ för?* vanl. what are you sad about?, bekymrad vanl. what is worrying you?; *vara mycket ~ över* vad som hänt be very sorry about . ., deeply regret . .; *han är inte ~ av sig* ung. he is always ready for a bit of fun **2** trött, se *4 led 1* **ledsna** *itr* grow (get) tired, *på* ngt of . ., *på att* inf. of ing-form; *~ på att* inf. (äv.) tire of ing-form; *ha ~t på* äv. have had enough of, be (have got) fed up with; nöjen *man ~r på . .* that pall upon you

ledsnad *-en 0* bedrövelse distress, sorrow, grief, *över* i samtl. fall at; beklagande regret, *över* at; *till min ~ hör jag att . .* I hear with regret that . .

led|stjärna lodestar äv. bildl. **-stång** handrail, trappräcke äv. banisters pl. **-syn,** *han har ~* ung. he can just see enough to grope his way along **-tråd** clue, *till* to

ledvätska synovia, synovial fluid

leende I *a* smiling äv. om t.ex. natur: hon nickade *|vänligt| ~ . .* with a |kindly| smile; *lev livet ~!* keep smiling! **II** *-t -n* smile

legal *a* laglig legal **-isera** *tr* legalize; *~ ett* kärleks*förhållande* ung. make a relationship legal **-isering** legalization

legat 1 *-et -* testamentsgåva legacy, bequest **2** *-en -er* påvligt sändebud legate

legation legation **legationsråd** counsellor of legation

legend *-en -er* legend; uppdiktad historia myth **-arisk** *a* legendary äv. bildl. **-bildning** legend-creation, legend-making **-samling** legendary

legera *tr* alloy **legering** konkr. alloy

legio *oböjl. s* o. *a* oräknelig innumerable, countless; *det finns ~ av dem, de finns i ~* there are lots and lots of them **legion** legion

legionär legionary

legislativ *a* legislative **legitim** *a* legitimate

legitimation 1 styrkande av identitet identification; konkr. identity (identification) paper; *mot ~* |up|on identification, on proof of identity; *har ni ~?* have you got an identity card?, can you prove your identity? **2** styrkande av behörighet authorization

legitimations|bevis för utövande av praktik licence **-handling** identity (identification paper **-kort** identity (registration) card

legitimera I *tr* **1** göra laglig legitimate, barn äv. legitimatize **2** ge behörighet authorize; *~d* läkare äv. registered (fully qualified) . . **II** *rfl* prove one's identity

lego|knekt o. **-soldat** mercenary **-truppe** *pl* mercenary troops

legymer *pl* vegetables **legymsallad** Russian salad

legär *a* careless, nonchalant **legärt** *adv, ta* ngt *~* make light of . .

leidnerflaska Leyden jar

lej|a *tr* hire äv. neds.: anställa take on; *-d* mördare hired . .

lejd *-en 0* garanti safe-conduct; *ge* ngn *fri ~* grant . . a safe-conduct

lejdare sjö. trappa, repstege ladder

lejdebrev |letter of| safe-conduct

lejon *-et -* **1** lion äv. bildl.: *en men ett ~!* one — but a marvellous one! **2** *Lejonet* astr. Leo **-gap** bot. snapdragon **-hjärta,** *Rikard L~* Richard Coeur-de-Lion **-hona** o. **-inna** lioness **-klo,** *visa ~n* show one's mettle **-kula** lion's den **-man** lion's mane; på pers |leonine| mane **-part,** *~en* the lion's share **-unge** young lion, lion cub

lek *-en -ar* **1** ordnad game; lekande play, t.ex. m. döden playing; bildl.: t.ex. vågornas dancing, t.ex. skuggornas play, t.ex. ödets freak; *~ och idrott* games pl. and athletics; det är *en ~ med ord . .* playing with words; arbetet *gå (är) som en ~ för honom . .* is child's play to him; *blanda (ge) sig i ~en* eg. take part in the game, bildl. interfere; *den som sig i ~en ger, han får ~en tåla* once you've started you have to take the consequences; *på ~* for fun; *han tar allting på ~* he takes everything lightly; han skadades *under ~|en|* . . while playing; *vara ur ~en* be out of the running **2** zool.: fiskars spawning; fåglars pairing, mating **3** kort~ pack, amer. äv. deck

lek|a *-te -t tr itr* **1** allm. play äv. bildl., *med* with; på lek vara el. utföra play at; spela rollen av act; *~* spela *hjälte* act the hero; *~ indiane (krig)* play at Indians (at war); *~ leka* play games; *~ med* a) behandla lättsinnigt trifle with, treat . . lightly, ngns känslor äv. play |fast and loose| with b) fingra på toy (fiddle) with; *~ med tanken |att* inf.*|* play (toy) with the idea |of ing-form|; han, det är *inte att ~ med . .* not to be trifled with, t.ex. om sjukdom äv. . . no trifling matter; *livet -te för* henne life was a game for . .; *~ bort* sin tid dally . . away **2** zool.: om fiskar spawn, om fåglar pair, mate

lekam|en *~ 0 r* body; *Kristi ~s fest |*the feast of*|* Corpus Christi **-lig** *a* bodily; mots. andlig äv. corporeal **-ligen** *adv* bodily corporeally

lekande *adv, |det går| ~ lätt |*it is*|* as easy

as winking (pie)
lekatt ermine
lek|boll, *en ~ för ödet* the sport of Fortune **-dräkt** barns romper[s pl.]; *en ~* a pair of rompers, a romper suit **-full** *a* allm. playful, . . full of fun **-kamrat** playmate, playfellow **-ledare** games organizer, playleader **-lysten** *a* frolicsome
lekman layman; *lekmännen* äv. the laity sg.
lekmanna|håll, *på ~* among laymen **-mässig** *a* attr. lay, amateur; omdömet är *~t* . . that of a layman **-predikant** lay preacher
lek|plan playing-field **-plats 1** -plan playground **2** fiskars spawning-ground **-sak** toy, plaything äv. bildl. om pers., *för* for; lekverk trifle
leksaks|affär toyshop **-bil** toy car **-låda** box of toys, tom toy-box, play-box
lek|skola nursery school, kindergarten **-stuga** barns lekhus playhouse **-tant** children's supervisor **-tid** zool.: fiskars spawning time, fåglars pairing-time, mating-time
lektion lesson äv. bildl., *i* ngt in . .; i skola äv. class; *ge (hålla) ~er* [*i engelska*] vanl. teach [English]; *han har* ger *~er (tre ~er)* på kvällarna he is teaching (gives three lessons) . .; *ta ~er i engelska för* ngn have English lessons with (from) . .
lektor 'lektor'; skol. äv. ung. senior master (kvinnlig mistress), *i* engelska of . . ; univ. äv. lecturer **lektorat** *-et* - skol. post as a senior master osv.; univ. lectureship
lektris *-en -er* manuskriptläserska [publisher's] reader **lektyr** *-en 0* reading; konkr. reading matter **lektör** manuskriptläsare [publisher's] reader
lek|verk, *det är* [*ett*] *(inget) ~* it is child's (no child's) play, *för* for **-ålder** play period
lem *-men -mar* limb äv. bildl.; könslem male organ **-lästa** *tr* maim, mutilate, göra till invalid cripple, disable
lemonad *-en -er* lemonade
len *a* mjuk soft, slät smooth; friare om t.ex. röst silky äv. bildl.; om t.ex. luft, smak bland; *~ hud* smooth (soft) skin **lena** *tr itr* lindra soothe; det *~r* [*i*] *halsen* . . is soothing to the throat
leopard *-en -er* leopard **-hona** leopardess
lepra *-n 0* leprosy. — Jfr vid. *spetälsk* etc.
ler *-et 0, de hänger ihop som ~ och långhalm* they stick (cling) together **ler|a** *-an -or* clay, sandblandad loam; gyttja mud
ler|aktig o. **-artad** *a* clayey **-blandad** *a* clayey, loamy **-botten** i sjö o.d. clayey bottom (ground) **-duva** clay pigeon **-duveskytte** clay pigeon shooting **-fötter,** vila *på ~* . . on feet of clay **-gods** earthenware, pottery **-golv** earth[en] floor **-grop** claypit **-gök** [primitive] ocarina
lerig *a* lerhaltig clayey, loamy; gyttjig muddy; *vara ~* nersmord be [all] clayey (resp. muddy)
ler|jord 1 clay[ey] soil **2** kem. alumina **-klump** lump of clay; lerkoka lump of mud **-kruka** crock; förvaringskärl earthenware jar (pot) **-skärva** potsherd **-välling,** vägen är *en enda ~* . . just a mass (sea) of mud
lesbisk *a* Lesbian
leta I *itr* (ibl. *tr*) allm. look; ihärdigt search, ivrigt hunt, *efter* i samtl. fall for; har du *~t ordentligt* . . looked (searched) properly; *gå ut och (för att) ~ efter* en försvunnen go out searching for . ., go out in search of . .; *~ efter* äv.: treva efter feel (grope) for, söka komma på cast about for; *~* [*efter*] guld o.d. äv. prospect for . . ; *~* [*efter*] mask search for . . ; *han ~r (får ~) efter orden* he hesitates (is at a loss) for words; sådana människor *får man ~ efter* . . are not easy to find; *~ i* sina fickor *efter* search . . for, look (rummage, feel) in . . for; *~ i* sitt minne cast about in (search) . . **II** *rfl, ~ sig dit (hem)* find one's way there (home) **III** m. beton. part. **1** *~ fram* hunt (hala fish, gräva rummage) out, *ur* from; *~ sig fram* find (bana sig make, treva grope el. feel) one's way **2** *~ igenom* search, gå igenom ransack, go through **3** *~ ihop* collect, get together **4** *~ reda (rätt) på* [try (lyckas manage) to] find **5** *~ upp* search out, hunt up; hitta find **6** *~ ut* utvälja pick out; ta reda på find out **letande** *-t 0* searching osv.; *efter långt ~* äv. after a long search (hunt)
letargi -[*e*]*n 0* lethargy **letargisk** *a* lethargic
lett *-en -er* Latvian; etnogr. Lett **lettisk** *a* geogr. Latvian; etnogr. Lettish **lettisk|a** *-an* **1** pl. *-or* kvinna Latvian (resp. Lettish) woman **2** pl. *0* språk Latvian **Lettland** Latvia
leukemi -[*e*]*n 0* leukaemia
lev|a *-de* -[*a*]*t* **I** *itr tr* **1** allm. live; vara i livet vanl. be alive; existera exist; livnära sig, överleva äv. subsist; fortleva survive; *-e* friheten, konungen! long live . .!; *han -er ännu* he is still alive; den seden *-er ännu* . . still survives; *om jag -er och har hälsan* if I am spared [to live] and keep well; *om han fått ~* nu if he had lived . . ; *så länge jag -er* as long as I live, hela mitt liv äv. all my life; *jag vill ha det så gärna som jag -er* I would do anything to get it; *den som -er får se* he who lives will see; *låta* ngn *få veta att han -er* lead . . a life [of it], skälla ut give . . what for; *jag fick veta att jag -de* I had a hot time of it; *det är billigt (dyrt) att ~* här living is cheap (expensive) . .; *~ som man lär* practise what one preaches; *~ som om var dag vore den sista* take no thought for the morrow; *~ tills man blir* hundra år live to be . . ; *~* tillbringa *sitt liv* spend one's life; [*förstå att*] *~ livet* [know how to] live; *~ livets glada dagar* have a gay

time; ~ *ett* anständigt *liv* lead (live) a . . life; ~ *enkelt* lead a simple life; ~ *av* live (äta, om djur, äv. feed) on; ~ *av jakt och fiske* live by hunting and fishing; *vad -er han av* hur försörjer han sig? what does he do for a living?; ~ *enligt* sina principer live up to . .; ~ *för* ngn (ngt) live for . .; ~ *för dagen* live from day to day; ~ *i ett lyckligt äktenskap* lead (live) a happily married life; ~ *i okunnighet om* be ignorant (in ignorance) of; *hur -er världen med dig?* how is life treating you?; ~ *på* live (äta, om djur, äv. feed) on, försörja sig genom live (make a living) by; ~ *på ngn (på hoppet)* live on a p. (in hope)

2 väsnas be noisy, make a noise; *de -de som galningar* they made no end of a row

3 sjö. flap; *det -er i seglen* the sails are flapping

II m. beton. part. **1** ~ *igenom* se *genomleva* **2** ~ *ihop med* live with; *de -er ihop* they live together **3** ~ *sig in i* ngns känslor enter into . .; ~ *sig in i rollen* live the part **4** ~ *kvar* allm. live on, survive; friare still exist, be still in existence; ~ *kvar i* gamla fördomar stick to . . **5** ~ *med i* vad som händer take an active interest in . .; ~ *med [i sällskapslivet]* go about a great deal **6** ~ *om* a) itr., festa lead a fast life, go the pace b) tr., t.ex. sitt liv live . . over again, relive . . **7** ~ *upp* a) tr., festa upp run through, förbruka use up b) itr., ~ *upp igen* revive; ~ *upp till* sitt rykte live up to . . **8** ~ *ut* känslor o.d. give full expression to

levande *a* allm. living; isht ss. mots. till död: pred. alive, attr. living, om djur äv. live; bildl.: livfull, livlig lively, stark. vivid; naturtrogen life-like; *mera död än* ~ more dead than alive; hon är *mycket* ~ . . full of life; *begravas* ~ . . alive; *göra* t.ex. skildring, roll ~ make . . live (vb.), t.ex. tavla make . . life-like; *komma* ~ *ifrån* ngt come out of . . alive; ~ *blommor* natural (real) flowers; ~ *intresse (språk, tro)* living interest (language, faith); ~ *inventarier* livestock sg.; ~ *last* live cargo; *ett* ~ *lexikon* a walking encyclop[a]edia; *i* ~ *livet* in real (actual) life; ~ *ljus* pl. candles pl.; *ingen* ~ *ro* no peace whatever (at all); här finns *inte en* ~ *själ* . . not a [living] soul; *en* ~ *skildring* a lively (vivid) description; ~ *varelser* living (animate) beings; *de* ~ the living; *ingen nu* ~ kan det no man living . .

Levanten the Levant

leve *-t -n* cheer; *utbringa ett [fyrfaldigt]* ~ *för* give (föreslå call for) four (eng. motsv. three) cheers for

levebröd uppehälle livelihood, living; yrke job

lev|er *-ern -rar* **1** liver **2** blod~ clot

leverans *-en -er* delivery äv. konkr.; sändning äv. shipment, consignment; tillhandahållande äv. supply; *köpa på* ~ . . for future (forward) delivery; betala *vid* ~ . . on delivery **-besked** notice of delivery **-förmåga** output (delivery) capacity **-klar** *a* . . ready for delivery **-kraftig** *a* om firma o.d. efficient, capable **-tid** time (date) of (for) delivery, delivery time (date) **-villkor** *pl* terms (conditions) of delivery, delivery terms

leverantör supplier, i stor omfattning contractor, isht av livsmedel purveyor; avlämnare deliverer **leverera** *tr* **1** tillhandahålla supply, furnish, provide, *ngt till ngn* i samtl. fall a p. with a th.; avlämna, sända deliver; prestera, avge produce; ~ *till* grossister supply [to] . .; ~ *in* hand in (over), deliver **2** mil., ~ *batalj* give (deliver) battle

lever|fläck liver spot, friare mole **-korv** liver sausage

leverne *-t 0* **1** liv life; *bättra sitt* ~ mend one's ways **2** oväsen, se *liv 7*

leverop cheer

lever|pastej liver paste **-sjukdom** disease of the liver **-tran** cod-liver oil

levit *-en -er* Levite **-isk** *a* Levitical

levnad *-en 0* life

levnads|bana career **-beskrivning** biography, *över* of **-förhållanden** *pl* circumstances; *hans* ~ the conditions under which he lives **-glad** *a* . . full of vitality (zest [for life]) **-historia,** hans ~ the story of . . life **-klok** *a* ung. worldly wise **-konstnär** connoisseur of the art of living; *vara* ~ äv. know how to live **-kostnader** *pl* cost sg. of living **-kostnadsindex** se *konsumentprisindex* **-lopp,** hans ~ [the course of] . . life **-omständigheter** *pl* circumstances **-regel** rule [of conduct], maxim **-skildring** biography, *över* of **-standard** standard of living **-sätt** manner (way) of living (life), liv life **-tecknare** biographer **-teckning** biography, *över* of **-trött** *a* . . tired of life **-vanor** *pl* habits (ways) of life (living) **-vett** good breeding, savoir vivre fr. **-villkor** *pl* living conditions **-ålder** age **-år** year of [one's] life **-öde** lott destiny; ~*n* ngns upplevelser life [story] sg.

levra *rfl* coagulate, clot **levrad** *a* coagulated, clotted

lexikalisk *a* lexical **lexikograf** *-en -er* lexicographer **lexikografi** *-[e]n 0* lexicography **lexikografisk** *a* lexicographic[al] **lexikon** *-et* - dictionary, isht över ett dött språk lexicon; konversations~ encyclop[a]edia

lian *-en -er* liana, liane

Libanon land Lebanon, the Lebanese Republic

liberal *a* liberal; *de* ~*a* polit. the Liberals **liberalisera** *tr* liberalize **liberalism** (äv ~*en)* liberalism **liberalitet** liberality

libertin *-en -er* libertine

librett *-en -er* o. **libretto** *-n (-t) -n* libret|to (pl. -tos el. -ti) **librett[o]författare** librettist

Libyen Libya **libysk** *a* Libyan
licens *-en -er* licence, *för, på* for; avgift (radio.) licence fee; tillverka *på* ~ . . under |a| licence **licensansökan** licence application, application for a licence **licensavgift** licence fee **licens|i|era** *tr* license **licensinnehavare** licensee, licence-holder **licensskolkare** radio. licence dodger
licentiat 1 licentiate; *filosofie* ~ *(fil. lic.)* Licentiate of Philosophy; *Fil. lic. Bo Ek* t.ex. på brev Mr. Bo Ek, Fil. Lic. **2** F se *-examen* **-avhandling** licentiate's dissertation **-examen** ss. grad licentiate|'s degree|
1 lid|a *led -it itr* gå pass |on|; framskrida, om tid draw (wear) on; *ju längre det led (det led på kvällen)* the later it grew (the night grew); *det -er mot kvällen* night is drawing near; *det -er mot slutet med honom* his life is drawing (wearing) towards its close; *det är långt -et på* dagen . . is far advanced; han kommer *vad det -er* . . sooner or later (in time)
2 lid|a *led -it* **I** *itr* plågas: allm. suffer, ha plågor äv. be in pain; ~ *av* suffer from, t.ex. lyte äv. be afflicted with, vara behäftad med (t.ex. fel) äv. be impaired (marred) by, have, ha anlag för (t.ex. svindel) be subject to; *jag -er* pinas *av det (av att se det)* it makes me suffer (I suffer when I see it); *få* ~ *för* ngt have to suffer (pay) for . . **II** *tr* plågas av suffer; uthärda endure, tåla äv. bear, stand; drabbas av sustain, incur; ~ *hunger (törst)* suffer from hunger (thirst); ~ *nederlag* be defeated, sustain (suffer) a defeat; ~ *orätt* suffer wrong, be wronged; ~ *smärta* suffer pain; *den -na oförrätten* the wrong suffered (received); jfr vid. under resp. huvudord
lidande I *a* suffering, *av* from; ~ *av* äv. afflicted with; *de* ~ those suffering |pain|; *bli* ~ |*på* ngt|: om pers. be the sufferer (loser) |by . .|, om sak suffer |by . .|
II *-t -n* **1** suffering; bibl. o.d. affliction, distress; *Kristi* ~ the Passion; ~*ts kalk* the cup of tribulation **2** åkomma disease; jfr *hjärtlidande* m.fl. **lidandeshistoria** tale (story) of woe; *Kristi* ~ the Passion; berätta *sin* ~ . . the story of one's sufferings
lidelse passion; hänförelse fervour, ardour, enthusiasm; *med* ~ äv. passionately **-fri** *a* dispassionate, unimpassioned **-fritt** *adv* dispassionately **-full** *a* allm. passionate; om tal impassioned; friare äv.: brinnande ardent, intensiv fervent, häftig vehement; entusiastisk enthusiastic **-fullhet** passion, ardour, fervour, vehemence; enthusiasm; jfr *-full*
lid|er *-ret -er* shed
liderlig *a* om pers. lecherous, lewd; om liv dissolute; om t.ex. sång bawdy **-het** lechery, lewdness
lidnersk *a, få en* ~ *knäpp* ung. begin to show unsuspected gifts
lie *-n liar* scythe **-mannen** Death
liera *rfl* ally (associate) oneself, *med* with; ~ *sig* bli vän *med* take up with **lierad** *a* connected; *nära* ~ *med* äv. intimate with
lift *-en -ar* **1** skid~ o.d. lift **2** *få* ~ get a lift
lifta *itr* hitch-hike **liftare** hitch-hiker
lig|a *-an -or* tjuv~ o.d. gang, spion~ ring; fotbolls~ o.d. league
ligament *-et* - ligament
ligapojke |young| hooligan
ligatur *-en -er* läk., boktr. o. mus. ligature
ligg|a *låg legat* **I** *itr* **1** lie, vara i liggande ställning äv. be lying; ej stå el. sitta, vila be lying down; vara sängliggande be in bed; sova, ha sin sovplats sleep; vara, befinna sig be; vara belägen be |situated (located)|, stand; vistas stay; vara förlagd, mil. be stationed (quartered); förvaras be kept; vara arrangerad (t.ex. i nummerföljd) be arranged; hålla sig på plats (om t.ex. hår) stay in place, F stay put; jfr äv. under resp. huvudord ss. *hjärta, process* etc.
~ |*begravd*| lie (bildl. be) buried; ~ |*sjuk*| be laid up, be ill in bed; *hon -er* fortfarande she is . . in bed äv. om sjuk; du måste ~ *en stund (en månad)* . . lie down for a while (keep to your bed for a month); stora böcker skall ~ lie . . horizontal (flat); snön *kommer inte att* ~ . . won't stay; säden *-er* |*efter regnet*| . . is flattened by the rain; *det -er tjockt med* damm there is a thick layer of . .; *-er du bra* så där? are you comfortable . .?; ~ *djupt* bildl. lie deep, om fartyg be low in the water; ~ *först (sist)* i tävling lead (be the last); man bör ~ *hårt* . . have a hard bed; ~ *länge* på morgnarna stay in bed late . ., have a lie-in . .; huset *-er nära (inte långt från) stationen* . . is close to (not far away from) the station; huset, staden *-er vackert (högt)* . . is beautifully situated (stands on a high ground); ~ *vaken* lie (be lying) awake; *var -er Eslöv (hans* egendom*)?* where is Eslöv (is his . . situated)?; *var -er* knivarna*?* where are . .?; *var ska (brukar)* knivarna ~*?* where do . . go?; *var ska garaget (fabriken)* ~*?* where is the garage to be placed (the factory to be located)?; *brevet låg gömt* under böckerna the letter was |found| hidden away . .; kläderna *låg utströdda (slängda i en hög)* . . had been scattered about (thrown all in a heap); boken *-er som press* . . acts as a press; ~ *och läsa* lie reading, i sängen read in bed, ej stå el. sitta read lying down; *jag låg och läste (funderade)* när . . I was reading (pondering) . .; *det -er och möglar (har legat och möglat)* it is getting mouldy (has got mouldy); ~ *och skräpa* lie about; ~ *och sova* be sleeping (asleep); ~ *och torka* be drying up, till tork be drying; ~ *och vila* |lie down and| have a rest; *låta* ngt ~ inte röra leave . . alone, lämna

|kvar| leave . ., skjuta upp let . . rest (lie over), leave . . in abeyance; *låta ngt ~ där det -er* leave a th. |lying| where it is; *låt den ~ öppen!* leave it open!; *låta . . ~ och torka* let . . become dry, till tork let . . dry

m. obet. prep.: rollen *-er bra för honom* . . suits him well; avgörandet *-er hos honom* . . lies (rests) with him; förslaget *-er hos styrelsen* . . is in the hands of the board; *~ i* affärer be engaged in . .; *~ i* influensa be down (laid up, in bed) with . .; *~ i fönstret och titta på* ngt be leaning over the window-sill watching . .; *~ i Lund |och studera* språk| be |up| at Lund |studying . .|; *~ i samma rum* sleep in (share) the same room; *Eslöv -er i* Sverige Eslöv is in . .; *knivarna -er (ska ~) i* lådan the knives are in (go into) . .; *lyckan -er i att* inf. happiness consists in ing-form: *hans styrka -er i* . . his strength lies in . .; *svårigheten -er i* uttalet the difficulty lies in . .; svårigheten *-er i att* inf. (*i* hel sats) . . is to inf. (is that hel sats): *det -er i* själva ordet it is implied in . .; *det -er i släkten* it runs in the family; *det -er mycket (något) i det* bildl. there is a good deal (something) in that; *man -er bra i den här sängen* this is a comfortable bed |to sleep (lie) in|; *~ med* ha samlag med sleep with; *huset -er mellan* två sjöar (*på* en kulle) the house lies between el. is situated between . . (stands on . .); *~* vetta *mot* . . face . .; *~ på knä (rygg)* be |down| on one's knees (lie |flat| on one's back); *~ på sjukhus|et| (landet)* be in hospital (stay in the country); ansvaret *-er på honom* . . lies with (rests upon) him; *betoningen -er på* första stavelsen the stress is (falls) on . .; bilen *-er bra på vägen* . . holds the road well; *~ |länge| på* inte lämna ifrån sig *en bok* keep a book |long|; *~ länge (en månad) på* ett ärende be a long time about . . (put off dealing with . . for a month); *~ vid universitetet* be at the university; staden *-er vid floden (kusten)* . . stands on the river (is on the coast); rummet *-er åt* el. *mot gatan (norr)* . . overlooks the street (faces north); stationen *-er åt det här hållet* . . lies (is |situated|) in this direction; *han -er inte åt det hållet* bildl. he is not inclined that way

2 om fågelhona, *~ på ägg* sit |on her eggs|; *~ och ruva* be brooding

3 vara frusen (om sjö o.d.) be frozen over; isen *-er inte* . . is not frozen |up|

II m. beton. part. **1** *~ an* sluta tätt lie close, *mot* to; *~ an* vara pressad *mot* bear on **2** *~ av sig* om pers. get out of practice, *i* in **3** *~ bakom* se ex. under *bakom* **4** *~ bi* sjö. lie to (by) **5** *~ efter* **a)** vara efter be (lag) behind; *~ efter med* be behind (behindhand, betr. betalning äv. in arrears) with; *mycket arbete -er efter* there is still much work to be done **b)** ansätta, *~ efter ngn* keep on at a p. (*med* tiggarbrev with . .), hålla efter keep a close check on a p.; *han -er efter mig att jag ska* inf. he keeps pushing (urging) me to inf., he keeps (is) on at me about ing-form **6** *~ framme* till bruk o.d. be out (ready), till påseende be displayed, skräpa lie about; böckerna *-er framme |på bordet|* . . are on the table; *låt inte* pengarna *~ framme* don't leave . . |lying| about, lägg undan put . . away; *~ väl framme* bildl. be well ahead **7** det *-er inte för mig* . . is not in my line, passar mig inte . . doesn't suit me; *det -er inte för mig att tigga* begging doesn't come natural to me (is not in my line), it is not in my nature to beg **8** *~ före* |ngn| be ahead |of . .| **9** *~ i* **a)** vara i (t.ex. i vattnet) be in; korgen och *allt som -er i* . . all there is in it **b)** knoga work hard, be at it; *~ i och arbeta* keep on working **10** *~ ihjäl* ngn overlie . . **11** *~ inne* mil. serve; *~ inne |i sängen|* keep to one's bed; *~ inne |på sjukhuset|* be in hospital; *~ inne med* t.ex. beställningar have . . on hand, t.ex. varor äv. have . . in stock; *~ inne med ett stort lager* have a large stock |in hand| **12** *~ kvar* inte resa sig remain lying; *~ kvar |i sängen|* remain in bed; *~ kvar |över natten|* stay the night; *ligg kvar!* don't get up!; boken *-er kvar där* . . is still |lying| (kvarlämnad has been left) there; *snön -er kvar* på sina ställen there is still some snow . .; *låta* ngt *~ kvar* leave . . **13** *~ nere* om t.ex. arbete be at a standstill, om t.ex. fabrik stand idle **14** duken *-er på* . . is on; *här -er solen på* there is a lot of sunshine here; här *-er vinden på* the wind blows hard . .; på platser *där solen (vinden) -er på* äv. . . exposed to the sun (the wind) **15** *~ bra (illa) till* om t.ex. hus be well (badly) situated, om pers. (i t.ex. tävling) be well (badly) placed, be in a good (bad) position; *~ bra till för* . . passa suit . . well; *~ bra (illa) till hos ngn* be in a p.'s good (bad) books, be liked (disliked) by a p.; *det -er illa (annorlunda) till för honom* his prospects are none too good (he is in a different position); ta reda på *hur saken (det) -er till* . . how matters stand, . . how the land lies; *som det nu -er till* as (the way) things are now; *om det -er så till* kommer jag in that (if that is the) case . .; *~ till sig* om t.ex. vara improve by keeping (being kept); *låta* fråga *~ till sig* leave . . to mature **16** *~ under* **a)** vara lagd under be |put| underneath; *det -er något under |det här|* bildl. there is something at the bottom of this **b)** ha undre sovplatsen sleep below **c)** vara underlägsen be inferior, *ngn* to a p.; sport. play a losing game; *han -er under i* konkurrensen he can't keep up with . . **d)** hans anbud *-er under |mitt|* . . is lower |than mine| **17** *~ ute* sova utomhus sleep out |of doors| (in the open), vistas utomlands be abroad; *~ ute och* *fiska (på fiske)* be out fishing; ~ *ute med* ha lånat ut *pengar* have money owing to one (outstanding) **18** ~ *åt* a) itr.: sluta till fit tight b) tr.: se ~ *efter b* **19** ~ *över* **a)** vara lagd över: ngt *-er över* |*det*| . . is laid (put, utbrett spread) over it; *papperet -er över* så den syns inte it is hidden by the paper; sängen och täcket *som -er (låg) över* |*den*| . . |lying| over it; arbetet *-er över mig* bildl. . . is hanging over me **b)** ha övre sovplatsen sleep above **c)** övernatta stay overnight (the night); ~ *över en natt* stay one night; du kan ~ *över här* |*i natt*| . . sleep here tonight **d)** vara överlägsen be superior, *ngn* to a p.; sport. be leading (in the lead); *han -er över mig* i fråga om . . äv. he is above me (my superior) . . **e)** ansätta: se ~ *efter b*

liggande *a* allm. lying; om pers. äv. reclining, recumbent; belägen äv. situated; vågrät horizontal; staty *i* ~ *ställning* . . in a recumbent position; göra ngt *i* ~ *ställning* . . lying down; *bli* ~ a) om pers.: i sängen remain in bed, t.ex. på soffan remain lying, inte kunna resa sig not be able to rise (get up) b) om sak: ligga kvar remain, bli kvarlämnad be left, inte slutbehandlas remain undealt with, get held up, inte göras färdig remain undone, inte bli avsänd not be sent off; *förvaras* ~ be kept flat (in a horizontal position), om t.ex. flaskor be stored lying down; *ha ngt* ~ i en låda have (förvara keep) a th. . .

liggare bok register, *för* of; H äv. ledger **liggdags** *adv* se *sängdags*

ligge|dagar *pl* sjö. lay-days **-dagsersättning** demurrage

ligg|fåtölj järnv. o.d. reclining chair **-hall** ung. open-air veranda for a rest cure **-höna** brood-hen, sitter **-plats** se *sovplats* **-sjuk** *a* broody **-stol** vil~ deck-chair **-sår** bedsore **-vagn** järnv. couchette car

ligist *-en -er* hooligan, amer. äv. hoodlum, rough-neck **-fasoner** *pl* hooliganism sg.

lignin *-et 0* lignin

liguster *-n ligustrar* privet

1 lik *-et* - **1** corpse, amer. äv. stiff;|dead| body; för dissektion subject; de hittade ~*et (hans* ~*)* . . the (his) body; *blek som ett* ~ deathly pale; *stå* ~ lie dead, på lit de parade lie in state; *över mitt* ~ bildl. over my dead body; *han går över* ~ he sticks at nothing **2** typogr. omission

2 lik *-et* - sjö. tross bolt-rope

3 lik *a* (attr. se *lika I*) like; *de är* ~*a* lika varandra they are alike; de är *mycket* ~*a* |*varandra*| . . very much alike, . . very like each other; *vara* ~ porträttlik be a good likeness; *hon är* ~ *honom* she is like him, *till* utseendet in . .; *de är så* ~*a att* . . they are so much alike that . .; ~*a som bär* as like as two peas; *vara sig* ~ be (se ut äv. look) the same as ever; han är *inte sig* ~ *i dag (längre)* . . not his own self today (not the man he was any longer); här *är allt sig* ~*t* everything is just the same as ever . .; *det är* |*just (så)*| ~*t honom!* it is just like him!, it's him all over!; ~ *(*~*t)* en klippa like . .

lika I *oböjl. a* (pred. jfr äv. *3 lik*) av samma storlek, värde etc. equal; om t.ex. antal even; samma, likadan the same; helt överensstämmande identical; likformig, enhetlig uniform; ~ *för* ~ measure for measure; ~ *barn leka bäst* birds of a feather flock together; ~ *lön för* ~ *arbete* equal pay for equal work; ~ *inför* lagen equal before . .; *vara* ~ *med* be equal to, helt överensstämma med (t.ex. originalet) be identical with; 2 plus 2 *är* ~ *med 4* . . make|s| (is el. are, equal|s|) 4; *återgälda* ~ *med* ~ give tit for tat; *vara* ~ *mot* alla treat . . alike (the same); *fem* ~ i spel five all; *fyrtio* ~ i tennis deuce

II *adv* **1** vid verb: likadant in the same way (manner), uttr. inbördes jämförelse äv. alike; i lika delar equally; behandla alla ~ . . alike (the same); klockorna *går* ~ . . keep the same time; *vi står* ~ i spel we are even; *det stod* ~ under spelet the score (it) was even, blev oavgjort it was a tie **2** vid adj. o. adv.: |just| as; i lika grad equally; inte mindre none the less; lika mycket |just| as much, *som* as; ~ . . *som* . . as . . as . .; *den är* ~ *bred som* den andra *(som* |*den är*| *lång)* it is |just| as broad as . . (as broad as it is long); den är ~ *bred överallt* . . equally broad all over; de är ~ *breda* . . just as broad, . . equally broad; *en* ~ *bred dörr* |*som den här*| a door as broad as this; *han är en* ~ *duktig lärare som jag* he is just as good a teacher as I am; vi hade ~ *fint väder hela tiden* . . the same fine weather all the time; *han är* ~ *gammal som jag* vanl. he is my age; *vi är* ~ *gamla* vanl. we are the same age; *jag är* ~ *glad (tacksam) om* han inte kommer I would be just as pleased if . .; boken är ~ *intressant för det* . . interesting nevertheless (anyway), . . none the less interesting; *en* ~ *intressant som* välskriven *bok* a book |which is| as interesting as it is . .; *jag är* ~ *litet* intresserad *som du* vanl. I am no more . . than you; föremålen är ~ *stora* vanl. . . the same size; ~ *stora* föremål . . of (that are) the same size

lika|berättigad *a, vara (bli)* ~ have (get, be given) equal rights, *med* with; ~*e* arvingar . . having equal rights **-berättigande** equality |of rights| **-dan** *a* similar, *som* to; . . of the same sort (kind), *som* as; alldeles lika, oförändrad the same; *jag har en* ~ |*som den här*| hemma I have one like this . .; *det är* ~*t* överallt it is the same |thing| . .; *de är* |*precis*| ~*a* inbördes they are |quite| alike; grön klänning och ~*a skor* . . shoes to match **-dant** *adv* in the same way; t.ex. göra the same; *han gör (talar)* ~ |*som jag*| he does the same (talks in the same way el. talks the same) |as I do|; ~ *klädda* inbördes dressed alike **-fullt** *adv* ändå nevertheless, none the less, all the same **-ledes** *adv* sammaledes, ävenledes likewise; också also; |*tack*| ~*!* the same to you! **-lydande** *a* om text . . identical in wording, *med* to; *i två* ~ *exemplar* in duplicate, in two identical copies **-lönsprincipen** the principle of equal pay

likare *-n* - standard

likartad *a* similar, *med* to; . . of a similar kind; *de är* ~*e* samma inbördes they are alike (the same as each other)

lika|sinnad *a* like-minded; ~*e* subst. a. people of the same way of thinking (of a like mind) **-så** *adv* **1** likaledes likewise; också also; hon kom och ~ *han* . . so did he **2** se *lika II 2* **-|så|väl** *adv* just as well, *som* as; ~ såväl *som* as well as

likbegängelse funeral |ceremony|, obsequies pl.

likbent *a* geom. isosceles

lik|besiktning post-mortem |examination| **-bil** motor hearse **-bjudarmin** lugubrious face; *med* ~ vanl. with a face like an undertaker **-blek** *a* deathly pale **-bränning** cremation **-bår** bier **-bärare** |pall-|bearer

lik|e *-en -ar* equal, peer; *hans -ar* his equals; *söka (inte ha) sin* ~ be matchless (unequalled); *han söker sin* ~ |*i* lärdom| his equal |in . .| is not to be found; *en* fräckhet *utan* ~ an unparalleled (unheard-of) . . (se vid. ex. under *enastående*) **likformig** *a* enhetlig uniform; homogen homogeneous; geom. similar, *med* to **likformighet** uniformity; homogeneity; similarity

likgiltig *a* indifferent äv. om sak, *för* ngt to . .; håglös listless, apathetic; vårdslös nonchalant, careless; oberörd impassive, unconcerned; oviktig unimportant, insignificant, trivial; ~*t (det är* ~*t)* vem no matter (it doesn't matter) . .; *det är mig* |*fullkomligt*| ~*t* vad du gör it is |all| the same to me . ., I don't care |a bit| . .; saken *är mig* ~ I am not interested in . . **-het** ~*en* **1** pl. *0* indifference, *för* to; listlessness, apathy; nonchalance, carelessness; impassiveness, impassivity; unimportance, insignificance, triviality; jfr *likgiltig* **2** pl. ~*er* bagatell triviality; ~*er* trivialities, unessential (trivial) matters

likhet *-en -er* isht till utseendet resemblance, likeness, till art similarity, *med* i samtl. fall to; överensstämmelse identity, *med* originalet with . .; jämlikhet samt mat. equality; *i* ~ *med* liksom like, i överensstämmelse med in conformity with **likhetstecken** equals sign, equal-sign, sign of equality; *sätta* ~ *mellan lycka och* rikedom equate happiness with . .

likkista coffin, amer. äv. casket; *en spik i min* ~ a nail in my coffin

likljudande *a* om ord homonymous

liklukt cadaverous odour

likmätigt *prep,* sin plikt ~ pursuant to . .

likna I *itr* vara lik be like, resemble, *ngn* |*till* utseendet| a p. |in . .|; m. saksubj. äv. be similar to; se ut som look like; brås på take after; *de* ~*r varandra* äv. they are alike; *det* ~*r ingenting* it's like nothing on earth, är på tok it's perfectly absurd **II** *tr,* ~ *vid* compare (liken) to **liknande** *a* likartad similar; dylik . . like that (this), . . of the (that, this) sort (kind); i ett fall ~ *detta* . . similar to (sådant som like, such as) this; skolor *och (eller)* ~ . . and (or) the like; jag har aldrig sett *något* ~ . . the like |of it|; känna *något* ~ *vrede* . . something like anger **liknelse** jämförelse simile, bild metaphor; bibl. parable, *om* of

lik|nämnig *a,* ~*a* bråk . . with a common denominator **-nöjd** *a* listless; likgiltig indifferent, *för* to **-nöjdhet** listlessness; indifference, *för* to

likplundring |fall av case of| plundering of the dead

lik|rikta *tr* elektr. rectify; bildl. standardize; ~*d* bildl. äv. uniform, t.ex. press controlled, t.ex. opinion regimented **-riktare** elektr. rectifier **-riktning** elektr. rectification; bildl. standardization **-sidig** *a* equilateral

liksom I *konj* framför subst. ord like; framför adv. samt inledande fullst. el. förk. sats as; det var ~ *en chock* . . like a shock; han är lärare ~ *jag* . . like me, . . just as (F like) I am; *i Sverige* ~ *i* England in Sweden as in . .; ~ *för att* as if to; ~ |*om*| as if; ~ |*även*| as well as; ~ |*även*| *fallet var med* . . as was |also| the case with . .; ~ *förra året* |the same| as last year; ~ *förstenad* as if petrified **II** *adv* så att säga as it were, so to speak, på något sätt somehow, F sort (kind) of; *det ska vara* ~ *en överraskning* it is meant to be a surprise so to say (a kind of surprise); *jag* ~ *anade det* I sort of thought so; *det är* ~ *litet* svårt it is a little (is sort of) . .

likstelhet rigor mortis lat.

lik|ström direct current, D.C. **-strömsmotor** direct-current motor **-ställa** *tr* place . . on an equality (on an equal footing, on a par), *med* with **-ställd** *a, vara* ~ *med* be on an equality (osv. jfr *likställa*) with; *skolor och därmed* ~*a* inrättningar schools and . . on a par with them **-ställdhet** equality **-ställig** *a* equal, *med* to; se äv. *likställd* **-ställighet** equality

lik|svepning konkr. se *svepning* **-torn** corn

liktydig *a* synonym synonymous, *med* with; *vara* ~ *med* bildl. be tantamount to; *det är* ~*t med att* + sats vanl. that means that . .

lik|tåg funeral procession **-vagn** begravningsvagn hearse **-vaka** vigil |over a dead body|

likvid I *-en -er* payment; se vid. *betalning*

II *a* tillgänglig liquid, available; *~a medel* liquid capital sg., available funds; *han är ~* he has available funds
likvid|a *-an -or* liquid
likvidation i olika bet. liquidation; avveckling äv. winding-up; *träda i ~* go into liquidation **likvidera** *tr itr* i olika bet. liquidate **likvidering** i olika bet. liquidation **likviditet** liquidity
likvinklig *a* equiangular
likväl *adv* ändå yet, still, nevertheless; i alla fall all the same
likvärdig *a* equivalent, *med* to; de är *~a . .* equally good, . . equally valuable **-het** equivalence
liköppning se *obduktion*
likör liqueur; *det är (är inte) min ~* bildl. it is in (is out of) my line, it is (is not) my cup of tea
lila *-n 0* o. *a* ljus~ lilac, mauve; mörk~ purple; violett violet; jfr *blått;* för sms. jfr *blå-*
lilj|a *-an -or* lily; herald. se under *fransk*
lilje|konvalje lily of the valley (pl. lilies of the valley) **-vit** *a* lily-white **-växt** lily
lilla *a* se *liten* **lillan** min etc. lillflicka my etc. little girl **lillasyster,** |*min* etc.| *~* my etc. little (om större barn young|er|) sister **lille** *a* se *liten* **lillebror,** |*min* etc.| *~* my etc. little (om större barn young|er|) brother **lillen** min etc. lillpojke my etc. little boy **lilleputt** el. **lillepytt** *-en -ar (-er)* Lilliputian, friare äv. dwarf
lill|finger little finger **-gammal** *a* old-fashioned, bradmogen precocious **-slam** little (small) slam; *göra ~* make a little etc. **-tå** little toe **-värdinna** ung. hostess **-ända** small end
lim *-met -* glue
limerick *-en -ar* limerick
limfärg distemper **limma** *tr* **1** hopfoga glue; *~ fast* glue . . on, *vid* to; *~ ihop* glue . . together **2** *~t papper* sized paper **limning** glu|e|ing; limmat ställe glue joint; *gå upp i ~en* eg. come unstuck; *hon höll på att gå upp i ~en* she was going mad; *det är så man kan gå upp i ~en* it's enough to make you go mad (go round the bend), it's enough to send you up the wall
limonad se *lemonad*
limp|a *-an -or* **1** avlång bulle loaf (pl. loaves); brödsort av rågmjöl rye bread **2** *en ~ cigarretter* a carton of cigarettes
lim|panna glue pot **-stryka** *tr* med -färg distemper
lin *-et 0* flax
lin|a *-an -or* rope, smäckrare cord; isht sjö. line; stål~ wire; *löpa ~n ut* go the whole hog; *dansa på ~* walk on the (a) tight-rope; *visa sig på styva ~n* show one's paces, briljera show off **-bana** häng~ |aerial| rope-way; skidlift ski-lift
lin|beredning flax-dressing **-blomma** flax flower
lind *-en -ar* lime|-tree|, isht poet. linden
lind|a I *-an -or* för spädbarn swaddling-clothes pl.: *kväva . . i sin ~* bildl. nip . . in the bud; *ligga i sin ~* bildl. be in its infancy **II** *tr* vira wind; svepa wrap; binda tie; t.ex. ett brutet ben bind up; spädbarn swaddle; *hon kan ~ honom om sitt |lill|finger* she can twist him round her little finger **III** m. beton. part. **1** *~ av* unwind **2** *~ in* wrap up, *i* in; *inlindade* elakheter wrapped-up . . **3** *~ om* vira om på nytt rewind; *~ om fingret |med någonting|* tie something round one's finger; *~ om* halsen muffle . .; *~* svepa *om sig ngt* wrap oneself up in a th.; jfr *omlindad* **4** *~ på* garn wind . . on, *på* en rulle to . . **5** *~ upp* a) vira av unwind b) = *~ på*
lin|dansare o. **-danserska** |tight-|rope walker
lindblomma lime blossom
lindebarn infant in arms **lindning** konkr. tekn. winding
lindra *tr* nöd, fattigdom relieve; smärtor: mitigate, alleviate, verka lugnande |på| soothe, tillfälligt palliate; straffet *~des till böter . .* was reduced to a fine; *~nde medel* sg. palliative
lindrig *a* mild, inte sträng mild äv. om sjukdom; inte våldsam gentle; lätt, inte allvarlig light; obetydlig, t.ex. om feber, sår slight; *~t straff* light (mild) punishment; *~a villkor* easy terms
lindrigt *adv* mildly osv.; *vara ~ förkyld* be suffering from a slight cold; han var *~* föga *nykter . .* pretty drunk; *~ sagt* to put it mildly; *komma ~ undan* get off light|ly| **lindring** *-en 0* av smärta, nöd o.d. relief, alleviation; av straff, arbetsbörda reduction, *i* of
linearritning ämne linear drawing
linfrö linseed **-kaka** linseed cake
lingon *-et -* lingonberry, red whortleberry, cowberry; *inte värd ett ruttet ~* not worth a damn **-ris** koll. lingonberry osv. sprigs pl. **-sylt** lingonberry osv. jam
lingul *a* flax-coloured, om hår flaxen
lingvist linguist|ician| **lingvistik** *-en 0* linguistics
lin|hår flaxen hair **-hårig** *a* flaxen-haired
liniment *-et -* liniment, embrocation
linjal *-en -er* ruler, tekn. rule
linje *-n -r* i flertalet bet., äv. bildl. line; skol. äv. side, stream; *~ 5* trafik. number 5; bussarna *på ~ 5 . .* on route number 5; *den slanka ~n* the slim (slender) waist-line; *får jag |be om| ~n* telef. can I have an outside line?; *efter samma ~r* bildl. along (on) the same lines; *detta ligger helt i ~ med* hans politik this is in line (on a line) with . . ; *ställa upp sig (vara uppställd) på ~* line (be lined) up; *vi är inne på samma ~* we are on the same line|s|; tåget stannade *ute på ~n . .* on the line; *utefter*

(över) hela ~*n* bildl. all along the line, genomgående throughout; förbättringar *över hela* ~*n* äv. all-round . . **-arbetare** lineman **-domare** linesman **-fart** liner traffic **-fartyg** liner **-perspektiv** linear perspective
linjera *tr* rule; ~ *upp* rule, bildl. draft, outline, sketch out
linjeval skol. choice of line (side)
linka *itr* limp, hobble
linne *-t* **1** pl. *0* tyg linen; tyg *av* ~ äv. linen . . **2** pl. *0,* koll.: ~förråd linen, underkläder underwear, linen **3** pl. *-n* plagg vest, natt~ nightdress; *i bara* ~*t* with only one's nightdress on
linne|a *-an -or* twinflower, linnaea
linne|duk linen cloth **-förråd** stock of linen **-skåp** linen cupboard **-söm** plain needlework; *sy* ~ do p. n. **-sömmerska** linen seamstress **-utstyrsel** trousseau [of household linen] **-varor** *pl* linen goods, linens **-väv** linen [fabric]
linning band
linodling abstr. cultivation of flax
linoleum *-et (-en) 0* linoleum, lino
linolja I *s* linseed oil **II** *tr* apply linseed oil to
lins *-en -er* **1** bot. lentil **2** opt., anat., geol. lens **-formig** *a* lens-shaped
lintott pers. towhead
lip 1 *-et 0* blubbering, howling **2** *-en 0, ta till* ~*en* turn on the waterworks **lipa** *itr* **1** gråta blubber, howl **2** ~ räcka ut tungan *åt ngn* stick one's tongue out at a p. **liplis|a** *-an -or* o. **lipsill** cry-baby
lir|a *-an -e* o. **lire** *-n* - mynt lira (pl. lire)
lirka *itr,* ~ *med ngn* coax (wheedle, cajole) a p., *för att få honom att* inf. into ing-form: ~ *med (på) ngt* work a th. [gently]; *hur jag än* ~*de* så fick jag inte loss nyckeln whichever way I turned and tried . .; ~ *in nyckeln i låset* coax the key into the lock; ~ *sig in (in i . .)* edge one's way in (into . .); ~ *upp* dörr, lås work . . open; ~ *ur ngn en hemlighet* worm a secret out of a p.
lisa *-n 0* lindring relief; tröst solace, comfort
lisma *itr* fawn; ~ *sig in hos* ingratiate oneself with **lismande** *a* fawning, wheedling, oily **lismare** *-n* - fawner
Lissabon Lisbon
1 list *-en 0* listighet cunning; knep trick, ruse, krigs~ stratagem; *bruka* ~ use trickery
2 list *-en -er* **1** långt o. smalt stycke trä resp. metall strip [of wood resp. metal] **2** bård border, edging **3** byggn., utskjutande kant moulding, bandformig fillet **4** trädg. [narrow] bed (kant~ border); gurk~ o.d. ridge
1 list|a *-an -or* list, *på (över)* of
2 lista I *tr,* ~ *ur ngn ngt* worm a th. out of a p.; ~ fundera *ut* find (work) out **II** *rfl,* ~ *sig in (ut)* steal (sneak) in (out); ~ stjäla *sig till* en stunds vila snatch . . **listig** *a* cunning, sly, crafty, förslagen smart; F klyftig clever
listighet egenskap cunning, slyness etc.
listpris list price
listverk moulding[s pl.]
lisös *-en -er* bed-jacket
lit *oböjl. s, sätta [sin]* ~ *till* lita på put confidence in, förtrösta på put one's trust in **lita** *itr,* ~ *på* förlita sig på depend (rely) [up]on, trust to, hysa förtroende för trust, have confidence in, räkna på count [up]on, vara förvissad om be assured of; *det kan du* ~ *på!* [you may] depend upon it!, F you bet!; ~ *på Gud* trust in God; ~ *på minnet* trust to memory; ~ *på att ngn gör ngt* depend on (rely on, resp. trust, count on) a p. to do a th.
litani|a *-an -or* litany; bildl. se *jeremiad*
Litauen Lithuania **litauer** *s* o. **litauisk** *a* o. **litauiska** *-n 0* språk Lithuanian
lit de parade, *ligga på* ~ lie in state
lite se *litet II* **liten** *(litet, lille, lilla, små;* jfr *litet, mindre, minst, smått* o. resp. huvudord ss. *björn, hjärna)* **I** *a* a) allm. small (vanl. ss. beton. best. till konkr. subst. o. subst. som betecknar antal, kvantitet, pris o.d.) b) allm. little (ss. best. till övr. abstr. subst. samt, isht känslobetonat el. tillsammans med känslobetonat adj., ss. vanl. obeton. best. till konkr. subst.: mera säll. ss. predf.) c) övr. övers.: ytterst liten tiny, minute, diminutive, wee; kort short; obetydlig slight, insignificant, futtig petty; jfr äv. ex.: *barn lilla,* vad tänker du på! my dear child . .! ; *de små* obeton. *barnen* the little ones; *små bekymmer* petty troubles; tacksam för *minsta lilla bidrag* . . the least little contribution; *en* ~ beton. *bit* a small bit; *en* ~ ~ *bit* a tiny weeny bit; *en* ~ obeton. *bit* a little [bit]; följa med ngn *en* ~ *bit* . . a little way; ~ *bokstav* small (typogr. lower-case) letter; *för min lilla del* är jag nöjd for my humble part . . ; *lilla du!* my dear!; *din lilla (lille) dumbom!* you little fool!; *ett litet fel* har smugit sig in a slight error . . ; *nå, flicka lilla!* well, my girl (dear)!; *ett litet folk* som svenskarna a small nation . . ; *små framsteg* little advance (progress) sg.; det kostar *en* ~ *förmögenhet* . . a small fortune; *den lilla* obetydliga *förändringen* that small (insignificant) change; *ett litet* ej stort *glas* öl a small glass of . .; *ett litet glas öl* skulle smaka bra a drink (a drop) of beer. . ; *gosse lilla,* vad du ser blek ut my dear boy . .; det är *min lilla hemlighet* . . my little secret; *det lilla hopp som finns kvar* what little hope [there] is left; *ett litet sött hus* a pretty little house; *en* ~ *inkomst (slant* summa) a small income (sum); *lilla mamma!* Mummy [darling]!; vi ska ha *en* ~ *middag* . . a little dinner; *i* ~ *skala* on a small scale; *den lilla stackarn* that poor little thing; *med små steg* with short steps; stanna *en* ~ *stund* . . a little while; *en* ~

men vacker stämma a small but beautiful voice; *det tog sin lilla tid att* . . it took quite a while to . .; *lilla visaren* the short hand; *är det på det lilla viset?* so that's the way it is; *nej, lilla vän!* no, my dear!; *göra sig* ~ för att undgå uppmärksamhet make oneself inconspicuous; *känna sig* ~ feel small; *då jag var* ~ when I was small (little)

II *subst. a* **1** hon väntar *en* ~ . . a baby; *stackars* ~*!* poor little thing!; *redan som* ~ even as (when quite) a child **2** *den lille (lilla)* se *lillen* resp. *lillan; det lilla som* finns kvar what little . .; *det lilla av hans arbete* som jag har sett the little of his work . .; *det är inte det lilla* litet *det!* that's no trifle! **3** *de små* barnen the little ones; *de små i samhället* the lesser (humbler) members of the community; *stora och små* great and small, children and grown-ups (adults); en andmamma *med sina små* . . with her little ones

litenhet smallness, littleness; jfr *liten*

liter *-n* - (i bet. *2* äv. *litrar*) **1** litre; *en* ~ . . ung. motsv.: om våtvaror o. frukt two pints of . ., om torra varor samt amer. a quart of . .; *25* ~ *bensin* ung. 5 1/2 gallons of petrol, amer. 6 1/2 gallons of gas[oline]; 5 kr ~*n* . . a litre **2** F flaska brännvin e. d. bottle [of snaps] **-butelj** litre bottle **-mått** litre measure **-vis** *adv* per liter by the litre; ~ *med* . . litres of . .

litet I *a* se *liten I;* jfr *II*

II (F *lite*) *subst. a* o. *adv;* jfr *mindre* o. *minst* **1** föga little; få few (jfr ex.): *bara* ~ only a (just a, något åld. but) little (få few); *inte [så]* ~ *[vin]* not a little [wine], quite a lot [of wine]; *inte [så]* ~ arg not a little . ., quite . .; *inte [så]* ~ få *[fel]* not (quite) a few [faults]; *rätt (mycket)* ~ *folk (svenskar)* rather (very) few people (Swedes); *vi har för* ~ *folk* på kontoret äv. we are understaffed . .; *du har satt på för* ~ *frimärken på brevet* äv. you have understamped the letter; *allt-för* ~ *kläder* too little clothing; *jag har fått* en krona *för* ~ *tillbaka* I got . . too little back; *det är en* tallrik *för* ~ *här* there is one . . too few (. . short) here; *hur* ~ *jag än tror på* . . however little I believe in . .; *det vill inte säga så* ~*!* that's saying a great deal!; *han arbetar alltid så* ~ *som möjligt* he never works more than he can help; *ytterst* ~ *attraktiv* very unattractive; *han är inte* ~ *[till] dum* he is pretty stupid; han är ~ sällan *sjuk* . . seldom ill; *det var* ~ *men gott* there was not much, but what there was of it was good; *det var inte* ~ *det!* that's quite a lot!; *för* ~ *sedan* a little (a short) while ago

2 något, en smula (jfr *smula I 2)* a little, i förb. m. subst. äv. some, framför adj. o. adv. äv. somewhat, rather, obetydligt slightly; några få a few, some; ~ *[mer] bröd* some (a little) [more] bread; *vilja se* ~ *folk* omkring sig like to see [some] people . .; vill du ha ~ *jordgubbar?* . . some (a few) strawberries?; jag behöver ~ *kläder (pengar, spik)* . . a few el. some clothes (some el. a little money, some el. a few nails); ~ *upplysningar* some (a little) information; *är du inte* ~ *dum nu?* aren't you being a little (a bit) stupid now?; *han är* ~ *förkyld* he has got a slight cold; ~ *rädd* a little (a bit) afraid; *en* ~ *större bil* a somewhat (rather a) bigger car; ~ *då och då* every now and then; *kom* ~ *närmare!* come a little (a bit) nearer!; jag måste *sova* ~ . . have (get) a little (some) sleep; *vänta* ~*!* wait a little (a bit)!; ~ *av varje* a little (a bit) of everything; ~ *för (väl) dyr (mycket)* rather el. a little el. a bit too expensive (much); *vara* ~ *över 50 år* be a little over 50 [years of age]; ~ *var (till mans) har vi* . . pretty well every one of us has (all of us have) . .

lito|graf ~*en* ~*er* lithographer **-grafi 1** metod lithography **2** alster lithograph **-grafisk** *a* lithographic

litteratur literature **-anmälan** book review (notice) **-förteckning** bibliography, list of references **-historia** [vanl. the] history of literature; *engelsk* ~ the history of English literature **-historiker** literary historian **-historisk** *a* som behandlar (resp. hänför sig till) -historia . . on (resp. concerning) the history of literature **-kritiker** literary critic

litteratör literary man, littérateur fr.; skribent publicist **litterär** *a* literary **litterärt** *adv,* ~ *intresserad* . . interested in literature; ~ *högtstående* arbeten . . of a high literary quality

liturgi liturgy **liturgisk** *a* liturgical

liv *-et* - **1** allm. life; livstid lifetime; tillvaro äv. existence; livaktighet äv. vitality; levnadssätt way of life, living; ~ *och leverne* way of life (living); ~ *och rörelse* bustle, bustling life; ~*et i storstaden (på landet)* town (country) life; *då blev det* ~ *i honom* then he suddenly came to life; *ett helt* ~*s* arbete the . . of a lifetime; ~*ets gåta* the mystery of life; *börja ett nytt* ~ ändra (bättra) sig turn over a new leaf; *få* ~ come to life; *få nytt* ~ get (take) a new lease of life; *få* ~ *i* get some life into; *åter få* ~ *i* en avsvimmad bring . . round; *föra ett högt* ~ lead a fast life; *ge* ~ *åt* t.ex. rummet, tavlan give life to, ingjuta liv i infuse life into; *ge (skänka)* ~*et åt* föda give birth to; *hålla* ~ *i* en diskussion keep . . going; *skrämma* ~*et ur ngn* frighten a p. out of his (resp. her) wits (the life out of a p.); *ta* ~*et av ngn, bringa ngn om* ~*et* take a p.'s life; *det tar* ~*et av honom* that will be the death of him; *ta* ~*et av sig, ta sitt* ~ take one's [own] life; *det är ingen fara för hans* ~ his life is not in danger; *springa för ~et* run for dear life; *det står väl inte för ~et* ej viktigt it is not all that important, ej brådskande there is not all that hurry; *vän för ~et* friend for life; *vänskap för ~et* life-long friendship; *för mitt ~ kan jag inte* begripa I can't for the life of me . .; *i (under) hela mitt ~* all my life; *aldrig i ~et* never in all my life, ss. utrop never!; *har du (är) dina* föräldrar *i ~et?* are . . living (alive)?; *här i ~et* in this life (world); *inte för allt i ~et* not for anything in the world; *med ~ och lust* with gusto (zest); *komma ifrån ngt med ~et* escape from a th. alive; *en strid på ~ och död* a life-and-death struggle; *trött på ~et* tired of living (life); *hålla ngn (intresset) vid ~* keep a p. alive (up the interest); *vara vid ~* be alive

2 levande varelse living being, om pers. äv. [living] soul; *det lilla ~et* the little darling; *de små ~en* the little (poor) dears

3 kropp body; *veka ~et* nedre bålen the belly (abdomen); *riskera ~ och lem* risk life and limb; *hålla* ngn *från ~et* äv. friare keep . . at a distance; *gå ngn inpå ~et* get close to a p.; *komma ngn (ngt) inpå ~et* lära känna get to know a p. (a th.) intimately; gå upp i ngt *med ~ och själ* . . wholeheartedly; svensk *till ~ och själ* . . to the backbone, . . through and through; *oskadd till ~ och lem* safe and sound

4 *få sig ngt till ~s* have (get) a th. to eat; bildl. be treated to a th., have to listen to a th.

5 midja waist äv. på plagg; *sitta bra i ~et* fit nicely round the waist; *ta ngn om ~et* take a p. round the waist; *vara smal om ~et* have a small (slender) waist

6 plagg bodice

7 oväsen row, noise, commotion, bråk, uppståndelse to-do, fuss; *för inte ett sånt ~!* stop that (this) row (noise)!; *de förde ett himla ~* they made an awful row (etc.)

liva *tr* **1** ge liv åt enliven, animate; *~ upp ngn* liven up a p.; *~ upp stämningen (rummet)* liven up (enliven) the atmosphere (the room) **2** trakassera bully **livad** *a* **1** munter merry, uppsluppen hilarious **2** *vara ~ för* be keen on; *vara ~ för middag* feel like dinner

liv|aktig *a* lively, livskraftig vigorous, aktiv active **-aktighet** liveliness, livskraft vigour

livat *adv, ha ~* have a jolly good time

liv|boj life-buoy **-båt** lifeboat **-bälte** life-belt **-dömd** *a* se *dödsdömd* **-egen I** *a, en ~ bonde* a serf; *den -egna* befolkningen vanl. the serf . .; *vara ~* be a serf **II** *subst. a* serf **-egenskap** *~en 0* serfdom **-full** *a* . . full of life, livlig lively; om skildring o.d. vivid **-fullhet** liveliness; vividness **-försäkra** *tr, ~ ngn* insure (take out an insurance on) a p.'s life **-försäkring** life insurance, [life] assurance; jfr *försäkring* m. ex. o. sms. **-försäkringsbolag** life assurance company **-garde,** *Svea ~* the Svea Life Guards pl. **-givande** *a* life-giving; bildl. äv. heartening **-hanken,** *klara ~* keep body and soul together; *rädda ~* save one's skin

livlig *a* allm. lively, om pers. äv. vivacious; rörlig active; vaken alert; om skildring o.d. vivid; om debatt animated; om efterfrågan keen, brisk; om förhoppning sincere; om intresse great, keen; om trafik heavy, busy; *det är ~t* på gatorna there is lots of hurry and bustle . .; *ha* ngt *i ~t minne* have a vivid memory of . .; rekommendera *på det ~aste* . . most warmly **livlighet** liveliness; vivacity; animation; jfr föreg. **livligt** *adv* in a lively (spirited) manner; ivrigt keenly; t.ex. minnas vividly, t.ex. föreställa sig very well, t.ex. rekommendera warmly, t.ex. beklaga greatly, t.ex. instämma heartily **livlös** *a* allm. lifeless, eg. äv. dead; uttryckslös expressionless; bildl. äv. dull

liv|medikus, *kungens ~* physician-in-ordinary to the King **-moder** womb, läk. uter|us (pl. -i) **-moderinlägg** intra-uterine contraceptive device (förk. IU[C]D); 'spiral' coil **-nära I** *tr* föda feed, försörja support, maintain **II** *rfl* försörja sig support oneself, *av (på)* on, *med (genom)* by; *~ sig på* äta eat, om djur äv. feed on

livré -[e]*t -er* livery, t.ex. chaufförs äv. uniform **-klädd** *a* liveried, . . in livery; uniformed

liv|rem [waist-]belt **-rustkammare,** *Livrustkammaren* the [Royal] Armoury **-rädd** *a* terrified, F . . scared stiff **-räddning** från drunkning life-saving **-räddningsbåt** lifeboat **-ränta** life annuity **-rätt** favourite dish

livs|andar *pl, pigga upp sina domnande ~* revive one's sinking spirits **-avgörande** *a* . . of decisive importance; jfr *livsviktig* **-behov** vital need **-bejakande** *a, ha en ~ inställning, vara ~* have a positive attitude to (outlook on) life **-bejakelse** *~n 0* positive attitude to (outlook on) life **-duglig** *a* . . capable of living (surviving); vetensk. o. bildl. viable **-duglighet** capability of surviving; viability; jfr föreg. **-elixir** elixir of life **-erfaren** *a* attr. . . who has (with) much experience of life **-erfarenhet** experience of life

livs|fara danger to life; *han svävar i ~* his life is in danger **-farlig** *a* highly dangerous, perilous; om skada o.d. grave, dödlig fatal; *~ ledning (spänning)!* Danger! High Voltage! **-fientlig** *a, ~ inställning* negative attitude to life **-filosofi** philosophy, philosophy of life, livsåskådning, livssyn outlook on (view of) life **-form** vetensk. form of life, allm. way of life **-fråga** question of vital importance, vital question **-funktion** vital function **-föring** *~en 0* life, way of life **-förnekelse**

negative attitude to life **-förnödenheter** *pl* necessities of life; jfr *-medel*

livs|glädje joie de vivre fr., joy of living **-gnista** spark of life **-gärning** life-work **-hotande** *a* se *livsfarlig* **-hunger** thirst for life **-ideal** ideal in life **-kraft** vital force, vitality **-kraftig** *a* vigorous, robust **-leda** deep depression, weariness of life **-ledsagarinna** life-companion; *min* etc. ~ äv. the partner of my etc. life **-levande** *a* life-like; om minnen, beskrivning vivid; där stod han ~ .. in person (in the flesh) **-lust** zest for life **-låga,** *hans ~ flämtade svagt* life flickered faintly in him **-lång** *a* life-long **-längd** om pers. length of life, jfr *medellivslängd;* om sak life **-lön** ekon. aggregate lifetime salary **-medel** *pl* provisions; jfr *matvaror*

livsmedels|affär provision merchant's (grocer's) [shop] **-brist** food shortage, scarcity of foodstuffs **-försörjning** food supply **-industri** food industry **-ranson** food ration

livs|mod courage to face (in facing) life **-mål** aim (object) in life **-nerv** livsbetingelse life-blood **-princip** grundsats guiding principle; maxim maxim **-rum** polit. lebensraum ty., living-space **-rytm** tempo **-stil** way of life **-syn** outlook on (view of) life **-tecken** sign of life; *han har inte gett något ~ ifrån sig* bildl. there is no news from him, jfr *höra* [*av*] sista ex. **-tid** life[time]; jfr *fängelse* **-tidsfånge** prisoner for life, F lifer

livs|uppehälle uppehållande av livet maintenance of life, subsistence; utkomst living, livelihood **-uppgift** mission (object) in life **-verk** life-work **-viktig** *a* vital äv. bildl.; *det är väl inte så ~t* F it is not all that important **-vilja** will to live **-villkor** vital necessity; ~ levnadsförhållanden living conditions **-yttring** manifestation (sign) of life **-åskådning** outlook on (philosophy of) life; *~s- och religionskunskap* skol. ung. ethics and history of religion **-öde** lott destiny; *~n* ngns upplevelser life [story] sg.

liv|tag grepp waist lock; *ta ~* brottas wrestle **-vakt** bodyguard äv. koll.

ljud *-et* - allm. sound (äv. *~et*); buller noise; klang (om instrument) tone; när han fick höra det, *blev det annat ~ i skällan (pipan)* . . he changed his tune; *inte kunna få fram ett enda ~* av heshet be unable to say a word (av rörelse o.d. utter a [single] sound); *inte ge ett ~ ifrån sig* om pers. not make (utter) a sound, not say a [single] word; *vi har inte hört ett ~* ord *från Bo* we haven't heard a thing from Bo; vi har inte hört *ett ~ om saken* .. anything about it

ljud|a I *ljöd -it itr* låta sound; höras be heard; klinga, skalla ring; klämta toll; genljuda resound, echo **II** *tr* språkv. sound

ljud|band för bandspelare tape **-barriär** se *-vall* **-bildband** sound film-strip **-bildning** sound formation **-boj** sjö. whistle buoy **-dämpare** bil. o. på skjutvapen silencer, amer. muffler **-effekt** sound effect **-enlig** *a* språkv. phonetic **-film** sound film **-förstärkare** amplifier **-hål** sound-hole **-härmande** *a* onomatopoe[t]ic **-isolera** *tr* o. **-isolerad** *a* sound-proof **-isolerande** *a* sound-absorbing **-isolering** sound-proofing **-kuliss** radio. sound effects pl. **-källa** source of a (resp. the) sound **-lag** phonetic (sound) law **-lig** *a* allm. loud; om t.ex. örfil resounding; om kyss smacking **-lära** fonetik phonetics; isht historisk phonology **-lös** *a* soundless, utan buller noiseless; *den ~a natten* the silent night **-metoden** the phonetic method **-radio** sound broadcasting **-radiolicens** broadcast receiving licence **-signal** sound-signal, acoustic signal **-skridning** sound-shifting; *en ~* a sound-shift **-skrift** sound notation, phonetic transcription **-styrka** volume of sound **-vall** sound barrier; *passera ~en* break through the sound barrier **-våg** sound-wave **-överföring** sound transmission

ljug|a *ljög -it* **I** *itr* lie, *för ngn* to a p.; tell a lie (lies); *du -er!* äv. that's a lie!; *~ på ngn* tell lies about a p.; *~ som en häst travar* tell lies by the dozen; *~ ngn full* cram a p. with lies; *~ i ngn ngt* get a p. to believe a th.; *~ ihop ngt* make up (invent) a th. **II** *rfl, ~ sig fri från ngt* lie oneself out of a th.; *~ sig till ngt* gain a th. by telling lies

ljum *a* eg. o. bildl. lukewarm, tepid; om vind, väder warm, mild, temperate; om vänskap half-hearted; *en ~* kristen an indifferent .. **ljumhet** lukewarmness, tepidity, indifference; jfr föreg. **ljumma** *tr, ~* [*upp*] warm [up], take the chill off

ljumsk|brock o. **-bråck** inguinal hernia

ljumsk|e *-en -ar* groin

ljung *-en 0* heather, ibl. ling

ljung|a *itr* blixtra flash äv. bildl. **-ande** *a* flashing; bildl. (dundrande) fulminating; *en ~* våldsam *protest* a vehement protest **-eld** blixt [flash of] lightning

ljunghed heath (moor) [covered with heather]

ljus I *-et* - allm. o. bildl. light (äv. *~et*); skarpt glare; stearin~ o.d. candle; snille shining light; *sitta som tända ~* sit straight as ramrods; *nu gick det upp ett ~ för mig* now a light has dawned [up]on me; *något* [*större*] *~ är han inte* he is not particularly bright; *ha ~et på* på bil have the lights on; *kasta nytt ~ över ngt* throw a new (different) light on a th.; *föra ngn bakom ~et* take a p. in, hoodwink (deceive) a p.; *se ngt i ett nytt ~* see a th. in a new light; *leta* [*efter ngt*] *med*

~ *och lykta* search high and low [for a th.] **II** *a* light; isht om färg äv. pale; om dag, klangfärg clear; om hy, hår fair se vid. *blond;* om kött white; om öl pale; klar, lysande, äv. bildl. bright; *mitt på ~a dagen* in broad daylight; *få (komma på) en ~ idé* get a bright idea (F a brain-wave); *~a* lyckliga *minnen* happy memories; *ha sina ~a stunder* have one's bright moments (om sinnessjuk lucid intervals); *~a utsikter* bright prospects

ljus|bad light bath **-behandling** light treatment **-beständig** *a* se *-äkta* **-bild** [lantern] slide **-blå** *a* attr. light-(pale-)blue; pred. light (pale) blue; naiv gullible, naïve; *det var ~tt!* iron. a pretty kettle of fish! **-brytning** [light] refraction **-båge** elektr. [electric] arc **-dunkel** konst. chiaroscuro **-effekt** light (belysnings- lighting) effect **-fenomen** light phenomenon **-filter** light filter **-glimt** gleam of light (bildl.: of hope) **-grå** *a* attr. pale-grey, pred. pale grey **-gård 1** kring solen coron|a (pl. äv. -ae), halo (pl. äv. -s) **2** arkit. glass-roofed (light) well **-hav** blaze (flood) of light **-huvud** bildl. genius; *han är inte just något ~* äv. he won't set the Thames on fire **-hyad** *a* o. **-hyllt** *a* fair-(clear-)skinned; *vara ~* äv. have a fair (clear) complexion **-hållare** candle-holder **-hårig** *a* fair[-haired], blond (om kvinna blonde) **-härdig** *a* se *ljusäkta* **-härdighet** resistance to light **-klädd** *a* . . in light-coloured clothes, . . in a l.-c. dress (suit etc.) **-kopia** light print **-kopiering** light printing **-krona** chandelier **-källa** source of light **-känslig** *a* . . sensitive to light **-lagd** *a* fair; -hyad äv. fair-(clear-)skinned; blond äv. blond (om kvinna blonde), fair-haired **-lockig** *a* attr. om person . . with fair, curly hair **-lätt** *a* se *-lagd* **-manschett** candle-(drip-)ring **-mätare** light meter, photometer

ljus|na *itr* **1** eg. get (grow) light; dagas äv. dawn; om väder clear up; om färg become light[er], blekna fade **2** bildl.: om ansiktsuttryck brighten, light up; *utsikterna ~r* the prospects are getting brighter **-ning 1** gryning dawn **2** glänta glade **3** bildl. change for the better, improvement **-punkt 1** allm. luminous point **2** lampa light[ing] point; strömuttag socket **3** bildl. bright spot **-reflex** reflection of light **-reklam** metod electric sign advertising (skylt o.d. advertisement) **-röd** *a* attr. pale-red; pred. pale red **-signal** light signal **-sken** light **-skygg** *a* **1** eg. (attr.) . . that shuns the light **2** bildl., 'skum' suspicious, shady **-skylt** electric sign **-stake** candlestick **-stark** *a* bright; astr. brilliant, . . of great brilliancy **-strimma** streak of light **-stråle** ray (beam) of light **-stump** candle-end **-styrka** intensity of light **-stöpning** making (dipping) candles **-svag** *a* faint

ljust|er *-ret -er* fish-spear **ljustra** *tr* spear

ljus|tryck boktr. **1** metod phototype printing **2** alster phototype **-våg** light wave **-år** light-year **-äkta** *a* attr. . . that will not fade; . . resistant to light; gardinerna *är ~* ofta äv. . . will not fade

ljut|a *ljöt -it tr, ~ en ögonblicklig död* be killed instantly

ljuv *a* allm. sweet; förtjusande äv. delightful; behaglig, om t.ex. syn pleasing; *dela ~t och lett [med ngn]* share the ups and the downs [with a p.] **-het** sweetness **-lig** *a* härlig delightful, lovely; spec. om smak delicious, utsökt exquisite; *mina ~aste* lyckligaste *stunder* my happiest moments **-lighet** *~en ~er* sweetness; *~er* delights, delightful things **-ligt** *adv* sweetly, delightfully etc., jfr *-lig; smaka ~* taste delicious

LO se *Landsorganisationen*

lo *-n -ar* zool. lynx (pl. äv. lika)

lob *-en -er* anat. lobe

lobb *-en -ar* o. **lobba** *itr* lob

1 lock *-en -ar* hår~ curl; längre lock [of hair]; korkskruvs~ ringlet

2 lock *-et -* på kokkärl, låda o.d. lid; löst på burk o.d. äv. cover; fick~ flap; *det slog ~ för öronen på mig* I was deafened

3 lock *-et 0,* försöka *med ~ och pock* . . every means of persuasion, . . by hook or by crook

1 locka I *tr* lägga i lockar curl **II** *rfl, hennes hår ~r sig* her hair curls of itself

2 locka I *tr itr* kalla o.d., *~ [på]* call; *~* förleda *ngn till att* inf. entice a p. into ing-form; *det ~r mig inte* I am not tempted; *~ ngn i fällan* trap a p.; det låter inte vidare *~nde* . . tempting **II** m. beton. part. **1** *~ av (ifrån) ngn ngt* se *avlocka* **2** *~ fram ngn ur* gömställe entice a p. out of . .; *~ fram toner ur* ett instrument charm sounds out of . .; *~ fram ett skratt hos ngn* make a p. laugh; *~ fram tårar hos ngn* bring tears to a p.'s eyes **3** *~ med sig ngn* entice a p. into coming (resp. going) too **4** *~ till sig* entice . . to come [to one]; *~ kunder till sig* attract custom **5** *~ ur ngn ngt* draw (worm) a th. out of a p.

lock|bete lure, bait båda äv. bildl. **-else** enticement, *för* to; frestelse lure; temptation, *till* to; trollmakt charm, magic power **-fågel** decoy äv. bildl.

lockig *a* curly

lockout *-en -er* lockout **lockouta** *tr* lock out **lockouthot** threat of lockout **lockoutvarsel** lockout notice

lock|ton call; *~er* bildl. siren call (note) sg. **-vara** bait to attract customers

lod *-et -* byggn. plummet, sjö. äv. lead; klock~ weight

1 loda *itr tr* sjö. o. bildl., *~ [djupet]* sound

2 lod|a *itr, ~ [omkring]* vagabond, på gatorna

stroll |about|; neds. loiter (mooch) |about| **-are** layabout, i stad äv. loiterer
lodenrock coat of loden |cloth|
lodjur lynx (pl. äv. lika)
lod|lina sjö. lead-(sounding-)line; gymn. climbing rope **-linje** vertical line **-ning** sjö. sounding **-rät** *a* vertical; ~*a* |*nyckel*|*ord* clues down
loft *-et* - loft; vind attic **-gångshus** gallery access house
logaritm *-en -er* logarithm, *för* of **-tabell** table of logarithms
1 log|e *-en -ar* tröskplats barn
2 log|e *-en -er* **1** teat. box; kläd~ dressing-room **2** ordens~ lodge
logement *-et* - kasernrum barrack-(troop-, squad-)-room; i arbetarförläggning lodgings pl., dormitory **logement|s|fartyg** ung. receiving ship **logera I** *itr* lodge, be in lodgings, stay **II** *tr* lodge, accommodate, put . . up
logg *-en -ar* o. **logga** *tr* log **loggbok** log-book
loggi|a *-an -or* loggi|a (pl. äv. -e)
logi -|*e*|*t -er (-n)* husrum accommodation, lodging; konkr. lodging-house
logik *-en 0* logic **logisk** *a* logical **logiskt** *adv* logically; ~ *sett* from a (the) logical point of view
loj *a* om pers. indolent; håglös listless; slö, likgiltig apathetic
lojal *a* loyal, *mot* to **lojalitet** loyalty
lojhet indolence; listlessness; apathy; jfr *loj*
lok *-et* - engine
lokal I *-en -er* premises pl.; rum room; sal hall; bot. o. zool. habitat; biblioteket *har sina* ~*er i stadshuset* . . is housed in the town hall **II** *a* local **-avdelning** local branch **-bedöva** *tr* administer a local anaesthetic to **-bedövning** local anaesthesia **-färg** bildl. local colour
lokalisera I *tr* **1** ange platsen för, förlägga locate, *i (till)* in **2** begränsa localize, contain **3** anpassa adapt, *för* to |suit| **II** *rfl,* ~ *sig (vara* ~*d) på platsen* acquaint oneself (be acquainted) with the place **lokaliseringspolitik** policy for the distribution of industry **lokalitet** *-en -er* **1** plats locality **2** rum, ~|*er*| se *lokal I*
lokal|kännedom, *ha god (dålig)* ~ know a (resp. the) place well (know little about a resp. the place) **-ombud** local representative **-patriot** local patriot **-patriotisk** *a, vara* ~ be a local patriot **-porto** local postage **-samtal** local call **-sinne** sense of direction; *ha dåligt (gott)* ~ have no sense of direction (find one's way about easily) **-telefon** anläggning private telephone installation **-trafik** järnv. suburban services pl. **-tåg** local |train|
lokförare engine-driver, amer. engineer

loko *adv* H, *sälja* ~ sell spot
lokomotiv *-et* - |railway| engine **lokstall** engine shed
lom *-men -mar* zool. diver
loma *itr,* ~ *av* slouch (skamset äv. slink) away
Lombardiet Lombardy
lomhörd *a* . . | attr. who is| hard of hearing
lomma *itr* se *loma*
londonbo *-n -r* Londoner
longitud *-en -er* longitude; *på 10° östlig* ~ in longitude 10° east
longör i bok o.d. dull (tedious) passage
lopp *-et* - **1** löpning run; tävling race; *dött* ~ dead heat **2** flods utsträckning, *flodens övre (nedre)* ~ the upper (lower) reaches pl. of the river **3** förlopp, *i det långa* ~*et* in the long run; *inom* ~*et av* ett par dagar within . .; *under dagens* ~ during (in the course of) the day **4** bildl., *ge fritt* ~ *åt* sina känslor give vent to . . **5** gevärs~ bore
lopp|a *-an -or* flea; *leva* ~*n* be (go) on the spree **-bett** flea-bite **-cirkus** flea circus **-marknad** second-hand |junk| market **-spel** tiddlywinks
lord *-en -er* lord
lornjett *-en -er* lorgnette
lort *-en -ar* **1** smuts dirt, stark. filth **2** djurexkrementer droppings pl. **3** bildl., *prata* ~ talk rubbish **lorta** *tr,* ~ *ner* make . . dirty (stark. filthy); jfr *smutsa* |*ned*| **lortgris** om barn dirty little thing **lortig** *a* dirty, stark. filthy
loss *oböjl. a adv* loose; off, away; *vara* ~ se *lös I 1; få (komma* osv.) ~ se beton. part. under resp. verb; *gå* ~ se *lossna; skruva* ~ unscrew
lossa *tr* **1** lösgöra loose; sjö. let go; ~ förtöjningar på unmoor; ~ (itr. ~ *på*) band (knut) untie, undo, göra lösare loosen äv. bildl., ngt hårt spänt äv. slacken **2** urlasta unload, |varor från| fartyg äv. discharge **3** avlossa, ~ *ett skott* fire (discharge) a shot
lossna *itr* come loose; gå upp (av) come off, om t.ex. knut come undone (om ngt limmat unstuck); om tänder get loose; börja bli lös loosen
lossning (jfr *lossa 2)* discharge, discharging; unloading
lossnings|anordning unloading device **-plats** för fartyg discharging berth; bestämmelseort place (port) of discharge
Lothringen Lorraine
lots *-en -ar* pilot **lotsa** *tr* sjö. o. friare pilot; vägleda guide; ~ *sig fram* gå *försiktigt* make one's way cautiously
lots|avgift pilotage **-båt** pilot-boat **-direktör** ung. Director of the Pilot (Pilotage) Service **-väsen** pilotage service
lott *-en -er* **1** del, öde m.m. lot; andel äv. share, part; jord~ allotment, plot; ~sedel lottery ticket; ~*en får* måste *avgöra* it must be decided by lot; *det blev hans* ~ it fell to his lot (to him); *ojämnt faller ödets* ~*er* fate

apportions her favours unevenly; *dela ngns* ~ share a p.'s fortunes (fate); *dra (kasta)* ~ *om ngt (vem som ska gå)* draw (cast) lots for a th. (lots to decide who is to go); *falla (komma) på ngns* ~ fall to a p.'s lot **2** *lägga . . om* ~ let . . overlap

1 lott|a *-an -or* ung. member of the Women's Services; armé~ ung. (i Engl.) WRAC, flyg~ ung. (i Engl.) WRAF, marin~ ung. (i Engl.) Wren

2 lotta *itr tr,* ~ *om ngt* draw lots for a th.; ~ ett mål *på ngn* jur. assign . . by lot to a p.; ~ *bort* dispose of . . by lottery, raffle; ~ *ut* a) se ~ *bort* b) H draw [. . for redemption]; *utlottade obligationer* drawn bonds **lottad** *a, vara lyckligt* ~ *av naturen* be well favoured (endowed) by nature; *de sämst* ~*e* those who are worst off

lottakår lokalkår ung. [local] corps of the Women's Services

lottdragning se *lottning*

lotteri lottery, bildl. äv. gamble; för välgörande ändamål äv. raffle; *det är rena* ~*et!* it's nothing but a lottery (gamble)!; *vinna på* ~ win [a prize] in a lottery **-dragning** lottery draw **-vinst** [lottery] prize, prize in a lottery

lott|lös *a, bli* ~ be left without any share **-ning** [vanl. the] drawing of lots; *avgöra ngt genom* ~ decide a th. by lot **-sedel** lottery ticket

lotusblomma växt lotus; blomma lotus bloom (ss. ornament flower)

1 lov *-et* - **1** ledighet, lovdag holiday, ferier holidays pl.; *få* ~ get a day (an afternoon etc.) off; se vid. ex. under *ledig 1 b* **2** tillåtelse permission, leave; *får jag* ~*?* may I?, vid uppbjudning may I have the pleasure [of this dance]?; *får det* ~ *att vara* en cigarr? may I offer you . .?; *vad får det* ~ *att vara?* till t.ex. gäst is there anything you would like?, what can I offer you?; jfr *1 få I 1 b; be [ngn] om* ~ *att få göra ngt* ask [a p.'s] permission to do a th.; han gjorde det *utan att ens fråga om* ~ äv. . . without [so much as] a 'by your leave' **3** *få* ~ vara tvungen *att* have to; *nu får jag* ~ *att gå* I must be off (going) now **4** beröm praise; *sjunga ngns* ~ sing a p.'s praises, extol a p.; *Gud ske* ~*!* thank God!

2 lov *-en -ar* **1** sjö. tack **2** bildl., *slå sina* ~*ar kring ngn (ngt)* hover (prowl) about a p. (a th.); *ta* ~*en av* surpass, put . . in the shade

1 lova *tr* **1** ge löfte [om] promise, [*att*] *komma* to come; högt. äv. vow; ~ arta sig *att* inf. äv. bid fair to inf.; *det* ~*r gott* för framtiden it promises well (bids fair) . .; ~ *bort ngt åt ngn* promise a th. to a p.; ~ *bort sig* anta inbjudan accept an invitation [annorstädes elsewhere] **2** bedyra, försäkra, *jo, det vill jag* ~*!* I'll say!, I should say so! **3** berömma praise

2 lova *itr* sjö. luff [the helm]

lovande *a* promising

lovart *r* sjö., *i* ~ to windward **lovart[s]-sida,** ~*n* the windward (weather) side

lovdag holiday **loven** *r* se *tro A 2* ex. **lovlig** *a* tillåten permissible, allowable; om t.ex. avsikt lawful; ~ *tid* jakt. the open season **lovligt** *adv, vara mer än* ~ *dum* be unpardonably stupid, F be as silly as they make them

lov|ord praise; *få* ~ be [highly] praised (commended); *full av* ~ *över* full of praise for **-orda** *tr* o. **-prisa** *tr* praise; stark. extol, eulogize **-sjunga** *tr* extol, sing the praises of **-sång** song of praise **-tal** panegyric, eulogy, encomium **-timme** hour off **-värd** *a* praiseworthy, commendable, laudable

LP-skiva LP (pl. LPs)

lubba *itr,* ~ [*i väg*] trot (dart) away; jfr *2 kila*

lucern se *lusern*

luciafirande Lucia Day celebrations pl.

luck|a *-an -or* **1** liten dörr, t.ex. ugns~ o.d. door; fönster~ shutter; tak~ hatch; damm~ gate; sjö. hatch [cover] **2** öppning hole, opening; expeditions~: disk counter, själva öppningen counter-window, gallerförsedd grille; jfr *biljettkontor;* skepps~ hatch[way]; tomrum, mellanrum, brist gap, i t.ex. manuskript omission, lacun|a (pl. äv. -ae); *en* ~ *i lagen* a [legal] loophole; *en* ~ *i mitt minne* a blank in my memory; *nu blev det liv i* ~*n* F this made things hum **3** mil. F logement barrack room

lucker *a* om jord loose **luckra** *tr* loosen, break up; ~ *upp* loosen [up]; ~ *upp moralen* make morals lax

ludd *-en (-et) 0* fjun fluff; dun, äv. bot. down; på tyg nap; tarm~ villi pl. **ludda I** *itr,* koftan ~*r* [*av sig*] the fluff comes (is coming) off . . **II** *rfl* get fluffy (full of fluff) **luddig** *a* fjunig fluffy, dunig downy

luden *a* hairy; grovt äv. shaggy; zool. äv. hirsute; bot. downy

lud|er *-ret -er* hora trollop, whore

Ludvig kunganamn Louis

luffa *itr* **1** vara på luffen tramp, vagabond **2** se *lufsa* **luffare** tramp, vagabond **luffarschack** noughts and crosses pl.

lufsa *itr* lumber, shamble **lufsig** *a* clumsy, ungainly

1 luft *-en -er, en* ~ *gardiner* a pair of curtains

2 luft *-en 0* air; *behandla ngn som* ~ treat a p. as if he (resp. she) did not exist, give a p. the cold shoulder; *vara* ~ *för ngn* not mean a thing to a p.; *få* ~ *under vingarna* chans till utveckling get a chance to develop; *ge* ~ *åt* sin vrede give vent to . .; *leva av [bara]* ~ live on air; *det är fuktigt i* ~*en* the air is damp;

flyga (spränga ngt) i ~en blow (blow a th.) up; *slagsmålet hängde i ~en* a fight was in the offing; *det där hänger alldeles i ~en* that's all in the air; *det ligger i ~en* it's in the air **lufta I** *tr* kläder o.d. air **II** *itr, ~ på sig* go out for a breath of air

luft|affär swindle, fraud **-angrepp** air raid, attack from the air **-ballong** balloon **-bevakare** observer, [aircraft-]spotter **-bevakning** aircraft warning service **-blåsa** air-bubble **-bro** air-lift **-drag** draught **-elektricitet** atmospheric electricity **-fart** air traffic **-flotta** air fleet **-fuktare** air humidifier **-fylld** *a* . . filled with air; uppblåst inflated **-färd** vid hopp o. fall passage through the air **-försvar** air defence **-gevär** air-gun **-grop** air-pocket **-herravälde** air supremacy **-hål** air hole

luftig *a* airy; lätt, porös light

luft|intag air intake **-konditionerad** *a* air-conditioned **-konditionering** air-conditioning **-krig** air war (krigföring warfare) **-kuddefarkost** se *svävare* **-kyld** *a* air-cooled **-kylning** air-cooling **-lager** strat|um (pl. -a) of air **-landsättning** landing of airborne troops **-led** airway **-ledning** elektr. overhead line (för spårväg o.d. wire) **-madrass** air bed (mattress) **-maska** chain-stitch **-motstånd** air resistance **-ombyte** change of air (climate) **-post** airmail **-pump** air-pump **-renare** air cleaner (filter filter) **-rot** aerial root **-rum 1** mellanrum air space **2** territorium air territory **-rör 1** bronk bronch|us (pl. -i) **2** tekn. air pipe **-rörskatarr** bronkit bronchitis

luft|sjuka air-sickness **-skepp** airship, styrbart spec. dirigible **-skydd** se *civilförsvar* **-slott** *pl* castles in the air (in Spain) **-spegling** mirage **-språng** saltomortal somersault **-spärr** balloon barrage **-streck,** *under* [*ett*] mildare ~ in a . . climate **-strid** air battle, aerial combat **-stridskrafter** aerial forces; jfr *flygstridskrafter* **-strupe** trache|a (pl. -ae), windpipe **-ström** air current, current of air **-tillförsel** air supply, supply of air; ventilation **-tom** *a* airless; [*ett*] *~t rum* a vacuum **-torkad** *a* air-dried **-transport** air transport (~erande transportation), transport by air **-trumma** tekn. air-shaft **-tryck 1** meteor. atmospheric (air) pressure **2** vid explosion blast **-tät** *a* airtight, hermetic **-våg** air-wave **-väg 1** air-route, airway; *~en* adv. by air **2** anat. air-passage **-värn** anti-aircraft (förk. A.A.) defence[s pl.]; *~et* truppslaget Anti-Aircraft Command **-värnsartilleri** anti-aircraft guns pl. **-värnseld** anti-aircraft fire, F ack-ack **-värnskanon** anti-aircraft gun **-värnsrobot** surface-to-air missile **-växling** ventilation

1 lugg *-en -ar* **1** hårfrisyr fringe, bang; *titta under ~ på ngn* look furtively (stealthily) at a p. **2** luggning, *få ~* get one's hair pulled; *ge ngn* [*en*] *~* pull a p.'s hair

2 lugg *-en 0* på kläde o.d. nap, på sammet o. mattor pile; borsta *mot (med) ~en* . . against (with) the nap

lugga *tr, ~ ngn* [*i håret*] pull a p.'s hair **luggas** *itr. dep* lugga varandra pull each other's hair **luggnål** hairpin

luggsliten *a* eg. o. bildl. threadbare, friare shabby; om kläder äv. worn

lugn I *-et 0* om vatten o. luft calm; lä shelter; ro, frid peace; ordning order; sinnesjämvikt calm; fattning composure; självbehärskning self-control, self-possession; *~et före stormen* the calm before the storm; *bevara sitt ~* keep calm; *ha fått ~ i sin själ* feel easier in one's mind; *i ~ och ro* in peace and quiet; ta ngt *med ~* . . calmly **II** *a* om väder och vatten calm; om vattenyta äv. smooth; stilla quiet; fridfull peaceful; ej orolig (om pers., pred.) easy in one's mind; ej upprörd calm; fattad composed; m. bibehållen behärskning self-possessed; om mönster quiet, om färg subdued, quiet; patienten *är ~* . . is quiet; *du kan vara ~ för att han klarar det* don't worry, he will manage it; *då kan jag känna mig ~* that sets my mind at rest; hennes *~a blick* . . steady gaze; *det ~a medvetandet att ha gjort* sin plikt the knowledge of having done . .; patienten har haft en *~ natt* . . restful night; *med ~t samvete* with an easy conscience; *i de ~aste vattnen går de största fiskarna* still waters run deep

lugna I *tr* calm, quiet, still; småbarn soothe; t.ex. tvivel settle; blidka appease; inge tillförsikt reassure; *~ ngns farhågor* allay a p.'s fears, set a p.'s mind at rest **II** *itr* om väder calm down; *~ av (på)* om vind abate **III** *rfl* calm down; *~ dig!* äv. don't get excited!; *vi får ~ oss* några dar we must wait . ., we must be patient . . **lugnande** *a* om nyhet o.d. reassuring, comforting; om verkan o.d. soothing; *~ medel* sg. sedative, tranquillizer; *det är (känns) ~ för mig att veta, att* . . it is a relief to me to know that . . **lugnt** *adv* t.ex. betrakta calmly, quietly, t.ex. sova, dö peacefully, t.ex. svara with composure; tryggt safely, confidently; *ta det ~!* take it easy!, brådska inte! take your time [about it]!, ha tålamod! you must wait (be patient)!; *sitta hemma och ha det ~ och skönt* have a nice quiet time at home **lugnvatten** smooth water

Lukas Luke; *~' evangelium* the Gospel according to St. Luke

lukrativ *a* lucrative, profitable

lukt *-en -er* **1** smell, odour; behaglig scent, perfume, fragrance; odör bad (nasty) smell (odour); stank stench **2** luktsinne sense of smell

lukta I *tr itr* smell; *det ~r gott (illa)* it smells nice (bad); *det ~r snusk om honom* he smells of dirt, there is a smell of dirt about him; ~ *på ngt* smell (om hund äv. sniff at) a th.; ~ *på* ytligt studera *spanska* get a smattering of Spanish **II** *rfl*, ~ *sig till ngt* bildl. scent a th. out

lukt|flaska smelling-bottle **-fri** *a* odourless, scentless **-förnimmelse** sensation of smell, olfactory sensation **-lös** *a* odourless **-organ** organ of smell **-påse** scent-bag **-salt** smelling-salts pl. **-sinne** sense of smell, olfactory sense **-törne** sweetbriar, eglantine **-viol** sweet violet **-ärt** sweet pea

lukullisk *a, en* ~ *måltid* a sumptuous (luxurious) repast

lull *adv, stå* ~ om småbarn stand all by oneself [without support]

1 lulla *tr*, ~ ngn *i sömn (till sömns)* sing (hum) . . to sleep

2 lulla *itr* ragla reel, stagger

lumbal|punktion lumbar puncture **-vätska** cerebro-spinal fluid

lumberjacka lumber jacket

lummer *-n 0* bot. [fir] club moss

1 lummig *a* om t.ex. park thickly wooded, woody; lövrik leafy; skuggande shady

2 lummig *a* F berusad tipsy, elevated

lump *-en 0* **1** trasor rags pl.; skräp junk **2** *ligga i* ~*en* = följ. **lumpa** *itr* ligga inkallad do one's military service **lumpbod** junk-shop

lumpen *a* småsint mean, petty; tarvlig shabby, despicable; gemen F dirty; om t.ex. uppförande base, om t.ex. instinkt, böjelse äv. low; *för lumpna* 10 kr for a paltry . . **-het** gemenhet, lågsinthet baseness, meanness

lumphandel junk-shop **lumphandlare** rag-and-bone merchant **lumpig** *a* shabby **lumpor** *pl* rags **lumpsamlare** rag-and-bone man

lunch *-en -er* lunch, formellt luncheon; skol~ dinner; *ge* [*en*] ~ give a luncheon; *äta* ~ have (eat) lunch, äv. lunch; *äta* ~ *ute* go out to lunch; han gick ett ärende *på* ~*en* . . in the lunch-hour; han *är på (till)* ~ . . is at lunch; för vidare ex. jfr *middag 2* **luncha** *itr* lunch, have [one's] lunch

lunch|bricka måltid tray lunch **-gäst** på restaurang luncher **-rast** lunch-hour, paus äv. break for lunch **-rum** i företag dining-room, lunchroom; i fabrik, självservering canteen **-ställe** -restaurang lunchroom **-stängning,** de flesta kontor *tillämpar* ~ . . close for lunch

lund *-en -ar (-er)* grove

lung|a *-an -or* lung äv. bildl. **-blåsa** pulmonary alveol|us (pl. -i) **-blödning** pulmonary h[a]emorrhage **-cancer** cancer of the lung, lung cancer **-inflammation** pneumonia; *dubbelsidig* ~ double pneumonia, inflammation of the (both) lungs **-mos** kok. ung. lung hash **-siktig** *a* consumptive **-sjuk** *a* . . suffering from a lung-disease **-sot** consumption, phthisis **-säck** pleur|a (pl. -ae) **-säcksinflammation** pleurisy **-tuberkulos** pulmonary tuberculosis

lunk *-en 0* jog-trot äv. bildl.; hästen *gick i* [*sakta*] ~ . . trotted along; *allt här går i sin vanliga* ~ som vanligt things are the same as usual **lunka** *itr* jog (trot) along

luns *-en -ar* F tölp boor, churl, bumpkin; *en* ~ *till karl* a proper lout (boor osv.)

lunsig *a* clodhopping; om beteende uncouth

lunt|a *-an -or* **1** tändsnodd fuse, slow match **2** bok tome, [big] volume; [pappers]packe bundle (pappershög heap) of papers; *nådiga* ~*n* = *statsverkspropositionen*

lupin *-en -er* bot. lupin

lupp *-en -er* förstoringsglas magnifying glass, magnifier

1 lur *-en -ar* **1** horn horn; bronsålders~ lur[e] **2** se *hörlur*

2 lur *-en -ar* slummer F nap; *ta sig en* ~ have (take) a nap, have forty winks.

3 lur bakhåll, försåt, *ligga på* ~ lie in wait, lurk; *stå på* ~ stand in ambush

1 lura *itr* slumra, ~ *av (till)* drop off [to sleep]

2 lura I *itr* ligga på lur- lie in wait, *på (efter) ngn* for a p.; bildl. t.ex. om fara, olycka lurk; ~ *på ett tillfälle* watch (wait) for an opportunity

II *tr* narra, 'skoja' take . . in; bedraga deceive, dupe, play . . false; isht på pengar el. ngt utlovat cheat, swindle, F do, diddle, *på* i samtl. fall out of; fä [till] fool, hoax, humbug, gm övertalning o.d. coax, wheedle, cajole, förleda, locka entice, lure, *att* inf. i samtl. fall into ing-form; gäcka, t.ex. förföljare elude; vilseleda delude (*att* inf. into ing-form), lead . . astray, F lead . . up the garden path; överlista get the better of; ~ *ngn* [*till*] *att* skratta make a p. . .; ~ *ngn att tro ngt* delude (inveigle) a p. into believing a th.; *låta* ~ *sig* [allow oneself to] be taken in (deceived, cheated, fooled); *inte låta* ~ *sig* [*så lätt*] not be easily taken in osv.

III m. beton. part. **1** ~ *av ngn ngt* genom övertalning, med smicker wheedle a th. out of a p., genom bedrägeri cheat (swindle) a p. out of a th. **2** ~ *i ngn ngt* inbilla delude a p. into believing a th.; ~ *i ngn* maten coax (cajole) a p. into eating . . **3** ~ *på ngn* få ngn att köpa *ngt* trick (gm prat talk) a p. into buying a th., pracka palm off a th. on a p. **4** ~ *sig till (till sig, åt sig) ngt* secure a th. [for oneself] by trickery **5** ~ *ur ngn* en hemlighet worm . . out of a p. **6** ~ *ut ngt* ta reda på get to know a th., find out about a th.; ~ *ut ngn* locka entice (tempt) a p. to go (come) out (into going el. coming out)

lurendrejare cheat, swindler **lurendrejeri** cheat, swindle, fraud **lurifax** *-en -ar* sly dog

lurk *-en -ar* tölp boor, clodhopper; drummel lout, lymmel rascal
lurpassa *itr* kortsp. ung. lie low; *~ på ngn* bildl. lie in wait for a p.
lurvig *a* **1** om t.ex. hår rough; om t.ex. hund shaggy **2** F berusad tipsy
lus *-en löss* louse (pl. lice): *läsa ~en av ngn* give a p. a talking-to
lusern *-en -er* lucerne
lusig *a* **1** full av löss lousy, verminous, . . infested with lice **2** sölig slow, dawdling, . . lagging behind
luska *itr, ~ reda (rätt) på ngt* ferret (search) out a th.
luspank *a, vara ~* be stony-broke
lust *-en 0* böjelse, håg inclination, ibl. äv. mood, mind; benägenhet bent, disposition; åstundan, åtrå desire; smak fancy, liking, äv. appetite; nöje delight, pleasure; glädje joy; *när ~en faller på honom* when he is in the mood, when the fancy takes him; *betaga ngn ~en att* inf. rob (deprive) a p. of the desire to inf.; göra *vad man har ~ till* . . what one feels like [doing]; [*inte*] *ha ~ att* inf. [not] feel like ing-form (feel inclined to inf.); *jag har ingen ~ till det* I don't feel like it; *jag har god ~ att* inf. I have a good (great) mind to inf.; *tappa ~en för ngt* lose all desire for a th.; *av hjärtans ~* to one's heart's content **lust|a** *-an -ar* lust, desire
lust|betonad *a* pleasurable **-förnimmelse** sensation (feeling) of pleasure **-gas** laughing gas **-gård,** *Edens ~* the Garden of Eden, Paradise **-hus** summer-house
lustig *a* rolig funny; roande amusing; skämtsam facetious; löjlig comic[al]; konstig odd; *göra sig ~ över* ngn make fun of . ., poke fun at . . **lustighet** *-en -er, säga en ~* say an amusing thing, make an amusing remark, vitsa crack a joke **lustigkurre** clown, buffoon **lustigt** *adv* funnily osv., jfr *lustig; ~ nog* fick jag samma idé strangely enough . .
lust|jakt yacht **-mord** sex murder **-mördare** sex murderer **-resa** pleasure-trip, outing, excursion **-slott** [royal] out-of--town residence **-spel** comedy **-spelsförfattare** writer of comedies
1 lut *-en (-et) 0, stå (ställa* ngt) *på ~* stand (stand . .) slantwise (aslant); *ha ngt på ~* i reserv have a th. up one's sleeve
2 lut *-en -ar* tvättlut lye
1 lut|a *-an -or* mus. lute
2 luta I *itr* **1** vara lutande lean, ibl. incline; slutta slope, om t.ex. tak äv. slant; stå snett stand aslant; böja sig bend; vila, stöda recline, rest; *väggen ~r* vanl. the wall is out of [the] perpendicular; *~ mot sitt fall* bildl. be on the decline, decline **2** tendera tend, *mot* to; *semestern ~r mot sitt slut* the holidays are coming to an end; *jag ~r åt den åsikten* att . . I am inclined to believe (think) . .; *det ~r nog ditåt* F it looks like it; jag ser nog *vartåt det ~r* . . which way things are going (tending) **II** *tr* (ibl. *itr*) lean, *mot* against; *~ huvudet mot händerna* rest (lean) one's head on one's hands; *~ huvudet åt sidan* lay one's head on one side; *~ mera på flaskan* så rinner det bättre tilt the bottle [a bit] more . . **III** *rfl, ~ sig mot* lean against (i riktning mot towards); *~ sig över* lean (bend down) over; *~ sig bakåt* el. *tillbaka (fram[åt])* lean back (forward); *~ sig fram mot ngn (ut [genom fönstret])* lean towards a p. (out [of the window]); *~ sig ned* bend down
3 luta *tr* behandla med lut treat . . with lye; lutlägga soak . . in lye; *~ av* möbler remove old paint from . . with lye
lutad *a* leaning, framåt~ . . leaning forward, framåt~ om pers. äv. stooping **lutande I** *a* leaning; om t.ex. plan inclined; om t.ex. bokstäver slanted; om t.ex. tak, handstil sloping; framåt~ (om hållning) stooping **II** *adv, gå ~* walk with a stoop
luteran Lutheran **lutersk** *a* Lutheran
lutfisk torkad fisk stockfish; maträtt boiled ling [previously soaked in lye]
1 lutning inclination; sluttning slope; tekn. gradient
2 lutning behandling med lut treatment with lye; *~ av fisk* soaking of fish in lye
lutningsvinkel angle of inclination
lutter *oböjl. a* se *idel*
luttra *tr* rena eg. o. bildl. cleanse, purify; bildl. äv. chasten, förädla ennoble
luv *-en -ar, ligga (vara) i ~en på varandra* be at loggerheads [with each other]; *komma (ryka, råka) i ~en på varandra* fly at each other['s throats]
luv|a *-an -or* [woollen] cap; topp~ pixie cap
Luxemburg Luxembourg
luxuös *a* luxurious; om t.ex. måltid äv. sumptuous
ly|a *-an -or* djurs lair, hole; den äv. F (rum)
lybsk *a* Lübeck . ., . . of (from) Lübeck
lycka *-n 0* känsla av ~ happiness; t.ex. huslig felicity; sällhet bliss; tur luck; slump chance; öde fortune; framgång success; välgång, välstånd prosperity; *~n står den djärve bi* Fortune favours the brave; *~ till!* good luck!; *en ~ i olyckan* a saving piece of luck; *bättre ~ nästa gång!* better luck next time!; *vilken ~* tur! what luck!; *det var en ~ att* . . it was a good thing (was fortunate) that . .; *göra ~* ha framgång be a success; *ha ~ med sig* ha framgång be successful (ha tur lucky), bringa lycka bring luck; *önska ngn ~* wish a p. the best of luck (every happiness); *strålande av ~* radiant with happiness; *med växlande ~* with varying success (fortunes); *till all ~* by

[great] good luck, as [good] luck would have it

lyck|ad *a* successful; iron. fine; *ett -at skämt* a good joke; *vara [mycket]* ~ be a [great] success, om t.ex. fest go (om t.ex. tal come) off [very] well; uttalandet var *mindre -at* . . hardly a happy one (the thing to say) **lycka|s** *itr. dep* succeed, be successful, [*i*] *att* inf. in ing-form; make a success, *med* ngt of . .; om sak äv. be (prove [to be], turn out) a success, avlöpa bra go (come) off well; om pers. äv. manage, contrive; *jag -des inte göra det, det -des mig inte att göra det* I failed (did not manage) to do it, I did not succeed (was not successful) in doing it; *han* ~ *med (i) allt* he is always lucky, F he always turns up trumps; ~ *bra med ngt* do well (succeed) in a th.; *om jag* ~ *med (~ lösa) problemet* if I manage (kan am able) to solve the problem

lycklig *a* glad o.d. happy, *över* about, at; gynnad av lyckan fortunate; tursam lucky; framgångsrik successful; lyckosam prosperous; auspicious; propitious; gynnsam favourable; *i* ~ *okunnighet om* in blissful ignorance of; *en* ~ *omständighet* a fortunate circumstance; ~ *resa!* [I wish you a] pleasant journey!; *av en* ~ *slump* by a lucky chance; *vänta en* ~ *tilldragelse* expect a happy event; *ett* ~*t äktenskap* a happy marriage; *i* ~*aste fall* vanl. at best **lyckligen** *adv,* ~ *anländ* safely arrived; ~ *avslutat* arbete successfully completed . . **lyckliggöra** *tr* make (render) . . happy; ~*s med* isht iron. be blessed (favoured) with **lyckligt** *adv* happily etc. jfr *lycklig; det gick* ~ den här gången it went off all right . .; ~ *och väl gift* finally and happily married; komma hem ~ *och väl* . . safely (safe and sound) **lyckligtvis** *adv* luckily, fortunately

lycko|bringande *a* attr. . . that brings luck (fortune) **-dag** lucky day **-kast** lucky throw (bildl. hit) **-klöver** four-leaved clover **-penning** se *-slant* **-sam** *a* fortunate; framgångsrik successful; *ett* ~*t* nytt år a prosperous . . **-slant** lucky penny **-tal** lucky number

lyck|salig *a* [serenely (supremely)] happy, blissful; salig blessed, poet. blest **-salighet** bliss, supreme (intense) happiness; blessedness **-sökare** äventyrare adventurer, opportunist opportunist; som söker rik hustru fortune-hunter

lyckt *a,* [*in*|*för (inom, bakom)* ~*a dörrar* behind closed doors

lyck|träff stroke of luck, [lucky] chance; *det var en [ren]* ~ *att han svarade rätt* it was a pure fluke that he gave the right answer **-önska** *tr* se *gratulera* **-önskan** o. **-önskning** se *gratulation* **-önskningstelegram** greetings telegram

1 lyd|a *-de (*äv. *löd) lytt* **I** *tr* **1** hörsamma obey; t.ex. förnuftets röst listen to; t.ex. ngns råd take, follow; t.ex. sporren äv. respond to; t.ex. rodret, ratten answer [to]; t.ex. lagar äv. keep; *inte* ~ äv. disobey **2** lystra till answer to **II** *itr,* ~ *under* sortera under: a) om t.ex. land be subject to, be under the control of, be administered by b) om pers. belong under, be responsible to, be under the orders of, be subordinate to c) om sak be within the competence of d) jur. be under (within) the jurisdiction of

2 lyd|a *-de (löd) lytt itr* ha en viss lydelse run, read, F go; *domen löd på 2 års fängelse* the sentence [of the court] was two years' imprisonment; *passet -er på A.* the passport is made out in A.'s name; *räkning -ande på* 50 kr. bill for . .; *-ande på innehavaren* made out to bearer; *nominellt -ande på* at the face (nominal) value of

lydelse orda- wording; ett brev *av följande* ~ . . which reads as follows

lydig *a* obedient, *mot* to; lättledd docile; snäll good **lydnad** *-en 0* obedience; docility; äv. loyalty; *tro och* ~ allegiance **lydstat** hist. vassal (subject, tributary) state; drabantstat satellite [state]

lyft|a *-e lyft* **I** *tr* **1** lift; höja t.ex. armen, huvudet raise; m. ansträngning heave; ~ *ankar[et]* weigh anchor; ~ *av (från)* lift off; ~ *av en dörr* take a door off its hinges; ~ *bort (undan)* take away; ~ *ned* take (person äv. help) . . down; ~ *upp* lift (raise) . . up; *med upplyft huvud* [with one's] head high; ~ *ut* lift (take) out **2** uppbära, t.ex. lön, belopp draw; ta ut från konto withdraw (take out) . . from one's account **II** *itr* **1** *dimman -er* the mist is lifting; *flygplanet -er* the plane is taking off (rising); *fåglarna -e* the birds flew [away] **2** ~ *på hatten* raise one's hat, *för ngn* to a p.; ~ *på locket* lift the lid; ~ *på luren* lift (remove) the receiver; ~ *på slöjan* bildl. raise the veil **III** *rfl* lift oneself up; ~ *sig själv i kragen* rycka upp sig pull oneself together; ovationer *så att taket ville* ~ *sig* . . that nearly brought the roof down

lyft|anordning lifting device **-block** hoisting pulley **-kran** [lifting] crane

lyftning *-en 0* bildl., [*högre*] ~ elevation; inspiration; själslig äv. exaltation; *vara utan högre* ~ be dull (prosaic, uninspired, commonplace)

lyhörd *a* **1** om öra, sinne keen, sharp, sensitive; om pers. (attr.) . . with a keen (sharp, sensitive) ear; ~ *för* tidens krav keenly alive to (aware of) . . **2** om t.ex. bostad, *det är lyhört* här it is not sound-proof . ., you [can] hear every sound . .

1 lykt|a *-an -or* lantern, gat-, bil-, dörr-, signal|lampa o.d. lamp; kulört Chinese lantern; *det är röda -or* (=utsålt) i kväll the red lights are on . ., there is a full house . .

2 lykta *tr itr* o. **lyktas** *itr. dep* end
lykt|hållare på cykel lamp bracket **-stolpe** lamp-post
lymf|a *-an 0* lymph **-kärl** lymphatic [vessel] **-körtel** lymphatic gland
lym|mel *-meln -lar* blackguard, scoundrel, villain; svag. rascal **lymmelaktig** *a* blackguardly, scoundrelly, villainous; rascally
lynch|a *tr* lynch **-justis** lynch law **-ning** lynching
lynne *-t -n* läggning temperament, sinnelag disposition, äv. temper; sinnesstämning humour, mood; i vissa uttryck (t.ex. återfå sitt goda ~) äv. spirits pl.; *vara ojämn till ~t* have an unequable temperament (disposition); *vara vid dåligt ~* be in a bad humour, F be in the sulks; jfr *humör* ex. **lynnesutbrott** fit (outburst) of temper **lynnig** *a* temperamental; nyckfull capricious
1 lyr|a *-an -or* bollkast throw, med slagträ hit; ball thrown (hit) into the air; *en hög ~* a high ball
2 lyr|a *-an -or* mus. lyre; *stränga (stämma) sin ~* bildl. compose (write) poetry
lyrik *-en 0* diktning lyric poetry; dikter lyric poems pl., lyrics pl. **lyriker** *-n-* lyric poet **lyrisk** *a* lyric; *en ~ dikt* äv. a lyric; *bli ~ vid tanken på ngt* F grow lyrical (quite poetic[al]) . .
lys|a *-te -t* **I** *itr tr* **1** skina shine; bländande glare; glänsa gleam; om t.ex. juveler glisten, sparkle; om t.ex. stjärnor äv. glitter, twinkle; *lampan -er bra* the lamp gives a good light; *det -er* i fönstret there is a light on . .; *~ av glädje* beam with joy; *~ ngn i ansiktet med en ficklampa* shine a torch in a p.'s face; *solen -er honom i ögonen* the sun is in his eyes; *~ med en tändsticka* i hörnet light a match in order to see . .; *~ med lånta fjädrar* strut in borrowed plumes; *~ med sin frånvaro* be conspicuous by one's absence; *~ med sina kunskaper* show off (make a display of) one's learning, be conspicuous for one's learning; *~ ngn utför trappan* light a p. downstairs (down the stairs)
2 kungöra, *det har -t första gången för dem* the banns have been published (put up, read) for the first time for them; *vi ~er frid över hans minne* may he rest in peace
II m. beton. part. **1** *solen -te fram* the sun shone (äv. came) out of the clouds **2** *~ igenom* om solen shine (om färg show) through; *förakt[et] -er igenom* hans ord there is obvious contempt in . . **3** *~ in i* rummet shine into . .; dagern *-er in* i rummet *genom* dörrspringan . . seeps in (comes into the room) through . . **4** *plötsligt -te det till* i mörkret there was a [sudden] gleam . ., a light gleamed suddenly . .; **5** *~ upp* a) tr. göra ljus light up, eg. äv. illuminate, bildl. äv. brighten b) itr., om ansikte o.d. light up (*av* förtjusning with . .), brighten [up]
lysande *a* shining, klar bright; om kropp o.d. luminous; bildl. äv. brilliant; strålande radiant; om ögon sparkling; om resultat spectacular; storartad splendid, om framgång äv. dazzling; förnäm distinguished; om namn famous; *~ begåvning* brilliant talent; *~ elände* gilded misery; *~ föredöme (undantag)* shining example (exception)
lys|boj light buoy **-bomb** flare
lyse *-t 0* belysning av bostad o.d. light[ing]; *tända ~t* i trappan put on the light . .
lys|färg luminous paint **-gas** [coal-]gas **-kraft** luminosity, light intensity **-mask** glow-worm
lysning [vanl. the] banns pl.; *~ar* tidningsrubrik ung. forthcoming marriages; de gifter sig *omedelbart efter [sista] ~en* . . as soon as the banns have been published [for the third time]; *ta ut ~* ask to have the banns published **lysningspresent** ung. wedding-present
lysol *-en 0* lysol
lysrör elektr. fluorescent tube
lyssna *itr* listen, *efter* for, *på (till)* to; i smyg eavesdrop; *~ bara med ett öra* listen with [only] half an ear; *~ på radio* listen [in] to the radio; *~ till ngn* skänka gehör give a p. a hearing, hear a p.
lyssnarapparat sound locator
lyssnar|e listener **-post 1** mil. listening post **2** från radiolyssnare letters pl. from listeners
lysten *a* glupsk greedy, *efter (på)* for, of; girig covetous, *efter (på)* of; desirous, *efter (på) att* inf. to inf., of ing-form **-het** glupskhet greediness; girighet covetousness
1 lyster *-n lystrar (lystrer)* glans lustre
2 lyster *itr. pres, gör vad dig ~!* do [exactly] what (as) you like (please)!; *det ~ mig att* inf. I should like to inf.
lyst|mäte *~t ~n, få sitt ~ av* ngt have one's fill of . ., have as much as one wants of . .; vi fick ta *vårt ~ av frukt[en]* . . as much [of the] fruit as we liked (wanted) **-nad** *~en 0* greediness; begär desire; stark. craving, *efter* for
lystra *itr, ~ till* ngt pay attention to . ., order obey . .; *~ till namnet* Karo answer to the name of . . **lystring** *-en 0* mil., *~!* attention [to orders]! **lystringsord** word of command, call to attention
lys|tråd elektr. filament **-ämne** luminescent material
lyte *-t -n* **1** kroppsfel [bodily] defect, [physical] disability; missbildning deformity, malformation; vanställande ~ disfigurement; skavank blemish, flaw, imperfection **2** brist failing, shortcoming; fel fault; ofullkomlighet imperfection, shortcoming

1 lytt *a* vanför disabled, crippled; lemlästad maimed; *vara* ~ äv. be a cripple
2 lytt *a* se *lyhörd 2*
lyx *-en 0* luxury, sumptuousness; överdåd extravagance; prakt, ståt magnificence, splendour, richness; *leva i* ~ live in the lap of luxury **-artikel** luxury **-begär** craving for luxury (luxuries) **-bil** expensive (luxury) car **-blankett** ung. greetings telegram form **-docka** bildl. pampered doll **-fartyg** luxury liner **-föremål** luxury object, object of luxury **-hund** ung. pet dog **-ig** *a* luxurious **-kvinna** pampered woman **-liv** life of luxury **-skatt** tax on luxuries **-upplaga** de luxe edition
1 låd|a *-an -or* **1** box, större case, med fastsittande lock o. lås chest, bleck~ tin [box]; drag~ drawer; jfr *brevlåda* m.fl.; *en* ~ cigarrer a box of . . **2** kok. dish au gratin; ansjovis *i* ~ . . au gratin **3** *hålla* ~ F keep [on] talking [all the time], do all the talking
2 lå|da *-dde -tt itr,* tungan *-der vid gommen* . . cleaves to the roof of the mouth; jfr *vidlåda*
lådkamera box camera
låg (jfr *lägre I, lägst I*) *a* allm. low, kort (om t.ex. träd, skorsten) äv. short, tarvlig o.d. äv. mean, base; ~*t belopp* äv. small amount; ~*a betyg* low marks; ~*a böter* a small (light) fine; ~*t gräs* short grass; flyga *på* ~ *höjd* . . at a low altitude; ~*a kort (priser)* low cards (prices); ~*a motiv* base motives; *med* ~ *röst* in a low voice; ~*t straff* light (mild) sentence; *han har en* ~ *(ingen* ~*) tanke om* . . he has a low (no mean) opinion of . .; ~*a toner* low notes
låg|a I *-an -or* flame äv. bildl., stark. blaze, fladdrande flare; på gasspis burner; *gå upp i -or* go up in flames; *stå i -or* be in flames (on fire, ablaze); *stå i ljusan* ~ be all ablaze; brinna *med klar* ~ . . with a clear flame **II** *itr* blaze, bildl. äv. flame; *ett* ~*nde* tal a fiery . .
låg|adel, ~*n* the lesser (untitled) nobility, i Engl. äv. the gentry pl. **-anfall** low-flying attack **-avlönad,** *vara* ~ be a low-wage earner **-frekvens** low frequency **-halsad** *a* om kläder low-necked **-halt** *a, vara* ~ have one leg shorter than the other **-het** ~*en* ~*er* bildl.: egenskap meanness, baseness, handling base (mean) act **-husbebyggelse** konkr. low houses pl. **-klackad** *a* low-heeled **-konjunktur** depression, slump; *det råder* ~ there is a depression (slump); *under* ~ in times of depression **-kyrklig** *a* Low Church **-land** lowland [area] **-länt** *a* low-lying **-lönegrupp** low-wage group **-mäld** *a* low-voiced; bildl. quiet, unobtrusive; *i* ~ *ton* in a low voice **-mält I** *a* = föreg. **II** *adv* in a low voice **-prosa** [ordinary] colloquial prose **-sinnad** *a* o. **-sint** *a* base, mean **-sko** shoe **-slätt** lowland plain **-spänning** low voltage **-spänningsledning** low-tension cable **-stadielärare** teacher in the lower department osv., jfr följ. **-stadium,** *-stadiet* i grundskolan the lower department [of the comprehensive school]
lågt (jfr *lägre II, lägst II*) *adv* low, med låg röst äv. in a low voice, viskande under one's breath; *flyga* ~ fly low; *vara alltför* ~ *försäkrad* be under-insured; *tavlan gick* ~ på auktion the picture was sold at a low price . .; *ha* ~ *under (ligga* ~ *med) huvudet* lie with one's head low; staden *ligger* ~ . . stands on low ground; ~ *liggande (stående)* se *lågt|liggande* resp. *-stående;* ~ *räknat* at a low estimate; solen (termometern) *står* ~ . . is low; bildningen *står* ~ . . is on a low level **-flygande** *a* low-flying **-liggande** *a* low-lying
lågtrafik, *vid* ~ at off-peak hours **lågtryck** meteor. depression **lågtrycksområde** area of low pressure **lågtstående** *a* om kultur, folk primitive **lågtysk** *a* o. **lågtyska** Low German **lågvatten** low water **lågvattenstånd** low-water level **lågväxt** *a* short
lån *-et* - loan äv. bildl., försträckning äv. advance; ordet *är ett* ~ *från engelskan* . . has been borrowed from English; ~ *mot* säkerhet (*på* 100 kr*)* loan on . . (of . .); ~ *mot ränta* loan at interest; *ge (lämna) ngn ett* ~ *(ett* ~ *på 100 kr)* lend a p. money (a p. 100 kr.); *tack för* ~*et (för* ~*et av boken)!* thank you [for the loan] (for lending me the book)!; *leva på* ~ live by borrowing; *jag fick* boken *till* ~*s* . . was lent to me, I had the loan of . .
lån|a *-ade -at (-t)* **I** *tr* **1** få till låns borrow äv. bildl. o. vid subtraktion, *av* from, of, vid penninglån F off, *från* from, *mot* inteckning o.d., *på* aktier o.d. on . .; ~ stjäla *en bil* steal a car; ~ [*hem*] *en bok från (*~ *en bok på)* biblioteket borrow (take out) a book from . .; *kan jag få (får jag)* ~ ditt paraply? can I borrow . .?; *får jag* ~ *din telefon?* may I use your telephone?; *kan jag få* ~ *en tändsticka (lite eld)?* can I have a match (a light)? **2** låna ut lend, loan, *åt* to; ~ *sig (sitt namn) till* ngt lend oneself (one's name) to . . **II** m. beton. part. **1** ~ *bort* se ~ *ut* **2** ~ *sig fram* make one's way [along] by borrowing **3** ~ *ihop* get . . together by borrowing **4** ~ *in* ord o.d. borrow, adopt, *i* ett språk into . .; bank. receive (accept) . . on deposit **5** ~ *upp* ett belopp raise . . by borrowing, borrow . . **6** ~ *ut* lend, *mot* ränta at . .; boken *är utlånad* . . has been lent to somebody, från bibliotek . . is out [on loan] **lånbibliotek** lending-library
låne|ansökan loan application **-disk** på bibliotek issuing counter **-kassa** kreditkassa loan-society **-rörelse** loan (lending) business **-vägen,** *anlita* ~ resort to borrowing
lång (jfr *längre I, längst I*) *a* **1** allm. (jfr. dock *2*)

long, långvarig äv. prolonged, protracted (jfr också *långvarig*), väl lång, om muntlig o. skriftlig framställning lengthy; *tämligen* ~ ofta longish; ~*a lån* H long-term loans; ~*a tider (stunder)* kunde han for long (considerable) periods . .; han var sjuk [*en*] ~ *tid* . . for a long time; *du har inte* ~ *tid på dig* you have not much time; *ta* ~ *tid* take a long time; *det tar inte* ~ *tid (stund)* [*för honom*] *att* inf. it won't take [him] long to inf.; det tar tre gånger *så* ~ *tid* . . as long; *hur* ~ *tid* tar det? how long . .?; *man tycker tiden blir* ~, *när* . . [the] time seems long (to drag) when . .; *han föll (han låg där) så* ~ *han var* he measured his (he lay there at full) length; se vid. ex. under *långt* samt *avstånd, dag 1, väg* m.fl. **2** lång till växten, reslig tall; ~ *och gänglig* lanky

lång|a *-an -or* ling **-armad** *a* long-armed **-bent** *a* long-legged **-bord** long table **-byxor** *pl* long trousers **-dans,** *dansa* ~ *genom rummen* dance hand in hand in a long row through the rooms **-distansflygning** long-range flight (flygande flying) **-distanslöpare** long-distance runner **-distanslöpning** long-distance run (löpande running) **-dragen** *a* som drar ut på tiden protracted, lengthy, långtråkig tedious **-film** long film, feature [picture] **-finger** middle finger **-fingrad** *a* o. **-fingrig** *a* bildl. light-fingered **-franska** French loaf **-fredag** Good Friday; jfr *julafton* **-fristig** *a* long-term . . **-färd** se *-resa* o. *-tur* **-grund** *a* shallow **-halsad** *a* long-necked **-hårig** *a* long-haired; *han är* ~ he has long hair, ovårdad his hair is too long

långivare lender, granter of a (resp. the) loan

lång|kok, *det här blir ett* ~ this will take a long time to cook **-körare,** filmen *har blivit en* ~ . . has had a [very] long run **-körning** long drive **-lagd** *a* long [narrow] **-lig** *a,* jag har inte sett honom *på* ~*a tider* . . for ages **-livad** *a* som lever länge long-lived; . . *blir inte* ~ varar inte länge . . won't last long, stannar inte länge . . won't stay long **-mjölk** fermented viscous milk **-modig** *a* long-suffering, forbearing, tålmodig patient **-modighet** long-suffering, forbearing, tålamod patience **-panna** roasting pan **-promenad** long walk **-randig** *a* bildl. long-winded, prolix **-resa** long journey (sjö- voyage) **-rev** fiske. long line

långs se *längs*

långsam *a* slow, senfärdig, dröjande äv. tardy, maklig äv. leisurely; gradvis gradual; bildl. se *tråkig;* ~ *puls* sluggish (low) pulse; *det är* ~*t efter henne* I (resp. we) miss her badly **långsamhet** slowness **långsamt** *adv* slowly, ibl. äv. slow; småningom gradually, by slow degrees; bildl. se *tråkigt;* ~ *verkande gift* slow poison; *det går* ~ it is a slow business; *det går* ~ *att skriva,* när . . writing goes slowly (is a slow business) . .; *det går* ~ *för honom att lära sig* engelska he is very slow in learning . .

lång|schal F = *tusenlapp* **-sida** long side **-sides** *adv,* ~ [*med*] alongside **-siktig** *a* long-term . . **-sint** *a, han är* ~ he doesn't forget things (forgive) easily, ibl. he is always bringing up the past **-sjal** F = *tusenlapp* **-skallig** *a* dolichocephalic **-skepp** i kyrka nave **-skjutande** *a* long-range . . **-skott** sport. long shot **-skäggig** *a* long-bearded **-sluttande** *a* gently sloping **-släpig** *a* om röst drawling; långtråkig tedious **-smal** *a* long [and] narrow **-spelande** *a,* ~ [*grammofon*]*skiva* long-playing record **-strumpa** stocking **-sträckt** *a* elongated, long **-synt** *a* eg. long-sighted **-sökt** *a* far-fetched

långt (jfr *längre II, längst II*) *adv* i rumsbet. far (isht i nek. o. fråg. sammanhang samt i förb. m. adv. o. prep.); a long way (distance) (isht i jak. sammanhang); i tidsbet. vanl. long (jfr *länge*); 'vida' far; *gå* ~ eg. walk a long way (distance), i livet go far, get on; *det (du) går för* ~ bildl. that is (you are) going too far; *nej, nu går det för* ~*!* this is (that's) too much (the limit)!; *gå hur* ~ *som helst* bildl. go to all lengths (any length); *det gick så* ~ *att* . . things came to such a pass that . .; *jag vill inte gå så* ~ *som att påstå* I will not go to the length of asserting (go so far as to assert); *han har kommit ganska* ~ t.ex. i livet el. med sitt arbete he has got on fairly well; *med det (5 kronor) kommer du inte* ~ that (5 kronor) won't get you very far; *så* ~ *ögat når* as far as the eye can reach; *så* ~ är allt gott och väl thus far . .; ~ *bort*[*a*] far away (off); *vi har* ~ *dit (hem)* we have a long way [to go to get] there (home); ~ *fram*[*me*] se *fram 1, 2, framme 1;* ~ *ifrån* huset far from . .; ~ *ifrån målet* wide of the mark; *komma* ~ *ifrån* come from far [away]; huset är ~ *ifrån (inte på* ~ *när) färdigt* . . far from [being] completed; *han är inte på* ~ *när så rik som jag* he is nowhere near as rich as I am; *det var inte* ~ *ifrån att han somnade (vann)* he very nearly fell asleep (he was within an ace of winning); ~ *inne (*~ *in) i* skogen a long way (far el. well) into . .; ~ *inne i* lådan at the back of . .; ~ *inne (till* ~ *in) i* april late in (till late in) . .; *till* ~ *in på natten* till late in the night; *till* ~ *in på* 1500-talet till well into . .; *det är* ~ *mellan hans besök* his visits are few and far between; *det är* ~ *mellan husen* the houses are far apart; ~ *ned* far down; ~ *om länge* at [long] last; *vi har* ~ *till (bor* ~ *ifrån) närmaste* . . we live a long way from the nearest . .; *det är* ~ *till* jul it is a long time to . .; *det är (vi har) inte*

~ *till jul* Christmas is not far off; ~ *tillbaka (kvar* m.fl.) se under *tillbaka, kvar* m.fl.; ~ *bättre* far (mycket much el. a good deal) better; *han är* ~ *över* 70 år he is well over . .
långtgående *a* far-reaching; ~ *eftergifter* generous (considerable) concessions
långtids|prognos long-range forecast **-program** long-range programme
långtifrån se *långt* [*ifrån*]
lång|tradare lastbil long-distance [articulated] lorry (isht amer. truck) **-tråkig** *a* very tedious, boring **-tur** long tour (trip osv., jfr *2 tur 2*) **-varig** *a* allm. long, långt utdragen äv. prolonged, protracted, om sjukdom lingering; ~*a applåder* prolonged (ihållande sustained) applause; ~*t lidande (regnande)* a long period of suffering (raining); *en* ~ *vänskap* a friendship of long standing; jfr *långlivad* ex. **-varighet** [long] duration **-våg** long wave; jfr *kortvåg* ex. **-väga I** *oböjl. a,* ~ *gäster* guests [who have (resp. had) come] from afar **II** *adv,* komma ~ *ifrån* . . from far away **-vägg** longer wall **-ärmad** *a* long-sleeved **-örad** *a* long-eared
lån|ord loan-word **-tagare** borrower
1 lår *-en -ar* large box, pack~ [packing-]case
2 lår *-et* - thigh, av slaktdjur leg **-ben** thigh-bone, femur **-bensbrott** fractured (broken) thigh[-bone] **-benshals** neck of the femur
låring *-en -ar* quarter
lås *-et* - lock, häng~ padlock; på väska, armband o.d. clasp; i rörledning trap; *sätta* ~ *för* padlock; dörren *gick i* ~ . . locked itself; *gå väl i* ~ bildl. go without a hitch, go off all right; *slå* en dörr *i* ~ lock . . to [with a bang]; *inom* ~ *och bom* under lock and key; *ha ngt under* ~ have a th. locked up **lås|a** *-te -t* **I** *tr* lock äv. friare; med hänglås padlock; väska, armband o.d. clasp, fasten; ~ [*dörren (dörrarna)*] [*efter sig*] lock the door (the doors), lock up; ~ *med dubbla slag (lås)* double-lock; *hon har -t om sig* she has locked herself in; *ha pengarna -ta* have one's money locked up; . . *kan inte* ~*s* . . doesn't lock **II** *rfl,* hjulen *-te sig* . . got locked; förhandlingarna *-te sig* . . reached a deadlock; *det har -t sig för mig* det står still för mig I can't think any more **III** m. beton. part. **1** ~ *fast* med hänglås padlock **2** ~ *igen* = *låsa* **3** ~ *in (ned)* lock . . up, *i* in **4** ~ *sig inne (ute)* lock oneself in (out) **5** ~ *undan* lock . . away **6** ~ *upp* unlock **låsanordning** locking device, lås lock **låsbar** *a* lockable **låskolv** bolt
låss, *på* ~ se [*på*] *låtsas* **låssa** o. **låssas** *tr itr* se *låtsas*
låssmed locksmith
låt *-en -ar* melodi tune; visa song
1 låt|a *lät, låtit itr* ljuda, verka sound, *som (som* [*om*]) like (as if); *han -er arg (arg på rösten)* he (his voice) sounds angry; *hur -er citatet (melodin)?* how does the quotation read (the melody go)?; *hur -er* katten? what does . . say?; *det -er* verkar *bra (inte bra)* that sounds good (bad); *jo, det -er något, det!* not bad, eh!; *det -er oroväckande från* Kina the news (reports) from . . is (are) alarming; 'pang, pang', *lät det* there was a . . [sound]; *det -er (-er på honom) som om* han skulle få platsen it seems (from what he says it seems) as if . .; *ja, så ska det* ~*!* bildl. that's the spirit!; *som (efter vad) det -er* according to report (what people say)
2 låt|a *lät låtit* **I** *hjälpvb* a) tillåta let, allow, permit b) laga att get, make, have, cause, order c) vid omskr. (i formen *låt*) av imper. 1 pers. pl. av huvudvb. let; för konstr. se ex. nedan samt [*låta*] *bli (höra)* m.fl. vb; ~ *ngn* göra ngt a) inte hindra let a p. . ., tillåta allow (ge lov permit, överlåta åt leave) a p. to . . b) laga att get a p. to . ., förmå make a p. . ., be ask (säga till tell, beordra order) a p. to . .; ~ *göra ngt* laga att ngt blir gjort have (get) a th. done, föranstalta cause a th. to be done, ge order om order (give orders for) a th. to be done; *låt oss* [*inte*] *göra* det! [don't] let us do . .!; *jag kan (vill) inte* ~ *honom göra det* äv. I can't (won't) have him doing that; *man lät honom göra* vad han ville he was allowed to do . .; ~ *göra sig* en dräkt have . . made; *jag lät skräddaren göra den* I got the tailor to make it
~ *arrestera ngn* have a p. arrested; *han lät bygga* ett hus he had . . built; *låt mig inte behöva be dig!* don't let me have to ask you!; *låt mig inte* [*behöva*] *vänta!* don't keep me waiting!; ~ ngt *bli en vana* make . . a habit; *låt det bli min sak!* leave that to me!; *låt det bli (stanna) vid det!* leave it at that!; ~ *ngn* [*få*] *känna* att make (let) a p. feel . .; ~ *ngn* [*få*] *veta* let a p. know; ~ *ngn förstå* att give a p. to understand . .; *man lät mig förstå* att I was given to understand . .; ~ handen *glida över (vila på) ngt* pass . . over (rest . . on) a th.; ~ ngt *gå vidare* pass . . on; ~ *hämta* ett paket get somebody to collect . .; ~ *ngt ligga (vara* etc.) [*där det ligger (är* etc.)] leave a th. where it is; ~ ngt *ligga (vara* etc.) *på* keep (lämna leave) . . on; *han lät meddela* att he sent word (a message [to say]) . .; ~ *handsken sitta på* keep one's glove on; ~ dörren *stå öppen* leave . . open; författaren *-er hjälten utropa* . . makes the hero exclaim; ~ ngt *vara* leave . .; ~ ngn (ngt) *vara* [*i fred*] let (leave) . . alone; *låt vara att han är rik, men* . . he may be rich but . .; *låt så vara, men* . . that may be [so], but . .; even if it is so . .; ~ *sig behandla*[*s*] *(behandla sig) som* ett barn let oneself (allow oneself to) be treated like . .; *jag -er inte*

(*tänker inte* ~) [*någon*] *behandla mig på det sättet* I'm not (not going) to be treated like that [by anybody]; *det -er sig göra*[*s*] (*göra sig*) it can be done; *så snart sig göra -er* as soon as possible; problemet *-er sig inte lösas* . . doesn't admit of [any] solution, är olösligt äv. . . is unsolvable; ~ *sig nöja* (*nöja sig*) *med* be content with; ~ *övertala sig* allow oneself to be persuaded; *han -er inte övertala sig* he is not to be persuaded, he won't [let himself] be persuaded, stark. there is no persuading him

II *tr*, ~ *sitt liv* lay down one's life; ~ *sitt vatten* make water

låtande se *görande*

låtgå|politik [policy of] laissez-faire **-system** laissez-faire

låtsa *tr itr* se *låtsas* **låtsad** *a* pretended, feigned, affected, simulated; hycklad, fingerad sham . . **låtsa|s** *tr. itr. dep* pretend, *att* (*som om*) that; ss. tr. äv.: feign, affect, spela simulate; ~ *som om* . . äv. make as if . .; *hon* ~ *bara* she is only pretending (shamming); ~ *vara sjuk* pretend to be ill; ~ *sova* pretend to sleep, sham sleep; *låt oss* ~ *att vi* är rövare let's pretend (make believe that) we . .; *inte* ~ *se* ngn pretend (affect) not to see . ., ignorera cut . . dead; ~ [*s*]*om ingenting* behave (se ut look) as if nothing had happened; *han -des inte om att* . . he didn't show (nämnde inte let on) that . . ; ~ *inte om det* [*för honom*]*!* don't let him know!; *inte* ~ bry sig *om* ngn (ngt) take no notice of . . , ignore . . ; *skall det här* ~ *vara* smör? is this supposed to be . . ?; göra ngt *på* ~ be pretending to . .; det är *bara på* ~ . . only pretending (make-believe) **låtsaskrig** phoney war **låtsasvän** make-believe friend

lä *n* lee, skydd mot vinden shelter; sitta *i* ~ . . on the lee side (the leeward); *i* ~ *för* vinden sheltered from . .; *i* ~ *om* to [the] leeward of; *där* (*för honom*) *ligger du i* ~ bildl. you have got no chance there (are nothing compared with him)

läck *oböjl. a* leaky; *vara* ~ äv. leak; *springa* ~ spring a leak **läck|a I** *-an -or* leak; bildl. leakage **II** *-te -t itr* leak; vara otät (om båt) äv. make water; rinna ut äv. run out; *det -er* någonstans there is a leak . .; *det -er från* (*ur*) tanken . . is leaking; ~ sippra *in* leak in; *om det -er in* på vinden if water comes in . .; ~ *ut* leak out äv. bildl., om t.ex. gas äv. escape **läckage** *-t* - leakage

läcker *a* delicious; utsökt (om t.ex. färg) exquisite; piffig dainty; iron. nice, pretty **-bit** titbit äv. bildl., dainty **-gom** se *gourmand* **-het** ~*en* ~*er* konkr. delicacy, dainty

läder *lädret 0* leather; . . *av* ~ äv. leather . . **-arbete** konkr. [piece (specimen) of] leather-work **-artad** *a* leather-like, isht seg leathery; bot. coriaceous **-beredning** leather-dressing, currying **-fåtölj** leather-upholstered armchair **-hud** anat. cutis, derm **-imitation** konkr. imitation leather, leatherette **-lapp** zool. bat **-plastik** konkr. embossed leather **-rem** leather strap (bälte belt) **-sula** leather sole **-varor** *pl* leather goods (manufactures)

läge *-t -n* allm. situation äv. bildl., position; plats site, location; i förhållande till väderstreck aspect, exposure; röst~ pitch; tillstånd state, conditions pl.; *geografiskt* ~ geographical position; *som* ~*t nu är* as the situation is now, as matters now stand; *ligga i* ~ i spel be in position; *jag är inte i det* ~*t att jag kan* hjälpa I am not in a position to . .; *i* [*sakernas*] *nuvarande* (*i dagens*) ~ in the present situation, under present conditions, as things are (matters stand) now; *därigenom har* frågan *kommit i ett annat* ~ that has altered (put a new face on) . .

läg|el *-eln -lar* bibl. bottle

lägenhet *-en -er* **1** våning flat, amer. apartment; bostad dwelling; *en* ~ *på* tre rum *och kök* a flat etc. containing . . and a kitchen **2** transportmöjlighet means (pl. lika) of transport; förbindelse communication; *dagliga* ~*er* daily services; *med första* ~ by the first means of conveyance, till sjöss by the first [available] ship, jfr vid. t.ex. *flyglägenhet* **3** *efter råd och* ~ according to one's means

läg|er *-ret -er* **1** tält~ o.d. camp äv. bildl.; *bryta -ret* strike (break up) camp; *slå* ~ pitch a camp, friare camp; *ligga i* ~ camp; *dela sig i två* ~ bildl. split into two parties; *det blev oro i -ret* bildl. everybody got upset; *vara på* ~ be in a camp **2** bädd bed; djurs lair

läger|bål o. **-eld** camp fire **-liv** camp life; [*leva*] ~ frilufts- [be] camping **-mössa** mil. forage cap **-plats** camping-ground, camping-site **-skola** camp school

lägervall, *ligga i* ~ obrukad lie waste, i förfall be in a state of decay (neglect); *råka i* ~ fall (sink) into decay

1 lägg *-en -ar* på kalv: fram~ fore knuckle, bak~ hind knuckle; på oxe: shin; på svin: fram~ hand, bak~ knuckle

2 lägg *-et* - pappers- o. tidnings- file

lägg|a *lade lagt* **I** *tr* **1** placera: allm. put, större föremål äv. place, isht i liggande ställning lay; lägga till sängs put . . to bed; bereda sängplats för put . . to sleep; mots. resa (om saker) lay (place) flat (horizontal[ly]); anbringa (t.ex. förband) apply; ordna (t.ex. i bokstavsordning) arrange, låta ligga, förvara keep; lämna leave; göra (t.ex. bena) make; planera plan; patiens play; tvätt till mangling fold; [*låta*] ~ *håret* have one's hair set; ~ *ägg* lay eggs; ~ ngn *för sina fötter* bildl. captivate . . completely; ~ avgörandet *i ngns händer* place . . in (put . . in[to]) a p.'s hands; ~ en stad *i ruiner (mörker)* lay . . in ruins (plunge . . into darkness); ~ *ett brev i* el. *på* brevlådan put (drop) a letter in[to] . .; ~ *ngn på* en soffa lay a p. [down] (ge som sängplats let a p. sleep) on . .; ~ vända *ngn på sidan* turn a p. over on his (resp. her) side; ~ *ansvaret (skulden) på* ngn lay the responsibility (blame) on . .; ~ *en duk på* ett bord lay (breda spread, lägga ifrån sig put) a cloth on . . ; ~ *handen på* ngns axel put (lay, vila rest) one's hand on . .; ~ *pengar på* ngt spend money on . .; ~ skatt etc. *på ngt* impose (lay) . . on a th.; ~ tillägga *ngt till* ngt add a th. to . .; *lagt kort ligger* you can't take it back, bildl. äv. what's done is done **2** fackl.: t.ex. golv lay; t.ex. vägar lay down, construct. — Jfr äv. under resp. huvudord ss. *band 1 b), märke 2* m.fl.

II *itr* **1** ~ *i land* se *lägga* [*till*]; ~ *i väg* dash off; ~ *på hullet* se under *hull* **2** värpa lay

III *rfl* **1** i eg. bet. (äv. ~ *sig ned*) lie down; gå till sängs go to bed; om sjuk take to one's bed; placera sig (t.ex. i bakhåll) place oneself; ramla fall; om säd be flattened; lägra sig (om t.ex. damm, dimma) settle; om sak: hamna land; ~ *sig att sova (vila) på* en bänk go to sleep (lie down [to rest]) on . .; ~ *sig sjuk* take to one's bed; ~ *sig* [*sjuk*] *i influensa* go to bed with the flu; ~ *sig i* t.ex. veck form; ~ *sig först* i tävling take the lead; ~ *sig i* rätt fil get into . .; ~ *sig på knä* go down on one's knees; ~ vända *sig på sidan* turn on one's side; vädret *-er sig på humöret* [*på mig*] . . depresses me **2** bildl.: avta (om t.ex. storm o.d.) abate, subside; gå över pass off; om svullnad go down **3** frysa: om vattendrag freeze over; om is freeze

IV m. beton. part. **1** ~ *an* **a)** ~ *an* [*med geväret*] present [one's gun], *på* at **b)** ~ *an på* ngt aim at . ., make a point of . ., gå in för go in for . .; ~ *an på* ngn make up to . ., make a dead set at . . **2** ~ *av* **a)** spara put (lay) aside (by), set apart, reservera put aside, ej mera begagna (om kläder) leave off, discard; *avlagda* kläder cast-off (discarded) . . **b)** upphöra, sluta upp pack it in, call it a day **3** ~ *bi* sjö. lay (heave) to **4** ~ *bort* ifrån sig put down (aside), undan put away, förlägga mislay, sluta med drop, give up; *det är bortlagt att* inf. it has become out of date to inf., people don't inf. nowadays **5** ~ *emellan* betala mellanskillnaden give . . into the bargain; ~ *sig emellan* intervene **6** ~ *fram* a) ta fram put out, *ngt åt ngn* a th. for a p.; till påseende display b) bildl.: redogöra för (t.ex. planer, åsikter) put forward, propound; utveckla (t.ex. idéer) set out; presentera: (t.ex. förslag) submit, *för* ngn to . .; lagförslag present; förete (t.ex. bevis) produce, adduce; offentliggöra publish **7** ~ *för* a) ~ framför: jfr ex. under *2 för IV 2* b) servera serve [out], *ngn* to a p.; ~ *för ngn* köttet help a p. to . . **8** ~ *i* put in, tillsätta add; bifoga enclose; ~ *i ngt i* . . put a th. in[to] . ., tillsätta add a th. to . ., bifoga enclose a th. in . .; ~ *i* en växel engage . .; ~ *i ettan*[*s växel*] äv. put the (resp. a) car in first [gear]; ~ *sig i* bildl. se *blanda* [*sig i*]; *lägg dig inte i det här* mind your own business **9** ~ *ifrån sig* put . . down (*på* bordet on . .), undan, bort put away (aside), lämna kvar leave [. . behind], förlägga mislay **10** ~ *igen* tillsluta shut, fylla igen fill up, låta växa igen lay . . down to grass **11** ~ *ihop* put . . together, sammanslå äv. join, plocka ihop äv. collect; vika ihop fold [up]; tillsluta shut; addera ihop add up; ~ *ihop två och två* add two to two, bildl. put two and two together; ~ *ihop till* en present club together to buy . . **12** ~ *in* (se äv. *inlägga, inlagd* o. *lägga* [*i*]) **a)** stoppa o.d. in put . . in, slå in wrap up, infoga put in, insert, t.ex. ngt i ett program introduce; bifoga (t.ex. i brev) enclose; installera (t.ex. gas) lay on, install; anbringa (t.ex. parkettgolv) put down; sömn. take in; F äta put away . .; ~ *in ngt i* en ask put (emballera pack) a th. in[to] . .; ~ *in* känsla *i ngt* put . . into a th.; ~ *in ngn (sig) på* sjukhus send a p. to (go into) . .; *lägg in det på* mitt bord put it on . . **b)** konservera: allm. preserve; på glas bottle, på bleckburk can, tin; i salt, ättika etc. pickle **c)** inkomma med (t.ex. protest) enter, lodge; ~ *in* [*ansökan*] *hos* ngn *om ngt* apply to . . for a th. **13** ~ *kvar* leave, oavsiktligt leave . . behind **14** ~ *ned* **a)** eg. put (i liggande ställning lay) . . down; ~ från sig put (lay) down; packa ned pack; gräva ned (t.ex. ledning) lay; sömn. let down; ~ *ned ngt i* en ask put (packa pack) a th. into . .; ~ *ned en krans* på en grav lay a wreath . .; instinkter som är *nedlagda i oss* . . implanted in us **b)** upphöra med (t.ex. verksamhet) discontinue; inställa (t.ex. drift, järnvägslinje) shut down; stänga (t.ex. fabrik) close [down]; ej fullfölja (t. ex. process) withdraw; teaterpjäs take off; tidning discontinue; frånträda (t.ex. befattning) give up, retire from, resign; ~ *ned arbetet* (*sin röst* etc.) se under resp. huvudord **c)** använda, offra (t.ex. pengar, möda, tid) spend, expend, *på ngt* (*på att* inf.) on a th. (in ing-form); ~ *ned pengar i* ett företag put money into (invest money in) . .; ~ *ned* arbete *på ngt* äv. put in . . on a th., put . . into a th. **d)** jakt.: döda bring down **15** ~ *om* **a)** förbinda bandage, sår dress; ~ *om* ett papper [*om ngt*] put (wrap) . . round [a th.] **b)** ändra change, alter; ordna om rearrange; omorganisera reorganize; ~ *om produktionen till* . . switch over production to . .; ~ *om rodret* shift the helm; ~ *om trafiken* divert [the] traffic **c)** förnya renew; ~ *om* ett förband: byta change (renew) . ., lägga på annat sätt apply . . in a different way; ~ *om* en gata: reparera repave (mera omfattande reconstruct) . ., ge ny riktning divert . . **16** ~ *omkull* ngn throw . . **17** ~ *på* **a)** eg. put on; t.ex. förband äv. apply, *på* to; t.ex. färg äv. lay on; t.ex. te put in, add; posta post, amer. mail; ~ *på en duk på* bordet put (breda spread) a cloth on . .; ~ *på ngn* en filt put . . over a p.; ~ *på* |*luren*| telef. hang up **b)** pålägga: t.ex. skatter impose, *på* ngn (ngt) on . .; t.ex. straff inflict; ~ *på ngn* skatter äv. burden a p. with . .; ~ *på ngn* arbete, ansvar saddle a p. with . . **c)** öka, ~ *på* en krona *på priset (på varorna)* raise the price (the price of the goods) by . .; ~ *på* 10 '/ₒ *på räkningen* put an extra . . on the bill **d)** lantbr. keep . . for breeding **18** ~ *till* **a)** tr. tillfoga add; bidra med contribute **b)** rfl., ~ *sig till med* skaffa sig: t.ex. glasögon begin to wear, t.ex. skägg grow, t.ex. bil buy oneself, t.ex. vanor, åsikter adopt; lägga beslag på appropriate, F pinch **c)** itr. sjö.: förtöja berth, *vid* at; landa land; anlöpa call, *vid* at **19** ~ *undan* lägga bort o. reservera put aside, plocka undan put away, förlägga mislay; spara put away, lay aside (by); ~ *undan till* en bil save up for . . **20** ~ *under* en platta |*under ngt*| put (place) . . underneath |a th.|; ~ *under sig* subdue, subjugate, erövra conquer, slå under sig monopolize **21** ~ *upp* **a)** placera put . . up, *på* hyllan on . . **b)** visa (t.ex. kort, pengar) put down; ~ *upp korten* bildl. show one's cards (hand) **c)** kok. dish up; ~ *upp ngt på* ett fat arrange (place) a th. on . . **d)** sömn.: korta shorten, vika upp tuck up; stickning o.d.: maskor cast on, plagg set up **e)** hår: arrangera dress; ~ *upp* håret |*på spolar*| set . . on rollers **f)** magasinera: förråd o.d. lay up (in); ~ *upp* en båt lay . . up **g)** planlägga: t.ex. arbete organize, plan, t.ex. program arrange, draw up, t.ex. kortregister make |out|; ~ *upp ett konto (ett lån)* open an account (issue a loan); arbetet är *stort upplagt* . . planned on a big scale **h)** sluta, dra sig tillbaka finish, quit äv. sport. **22** ~ *ur* växeln put . . into neutral **23** ~ *ut* **a)** eg. lay (placera put) . . out, breda ut äv. spread, *på* golvet on . .; ~ *ut ngt i* ett skyltfönster put out (display) a th. in . .; ~ *ut ngt* i bilen put a th. in . .; ~ *ut ett kort* i kortspel put down a card **b)** sömn. let out **c)** pengar: ge ut spend, lay out, betala pay, *för* ngt for . .; ~ *ut* |*pengar*| *för ngn* pay money for a p.; jag kan ~ *ut för dig* . . pay |the money| for you **d)** förklara interpret, expound **e)** bli tjockare fill out, put on weight **f)** sjö. ~ *ut* |*från* land| put out (off) |from . .| **g)** ~ *sig ut för ngn* hjälpa intercede (plead) for a p., söka vinna make up to a p. **24** ~ *över* a) placera över (t.ex. en duk) lay (put, place, breda spread) . . over; ~ *över* maten |*med någonting*| el. ~ *över* |*någonting över*| maten put something over . . ., cover . . |with something| b) ~ flytta *över* ngt *på* put (bildl. shift) . . on to

läggdags *adv* se *sängdags* **läggning 1** skaplynne disposition; fallenhet bent, turn, *för, åt* for; *ha* en allvarlig ~ äv. have . . turn of mind; *han är* religiös *till sin* ~ he is . . by nature (disposition) **2** av hår setting; beställa |*tvättning och*| ~ . . a |shampoo and| set **läggningssak,** *det är en* ~ hur man reagerar it is a question of one's disposition . . **läggspel** |jig-saw| puzzle

läglig *a* opportune, timely; passande convenient, *för* ngn for . .; *vid* ~*t tillfälle* at an opportune moment, när det passar dig (er) at your convenience **lägligt** *adv* opportunely; conveniently; du kommer ~ vanl. . . at the right time (an opportune moment)

lägra *rfl* slå läger camp; slå sig ned lie (sit) down; utbreda sig (om t.ex. dimma) settle, *över* |up|on

lägre I *a* allm. lower osv., jfr *låg;* i rang o.d. äv. inferior, *än* to; ~ *drifter* baser instincts; ~ *klasser* skol. junior classes; ~ *matematik* elementary mathematics; *en* ~ *officer* a low|er|-ranking officer; *en* ~ *tjänsteman* a subordinate (low|er|-grade) official; *den* ~ *undervisningen* lower education **II** *adv* lower; *gå* ~ sänka priset go lower; *hänga* tavlan ~ hang . . lower |down|; ~ *stående djur* lower animals **lägst I** *a* lowest osv., jfr *låg;* attr.: om antal, fart m.m. äv. minimum; *på* ~*a hyllan* äv. on the bottom shelf; notera ~*a möjliga pris* . . the lowest possible (the minimum, the rock-bottom) price; *på* ~*a växeln* on the lowest gear **II** *adv* lowest; man måste räkna med ~ *100 kronor* . . 100 kronor at the lowest; när aktierna *står* |*som*| ~ . . are at their lowest; jfr f.ö. *lågt* **lägstbjudande** *a, den* ~ the lowest bidder

läk|a *-te -t tr itr* heal; såret *är illa -t* . . has healed badly; ~ *igen (ihop)* heal up (over); ~ *ut* heal completely **läkande** *a* healing; t.ex. verkan äv. curative

läkar|arvode doctor's fee **-behandling** medical treatment **-blick,** *ha* ~ have a doctor's eye **-bok** medical book

läkare *-n* - allm. doctor; mera högt. physician; tjänste~ medical officer; kirurg surgeon; |*allmänt*| *praktiserande* ~ |general| medical practitioner; *min* ~ äv. my medical adviser (F man); *gå till (söka)* ~ *för* ngt see (consult) a doctor about . .

läkar|hjälp, *tillkalla* ~ call for a doctor **-hus** medical (health) centre **-intyg** doctor's certificate **-kongress** medical congress **-kontroll,** *under* ~ under medical (a doctor's) supervision **-kår** body of physicians; ~*en* vanl. the medical profession **-mottagning 1** lokal surgery, amer. office; t.ex. psykiaters consulting-room|s pl.|; läkarhus medical (health) centre **2** tid surgery (amer. office, t.ex. psykiaters consulting) hours pl. **-recept** |doctor's| prescription **-rock** doctor's white coat **-undersöka** *tr, låta* ~ *sig* let (have) a doctor examine one; *bli -undersökt* el. *-undersökas* be medically examined **-undersökning** medical examination **-utbildning** medical training; *ha* ~ be a qualified doctor **-vetenskap** medical science, medicine **-vård** medical attendance (care, attention); *fri* ~ free medical treatment

läk|as *-tes -ts itr. dep* heal [ihop up]; såret *-tes av sig självt* . . healed itself; jfr vid. *läka*

läke|konst medicine **-medel** medicament, medicine, pharmaceutical (medical) preparation, drug; botemedel remedy **-medels-industri** pharmaceutical industry

läk|kött, *bra* ~ flesh that heals readily **-ning** healing

läkt *-en -er* lath; koll. laths pl.

läktare inomhus gallery; utomhus: platform, åskådar~ [grand-]stand

läm *-men -mar* att fälla ned flap

lämmel *-n lämlar* lemming

lämna I *tr* **1** bege sig ifrån, låta vara, kvarlämna, efterlämna leave; överge: allm. abandon, förlöpa äv. desert, ge upp give up, relinquish; dra sig tillbaka från (t.ex. sin tjänst, politiken) retire from; ~ sluta *sitt arbete* leave (isht amer. quit) one's job; ~ *måleriet* give up painting; ~ *ngn ensam hemma* leave a p. alone at home; ~ *sin plats åt ngn* give up one's seat to a p.; det har inte *~t något spår* [*efter sig*] . . left any trace [behind it]; *låt oss* ~ *ämnet* let's leave (drop) the subject; *det ~r intet övrigt att önska* it leaves nothing to be desired; ~ *ur sikte* leave (let) out of sight; ~ *ngn åt sitt öde* leave a p. to his (resp. her) fate **2** ge: allm. give, låta ngn få äv. let . . have; överräcka äv. hand; bevilja (t.ex. kredit, rabatt) äv. grant, allow; komma med äv.: (t.ex. förklaring) offer, present, (t.ex. anbud) make; tillhandahålla äv.: (t.ex. upplysningar) provide, furnish, (t.ex. hjälp) afford, render, (t.ex. varor) supply; inlämna hand (skicka send) in; avlämna deliver; överlämna hand . . over, relinquish; avkasta, inbringa yield; ~ *ngt till ngn* ge give (överlämna hand over) a th. to a p., låta få let a p. have a th., komma med bring a p. a th., gå med take a th. to a p.; *jag ~de* [*dig (honom)*] en femma I gave you (him) . .; ~ en vara *billigt* let . . go (let a p. have . .) cheaply; ~ *svar* give an answer; ~ *ngt till reparation* [*hos* skomakaren] hand a th. in [to . .] to be repaired

II m. beton. part. **1** ~ *av* t.ex. varor deliver; passagerare drop, set down; mil. hand over **2** ~ *bakom sig* leave . . behind, bildl. äv. outgrow; distansera outdistance **3** ~ *bort* lämna ifrån sig give away; skicka bort send out; ~ *bort tvätten* send one's washing to a (resp. the) laundry; ~ *bort* ngt *till lagning* send (ta take) . . to be repaired **4** ~ *därhän* se *därhän 2* **5** ~ *efter sig* efterlämna leave, vid löpning o.d. leave . . behind; se vid. *efterlämna* **6** ~ *fram* överlämna hand over, avlämna äv. deliver **7** ~ *framme* låta skräpa leave about; *jag lämnade* boken *framme (framme på bordet)* I left . . where it was (left . . on the table) **8** ~ *ifrån sig* ge ifrån sig hand over, avhända sig, skiljas från part with, till förvaring leave, avträda surrender **9** ~ *igen* se *lämna tillbaka* **10** ~ *in* allm. hand (skicka send) in; inkomma med äv. present, submit, t.ex. skrivelse, skolskrivning give in; till förvaring leave **11** ~ *kvar* ngt leave . ., oavsiktligt leave . . behind **12** ~ *med* [*ngn*] ngt give a p. . . to take with him (resp. her) **13** ~ *ned ngt* take (hit bring) a th. down **14** ~ *tillbaka* return, ngt lånat äv. give back; t.ex. skolskrivning hand back; se vid. *ge* [*tillbaka b*] **15** ~ *upp ngt* take (hit bring) a th. up **16** ~ *ut* t.ex. paket hand out, t.ex. varor deliver; från förråd o.d. issue; medicin dispense; dela ut distribute; ~ *ut* ngt *till ngn* äv. hand . . over to a p.; jfr *utlämna* **17** ~ ngt *vidare* hand (pass) . . on **18** ~ *över* se *överlämna*

lämning relic, survival, *från* of; *~ar* konkr. remains, *av, efter* of; jfr vid. *kvarleva*

lämp|a I *-an -or, -or* gentle persuasion sg.: *använda -or för att få ngn att* inf. coax a p. into ing-form **II** *tr* **1** anpassa adapt, rätta accommodate, avpassa suit, justera adjust, *efter* i samtl. fall to; passa ihop fit . . in, *efter* with; *vara -ad för* a) vara anpassad för be adapted for b) ha fallenhet för be suited (fitted, cut out) for **2** omstuva (sjö.) trim; hiva heave; flytta move **III** *rfl* passa be convenient; ~ *sig för* ngt be suited for . ., om sak äv. be [well] adapted for . ., lend itself to . .

lämplig *a* passande: allm. suitable; t.ex. behandling äv. appropriate, t.ex. uttryck äv. fitting; antagbar eligible; lagom (t.ex. ersättning) adequate; rätt, tillbörlig proper, fit; rådlig advisable, pred. äv. expedient; läglig opportune, convenient; *vid ~t tillfälle* at a suitable (convenient) opportunity; han är ~ *för arbetet* . . fit for the job; han är ~ *som (till) ledare* . . fitted to be (suitable as) a leader; filmen är [*inte*] ~ *för barn* . . [not] suitable (fit) for children; gör som du *finner ~t* . . think fit; *det ~aste* vore att (vanl.) the best thing [to do] . . **lämpligen** *adv, han bör* ~ infinna sig he had better . .; *det göres* ~ så här it should be (is best) done . . **lämplighet** (jfr *lämplig*) suitability; appropriateness, fittingness, eligibility; adequateness; fitness; advisability, expediency; opportuneness, convenience; *hans* ~ *för* arbetet his fitness for . . **lämplighets-intyg** för körkort certificate of fitness [to drive] **lämplig|t** *adv* suitably osv., jfr *lämplig;* komma ~ . . at an opportune (a convenient) moment (time); *det göres -ast* så här it is best done . .

län *-et* - **1** 'län', administrative province; eng. motsv. ung. county **2** se *förläning*

länd *-en -er* anat. o. veter. loin; på djur äv. hind-

-quarters pl., friare back
ländla *-e länt itr,* ~ *till* ngt lead to . .; ~ *ngn till* heder redound to a p.'s . .; ~ *ngn till varning* serve as (vara be) a warning to a p.
länga I *-an -or* rad range, row; jfr *huslänga* **II** *tr rfl* lengthen
längd *-en -er* **1** allm. length; kropps~, höjd height; kropps~ äv. stature, tallness; utförlighet lengthiness; fonet. äv. quantity; bröd~ flat long-shaped bun; *två* ~*er* tyg two lengths of . .; en bräda *av fem meters* ~ . . of five metres in length; *resa sig (sträcka ut sig) i hela sin* ~ draw oneself up to one's full height (stretch oneself out full length); *i* ~*en* in the end (long run), med tiden in the course of time, hur länge som helst indefinitely; *vinna med två* ~*er* win by two lengths; *skära (mäta) ngt på* ~*en* cut a th. lengthwise (measure the length of a th.); den är en meter *på* ~*en* . . long (in length); kjolen är *randig på* ~*en* . . striped lengthwise (vertically) **2** geogr. se *longitud* **3** se *längdhopp* **4** lista register, list; regent~ table
längdlaxel longitudinal axis **-enhet** unit of length **-hopp** long jump (hoppning jumping) **-hoppare** long jumper **-löpning** på skidor long distance racing (lopp race) **-mått** long (linear) measure, measure of length **-riktning,** *i* ~*en* in the longitudinal direction, lengthways, lengthwise
länge (jfr *längre II, längst II) adv* long (isht i nek. o. fråg. satser), |for| a long time (isht i jak. satser); *gå* ~ om t.ex. film have a long run, be on for a long time; hon kunde aldrig *sitta stilla* ~ . . sit still for long; *sitta uppe* ~ sit up late, vanemässigt keep late hours; *sova* ~ sleep late; jag har väntat |*både*| ~ *och väl* . . quite a while; jag har bott här *ganska (mycket)* ~ . . |for| quite a (|for| a very) long time; *tillräckligt* ~ long enough; *hur* ~ . .? how long . .?; *hur* ~ *sedan är det han for?* how long ago did he leave?; *hur* ~ *till stannar du?* how much longer are you going to stay?; jag har bott här *lika* ~ *som du* . . just as long as you |have|; |*inte*| *på* ~ |not| for a long time; vi skall inte gifta oss *än på* ~ . . for some time yet; *så* ~ så lång tid (adv.) |for| so long, |for| such a long time; var har du varit *så* ~*?* . . all this time?; *så* ~ du har varit borta! what a |long| time . .!; jag väntar här *så* ~ in the meantime; *sitt ner så* ~*!* take a seat while you wait!; *ta det här så* ~*!* take this just for now!; *än|nu| så* ~ har ingenting hänt so far (up to now) . .; *så* ~ |*som*| konj. as long as, medan ännu while; *inte så* ~ |*som*| not so long as; de är vänner igen, *så* ~ *det nu varar* . . while it lasts; *för* ~ *sedan* a long time ago; *för inte* |*så*| ~ *sedan* not |so (very)| long ago; *det är* ~ *sedan* |*dess*| it is a long time since |then|; *det är* ~ *(inte* ~*) sedan* han for it is a long time (not long) since . .; middagen *är färdig för* ~ *sedan* . . has been ready for a long time; *det var* ~ *sedan* |*sist*| vi sågs! it is a long time since . .! **-sedan** *adv* se *länge* |*sedan*|
längre I *a* longer osv., jfr *lång 1—2; efter* ~ ganska långa *förhandlingar* after protracted talks; *en* ~ ganska lång *promenad* a longish (rather long) walk; *ett* ~ ganska långt *tal* äv. a speech of some length, a lengthy speech; jag har nu varit här *en* ~ ganska lång *tid* . . for quite a long (for a considerable) time; jag kan inte stanna *någon* ~ *tid* . . for very long; *dagarna börjar bli* ~ the days are getting longer (are lengthening) **II** *adv* further äv. friare, farther (vanl. end. om avstånd), i tidsbet. vanl. longer; jfr äv. *långt, länge; man kan inte komma* ~ ty vägen är spärrad you cannot get any further . .; *stanna litet* ~*!* |please (do)| stay a little longer!; *jag kan inte stanna* ~ I cannot stay any (I can stay no) longer; åka *en hållplats* ~ . . a stop farther (further); *han är inte lärare* ~ he is not a schoolmaster any more; *du älskar mig inte* ~ vanl. you don't love me any more (longer); ~ *bakåt (ned, upp)* further (farther) back (down, up); ~ *fram* om tid later on; ~ *tillbaka* i rums- o. tidsbet. further back
längs *prep adv,* ~ |*efter (med)*| along, längs utmed (sjö.) alongside **-gående** *a* longitudinal
längst I *a* longest osv., jfr *lång 1—2; tillbringa* ~*a tiden* på resor spend most of the time . .; *i det* ~*a* så länge som möjligt as long as possible, in i det sista to the very last; *hoppas i det* ~*a* hope against hope **II** *adv* i rumsbet. vanl. furthest äv. friare, farthest; ända right, jfr ex.; i tidsbet. vanl. longest; jfr *långt, länge;* ~ längsta tiden *bodde jag* i . . most of the time I stayed . .; *jag har* ~ *att gå* I have the longest way to go; *vara (räcka)* ~ last longest; ~ *bort|a|* furthest away; ~ *därnere* right down there; ~ *fram* |*i salen*| at the very front |of the hall|; ~ *i väster* farthest west; länderna ~ *i väster* . . in the extreme west; ~ *inne i* lådan at the very back of . .; ~ *nere (ned) i* kofferten (*på* sidan) at the very bottom of . .; ~ *nere (ned) vid* dörren right down by . .; stå ~ *till höger* . . furthest to the right, . . at the extreme right; |*allra*| ~ *uppe i* trädet (*på* sidan) right at the |very| top of . .; ~ *ute på* udden right out on . .
längta *itr* long, stark. yearn, ache, *efter* (|*efter*| *att* inf.) i samtl. fall for (to inf.); ~ *efter* sakna miss; ~ *efter att ngn skall komma* be longing for a p. to come, glädja sig åt be looking forward to a p.'s coming; ~ *ihjäl sig (så man kan dö) efter* |*att få*| ngt be dying for . .; ~ *till* Italien long to go to (få vara i be in) . .; ~ *till sommaren* long for summer to come; ~ *bort* long to get (go)

away; ~ *hem* ha hemlängtan long for home, be homesick; ~ *tillbaka* |*till*| long to return |to|, önska sig tillbaka wish one was back |in|
längtan - *0* longing, stark. yearning, *efter, till* for **längtande** *a* o. **längtansfull** *a* longing, stark. yearning, t.ex. blick äv. wistful
länk *-en -ar* **1** led link äv. bildl. **2** kedja chain **3** hår~ strand **länka** *tr* **1** ~ *fast* chain |.. up|; ~ *ihop (samman)* link . . together **2** leda guide
läns *oböjl. a* **1** eg. dry, free from water; *pumpa (ösa)* en båt ~ pump . . dry (bail out . .) **2** bildl.: tom empty, pank broke; *vara* ~ *på* ngt be without . .
1 länsa *tr* **1** se |*pumpa (ösa)*| *läns* **2** tömma empty, göra rent hus i äv. clear out, uttömma drain, *på* i samtl. fall of; göra slut på make a clean sweep of
2 länsa *itr* sjö.. ~ |*undan*| run, *för vinden* before the wind; i storm scud
läns|arbetsnämnd ung. county employment board **-bokstav** ung. county registration letter **-läkare** ung. county medical officer **-polischef** ung. county police commissioner
länspumpa se |*pumpa*| *läns*
läns|residens, ~*et* the County Governor's |official| residence **-styrelsen** myndighet the County Government Board
länstol arm-chair, easy chair
läns|veterinär ung. county veterinary officer **-väsen** hist. feudal system **-åklagare** ung. county public prosecutor
läpp *-en -ar* lip; *falla ngn på* ~*en* be to a p.'s taste; *ha* ordet *på* ~*arna* have . . on the tip of one's tongue; hans namn *lever på folkets* ~*ar* . . is still to be heard from the lips of the common people; *vara på allas* ~*ar* be on everybody's lips; *han kunde inte få ordet över sina* ~*ar* he could not bring himself to say the word; *det skall inte komma över mina* ~*ar* jag skall tiga med det my lips are sealed **-blommig** *a* labiate **-formig** *a* bot. labiate
läppja *itr,* ~ *på* dryck sip |at| . ., bildl. (t.ex. litteratur) dip into . . **läppkräfta** cancer of the lip
läppljud labial |sound| **läppstift** lipstick
lär *hjälpvb* **1** sägs o.d., *han* ~ (~ *inte) sjunga bra* they say he sings (doesn't sing) well, he is said (förmodas is supposed) to sing (not to sing) well; *han* ~ *resa nästa vecka* they say he will go next week **2** torde, *jag (det)* ~ |*inte*| + inf. I am (it is) |not| likely to + inf., I shall (it will) probably |not| + inf.
lär|a A *-an -or* **1** vetenskapsgren science, teori|er| theory, theories pl.; lärosats doctrine, tenet; tro faith; förkunnelse, undervisning teaching|s pl.|; *den rätta* ~*n* the true faith **2** *gå (komma, vara) i* ~ *hos ngn* be apprenticed to a p.
B *-de, -t* **I** *tr* **1** lära andra, undervisa teach; undervisa äv. instruct; ~ *ngn* |*att*| *simma* teach a p. to swim, instruct a p. in swimming; *jag skall* ~ *dig, jag!* I'll teach you!; *han -de mig hur jag skulle* lösa problemet he taught me how to . . **2** lära sig learn; *man lär så länge man lever* we live and learn; jfr vid. *II* samt |*lära*| *känna*
II *rfl* learn; tillägna sig äv. acquire; snabbt o. isht ifråga om dålig vana o.d. pick up, *ngt av ngn* i samtl. fall a th. from a p.; *få* ~ *sig* learn (*av ngn* from a p.), undervisas be taught (*av ngn* by a p.); ~ *sig* |*att*| *köra bil* learn to (ibl. how to) drive a car; *han lär sig spela piano* he is learning |how to play| the piano; *han håller på att* ~ *sig sina läxor* äv. he is doing his homework; *vi har -t oss* |*att*| *uppskatta* . . äv. we have grown (come) to appreciate . .; ~ undervisa *sig själv* teach oneself; *man lär sig* inhämtar kunskap *själv genom att* ~ *andra* one learns by teaching
III m. beton. part. **1** ~ *bort* en yrkeshemlighet give away . . **2** ~ *in* learn; jfr *inlärd* **3** ~ *upp ngn* teach (öva upp train, instruera instruct) a p. **4** ~ *ut . . till ngn* let a p. into . ., put a p. up to . .; jfr *utlärd*
läraktig *a* . . ready (willing) to learn, . . quick to learn (at learning), apt . .; isht om djur teachable **-het** readiness to learn, quickness at learning, aptitude |for learning|; teachability
lärar|bana, *välja* ~*n* chose a teaching career; *ägna sig åt* ~*n* take up teaching |as a career| **-befattning** teaching post **-brist** shortage of teachers
lärare allm. teacher, *i* ett ämne of (in); skol~ äv. schoolmaster; vid högre skola vanl. master; vid kurser o.d. äv. instructor; privat~ äv. coach, tutor; *vår* ~ |*i engelska*| our |English| teacher (master) **lärarhåll,** *från (på)* ~ from (among) teachers |themselves| **lärarhögskola** school (institute) of education
lärarinna |woman| teacher; skol~ äv. schoolmistress; mistress; jfr *lärare*
lärar|kandidat ung. student teacher **-kollegium** kår |teaching-|staff **-kompetens** *ha* ~ be a certificated teacher **-kraft** lärare teacher **-kår** vid skola o.d. teaching-staff; *Sveriges* ~ the teachers pl. of Sweden **-plats** o. **-tjänst** se *-befattning* **-utbildning** **1** utbildande training of teachers **2** *ha* ~ be a qualified teacher **-verksamhet** teaching; *utöva* ~ teach
lärd *a* allm. learned; humanistiskt scholarly, naturvetenskapligt scientific; |*mycket*| ~ äv. erudite; *gå den* ~*a vägen* take up (go in for) an academic career; subst. a.: *en* ~ a learned man, a man of learning; a scholar, resp. a scientist; *de* ~*a* äv. the learned **lärdom** *-en -ar* **1** vetande learning, scholarship, grundlig äv. erudition **2** 'läxa' lesson; *dra (ta)* ~ *av* . .

learn from . .

lärdoms|grad academic degree **-högfärd** pride of learning **-prov** test of |one's| learning (one's acquirements)

lärft *-et (-en) -er* linne~ linen; halvlinne~ union |cloth|; bomulls~ cotton; kanfas buckram

lärjung|e *-en -ar* eg. pupil, *i (vid)* en skola at (of); friare o. bibl. disciple, *till ngn* of a p.

lärk *-en -ar* larch

lärk|a *-an -or* |sky|lark; *glad som en ~* merry as a lark

lärkträd larch|-tree|

lärling apprentice **lärlingstid** |period of| apprenticeship

läro|anstalt educational institution (establishment) **-bok** textbook, skolbok äv. school--book; handbok manual, *i* i samtl. fall of **-boks-författare** author of textbooks (a textbook) **-dikt** didactic poem **-fader** master; kyrkl. father |of the Church| **-medel** *pl* textbooks and teaching aids **-mästare** master, friare teacher **-plan** curricul|um (pl. -a) **-rik** *a* instructive **-rum** skol. classroom **-sal** univ. lecture-room, lecture-hall **-sats** trossats doctrine, dogma **-spån** *pl, göra sina första ~ |i ngt|* acquire (pick up) one's first knowledge (experience) |of a th.| **-stol** |professor's (professorial)| chair, *i* ett ämne of **-säte** seat of learning **-tid** |period of| apprenticeship **-verk,** *|allmänt| ~* |State| secondary grammar school **-år** year of apprenticeship **-ämne** subject |of instruction|

lärpengar *pl, få betala dyra ~* bildl. have to pay |dear| for one's experience

läs|a *-te -t* **I** *tr itr* **1** allm. read; tyda äv. decipher; framsäga, t.ex. bön say, välsignelse pronounce (*över* upon); deklamera äv. recite; ~ (recitera) Shakespeare read (give readings) from . .; ~ ngt *fel* misread . .; ~ *innantill* read, mots.: 'utantill' (ur boken osv.) read from the book osv.; ~ *korrektur* äv. correct proofs; ~ *noter* read music; ~ *ngns tankar* read a p.'s thoughts (mind); *har du -t |vad som står i| tidningen?* äv. have you seen the paper?; *sitta och ~ |i| en bok* be |sitting| reading a book; ~ en saga *för ngn* read . . to a p.; *han -te sig hes* he read himself (read till he was) hoarse; ~ *sig till ngt* pick up (learn) a th. by reading

2 studera study, isht. univ. read; ~ engelska *för ngn* ta lektioner take lessons in . . with a p., lära sig learn . . with (from) a p., be taught . . by a p.; ~ *sin läxa (sina läxor)* prepare (do, learn) one's homework; ~ *på sin examen* read |up| for one's degree

3 undervisa, ~ engelska *med ngn* ge lektioner give a p. lessons in . ., lära teach a p. . ., privat äv. coach a p. in . .; ~ engelska (ha lektion i . .) *med en klass* äv. take . . in a class; ~ *läxor med ngn* help (assist) a p. with (in preparing) his (resp. her) homework

4 *gå och ~* konfirmeras be confirmed, få konfirmationsundervisning be prepared for one's confirmation; *hon går och -er |för . .|* she is being prepared for her confirmation |by . .|

II med beton. part. **1** ~ *av* se *avläsa* **2** ~ *efter ngn* read after a p.; *läs efter |mig| nu!* now you read it |after me|! **3** ~ *emot* se *motläsa* **4** *läs före!* read |it| first! **5** ~ *igenom ngt* read a th. |all right| through, peruse (read over) a th. **6** ~ *in* en kurs, ett ämne, en roll learn (study up) . . |thoroughly (perfectly)| **7** ~ *på* a) läxa o.d. prepare b) fortsätta att läsa go on reading, read |straight| on **8** ~ *upp* read |out|, read . . aloud (out loud), *för* ngn to . .; något inlärt say, repeat, t.ex. dikt recite **9** ~ *ut* a) läsa slut finish |reading| b) uttala pronounce c) förstå, *vad kan man ~ ut av det här?* what can you gather (understand) from this? **10** ~ *över* läxa o.d. prepare

läsare 1 eg. reader **2** relig. ung. pietist **läsa-rinna** |woman| reader **läsbar** *a* readable; jfr äv. *läslig* o. *läsvärd* **läsdrama** closet drama

läse|bok reader, isht nybörjarbok reading-book **-cirkel** book-club **-krets** författares circle of readers, public, tidnings äv. readers pl. **-sal** reading-room

läs|hungrig *a* pred. keen (attr. . . that is osv. keen) on reading **-huvud,** *ha gott (vara ett) ~* have a good head for study|ing|

läsida lee-side; *på ~n* on the leeward, leewards

läsk *-en* - F se *läskedryck*

läska *tr* **1** ~ *sin strupe (törst)* quench one's thirst; *en ~nde dryck* a refreshing drink; *det ~r med* saft . . is refreshing; ~ *sig med . .* refresh oneself with . . **2** med läskpapper blot, dry . . with blotting-paper

läskamrat fellow-confirmee

läskedryck soft drink, lemonad lemonade; *~er* äv. mineral waters **läskpapper** blotting-paper; *ett ~* a sheet of blotting-paper

läs|kunnig *a* . . able to read **-kunnighet** ability to read **-lampa** reading lamp, säng~ bedside lamp **-lig** *a* möjlig att läsa legible; tydbar decipherable **-lighet** legibility; decipherability **-lust** inclination for (love of) reading (om studier study)

läsning reading (äv. parl.), deciphering osv., jfr *läsa;* lektyr äv. reading-matter; *~en* skolan *börjar* den . . school begins . . **läs- och skrivkunnig** *a* . . able to read and write, literate **läs- och skrivkunnighet** ability to read and write, literacy **läs- och skriv-svårigheter** *pl, barn med ~* children with difficulties in reading and writing **läsord-ning** schema timetable

läspa *itr* lisp **läspning** lisping; konkr. lisp

läsrum reading-room
läst *-en -er* skom.: konkr. last, passform fitting; skoblock [shoe-]tree; *med smal* ~ with a narrow fitting **lästa** *tr,* ~ *[ut]* last
läs|tag, *vara (komma) i* ~*en* be in (get into) the mood for reading (om studier for studying) **-väg,** jag vill ha *någonting i* ~ . . something to read **-värd** *a,* *[mycket]* ~ [very] readable, . . [well] worth reading **-år** skol. school year, isht amer. äv. session **-övning** reading exercise
läte *-t -n* [indistinct (inarticulate)] sound; djurs call, cry
lätt I *a* **1** ej tung allm. light äv. friare (t.ex. lättbeväpnad, rörlig, tunn samt om t.ex. mat, vin, sömn, musik); lindrig, obetydlig äv. slight; svag äv. gentle, om tobak, öl o.d. vanl. mild, obestämbar (om t.ex. doft) faint; om stigning o.d. gradual; *en* ~ *(*~*are) förkylning* a light (slight) cold; *på* ~*a fötter* with a light step; ~ *gång* tekn. smooth (easy) running; *med* ~ *hand* lightly, eg. äv. with a light touch, mjukt, varsamt äv. gently, flyktigt äv. cursorily; ~*a material* light-weight materials; *med* ~*a rörelser* with light (nimble) movements; *med* ~*a steg* with a light step; *gå med* ~*a steg* äv. tread lightly; *musiken gick i den* ~*a (*~*are) stilen* the music was of a light type; *ha [en]* ~ *sömn* be a light sleeper, sleep lightly; ~*a tyger* light-weight (skira, luftiga flimsy, gossamer) fabrics; *ett* ~ *vin* äv. a light-bodied wine, a wine of a mild character; *göra . .* ~*are* mindre tung äv. lighten . . ; *vara* ~ *på foten* be light of foot, bildl. be of easy virtue (morals); *vara* ~ *på hand* have a light touch; *[vägd och] befunnen för* ~ [weighed and] found wanting; ~ *till mods* light of heart, free and easy
2 ej svår (mödosam) easy; enkel simple; *en* ~ *och ledig stil* an easy and fluent style; *det är en* ~ *sak (är* ~*) för mig att . .* it is easy (an easy matter) for me to . .; *det är den* ~*aste sak i världen (hur* ~ *som helst, så* ~ *som aldrig det)* it is the easiest thing in the world (as easy as anything el. as easy as could be); *det är* ~ enkelt, självklart *för dig att säga* vanl. it is all very well for you to say; *det är inte* ~ *att säga* vanl. it is hard (difficult) to say; *vara* ~ *att ha att göra med* be easy to get on with; *. . är inte det* ~*aste . .* is not one of the easiest things; *problemet är* ~ *att lösa* the problem is easy (an easy one) to solve (is easily solved); *göra det* ~ *för . .* make things easy for . ., friare äv. smooth the way for . .; *inte ha det* ~ not have an easy time [of it]; *han har* ~ *för sig* everything comes easy to him; *han har* ~ *för [att lära sig]* språk he has a gift for [learning] . ., . . come easy to him, he finds . . easy; *ha* ~ *för att fatta* be quick on the uptake; *hon har* ~ *för att gråta* she cries easily, she is easily moved to tears; *ha* ~ *för att lära (räkna)* be a quick learner (be quick at figures); *ha* ~ *för att tala (hålla tal)* be a good speaker; *ha* ~ *[för] att uttrycka sig* find it easy to express oneself
3 lättfärdig fast, loose[-living], lösaktig dissolute; ~*a flickor (kvinnor)* äv. light girls (women); *gatans* ~*a garde* the women pl. of the street; *vara* ~ *på foten* se *I* ovan
II *adv* **1** ej tungt: eg. light, ytligt, nätt och jämnt lightly; lindrigt osv. (jfr *I 1*) slightly, gently osv.; litet, en smula somewhat, a trifle; ~ *klädd* se *lättklädd; man andas* ~*are* befriat one breathes more freely; *sova* ~ sleep lightly; *ta ngt [för]* ~, *ta [för]* ~ *på ngt* take a th. [too] lightly (easily, F easy), bagatellisera ngt make [too] light of a th.; *han tog det* ~ äv. he did not let it worry him; *ta livet* ~ take life easy; *det väger* ~ (bildl.) *i jämförelse med . .* it counts for little compared with . .
2 ej svårt easily, F easy; lätt och behändigt äv. deftly; snart, ofta, bekvämt readily; *man blir* ~ trött, om . . one gets easily (is apt to get) . .; *det kan* ~ *bli farligt* it may very well be dangerous; *falla* ~ *i ögonen* catch (strike) the eye readily; *man glömmer* ~ ofta . . one is apt to forget . .; *det går* ~ *att* inf., när . . it is easy (är enkelt äv. an easy matter) to inf. . .; *man kan* ~ *[och ledigt] gå dit på* en kvart you can walk there easily (F easy) in . .; *ha det* ~ m.fl. ex. se under *I 2; sådant händer* ~ such things happen; *såsom* ~ *inses* as will readily (easily) be understood, as is obvious; *det kan så* ~ *missförstås* it can so easily (it is apt el. liable el. likely to) be misunderstood; *det är (är inte)* ~ *gjort* äv. it is no trouble (takes a lot of trouble); *de är* ~ *räknade* ett fåtal vanl. they may be counted on the fingers of one hand; *det är* ~*are sagt än gjort* it is easier said than done; *i ungdomen är man* ~ *utsatt för* frestelser in one's youth one is open to . .; *av* ~ *begripliga skäl* for obvious (very understandable) reasons; han läser svenska och engelska *lika* ~ . . with equal facility
lätt- se typexemplet *lättarbetad* betr. attr. o. pred form
lätta I *tr* **1** göra lättare lighten; bildl. äv. unburden, ease, mildra relieve, lindra alleviate; ~ *sitt hjärta för ngn* unburden one's mind (heart) to a p.; *känna sig* ~*d* feel relieved (eased) [in one's mind]; ~ *upp* stämning o.d. relieve, humör liven [up] **2** ~ *ankar* weigh anchor **II** *itr* **1** bli lättare eg. become (get) lighter, om pers. go down in weight; bildl. ease, be relieved, om depression o.d. lift; *det* ~*r* verkar befriande it gives [some] relief (is a relief) **2** ~ *på ngt* allm. se *I 1;* lossa på (t.ex. förband, klädesplagg) loosen; ~ *på restriktionerna* ease (lighten, mildra relax, moderate) the restric-

:ions **3** skingras, lyfta (t.ex. om dimma) lift; *det ~r* |*på*| klarnar (om väder) the air is clearing **4** om fartyg weigh anchor; om flyg take off

ätt|antändlig *a* inflammable, bildl. äv. susceptible; *mycket ~* highly inflammable (resp. very susceptible) **-arbetad** *a* attr. . . that is (osv.) easy to work (etc., jfr *bearbeta*), . . that can (osv.) be easily worked (etc.); *ett -arbetat* material ofta äv. an easy . . to work (etc.); materialet *är -arbetat* . . is easy to work (etc.) **-betong** light|-weight| concrete **-fattlig** *a* easily comprehensible; attr. äv. . . that is (osv.) easy to understand; jfr vid. *-arbetad; på ~t språk* äv. in popular (enkelt simple, lättbegripligt intelligible) language **-fattlighet** |great| comprehensibility **-flyktig** *a* |highly| volatile **-flytande** *a* om vätskor very liquid, fackl. . . of low viscosity; om stil, språk fluent **-flörtad** *a, vara ~* be easy to flirt with (bildl.: -övertalad to get round, -besegrad to conquer) **-fotad** *a* bildl. loose|-living|; *en ganska ~ flicka* äv. a rather fast girl **-färdig** *a* om pers. loose|-living|; om t.ex. visa, dans: vågad daring, oanständig indecent; *hennes ~a leverne* her licentious |way of| life **-färdighet** loose morals pl., moral laxity **-förståelig** *a* se *-fattlig* **-förtjänt** *a* easily earned; *en ~ förmögenhet* a fortune that is (osv.) easy to earn; *~a pengar* äv. easy money **-gående** *a* smooth-running **-hanterlig** *a* attr. . . that is (osv.) easy to handle äv. bildl.; *en ~* kamera (skolklass) äv. an easy . . to handle; *vara ~* be easy to handle **-hanterlighet,** *dess ~* the ease with which it can (osv.) be handled

ätthet ringa tyngd lightness; ringa svårighet easiness, enkelhet simplicity; ledighet o.d.: t.ex. att lära sig språk ease, t.ex. att uttrycka sig facility, *att* inf. in ing-form; *med ~* ledigt with ease, easily

ättillgänglig *a* eg. easily accessible (F get-at-able), pred. äv. easy of access, within easy reach; bildl. se *tillgänglig 2* o. *lättfattlig*

lätting idler, slacker, lazy brute

lättja *-n 0* laziness, idleness; lättjefullhet indolence **lättjefull** *a* lazy, loj indolent

lätt|klädd *a* tunnklädd thinly (lightly) dressed (clad); mer el. mindre oklädd scantily clad **-kokt** *a* attr. . . that needs (resp. need) little boiling; *vara ~* need little boiling **-köpt** *a* billig cheap **-körd** *a, vara ~* om t.ex. bil be easy to drive **-lagad** *a* **1** om mat . . easy to prepare; *~ mat* äv. easy food to prepare **2** lättreparerad, *vara ~* be easily repaired (etc., jfr *2 laga I 2*) **-ledd** *a* pred. easily led **-lurad** *a* |very| gullible, pred. äv. easily taken in (duped) **-läkt** *a, vara ~* heal easily (quickly) **-läst** *a* om handstil, brev o.d. |very| legible; om bok o.d. very readable; *boken är ~* äv. the book is easy to read **-löslig** *a* om ämne o.d. easily (readily) dissolvable, very (readily) soluble **-löst** *a* om problem m. m.: attr. . . that is (osv.) easy to solve (etc., jfr *lösa I 4*); jfr vid. *-arbetad* **-manövrerad** *a* attr. . . that is (osv.) easy to handle (etc. jfr *manövrera*); jfr vid. *-arbetad* **-matros** ordinary seaman **-metall** light metal; aluminium aluminium

lättna *itr* se *lätta II 1* o. *3* **lättnad** *-en -er* lisa relief (*för* for, ibl. to, *i* in), alleviation; mildring relaxation, *i* in, of; lindring easing-off end. sg., *i* in (of); nedsättning, minskning reduction, abatement, *i* of; *~er* minskade besvärligheter facilities; *dra en ~ens suck* breathe a sigh of relief

lätt|påverkad *a* lättinfluerad (pred.) easily influenced; mottaglig impressionable **-retlig** *a* irritable, irascible; lättstött touchy; häftig quick-tempered **-retlighet** irritability, irascibility; touchiness **-road** *a* attr. . . that is (osv.) easy to amuse; jfr vid. *-arbetad*

lättrogen *a* credulous; lättlurad gullible **-het** credulousness, credulity; gullibility

lätt|rökt *a* om t.ex. skinka lightly smoked **-rörd** *a* emotional, pred. äv. easily moved; känslig sensitive **-saltad** *a* lightly salted **-sam** *a* **1** ej mödosam easy **2** lättlynt easy-going, good-humoured; *vara ~* |*att umgås med*| be easy to get on with **-sinne** *~t 0* rashness, improvidence; irresponsibility; wantonness, looseness; jfr följ. **-sinnig** *a* **1** obetänksam rash, thoughtless; ansvarslös irresponsible **2** lättfärdig wanton, loose **-sinnighet** se *-sinne;* handling rash (thoughtless, ansvarslös irresponsible) act **-skrämd** *a, vara ~* be easily scared (frightened) **-skött** *a* attr. . . that is (osv.) easy to handle (om barn, maskin o.d. äv. to manage, om t.ex. lägenhet to keep tidy el. in order, om patient to nurse); jfr vid. *-arbetad; en ~ plats* an easy post **-smält** *a* **1** om mat easily digested; bildl. se *-läst* **2** tekn. |easily| fusible **-startad** *a* attr. . . that is (osv.) easy to start; jfr vid. *-arbetad* **-stekt** *a* lindrigt stekt lightly done, underdone, isht amer. rare **-stött** *a* touchy, hyper-sensitive, pred. äv. |very| quick to take offence **-såld** *a* attr. . . that is (osv.) easy to sell; jfr vid. *-arbetad;* readily salable (marketable); *~a varor* äv. goods that sell easily **-sövd** *a, vara ~* be a light sleeper **--tillgänglig** *a,* **--trogen** *a* se *lättillgänglig* osv.

lättuggad *a* attr. . . that is (osv.) easy to masticate; jfr vid. *lättarbetad*

lätt|vikt lightweight **-vin** light wine **-vindig** *a* enkel simple, slarvig, förhastad hasty; ytlig superficial **-vindigt** *adv, ta (behandla) ngt ~* take (treat) a th. lightly (casually) **-vunnen** *a* . . easily won, attr. äv. easy-won; jfr *-förtjänt, -köpt* **-åtkomlig** *a* easily accessible (F get-at-able), pred. äv. easy of access, within easy reach **-öl** ljust light lager |beer|

läx|a I *-an -or* **1** hem~ homework end. sg.; *få (ge) . . i (till) ~* get (give) . . for homework; *ha bara en (inte ha någon) ~* have only one subject for (have no el. not have any) homework; *ha många -or [till torsdagen]* have a lot of homework [for Thursday]; *ha [en] ~ i biologi* have biology homework **2** tillrättavisning lesson; *ge ngn en ~* teach a p. a lesson **II** *tr, ~ upp ngn [ordentligt]* tell a p. off [properly] **-fri** *a, ~ dag* day without homework; *ha ~tt* have no homework **-läsning** hemma homework; *hålla på (vara sysselsatt) med ~[en]* be doing one's homework

löd|a *-de lött tr* solder; *~ fast* solder . . on, *vid* to; *~ ihop* tillsammans solder . . together **-apparat** soldering apparatus

lödd|er *-ret 0* allm. lather, tvål~ äv. soap-suds pl., fradga äv. foam, froth; *betäckt av (med) ~* äv. lathered all over **löddra** *itr rfl* lather **löddrig** *a* lathery, om häst lathered, foaming, *av* i samtl. fall with

lödig *a* bildl. se *fullödig* **-het** om silver [standard of] fineness

löd|kolv soldering-iron, soldering-copper **-lampa** blåslampa blowlamp **-ning** soldering; en bräcka *i ~en . .* in the solder[ing]

löfte *-t -n* promise, högt. vow, *om* of, [*om*] *att* inf. to inf.; förbindelse undertaking; *ge ett ~* make a promise; *ge ngn ett ~ (få ~) om ngt* promise a p. (be promised) a th.; *hålla (stå vid) sitt ~* keep (stick to) one's promise; *ta ~ av ngn* exact a promise from a p.; *mot ~ om* t.ex. riklig ersättning on the promise of

löftes|brott breach of one's promise **-brytare** *~n ~* o. **-bryterska** promise-breaker **-rik** *a* promising, . . full of promise

lögn *-en -er* lie, falsehood; *en liten (oskyldig) ~* a fib; *en grov ~* F äv. a whopper; *det är (var) ~!* that's a lie!; *det var bara ~ alltsammans* it was just a lot of lies; *det var ~ att* få upp låset it was [absolutely] impossible to . . **-aktig** *a* om historia o.d. mendacious; om påstående o.d. untruthful; *han är så ~* he is such a liar **-aktighet** *~en ~er* untruthfulness, mendacity båda end. sg.; *~er* untruths

lögnare *-n -* liar **lögndetektor** lie detector **lögnerska** o. **lögnhals** liar

löj|a *-an -or* bleak

löje *-t -n* leende smile; skratt laughter; hån~ sneer; munterhet merriment; åtlöje ridicule; *ett ~ts skimmer* an air of ridicule **löjeväckande** *a* ridiculous; jfr vid. följ. **löjlig** *a* ridiculous; lustig funny; komisk comical; tokrolig ludicrous; orimlig absurd; *göra en ~ figur* cut a ridiculous (sorry) figure; *göra ngn (sig) ~* make a fool of a p. (of oneself); *göra sig ~ över . .* make fun of . .; *se det ~a i allting (i livet)* see the ludicrousness of everything (the comic side of life) **löjlighet** *-en -er* egenskap o. förhållande ridiculousness osv. comicality; absurdity; *~er* löjliga drag comic (ludicrous) features, dumheter absurdities nonsens nonsense sg.

löjtnant inom armén lieutenant, inom flottan sub-lieutenant, inom flyget flying officer; amer.: inom armén o. flyget first lieutenant, inom flottan lieutenant junior grade; i tjänsten äldre sv. ~ motsvarar *kapten* **löjtnantshjärta[n]** bot. bleeding heart

lök *-en -ar* kok. onion, koll. onions pl.; blomster~ o. jordstam bulb; (vild) växt field garlic; *lägga ~ på laxen* bildl. make matters worse, rub it in **-formig** *a* bulb-shaped, bulbous; om kupol onion-shaped **-lukt** smell of onions **-sås** onion sauce **-växt** bulbous plant, bulb

lömsk *a* illistig wily, sly, crafty; bakslug disingenuous, underhand[ed]; opålitlig undependable; förrädisk treacherous; försåtlig, smygande insidious; *vara ~ arg på ngn* have [got] it in for a p. **lömskhet** wiliness osv.

lön *-en -er* **1** avlöning: isht vecko~ (oftast kroppsarbetares o.d.) wages pl., isht månads~ (oftast tjänstemäns o.d.) salary, mera allm., isht mil. pay end. sg.; *en ~ som man kan leva på* a living wage; *full ~* full pay; *ge ngn . . i ~* give (pay) a p. a salary (resp. a wage) of . .; *vad har han i ~?* what wages (resp. salary) does he get? **2** ersättning compensation, recompense; belöning reward; *få ~ för sin möda* be rewarded (requited) for one's pains; *få sina gärningars ~* meet with one's deserts

löna I *tr* belöna reward; *~ ont med gott* return good for evil; *det ~r inte mödan att gå dit* it isn't worth while going (to go) there **II** *rfl* pay, amer. äv. pay off äv. opers.; vara lönande äv. be profitable, yield a profit; *det ~r sig inte att* inf. a) tjänar ingenting till it's no use (no good) ing-form b) är inte värt pengarna it isn't worth it to inf. **lönande** *a* om företag o.d. profitable, om sysselsättning o.d. äv. remunerative; *vara (bli) ~* äv. be (become) a paying proposition

löne|aktion drive for increased wages (resp. salaries) **-anspråk** *pl* vid avtalsförhandlingar wage (resp. salary) claims; *vilka är Era ~?* what wages (resp. salary) are you asking [for]?; *svar med ~* i annons reply stating salary expected (required) **-avdrag** deduction from wages (resp. salary) **-avtal** wage (resp. salary) contract; kollektivavtal wage[s] (resp salary) agreement **-förhandlingar** *pl* wage (resp. salary) negotiations (talks) **-förhöjning** rise [in (of) wages (resp. salary)]; *få ~* have (get) a rise **-förmån** ung. benefit [attaching to one's salary (resp. wages)], emolument; *~er* a) se *-villkor* b) inkluderande naturaförmåner o.d. wages (resp. salary) and emoluments **-glidning** wage drift **-grad** [salary] grade; *komma upp i [en] högre* ~ be promoted to a higher grade **-konflikt** wage (resp. salary) dispute **-krav** *pl* se *-anspråk* **-lista** pay-roll, pay-sheet **-nivå** wage (resp. salary) level, rate of wages (resp. salaries) **-reglering** regulation (adjustment) of wages (resp. salaries) **-rörelse** förhandlingar wage (resp. salary) negotiations pl. **-skala** wage (resp. salary) scale **-stopp** wage-freeze, temporärt wage-pause, pay-pause **-strid** wage dispute **-sänkning** wage (resp. salary) cut **-tillägg** increment; jfr *-ökning* **-uppgörelse** wage[s] agreement (settlement), salary agreement, jfr *lön* **-villkor** *pl* wage-conditions, terms as regards salary, jfr *lön* **-ökning** increase of (förhöjning rise in el. of) wages (resp. salary)

löning F pay end. sg.

lönlös *a* gagnlös useless, futile; fruktlös fruitless; *det är* ~*t att göra det* it is no use (good) doing it; *det* ~*a i att* inf. the uselessness (futility) of ing-form

1 lönn 1 *-en -ar* bot. maple[-tree] **2** *-en 0* virke maple[wood]. — För sms. jfr *björk-*

2 lönn se *-dom* **-brännare** illicit distiller **-bränneri** konkr. illicit distillery **-bränning** illicit distilling **-dom,** *i* ~ clandestinely, secretly, in secret **-dörr** secret door **-gång** secret passage **-låda** secret drawer **-mord** assassination **-mörda** *tr* assassinate **-mördare** assassin

lönsam *a* profitable **lönsamhet** profitability **lönsparande** sparform salary-savings system **lönt** *oböjl. pred. a, det är inte* ~ *att försöka* it is no use (no good) trying **löntagare** wage-earner, salary-earner, jfr *lön;* employee

löp|a *-te -t* **I** *itr tr* eg. o. bildl. allm. run; sträcka sig äv. extend, om stig o.d. äv. go; om rem o.d. äv. travel, go, move, hastigt, om t.ex. skyttel, äv. fly, dart; ~ *ett lopp (varv)* run a race (a lap); *han -er aldrig längre distanser än* 800 meter he never competes in races of more than . .; *lånet -er med 6 % ränta* the loan carries (bears) interest at 6%; ~ *med skvaller* go around gossiping (tattling); ~ *till skogs* take to the woods; *låta ngn* ~ let a p. go; *låta tankarna* ~ *[i väg]* let one's thoughts run on; *låta ngt* ~ *genom ngt* let a th. pass through a th.; *låta fingrarna* ~ *över tangenterna* let one's fingers run over the keys

II *itr* vara brunstig om hona be on (in) heat

III m. beton. part. **1** ~ *ihop (samman)* converge **2** . . *-te in på stadion* . . ran into the stadium; *båten -te in [i hamnen]* the vessel put into (entered, made) the harbour **3** ~ *om* förbi *ngn* run past (overtake) a p. **4** ~ *ut* a) sticka till sjöss put [out] to sea, lämna hamnen leave the harbour b) om avtal, tid o.d. run out, expire c) sträcka sig el. skjuta ut (i t.ex. spets) run out, *i* into; landet *-er ut i en udde* . . terminates in a cape d) ~ *ut från stadion* run out of the stadium

löpande *a* regelbundet återkommande running; fortlöpande current; *[på]* ~ *band* se under *band 1 a; i* ~ *följd* in consecutive order, consecutively; ~ *räkning* current (open) account; ~ *utgifter* running (current, working) expenses; ~ *ärenden* current (routine) business sg. (matters) **löparbana** [running-]-track **löpare 1** sport. allm. runner; jfr *häcklöpare* m.fl. **2** schack. bishop

löpe *-t 0* rennet

löp|eld, *[sprida sig] som en* ~ [spread] like wildfire **-knut** [running] noose

löpmage rennet bag, abomas|um (pl. -a)

löp|maska ladder, run **-meter** running-metre

löpna *itr* curdle

löpning 1 sport.: löpande running; lopp run, tävling race **2** mus. run, rulad äv. roulade **löpsedel** [newspaper] placard, [news-]bill; i radio programme parade **löpsk** *a, vara* ~ om hynda be on (in) heat **löptid 1** H allm. currency, duration (båda end. sg.), isht om lån äv. life[time] **2** brunsttid mating-season

lördag Saturday; jfr *fredag* o. sms. **lördagsstängning,** *tillämpa* ~ hela dagen close (halva dagen close early) on Saturdays

lös I *a* (jfr äv. resp. huvudord) **1** ej fastsittande el. bunden, fri loose, ej fäst äv. unattached, unfixed, otjudrad untethered; löstagbar detachable; rörlig äv. movable; separat, enstaka äv. separate, single; ~*a blommor* cut flowers; ~*a delar* reservdelar spare parts; *en* ~ *hund* an unleashed dog; *gå* ~ fri be at large, om djur i bet. 'röra sig fritt' roam freely; *vara* ~ hålla på att lossna be coming off (coming loose), ha lossnat be (have come) off (loose); *elden är* ~ a fire has broken out, ss. utrop [fire,] fire!; *vara* ~ *och ledig* be free, be at a loose end; *ha pengar[na]* ~*a i fickan* have (carry) one's money loose in one's pocket; *inte ha några pengar* ~*a* disponibla not have any money available; ~*t och fast* subst. a. movables and fixtures pl.

2 ej hård el. fast, ej spänd loose; slapp äv. slack; mjuk äv. soft; rinnande running, F runny; *på* ~ *[an] sand* [up]on the sand; ~ *snö* light snow; ägget *är för* ~*t* . . is too soft[-boiled]

3 friare o. i div. uttr.: om ammunition o.d. blank; om förmodan, påstående, rykte o.d. baseless, groundless, unfounded, vag vague; ~*a* (icke legaliserade) kärleks*förbindelser* irregular (illicit) relations; *på* ~*a grunder* on flimsy grounds; ~*t prat* idle talk (chatter), gossip; *tidens* ~*a seder* the lax morals of the time; köpa en vara *i* ~ *vikt* a) efter vikt . . loose, . . by the weight b) opaketerad . . unpacketed

II *adv, gå* ~ *på* angripa *ngn (ngt)* attack a p.

el. go for a p. (go at a th.); jfr beton. part. under resp. verb
lös|a *-te -t* **I** *tr* **1** ta (göra) loss, befria: mera eg. se *lösgöra I,* friare (från förpliktelser o.d.) release, set . . free, befria äv. liberate **2** lossa [på] loose; ~ *[upp]* loosen, äv. (absol.) verka lösande; knut o.d. äv. undo, untie, skosnöre o.d. unlace, håret let (take) down **3** upplösa: ~ *[upp]* i vätska dissolve, i beståndsdelar disintegrate; ~ *upp ngt i dess beståndsdelar* break up (resolve) a th. into its component parts; *~a upp en sats* (i satsdelar) analyse a sentence; jfr *upplösa* **4** finna lösningen på, klara upp: problem o.d. solve, konflikt o.d. vanl. settle; ~ *ett chiffer* decipher a code; ~ *ett korsord* solve (do) a crossword **5** förvärva, erlägga betalning för (biljett o.d.) take, pay for, köpa buy; ~ *biljett till* . . äv. book for . ., amer. get a ticket for . .; ~ skaffa sig *licens* take [out] a licence; ~ *[in]* växel honour, meet, take up, skuldförbindelse o.d. redeem; ~ *in* a) check (om bank) pay b) köpa in (fastighet, järnväg o.d.) buy; ~ *ut* a) post. (ta ut) get . . out [at the post office] b) friköpa: fånge ransom, delägare buy . . off c) pant redeem
II *rfl* **1** i vätska dissolve, be dissolvable **2** om problem o.d., *~a sig [av sig] själv* solve itself
lösaktig *a* loose, dissolute **lösaktighet** [moral] looseness (laxity), loose living **lösande** *a* avförande (äv.: ~ *medel*) laxative
lös|bladsbok loose-leaf book **-drivare** vagrant **-driveri** *-[e]t 0* vagrancy **-egendom** personal property (estate), personalty
lösen *- 0* **1** lösepenning ransom; stämpelavgift stamp fee (duty); post. surcharge; *begära ~ för ngn* hold a p. to ransom **2** lösenord, paroll watchword; password, mil. äv. countersign; . . är *tidens* ~ . . the order of the day **-belägga** *tr* surcharge **-ord** se *lösen 2*
lösepenning ransom
lös|fläta false plait, switch **-ge** *tr* se *frige 1* **-gom** tandläk. [dental] plate **-göra I** *tr* lösa, släppa lös set . . free, let . . loose, befria release; ta loss detach, unfasten, unfix, disengage; kapital o.d. free, liberate **II** *rfl* eg. set oneself free, loosen oneself; bildl. release oneself, ibl. emancipate oneself **-hår** false hair **-koka** *tr* ägg boil . . lightly; *-kokt ägg* lightly boiled (soft-boiled) egg **-krage** [loose] collar **-lig** *a* i vätska soluble, dissolvable; om problem o.d. solvable, soluble; lös loose **-manschett** loose cuff **-mustasch** false moustache **-mynt** *a, vara* ~ be a babbler (skvalleraktig a gossip)
lösning 1 av problem o.d. solution (*av, på* of), av fråga äv. settlement (*av* of), av gåta äv. key, *av, på* to **2** vätska solution
lösnings|förmåga dissolving capacity **-medel** solvent
lösnummer single copy **-försäljning** sale of single copies **-köpare** single-copy purchaser **-pris** price for a single copy
lös|näsa false nose **-pengar** *pl* småpengar [small] change sg. **-ryckt** *a* fristående (om ord o.d.) disconnected, isolated; jfr *rycka [loss]*
löss *-en 0* o. **lössjord** loess
lös|skägg false beard **-släppt** *a* **1** eg. se *släppa [lös]* **2** fri, ohämmad licentious; uppsluppen wild, abandoned; otyglad unbridled
löst *adv* allm. loosely; lätt lightly; obestämt vaguely; helt apropå casually, idly; *ett ~ framkastat förslag* a chance (haphazard) proposal; *vara ~ knuten till* . . be loosely bound up with . .; *en ~ liggande* sten a . . lying loose; *gå ~ på* ett stort belopp run into (up to) . .; *sitta ~* eg. be (om kläder fit) loose; *sitta ~ [i sadeln]* be none too secure in the saddle; *kniven sitter ~ [i slidan] hos honom* he is always ready with his knife (dagger). — Jfr *lös II*
lös|tagbar *a* detachable **-tand** false tooth; *-tänder* -gom äv. denture sg. **-öre** se *-egendom*
löv *-et -* leaf (pl. leaves), koll. leaves pl. **löva** *tr* decorate . . with branches of foliage (leafy branches) **lövas** *itr. dep* leaf, leave, come into leaf **lövfällning** defoliation; *~en* har börjat the leaves . . to fall **lövgroda** tree frog **lövjord** leaf-mould
lövkoj|a *-an -or* stock
löv|ruska branch [with its leaves on] **-sal** arbour, bower **-skog** ung. deciduous forest **-sprickning** leafing; *i ~en* when the trees are (resp. were) leafing (coming into leaf) **-såg** fret-saw **-sångare** willow-warbler, willow-wren **-trä** hardwood **-träd** broad-leaf (årligen lövfällande deciduous) tree **-verk** foliage **-äng** forest meadow, meadow in grove forest

M

m *m-et,* pl. *m* bokstav m |utt. em|
macedonisk *a* Macedonian
machiavell|ist|isk *a* Machiavellian
machtal mach |number|
mack ® *-en -ar* se *bensin|pump* o. *-station*
mack|a *-an -or* F sandwich
mack|el *-let 0* F se *krångel* **mackla** *itr,* ~ mixtra *med ngt* tinker with a th.
mad *-en -er* marsh-meadow, bog-meadow
Madeira egenn. o. **made|i|ra** *-n 0* vin Madeira
madjar osv. se *magyar* osv.
madonna *-n madonnor* Madonna **-bild** |picture of the| Madonna **-lik** *a* Madonna-like
madrass *-en -er* mattress **madrassera** *tr* pad; ~*d* vägg, cell padded . .
magasin *-et* - **1** förrådshus storehouse, lager o. möbel~ warehouse **2** på skjutvapen magazine **3** tidskrift magazine **magasinera** *tr* store |up|, H warehouse
mag|blödning h|a|emorrhage from the stomach, gastric h|a|emorrhage **-borstare** F snifter **-dans** belly dance **-dansös** belly dancer
mag|e *-en -ar* allm. stomach; F belly, tummy äv. barnspr.; anat. abdomen; matsmältning digestion; *min ~ tål inte . .* my stomach won't stand . .; *ha |stor| ~* vanl. be paunchy (pot-bellied); *ha dålig ~* allm. have a weak stomach, ha matsmältningsbesvär suffer from a bad digestion; *han är dålig (har ont) i ~n, hans ~ krånglar* his stomach is upset; *ha ont* smärtor *i ~n* have a pain in one's stomach, have a stomach-ache (F a belly-ache); *ha hård (trög) ~, vara hård (trög) i ~n* be constipated; *vara lös i ~n* have diarrhoea; *hålla ~n i gång* keep the bowels open; *ligga på ~n* vanl. lie on one's face; *ha ~ |till| att . .* have the cheek (the nerve) to . .
mager *a* inte fet, allm. lean; smal (om pers. o. kroppsdelar) vanl. thin, F skinny; bildl. vanl. meagre; knapp (om t.ex. inkomst, lön) äv. scanty; klen, dålig (om t.ex. tröst, resultat) äv. poor; torftig (om t.ex. innehåll) äv. jejune; *ett ~t ansikte* a thin (lean) face; *~ jord* meagre (poor) soil; *~* halvfet *ost* low-fat cheese; *~ stil* typogr. lean-face|d| type; *bli ~* se *magra; det magra på* skinkan the lean part|s pl.| of. . **-lagd** *a* |somewhat| thin, . . inclined to thinness
mag|grop pit of the stomach **-gördel 1** eg. abdominal belt **2** på cigarr band
magi *-|e|n 0* magic **magiker** magician **magisk** *a* magic; *~t öga* radio. magic eye
magister *-n magistrar* **1** lärare schoolmaster; *ja, ~n!* yes, Sir! **2** *filosofie ~* se under *filosofie; politices ~ (pol. mag.)* ung. graduate in political science **3** F se följ. **-examen** ss. grad ung. bachelor's (master's) degree
magistrat *-en -er* borough administrators pl., body of borough administrators
mag|katarr catarrh of the stomach, gastric catarrh **-knip** |the| gripes pl., stomach-ache, F belly-ache **-kräfta** cancer of the stomach
magm|a *-an -or* magma (pl. äv. -ta)
magmun orifice of the stomach
magnat *-en -er* magnate
magnesia *-n 0* magnesia **magnesi|um** *-um (-|um|et) 0* magnesium
magnet *-en -er* **1** magnet **2** ~apparat magneto (pl. -s) **magnetisera** *tr* magnetize **magnetisering** magnetization **magnetisk** *a* magnetic, bildl. äv. magnetical **magnetism** magnetism **magnetnål** magnetic needle **magnetofon** se *bandspelare* **magnettändning** magneto ignition
magnifik *a* magnificent, splendid
magnoli|a *-an -or* magnolia
mag|plask belly flop **-plågor** *pl* stomach (gastric) pains; stomach-ache sg. **-pumpa** *tr, ~ ngn* empty a p.'s stomach of its contents; *bli ~d* have one's stomach pumped out
magra *itr* become (grow, get, F go) thin|ner| (om djur lean|er|), lose flesh; bli avtärd become emaciated; banta slim; ~ 2 kilo lose . . in weight; *han är avmagrad* he has grown thin|ner|, he has thinned down
mag|saft gastric juice **-sjuk** *a* . . suffering from a stomach disease **-sjukdom** disease of the stomach, stomach (gastric) disease **-sköljning** gastric lavage fr. **-specialist** gastric (stomach) specialist **-stark** *a, det var ~t!* that's a bit |too| thick! **-sur** *a* bildl. sour-tempered **-syra** acidity of the stomach **-sår** gastric ulcer **-säck** stomach
magyar *-en -er* o. **magyarisk** *a* Magyar
magåkomma stomach-complaint
maharadj|a *-an -or* maharaja|h|
mahogny *-n (-t) 0* mahogany; för sms. jfr *björk-*
maj *r* May; jfr *april* o. *femte; första ~* äv. May Day **-blomma** se *förstamajblomma*
majestät *-et -|er|* majesty; *E|de|rs ~* Your Majesty m. predikatet i 3:e pers. sg.; se äv. *kunglig*
majestätisk *a* majestic; friare (t.ex. om fura) stately **majestätsbrott** lese-majesty end. sg.; *ett ~* a case of lese-majesty
majolika *-en 0* majolica, maiolica
majonnäs *-en -er* mayonnaise
major *-|e|n -er* major, inom flyget i Engl. squadron leader; befattningsmässigt motsv. *överstelöjtnant*
majoritet *-en -er* majority; *få (ha) ~* get

(have) a majority; *vara (komma) i ~* be in |the| (gain a) majority; *med ~* by a majority **majoritetsbeslut** majority resolution, decision by (of) a (resp. the) majority **majoritetsparti** majority party

majorska major's wife; *~n L.* Mrs L.

majs *-en 0* maize, Indian corn, amer. corn; *rostad ~* popcorn **majsena** *-n 0* ® maizena; se äv. *majsmjöl*

majs|flingor *pl* cornflakes **-kolv** corn-cob, ax äv. ear of maize; *~ar* ss. maträtt corn on the cob sg. **-mjöl** maize meal, corn flour **-olja** maize oil

majstång maypole

mak, gå *i sakta ~ . .* at a leisurely pace

1 mak|a I *oböjl. a* attr. . . that match (matched osv.), that are (were osv.) a pair; *vara ~* match, be a pair **II** *-an -or* wife, isht jur. o. åld. spouse; *hans |äkta| ~* his |wedded| wife; *en trofast ~* äv. a faithful mate

2 maka I *tr itr, ~ ngt* flytta move a th.; *~ på ngt* flytta undan remove a th.; *~ |på| sig* move |one's position| **II** m. beton. part. **1** *~ fram* move . . forward **2** *~ ihop* put (pull) . . together; *~ ihop sig* move (press) closer together **3** *~ undan* move away; *~ sig undan* move (shift, get) out of the way **4** *~ åt sig* lämna plats make room, *för* for

makaber *a* macabre, gruesome

makadam *-en 0* macadam, |road-|metal **makadamisera** *tr* macadamize, metal

makalös *a* matchless, peerless; ojämförlig incomparable; sällsynt exceptional **makalöst** *adv* peerlessly; incomparably; exceptionally; oerhört exceedingly

makaroner *pl* o. **makaroni** *-n 0* koll. macaroni sg. **makaronipudding** macaroni pudding

mak|e *-en -ar* **1** en av ett par fellow; *~n till den här handsken* ofta the other glove of this pair; *de här . . måste vara -ar* these . . must be a pair (must match) **2** i äktenskap a) man. *|äkta| ~* husband, isht jur. o. åld. spouse b) part party to the marriage, spouse; *äkta -ar* husband and wife; *två lyckliga -ar* vanl. a happy husband and wife, a happy married couple (pair); *-arna E.* Mr. and Mrs. E. **3** motstycke, like match, equal, like, peer; *söka (inte ha) sin ~* be matchless (unequalled); *har man |nånsin| hört (sett) |på| ~n!* did you ever hear (see) the like!; *jag har aldrig hört (sett) |på| ~n!* well, I never!; *~n till honom finns inte* his match does not exist, there is no one like him; *~n till häst finns inte i hela landet* there is not such another horse in the country

makedonisk *a* se *macedonisk*

make up *r* make-up

maklig *a* bekväm easy-going; loj indolent; långsam, sävlig slow, leisurely **maklighet** easy-goingness; indolence; slowness; jfr föreg.; *hans ~* äv. his easy-going (indolent) ways pl. **makligt** *adv* sävligt in a leisurely manner; lojt indolently; *sakta och ~* at an easy pace

makrill *-en -ar* mackerel

makt *-en -er* allm. power äv. stat; isht i högre stil äv. might; drivande kraft, våld force; herravälde dominion; |laglig| myndighet authority; *~ går före rätt* might goes before right; *hans ~* inflytande *över . .* his hold over . .; *mörkrets ~er* the powers of darkness; *omständigheternas ~* |the| force of circumstances; *språkets ~ över tanken* the power of language over thought; *vanans ~* |the| force of habit; *vädrets ~er* var onådiga the weather gods . .; *ingen ~ i världen* no power on earth, no human power; *milda (himmelska) ~er!* good gracious!; *onda ~er* the powers of evil, evil powers (forces); *kunskap är ~* knowledge is power; *få ~ med (över)* obtain (get) power over, gain (obtain) ascendancy over; om känsla o.d. take possession of, överväldiga get the better of, overwhelm; *ha ~ (~ och myndighet) att* inf. have power (authority, full powers) to inf.; *ha* utöva *~en* be in authority; *ha ~en |i sin hand|* be in power; *de som har ~en* those in power, the powers that be; *ha stor ~* possess great power, be powerful; *sätta ~ bakom ordet* back up one's words by force; om han skulle *ta (tillvälla sig) ~en . .* seize power; *ta ~ över* se *få ~ med (över).* — Föregånget av prep.: *ha ngn i sin ~* have a p. in one's power (at one's mercy); *ha ordet i sin ~* be eloquent, be a good speaker; *stå i ngns ~ att* inf. be |with|in a p.'s power to inf.; *det står inte i min ~ att* inf. it is not in (is beyond, is out of) my power to inf.; *det stod inte i mänsklig ~ att* inf. it was not within human power (not in the power of man) to inf.; *vi gjorde allt som stod i vår (i mänsklig) ~* we did all that was humanly possible; *med all ~* with all one's might, with might and main; *med väpnad ~* by force of arms; *kampen om ~en* the struggle for power (herraväldet supremacy); *komma till ~en* come (get) into power (parl. äv. office); *hålla vid ~* upprätthålla, bibehålla maintain, keep up; *vara (sitta) vid ~en* be in (hold) power

makt|balans balance of power **-befogenhet** authority; överskrida *sin ~ . .* the scope of one's authority **-begär** lust for power **-faktor** factor of power, powerful factor **-fullkomlig** *a* diktatorisk dictatorial; enväldig autocratic **-fullkomlighet** dictatorialness; maktfullkomligt sätt autocratic ways pl. (attitude); *av egen ~* on one's own authority **-havande** *a, de ~* those in power, the powers that be **-lysten** *a . .* ambitious (greedy) for power, power-seeking **-lystnad**

lust (thirst) for power **-lös** *a* powerless, impotent; *stå (vara)* ~ be powerless, *emot ngt* against (in the face of) a th.; polisen *stod* ~ äv. . . could do nothing **-löshet** powerlessness, impotence **-medel** *pl* force sg., forcible means; resurser resources; *tillgripa (använda)* ~ use (employ) force **-påliggande** *a* betydelsefull extremely important, . . of great moment; angelägen urgent; ansvarsfull (attr.) . . carrying (involving) responsibility **-språk** forcible language; *begagna* ~ resort to the language of force **-ställning** dominating (powerful) position **-övertagande** assumption of power

makulatur *-en 0* pappersavfall waste paper

makulera *tr* göra ogiltig: t.ex. dokument cancel, invalidate, frimärken o.d. deface; kassera (t.ex. trycksaker, bokupplaga) destroy; ~*s!* ss. påskrift cancelled **makulering** cancellation, invalidation; defacement; destruction; jfr föreg.

1 mal *-en -ar* insekt moth; *det har gått (vi har fått)* ~ *i* våra kläder the moths have got into . .

2 mal *-en -ar* fisk sheat-fish, wels

mal|a *-de -t tr itr* **1** eg. (t.ex. säd, kaffe) grind, *till* mjöl into . .; säd äv. mill; kött vanl. mince; ~ *sönder* grind, isht bildl. äv. crumble, crush; *-et kött* minced meat **2** ~ |*om (på, med)*| tjatigt upprepa *ngt* keep on repeating a th.; ~ |*om*| *ett och detsamma* äv. keep harping on the same string; ~ *om* sina olyckor harp on . .; *tankarna -de och -de* i mitt huvud my thoughts kept going round and round (kept on revolving) . .

Malacka|halvön the Malay Peninsula **-sundet** the Strait of Malacca

malaj *-en -er* **1** folk Malay|an| **2** mil. ung. C 3 man **malajisk** *a* Malayan, attr. äv. Malay

malakit *-en -er* malachite

malaria *-n 0* malaria

malhål moth-hole

maliciös *a* malicious **malis** *-en 0,* ~*en påstår att* . . a malicious rumour has it that . .

mall *-en -ar* modell, mönster pattern äv. rit~, model; schablon templet, template

malla *rfl* be cocky **mallig** *a* stuck-up, cocky, snooty **mallighet** egenskap cockiness

Mallorca Majorca

malm *-en -er* **1** miner. ore, bruten rock **2** legering bronze **-brytning** ore-mining

malmedel anti-moth preparation, moth-proofing agent, moth-proofer

malm|fyndighet ore deposit **-fält** ore-field **-förande** *a* ore-bearing, metalliferous **-letning** ore-prospecting **-rik** *a* eg. . . rich in ore **-åder** lode |of ore|

malning grinding osv., jfr *mala 1*

malplacerad *a* opassande inappropriate, oläglig ill-timed, onödig: attr. uncalled-for, pred. uncalled for; illa anbragt misplaced; *vara* ~ ofta be out of place

malpåse moth-proof bag; förvaras *i* ~ bildl. (om krigsfartyg o.d.) . . in moth-balls

malström whirlpool, maelstrom äv. bildl.

mal|säker *a* moth-proof **-säkrad** *a* moth-proofed

malt *-et (-en) 0* malt **-dryck** malt liquor

maltes *-en -er* el. **maltesare** Maltese **malteser** *-n -* Maltese äv. hund **malteserkors** Maltese cross äv. tekn. **malteserorden** best. form the Order of Malta

maltextrakt malt extract

malträtera *tr* maltreat, ill-treat, manhandle

malv|a *-an -or* mallow; färg mauve **malvafärgad** *a* mauve|-coloured|

mal|äkta *a* moth-proof, moth-proofed **-äten** *a* **1** eg. moth-eaten, mothy **2** luggsliten shabby; avtärd emaciated, haggard

malör *-en -er* mishap

malört wormwood; *blanda* ~ *i glädjebägaren* |*för ngn*| mar a p.'s happiness (joy)

mamelucker *pl* byxor pantalettes

mamm|a *-an -or* mother, *till* of, jfr *2 mor;* F ma, mum, isht barnspr. mummy, något tillgjort mamma, amer. mom, ma, mammy; *är* ~ *hemma?* till barn is your mother at home? **mammaklänning** maternity dress (frock) **mammasgosse** mother's (mamma's) boy

mammon *- 0* mammon; *den snöda* ~ filthy lucre

mammut *-en -er* mammoth äv. bildl.

mamsell *-en -er* åld. titel Miss; *se ut som en gammal* ~ look like an old maid

Man, |*ön*| ~ the Isle of Man

1 man *-en -ar* häst~ o.d. mane äv. friare

2 man *-nen män* (mil. o.d. *man,* ibl. *mannar)* **1** allm. man (pl. men); besättningsman, arbetare hand; *män* statist. o.d. males; *hans män* följe his people; en styrka *på fyrtio* ~ mil. . . of forty men; *10.000* ~ mil. äv. 10,000 troops; *alle* ~ *på däck!* all hands on deck!; ~ *över bord!* man overboard!; vi behöver *en fjärde* ~ i kortsp. . . a fourth |hand|; *gemene (menige)* ~ ordinary people pl., the common man, the man in the street; *hans närmaste* ~ his right-hand man, his right hand; *tredje* ~ jur. third party; *var* ~ everybody; |*alla*| *som en* ~ samtliga |all| to a man, one and all; *det ska jag bli* ~ *för!* I'll see to that!; *han är* ~ *att* inf. he is capable of ing-form; *det sägs* ~ *och* ~ *emellan att* . . it is whispered (rumoured) that . .; *gå under med* ~ *och allt* go down with all hands; *en strid* ~ *mot* ~ a hand-to-hand fight; *kämpa* ~ *mot* ~ fight man to man; *per* ~ per person, per (a) head, per man, each; *till sista* ~ eg. to the last man, samtliga to a man; *litet till* ~*s* se ex. under *litet II 2* **2** make husband; bli ~ *och hustru* . . man and wife; *hennes blivande* ~ her future husband

3 man *obest. pron* a) den talande inbegripen (ofta

tillsammans m. den tilltalade) one, 'jag' äv. F a fellow (resp. girl, woman), 'vi' ibl. we b) |särskilt| den tilltalade inbegripen (isht i talspr., anvisningar o.d.) you c) 'folk' people, 'de' they, 'någon' someone resp. anyone d) återges ofta genom passiv el. opers. konstruktion, jfr ex.; *~ måste göra sin plikt* one must do one's duty; *vad ska ~ göra?* what is one (F a fellow etc.) to do?; *så får ~ inte göra* you mustn't do that, that isn't done; *~ vet aldrig* vad som kan hända you never know (one never knows, there is no knowing) . .; *om ~ så vill* if you like; *om ~ delar linjen mitt itu* if you (we) bisect the line, if the line is bisected; *~ tar* första tvärgatan you take . .; *hur kan ~ vara så dum?* how can anyone be so stupid?; *i Frankrike (här i Sverige) dricker ~* mer kaffe än te in France they drink (|here| in Sweden we drink) . .; *förr trodde ~ att* jorden var platt people used to think (it was formerly thought) that . .; *~ påstår att* . . it is said (they el. people say) that . .; *som ~ säger* as the saying goes, as they say; *så har ~ sagt mig* so I'm told, they have told me so; *~ skickade efter en läkare* a doctor was sent for; *~ har inte kunnat förklara saken* it has not been possible to explain the matter; *ser ~ på!* well, well!, I say!

mana *tr* upp~ exhort, pådriva urge, egga incite, uppfordra call upon, förehålla admonish; *känna sig ~d* feel called upon (prompted); *detta ~r till efterföljd* this invites imitation; *detta ~r till försiktighet* this calls for caution; *ett ~nde föredöme* an inspiring example; *~ fram* call forth, se äv. *frammana; ~ på* driva på urge on

manager manager; teat. o.d. äv. impresario (pl. -s), publicity agent

man|bar *a* sexually mature; *bli ~* om yngling reach manhood **-byggnad** manor-house, på bondgård farm-house

manchester *-n 0* o. **-sammet** corduroy

Manchuriet Manchuria

mandarin *-en -er* **1** pers. mandarin **2** frukt tangerine, mandarin |orange|

mandat *-et -* uppdrag commission, task; fullmakt authorization, authority, från organisation o.d. mandate; riksdagsmans: säte seat, ~tid term of office; folkr. mandate; *besätta 5 ~* get 5 seats; *nedlägga sitt ~* resign one's seat **-förlust,** *en ~ (två ~er)* the (resp. a) loss of a seat (two seats) **-område** mandated territory, mandate **-tid** term of office

mandel *-n mandlar* almond, koll. almonds pl.: anat. tonsil **-blom** mandelträds- koll. almond blossoms pl. **-blomma** stenbräcka meadow saxifrage **-formig** *a* almond-shaped; *ha ~a ögon* be almond-eyed **-kvarn** almond grinder **-massa** almond paste, marzipan **-olja** almond oil **-träd** almond|-tree|

mandolin *-en -er* mandolin[e]

mandom *-en 0* manhood

mandrill *-en -er* mandrill

maneg|e *-en -er* ridbana ring

maner el. **manér** *-et -* sätt manner, fashion; stil style; förkonstling mannerism; *ha fina ~* . . fine (good) manners

manet *-en -er* jelly-fish

man|fall, *det blev stort ~* i strid there were a great many |men etc.| killed, there were heavy losses, i examen a great many failed (were ploughed) **-folk 1** koll. men pl.; *~et* i byn o.d. äv. the menfolk pl. **2** *ett ~* a man

mangan *-en (-et) 0* manganese **manganat** *-et -|er|* manganate

mangel *-n manglar* mangle **mangelrum** mangling-room **mangla** *tr* tvätt o.d. mangle; utan obj. do the mangling; guld o.d. beat, hammer **mangling** mangling; *~|ar|* bildl. ung. protracted and difficult negotiations pl.

mangold *-en 0* |Swiss| chard, white-beet

man|grant *adv* in full numbers (force), to a man; *de infann sig ~* äv. every one of them turned up **-gårdsbyggnad** manor-house; på bondgård farm-house **-haftig** *a* karlaktig manly, om kvinna masculine, mannish **-haterska** man-hater

mani mania, friare äv. craze, *på* for, *|på| att* inf. for ing-form

manick *-en -er* F gadget, thingumabob

manierad *a* mannered, affected

manifest I *-et -* **1** polit. o.d. manifesto (pl. -s) **2** sjö. manifest **II** *a* manifest, obvious **manifestation** manifestation **manifestera** *tr* manifest, ådagalägga display, evince; *~ sig* ta sig uttryck manifest (show) itself

manikyr *-en 0* manicure; *få ~* have a manicure **manikyrera** *tr* manicure; *~ sig* vanl. manicure one's nails **manikyrist** manicurist, manicure

manillahampa Manil|l|a hemp

maning upp~ exhortation, t.ex. hjärtats prompting; varning admonition, warning; vädjan appeal

maniok *-en 0* manioc, cassava

manipulation manipulation, bildl. äv. device, trick; *bedrägliga ~er* fraudulent manipulation sg., shady transactions, jugglings, juggling sg.

manipulera *tr itr, ~ |med|* manipulate; *~ med* krångla med äv. tamper with, göra fuffens med juggle with, t.ex. räkenskaper äv. cook, doctor

manisk *a* manic

mank|e *-en -ar* withers pl.; *lägga ~n till* put one's shoulder to the wheel

mankemang *-et -|er|* fel |vid utförandet| fault; *något ~* something wrong; allt gick *utan ~* . . without a hitch **mankera** *itr* fattas be missing; klicka go wrong, be at fault, fail

mankön male sex; *av* ~ of |the| male sex; hälften (25) *av* ~ . . males (men)
manlig *a* av mankön male, typisk för en man masculine, male, isht om goda egenskaper manly, viril virile, modig manful; avsedd för män, t.ex. klubb men's end. attr.; *~a arvingar* male issue sg.; *~t mod* manly courage; *~t rim* masculine rhyme; *~a yrken* male occupations **manlighet** manliness, virility **manligt** *adv* like a man, in a masculine (manly osv.) way; manfully, jfr *manlig*
1 manna *tr* sjö. man
2 manna *-n (-t) 0* manna **-gryn** *pl* semolina sg. **-grynsgröt** semolina pudding
manna|minne, *i* ~ within living memory (the memory of men) **-mod** |manly| courage **-mån,** *utan* ~ without respect of persons **-ålder** manhood
mannekäng *-en -er* person model, ibl. mannequin; *gå* ~ be a model (mannequin) **-uppvisning** fashion show (parade)
manodepressiv *a* manic-depressive
manomet|er *-ern -rar* manometer
mansbörda man's load; *en |full|* ~ äv. as much as a man can carry
manschett *-en -er* cuff; tekn. sleeve; ljus~ candle-ring, candle-drip; *fast (lös)* ~ fixed (detachable) cuff; *darra på ~en* bildl. shake in one's shoes **-knapp** cuff-link **-proletariat** white-collar (black-coated) workers pl. **-yrke** white-collar job
mans|dräkt man's dress; kvinna *i* ~ . . in male attire, . . in a man's clothes **-huvud** man's head **-hög** *a* . . as tall as a man; *~t gräs* grass tall enough to hide a man **-höjd,** nå ~ . . the height of a man
manskap *-et 0* koll. men pl.; sjö. äv. crew, hands pl., ship's company
mans|kläder men's (resp. a man's) clothing sg. **-kör** male |voice| choir, men's choir **-lem** pen|is (pl. -es, F -ises), male organ **-linje,** *~n* the male line
manslukerska vamp **mansnamn** male (man's) name **mansperson** man (pl. men), male **manspillan** *- 0* loss of men; *stor* ~ äv. heavy losses (casualties) pl. **mansporträtt** portrait of a man **mansröst** male voice **manssamhälle** male-governed society **manstark** *a* numerically strong; vara *lika ~a* . . equal in number **mansålder** generation
mantal *-et -* hist. ung. assessment unit of land, i Engl. motsv. hide
mantals|blankett census-return form, census-paper **-längd** register (schedule) of population **-register** census register **-skriva** *tr rfl,* ~ *ngn (~ sig)* register a p. (register) |for census purposes|; *-skriven i* Stockholm registered (domiciled) in . . **-skrivning** registration |for census purposes| **-skrivningsort** |place of| domicile; *hans* ~ äv. the place where he is registered **-uppgift 1** census-registration statement **2** se *-blankett*
mantel *-n mantlar* **1** plagg cloak, kunga~ o.d. samt bildl. mantle **2** tekn. jacket, kulas äv. envelope **3** aktie~ share (stock) certificate
mantilj *-en -er* mantilla
mantlad *a* tekn. jacketed
manuell *a* manual
manufaktur koll. se *-varor* **-affär** draper's shop, amer. dry goods store **-varor** *pl* textilvaror drapery sg., drapery goods, textiles, isht amer. dry goods; järnvaror ironware sg.
manus|kript| *-et -* manuscript, maskinskrivet äv. typescript, typogr. äv. copy; film~ o.d. script
manöv|er *-ern -rer* (isht mil. *-rar*) **1** allm. manœuvre (amer. äv. maneuver) äv. bildl.; truppförflyttning äv. movement; serie övningar, t.ex. fält~ manœuvre exercise, manœuvres pl.; knep äv. trick, stratagem; |serie| handgrepp operation; *göra (utföra) en* ~ *med* fartyg o.d. äv. manœuvre . .; lägga till *med en skicklig* ~ äv. cleverly **2** *~!* mil. |stand| at ease!
manöver|duglig *a* . . in working order, manœuvrable **-fel** flyg. pilot's error **-oduglig** *a* . . out of control, unmanageable, sjö. äv. disabled **-ratt** control knob
manövrer|a *tr itr* manœuvre (amer. äv. maneuver) äv. bildl., fartyg o.d. äv. steer; friare: sköta handle, manage; tekn. styra, reglera control, sätta (hålla) i funktion operate, work; ~ *bort (ut) ngn* get rid of a p. by manœuvring, jockey a p. out |of his post (job etc.)| **-bar** *a* manœuvrable **-ing** -ande manœuvring etc., jfr *manövrera; automatisk* ~ automatic control; *en* ~ se *manöver*
mapp *-en -ar* för handlingar folder, stor, t.ex. konst~ portfolio (pl. -s); pärm file
mar|a *-an -or* natt~ nightmare äv. friare; *ridas av ~n* be hagridden
marabu *-n -er* o. **-stork** marabou
maraton|lopp marathon |race| **-löpare** marathon runner
mardröm nightmare äv. bildl.
mareld phosphorescence |of the sea|
margarin *-et -er* margarine
marginal *-en -er* margin äv. H o.d. samt bildl.; boktr. äv. border; *i ~en* in the margin; *anmärkning i ~en* marginal note **-anteckning** marginal note **-skatt** skattesats, ung. rate of taxation on an (resp. the) increase of one's income **-väljare** floating voter
Maria Mary; *jungfru* ~ the Virgin Mary, the |Holy| Virgin **Marie Bebådelsedag** Annunciation, Lady Day
marig *a* **1** förkrympt dwarfed, stunted **2** F svår, t.ex. om problem knotty, brydsam, t.ex. om situation awkward, jfr äv. *besvärlig*
marin I *-en -er* **1** mil. navy; *Marinen* i Sverige

the Swedish Naval Forces pl. (Navy and Coast Artillery) **2** konst. seascape **II** *a* marine; mil. naval

marinad *-en -er* marinade

marin|bas naval base **-blå** *a* attr. navy-blue, pred. navy blue

marinera *tr* marinade

marin|målare marine painter **-målning** konkr. seascape **-soldat** marine

marionett *-en -er* marionette, puppet äv. bildl. **marionetteater** puppet theatre (föreställning show) **marionettregering** puppet government

maritim *a* maritime

1 mark *-en -er* jordyta ground; jord|mån| soil; markområde land; åkerfält field; *~er* grounds, trakt, terräng äv. country sg., ägor äv. domains; *ett stycke ~* a piece of land; *fast ~* firm ground äv. bildl.; *sank ~* swampy land; *stenig ~* stony soil (ground, land); *bryta ~* break ground äv. bildl.; *förlora (vinna) ~* bildl. lose (gain) ground; *jämna (bereda) ~en för* bildl. pave (prepare) the way for; *lämna ~en* flyg. take off; *ta ~* land, om tennisboll o.d. äv. touch the ground; *|ute| i ~erna* ung. in woods and fields; *jämna med ~en* raze |to the ground|; *sova på |bara| ~en* sleep on the ground; *det var vått på ~en* äv. it was wet underfoot; *på klassisk ~* on classical ground; *på svensk ~* on Swedish soil; *falla till ~en* fall to the ground äv. bildl.

2 mark *-en -* mynt mark

3 mark *-en -er* spelmark counter

markant *a* påfallande marked, pronounced, sharp, striking, framträdande prominent

markasit *-en -er* marcasite

markatta 1 zool. guenon **2** F 'häxa' bitch

mark|bereda *tr* scarify **-boll** sport. ground-ball **-effektfarkost** se *svävare*

markera *tr* **1** ange, utmärka mark äv. vid skjutn., vid spel äv. score; ange, antyda, föreställa indicate äv. teat. samt mil.; pricka för put a mark against; staka ut, t.ex. bana, spelplan mark |out|; belägga sittplats o.d. reserve; bildl. (poängtera) emphasize, stress; accentuate, draw attention to **2** sport. bevaka |motståndare| mark **markerad** *a* allm. marked; utpräglad äv. pronounced **markering** marking konkr. äv. mark; indication, indicating etc., jfr *markera*

marketenteri canteen; hist. sutlery

mark|frihöjd road clearance **-försvar** ground defence

markgreve margrave

1 markis *-en -er* solskydd awning, sun-blind

2 markis *-en -er* titel marquis, marquess **markisinna** i Engl. marchioness, i andra länder marquise

markisväv awning cloth

marknad *-en -er* **1** varumässa o.d. fair; *hålla ~* hold a fair **2** ekon. o. H market; avsättningsområde äv. outlet; *gemensam ~* common market; *köparens ~* buyers' market; *föra (släppa ut) i ~en* put on (introduce into) the market, market; *i öppna ~en* in the open market

marknads|berättelse market report **-dag** fair day **-forskning** market research **-föring** marketing **-plats** torg o. friare market **-pris** market price **-stånd** stall |at a fair|, fair booth **-undersökare** market research man **-undersökning** market analysis (survey) **-värde** market (trade) value

mark|personal flyg. ground staff (crew) **-plan** byggn. ground-level

Markus Mark; *~' evangelium* the Gospel according to St. Mark

markvärdinna ground hostess

markör marker

Marmarasjön the Sea of Marmora

marmelad *-en -er* jam, av citrusfrukter marmalade; konfekt jelly fruits pl.

marmor *-n 0* marble; bord *av ~* äv. marble . . **-brott** marble quarry

marmorera *tr* marble; *~t papper* marble|d| paper **marmorering** marbling

marmor|golv marble floor **-kula** marble **-skiva** marble slab (på bord o.d. top); bord *med ~* marble-topped . . **-staty** marble statue

marockan *s* o. **marockansk** *a* Moroccan

Marocko Morocco

marodera *itr* maraud **marodör** marauder

marokäng *-en 0* **1** läder morocco **2** tygsort marocain

marritt nightmare

Mars astr. o. mytol. Mars

mars *r* månadsnamn March (förk. Mar.); jfr *april* o. *femte*

marsch I *-en -er* march äv. mus.; *noggrann ~* preussisk goose-step; *vanlig ~* march in step; *sätta sig i ~* march off; *vara på ~* be on the march **II** kommandoord march!; *framåt ~!* forward, march!; *på stället ~!* mark time!; *~ |iväg|!* F be off |with you|!

marschall *-en -er* link, torch

marsch|era *itr* march; *~ mot . .* march towards (i fientligt syfte on) . .; *det var raskt ~t* F bildl. |jolly| quick (smart) work, that!; *~ av* march off; *~ in |i el. på|* march in| to|; *~ upp ~* in och ställa upp march into position, mil. äv. deploy **-fart** flyg., bil. o.d. cruising speed **-färdig** *a* pred. ready to march **-kolonn** march|ing| column, formering column of route **-order** marching orders pl. **-takt** marching-step; mus. march time

Marseille Marseilles **marseljäsen** best. form the Marseillaise

marsin|ne|vånare Martian

marsipan *-en 0* marzipan

1 marsk *-en -er* geogr. |salt| marsh

2 marsk *-en -ar* hist. |Lord High| Constable
marskalk *-en -ar* **1** mil. marshal, i Engl. field-marshal **2** fest~ steward, amer. usher; vid bröllop 'marshal', male attendant of the bride and bridegroom **marskalksstav** |field-|-marshal's baton
marskland marsh|land|, salt marsh|es pl.|
marsvin zool. guinea-pig
martall dwarfed (stunted) pine|-tree|
marter *pl* torments, tortures **martera** *tr* torment, torture
martialisk *a* martial
martin|metod o. **-process** tekn. open-hearth (Siemens-Martin) process **-stål** open-hearth steel, O.H.-steel
martyr martyr; *dö som ~ för en sak* die a martyr to a cause; *göra ngn till ~* äv. martyrize a p.; *spela ~* put on an air of martyrdom (a suffering air) **martyrdöd,** *lida ~en* suffer martyrdom, be martyred **martyrgloria** martyr's crown **martyr|ium** *-iet -ier* martyrdom **martyrmin** air of martyrdom, suffering air **martyrskap** *-et 0* martyrdom
marulk *-en -ar* angler
marvatten, *ligga i ~* be water-logged
marxism (äv. *~en*) Marxism **marxist** *s* o. **marxistisk** *a* Marxist
maräng *-en -er* meringue
mas *-en -ar* **1** se *dalmas* **2** se *skattmas*
masa I *itr,* |*gå och*| *~* slå dank idle, be idling, dawdle, dra benen efter sig lag, loiter, saunter **II** *rfl* (ibl. *itr*), *~* |*sig*| *i väg* shuffle off; *~ sig upp* |*ur sängen*| drag oneself out of bed
mas|er *-ern -rar* fys. maser
1 mask *-en -ar* zool. worm; larv grub, larv|a (pl. -ae), i kött, ost maggot; koll. worms (etc.) pl.; *ha ~* |*i magen*| have worms; *leta ~* search for worms (bait); *det är ~ i* t.ex. äpplet, träet äv. . . is worm-eaten, t.ex. köttet äv. . . is maggoty
2 mask *-en -er* **1** allm. mask, mil. o. bildl. äv. screen; bildl. äv. disguise, cloak; skönhets~, ansikts~ äv. |face el. mud| pack; teat. o.d. make-up; *han hade* |*an*|*lagt en god ~* teat. he was cleverly made up; *hålla ~en* spela |ovetande o.d.| not give the show away, hålla sig för skratt keep a straight face; *kasta ~en, låta ~en falla* throw off one's mask; *rycka ~en av* bildl. unmask **2** i krocket, *ligga i ~* be wired
3 mask *-en -er* kortsp. finesse
1 maska *itr* **1** kortsp. finesse **2** i arbete make a pretence of working, organiserat go slow, work to rule, friare o. sport. play for time, waste time
2 maska *tr, ~* |*på*| metkrok o.d. bait . . with a worm (resp. worms)
3 mask|a I *-an -or* mesh; vid stickning stitch; löpmaska ladder, run; *avig ~* purl; *rät ~* plain stitch; *det har gått (löpt) en ~ på min strumpa* there is a ladder in my stocking, my stocking is laddered **II** *tr, ~ av* stickning o.d. cast off; *~ upp* en strumpa repair (mend) a ladder (resp. ladders) in . .
maskera I *tr* m. mask samt bildl. mask, med sminkning, isht teat. make . . up; t.ex. avsikt disguise, camouflage äv. mil. m. målning o.d.; mil. skydda, t.ex. batteri mask, screen; *~d* masked, m. smink made up, utklädd dressed up, förklädd disguised, *till* as; *~t hot* covert threat; försäljningen var *~t tiggeri* . . a disguised form of beggary **II** *rfl* m. mask mask oneself, m. smink make |oneself| up; klä ut sig dress |oneself| up, förklä sig disguise oneself, *till* as
maskerad *-en -er* o. **-bal** vanl. fancy-dress (costume) ball; hist. masquerade, masked ball **-dräkt** fancy dress
maskering *-en -ar* **1** maskerande masking etc. jfr *maskera* **2** konkr. samt bildl. mask, isht mil. camouflage; förklädnad disguise; teat. o.d. make-up **maskeringskonst** teat. o.d. art of make-up
mask|formig *a, ~a bihanget* the vermiform appendix **-frätt** *a* wormeaten **-hål** worm-hole
maskin *-en -er* allm. machine; motor, ång~ o.d. engine; skriv~ typewriter; *~er* maskinanläggning machinery sg., plant sg.; *för egen ~* sjö. by its (resp. their) own engines, bildl. on one's own, without help; *för (med) full ~* sjö. at full speed; *arbeta för full ~* work full steam; *gjord på ~* made by (on a) machine, machine-made; *skriva* |*på*| *~* type **-anläggning** plant; machinery end. sg. **-arbete** abstr. machine work **-bokföring** machine accounting **-chef** sjö. chief engineer **-driven** *a* power-driven, mechanically operated
maskinell *a* mechanical; *~ utrustning* machinery, machine equipment (outfit) **maskinellt** *adv* mechanically, by machines (machinery) **maskineri** machinery äv. teat. o. bildl., mechanism; på fartyg engines pl.
maskin|fel sjö. engine trouble **-gevär** machine-gun **-gjord** *a* machine-made **-hall** i fabrik machine room **-haveri** |engine| breakdown **-industri** maskintillverkande engineering (machine) industry
maskinist engine-man, i fastighet boiler-man; sjö. engineer
maskin|kraft engine-power; *med ~* by machinery, mechanically **-mjölkning** machine milking **-mässig** *a* mechanical; *~ tillverkning* machining, machine-processing **-park** machinery, assembly of machinery **-rum** sjö. engine room **-räkning** calculating **-skada** sjö. engine trouble **-skriva** *tr* type; *låta ~* ngt have . . typed (typewritten) **-skriverska** typist **-skrivning** typing, typewriting **-skötare** machine-tender, machine-minder **-sydd** *a* machine-sewn, om plagg äv. machine-made **-sättare** typogr. machine operator (compositor) **-teknik** mechanical

engineering **-telegraf** sjö. engine-room telegraph **-verkstad** machine shop
maskmedel vermifuge, vermicide
maskning going slow, working to rule, playing for time samtl. end. sg.; jfr *1 maska 2*
maskopi -|e|n (-|e|t) *-er, stå (vara) i ~ med ngn* be working together (be in collusion) with a p.; *de står i ~ med varandra* they are working together (are in collusion)
maskot *-en -ar (-er)* mascot
maskros dandelion
maskspel teat. hist. masque
maskstungen *a* wormeaten, worm-holed
masksäker *a* om strumpa ladderproof, non--run; *den är ~* vanl. it will not ladder
maskulin *a* masculine äv. om kvinna. virile **maskulin|um** *-et -er* genus the masculine |gender|; ord masculine |noun|
maskäten *a* wormeaten; om tand decayed
maskör teat. o.d. make-up man, maker-up (pl. makers-up)
masonit® *-en 0* masonite
mass|a *-an -or* **1** fys. mass **2** som råmaterial el. utgörande det inre av ngt substance; smet o.d. mass; grötliknande. spec. trä~, pappers~ pulp, degartad paste; mos pap; tekn., t.ex. golv~ composition; *fast (flytande) ~* firm (fluid) mass; *kemisk (mekanisk, torr) ~* chemical (mechanical, dry) pulp **3** kompakt samlad mängd, t.ex. snö~ mass; volym volume; stor ~ bulk; stort oformligt stycke äv. lump **4** folkhop crowd |of people|; pöbel mob; *-orna, den stora ~n* the masses pl.; *den stora ~n* flertalet *av . .* the great majority of . . **5** *en |hel| ~* mängd |quite| a lot; *det finns en ~* böcker there are a lot of . .; *-or av (med)* böcker (öl) lots (tons, heaps, loads, no end) of . .; *-or av öl* äv. beer galore; *det var en ~ (-or av) folk* på gatan there were lots (crowds) of people . .; *ha -or med* pengar (pengar *i -or*) have lots (heaps, no end) of . . ; lära sig *-or* många saker . . lots (tons) of things
massage *-n 0* massage
massaindustri pulp industry
massak|er *-ern -rer* massacre, slaughter **massakrera** *tr* massacre, illa tilltyga äv. mangle; lemlästa cripple
mass|arbetslöshet mass unemployment **-artikel** mass-produced article
massaved pulpwood
massera *tr* massage
massgrav mass grave
massiv I *-et -* massif **II** *a* allm. solid; stadig, tung äv. massive; *~ vedergällning* massive retaliation **massivitet** solidity; massiveness
mass|korsband, sända *som ~ . .* as bulk mail **-medium** mass medi|um (pl. -a) **-mord** wholesale (mass) murder, massacre **-möte** mass meeting **-produktion** mass production **-psykos** mass psychosis **-tillverka** *tr* mass-produce **-tillverkning** mass production **-uppbåd** large muster |of people|, mil. general levy, levy in mass **-verkan** mass effect **-vis** *adv, ~ av (med)* se *massor av (med)* under *massa 5*
massör -|e|n *-er* masseur **massös** masseuse
mast *-en -er* mast, radio~ o.d. äv. pylon; flagg~ pole; fartygs samtliga *~er* äv. masting sg.; *förse med ~* mast
mastig *a* F stadig, om pers. robust, sturdy, strapping; om mat solid, 'tung' heavy, tjock, t.ex. gröt thick; diger, om t.ex. program heavy
mastix *-en 0* mastic
mastkorg sjö. top, crow's-nest
mastodont *-en -er* mastodon äv. bildl.
mast|topp mast-head **-träd** mast|ing| tree
masturbation masturbation
masugn blast-furnace
masur *-n 0* curly-grained wood **-björk** masur birch
masurk|a *-an -or* mazurka
mat *-en 0* food; kost| håll| äv. fare, diet; foder äv. feed; matlagning, kök cooking, cookery, kokkonst äv. cuisine; måltid meal; vivre board, keep; *en bit ~* something (a bite) to eat, a snack; *ett mål |varm| ~* a |hot| meal; *~ och dryck* food and drink; *~ och husrum* board and lodging; 50 kr *inklusive ~en* måltider . . including meals; *~en är inte så bra där* på hotellet o.d. the cooking is not very good there; *~en* middagen *är färdig* vanl. dinner is ready; *~en är halva födan* bread is the staff of life; *ge* djuren *~* feed . .; *vill du ha lite ~ ?* vanl. do you want something to eat?; *laga ~* cook; *laga ~en* do the cooking, jfr vidare *2 laga I 1; efter ~en* måltiderna (en måltid) after meals (a meal); *efter* el. *på ~en* middagen (lunchen etc.) after dinner (lunch etc.); *göra skäl för ~en* be worth one's keep; *vara liten i ~en* be a poor eater; *ha ngn i ~en* supply a p. with board; *hålla ngn med ~* provide meals for a p., cater for a p.; dricka vin *till ~en . .* with one's meal|s|
mata *tr* pers., djur samt tekn. feed; bildl., t.ex. ngn med kunskaper stuff; *~ fram* tekn. transport; *~ in ngt i* |data|maskin feed a th. into . .
matador *-en -er* matador
matar|apparat tekn. feeder **-buss** feeder bus
mat|bestick koll. cutlery end. sg.; *ett ~* a |set of| knife, fork and spoon **-bit,** *en ~* lätt måltid a bite, a snack, something to eat **-bord** dining-table **-bröd** |plain| bread
match *-en -er* match; tävling competition; *spela en god ~* play a good game; *det är en enkel ~* bildl. it is child's play, it is easy **matcha** *tr itr* **1** sport., *~ ngn* match a p., *mot* against **2** F om färg, plagg: passa ihop |med| match **matchboll** match point (ball)
matdags, *det är ~* it is time to eat
matelassera *tr* quilt

matematik *-en 0* mathematics vanl. sg., förk. F maths (amer. math) **matematiker** mathematician **matematisk** *a* mathematical
materi|a (el. *materi|e*) *-en -er* matter, ämne äv. substance
material *-et - (-ier)* allm. material, *till* for; byggnads~, rå~ o.d. materials pl.; i bok o.d. äv. matter, uppgifter data pl., body of information; *statistiskt ~* statistical material; *byggd av bra ~* built of good materials **-förvaltare** storekeeper, store clerk
materialisera *tr rfl* materialize **materialism** materialism **materialist** materialist **materialistisk** *a* materialistic
material|kostnad cost of material|s| **-provningsanstalt** materials testing laboratory **-samling** collection of material, uppgifter o.d. äv. body of information
materie se *materia* **materiel** *-en 0* t.ex. elektrisk equipment, t.ex. skol~ äv. accessories pl.; t.ex. skriv~ materials pl.; *rullande ~* järnv. rolling stock **materiell** *a* material; *~ skada* |material| damage; *~a tillgångar* tangible assets
mat|fett cooking fat **-friare** sponger **-frisk** *a* attr. . . with a good appetite; hungrig hungry; *vara ~* have a good appetite **-frukt** koll. cooking fruit, cookers pl. **-förgiftning** food poisoning **-gäst** boarder **-hiss** food-lift, isht amer. dumb waiter **-hållning 1** kost food, fare **2** *ha ~ för* cater (provide meals) for **-hämtare** dinner-pail
matiné *-n -er* matinée, afternoon performance
matjessill kok. ung. |sweet-|pickled herring
mat|jord i mots. t. alv top-soil; jfr äv. *mylla I* **-korg** hamper, fylld äv. basket of provisions **-kultur** kokkonst culinary art, cuisine; *de har ingen ~* i det landet the standard of cooking is low . . **-källare** food cellar **-lag** omgång sitting; *vi äter i samma ~* äv. we have |our| meals together **-lagning** cooking, cookery; *vara duktig i ~* be a good cook, be good at cooking; användes *till ~* . . for cooking purposes **-lukt** smell of food (cooking) **-lust** appetite; *dålig ~* lack of appetite **-låda** lunch (resp. sandwich) box, jfr *matsäck* **-mamma** F, *hon är en riktig ~* lagar god mat she is a very good cook **-mor** mistress, F missis
matning feeding äv. tekn.
mat|nyttig *a* **1** pred. suitable as food; ätlig edible; *~ fisk* food fish **2** F t.ex. om kunskaper useful **-olja** cooking oil **-ordning** mattider mealtimes pl.; kost|håll| dietary **-os** |unpleasant| smell of cooking (food) **-pengar** *pl* hushålls- housekeeping money sg. **-portion** helping (serving) of food **-ranson** ration |of food| **-rast** break for a meal (resp. meals) **-recept** recipe **-rester** *pl* överlevor |food| scraps, leavings, left-overs
matriarkat *-et 0* matriarchy
matrik|el *-eln -lar* register, roll
matris *-en -er* matr|ix (pl. -ices el. -ixes)
matro, *ha ~* have one's meal|s| in peace; *störa ngns ~* disturb a p. during his (resp. her) meal|s|
matron|a *-an -or* matron, matronly woman
matros *-en -er* seaman, ss. mots. t. lätt~ able (able-bodied) seaman; friare sailor **-dräkt** för barn sailor suit **-hatt** sailor hat
mat|rum dining-room **-rätt** dish, del av meny course
mats, *ta sin ~ ur skolan* withdraw, F back out
mat|sal dining-room; större dining-hall, i skola o.d. äv. refectory; på fabrik o.d. canteen **-salong** sjö. dining-saloon **-salsmöbel** möblemang dining-room suite **-sedel** menu, bill of fare **-servering** se *servering 2* **-servis** dinner service (set) **-silver** table silver **-sked** tablespoon; *en ~ |smör|* a tablespoonful |of butter| **-smältning** digestion **-smältningsapparat** digestive system **-smältningskanal** alimentary canal **-strejka** *itr* refuse to eat **-strupe** gullet, läk. oesophag|us (pl. -i) **-ställe** restaurant, eating-place **-svamp** edible mushroom
matsäck lunch~ packed lunch, lunch packet, amer. box lunch; smörgåsar sandwiches pl.; *rätta mun|nen| efter ~en* cut one's coat according to one's cloth **matsäckskorg** utflykts- picnic hamper
1 matt *a* **1** kraftlös faint (*av* t.ex. hunger with, t.ex. svält from), svag, klen weak, feeble samtl. äv. bildl. om t.ex. försök, intresse; tam, uddlös om t.ex. tal, debatt tame, flat, livlös lifeless, spiritless, tråkig dull, fadd vapid; H flau dull, slack; *känna sig ~* feel faint (utmattad exhausted, done-up, 'hängig' out of sorts) **2** för ögat: om t.ex. yta, guld, papper (isht foto.) matt; mattslipad, om t.ex. glas, silver frosted; glanslös: om t.ex. färg dull, ibl. dead, om t.ex. hår, öga lustreless
2 matt *oböjl. a* schack. mate, checkmate; *göra ngn ~* mate (checkmate) a p.; |*schack och*| *~!* |check|mate!
1 matt|a *-an -or* mjuk ~ carpet äv. gymn. o.d. samt bildl., t.ex. av löv; mindre rug, dörr~, badrums~ o.d. mat; kork~ (linoleum~) |piece of| linoleum; *~or* som handelsvara rugs and carpets, koll. carpeting sg.; *hålla sig på ~n* bildl. keep in one's right place, know one's place
2 matta I *tr* göra matt (trött) make . . feel weak (tired, exhausted); trötta, t.ex. ngn med prat tire, weary; *~ |av|* försvaga weaken, enfeeble **II** *itr, ~ av* se följ. **mattas** *itr. dep, ~ |av|* bli matt|are| (svag|are|) become weak|er| etc., jfr *1 matt;* om färg, glans o.d. fade; bildl.: om t.ex. intresse flag, om kurs weaken, om t.ex. trafik slacken |off|, om blåst abate

mattbelagd *a* carpeted
mattblå *a* attr. dull-blue, pred. dull blue
matt|e *-en -ar* F (mots. 'husse') mistress
mattera *tr* mat, mattslipa frost
Matteus Matthew; *~' evangelium* the Gospel according to St. Matthew
mattförgylld *a* attr. matt-gilt, dull-gilt
matthandlare rug and carpet dealer
matthet faintness, weakness etc. jfr *1 matt 1;* trötthet äv. lassitude, enervation
mattid mealtime, för djur feeding-time
mattighet se *matthet*
mattpiskning carpet-beating
mattpolerad *a* attr. matt-finished
mattsam *a* tröttsam fatiguing, tiring
matt|skiva foto. focusing (ground-glass) screen **-slipad** *a* frosted, om glas äv. ground
mattstump [odd] piece of carpet[ing]
mat|vanor *pl* eating habits **-varor** *pl* provisions, victuals, food-stuffs, eatables **-varuaffär** provision-shop **-varupriser** *pl* food prices **-vrak** glutton, gormandizer **-vrå** dining alcove (recess) **-väg,** allt som fanns *i ~* . . in the way of food **-vägran** refusal to eat **-äpple** cooking-apple
mauser *-n* - o. **-gevär** Mauser rifle
mausolé *-n -er* o. **mausole|um** *-et -er* mausole|um (pl. -ums el. -a)
maxim *-en -er* maxim
maximal *a* attr. maximum; *vara ~* be at a maximum **maximalt** *adv* maximally **maximera** *tr* put an upper limit to, limit; *~d till* . . limited to . . at the most, with an upper limit of . .
maximi|belopp maximum amount **-hastighet** maximum (top) speed; fartgräns speed limit **-höjd** maximum height, flyg. ceiling **-pris** maximum price, ceiling [price] **-straff** maximum penalty **-termometer** maximum thermometer
maxim|um *-um (-et) -a (-um)* **1** maxim|um (pl. vanl. -a); *nå sitt ~* reach its maximum, reach its (a) peak, culminate **2** meteor. high pressure
mazarin *-en -er* 'mazarin'
mecenat *-en -er* patron [of the arts (resp. of literature)]
1 med *-en -ar* på kälke, släde o.d. runner, på gungstol, vagga rocker
2 med I *prep.* Översikt av viktigare bet. o. övers.: allm. (t.ex. i bet. tillsammans med, samtidigt med, försedd med samt angivande redskap) with; t.ex. angivande mått o. medel (t.ex. kommunikationsmedel) by; angivande släktskap o. jämförelse med to; 'och' and; i partitiv bem. samt i prep.-attr. som kan utbytas mot svensk genitiv of; i andra fall ofta annan konstruktion i eng., se vid. nedan samt under resp. huvudord

1 'medelst', 'genom' o.d.: **a)** isht angivande redskap with; isht angivande [kommunikations]medel by; *skriva ~ blyertspenna* write with a pencil (jfr *2*); *betala ~ check* pay by [a] cheque; upplyst *~ elektricitet* . . by electricity; *~ järnväg* by railway; *ringa ~ klockan* ring the bell; *~ post* by (per) post; *blanda vin ~ vatten* mix wine with water; ordet *börjar ~ h* . . begins with an h; *börja ~ att säga* begin by saying; *fylld ~ (full ~) vatten* filled with (full of) water; *försök ~ vatten!* try water!; *vad menar du ~ det?* what do you mean by that?; *~ sin bok vill han* väcka debatt the purpose of his book is to . . **b)** angivande måttet by; *höja ~* 10 procent raise by . .; *vinna ~* 2—1 win [by] . .

2 uttr. sätt o. beledsagande omständighet: allm. with; i vissa fall (t.ex. '~ hög röst') in; om hastighet m.m. at; (Märk: 'med' + isht abstr. subst. motsvaras ofta av ett adverb i eng., t.ex. '~ iver' = 'ivrigt'; '~ säkerhet' = 'säkert'); *skrivet ~ blyerts* written in pencil (jfr *1*); *~ stora bokstäver* in capital letters; *tala ~ brytning* speak with an accent; *~ flit (avsikt)* on purpose; *jag kommer ~ förtjusning* vanl. I'll be delighted to come; *~ en hastighet av* 60 km at a speed (rate) of . .; likviden erläggs *~ 50 kr i månaden* . . in instalments of 50 kronor per month; *~ fem minuters mellanrum* at intervals of five minutes; tidningen *utkommer ~ ett nummer i veckan* . . appears once a week; *~ andra ord (ett ord)* in other words (one word); *~ rätta* [quite] rightly, with good reason; *~ säkerhet* certainly; *~ varsamhet* with care, carefully; *sluta ~* en katastrof end in . .; *tillbringa dagen ~ att läsa* spend the day [in] reading; *vara sysselsatt (upptagen) ~ att* inf. be engaged (occupied) in ing-form; komma in *~ hatten i handen* . . with one's hat in one's hand, ofta . . hat in hand; han stod där *~ händerna i byxfickorna* . . with his hands in his pockets; *~ ett ljus i handen* äv. holding a candle

3 tillsammans ~, gemensamt ~, i likhet ~ etc.: allm. with; i bet. 'mot' äv. against; *diskutera (leka, skaka hand, äta middag) ~* discuss (play, shake hands, dine) with; *hon har två barn ~* sin första man she has two children by . .; *tala ~ ngn* vanl. speak to (då ömsesidigheten särsk. framhålles äv. with) a p.; *jag tror ~ dig att* . . I believe like you (I, too, believe) that . .; *tävla ~ ngn* compete with (against) a p.; *kapplöpning ~ tiden* a race against time; *krig ~* Kina war with . .

4 uttr. förening, släktskap samt jämförelse: vanl. to; *förlovad (gift) ~* engaged (married) to; *jämföra ~* compare with, förlikna vid compare to; *vara jämnårig ~* be of the same age as; *lika ~* equal to; *vara släkt ~* be related to, be a relative of; *bo vägg i vägg ~* live next door to

5 'försedd el. utrustad ~', 'som har', 'karakteriserad av' o.d. **a)** allm. with; om klädsel ofta in, wearing, isht om psykisk egenskap of; ~ *eller utan* handtag with or without . .; *vara* ~ *barn* be with child; *en duk* ~ *broderier* a cloth with embroidery, an embroidered cloth; *en man* ~ *rött hår* a man with red hair, a red-haired man; *en man* ~ *grå kavaj (~ halmhatt)* a man in a grey jacket (wearing a straw hat); *en man* ~ *idéer* a man of ideas; *du* ~ *dina idéer!* you and your ideas! **b)** 'innehållande' vanl. containing; isht i partitiv bem. of; 'bestående av' consisting of; *en plånbok* ~ 50 kr a wallet containing . .; *en korg* ~ *frukt* a basket of fruit (ibl. with fruit in it); *massor* ~ fel lots of . .; *en lista* ~ *namn* a list of names; *ett ord* ~ *fem bokstäver* a word of five letters; en kommitté ~ *fem medlemmar* . . consisting of five members **c)** 'på grund av', 'trots' vanl. with; ~ *alla sina fel* är han ändå . . with (in spite of) all his faults . .; ~ *all beundran* för hans nit måste man ändå however much one may admire . .

6 'och' and; ~ *flera* (förk. *m.fl.*) and others; ~ *mera* (förk. *m.m.*) etcetera (förk. etc.), and so on, och andra saker and other things; *det ena* ~ *det andra* one thing and another (jfr ex. under *3 en III 1)*; herr A. ~ *familj* . . and |his| family; staden ~ *omnejd* . . and |its| environs; *skinka* ~ *ägg* ham and eggs

7 'inklusive' with, including, counting; ~ *dricks* blir det . . with tips, . . tips included; ~ *föraren* var vi fem counting (including) the driver . .; *från* (resp. *till*) *och* ~ se *från I 1* resp. *till I 12 b*

8 uttr. samtidighet el. viss parallellitet (t.ex. 'stiga upp ~ solen') with; *i och* ~ se *2 i I D 2;* ~ *en gång,* ~ *ens* |all| at once; ~ *dessa ord* lämnade han rummet with these words . ., so saying . .; ~ *tilltagande efterfrågan* as the demand increases; ~ *åren* blev han over the years . ., as the years passed . .

9 'i fråga om', 'beträffande' **a)** vanl. with; i vissa fall about, for, jfr ex.; *nöjd (slarvig)* ~ content (careless) with; *noga* ~ particular about (as to); *ha plats (tid)* ~ have room (time) for; *hur har du det* ~ *skor?* how are you off for shoes? **b)** i förb. m. predikatet i opers. sats: *det drog ut på tiden** ~ *arbetet* the work took rather a long time; *hur går det* ~ arbetet, boken? what about . .?, how is . . getting on?; *hur står det till (är det)* ~ *dig?* how are you?; *så var det* ~ *det (den saken)!* so much for that!; *vad är det* ~ *dig?* what is the matter with you?; *det är illa beställt* ~ *honom* he is in a bad way; *det är ingen fara* ~ *honom* he is all right; *det är gott* ~ en kopp kaffe it's nice to have . ., jag tycker om I do like . .; *det är likadant* ~ *mig* it is the same |thing| with me, so it is with me; *vad är det för roligt* ~ *det?* what is so funny about that?; *det är tråkigt* ~ *folk som* bara klagar people who . . are a nuisance; *det är något underligt* ~ *det* there is something strange about it

10 i prep.-attr. |närmast| motsv. en genitiv e.d.: (t.ex. 'syftet ~ resan' = 'resans syfte') vanl. of; i vissa fall with, about, jfr ex.: *avsikten* ~ *dessa anmärkningar* the purpose of these notes; *det bästa (det roliga)* ~ *det* the best thing (the funny thing) about it; *felet* ~ *honom (detta system)* the trouble with him (this system); *fördelen* ~ *(nackdelen* ~*)* detta system the advantage of (the disadvantage of el. the drawback to) . .

11 spec. fall **a)** i uttr. m. verbalsubst.: ~ *bifogande av* enclosing; ett föredrag skall hållas ~ *början kl. 18* . . commencing (to commence) at 6 p.m.; ~ *hänvisning till* åberopande referring to **b)** i vissa elliptiska uttr.: *bort (upp)* ~ *händerna!* hands off (up)!; *hit* ~ *pengarna!* give me (hand over) the money!; *ned* ~ *talaren!* down with the speaker!; *adjö* ~ *dig!* bye-bye!; *tyst* ~ *dig!* be quiet!; *ut* ~ *er!* get out!

II *adv* **1** också too, ibl. as well, also; i vissa fall so, se ex.; *ge mig dem* ~ give me those, too (those as well); *han är gammal han* ~ he is old, too; *det tycker jag* ~ I think so too; han är trött på det *och* |*det är*| *jag* ~ . . and so am I, . . and I am too; *till och* ~ *jag* måste skratta even I . .

2 ss. beton. part. vid verb: *följa (gå)* ~ m. underförstått subst. el. pron. i sv. come (go) with m. subst:et (pron:et) utsatt i eng.; *får jag följa* ~*?* may I come (go) with you (come along)?; *jag håller* ~ |*dig*| *om det* I agree with you there; *kommer (blir) du* ~*?* are you coming?; *hon tog oss* ~ på bio she took us with her . .; *vara* ~ a) t.ex. i förening be a member (resp. members), *i* of b) t.ex. på begravning be present, *på* at. — Se f.ö. beton. part. under resp. verb

medalj *-en -er* medal, *för* for; ~ *för nit och redlighet* medal for zealous and devoted service; ~*ens frånsida* the other side (the reverse) of the medal **medaljera** *tr,* ~ *ngn* award a p. a medal **medaljong** *-en -er* medallion; smycke locket **medaljutdelning** presentation of medals **medaljör** allm. medallist

medan *konj* while, för att beteckna motsats äv. whereas; 'just då' äv. as, jfr ex.; du kan läsa en bok ~ *jag skriver brevet färdigt* . . while I finish the letter; han läste ~ *han gick* . . while |he was| walking (as he walked); ~ *han var i London* besökte han while |he was| in London . .; ~ *tid är* while there is yet time; några lever i överflöd ~ *andra svälter* . . while (whereas) others are starving

med|ansvarig *a, vara* ~ share the responsibility **-arbeta** *itr,* ~ *i* tidning, bokverk etc.:

skriva artiklar o.d. contribute to, tidning äv. write for, tillhöra redaktionen be on the staff of **-arbetare** medhjälpare collaborator, kollega colleague; i tidning, bokverk o.d.: tillfällig contributor (*i* to), redaktionsmedlem member of the staff (*i* of); *-arbetarna* redaktionen äv. the |editorial| staff sg.; *från vår utsände* ~ from our special correspondent; *konstnärlig* ~ art|istic| (design) contributor; *vara* ~ *i* se *medarbeta* |*i*| **-arbetarstab** staff **-arvinge** joint heir (kvinnlig heiress), co-heir etc. **-bestämmanderätt** voice, right to be consulted, i bolag o.d. äv. |right of| control **-bjuden** *a, han var* ~ också bjuden he was also invited
med|borgare isht i republik citizen, isht i monarki subject; isht boende utanför sitt eget land national; *akademisk* ~ member of a university; *bli svensk* ~ become a Swedish subject **-borgarhus** civic hall **-borgarkunskap** civics vanl. sg. **-borgarskap** ~*et 0* citizenship; *få svenskt* ~ acquire Swedish citizenship **-borgerlig** *a* civic, civil; *förlust av* ~*t förtroende* loss of |one's| civil (civic) rights; ~ *plikt* civic duty; ~*a rättigheter* civil rights
med|broder relig. o.d. brother (pl. vanl. brethren); kollega colleague; ~ *i olyckan* fellow-sufferer **-brottslig** *a* pred. access|ory, -ary; *vara* ~ *i* be |an| accessory (a party) to **-brottsling** accomplice, isht jur. access|ory, -ary
meddela I *tr* **1** ~ |*ngn*| underrätta inform (H äv. advise) a p., *ngt* of a th.; ge besked let a p. know, skriftligen äv. send |a p.| a message, send |a p.| word; ~ *ngn ngt (ngt till ngn)* äv.: delge, t.ex. nyhet communicate a th. to a p., isht formellt el. officiellt notify a p. of a th. (a th. to a p.); ~ *ngt (att)* äv.: tillkännage announce (uppge state, inberätta report) a th. (that); ~ *adressförändring till polisen* notify the police of a change of address; ~ *sina motiv (villkor)* state one's motives (terms); ~ |*ngn*| *namnet på* . . inform a p. of (let a p. know) the name of . .; ~ *resultatet* kungöra announce the result; *vi ber Er* ~ när . . please let us know (inform us |as to|) . .; *jag låter* ~ när . . I'll let you know . ., I'll send you a message . .; *han lät* ~ att . . he sent a message (sent word) . .; *han skrev och* ~*de* att äv. he wrote to say . .; *jag ber härmed få* ~ att I wish to inform you . .; *härmed* ~*s att* i brev this is to inform you that, we beg to inform you that, i kungörelse notice is hereby given that; *det* ~*des mig (jag* ~*des) att* I was told (informed) that, I learnt that, I received information |to the effect| that; *det* ~*s att* it is announced (learnt) that; *från London* ~*s (det* ~*s från London) att* it is reported from London that **2** ge, lämna give, bevilja grant, utfärda issue; ~ *dom* give (render) a decision, pass judgement; ~ *ngn kunskaper* impart knowledge to a p. **II** *rfl* om pers. communicate *med* with
meddelaktig *a* jur., *vara* ~ *i ett brott* be |an| accessory (a party) to a crime
meddelande *-t -n* bud|skap| message (äv. telefon~ o.d.); i högre stil, isht skriftligt communication; kort skriftligt note, H memorand|um (pl. äv. -a), brev letter; underrättelse information, news (båda äv. ~*n*); tillkännagivande announcement; anslag o. |offentligt| i tidning o.d. notice; skriftligt, formellt, isht till el. från myndighet notification, H avi advice; uppgift, besked statement; nyhets~ o.d. i tidning, inrapportering report, kort notis notice, paragraph, item |of news|; *ett* ~ underrättelse a piece of information (news); ~*n* offentliga, t.ex. i radio announcements; ~ *om* adressförändring notification of . .; ~ *per telefon* telephone message; *internt (personligt)* ~ t.ex. i radio internal (personal) message; *närmare* ~*n* detaljer |further| particulars; *få* ~ *om* be informed of, receive information about, learn (hear) about, t.ex. en utnämning be notified of; *lämna |officiellt|* ~ besked make a|n official| statement; *enligt ett* ~ i pressen according to a report . .; *utan föregående* ~ without |previous| notice
meddelare informant **meddelelsemedel** means of communication **meddelsam** *a* communicative, informative
med|e *-en -ar* se *1 med*
med|el *-let -el* **1** sätt, metod means (pl. lika); utväg |ur svårighet| expedient; verktyg, äv. bildl. instrument; bote~, äv. bildl. remedy, *mot* for (against); läke~ medicine, drug; preparat, t.ex. rengörings~ agent (jfr t.ex. *diskmedel*); *antiseptiskt* ~ antiseptic; |*nerv*|*lugnande* ~ sedative, tranquillizer; *försöka alla* ~ try every possible expedient, try everything; *med alla |till buds stående|* ~ with all the means at our (their etc.) disposal; *han skyr inga* ~ he sticks at nothing **2** ~ pl.: pengar means (*till* for), money sg., funds, resources; *allmänna* ~ public funds; *egna* ~ private means; *förfoga över betydande* ~ have large resources, have ample means at one's disposal
medelbar *a* indirect, mediate
medel|distans sport. middle distance **-distanslöpare** middle-distance runner **-engelska** Middle English **-europeisk** *a* ~ *tid* Central European time **-fel** statist standard error **-god** *a*, ~ *kvalité* medium (middling) quality **-hastighet** average speed
Medelhavet the Mediterranean |Sea| **medelhavsklimat** Mediterranean climate
medel|hård *a* . . of medium hardness, medium hard **-hög** *a* . . of medium height **-inkomst** middle (average) income **-klass**

middle class; ~*en* vanl. the middle classes pl.; folk *av* ~ *(tillhörande ~en)* middle class . . **-livslängd** average length of life; |*återstående*| ~ expectation of life **-lång** *a* om pers. . . of medium (average) height **-längd** persons medium (average) height

medellös *a* . . without (destitute of) means, destitute, impecunious; behövande indigent **-het** lack of means; indigence

medelmått|a *-an -or* **1** över, under ~*n* . . the average **2** neds. om pers. mediocrity, second-rater **medelmåttig** *a* neds. mediocre, indifferent, middling, second-rate **medelmåttigt** *adv* indifferently, middlingly

medel|pris average price **-proportional** mean |proportional| **-punkt** centre, bildl. äv. focus, focal point, om pers. äv. central figure; *sällskapets* ~ the life |and soul| of the party

medelst *prep* by, by means of

medel|stor *a* medium|-sized|, middle-sized, . . of medium size **-storlek** medium size **-svensson** the (resp. an) average Swede **-tal** average, mat. äv. mean, *av* of, *för* for (of); *i* ~ on an (the) average **-temperatur** mean temperature; *årlig* ~ mean annual temperature **-tid 1** hist., ~*en* the Middle Ages pl. **2** astr. mean (solar) time **-tida** *a* medi|a|eval **-väg** middle course; |*gå*| *den gyllene ~en* |strike| the golden (happy) mean **-värde** mean value, average |value| **-ålder 1** ~*n* middle age; *en man i ~n, en ~s man* a middle-aged man **2** genomsnittlig ålder average age

med|faren *a, illa* ~ attr.: om t.ex. bok, bil . . that has (resp. had) been badly knocked about (has etc. had rough usage), utnött (om plagg) . . that is (resp. was) very much the worse for wear **-fånge** fellow-prisoner **-född** *a* isht läk. (t.ex. blindhet) congenital, *hos* in; friare om talang, egenskap o.d. native, innate, inborn, natural; ~*a egenskaper* biol. inherited characters; *det är -fött* |*hos honom*| he was born with it; it comes natural to him **-följa** *tr itr,* ~ |*ngt*| bifogas be enclosed |with a th.|; räkning *-följer* I (resp. we) enclose . ., enclosed please find . .; jfr *följa* |*med*| **-föra** *tr* **1** om pers. se *föra* |*med sig*|; om tåg, båt o.d.: passagerare convey, take, post o.d. carry; sydvästvind *-för regn* . . brings rain **2** ha till följd, innebära involve, entail, vålla bring about, leda till lead to, result in, ha i släptåg bring . . in its (resp. their) train; *detta -förde att han blev* . . that led to his being . . **-författare** co-author **-ge** o. **-giva** *tr* **1** erkänna, tillstå admit (*för* to), motvilligt äv. concede; *-ges* |, *men* . .| admitted |, but . .|, I admit (grant you) that |, but . .| **2** tillåta allow, permit; *tiden -ger inte att jag* går time does not allow (permit) me to inf., time does not admit (allow) of my ing-form **3** bevilja grant, accord **-givande** ~*t* ~*n* erkännande admission; eftergift concession; tillåtelse permission; samtycke consent; *tyst* ~ tacit consent **-gång** välgång prosperity, good fortune, luck, framgång success; *ha* ~ äv. prosper, be prosperous (in luck), resp. be successful; *i med- och motgång* for better or for worse, in prosperity and adversity **-görlig** *a* foglig manageable, tractable, amenable, resonabel . . easy to get on with, accommodating, tillmötesgående complaisant; eftergiven compliant **-görlighet** foglighet tractability, amenability **-havd** *a,* vi åt *de ~a smörgåsarna* . . the sandwiches we had |brought| with us **-hjälpare** assistant, helper **-håll** stöd support, F backing-up; moraliskt stöd countenance; favoriserande favouring; *få* ~ *hos (av) ngn* be supported (F backed up) by a p.; *han fick* ~ *hos A.* äv. A. agreed with him; *han har* ~ favoriseras *hos (av)* läraren he is a favourite of . . **-hårs** *adv* with the fur; *stryka ngn* ~ bildl. rub a p. |up| the right way

medicin *-en -er* allm. medicine; *studera* ~ study medicine

medicinal|råd Head of Division to the National |Swedish| Board of Health **-styrelsen** the National |Swedish| Board of Health **-växt** medical plant (herb)

medicinare medical student, F medical; läkare physician **medicine** *oböjl. a,* ~ *doktor (med. dr)* Doctor of Medicine (i Engl. förk. M.D. efter namnet); ~ *kandidat (med. kand.)* ung. graduate in medicine, eng. motsv. ung. Bachelor of Medicine (förk. M.B. efter namnet); ~ *studerande* medical student; jfr vid. under *filosofie* **medicinera** *itr* take medicine|s| (F physic) **medicinflaska** medicine bottle, liten phial **medicinman** medicine-man **medicinsk** *a* medical; ~ *fakultet* faculty of medicine **medicinskåp** medicine cabinet

medikament *-et* -|*er*| medicine, medicament

medintressent co-partner; *vara* ~ *i* äv. have an (a joint) interest in

medio *prep* o. *oböjl. s,* ~ *(i* ~ *av) april* in the middle of April, mid April

meditation meditation **meditativ** *a* meditative **meditera** *itr* meditate, *över* on

medi|um *-et -er* (i bet. *1* äv. *-a*) **1** förmedlare, organ samt fys. medi|um (pl. äv. -a) **2** spiritistiskt medium **3** mat. mean **4** *i -et av* 1800-talet in the middle of . .

med|kämpe comrade-in-arms (pl. comrades-in-arms), fellow-combatant **-känsla** sympathy; *ha* ~ *med* feel sympathy for, sympathize with

medla I *itr* mediate, mellan stridande äv. intervene; i äktenskapstvist try to bring about a reconciliation; uppträda som skiljedomare

arbitrate; ~ *mellan* förlika äv. conciliate, reconcile **II** *tr*, ~ *fred* mediate a peace **medlare** mediator; skiljedomare arbitrator; förlikningsman conciliator
medlem *-men -mar* member, *i, av* of; *bli* ~ *i* become a member of, join; *vara* ~ *i* kommitté o.d. äv. serve (sit, be) on . .
medlemsantal number of members, membership **medlemsavgift** membership fee, t. klubb o.d. äv. subscription, isht amer. dues pl. **medlemskap** *-et 0* membership **medlemskort** membership card, i parti party card
medlidande *-t 0* pity, compassion, medkänsla sympathy; *hysa* ~ *med* feel pity for, pity; *av* ~ [*med*] out of pity [for] **medlidsam** *a* compassionate; t.ex. om leende pitying; *ett* ~*t leende* äv. a smile of pity
medling mediation, intervention, förlikning conciliation; i äktenskapstvist attempt to bring about a reconciliation; skiljedom arbitration; uppgörelse (resultat) settlement, arrangement
medlings|förslag proposal for a settlement; konkr., vid arbetstvist draft settlement **-kommission** mediation (arbitration) commission
med|ljud consonant **-löpare** polit. fellow-traveller, sympathizer **-människa** fellow-creature, fellow-being **-passagerare** fellow-passenger; *samtliga* ~ i kupén all the [other] passengers [in the compartment] **-redaktör** co-editor **-regent** co-regent **-resande,** *de* ~ one's fellow-travellers **-ryckande** *a* fängslande captivating, fascinating, tändande stirring, exciting **-räkna** *tr* se *räkna* [*med*]
medsamma *adv* F at once
med|skyldig *a* accessory, *i* to, jfr *-brottslig* **-sols** *adv* clockwise, with the sun **-spelare** i t.ex. tennis, kortsp. partner; teat. o.d. co-actor, fellow-player **-syster** sister; kollega colleague; ~ *i olyckan* fellow-sufferer; förtala *sina -systrar* . . other women **-sökande** fellow-applicant, t. ämbete o.d. fellow-candidate, competitor, rival, *till* i samtl. fall for **-taga** *tr* se *ta* [*med*] **-tagen** *a* utmattad exhausted; worn out äv. t.ex. av sorg, sjukdom; *i svårt -taget tillstånd* utterly exhausted, in a serious condition **-tävlare** competitor äv. sport., rival, *om* for **-urs** *adv* clockwise
med|verka *itr* bidraga contribute, *i* t.ex. tidning to, *till* to (towards); aktivt delta take part, *i* teaterpjäs o.d. (*vid* framförande) in; uppträda äv. perform, *vid* konsert o.d. at; hjälpa till assist, *i (vid), till* in; *detta* ~*de till* det goda resultatet this contributed to[wards] . .; *de* ~*nde* vid konsert o.d. the performers (solisterna the soloists), i pjäs o.d. the actors, allm. äv. those taking part **-verkan** bistånd assistance, help; deltagande participation; i morgon ges *en konsert under* ~ *av A*. . . a concert in which A. will take part
medvetande consciousness, *om* of; *förlora* ~*t* lose consciousness, become unconscious; *det ingår i allmänna* ~*t* it is part of the public consciousness; *i* ~ *av* ngt, *i* ~ *om* ngt ([*om*] *att* man är . .) conscious of . . (that . .); *vara vid fullt* ~ be fully conscious **medveten** *a* conscious; avsiktlig, om t.ex. lögn deliberate; självsäker self-assured; *vara* [~ *om (om att)* be conscious el. aware of (that); *vara* ~ *om ngt* inse äv. be alive to (sensible of) a th. **medvetet** *adv* consciously; avsiktligt deliberately **medvetslös** *a* unconscious, ibl. insensible **medvetslöshet** unconsciousness
medvind following wind, sjö. fair wind; *jag hade* ~ eg. the wind was (I had the wind) behind me; *segla i* ~ sail with a fair wind (before the wind), t.ex. om företag be prospering
medvurst *-en -ar* German sausage [of a salami type]
medömkan pity, compassion, commiseration, *med* with (for); se äv. *medlidande*
mef|a *-an -or* se *svävare*
Mefisto|feles| Mephisto|pheles|
mega|fon megaphone **-ton** megaton
megär|a *-an -or* myt. Megaera; friare shrew, virago, vixen
meja *tr* mow, säd cut, reap; ~ *av* cut, reap; ~ *ned* bildl. mow down
mejeri dairy **-förening** dairy association **-hantering** dairying **-produkter** *pl* dairy produce sg.
mejerist dairyman, föreståndare dairy manager
mejram *-en 0* marjoram
mejs|el *-eln -lar* chisel; skruv~ screw-driver **mejsla** *tr* chisel; eg. äv. cut [. . with a (the) chisel]; ~*de* drag chiselled . .; ~ *ut* chisel out äv. bildl. **mejsling** chiselling
mekanik *-en 0* lära mechanics; mekanism mechanism äv. bildl., piano~ o.d. action **mekaniker** t.ex. bil~ mechanic, flyg~ aircraftman; konstruktör mechanician, engineer **mekanisera** *tr* mechanize **mekanisering** mechanization; mekaniserande mechanizing **mekanisk** *a* mechanical äv. bildl.; ~*a leksaker* drivna m. fjäder clockwork toys; ~ *verkstad* engineering workshop **mekaniskt** *adv* mechanically **mekanism** *-en -er* mechanism, i ur o.d. äv. works pl.; anordning contrivance, sak gadget
melankoli *-[e]n 0* melancholy; läk. äv. melancholia **melankolisk** *a* melancholy, sad, gloomy, F blue; läk. melancholic
melass *-en 0* molasses
melerad *a* mixed, mingled, . . of mixed shades; jfr *gråmelerad*
mellan *prep* isht mellan två between, mellan flera

'bland' among[st]; *titta fram* ~ molnen, träden peep out from behind (from among) . .; *är det något* ~ *dem?* is there anything between them?; där var ~ *femtio och sextio personer* . . some fifty or (from fifty to) sixty people; *han är* ~ *femtio och sextio år* he is [somewhere] between fifty and sixty; *natten* ~ *den 5 och 6* var det . . on the night of the 5th to the 6th . .; telefonen är avstängd *natten* ~ *måndag och tisdag* . . from Monday evening till Tuesday morning; han dog *natten* ~ *måndag och tisdag* . . on Monday night (senare in the early hours of Tuesday morning); *proportionen* ~ födelse- *och* dödstal the proportion of . . to . .; *bättre* förståelse ~ *folken* a better . . among [the] nations, a better international . .; *läsa* ~ *raderna* read between the lines; ~ *fyra ögon* in private, se vid. under *öga*

mellan|akt interval, amer. intermission **-aktsmusik** entr'acte [music]

Mellanamerika Central America

mellan|avgift difference, på biljett excess fare; *mot en* ~ *på* 50 kr for (by paying) an extra . . **-blå** *a* medium blue **-dag** day in between, t.ex. mellan två evenemang äv. off day; ~*arna* mellan jul o. nyår the days between Christmas and New Year

Mellaneuropa Central Europe **mellaneuropeisk** *a* Central European

mellan|foder interlining **-folklig** *a* international **-form** intermediary (intermediate) form **-fotsben** metatarsal [bone] **-färg** intermediate colour **-gift** ~*en* ~*er,* ge ngt *i* ~ . . as a balance, . . to square matters; se vid. *-avgift* **-gärde** ~*t 0* diaphragm, midriff **-hand 1** medlare intermediary, H middleman, agent; gå genom flera *-händer* . . middlemen's hands **2** kortsp. second hand; *sitta i (på)* ~ sit in between **-handsben** metacarpal [bone] **-havande** ~*t* ~*n* [ouppklarad] räkning [outstanding] account; tvist difference; ~*n* affärer dealings, transactions, allm. äv. unsettled matters; *göra upp sina* ~*n med ngn* affärer o.d. settle [up] with a p., square (balance) accounts with a p., tvistigheter settle one's differences with a p. **-klänning** ung. afternoon dress **-kommande** *a* intervening; ~ *part* jur. intervener **-komst** ~*en 0* intervention **-krigstiden** the interwar period **-kropp** hos insekt thora|x (pl. äv. -ces) **-kvalitet** medium (intermediate, middling) quality **-landa** *itr* make an intermediate landing **-landning** intermediate landing, landing en route; *flyga utan* ~ fly non-stop **-led 1** medlare intermediary, H middleman, agent **2** se *-länk* **-liggande** *a* intermediate, intervening; *de* ~ *städerna* the towns in between **-lägg** tallriks~ o.d. mat; tekn. i lager o.d. liner, isht väv~ interlayer; tunn skiva shim **-länk** intermediate link, [connecting] link, interlink **-mål** snack [between meals] **-parti** polit. centre party; ~*erna* äv. the centre sg.

mellan|rum intervall (isht tids~) interval; avstånd, t.ex. mellan ord space, mer allm. äv. space [in] between, intervening space, interspace; lucka, hål gap; *med korta* ~ at short intervals; *med två timmars* ~ at intervals of two hours; *de dog med en veckas* ~ they died within a week of each other **-rätt** entremets fr. (pl. lika), side dish **-skillnad** difference; *betala* 50 kr *i* ~ pay an extra . . **-slag** vid maskinskrivning o. sättning space, typogr. äv. lead **-slagstangent** space-bar **-spel** interlude, intermezz|o (pl. -i el. -os) **-stadielärare** teacher in the middle department osv., jfr följ. **-stadium** intermediate stage; *-stadiet* i grundskolan the middle department [of the comprehensive school] **-station** intermediate station, station en route fr., amer. way-station **-statlig** *a* international, mellan delstater, t.ex. i USA (attr.) interstate **-stick** i text insertion **-stor** *a* medium[-sized], middle-sized **-storlek** medium size **-stund** interval; ledig stund spare moment, vilopaus break, pause **-ställning** intermediate position **-svensk** *a* Central Swedish, attr. äv. . . of Central Sweden **-tid 1** interval, intervening time; *under* ~*en* in the meantime, meanwhile **2** sport. intermediate time **-timme** se *håltimme* **-ting,** *ett* ~ *mellan* . . something between . . **-vikt** sport. middleweight **-våg** radio. medium wave; jfr *kortvåg* ex. **-vägg** partition [wall]

Mellanvästern the Middle West

mellan|öl medium-strong beer **-öra** middle ear

Mellanöstern the Middle East

mellerst *adv* in the middle **mellersta** *a* attr. middle, central, mellanliggande intermediate; *den* ~ the middle one [i ålder in age]; ~ *Sverige* Central (the middle parts pl. of) Sweden; *M*~ *Östern* the Middle East

melodi -[e]*n* -*er* sång, låt tune, tongång melody, *till* of; *sätta* ~ *till en dikt* set a poem to music; *den går på* ~*n* . . it goes to the tune of . .; *det är min* ~ bildl. F that's my style **melodisk** *a* melodious, tuneful **melodistämma** melody

melo|dram ~*en* ~*er* o. **-drama** melodrama **-dramatisk** *a* melodramatic

melon melon **-skiva** slice of melon

membran -*en* -*er* (tekn. äv. -*et* -) membrane, telef., radio. o.d. samt i pump diaphragm

memoarer *pl* memoirs **memoarförfattare** writer of memoirs

memorand|um -*um*[*et*] -*a* memorand|um (pl. äv. -a), förk. memo (pl. -s) **memorera** *tr* memorize, commit . . to memory **memorial 1** -*et* - memorial, isht dipl. aide-mémoire **2** -*en*

-er H memorandum-book, day-book, journal

1 men I *konj* allm. but, uttr. motsättning ('det är bara det att') äv. only; ~ ändå yet; emellertid however; han är bra ~ *alldeles för ung* . . but (, only he is) far too young; *en liten ~ dock* märkbar skillnad a small [but] yet . .; ~ *[så] skynda dig då!* do hurry up [, will you]!; *[nej]* ~ mamma! oh, . .!; *[nej]* ~ *så trevligt!* how nice! **II** (subst. i neutr.) pl. - hake snag; invändning but, objection; *inga ~!* no arguing (arguments)!

2 men *-et 0* skada harm, injury; förfång detriment; *han kommer att få ~ för livet av* den brutala behandlingen . . will leave a permanent mark on him; *han har (lider) fortfarande ~ av* olyckan he is still suffering from the [after-]effects of . .; *till ~ för* to the detriment of; *utan* ~ förfång *för* without detriment to

men|a *-ade -at* (äv. *-te -t*) *tr itr* **1** åsyfta mean; avse intend; vilja ha sagt äv. mean to say, *med* i samtl. fall by; hänsyfta på äv. refer to; ~ *med* inlägga i understand by; ~ *allvar [med* ngt] be serious [about . .]; *jo, jag ~r det!* det vill jag lova I should think so!, F rather!; *[nej,] det ~r du inte!* är det möjligt? you don't say [so]!; *jag ~de inget illa [med det]* I meant no harm; *det var inte så illa -[a]t* no offence was intended (meant); *han ~r ingenting med det* he doesn't mean anything; *vad ~r du?* vart vill du komma? what are you driving at?; *vad ~s med . .?* vad innebär . .? what is meant by . .?, vad är meningen med . .? what does . . mean?, what is the meaning of . .?; *så ~de jag inte* I didn't mean that, det var inte avsikten that wasn't my intention; ~ *väl* mean well; *jag ~r [bara] väl med dig* I am [only] doing it for your own good **2** anse think, *om* of; *han ~r att* . . äv. he is of the opinion (he considers) that . .; ~ *på att* . . consider (säga say) that . . **3** tveka, *[stå och]* ~ hum and haw

menageri menagerie äv. bildl.

menande I *a* meaning, significant, om blick äv. knowing **II** *adv* meaningly, with meaning, knowingly; *se ~ på ngn* vanl. give a p. a look full of meaning

mened perjury; *begå* ~ commit perjury, perjure oneself **menedare** *-n* - perjurer

menig I *subst. a* mil. private **II** *a, ~e man* ordinary people pl. **-het** *~en ~er* kyrkl. congregation; *[den församlade] ~en* friare the assembled people pl.

mening 1 uppfattning o.d.: allm. opinion, åsikt äv. view, tanke äv. idea, *om (beträffande)* i samtl. fall about, of, när det gäller sak äv. on, as to; *vad är din (vad har du för) ~ [om saken]?* what is your opinion [on the matter]?; *dela ngns ~, vara av (ha) samma ~ som ngn* share a p.'s view[s], be of the same opinion as a p., agree with a p.; *ha en annan ~ än ngn* ofta differ from (with) a p., disagree with a p.; *stå för sin ~* have the courage of one's convictions; jag har *sagt min ~* . . given (stated) my opinion, . . said what I think; *säga sin ~ rent ut* speak one's mind; *om jag får säga min ~* vanl. if you ask me; *ändra ~ om* change one's opinion (mind) about; *enligt (efter) min ~* in my opinion (omdöme judg[e]ment), to my mind **2** avsikt intention; syfte purpose, object, aim, idea; *det är inte min ~ att gå* I have no intention of going, I don't intend (mean) to go; *det var inte ~en (min ~)* ursäkt I didn't mean to; *det är ~en att jag ska* göra det: avsikten är I am to (the idea is that I should) . ., det förväntas I am supposed to . .; *vad är ~en med det här?* vad är det bra för what is the idea of this?, vad vill det här säga what is all this about?; det skedde *i bästa ~* . . with the best [of] intentions; *det gjordes inte i någon ond ~* no harm was meant **3** innebörd, idé sense; betydelse meaning, significance; *det ger ingen ~* that makes no (does not make) sense; *det är ingen ~ med att* inf. there is no sense (point) in ing-form; ett bolag *i svensk ~* . . in the Swedish sense [of the word] **4** sammanhang context **5** gram. sentence; av flera satser period

menings|byte diskussion debate; dispyt controversy, dispute, argument **-frände** sympathizer; *hans ~r* äv. those who share his opinion[s] (views) **-full** *a* o. **-fylld** *a* t.ex. arbete, verksamhet meaningful, purposeful **-lös** *a* meaningless, utan mening äv. unmeaning; oförnuftig senseless; svamlig nonsensical; *~a ord* äv. words devoid of meaning; *~t prat* nonsense; *det är ~t att gå* vanl. there is no sense (point) in going; *livet är ~t* life is meaningless (without meaning) **-skiljaktighet** difference of opinion, *om* about **-utbyte** exchange of views (opinions); se vid *-byte*

menisk *-en -er* anat. menisc|us (pl. äv. -i)

menlig *a* injurious, prejudicial, detrimental, *för* i samtl. fall to **menligt** *adv* injuriously etc.; *inverka ~ på* have an injurious (etc.) effect on, prejudice

menlös *a* harmless, oskyldig äv. innocent; naiv artless; intetsägande vapid, om mat insipid; *Menlösa barns dag* Holy Innocents' Day **menlöshet** harmlessness, innocence; artlessness osv.

mens *-en 0* [monthly] period; *ha ~* vanl. have one's period **menstruation** menstruation, menses pl. **menstruationsblödning** menstrual flow (discharge) **menstruera** *itr* menstruate

mental *a* mental **-hygien** mental hygiene

-hygienisk *a,* ~ åtgärd . . of mental hygiene
mentalitet *-en -er* mentality
mental|sjuk *a* mentally deranged; *en* ~ a mentally deranged person **-sjukdom** mental disease (derangement) **-sjukhus** mental hospital **-[sjuk]vård** mental health services pl.
mentol *-en 0* menthol
menuett *-en -er* minuet
meny *-n -er* menu, matsedel äv. bill of fare
mer[a] *a adv* allm. more; ytterligare further, else, besides; ganska, snarare rather; se f.ö. ex.; det kräver *[mycket]* ~ *arbete* . . [much] more (a [much] greater amount of) work; *det var [mycket]* ~ *bilar (folk)* än vanligt there were [many] more cars (people) . ., there was a [much] greater number of cars (people) . .; om du går dit *någon* ~ *gång* . . again some time; det får inte hända *någon* ~ *gång* . . another (a second) time, mera . . any more, . . again; han är ~ *konstnär än vetenskapsman* . . more of an artist than [of] a scholar; *han är inte* ~ *konstnär* än jag he is no more an artist . .; vill du ha *[lite]* ~ *[te]?* . . some more [tea]?; finns det (jag vill inte ha) ~ *[te]* . . any more [tea]; det finns *inte* ~ *[te]* . . no more [tea]; den är ~ *efterfrågad* . . more in demand (in greater demand); *i* ~ *egentlig (allmän) bemärkelse* in a stricter (more general) sense; den är *grön* ~ *än blå* . . green rather than blue; ~ *hatad än fruktad* more hated (snarare hated rather) than feared; *vara* ~ *känd* än be better (more widely) known . .; *någon* ~ *känd författare är han inte* he is not a particularly well-known author; *vara* ~ *långlivad (obelevad)* än . . be longer lived (worse mannered) . .; *det är* ~ ganska *ovanligt* that is rather unusual; det är *ett* ~ *ovanligt sätt* äv. . . a somewhat unusual way; *[mycket]* ~ *finns det inte* vanl. that's [about] all there is; *han (huset) finns inte* ~ he is no more (the house doesn't exist any longer); *säg inte* ~*!* say no more!, don't say any[thing] more!; *jag träffade honom inte* ~ *(aldrig* ~*)* I didn't see him any more (I never saw him again); *ingen* ~ *än han* såg det no one [else] besides (except) him . ., nobody but him . .; *var det någon* ~ *(någon* ~ *än jag) som såg det?* did anybody else (anybody [else] except me) see it?; *vad kan man* ~ *göra (vänta sig)?* what else can one do (more can one expect)?; *och vad* ~ *är* and what is more; *vem* ~ *än du* var där? who [else] besides (else but) you . .?; ~ *än* 10 personer more than . ., över upwards of (above) . .; *inte mer än* 10 personer no (högst not) more than . ., endast only . ., inte över not above . .; *för inte* ~ *än ett år sedan* vanl. only a year ago; *inte* ~ *än* jag har att göra as little as . .; *det räcker mer än väl* that is more than enough; det förtjänar han *mer än väl* . . thoroughly; han vet *mer än väl* . . perfectly (only too) well; det är *inte mer än rätt[-vist]* . . only fair; 100 kr. *och* ~ . . and more (upwards); *mer och mer, allt mer [och mer]* more and more; *mer eller mindre* more or less; *i mer eller mindre hög grad* in a greater or less degree
mercoriserad *a* mercerized
Mercurius mytol. o. astr. Mercury
merendels *adv* usually, generally
meridian meridian
merinkomst additional (extra, surplus) income
merit *-en -er* kvalifikation qualification, *för* for; plus recommendation; förtjänst merit; *han har mera* ~*er* äv. he is more qualified; *samla* ~*er* improve one's qualifications **meritera** **I** *tr* qualify, render . . qualified, *för* for; språkkunskaper *anses* ~*nde* . . are considered an additional qualification; *vara föga* ~*nde* rekommenderande *för ngn* do a p. little credit **II** *rfl* qualify [oneself], *för* for **meritförteckning** list of qualifications, personal record **meritlista** **1** se föreg. **2** syndaregister crime-sheet
merkantil *a* commercial **merkantilism,** ~*en* mercantilism, the mercantile system
merkostnad additional (extra, surplus, plus, excess) cost
Merkurius astr. o. mytol. Mercury
merovingisk *a* Merovingian
mer|smak, *det ger* ~ it whets the appetite **-värde** surplus (ökat increased) value **-värdeskatt** value-added tax
1 mes *-en -ar* zool. tit|mouse (pl. -mice)
2 mes *-en -ar* ryggsäcks~ [rucksack] frame
3 mes *-en -ar* stackare coward, milksop
mesallians misalliance
mesan sjö. mizzen, på tremastad båt vanl. spanker **-mast** mizzen[-mast]
meson meson
Mesopotamien Mesopotamia **mesopotamisk** *a* Mesopotamian
mesost whey-cheese
Messias Messiah
messmör soft whey-cheese
mest **I** *a* o. *subst. a* allm. [the] most (äv.: ~ *med*); 'mer än hälften [av]' most, attr. äv. most of; för konstr. se ex.; *han fick* ~ *(*~ *pengar) [av dem alla]* he got [the] most ([the] most money) [of them all] (jfr *II 2*); *där det finns* ~ *[med]* mat where there is [the] most (the greatest amount el. quantity of) . .; *där det finns* ~ *[med]* bilar where there are [the] most (is the greatest number of) . .; det som tar ~ *tid* . . [the] most time; det upptar *[den]* ~*a tiden (min* ~*a tid)* . . most of the (my) time; *det* ~*a teet* exporteras most tea . .; *det* ~*a te som* dricks most of the tea that . .;

det ~a av förmögenheten most (the greater part, the bulk) of . .; *det ~a* |*av vad*| *som* görs most of what . .; *det* |*allra*| *~a* jag kan göra the |very| most . .; *det* |*allra*| *~a (~a i boken)* är sant |by far the| most of it (most of what is in the book) . .; han har sett *det ~a* |*i livet*| . . most things |in life|; springa *det ~a man kan* . . as much as one can; *få ut det ~a* av livet get the most |one can| . .; *för det ~a* se *II 2*
II *adv* **1** allm., äv. superlativbildande most, the most, jfr ex.; *~ beundrad är hon* för sin skönhet she is most admired . .; *hon är ~ beundrad (den ~ beundrade)* av dem she is the most (vid jämförelse mellan två äv. the more) admired . .; den är *~ efterfrågad* . . most in (in the greatest) demand; *en av våra ~ kända* författare one of our best-known (most widely known, most well-known) . .; *vara ~ långlivad (obelevad)* be longest lived (worst mannered); *på det ~ hjärtlösa sätt* in a most heartless way **2** för det mesta mostly, huvudsakligen äv. chiefly, mainly, till största delen äv. for the most part; vanligen generally; *han fick ~* (huvudsakligen) pengar he got chiefly . .; *han röker ~* pipa he mostly smokes . .; *som pojkar är ~* just as boys generally are **3** så gott som practically, almost; sova *~ hela dagen* . . practically all day
mest|adels *adv* mostly; till största delen for the most part; i de flesta fall in most cases **-bjudande** *a, den ~* the highest bidder **-gynnadnationsklausul** most-favoured-nation clause
mestis *-en -er* mestizo (pl. -s)
meta I *tr* angle for, fish; *~ upp* land **II** *itr* angle, fish
metafor *-en -er* metaphor **metaforisk** *a* metaphorical
meta|fysik metaphysics äv. bildl. **-fysiker** metaphysician **-fysisk** *a* metaphysical
metall *-en -er* metal; knapp *av ~* äv. metal . . **-arbetare** metal-worker **-arbete** konkr. piece (specimen) of metal-work **-artad** *a* metal-like, metallic **-glänsande** *a* attr. . . having (with) a metallic lustre **-haltig** *a* metalliferous, attr. äv. . . containing metal **-industri** metal industry **-isk** *a* metallic **-klang** metallic ring
metallograf *-en -er* metallographer **metallografi** -|*e*|*n 0* metallography **metallografisk** *a* metallographic|al| **metalloid** *-en -er* metalloid, non-metal
metall|skrot scrap-metal **-slöjd** metal-work **-smak** metallic taste **-sträng** wire string **-tråd** |metal| wire **-trådsduk** wire gauze
metallurg metallurgist **metallurgi** -|*e*|*n 0* metallurgy **metallurgisk** *a* metallurgic|al|
metall|varor *pl* metal goods **-värde** metal (mynts intrinsic) value

metamorfos *-en -er* metamorphos|is (pl. -es)
metan *-et -er* methane, marsh gas
metare angler
metastas *-en -er* metastas|is (pl. -es)
metates *-en -er* metathes|is (pl. -es)
mete *-t 0* metning angling, fishing
meteor *-en -er* meteor äv. bildl. **-artad** *a* meteoric äv. bildl. **-artat** *adv* meteorically **-fall** meteoric fall
meteorit *-en -er* meteorite **meteorlik**|**nande**| *a* meteor-like; bildl. meteoric **meteorolog** meteorologist **meteorologi** -|*e*|*n 0* meteorology **meteorologisk** *a* meteorological; *~ station* meteorological (weather) station **meteorsten** meteorite
meter *-n* **1** pl. - metre; eng. motsv. ung. yard; *2 ~* tyg two metres of . .; *två ~s höjd* a height of two metres; 8 kr *~n* . . a metre **2** pl. *metrar* versmått metre **-lång** *a* attr. one-metre long **-mått** konkr. metre-measure **-system,** *~et* the metric system **-vara,** tyget *finns i ~* . . is sold by the metre; *-varor* piece-goods, i Engl. äv. yard goods **-vis** *adv* per meter by the metre; *~ med* . . metres and metres (yards and yards) of . .
met|krok |fish-|hook **-mask** angling-worm **-ning** angling, fishing
metod *-en -er* allm. method; system äv. system; tillvägagångssätt äv. procedure; isht tekn. process; friare (sätt) way **metodik** *-en 0* metodlära methodology; metoder methods pl. **metodisk** *a* methodical **metodiskt** *adv* methodically **metodism** Methodism **metodist** Methodist
metrev |fishing-|line
metrik *-en 0* prosody **metrisk** *a* prosodic; rytmisk metrical **metronom** metronome
metropol *-en -er* metropolis **metropolit** *-en -er* metropolitan
metspö |fishing-|rod
Metusalem Methuselah
metvurst se *medvurst*
metyl *-en 0* methyl **-alkohol** methyl alcohol
Mexico Mexico; stad Mexico City **mexikan**|**are**| Mexican **mexikansk** *a* Mexican; *Mexikanska bukten* the Gulf of Mexico **mexikanska** kvinna Mexican woman
mezzosopran mezzo-soprano
m.fl. förk. and others
miau *itj* miaow!
mick|el *-eln -lar* fox, reynard; *M~ räv* Reynard the Fox
middag 1 tid noon, friare midday; *kl. 12 ~en* adv. at noon; *god ~!* good afternoon!; *framemot ~en* towards midday (noon); *i ~s* at noon |today|; *i går ~ (på ~en)* yesterday at noon; *på lördag ~* at noon on Saturday; han träffas *på ~en (~arna)* . . in the middle of the day (|round| about midday) **2** måltid: allm. dinner, bjudning äv. dinner-party;

~*en är färdig* dinner is ready; ~*en var mycket lyckad* the dinner[-party] was quite a success; *ge (ha)* [*en*] ~ give a dinner[-party]; när vi hade *slutat* ~*en* . . finished [our] dinner; det är nyttigt *att sova* (resp. *vila*) ~ . . to have (take) an afternoon-nap (resp. . . to have a lie-down in the afternoon); *äta* ~ have [one's] dinner, högt. dine; *äta* ~ *ute* borta (vanl.) dine out; vila *efter (före)* ~*en* . . after (before) dinner; *vara* [*borta*] *på* ~ be invited to a dinner[-party]; *jag var på* ~ *där* I had dinner there; *dricka* öl *till* ~*en* drink . . at dinner (with one's dinner); *äta* fisk *till* ~[*en*] have . . for dinner

middags|bjudning dinner-party; inbjudan invitation to a (resp. the) dinner-party **-bord** dinner-table; *duka* ~*et* äv. lay the table for dinner; *vid* ~*et* at dinner **-föreställning** afternoon performance **-gäst** dinner-guest; betalande dinner-boarder; *ha* ~*er* äv. have guests for dinner **-höjd** astr. meridian altitude; bildl. meridian **-klädd** *a* . . dressed for dinner **-linje** meridian line **-lur** afternoon nap **-mål** dinner, mitt på dagen äv. midday meal **-rast** dinner-hour, paus äv. break for dinner **-sol** midday sun **-tal** speech during dinner; eng. motsv. after-dinner speech **-tid,** *vid* ~[*en*] a) at dinner-time b) vid 12-tiden at noon **-upplaga** noon edition

midfastosöndag, ~[*en*] mid-Lent Sunday

midj|a *-an -or* waist, markerad waistline; ha *smal* ~ . . a slim waistline **midjekjol** waist slip **midjemått** waist-measurement

mid|natt midnight; *vid* ~ at midnight **-nattssolen** the midnight sun **-nattstid,** *vid* ~*en* at midnight **-skepps** *adv* amidships

midsommar midsummer; ss. helg Midsummer; jfr *jul* o. sms. **-afton** Midsummer Eve; jfr *julafton* **-dag** Midsummer Day i Engl. 24 juni; jfr *juldag 1* **-stång** ung. maypole **-vaka,** *hålla* ~ celebrate Midsummer Night

midvinter midwinter

mig *pron* se *jag*

migrän *-en 0* migraine

miko *-t -n* se *mindervärdeskomplex*

mikrob *-en -er* microbe

mikro|film microfilm **-filma** *tr* microfilm **-fon** microphone, F mike; på telefonlur mouthpiece; telefonlur receiver **-fotografera** *tr* microphotograph **-fotografi 1** konkr. microphotograph **2** abstr. microphotography **-meter** micrometer **-organism** micro-organism **-skop** ~*et* ~ microscope **-skopisk** *a* microscopical, mycket liten vanl. microscopic **-skopiskt** *adv* microscopically **-telefon** [telephone] receiver

mil *-en -, en* ~ ten kilometres, eng. motsv. ung. six miles; *engelsk* ~ mile; *ett par* ~ some twenty or thirty kilometres; köra *många* ~ ung. . . many miles; *nautisk* ~ nautical mile

mil|a *-an -or* kol~ [charcoal] stack (pile)

Milano Milan

mild *a* allm. (t.ex. om förebråelse, klimat, luft, ost, sätt, vinter) mild; ej hård (t.ex. om blick, färg, regn, svar) soft; lindrig (t.ex. om straff) light; ej sträng: t.ex. om dom, bedömning lenient, t.ex. om röst, seder gentle; ~*a makter (tid)!, du* ~*e!* Good gracious!, Gracious me!; *så till den* ~*a grad kallt* so awfully cold; *vara* ~ *mot* ngn be lenient to[wards] . . **mildhet** mildness, softness, lightness, lenience, leniency, lenity, gentleness; jfr *mild* **mildra** *tr* lindra: allm. mitigate, t.ex. smärta äv. alleviate, assuage, t.ex. straff reduce, t.ex. sorg allay; göra mildare: allm. soften, t.ex. uttryck tone down, t.ex. lynne mellow, t.ex. stöt cushion **mildras** *itr. dep* om pers. mellow; om klimat grow milder **mildväder** se *blidväder*

milis *-en -er* militia

militar|ism militarism **-ist** militarist **-istisk** *a* militarist[ic]

militieombudsman, ~*nen* (förk. *MO*) the [Swedish] Parliamentary Commissioner for Military Affairs

militär I *-en -er* (*0* i bet. *2*) **1** soldat service man, member of the armed forces; isht i armén äv. soldier; *en hög*[*re*] ~ a high-ranking officer; *en skicklig* ~ a great soldier; *bli* ~ join the armed forces **2** koll., ~*en* the military pl., hären the army; *tillkalla* ~[*en*] (400 man ~) call in the military (a military force of . .); *gå in i* ~*en* join the armed forces **II** *a* military; *i det* ~*a* in military life **-befälhavare** commanding general **-flyg** flygväsen military aviation **-flygplan** military plane **-högskola** armed forces staff college; ~*n* i Engl. the Joint Services Staff College

militärisk *a* militär- military; soldatmässig soldierly, soldier-like **militäriskt** *adv* in military fashion, in a military manner, militarily

militär|ledningen the Military Council **-läkare** military medical officer **-musik** military music; orkester military band **-område** military command [area], amer. military district **-sjukhus** military hospital

militärt *adv* militarily; ~ [*sett*] from a military point of view

militär|tjänst|göring] military service; *inkallad till* ~ called up for military service **-utbildning** military training

miljard *-en -er* milliard, isht amer. billion; *en* ~ vanl. a el. one thousand million (resp. millions, jfr *miljon*); ~*er* bakterier vanl. thousands of millions of . .

miljon million; ~*er* [*av*] *människor* millions of people; *dessa tio* ~*er (tio* ~*er människor)* these ten millions (ten million people) **-affär** transaction involving (amounting to, running into) millions (resp. a million) **-arv** inheritance amounting to millions (resp. a million) **-belopp,** ~ *står på spel* there are millions at stake **-brand** fire involving a loss of millions (resp. a million) **-del** millionth [part]; jfr *femtedel* **-förlust** loss involving (osv. jfr *-affär*) millions (resp. a million) **-förmögenhet** fortune running into millions (resp. a million) **-här** army of (numbering) a million (resp. millions of) men **-stad** town with over a million (resp. with millions of) inhabitants **-tals** *oböjl. a* millions subst. i pl., *människor* of people

miljonte *räkn* millionth; jfr *femte* **miljonupplaga** edition running into millions (resp. a million) **miljonvärde,** ~*n* gick till spillo property sg. amounting to millions . . **miljonär** -[*e*]*n* -*er* millionaire **miljonärsdotter** millionaire's daughter **miljonärska** millionairess

miljö -*n* -*er* yttre förhållanden environment, milieu fr.; omgivning surroundings pl.; ram setting **-betingad** *a* environmental **-ombyte** change of environment (surroundings, scene) **-påverkan** environmental influence **-skadad** *a* . . harmed by one's environment; missanpassad maladjusted **-vård** environmental control

mille, *pro* ~ se *promille*

milliard osv. se *miljard* osv.

milli|bar ~*en* ~ millibar **-gram** milligramme **-liter** millilitre **-meter** millimetre; det stämmer *på* ~*n* . . to a millimetre, friare . . to a hair **-meterrättvisa** absolute fairness

million osv. se *miljon* osv.

milo -*t* -*n* se *militärområde*

milslång *a* attr.: ten-kilometre long, flera mil lång . . miles and miles long **milslångt** *adv,* ~ *borta* miles and miles away; *gå* ~ walk for miles and miles **milsten** o. **milstolpe** milestone äv. bildl. **milsvid** *a,* ~*a* skogar . . extending for miles and miles; *en* ~ *utsikt* a view of the country for miles **milsvitt** *adv,* ~ *omkring* for miles and miles around

miltals *adv* se *milslångt*

mim -*en* -*er* mime äv. pers. **mimicry** -*n 0* mimicry **mimik** -*en O* facial expressions pl **mimiker** mime, mimic **mimisk** *a* mimic

mimos|a -*an* -*or* mimosa; bildl. over-sensitive person

1 min (n. *mitt,* pl. *mina*) *poss. pron* fören. my; självst. mine; *Mina damer och herrar!* Ladies and Gentlemen!; det kommer att bli ~ *död* . . the death of me; ~ *far (far* ~*)* är död [my] father . .; *jag gick* ~ *väg* I went away, I left; *och jag,* ~ *åsna, som trodde honom* and I, ass that I was, to believe him; and I believed him, ass that I was; *med* ~*a egna ögon* äv. with these very eyes; *ditt och mitt hem* your home and mine; *på* ~*a och* ~*a kollegers vägnar* on behalf of myself (me) and my colleagues; *i mitt och* ~*a vänners intresse* in my own interest and that of my friends; *detta mitt förbiseende* this oversight on my part; *en (denne)* ~ *vän* a (this) friend of mine; *allt mitt är ditt* all that is mine is yours; *jag har fått ut mitt* I have got my share (what I am entitled to, all that is mine); *jag har gjort mitt* I have done my part (F bit); *inte kunna skilja på (mellan) mitt och ditt* not be able to distinguish between meum and tuum; *jag sköter mitt [och du sköter ditt]* I mind my own business [and you mind yours]; [*jag och*] *de* ~*a* [I (me) and] my family (my people)

2 min -*en* -*er* ansiktsuttryck expression; uppsyn air, litt. mien; utseende look; med [*en*] *bister* ~ . . a grim expression; *göra* ~*er* grimasera [*åt* ngn] make (pull) faces [at . .]; *göra* ~*er* ge en vink *åt ngn att* inf. make a sign for a p. to inf.; *göra sura* ~*er* make a wry face; *vad gjorde han för* ~ när han såg det? what was the expression on his face . .?; *göra* ~ *av att gå* make as if to go; *inte göra [någon]* ~ *av att gå* make no sign of going; *hålla god* ~ not give the show away; *hålla god* ~ *i elakt spel* put a good face on it, grin and bear it (end. i inf.); *ta på sig en allvarlig* ~ *(en oskyldig* ~*)* put on a grave face (an air of a look of innocence); *inte [för]ändra en* ~ vanl. not move a muscle

min|a -*an* -*or* mine **-ankare** mine anchor, sinker

minaret -*en* -*er* minaret

minbomb aerial mine

minder|värd *a* inferior **-värdeskomplex** inferiority complex **-värdeskänsla** feeling of inferiority **-värdig** *a* inferior **-värdighet** inferiority **-värdighetskomplex** inferiority complex **-värdighetskänsla** feeling of inferiority **-årig** *a* omyndig . . under age; efterlämna ~*a barn* . . young children; ~ *förbrytare* juvenile delinquent; *en* ~ subst. a. a minor, an infant båda isht jur.; ~*a* subst a. vanl. juveniles **-årighet** minority, infancy, nonage; *hans* ~ är ett hinder [the fact of] his being under age (jur. a minor, an infant) . .

mindre I *a* (mots.: 'större' o.d.) allm. smaller; kortare shorter; yngre younger; ringare less, attr. ibl. äv. lesser; mindre betydande minor; [ganska] liten small, obetydlig slight, insignificant; *Mindre Asien* Asia Minor; *av* ~ *betydelse* of less (föga little, minor) importance; *ett* ~ *brott* än detta a less serious crime . .; *ett* ~ litet *fel* har smugit sig in a slight error . .; det kostar *en* ~ liten *förmögenhet* . . a small fortune; *med* ~ *kostnad* with less cost; *jag har inte* ~ *pengar (växel)* än en tia I have no smaller change . .; *de* ~ *profeterna (skalderna)* the lesser prophets (minor poets); *produk-*

tionen är ~ lägre *än* . . the production is less (lower) than . .; *vara* ~ *till storleken (växten)* be smaller in size (shorter el. smaller of stature)

II *subst. a* o. *adv* (mots.: 'mera') allm. less; färre fewer; inte särdeles not very, t.ex. trafikerad not |very| much; inte så mycket not so much, *än* as; det kräver ~ *arbete* . . less (a smaller el. lesser amount of) work; *där var |mycket|* ~ färre *bilar (folk)* än vanligt there were |far| fewer cars (people) . .; jag vill ha *|litet|* ~ *av det (de) här* . . |a little| less of this (fewer of these); göra ngt *på* ~ *än en timme* . . in less |time| than (in under) an hour; *ingen* ~ *än* kungen no less a person than . .; *ingenting* ~ *än* ett underverk nothing less than . ., endast nothing short of . .; *inte* ~ *än* tio personer no fewer (less) than . .; *betala inte* ~ *än* 100 kr pay no less |a sum| than . .; *man kan bli* arg *för* ~ it is enough to make you (one) . .; *med* ~ *|än att|* hela systemet *avskaffas* short of the abolition of . ., unless . . is abolished; han kan inte gå, *mycket (ännu)* ~ *springa* . ., let alone run; *ett* ~ *gott resultat* a less good (ganska dåligt a rather unsatisfactory) result; resultatet *blev* ~ *gott* . . was not very satisfactory; *ett* ~ *lyckat* försök a not very successful . ., a rather unsuccessful . .; *på ett* ~ *smickrande (taktfullt) sätt* in a rather unflattering (tactless) way; det är ~ *troligt* . . not very likely, . . rather unlikely; ~ *välbetänkt* ill-advised, unadvisable; ~ *av nyfikenhet än* av intresse not so much out of curiosity as . .

mindre|tal minority **-värd** osv. se *mindervärd* osv.

minera I *tr* mine **II** *itr* lay mines

mineral *-et -|ier|* mineral **-fyndighet** mineral deposit **-halt** mineral content, procentdel percentage of minerals **-haltig** *a* attr. . . containing minerals **-isk** *a* mineral

minera|log mineralogist **-logi** *~|e|n 0* mineralogy **-logisk** *a* mineralogical

mineral|riket the mineral kingdom **-vatten** mineral water **-vatten|s|fabrik** mineral-water factory

minering mining; konkr. mined area

min|fara danger from mines **-fartyg** minelayer **-fri** *a* attr. mine-free, pred. free from mines **-fält** minefield

miniatyr miniature **-format,** *i* ~ in miniature **-gevär** 5,6 mm small-bore rifle **-målare** miniature painter, miniaturist **-målning** abstr. miniature-painting; konkr. miniature **-upplaga** miniature edition, bildl. pocket-edition; *i* ~ in miniature

mini|flygel mus. baby grand **-golf** miniature golf

minimal *a* exceedingly small; om t.ex. chanser äv. infinitesimal, pred. äv. practically non-existent; om t.ex. skillnad, värde äv. negligible, pred. äv. hardly worth mentioning **minimalt** *adv,* ~ road very little . .

minimi|belopp minimum amount **-fordringar** *pl* minimum requirements **-lön** minimum wage (resp. salary) **-pris** minimum price; vid auktion reserve price **-termometer** minimum thermometer **-ålder** minimum age

minim|um *-um (-et) -a (-um)* **1** minim|um (pl. -a); *reducera till ett* ~ reduce to a minimum **2** meteor. depression **minipiano** minipiano

minist|er *-ern -rar* allm. minister; jfr *handelsminister* m.fl. **ministeri|um** *-et -er* se *departement 1* **ministerlista** list of ministers **ministerpost** ministerial post **ministär** samtliga statsråd ministry; se vid. *regering*

mink *-en -ar* mink **-päls** mink coat

minkryssare minelaying cruiser

minn|as imperf. *mindes tr. dep* allm. remember; erinra sig äv. recollect, recall; regeln är *lätt att* ~ . . easy to remember; *jag har svårt för att* ~ namn (vanl.) I have a bad memory for . .; *jag -s att jag gjorde det* I remember doing (having done) it; *jag -s inte* (har glömt) vad hon heter (vanl.) I forget (have forgotten) . .; *jag vill* ~ *att han* . . I seem to remember that he . .; *du -s fel* your memory is at fault; *om jag -s rätt (inte -s fel)* if I remember rightly, if my memory serves me right; *nu -s jag alltsammans* äv. now it all comes back to me; *så länge (långt tillbaka) jag kan* ~ ever since (as far back as) I can remember; *såvitt jag kan* ~ as far as I can remember, to the best of my recollection

minne *-t -n* **1** allm. memory, datamaskins äv. storage (memory) device, store; erinran äv. remembrance, hågkomst äv. recollection, reminiscence; *~n* memoarer memoirs; *~t av min son* the memory of my son; *ett* ~ *för livet* a memory for life; *~n från* ett långt liv recollections (reminiscences) of . .; uppliva *gamla ~n* . . old memories; *förlora (tappa) ~t* lose one's memory; *ha (inte ha)* ~ *för* namn have a good (a bad) memory for . .; *jag har inget* ~ *av* vad som hände I have no remembrance (recollection) of . .; *jag har inget* ~ *av att jag gjorde det* vanl. I can't remember doing (having done) it; *det väcker ~t av (~n från)* den dagen that brings . . back to mind (brings back memories of . .); *bevara* ngn *i tacksamt* ~ keep . . in grateful memory (remembrance); *ha (hålla)* ngt *i ~t* keep (bear) . . in mind, remember . .; *jag har det ännu i friskt (färskt)* ~ it is still fresh in my memory; *jag har* den tiden *i ljust (gott)* ~ I have a pleasant memory of (I very well remember) . .; *lagra i ~t* om datamaskin store |in the memory|; *återkalla* ngt *i ~t* erinra sig recall . ., recollect . ., bring . . back to mind; *ett upp och två i ~* vid räkning one down and two to carry [over]; *lägga . . på ~t* komma ihåg remember . ., inprägla commit . . to memory; *till ~[t] av* in memory (remembrance) of; *dra sig till ~s* remember, recollect; namnet *har fallit mig ur ~t . .* has escaped (slipped) my memory, I have forgotten . .; måla ngt *ur ~t . .* from memory; *vid ~t av* at the recollection (remembrance) of

2 minnessak remembrance, mement|o (pl. -o[e]s); suvenir souvenir, keepsake; fornminne relic; du får den *som ~* . . as a remembrance (a souvenir)

3 samtycke, *med hans goda ~* with his consent

minnes|anteckning memorand|um (pl. äv. -a) **-beta,** *ge ngn en ~* teach a p. a lesson that he (resp. she) won't forget **-bild** memory-picture; *jag har en tydlig ~ av . .* I have a distinct recollection of . . **-fel** slip of the memory **-fest** commemoration, commemorative (memorial) festival **-förlust** loss of memory **-god** *a, en ~ person* kom ihåg den a person with a good memory . .; *~ vän* faithful friend; *~ vänskap* everlasting friendship; *vara ~* have a good memory; *vara ~ mot* ngn keep . . in kind memory **-gudstjänst** memorial service · **-gåva** souvenir, keepsake; hedersgåva testimonial **-kunskap** knowledge acquired by memorizing **-lista** memorand|um (pl. äv. -a); till inköp shopping list **-märke 1** minnesvård memorial, monument, *över* to **2** relik relic, ancient monument **-ord** *pl* minnestal commemorative words, *över* on **-penning** commemorative coin, *över* in honour of **-regel** mnemonic rule **-rik** *a* . . rich in memories [of the past]; oförglömlig unforgettable **-runa** obituary **-sak,** det är *en ren ~* . . merely a matter of memory **-skrift** memorial publication **-sten** o. **-stod** se *-märke 1* **-tal** commemorative speech, *över* on **-teckning** memoir, memorial sketch **-utställning** commemorative exhibition **-vård** se *-märke 1* **-värd** *a* memorable, *för* ngn to . .; . . worth remembering

minoritet *-en -er* minority; *komma i ~* be reduced to a minority; *vara i ~* be in the (a) minority

minoritets|parti minority party **-skydd** protection of minorities

minröjning mine-clearance, till lands removal of mines

minsann I *adv* sannerligen certainly, indeed; *det är ~* inte lätt (äv.) that is . . to be sure (I can tell you) **II** *itj, ~,* där är han! . . to be sure!, well (why) . .!; *[nej så] ~ om jag det gör!* I'll be hanged if I do!; *jaså, ~!* oh, indeed!; oh, is that so?

minska I *tr* allm. reduce, *med* by; skära ned äv. cut down, curtail; förminska decrease, lessen, diminish; förringa detract from; sänka lower; dämpa abate; *~ segel* shorten sail; *det ~ värdet av . .* it detracts from (lessens) the value of . .; *~* ngt *till hälften* halve . . diminish . . to a half **II** *itr* **1** *~ på* se *I* **2** decrease, lessen, diminish; avta fall off; sjunka decline, fall, go down; dämpas, lägga sig abate; arbetslösheten *har ~t . .* has been reduced; folkmängden *har ~t [med . .] . .* has decreased [by . .]; intresset *har ~t . .* has diminished (become less); *~ i antal (storlek)* diminish in number (size); *~* [5 kilo] *i vikt* go down [. .] in weight; på grund av *~d efterfrågan . .* decreasing demand **minskas** *itr. dep* se *minska II 2* **minskning** reduction, decrease, diminution, *av, i* i samtl. fall of, in; nedskärning cut, *av* in

minspel facial gestures pl.

min|spränga *tr, bli -sprängd* be blown up by mines (resp. a mine) **-sprängning 1** *~ en av* ett fartyg the blowing-up of . . by a mine (resp. mines) **2** explosion explosion of a mine (resp. mines) **-spärr** mine barrage; över väg mine road block

minst I *a* (äv. *subst. a,* jfr *2* o. *3)* **1** mots. 'störst', allm. smallest, attr., t.ex. om antal, äv. minimum; kortast shortest; yngst youngest; ringast least, obetydligast slightest; *den ~(~e) av* pojkarna the smallest (yngste youngest) of . ., vid jämförelse mellan två äv. the smaller (resp. younger) of . .; *jag har inte [den] ~a anledning att . .* I haven't the least (slightest) reason to . ., I have no reason whatever to . .; *vid ~a beröring* at the slightest touch; underrätta mig *vid ~a förändring . .* in case of any change, however slight; *hans ~a önskan* uppfylldes his least (slightest) wish . .; *~ till storleken* smallest in size

2 mots.: 'mest' least, the least; mots.: 'flest' fewest, the fewest; *han fick ~ (~ pengar)* he got [the] least ([the] least money); *han gjorde ~ fel* av oss he made the fewest mistakes . .; *där det finns ~ [med]* mat where there is least (the smallest amount el. quantity of) . .; *där det finns ~ [med]* bilar where there are fewest (is the smallest number of) . .

3 *det ~a du kan göra är att . .* the least you can (could) do is to . .; *om du är det ~a* rädd if you are the least (at all) . .; *det ~a hon blir* rädd as soon as she is . ., if she gets the least bit . .; om han vore *det ~a [till] konstnär . .* a real (the least bit of an) artist; *jag begrep inte det ~a* I did not understand a thing; *hon är inte det ~a* blyg she is not a bit (the least [bit]) . ., she is not . . in the least

II *adv* least; åtminstone at least; inte mindre än not less than; *när man* |*allra*| ~ väntar det when you least |of all| . .; *den kostar* |*allra*| ~ 100 kr it costs . . at |the very| least; *allra* ~ nu . . least of all; *inte* ~ not least, i synnerhet äv. especially; ~ *sagt* to say the least |of it|

min|svepa *tr* sweep . . for mines **-svepare** minesweeper **-svepning** minesweeping

minuend *-en -er* minuend

minus I *-et* - mat. minus |sign|; underskott deficit, deficiency, shortage, *på* i samtl. fall of; nackdel drawback; *termometern står på* ~ it is below zero (freezing point); *stå på* ~ i spel be on the minus side, be in the red **II** *adv* minus; med avdrag av less; ~ *2 grader, 2 grader* ~ two degrees below zero **-grad** degree of frost (below zero); *det är* ~*er* it is below zero, there is frost **-poäng** point off; minus point **-sida** debit side **-tecken** minus sign

minut *-en -er* **1** minute äv. del av grad; *fem* ~*ers promenad* |a| five minutes' walk, a five-minute walk; jag var borta |*i*| *en* ~ . . for a minute; *i* ~*en* per minut a (per) minute, varje minut every minute; komma *i sista* ~*en* . . at the last moment (minute); *på en* ~ in a minute, med en minuts varsel at a minute's notice; jag går ut |*på*| *en* ~ . . for a minute; *på* ~*en* om en minut in a minute, genast directly; *på* ~*en* |*klockan fem*| |at five o'clock| to the minute **2** H, *i* ~ |by| retail; *köpa i* ~ buy retail; *sälja* ngt *i* ~ sell . . by retail, retail . . **minutera** *tr,* ~ *ut* se *utminutera* **minutförsäljning** retail sale (-säljande äv. selling) **minuthandel** osv. se *detaljhandel* osv. **minutiös** *a* meticulous; detaljerad minute

min|utläggare minelayer **-utläggning** minelaying

minutvisare minute-hand

mirak|el *-let -el (-ler)* miracle **mirakulös** *a* miraculous

misantrop *-en -er* misanthrope **misantropisk** *a* misanthropic|al|

mischmasch *-et 0* mishmash, hotchpotch

miserabel *a* miserable, wretched

miss *-en -ar* fel, bom miss; *en svår* ~ a bad miss **missa** *tr itr* miss; ~ *poängen i* historien miss the point of . . ; ~ *tåget* äv. lose one's train

miss|akta *tr* ringakta disdain, look down upon, förakta despise **-aktning** disrespect, disdain, förakt contempt **-anpassad** *a* maladjusted; han är ~ äv. . . a misfit **-anpassning** maladjustment **-belåten** *a* displeased, *med* with, at; jfr *missnöjd* **-belåtenhet** displeasure **-bildad** *a* malformed, misshapen **-bildning** malformation; lyte deformity **-bruk** av t.ex. alkohol, frihet, förtroende, makt abuse, oskick äv. evil (bad) practice; orättmätigt bruk, av t.ex. fullmakt improper (starkare wrongful, illegitimate) use; vanhelgande profanation **-bruka** *tr* t.ex. alkohol, frihet, förtroende, makt abuse; t.ex. ngns godhet take |undue| advantage of; Guds namn take . . in vain; ngns gästfrihet trespass upon; göra missbruk av put . . to an improper (a wrong) use; ~ sin ledighet misspend . .; *det kan lätt* ~*s* it lends itself to abuse; ~*d* energi misdirected . .; *detta* ~*de ord* this much-abused word **-dåd** se *missgärning* **-dådare** ~*n* ~ malefactor; evil-doer

miss|e *-en -ar* F pussy|-cat|, puss

miss|fall miscarriage; *få* ~ have a miscarriage **-firmelse** insult; abuse end. sg. **-foster** eg. o. bildl. abortion, eg. äv. monster, bildl. äv. monstrosity **-förhållande 1** otillfredsställande tillstånd: **a)** ~|*n*| allm. unsatisfactory state of things (affairs) sg., bad conditions pl.; sociala ~*n* . . evils **b)** olägenhet inconvenience, nackdel drawback **2** disproportion disproportion, disparity, incongruity **-förstå** *tr* misunderstand, F get . . wrong; ~*dd* misskänd misunderstood, unappreciated **-förstånd** misunderstanding; oenighet disagreement; jfr *misstag* o. *missuppfattning* **-grepp** bildl. mistake, blunder, error |of judgement| **-gynna** *tr* treat . . unfairly, vara orättvis mot be unfair to; ~*d av lyckan (naturen)* not favoured by fortune (nature) **-gärning** misdeed, outrage, stark. evil (ill) deed **-gärningsman** se *missdådare*

miss|hag ~*et 0* displeasure, *med ngn (ngt)* with a p. (at a th.); dislike, disapproval, *med* of **-haga** *tr* displease; *det* ~*de honom* äv. he disliked it **-haglig** *a* displeasing, objectionable, *för* to; *en* ~ person (åtgärd) an undesirable . . **-handel** maltreatment, ill-treatment, *av (mot)* of; jur. assault and battery, *mot* against; *utsätta för* ~, *föröva* ~ *mot* se följ. **-handla** *tr* maltreat, ill-treat, treat . . badly, överfalla m. hugg och slag äv. handle . . roughly, maul, knock . . about, batter, F manhandle, isht jur. assault; bildl.: t.ex. en melodi, språket murder, t.ex. ett piano maltreat **-hugg,** *i* ~ by mistake, inadvertently **-humör,** *råka i* ~ get put out of humour; *vara i (på)* ~ be in a bad (be out of) humour **-hushålla** *itr,* ~ slösa *med* be uneconomical with (in the use of), förvalta dåligt mismanage **-hushållning** mismanagement; ~*en med* arbetskraften the uneconomical use of . . **-hällighet** ~*en* ~*er* discord, dissension; ~*er* äv. quarrels, meningsskiljaktigheter differences

mission 1 |livs|uppgift, |politiskt| uppdrag mission, kall äv. vocation **2** relig. (äv. ~*en*) missions pl.; *inre (yttre)* ~*en* home (foreign) missions pl. **missionera** *itr* missionize **missionshus** |nonconformist| chapel, mission-hall **mis-**

sionsstation mission |station|, missionary station **missionsverksamhet** missionary work (activity) **missionär** missionary
miss|klä|da| *tr* not become (suit), be unbecoming to (om plagg äv. on) **-klädande** *a* o. **-klädsam** *a* unbecoming **-kredit** discredit; *bringa* ngn (ngt) *i ~* discredit . ., bring . . into discredit, *hos ngn* with a p.; *råka i ~ hos ngn* fall into discredit with a p., get into a p.'s bad books **-kreditera** *tr* discredit **-krediterande** *a* discreditable, *för* to **-kund** *~en 0* förbarmande mercy; medkänsla compassion; *av ~ med* out of compassion for **-kundsam** *a* merciful **-känna** *tr* felbedöma misjudge, missförstå misunderstand, underskatta underrate; *-känd* äv. unappreciated
missköta I *tr* mismanage, jfr *vansköta I;* försumma. t.ex. hälsa. tjänst neglect **II** *rfl* neglect oneself (sin hälsa one's health); *~ sig |i sitt arbete|* neglect one's work (duties)
miss|leda *tr* mislead **-ljud** eg. o. bildl. jarring (discordant) sound, mus. o. bildl. äv. discord, discordant note; misshällighet jar **-ljudande** *a* skorrande jarring . .; falsk discordant
miss|lyckad *a* som misslyckats unsuccessful; felslagen, förfelad abortive; *en ~ existens, ett -lyckat företag* a failure; *-lyckat försök* unsuccessful (abortive) attempt; en ~ kaka . . that has turned out badly, . . that is a failure; *vara ~* be a failure, have gone wrong; som sekreterare *är han totalt ~* . . he is an utter failure (a complete misfit) **-lyckande** *~t ~n* failure; fiasco (pl. -s), F flop; planens ~ äv. the miscarriage . . **-lyckas** *itr. dep* fail, *i (med)* in, *i (med) att* inf. to inf. el. in ing-form; be (prove, turn out) unsuccessful, *i (med)* in; not succeed etc., jfr *lyckas;* planen *-lyckades totalt* äv. . . did not work at all, . . broke down (collapsed, miscarried) completely, . . was a dead failure (F a complete flop)
miss|lynt *a* ill-humoured, stark. cross; *göra ngn ~* put a p. out |of humour|, upset a p. (a p.'s equanimity), make a p. cross; *bli ~ över ngt* get put out at (get cross about) a th. **-lynthet** ill (bad) humour, stark. crossness **-minna** *rfl, du -minner dig* your memory is at fault, you are wrong; om jag *inte -minner mig* äv. . . remember rightly **-mod** down-heartedness, dejection, despondency, depression |of spirits|, nedslagenhet discouragement; *inge ngn ~* make a p. lose heart, discourage a p. **-modig** *a* down-hearted, dejected, despondent, depressed; nedslagen discouraged, *för (över)* i samtl. fall at **-nöjd** *a* isht tillfälligt dissatisfied, missbelåten displeased, isht stadigvarande discontented; *vara ~ med* ogilla äv. disapprove of **-nöje** dissatisfaction, missbelåtenhet, misshag displeasure, djupt o. utbrett discontent, ngns otillfredsställdhet discontentment *med* i samtl. fall with, *över* at; ogillande disapproval, *med* of; *hans ~ över att bli störd* his displeasure at being disturbed; *det rådande ~t* bland arbetarna the prevailing discontent. . meddelandet *väckte allmänt ~* . . gave rise to general dissatisfaction; *anmäla |sitt| ~ med* en dom (jur.) give notice of appeal against . . **-pryda** *tr* disfigure **-riktad** *a* misdirected
missroman ung. sentimental novel
miss|räkna *rfl* göra en felberäkning make a miscalculation, *på (i fråga om)* about (as to); *~ sig på* t.ex. avståndet misjudge; *~ sig* bli besviken *på ngn* be deceived (disappointed) in a p. **-räknad** *a* besviken disappointed, *på* in **-räkning** disappointment, *för* to, *över* at; *djup (bitter) ~* mortification; *det är en stor ~ för mig att han har* glömt . . äv. I am very much disappointed that he has (at his having) . . **--sköta, --stämning, --sämja** se *missköta, misstämning, missämja*
miss|ta *rfl* se *missta|ga|* **-tag** mistake, error; förbiseende oversight, slip, blunder; *~!* you are mistaken (wrong)!; *det måste vara ett ~* there must be some mistake; *det vore ett ~* att tro . . it would be an error . .; *av ~* by mistake, through (owing to) an oversight; jfr *fel I 2* **-ta|ga|** *rfl* make a mistake, *om (på)* about (as to); be mistaken, be wrong, be in error; *om jag inte -tar mig* if I am not mistaken; *jag skulle mycket ~ mig* om han inte gjorde det I should be very |much| surprised . .; *~ sig om vägen* take the wrong road, miss the (one's) way; *~ sig på* (felbedöma) ngn ngt be mistaken in . ., get . . wrong, get a wrong idea of (about) . ., misjudge . .; *man kan inte ~ sig på* avsikten there is no mistaking . ., äv. . . is obvious (unmistakable); ursäkta, *jag -tog mig på person* . . I mistook you for somebody else; jfr *|ta| fel III*
miss|tanke suspicion (äv.: *-tanken, -tankar* jfr ex.), *för (om)* ngt as to (about), *|om| att* sats that sats; *fatta -tankar mot* begin to suspect, become suspicious of; *hysa -tankar mot* suspect, entertain suspicions about; *väcka -tankar hos ngn* arouse suspicion in a p.'s mind; *ha sina -tankar* att . . suspect . ., have a suspicion . .; *rikta -tanken (-tankar) mot* throw suspicion on; *på blotta -tanken (-tankar)* on |mere| suspicion, *att ha* . . of having . . **-tolka** *tr* se *misstyda* **-tro I** *tr* distrust, suspect, have no faith in; tvivla på doubt, betvivla discredit; *~ sig själv (sin förmåga)* distrust oneself, be diffident, have no self-confidence **II** *s* se följ. **-troende** *~t 0* distrust, mistrust, suspicion, *till (mot)* i samtl. fall of; *hysa ~ till = misstro I* **-troendevotum** vote of censure, vote of no confidence, *mot* on; *ställa ~* move a vote etc. **-trogen** *a* distrustful, mistrustful, suspi-

:ious, skeptisk incredulous, *mot* i samtl. fall of **-trogenhet** distrustfulness, suspiciousness; incredulity **-trösta** *itr* despair, *om* of; *man skall aldrig (inte)* ~ F never say die **-tröstan** ~ *0* despair, svag. despondency **-tycka** *tr tr, om du inte -tycker* if you don't mind; *tyck inte* om . . don't take it amiss . ., don't be offended . . **-tyda** *tr* missförstå misconstrue, vantolka misinterpret

misstämning förstämning [feeling of] depression, misshumör bad mood; spänning [feeling of] discord (disharmony), ill (strained) feeling

miss|tänka *tr* suspect, *för* of, *för att* inf. of ing-form; förmoda äv. guess, think; ~ *ngn* äv. be suspicious of a p.; *han -tänker ingenting alls* äv. he hasn't the least suspicion; *jag tänker att han ljuger (han är en lögnare)* I suspect him of lying (him to be a liar el. that he is a liar); ~*s för ngt (för att* inf.) be under suspicion of a th. (of ing-form); jfr *-tänkt* **-tänkliggöra** *tr* throw (cast) suspicion on **-tänksam** *a* suspicious, distrustful, *mot* of **-tänksamhet** suspicion; egenskap suspiciousness, distrustfulness **-tänkt** *a* **1** suspected, *för* of; häktad *som* ~ *för* äv. . . on [the (a)] suspicion of; *vara (bli)* ~ *för ngt (för att* inf.) be (come) under suspicion of a th. (of ing-form); subst. a.: *en* ~ a suspect; *den* ~*e* the suspect **2** tvivelaktig, som inger misstro suspicious; *en* ~ *figur* a suspicious-looking (shady) character; *det ser* ~ *ut (verkar* ~*)* there is something suspicious (F fishy) about it

miss|unna *tr* [be]grudge, avundas envy **-unnsam** *a* grudging, *mot* towards; avundsam envious, *mot* of **-unnsamhet** envy **-uppfatta** *tr* t.ex. ngns avsikt misunderstand, mistake; t.ex. ngns yttrande misapprehend; t.ex. situationen, sin uppgift misconceive; feltolka misread, get a false idea (notion) of **-uppfattning** förstånd misunderstanding, misapprehension, mistake; felaktig uppfattning misconception, false idea **-visande** *a* bildl. misleading, deceptive **-visning** kompassens variation, declination **-växt** *s* failure of the crop[s]; man väntar ~ . . a bad harvest; ~ *på potatis* höjer priset failure of the potato crops . .; *det är* ~ *på potatis* the [crops of] potatoes have failed **-växtår** year of bad crop (harvest)

missämja dissension, discord, disagreement; *ställa till* ~ *mellan* make mischief between

missöde mishap, misadventure; *tekniskt* ~ technical hitch; *genom ett* ~ en olycklig slump by mischance

mist *-en 0* mist; tjocka fog

mist|a -[*ad*]*e* -[*at*] *tr* förlora lose; undvara do without; ~ *livet* lose one's life; ~ sin lön be deprived of . . **miste** *adv* orätt, galet wrong; *gå (slå, ta* m.fl.) ~ se [*gå* osv.] *fel III; ta* ~ se äv. *missta*[*ga*]*; gå* ~ *om* a) bli utan miss, fail to secure b) förlora (t.ex. sin plats) lose

mist|el *-eln -lar* mistletoe

mistlur fog-horn

misär *-en* **1** pl. *0* nöd destitution, armod äv. penury **2** pl. *-er* kortsp. misery, misère fr.

mitell|a *-an -or* triangular bandage

mitr|a *-an -or* mitre

1 mitt *pron* se *1 min*

2 mitt I *-en 0* allm. middle, centrum äv. centre; *Mittens rike* the Middle Kingdom, the Celestial Empire; *i (på, vid)* ~*en* in the middle; jag vill ha *den* [*som ligger*] *i* ~*en* äv. . . the middle one; *i vår* ~ among us, in our midst; *i (vid)* ~*en av juni* in the middle of June, in (at) mid-June

II *adv*, käppen gick ~ *av* . . [right] in two; ~ *emellan* half-way between; han är varken ljus eller mörk utan *någonting* ~ *emellan* . . something [in] between; sanningen *ligger* ~ *emellan* . . is midway between the two; ~ *emellan* ögonen right between . .; ~ *emot* just (straight, right, exactly) opposite, *ngt* [to] a th.; huset (vi bor) ~ *emot* . . just opposite, på andra sidan vägen äv. . . just across the road; ~ *fram* right in front; ~ [*fram*]*för* just (straight, right, exactly) in front, *ngt* of a th.; ~ *för näsan på ngn* under a p.'s very nose, 'rakt i ansiktet' in a p.'s face; ~ *för ögonen på ngn* right before a p.'s eyes, under a p.'s very eyes; ~ *i* in (vid riktning into) the [very] middle, *ngt* of a th.; ~ *i ansiktet* full (right) in the (one's) face; ~ *i* julbrådskan (striden) right in the middle of . .; ~ *i natten* [just] in the middle of the night, mera känslobetonat at (in the) dead of night; ~ *i* solgasset right in (vid riktning into) . .; ~ *i sommaren (vintern)* äv. in the height of summer (depth of winter); osedd ~ *i vimlet* . . amid the throng; ~ *ibland* in the midst of, among; ~ *ibland oss* in our midst; ~ *igenom* rakt igenom straight (right) through, *ngt* a th.; genom medelpunkten through the [very] centre (middle), *ngt* of a th.; ~ *igenom* parken (öknen) right across . .; ~ *inne i* in the very (right in the) centre (middle) of, bildl. in the middle of; ~ *inne i* landet äv. in the interior of . .; dela ngt ~ *itu* . . into two equal parts, . . in half; *dela* ~ *itu* äv. halve, bisect; gå ~ *itu* . . [right] in two; ~ *på* in the middle (i rumsbet. äv. centre), *ngt* of a th.; nå *till* ~ *på benet* . . to mid-leg, nerifrån äv. . . half-way up the leg; vara ~ [*ute*] *på havet* . . in mid-ocean, . . right out at sea; ~ *under* ngt a) i rumsbet. immediately (exactly) under (nedanför below) . . b) i tidsbet. in the middle of . .; *komma* ~ *upp i alltsammans* come right into the very midst (thick) of it all; ~ *uppe i* a) i rumsbet. [right] up in the middle of b) i

tidsbet. o. bildl. in the middle of; ~ *ut i* into the |very| middle of, right out into; ~ *ute i (på)* out in the middle of, right out in; ~ *över* ngt straight (exactly) above (over) . .; ~ *över* gatan straight across . .; jfr ~ *emot* ovan
mitt|bena, *ha* ~ have one's hair parted (have a parting) in (down) the middle **-emellan** o. **-emot** *adv prep* se under *2 mitt II*
mitterst *adv* in the centre (middle), *i* of
mittersta *a,* |*den*| ~ kullen the middle (central) . .
mitt|fönster middle window **-för** *adv prep* se under *2 mitt II* **-gång** |central| gangway, amer. aisle; i kyrka |centre| aisle **-i** *adv prep,* **-ibland** *prep,* **-igenom** *adv prep,* **-inne** *adv* se under *2 mitt II* **-linje** centre (central, median, på t.ex. fotbollsplan half-way) line **-parti** central part **-punkt** centre **-på** *adv prep* se under *2 mitt II* **-sjöss** *adv,* ~ mellan . . in mid-sea . . **-skepp** i kyrka nave **-under** *prep* o. **-uppe** *adv* se under *2 mitt II* **-åt** *adv,* |*rättning*| ~*!* front! **-över** *prep* se under *2 mitt II*
mixtra *itr,* ~ *med* knåpa potter (manipulera juggle, krångla tamper) with; ~ sätta *ihop* put . . together **mixtur** mixture
mjau *itj* miaow!
mjugg, *i* ~ covertly; *le (skratta) i* ~ laugh up one's sleeve
mjuk *a* icke hård: allm. soft, silkeslen äv. silky, sammetslen äv. velvety, t.ex. om färgton äv. softened, mellow, t.ex. om anslag, handlag, sätt, kontur gentle, mör tender; icke stel: böjlig limp, supple, smidig lithe, lissom, limber, pliable, pliant båda äv. eftergiven, flexible äv. medgörlig; ~ som en vidja (katt) lissom (lithe) . .; ~ *och behaglig* till sitt väsen suave, *mot* to|wards|; ~ *i ryggen* bildl. compliant, pliable; ~ (övermogen) apelsin squashy . .; ~*t* bok*band* limp binding; ~ *hatt* |soft| felt hat; ~*t järn* soft (malleable) iron; ~*a rörelser* graceful (lithe) movements; *bli* ~ become (grow) soft (tender m.fl.), soften; *göra* vattnet ~*t* soften . .; *göra ngn* ~ foglig soften up a p.; *vara* ~ *i kroppen* have supple limbs, be lithe; hon har *något* ~*t över sig* . . a gentleness (gracefulness) about her **mjuka** *tr,* ~ |*upp*| göra mjuk make . . soft, soften; ~ *upp* t.ex. sina muskler limber up, t.ex. läder supple, göra foglig soften up; ~ *upp sig* musklerna limber up **mjukas** *itr. dep,* ~ *upp* se *mjukna* **mjukglass** soft ice-cream **mjukhet** softness etc., jfr *mjuk;* pliancy, flexibility **mjuklanda** *itr* make a soft landing **mjukna** *itr* soften, become (grow) soft|er| etc., jfr *mjuk* **mjukost** soft cheese **mjukplast** non-rigid plastic
mjäkig *a* om t.ex. melodi sloppy sentimental; om t.ex. pojke namby-pamby
1 mjäll *-et (-en) 0* dandruff, scurf
2 mjäll *a* **1** mör, läcker tender **2** om hy transparently (diaphanously) white
mjältbrand anthrax **mjält|e** *-en -ar* spleen
mjält|hugg stitch |in the spleen|; *få* ~ have a stitch in one's side **-sjuk** *a* splenetic, bildl. äv. melancholic; *en* ~ subst. a. a splenetic **-sjuka** bildl. spleen, läk. melancholia
mjärd|e *-en -ar* |fish| trap, wire cage
mjöd *-et 0* mead **-horn** mead horn
mjöl *-et 0* något söndermalet, t.ex. osiktat ~, ben~ meal, siktat ~, isht vete~ flour; pulver powder, stoft dust; *ha rent (*resp. *inte ha rent)* ~ *i påsen* bildl. have nothing to hide (resp. be up to some mischief) **mjöla** *tr* flour, sprinkle . . |over| (powder . .) with flour; ~ *ner sig* get oneself all floury **mjölbagge** meal (mindre art flour) beetle **mjöldagg** mildew; *angripen av* ~ mildewed **mjöldryg|a** *-an -or* ergot
mjölig *a* floury; ~ potatis mealy . .
mjölk *-en 0* milk; *fet (mager, sur)* ~ rich (poor, sour) milk; *oskummad* ~ whole (unskimmed) milk
mjölk|a I *tr* milk; ~ *ngn på* en hemlighet (pengar) se *1 pumpa;* ~ *ur* bröstet (juvret) milk . . dry **II** *itr* give (yield) milk; korna ~*r bra* . . are milking well; ~*nde ko* cow in milk **-affär** dairy **-aktig** *a* milky **-bar** milk-bar **-bil** milk-lorry **-butik** dairy **-choklad** milk chocolate **-droppe** drop of milk
mjölk|e *-en* **1** pl. *-ar* fisk~ milt, soft roe **2** pl. *0* bot. se *mjölkört*
mjölk|erska milkmaid, milker **-flaska** av glas: milk bottle, flaska mjölk bottle of milk stor kanna av plåt milk |transport| can **-färgad** *a* milky-coloured **-glas** dricksglas milk glass; glas mjölk glass of milk **-kammare** dairy |room| **-ko** milch cow äv. bildl.; *en bra* ~ a good milker **-körtel** mammary gland **-lik** *a* milky **-mat** milk food; leva på ~ äv. . . a milk diet **-ning** ~*en 0* milking; *vid* ~*en* bör kon . . while |she is| being milked **-ningsmaskin** milking machine **-pall** milking stool **-provare 1** pers. milk tester **2** apparat |ga|lactometer **-pulver** powdered milk, milk powder **-ras** dairy breed **-saft** bot. latex **-socker** milk sugar, lactose **-spann** milk pail **-stinn** *a* . . charged (heavy) with milk **-syra** lactic acid **-sås** milk sauce **-tand** milk-tooth **-tillbringare** milk jug **-utkörare** milkman **-vit** *a* milky white, milk-white **-ört** rose bay |willow herb|, amer. äv. fireweed
mjölmask mealworm **mjölmat** farinaceous food **mjölnare** miller **mjölon** *-et -* bearberry **mjölsäck** floursack, säck mjöl sack of flour
m.m. förk. etc., se vid. under *2 med I 6*
mnemo|tek|nik mnemonics vanl. sg.
MO se *militieombudsman*
mo *-n* **1** pl. *-ar* hed sandy heath |with pines| **2** pl. *0* sand|jord| sandy soil

moaré *-n (-[e]t) -er* moiré, watered fabric
moatjé *-[e]n -er* **1** kavaljer, motspelare partner **2** *min* ~ den som sitter el. står mittemot the person opposite me
mobb *-en 0* mob
mobil I *a* mobile äv. mil. **II** *-en -er* mobile
mobilier *pl* lösöre movables, chattels **mobilisera** *tr itr* mobilize **mobilisering** mobilization **mobiliseringsorder** mobilization order
1 mocka *-n 0* **1** kaffe[sort] mocha **2** skinnsort suède [leather]
2 mocka *tr itr,* ~ *[gödsel]* clear the dung out; ~ *i* lagården clear the dung out of . ., clear . . of dung
3 mocka *tr,* ~ *gräl* se *1 mucka II*
mocka|jacka suède [leather] jacket **-kopp** [small] coffee cup
mockasin *-en -er* moccasin
mockasked [small] coffee spoon
1 mod *-et 0* oräddhet courage, i vissa uttr. (jfr ex.) äv. heart, kurage mettle, pluck, nerve, F spunk; guts pl.; hjälte~ bravery, gallantry; själsstyrka fortitude; livs~, sinne spirits pl.; *fatta ~, ta ~ till sig* take courage (heart), pluck (screw) up courage; *förlora (tappa) ~et, låta ~et falla* lose heart (courage), be discouraged; *ha ~ i bröstet* have a heart in one's breast; *hålla ~et uppe* bear up, keep up one's courage (spirits); *inge ngn nytt* ~ äv. hearten (put new heart into) a p.; *slå ned ngns* ~ discourage (dishearten) a p.; *med glatt* ~ cheerfully, unhesitatingly; *bli bättre till ~s* recover one's spirits; *känna sig väl (*resp. *illa) till ~s* feel at ease (resp. feel uneasy, feel ill at ease); *vara vid gott* ~ be in good heart (spirits)
2 mod *-et -er* fashion, vogue, style, 'fluga' rage, craze; följa *~ets växlingar* . . the changes of fashion; *det är högsta* ~ it is all (quite) the fashion (vogue, rage); *bestämma ~et* set (lead) the fashion; *efter (klädd efter) senaste ~et* according to (dressed in) the latest fashion (style); *en* målare *på ~et* a fashionable . .; *komma på ~et* become the fashion (fashionable), come into fashion (vogue); *vara på ~et* be the (be in) fashion, be fashionable, be in vogue, be the craze, be all the rage; *komma ur ~et* go out [of fashion (vogue)]
modal *a* modal; *~t hjälpverb* modal auxiliary
modd *-en 0* slush **moddig** *a* slushy
mode|affär hattaffär milliner's shop **-artikel** vara fashion (fancy) article, novelty; *-artiklar* äv. fancy goods, inom hattbranschen millinery sg. **-docka** bildl fashion-plate **-färg** fashionable colour; *blått är ~en* äv. blue is all the rage **-galenskap** 'fluga' craze **-journal** fashion magazine (paper) **-lejon** fashion-monger; sprätt dandy, fop
modell *-en -er* allm. model; mönster, gjut~ pattern; typ, snitt design, isht H style; arbeta som ~ . . an artist's (foto~ a photographer's) model; *det är ~en!* F that's the ticket; *sitta ~ för ngn (ngt)* sit to a p. (for a th.); *stå* ~ pose [as an artist's (foto~ as a photographer's) model], litt. o.d. be the model; teckna *efter* ~ . . from a model; teckna *efter levande (naken)* ~ . . from life (from the nude)
1 modellera *s* modeller's (modelling) clay; plastiskt material plasticine
2 modellera *tr itr* eg. o. bildl. model, *efter* after, [up]on **modellering** *-en 0* modelling **modeller[ings]massa** plasticine
modell|flyg flying with model planes **-flygplan** model [aero]plane **-klänning** model dress (gown) **--lera** se *1 modellera* **-plan** se *-flygplan* **-snickare** pattern maker **-studie** study from the life (a model)
mode|magasin se *mode|affär* o. *-journal* **-nyck** whim (vagary) of fashion **-ord** fashionable (vogue) word **-plansch** fashion-plate
moder *-n mödrar* allm. mother; om fyrfotadjur äv. dam; ~ *jord* Mother Earth; *blivande mödrar* expectant mothers; *Guds* ~ the Mother of God; lättjan är *alla lasters* ~ . . the parent of all vices; *på ~ns sida* on the (one's) mothers side, attr. äv. maternal . .; jfr *2 mor*
moderat *a* måttlig moderate, skälig reasonable
moderation *-en 0* moderation, restraint
moderbolag parent company
moderera *tr* allm. moderate, dämpa, t.ex. sina uttalanden, äv. tone down
moder|fartyg mother ship **-firma** o. **-företag** parent firm (company)
moderiktning fashion trend
moder|kaka placenta **-land** mother country **-lig** *a* omhuldande motherly, som tillkommer en mor maternal **-lighet** motherliness **-ligt** *adv* in motherly fashion; maternally **-liv** womb **-lös** *a* motherless; *fader- och* ~ parentless, orphaned
modern *a* nutida modern, contemporary, . . of today; tidsenlig: attr. up-to-date, pred. up to date; på modet fashionable, modish, pred. äv. in fashion, in vogue, F all the rage; ~ *engelska* present-day (modern) English; *det är inte [längre] ~t med blått* blue is out (has gone out) [of fashion] **modernisera** *tr* modernize, bring . . up to date **modernisering** modernization **modernist** modernist **modernitet** *-en -er* modernity end. sg.; nymodig sak novelty **modernt** *adv* modernly; på modet fashionably; ~ *inredd* bekväm . . fitted with every modern convenience, i modern stil . . designed on modern lines; *[mycket]* ~ klädd . . in the [latest] fashion

modernäring se *huvudnäring 1* **moderplanta** mother plant **modersbunden** *a, vara* ~ have a mother fixation **modershjärta** maternal heart **moderskap** *-et 0* motherhood, maternity **moderskapsförsäkring** maternity insurance **moderskapspenning** maternity allowance

moders|kärlek maternal (a mother's) love (affection), mother love **-lycka** maternal happiness; känna ~ . . the happiness (bliss) of maternity **-mjölk** mother's milk; *med ~en* with one's mother's milk **-mål** mother tongue; ~*|et|* skolämne: svenska Swedish; *på sitt eget* ~ äv. in one's own [native] language **-målslärare** svensklärare teacher of Swedish; *vår* ~ our Swedish master (kvinnlig mistress)

mode|sak 1 konkr. fashionable (fancy) article **2** abstr., *vara en* ~ be the vogue (fashion) **-skapare** stylist

modest *a* modest

mode|tecknare fashion designer **-teckning** fashion-plate; fashion design (drawing) båda äv. abstr. **-tidning** fashion paper **-vara** se *modeartikel* **-visning** fashion display (show)

modfälld *a* discouraged, disheartened, dispirited, downhearted, dämpad dejected, misströstande despondent, *över* i samtl. fall at; *bli* ~ äv. lose courage (heart); *göra ngn* ~ discourage (dishearten, dispirit) a p. **-het** discouragement, downheartedness, dejection, despondency

modifiera *tr* modify, dämpa äv. moderate, temper, inskränka äv. qualify **modifikation** modification, inskränkning äv. qualification; *en sanning med* ~ a qualified truth

modig *a* **1** allm. courageous, plucky, tapper brave, djärv bold; käck spirited, gallant; *vara* ~ *|av sig|* äv. have |got| pluck (courage m.fl., jfr *1 mod*); *det var ~t av dig att göra det* that was a plucky (courageous) thing of you to do **2** det kostar *sina ~a tusen kronor* . . as much as a thousand kronor, . . all of a thousand kronor

modist milliner, modiste

mod|lös *a* dispirited, jfr *-fälld* **-löshet** se *-fälldhet* **-stulen** *a* downhearted, jfr *-fälld*

modul *-en -er* byggn. module **modulation** modulation **modulera** *tr* modulate

modus *- - n* el. *r* mood

modärn etc. se *modern* etc.

mog|en *a* allm. ripe, friare, isht bildl., äv. mature, i bet. 'färdig' äv. ready; ~ *frukt* ripe (fullmogen mellow) fruit; *en* ~ *kvinna (skönhet)* a mature woman (ripe beauty); *|ett| -et omdöme* a ripe judg|e|ment; ~ *ost* ripe cheese; *-et vin* mature (fylligt, vällagrat mellow) wine; personer *i* ~ *(-nare) ålder* . . of mature (ripe|r|) years; *komma till* ~ *ålder* reach maturity, become more mature; *vid* ~ *ålder* at a mature age; *efter -et övervägande* after mature deliberation (consideration); ~ *förtid* se *brådmogen;* ~ *för* (*att* inf.) ripe (ready) for (for ing-form); *bli* ~ se *mogna I*

mogenhet ripeness, maturity; jfr föreg

mogna I *itr* allm. ripen, om frukt o.d. äv. grow ripe, friare o. bildl. mature, come to maturity, ligga till sig season; t.ex. om beslut, komplott, böld äv. come to a head; *få (komma)* beslut etc. *att* ~ bring . . to a head; ~ *till man* eg. grow to manhood (man's estate), bildl. mature into a man; ~ *efter* ripen [with time] **II** *tr* se *[bringa till] mognad* **mognad** *-en 0* ripeness, isht bildl. maturity; *en* ~ *i omdömet* a ripeness of judg|e|ment; *bringa till* ~ eg. o bildl. ripen, eg. äv. get . . ripe, bildl. äv. mature, bring . . to maturity (to a head)

mohammedan etc. se *muhammedan* etc.

1 moj *-et 0* F skräp rubbish, trash

2 moj *-en 0* F 'manick' gadget, thingumabob

1 moja *rfl* se *gona;* ~ *sig i solen* se *gassa II*

2 moj|a *-an -or* se *lathund*

mojna *itr* lull, slacken; ~ *|av (bort, ut)|* äv abate, die down (away), subside

mojäng *-en -er* F, ~*er* gadgets

mol *adv,* ~ *allena (ensam)* entirely (all) alone, all by oneself; ~ *still|a|,* ~ *tyst* se *molstill|a|, moltyst*

mola *itr* småvärka ache slightly, friare äv. chafe, fret; *det ~r i tänderna* my teeth are (keep) aching a little; ~*nde värk* dull pain

molekyl *-en -er* molecule **molekyl|ar|vikt** molecular weight

1 moll *oböjl. s* mus. minor; *gå i* ~ be in the minor key

2 moll *-en 0* tyg mull, light muslin

moll|a *-an -or* svin~ goose-foot (pl.-foots); väg~ common orache

mollskinn moleskin

mollusk *-en -er* mollusc, mollusk

moln *-et -* cloud äv. bildl.; *ett* ~ *lade sig över hans panna* his brow clouded |over|; *gå i* ~ pass (vanish) into |the| clouds (cloud) **-bank** bank of clouds **-betäckt** *a* pred. clouded over **-formation** cloud-formation **-fri** *a* cloudless, . . free from clouds; unclouded äv. bildl. **-gubbe** great big cloud

molnig *a* cloudy, overcast **-het** cloudiness; *ökad* ~ i väderleksrapport becoming cloudier

moln|tapp o. **-tott** wisp of cloud **-täcke** cloud-cover; *lättande* ~ decreasing cloud **-täckt** *a* pred. clouded over

molok *-en 0* Moloch

moloken *a* F dejected; *vara* ~ äv. be down in the mouth

mol|still|a| *a* absolutely still; stå ~ . . stock--still **-tiga** *itr* not say a word **-tyst** *a* absolutely silent; du sitter där ~ äv. . . as quiet as a mouse

molybden *-et (-en) 0* molybdenum

omang F instant, moment; *på ~en* instantly, on the [very] instant **moment** *-et* - faktor element, factor; punkt point, t.ex. i studiekurs item; stadium stage, phase; ~ (förk. *mom.*) *2* i lagtext clause (förk. cl.) 2, stycke paragraph (par.) 2, subsection (subsec.) trestegshopp består av tre *olika* ~ . . different actions; *det svåraste ~et i* tävlingen the most difficult part (element) of . .; tvättningen sker i *tre* ~ . . three operations **2** fys. o. tekn. moment **3** tidpunkt moment, instant **momentan** *a* momentary, instantaneous
oms *-en 0* VAT, jfr *mervärdesskatt*
onark *-en -er* monarch **monarki** monarchy **monarkisk** *a* monarchical
ondän *a* fashionable; societets- society . .
onegask *-en -er* o. **monegaskisk** *a* Monacan, Monegasque
ongol *-en -er* Mongol[ian] **Mongoliet** Mongolia **mongolisk** *a* Mongol[ian]
ono|gam *a* monogamous **-gami** ~[*e*]*n 0* monogamy **-grafi** monograph, *över* on **-gram** ~*met* ~ monogram
onok|el *-eln -lar (-ler)* monocle
ono|log monologue, soliloquy **-man I** *-en ~er* monomaniac, *på* about **II** *a* monomaniac[al] **-mani** monomania **-plan** monoplane
onopol *-et* - monopoly; *ha ~ på ngt* (*att* inf.) have [got] a monopoly of a th. (of ing-form) **monopolisera** *tr* monopolize . bildl. **monopolisering** monopolization
monopolställning monopoly position
ono|teism monotheism **-teistisk** *a* monotheistic[al] **-ton** *a* monotonous **-toni** ~[*e*]*n 0* monotony
onst|er *-ret -er* o. **monstr|um** *-et -er* monster, om sak äv. monstrosity **monstr[u]-ös** *a* monstrous
onsun *-en -er* monsoon
ontage *-t* - film. montage end. sg.
ont|er *-ern -rer (-rar)* show-case, display case; på utställning o.d. exhibition case
ontera *tr* **1** sätta ihop, infatta, foto. o. sömn. allm. mount; t.ex. bil, radio assemble, put together; ~ [*på'*] anbringa äv. fix, fit; ~ [*upp*] uppföra äv. erect, set (fit) up; ~ *in* fix [up], install; ~ *ned* dismantle, dismount **2** garnera, t.ex. hatt trim **montering** abstr. mounting etc.; assembly, assemblage; erection; installation; film. v. montage; jfr föreg. **monteringsfärdig** *a* prefabricated; ~*a hus* prefabricated (prefab) houses, prefabs **monteringshall** assembly shop (hall) **montör** allm. fitter, elektr. äv. electrician, flyg~ äv. rigger, t.ex. bil~, radio~ assembler
onument *-et* - monument; *resa ett ~ över* erect (put up) a monument to (to the . in memory of) **monumental** *a* monumental; friare äv. stupendous, grand

moped *-en -er* moped **mopedförare** o. **mopedist** mopedist, moped rider
mopp *-en -ar* o. **moppa** *tr* mop
mops *-en -ar* pug[-dog] **mopsa** *rfl* F be cheeky (saucy), *mot* to
1 mor *-en -er* folk Moor
2 mor *modern mödrar* allm. mother; jfr äv. *mamma* o. *moder; ~s dag* Mother's Day; *i ~s ställe* in the place of a mother; *bli ~* become a mother; *vara som en ~ för ngn* be [like] a mother to a p., mother a p.; *~ till* 4 barn the mother of . .; *han ber nog för sin sjuka ~* F he is probably thinking of himself (his own interest)
moral *-en -er* **1** etik ethics sg. el. pl., ~ uppfattning morality end. sg.; seder morals pl.; anda, isht bland trupper morale end. sg.; *slapp ~* lax morals **2** sens moral moral, *i* of **-begrepp** moral concept **-isera** *itr* moralize, *över* on **-isk** *a* moral, etisk ethical **-kaka** o. **-predikan** [moral] lecture, homily **-predikant** bildl. sermonizer, moralizer
moras *-et* - sumpmark morass, bog, kärr marsh
moratori|um *-et -er* morator|ium (pl. äv. -ia)
morbro[de]r [maternal] uncle; jfr *farbror*
mord *-et* - murder, *på* of; jur. äv. homicide; lönn~ o. politiskt mord assassination; *begå ~* commit [a] murder; *platsen för ~et* the scene of the murder **-anslag** murderous plot **-brand** incendiarism, jur. arson, båda end. sg.; *en ~* an act of incendiarism, a case (an act) of arson **-brännare** incendiary **-drama** [tragic] murder **-försök** attempted murder; göra [*ett*] ~ *på ngn* . . an attempt on a p.'s life **-isk** *a* murderous **-lysten** *a* bloodthirsty, murderous **-lystnad** bloodthirstiness, murderousness **-vapen** murder weapon **-ängel** destroying angel
morell *-en -er* morello [cherry], morel
mor|fader se *morfar* **-faderlig** *a* grandfatherly **-far** [maternal] grandfather, grandpa[pa], F granddad; mother's father; *~s far (mor)* övers. = *farfar*[*s far (mor)*]
morfin *-et (-en) 0* morphia, isht läk. morphine **-dos** dose of morphia (morphine) **-förgiftad** *a* morphinized **-injektion** o. **-insprutning** morphine injection, F shot of morphia **-ism** morphinism, morphine addiction **-ist** morphinist, morphine addict
morfologi -[*e*]*n 0* biol. o. språkv. morphology
morföräldrar *pl, mina ~* my grandparents [on my mother's side]
morganatisk *a* morganatic
morgna *rfl* se *morna*
morgon (F *morron*) *-en morgnar* (F *mornar*) jfr äv. ex. under *dag 1, kväll 1* **1** mots. 'kväll' morning, gryning dawn; *god ~!* good morning!; *~en gryr* the day is dawning, it is growing light; *från ~ till kväll* from morning to night, from dawn to dusk; *i tidernas*

~ at the beginning of time **2** *i* ~ tomorrow; *det måste vara gjort i* ~ *dag* it must be done tomorrow; *i* ~ *middag* at noon tomorrow; vi reser *i* ~ *vid den här tiden* . . [at] this time tomorrow; *tidigt i* ~ early tomorrow morning **-andakt** enskild morning prayers pl.; i t.ex. radio morning service **-bön** morning prayers pl., i kyrka äv. matins pl. **-dag,** ~ *en* tomorrow; uppskjut inte till ~ *en* äv. . . the next day; *sörj inte för* ~ *en!* bibl. take no thought for the morrow! **-dimma** morning fog **-gåva** morning gift **-humör,** *han har dåligt* ~ he is in a bad mood in the morning[s] **-kaffe** early morning coffee, ss. frukost breakfast **-kröken** o. **-kulan** o. **-kvisten,** *på* ~ in the early morning; *så här på* ~ about this time in the morning **-kyla** cool of the morning **-luft** morning air; [*börja*] *vädra* ~ bildl. begin to see one's chance **-mål** morning meal, breakfast **-nyheter** *pl* i radio early [morning] news sg. **-pigg** *a, vara* ~ be lively (alert) in the morning[s]; jfr *-tidig* **-promenad** morning walk **-rock** dressing gown **-rodnad** red light of dawn, aurora **-samling** morning assembly **-sidan,** *på (mot)* ~ towards morning **-sol,** rummet *har* ~ . . has (gets) the morning sun **-stjärna 1** astr. morning star **2** vapen mace **-stund,** ~ *har guld i mund* ung. the early bird catches the worm **-sur** *a, vara* ~ be in a bad mood in the morning[s] **-sömnig** *a, vara* ~ be sleepy (drowsy) in the morning[s] **-tidig** *a, vara* ~ *av sig* be an early riser (bird) **-tidning** morning paper

morian blackamoor

morisk *a* Moorish, Moresque

morkulla [European] woodcock **morkull[s]sträck** flykt passage (flock flight) of woodcocks

mormoder se *mormor* **-lig** *a* grandmotherly

mormon *s* o. **mormonsk** *a* Mormon

mormor [maternal] grandmother, grandma[mma], F granny; mother's mother; ~ *s far (mor)* övers. = *farfar*| *s far (mor)*|

morna *rfl* get oneself roused (awake) **mornad** *a* awake

morot carrot **morotsfärgad** *a* carroty, carrot-coloured

morr *-et 0* se *morrning* **morra** *itr* growl, snarl, *åt* at **morrhår** *pl* whiskers, fackl. vibrissae **morrning** growl, snarl

morron *-en mornar* F se *morgon*

morsarv inheritance from one's mother

morse, *i (i går)* ~ this (yesterday) morning

morsealfabet Morse alphabet (code) **morsera I** *tr* send . . in Morse **II** *itr* sända ett meddelande send a message in Morse **morsetecken** Morse symbol

mors|gris kelgris mother's darling; vekling milksop **-gumman** my (your etc.) [old] ma

morsk *a* kavat self-assured, cocksure, kaxig, nosig cocky, stuck-up; orädd bold, som inte ger tappt game, käck dashing **morska** *rfl* be cocky; ~ *upp sig* fatta mod pluck up courage **morskhet** self-assurance, cockiness, boldness, gameness; jfr *morsk*

mortalitet mortality

mort|el *-eln -lar* mortar **mortelstöt** pestle

morän *-en -er* moraine

mos *-et 0* kok. mash, av äpplen sauce; mjuk massa pulp; röra mush; *göra* ~ *av* bildl. make mincemeat of **mosa I** *tr,* ~ [*sönder*] pulp, reduce . . to pulp, potatis o.d. mash **II** *rfl* pulp, go into a pulp

mosaik *-en -er* mosaic; *lägga in med* ~ mosaic, m. fyrkantiga bitar el. plattor äv. tesselate **-golv** mosaic (resp. tesselated) floor **-inläggning** abstr. inlaying with mosaic, tesselation; konkr. mosaic, tesselation; jfr *mosaik*

mosaisk *a* Mosaic; ~ *a* församlingen (kyrkogården) the Jewish . . **mose|bok,** *de fem -böckerna* vanl. the Pentateuch sg.; *Första* (resp. *Andra, Tredje, Fjärde, Femte*) ~ vanl. Genesis, resp. Exodus, Leviticus, Numbers, Deuteronomy

mosel *-n 0* moselle

1 mosig *a* mosad pulpy

2 mosig *a* F berusad fuddled

moské *-n -er* mosque

moskit *-en -er* mosquito

Moskva Moscow

moss|a *-an -or* moss; *låta det växa* ~ *på ngt* bildl. let a th. sink into oblivion **mossbelupen** *a* eg. o. bildl. mossy, moss-grown **moss|e** *-en -ar* bog, moss **mossgrön** *a* moss-green **mossig** *a* mossy **mossjord** bog earth, moss (peat) soil

most|er *-ern -rar* [maternal] aunt; *min fars (mors)* ~ äv. my great-aunt, my grand-aunt

mot I *prep.* Översikt av huvudbet. o. övers. (för övers. se vid. ned. *1—4* o. jfr under resp. subst., adj. o. vb) a) 'i riktning mot', 'inemot' vanl. towards b) uttr. beröring samt motstånd, fientlighet, kontrast m.m. vanl. against c) angivande bemötande (isht typen: 'god mot') vanl. to

1 i fråga om rumsförh.: **a)** i riktning mot, åt . . till allm. towards; *han kastade en blick* ~ *mig* he cast a glance at me (in my direction); *gränsen* ~ *Finland* vanl. the Finnish border; sträcka händerna (sitta med ryggen) ~ *brasan* . . to (towards) the fire; triangelns höjd ~ *basen* . . on the base; *hålla* [*upp*] ngt ~ *ljuset* hold . . up to the light; köra ~ *staden* . . towards the town, . . townwards; *ro* ~ i motsatt riktning mot *strömmen* row against the current (stream); *rusa* ~ *dörren* dash to the door; skjuta (kasta sten) ~ . . at; han kom *springande* ~ *mig* . . running towards me (in my direction); *tåga* ~ . . march towards (i fientligt syft on) . .; *vara (stå* etc.) *vänd* ~ . . vanl. face . .; fönstret *vetter* ~ *öster* . . faces |the| east; *vika av* ~ byn äv. turn off in the direction of . .; *vända tillbaka* ~ *hemmet* (med hemmet som mål) turn back for home **b)** vid beröring: allm. against; *han körde* med bilen ~ *staketet* äv. he drove into the fence; vågorna slår ~ *stranden* . . on the shore; ställa stolen ~ *väggen* . . against (intill |close| to) the wall; stödja huvudet ~ *handen* . . on (in) one's hand; sätta revolvern ~ *tinningen* . . to one's temple

2 i fråga om tidsförh. towards; *se fram* ~ bättre tider look forward to . .

3 i fråga om bemötande o. inställning, ofta efter adj., allm. to, gentemot äv. towards; *god (vänlig, grym* etc.) ~ good (kind, cruel etc.) to; *häftig (tålig, uppriktig)* ~ hot-tempered (patient, honest) with; det är inte *rättvist* ~ *henne* . . fair on her; *skeptisk* ~ nya metoder sceptical about . .; *sträng* ~ strict with, severe (hard) on; *hysa groll* ~ bear a grudge against; *hat (misstänksamhet, misstänksam)* ~ hatred (suspicion, suspicious) of; *visa sin kärlek* ~ show one's love for; *sätt* ~ *ngn* manner with a p.; *fara ut* ~ rail at; *uppföra sig* ohyfsat ~ *ngn* behave . . towards (to) a p.

4 i fråga om förhållanden i övrigt: **a)** för att beteckna motstånd, fientlighet, motsats, motsättning: allm. against, jur. o. sport. ('kontra') äv. versus (förk. v.) lat.; *brott* ~ en regel breach of . .; *skydd* ~ protection against (from); *utmaning* ~ challenge to; *åtgärder* ~ spridning av smitta measures against (to prevent); ~ förmodan (reglerna, vanan) contrary to . .; en tablett ~ *huvudvärk* . . for headache; förslaget föll med 8 röster ~ *6* . . to 6; ~ bättre vetande (ngns önskan) against . ., contrary (in opposition) to . .; *gå* ~ ett förslag go against . ., oppose . .; *det hjälper* ~ allt it is good for . .; *reagera* ~ ljuset react to . . **b)** för att beteckna kontrast el. jämförelse vanl. against, compared to (with); ~ en bakgrund against . .; se ngt ~ *bakgrunden av* bildl. . . in the light of; *hålla tio* ~ *ett* bet (lay) ten to one; priset är nu 5 kr. ~ *4 förra året* . . as compared with (to) 4 last year; blått är vackert ~ *gult* . . against yellow, . . together (side by side) with yellow; det tog tio år ~ *beräknade sju* . . as against the estimated seven; *hon går inte upp (är ingenting)* ~ *systern* she is nothing compared (in comparison) with (to) her sister, she doesn't come up to her sister; det är ingenting ~ *vad jag sett* . . to what I have seen; väga . . ~ *varandra* . . one against the other **c)** för att beteckna byte el. motsvarighet for, against, on; ~ en årlig avgift on payment of . .; göra ngt ~ *betalning* . . |in return (exchange)| for money; ~ *kvitto* against |a| receipt; ~ *denna kupong* erhåller kunden . . against presentation of this coupon . .; ~ *legitimation* |up|on identification; *han bytte ut sina gamla skridskor* ~ ett par nya he exchanged his old skates for . .; ~ *10 % provision* äv. at (on the basis of) a 10% commission; göra ngt ~ |*det*| *att ngn* sats . . in exchange for a p.'s ing-form, försåvitt att . . provided (on condition) that a p. sats

II *adv* se *emot II*

mota *tr* **1** ~ spärra vägen för *ngn* (resp. *ngt*) bar (block) the way for a p. (a p.'s way, resp. the way for a th.), hindra obstruct a p. (resp. the progress of a th.), hejda check (stop) a p. (resp. a th.); ~ avvärja *ngt* ward (keep) off a th.; ~ *Olle i grind* ung. nip the (resp. a) thing in the bud **2** fösa drive, F shoo; ~ *av (bort, undan)* drive . . off (. . away); ~ *in (in i)* drive in (. . into); ~ *ut (ut ur)* drive (köra turn) out (. . out of)

mot|anfall counter-attack **-anklagelse** countercharge **-arbeta** *tr* sätta sig upp mot oppose; motverka counteract; bekämpa combat; motsätta sig, t.ex. ett förslag set oneself against; söka stävja, t.ex. ngns planer try (seek) to thwart; ~ *sina egna intressen* go against one's own interests; de båda parterna ~*r varandra* . . are opposing each other, . . are at cross purposes **-bevis** proof to the contrary, counter-evidence **-bevisa** *tr* refute **-bjudande** *a* som väcker motvilja repugnant, repulsive, *för* to; vämjelig disgusting, loathsome, obehaglig uninviting, frånstötande forbidding **-bok** H |customer's| passbook, bankbook; för köp av spritdrycker ration book |for wine and spirits| **-drag** schack o. friare counter-move

motell *-et* - motel

motett *-en -er* motet

mot|fordran counter-claim, *på* ngn on, *på* belopp for (of) **-fråga** counter-question **-gift** antidote, *mot* against, for, to **-gång** adversity, misfortune, bad luck end. sg.; bakslag reverse, set-back, mil. check **-hugg** bildl. opposition, protest; *få (röna)* ~ meet with opposition **-håll,** *ha (få)* ~ *för ngn* be in (fall into) disfavour with a p.; *jag har* ~ *av* lärarna . . are against me **-hårs** *adv* the wrong way äv. bildl.

motig *a* adverse, contrary; *det är* ~*t* things are not easy **-het** ~*en* ~*er* reverse, set-back, check; *livets små* ~*er* life's little set-backs

motion *-en* **1** pl. *0* kroppsrörelse exercise; *få (hämta)* ~ get |some| exercise **2** pl. *-er* förslag motion, lagförslag |private| bill, *i* on, *om* for, |*om*| *att* inf. to inf. (for ing-form); *väcka* ~ propose (submit) a motion, introduce a bill, move a resolution **motionera I** *tr,* ~ t.ex. en häst give . . exercise, exercise . . **II** *itr* **1** skaffa sig motion take exercise **2** väcka förslag se |*väcka*| *motion* **motionsgymna-**

stik keep-fit exercises pl. **motionsrätt** privilege of submitting motions **motionstid** period for submitting (giving notice of) motions **motionär** proposer of a (resp. the) motion, introducer |of a (resp. the) bill|, mover of a (resp. the) resolution; jfr *motion 2*
motiv *-et* - **1** bevekelsegrund motive, *för, till* for, of; drivfjäder äv. incentive, *för* to; skäl reason, *för* for; cause, *för* of; *vad hade han för ~ för att* inf. what was his motive (reason) for ing-form **2** ämne, grundtanke motif, för tavla äv. subject, mus. äv. theme, *för, till* i samtl. fall for, of **motivation** *-en 0* motivation, *för* of **motivera** *tr* utgöra skäl för give cause for, rättfärdiga justify, explain; isht psykol. motivate; ange |sina| skäl för state |one's| reasons (|one's| motives) for; *ett föga ~t angrepp* an attack for which there is (was etc.) little justification **motivering** berättigande justification, explanation, *för* of (for); angivande av |sina| skäl statement of |one's| reasons (|one's| motives), t.ex. för lagförslag explanatory statement; isht psykol. motivation, *för* of; *med den ~en att* on the plea (ground|s|) that
mot|kandidat rival candidate, *till* pers. to (plats o.d. for) **-ljus,** *i ~* against the light **-lut** ascent; *i ~* on an ascent (up-grade) **-läsa** *tr* check-read; siffror H call over **-läsning** check-reading; calling over
motocross *-en 0* moto-cross, scramble
mot|offensiv counter-offensive **-offert** counter-offer
motor förbrännings~ engine, motor; *elektrisk ~* electric motor; *bil med stark (svag) ~* high-powered (low-powered) car **-bränsle** motor fuel **-buller** noise of (from) an engine (resp. the engine, |the| engines) **-båt** motor-boat (större -launch) **-cykel** motor cycle, F motor-bike; *~ med sidvagn* motor cycle and side-car **-cyklist** motor cyclist **-drift** motor operation **-driven** *a* attr. motor-driven, pred. motor driven; t.ex. gräsklippare power|ed| . . **-fartyg** motor ship (förk. M/S, MS), motor vessel (förk. MV) **-fel** engine (motor) fault (krångel trouble) **-fordon** motor vehicle **-fordonsförsäkring** motor |vehicle| insurance; jfr *försäkring* m.ex. **-förare** motorist, driver **-huv** på bil |engine| bonnet, amer. hood; flyg. cowl|ing|
motorisera *tr* motorize; *~t* jordbruk (*~d* trupp) äv. mechanized . . **motorisering** *-en 0* motorization, mechanization **motorisk** *a* motor . . **motorism** motorism, motoring
motor|krångel engine (motor) trouble **-olja** motor (engine) oil **-plog** motor (tractor) plough **-rum** i bil engine compartment **-sport** motoring, motor sport|s pl.| **-spruta** brandv. |motor-driven| fire engine; jordbr. o.d. motor (power) sprayer **-stopp** engine (motor) failure (breakdown); *ja fick ~* bilen stannade tillfälligt the (my) ca stalled **-styrka** engine power **-torpedbå** motor torpedo-boat **-tävling** motor rac **-vagn** järnv. rail-car, motorcoach, spårv., ame äv. järnv. motor-car **-väg** motorway, amer. ex pressway
mot|part opposite party isht jur.; *~en* äv. th other party **-pol** antipole äv. bildl. **-presta tion** återtjänst service in return; *göra en ~* äv. do something in return; *som ~* erbjöd h in return . . **-påve** antipope **-revolutio** counter-revolution **-räkning** counter-claim
motsats opposite, contrary, reverse, antit es|is (pl. -es), *mot (till)* i samtl. fall of; motsä ning contrast, *mot (till)* to; *kontradiktorisk ~er* contradictory terms, contradictorie *detta är raka ~en |till . .|* this is the exac opposite |of . .|, this is quite the contrar |of . .|; påstå *raka ~en . .* quite (just) th opposite (contrary, reverse); de är *varandra ~er* . . |the| opposites of each other; *bi da en (stå i) skarp ~ till ngt* form a shar contrast (be diametrically opposed) to a th *i ~ mot (till) mig* är han . . unlike (by contras with) me . .; landet *i ~ till staden* . . against (opposed to) the town; bevis (exemp *på ~en* . . to the contrary **-förhålland** oppositionellt förhållande state of oppositio se äv. *motsättning.*
mot|satt *a* opposite, contrary äv. bildl., omvär reverse; växt *med ~a blad* opposite-leave . ., oppositifolious . .; *i ~ fall* in the contrar case, i annat fall otherwise; *|det| ~a könet* th opposite sex; *vara av ~ mening (åsikt) m* . . be of an opposite (a contrary) opinio (take the opposite view) to . .; om vi inte h ngt *i ~ riktning* . . to the contrary; *~a sida* t.ex. av mynt the reverse side; *på ~a sida* on the opposite side (av bokuppslag page); *~* syften conflicting . .; *|varandra| ~a* åsikt opposed (contradictory) . .; med honom *ä fallet det ~a* the reverse is the case . . **-s** *tr* se fram emot look forward to, förutse expec vänta sig await; *länge ~dda* förändringar lon -expected . ., long-awaited . .; jfr *emots* **-sida,** *~n* the opposite (other, spo opposing) side **-skäl** reason (argumen against **-sols** *adv* anti-clockwise, counte -clockwise **-spelare 1** opponent **2** teat. o.d *ha ngn som (till) ~ (-spelerska), vara ~ (-spelerska) till ngn* play opposite a **-spjärn** purchase; jfr *fotspjärn* **-spänsti** *a* gensträvig refractory, recalcitrant, *mot* t ohanterlig unmanageable; halsstarrig intractabl obstinate **-spänstighet** refractoriness, r calcitrance; intractability, obstinacy **-stri dande** *a* se följ. *1* **-stridig** *a* **1** om uppgifter o. conflicting, contradictory **2** genstridig obst nate, argumentative **-strävig** *a* se *motspän*

ig; motvillig reluctant; *~t* hår intractable . . **-ström** o. **-strömning** counter-current, ekn. äv. counterflow **-ströms** *adv* against he current (stream) **-stycke** counterpart, *ill* to, of; *den har inte sitt ~* there is no parallel to (no counterpart to, nothing to natch) it (this), it is unique; brott *utan ~* äv. unparalleled . . **-stå** *tr* se *stå* [*emot*] **-stående** *a* opposite

notstånd 1 motvärn, hinder allm. resistance, bl. opposition, jfr ex.; *ge upp ~et* give up one's opposition, mil. äv. surrender; *göra* [*våldsamt*] *~ mot* offer [violent] resistance o; *möta ~* meet with resistance (opposition); *utan att möta ~* unopposed **2** fys. resistance, konkr. äv. resistor, reostat rheostat **motståndare** *-n -* opponent, adversary båda äv. sport., antagonist; *vara ~ till ngt* be an opponent of (be opposed to, be against) a h. **motståndarsida,** *~n* våra etc. motståndare our etc. opponents pl.; *på ~n har man . .* our etc. opponents have . ., on the opposing side they have . .

notstånds|kraft [power of] resistance, resisting power, *mot* to, against; materials äv. resistibility, fysisk äv. stamina **-kraftig** *a* resistant, *mot* to, against; *~ mot eld* fireproof; *~ mot rost* rust-resisting, rust-resistant **-lös** *a* unresisting **-näste** pocket of resistance **-rörelse** resistance movement

notstöt mil. counter-attack, fäkt. riposte, counter-thrust

mot|svara *tr* correspond to, t.ex. beskrivningen answer [to]; uppfylla, t.ex. krav, förväntningar fulfil, come up to; vara likvärdig med be equivalent (equal, tantamount) to, be the equivalent of; motväga [counter-]balance; jfr *svara 3; de ~r inte varandra* a) stämmer inte överens they do not correspond b) är inte jämförbara el. likvärdiga they are not equivalents; resultatet *~r inte arbetet . .* is not proportionate to (in proportion to, commensurate with) the work; resultatet *~r inte våra förväntningar* vanl. . . falls short of our expectations; varorna *~r inte provet . .* are not up to (do not come up to, fall short of) the sample; vi hoppas *~ ert förtroende* H . . to justify your confidence; ngt *~nde detta . .* equivalent (similar, analogous) to this; 10 aktiebrev *~nde 100 aktier . .* representing 100 shares **-svarande** *a* allm. corresponding, jämgod, lik äv. equivalent, analogous, similar; *i ~ grad, på ~ sätt* äv. correspondingly **-svarighet** *~en ~er* överensstämmelse correspondence, full equivalence, proportionell proportionateness samtl. end. sg.; motstycke counterpart, parallell analogue, *till* to, of; lordmayorns *svenska ~ . .* opposite number in Sweden; ordets *närmaste ~* the closest equivalent . .; *det saknar ~, det finns ingen ~ till detta* it has (there is) nothing corresponding to it

mot|säga *tr* allm. contradict, ej stämma med äv. be contradictory to, strida mot äv. conflict (be inconsistent) with **-sägande** *a* contradictory, conflicting, själv~ inconsistent **-sägelse** allm. contradiction; oförenlighet incompatibility; *utan ~* oemotsägligen indisputably **-sägelselust**[**a**] love of contradiction **-sätta** *rfl* se *sätta* [*sig emot*] **-sättning** motsatsförhållande opposition, fientligt förhållande antagonism; *stå i ~ mot (till)* be in contrast to, contrast to; jfr *motsats*

mott *-en (-et) -* moth; *där ~ och mal icke förstöra* bibl. where moth and rust do not corrupt

motta[**ga**] *tr* se *ta* [*emot*] **mottagande** *-t 0* reception; isht H receipt; *få ett vänligt (gynnsamt) ~* äv. be kindly (favourably) received; *vid ~t* H [up]on receipt **mottagare 1** pers. receiver, av gåva o.d. äv. recipient, frakt~ äv. consignee, adressat vanl. addressee; i tennis striker-out **2** apparat receiver, receiving set **mottagarstation** radio. receiving station **mottaglig** *a* allm. susceptible, känslig sensitive, *för* to; *~ för* äv. a) idéer, uppslag, intryck open (responsive, receptive) to b) skäl amenable to; *~ för förkylning*[*ar*] liable to catch colds; *inte ~ för* smittan äv. immune (resistant) to . . **mottaglighet** susceptibility, sensitiveness etc., jfr föreg.; *~ för intryck* impressionability **mottagning** allm. reception äv. radio.; jfr *läkarmottagning;* sällskaplig *~* hemma at-home (pl. at-homes); doktorn har *~ varje dag (ingen ~ i dag) . .* surgery (betr. t.ex. psykiater consulting) hours every day (no surgery resp. no consulting hours today); rektorn *har ~ 10—12 . .* receives visitors 10—12; *ha ~ för* vänner på torsdagarna receive (be at home to) . .; *vid ~en för . .* at the reception given to . .

mottagnings|bevis notice (advice) of delivery, receipt, post. post-office receipt **-förhållande,** *goda ~n* radio. good reception sg. **-kommitté** reception committee **-rum** läkares consulting-room, surgery, amer. [doctor's] office **-sköterska** surgery (reception, hos tandläkare dental) nurse, receptionist **-tid** time for receiving visitors; jfr *läkarmottagning 2*

motto *-t -n* motto; devis legend

mot|tryck tekn. back-pressure, friare counter-pressure **-urs** *adv* anti-clockwise, counter-clockwise **-vallskäring** F, hon är *en riktig ~ . .* a very cussed (contradictory) woman **-veck** box-pleat **-verka** *tr* motarbeta counteract; hindra obstruct, m. saksubj. militate against; försöka sätta stopp för counter-check; motväga compensate for, upphäva verkan av neutralize; *varandra ~nde krafter* forces that counteract each other **-verkan**

counteraction **-vikt** eg. o. bildl. counterbalance, counterweight, counterpoise, *mot* i samtl. fall to; *bilda ~ mot* counterbalance, offset **-vilja** olust dislike (*mot* of, for), distaste (*mot* for), avsky antipathy, repugnance (*mot* to, against), vedervilja aversion (*mot* to, from, for), *mot att* inf. i samtl. fall to (of etc.) ing-form; *få (känna) ~ mot* take (feel) a dislike to; jfr *motvillighet* **-villig** *a* reluctant, stark. averse **-villighet** reluctance, stark. averseness **-villigt** *adv* reluctantly, med illa dolt missnöje with an ill grace **-vind** contrary (adverse) wind, head wind; *ha ~* äv. have the wind [dead] against one; *segla i ~* a) eg. sail against the wind b) bildl. be under the weather **-väga** *tr* [counter]balance, counterpoise, jfr *motverka* **-värde** equivalent, countervalue **-värn** resistance; *sätta sig till ~* make (offer) resistance, fight back **-åtgärd** counter-measure

moussera *itr* se *mussera*

mu *itj* moo! **mua** *itr* moo

1 muck *-et 0* F knyst, *inte säga ett ~* not utter a word; *inte förstå ett ~* not understand a thing

2 muck F mil. **I** *oböjl. a, jag är ~* ung. I have been demobbed **II** *oböjl. s* ung. demobilization

1 mucka F **I** *itr* knorra grumble, *över* at; lyda *utan att ~* . . without a murmur **II** *tr, ~ gräl* pick a quarrel, *med* with

2 mucka *itr* F mil. be demobbed

mudd *-en -ar* wristlet

mudd|er *-ret 0* mud, slime **mudderpråm** mud boat **mudderskopa** dredging-bucket **mudderverk** dredge[r], dredging boat **muddra** *tr itr* dredge; *~ upp* dredge

muff *-en -ar* **1** av skinn o.d. muff **2** tekn. sleeve, rör~ socket, på axlar coupling-box, muff

muffin - *-s r (-et -s)* queen cake, amer. muffin

mugg *-en -ar* mug, cup, större jug, av tenn pot; *en ~* öl a mug (jug) of . .; arbeta (gå) *för fulla ~ar* . . at full speed

Muhammed Mohammed **muhammedan** Muslim, Mohammedan **muhammedanism** (äv. *~en*) Islam, Mohammedanism **muhammedansk** *a* Muslim, Mohammedan

mul|a *-an -or* mule

mulatska mulatto woman (girl) **mulatt** *-en -er* mulatto (pl. -s)

mul|e *-en -ar* muzzle

mule|n *a* om himmel clouded over end. pred.; overcast, cloudy äv. om väder; bildl. gloomy; *~ morgon gör ofta klar dag* a dull morning often heralds a fine day; *det är -t* it is cloudy

muljera *tr* palatalize; *~ t 'l'* vanl. 'l' mouillé fr. **muljering** palatalization

mull *-en 0* allm. earth, jfr *mylla I;* stoft dust

mul|l|bänk F pinch of snuff [placed in the mouth]

mullbär o. **mullbärsträd** mulberry

mullig *a* plump

mullra *itr* rumble, roll, growl

mullvad *-en -ar* mole **mullvadsarbet** bildl. underground work **mullvadshö** molehill **mullvadsskinn** pälsverk moleskin

mulna *itr* cloud over, become overcast, ge cloudy; bildl. darken; *det ~r [på (till)]* th sky is clouding over

mul- och klövsjuka foot-and-mouth dis ease (äv.: *~n*)

multilateral *a* multilateral **multip|el** *-el -ler (-lar)* o. *a* multiple **multiplicera** *t* multiply, *med* by **multiplikand** *-en -e* multiplicand **multiplikationstabell** mult plication table **multiplikator** multiplier

multna *itr* moulder [away], rot [away] decay

mulåsna eg. hinny, vanl. mule

mumie *-n -r* mummy **mumifiera** *tr* mum mify

mumla *tr itr* [ut]tala otydligt mumble; mutt mutter, murmur; *~ i skägget* mutter et [to oneself (under one's breath)]; *det ~ de* viskades *om att* han . . it was whispered that . . *~ fram* mutter

mumma *-n 0* ung. half-and-half

mum|mel *-let 0* mumble etc., mumland mumbling etc., jfr *mumla*

mums **I** *itj* yum-yum! **II** *n, det smaka ~* it tastes lovely (scrumptious) **mums** *itr* munch, *på (i sig) ngt* a th.

mun *-nen -nar* mouth; *en ~* vatten a mouth ful of . .; *hålla ~[nen]* a) tiga keep quiet, F tystna äv. shut up b) inte tala om vad man ve keep one's mouth shut, *med* about; *t ~[nen] full, vara stor i ~[nen]* skryt talk big, be all talk; *ta ~nen för full* say to much; *täppa till (tysta) ~[nen] på ng* silence (m. munkavle o.d. gag) a p., F shut a p up; *prata bredvid ~[nen]* let the cat out c the bag; jag har det *från hans egen ~* . . fror himself; *ful (grov) i ~[nen]* foul-mouthed *i hans ~* betyder detta . . coming from (as use by) him . .; *jag vill inte ta ordet i min ~* couldn't possibly utter such a word; *vara var mans ~* be [the] common talk, be th talk of the town; *lägga orden i ~[nen] p ngn* put the words into a p.'s mouth, påverk [t.ex. vittnes] svar prompt a p.; *tala i ~[nen] p varandra* speak at the same time; *med e'n ~* with one voice, unanimously; *med gapand ~* open-mouthed; ta ordet *ur ~[nen] p ngn* . . out of a p.'s mouth; ta pipan *ur ~[nen]* . . from one's mouth, . . from betwee one's lips **-art** dialect, idiom

mundering soldats equipment, neds. get-up hästs trappings pl.

mun|full *r* mouthful [före följ. best. of] **-gip**

corner of one's mouth; *dra ner -giporna* lower (droop) the corners of one's mouth
mungo *-n -er* mongoose (pl. -s)
mun|huggas *-höggs -huggits itr. dep* wrangle, bicker, bandy words **-håla** oral cavity, mouth-cavity
municipalsamhälle ung. municipality, urban district
munk *-en -ar* **1** pers. monk, tiggar~ friar **2** likör Benedictine **3** bakverk doughnut
mun|kavel el. **-kavle** eg. gag, bildl. muzzle; *sätta ~ på ngn* gag (muzzle) a p.
munk|kloster monastery **-kåpa** monk's frock, cowl **-likör** Benedictine **-löfte** monastic (monk's) vow **-orden** monastic order
munkorg muzzle; *sätta ~ på* äv. bildl. muzzle; hund *med ~* muzzled . . **munlås** se *munkavel* **munläder,** *ha gott (smort) ~* have the gift of the gab **mun-mot-mun-metod** mouth-to-mouth method, kiss of life **munsbit** mouthful, 'beta' morsel; *ta ngt i en ~* swallow a th. in one go (at a mouthful)
mun|skydd mask **-skänk** *~en ~ar* cupbearer **-spel** mouth-organ **-stycke** fast: allm. mouthpiece, mus. äv. embouchure fr., på cigarrett tip; på slang nozzle, på rör, förgasare o.d. jet; löst, för cigarr|ett| holder; cigarretter *med ~ (resp. utan ~)* vanl. tipped (resp. untipped, plain) . . **-ställning** position of the mouth **-sår** sore on the lips; *ha ~* äv. have a sore lip
munt|a *-an -or* F, *~n* skol. the (my etc.) oral |exam|, univ. the (my etc.) viva
munter *a* merry, glättig cheerful, uppsluppen hilarious, mirthful; *en ~ melodi* a lively tune; *en ~ stämning* a cheerful atmosphere; *i en ~ ton* in a cheery (chirpy) tone |of voice| **muntergök** F jolly fellow **munterhet** merriness, cheerfulness, hilarity, mirth, jfr *munter; väcka ~* provoke mirth **muntert** *adv* merrily etc., jfr *munter; ha det ~* have a jolly (gay) time |of it|
muntlig *a* om t.ex. examen, tradition, översättning oral; om t.ex. meddelande, överenskommelse verbal; *~ tentamen* univ. viva voce examination, jfr äv. *munta; ~ överläggning* vanl. personal conference (discussion) **muntligen** *adv* o. **muntligt** *adv* orally, viva voce; t.ex. meddela ngt verbally, by word of mouth
muntra *tr, ~ |upp|* cheer . . |up|, exhilarate **muntration** amusement, entertainment, F jollification
mun|vatten mouthwash, gurgel- gargle **-vig** *a* glib; slagfärdig ready-witted **-vighet** glibness; ready-wittedness **-väder** idle (empty) talk, blether, F gas **-öppning** orifice of the mouth, mouth |opening|
mur *-en -ar* allm. wall; *tiga (vara tyst) som ~en* keep silent **mura I** *tr* bygga |av tegel (sten)| build . . |of brick (stone)|; *~* en brunn med cement wall . .; *~ igen (till)* wall (m. tegel brick) up, en öppning m. tegel block up . . with bricks; *~ igen ögonen på ngn* bung up a p.'s eyes; *~ in* fälla in build (let) . . into a (resp. the) wall, stänga inne immure, wall . . up; *~ upp* build, put up **II** *itr* i sten carry out (do) masons' (i tegel bricklayers') work **mura|d** *a* m. tegel . . made of brick (m. sten stone), m. tegel äv. brick-built . .; *~* källare o.d. walled; *-t* valv (m. tegel) brick . . **murankare** wall tie **murare** tegel~ bricklayer, isht sten~ mason, f. putsarbete plasterer **murbruk** mortar **murbräcka** hist. battering-ram **murgrön|a** *-an -or* ivy
murken *a* decayed, stark. rotten
murkl|a *-an -or* morel
murkna *itr* decay, rot, get rotten
murkrön coping (friare top) of a (resp. the) wall
murmeldjur marmot; sova *som ett ~* . . like a dormouse (top, log)
murning m. tegel bricklaying; jfr vid. *mura*
murrig *a* **1** knarrig gruff, grumpy **2** om färg drab
mur|slev trowel **-sten** koll., tegel bricks pl.
murv|el *-eln -lar* F hack journalist
mur|verk masonry, av tegel brickwork; mura|d|e| vägg|ar| walling, walls pl.; i träfackverk nogging **-yta** wall (mural) surface, surface of a (resp. the) wall
mus *-en möss* mouse (pl. mice)
mus|a *-an -er* muse
musch *-en -er* patch, beauty-spot; på flor o.d. dot **-plåster** court plaster
museal *a* om t.ex. angelägenhet museum . . **museiföremål** museum specimen (piece äv. bildl.), exhibit
muselman *-en -er* se *muhammedan*
muse|um *-et -er* museum, f. konst äv. gallery
musicera *itr, vi ~r |litet|* we play |some| music; *det ~des* there was music **musik** *-en 0* **1** music äv. bildl.; *vem har gjort ~en till . .?* who has written the music to . .?; *sätta ~ till ngt* set a th. to music; *utöva ~* se *musicera;* marschera *till ~* . . to the sound of music **2** orkester band **musikaffär** music shop **musikalisk** *a* allm. musical; *en ~ människa* vanl. a person who is musical; *~ akademi* academy of music **musikalitet** musicality **musikant** musician **musikdirektör 1** graduate of the Royal College of Music **2** mil. bandmaster **musiker** *-n - (musici)* musician
musik|estrad bandstand; i konserthus concert platform, orchestra **-film** musical |film| **-handel** music shop **-historia** |vanl. the| history of music **-högskola** college of music **-instrument** musical instrument **-intresserad** *a* . . interested in music **-kapell**

orchestra, band **-kritiker** music critic **-kår** band, orchestra; *medlem av en* ~ äv. bandsman **-lektion** music lesson **-liv** musical life **-lärare** music teacher (i skola äv. master) **-lärarinna** music teacher (i skola äv. mistress) **-nummer** musical item **-paviljong** bandstand **-program** music|al| programme, programme of music **-recension** music review **-studier** *pl* musical studies; *bedriva* ~ study music **-stycke** piece of music **-vecka** music festival week **-verk** musical composition (work) **-väg,** allt *i* ~ . . in the musical line **-vän** o. **-älskare** music lover, lover of music **-öra** musical ear; *ett bra* ~ vanl. a good ear for music

muskatell ~*en 0* o. **-vin** muscatel

muskedund|er *-ret -er (-ern -rar)* blunderbuss

muskel *-n muskler* muscle **-bristning** muscle rupture, rupture of a (resp. the) muscle **-knippe** bundle of muscles **-kraft** muscular strength, muscularity; ngns fysiska styrka äv. muscle **-mage** gizzard **-spel** ripple (play) of the muscles **-sträckning,** *få en* ~ get a sprained muscle **-styrka** se *muskelkraft*

musketör -|*e*|*n -er* musketeer

muskot *-en 0* nutmeg **-blomma** krydda mace

muskulatur musculature, muscles pl. **muskulös** *a* muscular

musköt *-en -er* musket

muslim *-en -er* se *muhammedan*

muslin *-en (-et) 0* muslin

musselskal mussel-shell; av hjärtmussla cockle-shell

mussera *itr* sparkle, skumma effervesce, F fizz; ~*nde* sparkling, effervescent, fizzy

musseron tricholoma lat.

mussl|a *-an -or* **1** djur tillhörande musselsläktet bivalve; isht ätlig ofta clam; |blå~ sea, mälar~ freshwater| mussel; hjärt~ cockle **2** skal mussel-shell; hjärt~ cockle-shell

must *-en 0* **1** kraft: eg. bet. nutritive juices pl., goodness, bildl. pith; *suga* ~*en ur ngt* extract the essence out of a th.; *suga* ~*en ur ngn* take (draw) the pith out of a p. **2** ojäst fruktsaft: a) av druvor must b) av äpplen juice, amer. |sweet| cider

mustang mustang

mustasch *-en -er* moustache; *ha* ~*er* wear a moustache **-prydd** *a* moustached

mustig *a* **1** kraftig, närande rich **2** bildl., om t.ex. historia racy, juicy, grov, om t.ex. uttryck coarse **-het** richness etc., jfr föreg.

1 mut|a I *-an -or* se *mutor* **II** *tr* besticka bribe, *med* with, by; polit. äv. corrupt; isht vittne suborn; ~ *ngn* äv. F square a p., oil (grease) a p.'s palm; *han lät inte* ~ *sig* he was not to be bribed

2 muta *tr,* ~ *in* gruv. o. bildl. se *inmuta*

mutbar *a* bribable, . . open to bribery, venal, corrupt|ible| **mutförsök** attempt at bribery, attempted bribery **mutkolv** receiver of bribes **mutor** *pl* bribes, F palm-oil sg., för att tysta ngn hush-money sg.; *lämnande av* ~ bribery, corruption, subornation, jfr *muta II; ta* ~ take bribes (a bribe), *av* from *vara mutbar* be open to bribery **mutsystem** system of |bribery and| corruption

mutt|er *-ern -rar* till skruv |screw| nut

muttra *itr* mutter; ~ *för sig själv* mutter to oneself; ~ klaga *över ngt* grumble (F grouse) about (at) a th.

myck|en *(-et,* F *-e; -na) a* o. **myck|et** (F *-e) adv* (jfr *mer|a|, mest*)

A *mycken, mycket* i omedelbar anslutning till följ. sb.: a) allm.: typen '|inte (för, hur, lika, så)| mycken snö (mycket snö, mycket folk, mycket bilar)' much, framför eng. sb. i pl. many b) en hel del (isht i jak. sammanhang) a great (good) deal of, a great amount (quantity) of, framför eng. sb. pl. a great many, a great (large) number of; fullt med plenty (F a |great| lot) of c) stor great; *han är för -et barn |för| att* inf. he is too much of a child to inf.; efter *-en diskussion (-et diskuterande)* . . a great deal of (a lot of much) discussion; *det var -et folk* på möte there were |a great| many (a lot of) people . .; *var det |för| -et* folk? were there |too many . .?; *vi har för -et folk* på kontoret äv. we are overstaffed . .; *enormt (ovanligt) -et* folk an enormous (unusual) number of . .; *ganska -et* folk quite a number (lot) of . .; *särskilt -et* folk a specially large number of . .; jag har aldrig sett *så -et folk* . . so many (such a lot of) people; *så -et* folk! what a lot of . .!; *-en glädje (omsorg)* much pleasure (care); *-et havre (aska)* a great deal of oats (ashes); *jag har haft ganska -et huvudvärk* i år I have suffered a great deal from headaches . .; *hur -et jordgubbar?* how many (hur många liter, kilo much) strawberries?; *-en lärdom* great learning; *vara till -en nytta* be of great use; han har *-et pengar (böcker)* . . plenty (a lot) of money (books); har han *-et pengar (böcker)?* . . much money (many books)?; de fick *like -et pengar (böcker) var* . . the same amount of money (the same number of books) each; *-en tack* many thanks; *med -en takt* with great tact, very tactfully

B *mycket* utan omedelbar anslutning till följ. sb. **1** följt av adj. (inkl. ptc.) o. adv. (typerna: 'mycket |för| hög|t|' o. 'mycket högre') **a)** i positiv: allm. very; framför perf. ptc. med tydligt verbal funktion o. framför vissa eng. pred. adj. (ss. 'afraid', 'alike', 'alone') |very| much, ibl., isht i samtalsspråket very; stark.: synnerligen, t.ex. användbar most, högst, t.ex. populär highly, t.ex. förvånad äv. greatly, helt, t.ex. naturlig quite; livligt, djupt, t.ex. intresse rad keenly, deeply; *-et för* = 'alltför' se *b* ned.; den är *-et användbar* . . very (most) useful. . . of great use; *ta för -et betalt av ngn* overcharge a p.; *-et begränsade* tillgångar very limited . .; *en -et bildad (lärd) man* a highly educated (very learned) man; den är *-et efterfrågad* . . much in demand, . . in great demand; jag har *-et få vänner* . . very few friends; *jag är -et förvånad* I am very (very much, greatly, highly, most, much, quite) astonished; *den är för -et kokt (stekt)* it has boiled (fried) too long, it is overdone; det är *-et möjligt (riktigt)* . . quite possible (right); *-et rolig* very funny, roande very (highly) amusing; *jag är -et rädd* I am |very| much (very) afraid; *han är -et sjuk* he is very (ofta often, frequently) ill; *-et undermålig* very inferior

b) i komparativ samt i förbind. 'mycket för' = 'alltför': vanl. much, vida äv. far, en hel del äv. a great (good) deal, F a lot; *den är |ofantligt| -et* bättre it is |ever so| much (a |very| great deal, a |tremendous| lot) . .; *så -et bättre* all (so much) the better; *-et fler|a|* many (far) more; *-et färre* fel far fewer . .; *-et mer* much more; *så -et mer (mindre) som* han vet det the more (less) so as . .; *jag har så -et mer (mindre) att* invända I have all the more (less) to . .; *-et vackrare* much more beautiful; *-et för kort* much (far, a great deal) too short; *-et för mycket* much (far, a lot) too much

2 i övr. fall: t.ex. ss. subj., predf., obj., adverbialsbest. till vb (till ptc. se *B 1*) allm. much; en hel del, ganska mycket (isht i jak. sammanhang) a great (good) deal, F a lot; många |saker| many |things|, en massa plenty; ss. adverbialsbest. äv.: i hög grad very much, t.ex. förvåna äv. greatly, highly, t.ex. intressera äv. deeply, keenly, t.ex. älska äv. dearly; *-et som (-et av det som)* skrivs much that (much of what) . .; *-et vill ha mer* the more you have the more you want; *det finns -et (inte -et) kvar* there is plenty (not much) left; *det görs -et* för barnen much is done . .; *jag har varit -et (ganska -et) hemma* I have been at home a great deal (quite a lot); *hon är -et för* kläder she goes in a lot (is a great one) for . .; *hon är inte -et för* sötsaker she is not very keen on . .; *han är inte -et till jägare* he isn't much of a hunter; *hon är -et över* femtio she is well over . .; *det är -et (vä'l -et) det!* that's a lot (a bit too much)!; *det är |redan| -et det* att hon kan klara sig it is a great thing . .; *det är -et hans fel* it is to a great extent his fault; *det är -et |annat|* jag inte förstår there are many |other| things . .; *det är inte -et |mer| att tillägga* there is little |else| to be added; *det är -et för* en så liten bok that seems a lot |of money| for . .; *det är -et därför som* jag går it is very much for that reason that . .; *det är inte -et med honom (det)* he (it) isn't up to much; *det är -et på modet* it is all (very much) the fashion; *jag beklagar -et* att I very much (I deeply) regret . .; få ihop *ganska -et* . . quite a large amount (pengar äv. sum); *det förvånade mig -et* att it very much (greatly, highly) surprised me . .; *jag går -et (inte -et) på bio* I go to the cinema quite a lot (I don't go to the cinema very much); boken innehåller *-et av intresse (|som är| intressant)* . . much (a lot) that is interesting; *han läser -et* he reads much (a great deal, a good deal, a lot), han är läsintresserad he is a great reader; *han läser just inte -et* he is not much of a reader; *jag saknar -et* mina vänner I miss . . very much (. . badly); *-et har jag sett* I have seen a great deal (a good deal, a lot); *jag tycker -et (hemskt -et) om* bananer I like . . very much (ever so much); *i -et* i många avseenden in many respects

i förb. *för (hur, lika, så) -et:* två bilar *är för -et (en för -et)* . . are too much (is one too many); *en gång för -et* once too often; *han har fått |lite| för -et* är berusad he has had a drop too much (one too many); *koka* ngt *för -et* boil . . too long; *hur -et* fick han how much . .?; *hur -et jag än beundrar honom så tycker jag* . . much as I admire him I think . .; *hur -et jag än* försöker however (no matter how) much . .; du kan äta *hur -et som helst (så -et du vill)* . . any amount (as much as |ever| you like); *lika -et* as much; *lika -et till* as much again; *så -et* fick jag inte . . as much as that (inte sådana mängder all that much); *hälften så -et* half as much; *det gör inte så -et* om han går it doesn't matter |very| much . .; *så -et är säkert* this much is certain; *så -et vet jag* that (this) much I know; *så -et jag vet* as far as I know; *så -et du vet det!* and now you know!, and that is all!; *det blir så -et som* 5 kr. it comes to . .; *inte så -et som* ett öre not so much as . .; *det är inte så -et därför som* jag går it is not so much for that reason that . .; *utan att så -et som svara* without even (so much as) answering

C *myckna, det -na arbete han lagt ned på* . . the amount of work he has put into . .; *|allt| det här -na diskuterandet* all this |lot of| discussion; *hans -na lärdom* his great learning; *den -na (all den -na) maten* the large quantities pl. of (all the) food; *det -na regnandet (ståendet)* the continual rain|ing| (standing); *det -na som finns att se* the many things there are to be seen

myckenhet *-en -er* se *mängd* **mycket** *a adv* se *mycken A* o. *B*

mygg *-en 0* koll., stickmyggor allm. mosquito|e|s, knott gnats båda pl.; *sila ~ och svälja kameler* strain at a gnat and swallow a camel

mygg|a *-an -or* stick~ allm. mosquito (pl. -|e|s), knott gnat **-bett** mosquito-bite **-biten** *a* mosquito-bitten **-medel** ung. insect repellant **-nät** mosquito-net **-svärm** swarm of mosquito|e|s
mykolog mycologist
myll|a I *-an -or* mould, humus, earth, i mots. t. alv top-soil samtl. end. sg. **II** *tr,* ~ *ned ngt* put a th. into the ground |and cover it with earth|
myll|er *-ret 0* swarm, crowd, throng **myllra** *itr* swarm, *av* with; jfr *vimla*
München Munich
myndig *a* **1** jur., som har uppnått ~ ålder . . of age; ~ *ålder* majority; *bli* ~ come of age, attain one's majority **2** befallande authoritative, commanding, neds. masterful, overbearing, t.ex. om stämma, ton peremptory **myndighet** *-en 0* (i bet. *4 -er)* **1** myndig ålder majority, full age **2** myndigt uppträdande o.d. authoritativeness etc.; uppträda *med* ~ . . with authority **3** makt |och ~|, befogenhet authority, power; *disciplinär* ~ disciplinary power **4** samhällsorgan authority; ~*erna* the authorities **myndighetsdag,** *hans* ~ the day on which he comes (came etc.) of age, friare his twenty-first birthday **myndighetsperson** person in authority **myndighetsålder** majority, full age **myndling** ward
mynna *itr,* ~ |*ut*| *i* a) om flod o.d. fall (flow, debouch) into, om gata o.d. lead to, run into b) bildl. end in, result in, conclude in; ~ *ut i intet* come to nothing; *var* ~*r* floden *ut?* where does . . discharge itself? **mynning** mouth äv. tekn., ingång entrance, gatu~ o.d. äv. opening; rör~ o.d. orifice; på skjutvapen muzzle **mynningsladdare** muzzle-loader
mynt *-et* - coin äv. koll.; pengar money; valuta currency; *klingande* ~ hard (ready) cash; *utländskt* ~ foreign currency; det blir 1.50 *i svenskt* ~ . . in Swedish money; *betala ngn med samma* ~ bildl. pay a p. back in his own coin, repay a p. in kind; *prägla* ~ coin money; *slå* ~ *av* bildl. make capital |out| of
1 mynt|a *-an -or* mint
2 mynt|a *tr* coin, mint båda äv. bildl. **-enhet** monetary unit **-fot** monetary standard, standard |of coinage| **-inkast** slot **-ning** coining, coinage båda end. sg. **-samlare** collector of coins, -kännare numismatist **-samling** collection of coins, numismatic collection **-sort** |species of| coin; valuta currency **-verk** mint **-väsen** monetary system **-öppning** slot
myom *-et* - myoma
myr *-en -ar* bog, swamp; geol. mire
myr|a *-an -or* ant; *flitig som en* ~ |as| busy as a bee; *sätta -or i huvudet på ngn* give a p. a headache (something to think about)
myriad *-en -er* myriad; ~*er stjärnor* myriads of stars
myr|kott ~*en* ~*ar* pangolin, scaly ant-eater **-larv** ant larv|a (pl. -ae) **-lejon** ant-lion
myr|malm bog |iron| ore **-mark** swampy ground, swamp
myrra *-n 0* myrrh
myr|slok ~*en* ~*ar* ant-eater **-stack** ant-hill
myrten - *myrtnar* myrtle **-krona** myrtle wreath
myr|väg ant-track **-ägg** ant-egg
mys|a *-te -t itr* belåtet smile contentedly, vänligt smile genially, strålande beam **mysig** *a* F trivsam |nice and| cosy; om pers. sweet, nice
mysk *-en 0* musk **-djur** musk-deer **-oxe** musk-ox
mysteriespel mystery play **mysteri|um** *-et -er* mystery; *-et med* de försvunna . . the mystery of . . **mysteriös** *a* mysterious **mysticism** mysticism **mystifiera** *tr* mystify **mystifik** *a* F mysterious **mystifikation** mystification **mystik** *-en 0* hemlighetsfullhet mystery, mysteriousness; *skingra* ~*en* |*kring* hans död| clear up (solve) the mystery |surrounding (of) . .| **mystiker** mystic **mystisk** *a* gåtfull o.d. mysterious; relig., filos. mystic|al|
myt *-en -er* myth, *om* of **-bildning** creation (formation) of myths
myteri mutiny; *göra* ~ mutiny, raise (stir up) a mutiny **myteriförsök** attempted mutiny, attempt at mutinying **myterist** mutineer
mytisk *a* mythical **mytologi** mythology
myxödem *-et 0* myxoedema
1 må *-dde -tt itr* känna sig be, feel; jfr f.ö. ex.: *hur* ~*r du?* how are you?; *hur* ~*r du nu-förtiden?* how are you getting on (doing)?; *jag* ~*r bra* I am |feeling| (I feel) |quite| well; *jag* ~*r inte* |*riktigt*| *bra* I'm not |feeling| (don't feel) |quite| well; *jag* ~*r illa (inte bra) av vin* wine does not agree with me; *nu* ~*r* njuter *han* |*allt*| now he is happy (is in his element, is enjoying himself); ~ *så gott!* keep well!
2 må *hjälpvb* i pres.: uttr. önskan samt medgivande o.d. may; uttr. uppmaning o.d. let el. omskrivning därmed; jfr vid. ex.; ~ *icke* uttr. förbud must (kansl. o.d. may) not; ett exempel ~ *anföras* . . may be cited; *man* ~ *besinna* . . let it (bör it should) be borne in mind . .; *därom* ~ *andra döma* as to that let others judge; ~ *du aldrig glömma* . . may you never forget . .; *vad som än* ~ *hända* whatever may happen, happen (come) what may; ~ *han komma!* let him come!; moped ~ *omköras* . . may be overtaken; *jag* ~ *säga* att . . I must say . .; *det* ~ *jag* |*då*| *säga!* well, I never!, I |must| say!; det var vackert ~ *du tro* . . I can tell you!, . . believe me!; *man* ~

undra hur . . one may wonder . .; *det ~ vara hänt!* all right |, then|!; *vem det än ~ vara, vem det vara ~* whoever it may be; *det ~ nu vara han* eller någon annan whether it is he . .; *det ~ vara |därmed| hur det vill* however that may be, be that as it may; *~ så vara men* . . admitted (granted), but . .; jfr *måtte* o. *månde*

måbär alpine (mountain) currant

måfå, *på ~* at random; *en gissning på ~* a random (haphazard) guess

måg *-en -ar* son-in-law (pl. sons-in-law)

måhända *adv* maybe; jfr *kanske*

1 mål *-et -* **1** tal|förmåga|, röst, *har du inte ~ i mun?* haven't you got a tongue in your head?; *sväva på ~et* hesitate, hum and haw, svara undvikande be evasive **2** dialekt dialect

2 mål *-et -* jur. case, isht civil~ lawsuit; *förlora ~et* lose one's case

3 mål *-et -* måltid meal; *ett ~ mat* a meal

4 mål *-et -* **1 a)** vid skjutn. mark, skottavla samt mil. (t.ex. för bombfällning) target; *rörligt ~* moving target; *skjuta till ~s* som övning practise target-shooting; *skjuta till ~s på ngt* fire (shoot) at a th. **b)** i bollspel goal äv. ~bur o.d.; *göra |ett| ~* score a goal; *stå i ~* be in goal, keep goal; *vinna med två ~ mot noll* win by two goals to nil **c)** vid kapplöpning o.d.: finish, ~linje finishing line, ~snöre |finishing| tape; isht vid hästkapplöpning winning-post; *komma (gå) i ~* come (get) in; leda *från start till ~* . . from start to finish **2** bildl.: t.ex. för sina drömmar goal, slutpunkt äv. end, bestämmelseort destination; syfte| mål| aim, purpose, object, isht för mil. operationer objective; för åtlöje o.d. butt, object, target; *hans ~ i livet* his aim in life; *nå sitt ~* reach (attain) one's goal; *ett ~ att sträva för* a goal to strive for; *sätta ~et högt* aim high; arbeta *utan bestämt ~* . . with no definite aim (object, end |in view|); gå och driva *utan bestämt ~* . . aimlessly; *skjuta över ~et* overshoot the mark

måla I *tr itr* paint; bildl. äv. depict; *~ efter* naturen paint from . .; *~t* färgat *glas* stained glass; *skräcken stod ~d i hans ansikte* terror was depicted (written) in his face; *~ av ngn* paint a p.'s portrait; *~ av ngt* paint a picture of a th.; *~ om* paint . . over again, re-paint; *~ ut* skildra paint, depict; *~ över* t.ex. namnet paint out, t.ex. golvet coat . . with paint, paint over **II** *rfl* sminka sig make |oneself| up **målande** *a* om stil, skildring graphic, vivid, om t.ex. ord, gest expressive **målarduk** |artist's| canvas

målar|e 1 konstnär painter, artist; hantverkare |house-|painter, |painter and| decorator **2** kortsp. court-card, picture-card **-färg** paint; *~er* konst. artist's colours **-grejor** *pl* painter's tools **-inna** |woman| painter (artist) **-kladd** o. **-kludd** dauber **-konst** |art of| painting **-mästare** master |house-|-painter, i förh. t. måleriarbetare house-painter employer **-pensel** paintbrush **-skola 1** konkr. art school **2** konstriktning school of painters **-skrin** paint-box, colour-box **-verkstad** |house-|painter's workshop

målbrott, *han är i ~et* his voice is breaking

mål|bur goal **-domare** i ishockey o.d. referee, vid kapplöpning o.d. judge

måleri painting **måleriarbetare** |house-|-painter **målerisk** *a* picturesque

mål|forskning applied research **-foto** sport., *ett avgörande genom ~* a photo finish

målföre voice; *återfå ~t* find one's voice (tongue)

måll|a *-an -or* se *molla*

mållinje finishing line; fotb. o.d. goal-line

mållös *a* stum speechless, *av* t.ex. harm with; *~ av häpnad* dumbfounded

målmedveten *a* purposeful, ihärdig single-minded, steady, stable; *vara ~* äv. have a fixed purpose **-het** purposefulness, ngns äv. fixity of purpose, devotion to a |set| purpose

målning 1 målande, måleri painting **2** färg paint **3** tavla painting, picture

målområde på fotbollsplan o.d. goal-area

målro, *hålla ~n vid makt* keep the ball rolling, keep the conversation going

målskjutning target-shooting

målsman 1 förmyndare guardian, förälder parent **2** förespråkare advocate, *för* of; spokesman, *för* for

mål|snöre tape **-stolpe** på fotbollsplan o.d. goal-post; vid löpning winning-post

målsägare jur. plaintiff, i brottmål prosecutor, allm. äv. injured party

mål|sättning mål aim, purpose, objective, end |in view|, goal **-tavla** target |board|

måltid meal, högt. repast; *en lätt ~* a light meal, a snack; äta *mellan ~erna* . . between meals **måltidsdryck** table drink

målvakt goalkeeper, F (äv. *~en*) goalie

1 mån *oböjl. r* grad degree, mått measure, utsträckning extent; *ej i minsta ~* not in the least; *i motsvarande ~* correspondingly; *i möjligaste (görligaste) ~* as far as possible, to the utmost possible extent; *i någon (viss) ~* to some (to a certain) extent, to a certain degree, in some measure; *i vad ~* to what extent (degree); *i den ~ som* to the extent etc. that, alltefter som |according| as; *i ~ av behov* as need arises (arose etc.); *i ~ av tillgång* as far as supplies admit (admitted etc.)

2 mån *a, ~ om* a) angelägen om anxious (concerned, solicitous) about b) aktsam med careful of c) noga med particular about d) avundsjukt ~ om, t.ex. sina rättigheter jealous of;

~ om att inf.: ivrig eager to inf., keen on ing--form, angelägen anxious etc. to inf.; han är *~ om sitt rykte* . . jealous of his reputation; *vara ~ om* sitt eget bästa äv. look after . . **måna** *itr, ~ om* ngn watch . . with loving care, nurse . ., t.ex. sina rättigheter be jealous of . ., t.ex. sitt eget bästa look after . .

månad *-en -er* month; jfr äv. motsv. ex. under *2 vecka; i april ~* in |the month of| April; *hon är i femte ~en* she is in her fifth month; *en gång i ~en* once a month, monthly; 100 kr *i ~en (per ~)* . . a (per) month; hyra *per ~* . . by the month

månads|gammal *a, ett ~t barn* a one--month-old child **-hyra** monthly rent **-kort** biljett monthly season ticket **-lång** *a* . . lasting for months (resp. a month), month-long . . **-lön** |monthly| salary, monthly pay **-skifte** turn of the month **-smultron** strawberry of the four seasons **-vis** *adv* monthly, by the month

månatlig *a* o. **månatligen** *adv* monthly

månbelyst *a* moonlit

måndag Monday; jfr *fredag* o. sms.

månde *hjälpvb, vad ~ detta betyda?* what can (may) this mean?; *vad ~ bliva av* detta barn? what is to become of . . |I wonder|?; *vem det vara ~* whoever it is (may be)

mån|e *-en -ar* **1** astr. moon **2** F flint bald patch (pate) **-färd** trip to the moon **-förmörkelse** eclipse of the moon

många *obest. pron* (jfr *mången*) självst. o. fören.: a) allm. many, v. eng. sb. i sg. much (båda isht i fråg. o. nek. sats samt föregångna av 'as', 'so', 'too' el. 'how') b) en hel del a good (great) many, fören. äv. a great (large) number of; en massa a lot (lots) |fören. of|; talrika numerous ofta i pred. ställning (samtl. oftast i jak. påståendesats); *~* anser att many (a great number of, a lot of) people . .; *~ äro kallade* men få äro utvalda many are called . .; *~ av oss* many of us; *vi var inte ~ (ganska ~)* there were not many of us (we were fairly numerous); *hur ~* är vi? how many . .?; *köpte du ~* böcker? did you buy many . .?; *ja, ~* yes, a great many (|quite| a lot); *~ gånger* many times, ofta often; *~ goda råd (upplysningar)* much good advice (information); *för ~ |böcker|* too many |books|; *de är för ~* there are too many of them, they are too numerous (many); *ganska (rätt) ~* quite a number, quite a lot (a few), a good few, not so few; *lika ~* bitar var the same number of . .; *|inte| lika ~ som* i fjol |not| as many as . .; *dubbelt så ~* twice as many; *så ~* brev! what a lot of . .!; *väldigt (kolossalt, oerhört) ~ |böcker|* an immense number (an enormous lot) |of books| **-handa** *a* multifarious, attr. äv. multiple, many kinds (sorts) of; *~ plikter* multiple duties

mång|besjungen *a* celebrated, . . celebrated in song (literature) **-byggare** *~n* polygamian |plant| **-dubbel** *a, -dubbla värdet* many times the value; *en ~ övermakt* a power many times greater **-dubbelt** *adv* t.ex. öka many times over; *~ större* many times greater; *~ överlägsen* vanl. vastly superior **-dubbla** *tr* multiply

mången (*månget mångt;* pl. *många* se d.o.) *obest. pron* **1** fören. many a (resp. an) . .; *på ~ god dag* for many a day **2** självst. **a)** om pers. many people pl., i ordstäv o.d. many a man, ibl. many a one **b)** *i mångt och mycket* i många avseenden in many respects; *i mångt och mycket* tänker vi olika on many points . . **-stans** *adv* o. **-städes** *adv* in many places

mång|fald *~en ~er* **1** allm. **a)** stort antal, *en ~* t.ex. plikter, städer a great number of, a |great| variety of, a multiplicity of; *gåvornas ~* the (resp. a) great number of (|the numerous) presents; *en ~ bevis på* vänskap ample proof of . . **b)** mots. 'enhet' manifoldness **2** mat. multiple **-faldig** *a* mera eg. manifold, multiple, multiplex; skiftande diverse, varied; *~a* talrika multitudinous, numerous; *~a gånger* many times |over| **-faldiga** *tr* -dubbla multiply; skrift o.d. manifold, duplicate **-fal|dig|t** *adv* se *-dubbelt* **-fasetterad** *a* om tolkning o.d. nuanced, . . full of nuances **-frestare** versatile person; tusenkonstnär Jack-of-all-trades **-färgad** *a* multicoloured, attr. äv. multicolour . .; many-coloured **-gifte** polygamy **-guderi** *~|e|t 0* polytheism **-hundra|de|** *räkn* many hundred; *i ~ å*r for many centuries (hundreds of years) **-hundraårig** *a* many hundred years old **-hörning** polygon **-hövdad** *a* eg. many--headed; *en ~ skara* a large number of people, quite a multitude (crowd) **-kunnig** *a* all-round, versatile, lärd (attr.) äv. . . of great and wide learning

månglare gatu~ hawker, isht fisk~, frukt~ o.d. costermonger

mång|miljonär multimillionaire **-ordig** *a* verbose, wordy **-sidig** *a* many-sided, geom. äv. polygonal, om pers. äv. versatile, om t.ex. utbildning all-round **-sidighet** many-sidedness, persons äv. versatility **-skiftande** *a* diversified, multifarious, varied **-stämmig** *a* many-voiced **-sysslare,** *vara en ~* have many |and varied| occupations (pursuits)

mångt *obest. pron* se *mången 2 b* **mångtydig** *a* attr. . . having (of, with) various meanings; tvetydig ambiguous

mån|gubbe, *~n* the man in the moon **-gård** |lunar| halo

mångårig *a* attr.: t.ex. om erfarenhet, arbete many years' . ., t.ex. om bortovaro . . of many years' duration|, t.ex. om vänskap . . of long (many years') standing; *~ prenumerant* a sub

scriber for many years
månljus I *s* moonlight **II** *a* moonlit; *en ~ natt* äv. a moonlight night; *det var ~t ute* there was moonlight outside; *det här var ~t!* F iron. this is just fine!
månne *adv* o. **månntro** *adv,* vad vill han mig *~?* . . I wonder; är det sant (kommer han) *~?* . . do you think?; *~ det?* verkligen indeed!, is that so, really?, tvivlande I wonder!; se äv. *kanske*
mån|projekt lunar project **-raket** moon rocket **-resa** trip to the moon **-sken** moonlight **-skensnatt** moonlight (moonlit) night **-skifte** change of the moon **-skott** moonshot **-skugga** shadow of the moon **-skära** crescent **-sten** moonstone **-stråle** moonbeam **-varv** tidrymd lunar month, lunation; poet. moon
mår|a *-an -or* bedstraw
mård *-en -ar* o. **-skinn** marten
mårtensgås dagen St. Martin's Day, Martinmas
mås *-en -ar* gull
måste (sup. *måst) hjälpvb, han ~* a) är (resp. blir) tvungen att he must, isht angivande 'yttre tvång' he has (resp. will have) to, he is (resp. will be) obliged to, F he has got to b) var tvungen att he had to, he was obliged to, F he had got to, i indirekt tal (ibl. utan utsatt anföringsverb) he must; för övr. bet. se ex.; *~ jag det?* must I?, do I have to?; *det ~ du inte* you don't (om framtid won't) have (need) to, F you haven't got to; *jag ~ göra det förr eller senare* I shall have to (I must) do it sooner or later; *huset ~ repareras* the house must (imperf. had to) be repaired; *han har måst* betala he has had to (been obliged to) . .; *jag ~* kan (resp. kunde) inte låta bli att *skratta* I cannot (resp. could not) help laughing; *du ~* måtte *vara (ha varit)* mycket trött you must be (have been) . .; *han ~ vara framme vid det här laget* äv. he is bound to be there by now; om han hade tittat *~ han ha sett ljuset* . . he must have seen the light; *här ~ vi av* we must (have got to) get out here; *det ~ bort* that must be removed (taken away); *sanningen ~ fram* the truth must come out; *nu ~ jag hem* now I must go (be off) home; *det ~ mera till än så för att* inf. more is needed than that to inf.
mått *-et -* allm. measure, *på* of; isht uppmätt storlek measurement; måttstock (bildl.) standard, *för* for (of), *på* of; storlek size, dimensions pl., proportions pl., skala scale, mängd amount, grad degree, utsträckning extent; kakmått pastry-cutter; *ett ~ grädde* a decilitre (ung. a quarter of a pint) of cream; *~et är rågat* bildl. the cup is full to the brim, friare äv. that was the last straw!, jag har fått nog I've had enough of it!; *hålla ~et* bildl. be (come) up to standard (the mark), motsvara förväntningarna come up to expectations; inge *ett visst ~ av respekt* . . a certain amount (degree) of respect; *ta ~ på ngn* |*till* en kostym| take a p.'s measurements (measure a p.) |for . .|; *vara ett ~ på* be the measure (standard, gauge) of; *vidta ~ och steg* take measures (steps); *av stora ~* bildl. of great (grand) proportions; |*gjord*| *efter* |*personliga*| *~* made to measure; *efter ~et av* min förmåga as far as . . permits; *efter (mätt med) våra ~* by our standards; *i rikt ~* in ample measure
1 mått|a *-an 0* moderation; |*det ska vara*| *~ i allt!* everything in moderation!, there is a limit!; *hålla ~* be moderate, keep within bounds, exercise moderation; *det är ingen ~ på vad han fordrar* there is no limit to his demands; *i högsta -o* in the highest degree; *i synlig -o* visibly; *i så -o* to that (such an) extent, såtillvida in so far; *med ~* moderately, in moderation, sparingly; *över ~n* se *övermåttan*
2 måtta I *tr, ~* ett slag *mot* aim . . at **II** *itr* sikta take aim, *mot (åt)* at
måttagning measuring **måttband** measuring-tape, tape-measure **måttbeställd** *a* . . made to measure, amer. custom-made, attr. äv. custom
måtte *hjälpvb* **1** uttr. önskan, *~ du aldrig* |få| ångra det! may you (I hope you will) never . .; de uttalade en förhoppning om *att detta ej ~ upprepas* . . that this might not be repeated; *det ~ väl inte ha hänt dem något!* I |do| hope nothing has happened to them! **2** uttr. subjektiv visshet, *han ~ vara sjuk* eftersom . . he must be ill . .; *de ~ ha* gått redan äv. they seem to have . .; *det ~ jag väl veta!* I ought to (should) know!; *han ~ inte ha hört det* he cannot have heard it
måttenhet unit of measurement
måttfull *a* allm. moderate, i mat o. dryck äv. temperate; sansad (om pers.) o. diskret (om stil) sober **måttfullhet** moderation; temperance; sobriety; jfr föreg. **måttlig** *a* allm. moderate, i mat o. dryck äv. temperate, återhållsam abstemious; blygsam, om t.ex. anspråk modest; obetydlig, om t.ex. ansträngning inconsiderable, om t.ex. nöje meagre, om t.ex. succé, intresse scant; *det är inte ~t* vad han begär . . is out of all proportion **måttlighet** moderation, i mat o. dryck äv. temperance **måttlighetssupare** moderate drinker **måttligt** *adv* moderately, t.ex. dricka äv. in moderation; *vi hade ~ roligt* we did not enjoy (amuse) ourselves any too much **måttlös** *a* se *omåttlig* **måtto** se ex. under *1 måtta*
mått|stock measure, isht bildl. standard, gauge, *för (på)* i samtl. fall of; bildl. äv. yardstick, criteri|on (pl. -a); |*mätt*| *efter en annan ~* by (measured by, according to) another

standard **-system** system of measurement **--tagning** se *måttagning*

Mähren Moravia

mähä -|*e*|*t* -|*n*| milksop, sloppy individual

mäkla *tr itr* medla mediate; ~ *fred* mediate a peace **mäklararvode** kurtage brokerage **mäklare** H broker, fond~ äv. stockbroker

mäkta I *tr itr,* ~ |*göra*| *ngt* be capable of |doing| a th., be able to do (manage) a th.; *jag* ~*r inte* |*göra*| *mera* I can do no more **II** *adv* F mightily, isht iron. mighty **mäktig** *a* **1** kraftfull powerful, känslobeton. mighty; storartad majestic, grand, grandiose, great; väldig, stor tremendous, immense, huge; tjock, om t.ex. lager thick; *en* ~ *furste* a powerful sovereign **2** om föda: tung heavy, fet |o. söt| rich **3** *vara* ~ *att* inf. be capable of ing-form; *vara* ~ en känsla be capable of . .; *inte vara sig själv* ~ not be able to control oneself **mäktighet** powerfulness etc., jfr föreg.

Mälaren Lake Mälar|en|

mäld *-en -er* grist

mälta *tr* malt

män *adv* se *ja I 4, jo 3, nä*

mäng|**a** *-de -t tr* mix, isht bildl. mingle

mängd *-en -er* **1** kvantum quantity, amount, antal number; samtl. m. of framför följ. best.; *en* |*stor*| ~ (~*er av, stora* ~*er) te har* importerats a large (great) quantity of tea has . ., |large| quantities of tea have . .; *en* |*stor*| ~ (~*er av, stora* ~*er) böcker har* förstörts a large (great) number of books have (has) . ., a great many books have . .; *en* |*stor*| ~ *människor* hade samlats äv. a crowd of people . .; *en hel* ~ se *en hel del* under *del 2;* ~*en av frågor* gjorde honom förvirrad the great number (the multitude) of . .; *det är* ~*en som gör det* it is the quantity that does it; *i* |*stor*| ~ (|*stora*| ~*er)* in |large| quantities (antal numbers); *i riklig* ~ vanl. in abundance; *vi har mat i riklig (tillräcklig)* ~ äv. we are abundantly (sufficiently) supplied with food **2** ~*en* folket, massan the crowd, the multitude; *skilja sig från (höja sig över)* ~*en* stand out from the rest; *försvinna* bli borttappad *i* ~*en* get lost in the crowd

människ|**a** *-an -or* man (pl. men) äv. man; kvinna woman (pl. women), person person, individual; mänsklig varelse human being; poet. mortal; ~*n* i allm. bem. man; *-or* folk people; *-orna* mänskligheten mankind, the human race, man, humanity alla sg.; *vi -or* we humans (mortals); *alla -or (varje* ~*)* vanl. everybody, everyone båda sg.; *ingen* ~ nobody, no one, inte en ~ not a |single| person (a soul); *någon* ~ somebody, someone, resp. anybody, anyone; *en gammal* ~ an old person; *gamla -or* old people, isht amer. old folks; skulle jag gå dit, *gamla* ~*n* . . at my age; *den moderna* ~*n* modern man; *stackars* ~*!* poor thing (soul, creature)!; *den tråkiga* ~*n!* that bore!; *vad menar* ~*n* hon? what does that (the) woman (creature) mean?; *bli* ~ |*igen*| be oneself |again|; *känna sig som en ny (annan)* ~ feel a new (different) man (resp. woman); *vad är det (han) för en* ~*?* what sort of a fellow (man) is he?; *jag är inte* ~ *att begripa* I simply don't (can't) understand; *vi är inte mer än -or* |after all| we are only human; hur är han (hon) *som* ~*?* . . as a person?; Strindberg *som* ~ . . the man; *den* ~*n tål jag inte* I can't stand that creature (man, resp. woman)

människo|**anden** the human mind (intellect) **-apa** anthropoid ape **-barn 1** eg. |human| child **2** poet. människa human being, mortal **-boning** human habitation **-fientlig** *a* misanthropic **-förakt** misanthropy **-hamn,** ett odjur *i* ~ . . in human shape **-hand,** t.ex. orörd *av* ~ . . by human hand; *gjord av* ~ *(-händer)* man-made **-hatare** misanthrope, man-hater **-intresse,** *ha* ~ be interested in people **-kropp** human body **-kryp** human creature **-kännare** judge of character (human nature) **-kännedom** knowledge of human nature **-kärlek** humanity, love of mankind, kristlig ~ charity; filantropi philanthropy **-liv** |human| life; *en förlust av fem* ~ the loss of five lives; svåra *förluster av* ~ . . loss sg. of life; *ett helt* ~ a whole |human| lifetime **-makt,** *det står inte i* ~ it is not humanly possible **-massa** crowd |of people| **-natur,** ~|*en*| human nature **-påfund** human invention **-ras** race **-släkte,** ~*t* the human race, mankind

Människosonen the Son of Man

människo|**vän** friend of humanity; filantrop philanthropist **-vänlig** *a* humane; filantropisk philanthropic **-värde** human dignity **-värdig** *a* . . fit for human beings **-ätare** man-eater

mänsan *adv* se *ja I 4, jo 3, nä*

mänska se *människa*

mänsklig *a* human; human humane; *den* ~*a hjärnan* the human brain, the brain of man; *de* ~*a rättigheterna* human rights; *allt vad som står i* ~ *makt* all that is humanly possible; *det är* ~*t att fela* to err is human

mänsklighet 1 humanitet humaneness, humanity **2** ~*en* människosläktet mankind, humanity **mänskligt** *adv* humanly; ~ *att döma* as far as one can (could) judge

mänskoanden o. andra sms. se *människoanden* o. andra sms.

märg *-en 0* **1** ben~ marrow, anat. medulla; jfr *förlänga* **2** bot. pith, medulla **3** bildl.: det innersta marrow, core; kraft o. mod pith; skriket *gick (trängde) genom* ~ *och ben* |*på mig*| . . pierced my very marrow; *frysa ända in i* ~*en* be chilled (frozen) to the marrow (to

the bone, through and through) **-ben** marrowbone
märgel *-n 0* marl **-grav** o. **-grop** marl-pit
märg|full *a* marrowy; bildl. (kärnfull) pithy **-pipa** marrowbone; bogstycke shoulder **-substans** marrow, anat. medullary substance **-ärt** marrowfat pea
märisk *a* Moravian
märk|a *-te -t tr* **1** förse med märke mark; m. etikett äv. label, m. skåra, streck äv. score, m. bokstäver äv. letter; m. brännjärn brand; stämpla stamp; *-t med rött* marked in red; *ett av* sjukdom *-t ansikte* a face marked by (bearing traces of) . .; *han är -t för livet* he is a marked man; *~ ut* mark out **2** lägga märke till notice, note, isht avsiktligt observe; bli medveten om become aware of, inse perceive; känna äv. feel, på smaken taste, på lukten smell; höra hear, se see; *man -er inte* tröttheten förrän you don't become aware of . .; *man -er avsikten* hans avsikt his intention is obvious (evident); *man -er på allting att* . . you can tell by everything that . .; *jag -te på honom att* han var ond I noticed (could tell) by his manner that . .; *låta ~ att* let it appear that, show that; *märk att* pluralen . . note that . .; *väl att ~* mind you, det vill säga that is; fläcken *-s* syns *inte* . . does not show (se vid. ex. under *synas 1);* skillnaden *-s knappt* . . is hardly noticeable; *det -s* hörs (syns) *att* han är trött you (one) can hear (see) that . .; *det -tes* märkte jag *inte* I did not notice that; *bland* de närvarande *-tes* among . . we (I) noted (. . there were) **3** *~ ord* catch at (take up a p.'s) words
märk|band marking (m. namn name) tape **-bar** *a* iakttagbar noticeable, observable, skönjbar discernible, synbar perceivable, visible, förnimbar perceptible, appreciable; tydlig, om t.ex. förbättring marked; uppenbar obvious; *göra sig ~* om tendens o.d. äv. manifest itself **-bläck** marking-ink **-bok** monogram~ sampler-book
märke *-t -n* **1** allm. mark; tecken, symbol äv. sign; efter tryck äv. impression, fördjupning äv. dint, skåra notch, cut; spår trace; etikett label, tag; fabrikat: t.ex. bils make, t.ex. kaffes, tobaks brand; klubb~ o.d. badge; bot. pistills stigma; land~ landmark; jfr *bok-, sjömärke* etc.; *ha (bära) ~n efter* misshandel show marks (signs) of . .; *sätta ~ för* put a mark against, mark, pricka av tick off **2** *lägga ~ till* notice; se äv. *märka 2*
märkes|dag red-letter day **-man** man of mark (of distinction) **-varor** *pl* proprietary articles, branded goods **-år** memorable year
märklig *a* anmärkningsvärd, framstående remarkable, notable, attr. äv. signal, anmärkningsvärd äv. noteworthy; uppseendeväckande striking; betydelsefull significant; egendomlig strange, odd, peculiar; *en |föga| ~* man, prestation a |not very| remarkable . .; *ett ~t sammanträffande* a remarkable (striking) coincidence; *det var ~t!* how extraordinary (peculiar, odd)!, that's odd! **märkligt** *adv* remarkably etc.; *~ nog* strangely (oddly) enough, strange to say, strange as it may seem (sound)
märkning marking etc. jfr *märka 1*
märk|värdig *a* egendomlig strange, curious, odd, peculiar; förunderlig wonderful; anmärkningsvärd remarkable; förträfflig marvellous; jfr vid. *märklig;* boken är *inte särskilt ~* . . nothing special; *göra sig ~* viktig make oneself important, put on airs; *det ~a med det* the remarkable thing about it **-värdighet** *~en ~er* egenskap strangeness etc.; *~er* remarkable things, sevärdheter sights **-värdigt** *adv* se *märkligt*
märl|a *-an -or* krampa staple, clincher
märlspik marline-spike
märr *-en -ar* sto mare; hästkrake jade
märs *-en -ar* sjö. top **-segel** topsail
mäsk *-en 0* mash **mäska** *tr* mash
mäss *-en -ar* mess, lokal äv. messroom
mäss|a **I** *-an -or* **1** katol. samt mus. mass; prot. |divine| service; *gå i ~n* katol. attend (go to) Mass **2** H |trade| fair, utställning äv. exhibition **II** *tr itr* **1** läsa (sjunga) ~n (katol.) say (sing) Mass **2** sjunga liturgiskt (recitativartat) chant, intone; tala (läsa) entonigt chant, drone **-bok** missal **-fall,** *det blev ~* no service was held **-hake** chasuble **-hall** H exhibition hall
mässing *-en 0* **1** brass **2** F, *i bara ~en* in the altogether
mässings|beslag brass mounting **-instrument** brass |wind| instrument; *~en* i orkester the brass sg. **-kvartett** brass quartet **-musik** brass-band music **-tråd** brass wire
mässkjorta alb **mässkrud** vestments pl.
mässling *-en 0* measles; *ha ~|en|* be down with the measles
mässpojke sjö. cabin-boy, messroom boy
mäss-skjorta, mäss-skrud se *mässkjorta* osv.
mässuppassare messman
mästare allm. master; sport. o. friare champion; *svensk ~ i tennis* Swedish tennis champion; han är *en ~ i |att spela| tennis (i att ljuga)* . . a past master at tennis (at lying); *han är ingen ~ i tennis (att ro)* he is a poor hand at tennis (rowing); *en ~ på fiol* a master of the violin, a great violinist; *vem är ~ till* det här verket? who created (har målat painted) . .?; *är det du som är ~ till det här?* iron. is this your handiwork? **mästarhand,** *med ~* with a master-hand **mästarinna** sport. |lady| champion
mäster *m* (säll. böjt) **1** magister Master **2** 'chefen' the master (F boss) **-katt,** *~en i stövlar* Puss in Boots **-kock** master cook **-kupp** master-stroke **-lig** *a* masterly; lysande brilliant **-ligt** *adv* in a masterly way; lysande

brilliantly **-lots** senior pilot **-prov** -stycke masterpiece **-skap** ~ *et 0* mastership; sport. championship; ~ *i simning* swimming championship **-skapsturnering** championship tournament **-skott** masterly shot **-skytt** crack shot (marksman) **-stycke** masterpiece, -kupp, -drag master-stroke **-tjuv** master thief **-verk** masterpiece
mästra *tr* klandra criticize, find fault with, ngn äv. put . . right
mät, *ta|ga| i* ~ se *utmäta 1*
mät|a *-te -t* **I** *tr* measure, *med* måttband (lod), *efter (med)* ögonmått samtl. by; noggrannare samt bildl. äv. gauge; beräkna calculate; lantmät. survey; ~ *ngn med blicken* look a p. up and down; ~ *golvet med stora steg* pace the floor with lengthy strides; ~ *knappt (väl)* give short (full) measure; ~ *av* measure off; ~ *upp* a) ta mått på measure |up|, take the measure|ments| (the size) of, lantmät. survey b) t.ex. mjölk measure out, t.ex. tyg measure off; ~ *ut* a) se ~ *upp* b) bildl. se *utmäta 1* **II** *itr* hålla ett visst mått measure; *han -er* 1.80 |*i strumplästen*| he stands . . |in his stockings| **III** *rfl, kunna* ~ *sig med* compare favourably with; *han kan inte* ~ *sig med* . . he cannot match (jämföras compare with) . ., han når inte upp till he doesn't come up to . .
mätare 1 el~, gas~ o.d. meter; instrument gauge äv. bildl. **2** zool. geometrid |moth| **mätarlarv** looper, geometer **mätbar** *a* measurable; *icke* ~ non-measurable **mätglas** graduated (measuring) glass **mätinstrument** measuring instrument, gauge **mätning** mätande measuring, gauging osv. jfr *mäta I;* measurement; *göra* ~*ar* take (make) measurements, lantmät. o. sjö~ make surveys
mätress mistress
mätsticka measuring-rod, olje~ dipstick
mätt *a* attr. . . who has had enough to eat (satisfied his etc. hunger); F full |up| end. pred.; *jag är* ~ I have had enough |to eat|, F I'm full |up|; tack, *jag är* ~ . . I simply couldn't |eat any more|; *äta sig (bli)* ~ have enough to eat, satisfy one's hunger; *jag blir inte* ~ *av (på)* en banan . . doesn't fill me; *ät dig inte* ~ *på* bara smörgås F don't fill yourself up with . .; *han kunde inte se sig* ~ *på det* he never tired of looking at it, he couldn't take his eyes off it; ~ *på* intryck sat|iat|ed with . . **mätta** *tr* **1** satisfy; *det finns många munnar att* ~ there are many mouths to feed; frukt ~*r inte* . . does not fill you **2** kem. saturate **mättad** *a* kem. o. friare saturated; *marknaden är* ~ the market has reached saturation point **mättande** *a* satisfying **mättnad** *-en 0* kem. o. friare saturation **mättnadskänsla** feeling of satisfaction **mättning** kem. saturation **mättsam** *a* satisfying, substantial

mö *-n -r* flicka maid, maiden
möbel *-n möbler* enstaka piece of furniture; koll. suite of furniture, ss. efterled i sms. suite, jfr t.ex. *matsalsmöbel; möbler* bohag furniture sg. **-affär** butik furniture store (shop) **-arkitekt** furniture designer **-fabrik** furniture factory **-snickare** cabinet-maker **-stoppning** upholstery **-tyg** furnishing fabric **-vagn** furniture van
möblemang *-et -|er|* bohag furniture end. sg.; *ett* ~ a suite of furniture **möblera** *tr* förse med möbler furnish; ordna möblerna arrange the furniture, |*i*| *rummet* in the room; *hyra* ~*t* rent a furnished room (våning flat); ~ *om* a) flytta om möblerna rearrange the furniture, |*i*| *rummet* in the room b) förse med andra möbler refurnish c) bildl. (regering o.d.) reshuffle, shake up **möblering** furnishing, möblemang äv. furniture
möd|a *-an -or* besvär pains pl., trouble; tungt arbete labour, toil, slit drudgery; strapats, vedermöda hardship; *göra sig |stor|* ~ take |great| pains (trouble); *ha all* ~ *i världen att* inf. have no end of trouble to inf. (great difficulty in ing-form); *lönar det* ~*n?* is it worth while (the bother)?; *ej spara någon* ~ spare no pains; *endast med* ~ kunde han only with difficulty . .; *utan |synbar|* ~ without any |apparent| trouble (difficulty, ansträngning effort)
möderne *-t 0, vara släkt på* ~*t* be related on the (one's) mother's side **-arv** maternal inheritance
mödom *-en -ar* **1** virginity **2** se följ. **mödomshinna** hymen, maidenhead
mödo|sam *a* laborious, difficult, toilsome, om t.ex. uppgift äv. arduous **-samt** *adv* with difficulty, laboriously
mödra|gymnastik före förlossning ante-natal (efter post-natal) exercises pl. **-hem** maternity home **-vård** maternity welfare, ante- and post-natal care
mög|el *-let 0* mould; på papper o.d. mildew **mögelsvamp** mould |fungus| **mögla** *itr* go (get) mouldy osv., jfr *möglig;* amer. mould **möglig** *a* mouldy, om papper o.d. mildewy; unken samt isht bildl. (förlegad o.d.) musty, fusty
möhippa girls' party given for a bride-to-be |shortly before her wedding|
möjlig *a* possible, görlig äv. feasible, practicable; tänkbar conceivable; *alla* ~*a |och omöjliga| skäl (sätt)* all sorts of reasons (ways), every possible reason (way) sg.; *det är mycket* ~*t* att han har . . it is quite possible (it may well be) . .; *det är* ~*t att jag tar fel* I may be wrong; *är det* ~*t* att han . .? is it possible (can it be) . .?; *göra det* ~*t för ngn att* inf. make it possible for a p. (enable a p.) to inf.; *om* ~*t* if possible; *så snart som* ~*t* as soon as possible, as soon as I (you etc.) possi-

bly can; *inom det ~as gräns* within the range of possibility; *den bästa ~a* lösningen the best possible . .; *på bästa ~a sätt* in the best possible way; *högsta ~a* ränta the highest possible . ., the maximum . .; *med minsta ~a* besvär with the least possible . ., with a minimum of . .; *i ~aste mån* as far as possible, to the utmost possible extent; komma undan *lättast ~t* . . in the easiest possible way; *snarast ~t* as soon as possible

möjligen *adv* possibly; kanhända perhaps; *~ har han* ändrat sig äv. he may have . .; *kan man ~* träffa . . is it possible, I wonder, to . .; *har du ~* en krona på dig? vanl. do you happen to have . .?; *väntar Ni ~ på* herr Ek? are you waiting for . . by any chance?; *~ med undantag av* . . vanl. with the possible exception of . . **möjlig|göra** *tr* make (render) . . possible; underlätta facilitate; *detta -gör för mig att* inf. that makes it possible for me (that enables me) to inf. **möjlighet** *-en -er* possibility, chans chance, utsikt prospect, *till ngt* (|*till*| *att* inf.) samtl. of a th. (of ing-form); tillfälle äv. opportunity; utväg, medel means sg. el. pl., *att* inf. of (for) ing-form; *det finns ingen annan ~* there is no other possibility (no alternative); *om det finns någon ~* så kommer jag äv. if I possibly can . ., if I can by any |possible| means . .; *inom ~ernas gräns|er|* within the range of possibility; *~er till bad* bathing facilities **möjligtvis** *adv* se *möjligen*

mönja I *-n 0* red lead, minium **II** *tr* red-lead, miniate

mönster *mönstret* - allm. pattern; dekor. utförande äv. design; föredöme äv. model, paragon; norm standard; *antikt ~* antique design (pattern); *rutigt ~* check pattern; *ett ~ till en klänning* a pattern for a dress; *vara ett ~ av* dygd, flit be a pattern (model, paragon) of . .; *han är mönstret för* en god äkta man he is the pattern (model) of . .; *efter ~* from a pattern; *efter mönstret av* on the pattern of **-gill** *a* model end. attr., ideal, om t.ex. uppförande exemplary **-gillt** *adv* t.ex. uppföra sig exemplarily, in an exemplary manner **-gård** model farm **-skydd** protection (registration) of designs (resp. a design); *lagen om ~* Registered Designs Act

mönstra I *tr* **1** förse m. mönster pattern **2** granska inspect, scrutinize, take stock of; *~ ngn* |*med blicken*|, *se ~nde på ngn* look a p. up and down **3** inräkna, |kunna| samla muster **4** sjö. a) anställa på fartyg sign (take) . . on, ship b) verkställa upprop m. call over **II** *itr* **1** sjö. sign on, ship **2** mil. inskrivas enrol|l| **III** m. beton. part. **1** *~ av* a) tr. pay . . off b) itr. sign (be paid) off **2** *~ in* mil. enrol|l|; sjö. se följ. **3** *~ på* a) tr. sign (take) . . on, ship b) itr. sign on **4** *~ ut* kassera reject, discard, scrap

mönstrad *a* t.ex. om tyg patterned **mönstring 1** mönster pattern|ing| **2** granskning inspection; scrutiny **3** mil. se *inskrivning*

mör *a* **1** om kött, frukt tender; om skorpor o.d.: spröd crisp **2** bildl. (foglig) meek; *göra ngn ~* soften a p. up; *känna sig ~ i hela kroppen* be aching all over; *vara ~ i mun* be meek and mild **-bulta** *tr* person beat . . black and blue; *alldeles ~d* efter åkturen aching all over . .

mörda *tr* murder, isht polit. assassinate; utan obj. commit a murder (murders); isht bildl. kill **mördande I** *a* friare, om t.ex. eld murderous, om klimat, slag deadly; om t.ex. blick withering; *~ konkurrens* cut-throat competition; *~ kritik* devastating (crushing) criticism **II** *adv, ~ tråkig* deadly dull **mördare** murderer, isht polit. assassin **mördarhand,** *dö för ~* be murdered (isht polit. assassinated)

mördeg rich shortcrust pastry, flan pastry

mörderska murderess

mörk *a* dark, djup (om färg, ton) äv. deep; dunkel äv. obscure, dyster sombre, gloomy; svart (äv. bildl.) black; *en ~ blick* a black look; *~t bröd* dark bread; *~ choklad* plain chocolate; *måla ngt i ~a färger* bildl. give a dark picture of a th.; *~ min* sombre air, vredgad black looks pl.; *~a tankar* dark (sombre, black) thoughts; *~t öl* dark beer; *det ser ~t ut* bildl. things look bad; *bli ~are* get darker, darken **-blå** *a* attr. dark-blue, pred. dark blue

mörk|er *-ret 0* darkness; mera konkr. (mörk rymd) dark; *-ret faller på* darkness (night) falls; *-rets (-sens) gärningar* deeds of darkness, dark deeds; *efter -rets inbrott* after dark; *vid -rets inbrott* at nightfall; *famla i -ret* grope in the dark äv. bildl.; kunna se *i ~ (-ret)* . . in the dark; *i ~ (-ret) är alla katter grå* in the night all cats are grey **mörkerdöd,** *~en* orsakas av . . fatal traffic accidents pl. in the dark . .

mörk|grå *a* attr. dark-grey, pred. dark grey **-hyad** *a* dark|-skinned|, swarthy **-hårig** *a* dark-haired **-klädd** *a* . . dressed in dark clothes **-lagd** *a* om pers. dark|-haired| **-lägga** *tr* isht mil. black out; t.ex. gm strömavbrott plunge . . into darkness; hemlighålla keep . . secret (dark) **-läggning** isht mil. black-out; *~en av* spionerimålet the keeping secret of . . **-man** obscurantist

mörkna *itr* get (grow, become) dark, darken; *det ~r (börjar ~)* it is getting dark, night is falling; *han ~de* då han fick se . . his face darkened (became sombre) . .; utsikterna *har ~t* . . have become less promising (become gloomy) **mörkning,** *i ~en* at dusk, in the twilight

mörk|rum dark room **-rädd** *a, vara ~* be

afraid of the dark **-rädsla** fear of the dark **-röd** *a* attr. dark-red, pred. dark red; ~ *av vrede* purple with rage **-ögd** *a* dark-eyed

mörsare mortar

mört *-en -ar* roach; *pigg som en* ~ |as| fit as a fiddle

möss *-et* - F mus mouse (pl. mice)

möss|a *-an -or* cap **mösskärm** cap peak

möt|a *-te -t tr* (ibl. *itr*) allm. meet; råka på |ngn| come (run) across, chance upon, d:o samt isht röna meet with, t.ex. svårigheter encounter; stå inför face, confront, modigt ~ stand (face) up to; bemöta, t.ex. anfall meet, counter; ~ *ngn* i en match meet (encounter) a p.; ~ *ngn* i trappan meet (pass) a p. . .; ~ |*ngn*| vid station o.d. meet a p.; buss *-er vid stationen* . . is down at the station to meet you (arriving trains el. passengers); *han -te* |*oss*| *med bil* he came in a car to meet us; ~ *faran* meet (face) |the| danger; ~ *förståelse* meet with sympathy; *för att kunna* ~ *konkurrensen* in order to meet (stand up to, cope with) competition; ~ *motstånd* meet with (encounter) resistance; ~ *sitt öde* meet one's fate; en förtjusande anblick *-te oss* . . met (presented itself to) our eyes, . . greeted us; förslaget *-tes med gillande* . . was greeted (received) with approval; *om det -er* svårigheter if there are (it gives rise to) . .; *detta uttryck -er* redan hos S. this expression occurs (is to be found) . .; ~ *upp* samlas come together, gather, assemble, muster; ~ *upp mangrant* muster in force **mötande** *a* t.ex. person . . that one meets, t.ex. bil, tåg, trafik oncoming . ., äv. . . coming the other way (from the other direction); *två* ~ *tåg* two trains passing each other; han hälsade på *alla* ~ . . all |the people| he met **möt|as** *-tes -ts itr. dep* meet; passera varandra pass |each other|; *deras blickar -tes* their eyes met

möte *-t -n* allm. meeting; isht oväntat samt i match o.d. encounter; avtalat appointment, F isht amer. (träff) date; sammankomst äv. gathering, assembly; konferens conference; *stämma* ~ *med* make an appointment with, arrange to meet (a meeting with); *jag har stämt* ~ *med honom* kl. 6 I have an appointment with him . .; *upplösa ett* ~ dissolve a meeting (an assembly); ~ *på högsta nivå* summit meeting; blända av *vid* ~ . . when meeting other vehicles; *gå* okända öden *till* ~*s* go to meet . ., be heading for . .; *vi går* en oviss framtid *till* ~*s* we have . . before us; *gå (komma) ngn till* ~*s* |come to| meet a p., tillmötesgå meet a p. half way; *springa (vara) ngn till* ~*s* run (be there) to meet a p.

mötes|deltagare participant |in a (resp. the) meeting (conference)| **-förbud,** *utfärda* ~ prohibit public meetings **-lokal** -plats place of meeting, meeting place; samlingsrum assembly (conference) room|s pl.| **-plats** place of meeting, meeting place, isht överenskommen rendezvous (pl. lika); på väg, järnv. o.d. passing place **-spår** järnv. siding, passing track

N

n *n-et,* pl. *n* bokstav n | utt. en |
nabb *-en -ar* projection; gummi~ på bildäck block
nachspil *-et -* ung. follow-up party
nacka *tr, ~ en höna (ngn)* chop a hen's (a p.'s) head off; *~ ngn* äv. behead a p.
nack|ben occipital bone **-bena** parting at the back
nackdel disadvantage, drawback; *till min ~, till ~ för mig* to my disadvantage (skada detriment); *väga för- och ~ar* weigh the pros and cons
nack|e *-en -ar* back of the (one's) head, nape of the (one's) neck; *bryta ~n* | *av sig* | break one's neck; *böja ~n* bend (bow) one's neck; *vrida ~n av ngn* wring a p.'s neck; *ha en hatt med rosett i ~n* wear a hat with a bow at the back; *ha ögon (klia sig) i ~n* have eyes at (scratch) the back of one's head; skjuta mössan *i ~n* vanl. . . far back; *ha hatten på ~n* wear one's hat at the back of one's head; *ha* 70 år *på ~n* be . . old **-hår** back-hair **-skinn,** *ta* en katt *i ~et* take . . by the scruff of its neck **-spegel** hand-mirror **-styv** *a* bildl. stiff-necked **-sving** headlock
nafs *-et -* snap, hugg grab; *i ett ~* bildl. in a jiffy **nafsa** *tr itr* snap, *efter* at; *~* gräs nibble . .; *~ ngn i benet* snap at a p.'s leg; *~ till (åt) sig* snap up
nafta *-n 0* naphtha **naftalin** *-et (-en) 0* naphthalene
nagel *-n naglar* **1** anat. nail; *tugga på (peta) naglarna* bite (clean) one's nails **2** *vara en ~ i ögat på ngn* be a thorn in the flesh to a p. **3** tekn. nit rivet **-band** cuticle **-borste** nail-brush **-fara** *tr* scrutinize . . closely (critically) **-fil** nail-file **-lack** nail-varnish (-polish) **-lackborttagningsmedel** nail-varnish remover **-petare** nail-cleaner **-rot** root of a (resp. the) nail **-sax** nail-scissors pl. **-trång** *~et 0, ha ~* have an ingrown (ingrowing) toe-nail (resp. ingrown el. ingrowing toe-nails) **-tång** nail-nippers pl.
nagga I *tr* bröd prick; *~ i kanten* göra hack i notch, nick, om djur se *II* ned.; bildl., t.ex. kapital begin to nibble at **II** *itr, ~* gnaga *på ngt* gnaw (nibble) | at | a th. **naggande** *adv, ~ god* real (jolly) good
nagla *tr, ~ fast* nail (bildl. rivet) | . . on |, *vid* to; jfr *fastnaglad*
naiv *a* naïve, naive; troskyldig ingenuous, unsophisticated; barnslig childish; enfaldig silly; omogen green **naivism** konstriktning naïvism **naivitet** *-en -er* naïveté, naïvety; naïveness osv.; *~er* naiva anmärkningar naïve (childish osv.) remarks; jfr *naiv*
najad *-en -er* naiad
naken *a* naked äv. bildl.; isht konst. nude; om rum, träd, vägg äv. bare; om fågelunge callow, featherless; *nakna fakta* the naked (bare, hard) facts; | *den* | *nakna sanningen* the naked (plain) truth; *klä av sig ~* strip naked (to the skin) **-badare** bather in the nude, naked bather **-dansös** nude dancer **-het** nakedness osv., jfr *naken;* isht konst. nudity **-kultur** nudism
nakterhus binnacle
nalkas *itr. tr. dep* approach, högt. draw near; om tid äv. come on, be at hand
nall|e *-en -ar* | leksak teddy | bear
namn *-et -* name, *på* of; *hennes ~ som flicka (gift)* vanl. her maiden (married) name; hans *goda ~ och rykte . .* good name | and reputation |; *hur var ~et?* what | is your | name | , please | ?; *byta ~* change one's name; han *fick ~et Bo . .* received the name of (was called, döptes was christened) Bo; *ön har* | *fått* | *sitt ~ av (efter) . .* the island derives (gets) its name from . .; som *jag fått mitt ~ efter . .* I am called after; *ha gott ~ om sig* have a good name (reputation), be well spoken of; *ha ~ om sig att vara rik* be reputed to be rich; *skapa sig ett ~* make a name for oneself; *sätta ~ på* kläder mark, bagage name; *sätta sitt ~ under* skrivelse put one's name to . .; *i Guds ~* relig. in the name of God; *vad (varför) i Guds (herrans, fridens, himlens) ~ . .?* what (why) on earth (in the name of goodness el. heaven) . .?; *i rationaliseringens ~* under the plea (sken pretence) of rationalization; *i all rimlighets ~* vanl. in all fairness; *i sanningens ~* to be quite honest, to tell the truth; driva en affär *i (under) sitt eget ~ . .* under one's own name; ingen *med det ~et . .* of that name; *bara till ~et* inte till gagnet in name only, only nominally; känna ngn | bara | *till ~et . .* by name; *vara känd under ~et S.* be known by (go by, go under) the name of S.; en man *vid ~ Bo . .* called (named) Bo, . . by (of) the name of Bo; kalla (nämna) ngn *vid ~ . .* by his (her osv.) name; *kalla (nämna) saker och ting vid deras rätta ~* call a spade a spade
namnam *-et 0* sötsaker sweets pl., amer. candy; *det här var ~!* yum-yum!
namnbyte change of name
namn|e *-en -ar* namesake
namn|förteckning list of names **-ge** *tr* name **-given** *a* named; *författaren är inte ~* the author's name is not given; *av icke ~* konstnär by an unnamed (anonymous) . . **-kunnig** *a* renowned, famous **-kunnighet** renown, fame **-lös** *a* nameless, bildl. äv. un-

speakable **-plåt** name-plate **-register** index (list) of names
namnsdag name-day
namn|sedel, |*sluten*| ~ vid tävling |sealed envelope containing| slip bearing the name of the entrant **-skick** naming custom **-skydd** protection of |personal (betr. firmor firm)| names **-skylt** name-plate **-stämpel** signature stamp **-teckning** o. **-underskrift** signature **-upprop** roll-call
napalmbomb napalm bomb
1 napp *-en -ar* di~ teat, isht amer. nipple; tröst dummy, comforter, amer. pacifier
2 napp *-et* - fiske. bite, svag. o. bildl. nibble, *på* at; *få* ~ have a bite (nibble), get a rise
1 nappa *-n 0* skinnsort nap|p|a |leather|
2 nappa *tr itr* om fisk bite, svag. o. bildl. nibble, *på* at; om hund snap, jfr *nafsa;* ~ |*till (åt) sig*| snatch (catch) |up (hold of)|, om hund snap up; *det* ~*r sällan* när det . . you seldom get a bite . .; *det* ~*de han på genast* he jumped at it |at once|; ~ *på kroken* bite |at the hook|; rise to (swallow) the bait äv. bildl. **nappas** *itr. dep,* ~ *om* slåss tussle (kivas scramble) for **nappatag** tussle, set-to, båda äv. bildl.; *ta ett* ~ |*med*| have a tussle (brush) |with|, come to grips |with|
nappflaska feeding (baby's) bottle
narciss *-en -er* narciss|us (pl. äv. -i)
narig *a* **1** om blåst nipping **2** om hud chapped, rough
narkoman drug addict **narkos** *-en -er* narcos|is (pl. -es); *ge* |*ngn*| ~ administer an anaesthetic |to a p.| **narkosläkare** anaesthetist **narkotika** *pl* narcotics, F drugs, dope sg.; för bedövning anaesthetics **narkotisk** *a* narcotic; ~*a medel* se *narkotika*
narr *-en -ar* allm. fool, hov~ äv. |court| jester; pajas clown; *en inbilsk* ~ a conceited fool, a coxcomb; *göra* ~ *av ngn* make fun (game) of (poke fun at) a p. **narra** *tr* se *2 lura II* etc. **narraktig** *a* löjlig ridiculous, fjollig foolish, silly **narraktighet** *-en -er* ridiculousness osv.; handling o.d. |piece of| folly **narras** *itr. dep* fib, tell fibs (resp. a fib); jfr *ljuga;* ~ *inte för mig!* don't tell me a lie!
narri *-t 0, på* ~ in jest, in (for) fun
narrkåpa kappa fool's hood (mössa cap)
narrstreck trick, practical joke, prank
narv *-en 0* på läder grain
narval narwhal, sea-unicorn
nasal I *a* nasal **II** *-en -er* nasal |sound|
nasalera *tr* nasalize **nasalljud** nasal |sound| **nasalton** i talet nasal twang
nasare pedlar, hawker
nasaré *-|e|n -er* Nazarene **Nasaret** Nazareth
nass|e *-en -ar* gris pig, liten piggy
nat|a *-an -or* se *nate 2* **nat|e** *-en -ar* **1** pondweed **2** våtarv chickweed
nation 1 folk nation **2** univ. 'nation'; *Kalmar* ~ ung. the Kalmar students' club
national|dag national |commemoration| day **-dräkt 1** för hela landet national costume **2** allmogedräkt peasant costume **-ekonom** |political| economist **-ekonomi** economics, political economy **-ekonomisk** *a* economic, attr. äv. . . of political economy; *ett* ~*t intresse* a matter affecting the national economy **-flagga** national flag **-församling** national assembly
nationalisera *tr* nationalize **nationalisering** nationalization **nationalism** nationalism (äv. ~*en*) **nationalist** nationalist **nationalitet** *-en -er* nationality **nationalitetsmärke** på bil national distinguishing sign, nationality sign; på flygplan nationality mark
national|karaktär national character **-klädd** *a* i allmogedräkt . . dressed in (wearing) a (his osv.) peasant costume **-museum** national museum (för konst gallery) **-park** national park **-scen** national theatre **-socialism** National Socialism **-socialist** o. **-socialistisk** *a* National Socialist **-stat** nation-state **-sång** national anthem
nationell *a* national **nationshus** univ. ung. |'nation'| club-house, jfr *nation 2*
nativitet birth-rate, natality
nativitets|minskning decline of (in) the birth-rate **-överskott** excess of births over deaths
natrium *-|et| (natriet) 0* sodium **-bikarbonat** sodium bicarbonate
natronlut caustic soda |solution|
natt *-en nätter* night äv. bildl.; jfr äv. motsv. ex. under *dag 1; en* ~ |*i maj*| var jag . . one night |in May| . .; *en kall* ~ kom han . . on (. . one) cold night; *god* ~*!* good night!; *göra* ~*en till dag* turn night into day; *när* ~*en kom* when night came |on|; ~*en till* söndagen |ss. adv. on (under loppet av during)| the night before . .; ~*en till söndagen* kom han (vanl.) . . on Saturday night; bli överraskad *av* ~*en* . . by night|fall|; *i* ~ a) förliden last night b) kommande, innevarande tonight, to-night c) denna ~, nu i ~ this night; här ska vi *ta in (bo) i* ~ . . put up for (spend) the night (tonight); *i går (morgon)* ~ yesterday (tomorrow) night; *i söndags* ~ last Sunday night; *mot* ~*en* mojnar det . . towards night|fall|; *om (på)* ~*en (nätterna)* at (by) night, in the night|-time|, varje ~ nightly; sitta uppe sent *om (på) nätterna* . . at night|s|; kl. 12 *på* ~*en* . . at night; arbeta *till långt fram (in) på* ~*en* . . far into the night; 2 tabletter *till* ~*en* . . for the night; det blir regn *till* ~*en* . . before night; *stanna över* ~*en* stay overnight (the night)

nattarbete night-work **nattaxa** på buss o.d. night-service fare

natt|blind *a* night-blind **-buss** night-service bus **-djur** nocturnal animal **-dräkt** night-wear, night-attire **-duksbord** bedside table

nattetid *adv* at (by) night, in the night[-time]

natt|expedition på apotek o.d. night-service **-fack** se *servicebox* **-fjäril 1** moth **2** gatflicka street-walker **-flyg** trafik night-flights pl.; plan night-plane **-frost** night frost; vi har haft ~ [*i natt*] . . frost in the night **-gammal** *a*, ~ *is* ice that is (resp. was) only one night old, ice that has (resp. had) formed over-night **-gäst** guest for the night **-himmel** night sky

nattiné *-n -er* night performance

nattjänst[göring] night duty

natt|kafé all-night café **-klocka** night-bell **-klubb** night-club **-kröken,** *på* ~ towards the small hours **-kvarter** se *-logi* **-kyla** cold (svag. chilliness) of [the] night **-kärl** chamber-pot **-lig** *a* nocturnal, natt- äv. night-; var natt nightly; under natten . . in the night **-linne** nightdress, nightgown **-liv** night life **-logi** husrum accommodation (lodging) for the night **-läger** liggplats bed [for the night], improviserat shake-down **-mangling** bildl. all-night negotiations (discussions) pl. **-mara** nightmare äv. bildl. **-mörker** darkness of [the] night **-mössa** nightcap; *prata i* ~*n* ung. talk drivel (through one's hat), drivel **-parkering** [over]night parking **-permission** night-leave **-portier** o. **-portjé** night-porter

nattrafik night-services pl.

natt|redaktör jourhavande night editor **-ro** night's rest, lugn peace and quiet at night; *inte kunna få någon* ~ *för* värk (grannar) not get any rest at night owing to . . **-rock** dressing-gown **-sexa** ung. light supper [in the small hours] **-skift** night-shift **-skjorta** nightshirt, barnspr. nighty **-skärra** zool. night-jar **-sköterska** night-nurse **-spårvagn** night-service tram **-stånden** *a* om dryck (attr.) . . that has (had osv.) gone flat by stand-ing overnight **-sudd** late nights (bjudningar parties) pl. **-svart** *a* . . [as] black as night äv. bildl. **-söl** staying (sitting) up late at night[s]; jfr *-sudd* **-sömn** ngns [night's] sleep; *ha god* ~ sleep well at night **--taxa** se *nattaxa* **--tjänst[göring]** se *nattjänst[-göring]* **--trafik** se *nattrafik* **--tåg** se *nattåg* **-uggla** night-owl äv. bildl. **-vak** late hours pl., keeping late hours; nattjänst night-duty **-vakt 1** pers. night-watchman, security officer **2** tjänstgöring night watch (duty)

natt|vard ~*en* ~*er,* ~*en* the Holy Com-munion, the Blessed (Holy) Sacrament, the Lord's Supper; *begå (gå till)* ~*en* partake of the Communion, communicate **-vards-gång** communion **-vardsvin** sacramental wine

nattviol 1 vild butterfly orchis **2** odlad sweet rocket, dame's violet **nattåg** night train

natur *-en -er* allm. nature; läggning, kynne o.d. äv. disposition, temperament; karaktär, art äv. character, slag, sort äv. kind; geografisk beskaffen-het äv. geography; personlighet o.d., person personality, person; natursceneri o.d. [natural] scenery; ~*en* ss. skapande kraft o.d. nature; komma ut i ~*en* . . the country[side]; *i* ~*ens sköte* in the bosom (lap) of Nature; *Sveriges* ~ nature in Sweden; *en vacker* ~ omgivning beautiful scenery, a beautiful landscape; *ett stycke vild* ~ a stretch of wild nature; . . *har blivit hans andra* ~ . . has become second nature with him; *han var en ärlig* ~ he had (his was) an honest nature; *av* ~*en ha en motvilja mot* have a natural (an in-stinctive) aversion to; *frågor av allmän* ~ questions of a general nature (character); *teckna efter* ~*en* draw from nature ([the] life); *i Guds fria* ~ in the open air; *det lig-ger i människans* ~ [*att* inf.] it is inherent in human nature [to inf.]; *det ligger i sakens* ~ [*att* man . .] it is in the nature of things (is quite natural) [that . .]; *ute i* ~*en* out of doors, in the open; *det strider mot min* ~ *att* . . it goes against my nature (the grain for me) to . .; *vara försiktig till sin* ~ *(av* ~*en)* be wary by nature (constitution); frågan är *enkel till sin* ~ . . intrinsically simple

natura, *in* ~ in kind **-förmåner** *pl* emol-uments [paid] in kind **-hushållning** primi-tive (gm byteshandel barter) economy

naturalisera *tr* naturalize **naturalisering** naturalization **naturalism** naturalism **na-turalist** naturalist **naturalistisk** *a* natu-ralist[ic]

natur|anlag natural gift (talent) **-barn** child of nature **-begåvning,** *ha (vara en)* ~ have (be a man of) natural talents (gifts) **-behov,** *förrätta sina* ~ relieve oneself **-beskaffenhet** om t.ex. land[skap] physical character (features pl.) **-beskrivning** de-scription of scenery (nature) **-drift** [natural] instinct, natural impulse (urge) **-dyrkan** relig. nature worship; kärlek till naturen love of nature

naturell *-en -er* nature, disposition

natur|enlig *a* natural **-fenomen** natural phenomenon **-folk** primitive people **-fors-kare** [natural] scientist **-forskning** [nat-ural] science **-färg** natural colour **-färgad** *a* natural-coloured **-företeelse** se *-fenomen* **-förhållanden** *pl* se *-beskaffenhet* **-gas** natural gas **-gåvor** *pl* natural gifts (talents) **-hinder** *pl* dåligt väder o.d. adverse weather (climatic) conditions **-historia** natural history **-historisk** *a* som behandlar (resp. hänför sig till) -historia . . on (resp. concerning) natural history; *~t museum (~a samlingar)* natural-history museum (collection sg.) **-katastrof** catastrophe, stark. cataclysm **-kraft** natural (elemental) force; *~erna* äv. the forces of nature **-kunskap** ss. skolämne science; jfr följ. **-kännedom** knowledge of nature **-lag** natural law, law of nature

naturlig *a* allm. natural; medfödd äv. innate, native, inborn; okonstlad äv. unaffected, unsophisticated, artless; självklar äv. self-evident, obvious; *dö en ~ död* äv. (jur.) die from natural causes; *av ~a skäl* for natural (self-evident) reasons; *ett* porträtt *i ~ storlek* a life-size . .; *i ~t tillstånd* in a state of nature, miner. native . .; *~t urval* biol. natural selection; *på ~ väg* by natural means, naturally; *det är ~t (en ~ sak) att han* avgår it is natural (a natural thing, a matter of course) for him to (that he should) inf.; *det ~a* hade varit att inf. the natural thing (course) . . **-het** naturalness osv.; unsophistication, self-evidence

naturligtvis *adv* of course, naturally; *~!* ja (jo) visst äv. certainly!, sure!

natur|liv 1 *~et* naturens liv ung. wild life **2** *leva ett ~* lead an outdoor life **-ljud** natural sound **-läkare** nature healer **-lära** lärobok textbook of science **-makt** se *-kraft* **-minne** o. **-minnesmärke** natural monument (landmark) **-människa** i urtillstånd child of nature; frilufts- nature lover; okonstlad unaffected person **-nödvändig** *a* absolutely necessary **-nödvändighet,** *med ~* with absolute necessity **-park** naturvuxen nature park; engelsk park landscape-garden; jfr *nationalpark* **-produkt** natural product **-religion** nature worship **-reservat** nature reserve **-rikedom,** *~[ar]* natural wealth sg.; jfr *-tillgång* **-riket** the natural kingdom **-rätt** jur. natural law **-sceneri,** *~[er]* natural scenery sg. **-siden** real silk **-skildring** se *-beskrivning* **-skydd** se *-vård* **-skyddsförening** society for the preservation of natural amenities **-skyddsområde** nature reserve **-skön** *a* . . of great natural beauty; *det ~a* Dalarna . . with its beautiful scenery; *en ~ plats* äv. a beauty-spot **-skönhet** beauty of nature, natural beauty; *berömd för sin ~* noted for [the beauty of] its scenery **-skönt** *adv, ~ belägen* beautifully situated **-sten** [real] stone **-stridig** *a* unnatural, . . contrary to nature **-tillgång** natural asset; *~ar* äv. natural resources **-tillstånd** natural state; i (återgå till) *~et* . . the state of nature **-trogen** *a* . . true to life, lifelike **-troget** *adv* in a natural (lifelike) manner **-vetare** scientist, studerande science student **-vetenskap** [natural] science **-vetenskaplig** *a* scientific **-vetenskapsman** scientist **-vidrig** *a* se *-stridig* **-vård** preservation of natural amenities, nature conservancy **-väsen** nature-being **-älskare** nature lover

nautisk *a* nautical

nav *-et (-en) -[ar]* hub; propeller~ boss

navel *-n navlar* anat. navel **-binda** umbilical bandage **-sträng** anat. navel-string, umbilical cord

navigation *-en 0* navigation **navigationshytt** chart-room **navigera** *tr itr* navigate **navigering** *-en 0* navigation

navkapsel hub cap

navl|e *-en -ar* se *navel*

naz|ism Nazism **-ist** o. **-istisk** *a* Nazi

Neapel Naples **neapolitansk** *a* Neapolitan

nebulos|a *-an -or* nebul|a (pl. -ae)

necessär rese~ dressing-case

ned *adv* allm. down äv. nere; nedåt äv. downwards; nedför trappan downstairs; *uppifrån (ovanifrån) och [ända] ~* from top to bottom; *[längst] ~ på* sidan at the [very] bottom of . .; *ända ~* right (all the way) down (to the bottom); *resa ~ till* Rom go down [south] to . .; *temperaturer [på] ~ till* 30° temperatures [ranging] down (as low [down] as) to . .; lägga (packa) *~ ngt i . .* a th. into; *blöta (skräpa) ~* utan obj. make things all wet (make a mess). — Se f.ö. beton. part. under resp. vb

nedan I *-et* - wane; *månen är i ~* the moon is on the wane **II** *adv* below; *här ~* i skrift below, se vid. *härnedan; se ~ !* see below (längre fram further on el. down)! **-för I** *prep* below; t.ex. trappan, åsen at the foot of; söder om [to the] south of **II** *adv* [down] below; söder därom to the south [of it]; *här ~* se *härnedanför* **-nämnd** *a, ~a . .* the . . mentioned below, mer officiellt the undermentioned . . **-stående** *a* nedan angiven o.d. the . . [mentioned] below

ned|bantad *a* m.fl. se *banta [ned]* m.fl. **-bringa** *tr* se *bringa [ned]* **-bruten** *a, vara ~* bildl.: knäckt, slut be broken [down], av sjukdom äv. be shattered (prostrate); *~ av* bekymmer äv.: tillfälligt overcome (varaktigt broken) by . . **-brytande** *a* om idéer o.d. subversive, destructive **-brytning** kem. breaking down **-busning** brutalization, demoralization **-efter** *prep* down **-emot** *prep* down towards; utan rörelseinnebörd down by

nederbörd *-en 0* meteor. precipitation; ofta: regn rainfall, snö snowfall; *ingen eller ringa ~* i väderleksutsikter little or no rain[fall] (resp. snow[fall])

nederbörds|mängd meteor. [amount of] precipitation; ofta rainfall (resp. snowfall) **-mätare** rain-gauge **-område** precipita-

tion area, rainfall- (resp. snowfall-)area
nederdel lower part
nederlag *-et* - **1** mil. defeat äv. friare; *lida ~* äv. be defeated **2** H lager stock-in-trade; magasin warehouse, depot
nederländare Netherlander; jfr *holländare*
Nederländerna *pl* the Netherlands **nederländsk** *a* vanl. Dutch; officiellare Netherlands . . **nederländsk|a** *-an* **1** pl. *-or* kvinna Netherland woman **2** pl. *0* språk vanl. Dutch. — Jfr *svenska*
nederst *adv* at the |very| bottom, *i, på, vid* of; *~ på* sidan äv. at the foot of . . **nedersta** *a,* |*den*| *~* hyllan the lowest (bottom) . .; *~ våningen* vanl. the ground (amer. first) floor
ned|fall, |*radioaktivt*| *~* fall-out **-fart 1** -färd descent, way down **2** infartsöppning entrance **-flyttad** *a* se *flytta* |*ned*| **-fläckad** *a* . . stained all over **-frysning** refrigeration; läk. äv. (total) hypothermia **-fällbar** *a* om t.ex. sufflett (attr.) . . that can be lowered (let down); *~ sits (stol)* tip-up seat **-färd** färd ner descent; -resa journey down; *under ~en* blev han . . äv.|while| on the (his) way down . . **-för I** *prep* down; *~ backen* äv. downhill; *~ trappan* down the stairs, inomhus äv. downstairs; *gå ~ trappan* äv. descend the stairs **II** *adv* downwards, i bet. '~ backen' äv. downhill **-försbacke** downhill slope, descent; *vi hade (det var) ~* hela vägen it (the road) was downhill |for us| . .; bromsa inte *i -försbacken (-försbackar)* . . when driving downhill
ned|gående I *~t 0,* solen *är i (på) ~* . . is going down (setting) **II** *a* om solen setting. — Jfr *nedåtgående* **-gång 1** till källare, tunnelbana o.d. way (trappa stairs pl.) down **2** om himlakroppar setting; sjunkande, tillbakagång om pris o.d. decline äv. om kultur o.d., fall, drop, minskning decrease; *solens ~* sunset **-gången** *a* **1** om sko|r| down at heel **2** utarbetad o.d. worn out **-gångsperiod 1** ekon. depression, cris|is (pl. -es) **2** andlig period of decline (stark. decadence) **-göra** *tr* se *göra* |*ned*| **-görande** *a* om kritik scathing, slashing **-hopp** -slag sport. landing **-hukad** *a, sitta ~ över* en bok sit crouched (crouching) |down| over . . **-hängande** *a* . . hanging down; fritt suspended; om ljuskrona pendent; *~ öron* äv. lop-ears
ned|ifrån I *prep, ~* gatan (hamnen) from . . |down| below; *~ södern* from down south **II** *adv* from below (underneath); *~ och ända upp* from below upwards, from the bottom right up; femte raden *~* äv. . . from the bottom; *där (här) ~* se *därnerifrån (härnerifrån)* **-ikring** *prep adv* se *-omkring* **-isad** *a* över- . . covered with ice; om fisk . . preserved in ice; geol. glaciated; vingarna *var ~e* . . had iced up **-isning** covering with (preserving in) ice; glaciation; jfr föreg.; flyg. icing **-kalla** *tr* bildl., *~* frid (välsignelse) *över ngn* call down . . on a p. **-kippad** *a* om sko|r| down at heel **-komma** *itr, ~ med* en son give birth to . ., be delivered of . . **-komst** *~en 0* förlossning delivery, confinement **-kämpa** *tr* motståndare outfight; mil. neutralize, t.ex. fientligt artilleri destroy, tysta äv. silence; böjelser o.d. fight down **-legad** *a, en ~* soffa a . . with worn springs **-lusad** *a* lousy, lice-infested **-lutad** *a,* sitta (stå) *~ över* . . bending |down| (stooping) over **-låta** *rfl* täckas condescend, *till* ett svar to give . ., *till att* inf. to inf.; förnedra sig stoop, descend, *till* ngt to . ., *till att* inf. to ing-form **-låtande** *a* överlägsen condescending, patronizing **-låtenhet** condescension, patronizing air **-lägga** *tr* se *lägga* |*ned*|
ned|montera *tr* se *montera* |*ned*| **-mörk** *a* pitch-dark **-om** *prep* below **-omkring I** *prep* nere runtomkring round the foot (base) of, nedtill på along the base of, nere i trakten av down by **II** *adv* round the foot (base, t.ex. kjol bottom) **-prutning** reduction äv. bildl. **-på** *prep, ~* ängen down on . .; håret hänger *långt ~ ryggen på honom* . . |ever so| far down his back
nedre *(nedra) a* lower; *~ ändan* av bordet äv. the bottom . .; *i ~ vänstra* hörnet (på boksida o.d.) in the left-hand bottom . .; *Nedre Österrike* Lower Austria
nedresa *s* journey down (söderut southwards)
nedrig *a* gemen, simpel mean, dirty, low; *en ~ beskyllning* a mean (base) accusation; *vilken (en sådan) ~ otur!* what rotten luck!; han var *~ mot mig* . . horrid (beastly) to me; *det är (var) ~t* av dig att tro det! it is beastly (horrid) . .!; *det var ~t* att jag skulle glömma boken how |very| annoying . ., what a shame . . **nedrighet** *-en -er* se *gemenhet* **nedrigt** *adv* **1** lumpet se *gement* **2** F fasligt awfully; *göra ~ ont* äv. hurt something awful
ned|rusta *itr* disarm, cut down (reduce) |one's| armaments **-rustning** disarmament, reduction of armaments **-rustningskonferens** disarmament conference **-rustningspolitik** disarmament policy **-räkning** inför start count-down **-rökt** *a* sotig sooty; rökfylld smoky, smoke-laden **-saltning** salting, pickling **-satt** *a* se *sätta* |*ned*| **-skriva** *tr* se *skriva* |*ned*| **-skrivning** -skrivande writing down; H writing-down, write-down, ibl. depreciation; av valuta m.m. devaluation **-skrotning** scrapping äv. bildl., av fartyg breaking up **-skärning** minskning reduction, *av* of, in; cut, *av* in
nedslag 1 på skrivmaskin stroke; *200 ~* i minuten 200 letters . . **2** mus. downbeat; fågels alighting; flygplans störtning crash; blixt~ stroke

of lightning; mil. projektils impact; sport.: vid hopp o.d. landing
ned|slagen *a* bildl. se *-stämd, modfälld* **-slagenhet** se *-stämdhet, modfälldhet* **-slaktning** slaughter[ing], killing, av sjuka djur destruction **-slå** *tr* se *slå [ned]* **-slående** *a* bildl. disheartening, depressing, discouraging; resultatet *blev* ~ . . was (proved) disappointing **-smetad** *a* besmeared, m. fett äv. . . [all] covered with grease (m. smuts dirt) **-smittad** *a, bli* ~ become infected; catch an infection, *av* ngn from . . **-smord** *a* se *-smetad, -smutsad* **-smutsad** *a* om t.ex. händer very dirty, om plagg äv. . . dirtied (soiled) all over **-sotad** *a* . . blackened with soot, sooty **-stigande** *a* se ex. under *3 led III 1* **-stigning** descent; -stigande descending **-stämd** *a* bildl. depressed, low-spirited, dejected; jfr *modfälld* **-stämdhet** [state of] depression (dejection), low-spiritedness; jfr *modfälldhet; hans* ~ äv. his depressed state [of mind] **-svärta** *tr* se *svärta [ned]* **-svärtning** bildl. blackening, running down **-sänkning** svacka se *sänka A 1* **-sänkt** *a* sunk[en] osv., jfr *sänka [ned]; med* ~ *huvud* with [one's] head lowered **-sätta** *tr* se *sätta [ned]* **-sättande** *a* förklenande disparaging; om yttrande o.d. depreciatory **-sättning** sänkning lowering, minskning reduction, pris~ amer. äv. markdown; av hörsel o.d. impairment
ned|tagande o. **-tagning** taking down osv., jfr *ta [ned]; Kristi* ~ *från korset* konst. the Deposition **-till** *adv* at the foot (bottom), down in the lower part, *på* of; därnere [down] below **-tryckt** *a* bildl. depressed, dejected, *av* by; jfr följ. **-tyngd** *a* bildl. . . weighed down, . . loaded, . . burdened, *av* i samtl. fall with **-tysta** *tr* se *tysta [ned]* **-vid I** *prep* down by **II** *adv* se *-till* **-vikbar** *a* o. **-vikt** *a* dubbelvikt, *blus med* ~ *krage* blouse with a turn-down collar **-väg,** *på* ~*en* on the (one's) way (resa journey) down (söderut southwards, down south) **-värdera** *tr* depreciate; bildl. äv. disparage, belittle **-värdering** depreciation; bildl. äv. disparagement **-växling** bil. changing down [to a lower gear]
nedåt I *prep* allm. down; längs [all] down along; gå ~ *staden* . . down towards (in the direction of) town; *jag skall [gå]* ~ *staden* äv. I am going down town; det behövs regn ~ *landet* . . in the south of the country; *här* ~ *landet* down in this part of the country; *bo* ~ Malmö live [somewhere] down in the direction of . . (F down . . way) **II** *adv* allm. downwards; ~ *böj!* gymn. downward bend!; på tå häv! — ~ *sänk!* gymn. . . heels lower!; brädan är tjockare ~ nedtill . . towards the (its) lower end (the bottom); *här* ~ i våra trakter down here . .; *gå gatan* ~ go down the street; räkna (sy) *uppifrån [och]* ~ . . from above downwards **-gående I** *s, vara i* ~ om konjunkturer o.d. be on the down grade (downward trend) **II** *a* om pris falling, om tendens, konjunkturer downward, om tåg south-bound **-vänd** *a* . . turned downwards
nedärvd *a* . . passed on (transmitted) by heredity, hereditary; traditionell . . handed down from generation to generation, traditional
nefrit *-en -er* **1** läk. nephritis **2** miner. nephrite
negation negation, nekande ord äv. negative
negativ I *a* negative; mat. o. elektr. äv. minus; jfr *nekande I* **II** *-et* - foto. negative **negativism** negativism **negativistisk** *a* negativist[ic] **negativitet** negativity, negativeness **negativt** *adv* negatively; uttala sig ~ . . in a (the) negative sense
neger *-n negrer* **1** eg. Negro, negro, i USA ofta colored person, neds. darkey, nigger **2** F biträde åt författare o.d. ghost[-writer]
neger|a *tr* negate; ~*d* sats vanl. . . containing a negative **-ande** *a* negative
neger|barn Negro child, F piccaninny **-befolkning** Negro (amer. ofta colored) population **-blod,** *ha* ~ *i sig* have Negro blood in one's veins **-sång,** *en religiös* ~ a Negro spiritual
negligé *-n -er* negligee; *i* ~ äv. in dishabille
negligera *tr* allm. neglect; strunta i ignore, t.ex. varning äv. disregard
negress Negress, Negro (i USA ofta colored) woman **negroid** *a* Negroid
nej I *itj* (äv. adv.) **1** allm. no, artigare o. isht till överordnad no, Sir (resp. Madam)!; ~ *då!* visst inte oh, [dear me,] no!, not at all!, stark. certainly not!; *jag trodde,* ~, *jag var säker på att* han var oskyldig I thought, in fact (indeed, högt. nay) I was sure that . . **2** m. försvagad innebörd, ibl. rent pleonastiskt: anknytande o.d. well, uttr. förvåning o.d. oh!; ~ *nu måste jag gå!* well, I must be off [now]!; ~, *nu går det för långt!* this is really going too far!; ~, *en sån överraskning!* oh, what a surprise!; ~ *men se . .!* why . .!; ~, [*men se,*] *är det du?* hallo (well I never), is that you?; ~ *men Bo [då]!* oh, Bo!; ~ *men så trevligt!,* ~ *tänk så roligt!* how nice!; ~, *det menar du inte!* är det möjligt?, ~, *vad säger du!* you don't say [so]!
II *-et* - no; avslag refusal; *få* ~ meet with a refusal, vid frieri be refused (turned down); *rösta* ~ vote against [the proposal]; *svara* ~ [*på* en fråga] answer no [to . .]; *säga* ~ *till ngt* äv. refuse (decline) a th.; *tacka* ~ [*till* bjudning] vanl. decline [. .] with thanks; jfr *besvara*
nejd *-en -er* trakt district; grannskap neighbourhood; poet. clime
nejlik|a *-an -or* **1** bot.: stor, driven carnation;

enklare pink **2** krydda clove
nejonöga lamprey
nej|röst no **-sägare** person who always says no to everything, no-man
neka I *itr* säga nej o.d., *du ~r väl inte,* om jag ber dig you won't say no, . .; *han ~de bestämt (fräckt) till att ha gjort det* he flatly (impudently) denied having done it; *han ~de envist till [att ha begått] brottet* he persisted in denying that he had committed the crime (inför rätta äv. in pleading not guilty); jag vill inte *~ till det (att . .)* . . deny it (the fact that . .); jfr *förneka I* **II** *tr* vägra refuse; *~ ngn sin hjälp* refuse to help a p.; *~ ngn tillträde* refuse a p. admittance; *~ ngn att få* följa med refuse a p. permission (refuse to allow a p.) to inf. **III** *rfl, han ~r sig ingenting* he never denies himself anything; *jag kan inte ~ mig nöjet att* inf. I cannot deny myself (forgo) the pleasure of ing-form **nekande I** *a* vanl. negative; *ett ~ ord* äv. a negative; *ett ~ svar* avslag a refusal; om svaret *blir ~* vanl. . . is in the negative **II** *adv, svara ~* reply (answer) in the negative **III** *-t -n,* dömas *mot sitt ~* . . in spite of one's denial [of the charge] (one's pleading not guilty)
nekrolog obituary [notice]
nektar *-n 0* nectar äv. bot. o. bildl.
nemesis *r* nemesis, gudinnan Nemesis
neoklassicism neo-classicism
neon *-et 0* neon **-ljus** neon light **-[ljus]-skylt** neon sign **-rör** neon tube
nepotism nepotism
Neptunus Neptune
ner *adv* o. sms. se *ned* o. sms.
nere *adv* allm. down, i nedre våningen äv. downstairs; deprimerad down, depressed, in low spirits; bommarna är *~* . . lowered; djupt (långt) *~ i* . . down in; *~ i stan* in the centre of the town, amer. downtown; *~ i södern* down [in the] South; *~ i* Skåne down [south] in . .; *priset (temperaturen) är ~ i* . . the price (temperature) is down to . .; *längst ~ [i (på)]* se *nederst; ~ på* down on (botten at); han satt *längst ~ vid bordet* . . at the very end of the table; jfr *ligga [nere]*
nerts *-en -ar* mink
nerv *-en -er* nerve, bot. äv. vein; bildl.: kraft vigour; *ha dåliga (upprivna) ~er* have weak (shattered) nerves; *han går mig på ~erna* he gets on my nerves; sådant *tar på ~erna* . . tells on the (one's) nerves **-cell** nerve-cell **-centrum** nerve-centre **-chock** nervous shock **-feber** se *tyfus* **-gas** nerve gas **-hem** home for nerve-patients
nervig *a* bot. nerved, nervate[d], veined
nerv|inflammation neuritis end. sg. **-kittlande** *a* thrilling, breath-taking **-klen** *a* neurasthenic; *vara ~* suffer from neurasthenia **-klenhet** neurasthenia **-klinik** nerve clinic **-knippe** bundle of nerves äv. bildl. **-knut** gangli|on (pl. äv. -a) **-krig** war of nerves **-lugnande** *a, ~ medel* sedative, tranquillizer **-läkare** nerve-specialist, neurologist
nervositet nervousness osv., jfr *nervös*
nerv|pirrande *a* se *-kittlande* **-press** nervous strain **-påfrestande** *a* nerve-racking, attr. äv. . . that is a strain on the nerves **-ryckning** nervous spasm **-sammanbrott** nervous breakdown **-sjuk** *a* neurotic **-sjukdom** nervous disorder, neuros|is (pl. -es) **-slitande** *a* nerve-racking **-specialist** se *-läkare* **-spänning** nervous strain **-stillande** *a* se *-lugnande* **-svag** *a* neurasthenic, nervous **-system** nervous system **-tråd** nerve fibre **-värk** neuralgia
nervös *a* allm. nervous; tillfälligt orolig agitated, uneasy, restless, excited; rastlös flurried, fidgety; *~ [av sig]* high[ly]-strung, jumpy, F nervy; *bli ~* get nervous osv.; get jittery (into a nervous state); *bli (var) inte ~!* äv. don't get excited (resp. flurried)!; *göra ngn ~* rattle a p.
nerz *-en -ar* mink
nes|a *-an 0* ignominy, shame **-lig** *a* vanärande ignominious; skändlig infamous; *~t våld* se *våldtäkt; begå ~t våld mot* se *våldta[ga]*
nestor *-n 0* Nestor, inom kår äv. doyen; amer. äv. dean; den främste grand old man, *inom* tennis of . .
netto I *adv* net; *betala [per] ~ kontant* pay net cash **II** *-t -n* se *-avkastning* m. fl.; *i rent ~* net (clear) profit **-avkastning** net yield osv., jfr *avkastning* **-behållning** net balance; jfr föreg. **-belopp** net amount (sum) **-vinst** net (clear) gain (profit)
neuralgi *-[e]n 0* neuralgia **neuralgisk** *a* neuralgic **neurasteni** *-[e]n 0* neurasthenia **neurasteniker** *s* o. **neurastenisk** *a* neurasthenic **neurolog** neurologist **neuros** *-en -er* neuros|is (pl. -es) **neurotiker** *s* o. **neurotisk** *a* neurotic
neutral *a* **1** allm. neutral **2** språkv. neuter **neutralisation** *-en 0* kem. neutralization **neutralisera** *tr* neutralize äv. bildl. **neutralisering** neutralizing; neutralization **neutralism** neutralism **neutralitet** neutrality; *väpnad ~* armed neutrality **neutralitetsbrott,** *begå ett ~ [mot ett land]* commit a breach of [a country's] neutrality **neutralitetspolitik** policy of neutrality
neutron neutron **neutr|um** *-et -er (-a)* neuter; *i ~* in the neuter; 'bord' *är ~* . . is neuter
newfoundlandshund Newfoundland dog
nevö *-n -er* nephew
ni *pers. pron* you; *e[de]r (E[de]r)* you, rfl. your|self, pl. -selves (i adverbial m. beton. rumsprep. vanl. you); *~ andra* the rest of you;

you others; *säga* ~ *till ngn* address a p. as 'ni', jfr *1 nia;* för ex. jfr äv. *jag, du*

1 nia *tr,* ~ *ngn* address a p. as 'ni' |instead of using the familiar word 'du' or his (resp. her) title|

2 ni|a *-an -or* nine; jfr *femma*

nick *-en -ar* **1** allm. nod **2** sport. header **nicka** *itr tr* **1** allm. nod, *åt (till) ngn* at a p.; ~ *bifall* nod approval; ~ *till* somna drop off |to sleep| **2** sport. head; ~ *bollen i mål (in bollen [i mål])* head the ball in|to goal|

nickel *-n (nicklet) 0* nickel **-haltig** *a* nickeliferous **-stål** nickel steel

nickning 1 allm. nodding; svara med *en* ~ |*med huvudet*| . . a nod |of the (one's) head| **2** sport.: nickande heading, nick header

niding skändlig brottsling vandal, svag. hooligan; stark. desperado (äv. bil~), sex~ maniac **nidingsdåd** act of vandalism (resp. hooliganism), outrage

nid|skrift lampoon, libellous pamphlet **-skrivare** lampooner, scurrilous pamphleteer **-visa** rhymed lampoon, satirical song (dikt poem)

niece *-n -r* niece

nig|a *neg -it itr* curts|e|y, make (drop) a curts|e|y, *för ngn* to a p.

nigg|er *-ern -rer* neds. nigger

nigning curts|e|y; nigande curts|e|ying

nihil|ism nihilism **-ist** nihilist **-istisk** *a* nihilistic

nikotin *-et (-en) 0* nicotine **-fri** *a* nicotine-free; befriad från nikotin denicotinized **-förgiftad** *a* nicotine-poisoned **-förgiftning** nicotine-poisoning, nicotinism

nikt *-et (-en) 0* witch-meal, lycopodium |powder|

Nilen the Nile

nimbus *-en 0* nimbus, bildl. äv. aura; gloria äv. halo

nio *räkn* nine; jfr *fem* o. sms. **-klassig** *a,* ~ *skola* nine-year school

nionde *räkn* ninth; jfr *femte* o. sms. **nion-|de|del** ninth |part|; jfr *femtedel*

nip|a *-an -or* steep sandy river-bank

nipp|el *-eln -lar* nipple

nipper *pl* enklare trinkets

nippertipp|a *-an -or* saucy girl (wench), minx

nisch *-en -er* niche; jfr *fönsternisch*

1 nit *-et 0* iver zeal, stark. ardour, fervour; *av ovist* ~ from injudicious zeal; jfr *medalj*

2 nit *-en -ar (-er)* lott o. bildl. blank; *få en* ~ draw a blank

3 nit *-en -ar* tekn. rivet **nita** *tr,* ~ |*fast*| rivet, *vid* |on| to; *fastnitad* äv. firmly riveted; ~ *ihop (samman)* t.ex. två plåtar rivet . . together **nitare** riveter

nitdragning i lotteri ung. draw for consolation prizes

nitisk *a* ivrig zealous, trägen assiduous, stark ardent, fervent; *alltför* ~ over-zealous

nitrat *-et -|er|* o. **nitrera** *tr* nitrate **nitroglycerin** nitro-glycerin|e|

nitti|o| *räkn* ninety; jfr *fem|tio|* o. sms. **nittionde** *räkn* ninetieth **nitti|o|åring** jfr *femti|o|åring;* äv. nonagenarian

nitton *räkn* nineteen; jfr *fem|ton|* o. sms. **nittonde** *räkn* nineteenth; jfr *femte* **nittonhundrafemtiotalet** the nineteen fifties pl. *på* ~ in the etc. **nittonhundratalet** the twentieth century; jfr *femtonhundratalet*

nitvinst ung. consolation prize

nitälskan *- 0* nit zeal; månhet |eager| concern (solicitude)

niveller|a *tr* level, bildl. äv. equalize, reduce . . to one (a uniform) level; öka level up (minsk down, utplåna away) **-ing** levelling osv.

nivå *-n -er* level, bildl. äv. standard; *hålla sig (vara) i* ~ *med* keep (be) on a level with *på samma* ~ on the same level; *stå på en hög* ~ be on a high standard (level); *överläggningar på högsta* ~ top-level (summit talks **-skillnad** difference in level (altitude)

Nizza Nice

njugg *a* knusslig parsimonious, niggardly *med, på* with; med (på) ord, beröm o.d. sparing chary, *med, på* of; knappt tilltagen scanty; *vara* ~ *med (på) maten mot ngn* vanl. stint a p of (in) food **-het** parsimoniousness osv.; parsimony; *utan* ~ without stint

njur|blödning renal h|a|emorrhage **-bäcken** renal pelvis

njur|e *-en -ar* kidney **-formig** *a* kidney-shaped, bot. reniform **-grus** gravel |in the kidney (kidneys)|, läk. renal calculus **-inflammation** inflammation of the kidney|s| nephritis **-lidande** ~*t 0, ha* |*ett*| ~ have |got| |some form of| kidney trouble **-sauté** sautéed |veal| kidneys pl. **-sten** stone in the kidney|s|, läk. renal calculus **-talg** suet **-trakt,** ~*en* the loins pl., the lumbar region|s pl|

njut|a *njöt -it* **I** *tr* enjoy, jfr *åtnjuta* **II** *itr* enjoy oneself, have a wonderful time *jag -er intensivt* när jag kan få resa I enjoy it intensely, . .; ~ *av ngt (av att resa)* enjoy a th (travelling), stark. delight (take delight) in a th. (in travelling); ~ *av* t.ex. frihet, skvaller revel in . .; *jag riktigt -er av att* höra henne it is a positive joy (delight) for me to . .; *låta ögat* ~ *av* feast one's eyes on **-bar** *a* aptitlig appetizing; smaklig, äv. bildl. palatable, *för* to; bildl. äv., t.ex. om musik enjoyable, *för* to *boken är* ~ *för* ung och gammal the book can be enjoyed by . . **-ning** enjoyment, pleasure stark. delight; *en* |*sann (verklig)*| ~ *för* ngn a |real| pleasure for . ., ögat (örat) a |real feast for . .; bordets ~*ar* the delights (luxuries) . .; *sinnliga* ~*ar* sensual pleasures

njutnings|begär craving for pleasure (enjoyment) **-lysten** *a* pleasure-seeking, pleasure-loving, epicurean . . **-lystnad** love of (longing for) pleasure (enjoyment), epicur|ean|ism **-medel** stimulant; lyx luxury **-människa** epicure|an| **-rik** *a* |very| enjoyable, pleasurable

Noa|k| Noah; ~*s ark* Noah's ark

nobba *tr* F avvisa, ~ *ngn* för t.ex. dans give a p. the brush-off

nobel *a* allm. noble, om handling äv. generous, fine, till karaktären äv. noble-minded, om utseende äv. distinguished

nobelpris Nobel Prize, *i* litteratur for . . **-tagare** Nobel Prize winner

nobless *-en 0* nobility; ~*en* de förnäma äv. the noblesse fr., the upper ten |thousand| båda pl.

nock *-en -ar* **1** byggn. ridge **2** sjö. gaffel~ gaff-end, peak; rå~ yard-arm

nod *-en -er* node

nog *adv* **1** (ibl. äv. *a*) tillräckligt enough, sufficiently; *han var* fräck ~ *att* inf. he was so . . as to inf.; *stor* ~ (~ *stor*) large enough, sufficiently large; *det är* ~ that is enough (sufficient), that will do; ha *mer än* ~ äv. . . enough and to spare; *nej nu får det vara* ~*!* jag finner mig inte längre enough of that now!; *man kan aldrig vara* ~ *försiktig* you (one) can't be too careful; . . kan inte ~ |*varmt*| *rekommenderas* . . be too warmly recommended; ~ kort *sagt* in short, in brief; *jag har fått* ~ |*av det*| orkar inte med mer I have had enough (my fill) |of it|, är led på F I'm fed up |with it|; *ha* pengar ~ (~ *med* pengar) have enough . . (. . enough); *ha mat* ~ hemma have enough food . .; *ha mat* ~ för att t.ex. bjuda gäster have food enough . .; *inte* ~ *med att han vägrade,* han t.o.m. . . not only did he refuse, . .; *det är inte* ~ *med att vara vacker* beauty is not enough; ~ *om det!* enough of that!

2 m. svag. bet.: ganska m.m., *konstigt (lustigt, lyckligt* osv.*)* ~ kom hon curiously (funnily, fortunately osv.) enough . .; *konstigt (sorgligt)* ~ äv. strange (sad) to say; *naturligt (olyckligt)* ~ vanl. naturally (unfortunately); det är *förklarligt* ~ . . quite (perfectly) easy to explain; läget är *kritiskt* ~ (~ *så kritiskt)* mycket kritiskt . . quite critical; *nära* ~ se *nästan*

3 förmodligen probably, very likely; säkerligen no doubt, doubtless, helt säkert certainly; visserligen to be sure, it is true; *han är* ~ förmodligen *snart här* äv. I expect (suppose, dare say, amer. guess) he will soon be here; *ni förstår mig* ~ säkerligen äv. you will understand me |, no doubt (I am el. feel sure)|; *jag hinner* ~ helt säkert *med tåget* äv. I shall catch the train right enough; brevet *kommer* ~*!* helt säkert äv. . . will come all right |, never |you| fear|!; *det är* ~ visserligen *riktigt, men* äv. that is right, I admit, but . .; *det är* ~ *gott och väl* |*,men* . .| that's all very well |, but . .|; ~ *kommer du* |*, säg*|*?* you'll come, surely (won't you)?; *det skall jag* ~ *ordna!* I'll see to that |don't worry|!; ~ *ser det så ut* it certainly looks like it; it looks like it, I (you osv.) must admit; *det tror jag* ~ I should think so; *jag vet* ~ att han . . I am well aware . .; ~ *är han (*~ *för att han är)* duktig men . . to be sure (it is true) he is . .

noga I *adv* precis o.d. precisely, exactly, accurately; ingående closely, in i minsta detalj minutely; strängt strictly; omsorgsfullt carefully; *akta sig* ~ *för att* inf. take great (good) care not to inf.; *hålla* ~ *reda på* böckerna keep a careful (a strict) check on . .; *känna* ~ *till ngt* have an accurate (intimate) knowledge of a th.; *lägga* ~ *märke till* . . note (mark) . . carefully; *se* ~ *på ngt* look closely at a th., scrutinize a th. closely; *se* ~ *till, att* ingenting förfares be |very| careful (take great el. good care) that . .; ~ *räknat (taget)* strictly |speaking|; *jag vet inte så* ~, hur (när) . . I don't know |very (quite)| exactly . . **II** *a* noggrann careful, nogräknad scrupulous, stark. punctilious; kinkig particular; petig meticulous; fordrande exacting, *med (om)* ngt i samtl. fall about (as to) . .; jfr äv. *noggrann; vara* ~ *med att* inf. äv. make a point of ing-form; *det är inte så* ~ |*med det*|*!* it's not all that important!

noggrann *a* omsorgsfull careful, samvetsgrann scrupulous, *med* about; exakt accurate, exact, precise, om sak äv., stark. minute; ingående close; sträng strict **-het** carefulness osv.; accuracy, exactitude, precision; *bristande* ~ inaccuracy, inexactness, inexactitude

nog|räknad *a* particular, isht moraliskt scrupulous, *med, i fråga om* about; se vid. *kinkig 1* **-samt** *adv,* detta är ~ *bekant* . . a |perfectly| well-known fact; *han kände* ~ *till,* att . . he knew well enough (only too well) . .; *det har jag* ~ *fått erfara* I have learnt that to my cost

nojs *-et 0* se *skoj 1;* flört flirting **nojsa** *itr* skoja be up to fun (larks); flörta flirt

noll 1 *räkn (a, s)* allm. nought (amer. naught), på instrument zero, isht i telefonnummer *0* |utt. ou|; *det är* ~ *grader* Celsius the thermometer is at zero (freezing-point); *vara av* ~ *och intet värde* be of no value what|so|ever, be quite worthless; *leda med 30—0* i tennis lead thirty love; *segra med 3—0* i t.ex. fotboll win by three |goals to| nil; värdet *är lika med* ~ ekon. . . is equal to nil (zero) **2** pl. *- r* kortsp. nullo (pl. -s) **noll|a** *-an -or* eg. nought (amer. naught), cipher; *en* ~ om pers. a nobody, (nonentity, cipher) **nolle** *-n -* kortsp. nullo (pl. -s) **nollgradig** *a, ~t* vatten . . at freezing temperature **nollpunkt** zero [point], elektr. neutral [point]; *absoluta ~en* absolute zero; *stå på ~en* äv. bildl. be at zero **nollställa** *tr* **1** instrument set . . to zero **2** likställa, ~ personalens löner *med marknadens* put . . on a par with those on the market **nolltid,** *på ~* F in no time

nomad *-en -er* nomad **nomadfolk** nomadic people **nomadisera** *itr* nomadize **nomadisk** *a* nomadic, nomad . . **nomadliv** nomadic (friare migratory) life, nomadism

nomenklatur nomenclature

nominativ *-en -er, ~[en]* the nominative; *en ~* a nominative

nominell *a* nominal; *~t värde* äv. face value **nominera** *tr* nominate

nonaggressionspakt non-aggression pact

nonchalans *-en 0* nonchalance, nonchalant attitude; försumlighet negligence, hänsynslöshet inconsiderateness, *mot* i samtl. fall towards; likgiltighet indifference, *mot* to; vårdslöshet carelessness, off-handedness, bekymmerslöshet airiness, flippancy **nonchalant** *a* nonchalant, negligent, inconsiderate, indifferent, careless, off-hand[ed], airy, flippant; jfr föreg. **nonchalera** *tr* pay no attention to, regler o.d. äv. disregard; försumma neglect

non|figurativ *a* non-figurative **-intervention** non-intervention

nonsens *n* nonsense, rubbish, bosh

nonstopflygning non-stop flight

nopp|a I *-an -or* i tyg burl, knot **II** *tr* tekn. burl; ögonbryn pluck; *~ sina fjädrar, ~ sig* preen one's feathers **noppig** *a* om tyg burled, knotty

nord *s* (ibl. *-en 0*) o. *adv* north (förk. N.), *om* of; vinden är *på* (blåser *från*) *~* . . in (from) the north; *~ till ost* north by east; jfr *Norden, norr* **Nordafrika** som enhet North (norra Afrika Northern) Africa **nordafrikansk** *a* attr. North-African **Nordamerika** North America **nordamerikansk** *a* attr. North-American **nordan** *- 0 r* o. **nordanvind** north wind, northerly wind **Nordatlanten** the North Atlantic **nordbo** Northerner, skandinav Scandinavian **Norden** Skandinavien the Scandinavian (mer officiellt Nordic) countries pl., Scandinavia, m. Finland spec. Fenno-Scandinavia; *här i ~* [here] in the North **nordengelsk** *a* . . in (of, resp. from) the north of England; (om t.ex. dialekt) attr. North-English **Nordengland** the north of England, Northern England **Nordeuropa** the north of Europe, Northern Europe **nordeuropé** *s* o. **nordeuropeisk** *a* attr. North-European **nordgräns** northern boundary (osv., jfr *gräns*) **Nordirland** polit. Northern (norra Irland the north of) Ireland

nordisk *a* allm. northern; skandinavisk Scandinavian, mer officiellt Nordic, m. Finland spec. Fenno-Scandinavian; rasbiol. Nordic; språkv., myt. o.d. Norse; *Nordiska rådet* the Nordic Council; *~a språk* univ. Scandinavian languages **nordist** Scandinavian philologist **Nordkalotten** the Arctic area of the Scandinavian countries and the Kola Peninsula **Nordkap** the North Cape **nordkust** north coast; *öns ~* äv. the northern coast of the island; *på (vid) ~en* on the north coast **nordlig** *a* från el. mot norr, om t.ex. vind, riktning, läge northerly, om vind äv. north; i norr, t.ex. boende, belägen northern; *~ bredd* north latitude; *~ storm* a storm from the north; *det blåser ~ vind* the wind is northerly (comes from the north) **nordligare I** *a* more northerly **II** *adv* farther to the north, farther north[wards] **nordligast I** *a* northernmost **II** *adv* farthest north **nordligt** *adv* se *norrut* **nordnordost** *s* o. *adv* [ss. *s* the] north-north-east (förk. N.N.E.), *om* of **nordnordväst** *s* o. *adv* [ss. *s* the] north-north-west (förk. N.N.W.), *om* of

nordost I *-en 0* väderstreck the north-east (förk. N.E.); vind north-easter, north-east wind **II** *adv* north-east (förk. N.E.), *om* of **nordostlig** *a* north-east[ern], north-easterly, jfr *nordlig* **nordostpassagen** the North-East Passage **nordpol,** *~en* the North Pole **nordpolsexpedition** expedition to the North Pole, arctic expedition **nordpolsfarare** arctic explorer **nordsida** north side; *på ~n av (om)* äv. [to the] north of **Nordsjön** the North Sea **nordspets** northernmost point (udde headland) **nordstjärnan** o. **nordstjärneorden** best. form the Order of the Northern (Pole) Star **nordsvensk** *a* attr. North-Swedish, . . in (of, resp. from) the north of Sweden; om hästras north-Sweden **Nordsverige** the north of Sweden, Northern Sweden **nordtysk** *a* attr. o. *s* North-German **nordvart** *adv* mot norr northward[s] **nordväst I** *-en 0* väderstreck the north-west (förk. N.W.); vind north-wester, north-west wind **II** *adv* north-west (förk. N.W.), *om* of **nordvästlig** *a* north-west[ern], north-westerly, jfr *nordlig* **nordvästpassagen** the North-West Passage **nordvästra** *a* the north-west[ern] . ., jfr *norra* **nordända** north[ern] end **nordöst** *s* o. *adv* se *nordost* **nordöstlig** *a* se *nordostlig* **nordöstra** *a* the north-east[ern] . ., jfr *norra*

Norge Norway

norm *-en -er* måttstock standard, mönster äv. model; rättesnöre norm, criteri|on (pl. -a); regel rule

normal I *a* allm. normal äv. bildl., genomsnitts- average, mean; *under ~a förhållanden* äv. normally; han är *inte riktigt ~* vanl. . .

not quite right in his head; *under (över) det ~a* below (above) normal ([the] average) **II** *-en -er* mat. perpendicular **-arbetsdag** normal working day, standard hours pl. **-begåvad** *a* . . of average (normal) intelligence
normalisera *tr* normalize, genomföra enhetlighet i standardize **normalisering** normalization, standardization
normal|lön standard wages pl. (resp. salary, jfr *lön*) **-mått** standard[ized] measure, standard, gauge **-pris** standard (normal) price **-prosa** ordinary prose **-spårig** *a* järnv. standard-gauge . . **-storlek** normal (standard) size; *en . . av ~* äv. a normal-(standard-)sized . .
normalt *adv* normally; *förlöpa ~* take a (its, resp. their) normal course; utveckla sig ~ . . on normal lines
normal|tid standard time **-ton** mus. concert pitch **-ur** standard clock with seconds pendulum; centralur master-clock
normand *-en -er* hist. Norman **Normandie** Normandy **normandisk** *a* Norman; *Normandiska öarna* the Channel Islands
normativ *a* normative **normera** *tr* standardize; reglera regularize, regulate **normgivande** *a* normative; *vara ~ för* äv. be a standard for
norn|a *-an -or* Norn; *-orna* äv. the Weird Sisters, the [Three] Fates
norpa *tr* F pinch
norr I *s* väderstreck the north; *rakt (längst, borta) i ~* due (farthest, out) north; *gränsa i ~ och söder till* . . be bounded in the north and the south by . .; *gå i ~ och söder* go from north to south; ett rum *mot (åt) ~* . . to the (. . facing) north; styra *åt ~* . . north (northward[s]); vinden *har gått över på ~* . . has veered round to the north **II** *adv* [to the] north, *om* of; jfr äv. *norr|ifrån, -ut* **norra** *a* t.ex. sidan the north, t.ex. delen the northern, framför landsnamn o.d. the north of, Northern, jfr ex. samt *Nordafrika; ~ halvklotet* the Northern hemisphere; *~ Skåne (Sverige)* the north of (Northern) Skåne (Sweden); *i ~* Stockholm in the north of . . **norrgående** *a* om tåg northbound **norrifrån** *adv* from the north **norrläge,** hus *med ~* . . facing north **norrländsk** *a* attr. Norrland, . . of N. **norrlänning** Norrlander **norrman** Norwegian; hist. Norseman **norrpå** *adv* se *norrut* **norrsken** aurora borealis lat.; northern lights pl. **norrsluttning** north[ern] slope **norrstreck** på kompass North point **norrum** room facing north **norrut** *adv* åt norr northward[s], towards [the] north; i norr in the north, out north; tåg som går *~* . . north; *resa ~* go (travel) north **norrvägg** wall facing north, north wall **norröver** *adv* se *norrut*
nors *-en -ar* smelt
norsk *a* Norwegian; hist. Norse **norsk|a** *-an* **1** pl. *-or* kvinna Norwegian woman **2** pl. *0* språk Norwegian; hist.-Norse. – Jfr *svenska* **norskfödd** *a* Norwegian-born; för andra sms. jfr äv. *svensk-*
nos *-en -ar* **1** zool.: om fyrfotadjur i allm. o. F 'näsa' nose; om häst, nötkreatur, apa muzzle; om fisk, kräldjur snout; *hunden tryckte ~en mot* hennes hand äv. the dog muzzled against . .; *blek om ~en* white about the gills **2** tekn.: spets nose
nosa *itr* sniff, smell; *~ på ngt* sniff (smell) [at] (bildl. get a smattering of) a th.; *~ upp (reda, rätt) på* nose (sniff) out, om pers. äv. find out; *~ i allting* pry (poke one's nose) into everything **nosgrimma** muzzle **noshörning** rhinoceros **nosig** *a* = *näsvis*
nos|kon på rymdraket nose cone **-längd** sport., *med en ~* by a neck **-ring** nosering
1 not *-en -ar* fiske. seine; *dra ~* fish with a (resp. the) seine, seine
2 not *-en -er* mus. (nottecken) note, anmärkning äv. annotation, polit. äv. memorand|um (pl. äv. -a); fot~ footnote; *~er* nothäfte[n] music sg.; sjunga (spela) *efter ~er* . . from music; *få (ge ngn) ovett (stryk) efter ~er* get (give a p.) a proper dressing-down (thrashing); *han var med på ~erna* förstod he caught on, godkände he fell in with the idea at once; *inte vara med på ~erna* ha svårt att fatta not understand what the thing is all about, not get it
not|a *-an -or* **1** räkning bill; isht H account; *kan jag få ~n?* [may I have] the bill (amer. äv. check), please? **2** lista list, *på* of
notabel *a* notable, attr. äv. . . of note
nota bene *adv* märk nota bene (förk. N.B.) lat.; det vill säga that is
notabilitet *-en -er* notability
notariat *-et* - o. **notariatavdelning** i bank trust (trustee) department **notarie** [recording (articled)] clerk, vid domsaga äv. law clerk
notarius publicus - *notarii publici m* notary [public] (pl. notaries [public])
noter|a *tr* anteckna note (take) down, make a note of; konstatera, lägga märke till, lägga på minnet, bemärka note; bokföra enter, book; uppge (fastställa) priset på quote, *i, till* at; sport. o. friare, t.ex. seger register, record, t.ex. framgång, poäng score; *~de priser på* varor (värdepapper) prices quoted (quotations) for . . **-ing** -ande noting down osv.; *en ~* a note, an entry, a quotation, a record, jfr föreg.
notesbok notebook, memorandum-book
not|hylla music shelf **-häfte** bok music-book, mindre sheet of music; *några ~n* äv. some sheet-music sg.
notificera *tr, ~ ngt* give notice of (notify) a th.; *~ ngn om ngt* notify a p. [officially (formally)] of a th.

notis *-en -er* **1** meddelande o.d. notice, i tidning äv. [short] paragraph, kortare [news-]item; tillkännagivande announcement **2** *inte ta ~ om* take no notice (heed) of **-jägare** news--hound
notorisk *a* notorious
not|papper music-paper **-ställ** music-stand **-tecken 1** mus. note **2** boktr. reference mark
notvarp 1 fiske. haul, draught båda äv. 'fångst' **2** bildl.: bjudning crush
notväxling polit. exchange of notes
nougat *-en -er* nougat
nov|a *-an -or* astr. nova lat. (pl. äv. -e)
novell *-en -er* short story **novellett** *-en -er* short story, tale **novellförfattare** short--story writer **novellsamling** collection of short stories
november *r* November (förk. Nov.); jfr *april* o. *femte; titta i ~* F squint
novis *-en -er* novice
nu I *adv* **1** m. tydlig tidsbet.: allm. now; vid det här laget by now, by this time; jfr äv. *genast, igen, 1 just; ~ gällande* priser ruling (current) . .; *den ~ levande* generationen (*regerande* kungen, *rådande* prisnivån) the present . ., the . . now living (now reigning, now prevailing); *~ då (när)* now that, F now, nu medan now while; *~ för tiden* se *nuförtiden; ~ i dagarna* se *dag 1; ~ i maj* [*månad*] this [very] (om framtid this, om avlägsnare framtid this coming) May; *~ i veckan* kan det inte bli . . [during] this [present] week; *~ på* söndag this [coming] . .; *han är ~ snart 30 år* he is getting on [now] for thirty; han har bott här *i ~ snart 30 år* . . for nearly (for what will soon be) thirty years; *först (inte förrän) ~ har jag sett* . . not until now have I seen . ., only now did I see . .; *vad ~* [*då*]*?* what's up now?; [*ända*] *tills ~* up till ([right] up to) now; *ät ~!* vädjande do (come on,) eat!; *~ är det snart* jul . . will soon be here, it will soon be . .; *~* (då) brast hans tålamod (vanl.) then . .; *~* (här) kommer han! here . .!; *~ ljuger du!* äv. that's a lie!; *~ ringer det!* there goes the bell!
2 obeton., m. försvagad tidsbet., som fyllnadsord ibl. utan direkt motsv. i eng., *för att ~* ta ett exempel just to . .; *hur det ~* än *går* however it may turn out; *om ~* detta sker now, if . .; supposing now . .; *om ~* saken förhåller sig så if . .; *om vi ~* tänker oss att . . now, if we . .; *vad ~* det sistnämnda *beträffar* as for . .; *vad är ~* orsaken? well, what is . .?; . . *eller vad man ~* än *har* . . or whatever one may [happen to] have; *jag har ~ aldrig tyckt om honom* you know, I really never liked him; *något snille var han ~* faktiskt, minsann *inte* now, he was no genius; he was no genius, as a matter of fact
II *-et 0, ~et* the present [time (moment, resp. day)]; *i detta (samma) ~* at this (the same) moment; *leva i ~et* för dagen live for the moment (in the present)
nubb *-en -ar* [blued] tack (koll. tacks pl.)
nubba *tr* fästa tack; *~ fast (ihop)* fasten . . down resp. on (together) with tacks **nubb|e** *-en -ar* glas brännvin snaps (pl. lika)
nubisk *a* Nubian
nuck|a *-an -or,* [*gammal*] *~* old spinster
nudda *tr itr* se *snudda*
nud|el *-eln -lar* noodle
nud|ism nudism **-ist** nudist
nuförtiden *adv* nowadays, these days, at the present time, now; *ungdomen ~* är . . the young people of today . .
nugat *-en -er* nougat
nuklein *-et -*[*er*] nuclein **nukleär** *a* nuclear
numer[**a**] *adv* nu now; se *nuförtiden;* jfr *nuvarande* ex.; *ett ~ föråldrat ord* vanl. a word now obsolete
numerisk *a* numerical **numerus** pl. - *n* number **numerär I** *-en 0* number; partis, kårs [numerical] strength **II** *a* numerical
numismatik *-en 0* numismatics **numismatiker** numismatist
nummer *numret* - allm. number; av tidning äv.: exemplar copy, om hela upplagan issue; sko~, handsk~ o.d. size; i samling, på program item, varieté~ turn; vid auktion lot; *~ ett* number one, No. 1, i tävling, vid målet first; han bor [*på*] *Storgatan* [*nr*] *5* vanl. . . [No.] 5 Storgatan; *i dagens ~* in today's paper (issue); i det militära är man bara *ett ~* . . a number; *han är ett svagt ~* he is not up to much; *göra ett stort ~ av* ngt make a great feature (ngn fuss) of . .; *ha ~ 39 i skjorta (7 i handskar)* take thirty-nines in shirts (sevens in gloves) **-byrå** telef. directory enquiry service **-lapp** kölapp queue [number] ticket **-ordning** numerical order **-plåt** number (amer. vanl. license) plate **-skiva** telef. dial
numrera *tr* number, paginera äv. page; *~ad plats* vanl. reserved seat **numrering** numbering, paginering pagination **numro** *oböjl. s* number (förk. No.)
nun|a *-an -or* mug, phiz
nunn|a *-an -or* **1** pers. nun; *bli ~* äv. take the veil **2** fjäril nun moth
nunne|dok nun's veil **-dräkt** nun's habit **-kloster** convent, nunnery **-orden** order of nuns
nuntie *-n -r* nuncio (pl. -s), legate
nutid, *~en* [the] present times pl.; *~ens* fordringar o.d. present-day . ., människor (ungdom) äv. . . of the present day (age)
nutida *a* . . of today, today's, jfr *nutid*[*ens*], modern modern; tidsenlig (attr.) up-to-date
nutidsmänniska person of today; modern
nutidsorientering ung.: upplysning instruction in (kunskaper knowledge of, tävling quiz on) contemporary life and events

nutri|a *-an -or* zool. o. skinn nutria

nuvarande *a* present, dagens . . of today, today's; om priser äv. ruling; [*den*] ~ finansministern (regeringen) äv. the . . now (at present) in office (resp. power); *förre kaptenen, ~ överste A.* Captain, now Colonel, A.; *i ~ stund* at the present moment

ny I *a* allm. new, *för* ngn to, *för* t.ex. året for; 'en ny' = en annan o.d. jfr ex.; nutida, modern modern; hittills okänd, ovanlig, om t.ex. metod novel; förnyad, färsk, om t.ex. försök, exempel el. mots. använd o.d., om t.ex. tallrik fresh; nyligen inträffad (utkommen) o.d., 'färsk' recent; andra, om t.ex. språk second; ytterligare, om t.ex. börda extra, om t.ex. föreskrifter further, om t.ex. fakta äv. more; jfr äv. ex. m. 'ny' under resp. huvudord; handduken är smutsig, ge mig *en ~* en annan . . another [one], en ren a clean (new) one; *ett ~tt* annat *pappersark* a fresh sheet of paper; *i ett ~tt* brev skrev han . . in another (resp. a second) . .; [*låta*] *sätta ~tt foder i* . . äv. have . . lined again (relined); *den ~a generationen* the rising generation; *ge ngn ~a krafter* give a p. renewed (new) strength; *få ~tt mod* get fresh courage; *en ~* Napoleon a second . .; *ge ngn en ~ påminnelse* give a p. another (a fresh) reminder; börja igen *med ~a tag* . . with fresh (renewed) efforts; *det ~a i* what is new (novel) in, t.ex. upplevelsen (omgivningen) äv. the novelty in (of) . ., t.ex. situationen (boken) äv. the new features pl. in . .; *ingenting ~tt* nothing new; jfr vid. *ingenting, nyhet; det är något ~tt* (en ny erfarenhet) för mig att inf. it is a novel (a new) experience . .; *vad ~tt?* what's the news?, any news?; *på ~tt* once more, [over] again, anew, afresh; *~are* böcker (forskningar) recent . ., metoder novel . .; *~are (~a) tiden* modern times pl.; *~are (~a) tidens historia* modern history; *den ~aste* senaste *upplagan* the latest edition

II -[*e*]*t* -[*n*] new moon; *månen är i ~* tilltagande the moon is waxing

ny- betr. attr. o. pred. form se typexemplen *nyanlagd, nyklippt*

ny|anlagd *a* **a)** attr. recently-built osv., jfr *anlägga,* newly-built (osv.); . . [that has (osv.) been] recently (newly) built osv. (om trädgård laid out); *den ~a* fabriken friare äv. the new . . **b)** pred. . . *är ~* . . has (resp. have) been recently (newly) built osv., . . has (resp. have) just been built osv., friare äv. . . is (resp. are) new **-anläggning** konkr. new plant (establishment) **-anländ** *a* se *nykommen*

nyans *-en -er* shade, nuance; om färg äv. tint; bildl. äv.: skillnad slight difference, anstrykning tinge; om ord shade of meaning **nyansera** *tr* eg.: avtona (färg) shade off; nuance äv. friare o. bildl.; friare o. bildl. äv.: spel, röst modulate, framställning, stil vary **nyanserad** *a* attr.: shaded-off (pred. shaded off) osv., jfr föreg.; mus.: . . with nuances (light and shade); *en mera ~* uppfattning a less rigid . . **nyanserat** *adv,* spela ~ . . with [delicate] nuances

ny|anskaffning new purchase (acquisition) **-anställa** *tr, ~ 25 man* i fabrik appoint (osv., jfr *anställa 3*) 25 new hands **-anställd** *a* attr. newly-appointed, isht om arbetare newly-engaged; jfr *nyanlagd; en ~* a new employee **-antagen** *a* attr. newly-engaged (osv., jfr *anta*[*ga*] *I 2*); jfr föreg.

Nya Zeeland New Zealand

ny|bakad *a* o. **-bakt** *a* **1** eg. new, fresh, attr. äv. . . [fresh] from the oven, newly-baked **2** bildl., om student: attr. newly-fledged. Jfr *nyanlagd* **-bildad** *a* attr. recently-formed (osv., jfr *bilda I 1*), . . of recent formation; jfr *nyanlagd; -bildat ord* se följ. **-bildning** new formation; läk. regeneration, konkr. new growth; språkv. neologism, coinage; *~en* -bildandet *av* ord the forming (formation) of new . ., the coining of . . **-bliven** *a* attr., *en ~* bilägare (mor) a person (a woman) who has recently (just) become a . ., professor a newly-created (newly-appointed) . ., student a newly-fledged . .; *hon är ~ mor* she has recently (just) become a mother **-byggare** allm. settler, kolonist äv. colonist **-byggd** *a* attr. recently-(newly-)built (osv., jfr *bygga),* jfr vid. *nyanlagd* **-bygge 1** abstr., *~t av* vägar the construction of new . . **2** hus (fartyg) under byggnad house (ship) under construction, färdigt new building (ship) **3** koloni colony **-byggnad** se *nybygge 1—2* **-början** beginner, novice, tiro, tyro (båda pl. -s), *i* i samtl. fall at

nyck *-en -er* hugskott, påfund fancy; infall: oberäkneligt whim, självsvåldigt caprice, underligt vagary; fix idé crotchet; lynneskast freak; *en ödets (naturens) ~* a freak of fate (Nature); *ha sina ~er* be capricious

nyckel *-n nycklar* key, bildl. äv. (ledtråd) clue, *till* som öppnar (löser) to, tillhörande of; till konservburk äv. opener **-ax** key-bit **-barn** latch-key child **-ben** collar-bone, läk. clavicle **-harpa** ung. hurdy-gurdy **-hål** keyhole **-knippa** bunch of keys **-ord** keyword, till korsord clue, *till* to, of **-piga** ladybird, amer. vanl. ladybug **-position** key position **-ring** key-ring **-roman** roman-à-clef fr. **-ämne** blank for a (resp. the) key

nyckfull *a* allm. capricious, om pers. äv. whimsical, isht om barn äv. wayward, ombytlig äv. fickle, om väder äv. fitful, oberäknelig erratic; godtycklig arbitrary **-het** capriciousness osv.; whimsicality äv. nyck

ny|danare reorganizer, regenerator, jfr *nyskapare;* om vetenskapsman o.d. breaker of new ground, pioneer **-daning** re-fashioning, reorganizing, regenerating; reorganization, regeneration **-emission,** *~ av aktier* new issue of shares [for cash] **-engelska**

Modern (New) English **-fallen** *a,* ~ snö newly-fallen . .

nyfiken *a* curious, inquisitive, neds. prying, F nos|e|y; ~ *i en strut!* Nos|e|y Parker!; ~ *på* ngt (hur . .) curious about . ., curious (ivrig eager, anxious) to hear (learn, know osv.) . .; *göra ngn* ~ äv. arouse a p.'s curiosity **nyfikenhet** curiosity, inquisitiveness; *väcka ngns* ~ arouse a p.'s curiosity; *av ren (brinna av)* ~ out of sheer (be burning with) curiosity **nyfiket** *adv* with curiosity, inquisitively, curiously

ny|fiskad *a* attr. fresh-caught; . . *är* ~ . . has (resp. have) just been caught (landed) **-friserad** *a* attr.: om hår . . that has (osv.) just been done, jfr vid. *nyklippt* **-fångad** *a* attr. newly-caught (osv., jfr *fånga II),* jfr vid. *nyanlagd, nyfiskad* **-född** *a* eg. new-born . .; om hopp new; *den* ~*es* skrik the . . of a (resp. the) new-born child; oskyldig *som ett -fött barn* as . . as a new-born babe **-förlovad** *a* attr. recently-(newly-)engaged, jfr *nyanlagd; de* ~*e* the recently-(newly-)engaged couple; *han är* ~ he has just got |himself| (become) engaged |to be married| **-förvärv** new (recent) acquisition **-förvärvad** *a* attr. newly-acquired (osv., jfr *förvärva),* jfr vid. *nyanlagd* **-gift** *a* attr. newly-married, newly-wedded; jfr *nyanlagd, nyförlovad; de är* ~*a* they have just been (have been recently) married; *som* ~ började han . . as a newly-married man . . **-gjord** *a* attr. newly-made, nyutförd newly-executed; jfr *nyanlagd* o. *nyskapa* ex. **-grekiska** Modern Greek, Romaic **-grundad** *a* attr. newly-founded (osv., jfr *1 grunda I*), jfr vid. *nyanlagd* **-gräddad** *a* attr. freshly-baked (osv., jfr *1 grädda),* . . fresh (straight, hot) from the oven; jfr vid. *nyanlagd, nybakad 1* **-grävd** *a* attr. newly-dug (osv., jfr *gräva I),* jfr vid. *nyanlagd;* om grav äv. (attr.) new-made

nyhet *-en -er* **1** något nytt, ny sak novelty; nytt påfund, förändring innovation; nytt drag new feature; *den senaste* ~*en i hattväg* äv. the last word (latest fashion) in hats; ~*er i modeväg* äv. fashion novelties; ~*er i (på) bokmarknaden* äv. new publications, new and forthcoming books; *äga* ~*ens behag* have the charm of novelty **2** |underrättelse om| något nyligen timat, ~|*er*| news sg., i tidning news item|s|; *en* |*god (dålig)*| ~ a piece of |good (bad)| news; *jag kan tala om en* ~ något nytt |*för dig*| I have got |some (a piece of)| news for (to give, to tell) you; *det var* är *en* ~ *för mig* that is new to me; *inga* ~*er är goda* ~*er* no news is good news

nyhets|byrå news agency **-förmedling** news-distribution, news-service **-material** news-matter **-sida** news page **-uppläsare** i radio o. TV newscaster **-|ut|sändning** radio. news broadcast, newscast

nyinflyttad *a, i landet* ~*e* |*personer*| persons who have (resp. had) recently moved (immigrated) into the country; ~*e hyresgäster* new tenants; *vi är alldeles* ~*e* i våningen we have only just moved in|to the flat (amer. apartment)| (från landet moved |back| into town)

nyinkom|men *a* attr. . . that has (osv.) just come in (arrived, mottagen been received), newly-arrived, . . just in; jfr vid. *nyanlagd; ett i* språket *-met ord* a word of recent introduction into . .

ny|inredd *a* inredd på nytt: attr. newly fitted-up, jfr *nyanlagd* **-inrättad** *a* attr. newly-established (osv., jfr *inrätta I),* jfr vid. *nyanlagd* **-inskriven** *a* attr.: om elev, medlem o.d. newly-enrolled, om värnpliktig äv. newly-enlisted; jfr *nyanlagd; en* ~ *student* vanl. a newly-registered undergraduate **-instudera** *tr* teaterpjäs prepare a new production of **-klassicism** neo-classicism **-klippt** *a* attr.: om hår . . that has (osv.) just been cut (om gräs mown, jfr *1 klippa),* om hår äv. newly-cut, om gräs äv. new-mown; om pers. . . who has (osv.) just had his (resp. her) hair cut; håret *är* ~ . . has just been cut; *jag är* ~ I have just had my hair cut **-kläckt** *a* attr.: eg. newly-hatched, jfr vid. *nyanlagd;* . . *är* ~ . . has just been hatched |out| **-kokt** *a* attr. freshly-boiled (osv., jfr *2 koka),* jfr vid. *nyanlagd;* serveras ~ . . piping hot **-komling** allm. newcomer, new (fresh) arrival, i skola o.d. äv. new boy (resp. girl) **-kommen** *a* attr. newly-(recently-)arrived, jfr *nyinkommen* o. *nyanlagd; jag var alldeles* ~ I had only just come (arrived, got there)

nykter *a* eg. sober, måttlig temperate; bildl. äv. sober-minded, balanserad level-headed, lidelsefri dispassionate; saklig matter-of-fact, prosaisk prosaic; jfr vid. *sansad* **-het** allm. o. bildl. sobriety, soberness; avhållsamhet från alkohol temperance, abstemiousness, jfr vid. *avhållsamhet, absolutism 2*

nykterhets|frågan the temperance question **-förening** för nykterhetens främjande temperance society (league) **-ivrare** keen advocate of temperance **-rörelse** temperance movement

nykterist teetotaller, total abstainer **nyktert** *adv* soberly osv., jfr *nykter; se* ~ *på* läget take a sober (osv.) view of . .; *en* ~ *tänkande* man a sober-minded . . **nyktra** *itr,* ~ *till* become sober |again|, sober up, bildl. sober down

ny|köpt *a* attr. recently-(newly-)bought, recently-(newly-)purchased; jfr *nyanlagd;* hon var klädd i *en* ~ *hatt* . . a hat |she had| just bought; *den är* ~ *för i år* it was just bought this year **-lagad** *a* attr.: om mat freshly-made, jfr *nyanlagd* **-lagd** *a* **1** om ägg: attr. new-laid **2** om hår: attr. . . that has (osv.) just

been set; *håret är -lagt* my (osv.) hair has just been set
nyligen *adv* recently, för kort tid sedan lately, of late; kort dessförinnan shortly before, just previously, någon tid förut some time ago; *en ~ inträffad* händelse (*genomgången* operation) ofta a recent . .; *helt ~* quite recently, only just now
nylon *-et (-en) 0* nylon **-strumpa** nylon stocking; *-strumpor* äv. nylons
ny|mald *a* attr. o. **-malen** *a* attr. freshly-ground, jfr *nyanlagd*
nymf *-en -er* nymph
ny|modig *a* modern, neds. new-fangled **-modighet** *~en ~er* modernity, neds. new-fangledness, båda end. sg.; *en ~* nytt påfund a new-fangled thing (idé idea) **-mor|g|nad** *a* attr.: nyvaknad newly-awakened äv. bildl.; yrvaken . . that is only half-awake; jfr *nyanlagd* **-målad** *a* attr. freshly-painted, newly-painted; jfr *nyanlagd; . . är ~ . .* has just been (has been recently) painted; *Nymålat!* Wet Paint **-måne** new moon **-nazism** neo-Nazism
nynna *tr itr* hum, |*på*| *ngt* a th.
ny|odling 1 uppodling |land| reclamation **2** område reclaimed land, i skogsmark |new| clearing **-ordning** polit. new order **-orientering** reorientation
nyp *-et -* pinch; *ge ngn ett ~* eg. äv. pinch a p.
nyp|a I *-an -or* **1** hålla ngt *i ~n (-orna) . .* in one's hand (F paw); lyfta (ta) ngt *med ~n (-orna) . .* with one's fingers (F paws); ta ngt *med ~n* äv. . . between one's thumb and |fore|finger (fingers) **2** *en ~* smula, t.ex. mjöl a pinch of . ., frisk luft a breath (mouthful) of . .; *med en ~ salt* bildl. with a grain of salt **II** *nöp (-te) nupit (-t)* **1** eg. pinch, nip, tweak, *ngn i* örat a p.'s . .; *bli nupen i örat* have one's ear pinched; *det* kylan *-er i skinnet* there is a |cold| nip in the air; *~ av* pinch . . off (itu in two), trädg. pinch out, nip off **2** knycka, *~ åt sig (~ |sig|)* ngt pinch . ., grab . . **nyp|as** *nöps (-tes) nupits (-ts) itr. dep* pinch other people (rpr. each other); *-s inte!* don't pinch |me|!
ny|permanentad *a, jag är ~* I have just had a perm **-planterad** *a* attr. newly-planted, jfr *nyanlagd* **-plockad** *a* attr., om bär o.d. newly-(freshly-)picked, om höns newly-(freshly-)plucked, jfr vid. *nyanlagd*
nypon *-et -* frukt rose hip **-blomma** dog-rose flower **-buske** dog-rose |bush| **-soppa** rose hip soup
ny|pressad *a* attr. newly-pressed, om byxor äv. newly-creased, jfr *nyanlagd* **-putsad** *a* attr. newly-cleaned (osv., jfr *putsa*), jfr äv. *nyanlagd* **-påstigen** *a, några -påstigna?* järnv. any more tickets, please? **-rakad** *a* attr. freshly-shaved; *han är ~* he has recently shaved (blivit rakad been shaved) **-rekrytera** *tr, ~ folk* recruit new men osv. (soldater äv. soldiers) **-rekrytering** *~en 0, ~en av* lärare the recruiting of new . . **-reparerad** *a* attr. newly-repaired (osv., jfr *reparera*), jfr vid. *nyanlagd* **-rik** *a, en ~* a nouveau riche fr.; *de ~a* the nouveaux riches, the new rich
Nürnberg Nuremberg
ny|romantik neo-romanticism **-rostad** *a* attr.: om kaffe freshly-roasted, jfr *nyanlagd* **-rökt** *a* attr.: om skinka o.d. newly-(freshly-)-smoked, jfr *nyanlagd*
nys, *få ~ om* get wind of
nys|a *nös (-te) -t itr, ~* |*till*| sneeze
ny|sandad *a* attr. recently-(newly-)sanded, jfr *nyanlagd* **-silver** koll. (föremål) silver-plated articles pl. (H ware sg.); detta är ~ . . silver-plated; skedar *av ~* silver-plated . . **-skapa** *tr* t.ex. värden create new . .; ord äv. coin . .; omgestalta recreate; *~d* attr. newly-created, newly-coined **-skapande I** *~t 0, ~t av* . . the creating of new (resp. coining of jfr föreg.) . . **II** *a* om t.ex. fantasi creative **-skapare** innovator; *en ~ av* andliga värden a creator of new (*av* ord. äv. a coiner of) . .; *arméns ~* the creator (father) of the new army **-skapelse** new creation, om ord äv. recent coinage, neologism **-skriven** *a, en* |*för* denna upplaga| *~ dikt* a new poem |written for . .| **-slagen** *a* attr.: om hö new-mown; *. . är ~ . .* has been newly mown **-slipad** *a* attr.: om kniv o.d. newly-ground, jfr *nyanlagd*
nys|ning -ande sneezing; *en ~* a sneeze
ny|snö newly-fallen snow **-språklig** *a* modern-language . .
nyspulver sneezing powder
nyss *adv* **1** från nu räknat: med vb i imperf. just now, för ett ögonblick sedan a moment (för en stund sedan a little while, a short time) ago; med vb i perf. |only| just; *en ~ utkommen* bok a . . that has just come out (appeared), a recent . .; han gick *alldeles ~* . . only a moment ago; *han är ~ 30 år fyllda* he has just turned thirty **2** från då räknat just |then (a moment osv. before)|; *han hade* |*alldeles*| *~ ätit middag, när . .* he had |only| just had dinner, when . .; *vad han ~ förut hade sagt* what he |had| said just before **-nämnd** *a, ~a . .* the . . just mentioned
nysta *tr* wind; *~ av* unwind; *~ upp* ett nystan unwind . .; *~ upp garn till* ett nystan wind |up| wool into . . **nystan** *-et -* ball
ny|startad *a* attr. recently-started, jfr *nyanlagd* **-stavning** new (reformed) spelling **-stekt** *a* attr. freshly-roasted (osv., jfr *steka I*), jfr vid. *nyanlagd* **-struken** *a* attr. newly-ironed, jfr *nyanlagd*
nystvinda yarn reel
ny|svensk *a* o. **-svenska** *s* Modern Swedish **-sydd** *a* vanl. new **-sådd** *a* attr. newly-sown, jfr *nyanlagd; -sått!* newly-sown grass

-tecknad *a,* ~*e aktier* new (newly-subscribed) shares **-teckning** ~*en 0,* ~ *av aktier* subscription for new shares

nyter *a, glad (pigg) och* ~ gay (bright) and cheery

ny|testamentlig *a* attr. . . of the New Testament; *i* ~ *tid* in New Testament times **-tryck** reprint

nytt subst. se *ny I*

nytt|a I *-an 0* use, good, fördel advantage, varaktig ~ benefit, vinst profit; ~*n med* det är . . the usefulness (advantage, value) of . .; *dra* ~ *av* ngt benefit (profit) by . ., derive advantage from . .; *få* ~ *av* ngt find . . of use (useful, of service); *förena* ~ *med nöje* combine business with pleasure; kan jag *göra (vara till) någon* ~*?* . . be of |any| help?; nu måste jag *göra någon (litet)* ~ . . get something done; medicinen *gör (är till)* ~ . . does some good; *jag hade ingen* ~ *av det (honom)* it (he) was |of| no use (help) to me; *komma till* ~ be of use, be some good, come in useful; *vara ngn till stor* ~ be of great use (service, värde value, om sak äv. be very useful) to a p.; *vara till ingen* ~ be |of| no use; lampan brann *till ingen* ~ i onödan . . unnecessarily **II** *itr, det* ~*r till ingenting |att gråta|* it's no use |my osv. crying|

nyttig *a* allm. useful, till nytta . . of use (service), *för* ngn i samtl. fall to . ., *till* ngt for . .; hälsosam, bra (äv. bildl.) wholesome, good, *för* for; *det blir* ~*t för honom* äv. it will do him good **-het** ~*en* ~*er* usefulness end. sg.; utility äv. konkr.

nyttja *tr* se *använda 1—2* **nyttjanderätt** usufruct; *ha* ~ *till* ngt have the |right of| use and enjoyment of . .

nytto|föremål article for everyday use, useful article **-konst** applied art; föremål (koll.) wares (products) pl. of applied art **-moral** utilitarian morality **-trafik** commercial traffic **-växt** useful (economic) plant

ny|tvättad *a* attr. newly-washed (osv., jfr *tvätta I),* jfr vid. *nyanlagd* **-utexaminerad** *a* attr. . . who has (osv.) just passed his (her etc.) examination **-utkommen** *a, en* ~ bok a recent . ., a . . that has just come out (appeared) **-utnämnd** *a* attr. newly-appointed **-vaknad** *a* attr. newly-awakened äv. bildl. **-val** new election **-vald** *a* attr. newly-elected **-vorden** *a* se *nybliven* **-värpt** *a* attr. new-laid **-zeeländare** New Zealander

nyår new year; ss. helg New Year

nyårs|afton, ~*|en|* New Year's Eve; jfr *julafton* **-dag,** ~*|en|* New Year's Day; jfr *juldag 1* **-kort** New Year card **-löfte** New Year resolution **-natt** New Year's night **-vaka,** *hålla* ~ see the New Year in **-visit** New Year call **-önskan** o. **-önskning** wish for the New Year

nyöppnad *a* attr. newly-opened, om butik äv. newly-started; jfr *nyanlagd*

1 nå *(nåå) itj* allm. well!; uttr. överraskning (jaså!) oh!, ss. svar |oh,| I see!; förmanande now then!; ~ *ja!* |oh| well!; ~*, än sen då?* iron. so what?; jfr *nånå, nåväl*

2 nå *-dde -tt* **I** *tr* reach äv. nå att ta o. friare; t.ex. marken, bergstoppen äv. get (come) to; uppnå attain, m. viss ansträngning achieve, t.ex. resultat äv. arrive at; ~ *bestämmelseorten* reach (arrive at) one's destination; ~ *hamn* reach (gain) harbour, make port; ~ *land* sjö. come to (reach) land; när kriget ~*tt sitt slut* . . had come to an end; ~ *sitt syfte* achieve one's purpose (end), gain one's end; ~ *mogen ålder* reach maturity; *han* ~*ddes av underrättelsen* the news reached him; *jag kan* ~*s per telefon (på nummer . .)* I can be reached by phone (you will find me at number . .) **II** *itr* reach; kanondånet ~*dde långt* . . carried far; *så långt ögat* ~*r* as far as the eye can reach; hans konst har aldrig ~*tt högre* . . attained a higher level; *han* ~*r mig till axeln* he comes up to my shoulder; gardinen ~*r till (ned till) golvet* . . reaches (goes) down to the floor; ~ *fram till* reach, om pers. o. samfärdsmedel äv. get to, arrive at; *borren* ~*r ned till* 300 meter the bore goes (penetrates) down to . .; *jag* ~*r inte upp* I can't reach |so high|; vattnet ~*dde |upp| till knäna på honom* . . came up (reached) to his knees; *han* ~*r nästan |upp| till* taket he almost reaches |up to| (touches) . .; han (stegen) ~*r inte upp till fönstret* . . does not reach the window

nåd *-en -er* **1** isht relig. grace; barmhärtighet mercy; ynnest favour; *i* ~*ens år 1966* in the year of grace (in the year of our Lord) 1966; *det var en Guds* ~ att . . it was a great mercy . . ; *finna* ~ *|in|för ngn (ngns ögon)* find favour with a p. (in a p.'s eyes); *få* ~ be pardoned (om dödsdömd reprieved); *låta* ~ *gå före rätt* temper justice with mercy; *söka (begära)* ~ sue for mercy (pardon); *av ren* ~ out of sheer pity; skald *av Guds* ~*e* se *gudabenådad;* Konungen har *i* ~*er behagat* inf. . . been graciously pleased to inf.; . . *med Guds* ~*e, Sveriges konung* . . by the Grace of God, King of Sweden; *ge sig på* ~ *och onåd* surrender unconditionally; *leva på* ~*er hos ngn* live on a p.'s charity; *synda på* ~*en* missbruka ngns förtroende take advantage of a p.'s indulgence, abuse one's privileges; *ta ngn till* ~*er* restore a p. to favour **2** titel, *Ers* ~ hist. Your Grace

nåda|skott o. **-stöt** se *nådestöt* **-tid** |period of| grace, respite

nåde *tr* (pres. konjv.), *Gud* ~ *dig, om du . .* God help you if you . .

nåde|ansökan o. **-ansökning** petition for

mercy **-bröd,** *äta (leva på)* ~ |*hos ngn*| live on |a p.'s| charity **-gåva** gift of grace; friare bounty; *som en* ~ bildl. as a gift from above **-medel** means of grace **-rik** *a* gracious **-skott** se *-stöt* **-stöt** coup de grâce fr., deathblow båda äv. bildl.; *ge ngn* ~*en* put a p. out of his (resp. her) misery **-vedermäle** mark of favour

nådig *a* allm. gracious, isht relig. äv. (barmhärtig) merciful, *mot* to; nedlåtande condescending; *Gud vare mig* ~*!* God be merciful to (have mercy on) me!; *han blir inte* ~ när . . he won't be very pleased . .; *det är inte* ~*t att råka ut för henne* när . . it is best to keep out of her way . .; *på* ~ *(*~|*a*|*ste) befallning* by His (resp. Her) Majesty's command; *nej, min* ~*a* skämts. no, Your Ladyship **nådigt** *adv* graciously osv.; svaret *togs inte* ~ *upp* . . was not graciously (favourably) received

någ|on *(något, några) obest. pron.* Kort översikt av bet. o. övers. (f. övers. av 'någon', 'något' se äv. närmare ned. *A* o. av 'några' *B*)*:* **a)** 'en eller annan', 'en viss' o.d. some, some|body, -one, 'en (ett)' one, a, an, 'ungefär en (ett)' about a (an), 'ett eller annat', 'ett visst |mått|' o.d. some, something, 'somliga', 'några stycken' o.d. some, 'några få' a few; samtl. isht i satser m. jak. grundmening **b)** 'någon (osv.) alls', 'någon (osv.) överhuvudtaget' any, any|body, -one, -thing, 'en (ett)' a, an, one; samtl. isht i nek., fråg. o. villkorliga satser **c)** *någon (något)* av två = *någondera.* - Se äv. *annan 2—4, annanstans, 2 vart; inte* ~ jfr äv. *ingen*

A *någon (något)* **I** fören. (framför |adj. + | subst.; framför subst. adj. o.d. se *III.* Betr. skillnad i bet. jfr översikten ovan): a) some, 'en (ett)' a, an, 'ungefär en (ett)' about a (an) b) any, 'en (ett)' a, an

Ex.: *har du inte* ~ *gång* önskat . .? haven't you at any time (en eller annan gång at some time |or other|) . .?; *har du* ~ en *cigarrett?* have you a cigarette?; i morgon kanske jag får ~ en *minut till övers* . . a minute to spare; *om det skall bli till* ~ *nytta* if it is to be of any (åtminstone någon some) use; *av -ot skäl* kunde han inte komma for some reason |or other| . .; ~ *utbildning ansåg han inte nödvändig* he did not consider any training necessary; *om* ~ ungefär en *vecka* in about a week, in a week or so

II med underförstått huvudord samt följt av |mer el. mindre| partitivt prep.-attr. med 'av' (betr. skillnad i bet. jfr översikten ovan): a) one; *något av* 'någon del av' vanl. some of, 'något som påminner om' o.d. something of b) any, 'en (ett)' one

Ex.: har du någon cigarrett? — a) Ja, jag tror *jag har* ~ *här* . . I have one here b) Nej, jag tror inte *jag har* ~ *kvar* . . I have any (one) left; var är min portfölj? — *Du hade inte* ~ *med dig* . . You didn't bring one; varje kväll är det dans på *-ot av de större hotellen* . . one |or other| of the big hotels; därmed har beviset förlorat *-ot* någon del *av sin kraft* . . some (something, a little) of its force; det var knappast *-ot* |*av mjölken*| *kvar* . . any |of the milk| left; *har* ~ *av pojkarna* gått? have any of the boys . .?; *med -ot av* (något som påminner om) *vemod* i blicken with something (a touch) of melancholy . .; *inte för att han trodde på -ot av vad* hon sade not that he believed a thing (anything) of what . .; det är en förklaring så god *som* ~ . . as any

III utan underförstått huvudord el. följt av subst. adj. el. självst. pron. (betr. skillnad i bet. jfr översikten ovan): *någon* a) somebody, someone b) anybody, anyone; *något* a) something b) anything

Ex.: *om* ~ *söker mig* if anybody (någon viss person somebody) calls; *han, om* ~, bör veta det he, if anybody, . .; *han, om* ~, är (var) patriot he . ., if ever there was one; ~ *annan* se *annan 2* o. *3; om man inte har -ot* att säga if you haven't got anything . .; är filmen *-ot att se?* . . worth seeing?; *han är -ot* i en bank he has a job . ., he is something . .; han tror *han är -ot* . . he is somebody; *du sa -ot, jag måste* ringa genast that reminds me, I must . . ; *-ot annat* se *annan 2* o. *4; jag har -ot viktigt* att säga I have something important (something of importance, an important thing) . .; han vägrade, *-ot som* (vilket) *förvånade mig* . . which astonished me; *det är -ot som jag* aldrig har gjort that's something (a thing) I . .; han tog upp *-ot som liknade ett mynt* . . something that (. . what) looked like a coin; *det finns -ot som heter att göra* sin plikt there is such a thing as doing . .; han är *-ot för sig* . . not like other people; hon var *-ot till förvånad* . . no end (. . not half) surprised; *om du vore -ot till karl* if you were a real man; *det här är -ot till restaurang, det!* this is something like a restaurant!; *han har -ot åt lungorna* there is something wrong with his lungs

B *några* (betr. skillnad i bet. jfr översikten ovan): a) some, 'några människor' vanl. some people, 'några få' a few b) any, 'några människor alls' vanl. any people

Ex.: *-ra* bananer *hade han inte* he hadn't got any . .; *för -ra* |*få*| *dagar sedan* a few days ago; *han är -ra och tjugo år* he is twenty odd; *om något eller -ra år* in a year or so or more; *-ra (bara -ra få) av pojkarna kunde* |*inte*| *simma* some (only a few) of the boys could |not| swim; han tog *-ra av möblerna* . . some (part) of the furniture; *de, om -ra,* bör veta det they, if any, . .; *de, om -ra,* är (var) patrioter they . ., if ever there were any

någon|dera *(något-) obest. pron* av två vanl. either, se f.ö. ex.; han gick inte med på *någotdera förslaget* el. *någotdera av förslagen* . . either (om flera än två any |one|) of the proposals; det har inte förekommit skottlossning från ~ *sidan*

. . either side; ~ |*av er*| måste ha sagt det one |or other| of you . .; *har ~ av er* sett filmen? have (has) either (om flera än två have any) of you . .?; *inte ~* se äv. *ingendera* **någonsin** *adv* ever; *aldrig ~* se under *aldrig 1; så mycket jag ~ kan* as much as ever I can; *om du ~ skulle behöva pengar* if ever (at any time) you should want money **någonstans** *adv* på (till) ett eller annat ställe somewhere |or other|, på (till) något ställe alls anywhere; *var ~* hittade du den? where|abouts| . .?; *vart* ska vi gå *~?* where . .? **någonstädes** *adv* se *någonstans* **någonting** *obest. pron* oftast something resp. anything (jfr *någon a-b); för* ex. se ex. med *något* under *någon A II* o. isht *III; inte ~* jfr äv. *ingenting* **någonvart** *adv* se *2 vart* ex. **någorlunda I** *adv* fairly, tolerably, moderately, pretty; ~ |*bra*| fairly etc. well; jag tror hon är ~ *lycklig* . . reasonably happy; *om vädret blir ~ vackert* if the weather is anything like fine; ~ *återställd* pretty well restored; hur mår du? — *Jo, ~!* . . Not too bad (Fairly well), thank you! **II** *a* fairly etc. good; *han är ~* äv. he is not bad; *med ~ visshet* with a fair amount of certainty **något I** *obest. pron* se *någon A* **II** *adv* **1** en smula o.d. somewhat, a little, slightly, F a bit, känslobet. rather; blev du inte förvånad? — *Jo, ~!* . . |Yes,| rather! **2** ~ *till* se *någon A III* **någotsånär** *adv* fairly osv., jfr *någorlunda* **några** *obest. pron* se *någon B*

nåja *itj*, ~, gör som du vill då! |oh| well, . .!

nål *-en -ar* allm. needle, grammofon~ vanl. styl|us (pl. äv. -i); att fästa med, t.ex. knapp~, samt för prydnad pin; ~ *och tråd* a needle and thread; *sitta (stå) som på ~ar* be on pins and needles (on tenterhooks) **nåla** *tr*, ~ *fast ngt* |*på (vid)*| . .| pin a th. on |to . .|, fasten a th. on |to . .| with pins (resp. a pin); ~ *ihop* pin . . together **nålbrev** synåls- packet of needles **nåldyna** pincushion **nålmikrofon** pick-up **nålpengar** *pl* pin-money sg. **nål|stick** (o. *-sting, -stygn, -styng*) stick pin-prick äv. bildl. **nålsöga** eye of a (resp. the) needle **nålvass** *a* . . |as| sharp as a needle **nålventil** needle valve

nånå *itj* lugnande there, there!

nåt *-en -ar* el. *-et* - tekn. o. sjö. seam, fog äv. joint **nåtla** *tr* tekn. close, bind

nåväl *itj* nå well!; då så all right!

nä *itj* se *nej I; ~ ~ män|san|!* |no,| certainly not!; no, to be sure!

näbb *-en -ar* el. *-et* - bill, isht små- el. rovfågels beak; fackl. äv. nib; *försvara sig med ~ar och klor* defend oneself tooth and nail **näbbas** *itr. dep* bill; munhuggas wrangle, bicker **näbbdjur** duckbill **näbbgädda 1** zool. garfish **2** bildl. saucy girl (thing), saucebox, minx **näbbig** *a* saucy, pert, jfr vid. *näsvis* **näbbmus** shrew|-mouse|

Näcken 'Necken', the evil spirit of the water

näckros water-lily

näktergal *-en -ar* nightingale

nämligen *adv* **1** förklarande: ty for, eftersom since, emedan as; ju of course; ser ni you see, ska ni veta you must know; ofta oöversatt, jfr ex.: *staden var tom. Det var ~ söndag och . .* the town was empty. It was Sunday and . .; the town was empty, it being (for it was) Sunday and . .; jag känner honom väl. *Vi var ~ skolkamrater* . . We went to school together, you see; *det är ~ så (saken är ~ den), att* . . the fact |, you see,| is that . .; it's like this, |you see,| . . **2** framför uppräkning el. ss. närmare upplysning om just begagnat ord el. uttryck namely, i skrift ofta viz. (läses vanl. namely); ibl. that is to say, i.e.; *fem världsdelar, ~* Europa, Asien osv. five continents, namely (viz.) . .; *han har två stora intressen, ~* kvinnor och bilar he has two great interests: . .; bara en man ansågs lämplig, ~ *X*. . ., and that was X., . ., namely X.; den omtalade planen, ~ *att vi skulle flyga* . ., |I mean,| that we should fly; själva principen kvarstår, ~ *att* inf. . ., namely (i.e.) to inf.; . ., |namely| that of ing-form

nämn|a *-de -t tr* omnämna mention, *för* to; säga say; uppge, ange state, give; i ditt brev *-de du att* . . you mentioned (told me) that; ~ *ngn vid namn* mention a p. by |his resp. her| name; höra sitt namn *~s* . . mentioned; *ingen -d och ingen glömd* all included; *-da* person (skäl) the . . mentioned (named, referred to); *-da år* lämnade han (vanl.) |in| the said (same) year . . **nämnare** mat. denominator; *minsta gemensamma ~n* the lowest (least) common denominator

nämnd *-en -er* jur. ung. panel of lay assessors; utskott committee, kommission commission, board **nämndeman** ung. lay assessor

nämn|värd *a, ingen ~ (inga ~a)* . . no . . to speak of (worth mentioning, of any note); *i ~ grad* materially; *utan ~* förlust äv. without |any| appreciable . .; *inte något -värt (i ~ grad)* se följ. **-värt** *adv*, situationen *har inte ändrats ~* . . has not changed appreciably (to any appreciable extent); mår du bättre? — *Nej, inte ~* . . No, hardly (not really)

nän|nas *-des -ts itr. dep* have the heart to inf.; *jag -ns inte* väcka honom äv. I cannot bring myself to inf.

näpen *a* nice äv. iron., pretty, sweet, amer. äv. cute; *en ~ flicka* äv. a sweet little girl (thing)

näppe, *med nöd och ~* se |*med*| *knapp* |*nöd*| **-ligen** *adv* knappast hardly, scarcely, svårligen äv. not easily

näps|a *-te -t tr* tillrättavisa rebuke; straffa chastise, castigate; ~ *ngn* läsa lagen för ngn give a p. a lecture **näpst** *-en 0* rebuke; chastisement, castigation; jfr föreg.

1 när I *konj* **1** tempor. when osv., se *då II 1;*

~ . . *än* whenever **2** kausal se *då II 2* **II** *adv* **1** interr. when; hur dags at what time, *på dagen* of the day; *kan du säga, ~* den blir färdig? äv. can you say (tell me) how soon (by when, vilket datum at what date) . .?; *~ då?* when?; så roligt har jag inte haft [*på*] *Gud vet (på jag vet inte) ~* . . for God knows how long **2** *~ som helst* se under *helst I 2*

2 när *adv* (jfr *1 nära*) **1** eg., [*från*] *~ och fjärran* [from] far and near **2** bildl., *göra ngn* [*något*] *för ~* hurt a p. (a p.'s feelings); *han gör inte en fluga (mask) för ~* he wouldn't hurt a fly (say boo to a goose); *det gick hans ära för ~* that wounded (piqued) his pride; exakt vägt *på ett gram ~* . . within a gram[me]; *inte på långt ~* not by a long way (F a long chalk), nowhere near; alla klarade sig *så ~ som på en (på en ~)* . . except for one; alla var närvarande *så ~ som på två (på två ~)* . . but (except) two; ett år *så ~ som på tre dagar (på tre dagar ~)* . . all but three days; *jag hade så ~* glömt I had all but (almost, [very] nearly) . .; stenen *hade så ~ träffat oss* . . came (was) very near (was within an ace of) hitting us; *något så ~* se *någotsånär*

1 nära (jfr *närmare, närmast*) **I** *a* allm. near, poet. nigh; uttr. fysisk närhet (beröring) el. större förtrolighet close, intim intimate; omedelbar immediate; *i (inom) en ~ framtid* in the near (immediate) future; *vara ~* se ex. under *II 1* **II** *adv* (i bet. *1* ibl. prep.) **1** allm. near, helt nära close to (by), near (hard) by samtl. äv. prep.; t.ex. besläktad nearly, t.ex. förbunden äv. closely, intimately; *~ skjuter ingen hare* a miss is as good as a mile; hon var *~ döden* . . near [to] death; hon har varit [*mycket*] *~ döden* äv. . . within an inch of death; *~ förestående* = *förestående; ~ nog* se *nästan; gå inte för ~!* don't go too near!; *hon har ~ till tårar*[*na*] she is always ready to cry, F her tears are always on tap; *ha ~ till* vatten have [got] . . near [at hand]; skolan *ligger ~ till för honom* . . is handy for him; *det ligger ~ till att tro att* . . it seems natural to think that . .; *det är en slutsats som ligger ~ till hands* se *närliggande* ex.; *stå ngn ~* be very near (close) to a p.; *han har stått händelserna ~* he has been in close touch with events; *jag var ~ att falla, det var ~ att jag föll* I nearly (almost) fell, I came (was) [very] near (within an ace of) falling; *jag var ~ att säga* allt I was on the point (verge) of telling . .; julen *är ~* . . is approaching (at hand) **2** nästan, närapå almost, nearly, close upon

2 när|a *-de -t tr* **1** föda give nourishment to, feed; underhålla, försörja support; t.ex. sin fantasi nourish, foster; underblåsa foment; *~ sig* livnära sig live, om djur feed, *på* on **2** se *hysa 2; en länge -d* t.ex. önskan (dröm) a long-cherished . ., misstanke a . . of long standing **-ande** *a* nourishing, stark. nutritious, kraftig sustaining, substantial

närapå *adv* se *nästan*

när|belägen *a* . . [situated] near (close) by; adjacent; neighbouring . . **-besläktad** *a* . . closely related (akin), *med* to; kindred end. attr. **-bild** close-up; Paris *i ~* a close-up [picture] of . . **-gången** *a* näsvis, fräck impertinent, forward, insolent; fräckt nyfiken inquisitive; indiskret indiscreet; *vara ~ mot* take liberties with, annoy, amer. äv. F be fresh with **-gångenhet** *~en ~er* egenskap impertinence, forwardness, insolence; inquisitiveness; indiscretion; jfr föreg.; *en ~* a piece of impertinence (insolence), an indiscretion; *tillåta sig ~er mot ngn* take liberties with a p.

närhelst *konj* whenever

närhet 1 grannskap, trakt neighbourhood, vicinity; *i ~en av* äv. near [to]; *en* by *i ~en* äv. a neighbouring . .; finns någon bank *här i ~en?* . . near (round about) here?, . . in this neighbourhood? **2** abstr. (närbelägenhet), *~en till* vatten ökar tomtvärdet the nearness (proximity) to . .

närig *a* snål stingy, miserly; girig grasping **-närighet** stinginess osv.

näring *-en -ar* **1** föda nourishment äv. bildl., food; nutriment äv. bot.; näringsvärde sustenance; bildl. fuel; ryktet *fick ny ~* . . got new support; *ge ~ åt* t.ex. växter give (afford) nourishment (nutriment) to, t.ex. ngns förhoppningar (misstänksamhet) incite, stimulate, t.ex. ett rykte lend support to; *ge* [*ny*] *~ åt elden* feed the fire; rötterna *hämtar ~ ur jorden* . . derive their nourishment (nutriment) from the earth **2** utkomst, *ha sin ~ av* jorden derive one's livelihood from . . **3** näringsfång industry (ibl. äv. *~ar*); *återgå till ~arna* arbetet go back to work

närings|frihet freedom of trade **-fysiologi** nutritional physiology **-gren** branch of business (industry), industry **-idkare** inom industri manufacturer, inom handel businessman, inom hantverk handicraftsman **-liv** [trade and] industry; ofta äv. economy **-medel** födoämne food end. sg., foodstuff, aliment **-rik** *a* nutritious, . . of high food value **-värde** nutritive (food) value **-ämne** nutritive (nutritious) substance (matter)

när|kamp boxn. infighting **-liggande** *a* **1** eg. se *närbelägen* **2** bildl., *en ~* lösning, slutsats a . . that lies near at hand (that immediately suggests itself), an obvious (a natural) . .; *ett mera ~ problem* a more immediate problem; *ett annat ~* (närbesläktat) problem another kindred . .

närma I *tr* bring . . nearer (closer) båda äv. bildl., *till* to **II** *rfl* allm. approach, hitåt äv.

come (ditåt äv. get) near[er], högt. draw near; *båten ~r sig* land (*solen ~r sig* horisonten) äv. the ship (sun) is nearing . .; *klockan ~r sig 10* vanl. it is getting near [to] ([on] towards) ten o'clock; ~ *sig 40 år* be getting on for forty; *slutet ~de sig* äv. it was drawing near the end; mitt arbete *~r sig slutet* . . is drawing to[wards] an (its) end; *som ~r sig* gränsar till *fräckhet* bordering (verging) on impudence **närmande** *-t -n, vänskapliga (otillbörliga) ~n* friendly (improper) advances; *ett ~* mellan partierna a rapprochement fr. (a closer association) . .; ta första steget *till ett ~* . . towards closer (more intimate) relations

närmare *komp* **I** *a* nearer; om väg äv.: genare more direct, kortare shorter; bildl.: om t.ex. bekantskap closer, om t.ex. anledning more immediate (t.ex. vänskap äv. intimate, t.ex. beskrivning detailed, t.ex. undersökning thorough); ytterligare further; *vid ~ granskning* on [a] closer examination; ~ ingående *kännedom om* an intimate knowledge of, a thorough familiarity with; ~ *svar* lämnas senare a more precise (detailed) answer . .; ~ [*upplysningar*] *hos* further (more exact) particulars (information) may be obtained from

II *adv* (i bet. *3* äv. prep.) **1** allm. nearer, stark. closer; bildl. äv., t.ex. granska more closely (narrowly, thoroughly), t.ex. beskriva more exactly, in greater detail; ~ *bestämt* more exactly (precisely), to be precise; *bli ~ bekant med* become more intimately (better) acquainted with; *gå ~ in på saken* go into [greater] detail, jfr *undersöka* osv. ned.; *gå ett steg ~* framåt go a step further; *komma* ngn (varandra) ~ (bli förtroligare) get closer to . .; jag känner honom inte ~ . . at all well (intimately); *ta ~ reda på ngt* find out more about a th.; jag har *tänkt ~ på saken* . . thought the matter over [more carefully], ändrat mig . . thought better of it; *undersöka en sak ~* examine a matter more closely, look closer (more closely) into a matter; *man vet ännu inte något ~* details are not available as yet **2** inemot close [up]on, nästan nearly **3** prep. (t.ex. ~ stationen, sanningen) nearer [to], closer to; ~ *jul* closer [on] to Christmas

närmast *superl* **I** *a* nearest; omedelbar immediate; om t.ex. vän closest, most intimate; närmast (näst) i ordningen next; två mil till *~e stad* . . the nearest town; *under de ~e (de två ~e)* dagarna during the next few (two) . .; *under de ~e dagarna efter* . . during the days immediately after (succeeding, following) . .; *min ~e efterträdare (förman)* my immediate successor (superior); *inom den ~e [fram]tiden* in the immediate (near) future; *~e motsvarigheten till* the nearest (closest, most exact) equivalent to; *mina ~e planer* my plans for the immediate future; *hans ~e släktingar* his nearest relations (jur. next of kin); *den ~e släkten* vanl. the (resp. his el. her osv.) immediate family; *köra ~e vägen* drive the nearest (genaste most direct, kortaste shortest) way; detta är *det ~e vi kan komma* äv. bildl. . . the nearest (closest) we can get; *mina ~e* those nearest [and dearest] to me, my people; *i det ~e* almost, nearly osv., jfr *nästan*

II *adv* (i bet. *3* äv. prep.) **1** allm. nearest, stark. closest; bildl., t.ex. ~ berörd most closely (intimately); närmast (näst) i ordningen next; der stationen *ligger (är) ~* . . is the nearest (resp. closest); han tog den bok *som låg ~* . . that was nearest [to him]; *tiden ~* omedelbart *före* kriget the time immediately before . .; *var och en är sig själv ~* every man for himself; ~ *följande (föregående) dag* the (ss. adv. on the) very day after (before); ~ *högre tal* the next higher number; ~ *motsvarande* uttryck the . . that comes closest (nearest); *den ~ sörjande* the chief mourner; *han sörjes ~ av* maka och barn the chief mourners are . . **2** först [och främst] first of all, in the first place (instance), främst primarily, huvudsakligen principally, chiefly; i det närmaste almost; ~ *liknande* ost more like . . (resembling . . more) than anything; ~ *föranlett (på grund av att våren kom* the immediate cause being the arrival of spring **3** prep. (t.ex. ~ dörren, värdinnan) nearest [to], closest (resp. next) to jfr *1* ovan; bredvid next to; tiden ~ *jul[en]* . . closest [on] to Christmas

närmevärde mat. approximate value

närsalt nutritive salt

när|sluta *tr* enclose; *vi -sluter härmed* . . enclosed please find . .; *-sluten* check äv. the accompanying . . **-strid** mil. close combat, hand-to-hand fighting **-stående** *a* om vän close, intimate; närbesläktad . . closely akin (related); *en mig ~ [person]* one of my intimates, a person close to me; *i* regeringen *~ kretsar* in circles close (near) to . . **-synt** *a* eg. short-(near-)sighted **-synthet** short-(near-)sightedness, läk. myopia **-trafik** järnv. suburban services pl.

när|vara *itr*, ~ *vid* be present at, bevista, t.ex. sammanträde äv. attend, t.ex. boxningsmatch be at **-varande** *a* **1** tillstädes present, *vid* at; *vara ~ vid* bevista äv. attend, be at, jfr föreg.; *de ~* those present **2** nuvarande present; *för ~* for the present (time being), at present, amer. äv. presently **-varo** *~n 0* presence, vid sammanträde o.d. äv. attendance, *vid* at; *i vittnens (gästernas) ~* before (in the presence of) witnesses (the guests)

näs *-et -* landremsa isthmus, mindre neck of land; udde foreland, spit

näs|a *-an -or* nose äv. bildl.; *inte se längre än ~n räcker* not see farther than one's nose; *få (stå där med) lång ~* bli snopen be left disappointed (pulling a long face); *där fick han allt lång ~* blev lurad he could whistle for it; *ha* [*fin*] *~ för* bildl. have a nose (flair) for; *lägga sin ~ i* se *blanda* [*sig i*]*; räcka lång ~ åt* cock a snook at; *sätta ~n i vädret* toss one's head, bildl. put on airs, be stuck-up; *vända ~n i vädret* dö turn up one's toes; *det gick min ~ förbi* it didn't come my way, I missed it; *tala i ~n* talk through one's nose, have a nasal twang; *skriva ngn ngt på ~n* blab (blurt out) a th. to a p.; *stå på ~n* ramla fall on one's face, F come a cropper; *sätta sig på ~n på ngn* bildl. bully a p.; *dra ngn vid ~n* lead a p. by the nose, take a p. in

näs|ben nasal bone **-blod** nose-bleed[-ing]; *jag blöder ~* my nose is bleeding **-borr**[**e**] *-borren -borrar* nostril **-bränna** *-brännan -brännor, få sig en ~* tillrättavisning get a telling-off **-duk** handkerchief, fick~ äv. pocket-handkerchief, F hanky **-håla** nasal cavity **-knäpp 1** eg. flick (flip) on the (resp. one's) nose **2** bildl. se *-bränna* **-ljud** språkv. nasal [sound] **-rot** anat. root of the nose

nässel|djur cnidarian **-feber** nettle-rash, hives (sg.), läk. urticaria **-fjäril** small tortoise-shell [butterfly] **-kål** kok. nettle-soup **-utslag** nettle-rash end. sg.

nässl|a *-an -or* nettle

1 näst *-et -* sömn. stitch

2 näst I *adv* allm. next; *den ~* bästa (äldsta) the second . .; *det ~ bästa* vore att inf. the next best thing [to do] . .; *den ~* sista (största) the . . but one; *han är ~* bäst (äldst) he is [the] second . .; *den ~ sista stavelsen* äv. the penultimate [syllable]; *~ efter* se *II* **II** *prep* after, next to

1 nästa I *a* next; *~* dag (fredag, gång): nu följande next . ., påföljande the next (following) . .; *i ~* nummer in the next (därpå följande the following) . .; *vid ~* station at the next . .; *se ~ sida!* see next page! **II** *-n 0* neighbour

2 nästa *tr, ~ fast (ihop)* stitch on (together)

nästan *adv* allm. almost, ofta äv., isht vid mätts- o. tidsuttr. nearly; stark. all but; praktiskt taget practically; hart när well-nigh; 'nästan' + nek. adverb el. pron. uttrycks gm omskr. m. 'hardly', se ex.; *~ aldrig* hardly ever, stark. beton. almost never; *~ ingen mjölk (ingenting)* fanns kvar hardly any milk (anything) . .; ingen eller *~ ingen* självst. om pers. . . practically (almost) nobody; *jag kan ~ inte* tro det I can hardly . .; få det *för ~ ingenting (~ gratis)* . . for almost (next to) nothing; *det finns ~ bara* smulor kvar there is hardly anything but . .; *det är ~ omöjligt att segla* it is almost (all but resp. well-nigh) impossible to sail; *det är ~* 25 grader it is almost (nearly) . .; *det är ~ för* mycket (varmt) it is almost too . .; *han är ~ ruinerad* he is almost (nearly) (stark. all but, praktiskt taget practically) ruined; *trädet är ~ högre* än huset the tree is almost higher . .; *~ hela* familjen (tiden) almost the whole . ., almost (nearly) all . .; *~ lika stora* almost equally big (equal in size); han är *~ lika gammal som jag* . . almost (nearly) as old (the same age) as I am; *jag tycker ~ att* . . I almost (rather, half) think that . .; *det vore ~ skandal* it would almost be (it would be nothing short of) a scandal

1 näste *a* se *1 nästa I*

2 näste *-t -n* nest äv. mil.; bildl. äv. den; rovfågels aerie, aery

nästföljande *a* nu följande next, påföljande the next (following); [*redan*] *~ dag* reste han äv. the very next day . .

nästipp tip of the (resp. one's) nose

nästkommande *a, ~ måndag* next Monday, [ss. adv. on] Monday next

nästla *rfl, ~ sig in hos ngn* ingratiate oneself with a p., worm (insinuate) oneself into a p.'s favour; fiendetrupper *~de sig in bakom frontlinjerna* . . infiltrated the front lines

näs|ton nasal twang **-vinge** wing of the (resp. one's) nose **-vis** *a* cheeky, saucy, impertinent, pert, oförskämd impudent, *mot ngn* i samtl. fall to a p. **-vishet** *~en ~er* egenskap cheekiness, sauciness, impertinence, pertness, oförskämdhet impudence; *en ~* a piece of impertinence (resp. impudence), näsvist yttrande a cheeky (osv.) remark

nät *-et -* allm. net; spindels web; metalltråds~ wire netting end. sg.; nätverk network, tel. äv. system; elektr. mains pl.; *ett ~ av lögner* a tissue of lies; *binda (knyta) ~* make nets; *lägga ut ~* (bildl. *sina ~) set* (lay [out]) nets (bildl. one's toils); bollen *hamnade i ~*[*et*] . . landed in the net **-ansluten** *a* elektr. mains-operated; *~ mottagare* äv. mains receiver (set) **-anslutning** elektr. mains connection **-boll** i tennis let **-hinna** anat. retina; *ha* en bild *på ~n* bildl. have . . before one's eyes **-kasse** string (net) bag **-mage** reticul[um (pl. -a), honeycomb **-spänning** mains voltage

nätt I *a* **1** söt pretty, nice, fin o. nätt dainty, prydlig neat, småelegant dapper; *en ~ summa* iron. a tidy (nice little) sum, a pretty penny **2** knapp scanty; *med ~ nöd, i ~aste laget* se *2 knapp* motsv. ex. **II** *adv* prettily osv., jfr *I 1* ovan; *~ och jämnt* t.ex. undgå barely, narrowly, t.ex. hinna med tåget only just, precis tillräckligt barely, t.ex. tillfrisknad barely, only just; jfr [*en*] *knapp* [liter] o. [*med*] *knapp* [*nöd*]*; ~ opp (upp)* precis just [about]

nätverk bildl. network

näv|e *-en -ar* fist; *en ~* salt a handful (fistful) of . .; *slå ~n i bordet* bring one's fist down

(bang one's fist) on the table, bildl. put one's foot down; *spotta i -arna* spit on one's hands
näver *-n 0* birch-bark
näv|rätt fist-law, club-law **-tals** *adv,* ~ *med* salt [whole] handfuls (fistfuls) of . .
nöd *-en 0* nödvändighet, nödtvång necessity, nödställd belägenhet distress, svag. trouble; motgång adversity, olycka calamity, trångmål straits pl.; trängande behov, brist need, svag. want; armod, utblottat tillstånd destitution; *~en har ingen lag (är uppfinningarnas moder)* necessity knows no law (is the mother of invention); *bruka större våld än ~en kräver* employ more force than the necessity of the case demands; *när ~en är som störst är hjälpen som närmast* ung. the darkest hour is before the dawn; *den tysta ~en* uncomplaining poverty; *det går ingen ~ på honom* he has nothing to complain of, han har det ekonomiskt bra he's well enough off; *hålla ~en på avstånd* keep the wolf from the door; *lida ~* be in want (stark. need); *vara av ~en* be necessary (needed); *i ~ och lust* for better [or] for worse; *i ~en prövas vännen* a friend in need is a friend indeed; *i ~ens stund* in time (the hour) of need; *med ~ och näppe* se [*med*] *knapp* [*nöd*]; *till ~s* at a pinch
nöd|bedd *a, vara ~* require [a great deal of] pressing **-broms** emergency brake
nödd *a, därtill var jag ~ och tvungen* I was forced and compelled to do so
nöd|dop baptism in an emergency **-fall,** *i ~* if necessary, if need arises, om det kniper at a pinch; *i yttersta ~* if the worst comes to the worst, in the last resort
nödfallsutväg emergency (tillfällig temporary) expedient
nödflagg flag of distress
nödga *tr* constrain, tvinga compel **nödgas** *itr. dep* be constrained (compelled, obliged) to inf., have to inf.; *till vårt beklagande ~ vi* meddela, att we regret to have to inf.
nödhamn, *söka ~* put into a port of refuge
nödhjälpsarbete relief work
nödig *a* **1** behövlig needful, requisite, . . required; nödvändig necessary; *~a* t.ex. anvisningar äv. the . . needed; skaffa *~a* [*penning*]*-medel* . . the money required, . . the necessary funds **2** F, *jag är ~* I must go to the lavatory
nöd|landa *itr* force-land **-landning** emergency (forced) landing **-lidande** *a* necessitous, distressed; utarmad destitute, needy; svältande starving; *de ~* those in want, the needy **-läge** distress; utnyttja ngns ~ äv. . . embarrassment; *i sitt ~* sökte han äv. in his extremity . .; *i nuvarande ~* in the present emergency **-lögn** white lie **-lösning** emergency (tillfällig temporary) solution (expedient), provisorium äv. makeshift **-mynt** emergency [token] coin (koll. money) **-rim** halting rhyme **-rop** cry (call) of distress (rop på hjälp for help); han klarade sig *med ett ~* . . by the skin of his teeth **-saka** *tr* se *nödga; bli (vara) ~d* se *nödgas; se sig ~d att* inf. find oneself compelled to inf. **-signal** distress signal; per radio SOS [signal] **-ställd** *a* distressed, . . in distress; *de ~a* those in distress **-torft** *~en 0, livets ~* the necessaries (pl.) of life **-torftig** *a* scanty, meagre, barely adequate **-torftigt** *adv* knappt tillräckligt, t.ex. klädd barely, t.ex. möblerad scantily, meagrely; t.ex. klä sig (laga ngt) just sufficiently to do; *dra sig ~ fram* just eke out one's livelihood **-tvungen** *a* om t.ex. overksamhet, vila, väntetid enforced **-tvång,** göra ngt *av ~* . . out of necessity, . . under compulsion
nödvändig *a* allm. necessary, *för* ngn for . ., ngt, t.ex. hälsan to . .; väsentlig essential, *för* to, for; stark. vital, *för* to; oumbärlig indispensable, *för* to, for; erforderlig requisite; *det är ~t (alldeles ~t)* äv. it is a (an absolute) necessity; *lida brist på det ~a*[*ste*] be in want of actual necessities; *det enda ~a* är att inf. the only thing one (you osv.) need do . .
nödvändiggöra *tr* necessitate, make (render) . . necessary; medföra entail **nödvändighet** necessity; oumbärlighet indispensability; *med ~* se *nödvändigt*[*vis*] **nödvändighetsvara** necessary article, essential commodity **nödvändigt**[**vis**] *adv* necessarily osv., jfr *nödvändig;* med nödvändighet of necessity; *han måste ~* resa nu äv. he is [absolutely] bound (compelled, obliged) to inf.; *han skulle (ville) ~ dansa* varje dans he would beton. (must needs) dance . ., he insisted on dancing . .; *måste du ~* resa? vanl. must you really . .?
nöd|värn self-defence; *handla i ~* act in self-defence **-år** year of famine
nöj|a *-de -t rfl, ~ sig med* be satisfied (content) with, content oneself with; *han -de sig med* inskränkte sig till *att gå* he confined himself to going; *låta ~ sig (sig ~*[*s*]) *med* be content with, foga sig i acquiesce in **nöjaktig** *a* tillfredsställande satisfactory; precis tillräcklig adequate **nöj|as** *-des -ts itr. dep* se *nöja*
nöjd *a* tillfredsställd satisfied; förnöjd, mots. besviken content end. pred., contented; belåten pleased; *vara ~ med litet* äv. be easily (soon) satisfied **nöje** *-t -n* **1** glädje pleasure, stark. delight, joy, njutning enjoyment; *ett sant (utsökt) ~* a real treat; *det är inte något ~ att behöva gå* it's no joy (fun) having (to have) to go; *mycket ~!* have a good time!; *det skall bli mig ett ~* äv. I shall be delighted (very pleased el. glad); *finna ~ i (ha ~ av)* derive pleasure (enjoyment) from; *jag har ~t att känna* din bror *(meddela* Er att . .) I

have the pleasure of knowing . . (informing . .); *det är oss ett sant ~ att gå* we have great pleasure in going; *för ~s skull* for fun; *vi står alltid med ~ till Er tjänst* [we shall be] glad (pleased) to be of service to you at any time **2** förströelse amusement, tillställning äv. entertainment; tidsfördriv diversion, pastime; *offentliga ~n* public amusements

nöjes|etablissemang place of entertainment **-fält** amusement park, pleasure-ground, enklare fun-fair, amer. carnival **-liv** underhållning [public] entertainments (amusements) pl.; liv av nöjen life of pleasure **-lysten** *a* . . fond of amusement, pleasure-seeking **-lystnad** fondness for (love of, stark. craving for) amusement **-läsning** light reading **-resa** pleasure-trip, i bil o. flyg joy-ride **-skatt** entertainment tax

nöjsam *a* se *rolig*

1 nöt *-en -ter* bot. nut; *en hård ~ att knäcka* a hard nut to crack

2 nöt *-et* - eg. se *nötkreatur;* bildl. F ass, donkey, blockhead

nöt|a *-te -t tr itr, ~ [på]* wear, gm tummande rub, geol. abrade, kläder wear out, wear . . shabby ([thread]bare); *~s* get worn (rubbed osv.); *tyget tål att ~ på* the cloth will stand [hard] wear; *~ av (bort)* wear off, ojämnheter (bildl.) rub off, jfr *avnött; ~ bort tiden* trifle (dawdle) away one's time; *~ in* en läxa *[i sitt huvud]* drill (drum) . . in[to one's head]; *~ ut* wear out; jfr *utnött*

nötboskap [neat] cattle pl.

nötbrun *a* nut-brown, hazel

nöthår vanl. cowhair **nöthårsmatta** cowhair carpet osv., jfr *1 matta*

nötknäppare nutcrackers pl.; *en ~* a pair of nutcrackers

nötkreatur *pl* [neat] cattle; *fem ~* five head of cattle

nötkärna kernel of a (resp. the) nut

nötkött beef

nötning *-en 0* wearing osv., jfr *nöta;* stark. wear, isht bildl. wear and tear

nöt|skal nutshell; om båt cockle-shell; *i ett ~* bildl. in a nutshell **-skrika** jay **-stor** *a* . . [of] the size of a [hazel-]nut

nött *a* worn, om bokband o.d. rubbed, *i* at; om plagg (pred.) äv. the worse for wear; bildl. hackneyed, trite

nötväcka nuthatch

O

1 o *o*-|*e*|*t*, pl. *o*|-*n*| bokstav o [utt. əu]
2 o *itj* oh!; ~ *ve!* alas!
oacceptabel *a* unacceptable
oaktat I *prep* notwithstanding; *det*|*ta*| ~ äv. for all that, all the same **II** *konj* although, |even| though, notwithstanding (in spite of) the fact that
o|aktsam *a* careless, *med* about **-aktsamhet** carelessness **-amerikansk** *a* un-American **-anad** *a* unsuspected, attr. äv. undreamt-of, unthought-of (pred. undreamt of etc.); *i* ~ *utsträckning* äv. to an extent never suspected (dreamt of) **-anfäktad** *a* unassailed **-angenäm** *a* unpleasant, disagreeable **-angriplig** *a* unassailable, bildl. äv. unimpeachable, unexceptionable **-anmäld** *a* unannounced **-anmärkt** *a* unchallenged **-ansenlig** *a* allm. insignificant, inconsiderable; om t.ex. lön modest, om t.ex. stuga humble, lowly; liten äv. small; om utseende plain, ordinary **-ansenlighet** insignificance, modesty; humbleness etc., jfr föreg. **-anskaffbar** *a* unobtainable, unprocurable **-anständig** *a* allm. indecent, opassande äv. improper; slipprig äv. obscene, F dirty, smutty **-anständighet** ~*en* ~*er* indecency, impropriety; ~*er* äv. indecent osv. talk sg. (anmärkningar remarks, skämt jokes) **-anständigt** *adv* indecently etc.; priserna är ~ *höga* . . shamelessly (scandalously) high **-ansvarig** *a* irresponsible **-ansvarighet** irresponsibility **-antagbar** *a* o. **-antaglig** *a* unacceptable, inadmissible **-antastad** *a* unmolested **-antastlig** *a* se *oangriplig;* okränkbar inviolable **-anträffbar** *a* unavailable, pred. äv. not available; *han har varit* ~ hela dagen I (resp. we) have been unable to get hold of him . . ; ej hemma he has not been at home . . **-använd** *a* unused jfr *obegagnad;* om metod o.d. äv. unapplied; om kapital o.d. idle; rummet *står oanvänt* . . is not used (in use) **-användbar** *a* useless, pred. äv. of no use; unusable; ej tillämplig inapplicable
o|aptitlig *a* unappetizing, unpalatable, bildl. äv. unsavoury, disgusting **-art** bad habit; hos häst vice **-artig** *a* ohövlig impolite, discourteous, uncivil, *mot* i samtl. fall to **-artighet** ~*en* ~*er* impoliteness end. sg.; discourtesy, incivility, handling äv. act of impoliteness; anmärkning impolite remark **-artikulerad** *a* otydlig inarticulate
oas *-en -er* oasis (pl. oases)
o|avbruten *a* uninterrupted, unbroken, continuous, oupphörlig äv. ceaseless, unceasing, incessant, continual **-avbrutet** *adv* uninterruptedly osv.; *arbeta* ~ *i 6 timmar* work for 6 hours on end (without a break) **-avgjord** *a* undecided, unsettled; sport. drawn; *en* ~ *match* a draw **-avgjort** *adv, sluta* ~ end in a draw; *spela* ~ draw **-avhängig** *a* independent **-avhängighet** independence **-avhängighetsförklaring** declaration of independence **-avkortad** *a* eg. unshortened; om upplaga o.d. unabridged, unabbreviated; om lön, semester unreduced, uncurtailed **-avlåtlig** *a* unceasing, incessant, unremitting, continuous **-avlönad** *a* unpaid, unsalaried, unremunerated; ~ *sekreterare* äv. honorary secretary **-avsett** *prep* oberoende av irrespective of, frånsett apart from; ~ *vilka de är* no matter who they are, whoever they may be; ~ *om han kommer eller inte* whether he comes or no|t|; ~ *hur* no matter how; ~ *detta* apart from that **-avsiktlig** *a* unintentional, oöverlagd äv. unpremeditated **-avslutad** *a* unfinished, uncompleted **-avsättlig** *a* irremovable; *han är* ~ äv. he cannot be dismissed **-avsättlighet** irremovability **-avvislig** *a, ett* ~*t krav* a claim that cannot be refused (rejected), an imperative demand; *en* ~ *plikt* an imperative duty **-avvänd** *a* unremitting **-avvänt** *adv* unremittingly; *stirra* ~ *på* watch . . intently, keep one's eyes riveted |up|on
o|balans unbalance, imbalance, lack of balance (of equilibrium) **-balanserad** *a* unbalanced, unpoised, obehärskad äv. uncontrolled **-banad** *a* om stig o.d. untrodden; *en* ~ *stig* äv. an unbeaten track **-barkad** *a* om timmer unbarked; om hudar untanned; bildl. ill-mannered, rude **-barmhärtig** *a* merciless, pitiless, unmerciful, skoningslös relentless, ruthless, *mot* i samtl. fall to|wards|; *ett* ~*t öde* äv. an inexorable fate **-barmhärtighet** mercilessness osv.
obducent rätts~ legal pathologist; ibl. autopsist; *vem var* ~*?* vanl. who performed (was in charge of) the post-mortem?
obducera *tr* perform a post-mortem on
obduktion post-mortem |examination|, autopsy
o|beaktad *a* unnoticed, unobserved, unheeded; *lämna* ~ disregard, pay no attention to, take no account (notice) of **-bearbetad** *a* om råvaror raw, crude, unmanufactured, om t.ex. malm, gruva unwrought, unworked **-bebodd** *a* uninhabited, om hus äv. unoccupied, untenanted **-beboelig** *a* uninhabitable **-bebyggd** *a,* ~ *mark* ground that has not been built on; ~ *tomt* äv. vacant |p|lot; ~ *trakt* undeveloped (obefolkad uninhabited) area; en del av området *är ännu obebyggt* . . remains unbuilt |up|on **-bedd** *a* se *oombedd* **-befintlig** *a* om sak non-existent;

. . *är* ~ äv. . . does not exist; *~a* subst. a. missing persons **-befintlighet** non-existence **-befläckad** *a* ren immaculate, unpolluted; om namn, rykte unsullied, unblemished, spotless **-befogad** *a* oberättigad unwarranted, unjustified; grundlös unfounded, groundless **-befolkad** *a* uninhabited **-befordrad** *a* om pers. unpromoted, . . that has not been promoted **-befäst** *a* mil. unfortified, om stad äv. open

o|begagnad *a* unused, pred. äv. not used; *så gott som* ~ as good as new **-begriplig** *a* incomprehensible, otydbar unintelligible, ofattbar inconceivable, oförklarlig inexplicable, mystisk mysterious, *för* i samtl. fall to; *det är ~t för mig* äv. it passes my comprehension **-begriplighet** *~en ~er* incomprehensibility etc., mysteriousness samtl. end. sg.; *~er* ord (uttryck) incomprehensible words (expressions) **-begråten** *a* unwept **-begränsad** *a* allm. unlimited, unbounded, gränslös äv. limitless, boundless **-begåvad** *a* unintelligent, untalented

o|behag olust discomfort, uneasiness, unpleasantness; förtret annoyance; omak, besvär trouble, olägenhet inconvenience; *få* ~ besvärligheter get into trouble; *känna* ~ feel ill at ease, feel uncomfortable; *vålla ngn* ~ omak put a p. to much inconvenience, give a p. a great deal of trouble **-behaglig** *a* allm. disagreeable, unpleasant, *för, mot* to; otrevlig nasty; besvärlig annoying; om situation awkward; *det är ~t för mig att göra det* I dislike doing it; *en ~ överraskning* an unpleasant surprise; ~ *till mods* ill at ease **-behaglighet** *~en ~er* disagreeableness (etc.) end. sg.; *råka ut för ~er* have a lot of trouble (unpleasantness); *säga* |*ngn*| *~er* say unpleasant things |to a p.| **-behagligt** *adv* disagreeably osv.; *han blev ~ berörd av det* it affected him unpleasantly

o|behindrat *adv* unimpededly, without hindrance; t.ex. få gå omkring ~ . . freely; *röra sig* ~ move unhindered (freely); *tala ett språk* ~ speak a language fluently **-behärskad** *a* om språk, uppträdande o.d. uncontrolled, unrestrained; om person . . lacking in self-control; *han är* |*så*| ~ he has no self-control, he is unable to keep control of himself **-behärskat** *adv* unrestrainedly; without any self-control; . . ., utbrast han ~ . ., losing |all| control of himself **-behörig** *a* allm. unauthorized; om t.ex. inblandning äv. unwarranted; om t.ex. vinst illegitimate; domstolen *är* ~ . . is not competent in (to try) the case; *~a äga ej tillträde* no admittance |except on business| **-behörigen** *adv* unauthorizedly, without authorization **-behövlig** *a* unnecessary, . . not required, unneeded; pred. äv. not necessary (needed)

o|bekant I *a* **1** okänd unknown, om t.ex. ansikte, omgivning äv. unfamiliar, främmande äv. strange, *för* i samtl. fall to; *det är mig inte ~ att* . . I am not unaware that . . **2** med ngn (ngt) unacquainted, unfamiliar, *med* with; okunnig ignorant, *med* of **II** *subst. a* **1** pers. stranger **2** mat.: ~ storhet unknown |quantity|; ekvation med *flera ~a* . . more than one unknown **-bekräftad** *a* unconfirmed, unverified **-bekväm** *a* allm. uncomfortable; oläglig inconvenient, *för* to; besvärlig awkward; *en ~ ställning* äv. a cramped position; ~ *arbetstid* inconvenient working hours **-bekvämt** *adv* uncomfortably osv.; *man sitter ~ i den här stolen* this is an uncomfortable chair to sit in **-bekymrad** *a* unconcerned, *om, för* about; heedless, *om, för* of; *vara ~ om (för)* äv. not care (worry) about **-belevad** *a* ohyfsad ill-mannered, ill-bred, unmannerly; oartig impolite, discourteous; *det är obelevat att* . . it is bad manners (form) to . .

obelisk *-en -er* obelisk

o|belönad *a* unrewarded **-bemannad** *a* om t.ex. raket unmanned, unpiloted, om flygplan äv. pilotless; om fyr, järnvägsstation o.d. unattended **-bemedlad** *a* . . without (of limited) means **-bemängd** *a* unmingled, *med* with **-bemärkt I** *a* unnoticed, unobserved, unperceived, om vrå o.d. äv. obscure; ringa humble **II** *adv* se *oförmärkt; leva ~* live in obscurity **-bemärkthet** obscurity; *träda fram ur sin ~* emerge from obscurity **-benägen** *a* ohågad disinclined, indisposed, *för* for; ovillig unwilling, reluctant, loath end. pred., *att* inf. i samtl. fall to inf.; averse, *att* inf. to ing-form; *jag är inte ~ att tro det* I am inclined to believe it **-benägenhet** disinclination, indisposition; unwillingness, reluctance; aversion; jfr föreg. **-benämnd** *a* mat. indenominate **-beprövad** *a* untried **-beroende I** *~t 0* independence **II** *a* independent, *av* of **III** *adv*, ~ *av* independent|ly| of; ~ *av om (hur)* se *oavsett* ex. **-beräknad** *a* oförutsedd unforeseen; omkostnader *~e* se följ. **-beräknat** *adv*, ~ omkostnader . . not included, exclusive of . ., not including . . **-beräknelig** *a* omöjlig att förutsäga unpredictable, om pers., lynne o.d. äv. erratic, capricious; omöjlig att beräkna incalculable **-berättigad** *a* orättvis unjustified, unwarranted; grundlös groundless, unfounded

o|berörd *a* bildl. unmoved, unaffected, opåverkad äv. uninfluenced, *av* i samtl. fall by; likgiltig indifferent, impassive, *av* to; obekymrad unconcerned, *av* at; eg. se *orörd; en ~ min* an unconcerned air; *det lämnade mig ~* it did not affect me, it left me cold **-berördhet** ngns unconcern, indifference, impassivity, jfr föreg. **-besatt** *a* unoccupied; ledig vacant; *platsen är ännu ~* äv. the post has not yet been filled **-besedd** *a, köpa ngt obesett* buy a th. without seeing (having seen) it **-besegrad** *a* unconquered; isht sport. undefeated, unbeaten **-beskrivlig** *a* indescribable, . . beyond description, outsäglig inexpressible, unspeakable **-beskrivligt** *adv* indescribably osv.; *det förargar honom* ~ it annoys him beyond description; den är ~ *rolig* . . too funny for words, . . terrifically funny; jfr äv. *oerhört* **-beskuren** *a* om träd untrimmed, uncut; om upplaga unabridged, complete; om rörelsefrihet unrestricted **-beslutsam** *a* irresolute, wavering, tveksam äv. hesitating, hesitant, indecisive; *vara* ~ äv. be undecided (in two minds), waver **-beslutsamhet** irresoluteness, irresolution, hesitation, indecision **-besläktad** *a* unrelated, pred. äv. not related **-beslöjad** *a* unveiled, bildl. äv. undisguised **-besmittad** *a* untainted, undefiled, uncontaminated, *av* i samtl. fall by

o|besticklig *a* incorruptible, unbribable **-bestiglig** *a* om bergstopp o.d. unclimbable, unscalable, attr. äv. . . that cannot be climbed **-bestridd** *a* undisputed, unchallenged, uncontested **-bestridlig** *a* indisputable, unchallengeable, incontestable, unquestionable, om t.ex. argument unanswerable, oförneklig äv. undeniable; *ett* ~*t faktum* äv. an incontrovertible fact **-bestritt** *adv,* härska ~ . . unchallenged (without challenge) **-bestyrkt** *a* unverified, unauthenticated, unconfirmed; om avskrift unattested **-bestånd** ~*et 0* insolvency; *komma på* ~ become insolvent **-beställbar** *a* post. undeliverable **-beställbarhet,** *i händelse av* ~ in case of non-delivery **-bestämbar** *a* om sak indeterminable; om känsla o.d. indefinable, undefinable; neds. nondescript **-bestämd** *a* **1** icke fastställd indefinite, indeterminate, undetermined, unspecified; oavgjord undecided; obeslutsam indecisive, irresolute; oklar vague, indefinite, om känsla undefined; *uppskjuta ngt på* ~ *tid* postpone a th. indefinitely; ajournera sig *på* ~ *tid* . . sine die lat.; *av* ~ *ålder* of uncertain (indeterminate) age **2** gram. indefinite **3** mat. indeterminate **-bestämdhet** indefiniteness osv., irresolution **-beständig** *a* ostadig inconstant, unstable äv. kem., ovaraktig impermanent, transient, transitory, ombytlig changeable; *lyckan är* ~ fortune is fickle **-beständighet** inconstancy, instability, impermanence, transience, transitoriness, changeability **-besvarad** *a* unanswered, om hälsning unreturned; ~ *kärlek* unrequited love **-besvärad** *a* ostörd undisturbed, untroubled, av t.ex. för mycket kläder el. inskränkningar unencumbered, unhampered, *av* i samtl. fall by; otvungen, ledig unconstrained, easy, nonchalant free and easy, offhand, nonchalant **-besvärat** *adv* otvunget unconstrainedly osv.; in a free and easy (osv.) fashion

o|betagen *a, det är honom obetaget att* . . he is free (welcome, at liberty) to . . **-betalbar** *a* **1** ovärderlig invaluable **2** dråplig, kostlig priceless **-betald** *a* unpaid, om räkning äv. unsettled, om skuld äv. outstanding **-betingad** *a* ovillkorlig unconditional, om lydnad, tro äv. unquestioning; oinskränkt absolute, implicit, unqualified; *svara ett obetingat nej* give an unqualified no in reply **-betingat** *adv* unconditionally, unquestionably osv., without any (above all) question **-betonad** *a* unstressed, unaccented **-betvinglig** *a* invincible, unconquerable; oemotståndlig irresistible, om längtan o.d. äv. uncontrollable **-betydlig** *a* allm. insignificant, om sak äv. inconsiderable, oviktig äv. unimportant; bagatellartad trifling, trivial; ringa negligible, slight; liten small; ~*a detaljer* insignificant (trivial, minor) details; *en* ~ *förseelse* a trivial (trifling) offence; *en* ~ *skillnad* a slight (inappreciable) difference; *ytterst* ~ infinitesimal **-betydlighet** ~*en* ~*er* insignificance, unimportance båda end. sg.; bagatell triviality, trifle, insignificant etc. matter **-betäckt** *a* om huvud uncovered, bare **-betänksam** *a* tanklös thoughtless, inconsiderate; oförsiktig äv. imprudent, indiscreet, reckless, överilad äv. rash, hare-brained **-betänksamhet** thoughtlessness, imprudence, indiscretion, recklessness osv.; *en* ~ a thoughtless osv. thing

o|bevakad *a* unguarded, unwatched; om testamente unproved; ~ *järnvägsövergång* unguarded |railway| level crossing; *i ett obevakat ögonblick* in an unguarded moment **-bevandrad** *a,* ~ *i* unconversant (unfamiliar) with, unversed in **-beveklig** *a* inexorable, implacable, relentless, unrelenting, hård äv. harsh, stern **-bevisad** *a* unproved **-bevislig** *a* unprovable, undemonstrable, unverifiable **-bevittnad** *a* unwitnessed; om namnteckning unattested **-beväpnad** *a* unarmed; om öga naked **-bildad** *a* olärd uneducated; okultiverad uncultured, unpolished, unrefined; ohyfsad ill-bred, rude **-bildbar** *a* uneducable **-bildning** ~*en 0* lack of education (culture) **-billig** *a* oskälig unreasonable, orättvis unfair, unjust

objekt *-et* - object **objektiv I** *-et* - vanl. (kamera~ o.d.) lens; opt. objective **II** *a* allm. objective; opartisk äv. unbias|s|ed, detached **objektivism** objectivism **objektivitet** objectivity, objectiveness, detachment **objektivt** *adv* objectively; opartiskt äv. without bias; *bedöma ngt* ~ judge a th. on its merits

o|bjuden *a* uninvited, unasked, unbidden; ~ *gäst* äv. self-invited guest, intruder **-blandad** *a* eg. o. bildl. unmixed, om t.ex. glädje äv. unmingled; ren äv. pure, oförfalskad unadulterated; outspädd, om drycker neat, undiluted; ~ *lycka* unalloyed happiness

oblat kyrkl. [sacramental] wafer, consecration-wafer

o|blekt *a* unbleached **-blid** *a* ogunstig unpropitious, unfavourable; *se ngt med ~a ögon* regard a th. with disfavour, frown on a th.; *ett oblitt öde* a hard (an adverse) fate **-blidkelig** *a* obeveklig inexorable, implacable, relentless, oförsonlig unappeasable

obligat *a* mus... obbligato it.

obligation H bond, bolags o.d. äv. debenture; *inlösa en ~* redeem a bond

obligations|dragning drawing of bonds **-innehavare** bond-holder, debenture-holder **-lån** bond (debenture) loan **-rätt** jur. law of contracts and torts

obligatorisk *a* compulsory, *för* for; obligatory, *för* on; *~a skolämnen* compulsory subjects **obligatori|um** *-et -er, det är ett ~* it is compulsory

oblik *a* språkv. oblique

o|blodig *a* om statskupp o.d. bloodless; om offer unbloody **-blyg** *a* unblushing, unashamed, unabashed, shameless, fräck äv. barefaced; *~a krav* immodest (impudent) demands; *~a priser* shameless prices **-blyghet** unblushingness osv., immodesty, impudence

oboe *-n -r* mus. oboe **oboist** oboist

o|borstad *a* eg. unbrushed, om skor uncleaned, unpolished; ohyfsad rough, rude **-botfärdig** *a* impenitent, unrepentant; *de ~as förhinder* ung. just a lot of excuses **-botlig** *a* allm. incurable; om skada irreparable, irremediable; *en ~ optimist* an inveterate optimist **-botligt** *adv, ~ sjuka* incurables **-brottslig** *a* om trohet, lydnad unswerving, om löfte inviolable, om tystnad, neutralitet strict **-brukad** *a* om jord untilled, waste; *~ energi* unspent energy **-brukbar** *a* unusable, unserviceable, oanvändbar äv. useless; *vara ~* äv. be of no use; apparaten *är ~* (i olag) .. is out of order **-bruklig** *a* .. [attr. that is (osv.)] no longer in use, pred. äv. out of use; om ord o.d. äv. obsolete **-bruten** *a* allm. unbroken, intact; om brev unopened; om serie uninterrupted; om kraft unimpaired

obs *-et -* N.B. (pl. N.B.'s); *ett ~* an N.B. **obs.** o. **obs!** förk. Note, N.B.

obscen *a* obscene **obscenitet** *-en -er* obscenity

observand|um *-umet -um (-a)* thing (point) to be noted (observed)

observation observation; *lägga in ngn på ~* place a p. in hospital for observation **observationspost** mil. observation post **observationssatellit** observational satellite **observator** vid observatorium astronomer **observatori|um** *-et -er* observatory **observatör** observer **observera** *tr* observe, note, lägga märke till notice, betrakta watch; *~!, att ~* note; *det är att ~ att* .. it is to be noted that ..

obskurantism obscurantism **obskyr** *a* föga känd obscure; 'skum' shady, dubious

obstetrik *-en 0* läk. obstetrics

obstinat *a* obstinate, stubborn

obstruktion polit. o.d. obstruction, *mot* to; parl. (amer.) filibuster[ing]

o|bunden *a* eg. unchained, untied; om bok unbound; bildl. uncommitted, unfettered, *av* by; fri free, *av* from **-bundenhet** bildl. lack of commitment, frihet freedom **-bygd,** *~[er]* wilderness sg., wild country sg., wilds pl., backwoods pl. **-bäddad** *a* om säng unmade **-bändig** *a* svårhanterlig intractable; oregerlig unruly, ungovernable; motspänstig refractory; *~ kraft* colossal strength **-böjlig** *a* inflexible, rigid, bildl. äv. unbending, unyielding, unflinching, uncompromising; gram. indeclinable **-bönhörlig** *a* inexorable, implacable **-bönhörligen** *adv* o. **-bönhörligt** *adv* inexorably osv.

ocean ocean, bildl. äv. sea **-fart** ocean trade, transoceanic traffic **-gående** *a* ocean-going

Oceanien Oceania **oceanografi** *-[e]n 0* oceanography **oceanångare** [ocean] liner

ocensurerad *a* uncensored

och *konj* and; *~ dylikt* se under *dylik; ~ så vidare (*förk. *osv.)* and so on, and so forth, et cetera (förk. etc.); *~ inte heller* se ex. under *heller;* de gick *två ~ två* .. two by two, .. in pairs; *bättre ~ bättre* better and better; *svårare ~ svårare* more and more difficult, increasingly difficult; *härifrån ~ dit* from here to there; sex meter *lång ~ tre meter bred* .. long by three metres wide; 25 kr. *per dag ~ person* .. per day per person; klockan *tickar ~ tickar* .. goes (keeps) on ticking; *han satt ~ läste en bok* he was (sat) reading a book; *kom ~ och hälsa på mig någon dag!* come and see me some day!; *han har farit ~ hälsat på dem* he has gone to see them; *hon har gått ut ~ handlat* she has gone out shopping; *fortsätt ~ läs* go on reading; *försök ~ låt bli att* .. try not to ..

ociviliserad *a* uncivilized

ock *adv* also, .. too; jfr *också; han svarade, om ~* med en viss motvillighet he did reply, though ..

ocker *ockret 0* usury, med varor profiteering; *bedriva ~* practise usury **-hyra** exorbitant rent **-pris** exorbitant (extortionate) price **-ränta** extortionate [rate of] interest

1 ockr|a *-an -or* miner. ochre

2 ockra *itr* practise usury (profiteering), profiteer; *~ på* utnyttja trade on **ockrare** usurer, money-lender

också *adv* also, .. too, .. as well, till och med even, i själva verket in fact, indeed, actually;

eller ~ or else; *om* ~ even if (though); *det var* ~ *en fråga!* what a question!; . . *och det gjorde* beton. *han* ~ . . and so he did; . . *och det gjorde han* beton. ~ . . and so did he; din bror är en dumbom, *och det är du* ~ . . and you are another (one too); *men så är vi* ~ . . but then we are . .; *det sa* beton. *jag* [*ju*] ~ that's what I said; *hon var* beton. ~ *mycket duktig* in fact she was very clever, she was very clever indeed
ockult *a* occult **ockultism** occultism
ockupation occupation **ockupationsmakt** occupying power **ockupationstrupper** *pl* occupation troops **ockupera** *tr* occupy
o.d. förk. se under *dylik*
odalbonde yeoman, freeholder
odalisk *-en -er* odalisque
odds *-et* - odds pl.
ode *-t -n* ode
o|deciderad *a* undecided, wavering **-definierbar** *a* indefinable, subtle **-delad** *a* eg. o. bildl. undivided; allmän universal, general; hel whole, entire; om bifall unqualified; *odelat förtroende* entire confidence; ~ *uppmärksamhet* undivided (unremitting) attention **-delat** *adv, inte* ~ angenäm not wholly . .; *ägna sig* ~ *åt* ngt give one's undivided (whole) attention to . . **-delbar** *a* indivisible **-demokratisk** *a* undemocratic
Oden Woden
o|diplomatisk *a* undiplomatic **-disciplinerad** *a* undisciplined **-disponerad** *a* se *indisponerad* **-disputabel** *a* indisputable **-djur** monster, om person äv. beast, brute
odla *tr* bruka cultivate äv. bildl., till; frambringa grow, raise; ~ *bakterier* culture bacteria; ~ *ngns bekantskap* cultivate a p.'s acquaintance; ~ *brödsäd* raise cereals; ~ *sina intressen* devote oneself to one's interests; ~ *rosor* grow roses; ~ *sin själ* äv. improve one's mind; ~*d jord* cultivated land, farmland; ~*de pärlor* culture[d] pearls; ~ *upp* bring . . under cultivation, reclaim; ~ *upp ny mark* break new soil **odlare** cultivator, grower, planter **odling** odlande cultivation äv. bildl. t.ex. av själen; av jord äv. tillage, av t.ex. grönsaker growing, av t.ex. bakterier culture; område plantation; [*andlig*] ~ kultur culture **odlingsbar** *a* cultivable, om jord äv. arable
odon *-et* - bot. bog (great) bilberry
odontologi *-[e]n 0* odontology **odontologie** *oböjl. a* . . of dental surgery (förk. D.S.); ~ *studerande* dental surgery student; jfr *teologie*
o|drickbar *a* undrinkable **-dryg** *a* uneconomical; *vara* ~ äv. soon be used up, not last [out] well **-dräglig** *a* olidlig unbearable, insufferable, ytterst tråkig awfully boring; *en* ~ *människa* a[n awful] bore **-duglig** *a* inkompetent incompetent, unqualified, olämplig unfit[ted], *till* for; incapable, *till* t.ex. arbete of; om sak useless, pred. äv. of no use; unusable; ~ *till* människoföda unfit for . .; *han (den här) är* ~ äv. he (this) is no good **-duglighet** incompetence, incapability, unfitness etc., jfr föreg. **-dugling** good-for-nothing **-dygd** okynne, ofog mischief, isht om barn naughtiness; spratt pranks, tricks båda pl.; *på* ~ out of mischief; *full av* ~ full of [all sorts of] mischief **-dygdig** *a* mischievous, naughty **-dygdspåse** mischief
o. dyl. förk. se under *dylik*
odyssé *-[e]n -er* Odyssey **Odysseus** Ulysses, Odysseus
odåg|a *-an -or* good-for-nothing, ne'er-do-well, waster
odödlig *a* immortal, om t.ex. ära undying **-göra** *tr* immortalize **-het** immortality
odör bad (nasty) smell (odour)
odört *-en 0* bot. [poison] hemlock
o|eftergivlig *a* om krav, skyldighet imperative, irremissible; om regel inflexible, absolute; *ett* ~*t villkor* an indispensable (essential) condition, a sine qua non lat. **-efterhärmlig** *a* inimitable **-efterrättlig** *a* oförbätterlig incorrigible; oresonlig unreasonable; om förhållanden insufferable, chaotic **-egennytta** disinterest[edness], altruism **-egennyttig** *a* disinterested, unselfish, altruistic **-egentlig** *a* oriktig, olämplig improper, inappropriate; bildlig, överförd figurative, metaphorical; ~*t bråk* mat. improper fraction **-egentlighet** ~*en* ~*er*, ~*er* i bokföring, förvaltning irregularities, falsifications, förskingring embezzlement sg. **-ekonomisk** *a* uneconomic[al], slösaktig äv. wasteful, unthrifty; han är så ~ [*av sig*] . . uneconomical **-eldad** *a* unheated
o|emotsagd *a* allm. uncontradicted; obestridd unchallenged **-emotståndlig** *a* allm. irresistible; överväldigande overwhelming **-emotståndlighet** irresistibility **-emotsäglig** *a* irrefutable, incontestable **-emottaglig** *a* insusceptible, unsusceptible, *för* to; för smitta, påtryckningar, smicker äv. immune (*för* against, to), proof end. pred., *för* against; för kritik, skäl impervious, *för* to; ~ *för skäl* äv. unamenable to reason **-emottaglighet** insusceptibility osv., immunity; imperviousness, jfr föreg.
oengelsk *a* un-English
o|enhetlig *a* ununiform, non-uniform; oregelbunden irregular **-enig** *a* divided, disunited, discordant; ss. pred. se äv. *oense* **-enighet** disunity, disunion, disagreement, tvedräkt dissension, discord, tvist quarrel, dispute **-ense** *a, bli* ~ disagree, osams fall out, quarrel, *med* with; *vi blev* ~ we disagreed (fell out); *vara* ~ disagree, differ, be at

variance, be at odds, be at loggerheads, *om* i samtl. fall about

o|erfaren *a* allm. inexperienced, oövad unpractised, *i* in; 'grön' callow, green **-erfarenhet** inexperience **-erhörd** *a* **1** förut ohörd unheard-of . . (pred. unheard of), enastående unprecedented, unparalleled **2** allm. förstärkande enormous, tremendous, immense, F awful, terrific; ytterlig, om t.ex. noggrannhet extreme; isht betr. storlek, volym äv. huge, colossal, isht betr. yta äv. vast; vidunderlig[t stor] prodigious; *det ~a i* hans brott the enormity of . . **-erhört** *adv* enormt enormously osv., F awfully, terrifically; ytterligt extremely; *det betyder ~ mycket för honom* it means an enormous (a tremendous) lot to him; *~ många* fall an enormous number of . .; *~ svårt* tremendously (extremely) difficult **-ersättlig** *a* irreplaceable; om förlust o.d. irreparable, irrecoverable, irretrievable; *ingen är ~* äv. nobody is indispensable **-estetisk** *a* unaesthetic **-examinerad** *a* utan akademisk examen . . without a degree, utan diplom . . without a diploma, om lärare äv. uncertificated

o|fantlig *a* se *oerhörd 2* **-fantligt** *adv* se *oerhört* **-farbar** *a* om väg impassable, impracticable; om farvatten unnavigable **-farlig** *a* allm. (pred.) not dangerous, om t.ex. pers. o. djur äv. harmless, om företag o.d. äv. safe; riskfri riskless; oskadlig innoxious, innocuous; om tumör o.d. benign; om t.ex. kritik, nöje harmless, inoffensive; *är hunden ~?* is the dog safe?; *en ~ drog* a harmless (an innocuous) drug; *vara ~* äv. present (involve) no danger **-fattbar** *a* o. **-fattlig** *a* incomprehensible, inconceivable, unimaginable, *för* i samtl. fall to; *det är [mig] ~t* äv. I just can't (I am at a loss to) understand it **-felbar** *a* felfri infallible, osviklig äv. unerring, unfailing **-felbarhet** infallibility, unerringness **-felbart** *adv* säkert inevitably, infallibly, without fail

offensiv I *-en -er* offensive; *inleda en ~* launch an offensive **II** *a* offensive, aggressive

offentlig *a* allm. public; officiell official; *en ~ handling* a public document; *en ~ hemlighet* an open secret; *i det ~a livet* in public life; *den ~a sektorn* ekon. the public (government) sector; *~a verk och inrättningar* public services **-göra** *tr* announce, make . . public, i tryck publish **-görande** *~t 0* announcement, publication **-het** allmän kännedom publicity; *~en* allmänheten the [general] public; *träda fram inför ~en* come (appear) before the public

offentligt *adv* publicly etc.; *uppträda ~* äv. appear in public

offer *offret* - relig.: gåva, gärd sacrifice, oblation, offering; uppoffring sacrifice; byte, rov victim, prey; i krig, olyckshändelse victim, casualty; *inte sky några ~* shun no sacrifices; *han är ~ för* sin egen dåraktighet he is the victim of . .; *falla ~ för* fall a victim (a prey) to; katastrofen *krävde många ~* . . claimed many victims (a heavy toll); *trafiken krävde många ~* the road toll was heavy **-altare** sacrificial altar **-död,** *Kristi ~* the martyrdom of Christ

offerera *tr* H offer

offer|gärd offering **-lamm** sacrificial lamb; bildl. innocent victim **-plats** place of sacrifice **-präst** sacrificial priest

offert *-en -er* H offer, *på* vid försäljn. of, vid köp for; pris~ quotation, vid anbudsgivning tender, *på* for; *lämna en ~* make (submit) an offer

offer|vilja spirit of self-sacrifice, generosity **-villig** *a* self-sacrificing, generous

officer *-[e]n -are,* ibl. **officerar|e** *-[e]n -e* [commissioned] officer, *i* in, *vid* ett regemente of . .; *befordras till ~* be promoted an officer, obtain a commission; *bli ~* äv. receive one's commission; *vakthavande ~* officer of the guard, sjö. officer of the deck

officers|aspirant cadet, probationary officer **-fullmakt** [officer's] commission **-kamrat** brother officer **-kår** officers pl., body of officers **-mäss** officers' mess, sjö. wardroom **-utbildning** officer's training

officiant präst officiating clergyman (minister, priest) **officiell** *a* official **officiera** *itr* officiate

officin *-en -er* tryckeri printing office, printing house

officiös *a* semi-official

offra I *tr* relig. sacrifice, offer [up], slaktoffer äv. immolate; uppoffra sacrifice, avstå från äv. give up; satsa spend; ägna devote, *på* to; *~ sin bekvämlighet* sacrifice one's comfort; *~ sitt liv* give (lay down) one's life; *inte ~ en tanke på* not give (pay) a thought to; *~ tid (pengar) på* spend (waste) time (money) on; *han ~r all sin tid åt (på) sina barn* he devotes all his time to his children **II** *rfl* sacrifice oneself, *för* for

offset *-en 0* offset **-tryck** metod offset [printing]; *ett ~* an offset [print]

offside *-n 0* o. *a* o. *adv* offside

o|fin *a* taktlös indelicate, ohyfsad ill-mannered, rude, grov coarse; *det verkar ~t att* . . it is bad manners (form) to . . **-finkänslig** *a* taktlös tactless, indelicate, untactful, indiskret indiscreet **-fläckad** *a* unspotted, bildl. äv. unsullied, unblemished **-fodrad** *a* unlined

ofog *-et* - pojkstreck, bus mischief, prank, trick; oskick nuisance; *~et att* klottra på väggarna the bad practice of ing-form; *göra ~* do (be up to) mischief

o|formlig *a* formlös formless, shapeless, vanskaplig deformed, mycket fet enormously fat, bloated; regelvidrig irregular **-framkomlig** *a* om väg impassable, impracticable äv. bildl.

-**frankerad** *a* om brev unstamped, unpaid -**fred** krig war; missämja, tvedräkt discord, dissension, strife; *leva i ~ med* be at strife (enmity) with -**freda** *tr* antasta molest, om folkhop äv. mob -**fredsår** krigsår year of war[fare] -**fri** *a* attr. . . that is (resp. was osv.) unfree (not free); *på ~ grund* on non-freehold property -**frihet** lack of freedom; *ha en känsla av ~* feel that one is not free -**frivillig** *a* involuntary, oavsiktlig äv. unintentional -**fruktbar** *a* om t.ex. jord barren, infertile, sterile äv. bildl.; fåfäng, onyttig unfruitful, unproductive, unprofitable -**fruktsam** *a* barren, sterile -**frånkomlig** *a* oundviklig inevitable, om faktum, slutsats o.d. äv. inescapable, ineluctable -**frånkomligen** *adv* inevitably etc.; det är *~ nödvändigt* äv. . . an unavoidable necessity -**frälse I** *oböjl. s* commoner **II** *a* untitled; *de ~ stånden* the commoner estates; jfr *frälse II*

ofta *adv* allm. often; upprepade gånger frequently; poet. oft; *~ göra ngt* vara benägen att göra ngt be apt to do a th.; *~ förekommande* frequent; *~ återkommande* frequent[ly recurring]; *han besöker oss ~* äv. he is a frequent visitor to our place; man kan inte upprepa det *nog ~* . . too often, . . often enough; *jag har ~ träffat dem* äv. I have seen a great deal of them; *så ~ jag ser honom* whenever (every time) I see him; *~st* in most cases, more often than not; *allt som ~st* every now and then

oftalmiatrik *-en 0* ophthalmiatrics **oftalmologi** -[*e*]*n 0* ophthalmology

o|fullbordad *a* unfinished, uncompleted; *~ handling* gram. incomplete action -**fullgången** *a* om foster abortive; bildl., omogen immature -**fullkomlig** *a* imperfect -**fullkomlighet** *~en ~er* imperfection; *~er* brister äv. shortcomings, defects -**fullständig** *a* allm. incomplete, bristfällig imperfect, defective, fragmentarisk fragmentary -**fylld** *a* allm. unfilled; kok. unstuffed; om choklad solid

o|färd *~en 0* olycka misfortune; fördärv destruction, ruin -**färdig** *a* **1** lytt, vanför crippled, disabled, halt lame; *han är ~ i händerna* his hands are crippled **2** ofullbordad, *i ~t skick* in an unfinished state -**färgad** *a* om t.ex. glas uncoloured; om t.ex. tyg undyed; om skokräm neutral

o|född *a* unborn -**förarglig** *a* harmless, inoffensive, om pers. äv. unoffending -**förbehållsam** *a* reservationslös unreserved, öppenhjärtig frank, open -**förbehållsamhet** unreserve[dness], frankness etc. -**förberedd** *a* unprepared -**förberett** *adv* unpreparedly, without preparation; oväntat unexpectedly; *tala ~* speak extempore -**förblommerad** *a* oförtäckt frank, direct, undisguised, rättfram blunt, osminkad unvarnished -**förbränn**[**e**]**lig** *a* bildl. irrepressible, indefatigable, inexhaustible -**förbätterlig** *a* ohjälplig incorrigible; *en ~ optimist* äv. an incurable optimist *en ~ ungkarl* a confirmed bachelor -**fördelaktig** *a* allm. disadvantageous, unfavourable, *för* to; om affär unprofitable; om utseende unprepossessing; *i en ~ dager* in an unfavourable light; *säga något ~t om ngn* speak disparagingly about a p., run a p down -**fördragsam** *a* intolerant, *mot* towards, of -**fördragsamhet** intolerance -**fördröjligen** *adv* without delay, immediately, promptly -**fördärvad** *a* om t.ex. natur unspoiled, unspoilt, om t.ex. yngling, smak äv uncorrupted, undepraved, *av* i samtl. fall by

o|förenlig *a* incompatible, inconsistent om t.ex. åsikter, motsatser irreconcilable, *med* samtl. fall with -**förenlighet** incompatibility inconsistency -**företagsam** *a* unenterprising -**företagsamhet** lack of enterprise (initiative), unenterprisingness -**förfalskad** *a* eg. o. bildl. unadulterated; om t.ex. glädje äv unalloyed; ren pure, äkta genuine; *en ~ lögn* an unmitigated (absolute) lie -**förfärad** *a* fearless, undaunted, dauntless -**förglömlig** *a* unforgettable, never-to-be-forgotten . . (pred. never to be forgotten) -**förgriplig** *a* om rättighet unassailable, perfect; *enligt min ~a mening* in my humble opinion -**förgänglig** *a* om ära, minne o.d. imperishable everlasting, odödlig immortal -**förgänglighet** imperishableness; immortality -**förgätlig** se *oförglömlig*

o|förhappandes *adv* av en slump accidentally by chance, oförmodat unexpectedly, oförberett unawares -**förhindrad** *a* pred. free, at liberty, *att* inf. båda to inf.; unprevented, *att* inf. from ing-form; *han är ~ att* inf. äv. there is nothing to prevent his (him from) ing-form -**förklarlig** *a* inexplicable, unaccountable gåtfull mysterious; *det är för mig ~t hur (varför)* . . äv. it beats me how (why) . . -**förliknelig** *a* allm. incomparable; makalös matchless, unparalleled, enastående unique -**förlåtlig** *a* unforgivable, unpardonable, inexcusable -**förmedlad** *a* abrupt, sudden; oförberedd unprepared, oväntad unexpected -**förmedlat** *adv* abruptly etc. -**förminskad** *a* undiminished, unabated, unreduced -**förmodad** *a* unexpected, unlooked-for . . (pred. unlooked for), oförutsedd äv. unforeseen -**förmåga** *~n 0* inability, *att* inf. to inf.; incapacity, *till* for, *att* inf. for ing-form; incapability, *till* of, *att* inf. *of* ing-form; inkompetens incompetence, *till* for; vanmakt impotence -**förmånlig** *a* se *ofördelaktig* -**förmärkt** *adv* i smyg stealthily, omärkligt imperceptibly; *avlägsna sig ~* depart unobserved (unnoticed) -**förmögen** *a* incapable, *till* of, *att* inf. of ing-form; unable, *att* inf. to inf.; unfit, *till* for, *att* inf. to

inf. **-förmögenhet** se *oförmåga*
o|**förneklig** *a* undeniable **-förnimbar** *a* imperceptible, *för* to; för ögat äv. unperceivable; för örat äv. inaudible **-förnuft** *~et 0* unreason|ableness|, want of reason, orimlighet absurdity, dårskap foolishness, folly **-förnuftig** *a* unreasonable, irrational, senseless, dåraktig foolish **-förnöjsam** *a* . . hard to please (satisfy), discontented **-förnöjsamhet** discontent|edness|, dissatisfaction
o**förrätt** *-en -er* orätt wrong, kränkning injury, orättvisa injustice; *begå en ~ mot ngn* äv. wrong a p.
o**förrätta|d** *a, med -t ärende* without having achieved anything, without any success, empty-handed
o|**försiktig** *a* ovarsam incautious; oklok imprudent, obetänksam äv. indiscreet, unwary; vårdslös careless, improvident; överilad rash **-försiktighet** *~en ~er* egenskap incautiousness, imprudence, indiscretion, unwariness, carelessness, improvidence, rashness; handling imprudence, indiscretion; *en ~* handling äv. an incautious (imprudent etc.) act|ion| **-förskräckt** *a* orädd fearless, oförfärad dauntless, undaunted, modig intrepid, djärv bold, daring **-förskräckthet** fearlessness etc., intrepidity, boldness, daring **-förskuren** *a, i -förskuret skick* unblended **-förskylld** *a* oförtjänt undeserved, attr. äv. . . that one has done nothing to deserve **-förskyllt** *adv* without deserving (having deserved) it; *lida ~* suffer through no fault of one's own **-förskämd** *a* allm. insolent, impudent, F cheeky, *mot* i samtl. fall to; fräck äv. bold, audacious; näsvis impertinent, saucy, *mot* båda to; skamlös shameless, barefaced; F om tur o.d. scandalous **-förskämdhet** *~en ~er* egenskap insolence, impudence, cheek, boldness, audacity, impertinence, sauciness etc.; handling, yttrande impertinence; *en ~* äv. a piece of insolence etc.
o|**försonlig** *a* allm. irreconcilable, implacable, unforgiving, obeveklig unrelenting, relentless, *mot* i samtl. fall towards **-försonlighet** irreconcilability, implacability, unforgivingness etc. **-förstådd** *a* om person misunderstood, unappreciated **-förståelse** lack of understanding (appreciation), *för* of; lack of sympathy; likgiltighet indifference, *för* to **-förstående** *a* unsympathetic, *för* to|-wards|; inappreciative, unappreciative, *för* of; likgiltig indifferent; *ställa sig ~ inför (till) ngt* take up an unsympathetic attitude towards a th.; *vara (stå) ~ |in|för ngt* be unable (fail) to understand (grasp) a th. **-förstånd** oklokhet lack of wisdom (common sense), dumhet foolishness, omdömeslöshet want (lack) of judg|e|ment, injudiciousness, obetänksamhet imprudence, indiscretion **-förståndig** *a* oklok unwise, imprudent, obetänksam indiscreet, ill-advised, omdömeslös injudicious, dum foolish **-förställd** *a* allm. unfeigned, undisguised, uppriktig äv. sincere, frank, om förvåning äv. unaffected, genuine **-förstörbar** *a* indestructible, undestroyable **-försvagad** *a* om hälsa, kraft o.d. unimpaired, om t.ex. intresse unabated **-försvarlig** *a* indefensible, unwarrantable, oursäktlig inexcusable **-försynt** se *oförskämd* **-försäkrad** *a* uninsured **-försökt** *a, inte lämna något ~* leave no stone unturned (nothing undone)
o|**förtjänt I** *a* allm. undeserved, unmerited; om värdestegring o.d. unearned; om pers. undeserving, *av* of **II** *adv* undeservedly, without deserving (having deserved) it **-förtruten** *a* outtröttlig indefatigable, untiring, unwearied, trägen assiduous **-förtröttad** *a* o. **-förtröttlig** *a* se *oförtruten* **-förtydbar** *a* unmistakable **-förtäckt** *a* unveiled, undisguised **-förtövat** *adv* promptly, forthwith, without delay **-förutsedd** *a* unforeseen, unexpected, unlooked-for . . (pred. unlooked for); *om inget oförutsett inträffar* if nothing (unless something) unexpected happens, ibl. barring accidents **-förvanskad** *a* se *ofördärvad* o. *oförfalskad* **-förvillad** *a* opåverkad uninfluenced, om omdöme o.d. unbias|s|ed, unprejudiced **-förvitlig** *a* om uppförande o.d. irreproachable, unimpeachable, blameless; *han är ~* he is a man of integrity **-förvitlighet** irreproachability etc., blamelessness **-förvållad** *a* attr. . . that has (etc.) not been brought about by oneself, . . that is (etc.) not of one's own making **-förvållandes** *adv* se *oförskyllt* **-förvägen** *a* djärv daring, bold, adventurous, våghalsig reckless, daredevil **-förvägenhet** daring, boldness, recklessness **-förytterlig** *a* inalienable **-föränderlig** *a* unchangeable, unalterable, immutable, unchanging, |be|ständig äv. invariable, constant **-förändrad** *a* unchanged, unaltered, unmodified, unvaried **-förändrat** *adv, tendensen är ~ fast* . . remains firm; *utdelningen är ~* 6 % the . . dividend is unchanged
o|**gement** *adv* immensely, tremendously **-gemytlig** *a* otrevlig unpleasant, disagreeable, om sak äv. cheerless, uninviting **-generad** *a* otvungen free |and easy|, unconstrained, nonchalant offhand, casual, oberörd unconcerned, fräck cool; *känna sig ~* äv. be (feel) at |one's| ease **-generat** *adv* freely etc.; *röra sig ~ i alla kretsar* move in all circles with perfect ease; *~ slå sig ned* på den bästa stolen calmly |and coolly| sit down . .
o|**genomförbar** *a* impracticable, unworkable, unrealizable **-genomskinlig** *a* opaque, pred. äv. not transparent **-genomtränglig** *a* om t.ex. skog, mörker impenetrable äv. bildl.; för ljus, vätska impervious, impermea-

ble, *för* i samtl. fall to

o|gift *a* unmarried, single; ~ *kvinna* äv. (mest om äldre o. jur.) spinster; *en* ~ *faster* a maiden aunt; *som* ~ var hon before her marriage . . **-gilla** *tr* **1** ej tycka om disapprove of, dislike, göra invändningar mot object (take exception) to, ta avstånd från deprecate **2** jur.: avslå disallow, reject, upphäva overrule, t.ex. besvär, talan dismiss **-gillande I** ~ *t 0* disapproval, disapprobation, disfavour, rejection, dismissal; jfr föreg. **II** *a* disapproving, deprecating; ~ *blick (min)* äv. frown **III** *adv* disapprovingly etc.; *se* ~ *på ngn (ngt)* äv. frown at a p. (|up|on a th.) **-giltig** *a* allm. invalid, pred. äv. not valid, |null and| void; sport., om t.ex. hopp, kast disallowed; *förklara* ~ declare invalid (null and void), cancel, annul, quash; disallow äv. sport.; *göra* ~ invalidate, nullify, render invalid; ~ *röstsedel* void ballot-paper **-gin** *a* disobliging, *mot* to|-wards|; ovänlig gruff **-ginhet** disobligingness etc.

ogjor|d *a* undone; *-t arbete* som återstår att göra arrears (pl.) of work, backlog; *vara ute i -t väder* bråka i onödan make a lot of fuss about nothing, blamera sig make a fool of oneself, förhasta sig jump to conclusions

o|grannlaga *a* taktlös tactless, untactful, ofinkänslig indelicate, indiskret indiscreet **-graverad** *a* jur. unencumbered; orörd intact, untouched **-gripbar** *a* impalpable, intangible, elusive **-grumlad** *a* om t.ex. glädje, lycka unclouded, om t.ex. ro untroubled, serene, om t.ex. källa unpolluted **-grundad** *a* allm. unfounded, grundlös äv. groundless, baseless, om förhoppningar äv. vain

ogräs allm. weeds pl.; bibl. tares pl.; *ett* ~ a weed; *rensa* ~ weed **-bekämpning** weed control (killing) **-bevuxen** *a* weed-ridden, weed-grown, . . overgrown with weeds **-medel** weed-killer

o|gudaktig *a* ungodly, impious, syndig äv. wicked **-gudaktighet** ungodliness etc., impiety **-gulden** *a* unpaid **-gynnsam** *a* allm. unfavourable, *för* for, ofördelaktig äv. adverse, disadvantageous, *för* to; isht om tidpunkt o.d. unpropitious; *under mycket* ~*ma förhållanden* äv. against heavy odds **-gynnsamt** *adv* unfavourably etc.; *vara* ~ *stämd mot* äv. be prejudiced against **-gärna** *adv* motvilligt unwillingly, motsträvigt reluctantly, grudgingly; ~ *göra ngt* äv. not like to do a th., be reluctant to do a th., stark. be loath to do a th., hate to do a th.; *jag ser inte* ~ *att han gör det* I don't mind his doing so **-gärning** missdåd misdeed, brott crime, illdåd outrage, atrocity **-gärningsman** evil-doer, malefactor, criminal **-gästvänlig** *a* inhospitable, om plats, trakt o.d. äv. forbidding **-gästvänlighet** inhospitality, inhospitableness **-görlig** *a* outförbar impracticable, unfeasible, omöjlig impossible

o|hanterlig *a* om sak unwieldy, cumbersome; om person unmanageable **-harmonisk** *a* inharmonious **-hederlig** *a* dishonest, crooked, om metoder o.d. äv. unfair **-hederlighet** ~*en* ~*er* egenskap dishonesty, crookedness etc.; handling dishonest (etc.) act|ion| **-hejdad** *a* mera eg. unchecked, om känsloyttringar äv. unrestrained, uncontrolled; *av* ~ *vana* by force of habit; *i ohejdat raseri* in a towering (tearing) rage **-hejdbar** *a* unrestrainable, uncontrollable **-helig** *a* unholy **-hemul** *a* obefogad unwarranted, unjustified, otillbörlig improper, unseemly **-herrans I** *a* awful **II** *adv* awfully **-hjälplig** *a* om person hopeless, se vid. *oförbätterlig;* om skada, förlust o.d. irremediable, irreparable, irretrievable **-hjälpligt** *adv* hopelessly etc.; ~ *förlorad* irretrievably lost **-hjälpsam** *a* unhelpful *mot* to

ohm *-en* - fys. ohm

ohoj *itj* ahoy!

o|huggen *a* om timmer uncut, om ved unchopped, om sten unhewn, rough **-hyfsad** *a* obelevad ill-mannered, rude, unmannerly, oborstad rough, ohövlig impolite, uncivil, plump coarse, tölpaktig boorish, churlish; om ngns yttre untidy, unkempt **-hygglig** *a* förfärlig dreadful, frightful, appalling, hemsk ghastly, grisly, gruesome, avskyvärd atrocious, hideous, monstrous; F (förstärkande) horrible, terrible, awful **-hygglighet** ~*en* ~*er* atrocity; dreadfulness etc., t.ex. brottets monstrosity båda end. sg.; ~*er* äv. horrors **-hygienisk** *a* unhygienic, insanitary

ohyra *-n 0* vermin pl., äv. bildl.

o|hyvlad *a* eg. unplaned, om bräda äv. rough; bildl. coarse, uncouth **-hågad** *a* disinclined, unwilling, indisposed, *för* i samtl. fall for, *att* inf. to inf. **-hållbar** *a* om ståndpunkt, argument o.d. untenable, indefensible; om situation precarious; ogrundad baseless, unfounded; ~ *ställning* mil. untenable position **-hälsa** sjuklighet ill-health, sickliness, sjukdom illness **-hälsosam** *a* om klimat, område unhealthy, insalubrious, om föda unwholesome, om bostad insanitary **-hämmad** *a* om t.ex. sorg, glädje unrestrained; utan hämningar uninhibited; ~ *av* alla hänsyn unchecked (untrammelled) by . .; *ohämmat slöseri* inordinate waste **-hämmat** *adv* unrestrainedly, without restraint **-hängd** *a* fräck impudent, shameless, graceless, lymmelaktig loutish **-höljd** *a* bildl. unconcealed, unveiled, open, oförställd äv. undisguised; oblyg unblushing **-hörbar** *a* inaudible **-hörd** *a* unheard; döma ngn ~ (utan rannsakan) . . untried **-hörsam** *a* disobedient, *mot* to; *vara* ~ *mot* äv. disobey **-hörsamhet** disobedience **-hövlig** *a* oartig impolite, discourteous, ohyfsad uncivil, rude, vanvördig disrespectful, *mot* i samtl. fall to **-hövlighet** *~en ~er* egenskap impoliteness, discourtesy, incivility, rudeness, disrespect|fulness|; handling, yttrande discourtesy, incivility

o|igenkännlig *a* unrecognizable **-igenkännlighet,** vanställd *till ~* .. past (beyond) recognition **-inbunden** *a* unbound; *~ bok* häftad paper-back **-inlöst** *a* unredeemed, outstanding, om check uncashed **-inskränkt** *a* om förtroende absolute, om makt äv. unlimited; om frihet unrestricted **-inspirerad** *a* uninspired **-intaglig** *a* mil. impregnable **-intecknad** *a* unencumbered **-intressant** *a* uninteresting, tråkig äv. dull **-intresserad** *a* uninterested, *av* in; *vara ~ av ngt* äv. take no interest in a th. **-invigd** *a* **1** relig. unconsecrated **2** om person uninitiated, *i* in|to|; obegripligt för *den ~e* äv. .. an outsider

oj *itj* oh!, oh dear!, vid förvåning äv. I say!, my word!; vid smärta ow!; *oj | oj | då!* now!, I say!

oja *rfl* moan, complain, grumble, *över* i samtl. fall about

o|just I *a* oriktig incorrect; ofin unfair, ungentlemanly; *~ spel* sport. foul play **II** *adv* incorrectly etc.; *spela ~* sport. commit a foul (resp. fouls) **-jämförlig** *a* incomparable **-jämförligt** *adv* incomparably, beyond (without) comparison, immeasurably; *den ~* största delen by far the .., the .. by far **-jämn** *a* allm., om t.ex. yta, prestation, humör uneven; skrovlig rough, rugged; om fördelning, kvalitet äv. unequal; om klimat, lynne unequable; oregelbunden irregular; växlande variable; *~ väg* bumpy (rough) road; *~ terräng* rough (broken) ground; *~ kamp* unequal struggle; *kämpa en ~ strid* fight a losing battle **-jämnhet** *~en ~er* egenskap unevenness etc.; ojämnt ställe: i yta o.d. irregularity, i väg bump **-jävig** *a* opartisk unbias|s|ed; om vittne o.d. competent, unchallengeable **-jävighet** opartiskhet impartiality; vittnes o.d. competence

ok *-et -* yoke äv. bildl.

o|kammad *a* dishevelled, unkempt **-kamratlig** *a* disloyal; osportslig unsporting; om t.ex. anda uncomradely; *vara ~* äv. be a bad sport

okarin|a *-an -or* ocarina

o|klanderlig *a* allm., om uppförande o.d. irreproachable, impeccable, unexceptionable; felfri faultless; fläckfri immaculate; oförvitlig blameless **-klar** *a* **1** eg.: otydlig indistinct; grumlig turbid, muddy, cloudy; om ljus, sikt dim; disig hazy; om färg muddy, dim; suddig blurred; om ton indistinct; om röst husky **2** bildl.: otydlig unclear, indistinct; vag vague, dim, hazy; dunkel, svårfattlig obscure, abstruse; oredig muddled, confused; tvetydig ambiguous; *det är ~t om* han någonsin gjorde det it is uncertain whether .. **3** sjö. foul **-klarhet** *~en ~er* egenskap indistinctness etc., obscurity; jfr föreg.; *viss ~ råder beträffande* .. there is some uncertainty as regards ..; *~er* i framställning o.d. obscurities **-klok** *a* oförståndig unwise, imprudent, omdömeslös injudicious, obetänksam ill-advised, rash, olämplig inadvisable **-klokhet** *~en ~er* egenskap unwisdom, imprudence, injudiciousness, rashness; handling imprudence; *en ~* äv. an unwise (etc.) act|ion| **-klädd** *a* undressed, unclothed; om möbel unupholstered

o|knäppt *a* om plagg unbuttoned; knappen *är ~* .. is not done up (har gått upp is undone) **-kokt** *a* unboiled **-komplicerad** *a* simple, uncomplicated **-koncentrerad** *a* .. lacking in concentration, unconcentrated **-koncentrerat** *adv* without concentration **-konstlad** *a* oförställd unaffected, ingenuous, enkel, naturlig äv. unstudied, artless, simple; naiv unsophisticated **-kontant** *a* se *osams* **-kontrollerbar** *a* uncontrollable **-kristlig** *a* **1** eg. unchristian **2** F oerhörd, ryslig awful, tremendous **-kritisk** *a* uncritical **-kryddad** *a* unseasoned **-kränkbar** *a* inviolable **-kränkbarhet** inviolability, avtals o.d. sanctity; integritet integrity **-kränkt** *a* unviolated **-krönt** *a* om kung o.d. uncrowned äv. bildl.

oktan *-et -* el. *-en -er* octane **-tal** octane rating (number)

oktav *-en -er* **1** mus. octave **2** bokformat octavo **-format** octavo

oktett *-en -er* mus. octet|te|

oktober *r* October (förk. Oct.); jfr *april* o. *femte*

oktroj *-en -er* charter, concession

okular *-et -* eyepiece, ocular

okulera *tr* trädg. bud, graft

okultiverad *a* uncultivated, uncultured, obildad äv. uneducated; ohyfsad unpolished, unrefined, uncouth

okulärbesiktning ocular (visual) inspection (examination)

o|kunnig *a* **1** ovetande: allm. ignorant, omedveten unaware, unconscious, oupplyst uninformed, *om* i samtl. fall of, *om att* .. that .. **2** obevandrad, olärd ignorant, *i* of; pred. äv. unacquainted, *i* with; unlearned, untaught, unskilled, *i* i samtl. fall in **-kunnighet** ignorance; *sväva i lycklig ~ om ngt* be blissfully ignorant (unaware) of a th.; *lämna ngn i ~ om ngt* leave a p. in the dark about a th. **-kuvlig** *a* indomitable, irrepressible, obetvinglig äv. unconquerable **-kvald** *a, i ~ besittning* in undisputed possession **-kvalificerad** *a* unqualified **-kvinnlig** *a* unwomanly, unfeminine; manhaftig mannish

okväda *tr* abuse, insult, vituperate, call .. names **okvädin|g|sord** word of abuse,

insult; ~ pl. äv. abuse sg.
okynne *-t 0* odygd, ofog mischievousness, mischief; elakhet naughtiness; upptåg pranks pl., tricks pl.; *på rent ~* out of pure mischief
okynnesstrejk unofficial (wildcat) strike
okynnig *a* odygdig mischievous, puckish; elak naughty
o|kysk *a* unchaste **-känd** *a* allm. unknown; obekant unfamiliar; främmande strange, *för* i samtl. fall to; föga känd obscure, attr. äv. . . that is (resp. was etc.) little known; *~ text* skol. unseen text; *av ~ anledning* for some unknown reason **-känslig** *a* allm. insensitive, insensible, *för* to; utan känsel numb; isht själsligt callous, unfeeling, likgiltig indifferent, oemottaglig insusceptible, *för* i samtl. fall to **-känslighet** insensitiveness, insensibility, numbness; callousness etc.; indifference; insusceptibility; jfr föreg.; *hans ~* brist på känslor äv. his lack of feeling
olag, *bringa i ~* disorganize, throw . . out of gear, upset; *komma (råka) i ~* get out of order (gear); *hans mage är i ~* his stomach is upset
o|laga *oböjl. a* o. **-laglig** *a* unlawful, illegal, olovlig äv. illicit; *olaga tid* om jakt, fiske close season **-laglighet** *~en ~er* unlawfulness end. sg., illegality; *en ~* äv. an unlawful (etc.) act|ion|
olat *-en -er* vice; *~er* äv. bad habits
oldboy *-en -s* sport. old boy
o|ledad *a* biol. inarticulate **-ledande** *a* fys. non-conductive **-lidlig** *a* insufferable, excruciating, outhärdlig äv. intolerable, unbearable, unendurable
olik *a* (jfr *olika I*) ej påminnande om unlike, skiljaktig different, för konstr. se ex.; *~ ngt* dissimilar to a th.; *hon är ~ honom |till utseendet|* she is unlike (different from el. to) him |in appearance|; *porträttet är ~t* the portrait is unlike; *de är |varandra| mycket ~a* they are very unlike |each other|; *de är ~a som natt och dag* they are as different as chalk and cheese; *stolarna är ~a till färgen* vanl. the chairs differ |from one another| in colour; *det är ~t honom* it is unlike him
olika I *oböjl. a* (jfr *olik*) olikartad, skiljaktig different, differing, skiftande varying, växlande various; *en mängd ~* saker a great many different . ., a variety of . .; *med ~ hastighet* at varying speeds; *vara av ~ mening* be of different opinions; *av ~ slag* of different (various) kinds; *på ~ sätt* in different ways; *vid ~ tillfällen* on various occasions; *barn i ~ åldrar* children of different (ojämna unequal) ages; *vi har ~ åsikt|er|* we have different (differ in our) views; *smaken är ~* tastes differ; *det är ~* varierar it varies **II** *adv* differently, in different ways; de är *~ stora* . . of different sizes, . . unequal in size; *~ långa* käppar . . of different (unequal length|s|; *människor tänker ~* äv. people have different ways of thinking
olik|artad *a* heterogeneous, disparate; se äv *olika* **-formig** *a* non-uniform, varying, uneven, unequal **-färgad** *a* . . of different (various) colours, differently (variously coloured **-het** *~en ~er* eg. unlikeness end sg.; skillnad difference, i storlek, antal o.d. äv. disparity, skiljaktighet diversity, divergence; *~ i lynne* difference in temperament; *sociala ~er* social inequalities; *i ~ med honom* . . unlike (in contrast to) him . . **-sidig** *a* om triangel scalene, unequal-sided **-tänkande** *subst. a* (i pl.) people holding a different opinion (different opinions) from (to) one's own
oliv *-en -er* olive **-grön** *a* olive-green **-kvist** olive-branch **-lund** olive grove **-olja** olive oil **-träd** olive|-tree|; för sms. jfr äv. *björk-*
olj|a I *-an -or* oil; *gjuta ~ på elden* add fuel to the fire; *gjuta ~ på vågorna* pour oil on troubled waters; *måla i ~* paint in oil|s| **II** *tr* oil, smörja äv. grease, lubricate
Oljeberget the Mount of Olives
olje|borrning drilling for oil **-cistern** oil storage tank **-dränkt** *a* . . soaked in (covered with) oil **-eldad** *a* oil-heated **-eldning** oil-heating **-fat** oil drum **-fält** oil-field **-färg** oil-paint **-kakor** *pl* oil cakes **-kanna** oil-can **-kläder** *pl* oilskin clothes, oilskins **-källa** oil well **-ledning** |oil| pipeline **-målning** abstr. o. konkr. oil-painting **-|mät|sticka** dipstick **-raffinaderi** oil refinery **-rock** oilskin coat **-tryck 1** boktr.: a) metod oil printing, oleography b) bild oleograph **2** tekn oil pressure **-utsläpp** discharge (dumping) of oil |in the sea| **-växt** oil|-yielding| plant
oljig *a* oily, oleaginous, bildl. äv. unctuous, F smarmy
oljning oiling, lubrication
oljud oväsen noise, larm äv. din, hubbub, racket hullabaloo; *föra ~* make a noise, be noisy
oll|e *-en -ar* sweater
ollon *-et* - ek~ acorn, bok~ beechnut; anat. glans (pl. glandes) **ollonborr|e** *-en -ar* cockchafer
o|logisk *a* illogical **-lojal** *a* disloyal **-lovandes** *adv* without leave (permission) **-lovlig** *a* olaglig unlawful, illicit, förbjuden forbidden, prohibited, om jakttid close; *ute i ~a ärenden* on unlawful errands
o|lust *~en 0* **1** obehag uneasiness, discomfort, *över (inför)* at; missnöje dissatisfaction, *över (inför)* with, at **2** obenägenhet disinclination, *för* for; motvilja dislike, *för* of; distaste, *för* for; aversion, repugnance, *för* to; ovilja displeasure **-lustbetonad** *a* unpleasurable, unpleasant **-lustig** *a* ur humör (pred.) out of

spirits; nedstämd low-spirited, depressed; håglös listless; illa till mods uncomfortable, uneasy; obehaglig unpleasant, disagreeable **-lustkänsla** feeling of discomfort, uneasy feeling
-lvon *-et* - guelder-rose, snowball-tree
-lyck|a *-an -or* **1** ofärd misfortune, ill fortune; otur bad (ill) luck; motgång adversity, trouble; bedrövelse unhappiness; elände affliction, misery; *när ~n är framme* om man har otur if things are against you, if your luck's out; *råka i ~* meet with misfortune; *störta ngn i ~* ruin a p., bring disaster [down] on a p. **2** missöde mishap, misfortune; olyckshändelse accident; katastrof disaster, calamity; *en ~ kommer sällan ensam* it never rains but it pours; *en ~ händer så lätt* accidents will happen; *till råga på ~n* to make matters worse; *till all ~* as ill luck would have it **3** om pers. wretch, jfr äv. *olycksfågel*
-lycklig *a* betryckt unhappy, *över* about; djupt distressed, eländig miserable, wretched; drabbad av olycka el. otur unfortunate, unlucky, ill-fated, hapless; beklaglig unfortunate, deplorable; dålig bad, misslyckad unsuccessful; olycksfödd ill-starred; olämplig infelicitous; *få en ~ utgång* have an unfortunate ending; *~t misstag* fatal blunder **-lyckligt** *adv* unhappily etc., jfr föreg.; *hon är ~ kär* she is suffering from unrequited love; *sluta ~* om pers. come to a bad end, om berättelse o.d. have a sad ending **-lyckligtvis** *adv* unfortunately, unluckily **-lycksalig** *a* högst olycklig unhappy, unfortunate, luckless; fördömd confounded
-lycks|bringande *a* fatal, *för* to; calamitous, disastrous **-bud** bad (tragic) news; *ett ~* [a piece of] bad (tragic) news **-bådande** *a* ominous, sinister, ill-omened **-dag** fatal (unfortunate) day **-fall** accident, casualty; *~ i arbetet* accident at work **-fallsavdelning** på sjukhus emergency ward **-fallsförsäkring** accident insurance; jfr *försäkring* m. ex. o. sms. **-fågel** unlucky fellow (creature); *-fåglar i trafiken* people who are prone to accidents **-händelse** accident, lindrigare mishap; *omkomma genom ~* be killed in an accident **-kamrat** fellow-sufferer **-korp** bildl. Cassandra, croaker **-plats,** *~en* the scene of the accident **-profet** prophet of woe **-tal** unlucky number **-tillbud** near-accident; *ett allvarligt ~ inträffade* there was almost a serious accident **-tillfälle,** *vid ~t* at the time of the accident **-år** disastrous year **-öde** unlucky fate
-|lydig *a* disobedient, *mot* to; mot överordnad äv. insubordinate; *vara ~ mot ngn* äv. disobey a p. **-lydnad** disobedience, insubordination

Olympen Olympus **olympiad** *-en -er* Olympiad **olympiamästare** Olympic champion **olympisk** *a* **1** eg. o. bildl. Olympian **2** sport. Olympic; [*de*] *~a spelen* the Olympic Games
o|låst *a* unlocked **-låt** *~en 0* oljud noise, missljud cacophony; tjut howling; jämmer lamentation, wailing **-lägenhet** *~en ~er* besvär inconvenience, trouble, nuisance; nackdel drawback, disadvantage; svårighet difficulty; *vålla ngn ~* put a p. to inconvenience **-läglig** *a* olämplig inopportune, *för* for; untimely, ill-timed; obekväm inconvenient, *för* to; ovälkommen unwelcome **-lägligt** *adv* inopportunely, inconveniently; *komma ~* om pers. o. sak come at an inconvenient moment **-lämplig** *a* ej passande unsuitable, unfit[ted], om sak äv. inappropriate, unfitting; oantaglig ineligible; malplacerad ill-timed, ill-placed, untimely, pred. äv. out of place; oläglig inopportune, inconvenient; otillbörlig improper; oändamålsenlig inexpedient; han är *~ för arbetet . .* unsuitable (unfit) for the job; han är *~ som (till) ledare . .* unfit to be (unsuitable as) a leader **-lämplighet** unsuitability, unfitness etc., inconvenience, impropriety, inexpediency, jfr föreg. **-ländig** *a* besvärlig rough, rugged; ofruktbar sterile **-läraktig** *a* unteachable, trög slow **-lärd** *a* unlearned, obeläst äv. unlettered **-läslig** *a* om handstil o.d. illegible; om bok unreadable **-lönsam** *a* unprofitable **-löslig** *a* kem. in[dis]soluble; om problem, uppgift o.d. insoluble, unsolvable **-löst** *a* om problem o.d. unsolved
1 om I *konj* **1** villkorlig, allm. if, 'för den händelse att' äv. in case, 'antaget att' äv. supposing, 'förutsatt att' äv. provided [that]; *~ vädret tillåter* äv. weather permitting; *~ så är* if that is the case, if so, in that case; *du vore dum, ~ du trodde det* äv. you would be a fool to believe that; *~ han bara ville komma* if only he would come, if he would only come; *~ inte* if not, unless; *~ inte något (inget) oförutsett inträffar* if nothing (unless something) unexpected happens, ibl. barring accidents; du måste komma, *~ du inte är sjuk . .* unless you are ill; *~ du inte ger dig,* blir du skjuten äv. surrender, or . .; *~ inte han hade varit* som ett hinder if it hadn't been for him, som en hjälp but for him; *vem, ~ inte han,* kunde . .? who but he . .? **2** jämförande, *som ~* as though (if); *det förefaller som ~ . .* äv. it seems that . . **3** medgivande, *även ~, ~ också* even though (if); *en ~ ock liten* förbättring some . . though slight **4** vid förslag, *~ vi skulle gå* på teatern? what about going . .? **5** frågande **a)** 'huruvida' whether, if; *han undrade ~* du var nöjd he wondered (asked) if . . **b)** i satsförk., hade du roligt? — *Om!* . . I should say [so]!, . . Rather!, F . . Not half!, . . You bet!; vill du följa med? —

Om! . . Wouldn't I just!, . . Rather!
II *s* if; *efter många ~ och men* after a lot of shilly-shallying
2 om A *prep* (jfr äv. resp. huvudord) **I** rum **1** 'omkring' **a)** eg. round, isht amer. around; ibl. about; ha en halsduk *~ halsen* . . round one's neck; *hon svepte sjalen tätt ~ sig* she wrapped her shawl tightly about her; *falla ngn ~ halsen* fall on a p.'s neck; *vika ~ hörnet* turn [round] the corner **b)** friare, *jag är kall ~ händerna* my hands are cold; *torka sig ~ munnen* wipe one's mouth; *låsa ~ sig (ngn)* lock oneself (a p.) in; han har *så mycket ~ sig* . . such a lot [of work] on his hands; *vara ~ sig [och kring sig]* look after (take care of) number one, be a pusher **2** om läge of; *norr ~* . . [to the] north of . .; *till höger ~* to the right of **3** i spec. uttr., *par ~ par* in couples, two by two; *~ varandra (vartannat)* indiscriminately, promiscuously, se äv. *huller om buller*
II tid **1** 'på', 'under', *~ dagen (dagarna)* in the daytime, by day, during the day; vad har du för dig *~ dagarna?* . . in the daytime?; två gånger *~ dagen* . . a day; *~ fredag* on (next) Friday; *~ fredagarna* on Fridays; *en vecka ~ fredag* on Friday week; det skall vara klart *till ~ fredag* . . by Friday; *~ julen (jularna)* at Christmas[-time]; *ha ledigt ~ lördagarna* have Saturdays off; stiga upp tidigt *~ morgnarna* . . in the morning; *~ natten (nätterna)* at (by) night; *som en tjuv ~ natten* like a thief in the night; *~ sommaren (somrarna)* in [the] summer[-time]; *förr ~ åren* in former years; *året ~* all the year round **2** inom, *~ ett år* in a year['s time]; *i dag ~ sex veckor* six weeks [from] today
III bildl. **1** vid subst. o. vb **a)** 'angående' o.d. about, of; *drömmen (förhoppningen, löftet, ryktet, uppgiften) ~* the dream (hope, promise, rumour, report) of; *historien ~* the story about (of); *fråga (skriva) ~ ngt* ask (write) about a th.; *fråga ngn ~ vägen* ask a p. the way; *boken handlar ~* the book is about (deals with); *höra talas (påminna ngn, underrätta ngn, övertyga ngn) ~* hear (remind a p., inform a p., convince a p.) of; *tala ~* talk (speak) about (of) **b)** 'över' (ämne o.d.) on; *en bok ~* a book on (about); *en debatt (diskussion, uppsats) ~ ekonomi* a debate (discussion, paper) on economics; *föreläsa ~* lecture on **c)** 'för att få' for; *en begäran ~* a request for; *be (slåss, spela, tävla) ~* ask (fight, play, compete) for; *slaget ~ Storbritannien* the Battle of Britain **d)** 'beträffande' as to; 'med avseende på' äv. regarding, as regards, respecting; *anvisningar ~ hur man skall* inf. directions as to how to inf.; *han sade ingenting ~ när* han skulle komma he said nothing as to when . . **2** vid adj., *angelägen ~ att* inf. anxious to inf.; *ha god (ont) ~* have plenty (be short) of; *medveten (rädd) ~* conscious (careful) of; *obekymrad ~* unconcerned about
IV övriga fall **1** om pris el. vikt o.d. 'på': en kontingent *~ 400 man* . . of 400 men; *ett brev ~ fem sidor* a five-page letter; *ett fat ~* 100 liter a barrel holding . . **2** sport. tennis, *~ trett.* thirty all
B *adv* el. beton. part. v. vb (se äv. under resp. verb) **1** 'omkring', *binda ~* paket o.d. tie up . . *binda ~ ett snöre om* ett paket tie a string round . .; en bok *med papper ~* . . wrapped in paper (with paper wrapped round it); *helt (höger) ~!* about (right) turn!; *runt ~* se *runtom; röra ~ i teet* stir one's tea; *se sig ~* look round; snöret *går inte ~* . . does (will) not go round; *vända ~* bladet turn [over] . .; *vända sig ~* turn round **2** 'tillbaka' *se sig (vända) ~* look (turn) back **3** 'förbi' *gå (springa, köra) ~ ngn* go (run, drive) past a p., overtake a p. **4** 'på nytt' **a)** *läsa ~* en bok re-read . .; *måla ~* en vägg repaint . . paint . . [over] again (afresh); *se ~* en film see . . again **b)** *många gånger ~* many times over; se äv. *[om] igen* **5** 'på annat sätt' *göra ~* re-make, re-do, make (do) . . again
omak *-et 0* besvär trouble, bother; olägenhet inconvenience; *göra sig ~et att* inf. take pains (the trouble) to inf.; *göra sig [stort] ~ med ngt* take (go to) [great] pains about (with) a th.
o|maka *oböjl. a* eg. odd . .; bildl., om t.ex. äkta par ill-matched, ill-assorted; *~ handskar* odd gloves; skorna *är ~* . . do not match **-manlig** *a* unmanly, förvekligad effeminate
om|arbeta *tr* se *arbeta [om]* **-arbetning** av bok o.d. revising, revision, alteration; av scenen, filmen adaptation, recast **-bedja** *tr han -bads att* inf. he was requested (asked, called upon) to inf. **-bestyra** *tr* o. **-besörja** *tr* se *bestyra [om]* o. *besörja [om]* **-bilda** omskapa transform, omorganisera reorganize, t.ex. företag till bolag convert, *till* i samtl. fall into; från grunden reconstruct; *~ regeringen* reconstruct the government **-bildning** transformation, reorganization, conversion; reconstruction; jfr föreg. **-bindning** av bok o.d. binding **-bonad** *a* om bostad o.d. [warm (nice and] cosy, snug; skyddad sheltered
ombord *adv* on board, aboard; *~ på* m/s . . on board the . .; *han är kapten ~ på* . . is captain of . .; *gå ~ på* en båt, ett flygplan go on board . ., board . .; *gå ~* go on board (aboard), embark, på flygplan äv. emplane **-läggning** collision **-varande** *a, alla ~* all those on board (aboard), all the passengers and crew
om|bryta *tr* se *bryta [om]; -brutet korre*

ur page-proof **-brytning** boktr. making up, nake-up
mbud representative, ställföreträdare deputy, id konferens o.d. delegate; affärs~ agent; *befullmäktigat* ~ proxy; *genom* ~ by proxy; *juridiskt* ~ solicitor **ombudsman** representant representative, hos organisation o.d. secretary; jur.: hos bank o.d. solicitor, hos bolag äv. company lawyer
om|bunden *a* **1** om bok rebound **2** *gå med huvudet -bundet* have (be wearing) a bandage round one's head; paketet borde vara *bättre -bundet* . . tied up better **-byggnad** rebuilding, reconstruction; huset *är under* ~ . . is being rebuilt **-byte** allm. change, omväxling äv. variety; utbyte exchange; *ett* ~ *underkläder* a change of underwear; *ett* ~ strumpor an extra pair of . . **-bytlig** *a* allm. changeable, om t.ex. väder äv. variable; om pers. äv. fickle, inconstant, volatile **-bytlighet** changeableness etc., variability; inconstancy, jfr föreg. **-dana** *tr* remodel, remould, reshape, transform, reformera reform **-daning** remodelling etc. end. sg., transformation etc. **-debatterad** *a* |much| debated (discussed), omstridd controversial **-dirigering** diversion **-diskuterad** *a* se *omdebatterad*
omdöme *-t -n* **1** omdömesförmåga judg|e|ment, urskillning discernment, discrimination; *ha* |*ett*| *gott* ~ have a sound judg|e|ment, be a good judge **2** åsikt, mening opinion, judg|e|ment, estimation; *avge ett* ~ *om ngn (ngt)* give one's opinion on a p. (a th.); *bilda sig ett* ~ *om* . . form an opinion of . ., size up . .
omdömes|förmåga judg|e|ment **-gill** *a* judicious, discerning **-lös** *a* om pers. . . lacking in judg|e|ment, undiscriminating, undiscerning, om handling o.d. injudicious **-löshet** lack of judg|e|ment, injudiciousness, jfr föreg.
omedelbar *a* direkt immediate, direct, ofördröjlig äv. prompt; naturlig natural, spontaneous; *i* ~ *närhet av* . . in close vicinity to . .
-medelbarhet immediateness etc., spontaneity; jfr föreg. **-medelbart** *adv* direkt immediately, directly, genast äv. at once, promptly; ~ *före* t.ex. valet äv. on the eve of . .
-medgörlig *a* oresonlig unreasonable, ej tillmötesgående unco-operative, ogin unaccommodating, disobliging, obeveklig unbending, unyielding, envis stubborn, motspänstig intractable **-medgörlighet** unreasonableness etc.; lack of co-operation; intractability; jfr föreg. **-medveten** *a* unconscious, *om* of; ovetande äv. unaware end. pred., *om* of; ofrivillig äv. instinctive **-medvetenhet** unconsciousness etc. jfr föreg.
omelett *-en -er* omelet|te|
omen *-et* - omen, augury
om|famna *tr* embrace, hug, clasp . . in one's arms; ~ *varandra* embrace |each other| **-famning** embrace, hug **-fartsväg** bypass |road| **-fatta** *tr* **1** innefatta, inbegripa comprise, embrace, include, comprehend, innehålla contain; sträcka sig över extend (range) over, täcka cover; *avhandlingen* ~*de 300 sidor* the thesis ran to 300 pages; undersökningar *som* ~*r hela landet* . . which cover the whole country, nation-wide . . **2** ansluta sig till, hylla, t.ex. en lära, nya idéer embrace, espouse **3** behandla, bemöta, ~ *ngt med intresse* take an interest in a th.; ~ *ngn med vänliga känslor* entertain kindly feelings towards a p. **-fattande** *a* vidsträckt extensive, om t.ex. kunskaper, befogenheter wide, innehållsrik comprehensive, utbredd widespread; vittgående: om t.ex. reform far-reaching, om t.ex. förändring sweeping; i stor skala large-scale . .; *ett* ~ betungande *program* äv. a heavy programme **-fattning 1** omfång extent, scope, utsträckning range, compass, storlek proportions pl., dimensions pl., size, skala scale; *av betydande* ~ of considerable proportions; *i full* ~ fully, completely, to the full extent; studera frågan *i hela dess* ~ . . in the whole of its compass, . . in all its bearings **2** mil. envelopment **-flytta** *tr* se *flytta* |*om*| **-flyttning** omplacering moving (shifting) about, rearrangement; inbördes transposition; matem. inversion **-forma** *tr* ombilda transform, reshape, *till* into; omgestalta remodel; elektr. convert **-formare** elektr. converter
omfång *-et 0* **1** eg.: storlek size, bulk, dimensions pl., omfattning extent, ytvidd area, volym volume, omkrets circumference, girth; rösts range, compass; *till* ~*et* in size (bulk, girth) **2** bildl.: räckvidd scope, range, extent, compass **omfångsrik** *a* allm. extensive, voluminous, bulky; om röst (attr.) . . of wide range
om|föderska woman having her second (etc.) baby **-fördela** *tr* redistribute
om|ge *tr* surround, enclose, encircle, encompass; förhandlingarna ~*s med stor sekretess* . . are surrounded by great secrecy **-gestalta** *tr* remould, refashion, reshape, transform **-gestaltning** remoulding etc., transformation **-gift** *a* remarried; *han är* ~ he has remarried, he has married again **-giva** *tr* se *omge* **-givning** t.ex. en stads surroundings pl., environs pl. (båda äv. ~*ar*); trakt neighbourhood, district; miljö environment; *hans närmaste* ~ those closest to him pl.; kungens |*närmaste*| ~ äv. . . |immediate| entourage fr.; han är en fara *för sin* ~ . . to those around him; *ingenting fick ändras i hans* ~ nothing was to be changed around him
om|gjorda *tr* gird |up|; ~ *sig (sina länder)* gird oneself (up one's loins) **-gruppera** *tr* regroup **-gruppering** regrouping **-gående**

I *a,* ~ *svar* reply by return |of post|, friare prompt (immediate) reply; *per* ~ by return |of post|, friare promptly, immediately, at once **II** *adv* by return osv. se *per* ~ under *I*
-gång ~*en* ~*ar* **1** konkr.: uppsättning, sats set; hop batch; *en* ~ *rekryter* a batch of recruits; *en* ~ *underkläder* a set (change) of underwear; *bjuda på en* ~ *öl* stand a round of beer; plagget skall sköljas *i tre* ~*ar kallt vatten* . . in three lots of cold water **2** abstr.: sport. o.d. round, kortsp. äv. rubber; skift, tur turn, spell, relay; gång time; F stryk beating, thrashing; *i* ~*ar* efter varandra by (in) turns, successively; servera middag *i tre* ~*ar* . . in three sittings **-gärda** *tr* eg. fence (close) . . in, enclose; bildl. surround, skydda safeguard **-hulda** *tr* t.ex. vetenskap o. konst foster; t.ex. teori cherish; pers. take good care of, make much of
omhänderta|ga| *tr* ta hand om take care (charge) of, look after; om polis take . . into custody
omhölje se *hölje*
omigen *adv* again, once more
omild *a* om behandling o.d. harsh, rough, ungentle, om klimat ungenial, om kritik severe; *vara* ~ *mot ngn* äv. be severe on a p.
omintet|göra *tr* planer, förhoppningar o.d. frustrate, thwart, planer äv. balk, foil; planerna *-gjordes* äv. . . were brought to nothing
ominös *a* ominous
o|misskänn|e|lig *a* unmistakable, uppenbar äv. obvious, pronounced **-misstänksam** *a* unsuspecting, unsuspicious, confiding **-misstänksamhet** unsuspiciousness **-mistlig** *a* oumbärlig indispensable; om rättighet o.d. inalienable; oskattbar priceless
om|kast 1 sport. re-throw **2** se *-kastning*
-kasta *tr* se *kasta |om|* **-kastare** elektr. change-over switch **-kastning** i väderlek, lynne o.d. sudden change; i ngns känslor revulsion; i politik, åsikter reversal, volte-face fr.; i vinden veer, shift; av ordningen inversion, av bokstäver o.d. transposition **-klä|da|** *tr* se *klä |om|* **-klädnad** o. **-klädning** change |of dress, of clothes|; av möbler re-covering **-klädningsrum** dressing-room, changing-room **-klädsel** se *-klädnad*
om|komma *itr* be killed (lost), die; ~ *av köld* be frozen to death, die from exposure; ~ *genom drunkning* be drowned; ~ *i lågorna* perish in the flames; ~ *vid* en bilolycka be killed in . .; *de -komna* the victims, those killed **-koppling** telef. reconnection; elektr. changing-over, switching **-kostnad,** ~*er* allm. cost|s pl.|; utgifter expense|s pl.|, expenditure sg.; *allmänna* ~*er* indirect (overhead) costs; *extra* ~*er* extras **-krets** ~*en 0* circumference, geom. äv. perimeter; 5 meter *i* ~ . . in circumference; *på (inom) en* ~ *av* 8 meter for . . |a|round, within a radius of . .

omkring I *prep* (jfr äv. *kring I 1*) **1** rum. 'kri round, about, isht amer. around; *runt* ~ around, round about; sitta ~ *bordet* . . rou the table; samlas ~ *elden* . . about the fi ha folk ~ *sig* . . around (about) one; *sväng* ~ sin axel revolve on . . **2** tid. han kommer *den första* . . |round| about the 1st; ~ *d första* är det alltid mycket att göra around the 1 . . **3** ungefär about, se vid. *ungefär*
II *adv* (se äv. beton. part. under resp. enkla vb) |a|round, hit och dit about; *gå* ~ *på gator* walk about the streets; *se sig* ~ lo |a|round; *se sig* ~ *i rummet* look |a|rou the room; *runt* ~ all |a|round, F all ov the place; *vida* ~ far around, far and wid *när allt kommer* ~ after all, in the end
omkull *adv* down, over, se äv. beton. part. un resp. enkla vb
om|kväde refrain, burden **-körning** -köran overtaking; *ej* ~ no overtaking (amer. pas ing); *han gjorde en snabb* ~ he overto rapidly **-laddning** reloading, elektr. rechar **-lasta** *tr* se *lasta |om|* **-lastning** på n reloading; till annat transportmedel trans-shi ment **-lindad** *a, med* ~ *hals* with one throat muffled up; *ha huvudet -lindat* ha a bandage round one's head; ~*e år* muffled oars; se äv. *linda |om|* **-ljud** språk mutation, umlaut ty.; *få* ~ be mutated **-lop** allm. circulation; astr. revolution; *sätta i* pengar put . . into circulation, rykten circula put about, blodet set . . circulating; en del rykt *är i* ~ *att* . . are going about (are circulatin |to the effect| that **-loppsbana** astr. o. om s tellit o.d. orbit **-loppshastighet** astr. orbit velocity; tekn. speed of rotation **-loppst 1** astr. o. om satellit o.d. period of revoluti **2** jordbr. o.d. rotation |period| **-lägga** *tr lägga |om|* **-läggning 1** omändring chang alteration, t.ex. av schema, arbetstid rearrang ment, t.ex. av produktion switch-over, chang -over; av trafik diversion; omorganisering reo ganization **2** av gata: reparation repaving, m omfattande reconstruction **3** av sår bandagin dressing **-möblering 1** omflyttning av möb rearrangement of furniture; byte av möbl refurnishing **2** inom regering o.d. reshuffl shake-up **-nejd** neighbourhood, surroun ings pl., surrounding country; Stockholm *m* ~ . . and environs
omnibus|s| *-en -ar* omnibus
om|nämna *tr* mention, *för ngn* to a p.; mak mention of, refer to; *inte med ett ord* ~ ä not breathe a word about **-nämnande** ~ ~*n* mention, *av* of; reference, *av* to; saken *värd ett* ~ . . worth mentioning
o|modern *a* ej längre på modet out-of-date (pred. out of date), unfashionable; gammalmod old-fashioned, outmoded; om lägenhet . without modern conveniences; *bli* ~ go o

f fashion, become old-fashioned, date **mogen** *a* allm. unripe, om frukt äv. green; ildl. immature, F half-baked **-mogenhet** nripeness; bildl. immaturity **-moral** im-norality **-moralisk** *a* immoral
n|organisation reorganization **-organi-era** *tr* reorganize
mornad *a* sleepy, drowsy, . . half asleep
motiverad *a* oberättigad unjustified, unwar-anted; opåkallad uncalled-for . . (pred. un-alled for), gratuitous, unprovoked; ogrundad nfounded; orimlig unreasonable **-motiverat** *dv* unjustifiably, unwarrantably; without eason (provocation), gratuitously; un-easonably; jfr föreg.
n|placera *tr* se *placera* |*om*| **-placering** v t.ex. möbler rearrangement; av tjänsteman o.d. ransfer |to another post|; av pengar rein-estment **-plantering** eg. o. bildl. transplant-ng, transplantation; eg. äv. replanting, av rukväxt repotting **-plåstra** *tr* se *plåstra* |*om*| **pröva** *tr* allm. reconsider; undersöka rein-estigate, re-examine, review äv. jur. **-pröv-ning** reconsideration, reappraisal; undersök-ning reinvestigation, review|al| äv. jur.; examen new (fresh) examination; *ta ngt under* ~ econsider a th. **-rama** *tr* mera eg. frame, riare put a frame|work| |a|round **-redige-ring** re-editing, omskrivning rewriting **-ringa** *r* surround, hem in, encircle **-ringning** urrounding etc., encirclement
mråde *-t -n* **1** eg. a) geogr. territory, mindre listrict, area, zone, trakt region b) inhägnat: llm. grounds pl., isht v. kyrka o.d. precincts pl.; *örbjudet* ~ prohibited zone **2** bildl.: gebit o.d. ield, sphere, domain, province, fack branch; *det är inte mitt* ~ that is outside my prov-nce (F not in my line); *på det ekonomiska* ~*t* in the economic field
m|räkna *tr,* ~*t i* svensk valuta converted nto . .; se f.ö. *räkna* |*om*| **-räkningskurs** ate of exchange **-rör|n|ing** kok. o.d. stirring; oka den *under* ~ . . stirring it |all the time|
-röstning vote, voting, parl. äv. (i Engl.) divi-sion; med röstsedlar ballot voting; *anställa* ~ *om* en fråga put . . to the vote; *skrida till* ~ ake a vote; *sluten* ~ |secret| ballot
ms *-en (-et) 0* se *omsättningsskatt*
msedd *a, få* skada o.d. ~ have . . attended o
msider *adv* småningom by degrees, till sist at ast; *sent* ~ at long last, at length
m|skaka *tr,* ~*s väl!* shake well before using!; se äv. *skaka* |*om*| **-skakad** *a* eg. shaken, starkare jolted; bildl. shocked, stag-gered, convulsed **-skapa** *tr* se *skapa* |*om*| o. *omdana* **-skola** *tr* retrain **-skolning** re-training **-skriva** *tr* geom. circumscribe, *kring* round; återge med andra ord paraphrase; *en mycket -skriven* händelse a much-discussed . ., a|n| . . about which a great deal has been (was etc.) written; se äv. *skriva* |*om*| **-skrivning** förnyad skrivning rewriting; återgi-vande med andra ord paraphrase, periphras|is (pl. -es); ~*en med 'do'* the 'do'-periphrasis; *en förskönande* ~ a euphemism; *långa* ~*ar* |long| circumlocutions **-skruten** *a* attr. much-vaunted, . . that is (was etc.) so boasted about **-skära** *tr* circumcise **-skärelse** ~*n* *0* circumcision
omslag 1 omhölje, för bok o.d. cover, löst |dust| jacket, wrapper, dustcover; för paket cover, isht post. wrapper; läk. compress **2** förändring, i väder o.d. change, i stämningen o.d. äv. reversal, reaction, i känslorna äv. revulsion, *i* i samtl. fall in, of; i utvecklingen o.d. turn of the tide
omslags|bild cover picture, front (back) cover **-flicka** cover girl **-papper** wrapping paper **-teckning** cover design
om|slingrad *a,* ~ *av* murgröna entwined with . .; de satt *tätt* ~*e* . . locked in an embrace **-sluta** *tr* gripa om clasp, omge surround, inne-sluta enclose, encircle **-slutning** H total assets pl., balance-sheet total
omsorg 1 omvårdnad care, *om* of, om pers. äv. for; ivrig solicitude, *om* for; bekymmer o.d. anxiety, *om* for; *dra* ~ *om ngn* provide (care) for a p.; *slösa sina* ~*er på ngn* lavish one's care and attention on a p.; *världsliga* ~*er* temporal anxieties **2** noggrannhet care|-fulness|, precision, exactness, omtanke atten-tion, samvetsgrannhet conscientiousness, över-driven meticulousness; besvär trouble, pains pl.; *lägga ned stor* ~ *på ngt* devote great care (pains) to a th.; *med* ~ with care, care-fully, meticulously, painstakingly **om-sorgsfull** *a* allm. careful, noggrann äv. pains-taking, precise, accurate; samvetsgrann scru-pulous, conscientious; grundlig thorough; i detalj utarbetad o.d. elaborate **omsorgsfull-het** carefulness etc., accuracy, jfr föreg.
om|spel sport. replay **-spinna** *tr* bildl. entan-gle, *med* in; surround, *med* with; om sägen o.d. be attached to **-spunnen** *a,* ~ *ledning* elektr. taped (braided) wire **-spänna** *tr* gå runt om encircle; bildl.: sträcka sig över cover, extend (stretch) over, span, omfatta embrace **-stridd** *a* disputed, . . in dispute; *en* ~ *fråga* äv. a controversial issue, a vexed question **-stuvning 1** sjö. restowing, re-stowage **2** bildl., av bok o.d. rearrangement, re-hash **-stående** *a, på* ~ *sida* a) av blankett o.d. on the back b) i bok overleaf; *å* ~ kartskiss on the . . overleaf **-ställbar** *a* adjustable **-ställning 1** ändring, omkoppling change|-over|, switch-over, av t.ex. drift äv. conversion; inställning (av instrument o.d.) adjustment **2** bildl., anpassning i ny miljö adaptation, adjustment
omständighet *-en -er* **1** allm. circumstance, faktiskt förhållande äv. fact; faktor factor; ~*er*

äv. state of affairs sg., conditions; *fallets närmare ~er* the details (particulars) of the case; *alltefter ~erna* according to the circumstances (the facts of the case); *bidragande ~* contributory factor; *de närmare ~erna* är inte kända the immediate circumstances (exact particulars) . .; *han befinner sig efter ~erna väl* he is well, considering [the circumstances]; *under dessa ~er* in (under) these circumstances, as matters [now] stand, this being so (the case); *under inga ~er* äv. on no account **2** särbet., *vara i ~er* gravid be in the family way; *vara i goda (dåliga) ~er* ekonomiska villkor be well (badly) off; *leva i små ~er* live in modest circumstances; *utan [vidare] ~er* invändningar without [further] ceremony

om|ständlig *a* utförlig circumstantial, detailed, långrandig long-winded, lengthy, vidlyftig prolix; om pers. (ceremoniell) ceremonious **-ständlighet** circumstantiality, long-windedness, lengthiness, prolixity; ceremoniousness; jfr föreg. **-ständligt** *adv* circumstantially etc., in detail

om|stöpa *tr* se *stöpa [om]* **-stöpning** recasting, remoulding, bildl. äv. reshaping, remodelling **-störta** *tr* bildl. overthrow, subvert, upset **-störtande** *a, ~ verksamhet* subversive activity **-störtning** overthrow, subversion, omvälvning äv. upheaval **-störtningsverksamhet** subversive activity **-svep** *pl* omskrivningar beating about the bush sg., circumlocution[s pl.], undanflykter evasions pl., shuffling sg.; *göra ~* beat about the bush; *efter många ~* after much beating about the bush; säga ngt *utan ~* . . straight out, . . in so many words **-svängning** plötslig förändring [sudden] change, turn [of the tide], i opinion, politik o.d. äv. swing, reversal, change-over, veer **-svärma** *tr* swarm [a]round; *~d av* beundrare surrounded by a crowd (swarm) of . . **-sägning** repetition

om|sätta *tr* **1** omvandla convert, transform, turn, *i* i samtl. fall into; *~ i handling* put into action; *~ i pengar* turn into cash; *~ i praktiken* put into practice, implement **2** H sälja sell, market; ha en omsättning av turn over; växel o.d. renew; *aktierna -sattes till* 250 kr the shares changed hands at . . **-sättning 1** omplantering replanting; boktr. resetting **2** H allm. business, trade; årlig affärs~, varu~ turnover, sales pl.; växels renewal; intäkter receipts pl., returns pl.; på arbetskraft turnover; *livlig ~* (på börsen) brisk sales (business) **-sättningsskatt** allmän varuskatt sales tax; på företags omsättning turnover tax **-sättningsväxel** renewal bill

om|tagning upprepning repetition; film. retake; mus. repeat **-tagningstecken** repeat mark **-tala** *tr* meddela report; omnämna mention; *höra ngt ~s* hear of a th.; *han ~s änn* som . . he is still spoken of . .; *den förut ~* processen the . . previously mentione *mycket ~d* much discussed (attr. äv. talke -of, pred. äv. talked of); *vara . ~d f* sin duglighet be renowned (famous) for . jfr äv. *tala [om]* **-tanke** omsorg care, o tänksamhet consideration, thought, concer *om* i samtl. fall for; thoughtfulness **-tryc** boktr. reprint **-tuggning** bildl. repetitio reiteration **-tumlad** *a* giddy, bewildere dizzy **-tvistad** *a* disputed, . . in disput *en ~ fråga* äv. a controversial (vexed) que tion, a moot point; . . *är ännu ~* äv. . . still a matter of dispute **-tyckt** *a* allm. pop lar, *av* with; eftersökt äv. . . much in deman på modet . . much in vogue (fashion); *vara ~ av ngn* äv. appeal to a p., be a favourite (favour) with a p.; *göra sig ~ av (blan* äv. endear oneself to; *illa ~* unpopula *vara [illa] ~* äv. be [dis]liked **-tänksam** full av omtanke considerate, *om (mot)* to wards]; thoughtful, *om (mot)* of; förtänksa foresighted, provident **-tänksamhet** co sideration, *om (mot)* for, consideratenes thoughtfulness; foresight, providence; föreg. **-töcknad** *a* bildl. dazed, groggy muzzy, av sprit o.d. äv. fuddled, muddle befogged; boxn. punch-drunk

o|musikalisk *a* unmusical **-mutlig** *a* ob sticklig incorruptible, unbribable; obevekl uncompromising, inflexible **-mutlighe** incorruptibility; uncompromising characte inflexibility

om|val 1 nytt val new (second) election återval re-election; *ställa upp för ~* seek re -election, i Engl. äv. stand again, i Amer. äv. ru again **-vandla** *tr* omdana transform, change omräkna convert, *till* i samtl. fall into **-vandlin** transformation, change; conversion **-vittn** *tr* testify to, vouch for, certify; *det är kän och ~t,* att it is a known and certified fac . . **-vårdnad** care; *ha ~ om* ngn (ngt) äv. b in charge of . . **-väg** detour, roundabou (circuitous) way (route); *ta (köra* osv.*) en ~* make a detour; *en lång ~* äv. a long wa round; *på ~ar* bildl. by roundabout method indirectly, in a roundabout way **-välja** *t* re-elect **-välvande** *a* om t.ex. plan revolu tionary **-välvning** revolution, upheava **-vänd** *a* **1** omkastad inverted, reverse[d] inverse äv. matem.; motsatt converse, opposit contrary; *han var som en ~ hand* he ha turned (changed) round completely; *i ~ ordning* in [the] reverse order, inversely relig. o. friare converted, *till* to; *en ~* subst. a convert **-vända** *tr* relig. convert, friare brin . . round, *till* to; *~ sig* relig. be converted friare come round **-vändelse** conversio **-vänt** *adv* inversely, å andra sidan on the othe

and; *och (eller)* ~ and (or) vice versa lat. **värdera** *tr* revalue, reassess **-värdering** evaluation, reassessment, bildl. äv. reappraisal **-värld,** *~en, ens* ~ the world around one], the surrounding world; jfr äv. *omgivning* **-värvd** *a,* ~ *av lågor (av rök)* enveloped by (in) flames (smoke)
om|växla *itr* alternate, *med* with **-växlande** *a* **1** om t.ex. natur, program varied, ej enformig . . full of variety **2** alternerande alternate, alternating **II** *adv* alternately, by turns **-växling** ombyte change, förändring variety, variation; växling alternation; *för ~s skull* for (by way of) a change, for the sake of variety; *som (till) ~ med* as a change from
myndig *a* **1** minderårig . . under age; *han är* ~ äv. he is a minor; *en* ~ a minor, an infant **2** *förklara ngn* ~ declare a p. incapable of managing his (resp. her) own affairs **-myndigförklarad** *a* incapacitated **-myndighet** minority, infancy; legal incapacity; jfr *omyndig* **-myndig|hets|förklaring** declaration of incapacity **-myntad** *a* uncoined, unminted **-målad** *a* unpainted **-måttlig** *a* isht i mat o. dryck immoderate, excessive, isht om dryckesvanor intemperate; överdriven exorbitant, inordinate; ofantlig tremendous, enormous, immense **-måttlighet** immoderation, immoderateness, excess, intemperance **-måttligt** *adv* immoderately etc., to excess; ofantligt tremendously etc., jfr *omåttlig*
om|ändra *tr* se *ändra* [*om*] **-ändring** allm. change, alteration, mera genomgripande conversion, transformation
o|mänsklig *a* allm. inhuman, grym äv. barbarous **-mänsklighet** *~en ~er* egenskap inhumanity, barbarity; handling act of inhumanity etc. **-mänskligt** *adv* inhumanly etc.; F olidligt insufferably, oerhört enormously **-märkbar** *a* o. **-märklig** *a* imperceptible, insensible, unnoticeable, osynlig indiscernible; *nästan* ~ hardly perceptible **-märkligt** *adv* imperceptibly etc., i smyg stealthily, furtively **-märkt** *a* utan märke unmarked; ~ *av* åren untouched by . . **-mätbar** *a* o. **-mätlig** *a* allm. immeasurable, gränslös äv. boundless, vast, immense **-mättad** *a* kem. unsaturated **-mättlig** *a* allm. insatiable, bildl. äv. insatiate, unappeasable **-möblerad** *a* unfurnished
o|möjlig *a* allm. impossible, ogörlig äv. unfeasible, impracticable, oduglig äv. hopeless, odräglig äv. intolerable; *han är* ~ *att övertyga* it is impossible to convince him, he is not to be convinced; *det var ~t att hejda henne* äv. there was no stopping her; *det är inte alls ~t* osannolikt *att* han . . äv. it is not at all unlikely that . .; *han brukar inte vara* ~ he is usually very reasonable; *ingenting är ~t för honom* nothing is impossible to him; *göra sig* ~ make oneself impossible, make a complete fool of oneself; *begära det ~a* ask for impossibilities, cry for the moon **-möjligen** *adv* se *omöjligt* **-möjliggöra** *tr* make (render) . . impossible; utesluta preclude **-möjlighet** *~en ~er* impossibility; impracticability end. sg. **-möjligt** *adv, jag kan ~ göra det* I cannot possibly do it
omönstrad *a* om tyg o.d. . . without a pattern, unpatterned
onanera *itr* masturbate **onani** -[*e*]*n 0* masturbation
o|naturlig *a* allm. unnatural, konstlad äv. artificial, affected, forcerad äv. forced; onormal abnormal **-naturligt** *adv* unnaturally osv.; F orimligt abnormally, outrageously
ond I *a* (jfr *värre, värst;* se äv. ex. under resp. subst.) **1** isht i moraliskt hänseende: allm. evil, elak äv. wicked, dålig äv. bad; ~ *ande* evil spirit; ~ *cirkel* vicious circle; ~ *dröm* bad dream; aldrig säga *ett ont ord till (om) ngn* . . a nasty word to (about) a p.; *av två ~a ting väljer man det minst ~a* of two evils choose the less
2 arg angry, amer. mad, *på* with, at, *över* about, at; annoyed, vexed, *på* with, *över* at; *bli* ~ get angry etc.
3 öm. om del av kroppen sore, bad
II mer el. mindre subst. **1** *den (hin) ~e* the Evil One
2 *det ~a* a) smärtorna the pain, the ache, sjukdomshärden the trouble, the complaint b) om last, omoral o.d. the evil; *ta det ~a med det goda* take the rough with the smooth
3 *ont* **a)** allm., *roten till allt ont* the root of all evil; *inget ont* nothing (no) evil; *ett nödvändigt ont* a necessary evil; *ont skall med ont fördrivas* like cures like; *intet ont anande* unsuspectingly; *det finns inget ont som inte har något gott med sig* it's an ill wind that blows nobody any good; *det är inget ont i det (honom)* there is no harm in that (him); *jag har inget ont gjort* I have done no (nothing) wrong; *vad har vi gjort honom för ont?* what harm have we done him?
b) plåga, värk pain, ache; *göra ont* hurt; *gör det ont i knät?* does your knee hurt?; *det gör mig ont om honom* I am sorry for him; *ha ont* be in pain, suffer; *jag har ont i fingret* my finger hurts; *ha ont i halsen* have a sore throat; *ha* [*mycket*] *ont i huvudet* have a [bad] headache; *ha ont i magen* have a pain in the stomach, have [a] stomach-ache
c) *ont om* knapphet på: *det är ont om* smör (i allmänhet) . . is scarce, there is a shortage of . ., (vid en måltid) there is not very much . .; *ha ont om* . . be short of . .; *ha ont om pengar* be hard up for money; *ha ont om plats* be cramped [for room]; *ha ont om tid*

be pressed for time; *det börjar bli ont om* smör . . is running short (low)

4 se *ondo*

ondgöra *rfl,* ~ *sig över ngt* take offence (be offended) at a th.; ~ *sig över att ngn gör ngt* take offence (etc.) at a p.'s doing a th.

ondo, *av* ~ of evil **ondsint** *a* illvillig malignant, argsint ill-tempered, elak ill-natured **ondska** *-n 0* orättfärdighet evil, syndighet wickedness; elakhet, illvilja malice, spite, malignancy; *tidens* ~ the evil (wickedness) of the times **ondskefull** *a* syndig wicked; elak, illvillig spiteful, malicious, malignant, malevolent

ondulera *tr* wave **ondulering** waving; *en* ~ äv. a wave

o|neklig *a* undeniable, obestridlig äv. incontestable, indisputable **-nekligen** *adv* undeniably etc. jfr föreg., certainly, doubtless

onera *pl* se *onus*

onjutbar *a* allm. unenjoyable, illasmakande äv. unpalatable; konserten *var* ~ it was impossible to enjoy . .

onk|el *-eln -lar* uncle

onomatopoetisk *a* onomatopoe[t]ic

o|normal *a* abnormal, inte fullt klok äv. (pred.) not quite right in the head; ovanlig exceptional **-noterad** *a* H unquoted

onsdag Wednesday; jfr *fredag* o. sms.

ont se *ond II 3*

onumrerad *a* unnumbered; ~*e platser* vanl. unreserved seats

onus *-et - (onera)* encumbrance, burden

o|nyanserad *a* eg. o. bildl. . . without nuances, eg. äv. . . without light and shade; bildl.: enformig uniform, unvaried, drab, monotonous, förenklad [over]simplified, 'enkelspårig', om synsätt o.d. superficial **-nyanserat** *adv, spela* ~ . . without nuances **-nykter** *a* se *berusad;* köra bil *i* ~*t tillstånd* . . when under the influence of drink (liquor) **-nykterhet** drunkenness; insobriety **-nyttig** *a* oduglig useless, pred. äv. of no use; föga givande unprofitable; gagnlös futile; ~*a ting* äv. futilities **-nyttighet** uselessness; futility

onyx *-en -ar* onyx

o|nåd ~*en 0* disfavour, disgrace; *falla (råka) i* ~ *hos ngn* fall (get) into disfavour (disgrace) with a p., fall (get) out of favour with a p. **-nådig** *a* mera eg. ungracious; ogynnsam unfavourable, unpropitious; *mot* i samtl. fall to[wards] **-nådigt** *adv* ungraciously etc.; *upptaga ngt* ~ take a th. amiss **-nämnbar** *a* unmentionable; *de* ~*a* skämts. (byxorna) the unmentionables **-nämnd** *a* unmentioned, unnamed **-nödan,** *i* ~ unnecessarily, without [due] cause; han gör inte något *i* ~ . . if he is not (unless he is) obliged [to] **-nödig** *a* allm. unnecessary, needless, obehövlig äv. unneeded, unneedful; opåkallad uncalled-for . ., pred. uncalled for; meningslös: om t.ex. grymhet, åverkan ofta wanton **-nödigtvis** *adv* se *i onödan*

o|ombedd *a* unasked, uninvited, av fri vi[lja] unsolicited; slå sig ned ~ vanl. . . without bein[g] asked **-omkullkastlig** *a* o. **-omkullrun[]k[e]lig** *a* ovedersäglig irrefutable, incontro[]vertible, incontestable; orubblig unshakab[le] **-omtvistad** *a* undisputed, unconteste[d] **-omtvistlig** *a* indisputable, incontestable

o|ordentlig *a* **1** om pers.: slarvig careless, vård[]lös, ovårdad slovenly, untidy **2** om sak: t.ex. o[] skick disorderly, ostädad untidy **-ordnad** mera eg. unarranged, i oordning disordere[d] disorderly, om hår dishevelled, om förhållande unsettled **-ordning** ~*en 0* allm. disorde[r] förvirring äv. confusion, oreda äv. disarra[y] muddle, mess; *i* ~ in disorder, in confusio[n] in a muddle, in a mess; *han har* ~ *bland sin[a] böcker* his books are in disorder; *råka i* ~ become disarranged (disorganized), be u[p]set, get out of order **-organiserad** *a* u[n]organized; ~ *arbetskraft* non-union labo[ur] **-organisk** *a* inorganic

opal *-en -er* opal **-skimrande** *a* opalesce[nt]

o|parig *a,* ~*a fenor* unpaired fins **-partis[k]** *a* allm. impartial, non-partisan; neutral neutra[l] fördomsfri unprejudiced, unbias[s]ed; oegenny[t]tig disinterested; självständig detached **-par[]tiskhet** impartiality, neutrality, disinte[r]estedness, detachment **-passande I** *a* all[m.] improper, unbecoming, otillbörlig äv. unseeml[y] indecorous; oanständig indecent; *det är* ~ ä[v.] it is bad form **II** *adv* improperly etc.; *uppför sig* ~ äv. misbehave **-passlig** *a* indispose[d] pred. äv. unwell **-passlighet** indispositio[n] **-patriotisk** *a* unpatriotic **-pedagogisk** unpedagogic[al]

opera *-n operor* opera; byggnad opera-hous[e] *gå på* ~*n* go to the opera **-besök** visit [to] the opera **-chef** opera director **-förestäl[l]ning** opera-performance **-salong** [oper[a]-house] auditorium **-scen** teater operat[ic] stage **-sångare** o. **-sångerska** oper[a]-singer

operation allm. operation, läk. äv. surgic[al] operation, *i* t.ex. magen on . .

operations|bas mil. o. friare operating bas[e] base of operation, mil. äv. headquarters sg. [o.] pl. **-bord** läk. operating-table **-duglig** *a* . . fit for operations **-kniv** operating kni[fe] **-mål** mil. objective, isht flyg. target **-områd[e]** mil. area (i krig theatre) of operations **-s[al]** operating-room, med plats för publik operatin[g]-theatre **-sköterska** operations nurse

operativ *a* läk. surgical, operative; mil. oper[a]tional

operatris o. **operatör** operator

operera I *itr* allm. operate; ~ *med* labore[ra] med operate with, arbeta med employ; ~ *p[å] egen hand* operate independently **II** *tr* lä[k.]

operate on, *för* for; *bli ~d för* . . äv. have (undergo) an operation for . .; ~ *bort* remove [. . by an operation]
operett *-en -er* klassisk operetta, light opera, nera modern musical comedy **-artad** *a* comic-opera . ., . . like a comic opera **-musik** operetta (etc. jfr *operett*) music **-sångare** o. **-sångerska** light-opera singer
opersonlig *a* impersonal
opiat *-et -* opiate
opie|droppar *pl* laudanum drops **-haltig** *a* opiated, attr. äv. . . containing opium **-håla** opium den **-rus** stupor induced by opium **-rökare** opium smoker
opinion [public] opinion; *den allmänna ~en* public opinion, the general feeling; *det finns en [utbredd] ~* som anser . . there is a [wide] body of opinion . .; *skapa (väcka) en ~ för* . . rouse public opinion in favour of . .
opinions|bildande *a* attr. . . that moulds (creates, forms) public opinion **-bildare** moulder (creator) of public opinion **-bildning** moulding (creation, formation) of public opinion **-möte** ung. public meeting **-storm** storm of opinion **-undersökning** [public] opinion poll **-yttring** expression of opinion
opi|um -[*um*]*et 0* opium; för sms. se *opie-*
o|placerad *a* isht sport. unplaced **-plockad** *a* eg. unpicked, om fågel unplucked; *ha en gås ~ med ngn* have a bone to pick with a p. **-polerad** *a* unpolished, bildl. äv. rough; unrefined **-politisk** *a* unpolitical, non-political; odiplomatisk impolitic
opossum *-en -ar* opossum äv. skinn
opp[e] *adv* se *upp[e]*
opponent allm. opponent **opponera I** *itr* vid disputation act as opponent (resp. opponents) **II** *rfl itr, ~ sig* object, raise objections, *mot* to; ~ [*sig*] *mot* äv. oppose; ~ *sig mot ngn* äv. stand up to a p.
opportun *a* opportune, lämplig äv. expedient, convenient, passande äv. appropriate **opportunism** opportunism, time-serving **opportunist** opportunist, time-server **opportunistisk** *a* opportunist **opportunitetsskäl**, *av ~* for reasons of expediency
opposition allm. opposition; *~en* parl. the Opposition; *i ~* in opposition; *träda i ~* go into opposition **oppositionell** *a* oppositional **oppositionslusta** argumentativeness, spirit of contradiction **oppositionsparti** opposition party
o|praktisk *a* allm. unpractical, impractical, tafatt äv. unhandy **-praktiskhet** unpracticalness etc. **-pressad** *a* unpressed, om byxor äv. baggy **-pris** excessive (exorbitant) price **-proportionerlig** *a* disproportionate **-proportionerligt** *adv* disproportionately; *vara ~ stor* (*liten* etc.) *i förhållande till* äv. be out of [all] proportion to **-prövad** *a* untried, friare o. bildl. untested, bildl. äv. inexperienced
optik *-en 0* optics **optiker** optician
optimal *a* optimum . ., optimal **optimism** optimism **optimist** optimist **optimistisk** *a* optimistic
option option **optionsrätt** right of option
optisk *a* optic[al]; ~ *affär* optician's shop; ~ *villa* optical illusion
opus *-et - (opera)* work, production, mus. äv. opus (pl. opera)
o|påkallad *a* uncalled-for . ., pred. uncalled for; omotiverad äv. gratuitous, obefogad äv. unwarranted, obehövlig äv. unnecessary **-pålitlig** *a* om pers. o. sak unreliable, untrustworthy, undependable, om sak äv. unsafe, om väder äv. unsettled, om t.ex. blick shifty **-pålitlighet** unreliability, untrustworthiness etc., jfr föreg. **-påräknad** *a* unexpected; unlooked-for . ., pred. unlooked for **-påtald** *a* oanmärkt unchallenged, unnoticed, ostraffad unpunished **-påtalt** *adv* **1** det får inte *ske ~* . . pass unnoticed (without a protest) **2** ostraffat with impunity **-påverkad** *a* uninfluenced, unaffected, unmoved, *av* i samtl. fall by
or *-et -* mite
orakad *a* unshaved, unshaven
orak|el *-let -el (-ler)* oracle; *-let i Delfi* the Delphic Oracle **orakelmässig** *a* oracular **orakelsvar** oracle
orange I *-n -r* orange äv. färg; jfr *blått* **II** *a* orange **-färg** orange **-färgad** *a* orange[-coloured] **-gul** *a* orange
orangeri orangery, mindre hothouse
orangutang orang-outang, orang-utan
Oranien Orange
oratori|um *-et -er* mus. oratorio (pl. -s)
ord *-et -* allm. word; ordstäv proverb, saying; bibelord text; löfte word, promise; *Guds ~* the Word of God, God's Word; han var *en ~ets man* . . a man who knew how to speak; *sätta munkavle på det fria ~et* gag (shackle) freedom of speech; *hårda ~* harsh words; *stora ~* big words; *tomma ~* empty (idle) words; *~et är fritt* vid möte the debate is opened, everyone is now free to speak; *det var ~ och inga visor* that was plain speaking (straight talking); . . *är inte rätta ~et* bildl. . . is not the word for it; *begära ~et* ask permission (request leave) to speak; *få ~et* be called upon to speak, parl. be given the floor; *få sista ~et* have the last word; *föra ~et* allm. do the talking, presidera preside, be in the chair; *ge ngn sitt ~ på ngt* give a p. one's word for a th.; *ge ngn ~et, lämna ~et åt ngn* call upon a p. to speak; *herr X. har ~et* talar Mr. X. is speaking, uppmaning av mötesordförande o.d. I [now] call on Mr. X. to speak (v. mötet etc. address the meeting etc.)!; *ha ~ om sig att* inf. have the reputation

of ing-form; *hålla* |*sitt*| ~ keep one's word, *till* to; keep faith, *till* with; han kan inte *ett* ~ *latin* . . a word of Latin; *lägga sina* ~ *väl* put things in a nice way; *lägga ett gott* ~ *för ngn* put in a good word for a p., *hos* with; *sätta* ~ *till en melodi* write the words for a tune; *tala (växla) ett par* ~ *med* . . have a word with . .; *innan jag visste* ~*et av* before I knew where I was, F before I could say Jack Robinson; *gå från* ~ *till handling* translate words into deeds; ~ *för* ~ word for word; *i* ~ *och bild* with text and illustrations; *i* ~ *och handling* in word and deed; *vara stor i* ~*en* talk big, swagger; *med andra* ~ in other words; *med egna* ~ in one's own words; *med ett* ~ in a (one) word; *ta ngn på* ~*en* take a p. at his (her etc.) word; *du kan tro mig på mitt* ~ you can take my word for it; *ta till* ~*a* begin to speak; *stå vid sitt* ~ keep one's promise (word), be as good as one's word

orda *itr,* ~ *om* talk about, discuss; ~ *vitt och brett om* talk at great length about, enlarge (expatiate) |up|on

orda|grann *a* literal, om översättning äv. word-for-word . .; om referat o.d. verbatim (lat.) . . **-grant** *adv* literally, word for word, verbatim lat. **-lag** *pl* words, terms; *i allmänna* ~ in general terms; *i högstämda* ~ in high-flown terms **-lydelse** wording, text; *det har följande* ~ it runs as follows

ord|bildning word-formation **-blind** *a* word-blind **-blindhet** word-blindness **-bok** dictionary **-boksförfattare** dictionary-maker **-byte** dispute, altercation

orden - *ordnar* samfund order; ordenstecken decoration, order

ordens|dräkt costume (dress) of an (resp. the) order **-förläning** bestowal of decorations **-prydd** *a* . . decorated with an order (m. flera ordnar |a string of| orders) **-regn** shower of decorations **-sällskap** order; fraternal order (society, association), fellowship **-väsen** system of orders

ordentlig *a* **1** mera eg.: ordningsam orderly, methodical, noggrann careful, accurate, *med* i båda fallen about, as to; punktlig exact; regelbunden regular; välartad well-behaved; anständig decent, nice; prydlig neat, proper tidy; välskött well-kept, well-managed; *föra ett* ~*t liv* lead a well-regulated (regular) life; ~*t uppförande* orderly behaviour **2** friare: riktig proper; rejäl real, regular, grundlig thorough, sound, good; jag har fått *en* ~ *förkylning* . . a terrible cold; *ett* ~*t kalas* a terrific party; *ett* ~*t kok stryk* a sound (good) beating; *ett* ~*t mål mat* a square meal; ligga *i en* ~ *säng* . . in a proper (real) bed; *en* ~ *överraskning* a big (real) surprise **ordentlighet** orderliness etc.; reda |good| order **ordentligt** *adv* in an orderly (osv.) manner, methodically etc., jfr *ordentlig; betala* ~ rejält pay very well (handsomely); ~ *klädd* neatly (decently) dressed; dörren var ~ *stängd* . . properly shut; *skämma ut sig* ~ make a proper fool of oneself; *tvätta dig* ~*!* wash |yourself| properly (carefully)!; det skall bli skönt att *tvätta sig* ~ . . have a |thorough| good wash; *uppföra sig (sitta)* ~ behave (sit) properly; *uppför dig* ~*!* behave yourself!; *bli* ~ *våt* get thoroughly wet

order *-n* - **1** befallning order, command, instruktion instruction, direction; *få* ~ |*om*| *att* inf. be ordered (instructed) to inf.; *ge* ~ *om ngt* order a th.; *ge* ~ *om att ngt skall göra* give orders for a th. to be done; *ha* ~ *att* inf. have (be under) orders to inf.; *handla enlig* ~ act by (according to) order; *lyda* ~ obey orders; *på* ~ *av* by order of **2** H order *få en* ~ *på en vara* obtain (get) an order for an article; *placera en* ~ *hos* place an order with; *betala till herr X. eller* ~ pay |to| Mr. X. or order; *utställa* en check *till ngns* ~ draw . . to the order of a p.

order|bok H order-book **-sedel** H order-sheet **-stock** H volume of orders; av icke u förda order backlog |of orders|

ord|fattig *a* attr. . . with a small vocabulary han *är* ~ . . has a small vocabulary **-fläta** se *korsord* **-flöde** flow (spate) of words **-följd,** *rak (omvänd)* ~ normal (inverted) word order; *omvänd* ~ äv. inversion **-förande** ~*n* ~ v. sammanträde chairman, kvinnlig chair-woman, *vid* at (of); i större sammanhang o. i förening, domstol o.d. president, *i* of; *sitta som* ~ *vid* ett möte be chairman (in the chair) at . ., preside at (over) . ., chair . . **-förandeklubba** chairman's gavel **-förandeskap** ~*et 0* chairmanship, presidency; *under* ~ *av* . . with . . in the chair **-förråd** vocabulary **-hållig** *a* attr. . . who is (was etc.) true to his (resp. her) word; *han är* ~ *(en* ~ *person)* äv. he is a man of his word **-hållighet** loyalty to one's word, good faith

ordinarie *oböjl. a* om tur o.d. regular; om tjänst permanent, om fast anställd äv. . . on the permanent staff, established; vanlig ordinary ~ *bolagsstämma* hålles . . the ordinary general meeting . .

ordinat|a *-an -or* ordinate

ordination läk. prescription; prästvigning ordination **ordinera** *tr* läk. prescribe; prästvig ordain; *han* ~*des fullständig vila* äv. he was ordered an entire rest

ordinär *a* vanlig ordinary, common, genomsnittlig average

ord|karg *a* fåordig taciturn, laconic, ordknapp (attr.) . . of few words, (pred.) sparing of words **-karghet** taciturnity **-klass** part of speech **-klyveri** hair-splitting (äv.: ~*er*) end. sg sophistry **-knapp** *a* se *ordkarg* **-lek** pun; play on words **-lista** glossary, vocabulary

rdna I *tr itr* **1** ställa . . i ordning arrange, amer. äv. fix, bringa ordning i äv. put . . in order, adjust, put . . straight, set (put) . . to rights, sina affärer settle; dokument o.d. file; sortera sort; systematisera classify; reglera regulate, t.ex. sitt liv order; i rad range; trupper, fakta o.d. marshal; städa tidy [up]; ~ böckerna *efter storleken* arrange . . according to size, put . . in order of size; ~ *håret* put one's hair straight, tidy (amer. fix) one's hair; ~ *slipsen (sin klädsel)* adjust one's tie (clothes) **2** ställa om, klara av arrange, isht amer. o. F fix [up]; reda upp, isht H settle, straighten out, put . . right; skaffa get, find; ta hand om see to; ~ [*med*] t.ex. tävlingar organize, t.ex. biljetter arrange, get; ~ [*med*] *ngt för (åt) ngn* arrange (provide) a th. for a p., provide a p. with a th.; ~ *arbete åt ngn* find a p. a job, fix a p. up with a job; ~ *saken* settle (fix) the matter; *det skall vi nog* ~ we shall see (attend) to (shall take care of) that, that will be all right; ~ [*det*] *så* att man kan . . arrange things (fix up matters) so . .; *han* ~*de så* att vi fick bra platser he saw to it . .; ~ *för* en tids vistelse make arrangements for . .; ~ *för ngn* t.ex. ngns framtid provide for a p., m. husrum o.d. get a p. fixed up; ~ *det* (saker o. ting) *bra* [*för sig*] manage it nicely; *han kan verkligen* ~ *det* [*bra*] *för sig!* he certainly knows how to look after himself!; ~ *det illa för sig* get oneself in a fix

II *rfl, det* ~*r sig nog!* that (it) will be all right [, don't you worry]!; *de* ~*de sig i grupper* they formed groups (grouped themselves)

III med beton. part. **1** ~ *in* se *inordna* **2** ~ *om* ändra arrange . . differently, rearrange; ombestyra arrange **3** ~ *till* t.ex. håret el. en liten fest arrange **4** ~ *upp* reda ut settle [up]; *det hela* ~*r nog upp sig så småningom* all this will come out all right in time

ordna|d *a* arranged etc., jfr *ordna I; -t arbete* regular (settled) work; en person *med* ~ *ekonomi* . . in a sound position financially; *skapa* ~*e förhållanden* create orderly conditions, återställa ordning create (restore) order

ordning 1 reda, bruk m. m. allm. order; ordentlighet, ~ o. reda orderliness; snygghet tidiness; metod method, plan; system system; föreskrift regulations, rules båda pl.; ~*ens väktare* the guardians (custodians) of law and order; [*den*] *allmänna* ~*en* law and order; här måste bli *en annan* ~ . . a new state of affairs (things); *upprätthålla (återställa)* ~*en* maintain (restore) order; *det var* [*god*] ~ *i* rummet . . was very tidy; *bringa* ~ *i* ngt put (set) . . to rights (in order); *hålla* ~ *i* byrålådorna keep . . in [good] order (. . tidy); *det är ingen* ~ *med (på) honom* han är opålitlig he is unreliable (slarvig careless); *jag får ingen* ~ *på det här* I can't get this straight (bildl. äv. make this out); *hålla* ~ *på* . . keep . . in order (under control); *enligt naturens* ~ eg. according to the laws of Nature; *för* ~*ens skull* to make sure, för formens skull as a matter of form; *betyg i* ~ mark for order; *i den* ~ *som föreskrives* in the manner prescribed; man lämnade salen *i god* ~ . . in good order; *i laga* ~ in due order; det är *helt i sin* ~ . . quite in order (quite all right), F . . OK; *i vanlig* ~ som vanligt as usual, i vederbörlig ~ in due course; *göra i* ~ ngt get . . ready (in order), prepare (isht amer. fix) . ., städa tidy (do) . .; *göra sig i* ~ get ready; vi har *kommit i* ~ *efter flyttningen* . . settled down after moving; *ställa i* ~ . . get (put) . . in order, put (set) . . to rights, jfr ovan *göra i* ~; *vara i* ~ färdig be ready; . . *hör till* ~*en för dagen* . . is an everyday occurrence, . . is the order of the day; *kalla ngn till* ~*en* call a p. to order; återgå *till* ~*en* . . to the normal state of things **2** följd order, sequence, succession; tur turn; mil. formering order; *i* ~ *efter storleken* in order of size; *gå i* ~ *med* frågorna take . . in turn (in order); *den andra i* ~*en* the second **3** biol., astr. o. arkit. order

ordnings|betyg order mark **-bot** böter för trafikförseelse: ung. on-the-spot fine [for a traffic offence] **-följd** order, sequence, succession; lapparna *ligger i* ~ . . are in the (their) right (in consecutive) order **-makt,** ~*en* vanl. the police pl. **-man** i skolklass monitor **-människa** methodical person **-polis,** ~*en* the police department in charge of law and order **-regler** *pl* se *-stadga* **-sinne** feeling for order **-stadga** allm. regulations pl.; skol. [school-]rules pl. **-tal** gram. ordinal [number] **-vakt** vid ölkafé o.d. door-keeper, på nöjesplats o.d. ung. patrolman

ordonnans *-en -er* mil. orderly

ord|rik *a* om språk . . rich in words; om person verbose, wordy; *ett* ~*t språk* äv. a language with a large vocabulary **-rikedom** largeness of vocabulary; verbosity, wordiness **-ryttare** quibbler **-rytteri** quibbling **-skatt** vocabulary **-språk** allm. proverb, ordstäv äv. saying, tänkespråk äv. adage; *bli* [*till*] *ett* ~ become (pass into) a proverb, become proverbial **-språksbok,** *Ordspråksboken* the Book of Proverbs **-strid** dispyt dispute **-stäv** ~*et* ~ [common] saying, old saw **-svall** spate (torrent) of words **-val** choice of words **-växling** dispute, altercation

o|reda oordning disorder, disarray, förvirring, oklarhet confusion, röra muddle, mess, jumble, shambles vanl. sg.; *ställa till* ~ *i ngt* throw a th. into disorder (confusion), make a muddle (mess) of a th. **-redig** *a* förvirrad confused, muddled, tilltrasslad entangled, osammanhängande incoherent; oordnad disorderly; ~ |*i huvudet*| muddle-headed **-redlig** *a* ohederlig dishonest, bedräglig fraudulent **-redlighet** *~en ~er* dishonesty, fraudulence, båda end. sg.; *en* ~ oredlig handling an act of dishonesty etc. **-reflekterad** *a* om t.ex. hat unreasoning, om t.ex. handling unreflecting, spontaneous **-regelbunden** *a* allm. irregular; avvikande från det normala anomalous; oberäknelig erratic; H unsettled, unstable **-regelbundenhet** *~en ~er* irregularity; anomaly; instability end. sg.; jfr föreg. **-regelbundet** *adv* irregularly etc. jfr *oregelbunden;* at irregular intervals **-regerlig** *a* ohanterlig unmanageable, ostyrig unruly, ungovernable, bråkig wild, disorderly, motspänstig intractable; *bli* ~ äv. get out of hand **-reglad** *a* unbolted **-reglerad** *a* unregulated, H unsettled

o|ren *a* eg. o. bildl. impure, unclean, smutsig äv. dirty, förorenad äv. polluted, contaminated, moral. äv. inchaste, relig. äv. unholy; mus. false, . . out of tune; ~ *ande (föda)* bibl. unclean spirit (food); ~ *färg* impure (muddy) colour; ~ *hy* muddy complexion **-rena I** *tr* contaminate, pollute, defile **II** *itr, förbjudet att här ~!* commit no nuisance!; hunden *~de på trottoaren* . . fouled the pavement **-renhet** impurity, uncleanness **-renlig** *a* uncleanly, dirty, filthy **-renlighet** *~en ~er* egenskap uncleanliness, smuts dirt, filth, samtl. end. sg.; *~er* i material o.d. impurities **-rensad** *a* om trädgårdsland unweeded, om bär o.d. unpicked, om fisk ungutted

orera *itr* speechify, spout

o|reserverad *a* allm. unreserved, om pers. äv. frank, om t.ex. beröm, stöd äv. unqualified **-resonlig** *a* omedgörlig unreasonable, pred. äv. unamenable to reason; envis stubborn, obstinate; *~t hat* unreasoning hatred **-resonlighet** unreasonableness etc., obstinacy

organ *-et* - **1** kropps- el. växtdel organ **2** friare: allm. organ, *för* of; inom t.ex. FN äv. agency; institution institution; myndighet authority, body; språkrör mouthpiece, tidning newspaper; redskap instrument; *kommunalt* ~ municipal body **3** röst organ, voice

organdi -|*e*|*n 0* tyg organdie

organisation allm. organization, förening äv. association **organisationsförmåga** organizing ability **organisatorisk** *a* om t.ex. förmåga organizing; om t.ex. skäl organizational **organisatör** organizer **organisera** *tr* organize, ordna, inrätta äv. arrange, fest o.d. äv. get up; ~ *sig* fackligt organize, bilda fackförening|ar| äv. form (ansluta sig till join) a union (resp. unions)

organisk *a* organic **organiskt** *adv* organically **organism** *-en -er* organism, någons hela ~ äv. system

organist organist, organ-player

orgasm *-en -er* orgasm

orgel *-n orglar* organ **-andakt** sacred organ recital **-läktare** organ-loft **-pipa** organ pipe **-register** organ stop **-solo** voluntary **-trampare** organ-blower

orgiastisk *a* orgiastic **orgie** *-n -r* eg. o. bildl. orgy; *en ~ i färg|er|* a riot (riotous display) of colour|s|; hatet *firade ~r* . . was rampant; *fira ~r i ngt* indulge in an orgy of a th.

oriental *-en -er* Oriental **orientalisk** *a* oriental **Orienten** the Orient, the East

orientera I *tr* orient|ate|; informera inform i korthet brief **II** *rfl* eg. o. bildl. orientate (orient) oneself; eg. take one's bearings, *efter* kartan by (from) . .; polit. gravitate, *mot* to|wards|; ~ *sig i* ett ämne familiarize (orientate) oneself with . . **III** *itr* sport. practise orienteering

orienterad *a* **1** eg., *jag är dåligt* ~ här trakten I don't know my way about . . **2** bildl. orient|at|ed; ~ *i* ett ämne informed about . . familiar with . .; *han är socialistiskt* ~ he has a Socialist outlook, he has Socialist leanings **orienterande** *a* introductory informatory **orienterare** *-n* - sport. orienteerer **orientering** geogr. o. bildl. orientation sport. orienteering; information information kort genomgång briefing; införande introduction översikt survey; inriktning: om sak trend, om pers. leaning|s pl.|; *tappa ~en* äv. bildl. lose one's bearings **orienteringsförmåga** sense of locality **orienteringsämne** general subject

original *-et* - **1** sak original; maskinskrivet huvudexemplar top copy; *i* ~ in the original **2** person eccentric, original, F character *han är ett stort* ~ he is quite a (a real) character **originalexemplar** se *original* **originalförpackning** original package **originalitet** originality, eccentricity **originalitetsjäkt** mania for originality **originalspråk** original |language|; *på ~et* in the original **originaltappning,** *visky i* ~ whisky bottled by the distillery **originalupplaga** first (original) edition **originell** *a* ursprunglig, självständig original; säregen eccentric, queer, odd; ovanlig (pred.) out of the ordinary

o|riktig *a* allm. incorrect, felaktig äv. erroneous mistaken, inexact, inaccurate, osann äv. false misleading; orätt, 'galen' wrong; *ett ~t uttal av ett ord* äv. a mispronunciation of a word **-riktighet** *~en ~er* det oriktiga incorrectness etc., inaccuracy; jfr äv. *felaktighet* **-riktigt** *adv* incorrectly etc. jfr *oriktig;* wrongly isht före perf. ptc. wrongly; in the (a) wrong way; *uttala* ett ord ~ äv. mispronounce . .

o|rimlig *a* förnuftsvidrig absurd, preposterous motsägande incongruous; oskälig unreasonable exorbitant; *en ~ massa människor* an incredible crowd; *begära det ~a* ask for the impossible, make unreasonable demands **-rimlighet** *~en ~er* det orimliga absurdity, preposterousness etc. jfr föreg.; exorbitance; *en ~* an absurdity (incongruity) **-rimligt** *adv* absurdly etc. jfr *orimlig; ett ~ högt pris* an exorbitant price **-rimmad** *a* unrhymed; *~ vers* äv. blank verse

ork *-en 0* kraft energy, vigour, styrka strength, uthållighet stamina **orka** *tr itr,* jag, du etc. *~r (~de)* inf. vanl. . . can (could) inf., jfr dock ex. nedan; *han ~r* arbeta ganska mycket äv. he is able to inf. . ., he is capable of ing-form . .; *nu ~r jag inte* |*hålla på*| *längre* I cannot go on any longer, I am too tired to go on; *jag ~r inte mer* t.ex. mat I cannot manage any more, I have had enough, I simply couldn't; *springa så mycket (allt vad) man ~r* äv. run for all one is worth; *äta så mycket man ~r* äv. eat one's fill; *att du bara ~r!* how can you manage?; *han ~de inte fram* he could not manage (make) it; *~ igenom* bok o.d. manage to get through; *om jag ~r* |*med det*| skall jag . . a) (har krafter nog) if I have strength enough for it . . b) (har ork) if I can manage (am up to, have energy enough for) it . .; det är mer än jag *~r med* (uthärdar) . . can stand; *jag ~r inte med* barnen . . are too much for me; *han ~r inte med* skolarbetet he cannot cope with . .; *jag ~r inte med* soppan I cannot manage . .; *jag ~r inte med* väskan . . is too heavy for me, I cannot manage to carry . .; jfr äv. *gitta*

orkan hurricane **-artad** *a* hurricane-like, . . like a hurricane; *-artat bifall* hurricane (storm) of applause

orkeslös *a* feeble, ålderdomssvag äv. infirm, decrepit **-het** feebleness, infirmity, decrepitude

orkest|er *-ern -rar* orchestra, mindre äv. band **orkesterackompanjemang** orchestral accompaniment **orkesterdike** orchestra pit **orkesterdirigent** |orchestral| conductor **orkestermusik** orchestral music **orkesterstycke** orchestral number (item) **orkestrera** *tr* orchestrate, score **orkestrering** orchestration, scoring

orkidé *-n -er* orchid

Orkneyöarna *pl* the Orkney Islands, the Orkneys

orm *-en -ar* snake, bibl. o. bildl. äv. serpent **orma** *rfl* wind, om flod äv. meander

orm|bett snake bite **-biten** *a* snake-bitten **-bo** snake's (bildl. serpent's) nest **-bunke** fern **-gift** snake venom **-grop** snake pit **-lik** *a* snake-like, snaky **-människa** contortionist **-skinn** snakeskin **-skinn|s|-sko** snakeskin shoe **-slå** *~n ~r* blind-worm, slow-worm **-tjusare** snake-charmer **-vråk** buzzard

ornament *-et -* ornament, decoration **ornamental** *a* ornamental, decorative **ornamentera** *tr* ornament, decorate **ornamentik** *-en 0* ornamentation, decoration|s pl.|

ornat, *i full ~* wearing ceremonial robes (kyrkl. äv. one's vestments), om präst äv. in full canonicals (om biskop pontificals) **ornera** *tr* se *ornamentera*

ornitolog ornithologist

oro *-n* **1** pl. *0* ängslan anxiety *(för* el. *över* ngn, ngt about), uneasiness (*för, över* ngt about), stark. alarm (*över* ngt at); bekymmer concern (*för ngn* about a p., *för* el. *över ngt* for el. about a th.), worry (*för ngn* about a p., *för* el. *över ngt* about el. over a th.), trouble; farhåga apprehension, *för* for (about); motsats t. lugn disquiet|ude|, rastlöshet restlessness, nervositet nervousness, upprördhet discomposure, upphetsning excitement, agitation; isht politisk o. social unrest; uppståndelse i församling o.d. commotion; *nervös ~* nervous excitement, flutter; *känna ~* |*i kroppen*| feel restless |all over|; *gå i ständig ~* be in constant anxiety, be constantly uneasy **2** pl. *-r (-ar)* i ur balance-wheel **oroa I** *tr* göra ängslig make . . anxious (uneasy), disquiet, stark. alarm; bekymra worry, trouble; störa disturb, bother; uppröra agitate; mil. fienden harass; *det är ~nde att* man . . it is disquieting that . .; *~nde nyheter* alarming news **II** *rfl, ~ sig för* ngn be (feel) anxious about . ., worry |oneself| (be troubled) about . .; *~ sig för (över)* ngt be (feel) anxious (uneasy, troubled) about . ., worry (trouble) about (over) . ., fret about . ., be alarmed at . . **oroas** *itr. dep* se *oroa II* **orolig** *a* ängslig anxious, uneasy, disquieted, stark. alarmed; bekymrad concerned, worried, troubled (för konstr. jfr *oro 1*); upprörd excited, agitated, *för (över)* ngt about . .; rädd apprehensive, *för ngns skull* for a p., *för* ngt of . .; om förhållanden troubled, disturbed, unsettled, unquiet; rastlös, bråkig restless, fidgety; stormig turbulent; *ett ~t mönster* a restless pattern; patienten hade *en ~ natt* . . a bad night; *~a tider* unsettled (troubled) times; havet var *~t* . . rough; *var inte ~ för det!* äv. never fear!, don't worry!

orolighet *-en -er* egenskap se *oro 1; ~er* politiska o. sociala disturbances, riots, troubles, violence sg.; *~er utbröt* there was an outbreak of violence (disturbances) **oroselement** pers. trouble-maker, mischief-maker, polit. agitator; källa t. oro source of unrest **oroshärd** trouble spot **oro|s|stiftare** se *oroselement* **orostecken** disquieting sign **oroväckande** *a* alarming, disquieting; *på ett ~ sätt, i ~ grad* alarmingly

orr|e *-en -ar* **1** zool. black grouse (pl. lika) **2** örfil box (clip) on the ear, cuff **-höna** greyhen **-spel** tupps: läten blackcock's calls pl. (parningslek courting) **-tupp** blackcock

orsak *-en -er* cause, grund äv. ground|s pl.|, skäl äv. reason, anledning äv. occasion, *till* i samtl. fall for (jfr dock ex.), |*till*| *att* inf. to inf. el. for ing-form; ~ *och verkan* cause and effect; *ingen* ~*!* not at all!, don't mention it!, it is quite all right!, amer. you're welcome; *han var* ~ *till* olyckan he was the cause of . .; ~*en till att han gjorde det* the reason why he did it; *av denna* ~ for that reason, on that account; *utan* |*minsta*| ~ without any cause (reason) |whatever| **orsaka** *tr* cause, occasion **orsakssammanhang** causal connection (relation), causality

ort *-en -er* **1** plats place, |mindre| samhälle äv. village; trakt locality, district, neighbourhood; ~*ens* myndigheter äv. the local . .; *på* ~ *och ställe* on the spot; *på högre* ~ in high quarters; *på högsta* ~ in the highest quarters, at the highest level; *på utrikes* ~ abroad **2** gruv. drift, gallery **-namn** place-name

orto|dox *a* orthodox **-doxi** ~|*e*|*n 0* orthodoxy **-grafi** orthography **-grafisk** *a* orthographic|al| **-ped** ~*en* ~*er* orthopaedist **-pedisk** *a* orthopaedic

orts|avdrag ung. general tax-allowance **-befolkning** local population (inhabitants pl.) **-bo** local resident; ~*r* äv. local people **-grupp** ung. cost-of-living index region **-tidning** local |news|paper

o|rubbad *a* eg. unmoved; oförändrad unaltered, unchanged; ostörd undisturbed; oberörd unperturbed; om t.ex. förtroende unshaken; se äv. *bo II 2* ex. **-rubblig** *a* allm. immovable, unshak|e|able; om lugn o.d. imperturbable; om beslut o.d. unyielding, unflinching; om tro o.d. unwavering; fast firm, steadfast; oböjlig inflexible **-rubblighet** immovability, unshak|e|ableness, imperturbability, unyieldingness, firmness, steadfastness, inflexibility, jfr föreg. **-rutinerad** *a* inexperienced, unpractised **-rygglig** *a* oåterkallelig irrevocable; oföränderlig unalterable; obeveklig inexorable; se i övrigt *orubblig*

oråd *-et 0, ta sig det* ~*et före att* inf. foolishly take it into one's head to inf.

o|rädd *a* fearless, pred. äv. unafraid, oförskräckt äv. intrepid, undaunted, daring **-räddhet** fearlessness, intrepidity, undauntedness, daring **-räknad** *a* uncounted, ej inberäknad äv. . . not included **-räknelig** *a* innumerable, countless, numberless, otalig äv. uncountable, uncounted, untold, F no end of . .

orätt I *a* felaktig wrong, incorrect; förkastlig, orättvis unjust, unfair, *mot* to; *falla i* ~*a händer* fall into |the| wrong hands; *inse det* ~*a i* en handling see the wrongfulness (resp. unjustness, unfairness) of . . **II** *adv* wrong, isht före perf. ptc. wrongly; incorrectly etc.; ~ *fånget, lätt förgånget* ill-gotten gains seldom prosper; *handla* ~ do wrong **III** *s* oförrätt wrong, orättvisa äv. injustice, unfairness; *göra* ~ do wrong; *göra ngn* ~ wrong a p., do an injustice to a p.; *ha* ~ be |in the| wrong; *med* ~ unjustly, unfairly **-fången** *a* ill-gotten, unlawfully acquired **-färdig** *a* unjust, unrighteous, iniquitous **-färdighet** ~*en* ~*er* egenskap unrighteousness; handling injustice, iniquity **-mätig** *a* wrongful, olaglig äv. unlawful, illegitimate **-rådig** *a* unrighteous, iniquitous **-rådighet** unrighteousness, iniquity **-vis** *a* unjust, unfair, *mot* to om sak äv. inequitable **-visa** ~*n -visor* unfairness end. sg., injustice, inequity, oförrätt wrong; *en skriande* ~ a glaring |piece of| injustice

o|rörd *a* ej vidrörd untouched, unmolested; ej bortflyttad un|re|moved; obruten, hel intact; jungfrulig virgin . .; ett stycke ~ *natur* . . of unspoiled countryside; maten *stod* ~ . . had been left untouched (untasted); sängen *stod* ~ . . had not been slept in **-rörlig** *a* immobile, utan att röra sig äv. motionless, omöjlig att röra äv. immovable; trög, långsam sluggish, inactive; fast, om t.ex. maskin|del| stationary **-rörlighet** immobility, motionlessness, immovability; sluggishness, inactivity

os *-et 0* lukt |unpleasant| smell (odour), kol~ bensin~ o.d. fumes pl., fränt äv. reek **osa** *tr itr* om lampa o.d. smoke, ryka, stinka reek; *det* ~*r* there is a smell of smoke; *det* ~*r bränt* there is a smell of |something| burning

o|sagd *a* unsaid, unspoken; *det låter jag vara -sagt* I would not like to say **-sakkunnig** *a* non-professional, non-expert **-saklig** *a* om t.ex. argument (attr.) . . that is (was etc.) not to the point, irrelevant äv. pred.; *han är så* ~ he is not objective (does not stick to facts) **-salig** *a* unblessed; *som en* ~ *ande* like a lost soul **-salighet** unblessedness **-saltad** *a* unsalted **-sammanhängande** *a* om tal, tankar o.d. incoherent, disconnected, rambling; utan samband unconnected **-sams** *a, bli* ~ quarrel, fall out; *vara* ~ have quarrelled (fallen out), be at loggerheads **-sann** *a* untrue, false **-sannfärdig** *a* untruthful, false **-sanning** untruth, lögn äv. lie, falsehood; *tala (fara med)* ~ tell lies (resp. a lie) **-sannolik** *a* unlikely, improbable; *det är* ~*t, att han har* gjort det he is unlikely to have . . **-sannolikhet** unlikelihood, improbability

oscillera *itr* oscillate

o|sed förkastligt bruk bad (objectionable) practice (custom), olat bad habit; han har *den* ~*en att* inf. . . the bad habit of ing-form **-sedd** *a* unseen; köpa ngt *osett* . . that one has not seen (without having seen it) **-sedig** *a* om häst vicious **-sedlig** *a* omoralisk immoral, oanständig indecent, stark. obscene **-sedlighet**

immorality, loose morals pl.; indecency, obscenity **-sedvanlig** *a* unusual, uncommon, exceptional, extraordinary **-siktad** *a, -siktat mjöl* whole meal

o|självisk *a* unselfish, selfless, oegennyttig äv. disinterested **-själviskhet** unselfishness etc. **-självständig** *a* om pers. (attr.) . . who lacks etc. independence, . . who is dependent on others; om arbete unoriginal **-självständighet** lack of independence, dependence on others; lack of originality **-skad[a]d** *a* unhurt, unharmed, uninjured, om pers. äv. unscathed, om sak äv. undamaged, intact; *i oskadat skick* safe[ly], in good (sound) condition; *han återvände* ~ från . . he returned safe and sound . . **-skadlig** *a* harmless, innocuous **-skadliggöra** *tr* sak render . . harmless (innocuous), mina disarm, fiende, kanon o.d. put . . out of action, gift neutralize; förbrytare o.d. put . . into safe custody **-skalad** *a* unpeeled; ~ *potatis* (koll.) äv. potatoes in their skins **-skattbar** *a* priceless, inestimable, invaluable

o|skick ~*et* ~ olat bad habit, osed bad practice; missbruk abuse, ofog nuisance, dåligt uppförande misbehaviour, bad behaviour (manners pl.) **-skicklig** *a* eg. unskilful; tafatt awkward; oduglig incompetent; ohyfsad unmannerly, opassande improper **-skicklighet** unskilfulness etc.; incompetence **-skiftad** *a* jur. om bo o.d. undivided **-skiljaktig** *a* inseparable; om följeslagare constant; ~*a vänner* äv. bosom friends **-skiljbar** *a* inseparable **-skodd** *a* unshod **-skolad** *a* oövad untrained, unschooled, okunnig untutored **-skriven** *a* unwritten; se äv. *blad 2* ex. **-skrymtad** *a* oförställd unfeigned, undissembled, uppriktig äv. sincere, genuine

o|skuld ~*en* **1** pl. *0* allm. innocence, skuldlöshet äv. guiltlessness, blamelessness, kyskhet chastity, virginity, renhet purity; *i all* ~ in perfect innocence **2** pl. ~*er* jungfru virgin; oskuldsfull person innocent, om flicka äv. ingénue fr.; *en* ~ *från landet* vanl. a country cousin **-skuldsfull** *a* innocent, guileless

o|skummad *a* unskimmed; ~ *mjölk* äv. whole milk **-skuren** *a* uncut, om säd äv. standing **-skyddad** *a* allm. unprotected, för t.ex. väder o. vind unsheltered; jfr vid. *skydda* **-skyldig** *a* allm. innocent, icke skyldig äv. guiltless, pred. äv. not guilty, *till* i samtl. fall of; oförarglig inoffensive, oskadlig harmless; ren pure **-skyldigt** *adv* innocently etc.; ~ *dömd* wrongfully convicted

o|skälig *a* **1** om djur dumb, irrational **2** obillig unreasonable, undue, om pris o.d. excessive, exorbitant, extortionate **-skäligt** *adv* unreasonably etc.; *ett* ~ *högt* pris, *en* ~ *lång* tid äv. an unconscionable . . **-skära** *tr* besudla pollute; vanhelga profane, desecrate **-skön** *a* unsightly, unlovely, klumpig ungainly; ful ugly äv. om ljud **-slagbar** *a* sport. om pers. undefeatable, unbeatable äv. om rekord **-slipad** *a* om ädelsten o. glas uncut; om ädelsten äv. samt bildl. unpolished; om verktyg unground, om kniv dull; *en* ~ *diamant* äv. a rough diamond **-slitlig** *a* se *outslitlig* **-släcklig** *a* inextinguishable, unquenchable **-släckt** *a* unextinguished, unquenched; ~ *kalk* quicklime, unslaked lime **-smak** **1** dålig smak, äv. bildl. bad taste **2** *ha* ~ otur F be unlucky, have no luck **-smaklig** *a* eg. unappetizing, unsavoury äv. bildl., bildl. äv. distasteful, stark. disgusting, sickening **-smaklighet** ~*en* ~*er* egenskap unsavouriness; yttrande o.d. unsavoury (etc. jfr *osmaklig*) remark (comment etc.)

osmansk *a* Ottoman, ibl. Osmanli

o|smidig *a* eg. o. bildl.: klumpig clumsy, stel stiff, oelastisk inelastic; bildl. rigid, om pers. äv. unadaptable **-smidighet** clumsiness, stiffness, inelasticity, rigidity, lack of adaptability **-sminkad** *a* eg. unpainted; om sanning naked, plain, unvarnished, om språk unembellished **-smyckad** *a* unadorned, plain **-smält** *a* om snö, is unmelted, om metall unsmelted; om föda o. bildl. undigested **-smältbar** *a* indigestible; tekn. infusible

o|snuten *a* eg. snotty; ohyfsad unlicked, näsvis saucy **-snygg** *a* ovårdad untidy, smutsig dirty, sjaskig (om pers.) slovenly, (om sak) shabby; gemen mean **-snygghet** untidiness etc.; squalor **-sockrad** *a* unsweetened **-solidarisk** *a* disloyal **-sorterad** *a* unsorted, unassorted **-spard** *a, ha all möda* ~, *"inte lämna någon möda* ~*"* spare no efforts (pains) **-sportslig** *a* unsporting, unsportsmanlike **-sportsligt** *adv* unsportingly, in an unsportsmanlike (unsporting) manner

oss *pron* se *vi*

1 ost *-en 0* o. *adv* sjö. east (förk. E.); jfr äv. *nord* o. *norr* m. ex. o. sms. samt *öster*

2 ost *-en -ar* cheese; *lycklig (lyckans)* ~ bildl. lucky thing (dog, beggar, fellow); *ge ngn betalt för gammal* ~ get even with a p., get one's own back on a p.

ostadig *a* osäker unsteady, unstable, rankig rickety, wobbly; ombytlig changeable, inconstant, unstable; H fluctuating, unsettled; *en* ~ *blick* a shifty eye; ~*t väder* changeable (unsettled, variable) weather **-het** unsteadiness, instability, ricketiness, changeability, inconstancy; fluctuation[s pl.]; jfr föreg.

ostaffär cheese shop, cheesemonger's [shop]

ost|afrikansk *a* o. andra sms. jfr *nord-* **ostan** *-0 r* o. **ostanvind** east wind, easterly wind

ost|bit piece (större chunk, kilformig wedge) of cheese **-bricka** cheese board

ostentativ *a* ostentatious

ost|handel butik se *-affär* **-handlare** cheesemonger **-hyvel** cheese slicer

Ostindien the East Indies pl. **ostindisk** *a* East Indian; *~t porslin* old Chinese porcelain

ost|kaka curd cake **-kant** cheese rind **-kniv** cheese knife **-kupa** cheese-dish cover

ostlig *a* easterly; east; eastern; jfr *nordlig*

o|straffad *a* unpunished; [*en*] *tidigare ~* [*person*] a person without previous convictions, förstagångsförbrytare a first offender **-straffat** *adv* with impunity **-stridig** *a* se *obestridlig*

ostron *-et -* oyster **-bank** oyster-bank, oyster-bed **-odling** abstr. oyster-farming; konkr. oyster-farm

ostruken *a* **1** om tyg unironed **2** *ostrukna a* mus. A in the small octave **3** rågad heaped

ost|skiva slice of cheese **-smörgås** ung. cheese sandwich **-stång** kok. cheese straw (finger)

o|styrig *a* unruly, unmanageable; om t.ex. följunge wild; *vara ~* äv. be out of hand **-städad** *a* om rum untidy; bildl. ill-mannered; rummet *är ostädat* äv. . . has not been tidied [up] **-stämd** *a* mus. untuned, pred. äv. out of tune **-stämplad** *a* unstamped, om frimärke uncancelled **-störd** *a* undisturbed, untroubled, om lugn äv. unruffled; oavbruten unbroken, uninterrupted; *jag vill vara ~* I don't want to be disturbed **-stördhet** undisturbedness **-stört** *adv* undisturbedly; tala *~* . . without being disturbed **-sund** *a* allm. (eg. o. bildl.) unhealthy, om klimat äv. insalubrious, om föda unwholesome, ohygienisk insanitary, om hy sickly, om luft foul, noxious; bildl.: t.ex. om inflytande unwholesome, t.ex. om principer unsound, makaber morbid **-sundhet** unhealthiness etc., morbidity

osv. se *och* [*så vidare*]

o|svensk *a* un-Swedish **-sviklig** *a* om säkerhet o.d. unerring, ofelbar unfailing, om medel infallible; om trohet o.d. unswerving **-svuren** *a*, *osvuret är bäst* better not be too certain, man vet aldrig you never can tell **-symmetrisk** *a* unsymmetrical **-sympatisk** *a* otrevlig unpleasant, disagreeable, om utseende o. sätt äv. unprepossessing, unattractive, motbjudande forbidding, frånstötande repugnant **-sympatiskt** *adv* unpleasantly etc.; *~ inställd mot (till)* unsympathetic towards **-synlig** *a* invisible **-syrad** *a* unleavened **-såld** *a* unsold **-sårbar** *a* invulnerable **-sårbarhet** invulnerability

o|säker *a* allm. uncertain, pred. äv. unsure (*på, om* of), otrygg insecure, riskfull unsafe, risky; ostadig unsteady, unstable, shaky; otillförlitlig unreliable, tvivelaktig doubtful; vacklande wavering, vacillating, trevande hesitant, hesitating; *~ blick (röst)* unsteady look (voice); *~ existens* precarious existence; H *osäkra fordringar* bad (doubtful) debts; *~t uppträdande* unassured manner; *känna sig ~* bortkommen feel unsure; *~ för* framtiden uncertain of (about) . .; *vara ~ på sig själv* be unsure (uncertain) of oneself, lack assurance (self-confidence); isen *är ~* . . is not safe; rövare *gjorde vägarna osäkra* the roads were infested with . . **-säkerhet** uncertainty, insecurity, unsafeness, riskiness, unsteadiness, instability, shakiness, unreliability, doubtfulness, vacillation, hesitance, hesitation; jfr föreg. **-säkerhetsmoment** uncertain factor **-säkert** *adv* uncertainly etc., jfr *osäker; stå ~* be unsteady (shaky, wobbly) **-säkra** *tr* gevär cock, handgranat pull out the pin of **-säljbar** *a* unsal[e]able, unmarketable **-sällskaplig** *a* unsociable **-sämja** discord, dissension, disagreement, stark. enmity; *leva i ~ med* . . be on bad terms with . . **-sänkbar** *a* unsinkable **-sökt I** *a* otvungen natural, spontaneous; *~ tillfälle* convenient (unsought-for) opportunity **II** *adv* naturally etc.; *påminna ~ om* . . inevitably bring . . to mind

o|tack ingratitude, ungratefulness; *~ är världens lön* ingratitude is the way of the world **-tacksam** *a* isht om pers. ungrateful *mot* to[wards]; om uppgift o.d. vanl. thankless, unrewarding **-tacksamhet** ingratitude, ungratefulness **-tadlig** *a* oförvitlig blameless, oklanderlig irreproachable, felfri faultless, perfekt unexceptionable **-takt,** *gå (komma, dansa) i ~* walk (get, dance) out of step; *spela i ~* . . out of time **-tal,** *ett ~* fel a vast (an immense, an endless) number of . ., F no end of . . **-talig** *a* se *oräknelig* **-talt** *a*, *jag har inget ~ med honom* I have no quarrel with him **-tid,** *i ~* at the wrong moment

o|tidig *a* abusive **-tidighet** *~en ~er, ~er* abuse sg., abusive language sg.; *en ~* otidigt yttrande an abusive remark (ord word) **-tidsenlig** *a* old-fashioned, unfashionable **-tillbörlig** *a* orätt undue, olämplig inappropriate, obefogad unjustifiable, unwarrantable; opassande improper, unseemly **-tillfredsställande** *a* unsatisfactory, unsatisfying **-tillfredsställd** *a* allm. unsatisfied, om t.ex. hunger, nyfikenhet äv. unappeased, om t.ex. önskan ungratified, missnöjd dissatisfied **-tillfredsställelse** dissatisfaction **-tillförlitlig** *a* unreliable, undependable **-tillgänglig** *a* eg. o. bildl. inaccessible (*för* ngt for, *för* ngn to), unapproachable (*för* by), eg. äv. F unget-at-able, om pers. äv. distant, reserved, pred. äv. aloof; okänslig insusceptible, *för* to, of **-tillgänglighet** inaccessibility, unapproachability, distance, reserve, aloofness, jfr föreg. **-tillräcklig** *a* till kvantiteten insufficient, till kvaliteten inadequate; *ha ~t med* pengar not have enough . .; *ha ~t med* varor o.d. äv. be short of . .; *ha ~ med personal* äv. be understaffed **-tillräck-**

lighet insufficiency, inadequacy **-tillräckligt** *adv* insufficiently etc. jfr *otillräcklig; en ~ stor* . . a[n] . . that is (was etc.) not big enough; *~ kokt (stekt)* äv. underdone **-tillräknelig** *a* . . not responsible (accountable) for one's actions, mentally deranged, insane, F pred. out of one's senses **-tillräknelighet** irresponsibility, insanity **-tillständig** *a* otillbörlig improper, unseemly; oförsvarlig unjustifiable **-tillåten** *a* förbjuden forbidden, mera officiellt prohibited; olovlig unlawful, illicit, illegitimate **-tillåtlig** *a* inadmissible, impermissible, unallowable **-tillåtligt** *adv, ~ dum* vanl. inexcusably stupid **-ting,** . . är *ett ~* . . a nuisance

otium - *0* leisure [time], retirement [from active life]; *njuta sitt ~* have a leisured life in retirement

o|tjänlig *a* olämplig unsuitable; obrukbar unserviceable; *~ till* människoföda unfit for . . **-tjänst,** *göra ngn en ~* do a p. a bad turn (a disservice) **-tjänstaktig** *a* o. **-tjänstvillig** *a* unobliging, disobliging, *mot* to[wards]

o|trevlig *a* obehaglig disagreeable, unpleasant, mera vard. bad; otäck nasty; pinsam ugly; förarglig awkward, annoying; obekväm uncomfortable; förskingringen var *en ~ historia* . . an ugly business; *en ~ situation* an awkward situation; *vara ~ mot* ngn be disagreeable to . .; *det ser ~t ut* när man . . it looks bad (does not look nice), . . **-trevlighet** *~en ~er* egenskap disagreeableness etc.; *~er* disagreeable (unpleasant) things, disagreeables; *en massa ~er* a lot of unpleasantness; *ställa till ~er för* ngn make things disagreeable (unpleasant, uncomfortable) for . . **-trevnad** [feeling of] discomfort **-trivsam** *a* unpleasant, disagreeable, om sak äv. unhomely, uncomfortable, pred. äv. not homely

o|tro lack (want) of faith, disbelief; bibl. unbelief **-trogen** *a* t.ex. i äktenskap unfaithful, svekfull faithless, *mot* to; relig. unbelieving; *vara ~ mot* sina ideal not live up to . .; *de otrogna* the unbelievers (infidels) **-trohet** unfaithfulness, i äktenskap äv. infidelity; faithlessness, *mot* i samtl. fall to **-trolig** *a* eg. incredible, unbelievable, osannolik unlikely, otänkbar inconceivable, häpnadsväckande astounding, amazing, oerhörd monstrous; *~t men sant* strange but true; *det gränsar till det ~a* it is almost incredible **-troligt** *adv* incredibly etc. jfr föreg.; *~ många* fel an incredible (etc.) number of . . **-trygg** *a* insecure (*för* against), osäker äv. unsafe, precarious **-trygghet** insecurity, unsafeness etc. **-trygghetskänsla** feeling of insecurity **-tränad** *a* untrained, för tillfället (attr.) . . who is (was etc.) out of training; ovan unpractised; *han är helt ~* äv. he has had no training (practice) **-trängd** *a, i oträngt mål* without due (legal) cause **-tröstlig** *a* inconsolable, *över* at; pred. äv. not to be comforted

ott|a *-an -or* **1** *i ~n* early in the morning, in the early morning; stiga upp (vara uppe) *i ~n* äv. . . early **2** se *ottesång* **ottefågel** om pers. early riser (bird) **ottesång** mat[t]ins pl., katol. äv. early mass

ottoman soffa ottoman, couch

o|tukt isht bibl. fornication; *bedriva ~* have illicit sexual relations, fornicate; [*bedriva*] *~ med minderårig* [commit] indecent assault on a minor **-tuktad** *a* ohyfsad undisciplined; om sten undressed; om träd o.d. unpruned **-tuktig** *a* [sexually] immoral, om skildring o.d. äv. obscene, lewd, pornographic **-tuktsnäste** den of vice, brothel **-tur** bad luck, ill-luck, misfortune; *~ i spel, tur i kärlek* unlucky at cards, lucky in love; *vilken ~!* what [a stroke of] bad luck!; *ha ~* äv. be unlucky, have no luck, *i* in (i spel at) **-turlig** *a* o. **-tursam** *a* unlucky **-tvetydig** *a* unambiguous, unequivocal, klar plain, clear, uppenbar unmistakable **-tvivelaktig** *a* undoubted, indubitable, unquestionable **-tvivelaktigt** *adv* undoubtedly etc.; no doubt, without [a] doubt **-tvungen** *a* un[con]strained, ledig äv. [free and] easy, naturlig äv. unforced, natural, okonstlad äv. unaffected **-tvungenhet** unconstraint, ease, free and easy manner, naturalness etc. **-tvunget** *adv* unconstrainedly, in a free and easy manner etc. **-tydlig** *a* allm. indistinct, oklar äv. unclear, om bild o.d. äv. blurred, om tal äv. inarticulate, suddig äv. dim, svag äv. faint, dunkel äv. vague, obscure **-tydlighet** indistinctness etc., obscurity **-tydligt** *adv* indistinctly etc. jfr *otydlig; det hörs ~* i telefon I can't hear you clearly **-tyg** *~et 0* smörja rubbish, trash; oting nuisance; trolldom witchcraft; rackartyg mischief **-tyglad** *a* om t.ex. fantasi, lidelser unbridled, hejdlös, ohämmad äv. uncontrolled, unrestrained **-tymplig** *a* klumpig: t.ex. om kropp, rörelse ungainly, t.ex. om metod, översättning clumsy, åbäkig unwieldy, cumbersome, cumbrous; tafatt awkward **-tymplighet** *~en ~er* egenskap ungainliness etc.; *~er* i t.ex. språk clumsy constructions **-tympligt** *adv* in an ungainly fashion, clumsily etc. jfr *otymplig*

o|tålig *a* impatient, *efter* svar for . ., *på* ngn with . ., *över* dröjsmål at (of) . ., *över att* inf. at ing-form; *~ att få* inf. äv. anxious (eager) to inf. **-tålighet** impatience **-täck** *a* allm. nasty horrid, *mot* to; ful, elakartad äv. ugly, vidrig äv. disgusting; starkt känslobeton. om t.ex. väder foul, beastly, rotten; ryslig horrible, awful; *vad du är ~!* what a beast you are! **-täcka** *~n -täckor* horrid creature, ragata vixen **-täckhet** *~en ~er* nastiness etc. jfr *otäck,* samtl. end. sg.; *~er* otäcka saker nasty (etc.) things (yttranden remarks) **-täcking** rascal, stark. devil

-tämd *a* untamed **-tämjbar** *a* untamable **-tänkbar** *a* inconceivable, unthinkable, unimaginable; att fortsätta *är ~t* . . is not to be thought of; *det är inte ~t* att han . . it is quite conceivable (may well be) . . **-tät** *a* om packning o.d. (attr.) . . that is (was etc.) not tight; läck leaky, leaking; dragig draughty; dörren *är ~* . . does not shut tight, . . does not fit properly; *taket är ~t* there is a leak in the roof, the roof leaks **-täthet** *~en ~er* egenskap leakiness; läcka leak **-törstig** *a, dricka sig ~* drink one's fill

o|umbärlig *a* indispensable, nödvändig äv. essential, *för* to (t.ex. ändamålet for); absolutely necessary, *för* to, for; . . *är ~ för oss* äv. we cannot do without . . **-undgänglig** *a* nödvändig necessary, oumbärlig indispensable, oavvislig absolute **-undgängligen** *adv, ~ nödvändig* absolutely necessary **-undviklig** *a* unavoidable, som ej kan undgås inevitable, inescapable

o|uppfostrad *a* badly brought-up . . (pred. brought up) end. om pers., ill-bred, ohyfsad ill-(bad-)mannered **-uppfostrat** *adv, uppträda ~, bära sig ~ åt* behave in an ill--bred fashion **-uppfylld** *a* unfulfilled, unrealized, ungratified **-uppgjord** *a* unsettled **-upphörlig** *a* incessant, ceaseless, oavbruten äv. unceasing, continuous, ständig äv. continual, perpetual **-upphörligen** *adv* o. **-upphörligt** *adv* incessantly etc. **-uppklarad** *a* om t.ex. brott unsolved, oförklarad unexplained, om affär o.d. unsettled **-upplöslig** *a* bildl. indissoluble, oåtskiljbar äv. inseparable **-uppmärksam** *a* allm. inattentive, *på (mot)* to; ej aktgivande äv. unobservant, *på* of **-uppmärksamhet** lack of attention, inattention, inattentiveness **-uppnådd** *a* unattained, oöverträffad unequalled, unmatched **-uppnåelig** *a* om t.ex. ideal, mål unattainable **-uppodlad** *a* uncultivated, untilled, waste **-uppskuren** *a* om bok uncut **-uppsåtlig** *a* unintentional, involuntary **-ursäktlig** *a* inexcusable, unpardonable

o|utbildad *a* om t.ex. arbetskraft untrained **-utforskad** *a* unexplored, uninvestigated; outgrundad unfathomed **-utförbar** *a* impracticable, unworkable, attr. . . that can (could etc.) not be carried out; ogörlig äv. unfeasible, unrealizable **-utgrundlig** *a* outforsklig, gåtfull inscrutable, ogenomtränglig impenetrable, ofattbar unfathomable; *av någon ~ anledning* for some inscrutable reason **-uthyrd** *a* unlet, vacant **-uthärdlig** *a* unendurable, olidlig äv. unbearable, insupportable, intolerable **-utlöst** *a* om pant unredeemed **-utnyttjad** *a* oanvänd unused, unutilized, om fördelar, resurser o.d. unexploited, om naturtillgångar undeveloped, om kapital idle **-utplånlig** *a* om t.ex. märke, skam indelible, om t.ex. minne, förflutet ineffaceable **-utrannsaklig** *a* se *outgrundlig* **-utredd** *a* bildl.: outforskad uninvestigated, ouppklarad (attr.) . . that has (had etc.) not been cleared up; *av hittills ~a* orsaker for . . hitherto unexplained

outrerad *a* se *utrerad*

outrotlig *a* allm. ineradicable, om t.ex. ogräs, fördom äv. inextirpable

outsider *-n -[s]* sport o.d. outsider

o|utsinlig *a* inexhaustible, unfailing **-utslagen** *a* om blomma unopened **-utslitlig** *a* om tyg o.d. (attr.) . . that will stand up to any amount of wear, . . that is (was etc.) impossible to wear out, indestructible äv. pred.; bildl.: om energi o.d. inexhaustible **-utsläcklig** *a* se *osläcklig* **-utspädd** *a* undiluted **-utsäglig** *a* bildl. unspeakable, unutterable, obeskrivlig äv. inexpressible, ineffable **-uttagen** *a* om lotterivinst unclaimed **-uttalad** *a* unspoken, unuttered, unexpressed, tacit **-uttröttlig** *a* isht om pers. indefatigable, om nit untiring, om energi o.d. tireless, unflagging **-uttömlig** *a* inexhaustible, exhaustless **-utvecklad** *a* undeveloped, embryonic båda äv. bildl.; om pers. (omogen) immature

ouvertyr se *uvertyr*

ovaggad *a, han kommer att somna ~* he won't need rocking to sleep

oval *-en -er* o. *a* oval

1 ovan I *prep* above, over **II** *adv* above; *här ~* above; *se ~!* see above!; *som ~* as above; *från ~* from above, nedlåtande condescendingly; mönstra ngn *från ~ till nedan* . . from head to foot (top to toe); se äv. *därovan*

2 ovan *a* ej van unaccustomed, unused, *vid* to, *[vid] att* inf. to ing-form; oövad unpractised, inexpert, untrained, oerfaren inexperienced; om t.ex. anblick, uppgift unfamiliar; *~t arbete* unaccustomed (unfamiliar) work; *vara ~ vid* a) t.ex. ordnat arbete be unused to . . b) t.ex. förhållandena be unfamiliar with . .

ovana 1 brist på vana unaccustomedness, *vid* to; want of practice; bristande förtrogenhet unfamiliarity, *vid* with; *hans ~ [vid] att tala* offentligt gjorde att . . the fact that he was unused to speaking . . **2** ful vana bad (objectionable) habit; *ha den ~n att* inf. have an objectionable habit of ing-form

ovan|för I *prep* above; t.ex. dörren at the top of; norr om [to the] north of **II** *adv* above, higher (farther el. further) up; norr därom to the north [of it] **-ifrån** *adv* from above

o|vanlig *a* allm. unusual, sällsynt äv. uncommon, rare, pred. äv. not common; sällan förekommande infrequent, exceptionell exceptional, utomordentlig extraordinary; *det är ~t att han* . . it is unusual for him to inf. **-vanlighet** *~en ~er* unusualness etc., infrequency, exceptionality, extraordinariness samtl. end.

sg.; *det hör till ~en (~erna) att han gör det* it is an unusual (etc.) thing for him to do it; *för ~[en]s skull* [just] for once **-vanligt** *adv* unusually etc. jfr *ovanlig;* förstärkande extremely, abnormally; *~ nog* for once [in a way]

ovan|läder upper, vamp **-nämnd** *a* above[-]-mentioned] **-på I** *prep* on [the] top of; om tid: efter after; han bor *~ oss* . . [in the flat] above us **II** *adv* on [the] top; i villa o.d. upstairs; efteråt after that; vem bor *~* ? . . [in the flat (on the floor)] above?; *ligga ~* på sängen lie on the bed (på soffan on the sofa); se *flyta* [*ovanpå*] o. jfr *härovanpå*

ovansklig *a* imperishable, everlasting

ovanstående *a, ~* lista the above . ., the . . above; med anledning av *~* (upplysningar etc.) . . the [information (details etc.) furnished] above

o|varsam *a* vårdslös careless, oförsiktig incautious, unwary **-varsamhet** carelessness etc.

ovation ovation; *bli föremål för ~er* receive an ovation **ovationsartad** *a, ~e applåder* a burst (storm) of applause

o|vederhäftig *a* ej trovärdig untrustworthy, otillförlitlig unreliable, ansvarslös irresponsible **-vederhäftighet** *~en ~er* egenskap untrustworthiness, unreliability, irresponsibility; *~er* ovederhäftiga rapporter unreliable reports (nyheter news sg.) **-vederlagd** *a* unrefuted **-vederlägglig** *a* irrefutable **-vedersäglig** *a* incontrovertible, obestridlig äv. incontestable; ovederlägglig irrefutable

overall *-en -er (-s)* boiler-suit, för småbarn zip-suit

o|verklig *a* unreal, skenbar äv. illusory **-verklighet** unreality **-verksam** *a* **1** sysslolös idle, passiv passive, inactive; *förhålla sig ~* äv. take no action **2** utan verkan inefficacious, ineffective **-verksamhet** idleness, passivity, inaction, inactivity; jfr *overksam 1* **-vetande I** *a* se *okunnig* **II** *adv* (äv. *-vetandes*), *mig ~* without my knowledge **-vetenskaplig** *a* unscientific **-vetskap** ignorance, unawareness, *om* of **-vett** bannor scolding, rating, F telling-off; otidigheter abuse; *få ~* get a scolding (etc.) **-vettig** *a* abusive; *vara ~ mot ngn* abuse a p.

Ovidius Ovid

o|vidkommande *a* irrelevant, *för* to; det är *en mig ~ sak* . . a matter that is no concern of mine; *en ~* [*person*] subst. a. an outsider **-vig** *a* klumpig cumbersome, ungainly, clumsy, tung o. ~ heavy, otymplig unwieldy **-vigd** *a* om jord unconsecrated **-viktig** *a* unimportant, insignificant, immaterial, negligible **-vilja** harm indignation; misshag displeasure, *mot* at; agg animosity, resentment, *mot* against; motvilja repugnance, *mot* to[wards]; stark. aversion, *mot* to; obenägenhet disinclination, *mot* for, [*mot*] *att* inf. to inf. **-villig** *a* ej villig unwilling, ohågad reluctant, disinclined, loath, *att* inf. i samtl. fall to inf.; averse, *att* inf. to ing-form **-villighet** unwillingness, reluctance, disinclination **-villkorlig** *a* obetingad unconditional, unqualified, absolut absolute, nödvändig necessary, ofrånkomlig inevitable **-villkorligen** *adv* absolutely, necessarily, inevitably **-villkorligt** *adv* unconditionally; se äv. föreg.; han dömdes till *sex månaders fängelse ~* . . six months' imprisonment [unconditionally] **-vis** *a* unwise; *av ~t nit* from injudicious zeal **-vishet** unwisdom **-viss** *a* allm. uncertain (*om ngt* of el. about a th.), tveksam doubtful, tvivelaktig dubious, problematical, vansklig precarious; obestämd indefinite; *utgången är ännu ~* äv. the result still hangs in the balance **-visshet** [state of] uncertainty, doubt[fulness] etc.; *hålla ngn i ~ om . .* äv. keep a p. in suspense as to . . **-vårdad** *a* om klädsel, hår dishevelled, om klädsel äv. neglected, om pers. unkempt, slovenly, om språk, stil slipshod, careless

oväder storm äv. bildl., tempest, bad (dirty) weather **oväderscentrum** centre of [atmospheric] depression; bildl. storm-centre **ovädersmoln** storm-cloud **ovädersnatt** stormy night

ovädrad *a* unaired, unventilated, kvav äv. stuffy, close

o|väld opartiskhet impartiality, rättvisa fairness **-väldig** *a* impartial, unbias[s]ed, unprejudiced, fair **-välkommen** *a* unwelcome, ej önskvärd undesirable, ej önskad äv. unwanted **-vän** enemy, poet. foe; *bli ~ med ngn* quarrel (fall out) with a p.; *vara ~ med ngn* be on bad terms with a p. **-vänlig** *a* ej snäll unkind, ej välvillig unkindly, ej vänskaplig unfriendly, fientlig hostile, *mot* i samtl. fall to[-wards]; om t.ex. sätt, uppträdande disobliging, tvär harsh, brusque **-vänlighet** unkindness etc., hostility, disobligingness etc., jfr föreg. **-vänligt** *adv* unkindly, in an unkind (unfriendly) way, hostilely etc. jfr *ovänlig* **-vänskap** enmity, fiendskap äv. hostility, antagonism; *leva i ~ med . .* be at enmity with . . **-vänskaplig** *a* unfriendly; fientlig hostile **-väntad** *a* unexpected, unlooked-for . . (pred. unlooked for); *ett oväntat besök* äv. a surprise visit **-värderlig** *a* invaluable (*för* to), inestimable, oskattbar äv. priceless **-värdig** *a* allm. unworthy; skamlig shameful, disgraceful; *~* ngns förtroende unworthy of . .; ett uppträdande *~t en gentleman* . . unworthy of (. . beneath) a gentleman **-väsen** oljud noise, larm din, uproar, bråk row, shindy, stoj racket, tumult hullabaloo; *föra ~* make a noise **-väsentlig** *a* unessential, non-essential, inessential (*för* to), oviktig äv. unimportant, immaterial; *skilja mellan väsent-*

ligt och ~t differentiate between essentials and non-essentials; uppvisa *en ej ~ förbättring . .* no little improvement **-väsentlighet** egenskap unimportance; *en ~* an unessential (etc.) matter; *~er* äv. unessentials
oxalsyra oxalic acid
oxbringa kok. brisket of beef
ox|e *-en -ar* ox (pl. oxen), stut bullock; kok. beef; *Oxen* astr. Taurus
oxel *-n oxlar* Swedish whitebeam
oxeltand molar [tooth], grinder
oxfilé fillet of beef
oxid *-en -er* oxide **oxidation** oxid[iz]ation
oxidera *tr itr* oxidize
ox|kärra ox-cart **-kött** beef **-rulader** *pl* braised rolls of beef **-spann** team of oxen **-stek** kok. roast beef, slakt. o. kok. joint of beef **-svanssoppa** oxtail soup
ozelot *-en -er* ocelot äv. skinn
ozon *-en (-et) 0* ozone **-haltig** *a* ozonic
o|återhållsam *a* unrestrained, immoderate, omåttlig intemperate **-återhållsamhet** lack of restraint (moderation), intemperance **-återkallelig** *a* irrevocable, . . beyond (past) recall **-återkalleligen** *adv* irrevocably, beyond (past) recall, irretrievably **-åtkomlig** *a* otillgänglig inaccessible, *för* to; unapproachable, F unget-at-able, *för* by; oanskaffbar unobtainable; *[bör] förvaras ~ för barn* to be kept out of children's reach **-åtspord** *a, honom ~* without his being consulted
o|ädel *a* simpel ignoble, mean; om ras impure; om metall base; om sten non-precious **-äkta I** *a* falsk false, spurious, counterfeit . ., pred. äv. not genuine; imiterad imitation . ., mock . ., sham . ., konstgjord artificial; tillgjord affected, artificial; *~ barn* illegitimate child **II** *adv, ~ sammansatt verb* separable [compound] verb **-äkting** bastard **-ändamålsenlig** *a* olämplig inappropriate, unsuitable, inexpedient, opraktisk unpractical, impractical
o|ändlig *a* allm. infinite äv. mat., ändlös äv. endless, interminable, omätlig äv. measureless, gränslös äv. boundless, limitless, immense; *en ~ mängd [av]* . . an endless (infinite, enormous) amount of . .; och så vidare *i det ~a* . . ad infinitum lat., . . to infinity; fortsätta *i det ~a* . . for ever [and ever], . . endlessly, . . interminably; *han fick vänta i det ~a* he had to wait [for] no end of a time **-ändlighet** infinity, infinitude, endlessness, boundlessness; *i [all] ~* se *[i det] oändlig[a]* **-ändligt** *adv* infinitely etc. jfr *oändlig; ~ liten* äv. infinitesimal; *~ mycket bättre* infinitely better; *~ många* sandkorn an infinite number of . ., innumerable . ., an infinity of . ., F no end of . .; *~ stor* infinite[ly great]; *~ tacksam* immensely (F awfully) grateful
o|ärlig *a* allm. dishonest, *mot* to[wards]; ohederlig äv. crooked, bedräglig om metod o.d. äv. underhand **-ärlighet** dishonesty, crookedness **-ätbar** *a* dåligt tillagad uneatable, onjutbar unpalatable **-ätlig** *a* om t.ex. svamp inedible; jfr äv. *oätbar* **-även** *a, inte ~* fairly good, quite passable, pred. äv. not bad, F not half bad
o|öm *a* om pers. robust, rugged; hållbar durable, härdig hardy **-öppnad** *a* unopened **-övad** *a* otränad untrained, oerfaren unpractised **-överkomlig** *a* oöverstiglig insurmountable, oövervinnelig insuperable; oanskaffbar unobtainable; om pris prohibitive; *priset är ~t för* många människor the price is beyond the means of . . **-överlagd** *a* överilad rash, hasty; oövertänkt ill-considered; ej planlagd unpremeditated **-överskådlig** *a* oredig confused, illa disponerad badly arranged; ofantlig immense, vast, oändlig boundless, limitless; om följder o.d. incalculable, om tid indefinite **-överstiglig** *a* insurmountable, bildl. äv. insuperable; *~ klyfta* äv. bildl. unbridgeable gulf **-översättlig** *a* untranslatable **-överträffad** *a* unsurpassed, utan like unrivalled, unequalled, *i fråga om* i samtl. fall for, *som* as **-överträfflig** *a* unsurpassable; friare: ojämförlig incomparable, oförliknelig inimitable **-övertänkt** *a* impulsive, unreflecting, se äv. *oöverlagd* **-övervinn[e]-lig** *a* mera eg. invincible, om t.ex. blyghet, motvilja unconquerable, om svårighet o.d. insuperable **-övervägd** *a* se *oövertänkt*

P

p *p-*[*e*]*t,* pl. *p*[*-n*] bokstav p [utt. pi:]; *sätta ~ för . .* put a stop to (a stopper on) . .
pacificera *tr* pacify **pacifism** pacifism **pacifist** *s* o. **pacifistisk** *a* pacifist
1 pack *-et 0* rabble, riff-raff; vermin pl.: *ett riktigt ~* slödder a lot of riff-raff
2 pack *oböjl. n* se *pick och pack*
packa I *tr* pack [up]; stuva stow, stuff; *har du ~t* [*färdigt*]*?* have you packed [up] your things?; *~d med folk* crammed (packed, crowded) [with people]; *sitta (stå) som ~de sillar* be packed like sardines [in a tin] **II** *rfl, ~* [*ihop*] *sig* om snö o.d. pack; jfr *III 1* **III** m. beton. part. **1** *~ ihop* a) eg. tr. pack . . together b) itr. pack up äv. bildl.; *~ ihop sig* tränga ihop sig crowd, *i* ett litet rum into . .; jfr *II* **2** *~ in* pack up, put in, slå (linda) in äv. wrap (do) up **3** *~ sig i väg* be off, schappa make off; *~ dig i väg!* vanl. clear off (out)! **4** *~ ner* pack up; undan pack away; *jag har redan ~t ner den* i kofferten I have already packed (put) it into (in) . . **5** *~ om* repack; *~ om en kran* put in a new washer **6** *~ upp* unpack
packare packer **pack**|**e** *-en -ar* pack[age]; bunt bundle **packerska** [woman] packer **packficka** på cykel pannier [bag] **packis** pack-ice **packlåda** o. **packlår** [packing-]-case **packning** konkr. **1** pack äv. mil.; bagage luggage, amer. baggage; *med full ~* mil. in full marching kit **2** tekn. gasket, packing; till kran o.d. washer **packnota** o. **packsedel** packing list, följesedel delivery note **packåsna** pack-ass
padd|**a** *-an -or* toad
padd|**el** *-eln -lar* paddle, tvåbladig double[-]-bladed] paddle **paddelkanot** paddling canoe **paddelåra** se *paddel* **paddla** *itr* paddle; vara ute *och ~* vanl. . . canoeing
paff I *oböjl. a* staggered, dumbfounded, flabbergasted, nonplussed; *jag blev alldeles ~* you could have knocked me down with a feather **II** *itj* pang bang [, bang]!
page *-n -r* page, *hos* to **-hår** page-boy hair
pagin|**a** *-an -or* page **paginera** *tr* paginate, page; register foliate
pagod *-en -er* pagoda
paj *-en -er* allm. pie; utan [deg]lock tart
pajas *-en -er (-ar)* clown; friare buffoon; *spela ~* play the buffoon
paket *-et -* allm. parcel, litet packet, större o. amer. samt bildl. (t.ex. läroboks~) package; *ett ~ cigarretter* a packet (amer. a pack) of cigarettes; *skicka som ~* send by parcel post; *slå in ett ~* wrap up a parcel; *slå (lägga) in . . i ett ~* make a parcel of . .; put . . in a parcel **paketavtal** enhetsavtal package deal **paketcykel** carrier cycle **paketera** *tr* packet
paket|**gods** koll. parcel-goods pl. **-hållare** [luggage] carrier **-inlämning** receiving-office; post. parcel counter **-post** parcel post **-resa** allt-i-ett-resa package (packaged) tour **-utlämning** delivery-office
pakt *-en -er* pact, treaty; *ingå en ~* make (conclude) a pact osv.
palatal *-en -er* o. *a* palatal
palats *-et -* palace **-lik**[**nande**] *a* palatial **-revolution** palace (backstairs) revolution
palav|**er** *-ern -rer* palaver
paleografi *-*[*e*]*n 0* pal[a]eography
paleonto|**log** pal[a]eontologist **-logi** *~*[*e*]*n 0* pal[a]eontology
Palestina Palestine **palestin**[**ensi**]**sk** *a* Palestinian, Palestine
palett *-en -er* palette, pallet **-kniv** palette-knife
paletå *-n -er* [light] overcoat, top-coat
palissad *-en -er* palisade
paljett *-en -er* spangle, paillette; *~er* ibl. tinsel sg.
pall *-en -ar* möbel stool, fotstöd foot-stool; *stå ~ för ngt* stå emot stand up to a th., rå med manage (cope with) a th. **palla** *tr, ~ upp* chock [up], block up
palliativ *-et -* palliative
pallra *rfl, ~ sig av (i väg)* toddle off, get along; *~ sig hem* toddle off home; *~ sig upp (opp)* ur sängen get oneself out of bed
palm *-en -er* palm **-blad** palm-leaf **-lund** grove of palm trees, palm[-tree] grove **-olja** palm-oil **-söndag** Palm Sunday **-vin** palm-wine
palp *-en -er* zool. palp, feeler **palpera** *tr* läk. palpate
palsternack|**a** *-an -or* parsnip
palta *itr, ~ på ngn (sig)* wrap (muffle) a p. (oneself) up
paltbröd blood bread
paltor *pl* rags, duds
pamflett *-en -er* smädeskrift lampoon
pamp *-en -ar* pers. bigwig, big bug (noise), VIP
pampas *pl* pampas
pampig *a* magnificent, grand
pampusch *-en -er* overshoe
panamahatt Panama [hat] **Panamakanalen** the Panama Canal
panamerikansk *a* Pan-American
panegyrik *-en -er* panegyric **panegyrisk** *a* panegyric[al]
panel *-en -er* **1** eg. panel[-work], panelling end. sg.; boasering wainscot; fot~ skirting-board **2** expertgrupp panel **panela** *tr* panel; wain-

scot **panelhöna** wallflower
panera *tr* breadcrumb, coat . . with egg and breadcrumbs
panflöjt pan-pipe[s], Pandean pipe
pang *itj* bang!, crack!, pop! **panga** *tr* F slå sönder smash
panik *-en 0* panic; *ingen ~!* don't panic!, take it easy!; *gripas av ~* be seized with (by) panic; . . *greps av ~* äv. . . began to panic **panikartad** *a* panicky **panikstämning** feeling of panic **panikunge** minor panic **panisk** *a* panic; *ha en ~ förskräckelse för* have a terrible dread of; *i ~ förskräckelse* in a panic
pank *a* pred. broke, cleaned out, on the rocks
1 pann|a *-an -or* kok.: allm. pan, kaffe~ kettle; värme~ furnace; ång~ boiler
2 pann|a *-an -or* forehead, isht poet. brow; *ha ~ [till] att* . . have the cheek to . .; *med rynkad ~* frowning, se äv. *rynka II; skjuta sig en kula för ~n* blow out one's brains; *torka svetten ur ~n* wipe [the perspiration off] one's forehead
pannben frontal bone
pann|biff ung. hamburger **-kaka** pancake, jfr *ugnspannkaka; grädda -kakor* fry pancakes; *det blev ~ av alltihop* gick i stöpet it fell flat, it flopped, it all ended up in smoke
pann|lob frontal lobe **-lugg** fringe
pannrum boiler room, för centraluppvärmning äv. furnace room
pannsmycke pannband frontlet; diadem diadem
pannsten [boiler] scale
pannå *-n -er* dörrspegel o. konst. panel
panoptikon *-et -* waxworks (pl. lika)
panoram|a *-at -or (-an)* panorama; utsikt äv. view, vista
pansar *-et -* **1** armour end. sg. **2** zool. carapace **-bil** armoured car **-dörr** armour[ed] (steel) door **-förband** armoured unit **-plåt** armour-plate **-projektil** armour-piercing projectile (shell) **-regemente** armoured (tank) regiment **-skjorta** coat of mail **-torn** armoured turret **-trupper** *pl* armoured troops **-värnsrobot** anti-tank missile **-värnsvapen** anti-tank weapon
pansra *tr* armour[-plate]
pant *-en -er* pledge äv. bildl., pawn; i lek forfeit; *betala ~* för t.ex. tomglas pay a deposit; *ge ~* i lek pay a forfeit; *lösa in en ~* redeem a pledge; *lämna* . . *i ~* leave . . as a pledge; *sätta sin heder i ~* pledge one's honour, *på ngt* on a th.; *jag sätter mitt huvud i ~ på det!* I will stake my head upon that!; *ta* . . *i ~* take . . as a pledge (pawn) **-bank** pawnshop; *på ~en* at the pawnbroker's
panteism pantheism **panteistisk** *a* pantheistic[al]
panteon *oböjl. n* pantheon
pant|er *-ern -rar* panther
pant|förskriva *tr* pledge, fast egendom mortgage **-innehavare** pledgee; mortgagee; jfr föreg. **-kvitto** pawn-ticket **-lånare** pawnbroker **-lånekontor** pawnbroker's [shop], pawnshop
pantograf *-en -er* pantograph
pantomim *-en -er* pantomime, dumb show
pant|rätt lien, right of pledge (mortgage); *ha ~ i (till) ngt* have a mortgage on a th. **-sätta** *tr* i pantbank pawn, pantförskriva pledge; *en -satt* klocka a . . in pawn, a pawned . .; *vara -satt* be in pawn
papegoj|a *-an -or* parrot **papegojaktig** *a* parrot-like **papegojsjuka** psittacosis **papegojtulpan** parrot tulip
papier-maché se *papjemaché*
papiljott *-en -er* curler; *lägga upp håret på ~er* put one's hair in curlers
papill *-en -er* papill|a (pl. -æ)
papism papism **papist** papist **papistisk** *a* papistic[al]
papjemaché *-n 0* papier mâché
papp *-en (-et) 0* pasteboard; grov millboard; kartong cardboard
papp|a *-an -or* father, *till* of; F pa[pa], dad, barnspr. daddy; jfr *far* **pappasgosse** rich man's son
papp|ask cardboard box **-band** pasteboard-binding; *i ~* in boards
papper *-et -* ss. ämne o. koll.: paper, skriv~, brev~ (isht H) stationery, omslags~ wrapping paper; jfr *värdepapper; ett ~* a piece (scrap) of paper; *några ~* ark some sheets of paper; *gamla ~* handlingar ancient documents; *förete sina ~* present one's papers [of identity]; *ha ~ på att* . . have papers to prove (it in black and white) that . ., have documentary evidence that . .; *lägga ~en på bordet* put one's cards on the table, tala om alltsammans make a clean breast of it; *läsa från ~et* read at sight; *ödsla med ~* waste a lot of paper; det existerar *bara på ~et* . . only on paper (in theory)
pappers|ark sheet of paper **-avfall** waste paper **-bal** bale of paper **-blomma** paper-flower **-bruk** paper-mill **-bägare** paper drinking-cup **-docka** paper-doll **-exercis** red tape **-handel** butik stationer's [shop] **-handlare** stationer **-industri** paper industry **-klämma[re]** [paper-]clip **-kniv** paper-knife, paper-cutter **-korg** waste-paper basket, amer. wastebasket; utomhus litter-bin **-kvarn** bureaucratic machinery **-lapp** slip (scrap) of paper **-lykta** Chinese lantern **-massa** paper (wood) pulp **-massefabrik** pulp-mill **-munstycke,** cigarrett *med ~* paper-tipped . . **-näsduk** paper handkerchief **-pengar** *pl* paper money (currency) sg. **-påse** paper-bag **-remsa**

strip (slip) of paper **-sax** paper-scissors pl. **-servett** paper|-napkin, --serviette **-snöre** paper-twine, paper-string **-säck** [flerdubbel multi-ply] paper-sack (paper-bag) **-tallrik** paper-plate **-tillverkning** papermaking, paper manufacture **-tunn** *a* papery, . . thin as a wafer **-tuss** ball of paper **-varor** *pl* paper articles (goods); skrivmateriel stationery sg. **-ved** pulp wood

papp|kartong o. **-låda** cardboard box **-skiva** piece of board **-spik** pasteboard nail **-tak** felt roof

paprika *-n 0* frukt [sweet] pepper, pim[i]ento, capsicum; krydda paprika

papua *-n -s* o. **papuan** Papuan

papyr|us *-en (-usen) -er* o. **papyrusrulle** papyr|us (pl. -i)

par *-et* - **1** sammanhörande pair; två stycken couple, om vilt äv. brace (pl. lika), om dragare span, team; *ett* ~ handskar (byxor) a pair of . .; *ett* ~ *ögon* äv. two eyes; de kostar 10 kr. ~*et (per* ~*)* . . a pair; *ett gift (ungt)* ~ a married (young) couple; *ett älskande* ~ a pair of lovers, a loving couple; de här handskarna *är inte* ~ . . are not a pair (do not match); gå (jaga) *i* ~ . . in couples; ~ *om* ~ in pairs (couples), two by (and) two **2** *ett* ~ några . . a couple of . ., two or three . .; *ett* ~ [*tre*] *dagar* a couple of days, two or three days, a few days; *ett* ~ [*tre*] *gånger* a couple of times, two or three times; *ett* ~ *hundra kronor* a hundred kronor or so, a few hundred kronor; *ett* ~ *ord* a word or two; *om ett* ~ *dagar* in a day or two, in a few days; *han är ett* ~ *och femtio* he is fifty odd

para I *tr* **1** ordna parvis, ~ [*ihop*] match, pair [. . together] **2** låta kopulera mate, pair **3** förena combine **II** *rfl* mate, pair, copulate

parab|el *-eln -ler* **1** matem. parabola **2** liknelse parable **parabolisk** *a* parabolic[al]

parad *-en -er* **1** mil. o. friare parade; ~ *för fanan* saluting the colours; *stå på* ~ friare be on parade **2** sport.: fäktn. parry, boxn. block **3** paraddräkt mil. full uniform (dress); *i* ~ in review (gala) order **paradera** *itr* parade

paradigm *-et* - paradigm

paradis *-et* - paradise; *ett* ~ *på jorden* äv. a heaven on earth; ~*ets lustgård* the Garden of Eden; *ormen i* ~*et* the serpent in the Garden of Eden **paradisdräkt,** *i* ~ in one's birthday suit **paradisfågel** bird of paradise **paradisisk** *a* paradisiac[al], friare äv. heavenly, divine **paradisäpple** Siberian crab [apple], cherry-apple

parad|marsch parade march **-nummer** show-piece

paradox *-en -er* paradox **paradoxal** *a* paradoxical

paraduniform full uniform; jfr *galauniform*

paraffin *-et (-en) 0* [solid] paraffin, paraffin-wax **paraffinera** *tr* paraffin **paraffinolja** liquid paraffin

parafras *-en -er* o. **parafrasera** *tr* paraphrase

paragraf *-en -er* numrerat stycke section, jur. äv. paragraph; i traktat o.d. article, clause **-ryttare** bureaucrat, red-tapist **-tecken** section-mark

parallax *-en 0* parallax

parallell *-en -er* o. *a* parallel; *dra upp en* ~ draw a parallel, make a comparison; ~*a linjer* äv. parallels **parallellepiped** *-en -er* parallelepiped **parallellfall** parallel case (instance) **parallellgata** parallel street **parallellism** parallelism **parallellklass** parallel class **parallellkopplad** *a* . . connected (coupled) in parallel **parallellkoppling** parallel coupling **parallellogram** *-men -mer* parallelogram **parallellt** *adv* parallelly; *löpa* ~ *med* . . run parallel to (with) . .

paralysera *tr* paralyse **paralysi** -[e]*n 0* paralysis **paralytiker** *s* o. **paralytisk** *a* paralytic

paranoia *-n 0* paranoia

parant *a* elegant elegant, flott chic, stylish; iögonenfallande striking

paranöt Brazil-nut

paraply -[e]*t (-n) -er* umbrella; *spänna upp (fälla ihop) sitt* ~ open el. put up (let down) one's umbrella **-antenn** umbrella aerial **-fodral** umbrella case **-krycka** umbrella handle **-spröt** umbrella rib **-ställ** umbrella stand

parapsykologi parapsychology

parasit *-en -er* parasite, om pers. äv. hanger-on, sponger; *leva som* ~ live as a parasite **parasitdjur** parasitic animal **parasitera** *itr* sponge, *på* [up]on **parasitisk** *a* parasitic **parasitliv** parasitic (sycophantic) life **parasitväxt** parasitic plant

parasoll *-en -er (-et -)* parasol, sunshade

parat *a* ready

paratyfus paratyphoid [fever] **-bacill** paratyphoid bacillus **-epidemi** paratyphoid epidemic

paravan paravane

parbladig *a* pinnate; *dubbelt* ~ bipinnate

pardon *-en 0* quarter; *be om (ge)* ~ ask for (give) quarter; *utan* ~ without mercy, mercilessly

parentation, *hålla* ~ *över* . . deliver an oration to the memory of . .

parentes *-en -er* de båda ~tecknen parenthes|is (pl. -es) äv. inskott, brackets pl.; jfr *parentestecken; sätta . . inom* ~ put . . in brackets (parenthesis); *inom* ~ *sagt* by the way, incidentally **parentestecken** bracket; jfr *parentes* **parentetisk** *a* parenthetic[al]

parera *tr* parry; avvärja fend off

parflikig *a* partite

parforcejakt hunt[ing], coursing; *delta i en ~* ride to hounds
parfym *-en -er* perfume, scent; *~er* koll. äv. perfumery sg. **parfymera** *tr* perfume, scent; *~ sig* använda ~ wear (use) perfume (scent) **parfymeri** se *parfymhandel* **parfymflaska** med parfym bottle of perfume **parfymhandel** butik perfumery [shop]
parhäst, *en ~* a horse of a pair; *köra med ~ar* drive in a carriage and pair; *de hänger ihop som ~ar* they are inseparable
pari *-t 0, till ~* at par; *under (över) ~* below (above) par; *stå under (över) ~* be below par el. at a discount (above par el. at a premium)
paria *-n -s* pariah, bildl. äv. outcast
parikurs parivärde par value; *till ~* at par
parisare 1 pers. Parisian **2** kok. hamburger **paris[er]mod** Paris fashion **paris[er]modell** Paris model **parisersmörgås** hamburger **parisisk** *a* Parisian **parisiska** kvinna Parisienne
paritet parity; *i ~ med* on a level (par) with
parivärde par value
park *-en -er* **1** -anläggning park, offentlig äv. recreation grounds pl.; mindre (i stad) ibl. äv. square **2** bestånd (av fordon, maskiner o.d.) park **-anläggning** konkr. [ornamental] park
parkera *tr itr* **1** park; för kortare uppehåll (t.ex. utanför butik) wait **2** F skämts.: placera park, dump **parkering 1** parking; *~ förbjuden* no parking **2** område se *parkeringsplats*
parkerings|automat parking-meter **-avgift** parking-charge **-förbud,** *det är ~* parking is prohibited; *utfärda ~* prohibit parking **-hus** multi-stor[e]y car park **-ljus** parking light[s pl.]; *köra med (på) ~* drive with parking lamps (lights) **-lykta** parking (side) lamp **-mätare** parking-meter **-plats** parking-place; område car park, amer. parking lot; mindre parking-ground; rastplats vid landsväg lay-by, amer. emergency roadside parking **-vakt** för -mätare traffic warden; vid -plats car-park attendant
parkett *-en -er* **1** teat. stalls pl., amer. parquet, orchestra [seats pl.]; *främre ~* orchestra stalls pl.; *bakre ~* pit; *på ~[en]* in the stalls **2** golv parquet flooring **-biljett** ticket for the stalls **-golv** parquet floor **-läggare** parquet-floor layer **-läggning** parquet-floor laying **-plats** seat in the stalls, stall **-stav** parquet block
park|tant children's playground attendant **-vakt** park-keeper
parlament *-et -* parliament; *sitta i ~et* be a member of parliament, be an M.P. **parlamentariker** parliamentarian, parlamentsledamot member of parliament **parlamentarisk** *a* parliamentary **parlamentarism** parliamentary government, mera abstr. parliamentar[ian]ism **parlamentera** *itr* underhandla negotiate, parley; resonera palaver **parlamenterande** *-t 0* parley[ing], negotiation; palaver[ing] **parlamentsbeslut** act (decree) of parliament **parlamentsbyggnad** parliament building; *~en* i Engl. the Houses of Parliament pl. **parlamentsledamot** member of parliament, M.P. **parlament[s]val** parliamentary election **parlamentär** parleyer, negotiator **parlamentärflagg[a]** flag of truce
parlör phrase-book
parmesanost Parmesan [cheese]
parnass *-en -er, den svenska ~en* the Swedish Helicon
parning mating, pairing, copulation **parningsdrift** sexual urge **parningslek** courtship end. sg., mating dance **parningstid** mating season
parodi parody, *på* of; skit, *på* on; *en ren ~ på . .* a travesty of . . **parodiera** *tr* parody, mimic, travesty **parodisk** *a* parodic[al]
paroll *-en -er* lösenord password, countersign; bildl. watchword, slogan
paroxysm *-en -er* paroxysm
part *-en -er* **1** andel portion, share **2** jur., *~ [i målet]* party; det är bäst *för alla ~er . .* for all parties (everybody) [concerned]; man måste höra *bägge ~erna . .* both sides **3** sjö. part; kardel strand
parterr *-en -er* **1** terrass parterre **2** brottn. ground wrestling
parti *-[e]t -er* **1** del part äv. mus.; avdelning section; av bok passage **2** H kvantitet lot; varusändning consignment, parcel; isht sjö. äv. shipment, kvantitet quantity, alla m. of framför följ. best.; *~er på (om)* minst 1 ton lots (osv.) of . .; *i små ~er* in small lots (batches); *i stora ~er* ofta in bulk; *i ~ och minut* [by] wholesale and [by] retail **3** polit. party; *ansluta sig till (skriva in sig i) ett ~* join a party **4** spel~ game; *ett ~ schack* a game of chess; *spela ett ~ bridge* play (have) a game (round) of bridge **5** gifte match; *. . är ett gott (bra) ~ . .* is an eligible (a good) match; *göra ett gott (rikt) ~* make a good match (marry a fortune) **6** *ta ~ för ngn, ta ngns ~* take a p.'s part (side), side with (stand up for) a p.; *ta ~ mot ngn* side against (take sides against) a p.; *ta sitt ~* make one's choice
parti|affär H wholesale-business **-anda** party spirit **-beteckning** party label
particip *-et -er* participle **participiell** *a* participial
partiell *a* partial **partiellt** *adv* partially; *~ arbetsför* partially disabled; *de ~ arbetsföra* äv. those of reduced working-capacity; *vara ~ tjänstledig* be on partial leave of absence

arti|gängare polit. fanatical party man **-handel** wholesale trade (handlande trading) **-intresse** interests (pl.) of the party; *det är ett ~ att* +sats it is in the interests of the party that . .
artik|el *-eln -lar* particle äv. språkv.
arti|kongress party conference **-ledare** party leader (F boss) **-ledning** koll. party leaders pl., styrelse party-executive [body] **-lös** *a* non-party . ., friare independent, neutral; *vara ~* äv. be outside the parties **-pamp** party bigwig (boss) **-politik** party politics sg. el. pl. **-politisk** *a* attr. . . of party politics, party-political . . **-pris** wholesale price **-program** party-programme, platform
artisan partisan
artisekreterare party secretary, secretary of a (resp. the) party
partisk *a* partial, bias[s]ed, one-sided **partiskhet** partiality, bias, one-sidedness
arti|splittring splitting-up into parties **-tagande,** *ett (varje) ~* vore förkastligt a (any) taking of sides . .
artitiv *a* partitive
artitrogen *a* . . loyal to one's (the) party
artitur *-et -* score
arti|vän member of one's party **-väsen** party system
artner *-n -[s]* partner
part|y *-yt -yn (-ies)* party
ar|tåig *a* artiodactyl, even-toed **-vagn** two-horse carriage
parv|el *-eln -lar* little fellow (chap)
parveny *-n -er* parvenu, upstart
par|vis *adv* in pairs (couples) **-åkning** sport. pair-skating
pasch|a *-an -or* pasha
pasm|a *-an -or* o. **pasman** *-et -* skein
1 pass *-et -* **1** passage pass, bergs~ äv. gorge, defile **2** legitimation passport; *falskt (förfalskat) ~* forged passport; *förlänga (utställa) ett ~* renew (issue) a passport **3** jakt., polist. o.d. (patrulleringsområde) beat; *polisen hade [sitt] ~ på* Storgatan äv. the policeman went on (made) his rounds in . .; *stå på ~* allm. be on guard (on the look-out); *stå (ställa sig) på ~* jakt. be at (take up) one's stand (station) **4** tjänstgöring duty, skift spell; *vem har ~[et] i kväll?* who is on duty (in charge) tonight?, who has (is on for) night-duty? **5** *hur ~ mycket (lång)* [about] how much (long); *så ~ [mycket]* tillräckligt *att* +sats [about] enough to +inf.; *så ~ mycket (nära, stor)* så [här] mycket osv. as much (near, big) as this (that); *så ~ mycket kan jag säga dig* I can tell you this much; *så ~* till den grad *stor (nära, vanligt) att* . . so big (near, common) that . .; *vara ngn till ~* satisfy (please) a p.; *komma [ngn] väl (bra) till ~* isht om konkr. ting come in handy, om kunskap o.d. stand a p. in good stead; *det kom mig väl till ~* friare äv. it was just what I wanted; *vid ~* femtio stycken about . ., . . or so (thereabouts)
2 pass *itj* kortsp. pass!, none!; *säga ~* say (call) 'pass' ('no bid')
3 pass *itj, ~ för den!* that's mine!, I want that one!
passa I *tr itr* **1** (ibl. äv. *~' på*) ge akt på attend (pay attention) to, hålla ett öga på keep (have) an eye on; [av]vakta, vänta på watch for, wait (hålla utkik efter look out) for, försåtligt waylay; se efter see to, look after, se till mind, tend, sköta om take care of; betjäna wait upon; maskiner o.d.: sköta äv. operate, övervaka äv. watch [over]; *~ [på] en sjuk* äv. nurse a sick person (patient); *~ [på] telefon[en]* answer the telephone; *~ tiden* vara punktlig be punctual, be (come) in time; *~ på* utnyttja *tillfället* take the chance (opportunity), avail oneself of the opportunity (chance); *~* komma i tid till *tåget* be in time for the train
2 vara lagom (avpassad), lämpa sig o. lämpa, avpassa, anpassa fit isht om konkr. ting; suit, *efter* i bägge fallen to; vara lämplig be fit[ting], *till* for; be suitable, *till* for, *för* to; duga äv. do; vara läglig, bekväm äv. be convenient, *[för] ngn* to a p.; *den* (t.ex. hatten, rocken) *~r mycket bra* el. *precis (inte [alls])* it fits perfectly, it is a good fit (doesn't fit [at all] el. fits [very] badly el. is a misfit); möbeln *~r inte här* . . is out of place here; *om priset ~r er* if the price suits (is acceptable to) you; *om det ~r er* är lägligt äv. if it is convenient to (will do for) you, if it is all right [for you]; *när det ~r henne* when it suits her, när hon har lust äv. when she chooses (likes), när det är lägligt at her [own] convenience; *gör det när det ~r er* äv. take your own time [about it]; *det ~r mig utmärkt* it suits me excellently (F down to the ground el. to a T). — M. prep.- konstr.: . . *~r inte för en stor familj* äv. . . is unsuitable for a large family; *de ~r för varandra* they are suited to each other; *han ~r inte för platsen* he is not the man (will not do, is not suited el. cut out) for the post; *den ~r* går in *i fickan* it fits into the pocket; *det ~r [in] i sammanhanget* it fits [into] the context; *nyckeln ~r inte i (till) låset* the key doesn't fit the lock; *en slips som ~r till* kostymen a tie that goes well with (matches) . .; *han ~r bra till (att vara)* lärare, chef o.d. he is cut out el. is the right sort of man for (to be) a . .; *han ~r bra till* . . äv. he will make a good . .
3 vara klädsam suit, become; anstå be becoming (*ngn* for a p.) osv., jfr *II 2*
4 kortsp. pass, say 'no bid'
5 sport., *~ [bollen]* pass [the ball]
II *rfl* **1** lämpa sig, vara lämpligt be convenient (opportune); *när det ~r sig* when conveni-

ent

2 anstå be becoming, be fitting, *för ngn* for a p.; become, befit, *för ngn* a p.; *det ~r sig inte* it is not proper (F not good form, not done)

3 se upp look out, *för* for; akta sig take care of oneself; *~ sig att inte* inf. take care not to inf. — Jfr *passande*

III m. beton. part. **1** *~ av* se *avpassa* **2** *~ ihop* **a)** itr. eg. fit [together]; friare fit in; stämma tally, square, *med* with; *~ ihop [med varandra]* om pers. suit (be well suited to) each other, get on well together; *~ ihop med* ngt match . .; handskarna *~r inte ihop* . . are not a pair, . . do not belong together; *det ~r bra ihop med* mina planer it fits in well with . . **b)** tr. fit . . together; tekn. joint, join . . together **3** *~ in* **a)** tr. fit . . in[to] **b)** itr. fit [in], tekn. äv. gear; *det ~r inte in här* it doesn't suit (do) [well] here; *~ in i* fit (bildl. äv. dovetail) [into]; *~ in på* . . apply (be applicable) to . .; *det ~r precis in på honom* the description fits him exactly **4** *~ på* look out (F sharp); *pass på, så att du inte ramlar!* mind you don't fall!; *~ på medan* . . (*att* inf.) take the opportunity while . . (to inf.); *inte ~ på* se upp not give attention; *vara [infamt] påpassad* be [closely] watched **5** *~ till* se *avpassa* **6** *~ upp* **a)** betjäna attend, vid bordet wait, *på* båda on; *låta ~ upp sig* let oneself be waited (attended) on **b)** *pass upp (opp)* pass på! look (watch) out!

passabel *a* passable; skaplig (attr.) . . which is (was etc.) not too bad, tolerable

passadvind trade-wind

passage *-n -r* passage abstr. o. konkr. (äv. avsnitt i bok o.d. samt mus.); astr. transit; arkad arcade; *hindra ~n* block (obstruct) the thoroughfare; *lämna fri ~* leave the way free

passagerarbefordran transport (conveyance) of passengers **passagerare** passenger; i taxi o.d. fare **passagerarfartyg** passenger steamer (större liner) **passagerar[flyg]plan** passenger airliner **passagerarlista** list of passengers

passande *a* lämplig suitable; fit isht pred. i bet. 'värdig'; läglig convenient, *till* i samtl. fall for; lämpad conformable, *för* to; riktig, rätt appropriate, proper, correct; tillbörlig becoming, befitting; vederbörlig due; *en till* möblerna *~ matta* a carpet which suits . .; *det skulle inte vara ~* anständigt it would not be proper (decent, seemly); *vara ~* ägnad, an-, av[passad *för* be fitted (suited, adapted) for; *det är inte ~ för en ung flicka att* . . it is not done (the thing) for a young girl to . .; *det ~* subst. a.: det korrekta what is [right and] proper, the [proper] thing, det anständiga decorum, good form; *känsla för det ~* sense of propriety

passarben leg of a pair of compasses **passare** cirkelinstrument compasses pl.; *en ~* pair of compasses

pass[avgift passport fee (charge) **-byr**[å] passport office

passbåt tender

passé *a* passé fr., om kvinna passée fr., om pe[rs.] äv. . . past one's prime, omodern äv. outmoded

passepartout *-en -er* passe-partout fr.

passera *tr itr* **1** *~ [förbi]* pass äv. friare bildl., pass by; överskrida cross; *det får (ka[n]) ~* gå för sig it will do, let it pass; *filmen ~[de] censuren* the film was passed by the censo[r]; *~ graderna* (i tjänsten) vanl. rise through th[e] various grades; *han ~de* de andra löparna h[e] overtook (got ahead of) . .; *det låter jag ~* överser jag med I am willing to overlook tha[t] (let it pass); *ett ~t stadium* a stage that ha[s] passed (gone by) **2** hända happen osv., jfr *hän[da I]* **3** kok. strain, genom durkslag press . . through a colander **passersedel** pas[s] permit

passform om kläder o.d. fit

pass[formalitet passport formality **-foto[grafi]** passport photo[graph] **-frihe[t]** exemption from the requirement of a pass[port]; *införa ~* abolish the need for pass[ports]; *det råder ~* there is no obligation t[o] have a passport

pass[gång amble **-gångare** ambler

passion lidelse, lidande passion; mani mania; käpphäst hobby; *ha en fullkomlig ~ för a[tt]* inf. be passionately fond of ing-form; *med ~* passionately **passionerad** *a* ivrig, entusiastis[k] keen, ardent, eager, enthusiastic; varmblodi[g] lidelsefull impassioned; *han är [en] ~ fiskar[e]* äv. he is an angling enthusiast, fishing is [a] passion with him; *~ kärlek* passionate love; *en ~ rökare* a confirmed smoker **passionerat** *adv* passionately; *vara ~ förälskad* . . äv. love . . to distraction **passionsfri** dispassionate **passionsspel** Passion Pla[y] **passionsvecka** Holy (Passion) Week

passiv I *a* passive; *~ delägare (medlem)* sleeping partner (associate member); *förhålla sig ~* remain passive (neutral), sit (stand) back **II** *-en (-et) 0* språkv. (huvudform) the passive [voice] **passiva** *pl* H liabilities, debt[s] **passivitet** passivity, passiveness **passiv[um** *-et (-um) 0* se *passiv II*

pass[kontroll abstr. examination of passports; konkr. passport office **-lättnader** p[l] easing (sg.) of passport restrictions

passning 1 eftersyn attention, looking to; tillsyn tending; skötsel nursing; betjäning attendance, service, waiting-on **2** sport. pass

passopp *-en -er* attendant, pojke page[-boy]; *vara ~ åt* . . fetch and carry for . .

passpoal *-en -er* braid end. sg., edging

passtvång, *införa ~* make passports compulsory; *avskaffa ~* abolish the need fo[r]

passports
assus *-en -ar* passage
ass|visering visaing of passports (resp. a passport) **-visum** [passport] visa
ast|a *-an -or* paste
astej *-en -er* pie, liten patty **-deg** pastry
astell *-en -er* pastel; *måla i* ~ paint in pastel **-färg** pastel[-colour] **-krita** pastel [crayon] **-målning** pastel [painting (drawing)], tavla pastel [picture]
astilj o. **pastill** *-en -er* pastille, lozenge
astisch *-en -er* pastiche
astor frikyrkl. o. isht om utländska förh. pastor; ~ [*Bo*] *Ek* [the] Rev. Bo Ek **pastoral** *-en -er* o. *a* pastoral **pastorat** *-et* - ung. parish
pastor[at]sadjunkt curate **pastorsexpedition** ung. [parish] registrar's (register) office **pastorsämbete** parish authority
astörisera *tr* pasteurize
atent *-et* - patent, *på* for; ~brev letters patent pl.; *bevilja (få, ha, söka, ta ut)* ~ grant (obtain, hold, apply for, take out) a patent; ~ *sökt* ss. påskrift patent pending (applied for) **-ansökan** application for a patent **-brev** letters patent pl. **-byrå** patent agency
atentera *tr* patent, take out a patent for, patentskydda protect . . by [a] patent **patenterbar** *a* patentable
atent|innehavare holder of a (resp. the) patent, patentee **-kork** patent stopper **-lås** safety (yale, patent) lock, smäcklås latch **-medicin** patentskyddad patent medicine; universalmedicin nostrum, quack medicine **-register** register of patents **-rätt** lag patent law; rättighet patent right[s pl.] **-skydd** protection by a patent (resp. by patents) **-skyddad** *a* patented **-sökt** *a* ss. påskrift patent pending (applied for) **-verk** patent office; *Patent- och Registreringsverket* the National [Swedish] Patent and Registration Office
at|er *-ern -rar* priest; ~ *X.* Father X. **paternosterhiss** paternoster elevator **paternosterverk** endless chain conveyor; mudderverk dredge[r]
atetisk *a* högstämd lofty, elevated; högtravande highflown; lidelsefull passionate; gripande pathetic
atiens *-en -er* patience; *lägga* ~ play [at] patience **patient** patient; sjukdomsfall äv. case
atina *-n 0* patina; bildl. äv. mellowness **patinera** *tr* coat . . with a patina, patinate; ~*d* äv. patinous, bildl. mellow[ed]
patolog pathologist **patologi** *-[e]n 0* pathology **patologisk** *a* pathological
patos *-et 0* lidelse passion, devotion; t.ex. ungdomligt fervour; t.ex. deklamatoriskt, falskt pathos; *djupt* ~ profound emotion; *socialt* ~ passion for social justice
patrask *-et 0* rabble, riff-raff

patriark *-en -er* patriarch **patriarkalisk** *a* patriarchal **patriarkat** *-et 0* patriarchate
patricier *s* o. **patricisk** *a* patrician
patriot *-en -er* patriot **patriotisk** *a* patriotic **patriotism** patriotism
1 patron 1 godsägare [country] squire; husbonde master, principal, F boss **2** skydds~ patron saint
2 patron mil. cartridge äv. friare (om patronliknande förpackning el. föremål); rörpost~ [dispatch] carrier; för t.ex. kulpenna refill [cartridge]; *lös (skarp)* ~ blank cartridge (ball-cartridge) **-band** belt [of cartridges] **-bälte** cartridge-belt **-hylsa** cartridge[-case] **-väska** [cartridge-]pouch
patrull *-en -er* patrol; *stöta på* ~ bildl. (stöta på motstånd) meet with (rouse) opposition, *hos ngn* from a p. **patrullbåt** patrol (reconnaissance) boat, P-boat **patrullchef** patrol leader **patrullera** *tr itr* patrol; itr. äv. be on patrol duty **patrullering** patrol[ling]; *ha* ~ be on sentry-go **patrulleringsområde** patrolling-district **patrullstrid** patrolling-party skirmish (encounter) **patrulltjänst** patrol service (duty) **patrullverksamhet** patrolling activity
patt *oböjl. a*; *vara* ~ be stalemate; *göra . .* ~ stalemate . .
Paulus aposteln [St.] Paul
paus *-en -er* **1** isht i tal pause; uppehåll, avbrott break, intermission; teat., radio. interval, amer. intermission; *en* ~ *i konversationen (fientligheterna)* a lull in the conversation (in the hostilities); *göra en* ~ i t.ex. tal make a pause, i arbetet have a break **2** mus. rest **pausera** *itr* pause, stop, make a pause **paussignal** radio. interval signal
paviljong *-en -er* pavilion
pax *itj* se *3 pass*
pechblände pitchblende
pedagog *-en -er* allm. education[al]ist, lärare pedagogue **pedagogik** *-en 0* pedagogy **pedagogisk** *a* pedagogic[al]; uppfostrande educational
pedal *-en -er* pedal
pedant fussy (meticulous) person; formryttare pedant **pedanteri** *-et 0* fussiness, meticulousness; pedantry **pedantisk** *a* fussy, meticulous; pedantic
pederast *-en -er* p[a]ederast **pederasti** *-[e]n 0* p[a]ederasty
pediatrik *-en 0* p[a]ediatrics **pediatriker** p[a]ediatrician **pediatrisk** *a* p[a]ediatric
pedikur *-en 0* pedicure, chiropody **pedikurera** *tr* pedicure **pedikurist** chiropodist **pedikyr** osv. se *pedikur*
pegas *-en -er* Pegasus
pejla *tr itr* **1** bestämma riktningen till take a bearing of; flyg. (med radio) locate; orientera sig take one's bearings **2** loda sound äv. bildl. **pejl-**

apparat direction finder **pejling** bearing; radio location; sounding; jfr *pejla 1* o. *2* **pejlram** direction finding frame **pejlskiva** pelorus

pejorativ *a* pejorative

peka *itr* point, *på* at (to), *på att . .* to the fact that . .; ~ tyda *på att . .* äv. indicate that . .; *gå dit näsan ~r* follow one's nose; en tornspira *som ~r mot himlen . .* that soars towards the sky; *hon får allt vad hon ~r på* her slightest wish is fulfilled, everything is hers for the asking; allt *~r på mord . .* points to murder; *allt ~r åt det hållet* everything points in that direction; *nålen ~r åt norr* the needle points [to the] north; *~ ut* point out; välja ut single out; designera designate, *ngn som* a p. as; *känna sig utpekad* feel accused; *den utpekade* brottslingen the alleged . . **pekfinger** forefinger, index finger

pekin[g]es *-en -er* o. **pekin[g]eser** *-n -* pekin[g]ese, Pekin[g]ese (båda pl. lika), F peke

pekoral *-et -* pretentious (bombastic) trash end. sg.; *ett ~* a piece of trash

pekpinne pointer

pekuniär *a* pecuniary, financial

pelagisk *a* pelagic

pelare pillar äv. bildl.; kolonn column

pelargon o. **pelargoni|a** *-an -or* pelargonium, ofta geranium

pelar|gång colonnade; kring klostergård cloister; arkad arcade **-helgon** stylite, pillar saint **-rad** colonnade, range of columns **-sal** pillared hall **-valv** pillared vault

pelikan pelican

pen *-en -ar* [hammer-]peen

penater *pl* Penates; *flytta sina ~* move one's Lares and Penates

pendang counterpart, companion piece; *bilda en ~ till* äv. match

pend|el *-eln -lar* pendulum **pendla** *itr* **1** eg. oscillate, pendulate; svänga swing [to and fro]; *~ mellan två ytterligheter* hover between two extremes **2** F åka fram och tillbaka (t.ex. om förortsbo) commute **pendlare** F förortsbo som dagligen åker till och från sitt arbete commuter **pendling** oscillation, pendulation; swinging end. sg. **pendyl** *-en -er* ornamental (vägg~ wall, bords~ mantelpiece) clock

penetration penetration **penetrera** *tr* penetrate

peng *-en pen[nin]gar* slant coin, piece of money; *en vacker ~* summa a nice sum; jfr följ. **pengar** *pl* koll. money sg.; kapital capital sg., funds; *~ eller livet!* your money or your life!; *kontanta (reda) ~* cash, ready money; *ha mycket (inte ha mycket) ~* have a lot of (not have much) money; *ha ~ till* mat (det nödvändigaste) have money for . .; *mina sista ~* the last of my money; *betala stora ~ för ngt* pay a lot [of money] for a th.; *förtjäna (göra sig) stora ~ på ngt* make big mon[ey] (profits) on (by) a th.; *lägga ner ~ på n[gt]* put [a lot of] money into a th.; *samla in ~* collect money; på listor make a collection; större skala open a fund; *man kan inte få a[llt] för ~* everything cannot be bought wi[th] (had for) money; *det kan inte fås för ~* is not to be had for [love and] money; *va[d] blir (gör) det i svenska ~?* how much is th[at] in Swedish money?; *hjälpa ngn med ~* help (assist) a p. financially; *leva på ~* ha[ve] a private income; *vara utan ~* be penniles[s] (out of cash)

penibel *a* pinsam painful; kinkig awkwar[d]; *vara i en ~ situation* be in a bit of a fix (i[n]) an awkward situation)

penicillin *-et 0* penicillin **-behandlin[g]** penicillin treatment

penis *-en -ar* pen|is (pl. -es, F -ises)

penn|a *-an -or* allm. pen; blyerts~ penci[l]; skribent writer; *ha (vara) en god (skarp) ~* have a good (keen) pen; *han är en god ~* äv. he is a clever writer; *leva av sin ~* liv[e] by one's pen (writing)

pennalism bullying **pennalist** bully

penn|drag stroke of the pen **-fodral** pen[cil]-case **-formerare** pencil-sharpene[r] **-fäktare** scribbler **-förlängare** penci[l]-holder

penning se *peng*; *~ens makt* the power o[f] money; *få ngt för en billig (ringa) ~* get [a] th. cheap[ly] (F for a song) **-angelägenhe[t]** money matter **-begär** craving (desire) fo[r] money **-behov** need of money **-bekym[mer]** *pl* financial (pecuniary) worries **-bris[t]** shortage (lack) of money **-dryg** *a* purse-proud **-fråga 1** -angelägenhet money matte[r] **2** *det är en ~ för honom* it is a question o[f] money for him **-förlägenhet** financia[l] (pecuniary) difficulty (embarrassment); *var[a] i ~* äv. be in financial straits, be short o[f] money **-försändelse** remittance [of mon[ey]] **-gräs** penny-cress, fan weed **-gåv[a]** money-gift **-hjälp** pecuniary assistanc[e] **-knipa** lack of money; *vara i ~* be hard u[p] **-lotteri** state lottery [with money prizes] **-marknad** money-market **-medel** *p[l]* money sg., [pecuniary] means; kapital funds[,] capital sg. **-placering** investment [of mone[y] (capital)] **-politik** monetary policy **-pun[g]** money-bag, purse **-stark** *a . .* in a stron[g] financial position, attr. äv. moneyed **-summa** sum [of money] **-värde** pengarnas köpkraf[t] value of money, money value **-värdeförsämring** depreciation of the value of money **-väsen** myntsystem monetary system; finanse[r] finances pl.

penn|kniv penknife; fick- pocket-knif[e] **-skaft** eg. penholder **-skrin** pencil-box **-stift** [loose] lead **-stump** pencil stum[p]

teckning pen-and-ink drawing **-vässare** pencil-sharpener
enny *-n,* pl. vanl. *pence* penny (pl.: om belopp 'pence', om enskilda mynt 'pennies')
ensé *-n -er* pansy
enséer *pl,* [*försjunken*] *i sina* ~ lost in thoughts
ens|el *-eln -lar* målar~ o.d. [paint-]brush **penseldrag** stroke of the brush **penselföring** brushwork
ension 1 underhåll pension, ålders~ äv. superannuation [benefit]; *få (avgå med)* ~ get (retire on) a pension **2** inackordering board; se äv. *pensionat* **3** flick~ girls' boarding-school
pensionat *-et* - inackorderingsställe boarding-house; mindre hotell [private (family)] hotel
pensionera *tr* pension [off], grant a pension to; ~*d* pensioned, ofta retired
pensions|avgift pension contribution **-berättigad** *a* . . entitled to a pension **-besked** certificate of pension benefits **-brev** letter of pension **-förmån** pension benefit **-försäkring** individuell individual old-age pension insurance **-grundande** *a,* ~ *inkomst* pensionable income **-mässig** *a* pensionable, . . qualified for (to receive) a pension; *vara* ~ friare be about to retire [from one's position] **-pris** på hotell o.d. terms pl. **-underlag** pensionable income **-ålder** pensionable (retirement) age
pensionär pensionstagare pensioner **pensionärshem** pensioners' home, home for aged (old, retired) people
pensla *tr* paint; ~*de ögonbryn* pencilled eyebrows
pens|um *-um[et] -um (-a)* task, lesson, isht amer. äv. assignment
penta|gram pentagram **-meter** pentameter
penteri *-[e]t -er* o. **pentry** *-t -n* sjö. pantry; kokvrå kitchenette
peppar *-n 0* pepper; ~, ~*!* ss. besvärjelse touch wood!; *dra dit* ~*n växer!* go to blazes!; *jag önskar honom dit* ~*n växer* I wish him further **-kaka** gingerbread biscuit; *mjuk* ~ gingerbread cake **-kaksdeg** gingerbread dough **-kaksform** gingerbread cutter **-korn** peppercorn **-kvarn** pepper-mill **-mynta** peppermint **-rot** horse-radish **-rotskött** boiled beef with horse-radish sauce **-ströare** pepper-pot
peppra *tr itr* pepper, [*på*] *ngt* a th.; ~ *ngn med kulor (skott)* pepper a p. with shot; ~ *ngt med* roliga poänger pepper a th. with . .
pepprad *a* skarp, pepprig peppery, hot; *en* ~ alltför dyr *räkning* a stiff bill
pepsin *-et (-en) 0* pepsin
per *prep* **1** medelst by; ~ *brev (järnväg, korrespondens, telefon)* by letter (rail[way], correspondence, telephone) **2** i distr. uttr.: ~ *månad (styck, ton)* a) varje månad osv. a (per, ibl. the) month (piece, ton) b) månadsvis osv. by the month (piece, ton); två gånger ~ *månad (vecka, år)* äv. . . monthly (weekly, yearly); 5 kronor ~ *styck* äv. . . apiece, . . each; ~ *år* årligen äv. annually; kansl. per annum; ~ *gång* varje gång every (each) time; åt gången at a time **3** i div. uttr. (H): en växel ~ *tre månader* . . at three months; ~ *den 31 mars* a) om kontoutdrag up to [and including] (as at) [the] 31st March b) om saldo [as] at [the] 31st March
Per, *Sankte* ~ St. Peter
per capita *adv* per capita
perenn *a* perennial
perfekt I *a* perfect; *en* ~ *kock (maskinskriverska)* ofta a first-rate cook (typist) **II** *adv* perfectly **III** *-et -[er]* the perfect [tense]; ~ *particip* past (perfect) participle **perfektionist** perfectionist **perfekt|um** *-um -er* se *perfekt III*
perfid *a* perfidious; lömsk treacherous **perfiditet** *-en -er* perfidiousness end. sg.; perfidy; jag ignorerar *hans* ~*er* . . his perfidious insinuations
perforera *tr* perforate **perforering** perforation
pergament *-et -[er]* parchment, till bokband o.d. äv. vellum
pergament[s]|band parchment (vellum) binding **-papper** parchment paper **-rulle** roll of parchment
pergol|a *-an -or* pergola
periferi *-[e]n -er* **1** cirkel~ circumference **2** utkant, ytterområde periphery; *i stadens* ~ äv. on the outskirts of the town **periferisk** *a* peripheral äv. bildl.
perifrastisk *a* periphrastic
period *-en -er* period äv. telef.; ämbets~ o.d. term; *en* ~ *av dåligt väder (melankoli)* a spell of bad weather (melancholy) **periodavgift** telef. charge for one period **periodicitet** *-en 0* periodicity **periodisk** *a* periodic; ~ *tidskrift* periodical
period|kort season ticket **-läsning** skol. teaching concentrated on certain subjects [for fixed periods] **-supare** periodical drinker **-vis** *adv* periodically
peri|skop ~*et* ~ periscope **-styl** ~*en* ~*er* peristyle
perkussion percussion
permanens *-en 0* permanence **permanent I** *a* permanent; *hans* ~*a penningbekymmer* äv. his perpetual financial difficulties **II** *-en 0* perm **permanenta** *tr* **1** hår perm; *är hon* ~*d?* has she had her hair permed?; [*låta*] ~ *sig* have a perm **2** väg lay . . with a permanent surface; ~*d väg* road with a permanent surface **permanentondulering** permanent waving; *en* ~ a permanent wave
permission leave [of absence]; på längre tid

furlough; *få* ~ get (be granted) leave; *ha* ~ be on leave **permissionsansökan** application for leave **permissionsförbud** suspension of leave **permissionssedel** [leave] pass **permittent** mil. soldier on leave **permittera** *tr* **1** mil. grant leave to **2** entlediga (arbetare) dismiss [temporarily], lay off; *vara* ~*d* be [temporarily] dismissed (laid off work) **permittering** av arbetare temporary dismissal, lay-off

perniciös *a* pernicious

perpendik|el *-eln -lar* perpendicular

perpetuum mobile *n* maskin perpetual motion machine

perplex *a* perplexed; *bli* ~ *över ngt* äv. be taken aback by a th.

perrong *-en -er* osv. se *plattform* osv.

persed|el *-eln -lar* mil. item of equipment; *-lar* utrustning equipment, kit båda sg. **persedelvård** mil. kit-cleaning, care of kit

perser Persian

persian *-en 0* Persian lamb **-päls** Persian lamb coat

Persien Persia

persienn *-en -er* Venetian blind

persiflage *-t 0* persiflage

persik|a *-an -or* peach **persiketräd** o. **persikoträd** peach-tree

persilja *-n 0* **1** parsley **2** *prata* ~ talk rubbish **persiljesmör** parsley (maître d'hôtel) butter

persisk *a* Persian; *Persiska viken* the Persian Gulf **persisk|a** *-an* **1** pl. *-or* kvinna Persian woman **2** pl. *0* språk Persian. — Jfr *svenska*

person allm. person äv. gram.; nedsätt. äv. individual; framstående personage; ~*er* a) vanl. (isht mindre formellt) people b) passagerare passengers; ~*erna* teat. (rollistan) the cast sg.; *en fullvuxen* ~ an adult (a grown-up) [person]; *en högt uppsatt* ~ a man in a high (an exalted) position, a man of standing; *en offentlig* ~ a public figure (character); *min ringa* ~ my humble self; *i egen hög* ~ in person, personally; borgmästaren *i egen hög* ~ äv. . . himself; *per* ~ per person, per (a) head, each, apiece

personal *-en -er* staff; isht mil., på sjukhus, offentlig institution o.d. personnel; *ha för liten (stor)* ~ be understaffed (overstaffed); *höra till* ~*en* be on the staff **personalbrist** shortage of staff (personnel) **personalchef** staff (personnel) manager; för större företag äv. personnel officer **personalförening** staff club (association) **personalier** *pl* biographical data, personalia **personalunion** personal union **personalvård** staff welfare

personbefordran conveyance of passengers **personbil** private (mots. lastbil passenger) car **personhiss** passenger lift **personifiera** *tr* personify, ibl. impersonat[e]; *han är den* ~*de hederligheten* he is hones[ty] personified (is the soul el. incarnation [of] honesty) **personifikation** personificati[on] **personkult** personality cult **perso[n]kännedom** knowledge of people **person[lig]** *a* allm. personal äv. intim, närgången; individu[ell] individual; ~*t* på brev private; *göra* ~ *b[e]kantskap med ngn* make a p.'s person[al] acquaintance; *för min* ~*a del* for my [own] part; ~ *frihet* personal (individual) libert[y]; ~*t pronomen* personal pronoun; ~*a til[l]hörigheter* (~ *åsikt)* personal el. priva[te] belongings (opinion); *min* ~*a åsikt är* . . äv. personally, I think . . **personligen** *a[v]* personally; 'i egen hög person' äv. in perso[n]; *han var* ~ *närvarande* äv. he was prese[nt] himself; *jag inbjöd honom* ~ gjorde det sjä[lv] I invited him myself **personlighet** *-en -[er]* personality; person personage, figure; *han ä[r] en* ~ he has personality; *gå (komma) in p[å]* ~*er* indulge in personalities, become pe[r]sonal **personlighetsklyvning**, *lida av* ~ have a split (dual) personality

person|namn personal name **-skift** change [in personnel]; *viktigt* ~ *i regeringe[n]* important change in the Cabinet **-trafik** passenger traffic **-tåg** mots. godståg passenge[r] train; mots. snälltåg ordinary (slow) trai[n] **-vagn** passenger coach **-våg** scale[s pl.] större weighing-machine

perspektiv *-et* - perspective äv. bildl.; ~*e[n]* utsikterna the prospects; *nya* ~ äv. new vistas; *i* ~ in perspective **-fönster** picture (vista) window **-lära** [theory of] perspective **-ritning** o. **-teckning** perspective drawing

Peru Peru **peruan** *s* o. **peruansk** *a* Peruvian

peruk *-en -er* **1** eg. wig **2** F (om naturligt hå[r]) mop, stor, lurvig shock of hair **-makare** wig maker **-stock** **1** eg. wig-block **2** bildl., *e[n] gammal* ~ an old fog[e]y

pervers *a* perverted, sexually depraved; *han är* ~ äv. he is a pervert **perversite[t]** *-en -er* pervertedness end. sg., sexual perversion

peset|a *-an -as* peseta

pessar *-et -er* diaphragm, pessary, Dutch ca[p]

pessimism pessimism **pessimist** pessimis[t] **pessimistisk** *a* pessimistic

pest *-en -er* allm. plague; böldpest vanl. th[e] [bubonic] plague; friare äv. pestilence; *hat[a] . . som* ~*en* hate . . like poison; *sky som* ~*en* shun like the plague; *sprida sig som* ~*en* spread like a (the) plague **-böld** bubo[;] bildl. plague-spot **-härd** plague-spot

peta I *tr itr* **1** allm. pick, poke; ~ *hål i (på) ngt* poke a hole in (through) a th.; ~ *naglar[na]* clean one's nails; ~ [*sig i*] *näsan* pick one's nose; ~ [*sig i*] *öronen* clean one'[s] ars; ~ *i maten* av brist på aptit peck (pick) t one's food; ~ *på ngt* pick (poke) at a th., öra touch a th. **2** bildl. (utmanövrera) oust, avkeda dismiss; sport. drop **II** m. beton. part. **1** ~ *av (bort)* pick off away) **2** ~ *fram* eg. pull out; ~ *fram* hjälpa ram *ngn* push a p. [forward] **3** ~ *sönder* ick . . to pieces **4** ~ *till ngt* touch a th. **5** ~ *ut* avlägsna remove; ~ *ut ögonen på ngn* ut out a p.'s eyes

eterspenningen Peter's pence pl.

etgöra finicky job **petig** *a* smånoga, pedantisk inical, finicking; om pers. äv. meticulous, edantic; *ett ~t arbete* a finicky job; ~ *handstil* cramped hand

etit *-en 0* typogr. brevier, 8-point; sätta *med* ~ . . in brevier

etita *pl* estimates [of expenditure]; *lämna in sina* ~ äv. submit one's financial requirements

etit-chou *-n -er* el. *petits-choux* ung. cream-bun, cream-puff

etitess trifle; *förlora sig i ~er* get lost in petty details

etition petition, *om* for **petitionera** *itr* petition, make a petition, *om* i båda fallen for

petitionär *-en -er* petitioner

etmoj *-en -ar* F telef. [telephone] dial

etrifi|c|era *tr* petrify **petrifikat** *-et* - petrification, fossil

etroleum *-en (-et) 0* petroleum, mineral oil

Petrus aposteln [St.] Peter

etuni|a *-an -or* petunia

Pfalz the Palatinate **pfalzgreve** Count Palatine

phon pl. - akustisk enhet phon

pianist pianist, piano-player **piano I** *-t -n* piano (pl. -s); ss. mots. t. flygel upright piano; *spela* ~ play the piano **II** *adv, ta det ~!* steady!, take it easy! **pianoackompanjemang** piano-accompaniment **pianoklink** strumming (tinkling) on the piano **pianokonsert** musikstycke piano concerto (pl. -s) **pianol|a** *-an -or* pianola, player-piano

piano|lektion piano-lesson **-spel** musik piano-music **-stol** piano-stool, music-stool **-stämmare** piano-tuner **-tråd** piano-wire

pick se ~ *och pack*

picka *tr itr* **1** om fågel: ~ *på ngt* peck at a th.; ~ *hål på ngt* pick a hole in a th.; ~ *i sig* peck up **2** m. nål el. gaffel (t.ex. frukt) prick **3** om klocka tick; om hjärtat flutter, go pit[-a]-pat

pickelhuva spiked helmet, spec. om tysk dyl. pickelhaube ty.

pickels *-en 0* pickles pl.

picknick *-en -er (-ar)* picnic

pick och pack, *ta sitt* ~ take (gather) one's traps (goods and chattels); *han gav sig i väg med [allt] sitt* ~ he cleared out, bag and baggage

pickol|a *-an -or* o. **pickolaflöjt** piccolo[-flute]

pickolo *-n -r (-s)* page[-boy], amer. bellboy, F bellhop

pick-up *-en 0* pick-up **- -nål** styl|us (pl. äv.-i)

piedestal *-en -er* pedestal

pietet reverence; *hysa ~ för* . . hold . . in reverence **pietetsfull** *a* reverent, reverential **pietetslös** *a* irreverent **pietetslöshet** want of reverence, irreverence **pietism** pietism **pietist** pietist **pietistisk** *a* pietistic

piff I *-en 0* zest; *det är [en viss] ~ på henne* she has chic; *sätta ~ på ngt* add zest to a th.; *sätta ~ på maten* give a relish to the food **II** *itj,* ~, *paff* [, *puff*] bang, bang! **piffa** *tr,* ~ *upp* smarten up **piffig** *a* chick, snitsig chic, smart; pikant piquant; *en ~ hatt* äv. a saucy hat; *en ~ maträtt* a tasty (spicy) dish

pig|a *-an -or* maid

1 pigg *-en -ar* spike; tagg quill; spets point

2 pigg *a* **1** brisk, spry; kvick, käck spirited; vaken alert, wide-awake; *en ~ unge* a bright (sharp) child; *~a ögon* lively eyes; *känna sig* ~ i form feel fit **2** *vara ~ på ngt* be keen on a th. **pigga** *itr,* ~ *på sig* om sjuk pick up; ~ *upp* tr. buck up, muntra upp cheer up, stimulera stimulate; *det ~de upp* mig (dig osv.) it bucked (cheered) me (you osv.) up; ~ *upp sig* buck (cheer) up

piggig *a* spiky

piggna *itr,* ~ *till* come round

pigg|svin porcupine **-var** turbot

piggögd *a* alert-eyed; *vara* ~ have alert eyes

pigment pigment **pigmenterad** *a* pigmented **pigmentering** pigmentation

pigtjusare second-rate Don Juan

pik *-en -ar* **1** vapen pike **2** bergstopp peak **3** sjö. peak **4** stickord dig, taunt, innuendo; *ge ngn en* ~ make a [sly] dig at a p.; *det var en ~ till dig* that was one for you, that was a dig at you **pika** *tr* taunt, *ngn för ngt* a p. with a th.

pikant *a* piquant, kryddad äv. spicy, highly seasoned; *~a detaljer* spicy details; *en ~ historia* a spicy (racy) story; *ett ~ utseende* an intriguing appearance **pikanteri** piquancy end. sg.; *~er* pikanta detaljer spicy details

pikareskroman picaresque novel

piké *-n -er* tyg piqué

piktur hand, handwriting

1 pil *-en -ar* träd willow; för sms. jfr *björk-*

2 pil *-en -ar* **1** pilbågs~ arrow; armborst~ bolt; pilkastnings~ dart; *Amors ~ar* Cupid's darts (shafts, arrows); *snabb som en* ~ swift as an arrow; *fara i väg som en* ~ be off like a shot **2** pilformigt tecken arrow; vägvisare finger-post

pila *itr,* ~ *i väg* dart (dash) away **pilbåge**

bow **pilformig** *a* arrow-shaped; bot. sagittate[d]
pilgrim *-en -er* pilgrim **pilgrimsfalk** peregrine falcon **pilgrimsfärd** pilgrimage; *göra en* ~ go on a pilgrimage
pil|kastning spel darts **-koger** quiver
pill *-et 0* finicky job **pilla** *itr,* ~ knåpa *med ngt* potter at a th., mess about with a th.; ~ peta *på ngt* pick (poke) at a th., finger (touch) a th.; ~ *av (bort, fram, sönder)* se *peta II 1—3*
piller *pillret* - pill; *svälja det beska pillret* swallow the bitter pill **-ask** o. **-burk** pillbox
pilot *-en -er* pilot **-ballong** pilot-balloon
pil|snabb *a* swift, pred. äv. . . swift as an arrow **-snabbt** *adv* as swift[ly] as an arrow
pilsner *-n* - öl av pilsnertyp ung. lager; äkta Pilsener beer
pilspets arrow-head
pimp|el *-eln -lar* jig
1 pimpla *tr itr* dricka tipple
2 pimpla *tr itr* fiske. jig, *ngt* for a th.
pim|p|sten pumice[-stone]
pin *oböjl. a* o. *adv* se *kiv* o. *pinfull* m.fl.
pin|a I *-an -or* pain, torment[s pl.], suffering, anguish end. sg.; *göra* ~*n kort* get it over quickly **II** *tr* torment, torture; ~*s av oro (samvetskval)* be harassed by anxiety (compunction); ~ *livet ur ngn (ihjäl ngn)* bildl. worry the life out of a p. (a p. to death); ~ *i sig* mat force . . down; *en* ~*nde blåst* a biting (piercing) wind
pinal *-en -er* sak thing, article; ~*er* tillhörigheter paraphernalia; *inte göra en (ett)* ~ dyft not do a thing
pincené *-n -er* eye-glasses pl.; *en* ~ a pair of eye-glasses
pincett *-en -er* tweezers pl. *en* ~ a pair of tweezers
pin|full *a* stupfull dead drunk pred. **-färsk** *a* absolutely new (fresh), jfr *färsk*
ping|el *-let 0* tinkle, jingle **pingl|a I** *-an -or* [small] bell, tinkler **II** *itr* tinkle, jingle **III** *tr* ringa upp, *jag* ~*r [dig]* i eftermiddag I'll give you a ring (tinkle) . .
pingpong *-en 0* ping-pong
pingst *-en -ar,* ~*[en]* Whitsun[tide], jfr *jul* **-afton** Whitsun Eve, jfr *julafton* **-dag 1** Whit-Sunday, jfr *juldag 1* **2** ~*arna* pingsthelgen the Whitsun holiday sg. **-helg,** ~*en* Whitsun[tide] **-lilja** [white] narciss[us (pl. äv. -i) **-rörelse,** ~*n* the Pentecostal Movement **-vecka** Whit[sun] week **-vän** Pentecostalist
pingvin *-en -er* penguin
pinie o. **pinje** *-n -r* [stone-]pine; för sms. jfr *björk-*
pinkär *a* . . desperately in love, *i* with
pinn|e *-en -ar* allm. peg; större stick; för fåglar perch; steg~ rung; *stel (styv) som en* ~ [as] stiff as a poker; *ben, smala som -ar* legs as thin as sticks; *lägga några -ar på elden* put a few sticks (small logs) on the fire; *trilla av pinn[en]* dö peg out, svimma pass out
pinn|hål, *komma ett par* ~ *högre* rise a step or two **-soffa** rib-back[ed] settee **-stol** ung. Windsor-style chair
pinoredskap instrument of torture **pinsam** *a* painful; om t.ex. situation, paus äv. awkward; *med* ~ *noggrannhet* with scrupulous care **pinsamt** *adv* painfully; *han kände sig* ~ *berörd av det* it made a painful impression on him; *vara* ~ irriterande *noga* be irritatingly (alltför too) careful
pinsch|er *-ern -er (-rar)* se *dobermann[pinscher]* o. *dvärgpinscher*
pinupp|a *-an -or* pin-up [girl]; *-or* pinupbilder cheesecake sg.
pion *-en -er* peony
pioniär o. **pionjär 1** pioneer **2** mil. sapper **-anda** pioneer[ing]-spirit **-arbete** pioneer work; *göra ett* ~ do pioneer work, break new ground
1 pip I *-et* - ljud peep, cheep, fågels äv. chirp, råttas squeak **II** *itj* peep!
2 pip *-en -ar* på kärl spout
1 pip|a *pep pipit itr* om fåglar chirp, cheep, om råttor squeak; gnälla whimper, whine; om vinden whistle; 'jag vill inte' *pep han* . . he said in a squeaky voice; *det -er i bröstet på honom* there is a wheeze in his chest
2 pip|a *-an -or* allm. pipe; vissel~ whistle; böss~ barrel; skorstens~ flue; *en* ~ *tobak* a fill of tobacco; *röka* ~, *ta sig en* ~ *[rök]* smoke a pipe; *skära -or i vassen* ung. reap the benefit; *dansa efter ngns* ~ dance to a p.'s tune (pipe); *gå åt* ~*n* go to pot
pipare *-n* - zool. plover
pipborr reamer
pipett *-en -er* pipette
piphuvud pipe-bowl
pipig *a* om röst squeaky
pipkrage [fluted] ruff
piplärka pipit
pipolja [tobacco] juice
pippi *-n -ar* **1** fågel dick[e]y[-bird] **2** *få* ~ go dotty; *ha* ~ *på* . . have a 'thing' about . . , have a mania (craze) for . .
pip|rensare pipe-cleaner **-rök** pipe-smoke **-rökare** pipe-smoker
pipsill whiner, cry-baby
pipskaft pipe-stem, pipe-shank
pipskägg pointed beard; *ha* ~ äv. wear an imperial
pip|ställ pipe-rack **-tobak** pipe tobacco
pir *-en -ar (-er)* pier; vågbrytare mole; mindre äv. jetty
pirat sjörövare pirate **-sändare** pirate transmitter

pirig *a* poor, meagre

1 pirog *-en -er* båt pirogue

2 pirog *-en -er* pastej Russian pasty

pirra *itr* t.ex. i fingret tingle; *det ~r i magen* [*på mig*] I have butterflies in the stomach; *en ~nde känsla* a funny feeling

piruett *-en -er* o. **piruettera** *itr* pirouette

pisang plantain

pisk *-et 0* stryk whipping; *få ~* be whipped; *ge ngn ~* give a p. a whipping

pisk|a I *-an -or* whip; *han klatschade (svängde) med ~n* he cracked (flourished) his whip; låta ngn *smaka ~n . .* have a taste of the whip; *han kan inte arbeta om han inte har ~n över sig* he can't work unless he is driven **II** *tr itr* **1** eg. whip, stark. lash; prygla äv. flog; mattor, kläder beat; *regnet ~r* [*mig*] *i ansiktet (~r på fönstret)* the rain is lashing my face ([against] the panes); *~ på* driva på *hästen* whip on the horse; *~ upp ngn* beat up a p.; *~ upp* lidelserna stir (whip) up . . **2** vispa whip, whisk, beat [up] **3** *vara ~d* tvingad *att* inf. be driven (forced) to inf.

pisk|balkong balcony (terrace) for beating carpets (clothes etc.) **-käpp** beating stick **-rapp** lash, cut with a (resp. the) whip; bildl. whiplash **-skaft** stock (handle) of a (resp. the) whip **-snärt 1** på piska whiplash **2** piskslag crack **-ställning** carpet-beating rack

piss *-en 0* vulg. piss **pissa** *itr* piss, mindre vulg. pee, piddle **pissoar** *-en -er* urinal

pistasch *-en -er* krydda o. träd pistachio (pl. -s); fruktkärna pistachio nut **-mandel** se föreg.

pistill *-en -er* bot. pistil

pistol *-en -er* vapen pistol, F gun; *skjuta . . med ~* äv. pistol . . **-hölster** holster **-kolv** pistol-butt **-mynning** pistol-muzzle **-skjutning** pistol-shooting **-skott** pistol-shot **-skytt,** *en skicklig ~* a good shot with a pistol

pistong *-en -er* kolv piston

pitprops *-en 0* koll. pitprops pl.

pittoresk *a* picturesque

pivot *-en -er* o. **pivå** *-n -er* pivot

pjatt *-en -ar* squirt

pjoll|er *-ret 0* pladder babble, twaddle; struntprat drivel, silly talk **pjollra** *itr* babble, twaddle; drivel

pjosk *-et 0* **1** klemande coddling, pampering **2** sjåpighet effeminacy, softness; känslosamhet sentimentality **pjoska** *itr, ~ med ngn* coddle (pamper) a p.; *~ bort ngn* pamper (spoil) a p. **pjoskig** *a* mawkish, effeminate, soft **pjoskighet** se *pjosk 2*

pjunk *-et 0* **1** se *pjosk 2* **2** gnäll puling, whining

pjåkig *a* **1** se *pjoskig* **2** *idén är inte så ~* tokig, dum . . is not [too (so)] bad

pjäs *-en -er* **1** teat. play; *det hör till ~en* bildl. it is part of the game (business) **2** föremål, sak piece, thing; mil. piece [of ordnance], kanon gun **3** schack. man (pl. men)

pjäx|a *-an -or* skid~ skiing-boot

placera I *tr* **1** allm. place; förlägga, anbringa: person äv. station, sak äv. locate; gäster seat; *~ en beställning hos en firma* place an order with a firm; *~* avsätta *varor* place (dispose of, find a market for) goods; *överste Ek har ~ts vid* arméstaben Colonel Ek has been assigned to . . **2** *~ pengar* invest money **II** *rfl* **1** sätta sig seat oneself; ställa sig take one's stand **2** sport. secure a place; *~ sig som etta* come first; *inte bli ~d* not be placed **III** m. beton. part. **1** *~ om* allm. put . . in another position; möbler o.d. rearrange, shift about; tjänsteman o.d. transfer . . to another post; pengar re-invest **2** *~ ut* sätta ut set out

placering allm. placing osv.; disposal; jfr *placera I 1;* om pengar investment **placeringskort** place-card **placeringslista** seating-list

pladask I *adv, falla ~* come down flop; *falla ~ i vattnet* fall flop into the water **II** *itj, ~, där låg han!* and flop, there he lay!

pladd|er *-ret 0* babble, prattle, chatter **pladdra** *itr* babble, prattle, cackle, chatter

plafond *-en -er* ceiling **-målning** konkr. painted ceiling

plage *-n -r* beach

plagg *-et -* garment, article of clothing

plagiat *-et -* plagiarism **plagiator** plagiarist **plagiera** *tr* plagiarize

1 plakat *-et -* affisch, anslag bill, större placard, poster

2 plakat *a* dead drunk

plakett *-en -er* plaque, mindre plaquette

plan I *s* **A** *-en -er* **1** öppen plats open space, piece of ground, liten, t.ex. framför hus, äv. area; boll~ o.d. ground, field, tennis~ court **2** planritning plan (*till* for, of), planskiss äv. blueprint, draft, karta äv. map **3** bildl.: planering o.d. allm. plan (*på* for), avsikt, förslag äv. scheme, design, project, jfr ex.; *äventyrliga ~er* wild schemes (projects); *göra upp (smida) en ~ för att* inf. make (form) a plan (isht i dålig bet. a scheme) to inf.; *ha (umgås med) ~er på ngt* (*på att* inf.) plan (contemplate) a th. resp. plan to inf., contemplate ing-form; *vad har du för ~er?* what are your plans?; *hysa ~er mot* have (harbour) designs on; *det ingick inte i mina ~er* it wasn't part of my plan, friare it didn't enter into my calculations; F *det finns inga ~er* [*i världen*] *att jag* kan hinna dit I haven't a ghost of a chance of ing-form

B *-et -* **1** [plan] yta plane, nivå äv. level; *lutande ~* inclined plane; *ligga i samma ~ som* be on the same level as (on a level with); *i två ~* in two planes; *på ett annat*

~ bildl. on another plane; diskussionen höll sig *på ett högt ~ . .* on a high plane (level) **2** flyg~ plane, jfr äv. *flygplan*
II *a* plane, level; ~ *yta* plane surface
planenlig *a* . . according to plan **planenligt** *adv* according to plan, as planned **planera** *tr* **1** jämna mark o.d. level, släta ut metall, foto planish **2** planlägga plan, design, make plans for, project, arrange; ~ *att* inf. plan (intend) to inf.; ~ göra förberedelser *för* make preparations for **planering** *-en 0* **1** levelling etc. **2** planning, design. — Jfr *planera*
planet *-en -er* planet; F *mitt i ~en* slap in the face **planetarisk** *a* planetary **planetari|um** *-et -er* planetarium **planetbana** planet's orbit **planetoid** *-en -er* planetoid **planetsystem** planetary system
plan|film sheet (flat) film **-flykt** level (horizontal) flight (flying) **-geometri** plane geometry **-halva** sport. half [of the ground] **-hushållning** economic planning, planned economy **-hyvel** planer
planimetri *-[e]n 0* planimetry
plank **1** *-en (-et) 0* koll. deals pl., planking **2** *-et* - staket fence, kring bygge o.d., för affischering hoarding[s pl.], amer. äv. billboard
plank|a **I** *-an -or* grov allm. plank, av furu el. gran deal; mindre batten **II** *tr,* ~ *[av]* F skriva av crib **III** *itr* F gate-crash
plan|konkav *a* planoconcave **-korsning** level (amer. grade) crossing
plankstrykare house painter; kluddare dauber
plankton *-et 0* plankton
plan|lägga *tr* plan, jfr vid. *planera 2; -lagt mord* premeditated murder **-läggning** *~en 0* planning, design **-lös** *a* planless, unmethodical, utan mål aimless, om t.ex. studier, sökande random, om bebyggelse o.d. rambling, t.ex. om läsning desultory **-löshet** want of plan, absence of method, aimlessness, desultoriness **-lösning** byggn. planning end. sg.; design **-löst** *adv* planlessly etc. jfr *planlös;* på måfå äv. at random **-mässig** *a* methodical, systematic[al], regular; planenlig . . according to plan **-mässighet** method[icalness], system, regularity **-ritning** konkr. [ground] plan; konstruktionsritning plan-drawing
plansch *-en -er* bok- o.d. plate, illustration; vägg- wall chart (picture) **-verk** volume of prints (pictures), m. gravyrer o.d. collection of engravings
plan|skild *a,* ~ *korsning* fly-over [junction], m. viadukt äv. o. amer. overpass, m. tunnel äv. o. amer. underpass **-slipa** *tr* grind [. . level]; *~d* botten . . ground level
plant|a **I** *-an -or* allm. plant, uppdragen ur frö seedling, träd~ sapling; barn offspring (pl. lika) **II** *tr,* ~ *[in]* se *inplanta* **plantage** *-n -r* plantation, amer. äv. estate **plantageägare** plantation owner, planter **planter**a *tr* plant, t.ex. häck set; ~ . . *i en kruk*a pot . .; ~ . . *med skog* afforest . .; ~ *in* djur, växter transplant, introduce, fiskyngel äv put out; ~ *om* eg. o. bildl. transplant, eg. äv replant, krukväxt repot; ~ *ut* a) växt plant (set) [out], i rabatt bed out b) fisk se ~ *in* **plantering** konkr. plantation; anläggning park garden; liten ~ i stad ofta square; abstr. planting **plantskola** nursery; *en ~ för* bildl. a nursery for, i dålig bet. a hot-bed of
plask **I** *-et 0* o. **II** *itj* splash!, plash! **plaska** *itr* splash, plash, m. händer el. fötter äv. paddle dabble; ~ *omkring* splash about; vågorna *~r mot stranden* . . lap on [to] the beach **plaskdamm** [children's] paddling (wading pool (pond) **plaskvåt** *a* se *genomvåt*
plasma *-n (-t) 0* plasma
plast *-en -er* plastic; föremål *av* ~ plastic . **plastbehandlad** *a* plastic-coated **plastik** *-en 0* **1** konst. plastic art **2** läk. plastic surgery (operation) **3** *hon har en vacker* ~ she has graceful movements; *lektioner i* ~ lessons in [stage] deportment **plastikkirurgi** plastic surgery **plastindustri** plastics industry **plastisk** *a* plastic **plastkarosseri** plastic car body **plastspiral** se *livmoderinlägg* **plastvaror** *pl* plastic goods
platan **1** plane[-tree], platan **2** virke plane wood. — För sms. jfr *björk-*
platina *-n 0* platinum **platinablond** *a* platinum blonde **platinera** *tr* platinize
platon[i]sk *a* Platonic
plats *-en -er* **1** ställe allm. place, ort äv. locality, 'ort och ställe' spot, tomt site; torg o.d. square, fri ~ open space; sittplats, mandat seat; utrymme space, tillräcklig ~ room; *~!* order t. hund [lie] down!; *allmän (offentlig)* ~ public place; *en enslig (vacker)* ~ a lonely (beautiful) spot; *öppen* ~ open space, i skog clearing; *~en är upptagen* this seat is taken (occupied); *beställa* ~ t.ex. på bilfärja book a passage; *det finns inte ~ för . ., . . får inte ~* there is no room for . .; *få [en bra] sitt~* get a [good] seat; *få ~ med* find room for; *numret försvarar väl sin* ~ på programmet the inclusion of this item . . needs no justification; hotellet *har ~ för 100 gäster* . . has accommodation for (can accommodate) 100 guests; sjukhuset *har 250 vård~er* . . has 250 beds; *inta första ~en* bildl. hold the highest place (position); *lämna ~ för* a) bereda utrymme, väg make room (way) for b) bildl. leave room for, admit of; *lämna* ~ för anteckningar leave space . .; *ta [upp] stor* ~ take up a great deal of space (room); *var god och tag* ~ [will you] please sit down (be seated); *tag ~!* järnv. take your seats, please!; *han*

tog ~ bland de inbjudna he took a (his) seat . .; *veta sin* ~ know one's place; *det där är ingen bra* ~ *för* tavlan that is not a good position for . .; *gott om* ~ plenty of room; *här på* ~*en* a) ss. adv. here, at this place, in this town b) attr. local . .; *representanten på* ~*en* the local agent (agent on the spot); *på era* ~*er!* sport. on your marks!; *bo på* ~*en* live on the spot; *komma på femte* ~ come fifth; *stanna på era* ~*er!* remain where you are!, sittplatser keep your seats!; *ställa ngt på sin* ~ put a th. away (back, [back] where it belongs); *sätta ngn på* ~ put a p. in his (her etc.) place, take a p. down [a peg or two]; *vara den förste på* ~*en* be the first on the spot; *det vore på sin* ~ *om* . . it would not be out of place (be amiss) if . .; *inte på sin* ~ bildl. out of place, inappropriate, olämplig äv. incongruous; salen var *fylld till sista* ~[*en*] . . filled to capacity; återvända till ~*en för mordet* . . the scene of the murder
2 anställning situation, job, place, befattning post, position; *fast* ~ permanent situation etc.; *lediga* ~*er* se *ledig 2; han fick* ~*en* bland många sökande he got the appointment (job, post) . .; *få* ~ get a situation (job), *hos* with; *inta en framskjuten* ~ *i samhället* hold a prominent position in society; *söka* ~ look out for employment, look for a job; *söka en* ~ apply for a post (situation); *ta* ~ *som kokerska hos* . . take up a situation as a cook with . .; *utan* ~ out of a job, unemployed
plats|agent local agent **-annons** advertisement in the situations-vacant (betr. platssökande situations-wanted) column **-ansökan** application for a (resp. the) situation etc. jfr *plats 2;* employment application **-biljett** seat reservation [ticket] **-brist** lack of accommodation (room, brist på elevplatser places) **-förmedling** se *arbetsförmedling* **-ombyte** change of job etc. jfr *plats 2* **-sökande I** *a* . . in search of (seeking, looking for, on the look-out for) employment; anställa *den* ~ *ynglingen* äv. . . the youth applying for the job **II** *s* applicant [for a (resp. the) situation etc. jfr *plats 2*]; ss. rubrik situations wanted
platt I *a* allm. flat, tillplattad äv. (pred.) flattened out; banal äv. trite, commonplace; ~ *uttryck* platitude **II** *adv* flatly; ~ *intet* just nothing; ~ *omöjligt* quite (completely) impossible; *falla* ~ *till marken* bildl. fall altogether flat **platt|a I** *-an -or* allm. plate, tunn lamin|a (pl. -ae); rund disc, disk, grammofon~ vanl. record; kok~ [hot] plate; sten~ flag[-stone], golv~, vägg~ tile; flyg. apron, tarmac; sten *-or* äv. paving-stones, koll. paving sg.; *liten* ~ tablet **II** *tr,* ~ *till (ut)* flatten [out], valsa ut laminate; ~ *till ngn* bildl. squash a p. flat **plattfisk** flat-fish **plattform** *-en -ar* platform **plattformsbiljett** platform ticket
platt|fot flat-foot **-fotad** *a* flat-footed **-het** ~*en* **1** pl. *0* flatness **2** pl. ~*er* bildl. platitude, commonplace **-mask** flatworm **-näst** *a* flat-nosed **-söm** satin stitch
plattysk *a* o. **plattyska** *s* Low German
plattång flat-nosed pliers pl.
platå *-en -er* allm. plateau (pl. -x el. -s), högslätt äv. tableland
plausibel *a* plausible, likely
plebej *-en -er* allm. plebeian, friare äv. commoner **-isk** *a* plebeian, okultiverad äv. common, vulgar, low
plektr|um *(plektr|on) -et -er* plectr|um (pl. -a)
plenardebatt full-dress debate, debate in full assembly **plenarsession** plenary session **plen|um** *-um[et] -a (-um)* plenary (full) meeting (sitting, assembly); jur. full session
pleonasm *-en -er* pleonasm **pleonastisk** *a* pleonastic[al]
pleti se *kreti*
pli *-n (-[e]t) 0* manners pl.; *militärisk* ~ military bearing; *få* ~ *på sig* learn how to carry (bear) oneself; *sätta* ~ *på* lick . . into shape
pligg *-en -ar* peg **pligga** *tr* peg, tack; ~ *fast* peg down
1 plikt *-en -er* **1** skyldighet duty, *mot* towards; förpliktelse obligation; *en kär* ~ a pleasant duty; *göra sin* ~ do one's duty; *göra ngt till en* ~ make a duty of a th. **2** böter fine; *det är* ~ *på att gå över järnvägen* anyone crossing the railway will be liable to a fine
2 plikt *-en -er* sjö. fore-sheets pl.
plikta *tr itr* jur. pay a fine; *dömas att* ~ 200 kr. be fined . .; ~ *för ngt* bildl. smart (suffer) for a th.; *han fick* ~ *med livet för sin djärvhet* he had to pay [the penalty] (he paid) for his boldness with his life, his boldness cost him his life
pliktankare sjö. sheet anchor
plikt|fälla *tr* se *bötfälla* **-förgäten** *a* . . forgetful of one's duty, undutiful **-förgätenhet** forgetfulness (-försummelse neglect el. dereliction) of duty
plikt|ig *a* [in duty] bound, obliged; *ni är* ~ *att* inf. you are under obligation (it is your duty) to inf. **-kollision** conflict of duties **-känsla** sense of duty **-människa** conscientious person; *hon är en* ~ she has a strong sense of duty **-skyldig** *a* dutiful; tillbörlig obligatory **-skyldigast** *adv* dutifully, as in duty bound; vederbörligen duly **-trogen** *a* faithful, dutiful, loyal; samvetsgrann conscientious **-tro[gen]het** faithfulness, dutifulness, loyalty; conscientiousness **-uppfyllelse** fulfilment of one's duty
plimsollmärke Plimsoll mark
pling *itj,* ~ [*plong*]*!* ting-a-ling!

plint *-en -ar* **1** byggn. plinth **2** gymn. box [horse]
plira *itr,* ~ [*med ögonen*] peer, screw up one's eyes, *mot (på, åt)* at; ~ *illmarigt* look quizzically
plissé *-n -er* veckning pleating; veck pleat **plissera** *tr* pleat
plist|er *-ern -rar* dead nettle
plita *itr* skriva write busily (industriously), knoga labour, plod; knåpa potter about; *han lyckades* ~ *ihop* en essä he managed with great effort to put . . together; *han satt och* ~*de med* brevet he sat writing away at . .
plock *-et 0* **1** abstr., *för att ta ett* ~ *ur högen* to make a selection at random; *jag har sysslat med allt möjligt* ~ I have been doing all sorts of things **2** konkr., småplock odds and ends, gleanings, scraps, samtl. pl.
plocka I *tr itr* allm. pick, samla gather, se f.ö. ex.; ~ *ax* glean ears; ~ blommor, bär, svamp pick . ., gather . .; ~ *en fågel (ögonbrynen)* pluck a fowl (one's eyebrows); ~ *ngn* bildl. fleece (strip) a p.; ~ äpplen pick . .; *gå och* ~ pyssla potter (mess) about; *sitta och* ~ med frimärken sit messing about . .; ~ fingra *på ngt* fiddle (pick, finger) at a th.; ~ leta *rätt på ngt* search a th. out, find a th.; *bli* ~*d på* 2.000 kr. be rooked of . .
II *rfl* om fågel plume (preen) oneself
III m. beton. part. **1** ~ *av* a) renplocka, ~ *av en buske* dess blad strip a bush of . . b) frukt pick [off], gather c) t.ex. bord clear **2** ~ *bort* remove, take away (off), pick off **3** ~ *fram* take out, produce **4** ~ *ihop* t.ex. sina tillhörigheter gather . . together, collect; sätta ihop put . . together, t.ex. maskindelar assemble **5** ~ *in* leksakerna *i skåpet* put . . in[to] the cupboard **6** ~ *ner* take down **7** ~ *sönder* pick (take) . . to pieces **8** ~ *upp* från marken pick up, ur låda o.d. take out **9** ~ *ut* välja pick (cull) [out] **10** ~ *åt sig* grab
plog *-en -ar* plough (amer. plow); *enskärig* ~ single[-furrow] plough; *lägga . . under* ~*en* put . . under [the] plough, make . . arable; *sätta sin hand till* ~*en* bildl. put one's hand to the plough
plog|a *tr itr,* ~ [*vägen*] clear the road [of snow] **-bill** [plough]share **-fåra** furrow **-rist** -kniv coulter
plomb *-en -er* **1** tandläk. filling **2** försegling [lead] seal **plombera** *tr* **1** fill **2** seal [. . with lead] — Jfr *plomb*
plommon *-et* - plum; gröngult, typ reine claude greengage **-kompott** stewed plums pl. **-stop** bowler (isht amer. derby) [hat] **-sylt** plum jam **-träd** plum-tree
plott|er *-ret 0* **1** krafs, strunt trifles pl. **2** se *klotter* **plottra** *itr* **1** småsyssla potter about; ~ *bort* pengar, tid etc. fritter (trifle, fiddle) away **2** se *klottra* **plottrig** *a* se *rörig*

plufsig *a* bloated
plugg 1 *-en -ar* tapp plug, stopper, i tunna tap bung **2** F *-et 0* -ande swot[ting], cram[ming] grind[ing]; skola school; läxa homework *i* ~*et* at school **plugga I** *tr,* ~ *igen* plug up **II** *tr itr* F pluggläsa swot [at . .], grind [a (away at) . .]; ~ *med ngn* cram (grind) a p. ~ *på* en examen cram (swot, grind) for . . ~ *i ngn (sig) ngt* grind (cram, grundligt drum a th. into a p.'s (one's) head; ~ *in* . . swot (cram, mug) up . . **plugghäst** swot[ter] crammer, amer. grind
1 plump *a* coarse, rude, rough
2 plump *-en -ar* bläckfläck blot, blur **plumpa** *itr* make blots; ~ *i protokollet* bildl. commit a faux pas; ~ *i (ner)* skrivboken make blots all over . .
plumphet *-en -er* plumpt sätt coarseness etc jfr *1 plump;* ~*er* coarse remarks (language sg., skämt jests)
plumpudding juldessert Christmas [plum pudding
plums I *-et (-en) -ar* plop, flop, plask äv splash **II** *adv* plop, flop **III** *itj* plop, flop
plumsa *itr* falla plop, flop, splash, *i* i samtl fall into; ~ [*sig fram*] go splashing, splash
plundra *tr* utplundra plunder, råna rob, rifle skövla t.ex. stad, butiker pillage, loot, sack, *pa* i samtl. fall of; ströva omkring för att ~ maraud ~ julgranen strip . .; ~ *ngn inpå bara kroppen (skinnet)* bildl. clean a p. out **plundrare** plunderer etc. jfr föreg. **plundring** plunder[ing], robbing, rifling, pillage, looting, marauding, isht av erövrad stad sack samtl. end sg., jfr *plundra* o. *plundringståg; överlämna* staden *till* ~ deliver up . . to sack (pillage) **plundringståg,** *ge sig ut på* ~ make (go on) a foray (plundering expedition, raid)
plunt|a *-an -or* pocket-pistol, pocket-flask
plural I *-en -er* se *pluralis* **II** *a* plural **pluralbildning** formation of the plural **pluralis** *s* the plural [number]; *en* ~ a plural; först personen ~ . . plural; *i* ~ in the plural **pluraländelse** plural ending
plurr *-et 0, ramla i* ~*et* fall into (land in) the water **plurra** *itr* se föreg.
plus I *-et* - tecken plus; fördel advantage, asset tillskott addition; *jag står på* ~ I am on the credit side; termometern *står på (visar)* ~ . . points to above zero **II** *adv* plus, and; ~ 7 [*grader*], *7 grader* ~ seven degrees above zero; ~ *minus noll* eg. just at freezing point bildl. [equal to] nil **-grad** degree above zero *det är* ~*er* it is above zero **-konto** credit account
pluskvamperfekt|um [the pluperfect [tense]
plus|poäng [plus] point **-sida,** *på* ~*n* on the credit side
plussig *a* bloated

plustecken plus [sign]
pluta *itr,* ~ [*med munnen*] pout **plutig** *a* trumpen sulky
pluto|krat plutocrat **-krati** ~[*e*]*n 0* plutocracy **-kratisk** *a* plutocratic
pluton platoon **-chef** platoon leader
plutoni|um *-um*[*et*] *(-et) 0* plutonium
plutt *-en -ar* F barn tiny tot, småväxt pers. little shrimp **pluttig** *a* ynklig tiny, small
pluttra *itr* småbubbla bubble, klucka guggle, knattra pop
plym *-en -er* plume
plysch *-en -er* plush **-klädd** *a* plushy
plywood *-en 0* plywood
plåg|a I *-an -or* smärta pain, pina torment, lidande affliction; plågoris nuisance, plague, hemsökelse infliction; oro worry; Hur mår du? - *Tack, inga (jämna) -or!* No aches or pains (Not much the matter), thanks!; han är *en sannskyldig ~ för sin omgivning* . . a regular plague (pest, nuisance, bother, tråkmåns bore) to those around him; *var dag har* [*nog av*] *sin ~* sufficient unto the day is the evil thereof; *dö under svåra -or* die in violent pain **II** *tr* pina torment, starkare torture; oroa, besvära worry, harass, pester, bother, starkare plague, ansätta badger, tråka ut bore; ~ *livet ur ngn* worry the life out of a p.; *det ~r mig* att se . . it hurts (is worrying) me . .; *han ~s av dåligt samvete* his conscience torments him; *~d av gikt* tormented by (afflicted with, racked with) gout; *~d av oro* worried to death; *~d av törst* tormented with thirst; *se ~d ut* look pained **plågas** *itr. dep* suffer [pain] **plågoande** tormentor **plågoläger** bed of pain (suffering) **plågoris** 'gissel' scourge, svagare pest, plague
plågsam *a* painful; *ytterst ~* äv. excruciating
plån *-et* - **1** på tändsticksask striking surface **2** skriv- tablet **plåna** *tr, ~ ut* se *utplåna* **plånbok** wallet, amer. äv. billfold; *en späckad ~* a well-lined wallet
plåster *plåstret* - plaster; *engelskt ~* court plaster; *lägga ~ på såret* eg. apply a plaster to the wound, bildl. pour balm into a p.'s wound; *som ~ på såret* to make up for it, as a consolation **plåsterlapp** piece of plaster **plåstra** *itr, ~ med* sköta doctor, pjoska med [molly-]coddle; ~ *ihop* patch (plaster) . up; ~ *om* sår dress; *sedan de blivit omplåstrade* kunde de återvända hem after having had their wounds dressed . .
plåt *-en -ar* **1** koll. [sheet-]metal; sheetings, plates, båda pl.; bleck tin, tinplate **2** skiva o. foto. plate, tunn skiva sheet; bakplåt baking-plate **3** F biljett ticket **plåta** *tr* F take a picture (snap) of, snapshot
plåt|beslagen *a* plated **-burk** tin, can **-kamin** [sheet-]iron stove **-sax** plate shears pl. **-skada** på bil damage to the coachwork **-slagare** sheet-metal ([tin]plate) worker, plater, tinsmith **-slageri** sheet-metal (plater's) [work]shop **-tak** tin (plated) roof
pläd *-en -er (-ar)* [res]filt [travelling] rug; skotsk schal plaid
plädera *itr* plead **plädering** jur. concluding speech; friare appeal, plea
pläga *itr* se *bruka 3* **plägsed** custom
pläter *-n 0* sammanvalsade metaller plate **plätera** *tr* plate **plätering** plating **pläterservis** [silver-]plated set
plätt *-en -ar* **1** fläck spot **2** kok. small pancake **-järn** o. **-lagg** pancake iron
plöj|a *-de -t tr* plough (amer. plow); ~ *igenom* en bok plough [one's way] (wade) through . .; ~ *ner* eg. plough in, vinst plough back; ~ *upp* plough (turn) up; ~ *sig fram* genom mängden force one's way **-ning** ploughing
plös *-en -ar* tongue [of a (resp. the) shoe]
plötslig *a* sudden, abrupt, unexpected; ~ *avresa* abrupt departure; ~ *död* sudden death; *ta ett ~t slut* come to a sudden (an abrupt) end **plötsligen** *adv* se *plötsligt* **plötslighet** suddenness etc. jfr *plötslig* **plötsligt** *adv* suddenly etc. jfr *plötslig;* all of a sudden, all at once; ~ *avbryta* cut . . short; ~ *försvinna* vanish; *stanna ~* stop short, come to an abrupt (a dead) stop
P.M. pl. - *r* el. *n* memo (pl. -s); jfr vid. *promemoria*
pneumatisk *a* pneumatic
pock *-et 0* se *3 lock* **pocka** *itr, han ~r på* ngt (*på att* inf.) he insists upon . . (upon ing-form), högljutt he clamours for . . (for ing-form); ett problem *som ~r på sin lösning* . . the solution of which is urgent; missförhållanden som *~r på rättelse* . . cry out for redress; frågan *~r på ett svar* . . demands an answer **pockande** *a* enträgen importunate, fordrande exacting; *ett ~ behov* an urgent need
pocketbok vanl. paperback, ibl. pocket-book
podi|um *-et -er* estrad platform, dais, t.ex. f. talare rostrum, f. dirigent o. på amfiteater o.d. podi|um (pl. -a)
poem *-et* - poem, piece of poetry **poesi** poetry (äv. *~en*); poetisk charm poetic charm (glamour), *över* about **poesilös** *a* . . lacking in poetry, prosaic **poet** *-en -er* poet **poetik** *-en 0* poetics, poetic theory **poetisk** *a* poetic[al]; ~ *frihet* poetic licence
pogrom pogrom
point|er *-ern -rar* pointer
pojk|aktig *a* boyish; *ett ~t sätt* a boyish manner (way) **-aktighet** boyishness **-bok,** *en ~* a book for boys **-byting** brat, urchin
pojk|e *-en -ar* allm. boy äv. om -vän, känslobeton. äv. lad, friare äv. fellow, chap, ibl. youngster, stripling **-flicka** -aktig flicka tomboy **-klass** boys' class **-kläder** *pl* boys' clothes

-kostym boy's suit **-lymmel** young rascal (scamp) **-lynne** boy nature **-läroverk** se *-skola* **-namn** boy's name **-skola** boys' school **-slyngel** se *-lymmel* **-spoling** stripling, neds. young whipper-snapper **-stackare** poor lad **-streck** boyish (schoolboy) prank, lark **-vasker** little fellow, större stripling **-år,** *~en, mina ~* the years of one's (my) boyhood, one's (my) boyhood years

pokal *-en -er* isht pris cup, f. dryck goblet

poker *-n 0* poker **-ansikte** poker-face

pokulera *itr, de satt och ~de* they sat drinking together

pol *-en -er* allm. pole; *~erna på* ett batteri the terminals of . .

polack *-en -er* Pole

polar *a* polar **-dag** polar day **-expedition** polar (äv.: t. Nordpolen arctic, t. Sydpolen antarctic) expedition **-flygning** polar (etc.) flight **-forskare** polar (etc.) explorer **-hav** polar ocean; *nordliga (sydliga) ~et* the Arctic (resp. Antarctic) Ocean **-is** polar ice

polarisation *-en 0* polarization **polariserad** *a* polarized **polaritet** polarity

polar|ljus se *-sken* **-länder** *pl* polar lands **-natt** polar night **-räv** arctic (ice) fox **-sken** polar lights pl., jfr *norrsken* o. *sydsken* **-trakt** polar (etc. jfr *polarexpedition)* region **-varg** arctic wolf

polcirkel polar circle; *norra (södra) ~n* the Arctic (resp. Antarctic) circle

polemik *-en -er* polemic[s vanl. sg.], controversy; *inlåta sig i (på) ~* med ngn enter into a controversy . . **polemiker** polemist, controversialist **polemisera** *itr* polemize, carry on a controversy, *mot* with (against), *om* about **polemisk** *a* polemic[al]

Polen Poland

polenta *-n 0* polenta

poler|a *tr* allm. polish äv. bildl., möbler äv. wax, metall äv. burnish; *~ upp* polish (rub) up **-duk** polishing cloth **-medel** polish **-skiva** glazer, polishing (skinnklädd buffing) wheel, buff

polhöjd latitude

poli|klinik out-patient department, policlinic **-klinisk** *a* policlinical

polio *-n 0* polio[myelitis] **-epidemi** polio epidemic **-vaccin** anti-polio vaccine **-vaccinering** polio vaccination **-virus** polio virus

1 polis *-en* **1** pl. *0* -myndighet o. koll. police pl.; *kvinnlig ~* women police; *anmäla ngn för ~en* report a p. to the police; *efterspanad av ~en* wanted by the police **2** pl. *-er* -man policeman, police officer, i Engl. äv. [police] constable, amer. vanl. patrolman; F cop[per], i Engl. äv. bobby; *en kvinnlig ~* a policewoman

2 polis *-en -er* försäkr. [insurance] policy

polis|anmälan report to the police; *göra ~ om ngt* report (make a report of) a th. to the police **-assistent** ung. [police] sergeant *förste ~* [chief] inspector **-bevakning** police supervision; *stå under ~* be placed under police supervision; huset *står under ~* . . is being watched by the police **-bil** [f. trafikövervakning traffic] patrol car, radiobil äv. area car **-bricka** policeman's badge **-eskort** police escort **-förbud** prohibition by the police **-förhör** police interrogation **-förordning** police regulation (order) **-förvar** *tas i ~* be taken in charge (custody) by the police **-hund** police-dog **-hus** police headquarters sg. el. pl. **-ingripande** police action action by the police **-intendent** assistant chief constable

polis[i]är *a* attr. police . .

polis|kammare administrative police authority **-kedja** police cordon **-kommissarie** chief [police] superintendent; *biträdande ~* superintendent **-konstapel** se *1 polis 2* **-kontor** [sub-]police-station **-kund** regular (old) offender **-kår** police force, constabulary **-myndighet,** *~en, ~erna* the police authorities pl.; *närmaste ~* the nearest police station **-mästare** [police] commissioner commissioner of police, chief constable

polisonger *pl* whiskers

polis|patrull police patrol **-piket** police picket; bil police car (buss van); *~en* äv. the flying squad **-pipa** police[man's] whistle **-pådrag** se under *pådrag* **-rapport** police[man's] report **-razzia** police raid **-sak** *om det blir ~ av det* if it comes (is brought) before the police **-skydd** police protection **-spärr** kedja police cordon, vägspärr road-block **-stat** police state **-station** police-station **-styrka** police force **-syster** police matron **-undersökning** police (criminal) investigation (inquiry) **-uppsikt** police supervision (surveillance) **-utredning** se *-undersökning* **-väsen** police service, police-[system] **-övergrepp** undue interference (våld outrage committed) by the police

politices, *~ magister (pol. mag.)* Master of Political Science (M. Pol. Sc.); jfr *filosofie*

politik *-en 0* statsangelägenheter, politiskt arbete o. liv, partis åsikter politics sg. el. pl.; politisk linje, tillvägagångssätt, beräkning policy; *det är dålig ~ att* inf. it is bad policy to inf.; *tala ~* talk politics **politiker** politician i USA ofta neds. ofta statesman **politisera I** *itr* politicize kannstöpa talk politics **II** *tr* politicalize politicize **politisk** *a* political

polityr polish äv. bildl., snick. French polish

polk|a *-an -or* polka **polkagris** peppermint rock **polkahår** short page-boy hair

pollare bollard, på fartyg äv. bitt
pollen *-et 0* pollen **-analys** pollen analysis **-korn** pollen grain
pollett *-en -er* check, counter, token, gas~ disc (disk) **pollettera** *tr,* ~ *[bagaget]* have one's luggage labelled (registered), amer. check one's baggage **pollettering** registering, registration, amer. checking **polletteringskvitto** luggage ticket, amer. baggage check
pollination pollination **pollinera** *tr* pollinate
pollution pollution
pol. mag. se *politices*
polo *-t 0* polo **-krage** polo (turtle) neck
polonäs *-en -er* polonaise
polsk *a* Polish; ~ *riksdag* F bear garden
polsk|a *-an* **1** pl. *-or* kvinna Polish woman, jfr *svenska 1* **2** pl. *0* språk Polish, jfr *svenska 2* **3** pl. *-or* dans ung. reel
Polstjärnan the pole-star (North Star)
poly|gam *a* polygamous **-gami** *~[e]n 0* polygamy **-glott** *~en ~er* polyglot **-histor** *~n 0* polyhistor, polymath, all-round scholar **-krom** *a* polychrome
Polynesien Polynesia **polynesier** *-n* - o. **polynesisk** *a* Polynesian
polyp *-en -er* **1** zool. polyp[e] **2** läk. polyp[us (pl. äv. -i); *~er i näsan* adenoids **-artad** *a* polypoid, polypous
poly|teism polytheism **-teist** polytheist **-teknisk** *a* technological
polär *a* polar; motsatt diametrical
pomad|a *-an -or* o. **pomadera** *tr* pomade
pomerans *-en -er* Seville (bitter, amer. äv. sour) orange **-skal** bitter orange peel
Pommern Pomerania **pommersk** *a* Pomeranian
pommes frites *pl* chips, chipped potatoes, amer. French fried [potatoes], French fries
pomolog pomologist **pomologi** *-[e]n 0* pomology **pomologisk** *a* pomological
pomp *-en 0* o. **pompa** *-n 0* pomp; ~ *och ståt* pomp and circumstance (splendour)
pompejansk *a* Pompeian **Pompeji** Pompeii
pompös *a* ståtlig stately, magnificent, grandiose; uppblåst pompous, högtravande declamatory
pomrare Pomeranian
pondus *-en 0* authority, weightiness, impressiveness, värdighet dignity
ponera *tr,* ~ *nu, att jag . .* suppose now that I . .; ~ *att linjen dras . .* suppose the line is drawn . .
ponny *-n -er* pony
ponton pontoon, flygplans~ äv. float **-bro** pontoon (floating) bridge **-kran** floating (pontoon) crane (derrick)
pop *-en -er* präst pope

pop|artist F pop artiste (resp. musician, singer) **-konst** F pop art
poplin *-en (-et) -er* poplin
popp|el *-eln -lar* poplar; f. sms. jfr *björk-*
popularisera *tr* popularize **popularisering** popularization **popularitet** popularity **popularitetsjakt** popularity hunting **populas** *-en 0,* *~en* the populace (common herd), jfr *pöbel* **populär** *a* popular, *bland* with; *bli* ~ 'slå' F äv. catch on; *göra . .* ~ make . . popular, popularize; *det är mycket ~t* just nu äv. it is all the craze . . **populärvetenskap** popular science **populärvetenskaplig** *a* popular; ~ *tidskrift* popular science magazine
por *-en -er* pore
porfyr porphyry
porig *a* porous
porla *itr* murmur, ripple, purl **porlande** **I** *a* murmuring etc. jfr föreg.; ~ skratt rippling . . **II** *-t 0* murmur, ripple
pormask blackhead
porno|grafi pornography **-grafisk** *a* pornographic
pors *-en 0* bog-myrtle, sweet gale
porslin *-et -er* materialet: china, äkta ~ porcelain; koll.: hushålls~ china[ware], crockery, finare porcelain [ware], ~ i allm. äv. pottery; *sachsiskt* ~ Dresden china
porslins|affär china shop **-blomma** wax plant **-fabrik** porcelain (china, pottery) factory **-lera** china-clay, porcelain clay, kaolin **-målning** porcelain (china, pottery) painting **-servis** set of china; china end. sg. **-snäcka** porcelain-shell, cowrie (cowry) [shell] **-tallrik** china plate **-ugn** porcelain kiln (oven, furnace)
port *-en -ar* ytterdörr [street-(front-)]door, inkörs~, sluss~ gate äv. bildl., portgång gateway; sjö. port[-hole]; *helvetets ~ar* the gates of hell; *köra ngn på ~en* turn a p. out [of doors], send a p. packing; *fienden står utanför ~arna* the enemy is at the gates
portabel *a* portable
portal *-en -er* portal, [ornamental] doorway (gateway) **-figur** bildl. outstanding (prominent, dominant) figure
portativ *a* portable
porter *-n 0* stout, svagare porter
portfölj *-en -er* av läder brief-case, dokument~ dispatch case; förvaringsfodral, förråd av värdepapper, ministerämbete portfolio (pl. -s); *minister utan* ~ minister without portfolio
port|förbjuda *tr,* ~ *ngn* refuse a p. admittance to the house (på restaurangen to the restaurant, vid hovet to court); all tråkighet *är -förbjuden . .* is banned **-gång** gateway, doorway; *föret är alltid värst i ~en* ung. it is always difficult at the beginning; hans studier kom av sig *redan i ~en . .* at the very

outset (start) **-halva** leaf [of a (resp. the) gate (door)]
portier -[e]n -er [chief] receptionist, reception (amer. äv. hotel) clerk; vaktmästare hall porter **-loge** reception desk
portik -en -er portico, porch
portion 1 eg.: allm. portion, upplagd mat~ äv. helping, andel äv. share, lot, ranson ration; *en stor ~ [av]* . . a generous helping (portion) of . .; beställa *två ~er glass* . . two ice-creams (ice-cream for two) **2** bildl., *det behövs en god ~ fräckhet för att* inf. it needs a good share (great deal) of impudence to inf.; *en viss ~ sanning* a certain amount (an element) of truth; *i små ~er* in small doses **portionera** *tr, ~ [ut]* portion, mil. ration out **portionsvis** *adv* in portions; litet i sänder in (by) instalments
portiär förhänge portière fr., [door] curtain
portjé *-n -er* se *portier*
port|klapp [door-]knocker **-klocka** gate bell, [front] doorbell
portmonnä *-n -er* purse
portnyckel latchkey, front-door key
porto *-t -n* postage; *enkelt (dubbelt) ~* single (double) postage **-fri** *a* post-free, . . free of postage **-frihet** exemption from postage **-fritt** *adv* se *-fri* **-höjning** increase of postal rates **-kostnader** *pl* postage sg., postage charges **-sats** postal rate, rate of postage **-tillägg** extra (additional, excess) postage, lösen surcharge **-utlägg** postal expenses (outlay[s])
porträtt *-et* - allm. portrait, isht foto äv. picture; *det är ett bra ~* it (the portrait) is a good likeness **porträttera** *tr* portray, måla äv. make a portrait of; *låta ~* fotografera *sig* have one's likeness (portrait) taken **porträttering** portraiture **porträttlik** *a* life-like; bilden var *mycket ~* äv. . . very like [the original] (a very good likeness) **porträttlikhet,** *~en* var slående the likeness to the original . . **porträttmålare** portrait painter
porttelefon house telephone
Portugal Portugal **portugis** *-en -er* Portuguese (pl. lika) **portugisisk** *a* Portuguese **portugisisk|a** *-an* **1** pl. *-or* kvinna Portuguese woman **2** pl. *0* språk Portuguese. — Jfr *svenska*
portvakt dörrvakt porter, door-(gate-, lodge-) -keeper, i Engl. ibl. janitor (kvinnlig janitress), isht amer. doorman; i hyreshus caretaker, concierge fr., isht amer. janitor **portvaktsfru** porter's etc. wife; se f.ö. föreg. **portvalv** archway, porch
portvin port [wine]; *rött ~* tawny port
portör vascul|um (pl. -a)
porös *a* porous, svampaktig spongy
pose *-n -r* pose, attitude; *inta en ~* strike an attitude, adopt a pose (an attitude); det är *bara ~* . . a mere pose **posera** *itr* pose, göra sig till äv. attitudinize; jfr *pose* ex. **position** position, jfr äv. *ställning 1; en god ~* i samhället a good station (standing); *bestämma sin ~* sjö. determine one's position, take one's bearings; *uppge sina [gamla] ~er* give up one's ground; *ställa sig i ~* vid ingången take up one's stand . .
1 positiv I *a* allm. positive; försök att vara *lite mera ~* . . a bit more constructive; *~ inställning* constructive (sympathetic) attitude; *~t* svar affirmative . . **II** *-en -er* gram. the positive [degree]
2 positiv *-et* - mus. bärbart barrel-organ, större gatu~ street organ **-halare** o. **-spelare** organ-grinder
positron positron
possessiv *a* possessive
post *-en -er* **1** brev~ o.d. post, mail isht amer.; *avgående (inkommande) ~* outgoing el. outward (resp. incoming el. inward) post (mail, letters pl.); *har ~en kommit?* has the post come yet?; *har jag någon ~?* [is there] any post (mail) ([are there] any letters) for me?; *hämta (bryta) ~en* fetch (open) the post etc.; *sända . . med (per) ~* post . ., mail . ., send . . by post (mail); *med dagens ~* a) inkommande with today's letters (post etc.) b) avgående by today's post (mail); *med första (omgående) ~* by return [of post]; *lägga* ett brev *på ~en* se *posta I*
2 post[kontor] post-office; *Posten* postverket the Post Office (förk. P.O.); *~en är* stängd på söndagarna the post-offices are . .; *gå på ~en* go to the post-office; *vara [anställd] vid ~en* be a Post Office employee, be working at the Post Office
3 H i bokföring o.d. item, entry; belopp amount, sum; varuparti lot, parcel, consignment; ~ värdepapper block; betala *i ~er* . . by instalments
4 mil. vaktpost sentry, sentinel; postställe, äv. friare post, station; *stå på ~* be on guard, stand sentry; *stanna på sin ~* remain at one's post
5 befattning post, appointment; *bekläda en hög ~* hold a high appointment; *en framskjuten ~* i samhället a prominent position
6 dörr~ door-frame, fönster~ [window] post; vatten~ hydrant
post|a I *tr* post, amer. mail; *~* ett brev äv. drop . . into a (resp. the) box **II** *itr* se *postera I* **-adress** postal address **-anstalt** post-office **-anvisning** allm. money order; i Engl. för fixerat lägre belopp postal order; *hämta pengar på en ~* cash a money order **-anvisningsblankett** money order form **-avgift** se *porto* **-bank** post-office (postal) bank **-befordran** sändning per post forwarding (conveyance) by post **-bok** post-office (postal)

receipt book **-box** post-office box (förk. P.O.B. el. P.O. Box) **-bud** post messenger **-buss** postal (mail-carrying) bus **-båt** mail--boat, packet[-boat]

postdatera *tr* postdate

post|diligens se *-buss;* åld. mail-(stage-)-coach **-elev** post-office (postal) trainee

postera I *tr,* ~ [*ut*] post, station **II** *itr* be on guard, be stationed

poste restante *adv* poste restante fr., to be called for, amer. general delivery

postering picket, [out]post

post|expedition [branch] post-office **-expeditör** post-office clerk **-fack** se *postbox*

post festum *adv,* det här kommer [*litet*] ~ . . rather (a bit) late

post|flyg air mail service **-fröken** [female] post-office clerk **-förande** *a* mail-carrying . .; ~ *tåg* äv. mail train **-förbindelse** postal communication (service) **-föring** conveyance of [the] mails **-förskott** cash (amer. collect) on delivery (förk. C.O.D.); *ett* ~ a cash-on-delivery (C.O.D.) letter (paket parcel, packet, försändelse i allm. item); *sända ngt mot* ~ send a th. C.O.D. **-försändelse** postal item (packet), piece (article) of mail; ~*r* äv. postal matter sg.

postgiro postal giro [banking] service (konto account); *per* ~ by [postal] giro **-blankett** [postal] giro form **-konto** postal giro account **-kontoret** the [Postal] Giro Office **-kort** [postal] giro form

post|glacial *a* post-glacial **-gymnasial** *a* attr. 'post-gymnasium', jfr *gymnasium*

postgång postal service **postiljon** sorting clerk; brevbärare postman, amer. mailman, mailcarrier; åld. mail-coach driver

postill|a *-an -or* collection of sermons

post|kontor post-office **-kort** frankerat postcard, amer. postal card; *dubbelt* ~, ~ *med betalt svar* reply[-paid] postcard, amer. reply (double) postal card **-kupé** travelling post-office, mail van (amer. car) **-kupp** rån post-office (mail) robbery **-kvitto** post--office receipt **-lucka** post-office counter

postludi|um *-et -er* postlude

post|museum postal museum **-mästare** postmaster (kvinnlig postmistress) **-nummer** postcode, amer. ZIP code

posto, *fatta* ~ take one's stand, *vid* at

post|orderaffär o. **-orderfirma** mail-order business (company, firm) **-paket** post[al] parcel (etc. jfr *paket*); *som* ~ by parcel post **-paketexpedition** parcel [delivery] office **-remissväxel** ung. bank money-order **-restant** *adv* se *poste restante* **-röst** postal vote

postskript|um *-um*[*et*] *-um (-a)* postscript

post|sparbanksbok post-office (isht amer. postal) savings-bank book **-station** sub--[post-]office **-stämpel** postmark; Stockholm, ~*ns datum* . . date as postmark **-säck** mail-(post-)bag **-taxa 1** postage rate **2** bok table of postage rates **-tjänsteman** post--office employee (clerk, official) **-tur** [post] delivery; *med första* ~*en* by the first post

postum *a* posthumous

post|union postal union **-utdelning** delivery [of mail] **-vagn** se *postkupé* **-verk,** *Postverket* the Post Office (Postal) Administration, the Post Office Department; i Engl. the [General] Post Office **-väsen** postal (postal-office) services pl. (system) **-väska** letter-(post-, mail-)bag **-växel** se *postremissväxel* **-ångare** mail-steamer, packet[--boat]

posör poseur fr.

potatis *-en -ar* potato, F spud; koll. potatoes pl.; *färsk*~ new potatoes; *sätta (ta upp)* ~ plant (dig [up], lift) potatoes; *han har satt sin sista* ~ ung. he has cooked his goose **-blast** avtagen potato haulm (växande tops pl.) **-bulle** ung. potato cake **-chips** *pl* [potato] crisps (amer. chips) **-land** potato-field (mindre -patch); m. gröda field of potatoes **-mjöl** potato flour **-mos** creamed (vanl. utan tillsats mashed) potatoes pl., potato purée **-näsa** pug-nose **-puré** se *-mos* **-sallad** potato--salad **-skal** [potato] peel (skin); avskalade peelings **-skalare** redskap potato-peeler **-skalningsmaskin** potato-peeling machine **-stånd** potato plant **-upptagning** potato lifting (harvesting) **-åker** se *-land*

potens *-en -er* **1** fysiol. potency, sexual power, virility **2** mat. o. friare power, kraft äv. potency; *i högsta* ~ bildl. to the highest degree **potent** *a* potent **potentat** potentate

potential *-en -er* o. **potentiell** *a* potential

potkes el. **potkäs** *-en 0* grated cheese with butter, spices and brandy

potpurri -[*e*]*t -er* allm. potpurri fr., mus. äv. [musical] medley

pott *-en -er* pot, pool, kitty; *spela om* ~*en* play for the kitty; *ta hem* ~*en* take the pot (lot), bildl. win [the day] **pott|a** *-an -or* nattkärl chamber[-pot], barnspr. pot[ty]; pers. F coward, wretch **pottaska** potash

poäng *-en* **1** pl. - point, skol. betygs~ mark, minus~ point off, minus point; i kricket run; *en* ~ *till dig!* bildl. that's one up to you!; *få 20* ~ score twenty [points]; *spela med hög* ~ play for high stakes; *vinna med 5* ~ win by five points; *besegra ngn på* ~ out-point a p.; *leda (segra) på* ~ lead by (win on) points **2** pl. *-er* udd, kläm point; *fatta (missa)* ~*en i* en historia catch el. see (resp. miss) the point of . . **-seger** victory (win) on points **-ställning** score **-summa** total of points **-sätta** *tr* award (give) points (skol. äv.

marks) for, gradera grade
poängtera *tr* emphasize, point out
p-piller se *preventivpiller*
PR *r* PR, public relations pl.; reklam publicity
pracka *tr,* ~ *på ngn ngt* fob (palm) a th. off (foist a th. [off]) on a p.
Prag Prague
pragmatisk *a* pragmatic
prakt *-en 0* splendour, storslagenhet t.ex. i klädsel, inredning magnificence, ståt pomp, glans glory; *furstlig* ~ princely state (magnificence); sommaren stod *i sin fulla* ~ . . in its full splendour **-band** de luxe binding **-byggnad** magnificent (monumental) edifice **-exemplar** splendid (magnificent, fine äv. iron.) specimen; *den här* plantan är ett *riktigt* ~ . . real (perfect) beauty **-full** *a* splendid, magnificent; prunkande gorgeous; *en* ~ *solnedgång* a glorious (gorgeous) sunset **-gemak** state room (apartment)
praktik *-en 0* allm. practice, övning äv. experience, klientel äv. connection; *ha stor* ~ have a large practice; *sakna* ~ *i (på)* . . lack [practical] experience in (practical knowledge of) . .; *i* ~*en* in practice; *tillämpa (genomföra) ngt i* ~*en* put a th. in[to] practice **praktikant** *-en -er* trainee, student [employee]; *arbeta som* ~ work in order to get practical experience **praktiker** practitioner, practician **praktisera** *tr itr* practise, jfr äv. [*arbeta som*] *praktikant;* ~ *som läkare* äv. be in practice as a doctor; *han har* ~*t på kontor* he has had office experience; sådana metoder ~*s inte här* . . are not employed here; ~ skaffa *bort ngt* [manage to] spirit (smuggle) a th. away; ~ *sig in genom* en glugg manage to get (med möda contrive to work oneself) in through . .; *allmänt* ~*nde läkare* ung. general practitioner (förk. G.P.) **praktisk** *a* allm. practical; rådig resourceful, metodisk business-like; användbar useful, lätthanterlig handy; *i det* ~*a livet* in practical life; *ha ett* ~*t sinne* have a practical mind, have (be of) a practical turn; *av* ~*a skäl* for practical reasons; ~*a tips* useful hints **praktiskt** *adv* practically; ~ *användbar* practical, applicable, pred. äv. useful in practice; ~ *genomförbar* practicable; ~ *omöjlig* impracticable; ~ *taget* practically, as good as, to all intents and purposes
prakt|lysten *a* . . fond of display (splendour) **-lystnad** love of (passion for) display **-möbel** koll. magnificent suite of furniture **-pjäs** showpiece **-upplaga** edition de luxe **-verk** bok magnificent work (volume) **-älskande** *a* se *-lysten*
pralin *-en -er* chocolate, m. krämfyllning chocolate cream
prass|el *-let 0* rustle, rustling, av siden äv. swish **prassla** *itr* rustle, om t.ex. siden swish
prat *-et 0* samspråk talk, chat, små~ chit-chat, pladder chatter; snack, strunt~ twaddle, nonsense, balderdash; skvaller gossip, tittle-tattle; [*sånt*] ~*!* [stuff and] nonsense!, rubbish!, bosh!, fiddlesticks!; *inget* ~ i klassen! no talking!; *löst (tomt)* ~ idle talk; *vad är det för* ~ [*du kommer med*]*?* what's all that (that) rubbish?, what sort of talk is this? *bli utsatt för* [*folks*] ~ be exposed to gossip, become the talk of the town; *sätta sig över folks* ~ take no notice of the way people talk (what people say)
prata *itr tr* (jfr äv. *tala*) talk, chat, chatter, gossip, jfr *prat; du* ~*r!* nonsense!, rubbish!, fiddlesticks!; *folk* ~*r alltid* [*så mycket*] people will talk; ~ *affärer* talk business; ~ *med ngn om ngt* talk to (with) a p. about a th.; *hela stan* ~*r om det* the whole town is talking about it, it is the talk of the town; *det har* ~*ts en del om* henne på sista tiden there has been a lot of talk (skvallrats gossip) about . .; *bry dig inte om vad som* ~*s!* never mind what people say!; ~ *bort* dagen, fakta talk . . away, en timme gossip (chat) away . .; ~ *omkull ngn* talk a p. down; ~ *på* go on talking, talk away; *låt oss* ~*s vid om saken* let us talk it over (have a talk about it)
pratbubbla balloon **pratig** *a* chatty
prat|kvarn pers. chatterbox; *få i gång* ~*en* get wound up **-makare** o. **-makerska** [great] talker, chatterbox, F gasbag **-sam** *a* talkative, chatty, talför, talträngd loquacious, alltför ~ garrulous **-samhet** talkativeness, chattiness, loquacity, garrulity **-sjuk** se *pratsam* **-sjuka** love of chatting; jfr *pratsamhet* **-stund** chat; *få sig en* ~ have a chat **-tagen,** *vara i* ~ be in a talkative mood
praxis -[*en*] *0* practice, bruk custom; *det är* [*allmän*] ~ it is the practice, *att* sats el. inf. to inf.; *gammal* ~ well-established practice; *bryta mot vedertagen* ~ depart from established practice
precedensfall precedent
preceptor ung. reader, amer. associate professor
preciosa *-n 0* se *pretiosa*
precis I *a* t.ex. om mått, sätt precise, t.ex. om uppgift exact **II** *adv* exactly, precisely, just; *inte* ~ not exactly; *just* ~*!* exactly!; bussen går ~ (punktligt) . . exactly on time; *komma* ~ be punctual, F come dead on time; alla ~ *lika stora* . . exactly the same size; kom ~ *klockan 8* . . at eight [o'clock] sharp (precisely); *klockan är* ~ *8* it is just (exactly) eight o'clock; *det är* ~ vad man kunde vänta sig that's exactly . .; ~ *som förut* just as before **precisera** *tr* villkor o.d. specify; uttrycka klart define [. . exactly (accurately)], clarify

ıärmare *~t* to be [more] precise **precisering** specification; definition, clarification, fr föreg. **precision** *-en 0* precision, preciseness, exactitude, accuracy, punktlighet punctuality **precisionsarbete** precision work; urtillverkning *är ett verkligt ~ . .* is a work requiring great precision
reciös *a* se *pretiös*
redestinationslära doctrine of predestination **predestinera** *tr* predestinate, predestine äv. friare, *för (till)* to, [*till*] *att* inf. to inf.
redika *tr itr* preach, *för* to, *över* on; hålla straffpredikan lecture, sermonize; *~ bra (dåligt)* preach a good (poor) sermon, be a good (poor) preacher
redikament *-et -*[*er*] predicament
redikan *- 0* sermon, *över* on; straff~ äv. lecture; *hålla ~* preach, deliver the sermon; *hålla en ~ för ngn* bildl. lecture (sermonize) a p., give a p. a lecture **predikant** preacher
predikare, *Predikaren, Salomos P~* Ecclesiastes **predikarmunk** preaching friar
redikat *-et -* predicate; predikatsverb verbal part of the predicate **predikativ** *a* predicative **predikatsfyllnad** complement
redikning se *predikan* **predikosamling** book of sermons (homilies) **predikotext** text **predikoton** sermonizing tone **predikstol** pulpet; *gå upp i ~en* ascend (go up into) the pulpet
redisponera *tr, ~, göra . . ~d* predispose, *för* to **preexistens** pre-existence
refekt *-en -er* prefect; univ. head **prefektur** prefecture **preferens** *-en -er* **1** företräde o.d. preference, *framför* over (to) **2** kortsp. se *priffe* **preferensaktie** preference (isht amer. preferred) share **prefix** *-et -* prefix
regnans *-en 0* pregnancy, significance, pithiness, terseness, conciseness, jfr följ. **pregnant** *a* innehållsdiger, uttrycksfull . . packed with meaning, pregnant, significant, kärnfull pithy, terse, precis concise
reja *tr* sjö. anropa hail, tvinga att stanna command . . to heave to; bil o.d. force . . to stop
rejudicerande *a* precedential; *ett ~ rättsfall* vanl. a test case; fallet *kan bli ~ . .* may form a precedent **prejudikat** *-et -* precedent; *det finns inget ~ på det* there is no precedent for this, it is without precedent (is unprecedented); *stödd på ~* precedented
rekär *a* precarious, jfr äv. *vansklig*
relat prelate; *~er*[*na*] koll. the prelacy
reliminär *a* preliminary **-skatt** preliminary tax; jfr *källskatt*
reludiera I *itr* prelude äv. bildl., play a prelude **II** *tr* prelude äv. bildl., play a (resp. the) prelude to **preludi|um** *-et -er* mus. prelude; *-er* bildl. preliminaries
remie *-n -r* [försäkrings]avgift premium; extra utdelning bonus, export~ o.d. bounty, pris prize, reward **-bok** prize book **-lån** premium bond loan, lottery loan **-obligation** premium (lottery) bond
premie|ra *tr* prisbelöna award prizes (resp. a prize) to, belöna reward, friare äv. put a premium on, encourage, foster; *~d boskap* prize cattle **-utdelning** skol. prize giving (distribution) **-återbäring** bonus
premiss *-en -er* premise, premiss, jfr äv. *förutsättning*
premi|um *-et -er* skol. prize, f. sms. se under *premie-*
premiär teat. o.d. first (opening) night (performance), ibl. première (fr.) äv. friare; *de nya bussarna hade ~* i går the new buses made their first appearance . .; *filmen får* ur~ annandag jul the film will be released . . **-biograf** first-run cinema **-dansös** première danseuse fr., first (principal) dancer **-lejon** first-nighter **-minister** prime minister, premier **-publik** first-night audience
prenumerant subscriber, *på* to **prenumeration** subscription **prenumerationsavgift** subscription [fee (rate, cost)] **prenumerera** *itr* subscribe, *på* to
preparandkurs preparatory course of study
preparat *-et -* preparation; *mikroskopiska ~* slides **preparator** preparator **preparatris** ung. medical technical assistant **preparera** *tr* [för]bereda prepare; tekn. process; påverka pers. i förväg brief
preposition preposition **prepositionsuttryck** prepositional phrase
prerogativ *-et -* prerogative
presbyterian *s* o. **presbyteriansk** *a* Presbyterian
presenning tarpaulin
presens pl. *- n* the present tense, the present end. sg.; *~ particip* the present participle
1 present *s* present, gift; *jag har fått den i ~ av honom* he gave it to me as a present; *få* ngt *i ~* äv. be presented with . .
2 present *a, ha ngt ~* [*för sig (minnet)*] have a th. present to one's (the) mind
presenta *tr* se *förära* **presentabel** *a* presentable **presentartiklar** *pl* [suitable] gifts **presentation** mera formell ~ o. bildl. presentation, i vanl. umgänge introduction, *för* to **presentera** *tr* **1** förestälIa introduce, *för (i)* to; *får jag ~ . .* äv. isht amer. meet . .; *~ sig* introduce oneself; *~d vid hovet* presented at court **2** framlägga, förete present äv. H, exhibit, framvisa äv. show **presentkort** gift voucher (token, i postbanken cheque)
preses *- 0* president
president allm. president (*i* of, *vid* at), ordförande äv. chairman, i högre domstol Chief Justice **-kandidat** candidate for the presidency **-period** presidency, period as president **-val** presidential election

presidera *itr* preside, *vid* at (over); take the chair **presidi|um** *-et -er* ordförandeskap chairmanship, presidency; styrelse presiding committee; kommunistiskt presidium **preskribera** *tr, ~s, bli ~d* om fordran o.d. be (become) statute-barred (amer. äv. outlawed), fall under (be barred by) the statute of limitations; *brottet är ~t* the period for prosecution has expired; jfr *preskriptionstid* ex. **preskription** limitation **preskriptionstid** period of limitation; *~en för* dessa brott *är 10 år* actions for . . are limited to 10 years

press *-en -ar* **1** tidnings~ press; *få* [*en*] *god ~* have a good press; *~en i London* ofta the London papers pl.; *figurera i ~en* vanl. appear in the [news]papers **2** redskap o.d. press, tryck~ äv. printing-press, f. citrusfrukt äv. squeezer; *gå i ~* go to press; *ligga (lägga) i ~*[*en*] be (put) in the press **3** påtryckning, tryck pressure; påfrestning strain; pressning press, pressveck äv. crease[s pl.]; *utöva ~ på ngn* bring pressure to bear (put pressure) [up]on a p.; växterna *ligger i ~* . . are being pressed

pressa I *tr* allm. press, m. strykjärn äv. iron (byxor äv. crease), mönster i metall o.d. äv. emboss; krama squeeze; *~ ngn på pengar* se nedan *II 1;* *~* ngt *platt* flatten . . by pressing; *~* ett ord [*för mycket*] force (strain) the meaning of . .; *~ ett pris* force a price down, cut a price; *~* sin röst force . .; *~ ngt* t.ex. vin *ur* . . press (olja o.d. äv. extract) a th. out of . .; i andra halvlek *~de svenskarna hårt* . . the Swedes were pressing [on] hard

II m. beton. part. **1** *~ av ngn* pengar, ett löfte o.d. extort . . from a p. **2** *~ fram* en bekännelse extort . ., *ur* from; *~ fram* ett ljud get out . .; *~* klämma *fram en tår* squeeze out a tear; *~ sig fram* squeeze (force) one's way **3** *~ ihop* compress, squeeze (jam, press) . . together **4** *~ ned* press (force) down, priser o.d. äv. cut down, reduce; *~ ned* t.ex. kläder i en koffert cram **5** *~ sig på* en buss squeeze oneself into . . **6** *~ upp* t.ex. fart, priser force (drive) up **7** *~ ur ngn ngt* squeeze (wring) a th. out of a p., jfr ovan *I 1* **8** *~ ut* eg. press (saft o.d. äv. squeeze) out, *ut ngt ur* a th. out of; *~ ut pengar av ngn* blackmail a p.; *~ ut* ett veck smooth (iron) out . .

pressande *a* t.ex. värme oppressive, t.ex. arbete arduous, t.ex. förhör severe, persistent, t.ex. arbetsförhållanden trying

press|attaché press attaché fr. **-byrå** press agency (bureau); utrikesdepartementets information division, i Engl. News Department **-censur** press censorship, censorship of the press **-debatt** discussion in the press **-fotograf** press photographer **-glas** pressed glass **-gurka** sliced [pressed and pickled] cucumber **-järn** flat (pressing) iron **-jäst** compressed yeast **-kampanj** press (newspaper) campaign **-klipp** press cuttin[g] (amer. clipping) **-konferens** press conference **-kort** press card, reporter's pas[s] **-läggningsögonblicket,** *i ~* at the moment of going to press **-läktare** press-gallery **-ning** *~en 0* pressing etc. jfr *press I;* press på kläder press, pressveck äv. creas[e] **-ombudsman** press agent (officer); dipl. information officer **--sylta** se *pressylta* **-veck** crease

pressylta pork brawn, potted head, amer. äv. headcheese

prestanda *pl* ngt som måste fullgöras obligations; prestationsförmåga performance end. s[g]

prestation arbets~, sport~ performance verk, bedrift achievement, kraftprov äv. fea[t] effort; [*allt*]*efter ~* according to abilit[y] (achievement, results) **prestationsförmåga** capacity äv. om pers., performance, efficiency **prestera** *tr* utföra perform, do åstadkomma accomplish, achieve; anskaffa, komma med produce, offer; *~* bevis, säkerh[et] furnish . .; han lyckades med vad ingen anna[n] *kunnat ~* . . had been capable of doing

prestige *-n 0* prestige **-fråga** o. **-sak** matte[r] of prestige **-skäl,** *av ~* for reasons of prestige

presumtiv *a* presumptive; *~ arvinge* presumptive heir, heir presumptive

pretendent pretender, *på (till)* to; fria[re] aspirant, claimant **pretendera** *itr, ~ p[å]* *ngt* ([*på*] *att* inf.) lay claim to a th. (to in[g]-form); *~ på* tronen pretend to . . **pretentio[n]** pretension, *på* to; jfr äv. *anspråk* **pretentiö[s]** *a* anspråksfull, förmäten pretentious; fordran[de] exacting

preterit|um *-um (-et) -er (-a)* preterit[e] [tense]

pretiosa *pl* valuables, precious ornament[s] (trinkets) **pretiös** *a* affected, mannere[d] precious

preussare Prussian **Preussen** Pruss[ia] **preusseri** -[*e*]*t 0* Prussianism **preussis[k]** *a* Prussian

preventiv I *a* preventive **II** *-et 0* preventive se äv. *-medel* **-krig** preventive war **-mede[l]** contraceptive **-piller** contraceptive (birth) pill

prick *-en -ar* **1** punkt o.d. dot, fläck speck, p[å] tyg, tärning o.d. spot; förprickning mark, tick på måltavla bull's eye; *skjuta* [*en*] *~* scor[e] (make) a bull['s eye]; *träffa* [*mitt i*] *~* bild[l.] hit the mark; varje ord *träffade ~* äv. . . wen[t] home; jag ändrar inte *en ~!* . . a jot!; *sätt[a]* *~en över i* eg. dot (put the dot over) the [i] bildl. add the finishing touch; *på ~en* to a [T] (nicety, turn, hair), exactly; *likna varandr[a]* *på ~en* be exactly alike, om två äv. be as lik[e] as two peas; [*på*] *~*[*en*] *8, 8 ~* at eigh[t] [o'clock] sharp (on the dot) **2** minus-, spor[t]

o.d. penalty point **3** sjö.: flytande [spar] buoy, fast beacon **4** pers., *en hygglig* ~ a decent fellow; *en konstig* ~ a queer customer
pricka I *tr* **1** t.ex. linje dot, m. nål o.d. prick **2** träffa [prick] hit **3** utmärka, ~ [*ut*] mark [out], farled m. sjömärken äv. buoy **4** bildl.: ge en prickning censure, reprove, brännmärka denounce **II** m. beton. part. **1** ~ *av* tick (check) . . off **2** ~ *för* mark, put a mark (tick) against, tick . . off; ~ *för* [*ngt*] *med rött* mark a th. in red **3** ~ *in* a) på karta o.d. dot (mark, prick, m. nålar o.d. äv. peg) in b) t.ex. ett slag i boxning put in **4** ~ *ut* mark out, jfr ovan *I 3*
prickbelastad *a, han är hårt* ~ he has a great number of penalty points **prickfri** *a* sport. . . without any penalty points; jfr äv. *oklanderlig* **prickig** *a* spotted, fullprickad dotted, tätt ~ spotty **prickning** bildl. reproof, censure; brännmärkning stigma; se äv. *utprickning* **prickskytt** sharpshooter, mil. äv. sniper **pricksäker** *a* se *träffsäker*
priffe *-n 0* ung. Swedish whist
prim *-en -er* fäkt., mus. prime **prima I** *a* first-class, first-rate, F tip-top, A 1, top-notch, isht amer. äv. dandy; ~ *ballerina* première danseuse fr., prima ballerina it., principal dancer; ~ *kondition* fine (first-class) condition; *extra* ~ *kvalitet* extra (superior) quality; ~ *vista* mus. at [first] sight, H at sight, on presentation **II** *adv, jag mår* ~ F I feel first-rate etc. jfr *I*
primadonn|a *-an -or* prima donna it., på talscen leading lady, stjärna star **primadonnafasoner** o. **primadonnalater** *pl* prima donna behaviour sg. **primas** *- 0* kyrkl. primate **primaväxel** first of exchange **primitiv** *a* primitive **primitivism** primitivism **primitivitet** primitiveness **primtal** prime number, prime **primul|a** *-an -or* primula **primus I** *- 0* i skolklass, *han är* ~ he is the top of the class **II** *a,* ~ *motor* prime mover **primär** *a* primary **primärlån** first mortgage loan **primärmaterial** primary (first-hand) material **primör** early vegetable (resp. fruit), primeur fr.; ~*er* äv. early produce sg.
princip *-en -er* principle; *det ondas* ~ the principle of evil; *av* ~ on principle, as a matter of principle; *handla efter en viss* ~ act on a certain principle; *jag har för* ~ *att* inf. I make it a principle (it's a principle with me) to inf.; *i* ~ håller jag med dig in principle . .; det är *i* ~ *samma sak* . . fundamentally (essentially) the same thing; en man *med (utan)* ~*er* . . of (of no, without) principle
principal *-en -er* **1** arbetsgivare employer **2** orgelstämma principal
princip|beslut decision in principle; *fatta ett* ~ äv. resolve in principle **-fast** *a* firm, . . of firm principle **-fasthet** firmness [of principle] **-fråga** question (matter) of principle
principiell *a* i princip . . of (as regards) principle, . . in principle, [grund]väsentlig fundamental, essential; ~ *motståndare till* opponent on principle to; *saken har också en* ~ *sida* there is also the matter of principle [to be considered]; *av* ~*a skäl* on grounds of principle **principiellt** *adv* se [*av (i)*] *princip;* det är ~ *oriktigt* . . fundamentally wrong
princip|lös *a* unprincipled **-löshet** lack of principle **-ryttare** stickler for principle, fanatiker doctrinaire **-uttalande** declaration of principle
prins *-en -ar* prince; ~ *av blodet* prince of the blood; *må som en* ~ [*i en bagarbod*] ung. have a lovely time, feel fine **prinsess|a** *-an -or* princess **prinsessmodell** princess style **prinsgemål** Prince Consort **prinskorv** ung. chipolata sausage, small sausage for frying **prinsregent** Prince Regent
prior prior **priorinna** prioress **prioritera** *tr* give priority to **prioriterad** *a* priority . ., preferential, isht amer. preferred **prioritet** priority **prioritetsrätt** [right of] priority
1 pris *-et* **1** pl. *-*[*er*] [salu]värde, kostnad allm. price, ibl. cost, belopp äv. rate (*på* i samtl. fall of), begärt ~ äv. charge, villkor terms pl., *på* båda for; är det ert *lägsta* ~*?* . . lowest price (figure)?; *allra lägsta* ~ se *lägst* ex.; *hålla för höga* ~*er* charge too much (high); *höja (sänka)* ~*erna* raise (reduce, lower) prices; *sätta* ~ *på* eg. se *prissätta; sätta högt* ~ *på* bildl. appreciate (value) . . highly, set great store by . .; köpa ngt *för gott* ~ . . at a moderate price (a [fair] bargain); jag vill inte vara utan det *för något* ~ [*i världen*] . . at any price, . . for anything; *falla (gå ned) i* ~ fall (go down) in price; *stå högt (lågt) i* ~ eg. be high (down) in price; *bli ense om* ~*et* agree about (on) the price, come to terms; *till billigt* ~ cheap[ly], at a cheap rate; *till dagens* ~ i dag at today's price; *till nedsatt* ~ at a reduced price; *till* ~*et av* bildl. at the cost of; *till ett* ~ *av* at the price (rate) of; *till varje* ~ at all costs (any price)
2 pl. *-*[*er*] belöning prize; *få (ta hem) första* ~*et* be awarded (carry off) the first prize; *utfästa ett* ~ offer a prize; *sätta ett* ~ *på ngns huvud* set (put) a price [up|on a p.'s head; *ta* ~*et* bildl. be easily first (best), F take the cake (biscuit)
3 pl. *0* lov praise; ~ *ske Gud* the Lord be praised
2 pris *-en* **1** pl. *-er* sjö., byte prize, capture; *ta -er* make prizes; *förklara (ta) ngt som god* ~ declare a th. good (one's lawful) prize, resp. take a th. as one's lawful prize; *ge . . till* ~ *åt* se *prisge* **2** pl. *-ar* nypa pinch; *en* ~ *snus* a pinch of snuff; *bruka ta sig en* ~ äv. take snuff

pris|a *tr* praise, berömma äv. extol, commend, lov~ äv. glorify, laud, hålla lovtal över eulogize, sing the praises of; ~ *sin lycka (sig lycklig)* att . . count oneself lucky (fortunate) . .; ~ *sin lyckliga stjärna* thank one's lucky stars; *man skall ej ~ dag förrän sol gått ned* ung. don't crow too soon **-belöna** *tr* award a prize (resp. prizes) to; en *~d* författare . . to whom a prize has been awarded; *-belönt* skrift, tjur etc. prize . . **-bildning** formation (determination) of prices, price formation **-billig** *a* inexpensive, cheap, low-priced **-domare** judge **-fall** fall (decline, drop) in (of) prices (resp. the price), på börsen break; *plötsligt (starkt) ~* äv. slump; ~ *på* pappersmassa a fall etc. in the price of . ., a break in . . **-fråga** kostnadsfråga matter (question) of price

pris|ge el. **-giva** *tr* t.ex. åt fienden give . . up, abandon, t.ex. åt förfallet äv. sacrifice, let . . go, *åt* i samtl. fall to; ~ *ngn (ngt) åt* löjet, offentligheten expose a p. (a th.) to . .; *vara -given åt* be at the mercy of **-höjning** rise (increase, advance) in prices (resp. the price), price rise **-index** price index **-klass** price range (class) **-kontroll** price control **-kontrollerad** *a* price-controlled **-kurant** price-current(-list) **-lapp** [price] ticket (tag, label) **-lista** H price-list; sport. prize list **-läge** price range (level); *i alla (olika) ~n* at all (different) prices; *i vilket ~?* [at] about what price?

prism|a *-at (-an) -er (-or)* prism; i ljuskrona pendant, drop **prismakikare** prism binoculars pl. **prismatisk** *a* prismatic

pris|nedsättning price reduction **-nivå** price level **-notering** [price] quotation **-nämnd** jury, judges pl. **-pall** winners' stand **-reglering** price regulation

priss|e *-en -ar* se *kurre*

pris|skillnad difference in (of) price[s pl.], price difference, margin; järnv. excess fare **-skjutning** shooting-competition **-skruven** o. **-spiralen** the upward spiral of prices **-stegrande** *a* price-raising **-stegring** se *prishöjning* **-stopp** price-freeze, [price] ceiling; *införa [allmänt] ~* freeze prices; *införa ~ på* ngt put a ceiling (resp. ceilings) on . . **-sänkning** se *prisnedsättning* **-sätta** *tr* fix the price[s pl.] of, price **-sättning** fixing of the price[s pl.], pricing **-tagare** prize-winner **-tävlan** o. **-tävling** prize competition **-uppgift** H quotation, *på* for; *lämna ~ på* state (give) the price of **-utdelning** distribution of prizes; *förrätta ~* give away the prizes **-utveckling** price trend **-värd** *a* **1** eg. . . worth its price **2** se *lovvärd*

privat I *a* private, personal; ~ *[område]* private [grounds (premises) pl.]; *~a* utgifter, förhållanden personal . .; *jag för min ~a del* anser . . for my [own] part I (I for one) . .; *för min ~a del* gör det detsamma as far as I am concerned . .; *i det ~a* in private life **II** *adv* privately, in private; *läsa (ta lektioner) ~* take private lessons, *för* with; tag ett råd *helt ~!* äv. . . in strictest privacy! **-angelägenhet** private affair, personal matter **-anställd** *a, ~ person* person in private employment **-bank** private bank **-bil** [private] car (amer. äv. automobile) **-bilist** private motorist **-bruk,** *för ~* for private (personal) use **-chaufför** [private] chauffeur **-detektiv** private detective **-egendom** private property

privatim *adv* se *privat II;* äv. confidentially

privatist ung. external (privately-coached) candidate

privat|kapitalism [private] capitalism **-kapitalistisk** *a* capitalist . . **-klinik** nursing home **-lektion** private lesson; *ge ~er* äv. coach **-liv** private life; *i ~et* in private life **-man** o. **-person** private person; *som ~* är han in private [life] (utom tjänsten in his private capacity) . . **-praktik** private practice **-rätt** civil (private) law **-rättslig** *a* . . of (according to) civil (private) law **-sak** private (personal) matter, private affair **-samtal** private conversation (talk) **-sekreterare** private secretary **-skola** private school **-undervisning** private tuition **-ägd** *a* privately-owned

privilegiebrev charter; letters patent pl. **privilegiera** *tr* privilege **privilegi|um** *-et -er* privilege; ensamrätt monopoly; tillstånd licence

PR-man PR (public-relations) officer

proamerikansk *a* pro-American

prober|a *tr* try; metall test, assay **-nål** touch-needle **-sten** eg. o. bildl. touchstone, *på* of

problem *-et -* problem **problematik** *-en 0* problems pl., complex of problems **problematisk** *a* problematic[al]; tvivelaktig doubtful, uncertain **problembarn** problem child **problemlösning** solution [of a (resp. the) problem] **problemställning** presentation of a (resp. the) problem, problem

proboxning professional boxing

procedur tillvägagångssätt, rättegångsordning procedure; förfarande process **-fråga** question of procedure, procedural question (matter)

procent *-en -* 'per hundra' per cent (förk. p.c., ofta äv. %); -tal percentage; bolagets *3 ~s obligationer* . . three-per-cent bonds (three-per-cents); *med 10 ~[s] (%) rabatt (ränta)* at ten per cent (10%) discount (interest); *5 (10* etc.) *%* skatt i Engl. äv. one shilling (two shillings etc.) in the pound; *hur många ~ är det?* how much per cent is that?; *en stor ~ (30 %) av böckerna är* . . a large percentage of the books are el. is (30 per cent of the books are) . .; *ge 10 % i utdelning* pay (avkasta yield) a dividend of ten per cent; *10 %*

på detta belopp ten per cent of . .; *få ~ på* omsättningen get a percentage on . .; *i ~* in percentages; *i ~ av* . . as a percentage of . .; våna *mot (till) hög ~* . . at a high percentage
procent|are se *ockrare* **-halt** percentage **-räkning** calculation of percentages, percentages pl. **-sats** rate per cent, percentage **-tal** percentage
procentuell *a* percentage . ., . . calculated as a percentage **procentuellt** *adv, ~ räknat* expressed (calculated) as a percentage
process 1 förlopp, utvecklingsgång process, operation **2** jur. lawsuit, action, case, jfr *rättegång; börja* |*en*| *~ med (mot), öppna ~ mot* bring an action (take proceedings, proceed) against; *föra (ligga i) ~ med* carry on a lawsuit against, be in litigation (involved in a lawsuit) with, *om* about; *förlora (vinna) en ~* lose (win) a case; *göra ~en kort med ngn* bildl. make short work of a p., deal summarily with a p.; *låta ngt gå till ~* take a th. to court **processa** *itr* carry on a lawsuit (resp. lawsuits), se vid. |*föra*| *process; börja ~* se |*börja*| *process; ~* |*om*| äv. litigate **processande** *-t 0* litigation
procession procession, festtåg äv. pageant; *gå i ~* walk in procession, procession
process|lysten *a* litigious, . . fond of litigation (going to law) **-lystnad** litigiousness **-makare** litigious person, barrator **-rätt** law of |legal| procedure
producent producer äv. film, radio o.d.; odlare grower **producera** *tr* allm. produce, tillverka äv. manufacture, turn out, odla äv. grow, spannmål, isht amer. raise; *~ sig* framträda appear; han har inte *~t sig på flera år* om författare . . brought out anything for several years **produkt** *-en -er* product äv. mat., fabrikat äv. manufacture, make, alster äv. production; isht jordens *~er* äv. produce end. sg. **produktion** production, tillverkningsmängd äv. output, avkastning yield, isht jordbr. produce end. sg.; hans litterära *~* . . output (production| s pl.|, work| s pl.|)
produktions|apparat productive apparatus, machinery of production **-begränsning** restriction of production **-förmåga** productive capacity, productivity **-kostnad** cost of production **-medel** means of production **-metod** method of production
produktiv *a* productive, om t.ex. författare prolific **produktivitet** productivity, fertility
profan *a* profane, världslig äv. secular, hädisk äv. blasphemous; om musik secular; skyddad för *~a blickar* . . profane eyes **profanera** *tr* profane **profanering** *-en 0* profanation
profession profession, trade, jfr *yrke* **professionalism** professionalism **professionell** *a* o. *s* professional
professor professor, *i* of, *vid* at (in) **professorska** professor's wife; *~n N.* Mrs N. **professorskompetens** qualifications pl. for a professorship **professur** professorship, |professorial| chair; *~en i* historia vid . . the chair of . .; *inneha en ~ i* historia hold a professorship (chair) in . .
profet *-en -er* **1** prophet, siare äv. seer; *Profeten* Muhammed the Prophet; *de större (mindre) ~erna* the major (minor el. lesser) prophets; *ingen är ~ i sitt fädernesland* no one is a prophet in his own country **2** F professor prof **profetera** *tr itr* prophesy, |*om*| *ngt* a th., spå äv. predict, *om ngt* a th. **profeti|a** *-an -or* prophecy, prediction, jfr föreg. **profetisk** *a* t.ex. gåva prophetic, t.ex. skrift prophetical **profetissa** prophetess
proffs *-en -* pro (pl. pros); *bli ~* turn pro **-boxare** professional boxer **-boxning** professional boxing **-förklara** *tr* declare . . to be a professional (resp. professionals)
profil *-en -er* profile, tekn. äv. |vertical| section; bildl. personality; avbilda *i ~* . . in profile (side-face); *porträtt i ~* profile, side-face |portrait| **profilera** *tr* profile, tekn. äv. shape, byggn. set up profiles (resp. a profile) of **profiljärn** section, section|al| (structural, profile) iron **profilritning** profile drawing
profit *-en -er* profit; *dra ~ av* profit by; *med ~* at a profit **profitabel** *a* profitable **profitbegär** love of gain (profit) **profitera** *itr* förtjäna profit, benefit, *på* by; utnyttja take advantage, *på* of; gain an advantage, *på* out of **profitsyfte,** göra ngt *i* |*rent*| *~* . . for the |mere| sake of profit, . . because it pays
pro forma *adv* pro forma **proformafaktura** pro forma invoice **proformasak,** det är *bara en ~* . . a mere matter of form
profylaktisk *a* prophylactic **profylax** *-en 0* prophylaxis
prognos *-en -er* isht läk. prognos|is (pl. -es), friare prognostication, ekon., meteor. forecast; *ställa en ~* make a prognosis etc., prognosticate **prognoskarta** weather |forecast| chart **prognosticera** *tr itr* prognosticate, forecast, foretell
program *-met -* allm. programme (amer. program) äv. vid databehandling, polit. äv. platform, tryckt kurs~ o.d. äv. prospectus, fastställd plan äv. plan; *göra upp ett ~* draw (set) up a programme; *stå på ~met* be on (in) the programme; *ta upp ngt på sitt ~* include a th. in one's programme; det ligger *utanför ~met* . . outside the programme; spela ngt *utom ~met* . . extra (as an extra item) **-enlig** *a* . . according to |the| programme **-enligt** *adv* according to |the| programme; allt *gick ~* äv. . . went off smoothly **-förklaring** manifesto (pl. -s) **-ledare** konferencier compère
programmatisk *a* programmatic **pro-**

grammera *tr* programme, amer. program; *~d undervisning* programmed instruction **programmerare** programmer **programmering** *-en 0* programming; *~ av datamaskiner* computor programming **programmusik** programme music **programpunkt** item on (of) a (resp. the) programme

progression progression, i beskattning äv. graduation **progressiv** *a* progressive, t.ex. beskattning äv. graduated, gram. äv. continuous

prohibitiv *a* prohibitive

projekt *-et* - project, plan, scheme **projektera** *tr* project, plan, design

projektil *-en -er* projectile, friare missile **-bana** trajectory [of a (resp. the) projectile]

projektion projection **projektionsapparat** projector **projektionsritning** projection [drawing]

projektmakare project maker, neds. schemer

projektor projector **projic[i]era** *tr* project

prokansler ung. vice-chancellor

proklamation proclamation **proklamera** *tr* proclaim

prokura *-n 0* [power of] procuration, proxy; *meddela ngn ~* give (grant) procuration to a p., authorize a p. to sign by (per) procuration; *teckna* firman *per ~* sign for . . by (per) procuration (förk. per pro., p.p.) **prokurist** managing (confidential) clerk, procuration holder

proletariat *-et 0* proletariat **proletarisera** *tr* proletarize

proletär *s* o. *a* proletarian **-diktatur** dictatorship of the proletariat, proletarian dictatorship **-författare** proletarian author

prolog *-en -er* prologue, *till* to; *framsäga (läsa) ~en* speak the prologue

prolongation prolongation (end. sg.), av avtal, lån o.d. extension, av växel äv. renewal **prolongera** *tr* prolong, extend, renew; jfr föreg.

promemori|a *-an -or* memoran|dum (pl. -da, -dums, förk. se *P.M.*), *angående (över)* of (on, respecting, re lat.)

promenad *-en -er* **1** spatsertur walk, flanerande stroll, ibl. promenade; motions~ F constitutional; *ta [sig] en ~* go for a walk (a stroll, an airing); *ta ngn med på en ~* take a p. out for a walk **2** ~plats promenade, isht strand~ parade, esplanade **-dräkt** [tailor-made] suit **-däck** promenade deck **-käpp** walking-stick, amer. äv. cane **-sko** walking-shoe **-väder,** *fint ~* nice weather for a walk

promener|a *itr* take a walk (stroll), walk, stroll; promenade; *gå ut och ~* go for (take) a walk; *gå ut och ~ med* hunden take . . out for a walk; *~ omkring* stroll [about], saunter **-ande** *subst. a* i pl. people out walking (out for a stroll); promenaders

promille *(pro mille)* **I** *adv* per thousand (mille, mil) **II** *-n 0, hög ~* av alkohol ung. high percentage (permillage) [of alcohol]

prominent *a* prominent

promiskuitet promiscuity

promotion univ. conferment of doctors' degrees **promotionsbal** ball after the conferment osv. se föreg. **promotor** **1** företag sport. promotor **2** univ. conferrer of doctors' degrees **promovera** *tr* univ. confer a doctor's degree (doctors' degrees) on

prompt **I** *adv* ofördröjligen promptly, immediately, forthwith, punktligt punctually; ovillkorligen absolutely; *han ville ~ att jag skull* inf. he insisted on my ing-form **II** *a* prompt immediate

promulgation promulgation end. sg. **promulgera** *tr* promulgate

pronom|en *-enet (-inet) -en (-ina)* pronoun (äv. *självständigt ~*); *förenat possessiv (demonstrativt) ~* possessive (demonstrative) adjective **pronominell** *a* pronominal

prononcerad *a* pronounced, marked, utpräglad äv. decided, tydlig äv. manifest

propaganda *-n 0* propaganda, ibl. information; reklam publicity; *göra (bedriva) ~* se *propagera II* **propagandasyfte,** *i ~* for propaganda (etc. jfr *propaganda*) purpose **propagandist** propagandist **propagera** **I** *tr* propagate **II** *itr* make (carry on) propaganda, *för* for

propedeutisk *a* introductory, preparatory propaedeutic

propell|er *-ern -rar* propeller, äv. [flyg. air] screw **propelleraxel** propeller (airscrew) shaft **propellerblad** propeller etc. blade **propellerdriven** *a* propeller(etc.)-driven

proper *a* snygg tidy, neat, ren[lig] clean; skötsam decent, nice

proponera *tr* propose

proportion proportion; *~er* dimensioner äv. dimensions, size sg.; *ha vackra ~er, vara vacker i ~erna* be well proportioned, be of beautiful proportions; *ha sinne för ~er* have a sense of proportion; *i ~en 3 till 1* in the proportion (ratio) of 3 to 1; risken minskar *i ~ därtill* . . proportionally; minska *i samma ~ som* . . in proportion as; *stå i [omvänd (rimlig, rätt)] ~ till* . . be in [inverse (reasonable, due)] proportion (ratio) to . .; *inte alls stå i ~ till* . . be out of all (bear no) proportion (be disproportionate) to . . **proportional** *-en -er* proportional **proportionell** *a* proportional, proportionate, *mot* to; *omvänt ~* inversely proportional; *~a val* elections on the basis of proportional representation

proportionerad *a* proportioned, *efter* to

proportionerlig *a* proportionate, välväxt äv. shapely, well-built(-proportioned) . .; symmetrical **proportionsvis** *adv* proportion

ally, proportionately; jämförelsevis comparatively
ropos *-en -er* se *propå*
roposition lagförslag government bill; *framlägga* ~ present a bill; [*fram*]*ställa* ~ put the question; [*fram*]*ställa* ~ *på ett förslag* put a motion to the vote
ropp *-en -ar* avpassad ~, äv. f. diskho stopper, f. badkar o. tvättställ, tapp plug; tuss wad; elektr.: säkring fuse [plug]; blod~ clot; av öronvax lump; öron~ t. hörapparat o.d. ear-piece; *en ~ har gått* a fuse has blown; *något har satt sig som en ~ i* pipen there is something stopping up (causing a stoppage in) . .; *sätta en ~ i* ett hål plug (put a plug into) . .; *ta ~en ur* en flaska remove the stopper from . . **proppa** *tr*, ~ . . *full* cram, stuff, äv. bildl.; ~ *i ngn* mat cram (stuff) . . into a p. (kunskaper . . into a p.'s head); ~ *i sig* gorge (stuff, glut) oneself, *ngt* with a th.; ~ *igen* ett hål stop (stuff) up . ., plug [up] . .; ~ *till* en flaska cork [up] . . **proppfull** *a* pred. cram-full, chock-full (*med* of), chock-a-block, *med* with; jfr äv. *fullpackad* **proppmätt** *a, äta sig* ~ gorge (glut) oneself, *på* with; *vara* ~ F be full up
roprieborgen [personal] surety, guarantee with direct liability
ro primo *adv* firstly, in the first place
rops *-en 0* se *pitprops*
ropsa *itr*, ~ *på ngt (på att* inf.) insist [up]on a th. ([up]on ing-form); ~ *igenom ngt* carry a th. [through] by force; ~ *sig till ngt* get a th. by keeping on insistently
ropå *-n -er* förslag proposal
rorektor univ. ung. prorector, pro-vice-chancellor
rosa *-n 0* prose; *en ~ns mästare* a master of prose; *vardagens* ~ the drabness of everyday life; *på* ~ in prose **prosaberättelse** prose story **prosaisk** *a* prosaic, andefattig äv. prosy, vardaglig äv. commonplace, torr unimaginative, matter-of-fact **prosaist** o. **prosatör** prosaist, prose writer
rosceni|um *-et -er* proscen|ium (pl. -ia)
rosektor ung. reader, amer. associate professor
roselyt *-en -er* proselyte, convert; *värva ~er* make proselytes etc., proselytize
proseminarium ung. proseminar
prosit *itj* [God] bless you!
proskribera *tr* proscribe; *en ~d* subst. a. a proscript, an outlaw **proskription** proscription
prosodi prosody end. sg.; *~er* prosodic text-books **prosodisk** *a* prosodic[al]
prospekt *-et* - reklamtryck prospectus **prospektera** *itr* prospect, *efter* for **prospektering** *-en 0* prospecting
prost *-en -ar* dean
prostata *-n 0* prostate [gland]
prostgård deanery **prostinna** dean's wife; *~n N.* Mrs N.
prostituera *tr* prostitute **prostituerad** *a* prostitute; subst. prostitute, F tart **prostitution** *-en 0* prostitution
protagonist protagonist
protegé *-[e]n -er* protégé[e kvinna]
protegera *tr* patronize
protein *-et -er* protein
protektion *-en 0* beskyddarskap patronage; beskydd protection **protektionism** protection[ism] **protektionist** *s* o. **protektionistisk** *a* protectionist **protektorat** *-et* - protectorate
protes *-en -er* arm, öga etc. artificial arm (resp. eye etc.); läk. prosthes|is (pl. -es); tandläk. denture, dental plate
protest *-en -er* protest äv. H o. sport., *mot* against; invändning objection, *mot* to; ~ *för utebliven betalning* H protest for non-payment; *inlägga* ~ protest, lodge (make, enter) a protest; *under* ~[*er*] *(livliga ~er)* under protest sg. (vigorous protests); *utan* ~ anteckning på växel not to be noted, no protest
protestant *s* o. **protestantisk** *a* Protestant **protestantism** (äv. *~en*) Protestantism
protestera *itr tr* protest (*mot* against), object (*mot* to); [*låta*] ~ *en växel* have a bill protested (noted), protest (note) a bill; ~ *kraftigt mot ngt* cry out (remonstrate) against a th. **protestmöte** protest (indignation) meeting **protestrop** cry of protest **proteststorm** storm of protest (remonstrance)
protokoll *-et* - minutes pl., record, domstols~, riksdags~ o.d. report of the proceedings, isht dipl. protocol; kortsp., sport. score; *föra (sitta vid) ~et* keep (take) the minutes (record), act as a secretary; keep the score; *föra ~ vid* ett sammanträde keep the minutes of . ., minute [the proceedings of] . ., record . .; *sätta upp ~ över* förhandlingarna draw up the minutes (a report) of . .; *ta* ngt *till ~et* enter . . in the minutes, record (take down) . .; *utom ~et* off the record; *vid ~et* N.N. vanl. . ., Secretary **-chef** v. utrikesdepartement chief of protocol **-föra** *tr* se [*ta till*] *protokoll*[*et*] **-förare** keeper of the minutes, secretary, recording clerk; v. domstol clerk [of the court]; sport. o.d. scorer
protokolls|justering checking (confirmation, approval) of the minutes **-lösen** fee (charge) for copy of minutes **-utdrag** extract from the minutes (record, report)
proton proton
protoplasma *-n (-t) 0* protoplasm **prototyp** prototype **protozo** *-n -er* protozoan, protozoon; *~er* protozoa
protuberans *-en -er* protuberance, astr. [solar] prominence

prov *-et -*|*er*| **1** allm. test äv. tekn., kem. samt kunskaps~ o.d.; tekn. o.d. äv. experiment; försök, prövning trial; examens~ examination; *muntligt (skriftligt) ~* oral (written) test (resp. examination); *anställa ~ med* t.ex. ny maskin test, put . . to trial; *avlägga ~* examineras pass an examination; *bestå ~et* stand (pass) the test, pass; t.ex. anställa ngn, göra ngt *på ~* on trial; *sätta på ~* put to the test, test; *han sätter* mitt tålamod *på ett hårt ~* he tries . . severely; *ta* en vara *på ~* take . . on approval (on trial); *vara anställd på ~* be on trial (on probation) **2** bevis proof; exempel specimen; *ge ett (visa) ~ på* t.ex. tapperhet display, give proof of; *röna ~ på* ngns välvilja meet with . . **3** konkr. isht H varu~ sample, av tyg, tapet etc. med mönster pattern; provexemplar, -bit specimen; *ta ett ~* läk. take a specimen; jfr äv. *blodprov* o.d.

prov|a *tr itr* göra prov med test, försöka, pröva |på|, provköra o.d. try; grundligt try out; kläder, skor try on; *~ av* test, try, give . . a |first| trial, ost, vin o.d. sample, taste; *~ in* sömn. fit; *~ ut* t.ex. glasögon, hatt try out **-are** tekn. tester **-ark** sample sheet **-belasta** *tr* test-load **-belastning** konkr. test load **-bit** sample, specimen **-docka** dummy, lay figure

proveniens *-en -er* provenance end. sg., origin

provensalsk *a* Provençal

prov|erska fitter **-exemplar** specimen, sample; av bok specimen (sample) copy **-filma** *itr* have a |screen| test **-flyga** *tr itr* test, test-fly **-flygare** test pilot **-flygning** test (trial) flight **-föreläsa** *itr* give a trial lecture **-föreläsning** trial lecture **-glas** test tube

proviant *-en 0* provisions, victuals, |food| supplies samtl. pl. **proviantera I** *tr* provision, victual **II** *itr* take in (buy) supplies **proviantering** provisioning, victualling

provins *-en -er* province; *~en* landsorten the provinces pl. **provinsialism** *-en -er* provincialism **provinsialläkare** district medical officer **provinsiell** *a* provincial **provinsstad** provincial town, mindre country town

provision agents o.d. commission; *mot fem procents ~* against (at) a five per cent commission

provisions|avräkning commission account **-basis,** *på ~* on a commission basis

provisorisk *a* tillfällig temporary, nödfallsmakeshift, emergency båda end. attr.; *~ regering* provisional government **provisori|um** *-et -er* provisional (temporary) arrangement, nödlösning makeshift

prov|karta H sample-(pattern-)card, *på* of; *en ~ på* olika frisyrer, olika stilar a variety (medley) of . . **-kollektion** collection of samples, samples pl. **-kort** foto. proof, specimen print **-kök** experimental kitchen **-köra** *tr itr* test, bil o.d. äv. give . . a trial run **-körning** av bil o.d. trial (test) run, på väg road test **-leverans** sample|s pl.|, trial consignment

provning testing etc., jfr *prova;* av kläder trying on, fitting; prov äv. trial, test **provningsanstalt** testing laboratory **provnummer** av tidning o.d. specimen copy (issue)

provocera *tr* provoke, instigate; *~nde* provocative **provokation** provocation **provokatorisk** *a* provocative **provokatör** polis agent provocateur fr. (pl. -s -s)

prov|order H trial order **-predikan** trial sermon **-rum** att prova kläder i fitting-room **-ryttare** F bagman **-räkning** arithmetic test, konkr. test paper |in arithmetic| **-rör** kem. test tube **-rörsbarn** test-tube child (baby) **-sida** specimen page **-sitta** *tr* t.ex. en fåtölj try out **-sjunga** *itr* have an audition *för ngn* before a p. **-sjungning** audition **-skrivning** written test, konkr. test paper **-smaka** *tr* taste, sample **-spela I** *tr* ett instrument try out **II** *itr* have an audition, *för ngn* before a p. **-stopp** för kärnvapen |nuclear test ban **-sändning 1** H se *-leverans* **2** radio trial (test) transmission **-tagning** läk., *före ~en* before |the| specimens are (etc.) taken **-tjänstgöring** probationary service, |period of| probation; *två års ~* äv. two years on probation **-tur** trial trip (run) **-år** year of probation; lärares |teacher's| training year **-årskandidat** ung. student teacher

prudentlig *a* prim, finical

prunka *itr* make a fine (grand) show, be resplendent (dazzling); *~ i alla färger* be blazing with colour; *~ i rött* be dazzlingly red **prunkande** *a* lysande dazzling, blazing, glowing, grann gaudy, gay, showy; bildl. om stil o.d. flowery

prut *-et 0* **1** se *prutande* **2** *utan ~* without much ado **pruta** *itr* om köpare haggle |over the price|, köpslå bargain; om säljare reduce (knock something el. a little off) the price; *stå och ~* stand haggling (bargaining); *~ med ngn* beat a p. down; *han låter inte ~ med sig* he is not willing to bargain, there is no beating him down; |*försöka*| *~ på* en vara haggle over the price of . ., try to get . . cheaper; *~* |*av*| 5 kr (om säljare) knock (take) . . off |the price|; han begärde 500 kr men *jag lyckades ~* |*av*| *10 %* . . I managed to knock him down 10 per cent; *~ av på (~ ned)* sina fordringar reduce (moderate, come down a little in) . . **prutande** *-t 0* haggling, bargaining **prutmån** margin |for haggling|

pryd *a* prudish; *en ~ person* äv. a prude

pryd|a *-de prytt tr* adorn, utsmycka äv. decorate, ornament, försköna embellish; passa, kläda become; vasen *-er sin plats* . . is decorative |there (here)|; en förklaring *skulle ~ sin plats*

här . . wouldn't be out of place here; blygsamhet *-er alla* . . is becoming in everybody; ~ *upp* = *pryda*
pryderi -|*e*|*t 0* prudishness, prudery
prydlig *a* välvårdad, snygg neat, trim, om pers. äv.: nätt o. ~ dainty, dapper, överdrivet ~ spruce; dekorativ decorative, ornamental; *det ser ~t ut* it looks neat (makes a fine show) **-het** neatness etc. jfr föreg.
prydnad *-en -er* dekoration adornment, decoration, embellishment; prydnadssak o. bildl. ornament; *vara en ~ för* t.ex. sitt yrke, sin skola be an ornament to . ., adorn . .
prydnads|sak ornament; mindre *~er* knick-knacks, fancy goods; bric-a-brac sg. **-växt** ornamental plant
prydno, *i sin ~* isht iron. in his (resp. its etc.) glory
pryg|el *-let 0* flogging, whipping, thrashing, beating; *ge ngn ~* give a p. a flogging etc., flog a p. **prygla** *tr* flog, whip, klå upp thrash, beat
pryl *-en -ar* skom. awl, allm. pricker; *~ar* F saker things
pryo se *yrkesorientering*
prål *-et 0* ostentation, ostentatious display, parade, showiness, grannlåt finery, prålig utstyrsel äv. bravery **pråla** *itr* make a big show (parade), show off; ~ *med* t.ex. sin stass, lärdom make a |big| show (display) of, parade, show off, flaunt **prålig** *a* gaudy, garish, showy **prålighet** gaudiness etc., jfr föreg. **prålsjuk** *a* ostentatious
pråm *-en -ar* barge, hamn~, läktare lighter **-skeppare** bargeman, bargee; lighterman **-släp** train of barges
prång *-et -* |narrow| passage, gränd alley
prångla *itr,* ~ *ut falska pengar* utter counterfeit coin (sedlar notes)
prägel *-n präglar* avtryck impression, impress äv. bildl.; på mynt samt bildl. stamp; drag, anstrykning touch; karaktär character; ge hemmet *en personlig ~* . . a personal touch; *bära sanningens ~* bear the stamp (impress) of truth; *sätta sin ~ på* leave (set) one's mark on **prägla** *tr* mynta coin, mint, slå |mynt| strike; stämpla stamp äv. bildl.; t.ex. i minnet äv. impress, imprint, jfr *inprägla;* känneteckna characterize, mark; ~ *nya ord* coin new words; *hans stil ~s av klarhet* his style is characterized (marked) by lucidity **prägling** av mynt samt ord o.d. coinage **präglingsår** year of coinage
präktig *a* utmärkt fine, good, splendid, grand; stadig stout, tjock thick, stark strong; *en ~ förkylning* a proper cold; *det (han) är en ~ människa* he is a good (decent) sort, he is a fine fellow (a real brick); *~a skor* stout (thick) shoes
pränt *-et -, på ~* in print; *sätta . . på ~* låta trycka print, have . . printed, skriva ned write down . ., låta skriva ned have . . written down **pränta** *tr* write carefully; texta print, dokument o.d. engross; ~ *in* se *inpränta*
prärie *-n -r* prairie **-brand** prairie fire **-gräs** prairie grass **-varg** prairie wolf
präst *-en -er* clergyman, isht katol. samt icke-kristen priest; grek.-katol. pope; frikyrklig samt i Skottl. minister; allm. minister of religion, isht F (ibl. neds.) parson; *~erna* prästerskapet the clergy sg.; *kvinnliga ~er* women clergymen; *bli ~* prot. vanl. become a clergyman; *läsa för ~en* be prepared for confirmation **-betyg** se *flyttningsbetyg* o. *åldersbetyg*
prästerlig *a* clerical, t.ex. värdighet priestly, sacerdotal; kyrklig ecclesiastical; *gå den ~a banan* enter the Church **prästerskap** *-et 0* clergy, clergymen pl.; isht katol. priesthood, priests pl.
präst|fru clergyman's (resp. minister's, F parson's) wife **-gård** vicarage, rectory, parsonage, katol. presbytery **-inna** priestess **-kappa** |clergyman's| gown **-krage 1** eg. bands pl. **2** bot. ox-eye daisy **-löfte** |clerical| vow **-man** se *präst* **-rock** cassock; katol. långrock soutane **-viga** *tr* ordain; *~s, låta ~ sig* be ordained, take |holy| orders **-vigning** ordination **-välde** hierarchy, hierocracy
pröva I *tr* **1** prova, försöka samt sätta på prov try; grundligt try out; anställa prov med, undersöka test; sätta på prov äv. put . . to the test; undersöka, granska samt tentera examine; kontrollera |ett räknetal| check; ~ *om* repet håller try and see if . .; ~ *sina krafter på* try one's strength on; ~ *lyckan (sin lycka)* try one's luck (fortune); ~ *sitt minne* test one's memory; ~ *något nytt* try something new; ~ *riktigheten av ett påstående* test (verify) a statement; ~ *ngns tålamod* try (tax) a p.'s patience **2** jur., ~ *ngn skyldig* find a p. guilty **II** *itr* tentera sit for an examination, be examined, *i* in **III** *rfl,* ~ *sig fram* feel one's way, proceed by trial and error **IV** m. beton. part. **1** ~ *in* skol. sit for (undergo, take) an (the, one's) entrance examination, *i (vid)* at; ~ *in vid teatern* have (be given) an audition **2** ~ *på* försöka try one's hand at; erfara experience, |få| utstå suffer; *han har fått ~ på mycket* he has had to put up with (go through) a good deal **prövad** *a, hårt ~* om pers. sorely tried; jfr äv. föreg., sista ex. **prövande** *a* påfrestande trying; granskande searching **prövning 1** prov, undersökning test, trial, examination; prövande testing; undersökning äv. inquiry (*av* into), t.ex. av fullmakt investigation, noggrann scrutiny, *av* of; prövningsprocedur, -tid probation; *förnyad ~* av en fråga re-examination, re-consideration; *noggrann ~* close examination, |careful| scrutiny; *skriftlig ~* written examination

(test); *underkasta ngt en* ~ test a th.; *uppta ett mål till* ~ jur. try a case **2** hemsökelse trial, affliction **prövningsnämnd** för taxeringar tax appeal board **prövosten** touchstone, *på* of

P.S. pl. - *n* P.S.

psalm *-en -er* i psalmboken hymn; i Psaltaren psalm; *Davids* ~*er* the Book of Psalms sg. **-bok** hymn-book **-diktare** hymn writer **-sång** hymn singing **-vers** stanza of a hymn

psaltare bok psalter; *Psaltaren* i Bibeln Psalms pl., the Book of Psalms

pseudoklassisk *a* pseudo-classic|al|

pseudonym I *-en -er* pseudonym, nom de plume fr., pen-name, assumed name **II** *a* pseudonymous; om namn assumed

pst *itj* hör hit here!, hey!

psyke *-n (-t) -n* mentality, psyche

psykiat|er *-ern -rer* psychiatrist **psykiatri** -|e|*n 0* psychiatry **psykiatrisk** *a* psychiatric **psykisk** *a* mental; ibl. psychic|al|; ~ *energi* mental (psychic) energy; ~ *sjukdom (hälsa)* mental illness (health)

psyko|analys psycho-analysis **-analytiker** psycho-analyst **-farmaka** *pl* psychopharmacologic|al| drugs, psychodrugs **-fysisk** *a* psychophysical **-gen** *a* psychogenic **-log** psychologist **-logi** -|e|*n 0* psychology, F psychics **-logisk** *a* psychological **-pat** psychopath **-patisk** *a* psychopathic

psykos *-en -er* psychos|is (pl. -es)

psyko|somatisk *a* psychosomatic **-teknisk** *a* psychotechnical **-terapi** psychotherapy

ptro *itj* whoa

pubertet puberty **pubertetsålder** |age of| puberty

publicera *tr* publish **publicering** publishing, publication **publicist** publicist, journalist, writer |for the press| **publicistik** *-en 0* journalism **publicistisk** *a* journalistic **publicitet** publicity **publicitetsjägare** publicity-hunter

publik I *-en -er* auditorium audience; åskådare, t.ex. sport. spectators pl.; författares ~, läsekrets äv. readers pl.; antal besökare attendance; restaurang~ o.d. guests (middagsgäster diners) pl., people pl. present; församling assemblage, stam~ clientele; åskådarmassa crowd; *den breda (stora)* ~*en* allmänheten the public at large; *inför en fulltalig* ~ before a full audience; *ge* ~*en vad den vill ha* give the public what they want; *nå en stor* ~ via radion, genom sina böcker etc. reach a large audience . .; *det finns ingen* ~ *för* den sortens böcker, filmer etc. there is no public for . .; *det är tråkig* ~ *där* på den danslokalen o.d. I don't like the people who go there **II** *a* allmän public

publikan publican

publikation publication

publik|dragande *a* popular, attractiv **-favorit** popular favourite (figure) **-framgång** se *-succé* **-frieri** playing to the galler **-rekord** attendance record; record attendance **-siffra** attendance, isht sport. gat **-smak** public taste, taste of the publi **-succé** film, teat. o.d. hit, success; bok best-seller **-tillströmning,** ~ *en var stor* ther was a large crowd **-tycke,** *ha* ~ be popular favourite, have a popular appeal

publikum - *0 n,* ~ publiken the audienc

puck *-en -ar* ishockey~ puck

puckel *-n pucklar* hump, hunch; *kamelen. pucklar* the humps of the camel **-oxe** zeb **-rygg** hunchback, humpback **-ryggig** hunchbacked, humpbacked; *vara* ~ äv. hav a hunch

puckla *tr,* ~ *på ngn* pummel a p.

pucklig *a* humpy, hunched

pudding pudding, ss. efterrätt äv. blancmang **-form** pudding mould **-pulver** blancmang powder

pud|el *-eln -lar* poodle; *det var alltså* ~*n kärna* so that's what is at the bottom of it

puder *pudret* - powder, kosmetiskt |face powder, toilet powder **-dosa** compac **-socker** powdered (icing) sugar **-underla** kräm foundation cream **-vippa** powder-puf

pudra I *tr* powder, m. socker o.d. dust; ~ *i* powder |. . over| **II** *rfl* powder |oneself|

pueril *a* puerile, childish **puerilitet** puerility, childishness

puff I *-en -ar* **1** knuff push; lätt m. armbåge nudge, jfr äv. *knuff* **2** på plagg puff **3** möbe pouf|fe| **4** knall pop **5** rök~ o.d. samt reklam~ puff **II** *itj* pop **puffa I** *tr* knuffa push; lätt m armbågen nudge, jfr äv. *knuffa* **II** *itr* **1** knalla pop **2** göra reklam, ~ *för ngt* puff a th. **puffas** *itr. dep* knuffas push

puffr|a *-an -or* S gat

puffärm puff|ed| sleeve

puh *itj* phew!

puk|a *-an -or* kettle-drum; *-or* i orkeste timpani (pl. el. sg.); han blev mottagen *med -o och trumpeter* . . with drums beating and flags flying **-slagare** timpanist, kettle-drummer

pulk|a *-an -or* 'pulka', Laplander's sledge

pull *itj,* ~, ~*!* chick, chick!

1 pull|a *-an -or* **1** höna chuck-chuck **2** smeknamn sweetie, chick

2 pull|a *-an -or* i spel pool

pullmanvagn Pullman |car|

pullov|er *-ern -rar (-ers)* pullover

pulp|a *-an -or* pulp

pulpet *-en -er* desk **-lock** desk lid

puls *-en -ar* pulse; *hastig (ojämn)* ~ a rapid (an irregular) pulse; *ta* ~*en på ngn* läk. feel

a p.'s pulse; *ha 80 i ~* have a pulse of 80; *känna ngn på ~en* bildl. sound a p.
pulsa *itr* trudge (plod), *i* snön through . .
pulsera *itr* beat, throb, pulsate, pulse; storstadens *~nde liv* the pulsating life of . .
puls|slag pulsation, beat of the pulse **-åder** artery
pult *-en -er* [conductor's] desk, podium podi|um (pl. -a)
pultron coward, poltroon
pulv|er *-ret -er* powder; *mala (stöta) till ~* äv. pulverize **pulverform,** *i ~* powdered
pulv[e]risera *tr* pulverize
pum|a *-an -or* puma, cougar
pump *-en -ar* pump
1 pumpa *tr* pump; *~ däcken (cykeln)* blow up (pump up, inflate) the tyres; *~ läns* pump . . dry (empty); *~ ngn på* en hemlighet, upplysningar pump . . out of a p., draw . . from a p.; *~ ngn på pengar* touch a p. for money; *~ upp* vatten, ett däck pump up, ett däck äv. blow up, inflate
2 pump|a *-an -or* **1** bot. pumpkin, vegetable marrow, amer. squash **2** kaffe~ glass flask
pumpernick|el *-eln -lar* pumpernickel
pumps *pl* court-shoes, amer. pumps
pund *-et -* **1** myntenhet pound (förk. £), engelskt *~* äv. pound sterling (förk. £ Stg.); F quid (pl. lika); *fem ~* five pounds (£5); *fem ~ och fem shilling* five pound[s] five (£5.5s) **2** vikt pound (m. of framför följ. subst.), förk. lb. (pl. lb[s].) **3** bildl., *förvalta sitt ~ väl* make the most of one's talents **-huvud** F blockhead **-sedel** pound note
pung *-en -ar* **1** påse, t.ex. tobaks~ pouch; t.ex. penning~, isht bibl. bag; börs purse; *lossa på ~en* loosen the purse-strings **2** hos pungdjur pouch, marsupi|um (pl. -a) **3** anat. scrot|um (pl. -a el. -ums) **punga** *itr, ~ ut med* fork out, cough up, come across with
pung|djur marsupial **-råtta** opossum **-slå** *tr, ~ ngn* fleece a p. [of his money], bleed a p. white; *~ ngn på* 50 kr. make a p. fork out . ., take . . off a p., vigga touch a p. for . .
punisk *a* Punic
punkt *-en -er* **1** allm. point, prick äv. dot äv. mus.; skiljetecken full stop, amer. period; sak, fråga point, matter; stycke, avdelning paragraph, i kontrakt, brev o.d., 'nummer' på program, dagordning item; klausul clause; detalj, särskild ~ particular; jur. i anklagelse count; hänseende respect; *~er och streck* dots and dashes; bemöta invändningen *~ för ~* . . point by point; *~ och slut!, och därmed ~!* and that's [the end of] that!; *död ~* tekn. dead centre (point), bildl. dödläge deadlock; *den kritiska ~en* the critical (crucial) point; *den springande ~en* the crux of the matter; *hans svaga ~* his weak point; *en öm ~* bildl. a tender spot, a sore point; *sätta ~* eg. put a full stop; *sätta ~ för ngt* bildl. put a stop to a th.; *där sätter vi ~ för i dag* let's stop there for today, let's call it a day; linjerna skär varandra *i ~en C* . . at the point C; *på denna ~* a) på detta ställe at this point (spot) b) härvidlag on this point, in this particular, in this respect; *på alla väsentliga ~er* in all essentials; *låt mig tala till ~!* let me have my say!, hear me out!; *till ~ och pricka* exactly, bokstavligt to the letter **2** typogr. mått point
punktalglas meniscus
punktera I *tr* **1** bilring o.d. samt läk. puncture **2** markera med punkter dot; konst. stipple; *~d linje (not)* dotted line (note) **II** *itr* om bilring o.d. be punctured, m. personsubj. have a puncture, allm. äv. puncture **punktering 1** på bilring o.d. samt läk. puncture; *få ~* have a puncture (F a flat tyre) **2** konst. stipple **punkthus** point (tower) block **punktion** puncture
punktlig *a* punctual, noga äv. accurate, exact **punktlighet** punctuality **punktligt** *adv* t.ex. betala punctually
punkt|skatt specific (selective) purchase tax **-strejk** selective strike **-svetsning** spot welding
puns *-en -ar* o. **punsa** *tr* punch
punsch *-en 0* Swedish (arrack) punch
pupill *-en -er* anat. pupil
pupp|a *-an -or* pup|a (pl. -ae), chrysali|s (pl. äv. -des)
pur *a* pure, bildl. äv. sheer; *av ~ förvåning* from sheer surprise
puré *-n -er* purée, potatis~ äv. mash; soppa äv. soup
purgativ *-et -* o. **purgerande** *a* purgative
purism *-en -er* purism **purist** purist **puristisk** *a* purist[ic] **puristiskt** *adv* puristically **puritan** puritan, hist. Puritan **puritansk** *a* puritan[ical]
purjo *-n 0* o. **purjolök** leek
purken *a* F sur sulky, sullen, grumpy; stött huffy, *på* with
purpra *tr* purple
purpur *-n 0* purple **-färgad** *a* purple[-coloured]; se äv. följ. **-röd** *a* blåröd purple, högröd crimson, scarlet; *bli ~* av ilska o.d. turn purple (crimson)
1 purra *tr* sjö. väcka call, rouse
2 purra *tr, ~ upp* ruffle up
purung *a* very young
1 puss *-en -ar* pöl puddle, pool
2 puss *-en -ar* kyss kiss **pussa** *tr* o. **pussas** *itr. dep* rpr. kiss
pussel *pusslet -* puzzle, läggspel jig-saw puzzle; *lägga ~* do a jig-saw puzzle, bildl. fit [all] the pieces together **-bit** piece [eg. in a jig-saw puzzle]
pussig *a* om ansikte bloated, puffy
pussla *itr, ~ ihop* put together

pust *-en -ar* **1** vind~ breath of air (wind), puff [of wind], stark. gust **2** se *bälg*
1 pust|a *-an -or* Hungarian steppe, puszta
2 pusta *itr* flåsa puff [and blow], pant, stöna groan; ~ *ut* take breath, recover one's breath; ~ *ut ett slag* take a breather äv. bildl.
1 put|a *-an -or* dyna pad
2 puta *itr,* ~ *med munnen* pout; ~ *ut* om kläder o.d. bulge, stick out; ~ *ut med magen* stick out one's stomach
1 puts *-et* - trick, practical joke, prank
2 puts *-en 0* **1** rappning plaster; grov rough-cast **2** ~medel polish **3** renlighet tidiness
3 puts *adv* se *väck*
putsa *tr* **1** rengöra t.ex. fönster clean; polera polish; klippa [ren] t.ex. hår, naglar, häck trim; ~ *ett rekord* better (i lopp o.d. äv. lower) a record; ~ *skor* clean (polish, F shine) shoes; ~ *t och fint* neat and tidy; ~ *av* clean, ngt blankt polish, give . . a polish; hastigt o. lätt t.ex. fönster, skor give . . a wipe-over; ~ *upp* clean (ngt blankt polish) up **2** rappa plaster, m. grov puts rough-cast
putslustig *a* droll, comical, funny
puts|medel polish **-ning** **1** (jfr *putsa 1*) cleaning, polish[ing]; trimming **2** rappning plastering, konkr. plaster
putt *-en -ar* golf. putt, put
putta *tr,* ~ *till ngt* give a th. a push
puttefnask *-en -ar* föraktl. shrimp, om barn brat; *lille* ~ smeks. little chap (fellow)
putten, *gå i* ~ come to nothing
putt|o *-on -i* putto (pl. putti)
puttra *itr* **1** kok. simmer, cook gently, bubbla bubble **2** om motor[fordon] chug
pygmé *-[e]n -er* pygmy
pyjamas *-en* - pyjamas (amer. pajamas) pl.; *en* ~ a pair (suit) of pyjamas **-byxor** *pl* pyjama trousers
pykniker *s* o. **pyknisk** *a* pyknic
pynt *-et 0* grannlåt finery, t.ex. jul~ decorations pl. **pynta** *tr itr* smycka decorate, deck [out]; *hon gick och* ~*de i rummen* she walked about the rooms smartening things up; ~ *sig* make oneself smart, dress (doll) oneself up
pyr|a *-de -t itr* smoulder; *ligga och* ~ be smouldering
pyramid *-en -er* pyramid; i biljard pyramids pl. **pyramidal** *a* **1** t. formen pyramidal **2** F colossal, enormous **pyramidpoppel** Lombardy poplar
pyre *-t -n* mite, tiny tot
Pyrenéerna *pl* the Pyrenees **pyreneisk** *a* Pyrenean; *Pyreneiska halvön* the Iberian Peninsula
pyro|man pyromaniac **-mani** pyromania **-meter** pyrometer **-teknik** pyrotechnics **-teknisk** *a* pyrotechnic[al]
pyrrusseger Pyrrhic victory
pys *-en -ar* little chap (boy)
pys|a *-te -t itr* om t.ex. ånga hiss
pyss|el *-let 0* pottering **pyssla** *itr* busy oneself, *med* with; *gå och* ~ [*i huset*] potter about [(in) the house]; ~ *om* nurse, make . . comfortable **pysslig** *a* handy
pyssling dvärg manikin; tomte pixie
pyton *r* o. **-orm** python
pyts *-en -ar* bucket, målar~ pot **-spruta** fire-extinguisher
pytteliten *a* tiny weeny . ., wee
pyttipanna *-n 0* ung. fried diced meat, onions and potatoes
pytt[**san**] *itj, jo,* ~! det ska du inte tro!, inte han (resp. jag etc.) inte! not him (resp. me etc.)!, no such thing!, prat! nonsense!, fiddlesticks!
på I *prep* (se äv. under resp. huvudord) **A** i rumsbet., äv. friare **1** uttr. befintl. **a)** 'ovanpå', 'på ytan av', 'vilande på', 'täckande' m.m. samt framför [namn på] isht mindre ö vanl. on (mera valt ibl. upon), 'inom' (isht när det är fråga om ett avgränsat utrymme, rum o.d.) samt framför [namn på] isht större bekant ö vanl. in; styrande ord som betecknar lokal (isht när det är fråga om den verksamhet som bedrivs där) samt m. bet. 'vid' o.d. at; ~ *bordet (väggen, huvudet, händerna)* on the table (the wall, one's head, one's hands); ~ *banken* at (in) the bank; ~ *bio (teater*[*n*]*)* at the cinema (the theatre); köpa *öl* ~ *burk (~ flaska)* . . tinned (bottled) beer; träffa ngn ~ *bussen (tåget)* on el. in the bus (the train); ~ *(ombord ~) en båt* in (on board) a boat; ~ *gatan (Hamngatan)* in (amer. on) the street (Hamngatan); ~ *Hamngatan 25* at 25 Hamngatan; ~ *golvet* on the floor; *mitt* ~ *golvet* in the middle of the floor; ~ *himlen* in the sky; *han har fått det* ~ *hjärnan* he has got it on the brain; *bo* ~ *hotell* stay at a hotel; ~ *300 m höjd (djup, avstånd)* at a height (depth, distance) of 300 metres; ~ *jorden* on the earth; *ligga* ~ *knä* be on one's knees, be kneeling; *skada sig* ~ *knät* hurt one's knee; *arbeta* ~ *kontor* work at (in) an office; ~ *land* on land; ~ *landet* in the country; ~ *ort och ställe* on the spot; *han är* ~ *sitt rum* he is in his room; *ligga* ~ *rygg (sidan)* lie on one's back (one's side); *klia sig* ~ *ryggen* scratch one's back; ~ *sid. 30* on page 30; *slå upp böckerna* ~ *sid. 30!* open your books at page 30!; *nederst (överst)* ~ *sidan* at the bottom (the top) of the page; ~ *andra sidan sjön* on the other side of the lake; *ha kläder* ~ *sig* have clothes on, wear clothes; *vad hade hon* ~ *sig?* what did she wear?; *han hade inga pengar* ~ *sig* he had no money on (about) him; *ligga* ~ *sjukhus* be in hospital; ~ *sjön* on the lake, till havs at sea; ~ *slottet* at the castle; [*ett*] *hål* ~ *strumpan* a hole in one's stocking; *sitta* ~

ängen sit on the bed; *frukost* ~ *sängen* breakfast in bed; ~ *tavlan (bilden)* in the picture; ~ *svarta tavlan* on the blackboard; köpa ngt ~ *torget* . . in the market; mötas ~ *Hötorget* . . at (in) Hötorget; undervisa ~ *universitetet* . . at the university; ~ *vinden* in the attic; ~ *åkern* in the field; ~ *en öde ö* on a desert island; ~ *ön Man* in the Isle of Man; ~ *Öland* on (at) Öland; jag är född *här* ~ *Öland* . . here in Öland **b)** framför subst. som uttr. verksamhet, tillställning o.d. vanl. at; framför subst. som uttr. sysselsättning o.d. vanl. for; *vara* ~ *besök* be on a visit; *vara på bjudning (konsert)* be at a party (a concert); *vara ute* ~ *fiske* be out fishing; *vara ute* ~ *promenad* be out for a walk; det diskuterades ~ *sammanträdet* . . at the meeting **c)** 'på en sträcka av' for; inte ett träd ~ *många kilometer* . . for many kilometres **d)** vid ord som anger fastgörande on to; *vara fäst* ~ ett skaft be fastened on to . . **e)** i vissa fall (jfr ex.) to; *göra ett besök* ~ . . pay a visit to . .; *har du varit* ~ besökt *museet (Öland)?* have you been to the museum (to Öland)?

2 uttr. riktn. el. rörelse on, 'ned (upp) på' äv. on to, onto, 'i', 'ut på' äv. into; 'till' to; 'i riktn. mot' at; *bjuda* inbjuda *ngn* ~ *middag* invite a p. to dinner; *gå* ~ *banken* go to the bank; *gå* ~ *besök till ngn* visit a p.; *gå* ~ *bio (teatern)* go to the cinema (the theatre); *gå* ~ *bjudning (konsert)* go to a party (a concert); lastfartygen *går* ~ *Kina* . . ply the China route, . . are in the China trade; *gå* ~ *kryckor* walk about on crutches (jfr vid. *A 4*); *handeln* ~ *utlandet* the trade with foreign countries, the foreign trade; *kasta* ngt ~ *elden* throw . . on to (i into) the fire; *kasta* en sten ~ *ngn* throw . . at a p.; *knacka* ~ *dörren* knock at the door; *lyssna (höra)* ~ . . listen to . .; *lägga* ngt ~ *ett bord* put . . on a table; *lägga* ett brev ~ *brevlådan* drop . . into the box; *peka (sikta)* ~ ngn point (aim) at . .; *ringa* ~ *klockan* ring the bell; *se (titta)* ~ ngn look at . . ; *trycka* ~ *knappen* press (push) the button; falla *ned* ~ *golvet* . . on to the floor; *gå upp* ~ *vinden* go up into the attic; *hoppa upp* ~ *bordet* jump on to (up on) the table; *kliva upp* ~ *en stol* get on a chair; *stiga upp* ~ *tåget* get into (on to) the train; fara [*ut*] ~ *landet* . . into the country; *rusa ut* ~ *gatan* rush out into the street

3 'per' in; *inte en* ~ *hundra* not one in a hundred; *det går* 20 shilling ~ *ett pund* there are . . in a pound; ha ledigt *en månad* ~ *året* . . one month a year (in the year)

4 'medelst', isht i förb. m. kommunikationsmedel, vanl. by; ~ *båt* by boat; han kom ~ *cykel* . . on a (by) bike; *skicka* ngt ~ *posten* send . . by post

B i tidsbet., äv. friare **1** uttr. tidpunkt at; isht vid angivande av dag (veckodag) on; framför ord som betecknar dygnets delar, årstider samt i vissa uttr. in; ~ *dagen (natten, den tiden)* osv. se ex. under resp. subst.; de är födda ~ *samma dag* . . [on] the same day; ~ *utsatt dag (tid)* on the appointed day (at the appointed time); ~ *fredag* on (nästa next) Friday; ~ *hans födelsedag* on his birthday; ~ *samma gång* at the same time; ~ *hösten* in [the] autumn; [*klockan sju*] ~ *morgonen (kvällen)* [at seven] in the morning (the evening); ~ *fredag morgon* on Friday morning; *i dag* ~ *morgonen* this morning; ~ *morgonen den 5 juni* on the morning of the 5th [of] June; ~ *1900-talet* in the 20th century

2 uttr. tidslängd **a)** 'under' vanl. on, angivande hela tidsavsnittet during; *han* arbetar ~ *ferierna* . . on (during) his holidays; ~ *fritiden* in one's leisure time; jag läste boken ~ *resan hit* . . on (during) the journey here; den är bra att ha ~ *resor* . . on journeys, . . when travelling **b)** 'på en tid av', 'för', 'sedan' for; hyra ett hus ~ *en månad* . . for a month; han har inte varit här ~ *månader (ett år)* . . for (amer. in) months (a year); resa bort ~ *en vecka* . . for a week **c)** 'inom' in; det där gör du ~ *en minut* . . in a minute; jag kommer ~ *minuten* . . in a minute (genast directly)

3 uttr. ordningsföljd after, ibl. upon; *göra fel* ~ *fel* make one mistake after the other (mistake after mistake), begå felsteg commit blunder upon blunder; *gång* ~ *gång* time after time, over and over again; *kaffe* ~ *maten* middagen coffee after dinner

C i prep.-attr. vanl. of; 'lydande på' for; 'innehållande' containing; 'vägande' weighing; *ett bidrag* ~ 50 kr a contribution of . .; *en bok* ~ 500 sidor a book of (containing) . .; *en check (räkning)* ~ 50 kr a cheque (bill) for . .; *en familj* ~ *fyra personer* a family of four; *en flicka* ~ *femton år* a girl of fifteen; *färgen* ~ *blomman* the colour of the flower; *en försening* ~ flera timmar a delay of . .; en gädda ~ *fem kilo* . . weighing five kilos; *endast huvudet* ~ *honom syntes* only his head could be seen; *kaptenen* ~ *båten* the captain of the ship; *priset* ~ *kaffe* the price of coffee; *namnet* ~ *gatan* the name of the street; *en sedel* ~ *fem pund* a five-pound note; *slutet* ~ *historien* the end of the story; *taket* ~ *huset* the roof of the house; *den bästa tiden* ~ *året* the best time of the year

D i vissa fasta förb. **1** m. subst. **a)** uttr. sätt, tillstånd m.m. vanl. in; 'föranledd av', 'baserad på' vanl. at; 'såsom' for; 'av' out of; 'med' with; ~ *allvar* in earnest; stycket spelades ~ *begäran* (~ *hans begäran)* . . by request (at his request); han gjorde det ~ *egen bekostnad (risk)* . . at his own expense (risk); göra ngt ~ *elakhet*

. . out of spite; ~ *engelska (ett främmande språk)* in English (a foreign language); *vara ~ dåligt humör* vresig be in a bad temper; säga ngt ~ *skoj (skämt)* . . for a joke; ~ *detta sätt* in this way; ~ *vers (prosa)* in poetry (prose); ~ *goda villkor* on easy terms; *ord ~ A ([som slutar] ~ -ing)* words beginning with [an] A ([ending] in -ing) **b)** uttr. exakthet to; *mäta ~ millimetern* measure to a millimetre; summan *stämmer ~ öret* . . tallies to an öre

2 m. verb **a)** uttr. sysselsättning med at; uttr. eftersträvande, tillkallande for; *arbeta ~* ngt work at . .; *hoppas (vänta) ~* hope (wait) for; *ringa ~ sköterskan* ring for the nurse **b)** 'med hjälp av' by; *man hör ~ henne (~ rösten)* att hon är trött one can hear (hear by her voice) that . .; *jag märkte (såg) ~ hennes ögon att* . . I could tell (see) by her eyes that . . **c)** ofta utan motsv. i eng., isht då prep.-uttr. utgör föremålet för handlingen, jfr ex., *lukta (smaka) ~ ngt* smell (taste) a th.; *lyfta ~ hatten* raise one's hat; *samla ~* gamla saker collect . .; *ändra (flytta) ~ ngt* change (move) a th.

3 m. adj., *arg (ond) ~* ngn angry with . .; *avundsjuk (svartsjuk) ~* ngn jealous of . .; *blind ~ ena ögat* blind in (of) one eye; *döv ~ ena örat* deaf in one ear; *fin (bra) ~* ngt good at . .; *rik ~* mineral rich in . .; *trött ~* tired of

E i konj. förb., ~ *det att* bibl. that; ~ *det att icke* lest; ~ *det att han ej skulle* lest he should

II *adv, en burk* (resp. *burkar) med lock ~* a pot with a lid on it (resp. pots with lids on them); en burk *med locket ~* . . with the lid on; ~ *med skorna!* on with your shoes!; *klä ~ sig* vanl. dress; *lägga ~ ett lock [på en burk]* put a lid on [a pot]; *han rodde ~* he rowed on, he went on rowing; *är gasen ~?* is the gas on?; se vid. beton. part. under resp. vb

på|bjuda *tr* t.ex. skatt, straff impose; t.ex. tystnad command; *det -bjöds att* . . it was decreed that . . **-brå** *~t 0, ha gott (dåligt) ~* come of good (poor) stock **-bröd,** *som ~* bildl. as an extra, in addition **-bud** decree **-bygga** *tr* se *bygga på* **-byggnad** addition; konkr. additional storey; superstructure äv. bildl. **-byltad** *a* attr. muffled-up **-börda** *tr, ~ ngn ngt* impute a th. to a p., charge a p. with a th. **-börja** *tr* begin osv., se *börja; ett ~t* handarbete a . . already begun; för *varje ny ~d timme* . . each extra hour or part of that hour **-dikta** *tr, ~ ngn ngt* impute a th. to a p. **-drag** tekn. konkr. starter; igångsättande starting; *automatiskt ~* self-starter; maskinen gick *med fullt ~* . . at full speed (steam); polisen arbetar *med fullt ~* . . in full force; *det blev stort ~ av poliser* a great number of police were called out **-driva** *tr* se *driva [på]* **-drivare** prompter, goader[-on] **-dyvla** *tr, ~ ngn ngt* impute a th. to a p.

på|fallande I *a* striking, marked, conspicuous, remarkable **II** *adv* strikingly markedly, conspicuously, remarkably; det händer *~ ofta* . . with remarkable frequency . . markedly often **-flugen** *a* obtrusive pred. äv. pushing **-flugenhet** obtrusiveness **-fordra** *tr* demand, erfordra require; *om så ~s* if required **-frestande** *a* trying **-frestning** strain, stress, prövning trial **-fund** *~et ~* idea, invention jfr *påhitt; nya ~* neds. new-fangled ideas **-fyllning** -fyllande filling up refilling, replenishment, jfr *fylla [på];* en portion till another helping; en kopp (ett glas etc.) till another cup (glass etc.); *vill du ha ~?* av mat dryck äv. would you like some more?

påfågel peacock isht tupp; höna peahen; allm äv. peafowl

på|följande *a* next, following, ensuing, subsequent; ~ *dag* ss. adv. [the] next day **-följd** consequence; jur. sanction; *med ~ att han* . . with the consequence (result) that he . .; *vid ~ av* straff on pain of . .; *vid laga ~* under penalty of law **-föra** *tr* debitera *~ ngn (ngns konto) ngt* charge a th. to a p.'s account; *~ ngn* skatt levy . . on a p. **-gå** *itr* go (be going) on; fortsätta continue, vara last; försiggå be in progress; sammanträdet *~r ännu* . . is still going on; *utställningen ~r ännu* äv. is still on; tagning *~r* (anslag) . . in progress; *~r samtal?* telef. are you still on the line?; *underhandlingar ~r* negotiations are under way (are in progress); *försöken har ~tt* en längre tid the experiments have been carried on (pursued, made) . .; *medan matchen pågick som bäst* [right] in the middle of the match **-gående** *a, ~ form* progressive (continuous) form (tense); *under ~* föreställning while the . . is in progress (is going on), during the . .; *den [nu] ~* högkonjunkturen the present (current) . .

på|hitt *~et ~* idé idea, uppfinning, knep device, invention, knep äv. dodge, spratt trick; lögn, 'dikt' invention, fabrication; *ett sådant ~!* what an idea!; *det var bara ~ alltihop* it was all an invention (a made-up story), the whole story was made up **-hittig** *a* ingenious **-hittighet** ingenuity **-hälsning,** *göra en ~ hos* pay a visit to **-häng** *~et ~* encumbrance, burden; pers. äv. hanger-on (pl. hangers-on); *ha ngn som ~* have a p. hanging on

påk *-en -ar* thick stick, cudgel

på|kalla *tr* kräva call for, claim, demand; *~ ngns uppmärksamhet* attract a p.'s attention; *ifall omständigheterna det ~r* if required [by circumstances], if such a step is called for; *av behovet ~d* necessary, requisite, essential **-klädd** *a* dressed **-kläd-**

ning dressing **-kommande** *a* pred. occurring; *ett hastigt ~ illamående* a sudden indisposition; *ofta ~* kriser . . frequently occurring, frequent . .; *vid ~* sjukdom in case of . . **-koppling** av vagn o.d. (resp. ström) connecting on (resp. up) **-kostad** *a* dyrbar expensive, om t.ex. föreställning äv. lavish, om t.ex. bil, hus . . lavishly fitted out **-kostande** *a* påfrestande trying, jfr *kosta* [*på b)*] **-känning 1** påfrestning stress äv. mek., strain **2** *ha ~ar av* t.ex. gikten be troubled by . ., t.ex. krisen be (get) affected by . ., feel the effects of . .

påla I *tr* pile **II** *itr* drive piles

pålag|a *-an -or* tax, duty, impost

pålandsvind onshore wind

pålastning loading

pål|bro pile-bridge **-byggnad** ss. bostad pile-dwelling, arkeol. lake-dwelling

pål|e *-en -ar* pole, post, mindre pale, stake; byggn., t. grundläggning, bro o.d. pile; *en ~ i köttet* a thorn in the flesh

pålitlig *a* reliable, dependable, om sak äv. safe; trovärdig trustworthy; *från (ur) ~ källa* from a reliable source (a trustworthy informant), on good authority; *~ metod* reliable (safe) method; *~ vän (~t stöd* pers.) staunch friend (supporter) **-het** reliability, dependability, trovärdighet trustworthiness

pålkran pile-driver

påll|e *-en -ar* F gee[-gee], horsey

pål|ning piling äv. konkr., pile-driving; konkr. äv. pilework **-stek** sjö. bowline [knot] **-verk** piling, pilework

på|lysa *tr* tillkännage give public notice of, announce, högt. publish, d:o samt påbjuda proclaim **-lägg** *~et ~* **1** smörgåsmat: skinka, ost m.m. ham, cheese m.m.; *köpa ~* buy something to put on the bread; *en smörgås med ~* an open sandwich; *en smörgås utan ~* a piece of plain bread and butter **2** extra avgift, tillägg extra (additional) charge, extra, höjning increase, rise, H mark-up **3** lantbr. breeding **-lägga** *tr* se *lägga* [*på*] **-läggskalv 1** lantbr. calf kept for breeding **2** bildl., framtidsman [up-and-]coming young man

påminn|a I *tr itr, ~* [*ngn*] *om ngt* (resp. *om att* sats) a) få att minnas remind a p. of a th. (resp. [of the fact] that . .) b) fästa uppmärksamheten på call [a p.'s] attention to a th. (resp. to the fact that . .) c) varsko warn a p. of a th. (resp. [of the fact] that . .); *han -er om sin bror* he resembles his brother, he reminds one (you) of his brother; *~ om ngt* föra tanken till äv. be suggestive of a th.; *påminn mig om att jag skall* inf. remind me to inf.; *behovet gör sig påmint* the need makes itself felt; jag äter *när hungern gör sig påmind (påmint)* . . when I begin to feel hungry; jfr äv. *erinra I* **II** *rfl* remember, m. större ansträngning recollect, recall, call . . in mind; för ex. jfr *erinra II* o. *minnas* **påminnelse** *-n -r* **1** erinran reminder, *om* of; *få ~ om* äv. be reminded of; *en ~ om döden* äv. a memento mori **2** anmärkning remark

på|mönstra *tr itr* se *mönstra* [*på*] **-mönstring** signing on

pånytt|född *a* reborn; *jag känner mig ~* I feel as if I were born again (anew) **-födelse** rebirth, regeneration

på|passlig *a* uppmärksam attentive; 'vaken', pigg alert, smart, färdig att ingripa prompt; vaksam vigilant; *vara ~* äv. have one's eyes open, ej försitta tillfället seize the opportunity, take the chance; *det var ~t gjort (av dig)* that was smart of you, där hade du ögonen med dig you were observant there **-passlighet** attentiveness, alertness etc.; vigilance jfr föreg. **-peka** *tr* point out, call attention to, indicate; *~ för ngn att* sats point out to a p. that . ., call a p.'s attention to the fact that . .; *det bör ~s att* äv. it should be observed that **-pekande** *~t ~n* anmärkning remark, comment, antydan hint, intimation; påminnelse reminder **-petare** pusher **-pälsad** *a* attr. wrapped-up, muffled-up **-ringning** telef. phone call **-ropa** *tr* jur. call **-räkna** *tr* count upon, vänta sig expect; *vad kan han ~ i lön?* what salary can he count upon (expect [to receive])?

pås|e *-en -ar* bag, ss. mått äv. bagful; *en ~* [*med*] frukt a bag of . .; *ha -ar under ögonen* have bags el. pouches (be puffy) under the eyes

påseende *-t 0* granskning inspection, examination; *sända* varor, böcker *till ~* send . . on approval; *vid första ~t* at the first glance, ytligt sett on the face of it; *vid ett hastigt ~* at a cursory glance; *vid närmare ~* on closer inspection

påsig *a* baggy; *~a kinder* puffy cheeks; *vara ~ under ögonen* have bags (be puffy) under the eyes

påsk *-en -ar* Easter; jud. Passover; *glad ~!* Happy Easter!; han kommer *i ~* . . at (denna påsk this) Easter; *i ~as* last Easter; jfr *jul* o. sms. **påskafton** Easter Eve, jfr *julafton* **påskalamm** paschal lamb **påskdag 1** Easter Day (Sunday), jfr *juldag 1* **2** *~arna* påskhelgen the Easter holiday sg. **påskhelg,** *~en* Easter

på|skina *tr, låta ~* låta förstå, låtsas make pretence of, antyda intimate, hint; *låta ~* förstå *att* . . make out that . .; *han lät ~ att* han blivit illa behandlad he made out that . .; *han lät ~ att han var missnöjd* he made pretence of being dissatisfied

påsk|kort Easter card **-kär[r]ing** Easter witch [on a broomstick] **-lilja** daffodil **-lov** Easter holidays pl.

påskrift utanskrift, t.ex. på brev superscription,

address; text, t.ex. på etikett inscription, ibl. wording, text; etikett, t.ex. på flaska label; underskrift signature, endossering endorsement

påskris twigs pl. with coloured feathers [used as an Easter decoration]

på|skriven *a* bildl. *få -skrivet* receive a reprimand (reproof, scolding), be reprimanded (reproved, scolded) **-skynda** *tr* hasten, speed up, t.ex. sina steg äv. quicken, t.ex. förloppet accelerate, expedite; stark. precipitate; driva på urge on, raska på med hurry on; *~ arbetet* speed (step) up the work; *~ beslutet* bring about a speedy (speedier) decision; *detta ~de hans död* this hastened (precipitated) his death; *~ saken* expedite matters, speed up (accelerate) the process

påskägg Easter egg **Påskön** Easter Island

påspädning av vatten o.d. addition

påssjuka mumps, läk. parotitis; *ha ~* have the mumps

på|stigning trafik. boarding, entering **-stridig** *a* obstinate, opinionated, dogmatic, envis äv. stubborn, mulish, pig-headed **-stridighet** obstinacy **-struken** *a* F tipsy, tight **-strykning** application

på|stå *tr* säga, yttra say, uppge state, m. bestämdhet declare; [vilja] göra gällande allege; försäkra, hävda assert, vidhålla maintain, i dispyt äv. contend, argue; log. o.d. utsäga predicate; *jag vågar ~* I venture to say; *han ~r att* jag har fel he says that .., he will have it that ..; *det ~s* they say, it is said; ngt *som ~s återge synen* .. that is said (alleged) to restore one's sight; *han -stod sig ha* .. vanl. he said (declared) that he had ..; *han -stod* till sitt försvar *sig inte ha (att han inte hade) känt till detta* he alleged not to have known this; *han ~r sig kunna* inf. he claims to be able to inf. **-stådd** *a* alleged **-stående** *~t ~n* utsaga, uppgift statement; försäkran assertion; log. o.d. predication **-ståendesats** declarative sentence, påstående statement **-stötning** påminnelse reminder, *om* of; vink hint; pådrivning urging, prompting; *ge ngn en ~* påminna *om* ngt äv. remind a p. of ..; *ge ngn [ideliga] ~ar [att* leverera ..] urge a p. [to ..]

påta *itr*, [*gå och*] *~* peta, gräva poke [about]; pyssla potter about

på|ta[ga] *rfl* se *ta [på sig]* **-taglig** *a* uppenbar obvious, evident, apparent, manifest, märkbar marked, palpable; gripbar, faktisk tangible; *~t bevis* tangible proof; *~ lögn* evident lie; förbättringen *är ~* .. is obvious **-tagligt** *adv* uppenbart obviously **-tala** *tr* kritisera o.d. criticize, protest against, comment [unfavourably] on, klaga över complain of; t.ex. fel, missförhållande call attention to .. **-teckna** *tr* sitt namn sign; endossera endorse **-teckning** -tecknande signing etc.; underskrift signature; endossering endorsement **-trycka** *tr*, *~ ngn* sin åsikt force .. upon a p. **-tryckning** pressure end. sg.; [*upprepade*] *~ar* [continual] pressure sg.; *utöva ~ar på ngn* bring pressure to bear on a p. **-tryckningsgrupp** pressure group **-trädare** för nål needle-threader **-träffa** *tr* se *träffa [på]* **-trängande** *a* **1** om pers. påflugen obtrusive, pred. äv. pushing; enträgen importune, insistent; *en ~ person* äv. a pusher **2** om t.ex. behov, fara urgent, instant **-tvinga** *tr*, *~ ngn ngt* force a th. upon a p. **-tår** ung. second cup; *vill du ha ~?* would you like another (a second) cup? **-tänkt** *a* contemplated, planerad äv. intended, projected; *den ~a resan* the journey contemplated; *då var du inte ens ~* you weren't even thought of then

påve *-n påvar* pope äv. bildl.; *~n* Pius XII Pope ..; *tvista om ~ns skägg* quarrel about nothing **-brev** [papal] brief (breve), papal letter **-bulla** [papal] bull **-döme** *~t 0* papacy **-krona** o. **-mössa** tiara

påver *a* poor, om t.ex. resultat äv. meagre; luggsliten threadbare

på|verka *tr* influence, have (exert) an influence on, isht i yttre bem. t.ex. humöret, hälsan affect, have an effect on, act on; leda sway; *han är lätt att ~* he is easily influenced; *låta sig ~s (låta ~ sig) av* .. [allow oneself to] be influenced by ..; *~d av starka drycker* under the influence of liquor **-verkan** influence; effect; *röna ~ av* be influenced (affected) by **-verkbar** *a*, [*lätt*] *~* easily influenced, impressionable **-verkning** se *-verkan* **-visa** *tr* påpeka point out, indicate, *för* to; bevisa prove, demonstrate, show, konstatera establish **-visbar** *a* möjlig att bevisa provable, demonstrable; synbar, uppenbar apparent, obvious

påvlig *a* papal

på|yrka *tr* se *yrka [på]* **-ökning** på lön rise etc., jfr följ. **-ökt** *oböjl. s*, *få ~* [*på lönen*] get a rise [in wages (resp. salary)]

päll *-en -ar* canopy äv. bildl.

päls *-en -ar* på djur fur, coat; plagg fur coat; *vara klädd i ~* wear a fur coat; *ge ngn på ~en* stryk give a p. a hiding (ovett a telling-off, isht kritik a slating); *få på ~en* äv. get it in the neck **pälsa** *tr*, *~ av (på) sig* take off (put on) one's fur coat (friare wraps); *~ på sig ordentligt* wrap (muffle) oneself up well

päls|besats fur-trimmings pl.; .. *med ~* fur-trimmed .. **-brämad** *a* fur-trimmed **-bärande** *a*, *~ djur* se *pälsdjur* **-cape** fur cape **-djur** furred (fur-bearing) animal **-djursfarm** fur farm **-djursuppfödning** fur farming **-foder** fur lining **-fodrad** *a* fur-lined **-handlare** furrier, fur-dealer **-jacka** fur jacket **-jägare** trapper **-kappa** fur coat **-krage** fur collar; .. *med ~* fur-collared .. **-mössa** fur cap **-varor** *pl* furs, furriery sg. **-verk** fur, koll. furs pl. **-änger** carpet beetle

pär *-en -er* i Engl. peer [of the realm]

pärl|a I *-an -or* pearl; av glas, trä etc. som ej imiterar äkta bead; droppe, t.ex. av dagg drop; bildl., om t.ex. konstverk gem; *äkta -or* real (genuine) pearls; *odlade (imiterade) -or* culture[d] (imitation el. artificial) pearls; *kasta -or för svin* cast [one's] pearls before swine; *samlingens ~* the gem of the collection; *hon är en riktig ~* she is a perfect treasure (a real gem); *ta sig en ~* sup F have a snifter **II** *itr, svetten ~de på hans panna* beads of perspiration stood on his forehead; *~nde skratt* rippling laugh; *~nde viner* sparkling wines **-band** string of pearls (resp. beads); bildl., t.ex. av sjöar chain **-broderad** *a* se *-stickad* **-collier** pearl necklace

pärlemo[r] *-n 0* mother-of-pearl **-glans** iridescence, pearly (nacreous) lustre **-knapp** pearl button **-skimrande** *a* iridescent, pearly, nacreous

pärl|fiskare pearl-fisher, pearl-diver **-fiske** -fiskande pearl-fishing **-garn** pearl cotton **-gryn** koll. pearl-barley **-grå** *a* attr. pearl-grey, pred. pearl grey **-halsband** pearl necklace **-hyacint** grape hyacinth **-höns** guinea-fowl äv. koll., höna äv. guinea-hen **-kolljé** pearl necklace **-mussla** pearl oyster; flod~ pearl mussel **-socker** ung. crushed loaf (fackl. nib) sugar **-stickad** *a* . . embroidered with pearls (resp. beads), pearled, resp. beaded **-stil** typogr. pearl **-vit** pearl[y] white

pärm *-en -ar* bok~ cover; samlings~ file, f. lösa blad [loose-leaf] binder, mapp folder; *från ~ till ~* from cover to cover

päron *-et -* pear **-formig** *a* pear-shaped **-kompott** stewed pears pl. **-trä** pearwood **-träd** pear[-tree]

pärs *-en -er (-ar)* prövning trial, ordeal; *en svår ~* äv. a severe test, a trying experience, slag a hard blow

pärt|a *-an -or* o. **-bloss** [fir-]torch

pöbel *-n 0* mob, riff-raff, rabble, hoi polloi **-fasoner** *pl* rowdy behaviour sg. **-hop** mob, riff-raff **-upplopp** riot

1 pöl *-en -ar* vatten~, blod~ o.d. pool, [smutsig] vatten~ puddle; *~en* Atlanten the Pond

2 pöl *-en -ar* långkudde bolster

pöls|a *-an -or* hash [of lungs etc.]

pörte *-t -n* [Finnish] hut (cabin)

pös|a *-te -t itr* svälla swell [up], jäsa rise; *~ av stolthet* be puffed up (be swelling) with pride; *~ upp* swell up, jäsa rise; *~ över* koka över bubble over **pösig** *a* puffy; om pers. äv. puffed-up, pompous **pösmunk** kok. fritter; bildl., om pers. puffed-up person, pompous ass

Q

q *q-[e]t* pl. *q[-n]* bokstav q [utt. kju:]

quisling quisling

R

r *r-et,* pl. *r* bokstav r [utt. ɑ:]
rabald|er *-ret 0* uppståndelse commotion; oväsen uproar, shindy, F rumpus; tumult disorder, tumult; upplopp riot; stormigt uppträde row, F hullabaloo; i pressen outcry
rabarber *-n 0* bot. o. kok. rhubarb **-kompott** stewed rhubarb **-kräm** stewed rhubarb thickened with potato flour **-stjälk** rhubarb stalk
1 rabatt *-en -er* blomstersäng flower bed; kant~ [flower] border, border of flowers
2 rabatt *-en -er* H discount; avdrag äv. deduction; nedsättning reduction; gottgörelse för t.ex. fel på vara allowance; *lämna (ge) 20 % ~ [på priset]* allow (give, grant) a 20% discount (a discount of 20%) [off the price]; *med 3 % ~* at 3% discount; *med (minus) 5 % ~ vid kontantbetalning* at (less) 5% for cash
rabatt|era *tr, ~ [ngn] 10 % på priset* allow [a p.] 10% off the price; *~d resa* journey at a reduced rate **-häfte** book of reduced (cheap) rate tickets **-kort** reduced (cheap) rate ticket; klippkort punch-ticket
rabbi *-n -s (-er)* o. **rabbin** *-en -er* rabbi
rabbla *tr, ~ [upp]* rattle (reel, patter) off
rabiat *a* rabid, F savage; fanatisk fanatical; ursinnig raving, frenzied; inbiten inveterate, stark. arrant **rabies** *- 0 r* rabies, hos människa vanl. hydrophobia
rabulism rabid radicalism äv. ss. egenskap; propagation of subversive ideas **rabulist** rabid radical; uppviglare agitator **rabulistisk** *a* rabidly radical, subversive
racer *-n -[s]* racer, bil (båt osv.) äv. racing car (boat osv.) **-förare** racing driver
racka *itr, ~ ned (ner) på* ngn (ngt) run . . down
rackar|e rascal; skälm rogue; skurk scoundrel **-tyg** mischief; *ha ~ för sig* be up to mischief; *på rent ~* out of pure mischief **-unge** young rascal, mischievous [young] imp, monkey
racket *-en -ar* racket, racquet; bordtennis~ bat **-press** racket press
rad *-en -er* **1** räcka, led row; serie series (pl. lika); följd succession; av t. ex. bilar, vagnar äv. train, file; av t.ex. pärlor äv. rope; av t.ex. ord äv. string; antal number; samtl. med of framför följ. subst.; *en ~* frågor a number of . .; *en ~ [av] händelser* a succession (series) of events; *hela ~en av direktörer* allihop all the directors, the directors in a body; *i ~* in a row; *tre dagar i (å) ~* three days running (in succession), three consecutive days **2** i skrift line; *[börja på] ny ~* nytt stycke [start a] fresh paragraph; *skriv ett par ~er till mig* write (drop) me a line; *jag har inte fått en ~ från honom* I have not heard anything from him, he has not written to me **3** teat. tier; *[på] första ~en* [in] the dress circle; *andra ~en* the upper circle; *tredje ~en* the gallery, F the gods **rada** *tr, ~ upp* ställa i rad[er] put . . in a row (resp. in rows), line . . up; räkna upp enumerate; *de ~de upp sig* they lined up
radar *-n 0* radar **-anläggning** radar installation **-skärm** radar screen **-station** radar station
rad|avstånd typogr. o. på skrivmaskin spacing **-band** rosary, kortare chaplet; beads pl., string of beads
rader|a *tr* **1** *~ [bort (ut)]* sudda ut erase, rub out; skrapa bort scratch out; *~ ut* utplåna, t.ex. stad, hus raze [. . to the ground], wipe (blot) out **2** etsa etch **-gummi** [india-]rubber; isht amer. o. för bläck eraser **-ing 1** bort~ erasure **2** etsning etching **-kniv** erasing knife **-nål** etching-needle
radhus terrace[d] house
radiak *r* radiac
radiator radiator
radie *-n -r* radius (pl. radii) **radiell** *a* radial
radiera *tr* [ut]sända i radio wireless, rund~ broadcast
radikal I *a* radical; genomgripande äv. fundamental, sweeping; grundlig thorough; om t.ex. kur, medel äv. drastic **II** *-en -er* pers. radical; reformivrare reformer; polit. äv. extremist, leftist, left-winger **-ism** radicalism **-medel** radical (drastic) remedy
radio *-n* **1** pl. *0* telegrafi o. telefoni radio, wireless; rund~ broadcasting; jfr *radioanläggning, Sveriges R~* the Swedish Broadcasting Corporation; *höra ngt i ~* hear a th. on the radio; *tala i ~* broadcast, speak over (on) the radio (on the wireless); *[ut]sända i ~* broadcast [on (over) the radio]; *vad är det i ~* i kväll? what is on the radio (wireless air) . .?; *höra (lyssna) på ~* listen in, listen to the radio (wireless) **2** pl. *-r* -mottagare radio (wireless) [set], receiver
radio|affär radio [supply] stores pl., radio shop, radio dealer's **-aktiv** *a* radio-active; *~ strålning* nuclear (atomic) radiation; *~ nedfall* fall-out **-aktivitet** radio-activity **-amatör** radio amateur **-anläggning** radio (wireless) equipment; sändare transmitting (mottagare receiving) installation **-antenn** aerial, amer. äv. antenna **-apparat** radio (wireless) [set] **-bil 1** på nöjesfält dodgem [car] **2** polisbil ung. radio patrol car **3** för radioinspelning recording van, mobile [recording] unit **-fyr** radio beacon **-föredrag** broadcast (radio) lecture (kåserande

talk) **-grammofon** radiogram[ophone] **-hus** broadcasting house **-licens** radio licence

radio|log radiologist **-logi** ~[e]n *0* radiology

radio|lur earphone, headphone **-lyssnare** radio listener **-länk** radio relay link **-mast** radio (aerial) mast **-mottagare** radio (wireless) [set], receiver **-musik** broadcast music **-navigering** radio navigation **-pejling** direction finding, radio location **-pjäs** radio play **-polis** 'radio police', police department (styrka force) equipped with radio patrol cars **-program** radio (wireless) programme **-reparatör** radio (wireless) repairman **-reportage** direkt radio [running] commentary, bearbetat radio documentary **-rör** [radio (wireless)] valve, amer. [radio] tube **-sond** radiosonde **-station** radio (broadcasting) station **-styrd** *a* radio-controlled, radio-guided **-störning** gm annan sändare jamming end. sg.; ~*ar* från motorer o.d. interference sg., atmosfäriska äv. atmospherics **-sändare** apparat [radio] transmitter, transmitting set; apparatur transmitting equipment; sändarstation radio (broadcasting) station **-teater** radio theatre, theatre of the air **-teknik** radio (wireless) engineering **-tekniker** radio (wireless) engineer (technician) **-telefon** radio telephone **-telefoni** radio (wireless) telephony **-telegrafi** radio (wireless) telegraphy **-telegrafist** radio (wireless) operator **-telegram** radio[tele]gram **-universitet** university of the air **-utsändning** broadcast, radio transmission **-våg** radio wave

radi|um *-um (-[um]et) 0* radium **radiumbehandling** radium treatment

rad|rätt *adv, skriva* ~ write straight **-så** *tr* drill **-såningsmaskin** [seed-]drill **-vis** *adv* i rader in rows (lines); rad för rad one row (line) at a time

raff|el *-let 0* rafflande skildring (film) o.d. thriller; publiken bjöds på *billigt* ~ . . [just] a cheap sensation

raffig *a* stunning; *vilken* ~ *hatt (klänning* m.m.*)!* äv. what a stunner!

raffinaderi refinery

raffinemang *-et 0* förfining refinement, polish, isht om klädsel o.d. studied elegance, sophistication; fulländning perfection; sinnrikhet ingenuity **raffinera** *tr* refine **raffinerad** *a* refined äv. bildl.; utsökt exquisite; om klädsel, utseende o.d. elegant, sophisticated; sinnrik ingenious

rafflande *a* hårresande hair-raising; nervkittlande thrilling; sensations- sensational

rafräschissör scent (perfume) spray, atomizer

rafs *-et 0* skräp trash; avfall scrap **rafsa** *itr* rummage [about]; ~ *ihop (samman)* sina saker scramble . . together, throw (rake) . . together in a heap; ~ *ihop* ett brev scribble (scrawl) down . .; ~ *till (åt) sig ngt* grab (snatch) [hold of] a th. **rafsig** *a* slarvig disordered, untidy, slapdash, om brev carelessly scribbled

ragat|a *-an -or* vixen, termagant

ragg *-en 0* gethår goat's hair; t.ex. björns, hunds hair; friare, om andra djurs o. om människohår shaggy hair

raggare 'raggare', member of a gang of youths who ride about in cars

ragg|ig *a* med ragg shaggy; grov rough, coarse; rufsig unkempt, dishevelled **-munk** ung. potato pancake **-socka** ung. thick oversock (skiing-sock)

ragla *itr* stagger, reel

raglan[rock] raglan coat

ragnarök *r* el. *n* myt. the twilight of the gods; bildl. the end of the world, doomsday

ragoût *-en -er* o. **ragu** *-n -er* ragout

raid se *räd*

raj|a *-an -or (-as)* rajah

rak *a* straight; upprätt erect, upright; om ordföljd normal; jfr *motsats;* ~*a hopp* simningsgren plain [high-]diving sg.; *gå* ~*a vägen till* go straight to, F make straight (a bee-line) for; *sitta* ~ sit straight (upright); *på* ~ *arm* bildl. offhand, straight off; *det enda* ~*a* the only straight (right) thing [to do]

1 rak|a I *-an -or* rake **II** *tr itr* kratsa rake

2 raka *itr,* ~ *i väg* dash (dart, rush, tear) off

3 raka *tr* shave, give . . a shave; ~ *sig* shave; [*låta*] ~ *sig* have (get) a shave; ~*s eller klippas?* shave or haircut?; ~ *av* [*sig*] skägget shave one's . . [off]

rak|apparat -hyvel safety razor; elektrisk shaver, [electric] razor **-blad** razor blade **-borste** shaving-brush

raket *-en -er* rocket; rymd~ o.d. missile; *fara i väg som en* ~ be off like lightning (a shot); *sända upp en* ~ nödsignal fire (fyrverkeripjäs let off, robot launch) a rocket **-driven** *a* rocket-propelled, rocket-powered **-flygplan** rocket[-propelled] aircraft **-gevär** bazooka **-steg** rocket stage **-teknik** rocketry **-vapen** missile [weapon]

rakhyvel safety razor; jfr *rakapparat*

rakit|is ~*en 0* rickets sg. el. pl., läk. rachitis **-isk** *a* rickety; rachitic

rak|kniv razor **-kopp** shaving mug (bowl) **-kräm** shaving cream

raklång *a, falla* ~ fall flat; *ligga* ~ lie stretched out (full length) **rakna** *itr* become (get) straight, om hår go out of curl; *håret har* ~*t* äv. my (resp. her osv.) hair has lost its curl

rakning shaving; *be om* ~ ask for a shave

rakryggad *a* eg. straight-backed, upright, om pers. äv. erect; bildl. upright; *han är* ~ äv.

he is a person (man) of principle
rak|salong se *frisersalong* **-spegel** shaving-mirror **-strigel** razor strop
raksträcka straight stretch; straight äv. sport.; sport. äv. stretch, amer. straightaway
rakt *adv* rätt straight, right, direct; i samband m. väderstreck due; alldeles quite; stark. absolutely; riktigt downright; rent, helt enkelt simply; totalt completely; det var ~ *ingenting* . . just (absolutely, simply) nothing; *det gör* ~ *ingenting* it doesn't matter at all; ~ *omöjligt* simply impossible; gå ~ *fram* . . straight on; se ~ *fram!* . . straight before (in front of) you!; jfr [*mitt i*] *ansikte*[*t*]; *gå* ~ direkt, utan utvikningar *på sak* come (go) straight to the point, säga utan omsvep not beat about the bush; få (köpa) ngt *för* ~ *ingenting* . . for a song
rak|tvål shaving soap; *en* ~ a piece of shaving soap **-vatten 1** preparat efter rakning after-shave lotion **2** vatten för rakning shaving water, water for shaving
raljant *a* bantering, teasing; *en* ~ *person* a tease **raljera** *itr* banter, tease; ~ *med ngn* tease (banter) a p.; ~ *med (över) ngt* joke about (make fun of, poke fun at) a th. **raljeri** banter, teasing båda end. sg.; raillery
rallare navvy
rally *-t -n* bil~ [motor] rally
1 ram *-en -ar* infattning frame äv. bildl.; kant border; bildl. äv.: omfattning compass, utstakat område field, gräns limits, bounds båda pl., scope, framework; . . *bildade* ~*en för bröllopet* . . provided the setting for the wedding; *sätta inom glas och* ~ frame; *inom samhällets* ~ within the frame[work] of society; *det faller inom (utom)* ~*en för* . . it (this) is within (outside, beyond) the scope of . .
2 ram *-en -ar* tass paw; *suga på* ~*arna* bildl. svälta go without food
3 ram *a* se *3 ren* ex.
ram|a *tr,* ~ [*in*] frame **-antenn** frame aerial
ramaskri outcry
ram|avtal general (basic) agreement **-berättelse** frame story
ramla *itr* falla fall, tumble; störta ihop collapse, crash; ~ skynda *på!* sharp's the word!; för övriga beton. part. se *falla III*
ramm *-en -ar* sjö. [battering-]ram **ramma** *tr* ram
rammel *ramlet 0* buller rumble, din, racket **-buljong** F thrashing
ramp *-en -er* **1** sluttande uppfart ramp **2** teat.: golv~ footlights pl., tak~ stage lights pl. **-feber** stage fright; friare the jitters pl. **-ljus** belysning footlights pl.; bildl. limelight; ~*et* bländade henne the glare of the footlights . .; *stå (träda fram) i* ~*et* bildl. be (appear) in the limelight

ramponera *tr* skada damage; förstöra wreck
rampris, få det *för rena* ~*et* . . for a [mere trifle; *lagret slumpas bort till* ~ i annons o.d clearance sale at bargain (slashed) prices
rams|a *-an -or* string; ord~ long string c words, rigmarole; barn~ nursery rhyme
ramsvart *a,* ~ *hår* raven-black (jet-black hair
ranch *-en -er* ranch
rand *-en ränder* **1** streck o.d. stripe; upphöjd, t.ex på sammet rib; strimma streak **2** kant edge bård border; brädd brim; isht större ytas o. bild verge, bildl. äv. brink; gräns[område] border *föra* . . *till avgrundens* ~ bring . . to th brink of the abyss; *stå på förtvivlans* ~ b on the verge of despair; *på gravens* ~ on th brink of the grave; *skogens* ~ the fringe c the forest; *vid öknens* ~ on the border c the desert; fylla glaset *till* ~*en* . . to the brin
randa *tr* göra randig stripe, friare streak; ~ *e väv* weave a striped fabric (weave) **randan märkning** marginal note, note in the mar gin; bildl. comment **randas** *itr. dep* gry dawn förestå come; *dagen* ~ the day is dawnin (breaking); *svåra tider* ~ hard times ar coming **randig** *a* striped; om fläsk streaky om t.ex. manchestersammet ribbed; *den är* ~ *p längden (tvären)* it is striped length-wis (is cross-striped); *det har sina* ~*a skä* there are good (special) reasons for i
randstat border state **randsydd** *a* welted ~ *sko* welt[ed] shoe
rang *-en 0* allm. rank; företrädesrätt precedence *ha generals* ~ hold the rank of general *ha* ~ *före ngn* take precedence of a p.; *gör ngn* ~*en stridig* compete (vie) with a p challenge the supremacy of a p.; *en konst när av första* ~ an artist of the first rank a first-rate artist; vetenskapsman *av* ~ distin guished (eminent, leading) . ., . . of distinc tion; *stå under (över) ngn i* ~ be belov (above) a p. in rank, rank below (above) a p
rangera *tr* **1** ordna, ~ *in* se *inordna;* ~ *u* se *utrangera* **2** järnv. shunt, marshal, amer. äv switch **rangerad** *a,* [*en*] ~ *karl* a man i ordered circumstances, an established ma **rangerbangård** shunting (marshalling yard, amer. äv. switchyard
ranglig *a* gänglig lanky; rankig rickety
rang|ordning order of precedence (rank **-plats** position of eminence, leading plac (position) **-rulla** list concerning order c precedence **-skala** order of importance *den sociala* ~*n* the social ladder **-skillna** difference of rank; *göra* ~ mellan människ make a distinction of rank . .
rank *a* **1** om båt unsteady, fackl. crank[y **2** om pers.: lång o. slank tall and slender
1 rank|a *-an -or* klängväxt creeper; rev tendril; stängel o.d. [pliant] stem, vine; gre

branch
2 ranka, *låta ett barn rida* ~ dandle a child on one's knee; *rida, rida* ~ ride a-cock-horse
3 ranka *tr* rangordna rank
rankig *a* **1** om båt se *rank 1* **2** om möbel o.d. rickety
rannsak|a *tr* search; undersöka examine; jur. try, hear; ~ *hjärta|n| och njurar* sitt innersta search one's (ngns innersta a p.'s) heart **-an** ~ *0* o. **-ning** search; examination, inquiry; jur. trial, hearing
ranson o. **ransonera** *tr* ration **ransonering** rationing **ransoneringskort** ration card
ranta *itr,* |*vara ute och*| ~ gad about; ~ *omkring* |*i huset*| run about |the house|
ranunk|el *-eln -ler (-lar)* buttercup
rap|a *itr* belch, F burp, om barn ofta bring up wind, läk. eruct|ate| **-ning** belch, F burp, läk. eructation; -ande belching
1 rapp *-et* **1** pl. – slag blow; snärt lash, stark. stroke; smäll rap **2** pl. *0, inte ge sig i första ~et* not give up easily; *i rödaste ~et* instantly, in next to no time, in the twinkling of an eye
2 rapp *-en -ar* häst black horse
3 rapp *a* allm. quick, brisk, swift; flink nimble; rask smart; snar äv. ready
rappa *tr* kalkslå plaster
rappakalja *-n 0* rubbish, twaddle, drivel
rapp|höna o. **-höns** partridge
rappning plastering; konkr. plaster
rapport *-en -er* report; redogörelse account; uppgift statement, mil. message; *~erna* radio. the news |inkl. väderleksrapporten and the weather forecast|; *avge (avlägga) ~ om ngt* report (make one's report) on a th. **rapportera** *tr* report **rapportkarl** mil. orderly **rapportör** **1** referent o.d., *vara* ~ submit (present) reports (resp. a el. the report), *i* ett ärende on . .; vid konferens be the rapporteur fr. **2** informationskälla informant; angivare informer, kunskapare secret agent, spy
raps *-en 0* rape **-kaka** rape-cake
rapsodi rhapsody **rapsodisk** *a* rhapsodic|al|
rapsolja rape-oil
rar *a* **1** snäll nice, vänlig kind; söt sweet, lovely; intagande delightful; förtjusande charming; behaglig pleasant; älsklig (attr.) darling, dear; *hon är* |*så*| ~ äv. she is |such| a dear **2** sällsynt rare **raring** darling, love, sweetie, ducky **raritet** *-en -er* sällsynthet rarity; isht om antikvitet curio, curiosity
1 ras *-en -er* släkte, härkomst race; om djur vanl. breed; stam stock; *hon har* ~ she is a thoroughbred
2 ras *-et* **1** pl. - av jord landslide, landslip; av byggnad collapse; han begravdes *under ~et av stenar* . . under the |mass of| falling stones **2** pl. *0* stoj, *lek och* ~ romping and playing
rasa *itr* **1** störta, ~ |*ned*| fall down; om jord slide |down|, give way; störta ihop collapse; störta in cave (fall) in; om t.ex. tak, mur äv. crash down; *nedrasad* attr. . . that has (resp. had) fallen down osv.; *nedrasande* attr. falling; grus *kom nedrasande* . . came falling (crashing) down **2** stoja, fara fram, om t.ex. barn romp and play, gambol, stark. rampage; om vind, hav, krig o.d. rage, om pers. (vara ursinnig) äv. rave, *mot* ngn against (at) . ., *över* ngt at . .; *ungdomen ~r* ung. youth must have its fling; *han har ~t ut* he has got over his rage (stadgat sig sown his wild oats, sobered el. settled down)
rasande I *a* **1** ilsken furious, *på ngn över ngt* (*för* att + sats) with a p. about (at) a th. (for konstr. m. ing-form); raging, *på ngn (över ngt)* against a p. (at a th.); vred very angry, pred. äv. fuming; utom sig . . wild with rage (fury), F wild, mad, savage; |ytterst| uppbragt enraged; uppretad exasperated, *på ngn över* ngt by (at) a p.'s . .; *bli* ~ fly (get) into a rage (passion), F see red, förlora självbehärskningen lose one's temper, F fly off the handle, go off the deep end, tappa besinningen lose one's head; *göra ngn* ~ exasperate (madden) a p., drive a p. mad (to frenzy) **2** galen mad; *är du alldeles ~?* äv. have you taken leave of your senses?, från vettet are you out of your mind? **3** snabb furious, terrific; häftig vehement, fierce; våldsam violent, tempestuous; väldig great, tremendous, huge **II** *adv* F rysligt awfully, hemskt terribly, kolossalt tremendously
ras|ben *pl, ha* ~ om t.ex. häst have thoroughbred legs; om flicka ung. have a fine pair of legs **-biologi** racial biology **-blandning** mixture of races (av djur breeds); isht av vita o. negrer miscegenation; zool.: abstr. crossbreeding, crossing; korsningsprodukt cross|breed|, crossing **-diskriminering** racial discrimination **-djur** om ko, hund m.m. pedigree cow (dog m.m.); om häst thoroughbred **-egenskap** racial characteristic (trait)
rasera *tr* eg.: riva ned demolish, pull down, förstöra destroy, jämna med marken raze (rase) |. . to the ground|, lägga i ruiner lay . . in ruins; bildl., t.ex. tullmurar abolish
raseri -|*e*|*t 0* **1** ilska fury, frenzy; vrede rage, vredesutbrott fit of rage, outburst of passion; vredesmod anger, wrath; *råka i* ~ fly into a |towering| rage; *bringa ngn till* ~ goad a p. into fury, infuriate (enrage, svag. exasperate) a p. **2** våldsamhet, isht elementens fury, stormens raging **3** våldsam galenskap madness, frenzy **-utbrott** fit of rage
ras|fördom racial prejudice **-förföljelse** racial persecution **-hat** racial (race) hatred **-hets** |vanl. the| fomenting of racial hatred

-hund pedigree dog **-hänseende,** *i* ~ with regard to race, where race is concerned **-häst** thoroughbred

1 rask *a* **1** snabb quick, fast, om t.ex. takt äv. rapid, swift **2** frisk, ~ *och kry* om åldring hale and hearty

2 rask *-et 0, hela ~et* alltsammans the whole lot (bag of tricks)

raska *itr, ~ på* hurry [up], F get a move on

raskt *adv* quickly osv., jfr *1 rask 1;* fast

rasp 1 *-en -ar* verktyg rasp, coarse file **2** *-et 0* ljud rasp[ing sound]; från grammofonskiva scratch, pennas äv. scrape, rasping **raspa I** *tr* tekn. rasp **II** *itr* rasp, scratch, scrape; jfr *rasp 2*

ras|politik racial (race) policy **-ren** *a* om pers. o. djur . . of pure breed (stock); *en ~ hund (ko)* a pedigree dog (cow); *en ~ häst* a thoroughbred [horse]

rass|el *-let 0* **1** skrammel rattle äv. om sand; slammer clatter; klirr jingle, om metall äv. ring[ing]; prassel rustle **2** läk. râle **rassla** *itr* rattle; clatter; jingle; ring; rustle; jfr *rassel 1*

rast *-en -er* paus break, amer. recess; vila rest; frukost~ break [for lunch]; mil. halt; *han arbetar utan någon ~* he works non-stop (without a break); *han unnade sig varken ~ eller ro* he would not rest **rasta I** *tr* motionera exercise; hund air **II** *itr* have a break (rest), rest, mil. halt

rast|er *-ret -er* typogr. screen

rast|lös *a* restless; ständigt i farten . . always on the move (F on the go) **-löshet** restlessness **-löst** *adv* restlessly **-plats** o. **-ställe** halting-(resting-)place; vid vägen för bilister lay-by, amer. emergency roadside parking

ras|åtskillnad, *det råder ~* there is racial discrimination (a colour bar, segregation racial segregation) **-åtskillnadspolitik** policy of racial segregation, i Sydafrika apartheid [policy]

rata *tr* reject; ej finna god nog F turn up one's nose at, mat äv. (förkasta) refuse to eat, sökande (förslag) F turn down

ratificera *tr* ratify **ratificering** o. **ratifikation** ratification

rationalisera *tr* rationalize **rationalisering** rationalization **rationalism** rationalism **rationalist** rationalist **rationalistisk** *a* rationalistic **rationell** *a* rational, vetenskaplig scientific

ratt *-en -ar* allm. wheel; bil., sjö. o.d. äv. steering-wheel; på radio, instrument o.d. knob; *sitta vid ~en* i bil be at the wheel, drive **ratta** *tr itr* drive

ratt|fylleri drunken driving, mera officiellt driving under the influence of drink **-fyllerist** drunken driver (motorist) **-lås** steering-wheel(-column) lock **-muff** wheel glove **-onykterhet** driving with a small quantity of alcohol in the blood [less than constitutes drunken driving] **-stång** steering-column **-växel** steering-column gear change **-växelspak** steering-column [gear] lever

ravin *-en -er* ravine

rayon *-et 0* textil. rayon **-silke** rayon [silk] artificial silk

razzi|a *-an -or* raid; m. infångande av brottslingar m.m. round-up; *göra en ~ i* . . raid . .

1 rea- reaktions- i sms. se *jet-*

2 re|a I *-an -or* se *realisation* **II** *tr itr* se *realisera*

reagens *-et (-en),* pl. *-[er] (reagentier)* reagent, test, *på, för* i båda fallen for

reagenspapper test-paper **reagera** *itr* react, *för, på* to, *inför* ofta in the face of; *~ för* låta sig påverkas av respond to; *~ mot* vara motståndare till be against, protestera mot protest (raise protests) against **reaktion** allm. reaction, *för, på* to; isht positivt om pers. response

reaktions|drift o.d. sms. se *jet-* **-fri** *a* lantbr.: om mjölk, ko tuberculin tested (förk. T.T.) **-förmåga** ability to react **-tid** reaction time

reaktionär *-en -er* o. *a* reactionary

reaktor tekn. [nuclear] reactor, atomic pile

real I *a* se *reell* **II** *-en 0* F se *realexamen*

realare skol. pupil on the natural sciences line (side) **reale** se *realgenus* **realexamen** 'realexamen', lower [school] certificate [själva prövningen examination], eng. motsv. ung. General Certificate of Education (förk. G.C.E.) at ordinary (O) level **realgenus** [vanl. the] common (non-neuter) gender

realia *pl* skol. o.d. life and institutions; background sg. **realinkomst** real income

realisation försäljning till nedsatt pris [bargain sale, utförsäljning clearance sale, slutförsäljning final clearance sale **realisationsfynd** sale bargain **realisationsvinst** capital gain

realisera I *tr* **1** sälja till nedsatt pris sell off **2** förvandla i pengar convert . . into cash **3** förverkliga realize, t.ex. plan carry out, implement put . . into practice **II** *itr* hold (have) sales

realism realism **realist 1** allm. realist **2** skol. se *realare* **realistisk** *a* realistic; nykter matter-of-fact, down-to-earth **realitet** *-en -er* reality; *~er* äv. facts; *i ~en* äv. in [actual (point of)] fact, actually

real|linje skol. natural sciences line (side) **-lön** real wages pl. **-politik** realist politics sg. el. pl., realpolitik ty.; viss persons el. i visst fall realistic policy **-skola** ung. junior secondary school **-skolebildning** ung. junior secondary school education **-säkerhet** H real (collateral) security **-värde** real value

reassurans reinsurance **reassurera** *tr* reinsure

rebell *-en -er* rebel; jfr *upprorsman* **-isk** *a* rebellious; jfr *upprorisk*

ebus *-en -ar* picture puzzle, rebus **ecensent** critic, reviewer **recensera** *tr* review **recension** review, kortare äv. notice **ecentior** new (first-year) student äv. kvinnlig: freshman, F fresher **recentiorska** new (first-year) woman student, F fresher **ecept** *-et -* **1** läk. prescription; *komma på ~* be placed on prescription, be made a prescription drug **2** kok. o. bildl. recipe, tekn. äv. formul|a (pl. äv. -ae), *på* for; *efter känt ~* bildl. . . on the same old lines **-belagd** *a* . . sold (dispensed) |only| on |doctor's| prescription **-belägga** *tr* place . . on prescription, order . . to be sold (dispensed) |only| on |doctor's| prescription **eception 1** mottagning reception; upptagning i orden initiation **2** på hotell reception desk **receptiv** *a* receptive **receptivitet** receptivity **ecett** *-en -er* -medel proceeds pl. from a (resp. the) benefit performance; -föreställning benefit performance **ecidiv** *-et -* relapse, läk. äv. recurrence **ecipient** tekn. |bell-shaped| container **recipiera** *itr* be initiated, *i* into **eciprok** *a* reciprocal **ecitation** uppläsning: utantill recitation, från bladet reading **recitera** *tr* läsa upp: utantill recite, från bladet read |aloud| **ed|a A** *-an 0* ordning order; klarhet clarity; *det är ingen ~ med honom* han är slarvig he is careless (ometodisk unmethodical, opålitlig unreliable); *bringa ~ i ngt* bring order into a th.; *få ~ i ngt* achieve order in a th.; *få ~ på* få veta find out, get to know, learn, få tag i find; *göra ~ för ngt* account for (beskriva give an account of) a th.; *ha ~ på* veta *ngt* know a th.; *han har inte ~ på* vet inte *någonting* he never knows anything, he knows nothing; *ha ~ på sig* know all about everything, F know what's what; *hålla ~ på* hålla uppsikt över look after, hålla i styr, hålla räkning på keep a check on, hålla ordning på, t.ex. sina tillhörigheter äv. keep . . in order, hålla sig à jour med keep up with, hålla sig underrättad om, t. ex. ngns öden keep track of; *hålla ~ på vad som händer* keep up with affairs (the news); *leta (söka) ~ på* find; *skaffa ~ på* get hold of, jfr följ. ex.; *ta ~ på* a) utforska find out b) finna find c) ta hand om see to; ta till vara make use of

B *a, ~ pengar* ready money, hard cash

C *-de rett* **I** *tr* **1** ordna, t.ex. bo, måltid prepare; ull o.d. comb; *~ in* se *inreda; ~ till* se *tillreda; ~ upp* lösa upp unravel äv. bildl., disentangle; bildl. äv., t.ex. affärer clear up; se vid. *klara I 4 a; ~ ut* jfr *~ upp;* klarlägga elucidate, explain, *för ngn* to a p.; undersöka investigate, grundligt analyse; dödsbo wind up **2** kok., *~* |*av*| thicken; *avredd* äv. thick **II** *rfl, det -er sig* ordnar sig it (that) will be all right; se vid. *klara II*

redaktion 1 lokal editorial office[s pl.] **2** personal editorial staff; editors pl. **3** redigering editing; avfattning wording; *under ~* redigerad *av A* edited by A; *under ~* ledning *av B* with B as chief editor; *utgiven under ~ av C* published under the editorship of C **redaktionell** *a* editorial; *~ artikel* ledare editorial, leading article, F leader **redaktionssekreterare** ung. assistant editor-in-chief **redaktör** -[*e*]*n -er* editor; isht om ansvarig för t.ex. modesida, matspalt o.d. feature editor

redan *adv* **1** allaredan, isht ss. best. t. predikatet already; så tidigt (långt tillbaka) som as early (far back) as; till och med even; ibl. very, jfr ex.; *han borde vara här ~* he ought to be here by now; *~ dessförinnan* even before that; *~ då (tidigare)* even then (earlier); *~ då* kände man till krutet as early as that . .; *~ då jag kom in* märkte jag . . the moment I entered . . ; *~ då jag kom var hon klädd* she was already dressed when I came; *~ följande dag* the very next day; *~ första gången* the very first time; *~ i dag (i eftermiddag)* måste vi börja . . this very day (afternoon), . . today (this afternoon); *hon började packa ~ i dag* she already started packing today; *far du ~ i morgon?* are you already going away tomorrow?; *jag vill ha det ~* inte senare än *i morgon* I want it no later than (till by) tomorrow; han ska i väg *~ i morgon* . . tomorrow at the latest; *~ nu vet vi,* att det inte går we know already (even now) . .; det måste ske *~ nu* . . at this very moment; ska vi göra det *~ nu?* . . now? beton.; *~* [*så*]*som barn* while (when) still a child, even as a child; *det visste jag ~ för några dar sen* I already knew it a couple of days ago; *~ vid fem års ålder kunde han* . . when he was only five he could . . **2** enbart, bara, *~ tanken därpå* är obehaglig the mere (very) thought of that (it) . .; *~ hennes* utseende *var motbjudande för mig* her . . alone was enough to repel me; det är svårt *~ det* . . enough, . . as it is

redare shipowner

redbar *a* rättskaffens upright; ärlig honest; hederlig honourable; oförvitlig, om t.ex. uppförande irreproachable, . . above reproach, om handlingssätt äv. fair; samvetsgrann conscientious; *han är ~* oförvitlig he is a man of integrity **-het** uprightness; honesty; conscientiousness; integrity

redd *-en -er* roadstead; roads pl.; *ligga på ~en* lie (be riding) [at anchor] in the roadstead (roads)

rede *-t -n* bo nest

rederi 1 företag shipping company; *~bolag* shipowners pl., firm of shipowners **2** verksamhet shipping [business (trade)] **3** kontor

shipping office
redig *a* **1** klar clear; tydlig plain, om framställning äv. lucid; *klara och ~a* anvisningar clear and precise (exact) . . **2** *vara fullt ~* a) vid full sans be quite conscious b) vid sina sinnens fulla bruk be in full possession of one's senses **3** F 'ordentlig' se *rejäl 2*
redigera *tr* edit äv. film o.d.; avfatta write, draw up; *~ om* re-edit; rewrite, reword
redighet klarhet clarity
redlig *a* se *redbar*
red|lös *a* **1** sjö. disabled **2** stupfull blind drunk pred. **-löst** *adv* **1** sjö., *driva ~* drift in a disabled condition **2** *~ berusad* blind drunk
redning kok. thickening äv. konkr.
redo *a* färdig ready; beredd prepared; *var ~!* be prepared!
redobogen *a* beredd ready; beredvillig willing **-het** readiness; willingness
redo|göra *itr, ~ för ngt* avlägga räkenskap account for (avge rapport report on) a th., beskriva describe (give an account of, isht i skrift narrate, förklara explain) a th.; *närmare ~ för* . . give [further] details about . .; *utförligt ~ för innehållet i* en dikt analyse . . in detail; *~ för* orsakerna state . . **-görelse** account, *för* of; report, *för* on; isht H statement, *för* of **-visa** *tr itr* resultat o.d. show; *~ [för] ngt* account for a th. osv., jfr *-göra; årsvinsten ~s med* . . uppges till the profit for the year is returned at . . **-visning** allm. account; räkenskapsbesked statement of account[s]; statist. return **-visningsskyldig** *a, vara ~ för ngt* be under the obligation (be liable) to render account of a th. **-visningsskyldighet** obligation (liability) to render accounts
reds, *till ~* redo prepared; *vara (stå, ligga) till ~* be ready (in readiness)
redskap *-et* (koll. *-en)* - verktyg tool, implement, instrument instrument alla äv. bildl.; isht hushålls~ utensil; gymn. [P.T.] appliance; koll. equipment, tackle, isht gymn. apparatus
redskaps|bod tool shed (house) **-gymnastik** apparatus gymnastics vanl. sg.
reducera *tr* reduce äv. mat., kem. o. bildl.; förminska diminish; nedbringa, t.ex. utgifter äv. bring (cut) down; sänka: t.ex. priser äv. lower, cut [down], t.ex. löner cut, lower; förvandla, omräkna convert; *~ till 4—3* sport. reduce (bring down) the score to 4—3 **reduktion** reduction; cut; conversion; jfr föreg.
reell *a* verklig real, faktisk äv. actual
re|export ~erande re-export[ation]; varor re-exports pl. **-exportera** *tr* re-export
referat *-et* - redogörelse account (*av* of), report (*av* of, on), utdrag abstract; översikt review, sammandrag summary; [*direktsänt*] *~* i radio [running] commentary **referend|um** *-um[et] -a (-um)* referend|um (pl. äv. -a) **referens** *-en -er* reference, pers. som åberopas äv. referee; *svar med ~er* reply stating [the names of] references (stating the names of referees) **referensbibliotek** reference library **referensexemplar** reference book **referenslitteratur** works of reference, reference books båda pl. **referent** reporter; rapportör rapporteur fr. **referera I** *tr, ~ ngt* report (give an account of) a th. **II** *itr, ~ till* ngn (ngt) refer to . .; *~nde till* Ert brev with reference to . ., referring to . .
reflektant spekulant intending purchaser, prospective buyer; sökande applicant **reflektera I** *tr* reflect äv. bildl., throw back; bildl. äv. mirror, show **II** *itr* **1** fundera reflect, begrunda meditate, *över ngt* [up]on a th.; tänka think *över ngt* about a th. **2** *~ på* överväga *att* inf think of (think about, consider, ha för avsikt contemplate) ing-form; *~ på* vara intresserad av t.ex. förslag consider, entertain; *~ på [att köpa] ngt* be interested in a th. — Jfr *fundera*
reflektion se *reflexion* **reflektor** reflector
reflex *-en -er* **1** allm. reflex; återspegling reflection, reflexion äv. bildl. **2** konkr. se *reflex|anordning, -band, -bricka* **-anordning** på fordon rear reflector **-band** luminous tape **-bricka** luminous tag
reflexion 1 fys. reflection, reflexion, återstrålande äv. reflecting **2** begrundan reflection, betraktelse äv. meditation; anmärkning observation; *~erna gör sig själva* comment is superfluous
reflexions|förmåga 1 fys. reflective power **2** bildl. power of reflection **-vinkel** angle of reflection
reflex|iv gram. **I** *a* reflexive **II** *~et ~[er]* reflexive pronoun **-ljus** reflected light **-rörelse** reflex movement (action), reflex
reform *-en -er* reform; omdaning remodelling, nydaning reorganization båda end. sg.; förbättring improvement **reformation** reformation; *~en* the Reformation **reformator** reformer, omdanare remodeller; nydanare reorganizer
reformatorisk *a* reforming, reformatory
reformera *tr* reform; omdana remodel, nydana reorganize; förbättra improve **reformert** *a, den ~a kyrkan* the Reformed Church; *en ~* a Reformist, a Calvinist
reform|fiende enemy of progress (reform) **-förslag** reform proposal **-iver** reforming zeal **-ivrare** advocate of reform, reformist **-rörelse** reform movement **-strävan[de]** reform effort **-vän** supporter of reform, reformist **-vänlig** *a* . . favourably inclined towards reform
refräng *-en -er* refrain, chorus, burden; ha kom med *sin gamla, vanliga ~* bildl. . . the same old story; nu måste vi *tänka på ~en* . . be getting along **-sångerska** vocalist
refug *-en -er* o. **refuge** *-n -r* refuge, [street

sland
›fuser|a *tr* refuse; förkasta reject, F turn lown; avböja decline **-ing** refusal; rejection
›galier *pl* regalia
›gatt|a *-an -or* regatta
reg|el *-eln -lar* på dörr bolt; *skjuta (dra) ör ~n [för dörren]* bolt the door
regel *-n regler* allm. rule; rättesnöre criterion, :anon; föreskrift regulation, precept; maxim naxim; *i (som) ~* vanligen *kommer han* :l. 8 as a rule he (he generally) comes . .; *som ~* generellt as a rule, generally [speaking]; *göra det till [en] (ta som) ~ att* inf. nake it a rule to inf. **-bunden** *a* regular; ordnad settled **-bundenhet** regularity **-bundet** *adv* regularly; *gå ~ till sängs* äv. go to bed at a set (fixed) hour, keep regular hours **-lös** *a* tygellös dissolute **-mässig** *a* = *-bunden* **-rätt I** *a* regular; enligt reglerna . . according to rule (the rules); ren, om t.ex. förfalskning downright; *en ~ utskällning* a proper telling-off **II** *adv* regularly; *~ gjord* done in the normal way (according to rule :l. the rules)
›gemente *-t -n* **1** mil. regiment **2** styrelse rule; regering government; välde sway, dominion; befäl command; *föra ett strängt (hårt) ~ med* folk rule . . with severity (a rod of iron); det är hon *som för ~t* . . who (that) commands (rules the roost)
›gements|chef regimental commander **-kamrat,** *vara ~er* belong to the same regiment **-läkare** regimental medical officer, regimental surgeon **-musik** military music; *~en* konkr. the regimental band **-officer** field officer
›gent ruler; isht ställföreträdande regent; härskare sovereign; *prinsen[-]regenten* the Prince Regent **-längd** list of monarchs **-skap** *~et 0* ämbete regency
›ger|a *tr itr* **1** härska rule (äv. bildl.), *över* over; styra govern; vara kung o.d. reign, *över* over; *medan han ~de* during his reign **2** väsnas make a noise; domdera bluster **-ing** allm. government; styrelse rule; monarks regeringstid reign; *~en* the Government, ministären the Ministry, i Engl. äv. (om den inre kretsen) the Cabinet, i Amer. vanl. the Administration; *tillhöra ~en* be a member of the Government osv.; *tillträda ~en* take (assume) office, come into office (power), om monark accede to the throne
›gerings|beslut government decision **-bänk,** *~en* the Government (i Engl. Treasury) Bench **-fientlig** *a* . . against (hostile to) the Government, anti-government **-form 1** styrelseform form of government **2** författning constitution **-krets,** *i ~ar* in Government circles **-kris** government (cabinet) crisis **-ombildning** reconstruction of the Government **-parti** government party, party in power **-rätt,** *Regeringsrätten* the [Swedish] Supreme Administrative Court **-skifte** change of government **-tid** monarks reign **-tillträde** assumption of office, coming into power; monarks accession [to the throne] **-vänlig** *a* om parti, tidning o.d. pro-government; *en ~ person* a government supporter **-år,** *under hans tredje ~* in the third year of his reign
regi *-[e]n 0* teat. producing, film. directing; *~arbete* production resp. direction; Påsk *i B:s ~* . . produced (resp. directed) by B.; *i egen ~* under private management; *i statlig ~* under statens beskydd under the auspices of (anordnad av staten arranged by) the Government **-assistent** teat. assistant producer (film. director) **-konst,** *~[en]* teat. the art of stage (film. film) direction; *hans ~* his skill as a producer (resp. director)
regim *-en -er* regime, rule, government; ledning management, förvaltning administration; läk. regimen, diet äv. prescribed diet
region region; område äv. district, area **regional** *a* regional
regissera *tr* teat. produce; isht film. direct **regissör** teat. producer; film. director
regist|er *-ret -er* register; förteckning list, namn~ äv. roll; innehållsförteckning contents pl., table of contents, alfabetiskt i bok index; kartotek card index; röstläge, tonomfång äv. range; bildl. äv. gamut, range; *föra ~ över* ngt keep a register (record) of . ., register . ., record . . **registerton** sjö. register ton **registrator** registrar, registry clerk **registratur** *-et (-en) -[er]* registry **registrera** *tr* allm. register; enter . . in a (resp. the) register, make an entry of; föra in äv. record **registrering** registration; registering osv.; entry; record
registrerings|avgift registration fee **-nummer** på motorfordon registration (plate) number **-skylt** på bil number (amer. license) plate
regla *tr* m. regel bolt; låsa lock
reglage *-t -* regulator, control, spak lever
reglementarisk *a* . . in accordance with [the] regulations; *~ klädsel* regulation dress
reglemente *-t -n* regulations, rules båda pl.
reglementera *tr* regulate
reglements|enlig *a* se *reglementarisk* **-vidrig** *a* . . contrary to [the] regulations
regler|a *tr* regulate; normera regularize; avpassa, justera adjust; fastställa fix; kontrollera control; göra upp, t.ex. arbetstvist, skuld settle **-ing 1** -ande regulating osv.; regulation; regularization; adjustment; control; settlement; jfr föreg. **2** se *mens, menstruation*
regn *-et -* rain (end. sg.); skur shower båda äv. bildl.; *~ och rusk* nasty (rough) weather;

det ser ut att bli ~ it looks like rain; *efter* ~ *kommer solsken* bildl. ung. every cloud has a silver lining **regna** *itr* rain äv. bildl.; *låtsas som om det* ~*r* take no notice; *om det* ~*r in* if the rain comes in

regn|blandad *a,* ~ *snö* sleet, rain mingled with snow **-by** rain-squall **-båge** rainbow **-bågshinna** iris **-bågsskimrande** *a* iridescent **-dag** rainy day, day of rain **-diger** *a* rain-laden, . . heavy with rain **-droppe** raindrop, drop of rain **-fattig** *a* attr. . . with [very] little rain; sommaren *var* ~ . . was not very rainy; trakten *är* ~ . . has very little rain (a very low rainfall) **-försäkring** insurance against rain **-ig** *a* rainy, showery **-kappa** raincoat, waterproof; enklare mackintosh, F mac **-kläder** *pl* rainwear sg., waterproof clothes **-moln** rain cloud, meteor. nimb|us (pl. äv. -i) **-mängd** fackl. rainfall **-mätare** rain-gauge, pluviometer **-rock** se *-kappa* **-skur** shower [of rain]; häftig downpour **-skydd** vid hållplats shelter; *söka* ~ seek (take) shelter from the rain **-tid** rainy season; ~*en* i tropikerna the rains pl. **-vatten** rain-water **-väder** rainy weather; *det var* ~ hela sommaren the weather was rainy . ., it rained . .; *i* ~ äv. when it rains, in the rain

regress tillbakagång retrogression; baksteg step backwards, retrograde step

reguladetri -[*e*]*n 0* mat. [the] rule of three

regulator regulator; tekn. äv. governor

reguljär *a* regular

rehabilitera *tr* rehabilitate; ~ *ngn* återinsätta ngn i hans ställning (värdighet) äv. restore a p. to his [former] position (office) **rehabilitering** rehabilitation

reine claud|e *-en -er* greengage

reinkarnation reincarnation

rejäl *a* **1** pålitlig reliable, trustworthy; redbar honest; *en* ~ *karl* a sterling fellow, a good sort; *göra ett* ~*t arbete* do [a piece of] solid work **2** förstärkande, *en* ~ *förkylning* a nasty (a beauty of a) cold; *ett* ~*t kok stryk* a sound whipping, a good thrashing, a thorough hiding; *ett* ~*t mål mat* a substantial ([good] square, hearty) meal; *en* ~ *portion* a liberal portion; *en* ~ *skopa ovett* a proper dressing down

rek *-et* - brev registered letter; ss. påskrift to be registered; *ska det gå som* ~*?* is this to be [sent] registered?

rekapitulation recapitulation, summing-up (pl. summings-up) **rekapitulera** *tr* recapitulate, sum up

reklam *-en -er* -erande [commercial] advertising, publicity båda end. sg.; konkr. advertisement; *stål är en god* ~ för Sverige steel is a good advertisement . .; *göra* ~ advertise, stark. plug, boost, *för ngt* a th. **-affisch** [advertising] bill (större poster) **-artikel** vara special-line article

reklamation 1 klagomål complaint **2** ersättningsanspråk [compensation] claim **3** post.: brev inquiry concerning a missing lette (av paket parcel)

reklam|broschyr leaflet, folder **-byr** advertising agency

reklamera I *tr* återfordra make (put in) claim for; ~ *ett brev* inquire about a missin letter **II** *itr* se [*göra*] *reklam*

reklam|erbjudande special offer **-filr** advertising film **-kampanj** advertisin (publicity) campaign (drive) **-man** publicit (advertising) expert, F adman **-pris** bargai price **-prospekt** se *-broschyr* **-skylt** ac vertising sign, i butiksfönster display (show card **-text** advertising copy **-trick** adver tising trick (gimmick, stunt)

rekognos[**c**]**era** *tr itr* reconnoitre; mil. ä scout; ~ *terrängen* explore (reconnoitre the ground **rekognoscering** reconnais sance, reconnoitring; scouting

rekommendation 1 anbefallning recom mendation; *på läkares* ~ on medical advic **2** post. registration **rekommendations avgift** post. registered mail postage, regis tered postage [rate] **rekommendations brev** letter of introduction (recommenda tion) **rekommendera** *tr* **1** anbefalla recom mend **2** post. register; ~*s* ss. påskrift to b registered; ~*t brev* registered letter

rekonstruera *tr* reconstruct, byggnad ä rebuild; regering äv. reshuffle **rekonstruk tion** reconstruction, av byggnad äv. rebuild ing; av en regering äv. [Government] reshuffle

rekonvalescens m.fl. se *konvalescens* m.fl.

rekord *-et* - record äv. bildl.; *svenska* ~*et löpning 1 500 m* the Swedish 1,500 metre record in running; *slå* ~ *i (på)* ngt bea (break) the . . record, bildl. beat the recor for . .; *sätta* [*nytt*] ~ set up a [new] recor **-artad** *a* record end. attr.; unprecedente unparalleled **-deltagande** record participa tion (anslutning turn-out, bevistande attendanc i tävling number of competitors el. entrants **-fart** record speed **-flygning** record fligh **-form** kondition record condition (form **-hållare** o. **-innehavare** record-holde **-hög** *a,* ~*a priser* record (sky-high) price **-publik** record crowd[s pl.] (betr. teater o. audience, vid match äv. number of specta tors) **-skörd** record (bumper) harvest (crop **-tid** record time

rekreation recreation, vila rest, avkoppling ä relaxation **rekreationsort** holiday (kuro äv. health) resort **rekreationsresa** recrea tion trip, trip (journey) for the sake of one' health **rekreera I** *tr* refresh; ~*d* refreshe uppvilad rested **II** *rfl* seek recreation (vila rest vila upp sig rest; hämta sig recuperate

ekryt *-en -er* recruit; värnpliktig conscript; *göra ~en* go through one's recruit training **rekrytera** *tr* recruit äv. bildl. **rekrytering** recruitment, recruiting **rekrytutbildning** training of recruits (av värnpliktiga conscripts); *under min ~* when I was doing my recruit training; *ge ~* train recruits
ektang|el *-eln -lar* rectangle **rektangulär** *a* rectangular
ektor vid skola headmaster, kvinnlig headmistress, båda äv. head, isht amer. principal; vid institut o. fackhögskolor principal, director; vid universitet rector, eng. motsv. ung. vice-chancellor, amer. ung. president **rektorat** *-et* - rektorsämbete o. tjänstetid headmastership, headship, principalship; directorship; rectorate, rektorsämbete äv. rectorship; vice-chancellorship; amer. presidency; jfr föreg.
ekviem -|*et*|- requiem
ekvirera *tr* beställa order; skicka efter send for; begära, t.ex. hjälp ask for; mil. requisition, tvångs~ commandeer; *kan ~s från (genom)* AB äv. |is (resp. are)| obtainable from (through) . . **rekvisita** *pl* el. *-n 0* teat. o. film. properties, F props båda pl. **rekvisition** order; requisition, commandeering; jfr *rekvirera*
ekyl *-en -er* o. **rekylera** *itr* recoil, om gevär äv. kick **rekylfri** *a* no-recoil, non-recoiling båda end. attr., recoilless
elatera *tr* relate, give an account of; *ett i* läkartidningen *~t märkligt fall* a remarkable case reported in . . **relation 1** redogörelse account, report **2** förhållande relation; intimare, mellan personer relationship (äv. *~er*); *~er* förbindelser connections; *stå i ~ till* be related to, bear a relation to, have a bearing |up|on; *sätta ngt i ~ till . .* relate a th. to . . **relativ I** *a* relative äv. gram.; någorlunda äv. comparative; *allting är ~t* everything is relative **II** *-et -*|*er*| gram. relative **relativitet** relativity **relativitetsteori** theory of relativity **relativpronomen** relative pronoun **relativsats** relative clause
elegation från skola expulsion **relegera** *tr* från skola expel
elevant *a* relevant, pertinent, *för* to; pred. äv. to the point
elief *-en -er* relief; *ge ~ åt ngt* bildl. bring out a th. in full relief, enhance (set off) a th.; *i ~* in relief; *ett mönster i ~* äv. a raised pattern **-karta** relief (raised) map
eligion religion; tro faith, bekännelse creed; *den kristna ~en* äv. Christianity
eligions|bekännelse se *trosbekännelse* **-fientlig** *a* anti-religious **-filosofi** philosophy of religion **-forskning** study of religion **-frihet** freedom of religion **-förföljelse** religious persecution **-historia** |vanl. the| history of religion; ofta comparative religion (study of religions) **-krig** religious war, war of religion **-kunskap** skol. religion **-samfund** religious community **-stiftare** founder of a religion **-tvång** compulsion in religious matters, friare religious intolerance **-undervisning** religious instruction **-utövning** religious worship; *fri ~* freedom of worship **-vetenskap** |vanl. the| science of religion
religiositet *-en 0* religiousness, religiosity; fromhet piety **religiös** *a* religious; from pious, devout; mots. profan, om t.ex. diktning, musik sacred
relik *-en -er* relic **-skrin** reliquary, shrine
relikt *-en (-et) -*|*er*| naturv. relict; friare o. bildl. survival
reling sjö. gunwale, rail
relä -|*e*|*t -er* relay **reläa** *tr* relay **relästation** radio. relay station
rem *-men -mar* allm. strap; smal läder~ thong; liv~ belt; ändlös ~: driv~ |transmission| belt, för godstransport conveyer |belt|; *~mar* koll. strapping sg.; *ligga som en ~ efter marken* streak along, run like a hare, F run hell for leather
remarkabel *a* remarkable
remb|o|urs *-en -er* H |documentary| credit
remdriven *a* . . driven by belts (resp. a belt)
remi I *s* draw **II** *oböjl. pred. a* drawn; partiet *blev ~* äv. . . was a draw
reminiscens *-en -er* reminiscence
remiss *-en -er* **1** parl. o.d., *sända på ~ till . .* refer to . . for consideration; vara *ute på ~ hos . .* under consideration by; *vi har* det *på ~ . .* has been referred to us for consideration **2** läk. letter of introduction (sjukhus~ note of admission) |from a doctor| **remissa** remittance **remissdebatt** full-dress debate on the budget and the Government's policy **remissinstans** body to which a proposed measure is referred (submitted) for consideration **remittent** *s* payee **remittera** *tr* refer, parl. äv. submit, till läkare el. sjukhus äv. send; H remit
remmare vinglas rummer, kind of hock glass; *en ~* rhenvin a rummer of . .
rem|o|uladsås remoulade sauce
rems|a *-an -or* allm. strip, pappers~ äv. slip, avriven shred alla m. of framför följ. best.; strimla ribbon, klister~, telegraf~ tape
remskiva |belt| pulley
1 ren *-en -ar* åker~ headland; dikes~ ditch-bank; landsvägs~ verge, amer. shoulder
2 ren *-en -ar* zool. reindeer (pl. lika)
3 ren *a* (ibl. *adv*, jfr slutet) fri från smuts clean äv. delvis bildl.; fläckfri spotless, oklanderlig immaculate, prydlig tidy, snygg neat; oblandad pure, icke legerad unalloyed, outspädd, om spritdrycker neat, om vin unwatered, oförfalskad, om matvara o.d. unadulterated, äkta genuine; bildl. pure; kysk chaste; oskyldig innocent; enbar o.d.

mere, sheer; *en ~ bagatell* a mere trifle; *~ behållning* clear (net) profit; *~ choklad* ordinary chocolate; *~a drag* clear-cut features; *~a |rama| dumheten* sheer stupidity; *en ~ förlust* a dead loss; *~a |rama| galenskapen* sheer (pure) folly (madness); *~ glädje (njutning)* pure (genuine) joy (pleasure); *~ hy* clear complexion (skin); *~a linjer (slag)* clean lines (strokes); *~t linne* clean (fresh) linen; *~ luft* icke förorenad clean (frisk fresh, fri från dålig lukt, os o.d. pure, sweet) air; *~ lättja* sheer laziness, laziness pure and simple; det är *~a |rama| lögnen* . . a downright (sheer) lie; *~ nyfikenhet* mere (sheer) curiosity; *~|a rama| nödvändighet|en|* sheer necessity; *en ~ omöjlighet* a sheer (an utter) impossibility; *~t samvete* clear conscience; *~a |rama| sanningen* the plain (absolute) truth, the truth pure and simple; *~t siden* pure silk; *en ~ slump* a mere chance; *~t spel* fair play; *~t språk* pure (faultless) language, bildl. plain speaking; *det var ett ~t under* it was a pure (nothing short of a) miracle; *~t uttal* |clear and| correct pronunciation; *~ vinst* net (clear) profit; *göra ~|t|* se *rengöra; göra ~t* städa o.d. clean up; *göra ~t hus* se *hus 1; hålla ~t |och snyggt|* omkring sig keep things clean and tidy; *skriva ~|t|* se *renskriva;* jfr äv. *sopa* ex. o. *rent 1*

rena *tr* allm. clean; metall, vätska, blod purify, metall äv. fine, vätska äv. clarify; destillera distil, rectify; sår clean, desinficera disinfect; bildl. purify, luttra purge; *~ från synd* purge (cleanse) of (from) sin

ren|avel reindeer breeding **-bete** reindeer pasture

rendera *tr* förskaffa: t.ex. åtal bring, t.ex. öknamn give, t.ex. obehag cause

rendevu -|*e*|*t -er* o. **rendezvous** *-et -er* rendezvous (pl. lika); kärleksmöte äv. lovers' meeting, träff date

renegat renegade; isht relig. äv. apostate

renett *-en -er* rennet

renfana bot. |common| tansy

rengöra *tr* clean; tvätta wash; skura: t.ex. kokkärl scour, golv scrub; putsa polish **rengöring** cleaning osv., jfr *rengöra* **rengöringskräm** för ansiktet cold (cleansing) cream **rengöringsmedel** cleaning material, cleaner

ren|het cleanness; om luft, vatten samt äkthet o. bildl. purity; kyskhet chastity, oskuld innocence **-hjärtad** *a* pure-hearted, . . pure of heart **-hållning** cleaning; av gator äv. public cleansing, street-cleaning; sophämtning refuse (amer. garbage) collection |and disposal|

renhållnings|arbetare o. **-karl** dustman, amer. garbage collector **-verk** public cleansing department (i större städer division)

renhårig *a* ärlig honest, pålitlig reliable; *hc är ~* F he is a brick (good sort)

rening cleaning osv.; kem. o. bildl. purificatio bildl. äv. purge; *~ av avloppsvatten* sewag treatment; jfr *rena* **reningsverk** för avlopp vatten sewage treatment works (pl: lika)

renklo|r pl.| se *reine claude*

renlav reindeer lichen (moss)

ren|levnad kyskhet chastity; avhållsamhet co tinence **-lig** *a* cleanly **-lighet** cleanline **-lärig** *a* orthodox **-odla** *tr* naturv. cultivat bakterier äv. isolate; *~d* pure, om bakterier . . in a state of pure cultivation; bildl. absolute, downright, om pers. äv. out-and-o **-odling** -odlande |pure| cultivation; isolatio konkr., om bakteriekultur pure culture (strain)

renommé -|*e*|*t 0* reputation, repute; *gott* äv. good name, renown; *ha gott (dåligt)* have a good (bad) reputation (name), be good (bad) repute; känna ngn *par ~* . . repute (hearsay)

renons I *-en -er* kortsp. blank suit, void oböjl. *a, vara ~ i ruter* have no diamond *vara |alldeles (fullständigt)| ~ på* humor (k raktär) osv. be |absolutely| without |any| . have no . . |whatever|, be |utterly| devo of . .

renover|a *tr* renovate, do up |. . again t.ex. bokband, tavla äv. restore; reparera äv. repa **-ing** renovation; restoration; repairs pl.

ren|rakad *a* barskrapad cleaned out, pa |stony-|broke alla end. pred. **-rasig** *a* se *rasr*

rensa *tr* rengöra clean; fisk äv. gut; fågel dra bär pick; sockerärter string; från ogräs wee magen o. bildl. purge; *~ i* trädgården weed . *~ luften* bildl. clear the air; *~ landet fr* inkräktare clear the country of . .; *~ |bor ogräs* weed; *~ bort* remove, clear awa *~ upp* t.ex. brunn clean (clear) out; *~ upp |* t.ex. område, källare clean up; *~ upp ino* partiet purge . ., clean up . .; *~ ut* bildl. we out; *~ ut* opålitliga element *ur ett parti* pur a party of . .

ren|skrift konkr. fair copy **-skriva** *tr* make fair copy, *ngt* of a th., på maskin type |ou **-skrivning** making (the making of) a fa copy; på maskin copy-typing **-skrivning byrå** se *skrivbyrå 1* **-skurad** *a* we -scrubbed(-scoured) attr.; cleaned; jfr *skura*

rensning cleaning osv., jfr *rensa* **rensning aktion** se *upprensningsaktion*

renstek joint of reindeer; tillagad roa reindeer

rent *adv* **1** eg. cleanly; *sjunga ~* keep tune; *tala ~* talk (speak) properly; jfr *3 r* **2** alldeles quite, completely, absolutely; det *~ |av| omöjligt* äv. . . utterly (simply) ir possible; *han är ~ otroligt* dum (lång) he |quite| incredibly . .; *~ av* faktiskt, i själva verk actually, helt enkelt simply, till och med eve *han är ~ av* vår bästa spelare he is actually (in fact) . .; *du kanske ~ av* kan det utantill perhaps you even . .; han blev *~ av oförskämd* . . downright impudent; det är *~ av en skandal* . . a downright (an absolute) scandal; |*ja*| *~ av* dum (förkrympt, i lyx) indeed . ., |and| even . .; *~ ut* plainly, outright, jfr *~ av; jag säger dig ~ ut* öppet I tell you frankly (F flat, straight); *jag sade honom ~ ut* vad jag tyckte I told him plainly (outright) . .; *säg ~ ut vad du vill* speak your mind, don't beat about the bush (mince matters); *~ ut sagt* to put it bluntly, to use plain language, not to mince matters; *tala ~ ut* speak frankly (one's mind), not mince matters, not beat about the bush **rentav** *adv* se *rent* |*av*|

rentier o. **rentjé** -|*e*|*n -er* rentier fr., person of independent means

rentryck fair impression; *föreligga i ~* be in print

rentut *adv* se *rent* |*ut*|

rentvå *tr* bildl. clear (*från* of), exonerate (*från* from), exculpate (*från* from)

renvin se *rhenvin*

renässans *-en 0* **1** allm. renaissance, renascence, revival; *uppleva (få) en ~* bildl. experience (have) a renaissance osv., return to favour **2** *~en* hist. the Renaissance, the Renascence **-stil** Renaissance style

reorganisera *tr* reorganize

rep *-et* - rope, lina cord, tross hawser; *ha ~et om halsen* bildl. have a halter (rope, noose) round one's neck; *hoppa ~* skip; *man bör inte tala om ~ i hängd mans hus* ung. keep clear of painful topics

rep|a I *-an -or* scratch; skåra score **II** *tr* **1** rispa scratch; score; *~ eld på en tändsticka* strike a match **2** *~* |*av*| stryka (rycka) av: löv strip off . ., gräs, bär pluck handfuls of . .; *~ upp* unravel; *~ upp vad man stickat* undo one's knitting **3** *~ mod* take heart, pluck up courage **III** *rfl* ta upp sig improve; tillfriskna recover (*efter* from), get better (*efter* after); *~* hämta *sig efter en* ekonomisk *förlust* recover after a loss

reparation repair|s pl.|; lagning mending; *utföra en ~* carry out repairs **reparationsarbete** repairs pl. (äv. *~n*); utfört *~* repair work **reparationskostnad,** *~*|*er*| cost sg. of repairs, repair charges pl. **reparationsverkstad** repair |work|shop, för bilar ofta garage **reparatör** repairer, repairman **reparera** *tr* allm. repair, laga mend, amer. äv. fix; ställa till rätta äv. remedy; *~ sin hälsa* restore one's health; huset *behöver ~s* äv. . . needs doing up (putting into repair)

repatriera *tr* repatriate

repertoar *-en -er* repertoire äv. friare, repertory; spelplan programme; pjäsen *höll sig på ~en länge (i 6 månader)* . . had a long run (ran for 6 months)

repetera *tr* upprepa repeat; ta (göra) om äv. do . . |over| again; gå igenom: t.ex. läxa go through . . again, skol-, studie|ämne revise; teat. öva in rehearse; pjäsen *håller på att ~s* . . is under rehearsal **repetergevär** repeater, repeating rifle **repetition** repetition; revision; rehearsal; jfr *repetera* **repetitionskurs** refresher course **repetitionsövning** mil. |compulsory military| refresher course

rephoppning skipping

repig *a* scratched

replik *-en -er* **1** genmäle reply, answer, rejoinder; svar på tal retort; kvickt svar repartee; teat.: line, längre lines pl., speech, stick*~* cue; *snabb i ~en* quick-witted, quick at repartee **2** konst. replica **replikera** *tr itr* reply, answer; rejoin; retort **replikskifte** exchange |of words|

replipunkt stödjepunkt base

reportage *-t* - i tidning o.d. report, livfullare o.d. äv. story; direktsänt: i radio |running| commentary, i TV ung. live transmission; bearbetat, i radio o. TV documentary; *göra ~ över* för tidning report (write) about; för radio: direktsänt be the commentator at, bearbetat make a documentary on (about); *han är ute på ~* för tidning he is |out| reporting **reportagefilm** documentary **report|er** *-ern -er*|*s*| *(-rar)* reporter

representant representative, *för* of; parl. member, deputy, amer. congressman; vid konferens äv. delegate; firmas äv. agent; handelsresande commercial traveller, amer. äv. traveling sales-man **-huset** the House of Representatives **-skap** *~et 0* representation; samling representanter representative assembly (body)

representation 1 polit. o.d. representation, konkr. äv. representatives pl. **2** urval selection, |representative| presentation **3** värdskap |official| entertainment; *ha stor ~* entertain a great deal

representations|konto expense (entertainment) account **-kostnader** *pl* entertainment expenditure sg. (expenses) **-skyldighet,** *ha stora ~er* have to entertain a great deal

representativ *a* representative, typisk typical; representabel distinguished|-looking|; *han är ~* äv. he has a good presence (a distinguished appearance) **representera I** *tr* företräda, motsvara represent; *~ ngn* äv. be the representative (H äv. be the agent) of a p., act for (on behalf of) a p.; *~ värdfolket* do the honours |of the house| **II** *itr* utöva värdskap entertain

repressalier *pl* reprisals, acts of reprisal; *utöva ~ mot ngn för ngt* resort to reprisals against a p. for a th. **repressalieåtgärd**

retaliatory measure (action); [*så*]*som* ~ in (by way of) reprisal
reprimand *-en -er* reprimand, mindre formellt rebuke, reproof; *få en* ~ äv. be reprimanded; *ge ngn en* ~ äv. reprimand a p., read a p. a lecture
repris *-en -er* omgång turn, bout; av pjäs o. film revival; av radio- o. TV-program repeat, mus. äv. recapitulation; *programmet ges i* ~ nästa vecka there will be a repeat of the programme . .; *pjäsen ges i* ~ efter längre tid the play is being revived; *i* ~*er* in turns (bouts, etapper stages) **-tecken** mus. repeat [mark]
reproducera *tr* reproduce; efterbilda copy
reproduktion reproduction; konkr. äv. samt efterbildning copy **reproduktionsanstalt** process reproduction firm (establishment) **reproduktionsrätt** rights pl. of reproduction, ofta copyright
rep|slagare rope-maker **-stege** rope-ladder
reptil *-en -er* (zool. äv. *-ier*) reptile äv. bildl. **-artad** *a* reptilian, bildl. äv. reptile-like
republik *-en -er* republic **republikan** *s* o. **republikansk** *a* republican
reputation *-en 0* reputation osv., jfr *anseende 1, rykte 2*
1 res|a I *-an -or* **1** färd: allm., isht till lands o. bildl. journey; till sjöss voyage, över~ crossing, passage; isht nöjes- el. rekreations~ trip; utflykt excursion, outing, kortare jaunt; rund~ tour, till sjöss cruise; m. bil ride, trip; m. flyg flight; forsknings~ expedition; uttr. avstånd journey, om sjö~, bil~ o. tåg~ äv. run; *-or:* a) journeys osv.; ngns samtl. (ofta längre) -or el. kringflackande travels b) att resa, resande travel sg.; *enkel* ~ *kostar* 50 kr. the single fare is . .; *fri* ~ travelling expenses paid, free travel; *lycklig* ~*!* pleasant journey!, bon voyage! fr.; *vart går* ~*n?* where are you going (bound for)?, what is your destination?; *börja en* ~ start [out] (set out, embark) on a journey osv.; *ställa* ~*n till* . . go to . .; hurdant väder hade ni *på* ~*n?* . . on your trip?; *bege sig ut på en* ~ *till* Rom set out for . .; *vara* [*stadd*] *på* ~ be travelling ([out] on a journey); *vara* [*mycket*] *ute på -or* be out travelling [a good deal]; *under* ~*n* during (on) the journey, on the way; *under sina utrikes -or* träffade han on (in the course of) his travels abroad . ., while [he was] travelling abroad . . **2** jur.: gång, *första* ~*n stöld* first conviction for theft; theft, first offence
II *-te -t itr* färdas travel, journey; m. ortsbestämning vanl. go; av~ leave, depart, på längre resa set out, *till* i samtl. fall for; ~ *för* en firma travel for . .; ~ *i affärer* travel on business; ~ *första klass* travel first class; han har *-t hem* . . gone (left for) home; ~ *kortaste vägen* take the shortest route; ~ *samma väg fram och tillbaka* take the same route both ways; ~ *från* Rom leave . .; *han -te* begav sig *ti* Rom i fjol he went to . .; ~ *över* Atlante cross . .; för ex. se äv. *2 fara I 1*
III m. beton. part. (jfr äv. *2 fara II*) **1** ~ *bo* go away, *från* from; ~ *bort från* äv. leave *han är bortrest* he has gone away **2** ~ komma *efter* [*ngn*] follow a p.; ~ *efter* ngr söka hinna ifatt go after . ., för att hämta g and (to) fetch . . **3** ~ *förbi* go past (by pass by, passera pass **4** ~ *före* go on ahea *ngn* of a p. **5** *res hit!* come here! **6** ~ *igenom* pass through, ett land äv. cross, trav across (through) **7** ~ *in i* ett land enter . ~ *in till staden* go in (till storstad go el. run up to town **8** *ska du inte* ~ *med* [*mig*]*?* won you join me?; *res med oss!* come with us **9** ~ *omkring* travel [about]; ~ *omkring ett land* äv. travel up and down a country *jag -er omkring i* England äv. I am tourin [in] . . **10** ~ *tillbaka* travel (dit go, hit come back, return **11** ~ *över till* go over (across to, över vatten äv. cross over to
2 res|a *-te -t* **I** *tr* (ibl. *itr*) **1** ~ [*upp*] sätta up raise; ngn som fallit äv. lift . . up; uppföra äv. erect set up, build; ~ *käglor* set up ninepins; ~ *en mast* step up a mast; ~ *en stege* pu (set) up a ladder; ~ *ett tält* pitch a tent ~ [*ett*] *vapen* raise a weapon; ~ ngt *på kan* raise (place) . . on edge; ~ *på sig* get (stand up; *res* [*på*] *dig!* get (stand) up! **2** bildl., ~ *hinder* raise obstacles; ~ *skrankor mella* människor set up barriers between . . **3** jur., ~ *ett mål* reopen a case **II** *rfl* **1** räta upp sig dra oneself up; stiga upp rise [to one's feet], ge (stand) up, get on one's feet; om häst o.d. rear *res dig* [*upp*]*!* get (stand) up!; ~ *sig frå bordet* rise from (leave) the table; ~ *si* [*upp*] *i sängen* sit up in bed **2** höja sig rise stark. tower; ~ *sig* [*högt*] *över ngt* towe above (over) a th. **3** om håret stand on end *håret -te sig på hans huvud* his hair stood o end **4** *nya hinder -te sig* uppstod new obstacles arose (cropped up) **5** göra uppror rise revolt
resande I *s* **1** *-t 0* travel[ling] **2** *-n--* resen traveller; passagerare passenger; besökan visitor, tourist; jfr *handelsresande* **II** *a stå på* ~ *fot* be about to leave; *han är stän digt på* ~ *fot* he is always travelling [about (always on the move) **-bok** hotel registe visitors' book **-rum** room for visitors; ~ pl. äv. lodgings (accommodation sg.) fo visitors
res|damm, tvätta av sig ~*et* . . the dust o one's journey **-dräkt** travelling costum (suit)
rese|berättelse account of a (resp. one's journey (of one's travels) **-beskrivnin** bok travel book **-bidrag** contribution to wards travelling expenses, större travel[ling

allowance **-byrå** travel (tourist) agency, travel bureau **-check** traveller's cheque
esed|a *-an -or* mignonette **resedagrön** *a* mignonette-green
es|e|ersättning compensation (reimbursement) for travelling expenses **reseffektaffär** ung. shop for travel equipment **reseffekter** *pl* bagage luggage sg., isht amer. baggage sg.; H travel requisites (ss. skylt equipment sg.)
ese|förbud jur., *få* ~ be forbidden to leave one's place of residence **-försäkring** travel insurance; jfr *försäkring* m. ex. o. sms. **-grammofon** portable gramophone **-handbok** guide |book| **-kostnad,** ~|*er*| cost sg. of travelling, travelling expenses pl. **-kostnadsersättning** compensation (reimbursement) for travelling expenses **-kreditiv** traveller's (circular) letter of credit **-ledare** guide, tour leader; resebyrås äv. courier **-necessär** dressing-(toilet-)case, fitted case
esenär traveller; passagerare passenger **reseradio** portable radio (wireless) |set|
eserv *-en -er* reserve; *ha (hålla) i* ~ have (keep) in reserve (i förråd äv. in store); *har du några skor i* ~*?* äv. have you |got| a spare (an extra) pair of shoes?; *överföras till* ~*en* mil. be put (placed) on the reserve list **reservant** dissentient; ~*erna* parl. äv. the minority **reservare** F = *reservofficer* **reservat** *-et* - reserve, national |reserve| park, isht fågel~ sanctuary, isht djur~ game (wild life) preserve; för infödingar reservation
eservation 1 gensaga protest **2** reservation, fr vid. *förbehåll; med en viss* ~ with a certain reservation **reservationslös** *a* se *förbehållslös* **reservdel** spare part; ~*ar* äv. spares **reservdäck** för bil o.d. spare tyre
eservera I *tr* reserve; hålla i reserv keep . . in reserve; lägga undan äv. keep, spare, put . . aside; penningmedel äv. earmark; plats: a) förhandsbeställa book b) belägga take; ~ förhandsbeställa *plats (rum)* äv. make reservations **II** *rfl* make a reservation, *mot* against, to; ~ *sig till protokollet* register a reservation (one's dissent) in the minutes **reserverad** *a* reserved; tillbakadragen äv. reticent, distant, F stand-offish; försiktig prudent; om uttryckssätt äv. guarded; *inta en* ~ *hållning mot ngn* adopt an attitude of reserve towards a p.; *vara* ~ om pers. äv. keep aloof (oneself to oneself), inte släppa någon inpå livet keep one's distance
eserv|fond reserve fund **-förråd** reserve supply (store, stock), reserve|s pl.| **-hjul** spare wheel **-lag** sport. reserve team; reserves pl. **-lager** reserve, reserve store, replacement stock, större stock pile **-nyckel** spare (extra) key

reservoar *-|e|n -er* reservoir; cistern cistern **-penna** fountain-pen **-|penne|bläck** fountain-pen ink
reserv|officer officer of (in) the reserve **-proviant** mil. emergency (iron) ration **-stat** mil. reserve **-tank** emergency (spare, extra) tank **-trupper** *pl* reserves, reserve forces **-utgång** emergency exit (door)
rese|räkning travelling expenses account, specification of travelling expenses **-skildring** bok travel book, book of travels; föredrag m. ljusbilder travelogue **-skrivmaskin** portable typewriter **-stipendium** travelling scholarship **-valuta** tilldelat belopp tourist |travel| allowance
resfeber, *ha* ~ be nervous (jittery) before a (resp. the) journey osv., se *1 resa I 1; gripas av* ~ reslust |suddenly| long (feel a longing) to travel
resgods luggage, isht amer. baggage **-biljett** luggage |registration| ticket **-expedition** luggage |delivery and booking| office **-försäkring** |traveller's| luggage (baggage) insurance; jfr *försäkring* m. ex. o. sms. **-förvaring** o. **-inlämning** konkr. left-luggage office, cloak-room, amer. checkroom **-utlämning** konkr. luggage office **-vagn** luggage van, amer. baggage car
residens *-et* - |official| residence; säte |official| seat; isht landshövdings county governor's house **residensstad** m. länsstyrelse seat of a (resp. the) county government, i Engl. ung. county town; säte för regering (regent) seat of the government (ruler); huvudstad capital **residera** *itr* reside
resignation *-en 0* resignation **resignera** *itr* foga sig resign oneself, *inför* to; ge upp give |it| up **resignerad** *a* resigned; *med en* ~ *suck* with a sigh of resignation
resistent *a* resistant
res|kamrat travelling companion, fellow-traveller; *vara* ~*er* äv. travel together **-kassa** travelling funds pl.; *min* ~ äv. the money for my journey **-klädd** *a* . . in travelling dress, . . dressed for a (resp. the) journey (for travelling) **-kläder** *pl* travelling dress sg.
reskontr|a *-an -or* H |personal| ledger
res|kost provisions pl. for a (resp. the el. one's) journey (trip) **-lektyr** reading (something to read) on the journey
reslig *a* tall; lång o. ståtlig stately; om träd äv. lofty
res|lust wanderlust ty., roving spirit, longing to (for) travel **-lysten** *a* . . keen on (fond of) travelling
resning 1 uppresande raising; uppförande äv. erection, building **2** höjd elevation; om pers. o. bildl. stature; *han har* ~ bildl. he is an imposing personality; *en man med andlig* ~

a man of high moral stature **3** uppror rising, revolt, insurrection **4** jur. new trial **resningsansökan** jur. petition for a new trial
resolut *a* beslutsam resolute, rask prompt, bestämd determined, decided **resolution** allm. resolution, *om ngt* on a th.; beslut äv. decision
reson *r 0* reason; *det finns en viss ~ i* vad du säger äv. there is some sense in . .; *ta ~* listen to reason, be reasonable; *få ngn att ta ~*, *tala ~ med ngn* make a p. see reason, bring a p. to reason (to his resp. her senses) **resonabel** *a* reasonable, sensible
resonans *-en 0* resonance; bildl. response, förståelse understanding, comprehension **-botten** sound|ing|-board
resonemang *-et -|er|* diskussion discussion, samtal talk, conversation; tankegång reasoning, argument|ation|; *inget ~!* no discussion |, please|!, no objections! **resonemangsparti** marriage of convenience **resonera** *itr* diskutera discuss, samtala talk; tänka, argumentera reason, argue, *om* about; *låt oss ~ om det* i morgon let us talk it over (discuss it) . .; *~ bort ngt* explain (argue) a th. away **resonlig** *a* reasonable, sensible
respass avsked dismissal; *få (ge ngn) ~* be dismissed (dismiss a p.), F get (give a p.) the sack (kick, push); köras (köra) ut be sent (send a p.) packing
respekt *-en 0* respect; aktning esteem, regard; fruktan awe; *ha (hysa) ~ för ngn* have respect for a p., hold a p. in |great| respect; *ha ~ med sig* inspire (command) respect, om t.ex. lärare äv. be a good disciplinarian; *sätta sig i ~ hos ngn* make a p. respect one; *med all ~ för . .* with all |due| deference to . .
respektabel *a* respectable; anständig decent; ansenlig äv. considerable **respektera** *tr* allm. respect, uppskatta äv. esteem **respektfull** *a* respectful **respektingivande** *a* attr. . . that commands respect; imponerande imposing, impressive; jfr följ. **respektinjagande** *a* awe-inspiring **respektive I** *a* respective **II** *adv* respectively; det kostar *~ 3 och 4 kronor (3 ~ 4 kronor)* . . 3 and 4 kronor respectively; agenten *köper ~ säljer* . . buys or sells |, as the case may be|; de fick en bil, en moped *~ en cykel* . . and a bicycle respectively **respektlös** *a* disrespectful; vanvördig irreverent **respektlöshet** disrespect; vanvördnad irreverence
respengar *pl* se *reskassa*
respiration *-en 0* respiration, breathing **respirator** respirator, 'breathing machine'
respit *-en -er* respite; *begära 5 dagars ~* äv. ask (apply) for five days of grace
resplan 1 *~|er|* plans pl. for a (resp. the el. one's) trip **2** resrutt itinerary

respondent respondent
res|rutt route **-sällskap 1** abstr. compa[ny] on a (resp. the el. one's) journey; *få (gör[a]) ~ till* Rom travel (be travelling) together . .; *ha ~ med ngn* have a p. as |one's| tra[v]elling companion **2** konkr.: a) se *reskamr[at]* b) grupp travelling (m. reseledare conducte[d]) party, party of tourists
rest *-en -er* återstod remainder, rest; översk[ott] surplus; lämning relic; kvarleva remnant, su[r]vival; kem. o. jur. residue; frukost på uppvärm[da] *~er* . . . leftovers; *~en* det överblivna the re[st], mat. the remainder, av betalning the balan[ce]; |allt| det andra äv. everything else, de andra the others; *förlora sista ~en av sin t[ro]* lose whatever still remains of one's fai[th]; *för ~en* för övrigt (jfr |*för*| *övrig*|*t*|) besid[es], furthermore, för den delen, vad det anbelangar f[or] that matter, for the matter of that; han [. . .] *för ~en* (när allt kommer omkring) fått en krona after all; det hände i går, kl. 12 *för ~en* . . to [be] exact; du kan *för ~en* få läsa brevet själv . . [if] you like **restantier** *pl* arrears, outstandi[ng] debts
restaurang restaurant; *gå |ut| (äta) på* go to (eat at) a restaurant; *ofta gå |ut| på* äv. frequent |many| restaurants **restaurangbesök** visit to a restaurant **restauranginnehavare** proprietor of a (re[sp.] the) restaurant, restaurant-keeper, restau[ra]teur fr. **restaurangrörelse** verksam[het] catering enterprise (business) **restaurangvagn** dining-car, diner, amer. restaurant c[ar] **restauratris** *-en -er* restaurangägare propr[ie]tress of a (resp. the) restaurant **restaurat[ör]** se *restauranginnehavare*
restaurera *tr* restore **restaurering** restor[a]tion
restera *itr* remain; *~ för* hyran *(med* bet[al]ningen) be behindhand (in arrears) with [. . .] **resterande** *a* remaining; *det ~* the r[e]mainder, om belopp äv. the balance; *~ skatt[er]* arrears of taxes, tax arrears; *~ skuld[er]* debts still due |to be paid|, outstandi[ng] debts
restid åtgående tid travelling time
restituera *tr* **1** återbetala repay, reimbur[se], refund **2** återställa restore **restitution** åter[be]talning repayment, reimbursement, refund
rest|lager surplus (remaining) stock **-län[gd]** list of taxpayers in arrears, tax-arrea[rs] schedule; *komma på ~* get in arrears wi[th] one's taxes **-par** odd pair **-parti** remna[nt], odd lot
restriktion restriction **restriktiv** *a* restri[c]tive
restrött *a* travel-weary, . . tired after t[he] (resp. one's) journey
rest|skatt unpaid tax arrears pl.; jfr *kva[rskatt]* **-upplaga** av bok remainder edition

sultant fys. resultant **resultat** *-et -* allm. esult; mat. answer; verkan effect; [slut]följd onsequence; utgång outcome, issue; slut~ pshot; utbyte return, profit; behållning roceeds pl.; sport. äv. score; *gott ~* äv. success; *vad blir (är) ~et?* äv. what does it all ome to?; *komma till* uppnå ~ t.ex. vid förhandngar reach agreement; *leda till ~* produce yield) results; *ej leda till ~* not lead to ny result[s], fail, be in vain; *bli utan ~* v. be to no purpose (effect), förgäves be in ain, be of no avail **resultatlös** *a* fruktlös ruitless, utan effekt ineffective, fåfäng vain, utile; *vara ~* äv. be without result **resultea** *itr* result, *i* in

sumé *-n -er* summary; résumé; av pjäs o.d. anl. synopsis; jfr *sammandrag* **resumera** *tr* ummarize, sum up, give a summary of

surs *-en -er* resource; hjälpmedel, utväg expeient; *~er* tillgångar äv. assets, penningmedel neans

s|van *a* . . accustomed (used) to travelling **vana** experience of travelling; *ha [stor]* ~ äv. be an experienced (a seasoned) travller **-väder,** *ha bra (dåligt) ~* have fine bad) weather for travelling (one's el. the ourney) **-väg** itinerary, route **-väska** uitcase; inredd ~ fitted case

sår *-en -er* **1** spiralfjäder coil (spiral) spring **2** gummiband se följ. **-band** elastic; *ett ~* a iece of elastic **-botten** sprung bed (base), pring-wire base **-gördel** roll-on [girdle], ull-on girdle **-madrass** spring interior fully-sprung) mattress

ta *tr* **1** framkalla retning irritate; kittla tickle; timulera stimulate, fysiol. äv. excite; egga, öka: ex. nyfikenheten excite, aptiten whet, ngns begär ouse, inflame; *~ till* (framkalla) t.ex. hosta ause, provoke **2** förarga, *~ [upp]* irritate, nnoy, vex; stark. provoke, exasperate; jfr *etas; ~* plåga *inte djuren!* don't tease dumb nimals!; *~ livet ur ngn* tease (stark. plague) he life out of a p.; *~ ngn till vrede* exaserate a p., goad a p. into [a] rage (fury); *det ~r mig, jag ~r mig på det* äv. F it gets my ack up (my goat); *~ inte upp dig [på . .]!* on't work yourself (get yourself worked) p [about . .]! **retande** *a* irritating osv., jfr *eta 1* **retas** *itr. dep* tease; *~ inte!* stop easing!; *~ [med varandra]* tease each ther; *han ska då alltid ~* he is always easing; *~ med ngn* tease a p., skoja med anter a p., pull a p.'s leg; *~ med ngn för gt* tease (skoja chaff) a p. about a th. **retbar** *a* fysiol. excitable, irritable **retbarhet** fysiol. xcitability, irritability **retfull** *a* se *retsam*

ethosta hacking cough

etirera *itr* retreat; dra sig tillbaka retire, withdraw; ge vika yield

etlig *a* lättretad irritable; lättstött touchy, over-sensitive; snar till vrede irascible; vresig peevish; iskt om humör petulant **retlighet** irritability; touchiness; irascibility; petulance

retmedel irritant; stimulerande stimulant

retning fysiol. irritation, excitation; psykol. o. friare stimulus **retningströskel** stimulation (stimulus) threshold

retorik *-en 0* rhetoric, oratory **retorisk** *a* rhetorical

retort *-en -er* retort **-kol** retort (gas) carbon

retro|aktiv *a* retrospective, retroactive **-spektiv** *a* retrospective

reträtt *-en -er* mil. o. bildl. retreat; tillflykt refuge; *slå till ~, ta till ~en* beat a (the) retreat, retreat, bildl. äv. back out [of it], climb down; *ha ~en fri (klar)* bildl. keep a line of retreat open **-plats** bildl. retirement post

ret|sam *a* irritating, tantalizing; förtretlig annoying; *ett ~t sätt* äv. a provocative manner; *han är så ~ [av sig]* retas gärna he likes teasing; *det var ~t!* what a nuisance!; *det är bra ~t att* + sats how very annoying (what a nuisance) that . . **-sticka** tease[r]

retur 1 se *2 tur 2* **2** *~ avsändaren* return to sender; *skicka i ~* return; *vara på ~* i avtagande be decreasing, be diminishing, på tillbakagång äv. be losing ground, be declining (on the decline) **3** *~er* återförsändelser H returns, returned goods, böcker return copies **-biljett** return (amer. round-trip) ticket **-försändelse** return **-match** return match

returnera *tr* skicka tillbaka return, send back; *~s till avsändaren* return to sender **returporto** return (reply) postage

retusch *-en -er* retouch; -ering retouching, touching up **-era** *tr* retouch, touch up

reumatiker *s* o. **reumatisk** *a* rheumatic **reumatism** rheumatism

1 rev *-en -ar* fiske. fishing-line

2 rev *-et -* sand~ [sand]bank, [sand-]reef; klipp~ reef, utskjutande spit

3 rev *-et -* sjö., på segel reef

1 rev|a *-an -or* ranka tendril; utlöpare runner

2 rev|a *-an -or* rämna tear, rent, rip

3 reva *tr* sjö. reef

revansch *-en 0* revenge, hämnd äv. vengeance; *få ~* sport. have (get) one's revenge; *ge ngn ~* sport. äv. play a p. a return match (game), let a p. have his (resp. her) revenge; *ta ~ på ngn för ngt* take [one's] revenge (revenge oneself, F get one's own back) on a p. for a th. **revanschera** *rfl* **1** eg. se *[ta] revansch* **2** göra en gentjänst do something in return; *jag vill gärna ~ mig* gentemot dig I hope I may reciprocate (invite you in return)

revben rib **revbensspjäll** slakt. sparerib; kok. ribs pl. of pork

rev|el *-eln -lar* sandrev [sand]bank, [sand-]-reef

revelj *-en -er* mil. reveille; *blåsa (slå) ~*

sound (beat) the reveille
reverens *-en -er* reverence, djup bugning (nigning) äv. obeisance; *göra en djup ~ för* ngn: a) bugning bow low to . . b) nigning make (drop) . . a curts[e]y, curts[e]y to . .; *göra sin ~ för* ngn (betyga ngn sin vördnad) pay reverence to . .
revers *-en -er* **1** H se *skuldsedel* **2** frånsida reverse [side] **reversibel** *a* reversible
reveter|a *tr* mur. vanl. plaster, rough-cast; isht fortif. revet **-ing** -ande plastering, rough-casting; konkr. plaster (rough-cast) [coating]; revetment
revidera *tr* revise; räkenskaper audit, förvaltning examine, scrutinize; ändra, t.ex. uppfattning äv. alter, modify, priser readjust
revig *a* attr.: m. revor . . with tendrils, m. utlöpare . . with runners; krypande creeping; klängande climbing
revir *-et* - skogsv. forestry [officer's] district; jaktområde preserve[s pl.]
revision revision; audit; examination, scrutiny; alteration, modification, readjustment; jur. revision, review; jfr *revidera* **revisionsberättelse** auditor's report **revisor** auditor, yrkes~ äv. accountant
revolt *-en -er* revolt, rising **revoltera** *itr* revolt, rise **revolterande** *a* rebellious, revolting; mil. äv. rebel end. attr.
revolution revolution äv. bildl. **revolutionera** *tr* revolutionize; *~nde* epokgörande revolutionary **revolutionär** *s* o. *a* revolutionary
revolver *-n revolvrar* revolver, gun **-skott** revolver shot, gunshot **-svarv** turret lathe
revorm *-en -ar* läk. ringworm
revy *-n -er* review; teat. revue, show; *hålla ~ med* trupperna review . ., inspect . .; *passera ~* mil. march past; *låta* gamla minnen *passera ~* review . . **-stjärna** revue (music-hall) star **-teater** revue theatre, music-hall
revär stripe
Rhen the Rhine **Rhenlandet** the Rhineland **rhenvin** Rhine wine, hock
Rhodos Rhodes
ri|a I *-an -or* kiln **II** *tr* kiln-dry
ribb *-en 0* koll. laths pl. osv., jfr följ. **ribb|a** *-an -or* lath, strip [of wood], kant~ edging; sport.: i fotboll cross-bar, vid höjdhopp bar **ribbstickad** *a* rib-knitted **ribbstol** wall bars pl.
ricinolja castor oil
rida *red ridit* **I** *itr tr* **1** eg. ride äv. på ngns axlar (knä), ride on horseback; *~ allt vad tygen håller* ride post-haste; *~ barbacka (grensle)* ride bareback[ed] (astride); *~ bra* äv. be a good rider; *~* en häst *fördärvad* founder (override) . .; *~ i galopp* gallop, i kort galopp canter; *~ [på] en häst* ride (be mounted on) a horse; *~ på* räv*jakt* ride to hounds **2** bildl., *~ sin käpphäst* ride one's hobby-horse; *~ på ord* quibble, cavil at words; *~ [...] principer* stick blindly to principles; jfr *spärr* **3** sjö., *~ för ankar* ride at anch[...] **II** m. beton. part. **1** *~ bort* ride away (of[...] leave **2** *~ efter* a) följa follow (förfölja pursu[...] . . on horseback b) hämta ride and fetch [...] *~ fram* ride along (framåt forward); *~ fra[...] till* . . ride up to . . **4** *~ förbi* a) tr. ride pa[...] i tävling o.d. äv. outride, outstrip b) itr. ride pa[...] **5** *~ in på* arenan ride into . .; *~ in* en h[...] dressera break [in] **6** *~ om* se *~ förbi* **7** [...] *omkull* a) itr. [have a] fall [when ridin[...] b) tr. knock . . down [when riding] **8** *~ [...]* a) fortsätta att rida ride on b) kollidera med ri[...] into, collide with . . [when riding] **9** *~* [...] a) itr. go out riding, take a ride; *~ ut till* r[...] ride out to . . b) tr., *~ ut stormen* ride o[...] (bildl. äv. weather) the storm **10** *~ öv[...] ett hinder* jump (clear) a fence; *~ över* r[...] ride over . . **ridande** *a* riding, mounte[...] *~ polis* mounted police; *komma ~* co[...] riding along, come on horseback **ridba[...]** riding-ground, riding-track **ridbyxor** [...] riding-breeches, långa jodhpurs
riddarborg knight's castle **riddardikt** ep[...] of chivalry, romance **riddare** allm. knigh[...] av vissa ordnar chevalier; *~ av Strumpebanc[...] orden* Knight of the Garter; *~n av den sor[...] liga skepnaden* the knight of the sorrow[...] (rueful) countenance; *vandrande ~* knigh[...] -errant (pl. knights-errant); *dubba (slå) ngn t[...] ~* dub a p. a knight, knight a p.
riddar|hus, *Riddarhuset* the House of t[...] Nobility **-orden** order of knighthood (chi[...] alry) **-roman** romance of chivalry **-sa[...]** tale of chivalry **-slag** accolade; *få ~et* [...] be knighted **-spel** tournament **-spor[...]** bot. delphinium **-stånd** knighthood, chival[...] **-tiden** the age of chivalry **-väsen** chival[...]
ridderlig *a* mera eg. chivalrous, knight[...] poet. chivalric; bildl. gallant, courteous **ri[...]derlighet** chivalry, chivalrousness; ga[...]lantry **ridderskap** *-et 0* knighthood; koll. knights pl., knightage; *~et och adeln* i Sver[...] the Nobility **riddersman** bildl. man [...] honour, gentleman
rid|dräkt riding-dress; dams riding-hab[...] **-hus** riding-school, manege, manège **-hä[...]** saddle-(riding-)horse, mount, kraftig co[...] liten nag, enklare hack **-konst** horsemanshi[...] equestrianism **-lektion** riding-lesson **-lär[...]re** riding-master **-ning** riding **-piska** [...] *-spö* **-skola** riding-school **-sport** ridi[...] **-spö** riding-whip, horsewhip, kort cr[...] **-stövel** riding-boot **-sår** saddle sore; *få* [...] get saddle-sore **-tur** ride **-väg** brid[...]-path, horse-path
ridå *-n -er* curtain äv. bildl.; applåder *för öpp[...] ~* . . with the curtain up **-fall** curtain-fall
rigel se *1 regel*

gg *-en -ar* **1** sjö. rig[ging], tackling **2** F
ädsel rig[-out] **rigga** *tr* **1** sjö. rig; ~ *av*
nrig, untackle **2** friare: ~ [*till*] göra i ordning
ig up; ~ *upp sig* F rig oneself out
gla se *regla*
gorös *a* rigorous, strict, severe
k *a* allm. rich; mycket förmögen äv. wealthy,
pulent, affluent; kostbar äv. costly; yppig
xuberant, luxuriant; om jordmån, fantasi fertile;
r vid. *riklig; ett ~t liv* bildl. a full life; *den ~e*
nannen bibl. Dives; *i ~t mått* amply,
bundantly; *~a möjligheter (tillfällen) till*
ad plenty of (ample) opportunity sg. to
athe (for bathing); ~ *skörd* äv. bumper
arvest (crop); *~t urval av . .* wide range
choice) of . .; ~ *på* rich (abounding, fer-
ile) in, full of; *bli* ~ get rich, become a rich
nan (resp. woman), make money; *bli ~ på*
n uppfinning get rich on (out of, as a result of)
.; *vi har blivit en erfarenhet ~are* we are
hat much wiser, we have added to our
xperience; *göra ngn* ~ äv. enrich a p.; *de*
~a the rich (wealthy)
ikard Richard
ke *-t -n* stat state, country, realm; kungadöme
. relig. kingdom; kejsardöme empire; bildl. (områ-
e) realm, domain, sphere; *~ts* (åld. *riksens*)
tänder the estates of the realm; *Mittens* ~
ina the Middle Kingdom; *det romerska ~t*
he Roman Empire; *skuggornas* ~ the
ealm of [the] shades, the Shades; *Sveriges*
~ the Kingdom of Sweden
kedom *-en* **1** pl. *-ar* förmögenhet wealth end.
g., fortune, riches pl., affluence end. sg.; *landets*
~ar the wealth of the country **2** pl. *0* abstr.
ichness, *på* in; wealth, *på* of; riklighet co-
iousness, ymnighet abundance, stark. profu-
ion, *på* i samtl. fall of; yppighet exuberance,
uxuriance; om t.ex. fantasi fertility, *på* of
ikemansbarn rich man's child; *bortskäm-*
da ~ spoilt children of rich parents **rik-**
haltig *a* se *riklig;* om program o.d. full and
aried **riklig** *a* allm. abundant, ample, ymnig
v. plentiful, copious, bountiful; rik rich, över-
ödande profuse; frikostigt tilltagen liberal, gener-
us, handsome; *~t med* mat plenty of . ., . .
n abundance; *ge ~t med dricks* give a
andsome tip; *i ~ mängd* äv. in abundance
profusion) **rikligen** *adv* se *rikligt* **riklig-**
het se *rikedom 2* **rikligt** *adv* abundantly
sv., jfr *riklig; bli ~ undfägnad* be bounteous-
y entertained; se äv. *tilltagen* ex.
koschett *-en -er* ricochet, projektil äv. re-
ounding shot **rikoschettera** *itr* ricochet,
ebound
ks|antikvarie [Chief] Custodian of Nation-
l Monuments **-arkiv** public record office
arkivarie Keeper of the Public Records
avtal national agreement **-bank,** *Sveriges*
R~ the [National (Central)] Bank of
Sweden **-bekant** *a* nationally famous,
. . famous (svag. known, ökänd notorious)
throughout the country **-bibliotek** national
library **-bibliotekarie** Director [and Prin-
cipal Librarian] of the Royal [Swedish]
Library
riksdag institution riksdag, hist. äv. diet; session
session of the Riksdag; friare, t.ex. idrotts~
[national] convention, [annual] congress;
[*den svenska*] *~en* the Riksdag, the Swedish
Parliament; *sitta i ~en* be a member of the
Riksdag
riksdags|beslut Riksdag (parliamentary)
resolution **-debatt** debate in the Riksdag,
parliamentary debate **-grupp** parliamentary
party **-hus,** *~et* the Riksdag (Parliament)
building **-ledamot** member of the [Swed-
ish] Riksdag, member of parliament **-man**
se föreg. **-mandat** seat [in the Riksdag]
-mannaval general election **-ordning**
Riksdag (parliament) act **-protokoll** Riks-
dag (parliamentary) records pl. **-referent**
o. **-reporter** Riksdag (parliamentary) re-
porter **-stenograf** Riksdag (parliamentary)
shorthand writer **-tryck** Riksdag (parlia-
mentary) publications (reports) pl. **-upplös-**
ning dissolution of the Riksdag (of Parlia-
ment) **-utskott** Riksdag (parliamentary)
committee **-val** general election
riks|daler hist. 'riksdaler' **-förbund** national
federation, national association, national
union **-föreståndare** regent **-försäk-**
ringsverket the National [Swedish] Social
Insurance Board **-gräns** frontier, border
-gäldskontoret the National [Swedish]
Debt Office **-huvudväg** se *-väg* **-kansler**
chancellor; i Tyskland, hist. Chancellor [of the
Reich] **-likare** national standard **-mar-**
skalk Marshal of the Realm **-museum**
national museum **-olycka** äv. skämts. national
disaster, calamity **-omfattande** *a* nation-
-wide **-regalier** *pl* regalia **-råd 1** koll. coun-
cil of the realm (state) **2** pers. councillor
-samtal trunk call, amer. long-distance (toll)
call **-språk** standard language; *det engelska*
(svenska) ~et Standard English (Swedish)
-stat national budget **-teater,** *Riksteatern*
ung. the National [Swedish] Touring Theatre
-vapen national coat of arms **-viktig** *a*
. . of national importance, friare . . of vital
importance, momentous **-väg** trunk road,
arterial (main) road **-åklagare** Chief Public
Prosecutor; i Engl. motsv. Director of Public
Prosecutions **-äpple** orb
1 rikta *tr* berika enrich
2 rikta I *tr* vända åt visst håll: allm. direct, *mot*
to[wards], i fientligt syfte against; t.ex. blicken äv.
turn, *mot* towards; vapen o.d. aim, level, point,
mot i samtl. fall at; framställa, yttra äv. address,
till to; tekn.: räta straighten [. . out], justera

adjust; ~ *en anmärkning (kritik) mot* . . level criticism against . .; ~ *ett brev till* . . address a letter to . .; ~ *en fråga till ngn* äv. put a question to a p.; ~ *kosan (sina steg) mot (till, åt)* . . wend (make) one's way to . .; ~ *ett slag mot* . . aim (direct, deal) a blow at . .; ~ *sin (ngns) uppmärksamhet på* ngt äv. turn one's (draw el. call a p.'s) attention to . .; ~ *in* eg.: t.ex. kikare o.d. train (*mot* upon), eldvapen äv. sight (*mot* at), bring . . to bear äv. bildl. (*mot* on), justera put . . in position, i linje m. ngt align; bildl. direct (*på* towards), concentrate (*på* on); ~ *in sig på* se |*vara*| *inriktad* |*på*| **II** *rfl* om pers. (vända sig) address oneself, *till* to; om bok o.d. be intended, *till* for; om kritik be directed (*mot* against), focus (*mot* on)

riktantenn vid mottagning directional (vid sändning beam) aerial

riktig *a* (jfr äv. *3 rätt I*) rätt right, proper, felfri correct, exakt accurate, exact; passande right, fitting, proper, berättigad just|ified|, välgrundad sound; sann true, verklig, äkta äv. real, genuine, regular; förstärkande: äkta real, regular, ordentlig proper, sannskyldig veritable, fullständig downright, positive; ss. efterled i sms. (t.ex. *fot~*) se resp. uppslagsord; han har *inget ~t arbete* . . no real (regular) work; *jag hade ett ~t arbete med* att få upp tavlan I had quite a job ing-form; *där gjorde du en ~ blunder* you made a real blunder there; han är *en ~ gentleman* . . quite a gentleman; *ett ~t plågoris* a positive (proper) nuisance; *en ~ skandal* a downright (positive) scandal; *han är inte ~* vid sina sinnens fulla bruk he is not right in the head; *det är ~t!* that's right!; *är det ~t* sant *att . .?* is it true that . .?; *det är inte ~t mot honom* it is not fair on him; *i ~* vederbörlig *ordning* in due order; de slogs *på ~t* på allvar . . in earnest; *det är på ~t* it's real; *det enda ~a vore att* . . the only proper (sensible, correct) thing would be to . . **-het** rightness, propriety, correctness, accuracy, exactness, justice, soundness, truth, reality; jfr *riktig; intyga ~en av* confirm |the truth of|, verify; *avskriftens ~ intygas* I (resp. we) hereby certify this to be a true copy; *det äger sin ~* it is quite correct (true), it is a fact

riktigt *adv* (jfr äv. *3 rätt II 1)* korrekt rightly, correctly, efter vb ofta äv. right; vederbörligen duly, properly; förstärkande: verkligen really (F real), truly, downright, alldeles, ganska quite, absolutely, F perfectly, ordentligt properly, thoroughly, mycket very; något försvagande fairly osv., jfr *3 rätt II 2; alldeles (mycket) ~!* quite right!, quite so!; som du *mycket ~ anmärker* . . very properly (quite rightly) remark; *han kom också mycket ~* and he came, sure enough; ~ *bra* very (quite, svag. pretty) well; *ha det ~ bra* bekvämt be quite comfortable (ekonomiskt well off); *ja[g] mår inte ~ bra* I am not feeling quite we[ll] (all right); han är *inte ~ klok* . . not qui[te] right in the head, . . not all there; *vi blev ~ lurade i fällan* we were fairly caught in th[e] trap; han var *inte ~ nöjd* . . not quite (alt[o]gether) pleased; saken är *inte ~ skött* . . n[ot] properly handled; det är ~ *synd* . . a re[al] (really a) pity; det gick ~ *på tok* . . quit[e] (completely) wrong; innan jag var ~ *vake[n]* . . properly awake; jag är *inte ~ övertyga[d]* . . not fully convinced; *göra* en sak ~ d[o] . . right; *handla ~* act rightly; *knyta* . . ~ tie . . right; *jag ~ rös* vid tanken I fairly shu[d]dered . .; *låt mig få se på dig ~!* let me hav[e] a good (proper) look at you!; hon kan i[n]*sjunga ~* rent . . keep in tune; *uppföra s[ig]* ~ behave properly; *jag vet inte ~* I do[n't] exactly know

rikt|linje bildl., *dra upp ~rna för ngt* la[y] down the general el. broad outlines (th[e] guiding principles) for a th. **-medel** *pl* m[il.] sights **-märke** bildl. objective, aim, *för* [of] **-ning 1** eg.: håll (allm.) direction; kurs a[lt.] course; *i nordlig ~* in a northerly directio[n,] northwards; *i ~ mot* . . in the direction o[f] . .; *ändra ~* change |one's| direction (one['s] course) **2** bildl.: kurs, utvecklingslinje directio[n,] course, way, linje line|s pl.|; vändning tur[n] inom konst, vetenskap, politik o.d.: rörelse mov[e]ment, line, skola school, tendens tendenc[y,] trend; *utvecklas i demokratisk ~* graduall[y] become more democratic **3** av vapen sightin[g,] aiming **4** tekn.: uträtning straightening **-nummer** telef. ung. dialling (amer. area) co[de] **-pris** ung. |recommended| standard (basi[c]) price **-punkt** mil. aiming point, point o[f] aim; bildl. objective, aim, *för* of

rim *-met* - rhyme; *sätta . . på (i) ~* put . . into rhyme; *utan ~ och reson* witho[ut] rhyme or reason

rimfrost hoar-frost, rime, white frost

rim|krönika rhyming (rhymed) chronic[le] **-lexikon** rhyming-dictionary

rimlig *a* skälig reasonable, rättvis äv. fair, jus[t,] måttlig äv. moderate; sannolik probable, likel[y,] plausibel plausible; *inom ~a gränser* äv. [within] reason; *till ~t pris* at a reasonable pric[e;] *det finns inget ~t skäl att* inf. there is n[o] earthly reason why + sats; *det är inte mer ä[n] ~t* it is only reasonable (fair) **rimligen** *a[dv]* se *rimligtvis* **rimlighet** reason|ableness, fairness, justness; probability, likelihoo[d,] plausibility; jfr *rimlig; vad i all ~s namn* . . what on earth . .?; *inom ~ens gränser* with[in] the limits of reason **rimligtvis** *adv* rimlig[en] reasonably, in reason; sannolikt quite likel[y,] in all likelihood

1 rimma *tr itr* bilda rim rhyme, *på* with, t[ill] gå ihop, stämma agree, tally, fit in, *med* with

rimma se *rimsalta*
msalta *tr* salt . . [lightly]
m|smed o. **-smidare** rhymester, poetaster
ng *-en -ar* **1** eg.: allm. ring; på bil o.d. tyre, mer. tire; tekn., på axel o.d. collar; i kedja link; gt friare: krets äv. circle, round, på djurhals collar, ring solen o. månen halo, slinga coil; sport. ring; *on hade mörka ~ar under ögonen* äv. here were dark circles under her eyes; *kasa ~* play quoits; dansa *i ~ . .* in a ring; *tälla sig i ~* form a ring (circle) **2** skol. (årsurs) form of the 'gymnasium', jfr *gymnasium*
ringa *a* liten small, slight, obetydlig trifling, nsignificant, inconsiderable; klen: om t.ex. tröst, fterfrågan poor, om t.ex. förstånd[sgåvor], utsikter lender, scanty; anspråkslös humble, lowly, nodest, oansenlig mean, obscure; *inte (ej) ~ . .* vanl. no little . .; *ett ~ antal* a small number; *av ~ börd* of humble (lowly) birth; an har inte *den ~ste chans . .* the least slightest, remotest) chance, . . an earthly hance; *~ förseelse* slight (trivial) offence; *det är ~ hopp om . .* there is but (very) small (slender, slight) hope of . .; *av ~ intresse* of little interest; *inte den ~ste likhet* not the remotest resemblance; *min ~ person* my humble self; *~ tröst* poor consolation; *inte det ~ste tvivel* not the slightest doubt; *av ~ värde* of small value; *ingen ~re än . .* no less a person than . .; *inte det ~ste* adv. not in the least, not at all
ring|a *-de -t* **I** *tr itr* allm. ring (äv. *~ med*), klämta toll, om klockspel chime, pingla tinkle; telefonera äv. phone; *~ [till] ngn* se *II ~ upp ngn; ~ ett samtal* make a phone-call; *~ hem* ring (phone) home; *~ efter* en bil ring phone) for . .; *det -er [i telefonen]* the phone is ringing; *det -er [på dörren]* the door-bell is ringing, there is a ring at the door; *~ på (i) klockan* ring the bell; *~ på ngn* ring for a p. **II** m. beton. part. **1** *~ av* ring off, hang up **2** *~ in* ngt send . . by (over the) [tele]phone **3** *bli [fullständigt] nedringd* be showered with telephone calls **4** *~ på hos ngn* ring a p.'s door-bell **5** *~ samman [till gudstjänst]* ring for church **6** *~ upp ngn [på telefon]* ring a p. [up], phone [to] a p., give a p. a ring, call a p. up, isht amer. call a p.; *kan jag få [~ upp [dig] senare (igen)?* can I call you back? **7** *~ ut* ring out
ringa *tr* **1** förse m. ring, ringmärka allm. ring **2** *~ in* jakt. ring . . in (round, about), mil. surround, encircle **3** *~ [ur]* sömn. cut . . low [at the neck]; *[djupt] urringad* om plagg [very] low-necked, [very] low-cut, décolleté r.; klänning *som är urringad i ryggen . .* cut low at the back, low-back . .; *urringade skor* low-cut (court) shoes; *hon var [djupt] urringad* she was décolleté fr.
ng|akta *tr* pers. despise, disdain, hold . . in contempt; sak make light of, disregard **-aktande** *a* contemptuous, disdainful **-aktning** contempt, disdain, disregard, *för* i samtl. fall for (of); *visa ~ för* äv. slight
ringare [bell-]ringer
ring|berg på månen crater-mountain **-blomma** pot marigold **-brynja** ring-mail, chain-mail **-byte** på bil o.d. change of tyres **-dans** ring dance; *dansa ~* dance in a ring **-domare** sport. referee **-duva** ring-dove **-finger** ring-finger **-formig** *a* ring-shaped, annular **-förlovad** *a* formally engaged
ringhet litenhet smallness, littleness; om samhällsställning: yrkes humbleness, persons humble station; *min ~* (jag) my humble person (self)
ringkastning spel quoits; lek the graces; på nöjesfält o.d. rings
ringklocka allm. bell; dörrklocka door-bell; handklocka hand-bell
ringla *itr rfl* om t.ex. väg, kö wind; om hår, rök curl, om orm äv. coil; ormen *~de ihop sig . .* coiled itself up
ringlar *pl* av hår curls, av rök vanl. wreaths
ring|ledning electric bell installation (system) **-ledningsknapp** bell-push
ring|lek ring game; jfr *-dans* **-linje** spårväg circular line **-mask** ringed worm, annelid **-mur** ring-wall **-muskel** sphincter **-märka** *tr* ring
ringning klock~ o.d. ringing osv., jfr *2 ringa I; det hördes en ~ på dörren* there was a ring at the door
ring|räv, *en [gammal] ~* an old fox **-tryck** tyre pressure **-vrak** wreck of a boxer
rinn|a *rann runnit* **I** *itr* allm. run, flyta äv. flow, strömma äv. stream, pour, course; sippra trickle, läcka leak; näsan *-er . .* is running; tårarna *rann nedför kinderna på henne* äv. . . rolled down her cheeks; *ögonen -er på honom* his eyes are running (watering) **II** m. beton. part. **1** *~ av* flow off (away), om små vätskemängder drain [off (away)]; *låta* bären *~ av* drain . . **2** *~ bort* om vatten run (drain, flow) away; *~ bort mellan fingrarna på ngn* run through a p.'s fingers **3** *~ i väg* om tid slip away (by) **4** *sinnet rann på honom* he lost his temper **5** *~ till* om vatten i en brunn o.d. [begin to] flow again **6** *~ undan* se *~ [bort]* **7** *~ upp* om flod o. solen rise; bildl. originate, *i* in (from) **8** *vattnet har runnit ur* badkaret the water has run (flowed) out of . .; *vattnet har ännu inte runnit ur* äv. the water has not yet drained away **9** *~ ut* run (flow) out, *ur* of; *floden -er ut i* havet the river flows into . .; *~ ut i sanden* bildl. come to nothing **10** *~ över* flow (run) over, overflow **rinnande** *a* running osv., jfr *rinna I; kunna ngt som ett ~ vatten* know a th. off pat
rip|a *-an -or* zool. grouse (pl. lika); snö~ ptarmigan (pl. lika) **-jakt** jagande grouse-shooting;

enstaka grouse-shooting expedition
ripost *-en -er* fäkt. riposte, counter; bildl. retort, repartee **ripostera** *itr* fäkt. riposte, counter; bildl. retort
rips *-en (-et) -er* tyg rep[p], reps
1 ris *-et -* pappersmått ream
2 ris *-et 0* sädesslag rice; oskalat äv. paddy
3 ris *-et -* **1** koll.: kvistar twigs pl., brushwood, amer. slash; snår scrub, shrubs pl.; blåbärs~, lingon~ sprigs pl. **2** till aga birch[-rod], rod; *binda ~ åt [sin] egen rygg* make a rod for one's own back; *få ~ (få smaka ~et)* get a taste of the birch; *ge ngn ~* give a p. a birching (flogging) **risa** *tr* **1** stödja m. ris stick **2** strö ris strew . . with twigs (greenery) **3** kritisera criticize . . severely, lash; aga give . . a birching **risbastu** birching, flogging
ris|brännvin rice arrack; i Japan saké jap. **-fält** med gröda field of rice, paddy-field, rice paddy **-gryn** koll. rice; *ett ~* a grain of rice **-grynsgröt** [boiled] rice pudding **-gryns-pudding** [baked] rice pudding
rishög pile (heap) of brushwood (twigs)
risig *a* snårig scrubby; m. torra grenar: attr. . . with dry twigs, . . that has osv. dry twigs; *vara ~* have dry twigs
risk *-en -er* allm. risk, *för* of; fara äv. danger, peril; vågspel hazard; *med ~ att* inf. at the risk of ing-form; *på egen ~* at one's own risk; *löpa ~[en] att* inf. run the risk of ing-form; *ta ~en* äv. chance it
risk|a *-an -or* Lactarius lat., milk cap
riskabel *a* risky, hazardous, farlig äv. dangerous, perilous, venturesome **riskera** *tr* allm. risk; run the risk of, *att* inf. i båda fallen ing-form; våga äv. hazard, venture; äventyra jeopardize; *det kan jag väl [alltid] ~!* I'll chance it!; *~ livet* äv. stake one's life **riskfri** *a* safe, . . without [any] risk **riskfylld** *a* . . full of risks; jfr *riskabel* **riskmoment** element of risk (danger)
ris|knippa bundle of twigs (brushwood) **-koja** brushwood hut **-kvast** besom
risk|villig *a, ~t kapital* venture (equity, risk) capital **-zon** danger-zone; *vara i ~en* kortsp. be vulnerable
risodling *-en* **1** pl. *0* rice-cultivation **2** pl. *-ar* rice-plantation **risotto** *-n 0* risotto
risp|a **I** *-an -or* allm. scratch; i tyg rent, tear **II** *tr* scratch; *~ sönder* tear . . badly; *~ upp* tear . . open, med kniv cut (slit) . . open **III** *rfl* om pers. scratch oneself; ett tyg *som -ar sig* . . that is apt to fray; *~ sig i fingret* scratch one's finger
rispapper rice-paper
rispig *a* allm. scratched, . . scratched all over; om tyg frayed
1 rista *tr* skära carve, cut, *i* sten, trä on . .; med nål o.d. scratch; *~ in* m. nål o.d. engrave äv. bildl., *i* on; skära in carve (cut), *i* in; *~ upp* med kniv slit (rip) open
2 rist|a *-e rist (-ade -at) tr itr* skaka shak[e] *~ på huvudet* shake one's head
ristning in~ engraving end. sg.; inscription
ristorno *-t 0* försäkr. return of premium
rit *-en -er* rite
rita *tr* allm. draw, *med* blyerts (krita, tusch) in . skissera sketch, outline; göra ritning till desig[n] *~ med krita* äv. chalk; *~ av* draw, sketc[h] make a drawing (sketch) of; kopiera cop[y] *~ upp* draw, trace [out], t.ex. tennisplan mar[k] (chalk) out; *~ ut* draw **ritare** konstruktions draughtsman, draftsman
rit|bestick set (case) of drawing instr[u]ments, drawing set **-block** drawing-block sketch-block **-bord** drawing-table **-bräd** drawing-board **-kontor** drawing (desig[n]) office **-materiel** drawing materials pl. **-nin[g]** **1** abstr. drawing **2** konkr. drawing, draf[t] draught, byggn. äv. design, plan; [blå]kop[ia] blueprint; det hela gick *efter (enligt) ~arn[a]* bildl. . . according to plan **-papper** drawing -(design-)paper
rits *-en -ar (-er)* repa o.d. scribed line (mar[k]) **ritsa** *tr* mark [off], scribe, trace
ritstift **1** penna drawing-pencil **2** häftstift draw-ing-pin
ritt *-en -er* ride, riding-tour
ritual *-en -er* ritual, kyrkl. äv. order; *det h[ör] till ~en* friare äv. it is part of the ceremon[y] **ritualmord** ritual murder **rituell** *a* ritual
riv *-et 0, ~ [och slit] efter* biljetter struggl[e] for . . **riv|a** *rev -it* **I** *tr* **1** klösa scratch, om ro[v]djur claw; *~ ngn i ansiktet* scratch a p.' face **2** slita tear; *~ hål på* kläder tear a ho[le] (resp. holes) in . ., t.ex. förpackning, sårskorp tear open . .; *~ ngt i bitar* tear (pull) a th[.] to pieces (bits) **3** rasera, t.ex. hus demolish pull (tear) down **4** smula sönder: m. rivjärn grat[e] färg grind **5** riva ihjäl kill, tear . . to piece[s] **6** *~ [ribban]* i höjd- o. stavhopp knock the ba[r] off **II** *itr* **1** rota rummage, *bland* amon[g] poke (rummage) about; *~ [och slita] i n[gt]* tear at a th. **2** svida, *~ i halsen* om t.ex. dry[ck] rasp (burn) the throat **III** *rfl* **1** rispa sig, *~ s[ig] [i handen] på en spik* scratch (stark. tea[r]) one's hand on a nail **2** klia sig scratch [on[e]self]; *~ sig i huvudet* scratch one's hea[d] **IV** m. beton. part. **1** *~ av* tear (rip, strip) of[f] *~ av ett blad på* almanackan tear a leaf off . *~ av* en finne scratch . . **2** *~ bort* tear (ri[p]) away; *ett par bortrivna blad* i en bok a coup[le] of pages torn out **3** *~ i* säga ifrån på skarp[t] put one's foot down; *hör hur vinden -er* listen to how hard the wind is blowing **4** *~ ifrån sig* hold one's own, keep people in the[ir] place **5** *~ itu* tear . . in two **6** *~ lös (los[s])* tear (rip) off **7** *~ ned* eg. tear down, jfr *I 3* bildl. demolish; *~ ned en vas från* hylla knock down a vase from . . **8** *~ omkul*

knock down, upset **9** ~ *sönder* tear; ~ hål på tear a hole (resp. holes) in; ~ i bitar tear . . up (to pieces); t.ex. händer scratch . . badly **10** ~ *upp* öppna tear (rip) open; gata o.d. take up; sår eg. reopen; armé cut up; beslut o.d. tear up; en gammal historia rake up **11** ~ *ut* tear out; ~ *ut ett blad ur* en bok tear a leaf out of . .; ~ *ut ögonen på ngn* tear a p.'s eyes out **12** ~ *åt sig* snatch, grab

rival *-en -er* rival, *om* for; medtävlare äv. competitor, *till* en plats for . . **rivalisera** *itr,* ~ *med ngn om ngt* compete (rival, vie) with a p. for a th. **rivalitet** rivalry, competition

rivande *a* bildl. **1** energisk go-ahead, enterprising, pushing **2** om fart tearing **rivas** *itr. dep* scratch **rivebröd** breadcrumbs pl.

Rivieran the Riviera

rivig *a* se *rivande 1* **rivjärn** eg. grater; ragata shrew **rivning** rasering demolition, pulling down; av färg grinding **rivningsarbete** demolition work **rivningshus** house to be demolished **rivstart** tearing start

1 ro *-n 0* **1** vila rest, frid peace, lugn repose, stillhet stillness, quiet, calm, tranquillity; *jag får ingen ~ för honom, han ger mig ingen ~* he gives me no peace, he is always bothering me; *han gav sig ingen ~, förrän . .* he would not rest until . .; *inte ha (få) någon ~ i sin själ* be uneasy in one's mind; *inte ha någon ~ i kroppen* be a restless person; *jag tog det med ~* I did not let it worry me; *gå till ~* retire [to bed]; *slå sig till ~* eg. make oneself comfortable, dra sig tillbaka till ett lugnt liv settle down [to a quiet life]; *slå sig till ~ med ngt* låta sig nöja be content with a th. **2** nöje, *[bara] för ~ skull* [just] for fun

2 ro *-dde -tt tr itr* row, m. mindre åror äv. scull; isht itr. pull; *fara ut och ~* go out rowing (boating); ~ *i takt* pull (row) in time; ~ *hit med pengarna!* bildl. hand me the money!; ~ *på!* pull away!; ~ *upp sig* komma sig upp rise in the world; jag skall ~ *dig över* . . row you across [in my boat]

roa I *tr* allm. amuse; underhålla entertain, divert; *det ~r mig att* inf. äv. I enjoy ing-form; *det ~r mig inte att* träffa honom I don't care to inf.; *vara ~d av att dansa* like (enjoy, be fond of) dancing; *vara ~d av* astronomi be interested in . . **II** *rfl* amuse (enjoy) oneself; vara ute på nöjen have a good time; ~ *sig med att* inf. amuse oneself by ing-form **roande** *a* amusing osv., jfr *roa I*

robbert *-en -ar* kortsp. rubber

robot *-en -ar* maskinmänniska robot; mil. [guided] missile **-bas** guided missile base **-försvar** missile defence [system] **-plan** robot plane **-vapen** [guided] missile weapon, guided missile

robust *a* robust, sturdy

rock *-en -ar* överrock coat; kavaj jacket; arbets~, skydds~ overall; *vara för kort i ~en* be too short, friare not be up to the mark (job)

rock|a *-an -or* ray; isht ätlig skate

rockad *-en -er* castling **rockera** *itr* castle

rock|ficka coat-pocket **-hängare** galge coat-hanger; krok coat-hook, coat-peg; i rock tab **-pengar** *pl* tip sg. [to the cloak-room attendant] **-skört** delat coat-tail; odelat coat-skirt **-vaktmästare** cloak-room attendant

rodd *-en* **1** pl. *0* rowing **2** pl. *-er* roddtur row, pull **roddare** oarsman, rower **roddarlag** [rowing] crew **roddbåt** row[ing]-boat **roddklubb** rowing-club **roddtur** row, pull **roddtävling** rowing-match, boat-race

rod|er *-ret -er* roderblad rudder; hela styrinrättningen o. bildl. helm; *lyda ~* answer the helm; *lägga om -ret* shift the helm; *sitta vid -ret* be at the helm äv. bildl.

rodna *itr* allm. turn red, redden, colour [up]; om pers. vanl.: av blygsel o.d. blush, av t.ex. ilska flush [up], *av* with; ~ *över ngt* blush at a th.; ~ *djupt* blush deeply, flush crimson **rodnad** *-en -er* hos sak redness end. sg.; hos pers. blush, flush, jfr föreg., av hälsa ruddiness end. sg., glow; på huden red spot

rododend|ron *-ronen -ron (-rer)* rhododendron

roffa *tr* rob, *ngt från ngn* a p. of a th.; ~ *åt sig* grab **roffare** robber, grabber **rofferi** robbery; utsugning extortion

ro|fylld *a* peaceful, serene **-givande** *a* soothing, vilsam restful; ~ *medel* läk. sedative

rojalism royalism **rojalist** royalist **rojalistisk** *a* royalist[ic]

rokoko *-n 0* rococo; *~n* the Rococo period **-stil** Rococo style

rolig *a* lustig, skojig funny, komisk comical, tokrolig droll; trevlig nice, pleasant, jolly; roande amusing, underhållande entertaining, intressant interesting; konstig funny; *en ~ historia* a funny story; *han tycker det är ~t att* inf. he likes to inf. (enjoys ing-form); *det var ~t att få träffa er* [I am] delighted (how nice) to meet you, vid avsked [it was] nice to have met you; *det var ~t att höra* I am glad to hear [it]; *det vore så ~t om . .* it would be so nice if . .; *så ~t!* how nice!, så skojigt what fun!; *nu är det ~a slut* that's the end of the fun **rolighet** *-en -er* kvickhet witticism, joke **rolighetsminister** funny man **roligt** *adv* funnily osv., jfr *rolig; ha ~t* enjoy oneself, have a good time, have fun; *ha ~t på* festen äv. enjoy . .; *ha ~t åt* . . laugh at . ., på ngns bekostnad äv. make fun of . .; *hon har det inte så (för) ~t* she doesn't have much of a time of it

roll *-en -er* eg. o. bildl. part, role, rôle fr.; rolltext lines pl.; *~erna är ombytta* the tables are turned; *spela en stor (viktig) ~* bildl. play a big (an important) part (role); *det spelar ingen* ~ it does not matter, it makes no difference; pengar *spelar ingen* ~ *för honom* . . is of no importance (account) to him; *spela* Macbeths ~ act (play) the part of . .; *spela en underordnad* ~ bildl.: om pers. play second fiddle, om sak be of secondary importance; *ha spelat ut sin* ~ have been played out, have had one's day; *falla ur* ~*en (sin* ~*)* bildl. give oneself away **-besättning** abstr. casting; konkr. cast **-innehavare** actor [of a (resp. the) part]; *-innehavarna* vanl. the cast sg.

rollista cast

rolös *a* restless

Rom Rome; ~ *byggdes inte på en dag* Rome was not built in a day; *det gamla* ~ ancient Rome; *alla vägar bär till* ~ all roads lead to Rome

1 rom *-men 0* fisk~ [hard] roe äv. ss. maträtt, spawn; *leka* ~*men av sig* sow one's wild oats

2 rom *-men 0* dryck rum

roman bok novel, ibl. work of fiction; äventyrs~, riddar~ romance; *det är en hel* ~ it is a long story **-diktning** [prose] fiction

romanesk *a* romantic

roman|författare novelist **-författarinna** [woman] novelist **-hjälte** hero of a (resp. the) novel

romanist student of (kännare expert on) Romance philology

roman|litteratur [prose] fiction **-pristävling** novel-writing competition

romans *-en -er* romance

romansk *a* om språk, folk Romance, om folk äv. Latin; arkit. Romanesque, i Engl. vanl. Norman

romantik *-en 0* litt. hist. romanticism; friare romance; ~*en* Romanticism **romantiker** romantic; litt. hist. Romantic[ist] **romantisera** *tr* romanticize **romantisering** romanticization **romantisk** *a* romantic

Romarbrevet [the Epistle to the] Romans sg. **romare** Roman **romarinna** Roman lady (woman) **romarriket** the Roman Empire

romb *-en -er* rhomb, rhomb|us (pl. äv. -i) **romboid** *-en -er* rhomboid

romersk *a* Roman; ~*a ringar* gymn. flying rings **- -katolsk** *a* Roman Catholic

rom|korn roe-corn **-läggning** spawning

rond *-en -er* allm. round, vakts äv. beat; *gå* ~*en* make one's rounds; *gå sin* ~ om t.ex. vakt äv. go the rounds

rondell *-en -er* trafik. roundabout, amer. rotary, [traffic] circle

rondo *-t -n* mus. rondo (pl. -s)

rondskål läk. kidney-dish, pus basin

rop *-et -* **1** eg. call, cry, högre shout; ~ande, skrän crying osv., clamour[ing]; högljutt krav clamour, *på, efter* for; på auktion bid; ~ fasa cry of . .; ~ *på* hjälp call (cry) for . ~ *och skrik* uproar sg.; *utstöta ett* ~ rai (utter) a cry, cry out **2** *komma i* ~*et* b come the fashion, om pers. become popula *vara i* ~*et* be the (in) fashion (vogue), be the rage, om pers. be [highly] popular; han *riktigt i* ~*et* äv. . . the man of the mome

ropa I *tr itr* call [out], cry, högre shout; h ljutt kräva clamour, *på* for; ~ *efter ngn* c out after a p.; ~ *på ngn* call out to (tillka call) a p.; ~ *på ngt* på auktion bid for a t ~ *på hjälp (polis)* call for help (the police ~ *på hämnd* cry out (clamour) for ve geance; ~ *till (åt) ngn* call [out] to a p. m. beton. part. **1** ~ *an* call; telef. call up; n challenge; sjö. hail **2** ~ *in* kalla in call . . i en skådespelare give . . a curtain-call; på aukti purchase **3** ~ *till* cry out, *av* t.ex. smärta wit ~ *ngn till sig* call a p. **4** ~ *upp* kalla u call . . up; namn read out; call over; jur. c **5** ~ *ut* varor cry; meddela call out, announc kalla ut call . . out; se äv. *utropa* **ropare** meg fon megaphone; sjö. speaking-trumpet

ror, *sitta (stå) till* ~*s* be at the helm; se v *roder* **-gängare** steersman, helmsm **-kult** o. **-pinne** tiller

rorsman se *rorgängare*

1 ros *-en -or* bot. rose; *ingen* ~ *utan törn* no rose without a thorn; *Rosornas kr* the Wars of the Roses

2 ros *-en 0* läk. erysipelas

3 ros *-et 0* lovord commendation; ~ *och r* praise and blame

1 rosa *tr* commend, eulogize; *inte ha anle ning att* ~ *marknaden* have no reason be satisfied; *inte* ~ *marknaden* inte ha det l have a hard time

2 rosa *s* o. *a* rose, [rose-]pink; jfr *blått;* för sm jfr äv. *blå-* **-färg** rose[-colour], rosy colo **-färgad** *a* rosy, pinkish

rosen|blad rose-leaf **-bukett** bunch roses **-buske** rose-bush **-böna** scarl runner [bean] **-doft** scent of roses **-gå** rose-garden **-kindad** *a* rose-cheek **-knopp** rosebud **-krans 1** eg. rose wrea **2** radband rosary **-kål** Brussels sprouts **-mun** rosebud mouth **-odling** abstr. growi of roses; konkr. rose-plantation **-olja** ro oil **-rabatt** bed of roses **-rasande** *a* ursinn furious, infuriated, frantic, pred. äv. in an a ful rage **-röd** *a* rosy, rose-red; *se allt i -rö* see everything through rose-coloured spe tacles **-sten** rose diamond **-trä** rosewoo **-vatten** rose-water

rosett *-en -er* bot., byggn. rosette; prydnad, va knuten bow, rosformig rosette; 'fluga' bow-t **-fönster** rose-window

rosig *a* rosenfärgad rosy, rose-coloured, ros ate

osmarin *-en -er* rosemary
oss|el *-let 0* wheeze, rattle **rossla** *itr* wheeze, rattle; *det ~r i bröstet på honom* there is a wheeze (rattle) in his chest **rosslig** *a* wheezing, wheezy, rattling **rossling** wheeze, rattle
rost *-en 0* på järn o. växter rust
rost *-en -ar* tekn. grate, fire-bars pl.
rosta *itr* angripas av rost rust, get (become) rusty; *gammal kärlek ~r inte* old love is not soon forgotten; *~ fast* get rusted in (up); *~ fast vid* rust on to; *~ igen* get rusted up; *~ sönder* rust away; *vara sönderrostad* have rusted away, be destroyed by rust
rost|a *tr* roast äv. tekn.; bröd toast; *~t bröd* toast **-biff** roast beef
ostbrun *a* eg. rust-brown; friare russet
osteri roasting-house
ost|fläck på järn rust stain, på tyg äv. iron-mould [stain] **-fri** *a* rustless, om stål äv. stainless **-färg** rust, rusty colour **-färgad** *a* eg. rust-coloured, ferruginous; friare russet
ost|ig *a* rusty **-lager** layer of rust
ostning kok. o. tekn. roasting; av bröd toasting
ost|röd *a* rust-red **-skydda** *tr* rust-proof **-skyddsmedel** rust preventive, anti-rust agent **-svamp** rust fungus
ot *-en rötter* allm. root, bildl. äv. origin; *~en till allt ont* the root of all evil; *dra ~en ur* ett tal extract the root of..; *ha sin ~ i ngt* bildl. have its origin (root) in a th., originate from (in) a th., spring (stem) from a th.; *slå ~* take (strike) root äv. bildl.; *rycka upp ngt med ~en* eg. pull up a th. by the roots; bildl. uproot (exterminate) a th., abolish a th. root and branch; *gröda (skog) på ~* standing crop (timber); *gå till ~en med ngt* get to (at) the root of a th.
rota *itr* böka root, grub, poke, leta äv. rummage, *efter* i samtl. fall for; *~ i* en byrålåda poke (rummage) about in ..; *~ i* andras angelägenheter poke one's nose into ..; *~ fram* root (dig) out (up); *~ igenom* search, go through; *~ upp* dig up
2 rota *rfl* root, take (strike) root alla äv. bildl.
rotad *a, djupt ~* deeply rooted, deep-rooted; *fast ~* firmly rooted
otation rotation, revolution
otations|hastighet speed of rotation **-press** rotary press
ot|blöta soaker **-borste** scrubbing-brush
ot|e *-en -ar* mil. file; flyg. pair of planes
ot|el *-eln -lar* i stadsförvaltning department, division; polist. division
otera *itr* rotate, revolve, turn **roterande** *a* rotating, rota[to]ry, revolving
ot|fast *a* eg. well-rooted; bildl. deep-rooted (-seated); *känna sig ~ i ..* bildl. feel firmly established in .. **-frukt** root vegetable; *~er* jordbr. äv. root-crops **-fyllning** tandläk. root filling **-fästa** *rfl* se *2 rota* **-fäste** roothold; *få ~* take root, get a roothold, bildl. äv. become acclimatized, *i* to; *sakna ~* äv. be without roots **-index** mat. root (radical) index **-knöl** tuber, bulb **-lös** *a* rootless äv. bildl. **-löshet** rootlessness **-mos** mashed turnips pl. **-märke** mat. radical sign
rotogravyr rotogravure **rotor** tekn. rotor
rots *-en 0* glanders
rot|saker *pl* root vegetables, sopprötter pot-herbs **-selleri** celeriac **-skott** rootsucker **-stock** rootstock, rhizome **-system** root system **-tecken** mat. radical sign
rotting material o. käpp rat[t]an, cane; *få smaka ~en* get a caning **-palm** rat[t]an **-sits** cane seat **-stol** cane chair
rottråd root-fibre, rootlet
rottweiler rottweiler
rotund|a *-an -or* rotunda
rotutdragning mat. extraction of roots, evolution; tandläk. root extraction
rotvälska *-n 0* obegripligt språk double Dutch, gibberish, lingo
rotända plantas root-end, fällt träds butt-end
roué *-en -er* rake, roué, debauchee
rouge *-n (-t) -r* rouge
roulad se *rulad*
roulett se *rulett*
route se *rutt*
rov *-et -* **1** rovdjurs föda o. bildl. prey; röveri pillage, looting, plundering, högt. rapine; byte booty, spoil[s pl.], loot, plunder; *bli lågornas ~* be destroyed by fire; *ett ~ för* sinnesrörelse a prey to ..; *leva av ~* live [up]on prey; *gå ut på ~* go (prowl about) in search of prey **2** *inte akta för ~ att* inf. think nothing of ing-form, not hesitate to inf., feel (have) no compunction about ing-form
rov|a *-an -or* **1** bot. turnip **2** F fickur turnip[-watch] **3** F *sätta en~* fall on one's behind
rov|djur beast of prey; bildl. wild beast **-djursinstinkt** predatory instinct **-drift** hänsynslöst utnyttjande ruthless exploitation; utsugning av jord soil exhaustion **-fisk** fish of prey **-fiske** överfiskning overfishing **-fågel** bird of prey **-girig** *a* rapacious, ravenous, predatory; glupsk äv. voracious **-girighet** rapacity; voracity **-lysten** se *-girig* **-lystnad** se *-girighet*
rovolja rape-oil, colza-oil
rov|riddare robber baron **-tand** sectorial (carnassial) tooth
rubank *-en -ar* trying (jointer) plane
rubb, *~ och stubb, hela ~et* the whole lot; lock, stock, and barrel; *ta ~ och stubb* äv. make a clean sweep
rubba *tr* (ibl. *itr*) eg.: flytta på move, dislodge, i nek. sats budge; bildl.: bringa i oordning disturb, upset, disarrange, ngns förtroende o.d. shake,

ändra alter; ~ *ngns planer* upset a p.'s plans; *han lät inte ~ sig i sitt beslut* he could not be persuaded to change his decision; ~ *på sina principer* modify . . **rubbad** *a* förryckt crazy, crack-brained **rubbning** störning disturbance; i själsliga funktioner äv. samt i kroppsliga disorder; geol. o. H dislocation, i trafik äv. breakdown; ändring alteration

rub|el *-eln -el (-ler)* rouble

rubin *-en -er* ruby **-röd** *a* ruby[-red]

rubricera *tr* förse m. rubrik headline, caption; beteckna characterize; inordna classify äv. jur.

rubrik *-en -er* i tidning headline, caption, över hela sidan banner; t.ex. i brev o. över kapitel heading äv. jur.; titel title; *under ~en . .* under the heading of . . **rubriksättning** headlining

rucka *tr itr* en klocka regulate, adjust; ~ *på* en sten move . .; ~ *på* beslut, bestämmelser o.d. change (modify) . .

1 ruck|el *-let -el* kyffe hovel, ramshackle house (dwelling)

2 ruck|el *-let 0* rummel revelry; utsvävningar debauchery **ruckla** *itr* rumla revel, be on the spree; leva utsvävande lead a dissolute life **rucklare** fast liver, rake, debauchee

rucklig *a* fallfärdig ramshackle, tumbledown, dilapidated

ruckning regulation, adjustment; change, modification; jfr *rucka*

rud|a *-an -or* crucian [carp]

rudiment *-et -* rudiment **rudimentär** *a* rudimentary **rudis** *oböjl. a, vara ~ i ngt* not have the slightest idea about a th.; *vara ~ på* förstånd not have the least bit of . .

ruelse *-n 0* contrition, remorse

1 ruff *-en -ar* sjö. cabin

2 ruff *-en (-et) -* sport. foul; rough play end. sg. **ruffa** *itr* sport. foul, play rough

ruffad *a* sjö. attr. . . with a cabin; *vara ~* have a cabin

ruffig *a* **1** sport. rough, foul **2** sjaskig shabby, fallfärdig dilapidated, beryktad disreputable, 'skum' shady

rufsa *tr, ~ [till] ngn i håret* ruffle (rumple, tousle) a p.'s hair **rufsig** *a* ruffled osv. jfr *rufsa;* dishevelled; *han är så ~ i håret* vanl. his hair is so untidy

rugby *-n 0* Rugby football, F rugger

rugga I *tr* **1** tyg, ~ *[upp]* nap, raise **2** ~ *fjädrarna* om fågel ruffle up its (resp. their) feathers **II** *itr* om fågel moult

rugg|e *-en -ar* tuft, bunch, clump

ruggig *a* **1** tovig matted, raggig shaggy, burrig ruffled **2** se *ruskig* **ruggning 1** av tyg napping, raising **2** om fåglar moulting

ruin *-en* **1** pl. *-er* återstod ruin; *-er* rester äv. remains, remnants, spillror äv. debris, rubble båda end. sg.; *falla i ~er* fall into ruin, go to rack and ruin; *ligga i ~er* be in ruins **2** pl. *0* sammanbrott ruin, destruction; *gå mot s* ~ be on the road to ruin; *på ~ens bra* on the verge of ruin **ruinera** *tr* ruin, brir . . to ruin (to bankruptcy), förstöra äv. destro wreck **ruinerad** *a* ruined, bankrupt, [stony-]broke, pred. äv. done for **ruineranc** *adv, verka ~ på . .* be ruinous to . . **ruinhö** heap of ruins **ruinstad** ruined town

rulad *-en -er* kok. roulade, roll; mus. roulade

rulett *-en -er* roulette

ruljangsen F, *sköta ~* run the busine (show)

1 rull|a *-an -or* mil. list, civil äv. roll, registe *införa ngn i -orna* mil. enter a p. on the lis *stryka ngn ur -orna* mil. strike a p. off the lis

2 rulla I *tr itr* allm. roll äv. sjö.; isht långsamt trundle; vagn o.d. äv. wheel, om åska o.d. rumble; ~ *hatt* festa be on the spree; *lå pengarna ~* make the money fly; ~ *m ögonen* roll one's eyes **II** *rfl* roll; om blad o curl [up]; ~ *sig i pengar* be rolling in mo ey; ~ *sig i stoftet för ngn* cringe to a p. m. beton. part. **1** ~ *av* a) itr. (om t.ex. tunna) ro off b) tr. (tråd o.d.) unwind **2** ~ *bort* a) (om fordon) roll away (off) b) tr. (vagn o. wheel away (off) **3** ~ *fram* a) itr. (om fordo drive along b) tr. (vagn o.d.) wheel . . forwa **4** ~ *ihop* roll up; ~ *ihop sig* om djur ro (coil) itself up **5** ~ *in* vagn o.d. wheel in; ~ ngn (ngt) *i en filt* roll up (wrap) . . in a blank *tåget ~de in på* stationen the train pulled in . . **6** ~ *i väg* om år roll on (by); se äv. ~ [*bor* **7** ~ *ned* gardin o.d. draw (pull) down, strum roll down **8** ~ *upp* ngt hoprullat unroll; gar draw (pull) up; kavla upp roll up; mil. (t.ex. fro roll up; spioneriaffär o.d. reveal, expose **9** *ut* matta unroll

rullad se *rulad* **rullager** roller bearing **ru lande** *a, ~ materiel* rolling-stock **rullbar** tekn. roller conveyor; flyg. runway

rull|e *-en -ar* allm. roll, vals äv. roller, cyli der; tråd~ o. film~ o. på metspö reel, spole spool, bobbin; tåg~ coil; pergament~ scro **-film** roll film **-gardin** blind, amer. [windo shade **-jalusi** till fönster roll-shutter; till skr bord roll-top; till garage o.d. roll-front **--lag** roller bearing **-ning** allm. roll[ing] äv. sj *komma i ~* start (begin) rolling (to ro **-skridsko** roller-skate; *åka ~* roller-skat go roller-skating **-sten** koll. boulders, co bles, pebbles samtl. pl. **-stensås** boulde -ridge **-stol** wheel chair, Bath chair **-trap** escalator, moving staircase (stairway) **-tro toar** moving pavement (amer. sidewal **-tårta** m. sylt jam (av choklad chocolate) Swi roll

rult|a I *itr* waddle **II** *-an -or* roly-poly, dum ling **rultig** *a* podgy, dumpy

1 rum *-met -* **1** bonings~ allm. room; uthyrnings lodgings, F digs båda pl.; logi accommodati ıd. sg.; *enskilt* ~ på sjukhus private ward; *ar ni något* ~ *ledigt?* på hotell have you :an I have) a room?; *~met är ledigt* the ɔom is unoccupied (vacant, free); *möblera-e* ~ i annons äv. furnished apartments; ~ *tt hyra* rubrik äv. apartments to let; ~ *för ɛsande* se *resanderum; hålla sig på sitt* ~ eep to one's room; *vara på sitt* ~ be in ne's room **2** utrymme room; *finns det* ~ *ör* en till? is there room for ..?; *boken får inte]* ~ på hyllan there is [no] room for the ook ..; *hur många får* ~ *i soffan?* how ıany people can be seated on the sofa?; 00 personer *får* ~ *i salen* the hall will accom-ıodate (hold) ..; *maka dig så att jag får* ~ ıake room for me, please; *få* ~ *med* find ɔom for; *ge (lämna)* ~ *för (åt)* bildl. leave oom for, admit of; *lämna* ~ *för ngt* bereda trymme make room for a th.; *lämna* spara ~ *ör* t.ex. namnteckning leave [some] room space) for ..; *ta för stort* ~ take up too much room (space) **3** rymd, rumsbegrepp space; *tsträckning i ~met* extension in space **4** ö. hold **5** i spec. fraser, *inta första (främsta) ~met* occupy the first (foremost) place; *i rämsta ~met* framför allt above all; *komma sättas) i första ~met* come (be put) first i första hand in the first place); hälsan *kommer första ~met* .. comes first, .. is the first onsideration; *äga* ~ take place, hända äv. appen; om fest o.d. be held

rum *a, i* ~ *sjö* in the open sea

ımb|a *-an -or* rumba

ımla *itr,* ~ *[om]* be on the spree (F binge), evel; *vara ute och* ~ have a night out **rum-are** se *rucklare* **rum|mel** *-let 0* se *2 ruckel*

ımp|a *-an -or* svans tail; F stuss backside, ump, behind **-hugga** *tr* bildl. chop about, ut off, truncate **-huggning** chopping bout, cutting off, truncation

ıms|adverb adverb of place **-arrest,** *å (ha)* ~ be confined to one's room (mil. ɔ one's own quarters) **-begrepp** con-ept[ion] of space **-brist** shortage of lodg-ngs **-förmedling** konkr.: för hotellrum o.d. ıgency for hotel accommodation; för uthyr-ingsrum accommodation agency **-granne** ıeighbour; *min (din* osv.) ~ äv. the man woman) in the next room **-kamrat** room-mate **-ren** *a* house-trained, amer. house-roken **-temperatur** room (indoor) tem-perature

ımstera *itr,* ~ *[om]* stöka rummage about], *i* in; ~ *[om] i* genomleta äv. ransack, ndra change .. about

ıms|värme temperatur room (indoor) tem-perature **-växt** indoor plant

umänien R[o]umania **rumän[ier]** R[o]umanian **rumän[i]sk** *a* R[o]umanian

umän[i]sk|a *-an* **1** pl. *-or* kvinna R[o]u-manian woman **2** pl. *0* språk R[o]umanian

run|a *-an -or* **1** skrivtecken rune **2** minnesruna obituary **-alfabet** runic alphabet

rund I *a* allm. round, cirkel~ äv. circular, klot~ äv. spherical, globular, cylindrisk äv. cylindri-cal; fyllig, knubbig plump, chubby, rounded, om fet pers. äv. rotund; ~ *i ansiktet* round--faced; *riddarna av ~a bordet* the knights of the Round Table; *~a kinder* round (chubby) cheeks; *en* ~ *summa* a round sum; *i runt tal* ungefär in round numbers, roughly; ge *med* ~ *hand* .. generously (liberally) **II** *-en -er* **1** *jordens* ~ this earthly round **2** ring, krets ring, circle

rund|a I *tr* **1** göra rund round äv. bokb. o. fonet.; ~ *av* round off; ~ *av* en summa *uppåt (nedåt)* round .. off to a higher (lower) figure; *av-rundad* summa, siffra round .. **2** fara (gå) runt round, sjö. äv. double; ~ *ett gathörn* round a street corner **II** *-an -or, gå en* ~ *i* parken take a stroll round .. **rundabordskonferens** round-table conference **rundad** *a* round[ed]

rund|bana circular course (track) **-båge** round arch, i Engl. vanl. Norman arch **-bågs-stil** *(-bågestil)* Romanesque style, i Engl. vanl. Norman style

rund|el *-eln -lar* rund plan round (circular) space (plot), circus, rabatt round bed; cirkel circle; vägen *går i* ~ .. is circular

rund|fråga inquiry **-färd** se *-resa* **-het** roundness, circularity etc., plumpness etc., ro-tundity, jfr *rund I* **-horisont** teat. cyclorama **-hult** *~et* ~ sjö. spars pl., set of spars **-hu-vud** hist. Roundhead **-hänt** *a* open-handed, generous, liberal **-kindad** *a* round-cheeked, chubby **-kyrka** round church **-lagd** *a* plump **-lig** *a* se *riklig; en* ~ *tid* a long time **-ligt** *adv* se *rikligt* **-magad** *a* pot-bellied **-mask** roundworm **-munnar** *pl* cyclo-stomes **-målning** panorama äv. bildl. **-ning** rundande rounding, t.ex. av udde äv. doubling; böjning curve, bend, t.ex. jordens curvature; utbuktning swell **-nätt** *a* short and plump **-radio** broadcasting **-resa** circular (round) tour (trip); *en* ~ *i* Sverige a tour of (in) .. **-resebiljett** circular (tourist) ticket **-skri-velse** circular [letter] **-smörjning** lubri-cation, greasing **-tur** sightseeing (round) tour; *göra en* ~ *i* staden make a [sightseeing] tour of .. **-tursbuss** sightseeing [motor-]-coach (isht amer. bus) **-vandring,** *en* ~ *i* staden a tour of (a walk round) .. **-virke** round timber **-ögd** *a* round-eyed

runforskning runology

runga *itr* resound **rungande** *a* om t.ex. hurra-rop resounding, om t.ex. örfil stinging; *ett* ~ *nej* an emphatic no; *ett* ~ *skratt* a roar (peal) of laughter

runinskrift runic inscription

runka *itr,* ~ *på huvudet* shake one's head

runolog runologist **runskrift** runic characters pl. **runstav** rune-staff **runsten** runic stone

runt I *adv* round; ~ *om*[*kring*] se *runtom; låta ngt gå* ~ (vid bordet) pass a th. round; *gå (irra)* ~ *på* gatorna (*i* staden) wander about . ., se äv. *gå* [*runt*]; *lova* ~ [*och hålla tunt*] promise wonders; *visa ngn* ~ show a p. round **II** *prep* round; ~ *hörnet* round the corner; *resa jorden* ~ go round the world; *landet* ~ sörjer man hans bortgång all over the country . ., throughout the country . .; *året* ~ all the year round **runtom I** *adv* round about, [all] around; on all sides; ~ *i husen* in the houses round about; ~ *i landet* all over (up and down) the country **II** *prep* [all] round, [all] around; on all sides of **runtomkring** *adv* o. *prep* se *runtom*

rupie *-n -r* rupee

rus *-et* - intoxication äv. bildl., inebriation båda end. sg. o. ej m. obest. art., F fylla booze; *sova* ~*et av sig* sleep oneself sober, sleep off one's drink, F sleep it off; *ta sig ett* ~ get drunk, F have a booze; *gå i ett ständigt* ~ be in a constant state of intoxication; *under* ~*ets inflytande* under the influence of drink

1 rusa I *itr* allm. rush, dash, störta dart, flänga tear, skynda hurry, ila o. om motor race; ~ *efter hjälp* rush (dash) off for help
II *tr*, ~ *en motor* race a motor
III m. beton. part. **1** ~ *bort* rush etc. away (off) **2** ~ *efter ngn* a) för att hinna upp rush etc. after a p. b) hämta rush etc. for a p. **3** ~ *emot* ngn, ngt a) i riktning mot rush etc. towards . . b) anfallande rush at . . c) stöta emot knock against . . **4** ~ *fram* rush etc. out, plunge forward; vidare rush etc. along (on); ~ *fram till* rush etc. up to **5** ~ *förbi* rush etc. past **6** ~ *in* [*i*] rush etc. in[to]; ~ *in i* rummet äv. burst (bounce) into . . **7** ~ *i väg* rush etc. off (away) **8** ~ *nedför* trappan rush etc. down . . **9** ~ *på* vidare rush etc. along (on); ~ *på ngn* go for (rush at) a p. **10** en massa folk ~*de till* . . came hurrying to the spot **11** ~ *upp* start (spring) up, spring to one's feet; ~ *upp ur sängen* spring out of bed **12** ~ *uppför* trappan rush etc. up . . **13** ~ *ut* rush etc. out **14** ~ *åstad och* inf. rush off and inf.

2 rusa *tr* berusa intoxicate, inebriate **rusande** *a* intoxicating, heady **rusdryck** intoxicant, [intoxicating] liquor **rusdrycksförbud** prohibition

rush *-en -er* rush, *efter* for

rusig *a* eg. o. bildl. intoxicated, *av* with, by; berusad (pred.) äv. drunk **-het** intoxication, drunkenness, jfr föreg.

rusk *-et 0* se *ruskväder*

1 rusk|**a** *-an -or* branch, bunch of twigs

2 ruska *tr itr* shake; om fordon jolt; ~ *ng vaken (liv i ngn)* rouse a p., shake up a p ~ *ngn i* armen shake a p. by . .; ~ *i* dörren pu (tug) at . .; ~ *om (upp) ngn* bildl. stir (shake up a p.; ~ *på huvudet* shake one's head ~ *på sig* shake oneself

3 ruska *opers. itr, det* ~*r* the weather i nasty

ruskig *a* om väder nasty, raw [and chilly om pers.: frusen chilly, shivery, olustig seedy om kvarter, bakgata o.d.: illa beryktad disreputable skum shady; sjaskig shabby; om pers.: motbjuda de disgusting, repulsive[-looking]; om händel o.d.: hemsk horrible, gruesome, kuslig uncanny *en* ~ *historia* an ugly (a nasty) affair **ruskighet** *-en -er* egenskap nastiness etc.; ~*e* horrible (etc.) things, horrors, jfr föreg. **ruskig** *adv* nastily etc. jfr *ruskig;* F väldigt awfully terribly

ruskning shaking, shake, jolt, pull, tug, j *2 ruska*

ruskväder nasty (bad, rough) weather

rusning allm. rush, *efter* for; stark efterfrågan ä run, *efter* on **rusningstid** rush-hour[pl.]

russ *-et* - Gotland pony

russifi[**c**]**er**|**a** *tr* Russify, Russianize **-in** Russification, Russianizing

russin *-et* - raisin; *plocka* ~*en ur kakan* bild take the plums **-kaka** plum cake **-kärn** raisin seed

rusta I *tr* mil. arm; utrusta equip, isht fartyg f out; ~ [*i ordning*] ngt get . . ready, put . . i order **II** *itr* göra förberedelser prepare, ge ready, *till (för)* båda for; mil. arm; ~ *till kri* arm, prepare for war **III** *rfl* förbereda sig pre pare [oneself], *till (för)* for; mil. arm [onesel **IV** m. beton. part. **1** ~ *av* se *avrusta* **2** ~ *ne* se *nedrusta* **3** ~ *till* t.ex. en middag prepar for, make preparations for **4** ~ *upp* a) m se *upprusta* b) reparera repair, do up, ge ökad k pacitet expand, improve **rustad** *a* mil. armed förberedd prepared, utrustad equipped **rusthål** *stå för* ~*et* bildl. run the catering (F show)

rustibus[**s**] *-en -ar* lively child

rustik *a* rustic, om pers. äv. boorish

rust|**kammare** armoury **-mästare** sta sergeant 1st class

rustning 1 krigsförberedelse armament **2** e ~ pansar a suit of armour; ~*ar* äv. armou sg.; *i full* ~ in full armour

rut|**a I** *-an -or* **1** fyrkant square; i vägg, dörr o.d fält panel; romb lozenge; på TV-apparat screen på tidningssida box **2** i fönster o.d. pane [of glass *sätta -or i* ett fönster glaze . . **II** *tr* cheque *-at papper* cross-ruled paper; *-at områd* i gatukors box junction; ~ *in* eg. cheque divide [up] . . into squares; t.ex. sitt liv map ou

1 ruter *-n* - kortsp. diamond resp. diamond

l., jfr *hjärter* m. sms.
ruter *s* go, spirit, pluck, F guts pl.; *det är ngen ~ i honom* he has no go in him
tig *a* checked (attr. äv. check . .), chequered; *n ~ klänning* a check dress
tin *-en 0* förvärvad skicklighet experience; ana, slentrian routine; *få in ~en* äv. get into he way of the thing **rutinerad** *a* experienced, practised, skilled **rutinerat** *adv* n an experienced osv. manner **rutinmässig** *a* routine . ., pred. a matter of routine, of routine nature **rutinmässigt** *adv* by outine, as a matter of routine, mechanically **rutinsak** matter of routine
t|mönster check[ed] pattern **-nät** på karta grid **-papper** cross-ruled paper
tsch *-en 0* fart bustle, speed, hos pers. go, lash **rutscha** *itr* slide, glide, *utför (ned)* down **rutschbana** på nöjesfält o.d. switchback, amer. roller-coaster; tekn. chute; jfr äv. *rutschkana* **rutschig** *a* dashing, pred. äv. full of go **rutschkana** på lekplats slide; *åka ~* slide **rutschsegel** canvas chute
utt *-en -er* route, trafiklinje äv. service, run
utt|en *a* eg. o. bildl. rotten, putrid, murken äv. decayed; bildl. äv. corrupt; *-na tänder* decayed teeth; *-et vatten* putrid (foul) water **ruttenhet** rottenness, rot, decay, corruption, jfr föreg. **ruttet** *adv, det luktar ~* there s a rotten smell (smell of decay) **ruttna** *itr* become rotten osv. (jfr *rutten*), rot, putrefy, murkna äv. decay; om död kropp o.d. decompose; *~ bort* rot away
uva *tr itr* eg. sit, brood; bildl., om mörker o.d. hang, hover; grubbla brood (ruminate), *på* el. *över* on, over; *~ [på] ägg* sit (brood) on eggs; *~ på* sina skatter gloat over . .
ruvhöna sitter **ruvning** sitting
rya *itr* F, *~ om ngt* make a fuss about a th.
ry|a *-an -or* o. **ryamatta** long-pile rug of 'rya' type]
ybs *-en 0* se *ryps*
yck *-et -* knyck jerk, dragning tug, pull; häftigt wrench; sprittning start, twitch; bildl., anfall fit, nyck whim, freak
yck|a *-te -t* **I** *tr itr* dra pull, tug, häftigare snatch, jerk, twitch; slita tear; våldsamt wrench, wrest; *~ i* dörren pull at . .; *~ ngn i håret (ärmen)* pull a p.'s hair (sleeve), pull a p. by the hair (sleeve); *~ i* tömmarna jerk at . .; *~ på axlarna åt ngt* shrug one's shoulders at a th.; *~ ngt ur händerna på ngn* snatch a th. out of a p.'s hands
II *itr* **1** opers. spritta, *det -er i mitt ben* my leg s twitching; *det -te i mungiporna på honom* there was a twitch round the corners of his mouth **2** tåga, komma, *~ i fält* take the field; *~ ngn in på livet* close in on a p., press a p. hard; *~ närmare* om t.ex. fienden close in, om tidpunkt o.d. draw closer (nearer), approach; *~ till ngns undsättning* rush to a p.'s help
III m. beton. part. **1** *~ an* mil. advance, *mot* against, on; en ny tid *-er an* . . is drawing near (approaching) **2** *~ av* sönder break, itu pull . . in two, bort pull (tear etc.) off (äv. *~ av sig*) **3** *~ bort* tear etc. (om döden snatch) away; *han -tes bort* av strömmen he was carried away . . **4** *~ fram* a) mil. advance, move (push) forward, *mot* against, towards b) ngt pull out; *~ fram med* t.ex. sanningen come out with . . **5** *~ ifrån ngn ngt* snatch a th. [away] from a p. äv. bildl., wrench (wrest) a th. from a p. **6** *~ in* **a)** tr., t.ex. ngn genom dörren pull . . in; boktr., t.ex. raden inset, indent; t.ex. ett förbehåll i ett kontrakt insert, *i* in **b)** itr. (mil.) till tjänstgöring join up; *~ in i* ett land el. en stad enter . ., march (move) into . .; *~ in i ngns ställe* take a p.'s place, replace a p.; suppleanten fick *~ in* . . step in **7** *~ loss (lös)* ngt pull (jerk, wrench) . . loose, dislodge . ., bildl., ngt ur dess sammanhang wrench, *ur* from; *lösryckt* om ord disconnected **8** *~ med [sig]* eg. carry . . away; *~ med sig* publiken carry . . with one; *-as med av* ngns entusiasm be carried away by . . **9** *~ ned ngn (ngt) från* ngt pull down a p. (a th.) from . . **10** *~ sönder* tear (pull) . . to pieces **11** *~ till* start, give a start, wince; *~ till sig* snatch, grab, seize **12** *~ undan* bort pull (snatch) away . ., åt sidan pull (snatch) . . aside; *fötterna -tes undan honom* he was knocked off his feet; *~ ngn undan* lågorna snatch a p. away from . . **13** *~ upp* a) eg., t.ex. ogräs pull up, t.ex. en dörr pull . . open b) bildl., väcka [a]rouse, shake (stir) up, *ur* from; sätta fart på (firma o.d.) put life into; avancera advance, rise; *~ upp i* främsta ledet move up to . .; *~ upp sig* pull oneself together, rouse oneself **14** *~ ut* a) tr. pull (tear) out b) itr. om brandkår o.d. turn out; mil. lämna förläggningen march (move) out, hemförlovas be released **15** *~ åt sig* se *~ till sig*
rycken *s, stå ~* stå emot stand up, *mot (för)* to; hålla stånd hold out, hold one's own, *mot* against; tåla en påfrestning stand the strain
ryckig *a* knyckig jerky, om stil o.d. äv. abrupt, ojämn äv. spasmodic; osammanhängande disjointed; oregelbunden irregular; om t.ex. lynne fitful; om vind choppy **-het** jerkiness etc.; irregularity; fitfulness etc. jfr föreg.
ryckning ryckande pulling, tugging, sprittande twitching; ryck pull, tug, sprittning twitch, wince, spasm, nervös äv. (isht ansikts~) tic **ryckvis** **I** *a* intermittent, jfr äv. *ryckig* **II** *adv* i ryck by jerks, by fits [and starts], fitfully, då och då intermittently
rygg *-en -ar* allm. back; geogr., bergskam o.d. ridge; mil. rear; *~ mot ~* back to back; *bryta ~en [av sig]* break one's back; *ha (hålla) ~en fri* keep a line of retreat open;

jag vill ha ~en fri I won't take any responsibility, I don't want to get into trouble; *skjuta ~* om katt arch its back; *vända ngn ~en (~en åt ngn)* turn one's back to (föraktfullt o. i bildl. anv. on) a p.; *så fort jag vänder ~en till* as soon as I turn my back; *gå bakom ~en på ngn* bildl. do things behind a p.'s back; *falla fienden i ~en* attack the enemy in the rear; *falla ngn i ~en* bildl. stab a p. in the back; *vi hade vinden (solen) i ~en* the wind (sun) was behind us; sitta (stå) *med ~en mot ngn . .* with one's back to a p.; *hålla ngn om ~en* bildl. support a p., back a p. up; *ligga på ~* lie [flat] on one's back; de stod med händerna *på ~en . .* behind their backs; *jag såg honom bara på ~en* I only saw his back; tala illa om ngn *på hans (hennes) ~ (på ~en) . .* behind his (her) back

rygga I *itr, ~* [*tillbaka*] shrink (start) back; flinch, recoil, *för* i båda fallen from; *inte ~ för något* stick at nothing; *han ~de inte en tum* he didn't (wouldn't) budge an inch **II** *tr* **1** svika go back on **2** *~ en häst* back a horse

rygg|bast rygg back **-bruten** *a* skröplig decrepit; *han kände sig ~* he had a backache **-fena** dorsal fin **-kota** vertebra (pl. vertebrae) **-läge** läk. supine position; *inta ~* lie down on one's back **-märg** spinal marrow **-märgsbedövning** spinal anaesthesia **-märgsprov** lumbar puncture **-plåt** zool. dorsal plate

ryggrad backbone äv. bildl., anat. äv. spine, spinal (vertebral) column

ryggrads|djur vertebrate **-krökning** curvature of the spine **-lös** *a* invertebrate, bildl. om pers. äv. spineless, . . without backbone; *~a djur* äv. invertebrates **-löshet** bildl. spinelessness, lack of backbone

rygg|sida back **-sim** backstroke; *simma ~* do the backstroke **-skott** läk. lumbago **-sköld** zool. carapace **-slut** backside **-stycke** allm. back[-piece]; av slaktat djur chine **-stöd** eg. support for the back; på stol etc. back [of a (resp. the) chair etc.]; bildl. support; *ha väggen som ~* lean against the wall **-säck** rucksack **-tavla** back **-värk** backache **-ås** ridge [of a (resp. the) roof] **-åsstuga** cottage open to the roof

ryk|a *rök rukit* el. *-te -t* **I** *itr* **1** avge rök smoke, osa reek, pyra smoulder, bolma belch out smoke; ånga steam, fume; *dammet -er* the dust is flying (whirling); *det -er av soppan* the soup is steaming; *det -er ur skorstenen* the chimney is smoking; *de slogs så det rök om det* they fought like mad **2** F gå förlorad, *där rök* min sista tia there goes . . **II** m. beton. part. **1** *~ ihop* fly at (go for) each other, gräla quarrel, *om* about; *~ ihop* [*och slåss*] come to blows **2** *det -er in* the chimney is smoking [in here]; den här spisen *-e alltid in . .* always smokes **3** *~ på ngn* anfall go for a p., antasta accost a p. **rykande** *a* smoking osv., jfr *ryka I 1; i ~ fart* at tearing pace; *~ ruiner* smouldering ruins *en ~ storm* a howling gale **II** *adv, ~ färska* tidningar . . hot off the press; *~ färsk* nyheter hot . .; *~ varm* piping hot

rykt *-en 0* av häst dressing, grooming, currying **rykta** *tr* dress, groom, curry

ryktas *opers. dep, det ~ att . .* it is rumoured (there is a rumour, rumour has it) that . .; *enligt vad som ~* äv. according to rumours **ryktbar** *a* namnkunnig renowned, berömd famous, famed, allmänt omtalad celebrated, stark. illustrious; ökänd notorious **ryktbarhet** renown, fame, celebrity, notoriety, jfr föreg.

ryktborste horse-brush

rykte *-t -n* **1** kringlöpande nyhet rumour, report *om* of; hörsägen hearsay end. sg.; *~t går att (det går ett ~ om att) . .* rumour has it (there is a rumour, it is rumoured) that . . *det kom ut ett ~* a rumour got abroad; *~ om* hans död the rumour of . . **2** allmänt omdöme om ngn (ngt) reputation, name, anseende äv. repute; ryktbarhet fame, renown; *ha gott (dåligt) ~* [*om sig*] have a good (bad) reputation, be held in good (bad) repute, be well (ill) spoken of; *ha ~ om sig att* vara snål have the reputation of ing-form, be reputed to inf.; *han åtnjuter inte det bästa ~* he has not got the best of reputations; *han är bättre än sitt ~* äv. he is not so black as he is painted **ryktesflora** host (great number) of rumours **ryktessmidare** rumour-monger **ryktesspridning** spreading of rumours **ryktesvis** *adv, det berättas ~ att . .* it is rumoured that . .; jag har hört det *~ . .* by way of rumour

ryktskrapa curry-comb

rymd *-en -er* **1** världs~ space; luft air, himmel sky; bildl., i t.ex. målning space; *vistas i högre ~er* bildl. dwell in the upper regions; *yttre ~en* outer space **2** ~innehåll capacity, volym volume **-dräkt** space-suit **-farare** space traveller **-farkost** space-craft **-fart** space travel **-flygare** spaceman, astronaut, cosmonaut **-flygning** space flight **-forskning** space research **-färd** space flight, space journey **-geometri** solid geometry **-innehåll** se *kubikinnehåll* **-kapsel** [space] capsule **-medicin** space medicine **-mått** cubic measure, measure of capacity **-pilot** space pilot **-raket** space rocket **-resa** se *-färd* **-skepp** space-ship **-sond** space-probe **-station** space-station **-strålning** cosmic radiation **-ålder** space age

rymlig *a* eg. spacious, roomy, om bostad o.d. äv. commodious, om t.ex. ficka capacious, v. ample; bildl. om samvete accommodating, o

t.ex. definition broad **rymligt** *adv* spaciously etc.; *bo* ~ have a large flat (house etc.)
rymling fugitive, runaway, escapee
rym|ma *-de -t* **I** *itr* **1** allm. fly run away, om fånge o.d. escape, om kvinna m. älskare elope; plötsligt ge sig i väg decamp; ~ *med* kassan äv. run (make) off with . .; ~ *ur fängelset* escape from (break) prison **2** sjö. om vinden veer aft **II** *tr* kunna innehålla hold; ha plats för (om t.ex. bil) äv. have room for, (om lokal) äv. have accommodation for; ha sittplats för äv. seat; bildl.: innefatta contain, omsluta embrace; *kärlet -mer* 10 liter the vessel holds (will hold) . . ; bilen (båten) *-mer sex personer* . . can take (. . has room for) six people; there is room for six people in . .; ~ *ut* se *utrymma* **rymmare** se *rymling; leka* ~ *och fasttagare* ung. play cops and robbers **rymmarstråt,** *på* ~ on the run
rym|mas *-des -ts itr. dep,* de *ryms i salen* there is room for . . in the hall, the hall will hold (resp. seat) . ., jfr *rymma II;* så liten att *den ryms i fickan* . . it goes into the pocket; *en* transistorradio *som ryms i fickan* äv. a pocket-size . .; *allt som ryms inom* ordet demokrati all that goes into . .
rymmen, *på* ~ on the run **rymning** ur fängelse o.d. escape **rymningsförsök** attempted (attempt to) escape
rynk|a I *-an -or* i huden wrinkle, line, pucker, fåra furrow; skrynkla (på kläder) crease, wrinkle; *-or* sömn. gathering sg. **II** *tr itr* **1** ~ *pannan* wrinkle [up] one's forehead, ögonbrynen pucker [up] (knit) one's brows, isht ogillande frown; ~ *på näsan åt* bildl. turn up one's nose at **2** sömn. gather **III** *rfl* om tyg crease, crumple, wrinkle **rynkig** *a* **1** om hud wrinkled, wrinkly, fårad furrowed **2** skrynklig creased, [c]rumpled **rynkning** i tyg gathering; *~ar* på klänning o.d. gathers; *en* ~ *på näsan* a pucker (wrinkle, wrinkling) of the nose; *en* ~ *av pannan* a wrinkle (wrinkling) of the forehead, isht ogillande a frown **rynktråd** drawing thread
ryps *-en 0* [kind of] rape
rys|a *rös (-te) -t itr* av köld shiver, av fasa o.d. äv. shudder, av förtjusning o.d. thrill, be thrilled, *av* i samtl. fall with; *det -er i mig när jag* tänker på . . I shudder when I . ., it gives me the shudders (F the creeps) to inf.; ~ *till* give a shiver (shudder) **rysansvärd** *a* se *ryslig* **rysare** thriller
rysch *-et* - ruche, frill; koll. äv. ruching, frilling båda sg.
rysk *a* Russian **rysk|a** *-an* **1** pl. *-or* kvinna Russian woman **2** pl. *0* språk Russian. — Jfr *svenska* **ryskfientlig** *a* anti-Russian **ryskfödd** *a* Russian-born; för andra sms. jfr äv. *svensk-* **rysk-japansk** *a,* *~a kriget* the Russo-Japanese war
ryslig *a* förskräcklig dreadful, frightful, fasansfull horrible, förfärlig terrible, otäck horrid samtl. äv. friare; F äv. awful, atrocious; *han är* ~ *att ljuga* he is a terrible liar **ryslighet** *-en -er* det rysliga frightfulness etc.; *~er* horrors, atrocities **rysligt** *adv* dreadfully etc. jfr *ryslig; jag skulle* ~ *gärna vilja komma* I should love to come; han är ~ *tråkig* . . a dreadful bore **rysning** shiver, shudder
ryss *-en -ar* Russian **-gubbe** bot. Bunias orientalis lat. **-hat** Russophobia
ryssj|a *-an -or* fiske. fyke [net]
Ryssland Russia **ryssläder** Russia leather, russia
ryta *röt rutit itr tr* allm. roar, om pers. äv. bellow, shout, bawl, *åt* i samtl. fall at; om storm äv. howl; ~ sina order roar out . . **rytande** *-t -n* roaring etc. end. sg.; *ett* ~ a roar
rytm *-en -er* rhythm **rytmik** *-en 0* rhythmics sg. **rytmisk** *a* rhythmic[al]
ryttar|e allm. rider, horseman; i kortsystem tab; *en häst utan* ~ a riderless horse **-gång** i cirkus entrance-way **-inna** horsewoman **-pistol** horse pistol **-staty** o. **-stod** equestrian statue
rytteri mil. cavalry **ryttmästare** [cavalry] captain; motsv. befattningsmässigt major
RÅ se *riksåklagare*
1 rå *-n -r* sjö. yard
2 rå *-n* el. *-[e]t* pl. *-r* gräns, rågång boundary, råmärke boundary-mark
3 rå *-[e]t (-n)* pl. *-[r]* se *rådjur*
4 rå *-[e]t (-n)* pl. *-n (-r)* andeväsen ung. sprite, skogs~ ung. siren of the woods
5 rå *a* **1** ej kokt el. stekt raw **2** ej bearbetad: om t.ex. hudar, silke raw, om t.ex. olja crude, om diamant, yta rough **3** om väder raw **4** bildl.: grov, om t.ex. skratt, skämt coarse, om seder äv. crude, ohyfsad äv. rude; brutal brutal; *~tt spel* sport. rough play; *~tt språk* äv. foul language; *den ~a styrkan* brute force; *ett ~tt överfall* a brutal assault
6 rå *-dde -tt* **I** *itr* **1** ~ + [ren] inf. be able to inf., se vid. *orka; jag ~r inte ensam* I cannot manage it alone **2** se *råda II*
II *rfl,* ~ *sig själv* be one's own master; om han *får* ~ *sig själv* . . is left to himself
III m. beton. part. **1** *jag* ~*r inte för det* I cannot help it, det är inte mitt fel it is not my fault; *jag* ~*r inte för att* det misslyckades äv. I am not to blame that . .; *jag ~r inte för att jag kommer för sent* I cannot help being too late **2** ~ *med* se *orka [med]* **3** ~ *om* own, possess, be in possession of; *vem ~r om det?* äv. whose is it?; *vem ~r om hunden?* äv. who does the dog belong to?; hur länge *får vi* ~ *om dig?* . . can we have you to ourselves? **4** ~ *på* mera eg. be stronger than, vara övermäktig get the better of, få bukt med cope with, bemästra master; *jag ~r inte på honom* mera eg. I cannot beat him, bildl. I

cannot manage him
råbandsknop reef-knot
rå|barkad *a* bildl. coarse, crude, boorish **-biff** ung. beefsteak tartare, scraped raw beef with egg yolks
råbock roebuck
råd *-et -* (ibl. reale) **1** advice, högt. counsel båda end. sg.; *ett [gott] ~* a piece of [good] advice; *många goda ~* much (a lot of) good advice; *~ och anvisningar för* sportfiskare hints and directions for . .; *ge ~* give advice; *ge ngn ett ~* äv. advise a p.; *lyda (följa) ngns ~* take (follow) a p.'s advice; *bistå ngn med ~ och dåd* lend a p. advice and assistance; *be ngn om ~ (fråga ngn till ~s)* ask (seek) a p.'s advice, consult a p. **2** medel means, expedient, utväg way [out], hjälp resource; *det blir väl någon ~* there will be some way out; *det blir väl ingen annan ~* there will be no [other] alternative; *det blir (är) ingen annan ~ än att han får* göra det there is nothing for it but to let him . .; *han vet alltid ~* he is never at a loss [what to do]; *jag visste [mig] ingen levande ~* I was at my wits' end; *finna på ~* find a way **3** tillgång, *han har ~ att* inf. he can afford to inf.; *jag har inte ~ till (med) det* I cannot afford it, it is beyond my means; *ha god ~* have ample means **4** rådsförsamling council, nämnd o.d. board; *Konungen med ~s ~e* ung. the King in Council
råd|a *-de rått* **I** *tr* ge råd advise, högt. counsel, tillråda recommend; *vi -de dem att* inf. äv. we advised their ing-form; *jag -er dig att inte* inf. äv. I warn you not to inf.; *~ till ngt* advise a th.; *~ ngn till försiktighet* advise a p. to be cautious (observe caution); *vad -er du mig till?* what do you advise me to do?; *jag vill varken ~ till eller ifrån* I will not advise either way **II** *itr* **1** ha makten rule, ha övertaget prevail, *över* over; disponera dispose, *över* of; *om jag fick ~* if I had my way; *här är det jag som -er* I am master (resp. mistress) here; omständigheter *som jag inte -er över* . . over which I have no control; jfr *6 rå* **2** förhärska prevail, be prevalent; om t.ex. mörker, tystnad reign; *det -er* (är) vanl. there is (resp. are); *det -er ett gott förhållande mellan dem* they are on good terms [with each other]; *det -er* inget tvivel there is . .; *oro -er* i landet there is unrest . . **rådande** *a* allm. prevailing, gängse äv. prevalent, current; förhärskande predominant; *nu ~* . . now prevailing, present; *vara ~* äv. prevail; *under ~ förhållanden* in (under) the [existing] circumstances; *den ~* (nuvarande) regimen the present . .
rådbråka *tr* bildl., språk murder; *på min ~de* engelska in my broken . .; *jag känner mig (är) alldeles ~d* efter resan I am aching (sore) all over . .
råd|fråga *tr* consult, *ngn om ngt* a p. about a th., *ngn i* en sak a p. on . .; *~ en advokat (läkare)* äv. take legal (medical) advice **-frågning** consultation; *~ar* besvaras av . . inquiries . . **-föra** *rfl* se *-fråga, -göra* **-givande** *a* consultative, advisory; om ingenjör o.d. consulting **-givare** allm. adviser, högt. counsellor **-givning** advice, *i (rörande)* on **-givningsbyrå** advice bureau, information (consultative) office **-göra** *itr, ~ med ngn om ngt* consult (confer) with a p. on (about) a th.; *~ om ngt* äv. discuss a th.
rådhus stadshus town hall; jur. [town] law-court[s pl.] **-rätt** ung. municipal (town) court, i Engl. motsv. magistrates' (police) court
rådig *a* resolut resolute, fyndig resourceful **-het** resolution, resourcefulness, sinnesnärvaro presence of mind
rådjur roe deer (pl. lika), roe äv. koll. **rådjursstek** joint of venison, tillagad roast venison
råd|lig *a* advisable, well-advised, klok äv. wise, prudent, lämplig expedient; *inte ~* äv. inadvisable **-lös** *a* för tillfället perplexed, puzzled, pred. äv. at a loss [what to do] **-löshet** perplexity **-man** jur. member of a (resp. the) municipal court etc. jfr *rådhusrätt;* i magistraten borough administrator, alderman **-pläga** *itr, ~ om ngt* deliberate [upon, over] a th.; *~ med ngn om ngt* consult (confer) with a p. on (about) a th, **-plägning** deliberation, consultation, conference; *hålla ~* se *-pläga* **-rum** frist respite, betänketid time for consideration
råds|församling personer council; sammanträde council meeting **-herre** councillor
råd|slag deliberation, consultation, conference; bibl. counsel **-slut** bibl. counsel **-slå** *itr* se *-pläga*
rådsrepublik Soviet republic
rådstu[gu]rätt se *rådhusrätt*
rådvill *a* villrådig perplexed, pred. äv. at a loss, obeslutsam irresolute **-het** perplexity, irresoluteness, irresolution
råg *-en 0* rye; *ha ~ i ryggen* F ung. have stamina (guts)
råga **I** *tr* heap, pile [up]; *en ~d tesked* a heaped teaspoonful; *en ~d* bräddfull *tallrik* a full plate, jfr äv. *bräddfull; i ~t mått* bildl. abundantly; se äv. *mått* **II** *-n 0, till ~ på allt* to crown it all, on top of that (it all)
råg|ax ear of rye **-blond** *a* om hår light-blond **-bröd** rye bread
råge *-n 0* full (good) measure; vi fick *~ på våra portioner* . . big helpings
rågfält med gröda field of rye
råglas rough plate [glass]
råg|mjöl rye flour **-sikt** sifted rye flour
rågummi raw (crude) rubber, till sko crêpe rubber **-sko** crêpe [soled] shoe **-sula** crêpe [rubber] sole

rågåker se *rågfält*
rågång boundary[-line]
råhet *-en -er* egenskap rawness etc., brutality, jfr *5 rå;* handling brutality, piece (act) of brutality; uttryck coarse expression (anmärkning remark, skämt joke etc.)
råk *-en -ar* open channel [in the ice]
1 råk|a *-an -or* zool. rook
2 råka I *tr* träffa meet, stöta ihop med run (come) across, encounter
II *itr* **1** händelsevis komma att happen (chance) to; *han ~de falla* he happened to fall; *jag ~de slå sönder* fönstret äv. I broke . . by accident; *han ~r vara min kusin* äv. as it happens he is my cousin; *nu ~de det vara så att* . . it so happened that . .; *om du skulle ~ se honom* äv. if you should see him by any chance **2** komma, *~ i ett bakhåll* fall into an ambush; *~ i fara* get into danger; bilen *~de i sladdning* . . started skidding; *~ i händerna på* fall into the hands of; *~ i svårigheter* get into trouble; *~ i vanrykte* fall into disrepute; se i övrigt resp. subst.
III m. beton. part. **1** *~ fast* be (get) caught **2** *~ in i* get into, bli indragen i get involved in **3** *~ på ngn* come (run) across a p.; den första bok jag *~de på* vanl. . . came across **4** *~ illa ut* get into trouble (difficulties), stark. meet with misfortune, i t.ex. slagsmål come off badly; *~ ut för* bedragare fall into the hands of . .; *jag har ~t ut för honom* tidigare I have come up against him . .; *~ ut för* obehag, dåligt sällskap get into . .; *~ ut för* en olycka meet with . .; *~ ut för* ett oväder o.d. be caught in . .; *~ ut för* en sjukdom contract . .; man vet aldrig *vad man kan ~ ut för* . . what may happen to you; *nu har han ~t vackert ut!* now he has got himself into a mess!
råkall *a* raw
råkas *itr. dep* meet
rå|kopia proof **-kost** raw (uncooked) vegetables and fruit, raw food **-kostdiet** raw food diet **-kostsallad** raw vegetable salad
råkurr *-et* - F roughhouse, punch-up
råma *itr* moo; bellow äv. bildl.
råmaterial raw material
råmärke eg. boundary-mark, land-mark; *~n* bildl. bounds, boundaries; *inom lagens ~n* within the pale of the law
1 rån *-et* - bakverk wafer
2 rån *-et* - robbery **råna** *tr* rob; *~ ngn på ngt* rob a p. of a th. **rånare** robber
rån|försök attempted (attempt at) robbery; *göra ett ~ mot* . . make an attempt to rob . . **-kupp** robbery; jfr äv. *-överfall* **-mord** murder with robbery, robbery and murder **-mörda** *tr* rob and murder **-mördare** person who has committed murder with robbery
rånock sjö. yard-arm
rånöverfall assault with intent to rob, F hold-up
rå|olja crude oil **-oljemotor** crude-oil engine **-riven** *a* . . grated raw **-rörd** *a, ~a* lingon ung. . . preserved raw
råsegel square sail
rå|siden raw silk **-skala** *tr* potatis peel . . raw; *~d* kokt *~* peeled and boiled potatoes **-skinn** bildl. rowdy, brute, tough **-socker** raw (unrefined) sugar
rått|a *-an -or* rat, liten mouse (pl. mice) **-bo** mouse (rat's) nest, se äv. *-hål* **-fälla** mouse-trap, rat-trap **-gift** rat-poison **-grå** *a* mouse-coloured **-hund** ratter **-hål** mouse-hole, rat-hole **-svans** eg. rat's tail, rat-tail; fläta pigtail **-unge** young rat (mouse) **-utrotning** rat extermination **-äten** *a* attr. . . that has etc. been gnawed by rats (mice)
rå|vara raw material, primary product; *-varor* äv. primary produce sg. **-varubrist** lack of raw materials **-varuförsörjning** raw material supply **-varupris** raw material price **-varutillgång** supply of raw materials
räck *-et* - **1** rail; se vid. *räcke* **2** gymn. horizontal bar
räck|a A *-an -or* **1** mera eg.: rad row, av hus o.d. äv. range **2** friare: av t.ex. händelser series (pl. lika), av missöden o.d. äv. run, succession
B *-te -t* **I** *tr* **1** överräcka hand, reach, pass; *vill du ~ mig saltet* please pass [me] the salt, may I trouble you for the salt?; *~ ngn handen* give a p. one's hand, bildl. extend the hand of friendship to a p.; *~ varandra handen* shake hands **2** nå reach **3** tekn. stretch **II** *itr* **1** förslå be enough (sufficient), suffice, *för, till* for; *få* pengarna *att ~* make . . do; pengarna *-er inte* . . will not last out; *det -er inte långt* that won't go far (last long); *nu -er det* äv. that will do now; *det -er med* ett kilo äv. . . will do; förråden *-er till årets slut* . . will last out the year; *köp så att det -er* buy enough [to last] **2** vara, hålla på last; *~ länge* last a long time; *det* (t.ex. sammanträdet) *-er inte länge* it will not take long; *maten -te* tre dagar äv. there was enough food for . .; konferensen *kommer att ~ in i juni* . . will go on into June **3** nå reach, sträcka sig (om sak) extend, stretch; *vattnet -te mig till knäna* the water came up (reached) to my knees **III** m. beton. part. **1** *~ fram* eg. hold (stretch) out, överräcka hand, ss. gåva present; *~ fram handen* äv. extend one's hand; *dubbelspåret -er ända fram till* nästa station the double track stretches as far as . .; *blidvädret -te ända fram till* jul the mild weather lasted right on till . .; bilvägen *-er inte ända fram* . . does not go all the way **2** *~ ned till* golvet reach down to . . **3** *~ till* se *II 1; få det att ~ till* make it do, om till-

gångar äv. make both ends meet; min inkomst *-er inte till för det* . . will not run to it (is not sufficient for it); *han får aldrig tiden att ~ till* he never finds enough time **4** *~ upp handen* put (hold, stretch) up one's hand; *han -er inte upp till* bordskanten he does not reach (come) up to . .; *ta emot ett erbjudande med uppräckta händer* jump at an offer **5** *~ ut handen* om cyklist o.d. give a hand-signal; *~ ut handen efter ngt* reach out [with one's hand] for a th.; *~ ut tungan åt ngn* stick (put) out one's tongue at a p.; *~ ut tungan* hos läkaren put one's tongue out **6** *~ över* smörkniven pass . .

räcke *-t -n* på t.ex. balkong rail; på trappa (inomhus) banisters pl., (utomhus) railing[s pl.]; på bro parapet, railing

räck|håll, *inom (utom) ~ [för ngn]* within (out of, beyond) [a p.'s] reach; *utom ~ för* rättvisan out of the reach of . . **-vidd** t.ex. en boxares reach; ett skjutvapens, en radiostations o.d. range; bildl., omfattning scope, compass, betydelse importance

räd *-en -er* raid, *mot* on; *göra en ~ mot (in i)* . . äv. raid . .

räd|as *-des* (sup. ibl. *-its*) *itr. tr. dep, ~ [för]* . . fear (dread) . .; *~ för* sitt liv fear for . .

rädd *a* allm. afraid end. pred., *för* of, *att* inf. of ing-form, *för att* inf. to inf.; förskräckt, skrämd frightened, scared, *för* of; alarmed; bekymrad anxious, *för* about; räddhågad timid, timorous; *bli ~* get (be) frightened etc.; *vara ~* be afraid etc.; *vara ~ av sig* be timid; *jag är ~ för att han inte kommer* I am afraid he will not come; Är han sjuk? — *Jag är ~ för det* . . I am afraid so; *du behöver inte vara ~ [för] att* jag skall skvallra you need not be afraid that . .; *vara ~ för* äv. fear; *vara ~ för att* säga sanningen äv. be shy of ing-form; *vara ~ [för] att* hugga i be afraid of ing-form; *vara ~ om* aktsam om be careful with, t.ex. sina kläder take care of, mån om be jealous of, sparsam med be sparing (economical) with; ägodelar *som man är särskilt ~ om* . . that one specially treasures (cherishes); *var ~ om dig!* take care of yourself!, look after yourself!

rädda I *tr* allm. save, ur överhängande fara äv. rescue, *från (ur, undan)* i båda fallen from; bärga salvage, salve; friare, bevara preserve, *åt* for; *~ ansiktet* save one's face; *~ livet på ngn* save a p.'s life; *~ ngn från att drunkna* rescue (save) a p. from drowning; *~ ngt undan* glömskan rescue a th. from . .; *~ sitt samvete* salve one's conscience; hans liv (huset) *stod inte att ~* . . was beyond saving; komma *som en ~nde ängel* . . like an angel to the rescue **II** *rfl* save oneself, genom flykt escape; *rädde sig den som kan!* every man for himself; *~ sig i land* manage to reach the shore; *~ sig ur* ett hus (en svårighet) manage to get out of . . **räddare** rescuer, befriare deliverer

rädd|håga *~n 0* timidity, timorousness, fear **-hågad** *a* timorous, timid, fearful

räddning ur överhängande fara rescue; räddande saving, rescuing, jfr *rädda I;* frälsning salvation äv. t.ex. stads, företags; bärgning salvage; befrielse deliverance; utväg resort, way out; sport., målvakts save; *det blev hans ~* that was the saving of him (his salvation)

räddnings|aktion rescue action **-arbete** rescue work (operations pl.) **-bragd** daring rescue, life-saving exploit **-båt** lifeboat **-bälte** lifebelt **-flotte** life raft **-försök** attempted (attempt at) rescue **-korg** sjö. breeches buoy **-kryssare** lifeboat **-lina** sjö. lifeline **-löst** *adv, ~ förlorad* irretrievably lost **-manskap** rescue party **-planka** bildl. last resort (hope), sheet-anchor **-raket** life rocket **-station** life-saving (rescue) station **-stege** fire-escape **-stol** se *-korg* **-tjänst** rescue (life-saving) service

rädis|a *-an -or* radish

rädsla *-n 0* fear, dread, *för* of

räffl|a I *-an -or* spår groove äv. i gevärspipa; ränna channel, i t.ex. pelare flute; t.ex. på gummisula rib **II** *tr* groove, channel, flute, vapen rifle; *~d* om t.ex. gummisula ribbed; *~d kant* på mynt milled edge

räfs|a I *-an -or* rake **II** *tr* rake, *ihop* together **-pinne** tooth of a (resp. the) rake

räfst *-en -er* hist., rättslig undersökning inquisition; *hålla ~ (räfst- och rättarting) med ngn* friare call a p. to account, bring a p. to book

räjong *-en -er* område region, bildl. range, sphere

räk|a *-an -or* liten, tång~ o. allm. shrimp, större, djuphavs~ prawn

räk|el *-eln -lar, en lång ~* a lanky fellow

räkenskap *-en -er* **1** redogörelse, *avlägga ~ för ngt* render an account of a th., account for a th.; *ställa ngn till ~* call a p. to account, bring a p. to book; *~ens dag* the day of reckoning **2** *föra ~er* keep accounts; *göra upp ~erna [med ngn]* settle accounts [with a p.]

räkenskaps|bok account book **-förare** accountant **-föring** keeping of accounts, accounting **-granskning** audit **-skyldighet** liability to keep accounts **-år** financial year

räk|fiskare shrimper **-fiske** shrimping

räkna I *tr itr* **1** allmännast count, företa uträkningar reckon, beräkna calculate; *~ till tio* count [up] to ten; *~ kassan* count [over] the cash; hans dagar *är ~de* . . are numbered; *~ det som en ära* consider (count) it an honour; *~s som* omodern be regarded (reckoned) as . .; *~ sin ålder från* . . date from (back to) . .; ~ *ngn bland* sina vänner count (reckon, number) a p. among . .; *det ~s honom till förtjänst* it is (adds) to his credit; *det ~s bland det bästa han gjort* it is ranked among his best works; ~ *med ngt* vänta sig expect (anticipate) a th., ta med i beräkningen allow for a th., påräkna count (reckon, calculate) [up]on a th.; *jag ~de inte med att det skulle ta så lång tid* I did not expect it to take so long; *vi måste ~ med* den allmänna prishöjningen we shall have to allow for . .; *det kan du ~ med* you can reckon (count, depend) on that; en motståndare *att ~ med* . . to be reckoned with; du måste ~ *med två portioner per man* . . reckon two portions per head; vi hade *~t med att de skulle förbli neutrala* . . counted (reckoned) on their remaining neutral; *inte ~ så noga med ngt* not be very particular about a th.; ~ *på hjälp av (från) ngn* count (reckon) on a p.'s help; *jag ~r på att han kommer* I count on him to come; kan jag ~ *på dig?* . . count (reckon) on you?; *valarna ~s till* däggdjuren whales are counted (classed) among . .; *man ~r honom till* oppositionen he is considered to belong to . .; *~t i francs* in francs; *i pengar ~t* in terms of money; *i procent ~t* on a percentage basis; *~t från* [*och med*] . . counting [as] from . . **2** mat. (absol.) do arithmetic (sums); ~ *ett tal* do (work out) a sum; ~ *med bråk* do fractions; ~ *i huvudet* do mental arithmetic, vid visst tillfälle make a mental calculation; ~ *på maskin* compute, calculate **3** uppgå till number, mäta measure; *mötet ~de* några tusen deltagare the meeting had assembled . .; *om man ~r 50 man på* varje fartyg allowing 50 men to . .

II m. beton. part. **1** ~ *av* dra av deduct, allow for; ~ *av en skuld mot en fordran* offset (compensate) a debt by a credit **2** ~ *bort* dra av deduct; lämna ur räkningen leave . . out of account; extrainkomster *borträknade* excluding (not counting) . . **3** ~ *efter hur mycket det blir* work out how much it will be, see what it makes; ~ *efter om det stämmer* check to see if it is right; *jag måste ~ efter* I must work it out **4** ~ *fram* t.ex. budgetöverskott work out **5** ~ *ifrån* dra av deduct; frånse leave . . out of account **6** ~ *igenom* kontrollera check; kassan (tvätten) count [over]; jag måste ~ *igenom talen* [*en gång till*] . . do (go through) the sums [once more] **7** ~ *ihop* t.ex. pengar count up, en summa add up **8** ~ *in* t.ex. kreatur count; ngt i priset include; *sex,* katten *inräknad* six, counting . . **9** ~ *med* count [in], include, take into account; fraktkostnaden *medräknad* counting . ., including . ., inclusive of . .; fraktkostnaden *ej medräknad* not counting . ., exclusive of . . **10** ~ *ned* addera ned add (sum) up; inför start count down **11** ~ *om* count . . over again, recount, ett tal do . . again; ~ *om tum till* centimeter convert inches into . . **12** ~ *samman* se ~ *ihop* **13** ~ *upp* nämna i ordning enumerate; pengar count out; ekon. (anslag o.d.) adjust . . upwards **14** ~ *ut* beräkna calculate, work out, fundera ut figure out, förstå make out, tänka ut think out; ett tal do, work out . .; boxn. count out; ~ *ut det i huvudet* do it (work it out) in one's head **15** ~ *över* sina pengar count over . .; vad det kommer att kosta calculate . .

räknas *itr. dep, han (det) ~ inte* he (that) does not count

räkne|bok bok att räkna i sum book; -lära arithmetic [book] **-exempel** arithmetical example, isht skol. sum [to be worked out] **-fel** arithmetical error **-häfte** sum book **-lära** bok arithmetic [book] **-maskin** calculating machine, calculator **-operation** arithmetical operation **-ord** numeral **-snurra** calculating machine, calculator **-sticka** slide-rule **-sätt,** *de fyra ~en* the four [fundamental] rules of arithmetic **-tabell** arithmetical table **-tal** sum **-uppgift** arithmetical problem, sum **-verk** counter

räkning räknande counting, i vissa fall count äv. boxn.; beräkning, uträkning calculation, reckoning; mat. arithmetic, figures pl.; nota bill, amer. äv. check; månads~, konto account; faktura invoice; *en ~ på* 50 kr. a bill for . .; *~en går (är) på* 50 kr. the bill amounts (runs) to . .; *föra ~ över ngt* keep an account of a th.; *göra upp ~en utan värden* bildl. reckon without one's host; *hålla ngn ~ för ngt* give a p. credit for a th.; *hålla ~ på ngt* veta antalet keep count of a th.; *skriv* [*ut*] *~en på mig* make out the bill to me; *ta (gå ned för) ~* boxn. take the count; *ta ~ till nio* boxn. take a count of nine; *tappa* [*bort*] *~en* antalet lose count; *enligt min ~* according to my calculation (reckoning); *för egen ~* H on one's own account; behålla ngt *för egen ~* . . for oneself (one's own use); *för min ~* är jag . . for my part . .; *för ngns ~* on a p.'s account (behalf); *för (på) ngns ~ och risk* H for account and risk of a p.; *det får stå för hans egen ~* that is just his opinion, he is only speaking for himself; platsen hålls *för hans ~* . . for him; *vara bra i ~* be good at arithmetic (sums, att räkna figures); *ett streck i ~en* oförutsett hinder an unforeseen obstacle, besvikelse a [great] disappointment; *det var ett streck i ~en för mig* it upset my plans; *ta ngt med i ~en* take a th. into account; *överföra ngt i ny ~* carry a th. forward [to new account]; *börja på ny ~* bildl. start afresh; *skriva (sätta) upp ngt på ngns ~* put a th. down to a p.'s account (to a p.); *ta* [*ngt*] *på ~* buy [a th.] on credit; *lämna* ngt (ngn) *ur ~en* leave . . out of account, rule

out . .; *vara ur ~en* be out of the running
räl *-en -er* rail **räls** *-en -* rail, koll. äv. rails pl. **rälsbrott** rail breakage **rälsbuss** railbus **rälsskarv** rail joint
rämn|a I *-an -or* i t.ex. mur o. i jorden crack, i berg äv. crevice, fissure, i glaciär crevasse; i molnen rent, i tyg äv. slit; bred gap; bildl. split **II** *itr* spricka crack, split, om tyg rend, be rent, tear, om molntäcke part
ränker *pl* intriger intrigues, machinations, underhand dealings, anslag plots, schemes; *smida (spinna) ~* intrigue, plot, scheme **ränkfull** *a* intriguing, scheming **ränksmidare** intriguer, plotter, schemer **ränkspel** se *ränker*
1 ränn|a *-an -or* allm. groove, furrow; transport~ shoot, chute, vid flottning o.d. flume; dike trench; avlopps~ drain, kanal channel; farled channel, fairway; liten klyfta gully
2 rän|na *-de -t* **I** *itr* run, *efter* flickor after . ., *på* bio to . .; *~ i vädret (höjden)* växa shoot up; *~ på grund* run aground **II** *tr, ~ kniven i ngn* run one's knife into a p.; *~ huvudet i väggen* run one's head against the wall **III** m. beton. part. **1** *~ emot ngt* run (crash) into a th. **2** *~ in ngt i . .* run a th. into . .; *~ in i ngt* run (crash) into a th. **3** *~ i väg* run (rush) off **4** *~ omkring på* gatorna run (gad) about [in] . . **5** *~ på* a) tr. se *~ emot* b) absol. om fartyg run aground **6** *~ upp på ett grund* run aground (upon the rocks) **7** *~ ute* om kvällarna run [out and] about (gad about) . . **rännande** *-t 0* running [about], gadding [about]; *det var ett fasligt ~ [av folk]* hela dagen people kept running in and out (coming and going) . . **rännarbana** tornerplats tilt-yard
rännil *-en -ar* rill, rivulet, runnel; friare, t.ex. av svett trickle **ränning** varp warp **rännsnara** running noose
rännsten gutter **rännstensunge** guttersnipe
räns|el *-eln -lar* knapsack, rucksack
1 ränt|a *-an -or* inälvor offal
2 ränt|a I *-an -or* interest end. sg., räntefot rate [of interest]; *~ på ~* compound interest; *upplupen ~* accrued interest; beräkna *~n efter 5 %* . . the interest at [the rate of] 5%; *betala ~ på* ett lån pay interest on . .; *ta 5% i ~* charge 5% interest; *ge betalt för ngt med ~* bildl. return a th. with interest; *lånet löper med 5 % ~* the loan carries 5% interest; låna ut pengar *mot [låg] ~* . . at [low] interest; *leva på -or (sina -or)* live on the interest of one's capital, live on one's private means **II** *tr* se *förränta I* **III** *rfl* se *förränta II* **räntabel** *a* räntebärande interest-bearing, vinstgivande profitable, remunerative, paying; *vara ~* äv. pay **räntabilitet** profitableness, remunerativeness

ränte|avdrag deduction of interest **-avkastning** [interest] yield **-belopp** amount of interest **-beräkning** calculation of interest **-betalning** payment of interest **-bärande** *a* interest-bearing, productive **-fot** se *-sats* **-fri** *a* pred. free of (without) interest; interest-free **-höjning** increase in the rate of interest **-inkomst** income (end. sg.) from interest **-kammare** univ. bursary **-kupong** interest coupon; utdelningscheck dividend warrant **-räkning** mat. computation of interest **-sats** rate [of interest], interest rate **-sänkning** reduction in the rate of interest **-termin** date of payment of interest
ränt|kammare se *räntekammare* **-mästare** hist. ung. treasurer; univ. university treasurer, bursar
rät *a* rak right, om linje äv. straight; *~ vinkel* right angle; *2 ~a* i stickning 2 plain **rät|a I** *-an 0* right side, face **II** *tr itr, ~ [ut]* straighten [out], make . . straight; *~ [upp]* ett fartyg right . .; *~ på (ut) benen* stretch one's legs; *~ på ryggen* straighten one's back; *~ på (upp) sig* straighten oneself up; *~ upp sig* om fartyg right herself; *~ ut sig* om pers. stretch oneself out, om sak become straight [again] **rätlin[j]ig** *a* eg. rectilinear; bildl. upright, straight[forward]
rätoromanska *-n 0* språk Rhaeto-Romanic
rätsida right side, face, mynts o.d. obverse; *jag får ingen ~ på honom (det här)* I don't know what to do with him (this); *försöka få [någon] ~ på* sin ekonomi try to get . . into [some sort of] order
1 rätt *-en -er* mat~ dish; del av måltid course; *middag med tre ~er* a three-course dinner; *dagens ~* på matsedel today's special
2 rätt *-en* **I** pl. *0* (jfr *rätta I*) **1** rättighet, det rätta allm. right, rättvisa justice; *~en till arbete* the right to work; *~en att arbeta* the right to work (of working); *få ~* i spådom o.d. prove (be) right, turn out to be right; *nå, vem fick ~?* well, who is (was) right?; *få ~ [inför domstol]* win one's case; *få sin ~* come into one's own (one's right); *ge ngn ~* admit that a p. is right, agree with a p.; *kontraktet ger honom ~ till . .* the contract entitles him to . .; *göra ~ i att* inf. be (do) right in ing-form (to inf.); *du gjorde ~ som vägrade* you were right to refuse; Jag vägrade. — *Det gjorde du ~ i . .* You did right there; han svarade inte *och det gjorde han ~ i . .* and [he was] quite right too; *om jag gjorde ~* skulle jag ge dig ett kok stryk by rights . .; *göra ~ för sig* göra nytta do one's share, betala för sig pay one's way; *ha ~ [i ngt]* be right [about a th.]; *det har du ~ i* you are right [there], F you said it; *ha ~en på sin sida* be in the right; *ha ~ att* inf. have a (the) right to inf., be entitled to inf.; *ha ~ till ngt* have a right (be

entitled) to a th.; *mera än han har ~ till* more than his due; *hålla (stå) på sin ~* stand on (assert) one's rights; *komma till sin ~* göra sig själv rättvisa do oneself justice, do justice to oneself, ta sig bra ut show (appear) to advantage; *låta* ngns begåvning *komma till sin ~* provide scope for . .; *tavlan kommer mera till sin ~ där* that position does the picture more justice; *åren börjar ta ut sin ~* age is beginning to tell |on me (you etc.)|; *naturen tog slutligen ut sin ~* och han somnade Nature at last claimed her due . .; *han är i sin fulla (goda) ~* he is perfectly (quite) within his rights; *med ~ eller orätt* rightly or wrongly; *med ~ för A. att* inf. with the right for A. to inf.; *med all (full) ~* with perfect justice, very rightly; *med den starkares ~* by |right of| superior force; *med vad ~?* by what right (authority)?; skilja mellan *~ och orätt* . . right and wrong **2** *få (skaffa, ta) ~ på* se *reda A* ex.

II pl. *-er* **1** rättsvetenskap, rättssystem law **2** domstol court |of law (justice)|, law-court; jfr *rätta I 2; sitta i ~en* sit in court (on the bench); *inför ~en* förklarade han in court . .; *inför sittande ~* in open court

3 rätt I *a* riktig right, correct; tillbörlig proper; rättmätig rightful; sann, verklig true, real; rättvis fair, just; *~ skall vara ~* fair is fair; *det är ~* that's right; *det var ~ av henne att* inf. it was right of her to inf., she was right to inf. (in ing-form); det är *inte mer än ~* . . only fair; *det är ~ åt honom!* serve|s| him right!; *göra det ~a* do what is right (the right thing); *det enda ~a* the only right thing; *den ~e (~a)* isht i fråga om kärlek the right man (woman); *du är just den ~e* att tala om nykterhet iron. you are just the |right| one . .; *vara ~ arvinge* be the lawful (rightful) heir; *i ordets ~a bemärkelse* in the proper sense of the word; *på ~ bog* on the right tack; *en ~ kristen* a true Christian; *~ man på ~ plats* the right man in the right place; *det (han) är den ~e mannen* vanl. he is the man (the very man |for it|); det är inte *~ nyckel* . . the right key; *~a orsaken* the real cause; *här är inte ~a platsen att* inf. this is not the |right| place to inf.; *allt på sin ~a plats* everything in its proper place; *finna ~a sättet att* inf. find the right (proper) way to inf.; *det är just ~a sättet* iron. that's just the right way; *nu är |inte| ~a tiden för* t.ex. lax, ostron this is |not| the season for . .; *i ~ tid* in |due| time, on time; ett ord *i ~an tid* . . in season; överlämna ngt till *den ~e ägaren* . . the right|ful| owner; *i ~|a| ögonblick|et|* at the right moment

II *adv* **1** korrekt rightly, correctly, efter vb ofta äv. right; *~ avskrivet intygas* True Copy, true (correct) copy certified by; *eller ~are* |*sagt*| or rather (more correctly); *om jag har förstått ~* äv. if I am not mistaken; *går din klocka ~?* is your watch right?; *det kan aldrig ha gått ~ till* there must be (have been) something wrong here (there); *handla ~* act rightly; *höra ~* hear right; *räkna ~* antal count right, räknetal do it (work it out) right, bildl. be right |in one's calculations|; *är det ~ räknat?* is that right?; saken är *inte ~ skött* . . not properly handled; *stava ~* spell correctly; *det kan inte stå ~ till med* hans affärer there must be something wrong with . .; *träffa ~* hit the mark, bildl. hit upon the right thing **2** förstärkande: riktigt quite; något försvagande: tämligen fairly, ganska (vanl. gillande) pretty, (vanl. ogillande) rather; jfr äv. *ganska;* han började *se ~ gammal ut* . . look quite an old man; *jag trivs ~ |så| bra med* arbetet I get on quite (pretty) well with . .; *jag tycker ~ bra om henne* I quite like her; filmen är *~ |så| bra* äv. . . not |too (so)| bad; *de är ~ |så| lika varandra* vanl. they are very much alike; talet var *~ långt* äv. . . |rather (a bit)| on the long side; stanna *~ |så| länge* . . for a longish (rather a long) time; tillställningen var *~ |så| misslyckad* . . rather a failure **3** *~ och slätt* simply; *han är ~ och slätt en bedragare* he is a swindler pure and simple **4** just, *~ som (vad) det var* all at once, all of a sudden, suddenly; *~ som jag satt där* just as I was sitting there **5** rakt straight, direct, right, se *rakt* ex.; *sitter hatten ~?* is my hat on right (straight)?; duken ligger snett, *lägg den ~!* . . put it straight!; tavlan hänger upp och ned, *vänd den ~!* . . turn it right side up!; *~ akterut* sjö. dead astern; *~ förut* sjö. right ahead; *~ i (åt) norr* due north; bo, gå *~ över gatan* . . straight across the street

rätta I *oböjl. s* **1** *med ~* rightly, justly, with justice; *och det med ~* and rightly so; *finna sig till ~* bli van vid förhållandena find one's legs; *nu har han funnit sig till ~* acklimatiserat sig now he feels at home; *han kunde inte finna sig till ~ där* äv. he did not like it there; *hjälpa ngn till ~* show a p. the way about, friare help a p., lend a p. a hand, F show a p. the ropes; *komma till ~* be found, turn up; *komma till ~ med* a) pers., få bukt med manage, handle, komma överens med get on (along) with b) t.ex. ett problem cope with, master, en situation manage, handle, t.ex. svårigheter overcome, get the better of; *lägga till ~* eg. lay (put) . . in order, arrange, klarlägga make . . clear, utreda elucidate, beriktiga put . . right; *lägga* ett lärostoff *till ~ för ngn* arrange . . to suit a p.; *skaffa ngt till ~* find a th., get a th. back; *ställa allt till ~* reda upp put (set) things right; *sätta sig till ~* settle oneself; *tala ngn till ~* bring a p. to reason, make a p. see (listen to) reason; *visa ngn till* ~ eg. show a p. the way, vägleda show a p. the way about, F show a p. the ropes **2** |*in*|*för* ~ in court, before the court; *dra* en tvist *inför* ~ bring (take) . . before the (to) court; *inställa sig inför* ~ appear in (before the) court; |*in*|*stämma ngn inför* ~ summon a p. |before the court|; *stå inför* ~ |*anklagad för stöld*| be on (stand) trial |for theft|; *ställa (föra) ngn inför* ~ put a p. on trial, try a p., bring a p. to trial (to justice); *gå till* ~ *med ngn* tillrättavisa rebuke a p., *för* for, *för* att-sats for ing-form

II *tr itr* **1** korrigera correct, ett fel äv. rectify, pers. äv. put . . right; ~ *en skrivning* mark a paper; ~ *på* t.ex. glasögonen put . . straight, adjust; ~ *till* a) t.ex. klädseln put . . straight, adjust b) t.ex. fel put (set) . . right, rectify, correct, missförhållande o.d. remedy; *det* ~*r nog till sig så småningom* it is sure to come right in the end **2** avpassa adjust (accomodate, suit), *efter* to

III *rfl* **1** rätta en felsägning correct oneself **2** ~ *sig efter* **a)** om pers., t.ex. ngns önskningar comply with, follow, be guided by, instruktioner o.d. äv. conform to; beslut o.d. abide by, go by, order obey; andra människor, omständigheterna accommodate (adapt) oneself to; det enda han har *att* ~ *sig efter* . . to go by; *det är ingenting att* ~ *sig efter* that is nothing to go by; *nu vet jag vad jag har att* ~ *mig efter* now I know where I am (stand) **b)** om sak, *priserna* ~*r sig efter* tillgång och efterfrågan prices are dependent on (determined by) . .; *verbet* ~*r sig efter* subjektet the verb agrees with . .

rättare jordbr. |farm| foreman

rättegång rannsakning trial; process |legal| proceedings pl.; rättsfall case; isht civilmål lawsuit, action; ~*en mot X* civilmål the action against X, brottmål the trial of X; se äv. *process 2* ex.

rättegångs|balk Code of Procedure, Rules of Court **-biträde** counsel (pl. lika) **-dag** allm. court day; för visst mål day (date) of trial (of the hearing) **-förhandling**|**ar** *pl*| court proceedings pl. **-handlingar** *pl* allm. court records; avseende visst mål documents of a (resp. the) case **-kostnad**|**er** *pl*| law expenses pl., isht ådömda court (legal) costs pl. **-ordning** rules (pl.) of procedure **-protokoll** report of the proceedings **-referat** law report

rätteligen *adv* med rätta by right, rightly; egentligen by rights **rättelse** allm. correction, i text äv. emendation; beriktigande rectification, amendment; ~*r* rubrik errata, corrigenda; *vinna* ~ jur. obtain redress **rättesnöre** guiding rule (principle), norm; *ta ngt till* ~ take a th. as a guide (an example), be guided by a th.; *tjäna till* ~ *för ngn* serve as a guide to a p.

rättfram *a* straightforward, uppriktig äv. frank, candid; öppenhjärtig outspoken **-het** straightforwardness etc.

rätt|färdig *a* just, isht bibl. äv. righteous; *en* ~ *sak* a just cause; *sova den* ~*es sömn* sleep the sleep of the just **-färdiga** *tr* allm. justify, försvara äv. vindicate, motivera äv. warrant; ~ *ngn från* misstankar exculpate a p. from . .; ~ *sig* |*inför ngn*| justify oneself |before (to) a p.| **-färdiggöra** *tr* justify **-färdiggörelse,** ~ *genom tron* justification by faith **-färdighet** justness, justice, isht bibl. äv. righteousness **-haveri** ~*et 0* dogmatism, opinionatedness **-haverisk** *a* dogmatic, opinionated

rättighet *-en -er* allm. right; befogenhet authority; sprit~*er* licence sg.; *de mänskliga* ~*erna* human rights; *ha* ~ *till ngt* have a right (be entitled) to a th.; *ha* ~ *att* inf. have a (the) right (be entitled) to inf.; *ha* |*fullständiga*| sprit~*er* be |fully| licensed

rättik|a *-an -or* black radish

rättmätig *a* om t.ex. arvinge, ägare rightful, lawful; om krav o.d. legitimate; om harm righteous, justifiable; *det* ~*a i* hans krav the legitimacy of . .

rättning 1 korrigering correcting, av skrivningar äv. marking **2** mil. dressing; ~ *höger (vänster)!* right (left) dress!

rättrogen *a* faithful, friare orthodox; *en* ~ (kristen) a |true| believer

rättrådig *a* rättvis just; redbar upright, honest **-het** justness; uprightness, honesty, redbarhet äv. integrity, probity

rätts|anspråk legal claim, *på* to **-avdelning** legal department (division) **-begrepp** concept|ion| of justice; *stridande mot alla* ~ contrary to all ideas of right and justice **-enlig** *a* se *lagenlig* **-fall** |legal| case **-filosofi** legal philosophy **-fråga** issue of law **-förfarande** legal (judicial) procedure **-förhandlingar** *pl* legal (judicial) proceedings **-förhållande** legal relations pl.; ~*na* -systemet the legal system sg. **-gill** *a* o. **-giltig** *a* valid, pred. äv. valid in law **-giltighet** legal validity **-grund** legal basis (foundation) **-haveri** se *rätthaveri* **-historia** history of law; *-historien* äv. legal history **-hjälp** legal aid **-hjälpsanstalt** legal aid office

rättsinnad *a* right-minded

rättsinnehavare holder (owner) of a (resp. the) right (title), assign|ee|

rätt|sinnig *a* right-minded; se äv. *-rådig* **-skaffens** *oböjl. a* honest, upright

rätts|kemi forensic (legal) chemistry **-kemisk** *a,* ~ *undersökning* public analyst's investigation

rättskipning *-en 0* administration of justice

rättskrivning spelling, orthography; *ha ~* skol. vanl. have a dictation
rättskrivnings|fel mis-spelling, mistake in spelling **-lära** orthography; lärobok spelling--book **-regel** spelling rule
rätts|kränkning violation of justice (the law); *~ mot ngn* violation of a p.'s rights; *begå en ~ mot ngn* violate a p.'s rights **-känsla** sense of justice
rättslig *a* laglig legal; domstols- judicial; juridisk juridical; *medföra ~ påföljd* involve legal consequences; *~t skydd* äv. protection of the law; *~ ställning* legal status; *vidta ~a åtgärder mot ngn* take (bring) judicial proceedings against a p.; *på ~ väg* by legal means
rätts|läkare medico-legal expert **-lära** jurisprudence **-lärd** *a* pred. learned in the law; *en ~* a jurist **-lös** *a* om pers. . . without legal rights (protection); om tillstånd lawless, anarchic[al] **-löshet** lack of legal rights (protection); lawlessness, anarchy, jfr föreg. **-medicin** forensic medicine, medical jurisprudence **-medicinsk** *a* medico-legal **-medvetande** sense of justice **-norm** rule of law **-obducent** legal pathologist **-ordning** legal (judicial) system; *den allmänna ~en* public law (order) **-osäkerhet** insecurity regarding the rights of the individual (subject) **-praxis** legal usage, case-law **-princip** principle of law, legal principle **-psykiater** forensic psychiatrist **-regel** rule of law **-röta** ung. corrupt legal practice **-sak** [legal] case; *göra ~ av ngt* bring (take) a th. before the (to) court **-sal** court[--room] **-samhälle** community governed by law, community founded on the rule of law **-skipning** se *rättskipning* **-skydd** legal protection, protection of the law **-stat** state governed by law **-stridig** *a* unlawful, illegal, pred. äv. contrary to [the] law; *~t tvång* duress[e] **-subjekt** legal entity **-säkerhet** law and order, rule of law, security of life and property; *den enskildes ~* the legal rights pl. of the individual
rättstavning spelling, jfr *rättskrivning*
rätts|tillstånd legal conditions pl. **-tillämpning** application of the law **-tjänare** [court] usher **-trygghet** se *-säkerhet* **-tvist** legal dispute; process litigation **-uppfattning** conception of justice **-vetenskap** jurisprudence, legal science **-vetenskaplig** *a* jurisprudential **-vidrig** *a* se *-stridig* **-vård** administration of justice **-väsen** judicial system, judicature
rätt|-trogen *a* se *rättrogen* **-tänkande** *a* se *rättänkande*
rätt|vis *a* rättfärdig just, *mot* to; skälig fair, equitable; opartisk impartial; *det ~a i mina krav* the justice of . .; *det är inte mer än ~t att . .* it is only fair that . .; *vad är en ~ klocka?* what is the right time? **-visa** *~n 0* justice, fairness, equity, impartiality, jfr föreg.; *~n* lag o. rätt justice, the law; *gå ~n i förväg* forestall justice, *genom att* inf. by ing-form; *göra [full] ~ åt ngt* do [full] justice to a th.; *översättningen gör knappast ~ åt originalet* äv. the translation hardly lives up to the original; *låta ~n ha sin gång* let justice take (have) its course; *låta ngn vederfaras ~* do a p. justice; *överlämna ngn åt ~n (i ~ns händer)* deliver a p. up to (into the hands of) justice; *i ~ns namn* bör tilläggas in justice ([all] fairness) . . **-visande** *a* sjö. true; friare: om t.ex. klocka, jämförelse correct **-visligen** *adv* in justice (fairness) **-vänd** *a* allm. . . turned right way round (right side up)
rättänkande *a* right-minded, right-thinking
rätvinklig *a* om triangel o.d. right-angled, om figur äv. rectangular
räv *-en -ar* fox äv. bildl.; *han har en ~ bakom örat* he is a sly fox (wily bird) **-aktig** *a* bildl. foxy **-farm** fox farm **-gift,** *det här är rena ~et* om dryck this is pure rot-gut (rat-poison) **-gryt** fox-burrow, fox-earth **-hona** vixen, she-fox, bitch-fox **-jakt** jagande till häst m. hundar fox-hunting, m. gevär fox--shooting; jaktparti fox-hunt **-kaka** nux vomica, vomit-nut **-lya** se *-gryt* **-sax** fox trap **-skinn** fox-skin, pälsverk fox-fur **-spel 1** spel ung. fox and geese **2** bildl. intriguing, intrigues pl. **-svans** foxtail, fox-brush **-unge** fox cub
rö -[*e*]*t* -[*n*] reed
röd *a* (jfr *rött*) red äv. polit.; om hår äv. ginger, F carroty; om hy äv. florid; hög~ scarlet; *~ som blod* blood-red, crimson; *~a armén* the Red Army; *den ~a hanen* ung. the fire fiend; *Röda havet* the Red Sea; [*ha*] *~a hund* [have the] German measles; *~a kinder* red (rosy, ruddy) cheeks; *Röda korset* the Red Cross; *vid rött ljus* trafik. at the red light[s]; *det är ~a lyktor* utsålt there is a full house; *på två ~a sekunder* in less than no time, F in two ticks; *det verkar som ett rött skynke på* honom it is like a red rag [to a bull] to . .; *den ~a tråden* bildl. the main thread, the connecting thought; *. . går som en ~ tråd genom berättelsen* . . runs all through the story; *inte ett rött öre* not a bean; *i dag ~ i morgon död* here today, gone tomorrow; *bli ~* [*i ansiktet*] turn (go) red, redden, jfr *rodna; bli ~ av vrede* flush with anger; *göra (färga) ~* redden; *vara ~* [*i ansiktet*] *av blygsel* be red with shame; *de ~a* polit. the Reds; *se rött* [*för ögonen*] see red; för sms. jfr äv. *blå-*
rödakors|are *~n ~* member of the Red Cross **-syster** Red Cross nurse

röd|aktig *a* reddish, ruddy **-beta** [red] beetroot (amer. beet) **-blommig** *a* **1** eg. jfr *blåblommig* **2** om pers. florid, om t.ex. hy äv. rosy, ruddy **-blond** *a* om t.ex. hår sandy **-blå** *a* purple, reddish-blue **-bok** bot. [common] beech **-brokig** *a,* ~ boskap red-and-white . . **-brun** *a* reddish-brown, ruddy brown, russet; fuxfärgad sorrel, om häst äv. bay **-brusig** *a* om pers., attr. red-faced; om t.ex. ansikte red; *han är* ~ he has a red face **-fnasig** *a* ung. red and chapped **-färg** röd färg red paint; Falu ~ ung. red ochre, ruddle, reddle **-gardist** red guard **-glödande** *a* attr. red-hot äv. bildl. **-glödga** *tr* bring to [a] red heat **-gråten** *a* . . red (swollen) with weeping **-gul** *a* reddish-yellow, orange[-coloured] **-hake**[-**sångare**] robin [redbreast] **-het** *a* red-hot **-hårig** *a* red-haired; om pers. äv. red-headed, F carroty-haired

röding fisk char[r]

röd|kantad *a,* ~*e ögon* red-rimmed eyes **-kindad** *a* red-cheeked, rosy-cheeked, ruddy-cheeked **-klöver** red clover **-kål** red cabbage

Rödluvan Little Red Riding Hood

röd|lätt *a* om t.ex. hy ruddy **-lök** [red] onion **-näst** *a* red-nosed; stark. purple-nosed **-penna** red pencil **-plister** red dead-nettle **-skinn** red-skin, Red Indian **-skäggig** *a* red-bearded **-sminkad** *a* rouged **-sot** läk. dysentery, bloody flux **-spotta** plaice (pl. lika) **-sprit** methylated spirit **-sprängd** *a* om öga bloodshot **-spätta** plaice (pl. lika) **-stjärt** redstart **-vin** allm. red wine; bordeaux claret, bourgogne burgundy **-vinsglas** claret glass **-ögd** *a* red-eyed. — För sms. jfr äv. *blå-*

1 röj|a *-de -t tr* förråda betray, give away; uppenbara, yppa reveal, disclose; avslöja, blotta expose, *för* i samtl. fall to; visa, ådagalägga show, display, evince; ~ *en hemlighet* give away (betray) a secret; ~ *sig* betray oneself, give oneself away

2 röj|a *-de -t* **I** *tr* skog clear; hygge clear up; ~ *mark* clear land; ~ *rent på* skrivbordet clear . .; ~ *väg* eg. clear a way; ~ *väg för* bildl. clear (pave) the way for; ~ *ngn ur vägen* remove a p., put a p. out of the way; ~ *hinder ur vägen* remove obstacles **II** m. beton. part. **1** ~ *av* tomt o.d. clear; ~ *av* [*bordet*] clear the table **2** ~ *bort* clear away, remove **3** ~ *undan* eg. o. bildl.: t.ex. hinder clear away; pers., hinder remove; ~ *undan på* bordet clear . . **4** ~ *upp* [*i ett rum*] tidy up [a room]; ~ *upp på* olycksplatsen clear up the debris (wreckage) on . . **5** ~ *ur* clear out

röjdykare frogman **röjning** av mark o.d. clearing äv. konkr., efter t.ex. eldsvåda äv. clearance

rök *-en -ar* allm. smoke end. sg.; av särskilt slag, t.ex. cigarrök äv. fumes pl.; ~*arna* från stadens skorstenar steg rätt upp the pillars (clouds) of smoke . .; *ingen* ~ *utan eld* no smoke without fire; *gå upp i* ~ go up in smoke, bildl. äv. end [up] in smoke; *ta sig en* ~ have a smoke; sedan dess har vi inte *sett* ~ *en av henne* . . seen a trace of her **rök|a** *-te -t* **I** *itr* smoke jfr *ryka I;* där satt han *och -te på sin pipa* . . smoking his pipe; ~ *mot* ohyra fumigate to get rid of . . **II** *tr* allm. smoke, matvaror äv. smoke-cure, träslag äv. fume, desinficera äv. fumigate; ~ *cigarr (pipa)* smoke a cigar (a pipe); *nuförtiden -er han bara cigarr (pipa)* he only smokes cigars (a pipe) nowadays; jfr *rökt* **III** m. beton. part. **1** ~ *in* pipa break in; ~ *in* itr. se *ryka in* **2** ~ *ned ett rum* fill a room (make a room grimy) with smoke **3** ~ *upp mycket pengar* spend a lot of money on smoking; ~ *upp* fem cigarrettaskar i veckan smoke . .; ~ *upp* en cigarrett finish . . **4** ~ *ut* med rök bortjaga smoke out **rökare** smoker; *icke* ~ non-smoker **rökbomb** smoke-bomb **rökdon** *pl* smoking-tackle sg. **rökdykare** fireman [equipped with a smoke helmet]

rökelse incense **-kar** censer, incensory, thurible

rökeri smoke-house, curing-house

rök|fri *a* smokeless **-fång** hood **-färgad** *a* smoke-coloured; om glasögon smoked **-förbud,** *det är* ~ (~ *råder)* i tunnelbanan there is no smoking . ., smoking is prohibited . . **-förgiftad** *a* asphyxiated; *bli* ~ äv. be overcome by [the] smoke **-förgiftning** asphyxiation **-gång** flue -[**hand**]**granat** smoke-grenade **-hosta** smoker's cough **-huv** på skorsten cowl, roterande chimney-jack; ovanför eldstad hood

rökig *a* smoky, smoke-filled

rök|kupé smoking-compartment, smoker **-lukt** smell of smoke **-mask** smoke mask **-moln** cloud of smoke **-ning** allm. smoking; av matvaror äv. smoke-curing; desinfektion äv. fumigation; av träslag äv. fuming; ~ *förbjuden* no smoking; ~ *tillåten* smoking; hänga kött *till* ~ . . to be smoked **-offer** incense-offering; *tända* ~ burn incense **-paus** break for a smoke **-pelare** column (pillar) of smoke **-pipa** tobacco-pipe **-puff** puff of smoke **-ridå** smoke-screen **-ring** smoke ring **-rock** smoking-jacket **-rum** smoking-room **-signal** smoke signal **-skada** damage by smoke, smoke damage **-skadad** *a* smoke-damaged **-slinga** wreath of smoke **-sugen** *a, jag är* ~ I feel like (stark. I'm dying for) a smoke **-svamp** puff-ball

rökt *a* allm. smoked, om matvaror äv. smoke-cured, om träslag äv. fumed

rök|tobak smoking-tobacco **-verk** koll. something to smoke; cigarretter, tobak etc. cigarettes pl., tobacco etc.; sätt fram ~ . . something to smoke; *har vi ~?* have we got anything to smoke? **-öppning** smoke hole

röllek|a el. **röllik|a** *-an -or* yarrow, milfoil

rön *-et* - iakttagelse observation; upptäckt discovery; erfarenhet experience vanl. end. sg.; pl. äv. (iakttagelser) findings; *hans ~* har visat sig varaktiga the results of his experiments (discoveries, findings) . . **rön|a** *-te -t tr* t.ex. bifall, förståelse, motstånd, ett vänligt mottagande meet with, t.ex. välvilja, kritik äv. come in for, framgång äv. have, motgång äv. experience; uppmärksamhet äv. be received with, receive; uppmuntran find; *~* [*livlig*] *efterfrågan* be in [great] demand; hon borde ha *-t ett bättre öde* . . enjoyed a better fate; *han -te samma öde* he suffered the same fate

rönn *-en -ar* mountain ash; rowan; för sms. jfr äv. *björk-* **-bär** rowanberry; *surt, sa räven om ~en* ung. it's (that's) just sour grapes

röntga *tr* X-ray

röntgen - *0* ~strålar X-rays; ~behandling X-ray treatment; *han skall ha ~* he is to be X-rayed **-apparat** X-ray machine (unit) **-behandling** X-ray treatment, radiotherapy **-bild** X-ray picture, radiograph **-fotografera** *tr* X-ray **-fotografi** se *-bild* **-olog** roentgenologist **-plåt** X-ray plate **-strålar** *pl* X-rays

rör *-et* - **1** lednings~ pipe, pl. äv. piping sg.; isht vetensk., tekn. tube, pl. äv. tubing sg.; jfr *eldrör, tändrör* **2** i radio el. TV valve, amer. tube **3** bot. reed; bambu~, socker~ cane **4** F, *vara rostig i ~et* hes have a frog in the throat **5** se *rörskridsko*

rör|a A *-an 0* allm. mess äv. bildl.; hoprörd blandning äv. mishmash, hotchpotch båda äv. bildl.; virrvarr äv. jumble, medley, mix-up, oreda confusion, muddle; *vara en enda ~* be all in a mess **B** *-de -t* **I** *tr* (jfr *rörd*) **1** sätta i rörelse move, stir; *inte ~ ett finger för att* . . not stir a finger to . .; *~* lingon stir . .; de förmådde inte *~ stenen* . . move the stone; *~ trumman* beat the drum **2** vidröra touch; bildl., angå concern; *han -de knappt* maten he hardly touched . .; *rör mig inte!* don't touch me!; *det rör mig inte* jag bryr mig inte om det I don't care, det angår inte mig it does not concern me; *vad rör det mig?* what has that got to do with me?; dylika förolämpningar *rör mig inte* . . leave me cold **3** bildl., framkalla rörelse hos, *~ ngn till tårar* move a p. to tears; *~ ngn ända in i själen* touch a p. to the heart **II** *itr, ~ i brasan* stir (poke) the fire; *~ i gröten* stir the porridge; *det är som att ~ i* en myrstack it is like poking [about] in . .; jag vill inte *~ i den saken* . . poke into that matter; polisen har börjat *~ i saken* . . investigate the matter; *rör på benen (spelet)!* skynda på hurry up!, get a move on!; det blir skönt att få *~ på benen litet* . . stretch one's legs a little; *han -de på huvudet* he moved his head; *~ på sig* eg. move, motionera get some exercise, se sig om i världen get about; *han -de litet på sig* äv. he made a slight movement; *~ vid* eg. touch, ämne, problem touch [up]on **III** *rfl* **1** eg. allm. move, absol. o. i nekande uttr. äv. stir; motionera get exercise; *rör dig inte!* don't move!; *han -de sig inte ur fläcken* äv. he did not budge; *ljuset rör sig snabbare än ljudet* light travels faster than sound; inte ett löv *-de sig* . . was stirring; *~ sig fritt* move about freely; *barnet rör sig oroligt* i sömnen the child keeps tossing and turning . .; jorden *rör sig kring solen* . . turns (revolves) round the sun **2** bildl., *de känslor som rör sig i hans bröst* the feelings that agitate (stir within) him; *~ sig i* de bästa kretsar move in . .; *vad som rör sig i tiden* what is going on in our time; *han har mycket pengar att ~ sig med* he has a lot of money at his disposal; *~ sig med stor sakkännedom* på ett område possess great expert knowledge . .; *~ sig med* hypoteser deal with . .; *han rör sig med* många lärda uttryck he makes use of (uses) . .; *berättelsen rör sig om* . . the story is about (deals with) . .; *det rör sig om din framtid* it (this) concerns your future; *samtalet -de sig om* litteratur the subject of the conversation was . .; *det rör sig om* stora summor . . are involved; *vad rör det sig om?* what is it [all] about? **IV** m. beton. part. **1** *~ i* stir in; *~ i mjöl i* såsen stir flour into . . **2** *~ ihop* kok. o.d. mix; bildl. mix (jumble) up; *han -de ihop alltsammans* äv. he got it all muddled up **3** *~ om* [*i*] kok. stir; *~ om i brasan* stir (poke) up the fire; *~ om i* byrålådan poke (rummage) about in . .; *~ om i* grytan stir . . **4** *~ till* kok. prepare, smet mix; *rör inte till* på skrivbordet don't mess things up . . **5** *~ upp* eg. stir up, damm äv. raise; gamla tvister rake up **6** *~ ut ngt i (med) vatten* stir a th. into water, mix a th. with water **rörande I** *a* touching, moving, stark. pathetic **II** *prep* angående concerning, regarding, vad beträffar as regards

rörarbetare plumber

rörd *a* **1** gripen moved, touched, affected **2** *rört smör* creamed butter

rördrom *-men -mar* bittern

rörelse 1 mots. vila motion äv. fys., tekn.; av levande varelse äv. movement; gest gesture; liv och ~ stir, bustle, uppståndelse commotion; *en ~ med* handen a movement (motion) of . .; *han är snabb i ~rna* his movements are quick; lavinen *kom i ~* . . began to move; *sätta ngt i ~* set a th. in motion (going); *sätta* fantasin *i ~* stir (excite) . .; *sätta* en maskin *i ~* start . .; *sätta* sinnena (en vätska) *i ~* agitate . .; *sätta sig i ~* begin to move, start off; hela staden *är i ~* . . is astir; *starka krafter är i ~*

för att inf. (bildl.) strong forces are at work to inf.; fientliga trupper *är i* ~ . . are on the move; *vara i ständig* ~ be in constant motion **2** politisk, social o.d. movement **3** affärs~ business, företag äv. enterprise, company, firm; *driva* ~ run a business **4** *släppa ut* ett mynt *i* [*allmänna*] ~*n* put . . into [general] circulation **5** själs~, sinnes~ emotion; oro agitation; *rösten svek honom av* ~ he could not speak for emotion **-energi** kinetic (motive) energy **-frihet** freedom of movement, bildl. äv. liberty of action **-förmåga** hos levande organism locomotive power; ngns ability to move [about]; *vara utan* ~ be unable to move, be incapable of moving **-hämmad** *a* disabled **-idkare** se *näringsidkare* **-kapital** working (floating) capital **-schema** movement pattern **-sjuka** motion sickness

rörformig *a* tubular

rörig *a* som ett virrvarr messy; oredig, virrig jumbled, jumbly, muddled, confused, mixed-up; *vad här är* ~*t!* what a mess (jumble)!

rör|installation plumbing **-ledning** piping, isht för vatten äv. conduit; större transportledning pipeline **-ledningsfirma** plumbing firm

rörlig *a* flyttbar movable; föränderlig, om t.ex. anletsdrag mobile; om priser, ränta flexible; snabb, äv. psykiskt agile, nimble, alert, om intellekt äv. versatile; ~ *bro* movable bridge; ~*a delar* på maskin moving parts; ~*a helgdagar* movable feasts; ~*t kapital* working (floating) capital; ~*a kostnader* variable costs; ~*t liv* active life; ~*t sinne* agile (nimble, versatile) mind ~*a tillgångar* current assets; ~*a trupper* mil. mobile troops **-het** (jfr *rörlig*) movability, movableness, mobility, flexibility; agility, nimbleness, alertness, versatility; ~ *på arbetsmarknaden* industrial mobility

rör|läggare plumber, pipe layer, pipe fitter, för gasrör äv. gas fitter **-mokare** plumber **-post** pneumatic dispatch; *med* ~ by tube **-postledning** pneumatic tube **-skridsko** tubular skate **-socker** cane sugar **-sopp** bolete **-tång** pipe wrench (tongs pl.)

rös *-et* - se *röse* **rösa** *tr* mark [out] **röse** *-t* *-n* mound of stones; uppstaplat cairn

röst *-en -er* **1** stämma, sångröst voice äv. bildl.; sångare singer; ~*er höjdes för* . . voices were heard urging . .; *en ropandes* ~ *i öknen* the voice of one crying in the wilderness; *ha* ~ sång~ have a good voice; *höja (sänka)* ~*en* raise (lower) one's voice; *höja sin* ~ *till försvar för* . . speak up for . .; *höja en varnande* ~ sound a note of warning; *sakna* ~ sång~ have no voice; sångpartiet *låg inte för hans* ~ . . did not suit his voice; *med hög (låg)* ~ in a loud (low) voice **2** polit. vote; ~*er* votes, sammanfattande äv. vote sg., avgivna äv. poll sg.; *antalet avgivna* ~*er* the number of votes cast, the [total] vote (poll); *nedlagd* ~ abstention; *avge (avlämna) sin* ~ give (cast, record) one's vote, vote; *få 3000* ~*er* poll (get, receive) 3,000 votes; *få de flesta* ~*erna* äv. head the poll; *lägga ned sin* ~ abstain [from voting]; bli vald *med tio* ~*ers övervikt* . . by a majority of ten **rösta I** *itr* vote, vid allmänt val äv. poll; *en* ~*nde* a voter; ~ *för (mot) ngt* vote for (against) a th.; *jag* ~*r för att* vi vänder om I vote [that] . .; ~ *med (på) högern* vote Conservative (with the Conservatives); ~ *med slutna sedlar* vote by ballot; ~ *om ngt* vote on a th., put a th. to the vote; ~ *på ngn* vote for a p.; jfr *blankt* m.fl. **II** m. beton. part. **1** ~ *igenom* förslag o.d. vote . . through **2** ~ *in* [*i*] vote . . in[to] **3** ~ *ned (omkull)* vote down, reject

röst|antal se *röstetal* **-apparat** vocal organs pl. **-berättigad** *a* . . entitled to vote; *vara* ~ äv. have a vote; *en* ~ a voter

röstetal number of votes, poll; *vid lika* ~ avgör lotten if the number of votes are equal . ., where the voting is even . .

röst|fiske angling for votes, vote-catching **-kort** poll card **-läge** [vocal] pitch **-längd** electoral register, register of voters **-längdsutdrag** extract from the electoral register **-ning** voting, vote, vid allmänt val äv. poll[ing] **-omfång** compass (range) of a (resp. the) voice **-organ** vocal organ **-plikt** compulsory voting **-resurser** *pl* vocal powers **-räkning** -räknande counting of votes; *en* ~ a count [of votes] **-rätt** ngns right to vote (of voting); politisk, kommunal franchise; *allmän (kvinnlig)* ~ universal (woman) suffrage; *frånta ngn* ~*en* disfranchise a p.; *kvinnorna har inte* ~ i det landet äv. women do not have the vote . . **-rättskvinna** suffragette **-rättsreform** franchise reform **-rättsålder** voting age **-sammanräkning** se *-räkning* **-sedel** voting-paper, ballot-paper **-siffra** number of votes, poll **-skolkare** abstainer **-skolkning** abstention **-stark** *a* högljudd loud-voiced **-styrka 1** hos pers. strength (power) of one's (the) voice **2** polit. voting strength **-värvare** canvasser **-värvning** canvassing **-övervikt** majority [of votes]

röt|a I *-an 0* rot, förruttnelse putrefaction, förmultning decay; läk., kallbrand gangrene, på tänder, ben caries; bildl. corruption; *ta (angripas av)* ~ begin to rot, putrefy **II** *tr* rot; lin, hampa ret **-månad,** ~*en* the dogdays pl. **-månadsdjur** freak **-månadshistoria** silly-season story **-slam** sludge **-sår** ulcer, bildl. äv. canker

rött *s* red; läppstift lipstick; jfr *blått*

rötägg eg. addled (rotten) egg; bildl. bad

egg, S rotter; *familjens* ~ the black sheep of the family

röva *tr* rob, *ngt från ngn* a p. of a th.; stjäla steal, *ngt från ngn* a th. from a p.; ~ *bort* run away with, isht kvinna abduct, 'kidnappa' kidnap, boskap o.d. lift **rövarband** band (gang) of robbers **rövare** robber, åld. o. bibl. thief (pl. thieves); *leva* ~ raise Cain (hell, the devil)

rövar|historia cock-and-bull story **-händer,** *falla i* ~ be captured by bandits, bildl. fall among thieves **-hövding** robber chief **-kula** robber's den, den of thieves; bildl. thieves' den **-liv,** *föra ett* ~ bråka kick up a row (shindy, racket) **-näste** se *rövarkula* **-pack** robbers pl. **-pris,** jag fick det *för* ~ otroligt billigt . . dirt-cheap (for a song); tvingas betala ~*er* oskäligt mycket . . exorbitant prices

röveri robbery, brigandage

S

s *s-et* pl. *s* bokstav *s* [utt. es]
Saar[land] the Saar, Saarland **Saarområdet** the Saar territory
sabbat *-en -er* Sabbath; *fira ~[en]* observe the Sabbath
sabbats|brott bibl. o. jur. breach (breaking) of the Sabbath **-dag** Sabbath-day **-år** sabbatical [year]
sabel *-n sablar* **1** sabre, rak äv. sword **2** kraftuttr., *sablar!* hang!, hang it [all]! **-balja** sabre-sheath; för rak sabel scabbard **-fäktning** sabre fencing **-fäste** sabre-hilt; sword-hilt **-skrammel** isht bildl. sabre-rattling
1 sabla *tr, ~ ned* t.ex. fienden cut down, t.ex. bok, pjäs slash, slate, pull (tear) . . to pieces, write down
2 sabla *oböjl. a* o. *adv* se *jäkla*
sabotage *-t -* sabotage **sabotageförsök** attempted sabotage **sabotera** *tr itr* sabotage **sabotör** saboteur
sachsare Saxon **Sachsen** Saxony; *~-Coburg* Saxe-Coburg **sachsisk** *a* Saxon
sacka *itr, ~ efter* lag (drop) behind, straggle; *~ akteröver* drop astern
sackarin *-et 0* saccharin
sadel *-n sadlar* **1** allm. saddle äv. kok.; *stiga i ~n* get into the saddle, mount one's horse; *sitta säkert i ~n* bildl. be (sit) firmly in the saddle; *kastas ur ~n* be unseated äv. bildl. **2** på fiol nut **-bom** saddle-bow **-brott** saddle gall (sore) **-fast** *a* bildl., *vara ~* i ämbetet o.d. be firmly in the saddle, i sitt ämne master one's subject, be well-grounded **-gjord** [saddle] girth **-knapp** pommel **-makare** saddler **-makeri** saddlery **-plats** vid kapplöpning paddock **-tak** pitched (saddle[-back]) roof **-täcke** saddle-blanket, saddle-cloth
sadism sadism **sadist** sadist **sadistisk** *a* sadistic
sadla I *tr* saddle; *~ av (på)* unsaddle (saddle [up]) **II** *itr, ~ om* ändra åsikt change one's mind (opinion), isht politiskt turn one's coat; byta yrke change one's profession (etc. jfr *yrke)*
safari *-n -s* safari
saffian *-en (-et) 0* morocco **saffian[s]band** morocco binding
saffran *-en (-et) 0* saffron
saffrans|bröd saffron[-flavoured] bread **-gul** *a* saffron-yellow, attr. äv. saffron
safir *-en -er* sapphire **-blå** *a* sapphire **-mink** sapphire mink **-nål** till skivspelare sapphire needle (stylus)
saft *-en -er* natur~ juice; kokt med socker (för spädning) fruit-syrup; växt~, sav sap, [t.ex. druv]-must must; bildl., märgfullhet pith; *~ och vatten* fruit drink [made of fruit-syrup and water]; se äv. *apelsinsaft* etc.; *koka ~* make fruit-syrup; *pressa (krama) ~en ur* en citron squeeze [the juice out of] . ., squeeze . . dry
safta I *tr* make fruit-syrup out of; *~ hallon* äv. make raspberry-syrup **II** *itr* **1** eg make fruit-syrup **2** *~ på* F 'bre på' pile it on
saftflaska med saft bottle of fruit-syrup (resp. juice), för saft fruit-syrup bottle, resp. juice-bottle
saftig *a* juicy äv. bildl.; om frukt, blad o.d. äv. succulent; full av sav sappy; *~a färger* rich (mellow) colours; *~ historia (humor)* racy story (humour); *~ skandal* juicy scandal **-het** juiciness; succulence; sappiness
saft|kräm [dish made of] fruit-syrup and water thickened with potato flour, 'fruit-syrup cream' **-lös** *a* juiceless, dry; utan sav sapless; bildl., fadd insipid **-ning** fruit-syrup making **-sås** fruit[-syrup] sauce
sag|a *-an -or* fairy-tale äv. friare, [fairy-]story, tale, barn~ äv. nursery tale; folksaga folk-tale; nordisk saga; myt, gudasaga myth; *berätta en ~ [för mig]!* tell me a story!; *berätta -or* äv. ljuga o.d. tell fairy-tales, tell stories; *hans ~ är all* that's the end of him, his time is up; *det är snart en ~ blott* it will soon be but a memory
sagd *a* said; *~a person* the said person; se f.ö. ex. under *säga* **sagen** se *[bära syn för] sägen* **sagesman** informant, källa äv. authority, source
sago|berättare story-teller **-bok** story-book, fairy-tale book
sagogryn koll. [pearl-]sago
sago|land fairyland, wonderland; *Sagolandet* Fairyland **-lik** *a* fabulous; F underbar o.d. äv. gorgeous, wonderful, marvellous; fantastisk, om t.ex. tur fantastic; *en ~ röra* an incredible mess **-omspunnen** *a* legendary
sagopalm sago palm
sago|prins fairy prince **-slott** fairy castle (palace) **-spel** fairy play **-tid,** *~en* i Norden the Saga Age **-värld** fairyland, wonderland; mytologi mythological world
Sahara the Sahara
sak *-en -er* **1** konkr. thing, föremål äv. object, article; *en fin liten ~* om t.ex. konstverk, musikstycke a pretty little thing
2 abstr.: omständighet o.d. thing; angelägenhet matter, business end. sg., affair, fråga äv. question; *~* att kämpa för o.d. cause (jfr *3); en ~* någonting vanl. something; *~en* det, förhållandet o.d. it, the matter; *den ~en* 'det' vanl. that; jfr ex.: *en ~ av största vikt* a matter of the greatest importance; *dumma ~er* dumheter stupid things (yttranden remarks); *~er och ting* things; *var ~ har sin tid* there is a time for everything; *som ~en ligger till, som*

~erna nu står, som ~ernas tillstånd nu är as things are, as matters stand, as it is, in the |present| circumstances; *~en är den att han . .* the fact is that he . ., it is like this, he . .; *den ~en är klar* F that's clear; *~en är klar!, det avgör ~en!* that settles it (the matter)!; *vad gäller ~en?* what's it about?; *det är just det ~en gäller* that's just the point; *det gör inte ~en bättre* that doesn't mend matters (make it any better), det är ingen ursäkt that is no excuse; *göra gemensam ~ med ngn* make common cause (join hands) with a p.; *göra sin ~ bra* do one's job (task) well, acquit oneself well; *kunna sin ~ (sina ~er)* know one's job; *den ~en skall jag ordna* I'll see to that; *säg mig en ~* vad gjorde du . . tell me |one thing| . .; *jag ska säga dig en ~* I'll tell you what (one thing); *du sa en ~!* det är ett bra förslag F that's an idea!; *jag tar ~en kallt* I take it (the matter) calmly; *jag skall tänka på (över) ~en* I'll think it (the matter) over; *det är ~er det!* that's something like!; *det är en annan ~ (en ~ för sig)* that's another matter (thing, story), hör inte hit äv. it has got nothing to do with this |matter|, that is irrelevant; *det var en annan ~!* det förändrar saken that makes all the difference!; *det är en annan ~ med dig* it's different with you; *det är farliga ~er* att ge sig in på något sådant it is dangerous (a dangerous business) . .; *det är ingen ~* mycket lätt it is perfectly easy, it is child's play; *det är |inte| min ~* that's |none of| my business; *det är inte min ~ att döma* it is not for me to judge; *det är din ~ att ta reda på det* it is up to you to find that out; *det är samma ~* it is the same thing; *det är samma ~ med mig* it is the same with me; *~ samma |var|* no matter |where|; *det är en självklar ~* it is a matter of course; *för den goda ~en|s skull|* for the good of the cause; *i ~ har inga ändringar gjorts* no substantial alterations have been made; *han har rätt i ~* essentially he is right; *så var det med den ~en!* so that's that!, so there!, that's all there is to it!; *han är säker på sin ~* he is sure of his point; *till ~en!* |let us come| to the point!; *hålla sig till ~en* keep (stick) to the point; *se till ~en |och ej till personen|* be objective

3 jur. cause äv. friare; rättsfall case; *göra ~ av det* take it to court; *söka ~* gräl *med* try to pick a quarrel with; *ta sig an ngns ~* take up a p.'s cause; *döma i egen ~* be a judge of one's own cause

saka *tr* kortsp. discard, throw away

saker *oböjl. a, ~ till* guilty of

sak|fel factual error **-fråga,** *själva ~n* the point at issue **-förare** jur. solicitor, lawyer **-förhållande** state of things (affairs); faktum fact **-kunnig** *a* expert, competent; *vara ~ i* be |an| expert in; *en ~* an expert, a specialist; *tillkalla ~a* call in expert advice **-kunnigutlåtande** expert opinion (skriftligt report), utslag äv. verdict of experts; jur. expert evidence **-kunskap** -kännedom expert knowledge; *~en* de sakkunniga the experts pl.

saklig *a* nykter o. torr matter-of-fact; objektiv objective; baserad på fakta . . based (founded) on facts; *en ~ bedömning* an objective estimate; *på ~a grunder* on grounds of fact; *en |torr och| ~ redogörelse* a matter-of--fact (businesslike) account; *~t uppträdande* matter-of-fact manner **-het** torr ~ matter--of-factness; objektivitet objectivity

sak|läge state of things; känna till |*det verkliga*| *~t* äv. . . how matters stand |in actual fact| **-löst** *adv* ostraffat with impunity; *det kan ~ utgå* it can be safely omitted **-minne** memory for facts

sakna *tr* **1** inte ha, vara utan lack, be without, have no (jfr ex.); m. bibet. av behov want, be in want of; lida brist på be wanting (lacking, deficient) in; vara blottad på be devoid of; *~ anlag (medel, pengar)* lack aptitude (means, money); beskyllningen *~r grund . .* is without foundation, . . is unfounded (baseless); *huset ~r hiss* there is no lift in the house; *han ~r humor* he has no (is devoid of a) sense of humour; *han ~r ingenting* intet fattas honom he lacks for nothing, he has all he wants; verbet *~r infinitiv . .* has no infinitive; *det torde inte ~ intresse* it will not be without interest; *jag ~r ord för att uttrycka . .* I am at a loss for (I lack) words with which to express . . **2** inte |kunna| hitta, *~r du något?* have you lost something?; *jag ~r mina nycklar* I have lost (can't find) my keys **3** märka frånvaron av miss, känna saknad efter äv. regret; *jag ~de inte nycklarna förrän . .* I didn't miss my keys until . .; *jag ~r det inte* I don't miss it, jag behöver det inte I can do without it; *~ sin förlorade frihet* regret one's lost liberty; *~ ngn |mycket|* miss a p. |badly (very much)|

saknad I *a (*jfr *sakna 3)* missed, regretted; borta missing; *anmäld såsom ~* reported missing; förfrågningar om *~e . .* persons missing (missing persons) **II** *-en 0* **1** *~ efter ngn* regret at a p.'s loss (at the loss of a p.); *~en efter honom är stor* his loss is deeply felt **2** brist want, lack; *vara i ~ av* lack, be without (in want of), jfr *sakna 1* **saknas** *itr. dep* vara borta be missing

sakprosa ordinary prose

sakral *a* sacred **sakrament** *-et -* sacrament; *nattvardens ~* the Eucharist **sakramentskad** *a* F blasted, blessed

sak|register subject index **-rik** *a . .* full of facts (matter), friare äv. informative, innehålls-

rik weighty
sakristi|a *-an -or* vestry, sacristy **sakrosankt** *a* sacrosanct
sak|rätt jur. law of property **-skäl** positive argument; *mottaglig för ~* amenable to reason
sakta I *a* svag, lätt gentle, om ljud soft; långsam slow; *en ~ beröring* a slight (gentle) touch; *vid ~ eld* over a slow fire; *i ~ mak* at an easy (a leisurely) pace; *~ musik* soft music; *~ sluttning* gentle slope **II** *adv* svagt, tyst gently, softly; långsamt slowly; *~ framåt!* sjö. easy ahead!; *~ i backarna!* take it easy!; *gå ~* walk slowly (tyst softly); *gå för ~* om urverk be slow; *~ men säkert* slow but sure, slowly but steadily **III** *tr itr, ~ |farten|* slow down, slacken |the| speed; *~ stegen* slacken one's pace; *~ av* itr. slow down, om storm o.d. abate; *~ in* slow down **IV** *rfl,* klockan *~r sig* . . is losing |time| **sakteliga** *(saktelig|en, -t) adv, |så| ~* slowly, tyst, lätt softly, gently
sakt|färdig *a* se *senfärdig* **-mod** meekness, gentleness **-modig** *a* meek äv. bibl., gentle
sakvärde real value
sal *-en -ar* hall; mat~ dining-room; salong drawing-room; sjukhus~ ward; *allmän ~* public ward
sala I *itr, ~ |ihop|* club together, *till* for **II** *tr, ~ ihop* en summa club together . .
saladjär salad bowl
salamand|er *-ern -rar* salamander
salami|korv| salami |sausage|
saldera *tr* H balance **saldo** *-t -n* balance; *ingående ~* balance brought forward, förk. BF, b.f.; *utgående ~* balance |to be| carried forward, förk. CF, cd. forwd.
salicylsyra salicylic acid
salig *a* bibl. blessed; poet. blest; F lycklig delighted, |very| happy; avliden (attr.) late; *min ~ far* F om avliden my poor |old| father; *var och en blir ~ på sin fason* everybody is happy in his own way; *förklara ~* beatify; *~ i åminnelse* of blessed memory; *i ~ okunnighet* in blissful ignorance **saligen** *adv, ~ avsomnad* iron. dead and buried **saliggörande** *a* saving; *den allena ~ tron* the one |and only| saving faith **salighet** bibl. blessedness, frälsning salvation; lycka bliss, happiness; *den eviga ~en* eternal bliss (glory)
salin *-en -er* saline, salt-works sg. el. pl.
saliv *-en 0* saliva **-avsöndring** secretion of saliva, salivary secretion, salivation **-sug** saliva extractor
sallad *-en -er* **1** bot. |huvud|sallat lettuce **2** kok. salad; *tillreda en ~* make (mix) a salad
sallads|bestick salad servers pl.; *ett ~* a pair of salad servers **-blad** lettuce leaf **-huvud** lettuce **-skål** salad bowl **-sås** |salad| dressing
sallat *-en -er* bot. lettuce; jfr *sallad 1* o. sms.
salmiak *-en 0* sal-ammoniac, ammonium chloride **-sprit** liquid ammonia
Salomo Solomon **salomonisk** *a* Solomonic
salong *-en -er* i hem drawing-room, amer. parlor; ibl. om icke-eng. förh. samt bildl. (t.ex. litt mus.) salon fr.; |stort| sällskapsrum ibl. lounge äv. på hotell, båt o.d.; mindre, på båt saloon; teater~ auditorium; järnv. open section; se äv. *friser- skönhetssalong* etc.; *~en* publiken på teater o.d. the audience, the house; *hålla ~* hold (give) salons pl. (resp. a salon)
salongs|berusad *a* ung. merry **-fähig** *a* s. *-mässig* **-gevär** small-bore rifle **-kommunist** parlour Communist **-lejon** lion **-musik** salon music **-mässig** *a* presentable; om t.ex. uttryck . . fit for the drawing-room, decent
salpeter *-n 0* saltpetre, nitre, kali~ potassium nitrate **-syra** nitric acid
salt I *-et -er* salt; kok~ |common| salt **II** *a* salt; saltsmakande äv. salty; |in|saltad äv. salted; bildl. bitande, skarp pungent; *~a bad* havsbad sea-bathing sg.; *~a biten* kok. boiled salted brisket of beef; *~ oxkött (sill)* salt beef (herring); *~a mandlar* salted almonds **salta I** *tr* salt; beströ m. salt äv. sprinkle . . with salt; bildl. krydda äv. season; *~d räkning* stiff bill; *~ in (ned)* salt |down|, lägga i saltlak brine **II** *itr, ~ i (på)* ngt put salt in (on) . .
saltaktig *a* saltish, salty **saltbad** läk. salt-water bath **salteri** salting-house
salt|fattig *a, ~ kost* low-salt diet **-gruva** salt-mine **-gurka** pickled gherkin **-halt** salt content, salinity **-haltig** *a* attr. . .containing salt; saline **-kar** för bordet salt-cellar **-lake** brine, pickle **-lösning** saline solution, saline, brine **-ning** salting
saltomortal *-en -er* somersault; *göra en ~* turn a somersault, somersault
saltsill salt herring **saltsjö** insjö salt lake **saltsjöfisk** salt-water fish **Saltsjön** utanför Stockholm the Saltsjön **2** *Stora ~* the Great Salt Lake
salt|smak salt|y| taste **-stod** pillar of salt **-ströare** salt-shaker, salt-castor **-syra** hydrochloric acid **-vatten** salt water, brine **-vattensfisk** salt-water fish
salu, *till ~* on (for) sale **-bjuda** *tr* o. **-föra** *tr* offer . . for sale **-hall** market-hall **-stånd** stall, isht marknads- booth, isht på t.ex. mässa stand
salut *-en -er* salute; *ge (skjuta) ~* give a salute; *~ gavs med 21 kanonskott* a salute of 21 gunshots was fired **salutera** *tr itr* salute
salu|torg market place **-värde** market (sales) value
1 salv|a *-an -or* skott~ o.d. samt bildl. volley; eg. äv. round of ammunition; om salut äv. salvo

pl. -[e]s); *avlossa (avfyra) en* ~ discharge (fire) a volley

salv|a *-an -or* till smörjning ointment, sår~ o.d. äv. salve **salvelse** *-n 0* unction, unctuousness **salvelsefull** *a* unctuous

salvi|a *-an -or* sage

sam|arbeta *itr* co-operate, work together, isht i litterärt arbete samt polit. (neds.) collaborate **-arbete** co-operation; collaboration; jfr föreg.; *internationellt* ~ international co-operation; han har skrivit boken *i* ~ *med A.* . . in collaboration with (together with) A.

samarbets|man collaborator, collaborationist **-organisation** co-operation organization **-villig** *a* co-operative

Samarien Samaria **samarit** *-en -er* Samaritan; sjukhjälpare first-aider

samband connection; *i* ~ *härmed* in this connection; *stå i* ~ *med* have (bear) a relation to, be related to (connected with); minskningen *kan ställas i* ~ *med* . . can be related to (connected with) **sambandsofficer** mil. liaison officer **sambeskattning** joint taxation

same *-n -r* Lapp, Laplander

sam|fund ~*et* ~ förening society, association, lärt äv. academy; kyrko~ communion; *de heligas* ~ the Communion of Saints **-fälld** *a* gemensam joint, kollektiv äv. collective; enhällig unanimous; ~ *mark* jur. common land **-färdsel** ~*n 0* communications pl., inbördes äv. intercommunication; trafik traffic **-färdsmedel** means (pl. lika) of communication **-förstånd** [mutual] understanding, enighet agreement; *hemligt* ~ secret understanding, maskopi collusion; *i* ~ *med* partiet o.d. in agreement (accord, concert) with . .; *komma till* ~ come to an understanding **-förståndsfred** peace by compromise, peace based on mutual understanding (agreement) **-gymnasium** co-educational 'gymnasium' **-gående** *s* co-operation, gemensam aktion joint action

samhälle *-t -n* **1** allm. society (äv. ~*t*); mera konkr. ss. social enhet community; ort place, by village, förstad suburb, stad town; *hans ställning i* ~*t* his position in society, his social position **2** zool. colony, bi~ äv. hive **samhällelig** *a* social

samhälls|anda public spirit; *god* ~ äv. good citizenship **-bevarande** *a* conservative **-byggnad** social structure **-farlig** *a* . . dangerous to society (resp. the community); anti-social; *vara* ~ äv. be a public danger **-fientlig** *a* anti-social **-form** social system **-förbättrare** social reformer **-klass** class [of society] **-kritik** criticism of society **-kunskap** civics **-lager** strat|um (pl. -a) of society **-liv** social life **-lära** sociology **-maskineri** social organization **-medlem** member of society **-nyttig** *a* . . of advantage to society; ~*a medborgare* good citizens **-omstörtande** *a* revolutionary, subversive **-ont** social evil **-ordning** social order **-problem** social problem **-skick** social order **-skikt** se *-lager* **-skildring** description of society **-ställning** social position, position in society, station **-vetenskap** social science, sociology **-vård** social care

sam|hörighet solidarity, själsfrändskap affinity, sympathy, kinship, *med* i samtl. fall with; *känna* ~ *med* äv. feel [intimately] allied (related, akin) to **-klang** accord, harmony, enhällighet concord, unison, unanimity **-kväm** ~*et* ~ social [gathering], afton~ äv. social evening **-könad** *a* androgynous, hermaphrodite

samla (jfr *samlad)* **I** *tr* gather, isht mer planmässigt collect, isht m. personobj. äv. assemble; få ihop get together; ~ på hög amass, hoard up, accumulate; förvärva acquire; lagra store [up]; dra till sig attract; förena, ena unite, unify; [*stå och*] ~ *damm* collect dust; ~ *data* assemble data; ~ *många deltagare* attract many participants; ~ *erfarenhet* gather experience; ~ *frimärken (material)* collect stamps (material); ~ *en förmögenhet* amass a fortune; ~ *håret* i en knut gather [up] one's hair; ~ *kunskaper* acquire (store up) knowledge; ~ *mod* pluck (get) up courage; ~ *tankarna* collect (compose) one's thoughts; ~ *trupperna* assemble the troops; *åter* ~ de skingrade trupperna rally (re-assemble) . .; *en* ~*nde idé* a unifying idea

II *itr,* ~ *på* ngt collect . .; ~ *till* ngt a) spara save up for . . b) lägga ihop club together for . .

III *rfl* eg. se *samlas;* bildl. collect (compose) oneself, F pull oneself together; koncentrera sig concentrate

IV m. beton. part. **1** ~ *ihop* = *samla I;* ~ *ihop ett lag (sina saker)* get a team (one's things) together **2** ~ *in* collect, t.ex.namnunderskrifter äv. get **3** ~ *på sig* t.ex. en massa skräp pile up **4** ~ *upp* gather up, collect, plocka upp äv. pick up

samlad *a* collected, församlad assembled etc. jfr *samla I; lugn och* ~ calm and collected (composed); *Strindbergs* ~*e skrifter* the collected (complete) works of Strindberg; *hålla tankarna* ~*e* keep one's thoughts composed; *i* ~ *trupp (tropp)* [all] in a body

samlag *-et* - sexual intercourse, isht läk. coitus, coition, samtl. end. sg.; *ett* ~ an act of sexual intercourse

samlar|e collector **-mani** collecting mania

samla|s *itr. dep* om pers. gather, get (come) together, om t.ex. folk[massa] äv. collect, församlas assemble, träffas meet; hopas collect; ~ *kring en idé* be united by an idea; ~ *kring en ledare* rally round a leader; *det* ~ *snart damm*

om man inte . . dust soon collects . .; *det hade -ts en massa folk kring* olycksplatsen a crowd had gathered (collected) round . .; *vi -des* kl. 5 för avfärd we assembled . .; ~ *till* en konferens meet for . .; ~ *till sina fäder* be gathered to one's fathers
samlevnad, [*fredlig*] ~ [peaceful] co--existence; se äv. *samliv*
samling 1 abstr. gathering etc. jfr *samla I* o. *samlas;* uppslutning rallying; polit. coalition; *inre* ~ sinneslugn composure; ~ [*sker*] kl. 9 assembly (vi ska samlas we will assemble) at . . **2** konkr., t.ex. av mynt, böcker collection; av pers. vanl. gathering, grupp group, F bunch, lot, neds. pack; samtl. m. of framför följ. best.; *hela ~en* F allihop the [whole] lot; *en skön ~!* iron. a fine lot (bunch, collection)!; *en utvald* ~ a select group (gathering)
samlings|band bok composite volume **-lins** convex lens **-lokal** -plats meeting-place, -sal assembly hall, meeting-hall **-plats** meeting-place, mil. o. friare rendezvous (pl. lika) **-punkt** meeting-point, rallying-point, bildl. focus **-pärm** file **-regering** coalition government **-sal** assembly hall **-verk** compilation
samliv life together; *äktenskapligt* ~ married life
samma *(samme) a* the same (*som* as); likadan similar (*som* to), . . of the same kind el. sort (*som* as); ~ *dag* the (that) same day; *redan* ~ *dag* that very day; jag kom ~ *dag som du* . . [on] the same day as you [did]; ~ *dag* han for [on] the day [that] . .; *samme herr A.* the said Mr. A.; *en och* ~ one and the same; *en och* ~ *person* [one and] the same person; *det är en och* ~ *sak* it comes to the same thing; *sak* ~ [*var*] no matter [where]; *de är av* ~ *sort (storlek)* they are the same kind (size), they are of a kind (size); *de är alla av* ~ *ull* bildl. they are all of a piece; de är *i* ~ *ålder* . . the same age; *på* ~ *gång* at the same time; *på* ~ *sätt* [in] the same way, similarly **-ledes** *adv* likewise, in like (the same) manner
sam|malen *a, -malet mjöl* whole meal
sammalunda *adv* likewise
samman *adv* together, jfr *ihop, tillsammans.* — För verbsms. se resp. enkla vb m. beton. part. *samman, ihop* o. sms. m. *sam*[*man*], *hop* **-biten** *a* resolute, dogged **-blanda** *tr* se *blanda ihop (samman)* **-blandning** förväxling confusion **-bo** *itr* cohabit; ~ *med* ngn live with . . **-brott** collapse, breakdown; *nervöst* ~ nervous breakdown; *få ett* ~ äv. collapse, break down **-drabbning** mil. o. friare encounter, bildl., i fråga om åsikter clash, conflict, ordstrid altercation **-drag** summary, outline, résumé, digest, précis fr. (pl. lika), isht vetensk. abstract; *nyheterna i* ~ news summary, the news in brief **-dragande** *a* (äv. ~ *medel*) astringent **-falla** *itr* coincide **-fallande** *a* coincident **-fatta** *tr* sum up, summarize **-fattande** *a* om t.ex. term comprehensive **-fattning** summary, outline etc. jfr *-drag;* jur. av mål summing-up (pl. summings-up) **-fattningsvis** *adv* to sum up **-flätning** interlacing **-flöde** floders confluence **-foga** *tr* join, put together **-föra** *tr* bring . . together; ~ presentera *två personer (ngn med . .)* introduce two persons to each other (a p. to . .) **-gadda** *rfl* conspire, plot
sammanhang *-et* - samband connection; text~ context; logiskt ~ consistency, coherence; obrutet ~, följd continuity; komplex, [sammanhängande] helt complex, [connected] whole; han fattade *hela ~et* . . the whole situation (thing), . . how it had all happened (come about); ordets betydelse framgår *av ~et* . . from the (its) context; *i detta* ~ i samband härmed in this connection, härvidlag in this [matter]; *framträda i offentliga* ~ appear in public; han är *mogen att framträda i större* ~ . . ready for greater tasks (om skådespelare roles); se saken *i ett större (i dess rätta)* ~ . . as part of a greater whole, . . in relation to the whole (to its background); *brist på* ~ äv. incoherence; ett citat *utbrutet ur sitt* ~ . . detached from its context; *ord utan* ~ vanl. isolated (disconnected) words **sammanhangslös** *a* om tal o.d. incoherent, disconnected, rambling
samman|hållande *a* enande uniting **-hållning** samhörighet solidarity; enighet unity, samstämmighet concord, harmony; *god* ~ i klassen good spirit (fellowship) . . **-hänga** *itr* se *hänga* [*ihop*] **-hängande** *a* connected, logiskt äv. coherent, utan avbrott continuous; *härmed* ~ frågor . . connected with it (this); *ett* ~ *helt* a connected (coherent) whole **-jämkning** inbördes mutual adjustment; *åstadkomma en* ~ *mellan dem (deras ståndpunkter)* bring about el. effect a compromise between them (a levelling-out of their different points of view) **-kalla** *tr* summon, assemble **-komst** *~en ~er* meeting, gathering, assembly, för överläggning äv. conference, större convention **-koppla** *tr* se *koppla* [*ihop*] **-lagd** *a* total total, entire; *~a beloppet* the total amount (sum); *deras ~a inkomster* their incomes taken (added) together, their combined incomes **-lagt** *adv* in all; ~ 100 kronor äv. a total of . . **-levnad 1** se *samliv* **2** -boende cohabitation **-packad** *a* compact, . . closely packed together **-pressa** *tr* compress, press (squeeze) . . together **-räkning** addition; se äv. *rösträkning*
samman|satt *a* om t.ex. ord, tal, ränta compound, av olika beståndsdelar composite; komplicerad complicated, complex; *vara* ~ *av* bestå av be composed (made up) of, consist

of **-slagning** uniting, union, fusion merger, fusion, amalgamation, consolidation; av kapital o.d. pooling **-slutning 1** abstr. union, combination, jfr äv. *-slagning* **2** förening, sällskap association, society, club; -slutna organisationer union, amalgamation, syndikat combine; polit. union, league, federation **-slå** *tr* se *slå* [*ihop*] **-smälta** *tr itr* se *smälta* [*ihop*] **-smältning** fusion, bildl. äv. amalgamation, merging **-stråla** *itr* converge **-ställa** *tr* se *ställa* [*ihop*] **-ställning** putting together; av t.ex. antologi, register compilation; kombinerande t.ex. av fakta combination; syntes synthes|is (pl. -es) **-störtning** breakdown, collapse **-stötande** *a* angränsande contiguous; kolliderande colliding; samtidig concurrent **-stötning** kollision collision; kamp, strid clash, mil. encounter; konflikt conflict, t.ex. av intressen clash; av händelser concurrence, coincidence **-svetsad** *a* bildl. closely united (knit) **-svuren** *subst. a* conspirator, plotter **-svärja** *rfl* conspire, plot, form a plot, *mot* i samtl. fall against **-svärjning** conspiracy, plot **-sättning 1** -sättande putting together, författande composition etc. jfr *sätta* [*ihop*] **2** det sätt varpå ngt är sammansatt composition, make-up, t.ex. riksdagens constitution; struktur structure; kombination combination **3** språkv. compound **-sättningsled** element **-tryckning** compression **-träda** *itr* meet, assemble, hålla ett möte hold a meeting **-träde** *~t ~n* [committee] meeting, för rådplägning äv. conference; t.ex. förenings äv. assembly; isht parl. o.d. sitting, session; *han sitter i ~* he is having a meeting **-träffa** *itr* **1** råkas meet; *~ med ngn* meet a p., händelsevis run across a p. **2** om omständigheter coincide, concur **-träffande** *~t ~n* **1** möte meeting **2** *~* av omständigheter, slump coincidence; *ett egendomligt ~* a curious (an odd) coincidence **-trängd** *a* compressed, condensed, om t.ex. stil äv. compact, concise **-vuxen** *a, de är -vuxna* they have grown together; *hans ögonbryn är -vuxna* his eyebrows meet

samme se *samma*

sammel|band etc. se *samlingsband* etc.

sammelsuri|um *-et -er* jumble, medley, hotchpotch, omnium gatherum

sammet *-en 0* velvet

sammets|band velvet ribbon **-klänning** velvet dress **-len** *a* o. **-mjuk** *a* velvety, . . like (as soft as) velvet, attr. äv. velvet

samnordisk *a* joint Scandinavian (mer officiellt Nordic), om t.ex. språk . . common to all the Scandinavian countries

samojed *-en -er* Samoyed

sam|ordna *tr* co-ordinate **-ordnad** *a* co-ordinate **-ordnande** *a* språkv. co-ordinating **-ordning** co-ordination

samovar *-en -er* samovar

sam|regent co-regent **-regering** joint government (rule) **-råd** consultation; *efter ~ med A.* [after] having consulted (conferred with) A.; *i ~ med* in consultation with **-råda** *itr* consult each other; *~ med ngn* consult (confer with) a p. **-röre** *~t 0, ha ~ med* collaborate with; *inte ha något ~ med* have nothing to do with

sams *oböjl. a, vara ~* a) vänner be [good] friends, be on good terms [with each other] b) eniga be agreed, agree, *om ngt* on (about) a th.; *bli ~ igen* be friends again, make it up **samsas** *itr. dep* **1** enas agree, *om ngt* on (about) a th.; *~* [*bra*] äv. get on well [together] **2** dela, *~ om* t.ex. utrymmet share

sam|skola co-educational (mixed) school **-spel** mus., teat. o.d. ensemble; sport. team-work; bildl. t.ex. mellan faktorer interplay **-spelt** *a, vara ~a* play well together, have a perfect understanding äv. bildl. **-språk** talk, conversation, förtroligt chat; *komma (slå sig) i ~ med* get into conversation with **-språka** *itr* talk, converse, förtroligt chat, have a chat **-stämd** *a* harmonierande attuned **-stämmig** *a* överensstämmande . . in accord, concordant, enhällig unanimous **-stämmighet** accord, concordance; enhällighet unanimity **-sändning** joint broadcast (transmission)

samt I *konj* and [also], tillsammans med [together (along)] with **II** *adv, ~ och synnerligen* all and sundry, each and all; *jämt och ~* se *jämt*

samtal conversation, talk; diskussion discussion; t.ex. mellan två pers. för information interview; dialog dialogue; telef. call; *föra ett ~* converse, carry on a conversation **samtala** *itr* talk, converse, *om* about; *~ om* diskutera äv. discuss

samtals|avgift telef. charge for a call **-form,** *i ~* in conversational (dialogform dialogue) form **-mätare** telef. call meter **-rum** parlour **-språk** spoken (colloquial) language **-ton,** *i ~* in a conversational tone **-vis** *adv* in conversation, conversationally **-ämne** topic, topic (subject) of conversation (polit. o.d. discussion); *byta ~* change the subject; *finna ett ~* äv. find something to talk about; *allmänna ~t* [*i staden*] the talk of the town

sam|tid, *~en* a) vår tid our age (time), the age in which we live (are living) b) våra (hans etc.) samtida our (his etc.) contemporaries pl. **-tida** *oböjl. a* o. *s* contemporary; *hans ~* pl. his contemporaries **-tidig** *a* contemporaneous, isht om pers. contemporary; isht avseende längre period äv. coeval; i samma ögonblick skeende simultaneous, fackl. synchronous **-tidighet** contemporane|ousness, -ity, simultane|ousness, -ity; jfr föreg. **-tidigt** *adv* at the same time, *som (med)* as; på en och samma gång äv. at once; simultaneously etc. jfr *-tidig*

samtliga *pl. a* attr. fören. all the . .; självst. all [of them (resp. us etc.)], jfr *alla II 2; deras (våra) ~* tillgångar all their (our) . .; *~ våra* kunder all [of] our . .; *~ närvarande* all those present; *~ utgifter* the total expenditure sg.
samtrafik joint service (traffic).
samtyck|a *itr* consent, give one's consent, assent, agree, *till* i samtl. fall to; foga sig acquiesce, *till* in; *le och ~, ~ med ett leende* smile assent; *den som tiger han -er* silence gives consent **samtycke** consent, bifall assent, gillande approval, approbation, sanction; *ge sitt ~* äv. consent, bifalla assent
samum *-en 0* simoom, simoon
samundervisning co-education
samuraj *-en -er* samurai (pl. lika) jap.
sam|varo *~n 0* being (time) together; *under vår sista ~* while we were last together **-verka** *itr* co-operate, samarbeta äv. work (act) together; förena sig unite; *allt ~de till att* inf. everything conspired (combined) to inf.; *allt ~r till det bästa* everything is for the best; *~nde* t.ex. faktorer, krafter concurrent **-verkan** co-operation; gemensam aktion joint action
samvete *-t -n* conscience; *ha dåligt ~ för (över) ngt* have a bad conscience about (because of) a th.; *ha gott (rent) ~* have a clear conscience; *han har inget ~* äv. he is completely unscrupulous; *inte göra sig ~ av att ljuga* not scruple to tell a lie; *~ts röst* the voice (promptings pl.) of conscience; *med gott ~* with a clear conscience; *ha något på sitt ~* have something on one's conscience; *ta ngt på sitt ~* answer for a th.
samvets|agg twinge (prick) of conscience, compunction **-betänkligheter** *pl* scruples, compunction sg. **-frid,** *ha ~* have a clear conscience; *störa ngns ~* disturb a p.'s ease of conscience **-fråga** delicate (indiscreet) question; -sak matter (point) of conscience **-förebråelser** *pl* remorse sg., svag. compunction sg. **-grann** *a* conscientious, omsorgsfull äv. painstaking, careful; ängsligt scrupulous **-grannhet** conscientiousness etc., jfr föreg. **-kval** *pl* pangs (qualms) of conscience, remorse sg. **-lös** *a* föga nogräknad unscrupulous, unprincipled, remorseless **-löshet** unscrupulousness etc., lack of principle **-ro** se *-frid* **-sak** matter of conscience **-skäl** *pl, av ~* for reasons of conscience **-äktenskap** marriage in the eyes of God, amer. common-law marriage **-öm** *a* [over-]scrupulous; *~ [värnpliktig]* conscientious objector, förk. CO (pl. CO's), F conchy
samvälde, *Brittiska ~t* the British Commonwealth [of Nations], the Commonwealth
sanatori|um *-et -er* sanatorium, amer. äv. sanitarium

sand *-en 0* sand; grövre äv. (isht hindrande i maskineri o.d.) grit; *rinna ut i ~en* bildl. come to nothing **sanda** *tr* sand
sandal *-en -er* sandal **sandalett** *-en -er* sandalette
sand|bank sandbank, vid flodmynning o.d. äv. [sand-]bar **-blästra** *tr* sandblast **-botten** sand[y] bottom
sandel|olja sandalwood oil **-trä** sandalwood
sand|filter sand filter **-färgad** *a* sand-coloured, om tyg ofta drab **-grop** sand-pit **-hög** heap (mound) of sand, sand-heap
sand|ig *a* sandy **-jord** sandy soil **-kaka** bakverk sand cake; av sand sand pie **-korn** grain of sand **-krypare** zool. gudgeon **-låda** för barn att leka i sand-pit; -lår sand-bin **-ning** sanding **-papper** sandpaper; *ett ~* a piece of sandpaper **-pappra** *tr* sandpaper **-rev** c **-revel** sandbank, [sand-]reef, long-shore bar, isht synlig vid lågvatten shoal **-skädda** zool. sand dab **-slätt** sand[y] plain, sands pl. **-sten** sandstone **-storm** sand-storm **-strand** [sandy] beach **-säck** sandbag **-tag** sand-pit
sandwich *-en -ar (-es)* ung. canapé, Swedish sandwich **-man** sandwich-man
sand|ås sand ridge **-ödla** sand lizard **-öken** sand desert
sanera *tr* **1** t.ex. stadsdel clear . . of slums riva pull down; bildl., t.ex. veckopressen clean up; finanserna o.d. reorganize, put . . on (restore . . to) a sound basis **2** mil. avgasa degas **sanering** **1** av stadsdel o.d. slum-clearance, rivning pulling-down; bildl. cleaning-up; ekon. reorganization **2** mil. degasification
sanforisera *tr* sanforize
sang *-en -* kortsp. no trumps; *en (två) ~* one (two) no-trumps **-bud** no-trump bid
sangviniker sanguine person **sangvinisk** *a* sanguine
sanitets|binda sanitary towel **-varor** *pl* sanitary appliances (ware sg.); preventivmedel contraceptives **-väsen** sanitation, sanitary matters pl. (myndigheter authorities pl.)
sanitär *a* sanitary
sank **I** *oböjl. s, borra (skjuta) . . i ~* sink; *borra . . i ~* äv. scuttle; *gå i ~* sink, founder, go down **II** *a* sumpig, vattensjuk swampy, marshy, water-logged **-mark** marsh
sankt *a* saint, förk. St[.], S. **-bernhardshund** St. Bernard [dog]
sanktion sanction; *kunglig ~* av lagförslag o.d. royal assent; *tillgripa ~er* straffåtgärder resort to sanctions **sanktionera** *tr* sanction, om regent assent to
sann *a* true, *mot* to; sannfärdig truthful, veracious; verklig real, äkta genuine; *en ~ berättelse* a true story; *en ~ kristen* a true Christian; *ett sant nöje (en ~ njutning)* a [great]

treat, a real treat (pleasure); *det finns inte ett sant ord* i vad han säger there is not a word of truth . .; *där sa du ett sant ord!* that's true!, you said something there!; *en* ~ *vän* a true (real) friend; *inte sant?* se *eller* [*hur*] *b* o. *c*; det var en upplevelse! — *Ja, inte sant?* . . Yes, wasn't it (don't you think so)?; *det var* [*så*] *sant* jag skulle ju [oh,] I am forgetting, . .; apropå by the way (that reminds me), . .; *så sant mig Gud hjälpe!* so help me God!; *så sant jag lever!* as sure as I live; [*det är*] *så sant som det är sagt!* [it is] quite true!, how true [that is]! **sanna** *tr,* ~ *mina ord!* mark my word!, you will see! **sanndröm,** *ha* ~*mar* have dreams that come true **sannerligen** *adv* verkligen indeed, really; i högre stil in truth; bibl. o. åld. verily; förvisso certainly; *det är* ~ *inte för tidigt* it is certainly not too soon; ~ *tror jag inte* du fick rätt ändå! I do believe . .; ~ *är det inte han!* [well (upon my word),] if it isn't him (he)!; jfr äv. *minsann*
sannfärdig *a* truthful, veracious **sannfärdighet** truthfulness, veracity
sanning truth; sannfärdighet veracity; verklighet reality, fact; *eviga* ~*ar* eternal truths (verities); *tala* ~ tell (speak) the truth; ~*en att säga* var jag inte där to tell the truth . .; *säga ngn några beska (obehagliga)* ~*ar, säga ngn ett* ~*ens ord* tell a p. a few home truths; ~*en är* [*den*] *att* . . the truth is that . .; *han sa, som* ~*en var, att* . . he said — what (and it) was true — that . .; *det är dagsens* ~ it is gospel (the plain) truth; *det är hela* ~*en* that's the whole truth (the truth of it), that's how it is; denna version *torde komma* ~*en närmast* . . is probably [the] nearest to the truth; *i* ~ in truth, truly
sannings|enlig *a* truthful, veracious, om t.ex. beskrivning äv. . . in accordance with the truth ([the] fact[s]), sann true, trogen faithful **-halt** degree of truth[fulness], veracity **-kärlek** love of truth, veracity **-serum** truth serum (drug) **-sökare** seeker after truth **-älskande** *a* truth-loving
sannolik *a* probable, isht pred. äv. [very] likely; *det är* ~*t att han kommer* äv. he is [very] likely to come **sannolikhet** probability äv. mat.; likelihood; *efter (med) all* ~ in all probability **sannolikhetskalkyl** mat. calculus of probability **sannolikt** *adv* probably, very (most) likely; *han kommer* ~ *inte* äv. it is not likely he will come, he is not likely to come
sann|saga true story **-skyldig** *a* förstärkande veritable, verklig real, riktig regular, thorough **-spådd** *a, han blev* ~ his prophecies (predictions) came true, he was right in his predictions
1 sans *-en* - kortsp. se *sang*
2 sans *-en 0* **1** medvetande, *förlora (mista)* ~*en* lose consciousness, become unconscious; *komma till* ~ [*igen*] recover one's senses, come round **2** fattning o.d., *förlora* ~ *och besinning* lose one's senses (one's head); *med (utan)* ~ *och måtta* in (without any) moderation
sansa *rfl* lugna sig calm down, sober down
sansad *a* besinningsfull sober[-minded], level-headed; samlad collected, composed; vettig sensible; modererad moderate; *lugn och* ~ calm and collected (composed)
sanskrit *-*[*en*] *0* Sanskrit
sanslös *a* unconscious, senseless
sant *adv* truly; ~ *mänsklig* truly human; *tala* ~ tell (speak) the truth
sapfisk *a* Sapphic
saracen *-en -er* Saracen
sard *-en -er* Sard
sardell *-en -er* anchovy
sardin *-en -er* sardine **-burk** sardine-tin, burk sardiner tin of sardines
Sardinien Sardinia **sardin**[**i**]**sk** *a* Sardinian
sardonisk *a* sardonic
sarg *-en -er* border, edging; ram frame
sarga *tr* lacerate äv. bildl., skära cut [. . badly], såra wound, illa tilltyga mangle
Sargassohavet the Sargasso Sea
sarkasm *-en -er* sarcasm **sarkastisk** *a* sarcastic, bitande äv. caustic
sarkofag *-en -er* sarcophag|us (pl. vanl. -i)
sarkom *-et* - sarcoma (pl. -ta)
satan - *0* **1** den onde Satan, the Devil, Lucifer **2** i kraftuttr., *ett* ~*s oväsen* a bloody row, a (the) devil of a row; jfr *2 fan 2* **satanisk** *a* satanic; devilish; jfr *djävulsk* **sat|e** *-en -ar* devil, fiend, demon; *stackars* ~ poor devil
satellit *-en -er* satellite **-stat** satellite state
satin *-en (-et) -er* satin **satinera** *tr* glaze
satir *-en -er* satire, *över* on, upon **satiriker** satirist **satirisera** *itr,* ~ *över* ngt satirize . . **satirisk** *a* satiric[al]
satkär[**r**]**ing** bitch, vixen, cow
sats *-en -er* **1** språkv. sentence, i specialiserad bet. (om t.ex. huvud~ el. bi~) vanl. clause **2** log., mat. proposition, filos., tes thes|is (pl. -es) **3** ansats run, take off; *ta* ~ take a run; *hopp med* ~ running jump; *hopp utan* ~ standing jump **4** mus. movement **5** uppsättning set, av askar o.d. som går i varann nest båda m. of framför följ. best. **6** kok., vid bakning o.d. batch **7** boktr. type **satsa** **I** *tr* stake; riskera venture; investera invest; ~ *10 kr. på* en häst stake (put, bet) 10 kr. on . . **II** *itr* **1** göra insats[er] (i spel) make one's stake[s]; ~ *på* hålla på bet on, put one's money on, t.ex. häst äv. back, lita till pin one's faith (hope) on, inrikta sig på go in for, concentrate on, försöka få make a bid for; ~ *på fel häst* back the wrong horse äv. bildl. **2** ta sats take a run
sats|analys [sentence] analysis, parsing

-bindning compound sentence **-bord** uppsättning bord nest of tables **-byggnad** sentence-structure, sentence-construction **-del** component part of a (resp. the) sentence; *ta ut ~arna [i en mening]* analyse a sentence **-fogning** complex sentence **-förkortning** contracted sentence, contraction **-lära** syntax **-lösning** se *-analys*
satsning i spel staking; inriktning concentration, försök bid; *en djärv ~* a bold venture
satsyta boktr. text-face
satt *a* undersätsig stocky, squat, thickset, square[-built]
sat|tyg devilry, isht amer. äv. deviltry, devilment; ofog mischief **-unge** [young] imp, stark. nasty brat
Saturnus Saturn
satyr satyr
satäng *-en (-et) -er* satin
Saudi-Arabien Saudi Arabia
sav *-en 0* sap **sava** *itr* be in sap
savann *-en -er* savanna[h]
savaräng *-en -er* savarin
savojkål savoy [cabbage]
sax *-en -ar* scissors pl.; större, t.ex. plåt~, trädgårds~, ull~ shears pl.; *en ~ (två ~ar)* a pair (two pairs) of scissors etc.; *denna ~, den här ~en* this pair of scissors, these scissors pl. **saxa** *tr* **1** *~ ngt ur* en tidning a) klippa cut a th. out of . . b) citera take a th. over from . . **2** korsa cross; *~ skidorna* i uppförsbacke herringbone **3** segel wing [out]
saxare Saxon **saxisk** *a* Saxon
saxofon saxophone, F sax
scarf *-en -ar* scarf (pl. äv. scarves)
scen *-en -er* på teater stage; del av akt samt bildl., uppträde o.d. scene; *~en* teatern the stage, the theatre; *ställa till en ~* make (create) a scene; *bakom ~en* behind the stage (the scenes äv. bildl.); *sätta i ~* stage **-anvisningar** *pl* stage directions **-arbetare** stage hand, scene-shifter
scenari|o *-ot -on (-er)* scenari|o (pl. -os) **scenbild** scene; *~[er]* dekor setting[s], scenery sg. **scendekoratör** stage designer
sceneri scenery
scen|förändring change of scene; *en ~ har inträtt* bildl. there has been a change in the situation **-ingång** stage door **-isk** *a* attr. vanl. stage; ibl., om t.ex. framställning, verkan theatrical, scenic **-konst** acting, dramatic art **-konstnär** actor **-vana** stage (acting) experience
sch *itj* tyst! sh!, [be] quiet!
schaber *pl* shekels, brass sg.
schablon tekn. template, templet, pattern, gauge; för målning stencil; friare pattern, model, mould, form; *gjord efter ~* made to pattern; *måla efter ~* paint from a stencil, stencil; *fri från ~er* om bok o.d. free from clichés, original, unconventional **-avdrag** i självdeklaration standard (general) deduction **-mässig** *a . .* made to pattern, stereotyped; friare conventional, cut-and-dried, mechanical
schabrak *-et -* häst~ caparison
schack I *-et -* **1** spel chess **2** äv. *-en -ar* hot mot kungen i schack check; *stå i ~* be in check; *hålla . . i ~* bildl. keep . . in check **II** *itj* check!; *~ och matt!* checkmate! **III** *a, göra ngn ~ och matt* checkmate a p. **schacka** *tr itr* check
schack|bräde chessboard **-drag** move [in chess], bildl. move **-matt** *a* checkmate; F utmattad exhausted, worn out; *göra ngn ~* eg. checkmate a p. **-parti** game of chess **-pjäs** chessman **-problem** chess problem
schackra *itr* huckster (äv. *~ med*); traffic, idka byteshandel barter äv. bildl., *med* i båda fallen in; *~ om ngt* äv. bildl. bargain for a th.; *~ bort* bargain (barter) away **schackrare** huckster; trafficker etc. jfr föreg.
schack|ruta chessboard square **-rutig** *a* chequered **-spel 1** konkr. chess set, chessboard and chessmen **2** abstr. chess; *~ande* playing chess **-spelare** chessplayer **-turnering** chess tournament
schagg *-en -er* [woollen] plush
schah *-en -er* shah
schajas, schakal se *sjajas, sjakal*
schakt *-et -* tekn. o. gruv. shaft, gruvhål äv. pit; bildl. depth[s pl.] **schakta** *tr* excavate; t.ex. lös jord remove; *~d grop* excavation; *~ bort* remove, t.ex. en ås cut away **schaktning** excavation; removal jfr föreg.
schal, schalett se *sjal, sjalett*
schalottenlök shallot
schampo *-t -n* shampoo (pl. -s) **schamponera** *tr* shampoo, give . . a shampoo **schamponering** shampoo (pl. -s)
schanker *-n 0* chancre
schappa, schappen se *sjappa, sjappen*
scharlakan *-et 0* scarlet
scharlakans|feber scarlet fever, scarlatina **-röd** *a* scarlet
schas, schasa se *sjas, sjasa*
schatter|a *tr* shade **-ing** shading; nyans shade **-söm** ung. satin stitch
schatull *-et -* casket; skriv~ writing case; med matsilver canteen
schavott *-en -er* scaffold **schavottera** *itr* stand in the pillory, be pilloried; *låta ngn ~* pillory a p.
schejk *-en -er* sheik[h]
schellack *-en 0* shellac
schema *-t -n* t.ex. arbets~, rörelse~ schedule, t.ex. färg~, rim~ scheme, diagram diagram; skol. timetable, amer. [time] schedule **schematisera** *tr* schematize **schematisk** *a* schematic; eg. äv. diagrammatic; *en ~ framställning* an outline, a general (rough) out-

line
schersmin *-en -er* mock orange, syringa
scherzo *-t -n* scherz|o (pl. -os el. -i)
schimpans *-en -er* chimpanzee
schism *-en -er* schism, split **schismatisk** *a* schismatic
schizo|fren *a* o. *subst. a* schizophrenic **-freni** ~[*e*]*n 0* schizophrenia
schlager *-n - (schlagrar)* [song] hit, popular song; baskern *är årets stora* ~ . . is all the rage this year **-sångare** popular singer
schlaraffenland Cockaigne, Cockayne
Schlesien Silesia
schnauz|er *-ern -er (-rar)* schnauzer
schottis *-en -ar* schottische
Schwaben Swabia
Schwarzwald the Black Forest
Schweiz Switzerland; *franska* ~ French-speaking Switzerland **schweizare** Swiss (pl. lika) **schweizerfranc** Swiss franc **schweizerost** Swiss cheese, emmentaler Emmenthal, Emmentaler **schweizisk** *a* Swiss **schweizisk|a** *-an -or* kvinna Swiss woman
schvung *-en 0* fart, kläm go, dash, pep; i litt. stil o.d. verve **-full** *a* lively, brisk, dashing, . . full of go (resp. verve)
schäf|er *-ern -rar* Alsatian
schäs *-en -ar* chaise; *det hör till* ~*en* F it is part of the show **schäslong** *-en -er* couch
scirocko *-n 0* sirocco
scooter se *skoter*
scout *-en -er* scout, pojk~ boy scout, flick~ girl guide (amer. scout) **-chef** chief scout **-ledare** scoutmaster **-löfte** scout promise **-rörelse** scout movement
scratch *s, starta* [*från*] ~ start from scratch
script|a *-an -or* F script (continuity) girl
se *såg sett* **I** *tr itr* eg. o. friare see; titta look; få syn på äv. catch sight of; märka notice, observe; uppfatta perceive; åse, bevittna witness; ~*s* synas be seen, jfr *ses; jag* ~*r* [*att läsa*] utan glasögon I can see [to read] . .; *jo,* ~*r du* . . well, you see . .; ~ *bra (illa)* see well (badly), ha bra (dålig) syn have a good (bad) eyesight; *om jag inte* ~*r fel* if my eyes do not deceive me; *jag såg fel (rätt)* vanl. I was mistaken (right); *jag* ~*r ogärna (inte gärna) att han röker* I don't approve of his smoking; *jag* ~*r saken annorlunda* I take a different view of the matter; *hur man än* ~*r det* whatever way you look at it; *det kan* ~*s annorlunda* it may be viewed differently; *som jag* ~*r det* har du rätt as I see it . ., in my opinion . .; *jag* ~*r det som* min plikt I regard it as . .; *är* filmen *något (värd) att* ~*?* is . . worth seeing?; *jag tål inte att* ~ honom I can't stand the sight of . .; *jag såg honom komma* I saw him come (honom när (hur) han kom him coming); *jag har* ~*tt henne döpas* I saw her baptized; *han sågs springa* he was seen running (to run); *få* råka ~ see, ngn, ngt äv. catch sight of; *få (vi får)* ~ *om* . . we will see if . .; *vi får* ~ vad resultatet blir we shall see . ., time will show . ., it remains to be seen . .; *jag får* ~ *om jag kommer* I may come, I'll see; *det får vi* ~ we will see about that; *får vi (låt)* ~ vad du kan let us see . ., show us . .; *får jag (låt mig)* ~ [*den*] äv. may I (let me) have a look [at it]; *låt mig* ~ tänka let me see; *låt* ~ *att du skriver!* do write, will you?; *låt* ~ *att du inte glömmer* mind you don't forget; *här ska du* [*få*] ~ vad jag har köpt look here, I'll show you . .; *du ska* [*få*] ~ *att han kommer* I bet he will come; he will come, you'll see; ~ [*själv*]*!* look [for yourself]!; ~ *sid.* 3 see p. . .; *där* ~*r du* [*själv*]*!* there you are!; *där* ~*r du* [*själv*] *hur* . . that just shows you how . .; ~ *så* se *seså*
väl (illa) ~*dd* popular (unpopular); *djupast* ~*tt* i grunden fundamentally, basically, när allt kommer omkring after all; *ekonomiskt* ~*tt* economically, ur ekonomisk synpunkt from an economic point of view; *i stort* ~*tt* på det hela on the whole, i allmänhet generally (broadly) speaking, nästan almost; *ytligt* ~*tt* är . . if one looks at it superficially . ., (vid första påseendet) on the face of it . .; *en* ~*ende* mots. blind a person who can see
jag ~*r av* brevet I see (find, learn) from . .; ~ *efter* följa med blicken look (gaze) after, söka look for; ~ *långt efter ngn* give a p. a lingering (wistful) look; *jag* ~*r för mig* hur det ska se ut I can visualize (just see) . .; ~ *stjärnor för ögonen* see stars; *vad* ~*r hon hos honom?* what does she see in him?; ~ *gäster (folk) hos sig* have guests; *jag hoppas jag får* ~ *dig hos mig* någon gång I hope you will come and see me . .; ~ *i* album look in (at) . .; ~ *i* lexikon have a look at el. in (consult) . .; *jag såg det i* tidningen I saw it in . .; *jag* ~*r i* tidningen *att* I see from . . that; *jag* ~*r aldrig i* en tidning I never look at . .; ~ *i ngns kort* look at a p.'s cards, bildl. keep an eye on a p.'s doings; ~ *ngn i* ansiktet look a p. in . .; *jag* ~*r i honom* en vän I regard him as . .; man måste ~ *det i stort* . . take a broad view of it; ~ *på* a) eg.: titta på look at, ta en titt på have a look at, flyktigt glance at, uppmärksamt watch, länge gaze (stare) at, nyfiket, misstänksamt eye, inspektera inspect, look over b) bildl.: tillgodose t.ex. sitt bästa look to, t.ex. sin fördel have an eye to; *inte* ~ *på* inte fästa sig vid (t.ex. priset) not mind; inte vara noga med (t.ex. en krona mer eller mindre) not be particular about; ~ *på klockan* look at (consult) one's watch; *hur* ~*r du på* saken? what is your view of . .?; [*gå och*] ~ *på* skor [go and] look for [some] . .; *gå ut och* ~ *på* staden go and have a look at (go out sightseeing in) . .; ~ *allvarligt*

(mörkt) på saken take a serious (gloomy) view of . .; ~ *argt på* ngn look angrily at . ., give . . an angry look; ~ *ngn på en drink* inbjuda invite (bekosta treat) a p. to a drink; *jag hoppas jag får* ~ *dig hemma på middag* I hope you will come and have dinner with me; *man* ~*r på den (på allting) att den är* . . you can see (can tell by everything) that it is . .; *jag* ~*r på dig att* . . I can tell by your face (see by your looks, read in your face) that . .; *man* ~*r på honom* att han är utlänning you can tell by his appearance . .; ~ *till syftet, inte till* resultatet consider the aim, not . .; *han ville inte ens* ~ *åt* mig he wouldn't even look at . .; *hon såg inte åt mig* bildl. äv. she ignored my very presence

II *rfl* **1** känna sig (t.ex. föranlåten) feel; anse sig, vara (t.ex. tvungen, besegrad) find oneself, be **2** ~ *sig i spegeln* look (have a look) at oneself in the mirror; ~ *sig för (om)* se under *III*

III m. beton. part. **1** ~ *tiden an* wait and see, bida sin tid bide one's time **2** ~ *bort* a) eg. look away (another way) b) se *bortse* **3** ~ *efter* **a)** ta reda på see, *om* if; leta look; ~ *efter* [*om det finns*] *i* lådan look (have a look) [for it] in . .; ~ *efter i* lexikonet äv. consult (look up) . .; ~ *efter om* det är gjort [have a look and] see if . . **b)** övervaka look after, passa mind, have an eye to, take care of **4** ~ *fram* [*e*]*mot* glädja sig åt look forward to **5** ~ *sig för* look out, take care, gå försiktigt watch one's step, look where one is going **6** ~ *igenom* look (flyktigt run) through; granska revise; *genomsedd* upplaga revised . . **7** ~ *in i* look into **8** ~ *ned* look down; ~ *ned på* bildl. look down on, förakta äv. despise **9** ~ *om* **a)** se på nytt see . . again **b)** se till look after, beställa om look to, sköta om attend to; ~ *om sitt hus* bildl. set (put) one's house in order **c)** ~ *sig om* vända sig look round; ~ *sig om efter* söka look about (round, out) for; betalningen *får du allt* ~ *dig om efter* F you may whistle for . . **d)** ~ *sig om* el. *omkring* [*i staden*] look (have a look) round [the town]; ~ *sig om* el. *omkring i världen* [travel about and] see the world **10** ~ *på* look on, iakttaga watch; ~ *på hur jag gör!* watch how I do it!; *jag kan inte lugnt* ~ *på hur (när) han lider* I can't just sit back and watch him suffering (sit back when he suffers); ~*r man på!* jo jag tackar jag I say! **11** ~ *till* a) se see, få syn på catch sight of; *jag* ~*r inte mycket till honom* numera I don't see much of him . . b) se *se efter b* c) styra om see to; ~ *till att* ngt görs see [to it] that . .; jfr vid. *laga II* **12** ~ *tillbaka* [*i tiden*] look back [into the past] **13** ~ *upp* a) titta upp look up, raise one's eyes, *från* from; ~ *upp till* beundra look up to b) akta sig look (isht amer. watch) out, *för* for; vara försiktig take care, be careful; ~ *upp för* bilen, steget! mind . .! ~ *upp för dörrarna!* på tunnelbana stand clear of the doors!; ~ *upp med ngn (ngt)* keep a watch on a p. (be on one's guard against a th.) **14** ~ *ut* **a)** titta ut look out **b)** ha visst utseende look, *som* like; ~ *ut att* inf. look like ing-form, verka seem to inf.; ~ *ut som om* look (verka seem) as if; *han* ~*r allvarlig (det* ~*r allvarligt) ut* he looks (things are looking) serious; *han* ~*r bra (ingenting) ut* he is good-looking (is nothing [much] to look at); *hur* ~*r han ut?* what does he look like?, är han ond, sjuk o.d. how does he look?; *det* ~*r ovänligt ut att* . . it looks unfriendly to . .; *hur* ~*r jag ut i håret?* how does my hair look?; *det* ~*r slarvigt ut i* rummet . . is in an untidy state (makes an untidy impression); *hur* ~*r det ut i* rummet? what is . . like?, är det städat o.d. in what state is . .?; *så du (din klänning)* ~*r ut!* what a state you are (your dress is) in!; *så här* ~*r ut!* what a state (mess) things are in here!; *det* ~*r så (inte bättre) ut* it looks (seems very much) like it; han är 40 *men* [*han*] ~*r ut som (att vara) 50* . . but he looks 50; *som det nu* ~*r ut* blir det krig the way things look now . .; *det* ~*r han ut för (till)* he looks it; *det* ~*r ut att bli regn (en vacker dag)* it looks like rain (like being a fine day) **c)** välja, ~ *ut* ngt [*åt sig*] choose (pick out) . .; jfr *utse* **15** ~ *över* a) se igenom look over; gå över overhaul; revidera revise b) se *överse*

seans *-en -er* sammankomst seance; sittning sitting

Sebaot, [*Herren*] ~ [the Lord of] Sabaoth

sebr|a *-an -or* zebra **sebrarandig** *a* . . striped like a zebra

sebu *-n -er* zebu

sed *-en -er* bruk custom, praxis practice, sedvana usage; ~*er* moral morals, uppförande manners; ~*er och bruk* manners and customs; *andra tider andra* ~*er* other times other manners; *det är (man har för)* ~ it is the custom (is customary); *han har för* ~ *att* inf. it is his custom to inf.; *efter (enligt) gammal* ~ according to old custom; *man får ta* ~*en dit man kommer* when in Rome [you must] do as the Romans do

1 sedan *(sen)* **I** *adv* **1** därpå then; senare later [on]; efteråt afterwards; efter det after that; *först* . ., ~ . . first . ., then . .; *vad kommer* ~*?* what comes after [this (that)] (comes next)?; *och* ~ *då?* [and] what then?; ~ *har jag inte sett henne* I haven't seen her since [then] (after that); *det är ett år* ~ *nu* it is a year ago now **2** F *än sen då?* iron. so what?; . . *och så billig sen!* . . and so cheap too!

II *prep* alltsedan: vid uttr. för tidpunkt since, vid uttr. för tidslängd for; från from; ~ *dess* since then]; *hon är* el. *har varit* sjuk ~ *i går (ett år [tillbaka])* she has been . . since yesterday (for a year); *hon är* blind ~ *flera (tio) år tillbaka]* she has been . . for several years past] (for the past el. for the last ten years); ester ~ *i går* . . from yesterday **III** *konj* alltsedan since; efter det att after; när when; [*ända*] ~ *jag kom hit (reste)* ever] since I have been here (I left); ~ *han hade rest* after (when) he had left; *det var först* ~ *jag hade sett den som* . . it was not until (was only when) I had seen it that . .; ~ *han* [*först*] *stängt dörren* gick han having [first] shut (after [first] shutting) the door . . —Se *2 för I 12* o. ex. under *länge*

sedan *-en -er* bil saloon [car], isht amer. sedan

sede|betyg conduct mark **-fördärv** corruption of morals; förfall depravity

sedel *-n sedlar* banksedel [bank-]note, amer. äv. bill; *sedlar* äv. paper[-money] sg. **-bunt** bundle (wad) of [bank-]notes **-förfalskning** forgery of bank-notes **-omlopp** note circulation **-press** printing press for bank-notes **-utgivande** *a,* ~ *bank* note-issuing bank **-utgivning** issue of bank-notes **-valör** [bank-]note denomination

sede|lära moral philosophy, ethics **-lärande** *a* moral, moralizing; *en* ~ *berättelse* a story with a moral [to it]

sedermera *adv* längre fram later on; efteråt afterwards; professorn, ~ *biskopen N.* . ., later Bishop N.

sedesam *a* modest; tillgjort blyg demure; sipp prudish **sedesamhet** modesty; demureness; prudishness **sedeskildring** description of [life and] manners **sedeslös** *a* immoral **sedeslöshet** immorality; förfall depravity

sedig *a* om häst gentle, quiet

sediment *-et -[er]* sediment **sedimentär** *a* sedimentary

sedlig *a* moral; filos. ethical **sedlighet** morality **sedlighetsbrott** sexual offence **sedlighetsförbrytare** sexual offender **sedlighetssårande** *a* . . offensive to public decency; oanständig indecent

sedvana usage, bruk custom, praxis practice; *enligt* ~*n* i familjen as is (resp. was) customary . . **sedvanerätt** consuetudinary (customary) law **sedvanlig** *a* customary, vanlig usual; vedertagen accepted **sedvänj|a** *-an -or* custom, praxis practice; *mot* ~*n* contrary to custom

seeda *tr* se *2 sida*

seg *a* allm. tough, om kött äv. leathery, trögflytande viscous, trådig ropy, klibbig sticky; uthållig äv. hardy, tenacious; envis stubborn, dogged; långtråkig long-winded **sega** *rfl,* ~ *sig fram (igenom* en bok) toil along (through . .)

seg|el *-let -el* **1** sail äv. koll.; *hissa* ~ *(-len)* hoist sail (the sails); *sätta* ~ set (gå till segels äv. make) sail; *sätta till alla* ~ crowd on sail; *gå för* ~ sail, be under sail; *gå (segla) för fulla* ~ go with all sails set (in full sail) **2** bot. wing

segel|bar *a* navigable **-båt** sailing-boat, större yacht **-duk** sail-cloth, canvas [for sails] **-fartyg** sailing-ship, mindre sailing-vessel **-flyg** flygning sailflying, glidflyg gliding **-flyga** *itr* fly [in] a sailplane (glidflyga glider), ägna sig åt segelflygning practise sailflying (glidflygning gliding) **-flygare** pers. sailplane (glidflygare glider) pilot **-flygning 1** se *segelflyg* **2** färd sailplane (glidflygning gliding) flight **-flygplan** sailplane, glidplan glider **-garn** twine, grövre packthread **-kanot** sailing canoe **-klar** *a* . . ready to sail (for sea) **-kunnig** *a, vara* [*något*] ~ have [some] knowledge of sailing **-led** fairway, [navigable] channel **-makare** sailmaker **-regatta** [yachting] regatta **-ränna** narrow channel **-sport** yachting **-ställ** suit (set) of sails **-sällskap** yacht[ing] club **-tur** sailing trip; *göra (vara ute på) en* ~ äv. go (be out) for a sail **-yta** sail area

seg|er *-ern -rar* allm. victory, sport. äv. win; besegrande conquest; isht bildl. triumph, success; ~*n vid* Narva the victory of (at) . .; *vinna* ~ [*över* ngn] win (gain) a victory [over . .], jfr vid. *segra*

seger|dag day of victory **-herre** se *segrare* **-huva,** *född med* ~ eg. born with a caul, bildl. born to succeed **-krönt** *a* . . crowned with victory **-rik** *a* victorious, triumphant; segrande äv. conquering, sport. äv. winning; *ett* ~*t krig* a victorious (successful) war **-stolt** *a* triumferande triumphant **-tåg** triumphal procession (bildl. progress, march) **-vilja** determination to win **-viss** *a* . . confident of victory; triumferande triumphant **-yra** flush of victory

segflytande *a* viscous **seghet** toughness; leatheriness; viscosity; ropiness, stickiness; tenacity; stubbornness, doggedness; jfr *seg*

segla I *itr tr* allm. sail äv. bildl.; ss. sport äv. go (be) yachting; avsegla äv. leave; i regelbunden trafik run; båten ~*r bra* . . is a good sailer; ~ *en båt (ngn)* till en plats sail a boat . . (take a p. . . in one's boat); ~ 10 knop do . .; ~ *i kvav* founder, go down; ~ en båt *i sank* sink (run down) . .; ~ (färdas) *med* ett fartyg go by . .; ~ *med* last carry . .; ~ [en båt] *på grund* run [. .] aground; ~ gå i trafik *på London* ply the London route

II m. beton. part. **1** ~ *av* masten carry away (bryta spring) . . **2** ~ *förbi* tr. itr. sail past, pass **3** ~ *ifatt* catch . . up, catch up with . ., overhaul **4** ~ *in* a) itr., ~ *in i* . . sail into (enter) . . b) tr., ~ *in* förlorad tid make up for . . **5** ~ *om* en båt outsail (passera pass) . . **6** ~ *omkring i* skärgården cruise . . **7** ~ *omkull* a) tr. run down b) itr. capsize **8** ~ *på* en båt run into (collide with, fall el. run foul of) . .; *bli påseglad* be fouled (run into) **9** ~ *upp* bildl. se [*vara under*] *uppsegling* **10** ~ *över* havet sail across . ., cross . .; ~ *över till* . . sail to . .

seglare 1 pers. yachtsman **2** segelfartyg sailing-vessel; *en bra* ~ a good sailer **seglarmössa** yachting (yachtsman's) cap **seglarskola** sailing school **seglation** *-en 0* sjöfart navigation **seglationstid** navigation season (period) **seglats** *-en -er* segeltur sailing tour (trip), i sing. äv. sail; kryssning cruise, längre sjöresa voyage; *en dags* ~ one day's sail; *vara ute på* ~ be out sailing (out for a sail) **segling 1** seglande sailing, sport~ äv. yachting **2** segeltur sailing tour osv. se *seglats;* ~*ar* regatta [yachting] regatta sg.

seglivad *a, vara* ~ bildl. be hard to kill, die hard; *vara* ~ *som en katt* have as many lives as a cat

segment *-et* - segment **segmenterad** *a* segmented

segna *itr,* ~ *till* marken sink to . .; ~ *död ned* drop down dead

segra *itr* allm. win; vinna seger be victorious, win (gain) the victory; isht bildl. triumph, prevail, *över* i samtl. fall over; ~ *eller dö* conquer or die; ~ *i ett slag (en tävling)* win a battle (a competition); ~ *över* äv. conquer, defeat, övervinna overcome, get the better of **segrande** *a* om t.ex. här, makter conquering, om t.ex. lag, sida winning; segerrik victorious; *gå* ~ *ur striden* come out of the struggle victorious[ly] **segrare** allm. victor; i tävling winner; besegrare conqueror **segrarinna** i tävling winner **segrarklass** i tävling winners' class **segrarpall** winner's (resp. winners') stand

segregation *-en 0* segregation

segsliten *a* utdragen long drawn-out, lengthy, interminable; svårlöst vexed

seismisk *a* seismic **seismograf** *-en -er* seismograph

sejd|el *-eln -lar* tankard, utan lock mug; *en* ~ *öl* a mug (pint) of beer

sejnfall sjö. signal (ensign) halyard

sejour *-en -er* vistelse stay, sojourn

sekatör pruning shears pl., secateurs pl.; *en* ~ a pair of pruning shears (secateurs)

sek|el *-let -el (-ler)* century; den har varat *i -ler* . . for centuries (friare for ages [and ages]) **sekelgammal** *a* månghundraårig . . centuries old **sekelskifte,** *vid* ~*t* at the turn of the century

sekiner *pl* F dough sg.

sekond *-en -er* **1** sjö. second-in-command **2** vid boxning second

1 sekret *-et* - fysiol. secretion

2 sekret *a* secret

sekretariat *-et* - secretariat[e] **sekreterare** secretary **sekreterarplats** secretarial post

sekretess *-en 0* secrecy **-lag** secrets act

sekretion fysiol. secretion; *inre* ~ internal secretion

sekretär bureau (pl. -x), amer. writing desk

sekt *-en -er* sect **sekterism** sectarianism **sekterist** *s* o. **sekteristisk** *a* sectarian

sektion 1 mat., tekn. section **2** avdelning: allm. section; univ. branch; frontavsnitt sector

sektor allm. sector; *den statliga* ~*n* the public sector

sektväsen sectarianism

sekularisera *tr* secularize **sekularisering** ~*en 0* secularization

sekund *-en -er* allm. second; ögonblick äv. moment, F sec; *fem meter i* ~*en* sjö. five metres per second; *på* ~*en* [*klockan fem*] [at five] to the second (F on the dot); jag är tillbaka *på* ~*en* . . in a second (F a sec, half a tick). — För ex. jfr vid. under *minut*

sekunda *a* sämre second-rate, inferior

sekundant second **sekundera** *tr* second, i samtal äv. support

sekundvisare second-hand

sekundär *a* secondary; *av* ~ *betydelse* äv. of subordinate importance

sekvens *-en -er* mus. o.d. sequence

sela *tr,* ~ [*på*] en häst harness . .; ~ *av* [*hästen*] unharness the horse **seldon** *pl* harness sg. **sel|e** *-en -ar* harness äv. i fallskärm; bärrem sling; barn~ reins pl.; *en* barn~ a pair of reins; *vara (ligga) i* ~*n* bildl. be in harness

selektiv *a* selective **selektivitet** selectivity

selen *-et (-en) 0* selenium

selleri -[*e*]*t* (-[*e*]*n*) *0* celery; rot~ celeriac **-salt** celery salt **-skiva** slice of celeriac

semafor *-en -er* semaphore **semaforera** *itr tr* semaphore **semaforering** semaphore **semaforflagga** hand flag

semantik *-en 0* semantics

semest|er *-ern -rar* holiday[s pl.], amer. vanl. vacation; ha rätt till *fyra veckors* ~ . . four weeks' holiday with pay; *jag har* ~ *(en veckas* ~*)* i juli I have my (have one week's) holiday . .; *han har (är på)* ~ he is on holiday; vad gjorde du *på* ~*n?* . . on (during) your holiday?; vart ska du resa *på* ~*n?* . . for your holiday?

semester|dag, *en* ~ sparar jag . . one day of my holidays **-ersättning** holiday compensation **-firare** holiday-maker, amer. vacationist **-hem** holiday home **-lag,** ~*en* ung. the Compulsory Holidays Act **-månad** holiday month **-stängning** holiday closing

semestra *itr* ha semester be on holiday; tillbringa semestern spend one's holiday, amer. äv. vacation

semi|final semi-final **-kolon** semi-colon

seminarielärare teacher at a training college (etc. se *seminarium 1)* **seminarieövning** univ. seminar class **seminarist** student at a training college (etc. se *seminarium 1)* **seminari|um** *-et -er* **1** t.ex. folkskole~ training college, amer. normal school; präst~ seminary **2** univ. seminar äv. personer o. lokal

semination insemination **seminera** *tr* inseminate

semit *-en -er* Semite **semitisk** *a* Semitic

seml|a *-an -or* bun [fylld filled with cream and almond paste] eaten during Lent

1 sen *adv prep konj* se *1 sedan*

2 sen (jfr *senare, senast*) *a* **1** mots. tidig late; *~a blommor* late flowers; *till ~a kvällen* until late in the evening; *ha ~a vanor* keep late hours; *~ ånger* tardy repentance; *för ~ ankomst* late arrival; *det börjar bli ~t* it is getting late; *det blir nog ~t i kväll* we (resp. you el. they) will probably be (hålla på keep on till) late tonight **2** senfärdig slow; *inte vara ~ att* inf. not be slow (vara redo always be ready) to inf.; *~ till vrede* slow to anger

sen|a *-an -or* sinew, anat. äv. tendon; på racket string

senap *-en 0* mustard

senaps|burk för bordssenap mustard pot **-gas** mustard gas **-korn** mustard seed (pl. seed[s]); bibl. grain of mustard seed

senare I *a* mots. tidigare later; mots. förra latter; nyare [more] recent; efterföljande subsequent, kommande future; *den (det, de) ~* självst. the latter; *i den ~ betydelsen* in the latter sense; *av ~ datum* of a later (more recent) date; *den ~ delen (hälften) av . .* the latter part (second half) of . .; *det blir en ~ fråga* that will be a question for later on; *det nämndes (kommer att nämnas) i ett ~ kapitel* it was mentioned in a subsequent (will be mentioned in a future) chapter; *på ~ år* de här åren in the last few years, nyligen in recent years; *det blev ~ igår kväll* än beräknat we (resp. you el. they) were (höll på kept on till) later last night . .; se äv. ex. under *tid* **II** *adv* later, längre fram later on; efteråt afterwards; framdeles subsequently; nyligen more recently; *~ på* dagen later [on] in . .; *en dag ~* one day later (efteråt after, afterwards); *någon gång ~* sometime later on, on some future occasion (date) **-lägga** *tr* möte o.d. hold . . later, postpone

senast I *a* latest; sist i ordning last; *de ~e händelserna* the latest events; *de ~e dagarnas händelser* the events of the last few days; *vid mitt ~e besök i* England on my last visit to . .; han har varit sjuk *de ~e veckorna* . . for the last (past) few weeks; *~e världskriget* the last World War; se äv. ex. under *tid* **II** *adv* **1** mots. tidigast latest; mots. först last; så sent som as late as, only; *de ~ inträffade händelserna* the latest ([most] recent) events; när såg du honom *~* . . last; *jag såg honom ~ i* London the last time I saw him was in . .; jag såg honom *~ igår* . . only (as late as) yesterday; *herr N., ~ boende i* . . Mr N., late of (whose previous el. last address was) . . **2** inte senare än at the latest; [*allra*] *~* i morgon . . at the [very] latest; jag måste ha det *~ om måndag* . . by Monday [at the (the very) latest]

senat senate **senator** senator

sendrag cramp

sen|färdig *a* slow, tardy; sölande dilatory, laggard **-född** *a* late-born **-gångare** zool. sloth

senhinna i ögat sclerotic coat, scler|a (pl. äv. -ae)

senhöst late autumn

senig *a* sinewy, om pers. äv. wiry, om kött äv. stringy

senil *a* senile **senilitet** senility

senior I *a* senior; Bo Ek *~ (*förk. *sen.)* . ., Senior (Sen., Sr.) **II** -[*e*]*n -er* sport. senior **-lag** senior team

sen|komling late-comer **-kommen** *a* bildl.: t.ex. framgång tardy, t.ex. hjälp belated **-latin** Late Latin **-renässans** late Renaissance

sensation allm. sensation; *göra (väcka)* [*stor*] *~* create (cause) a [great] sensation **sensationell** *a* sensational

sensations|lysten *a* . . craving for sensation; *vara ~* äv. be out for sensations **-lystnad** craving for sensation **-makeri** sensationalism end. sg. **-press,** *~en* the yellow (sensational) press

sensibel *a* sensitive, lättstött äv. touchy **sensitiv** *a* sensitive **sensitiv|a** *-an -or* bildl. over-sensitive person

senskida sheath of a (resp. the) tendon

sensmoral, *~en är* . . the moral is . .

sensommar late summer **-dag** day in [the] late summer

sensträckning strain of a (resp. the) tendon; jag har *fått* [*en*] *~* . . strained a tendon

sensualism sinnlighet sensualism **sensualitet** sensuality **sensuell** *a* sensual

sent *adv* late; *bättre ~ än aldrig* better late than never; *gå och lägga sig ~* go to bed late, ss. vana keep late hours; *du kommer ~* you are late; *jag kom hem ~* I came home late; *komma för ~ till* middagen a) inte passa tiden be late for . . b) gå miste om be (come) too late for . .; *komma* [fem minuter] *för ~ till tåget* vanl. miss the train [by . .]; *jag skall ~ glömma* den dagen I shan't forget . . easily (in a hurry)

sentens *-er -er* maxim, sententious phrase

sentera *tr* appreciate

sentida *a* nutida . . of our days **sentimental** *a* sentimental; neds.: om pers. mawkish, maudlin, om t.ex. tal F sloppy **sentimentalitet** sentimentality; neds. mawkishness; sloppiness
senvinter late winter
separat I *a* separate; särskild special **II** *adv* separately; boken sänds ~ . . under separate cover **-fred** separate peace
separation separation **separatism** separatism **separatist** separatist, separationist **separatistisk** *a* separatist **separator** separator **separatutställning** konstnärs one-man show **separera** *tr itr* separate **separering** separation
sepia *-n 0* sepia
september *r* September (förk. Sept.); jfr *april* o. *femte*
septett *-en -er* septet[te]
septisk *a* septic
seraf *-en -er* (ibl. *-im*) seraph (pl. äv. -im)
serafimer|orden best. form the Order of the Seraphim **-riddare** Knight of the Order of the Seraphim
seralj *-en -er* seraglio (pl. -s)
serb *-en -er* Serb[ian] **Serbien** Serbia **serbisk** *a* Serbian **serbokroatisk** *a* o. **serbokroatiska** *-n 0* språk Serbo-Croatian
serenad *-en -er* serenade; *hålla ~ för ngn* serenade a p.
sergeant ung. sergeant; befattningsmässigt motsv. warrant officer
serie *-n -r* **1** allm. series (pl. lika); rad äv. succession, chain, följd, svit sequence; hel följd av sammanhörande ting, t.ex. frimärken set; uppsättning range; av värdepapper issue; radio, TV series, följetong serial; sport. league; *en ~* händelser m.m. a series (succession, chain) of . .; *en fullständig ~ av* en tidskrift a complete set of . .; *i ~r* in series **2** [*tecknad*] *~* comic strip, cartoon; *~rna* äv. the comics **-figur** character in a comic strip **-kopplad** *a* elektr. . . connected in series **-koppling** elektr. series connection **-krock** multiple collision **-magasin** m. tecknade serier comic [paper] **-nummer** serial number **-tillverkad** *a* mass-produced **-tillverkning** serial production **-tävling** league competition **-vis** *adv* by (in) series
seriös *a* serious; högtidlig solemn
serpentin *-en -er* pappersremsa streamer; krök, slingring meander, wind; *gå i ~er* meander, wind **-väg** serpentine road
ser|um *-umet -a (-um)* serum (pl. äv. sera) **serumbehandling** serum treatment **serumterapi** serotherapy
serva *tr itr* sport. serve; *vem ~r?* whose serve (service) is it? **servare** *-n -* server **servboll** service **serv|e** *-en -ar* service
servera I *tr* allm. serve; bjuda omkring hand round; hälla i pour out; bildl. dish (serve) up ~ passa upp på *ngn* wait on a p.; *~ ngn* köt serve a p. with (lägga för help a p. to) . .; ~ [*ngn*] kaffe pour out . . [for a p.]; *~ sig* [ma ten] *själv* help oneself [to . .]; *middagen ä ~d, det är ~t* dinner is served (ready) *~s varm (med* sallad*)* . . to be served ho (served up with . .) **II** *itr* serve (wait) at tabl
servering 1 betjäning service; uppassning waiting; utskänkning serving; *hon sköter ~en* she does the waiting **2** lokal restaurant; på järnvägsstation o.d. refreshment room, buffet; bar~ cafeteria
serverings|bord serving table (på hjul trolley) **-förkläde** waitress's apron **-hjälp** extra help for the waiting [on] at table pers. äv. extra servant **-lucka** service hatch **-rum** pantry
servett *-en -er* [table] napkin, serviette; *ta emot ngn med varma ~er* bildl. give a p. a warm reception **-ring** napkin ring **-väska** napkin case
service *-n 0* service; friare facilities pl. **-box** night-safe, amer. night depository **-station** service station **-yrke** service occupation
servil *a* servile; fjäskande cringing **-itet** servility; fjäsk cringing
servis *-en -er* **1** porslin etc. service, set **2** se *servisavgift* **3** mil. gun crew **-avgift** service charge (fee); dricks tip **-ledning** tekn. service pipe
servitris waitress
servitut *-et -* jur. easement
servitör waiter
servlinje sport. service line
servobroms servo[-assisted] (power[-assisted]) brake
serös *a* serous
ses *itr. dep* råkas meet, see each other; *vi ~ inte mycket* numera we don't see much of each other . .; *vi ~* [*senare*]*!* I'll be seeing you [later]!, [I'll] see you later!
sesam *n, ~ öppna dig!* open sesame!
session session, domstols äv. court, parl. äv. sitting; friare meeting **sessionsdag** domstols court-day
seså *itj* lugnande come, come!; there, there!; ogillande now then!; uppfordrande now, now!
set *-et -* allm. set; *ett ~* kläder a set of . . **-boll** set-ball
sett|er *-ern -rar* setter
sevärd *a* . . worth seeing; märklig remarkable **-het** *~en ~er* konkr. thing worth seeing; *~erna i* staden vanl. the sights of . .; det är *en* [*verklig*] *~* . . [really] worth seeing; det är *den största ~en* . . the thing most worth seeing
1 sex *räkn* six; jfr *fem* o. sms.
2 sex *oböjl. s* det sexuella sex; för sms. se *sexual-*
sex|a *-an -or* **1** six; jfr *femma* **2** måltid light

supper

sex|aktare m.fl. sms. jfr *fem* sms. **-dagarslopp** six-day race **-filig** *a* six-laned, six-lane . . **-hörnig** *a* six-cornered, hexagonal **-hörning** hexagon

sexig *a* F sexy

sex|kantskruv hexagonal screw **-pipig** *a* six-barrelled, six-chambered; ~ *revolver* äv. F six-shooter **-sidig** *a* six-sided osv., jfr *fyrsidig 1—2* **-stängning** six o'clock [shop-]closing

sext *-en -er* mus. sixth **sextant** *-en -er* sextant **sextett** *-en -er* sextet[te]

sexti[o] *räkn* sixty; jfr *fem[tio]* o. sms. **sextionde** *räkn* sixtieth **sexti[o]ljuslampa** o. **sexti[o]wattslampa** sixty-watt bulb **sexti[o]åring** jfr *femti[o]åring;* äv. sexagenarian

sexton *räkn* sixteen; jfr *fem[ton]* o. sms. **sextonde** *räkn* sixteenth; jfr *femte*

sextondels|not mus. semiquaver, amer. sixteenth-note **-paus** semiquaver (amer. sixteenth-note) rest

sexual|förbrytare sex criminal, jur. sexual offender **-hygien** sex hygiene

sexualitet sexuality

sexual|liv sex[ual] life **-organ** sexual organ **-system** sexual system **-undervisning** sex instruction **-upplysning** information on sex[ual] matters

sexuell *a* sexual, attr. äv. sex; *~a frågor (ting)* sex[ual] matters; *det ~a* allm. sex; *det ~a i* boken the sex[ual] part of . .

sfinx *-en -er* sphinx **-artad** *a* sphinx-like

S-formig *a* S-shaped

sfär *-en -er* allm. sphere **sfärisk** *a* spherical

shagtobak shag

shak|er *-ern -ers (-rar)* shaker

shampo[o] m. fl. se *schampo* m.fl.

shantung *-en 0* shantung

shejk, shellack se *schejk, schellack*

sheriff *-en -er* sheriff

sherry *-n 0* sherry

shetlandströja Shetland sweater (jersey)

Shetlandsöarna *pl* Shetland sg., the Shetlands, the Shetland Islands

shilling *-en -[s]* shilling

shingla *tr* håret shingle

shoppa *itr* shop; *gå (vara ute) och ~* go (be out) shopping

shopping *-en 0* shopping **-rond** shopping expedition **-vagn** shopping trolley **-väska** shopping bag

shorts *pl* shorts

show *-n -er (-s)* show

shunt *-en -ar* elektr. shunt **shuntventil** värmetekn. bypass valve

si *adv,* det görs *än ~, än så* . . now this way, now that; *det är lite ~ och så* inte riktigt bra it is rather so-so; *det är lite ~ och så med det* inte mycket bevänt med it isn't up to much, inte så noga med it is a bit haphazard

sia *tr itr* prophesy, *om* of

siamesisk *a* Siamese

siare *-n -* seer, prophet **siargåva** [vanl. the] gift of prophecy

sibetkatt civet[-cat]

Sibirien Siberia **sibirier** *s* o. **sibirisk** *a* Siberian

sibyll|a *-an -or* sibyl **sibyllinsk** *a* sibylline

sicilian[are] *s* o. **siciliansk** *a* Sicilian **sicilianska** kvinna Sicilian woman **Sicilien** Sicily

sicksack, *i ~* [in a] zigzag; *gå i ~* vanl. zigzag **-linje** zigzag [line]

1 sid|a *-an -or* **1** allm. (jfr dock *2*) side; yta (t.ex. på kub) äv. face; bildl. äv.: egenskap point, aspekt, aspect, håll, kant part; flank flank; riktning direction; *~ vid ~* side by side, i jämbredd abreast; *denna ~ upp!* this side up!; jag förstår inte *den ~n av saken (hos honom)* . . that side of the matter (of him el. of his character); det är *hans starka (svaga) ~* . . his strong point el. his forte (his weak point); *byta (välja) ~* i bollspel change ends (choose one's end); *saken har flera (två) -or* the matter has several aspects (there are two sides to the matter); han har *många angenäma -or* . . many pleasant sides to his character; *han har sina goda -or* he has his good points; *det har sina -or* är ofördelaktigt it has its drawbacks, är besvärligt it is no easy job; bli anfallen *från ~n* mil. . . in (on) the flank; *se* ngt *från den ljusa ~n* look at the bright side of . .; visa sig *från en ny (sin bästa) ~* . . in a new light (at one's best); *från min ~* från mig from my side, vad mig beträffar on my part; *från regeringens ~* from (on the part of) the Government; *från svensk ~ har man* . . the Swedes have . ., Sweden has . .; ha ont *i ~n* . . in one's side; *med händerna i ~n* with arms akimbo; *på andra ~n* ngt on the other side of . ., rakt över across . ., bortom beyond . .; de satt *på andra ~n (båda -or) om mig* . . on my other side (on either side of me); vi är släkt *på min fars ~* . . on my father's side; *han står på (vi har honom på) vår ~* he is on our side (is with us); *ställa sig på ngns ~* bildl. side (take sides) with a p.; nöjet är *helt på min ~* . . all mine; *stå vid ngns ~* stand beside a p. (at a p.'s side), hjälpa stand by (help) a p.; *vid ~n av* se *bredvid I; vid ~n av (om)* i jämförelse med beside, by the side of; det är helt *vid ~n om [ämnet]* . . beside the mark (point); han förtjänar lite *vid ~n om* . . on the side; *å ena ~n . . å andra ~n* on one hand . . on the other hand; *jag å min ~* I for (on) my part; *lägga* ngt *åt ~n* put . . aside (away), bildl. put . . on one side, shelve . .; *gå åt ~n* step aside; *gå åt*

~*n för* ngn make room for . .; se vid. *åsido* **2** i bok page; *se* ~ [*n*] (förk. *s*[*id*].) *5* see page (p.) 5; ~ *upp och* ~ *ned* page after page
2 sida *tr* sport. seed
sid|antal number of pages **-bena,** *ha* ~ have one's hair parted at the side **-byte** i bollspel change of ends
siden *-et 0* silk; . . *av* ~ äv. silk . . **-band** silk ribbon **-fodrad** *a* silk-lined, . . lined with silk **-glänsande** *a* silky, satiny **-imitation** konkr. imitation silk **-klänning** silk dress **-sko** satin shoe **-svans** zool. waxwing **-tyg** silk material (fabric); ~*er* äv. silks
sid|fläsk rökt el. saltat bacon **-hänvisning** page reference **-led,** *i* ~ sideways, laterally; rörelser *i* ~ lateral . .; besläktad *i* ~ collaterally . . **-linje** se *sidolinje* **-läge,** *i* ~ in a side (lateral) position. — Jfr äv. *sido-*
sido|altare side-altar **-blick** side-long glance (look); *utan* ~*ar på* . . bildl. without glancing at . . **-dörr** side door **-gata** side street, by-street **-gren** av släkt collateral branch **-linje 1** parallell~ lateral (side) line **2** av släkt collateral branch; släktingar *på* ~*n* collateral . .; son *på* ~*n* natural . .; *vara släkt på* ~*n med* ngn be collaterally related to . . **3** järnv. branch line **4** sport.: i tennis o.d. side-line, i fotboll touch-line **-ljus** sidelight **-roder** flyg. rudder **-skepp** aisle **-spår** side-track äv. bildl., siding; *komma in på ett* ~ bildl. get on to a side-track **-stycke** side piece, fastsittande side **-vind** side wind, flyg. cross wind **-väg** biväg side road, by-road
sid|siffra page number **-sim** side-stroke **-vagn** side-car
Siebenbürgen Transylvania
sierska seeress, prophetess
siest|a *-an -or* siesta; *hålla* ~ take a siesta
siffer|granskare controller of accounts, checking clerk **-kalkyl** numerical calculation **-kolumn** column of figures **-mässig** *a* numeral, numerical **-system** numerical system (scale)
siffr|a *-an -or* allm. figure; konkr. äv. numeral; enstaka ~ i flersiffrigt tal digit; antal number; *romerska -or* Roman numerals; skriva *med -or* . . in figures
sifon siphon **-flaska** siphon
sig *rfl. pron* (se äv. under rfl. vb) **1** allm.: mask. himself, fem. herself, neutr. itself, pl. themselves; bl.a. syftande på pron. 'man' (eng. 'one') oneself (samtl. äv.: ~ *själv,* jfr d.o.); *han* ([*varenda*] *en av pojkarna) försvarade* ~ he ([every] one of the boys) defended himself; *man måste försvara* ~ one must defend oneself, you must defend yourself; *var och en har rätt att försvara* ~ vanl. everyone (everybody) has a right to defend himself; det är nödvändigt *att kunna försvara* ~ . . to be able to defend oneself; *polisen* polismännen *försvarade* ~ the policemen defended themselves; *han låter* ~ *behandla*[*s*] *(behandla* ~*) som* ett barn he lets himself (allows himself to) be treated like . .; *han tror* ~ *vara* ett geni he believes himself to be . ., jfr *2 c*
2 spec. fall: **a)** i adverbial m. beton. rumsprep. vanl. him, her, it, them, one, jfr *1; hon hade inga pengar på* ~ she hadn't any money about her **b)** angivande ägaren, *han* (resp. *hon*) *tvättade* ~ *om händerna* he washed his (resp. she washed her) hands **c)** i ack. m. inf. vanl. omskrivn., *han* (resp. *hon*) *sade (förklarade)* ~ *vara* nöjd he said (declared) [that] he (resp. she said etc. [that] she) was . .; jfr *1* slutet **d)** *han* (resp. *hon) bad* pojken *hjälpa* ~ att pojken skulle hjälpa honom (resp. henne) he asked . . to help him (resp. she asked . . to help her) **e)** utan direkt motsv. i eng., *föreställa (inbilla)* ~ imagine, fancy; *känna* ~ trött feel . .; *lära* ~ learn; *skrynkla* ~ crease, get creased **f)** *gråta* ~ *till ngt* get a th. by crying **g)** *han gick* ~ *trött* he walked till he got tired **h)** *tränga* ~ *in i* force one's way into **i)** i spec. prep.-förb., *rädd (vidskeplig) av* ~ [inclined to be] timid (superstitious); vi får ta frågorna *var för* ~ . . one by one, . . separately, . . individually; *ett släkte för* ~ a race apart; *en typ för* ~ a peculiar type; han lever i en värld *för* ~ . . of his own; *till höger om* ~ *har man* . . to one's (resp. your) right one has (resp. you have) . .; han hade *ingenting på* ~ . . nothing on; *gå hem till* ~ go home; *gå in till* ~ in på sitt rum go into one's room; jfr äv. under de olika prep. **j)** se *vare sig*
sightseeing *-en 0* sightseeing; tur sightseeing tour; *vara ute på* ~ be out sightseeing
sigill *-et -* seal; *sätta sitt* ~ *på (under)* [*det*] affix one's seal on (under) it **sigillack** sealing wax **sigillring** seal ring
signa *tr* åld. bless
signal *-en -er* signal; ringning ring; *ge* ~ make a signal, med signalhorn sound the horn; *ge* ~ *till* . . give the signal for . .; tre *hårda* ~*er* . . loud rings; *nya* ~*er* bestämmelser new orders (directions), tendenser, t.ex. inom konsten new trends; *slå en* ~ [*till ngn*] ringa upp give a p. a ring **-anordning** signalling device **-bok** code of signals, signal-book, signal-code
signalement *-et -* description, *på* ngn of . .; *hans* ~ the description of him (his person)
signalera I *tr* signal; varsko om announce **II** *itr* signal, make signals; med signalhorn sound the horn
signal|flagga signal flag **-horn** horn **-ist** mil. signaller, i flottan signalman **-lampa** signal[ling] lamp **-raket** signal rocket **-ställ** set of signal flags **-trupper** signal troops
signatur namnteckning o. boktr. signature; namn-

förkortning initials pl; författarnamn pseudonym; särmärke mark; *fem ~er* namnförkortningar five sets of initials; *~en X.* skriver [the writer with the pseudonym] X. . .; svar till *~en 'Ensam'* . . to 'Lonely' **-melodi** signature tune
signatärmakt signatory [power]
signera *tr* allm. sign
signetring signet-ring
signifikativ *a* significative
sign|um *-umet -a (-um)* särmärke distinguishing-mark, characteristic; namnförkortning initials pl.
sik *-en -ar* whitefish
1 sikt *-en -ar* såll allm. sieve; grövre för t.ex. grus screen, riddle; för kvarnindustri bolter; för hushåll strainer
2 sikt *-en 0* **1** visibility; oskymd utsikt view; *ha fri ~* have a clear view; *skymma ~en* block the view **2** tidrymd, *på ~* in the long run; *på lång ~* lönar det sig . . on a (the) long view, taking a long view . .; *politik på lång (kort) ~* long-term (short-term) policy; *arbeta på lång ~* take a (the) long view, plan far ahead; *se* ngt *på lång ~* take a long-term view of . . **3** H sight; *vid (efter) ~* at (after) sight; *på kort ~* at short sight
1 sikta *tr* sålla sift, pass . . through a sieve; t.ex. grus screen; i kvarn bolt; *~t mjöl* sifted (bolted) flour
2 sikta I *tr* sjö. sight **II** *itr* aim äv. bildl., *på (mot, till)* at; med vapen äv. take aim; *~ högt* aim high äv. bildl.; *~ högre* bildl. have higher aims; *~ noga* vanl. take careful aim; *~ med* sin revolver *på* point . . at
sikte *-t -n* allm. sight äv. på skjutvapen, synhåll äv. view; mål aim; *få ~* syn *på* catch sight (come in view) of; *ta ~ på* ngt aim at . ., bildl. äv. have . . in view; *få* ngt *i ~* get . . in sight, sjö. sight . .; *ha* ngt *i ~* kunna se be in sight of . ., ha som mål have . . in view, ha i utsikt have . . in prospect; arbeta *med ~ på framtiden (på att* inf.) . . with an eye to the future (with a view to ing-form); *vara i (ur) ~* be in (out of) sight; *förlora . . ur ~* lose sight of . .; *lämna (släppa) . . ur ~* leave (let) . . out of sight
sikt|förbättring improved visibility **-försämring** reduced visibility
sikt|punkt point of aim (sight) **-skåra** sighting notch
siktväxel H sight draft (bill)
sil *-en -ar* redskap strainer; durkslag colander, cullender **sila I** *tr* strain; *~ av (bort, ifrån)* strain off **II** *itr* om t.ex. vatten, sand trickle; om ljus filter, percolate; *regnet ~r ned* it is steadily pouring down; *ett ~nde regn* a gentle steady rain **silben** ethmoid [bone] **silduk** för silning straining-cloth
sileshår bot. sundew
sil[h]uett *-en -er* silhouette; *klippa ~er* make (cut out) silhouettes **-klippare** silhouettist
silikat *-et -[er]* silicate **silikonbehandlad** *a* silicone treated
silke *-t -n* silk; . . *av ~* äv. silk . . **-garn** m.fl. sms. se *silkesgarn* osv.
silkes|avfall waste silk **-fjäril** silk-moth **-garn** silk yarn **-glans** silky lustre (gloss) **-len** *a* silky, attr. äv. silken båda äv. bildl. **-mask** silkworm **-odlare** silk[worm] breeder **-odling 1** odlande sericulture, silkculture **2** konkr. silkworm farm **-papper** tissue paper **-sammet** silk velvet **-snöre** silk cord; *ge ngn ~t* bildl. ung. intimate to a p. that he (resp. she) is no longer wanted, drop a p. **-spole** reel of silk **-strumpa** silk-stocking **-trikå** silk tricot **-tråd** silk filament; sysilke silk thread **-vantar,** *behandla ngn med ~* bildl. treat a p. with kid gloves
sill *-en -ar* herring; *inlagd (salt) ~* pickled (salt) herring **-bulle** kok. herring-rissole **-burk** burk sill tin of herrings **-fiske** -fiskande herring-fishing **-gratin** herring au gratin fr. **-grissla** [common] guillemot **-mås** lesser black-backed gull **-sallat** 'herring salad'; salad of pickled herring, beetroot, and potatoes **-stim** shoal of herring
silo *-n -r (-s)* silo (pl. -s)
siluett se *sil[h]uett*
silv|er *-ret 0* allm. silver; *drivet (matt) ~* chased (frosted) silver; . . *av ~* äv. silver . .; *av (i) förgyllt ~* of silver gilt; 5 kr *i ~* . . in silver. — För sms. jfr äv. *guld-*
silver|beslag silver mounting **-bröllop** silver wedding; för sms. jfr *guldbröllop* **-bägare** silver goblet **-gran** silver fir **-gruva** silver mine **-grå** *a* silver-gray **-liknande** *a* silvery **-papper** silver paper, folie tinfoil **-pjäs** silver article, piece of silver **-poppel** white poplar, abele **-puts** silver polish **-räv** silver fox **-sak** silver article; *~er* koll. silverware sg., silver sg. **-slant** silver coin **-smed** silversmith **-vit** *a* om t.ex. hår silvery
sim|bassäng swimming-pool, inomhus swimming-bath **-blåsa** zool. swim[ming] bladder, sound **-byxor** *pl* [swimming] trunks **-bälte** swimming belt **-dräkt** bathing-suit, bathing-costume **-dyna** swimming float **-fena** zool. fin **-fot** webbed foot; *med -fötter* web-footed **-fågel** web-footed bird **-hall** [public] swimming baths (pl. lika) **-hopp** dive, hoppande diving **-hoppare** diver **-hud** web; *[försedd] med ~* webbed
simili|diamant artificial (paste) diamond **-smycke** imitation ornament
sim|kunnig *a, han är ~* he can swim **-lärare** swimming teacher (instructor)
simma *-de -t* (äv. *sam, summit*) *itr* swim, flyta (om saker) äv. float; *~ bra* be a good swimmer; *~ ryggsim (på rygg)* do the back-stroke (swim on one's back); *~ i blod*

be swimming (weltering) in blood; maten *~r i flott . .* is swimming in fat; *~ i tårar* be bathed in tears **simmare** *-n -* o. **simmerska** swimmer
simmig *a* om t.ex. sås (attr.) well-thickened; om t.ex. punsch viscous; om blick hazy
simning swimming
simp|a *-an -or* zool. bullhead; sten~ miller's thumb
simpel *a* vanlig common, ordinary; enkel simple; lumpen mean, base, low; grov, tarvlig vulgar **simpelhet** *-en -er* lumpenhet: egenskap meanness, baseness, handling mean (base) action; tarvlighet vulgarity **simpelt** *adv* **1** lumpet low, meanly **2** *helt ~* se *[helt] enkelt*
sim|sport swimming **-stadion** swimming stadium **-sätt** swimming style; *fritt ~* free style [swimming] **-tag** stroke [in swimming]; *ta ett ~* swim a stroke **-tur,** *göra en ~* have a swim **-tävling** swimming competition
simulant isht mil. malingerer **simulator** simulator **simulera I** *tr* sham, feign, simulate **II** *itr* spela sjuk sham (feign) illness, isht mil. malinger **simulering** abstr. shamming, feigning, simulation, isht mil. malingering
simultan *a* simultaneous **-spel** schack. simultaneous playing (parti game) **-tolkning** simultaneous interpretation (translation)
simuppvisning swimming exhibition (gala)
1 sin (n. *sitt,* pl. *sina) poss. pron* a) fören.: då ägaren är mask., fem., resp. neutr. sg. his, her, resp. its, med syftning på flera ägare och, då individerna avses, på kollektivt subst. their, med syftning på ett utsatt el. tänkt 'man' (eng. 'one') one's b) självst. his, hers, its [own], theirs, one's own; jfr *a* ovan; *var ~* se *3 var 3; i ~ förtvivlan* tillgrep han . . in desperation . .; det kostar *~a modiga 1000 kronor . .* all of a (F a cool) 1,000 kronor; *att älska ~ sin nästa är . .* to love one's neighbour is . .; *på ~a ställen (håll)* in [some] places, here and there; *i ~om tid* in due [course of] time; *ett ord i ~om* rättan *tid* a word in season; *på ~ tid* var han in his time . .; *på ~ tid* förr i världen formerly; *någon har glömt kvar ~ väska* somebody has forgotten his bag; *var och en fick sitt* everybody had his share; *sedan gick vi var och en till sitt* hem then each of us went home (till sin syssla to our [own] business); för ex. jfr vidare *1 min*
2 sin *s, stå (vara) i ~* be dry **sina** *itr* go (om ko äv. become, om källa äv. run) dry; bildl.: om t.ex. förråd give out, run short (out), om t.ex. energi, tillgångar ebb [away], peter out; *~ ut* dry up, run dry; *aldrig ~nde* ström never-ceasing . .
sinekur sinecure
1 singel *-n 0* grus shingle, coarse gravel
2 sing|el *-eln -lar* sport. singles pl.; match singles match; *spela ~ (en ~)* play singles (a game of singles)
singelkupé single compartment
1 singla I *tr* kasta toss; *~ slant om* ngt toss for . .; *ska vi ~ slant?* let us toss up!; *~ ned* ngt toss . . down **II** *itr* om t.ex. löv float, om snö dance; lövet *~de ned . .* came floating down
2 singla *itr* sport. play singles
singular I *-en -er* se *singularis* **II** *a* singular **singularform** singular form **singularis** *s* the singular; *en ~* a singular; första personen *~ . .* singular
1 sinka I *tr* fördröja delay, detain **II** *itr, det ~r* tar tid it wastes time, it runs away with the time **III** *rfl, ~ sig med ngt* (*med att* inf.) waste el. lose time on a th. (by ing-form)
2 sink|a I *-an -or* i porslin rivet **II** *tr, ~ [ihop]* porslin rivet, trä dovetail
sinkadus *-en 0* slump chance, toss-up; se vid. under *slump*
sinksam *a* tidsödande time-wasting
sinnad *a* lagd minded; inriktad disposed; hågad inclined, *för* for; *fientligt (vänskapligt) ~* nation hostile (friendly) . .; *vara vänligt (fientligt) ~ mot* ngn be friendly disposed (harbour hostile feelings) towards . .; *allvarligt (världsligt) ~* serious-minded (worldly-minded)
sinne *-t -n* **1** fysiol. sense; *de fem ~na* the five senses; *vara från (vid) sina ~n* be out of one's (in one's right) mind el. senses; *vid sina ~ns fulla bruk* in full possession of all one's senses (faculties)
2 själ, håg mind, hjärta heart; sinnelag disposition, nature; *ett glatt ~* a cheerful disposition; *~t rinner på honom* he loses his temper; *~t rann (hade runnit) på honom* äv. he flew into a passion (his blood was up); *lätta sitt ~* relieve (unburden) one's mind; lugna *[de upprörda] ~na . .* people's [excited] minds; *ha sitt ~ för sig* have a mind of one's own; *ha ~ för* känsla för (t.ex. humor, proportioner) have a sense of, ha förståelse för (t.ex. naturen) have a feeling for (an appreciation of), ha blick för (t.ex. det sköna) have an eye for; *ha ~ för* förstå sig på *böcker* have an instinct for books, be book-minded; *ha ett vaket (öppet) ~ för* allt nytt be alert (open-minded) to . .; *efter mitt ~* after my [own] heart, to my liking; handla *efter sitt eget ~ . .* at one's [own] discretion; man vet inte vad han *har i ~t . .* is up to; *ha ont i ~t* mean mischief, stark. have evil intentions; jag tänkte *i mitt stilla ~ . .* in my own secret heart, . . inwardly; *sätta sig i ~t att* inf. set one's mind on ing-form; *lägga* ngt *på ~t* take . . to heart, worry about . .; *dyster till ~s* in low spirits; *vara glad (lätt) till ~s* be in a happy mood (be light at heart); *vara ung till ~t* be young at heart; *det gick honom [djupt] till ~s* he took it

very much] to heart
nne|bild symbol, emblem, *för* of **-bildlig** symbolic[al], emblematic[al], *för* of **-lag** -et ~ disposition, temperament; *ett kristigt (vänligt)* ~ a charitable (friendly) disposition; *ett glatt* ~ a cheerful temperament
nnes|beskaffenhet sinnelag character; innestillstånd state of mind **-frid** peace of nind **-frånvarande** *a* absent-minded **-förattning** state of mind **-förnimmelse** ensation **-förvirrad** *a* distracted **-förvirring** mental aberration; begå självmord *i* ~ . while of unsound mind **-förändring** hange of attitude (till det bättre of heart) **intryck** sense impression **-lugn** *s* tranuillity (calmness, serenity) of mind; jämvikt quanimity **-närvaro** presence of mind; *a* ~ *nog att* inf. have the presence of nind to inf. **-organ** sense-organ **-ro** se *sinesfrid* o. *sinneslugn* **-rubbad** *a* **1** mentalt uk mentally disordered **2** F crazy, crackrained **-rubbning** mental disorder **-rus** ntoxication of the senses **-rörelse** emotion; pphetsning mental agitation (excitement) **sjuk** o. sms. se *mentalsjuk* o. sms. **-slö** *a* menally deficient **-slöhet** mental deficiency **styrka** strength (firmness) of mind **-stämning** frame (state) of mind, mood; *i glad uppsluppen)* ~ in a cheerful mood (in high pirits) **-svag** *a* feeble-minded, dåraktig äv. liotic, insane **-tillstånd** state of mind, menal condition **-undersöka** *tr, bli -underökt,* ~*s* undergo a mental examination **undersökning** mental examination **ändring** se *sinnesförändring*
nnevärld, ~*en* the material (external) vorld
nnlig *a* sensuell sensual, köttslig carnal, fysisk hysical; som uppfattas med sinnena sensuous; *n* ~ *människa* a sensualist **-het** sensualism ensuality, sensualism
nnrik *a* ingenious **-het** ingenuity
sinom *pron* se ex. under *1 sin*
sinom, *tusen* ~ *tusen* fåglar thousands pon (and) thousands of . .
nsemellan *adv* between (om flera äv. among) hemselves (resp. ourselves, yourselves; vid rdelning m.m. them, us osv.); de (vi) är *lika (vänner)* ~ . . like (friends with) each other el. ne another
ntring sintering; inom keramiken vitrification
pp *a* pryd prudish
pp|a *-an -or* [wild] anemone, windflower
ppra *itr* smårinna trickle, droppvis tränga ooze; ~ *fram* come oozing out, ooze forth; ~ *igenom* [*ngt*] percolate [through a th.]; ~ *ut* rickle (ooze, läcka leak) out, samtl. äv. bildl.
ra *tr* pryda ornament, decorate
irap *-en 0* treacle, [golden] syrup, amer. nolasses; farm. syrup **sirapsaktig** *a* treacly
sirapssöt *a* bildl. treacly
sirat *-en -er* ornament, decoration
siren *-en -er* myt. o. larmapparat siren
sirlig *a* prydlig elegant, graceful; snirklad ceremonious; hövisk courtly **-het** elegance, grace; ceremoniousness, courtliness
sirocko se *scirocko*
sisalhampa sisal hemp
sist I *adv* last; i slutet at the end; *han blev* ~ klädd he was the last to get . .; *han kom* [*allra*] ~ efterst he came last [of all], senare än alla äv. he was the [very] last to arrive, bildade eftertrupp äv. he brought up the rear; *komma (stå)* ~ *på listan* be [the] last on (längst ned be at the bottom of) the list; *ligga* ~ i tävling be [the] last; ~ *i* boken, kön at the end of . .; ~ *men inte minst* last but not least; det har hänt mycket *sedan* ~ . . since [the] last time; *till* ~ till slut finally, in the end, avslutningsvis lastly, in conclusion, slutligen ultimately, eventually, i alla fall at last, när allt kommer omkring after all; spara ngt *till* ~ . . to (till) the last; jfr äv. *senast II* **II** *konj* last time; ~ *jag var* där last time I was . ., when I was . . last
sista *(siste) a* allm. last, bakerst äv. back; senaste latest; slutlig final; *på* ~ *bänk* i sal o.d. in the back row; [*den*] ~ *delen* the last (av två the latter) part; *de* ~ *(de två* ~*) dagarna* the last few (the last two) days; jag reser *en av de* ~ *dagarna i nästa vecka (i maj)* äv. . . late next week (in May); ~ *gången* the last (förra last) time; *för* ~ *gången* for the last time; jag hoppas jag har *sett honom för* ~ *gången* äv. . . seen the last of him; *lägga* ~ *handen vid* ngt put (apply) the finishing touches to . .; *i* ~ *hand* last, last of all; *i* ~ *minuten (stund)* at the [very] last minute (moment), precis i tid äv. only just in time; det är ~ *modet* . . the latest fashion; *den siste mohikanen* the last of the Mohicans; ~ *sidan* i tidning the back page; *den* ~ [*i månaden*] [ss. adv. on] the last of the month; *det är det (han är den)* ~ jag skulle vilja se that is the last thing (he is the last person) . .; *han var den* ~ *som gick (jag mötte)* he was the last [one] to leave (the last one I met); *jag är den* ~ *att (som skulle)* önska det I am the last [one] to . .; *in i det* ~ to the very last; se äv. ex. under *tid*
sistan *s, leka* ~ play he (tag) **siste** *a* se *sista* **sistfödd** *a* last-born **sistlid|en** *a* last; *-na vecka* last week; *den femte -ne maj* [ss. adv. on] the fifth of May last **sistnämnd|a** *a* last-mentioned; *den -e* av två äv. the latter
sistone, *på* ~ lately
sisu *-n 0* [Finnish] perseverance
sisyfusarbete Sisyphean task (labour)
sits *-en -ar* **1** allm. seat, på stol äv. bottom; *ha god* ~ ridn. have a good seat **2** kortsp.: *kortens (spelarnas)* ~ the lie of the cards (the

order of the players); *dra om ~en* draw for partners

sitt *pron* se *sin*

sitt|a *satt suttit* **I** *itr* **1** om levande varelser: eg. sit, på sittplats äv. be seated, inte stå äv. be sitting; sitta ned, sätta sig sit down; vara, befinna sig be; stanna stay, remain; bo, leva live; vara tjänstgörande (om t.ex. regering) be in office; *var så god och sitt!* sit down, please!; *~ bra* bekvämt be comfortable (comfortably seated), ha bra plats (t.ex. på teatern) have a good seat (resp. good seats); *~ hemma* be (stanna stay, hålla sig stick) at home; *~ hårt* have a hard seat (chair); *han satt insomnad* i en stol he had fallen asleep . .; *~ orörlig* sit (förbli remain) motionless; *~ uppflugen* be perched; hunden kan *~ [vackert]* . . sit up; *nu -er vi där [vackert]!* now we are in a fix (in the soup)!; *få ~* få sittplats get (ha sittplats have) a seat; *jag fick ~ en dans (hela kvällen)* I had to sit out one dance (I was a wallflower the whole evening); *jag har inte fått (hunnit) ~* I haven't had time to sit down; *~ och läsa* sit (be sitting) reading, läsa sittande read sitting down, hålla på att be reading; *jag satt och drack te när . .* I was having (I sat drinking) tea when . .; *vad -er du och gör?* what are you doing?; *~ tills (så att) man blir stel* become stiff with sitting; *~ som* fungera som act (serve) as, vara stationerad som be stationed as, vara be; *~ som fånge* be a prisoner

m. obet. prep.: *~ för* en konstnär sit to . .; *~ för* ett porträtt sit for . .; *~ i fängelse* be in prison; *~ i* en kommitté be (sit) on (be a member of) . .; *han -er i sammanträde (telefon)* just nu he is in conference (is engaged on the phone) . .; *~ med* ha, äga have, ha att sköta om have . . on one's hands; *~ på bank (kontor)* work in a bank (an office); *~* ha lagt beslag *på ngt* hold on to (sit on) a th.; *~ över* böckerna sit over . .

2 om sak: vara, befinna sig be, ha sin plats be placed, om t.ex. sjukdom be located; hänga hang; vara satt be put (anbragt fixed, fitted); kortsp. (om kort) lie; passa (om kläder) fit; inte lossna: om t.ex. spik, knapp hold, om t.ex. plåster keep in place, stay put; *var -er såret (värken) [på dig]?* where have you got the wound (do you feel the pain)?; klänningen *-er bra* . . fits well (is a good fit); *den -er perfekt [på henne]* it fits [her] to perfection; *den -er bra över axlarna* it sits well across the shoulders; *den -er för hårt i midjan* it is too tight round the waist; *-er min hatt riktigt?* is my hat on right?; *den -er i* en hållare (*på* en stång) it is fixed el. fitted in . . (attached to . .)

II m. beton. part. **1** *~ av* a) avtjäna t.ex. straff serve; *~ av böter* undergo imprisonment for the non-payment of a fine b) *~ av [hästen]* dismount [the horse] **2** *~ bort* tid waste . . **3** *[få] ~ efter* skol. be kep[t] in **4** *[få] ~ emellan* bildl.: om pers. be th[e] sufferer, om sak suffer **5** *~ fast* a) ha fastna[t] stick, be stuck, bildl. have got stuck, *på* et[t] problem over . .; vara fastklämd sit (om sak be) jammed (wedged) b) vara fastsatt be fixed, vara fastklibbad adhere; inte lossna (om t.ex. spik, knapp) hold; *den -er fast i (vid) väggen [med* en spik] it is fixed (attached) to the wall [with . .] *med fastsittande handtag* with a fixed handl[e] **6** *~ i* **a)** vara: om t.ex. skräck remain, om t.ex. kär[lek] last, om kunskaper stick in one's memory fläcken *-er i* . . is still there (går inte ur won'[t] come off); *en färg som -er i* a fast colour a colour that won't fade; rummet är vädrat me[n] *lukten -er i* . . the smell clings to it; vanan *-e[r] i [mig]* . . has stuck to me, I can't get rid o[f] . .; vanor *som -er i* deep-rooted . . **b)** se *var[a] [i]* **7** *~ ihop* inte gå sönder hold together, h[a] klibbat ihop have stuck [together], vara hopsa[tt] be put (fastened) together, *med* with **8** *~ inne* a) inomhus be (hålla sig keep, stay) indoor[s] b) i fängelse be in prison (F quod), F do tim[e] c) *~ långt inne* dröja (om t.ex. svar) be a lon[g] time coming, vara svår att få ur ngn, t.ex. löfte b[e] hard to get out of a p. d) *~ inne med* t.ex. kunskaper, upplysningar possess, upplysningar äv. be in possession of **9** *~ kvar* **a)** inte resa si[g] remain sitting (seated); inte lämna sin plats kee[p] one's seat; *sitt kvar!* don't get up! **b)** var[a] kvar: allm. remain, om pers. äv. stay [on], om t.ex. regering remain in office; *han -er kvar där* h[e] is still [sitting] there; nålen *-er (vill inte ~ kvar* . . is still there (won't stay put); *~ kvar tills* ngt *är slut* sit . . out; vad man lärt si[g] *-er kvar [i minnet]* . . sticks [in one's mem]ory] **c)** skol.: se *sitta efter* o. *[bli] kvarsittar[e]* **10** *~ löst* se under *löst* **11** *~ med i* styrelse be a member (resp. members) of . ., be on . . *~ med vid bordet* sit with the others at tabl[e] **12** *~ ned (ner)* a) tr., *~ ned* en soffa wea[r] down . . by sitting on it a lot; *nedsutte[n]* soffa . . with worn springs b) itr. sit down *sitt ned så länge [och vänta] så kommer ha[n]* take a seat while you wait and he will com[e] **13** *~ på* vara på be on, inte ramla av kee[p] in place, stay put **14** *~ sönder* en st[ol] break (slita ut wear out) . . by sitting on [it] **15** *~ till* a) sluta till fit tight b) *~ så till at[t]* . . om pers. be seated so that . .; *~ illa till* o[m] pers.: eg. have a bad seat, bildl. be in a fix **1[6]** *~ upp [på hästen]* mount [one's horse] *~ upp i* vagnen get up into . .; *sitt upp* på stole[n] sit up [properly] . .! **17** *~ uppe* a) inte lägga s[ig] sit up; *~ uppe och vänta på* ngn sit (wai[t]) up for . . b) om sjuk be [sitting] up c) om sa[k]: vara uppsatt be up, inte glida ner stay (kee[p]) up, hållas uppe be kept up, *med* by **18** *~ vi[d] [sitt arbete]* stick (keep) to one's work **1[9]** *~ åt* allm. be tight, stark. be too tight, om kläd[er] äv. fit tight, be a tight fit; *den -er åt i midjan* it fits close to (stramar is too tight round) the waist; ~ *hårt (för hårt) åt* eg.: be (resp. fit) very (too) tight; *det satt hårt åt innan jag fick* pengarna it was (I had) a tough job getting . . **20** ~ *över* a) stanna kvar stay on, arbeta över work overtime b) hoppa över: en dans sit out, t.ex. en måltid skip; *jag -er över* I'm sitting this one out, i spel äv. I'm standing out of the game

sittande *a* om levande varelser sitting, på sittplats äv. seated; *middagen serverades vid ~ bord* a sit-down dinner was served; *den ~ regeringen* the Government in office, nuvarande äv. the present Government; *i ~ ställning* in a sitting position (posture); göra ngt *i ~ ställning* . . sitting down; *glest (tätt) ~ tänder* teeth that are wide apart (are close-set); *bli ~* se *sitta* |*kvar*| o. *sitta* |*fast a)*|

sitt|arbete sedentary work **-bad** o. **-badkar** hip-bath, sitz-bath **-ben** anat. seat bone, vetensk. ischi|um (pl. -a) **-brunn** cockpit **-bräda** *(-bräde)* seat **-dyna** seat-cushion **-fot** zool. insessorial foot **-lek** sitting-down game

sittning för målare o.d. sitting

sittopp *-en -ar* örfil box on the ear; skrapa dressing-down

sitt|pinne perch **-plats** seat; *salen har ~ för* 1000 personer the hall can seat (has seating-capacity for) . . **-platsbiljett** järnv. seat reservation |ticket|; på t.ex. stadion seat ticket **-riktig** *a* . . correctly designed for sitting-comfort **-soffa** settee **-strejk** sit-down strike **-vagn 1** järnv. ung. non-sleeper **2** för barn push-chair, amer. stroller

situation allm. situation, läge äv. position; tillfälle occasion; *vara ~en vuxen* be equal to the occasion; *vi är i samma ~* we are in the same position (F boat); *sätta sig in i ~en* make oneself acquainted with the situation; *sätt dig in i min ~!* put yourself in my place!

situations|komik comedy of situation **-plan** site plan

situerad *a, vara illa (sämre) ~* be badly (worse) off; jfr vid. *välsituerad*

sixtinsk *a* Sistine

sjabbig *a* shabby

sjaber se *schaber*

sjackra, sjackrare se *schackra, schackrare*

sjafs *-et 0* hafsighet slovenliness **sjafsa** *itr* gå hafsigt shuffle **sjafsig** *a* hafsig slovenly; ovårdad frowzy

sjagg se *schagg*

sjajas *-en -ar* cad, heel

sjakal *-en -er* jackal

sjal *-en -ar* shawl; halsduk scar|f (pl. äv. -ves)

sjalett *-en -er* kerchief, huvud~ äv. head-scar|f (pl. äv.-ves) **sjalkrage** shawl collar

sjanghaja *tr* shanghai

sjappa *itr* F bolt, make off **sjappen,** *ta till ~* take to one's heels

sjas *itj* shoo!; till t.ex. barn äv. be off |with you|! **sjasa** *tr, ~* |*bort*| shoo |away|

sjask *-en -ar* slusk cad; odåga rotter **sjaska** *tr, ~ ned* ngt make . . dirty, soil . . **sjask|er** *-ern -ar* se *sjask* **sjaskig** *a* slovenly, shabby, osnygg äv. untidy, sleazy, luggsliten äv. seedy-looking, om kläder äv. mangy; gemen mean

sjava *itr* shuffle

sjok *-et* - t.ex. av tyg, snö sheet, av t.ex. kaka chunk

sju *räkn* seven, jfr *fem* o. sms.

sju|a *-an -or* seven; jfr *femma*

sjubb *-en -ar* rac|c|oon **-|skinns|päls** rac|c|oon |fur-|coat

sjud|a *sjöd -it* **I** *itr* allm. seethe, koka äv. boil, båda äv. bildl.; småkoka simmer; *~ av vrede* seethe (boil, simmer) with anger; *-ande liv* seething life **II** *tr* tekn. o. kok. boil; kok. äv. |let . .| simmer **-het** *a* boiling hot

sju|dundrande *a* terrific **-faldigt** *adv* o. **-falt** *adv* sevenfold; ~ *värre* seven times worse **-glasvagn** ung. state-coach **-hörning** septangle, heptagon **-jäkla** *a* F, *ett ~ liv* the (a) hell of a life

sjuk *a* **1** eg. ill pred., sick attr., amer. äv. pred.; dålig unwell pred.; långvarigt sjuk invalid attr.; krasslig ailing; om kroppsdel bad, om kropp diseased, om inre organ o. hjärna, sinne disordered; *bli ~* |*i influensa*| fall (be taken) ill |with the flu|; *bli ~are* get worse; *jag blir ~ av maten* the food makes me ill (illamående sick); *jag blir ~ när jag ser* . . it makes me sick to see . .; *ligga (lägga sig, äta sig) ~* se under resp. vb; ~ *av* avund sick with . .; ~ |*av längtan*| *efter* ngt sick |with longing| for . .; ~ *till kropp och själ* diseased in mind and body; *den ~a (~e)* the sick woman (resp. man), the sufferer, patient the patient, långvarigt sjuk the invalid; *en ~* a sick person etc. jfr föreg. ex.; sköta *~a (de ~a)* . . sick people (the sick); *det är många ~a (mycket ~t)* i staden there is a great deal of illness . . **2** friare o. bildl.: osund (t.ex. fantasi) morbid; misstänkt suspicious, shady, skum fishy; ~ *humor* sick humour; *ett ~t samvete* a guilty conscience

sjuk|a *-an -or* eg. illness osv., jfr *sjukdom;* mani mania; *det är hela ~n* that's the whole trouble

sjuk|anmäla *tr rfl, ~ ngn (sig)* report a p. (report) sick; *vara -anmäld* be (have) reported sick **-anmälan** notification of illness **-besök** av läkare visit, sick-call; *gå på ~ till ngn* om läkare pay a visit to (a sick-call on) a patient, om privatperson visit a p. who is ill; *~ är tillåtna* på sjukhus visitors are allowed **-betyg** se *sjukintyg* **-bud,** *få* [*ett*] ~ om läkare be called to a patient **-bår** stretcher, litter **-bädd** sjuksäng sickbed; sjukläger bed of sickness; *ligga på ~en* be confined to one's bed; *vid ~en* at the bedside **-bärare** stretcher-bearer **-dag** day of illness **-diet** invalid diet

sjukdom *-en -ar* allm. illness, ohälsa äv. sickness, ill-health; svårare, av bestämt slag disease äv. hos djur o. växter samt bildl., isht bildl. äv. malady, i de inre organen samt mental disorder; åkomma complaint, ailment, affection; *smittsam ~* infectious (epidemic) disease; frånvarande *på grund av ~* . . owing to illness (sickness, ill-health)

sjukdoms|alstrande *a* om bakterie pathogenic **-bild** picture of the (resp. a) disease, pathological picture **-fall** case [of illness]; sjukdom illness **-förlopp,** *~et* the course of the disease **-härd** focus [of a disease] **-insikt,** *ha (sakna) ~* be (not be) aware of one's illness **-symptom** symptom of [a (resp. the)] disease **-tillstånd** sjukdom [state of] ill-health, illness

sjuk|ersättning sickness benefit **-försäkrad** *a, vara ~* be insured against sickness **-försäkring** health insurance; jfr *försäkring* m. ex. o. sms. **-gymnast** physiotherapist **-gymnastik** physiotherapy, health (remedial) exercises pl. **-hem** nursing home **-hjälp** sickness relief

sjukhus hospital; *ligga på ~* be in hospital **-vistelse,** *en tids (veckas) ~* a period (a week's stay) in hospital; *under ~n* var han . . during his stay in hospital . . **-vård** hospital treatment (care)

sjuk|intyg allm. certificate of illness; utfärdat av läkare doctor's certificate **-journal** case record (för enskild patient sheet) **-kassa** health insurance office (fond fund); *allmän ~* se [*allmän*] *försäkringskassa* **-ledig** *a, vara ~* be on sick-leave; hon har varit *~ en vecka* . . absent for a week owing to illness **-ledighet** sick-leave

sjuklig *a* lidande sickly, unhealthy, om pers. äv.: pred. poor (weak) in health, attr. invalid; orsakad av sjukdom samt onormal morbid; *~t begär* morbid craving; *~ fetma* pathological fatness; *~ hy* sickly complexion **-het** sickliness, persons vanl. poor health; morbidity

sjuk|ling sick person, patient äv. patient; sjuklig person invalid **-lista** sick-list **-läger** se *sjukbädd* **-mat** diet food

sjukna *itr* se *insjukna*

sjuk|penning sickness benefit **-pension** se *förtidspension* **-rapport** medical report **-rum** sick-room **-sal** [hospital] ward **-skriva** *tr* put . . on the sick-list; doktorn har *-skrivit mig* äv. . . given me a certificate [of illness]; *vara -skriven [en vecka]* be on the sick-list [for a week] **-skötare** male nurse **-sköterska** [sick] nurse; examinerad train nurse; på sjukhus hospital nurse **-sköterskdräkt** nurse's uniform **-sköterskeel** student nurse **-stuga** cottage hospital **-sy ter** se *sjuksköterska* **-säng** eg. sickb **-transport** transporterande transportation a (the) patient (resp. [the] patients) **-va** järnv. ambulance coach

sjuk|vård skötsel nursing, care of the sic behandling medical treatment (attendanc organisation medical service; *allmän ~* pub medical service; *fri ~* free medical tre ment **-vårdare** male nurse; mil. medical derly

sjukvårds|affär ung. chemist's [shop] **-a stalt** medical institution **-artiklar** *pl* sa tary (medical) articles, nursing requisi **-biträde** nurse's assistant **-kunnig** *a* bildad . . trained in nursing [the sick] **-ku** nursing course

sjumila|steg, *gå med ~* walk with seve -league strides **-stövlar** *pl* seven-leag boots

sjunde *räkn* seventh; *vara i ~ himlen* in the seventh heaven; jfr *femte* o. s **-dagsadventist** Seventh-Day Advent **-del** seventh[part]; jfr *femtedel*

sjung|a *sjöng -it* **I** *tr itr* sing, om fåglar warble; sjungande recitera (t.ex. mässa) äv. char *~ bas (basen i . .)* sing bass (the bass pa in . .); *~ en sång för ngn* sing a song to a sing a p. a song; *~ rent (falskt)* sing in tu (out of tune); [*gå och*] *~* ta lektioner ta (have) singing lessons; *~ om* besjunga si [of]; *~ till luta* sing to the lute; *han när han talar* he talks in a sing-song mann (voice); *det -er* i mina öron there is a singi (buzzing) in . .; *~nde tonfall* sing-so accent

II m. beton. part. **1** *~ ihop* en förmögenhet ma (earn) . . by singing **2** *~ in* a) öva in practi b) *~ in* ngt *på grammofonskiva* record . *~ in en grammofonskiva* make a record se *~ ihop* **3** *~ med* join in [the singing *~ med i* refrängen join in . . **4** *~ om* ngt si . . [over] again, repeat . . **5** *~ ut* eg. bet. si up, bildl. speak one's mind; *~ ut [med si åsikter]* speak one's mind, say what is one's mind

sjunk|a *sjönk -it* **I** *itr* allm. sink; falla fall, drc om t.ex. pris äv. decline; gå ned o. (sjö.) gå under down, om sol äv. set; bli lägre subside; mins decrease; sätta sig: om t.ex. mark, hus, bottens settle, om t.ex. tak sag; priserna *har -it* . . ha fallen (gone down, declined); temperaturen . . is going down äv. om feber, . . is fallir [*vattnet i*] *sjön har -it* the water-level h sunk; *~ djupt* eg. sink deep, bildl. sink lo *~ i ngns aktning* sink (go down) in a p estimation; *~ i ngns armar* sink into a p

arms; ~ *i pris* go down in price; ~ *till marken* sink to the ground; *låta kaffet* ~ put the coffee to stand (settle); *låta maten* ~ give one's food time to digest
II m. beton. part. **1** ~ *ihop* falla ihop collapse; krympa shrink **2** ~ *in* sink in **3** ~ *ned i* gyttjan sink into . .; ~ *ned i* en stol sink (drop, subside) into . .; ~ *ned i (till)* . . förfalla till lapse into (sink down to) . .; ~ *ned död* drop down dead **4** ~ *tillbaka* om vatten recede; ~ *tillbaka i* . . luta sig tillbaka sink back in . ., återfalla i relapse into . . **5** ~ *undan* om vatten sink, subside
sjunkande *a* sinking osv., jfr *sjunka;* ~ *tendens* downward tendency (trend); båten *befinner sig i* ~ *tillstånd* . . is sinking **sjunkbomb** depth charge (bomb) **sjunken** *a* äg. sunken; *han är djupt* ~ he has sunk very low
sju|sovare 1 zool. dor|mouse (pl. -mice) **2** om sover länge lie-abed **-stjärnan** the Pleiades pl.
sjutti|o| *räkn* seventy; jfr *fem|tio|* o. sms. **sjuttionde** *räkn* seventieth **sjutti|o|åring** jfr *femti|o|åring;* äv. septuagenarian
sjutton *räkn* **1** seventeen; jfr *fem|ton|* o. sms. **2** i svordomar, *fy* ~*!* Lord!; *å (för)* ~*!* Good Lord!, well I never!, Heavens!; *ja, för* ~*!* yes, dash (darn) it!, javisst you bet!; *vad* ~ *skulle jag göra det för?* why the dickens should I do that?; jfr *katt* o. *2 fan 2* **sjuttonde** *räkn* seventeenth; jfr *femte*
sjutusan, *en* ~ *till karl* a hell of a fellow
sjå -*|e|t 0, ett fasligt* ~ a tough (big) job, knog an awful fag; *ha fullt* ~ *|med| att* inf. have a proper job ing-form **sjåare** hamnarbetare docker; stuvare longshoreman
sjåp *-et -* våp goose (pl. geese); ynkrygg milksop **sjåpa** *rfl* be namby-pamby; göra sig till be affected, put it on; ~ *sig för* ngn crawl to . . **sjåperi** -*|e|t 0* namby-pambiness; tillgjordhet affectation **sjåpig** *a* namby-pamby; tillgjord affected
sjåser, sjåsig se *choser, chosig*
själ *-en -ar* soul äv. pers.; hjärta heart; sinne mind; ande spirit; *min* ~*!* upon my soul!, för ex. se vid. under *minsann;* känna ~*arnas sympati* . . a spiritual affinity; *inte en |levande|* ~ not a |living| soul; *varenda* ~ every man Jack; *de dödas* ~*ar* äv. the spirits of the dead; *små* ~*ar* little minds; *två* ~*ar och en tanke* two minds with but one single thought; *vara* ~*en i* ngt be the |life and| soul (drivande kraften the moving spirit) of . .; *lägga in hela sin* ~ *i* ngt put one's heart and soul into . .; *i* ~ *och hjärta* i själva verket at heart, innerst inne in one's heart |of hearts|; *det skär mig in i* ~*en* it cuts me to the heart (quick); jag är *skakad ända in i* ~*en* . . shaken to the core; *med hela min* ~ with all my heart, helt och fullt heart and soul
själa|glad *a* overjoyed, delighted **-mässa** requiem **-nöd** spiritual agony **-ringning** ringande |vanl. the| tolling of the knell; ljud knell **-sörjare** präst clergyman, priest; friare spiritual guide (adviser) **-tåget,** *ligga i* ~ be dying, be breathing one's last **-vandring** transmigration, metempsychosis **-vård** cure of souls
själfull *a* soulful **-het** soulfulness
Själland Zealand
själlös *a* soulless; andefattig dull, vapid; uttryckslös vacuous **-het** soullessness osv., jfr *själlös*
själs|adel nobility of soul (mind) **-dödande** *a* soul-destroying, overwhelmingly boring **-egenskap** mental quality **-fin** *a* noble, refined **-frånvarande** *a* absent-minded **-frånvaro** absence of mind **-frände** kindred soul **-frändskap** spiritual affinity **-förmögenheter** *pl* mental (intellectual) faculties **-gåvor** *pl* mental (intellectual) gifts **-kval** |mental| agony end. sg. **-lig** *a* mental; andlig spiritual; psykisk psychic|al| **-liv** spiritual (intellectual) life; känsloliv emotional life **-lugn** se *sinneslugn* **-storhet** greatness of soul; storsinthet magnanimity **-strid** spiritual (inre mental) struggle **-styrka** strength of mind, fortitude **-tillstånd** state of mind, mental condition **-utveckling** mental development
själv *pron* **1** jag ~ myself; du ~ yourself, bibl. o.d. thyself; han, hon ~ himself, herself; den, det ~ itself; man ~ oneself, yourself; osv., jfr *3 man;* vi, ni, de ~*a* ourselves, yourselves, themselves; *sig* ~ himself osv., se *sig; mig* ~ myself, på check |pay| self; *jag* ~ I myself; *ingen mer än jag* ~ nobody but myself; ingen kan ångra det *så mycket som (mera än) jag* ~ . . as much as (more than) myself; *jag gjorde det* ~ *(alldeles* ~*)* I did it myself (all by myself); *jag har* ~ gjort det (gjort det ~) I myself have . . (I have . . myself); *jag frågade honom* ~ I asked him myself, just honom I asked him (the man) himself; *hon har pengar* ~ egna she has got money of her own, även hon she has got money herself; ~ *kan jag inte* I myself can't, vad mig beträffar as for myself (me), I can't; *han kom* ~ personligen he came in person; *du ser (hör)* ~ *hur* . . you can see (hear) for yourself how . .; *hon syr sina kläder (tvättar)* ~ vanl. she makes her own dresses (does her own washing); *jag kan klä mig (äta)* ~ I can dress myself |alone| (eat by myself); arbetet *gör sig inte* ~*t* . . doesn't do itself |automatically|; *han är godheten (ärligheten)* ~ he is kindness itself (the soul of honour); *han är hjälpsamheten* ~ he is extremely (ever so) helpful; *han är*

snålheten ~ he is greediness personified; *han är inte sig* ~ *i dag (längre)* he is not [quite] himself today (is not the man he was); *vara sig* ~ *nog* be self-sufficient; be sufficient to oneself; *var dig* ~ be yourself!; dumbom! — *det kan du vara* ~*!* . . the same to (so are) you!; *du* ~ *då!* what about you (yourself)?; *gå* ~ [*du*]*!* you go [yourself]!; *säg* ~ [*när*]*!* say when!; *tack* ~*!* thank you'!; *av (för) sig* ~ se under resp. prep.; *hemma hos mig* ~ in my own home

2 adj., ~*a arbetet* arbetet i sig the work itself, det egentliga arbetet the actual (regular) work; ~*a tanken* är inte ny the thought itself . .; ~*a* blotta *tanken* the very idea; ~*a*[*ste*] *kungen* the king himself (personligen in person), t.o.m. kungen even the king; bo *i* ~*a Stockholm (centrum* [*av S.*]*)* . . in Stockholm itself (in the very centre of S.); *det är (var) då* ~*a*[*ste*] *den (katten) att* . . what an awful nuisance that . .

själv|aktning self-respect, self-esteem; *ingen* människa *med* ~ no self-respecting . . **-antändning** spontaneous combustion (ignition), self-ignition **-bedrägeri** self-deception, self-delusion **-befläckelse** self-abuse **-befruktning** self-fertilisation, autogamy **-behärskning** self-command, self-control, self-restraint; fattning self-possession **-bekännelse** confession **-belåten** *a* self-satisfied; egenkär, äv. om t.ex. min complacent, smug **-belåtenhet** [self-]complacency, smugness **-beröm** self-praise **-bespegling** introspection, self-contemplation **-bestämmanderätt** right of self-determination **-betjäning** self-service **-betjäningsaffär** self-service store (mindre shop) **-bevarelsedrift** instinct of self-preservation **-bindare** jordbr. binder **-biografi** autobiography **-biografisk** *a* autobiographic[al] **-deklaration** income tax return; blankett income-tax return form **-disciplin** self-discipline **-dö** *itr* om djur die a natural death; bildl. die out of itself (resp. themselves)

själv|fallen *a* se *självklar* **-förakt** self-contempt **-förbränning** spontaneous combustion **-förebråelse** self-reproach **-förhävelse** conceit, exaggerated opinion of oneself **-förnekelse** self-denial **-försakelse** self-denial **-försvar** self-defence **-försörjande** *a* self-supporting, om land self-sufficient; *hon är* ~ vanl. she earns her own living **-försörjning** self-support; self-sufficiency **-förtroende** self-confidence, self-reliance; *ha* ~ be self-confident **-förvållad** *a* self-inflicted **-gjord** *a* self-made, . . of one's own making **-god** *a* self-righteous **-hjälp** self-help; *hjälp till* ~ aid to helping oneself **-hushåll** self-subsistent household **-häftande** *a* [self-]adhesive, attr. äv. (om t.ex. plast) stick-on **-härskare** autocrat **-hävdelse** self-assertion **-ironi** irony at one's own expense **-ironisk** *a* *vara* ~ be ironic at one's own expense; *en* ~ *anmärkning* an ironic remark directed at oneself

självisk *a* selfish, egoistic **-het** selfishness egoism

själv|klar *a* uppenbar obvious, [self-]evident naturlig natural; *det är* ~*t (en* ~ *sak)* it is a matter of course, it goes without saying; *ja, det är* ~*t!* yes, of course!; ta allting *för* ~*t* . . as a matter of course, . . for granted **-klarhet** självklar sak matter of course; naturlighet naturalness **-klart** *adv* uppenbart obviously, evidently; naturligt naturally **-klok** *a* self-sufficient; inbilsk opinionated **-klättrande** *a* bot. climbing, creeping **-kostnad** prime cost **-kostnadsberäkning** calculation of prime cost **-kostnadspris** cost price; *till* ~ at cost [price] **-kritik** self-criticism **-kännedom** self-knowledge **-känsla** self-esteem **-ljud** vowel **-lockig** *a* om hår naturally curly; *hon har* ~*t hår* äv. her hair curls naturally **-lysande** *a* luminous **-lärd I** *a* self-taught **II** *s* autodidact

själv|mant *adv* of one's own accord, voluntarily, spontaneously **-medlidande** self-pity **-medvetande** *s* self-consciousness; jagmedvetande äv. apperception **-medveten** *a* säker self-assured, self-confident **-mord** suicide; *begå* ~ commit suicide **-mordsförsök** attempted suicide; *göra ett* ~ attempt [to commit] suicide **-mordskandidat** would-be suicide **-motsägelse** self-contradiction **-mål** sport. own goal; *göra* ~ kick the ball in one's own goal **-mördare** suicide **-porträtt** self-portrait äv. i skildring; ~ *av konstnären* portrait of the artist [by himself] **-prövning** o. **-rannsakan** self-examination **-registrerande** *a* self-recording, self-registering **-reglerande** self-regulating, self-adjusting **-risk** försäk. excess **-rådig** *a* egensinnig self-willed, wilful egenmäktig arbitrary **-rådighet** self-will, wilfulness; arbitrariness

själv|servering abstr. self-service; konkr. self-service restaurant; cafeteria **-skriven** självklar natural; *vara* ~ *till* en plats be just the person for . ., be sure (bound) to get . .; *han anses som* ~ *till* platsen he is considered the very man (the obvious candidate) for . . *vara* ~ *medlem i* . . be an ex-officio member of . . **-spricka** i huden ung. chap **-start** self-starter **-studium** studerande på egen hand self-instruction, self-tuition; *-studier* private (individual) studies **-styre**[**lse**] self-government äv. skol., autonomy **-ständig** *a* allm. independent, om t.ex. stat äv. self-governed; n skapande, inte efterbildad äv. original; egen (attr.) . . of one's own; hon har inte *en ~ tanke* . . a thought of her own; *~t pronomen* se *pronomen* **-ständighet** independence; originality; jfr *självständig* **-ständigt** *adv* independently; *arbeta ~* äv. do independent work, på egen hand work on one's own; *tänka ~* äv. think for oneself **-suggestion** auto-suggestion

självs|våld egensinne self-will, wilfulness; tygellöshet lack of discipline; lättsinne self-indulgence; okynne (hos barn) naughtiness **-våldig** *a* self-willed, wilful; undisciplined; self-indulgent; naughty; jfr *självsvåld*

själv|så *rfl* self-sow, seed naturally **-sådd** *a* self-sown **-säker** *a* self-assured, self-confident; alltför ~ presumptuous, cocksure **-säkerhet** self-assurance, self-confidence; presumptuousness, cocksureness **-tagen** *a* self-assumed **-tillit** se *självförtroende* **-tillräcklig** *a* self-sufficient **-tillräcklighet** self-sufficiency **-torka** *itr* dry by itself (resp. themselves) **-tryck** natural pressure |due to gravity| **-tvätt** inrättning launderette

själv|uppdragande *a* om klocka self-winding **-uppgivelse** self-effacement **-uppoffring** self-sacrifice **-upptagen** *a* self-centred **-utlösare** foto. self-timer **-vald** *a* som man själv valt self-chosen; som valt sig själv self-elected **-verkande** *a* automatic, self-acting **-verksamhet** self-activity **-ägande** *a*, *~ bonde* peasant proprietor, freeholder **-ändamål** end in itself; ~ pl. ends in themselves **-överskattning** overestimation of oneself (one's abilities); självsäkerhet presumption **-övervinnelse** *~n 0, det är en stor ~ för mig| att* inf. it takes |me| a lot of will-power to inf.; *med mycken ~* lyckades han after a hard struggle with himself . .

sjätte *räkn* sixth; *ett ~ sinne* a sixth sense; jfr *femte* o. sms. **-del** sixth |part|; jfr *femtedel*

sjö *-n -ar* insjö lake; hav samt sjögång o.d. sea, våg äv. wave; liten vattensamling, pöl pool; *~n* Vättern Lake . .; *det är grov ~* there is a rough sea; *~n går hög* there is a heavy sea; *när ~n* insjön *går upp* when the |ice on the| lake breaks up; *båten fick en ~ över sig* a big wave swept over the boat, the boat shipped a sea; båten *håller (står sig bra i) ~n* är sjöduglig . . is seaworthy; *tåla (inte tåla) ~n* om pers. be a good (bad) sailor; *hoppa i ~n* jump into the water, dränka sig drown oneself; *kasta pengarna i ~n* bildl. throw one's money away; *kasta yxan i ~n* bildl. throw up the sponge, give up; *jag sitter inte i ~n* jag har inte bråttom I'm in no hurry, det går ingen nöd på mig I'm all right; *sätta (få)* sin båt *i ~n* launch . . (get . . launched); *i öppen ~* in the open sea; *på öppna ~n* on the open sea; *vara på ~n (till ~ss)* vara sjöman be at sea, be a sailor; *till ~ss* sjöledes by sea, på sjön at sea; *gå till ~ss* om pers. go to sea, become a sailor, om båt put (stand) |out| to sea; *ute till ~ss* |out| on the |open| sea

sjö|befäl ship's officers pl. **-befälsskola** school (college) of navigation **-björn** sjöman, *en |gammal| ~* an old salt **-blöt** *a* se *genomvåt* **-bod** boat-house **-borre** zool. sea urchin **-botten** om insjö bottom of a (the) lake; havs- bottom of the sea

sjöbuss se *sjöbjörn*

sjö|båt, *en bra (dålig) ~* a good (bad) sea-boat **-djur** se *vattendjur* **-duglig** *a* seaworthy **-farande I** *a* t.ex. om nation seafaring, maritime **II** *~n ~* mariner **-farare** *~n ~* seafarer **-fart** navigation; ss. verksamhet shipping; *handel|n| och ~|en|* trade and shipping; *bedriva ~* engage in shipping, carry on a shipping trade; *före ~ens avslutande* before the close of navigation

sjöfarts|avgifter *pl* shipping dues **-bok** discharge book **-meddelande** notice for mariners; navigationsvarning navigational warning **-museum** maritime museum **-underrättelser** *pl* shipping intelligence sg. (news sg.)

sjö|flygplan seaplane **-folk** sjömän seamen pl., i fackligt sammanhang äv. mariners pl., seafarers pl.; seglare yachtsmen pl. **-fynd** |piece of| flotsam **-fågel** sea-bird; jakt. sea-fowl (pl. lika) **-förklaring** |captain's| protest **-försvar** naval defence **-försäkring** marine insurance; jfr *försäkring* m. ex. o. sms. **-gräns** territorial limit; mots. land- sea boundary **-gräs** seaweed, sea-grass **-grön** *a* sea-green **-gående** *a* sea-going **-gång** high (rough) sea, seaway; *det är svår (ingen) ~* there is a heavy sea (not much of a sea); *i (när det är) ~* in a seaway (when the sea is high) **-hjälte** naval hero **-häst** zool. sea horse **-hävning** heave of the sea **-ingenjör** marine (ship's) engineer **-jungfru** mermaid **-kadett** naval cadet, midshipman **-kapten** |sea| captain, master |mariner| **-kort** |nautical (marine)| chart **-krig** naval war (krigföring warfare) **-krigsskola** naval college **-kunnig** *a* . . experienced in seamanship **-lag** maritime law **-ledes** *adv* by water, på havet äv. by sea **-lejon** sea-lion **-liv** life at sea **-luft** sea air **-makt 1** nation naval (maritime) power **2** krigsmakt till sjöss naval (marine) forces pl. **-man** sailor; i mera officiellt språk seaman, mariner; *bli ~* become a sailor, go to sea

sjömans|biff 'sailor's beef'; casserole of beef, potatoes, and onions **-blus** sailor's |för barn sailor| blouse **-förmedling** seamen's employment exchange **-hem** seamen's home **-hus** mercantile marine office

sjömanskap *-et 0* seamanship
sjömans|kista seaman's chest **-kostym** för barn sailor suit **-krage** sailor collar **-lag** merchant shipping act **-mission** seamen's mission **-präst** seamen's chaplain **-uttryck** nautical expression **-vis,** *på ~* in sailor--fashion, as sailors do **-visa** sailor's song
sjö|mil nautisk mil nautical mile **-militär** *a* naval **-mina** naval mine **-märke** navigation mark, sea-mark **-mätning** hydrographical survey (mätande surveying) **-nöd** distress at sea; *i ~* in distress **-odjur** sea (i insjö lake) monster **-oduglig** *a* unseaworthy **-officer** naval officer; för sms. se *officers-* **-olycka** accident (större disaster) at sea **-polis** ung. marine police (person policeman) **-rapport** väderleksrapport weather forecast for sea areas **-reglering** lake storage-capacity regulation **-resa** [sea] voyage; överresa crossing **-risk** försäkr. marine risk **-rå** undine **-räddning[s-tjänst]** sea rescue (coastguard) service **-rätt 1** lag maritime law **2** domstol maritime court **-rövare** pirate **-röveri** piracy
sjö|scout sea scout **-seger** naval victory, victory at sea **-sida,** från *~n . .* the seaward (vid insjö lakeward) side; *vetta mot ~n* face the sea (insjö lake) **-sjuk** *a* seasick; *lätt bli ~* vanl. be a bad sailor **-sjuka** seasickness **-skada** sea damage **-skadad** *a* sea-damaged **-skum** miner. meerschaum **-skumspipa** meerschaum [pipe] **-slag 1** mil. naval (sea) battle **2** bildl. proper binge (booze-up) **-stad** seaside town; hamn- seaport [town] **-stat** maritime state (power) **-stjärna** zool. starfish **-strand** sea (vid insjö lake) shore **-strid** naval encounter **-stridskrafter** *pl* naval forces **-stycke** konst. seascape **-styrka** naval force **-stövlar** *pl* sea boots **-säker** *a* om båt seaworthy **-sänkning** lowering of the surface of a (resp. the) lake **-sätta** *tr* launch **-sättning** launching
sjö|term nautical term **-territorium** territorial sea (waters pl.) **-tomt** site (bebyggd piece of ground, m. trädgård garden) bordering on the sea (vid insjö on a lake) **-transport** sea transport, *~erande* sea transportation **-tunga** sole **-van** *a, vara ~* be accustomed (used) to the sea, sjökunnig be experienced in seamanship **-vana,** *ha ~* se *[vara] sjövan* **-vatten** sea-water, insjö- lake-water **-väg** seaway, på havet äv. sea-route; *~en* adv. by water, på havet äv. by sea **-värdig** *a* seaworthy **-värn 1** naval defence **2** se följ. **-värnskår** auxiliary naval corps
s.k. förk., se ex. med *så kallad* under *3 så I 1*
ska se *1 skola*
skabb *-en 0* allm. scabies, itch, hos husdiur äv. mange, hos får scab **skabbdjur** itch-mite **skabbig** *a* scabious, mangy äv. bildl., scabby
skabrös *a* obscene, scabrous

skad|a I *-an -or* **1** persons injury; saks damag end. sg.; sjuklig förändring lesion; ont harm, lin rigare mischief; förlust loss; förfång detrimen disadvantage; *det är ingen ~ skedd* ther is no harm done, F there are no bone broken; *få en [liten] ~ på* sin bil get . [slightly] damaged; *få svåra -or* suff severe injuries (om sak damage sg.), b seriously injured (hurt, om sak damaged *stormen gjorde stor ~ på . .* the storm di great damage to (stark. wrought great havc upon) . .; *göra mycken ~ (mer ~ än nytta* do a great deal of harm (more harm tha good); *[låta] reparera [några av] -orna p* bilen have [part of] the damage to . . re paired; *ta (lida) ~ [av]* bli lidande suff [from], få skador, om sak be damaged [by *han har tagit ~ [till sin hälsa] (hans häls har tagit ~) av det* it has been bad for h health; *det tar han ingen ~ av* that won hurt el. harm him (do him any harm); *ta ~ igen* make up for it, hämnas get one's ow back; *tillfoga . . ~* inflict damage (losse on . ., do harm to . .; *av ~n blir man v* once bitten, twice shy; *jag har blivit vis a ~n* I have been taught by [bitter] ex perience; *komma till ~* om pers. be injure (hurt); *till [stor] (utan) ~* men *för . .* [grea ly] to the detriment of (without detriment to . .; *vara till ~ för . .* äv. be detrimental **2** 'synd', *det är [stor] ~ att . .* it is a [grea pity that . .; för ex. se vid. under *synd 2*
II *tr* göra illa: pers. injure, kroppsligen äv. hur sak damage; vara skadlig för be bad for; vara t skada (förfång) för ofta be detrimental to, pre udice, harm, do harm to; försämra impai *~ ngns* rykte damage (injure) a p.'s . .; ~ *ngns sak* prejudice (damage, harm) a p. case; *~ [sig i] benet* hurt (stark. injure) one' leg; *~ sig* hurt oneself, bli skadad be (ge hurt; *~ sig själv* bildl. harm oneself, d oneself harm; *det ~r ögonen* it is bad fo . .; *det ~r honom inte att (~r inte att ha får) se . .* it won't hurt him (do him an harm) to see . .; *det ~r inte att försök* there is no harm in trying; *det ~r inte o du frågar* it will do no harm if you ask det vore bra it would be a good thing if yo asked; *det skulle inte ~ med* lite regn . . woul not do any harm, vi skulle behöva we could d with . .
skadad *a* om pers. o. kroppsdelar injured pred. äv. hurt; om hörsel, syn impaired; om sa damaged; om varor äv.: felaktig faulty, med f defective; *är han ~?* is he hurt (stark. in jured)?; *den (de) ~e* the injured
skade|anmälan notification of damag **-djur** noxious animal; koll. vermin **-ersättning** compensation (indemnification, in demnity) [for damage], i pengar äv. damage

pl.; *begära* ~ claim damages (indemnification, an indemnity) **-försäkring** insurance against damage **-glad** *a* om t.ex. min malicious; *vara* ~ *över* ngt take a malicious delight in . .; det är fult *att vara* ~ . . to rejoice in other people's misfortunes **-glädje** delight over other people's misfortunes, malicious pleasure, litt. schadenfreude ty. **-görelse** damage end. sg., *på* to **-insekt** noxious insect; ~*er* äv. vermin **-reglering** settlement of claims (resp. a claim) for damages

skadeslös *a, hålla* ngn ~ *[för]* indemnify (gottgöra compensate) . . [for]

skadestånd *-et* - damages pl.; polit. reparations pl.; *begära ett* ~ *på* 100 kr claim damages of . .; *betala* 100 kr *i* ~ pay . . damages; *rätt till* ~ right to claim [for] damages (claim indemnification)

skadestånds|anspråk claim for damages (indemnification, indemnity, polit. reparations) **-belopp** amount of damages **-betalning** payment of damages **-krav** se *skadeståndsanspråk* **-skyldig** *a* . . liable to damages (indemnification, polit. reparations) **-summa** se *skadestånd* **-talan** action for [the recovery of] damages; *föra* ~ sue for damages; *föra* ~ *mot* ngn bring an action for damages against . . **-yrkande** demand (appeal) for damages (polit. reparations)

skade|verkan o. **-verkning** skada damage end. sg.; skadlig verkan injurious (harmful, deleterious) effect **-värdering** assessment of damage (loss)

skadlig *a* injurious, farlig äv. harmful, deleterious, isht om djur o. naturföreteelser noxious; ohälsosam (om mat o. dryck) unwholesome; menlig detrimental, prejudicial, *för* i samtl. fall to; inte bra bad, *för* for; *det är* ~*t [för hälsan] att röka* smoking is bad for (stark. is injurious el. deleterious to) the health **skadskjuta** *tr* wound

skaffa I *tr* allm. get, [in]förskaffa procure, anskaffa provide, få tag på get hold of, få ihop, finna find, uppdriva (t.ex. pengar) find, raise, köpa buy, *åt ngn* i samtl. fall for a p.; erhålla, inhämta obtain; skicka efter send for; ~ *ngn ngt* a) get (hämta äv. fetch, finna find, förorsaka, ge give, rendera, ådraga äv. bring) a p. a th. b) förse ngn med ngt provide (supply, furnish) a p. with a th.; ~ *barn till* världen bring children into . .; ~ *ngn ett arbete* get a p. a job, find (procure) a job for a p.; ~ *ngn obehag (bekymmer)* get a p. into trouble (cause a p. anxiety); *det* ~*de honom* ryktbarhet that brought (earned) him . .; hans sätt ~*de honom många ovänner* he made a lot of enemies by . .; ~ ngt *ur vägen* get . . out of the way; ~ ngt *ur världen* do away with . ., get rid of . . for good

II *rfl* get [oneself], förskaffa sig procure [for oneself], t.ex. kunskaper acquire, t.ex. vänner make; köpa sig buy oneself; inhämta, erhålla obtain; försäkra sig om, lyckas få secure; tillvinna sig gain, ådraga sig contract; förse sig med provide (supply, furnish) oneself with; ~ *sig ryktbarhet* make oneself famous; ~ *sig upplysning om* obtain information about; ~ *sig vänner* make friends

III *itr* **1** göra do; *vad har du med det att* ~*?* what's it got to do with you?; *då får du med mig att* ~*!* then you will have me to deal with (will catch it from me)!; *du har ingenting här att* ~ you have no business [to be] here **2** sjö. äta eat

IV m. beton. part. **1** ~ *bort* se ~ *undan* **2** ~ *fram* anskaffa get, åstadkomma produce **3** ~ *hem* köpa hem buy, beställa hem order . . [to be sent home], varor till affär get **4** ~ *hit* bring . . (låta skaffa have . . brought) here **5** ~ *igen* get . . back **6** ~ *ihop* get . . together **7** ~ *in* till affär get, procure, importera import; ~ *in* ngn *i en firma (på sjukhus)* [manage to] get . . into a firm (into hospital) **8** ~ *tillbaka* get . . back **9** ~ *undan* remove, clear away

skafferi larder, större pantry **skaffning** måltid meal; mat food; *tid för* ~ time to eat

skafföttes *adv*, *[ligga]* ~ [lie] head to foot (tail)

skaft *-et* - handtag: allm., på t.ex. redskap, bestick handle, yx~ äv. helve, på t.ex. kniv äv. haft; längre: på t.ex. paraply, spjut shaft, på t.ex. kvast stick; penn~ holder; pip~ shank, munstycke stem; stövel~ o.d. leg; bot. stalk, stem; på fjäder o. pelare samt vävn. shaft; ~*et på* en kniv m.m. the handle osv. of . .; *han har huvudet på* ~ F his head is screwed on the right way; *hans ögon stod på* ~ his eyes were starting (popping) out of his head; *ingen vill hålla i* ~*et* bildl. nobody is willing to carry the can; kniv *med långt* ~ äv. long-handled . .; *per* ~ F per head **skafta** *tr* fit (furnish) . . with a handle osv. jfr *skaft* **skaftad** *a* bot. stalked

skafthål i yxa o.d. handle-hole, eye

skaföttes se *skafföttes*

Skagerack the Skagerrak

skaka I *tr* allm. shake; komma att ~ äv. convulse äv. bildl.; uppröra (t.ex. sinnet) agitate; ~ . . *ordentligt* äv. give . . a good shake; underrättelsen ~*de henne djupt* vanl. she was deeply shaken by . .; ~ ngt *ur ärmen* bildl. shake . . out of one's sleeve, t.ex. verser turn off . .

II *itr* allm. shake, darra äv. tremble, quiver, *av* i samtl. fall with; om åkdon jolt, jog; vibrera vibrate; *jag fryser så jag* ~*r* I'm shivering with cold; *huset* ~*r när* . . the house vibrates when . .; *sitta och* ~ på tåget be jolted up and down . .; ~ *av skratt* shake (split one's sides) with laughter; *han* ~*de i hela*

kroppen he was trembling all over, he was all of a tremble; ~ *på* ngt shake ..; *han ~r på handen* är darrhänt his hand is shaky; ~ *på huvudet* |*åt* ngt| shake one's head |at ..|; ~ *på sig* shake oneself
III m. beton. part. **1** ~ *av (bort)* snön |*från ngt*| shake .. off |a th.|; ~ *av* mattan shake .., give .. a shake; ~ *av sig* ngt (ngn) shake off .. äv. bildl. **2** ~ *fram* a) tr.: eg. shake out, *ur* of; bildl. produce, find b) itr. jolt (jog) along **3** ~ *ned* ngt shake .. down, *från* ett träd off .. **4** ~ *om* ngt shake up .., shake .. well; ~ *om ngn* eg. give a p. a shake, sätta liv i stir up a p., jfr *omskakad* **5** ~ *sönder* a) tr. shake .. to pieces b) itr. get shaken to pieces **6** ~ *upp* a) t.ex. kuddar shake up b) bildl. se *uppskaka* **7** ~ *ur (ut)* ngt |*ur* ngt| shake .. out |of ..|
skakande *a* uppskakande: om t.ex. skildring harrowing, om t.ex. nyheter upsetting, distressing
skak|el *-eln -lar (-lor)* skalm shaft; *hoppa över -larna* bildl. kick over the traces, leva om run riot
skakig *a* allm. shaky; om väg äv. bumpy; om vagn jolting, jogging **skakis** *a* F shaky, rädd äv. jittery, se vid. *skraj* **skakning** shaking, enstaka shake; av el. i vagn jolting, enstaka jolt; vibration vibration; läk. tremor; *nervösa ~ar* nervous tremors; med *en ~ på huvudet* .. a shake of the head; *komma i ~* start shaking (vibrating)
skal *-et -* **1** hårt, på t.ex. nötter, skaldjur, ägg shell; mjukt: allm. skin, isht på citrusfrukter äv. peel vanl. end. sg., på t.ex. melon rind; på frö, säd hull, på t.ex. ris husk; avskalade (t.ex. potatis~) koll. peelings pl., parings pl.; bildl. shell, yta exterior; *ett tomt ~, ett ~ utan kärna* bildl. an empty shell; kräftan *byter (ömsar) ~* .. sheds its shell; apelsinen *släpper ~et lätt* .. peels easily (readily); *koka potatisen med ~et på* boil the potatoes in their skins; *krypa ur ~et* om kyckling leave its shell, bildl. come out of one's shell **2** F se *dugg 2*
1 skal|a *-an -or* i olika bet. scale; register äv. gamut, range; på radio |tuning| dial; *hela ~n av* känslor the whole gamut of ..; *ritad efter ~ (i förminskad ~)* drawn to scale (to a reduced scale); en karta *i ~|n| 1:1000* .. on the scale of 1:1,000; affärer *i stor ~* .. on a large scale, large-scale ..; göra ngt *i stor ~* .. on a large scale (F in a big way)
2 skala *tr* t.ex. frukt, potatis, räkor peel, t.ex. äpplen äv. pare; ägg shell; t.ex. ris husk, t.ex. korn hull; mandel blanche; ~ *av* befria från skal peel osv., jfr ovan; ~ *av barken på (från) trädet* peel the bark off the tree
3 skala *itr* F trot, *omkring* around; ~ *i väg* dart away
skalbagg|e beetle; *-ar* vetensk. coleoptera
skald *-en -er* poet; fornnordisk scald, skald **skalda** *itr* make poetry **skaldegåva** poetic gift, poetic[al] talent **skaldekonst** *diktkonst* **skaldestycke** piece of poet poem **skaldinna** poetess
skaldjur shellfish äv. koll. **skaldjurssall** shellfish salad
skaldskap *-et 0* produktion poetical produ tion (work)
1 skalk *-en -ar* på bröd crust, på ost rind
2 skalk *-en -ar* skälm rogue, wag; *han h ~en i ögat* he has a twinkle in his eye; *~ar locka dig* bibl. if sinners entice thee
skalka *tr*, ~ *luckorna* sjö. batten down hatches
skalkaktig *a* roguish **skalkas** *itr. a* joke, jest, *med* with
1 skall *hjälpvb* se *1 skola*
2 skall *-et -* barking, jfr *hundskall;* av trum blast; ovett o.d. i pressen outcry, *mot,* against; *ge ~* bark, börja skälla start barking
1 skalla *itr* om trumpet o.d. clang; om sång, mu ring out, peal; eka resound; *ett ~nde skr* a roar (peal) of laughter
2 skalla *tr* sport. head **skallbas** base of skull; *brott på ~en* fracture of the base the skull **skall|e** *-en -ar* skull, vetensk. c ni|um (pl. äv. -a); huvud head, F noddle; *huvud* ex.
skallerorm rattlesnake
skallfraktur fracture of the skull
skallgång efter bortsprungen o.d. search, efter brytare chase; *gå ~ efter* organize a sea (resp. chase) for
skallig *a* flint~ bald, bald-headed **-h** bald-headedness, baldness
skallr|a I *-an -or* rattle **II** *itr* rattle; *tänder ~de på honom* his teeth chattered
skallskada skull-injury
skalm *-en -ar* **1** skakel shaft **2** på glasögon bo på sax blade
skalmej|a *-an -or* shawm
skalp *-en -er* scalp
skalpell *-en -er* scalpel
skalpera *tr* scalp
skalpotatis koll. potatoes in their ski unpeeled potatoes båda pl.
skalv *-et -* quake
skam *-men 0* allm. shame; vanära, skamfläck disgrace, *för* to; något skamligt dishono stark. ignominy; ~ *den som* ger sig! sha on him that ..!; *det är ingen ~ att va* fattig there is no disgrace in being . *det är stor ~* att it is a great (downrig shame ..; han är så *lat att det är ~ |åt a* .. lazy, it is quite a scandal; *nu går ~ torra land* that's the limit, that beats eve thing; *dra ~ över ngn* bring disgrace do upon a p.; *inte ha någon ~ i sig, ha b huvudet av ~men* be lost to all sense shame (decency); *känna ~ över* be asham of; ~ *till sägandes* har jag glömt det to

hame I must admit that . .; *för ~s skull* ı common decency, [if only] for the sake of ppearances; *få stå där med ~men* be put ɔ shame; *komma på ~* om hopp o.d. come ɔ nought; *komma ngns förhoppningar på ~* frustrate a p.'s hopes; *till min ~* måste jag ·känna . . to my shame . .
ʞam|fila *tr* **1** allm., möbeln *är ~d* . . is the ⁄orse for wear; hans anseende *är ~t* . . is tarıished **2** sjö. chafe **-flat** *a* pred. utterly a-hamed **-fläck** stain, blot, *på, i* on; *han är ɲ ~ för* sin familj he is a disgrace to . . **känsla** sense (feeling) of shame **-lig** *a* allm. hameful; vanhedrande disgraceful, dishonour-ble, disreputable; skändlig infamous, friare örstärkande) scandalous, outrageous; jfr *lum-en; komma med ~a förslag* make improper uggestions; *det är verkligen ~t* äv. it is a ,reat (crying) shame (stark. a scandal); *det ~a i saken* är . . the disgraceful (osv.) part of : . . **-lös** *a* shameless; oblyg unblushing, ·äck impudent, barefaced, brazen[-faced] **löshet** *~en ~er* shamelessness end. sg.; im-pudence; *~er* yttranden impudent remarks **påle** pillory; *ställa ngn vid ~n* bildl. pillory . p.
ʞamsen *a* ashamed end. pred., *över* of; hamefaced; *vara ~* be ashamed **-het** feeling of] shame, shamefacedness
ʞamvrå, *stå (ställa) i ~n* stand (put) in the 'orner
ʞandal *-en -er* scandal; scen [scandalous] cene; *vilken ~!* äv. what a scandalous hing!, how scandalous!; *detta är [en] ~ rena ~en)!* this is a disgrace (stark.: ett ldåd o.d. an outrage)!; uppassningen *är rena ~en* . . is a disgrace; *han är en ~ för* skolan ıe is a disgrace to . .; *göra (ställa till) ~* ause a scandal, en scen make a scene **-arti-ʞel** scandalous article **-historia** scandalous tory, [piece of] scandal **-hunger** hunger or scandals **-hungrig** *a* . . fond of scandal
ʞandalisera *tr* skämma ut disgrace **skan-dalkrönika** scandalous gossip **skandal-idning** muck-raking paper (tidskrift maga-ine) **skandalös** *a* scandalous, skamlig äv. lisgraceful, chockerande äv. shocking, upprörande outrageous, förargelseväckande offensive
ʞander|a *tr* scan **-ing** scansion
ʞandinav *-en -er* Scandinavian **Skandi-navien** Scandinavia **skandinavisk** *a* Scandinavian **skandinavism** *-en 0* Scandi-navism
ʞank *-en -ar* (*-or* el. F *-er*) shank; *-ar* F ·en pins
ʞans *-en -ar* **1** mil. redoubt, earthwork, ield-work; fäste fortlet; *siste man på ~en* ·ildl. (om förkämpe o.d.) the last one to hold out; *lö som siste man på ~en* die in the last litch **2** sjö. forecastle, fo'c's'le

skap|a *tr* allm. create, make; grunda found; alstra äv. produce; framkalla äv. cause, t.ex. hatkänslor engender; t.ex. ord invent, coin; *~ [sig] en förmögenhet* make [oneself] a fortune; *~d varelse* creature; *han är som ~d (-t) för det* he is just cut out for it; *han är som ~d (-t) till* lärare he is a born . .; *~ om* re-create, create . . anew; *~ om sig till* transform oneself into **skapande** *a* **1** creative; ibl., om t.ex. aktivitet constructive **2** se *1 grand 2* ex. **skaparanda** creative spirit (genius)
skapar|e *-en -e* allm. creator; av t.ex. mode el. stil originator; kompositör composer; uppfinnare inventor; grundare founder **-förmåga** creative ability (power) **-glädje** creative joy (zest) **-gärning** work of creation **-kraft** creative force (power)
skapelse creation, abstr. äv. making; *~n* världen äv. nature, the universe **-berättelse** story of the creation
skap|lig *a* tolerable, passable, F pretty good; not [too] bad vanl. pred.; rimlig, om t.ex. pris o. lön reasonable; hon har *en ganska ~ figur* . . rather a nice (. . a pretty good) figure **-ligt** *adv, ~ [nog]* pretty (fairly) well
skaplynne character, nature, disposition
skapnad *-en -er* gestalt, form shape, form, figure; utseende appearance
skar|a *-an -or* troop, band; hord tribe; [oordnad] mängd crowd, body, multitude; här~ host; alla m. of framför följ. best.; *en ~ arbetare* a gang (team) of workmen; *en utvald ~* a select group; *-or av* . . äv. scores (droves) of . .; *i stora -or* in [large] crowds; *samla sig i -or kring* . . flock round . .
skarabé *-n -er* scarab
skare *-n 0* frozen crust [on the snow]; *~n bär* the surface-snow has frozen hard enough to bear
skarp I *a* allm. sharp; om egg o. eggverktyg äv. keen; brant steep; om smak o. lukt strong; om ljud piercing, shrill; om kontur o.d. äv. distinct, clear; om ljus, färg o.d. bright, glaring; om sinnen keen, acute; F stilig o.d. fabulous, smashing, terrific; *~ ammunition* live ammunition; ställa en fråga *i ~ belysning* . . in a bright light; *~ blåst* keen (piercing) wind; *ett ~t brev* a sharp (stark. stiff) letter; *~ dager* bright (glaring) light; *~a drag* äv. clear-cut features; *en ~ gräns* bildl. äv. a well-defined limit; *~a hugg* växlades hard blows . . äv. bildl.; *~ intelligens (iakttagare)* keen (acute) intelligence (observer); *~t klander (ogillande)* äv. strong disapproval; *~ konkurrens* keen competition; *~ kontrast (motsats)* sharp contrast; *~ krök (kurva)* sharp turn (curve); *~ köld* bitter (biting, piercing) cold; fälla *ett ~t omdöme* . . an acute (a keen) judg[e]ment; *ett ~t svar* äv. a cutting reply; *i ~ ton* äv.

in a biting tone; *en ~ tunga* a sharp tongue; *hålla ~ utkik* äv. keep a keen (good) look-out (friare a strict watch) **II** *-en 0, hugga i på ~en* set about it properly; *säga till [ngn] på ~en* tell a p. off; *ta itu med ngn på ~en* take a p. really in hand

skarp|blick keen eye; bildl. äv. insight **-eggad** *a* sharp-edged, keen **-kantad** *a* sharp-edged **-ladda** *tr* load . . with live cartridges **-rättare** executioner, hangman **-sill** sprat, koll. sprats pl. **-sinne** acumen, penetration, sharp-wittedness; acuteness [of perception] **-sinnig** *a* acute, penetrating, sharp-witted; om t.ex. politiker, forskare astute, shrewd **-sinnighet** se *-sinne* **-skjutning** -skjutande firing with live cartridges; övning live-cartridge practice **-skodd** *a* roughshod **-skuren** *a* om drag, profil o.d. clear-cut; *ett -skuret ansikte* äv. a hatchet-face **-skytt** skicklig skytt sharpshooter **-slipa** *tr* grind . . sharp, sharpen; *~d* äv. sharp-edged **-spetsad** *a* attr. . . with a sharp point **-synt** *a* sharp-sighted äv. bildl.; jfr *-sinnig* **-synthet** sharp-sightedness äv. bildl.; jfr *-sinne* **-sås** ung. rémoulade sauce fr.

skarpt *adv* sharply osv., jfr *skarp I;* t.ex. gilla a lot, stark. tremendously; t.ex. ogilla strongly; *skjuta ~* shoot with live ammunition

skarp|tandad *a* sharp-toothed **-ögd** *a* sharp-eyed, keen-sighted

skarsnö snow with a frozen crust (a frosted surface); jfr *skare*

1 skarv *-en -ar* zool. cormorant

2 skarv *-en -ar* **1** fog joint, sömn. seam; tekn. (äv. t.ex. om film o. inspelningsband) splice **2** förlängningsstycke lengthening-piece **skarva I** *tr itr* **1** lägga till ett stycke add a piece, *ngt* to a th.; *~ ngt* på längden lengthen (på bredden widen) a th. [by adding a piece]; lappen *duger att ~ [kjolen] med* . . is good for lengthening (resp. widening) the skirt **2** hopfoga se *~ ihop* ned. **II** *itr* F överdriva exaggerate; ljuga draw on one's imagination, romance **III** m. beton part. **1** *~ i en bit i* kjolen let a piece into . . [to widen (resp. lengthen) it] **2** *~ ihop* join, sömn. piece . . together, tekn. (äv. t.ex. film o. inspelningsband) splice **3** *~ till* förlänga *ngt* lengthen a th.; *~ till en bit på ngt* add a piece to lengthen a th. **skarvsladd** extension flex (amer. cord), extension

skat|a *-an -or* magpie **-bo** magpie's nest

skatt *-en -er* **1** rikedom treasure äv. bildl.; samlad, undangömd hoard; *~er* riches; wealth sg. **2** avgift o.d.: allm. tax; pålaga äv. impost; kommunal~ (koll.) ung. local taxes pl., i Engl. ung. rates pl.; på vissa varor (tjänster) duty; tribut tribute; ~ koll., *~er* [rates and] taxes pl.; *~ på bensin* petrol tax, tax on petrol; *det är ~ på* bensin there is a tax on . ., . . is taxed; *~ vid källan* tax at source osv., se *källskatt*

skatta I *tr* **1** plundra, *~* ett träd (en buske) *p[å] frukt* rob (strip) . . of its fruit; *~ ett fågelb[o] på* ägg (ungar) rob a nest of its . .; *~* en bikup *på honung* take the honey from . . **2** värdera, uppskatta estimate, *till* at; *~ högt* esteem (value) highly, prize; *~* sig *lycklig* count . . fortunate (lucky); *~ friheten högre än live[t]* value freedom more than life; *en förmån som inte kan ~s nog högt* a priceless (an inestimable) advantage **II** *itr* **1** betala skatt pay taxes, *för inkomst* on an income; *han ~r fö[r]* 30000 kr. *om året* he is assessed at . . a year **2** bildl., om pers., *~ åt* publiksmaken (dagens mod[e]) fall a victim to . .; *~ åt förgängelsen* pay the debt of nature

skatte|belagd *a* taxed **-belopp** amount o[f] taxes, tax amount **-betalare** taxpayer resp. rate-payer **-börda** tax burden, burden o[f] taxation **-expert** tax expert (consultant) **-flykt** undandragande av skatt tax evasion **-fr[i]** *a* tax-free, . . exempt from tax[ation]; om var[or] duty-free **-frihet** exemption from taxes **-fusk** [fraudulent] tax evasion **-höjning** increase in taxation **-indrivning** tax enforcement **-intäkt,** statens *~er* the revenue sg. . . from taxation **-krona,** *skatten fastställs till 15 kronor per ~* (vid kommunal inkomstskatt) ung. the rate has been fixed at 15 per cent of the rat[e]able income **-kvitto** för bil road licence **-lagstiftning** fiscal (tax[ation]) legislation **-längd** tax roll (list, book) **-lättnad** tax relief

skatte|medel *pl* tax revenue sg. **-moral,** *ha dålig ~* have a lax attitude as regards one's duties as a taxpayer **-myndighet,** *~er* tax[ation] authorities **-plikt** tax liability **-pliktig** *a* om pers. . . liable to tax[ation]; om varor o.d. taxable, dutiable **-politik** fiscal (tax[ation]) policy **-skolkare** tax evader (dodger) **-skruv,** *dra åt [på] ~en* increase the burden of taxation **-sänkning** tax reduction **-tabell** tax table **-teknisk** *a* fiscal **-tryck** pressure (burden) of taxation **-tänkande** ung. consideration of the effect of taxation **-underlag** basis (source) of revenue **-uppbörd** collection (levy) of taxes, tax collection **-väsen** fiscal (tax) system, system of taxation **-återbäring** tax refund

skatt|grävare treasure-hunter **-gömma** hiding-place for treasure **-kammare** treasury, bildl. äv. store-house **-kammarväxel** treasury bill **-mas** collector of tax arrears **-mästare** treasurer, univ. bursar **-sedel** ung. [income-tax] demand note, notice of assessment **-skriva** *tr* bibl. tax **-skyldig** *a* . . liable to [pay] tax[es] **-sökare** treasure-hunter

skav|a *-de -t tr itr* skrapa scrape, m. verktyg äv. shave; gnida, riva (äv. *~ på*) rub, chafe; *~ [hål på] huden* gall one's skin; *~ hål på*

~ sönder) ett plagg wear (rub) a hole (resp. holes) in . .; ~ *av* scrape [off], hud äv. abrade
skavank *-en (-et) -er* fel defect, fault, ofullkomlighet imperfection; skönhetsfläck flaw; kroppslyte disability; krämpa ailment, åldrings infirmity; *~er* äv.: eg. (skador på sak) damage sg., bildl. (hos pers.) failings, weak spots; *utan ~er* äv. faultless, flawless
skav|ning scraping osv., jfr *skava;* friction; chafe; av hud äv. abrasion **-sår** sore, chafe; jag har fått ~ *på hälen (foten)* . . sores (a sore) on my heel (foot)
ske *-dde -tt itr* hända happen, inträffa äv. occur; hända sig come about; äga rum take place; försiggå go on; göras, verkställas be done, om t.ex. anmälan be made, om betalning, transport be effected; jfr *hända I* ex.; *skall ~, överste!* vanl. yes (right, very good), Sir!; *~ din (Guds) vilja!* Thy (the Lord's) will be done!; *det får inte ~ igen* it must not happen (occur) again, you osv. must not do it again; *det kommer att ~* en förbättring there will be . .; *så fort ~ kan* as soon as possible; *såvitt (i den mån så) ~ kan* as far as (to the extent that is) practicable; *låta ngt ~* let a th. happen (come about, pass); *vad som [händer och] ~r* what is going on (taking place); *bäst som ~r* everything turns out for the best in the end; *leverans (betalning) ~r* omedelbart delivery (payment) will be effected . .; tillväxten *~r mycket långsamt* . . takes place very slowly; *det ~dde* vederfors *honom ingen orätt* no injustice has been done to him; *vad som ~tt står inte att ändra* what is done cannot be undone; *skadan är nu en gång ~dd* the damage has been done, gjort är gjort it's no use (good) crying over spilt milk; *nyligen ~dd* recent; *ångra det ~dda* repent what has (resp. had) happened (occurred); *nu ~ende* present
sked *-en -ar* **1** spoon; *en ~* medicin a spoonful of . .; *ta ~en i vacker hand* bildl. make the best of it **2** vävn. reed
skeda *tr* kem. separate [. . out]
sked|blad bowl of a (resp. the) spoon **-drag** fiske. spoon
skede *-t -n* tids~ period, epoch, era; [tids]avsnitt section [of time]; fas phase; stadium stage
skedskaft handle of a (resp. the) spoon
skedvatten kem. aqua fortis lat.
skedvis *adv* en sked i sänder a spoonful at a time
skeende *-t -n* [händelse]förlopp course [of events], fortskridande development, process process
skela *itr* squint äv. bildl., *på* ena ögat with . ., *på* ngn, *efter* ngt at . .; F be cock-eyed; inåt be cross-eyed; utåt be wall-eyed; *han ~r en smula [på vänstra ögat]* äv. he has a slight squint (cast) [in his left eye]
skelett *-et* - skeleton, bildl. (stomme) äv. framework; *han är mager som ett ~* äv. he is a mere skeleton **-artad** *a* om pers. . . like a skeleton (om t.ex. hand skeleton's); bildl. skeleton end. attr. **-del** part of a skeleton
skelögd *a* squinting, squint-eyed; cross-eyed; wall-eyed; jfr *skela* **-het** squint, svag. cast
skelört bot. greater celandine
1 sken *-et* - **1** ljus o.d. light, starkt el. bländande, äv. från eldsvåda glare; bildl. (skimmer) gleam; *~et från* brasan the light of . .; *vid brasans ~* äv. by the fire-light **2** [falskt] yttre o.d. semblance, show, appearance[s pl.]; mask guise; förevändning pretext, pretence; jfr ex.; *ett ~ av* sanning a semblance (show) of . .; *~et bedrar* appearances are deceptive; *för att bevara (rädda) ~et* [in order] to keep up appearances (save one's face); *ge sig ~ av att vara* rik make a show of being . ., pretend to be . .; *ge ngt ~ av att vara* . . give a th. an air of being . .; *han har ~et emot sig* appearances are against him; *för ~ets skull* for the sake of appearances; *under ~ av* vänskap under a show (the semblance, the pretext, the cloak, the guise) of . .
2 sken, *falla (råka, sätta av) i ~* se *1 skena; i fullt ~* at top speed
1 skena *itr* bolt; *~ [i väg]* run away äv. bildl.; *hans fantasi ~r i väg med honom* äv. his imagination runs riot; *~* rusa *omkring* rush about; *en ~nde häst* a runaway horse
2 sken|a *-an -or* järnv. o. löp~ rail; list strip; fälg rim; läk. splint
sken|anfall feigned (sham) attack **-avtal** fictitious (sham) agreement **-bar** *a* apparent, attr. äv. seeming; illusorisk illusory; påstådd ostensible **-barligen** *adv* obviously, to all appearances
skenben anat. shin-bone, läk. tibi|a (pl. -ae); sparka ngn på *~et* . . the shin
sken|bild phantom, shadow; vrångbild mockery; fys. virtual image **-död I** *~en 0* apparent death, suspended animation **II** *a* . . apparently dead **-fager** *a* om löfte o.d. fair-sounding; bedräglig fraudulent **-firma** fictitious firm äv. för övning **-frukt** false (accessory) fruit, pseudocarp **-fäktning** bildl. sham battle (fight) **-helig** *a* hycklande hypocritical, i ord canting; gudsnådlig sanctimonious **-helighet** hypocrisy, i ord cant; sanctimoniousness, false piety **-kristen** *s* o. *a* attr. sham Christian **-köp** sham (mock) purchase **-liv** semblance of life **-manöver** diversion, feint
skenskarv rail joint
sken|värld illusory (imaginary, visionary) world **-äktenskap** pro forma marriage, bogus marriage
skepnad *-en -er* gestalt figure; form shape,

guise; vålnad phantom; *i* en tiggares ~ in the guise of . .

skepp *-et* - **1** sjö.: allm. ship, fartyg äv. vessel; *bränna sina* ~ bildl. burn one's boats **2** arkit. nave, sido~ aisle **3** boktr. galley **skeppa** *tr* ship, send . . by ship; ~ *in (ut, över)* se *inskeppa* osv. **skepparbrev** master's certificate **skeppare** [ship]master, F skipper

skeppar|examen [prövning examination for the] master's certificate **-historia** traveller's tale, [sailor's] yarn; *berätta -historier* äv. spin a yarn **-krans** skägg Newgate fringe (frill) **-pipa** boatswain's pipe (whistle)

skeppning shipment, skeppande äv. shipping

skeppnings|dokument *pl* shipping documents **-klar** *a*, ~*a partier* consignments ready for shipment **-kostnader** *pl* shipping charges (costs) **-möjlighet** shipping facility **-ort** ut~ port (place) of shipment, shipping port (place)

skepps|besättning m.fl. sms. se *fartygs-* **-brott** [ship]wreck; *lida* ~ be [ship]-wrecked, suffer shipwreck; bildl. be wrecked, om äktenskap äv. go on the rocks **-bruten** *a* shipwrecked; *en* ~ a shipwrecked man (person o.d.), a castaway **-byggare** shipbuilder; jfr *-byggnadsingenjör* **-bygge** o. **-byggeri** o. **-byggnad** abstr. shipbuilding **-byggnadsingenjör** naval engineer (architect) **-båt** ship's boat **-dagbok** ship's log, log[-book] **-docka** dock **-däck** ship's deck **-fart** se *sjöfart* **-furnerare** ship['s] chandler **-förnödenheter** *pl* ship's stores **-handel** butik ship stores (pl. lika) **-handlingar** *pl* ship's papers (documents) **-klarerare** shipping-agent **-klocka** ship's bell, watch-bell **-kock** ship's cook **-last** cargo, shipload; *en* ~ vete a cargo osv. of . . **-lucka** hatch, öppning äv. hatchway **-lägenhet** shipping opportunity; *med första* ~ by the first [available] ship **-läkare** ship's doctor **-mask** ship-worm **-mäklare** ship-broker **-papper** *pl* ship's papers **-proviant** ship's provisions pl. **-präst** chaplain **-redare** shipowner **-rederi** företag shipping company, firm of shipowners **-skorpa** ship['s] biscuit **-sättning** arkeol. ship tumul|us (pl. -i), stone ship **-varv** shipbuilding yard, shipyard **-vrak** wreck

skepsis *-en 0* scepticism; tvivel doubt **skepticism** scepticism **skeptiker** sceptic **skeptisk** *a* sceptical

sketch *-en -er* sketch

skev *a* **1** vind warped; sned askew end. pred.; om leende wry **2** bildl.: om t.ex. uppfattning distorted, warped, oriktig, om t.ex. förhållande, ställning false **skeva I** *itr* be warped osv., jfr *skev;* ~ *(stå och* ~*) med benen* be (stand) crooked-legged **II** *tr* åra feather **III** *tr itr* flyg. bank **skevbent** *a* crooked-legged

skevhet warpedness; wryness; distortio falseness; jfr *skev* **skevning** flyg. ba **skevroder** flyg. aileron **skevt** *adv* askew; *le* ~ give a wry smile

skick *-et 0* **1** tillstånd: allm. condition, isht n beständigt ofta state; *i dåligt (gott)* ~ bad (good) condition (illa resp. väl underhål order, isht om hus repair); *hålla i gott* ~ mai tain, keep up; *i färdigt* ~ in a finished sta when ready (finished); *i föreliggande (s nuvarande)* ~ in its present state (shape) *skadat* ~ damaged; *i sitt slutgiltiga* ~ boken . . in its definitive (final) shape . .; *sät* gården *i* ~ [*igen*] put . . in [proper] ord [again] **2** uppförande behaviour, sätt [att skic sig] manners (pl.) äv. 'pli', way [of behavin *är det* ~ *och fason*[*er*] att . .? do you c it good manners . .? **3** sed, ~ [*och bru* custom, usage, practice; *efter* ~ *och br* [*på platsen*] according to [local] custom

skicka I *tr* **1** sända send, *med, per* by; pediera forward, dispatch; vid bordet pas pengar H remit; ~ *bud efter ngn* send f a p.; ~ barnen *i säng* send . . (F bundle . . o to bed **2** se *foga I 3* **II** *rfl* uppföra sig beha [oneself] **III** m. beton. part. **1** ~ *av* send [of dispatch, pengar (H) äv. remit; varor till mottag forward, consign; brev post, isht amer. m **2** ~ *bort* send away **3** ~ *efter* send for ~ *hit* varor o.d. send . . here, send . . to r (us osv.); t.ex. brödet (vid bordet) pass [me (osv.)] **5** ~ *in* send in; ~ *in* blommor *till stad* send . . [in]to town **6** ~ *i väg* send off, äv. dispatch, pers. äv. F bundle . . off, t.ex. tigg send . . packing; brev post, isht amer. mai ~ *med* ngt send . . along (too), bifoga H close . .; ~ *med ngn ngt* send a th. with a **8** ~ *omkring* send (vid bordet pass) roun t.ex. skrivelse äv. circulate **9** ~ *på ngn* . . besv med send a p. . . **10** ~ *till ngn ngt* send a to a p. **11** ~ *tillbaka* return, send back ~ *ut* send out; ~ *ut* barnen *ur rummet trädgården)* send . . out of the room (in the garden) **13** ~ *vidare* send (vid bor pass) on **14** ~ *över* send over

skickad *a* lämpad suited, fitted, cut out, *fö till* i samtl. fall for

skickelse bestämmelse dispensation, decre *ödets* ~ ofta Fate; jfr *försyn 1* ex. **-diger** ödesmättad fateful, allvarsmättad . . fraught wi gravity; händelserik eventful

skicklig *a* duktig clever, skilful, able; kun capable, kompetent competent, expert; effek efficient; tränad proficient, skilled, expe enced; ledigare ofta äv. good; i fingrarna de dexterous, adroit; för konstr. o. ex. jfr äv. *duk 1; en* ~ arbetare (kokerska) a capable (goo . .; *en* ~ *affärsman* a clever (knepig sma business man; *ett* ~*t försvar* a clev defence . .; *vara* ~ *i sitt fack* be good ne's own line; *vara* ~ *i* [*att göra*] *ngt* be ood (clever) at [doing] a th.; *han är* ~ *att köra bil* he is good at driving a car, e is a good driver; *han är* ~ *i matematik* e is clever (good) at mathematics **-het** everness, skilfulness, ability; capability, ompetence, expertness; efficiency; profiency, skill; deftness, dexterity; jfr föreg.

skid|a *-an -or* **1** slida sheath, scabbard; *ra svärdet ur* ~*n* draw (unsheathe) one's word; *sticka svärdet i* ~*n* sheathe one's word **2** bot. siliqu|a (pl. -ae), silique; på ärter o. önor pod

skid|a *-an -or* sport. ski (pl. äv. lika); *åka r* ski, mots. 'gå' o.d. go on skis, göra en -tur go kiing **-backe** ski slope (för skidhopp jump) **bindning** ski binding **-byxor** *pl* ski[ing] ousers **-dräkt** ski[ing] suit

idfrukt bot. siliqu|a (pl. -ae), silique

id|färd skiing tour **-före,** *det är bra (dågt)* ~ ung. the snow is good (bad) for kiing **-hoppare** ski-jumper **-hoppning** ki-jumping **-lift** ski-lift **-löpare** skier **-löping** skiing **-mössa** skiing cap **-pjäxa** ski oot **-sport** skiing **-spår** ski (upplagt kiing) track **-stav** ski stick (amer. äv. pole) **stavskringla** o. **-stavstrissa** disc **-teräng** skiing country **-tur** skiing tour **-tävng** skiing competition **-utrustning** ki[ing] equipment **-valla** ski wax **-åkare** kier **-åkning** skiing; ~ *efter häst* skioring

iffer *-n skiffrar* ler~, olje~ shale; tak~ ate, ss. vara (koll.) slating; vetensk. schist; *icka med* ~ slate **-artad** *a* slaty **-brott** ate quarry **-grå** *a* slate-grey **-olja** shaleil **-tak** slate[d] roof **-tavla** slate **-täcka** slate

iffrig *a* slaty, vetensk. schistose

ift *-et* - shift, arbetslag äv. gang, arbetstid äv. urn; arbeta *i* ~ . . in shifts **skifta I** *tr* **1** förela: arv distribute, bo, mark partition **2** byta hange; sjö. shift; ~ *gestalt* shift (change) ne's [outward] form; ~ *ord* gräla *med ngn* xchange words (bandy words, altercate) vith a p.; ~ *hugg* exchange blows **II** *itr* rändra sig, växla change, alter; isht om vind hift; omväxla med varandra alternate; ~ *i rött* e shot (tinged) with red; ~ *i* [*regnbåens*] *alla färger* have all the colours of the ainbow **skiftande** *a* changing osv., jfr *skifta I;* ombytlig, om t.ex. väder, lynne vanl. changeable, m t.ex. vind, väder vanl. variable; om t.ex. innehåll, ärde varied; om tyg o. färg shot; *med* ~ *framång* with varying success; jfr *skiftesrik*

kiftarbete shift work **skifte** *-t -n* **1** fördeling: av arv distribution, av bo, mark partition **2** ordbit parcel **3** växling vicissitude; *i alla livets* ~*n* äv. in the ups and downs of life **4** omyte change

skiftes|bruk rotation of crops **-rik** *a* växlingsrik chequered; händelserik eventful **-vis** *adv* by turns

skiftning 1 fördelning: av arv distribution, av bo, mark partition **2** förändring change, variation variation; se vid. *nyans;* ~ *i rösten* modulation of the voice; rött med en ~ *i blått* . . tinge of blue **skiftnyckel** adjustable spanner (isht amer. wrench), monkey-wrench

skikt *-et* - allm. layer, av färg äv. coat, på film coating, emulsion; geol. äv. samt bildl. strat|um (pl. -a), geol. äv. bed; klass äv. class **skiktad** *a* stratified

skild *a* **1** åtskild separated; frånskild divorced **2** ~*a* olika different, differing, varying, various; se vid. *olika I* m. ex.; de har *vitt* ~*a intressen* . . widely differing interests; *vid tre* ~*a tillfällen* on three separate occasions; sedan dess *har de gått* ~*a vägar* bildl. . . they have followed separate (different) courses **-könad** *a* unisexual, bot. äv. diclinous

skildra *tr* allm. describe; isht livligare depict, paint, portray, t.ex. en karaktär delineate; isht nyktrare relate, give an account of; i stora drag outline, sketch

skildrare describer, depicter, delineator

skildring description; depiction, picture, portrayal, delineation; relation, account; outline, sketch; jfr *skildra*

skil|ja *-de -t* **I** *tr itr* **1** avskilja separate; våldsamt sever; ~ *kyrkan från staten* äv. disestablish the Church; ~ *ngn från* hans tjänst dismiss a p. from . .; ~ *ifrån (av)* t.ex. kupong detach; jfr *avskilja I* **2** åtskilja: allm. separate; *floden -jer* det ena landet från det andra the river divides . .; ~ *de stridande* [*åt*] separate (part) the combatants; *döden -de dem* [*åt*] death parted them; bara en tunn vägg *-de oss åt (-de oss från döden)* we were separated by . . (. . stood between us and death) **3** särskilja distinguish, differentiate, närmare discriminate, *från* from, *mellan (på)* between; de är så lika att jag inte kan ~ *dem från varandra* . . distinguish (tell) them from each other, . . tell them apart; ~ *mellan asp och* al äv. tell aspen from . .; ~ *mellan (på)* gott och ont tell the difference between . .; *kunna* ~ *på sak och person* be able to make a distinction between person and thing

II *rfl* **1** allm. part, *från* pers. (avlägsna sig från) from, ngt (sälja o.d.) with; vara olik differ, be different, *från* from; *han -jer sig från mängden* bildl. he stands out in a crowd (out from the rest); ~ *sig med heder från sitt värv* acquit oneself creditably of one's task; jfr *skiljas 1* **2** [*låta*] ~ *sig* [*från* sin hustru] get a divorce [from . .]

skiljaktig *a* different, jfr *olika I* m. ex.; avvikande divergent, dissentient **skiljaktighet** *-en -er* difference osv., jfr *olikhet* **skil|jas** *-des*

-ts itr. dep **1** allm. part; ~ *som* [*de bästa*] *vänner* part [the best of] friends; *här -s våra vägar* äv. bildl. this is where our ways part; ~ *ifrån* lämna *ngn* äv. leave a p.; ~ *åt* part [company], om sällskap o.d. äv. break up, separate; kupong *som kan* ~ *ifrån* detachable . . **2** ta ut skilsmässa get a divorce **skiljbar** *a* separable

skilje|dom arbitration; arbitrament äv. utslag; utslag äv. award **-domare** jur. arbitrator, referee; tillkallad tredje man umpire; t.ex. i smakfrågor judge **-domstol** arbitration court (tribunal) **-linje** dividing line **-man** se *-domare* **-mur** partition wall; bildl. barrier **-mynt** [token (small)] coin, koll. äv. [small] change sg. **-märke** distinguishing mark **-nämnd** arbitration board; jfr *-domstol* **-tecken** språkv. punctuation mark; regler *för -tecknens bruk* äv. . . for punctuation **-väg** cross-road; *stå vid* ~*en* bildl. be at the cross-roads **-vägg** partition

skillingtryck ung. chapbook, broadsheet

skillnad *-en -er* olikhet difference, *i* år (pris) in . . (ålder äv. of . .), *på, mellan* between . .; *på* två grader (meter m.m.) of . .; i storlek, antal, ålder äv. disparity; [gjord] åtskillnad distinction; skiljaktighet divergence, diversity; *det är* ~ *det!* en annan sak F that's quite another thing!; *det är* ~ *på folk (cigarrer)* there are people and people (cigars and cigars); *det är det som gör* [*den stora*] ~*en* that's what makes all the difference [in the world]; *göra* ~ *på (mellan)* . . distinguish (make a distinction) between . ., behandla olika discriminate (make a difference) between . ., treat . . differently; *till* ~ *från henne* unlike (in contrast to) her; *känna* ~ *på* madeira *och* portvin tell . . from . .

skilsmässa **1** äktenskaplig divorce; *begära (söka)* ~ jur. sue for a divorce, start divorce proceedings; *de ligger i* ~ they are seeking a divorce **2** avsked o.d. parting; *vid* ~*n* on parting; *vid* ~*n från henne* when parting from her; *en lång* ~ frånvaro a long separation; *kyrkans* ~ *från staten* the disestablishment of the Church

skilsmässo|barn child of divorced parents **-orsak** ground[s pl.] for divorce **-process** divorce suit (proceedings pl.)

skim|mel *-meln -lar* roan; grå dapple-grey

skim|mer *-ret 0* shimmer, glimmer; månens light, brasans light, glow; se vid. *glans 1—2; ett romantiskt* ~ a romantic light; *ett* ~ *av glädje* spred sig över ansiktet an expression of joy . .; *ett* ~ *av* löje (overklighet) an air of . .; *genom ett* ~ *av tårar* through glistening tears **skimra** *itr* shimmer, glimmer; se vid. *glänsa, glimma*

skin|a *sken -it itr* allm. shine; stark. blaze, bländande glare; blänka äv. gleam; solen (månen) *-er* . . is shining; ~ *av* svett glisten with . . ~ *av* glädje (belåtenhet o.d.) beam with . .; *avsikten -er igenom* his (her osv.) purpose is quit[e] apparent; *det -er upp* it is clearing (brightening) up; jfr äv. *lysa II* **skinande** **I** *a* shinin[g] osv. **II** *adv,* ~ *vit* dazzlingly white

skingra **I** *tr* allm. disperse, t.ex. folkmassa, fiend[e] fågelsvärm äv. scatter; t.ex. farhågor, tvivel dispe[l] dissipate; t.ex. mystiken clear up, solve, *krin[g]* surrounding, of; ~ *bekymren* banish (driv[e] away) care; ~ *tankarna* divert one's min[d] (thoughts) **II** *rfl* = följ. **skingras** *itr. de[p]* disperse, scatter; om folkmassa, moln o.d. b[e] dispersed (scattered); försvinna (om pers.) dis[-] appear, vanish

skink|a *-an -or* **1** kok. ham; *bräckt* ~ frie[d] ham; *ugnstekt* färsk ~ roast pork **2** kropp[s-] del F buttock **-omelett** ham omelet[te] **-smörgås** ung. ham sandwich

skinn *-et -* allm. skin; djur~ (större) äv., isht [h] hide, med päls äv. coat, fur, pelt; fäll fell, so[m] matta o.d. skin rug; päls[verk] fur; beredd hu[d] leather; *fara omkring som ett torrt* ~ bustl[e] about; *vara bara* ~ *och ben* be nothing bu[t] skin and bone; kölden *bet i* ~*et* . . was bitin[g] (piercing); *byta* [*om*] *(ömsa)* ~ om orm cas[t] (shed, slough) its skin; *hon har* ~ *på näsa[n]* she has [got] a will (mind) of her own, ned[.] she is a bit of a Tartar (shrew); *hålla si[g] i* ~*et* behärska sig control oneself, hålla sig i sty[r] keep within bounds, uppföra sig fint behav[e] [oneself]; hon var *nära att krypa ur* ~*[et]* av ilska o.d. . . beside herself; *rädda si[tt] eget* ~ save one's skin (F bacon); *man ska[ll] inte sälja* ~*et förrän björnen är skjute[n]* don't count your chickens before they a[re] hatched **skinna** *tr* skin, bildl. äv. fleece, *p[å]* belopp of, se vid. *klå 3* m.ex.

skinn|baggar *pl* hemiptera **-band** fu[ll] leather binding; . . *i* ~ leather-bound . . **-besatt** *a* pälsbrämad fur-trimmed **-fode[r]** i t.ex. handväska leather lining **-fåtölj** leathe[r]-upholstered armchair **-fäll** skin ru[g] **-handske** leather glove **-jacka** läderjack[a] leather jacket **-klädd** *a* om t.ex. möbel leathe[r]-upholstered, leather-covered **-krage** päl[s]krage fur collar; . . *med* ~ fur-collared . . **- - och benfri** *a,* ~ *ansjovis* koll. skinne[d] and boned tinned sprats pl. **-rygg** bok[-] leather back **-torr** *a* skinny, scraggy **-varo[r]** *pl* skins; furs; jfr *lädervaror, pälsvaror*

skioptikon *-et -* o. **-apparat** sciopticon slide projector **-bild** slide

skipa *tr,* ~ *rätt* administer justice; ~ *rät[t-] visa* rättvist fördela o.d. see that justice is done

skir *a* om honung clear; om tyg airy, ligh[t] gossamer (end. attr.); om t.ex. grönska tende[r] om t.ex. poesi ethereal **skira** *tr* smör melt

skiss *-en -er* sketch, friare äv. outline, *ti[ll]* of **skissartad** *a* sketchy, friare äv. . . in roug[h]

outline **skissblock** sketch-block **skissbok** sketch-book **skissera** *tr* sketch, friare sketch out, outline
skit *-en -ar* vulg. **1** exkrementer shit, djurs droppings pl., kors äv. muck **2** smuts filth, svag. dirt **3** skräp [damned] junk (trash) **4** strunt, prata ~ talk tripe (rot, piffle) **5** om pers. shit
skit|a A *sket -it itr* vulg. shit; *det -er jag i* I don't care a damn about that, to hell with that, stark. bugger that **B** *tr* vard., ~ *ner* dirty osv., se *smutsa* [*ned*] **skitig** *a* vulg. filthy **skitspänst** vulg. bull, bullshit **skitunge** vulg. brat
skiv|a *-an -or* **1** platta o.d.: allm. plate, av trä o.d. board, tunn sheet, lamin|a (pl. -ae); rund disc, disk, grammofon~ record, disc; fyrkantig, tjockare, av sten, trä o.d. slab; bords~ top, lös lea|f (pl. ves); *en ~ av papp* a piece of board; *klara ~n* make it **2** uppskuren (av matvara): allm. slice; tjockare: av bröd o. ost äv. slab, av skinka o. bacon äv. rasher (alla m. of framför följ. best.); *i -or* in slices; *skära* kött (fisk) *i -or* cut . . into steaks **3** kalas party **skivad** *a* sliced, . . in slices osv., jfr *skiva 2* **skivbar** *s* record (disc) bar **skivbroms** disc brake **skivfodral** sleeve **skivling** svamp agaric **skivpratare** i radio disc jockey **skivspelare** record-player **skivtallrik** turntable
skjort|a *-an -or* shirt; *han äger inte ens ~n på kroppen* är utblottad he hasn't got a shirt to his back; *klä av ngn inpå bara ~n* renraka clean a p. out, bleed a p. white **-blus** shirt blouse (amer. waist) **-bröst** shirt-front **-fabrik** shirt factory **-knapp** påsydd shirt button; lös bröstknapp shirt (finare dress) stud; lös kragknapp stud, amer. äv. collar button **-krage** shirt collar **-linning** neckband **-pullover** knitted shirt **-ärm** shirt-sleeve; [*gå (vara)*] *i ~arna* [be] in [one's] shirt-sleeves; *ta av sig i ~arna* take off one's jacket
skjul *-et* - redskaps~ o.d. shed, vagns~ coach-house; kyffe hovel
skjut|a *sköt -it* **I** *tr itr* (jfr äv. ex. med 'skjuta' under resp. subst. o. adv.) **1** med skjutvapen shoot äv. friare; ge eld, avfyra fire; ~ *bra* shoot well, be a good shot (marksman); ~ *blixtar (gnistor)* om ögon flash, snap, *av* harm with . .; ~ *en bräsch i . .* make (effect) a breach in . .; ~ *efter (mot, på) ngn* shoot (fire) at a p.; ~ *. . i brand* set fire to . ., set . . ablaze (on fire); ~ bollen *i mål* shoot . . into the goal; ~ *med lös ammunition* fire [with] blank cartridges; ~ *sig* shoot oneself **2** flytta o.d.: allm. push; vårdslöst el. stark. shove, knuffa elbow; kärra, rullstol o.d. äv. wheel; köra t.ex. en kudde under ngns huvud thrust; ~ maka [*på*] move, F shift; ~ *regeln för dörren* bolt the door; ~ *på* uppskjuta *ngt* put off (postpone) a th.; ~ ngt *åt sidan* push (resp. shove) . . aside, bildl. put . . on one side, shelve . ., något obehagligt brush aside (away) **3** ila o.d. shoot, dart **4** ~ *rygg* om katt arch its back **5** ~ *ax* form (set) ears; ~ *knopp*[*ar*] bud; ~ [*nya*] *skott* put forth [new] shoots, sprout **II** med beton. part. **1** ~ *av* skjutvapen fire, discharge, let off, pil shoot, skott äv. fire off; ~ *av ngn armen* shoot a p.'s arm off; *en avskjuten* pistol a . . that has (resp. had) been fired osv. **2** ~ *bort* a) skjuta slut på spend, use up, expend b) flytta bort push (resp. shove) . . away (aside); ~ *bort* tanken på . . put away . ., något obehagligt äv. brush aside (away) **3** ~ *fram* a) tr., ~ *fram stolen till* brasan push the chair up to . .; ~ *fram* hakan m.m. protrude b) itr.: sticka ut jut out, protrude, project; ~ *fram över* äv. overhang **4** ~ *för* t.ex. lucka push . . to; ~ *för regeln* för dörr bolt the door **5** ~ *förbi* [*målet*] miss [the mark] **6** ~ *ifrån regeln* från dörr unbolt the door; ~ *ifrån sig* sak el. pers. push (resp. shove) . . away; ~ *ansvaret ifrån sig* shirk one's responsibility **7** ~ *igen* dörr o.d. push . . to, stänga close, shut **8** ~ *ihjäl* shoot . . dead **9** ~ *ihop* push (resp. shove, två dörrar slide) . . together, in i varandra telescope; pengar club together, *till* for **10** ~ *in* **a)** tr.: t.ex. byrålåda push (resp. shove) . . in; ord interpose; interject, ss. anföringsvb äv. put in; införa: i skrift insert, i kalendarium intercalate; ett gevär target; ~ *in* kula [*i väggen*] shoot (fire) . . in[to the wall]; ~ *in . . i varandra* telescope . . into each other; ~ *in sig* [*på målet*] med gevär o.d. find the (one's) range [by straddling the target], bildl. direct one's attack on **b)** itr., ~ *in* [*i . .*] om t.ex. vik run (stretch) in[to . .] **11** ~ *ned* a) tr.: med skjutvapen shoot . . down (levande varelse äv. dead), murar batter down, flygplan, fågel shoot (bring) . . down, F down; flytta ned push (osv.) . . down, t.ex. fönster lower b) itr.: om fågel swoop down, pounce, *på* on **12** ~ *på* push [from behind] **13** ~ *sönder* shoot . . to pieces, t.ex. murar batter [. . to pieces] **14** ~ *till:* t. ex. dörr se ~ *igen,* regel se ~ *för* ovan; bidra med contribute; ~ *till vad som fattas* make up for the deficiency (balance) **15** ~ flytta *tillbaka* push . . back **16** ~ *undan* se ~ *bort* ovan **17** ~ *upp* **a)** tr. eg.: flytta upp push (resp. shove) . . up; knuffa upp, öppna, t.ex. dörr push . . open; rymdraket launch; skjuta slut på se ~ *bort* ovan; ~ *upp glasögonen i pannan* push one's spectacles up on to one's forehead **b)** tr. bildl.: uppskjuta put (något obehagligt stave) off, postpone, defer, fördröja delay, på en tid äv. suspend, ajournera äv. adjourn, isht jur. o. amer. stay; ~ *upp* [*saken*] dra ut på tiden procrastinate; ~ *upp ngt* en vecka put off (osv.) a th. for . .; ~ *upp avgörandet* put off (postpone, defer) making the decision; en sak som *inte tål att ~s upp . .*

does not brook delay **c)** itr.: om växter shoot [up], spring up, sprout [up]; om t.ex. periskop, rockkrage stick up (out); ~ *upp ur* vattnet stick up out of . . **18** ~ *ut* a) tr.: t.ex. ngns öga shoot . . out; flytta ut o.d. push (resp. shove) . . out, båt äv. shove . . off, kanot, eka äv. launch b) itr.: om t.ex. udde jut out **19** ~ *över* t.ex. en flaska push (resp. shove) . . across; ~ *över* ansvaret *på ngn* shift . . on to a p.

skjutande *-t 0* shooting; firing, fire; pushing osv.; jfr *skjuta*

skjut|bana shooting-range, täckt shooting-gallery, mil. rifle-range; *~n* äv. the butts pl. **-bar** *a,* ~ *dörr* = följ. **-dörr** sliding door **-fält** artilleri~ artillery range **-färdighet,** *ha* ~ be able to shoot, ha träffsäkerhet have precision of aim (accuracy in firing), stark. be a good shot (marksman) **-fönster** sliding (sash) window **-hastighet** rate of fire **-klar** *a* . . ready to fire; *med ~a* gevär with . . at the ready **-läge** shooting position **-mått** vernier callipers pl. **-ning** med skjutvapen shooting, firing

skjuts *-en -ar* **1** *ge ngn* ~ till staden give a p. a lift . . **2** ekipage [horse (resp. horses) and] carriage (släde sledge) **skjutsa** *tr* köra drive, take; ~ *ngn* äv. give a p. a lift

skjut|skicklighet marksmanship **-tävling** shooting competition (match) **-utbildning** firing practice, med gevär rifle training, vid artillerit gunnery drill **-vapen** fire-arm **-övning** shooting (artilleri~ gunnery) practice

sko A *-n -r* **1** låg~ shoe; [halv]känga boot[ee]; han är *den hyggligaste karl (värste skojare), som går i ett par ~r* . . one of the nicest fellows (biggest scoundrels) you could ever meet **2** häst~ [horse]shoe **B** *-dde -tt* **I** *tr* **1** förse med skor shoe äv. häst **2** kanta edge, med foder line; förstärka fortify; beslå fit . . with metal **II** *rfl,* ~ *sig* göra sig oskälig vinst *på ngns bekostnad* line one's pocket (feather one's nest) at a p.'s expense; ~ *sig på* ngns godtrogenhet take advantage of . .

sko|affär shoe (footwear) shop **-band** shoe-lace, shoe-string **-block** shoe-tree **-borstare** shoeblack, shoe-cleaner, amer. äv. shoe-shine [boy] **-borste** shoe-brush, boot-brush **-butik** se *-affär*

skock *-en -ar* skara troop, [oordnad] mängd crowd, body, [mindre] klunga group, bunch, knot; av djur herd, flock; alla m. of framför följ. best. **skocka** *rfl* o. **skockas** *itr. dep* om människor crowd (cluster, troop) [together], gather together in a crowd (mass), throng, *kring* i samtl. fall round; om djur herd (flock) [together]; om moln mass

sko|don *pl* [boots and] shoes; H footwear sg. **-fabrik** [boot and] shoe factory

skog *-en -ar* större forest äv. bildl.; mindre wood, ofta woods pl.; timmer~ timber; skogig trakt woodland; *fälla* ~ fell trees; *inte se ~en för bara trän* be unable to see the wood for the trees; *i* ~ *och mark* in woods and fields; promenera *i ~en* . . in the wood[s]; *som man ropar i ~en, får man svar* ung. as you treat others you will be treated yourself; *springa (rymma) till ~s* be off (take) to the woods; *det går (barkar) åt ~en* it is all going wrong (to pieces); *dra åt ~en!* go to blazes (Jericho)! **-bevuxen** *a* o. **-beväxt** *a* forested, wooded, woody **-fattig** *a* poorly wooded **-ig** *a* o. **-klädd** *a* se *-bevuxen* **-lös** *a* . . devoid of forest[s], unwooded, treeless **-rik** *a* well-forested end. attr., thickly wooded

skogs|arbetare woodman, lumberjack **-arbete** forest[ry] work **-avverkning** felling, isht amer. cutting, logging; virkesmängd felling (isht amer. logging) volume **-backe** wooded (woody) hillside; *i en* ~ on a wooded osv. **-bestånd** forest stand, stand of trees **-brand** forest fire **-bruk** forestry **-bryn** edge (fringe, margin) of a (resp. the) wood (större skogs forest) **-bygd** woodland, wooded district, avlägsen backwoods pl. **-dunge** grove **-duva** stock-dove **-eld** forest fire **-fågel** forest bird; koll.: jakt. o. kok. ung. game birds pl., grouse, spec. om orre o. tjäder black game **-gud** woodland deity, sylvan god **-högskola** school (college) of forestry **-luft** forest (woodland) air **-mark** jordmån forest soil (land); område woodland, woody land **-mus** lilla ~en long-tailed field mouse **-mård** pine marten **-natur** woodland scenery **-nymf** wood nymph, dryad

skogs|odling abstr. forest seeding and planting, afforestation **-område** forest (woodland) region (area) **-plantering** abstr. afforestation **-rik** *a* se *skogrik* **-rå** ung. siren of the woods **-skola** forester training school **-skötsel** silviculture **-skövling** devastation (destruction) of forestland **-smultron** wild (wood) strawberry **-snår** brushwood, thicket **-stig** forest path, path through a wood (resp. the wood[s]) **-stjärna** chickweed wintergreen **-tjärn** small woodland (forest) mere **-tomt** woodland ground pl. (obebyggd building-site) **-trakt** se *-bygd* **-troll** woodland (forest) troll **-vetenskap** forest science, forestry **-vård** forestry **-väg** forest (woodland) road, road through a wood (resp. the wood[s]) **-åverkan** forest offence **-äng** woodland (forest) meadow

skogvaktare forester, amer. forest ranger, spec. för jaktvård game-keeper

sko|horn shoehorn **-industri** [boot and] shoe industry

skoj *-et 0* **1** skämt joke, jest; upptåg frolic, lark; [pojk]streck prank; ofog mischief, oväse noise, bråk row; drift joking; *så ~ att du kom!* F how nice of you to come!, jfr vid. *kul* m. ex.; *för ~s skull* for fun (a lark); jfr vid. *skämt* m. ex. **2** bedrägeri swindle, humbug, F racket; det är *rena ~et* . . a proper swindle (fraud, F racket), . . sheer humbug; *det är något ~ med det här* there's something fishy about this **skoja I** *itr* skämta joke, jest; ha hyss för sig, bråka osv. lark about, play pranks, be up to mischief, be rowdy, jfr *skoj 1; ~ för* en lärare rag . .; ~ driva *med ngn* kid a p., jfr vid. *skämta* m. ex. **II** *itr tr* bedraga cheat, swindle, *på* out of; ~ *till (åt) sig* ngt get hold of . . by trickery (cheating, swindling) **skojare 1** bedragare cheat[er], swindler, racketeer, svag. trickster; kanalje blackguard **2** skämtare joker, jester, wag; skälm, spjuver rogue, rackare rascal, om barn äv. scamp **skojarfirma** swindling company (firm) **skojfrisk** *a* om pers. (pred.) full of fun, ready for (up to) larks **skojig** *a* lustig, konstig funny; trevlig nice; skämtsam facetious; uppsluppen frolicsome; jfr vid. *rolig*

skokräm shoe polish (cream)

1 skola *skulle -t* (pres. *skall,* F *ska*) *hjälpvb*

A *skola* inf. o. *skolat* omskrivs (varvid under *B* i olika avdelningar givna översättningar tillämpas), t.ex.: *han sade sig ~* (att han skulle) *bli* glad, om . . he said [that] he would be . .; *han lär ~* (F *ska*) *komma* they say he is coming, it is thought [that] he will come; *de sägs ~ resa* i morgon they are said to be leaving . .; *han hade ~t* (bort) *redovisa redan i maj* he should (ought to) have already given an account in May

B *skall* (F *ska*), *skulle* ofta shall (will) resp. should (would), i ledigare stil ofta sammandragna till 'll (t.ex. I'll) resp. 'd (t.ex. he'd), med 'not' till shan't (won't) resp. shouldn't (wouldn't). — I ett visst uttr. kan 'skall' ('skulle') ej sällan tolkas på olika sätt, varför flera av de nedan i olika avdelningar givna översättningarna är tillämpliga (jfr t.ex. [*hon frågade, om*] *han skulle* . . under *I 2 b* o. *I 3*)

I utan beton. part.

1 uttr. ren framtid (i fall med 'skulle' räknas framtiden från en tidpunkt i förfluten tid; 'skall' i sv. utbytbart mot 'kommer att' el., jämte huvudvb, mot pres. av huvudvb:et; ofta i indirekt tal efter vb med bet. 'tänka', 'yttra', 'hoppas', 'frukta' m.m.): *skall* i första pers. shall (amer. o. ofta britt. eng. will), i övriga pers. will; *skulle* i första pers. should (amer. o. ofta britt. eng. would), i övriga pers. would; ofta äv. konstr. m. be going to inf. **a)** *jag skall bli* 50 nästa vecka I shall (I will, I'll, I am going to) be . .; *jag ska träffa honom* i morgon I shall (I will, I'll) meet (be meeting) him . ., I am going to meet him . .; *ska du vara ute* i kväll? will (åld. shall) you (are you going to) be out . .?; det går nog bra *ska ni [få] se* . . you will (you'll) see; *han och jag ska* bada he and I will (are going to) . .; *vad ska det bli av mig?* what will (is going to) become of me?; *han skall säkert lyckas* he is sure (certain) to succeed, he will (he'll) certainly succeed; min bror tror, *att han snart skall bli frisk* . . he will (he'll, åld. he shall) soon recover; ingen vet *vad som skall ske* . . what will (is going to) happen; han undrar, *när han skall få betalt* . . when he will (is going to, mer åld., litterärt shall) be paid; jag är rädd att det här är *något, som skall förorsaka dig mycket besvär* . . something that will cause you a lot of trouble; . . *som vi strax ska få se* . . as we shall presently see **b)** om ett par dagar *skulle jag fylla 50 år* . . I should (would, was going to) be fifty; *han skulle [komma att] behöva* en kvart för att gå dit (beräknade han) it would take him . .; *det skulle kosta honom* mycket pengar (förstod han) it would (was going to) cost him . .; doktorn sade, *att jag snart skulle bli frisk* . . that I would (motsvaras i det direkta talet av: 'you will') el. (litterärt) should soon recover; det ser ut *som om vi skulle komma för sent* . . as if we shall (will, are going to) be too late; *han hoppades, att det skulle sluta regna* he hoped that it would stop raining (that the rain would stop); *han var rädd, att de skulle väcka henne* he was afraid that they would (litterärt lest they should) wake her; han sade, att *de troligen skulle förlora* . . they would probably (were likely to) lose; han undrade, *om han någonsin skulle få betalt* . . whether he would (he'd, litterärt he should) ever be paid; vi frågade, *om de skulle stanna där* . . if they would (åld. should) be staying (if they were going to stay) there; det ser ut *som om det skulle bli regn* . . as if there will be some rain, as if it is going to rain; han såg fram mot den morgon, *när han skulle få sova ut* . . when he would be able to sleep long enough

2 om något omedelbart förestående el. avsett ('skall' = 'ska just', 'ämnar', 'tänker'): **a)** allm.: konstr. m. be going to inf.; *jag ska spela tennis* i eftermiddag I'm going to play tennis . .; *jag ska just [till att]* står i begrepp att *packa* I'm about (just going) to pack; *vad ska du [göra] med det?* what are you going to do with it?, vad skall du ha det till? what do you want it for?; *om du ska* tänker *[gå och] bada,* så går jag med dig if you are going to bathe, . .; *han skulle [till att] svara,* när . . he was just going to answer, . .; *han skulle [just]* stod i begrepp att *säga något* äv. he was on the point of saying (was about to say) something; *jag skulle egentligen till Bo,* men . . well actually, I was on my way to Bo . .; [han var rädd *för att*] *det skulle bli regn* [. . that] it was going to rain; hon sade, att *hon skulle bo hos sin far* . . she was going (avsåg . . she meant el. intended) to stay with her father; undrade du, *vad han skulle* [*göra*] *med det?* . . what he was going to do with it?; han närmade sig *som om han skulle kyssa henne* . . as if he were (was) going to kiss her

b) spec. vid rörelsevb (särsk. motsv. 'come', 'go', 'leave' i eng.): vanl. konstr. m. be + ing-form av huvudverbet; *jag ska komma (resa)* i morgon I am coming (going el. leaving) . ., I am going to come (go el. leave) . .; *han ska* [*gå*] *på teatern* ([*fara*] *till stan*) he is going to the theatre (to town); *jag ska på middag hos dem* I am dining with them; *ska du stanna över natten?* are you staying the night?; *ska du* [*komma*] *hit* i kväll? are you coming here . .?; [*hon frågade, om*] *han skulle* [*gå*] *dit också* [she asked if] he was going there too

3 uttr. [i sig själva] något på förhand avtalat el. (äv. av ödet) bestämt: konstr. med be to inf.; *jag (han) skall fortsätta i* tre veckor I am (he is) to continue for . .; *tåget skall (bussen skall* egentligen*) komma klockan tio* the train is due (the bus is supposed to come) at ten; *de böcker som skall köpas* äv. the books to be bought; *om vi skall vara där* klockan tre måste vi . . if we are to be there . .; *kriget skulle vara* mer än fyra år the war was to last . .; [*hon frågade, om*] *han skulle* [*gå*] *dit också* [she asked if] he was to go there too

4 uttr. vilja, avsikt (jfr äv. *2, 9, 11, 12 a*), förslag, beslut, löfte, hot, befallning, plikt, tvång o.d.

4 A uttr. subj:s egen vilja (äv. i att-satser vanl. styrda av uttr. för vilja, avsikt o.d.; i dylika satser m.vb:et i aktiv form betecknar subj. samma pers. som subj. i den styrande satsen): *skall* will; *skulle* would; *vi ska fråga honom* we will (we'll, friare let us) ask him; jag kommer om lördag *och ska ta min fiol med* . . and will bring my violin with me; *det ska jag* [*göra*]*!* ss. bekräftande svar I will (I'll) do that (so)!, ss. svar på begäran all right!; *jag skall* beton. *ta reda på saken* I shall (will) beton. find out about it; *vad ska han med* så mycket pengar? what does he want with . .?; *han ska nödvändigt ha sin vilja fram* he will beton. (must) have his own way; lova mig, *att du inte ska upprepa det här* . . [that] you won't do this again; *jag skulle* vill *ha* en anteckningsbok I want . ., please; *lovade jag inte, att jag (lovade du inte, att du) skulle göra det?* didn't I promise [that] I (didn't you promise [that] you) would do it?; *A. hade bestämt att han skulle efterträdas av B.* (att-sats m. vb:et i passiv form) A. had decided that he should be succeeded by B.

4 B uttr. annans vilja än subj:s

a) allm.: *skall* shall; *skulle* should; m. bibetydelse av i vissa fall villrådighet, i andra fast föresats m.m. (jfr ex.) konstr. med be to inf.; för övr. konstr. se ex. samt *b* o. *C—D* ned.; *ska jag (han) öppna fönstret?* shall I (he) open the window?; om någon kommer, *vad ska jag säga?* . . what shall I (am I to) say?; *var ska jag börja?* where shall I (am I to, do I) begin?; *ska vi gå* på bio? let's (shall we, why not) go . .?, what about going . .?; *du ska få* så många äpplen du vill, om . . you shall (ofta you'll) have . .; vi ska bilda en klubb, och *du ska bli ordförande* . . you shall (are to) be president; *du ska gå till skolan* you are to go to school; *du skall icke stjäla* bibl. thou shalt not steal; felet *skall inte upprepas* (om löfte) . . shall (ofta will) not be repeated; *han ska få sota för det* he shall (ofta he'll) smart for it; *vad ska det här betyda?* what is the meaning of [all] this?; *det ska bli!* right you are (as you wish) [, Sir (resp. Madam)]!; *ska ske, kapten!* vanl. yes (right, very good), Sir!; *vad ska det tjäna till?* what is the use (good) of that?, what is that good for?; *skall det vara* ett glas vin? would you like . .?, what about . .?; *är det här* [*så*] *som det ska* [*vara*]*?* is this all right?; *det skall så vara* det är så det brukas that's how it is supposed to be; *ska det här vara (föreställa)* konst? is this supposed to be . .?; *ska det vara, så ska det vara* one may as well do the thing properly or not at all (as well go the whole hog); min far säger, *att jag skall gå till skolan* . . I am to go to school; *han är angelägen att jag (du) skall hjälpa honom* he is anxious that I (you) should help him, jfr *12 a* ned.; jag lovar, att *han skall få betalt* . . he shall (ofta will) be paid; [jag har föresatt mig, att] *mina barn skall få en bra uppfostran* [. .] my children shall receive a good education; *han föreslår, att* . . *skall höjas* he suggests that . . should be raised (isht amer. that . . be raised); *jag fordrar, att han skall komma genast* I demand that he comes ([should] come) at once; han frågar, *om han ska ta väskan* . . whether he is to (he should, he shall) take the bag; *han vet inte vad han ska göra (tro* osv.) he doesn't know what [stark. he is] to do (believe osv.); *gör vad du skall!* do what you are supposed (have been told) to do!

jag skulle egentligen (är det meningen) *inte få tala om det* [*för dig*] I was not really supposed to tell you; *han skulle* (var det meningen) *ge det* till din bror he was [supposed] to give it . .; på den tiden *skulle* förväntades *man avlägga visiter* . . you were supposed (expected) to pay visits; man kom överens, *att vi (de) skulle fara* . . that we (they) should (were to) go; *de hotade med att vi skulle bli straffade* they threatened that we should (ofta would) be punished; han lovade, *att det inte skulle upprepas* . . that it should (ofta would) not be repeated; *han befallde, att fångarna skulle friges* he ordered (gave orders for) the prisoners to be released, he ordered (gave orders) that the prisoners should be released; hon frågade, *om hon skulle laga te åt honom* . . if she should make him some tea; *han undrade, om han skulle svara* äv. he wondered whether to reply; *han visste inte, vad han skulle säga* he didn't know what to say; de skickade en pojke, *som skulle underrätta honom* . . [who was] to inform him

b) att-satser efter vissa viljevb återges vanl. m. inf.-konstr. (alltid efter 'want', 'like' o. 'tell' i eng.), *han vill, att jag skall komma* he wants me to come; *hon ber (bad) mig, att jag ska (skulle) komma genast* she asks el. tells (asked el. told) me to come immediately; jfr äv. ex. under *a* ovan

4 C *skall (skulle)* i bet. 'bör' ('borde', 'skulle allt'), uttr. råd, lämplighet: should i alla pers., särsk. uttr. plikt, moralisk skyldighet ought to, jfr *böra 1 a* ex.; *vi (du) skall inte tala illa om någon* we (you) should not (något stark. ought not to) speak ill of anybody; *om jag får säga min mening, skulle hon aldrig ha gift sig med honom* if I may give my opinion, she should really never have married him; jag vet (visste) inte *vad jag ska (skulle) göra* vanl. . . what to do; hon visste inte, *om hon skulle skratta eller gråta* vanl. . . whether to laugh or cry

4 D i bet. 'måste' samt 'får' o. 'fick' (isht med negation): *allt det här ska jag göra, innan* . . I must (have [got] to) do all this before . .; *du ska inte väsnas så* you must not make such a noise; *varför ska du* alltid vara sur? why must you . .?; *han ska då jämt kritisera* he is always criticizing, he always has to (he must always) criticize; *det ska* (verkligen) *vara en fackman för att (som ska) kunna se* skillnaden it needs an expert to be able to see . ., only an expert could see . .; *det ska [allt] vara en dumbom som gör* något sådant only a fool would [really] do . .; *en gång skulle han träffa ett viktigt avgörande* once he had to make an important decision; *han skulle då alltid bråka* he was always quarrelling, he always had to quarrel; *naturligtvis skulle det regna den dag* som vi valt för utflykten of course it would rain on the day . .

5 konditionalis (villkoret anges i villkorsbisats el. motsv. uttr., stundom dock underförstått): *skulle* i första pers. i allm. (utan viljebet.) should (amer. o. ofta britt. eng. would), i övriga pers. would (jfr äv. ex., isht m. viljebet.); *jag skulle [inte] bli förvånad, om* . . I should[n't] wonder if . .; *det skulle jag inte tro* I shouldn't think so; . . *skulle jag tro* . . I should think, . . I dare say; *i hans ställe skulle jag ha rest till Rom* in his place I should (would) have gone to Rome; *jag skulle inte ha behövt komma* I shouldn't have needed to (I need not have) come; *jag skulle kunna göra det* om jag försökte I could do it . ., I should (would, uttr. oviss möjlighet might) be able to do it . .; *jag skulle gärna stanna* I should (would) gladly stay; *jag skulle vilja (föredra att) äta* I should (would) like (prefer) to eat; *jag skulle hellre [vilja] stanna* I would (I'd) rather (sooner) stay; *skulle du vilja gå med mig?* would you [like to] (åld. should you like to) go with me?; *skulle du resa dit* om du hade tid? would (åld. should) you go there . .?; *utan hans hjälp skulle du* ha varit ruinerad without (but for) his help, you would . .; *hon skulle följa dig vart som helst* she would follow you anywhere; *skulle det smaka med* en kopp te? would you like . .?, what about . .?; det finns ingenstans, *det skulle då vara i Kina* . . except perhaps (. . unless it be) in China; *mycket få skulle vilja eller kunna göra vad de gjorde* very few men would do, or could do, what they did; *det skulle kunna tänkas* that's quite possible, that's not impossible; *en åtgärd, som skulle [ha] lönat sig, om* . . a measure which would have paid, if . .

6 'lär' o.d.: *skall* i bet. 'säges', 'påstås' konstr. m. be said (förmodas be supposed) to inf., jfr *lär 1* ex.; *skulle* i bet. 'torde', 'skulle enligt uppgift (antagande)' o.d. se ex.; *nu skall* torde *väl regnet snart vara över* now the rain should be over soon; *enligt uppgift skall över hundra människor ha omkommit* more than a hundred people are said to have been killed; *skulle hon* (om jag förstått dig rätt) *vara . .?* [do] you mean (are you trying) to say that she is . .?; *skulle han [möjligen] vara rädd?* could it be that he is afraid?; ingenting tyder (tydde) på *att han* (som nu uppges el. antas) *skulle ha gjort en sådan upptäckt* . . that he has (had) ever made such a discovery; *skulle det verkligen vara fallet?* I wonder if it is really the case?; *det skulle väl vara skämt [det där]* that was meant as (for) a joke, I suppose

7 i retoriska frågor (skenfrågor), vanl. inledda m. frågeord som 'varför', 'hur': *skall (skulle)* i regel should i alla pers.; *varför [i all världen] skall (skulle) jag (han)* vara så fattig? why [on earth] should I (he) . .?; Varför är hon här? — *Hur ska (skulle) jag kunna veta det?* . . — How should I know?; *hur skulle jag ha kunnat gissa det?* how was I to guess that?; *skulle jag inte sörja för mitt barn?* do you mean (are you trying) to say that I don't take care of my child?

8 i att-satser efter uttr. f. känsla o.d. (betr. 'hoppas' o. 'frukta' jfr *I 1*) o. efter subjektiva omdömen (stundom underförstådda): *skall (skulle)* should i alla pers.; *jag beklagar (är förvånad över) att det här skall (skulle) vara nödvändigt* I regret (am surprised) that this should be necessary; *det är egendomligt (naturligt, skamligt, synd, tråkigt), att han skall bära sig åt så* it is strange (natural, a scandal, a pity, a nuisance) that he should behave like this; *det var verkligen tur, att jag skulle möta dig* it's really lucky that I met (I should meet) you; *att ni alltid ska bråka!* why must you always make a noise (fuss)?; *att det skulle komma därhän!* that it should have come to this!

9 i avsiktsbisatser: m. stark. framhållande av avsikten: *skall* shall, mer formellt may; *skulle* should, mer formellt might; mycket ofta dock konstr. för ren framtid m. shall (should) resp. will (would) enl. *I 1* ovan; de har ringt *så att jag inte skall bli förvånad* . . so that I shan't (won't, may not) be surprised, stelare . . lest I should be surprised; du behöver bara ringa *för att någon skall komma* . . for somebody to appear; han lade bort kniven *så att han inte skulle skära sig* . . so that he should (would, might) not cut himself, . . so as not to (stelare lest he should) cut himself; jag gjorde det *för att alla skulle vara nöjda* . . so (in order) that everyone should (would) be satisfied

10 i vissa villkorsbisatser: **a)** allm.: *skall* i regel konstr. m. be to inf.; *skulle:* 'händelsevis skulle' should, vid mycket osannolikt fall were to inf. i alla pers.; *om* (om meningen är att) *han skall räddas,* måste något göras nu if he is to be saved, . .; *om du skulle träffa honom, så säg [honom]* . . in case you should (should you) [happen to] see him, tell him . .; *om* (antag att) *jag skulle vinna en miljon* kunde jag . . if I were to win a million . .; han ser ut *som om han skulle vara sjuk* . . as if he were (was) ill; *du vore dum, om du skulle tro honom* you would be silly to believe (would be silly if you believed) him; *skulle jag se honom,* ska jag underrätta if I should (should I) see him . . **b)** *skulle* i fristående villkorsbisats innebärande ett förslag, *om vi skulle gå* på bio! suppose we (let's) go . .!, what about going . .?, what if we should (were to) go . .?

11 i vissa andra (t.ex. medgivande, tids- o. jämförande) bisatser för att uttrycka något tänkt (ej faktiskt), avsikt o.d., *jag gör det, även om jag (han) ska (skulle) förlora pengarna* I'll do it even if (though) I (he) should lose the money; hon väntade, *tills något skulle bli avgjort* . . until something should be decided; *jag skulle svälta hellre än att du skulle behöva låna pengar* I would sooner (rather) starve than you should need to borrow money

12 vissa att-satser med *skall (skulle),* vanl. föregångna av prep., motsvaras av konstr. m. inf. (i fallet *a* ibl. äv. ing-form) av huvudverbet **a)** *de väntar på att vi skall börja* they are waiting for us to begin; *han litar på att jag skall hjälpa henne* he relies on me to help (on my helping) her; *jag är säker på att han skall lyckas* I am sure of his succeeding, vanl. I'm sure [that] he will (he'll) succeed; *de var angelägna om att jag skulle gå in i* föreningen they were anxious for me to join . .; *jag yrkade på att han skulle visa mig* . . I insisted upon his (him) showing me . .

b) efter '[allt]för' (eng. 'too') o. 'nog', 'tillräcklig[t]' m.m. (eng. 'enough', 'sufficient[ly]'), *dessa trakter är för kalla för att skördar skall (skulle) kunna mogna* these districts are too cold for crops to ripen; vägen var inte *nog bred för att två bilar skulle kunna mötas* . . wide enough (sufficiently wide) for two cars to pass; *det är nog för att han skall ge upp* it is sufficient (enough) for him to give in

13 speciella fall, *och det ska du säga!* a) det är lätt för dig that's easy for you to say! b) iron. (du är just den rätte att säga det) you are the one to talk!; *du ska veta* (förstår) *att jag* . . well, you see I . ., mer påpekande well, you know [that] I . .; *du skulle bara våga!* you just dare!

II med beton. part. o. utelämnat huvudvb (som sätts ut i eng.); *skall* o. *skulle* översätts i princip enligt ovan under *I* givna regler **1** *jag ska av här* a) tänker stiga av I'm getting (till konduktör I want to get) off here b) måste stiga av I must (have to, enligt avtal am to) get off here **2** *jag ska (skulle) bort (hem, upp, ut)* ämnar (ämnade) gå bort (hem osv.) I'm (I was) going out (home, up, out); *hon ska* måste *bort (ut) [ur huset]!* she must leave [the house]! **3** *jag ska* tänker gå *in på banken* I'm going to call in at the bank; *jag ska* tänker fara *in till stan* i morgon I'm going into town . . **4** *jag ska* måste *i väg* I must be off (be going) **5** han reser till Lund *och jag ska* enligt planen *med* . . and I am to go with him **6** *det skall mycket till för att hon skall gråta* it takes a lot to make her cry; jfr *B I 2 a* ex. **7** *här ska jag över* a) ämnar jag gå över I am crossing (going to cross) here b) måste gå över I must (have to) cross here

2 skol|a I *-an -or* allm. school äv. bildl.; *~n* the school, undervisningen school; är han gammal nog *för att börja ~n?* . . for (to go to) school?; *~n slutar (vi slutar ~n)* för terminer school breaks up (för dagen is over [for the day]); *sluta (lämna) ~n* leave school; *i ~n* har vi just läst . . at school . .; *gå i ~[n]* be at school; *gå i (till) ~n* go to school; *gå i en hård ~* go through a hard (tough) school **II** *tr* **1** utbilda train, häst äv. break [. . in]; *~ om* retrain **2** trädg. transplant, replant **-arbete** schoolwork, hemarbete homework

skolastik *-en 0* scholasticism **skolastiker** o. **skolastisk** *a* scholastic

skol|avgift school fee[s pl.] **-avslutning** breaking-up, jfr *avslutning 2* **-barn** [young] school child **-barnsbespisning** måltider school meals pl. **-betyg** school report **-bildning** schooling, [school-]education **-bok** school-book, lärobok textbook **-boksförlag** educational publishing company **-byggnad** school, isht mindre äv. schoolhouse, isht större äv. school-building **-bänk** lång form; pulpet desk; *sitta på ~en* bildl. be at school **-chef** ung. chief education officer **-direktör** ung. director of education **-exempel,** *ett ~ på . .* a typical (classic) example of . .; om handling o.d. an object-lesson in . . **-ferier** *pl* [school] holidays (vacation sg.) **-film** educational film **-flicka** schoolgirl, amer. äv. student **-flygplan** training aircraft, trainer **-form** type of school **-frukost** school lunch (dinner) **-fröken** schoolmistress, F school-marm **-föreståndare** head, principal **-föreståndarinna** head [mistress], principal **-gång** schooling; t.ex. obligatorisk ~, avbryta sin ~ . . school attendance; *~en börjar* tidigt children begin school . . **-gård** playground, isht mindre school yard **-hus** se *-byggnad*

skolk *-et 0* från skolan truancy, amer. äv. hook[e]y **skolka** *itr, ~ [från skolan]* play truant (amer. äv. hook[e]y); *~ från* skolan (en lektion e.d.) shirk . .; *~ från arbetet* keep away from one's work, en dag take a day off

skol|kamrat schoolfellow, schoolmate, vän school-friend; *vi var ~er* äv. we were at school together **-klass** school class (form) **-kort** biljett school-children's season-ticket **-kunskaper** *pl* knowledge (sg.) acquired at school, schooling sg. **-kök** school kitchen; ämne domestic science **-kökslärarinna** domestic science teacher

skoll|a *-an -or* thin plate, lamin|a (pl. -ae), beslag mount[ing]

skol|leda school fatigue **-ljus,** han är *ett ~* . . a shining light at school **-lov** ferier [school] holidays pl. (vacation); *vi har ~* i dag we have [got] a whole holiday (a holiday from school) . . **-lovskoloni** holiday camp [for children] **-läkare** school doctor **-lärare** schoolmaster, school-teacher **-lärarinna** schoolmistress, school-teacher **-läxa** (äv. *-läxor*) hemläxa homework end. sg., jfr *läxa I 1* **-man** education[al]ist, pedagogue **-materiel** school equipment (accessories pl.) **-mogen** *a* . . sufficiently mature for [starting] school; *vara ~* äv. be ready for school **-mognadsprov** test of readiness for school attendance **-måltid** school meal **-mässig** *a* school-like; passande för skolan . . suited for schools **-mästaraktig** *a* ung. pedantic **-mästerskap** idrott schools championship **-mössa** school cap

skolning *-en 0* **1** utbildning training; om t.ex. litterär (klassisk) ~ grounding **2** trädg. transplantation, replantation

skol|plikt compulsory school attendance **-pliktig** *a* om barn . . of school age; *~ ålder* compulsory school age **-pojke** schoolboy, amer. äv. student **-radio** broadcasting (program broadcast) for schools **-resa** holiday tour [for school children] **-ridning** o. **-ritt** manège riding **-rum** se *-sal* **-råd** pers. head of a division at the [Swedish] Board of Education **-sal** klassrum classroom **-schema** [school] timetable, amer. schedule **-sjuk** *a, vara ~* sham illness so as to stay away from school, malinger; jfr *skolka* **-sjuka** feigned illness, shamming, malingering **-skepp** training ship **-skjuts** bil car for transporting children to school **-skrivning** written examination [in school], jfr *skrivning* **-stadga** regulations pl. for schools **-styrelse** ung. local education authority

skol|tandvård school dental service **-teater** organisation 'school theatre', theatrical performances (pl.) for school children **-tid** år i skolan school-days pl.; lektionstid school hours pl. **-tidning** school magazine (newspaper) **-timme** lesson **--TV** school (classroom) TV; program TV program[me] for schools **-tvång** se *-plikt* **-underbyggnad** [educational] grounding, schooling **-undervisning** school teaching **-ungdom,** *~[ar]* school children pl., isht om äldre schoolboys and schoolgirls pl. **-upplaga** school edition **-vaktmästare** school caretaker **-väg** way to school **-väsen** educational system, education **-väska** [school] satchel, school bag **-ålder** school age **-år** school year; pl. (-tid) school-days **-ämne** school subject; *obligatoriskt (valfritt) ~* compulsory (optional) subject **-överstyrelsen** the Board of Education

skomakare shoemaker, reparatör äv. shoe-repairer **skomakarverkstad** shoemaker's [work]shop **skomakeri 1** yrke shoemaking **2** verkstad shoemaker's [work]shop

skona *tr* spare, *från ngt* a th.; vara aktsam om take care of; *~ ngns liv (ngn till livet)* spare a p.'s life; *~ sina krafter* husband one's strength; *~ sin röst (sina ögon)* take care not to strain one's voice (eyes); *hon behöver ~s* she must be spared (be treated leniently); *~ sig* spare (not overwork) oneself

skonare o. **skonert** *-en -ar (-er)* sjö. schooner

skoning kant edge, på kjol false hem; kaj~, strand~ facing, revetment

skoningslös *a* merciless, ruthless, unsparing **skonsam** *a* mild lenient; överseende indulgent; fördragsam forbearing; hänsynsfull considerate; barmhärtig merciful; varsam careful; *~ för* ögonen restful to . .; *~ mot* huden kind to . . **skonsamhet** leniency; indulgence; forbearance; consideration; mercifulness osv.; care; jfr föreg.

skonummer size in shoes
skop|a *-an -or* scoop, för vätska ladle, dipper (alla m. of framför följ. best.); på mudderverk o.d. bucket; öskar bailer; få (ge ngn) *en ~ ovett* . . a good telling-off
sko|putsare se *-borstare* **-putsning** polishing of shoes (resp. boots) **-rem** shoe-lace, shoe-string
skorp|a *-an -or* **1** bakverk rusk; skepps~ biscuit **2** hårdnad yta crust; sår~ äv. scab
skorpion scorpion; *Skorpionen* astr. Scorpio
skorpmjöl golden breadcrumbs pl.
skorra *itr* **1** på 'r' speak with a burr, burr **2** ljuda strävt grate, jar, *i öronen* on . . **skorrande** *a, ~'r'* burred 'r' **skorrning** skorrande 'r' burr
skorsten chimney, på fartyg o. lok funnel, fabriks~ o. fartygs~ äv. smoke-stack
skorstens|eld chimney fire **-fejare** chimney-sweep **-pipa 1** rökgång flue **2** på taket chimney-pot
1 skorv *-en -ar* gammalt fartyg old tub (hulk)
2 skorv *-en 0* läk. scurf **skorvig** *a* scurfy
sko|skav chafed (galled) feet pl.; *jag har fått| ~ på höger fot* my right foot is chafed **-snöre** shoe-lace, shoe-string **-spänne** shoe-buckle **-sula** sole |of a shoe| **-svärta** black shoe polish, shoe blacking
skot *-et* - sjö. sheet **skota** *tr, ~ |hem|* ett segel sheet . . home
skot|er *-ern -rar* |motor-|scooter
skotsk *a* Scottish, isht i Skottl. äv. Scots; ledigare Scotch isht om skotska produkter; *~ terrier* Scotch (Scottish) terrier **skotsk|a** *-an* **1** pl. *-or* kvinna Scotchwoman, isht i Skottl. äv. Scotswoman **2** pl. *0* språk Scotch, isht i Skottl. äv. Scots
skott *-et* - **1** vid skjutning shot äv. i fotb.; laddning charge; knall report; signal~ gun; *ett ~ föll* a shot (gun) was fired; *ett ~ hördes* |the report of| a gun was heard; *få ett ~ i benet* be shot in the leg; *som ett ~* like a shot **2** på växt shoot, sprout; *skjuta ~* put forth shoots, sprout **3** sjö. bulkhead
skotta *tr* shovel; *~ |snö från| taken* shovel |the| snow away from the roofs; *~ |ren| gatan* clear the street of snow; *~ bort (undan)* shovel away; *~ igen* en grav shovel the earth back into . ., fill in . .
skottavla target; *vara ~ för* be the butt of
skottdag leap-day, intercalary day
skott|e *-en -ar* **1** pers. Scotchman, Scot, isht i Skottl. äv. Scotsman; *-arna* som nation el. lag o.d. the Scotch **2** hund Scotch (Scottish) terrier
skott|fält field of fire **-glugg** loop-hole; *komma (råka) i ~en* bildl. come under fire, become the target of criticism **-hål** bullet-hole **-håll** gunshot, range; *inom (utom) ~* within (out of) gunshot (range), *för* of; *vara utom ~* bildl. be out of harm's way **-kärra** wheel-barrow
Skottland Scotland
skott|linje line of fire äv. bildl.; *komma i ~ för* ngns kritik become the butt of . .; jfr *-glugg* ex. **-lossning** avfyring firing |off|, discharge skottväxling firing, shooting; man hörde ljudet *av ~* . . of shots being discharged **-månad** intercalary month
skottning shovelling
skott|pengar *pl* bounty sg.; *det är ~ på* varg there is a premium paid for the shooting of . . **-rädd** *a* gun-shy **-skada** sår o.d. gunshot injury **-spole,** *fara omkring som en ~* dart about like mad **-sår** gunshot wound **-säker** *a* ogenomtränglig bullet-proof **- -tavla** se *skottavla* **-vidd** range [of fire] **-växling** exchange of shots **-år** leap-year
skov|el *-eln -lar* **1** för snö, jord o.d. shovel **2** i turbin blade **skovelhjul** i turbin blade wheel **skovla** *tr* shovel
skrabbig *a* krasslig seedy, poorly båda end. pred. illa medfaren ramshackle
skraj *a, vara (bli) ~* have got (get) the wind up; *vara ~ för* ngt be in a |blue| funk about; *göra ngn ~* put the wind up a p.
skrak *-en -ar* o. **skrak|e** *-en -ar* merganser
skral *a* **1** underhaltig poor; *han är ~ i* engelska he is poor at (skol. weak in) . . **2** krasslig out of sorts, poorly, ailing alla end. pred. **3** om vind scant **skralna** *itr* om vind scant, haul forward
skraltig *a* se *skral 1—2;* illa medfaren rickety, ramshackle
skraml|a I *-an -or* rattle **II** *itr* **1** om vagn, kedjor, fönsterluckor m.m. rattle; om mynt jingle; om nycklar jangle, rattle; om kokkärl o.d. clatter; *~ med* . . rattle osv. . .; *~ med* nycklar äv. chink . . **2** sala F club together, *till* for
skram|mel *-let 0* -lande rattling osv.; *ett ~* a rattle osv.; jfr *skramla II 1*
skranglig *a* **1** gänglig lanky, om pers. äv. loose-limbed **2** rankig rickety
skrank *-et* - railing, barrier; vid domstol bar **skrankor** *pl* barriers, limits; inskränkningar limitations, restrictions; *inom lagens ~* within the pale of the law; *hålla* ngn (ngt) *inom ~na* keep . . within bounds
skrap *-et 0* **1** skrapande ljud scraping, scrape; scratching; om häst|hov| pawing **2** något avskrapat scrapings pl.; rest remainder; avfall refuse skräp trash **skrap|a I** *-an -or* **1** redskap scraper, väg~ äv. grader; rykt~ curry-comb **2** skråma scratch **3** tillrättavisning scolding talking-to, F telling-off **II** *tr itr* allm. scrape; kroppsdel äv. graze, bark; riva, krafsa, raspa scratch; *~ ren* kokkärl scrape . . out; *~ med fötterna* scrape one's feet, om häst paw the ground; *~ sig på* en spik scratch oneself on . .; *~ sig på benet* graze |the skin off| one's

leg **III** m. beton. part. **1** ~ *av* bort *ngt* scrape off a th.; ~ *av* smutsen (snön) *från sina skor* scrape . . off one's shoes; ~ *av fötterna på* fotskrapan scrape one's feet well on . .; ~ *av* [*sig*] *skinnet på knät* scrape (graze) the skin off one's knee **2** ~ *bort* scrape away (off); jfr ~ *av* **3** ~ *emot* [*grindstolpen*] graze (scrape against) the gate-post **4** ~ *ihop* scrape (rake) together, rake up; ~ *ihop* pengar scrape (scratch) together . . **5** ~ *sönder* [*sig i*] *ansiktet* get one's face all grazed **6** ~ *till (åt) sig* allt av värde scrape (scratch) together (up) . . **7** ~ *ur* en gryta scrape . . out

skrap|**järn** fotskrapa [foot-]scraper, door--scraper **-ning 1** ljud se *skrap 1* **2** läk. curettage **-nos** spillikins pl.

skratt *-et* - laughter; enstaka ~, sätt att skratta laugh; gap~ guffaw; *få sig ett gott* ~ *åt* . . have a good (hearty) laugh at . .; *hålla på att spricka av* ~ be ready to split one's sides with laughter; *skaka (tjuta, vrida sig) av* ~ shake (roar, be rocking) with laughter; *jag försökte hålla mig för* ~ I tried to keep a straight face, I tried not to laugh; *jag kunde inte hålla mig för* ~ I couldn't keep a straight face (help laughing); *brista* [*ut*] *i* ~ burst out laughing; *komma i sådant* ~ att . . have such a fit of laughing . .; *vara full i (av)* ~ be ready (fit) to burst [with laughter] **skratta** *itr* laugh, *åt* at; gap~ guffaw; ~ *ngn mitt (rakt)* [*upp*] *i ansiktet* laugh in a p.'s face; ~ *med (av) full hals* roar with laughter, guffaw; *det är ingenting att* ~ *åt* äv. it's no laughing matter; ~ *sig fördärvad (sjuk), hålla på att* ~ *ihjäl sig* split [one's sides] with laughter, nearly die [of] laughing; *det är så att man kan* ~ *sig fördärvad* it's enough to make a cat laugh, iron. äv. it makes one die laughing; ~*r bäst som* ~*r sist* he laughs best, who laughs last; he who laughs last laughs longest; ~ *till* give a laugh; ~ *ut* skratta ordentligt have a real good laugh; ~ *ut ngn* laugh at a p., laugh a p. to scorn; talaren *blev utskrattad* . . was laughed down

skratt|**are,** *få -arna på sin sida* have the laugh on one's side **-grop** dimple **-lust** desire to laugh **-lysten** *a* attr. . . that is always ready to laugh **-muskel** risible muscle **-mås** black-headed gull **-paroxysm** laughing fit, fit of laughter **-retande** *a* laughable, droll, comical; löjlig ridiculous, ludicrous **-salva** burst (stark. roar) of laughter

skred *-et* - jord~ landslide äv. bildl., snö~ avalanche

skrev *-et* - crutch, crotch, fork **skrev**|**a I** *-an -or* klyfta cleft; spricka crevice **II** *itr,* ~ [*med benen*] straddle

skri -[*e*]*t* -[*n*] **1** människas scream, shriek, yell; rop cry; *ge till (upp) ett* ~ give a scream osv. **2** måsens scream; ugglans hoot; åsnans bray **skria** *itr* scream, shriek, yell; cry [out]; hoot; bray; jfr *skri* **skriande** *a* om t.ex. nöd crying end. attr., om orättvisa äv. glaring, flagrant

skribent writer, tidnings~ penman, scribe, author [of an (resp. the) article]

skrid|**a** *skred -it itr* eg.: gå långsamt glide, pass slowly, med långa steg stride, gravitetiskt stalk, 'segla' sail; friare: om tid pass (wear) on; ~ *till* förhandlingar (omröstning, val) proceed to . .; ~ *till handling* take action; ~ *till verket* set to work; ~ *fram* om person[er] march (stride) along; ~ *fram*[*åt*] om tid, arbete progress, advance, proceed; jfr *framskriden*

skridsko skate; *åka* ~[*r*] skate, göra en ~tur go skating **-bana** skating-rink, ice-rink **-is** ice for skating **-segel** hand-sail, skating sail **-segling** skate-sailing **-tur** skating trip **-tävling** skating competition **-åkare** skater **-åkning** skating

1 skrift *-en -er* **1** mots. tal o. tryck samt skrivkonst m.m. writing; handstil äv. hand[writing], script; skrivtecken characters pl., bokstäver letters pl. **2** handling o.d. written (tryckt printed) document; tryckalster publication; mindre bok booklet, broschyr pamphlet, brochure; *periodisk* ~ periodical publication, periodical; *Skriften, den heliga* ~ the [Holy] Scriptures pl., Holy Writ; *samlade* ~*er* complete (collected) works

2 skrift *-en 0* bikt confession; *gå till* ~ go to confession, gå till nattvarden partake of the Communion, communicate **skrifta** *rfl* confess **skriftermål** bikt confession

skrift|**expert** handwriting expert **-lig** *a* written; ~*t* besked (svar) o.d. äv. . . in writing **-ligt** *adv* in writing, genom brev by letter **-lärd** *subst. a* bibl. scribe **-språk,** ~[*et*] the written language **-ställare** ~*n* ~ author, writer [of books], litteratör äv. literary man **-växling** notväxling exchange of notes

skrik *-et* - cry, rop shout, tjut yell, gällt, oartikulerat scream, shriek; ~ande, skrän se *skrikande II;* rabalder, t.ex. i tidning outcry; ~ *på hjälp* cry (call) for help; *ge till ett* ~ give a cry osv.; *sista* ~*et* bildl. the latest fashion (craze), the last word **skrik**|**a I** *skrek -it itr tr* **1** utstöta skrik cry, call (cry) out, ropa shout, isht amer. F holler, gällt, oartikulerat scream, shriek, om småbarn squall, squeal, vråla bawl, gall~ yell, om småbarn äv. F squawk; väsnas clamour, vociferate; ~ *sig hes* shout osv. oneself hoarse; ~ *av smärta* cry osv. (roar) with pain; ~ *på hjälp* cry (call [out]) for help; ~ *ngt till ngn* cry (call, shout) out a th. to a p.; ~ *åt ngn* shout (roar) at a p.; ~ *till* cry out, *av* rädsla for . .; give a cry (scream), *av* of **2** gnissla squeak, creak, screech; *det -er i magen på mig, min mage -er* I'm famished, I could eat a horse **3** om färger. ~ *mot varandra* clash with one another **II** *-an -or* zool. jay; *mager som en* ~ |as| thin as a rake (a lath) **skrikande I** *a* **1** crying osv. **2** om färg glaring, loud **II** *-t 0* shouting osv.; skrän äv. clamour, vociferation. — Jfr *skrika I* **skrikhals** högljudd pers. screamer; om spädbarn bawling brat; gnällmåns cry-baby **skrikig** *a* om barn screaming attr.; om färg glaring, loud; om röst shrill, high-pitched; barnet *är så* ~*t* . . screams such a lot

skrin *-et* - box; för smycken äv. case; för bröd bin

skrind|a *-an -or* rack wag|g|on (cart)

skrinlägga *tr* uppge give up, relinquish; lägga på hyllan shelve, put . . on the shelf

skrinnare *-n* - skater

skritt *-en 0, i* ~ at a walking pace

skriv|a *skrev -it* **I** *itr tr* allm. write; stava äv. spell; hastigt |o. slarvigt| scribble; t.ex. kontrakt, testamente draw up; ~ *bra (dåligt)* betr. handstil write a good (bad, poor) hand; ~ *ren|t|* copy out . ., make (write) a fair copy of . .; *hur -s* (stavas) . .? how do you spell . .?; *han -er* att han kommer he writes |to say| . .; *tidningen -er* att . . the paper writes (says) . .; ~ *kladd (koncept) till* . . draw up an outline of . ., draft . . in the rough; ~ |*maskin (på maskin)*| type; ~ *sitt namn* write (underteckna sign) one's name; ~ |*svenska (matematik)*| skol. have a written test (för examen exam|ination|) |in Swedish (mathematics)|; |*låta*| ~ *sig i* . . församling get registered in . .; ~ *i en tidning* write for (contribute to) a paper; ~ beloppet *med bokstäver* set out . . in writing; ~ *med* blyerts (tryckbokstäver) write in . .; ~ *på* en roman be working at . .; |*låta*| ~ gården *på sin son* assign . . away to (settle . . on) one's son; ~ . . *på ngn|s räkning*| put (charge) . . to a p.'s account; . . *måste* ~*s på krigets konto* . . must be ascribed (put down) to the war; *skriv till henne,* att . . write and tell her . .

II m. beton. part. **1** ~ *av* **a)** kopiera copy, transcribe; plagiera copy, F crib; eleven *har -it av efter sin granne* . . has copied |from| (F cribbed from) his neighbour; *rätt avskrivet intygas* True Copy, true (correct) copy certified by **b)** se *avskriva 1—2* **2** ~ *dit* tillägga add **3** ~ *ihop* a) bokstäver o.d. join . . together in writing b) bok o.d. concoct c) en förmögenhet make . . by writing; ~ *ihop* . . *i ett ord* write . . in one word **4** ~ *in* föra in enter |up|, *i* bok o.d. in . ., *på* lista on . .; föra över, t.ex. uppsats copy out, *i* skrivbok in . .; ~ *in sitt namn i en bok* inscribe one's name in a book; ~ *in en elev* enter a pupil; ~ *in sig* på hotell register, amer. check in; ~ *in sig i* klubb o.d. enrol|l| oneself as a member of . .; ~ *in sig (vara inskriven) vid* universitet register (be a |registered| student) at . . **5** ~ *ned* a) anteckna write (hastigt scribble el. jot) down, set (put) down |. . in writing|, efter diktamen take down b) H reducera write down, *till* to; depreciate, *med* 10 % by . .; devalvera devalue **6** ~ *om* på nytt rewrite; jfr *omskriva* **7** ~ *på* **a)** tr.: t.ex. lista, växel write one's name on, t.ex. check på baksidan endorse, etikett o.d. (betr. innehållet) write on **b)** itr.: skriva sitt namn sign, gå i borgen stand surety, *för ngn* for a p. **8** ~ *till* add **9** ~ *under* sign (put) one's name to . ., utan obj. sign |one's name|; ~ *under* |*på*| . . bildl. subscribe to . ., endorse . . **10** ~ *upp* a) anteckna se ~ *ned a* ovan b) debitera put . . down (*på ngn* to a p.|'s account|), charge (*på ngns konto* to a p.'s account) c) H höja värdet på write up; ~ *upp ngt på* t.ex. svarta tavlan write a th. on . .; ~ *upp ngn|s namn*| take down a p.'s name; *det kan du* ~ *upp!* F you bet (can be sure, can say that again)! **11** ~ *ut* utfärda write out, på maskin type; skriva ren copy out, från stenogram transcribe; check, räkning äv. make out; soldater, skatter levy, raise; ~ *ut ngn* från sjukhus discharge a p. . . **12** |*låta*| ~ *över* gården *på sin son* assign . . away to (settle . . on) one's son

skriv|arbete writing, desk-work **-are** hist. scribe **-biträde** clerk **-bok** skol. exercise-book, för välskrivning copy-book **-bord** |writing-|desk, större writing-table **-bordsalmanacka** desk calendar **-bordsfunderingar** *pl,* det är *bara* verklighetsfrämmande ~ . . pure armchair speculations **-bordslåda** desk drawer **-bordsunderlägg** writing-pad **-byrå 1** maskinskrivningsbyrå typewriting |and duplicating| agency el. bureau (pl. -x) **2** sekretär bureau (pl. -x), amer. writing desk **-don** *pl* writing materials **-else** |official| letter, |written| communication; jur. writ; *Er* ~ H äv. your favour **-eri** writing; *hans* ~|*er*| *i* tidningen his written contributions to (neds. effusions in) . .

skriv|fel slip of the pen, clerical error, på maskin typing-error **-göromål** *pl* writing-jobs; desk-work, writing-work båda sg. **-hjälp** writing (clerical) assistance (pers. assistant), pers. äv. clerk **-klåda** itch to write **-konst** art of writing; *hans* ~ his penmanship **-kramp** writer's cramp **-kunnig** *a* attr. . . |who is (was osv.)| able to write; *vara* ~ be able to write, have learnt to write **-kunnighet** ability to write **-maskin** typewriter; *skriva på* ~ type **-maskinsbord** typewriter desk **-maskinsfröken** typist **-maskinspapper** typing-paper

skriv|ning skrivande writing; skriftligt prov: a) abstr. written test (för examen exam|ination|) b) konkr.: som skall lösas question (som skall översättas translation) paper, som har lösts el. översatts |test (för examen examination)| paper, uppsats composition **-papper** writing--paper; jfr *brevpapper* **-penna** writing-pen **-portfölj** writing-case **-pulpet** |writing-|-desk **-stil** boktr. script **-ställ** writing-set, |ornamental| inkstand **-sätt** way (style) of writing; författares style **-tecken** |written| character **-underlägg** writing-pad **-vakt** pers. invigilator **-övning** abstr. writing--practice; konkr. composition

skrock *-et* - superstition

skrocka *itr* om höns cluck; om pers. chuckle

skrockfull *a* superstitious **-het** superstition, superstitiousness

skrodera *itr* brag, swagger, bluster **skrodör** braggart, swaggerer, blusterer

skrot *-et 0* **1** metall~ scrap|-metal|, järn~ scrap-iron; skräp refuse, scrap, junk **2** bildl., *av gammalt (äkta) ~ och korn* of the old (true) stamp **skrota I** *tr* förvandla till skrot, ~ |*ned*| scrap, fartyg äv. break up **II** *itr, gå och ~* F go idling (mooning) around

skrot|handlare scrap merchant (dealer) **-hög** scrap-heap **-mejsel** trimming chisel **-upplag** old iron yard **-värde** scrap value

skrov *-et* - allm. body, fartygs~ äv. hull; djurskelett carcass; *få något i ~et* get something to fill one's inside|s| with

skrovlig *a* allm. rough; om t.ex. klippa rugged; om röst äv. raucous, sträv harsh **-het** roughness osv.; om yta äv. asperity

skrovmål, *få sig ett ~* have a good tuck-in (blow-out, feed)

1 skrubb *-en -ar* rum cubby-hole; skräprum lumber-room

2 skrubb *-en -ar* borste scrubbing-brush

1 skrubb|a *-an -or* flundra flounder

2 skrubb|a *tr* skura scrub; gnida rub; skrapa scrape, skinnet (knät) äv. graze; ~ tvätta *sig* scrub oneself; ~ gnida *sig mot* ngt rub oneself against . .; ~ *sig på benet* scrape (graze, chafe) one's leg; ~ *av* skura scrub |off|, hud scrape (graze, chafe) |off|, abrade **-hyvel** jack-plane **-sår** graze|d place|, abrasion

skrud *-en -ar* garb, apparel båda end. sg.; kyrklig vestment; *~ar* ofta robes; sommaren *stod i sin vackraste ~* . . was at its fairest **skruda I** *tr* attire, array, deck . . |out| **II** *rfl* attire osv. oneself

skrumpen *a* shrivelled|-up|, rynkig äv. wrinkled; hopkrympt shrunken **skrumplever** cirrhosis of the liver **skrumpna** *itr* shrivel |up|; shrink; become shrivelled osv.; torka bort dry up; jfr *skrumpen*

skrup|el *-eln -ler* scruple **skrupelfri** *a* unscrupulous **skrupulös** *a* scrupulous

skruv *-en -ar* screw; på fiol peg; i tennis o.d. spin; *ha en ~ lös* bildl. have a screw loose, have a bee in one's bonnet; *ta ~* bildl. help, take effect, go home **skruva I** *tr itr* screw; boll spin; ~ |*på*| *sig* fidget |about|, squirm, wriggle; *~d* boll . . with a spin **II** m. beton. part. **1** ~ *av* unscrew, screw off; stänga av turn off **2** ~ *fast* screw (fasten) . . on (tight); ~ *fast* ett lås *på dörren* screw . . on the door **3** ~ *i* se ~ *in* **4** ~ *igen* t.ex. burk screw up (down), t.ex. kistlock screw down; t.ex. kran turn off **5** ~ *ihop* screw . . together **6** ~ *in* screw (skruv äv. drive) in (ända in home); ~ *in ngt i ngt* screw a th. into a th. **7** ~ *lös* unscrew **8** ~ *ned* screw down; gas, radio o.d. turn down, lower **9** ~ *på* screw . . on; gas, radio o.d. turn on **10** ~ *till* se ~ *fast,* ~ *igen* o. ~ *åt* **11** ~ *upp* screw up; pris äv. force up; gas, radio o.d. turn up **12** ~ *ur* unscrew **13** ~ *åt* screw . . tight, tighten

skruv|ad *a* bildl. forced, laboured, strained **-bult** screw bolt **-gänga** screw thread **-huvud** screw head **-is** pack-ice **-lock** screw cap (top); burk *med ~* screw-capped (screw--topped) . . **-mejsel** screw-driver **-mutter** |screw| nut **-nyckel** spanner, isht amer. wrench **-penna** propelling (amer. mechanical) pencil **-städ** vice **-tving** screw clamp

skrym|ma *-de -t itr* take up a lot of room (space); vara *~nde* be bulky **skrymmande** *a* bulky

skrymsl|a *-an -or* o. **skrymsle** *-t -n* nook, [by-]corner; bildl. recess

skrymt|a *itr* play the saint; hyckla be a hypocrite **-ande** *a* skenhelig sanctimonious; hycklande hypocritical **-are** *~n ~* sanctimonious person; hycklare hypocrite **-eri** *~|e|t 0* sanctimoniousness; hyckleri hypocrisy; i ord cant

skrynkelfri *a* creaseproof, crease-resisting

skrynkl|a I *-an -or* crease; wrinkle äv. i huden **II** *tr* tyg, ~ [*ned (till)*] crease, crumple, wrinkle; ~ *ihop* crumple up; ~ *sig* se följ.

skrynklas *itr. dep* om tyg crease, crumple, wrinkle, get creased osv. **skrynklig** *a* creased, crumpled; wrinkled äv. om hud

skryt *-et 0* ~ande boasting, bragging; *tomt ~* an empty boast; |*bara*| *på ~* just to show off; *utan ~* without boasting **skryta** *skröt skrutit itr* boast, brag, *över, med* of, about; villan *kunde ~ med simbassäng* . . boasted a swimming-pool; |*vilja*| *~ med* show off, make a show of; *utan att ~* without boasting **skrytsam** *a* om pers. boastful, vainglorious; om sak o. t.ex. sätt ostentatious **skrytsamhet** boastfulness, bragging, vainglory

skrå -[*e*]*t -n* hist. [trade-]guild, craft[-guild]; friare fraternity **-anda** hist. guild spirit; friare, neds. cliquishness

skrål *-et - ~*ande bawling, bellowing, roaring

skråla *itr* bawl, bellow, roar
skråm|a *-an -or* scratch, slight wound
skrå|mässig *a* eg. . . according to the statutes of a (resp. the) guild, attr. äv. guild **-ordning** guild statutes pl.
skråpuk *-en -ar* fågelskrämma scarecrow; mask hideous mask **skråpuksansikte** mask hideous mask; bildl. hideous face
skrå|tvång obligation to belong to a guild **-väsen** guild system
skräck *-en 0* terror, fruktan fright, dread, fasa horror, *för* i samtl. fall of; plötslig scare, panic; *injaga ~ hos ngn, sätta ~ i ngn* strike terror into a p., strike a p. with terror; *gripen av ~* se *skräckslagen;* han var *skolans ~ (en ~ för fienden)* . . the terror of the school (the terror of the enemy) **-bild** bildl. frightening (horrifying) picture **-film** horror film, hair-raiser, blood-curdler **-fylld** *a* horror-filled, . . full of horror **-injagande** *a* terrifying, fasaväckande horrifying **-känsla** sense end. sg. (feeling) of dread (terror) **-propaganda** atrocity propaganda **-regemente** se *-välde* **-scen** horrible (terrible) scene **-skildring** se *-bild* **-slagen** *a* terror-struck, horror-struck, terror-stricken, horror-stricken **-stämning** atmosphere of terror **-välde** reign of terror, terrorism
skrä|da *-dde -tt tr* mjöl bolt; malm pick, separate; *inte ~ orden* bildl. not mince matters (one's words)
skräddar|e tailor **-mästare** master tailor **-räkning** tailor's bill **-sydd** *a* tailored, bespoke; isht om damdräkt tailor-made, amer. custom-made (attr. äv. custom)
skrädderi 1 yrke tailoring **2** butik tailor's shop (firma firm, verkstad workshop)
skräll *-en -ar* crash äv. bildl.; smäll bang, brak clash; åsk~ äv. clap, längre peal
skräll|a *-de -t itr* om hornmusik, högtalare blare; om väckarklocka jangle; om fönster rattle; om åska crash **skrällande** *a* blaring osv.; om hosta hacking **skrälle** *-t -n, ett ~ till* bil (hus osv.) a ramshackle old . .; *ett ~ till* gubbe (gumma) a doddering . . **skrällig** *a* se *skrällande*
skräm|ma *-de -t tr* frighten, vard. scare, oroa alarm, stark. terrify, plötsligt startle; *~ ngn för* . . make a p. scared of . .; *~ ngn med* . . scare (frighten) a p. by . .; *låta ~ sig* be intimidated; *låta ~ sig till att* inf. be frightened osv. into ing-form; *bli -d* be (get) frightened (scared), take fright; *~ bort* frighten (scare) away; *~ ihjäl* frighten (scare) . . to death; *~ upp* göra rädd frighten osv., intimidate; driva upp start, put up **skrämsel** *-n 0* fright, alarm; jfr *skräck* **skrämskott** warning shot; bildl.: tomt hot empty menace, falskt alarm false alarm
skrän *-et -* yell, howl, ogillande hoot; *~ande* yelling osv.; gormande blustering; *~et* i pressen the outcry . . **skräna** *itr* yell, howl, ogillande hoot; gorma bluster **skränfock** skrikhals screamer; skrävlare blusterer **skränfri** *a,* detta är *ett ~tt rum* . . a room where you can make as much noise as you like **skränig** *a* yelling osv., jfr *skräna;* noisy
skränk|a *-te -t tr* set
skräp *-et 0* rubbish, trash, junk, bråte lumber, avfall litter, refuse; dumheter nonsense; *det är ~ med fisket här* the fishing here is worthless; *det är bara ~ med henne* she is in a bad state; *~ till karl* a wretch of a fellow
skräpa *itr,* [*ligga och*] *~* i rummet etc. [lie about and] make the room etc. [look] untidy; *~ ned* make a litter (mess); *~ ned* [*i*] rummet etc. litter up . .; *~ ned i naturen* leave litter all over the countryside; *nedskräpad* om rum o.d. . . littered [all over] with things **skräphög** rubbish-heap; *kasta . . på ~en* äv. bildl. throw . . on to the rubbish-heap **skräpig** *a* untidy, littered; *det ser så ~t ut här* it looks so untidy here, there is so much litter [about] here **skräpkammare** o. **skräprum** lumber-room
skräv|el *-let 0* bragging, bluster, swagger, bounce **skrävla** *itr* brag, bluster, swagger **skrävlare** braggart, blusterer, swaggerer
skröplig *a* bräcklig frail, infirm; orkeslös decrepit; svag, om hälsa weak, delicate; fallfärdig tumbledown, ramshackle; klen, om t.ex. kunskaper poor **-het** *~en ~er* frailty, infirmity; decrepitude; weakness; tumbledown state; poorness; jfr föreg.
skubba I *tr* rub, chafe; *~ sig mot* ngt rub oneself against . . **II** *itr* F springa run, springa i väg be off, clear out, make oneself scarce
skudda *tr, ~ stoftet av sina fötter* shake the dust off one's feet
skuff *-en -ar* o. **skuffa** *tr* o. **skuffas** *itr. dep* push, shove osv., se vid. *knuff, knuffa*
skugg|a I *-an -or* mots. ljus shade (vanl. end. sg.) äv. konst., vålnad äv. phantom; av ett föremål shadow äv. bildl.; *-or och dagrar* light and shade sg.; *nattens -or* the shades of night; *han är en ~ av* sitt forna jag he is a mere shadow of . .; *ge (skänka) ~* give (afford) shade; *kasta ~* eg. cast (throw) a shadow; *detta kastar en ~ på* hans karaktär this reflects on . .; ligga *i ~n* [*av ett träd*] . . in the shade [of a tree]; [*få*] *stå i ~n för* . . bildl. be put (thrown) into the shade by . .; *ställa . . i ~n* bildl. put (throw) . . into the shade **II** *tr itr* **1** ge skugga åt shade äv. konst.; *~* [*för*] *ögonen med handen* shade (shield) one's eyes with one's hand **2** bevaka shadow
skugg|bild silhuett shadow picture, silhouette **-boxning** sport. shadow-boxing **-ig** *a* eg. shady, shadowy **-lik** *a* shadow-like, shadowy **-liv** shadowy existence **-ning** -ande

shading äv. konst.; bevakning shadowing; konkr. shadow **-regering** oppositionens shadow cabinet **-rik** *a* very shady **-rädd** *a* very timid, om pers. äv. (attr.) . . who is afraid of his (her osv.) own shadow **-rädsla** exaggerated timorousness **-sida** shady (bildl. äv. dark, seamy) side **-spel** shadow-play; bildl. phantasmagoria **-tillvaro** shadowy existence **-värld** skenvärld shadow-world; dödsrike world of shades **-växt** shade plant

skuld *-en -er* **1** gäld: allm. debt, *på* belopp of . ., *till (hos)* ngn owing to . .; amount (sum) due (outstanding); *~er* debts, mots. tillgångar liabilities; *göra ~er* run (get) into debt; *ha* [*stora*] *~er* äv. be [heavily] in debt; *ha stora ~er hos* firma *(till* ngn) owe . . large sums [of money]; *stå i ~ hos (till) ngn* be in debt (indebted) to a p., be in a p.'s debt, om tacksamhets~ äv. owe a p. a debt of gratitude; *sätta sig i ~* run (get) into debt **2** fel, förvållande fault; blame äv. ansvar; brottslighet guilt; *~en är min (faller på mig)* it is my fault, I am to blame; *det är hans egen ~* it is his own fault, he has only himself to blame; *det är inte hans ~* he is not to blame for it; *han bär* [*största*] *~en för det* he is [most] to blame (at fault) in the matter; *jag fick ~en för det* I got (had) all the blame for it; *förlåt oss våra ~er!* bibl. forgive us our trespasses!; *ge ngn ~en* [*för ngt*], *kasta (skjuta) ~en* [*för ngt*] *på ngn* lay (put, throw) the blame [for a th.] [up]on a p.; *han gav* nerverna *~en* he put it down to . .; *ta ~en på sig för* . . take the blame [upon oneself] for . ., confess oneself guilty of . .; *vara ~ till* . . be to blame for . ., orsak till be the cause of . ., ansvarig för be responsible for . .; *fritaga från ~* exculpate; *vara utan ~* be blameless; *vi är utan ~ till* . . we are not to blame (to be blamed) for . ., utan ansvar we are not responsible for . .

skuld|belastad *a* . . burdened (om egendom encumbered) with debt[s]; om t.ex. samvete guilty, . . burdened with guilt **-belopp** amount of debt **-börda** burden of debt (moralisk guilt)

skuldebrev se *skuldsedel*

skulderblad shoulder-blade, läk. scapul|a (pl. -ae) lat.

skuld|fordran claim **-fri** *a* **1** utan skulder . . free from debt[s], om pers. äv. . . out of debt, om egendom unencumbered; *göra sig ~* rid oneself of one's debts, get out of debt **2** oskyldig guiltless, innocent, blameless **-frihet** ekon. freedom from debt[s] **-fråga** moralisk question of guilt (ansvars- responsibility) **-förbindelse** se *-sedel* **-konto 1** ekon. debt account **2** bildl. list (record) of misdeeds (synder sins, förseelser delinquencies) **-känsla** sense of guilt end. sg. **-medveten** *a* . . conscious of [one's] guilt; om t.ex. blick guilty **-medvetenhet** consciousness of [one's] guilt **-post** [item of a] debt, sum due

skuldr|a *-an -or* shoulder; *vara bred över -orna* be broad-shouldered; *ta* ngt *på sina -or* äv. bildl. shoulder . .

skuld|register bildl. se *-konto 2* **-satt** *a* . . in debt, indebted; om egendom encumbered **-sedel** promissory note, I O U; fackl. recognizance of debt, acknowledgement of indebtedness [in writing] **-summa** total amount of debts (mots. tillgångar liabilities) **-sätta** *tr* sin egendom encumber . . [with debt]; *~ sig* run (get) into debt, incur debts; jfr *-satt* **-sättning** indebtedness, incurring of debts

skull, *för din (vår) ~* for your sake (our sake[s]), jfr *för min ~* ned.; *för fredens ~* for the sake of peace; *för Johns ~* for John's sake; *för kylans ~* på grund av on account of (owing to, because of) the cold; *för min ~* for my sake, för att göra mig till viljes [just] to please me; hon var nervös (du behöver inte gå) *för min ~* å mina vägnar (resp. av hänsyn till mig) . . on my account; *för min ~ får du gärna röka* I don't mind if you smoke; *för min egen ~* i eget intresse in my own interest; jag älskar honom *för hans egen ~* . . for himself; gifta sig med ngn *för hans pengars ~* på grund av . . for his money; *det är för den sakens ~* på grund därav *som jag* . . that's the reason why I . ., it is because of that that I . ., it is for that reason that I . .; *för skojs ~* for fun (a lark)

1 skulle *hjälpvb* se *1 skola*

2 skull|e *-en -ar* hay-loft

skulor *pl* swill, pigwash båda sg.

skulptera *tr itr* i sten el. trä carve; i lera model; isht bildl. sculpture; *~ en staty i sten* carve (sculpture) a statue in (out of) stone; *han ~r* vanl. he is doing sculpture-work **skulptris** sculptress **skulptur** sculpture **skulptör** sculptor

1 skum *a* **1** mörk dark; halvmörk rather dark, darkish, dusky, obscure; friare (om ögon, blick, föreställning o.d.) dim, misty **2** suspekt shady, suspicious; om förehavande o.d. äv. fishy; illa beryktad disreputable

2 skum *-met 0* **1** allm. foam, yrande spray; fradga froth äv. på öl, spume; lödder vanl. lather; vid kokning o. jäsning scum; *vispa* (t.ex. ägg, grädde) *till ~* whip (beat) . . to a froth **2** F champagne fizz, bubbly **skumbad** foam-bath **skumgummi** foam-rubber **skumma I** *itr* foam, spume; fradga froth; om vin effervesce; *~ av raseri* foam with rage **II** *tr* skim äv. bildl.; *~ grädden av mjölken* skim the cream off (from) the milk; *~* ögna igenom *en tidning* skim [through] (scan) a paper **skummjölk** skim[med] milk

skumpa *itr* jog, om åkdon joggle; ~ *omkring* jog about
skumrask *-et 0, i ~et* dunklet in the dark **-affär** shady business
skum|släckare o. **-släckningsapparat** foam-extinguisher
skumögd *a* med nedsatt syn purblind, dim--sighted äv. bildl.; mots. 'klarögd' blear|y|-eyed
skunk *-en -ar* djur o. pälsverk skunk
skur *-en -ar* shower äv. bildl.; by squall; *spridda ~ar* scattered showers
skura *tr itr* golv scrub, t.ex. kastrull äv. scour; metall o.d. polish, burnish; göra ren clean **skurborste** scrubbing-brush **skurgumma** char|woman| **skurhink** scouring-pail
skurk *-en -ar* scoundrel, villain; skojare rascal, blackguard **-aktig** *a* scoundrelly, villainous **-aktighet** villainy **-streck** wicked deed, svag. dirty trick
skur|pulver scouring-powder **-trasa** scouring-cloth
skut|a *-an -or* mindre lastfartyg small cargo boat; F båt boat
skutt *-et* - **1** hopp leap, bound; jfr *2 hopp 1* **2** danställställning hop **skutta** *itr* leap, bound; jfr *hoppa I*
skvadron squadron |of cavalry|
skval *-et 0* se *skvalande* o. *skvalmusik* **skvala** *itr* pour; forsa gush, rush **skvalande** *-t 0* pouring osv.; skvalregn pouring rain
skvaller *skvallret 0* gossip; skol. sneaking; förtal slander; sladder tittle-tattle; *springa med ~* gossip, tell tales, talk scandal **-aktig** *a* gossipy, tattling, som förtalar slanderous **-aktighet** fondness for gossip **-bytta** gossip|-monger|, tale-bearer, tell-tale, isht skol. sneak **-historia** piece of gossip **-håla** hotbed of gossip (scandal) **-krönika** chronicle of scandal **-kär[r]ing** |old| gossipmonger, F |old| cat **-spegel** window-mirror **-tacka** se *-kär|r|ing* **-tag,** *vara i ~en* be in the mood for gossiping **-väg,** *få höra ngt |på| ~en* get to hear a th. through gossip
skvallra *itr* sprida skvaller gossip, talk scandal; sladdra tittle-tattle; sprida ut rykten tell tales, blab; skol. sneak; *han ~de för henne* he told her, he let on to her; *~ om ngt* let on about a th., give a th. away; *hans utseende ~de om . .* his looks betrayed . .; *~ på ngn* report a p., split on (against) a p.; *~ ur skolan* tell tales out of school
skvalmusik continual |pop| music |on the radio|
skvalp *-et 0* skvalpande lapping, ripple; kluckande |s|plash **skvalpa** *itr* om vågor lap, ripple; i kärl splash to and fro, swish about; *~ ut (över)* a) tr. spill b) itr. splash (slop) over
1 skvatt, *inte ett ~* not a thing (bit), jfr *dugg 2*
2 skvatt *adv, vara ~ galen* be clean gone, be off one's rocker
skvattram *-en 0* marsh tea
skvimpa *itr* i kärl splash to and fro, se vid. *skvalpa*
skvätt *-en -ar* drop; botten~ heeltap; som skvätt ut splash; *en ~* ss. kvantitet a drop |or two|, a few drops; *en ~ kaffe (whisky)* äv. a spot of coffee (whisky); *det kom en ~ regn* it rained a little; *hon grät en ~* she wept a few tears, she had a little cry **skvätta** *skvätte* (ss. itr. äv. *skvatt) skvätt* **I** *tr itr* stänka splash; squirt **II** *itr* **1** småregna drizzle **2** spritta, *~ |till|* start, give a start
1 sky *-n -ar* **1** moln cloud äv. bildl.; dimma, dis haze **2** himmel sky; *stå som fallen från ~arna* be struck all of a heap; *skrika i högan ~* cry to the skies, cry blue murder; dammet *stod i högan ~ . .* had risen sky-high
2 sky *-n 0* kok.: kött~ gravy, meat-juice
3 sky *-dde -tt tr* shun, undvika avoid; rygga tillbaka för shrink |back| from; *utan att ~ några kostnader* regardless of expense; *inte ~ någon möda* spare no pains (effort); *inte ~* frukta för *någonting* stick at nothing
skydd *-et* - protection, *mot (för)* against (from); mera konkr. shelter; värn defence; trygghet, säkerhet security, *mot* i samtl. fall against; betäckning cover; tillflykt refuge; jfr *skyddsanordning; söka ~* seek protection, seek (take) shelter; *söka ~ hos ngn* seek protection (take refuge) with a p.; *ta ngn i sitt ~* take a p. under one's protection; *i ~ av mörkret, i mörkrets ~* under |the| cover of darkness; *till ~ för* för att skydda for the protection of
skydda *tr* allm. protect; shelter isht mera konkr.; värna (t.ex. mot lidande, förtal, obehag) shield; försvara defend; skyla, ge betäckning cover; bevaka, vaka över, |be|trygga |safe|guard; bevara preserve; säkerställa secure, *mot* i samtliga fall vanl. against, *för* from; *~s för väta!* keep dry!; *~ ngn för frestelser* guard a p. against temptation; *träden ~r trädgården mot vinden* äv. the trees screen the garden from the wind; här är vi *~de mot regnet . .* sheltered from the rain; *en ~d vrå* a sheltered spot; *ett ~t läge* a sheltered position; *lagligen ~d . .* protected by law; *~nde likhet* zool. mimicry; *~ sig* protect (safe-guard, mera konkr. shelter) oneself, *mot (för)* against (from)
skydds|ande guardian spirit, |tutelar, tutelary| geni|us (pl. -uses, ibl. -i) **-anordning** safety device, guard **-färg** protective colouring **-glasögon** *pl* eye protectors, goggles **-helgon** patron saint **-hjälm** protective helmet **-ling** ward, protégé|e om kvinna| **-lös** *a* defenceless, unprotected **-makt** protecting power **-medel** means (pl. lika) of protection; preventivmedel contraceptive **-område** mil. prohibited area **-omslag** på bok |dust| jacket

-rum |air-raid| shelter; mil. äv. dug-out **-tillsyn** probation **-tull** protective duty **-ympa** *tr* vaccinate, inoculate, ofta immunize **-ympning** vaccination osv. **-åtgärd** protective (precautionary, safety) measure **-ängel** guardian angel

sky|drag waterspout **-fall** cloudburst **-fallsliknande** *a,* ~ *regn* torrential rain

skyff|el *-eln -lar* **1** skovel shovel; sop~ dust-pan **2** trädgårds~ |thrust-|hoe, Dutch-hoe **skyffla** *tr* **1** skotta shovel **2** ogräs hoe

skygg *a* allm. shy, *för* of; om häst äv. skittish; blyg timid; tillbakadragen reserved; försagd bashful; ängslig timorous; *en* ~ skrämd *blick* a frightened (förstulen furtive) glance **skygga** *itr* rygga take fright, start; om häst (äv. ~ *till*) shy, *för* i samtl. fall at; ~ vara rädd *för ngt* be (F fight) shy of a th. **skygghet** shyness, timidity, reserve, timorousness; jfr *skygg* **skygglappar** *pl* blinkers äv. bildl.

sky|hög *a* extremely high; friare om t.ex. priser sky-high **-högt** *adv* sky-high

skyl *-en -ar* shock, stook

1 skyla *tr* säd shock, stook

2 skyl|a *-de -t tr* hölja cover; dölja hide, veil; ~ *sig* cover oneself; ~ *över* cover up äv. bildl.

skyldig *a* **1** som bär skuld (till ngt) guilty, *till* of; *icke* ~ not guilty; *göra sig* ~ *till* t.ex. ett brott, ett misstag commit . ., render oneself guilty of . .; *den* ~*e* isht jur. the guilty person (party), isht friare the culprit (delinquent, offender)

2 som står i skuld (för ngt), *vara (bli)* ~ *ngn pengar (ett besök, en förklaring)* owe a p. |some| money (a visit, an explanation); *vara* ~ ngn *räkenskap* be accountable to . .; *jag är inte* ~ *honom någonting* I owe him nothing; *vara* ~ *sig själv att* inf. owe it to oneself to inf.; *vad (hur mycket) är (blir) jag* ~*?* what (how much) do I owe |you|?, vid uppgörelse how much am I (have I |got|) to pay |you|?, på restaurang o.d. the bill, please!; se äv. *svar 1* ex.

3 pliktig, förpliktad bound, obliged; ansvarig responsible, liable; *vara* ~ *att* inf. äv. be in duty bound to inf.; *jag är* ~ *att* inf. äv. it is my duty to inf.

skyldighet *-en -er* duty, obligation, *mot* towards; *det är min* ~ *att* inf. äv. I am in duty bound to inf.; det är *hans ovillkorliga (förbaskade)* ~ . . his positive (confounded) duty; *ikläda sig* ~*er* assume liabilities **skyldighetsvisit** duty call

skyldra *tr,* ~ *gevär* present arms

skylight *-et -* skylight

skyll|a *-de -t tr itr,* ~ *ngt på ngn* blame (throw el. lay el. put the blame on) a p. for a th., tax a p. with a th.; ~ *på ngn* throw etc. the blame on a p.; ~ *på okunnighet* plead ignorance; *han -er på sjukdom (på att han varit sjuk)* he alleges illness |as an excuse|, he excuses himself by saying that he has been ill; *det får du* ~ *dig själv för* you have yourself to blame (thank) for that; *skyll dig själv!* a) då får du ~ dig själv! you have yourself to blame b) det är ditt eget fel it is your own fault! c) du ville ju ha det så you asked for it!; ~ *ifrån sig* skjuta skulden på någon annan throw etc. the blame on someone else; *han -er ifrån sig med att . .* se *han -er på att . .* ovan

skyllerkur sentry-box

skylt *-en -ar* butiks~ o.d. sign|board|; dörr~, namn~ plate; vägvisare sign-post **skylta** *itr* arrangera ett skyltfönster dress a shop-window; *ligga (stå) och* ~ |*i ett skyltfönster*| be exposed (exhibited on show) |in a shop-window|; |*få*| ~ *i pressen* |have to| appear in the papers; ~ *med ngt* put (set) a th. on show, show a th.; display (expose) a th., bildl. äv. show off a th., sport (pråla med flaunt) a th.; ~ *om* |*i ett skyltfönster*| rearrange a shop-window

skylt|docka |tailor's| dummy äv. bildl. **-fönster** shop-window, show-window; |*gå och*| *titta i -fönstren* go window-shopping **-låda** show-case, display-case **-ning** display |of goods|, i skyltfönster window-display; skyltande displaying, i skyltfönster window-dressing **-skåp** show-case, display-case

skymf *-en -er* förolämpning insult, affront, grov offence; kränkning indignity; neslighet, vanära ignominy; skymflig behandling contumely; *få (nödgas) lida en* ~ have to submit to (put up with) an insult; *han fick (måste) lida den* ~*en att se . .* he had to suffer the indignity of seeing . . **skymfa** *tr* insult, affront; kränka outrage **skymflig** *a* förolämpande insulting, affronting; neslig ignominious; om t.ex. behandling outrageous; ~*a tillmälen* äv. opprobrious epithets **skymfligen** *adv* ignominiously **skymford** förolämpande insulting (smädande abusive) word; glåpord taunt, jeer

skym|ma *-de -t* **I** *tr* block |out|; fördunkla dim, obscure; dölja conceal, hide; *du -mer mig* you are |standing| in my light; *skym mig inte!* don't stand in my light (block the light for me)!; *hennes blick -des av tårar* her eyes were dimmed (blinded) by tears; ~ *bort* block |out|, dölja hide |away| **II** *itr* get dark; *det (dagen) börjar* ~, *det -mer* |*på*| it is getting dark (dusk) **skymning** twilight, dusk, poet. gloaming; *när* ~*en faller* |*på*| when twilight (dusk) sets in; *hålla (kura)* ~ sit in the twilight (dusk); *i* |*den tätnande*| ~*en* in the |gathering| dusk (gloom) **skymningstimme** twilight-hour

skymt *-en -ar* mera eg. ('flyktig anblick' el. 'syn') glimpse; bildl.: glimt (t.ex. av hopp) gleam, glimmer, flash; spår, 'antydan' trace, vestige, aning, tillstymmelse suspicion; *det fanns en ~ av bitterhet* i hans röst there was a suspicion (shade) of bitterness . .; *[få] se en ~ av* . . catch (get) a glimpse of . .; *[få] se en ~ av* solen (hans ansikte) äv. get a peep of . .; *jag har inte sett en ~ ([så mycket som] ~en) av dem* på flera veckor äv. I have not seen any (the least) sign (trace) of them . .; *inte ~en av en chans* äv. not the ghost of a chance; *inte en ~ av sanning* äv. not a particle (a grain, an atom) of truth; *utan en ~ av intresse* äv. without the faintest (a spark of) interest

skymta I *tr* få en skymt av catch (have) a glimpse of; isht bildl. (ana) glimpse, get a glimmer of **II** *itr* vara skönjbar: svagt o. otydligt be dimly (indistinctly) to be seen, glimtvis be observable (glimpsed) here and there (now and again), jfr äv. *~ fram* ned.; visa sig, dyka upp appear here and there (emellanåt occasionally) äv. bildl.; *~ fram* peep out, otydligare loom; *~ förbi* be seen flashing ([be seen to] flash) past (by)

skymundan *n, hålla sig i ~* i undangömdhet keep oneself out of the way (i bakgrunden in the background); *det har kommit alldeles (helt) i ~ [för viktigare saker]* it has been put in[to] the shade [for more important things]; *ställa ngt [någonstans] i ~* i en vrå put a th. in an out-of-the-way place

skynda I *itr* ila, hasta hasten; skynda sig, raska på: se *II; det är [nog] klokast att ~ långsamt* ung. more haste, less speed; *~ ngn till mötes, ~ emot ngn* hasten to meet a p.; *~ efter ngn* se *III* **II** *rfl* hurry [up]; hasten, make haste, be quick; *~ dig [på]!* hurry up!, come on!, be quick [about it]!, make haste!; *~ sig hem* hurry (rush) [to get] home; *~ sig att göra ngt* hasten osv. to do a th.; *jag måste ~ mig* har bråttom I am in a hurry, måste i väg I must fly; *~ sig med ngt* hurry up about (over) a th., hurry (F push) on with a th. **III** m. beton. part. **1** *~ efter (sig efter) ngn* hasten el. (rusa) rush (hurry [up]) after (för att hinna i fatt äv. to catch up with, för att hämta for) a p. **2** *~ emot ngn* hasten to meet a p. **3** *~ fram (sig fram) [till platsen]* hasten on el. along (hurry [up]) to the spot **4** *~ på* **a)** tr., *~ på ngn* hurry (hustle) a p.; jfr *påskynda* **b)** itr. se *II* ovan **5** *~ till* hasten (hurry [up], come hurrying up) to the spot **6** *~ vidare* hurry on

skyndsam *a* speedy; brådskande quick; påskyndad hurried; ofördröjlig prompt; *ett ~t avgörande* a speedy (an early) decision; *~ hjälp är av nöden* help is urgently needed **skyndsamhet** speediness osv.; *i största ~* in all haste; *med största ~* with all possible speed **skyndsamt** *adv* speedily osv.; *skyndsammast* with all possible speed, jfr *2 fort*

skynke *-t -n* täckelse cover[ing]; omhölje, överdrag wrapper, tygstycke cloth; dok veil

skyskrapa skyscraper

skytt *-en -ar* shot, marksman; *Skytten* astr. Sagittarius **skytte** *-t 0* [gevärs~ rifle-]-shooting **skytteförening** rifle-club, shooting-club **skyttegrav** mil. trench **skyttegravskrig** trench warfare

skytt|el *-eln -lar* vävn. shuttle

skyttelinje firing-line, skirmish line

skytteltrafik shuttle service; *gå i ~* shuttle

skyttemärke shooting-badge, badge for marksmanship

skåda I *tr* behold, see; han var *hemsk att ~* . . horrible (a horrible sight) to behold; . ., vars like världen *aldrig ~t* . . has (resp. had) never beheld (never seen); *vad ~r mitt öga!* skämts. what is this I see?, what do I see? **II** *itr* look

skåde|bana stage, bildl. scene **-bröd** bibl. showbread; *det är bara ~* it is just for show **-lysten** *a* nyfiken curious **-plats** scene [of action]; *denna stad har varit ~ för* . . äv. this town has seen . . **-spel** teat. play, drama; bildl.: spectacle, anblick, scen äv. sight, scene, arrangerat show **-spelare** actor; *bli ~* äv. go on the stage **-spelarkonst** art of acting **-spelerska** actress; jfr *-spelare* **-spelsförfattare** playwright, dramatist

skål I *-en -ar* **1** bunke bowl, flatare basin, dish; bot. cup[ule]; *en ~ [med]* . . a bowl osv. of . .; *utösa sin vredes ~ar över* . . empty (pour out) the vials of one's wrath upon . . **2** välgångs~ toast; *dricka ngns ~ (en ~ för ngn)* drink [to] a p.'s health (to the health of a p.), drink to (toast) a p.; *besvara (svara på) en ~* respond to a toast; *föreslå (utbringa) en ~ för ngn* propose a toast to (for) a p., propose a p.'s health; *mellan ~ och vägg* vänner emellan between (resp. among) friends, i enrum privately, in private **II** *itj* [to] your health (till flera healths)!, here's to you!, F cheers!, here's how!, skoal! **skåla** *itr* glas mot glas clink (touch) glasses; *~* dricka *med ngn* drink a p.'s health; *~* dricka *med varandra* drink to one another ([to] one another's health); *~ för ngn* dricka ngns skål se *skål I 2* ex. **skålad** *a* om hand cupped; se vid. följ. **skålformig** *a* bowl-shaped osv., jfr *skål I 1;* bot. cupulate, cupular

skålla *tr* i olika bet. scald; bränna äv. burn; *~ sig (händerna [på sig])* scald (burn) oneself (one's hands) **skållhet** *a* scalding (boiling, F piping) hot

skålpund ung. pound

Skåne Scania **skånsk** *a* Scanian

skåp *-et -* cupboard, isht amer. (särsk. för kläder, mat m.m.) closet; m. lådor el. hyllor äv. cabinet; väggfast wall-cupboard; *bestämma var ~et skall stå* ung. be master in the house, om kvinna äv. wear the breeches **-bil** [delivery] van **-mat** rester remnants pl.; [*gammal*] ~ bildl. stale [old] stuff **-supa** *itr* take (have) a drop on the sly; jfr följ. **-supare** secret drinker; *han är* ~ äv. he is a drinker on the quiet

skår|a *-an -or* hugg, rispa cut, av såg, yxa kerf; huggsår äv. scotch, repa äv. scratch; inskärning incision, hack score, notch[ing], längre slit

skäck *-en -ar* häst piebald horse **skäckig** *a* piebald, pied

skädd|a *-an -or* zool. dab

skägg *-et* - beard; *ha (bära)* ~ have (wear) a beard, be bearded; *låta* ~*et växa* lägga sig till med ~ grow a beard; *en man med* ~ a man with a beard, a bearded man; *tala ur* ~*et* speak out (up) **-botten,** *ha mörk* ~ have a blue chin **-dopping** great crested grebe **-ig** *a* bearded; orakad unshaved **-lös** *a* beardless **-strå** hair, bristle **-stubb** [beard-]stubble **-svamp** barber's itch, sycosis **-växt** growth of beard; *han har stark* ~ his beard grows fast

skäkt|a I *-an -or* redskap swingle, scutch[er] **II** *tr* lin swingle, scutch

1 skäl *-et* - **1** grund m.m. allm. reason, *till* for, *att* inf. to inf. el. for ing-form; orsak, anledning (jfr dessa ord) cause, ground[s pl.]; bevekelsegrund motive; argument argument; ~ *och motskäl* reasons (arguments) for and against, pros and cons; *det var* ~*et till hans uteblivande (till att* el. *varför han inte kom)* that was the reason for his not turning up (the reason why he did not come); *det vore* ~ [*i*] *att* inf. it would be advisable (well) to inf.; *det vore* ~ [*i*] *att du frågade* you would do well to (you had better) ask; *anföra starka* ~ *för . .* adduce weighty arguments for . .; *ha goda* ~ *(alla* ~ el. *allt* ~ *i världen) att . .* have good (every) reason to . .; hon kände sig förnärmad, *och det hade hon allt* ~ *att göra (till)* . . and with every (very good) reason, . . and well she might; *väga* ~*en för och emot* weigh the pros and cons; *av det* [*enkla*] ~*et* for that [simple] reason

2 rätt, *göra* ~ *för sig* a) göra nytta do one's share b) vara värd sin lön be worth one's salt c) se [*hålla*] *mått*[*et*]; en mästerskytt, *som* [*verkligen*] *gör* ~ *för namnet* . . who lives up to his name

3 reson, *ta* ~ se [*ta*] *reson*

2 skäl *-et* - **1** vävn. shed **2** se *vägskäl*

skälig *a* rimlig reasonable; rättvis fair; berättigad legitimate; giltig adequate **skäligen** *adv* **1** tämligen rather, pretty; ~ *litet* precious little **2** reasonably osv. jfr *skälig; vara* ~ *misstänkt* be suspected for good reason

skäll *-et 0* se *ovett*

1 skäll|a *-an -or* bell

2 skäll|a *-de -t* **I** *itr* **1** om hund bark, *på* at **2** om pers., ~ *på ngn* okväda call a p. names, gräla abuse a p.; *du -er jämt och ständigt* [*på mig*] äv. you are always screaming [at me] **II** m. beton. part., ~ *ut (ner)* läxa upp blow up, scold, tell . . off, nedgörande kritisera run (i recension o.d. cry) down

skällko bell-cow

skällning F se *ovett* **skällsord** se *okvädin*[*g*]*sord*

skälm *-en -ar* spjuver rogue; . . *sade han med* ~*en i ögat (ögonvrån)* . . he said with a roguish twinkle in his eyes **skälmaktig** *a* roguish, mischievous; om blick, leende arch attr. **skälmaktighet** roguishness osv. **skälmsk** *a* se *skälmaktig* **skälmstycke** piece of roguery, roguish trick, prank **skälmunge** little rogue (om pojke äv. rascal)

skälv|a *-de (skalv) -t itr* shake, stark. quake; tremble osv., jfr *darra* **skälvning** darrning tremor; rysning thrill

skäm|d *a* om frukt rotten; om kött, vatten putrid, tainted; om luft bad; *ett -t ägg* a bad (rotten) egg **skäm|ma** *-de -t tr* spoil, mar, vanpryda äv. disfigure; för mycket och för litet *-mer allt* . . spoils (mars) everything; ~ *bort* spoil (*med* by), klema bort pamper, coddle, *med* with; ~ *bort sig med* för varma kläder pamper oneself by [wearing] . .; ~ *ut* disgrace, put . . to shame; ~ *ut sig* disgrace oneself **skäm|mas** *-des -ts itr. dep* **1** blygas be (feel) ashamed [of oneself]; *att du inte -s!, -s du inte?, du borde (skulle)* ~*!* aren't you ashamed of yourself?, you ought to be ashamed of yourself!; ~ *ögonen ur sig* die of shame; ~ *för (över)* ngn (ngt) be ashamed of . .; *han -des för mig* att visa sig med mig he felt ashamed of [being seen with] me; *jag -s för honom över min okunnighet* I am ashamed to show him my ignorance; *han -des för (över) att* han . . he felt ashamed that . .; ~ [*för (över)*] *att* inf. be (feel) ashamed to inf.; *inte* ~ vara fräck nog *att* inf. be shameless enough to inf.; han (resp. den) *-des inte för sig* . . wasn't at all bad, . . did himself (resp. itself) credit **2** become rotten osv., jfr *skämd*

skämt *-et* - joke, jest; lustighet pleasantry; nojs fun; skämtande joking; ~ *åsido!* joking apart!; *ett dåligt* ~ a bad (poor) joke, smaklöst a joke in bad taste; *det var ju bara ett* ~ it was only a joke, jag skämtade I was only joking; *han förstår (tål) inte* ~ he can't take a joke; *på* ~ for a joke, in jest, for (in) fun

skämta *itr* joke, jest, *med* with; vitsa crack jokes; ~ *med ngn* driva med pull a p.'s leg, göra narr av make fun of a p.; ~ *med (om)* ngt jest (yttra sig skämtsamt om make a joke) about . .; *det är ingenting att* ~ *med (om)* it is no joking (laughing) matter; *han låter inte* ~ *med sig* he is not to be trifled with, he won't stand any nonsense (trifling); ~ *bort* ngt laugh . . off **skämtare** *-n* - joker,

jester, wag; humorist humorist
skämt|artikel [party] novelty **-historia** funny story, joke **-lynne** humour **-sam** *a* jocular, humoristisk äv. humorous; mots. allvarlig (om t.ex. ton) joking, jesting; ironiskt ~ facetious; lekfull playful; lustig funny; *vara ~ av sig* be full of fun **-samhet** *~en ~er* egenskap jocularity, humour; facetiousness; playfulness; yttrande pleasantry **-samt** *adv* jokingly, jestingly; se vid. [*på*] *skämt* **-serie** se *serie 2* **-tecknare** cartoonist **-teckning** cartoon **-tidning** comic paper (magazine)
skända *tr* **1** desecrate; våldtaga violate **2** univ. ung. rag **skändlig** *a* vanärande (om t.ex. handling) infamous, heinous, nedrig nefarious; avskyvärd (om t.ex. brott) atrocious **skändligen** *adv* infamously osv.; *~ misslyckas* fail miserably (completely) **skändlighet** *-en -er* handling infamous (nefarious) action el. act el. deed, infamy; våldsdåd atrocity **skändligt** *adv* se *skändligen* **skändning** **1** desecration; violation **2** univ. ung. rag
1 skänk *-en -ar* matsalsmöbel side-board
2 skänk *-en -er* gåva gift; få ngt *till ~s* som gåva . . as a gift (present), gratis . . for nothing **skänk|a** *-te -t tr* **1** allm. give; förära present, *ngn ngt* a p. with a th.; donera donate; bevilja grant, accord; bereda (t.ex. glädje) afford; förläna (t.ex. glans) lend; *~ bort* give away; *~ efter* se *efterskänka* **2** hälla se ex. under *2 hälla* **skänkdisk** bar-counter.
skänk|el *-eln -lar* **1** på t.ex. passare leg, på sax blade **2** ridn. leg
skänkrum tap-room, bar
skäpp|a *-an -or* bibl. bushel; *ge (mäta) ngn ~n full* bildl. let a p. have it; *sätta sitt ljus under ~n* hide one's light under a bushel
1 skär *-et* - holme rocky islet, skerry; klippa rock
2 skär *-et* - **1** egg på verktyg [cutting] edge; på plog share; på borr bit; på fräs knife **2** skåra cut; inskärning på nyckelax notch **3** med skridsko edge; *ta långa ~* skate in long strides
3 skär *a* (jfr *skärt*) ljusröd pink; attr. light-red, pred. light red; för sms. jfr äv. *blå-*
4 skär *a* ren pure äv. bildl.; det är *ren och ~ lögn* . . a downright lie
skär|a **A** *-an -or* **1** sickle **2** mån~ crescent **B** *skar skurit* **I** *tr itr* allm. cut; snida samt ~ för carve; korsa äv. intersect, om gata äv. cross; klyva (t.ex. vågorna) cleave; kniven *skär bra* . . cuts well; *~ en boll* chop a ball; *~ en kurva* cut a curve; *~ tänder*[*na*] grind (gnash) one's teeth; ~ korsa *varandra* cut one another, isht geom. intersect, om gator cross; *~* [ngt] *i trä* carve [. .] in wood; *~* ngt *i bitar* cut . . in[to] pieces, cut up . .; *~* ngt *i skivor* cut . . into slices; *det skär mig i hjärtat* it cuts me to the heart (quick); *det skär i öronen* [*på mig*] it jars (grates) upon my ears; ett ljud *skar genom luften* . . pierced the ai *färgen skär mot* . . the colour clash (doesn't agree) with . .
II *rfl* **1** såra sig cut oneself, *på* ngt on . *~ sig i fingret* cut one's finger **2** ko curdle **3** inte gå ihop (om t.ex. åsikter, färg clash, *mot* varandra with . .; *det skar sig me lan dem* they fell out
III m. beton. part. **1** *~ av* a) eg.: bort cut c (away), itu cut . . in two; mat. intercep *avskurna* blommor cut . . b) bildl. se *avskära* **2** *~ bort* cut off (away, out), putsa bort tri off; kir. excise **3** *~ för* [*steken*] carve th joint; värden *skär för* . . does the carvin *~ för* [*maten*] *åt barnen* cut the children food for them **4** *~ igenom* eg. cut throug om ljud pierce; *det (medarna) skär igeno* vid slädåkning the runners touch the groun *genomskuren av* floder intersected (traverse by . . **5** *~ ihop* om motor seize, jam; *det ha skurit ihop* [*sig*] *mellan dem* bildl. they hav fallen out **6** *~ in* a) tr.: rista in incise; *~ ngt i ngt* incise (cut) a th. in a th., carve a th on a th. b) itr., *~* tränga *in i* cut into, k make an incision into **7** *~ ned* allm. cu down, minska äv.: t.ex. utgifter reduce, cu pare down, plötsligt slash, gradvis whittle dow t.ex. produktion cut [back], curtail, t.ex. en artik prune down **8** *~ sönder* . . cut . . to pieces bitar cut up . ., cut . . into pieces; *sönderska ren i ansiktet* gashed (badly cut) about th face **9** *~ till* a) tr. cut out b) itr., *det skar ti* i armen there was a twinge . . **10** *~ upp* i bitar cut up, i skivor cut up . . into slices, slic t.ex. stek äv. carve [up] b) öppna cut . . ope kir. (t.ex. böld) incise, open; *~ upp en bok* c [the pages of] a book **11** *~ ut* cut out, of; snida carve, *i* trä out of . .
skärande *a* eg. cutting; mat. (om linje) secan bildl.: om ljud piercing, shrill, strident, t.ex. o motsats glaring, t.ex. om dissonans jarring **skär-bräde** cutting-board **skärböna** Frenc (isht amer. string) bean
skärgård archipelago (pl. -s), islands an skerries pl.; *Stockholms ~* the Stockholr archipelago ('skärgård') **skärgårdsbo** - *-r* inhabitant of the archipelago; *vara ~* live in the archipelago
skärm *-en -ar* avdelnings~ o.d., röntgen~ sa bildl. screen; skuggande (t.ex. lamp~, ögon~ shade; brätte peak; teknisk skyddsanordning shiel jfr *stänkskärm* m.fl. **skärma** *tr*, *~ av* t.ex. lju screen; *~ av* [*sig från*] yttervärlden shut one self off from . .
skärmaskin cutting machine, för papper ä paper cutter; för att skiva matvaror slice slicing machine
skärm|bild X-ray picture **-bilda** *tr* **-bildsfotografera** *tr* X-ray, i större ska mass-radiograph **-bildsundersökning** X

ray [examination], i större skala mass radiography **-blad** bot. bract **-mössa** peaked cap
skärmytsla *itr* skirmish äv. tvista **skärmytsling** skirmish äv. tvist
skärning korsning intersection, *mellan* linjer of . . **skärningslinje** intersecting line, line of intersection **skärningspunkt** [point of] intersection
skärp *-et* - belt; långt knyt~ sash
skärp|a A *~n 0* allm. sharpness osv., jfr *skarp* 1; tydlighet, t.ex. fotos o. TV-bilds vanl. definition; syn~ äv. acuity; stränghet (om t.ex. kyla, kritik) severity; fränhet (om ton) acerbity; klarhet clarity, lucidity, stringens stringency; framhålla ngt *med ~* . . emphatically (with vigour el. energy); *med en viss ~ i tonen* with a degree of decisiveness in (a certain edge to) his (her osv.) tone
B *-te -t* **I** *tr* **1** eg. sharpen **2** bildl.: göra skarpare t.ex. uppmärksamheten, tonen) sharpen, (t.ex. bild) increase the sharpness of; stegra, öka intensify, increase, (t.ex. motsättningar) accentuate; göra strängare (t.ex. bestämmelser) tighten up, make . . more stringent, (t.ex. straff) make . . severer; förvärra (t.ex. konflikt) aggravate; *~ blicken* strain one's eyes; *-ta bestämmelser* more stringent rules; *det -ta läget* the aggravated (tense) situation; konflikten *har -ts* . . has deepened (become aggravated) **II** *rfl* rycka upp sig pull oneself together, wake up; vara uppmärksam be on the alert; *vara -t* be on the alert, F vara begåvad be bright
skärpedjup foto. depth of field **skärpeinställning** foto. focusing **skärpning** sharpening; intensification, increase; accentuation; tightening up; aggravation, jfr *skärpa B*
skärra *tr, ~ upp* excite, make . . excited; *vara uppskärrad* upphetsad be excited (wrought up), nervös, 'skärrig' be jumpy (jittery)
skärseld purgatory, bildl. äv. ordeal; *~en* relig. purgatory
skär|skåda *tr* undersöka examine, view; syna scrutinize, scan **-skådande** *~t 0, ta . . i ~* examine . ., take a view of . .
skär|slipare knife-grinder **-sår** cut, djupt gash
skärt *s* pink, light red; jfr *blått*
skärtand incisor
skärtorsdag Maundy Thursday; jfr *julafton*
skärv *-en -ar* penning mite bibl. o. bidrag; *sista ~en* the last farthing
skärv|a *-an -or* [broken] piece (fragment); smalare, splitter splinter; av lera: isht arkeol. potsherd, till blomkruka shard; bildl. fragment; *-or [av glas (porslin)]* vanl. broken glass (china) sg.
skärverktyg cutting (edge) tool
skök|a *-an -or* prostitute, bibl. harlot

sköld *-en -ar* allm. shield; mindre, rund buckler; herald. äv. escutcheon; zool. se *ryggsköld; vad bär han i ~en?* har han i sinnet what are his intentions? **-brosk** thyroid cartilage **-formig** *a* shield-shaped **-körtel** thyroid gland **-lus** scale insect, ullus mealy bug **-mö** Amazon, Valkyria **-padd** *~en 0* tortoise-shell **-padda** land~ o. sötvattens~ tortoise; havs~ turtle **-paddsimitation** konkr. imitation tortoise-shell **-paddskam** tortoise-shell comb **-padd[s]skal** tortoise-shell **-padd[s]-soppa** turtle soup
skölj|a *-de -t* **I** *tr* rinse, t.ex. kärl äv. rinse out; tvätta samt spola (om vågor) wash; läk. douche; *~* kläder *ordentligt (tre gånger)* äv. give . . a good rinse (put . . through three waters); *~ [sig i] munnen* rinse [out] one's mouth; *var så god och skölj!* hos tandläkaren rinse [your mouth out], please! **II** m. beton. part. **1** *~ av* a) ~ ren: t.ex. händer wash, t.ex. tallrik rinse b) *~* bort wash off; *~ av sig* dammet wash off . . **2** *~ bort* wash away (off) **3** *~ ned maten med* öl wash (rinse) down one's food with . . **4** *~ upp* a) tvätta upp give . . a quick wash b) *~ upp* ngt *på stranden* wash . . up (ashore) **5** *~ ur* ~ ren: t.ex. flaskor rinse [out], t.ex. kläder give . . a rinsing; *~ ur (ut)* ngt *ur* ngt rinse a th. out of . . **sköljkanna** läk. douche **sköljkopp** finger-bowl **sköljmaskin** för flaskor bottle-washing machine **sköljning** konkr. rinse, wash; läk. douche **sköljvatten** rinsing water
1 skön *n* discretion; *efter eget ~* at one's [own] discretion
2 skön *a* **1** vacker beautiful, poet. beauteous; *de ~a konsterna* the [fine] arts; *den ~a* the fair lady; *det ~a* filos. the beautiful; ha *sinne för det ~a* . . a sense of beauty **2** angenäm: allm. nice, om t.ex. känsla äv. pleasant; härlig lovely; bekväm comfortable, F comfy; ombonad snug, cosy, amer. cozy; *~t!* bra fine!; varm *och ~* nice and . .; *livet är ~t* life is sweet; *det är ~t att han* har rest it is a good thing he . .; *det vore ~t med* ett bad it would be nice to have . . **3** iron. nice, fine, pretty
skönhet *-en -er* beauty äv. konkr.
skönhets|drottning beauty queen **-expert** beauty specialist, amer. äv. beautician **-fel** flaw, blemish, felaktighet i vara äv. imperfection **-fläck** se *-fel* **-kult** cult of the beautiful **-medel** kosmetik cosmetic, beauty preparation **-salong** beauty parlour, amer. beauty shop (parlor) **-sinne** sense of beauty; smak taste **-tävling** beauty competition **-vård** beauty culture (behandling treatment) **-värde** aesthetic value
skönj|a *-de -t tr* urskilja discern, descry; spåra, märka see, notice, perceive; ana get an inkling of; börja se (ana) begin to see; ngt *-es (kan -as)* vanl. . . is to be seen **skönjbar** *a* dis-

cernible, synbar visible, märkbar perceptible; tydlig (om t.ex. förbättring) marked

skön|litteratur [pure] literature; end. på prosa fiction; vitterhet belles lettres fr. **-litterär** *a* om författare, verk o.d. (attr.) . . of pure literature (resp. of fiction) **-målning** idealizing description; -måleri idealization **-skrift** calligraphy

sköns|mässig *a* jur. discretionary **-taxering** discretionary assessment

skönt *adv* **1** vackert beautifully **2** angenämt pleasantly; bekvämt comfortably; *ha det* ~ a) bekvämt be comfortable b) angenämt have a nice time c) ombonat, 'mysigt' be snug (cosy); *sitta hemma och ha det* ~ *en kväll* have a nice evening at home

skör *a* som lätt bryts (om t.ex. naglar, porslin) brittle; svag, ömtålig fragile, bildl. äv. frail; tyget *är* ~*t* . . tears easily **sköra** *tr,* ~ ett segel split . .

skörbjugg *-en 0* scurvy, vetensk. scorbutus; *ha* ~ vanl. be scorbutic

skörd *-en -ar* allm. harvest, vin~ äv. vintage; konkr. äv. crop; avkastning yield äv. bildl.; *få in* ~*en* get the crops in; *en rik* ~ *av* minnen a rich store of . .; jorden *ger goda* ~*ar* . . yields good harvests; frukt *av egen* ~ . . of one's own growth, . . that one has grown oneself; *av årets* ~ of this year's growth (vin~ vintage); *i (under)* ~*en* during harvest[-time]

skörda *tr* allm. reap; t.ex. säd äv. harvest, t.ex. frukt gather, bär pick; bildl. äv. win, gain; innan *vi börjar* ~ *(har* ~*t)* . . we start harvesting (have done the harvesting); ~*s* [*av döden*] be carried off by death

skörde|arbetare harvester, reaper **-fest** harvest home (kyrkl. festival) **-folk** harvesters pl., reapers pl. **-maskin** reaping-machine, reaper **-permission** mil. harvest leave **-tid** harvest time **-tröska** combine-harvester **-utsikter** *pl* harvest prospects

skörhet brittleness; fragility, frailty, jfr *skör*

skört *-et* - på rock: delat tail, odelat skirt; på klänning basque **skörta** *tr,* ~ *upp* fästa upp tuck up; bedraga overcharge, fleece; driva upp (t.ex. priser) screw (force) up; *bli uppskörtad* F have to pay through the nose

sköt *-en -ar* strömmings~ herring drift-net

sköt|a *-te -t* **I** *tr* **1** vårda: t.ex. barn nurse, t.ex. sjuka äv. tend; behandla treat, om läkare attend; vara aktsam om be careful with, look after . . well; ~ *sin hälsa* look after (see to) one's health; ~ *om* take care of, look after, t.ex. patient äv. attend to, t.ex. sjukdom nurse; ~ *om ett sår* tend (lägga om dress) a wound; ~ *om ngn väl* take good care of . ., look after . . well; jfr *3* ned. **2** förestå, leda manage, t.ex. hushållet, en affär run; handha conduct; hantera handle äv. bildl. (t.ex. folk), maskin o.d. work, operate; föra (t.ex. räkenskaper) keep; inneha (t.ex. en tjänst) have, hold; fullgöra (t.ex. sina plikter) discharge; ha hand om (t.ex. trädgård, ngns affärer) look after; utföra, stå för (t.ex. matlagningen) do; kunna ~ *ett arbete* . . carry on a job; ~ *sitt arbete* go about (attend to) one's work; *ha -er sitt arbete bra* he does his work well; *ha ett hem att* ~ have a house to mind; *hon -er hemmet* hushållet she runs the house; ~ *korrespondensen (böckerna)* på ett kontor handle the correspondence (keep the books); han kan inte ~ *pengar* . . handle (manage) money; ~ *sin sak bra* do one's job well; *det -te du bra* you did a good job there; *sköt du ditt (dina affärer)!* mind your own business! **3** ~ [*om*] ombesörja attend (see) to, ta hand om take care of, look after, behandla deal with; göra do; ha hand om be in charge of, be responsible for; *det (den saken) -er jag* [*om*] I'll see (attend) to that; ~ *in tvätten* mangle and iron the washing

II *rfl* **1** sköta om sig look after (take care of) oneself; om mage function **2** uppföra sig conduct oneself, vara skötsam go (keep) straight; ~ *sig bra (illa)* acquit oneself well (badly), give a good (bad) account of oneself, do well (badly); *hur -er* klarar *han sig i skolan?* how is he doing (getting on) at school?; ~ *sig själv* take care of oneself, klara sig manage by oneself; *låta ngn* ~ *sig själv* göra som han (hon) vill leave a p. to his (resp. her) own devices, lämna i fred leave a p. alone

skötare keeper; jfr vid. t.ex. *maskin-, sjuk|skötare* **skötbord** nursing table

sköte *-t -n* knä lap; moderliv womb; underliv pudenda pl. (lat.), mera vard. sex[ual parts pl.]; bildl. bosom; ha ngt *i* ~*t* . . on one's lap; *i familjens* ~ in the bosom of the family; vad framtiden *bär i sitt* ~ . . holds in store **-barn** gunstling darling, pet; huvudintresse chief (pet) concern

sköterska nurse

sköterske|biträde assistant nurse **-dräkt** nurse's uniform **-utbildning** training of nurses; *ha* ~ be a trained nurse

skötesynd besetting sin

skötsam *a* stadgad steady; plikttrogen conscientious **skötsamhet** steadiness; conscientiousness **skötsel** *-n 0* vård care, tending, av sjuka nursing; ledning, förvaltning management, t.ex. av hushåll running, handhavande conduct; tillsyn attendance, attention; *jordens* ~ the cultivation of the soil

skövla *tr* devastate; förhärja ravage; utplundra sack, pillage; förstöra (t.ex. lycka) ruin, wreck **skövlare** *-n* - devastator; sacker etc., jfr *skövla* **skövling** devastation; sack[ing], pillage; ruining, wrecking, jfr *skövla*

slabba *itr* se *slaska* **slabbig** *a* se *slaskig*

1 sladd *-en -ar* **1** elektr. flex, amer. cord; repända [rope's] end, repstump piece of rope **2** bildl., *komma på ~en* bring up the rear; *komma med på ~en* come (slip) in with the rest **3** slirning skid; *jag fick ~ på bilen* my car skidded

sladd *-en -ar* jordbr. clod-crusher

sladda *itr* slira skid

sladda *tr* jordbr. run over . . with the clod-crusher

sladdbarn child born several years after the other[s] [in a (the) family], skämts. afterthought

sladder *sladdret 0* **1** prat chatter **2** se *skvaller* **-aktig** m.fl. sms. se *skvaller-* **-tacka** [old] gossipmonger, F [old] cat

sladdlampa hand lamp

sladdra *itr* **1** prata chatter **2** se *skvallra*

sladdrig *a* slapp flabby, limp; om tyg flimsy

slafs *-et 0* **1** slarv sloppiness **2** slafsig mat mushy stuff **slafsa** *itr* **1** sörpla gobble; *~ i sig* ngt gobble up . . **2** klafsa squelch, slop

slafsig *a* slarvig sloppy; om mat mushy

slag *-et -* sort kind, sort; typ type; beskaffenhet description; art nature, isht vetensk. species (pl. lika); kategori category, class; jag äter *all ~s mat* . . all kinds (sorts) of food; *alla ~s bilar, bilar av alla [de] ~* all kinds (sorts) of cars, cars of all kinds (sorts), cars of every description, all manner of cars, av olika slag every variety of car; *det ~s böcker som* . . books of the kind (sort) that . .; *den tillhör det ~s böcker* som jag avskyr it is one of those books . ., it is the kind of book . .; *det är ett (något) ~s blomma* it is a (some) kind of flower, mera obestämt it is a flower of some kind or other; vi har *ett ~s [nya (röda)] blommor* . . a [new (red)] kind of flower; hon är *något ~s sekreterare* . . some kind of secretary, . . a secretary of some sort (of sorts); *utan något ~s* resultat without any . . whatever; problemet *är av [ett] annat ~* . . is different (of a different type); *problemet är av sådant ~ att* . . the problem is of such a nature that . .; *vad är det för ~s bil?* what kind (sort) of [a] car is it?; *vad för ~?* what?; boken *är i sitt ~ utmärkt* . . is excellent in its way

2 slag *-et -* **1** utdelat av person samt bildl., allm. blow; utdelat m. tillhygge äv., samt i spel stroke, i spel äv. hit; med handen äv.: med handflatan slap, smack, med knytnäven punch, lätt tap, rap; stöt o. knackning knock; rapp lash, cut; *ge ngn ett ~* give (deal, strike) a p. a blow; *ett hårt ~ [för ngn]* bildl. a hard (heavy) blow [to . .]; *ett ~ för örat* bildl. a shattering blow; *slå ett ~ för* . . strike a blow for . .; *ge ngn ett ~ i ansiktet (huvudet)* give a p. a slap on the face (a blow on the head); *det är ett ~ i ansiktet [på* ngn] bildl. it is a slap in the face [for . .]; *jag fick ett ~ i huvudet* när jag föll I got a knock (bang) on the head . .; *ett ~ i luften* bildl. an empty (ineffectual) gesture; *göra ~ i saken* settle (clinch) the matter, slå till bring matters to a head; *vara (inte vara) i ~* be in (be out of) form; *i ett ~* bildl. all at once; *~ i ~* in quick (rapid) succession **2** rytmisk rörelse beat, hjärtats o. pulsens äv. throb; maskindels o. ving~ stroke; ~ pl. (slående): t.ex. vågornas, hjärtats beating sg., hjärtats äv. throbbing sg., pendels oscillation sg. **3** klockslag stroke; *på ~et* on the stroke, punktligt äv. punctually; *på ~et tre* on the stroke of three, at three [o'clock] sharp **4** varv turn; tekn. revolution; *gå ett par ~ runt* huset take a few turns round . .; *vrida om nyckeln två ~* turn the key twice in the lock; porten är låst *med dubbla ~* . . with a double turn of the key **5** tag, stund, *ett ~* under (på) en kort stund for a moment (a little while), en tid for a time, en gång [i tiden] at one time; vänta *ett ~!* . . a moment (bit, minute, sec)! **6** mil. battle; *~et vid* Lund the battle of . .; *~et stod vid* . . the battle was fought at . . **7** läk. apoplexy; *få ~* vanl. have a stroke (an apoplectic stroke), bildl. get (have) a fit; *du skrämmer ~ på mig* you frighten me out of my wits **8** sjö.: vändning tack; sträcka board; *göra ~* make a tack, tack **9** i knyppling stitch **10** jakt.: vittring scent, *på* of; bukt double **11** fågels ljud warble, warbling **12** på kavaj o.d. lapel, isht på damplagg revers (pl. lika); på byxor o. ärm turn-up, amer. cuff; på mössa flap; kavaj *med dubbla ~* double-breasted . .

slag|a *-an -or* flail **slaganfall** apoplectic stroke, fit of apoplexy **slagbjörn** killer bear **slagbom 1** fällbom (järnv.) lift gate **2** vävn. batten **slagbord** gate-legged table **slagdäng|a** *-an -or* popular song, schlager äv. hit **slagen** *a* besegrad defeated, beaten; *~ av* häpnad struck by . .; *se ut som en ~ hjälte* ung. look finished; jfr *2 slå* **slagfält** battlefield, battleground **slagfärdig** *a* bildl. quick-witted, pred. äv. quick at repartee **slagfärdighet** [quickness at] repartee, ready wit

slagg *-en (-et) 0* av metall slag, dross; av kol o.d. clinker, cinders pl.; bildl. (orenhet) dross **slagga I** *tr itr, ~ [i]* värmepanna clear out the clinkers (cinders) from . ., clinker . . **II** *itr rfl, ~ [sig]* om metall form slag (dross); om kol. o.d. clinker **slaggbildning** formation of slag osv., jfr *slagg*

slag|instrument percussion instrument; *~en* i orkester the percussion sg. **-kraft** effektivitet effectiveness, t.ex. arguments äv. cogency; t.ex. vapens striking power **-kraftig** *a* effective, om t.ex. argument äv. cogent **-kryssare** battle-cruiser **-lod** i klocka striking weight **-man** sport. batsman, i baseball vanl. batter **-nummer** hit **-ord** slogan catchword, slogan; kliché cliché **-ordning** mil. hist. battle array **-påse** sport. punchbag äv. bildl. **-regn**

pelting rain **-ruta** eg. divining-rod, dowsing rod; *gå (leta) med ~* divine, dowse **-ruteman** [vatten~ water-]diviner, dowser **-rörd** *a* paralysed **-sida** sjö. list; bildl.: lutning lopsidedness, övervikt preponderance; *få ~* sjö. [begin to] heel over; *ha ~* sjö. have a list, list **-skepp** battleship **-skugga** eg. projected shadow; bildl. shadow

slags|kämpe fighter, deltagare i slagsmål äv. combatant; bråkmakare rowdy **-mål** fight, handgemäng äv. scuffle, bråk row; *råka i ~ med . .* get into a fight with . .; *de råkade i ~* they started fighting, om pers. äv. they came to blows

slag|trä i bollspel bat; bildl. ung. weapon **-tålig** *a* om t.ex. plast impact resistant **-ur** striking clock **-vatten** sjö. bilge-water **-verk 1** i ur striking apparatus (mechanism) **2** mus. percussion instruments pl.: *~et* i orkester the percussion

slak *a* inte spänd slack, om tyglar äv. loose; matt feeble, weak; *~ i knäna* wobbly at the knees

slakna *itr* eg. slacken **slaksida** på djur flank

slakt *-en -er* slaktande slaughter, bildl. äv. butchery; slaughtering, samtl. end. sg.; *~en börjar* i dag the slaughtering begins . .; *vi har ~* i dag we are slaughtering . . **slakta** *tr* eg. kill, butcher, i större skala äv. slaughter; bildl.: människor slaughter, butcher, massacre, t.ex. bilar cannibalize; *vi ~de* igår we slaughtered . .; *~ ned* kill, slaughter, sjuka djur destroy **slaktare** butcher **slaktarkniv** butcher's knife **slaktboskap** eg. cattle pl. to be killed (slaughtered) **slaktbänk** slaughtering-block; *föra (leda) till ~en* lead . . to the slaughter

slakteri 1 se *slakthus* **2** se följ. **-affär** butcher's [shop], amer. butcher shop **-arbetare** på slakthus slaughter-house worker, slaughterman

slakt|färdig *a* . . ready for killing **-hus** slaughter-house, offentligt abattoir fr. **-mask** slaughtering-mask **-offer** sacrifice **-vikt** carcase (carcass) weight

slalom *s* slalom; lära sig att *åka ~* . . do slalom-skiing **-backe** slalom slope **-åkning** slalom-skiing

1 slam *-men -mar* kortsp. slam; *göra ~* make a slam

2 slam *-met 0* bottenfällning ooze, gyttja mud, sandhaltigt silt; kloak~ sludge; dy slime

slamma *tr itr* rena: t.ex. malm wash, krita purify; *~d krita* whit[en]ing; *~ igen (till)* itr. get filled with mud osv. (jfr *2 slam*), gm rinnande vatten äv. silt up; *~ upp* t.ex. flodmynning silt up, ngt i vätska suspend; *uppslammad* mark alluvial . .

slam|mer *-ret 0* clatter, rattle, *av, med* of **slammig** *a* gyttjig muddy, . . full of mud

slamp|a *-an -or* slut, slarva äv. slattern, slir äv. hussy **slampig** *a* sluttish; slatternly

slamra *itr* skramla: om saker clatter, rattl om pers. make a clattering (rattling) nois *~ med ngt* clatter (rattle) a th.

slams *-et 0* **1** slarv slovenliness **2** flams si behaviour **slams|a I** *-an -or* **1** slampa sl **2** av t.ex. kött rag, scrap; hänga *i -or* . . in ra (tatters) **II** *itr* **1** slarva be careless **2** flamsa fo about **slamsig** *a* **1** slampig sluttish **2** om k flabby

slan|a *-an -or* byggn. scaffold pole

1 slang *-en 0* språkv. slang

2 slang, *slå sig i ~ med* ngn take up with . börja prata med get into conversation with . .

3 slang *-en -ar* tube, ss. ämnesnamn tubin grövre (t.ex. dammsugar~, brand~, vatten~) hos cykel~, bil~ [inner] tube; 5 m *~* . . of tubi (of hose-piping); matas *med ~* . . through tube; vattna *med ~* . . with a hose[-pip **-båge** catapult, amer. slingshot **-gurk** cucumber **-lös** *a, ~t däck* tubeless ty **-munstycke** hose nozzle

slangord slang word

slank *a* slender, slim; *hålla sig ~* keep sli **slankig** *a* sladdrig limp, flaccid; hållningsl loose

slant *-en -ar* mynt coin, koppar~ copper; ~ pengar money sg.; ge ngn *en ~* . . a few coppe (en summa a [little] sum); förtjäna *en ~* . . son (a bit of) money; förtjäna *en bra ~* . . a ni sum; det kostar *en bra (vacker) ~* . . a pret penny (quite a bit); använda *hela ~en* . . a the money; *han arbetar för hela ~en* h does nothing but work, he works for all h is worth; *se (vända) på ~en* . *~arna* spara look at every penny; *vara sl gen till [en] ~* hjälplös be completely lost

slanta fiske. **I** *itr* troll **II** *tr* troll for **slantsp** trolling rod

slapp *a* slak slack, om t.ex. hud loose, om t.e anletsdrag flabby, flaccid; kraftlös: om t.ex. ha limp, om t.ex. rörelse languid, om pers. enervate unnerved; håglös listless; nonchalant eas -going; löslig: om t.ex. moral lax, om t.ex. s sloppy; *~ hållning* eg. slack posture; *muskel* slack (flabby, flaccid) muscle; *häng ~* hang slack **slappa** *tr* avspänna rela **slappas** *itr. dep, ~ [av]* om t.ex. intres relax, weaken, abate, flag, om t.ex. mo grow lax, om t.ex. kontroll slacken **slapphe** slackness, looseness, flabbiness, flaccidity limpness, languidness; enervation; listles ness; easy-goingness; laxity, sloppiness, *slapp;* lojhet äv. lack of energy (nerve) **slapp hänt** *a* se *släpphänt* **slappna** *itr* om t.ex. mus ler slacken, om t.ex. grepp loosen; jfr vid. *slap pas; ~ av* relax

slarv *-et 0* carelessness, försumlighet negl gence; oreda disorder; det var *~ av mig* .

ıst my carelessness; det är *ett oförlåtligt ~ av mig* .. an unforgivable piece of carelessness [on my part] **slarv|a I** *-an -or* careless woman (girl); slampa slattern; *hon är en riktig ~* she is very careless; *din lilla ~!* you careless little thing! **II** *itr* **1** be careless (negligent osv., jfr *slarvig); ~ med ngt* vara slarvig med be careless osv. about a th., försumma neglect a th., fuska med scamp (make a mess of) a th.; *~ bort* förlägga [go and] lose, slösa bort fritter away; *~ ifrån sig ngt* scamp (scramble through) a th., do a th. by halves **2** *vara ute och ~* festa be on the spree (binge) **slarv|er** *-ern -ar* careless fellow; odåga good-for-nothing; för ex. se vid. under *slarva I* **slarvfel** careless mistake, mistake due to carelessness **slarvig** *a* careless, negligent; hafsig slipshod, slovenly; ovarsam heedless; osnygg untidy; försumlig remiss; hon har gjort *ett ~t arbete* . . a slipshod piece of work; *det är ~t i rummet* the room is untidy, things are in a mess in the room **slarvsylta,** *göra ~ av* ngn make mincemeat of . .

slask *-et 0* **1** gatsmuts slush; slaskväder slushy weather **2** blask dishwater **3** ~vatten slops pl. **4** slaskande dabbling, splashing

slask *-en -ar* vask sink

slaska I *tr* splash; *~ ned* golvet splash . .; *~ ned* i badrummet make things all wet . . **II** *itr* **1** blaska dabble (splash) about **2** *det ~r* it is slushy weather, det töar it is thawing **slaskhink** slop-pail **slaskig** *a* om väder o. väglag slushy; slabbig wet

slask|rör waste-pipe **-spalt** i tidning light column **-tratt** sink **-vatten** slops pl. **-väder** slushy weather

slatt *-en -ar* drop, bottenskvätt i vinglas o.d. heel-tap

slav *-en -er* folk Slav

slav *-en -ar* slave äv. bildl.; *vara ~ under ngt (ngn)* be a slave to a th. (be the slave of a p.) **slava** *itr* slave, friare drudge **slavdrivare** slave-driver äv. bildl. **slaveri** *-[e]t 0* slavery; *~et under* modet slavery to . . **slavgöra** bildl. slavery, drudgery; det är *ett rent ~* . . sheer slavery (drudgery) **slavhandel** slave-trade, slave-traffic; *vit ~* white-slave traffic **slavhandlare** slave-trader, slaver; *vit ~* white-slaver **slavinna** [female] slave

slavisk *a* Slavonic, om t.ex. folk äv. Slavic

slavisk *a* osjälvständig slavish, om t.ex. lydnad äv. servile

slavist Slavist, Slavonic philologist

slav|liv life of slavery äv. bildl. **-station** radio. o.d. slave station

slejf *-en -er (-ar)* sko~ strap; ärm~ tab; rygg~ half-belt **-sko** strap-shoe

slem *-met 0* i t.ex. luftrören phlegm; avsöndring: anat. mucus, på djur äv. slime, på växter mucilage **-avsöndrande** *a* mucus-secreting, vetensk. muciferous **-hinna** mucous membrane **-klump** clot of phlegm **-körtel** mucous gland **-lösande** *a* expectorant; *~ medel* expectorant

slemmig *a* slimy äv. bildl.; slemhaltig mucous; bot. mucilaginous; klibbig viscous

slemsvampar *pl* slime fungi

slentrian *-en 0* routine; *bli ~* become a routine; *följa gammal ~* follow the same old routine, keep to the same old beaten track; *fastna i ~* get into a rut (a groove) **-mässig** *a* routine-like, attr. äv. routine **-mässigt** *adv* in a routine fashion (way)

slev *-en -ar* sopp~ o.d. ladle; mur~ trowel; *få en släng av ~en* bildl. get (om ngt obehagligt come in for) one's share **sleva** *tr, ~ i sig* ngt shovel down . ., helt o. hållet put away . .

slick *-en -ar* skvätt spot; klick dab; *en ~* kaffe a spot (a few drops pl.) of . .; *en ~* marmelad a dab of . ., some . . **slicka I** *tr* allm. lick; *~ sig om munnen* [*efter* ngt] lick (bildl. äv. smack) one's lips [in anticipation of . .]; hans hår *ligger som ~t* . . is plastered down **II** *itr, ~ på* lick **III** m. beton. part. **1** *~ av* tallriken lick . . clean; *~ av* ngt [*från ngt*] lick . . off [a th.] **2** *~ i sig* ngt lick up . ., om t.ex. katt samt bildl. (t.ex. beröm) lap up . . **3** *~ upp* lick up **4** *~ ur* skålen lick . . clean **slickepinne** lolly, lollipop

slid *-en -er* tekn. slide

slid|a *-an -or* sheath äv. bot.; anat. vagin|a (pl. äv. -ae)

sliddersladder *itj* fiddlesticks!

slidkniv sheath-knife

slik *a* se *sådan*

sling|a *-an -or* ringel av ngt hoprullat samt t.ex. rör~ coil; av rök o.d. wisp, wreath, trail; av väg, flod o.d. winding; ögla loop; hår~ lock, rak strand; ornament arabesque; girland festoon; ranka creeper, reva tendril

slinger|bult 1 undanflykt dodge, prevarication; *~ar* äv. dodging sg., shuffling sg. **2** pers. dodger **-köl** sjö. bilge-keel **-skott** sjö. **1** i lastrum shifting board **2** sidostöd fiddle **-växt** trailer, trailing plant

slingra I *tr* wind, twine **II** *itr* **1** se *slingra III* **2** sjö. roll **III** *rfl* om t.ex. väg wind, om flod äv. meander; åla sig wriggle; om växt trail; om t.ex. rök wreathe; bildl. try to get round things, be evasive; *han bara ~de sig* bildl. he tried to get round things all the time; *~ sig om (runt)* ngt twine (twist, om orm äv. coil [itself], wreathe itself) round . .; *~ sig om varandra* intertwine, intertwist **IV** m. beton. part. **1** *~ sig ifrån* ngt (bildl.) wriggle out of . ., dodge (evade, shirk) . . **2** *~ sig igenom* thread one's (om orm wriggle its) way through **3** *~ ihop* entwine; *~ ihop sig* om t.ex. grenar intertwine, intertwist; ormen *~de ihop sig* . .

coiled itself up **4** ~ *sig undan* a) itr.: eg. wriggle (friare slip) away; bildl. get (dodge) out of it (things) b) tr.: se ~ *sig ifrån* **5** ~ *sig ur* ngt wriggle out of . .

slingrande *a* o. **slingrig** *a* winding, om t.ex. väg äv. tortuous, sinuous, twisty, attr. äv. serpentine, om flod äv. meandering; ålande wriggling; om växter trailing; bildl. tortuous, twisty

slingring **1** t.ex. vägs winding, enstaka wind, t.ex. flods slingrande lopp äv. meanders pl., jfr vid. *slingra III;* ~*ar* bildl. dodges **2** sjö. rolling, enstaka roll

1 slink|a *-an -or* wench, hussy

2 slinka *slank slunkit itr* **1** hänga lös dangle, hang loose; slinta slide **2** kila slip, smyga slink, steal; ~ *förbi* (*in* m.m.) slip osv. past (in m.m.); ~ *in på* en bar slip (nip, pop) into . .; ~ kila *i väg* slip (nip, pop) off, om tid slip by; ett fel *hade slunkit med* [*i texten*] . . had slipped in[to the text]; ~ *ned* om mat go down; *det slank ur mig* it slipped out of me, *att* . . that . .

slint *s, slå* ~ misslyckas fail, go wrong (amiss)

slinta *slant sluntit itr* slip; glida, om skidor glide, slide; *han slant med foten* his foot slipped; glaset *slant ur handen på mig* . . slipped out of my hand

slip *-en -ar* sjö. slips pl., bana äv. slipway, bädd äv. stocks pl.; fartyget *ligger på* ~ . . is on the slips (stocks)

slipa *tr* allm. grind, vässa äv. sharpen, bryna whet; glätta polish äv. bildl.; glas o. ädelstenar cut; ~ *egg på* en kniv put an edge on . .; ~ *av (bort)* ngt grind . . off, bildl. (t.ex. kantigheter) rub off . .; ~ *av* jämna grind (nöta, om t.ex. vågor wear) . . smooth; *han behöver* ~*s av* he needs his edges (corners) rubbing off; ~ *in ett namn på* en vas cut [in] a name on . .; ~ *in* en propp grind in . .; ~ *ned* en tand grind down . .; ~*till* en lins grind . . **slipa|d** *a* **1** eg. ground osv. jfr *slipa;* av *-t glas* . . cut glass; ~*e* dricks*glas* glasses made of cut glass; ~ vas cut-glass . . **2** bildl.: knivig smart, shrewd; utstuderad cunning, artful **slipare** grinder; glas~ osv. cutter

slip|er *-ern -rar (-ers)* järnv. sleeper, amer. crosstie, tie

sliperi grindery; för glas glass-cutter's (för ädelstenar gem-cutter's) workshop

slip|maskin grinding machine; för glasslipning cutting machine **-massa** mechanical wood-pulp **-ning** -ande grinding etc. jfr *slipa;* ädelsten med *en vacker* ~ . . a beautiful cut

slipov|er *-ern -rar (-ers)* slipover

slipp|a *slapp sluppit* **I** *tr itr* **1** a) äv. ~ *ifrån (undan):* befrias från be excused from, be let off, undgå escape, undvika avoid, förskonas från be spared, *ngt* (*att gå*) i samtl. fall a th. (going); bli kvitt get rid of b) inte behöva not have to, not need [to], jfr ex.; *du -er* [*göra det*] you needn't (don't need to el. have to) [do it]; jag (vi) låter dig slippa I (we) will let you of[f] [doing it]; *du -er inte* you must (have got to) kan inte komma ifrån det you can't get awa[y] from (get out of) it; jag gör det inte *om jag -e[r] (kan* ~*)* . . if I can avoid (help, get out of) it; *-er jag (får jag* ~*) gå?* may I be let of[f] (be excused from) going?; jag hoppas *jag -e[r] se honom mera* . . I have seen the last o[f] him; *hon slapp betala* she didn't have to pay[,] she was let off paying; *du -er besväret om* . . you'll be spared the trouble (won't have an[y] trouble) if . .; *för att* ~ besväret to sav[e] (avoid) . .; *för att han skulle* ~ besvär[et] gick jag in order to spare him . .; *man -e[r] honom inte* there is no getting rid of him; *v[i] slapp regnet igår* it didn't rain yesterday [för en gångs skull for once]; *du -er* soppa[n] you needn't eat . ., får lämna you may leave . . *du -er* [*göra*] disken you needn't do . .; *ha[n] bad att få* ~ [*gå*] he asked to be excuse[d] [from going]; *kan jag inte få (låt mig)* ~ [*göra det*]*!* I'd rather not [do it] if you don'[t] mind; *låt mig* ~ *vidare* obehag spare m[e] further . .; *låt mig* ~ *höra* eländet I don'[t] want to have to listen to . .; ingen kan tvinga dig *om du vill* ~ [*gå*] . . if you don't want t[o] [go]; *jag vill helst* ~ I would rather not I should prefer not to; *slipp* låt bli *då!* don'[t] then! **2** släppas, ~ *över* bron be allowed t[o] pass . .; *ingen -er härifrån* nobody is allowe[d] to leave [here]

II m. beton. part. **1** ~ *fram* komma igenom ge[t] (släppas igenom be let) through, släppas förbi be allowed to pass **2** ~ *förbi* [ngn] get (slinka slip) past [. .] **3** ~ *ifrån* se *slippa I 1 a), du -er inte ifrån* får inte låta bli [*att göra*] *de[t]* you can't get away from (you can't get ou[t] of) [doing] it **4** ~ *igenom* get (släppas be let slinka, äv. om sak slip) through **5** ~ *in* get in släppas in be let in, be admitted; *ingen -er in* rummet nobody is admitted to (is allowed t[o] enter) . . **6** ~ *lös* get (break) loose, bli släppt ur fängelse o.d. be set free, om eld break out **7** ~ *undan* a) tr. escape; se vid. *slippa I 1 a),* o. *slippa ifrån* b) itr. get (be let) off, escape *med* en varning with . .; den här gången *-er du inte undan* you won't get out of it . . **8** ~ *upp sömmen* split at the seam, come unsewn **9** ~ *ur, det slapp ur mig* it slipped out of me, *at[t]* . . that . . **10** ~ *ut* get (släppas be let, slinka slip) out, *ur* of; sippra ut leak out äv. bildl.; bli fri given be released, rymma escape, *ur* fängelse from . .; *ingen -er ut ur* rummet nobody is allowed to leave . .

slipprig *a* slippery; bildl. indecent, obscene **-het** ~*en* ~*er* oanständighet indecency, obscenity; yttrande äv. indecent (obscene) remark

slips *-en -ar* tie **-hållare** tie holder

slipsten grindstone

ira *itr* om bil o.d. skid; spinna (om hjul) spin; om koppling o.d. slip; ~ *på kopplingen* slip the clutch **slirfri** *a* non-skid **slirig** *a* slippery **slirning** slirande skidding osv.; sladd skid
isk *-et 0* snask sweet stuff **sliskig** *a* sickly-sweet, sweet and sickly; sirapslen sugary; ismande oily
it *-et 0* **1** arbete toil, drudgery, F grind, ag; sjå job; ~ *och släp* toil and moil; ~*et ör [att få]* ngt the struggle for . . **2** se *riv*
it|a *slet -it* **I** *tr itr* **1** nöta, ~ *[på]* t.ex. kläder wear out; *det -er på nerverna* it tells (is a strain) on one's nerves; *hålla att* ~ *på* wear well, stand a great deal of wear; *mattan s om* . . the carpet will get worn if . . **2** iva tear; rycka pull; avslita: t.ex. band sever, break, förtöjningar part (break) [from]; ~ *itt hår* tear one's hair; ~ sina ögon *från* take . off; ~ ngt *i stycken* tear (pull) . . to pieces; ~ ngt *ur händerna på ngn* tear . . from a p.; ~ *i* ngt tear at . . **3** knoga toil, work [hard], drudge; ~ *med* ngt toil (slave away) at . .; ~ *ont* have a rough time of it; ~ *och släpa* toil and moil **4** ~ en tvist settle (decide) . .
II *rfl* om t.ex. djur break (get, om sak work) loose, om båt break adrift; ~ *sig från* . . om pers. tear oneself away from . . äv. bildl.
III m. beton. part. **1** ~ *av* sönder break, itu pull . . in two, ~ bort tear off; ~ *av ngn (sig) kläderna* tear off a p.'s (one's) clothes **2** ~ *bort* nöta bort wear off; rycka bort tear away (off) **3** ~ *ifrån ngn ngt* tear a th. from a p. **4** ~ *ihjäl sig* work oneself to death **5** ~ *loss (lös)* tear off (loose); ~ *sig lös* tear oneself away, göra sig ledig get away; se vid. under *slita II* **6** ~ *ned* nöta ned wear down **7** ~ *sönder* tear, *på* en spik on . .; ~ hål på tear a hole (på flera ställen holes) in; riva i bitar tear . . up (to pieces); *sönderslitten* trasig tattered **8** ~ *upp* öppna tear open; nöta ut wear out **9** ~ *ut* nöta ut wear out, trötta ut wear . . out; ~ *ut sig* wear oneself out, work oneself to death; se vid. *utsliten*
slitage *-t 0* wear [and tear] **slitas** *itr. dep* **1** ~ slåss *om* fight (scramble) for **2** ~ *mellan* olika känslor be torn between . . **sliten** *a* allm. worn, om saker äv. (pred.) the worse for wear; luggsliten shabby, om kläder äv. threadbare; om t.ex. fras hackneyed **slitgöra** drudgery; det är *ett rent* ~ . . sheer drudgery **slitning** **1** slitage wear **2** osämja discord, friction båda end. sg.; dissension; samarbete *utan* ~*ar* frictionless (smooth) . .
slits *-en -ar* skåra slit, på kläder äv. vent **slitsa** *tr*, ~ *upp* slit . . open
slit|sam *a* toilsome, laborious, om t.ex. liv äv. hard **-stark** *a* hard-wearing; hållbar durable; tyget *är* ~*t* äv. . . wears well **-styrka** wearing qualities pl.; hållbarhet durability **-varg,** *han är en riktig* ~ he is a proper one for wearing out his clothes
slockna *itr* go out, om vulkan become extinct; bildl.: ta slut die down, somna drop off; ~ *ut* become extinct, om ätt äv. die out **slocknad** *a* attr. . . that has (resp. had) gone out; utbrunnen burnt-out; om t.ex. vulkan extinct; om röst, ögon dull, lifeless
slogan *- -s r* slogan
sloka *itr* droop, flag; ~ *med svansen* drag one's tail; ~ *med vingarna (öronen)* droop one's wings (ears) **slokhatt** slouch-hat **slokörad** *a* eg. lop-eared; bildl. crestfallen
slopa *tr* avskaffa abolish, t.ex. system äv. scrap, discard; uppge abandon, give up; utelämna leave out, skip; sluta med discontinue
slott *-et -* palace; befäst castle; större herrgård manor-house
slotts|fru lady of a (resp. the) palace osv. (jfr *slott*), chatelaine **-gård** palace (castle) yard **-lik[nande]** *a* palatial **-ruin** ruined castle **-stek** ung. boeuf à la mode fr. **-tappad** *a.* château-bottled **-tappning** château wine
slovak *-en -er* Slovak **slovakisk** *a* Slovakian, attr. äv., om t.ex. språk Slovak **slovakisk|a** *-an* **1** pl. *-or* kvinna Slovakian woman **2** pl. *0* språk Slovak
sloven *-en -er* Slovene **slovensk** *a* Slovenian, attr. äv., om t.ex. språk Slovene **slovensk|a** *-an* **1** pl. *-or* kvinna Slovenian woman **2** pl. *0* språk Slovene
sludd|er *-ret 0* sluddrigt tal slurred (berusads thick) speech **sluddra** *itr* slur one's words; om berusad talk thick **sluddrig** *a* slurred; thick
slug *a* shrewd, astute; listig sly, cunning, artful, F deep; förslagen smart, crafty; klipsk clever; se vid. ex. under *klok*
slugg|er *-ern -ers (-rar)* sport. slogger, isht amer. slugger
slughet shrewdness osv. jfr *slug;* cunning **slughuvud** filur sly dog (one); ljushuvud genius
sluka *-de (slök) -t tr* eg.: swallow, hastigt bolt, glupskt wolf [down], hungrigt devour; bildl.: kosta, äta upp swallow (eat) up, förbruka consume, sträckläsa devour; ~ ngn *med ögonen* devour . . with one's eyes; ~ *upp* eg. wolf down, devour, bildl. se *uppsluka*
slum *-men 0* **1** slumkvarter slum; ~*men* the slums pl. **2** hjälpverksamhet slum-work **-kvarter** slum [district]
slummer *-n 0* slumber; lur doze, nap
slump *-en -ar* **1** tillfällighet chance; sinkadus äv. toss-up; tur äv. luck, hazard; *en lycklig* ~ a lucky chance (coincidence), good luck; *det var en ren* ~ *att* . . it was a mere chance that . .; *det är mera en* ~ *var* . . it's a matter of chance where . .; *en olycklig* ~ *gjorde att* . . ill luck would have it that . .; ~*en gjorde (ville) att* vi träffades it so happened (chance

so ordained it) that . .; *~en* gynnade oss fortune . .; *av en.* [*ren*] *~* by [mere] chance (accident), by a toss-up; *lita på ~en* trust to chance (luck); *på en ~* at random, at haphazard **2** rest remnant; *i ~* in the lump

slumpa I *tr,* *~* [*bort*] sell off . . [in lots], sell . . at a loss, F sell . . dirt cheap; *hela lagret ~s bort!* anslag clearance sale! **II** *rfl* happen, chance; *det ~de sig så att . .* it so happened (chanced) that . .; *det ~de sig så bra att jag* mötte henne by a lucky chance I . .

slump|artad *a* accidental, attr. äv. chance **-mässig** *a* random attr., haphazard, attr. äv. chance **-parti** job lot **-pris** bargain price **-vis I** *adv* at random, at haphazard **II** *a* se *slumpmässig*

slumra *itr* slumber; halvsova doze; bildl. be (lie) dormant; *~ in* somna fall asleep, *~ till* doze off [to sleep]; *~ till* doze off **slumrande** *a* slumbering; bildl.: om t.ex. anlag dormant, om t.ex. rikedomar unexploited, undeveloped

slumsyster ung. salvationist [working in the slums]

slung|a I *-an -or* sling **II** *tr* **1** sling, kasta äv. throw, häftigt fling, hurl; *~* ngt *i ansiktet på ngn* bildl. fling . . at a p., throw . . into a p.'s face; *~ av* etc. jfr *kasta IV; ~ ut* bildl. launch, rap out **2** honung extract **slungsten** slingstone

slup *-en -ar* prakt~ barge; skeppsbåt o. ång~ launch; segelfartyg sloop

slurk *-en -ar* skvätt spot, drop; klunk swig; *en ~* kaffe a spot (a few drops pl.) of . .

slusk *-en -ar* o. **slusk|er** *-ern -ar* shabby[-looking] fellow; buse ruffian **sluskig** *a* shabby

sluss *-en -ar* passage lock; dammlucka o. bildl. sluice, floodgate **slussa** *itr tr* eg.: passera (låta . . passera) genom en sluss (resp. slussar) pass (pass . .) through a lock (resp. locks); *~* folk *förbi (in, ut)* bildl. pass . . one by one (one at the time); *~ in (ut)* eg. lock [. .] in (out)

sluss|avgift lockage **-bassäng** o. **-kammare** lock chamber **-lucka** sluice-gate **-ning** -ande lockage **-port** lock gate **-vakt** lock-keeper

slut I *-et* - allm. end; upphörande äv. close; avslutning äv. termination, conclusion, wind-up; utgång: t.ex. lyckligt ending, resultat äv. upshot, issue, result; nedersta del äv. bottom, *av, på* i samtl. fall of; *gott ~* [*på det gamla året*]! ung. a happy end to the old year!; *~et gott, allting gott* all's well that ends well; *~et* [*på det hela*] *blev att han* reste the end (upshot) of it [all] was that he . ., till sist he . . in the end; *efter mötets ~* after the close of the meeting, after the meeting has (resp. had) finished; *när han kände ~et* döden *nalkas* when he felt his life was drawing to an end; *det måste bli* [*ett*] *~ på detta* this must b[e] put a stop to; *få ett ~* come to an end; hist[o]rien *fick ett lyckligt ~* . . had a happy ending; *han fick ett sorgligt ~* he came to a sa[d] end; *få (göra) ~ på* stoppa put an end (stop) to, få färdigt get to the end of, get . . finished; *göra ~ på* konsumera finish [up] förbruka (t.ex. förmögenhet) run through; *gör[a] ~* [*med* ngn] break it off [with . .], finish wit[h] . .; *läsa (skriva* etc.*) ~* ngt finish . .; *spela ~* a) t.ex. en match play . . to the end, finish b) sluta spela finish [playing]; *sälja ~* [*på*] ng sell out . .; *ta ~* upphöra end, tryta give ou[t] om t.ex. förråd äv. run out; smöret *börjar (hålle[r] på att) ta ~* . . is running short; arbetet *ta[r] aldrig ~* . . will never end, . . is (seem[s]) endless, . . goes on and on; smöret *har tag[it] ~* [*för oss*], *vi har ~ på* smöret we have ru[n] (sålt slut we are sold) out of . ., vi har inget kv[ar] we have no . . [left]; *den andre (femte) frå[n] ~et* the last but one (four); *i (vid) ~et* [*a[v]* *(på)*] at the end [of]; *i ~et av maj (sextio[-]talet)* äv. late in May (in the late sixties); *på ~et* at (in) the end; *till ~* till sist finally, in the end, äntligen at last, avslutningsvis lastly, to wind up; *föra* ngt *till ett lyckligt ~* brin[g] . . to a successful conclusion; *höra* ngt *till ~* hear . . to the end; *hör mig till ~!* hear m[e] out!

II *pred. a* tilländalupen over, avslutad at a[n] end, finished; förbrukad used up, [all] gone om t.ex. maträtt på restaurang äv. off; slutsåld sol[d] out, out of stock, utgången (om bok) out o[f] print; utmattad [all] done up, dead beat; utsl[i]ten done for; *det är ~ på* ngt . . is over osv. se ovan; smöret *är ~, det är ~ på* smöret äv. there is no more . . (no . . left); *och därme[d] är* programmet *~ (är det ~ på* programmet) and that is the end of . .; *det är ~ med att* inf. there will be no more ing-form; *det är ~ med det* nöjet o.d. *nu* there is an end of tha[t] now; *det är ~ med friden* there will be n[o] more peace; *det är ~ med honom* he is don[e] for, it is all up with him; *det är ~ mellan os[s]* it is all over between us, vi har brutit we ar[e] through. — Jfr äv. ex. under *slut I*

slut|a A *-ade (slöt) -at tr itr* avsluta[s] end finish, ge (få) en avslutning äv. wind up, conclude terminate, close; göra färdig finish [off]; gör[a] (bli) slut på bring . . (come) to an end el. a close avbryta leave off, [*att*] *läsa* reading upphöra [med] stop, cease; ge upp give up; lämn[a] leave, amer. äv. quit; *här ~r* vägen . . end[s] here; *hur ska det ~?* how will it end?, wha[t] is the end going to be?; affären *har ~t* . . no longer exists; tidningen *har ~t* . . ha[s] ceased to appear; *han (det) kommer at[t] ~ illa* he will come to a bad end (it will en[d] badly); börsen *~de matt* . . closed dull; bo[-]ken *~r sorgligt* . . has a sad ending; *har d[u]*

~t [äta]? ätit färdigt have you finished [eating]?; *jag har ~t* disken I have finished [off] (done) . .; *vi ~r [arbetet]* kl. 3 we knock off (stop) [work] . .; *få ~ [sina dagar]* end one's days; *~ tåget* vara den sista bring up the procession; *det har ~t [att] regna* it has stopped (ceased) raining; *när han ~de röka, ~de jag också* when he gave up smoking, I gave it up too; *han har ~t hos oss (på firman)]* he has left [us (the firm)]; *han ~de som millionär* he ended up as] a millionaire; *~ i* en spets end in . .; ~ fängelse end up in . .; ~ upphöra [*med*] *ngt* [*med*] *att göra ngt)* stop a th. (stop doing a th.); ~ [*med*] tillverkningen äv. discontinue .; *~ med* piller stop taking . .; *~ [ett tal] med ngt (med att säga)* wind up (conclude, end [off]) [a speech] with a th. (by saying); *det ~de med* en katastrof it ended in . .; *det ~de med att* han blev sjuk the end of it was that . .; *~ på* vokal end in . .; *räkningen ~r på* 100 kr. the bill amounts (comes up) to . .; *~ av* se *avsluta; ~ av med* kaffe end (finish) up with . .; ~ [*upp*]! stop it!; *~ upp med* se ovan ~ [*med*]; *efter ~d* middag when . . is resp. was) over

B *slöt -it* **I** *tr* **1** tillsluta close; *~ en cirkel* close (bilda form) a circle; *cirkeln är -en* bildl. the wheel has come full circle; *~ leden* mil. close the ranks; ~ ngn *i sina armar (till sitt bröst)* clasp . . in one's arms (to one's bosom); *~ ihop (till)* close, shut **2** uppgöra conclude, t.ex. fred äv. make; t.ex. förbund enter into; *~ vänskap med* form a friendship with **3** dra slutsats, *~ av* ngt *att* conclude (infer, döma judge) from . . that

II *itr, ~ till* sitta åt fit tight[ly], gå igen shut tight; *~ upp* **a)** samlas come together, gather [together]; *~ upp kring ngn* rally round a p., bildl. rally to the support of a p. **b)** mil. form [up]

III *rfl* **1** stänga sig: om t.ex. dörr shut, om t.ex. mussla, blomma close, bildl. shut up; *~ sig inne* shut oneself up; *~ sig inom sig själv (sitt skal)* retire into oneself (one's shell) **2** ansluta sig, *~ sig till* ngn attach oneself to . ., förena sig med join . ., hålla med side with . .; *~ sig samman* join together, *till* en klubb into . .; unite, combine, om t.ex. bolag äv. amalgamate, coalesce **3** dra slutsats, *~ sig till* ngt conclude (infer) . ., *av* from; *jag -er mig till detta av* . . I draw this conclusion from . .

slutackord mus. final chord **slutakt** last (final) act **slutanmärkning** concluding (closing) remark, final observation **slutare** foto. shutter **slutartikel** språkv. enclitic article **slut|as** *-ades (slöts) -ats itr. dep* end, conclude, come to an end (a close)

slut|behandla *tr* slutgiltigt behandla (t.ex. fråga) finally settle; *~ ett mål* conclude [the hearing of] a case **-betala** *tr* make the final payment on, pay off **-bokstav** final (last) letter

slut|en *a* **1** stängd closed, friare äv. close; förseglad (om t.ex. försändelse) sealed; privat (om t.ex. sällskap) private; isolerad (om t.ex. värld) secluded; *~ cirkel (formering)* close[d] circle (formation); *i -na led* in serried ranks; *ett -et helt* a compact whole, a whole complete in itself; *rösta med -na sedlar* vote by ballot; *~ vokal* close vowel; *~ vård* se under *2 vård* **2** inbunden uncommunicative, reserved **slutenhet** inbundenhet uncommunicativeness, reserve

slut|examen final examination **-föra** *tr* fullfölja complete, finish, carry (bring) . . to a conclusion **-försälja** *tr* sell off (out); lager clear **-försäljning** clearance sale; -försäljande selling off (out), *av* of **-giltig** *a* final, definitive, om t.ex. resultat conclusive **-hastighet** terminal speed (velocity) **-kapitel** last (final, concluding) chapter **-kläm** slutpoäng final point; sammanfattning summing-up **-kurs** på börs closing rate osv., jfr *kurs 2* **-körd** *a* bildl., *vara ~* be worn out **-ledning** inference, conclusion, deduktion deduction; log. syllogism; *dra (göra) ~ar* draw conclusions (inferences) **-ledningsförmåga** power of deduction **-leverans** final delivery

slutlig *a* final; ytterst ultimate, slutgiltig definite; *~ skatt* final tax **slutligen** *adv* finally, till sist in the end, ultimately, eventually; äntligen at last; när allt kommer omkring after all

slut|likvid -betalning final settlement, payment of balance; *som ~* in full settlement **-ljud** språkv. final sound; *i ~* in a final position **-lopp** final race **-lön** final wages pl. (resp. salary, jfr *lön*) **-muskel** anat. sphincter; zool., hos mussla adductor **-mål** yttersta syfte final (ultimate) aim; resas destination **-notering** closing quotation **-omdöme** final verdict **-ord 1** sista ord i t.ex. versrad last word, end-word **2** *pl* avslutningsord concluding (closing) words **-plädering** concluding speech **-punkt** terminal (extreme) point; -station termin|us (pl. -i el. -uses) **-redovisning** konkr. final account, account of settlement **-resultat** final result (outcome) **-rim** end rhyme **-sats** conclusion, inference; *dra en ~ av* ngt draw a conclusion from . ., conclude (infer) from . .; *dra förhastade (sina) ~er* jump at (draw one's own) conclusions **-scen** final (closing) scene **-sedel** H contract note; mäklares äv. broker's [contract] note **-signal** sport. final whistle **-skattesedel** ung. final [income tax] demand note **-skede** final stage (fas phase) **-spel** sport. final tournament; i schack end game **-spurt** sport. final spurt äv. bildl., finish **-station** termin|us (pl. -i el. -uses), amer. terminal **-sta-**

velse final (last) syllable **-steg** radio. output (final) stage; i raket last stage **-sten** byggn. keystone **-stycke 1** avslutande del end-piece **2** i skjutvapen bolt **-summa** [sum] total, total amount **-såld** *a, vara ~* be sold out, be out of stock, utgången, om bok be out of print; *de är ~a* äv. they have all been sold; den *är ~ i alla affärer* all shops are sold out of . . **-sälja** *tr* se *-försälja*

slutta *itr* slope, slant, nedåt äv. decline, incline, descend; långsamt äv. shelve; marken *~r* . . is sloping downwards; *~ brant (sakta) ned mot* . . slope abruptly (gently) down to . . **sluttande** *a* allm. sloping, om t.ex. tak äv. slanting; om plan inclined; *vara på det ~ planet* bildl. be on the downgrade (decline) **sluttning** konkr. slope, backe äv. hillside

slut|uppgörelse final settlement **-vinjett** typogr. o. bildl. tailpiece

slyn|a *-an -or* bitch, minx, hussy **slynaktig** *a* bitchy

slyngel *-n slynglar* young rascal, svag. scamp **-aktig** *a* rascally, ohyfsad ill-mannered **-åldern** o. **-åren** *pl* the awkward age sg.

slyn|åldern o. **-åren** *pl* the awkward age sg.

1 slå *-n -ar* **1** tvärslå [cross-]bar, slat, horisontal äv. rail; stegpinne step **2** på kläder stripe

2 slå *slog slagit* (jfr äv. ex. under resp. subst.) **I** *tr itr* (jfr äv. *II*) a) tilldela flera slag samt besegra beat; träffa m. (ge) ett slag strike, hit, smite; stöta, smälla knock, bang; ss. tr. äv.: m. flata handen smack, slap, lätt tap, rap; göra illa hurt, bump; besegra äv. defeat, t.ex. pjäs i schack take, capture; döda (om djur) kill b) i mera speciella bet.: meja mow, t.ex. gräs äv. cut; kasta (i tärningsspel) throw; hälla pour, throw (jfr *2 hälla*); göra: t.ex. knut tie, make, t.ex. bro throw, build, t.ex. tegel mould, t.ex. linje draw; bilda, t.ex. cirkel form; telef., ett nummer dial; *~ ngn* [*gul och blå*] beat a p. [black and blue]; *~* besegra *ngn* beat a p., *med 2—1* [by] two to one, *i tennis* at tennis; *~ fienden* beat (defeat) the enemy; *~ ett nummer* dial a number; när *klockan ~r två (två slag)* . . the clock strikes two; *det slog mig* föll mig in it crossed my mind, frapperade mig it struck me; *samvetet slog mig* my conscience smote me; *~ efter ngn* [*med* en käpp] hit out (strike) at a p. [with . .]; *~ efter* ett ord look for . .; *~ händerna för* ansiktet cover . . with one's hands; *~ ngn i ansiktet* strike (hit, m. handen äv. slap, smack) a p. in the face; *~ ngn i huvudet* knock (bang) a p. on the head; *~* ngt *i bitar* smash (knock, break, dash) . . to pieces; *~* ngt *i golvet* knock (kasta throw, fling) . . on to the floor; *~* en boll *i nät* hit (sparka kick) . . into the net; bollen *slog i nät*[*et*] . . hit the net; *~* hammaren *i bordet* bring down . . on [to] the table with a bang; *~ en spik i* ngt drive (hammer, knock) a nail into . .; *jag slog h*[...] *vudet i* när jag föll I hurt (bumped) my he[...] . .; *~ huvudet i (mot)* en sten bump (knoc[...] one's head on (against) . .; *~ i dörrarn*[...] slam (bang) the doors; *~ i* lexikon consu[...] (look up) . .; *~ i luften* [*med* ngt] beat the a[...] [with . .]; *~ med* hammaren *i bordet* bang [...] the table with . .; *~ ngn med* häpnad stri[...] a p. with . .; *~ armarna om* ngn throw (pu[...] one's arms round . .; *~* svepa *ngt om* . [...] wrap a th. round . .; *~ ett rep om* . . pa[...] (tie) a rope round . .; *~ omkring sig* l[...] about one, hit out right and left; *~ på* a[...] bollar smash . .; *~ ngn till marken* kno[...] a p. down; *~* ngt *ur handen på ngn* knock out of a p.'s hand

II *itr* (jfr äv. *I*) **1** vara i rörelse beat, om hjä[...] äv., häftigt throb, palpitate, om vågor äv. la[...] om dörr be banging; om fisk be splashing; flad[...] ra (om t.ex. segel) flap; dörren *står och ~r* . [...] keeps banging; fågeln *~r med vingarna* . [...] beats (flaps) its wings; *regnet ~r mot* fönst[...] the rain is beating against . . **2** drilla warb[...] **3** slå an be a [great] hit, take [on] **4** *~ f*[...] en flicka court (go out with) . .

III *rfl* **1** skada sig hurt oneself; *~ sig fördä*[...] *vad* be seriously injured (hurt); *~ sig i h*[...] *vudet (på knät)* hurt el. bump one's he[...] (knee); *~ sig på (mot) en sten* hurt onese[...] on (stöta emot bump against) a stone **2** klap[...] sig, *~ sig på knäna* slap one's knees; *~ s*[...] *för bröstet (sitt bröst)* stoltsera thump one[...] chest **3** *~ sig på* angripa attack, affect, t.[...] lungorna äv. settle on **4** bågna warp, cast **5** [...] kyla give, break

IV m. beton. part. (jfr äv. under *2 hälla)* **1** *~* [...] a) tr.: ton, tangent strike, sträng äv. touch [...] itr. catch on, become popular, *på* publiken wi[...] . . ; *~ an på ngn* catch (take) a p.'s fanc[...] make a favourable impression on a p., i[...] ponera på impress a p. **2** *~ av* a) hugga osv. [...] knock off, bryta itu break . . in two; meja av, gr[...] mow, cut; *~ av askan på* en cigarr kno[...] (flick, flip) the ash off . . b) koppla av swit[...] off c) pruta, *~ av* 50 kr. [*på priset*] knock o[...] . . [from the price]; *~ av på* priset, kraven et[...] reduce . . d) *~ av sig* försvagas lose [it[...] strength, bli duven get flat (stale) **3** *~ bo*[...] a) hälla pour (kasta throw) away; vifta e[...] whisk (flick) away el. off b) på auktion kno[...] down c) bildl. drive (chase) away, skaka av s[...] äv. shake off, bagatellisera make light of; [...] *bort tanken på ngt* äv. dismiss the thought [...] a th.; *~ bort* ngt *med ett skämt* pass . . o[...] with a joke **4** *~ emot* [*ngt*] strike a th[...] strike (knock, bump) against a th.; en d[...] *slog emot mig* I was met by . . **5** *~ fast* [...] eg. hammer . . on, *på* ngt to . .; hamm[...] (fasten) . . down; fästa fix . . [securely]; slå t. ex. spik knock (drive) . . in b) bildl. se *fas*[...]

lå 2 **6** ~ *fel* se *fel III* **7** ~ *sig fram* eg. ight one's way through, lyckas make one's vay, get on **8** ~ *i* a) t.ex. spik drive (knock, ammer) . . in b) ~ (plugga) *i ngn (sig) ngt* ram el. drum a th. into a p.'s (one's) head :) ~ (lura) *i ngn ngt* talk a p. into believing th. **9** ~ *ifrån* a) koppla från switch off, ex. motor äv. cut out b) ~ *ifrån* försvara *sig* lefend oneself c) ~ *ifrån sig* ngt: avvisa reject ., skaka av sig shake off . ., tankar äv. dismiss .; tyget ~*r ifrån sig smuts* . . doesn't bsorb [the] dirt, . . is dirt-resisting **10** ~ *gen* a) stänga: t.ex. bok, låda close (shut) . . with a bang], t.ex. dörr äv. slam . . to (shut), ang, t.ex. lock bang (snap) . . down; ~ *igen butiken*] bildl. shut up [shop], close down b) tängas shut of itself [with a bang], om dörr äv. ang shut c) ge igen hit (strike) back, return he blow[s] **11** ~ *igenom* a) tränga igenom :ome through, penetrate, om vätska soak hrough b) märkas make itself felt, träda i kraft ecome generally accepted; ~ *igenom på* påverka affect, influence c) bli populär (gängse) ake on; göra succé: om pers. make a name or oneself, om sak be a success (hit); ~ *igenom med* en bok make one's name with . .; ~ *sig igenom* eg. fight one's way through **12** ~ *ihjäl* ngn kill . ., litt. samt amer. äv. slay . ; *han slog ihjäl sig* vanl. he was killed; ~ *ihjäl tiden* kill time **13** ~ *ihop* **a)** slå mot varandra: händer clap, klackar click . . [together] **b)** slå igen (t.ex. bok) close; fälla ihop: t.ex. fällstol fold [up], paraply put down, close **c)** spika nail snickra knock) . . together **d)** slå samman put . together, make . . into one; förena join, combine, unite, fuse, *till* ngt into . .; H merge, *till* into; amalgamate; lägga ihop put . . together, t. ex. tillgångar äv. pool; ~ *ihop en firma med* . . merge (incorporate) a firm with . .; ~ *sig ihop* inbördes join together, combine, unite; om de ~*r sina kloka huven ihop* . . lay (put) their heads together; ~ *sig ihop* [*om* en present] club together [to buy . .]; ~ *sig ihop med* ngn join [forces] (associate oneself, amer. tie up) with . . **e)** blanda ihop mix . . [together] **f)** tillsluta sig close **g)** kollidera knock (dash) together **14** ~ *in* **a)** hamra in drive (knock, hammer) in **b)** slå sönder: t.ex. fönster smash, t.ex. dörr batter . . down, smash (bash) in; ~ *in öppna dörrar* bildl. batter at an open door **c)** ~ (lägga) *in* ngt [*i papper (ett paket)*] wrap up . . [in paper (into a parcel)]; ~ *in* en siffra *i kassaapparaten* register . . **d)** komma in: om t.ex. regn beat (be beating) in, om vågor dash (come dashing) in **e)** gå i uppfyllelse come true; ~ *in* stämma *på* fit **f)** ~ *in på* en väg take . ., turn into . .; ~ *in på en bana (en väg)* bildl. enter upon a career (a course) **15** ~ *sig lös* roa sig enjoy oneself, have one's fling, släppa sig lös let oneself go **16** ~ *ned* **a)** slå omkull (till marken) knock . . down; driva ned (t.ex. påle) drive (hammer) . . down, *i* marken into . .; febertermometer shake [down]; *regnet* ~*r ned* säden the rain flattens . . **b)** fälla ned: t.ex. sufflett put down, paraply äv. close; krage turn down; sina ögon cast down **c)** kuva: t.ex. uppror put (beat) down, t.ex. motstånd crush, smash; bildl.: göra modfälld discourage, göra nedslagen depress, cast down **d)** komma ned: om fallande kropp fall, drop, på marken äv. hit the ground; om fågel alight; dimman (röken) ~*r ned* . . is driving down; *blixten (åskan) slog ned* [*i trädet*] the tree was struck by lightning; ~ *ned på* om rovfågel o. bildl. swoop down (pounce) upon **e)** ~ *sig ned* sätta sig sit (settle) down, om t.ex. fågel settle, bosätta sig settle [down]; ~ *dig ned!* sit down!, take a seat! **17** ~ *om* a) förändras change äv. om väder; sadla om, polit. turn one's coat; ~ *om* [*till (och bli) lärare*] change one's profession [and become a teacher] b) kasta om (t.ex. omkopplare) turn over, reverse c) ~ *om* ett papper [*om ngt*] put (wrap) . . round [a th.] **18** ~ *omkull* a) tr. knock . . down (over) b) itr. fall over **19** ~ *på* a) spika på nail on b) koppla på (t.ex. motor) switch on c) ~ *sig på* ägna sig åt take up, go in for, [*att spela*] *golf* [playing] golf **20** ~ *runt* om t.ex. bil overturn **21** ~ *samman* se ~ *ihop* **22** ~ *sönder* break . . [to pieces], krossa äv. smash; ~ . . *sönder och samman* smash (batter) . . to pieces, knock . . into a cocked hat; *sönderslagen* om sak broken, om kroppsdelar bruised, knocked about **23** ~ *till* a) ge . . ett slag strike, hit, ngn äv. hit . . a blow, m. flata handen slap, smack; stöta till knock (bump) into b) koppla på (t.ex. motor) switch on c) ge till (t.ex. skratt) give d) bildl.: acceptera take the chance; ingripa (om t.ex. polis) step in **24** ~ *tillbaka* a) t.ex. anfall beat off, repel b) se ~ *igen c)* **25** ~ *under sig* monopolize, se vid. *lägga* [*under sig*] **26** ~ *upp* **a)** uppföra, sätta upp: allm. put up, tält äv. pitch; anslag o.d. äv. post [up], stick up **b)** fälla upp: t.ex. paraply, sufflett put up, krage turn up **c)** öppna: allm. open, t.ex. dörr throw (fling) . . open; ~ *upp* sidan 10 [*i en bok*] open [a book] at . ., se på turn to . . [in a book]; ~ *upp ett ord i* ett lexikon look up a word in . .; ~ *upp i* en katalog consult (look up) . .; *uppslagen* öppnad opened; *som en uppslagen bok* bildl. like an open book **d)** bryta (förlovning) break off; ~ *upp med* ngn break off [one's engagement] with . .; *de har slagit upp* their engagement is off; *en uppslagen förlovning* a broken engagement **e)** komma upp (om lågor) flare up; öppnas (om t.ex. dörr) fly open **27** ~ *ut* **a)** avlägsna knock out; krossa (t.ex. fönsterruta) break, smash; hamra ut (t.ex. buckla) flatten [out]; ~ *ut en boll* i tennis hit a ball out of court (i bordtennis off the table); *han har slagit ut en tand* he has had a tooth knocked out **b)** breda ut: t.ex. vingar spread; hår undo; ~ *ut kostnaderna på* a) flera år spread the costs over . . b) flera personer distribute the costs among . .; hon har *utslaget hår* . . her hair [hanging] down **c)** besegra: sport. knock out; konkurrera ut: pers. cut out, sak supersede; *utslagen* sport. eliminated **d)** spricka ut: om blomma come out, öppna sig open; om träd burst into leaf (m. blommor into blossom); om lågor burst forth; *mässlingen slog ut [på honom]* he broke out in measles; *en utslagen* blomma a full-blown . .; *vara utslagen* om blomma be out (in bloom), om träd: m. löv be in leaf, m. blommor be in blossom **e)** ~ *väl ut* turn out well **28** ~ *över* itr.: elektr. flash over; om röst break; slå runt turn (tumble) over; bildl.: överdriva overdo it; ~ *över* övergå *i* change (turn) into

slående *a* allm. striking; övertygande (t.ex. om bevis) convincing

slån *-en (-et) 0* sloe, blackthorn **-bär** sloe **-[bärs]buske** sloe [bush], blackthorn [bush]

slåss *slogs slagits itr. dep* fight, *för* ngt for . .; delta i slagsmål äv. scuffle; ~ *han?* slår han dig does he hit you?; ~ *med* ngn fight [with] . . ; ~ *om ngt* eg. fight over a th., bildl. fight (scramble) for a th.

slåtter *-n 0* hay-making **-folk** hay-makers pl., mowers pl. **-maskin** mower **-äng** hay-field

1 släck|a *-te -t tr itr* sjö., ~ *[på]* slacken, pay out, ease [off]

2 släck|a *-te -t tr* allm. put out, t.ex. eld äv. extinguish, t.ex. gas äv. turn off, t.ex. elektr. ljus äv. switch off; bildl. (t.ex. törst) slake, quench; ~ *[i* ett rum] put out the light[s] [in . .]; *ljuset (det) är -t* the light is out; segla *med -ta lanternor* . . without lights **släck|as** *-tes -ts itr. dep* go out **släckning** extinction

släcknings|arbete fire-extinction (vid skogsbrand fire-fighting) [operations pl.] **-försök** attempt to extinguish a (resp. the) fire **-redskap** se *brandredskap*

släd|e *-en -ar* fordon sleigh, mindre (t.ex. hund~) sledge, sled; *åka* ~ sleigh, go sleighing **-färd** sleigh ride **-före,** *det är bra (dåligt)* ~ the snow is good (bad) for sleighing **-parti** sleighing-outing **-åkning** sleighing, sledging

slägg|a *-an -or* **1** sledge[hammer] **2** sport.: a) redskap hammer; *kasta* ~ throw the hammer b) se *släggkastning* **släggkastare** sport. hammer-thrower **släggkastning** sport. throwing the hammer

släkt I *-en -er* **1** ätt family: ~*en* Vasa the house of . .; *det ligger i* ~*en* it runs in the family **2** släktingar relations pl., relatives pl.; bjuda hem ~ *och vänner (hela* ~*en)* . . one' friends and relations (all one's relations) *tjocka* ~*en* min släkt my near relations; *h stor* ~ have many relations (a large family) *han hör till* ~*en* he is one of the family släktskap, *räkna* ~ *med* ngn claim kinshi with . . **II** *pred. a* related, *med* to; bildl. (or t.ex. språk) cognate, *med* with; jfr vid. *beslä tad; vi är [nära]* ~ we are [closely] relate ([near] relations); ~ *på långt håll* distantl related; *han är* ~ *med mig* vanl. he is a relative of mine; jag är ~ *till släkten med henn* . . related to her relations (genom gifte con nected with her by marriage) **släktas** *it dep,* ~ *på* ngn take after . . **släktdra** family trait (characteristic) **släkte** *-t -n* gen ration generation; ras, stam race; slag specie (pl. lika); naturv. gen|us (pl. -era), zool. äv. family *det manliga* ~*t* the male species; de är *ett* ~ *för sig* . . a race apart

släkt|fejd family feud **-forskare** genealo gist **-forskning** genealogical research genealogi äv. genealogy **-förbindelse,** ~ family connections, relations **-förhålland** relationship

släkting relation, relative; avlägsen, fria cousin; om djur, växt o.d. congener, *till* to *mina* ~*ar* äv. my kindred (kinsfolk, people); *en* ~ *till mig* a relation osv. of mine

släkt|kalender family calendar **-kleno** [family] heirloom **-kär** *a, vara* ~ have strong family feeling **-kärlek** strong famil feeling **-led** generation generation; släktskapsl degree of relationship **-möte** family gath ering **-namn 1** family name, surname naturv. generic name **-register** genealogic table, genealogy

släktskap *-en 0* relationship, kinship; blod band consanguinity; bildl. kinship, affinity andlig äv. congeniality

släktskaps|band *pl* family ties, ties of kin ship **-förhållande** relationship

släkt|tavla genealogical table, pedigre **-tycke** family likeness, *med* to; bild affinity, *med* to

1 sländ|a *-an -or* troll~ dragon-fly; dag~ mayfly; *-or* ss. sammanfattande benämnin neuroptera

2 sländ|a *-an -or* redskap distaff

släng *-en -ar* **1** sväng swerve; knyck jerk, tos *med huvudet* of one's head **2** slag lash, cu fling; gliring sneer **3** lindrigt anfall touch, a t.ex. influensa äv. bout, *av* i båda fallen of **4** snirk flourish

släng|a *-de -t* **I** *tr* throw, F chuck, sling vårdslöst toss; häftigt fling; kasta bort thro (chuck) away; ~ ngt *i väggen* throw el. flin . . at (dash . . against) the wall; ~ *penga omkring sig (omkring sig [med] pengar* splash one's money about

II *itr* svänga swing; dingla dangle; [*hänga och*] ~ om kläder hang loose; ~ *i dörrarna* slam the doors; ~ *med armarna* fling (wave) one's arms about; *sitta och* ~ *med benen* sit dangling one's legs
III *rfl* allm. fling (throw) oneself, *på* marken on . .; ~ *sig i en bil (på en cykel)* jump el. hop into a car (on [to] a bike)
IV m. beton. part. (jfr äv. under *kasta IV*) **1** ~ *igen* se *slå* [*igen*] **2** ~ *till ngn ngt* chuck a th. to a p. **3** ~ *ur sig* t.ex. svordom come out with; obetänksamt blurt out
slängd *a,* ~ *i* ngt clever (good) at . ., [well] up (versed) in . . **slänggunga** swing **slängig** *a* om t.ex. rörelser loose; knyckig jerky **slängkappa** [Spanish] cloak **slängkyss,** *ge ngn en* ~, *kasta en* ~ [*åt ngn*] blow a p. a kiss **slängkälke** ung. merry-go-round on the ice
slänt *-en -er* sluttning slope, backsluttning hillside; tekn. embankment side
släntra *itr* saunter, stroll; ~ släpa *efter* lag behind
släp *-et* - **1** på klänning train **2** släpvagn trailer; pråmarna *bildade ett långt* ~ . . were towed in a long row **3** *ha (ta) på* ~ bogsera have (take) . . in tow **4** slit toil, drudgery
släpa I *tr* dra drag, m. möda el. våld äv. haul, längs marken äv. trail, *ngt efter sig* a th. behind (after) one; isht bära lug; ~ *fötterna efter sig* drag one's feet **II** *itr* **1** ~ [*i* marken] om kläder trail [on . .] **2** ~ *på* bära på lug . . along, dra på drag . . along **3** uttr. långsamhet, ~ *med fötterna* shuffle one's feet; ~ *på* orden drawl . .; *gå med* ~*nde steg* have a shuffling gait, shuffle [along] **4** knoga toil, drudge **III** *rfl* drag oneself, hasa crawl **IV** m. beton. part. **1** ~ *efter* lag [behind] **2** ~ *fram* a) eg., ~ *fram ngt till (ur)* källaren drag a th. up to (out of) . . b) bildl. se *framsläpa* c) ~ *sig fram* drag oneself along, bildl. (om t.ex. tid) drag [on] **3** ~ *med sig* ngt drag (lug) . . about with one **4** ~ *ut sig* wear oneself out, se vid. *utsläpad*
släpig *a* om t.ex. gång shuffling; om t.ex. röst drawling; om t.ex. tempo slow **släplina** till ballong guide rope; bogser- tow-line **släpnät** drag (tail) net; större trawl
släpp|a *-te -t* **I** *tr* inte hålla fast: a) ngt leave hold of, let go [of], release [one's hold of] b) ngn let . . go, ~ lös let . . loose, frige set . . free, release; tappa let . . fall, drop, *i* golvet on [to] . .; lämna leave; uppge give up, abandon, relinquish; fälla cast, shed; lossna från come off; *släpp mig!* let me go!; *släpp* [*min hand*]*!* let go [of my hand]!; *jag -er dig inte förrän* . . I won't let you go until . .; ~ *vad man har i händerna* lägga ifrån sig put down (lämna drop) what one has in one's hands; ~ *en hund* unleash (uncouple) a dog; ~ *ngn inpå livet* ung. let a p. become familiar with one; ~ *hundarna på* . . set the dogs on . ., jakt. let the hounds loose on . .; ~ korna *på bete* turn . . out to grass; *inte* ~ ngn *med ögonen* not take one's eyes off . .; ~ ngt *ur händerna* bildl. let . . slip; *han -tes med* en varning he was let off with . .
II *itr* **1** lossna: om t.ex. färg, skal come off, om t.ex. skruv get (work) loose; inte klibba fast unstick; ~ *i sömmarna* come unsewn **2** ge vika: om t.ex. värk pass off, om spänning relax
III *rfl* fjärta let off
IV m. beton. part. **1** ~ sätta *av* put down (off), F drop **2** ~ *efter* koppla av relax, vara efterlåten give in; ~ *efter på* t.ex. ett rep slacken, loosen, t.ex. disciplinen relax, t.ex. fordringar reduce **3** ~ *fram ngn* [*till* ngt] let a p. (allow a p. to) pass [along (on) to . .]; ~ *fram ngn på* scenen (*ngt i* radio) allow a p. to appear on . . (a th. to be sent on . .) **4** ~ *fri* se *frige* **5** ~ *förbi* let . . pass, make way for . . [to pass] **6** ~ *ifrån sig* let . . go, avhända sig part with, avstå från give up, relinquish **7** ~ *igenom* let . . through, allow . . to pass through, t.ex. ljus, ljud äv. transmit; godkänna pass **8** ~ *ihop* let . . come together **9** ~ *in ngn* [*i* . .] let a p. in[to . .], admit a p. [into . .]; ~ *in* luft let in . . **10** ~ *lös* t.ex. fånge set . . free, release, djur let (turn) . . loose, t.ex. passioner give full rein to; ~ *sig lös* let oneself g. . **11** ~ *ned* dra (lägga) ned let down, fälla ned (t.ex. bom) lower, kasta ned (t.ex. flygblad) drop; ~ *ned ngn i* källaren let a p. go (hit ned come) into . . **12** ~ *på* vatten, ström turn on **13** ~ *till* stå för supply, find, tillskjuta, t.ex. pengar contribute, ställa till förfogande make . . available; [*få*] ~ *till livet* lose one's life **14** ~ *upp* t.ex. ballong send up, let off, drake fly, t.ex. pedal let . . up (rise); en sjuk allow . . to get up; ~ *upp ngn i* en klass (*i* examen) allow a p. to move up to . . (a p. to sit for . .) **15** ~ *ut* **a)** allm. let . . out, *ur* of; fånge äv. release; patient från sjukhus dismiss, discharge; ånga let (blow) off; ~ *ut* djur [*på bete*] turn . . out [to grass]; ~ *ut luft ur* en bilring äv. deflate . . **b)** sätta i omlopp: t.ex. aktier, sedlar issue, t.ex. vara put (bring) out, launch; ~ *ut* ngt *i marknaden* put . . on (bring . . into) the market **c)** sömn. let out
släpphänt *a* **1** eg. butter-fingered **2** bildl. easy-going (*med, mot* with), indulgent (*med, mot* towards); om t.ex. disciplin lax **-het** bildl. easy-goingness, indulgence; laxity
släp|tåg, *ha* . . *i* ~ have . . in tow; *i ngns* ~ in the wake of a p. **-vagn** trailer, för spårväg trailer coach
slät *a* **1** jämn, allm. (om t.ex. haka, hy, hår, yta) smooth; plan level, plane, om yta äv. even, om mark äv. flat; enkel, osmyckad (om t.ex. ring) plain; ~*t hår* äv. sleek (amer. slick) hair; *en* ~ *kopp kaffe* ung. just a cup of coffee [without anything]; *på* ~*a* muren on the bare . . **2** skral

poor; slätstruken indifferent **släta** *tr*, ~ [*till*] smooth [down], plana flatten; ~*ut* ngt smooth out . .; ~ *ut* vecken [*i*] smooth down (away) . . [of (from)]; ~ *över* ngt (bildl.) smooth (gloss) over . .; försöka ~ *över* . . smooth things over
slät|borrad *a* attr. smooth bore **-het** smoothness osv. jfr *slät* **-hugga** *tr* cut (hew) . . smooth, sten äv. face, dress **-hyvel** smoothing-plane **-hyvla** *tr* plane . . [smooth] **-hårig** *a* om pers. straight-haired; om hund smooth-haired **-kammad** *a* eg. sleek-haired **-lopp** sport. flat race **-prick** sjö. buoy (beacon) without top mark **-rakad** *a* clean-shaven **-stickning** stocking stitch **-struken** *a* bildl. mediocre, indifferent **-strukenhet** mediocrity, indifference
1 slätt I *-en -er* allm. plain; slättland flat land **II** *adv* **1** jämnt, *ligga* ~ be smooth **2** *rätt och* ~ [quite] simply
2 slätt *adv* dåligt, *stå sig* ~ *i* konkurrensen do (come off) badly in . .; *jag hade stått mig* ~ utan hjälp I would have been badly off . .
slätt|bo ~*n* ~*r* plainsman, kvinna plainswoman; ~*r* vanl. plainsfolk, people of the plain[s] **-bygd** o. **-land** flat (level) country **-mark** level ground; område flat
slät|var ~*en* ~*ar* zool. brill **-välling** thin [wheatmeal] gruel
slö *a* **1** eg. blunt, dull **2** bildl.: indolent, dull, slapp slack, trög slow, sluggish, dåsig drowsy; håglös listless, apathetic; *så* ~*tt av mig* att glömma det how careless of me . . **slöa** *itr* idle, laze; lata sig have a lazy time; *sitta och* ~ be dawdling (dåsa drowsing); ~ *bort* tiden idle (laze) away . .; ~ *till* somna doze off; *jag* ~*de till* så jag hörde inte I didn't pay attention . .; ~ *till* [*i sitt arbete*] get slack
slödd|er *-ret 0* mob, riff-raff, rabble
slö|fock sleepy-head, dullard **-het** bildl. indolence, dullness osv. jfr *slö 2;* slöhetstillstånd apathy, lethargy
slöj|a *-an -or* veil äv. bildl.; foto. fog; *dra en* ~ *över* . . bildl. draw a veil over . .
slöjd *-en -er* handicraft äv. skol.; trä~ woodwork **slöjda I** *itr* do handicraft osv. **II** *tr* make, snida äv. carve **slöjdaffär** trä~ shop selling wooden handicraft **slöjdlärare** handicraft (trä~ woodwork) teacher
1 slör *-et* - på hönsfågel wattle
2 slör *-en 0* sjö. free (large) wind **slöra** *itr* sjö. sail free (large)
slösa I *tr* waste, squander, vara frikostig med, t.ex. beröm lavish, *på* i samtl. fall on; ~ *bort* waste, squander **II** *itr* be wasteful; ~ *med* slösa bort waste, vara frikostig med be lavish with (t.ex. beröm of), t.ex. pengar spend . . lavishly **slösaktig** *a* oekonomisk wasteful, extravagant; frikostig lavish, *med* i samtl. fall with **slösaktighet** wastefulness, extravagance; lavishness **slösande** *a* riklig abundant, profuse **slösare** spendthrift, squanderer **slöseri** *-*[*e*]*t 0* wastefulness, extravagance; misshushållning waste, *med* of
1 smack *-en -ar* sjö. smack
2 smack *oböjl. s n* se *dugg 2*
smacka *itr*, ~ [*när man äter*] ung. eat noisily; ~ [*med läpparna*] smack one's lips; ~ *med tungan* click one's tongue; ~ åt en häst gee up . . **smackning** med läpparna smack; ~*ar* smacking noises
smak *-en -er* allm. taste; hos ngt äv.: viss utmärkande flavour, angenäm relish, bismak savour äv. bildl.; smaksinne äv. sense of taste; tycke liking, fancy; stil style; mod fashion; ~*en förändras (är olika)* tastes change (differ); *fatta (få)* ~ *för* ngt acquire a taste for . ., take a liking to . .; *det ger* ~ *åt (sätter* ~ *på)* soppan it gives a flavour (relish) to . .; *var och en har sin* ~ every man to his taste; *han har god (säker)* ~ he has good (an unerring) taste; maten *har god* ~ . . has a nice (pleasant) taste, . . tastes good; *jag har ingen* ~ *(har förlorat* ~*en)* I can't taste anything; maten *har ingen* ~ . . doesn't taste of anything (är smaklös has no flavour, is insipid, tasteless); *ha (ta)* ~ *av* ngt have a (take on the) taste of . .; krydda *efter* ~ . . to taste; *min* ~ är den bra [according] to my taste (liking) . .; *det är en bok i min* ~ that's a book for (to suit) me; *hon är inte i min* ~ she doesn't appeal to me; *falla ngn i* ~*en* strike (take) a p.'s fancy, please a p., om mat be to a p.'s taste; *den är mild i* ~*en* it has a mild taste, it tastes mild; en man *med* ~ . . of taste; klä sig *med* ~ . . with (in good) taste; äta *med god* ~ . . with a relish; jfr äv. *tycke* [*och smak*]
smaka I *tr itr* allm. taste; pröva äv. try, bildl. äv. experience; *får jag* ~ [*på det*]*?* let me have a taste [of it]!, let me taste (try) it!; ~ *bra (sött)* taste nice (sweet), have a nice (sweet) taste; ~*r det bra?* tycker du om det do you like it?; *det* ~*r* citron it tastes (har en svag smak av smacks) of . ., it has a taste (flavour) of . .; *det* ~*r ingenting (konstigt)* it has no (a queer) taste; *kaffe* ~*r inte (det* ~*r inte att röka)* när man är sjuk one doesn't feel like coffee (one doesn't feel like smoking) . .; *hur* ~*r det?* what does it taste (is it like?, vad tycker du om det how du you like it?); *ingenting* ~*r honom* he has no taste (relish) for anything; *han* ~*r aldrig vin* he never tastes (touches) wine; *det* ~*r* [*av*] pedanteri it smacks of . .; *det ska* ~ [*gott*] *med (att få)* lite te . . will be very welcome; *hur skulle det* ~ *med* lite te? what about (vill du ha would you like) . .?; ~ *på* ngt taste (prova try) . .; *han* ~*de inte ens på det* äv. he didn't even touch it; *låta sig* ngt *väl* ~ eat . . heartily, enjoy . .

with an appetite **II** m. beton. part. **1** ~ *av* taste; ~ *av* såsen *med senap (vin)* flavour . . with mustard (add wine to . .) **2** ~ *på* try, experience
smak|bit bit (piece) to taste; prov sample **-domare** arbiter of taste, judge in matters of taste **-fråga** matter (question) of taste **-full** *a* tasteful, . . in good taste; elegant stylish **-fullhet** tastefulness, good taste **-fullt** *adv* tastefully, in good taste, in a tasteful manner **-förnimmelse** taste sensation **-lig** *a* **1** välsmakande savoury, delicate, palatable, läcker tasty, aptitlig appetizing; ~ *måltid!* ung. I hope you will enjoy your meal! **2** tilltalande pleasing; *föga* ~ rather unpleasant, . . not in good taste **-lös** *a* allm. tasteless, eg. äv. insipid, bildl. äv. . . in bad taste **-löshet** *~en ~er* egenskap tastelessness, eg. äv. insipidity, insipidness, bildl. äv. bad taste; handling, yttrande osv. piece of bad taste; *~er* tarvligheter vulgarity sg. **-löst** *adv* tastelessly; klä sig [*mycket*] ~ . . in [very] bad taste **-nerv** gustatory nerve **-organ** organ of taste, gustatory organ **-prov** taste, bildl. sample **-riktning** trend in taste; smak taste **-råd** anvisning [piece of] advice (pers. adviser) [in matters of taste] **-sak** matter of taste **-sensation** taste sensation **-sinne** [sense of] taste **-sätta** *tr* flavour, isht m. salt o. peppar season **-ämne** flavouring
smal *a* ej bred (om t.ex. band, väg samt bildl.) narrow; tunn (om t.ex. ben, ansikte, läppar) thin; slank: om t.ex. hand, finger, stjälk slender, om t.ex. midja äv. slim; *lång och* ~ om pers. tall and slim; *det var hans ~a lycka* it was a bit of luck for him; *det är en ~ sak för honom* it's quite easy for him; *den ~a vägen* bildl. the [straight and] narrow way; *hålla sig* ~ keep slim; *vara ~ om höfterna (midjan)* have narrow hips (a slim el. slender waist) **-ben** ung. [lower part of the] shin **-bent** *a* slender-legged, thin-legged **-film** sub-standard film; *16 mm* ~ 16 mm. film **-filma** *itr* film, take amateur films **-filmskamera** cine-camera **-halsad** *a* slender-necked; om flaska narrow-necked
smalna *itr* become el. get narrower (tunnare, magrare thin[ner]); banta slim; ~ [*av*] narrow, *till* into; ~ [*av*] *till* en spets taper [off] to . .
smal|randig *a* narrow-striped, om t.ex. kostym pin-striped **-spårig** *a* järnv., attr. narrow-gauge
smaragd *-en -er* emerald **-grön** *a* emerald-green
smart *a* smart; slug sly, sharp **-het** smartness osv.
smash *-en -ar* smash **smasha** *itr* smash
smaska *itr* äta guzzle; ~ *i sig* ngt gorge (gobble up) . .
smatt|er *-ret 0* clatter; rattle, patter; blare, jfr följ. **smattra** *itr* om skrivmaskin o.d. clatter; om gevär o. regn rattle, om regn äv. patter; om trumpeter ung. blare
smed *-en -er* smith; grov~ blacksmith; *sin egen lyckas* ~ the architect of one's own fortune[s] **smedj|a** *-an -or* smithy, forge, blacksmith's workshop
smek *-et 0* caressing, kel fondling; smekningar caresses pl. **smek|a** *-te -t tr* caress, stryka stroke, kela med fondle; bildl.: t.ex. ögat please, örat äv. caress, t.ex. ngns fåfänga tickle, flatter; ~ *ngn över håret* stroke a p.'s hair **smekande** *a* om t.ex. toner, vind gentle, soft **smek|as** *-tes -ts itr. dep* rpr. caress each other; *han vill* ~ he wants to caress (fondle) you (me etc.)
smek|månad honeymoon **-namn** pet name **-ning** ömhetsbetygelse caress, endearment **-ord** term of endearment **-sam** *a* caressing, fondling; om tonfall bland; ~ [*av sig*] äv. loving
smet *-en -er* blandning, äv. kak~ mixture; pannkaks~ o.d. batter; grötlik massa sticky mass; sörja sludge **smeta I** *tr* daub, något kladdigt smear, smör spread, *på* i samtl. fall on **II** *itr* **1** kladda mess about **2** se ~ *av (ifrån) sig* **III** m. beton. part. **1** ~ *av (ifrån) sig* make (leave) smears, *på* on; om färg come off **2** ~ *fast ngt* [*på* ngt] paste (stick) a th. on [to . .] **3** ~ *igen* fylla fill (stop) up, *med* with **4** ~ *ned* ngt daub (smear) . . [all over]; ~ *ned sig* make a mess all over oneself; ~ *ned sig om händerna* make one's hands all greasy **5** ~ *på* ngt daub (smear, spread) . . on, *på* to **smetig** *a* smeary, nedsmetad äv. besmeared; jfr vid. *kladdig*
smick|er *-ret 0* flattery, smickrande ord äv. flatteries pl.; F soft soap; inställsamhet blandishment[s pl.], blarney; kryperi adulation; *utan ~ sagt* är hon söt . . without any flattery **smickra I** *tr* allm. flatter, ngn äv. F butter . . up; ngns fåfänga äv. tickle; porträttet *~r* [*dig*] . . flatters you; *jag är ~d* [*över*] *att* han kom I am flattered [by the fact that] . .; ~ *in sig hos* ngn ingratiate oneself with . . **II** *rfl* flatter oneself, *med att ha* gjort ngt on (upon) having . .; *han ~r sig med att vara* . . he flatters himself that he is . . **smickrande** *a* allm. flattering, *för* to; om t.ex. ord äv. complimentary; *föga (mindre)* ~ hardly (not very) flattering, [rather] unflattering (uncomplimentary) **smickrare** *-n* - flatterer
smida *tr* forge, järn äv. smith; hamra ut hammer out; bildl. (t.ex. planer) devise; ~ *medan järnet är varmt* strike while the iron is hot, bildl. äv. make hay while the sun shines; ~ *fast* ngt fasten . . by forging; ~ *fast* ngt [*vid*] forge . . on [to]; ~ *ihop* forge (weld) . . together, bildl. make up, fabricate, t.ex. planer

concoct **smidbar** *a* forgeable, malleable **smidbarhet** malleability **smidd** *a* forged, arbetad wrought; av smidesjärn, om t.ex. grindar wrought-iron . . **smide** *-t -n* **1** smidning forging, smithery, smithwork **2** konkr., *~n* forgings, av järn wrought-iron goods

smides|arbete se *smide* **-järn** till smidning malleable iron; smitt wrought iron **-kol** forge coal **-ugn** forging furnace **-varor** *pl* forgings **-verkstad** forge, smithy

smidig *a* böjlig, spänstig flexible, om t.ex. lemmar äv. supple; om material pliable, pliant; om t.ex. system elastic; vig, rörlig lithe; mjuk (om t.ex. övergång, ngns sätt) smooth and easy; slug (om t.ex. diplomat) adroit, smart; anpasslig, om pers. adaptable; *ett ~t sätt att* inf. a neat way of ing-form **smidighet** flexibility, suppleness; pliability, pliancy; elasticity; litheness; smoothness; adroitness, smartness; adaptability; jfr *smidig; hans ~* i umgänget his smooth and easy manners (ways) pl. . . **smidigt** *adv* utan svårighet, lätt smoothly; *det gick ~* äv. it went off without a hitch

smil *-et* - leende smile, självbelåtet smirk, flin grin; lismande fawning **smila** *itr* le smile, smirk, grin; lisma fawn; *~ in sig hos* ingratiate oneself with **smilband,** *dra på ~et* smile [faintly] **smilfink** smarmy type (customer) **smilgrop** dimple

smink *-et 0* make-up; sminkmedel paint, rött rouge; teat. grease paint **sminka** *tr* make . . up äv. teat.; *~ ansiktet* äv. paint one's face; *~ sig* make (make oneself) up; *~ av* [*sig*] take the paint off [one's face] **sminkburk** make-up pot **sminkstång** teat. stick of grease paint (röd of rouge) **sminkör** maker-up, make-up man

smisk *-et 0* se *smäll 3* **smiska** *tr* se *smälla I 2*

smit|a I *smet -it itr* **1** ge sig i väg run away (*från* ngn from . .), clear out (*från* en plats of . .); försvinna make off, make oneself scarce; föraren *smet* [*från olycksplatsen*] . . left the scene of the accident [he had caused]; *han smet* [*utan att säga adjö*] he took French leave; *~ från* äv.: t.ex. tillställning slip away from, undandra sig: t.ex. arbete shirk, fight shy of, t.ex. betalning, skatter evade, dodge; *~ bort* (*förbi* m.m.) sneak (steal, slip, slink) away (past m.m.); *~ ifrån ngn* give a p. the slip; *~ in i* ett rum steal (sneak, slip, slink) into . . **2** om kläder, *~ efter* figuren cling (fit close) to . .; *~ åt* fit tight, be a tight fit **3** om färg come off **II** *-an 0* caboodle, [*med*] *barn* (*böcker*) of children (books) **smitning** trafik., han är åtalad för *~* [*från trafikolycksplats*] . . leaving the scene of the accident [he has caused]; *fall av ~* hit-and-run case

smitt|a I *-an -or* infection, isht gm beröring contagion, båda äv. bildl. **II** *tr* infect äv. bildl.; eg. äv. give (pass on, communicate) [the] infection to; *han ~de mig, jag blev ~d av honom* vanl. I caught it from him, he gave it to me; *bli ~d* [*av* ngn] catch an (resp. the) infection [from . .]; *bli ~d* [*av* en sjukdom] be infected [with . .]; *~ ned* infect **III** *itr* be infectious, gm beröring o. om pers. be contagious, båda äv. bildl.; om sjukdom äv. be catching; *~ av sig på* bildl. infect **smittande** *a* om t.ex. skratt, glädje infectious, contagious, catching, om t.ex. melodi catchy

smitt|bärare o. andra sms. se *smitt*[*o*]*bärare* etc. **-koppor** *pl* smallpox sg.

smitt[o]|bärare [disease] carrier **-fara** danger of infection **-farlig** *a* om pers. infectious; om ämne virulent **-fri** *a* non-infectious, non-contagious **-frö** virus äv. bildl. **-förande** *a* om pers. contagious, infectious; om t.ex. kläder infected, om t.ex. vatten contaminated **-härd** eg. centre (source) of infection **-risk** risk of infection **-sam** *a* allm. infectious, bildl. äv. samt gm beröring contagious, catching **-överföring** transmission of infection

smittämne infectious matter, contagion; virus virus

smock *-en 0* sömn. smocking

smock|a I *-an -or* sock, biff **II** *tr, ~ til. ngn* sock (biff) a p. [one] **smockfull** *a* attr crammed, pred. cram-full, chock-full, *me* of

smoking dinner-jacket, amer. tuxed|o (pl. -os); F o. på bjudningskort black tie **-skjorta** evening shirt

smolk *-et 0* ung. particle of dirt (damm dust); *få ~ i ögat* get something in one's eye; *det har kommit ~ i mjölken* bildl. there is a fly in the ointment

smord *a* **1** greased, oiled, jfr *smörja II; Herrens ~e* the Lord's anointed **2** bildl., *det går som* [*om det vore*] *smort* it is going swimmingly (like clockwork) **smorläder** eg. ung stout grained-leather

smugg|el *-let 0* smugglande smuggling **smuggelgods** smuggled goods pl., contraband [goods pl.] **smuggelsprit** smuggled (bootleg) liquor **smuggla I** *tr* smuggle, isht spritvaror i större skala bootleg; *~* [*in*] eg. äv. run; *~ in ngt* [*i* . .] smuggle a th. in[to . .]; *~ ut ngt* [*ur* . .] smuggle a th. out [of . .] **II** *itr* smuggle **smugglare** smuggler, isht av spritvaror bootlegger **smuggling** smuggland smuggling; *~ar* smuggling sg.

1 smul *a* sjö. smooth

2 smul *r* el. *n, inte en (ett) ~* not a bit, fram för adj. o. adv. äv. not the least; se vid. ex. unde *dugg 2* **smul|a I** *-an -or* **1** isht bröd~ crumb äv. bildl.; allmännare bit, scrap; *små -or är också bröd* half a loaf is better than no bread; *gå sönder i -or* go to bits, fall into fragments *ta vara på -orna* spara be economical **2** lite *en* ~ a little, framför adj. o. adv. äv. a bit, en aning a trifle; liten bit a little bit, några droppar a spot, a few drops pl.; *en* [*liten*] ~ *bröd (salt)* [just] a little bit of bread (a little salt); *en* [*liten*] ~ kaffe [just] a spot (a few drops) of . .; *med en* ~ *humor (vänlighet)* with a little humour (a little bit of kindness); han är *en* ~ *konstnär* . . a bit of an artist; *en* ~ trött a little (a bit) . .; *en* ~ *för* kort a trifle too . .; *inte en* ~ trött not the least [bit] (not a bit) . .; *det finns inte en* ~ *att äta* there is nothing at all (not a scrap, not the least [little] bit) to eat; *den* ~ *engelska som* jag har lärt mig the little el. what (neds. the smattering of) English . .; *den* ~ *vänlighet* han visade the little kindness . .; för ex. jfr äv. *litet II 2* **II** *tr* crumble; ~ *sönder* eg. äv. crumble (krossa crush) . . [i bitar to bits], bildl. tear . . to pieces, make mincemeat of **III** *rfl* crumble **smulig** *a* som smular sig crumbly, friable; full med smulor . . full of crumbs **smulte** broken tea

smultron *-et* - skogs~ wild strawberry **-färgad** *a* strawberry-coloured **-ställe** eg. spot for wild strawberries

smuss|el *-let 0* hanky-panky, monkey business; fiffel cheating **smussla I** *itr* practise underhand tricks; fiffla cheat; ~ *med ngt* pilla med fiddle about with a th. on the sly **II** *tr,* ~ ngt *till ngn* (~ *till ngn* ngt) slip (pass) . . to a p. on the sly (quiet); ~ *bort (undan)* gömma hide away; ~ *in (ut)* ngt slip . . in (out) on the sly (quiet), smuggla smuggle . . in (out)

smuts *-en 0* dirt, stark. filth, båda äv. bildl.; gat~ o.d. mud; ~lager, isht på kroppen grime; orenhet (t.ex. i vatten) impurities pl.; *dra ned (släpa)* ngt *i* ~*en* bildl. drag . . into the dirt (drag . . through the mud el. mire) **smutsa** *tr* dirty, soil, bildl. sully; ~ [*ned*] äv. make . . dirty, smörja ned äv. muck up, fläcka stain; ~ *ned* [*i* ett rum] make things all dirty [in . .], make a mess [in . .]; ~ *ned sig* get dirty; ~ *ned sig om händerna* make one's hands [all] dirty

smuts|avstötande *a* dirt-repelling **-fläck** spot (speck) of dirt, smudge **-gris** om barn dirty [little] pig **-gul** *a* dirty yellow **-göra** dirty job

smutsig *a* allm. dirty, stark. filthy, båda äv. bildl.; nedsmutsad (om t.ex. kläder) soiled; lerig muddy; smutsstäckt: om t.ex. ansikte grimy, om t.ex. händer grubby; inte ren, använd: om t.ex. disk unwashed, om t.ex. skjorta (pred.) not clean; sjabbig sordid äv. bildl.; osnygg (om t.ex. rum) dingy; som smutsar äv. (om t.ex. arbete) messy; bildl. äv. foul, nasty, oanständig smutty; *bli* ~ get dirty; *lätt bli* ~ om t.ex. material dirty (soil) easily; *det är* ~*t på* gatorna . . are dirty (muddy); *han är* ~ *i ansiktet (om händerna)* his face is (his hands are) dirty

smuts|kasta *tr* throw (fling) mud at **-kläder** *pl* dirty linen sg. **-påse** washing bag **-titel** boktr. half (bastard) title **-tvätt** dirty washing (linen) **-vatten** slops pl.

smutt *-en -ar* klunk sip **smutta** *itr* sip; ~ *på* a) dryck sip [at] . . b) glas take sips (a sip) from . .

smycka *tr* allm. adorn äv. bildl.; pryda ornament; dekorera decorate; försköna embellish; ~ *sig* adorn oneself; ~ *ut* = *smycka*

smycke *-t -n* piece of jewellery, enklare trinket, m. juveler o.d. jewel; prydnad ornament äv. bildl.; ~*n* vanl. jewellery sg., jewels; *som* ~ as an ornament **smyckeskrin** jewel case (box)

smyg *-en -ar* **1** vrå corner, nook; jfr äv. *fönsternisch* **2** *i* ~ olovandes on the sly, on the quiet, surreptitiously, förstulet furtively, i hemlighet secretly; *en blick i* ~ a furtive glance; *skratta i* ~ laugh up one's sleeve

smyga *smög smugit* **I** *tr* slip; ~ ngt *i handen på ngn* slip . . into a p.'s hand **II** *itr* steal, slinka slink, sneak, smita slip, gå tyst creep, *bort (förbi* m.m.) i samtl. fall away el. off (past m.m.); ~ *på tå* creep on tiptoe, tiptoe; *gå och* ~ sneak (go sneaking) about **III** *rfl* steal osv., se *II;* ~ *sig efter* bildl.: följa nära closely follow, om kläder cling to; *ett fel har smugit sig in* [*i* texten] an error has slipped (crept) in[to . .]; ~ *sig intill* ngn nestle against . ., snuggle up to . .; ~ *sig på* ngn steal upon . ., bildl. (om t.ex. sömnen) come creeping upon . . **smygande** *a* om t.ex. gång stealthy, sneaking; bildl.: om t.ex. förtal, sjukdom insidious, om t.ex. misstanke lurking; *ett* ~ *gift* a slow (an insidious) poison; *komma* ~ come sneaking (tyst creeping)

smyg|handel illicit trade (traffic) **-hål** lucka loophole **-lyssna** m.fl. sms. se *tjuvlyssna* m.fl. sms. **-röka** *tr itr,* ~ [cigarretter] smoke [. .] on the sly (quiet) **-supa** se *skåpsupa* **-väg,** *gå* ~*ar* bildl. resort to underhand methods; *på* ~*ar* by underhand means, in a roundabout way

små *a* se *liten* **-aktig** *a* trångsynt petty, om pers. äv. small[-minded]; futtig mean; petnoga niggling, fussy; kitslig, om t.ex. kritik carping, om t.ex. kritiker captious **-aktighet** pettiness osv.; niggling; carping **-annons** classified (small) advertisement; ~*er* äv. smalls **-barn** baby, infant; ~[*en*] äv. [the] little children **-barnsaktig** *a* childish **-belopp** se *småsummor* **-bil** small car; mycket liten mini-car **-bildskamera** miniature camera **-bitar** *pl* small pieces (bits) **-blad** bot. leaflet **-bladig** *a* small-leaved **-blommig** *a* attr. . . with small flowers, mönstrad äv. . . with a small floral pattern **-bord** *pl* small tables; *äta vid* ~ have one's meal[s] at separate tables

-borgare person (member) of the middle--class, bourgeois fr. (pl. lika) **-borgerlig** *a* [lower] middle-class; bourgeois fr. (äv. neds.) **-bruk** small-scale farming; konkr. small-holding **-brukare** smallholder **-bröd** koll. fancy biscuits pl., amer. cookies pl. **-båtar** *pl* small[-sized] boats

små|delar *pl* particles, small parts; *plocka sönder* ngt *i* ~ pull . . to pieces **-djur** *pl* small animals **-djävul** imp **-dugga** *itr* drizzle **-elak** *a, vara* ~ do (i ord say) nasty little things **-fel** small (slight, minor) fault etc. jfr *fel I* **-fisk** koll. small fish[es] pl.; gli [small] fry pl. **-flicka** little girl **-folk 1** koll. a) enkelt folk humble folk, ordinary people pl., F small fry pl. b) se *småungar* **2** *pl* nationer small nations **-franska** [French] roll **-frysa** *itr* feel a bit chilly **-furste** petty prince **-fågel** koll. o. **-fåglar** *pl* small birds pl. **-företag** small[-scale] enterprise **-gata** by-street **-glimtar** *pl* short glimpses **-gnabbas** *itr. dep* bicker **-gnola** *itr* hum softly **-gris** piglet **-gräla** *itr* tvista have a bit of a (have a little) quarrel; gnabbas bicker; ~ *på ngn (över ngt)* scold a p. a little (grumble a little about a th.)

små|hosta *itr* cough slightly **-hus** small [self-contained] house **-industri** small[-scale] industry **-kaka** fancy biscuit, amer. cookie **-klasser** *pl* skol., ~*na* the junior (lower) classes el. forms **-koka** *itr* simmer **-konung** petty king **-kort** *pl* i kortspel low cards **-krafs** odds and ends pl. **-krig** minor (small-scale) war **-krullig** *a* om hår crisp, tightly curled **-kryp** *pl* eg. small creeping things (insects) **-kyrka** chapel **-le** *itr* smile, *mot, åt* at **-leende I** *a* smiling **II** *s* [faint] smile **-ljuga** *itr* fib, tell a fib (resp. fibs) **-lägenhet** small flat (amer. apartment) **-lögn** fib **-maskig** *a* fine-meshed **-mynt** se *småpengar* **-mönstrad** *a* small-patterned

småningom *adv,* [*så*] ~ efter hand gradually, by degrees, little by little, as time goes (resp. went) on, med tiden by and by, till sist eventually, at last, vad det lider sooner or later, längre fram later [on]

små|nubb koll. small tacks pl. **-näpen** *a* sweet **-nätt** *a* prettyish **-ord** *pl* gram. particles **-paket** post. small packet **-pengar** *pl* small coins; växel- [small] change sg. **-planet** minor planet, planetoid **-plock** koll.: småsaker odds and ends, trifles, småsysslor petty jobs, samtl. pl. **-pojke** little boy **-poster** *pl* småsummor small amounts, jfr *post 3* **-potatis** koll. small potatoes pl.; *det är inte* ~ bildl. that's not to be sneezed at, ingen liten summa äv. that's quite a good bit **-prat** chat, kallprat small talk **-prata** *itr* chat, *med* with; för sig själv mumble [to oneself] **-prickig** *a* attr. . . with small dots (spots) **-promenader** *pl* short (little) walks **-regna** *itr* drizzle **-reparationer** *pl* minor (small) repairs **-rolig** *a* . . amusing (kvick witty) in a quiet way, droll **-rum** *pl* small (på t.ex. restaurang separate) rooms **-rutig** *a* attr.: mönstrad small-checked, . . with small checks, om fönster . . with small panes **-rätter** *pl* kok. ung. fancy dishes

små|sak liten sak little (small) thing; bagatell trifle, small matter; ~*er* plock odds and ends; *det är en* ~ *för honom* it is a trifle (a trifling matter) for him; *det är ingen* ~ *att* inf. it is no light matter (small thing) to inf.; bli ond för *minsta* ~ . . the merest (least) trifle **-sill** koll. small herring[s] pl., whitebait **-sinnad** *a* petty, om pers. äv. small-minded **-sinne** small-mindedness **-sint** *a* se *småsinnad* **-sjunga** *itr* sing softly, gnola hum **-skog** brushwood, spinney, copse **-skola** junior school **-skol[e]lärare** junior-school teacher **-skratta** *itr* chuckle **-skrift** broschyr pamphlet; bok booklet **-skulder** *pl* small (minor, petty) debts **-skuren** *a* **1** eg.: attr. fine[ly]-cut, pred. finely cut **2** bildl. se *småsinnad* **-slantar** *pl* small coins; *det är inga* ~ it is quite a respectable (is no trifling) sum **-slug** *a* shrewd, knowing **-smulor** *pl* eg. small bits (av bröd crumbs); bildl. trifles; *det är inga* ~ that is no trifle (quite a lot) **-snål** *a* niggardly, cheese-paring **-snålhet** niggardliness, cheese-paring **-sparare** small saver (depositor) **-spik** koll. eg. small nails pl.; *det regnar* ~ it's raining cats and dogs **-springa** *itr, vi får (måste)* ~ we practically have to run; *hon -springer alltid* she is always half walking, half running **-stad** small town; landsortsstad provincial (country) town

småstads|aktig *a* neds. provincial, parochial **-bo** inhabitant of a small town, provincial, small-town dweller; *vara* ~ vanl. live in a small town **-håla** hole, one-horse town **-liv** life in a little town

små|stat small (minor) state **-sten** koll. pebbles pl. **-stuga** allm. cottage **-stunder** *pl* odd (spare) moments **-summor** *pl* small (strunt- trifling) sums **-supa** *itr* tipple **-svära** *itr* utter a few curses, tyst swear under one's breath **-syskon** *pl* younger (small) sister[s] and brother[s] (sisters, resp. brothers) **-sysslor** *pl* odd (trifling, petty) jobs **-söt** *a* pretty[ish] **-timmarna** *pl* the small hours; [*fram*] *på* ~ in the small hours [of the morning] **-tokig** *a* half crazy, pred. äv. a little (a bit) crazy **-trevlig** *a* om pers. o. t.ex. kväll pleasant; om sak [nice and] cosy

smått I *a* **1** small osv., jfr *liten I* **2** ibl. adv., *hacka* kött ~ mince . . small; *skriva* ~ write small, ha liten handstil have a tiny handwriting; *ha det* ~, *ha* ~ *om det* be badly (poorly) off, be in straitened circumstances, jfr vid. *ond II 3 c)* **II** *subst. a* **1** *allt möjligt ~ och gott* all sorts (a great variety) of [nice little] things, litet av varje a little of everything; *i ~* i liten skala on a small scale, in a small way; ljuga *i ~ . .* about small matters; *en värld i ~* a miniature world **2** barn, *hon väntar ~* she is expecting a baby **III** *adv* **1** en smula a little, a bit, slightly, somewhat, nästan rather, almost, i liten skala in a small way; *så ~* just a little, så småningom slowly, gradually, little by little; *han är ~ expert* he is a bit of an expert **2** se *I 2*

småttingar *pl* small children, kids, isht om djur little ones

små|tvätt konkr. smalls pl. **-ungar** *pl* small children, kids **-utgifter** *pl* minor (petty) expenses **-varmt** *subst. a* ung. small hot dishes pl. **-vilt** koll. small game **-vuxen** *a* kort short, om pers. äv. (pred.) short of stature; liten small, om växt low **-vägar** *pl* bypaths **-värka** *itr* ache a little; jfr *mola* **-växt** *a* se *-vuxen* **-öar** *pl* small islands, islets

smäck|a *-te -t* **I** *tr, ~ igen* en dörr slam . .; *~ till ngn* sock (biff) a p. [one] **II** *itr* ljuga lie osv., jfr *ljuga I*

smäcker *a* slender

smäckfull *a* se *smockfull*

smäda *tr* abuse, revile; okväda rail at; förtala defame; häda, t.ex. Gud blaspheme **smädare** *-n -* reviler; defamer; blasphemer **smädebrev** defamatory letter, anonymt poison-pen letter **smädedikt** libellous poem, lampoon **smädelse** abuse, revilement, förtal defamation, samtl. end. sg.; hädelse blasphemy; *~r* defamatory words, abuse sg., i skrift äv. libel sg.; *fara ut i ~r mot* rail against **smädeord** term (word) of abuse **smädeskrift** libellous pamphlet, libel, nidskrift lampoon **smädlig** *a* om t.ex. tal abusive; ärekränkande defamatory, om skrift libellous; hädisk blasphemous

smäkta *itr* languish, *efter* for **smäktande** *a* om t.ex. blickar languishing; om t.ex. röst melting, om toner äv. languorous

smälek *-en 0* ignominy; vanära disgrace; *lida ~* suffer (be put to) shame

smäll 1 *-en -ar* knall: av dörr o.d. bang, slam; svag. ljud av ngt som stängs el. bräcks snap; av piska o.d. crack; av kork pop; av eldvapen report; vid kollision smash; vid explosion detonation **2** *-en -ar* slag: m. handen smack, slap, lättare rap; m. piska lash; stöt blow, knock (båda äv. bildl.), bang; *jag fick en ~* när jag föll I got a knock (bang) . . **3** *-et 0* smisk smacking, spanking; *få [ordentligt med] ~* get a [good] smacking (spanking), vid flera tillfällen be [properly] smacked (spanked); *få ~ på fingrarna (stjärten)* get a rap over the knuckles (a smack on one's bottom)

smäll|a *-de* (ss. itr. äv. *small) -t* **I** *tr* **1** slå, dänga bang, knock, jfr *2 slå I* **2** smiska smack, spank, give . . a smacking (a spanking); *~ ngn på fingrarna (stjärten)* rap a p. over the knuckles (smack a p.'s bottom)

II *itr* om dörr o.d. bang, slam; om piska, gevär crack; om kork pop; om segel o.d. flap; gå av, om skott go off; klappra clatter; *~ i* dörrarna bang (slam) . .; *det -er i väggarna av kölden* the walls are cracking with the frost; *~ med* piska crack . .; *~ med fingrarna (tungan)* snap one's fingers (click one's tongue); ett ord till *så -er det* a) skjuter jag . . and I'll shoot b) får du stryk . . and you'll get (have) it; *i kväll -er det* blir det slag i saken tonight things will happen (come to a head); *det -er lika [högt]* it makes no difference, it is all the same

III m. beton. part. (jfr äv. under *2 slå IV*) **1** *~ av* ett skott fire off . .; skottet *-de av* . . went off [with a bang] **2** *~ ihop* a) stänga (t.ex. bok) close . . with a snap b) krocka (om t.ex. bilar) smash (crash) into each other; *~ ihop med* . . smash (crash) into . . c) sätta ihop: t.ex. hus knock . . together, t.ex. historia make up **3** *~ till* a) ngn slap, smack, give . . a rap b) *det har [plötsligt] -t till och blivit kallt* it has turned cold [all of a sudden]

smällare, [*rysk*] *~* banger

smäll|fet *a* enormously fat **-kall** *a* bitingly (bitter) cold; *mitt i ~a vintern* in the depth of winter **-karamell** cracker **-kyss** smack [på mun on the lips]

smält|a A *-an -or* tekn. melt **B** *-e smält* (ss. itr. äv. *smalt smultit)* **I** *tr itr* **1** eg. bet.: allm. melt, isht [om] metaller fuse, [om] malm äv. smelt, *till* i samtl. fall into; lösa [sig] äv. dissolve; till vätska liquefy; bildl. (t.ex. [om] hjärta) melt, soften; *päronet -er i munnen* the pear melts in the mouth; *~ i tårar* melt into (be dissolved in) tears; *smält smör* melted (drawn) butter; *smält stål* molten steel **2** fysiol. samt i bet. tillgodogöra sig (bildl.) digest; bildl. äv.: svälja stomach, pocket, put up with, komma över get over; *~ maten* digest one's food **II** m. beton. part. **1** *~ bort* a) tr. melt b) itr. melt away äv. bildl. **2** *~ ihop* a) förena: eg. melt (fuse) . . together, bildl. fuse, amalgamate b) förenas coalesce, om t.ex. raser interfuse, become fused, *till* i samtl. fall into; om t.ex. färger: gå i varandra melt (merge) into each other, harmoniera blend; *~ ihop med* förenas med coalesce (be fused) with, gå upp i merge into c) minskas melt [down], bildl. (om t.ex. förmögenhet) dwindle [down] **3** *~ in i* omgivningen go well (om sak äv. harmonize) with . . **4** *~ ned* melt down (amer. äv. up) **5** *~ om* re-melt **6** *~ samman* se *~ ihop* **smältande** *a* melting, bildl. (om toner) äv. liquid, mellifluous

smält|bar *a* **1** meltable, fusible; löslig dissolvable **2** om mat o. friare digestible **-barhet**

meltability, fusibility; dissolubility **2** digestibility **-degel** melting-pot, eg. äv. crucible **-ning 1** melting osv.; fusion; liquefaction **2** digestion. – Jfr *smälta B I* **-ost** processed cheese **-punkt** melting-point, isht metallers fusing-point **-ugn** melting-furnace **-vatten** melted snow (ice); geol. glacier-water

smärgel *-n 0* emery **smärgelduk** emery-cloth **smärgla** *tr* polish (rub, grind) . . with emery

smärre *a* smaller osv., jfr *mindre I*

smärt *a* slender, slim; *ha ~ figur* äv. have a slight figure; *hålla sig ~* keep slim

smärt|a I *-an -or* allm. pain; häftig o. kortvarig pang, twinge [of pain]; lidande suffering; sorg grief, bedrövelse affliction, distress; *ha* [*svåra*] *-or* be in [great] pain; *ha -or (svåra -or) i* i huvudet have pains (have a severe pain) in . .; *det ger häftiga -or* it causes acute pain; *med ~ har jag erfarit att . .* I have been grieved (distressed) to learn that . . **II** *tr* bedröva grieve, pain, give . . pain; *det ~r mig djupt* it grieves me deeply, it cuts me to the quick **III** *itr* värka ache, be painful; *det ~r i benet* [*på mig*] my leg aches (is painful) **smärtfri** *a* eg. painless; smidig smooth **smärtförnimmelse** sensation of pain

smärting *-en 0* canvas

smärt|sam *a* allm. painful; sorglig äv. sad, distressing, stark. afflicting, grievous **-stillande** *a* pain-relieving, analgesic; *~ medel* analgesic

smör *-et 0* butter; *~ och bröd* bread and butter; *bre*[*da*] *~ på . .* butter . ., spread butter on . .; *gå åt som ~* [*i solsken*] sell like hot cakes; *vara uppe i ~et* ha det bra be comfortably off, be in clover, stå i gunst be in high favour **smöra** *tr* butter

smör|aktig *a* buttery **-bakelse** [piece of] puff pastry **-blandning** mixture of butter and margarine **-blomma** buttercup **-deg** puff pastry **-dosa** butter dish **-fräsa** *tr* kok. fry . . in butter

smörgås *-en -ar* **1** eg. **a)** *en ~* utan pålägg a slice (piece) of bread and butter, m. pålägg a[n open] sandwich **b)** *~*[*ar*] koll. m.m. bread and butter sg., m. pålägg [open] sandwiches pl.; *bredda ~ar* m. pålägg [open] sandwiches; *en* [*enkel*] *~* måltid ung. a snack **2** *kasta ~* lek play ducks and drakes **-bord** smörgåsbord (äv. smorgasbord), large mixed hors d'œuvre fr. **-bricka** litet smörgåsbord [tray with] mixed hors d'œuvre fr.; bricka med smörgåsar tray with sandwiches **-mat** se *pålägg* **-nisse** assistant waiter, amer. bus boy **-papper** grease-proof paper

smörj *-et 0* se *stryk*

smörj|a I *-an -or* **1** fett grease, smörjmedel äv. lubricant; sko~ äv. cream; salva ointment **2** skräp: allm. rubbish, muck, bildl. äv. trash; struntprat äv. nonsense, rot **3** smuts muck **II** *smorde smort* (jfr *smord 1*) tr **1** *~* ngt [med fett (olja)] grease (oil) . .; rund *~* lubricate; bestryka smear, daub, *med* with, *på* on; *~* [*in*] *ansiktet (huden) med* kräm rub one's face with . . (rub . . into the skin); *~ ned* se *smeta* [*ned*] o. *smutsa* [*ned*] **2** *~ ngn* muta grease (oil) a p.'s palm, smickra butter a p. up **smörjare** greaser, oiler **smörjelse** relig.: konkr. ointment; abstr. unction; *sista ~n* extreme unction **smörjhål** oil hole **smörjig** *a* nedsmord greasy, smeary; smutsig dirty, mucky; sörjig muddy **smörjkopp** oil-cup, lubricating cup; för fett grease-cup, greaser **smörjmedel** tekn. lubricant **smörjning** tekn. lubrication, greasing **smörjolja** lubricating oil

smör|klick pat (mindre dab) of butter **-kniv** butter knife **-kräm** butter cream (icing) **-kärna** churn **-papper** grease-proof paper **-sopp** o. **-svamp** Boletus luteus lat. **-syra** butyric acid **-sås** melted butter sauce

snabb *a* om t.ex. framsteg, ström, växt rapid, om t.ex. blick, rörelse quick, swift, om t.ex. uppgörelse, tillfrisknande speedy, om t.ex. tåg, löpare fast, om t.ex. affär, hjälp prompt; *~* i vändningarna nimble, alert; *~t beslut* speedy (rapid) decision; *med ~a steg* at a rapid pace; *~t svar* prompt (speedy, quick) answer; *i ~ takt* at a rapid (quick) pace; *ha ~ uppfattning* be quick on the uptake; *vara ~ på foten* be fleet of foot; *~ som blixten* as quick (swift) as lightning **--buss** se *snabbuss* **-eld** rapid (quick) fire **-fotad** *a* swift-(fleet-)footed **-förband** sticking-plaster, adhesive plaster **-gående** *a* fast, attr. äv. high-speed **-het** rapidity, quickness, swiftness, speediness, promptness, fart speed **-kurs** rapid course

snabbköp[**s**|**affär** el. **-butik**] self-service shop (amer. store), större supermarket

snabb|löpare racer **-seglande** *a* fast[-sailing] **-skjutande** *a* quick-firing **-skrift** shorthand [writing] **-**[**svarv**]**stål** high-speed steel **-telefon** intercom[munication] telephone (anläggning system), anläggning äv. intercom **-trafik** high-speed traffic **-tänkt** *a* quick-(ready-)witted **-tänkthet** quickness etc. of wit

snabbuss express bus (coach)

snab|el *-eln -lar* proboscis, elefants vanl. trunk **snabelsko** cracowe

snack *-et 0* se *prat* **snacka** *tr itr* chatter, jfr vid. *prata*

snagga *tr* cut (crop) . . short, hår äv. crop, clip . . short; *~d* pojke . . with his hair cut short (cropped), . . with a crew cut; *han är ~d* äv. he has a crew cut **snaggning** frisyr crew cut

snapp|a *tr itr* snatch, *efter* at; *~ bort* snatch

away; ~ *till (åt) sig* snatch, grab; ~ *upp* en nyhet o.d. snatch (pick) up, ett ord o.d. catch, overhear, ett brev o.d. intercept **-hane** ung. guer|r|illa |after the Swedish conquest of Scania|

snaps *-en -ar* |glas| brännvin snaps (pl. lika)

snapsa *itr* supa like the bottle, tipple

snapsflaska fylld bottle of snaps, tom snaps bottle **snapsglas** snaps-glass **snapsvisa** drinking-song

snar (jfr *snarare, snarast, snart*) *a* skyndsam, snabb speedy, omedelbar prompt (H äv. early), nära förestående near, immediate; ~ *att* inf. quick (prompt, benägen ready) to inf.; ~ *till skratt (tårar)* ready to laugh (cry); ~ *till vrede* quick (prone) to anger

snar|a I *-an -or* |rep|slinga snare äv. bildl., fågel~ äv. springe, giller gin, fälla trap äv. bildl.; *lägga ut en ~ för* ngn, ngt set (lay) a trap for . .; *fastna i ~n* fall into the trap **II** *tr* snare, trap

snarare *adv* **1** om tid sooner **2** förr, hellre rather; fastmer, närmast if anything; ~ *rik än fattig* rich rather than poor; *det var* ~ 20 än 10 it was nearer . .; *jag tror ~ att . .* I am more inclined to think that . .; vinden har ~ *tilltagit |än avtagit|* . ., if anything, increased

snarast I *a, med det ~e* se följ. **II** *adv, ~ möjligt* as soon as possible, at the earliest possible date (opportunity), very soon, at the (your etc.) earliest; sänd varorna ~ *möjligt* H äv. . . at your earliest convenience; han gör sig ~ *löjlig* . . ridiculous rather than anything else; jfr vid. ex. under *snarare 2*

snar|fager *a,* hon är *inte precis* ~ . . not much to look at exactly **-fyndig** *a* -tänkt quick-(ready-)witted; påhittig ingenious; i replik . . quick at repartee **-fyndighet** ready wit; ingenuity

snark|a *itr* snore **-ning** snore; *~ar* äv. snoring sg.

snar|lik *a* rather like; *vara ~a* be rather (somewhat) like each other; ~ *i* färg, form o.d. of much the same . ., much alike in . .; *ett ~t fall* a similar (an almost analogous) case **-likhet** close similarity (likeness, resemblance) **-stucken** *a* retlig, ömtålig touchy, pred. äv. quick to take offence; lättretad short-tempered **-stuckenhet** touchiness

snart *adv* allm. soon; inom kort shortly, before long; *så ~ |som|* konj. a) så fort as soon as, genast directly b) så ofta whenever; *så ~ som möjligt* se *snarast |möjligt|; ~ nog* a) alltför ~ only too soon b) ganska ~ fairly (pretty) soon, by and by c) tillräckligt ~ soon enough; ~ *sagt* almost (etc. se *nästan*), not far from, pretty well; *han fick ~ i gång bilen* he was not long in starting the car; *det är* ~ fort *gjort* it will soon be done, it will be done in next to no time; en vecka *går* ~ . . will pass in no time; *jag kommer ~ tillbaka* I'll soon be back; så har det varit *i ~ tio år* . . for nearly ten years

snask *-et 0* sötsaker sweets pl., amer. candy; *tycka om* ~ äv. have a sweet tooth **snaska** *itr tr* **1** äta sötsaker eat (munch) sweets; ~ *|på| ngt* munch (chew) a th.; ~ *i sig* munch, glupskt scoff **2** äta snaskigt be messy; ~ *ned duken* make a mess on (soil) the table-cloth; ~ *ned sig* get oneself |all| messy

snaskig *a* kladdig, smutsig, ~ *|av sig|* messy, dirty; bildl. snuskig smutty, indecent **snaskighet** *-en -er* messiness end. sg.; bildl. smuttiness end. sg., indecency; *~er* äv. indecent things (historier etc. stories etc.)

snatta *tr itr* pilfer, F pinch end. tr.; ~ *i butiker* be a shop-lifter (resp. shop-lifters pl.)

snatt|er *-ret 0* t.ex. ankas quack|ing|, gabble äv. bildl., bildl. äv. chatter|ing|, jabber|ing|

snatteri pilfering, i butik shop-lifting; jur. petty larceny

snattra *itr* quack, gabble, chatter, jabber, jfr *snatter*

snava *itr* stumble, trip; jfr *snubbla*

sned I *a* **1** eg.: t.ex. om linje, stråle, vinkel, ögon oblique, lutande slanting, sluttande sloping, inclined, skev warped, som väger ojämnt lopsided, krokig, vind crooked, wry, på snedden diagonal, tekn. snedskuren bevelled, chamfered; pred. äv. askew, awry; *ha ~ mun (figur)* have a wry mouth (lopsided figure); *ha ~ rygg* have a crooked back; *kasta ~a blickar på* . . look askance at . .; *han är ~ i ansiktet* his face is (looks) lopsided **2** F berusad tipsy **II** *s, på* ~ obliquely, aslant, on the slant, slantingly, slopingly, askew, awry, jfr *sned I 1;* på tvären sideways; med hatten *på* ~ . . |cocked| on one side; *lägga huvudet på* ~ put one's head on one side; *gå på* ~ bildl. go wrong, t.ex. om plan äv. go awry; *komma på* ~ i livet go astray; *din hatt sitter på* ~ you have got your hat on crooked (askew), your hat is not straight

snedbena, *ha* ~ wear one's hair parted (have a parting) on one side **snedda I** *tr,* ~ *|av|* t.ex. hörn cut . . off obliquely; fasa av bevel, chamfer **II** *tr itr,* ~ *|över|* gatan slant across . ., cross . . **snedden,** *på* ~ obliquely, diagonally; klippa tyg *på* ~ . . |on the| bias, . . on the cross (slant)

sned|ficka cross pocket **-gången** *a,* ~ *sko* shoe worn down on one side **-het** obliquity, obliqueness; om persons växt lopsidedness **-klaff** på byrå o.d. sloping top; klaffbyrå bureau pl. -x (amer. writing desk) with a sloping top **-kudde** |wedge-shaped| bolster **-mynt** *a* wry-mouthed **-remsa** bias |band| **-segel** fore-and-aft sail **-skuren** *a* om tyg o.d. . . cut |on the| bias (on the cross); tekn. bevelled, chamfered **-språng** eg. side-jump (-leap); bildl. escapade, 'historia' affair **-steg**

eg. side-step; bildl. se föreg. **-streck** slanting line (stroke) **-tak** sloping roof **-vinklig** *a* oblique[-angled] **-vriden** *a* bildl. twisted, distorted, warped **-ögd** *a* slant-eyed

snegla *itr,* ~ [*på*] ogle; ~ *på* ngn (ngt) förstulet glance furtively (misstänksamt look askance, lömskt leer) at . ., vilja ha have one's eye on . .

snett *adv* obliquely; slantingly, aslant; askew, awry; diagonally; jfr vid. *sned I 1* o. *II;* hatten *sitter* ~ . . is crooked (askew); hålla kameran ~ . . at an angle; tavlan *hänger* ~ . . is slanting (lopsided); bo ~ *emot (över* [*gatan* etc.]*)* . . almost opposite; *gå* ~ *på skorna* wear one's shoes down on one side; *gå* ~ *över* gatan cross . . diagonally, slant across . .; *se* ~ *på* ngn (ngt) look askance at . .

snibb *-en -ar* hörn corner; spets point; tipp, ände tip; ör~ lobe; tre~ triangular cloth; vika *i* ~ . . into a triangle **snibbig** *a* pointed

snickar|e isht inrednings~ joiner, timmerman carpenter; finare möbel~ cabinet-(furniture-) -maker **-lim** joiner's glue **-verkstad** joiner's (cabinet-maker's) workshop **-verktyg** joiner's tool

snickeri abstr. o. koll. joinery (carpentry) [work], joiner's (carpenter's) work, möbel~ cabinet work, abstr. äv. cabinet-making, jfr *snickare;* konkr. se *snickarverkstad* o. *snickeriarbete* **-arbete** konkr. piece of joinery (carpentry) [work], piece of cabinet work; ~*n* joinery productions; abstr. o. koll. se *snickeri* **-fabrik** joinery (carpentry) shop

snickra **I** *itr* do joinery (carpentry) [work], slöjda i trä do woodwork **II** *tr,* ~ [*ihop*] möbel o.d. make

snicksnack *-et 0* F chit-chat

snida *tr* carve **snidare** carver **snideri** carving, konkr. äv. carved work

sniffa *itr tr* sniff, *på* at; ~ thinner sniff . .

snig|el *-eln -lar* slug; m. snäcka snail **snigelfart,** *med* ~ at a snail's pace

sniken *a* girig avaricious, lysten greedy, *efter* for, of; covetous, *efter* of; han är *mycket* ~ äv. . . very grasping **-het** greediness, greed, cupidity

snilla *tr,* ~ *undan* pengar embezzle . .

snille *-t -n* genius; *han har (är ett)* ~ he has (is a man of) genius **-blixt** brainwave, flash of genius **-drag** stroke of genius **-foster** product (work) of genius

snillrik *a* brilliant; *en* ~ *man* äv. a man of genius **-het** genius

snip *-en -ar* t.ex. på kanna lip **snip|a** *-an -or* **1** båt ung. gig **2** grädd~ jug, sås~ boat **snipig** *a* pointed, om ansikte o.d. peaked

snirk|el *-eln -lar* spirallinje, arabesk scroll, heli|x (pl. äv. -ces), arkit. äv. volute; på bokstav flourish; *-lar* bildl. embellishments **snirklad** *a* scrolled, flourished, jfr föreg.; bildl. florid, ornate

snits *-en 0* style, chic; *det är* ~ *på den där kostymen* that suit has chic; *sätta* ~ *på ngt* give a th. style

snitseljakt paper-chase

snitsig *a* stylish, chic

snitsla *tr,* ~ en bana mark . . with paper-strips

snitt *-et -* allm. cut äv. modell; isht läk. incision; tvär~, preparat section; boksnitt edge; en man *av gammaldags* ~ . . of the old-fashioned type; *gyllene* ~*et* the golden section; *rött* ~ bokb. red edges pl.; böcker *med rött* ~ *(förgyllt övre* ~*)* red-edged (gilt-topped) . . **-blomma** cutting (avskuren cut) flower **-yta** section surface

sno *-dde -tt* **I** *tr* **1** hoptvinna twist, vira twine, wind; snurra twirl, turn **2** F knycka pinch **II** *itr* fara och flänga scamper, run; ~ *om* hörnet dash (whisk) round . . **III** *rfl* **1** linda sig twist, twine, *om* round; trassla ihop sig get twisted (entangled), kink **2** bildl.: slingra sig dodge **3** F skynda sig get cracking, jfr äv. *skynda II;* ~ *dig* [*på*]*!* make it snappy!, be slippy about it!, look sharp!, get a move on! **IV** m. beton. part. **1** ~ *sig ifrån ngt* wriggle out of a th., dodge a th. **2** ~ *ihop* eg. twist together; ~ *ihop* t.ex. måltid, sockerkaka knock up; ~ *ihop sig* se ovan *III 1* **3** ~ (trassla) *in sig i ngt* get [oneself] entangled in a th. **4** ~ *om* ngt *med ett snöre* wind (twine) a cord round . . **5** ~ (fara) *omkring* run (rush, bustle, go bustling) around, scamper about **6** ~ *på* se ovan *III 3* **7** ~ *upp* untwist, untwine **8** ~ *åt sig* F grab hold of, pinch

snobb *-en -ar* kläd~ dandy, fop, amer. äv. dude; högfärdig person snob, F la-di-da **snobba** *itr,* ~ *med* t.ex. hatt sport, t.ex. kunskaper show off, swank about, t.ex. fina bekantskaper brag (F swank) about **snobberi** dandyism, foppishness; snobbishness, snobbery; jfr *snobb* **snobbig** *a* dandified, foppish, snobbish; jfr *snobb*

snodd *-en -er (-ar)* att dra el. knyta cord, string; t. garnering braid, lace; av gummi band

1 snok *-en -ar* zool. grass snake

2 snok *-en -ar* se *tullsnok* **snoka** *itr* poke, ferret [about], pry, spy; *gå och* ~ go prying (F snooping) about; ~ *efter* hunt (ferret about) for; ~ *i* t.ex. ngns privatliv pry (poke [one's nose], spy) into; ~ *igenom* rummage, ransack; ~ *upp (reda på, rätt på)* hunt up, ferret out

snopen *a* besviken disappointed; obehagligt överraskad disconcerted; flat blank; slokörad crestfallen; *det känns litet snopet* it is rather disappointing; *se* ~ *ut* äv. look foolish **-het** disappointment; disconcertedness; blankness

snopp *-en -ar* på (av) cigarr tip; på ljus snuff

snoppa *tr* ljus snuff; krusbär o.d. top and tail,

bönor string; ~ [av] cigarr cut (snip) [off]; ~ *av ngn* snub a p., take a.p. down [a peg or two]
snor *-et 0* F snot **snorgärs 1** zool. ruff[e] **2** F saucy brat, [ill-mannered] whelp **snorig** *a* snotty[-nosed], attr. äv. . . with a running nose
snork|el *-eln -lar* schnorkel, snorkel
snorkig *a* supercilious, F snooty, cocky
snor|unge o. **-valp** se *snorgärs 2*
snubbla *itr* vara nära att falla stumble, snava över något äv. trip; ~ *fram* stumble (stappla stagger) along; ~ *på (över)* orden stumble (trip) over . .; ~ *över* sina egna fötter trip over . .; ~ *omkull* stumble (trip up) and fall; lösningen ligger *~nde nära* . . very (exceedingly) near
snubbor *pl, ge ngn* ~ give a p. a scolding (starkare a rating) sg.
snudd *-en -ar* eg. touch; det är ~ *på skandal* . . little short of a scandal; *ha* ~ *på* seger be on the verge of . . **snudda** *itr,* ~ *vid* a) eg.: komma i beröring med brush [against], skrapa lätt graze, om pers. äv. touch . . lightly, just touch b) bildl.: omtala flyktigt touch [up]on; *låta* blicken el. tanken ~ *vid ngt* allow . . to rest upon a th. for a moment
snugg|a *-an -or* cutty, F nosewarmer
snurr *-en 0* F, *få ~en* go haywire (nuts); *det är rena ~en* it's quite crazy (sheer madness) **snurr|a I** *-an -or* **1** leksak top, vind~ windmill, pinwheel; tärnings~ teetotum **2** sjö. se *aktersnurra* **3** se *räknesnurra* **II** *itr tr,* ~ [*runt*] spin, twirl, svänga, virvla whirl, *omkring* i samtl. fall round; kring axel el. punkt turn, *omkring* on; rotate, revolve, *omkring* round el. about; dansösen *-ade flera varv* . . spun (whirled) round several times; ~ *runt* [*runt*] äv. turn [. .] (itr. äv. go) round and round; ~ *runt på klacken* turn on one's heel; *allting -ar runt för mig* my head is in a whirl (is swimming el. spinning) **snurrevad** Danish seine **snurrig** *a* F huvudyr giddy, dizzy; tokig crazy, pred. äv. nuts, cuckoo; *bli* ~ vimsig äv. go haywire
snus *-et -er* snuff end. sg.; *olika ~er* different kinds of snuff **snusa I** *itr* **1** tobak take snuff **2** nosa, vädra sniff, bildl. se *snoka;* sova sleep **II** *tr* sniff up **snusare** snuff-taker, snuffer **snusbrun** *a* snuff-coloured **snusdosa** snuff-box **snusen** F, [*lite*] *på* ~ [a bit] tipsy, [slightly] fuddled **snusförnuftig** *a* lillgammal old-fashioned; förnumstig would-be wise end. attr., ibl. sententious, platitudinous; *han är så* ~ äv. he is such a know-all (a wiseacre)
snusk *-et 0* eg. o. bildl. dirt[iness], filth[iness], eg. äv. uncleanness, squalor, bildl. äv. smuttiness, obscenity **snuska** *itr tr,* ~ *ned* se *smutsa* [*ned*] **snusk[e]pelle** F, *din* ~*!* till barn you [dirty] little pig! **snuskhummer** F dirty old man **snuskig** *a* eg. o. bildl. dirty, filthy, eg. äv. squalid, bildl. äv. smutty; ~ *fantasi* dirty (filthy) imagination **snuskighet** dirtiness etc. jfr föreg.
snus|näsduk bandan[n]a **-torr** *a* eg. o. bildl. dry-as-dust . . (pred. as dry as dust); eg. äv. bone-dry
snut *-en -ar* F **1** ansikte mug, trut snout **2** polis cop[per] **-fager** *a* pretty[-pretty], om en man a bit too good-looking
snuv|a *-an 0* [head] cold, läk. nasal catarrh; *få (ha)* ~ catch (have [got]) a cold [in the head] **snuvig** *a, bli (vara)* ~ se [*få* resp. *ha*] *snuva; jag är litet* ~ I have got a bit of a (got a slight) cold
snyfta *itr* sob; ~ *fram* sob out; ~ *till* give a sob **snyftning** sob; *under ~ar* berättade hon . . sobbing . .
snygg *a* prydlig tidy, neat, ren clean; F vacker o.d. pretty, nice, fine samtl. äv. bildl. o. iron.; om en man handsome, good-(nice-)looking; *det var en* ~ *historia!* that's (this is) a pretty etc. story (kettle of fish)!; *jo, det var just ~t!* this is a fine (nice) thing!; *du är verkligen en* ~ *vän!* nice sort of a friend, you are! **snygga** *tr itr,* ~ *till (upp) sig* make oneself [look] tidy (presentable), tidy oneself up, piffa upp sig smarten (spruce) oneself up, göra make up put some make-up on; ~ *upp* tr. o. itr.: städa tidy up, tr.: ordna till, renovera do up **snygghet** tidiness etc. jfr *snygg;* renlighet cleanliness
snyggt *adv* tidily etc., jfr *snygg;* ~ klädd (möblerad) nicely . .; *hålla* ~ *i huset* keep the house nice [and tidy]
snylt|a *itr* be a (play the) parasite, om pers. äv. sponge, *på* [up]on **-djur** parasitic animal, parasite **-gäst** parasite, pers. äv. sponger, hanger-on (pl. hangers-on)
snyta *snöt snutit tr* **1** ~ *sig (ett barn)* blow one's nose (a child's nose) **2** ett ljus snuff **3** F lura cheat, trick, swindle, *ngn på ngt* a p. out of a th.; stjäla pinch, snatch **snyte** *-t -n* F mug **snyting,** *ge ngn en* ~ sock (biff) a p. (give a p. a sock el. biff) on the nose
snytning blowing [of the (resp. one's) nose]
snål *a* **1** allm. stingy, mean, *mot* towards, *om (på, med)* with; gnidig tight[-fisted], cheese-paring, parsimonious, sniken greedy, njugg, överdrivet sparsam niggardly, miserly, knapp skimpy, scanty; ~ *portion* meagre (skimpy) portion; *vara ~ på beröm* be chary (sparing) of [giving] praise; ~ *på* sol very lacking in . . **2** om vind cutting, biting, searching **snåla** *itr* vara snål be stingy (mean), *på (med)* with; pinch and screw; nödgas leva snålt stint oneself; hushålla economize; ~ *på beröm* se [*vara*] *snål* [*på beröm*]; ~ *ihop* get . . together by stinting oneself (by being stingy); ~ *in på* spara save on, knappa in skimp; ~ *in på maten för ngn* stint a p. of

food **snålhet** stinginess etc. jfr *snål 1;* cheese-paring; greed **snåljåp** *-en -ar* o. **snåljåp|er** *-ern -rar* skinflint, miser **snålskjuts,** *åka ~* eg. get a lift, bildl. take advantage, *på* of; profit, *på* from **snålt** *adv* **1** stingily etc.; *~ tilltagen* skimpy, meagre **2** *det blåser ~* there is a cutting etc. wind. — Jfr *snål* **snålvarg** se *snåljåp*

snår *-et -* thicket, brush **snårig** *a* brushy **snårskog** brushwood

snäck|a *-an -or* **1** snäckdjur mollusc; trädgårds~ heli|x (pl. -ces, äv. -xes); skal shell **2** ornament scroll äv. på fiol **3** i öra cochlea (pl. -e) **4** tekn. worm, i ur fusee **-formig** *a* spiral, helical **-linje** spiral, helix **-skal** shell **-växel** worm gear

snäll *a* hjälpsam o. mots. t. stygg good, vänlig kind, ~ och rar nice, *mot* i samtl. fall to; godhjärtad kind-hearted; foglig good-natured; väluppfostrad well-behaved; hygglig decent, hänsynsfull considerate; *~a Bo,* får jag följa med? please Bo, . .?; *~a Bo, ge mig* boken [please] give me . ., Bo, will (would) you; *~a du* gör det (gör det [*så*] *är du ~, var ~ och* gör det) . . [please], will (would) you?, please . ., isht t. barn . . there's a good boy (resp. girl), jfr äv. *var* [*så*] *god och . .* under *god I 1* slutet; *men ~a du,* hur . .! but my dear [fellow resp. girl etc.], . .!; *var nu ~!* t. barn be a good boy (resp.girl etc.) now!; *pojken var ~* under middagen the boy behaved very well . .; *det vore ~t av dig om du ville komma* it would be very kind of you to come **snällhet** goodness etc. jfr *snäll*

snällpress high-speed press **snälltåg** fast train, express [train] **snälltågsfart,** *med ~* at express (friare top) speed **snälltågstillägg** surcharge for fast (express) train

snäppor *pl* egentliga snäppsläktet ung. sandpipers

snärj *-et 0, ha ett fasligt ~* knog have a tremendous job (jäkt a hectic time) **snärj|a** *-de -t tr* [en]snare, entangle, trap, isht bildl. äv. catch; *~ ngn i sina garn* bildl. ensnare a p. in one's toils; *försöka ~ ngn* med frågor try to trap a p. (catch a p. out); *~ in sig* get entangled (enmeshed, caught); *~ sig om ngt* entwine oneself around a th. **snärjande** *a* bildl. captious, insidious; tricky **snärjig** *a* eg. tangled; bildl.: arbetsam laborious; jäktig hectic; komplicerad tricky, intricate **snärjigt** *adv, ha det ~* arbetsamt have a proper job (jäktigt a hectic time of it) **snärjmåra** goose-grass, cleavers sg. el. pl.

snärt *-en -ar* **1** piskända lash, thong **2** lätt slag flick, rapp lash; bildl.: stickord gibe (jibe), taunt, F crack, dig **3** kläm, sprätt sting, bite; *sätta ~ på ngt* put sting into a th. **snärt|a I** *-an -or* se *flicksnärta* **II** *tr, ~* [*till*] *ngn* eg. flick (lash) a p., bildl. gibe at (taunt, F make a crack at, dig at) a p. **III** *itr* crack

snärtig *a* om slag sharp, attr. äv. . . with force (a sting) in it; om replik o.d.: bitande cutting, sarkastisk caustic

snäs|a I *-an -or* avsnäsning snub[bing], rebuff, skrapa rating, F telling-off **II** *-te -t tr, ~* [*till*] *ngn* snap at a p., åthuta tell a p. off; *~ av ngn* snap a p. short, snap a p.'s head off, snub (rebuff) a p.; . ., *-te han till* . . he snapped [out] **snäsig** *a* brysk, ovänlig snappish, brusque, *mot* to; retlig irritable, peevish, gruff, *mot* towards

snäv *a* **1** stramande tight, close, trång, knapp narrow; *~a gränser* narrow limits; *~ krets* limited circle; *~ synkrets* narrow outlook **2** kort, ovänlig stiff, cold, onådig ungracious; *ett ~t svar* a curt answer **snävhet** tightness etc. jfr föreg.

snö *-n 0* snow; *det som göms i ~ kommer upp i tö* ung. everything comes out [sooner or later]; *låt oss inte tala om den ~ som föll i fjol* ung. let bygones be bygones

snöa *itr* snow; *det ~r* it is snowing; vägen *har ~t igen* . . has been covered (blocked, obstructed) by snow, . . has been snowed over; *det ~r in* the snow is coming (starkare driving) in; *~ inne* se [*bli*] *insnöad*

snöbetäckt *a* se *snötäckt* **snöblanda|d** *a, -t regn* rain mixed with snow, sleet **snöblind** *a* snowblind **snöboll** snowball; barnen *kastade ~* äv. . . were snowballing; *kasta ~ på* throw snowballs at, snowball **snöbollsbuske** guelder rose, snowball-tree **snöbollskastning** throwing snowballs, snowballing **snöbollskrig** snowball-fight **snöby** snow-squall, snow shower **snöbär** snow-berry

snöd *a* sordid, vile

snö|djup depth of snow **-driva** snow-drift **-droppe** snowdrop **-fall** snowfall, fall of snow **-fattig** *a* attr. . . with [very] little snow; trakten *är ~* . . has very little snow; vintern var *~* . . one with [very] little snow **-flinga** snowflake **-fästning** snow castle **-glasögon** *pl* snow-goggles **-glopp** *~et 0* sleet; *det är ~* it is sleeting **-gräns** snow-line **-gubbe** snow man **-hinder** snow obstruction; stoppage owing to (caused by) snow[-drifts]; *få ~* se [*bli*] *insnöad* **-höljd** *a* se *snötäckt*

snö|ig *a* snowy **-kedja** tyre chain **-klädd** *a* se *snötäckt* **-massa** mass of snow; *-massor* äv. snows **-mos** tomt prat froth **-mängd** quantity of snow, snowfall

snöp|a *-te -t tr* se *kastrera* **snöplig** *a* t.ex. om reträtt, sorti, nederlag ignominious, inglorious, t.ex. om resultat disappointing, stark. deplorable, lamentable; *få (ta) ett ~t slut* come to a sorry (sad) end; *det var ~t!* se [*så*] *förarglig*[*t*]

snöplog snow-plough, amer. snowplow

snör|a *-de -t* **I** *tr* lace [up]; ~ *av* avskilja eg. tie off, bildl. cut off; ~ *av sig (~ upp) skorna* unlace one's shoes; ~ *igen (ihop, till)* lace (friare tie) up, jfr äv. ~ *åt;* ~ *på sig* pjäxorna put (ränseln strap) on . .; *hjärtat -des samman då hon såg* . . it wrung her heart to see . .; strupen *-des samman* . . was constricted (compressed); ~ *åt* dra åt draw . . together, tighten, jfr äv. ~ *igen* etc. **II** *rfl* ha korsett lace oneself in, wear a corset
snöras från tak o.d. falling snow; lavin avalanche; han begravdes under *ett* ~ . . a mass of falling snow
snöre *-t -n* string, grövre ~, gardin~ o.d. cord, segelgarns~ twine; f. garnering braid, f. snörning lace; mål~ tape; *ett* ~ a piece of string etc.; *slå [ett]* ~ *om ett paket* tie (do) a parcel up with string; *trä [upp] ngt på ~n (ett ~)* string a th. **snörhål** eyelet [hole], lace-hole
snö|rik *a,* ~ trakt . . with (that has) plenty of snow; *en* ~ *vinter* a snowy winter; vintern var ~ . . one with plenty of snow **-ripa** ptarmigan, snow grouse båda lika i pl.
snör|liv stays pl.; korsett corset; *ett* ~ a pair of stays **-makare** lace-maker, trimming maker **-makeri 1** yrke lace-making **2** verkstad passementerie workshop, butik vanl. haberdasher's shop **3** *~er* ~arbeten passementerie sg. (fr.), trimmings, galoner äv. lace[-]-work] sg., braids **-ning** abstr. lacing; korsett *med ~ i sidan* . . that laces [up] at the side
snörp|a *-te -t tr itr* pucker, purse, *ihop* up; ~ *på munnen* purse [up] (screw up) one's mouth; ~ *ihop* ett hål stitch (sew) up . ., sy plagg i hast run up . . **-vad** purse seine
snör|rät *a* . . as straight as an arrow **-sko** laced (lace-up) shoe (känga boot) **-stump** piece (bit) of string
snörvla *itr* snuffle, tala i näsan speak in a snuffle, speak through one's (resp. the) nose **snörvling** snuffle, snörvlande snuffling
snö|röjning snow-clearance [work] **-skata** fieldfare **-sko** snow-shoe **-skoter** snow--scooter **-skottare** snow shoveller (clearer) **-skottning** clearing (shovelling) away [the] snow **-skred** avalanche, snowslide **-skydd** snow shield, staket snow fence **-slask** -glopp sleet, [fall of] wet snow; sörja slush **-slunga** rotary snow-plough, snow-clearing (snow--blowing) machine **-smältning** melting away of [the] snow; *~en kom* sent äv. the snow melted . . **-sparv** snow bunting **-storm** snowstorm, våldsam blizzard **-sväng** F -röjning snow-clearance [work (arbetsstyrka force)] **-sörja** slush, melting snow **-tillgång,** *~en* är tillräcklig the depth of snow . .; trakt *med dålig (god)* ~ se *snöfattig* resp. *snörik* **-tjocka** snow fog **-täcke** covering of snow; det vita *~t* . . sheet of snow; *~ts tjocklek* the depth of snow **-täckt** *a* snow--covered, . . covered with snow, snowy, om fjälltopp äv. snow-capped; poet. snow-clad **-vessla** weasel **-vit I** *a* snowy, snow--white, . . as white as snow **II** *s, Snövit* i sagan Snow White **-yra** snowstorm
so *-n 0* sow
soaré *-n -er* soirée fr., friare evening entertainment; musikalisk etc. ~ . . evening
sob|el *-eln -lar* sable **sobelpäls** sable coat
sober *a* allm. sober, om färg äv. subdued
social *a* social **-arbetare** social (welfare) worker **-byrå** o.d. sms. se *socialvårdsbyrå* o.d. sms. **-demokrat** social democrat **-demokrati** (äv. ~[e]n) social democracy **-demokratisk** *a* social democratic **-departement** ministry for social affairs **-försäkring** social (national) insurance; jfr *försäkring* m. ex. o. sms. **-grupp** social group (class); ~ *I (II* resp. *III)* ung. [the] upper (middle resp. working) class **-hjälp** public assistance, i Engl. national assistance, amer. [public] relief; hjälpbelopp assistance allowance **-högskola** school of social studies
socialisera *tr* socialize, förstatliga nationalize **socialisering** socialization, förstatligande nationalization **socialism** (äv. *~en*) socialism **socialist** socialist **socialistisk** *a* socialistic
social|kunskap social knowledge **-lagstiftning** social (amer. äv. security) legislation **-läkare** social [assistance] medical officer **-medicinsk** *a* socio-medical, attr. äv. . . of social medicine **-minister** minister for social affairs **-nämnd** public assistance committee **-politik** social policy (politics pl.) **-politisk** *a* socio-political, politico-social **-styrelsen** the National [Swedish] Social Welfare Board **-vetenskaplig** *a* attr. . . of social science[s] **-vård** social welfare; *~en* äv. social services pl.; f. sms. jfr äv. under *social-* **-vårdande** *a* social, attr. äv. . . of social welfare **-vårdare** social worker
socialvårds|byrå social welfare office **-konsulent** [county] social welfare supervisor
societet society; *~en* Society **societetshus** vid badort casino, club-house
sociolog sociologist **sociologi** *-[e]n 0* sociology **sociologisk** *a* sociological **socionom** graduate from a School of Social Studies, trained social worker
sock|a *-an -or* sock
sock|el *-eln -lar* base, byggn., på möbel, skulptur o.d. äv. plinth, arkit. äv. socle; lampfattning socket
sock|en *-nen -nar* parish **sockenbo** parishioner; *~rna* äv. the parish people, the inhabitants of (in) the parish **sockenkyrka** parish (parochial) church **sockenstuga** ung. parish (community) hall **sockenstämma** parish meeting

socker *sockret 0* **1** sugar **2** F sockersjuka diabetes **-bagare** konditor confectioner **-beta** sugar-beet **-bit** lump of sugar **-bruk** sugar-works sg. el. pl., sugar-refinery, f. rörsocker cane-mill **-dricka** lemonade; *fem ~* five lemonades **-fabrik** se *-bruk* **-fri** *a* sugarless **-gryn** F smekord sweetie, honey, sugar **-halt** sugar-content **-haltig** *a* . . containing sugar, sugary **-kaka** sponge-cake **-lag** syrup [of sugar] **-piller** sugar-coated pill **-plantage** [sugar-]cane plantation **-pulla** sugarplum **-rör** sugar-cane **-sjuk** *a* diabetic; *en ~* subst. a. a diabetic **-sjuka** diabetes **-skorpa** [sweet] fancy rusk **-skrin** sugar casket **-skål** sugar basin (bowl) **-ströare** sugar castor (sifter, shaker) **-söt** *a* bildl.: t.ex. om leende, röst sugary **-tillverkning** sugar manufacture **-topp** sugar loaf (pl. loaves) **-tång** sugar-tongs pl.; *en ~* a pair of sugar-tongs **-vadd** candy floss **-vatten** sugar[ed] water **-ärt** sugar pea

sockra I *tr* sugar äv. bildl., sweeten [. . with sugar], put sugar in (on); *~ in* bildl. sugar [over] **II** *itr, ~ i (på) ngt* sugar (etc. jfr *I*) a th.; *~ för mycket* take too much sugar **III** *rfl* crystallize

soda *-n 0* soda **-vatten** soda[-water]; *fem ~* five sodas (soda-waters)

Sodom Sodom **sodomi** *-[e]n 0* sodomy **sodomit** *-en -er* sodomite

soff|a *-an -or* sofa; mindre o. pinn~ settee, vil~ couch, samtl. äv. bäddbara; isht amer. bädd~ davenport; t.ex. i järnvägsvagn o. park~ seat **-grupp** group of sofa and armchairs, enhetligt möblemang three-piece suite **-hörn** m. soffa sofa corner; i soffa corner of a (resp. the) sofa **-kudde** sofa cushion **-liggare** latmask idler; valskolkare abstainer **-lock** seat, top; *ligga på ~et* bildl. take things easy, rest, valskolka abstain

sofism sophism **sofist** sophist **sofistikerad** *a* sophisticated **sofistisk** *a* sophistic[al]

soignerad *a* om herre well-groomed, om dams klädsel o.d. soigné fr., om dam soignée fr.; friare careful

soja *-n 0* sås soya (soy) sauce, soy **-böna** soya[-bean], isht amer. äv. soybean

sol *-en -ar* sun äv. bildl.; *nådens ~* the Sun of grace; *gå upp som en ~ och ned som en pannkaka* ung. start well, but fizzle out; *en plats i ~en* a place in the sun; *stå i (skymma) ~en för ngn* be in a p.'s light

sola I *tr* expose . . to the sun **II** *rfl* sun oneself äv. bildl., bask in the sun[shine]; bildl. bask; *ligga och ~ sig* be [lying] sunning oneself etc., solbada lie sun-bathing

solarplexus *- 0* solar plexus

solaväxel sole (single) bill [of exchange]

sol|bad sun-bath **-bada** *itr* sun-bathe, take a sun-bath **-belyst** *a* sunlit, sunny **-blekt** *a* sun-bleached **-blind** *a* sun-blind, . . blinded by the sun **-blindhet** sun-blindness **-bränd** *a* brun sunburnt, sunburned, tanned; förtorkad parched; *bli ~* get sunburnt, tan **-bränna** *~n 0* sunburn, tan

sold *-en 0* pay; *stå (vara) i ngns ~* eg. o. friare be in a p.'s pay

soldag sunny day, day of sunshine

soldat soldier, menig äv. private; *den okände ~en* the Unknown Soldier (Warrior); *bli ~* become a soldier, värvad enlist, join the army

soldatesk *-en 0* [licentious] soldiery, rabble of soldiers

soldat|mässig *a* soldierly, military **-torp** stuga tenement soldier's cottage (torpställe holding) **-visa** soldier's (soldier-)song

sol|dis heat haze **-dräkt** sun suit **-dyrkan** sun-worship **-dyrkare** sun-worshipper **-eksem** sun-rash **-energi** solar energy

solenn *a* solemn, ceremonious **solennitet** *-en -er* solemnity **solennitetssal** ceremonial hall

sol|fattig *a* attr. . . with very little sun[shine], pred. not very sunny, lacking in sunshine **-fjäder** fan; *fläkta sig med en ~* fan oneself **-fjäder[s]formig** *a* fan-shaped **-fläck** sun-spot **-förmörkelse** solar eclipse, eclipse of the sun **-gass** blazing hot sunshine; *i ~et* äv. in the hot sun **-glasögon** *pl* sun-glasses **-glimt** sun-gleam, glimpse of the sun **-gud** sun-god **-het** *a* [blazing] hot **-hetta** heat of the sun; *i ~n* äv. in the hot sun **-höjd** altitude of the sun

solid *a* allm. solid, stark. äv. strong, om hus, måltid äv. substantial, bildl. äv. sound; *~ ekonomi* sound economy; *~ firma* solid (well-established, respectable) firm; *~a kunskaper i* ett ämne a sound (thorough) knowledge of . .; han är *en ~ människa* bildl. . . a solid (steady) man, . . a man of solid character; *~ vänskap* staunch friendship

solidarisera *rfl* fully identify oneself, *med* with; jfr äv. följ. **solidarisk** *a* loyal, solidary, jur. joint and several; *förklara (känna) sig ~ med ngn* declare one's (have a feeling of) solidarity with a p.; *ställa sig ~ med ngn* make common cause with a p.; *vara ~ med (visa sig ~ mot) ngn* be loyal to a p., be on a p.'s side, back a p. up **solidaritet** solidarity

soliditet allm. solidity, bildl. äv. stability, isht ekonomisk äv. soundness, solvency **soliditetsbyrå** credit [information] agency, isht amer. mercantile (commercial) agency **soliditetsupplysning,** *~[ar]* credit report (information) sg.; skaffa *~ på ngn* äv. . . information on a p.'s solvency

solig *a* sunny äv. bildl.

solist soloist **solitär** *s* solitaire

solk *-et 0* soil, dirty mark[s pl.] **solka** *tr, ~*

|*ned*| soil
solkatt reflection of the sun; *sätta ~|er| på ngn* dazzle a p. with a mirror
solkig *a* soiled
sol|klar *a* uppenbar . . as clear as daylight, . . as plain as a pikestaff, |self-|evident, obvious **-klänning** sun dress **-ljus I** *s* sunlight **II** *a* sunny, bright **-nedgång** sunset, sundown; *i (vid) ~en* at sunset
solo I *a adv* solo, mol ensam alone **II** *-t -n (soli)* sol|o (pl. -os, mus. äv. -i)
solochvår|a *tr, ~ ngn* trick a p. out of money by false promises of marriage **-are** o. **-man** confidence trickster |who obtains money from a woman (resp. women) by false promises of marriage|
solo|dansör o. **-dansös** solo dancer, soloist **-flygning** solo flight (-flygande flying)
sololja suntan oil (lotion)
solo|nummer solo (pl. -s, mus. äv. soli) **-stämma** solo part **-sång** solo singing **-sångare** o. **-sångerska** solo singer, soloist
solros |common| sunflower **solrök** heat haze **solsida** sunny side äv. bildl.; *på (åt) ~n* on the sunny side **solsken** sunshine äv. bildl.; *det är ~* vanl. the sun is shining; *sitta i ~et* sit in the sun **solskensdag** sunny day; day of sunshine
sol|skydd i bil sun shield (isht amer. visor) **-skärm** sunshade **-spektrum** solar spectrum **-sting** sunstroke; *få ~* have a sunstroke **-strimma** streak of sunshine **-stråle** eg. o. bildl. sunbeam, ray of sunshine, eg. äv. sun-ray **-strålning** solar radiation **-styng** se *-sting* **-system** solar system **-tak** sun-shelter, på bil sliding (sunshine) roof (top) **-torka** *tr itr, ~ |ngt|* dry |a th.| in the sun; *~d* sun-dried **-tält** awning **-uppgång** sunrise; *i ~en* at sunrise, at the rising of the sun **-ur** sundial
solv *-et -* o. **solva** *tr* heddle
sol|varg, *grina som en ~* grin like a Cheshire cat **-varm** *a* om t.ex. sand . . warmed by the sun **-varv 1** dygn day |and night| **2** år year **3** solcykel solar cycle
solvens *-en 0* solvency **solvent** *a* solvent
sol|visare ur sundial, visare gnomon **-vända** rock-rose **-värme** warmth (starkare heat) of the sun, ibl. sunshine, vetensk. solar heat **-år** solar year **-äkta** *a* sun-proof, fadeless; tyget *är ~* äv. . . will not fade (bleach in the sun)
som I *rel. pron* **1** m. syftning på pers. allm. who (ss. obj. whom, F who, efter prep. whom), m. syftning på djur el. sak allm. which; i nödvändig rel.-sats ofta that; efter 'such' o. oftast efter 'the same' as; se f.ö. ex.; jfr äv. *den III, 5 vad I 2, vilken* m.fl.; *allt (litet, mycket, ingenting* etc.*) ~* all (little, much, nothing etc.) that; *det (vad) ~ en gång var* ett fint hus what was once . .; *den ~ läser detta kommer att* . . anyone who reads (anyone reading, those who read) this will . .; *mer än ~ behövs* more than is necessary; *på den tiden ~* . . at the time |when| . .; *han bäddade själv, något ~* inte hände varje dag he made his own bed, |a thing| which . .; *en regering ~ är* . . a government which is (that is el. are, who are) . .; *han var den förste (ende) ~ kom* he was the first (the only one) to come (that el. who came); han är den störste statsman *~ någonsin levat* . . that (who) ever lived; *mannen och pojken (hunden) ~* kom the man and the boy who (the dog that) . . ; *jag var dum ~ trodde honom* I was a fool to believe him; *ett verktyg ~ man använder till* . . a tool |that (which) is| used for . .; han byggde en båt, *~ han döpte till Atlas* . . |to| which he gave the name |of| Atlas; platsen *|~| han bor på* . . where (in which) he is living, . . |that| he is living in; vad heter flickan *|~| du skriver till?* . . |that (whom, who)| you are writing to?, . . to whom you are writing?; det var här (då, på det sättet) *|~| jag mötte honom* . . that I met him; *det är en herre ~ söker dig* there is a gentleman |wants (who el. that wants)| to see you; *det är någon ~ knackar på dörren* there is someone knocking (is a knock) at the door; *det är till dig ~* brevet är adresserat it is to you that . .; *det är enorma summor ~ nedläggs på sådant* enormous sums are spent (there are enormous sums spent) on such things; *vem var det |~| du talade med?* who was that (beton.) you spoke to?; *det finns ingen av oss ~ inte tycker att* . . there is not one of us who doesn't think (not one of us but thinks) that . .
2 specialfall **a)** övers. ej efter vissa frågeord samt efter 'när (var, vart) som helst', jfr *helst I 2;* jag vet inte *vem ~ har (vad ~ är) rätt* . . who (what) is right **b)** i allm. rel. pron., *vem ~ än* whoever; *vilken|dera| ~ än* whichever; *vad ~ än* whatever
II *konj* **1** samordnande, *såväl A. ~ B.* A. as well as B.; *gammal ~ ung* old and young alike
2 jämförande: 'såsom |varande|', 'i egenskap av' el. inledande fullst. el. förk. jämförelsebisats as; 'i likhet med', 'på samma sätt som' (vanl. end. framför subst. ord) like; jfr äv. *liksom* o. *såsom; A ~ i Anders* A as in Andrew; *musik ~ musik,* bara vi får dansa it doesn't matter what kind of music it is . .; *vilda djur, ~* lejon och tigrar wild animals, such as (, like) . .; *en |sådan| ~ han* a man like him; *den är lika bred ~ lång* it is as broad as it is long; han är *lika (inte så) lång ~ du* . . as (not so el. as) tall as you are; varför gör du inte *~ jag?* . . as (F like) I do?, . . like me?; *om jag vore ~ du* if I were you

(in your place); ~ *pojke simmade han ~ en fisk* as a boy he used to swim like a fish; *gör ~ du vill* do as you like, have it your own way; *återvända* från kriget ~ *krympling* return a cripple . .; ~ *lärare* var han tvungen att . . as (being) a teacher . .; jag hade honom ~ *lärare i matematik* . . as my mathematics teacher; de älskade honom ~ *en son* . . as |they would| a son, . . like a son; överlämna en blomma ~ *ursäkt* . . by way of apology; ~ *sagt* as I (you etc.) said before; *han är, ~ du vet (det tycks),* . . he is, |as| you know (|as| it seems) . .; *göra ~ i England* do as |they do| in England

3 villkorligt. *han lever ~ |om|* han vore miljonär he lives as if (though) . .

4 angivande tid. |*bäst (just)*| ~ when, |just| as, at the very moment |when|; jfr äv. *3 rätt II 4*

5 angivande orsak: eftersom as, since; *rik ~ han var* being wealthy

III *adv* **1** framför superlativ: när vattnet står ~ *högst* . . at its highest; *när* festen *pågick ~ bäst* right in the middle of . .; när man är ~ *mest (minst) förberedd* . . most (least) prepared; jfr äv. ex. under *bäst II* o. *hastigt* **2** han reser ~ *på måndag* . . on Monday **3** så: ~ *de skrattade* åt hans mössa! how they laughed . .!

somatisk *a* somatic

somlig *pron,* ~|*t*|, ~*a* fören. some; ~*t (somt)* självst. some things pl.; ~*a* självst. some, some (certain) people; ~ *frukt* some |kinds pl. of| fruit; ~*t var bra,* ~*t dåligt* part (some) of it was good, part (some) of it bad; *i* ~*t* in some parts (vissa avseenden some respects)

sommar -|*e*|*n somrar* summer; för ex. jfr *höst* **-dag** summer day; *en vacker ~* a fine summer|'s| day **-däck** ordinary tyre **-ferier** *pl* se *sommarlov* **-gäst** |holiday (summer)| visitor (guest) **-halvår** summer half **-hetta** summer heat, heat of |the| summer **-klädd** *a* . . in (wearing) summer clothes, . . in summer attire **-kläder** *pl* summer clothes (F things) **-klänning** summer dress (frock) **-kurs** summer (vacation) course, summer-school **-kväll** summer|'s| evening **-lik** *a* summery; summer-like **-lov** summer holidays pl. (isht amer. vacation); univ. long vacation; ~*et börjar* i juni skol. äv. school breaks up . . **-morgon** summer|'s| morning **-natt** summer|'s| night **-nöje 1** se *-ställe* **2** ledighet, barn *på ~* . . out on their summer holiday|s|; *vara på ~* på Västkusten spend one's summer . . **-rock** summer (light) coat **-sjuka** summer diarrhoea **-solstånd** summer solstice **-stuga** summer (weekend) cottage **-ställe** place in the country, summer cottage (större house) **-stängd** *a* . . closed for the summer **-tid 1** årstid summer|time|; ~|*en*| (adv.) om sommaren in summer|time| **2** framflyttad tid summer time **3** förkortad arbetstid shorter working-hours |in the summer| pl.

somna *itr* fall asleep äv. bildl., go |off| (drop off, lätt dose off) to sleep; jfr äv. *domna; ha* svårt att ~ . . get to sleep; ~ *ifrån* t.ex. bok go etc. to sleep over . .; ~ *ifrån ljuset* go to sleep and leave the light on (stearinljus the candle burning); ~ *in* a) = *somna* b) dö, se *avsomna;* ~ *in djupt* fall fast asleep; ~ *om* fall asleep etc. again; ~ *till* = *somna*

somnambul I *a* somnambulistic **II** *-en -er* somnambulist

somt *pron* se *somlig*|*t* självst.|

son *-en söner* son

sona *tr* t.ex. brott, synder atone for, expiate, t.ex. misstag redeem, make amends for

sonant sonant **sonat** sonata

sond *-en -er* allm., äv. rymd~ probe; läk. äv. sound, rörformig tube; ballong sounding balloon **sondera** *tr* probe, sound; ~ möjligheterna explore . .; ~ ngn, stämningen sound . .; ~ *terrängen* reconnoitre |the ground|, bildl. see how the land lies

sondotter granddaughter, jfr f.ö. *dotterdotter*

sonett *-en -er* sonnet

sonhustru daughter-in-law (pl. daughters-in-law)

sonika *adv, helt ~* helt enkelt simply, utan vidare äv. without further ado, without ceremony

sonlig *a* filial; ~ *kärlek* filial affection

sonor *a* sonorous **sonoritet** sonority

sonson grandson, jfr f.ö. *dotterson*

sopa *tr itr* sweep; ~ ett golv sweep . .; ~ |*i*| ett rum sweep |out| . .; ~ *ngt rent från* . . äv. bildl. sweep a th. clear of . .; ~ *rent framför |sin| egen dörr* bildl. put one's own house in order |before criticizing others|; ~ *av* sweep; ~ *bort* sweep (friare clear) away; ~ *igen spåren efter ngt* resp. *sig* eg. o. bildl. sweep away (obliterate) all traces of a th. resp. cover up one's track|s|; ~ *ihop (upp)* sweep up; ~ *undan ngt* sweep a th. aside (out of the way)

sop|backe se *-hög* **-bil** refuse |collection| lorry, amer. garbage |removal| truck; här kommer ~*en* vanl. . . the dustman **-borste** |dust| brush, m. längre skaft broom **-hink** refuse pail (bucket) **-hämtare** dustman, amer. garbage collector **-hämtning** refuse (amer. garbage) collection (removal) **-hög** dustheap, refuse (rubbish) heap **-kvast** broom, av ris besom **-lår** se *soptunna* **-maskin** |street-|sweeper, street-sweeping machine **-nedkast** refuse (rubbish, amer. garbage) chute

sopor *pl* avfall refuse, amer. vanl. garbage, skräp rubbish, waste samtl. sg.; som sopats ihop

sweepings
sopp *-en -ar* bolete
sopp|a *-an -or* **1** soup; köttbuljong äv. broth **2** F se *röra A; det blir en snygg ~!* that'll be a pretty mess! **-kött** f. kokning av soppa meat for soup; kokt boiled meat **-rötter** *pl* vegetables for soup, pot-herbs **-sked** table (soup) spoon; jfr *-slev* **-skål** |soup| tureen **-slev** |soup| ladle **-spad** stock **-tallrik** soup-plate **-terrin** |soup| tureen
sopran pers. o. röst sopran|o (pl. äv. -i), pers. äv. soprano singer, -stämma äv. treble
sop|skyffel dustpan **-station** förbränningscentral refuse (amer. garbage) disposal plant; -tipp se följ. **-tipp** |refuse (amer. garbage)| dump, refuse tip **-tunna** dustbin, refuse bin, amer. ash (garbage) can **-vagn** se *sopbil*
sorbet *-en 0* sorbet, sherbet
sordin *-en -er* sordine, mute; i piano ofta damper; *lägga ~ på* glädjen put a damper on . .; spela t.ex. fiol, trumpet *med ~* . . with the mute on; spela |*fiol (trombon* etc.)| *med ~* äv. . . with muted violin (trombone etc.)
sorg *-en -er* **1** bedrövelse: allm. sorrow, *över* for; djup smärta distress end. sg.; grief, *över* for; ~ som drabbat en affliction; ledsnad regret end. sg., *över* for, at; *över att* inf. at ing-form; bekymmer trouble, worry; *i glädje och ~* in joy and sorrow (affliction); *efter sju ~er och åtta bedrövelser* ung. after a great deal of worry and trouble; *bereda (göra) ngn ~* cause a p. sorrow etc., om sak äv. grieve (distress) a p.; sonen har *vållat dem stor ~* äv. . . been a great grief to them; *känna ~ över* ngt, se *sörja* |*över*|; *i ~en (sin ~) över* motgangarna in |his etc.| distress at . .; *med (till min) ~ har jag hört* . . I hear with sorrow (regret) . .; *till min* |*stora*| *~* maste jag to my |great| (|much| to my) regret . . **2** efter avliden: sörjande o. ~dräkt mourning, förlust genom dödsfall bereavement; *anlägga ~* go into mourning, *efter* for; *bära ~* wear (be in) mourning; *få ~* have a bereavement; *lägga av (bort) ~en* go out of mourning **-band** mourning-band, black band, crape |band| **-bunden** *a* se *sorgsen* **-dräkt** mourning, änkas äv. widow's weeds pl.
sorge|barn problembarn problem child; bildl. äv. despair; svart får black sheep; *han är deras ~* äv. he causes them a great deal of sorrow **-bud** mournful (sad) news (tidings pl.); om ngns död se *dödsbud* **-dag** day of mourning (friare sorrow), friare äv. black day **-gudstjänst** mourning service, *över* for (in honour of) **-hus** house of mourning **-högtid** mourning ceremony **-kväde** dikt elegy, sång dirge **-musik** funeral music **-spel** tragedy **-tid** period of mourning
sorg|fana mourning banner **-flor** |mourning| crape; *ett ~* a piece of crape; jfr äv. *sorgslöja* **-fri** *a* bekymmerfri care-free, . . free from care; ekon. tryggad . . free from want; *en ~ ålderdom* äv. a comfortable old age **-frihet** freedom from care; ease, comfort **-fritt** *adv, leva ~* be comfortably off, live in |ease and| comfort; lead a care-free life **-fällig** *a* careful, starkare conscientious, studious, ytterst noggrann scrupulous **-fällighet** care, carefulness etc. jfr föreg. **-hatt** mourning hat **-kant** black edge (border), mourning border; brev *med ~er* black-edged . .; *ha ~er på naglarna* F have black finger-nails **-klädd** *a* . . in (wearing) mourning **-kläder** *pl* mourning |attire| sg.
sorglig *a* ledsam, beklaglig sad, dyster melancholy, sorgesam mournful, tragisk tragic; bedrövlig deplorable, sorry, ömklig woeful, pitiful, miserable; *ett ~t faktum* a melancholy fact; *den ~a sanningen* är att the sad (sorry) truth . .; *han fick ett ~t slut* he came to a sad end; det var en *~ syn* . . sad (pitiful, sorry) sight (spectacle); det är *~t men sant* . . sad but unfortunately true; *allt det ~a i livet* subst. a. all the sorrows of life **sorgligt** *adv* sadly etc. jfr föreg.; *~ nog* unfortunately, ss. utrop alas!; *det var, ~ att säga, mycket dåligt* it was very bad, I am sorry (I regret) to say
sorg|lustig *a* tragicomic **-lös** *a* **1** se *sorgfri* **2** obekymrad unconcerned, tanklös unthinking, thoughtless; glad light-hearted, lättsinnig happy-go-lucky **-löshet** unconcernedness; *ungdomens ~* the light-heartedness of youth **-löst** *adv* unconcernedly etc., jfr *-lös;* with a light heart **-marsch** funeral (ibl. dead) march **-mod** melancholy, heavy-heartedness **-modig** *a* melancholy, heavy-hearted; jfr äv. *sorgsen* **-musik** funeral music
sorgsen *a* sad, bedrövad äv. sorrowful, sorrow-stricken, end. pred. grieved, sorgmodig melancholy, mournful, nedslagen woeful, rueful, *över* i samtl. fall at; *~ till sinnes* in |a| sorrowful mood **sorgsenhet** sadness, sorrowfulness; melancholy, mournfulness; jfr äv. *sorg 1* **sorgslöja** mourning veil
sork *-en -ar* vole, field-mouse
sorl *-et 0* murmur|ing|, av röster äv. hum, buzz; *bäckens ~* the murmur (ripple, rippling, purl|ing|) of the brook; *ett ~ av* bifall a buzz of . .; *~et bland* publiken the murmur of . . **sorla** *itr* murmur, hum, buzz; ripple, purl, jfr föreg.
sort *-en -er* **1** slag sort, kind; typ type; kvalitet quality, grade, H märke brand; jfr äv. *1 slag* m. ex.: *en ~s egendomliga insekter* a peculiar kind of insect sg.; framställa *en ny ~s vete* . . a new strain (variety) of wheat; *den ~ens folk är* . . people of that (this) kind (sort, type) are . ., F those (these) sort (kind) of

people are . .; *den sämsta ~ens* nattklubb a . . of the worst description (kind); *sju ~ers* kakor seven sorts of . .; *tre ~ers vin* serverades three sorts of wine (different wines) . .; *den här ~en* blommar tidigt this type (variety) . .; *han är en ~ för sig* he has his own funny ways; apelsiner *av bästa ~|en|* . . |of the| best (finest) quality, grade A . .; *han är av den glada (av rätta) ~en* he is the jolly (right) sort; *jaså, han är av den ~en!* so that's the sort of man he is! **2** mat. denomination; *räkna i (med) ~er* do arithmetic with compound quantities; *förvandla till samma ~* reduce to the same denomination

sortera I *tr* sort, assort, efter kvalitet o. storlek äv. grade, classify, *efter* according to; *~ efter storlek* äv. size; *~ in ngt i . .* sort a th. into . .; *~ upp* materialet sort out (over, through) . .; *~ ut* gallra ut sort out **II** *itr, ~ under* a) lyda under be subordinate to, be (come) under the supervision of b) höra under belong (come, fall) under **sorterad** *a* assorted; *vara väl ~ i . .* äv. have a good assortment of . ., be well stocked in . . **sorterare** sorter; grader **sortering 1** sorterande sorting etc. jfr *sortera I;* classification; strumpor *av första (andra) ~en* . . graded as firsts (seconds) **2** se *sortiment*

sorti teat. o. friare exit, *från, ur* from; *göra |sin| ~* make one's exit; *göra en hastig ~* äv. beat a hasty retreat

sortiment *-et -|er|* assortment, range, selection, samling collection; *fullständigt ~ av . .* full line of . .; *ett rikt ~ av . .* a wide range (selection) of . ., a good assortment (selection) of . . **sorträkning** mat. ung. arithmetic with compound quantities

SOS - -, *ett ~* an SOS

soss|e *-en -ar* F socialist, social democrat

sot *-et 0* **1** soot; i motor carbon; ss. smuts grime **2** på säd smut, blight

1 sota I *tr* **1** skorsten o.d. sweep; motor decarbonize, F decoke **2** svärta black|en|, m. bränd kork cork; *~ |ned|* smutsa soot, cover . . with soot, make . . sooty (grimy); *~ ned sig (ned sig om händerna)* get oneself (make one's hands) sooty; *~t glas* smoked glass **II** *itr* alstra sot smoke, give off soot; grytan *~r (~r av sig på duken* etc.*)* . . makes the cloth etc. sooty

2 sota *itr, få ~ för ngt* smart (suffer, pay) for a th.; *det här ska han |minsann| få ~ för!* he'll smart for this|, I tell you|!

sotare pers. |chimney-|sweep **sotarmurre** F se föreg.

sotdöd, *dö ~en* die a natural death

soteld chimney-fire **sotfläck** smut **sothöna** coot **sotig** *a* allm. sooty; om skorsten äv. . . full of soot; smutsig grimy; sotfläckad smutty, äv. om säd **sotlucka** soot-door **sotning** *-en 0* |chimney-|sweeping etc. jfr *1 sota I*

sotsäng deathbed

sottis *-en -er* stupid remark

soulagera *tr* se *sulagera*

souschef deputy (vice) chief; jfr äv. *avdelningschef*

souvenir se *suvenir*

sov|a *sov -it* **I** *itr* eg. o. bildl. sleep, vara försänkt i sömn be asleep; ta en lur have a nap (sleep); *~ bra* sleep well, be a good (sound) sleeper; *~ gott* djupt sleep soundly, be sound (fast) asleep; *sov gott!* sleep well!; *har du -it gott* i natt? did you sleep well (have a good night)?; *han -er oroligt* he is restless in his sleep, ss. vana he sleeps restlessly; *han sov oroligt i natt* he had a restless (bad) night; benet *-er* . . has gone to sleep (is asleep); *jag har inte kunnat ~ på hela natten* I didn't get any sleep all night; *försöka ~ litet* try to get some sleep; *gå och ~* bildl. go about dreaming; *jag skall ~ på saken* I shall have to sleep on it (|up|on the matter) **II** m. beton. part. **1** *~ av sig* t.ex. rus, ilska sleep off . . **2** *~ bort* a) tid sleep away . . b) t.ex. smärta sleep off . . **3** *~ ut* sova länge have a good sleep; sova tillräckligt länge have enough sleep, jfr äv. *utsövd* **4** *~ över |tiden|* oversleep, oversleep oneself **sovalkov** bedstead recess

sovande *a* sleeping, slumbering, bildl. äv. dormant; *den ~* subst. a. vanl. the sleeper

sov|el *-let 0* kött, ost etc. meat, cheese etc.

Sovjet se *Sovjetunionen* **sovjetisk** *a* attr. Soviet **sovjetrepublik** Soviet Republic **sovjetrysk** *a* attr. Soviet |Russian| **Sovjetryssland** Soviet Russia **Sovjetunionen** the Soviet Union, the Union of Soviet Socialist Republics (förk. U.S.S.R.)

sov|kupé sleeping-compartment **-morgon,** *ha en skön ~* have a nice lie-in; *ha ~* i morgon have a late morning . . **-plats** sleeping-place; järnv., sjö. |sleeping-|berth, järnv. äv. F sleeper **-platsbiljett** sleeping-berth ticket

sovra *tr* t.ex. material sift, sort out, t.ex. stil prune; malm dress; *~ sitt umgänge* pick one's friends |carefully|; *~ bort* sort out, eliminate

sov|rum bedroom **-sal** dormitory **-stad** dormitory |suburb|, amer. äv. bedroom town **-säck** sleeping-bag **-vagn** sleeping-car, F sleeper

spack|el 1 *-eln -lar* verktyg putty knife **2** *-let 0 ~*färg putty **spackla** *tr* putty; *~ igen* ett hål putty up . .; *hon är ~d i ansiktet* her face is plastered with make-up

spad *-et* (F *spat*) *0* **1** allm. liquid, water, liquor; f. soppor o. såser stock, kött~ ofta broth; grönsaks~ ibl. juice; skinkan får *ligga kvar i ~et* . . remain in the water **2** *trilla (hoppa) i spat* fall (jump) into the water (sea)

spad|e *-en -ar* spade **spader** *-n -* spade resp. spades pl., jfr vid. *hjärter* m. sms.; *dra en ~* F have a game of cards **spadtag** cut (dig) with a (resp. the) spade; *två ~ djup* two spit[s] deep; *ta det första ~et till . .* cut (turn) the first sod for . .
spagat, *gå ned i ~* do the splits
spag[h]etti *-n 0* koll. spaghetti sg. (it.)
1 spak *-en -ar* [hand-]lever, sjö. handspike, flyg. [control] stick, control column; *vid ~arna* flyg. at the controls
2 spak *a* **1** lätthanterlig tractable, manageable, foglig docile, ödmjuk submissive, subdued; *bli ~* spakna become more tractable etc., ibl. become less aggressive, mjukna soften; *få (göra) ngn ~* make a p. docile etc., break a p.'s spirit **2** lugnflytande quiet, smooth **spakna** *itr* se [*bli*] *spak* **spakvatten** quiet (smooth) water
spaljé *-n -er* f. växt trellis, espalier; *bilda ~* bildl. form a lane **-träd** trained (trellised) [fruit-]tree, espalier
spalt *-en -er* **1** typogr. column; komma *i ~erna . .* in the papers **2** spaltat skinn split **spalta** *tr* **1** typogr. put . . into columns **2** klyva split [up]; kem. decompose **spaltfyllnad** padding; *som (till) ~* äv. . . to fill (pad) out [a column] with **spaltkorrektur** galley (slip) proof **spaltvis** *adv* i spalter in columns; spalt upp och spalt ned column after column, whole columns, *med* annonser of . .
spana *itr* med blicken gaze, look out, intensivt watch, spy out; speja scout, mil., flyg. äv. reconnoitre; *~* söka *efter . .* watch (be on the look-out, search, hunt) for . .; *~ upp . .* spy (hunt, ferret) out . .; *~ ut över* havet gaze out over . ., scan . .; *~nde blick* searching gaze **spanare** spejare scout, flyg. observer
spaniel *-n -s* spaniel
Spanien Spain
spaning 1 polis~ o. friare search sg.; mil., flyg. reconnaissance; *vara på ~ efter ngt* bildl. be on the look-out (the search) for a th.; *få ~ på ngt* F få nys om get wind of a th. **2** spanande searching; scouting, reconnoitring **spanings|flyg|plan** reconnaissance (scouting) plane, scout **spaningspatrull** reconnaissance patrol
spanjolett *-en -er* espagnolette
spanjor *-[e]n -er* Spaniard **spanjorska** Spanish woman (lady etc.); jfr *svenska*
spankulera *itr* stroll, saunter
1 spann *-et -* **1** bro~ span **2** skid~ arching of a (resp. the) ski
2 spann *-et -* an~ team, m. oxar äv. yoke (pl. lika); jfr äv. *fyrspann*
3 spann *-et (-en)* pl. -[*ar*] *(spänner)* se *hink*
spannmål *-en 0* corn, isht amer. grain; brödsäd cereals pl.
spannmåls|export corn (grain) exports pl., export[ation] of corn etc. **-handel** abstr. corn (grain) trade **-magasin** granary, grain store (elevator), silo silo **-pris** corn (grain) price, price of corn etc.
spansk *a* **1** eg. Spanish; *~ peppar* se *paprika; ~a ryttare* chevaux de frise fr.; *~a sjukan* the Spanish flu **2** bildl.: F stursk stuck-up, supercilious **spansk|a** *-an* **1** pl. *-or* se *spanjorska* **2** pl. *0* språk Spanish, jfr *svenska 2*
spanskamerikansk *a* Spanish-American
spanskfödd *a* Spanish-born; f. andra sms. jfr äv. *svensk-* **spansk-portugisisk** *a* Hispano-Portuguese **spanskrör** [rattan] cane
spant *-et -* sjö.: allm. frame, av trä äv. timber, rib
spara I *tr itr* **1** samla, gömma save, sätta av äv. save (lay) up, put (lay) by, f. senare tillfälle äv. keep, reserve, *till* i samtl. fall for; uppskjuta put off, *till* to, till; *spar* kvittot! save (keep) . .!; *det är ingenting att ~ på* it is not worth saving (keeping); *~ till en bil* save up for a car; *ha en ~d slant* have some money saved (put by, laid by) [for a rainy day], have a nest-egg; *min ~de slant* my savings pl. **2** inbespara save; *~ arbete (plats, tid, utgifter)* save labour (space, time, expense); den bör användas *för att ~ tid . .* as a time-saver **3** vara sparsam practise economy, be economical (saving), save, inskränka sig retrench, cut down one's expenses; snåla, se *4; inte kunna ~* not be economical, not know how to save **4** hushålla med economize, *på* on; husband, [*på*] *ngt* a th.; snåla be sparing, *på* of; hålla inne med keep . . to oneself; skona, t.ex. sin hälsa spare; *~ sina krafter (på krafterna)* husband (save) one's strength; *~* sina ögon take care not to strain . .; *inte ~ någon möda* spare no pains; *~ på* beröm be sparing (chary) of . .; *det ~des inte på* kritik there was no sparing of . .; *~ på krutet* bildl. hold one's fire; *han ~r på slanten (slantarna)* he is economical (the saving sort); *~ på* smöret! go easy on . .! **5** se *bespara*
II *rfl* spare oneself äv. bespara sig, husband one's strength, hålla igen not go all out, sport. äv. hold [oneself] back; *~ sig* för större uppgifter save oneself . .
III m. beton. part. **1** *~ ihop* save (lay) up, put (lay) by, *till* i samtl. fall for; hopa accumulate **2** *~ in* save; *den tid som ~ts in* the time saved; *~ in* dra in *på ngt* economize (cut down) on a th.
sparare saver **sparbank** savings-bank **sparbanksbok** savings[-bank] book (passbook) **sparbössa** money-box, savings-box **spargris** pig[gy] bank
spark *-en -ar* **1** kick; *få en ~* get kicked; *ge ngn en ~* kick a p., jfr äv. *sparka* ex.; *få ~en* get the sack (the push), be (get) fired; *ge ngn ~en* give a p. the sack (the push), fire a p.

2 se *sparkstötting* **sparka I** *tr* kick; ~ *boll* vanl. play football; ~ *ngn på smalbenen* kick (hack) a p.'s shins; ~ *ngn i ändan* kick a p. (give a p. a kick) in the pants; *bli ~d (~ ngn)* från jobbet se |*få* etc.| *spark|en|* **II** *itr,* ~ |*med benen (omkring sig)*| kick about; ~ *inte på* dörren! don't kick at (against) . .! **III** m. beton. part. **1** ~ *av* knäcka av kick and break; ~ *av sig* |*täcket*| kick off one's bedclothes **2** ~ *bort* se ~ *undan* **3** ~ *fram ngn* bildl. thrust a p. forward; ~ *fram ngn till* en post äv. pitchfork a p. into . . **4** ~ *igen* dörren kick . . shut **5** ~ *ihjäl ngn* kick a p. to death **6** ~ *in* dörren kick . . in **7** ~ *omkull* kick . . over **8** ~ *till* ngn, ngt give . . a kick **9** ~ *undan* kick away (out of the way) **10** ~ *upp* a) t.ex. damm kick up b) t.ex. dörr kick . . open **11** ~ *ut ngn* kick (boot) a p. out; avskeda se |*ge ngn*| *spark|en|*

sparkapital saved (savings) capital; *ett (hans)* ~ vanl. some (his) savings pl.

sparkas *itr. dep* kick, rpr. kick each other

sparkassa savings association **sparkasse-räkning** savings account

spark|byxor *pl* rompers; *en -byxa* a pair of rompers **-cykel** scooter

sparklubb savings (thrift) club

sparkstötting kick-sled, sled with a seat and propelled like a scooter

spar|lakan bed-curtain **-lakansläxa** curtain-lecture **-låga** gas~ low jets pl.; grytan *står på* ~ . . is kept on low heat; *sätta gasen på* ~ turn the gas down **-medel** *pl* savings|-account| capital sg.; *hans* ~ his savings **-obligation** savings bond **-pengar** *pl* savings **-propaganda** propaganda to encourage saving

sparra *itr,* ~ *mot ngn* spar with a p., be a p.'s sparring-partner

sparr|e *-en -ar* **1** timmer small square timber äv. koll. **2** tak~ rafter **3** herald. chevron

sparringpartner sparring-partner

sparris *-en -ar* koll. asparagus vanl. sg.; *en* ~ a stalk (spear) of asparagus **-burk** fylld tin (amer. can) of asparagus **-knopp** asparagus tip **-kål** broccoli **-omelett** asparagus omelet|te|

sparsam *a* **1** ekonomisk economical, *med* with; hushållsaktig thrifty, *med* with; snål parsimonious; *vara* ~ *med* bränslet economize on . .; *vara* ~ |*med pengar*| be economical (careful with money) **2** friare o. bildl.: njugg, återhållsam sparing, chary; gles sparse, knapp scanty; sällsynt rare, infrequent; *ett ~t bruk av* rim a sparing use of . .; *en* ~ *dager* a faint daylight; *en* ~ *vegetation* a sparse vegetation; ~ *med (på)* t.ex. beröm, ord sparing (chary) of **sparsamhet** economy, thrift; *iakttaga den största* ~ practise strict economy **sparsamhetsskäl,** *av* ~ for reasons of economy **sparsamhetssyfte,** *i* ~ |in order| to economize **sparsamt** *adv* economically etc. jfr *sparsam;* ~ möblerad sparsely . .; ~ *upplyst* sparingly (scantily, poorly) lighted; *leva* ~ live economically; *förekomma* ~ occur rarely, be of rare occurrence, vara tunnsådda be few and far between

spartan *s* o. **spartansk** *a* Spartan **spartanskt** *adv, leva* ~ lead a Spartan life; . . *är* ~ *möblerad* . . is furnished in a Spartan way, . . is austerely furnished

sparv *-en -ar* sparrow; *han väntar att stekta ~ar ska flyga i munnen på honom* ung. he is waiting for ripe plums to fall into his mouth; hon kände sig *som en* ~ *i tranedans* . . utterly out of her element **-hök** sparrow-hawk **-uggla** pygmy owl

spasm *-en -er* spasm **spasmodisk** *a* spasmodic **spastiker** spastic; han är ~ . . a spastic **spastisk** *a* spastic

spat *-en -er* miner. spar

spat|el *-eln -lar* spatula

spatiös *a* spacious, bostad äv. roomy; typogr widely spaced

spatser|a *itr* walk, som en tupp strut, jfr vid *promenera* **-tur** walk

spatt *-en 0* hos häst spavin; *jag tror jag får* ~. F I'm going mad (nuts)! **spattig** *a* om häst spavined; om pers. stiff, . . stiff in the joints

spe *oböjl. n* förlöjligande derision, ridicule, mockery, hån taunt|s pl.|, gibe|s pl.|; *göra* ~ *av ngn* ridicule (mock, gibe) a p.

speaker *-n -|s|* utropare, hallåman announcer, konferencier compère

speceriaffär grocer's (grocery) shop (amer. store) **specerier** *pl* groceries **specerihandlare** o. **specerist** grocer **specerivaror** *pl* groceries

specialfall special case **specialisera** *tr rfl* specialize, *på, i* in **specialisering** *-en 0* specialization, specializing **specialist** specialist, *på* in; expert expert, *på* on (in); *han är* ~ *på* försäkringsfrågor he is an expert on (in) . . **specialitet** *-en -er* speciality, fack, produkt äv. specialty

special|karta special map **-klass** special class **-kommission** FN:s functional commission **-kunskap** specialist knowledge **-offert** special offer **-skola** special school **-stål** special (alloy) steel **-uppdrag** special task (commission, mission mission) **-utbildad** *a* specially trained **-ändamål** special purpose

speciell *a* special, especial, particular, jfr äv *särskild; en* ~ *ynnest* a special favour; *i vårt ~a fall* |just| in our particular case; boken är *för* ~ . . too technical **speciellt** *adv* specially, especially, particularly, jfr äv *särskilt; detta gäller alldeles* ~ *om* . . this is true about . . in particular

species pl. - *n* species (pl. lika) **specificera** *tr* specify; räkning itemize; *nedan ~ de varor* the articles specified below **specifik** *a* specific **specifikation** specification, *över* of; detailed description, *över* of
specim|en pl. *-en (-ina) n* **1** exemplar specimen **2** univ. treatise |on which an application for a professorship is based| **speciminera** *itr* write |and publish| treatises |to establish one's eligibility for a (resp. the) professorship|
spediera *tr* forward, dispatch, ship **spedition** spedierande forwarding, dispatch, shipping; jfr vid. följ. **speditionsfirma** forwarding (shipping) agency (agents pl.) **speditör** forwarding (shipping) agent|s pl.|
speedwaybana speedway track
spe|full *a* hånfull mocking, taunting, derisive, gäcksam quizzical, . . given to mockery **-fågel** wag, joker
spegel *-n speglar* **1** allm., äv. opt. o. bildl. mirror, vanl. looking-glass, glass, hand~ |hand-|-mirror; *sjön ligger som en ~* the lake is as smooth as a mill-pond **2** tekn., ving~ specul|um (pl. -a); fält på dörr, matta o.d. panel **-bild** reflected image **-blank** *a* om t.ex. is, sjö glassy, . . as smooth (bright) as a mirror, om t.ex. golv, metall shiny **-bord** console-table **-fäkteri** dissimulation end. sg., pretence, bluffing end. sg., humbug **-glas** mirror (tjockt, slipat plate) glass **-reflexkamera** |enögd single-lens (tvåögd twin-lens)| reflex camera **-skrift** mirror writing, reversed script **-teleskop** reflecting telescope **-vänd** *a* reversed, inverted
spegla I *tr* reflect, mirror; litteraturen *~r samtiden* . . reflects the age **II** *rfl* be reflected (mirrored), om pers. look |at oneself| in a mirror (a glass); *~ sig* i ett butiksfönster have a look at oneself . .; *man kan ~ sig i* de nypolerade kopparbunkarna you can use . . as a looking-glass **spegling** reflection
speglosa gibe, jeer, sneer, scoff
speja *itr* spy |about (round)|, *efter* for, jfr vid. *spana* **spejande** *a* spying; *med ~ blick* with a searching (prying) look **spejare** mil. |reconnaissance| scout; bibl., spion spy
spektak|el *-let -el* **1** bråk, oväsen row, shindy; förarglighet bit of a bother, proper business, elände nuisance; skandal calamity; *ett sånt ~* elände! what a nuisance!; *det blev ett herrans ~* när det upptäcktes there was a hell of a row . .; *ställa till ~ för ngn* make trouble for a p. **2** gyckel, åtlöje, *göra ~ av ngn (ngn till ett ~), driva ~ med ngn* hold a p. up to ridicule, make a fool of a p.; *bli till ett ~* become a laughing-stock **3** F, *se ut som ett ~* look a fright (scarecrow); stå där *som ett ~* . . like an idiot
spektralanalys spectrum (spectral) analys|is (pl. -es) **spektralfärg** spectral colour **spektroskop** *-et* - spectroscope **spektr|um** *-um|et| (-et)* pl. *-er (-a)* spectr|um (pl. -a)
spekulant 1 |*hugad*| ~ intending (prospective, would-be) buyer (purchaser), på auktion äv. bidder **2** börsspelare speculator, operator, neds. jobber **spekulation** allm. speculation, H äv. venture, börs~ äv. operation; *på ~* on (as a) speculation, F on spec **spekulationsvinst** speculative profits (gains) pl. **spekulativ** *a* speculative, H äv. venturous
spekulera *itr* **1** fundera speculate, *över* about (on); ponder, cogitate, *över* on (over); *det ~s över* orsaken people are wondering (making guesses) about . . **2** göra osäkra affärer speculate, på börs äv. operate, neds. gamble **3** *~ på |att köpa|* ett hus contemplate (think of) buying . . **4** ha i kikaren, *~ på* något rackartyg be up to . ., be planning . .; *han ~r på |att få|* din plats he is counting on getting (is hoping to get) . .
spel *-et* - **1** mus. playing, ~sätt äv. execution, performance **2** teat. (~sätt) acting; teaterstycke play; *stumt ~* dumb show; *~et* i pjäsen *var lysande* the acting was brilliant **3** sällskaps~, kort~, idrotts~ game äv. bildl., match match; ~ande playing, ~sätt vanl. play; hasard~ gambling; stick i kort~ trick; konkr. jfr äv. *krocketspel* m.fl. sms.; *~ om pengar* playing for money; ishockey är *ett hårt ~* . . a rough game; *~et var långsamt* i matchens början play was slow . .; förlora (vinna) *på ~* . . by gambling, kortsp. . . at cards; förlora allt *på en enda kvälls ~* . . in one evening's play; se äv. ex. under *6* **4** orr~ o.d. |mating| call **5** tekn.: gruv~ winder, vinsch o.d. windlass, ankar~ äv. capstan; spelrum clearance, play, allowance **6** spec., isht bildl. uttr.: *musklernas ~* the play of the muscles; *~et av* ljus och skugga the play of . .; *genom tillfälligheternas ~* by pure chance; *~et är förlorat* the game is up; *~et är slut* saken är utagerad the matter is played out; onda makter *driver sitt ~* . . are at work; *ha fritt ~* have free (full) scope (play äv. eg.); *lämna fritt ~ åt* sina känslor give |a| free rein (play) to . .; *spela ett högt ~* eg. play for high stakes, bildl. play a high (dangerous, hazardous) game; *rent (inte rent) ~* fair (foul) play; *spela rent ~* play fair (a straight game); *ta hem ~et* win the game; *iaktta ~ets regler* play the game; *ha ett finger (sin hand) med i ~et* have a hand in it, F have a finger in the pie; *det är* politik *med i ~et* . . enters into it, . . is at the back of it; *stå på ~* be at stake (riskeras in jeopardy); *sätta ngt på ~* risk (stake, jeopardize) a th., put a th. at stake; *|för|sätta* ngn, ngt *ur ~* put . . out of the running, eliminate . .; *vara ur ~et* be out of it (the

running)
spela I *tr itr* **1** allm. play äv. bildl. om t.ex. ljus; mus. äv. execute, perform, om skådespelare äv. act; visa [film] show; ~ hasard gamble; låtsas vara pretend, feign; utspelas be laid; ~ *apa* play the ape; ~ *fiol (piano)* play the violin (the piano); ~ *första (andra) fiolen* bildl. play first (second) fiddle; ~ *försyn för ngn* play the role of providence for a p.; ~ *grammofon* play the gramophone; ~ rollen *Hamlet* play (act) [the part of] H.; Stora teatern ~*r Hamlet i kväll* . . is giving Hamlet tonight; ~ *hjälte* act the hero; ~ *[ett parti] kort* play [a game of] cards; ~ *skalor* practise scales; ~ *teater* se *teater;* ~ *välgörare* act the part of benefactor; ~ *förnäm* put on airs; ~ *sjuk* pretend to be ill, feign illness; ~ *defensivt (hårt)* sport. play a defensive (a rough) game; ~ *högt* m. hög insats play high (for high stakes); *det är du som* ~*r* kortsp. it is your turn to play; *ett leende* ~*de kring hennes läppar* a smile played on her lips; *springbrunnen* ~*r* the fountain is playing; ~ *för ngn* a) inför ngn play to a p. b) ta lektioner f. ngn take music (resp. piano etc.) lessons from a p.; ~ *med ngn* ge lektioner åt ngn give a p. music lessons; ~ *mot ngn* i pjäs play opposite a p.; ~ *ngn i händerna* play into a p.'s hands; ~ *om pengar* play for money; *vad* ~*r vi om?* what are the stakes (are we playing for)?; ~ *på* en häst bet on . .; ~ *på lotteri* take part in a lottery (lotteries pl.); *han* ~*r på lotteri* varje månad he buys a lottery ticket . .; *det är som att* ~ *på lotteri* it's a lottery **2** om orre o.d. call, utter the mating call, om lärka o.d. sing
II m. beton. part. **1** ~ *av ett band* play back a tape; ~ *av ngn* pengar win . . off a p. **2** ~ *bort* gamble away **3** ~ *igenom* ett musikstycke play . . over (through) **4** ~ *in* a) (tr.) ~ *in en film* make (produce) a film; ~ *in ngt [på band]* tape a th., record a th. [on tape]; ~ *in ngt på grammofonskiva* record (make a record of) a th. b) (itr.) inverka come into play **5** ~ *med* join in the game, kortsp. take a hand; ~ *med i* film o.d. appear in . . **6** ~ *om* mus. sport. o.d. replay, play . . again, en scen take . . [over] again **7** ~ *upp* a) spelläxa play, *för* to b) t.ex. en vals strike up; ~ *upp till dans* strike up for dancing c) band play back d) kortsp. lead **8** ~ *ut* a) ett kort lead, play b) ~ slut finish; ~ *ut ngn mot ngn* play off a p. against a p.; kyrkan *har* ~*t ut sin roll* . . has had its day; *han har* ~*t ut sin roll* he is played out, he is a back number **9** ~ *över* a) övningsspela practise b) överdriva overdo it, om skådespelare overact
spel|ande *a* playing etc. jfr *spela; de* ~ subst. a. the players, mus. äv. the performers (musicians), teat. the actors **-are** allm. player, hasard~ gambler, vadhållare better **-automat** gambling (slot) machine; m. spak F one-armed bandit; av fortunatyp pin-table **-bank** casino (pl. -s) **-bord 1** f. kortspel card-table; f. hasardspel gambling (gaming) table **2** mus. console **-bricka** se *bricka 5* **-djävul,** *han har gripits av* ~*en* ung. he has caught the gambling fever (bug) **-dosa** music[al] box
spelevink *-en -ar* o. **spelevink|er** *-ern -ar* ung. easy-going [and irresponsible] sort of fellow
spel|film feature film **-hall** amusement hall (arcade) **-håla** gambling-den(-house, isht amer. -joint) **-kort** playing-card **-lektion** music lesson **-lista** mus., teat. list of performances, repertory **-lärare** o. **-lärarinna** music teacher **-man** [folk] musician, fiolspelare fiddler; *glad som en* ~ ung. as happy as a sandboy (king) **-mark** counter **-plan** mus., teat. se *-lista* **-regel** rule [of the game] **-rum** bildl. scope, play, margin; *fritt* ~ jfr ex. under *spel 6* **-sal** card (resp. roulette) room **-skicklighet** playing skill **-skuld** gambling debt **-sugen** *a, vara* ~ be itching (dying) to play **-sätt** sport. way of playing, technique äv. kortsp. o. mus., mus. äv. execution, teat. [way of] acting **-tid** f. film screen (running) time, f. grammofonskiva o.d. playing time; det blev *förlängning av* ~*en* sport. . . an extension of time **-vinst** winnings pl. [i kortspel at cards, i hasard from gambling, i vadhållning from betting] **-år** teat. theatrical year **-öppning** schack. o. bildl. [opening] gambit, friare, t.ex. sport. opening
spenat *-en 0* spinach **-soppa** spinach soup
spendera *tr* spend; ~ en fin middag *på ngn* stand a p. (treat a p. to) . .; ~ *mycket på ngn* spend a lot of money on a p., treat a p. handsomely **spendersam** *a* generous, liberal, . . liberal with one's money; *vara* ~ äv. come down handsomely
spen|e *-en -ar* teat, nipple, isht kos äv. dug
spenslig *a* slender, om figur äv. slight, spröd delicate, smärt slim **spenslighet** slenderness etc. jfr föreg., delicacy of build
spenvarm *a* om mjölk . . warm from the cow
speord gibe, jeer, sneer
sperma *-t (-n) 0* sperm **spermatozo** *-n -er* o. **spermie** *-n -r* spermatozo|on (pl. -a)
speta *itr* F **1** kliva, *gå och* ~ i vattnet be stalking about . . **2** spreta stick up (out)
spetig *a* **1** spretande straggling **2** mager skinny, . . [as] thin (lean) as a rake; ~*a ben* spindly legs
1 spets *-en -ar* udd point äv. bildl., på reservoarpenna nib; ände t.ex. på cigarr, finger, rot, tunga tip, [smal]ända [narrow] end; topp apex (pl. äv. apices) äv. geom.; top, berg~ äv. peak; blad~ o. vetensk. cusp; se f.ö. ex.; tillhöra *samhällets* ~*ar* . . the high-ups of (in) society; ~*arna*

inom politiken, societeten the leading (top-ranking) figures [with]in . ., F the bigwigs of . .; *bjuda ngn ~en* bildl. stand up to a p., defy a p.; få AB *med ~* univ. . . with distinction; *sätta ~ på* a) mat, dryck lace . . b) t.ex. samvaron give (add) relish to . .; *sluta i en ~* end in a point; *med musik i ~en* headed by a band; *gå i ~en för ngt* walk at the head of a th., head (lead the way for) a th. äv. bildl.; *stå* (resp. *ställa sig, sätta sig*) *i ~en för ngt* be (resp. put oneself) at the head of a th., head a th.; *sätta saken på sin ~* bring matters to a head; *driva saken till sin ~* carry (drive) matters to an extreme (to extremes)

2 spets *-en -ar* trådarbete, *~[ar]* lace end. sg.; *en ~* a piece of lace; *sydd[a] ~[ar]* needle-point [lace], point-lace båda sg.

3 spets *-en -ar* hund spitz, dvärg~ Pomeranian

spetsa I *tr* **1** göra spetsig, ~ till sharpen, point; *~ läpparna (munnen)* pout one's lips; *~ öronen* prick up one's ears äv. bildl.; *~ till* bildl.: t.ex. situation bring . . to a head (a critical stage), render . . critical; t.ex. formulering make . . [more] incisive; *~ till sig* (äv. *bli tillspetsad*) bildl. become critical (acute), reach an acute stage, come to a head **2** genomborra pierce, t.ex. insekt transfix; fastspetsa: på bajonett bayonet, på spjut spear, på nål pin **3** sätta piff på lace **II** *itr* F, *~ på* se *bespetsa [sig på]*

Spetsbergen Spitsbergen

spetsborgare se *kälkborgare*

spets|bov arch rogue, [cunning] rascal **-byxor** *pl* ridbyxor breeches **-båge** arkit. pointed arch, ogive **-båg[s]stil** pointed (Gothic) style **-fundig** *a* subtle, neds. quibbling, sophistic[al], hair-splitting **-fundighet** *~en ~er* subtlety, quibble; konkr. äv. subtle point, sophism; *~er* äv. quibbling, sophistry, hair-splitting, samtl. sg.; *komma med ~er* split hairs

spetsgardin lace curtain

spetsglas tapering [dram-]glass

spetsig *a* allm. pointed, vass sharp, båda äv. bildl., avsmalnande tapering; om vinkel o.d. acute; vetensk.: t.ex. tand cuspidate, t.ex. blad äv. acuminate; bildl. äv. caustic, sarcastic, cutting; *~t berg* peaked mountain; *~* kniv o.d. sharp-pointed . .; *~t leende* dry smile; *~ penna* blyerts sharp pencil, på reservoarpenna fine nib, bildl. caustic pen; *~t skägg* pointed beard; *~ tunga* bildl. sharp tongue **spetsighet** *-en -er* egenskap pointedness; acuteness; causticness; jfr föreg.; *~er* caustic (pointed) remarks, sarcasms, gibes

spets|klänning lace gown **-knyppling** lace-making **-krage** lace collar **-krås** lace frill

spetsnäst *a* sharp-nosed, attr. . . with a pointed nose **spetsvinklig** *a* acute-angled

spett *-et -* spit **spett[e]kaka** ung. pyramid cake [baked on a spit]

spetälsk *a* leprous; *en ~* subst. a. a leper; *vara ~* äv. be affected with leprosy, be a leper **spetälska** *-n 0* leprosy

spex *-et -* student~ students' farce (burlesque); mötet blev *rena ~et* . . a veritable (proper) farce **spexa** *itr* bildl. clown [about] **spexartad** *a* farcical **spexhumör** playful (rollicking) mood **spexig** *a* funny, comical

spicken *a* salt, [salt-]cured; äta skinkan *~* . . raw **spickesill** salt herring **spickeskinka** [salt-]cured (smoked) ham

spigg *-en -ar* stickleback

1 spik *adv, ~ nykter (rak, säker)* se *spiknykter* etc.

2 spik *-en -ar* nail, stift, nubb tack, räls~, brodd spike; *slå (träffa) huvudet på ~en* bildl. hit the nail on the head, om kritik o.d. äv. strike home **spika I** *tr itr* nail, m. nubb o.d. tack; bildl. fix, peg, jfr ex.; virket är för hårt *att ~ i* . . to drive (hammer) a nail into; motorn *~r* . . knocks (pinks); *~ sin avhandling* exhibit (hang up) one's thesis [before defending it]; *~* en dag för sammanträde fix . .; *~d* F se *fullsatt; ~d kurs* H pegged price; stå *som ~d* . . [as if] rooted on the spot **II** m. beton. part. **1** *~ fast* fasten . . with a nail (resp. nails pl.); nail, *vid* on to **2** *~ för* [*brädor för*] en öppning nail boards over (in front of) . ., board up . ., cover . . with boards **3** *~ igen* lock o.d. nail . . down (dörr o.d. up); *en igenspikad* dörr a nailed-up . . **4** *~ ihop* nail . . together **5** *~ till* se *~ igen* **6** *~ upp* nail . . [up], anslag äv. placard

spik|böld boil, furuncle **-huvud** head of a (resp. the) nail, nail-head **-hål** nail hole **-klubba 1** vapen mace **2** bot. thorn apple **-nykter** *a* F . . as sober as a judge **-rak** *a* absolutely straight, . . as straight as an arrow (a poker) **-sko** sport. spiked (isht amer. track) shoe **-säker** *a* F dead certain; *det är ~t* äv. it's a dead cert

spilkum *-en -ar* bowl, basin

spill *-et 0* waste, wastage, loss, isht av vätska spillage, radioaktivt fall-out **spill|a** *-de -t* **I** *tr itr* **1** eg. bet. spill, drop; *spill inte!* take care you don't spill a drop!, don't spill it!; *det är inte värt att gråta över -d mjölk* it is no use crying over spilt milk **2** bildl. waste, lose; *~ ord (tid) på ngt* waste words [up]on (time on el. over) a th.; intet liv *-des* . . was lost; *-d möda* labour thrown away, labour wasted **II** m. beton. part. **1** *~ bort* sin tid på struntsaker fritter away . . **2** *~ ned* duken make a mess on . ., m. kaffe etc. äv. spill coffee etc. all over . . **3** *~ på sig* spill something (el. kaffe etc. some coffee etc.) on one's clothes (over oneself) **4** *~ ut* vinet spill . . [out], slop . .

spillkråka great black woodpecker
spillning *-en 0* **1** droppings pl., gödsel dung **2** avfall refuse, jfr äv. *spill* **spillo** *oböjl. s, ge ngt till ~* a) anse förlorad give . . up |as lost|, abandon . . b) prisge sacrifice . .; *gå till ~* get (be) lost, go (run) to waste; *låta ngt gå till ~* waste a th., allow a th. to go (run) to waste
spillr|a *-an -or* skärva splinter; friare o. bildl. remnant, remains pl.; fragment fragment; *-or* a) av t.ex. flygplan, hus wreckage, debris, båda end. sg. b) av t.ex. förmögenhet, armé scattered remnants, wreck end. sg., *av* of; *-orna av armén* äv. the scattered army; *falla i -or* fall to pieces, be shattered, eg. äv. break into splinters; *slå ngt i -or* lay a th. in ruins, bring a th. to wreck, shatter a th.
spill|säd spilled (spilt) grain **-säker** *a* spill-proof **-tid** wasted (lost) time **-vatten** utspillt vatten spilt water; överloppsvatten waste water; avloppsvatten foul water
spillånga torkad fisk spiked and dried ling, vanl. stockfish
spilt|a *-an -or* stall, lös ~ |loose| box
spin se *1 spinn*
1 spind|el *-eln -lar* zool. spider
2 spind|el *-eln -lar* tekn. spindle, i ur verge; i vindeltrappa newel
spindelnät o. **spindelväv** cobweb; spider|'s| web; *täckt med ~* äv. cobwebbed, cobwebby **spindel|vävs|tråd** spider's thread, thread of cobweb **spindelvävstunn** *a* gossamer-like, attr. äv. gossamer . .
spinett *-en -er* spinet
spinkig *a* |very| thin, slender; *~a ben* spindly (spindled) legs **-het** thinness
1 spin|n| *s* flyg. spin, spinning dive; *råka i ~* go down in a spin
2 spinn *-et 0* se *spinnfiske; ta en gädda på ~* spin a pike
3 spinn *-et* - kvalster spinning mite, red spider
spinna *spann spunnit* **I** *tr itr* eg. o. friare spin, tvinna äv. twist, rotera äv. spin round, twirl; ~ tobak twist (spin) . . **II** *itr* om katt, motor, pers. purr; *~ av belåtenhet* purr with content **III** m. beton. part. **1** *~ ihop* a) eg. twine, twist b) bildl. make up **2** *~ in* en fluga |*i nätet*| spin . . into the web, enswathe . .; *~ in sig* om larv cocoon, spin itself in **3** *~ om* bytet spin . . round; *~ om ngt med* silke encase a th. in . .; jfr äv. *omspunnen* **4** *~ ut* eg. o. bildl. spin . . out, *till* into **5** *~ vidare på tråden* bildl. develop (elaborate, pursue) the idea
spinnak|er *-ern -rar* spinnaker
spinnare **1** pers., fiske. spinner **2** spinnarfjäril bombycid **spinneri** spinning mill
spinn|fiske spinning, amer. äv. bait casting **-hus** hist. spin|ning|-house **-maskin** spinning machine **-rock** spinning wheel **-sidan,** *på ~* on the distaff side; jfr *kvinnolinje* **-spö** spinning (casting) rod
spion spy; hemlig agent secret agent; F snooper
spionage *-t 0* espionage **spioncentral** spy-centre **spionera** *itr* spy, *på* on; carry on espionage, *åt* i båda fallen for; F snoop |about|; *han ~r på mig* äv. he is keeping watch on me; *~ ut* spy out **spioneri** spying; espionage end. sg. **spioneriaffär** spy|ing|-affair **spionliga** spy ring
spir|a **I** *-an -or* **1** topp spire **2** trä~ spar äv. sjö., rundhult pole **3** härskarstav sceptre; *föra ~n* wield the sceptre; *under främmande (hans stränga) ~* under foreign (his austere) rule **II** *itr, ~ |upp (fram)|* om frö o. bildl. germinate, skjuta skott sprout |up (forth)|, shoot |forth|, *ur* out of; *~nde kärlek* incipient love; *~nde liv* budding (growing) life
spiral *-en -er* spiral, heli|x (pl. äv. -ces), vindling äv. whorl, convolution; jfr äv. *livmoderinlägg*; *gå i ~* turn (wind) spirally (in a spiral) **-fjäder** coil (spiral) spring **-formig** *a* spiral, helical **-trappa** spiral (winding, newel) staircase
spirant spirant, fricative |sound|
spire|a *-an -or* spiraea
spirill *-en -er* spirill|um (pl. -a)
spiritism spiritualism, ibl. spiritism **spiritist** spiritualist **spiritistisk** *a* spiritualistic **spiritualism** spiritualism **spiritualitet** *-en -er* elegans brilliancy, fyndighet wit, kvickhet esprit, samtl. end. sg.; *~er* brilliant (witty) remarks
spirituell *a* witty, . . full of wit; han är |*en*| *~ |människa|* äv. . . a wit
spirituosa *-n 0* spirits pl., alcoholic liquors pl.; *mycken ~* a great quantity (a lot) of spirits
1 spis *-en -ar* boktr. pick, rise
2 spis *-en -ar* allm. stove, köks~ vanl. |kitchen| range, elektrisk, gas~ cooker; eldstad |open| fire-place; *öppen ~* äv. F open fire; *stå vid (i) ~en* be busy cooking, stand over the stove etc. (vedspis äv. fire)
3 spis *-en 0* åld. food äv. bildl., bildl. äv. nourishment; *andlig ~* spiritual nourishment **spisa** *tr itr* **1** eat, jfr *äta* **2** F listen |jazz to jazz|
spisare F av jazz jazz addict (fan) **spisbröd** crispbread, amer. äv. rye-crisp
spiselhylla o. **spiselkrans** mantelpiece, chimney-piece **spiselvrå** chimney-corner, fireside|-corner| **spiskrok** poker **spiskåpa** hood
spisning *-en 0* eating; *utan vidare ~* bildl without further ado
spjut *-et* - **1** spear, kast~, äv. sport. javelin, kort dart, pik pike; *kasta ~* throw the javelin **2** se *spjutkastning* **-kastare** sport. javelin thrower **-kastning** sport. |throwing the| javelin; tävling *i ~* javelin-throwing . . **-lik** *a* spear-like **-spets** spear head (point, spike)
spjuv|er *-ern -rar* rogue; *~n lyste ur ögo*

nen på henne her eyes were full of mischief **spjuveraktig** *a* roguish

spjäl|a I *-an -or* lath, på säng o.d. bar, i jalusi vanl. slat, i staket pale; långt spån sliver; läk. splint **II** *tr* läk. splint, put . . into splints **spjälförband,** *lägga* [*ett*] ~ *på* se *spjäla II* **spjäljalusi** Venetian blind **spjälka** *tr* **1** klyva, äv. bildl. o. kem. split, *i* into **2** läk. splint

spjäll *-et* - i eldstad damper, regulator äv. register; i maskin throttle valve, förgasarventil vanl. throttle; köra *med öppet* ~ . . at full throttle; *skjuta* ~*et* stänga shut the damper **-snöre** cord of a (resp. the) damper; register-cord

spjäl|låda crate **-staket** paling, pale fence **-säng** f. barn cot with bars **-verk** lattice-work, spaljé trellis-work, båda end. sg.

spjärn *-et 0, ta* ~ [*med fötterna*] *mot ngt* put one's feet against a th. **spjärna** *itr,* ~ *emot* streta emot offer resistance, bildl. äv. resist; ~ *mot udden* kick against the pricks

spleen *-en 0* spleen

splendid *a* splendid, sumptuous

splint *-en 0* **1** ytved sapwood, sap, alburnum **2** flisor splinters pl.; tändsticks~ splints pl. **splinta** *tr* spänta split; ~ *sönder* splinter

spliss *-en -ar* se *splits* **splissa** *tr* se *splitsa*

split *-et 0* discord, dissension; *utså* ~ sow [the seeds of] dissension, make mischief

splits *-en -ar* allm. splice **splitsa** *tr* splice [up], *ihop* together

1 splitt[**er**] *adv* se *spritt*

2 splitt|er *-ret -er* splinter **splitterfri** *a* shatterproof; ~*tt glas* äv. safety (laminated) glass

splitt[**er**]**galen** m. fl. sms. se *spritt*

splitterskydd splinter-protecting cover, splinterproof äv. mil. **splittr|a I** *-an -or* splinter; *-or* äv. shivers **II** *tr* shatter, splinter, break . . into splinters, shiver; klyva split; bildl. divide (t.ex. tid, krafter split) [up]; partiet *har* ~*ts* . . has split up; meningarna [inom partiet] var ~*de* . . divided; han är ~*d* . . disharmonious **III** *rfl* eg. splinter, shiver, split; bildl. divide (split) one's energy **splittring** *-en 0* spjälkning shattering etc., jfr *splittra II;* brist på enhet lack of conformity, disunion, söndring disruption, disintegration, tvedräkt division, split, schism

1 spola *tr itr* ~ ren m. vatten o.d. flush, swill [down], sluice, skölja rinse, wash äv. om våg; skridskobana flood; läk. syringe; ~ *gatorna* vanl. water (vattna sprinkle) the streets; ~ *trottoaren* med en slang sluice the pavement . .; ~ [*på wc*] flush the pan; ~ *av* a) t.ex. bilen wash down, flush b) t.ex. disken rinse, swill c) t.ex. smutsen swill off; ~ *ned ngt på toaletten* flush a th. down the toilet (lavatory [pan]); ~ [*in*] *över* wash

2 spola *tr* vinda upp på spole wind, spool, reel äv. film; ~ *av* wind off, unspool; ~ *om (tillbaka)* band, film rewind **spol|e** *-en -ar* **1** i maskin, f. väv o.d. allm. bobbin, f. vävskyttel äv. quill, symaskins~ amer. spool; f. film, [färg]band, silke o.d. spool, rulle reel; hår~ curler **2** elektr., radio. coil **3** fjäder~ quill **spolformig** *a* spool-shaped, bobbin-shaped; naturv. fusiform

spoliera *tr* spoil, wreck, ödelägga ruin

spoling stripling, neds. whipper-snapper

spolmask roundworm; läk. ascarid

1 spolning m. vatten flushing etc., jfr *1 spola*

2 spolning tekn. winding etc., jfr *2 spola*

spondé *-n -er* spondee **spondeisk** *a* spondaic

spont *-en -ar* tongue **spontad** *a,* ~*e bräder* match-boards

spontan *a* spontaneous **spontan**[**e**]**itet** spontaneity, spontaneousness

spor *-en -er* spore

sporadisk *a* sporadic, enstaka isolated

sporra *tr* eg. o. bildl., allm. spur, *framåt* on; bildl. äv. stimulate, incite, stark. goad; deg cut, jag; ~ *hästen* spur the horse, jfr äv. *sporre* ex. **sporrande** *a* stimulerande stimulating **sporr|e** *-en -ar* spur, bildl. äv. stimulus, incentive, stark. goad; deg~ pastry (wheel) cutter; på hund dew-claw; flyg. [tail] skid; *sätta -arna i hästen* set (put, clap) spurs to (dig the spurs into) one's horse; *tjäna (vinna) sina -ar* win one's spurs; *klädd i -ar* spurred **sporrklinga** rowel **sporrsträck,** *i* ~ at full speed; post-haste, hotfoot

sport *-en 0* sport, flera slags ~ sports pl., boll~ game[s pl.]; ~ *och* fri *idrott* sports and athletics; *det har blivit en* ~ it has become a regular sport (pastime); *ägna sig åt* ~ se *sporta.* — För sms. jfr äv. *idrott* **sporta** *itr* go in for sports (games)

sport|affär sports shop (outfitter) **-artiklar** *pl* sports (sporting) equipment sg. (articles, goods) **-bil** sports-car **-dräkt** dams sport suit (costume) **-fiskare** angler **-fiske** angling **-flygplan** private (sports) plane

sportig *a* sporty, om pers. äv. . . keen on sport[s]; om dräkt o.d. äv. . . for sports wear

sport|jacka leisure (casual) jacket, blazer sports-jacket **-journalist** sports (sporting) writer **-klädd** *a* . . in sports clothes; båda två *var* ~*a* . . were wearing sports clothes

sportler *pl* perquisites

sport|lov [winter] sports holiday[s pl.] **-nyheter** *pl* o. **-nytt** sports (sporting) news sg. **-redaktör** sports editor **-sida** sporting page; *-sidorna* äv. the sporting section sg. **-skjorta** sports shirt

sportslig *a* sporting, sports . .; *en* ~ *chans* a sporting chance **sportsman** sportsman; *är han* ~? does he go in for sports (games)? **sportsmannaanda** sportsmanship **sport**[**s**]**mässig** *a* sportsmanlike, sporting **sportstuga** ung. [week-end (summer)] cottage; av timmer log-cabin **sportvagn** bil sports-car

spotsk *a* föraktfull, hånfull contemptuous, scornful, övermodig arrogant, haughty; stursk impudent **-het** contempt, scorn; arrogance, haughtiness; impudence; jfr föreg.

1 spott *-en (-et) 0* saliv spittle, saliva

2 spott *-en (-et) 0* hån scorn; löje mockery, derision; ~ *och spe* scorn and derision

1 spotta *itr tr* spit, isht läk. expectorate; ~ *ngn i ansiktet* spit in a p.'s face; *han ~r inte i glaset* he is fond of the bottle; ~ *upp sig* pluck up courage; ~ *ut* spit out, F klämma fram med äv. cough up; *fabriken ~r ut* 10 bilar i timmen the factory pours out (forth) . .

2 spott|a *-an -or* röd~ plaice

spott|kopp spittoon, amer. äv. cuspidor; på sjukhus sputum cup **-körtel** salivary gland **-styver,** köpa ngt *för en* ~ . . for a song, . . for practically nothing

spov *-en -ar* stor~ curlew, små~ whimbrel

spraka *itr* knastra crackle, gnistra sparkle äv. bildl., send out [crackling] sparks; om norrsken flash; ~ *omkring* om gnistor fly [crackling] all round; *~nde färger* blazing colours **sprakfåle** häst frisky horse (unghäst colt); vildbasare scapegrace, madcap

sprallig *a* frolicsome, jolly, frisky, lively

spratt *-et* - trick, puts hoax, prank, practical joke; *spela ngn ett* ~ play a trick etc. on a p., trick (hoax) a p.

sprattelgubbe jumping jack **sprattla** *itr* för att komma loss struggle, hoppa, spritta flounder, om småbarn kick about; om dansös o.d. F caper about

sprej *-en -er (-ar)* spray; apparat äv. sprayer **spreja** *tr* spray

spreta *itr* om ben, bokstäver sprawl; ~ [*upp*] stretch; ~ [*ut*] stick (stand) out; ~ [*ut*] *med* fingrarna spread (expand, splay, t.ex. lillfingret extend) . . **spretig** *a* straggling, straggly; ~ *handstil* sprawling hand

spri -[*e*]*t -n* sprit

sprick|a I *-an -or* allm. crack, i ben äv. fracture, bräcka i gods äv. flaw; i hud chap; jfr äv. *rämna I;* bildl.: t.ex. i vänskap rift, breach, t.ex. inom parti split; koppen *har en* ~ . . is cracked **II** *sprack spruckit itr* **1** crack, om hud chap, brista break, sprängas sönder burst, rämna split, jfr äv. *rämna II; det värker så att huvudet kan* ~ my head is splitting; äta tills man är *nära att* ~ . . ready to burst; ~ *av* avund (ilska, nyfikenhet, skratt) burst with . .; förhandlingarna *har spruckit* F . . have broken down; skjortan *har spruckit i ryggen* . . has split (slit) down the back; *sprucken röst* cracked voice; ~ *sönder* crack (om hud äv. chap), go to pieces, mitt itu burst in two; ~ *upp i* sömmen slit (rip) [up] along (split at) . .; ~ *ut* om löv o.d. se *slå* [*ut*] **2** F bli kuggad fail, be ploughed (rejected) **sprickfärdig** *a* pred. ready to burst, av from **sprickig** *a* cracked; om hud chapped

sprid|a *spridde (spred) spritt* **I** *tr* allm. spread, t.ex. doft, ljus, vetande, värme äv. diffuse, utså, t.ex. läror, idéer, frön äv. disseminate, utbreda, t.ex. en åsikt, ett mod äv. propagate, skrifter äv. distribute; ~ ut, skingra disperse äv. om prisma, scatter; jfr äv. nedan ~ *ut* samt *spridd;* ~ *arbetstiderna (semestrarna)* stagger the working hours (the annual holidays); rosorna *-er doft i rummet* äv. . . scent (perfume) the room; ~ *en* dålig *lukt av* . . send out a smell of . .; ~ *kostnaderna* spread [out] the cost; ~ *ljus över ngt* bildl. shed light upon a th.; ~ *ett rykte* spread (circulate) a rumour, sätta i omlopp set a rumour afloat; ~ *skräck* spread fear; *bössan -er* the rifle scatters

II *rfl* spread, diffuse, disperse, scatter, jfr *I;* om strålar o.d. diverge; utbreda sig, bildl. propagate oneself; elden *spred sig snabbt* . . spread rapidly; *en rodnad spred sig över* hennes ansikte a blush suffused (spread over) . .; *ryktet har spritt sig* att . . a rumour has spread (has got abroad el. about, has been circulated) . .; sjukdomen *har spritt sig till Europa* . . has reached Europe

III m. beton. part. **1** ~ *omkring* scatter . . about, jfr äv. *kringspridd* **2** ~ *ut* eg. spread out, friare spread [about (. . abroad)], circulate, propagate, jfr äv. *sprida I; soldaterna var utspridda* längs en lång frontlinje the soldiers were dispersed . .; ~ *ut sig i* skyttelinjer extend in . .; *det är utspritt i hela stan* om rykte o.d. it is all over the town

spridare allm. spreader; f. vatten sprinkler; f. besprutning sprayer; f. konstgödsel o.d. distributor; av lära o.d. disseminator, propagator

spridd *a* utbredd spread; enstaka isolated, stray, sporadic, gles sparse; kring~ scattered, dispersed; *~a anmärkningar* stray remarks; *~a applåder* sporadic applause sg.; ~ *bebyggelse* scattered houses; *~a drag* scattered traits; [*i*] *~a fall* [in] isolated cases; *några få ~a fall* some (a) few rare cases; *några ~a hus* a few stray (straggling) houses; *~a häften* av tidskriften [a few] odd numbers . .; *~a ord* isolated words, a few words here and there; *i ~ ordning* in scattered (mil. extended el. open) order; *~a skurar* scattered showers; *på ~a ställen* here and there, in isolated spots (places); *en mycket ~ tidning* a widely-read paper, a paper with a wide circulation; *arten är mycket ~* the species is widely spread **spridning** *-en 0* (jfr *sprida)* spreading [out] etc., t.ex. av idéer, kunskaper, missnöje, sjukdom äv. spread; diffusion; dissemination, propagation; distribution; dispersion; circulation; tidningar *med stor ~* . . with a wide circulation, widely-read . .; hans böcker *fick (vann) stor ~*

över hela Europa . . were spread (became very popular) all over Europe; genom blåsten *fick elden större* ~ . . the fire became more widely spread; *ge* ~ *åt* se *sprida I*

spridningsområde range, biol. äv. area of distribution (f. gas of diffusion)

spring *-et 0* -ande running [about]; *det är ett* ~ [*av folk*] dagen i ända there is a stream of people popping (running) in and out (people coming and going) . .; *hon blir trött av allt* ~ *i trapporna* all the running up and down the stairs makes her tired

spring|a *-an -or* [narrow] opening; t.ex. dörr~ chink; smal ~, t.ex. i brevlåda slit, f. mynt o.d., brevinkast i dörr slot; *med ögon som -or* narrow-eyed . ., with eyes like slits

2 spring|a *sprang sprungit* **I** *itr* **1** löpa, ränna run, rusa dash, dart, kila, isht m. små steg scamper; F pop, 'sticka' be off; ta till flykten run away; hoppa jump, spring; *spring på* posten med det här paketet! äv. pop round to . .!; *vi måste* ~, annars blir vi våta we must run for it . .; ~ *lös* om hund run off the lead; ~ *100 meter* delta i tävling run in the 100 metres; ~ *sin väg (kos)* run away, fly äv. turn and run, 'sticka' make off, F cut and run, beat it; ~ *stan runt efter* ett par skor run about [the] town (go chasing all over the town) for . .; ~ *efter ngn* vara efterhängsen run (be) after a p.; ~ *för ngn (ngt)* av rädsla run away from a p. (a th.); *hon har sprungit hos* läkare hela hösten she has kept running to consult . .; ~ *i affärer* go shopping; *priserna sprang i höjden* prices soared; ~ *i kläderna* jump into one's clothes; ~ *på bio (toaletten)* keep running to the cinema (lavatory); ~ *på dörren* fly make for the door **2** om källa o.d. se ~ *fram; oljan -er i dagen* på flera ställen oil comes bubbling up from the ground . . **3** brista burst, gå av snap, break [in two], om tross o.d. äv. part, om trä äv. spring; ~ [*i luften*] explode, blow, be blown up; *ett blodkärl sprang på honom* he broke (burst) a blood-vessel; *en säkring har sprungit* a fuse has blown; *låta en mina* ~ explode a mine; ~ *i småbitar (stycken)* burst, fly to pieces

II m. beton. part. **1** ~ *av* a) brista se *I 3* b) hoppa av jump off (down); ~ *benen av sig* run oneself off one's legs, run like mad **2** ~ *bort* run away (off), escape; *en bortsprungen hund* a dog that has run away, herrelös äv. a stray dog **3** ~ *efter* a) bakom run behind (after . ., jfr ex.); spring du före. — *Jag -er efter* . . I'll run after you; ~ *efter ngn med ngt* run after a p. with a th. b) hämta run for, [run and] fetch **4** ~ *emot* a) till mötes run to meet . . b) stöta emot run into (against) . ., jfr ex. under *emot II* **5** ~ *fatt ngn* catch a p. up, catch up with a p., v. förföljande äv. run down a p. **6** ~ *fram* a) eg. run (rush) forward (up), *för att* inf. to inf.; t.ex. ur gömställe spring (dart) out, *ur* from b) friare: om flöde, idé o.d. spring [forth], *ur* out of; om källa o.d. äv. spout (gush, well) out, *ur* of; om klippa, udde project, jut (stand) out; *framsprungen ur* a) t.ex. vänliga känslor prompted by b) t.ex. ett fullt hjärta emanating from **7** ~ *förbi* run past, pass **8** ~ *före* a) framför run in front, run ahead, *ngn* of a p. b) i förväg run on in front (in advance, ahead) **9** ~ *ifrån* ngn (ngt) run away from . ., leave . .; ~ *ifrån ngn* lämna ngn i sticket äv. desert (abandon) a p.; ~ *ifrån sitt ansvar* shirk (run away from one's) responsibility **10** ~ *in* [*i huset*] run into the house, run indoors, F pop in; ~ *in* genom dörren run [in] . . **11** ~ *ned* run down (nedför trappan downstairs); ~ *ned* och handla F pop down . . **12** ~ *om* ngn (ngt) overtake (outrun) . . **13** ~ *omkring* run about (around); ~ *omkring i butiker* run in and out of the shops **14** ~ *omkull* ngn (ngt) run into . . and knock him (it etc.) over (down) **15** ~ *på* fortsätta ~ go on running; *spring på bara!* keep it up!, keep up the pace!; ~ *på ngn* rusa fram till rush (anfalla fly) at a p.; jfr ~ *emot b)* **16** ~ *sönder* se *I 3* **17** ~ *undan* åt sidan run to one side, run out of the way, *för* to avoid; skyggt run away, *för* from **18** ~ *upp* a) löpa run up (uppför trappan upstairs); bildl., om pris jump up, soar b) resa sig jump (spring) up, jump to one's feet; ~ *upp ur sängen* spring out of bed c) hoppa, ~ *upp på hästen (i sadeln)* vault into the saddle d) rinna upp spring up e) öppna sig fly open, open all of a sudden **19** ~ *ut* run out **20** ~ *ute* run out [of doors]; ~ *ute på* gatorna run about [in] . . **21** ~ *över* gata o.d. run across; ~ *över till ngn* run (F pop) over to (för att hälsa på to see el. and see) a p.

spring|ande *a* **1** eg. bet. running etc., jfr *2 springa I 1* o. *3* **2** *den* ~ *punkten* the vital (crucial) point **-are 1** häst steed, courser; schack. knight **2** delfin dolphin **-brunn** fountain **-flicka** errand girl **-flod** spring tide **-grabb** se *-pojke* **-lek** running game **-mask** threadworm, pin worm **-pojke** errand (messenger, delivery) boy, messenger; *vara* ~ passopp *åt ngn* fetch and carry for a p.

sprinkler *-n -*[*s*] sprinkler

sprint *-en -ar* key, cotter, dubb pin, peg; liten cotter (kluven split) pin

sprinter *-n -*[*s*] sprinter **-lopp** sprint [race]

sprisegel spritsail

sprit *-en 0* alkohol alcohol, industriell spirit[s pl.]; dryck spirits pl., stark~ liquor, amer. hard liquor; [alcoholic (amer. hard)] drink; *denaturerad* ~ denatured (röd~ methylated) spirits; *mycket* ~ a great quantity (a lot) of spirits. — För sms. jfr äv. *alkohol* sms.

1 sprita *itr* dricka sprit booze

2 sprita *tr* ärter o.d. shell, pod, hull; fjäder strip
3 sprita *tr* bespruta spray, syringe
sprit|begär craving for spirits (drink, alcohol, liquor) **-dryck** alcoholic liquor (drink); *~er* vanl. spirits **-förbud** prohibition **-haltig** *a* spirituous, alcoholic **-kök** spirit stove (heater) **-lampa** spirit lamp **-langare** F bootlegger **-missbruk** abuse of (over-indulgence in) alcohol **-påverkad** *a* . . under the influence of drink (liquor, alcohol), intoxicated, F tipsy, . . under the influence **-ranson** allowance of spirits **-restaurang** fully licensed restaurant **-restriktioner** *pl* spirits restrictions **-rättigheter** *pl, ha ~* be fully licensed
sprits *-en -ar* strutformig forcing (pastry) bag [and tube], spruta squirt; deg~ cookie press; munstycke piping (forcing) tube, pipe, nozzle
spritsa *tr* t.ex. grädde, deg pipe
sprit|servering serving of spirits; *ingen ~* efter 12 no spirits served . .; hotellet *har ~* . . is fully licensed **-smugglare** liquor (spirits) smuggler, isht amer. bootlegger
spritt *adv, ~ [språngande] galen* raving (stark staring) mad; *~ [språngande] naken* stark naked; *~ [språngande] ny* brand new, attr. brand-new; *bli (vara) ~ rasande* get into (be in) a tearing rage; *~ vaken* wide-awake
spritt|a *spratt spruttit itr* hoppa, t.ex. av glädje jump, bound, *av* for; darra, t.ex. av lust, oro quiver, t.ex. av otålighet, spänning tremble, *av* with; *det -er i benen på mig av danslust* I want to get up and dance; *fisken -er* i båten the fish is floundering (jumping) . .; *~ av liv* bubble with life; överallt i naturen *-er det av liv* there is a stir and bustle of life . .; *~ till (upp)* give a start, start; *en fisk spratt till* i vattnet a fish gave a leap . .; *~ upp ur sömnen* start up (be startled) out of one's sleep **sprittande I** *a* humör sparkling, effervescent, melodi gay and lively, marschmelodi rousing **II** *adv, ~ glad* pers. exultingly happy, . . ready to jump for joy
sprittermometer spirit thermometer
sprittgalen m.fl. se under *spritt*
sprittning darrning quiver, ryckning twitch
spritvaror *pl* spirits
spritärter *pl* shelling (kok. green) peas
sprudla *itr* bubble, spruta gush; *~ av liv* bubble over with high spirits (with life); *~ av kvickhet* sparkle with wit **sprudlande** *a* om t.ex. fantasi, humör exuberant, om humör äv. effervescent; om kvickhet sparkling; om t.ex. vitalitet ebullient
sprund *-et -* på kläder slit, opening; på laggkärl bung[hole] **-hål** bunghole **-tapp** bung
sprut|a I *-an -or* injektion injection; hand~ syringe äv. läk., liten squirt; f. besprutning, målning o.d. sprayer; rafräschissör spray, atomizer; brand~ fire-engine; *få en ~ [morfin]* get an injection (F a shot) [of morphine]; *rikta ~n* slangen *mot ngt* play the hose on a th.
II *tr itr* spurt, spirt, m. fin stråle squirt, ~ ut med stor kraft, äv. om val o.d. spout; be~ sprinkle, m. slang hose; isht färg samt mot ohyra spray; stänka splash, spatter; *~ eld* spit (isht om vulkan äv. belch forth, emit, om drake breathe) fire; hans ögon *~de eld (gnistor)* . . flashed (shot forth) fire; *~ vatten på ngt* throw (spray) water on (spola flush, hose) a th.
III m. beton. part. **1** *~ fram* spurt [forth], plötsligt äv. gush **2** *~ in* inject äv. läk., syringe, *i* into **3** *~ upp* spurt up (out) **4** *~ ut* spurt [out], spout; eld, rök, lava (tr.) eject, emit, belch out
sprut|hus [fire-]engine house **-lackering** abstr. spraying, spray painting (finishing, konkr. paint) **-måla** *tr* spray-paint **-pistol** spray gun
språk *-et -* allm. language; isht litterärt uttryckssätt style, diction; tal~ speech, sätt att tala äv. manner of speaking; idiom idiom; *högre ~* elevated language (style); *juridiskt (militärt) ~* legal (military) parlance; *skriva ett ledigt ~* have a fluent (natural) style; *vilket ~ du för!* what language you are using!; *föra ett grovt (hotfullt) ~* speak rudely (in a threatening manner); fläckarna på golvet (siffrorna) *talar sitt tydliga ~* . . speak for themselves; lärare *i ~* . . of languages; *ge (slå) sig i ~ med ngn* enter (fall) into conversation with a p.; *ut med ~et!* speak up (out)!, out with it!; *inte vilja ut med ~et* hesitate to speak out, beat about the bush; *på vanligt ~* äv. in common parlance (ordinary terms)
språka *itr* talk, speak, *om* about; *jag skulle vilja ~ lite med dig* I'd like to have a chat with you **språkas** *itr. dep, ~ vid* talk to each other; *det kan vi ~ vid om* senare we can talk it over . .
språk|begåvad *a* attr. . . with a gift for languages; *han är mycket ~* he has a gift for languages, he is a good linguist **-begåvning** egenskap gift for languages, linguistic ability; *han är en ~* se föreg., ex. **-behandling** diction, style **-blandning** language mixture **-bruk** usage; *enligt vanligt ~* äv. in everyday language **-byggnad** linguistic structure **-egenhet** linguistic peculiarity; idiom idiom; *en engelsk ~* an English idiom, an Anglicism **-familj** family of languages **-fel** linguistic error, solecism; grövre blunder **-forskare** philologist; lingvist äv. linguist **-forskning** philology; lingvistik äv. linguistics **-förbistring** confusion of languages (tongues) **-gemenskap** community of language **-geni** egenskap genius for languages; *han är ett ~* he has a genius for languages **-grupp** language group, group

of languages **-gräns** linguistic frontier **-historia** [vanl. the] history of language **-historisk** *a* som behandlar (resp. hänför sig till) -historia . . on (resp. concerning) the history of language **-kunnig** *a, en* [*mycket*] ~ *flicka* a girl with a [good] knowledge of languages; *vara* ~ have a good knowledge of languages **-kunnighet** o. **-kunskaper** knowledge sg. of languages **-kurs** language course **-känsla** feeling for language, linguistic instinct

språk|laboratorium se *inlärningsstudio* **-lag** språkv. linguistic law **-lektion** language lesson **-lig** *a* linguistic; filologisk philological; *i* ~*t avseende* as regards language, from a linguistic point of view **-ljud** speech sound; fonem phoneme **-lära** grammar **-lärare** o. **-lärarinna** language teacher, flerspråkig äv. teacher of languages **-man** se *-forskare* **-melodi** intonation **-område** speech area; *det engelska* ~*t* the English-speaking area; *hela det engelska* ~*t* äv. all [the] English-speaking countries **-prov 1** prövning language test **2** av tal specimen of speech; *svenska* ~ texter specimens of Swedish **-regel** linguistic (grammatical) rule **-rensning** purification of a (resp. the) language **-riktig** *a* idiomatically (grammatiskt grammatically) correct **-riktighet** linguistic (grammatical) correctness **-rör** mouthpiece **-sam** *a* talkative **-samhet** talkativeness **-sinne** talent for languages; jfr *-känsla* **-studium** language (linguistic) study **-svårigheter** *pl* difficulty sg. in speaking and understanding [a (resp. the) language] **-undervisning** language teaching **-vana** linguistic habit **-vetenskap** se *-forskning* **-vetenskaplig** *a* philological; lingvistisk linguistic **-vetenskapsman** se *-forskare* **-vidrig** *a* . . contrary to the rules of language **-vård** preservation of the purity of the language **-öra,** *ha gott* ~ have an ear for languages; jfr *-känsla* **-övning** linguistic (language) exercise

språng *-et* - **1** allm. jump äv. bildl., leap, jfr *2 hopp 1;* springande run, running; *ta ett* ~ *ut i det okända* take a leap in the dark; *våga* ~*et* bildl. take the plunge; *i ett* [*enda*] ~ at one [single] bound; *i fullt* ~ at full speed; *stå på* ~ beredd att ge sig i väg be just on the way; *vara på* ~ i farten be running about **2** sjö. sheer **-ande** *adv* se *spritt* **-bräda** spring-board äv. bildl. **-marsch** run; *i* ~ at a run; *det blev* ~ till stationen we (osv.) raced full speed . . **-segel** brandsegel jumping sheet **-vis** *adv* by jumps äv bildl., by leaps; ojämnt at [irregular] intervals

spräa *tr* se *spreja*

spräcka *tr* **1** allm. crack äv. röst; plan spoil; tarm burst; trumhinna split **2** F i tentamen plough

spräcklig *a* speckled, spotted

spräng|a *-de -t* **I** *tr* allm. burst; m. sprängämne blast, ~ i luften blow up; slå sönder, t.ex. dörr break (force) . . open; skingra scatter; upplösa: t.ex. politiskt parti split up, koalition break up; ~ *banken* i spel break the bank; ~ *en häst* ride a horse to death, override a horse; ~ *målsnöret* breast the tape; rutorna *-des av hettan* . . were shattered by the heat; hjärtat slår *som om det skulle -as* . . as if it were ready to burst; ~ *i luften* blow up **II** *itr* **1** galoppera gallop **2** värka ache; jfr *sprängvärka* **III** m. beton. part. **1** ~ *bort* a) tr.: m. sprängämne blast away b) itr.: på häst gallop off **2** ~ *fram* ridande gallop along; ~ *fram mot* fienden charge . . **3** ~ *in ett skyddsrum i* berg blast a shelter into . . **4** ~ *loss* blast . . loose **5** ~ *sönder* burst (m. sprängämne blast) [i flera delar . . to pieces]; bron *är (var) sönder-sprängd* . . has been (was) blown up to pieces

sprängbomb high-explosive bomb

sprängd *a* kok. . . placed in brine before cooking

spräng|granat high-explosive shell **-kapsel** blasting cap, detonator **-kraft** explosive force, blast effect **-laddning** explosive (bursting) charge **-lista** vid val ung. splinter list **-lärd** *a* erudite, very learned **-läsa** *tr itr* F swot **-medel** explosive **-ning** bursting osv., jfr *spränga I;* m. sprängämne äv. explosion; skingring äv. dispersion **-ningsolycka** accident (katastrof disaster) caused by an explosion **-skott** blast, blasting-discharge **-säker** *a* om t.ex. kassaskåp blast-proof, explosion-proof **-verkan** explosive (blast) effect **-värka** *itr, det -värker i min tumme* my thumb is throbbing with pain **-ämne** explosive

sprätt *-en* **1** pl. *-ar* snobb dandy, fop, amer. dude **2** pl. *0, sätta* ~ fason *på* put life into; *han sätter* ~ fart *på* pengarna he makes . . fly

1 sprätt|a *-e sprätt tr itr* **1** ~ *dynga (gödsel)* spread manure **2** knäppa flick, flip, *på* ngn at . . **3** stänka spatter **4** om höns scratch

2 sprätt|a *-ade (-e) sprätt*[*at*] *itr* vara sprättig, *gå och* ~ strut [about], play the dandy

3 sprätt|a *-ade (-e) -at (sprätt) tr* sömn., ~ *bort* rip off (out); ~ *sönder* unpick; ~ *upp* söm rip up, plagg äv. unstitch, bok cut, kuvert slit open (up); ~ *upp magen på ngn* rip a p. up; ~ *ur* se ~ *bort*

sprättbåge, *stå som en* ~ be like an arch

sprättig *a* dandified, foppish, amer. dudish **-het** dandyism, foppishness

sprättkniv sömn. seam-picker

spröd *a* allm. brittle; om t.ex. sallad crisp; ömtålig fragile, om pers. äv. frail, om hud delicate; om röst frail **-het** brittleness osv.; fragility, frailty, delicacy

spröjs *-en -ar* window-bar

spröt *-et* - **1** zool. antenn|a (pl. -ae), feeler **2** paraply~ rib

spurt *-en -er* spurt **spurta** *itr* spurt, put on (make) a spurt **spurtförmåga** spurting power

sputnik *-en -ar* sputnik

spy *-dde -tt itr tr* vomit; ~ [*ut*] eld (rök) belch forth (out) . .; jfr *kräkas*

spydig *a* malicious, ironisk sarcastic, svag. ironical; om anmärkning äv. biting; om tunga sharp **-het** *~en ~er* egenskap malice, sarcasm, irony; jfr föreg.; *en ~* a piece of malice osv.; *~er* malicious osv. remarks, sarcasms

spyfluga 1 zool. bluebottle, blowfly **2** om pers. malicious (ironisk sarcastic) person

spygatt sjö. scupper

spå *-dde -tt tr itr* **1** utöva spådom tell fortunes; *~ ngn* [*i kort (i handen)*] tell a p. his fortune [by the cards (by the lines of the hand)]; *~ ngn i handen* äv. read a p.'s hand; *~ i händerna* idka -dom practise palmistry; *låta ~ sig* have one's fortune told [one] **2** förutsäga predict, foretell, prophesy, *ngn ngt* i samtl. fall a th. for a p.; *människan ~r och Gud rår* man proposes, God disposes **-dom** *~en ~ar* förutsägelse prediction, prophecy; *~en har gått i uppfyllelse* the prophecy has come true **-domskonst** art of divination, art of prophecy **-gubbe** o. **-gumma** o. **-kvinna** o. **-käring** [old] fortune-teller **-man** fortune-teller; siare prophet, åld. soothsayer

spån *-et* (isht koll. *-en*) - flisa chip, tak~ shingle; koll.: fil~ filings pl., hyvel~ shavings pl.; hon är *dum som ett ~* . . as stupid as they make them

spånad *-en 0* **1** abstr. spinning **2** konkr.: garn spun yarn (arbeten articles) **spånadsväxt** textile plant **spånadsämne** spinning material

spång *-en spänger (-ar)* foot-bridge, plank

spån|korg chip-basket **-tak** shingled roof **-täcka** *tr* shingle

spår *-et* - **1** märke: allm. mark; friare o. svag. trace äv. lämning; fot~ footstep, jfr *fotspår;* i linje, t.ex. efter vagn (djur) track; jakt. print, trail, märkbart gm lukt scent, *av, efter* i samtl. fall of; på grammofonskiva groove; på inspelningsband track; ledtråd (i brottssammanhang) clue; bildl. ('tillstymmelse', 'aning') trace, vestige; jfr *hjulspår* m. ex.; *inte ett ~* inte alls [*bättre*] not a bit (at all) [better]; *inte det minsta ~ av tvivel* not the faintest [shadow of a] doubt; *~en förskräcker* ung. that shows you what can happen; *bära ~ av* . . bear (show) traces (signs, bildl. äv. vestiges) of . .; *finna ~ av* . . find traces (bildl. äv. vestiges) of . .; *få upp ett ~* jakt. pick up a trail (resp. a scent, om t.ex. polisen a clue); *följa ~et* om hund follow (keep to) the track (scent), om skidåkare keep to (on) the track, om polisen follow up the clue, pursue the line of inquiry; *förlora (tappa) ~et* om hund lose the track (scent); *sopa igen (utplåna) ~en* [*efter sig*] obliterate the (one's) track[s]; *följa ngn i ~en* be fast on the heels of a p., bildl. follow in a p.'s footsteps; *straffet följer brottet i ~en* punishment comes close on crime; allt *gick i de gamla ~en* bildl. . . . was in the same old groove; *vara* [*inne*] *på fel ~* bildl. be on the wrong track; *hjälpa (leda) ngn på ~et* bild. give a p. a clue, put a p. on the track; *komma . . på ~en* get on the track of . ., bildl. t. ex. en hemlighet äv. find . . out; *vara ngn på ~en* be on a p.'s track **2** järnv. o. spårv. track skenor rails pl., line; *hoppa av (ur) ~et* leave the rails (tracks)

spåra I *tr* följa spåren av track, follow the track of, trace, jakt. äv. scent; friare o. i bet. 'märka' trace; *familjen kan ~s tillbaka till* 1400-talet the family can be traced back to . .; *~ upp* track down, trace (ferret) out, friare o. bildl. hunt out, upptäcka discover, spot **II** *itr* **1** skidsport. make a track **2** *~ ur* om tåg o.d. leave the rails, be derailed, bildl. go astray, om t.ex. diskussion äv. get off the track; *en urspårad* [*individ*] a failure

spår|hund sleuth-hound, bloodhound båda äv. bildl. **-ljusprojektil** tracer [bullet] **-lös** *adv,* han försvann *~* . . without [leaving] a trace, . . into thin air; *det gick honom ~ förbi* he did not notice it at all **-sinne** om hund scent; om pers. flair **-snö** [new-fallen] snow in which tracks can be followed **-vagn** tram[-car], amer. streetcar, trolley [car]; *åka ~* go by tram, F tram it

spårvagns|avgift tram fare **-förare** tram driver **-hall** [tram] depot, amer. carbarn **-hållplats** tram stop **-konduktör** tram conductor **-linje** tram line **-pengar** *pl* tram fare sg.; *har du ~?* have you got money for the tram [fare]? **-resa** tram journey (ride) **-spår** tram-line

spår|vidd gauge, width of track **-väg** tramway, amer. streetcar line; *det finns ingen ~* i . . there are no trams . . **-vägare** tramway man

spårvägs|förbindelse tram[way] connection **-hall** m.fl. se *spårvagnshall* m.fl. **-olycka** tram accident **-tjänsteman** tramway employee **-trafikant** tram passenger

spä *(spä|da) -dde -tt tr,* ~ [*ut*] dilute, med vatten äv. water down, thin down, blanda mix *~* soppan thin down . .; *~* mjölk *med vatten* mix water in . ., water down . .; *~ på med* add, mix in

späck *-et 0* lard; valfisk~ blubber **späcka** *tr* m. späck lard; fylla stuff; bildl. [inter]lard

stud **späcka|d** *a* larded osv.: *en ~ plånbok* a bulging (well-lined) wallet; kust *~ med hotell* . . studded with hotels; ett tal *-t med citat* . . studded (interlarded) with quotations
päck|huggare killer whale, grampus **-nål** larding needle **-strimla** lardoon
päd *a* om t.ex. växt, ålder tender; om t.ex. gestalt slender; ovanligt liten tiny; bot. äv. young; ömtålig delicate; *spätt barn* infant, baby; *~ röst* feeble (weak) voice; *~a ärter* young peas; från min *~aste barndom* . . earliest infancy
päda *tr* se *spä*
päd|barn infant, baby **-barnsdödlighet** infant mortality, death-rate among infants **-barnshem** infant home **-barnsvård** care of infants **-barnsålder** [early] infancy, babyhood **-gris** sucking-pig **-het** tenderness osv., jfr *späd* **-kalv** sucking-calf **-lemmad** *a* slender-limbed
päd|ning -ande diluting osv., jfr *spä;* konkr. dilution
päk|a *-te -t tr rfl, ~ köttet (sig)* mortify the flesh **-ning** mortification
pänd *a* (jfr *spänna I*) eg.: [ut]sträckt stretched osv., om rep, muskel taut, om rep äv. tight; tense vanl. bildl.; nyfiken curious, ivrig [att få veta] anxious to know; *ett spänt ansiktsuttryck* a tense expression; *~ båge* drawn bow; *ett spänt förhållande* strained relations pl.; *hon (landet) står i ett spänt förhållande till* . . relations are strained between her (the country) and . .; *[högt] ~ förväntan* eager (tense, breathless) expectation; *spänt intresse* intense interest; boken *håller intresset spänt [hos läsaren]* . . keeps the reader's attention alive (alert); *spänt läge* tense situation, state of tension; *läget är spänt* the situation is tense; *~a nerver* tense (highly-strung, taut) nerves; *~ spiralfjäder* coiled spring; lyssna med *~ uppmärksamhet* . . strained (profound) attention; *i ~ väntan* on tenterhooks; *vara ~ på att få veta* be curious (resp. anxious) to know; *stå på ~ fot* be on strained terms, *med* with
pänn *oböjl. s* **1** sätta skidorna *i ~* . . in a ski press **2** *vara på ~* om pers. be in suspense (on tenterhooks); *hålla ngns intresse på ~* keep a p.'s interest at a high pitch
pän|na *-de -t* (jfr *spänd*) **I** *tr* sträcka [ut] o.d., t.ex. snöre, vingar stretch; dra åt, t.ex. rep tighten, muskler stretch; anstränga, t.ex. krafter, nerver, röst strain; jfr *båge* ex.; *~ en fjäder* tighten a spring; *~ ngns förväntningar* raise a p.'s expectations; *~ hanen på ett gevär* cock a gun; *~ hästar för* vagnen hitch horses to . .; *för att ~ intresset hos läsaren* to stimulate the reader's interest; *~ klorna i ngn* eg. claw a p.; *~ all sin kraft, ~ sina krafter [till det yttersta]* strain every nerve [to the utmost] äv. bildl., muster up [all] one's strength; *~ skidor på* fötterna put skis on . .; *~ uppmärksamheten hos* läsaren engross (hold) the attention of . .; *~ sin uppmärksamhet* strain one's attention; fix one's attention intently, *på* on; *~ ögonen i ngn* fasten (rivet) one's eyes on a p.; *~ öronen* lyssna spänt cock (prick up) one's ears
II *itr* **1** kännas trång, om plagg be [too] tight, *över* bröstet across . .; *det -ner i magen på mig* I have a tense feeling in my stomach **2** *~ över* omspänna: sträcka sig över cover, extend over, omfatta embrace
III *rfl* tense oneself; anstränga sig strain (brace) oneself; *spänn dig inte!* äv. relax!
IV m. beton. part. **1** *~ av [sig]* unfasten, m. rem unstrap, m. spänne unbuckle, unclasp; ta av [sig] take off, undo **2** *~ fast* fasten (m. rem strap, m. spänne buckle) . . on, *vid* to; *~ fast* säkerhetsbältet fasten . . **3** *~ från [hästen]* unharness (unhitch) the horse **4** *~ för [hästen]* harness (hitch) the horse; *~ för en häst för* en vagn hitch (put) a horse to . . **5** *~ ned* paraply put down **6** *~ om sig* se *~ fast* **7** *~ på [sig]* skidor (skridskor) put on, sabel buckle (gird) on, ryggsäck strap on, säkerhetsbälte fasten **8** *~ till* se *~ åt* **9** *~ upp* a) lossa: allm. undo, unfasten, m. rem unstrap, m. spänne unclasp, unbuckle b) paraply, tält put up **10** *~* sträcka *ut* stretch; *~ ut* bröstet expand . .; *~ ut* magen distend . .; *vinden -de ut* seglen the wind filled out . . **11** *~ åt* tighten, pull (draw) . . tight[er]; *~ åt* bältet *ett hål till* tighten . . up one hole more
spännande *a* fylld av spänning exciting, thrilling, stark. breath-taking; fängslande enthralling; *det skall bli ~ att få se (veta)* it will be very interesting to see (know); *en ~ bok* äv. a thriller **spänn|e** *-et -en* allm. clasp, på skärp buckle, för håret slide **spännfjäder** tension spring **spänning** allm. o. elektr. tension, uttryckt i volt voltage; tekn. strain, stress; bildl.: allm. excitement, iver eagerness, eager expectation, oro suspense; *han befann sig i stark ~* his nerves were in a state of high tension; *hållas i ~* spänd väntan be kept on tenterhooks; *vänta med ~* wait excitedly (eagerly) **spänntamp** [buckle-]strap **spännvidd** byggn., flyg. span; omfattning extent, scope
späns *-en -er* o. **-band** waist-band
spänst *-en 0* kroppslig vigour, physical fitness; elasticitet, svikt springiness, om t.ex. fjäders o. bildl. elasticity, resilience; vitalitet vitality, livfullhet vivacity; *för att bibehålla ~en* äv. to preserve one's good form **spänsta** *itr* motionera take exercise to keep fit **spänstfenomen** om pers. marvel of [physical] fitness **spänstig** *a* om pers. vigorous, fit; om gång springy; elastic, resilient; vital, vivacious; jfr *spänst; ~ till* kropp och själ

elastic in . .; *med ~a steg* with a springy step; *hålla sig ~* keep fit, keep in [good (physical)] form (trim) **spänstighet** vigour, fitness; springiness; elasticity, resilience; vitality, vivacity; jfr föreg. o. *spänst* **spänstpropaganda** keep-fit campaign

spänt|a *tr, ~ stickor* split wood **-ved** split-wood

1 spärr *s, rida ~ mot* t.ex. utvecklingen: spjärna emot resist, struggle against; angripa tilt at

2 spärr *-en -ar* (jfr dock *4*) **1** tekn. catch, stop, lock; jfr *spärranordning* o. *spärrhake* **2** vid in- o. utgång barrier, järnv. äv. o. vid flygplats gate **3** hinder: allm. barrier, barrikad barricade; polis~ på väg road-block; för export (import) H embargo; för inträde vid läroanstalt bar **4** (pl. *0*) boktr. spacing; *med ~* spärrad stil in spaced-out letters

spärr|a I *tr* **1** allm. block, block up, bar; stänga för trafik äv. close, *för* to; hindra obstruct, block; telefon put . . out of service; konto o.d. block, freeze; *~ en check* stop [payment of] a cheque; *~ en gräns (hamn)* close a frontier (port); *~t* tillgodohavande blocked . ., frozen . . **2** boktr. space out; *med ~d stil* in spaced-out letters **II** m. beton. part. **1** *~ av* gata (väg) close, med t.ex. bockar block, med rep rope off, med poliskordong cordon off; isolera isolate, shut off; jfr *I 1* ovan **2** *~ in* allm. shut (låsa lock) . . up; *~ in ngn i fängelse* äv. confine a p. to goal, imprison a p.; *hålla ngn inspärrad* äv. detain a p., *i, på* in; *de inspärrade* äv. those in confinement **3** *~ upp munnen (ögonen)* open one's mouth (eyes) wide **4** *~ ut* fingrar (klor) spread out . .

spärr|anordning locking (blocking) device **-ballong** barrage (anti-aircraft) balloon **-eld** barrage **-hake** pawl, catch, i urverk click **-hjul** ratchet wheel **-konto** blocked (frozen) account **-vakt** ticket collector

spätt|a *-an -or* fisk plaice (pl. lika) **-filé** fillet of plaice

spö *-[e]t -n* kvist twig; met~ [fishing-]rod; rid~ horsewhip; smal käpp switch; *regnet står som ~n i backen* it's pouring [down], F it's raining cats and dogs; *[få] slita ~* bli straffad be flogged (whipped) **spöa** *tr, ~ [upp]* F whip, lash, flog; jfr *klå 1*

spök|a I *itr* **1** om en avliden haunt a (resp. the) place, walk; *det ~r här (i huset)* this place (house) is haunted; *han ~r* his ghost (spirit) still walks [the earth] **2** bildl., *varför går du här och ~r?* why are you prowling about here?; *gå uppe och ~* hela natten be up and about . .; *det är nog* kabelfelet *som ~r igen* ligger bakom it is probably . . that is behind it (ställer till trassel is causing trouble) again; *det är det som ~r (alltid ~r) i hans tankar* that is what is haunting his mind (is obsessing him) **II** m. beton. part., *~ till (ut) sig* make a fright (guy) of oneself; *hon var utspökad* i en gammal hatt she was dressed up like a guy . . **-bild 1** spöklik bild [ghostly] apparition **2** i TV ghost [image]

spöke *-t -n* **1** vålnad ghost, spectre, F spook **2** bildl.: utspökad pers. scarecrow, guy; *fattigdomens (krigets) ~* the spectre of poverty (war); *se ~n på ljusa dagen* conjure up imaginary terrors

spök|eri ghosts pl.; -ande haunting; *~er* ghostly disturbances **-historia** ghost story **-lik** *a* **1** eg. ghostlike, ghostly, spectral, F spooky **2** kuslig, hemsk uncanny, weird **-likt** *adv* in a ghostlike (osv.) manner, jfr föreg.; *~ blek* pale as a ghost

spök|rum haunted room (chamber) **-rädd** *a* . . afraid of ghosts **-rädsla** fear (dread) of ghosts **-skepp** phantom ship **-syn** ghostly (spectral) vision **-timme** ghostly (witching) hour

spöpåle whipping-post

spörja *sporde sport tr itr* **1** se *fråga II* **2** *det spör[j]s väl* får vi (resp. man) veta *i sinom tid* we shall (resp. you will) get to know in due time; *det spör[j]s* jag (etc.) undrar *om* . . I (etc.) wonder if . . **spörsmål** question; jfr *fråga I; ett invecklat ~* äv. an intricate problem; *juridiska ~* legal matters

spöstraff whipping, flogging

stab *-en -er* allm. staff; *höra till ~en* be on the staff (vid t.ex. tidning äv. team); jfr *personal*

stabb|e *-en -ar* påle [tree-]stump; huggkubbe chopping-block; stapel stack, pile

stabil *a* i jämvikt stable; stadig, säker solid; om pers. steady; *en ~ firma* a sound firm **stabilisator** sjö. o. flyg. stabilizer, flyg. äv. tail-plane **stabilisera** *tr rfl* stabilize **stabilisering** stabilization **stabilitet** stability

stabs|chef mil. chief of staff **-officer** staff officer **-tjänst** staff service

stack *-en -ar* halm~, hö~ stack, rick; hög heap av t.ex. ved pile; myr~ ant-hill **stacka** *tr* t.ex. hö stack, rick

stack|are *-ar[e]n ~* allm. poor creature (stark devil); eländig varelse [poor] wretch; krake weakling; ynkrygg weak-kneed creature, coward; ss. efterled i sms. vanl. poor . .; *den ~n!* poor thing (devil)!; *en klen (usel, svag) ~* äv. a pitiable creature; *en ~ till* . . a wretch (poor sort) of a[n] . . **stackars** *oböjl. a* poor; *~ jag (mig)!* poor me!; *~ du (dig)!* poor you!, you poor thing!; *~ hon (han)!* poor thing (fellow)!; *~ föräldrar!* I pity his (her osv.) parents!, [his (her osv.)] poor parents!; *~ liten!* poor little thing!

stackato I *-t -n* staccat|o (pl. -os el. -i) it. **II** *adv* staccato it.

1 stad *-en* (F *stan*) *städer* allm. town; större äv. i Engl. isht m. katedral city; i administrativt avseende borough; *~en New York* New York City; *Stockholms ~, ~en Stockholm* the town (city) of Stockholm; *gamla ~en (stan)* the old part of the town; *jag ska lämna stan i morgon* I'm leaving town . .; *det talar hela ~en om* the whole (all the) town is talking about it, it's the talk of the town; *bo i ~en* live in town; *han är |inne| i ~en* he is in town; han är *inte i ~en* (bortrest) äv. . . out of town; *mot ~en, åt ~en till* äv. townwards; *mot centrum av (nere i) ~en* towards (in) the centre of town, amer. downtown; *gå ut på stan* go into town; *han är ute på (i) ~en* he has gone into town; *över hela ~en* all over |the| town

stad *0 r* hemvist. *ej ha någon varaktig ~* have no permanent abode; *var och en i sin ~* each one in his (her osv.) own place

stad *-en -er* kant på tyg list, selvage, selvedge

stadd *a, vara ~ i upplösning* förruttnelse be in a state of decomposition, bildl. be on the verge of a break-down; *vara ~ i utveckling (på tillbakagång)* be developing (diminishing); *vara ~ på flykt (resa)* be fleeing el. on the run (|out| travelling); *när man är ~ på resa* bör man . . when travelling . .; *vara (inte vara) ~ vid kassa* be in (out of) cash

stadfäst|a *tr* **1** dom confirm; lag establish; förordning sanction; fördrag ratify **2** relig.: befästa establish, *i* tron in . . **-else** confirmation; establishment; sanction; ratification; jfr föreg.

stadg|a I *s* **1** *-an 0* stadighet steadiness, firmness, stability; stadgad karaktär firmness of character; *han saknar ~* bildl. he lacks stability **2** *-an -or* förordning regulation|s pl.|, rule, statute; lag law **II** *tr* **1** göra stadig steady; bildl. consolidate; *~ karaktären* strengthen the character **2** förordna direct, enact, prescribe; påbjuda decree **III** *rfl* om väder, språkbruk o. pers. become settled; om pers. äv. settle down, become steady **stadgad** *a* **1** om pers. steady, staid; om karaktär firm; om rykte settled **2** föreskriven: vanl. prescribed; *inom ~ tid* within the time appointed **stadgande** *-t -n* **1** abstr. directing osv., jfr *stadga II 2* **2** konkr. *se stadga I 2* **stadgar** *pl* (jfr *stadga I 2*), *enligt ~na* according to the regulations (rules)

stadig *a* säker: allm. steady; fast firm äv. bildl.; stabil stable; jfr *stadgad 1;* kraftig: om t.ex. käpp, sko, tyg stout, om tyg äv. o. om t.ex. mur strong, om mat o. måltid substantial, solid, till konsistensen (om mat) compact; grov o. stark, om pers. sturdy; varaktig permanent, durable; *ha ~t arbete* have regular work; *~ blick* firm look, steady gaze; *~ hand* steady (firm) hand; *~ karaktär* reliable (steady) character; *~* fast *kund* regular client; *ha ~t sällskap* F go steady; *~ vind* steady wind; *~t väder* settled weather; *gå med ~a steg* walk with a firm step; komma till *~ ålder* . . mature age **stadighet** se *stadga I 1* **stadigt** *adv* steadily; firmly; stadigvarande permanently; jfr *stadig; sitta ~* om pers. be firmly seated, om sak be firmly fixed, *i* in; *stå ~* stand (be) steady (firm) **stadigvarande** *a* permanent; ständig constant

stadion pl. - *n* stadi|um (pl. ibl. -a)

stadi|um *-et -er* allm. stage; läk äv. stadi|um (pl. -a); skede phase, period; grad degree; vid skola department, jfr *hög-, låg-, mellan|stadium; avancerat (förberedande) ~* advanced (preparatory) stage

stads|arkitekt town (city, municipal) architect **-arkiv** town (city, municipal) archives pl. **-barn** town-(city-)child **-befolkning** urban (town) population **-bibliotek** town (city, municipal) library **-bild** general aspect (look) of a (resp. the) town, townscape **-bo** town-dweller; borgare citizen; *-bor* äv. townspeople **-bud** bärare porter, amer. äv. redcap; ss. budbärare o.d. ung. |town-|messenger **-budskontor** porters' (osv.) office **-byggnadskonst** town architecture **-del** quarter of a (resp. the) town, district **-fiskal** åklagare public prosecutor **-fullmäktig** town (city) councillor, amer. councilman; *Stockholms ~e* the Stockholm City Council sg.: *~es ordförande* chairman of the town council; i storstad president of the city council; större sv. städers motsvaras i Engl. ung. av Lord Mayor **-förbund** association of municipal corporations **-församling** town (urban) parish

stads|hotell ung. principal hotel in a (resp. the) town **-hus** town (i större stad samt amer. city) hall **-ingenjör** town (city, municipal) engineer **-kamrer|are|** town (city, municipal) treasurer **-kollegium,** *-kollegiet* the Central Board of Administration **-liknande** *a* town-like, city-like, urbanized; jfr *-mässig* **-liv** town (city) life **-läkare** town (city, municipal) medical officer **-mur** town (city) wall **-mässig** *a* urban **-område** town (city, urban, om storstad metropolitan) area **-plan** town plan **-planekonst** o. **-planering** town-(city-)planning **-port** town (city) gate **-rättigheter** *pl, få ~* be granted a town charter **-vapen** city arms pl.

stafett *-en -er* sport. **1** pinne baton **2** gren o.d. relay; jfr *-löpning* **-löpare** relay runner **-löpning** relay race (-löpande racing) **-växling** delivery of the baton

staffage *-t 0* konst. figure|s pl.| in a (resp. the) landscape; utsmyckning ornamental detail|s pl.|, teat. décor fr.; jfr följ. **-figur** bildl., han är *bara en ~* . . purely ornamental, . . only an ornamental figure

staffli -[*e*]*t -er (-n)* easel

stag *-et* - lina o.d.: sjö. stay, flyg. äv. bracing-

-wire, till tält guy, till tennisnät o.d. cord; stång av trä el. metall strut; *gå över* ~ sjö. go about, tack **staga** *tr* stay **stagfock** forestay-sail
stagnation stagnation, stagnancy; stockning stoppage, standstill **stagnera** *itr* stagnate, become stagnant
stag|segel staysail **-vända** *itr* go about, tack
staka I *tr* **1** båt punt, pole **2** t.ex. väg mark; ~ *ut:* t.ex. tomt stake out (off), [järn]väg lay out, gränser för mark out, delimit, bestämma determine, föreskriva prescribe **II** *itr* på skidor use one's [ski] sticks **III** *rfl* **1** eg., ~ *sig fram* a) i båt punt [oneself] along b) på skidor push oneself along with one's [ski] sticks **2** komma av sig stumble, *på* over; hesitate **stak|e** *-en -ar* **1** stör stake; att staka båt med pole **2** ljus~ candlestick
staket *-et* - vanl. av trä fence, av metall railing, paling; spjäl~ trellis; av ståltråd wire fence
stalagmit *-en -er* stalagmite **stalaktit** *-en -er* stalactite
stall *-et -[ar]* **1** byggnad stable, amer. äv. ofta barn; för cykel shed; om hästar stable, stud **2** på stråkinstrument bridge **stalla I** *tr* sätta in i stall put . . into a (resp. the) stable, stable **II** *itr* kasta vatten (om hästar) stale
stall|broder companion, comrade, neds. crony **-byggnad** stable **-dräng** stableman, groom **-fodra** *tr* stall-feed **-gödsel** farmyard manure **-mästare** head stableman
stam *-men -mar* **1** bot. o. språkv. stem; träd~ trunk, fälld log **2** ätt family, lineage; folk~ tribe; djur~ strain; en man *av gamla ~men* . . of the old stock (friare school) **3** mil. cadre **4** i kvittensblock o.d. counterfoil, amer. stub **-aktie** ordinary share **-anställd** *a* mil. regular; subst. a.: regular, regular soldier **-bana** järnv. trunk (main) line **-bord** regular table [at the restaurant] **-fa[de]r** progenitor, [earliest (first)] ancestor **-frände** o. **-förvant** manlig kinsman; kvinnlig kinswoman **-gods** family estate **-gäst** regular [frequenter]; habitué fr. **-kund** regular customer (client), *i, på* at **-lokus** restaurang favourite restaurant
1 stamma *itr* se *härstamma*
2 stamm|a *itr* i tal stammer, stutter; t.ex. av osäkerhet falter; ~ *fram* stammer (falter) out **-ande** *~t 0* stammering osv. **-are** stammerer, stutterer
stammo[de]r [first] ancestress
stamning stammering, stuttering; *lida av* ~ suffer from a stammer
stamort place of origin; *frihetens* ~ the original home of freedom
stamp 1 *-et 0* -ande se *stampning 1* **2** *-en -ar* för prägling stamp, die
1 stampa I *itr tr* **1** m. fötterna stamp; ~ [*med foten*] *i golvet* stamp [one's foot] on the floor; ~ *i marken* om häst paw the ground; ~ *med fötterna* stamp one's feet *stå och* ~ *på samma fläck* bildl. be still on the same old spot, inte komma någon vart be getting nowhere; ~ *takten* beat time with one's foot (resp. feet) **2** sjö. pitch **II** m. beton. part. **1** ~ *a* [*sig*] smutsen (snön) stamp . . off one's feet **2** ~ *fram* t.ex. en armé conjure up, improvise **3** ~ *sönder ngt* stamp a th. to pieces, crush a th. by stamping on it **4** ~ *till* a) tr., t.ex. jord trample (m. redskap ram) . . down b) itr. stamp *med foten* one's foot
2 stampa *itr tr* F pantsätta, ~ [*på*] *ngt* pop a th., put a th. up the spout **stampen** *r* F pantbanken, min klocka *är på* ~ . . is at [my uncle's, . . is in pop
stamp|ning 1 m. fötterna stamp; -ande stamping, om häst pawing **2** sjö. pitch; -ande pitching
stam|ros bot. standard (tree) rose **-stavelse** språkv. stem (root) syllable **-tavla** genealogical table; pedigree äv. om djur **-tillhåll** favourite haunt **-träd** genealogical tree
standar *-et* - standard; friare o. bildl. äv. banner
standard *-en -er* norm standard, avseende större förh. ofta standards pl.; nivå äv. level; *höja (sänka) ~en* raise (lower) the standard (level) **-format** standard size **-höjning** rise in the standard (resp. in standards), -höjande raising of the standard (resp. of standards), jfr *standard;* om levnadsstandard rise in the standard of living
standardisera *tr* standardize **standardiser|ing** standardization; -ande standardizing **standardiseringskommission** standardization board, amer. bureau of standards
standard|kvalitet standard quality **-mått** **1** konkr. a) allm. standard size; sängen *har (håller) ~et* . . is of standard size b) likare standard [measure] **2** abstr., *fylla (hålla) ~et* be (come) up to standard **-sänkning** lowering of the standard (resp. of standards [om levnadsstandard of living], jfr *standard* **-typ,** *av* ~ of the standard type **-verk** standard work
standert *-en -ar* sjö. [ss. befälstecken broad] pennant
stank *-en -er* stench, offensive smell, F stink
stanna I *itr* **1** bli kvar stay; jfr ~ *kvar* ned.; *det ~r oss emellan* this is between you and me ~ *hos ngn* stay with a p.; *det* beslutet *~de på papperet* it remained on paper; ~ *till middagen* stay for (to) dinner; ~ *vid* vad man sagt adhere (F stick) to . .; ~ *över natten* stay (F stop) the (over) night; ~ *över vintern* Rom stay over the winter . ., winter . .
2 bli stående o.d., sluta röra sig: allm. stop; om bil tåg o.d. äv. halt, come to a halt; med el. om fordon (avsiktligt) pull up; om arbete äv. come to a halt om hjärta äv. cease to beat; ~ *tvärt* stop short stop dead; klockan *har ~t* . . has stopped

tåget ~de vid stationen äv. the train pulled (drew) up . .; *tåget ~r inte förrän i* Lund äv. it is a non-stop train to . .; ~ (bestämma sig) *för* den blå duken decide in favour of . .; ~ *i växten* stop growing; ~ *mitt i* talet break off in the middle of . .; ~ *inför* ett problem: hejda sig inför stop (pause) to consider . ., dröja vid dwell [up]on . .; ~ *på halva vägen* stop half-way, bildl. leave off (break off, stop) in the middle; *det ~de vid hotelser* it got no (they etc. did not get) further than threats; *det får ~ därvid* the matter will have to rest there; *det ~de därvid* it stopped at that, that was the end of it **3** om vätska stop running; kok. set **II** *tr* hejda stop; bromsa (t.ex. fordon) äv. bring . . to a standstill; ~ *blödningen* stop (stem) the bleeding **III** m. beton. part. **1** ~ *av* allm. stop, cease; om t.ex. arbete, trafik äv. come to a standstill; om samtal o.d. die down, flag **2** ~ *borta* stay (remain) away **3** ~ *hemma* stay (remain) at home **4** ~ *kvar* (jfr *I 1* ex.): stanna remain, om pers. äv. stay, där man är remain where one is, jfr *ligga [kvar]* o. *sitta [kvar]*; som rest be left, remain; ~ *kvar* längre än de andra stay on (behind); ~ *kvar efter* de andra stay on after . ., stay longer than . ., outstay . . **5** ~ *uppe sent* stay (amer. stop) up late **6** ~ *ute i det fria* stay [out] in the open, stay out of doors **7** ~ *över* se *ligga [över c]*, *övernatta* o. *sitta [över a]*

stannfågel sedentary (non-migratory) bird

stanniol *-en 0* o. **-papper** tinfoil

1 stans *-en -er* metr. stanza

2 stans *-en -ar* tekn. o. **stansa** *tr,* ~ *[ut]* punch **stansningsmaskin** punching (för skor clicking) machine

stap|el *-eln -lar* **1** hög pile; av ved stack; jfr *klockstapel* **2** sjö. stocks pl.; *gå (löpa) av ~n* sjö. leave the stocks, be launched; *gå av ~n* bildl. come off, take place; *låta* ett fartyg *löpa av ~n* launch . . **3** fys. pile **4** på bokstav stem; under~ downstroke; över~ upstroke **5** i diagram column

stapel|avlöpning launching **-bar** *a, ~a stolar* stacking (nesting) chairs **-bädd** sjö. slipway, building berth **-plats** entrepot, trading centre; hist. staple **-vara** staple [commodity]

stapla *tr,* ~ *[upp]* pile [. . up]; ~ *ved* stack wood

stappla *itr* **1** gå ostadigt totter, stumble, *fram* along; vackla stagger; *gå med ~nde steg* walk with a tottering osv. gait; *ta de första ~nde stegen* äv. bildl. take one's first stumbling steps **2** staka sig falter, stumble; ~ *sig igenom* läxan stumble through . .; *på ~nde franska* in halting (stumbling) French

star|e *-en -ar* starling

stark *a* allm. strong äv. gram.; kraftig powerful; fast, om t.ex. hand, karaktär, tro firm; slitstark, om t.ex. kläder, möbler solid, durable, lasting; om krydda äv. hot; berusande, om dryck äv. heady, inebriating; verksam, om läkemedel äv. powerful, potent; frisk healthy; friare o. bildl.: stor great, allvarlig severe, intensiv, om t.ex. köld, ljus, längtan intense, om t.ex. önskan violent, keen, om ljud loud; utpräglad, om t.ex. motvilja pronounced; jfr *kraftig* m.ex.; ~ *blåst* äv. high (stark. violent) wind; ~ *dimma* dense fog; ~ *fart* great speed; ~ *feber* high fever; ~ *färg* bright (vivid) colour; kortsp. strong suit; ~ *förkylning* severe (heavy) cold; *en* bacill *i ~ förstoring* a greatly enlarged (magnified) . .; *~t gift* äv. virulent poison; ~ *hunger* great hunger; *~t intryck* äv. deep impression; ~ *köld* bitter (intense) cold; *det ~a könet* the sterner sex; ~ brant *lutning* steep gradient; *~a misstankar* äv. grave suspicions; ~ *motion* hard exercise; *en ~ personlighet* äv. a forceful (dynamic) personality; ~ *sjögång* heavy sea; *~a skäl* äv. good (powerful) reasons; ~ *storm* severe (hard) gale; ~ *ström* om vatten äv. rapid current; ~ *tillströmning* av studerande large influx . .; ~ *trafik* heavy traffic; *en 50 man ~ trupp* a troop of fifty men; *använda ~a uttryck* överdrivna use exaggerated expressions, svära o.d. use strong language; *vara i ~ utveckling* be developing rapidly; *det är [nästan] för ~t (väl ~t)!* bildl. F that's a bit much!; *det blev mig för (väl) ~t* F mer än jag kunde tåla that was a bit too much for me; *vara ~ i armarna* have strong arms; *vara ~ i* engelska be good at . .; när stormen var *som ~ast* . . at its height; *med den ~ares rätt* with the right of might (of the strongest)

stark|lemmad *a* strong-limbed **-peppar** black pepper **-sprit** [strong] spirits pl., amer. hard liquor **-ström** power current **-strömsledning** power-line

starkt *adv* strongly osv., jfr *stark;* ~ *kryddad* highly seasoned; *jag misstänker ~ att . .* I very much suspect (have a strong suspicion) that . .; min tid *är ~ begränsad* . . is strictly limited

stark|varor *pl* spirits **-vin** dessert wine, wine with a high alcohol content **-öl** strong beer

1 starr *-en 0* bot. sedge

2 starr *-en -ar* läk., *[grå]* ~ cataract; *grön* ~ glaucoma

starrbliga *itr* gape, stare, *på ngn* at a p.

starrgräs sedge

start *-en -er* start; avfärd äv. departure; flyg. take-off; -ande starting; *flygande (stående)* ~ sport. flying (standing) start; vara med *från ~en* (början) äv. . . from the [very] beginning (outset); *vid ~en* (-andet) måste man . . when starting . .

start|a I *itr* start; flyg. take off; bege sig av äv. set out (off) **II** *tr* start [up] äv. bil, motor o. friare; sätta i gång (äv. friare) set . . going; affärsföretag o.d. äv. launch, butik äv. set up, tidning äv. found **-avgift** entrance-stake **-bana** flyg. runway; för raket launcher

start|er sport. starter **-flagga** starting flag **-förbud** flyg., i dag *råder* ~ *(har* ~ *utfärdats)* . . all planes are grounded; *få (ha)* ~ be prohibited from taking off; platschefen *har utfärdat* ~ . . has grounded all planes **-grop** sport. starting hole; *ligga i* ~*arna* bildl. be ready to start [at any minute] **-kapital** initial capital **-klar** *a* . . ready to start (flyg. take off) **-knapp** o. **-kontakt** starter **-linje** starting line **-maskin** vid travtävling starting gate **-motor** starting motor **-raket** booster **-signal** starting signal **-skott** starting shot; ~*et gick* vanl. the pistol went off **-sträcka** flyg. starting (take-off) run **-vev** starting crank (handle)

stass *-en 0* finery; *klä sig i full* ~ dress up [in one's best clothes]

stat *-en -er* **1** polit. state; ~*en* the State, statsmakten the Government, i konungadöme, isht jur. the Crown; [*Förenta*] *Staterna* the [United] States sg.; *en man i* ~*en* statstjänsteman a public servant; *en* ~ *i* ~*en* a State within the State; *i* ~*ens tjänst* in the service of the State, in public service; *på* ~*ens bekostnad* at the public expense, at the expense of the State (Government); *Statens Institut för* . . the National [Swedish] Institute . .; *Statens järnvägar* the Swedish State railways **2** ämbetsmannakår staff **3** budget: allm. budget; underhålls~ för tjänstemän establishment; *officer på* ~ permanent officer; *tjänst på* ~ regular appointment; *ämbetsman på* ~ official on the establishment, permanent civil servant; tjänsteman *över* ~ supernumerary . .; *uppgöra* ~*en* för det kommande året draw up the estimates pl. . . **4** åld. (naturalön) allowance (payment) in kind **5** *föra stor* ~ live in grand style, föra stort hus keep [up] a large establishment; *dra in på* ~*en* cut down [one's] expenses

statare åld. agricultural labourer receiving allowance (payment) in kind

statera *itr* teat. o. film. walk on

statik *-en 0* fys. statics

station allm. station; järnvägs~ o. buss~ amer. äv. depot; telef. exchange **stationera** *tr* station

stations|föreståndare järnv. station-master **-hus** station building **-inspektor** station-master **-karl** station hand **-samhälle** village around a [railway] station **-skala** på radioapparat o.d. station selector dial **-skrivare** railway clerk **-vagn** bil station wag[g]on

stationär *a* stationary

statisk *a* static

statist *-en -er* teat. walker-on (pl. walkers-on), supernumerary, F super, isht film. extra

statistik *-en -er* statistics pl., ibl. figures pl.; ss. läroämne statistics sg.; ~*er* sets of statistics **statistiker** statistician **statistisk** *a* statistical; ~*t nummer* i tulltaxan tariff (statistical code) number

statistroll walk-on, walking-on part

stativ *-et -* stand; till kamera o.d. äv. tripod

statlig *a* statens o.d. vanl. State . ., statsägd (om t.ex. företag) äv. State-owned, Government-owned, förstatligad nationalized; i statlig regi (om t.ex. kommitté, verk) Government . .; isht mots. kommunal (om t.ex. inkomstskatt) national; isht mots. privat (om t.ex. befattning) public; ~*a myndigheter* Government authorities; *vår* ~*a* självständighet our . . as a State; företaget *är* ~*t* . . is run by the State (statsägt State-owned); jfr äv. sms. m. *stats-*

stats- se sms. ned. samt *statlig*

stats|angelägenhet affair of State **-anslag** Government (State, public) grant (appropriation) **-anställd I** *a* . . employed in Government (State, public) service **II** *subst. a* Government (State, public) employee **-bana** järnväg State railway **-bankrutt** national bankruptcy, bankruptcy of a (resp. the) State **-bidrag** State (Government) subsidy (grant); se vid. ex. under *-understöd* **-budget** budget; estimates pl. **-chef** head of a (resp. the) State **-egendom** State (Government, national) property **-fientlig** *a* . . hostile to the State; samhälls- subversive **-finanser** *pl* Government finances, finances of the State **-form** form of government polity **-förbund** association of States; federation [con]federation; allians alliance; union union **-författning** Constitution **-förvaltning** public (State) administration **-garanti** Government (State) guarantee **-hemlighet** State (official) secret **-hushållning** public (national) economy (finance) **-ingripande** State (Government) interference (intervention) **-inkomster** *pl* [national (State)] revenue sg. **-institution** Government (State) institution **-isbrytare** State[-owned] ice-breaker

stats|kalender official year-book; ~*n* i Engl. Whitaker's Almanack **-kassa** public treasury (exchequer); *avgifter till* ~*n* State dues **-klokhet** political wisdom (finurlighet shrewdness) **-konst** statesmanship, statecraft; politik policy **-kontroll** State (Government) control **-kunskap** political science **-kupp** coup d'état fr. **-kyrka** established (State, national) church **-kyrklig** *a* attr.: State church, . . of (belonging to) the established church **-lån** till staten Government loan **-läroverk** State secondary grammar school

-lös *a* stateless **-makt 1** stats makt power of a (resp. the) State, State authority **2** *~erna* the Government sg., the Government authorities; *tredje ~en* pressen the fourth estate **-man** statesman; politiker politician **-mannabana** career as a statesman; politisk bana political career **-mannablick** political foresight **-medel** *pl* Government funds **-minister** prime minister, premier **-monopol** State (Government) monopoly **-obligation** Government bond

stats|religion State (established) religion **-revisor** auditor of public (State, national) accounts **-roder** helm of State **-råd 1** minister cabinet minister, member of the cabinet **2** ministär cabinet, council of state **3** konselj cabinet council **-rådinna** cabinet minister's wife **-rätt** constitutional law **-rättslig** *a* attr. . . of (relating to) constitutional law **-sekreterare** under-secretary of State **-skick** constitution, polity **-skuld** national debt **-tjänst** Government (public) service **-tjänsteman** civil (public) servant, amer. äv. office holder **-understöd** -bidrag State (Government) subsidy (grant); -hjälp State aid; *få ~* äv. be subsidized by the State, be State-aided; *ge ~ till* äv. subsidize; skola *med ~* State-aided . .; *en teater med ~* a subsidized theatre **-utskott** standing committee of supply **-verksproposition** budget and finance bill, budget proposals pl. **-vetenskap** political science **-välvning** [political] revolution **-ägd** *a* State-owned, Government-owned **-ämbete** Government post **-överhuvud** head of a (resp. the) State

statuera *tr, för att ~ ett exempel* as a lesson (warning) to others; *~ ett exempel på* ngn make an example of . .

status *0 r* status, ställning äv. standing; *~ quo* status quo lat. **statussymbol** status symbol, symbol of status

statutenlig *a* statutory **statuter** *pl* regulations, rules; jfr *stadgar*

staty *-n -er* statue; *han står ~ (en ~ är rest över honom) i parken* there is a statue of him [erected] in the park **statyett** *-en -er* statuette, figurine

stav *-en -ar* (jfr dock *4*) **1** käpp o.d. staff; vid stavhopp pole; skid~ ski stick (amer. äv. pole); kommando~ baton; troll~ wand; *bryta ~en över* ngn condemn . . [outright], denounce . . **2** se *stavhopp* **3** anat. (syncell) rod **4** pl. *stäver* till laggkärl stave

stava *tr itr* spell; *han ~r bra (dåligt)* he is a good (bad) speller; *~ fel* göra ett stavfel make a spelling mistake; *~ fel på* ett ord spell . . wrong, mis-spell . .; *~ rätt* spell correctly; *hur ~s (~r man [till]) det?* how do you spell it?, how is it spelt?; *~ och lägga ihop* bildl. put two and two together; *~ gissa sig till* decipher; *~ av* se *avstava; ~ efter* ngt repeat . . word by word **stavelse** syllable **stavelsebildande** *a* syllabic **stavfel** spelling mistake, mis-spelling

stav|formig *a* staff-shaped, om t.ex. bakterie rod-shaped **-hopp** pole-vault, hoppning pole-vaulting **-hoppare** pole-vaulter

stavning spelling; rättstavning äv. orthography

stavrim alliteration

stearin *-et (-en) 0* candle-grease, fackl. stearin **-ljus** candle

steg *-et* - allm. step äv. bildl. o. konkr.; ljud o. spår av steg äv. footstep; steglängd äv. pace; trappsteg på fordon äv. footboard, på bil running-board; kliv (äv. bildl.) stride; utvecklingsstadium samt raket~ stage; *~ för ~* se *stegvis I; gå med långsamma ~* walk with slow steps (långsamt at a slow pace); *med ostadiga ~* with an unsteady gait; *gå med släpande ~* drag one's feet; utvecklingen går framåt med *stora ~* . . rapid strides; *gå med tunga ~* walk with heavy steps (tungt with a heavy tread); *följa . . på några ~s avstånd* follow . . a few paces behind; *sakta ~en* slacken one's pace; *ta första ~et* take the first step, bildl. äv. take the initiative; *ta första ~et till* försoning make the first move towards . .; *ta ~et fullt ut* bildl. go the whole way (length); *ta ut ~en* gå fortare step out [better] **stega I** *tr, ~ [upp]* en sträcka pace (step) [out] . . **II** *itr* stride; *~ in (ut)* stride (march) in (out)

steg|e *-en -ar* ladder äv. bildl.; trapp~ step-ladder

steg|el *-let ~* wheel; döma ngn *till ~ och hjul* . . to the wheel **stegla** *tr* break . . on the wheel

steglits *-en -er* o. **steglits|a** *-an -or* goldfinch

steg|mätare pedometer **-pinne** rung [of a ladder]

1 stegra *tr* öka: t.ex. priser, produktion increase, raise; t.ex. nyfikenhet, oro heighten; förstärka intensify; förvärra aggravate; *de ~de levnadskostnaderna* the increase sg. in expenses (the cost) of living; nyfikenheten (spänningen) *~des* steg . . rose

2 stegra *rfl* rear; bildl. rebel, revolt; sätta sig till motvärn show fight, offer resistance; opponera sig object

1 stegring ökning increase, rise; pris~ äv. advance; heightening; intensification; aggravation; jfr *1 stegra*

2 stegring om häst rearing

steg|räknare pedometer **-vis I** *adv* steg för steg step by step; gradvis äv. gradually, . . by degrees **II** *a* gradual, step-by-step . .

1 stek *-et* - sjö. hitch, bend

2 stek *-en -ar* allm. (isht slakt.) joint; tillagad vanl. roast, joint of roast meat; *ösa ~en* baste the joint; jfr *fårstek, grisstek* m.fl. **stek|a** *-te*

-*t* **I** *tr* vid öppen eld, i stekgryta samt (isht kött) i ugn roast; i ugn äv. (t.ex. fisk, äpplen) bake; i stekpanna m. fett fry; halstra grill, broil; bräsera braise; -*t* gås (anka o.d.) roast . .; -*t* potatis (ägg o.d.) fried . .; *den är* |*väl*| -*t* genomstekt it is |well| done; den är *lagom -t* . . done to a turn; den är *för litet (mycket) -t* . . underdone (overdone); ~ värma *upp* . . warm up . . in the frying pan **II** *itr* **1** eg., om köttet *-er (får* ~*)* . . is left to roast (resp. fry) **2** om solen be broiling (scorching) **III** *rfl,* ~ *sig framför brasan* roast oneself in front of the fire; ~ *sig i solen* be broiling (baking) in the sun **stekande** *a adv* broiling

stek|el *-eln -lar* zool. hymenopt|er|on| (pl. -era)

stek|fat meat dish (platter) **-fett** som bildas vid stekning dripping; avsett för stekning frying fat **-gryta** |meat| roaster **-het** *a* broiling |hot| **-ning** roasting osv., jfr *steka I* **-os** |unpleasant| smell of frying **-panna** frying pan, amer. äv. frypan **-sky** gravy **-spade** turner, spatula **-spett** spit **-termometer** roasting thermometer **-ugn** |roasting-|oven

stel *a* allm. stiff äv. bildl.; styv rigid; av köld äv. numb; kylig, om t.ex. sätt frigid, strict, formal, starchy; kall, känslolös stony; i hållning äv. wooden; om språk, umgänge formal; om t.ex. leende, ansiktsuttryck fixed; ansträngd äv. forced; ~ *som en pinne* |as| stiff as a poker (a ramrod); *han är mycket* ~ |*och sluten*| he is very reserved (distant); *jag var* ~ av att ha suttit i en obekväm ställning I was stiff (cramped) . .; ~ *av* fasa paralysed with . .; *jag är* ~ *i fingrarna* I have stiff fingers, my fingers are stiff **-bent** *a* **1** eg. stiff-legged **2** bildl. formal, clumsy **-frusen** *a* om pers. numb, pred. . . stiff with cold, . . frozen stiff; om kött o.d. frozen, . . frozen hard **-het** stiffness; rigidity; numbness; frigidity, strictness, formality, starchiness; bildl. äv. constraint; jfr *stel* **-kramp** tetanus, F lockjaw

stelna *itr* **1** om kroppsdel o.d. stiffen, get stiff, become rigid; av köld be numbed; av fasa be paralysed, become petrified (motionless); han har ~*t i en viss form* . . become set in a fixed mould; ~ *till* eg. get stiff; *han* ~*de till* när han såg henne he stiffened up . . **2** om vätska congeal, coagulate, solidify, om blod äv. clot; kok. set; *det kom hans blod att* ~ bildl. it made his blood run cold

sten *-en -ar* stone, amer. äv. rock; läk. äv. calcul|us (pl. -i); koll. stones pl., amer. äv. rocks pl.; liten pebble; stor boulder, rock; *det är mycket* ~ *här* there are many stones (amer. äv. rocks) here; *en* ~ *har fallit från mitt bröst* it was a load off my mind; *kasta* ~ *på* . . throw stones (amer. ofta rocks) at . .; *lägga* ~ *på börda* increase the burden; *inte lämna* ~ *på* ~ not leave a thing standing; *det kan röra en* ~ |*till tårar*| it is enough to melt a heart of stone (draw tears from a stone); *bygga av* ~ build in stone; *huset är av* ~ the house is stone-built **stena** *tr* stone, lapidate

sten|arbetare stone worker **-art** variety of stone **-belagd** *a* paved **-bit** zool. (sjurygg) |male| lump-sucker (lump-fish) **-blind** *a* stone-blind, . . |as| blind as a bat **-block** stone block; naturligt äv. boulder **-bock 1** zool. ibex, steinbock **2** astr., *Stenbocken* Capricorn **-borr** tekn. rock drill **-botten** stony bottom **-brott** |stone-|quarry, stone-pit **-bräcka** saxifrage, rockfoil **-bunden** *a* stony, . . full of stones **-bänk** stone bench

stencil *-en -er* stencil; *dra (skriva) en* ~ run off (cut) a stencil **stencilera** *tr* stencil

sten|död *a* stone-dead, . . |as| dead as a door-nail **-dös** arkeol. dolmen, cairn **-döv** *a* stone-deaf, . . |as| deaf as a post **-fat** stone|-ware| dish **-flisa** chip of stone, stone splinter **-fot** byggn. stone base **-frukt** stone fruit, drupe **-gata** paved street **-get** chamois **-gods** stoneware **-golv** stone floor **-gärd|e|sgård** stone fence **-huggare** stonemason, enklare stone-cutter **-huggeri** verkstad stonemasonry, enklare stone-cutting workshop **-hus** stone (av tegel brick) house **-hård** *a* . . |as| hard as stone; isht bildl. stony; adamant end. pred. **-häll 1** platta stone slab, flagstone; i öppen spis hearthstone **2** berghäll flat rock **-hög** heap (röse mound) of stones

sten|ig *a* stony; om bergssluttning rocky **-kast** avstånd stone's throw (pl. stonethrows) **-kastning** stone-throwing **-kista** under bro o.d. stone caisson **-kol** |pit|coal; till prydnad jet

stenkols|formation carboniferous formation **-fyndighet** m.fl. sms. se *kolfyndighet* m.fl. sms. **-knapp** jet button **-tjära** coal-tar

sten|kross stone crusher **-kruka** stone|-ware| jar **-kula** leksak |stone| marble **-kummel** cairn **-lagd** *a* paved; *icke* ~ unpaved **-lägga** *tr* pave **-läggare** paver **-läggning 1** abstr. paving **2** konkr. pavement **-mur** stone wall **-murkla** turban top **-mård** zool. stone marten

stenograf *-en -er* allm. shorthand writer, isht amer. stenographer; ~ *och maskinskriverska* shorthand typist **stenografera I** *tr* take down . . in shorthand **II** *itr* write shorthand **stenografi** -|*e*|*n 0* shorthand, stenography **stenografisk** *a* shorthand, stenographic **stenogram** *-met* - shorthand note (report) **stenogramblock** shorthand pad

sten|parti trädg. rock-garden, rockery **-platta** slab of stone, flagstone, isht till stenläggning paving-stone **-rik** *a* **1** eg. . . full of stones, very stony **2** bildl. . . made of money, . . rolling in money **-riket** the mineral kingdom **-rös|e|** mound of stones; -kummel cairn **-salt** rock-salt **-skvätta** wheatear **-skärv** koll. stone chips (chippings) pl. **-skärva** stone chip **-sopp** cep **-sätta** *tr* -lägga pave **-sättning 1** se *stenläggning* **2** arkeol. stone circle (skeppssättning ship) **-söta** polypody **-tavla** bibl. stone tablet

stentors|röst o. **-stämma** stentorian voice

sten|trappa stone stairs (isht utomhus steps) pl., jfr vid. *trappa* **-yxa** stone axe **-åldern** the Stone Age; *yngre* ~ the Neolithic (New Stone) Age; *äldre* ~ the Palaeolithic (Old Stone) Age **-åldersmänniska** Stone-Age man; *-åldersmänniskor* Stone-Age people **-öken** stony desert, bildl. (om stad) äv. stone wilderness

step|p| *-en 0* dans tap-dance, step-dance; -ande tap-dancing **steppa** *itr* tap-dance, do tap-dancing **step|p|sko** tap shoe

stereo *r* stereo **-anläggning** stereo equipment

stereo|foni ~*|e|n 0* stereophony **-fonisk** *a* stereophonic **-metri** ~*|e|n 0* stereometry **-metrisk** *a* stereometric

stereoskiva stereo record

stereo|skop ~*et* ~ stereoscope **-skopisk** *a* stereoscopic **-typ I** *a* bildl. stereotyped **II** *s* boktr. stereotype **-typera** *tr* stereotype

steril *a* allm. sterile; ofruktbar, ofruktsam äv. barren; bakteriefri äv. sterilized **sterilisera** *tr* sterilize **sterilisering** sterilization **steriliseringsapparat** sterilizer **sterilitet** sterility; barrenness; jfr *steril*

sterling, *pund* ~ pound sterling **-området** the sterling area

stetoskop *-et* - stethoscope

steward o. **stewart** *-en -ar (-er)* steward

sti|a *-an -or* svin~ |pig-|sty

stick I *-et* - **1** av nål o.d. prick; av t.ex. bi sting, av mygga bite; av vapen stab, thrust; jfr vid. under *sting 1* **2** kortsp. trick; *få ett* ~ take (win) a trick **3** konst. engraving, jfr *kopparstick* **4** *lämna ngn i* ~*et* leave a p. in the lurch **II** *adv,* ~ *i stäv* sjö. (om vind) dead ahead; ~ *i stäv mot . .* allm. directly contrary to . .; *handla* ~ *i stäv mot ngt* äv. act in direct contravention of a th.

stick|a A *-an -or* **1** flisa splinter; pinne stick; *få en* ~ *i* fingret get (run) a splinter into . .; *mager som en* ~ |as| thin as a rake **2** strump~ |knitting-|needle

B *stack stuckit* (dock *-ade -at* i bet. *I 4*) **I** *tr* **1** a) ge ett stick (m. nål o.d.) vanl. prick; stinga: om t.ex. bi sting, om mygga bite, bildl. (såra) sting, nettle; slakta (gris) stick; skära av (t.ex. sparris) cut b) köra, stöta stick; ~ *gaffeln i* en sillbit stick one's fork into . ., spear . . with one's fork; ~ *hål i (hål på)* prick (make) a hole (på flera ställen holes) in, t.ex. ballong, böld puncture, prick, böld äv. (kir.) lance; ~ en kniv *i ngn* stick . . into a p., stab a p. with . .; ~ en nål *i (igenom) ngt* run . . into (through) a th.; ~ *svärdet genom* jab (run) one's sword through; ~ *sig* prick oneself, *på* on; ~ *sig i fingret* prick one's finger, *på* with; solen *stack mig i ögonen* . . blazed into my eyes (sved made my eyes smart); *tjuta som en stucken gris* scream (howl) one's head off

2 stoppa: allm. put, stick; 'köra' thrust; låta glida slip; *han stack armen under hennes* he slipped his arm through (under) hers; ~ *fötterna i* tofflorna slip (thrust) one's feet into . .; ~ *nyckeln i* låset put (insert) the key in|to| . .; ~ *sin näsa i ngt* bildl. poke (stick) one's nose into a th.; ~ *en slant i handen på ngn* slip a coin in|to| a p.'s hand, ss. dricks äv. tip a p.

3 kortsp. take

4 sömn.: m. stickor knit äv. utan obj.; vaddera quilt

II *itr* **1** ofta opers., *det -er i benet (hela kroppen) |på mig|* I have twinges of pain in my leg (all over my body); röken *-er i näsan på mig* . . makes my nose smart (tickle); den röda färgen *-er i* fångar *ögonen* . . strikes (catches) the eye

2 ~ *under stol med* se ex. under *stol*

3 F kila |sin väg| push off, ge sig (resa) i väg go off, smita run off (*med* with), run away; *stick!* hop it!, scram!; *jag -er (måste* ~*)* nu I'm (I must be) off . .; ~ *|i väg| hem* pop (nip) |off| home; ~ *till sjöss* avsegla put out to sea

III m. beton. part. **1** ~ *av mot (från)* stand out against, contrast to, om färger äv. clash with **2** ~ *emellan* a) tr. eg. put . . between b) itr. avbryta interrupt, butt in; ~ *emellan med* ett par ord put in . . **3** ~ *fram* a) tr. put (stretch, stick) out b) itr. stick out; skjuta fram protrude, project; titta fram peep out **4** ~ *ihjäl ngn* stab a p. to death **5** ~ *in* a) tr. put (stick, 'köra' thrust) . . in; hon hade en ros *instucken i håret* . . tucked in her hair; han hade en papperskniv *instucken mellan bladen* . . put between the leaves b) itr. (kila in) pop (nip) in **6** ~ *ned* a) med vapen stab b) ~ *ned ngt i* . . put (stick, 'köra' thrust) a th. in|to| . . **7** ~ *sönder* pierce, på flera ställen prick . . all over; huden är *sönderstucken* . . pricked (av bin stung, av myggor bitten) all over **8** ~ *till* a) tr., ~ *till ngn* en femma slip . . in|to| a p.'s hand b) itr., *det stack till i mig* bildl. I felt a pang; *det stack till i ögat på mig* there was a sudden pain in my eye **9** ~ *undan* gömma put away; ~ *sig undan* slink away **10** ~ *upp* a) stoppa upp put (stick, 'köra' thrust, hastigt äv. bob) up b) skjuta upp, synas: allm. stick up (out); om växt shoot |up|, spring up c) kila upp pop up d) vara uppnosig be cheeky **11** ~ *ut* a) tr.: allm. put (stick, 'köra' thrust) out; ~ *ut ögonen på ngn* poke out a p.'s eyes b) itr. skjuta ut stick (stand, jut) out, protrude; kila ut pop out; ~ *ut ur hamnen (till sjöss)* put out of the harbour (out to sea) **12** ~ *vid* förlänga gm stickning lengthen . . |by knitting on a piece| **13** ~ *åt* se ~ *till a)* **14** ~ *över* a) itr. (kila över) pop (nip) over b) tr. (kortsp.) take

stickande *a* **1** om känsla pricking, smärtande shooting, stabbing, svag. tingling; om lukt, smak pungent; om blick, ögon piercing, gimlet, ferrety; om ljus dazzling; om sol, hetta blazing, scorching; ~ *insekt* stinging insect; ~ *smak* äv. biting (sharp) taste; ~ *svar* biting reply **2** *komma* ~ *med ngt* come up with a th.

stickare sport. through pass **stickas** *stacks stuckits itr. dep* om bi sting; om mygga bite; rivas (om t.ex. ylleplagg) be prickly

stick|båge sömn.: broderbåge embroidery frame, täckbåge quilting frame **-bäcken** bed-pan

stickerska knitter

stick|garn knitting-yarn **-ig** *a* som sticks: eg. prickly; bildl. se *stickande 1* **-kofta** cardigan, större knitted jacket **-kontakt** elektr.: -propp plug; vägguttag point **-ling** cutting **-maskin** för strumpor, trikå o.d. knitting-machine **-mygga** mosquito **-ning 1** stickande känsla pricking osv. sensation, jfr *stickande 1* **2** sömn. a) stickande: strump~ m.m. knitting; täck~ quilting b) konkr. (arbete) knitting; *en* ~ a piece of knitting; ~*ar* maskinsydd garnering stitchings **-ord 1** gliring taunt, cutting (sarcastic) remark; *ge ngn* ~ taunt a p. **2** uppslagsord head-word, entry **3** teat. cue **-propp** elektr. plug **-prov** spot test (check); konkr. random sample **-replik** teat. cue **-spår** dead end |siding|, anslutnings~ private siding **-såg** compass saw **-täcke** quilt **-vapen** pointed weapon, weapon for stabbing **-ylle** knitting-wool

1 stift *-et* - kyrkl. diocese

2 stift *-et* - **1** att fästa med: sprint o.d. pin; spik utan huvud brad, tunnare sprig; häft~ drawing-pin, amer. thumbtack; trä~ plug; skomakar~ tack, nail **2** att skriva med: blyerts~ lead, reserv~ lead refill; på reservoarpenna nib **3** tekn.: i tändare flint; tänd~ plug; grammofon~ needle, se vid. *nål* **4** bot. style

1 stifta *tr,* ~ *fast ngt* |*på (vid)* . .| fasten a th. on |to . .| with pins (resp. a pin) osv., jfr *2 stift 1*

2 stifta *tr* **1** grunda: allm. found; t.ex. firma, fond äv. establish; lagar institute; förbund, förening form **2** åstadkomma, göra, ~ *bekantskap med* become (get) acquainted with, get to know, pers. äv. make the acquaintance of; ~ *fred* conclude (make) peace **stiftare** grundare founder; skapare creator; av t.ex. stipendium donor **stiftelse** foundation; institution; establishment; jfr *2 stifta 1* **stiftelseurkund** charter (deed) of foundation; bolags memorandum of association

stifts|adjunkt ung. diocesan curate **-fröken** o. **-jungfru** ung. canoness **-stad** cathedral city, diocesan capital

stifttand pivot tooth

stig *-en -ar* path, upptrampad track båda äv. bildl.

stig|a *steg -it* **I** *itr* **1** gå step, walk, trampa tread; *kan du* ~ stå *på foten?* can you stand on your foot?; ~ *åt sidan* stand (step) aside **2** stiga uppåt, höja sig, om t.ex. rök rise, ascend, go up; om flygplan climb, gain height; om t.ex. humör rise; om terräng climb; om barometer rise, go up; *hans röst steg och sjönk* his voice rose and fell; ~ *i graderna* rise in rank; ~ *i rang* advance, acquire a higher rank; *tårarna steg honom i ögonen* the tears rose to his eyes; ~ (~ *ngn*) *åt huvudet* go to the (to a p.'s) head, om vin äv. be heady; floden *-er över bräddarna* . . overflows |its banks| **3** öka, växa: allm. rise, om t.ex. priser äv. go up, increase; om t.ex. efterfrågan, inflytande grow; *hans aktier -er* eg. his shares are (bildl. his stock is) rising; *brödet har -it* |*i pris*| bread has gone up |in price|; ~ *i antal* increase in number

II m. beton. part. **1** ~ *av* gå av get off (out), från buss o.d. äv. alight, från cykel äv. dismount; ~ *av* bussen, tåget get off (out of) . ., alight from . ., lämna leave . .; ~ *av* cykeln get off . ., dismount |from| . .; *jag vill* ~ *av* bli avsläppt *vid* . . I want to be put down at . . **2** ~ *fram* step forward; ~ *fram till* . . step (walk) up to . .; ~ *fram ur* mörkret emerge out of (from) . . **3** ~ *in* step (walk) in; *stig in!* vid knackning come in!; ~ *in* |*i* bil o.d.| get in|to . .|; ~ *in i rummet* enter the room **4** ~ *ned (ner)* allm. step down; ~ *ned från* en stege, ett träd climb down . .; ~ *ned i en gruva* descend |into| (go down) a mine **5** ~ *på* a) se *stiga in* b) gå på get on; ~ *på* bussen, tåget get on (into) . ., board . ., enter . .; ~ *på* cykeln get on . ., mount . .; *han steg på* tog *tåget i D.* he took the train at D. **6** ~ *tillbaka* step back, retreat **7** ~ *undan* step out of the way **8** ~ *upp* allm. rise, resa sig äv. samt ur sängen get up; kliva upp get out (*ur* vattnet of . .); *stig upp!* get up!; *jag -er upp* tidigt I get up . .; *röken -er rakt upp* the smoke is rising (curling) straight up; *solen -er upp* the sun rises; ~ *upp från bordet* rise (get up) from |the| table, leave the table; ~ *upp i* en vagn get |up| into . .; *ett tvivel steg upp inom honom* a doubt arose within him; ~ *upp på* en stege get up on . ., mount . .; ~ *upp* höja sig *ur havet* emerge (rise) from the sea; ~ *upp ur sängen* get out of bed **9** ~ *ur sängen (tåget)* get out of bed (the train), jfr ~ *av* ovan **10** ~ *ut* step out, *ur* of **11** ~ *över* dike o.d. step across . ., sten, stock step over . ., gärdesgård climb (get) over . .; ~ *över tröskeln* cross the threshold

stigande I ~*t 0* rise, om pris äv. increase

vara |*stadd*| *i* ~ be on the rise, be rising (going up) **II** *a* allm. rising; om terräng äv. ascending, climbing; om priser äv. increasing; om ålder advancing; om t.ex. glädje, vrede mounting; om t.ex. betydelse, missnöje, sympati growing; ~ *efterfrågan* growing demand; *med* ~ *intresse* with increasing (deepening, mounting) interest; ~ *skala* ascending (progressive) scale; ~ *tendens* rising (upward) tendency (trend)

stig|bygel stirrup; anat. stirrup-bone, stapes (pl. stapedes) **-förmåga** flyg. climbing capacity **-hastighet** flyg. rate of climb, climbing speed **-höjd** flyg. ceiling

stigma *-t -n (-ta)* stigma (pl. -ta)

stigman åld. highwayman

stigmatiser|a *tr* stigmatize **-ing** stigmatization

stigning allm. rise; i terräng samt flyg. ascent, climb; backe rise, upward slope; ökning increase; *en backe med långsam* ~ a gently ascending (climbing) slope **stignings-** se sms. med *stig-*

stig|rör tekn. ascending pipe **-tid** flyg. time of climb **-vinkel** flyg. angle of pitch (climb)

stil *-en -ar* **1** hand~ |hand|writing; |*en*| *driven* ~ a flowing hand **2** boktr. type; tryck~ print, characters pl.; *kursiv*|*erad*| ~ italics pl.; |*tryckt*| *med liten (stor)* ~ |printed| in small (large) type, in small (large) print **3** framställning, konstart, tideräkning o. friare: allm. style; författares äv. touch; bildhuggares, målares äv. manner; *i bunden (obunden)* ~ in poetry (prose); *i stor* ~ i stor skala on a large scale, vräkigt in |grand| style; han uppträdde *i sin vanliga* ~ . . in his usual way; något *i den* ~*en* . . like that (in that line); *och annat i samma* ~ and more of the same kind; *i* ~ *(inte i* ~*) med* resten in (out of) keeping (character) with . .; *något i* ~ *med* Selma Lagerlöf something like (in the same style as) . .; *gå i* ~ *med* . . be in keeping with . ., passa ihop med match . .; *det är* ~ *på henne* she has style (distinction); *det är* ~ *över byggnaden* the building has style **4** skol.: översättningsuppgift text for translation; översatt translation

stil|art style; genre fr. **-blandning** mixture of styles **-blomma** flower of speech; stilgroda stylistic blunder **-brott** breach of style **-enlig** *a* tidstrogen . . in accordance with the style of the period; harmonierande . . in keeping with the whole (the rest); passande fitting

stilett *-en -er* stiletto (pl. -s); spring~ flick (switch-blade) knife

stilfull *a* stylish; smakfull tasteful, . . in good taste; elegant elegant **-het** stylishness; taste|-fulness|; elegance; jfr föreg.

stilig *a* stilfull stylish; elegant elegant, smart, chic fr.; vacker handsome; om t.ex. karaktär fine

stilisera *tr* **1** avfatta word, compose; jfr *formulera* **2** konst. o.d. stylize, conventionalize, formalize; ~*de* blommor stylized . .

stilist stylist; *god* ~ master of style, elegant writer **stilistik** *-en 0* stylistics sg. el. pl. **stilistisk** *a* stylistic, attr. äv. . . concerning style; *i* ~*t avseende* as regards style

stil|klänning period dress **-känsla** artistic sense (smak taste), feeling for style

still *adv* se *stilla I 2*

stilla I *a adv* **1** attr. adj.: ej upprörd calm; stillsam, lugn quiet; rofylld tranquil; orörlig immovable; fridfull peaceful, peaceable, serene; svag gentle; tyst silent; som man ej yppar: om t.ex. förhoppning secret, om t.ex. tvivel private; *en* ~ *död* a quiet death; *S*~ *havet* the Pacific |Ocean|; *föra ett* ~ *liv* lead a quiet (tranquil) life; *en* ~ *period* H a slack (dull) period; |*den*| ~ *veckan* Holy Week

2 pred. adj. (äv. adv.), |*var (stå)*| ~*!* rör dig inte keep still!, don't move (stir)!, håll dig tyst el. lugn |be (keep)| quiet!; *avlida* ~ die peacefully (in quiet); floden *flyter* ~ . . flows quietly: *ligga* (*sitta* osv.) ~ lie (sit osv.) still, hålla sig ~ keep still (lugn el. tyst quiet), inte röra sig not move (stir); *ligga (vara* osv.) ~ *med armarna* keep one's arms still; *sitta* ~ inte stiga upp be (remain) seated, keep one's seat; *hon sitter för mycket* ~ she leads a too sedentary life; *stå* ~ inte flytta sig stand still, not move (stir), om t.ex. fabrik, maskin stand (be) idle, om vatten be stagnant; *mitt förstånd står* ~ ung. I just can't think |any more|; *tiden står* ~ time stands still

II *tr* t.ex. begär, hunger, nyfikenhet, vrede satisfy, appease; kuva (t.ex. passion) subdue; lindra (t.ex. lidande, smärta) alleviate, allay, soothe; lugna quiet; ~ *blodflödet* staunch the bleeding; ~ *törsten* slake (quench) one's thirst; ~ *upproret* suppress (put down) the insurrection; vinden ~*r sig* . . is calming down

stilla|liggande *a* . . lying still **-sittande I** *a* om t.ex. arbete, liv sedentary **II** ~*t 0* orörlighet sitting still; ~ liv sedentary life **-stående I** *a* om t.ex. fordon, luft stationary; om vatten o. bildl. (om t.ex. affärer, liv) stagnant; om maskin idle; orörlig immobile; utan utveckling unprogressive **II** ~*t 0* orörlighet standing still; bildl. stagnation, t.ex. i affärslivet äv. standstill **-tigande I** *a* silent, quiet; om instämmande implicit; om medgivande tacit **II** *adv* silently; ~ åse (förbigå) ngt . . in silence

stillbild film. still

stilleben *-et* - konst. still life (pl. still lifes)

stillestånd 1 H stagnation stagnation, standstill **2** vapen~ armistice; vapenvila truce äv. bildl. **stilleståndsförhandlingar** *pl* armistice (resp. truce) negotiations

stillhet stillness, calm; quiet|ness|; tranquillity; peace, serenity; silence (jfr *stilla I*); det

skedde *i all ~* . . quietly (in silence, utan ceremonier unceremoniously); vi roade oss *i all ~* . . in a quiet way; *leva i ~* lead a quiet life, live in retirement (privacy); begravningen *sker i ~* . . will be [strictly] private **stillna** *itr,* *~* [*av*] om storm o.d. calm down, abate; om t.ex. trafik slacken **stillsam** *a* quiet; rofylld tranquil **stillsamhet** quietness; tranquillity
stil|lös *a* . . without (lacking in) style; smaklös tasteless **-löshet** lack of style; smaklöshet tastelessness **-möbel** möblemang suite of period furniture **-prov 1** handstilsprov specimen of handwriting (boktr. of type) **2** författaren lämnade *ett* litterärt *~* . . a specimen of his style **-ren** *a* attr. . . in pure style **-riktig** *a* se *-enlig* **-riktning** type (strömning trend) of style **-sort** boktr. type
stiltje *-n 0* **1** vindstilla calm **2** bildl. period of calm, lull; stillestånd stagnation
stil|trogen *a* tidstrogen . . true to the style of the period (miljöriktig of the rest) **-vidrig** *a* ej tidstrogen . . out of keeping with the style of the period; ej harmonierande . . clashing with the style [of the rest]
stim *-met* - **1** fisk~ shoal, school **2** oväsen noise **stimma** *itr* **1** om fisk shoal **2** föra oväsen make a noise, be noisy
stimulans *-en -er* stimulering stimulation, stimul|us (pl. -i); medel stimulant **stimulantia** *pl* stimulants, stimuli **stimulera** *tr* stimulate, give a stimulus to; *~ aptiten* stimulate (whet) the appetite, act as an appetizer **stimulerande** *a* stimulating, stimulative; *~ medel* stimulant
sting *-et* - **1** stick: av t.ex. bi sting, av mygga bite, av nål o.d. prick, av vapen stab, thrust; bildl. pang, häftig smärta äv. twinge; *jag kände ett ~ i hjärtat* bildl. I felt a pang **2** 'snärt' sting, bite, go **stinga** *stack stungit tr* prick osv., jfr *sticka B I 1 a)* **stingslig** *a* snarstucken touchy, irritable
stink|a *stank* (sup. saknas) *itr* stink, have a nasty smell; *~ av ngt* stink (reek) of a th.; *här -er det* this place stinks **-ande** *a* stinking; om luft, lokal fetid; vämjelig nauseous **-djur** skunk **-fly** sloebug
stinn *a* **1** övermätt gorged, stuffed, *av* with **2** överfull: om t.ex. plånbok bulging; om mage, juver distended
stins *-en -ar* station-master
stint *adv, se (stirra) ~ på ngn* look (stare) hard at a p.; *se ngn ~ i ögonen* look a p. straight in the eye
stip|el *-eln -ler* stipel
stipendiat isht studie~ holder of a scholarship **stipendieansökan** application for a scholarship (resp. grant, award) **stipendiefond** isht studie~ scholarship fund **stipendi|um** *-et -er* isht studie~ scholarship; bidrag grant, award

stipulera *tr* stipulate
stirr|a I *itr* allm. stare, isht drömmande gaze, elakt glower, *på* i samtl. fall at; *han ~de rakt framför sig* he stared straight in front of him; *~* se spänt *på* . . fix (rivet) one's eyes upon . .; *~ ut i luften* stare into space **II** *rfl,* *~ sig blind på ngt* bildl. let oneself be hypnotized by a th., concentrate on a th. to the exclusion of everything else **-ande I** *a* staring; *~ blick* äv. fixed look, tom vacant eye (look) **II** *~t 0* staring osv., jfr *stirra I;* stare, gaze
stjäla *stal stulit* **I** *tr itr* steal äv. bildl.; snatta pilfer, tr. äv. F pinch; idéer o.d. crib, tr. äv. lift; kortsp. tr. trump; *~ ngt från ngn* äv. rob a p. of a th. **II** *rfl,* *~ sig bort* steal away (off); *~ sig till att göra ngt* do a th. by stealth (on the sly); *~ sig till att se på ngt* steal a glance at a th.; *försöka ~ sig till* ett ögonblicks vila try to snatch . .
stjälk *-en -ar* bot. stem, tjockare stalk **-stygn** stem-stitch
stjälp|a *-te -t* **I** *tr itr* **1** välta omkull overturn, upset, tip over; omintetgöra upset; slå omkull knock . . over; vända upp och ned på turn . . upside down; *bättre hjälpa än ~* better be a help than a hindrance; *får ej ~s!* på kolli keep upright! **2** hälla pour, tip, turn **II** m. beton. part. **1** *~ av* tip, dump, isht sopor shoot **2** *~ i sig* gulp down, toss off **3** *~ omkull* se *I 1* ovan **4** *~ upp* kok.: kaka turn out, gelé äv. unmould **5** *~ ur (ut)* innehåll pour (tip) out, spilla spill, tömma empty
stjärn|a *-an -or* allm. star äv. bildl.; mil. gradbeteckning pip; *en uppåtgående ~* a rising star; *lägga en ~ för ngn* tell a p.'s fortune by the cards; född *under en lycklig ~* . . under a lucky star **-baneret** the star-spangled banner; the stars and stripes **-beströdd** *a* om himmel . . studded with stars, starred, starry, poet. star-spangled **-bild** constellation **-blomma** stitchwort, starwort **-dyrkan** star worship **-dyrkare** star worshipper **-fall** meteor shooting star **-formig** *a* star-shaped, vetensk. stelliform, stellar, asteroid **-gosse** 'star-boy', boy dressed in a long white shirt and pointed cap [who attends on Lucia] **-himmel** starry sky (firmament) **-hop** star cluster **-karta** star chart **-kikare** [astronomic] telescope **-klar** *a* starry starlit; *det är ~t* it is a starry night, the stars are out **-mannekäng** star-mannequin **-skott** se *-fall* **-smäll,** *ge ngn en ~* make a p. see stars, knock a p. into the middle of next week **-spelare** sport. star[-player] **-tydare** astrologer
stjärt *-en -ar* allm. tail äv. bildl.; på människa bottom, bak behind; *han sprang som om han hade eld i ~en* ung. . . as though the devil was after him (on his tail) **-fena** tail-fin

flyg. äv. fin **-fjäder** tail-feather **-mes** long--tailed tit[mouse]

sto -[e]t -n mare; ungt filly

stock I -en -ar **1** stam log; friare block; *sova som en ~* sleep like a log (top); *över ~ och sten* ung. across country **2** *sättas i ~en* hist. be put in the stocks **3** fackl.: gevärs~ stock; hattmakar~ [hat]block, hatter's stock (form) **4** bot.: banan~ stem; vin~ vine **II** *adv* se *stockdum* m.fl.

stocka *rfl* stagnate äv. om trafik; om vätska äv. clog; *det (orden) ~de sig i halsen på honom* he felt a lump (the words stuck) in his throat

stock|dum *a* bone-headed, completely stupid **-eld** log-fire **-fisk** stockfish

stockholmare Stockholmer, inhabitant (infödd native) of Stockholm; ~ pl. äv. Stockholm people **stockholmsk** *a* attr.: Stockholm, . . of Stockholm **stockholmsk|a** *-an* **1** pl. *-or* kvinna Stockholm woman (flicka girl) **2** pl. *0* språk Stockholm dialect (talk)

stock|konservativ *a, en ~* subst. a. a die--hard conservative **-lat** *a* bone lazy

stockning avbrott stoppage; stillastående standstill, stagnation; deadlock äv. bildl.; av blod congestion; *~ i trafiken* traffic jam; *råka i ~* come to a standstill, stagnate

stock|ros hollyhock **-såg** two-man cross--cut saw **-vedsbrasa** log-fire

stod -en -er bild~ statue

stoff -et -er **1** abstr.: material material, *till* for; innehåll (i bok o.d.) [subject-]matter; materia stuff; jfr vid. *ämne* **2** konkr.: rå~ materials pl.; färg~ matter; tyg material, jfr vid. *tyg 1*

stoffera *tr* **1** sömn. hem up **2** *~ ut* trick out (up), berättelse o.d. pad out

stofil -en -er odd fish; *gammal ~* old fogey (fossil)

stoft -et *0* **1** damm o.d. dust; fint pulver äv. powder; på fjärilsvingar scales pl.; *krypa i ~et för ngn* bildl. crawl in the dust (grovel) before a p.; *bli till ~* crumble to dust **2** avlidens: lik [mortal] remains, aska ashes båda pl.; *frid över hans ~!* peace [be] to his remains (resp. ashes)! **-hydda** mortal frame (högt. clay); skämts. body **-partikel** dust particle

stoföl filly[-foal]

stoicism stoicism **stoiker** stoic **stoisk** *a* stoic; om lugn äv. stoical

stoj -et *0* oljud noise, larm uproar, hubbub; jfr *oväsen* **stoja** *itr* make a noise, be noisy; leka romp **stojande** *a* noisy, boisterous

stol -en -ar allm. chair äv. läro~; utan ryggstöd stool; sittplats seat; *uppfällbar ~* tip-up chair; *den heliga (påvliga) ~en* the Holy (Papal) See; *sätta sig mellan två ~ar* fall between two stools; *sticka under ~ med ngt* conceal a th., keep a th. back; *inte sticka under ~ med sin mening* äv. speak one's mind, not mince matters

stol|a *-an -or* präst~, päls~ stole

stolgång -en -ar **1** avföring stools pl., motion; jfr *avföring* **2** anat. anus lat.

stoll -en -ar gruv. adit, gallery

stoll|a *-an -or* fool [of a woman (resp. girl)], crazy woman (resp. girl) **stoll|e** *-en -ar* fool, crazy fellow **stollig** *a* crazy, cracked, stark. mad **stollighet** *-en -er* egenskap craziness; stollig sak crazy thing

stolp|e *-en -ar* säng~, grind~, lykt~ post; lednings~, telefon~ o.d. pole; i plank o.d. standard, upright; stöd prop; i virkning treble; *-ar* för tal main points

stolpiller läk. suppository

stolpsko climbing iron, gaff

stol[s]|ben chair leg, leg of a (resp. the) chair **-dyna** chair cushion **-karm** armstöd elbow-rest, arm of a (resp. the) chair **-över-drag** chair cover, dust-sheet

stolt *a* allm. proud, *över* of; högdragen äv. haughty, arrogant, lofty; överlägsen supercilious; ädel (om t.ex. byggnad, själ) noble; ärofull glorious; *~ och förbehållsam* distant; *hans ~a gång* his manly stride; *ett ~ namn* a noble (a glorious, an illustrious) . . **stolt-het** allm. pride, *över* in; haughtiness, arrogance, loftiness; superciliousness; nobility; jfr *stolt;* ngt man är stolt över äv. glory, boast; *berättigad ~* pardonable (legitimate) pride; *han har ingen ~* äv. . . no self-respect; *sätta sin ~ i* . . take [a] pride in . . **stoltsera** *itr* boast, brag, *med, över* of; pride oneself, *med, över* [up]on; *gå och ~* swagger about; jfr *skryta*

stomm|e *-en -ar* allm. frame[work] äv. bildl., byggnads~ äv. shell, carcass; utkast skeleton; till hatt body; till klänning underdress, fastsydd lining

stomp -en -ar konst. stump

stop -et - **1** kärl: stoup, kanna tankard **2** mått ung. quart

1 stopp I -et - (ibl. oböjl. subst. el. pred. a.) tilltäppning stoppage, trafik~ äv. hold-up; stagnation stagnation; *det är ~ i röret (i trafiken)* äv. the pipe (traffic) is blocked up; *sätta ~ för ngt* put a stop (an end) to a th.; han rabblade årtalen men *sen var det ~* . . then he came to a dead stop; *nu får det vara ~!* ogillande there must be an end to this now!; *säg ~!* vid påfyllning av glas say when! **II** *itj* stop!, halt!

2 stopp -en -ar **1** stoppat ställe darn **2** pip~ fill [of tobacco]

1 stoppa I *tr* stanna, hejda: allm. stop, t.ex. flöde äv. stem; bromsa (t.ex. fordon) äv. bring . . to a standstill; hålla tillbaka, hindra äv. check, arrest, hold up; upphöra med äv. discontinue; sätta stopp för put a stop (an end) to **II** *itr* **1** stanna stop, come to a standstill **2** verka förstoppande be constipating **3** stå rycken: stå emot stand up, *för* to; tåla en påfrestning stand the strain, *för* ngt of . .; hålla last **4** förslå, *det ~r inte med* 100 kr. . . isn't enough, . . won't suffice

2 stoppa I *tr* **1** laga strumpor o.d. darn, mend **2** fylla fill, proppa cram; ~ full stuff; möbler upholster; vaddera wad; ~ fickorna *fulla* fill (cram) . .; ~ *korv* stuff (make) sausages; ~ *sin pipa* fill one's pipe **3** instoppa o.d.: allm. put, 'köra' thrust, 'sticka' stick, gömma o. svepa tuck; ~ *ngt i (under* m.m.) . . put osv. a th. in[to] (under m.m.) . .
II m. beton. part. **1** ~ *för* se ~ *till* nedan **2** ~ *i sig* . . äta put away . ., proppa sig med stuff (cram) oneself with . . **3** ~ *igen* se ~ *till* nedan **4** ~ *in* put (resp. thrust el. stick) in; stoppa undan tuck (stuff) away, *i* ngt in[to] . . **5** ~ *ned* put (tuck) down; ~ *ned* handskarna *i fickan* put (resp. thrust) . . into one's pocket **6** ~ *om* a) möbler re-upholster, madrass re-stuff b) ~ *om* ett barn tuck . . up [in bed]; ~ *om ngn lakanet* tuck the sheet round a p. **7** ~ *på sig ngt* put a th. into one's pocket (resp. pockets), tillskansa sig pocket a th. **8** ~ *till* fylla igen (t.ex. hål) stop (med propp plug) [up], fill up, täppa till (t.ex. rör) choke, block up, clog [up] **9** ~ *undan* stow away **10** ~ *upp* djur o.d. stuff

stopp|ande *a* läk., ~ *medel* astringent **-förbud** trafik., *det är* ~ waiting is prohibited

stoppgarn av ull darning wool; av bomull darning cotton

stoppgräns stopping limit

stoppkorg darning-basket, ofta work-basket

stoppljus på bil brake [warning] light (lamp), stop light

stoppmaskin darning machine

stopp|märke trafikmärke stop sign **-mätt** *a* se *proppmätt*

stopp|ning 1 lagning darning, mending **2** fyllning stuffing, möbel~ upholstery, båda äv. konkr. **-nål** darning-needle

stoppsignal stop signal

stoppsvamp darning mushroom

stopp|tecken stop (halt) signal **-ur** stop watch **-ventil** stop valve

stor (jfr *större* o. *störst* samt resp. huvudord) *a* **1** allm. a) isht om konkr. subst. large (särsk. i bet. rymlig, vidsträckt samt talrik, i stor skala); i ledigare stil vanl. big, F starkt känslobeton. äv. great [big] . .; lång tall b) isht om abstr. subst. samt i bet. framstående, betydande o.d. great; storartad grand c) i vissa fall much, vid eng. subst. i pl. many; se ex.; *Peter den ~e* Peter the Great; *~t antal* a large (great) number; *den ~a armadan* the great Armada; *~t avstånd (~ höjd)* a great distance (height); ~ *beställning* large order; *en ~ beundrare av* . . a great admirer of . .; ~ *brevskörd* many letters; *en ~ del av* eleverna var sjuka a large (great) number of . .; *en ~ del av tiden* a good (great) deal of the time; *~a delar av* tidnings*pressen* large sections of the press; *till ~ del* largely, to a large extent; *i ~a drag* in broad outline, broadly; ~ *familj* a large (big) family; *en ~ firma* a big firm; *det ~a flertalet* the great majority; *~a förluster* heavy losses; *till min ~a förvåning* much to my surprise; *vara till ~ hjälp* be a (of) great help, be very helpful; *en ~ hund* a big (large) dog; *en ~, ~ hund* F a great big dog; *~t hus* big (large, large-sized) house; *~t inflytande* great influence; *~a ingången* the main entrance; *en ~ karl* a big (lång tall) man (fellow); *en ~ konstnär* a great artist; *en ~ lögnare* a great [big] (an arrant) liar; *en [verkligt] ~ man* a [truly] great man; *ett ~t namn* a great (big) name; ~ *näsa* big nose; *det är mig ett ~t nöje att* inf. I have much pleasure in ing-form; *S~a oceanen* se *Stilla havet* under *stilla I 1; ~a ord* big words; *tala ~a ord* talk big; *göra ~a pengar* make big money; *det är ~a pengar* that's a lot of money; *~a planer* great (big) plans; ~ *publik* a large audience; *~a sedlar* i höga valörer large notes; *i ~ stil* vräkigt in [grand] style; *~a stridskrafter* a large number of armed forces; *~summa [pengar]* large (big) sum [of money]; ~ *ters* mus. major third; *du ~e [tid]* vad jag ser ut! oh, dear [me] . .!; *uträtta ~a ting* achieve great things; ~ *vänkrets* many friends; *~a världen* the great world; ~ *ökning* a great (large) increase; *hur ~ är den?* how big (resp. large) is it?, what size is it?; *hur ~ är* våningen? äv. what is the size of . .?; *dubbelt så ~ som* twice as big (resp. large) as, double the size of; *de är lika ~a* they are just as big (resp. large), they are the same size; *han är ~ för sin ålder* he is big for his age; *vara ~ i maten* be a big eater; *vara ~ i orden* talk big; *vara ~ till växten* be tall of stature
subst.: *de fem ~a* polit. o.d. the Big Five; *i ~t sett (i det ~a hela)* on the whole, generally speaking; beskriva läget *i ~t* . . in broad outline; man måse *se det i ~t* . . take a broad view of it; noggrann *i ~t som i smått* . . in great as in little things; *slå på ~t* do the thing in style
2 vuxen attr. grown-up; *~a damen* F quite a [little] lady; *bli ~* grow up; *när jag blir ~* when I grow up, F when I am big; *de ~a* the grown-ups
3 ~ *bokstav* versal capital letter, capital; *skriva ett ord med ~ bokstav* äv. capitalize a word

storartad *a* grand, magnificent, splendid

storasyster big sister

stor|bedragare swindler on a large scale, big swindler **-belåten** *a* highly satisfied; *han var ~* äv. he was as pleased as Punch

-blommig *a* attr. . . with large flowers, mönstrad äv. (attr.) . . with a large floral pattern **-bonde** farmer with large holdings, well-to-do farmer

Storbritannien Great Britain

stor|bruk se *-jordbruk* **-båt** longboat, launch **-cirkel** great circle **-drift** large-scale production **-dåd** great (noble, grand) achievement, exploit

storebror big brother

stor|en best. form (sjö.) the main **-favorit,** *han är ~* he is an easy favourite **-film** great film **-finans,** *~en* high finance **-främmande** distinguished guests pl. **-furste** se *-hertig* **-förbrytare** super-criminal **-företag** large-scale (large, big) enterprise **-gods** large landed property (estate) **-gråta** *itr* cry vehemently, F howl **-hertig** grand duke **-hertigdöme** grand duchy

storhet *-en -er* **1** egenskap greatness, grandeur **2** mat. quantity **3** person great man (personage), berömdhet celebrity, notability; *en okänd ~* iron. an unknown celebrity

storhets|mani megalomania, delusions pl. of grandeur; *ha ~* F have a swelled head, have big ideas **-tid** days pl. of glory, glanstid palmy days pl. **-vansinne** se *-mani*

stor|hjärnan the cerebrum **-industri** large-scale (big) industry **-inkvisitor** grand inquisitor **-jordbruk** abstr. large-scale farming, konkr. large (big) farm

stork *-en -ar* stork **-bo** stork's nest

storkna *itr* choke, suffocate; *vara nära att ~ av skratt* split one's sides with laughter

stor|kommun stads~ large municipal (urban) district, lands~ large rural district **-konflikt** major conflict **-kornig** *a* om säd large-grained **-kors** av orden grand cross **-krig** major war

storlek size, mått äv. dimensions pl., isht vetensk. magnitude; *upplagans ~* the number of copies printed; *en stjärna av första ~en* a star of the first magnitude; *stora (större) ~ar* i konfektion o.d. outsizes, large sizes; *jag har ~ 7 i handskar* I take sevens (size 7) in gloves; handskar *i alla ~ar* . . in all sizes, all sizes of . .; *skor i ~ 5* size five shoes; porträtt *i naturlig ~* life-size . .; *till ~en* in size

storleks|förhållande proportion **-ordning** storlek size, magnitude; belopp *av denna ~* . . of this size; en kostnad *av ~en 10 miljoner kronor* . . of about (. . in the region of) 10 million kronor

stor|ligen *adv* greatly, very much; *du tar ~ fel* you are greatly mistaken **-ljuga** *itr* tell thumping lies **-lom** black-throated diver

storm *-en -ar* **1** hård vind gale; stark. (isht m. oväder) samt friare o. bildl. storm, ibl. tempest; *halv ~* vindstyrka 9 strong gale; [*full*] *~* vindstyrka 10 whole gale; *svår ~* vindstyrka 11 storm; *magnetisk ~* magnetic storm; *en ~ i ett vattenglas* a storm in a teacup, amer. a tempest in a teapot; *en ~ av ovilja* a storm of indignation **2** mil. storm, assault; *ta . . med ~* äv. bildl. take . . by storm; *löpa (gå) till ~s mot* make an assault upon, bildl. äv. tilt at **3** hög hatt top hat **storma I** *itr* **1** *det ~r* a gale is blowing, it is blowing a gale, stark. a storm is raging, it is storming; *när det ~r* äv. in a gale (stark. a storm) **2** bildl. rasa storm, rage; rusa rush, dash, tear; *~ an (fram)* rush (dash, isht t. häst charge) forward; *~ an (fram) mot* mil. assault, make an onset on, charge [at], friare rush at; *anstormande* trupper assaulting . . **II** *tr* mil. o. friare storm; mil. äv. assault, m. stormstegar escalade

stor|makt great (big) power **-maktspolitik** politics of the great (big) powers **-man** great man; magnat magnate

stormande *a* eg. o. bildl. stormy, tempestuous; *~ bifall* a storm of applause, frantic (tumultuous, thunderous) applause; *~ hänförelse* wild enthusiasm; *göra ~ succé* be a tremendous success; *göra ~ succé (väcka ~ bifall)* äv. bring down the house

stormast main mast

storm|by [heavy] squall **-centrum** storm centre **-driven** *a* storm-tossed **-flod** flood[s pl.] [caused by a storm] **-fågel** fulmar **-förtjust** *a* absolutely delighted, pred. äv. as pleased as Punch; *jag är ~ i* . . I'm mad about . . **-hake** window-stay **-hatt** bot. monk's-hood, aconite, wolf's-bane

storm|ig *a* eg. o. bildl. stormy, tempestuous, turbulent, bildl. äv. tumultuous, uproarious; *ett ~t hav* äv. a rough sea **-läsa** *itr* read hard, F swot, *på* for **-löpning** storm, assault, onslaught **-natt** stormy night **-ning** assault, -ande storming, taking by assault **-plugga** *itr* swot, *på* for **-rik** *a* immensely (enormously) rich, . . rolling in money **-steg** bildl., *med ~* by leaps and bounds; *närma sig med ~* draw nearer apace **-stege** mil. scaling-ladder **-sticka** fusee **-svala** stormy petrel äv. bildl. **-trivas** *itr. dep* se *stortrivas* **-trupp** mil. storming (assault) party, storm troop **-varning** gale warning **-vind** gale [of wind], storm; stormby squall, gust of wind; *fara som en ~* genom rummen tear . . **-virvel** violent whirlwind, tornado

stor|märs main top **-mästare** grand master **-ordig** *a* magniloquent, skrytsam äv. boastful, bragging **-pamp** big shot, bigwig, VIP **-politik** top-level (international) politics **-politisk** *a, ~a frågor* [political] issues of international importance; *~t möte* top-level meeting **-rengöring** thorough [house-]cleaning, ofta (vår~ samt allm.) spring-

-cleaning **-rutig** *a* attr. large-checked, . . with large checks **-rysk** *a* o. **-ryss** Great Russian **-rökare** heavy (big) smoker **-segel** main sail **-seger** great (big) victory **-sinnad** *a* o. **-sint** *a* magnanimous, generous, large-(high-)minded **-sinthet** magnanimity, generosity **-sjöfiske** deep-sea fishing **-skog** big (large) forest **-skojare** big swindler **-skrake** goosander **-skratta** *itr* roar with laughter, guffaw, laugh outright **-skrävlare** big braggart, swaggerer **-slagen** *a* grand, grandiose, magnificent **-slagenhet** grandeur, magnificence **-slam** kortsp. grand slam; *göra ~* make a grand slam **-slägga,** *ta till ~n* bildl. take (resort to) strong measures **-smugglare** big (large-scale) smuggler **-spov** curlew **-stad** big city (town), världsstad äv. metropolis **-stadsbo** inhabitant of a big city (town), big-city-dweller; *vara ~* äv. be living in a big city (town) **-stadsmässig** *a, ~ trafik* the traffic of a big city (town), [big] city traffic **-stilad** *a* grand, grandiose, om t.ex. karaktär fine

Stor-Stockholm Greater Stockholm

stor|strejk general strike **-ståtlig** *a* grand, splendid **-städning** se *-rengöring* **-stövlar** *pl* high (heavy) boots

stort I *adv* greatly, largely; i nekande sats vanl. much; jfr äv. ex.; *~ anlagd* t.ex. kampanj . . on a large scale; *gäspa ~* yawn wide; *se (titta) ~ på* open one's eyes wide at, stare at; *segra (vinna) ~* win hands down, win easily; *tala ~* vitt och brett *om ngt* talk at great length about a th.; *öka ~* greatly increase; *det hjälpte inte ~* it did not help much; *inte ~ mer än* ett barn little (not much) more than . . **II** *subst. a* se ex. under *stor 1* (slutet)

stor|tinget the Stort[h]ing **-tjuta** *itr* howl [at the top of one's voice] **-tjuv** master thief **-trivas** *itr. dep* om pers. get on very (stark. wonderfully) well, be (feel) very happy, ha trevligt have a wonderful time **-tröja** sjö. pea-jacket **-tvätt** big wash **-tå** big toe **-verk** bedrift great achievement; konkr. arbete monumental work, isht litt. magnum opus lat. **-vilt** big game **-vulen** *a* grand, grandiose **-vuxen** *a* o. **-växt** *a* big, om pers., träd äv. tall, . . tall of stature **-ätare** big (heavy) eater, gourmand, glutton **-ögd** *a* large-eyed, big-eyed, t.ex. av förvåning round-eyed; *med ~ förvåning* in open-eyed wonder

straff 1 *-et* - allm. punishment; isht jur.: vite penalty, böter fine, dom sentence; *ett strängt ~* a severe punishment, vid dom a severe (alltför strängt harsh) sentence; *lagens strängaste ~* the maximum penalty; *tidsbestämt ~* fixed term [of imprisonment]; *villkorligt ~* dom conditional (suspended) sentence; *avtjäna sitt ~* serve one's sentence, F do time; *belägga ngt med ~* penalize a th., impose a penalty [up]on a th., make a th. penal; *. . är belagt med strängt ~* the penalty is severe for . .; *få (lida) ~ för* be punished (suffer the penalty) for; *få sitt ~* be punished; *han får nog sitt ~* friare he will suffer for it; *gå fri från ~* escape punishment; *till ~* as a (by way of) punishment; *vid laga ~ förbjudet* prohibited by law (under penalty of the law) **2** *-en -ar* kortsp. o. sport. penalty

straff|a *tr* punish; *synden ~r sig själv* ung. your sins will find you out; *bli ~d för ngt* be punished for a th.; *han har varit ~d 2 gånger tidigare* he has two previous convictions; *tidigare ej ~d* i formulär no previous convictions **-anstalt** prison, penal institution **-arbete** [imprisonment with] hard labour, minst 5 år penal servitude; *livstids ~* penal servitude for life; *två års ~* two years' hard labour **-bar** *a* punishable, stark. penal, brottslig criminal; *det är ~t att* inf. it is an offence (a penal el. punishable offence) to inf. **-dom** bildl. judg[e]ment **-eftergift** remission of a sentence **-exercis** punishment drill **-expedition** punitive expedition **--fri --fånge --föreläggande** se *straffri* osv. **-kast** sport. penalty throw **-koloni** penal (convict) settlement **-lag** criminal (penal) code (rätt law) **-lindring** mitigation of sentence, av ådömt straff reduction of [the] sentence **-lös** *a* se *straffri* **-löshetsintyg** certificate of clean [police] record (of no criminal record) **-område** sport. penalty area **-predikan** friare sermon, lecture; *hålla en ~ för ngn* lecture a p., read a p. a lecture **-punkt** sport. penalty spot **-register** criminal records pl. (register)

straffri *a* . . exempt from punishment, ostraffad unpunished **-förklaring** exemption from punishment [on account of insanity] **-het** exemption from punishment

straff|ränta penal interest, interest on overdue payments (om skatt on arrears) **-rätt** lag criminal (penal) law **-spark** sport. penalty [kick] **-tid** term [of punishment]; *under hans ~* var . . while he was undergoing his sentence . . **-värd** *a* culpable

straffånge convict **strafföreläggande** ung. order [of summary punishment]

stram *a* spänd, snäv tight äv. bildl.; isht sjö. taut; friare: om stil (litt. o.d.), sträng severe, austere, knapp terse; om pers., reserverad distant, reserved, stel stiff, 'mallig' cocky; *~ hållning* a) kropps~ a straight bearing b) inställning a reserved (resp. severe) attitude; *~ livsföring* an austere way of life; *~ penningmarknad* tight (contracted) money market; *~ penningpolitik* restrictive (austere) monetary policy; *hålla ngn i ~a tyglar* keep a tight rein on a p. **strama I** *itr* om kläder o.d. be |too| tight|-fitting|, *över* bröstet across . .; *det ~r i huden, huden ~r* the (my etc.) skin feels tight **II** *tr* tighten, se äv. *III 2* **III** m. beton. part. **1** *~ upp sig* inta givaktställning come to attention, rycka upp sig pull oneself together **2** *~ åt (till)* tr. tighten äv. bildl., draw . . tight; *kurserna ~s åt* prices are stiffening; *krediten ~s åt* credit is contracting (is being tightened |up| el. squeezed)

stramalj *-en -er* canvas |for needlework|

strand *-en stränder* shore, havs~ äv. seashore, isht bad~, sand~ beach; flod~ bank; poet. havs~, sjö~ strand; *på* bad~*en* on the beach; *på (till) andra ~en* |*av floden*| on (to) the other side |of the river|; staden ligger *på (vid) Mälarens södra ~* . . on the south shore of Lake Mälar; |*nere*| *vid ~en* äv. |down| by the waterside **stranda** *itr* om fartyg run ashore (aground), be stranded; bildl. misslyckas, gå i stöpet fail, miscarry, break down; *det ~de på* hans motstånd it failed owing to . .; *förhandlingarna har ~t* the negotiations have broken down; *~de förhoppningar* frustrated hopes

strand|bad konkr. bathing-beach **-bryn** o. **-brädd** se *-kant* **-dräkt** beach-suit **-gods** koll. jetsam, wreckage **-hugg,** *göra ~* t.ex. om sjörövare descend (*i* upon), raid, foray, t.ex. om seglare go ashore **-kant** strand|brädd| beach, waterside, vattenlinje edge (margin, brink) of the water **-lag** riparian law **-linje** shore-line, seaboard

strand|ning fartygs stranding, med förlisning wreck; bildl. misslyckande failure, t.ex. förhandlingars break-down **-pipare** ringed plover **-promenad** konkr. promenade, vid havet äv. |sea| front **-remsa** strip of shore (beach, river-bank) **-råg** lyme grass **-rätt** rätt att nyttja strand right to use the beach, access to the beach; äganderätt riparian rights pl. **-satt** *a* se *-sätta* **-skata** oyster-catcher, sea-pie **-sätta** *tr, ~ ngn* bildl. put a p. in an awkward situation, let a p. down, leave a p. in the lurch; *vara -satt* be stranded, på pengar be hard up, be out of money **-tomt** se *sjötomt* **-vrak** koll. wreckage

strapats *-en -er, ~er* hardships **-fylld** *a* o. **-rik** *a* adventurous, . . full of hardships

strass *-en 0* strass, paste

strateg *-en -er* strategist **strategi** -|*e*|*n 0* strategy, mil. äv. strategics **strategisk** *a* strategic|al|

stratosfär *-en 0* stratosphere **-flygning** stratosphere flight

strax I *adv* **1** om tid: om en kort stund directly, in a minute (moment), snart presently; |nu| genast at once, immediately, instantly, straight (right) away, ibl. just jfr ex.; *~ efter middagen* immediately (just) after . .; *~ efter* midnatt äv. close upon . .; *~ innan* han for just before . .; är du klar? — |*Jag*| *kommer ~!* . . |I'm| coming in a minute (moment)!, . . I'll come right away!; *jag kommer ~ tillbaka* I'll be back in a minute (moment), I'll be right back; *det såg jag ~* I saw it at once; *klockan är ~ 2* it is close on two o'clock **2** om rum. *~ bortom (utanför, ovanför* etc.*)* just beyond (outside, above etc.); *~ bredvid (intill)* close by; *~ efter (bakom)* close |up|on; *~ om hörnet* just round the corner **II** *konj, ~ jag såg honom* visste jag directly (the moment) I saw him . .

streber *-n strebrar* climber, pusher, careerist **-aktig** *a* pushing

streck *-et -* **1** penn-, penseldrag o.d. stroke, linje o. skilje~ line; strimma streak äv. miner.; tank~ o. i telegrafi dash; tvär~ cross; takt~ bar; på skala mark; kompass~ point; vid markering score; *vita ~* övergångsställe pedestrian (street, zebra) crossing sg.; *låt oss dra ett ~ över det* bildl. let us forget it; *ett ~ i räkningen* se under *räkning; smal som ett ~* om pers. as thin as a rake; *artikel under ~et* ung. feature article; *debatt utan ~* a debate without a time-limit **2** rep cord, line, för tvätt |clothes-|line **3** spratt trick, prank; *ett fult ~* a dirty trick **4** *hålla ~* hold good, be true **strecka** *tr, ~ en linje* draw a broken (dashed) line; *~d linje* broken (dashed) line; vägen var *~d med vita linjer* . . marked with white lines; *~ för i en bok* mark (underline, score) passages in a book; *~ under* underline, score **streckare** se *understreckare*

streck|etsning line-etching **-kliché** line block (cut) **-teckning** typogr. line drawing

strejk *-en -er* strike; *olaga* el. *vild ~* unofficial (wildcat) strike; *gå i ~* go on strike, se äv. följ. *1* **strejka** *itr* **1** gå i strejk go on strike, strike, come out on strike; vara i strejk be |out| on strike **2** friare: bilen (magen) *~r* krånglar . . is out of order; bromsarna *~r* . . don't work (function); om ni tänker fortsätta så här *då ~r jag* . . then |you can| count me out **strejkaktion** strike action **strejkande** *a* striking; *~ hamnarbetare* dock strikers; *de ~* the strikers, those on strike

strejk|brytare strike-breaker, neds. blackleg, scab **-hot** hot om strejk threat of a strike, strike threat **-kassa** strike fund **-ledning,** *~en* the strike leaders pl. (committee ofta pl.) **-rätt,** *ha ~* have the right to strike **-understöd** strike pay (benefit) **-vakt** picket **-varsel** strike notice

streptokock *-en -er* streptococc|us (pl. -i)

stress *-en 0* stress **stressad** *a* . . suffering from stress, . . under stress; friare overstrained **stressande** *a* stressful, . . causing stress; *det är ~* |*att* . .| it causes stress

[to . .] **stressjukdom** stress disease
streta *itr* **1** arbeta hårt, knoga work hard, toil, ihärdigt plod, m. studier o.d. grind away, *med ngt* i samtl. fall at a th.; mödosamt förflytta sig struggle, mera valt strive; hunden *~de [och drog] i kopplet . .* strained (tugged) at (för att komma loss struggled on) the leash; *~ emot* resist, struggle; *~ uppför backen* struggle up the hill **2** spreta, t.ex. om hår straggle **stretig** *a* **1** knogig fagging **2** spretig straggly, straggling
1 strid *a* om ström o.d. swift, rapid, om vattendrag äv. torrential; *stritt regn* torrential (lashing, pouring) rain; *gråta ~a tårar* weep copiously (bitterly)
2 strid *-en -er* kamp fight äv. bildl., fighting end. sg., mera valt combat; isht hård o. långvarig struggle; isht mellan tävlande contest; slag, drabbning battle, stridshandling action; oenighet, stridighet[er] contention, strife, discord samtl. end. sg., konflikt conflict, dispyt dispute, quarrel, isht lärd controversy, jfr äv. *tvist; ~erna fortsätter* längs hela frontlinjen fighting continues . .; *~en om* topptjänsterna the fight for . .; *~en om makten* the struggle for power; *en ~ om ord* a dispute about mere words, quibbling; *en ~ på kniven* a war to the knife; *en ~ på liv och död* a life-and-death struggle; *inre ~* inward struggle; *lärda ~er* learned disputes (controversies); *politiska (religiösa) ~er* political (religious) conflicts (strife sg., contention sg.); *börja (öppna) ~en* mil. come into action, join (open) battle (*mot* with); *ge upp ~en* give up the struggle (om tävlande the contest); *utkämpa en ~* fight [out] a battle; *falla i ~en* be killed in action; *i ~ens hetta* in the heat of the debate (gräl quarrel); fiendskapen *bröt ut i öppen ~* krig . . broke out (passed) into open warfare; *komma (råka) i ~ med* t.ex. lagen come el. get into collision with . .; *i ~ med (mot)* tvärtemot contrary (in opposition) to el. against; *i ~ mot* regler, förordningar o.d. in violation (contravention) of . .; *det står i ~ med (mot)* avtalet o.d. äv. it goes against . ., it conflicts with . ., it contravenes . .; *vara i ~ med ngn* be at variance with a p.
strid|a *stred* (äv. *stridde*) *stritt* (äv. *stridit*) *itr* **1** kämpa fight, *för* for, *mot (med)* against (with), *om* for; mera valt (isht inbördes o. bildl.) contend; friare o. bildl. äv. struggle, strive, battle; tvista dispute, quarrel; *~ med (mot)* en fiende äv. fight . . **2** *det -er mot* sunt förnuft, våra intressen etc. it is contrary to (is against, conflicts with) . . **stridande** *a* **1** fighting etc., mil. äv. combatant; *de ~ parterna* the contending parties, jur. the litigants (parties litigant); *de ~* eg. those fighting, the fighters, mil. äv. the combatants **2** *~ mot* oförenlig med contrary to, incompatible with **stridbar** *a* **1** stridsduglig . . fit for active service, krigisk warlike; *i ~t skick* in fighting trim; *försätta . . ur ~t skick* put . . out of actio[n] **2** om t.ex. sinne[lag] pugnacious, aggressive om t.ex. politiker (attr.) . . with plenty of fightin[g] spirit, om t.ex. författare polemical; jfr äv. *strids lysten* **stridig** *a* **1** stridslysten, grälsjuk conten tious **2** motstridande conflicting, contending om t.ex. intressen äv. clashing, oförenlig incompat ible, motsatt opposed, motsägande contradictor[y] **3** *göra ngn rangen ~* se *rang* ex. **stridig heter** *pl* conflicts, politiska, religiösa äv. conten tion sg., strife sg.; meningsskiljaktigheter differ ences, controversies, disputes
strids|anda fighting spirit **-beredskap** mi[l.] readiness for action **-broder** brother-in -arms **-del** warhead **-domare** umpir[e] **-duglig** *a* om manskap effective, . . fit for activ[e] service; *~a trupper* äv. effectives; *i ~t skic[k]* in fighting trim **-flygare** jakt~ fighter pilo[t] **-flygplan** jakt~ fighter [aircraft] **-fråg[a]** controversial question (issue); *~n, själv[a] ~n* the [point (matter) at] issue **-gas** wa[r] gas **-gruppera** *tr rfl, ~ trupperna (sig* deploy the troops (deploy) for actio[n] **-handling** eg. mil. act of warfare; se äv. *strids åtgärd* **-handske** gauntlet **-humör,** *på ~* in a fighting mood **-häst** war-horse, charge[r] **-iver,** *i ~n* in the heat of the fight (struggle[)] **-kamrat** fellow soldier, comrade-in-arm[s] **-kontakt,** *ha ~ med fienden* be in contac[t] with the enemy **-krafter** *pl* [military forces, armed forces **-laddad** *a, ~ ammu nition* live ammunition **-ledning,** *~en* th[e] supreme command **-linje** battle line **-lus[t]** fighting (aggressive) spirit, pugnacity **-lyck[a]** se *krigslycka* **-lysten** *a* eg. (pred.) eager t[o] fight; krigisk warlike; isht friare o. bildl. aggres sive, pugnacious, debattlysten o.d. äv. argumen tative, contentious, disputatious, grälsju[k] quarrelsome **-man** soldier, i högre stil warrio[r] **-medel,** *konventionella ~* conventiona[l] weapons **-oduglig** *a* disabled **-områd[e]** combat area, zone of action **-robot** guide[d] missile with warhead **-rop** war-cry **-skrif[t]** controversial (polemical) pamphlet **-spet[s]** warhead **-ställning** battle position **-sån[g]** war (battle) song **-tupp** game-cock, bild fire-eater **-vagn** tank **-vagnsförban[d]** armoured unit **-vagnspjäs** tank gun **-vim mel** turmoil of [the] battle, mêlée fr.; *mit[t] i -vimlet* in the thick of the battle **-yx[a]** battle-axe; *gräva ned ~n* bury the hatche[t] **-åtgärd** [offensive] action, på arbetsmarkna[den] strike (resp. lock-out) action **-äpple** appl[e] of discord, bone of contention **-övnin[g]** tactical exercise, manœuvre
strig|el *-eln -lar* rem~ strop **strigla** *tr* stro[p]
strikt I *a* **1** sträng, noga strict, rigid; *~ neutra litet* strict neutrality; *~a regler* stric[t] (stringent) rules **2** *~ och korrekt* i klädsel, upp

trädande sober and correct; ~ *klänning* sober (soberly elegant) dress **II** *adv* **1** (äv. *strikte*) strictly **2** ~ *klädd* soberly dressed
striktur stricture
stril *-en -ar* nozzle, rose, sprinkler **strila** *tr itr* sprinkle; *~nde regn* gentle (steady) rain; ~ *in* om ljus filter in; *regnet ~de ned* the rain came down steadily
striml|a I *-an -or* strip, shred **II** *tr* kok. shred
strimm|a *-an -or* streak, rand äv. stripe; vetensk. äv. stri|a (pl. -ae); på huden (märke efter slag) weal; *en ~ av hopp* a gleam (ray) of hope **strimmig** *a* streaked, striped; vetensk. äv. striated; om hud wealed, . . covered with weals
stringens *-en 0* i bevisning o.d. cogency; jfr äv. följ. **stringent** *a* om bevisning o.d. cogent; ~ *tänkande* close reasoning; han (hans framställningssätt) är ~ . . logical and to the point (exact, precise)
strip|a *-an -or* av hår wisp [of hair] **stripig** *a* lank, straggling
strit *-en -ar* vanl. cicada
strof *-en -er* i dikt stanza, friare verse **strofisk** *a* om dikt . . in stanzas, stanzaic
strong *a* hårdför tough; 'prima' fine, first-rate, duktig smart
stropp *-en -ar* **1** allm. strap, på skodon o.d. loop; lyft~ sling, sjö. strop **2** F om pers. stuck-up blighter **stroppa** *tr* sling **stroppig** *a* stuck-up, pompous
strosa *itr, gå och ~* (~ *omkring*) [*på gatorna*] go mooching about (flanera be strolling about) [the streets]
struke|n *a, -t mått* level measure; *en ~ tesked* [*socker*] a level teaspoonful [of sugar]; jfr äv. *stryka*
struktur structure; isht textil. texture **strukturell** *a* structural **strukturering** structure **strukturrationalisering** structural rationalization
struma *-n 0* goitre, struma
strump|a *-an -or* **1** stocking, socka, herr~ sock; klänning sweater dress; *-or* koll. äv. hose pl., hosiery sg. **2** glöd~ mantle **-byxor** *pl* [stretch] tights
strumpe|band suspender, ringformigt (utan hållare) samt amer. garter **-bandshållare** suspender (amer. garter) belt **-bandsorden** best. form the Order of the Garter
strump|fabrik hosiery **-fabrikant** stocking (hosiery) manufacturer **-fot** foot of a (resp. the) stocking (sock); *i -fötterna* se *-läst* **-garn** stocking (sock) yarn **-läst,** gå omkring *i ~en* . . in one's stockinged (stocking) feet; *han mäter* 1,80 *i ~en* he stands . . in his stockings **-skaft** leg of a (resp. the) stocking **-sticka** knitting needle **-stickning** knitting of stockings (resp. socks) **-stickningsmaskin** stocking machine **-stoppning** darning of stockings (resp. socks)
strumös *a* goitrous
strunt 1 *-en (-et) 0* skräp rubbish, trash; -prat nonsense, rubbish; ~ *i det!* never mind!, jfr äv. *strunta; å ~!* se *-prat; prata ~* talk nonsense (rubbish) **2** *-en -ar* odugling good-for-nothing, nolla nobody, mes milksop
strunt|a *itr, ~ i* ej bry sig om not bother about; ej ta någon notis om äv. ignore; *jag ~r i att gå dit* I won't bother about going (bother to go) there; *jag ~r i* t.ex. läxorna! äv. hang (stark. blow) . .!; *det ~r jag* [*blankt*] *i!* I don't care [a bit el. a hang]! **-litteratur** trash[y literature (books pl.)] **-prat** *s* o. *itj* nonsense, rubbish, bosh; *~!* äv. stuff and nonsense!, fiddlesticks! **-sak** bagatell trifle, trifling matter **-summa** trifle, trifling sum **-viktig** *a* self-important, bumptious
strup|e *-en -ar* allm. throat, jfr *luft-, mat|strupe; läska sin ~* F wet one's whistle; *få ngt i fel (galen) ~* have a th. go [down] the wrong way **-huvud** laryn|x (pl. vanl. -ges) **-katarr** laryngitis **-ljud** guttural [sound] **-lock** epiglottis **-tag,** *ta ~ på ngn* seize a p. by the throat
strut *-en -ar* glass~ o.d. cone, mindre cornet; pappers~ cornet, screw (twist) [of paper]; *en ~* karameller vanl. a screw of . . **-formig** cone-shaped, cornet-shaped
struts *-en -ar* ostrich **-farm** ostrich farm **-fjäder** ostrich feather (plume) **-fåglar** *pl* ratite birds, ratites, ratitae lat. **-mage,** *ha ~* have the digestion of an ostrich **-politik** ostrich[-like] policy; *bedriva ~* äv. bury one's head in the sand **-ägg** ostrich egg
strutta *itr* strut, trippa trip
struv|a *-an -or* fritter
stryk *-et 0* beating, thrashing, hiding, F licking; *få ~* a) eg. get a beating etc., be beaten (thrashed), F get licked b) sport. förlora be beaten, take a beating, F get a licking; *få ~ i* golf be beaten at . .; *ge ngn ~* give a p. a beating etc., beat (F lick) a p.; *han tigger ~* he is asking for a thrashing; *ful som ~* [as] ugly as sin
stryka *strök strukit* **I** *tr* **1** allm. fara över m. handen e.d., smeka stroke, gnida rub; ~ *ngn över håret* (*på* kinden) vanl. pass one's hand over (isht flera ggr stroke) a p.'s . .; ~ *sitt skägg (sig om skägget)* stroke one's beard; *hon strök* sin kind *mot hans* she rubbed . . [gently] against his; ~ *eld på en tändsticka* strike a match; ~ bryna *en lie* whet a scythe **2** med strykjärn o.d. iron; utan obj. äv. do the ironing **3** bestryka, lägga på **a)** m. färg o.d. coat, måla vanl. paint; ~ *en vägg* paint a wall; ~ väggen *en gång till* give . . another coating (coat of paint); ~ golvet *med fernissa (tjära)* äv. varnish (tar) . . **b)** breda på

spread; ~ salva *på såret* spread . . on (apply . . to, rikligt smear . . on [to]) the wound; ~ *smör på bröd* butter (spread butter on) bread, spread bread with butter **4** utesluta, stryka ut (över) cancel, cut out äv. bildl., t.ex. ord äv. strike out, cross out, delete; ~ *ett namn på en lista* strike a name off a list; ~ *alla onödiga utgifter* cut out all unnecessary expenditure **5** ~ *ett streck över* draw a line through; *låt oss* ~ *ett streck över det!* let us forget it! **6** avlägsna o.d., ~ *askan av* en cigarr knock the ash off . .; ~ *håret (svetten)* ur pannan brush one's hair [back] (wipe the perspiration) from . .; se äv. ~ *bort* ned. **7** sjö., ~ *segel (flagg)* strike sail (one's colours el. one's flag) **II** *itr* **1** ~ *med handen* etc. *över* pass one's hand etc. over, smeka äv. stroke jfr *I 1* **2** dra [fram], svepa o.d., planet *strök över hustaken* . . swept over the roofs; ~ *kring* huset, knuten prowl round about . .; ~ *på landsvägarna (land och rike kring)* be on the tramp; jfr äv. ~ *omkring* ned. **3** 'backa', *låta hästen* ~ back one's horse; ~ *med årorna* back the oars, back water; ~ *på foten* [*för*] bildl. give in [to]

III *rfl,* ~ *sig mot* rub against; ~ *sig om hakan (skägget)* stroke one's chin (one's beard); ~ *sig om* munnen (*över* pannan, håret) pass one's hand over one's . .

IV med beton. part. **1** ~ *av* torka av wipe; ~ *av* [*sig*] t.ex. handskarna, mössan pull off . . **2** ~ *bort* t.ex. en hårslinga, en tår brush away, torka bort wipe off, gnida bort rub out, ta bort äv. remove **3** ~ *för ngt* [*med rött*] mark a th. [in red] **4** ~ *förbi* passera pass (come passing) by, sweep past, snudda brush past (by) **5** ~ *in* gnida in rub in **6** ~ *med* F **a)** gå åt, om mat o.d. be finished (polished) off, om pengar be used up; allt *har strukit med* äv. . . is gone **b)** dö die, perish **7** ~ *ned* förkorta cut down **8** ~ *omkring i* skogarna om rovdjur, rövare o.d. prowl . .; ~ *omkring på gatorna* t.ex. om ligor prowl (roam) the streets **9** ~ *på* t.ex. salva spread, apply; se äv. ovan *I 3* **10** ~ *under* underline, bildl. äv.: betona emphasize, stress, påpeka point out **11** ~ *ut* dra streck över cross out, cancel, sudda ut erase, rub out **12** ~ *över* t.ex. ett ord cross (strike) out, cancel, draw one's pen through; ~ *över och gå vidare* just forget the whole thing

strykande *a, ha* ~ *aptit* have a ravenous appetite; *ha* ~ *åtgång* om vara have a rapid sale; *ha* ~ *åtgång på sina varor* do a roaring trade; böckerna, varorna *hade* ~ *åtgång* F . . went like hot cakes **strykbräde** ironing-board **strykerska** ironer **strykfilt** ironing-cloth **strykfri** *a* om [bomulls]skjorta non-iron **strykjärn** iron, flat-iron **strykjärnsfot** [flat-iron] stand

strykklass, *sätta* . . *i* ~ discriminate against . ., victimize . ., försumma neglect . .

stryk|kläder *pl* ironing sg. **-mangel** o. **-maskin** ironing machine, rotary ironer

stryknin *-et (-en) 0* strychnine

strykning (jfr *stryka*) **1** m. handen e.d. stroke, stroking; gnidning rub[bing] **2** m. strykjärn ironing **3** m. färg (tjära etc.) coating, konkr. coat [of paint (tar etc.)] **4** uteslutning, ut-, överstrykning cancellation, cancelling etc. jfr *stryka I 4;* nedskärning cut **5** geol., gruv. strike

strykpojke whipping-boy

strykrum ironing-room

strykrädd *a* attr. . . who is (osv.) afraid of being beaten (thrashed); feg cowardly, F yellow **stryktäck** *a* fräck cheeky

stryp|a *-te* (äv. *ströp*) *-t tr* strangle, throttle; tekn. throttle, choke **-ning** strangulation, strangling; throttling, choking **-sjuka** croup **-ventil** tekn. throttle valve

strå -[*e*]*t -n* straw äv. koll.; hår~ hair; gräs~ blade of grass; *dra det kortaste* ~*et* get the worst of it; *dra sitt* ~ *till stacken* do one's part (bit); *inte lägga två* ~*n i kors* not lift a finger *(för att* inf. to inf.), be (sit) idle; den här är *ett* ~ *vassare* . . just that bit better; *ett* ~ *vassare än* . . a cut above . . **-foder** [coarse] fodder **-hatt** straw hat

1 stråk *-et* - **1** [livligt trafikerad] gata, väg etc thoroughfare, om landsväg o. friare highway; väg i allm. äv. passage; affärsgata shopping street; flanör~ o.d. se *strög* **2** band, strimma (t.ex. dim~) band; malm~ vein, zone

2 stråk *-et* - o. **-drag** mus. stroke of the bow

stråk|e *-en -ar* bow; *-ar* i orkester strings **-föring** bowing **-harts** rosin, colophony **-instrument** stringed (ibl. bow) instrument; ~*en* i orkester the strings **-kvartett** string quartet **-orkester** string band

stråkväg se *1 stråk 1*

stråla I *itr* beam, shine, bildl. äv. be radiant, om t.ex. ögon sparkle, *av* lycka etc. with . .; ~ *av* lycka etc. äv. beam . ., radiate . .; ~ *av hälsa* be radiant with health **II** med beton. part. **1** ~ *samman* a) eg. converge b) bildl. träffas meet **2** *hon* ~*de upp av glädje* her face lit up with joy **3** ~ *ut* a) itr. radiate b) tr. se *utstråla II* **strålande** *a* radiant, lysande brilliant båda äv. bildl.; beaming etc. jfr *stråla;* ~ *av* hälsa etc. radiant with, glädje etc. äv. beaming with; *en* ~ *framgång (idé)* a brilliant success (idea); hon är *en* ~ *skönhet* . . a dazzling (radiant) beauty; ~ *sol*[*sken*] brilliant sunshine; ~ *väder* glorious weather

strål|behandling läk. radiotherapy **-ben** anat. radi|us (pl. -i) **-brytning** refraction **-dos** radiation dose, dose of radiation

strål|e *-en -ar* **1** ray, av ljus äv. beam, shaft; *en* ~ *av hopp* a gleam of hope; *utsända -ar* fys. emit rays, radiate **2** av vätska, gas e.d. jet, mkt fin squirt **3** bot. radi|us (pl. -i) **4** anat. i hästens hov frog **-energi** radiant (radiation) energy **-formig** *a* radiate[d] **-glans** radiance, refulgence

strål|kastarbelysning f. illumination floodlight[ing]; hus, plats *i* ~ floodlit . . **-kastare** rörlig, isht sjö., mil. etc. searchlight; f. illumination floodlight [projector]; teat. spotlight; på bil o.d. headlight; *blända av -kastarna* på bil o.d. dip the [head]lights; *belysa* plats o.d. *med* ~ floodlight . . **-kastarljus** rörligt searchlight äv. bildl., teat. spotlight; f. illumination floodlight **-knippe** pencil of rays, beam **-krans** halo, aureole

strålning radiation

strålnings|bälte radiation belt **-effekt** radiant flux (power) **-dos** radiation dose **-energi** radiant energy **-forskning** radiation research **-fri** *a* non-radiative **-kemi** radiation chemistry **-skydd** protection against radiation

strål|pump jet pump **-rör** på brandspruta jet-pipe, jet, nozzle **-skada** damage (om pers. injury) caused by radiation **-skydd** se *strålningsskydd* **-svamp** sjukdom actinomycosis **-terapi** radiotherapy **-verkan** [effect of] radiation **-värme** radiant (radiation) heat

stråt *-en 0* väg, kosa way, course, stig, spår path, track **-rövare** highwayman, brigand

sträck 1 *oböjl. n, i* [*ett*] ~ t.ex. arbeta flera timmar at a stretch, without a break, t.ex. köra tio mil, läsa hela dagen without stopping, t.ex. läsa hela boken at one (a) sitting; flera timmar (dagar etc.) *i* ~ äv. . . on end; flera dagar etc. *i* ~ äv. . . running; *hela dagen i* ~ äv. all [the] (the whole) day through, throughout the day **2** *-et* - om fåglar: flykt flight, ~väg track; *ett* ~ vildgäss a flight of . .

sträck|a A *-an -or* allm. stretch, avstånd samt väg~ distance, del~ äv. sport., ban~ section; ~*n* Stockholm—Åbo (linje) the route (del~ section) . .; *tillryggalägga en* ~ [*på* 5 km] cover a distance [of . .]; *tillryggalagd* ~ distance covered (run); vi fick gå *en del av (hela)* ~*n* . . part of the (the whole) way; tjälskador *på en* ~ *av 5 km* . . for [a stretch of] 5 km

B *-te -t* **I** *tr* **1** räcka ut, spänna, tänja stretch, ut~ äv. extend; ~ . . *hårt (ordentligt)* stretch . . tight; *armar uppåt sträck!* arms upwards stretch!; ~ *hals* se *II* ~ *på halsen;* ~ *kölen* [*till en båt*] lay [down] the keel [of a vessel]; ~ *en lina* sjö. stretch a rope; ~ *sin omsorg till* . . extend one's care to . . **2** för~, ~ *en muskel (sena)* pull (stretch) a muscle (a tendon); ~ armen *ur led* dislocate . ., put . . out of joint **3** ~ *vapen* lay down one's arms **4** ~ *ngn till marken* knock a p. flat (down)

II *itr* **1** ~ *på benen* äv. i bet. röra på sig stretch one's legs; ~ *på halsen* stretch one's neck, crane one's neck; ~ *på sig* tänja och sträcka stretch [oneself], give a stretch; röra (resa) på sig stretch one's legs; räta på sig straighten oneself up, bildl., av stolthet be proud of oneself; *sträck på dig!* sitt (stå) rak! vanl. sit up (stand) straight! **2** om flyttfåglar migrate

III *rfl* **1** tänja och sträcka stretch [oneself]; ~ *sig efter ngt* reach [out] for a th.; ~ *sig* [*i armen*] se *I 2;* [*ligga och*] ~ *sig på* soffan be stretched out on . ., vräka sig loll on . . **2** friare: ha viss utsträckning stretch, range; isht bildl. extend, bildl. äv. go; ha viss riktning äv. trend, löpa run; bergskedjan *-er sig från A till B* . . stretches (ranges) from A to B; ägorna *-er sig ända till floden* . . extend as far as the river; *jag kan* ~ *mig till* 100 kr. I can go as far as . .; *jag kan inte* ~ *mig längre än så* that is the furthest I can go; förbudet *-te sig också till oss* . . also extended to (included) us; gårdens historia *-er sig till 1100-talet* . . goes back to the 12th century; anteckningarna *-er sig över fem år* . . extend over a period of five years; *våra förbindelser -er sig över hela landet* our connections extend over (cover) the whole country

IV med beton. part. **1** ~ *fram* t.ex. handen put (hold, reach, tänja stretch) out **2** ~ *upp* t.ex. handen put (hold, tänja stretch) up; ~ *upp ngn* tell a p. off; ~ *upp sig* snygga upp sig smarten (spruce) oneself up, klä sig fin put on one's best clothes **3** ~ *ut* **a)** tr. räcka ut put (hold, reach, tänja stretch) out; dra ut, spänna stretch; bildl. förlänga extend, isht i tid äv. prolong; ~ *ut sig* [*i* gräset etc.] stretch oneself out (lie down full length) [on . .] **b)** itr. ta ut stegen step out; om häst gallop at full speed; *låta hästen* ~ *ut* give one's horse its head (the reins)

sträckbar stretchable, extensible, ductile **-het** stretchability, extensibility, ductility

sträck|bänk rack; *ligga på* ~*en* äv. bildl. be on the rack; *hålla ngn på* ~*en* i spänning, ovetskap keep a p. on tenterhooks **-förband** läk. stretching-bandage **-hållfasthet** tensile strength **-muskel** extensor [muscle]

sträckning sträckande stretching etc. jfr *sträcka;* ut~ extension; riktning direction, lopp o.d., t.ex. flods running, t.ex. dalgångs lie; *få (ådra sig) en* muskel~ pull (stretch) a muscle

1 sträng *a* hård, omild etc. severe, mer F hard; stark., obevekligt ~ rigorous; bestämd, principfast, noga strict, rigid; fordrande exacting; bister, allvarlig, om sätt, min e.d. stern, austere; *stå under* ~ noggrann *bevakning* be under close surveillance; *hålla* ~ *diet* be on a strict diet; ~*t klimat* a severe (hard, rigorous) climate; ~ *kontroll* strict (rigorous) control; ~ *kritik* severe (hard) criticism; *en* ~ *min* a stern look; *en* ~ *puritan* a rigid (an austere) Puritan; *~a regler* strict (stringent) rules; *~t straff* severe punishment; *lagens ~aste straff* the maximum penalty; *~ uppfostran* a strict upbringing; *vara ~ mot* be severe (mot barn strict) with, be hard on, treat . . severely

2 sträng *-en -ar* **1** mus. o. båg~, racket~ string, poet. (t.ex. harp~) o. bildl. äv. chord; *ha flera ~ar på sin lyra* have many strings to one's bow; *sätta nya ~ar på* äv. restring; *anslå den rätta ~en* bildl. touch the right chord **2** klock~ bell-pull, bell-wire; *dra i ~en* pull the bell **3** rep~ strand **4** bot. ståndar~ filament **5** hö~ o.d. [wind]row, swath **stränga** *tr* string; *~ om* restring **strängbetong** pre--tensioned concrete

sträng|eligen *adv, ~ förbjudet* strictly prohibited **-het** severity; rigour; strictness, rigidity; sternness, austerity; jfr *1 sträng*

stränginstrument string[ed] instrument

strängt *adv* severely, rigorously, strictly etc. jfr *1 sträng; ~ bevakad* closely guarded; *~ förbjudet* strictly prohibited; *hålla ~ på* reglerna observe . . rigorously, insist (lay stress) on . .; *hålla sig ~ till* sanningen keep strictly to . .; *~ hållna (uppfostrade)* barn . . that have been brought up strictly; *~ personlig* strictly personal; *~ taget* strictly speaking; *~ taget är han inte . .* äv. he isn't exactly . .; *~ upptagen* fully occupied

sträv *a* rough, om smak o. bildl. om sätt äv. harsh, bildl. äv. rugged, gruff, stern; om ljud, ton, röst harsh, grating, om röst äv. raucous; naturv. scabrous; *~ hud* rough skin; *~t sätt* rough (gruff) manners; *~t vin* rough (harsh, tart) wine; *under en ~ yta* under a rough (rugged) surface

1 sträv|a *-an -or* arkit. strut, brace

2 sträva *itr* strive, endeavour, kämpa struggle; *~ och arbeta* äv. toil; *~ efter att* inf. endeavour (strive) to inf.; *~ efter* makt strive for (after) . ., klarhet, effekt aim at . ., fullkomlighet seek . .; *~ högt* aim high; *~ mot ett mål* strive towards (to reach) a goal; *~ emot* a) bjuda motstånd resist, offer resistance b) bekämpa oppose; *~ uppåt* eg. soar, bildl. aim high, have ambitious schemes; *~ vidare* struggle along, F carry on **strävan** *- 0* åstundan striving, aspiration (*efter* båda for, after), ambition, mål aim; bemödande endeavour, effort[s pl.]; tendens tendency, *mot* towards; *hela min ~ går ut på att* inf. it is my greatest ambition to inf.; *inrikta sin ~ på att* inf. aspire to inf., aim at ing-form, be intent [up]on ing-form

strävbladig *a* bot. asperifolious

strävbåge arkit. flying buttress

sträv|het roughness, harshness etc. jfr *sträv* **-hårig** *a* om hund wire-haired

strävpelare arkit. buttress

strävsam *a* arbetsam industrious, hardworking, mödosam laborious, strenuous; *ett ~t liv* a strenuous life **-het** arbetsamhet industry, hard work

strävt *adv* roughly, harshly; *låta (ljuda) ~* sound harsh, give a harsh sound; *svara ~* answer harshly, give a harsh reply

strö I *-[e]t 0* **1** lantbr. litter, bedding **2** se *-socker* **II** *-dde -tt tr* sprinkle, strew, scatter, skräp äv. litter; *~ rosor på ngns väg* bildl. strew a p.'s path with roses; *~ salt på* maten sprinkle salt on (over) . ., sprinkle . . with salt, salt . .; *~ socker på* gröten äv. powder . . with sugar; *~ under* kreatur litter down . .; *~ in citat i sitt tal* intersperse (interlard) one's speech with quotations; *~ omkring* scatter [about]; jfr äv. *kringströdd; ~ omkring papper i gräset* litter the grass with paper; *~ pengar omkring sig* splash [one's] money about; *~ ut* strew, scatter; *~ ut . . för vinden* scatter . . to the winds; *~ över ngt med* salt, socker etc., se ovan *strö . . på ngt* **ströare** castor, caster **ströbröd** bread-crumbs pl. **strödd** *a* [ut]spridd scattered; *~a anmärkningar* casual (stray) remarks; *~a skrifter* miscellaneous writings, miscellanies **ströfall** stray instance **ströfråga** occasional (stray) question

strög *-et -* huvudgata, flanörstråk (i stad) main [fashionable] street, affärsgata main shopping street

strö|gods sundries pl., litterärt miscellanies pl. **-kund** chance (stray) customer

ström *-men -mar* **1** strömning current; vattendrag, ~drag, ~fåra stream båda äv. bildl., flod, å äv. river; *kalla (varma) ~mar* cold (warm) currents; *driva (följa) med ~men* drift [with the current], bildl. go (swim) with the stream (tide); *gå mot ~men* bildl. go (swim) against the stream; *nedför (uppför) ~men* down (up) the river, down (up) stream **2** flöde äv. bildl. stream, ibl. flow, stark. flood, häftig torrent; *en ~ av bilar (blod, ord)* a stream of cars (blood, words); *en ~ av ord* äv. a flow (flood, torrent) of words; *en ~ av tårar* a flood of tears; *i en jämn ~* in a constant stream; spriten *flöt i ~mar . .* flowed freely **3** elektr. current; elkraft power; *bryta ~men* break the current (circuit)

ström|avbrott power failure **-bana** circuit **-brytare** switch, för motorer etc. äv. [circuit-]-breaker **-drag** current, häftigt äv. race **-fåra** stream **-förande** *a* live, pred. äv. alive **-förbrukning** power (current) consumption **-fördelare** i bil distributor **-kantring** bildl. turn of the tide **-karl,** *Strömkarlen* se *Näcken* **-krets** circuit **-källa** source of current (power) supply **-ledare** conductor **-linje** streamline **-linjeformad** *a* streamlined **-lös** *a* elektr. dead **-löshet** absence of

current
strömma I *itr* allm. stream, flyta, flöda äv. flow, run; stark. pour, come pouring; *folk ~de till* byn äv. people flocked to . .; *regnet ~de* the rain was pouring down, it was pouring [with rain]; *tårarna ~de [ur hennes ögon]* her eyes were streaming with tears **II** med beton. part. **1** *~ emot ngn* om intryck, minnen etc. crowd in on a p. **2** *~ fram* pour out, flyta fram flow along **3** *~ igenom* flow (run) through; om känslor o.d. pervade, run through **4** *~ in* om vatten o.d. rush in, flow in; om t.ex. folk, brev stream (pour) in **5** *~ ned* om regn pour [down] **6** *~ till* om vatten o.d. [begin to] flow; om folk[skaror] come flocking, flock together, collect **7** *~ ut* stream (flow, pour) out, om gas, vätska äv. escape, issue; om folk[skaror] stream (pour) out **8** *~ över* overflow
strömming Baltic (small) herring **strömmingsflundror** *pl* kok. fillets of Baltic herring stuffed with parsley
strömmätare elektr. ammeter
strömning current äv. bildl.
ström|omkastare commutator **-riktning** direction of [the] current **-skena** contact (conductor) rail **-slutare** circuit closer, connector **-stare** dipper **-styrka** elektr. current [intensity], amperage **-ställare** switch **-sättning** sjö. current, set (drift) of [the] current, fartygs förflyttande drift
strömt *neutr. a, ~ vatten* rapid-flowing water; *här är mycket ~* there is a strong current here
strömvirvel eddy, whirl[pool]
strö|pulver [sprinkling] powder **-röst** polit. stray (isolated) vote **-sand** [fine] sand **-sked** sugar sifter **-skrift** pamphlet **-socker** granulated sugar, finare castor (caster) sugar
ströva *itr, ~ [omkring]* roam, rove, ramble, stroll, walk about, wander; *~ omkring i* landet roam (wander) [about] . .; *~ omkring i skogarna* rove the woods; *~ omkring i* staden (*på* gatorna) stroll (ramble, walk, wander) about . .; *~ igenom* roam etc. through, rove
strövtåg vandring ramble, rambling, roaming, roving; excursion äv. bildl.
1 stubb se *rubb*
2 stubb *-en 0* åker~, skägg~ stubble; skägg~ äv. bristles pl. **stubba** *tr, ~ [av]* hår, hästsvans, öron crop, hundsvans o.d. dock; *~d åker* stubble-field
stubb|e *-en -ar* stump **stubbrytare** [stump] grubber
stubb|svans bobtail, t.ex. hares scut **-svansa** *tr* bobtail, dock **-ved** stump-wood **-åker** stubble-field **-öra** cropped ear **-örad** *a* crop-eared
stubin *-en -er* o. **-tråd** fuse
stuck *-en -er* stucco (pl. -s el. -es) **stucka** *tr* stucco **stuckarbete** o. **stuckatur** stucco [work] **stuckatör** stucco worker
stucken *a* bildl. sårad offended, hurt, nettled, huffed, irritated, *över* samtl. at; *bli ~ över* äv. take offence at
student *-en -er* **1** studerande student, i Engl. äv. undergraduate; *han (hon) är nybliven ~* he (she) has just passed the 'studentexamen' jfr d.o. **2** *ta ~en* pass the 'studentexamen' jfr d.o. **-betyg** dokument 'studentexamen' (higher [school]) certificate, eng. motsv. ung. General Certificate of Education (förk. G.C.E.) at Advanced (A) level **-examen** 'studentexamen', higher [school] certificate [själva prövningen examination], eng. motsv. ung. [examination for the] General Certificate of Education (förk. G.C.E.) at Advanced (A) level; jfr äv. *examen* **-förening** students' association **-hem** [students'] hostel, hall of residence, amer. äv. dormitory
studentikos *a* student- student-like; skojfrisk o.d. jaunty, jolly, gay
student|kamrat fellow-student; *vi är ~er från Uppsala* we were at Uppsala together **-kår** students' union **-liv,** *~et* t.ex. i Stockholm student life, t.ex. är krävande the life of a student, a student's life **-lya** den **-mössa** student's cap
student|ska woman student (pl. women students), girl student; student, undergraduate, jfr *student* **-skrivning** skriftlig examen written examination for the 'studentexamen' jfr d.o. **-spex** se *spex* **-sångare** member of a students' choral society **-tid,** *under min ~* in my student (i Engl. äv. undergraduate) days; when I was at the university
studera *tr itr* allm. study, läsa äv. read; granska, t.ex. ett förslag, ngns ansikte äv. scan, scrutinize; *~ en karta* study a map; *~ de sociala förhållandena* i USA make a study of social conditions . .; *var (vid vilket universitet) ~r han?* what university is he [studying] at?; *~ historia* study (read) history, be a student of history; *~ medicin, ~ till läkare* study medicine, be a medical student; *~ in* en roll study . . **studerande I** *a, ~ ungdom* young students pl., skolungdom schoolboys and schoolgirls pl.; *vara ~* be a student; *de ~* the students **II** *-n -* **1** skolpojke resp. -flicka schoolboy resp. schoolgirl **2** univ. student; *~ vid teknisk högskola* student of technology (engineering); jfr äv. *filosofie, juris* m.fl. **III** *-t 0* study[ing]
studie *-n -r* study (*över* of), litt. äv. essay, *över* on **-begåvning 1** -anlag aptitude (gift) for studies **2** *han är en ~* he has a gift for studies **-besök** visit [for purposes of study], -resa study tour **-bidrag** study grant **-cirkel** study circle **-dagar** *pl* för lärare teachers' seminar sg.; *3 ~* teachers' seminar for 3

days **-gång,** *fast* ~ fixed curriculum [of studies] **-handbok** ung. students' guide, university handbook **-hjälp** financial aid to students **-kamrat** fellow-student **-kurs** se *kurs 3* **-ledare** leader of a study circle **-lån** study loan **-rektor** ung. director of studies **-resa** study tour; *göra en* ~ *till England* go to England to study (for purposes of study) **-rådgivning** student guidance **-skuld** study debt **-social** *a,* ~*a förmåner* social benefits for students **-syfte,** *i* ~ for purposes pl. of study **-teknik** technique of studying; *lära sig* ~ learn how to study **-tid** time (period) of study; jfr äv. *studenttid*

studio *-n -r (-s)* studio (pl. -s)

studi|um *-et -er* study, *av, i* of; *-er* äv. study sg.; *lärda -er* äv. scientific pursuits; *börja (avsluta) sina -er* begin (finish) one's studies; *efter avslutade -er* for han . . after finishing (on the completion of) his studies . .; *idka -er* study; *ägna* förslaget *ett ingående* ~ study . . closely, scrutinize . ., examine . . in detail; *i och för -er* for purposes of study

studs *-en -ar* bounce, återstudsning äv. rebound; bollen *har bra* ~ . . bounces well **studsa** *itr* **1** om boll bounce; om gevärskula o.d. ricochet; ~ *tillbaka* rebound, bounce back **2** om pers. ~ [*till*] av förvåning start, be startled, be taken aback **studsare** gevär sporting rifle **studsmatta** trampolin[e] **studsning** studs bounce, åter~ äv. rebound; gevärskulas o.d. ricochet

stuff *-en -er* geol. specimen (sample) of mineral (ore)

stug|a *-an -or* cottage, [small] house, koja cabin **-knut** cottage corner; *bakom* ~*en* round the corner **-sittare** home-bird, stay-at-home

1 stuk|a *-an -or* för potatis o.d. clamp

2 stuka *tr* **1** skada, ömslå sprain; ~ [*sig i*] *handleden* sprain one's wrist **2** ~ [*till*] platta till, t.ex. hatt batter, knock . . out of shape; ~ [*till*] *ngn* bildl. take a p. down [a peg]; *bli tillstukad* äv. be sat upon **3** tekn. upset, jump up

stulta *itr* om barn toddle, om t.ex. åldring stump

stum *a* **1** allm. dumb, mållös äv. mute, speechless; ~ *av* förvåning etc. dumb (mute, speechless) with . .; *bli* ~ be struck dumb; *i* ~ *beundran (förvåning)* in mute admiration (amazement); ~*t ljud* utan resonans dead sound; *tala sitt* ~*ma språk* be a mute witness, *om* katastrofen to . .; ~*ma tangenter* dumb notes **2** om bokstav: ej uttalad mute, silent **3** hård rigid, oelastisk unresilient, dikt, tät tight, close **-film** silent [film] **-fog** snick. butt joint **-het** (jfr *stum 1*) dumbness, muteness

stump *-en -ar* **1** rest stump, t.ex. av penna, cigarr[ett] äv. stub, end **2** melodi~ tune **stump|a** *-an -or* om barn tiny tot; *min lilla* ~*!* my pet!

stund *-en -er* [kort] tidrymd while end. sg.; d:o samt tidpunkt, ögonblick moment, med avseende på stundens beskaffenhet ibl. hour; *stanna en* ~ stay for a while; *kan ni vänta en* ~*?* could you wait a moment (a few minutes)?; *en god (lång)* ~ a good (long) while; *en kort* ~ a short while, a moment, a few minutes; *det dröjer bara en liten* ~ it will only be a moment, it won't be long; *ljusa* ~*er* bright moments, för patient lucid intervals; *inte en lugn* ~ not a moment's peace; han trodde att *hans sista* ~ *var kommen* . . this was his last hour, . . his hour had come; *ett* ~*ens barn* a man (resp. woman) of impulse; *en* ~*s tystnad* a moment's silence; [*allti*|*från*] *den* ~*en* from that moment; *från* [*allra*] *första* ~ from the [very] first moment (minute); leva blott *för* ~*en* . . for the moment; *hjälp för* ~*en* temporary relief; *för en* ~ *sedan* a [little] while ago, a few minutes ago; *i denna* ~ at this [very] moment; *ännu i denna* ~ *vet jag ej om* . . to this [very] moment I do not know whether . .; *i dystra* ~*er* in moments of despair; *i farans (nödens)* ~ in the hour of danger (of need); *i en lycklig* ~ in a happy hour; *i rätta* ~*en* at the right time (moment); *i samma* ~ at the same moment, *som* when (that); *i sista* ~ at the last moment, precis just in time; *i skrivande* ~ at the time of writing; *om en* [*liten*] ~ in a [little] while, in a moment, presently, before long; *på lediga* ~*er* in one's spare time (moments), at odd moments; *på en* ~ for a while; *adjö på en* ~*!* so long!; *på* ~*en* presently, before long, ögonblickligen this [very] moment; *till min sista* ~ to my dying day

stunda *itr* approach, draw near, be at hand; *det* ~*r till val* elections are approaching **stundande** *a* coming; *de* ~ *förhandlingarna* äv. the negotiations that are to start (to be opened); ~ *säsong* äv. the approaching season **stundligen** *adv* constantly, incessantly; *dagligen och* ~ all the time, [at] every moment, night and day **stundom** *adv* at times, now and then, sometimes; ~ glad, ~ ledsen sometimes . . sometimes . . **stundtals** *adv* at times, now and then, sometimes

1 stup *-et* - brant precipice, steep slope (descent)

2 stup *adv,* ~ *i ett* continually; *fråga* ~ *i ett* keep [on] asking

stupa *-de* (äv. *stöp*) *-t itr* **1** luta brant descend abruptly, fall steeply, incline sharply **2** falla fall, drop [down]; *nära att* ~ [*av trötthet*] ready to drop [with fatigue]; ~ *i säng* tumble into bed; *hästen* ~*de under honom* his horse went down under him **3** bildl. misslyckas. *han ~de på* t.ex. matematiken he failed in . ., t.ex. uppgiften he did not manage . .; *det hela kommer att ~ på* bristande samarbete it will fail (founder, fall down) on account of . . **4** dö i strid be killed [in action], fall [in battle]; *de ~de* subst. a. those killed in the war, the fallen (slain) **stupande** *a* brant steep, precipitous **stupfull** *a* F dead drunk

stupid *a* stupid, idiotic, oafish

stup|ränna o. **-rör** drain-pipe **-stock** block, scaffold

sturig *a* sulky, sullen

stursk *a* näsvis cheeky, saucy, impertinent, fräck insolent, impudent, brazen; stolt, 'viktig' uppish, stuck-up, bumptious, arrogant

stuss *-en -ar* seat, F bottom, behind **-vidd** skrädd. seat-width

stut *-en -ar* oxe bullock

stuteri stud[-farm] **-hingst** stud-horse

stuv *-en -ar* remnant; *~ar* äv. oddments

1 stuva *tr* sjö. stow; *~ in* stow in; *~ in folk i* en kupé pack (cram) people into . .; *~ om* restow; *~ undan* stow away

2 stuva *tr* **1** kok. grönsaker o.d. cook . . in white sauce; *~de champinjoner* mushrooms cooked in cream; *~d potatis* potatoes in white sauce; *~d spenat* creamed spinach **2** bildl.. *~ om en bok* rearrange (rehash) a book

stuvare o. **stuveriarbetare** stevedore

stuvbit remnant

stuvning vit sås white sauce; t.ex. kött~ stew; jfr äv. *2 stuva 1*

stybb *-en (-et) 0* koldamm coal dust; för löparbanor o.d. cinders pl.; *~en* sport. the [cinder-]-track, the cinders pl.

styck *oböjl. s,* en krona *[per] ~* . . each, . . apiece; *pris per ~* price each (per unit), unit price; sälja *per ~* . . by the piece

stycka *tr* **1** kött o.d. cut up, sönderdela i leder äv. disjoint; *~ sönder* cut . . into pieces **2** jord, mark parcel out, t.ex. egendom äv. break up, till tomter äv. divide . . into lots (plots, allotments)

stycke *-t -n* **1** del, avsnitt o.d. **a)** bit piece; ibl. part, portion, litet äv. bit, scrap; avskuren skiva äv. slice; brott~ äv. fragment, samtl. m. of framför följ. best.; *ett ~ land (mark)* a piece of land; *ett ~ tyg* a piece of cloth; *ett ~ av steken* a slice (a cut) off the joint; *ett ~ av* en äventyrare something (a bit) of . .; *jag har hunnit ett gott ~* om arbete I have done a good bit; *~ för ~* piece by piece; bit by bit; *[allt] i ett ~* all in a piece; *i ~n* sönder in pieces, broken; *slå i ~n* knock . . to pieces, smash **b)** om väg, vi fick gå *ett ~ [av vägen]* . . part of the way; *ett gott (bra) ~* härifrån a fair (considerable) distance . ., some distance . ., quite a long way . .; bilen gick bara *ett litet ~* . . a little (short) way **c)** om tid, *ett gott ~ in på* 1900-talet well [on] into . .; *han är ett gott ~ över 50* he is well past (over) fifty **d)** text~ passage; del av sida där ny rad börjar, moment paragraph; sidan 10, *andra ~t* . . the second paragraph; *nytt ~* fresh (new) paragraph; *valda ~n* selected passages, selections

2 exemplar, enhet **a)** *~n* (förk. *st.*) isht efter räkneord ofta oöversatt, H ibl. pieces; *fem ~n [apelsiner]* five [oranges]; *två (ett par) ~n [apelsiner]* äv. a couple [of oranges]; vi har beställt *1 000 st. flaskor* H . . 1,000 bottles; vi har beställt *1 000 st.* H . . 1,000, . . 1,000 pieces (förk. pcs.), i fråga om flaskor äv. . . 1,000 bottles; *fem ~n nötkreatur* five head of cattle; *en 5—6 ~n* some five or six; *får jag fem ~n* give me five [of them]; *vi var fem ~n* there were five of us; *några ~n* some, a few; *vi är några ~n* som tycker att there are some of us . . **b)** en krona *~t* . . each, . . apiece

3 om konstnärlig verksamhet: musik~ piece [of music], teater~ play; *ett ~ av Bach* a piece (something) by Bach; *ett ~ av Strindberg* a play by Strindberg

4 i div. bildl. bet., *i detta ~* in this respect (regard); *i många ~n* in many respects (ways, things); *vara ense i många ~n* agree on many points; *vara säker i sina ~n, kunna sina ~n* know one's business (job), be well up in one's subject

5 neds. om pers., *det leda ~t!* that horrid thing (creature, woman)!; *ett lättfärdigt ~* a bitch (trollop)

stycke|gods koll. sjö. general (mixed, miscellaneous) cargo, järnv. single consignments pl. **-pris** price each, unit price, price per unit

styck[e]vis *adv* **1** per styck by the piece; en efter en piece by piece **2** delvis partially, in part **styckjunkare** warrant officer [2nd class] **styckning** av kött o.d. cutting-up; av mark parcelling [out], allotment, division **styckverk** patchwork

stygg *a* olydig, isht om barn naughty; elak, ovänlig nasty, *mot* to; ond bad, wicked; otäck, om t.ex. sår ugly **styggelse** abomination, *för* to **stygghet** naughtiness etc. jfr *stygg* **stygging,** *din ~!* till pojke you naughty (nasty) boy! **styggt** *adv, det var ~ gjort av dig* that was a nasty thing of you to do

stygn *-et -* stitch

stylt|a *-an -or* stilt; *gå på -or* walk on stilts

stympa *tr* lemlästa mutilate, maim; förkorta t.ex. text curtail, cut [down] **stympare** klåpare bungler, botcher **stympning** mutilation, maiming; curtailment, cutting-down; jfr *stympa*

1 styng *-et -* sömn. stitch

2 styng *-et -* stick se *sting 1*

3 styng *-et -* insekt gad-fly, häst~ horse bot-

-fly

styr *oböjl. r* **1** *hålla . . i ~, hålla ~ på* keep . . in check (in order), control, t.ex. sina känslor govern, restrain, t.ex. sin tunga curb; *jag får ingen ~ på* den pojken I cannot manage . .; *hålla sig i ~* control (restrain) oneself **2** se *[gå] överstyr*

styr|a *-de -t* **I** *tr* **1** fordon, fartyg o.d. steer, manövrera äv. manœuvre; leda, rikta [loppet av] guide äv. bildl., direct; *~* ett fartyg *i hamn* bring (take) . . into port; *~ kurs mot (på)* steer for (jfr *kurs 1*); *~ sina steg hemåt* direct one's steps towards home, make for home; *låta sig ~s av* förnuftet be guided by . .; *-d projektil* guided missile **2** regera govern, rule, be the ruler of; leda direct, stå i spetsen för be at the head of; *de ~nde i samhället* those in power, F the powers that be **3** behärska, t.ex. sina känslor control, command, restrain, govern; *~ sin tunga* curb one's tongue **4** gram., prepositionen *styr ackusativ* . . governs (takes) the accusative

II *itr* **1** sjö. o.d. steer, navigera äv. navigate; stå vid rodret äv. be at the helm; fartyget *styr inte* . . has no steerage-way; *~ efter* stjärnorna steer by . .; *~ mot* Hull steer (head, make) for . .; *~ mot land* stand in [towards land]; *~ mot norr* steer north, stand to the north; *~ rakt (ned) mot* bear down on; *~ åt höger* keep (bear) to the right **2** regera govern, rule; friare be at the head of affairs, be at the helm; *här är det jag som styr* I am the master (resp. mistress) of this house **3** ordna, *ha mycket att ~ [och ställa] med* have many things to attend to; *~ och ställa i ett hus* manage a house; *få ~ och ställa som man vill* have a free hand

III *rfl* control oneself, contain (restrain) oneself; *han kunde inte ~ sig av glädje* he couldn't contain himself for joy

IV med beton. part. **1** *~ om* ordna see to, arrange, manage; *~ om att* . . see to it that . . **2** *~ till det för sig* get into a mess **3** *~ ut* **a)** tr. klä ut dress up, F rig out, garnera o.d., t.ex. hatt trim; *~ ut sig* dress up, F rig (get) oneself out; *så du har -t ut dig!* what a fright you look!, the way you're dressed! **b)** itr., *~ ut från land* stand off [shore]; *~ ut till sjöss* make for the open sea

styr|anordning steering-gear **-arm** steering-arm **-automat** flyg. automatic (robot) pilot **-bar** *a* tekn. dirigible **-barhet** tekn. dirigibility

styrbord I *s* (böjl. end. i gen.) starboard; *på ~s bog (sida)* on the starboard bow (side) **II** *adv, hålla dikt ~* steer hard astarboard; *~ med rodret!* starboard the helm! **styrbordssida** starboard side

styre *-t -n* **1** cykel~ handle-bars pl. **2** styrelse rule; *komma till (sitta vid) ~t* come into (be in) power, take (be at) the helm; *under brittiskt ~* under British rule

styrelse 1 abstr. government, rule; förvaltning administration; ledning management **2** konkr. förenings o.d. committee; bolags~ board [of directors], directors pl.; företagsledning management; *sitta [med] i ~n* be on the board (resp. committee) **-berättelse** report of the board (resp. committee) **-form** form of government, polity **-ledamot** o. **-medlem** i bolag director, member of the (resp. a) board; i förening o.d. member of the (resp. a) committee, officer; *han är ~ i bolaget* he is on the board [of directors] **-ordförande** i bolaget chairman of the board (i föreningen o.d. of the committee) **-sammanträde** board (i förening committee) meeting **-sätt** se *-form* **-val** i bolag election of directors; i förening election of a (resp. the) committee (officers)

styresman för anstalt o.d. director, chef äv. head, chief; *stadens styresmän* the local authorities

styr|fart sjö. steerage-way **-fena** tekn. fin **-hytt** sjö. wheelhouse **-inrättning** steering-gear

styrk|a A *-an -or* **1** fysisk o. andlig strength; kraft power, force; spänst vigour; hållfasthet strength, solidity, stability, intensitet, t.ex. känslans, ljudets intensity; styrkegrad, om t.ex. motor, magnet power, om ljus äv. strength, om dryck, lösning strength, om t.ex. drog potency; *argumentets ~* the force of the argument; *vindens ~* the force of the wind; *andlig ~* strength of mind; *den råa ~n* brute force; *ha stor ~ i armarna* have strong arms; *ha ~ att* motstå frestelser have the strength to . .; *det är hans ~* starka sida that is his strong point (his strength, his forte); hävda *med ~* . . with force, . . vigorously **2** trupp force; arbets~ [working] staff, number of hands; antal, numerär strength; *den normala ~n uppgår till* 5 000 man the normal strength is (numbers) . .; *väpnade -or* armed forces; brandkåren ryckte ut *med full ~* . . in full force

B *-te -t* **I** *tr* **1** göra starkare, befästa strengthen, confirm; ge kraft, mod fortify, invigorate, refresh; *detta -te honom i hans beslut* this strengthened (confirmed) his decision; forskningsresultaten *-er denna teori* . . strengthen (confirm) this theory; må detta *~ vår vänskap* . . strengthen our friendship; *känna sig -t* be fortified; *vakna -t* awake refreshed (invigorated) **2** bevisa prove; med vittnen attest, verify; *~ sin behörighet* prove one's authority; *~ äktheten hos* ett dokument äv. authenticate; *-t avskrift* attested (certified) copy; *-t namnteckning* attested (witnessed, authenticated) signature **II** *rfl* t.ex. med ett glas fortify oneself; *~ sig med en kopp te* have a refreshing cup of tea

styrke|grad strength **-tår** F bracer, stiffener
styrkompass sjö. steering compass **styrman** sjö. **1** tjänstetitel mate; *förste (andre)* ~ first (second) mate **2** i roddbåt coxswain **3** rorgängare helmsman, steersman **styrning 1** styrande steering etc. jfr *styra I 1; automatisk* ~ automatic control **2** styrinrättning steering-gear **styrorgan** flyg. controls pl.; i databehandling control unit
styrsel *-n 0* stadga, fasthet firmness, steadiness; bildl. äv. stability, 'ryggrad' backbone; *det är ingen* ~ *på honom* bildl. he lacks (has no) backbone; *utan* ~ vinglig wobbly, slapp, ryggradslös flabby, loose
styr|spak flyg. control column **-stång** på cykel handle-bars pl. **-åra** steering-oar
styv *a* **1** allm. stiff, hård, oelastisk äv. rigid; ~ *i lederna* stiff in the joints; ~ *bris* fresh breeze; ~ *fjäder* rigid spring; ~ *jord* lantbr. stiff soil; ~ *krage* stiff collar; ~ *lina* tight rope; *visa sig på* ~*a linan* bildl. show off; ~ *papp* stiff cardboard; ~ *plast* rigid plastic; ~*a skot* sjö. taut sheets; *bli (göra)* ~ become (make) stiff, stiffen **2** ~ *i korken* F stuck-up, cocky, snooty, bumptious **3** duktig, skicklig, ~ *i* matematik etc. good (clever, sharp) at . .; ~ *i* golf, tennis etc. good (great) at . .; *ett* ~*t arbete* a) duktigt a fine (an excellent) piece of work b) svårt a tough job (piece of work); *en* ~ *elev* a clever pupil; *en* ~ *förare* a good (an excellent) driver; *en* ~ *simmare* a capital swimmer
styv|barn stepchild **-bror** stepbrother **-dotter** stepdaughter
styv|er *-ern -er (-rar)* stiver; eng. motsv. ung. farthing
styv|fa[de]r stepfather **-föräldrar** *pl* step-parents
styv|hala *tr* sjö. haul . . taut; ~*d* taut **-het** (jfr *styv 1)* stiffness, rigidity; ~ *i lederna* läk. anchylosis
styv|mo[de]r stepmother **-moderligt** *adv, vara* ~ *behandlad* be unfairly treated, be put at a disadvantage, be a Cinderella; ~ *behandlad av naturen* äv. not favoured by Nature **-morsviol** love-in-idleness, wild pansy
styvna *itr* stiffen **styvnackad** *a* stiff-necked, obstinate **styvnad** *-en -er* **1** styvhet stiffness **2** konkr. se följ. **styvnadsmaterial** stiffening material (fabric), stiffener; kanfas buckram **styvsint** *a* stubborn, obstinate, headstrong, stiff-necked
styv|son stepson **-syster** stepsister
styvt *adv* **1** stiffly, rigidly jfr *styv 1; hålla* ~ *på ngt* (*att* inf.) insist on a th. (on ing-form); *hålla* ~ *på ngn* set great store by (think a lot of) a p. **2** duktigt, *det var* ~ *gjort!* well done!
stå *stod stått* **I** *itr* **1** vara stående stand, inte sitta äv. stand up; vara äv. be; äga bestånd last, remain, exist; vara placerad, t.ex. i bokstavsordning be placed (arranged); förvaras be kept; se äv. under resp. huvudord, ss. *brud, begrepp, dyrt* m.fl.; *han stod* hela tiden he stood (was standing) [up] . .; murarna ~*r fortfarande* . . are still standing (finns fortfarande still exist el. remain); *så länge världen* ~*r* as long as the world lasts (remains); *som det (saken) nu* ~*r* as matters now stand, in the present state of things; ~ *orörlig* stand (förbli remain) motionless; ~ *ostadigt* wobble, om sak äv. be rickety (shaky); *nu* ~*r vi där [vackert]!* now we are in a fix!; dörren ~*r öppen* . . is (stands) open; *hur* ~*r det (spelet)?* what is the score?; *det* ~*r 2—1* it (the score) is two one; *det* ~*r en karl (ett bord) där* there is a man (a table) [standing] there; *var* ~*r* kopparna where are . .?; *var ska (brukar)* kopparna ~*?* where do . . go?; *få* ~ inte få sitta have to stand (be standing), lämnas ensam be left alone, bli kvarlämnad be left [standing]; disken *får (jag låter* disken*)* ~ I'll leave . .; *låta* ngn ~ inte sitta let . . stand [up]; *låta* ngt ~ inte flytta leave . . [where it is], inte röra leave . . alone, mat leave . . untouched, inte ta bort, t.ex. ord leave . . in, keep (retain) . .; ~ *och läsa* stand (be standing) reading, läsa stående read standing up, hålla på att läsa be reading; ~ *och gapa (hänga)* stand gaping (hang around); ~ *inte där och gapa!* don't stand there gaping!; teet ~*r och kallnar (har* ~*tt och kallnat)* . . is getting (has got) cold; ~ *tills (så att) man blir trött* get tired with standing; ~ *som förstenad av* skräck be petrified with . .; *han* ~*r som författare till* artikeln . . is written in his name, he is the author of . .; ~ *som subjekt i* en sats function (act) as the subject of . .; mat ~*r inte [till] att få* . . is not to be had, it's impossible to (you can't) get . .; hans liv *stod inte att rädda* . . couldn't be saved
m. obeton. prep., ~ *efter ngt* aspire to a th.; ~ *efter ngns liv* seek a p.'s life; *det är ingenting att* ~ *efter* att ha it's not worth having, att vara angelägen om it's not worth while; ~ *för* ansvara för be responsible for, answer for, leda, ha hand om be at the head (in charge) of, understödja sponsor, betala pay, t.ex. kostnader äv. bear, defray, släppa till find, gå i god för vouch, innebära, representera stand for, represent; ~ *för betalningen* pay; ~ *för följderna* take (be responsible for) the consequences; ~ *för vad man säger (sin övertygelse)* stand by what one has said (have the courage of one's convictions); *det* ~*r tydligt för mig* it is vividly present to me, I can see it before my eyes; *det* ~*r för mig som bilden av* . . it seems to me the very picture of . .;

rummet *får* (*vi låter* rummet) ~ *för er* [*räkning*] we'll reserve (keep) . . for you; *den åsikten får* ~ *för honom* that is just his opinion, he is only speaking for himself; ~ *i* ackusativ be in the . .; ~ *i affär* work in a shop; ~ *i brevväxling (kontakt) med* . . correspond (be in touch) with . .; ~ *i ljuset för ngn* stand in a p.'s light; *jag* ~*r i tur att* . . it's my turn to . .; ~ *i vatten till knäna* be up to one's knees (stand knee-deep) in water; *blommorna* ~*r i vatten* the flowers are [put] in water; *aktierna* ~*r i* 100 kr. the shares are (stand) at . .; *bilen* ~*r i* 10 000 kr. the car costs (är värd is worth) . .; *ha mycket att* ~ *i* have many things to attend to, have plenty to do; ~ *inför* se ex. under *inför 1* o. *2*; *det* ~*r och faller med honom* it all depends on him; *valet* ~*r mellan* . . the choice lies between . .; ~ [*vänd*] *mot* . . face . .; ~ *bra (illa) mot* . . om t.ex. färg go well with (clash against) . .; *uppgift* ~*r mot uppgift* one statement contradicts the other, there is a conflict of evidence; *dammet stod om oss* the dust flew around us; ~ *på benen* stand on one's legs, ~ upp stand [up]; ~ *på* en sockel stand (vila rest) on . .; ~ *på* 10 poäng have . .; *barometern (visaren)* ~*r på* . . the barometer (hand) points to . .; *termometern* ~*r på* noll the thermometer is at (registers) . .; ~ *på sin rätt* stand on one's rights; *mitt hopp* ~*r till* . . my hope (trust) is in . ., I set my hopes on . .; ~ *till ansvar* be held responsible; allt som ~*r till förfogande* . . is available; vattnet *stod honom till knäna* . . came up to his knees; huset ~*r under byggnad* . . is under (in course of) construction, . . is being built; ~ *under kontroll* be under control; *infinitiven* ~*r med 'att' vid* vissa verb the infinitive with 'to' is used with . ., the infinitive takes 'to' with . .; ~ *vid* vad man sagt stand by . ., keep (stick) to . .; *vattnet* ~*r över* . . the water reaches above . .

2 ha stannat, om klocka have stopped; hålla, om tåg o.d. stop, wait; inte vara i gång: om maskiner o.d. be (stand) idle, om t.ex. fabrik be at (have come to) a standstill; *min klocka* ~*r (har* ~*tt* en timme*)* my watch has stopped (hasn't been going for . .); ~ *för* villebråd (jakt.) point at . .

3 äga rum take place, om bröllop äv. be [held]; om slag be fought; *när ska* bröllopet ~*?* when is . . to be?; bröllopet *stod i dagarna tre* . . went on for (lasted) three days

4 finnas skriven be [written]; *läsa vad som* ~*r* [*skrivet*] *om* . . read what is written (i tidning what they say) about . .; *det* ~*r* [*att läsa*] överallt you can read it . ., it is to be read . .; *var* ~*r* det citatet? where is . . to be found?; *det* ~*r i* boken it is in . .; *det* ~*r i boken att* . . the book says (it says in the book) that . .; *det* ~*r så (ingenting* om det*) i boken* it says so (there is nothing . .) in the book; *det* ~*r* [*en artikel*] *om honom i* tidningen there is an article about him in . .; *det* ~*r* Björk *på dörren* there is . . on the door; *han* ~*r som konstnär* i passet he is put down as an artist . .

II *tr*, ~ *sitt kast* take the consequences; ~ *risken* chance it

III *rfl* hävda sig hold one's own (ground), i konkurrensen in . .; hålla sig, om mat o.d. keep; inte slitas wear [well], last; fortfarande gälla, om teori o.d. hold good (true), stand; klara sig manage; bestå last, om väder äv. hold; ~ klara *sig bra* do (get on) well, manage all right; ~ *sig inför* kritiken stand up to . .; *jag* ~*r mig på* den frukosten . . will keep me going; *jag* ~*r mig* till middagen I can do (manage) . .

IV m. beton. part. **1** ~ *av sig* bli duven get flat (stale) **2** ~ *bakom* ngt, bildl. be behind (stödja support, ekonomiskt sponsor) . .; vara orsak be at the bottom of . . **3** ~ *bi* uthärda hold out, last, stå rycken stand the strain; *om mina krafter* ~*r bi* if my strength holds out (does not fail me) **4** ~ *efter* **a)** komma efter, ~ *efter* [*ngn*] come after a p., follow [a p.] **b)** bildl., ~ *efter* vara underlägsen *ngn* be inferior to a p.; *inte* ~ *någon efter* äv. be second to none; ~ *efter* försummas *för ngt* be neglected in favour of a th. **5** ~ *emot* tr., allm. resist, withstand; tåla stand, om saker äv., t.ex. slitning stand up to; inte skadas av, t.ex. eld be proof against; *jag kan inte* ~ *emot* [*frestelsen*] *när* . . I can't resist [temptation] when . . **6** ~ *fast* om pers., inte ge vika be firm, stand pat, om t.ex. anbud be firm, stand (hold) good; *det* ~*r fast att* . . it is certain that . .; ~ *fast vid* t.ex. anbud stand by, hold to, t.ex. löfte äv. keep to, t.ex. åsikt stick to, t.ex. krav insist on; ~ *fast vid att* hel sats maintain (insist) that . . **7** ~ *fram* skjuta fram stand out **8** ~ *framme* till bruk o.d. be out (ready), till påseende be displayed, skräpa be left about; *maten* ~*r framme* the meal is on the table; *låt inte* skorna ~ *framme* don't leave . . about, ställ undan put . . away **9** ~ *för* **a)** ~ *för* [*ngn*] skymma stand in a p.'s way, dölja stand in front [of a p.] **b)** föresväva, *det* ~*r för mig att* . . I have an idea (impression) that . . **10** ~ *före* [*ngn*] come before a p., precede [a p.] **11** ~ *i* arbeta work hard, be at it; *arbeta och* ~ *i* hela dagen be busy working . . **12** ~ *ifrån* väggen stand out from . . **13** ~ *inne* **a)** vara inomhus be [kept] indoors (in the house); om tåg o.d. be in **b)** om pengar, ~ *inne* [*på banken*] be deposited in the bank; *låta* pengarna ~ *inne* leave . . on deposit, jfr vid. *innestående* **14** ~ *kvar* eg., om pers.: förbli stående remain (keep) standing, stanna remain, stay [on]; *han* ~*r kvar där* he is still [standing] there; ~ stanna *kvar!* stay (remain) where you are!; jfr vid. under *kvar* **15** ~ *på* **a)** vara påkopplad be on **b)** *vad ~r på?* hur är det fatt what's the matter?, F what's up?, vad händer äv. what is going on? **c)** dröja, *det stod länge (inte länge) på innan* . . it was a long time (was not long) before . . **d)** sjö., fartyget *~r [hårt] på* . . is [fast] aground **e)** ~ *på sig* stick to one's guns, inte ge vika äv. be firm, hävda sig hold one's own (one's ground); ~ *på dig!* don't give in!, stick up for yourself! **16** ~ *till: hur ~r det till [med dig]?* hur mår du how are you?, hur är det fatt what's the matter [with you]?; *hur ~r det till hemma (med familjen)?* how is your family?; *det ~r bra (illa) till* things are [getting on] all right (are in a bad way); *det ~r bra (illa) till med henne* she is all right (is in a bad way); *som det nu ~r till* förhåller sig as (the way) things are now; *om det ~r så till* if that is the case (is how things are); *så ~r det till med den saken* that is how matters stand (things are); *det ~r inte rätt till [med . .]* there is something wrong (something the matter) [with . .] **17** ~ *tillbaka* **a)** uppskjutas, om arbete be deferred **b)** *få ~ tillbaka för* . . ställas i skuggan be pushed into the background by . ., offras have to be sacrificed for . . **18** ~ *under ngn* vara underordnad be subordinate to a p.; ~ *under* ngn *[i rang]* rank below . . **19** ~ *upp* stiga upp, höja sig rise; ~ *upp från de döda* rise from the dead **20** ~ *ut* **a)** eg. stand out, project, protrude **b)** härda ut, *jag stod ut* länge I put up with (stood, bore) it . .; *jag ~r inte ut längre* I can't stand (bear, put up with) it any longer; ~ *ut med* stand, bear, endure, put up with; *man kan inte ~ ut med det* äv. it is unbearable **21** ~ *ute* **a)** utomhus be [standing] out (outside, outdoors), vara lämnad ute be left outside; om säd be out [in the field] **b)** obetald, om t.ex. fordran be outstanding, jfr vid. *utestående* **22** ~ *över* **a)** ~ *över ngn* hålla efter stand over a p., vara överordnad be a p.'s superior, vara överlägsen be superior to a p.; ~ *över* ngn *[i rang]* be above . . [in rank], rank above . .; ~ *över* ngt: vara höjd över be above . ., vara oberoende av, t.ex. partier, äv. be independent of . . **b)** uppskjutas lie over; *jag ~r över till* . . I'll wait till . .

stående *a* allm. standing; upprättstående äv. erect; lodrät, tekn. vertical; stillastående, om t.ex. parkerad bil, samt fys. stationary; bildl. äv.: fast, om t.ex. teater permanent; oföränderlig, om t.ex. svar invariable, om t.ex. samtalsämne constant; alltid tillgänglig (återkommande) (attr.) stock; ~ *armé* standing (regular) army; ~ *fras* set phrase; ~ *rätt* maträtt standing dish; ~ *skämt* standing (uttjatat stock) joke; *i ~ ställning* in a standing (an erect) posture; göra ngt *i ~ ställning* . . standing [up]; *högt ~* utvecklad highly developed; *bli ~* a) inte sätta sig remain standing b) stanna stop, om pers. äv. pause, om sak äv. come to a standstill c) bli kvarlämnad be left; *ha ngt ~* i ett skåp have (förvara keep) a th. . .

ståhej *-et 0* hullabaloo, fuss, to-do, *kring* i samtl. fall about

stål *-et -* steel; *härdat (rostfritt) ~* hardened (stainless) steel; tåla *kallt ~* . . cold steel; *nerver av ~* nerves of steel (iron) **-borste** wire brush **-fjäder** steel spring **-gjuteri** steel foundry **-grå** *a* steel-grey **-hjälm** steel helmet **-hård** *a* steely, . . [as] hard as steel **-industri** steel industry **-klädd** *a* steel-clad **-lina** [steel] wire **-penna** nib, fackl. steel pen **-rör** steel tube; koll. steel tubing **-rörsmöbler** *pl* [steel] tubular furniture sg. **-stick** konst. steel engraving **-sätta** *tr* bildl. harden, steel; ~ *sig mot* . . steel (harden) oneself against . . **-tråd** [steel] wire **-trådsnät** wire netting **-ull** steel wool **-verk** steelworks (pl. lika)

stånd *-et -* (i bet. 5 äv. *ständer*) **1** växt plant **2** salu~ stall, isht marknads~ booth, isht på t.ex. mässa stand **3** civil~ [civil] status; *det äkta ~et* the married state; *ingå i det äkta ~et* enter into [holy] matrimony **4** samhällsklass [social] class; *det andliga ~et* the clergy; *de högre (lägre) ~en* the upper (lower) classes; *gifta sig under sitt ~* marry beneath one (below one's station) **5** hist. riks~ estate; *de fyra ~en* the four estates; *rikets ständer* the estates of the realm **6** jakt. a) villebråds uppehållsort lair, covert b) *göra ~* om hund point, stand, om vilt stand at bay **7** nivå height, vattens äv. level; jfr *barometerstånd* **8** fysiol. erection **9** ställning o.d., *fatta ~* posto take one's stand; *hålla ~* hold one's ground (own), hold out, *mot* fienden against . .; *hålla ~ mot* frestelser resist . . **10** skick o.d. condition, state; vara *i gott ~* . . in good condition (order, repair); *hålla* ngt *i [gott] ~* keep . . in [good] repair, maintain . .; *sätta* ngt *i ~* put . . in[to] repair, laga repair (mend) . ., renovera do . . up, genomgripande recondition . .; *sätta* ngn *i ~ att* inf. enable (make it possible for) . . to inf., put . . in a position to inf.; *vara i ~ [till] att* inf. be able to inf., be capable of ing-form, ha möjlighet till be in a position to inf.; *han är i ~ till allt (vad som helst)* he is capable of anything, klandrande äv. he sticks at nothing; *få till ~* bring about, t.ex. uppgörelse effect, upprätta establish; *komma till ~* come (be brought) about, äga rum come off, take place, förverkligas be realized, materialize; ett avtal *kom till ~* . . was brought about (made); *sätta* ngt *ur ~* bringa i olag put (throw) . . out of gear, skada damage; *sätta* ngn *ur ~ att* inf. render

. . incapable of ing-form; *sätta ngn ur ~ att arbeta* incapacitate a p. from working; *vara ur ~ att* inf. be incapable of ing-form, be unable to inf., inte ha möjlighet not be in a position to inf.

ståndaktig *a* karaktärsfast firm; orubblig steadfast, constant; uthållig persevering; *förbli ~* hålla ut persevere **-het** firmness; steadfastness, constancy; perseverance

ståndare 1 stötta upright, standard, post **2** bot. stamen

ståndar|knapp bot. anther **-mjöl** bot. pollen **-sträng** bot. filament

stånd|krage stand-up collar **-krok** fiske. ledger-line

ståndpunkt bildl. standpoint, inställning äv. position, attitude, synpunkt äv. point of view; stadium state, stage; nivå level; *vilken ~ intar han till . .?* what is his position on (attitude towards, outlook on) . .?; *ta ~* se [*ta*] *ställning; välja ~* choose (adopt) an attitude; *ändra ~* take up another attitude, revise one's opinion, shift one's ground; *från min ~* [*sett*] from my point of view; *på sakernas nuvarande ~* in the present state of things, as matters stand now; *stå på en hög (låg) ~* nivå be at a high (low) level **ståndpunktstagande** se *ställningstagande*

ståndrätt court martial (pl. courts martial, court martials)

stånds|cirkulation ung. social changes pl. **-fördom** class prejudice **-mässig** *a* . . consistent (in accordance) with one's station; förnäm high-class, elegant **-mässigt** *adv* in accordance with one's station; elegantly; *leva ~* äv. keep up one's position **-person** person of rank

stång *-en stänger* **1** allm. pole, flagg~ äv. staff; tunnare (för t.ex. gardiner) äv. rod; horisontal samt i galler o.d. bar; räcke (äv. för kläder) rail; tvär~ (t.ex. på herrcykel) cross-bar; *hålla ngn ~en* bildl. hold one's own against a p.; *kunna hålla ngn ~en* äv. be a match for a p.; flaggan är *på halv ~* . . at half-mast **2** längd: av t.ex. kanel, lack, smink stick, av vanilj pod

stånga *tr* buffa butt; såra m. hornen gore; *~ ihjäl* ngn gore . . to death **stångas** *itr. dep* butt; med varandra butt each other

stång|bett ridn. curb bit **-järn** bar iron **-järnshammare** tilthammer, helve hammer **-järnssmedja** ironworks forge **-korv** sausage made of meat, lungs and barley **-lack** sealing-wax in sticks **-piska** queue **-sparris** koll. asparagus spears pl.

1 stånk|a *-an -or* tankard

2 stånka *itr* flåsa puff [and blow], breathe heavily; stöna groan, *av* with; tåget *~de i väg* . . puffed (chugged) along

ståplats, *~*[*er*] *~*utrymme standing room sg.; *en ~ (fem ~er)* standing-room sg. for one (for five); *förbjuden ~* på skylt o.d. no standing **-biljett** standing ticket

ståt *-en 0* pomp, festligheter äv. festivities pl.; prakt splendour, magnificence; prål show, ostentation, display; stass finery; han visade sig *i all sin ~* . . in all his splendour

ståta *itr, ~ i* fina kläder make a display of oneself in . .; *~ med* parade, show off, make a display (show, parade) of

ståthållare på kungl. slott governor

ståtlig *a* storslagen grand, magnificent, splendid, fine; imponerande: om t.ex. person imposing, om t.ex. byggnad stately, impressive; stilig (om pers.) fine-looking, handsome; reslig tall **-het** grandeur, magnificence, splendour; imposingness, stateliness, impressiveness; fine looks pl., handsomeness; tallness; jfr *ståtlig*

stäck|a *-te (-ade) -t (-at) tr* bildl.: hejda, omintetgöra frustrate, foil, t.ex. ngns planer äv. thwart; sätta stopp för, t.ex. ngns bana put a stop to, cut short

1 städ *-et -* anvil, anat. äv. incu|s (pl.-des) lat.

2 städ *-et -* F städhjälp char

städa I *tr* rengöra clean, F do, snygga upp i tidy [up], plocka i ordning i (på) put . . straight (in order) **II** *itr* ha rengöring clean up, snygga upp tidy up, plocka i ordning put things straight (in order); [*gå och*] *~* yrkesmässigt go out charring; *vem ~r* (gör rent) här? who does the cleaning . .?; *~ i* clean osv., se *I; ha* hålla [*det*] *~t i* sitt rum keep . . tidy **III** m. beton. part. **1** *~ av* ett rum tidy up . . **2** *~* slarva *bort* ngt remove . . when tidying up **3** *~ undan* ngt clear (put) away . . **4** *~ upp* [*i*] ett rum tidy (straighten) up . . **städad** *a* bildl.: anständig decent, om pers. äv. well-behaved, om t.ex. uppträdande proper, decorous; vårdad tidy **städat** *adv,* uppträda *~* . . properly (with decorum) **städdag** house-cleaning day **städdille** mania for cleaning **städerska** cleaner, städhjälp charwoman, F char; på hotell [chamber]maid; på båt stewardess **städfirma** cleaning firm **städförkläde** [cleaner's] apron **städhjälp** städerska charwoman, F char

städja *stadde statt tr* hire, engage

städning cleaning, tidying up; yrkesmässig charring [work] **städrock** overall

städse *adv* always, ever

städskåp ung. broom cupboard

städsla *tr* hire, engage

ställ *-et -* **1** ställning stand, för disk, flaskor, pipor o.d. rack **2** omgång set, av segel suit (båda m. of framför följ. best.)

ställ|a *-de -t* **I** *tr* **1** placera: allm. put, place, sätta äv. set, i upprätt ställning äv. stand; mots. lägga put . . up, place . . upright; ordna t.ex. i storleksordning place, arrange; låta stå, förvara keep; lämna leave; *~* ngt *kallt* put (förvara keep) . .

in a cool place; ~ en hylla *stadigt* make . . steady; ~ en dörr *öppen* öppna open . ., lämna öppen leave . . open; ~ ngt *i fördelaktig dager* put (place) . . in a favourable light; ~ ngt *i utsikt* hold out the prospect of . ., lova promise . .; ~ *ngn inför* en svårighet confront a p. with . .; ~*s inför* en svårighet äv. be brought face to face with . .; ~ *ngn (vara -d, ~s) inför valet mellan* A och B make a p. (have to) choose between . .; *man -s ofta inför den frågan* one is often faced with that question; ~ en stege *mot en vägg* put (lean, stand) . . against a wall; ~ *stora förväntningar på* . . expect great things from . .; ~ ngt *till förfogande* make . . available; ~ ngt *under debatt* bring . . up for discussion, make . . the subject of a debate; ~ *ngn under förmyndare* place a p. under guardianship; *det är -t utom allt tvivel att* . . it is beyond [all] doubt that . .

2 ställa in set; ~ *sin* armbands*klocka* set one's watch (*efter* kyrkklockan by . .), put one's watch right; ~ väckarklockan *på* [*ringning*] *kl. 6* set . . for six o'clock; ~ en visare *på noll* set (put) . . at zero

3 rikta, t.ex. sina steg direct, t.ex. brev, ord äv. address; låta sända (post) order . . to be sent; ~ *en ansökan till* . . make (sända send in) an application to . .; ~ *en fråga till* ngn ask . . a question, put a question to . .; växeln *är -d på innehavaren* . . is made payable to the bearer

4 (äv. itr.) inrätta, ordna arrange; ~ [*det*] *så att* . . ställa om arrange (manage) it so that . ., se till see [to it] that . .; *han vet att ~ det* [*bra*] *för sig* he knows how to look after himself; ~ *det illa för sig* manage one's affairs badly; ~ *allt till det bästa* act for the best; *som det nu är -t* as (the way) things are (matters stand) now; *som jag har det -t* in my situation; *han har det bra -t* ekonomiskt he is well off; *ha det bra (dåligt) -t med* kläder be well (badly) off for . ., be well (poorly) supplied with . .; *det är illa -t med* landet . . is in a bad way; jfr vid. ex. under *styra II 3*

5 framställa: t.ex. problem set, pose, t.ex. frågor ask, put; uppställa, t.ex. krav, villkor make; lämna: t.ex. garanti give, furnish, t.ex. säkerhet äv. put up; skaffa, t.ex. ersättare find, produce; frågan *är felaktigt -d* . . is wrongly put

II *rfl* **1** placera sig place oneself, take one's stand, station oneself, *bredvid ngn* at a p.'s side; [*kom och*] *ställ dig här!* [come and] stand here!; ~ *sig att diska* start (set about) washing up; ~ *sig i kö (rad)* queue (line) up; ~ *sig i* kön take one's place in . .; ~ *sig i vägen för ngn* put oneself in a p.'s way; ~ *sig på* en stol get up on . .; *ställ dig på tå!* stand on tiptoe!; ~ *sig upp* stand up, rise

2 bete sig behave, act; vara be; jag vet inte *hur jag skall ~ mig* a) tycka . . what attitude (view) to take b) handla . . what line (course) to take; *det kommer att ~ sig dyrt* it will be (come) expensive; *priserna -er sig högre om* . . prices are higher if . .; ~ *sig skeptisk* [*till* . .] take up (assume) a sceptical attitude [towards . .]; *hur -er han sig till saken?* what is his attitude towards (are his views on) the matter?

3 låtsas pretend; ~ *sig ovetande* pretend ignorance (to know nothing); ~ *sig oskyldig* play the innocent; ~ *sig sjuk* feign illness

III m. beton. part. **1** ~ *av* koppla av switch off, maskin stop, reservera put aside **2** ~ *bort* ifrån sig put down (aside), undan put away; förlägga mislay **3** ~ *fram* se *sätta* [*fram*] **4** ~ *för* en skärm put (place) . . in front; jfr vid. ex. under *2 för IV 2* **5** ~ *ifrån sig* put (set) . . down (*på* ngt on . .), undan, bort put away (aside), lämna, glömma leave [. . behind] **6** ~ *ihop* eg. put . . together, plocka ihop äv. collect, *på* en bricka on . .; samla, utarbeta, t.ex. antologi, register compile, jfr vid. *sätta* [*ihop*]; ~ placera *ihop ngt med* . . place (put) a th. [side by side] with . . **7** ~ *in* **a)** eg. put . . in (inomhus inside); lämna till förvaring deposit; ~ *in ngt i* ett skåp put a th. in[to] . .; ~ *in bilen* [*i garaget*] put the car in the garage **b)** reglera, t.ex. apparat, kikare adjust, t.ex. bländare set, t.ex. avståndsmätare focus; anpassa accommodate, *efter* to; ~ *in* [*radion*] *på program 1 (en annan* station*)* tune in to the first program[me] (tune in another . .) **c)** se *inställa I* **d)** ~ *in sig på ngt* bereda sig på prepare [oneself] for a th., räkna med count on (expect) a th.; ~ *in sig på att gå* ämna intend to go, besluta sig make up one's mind to go **e)** ~ *sig in hos* ngn ingratiate oneself (curry favour) with . ., krypa för äv. cringe to . ., fawn upon . . **8** ~ *om* **a)** placera om rearrange; omorganisera reorganize, produktion convert, change (switch) over; ~ *om sig efter* nya förhållanden adapt (adjust) oneself to . . **b)** ombesörja: skaffa get, find, ordna med arrange, manage; ~ *om att* . . arrange (manage) it so that . ., se till see [to it] that . . **9** ~ *samman* se ~ *ihop* **10** ~ *till* **a)** ~ *till* [*med*] anordna arrange, organize, get up; sätta i gång med start, t.ex. bråk make, F kick up, t.ex. kravaller, oroligheter create; vålla cause, t.ex. skada äv. do, t.ex. olycka bring about; ~ *till* [*med*] *bröllop* arrange a wedding; ~ *till* [*med*] *fest* get up (give, F throw) a party; *vad har du nu -t till* [*med*]? what have you been up to (gjort done) now?; ~ *till det* [*illa*] *för sig* get [oneself] into a mess **b)** ~ *till* stöka till, smutsa ned make a mess, *i, på* in, on; ~ *till ngt* make a mess of (bringa i oordning disarrange) a th.; ~ *till bland* ngns böcker bring . . in disorder, disarrange . .; *det är så* *tillställt i köket* the kitchen is all in a mess **11** ~ *tillbaka* a) put . . back, replace b) klocka put (set) . . back, *en timme* an hour; ~ *tillbaka* en visare *på noll* reset . . at zero **12** ~ *undan* ställa bort o. reservera put aside, plocka undan put away **13** ~ *under* en platta [*under ngt*] put (place) . . underneath [a th.] **14** ~ *upp* **a)** placera put . . up, t.ex. schackpjäser set up, lay out; uppföra äv. erect; ordna, t.ex. i grupper place, arrange; trupper, t.ex. för inspektion draw up; montera, t.ex. maskin mount; parkera park; ~ *upp en stege mot* en vägg put (stand, lean) a ladder [up] against . .; ~ *upp ngt på* en hylla put a th. up (place a th.) on . . **b)** uppbåda, t.ex. en armé set up, raise; ~ *upp ett lag* t.ex. i fotboll field (put up) a team **c)** göra upp, t.ex. program, rapport draw up, t.ex. lista make [out], ekvation form, set up; disponera arrange, organize **d)** framställa, t.ex. teori put forward, advance, t.ex. problem propound, pose, t.ex. villkor make; fastställa, t.ex. regel lay down; ~ *upp* ngt *som sitt ideal (mål)* set . . up as one's ideal (make . . one's goal) **e)** deltaga take part, join in; ~ *upp i ett lopp* anmäla sig som deltagande enter for a race, deltaga compete in a race; ~ *upp mot* . . i tävling meet . . **f)** ~ *upp sig* placera sig take one's stand, om flera äv. form up; mil. draw up; arrangera sig get into position; ~ *upp sig på led (i rad)* line up **15** ~ *ut* **a)** placera put . . out (utanför outside, utomhus outdoors); vaktpost post, station **b)** utfärda: allm. make out, växel o.d. äv. draw, pass o.d. äv. issue; växeln *är utställd på honom* . . is drawn on him, . . is in his name **c)** visa exhibit, show, varor i t.ex. skyltfönster äv. display, expose; *vara utställd* äv. be on show (view); *konstnären -er ut i Paris* just nu the artist is holding an exhibition (is exhibiting) in Paris . . **16** ~ *över ngt på* ett annat bord put a th. on to . .

ställbar *a* adjustable **ställd** *a* bildl.: svarslös nonplussed, bragt ur fattningen disconcerted, put out, embarrassed; *bli (vara)* ~ inte begripa vad man skall säga, göra osv. äv. be at a loss for what to say (resp. to do osv.)

ställe *-t -n* **1** allm. place; plats, fläck äv. spot; egendom äv. estate, hus äv. house; matställe äv. restaurant; passus i skrift o.d. passage; *det ~ där* [the place] where; *det ömma ~t* the sore spot (place); *inte röra sig från ~t* not budge; *från annat* ~ håll from another quarter; *på ~t* genast on the spot, just nu äv. here and now, just då äv. there and then; *affärerna på ~t* platsen the shops on the spot, the local shops; *att förtäras på ~t* i lokalen to be consumed on the premises; *göra på ~t marsch* mark time; *här på ~t* platsen here, at this place; *på ett (något) annat* ~ in (at) some other place, somewhere else; det finns *på något annat ~ i boken* . . in some other part of the book; *inte på något* ~ ingenstans nowhere; skratta *på rätt* ~ . . in the right place; *på en del (sina) ~n* in [some] places here and there, ställvis äv. in spots; *gå på ett visst* ~ toaletten go somewhere; *jag får det inte ur ~t* I can't budge it, får inte i gång den (om t.ex. bil) I can't get it going; *vi kommer inte ur ~t* bildl. we are making no progress, we are not getting anywhere
2 i uttr. m. prep. 'i': *i ~t* instead, i gengäld in return, in exchange, å andra sidan on the other hand; något *att sätta i ~t* . . to put in its place (to replace it by); [*om jag vore*] *i ditt ~ skulle jag* . . in your place (if I were you) I should . .; *jag skulle inte vilja vara i ditt ~ när* . . I wouldn't be in your shoes when . . *komma i ngns* ~ come instead of a p., come in a p.'s place (stead), ersätta ngn take a p.'s place, replace a p.; *sätta någon i sitt ~* find a substitute; *uppta* ngn *i barns* ~ adopt . .; *vara i mors ~ för ngn* be [like] a mother to a p.; *i ~t för* instead of (*att gå* going), som ersättning in [the] place (in lieu) of, såsom by way of; *sätta ngt i ~t för* . . substitute a th. for . ., replace . . by (with) a th.

ställföreträdande *a* attr. deputy; bildl. om t.ex. lidande vicarious **ställföreträdare** deputy, ersättare substitute; representant representative, ombud proxy

ställning 1 allm. position äv. mil.; kropps~ äv. posture, pose pose; situation, läge äv. situation, polit. o. jur. state; plats place; samhälls~ o. affärs~ äv. standing, status; levnads~ äv. state, station in life; inställning äv. attitude; poäng~ score; *firmans ekonomiska* ~ the financial position of the firm; *veta hur ~en* förhållandena är know how matters stand (things are); *hur är ~en?* i spel what is the score?; *vilken ~ intar han till* frågan? what is his position on (attitude towards) . .?; *skapa sig en* ~ gain (obtain) a standing, work one's way up to a good position; *ta* ~ a) ha egen uppfattning take up a definite position, take one's stand b) bestämma sig make up one's mind, *i fråga om* ngt about . .; decide, *till* ngt on . . c) binda sig commit oneself; *ta ~ emot (för)* . . take sides against (with) . .; *i ansvarig* ~ in a responsible position; *en man i god (hög)* ~ a man of good social (high) position; *i sittande* ~ in a sitting position (posture), sittande sitting down; *i min ~ som* chef in my capacity as . . **2** konkr.: ställ stand, t.ex. att hänga tvätt på rack; stomme, t.ex. lampskärms~ frame; byggnads~ scaffold; *upphöjd* ~ platform

ställnings|krig positional war (krigföring warfare) **-steg,** *göra* ~ stand at attention (med honnör at the salute) **-tagande** ståndpunkt standpoint (*i* en fråga on . .); inställning position (*till* on), attitude (*till* towards); undvikande *ett* ~ . . taking up a stand

ställ|skruv adjusting screw **-verk** järnv. signal-box

stämband vocal cord **stämd** *a* inställd. *välvilligt (vänligt) ~ mot . .* favourably disposed (inclined) towards . .; *ogynnsamt ~ mot . .* unfavourably disposed towards . ., prejudiced against . . **stämgaffel** tuning-fork

stämjärn [wood] chisel

1 stämm|a A *-an -or* **1** röst voice; mus. part, fuga voice, i orgel stop; *första (andra) ~* first (second) part; *sjunga i -or* sing in parts **2** *ha säte och ~* se under *säte 1*

B *stämde stämt* **I** *tr* **1** mus. tune; *~ . . en halv ton högre* pitch . . a semitone higher **2** bibringa en viss sinnesstämning o.d. dispose, make; *~ ngn allvarlig (glad)* put a p. in a serious mood (in good humour); *~ mildare* soften; *~ ngn till vrede* make a p. angry

II *itr* gå ihop, överensstämma correspond, tally, *med* with; *räkningen -er* the account is correct; *det -er!* F that's correct (right, it)!, quite right!; *om något inte -er* äv. if there is a discrepancy; *~ med* originalet be in accordance with . .

III m. beton. part. **1** *~ i* börja sjunga begin (start) to sing; orkestern *stämde i* [*med en melodi*] . . struck up [a tune] **2** *~ in* a) falla in, *alla stämde in i sången* all joined (chimed) in the song b) passa in apply, be applicable, *på* to **3** *~ ned* a) *~ ned tonen* bildl. come down a peg [or two] b) göra förstämd depress **4** *~ samman* harmonize, agree **5** *~ upp* en sång break into; ett skri set up, raise; orkestern *stämde upp* [*en melodi*] . . struck up [a tune] **6** *~ överens* agree, accord, be in accordance; jfr *B II* ovan

2 stäm|ma *-de -t tr itr* hejda stem, check äv. bildl.; *~ blod* äv. staunch blood; *det är bättre att ~ i bäcken än i ån* it is better to nip it (a thing) in the bud; *~ med* ena skidan stem with . .

3 stämm|a I *-an -or* sammanträde meeting, assembly, reunion **II** *stämde stämt tr* **1** jur. summon[s], *inför domstol* to appear before a (resp. the) court; *~ ngn* [*för* ärekränkning] sue a p. [for . .]; *~ in ngn som vittne* summon a p. as a witness; *vara instämd för* sin uraktlåtenhet att . . have been summoned to answer for . . **2** *~ möte med* se under *möte*

1 stämning 1 mus. tune; *hålla ~en* keep in tune **2** bildl.: sinnes~ mood, temper; atmosfär, stämningsläge atmosphere, feeling; *tavlans ~* the tone of the picture; *en ~ av vemod* a note of melancholy; *~en bland folket* äv. public sentiment (feeling); *~en var hög, det rådde en hög ~* there was an atmosphere of gaiety; *~en var tryckt* there was a feeling of depression; *det rådde en upprörd ~* [*bland dem*] everyone was up in arms (indignant); *på börsen råder tryckt ~* the Exchange is depressed; *bryta ~en* break the spell; *. . hade en gammaldags ~* . . had (wore) an old-world air; *sondera ~en* den förhärskande meningen *bland mötesdeltagarna* take the sense of the meeting; *vara i ~* (*den rätta ~en*) *för . .* be in the right mood (vein) for . .; *i glad (festlig) ~* in high spirits; *försätta . . i glad ~* put . . in good humour

2 stämning jur. [writ of] summons; *delgiva ngn ~* serve a writ (process) upon a p.; *ta ut ~ mot (på) ngn* cause a summons (writ) to be issued against a p.; jfr *3 stämma II 1*

stämningsansökan jur. plaint, application for a summons

stämnings|bild lyrical (sentimental) picture (beskrivning description); i ord äv. word-picture **-full** *a . .* full of (instinct with) feeling, poetic, lyrical; gripande impressive, moving; högtidlig solemn

stämningsman bailiff, sheriff's officer

stämningsmänniska temperamental (impulsive) person

stämnyckel mus. tuning-key

stämpel *-n stämplar* **1** verktyg stamp, gummi~ rubber stamp; för mynt die **2** avtryck stamp, på guld, silver hallmark båda äv. bildl.; post~ postmark; inbränt på varor o.d. brand, mark; bildl. äv. impression, cachet **-avgift** stamp duty **-dyna** [self-inking] stamp pad, ink pad **-gravör** die-sinker **-järn** tekn. stamp, marking-(branding-)iron **-kort** clocking-in card **-papper** stamped paper **-skatt** stamp duty **-ur** time clock

1 stämpla I *tr* med stämpel: allm. stamp; mark; med brännjärn brand äv. bildl.; frimärke cancel; guld, silver hallmark; *brevet är ~t* (avstämplat) den 3 maj the letter is postmarked . .; *~ ngn som förrädare* stamp (brand, stigmatize) a p. as a traitor; *ett ~t* använt *frimärke* a used (cancelled) stamp; *~ in* belopp register; *~* [*ut*] träd mark [out] . . [for felling], blaze . . **II** *itr, gå och ~* om arbetslös go (be) on the dole

2 stämpla *itr* konspirera plot, conspire, intrigue; *~ mot ngns liv* have designs on (against) a p.'s life

1 stämpling av brev o.d. stamping osv., jfr *1 stämpla I*

2 stämpling komplott plot, intrigue, machination; *~ar* äv. conspiracy sg.

stämskruv på fiol o.d. peg

stämsväng sport. stem-turn

stämton mus. concert pitch

ständig *a* oavbruten constant, continuous; stadigvarande permanent; aldrig sinande incessant; oupphörlig continual; evig perpetual; *~ ledamot* life-member; *~ trohet* constant fidelity; *ett ~t upprepande av . .* a never-ceasing repetition of . .; *leva i ~ ängslan* live in constant anxiety **ständigt** *adv* permanently osv., jfr *ständig;* always; jämt och ~ constantly, all the time; *det värker* ~ it never leaves off aching, jag har alltid ont äv. I have a continual ache

stäng|a *-de -t* **I** *tr itr* tillsluta (äv. ~ *igen*) shut, slå igen, upphöra close; med lås lock; med regel bolt; med slå o.d. bar; se äv. ~ *av* o. ~ *till* ned.; ~ *butiken* för dagen el. för alltid äv. shut up shop; ~ *[dörren] efter sig (ngn)* shut (close) the door after (behind) one (a p.): *det går inte att* ~ *dörren* the door won't (doesn't) shut; ~ hindra *utsikten* intercept the view; posten *är -d* . . is closed; *alla utvägar är -da för mig* I don't see any way out; *[det är] -t mellan 12 och 1* closed between 12 and 1; *dörren -er sig själv* the door shuts by (of) itself

II m. beton. part. **1** ~ *av* allm. shut off äv. bildl.; med stängsel fence off; inhägna fence in, enclose; gata, väg close, spärra av bar, block [up], med rep rope off; vatten, gas shut (vrida av turn) off; elström, radio, TV switch off, huvudledning samt telef. cut off; tillförsel stop; från tjänst o.d. suspend; från tävling bar; *gatan [är] avstängd!* street closed [to traffic]!, no thoroughfare!; *avstängt!* no admission! **2** ~ *för* med regel osv. se *I* ovan **3** ~ *igen* tillsluta se *I* ovan; t.ex. sommarvilla shut up; ~ *igen om* ngn (sig) shut (lock) . . in, turn the key on . . **4** ~ *in* låsa in shut (lock) . . up; confine; inhägna hedge (hem) . . in; ~ *in sig* shut (lock) oneself up, keep indoors **5** ~ *till* close, shut; t.ex. kassaskåp lock [up]; t.ex. vattenkran turn off; ~ *till om* . . shut (lock) . . in **6** ~ *ute* eg. shut (lock) . . out; friare keep . . out; pers. äv. prevent . . from entering; utesluta exclude; hindra debar; *bli utestängd* be shut (locked) out

stängdags *adv* se *stängningsdags*

stäng|el *-eln -lar* stjälk stalk, stem; lång, bladlös scape

stängning shutting osv., jfr *stänga*

stängnings|dags *s* o. *adv* o. **-tid** closing-time; *det är* ~ dags att stänga it is time to close, till kund o.d. äv. we are closing now

stängsel *stängslet* - allm. fence, fencing; räcke rail[ing], enclosure; för vilt game preserve[s pl.]; friare o. bildl. bar, barrier **-nät** wire-netting **-tråd** fencing wire; taggtråd barb[ed] wire

stänk *-et* - allm. splash; droppe [tiny] drop; isht av gatsmuts splash[es pl.], spatter; från vattenfall o.d. spray; från våg äv. spindrift; friare o. bildl.: aning touch; *ett* ~ regn~ a drop (sprinkle) of rain; *ett* ~ angostura a dash of . .; *han har gråa* ~ *i håret* he has [got] a touch of grey in his hair **stänk|a** *-te -t* **I** *tr* bestänka splash, spatter, dash; svag. sprinkle äv. tvätt; ~ *smuts på ngn* spatter a p. with mud **II** *itr* skvätta splash; *det -er* småregnar it is spitting; *vattnet -te mig i ansiktet* the water splashed into my face **III** m. beton. part. **1** ~ *ne* [be]spatter; *bli nedstänkt* äv. get splashed (sprinkled) all over **2** ~ *omkring* spray spruta spirt **3** ~ *på* sprinkle on **4** ~ *upp* splash [up] **5** ~ *över* splash over

stänk|bord sjö. wash-board **-fråga,** *ge några -frågor* pop a few questions **-röst** isolated vote **-skydd** på bil mudflap **-skärm** på bil (flygel) wing; mudguard äv. på cykel; amer. fender

stäpp *-en -er* steppe **-höna** Pallas's sand grouse **-varg** coyote

stärbhus dödsbo estate [of a (resp. the deceased person]; arvingar heirs (pl.) to the estate [osv.], surviving relatives pl.

stärk|a *-te -t tr* **1** styrka strengthen; t.ex. kroppen, ngn i hans tro äv. fortify; isht kroppslig invigorate; brace äv. nerverna; bekräfta confirm *för att* ~ *sin hälsa* for the benefit of one's health; ~ *ngn i hans beslut* confirm a p.'s resolution; ~ *ngns mod* put fresh courage into a p.; *det -te hans ställning* it consolidated his position; ~ *sig* strengthen oneself, brace oneself up; ~ *sig med mat och dryck* äv. take some refreshment[s]; känna sig (vakna) *-t* . . fortified, . . refreshed **2** m. stärkelse starch **stärkande I** *a* strengthening osv. om t.ex. klimat, luft bracing; ~ *medel* tonic restorative **II** *-t 0* strengthening osv.; fortification; confirmation. – Jfr *stärka 1*

stärkelse *-n 0* starch; kem. farina **-fabrik** starch works (pl. lika), starch-factory **-halt** starch content **-rik** *a* . . rich in starch

stärk|krage starched collar **-saker** *pl* starched things (clothes) **-skjorta** starched shirt, frack~ dress-shirt

stätt|a *-an -or* stile

stäv *-en -ar* sjö.: för~ stem; akter~ stern -post

1 stäva *itr* sjö. head; ~ *mot* . . bear towards . .; jfr *styra II 1*

2 stäv|a *-an -or* mjölk~ milk-pail

stävja *tr* hejda, stoppa check; undertrycka suppress, keep . . down (under); tygla restrain; jfr äv. *hejda;* ~ *ngns högmod* bring down (break) a p.'s pride; ~ *ngns iver* cool (damp) a p.'s ardour; ~ *sin nyfikenhet (sin oro)* restrain one's curiosity (anxiety)

stöd *-et* - allm. support; tekn. äv.: stötta prop isht stag stay (båda äv. bildl.), fot~, arm~ o.d. rest underlag bearer, för hävstång fulcrum; hjälp äv. backing, aid; pers. äv. supporter, stand-by; *statligt* ~ ekonomiskt a Government grant (subsidy); *det finns inget* ~ *i lagen för* en sådan åtgärd there is no legal authority for . .; *få* ~ *av* . . i dispyt be backed up by . ., ekonomiskt be subsidized by . .; *detta ger* ~ *åt* antagandet att . . this supports (confirms) . .; *ge ngn sitt* ~ äv. back a p. up; *ha* ~ *för* sitt påstående have good grounds (authority) for . .; *ha* ~ *i de verkliga förhållandena* be borne out by actual facts; *ta* ~ *mot väggen* lean against the wall; *vara ett* ~ *för* sina föräldrar be the support (prop) of . .; *med* ~ *av* i kraft av by (in) virtue of; *med* ~ *av bifogade* betyg *anmäler jag mig som sökande till platsen* in support of my application for the post I enclose . .; *till (som)* ~ *för* påstående o.d. in support (confirmation) of, minnet as an aid to **stöda** *tr itr rfl* se *stödja* **stödaktion,** ~ *för* pundet action to support . . **stödd** *a* allm. supported, *av (på)* by; eg. äv. leaning, resting, *på* on; bildl. äv. founded, based, *på* on; *stå* ~ *mot ngt* lean against a th.

stöddig *a* om pers. sturdy, robust, om måltid substantial; F mallig stuck-up

stödförband se *stödjeförband*

stöd|ja *-de stött* **I** *tr* allm. support; eg.: stötta äv. prop [up], shore up, steady; luta rest, lean; bistå, understödja äv. back [up], aid, buttress [up], med statsunderstöd o.d. subsidize; konst o. vetenskap promote; grunda base, found, *på* on; ~ *ngn* i hans uppfattning o.d. bear a p. out; ~ *armbågarna mot bordet* rest one's elbows on the table; ~ *huvudet mot handen* rest one's head against one's hand; ~ *en stege mot en vägg* lean a ladder against a wall; *en teori som kan* ~*s på fakta* a theory based on facts **II** *itr, han kunde inte* ~ *på foten* he could not support himself on his foot **III** *rfl* support oneself; luta sig, vila lean, rest, *mot* against, *på* on; ~ *sig på* t.ex. auktoritet, kontrakt, princip take one's stand on . ., t.ex. erfarenheten, faktum base one's opinion on . .; ~ *sig på ngn* åberopa cite a p. as one's authority; ~ *sig på armbågen (en käpp)* lean on one's elbow (a stick); mina uttalanden *-er sig på fakta* . . are based upon facts

stödje|förband m. spjäla [emergency] splint, m. mitella sling **-mur** retaining wall **-pelare** bildl. pillar; arkit. buttress **-punkt** allm. point of support; mil. base; för hävstång fulcrum **-vävnad** fysiol. connective tissue

stöd|jordbruk auxiliary (subsidiary) farm (abstr. farming) **-kredit** emergency credit **-kurs** skol. supplementary course **-köp** pegging (supporting) purchase **-lån** supporting loan **-mur** m.fl. sms. se *stödjemur* m.fl. sms. **-trupper** *pl* supporting troops, reserves **-undervisning** remedial instruction **-åtgärd** measure of support; ~*er* äv. support sg.

stök *-et 0* städning cleaning; fläng bustle; före jul o.d. preparations pl. **stöka I** *itr* städa clean up; pyssla potter about; rumstera rummage [about]; *gå och* ~ [*i huset*] potter about [(in) the house] **II** m. beton. part. **1** ~ *till* make a mess [of it]; ~ *till i rummet* litter up the room; rummet *är tillstökat* . . is in a mess **2** ~ *undan* a) se *göra* [*undan*] b) städa clean (tidy) up; ~ *undan ngt* clear a th. away (out of the way) **3** *det är snart överstökat* it will soon be finished (over and done with)

stökig *a* untidy, messy; *vara* ~ äv. be in a mess; *vad här ser* ~*t ut!* what a mess there is here!

stöld *-en -er* theft, thieving end. sg., jur. larceny; inbrotts~ burglary; *grov* ~ ung. grand larceny; *litterär* ~ literary theft, plagiarism; *begå* [*en*] ~ commit a theft, steal, inbrott commit burglary; *leva av* ~ äv. live by stealing **-försäkra** *tr* insure . . against theft (inbrott burglary) **-försäkring** insurance against theft (inbrott burglary); jfr *försäkring* m. ex. o. sms. **-gods** stolen goods pl.; byte loot **-kupp** raid **-liga** gang of thieves **-säker** *a* thief-proof, dyrkfri burglar-proof **-turné** series of raids

stön *-et* - groan, svag. moan **stöna** *itr* groan, svag. moan **stönande** *-t -n* se *stön*

stöp *-et 0* snö~, issörja slush, slosh; *gå (stanna) i* ~*et* come to nothing, fail **stöp|a** *-te -t* **I** *tr* **1** gjuta cast, mould; ~ *ljus* make (dip) candles; *-t i samma form* bildl. cast in the same mould; ~ *om* recast, remould, bildl. äv. reshape, remodel **2** tekn.: blötlägga steep **II** *itr, det -er på sjön* the ice of the lake is slushy **stöpform** [casting] mould **stöpslev** casting-ladle; *vara (ligga) i* ~*en* bildl. be in the melting-pot

1 stör *-en -ar* zool. sturgeon

2 stör *-en -ar* stång pole, stake, stöd för växt äv. stick

1 störa *tr* bönor, humle pole; ärter stick

2 stör|a *-de -t tr itr* allm. disturb, mera valt derange; avbryta interrupt; fördärva spoil, mar; radio. interfere, med störningssändare jam; ~ *ngn i hans arbete* äv. interfere with a p.'s work; ~ *fienden* harass the enemy; ~ *tystnaden* break the silence; *förlåt att jag stör* excuse my disturbing you; *jag hoppas jag inte stör* I hope I'm not disturbing you (tränger mig på intruding); *får jag* ~ *ett ögonblick?* could you spare me a minute?; *låt inte mig* ~*!* don't let me disturb you!, don't mind me!; *inte så* [*att*] *det stör*[*de*] inte så mycket att det gör något nothing worth mentioning, inte alls not so that you'd notice; *-d ro (sömn)* broken rest (sleep) **störande I** *a* om t.ex. uppträde disturbing; bullersam boisterous, rowdy; besvärande troublesome, annoying, inconvenient; ~ *uppträdande* disorderly conduct **II** *adv, uppträda* ~ create a disturbance

störböna climbing (pole) bean

störning allm. disturbance; avbrott interruption; i drift, trafik o.d. äv. breakdown; rubbning (isht läk.) disorder, derangement; radio.: a) gm annan sändare jamming end. sg. b) ~*ar* från motorer o.d. interference sg.; [*atmosfäriska*] *~ar* atmospherics, atmospheric disturbances

störnings|fri *a* radio. . . free from interference **-skydd** radio. [noise] suppressor **-sändare** jamming station

större *a* larger (bigger; greater etc. jfr *stor*), *än* than; äv. major, more se ex.; relativt stor large etc.; *desto ~ anledning att komma* all the more reason for coming; *de ~ barnen* the older children; *när barnen blir ~* when the children grow up; *~ delen av* eleverna most of . ., the [great] majority of . .; *~ delen av* klassen most (the major el. greater part) of . ., t.ex. befolkningen, importen äv. the bulk of . ., t.ex. förmögenheten äv. the better (best) part of . .; *till ~ delen* for the most part, mostly; *ett ~ krig* relativt stort a major war; *en ~ summa* relativt stor a big (large, considerable) sum; *utan ~ svårighet* without much difficulty; *han är ingen ~ talare* he is no great (not much of a) speaker **störst** *a* largest (biggest; greatest etc. jfr *stor); ~ i världen* biggest in the world; [*den*] *~a delen av . .* se *större* [*delen av . .*]*; till ~a delen* for the most part, mostly; *i ~a fara* in the utmost danger; *i ~a hast* in great haste; *den ~a tillåtna hastigheten* the maximum speed; *med ~a sannolikhet* in all probability; *i ~a möjliga utsträckning* to the greatest (utmost) possible extent

stört *adv, ~ omöjligt* absolutely (utterly, downright) impossible

störta I *tr* eg.: kasta ned precipitate, throw, slunga hurl, fling; stjälpa, tippa (t.ex. kol) tip, shoot; bildl.: beröva makten overthrow, bring about the fall of; *~ ngn från tronen* dethrone a p.; *~ ngn i elände* reduce a p. to misery; *~ ngn i fördärvet* bring about a p.'s ruin, ruin a p.; *~ ett land i krig* plunge (precipitate) a country into war

II *itr* **1** falla fall (tumble, topple) [down], *ned i* into; om flygplan crash; om häst fall, med häst äv. have a fall; *~ i havet* plunge into the sea; *~ till marken* drop to the ground **2** rusa rush, dash, dart, flänga tear, skynda hurry; se äv. ex. under *IV*

III *rfl* kasta sig throw (hurl) oneself, rusa rush (dash) [headlong], *i* i samtl. fall into; *~ sig i fara* rush [headlong] into danger; *~ sig i fördärvet* ruin oneself, bring disaster upon oneself; *~ sig på huvudet i* vattnet plunge headlong into . .

IV m. beton. part. **1** *~ efter* a) rusa rush etc. after b) för att hämta rush etc. for **2** *~ emot* a) i riktning mot rush etc. towards b) anfalla rush at **3** *~ fram* ut rush etc. out, *ur (från)* of (from); framåt rush etc. forward (vidare along el. on); *~ fram mot* se *~ emot; ~ fram till* rush etc. up to **4** *~ förbi* rush etc. past **5** *~ in* a) rusa rush etc. in; *~ in i rummet* rush etc. (burst) into the room b) rasa (om tak o.d.) fall (cave) in, come down, om väg fall down; *ett instörtat tak* a roof that ha (resp. had) fallen in etc. **6** *~ i väg* rush etc. of (away) **7** *~ ned* falla fall (tumble) down rusa rush etc. down; rasa come down; regn *~de ned . .* was pouring down; *~* (falla) *ne i* djupet fall down . .; *~ ned över* fall down o **8** *~ nedför trappan* a) rusa rush etc. (plunge down the stairs b) falla fall headlong dow the stairs **9** *~ omkull* falla fall (tumble) dow **10** *~ samman* collapse äv. bildl.; om byggna äv. come down **11** *~ upp* se *rusa* [*upp*] **1** *~ uppför trappan* rush etc. (plunge) up th stairs **13** *~ ut* rush etc. out; *~ ut ur rumme* äv. fling out of the room **14** *~ utför* se *~ nedför* **15** *~ sig över* t.ex. pers. throw onese on, anfalla äv. rush at, isht byte pounce on (äv bildl.), mat pitch into, arbete, uppgift throw oneself into, bok plunge into

stört|ande *~t 0* av regering o.d. overthro **-bombare** o. **-bombplan** dive-bombe **-dyka** *itr* dive steeply **-dykning** nos (vertical) dive **-flod** torrent, bildl. äv. delug **-hjälm** crash helmet **-lopp** sport. downhil race **-ning** fall fall, om flygplan crash **-reg** torrential rain, downpour **-regna** *itr, de ~r* it is pouring down **-sjö** heavy sea; bild torrent **-skur** downpour, drencher; bild torrent

stöt *-en -ar* **1** slag, törn o.d. a) isht ss. handling a levande varelse: allm. thrust, med ngt spetsigt äv stab, prod, med t.ex. armbågen jab, poke, hug äv. stroke; slag blow äv. bildl., hit, knock thump, med knytnäven punch; knuff push äv bildl., shove; knyck jerk; fäkt. thrust, pass bilj. stroke; i kulstötning put; i trumpet o.d. blas b) vid kroppars sammanstötning shock äv. elektr. c bildl., fys. impact; törn, duns bump; rekyl o.c kick, recoil c) skakning hos fordon o.d. jolt, shake vid jordbävning shock, tremor; vind~ gust *livets (ödets) ~ar* the buffets of life (fate) *sätta in en avgörande ~ mot . .* make decisive thrust against . . äv. bildl.; *få en elektrisk ~* get an electric shock; *det gick e ~ genom mig när jag fick se henne* the sigh of her gave me a thrill (av obehag a shock) *ta* [*emot*] *första ~en* take the first impac **2** mortel~ pestle **3** fonet. glottal stop **4** inbro S job **5** *två i ~en* på en gång two at a time

stöt|a *-te -t* **I** *tr* **1** eg.: med ngt spetsigt thrust prod, med vapen äv. stab, plunge, med t.ex. armbågen jab, poke; hugga strike; slå knock, bang bump, hit, strike; knuffa push, shove; fruk bruise; *~ foten (huvudet) mot* en sten knoc (bang) one's foot (head) against . .; *~ et glas i kanten* chip a glass [at the edge] *~ huvudet i* taket bang one's head against . . *~ käppen i* golvet strike one's stick on . .

~ *ngn i sidan* poke (dig) a p. in the ribs, för att påkalla uppmärksamhet nudge a p.; ~ *tån* stub one's toe **2** krossa pound, i mortel äv. pestle, bray **3** bildl.: ge anstöt offend, give offence to, stark. shock; såra hurt; *det -er ögat* it offends the eye, stark. it is an eyesore; *det -er mitt öra* äv. it jars on my ear; ~ *ngn för huvudet* offend a p.; ~ *och blöta* ett problem thrash over **4** bilj. play, strike; i kulstötning put

II *itr* **1** allm. knock, bump, hit, strike, *mot* ngn (ngt) against . ., into . .; huvudet *-te i taket* . . knocked etc. against the ceiling; ~ *på* hinder (motstånd, svårigheter) meet with . ., encounter . ., come (run) up against . .; ~ *på grund* run aground **2** fäkt. thrust, lunge **3** om fordon jolt, bump; om skjutvapen kick, recoil **4** ~ *i trumpet* blow (sound) the trumpet **5** gränsa border, *till* [up]on; tyget *-er i rött* . . has a shade of red in it, . . is reddish; *det -er på bedrägeri* that verges (borders) on fraud

III *rfl* **1** göra sig illa hurt (bruise) oneself; han föll *och -te sig* äv. . . and got hurt (bruised); ~ *sig på knäet* hurt (bruise) one's knee; ~ *sig i huvudet* äv. knock one's head; ~ *sig mot* bordskanten bump against . . **2** bildl., ~ *sig med ngn* get on the wrong side of a p.; ~ *sig på ngt* take offence at (exception to) a th.

IV m. beton. part. **1** ~ *av hörnet* [*på* ett bord] knock off the corner [of . .] **2** ~ *bort* eg. push away, thrust aside; bildl. repel, vänner alienate, estrange, ur gemenskap expel **3** ~ *emot* [*ngt*] knock (bump) against (into) a th., strike (hit) against a th., collide with a th., f. konstr. se under *emot* **4** ~ *fram* a) tr.: ljud emit; ord utter, jerk out b) itr.: mil. advance, push forward **5** ~ *ifrån sig* eg. push (thrust) . . back (away); bildl.: t.ex. förslag reject; människor repel **6** ~ *ihop* a) tr. knock (bump) . . together (against each other); ~ *ihop glasen* touch (clink, chink) glasses b) itr. knock (bump, stark. dash, crash) against (into) each other, om fordon äv. collide, come into collision, run into each other, om fartyg äv. run foul of each other; råkas run across each other, run into each other, bump into each other; bildl.: om intressen o.d. clash, om evenemang o.d. äv. coincide; ~ *ihop med* kollidera bump (run) into, collide with, come into collision with, fartyg äv. run foul of; träffa run across (into), bump into; bildl. collide (clash) with **7** ~ *ned ngt* knock a th. down; ~ *ned ngn* döda m. kniv stab a p. to death, m. värja o.d. cut a p. down; ~ *ned ngt från bordet* knock a th. off the table; ~ *ned* en käpp *i marken* drive . . into the ground **8** ~ *omkull* knock . . down (over), sak äv. upset, overturn **9** ~ *på* **a)** tr.: sjö. (t.ex. sandbank, mina) strike; händelsevis träffa come across, run across (into), finna (sak) come across, chance upon, light [up]on; t.ex. fiende, svårighet meet with, encounter; påminna remind a p., *om* of; *stöt på* om jag skulle glömma det remind me . .; om du behöver något *så stöt bara på* . . just let me (him osv.) know **b)** itr.: sjö. strike [the ground], run aground **10** ~ *samman* se ~ *ihop* **11** ~ *sönder* pound **12** ~ *till* **a)** tr.: knuffa till knock (bump) against; ansluta sig till join; ~ *till dörren* stänga push the door to (shut) **b)** itr.: ~ *till med* svärdet lunge with . .; *han -te till* under resan (anslöt sig till oss) he joined us (till de övriga etc. the rest of the company etc.) . .; jfr äv. *tillstöta* **13** ~ *tillbaka* eg. thrust (push) . . back; friare repel, repulse **14** ~ *undan* thrust (push) . . away (out of the way) **15** ~ *upp* dörr o.d. thrust (push) . . open; jakt. start, rouse, fasan flush **16** ~ *ut* eg. expel, eject, thrust . . out; fönsterruta knock out; bildl. utesluta expel, *ur* from; ~ *ut* [*en båt*] *från land* push (shove) off [a boat] from the shore; *vara utstött ur samhället* be an outcast of society

stötande *a* anstötlig offensive, svag. objectionable, *för* to; stark. shocking; *hon fann det* ~ äv. she took offence at (resented) it, stark. it shocked her; *verka* ~ *på* . . offend (stark. shock) . . **stötdämpare** shock absorber **stötesten** stumbling-block, *för* to **stötfångare** bumper **stötmina** contact mine **stötsäker** *a* shockproof

stött *a* **1** om frukt bruised **2** bildl. offended, *över* at (by), *på* with; *bli* ~ *över ngt* äv. take offence at a th., get into a huff about a th., resent a th.; *bli (vara)* ~ *på ngn för* att-sats äv. get (be) angry with a p. for ing-form

stött|a **I** *-an -or* allm. prop, support, stay, stolpe stanchion, mot fartyg i docka, vägg o.d. shore; byggn. strut; *sätta -or under* prop (stay) [up] **II** *tr* tekn. allm. prop (shore) [up] äv. bildl.; friare äv. support; sjö. (t.ex. båten, rodret) steady; ~ *under* t.ex. hus äv. underpin, underprop; ~ *upp* prop (shore) up **stöttepelare** bildl. mainstay, pillar **stöttepinne** se *stöttepelare*

stöt|trupp shock troops pl. **-vapen** thrusting weapon **-vis** **I** *adv* m. mellanrum at intervals, ojämnt intermittently, ryckvis by fits [and starts], by jerks, jerkily **II** *a* intermittent, jerky

stövare 'stövare', Swedish Foxhound

stöv|el *-eln -lar* high boot, amer. boot; som går ovanför knäet jackboot; *-lar* isht av gummi äv. wellingtons **stövelknekt** bootjack **stövelskaft** bootleg **stöveltramp** tramp of boots **stövla** *itr* trudge; *komma instövlande* come trudging in **stövlett** *-en -er* bootee

subalpin *a* subalpine

subaltern *-en -er* subaltern

subjekt *-et* - subject **subjektiv** *a* subjective, friare personal **subjektivism** subjectivism **subjektivitet** subjectivity, subjectiveness

subkutan *a* subcutaneous
sublim *a* sublime **sublimat** *-et (-en) 0* kem. corrosive sublimate **sublimera** *tr* kem. o. psykol. sublimate, kem. äv. sublime **sublimering** sublimation
submarin *a* submarine
sub|ordination *~en 0* subordination **-ordinationsbrott** breach of discipline, case of insubordination **-ordinera I** *tr* subordinate **II** *itr, ~ under ngn* be subordinate to a p.
subrett *-en -er* soubrette fr.
subsidier *pl* subsidy sg., subsidies; *ge ~ åt ngn* äv. subsidize a p.
sub|skribent subscriber **-skribera** *itr* subscribe, *på* for, to; *~d middag* subscription (subscribed) dinner **-skription** subscription **-skriptionslista** subscription list, list for (ifylld of) subscribers
substans *-en -er* substance, matter **substantiell** *a* substantial
substantiv *-et -* noun, substantive **substantivera** *tr* substantivize; *~t adjektiv* adjective used as a noun **substantivisk** *a* substantival, attr. äv. substantive
substitut *-et -* substitute
substrat *-et -* substrat|um (pl. -a); för bakterieodling culture medium
subtil *a* subtle **subtilitet** *-en -er* subtlety
sub|trahend *~en ~er* subtrahend **-trahera** *tr* subtract **-traktion** subtraction
subtropisk *a* subtropical
subvention subsidy, subvention **subventionera** *tr* subsidize
subversiv *a* subversive
succé *-n -er* success; om bok, pjäs o.d. äv. hit; *göra ~* meet with (be a) success, score a success, om pjäs o.d. äv. have a long run **succéförfattare** successful writer **succès** *-en -er* se *succé*
succession succession **successionsordning** order of succession
successiv *a* stegvis gradual, om förändringar äv. successive **successivt** *adv* gradually, by gradual stages
suck *-en -ar* sigh; *dra en djup ~* heave a deep sigh; *dra (utandas) sin sista ~* breathe one's last **sucka** *itr* sigh, *av* with, *efter* for, *över* over, at; "vilken otur" *~de hon* äv. . . she said with a sigh; *~ under oket* groan beneath the yoke **suckan** *r* åld. sighing, sighs pl.
suckat *-en (-et) 0* candied peel
Sudan the Sudan **sudanesisk** *a* Sudanese
sudd 1 *-en -ar* tuss wad; tavel~ duster **2** *-et 0* suddighet blur; kludd mess, bläckfläckar o.d. smudges pl., färgkludd daub **3** *-et 0* rummel being (going) out on the spree (F out binging) **sudda I** *itr* **1** svärta av sig smudge, blur, smear **2** måla, kludda daub **3** stryka ut rub, wipe; *~ på ngt* rub a th.; *~ ut på* svarta tavlan rub (wipe) . . clean **4** söla loiter **5** rumla *vara ute och ~* be out on the spree (F binge) **II** m. beton. part. *~ bort (ut)* wipe out, m. radergummi rub out, erase; *~ ner (till)* smudge [. . all over]; *~ över* blot (strike) out **suddgummi** se *radergummi* **suddig** *a* kluddig smudgy; otydlig blurred, indistinct, vague, fuzzy; oredig confused; om minne o.d. hazy, dim; om uttal slurred; foto. fogged, foggy **suddighet** blur, smudginess etc., slur, fogginess, jfr föreg.
Sudeterna the Sudeten Mountains, the Sudetes
suffix *-et -* suffix
sufflé *-n -er* soufflé fr.
sufflera I *tr* prompt **II** *itr* do the prompting
sufflett *-en -er* hood, amer. top
sufflör prompter **-lucka** prompt-box
sufflös prompter
suffragett *-en -er* suffragette
sug 1 *-et -* suction; klunk draught **2** *-en -ar* suction apparatus **3** *tappa ~en* lose heart, give up **sug|a** *sög -it* **I** *tr itr* allm. suck; damm~ vacuum-clean; *sjön -er* the sea air gives you an appetite; *det -er i magen på mig* jag är hungrig my stomach feels empty; *~ på en pipa* suck at a pipe; *~ på tummen (en karamell)* suck one's thumb (a sweet); pumpen *-er luft* . . blows **II** m. beton. part. **1** *~ sig fast* stick fast, cling, adhere, *vid* i samtl fall to **2** *~ i* hugga i go at it; *~ i sig* eg. suck [up], bildl. drink in, imbibe **3** *~ in* eg. suck in, luft äv. inhale; bildl. drink in, imbibe; *~ in vatten i* dammen suck water into . . **4** *~ ned* suck down **5** *~ till sig* se *~ åt sig* **6** *~ upp* suck up, om läskpapper o.d. äv. soak up, absorb **7** *~ ur* t.ex. apelsin, sår suck **8** *~ ut* eg. suck out; bildl. suck . . dry, bleed . . white, t.ex. arbetare sweat; *~ ut jorden* impoverish the soil **9** *~ åt sig* absorb äv. bildl., suck up **sugande** *a* allm. sucking; *ha en ~ känsla i magen* av hunger el. rädsla o.d. have a sinking feeling; *känna en ~ längtan efter* . . yearn for . .; *en ~ uppförsbacke* a gruelling climb [up a (resp. the) hill] **sugapparat** suction apparatus **sugen** *a, känna sig ~* hungrig feel peckish; *jag är ~ på en* kopp kaffe I feel like (stark. I am dying for) . . **sugfisk** sucking-fish, sucker
sugg|a *-an -or* sow
suggerera *tr* påverka influence [. . by suggestion], friare hypnotize, *till* i båda fallen into, [*till*] *att* inf. into ing-form; induce, [*till*] *att* inf. to inf.; *~ fram* call forth, stimulate **suggestion** suggestion **suggestionskraft** suggestive power **suggestiv** *a* suggestive
sug|hävert siphon **-mun** sucking (suctorial) mouth **-ning** sucking, suction; *känna en ~ i maggropen* vid flygning o.d. have a sinking feeling **-pump** suction-pump **-rör**

till saft etc. straw; tekn. suction-pipe; zool. sucker **-skål** zool. sucking-disc, sucker
sukta *itr* vara utan go without; ~ *efter ngt* long [in vain] for a th.; *du får* ~ *efter det* you'll have to whistle for it
sul|a I *-an -or* på sko sole **II** *tr* sole
sulagera *tr* compensate; jfr *ersätta 1 a*
sulfa *-n 0* sulpha drug **-preparat** se föreg.
sulfat *-et (-en)* -[*er*] sulphate **-cellulosa** sulphate pulp
sulfit *-et (-en)* -[*er*] sulphite **-cellulosa** sulphite pulp
sulky *-n -er (sulkies)* sulky
sul|läder sole-leather **-ning** soling
sultan sultan **sultanat** *-et* - sultanate **sultaninna** sultana
summ|a *-an -or* allm. sum äv. bildl., slut~ äv. [sum] total, belopp äv. amount; ~ 10 kr. a total of . .; ~ *summarum* allt som allt . . all told, . . [all] in all, tillsammans the grand total is . .
summarisk *a* summary, kortfattad äv. concise, succinct, brief; *en* ~ *rättegång* summary proceedings pl.
sum|mer *-mern -rar* buzzer
summera *tr,* ~ [*ihop (ned)*] sum up äv. bildl., add (F tot) up **summering** eg. summation; bildl. summary, summing-up (pl. summings-up)
sump 1 *-en 0* kaffe~ grounds pl. **2** *-en -ar* fisk~ corf
1 sumpa *tr,* ~ *ner sig* go downhill (to the dogs)
2 sumpa *tr* F missa miss; tappa lose
sumpfeber marsh (swamp) fever, malaria **sumpgas** marsh gas, methane **sumpig** *a* swampy, marshy **sumpmark** swamp, marsh **sumptrakt** swampy (marshy) tract, marshland
1 sund *-et* - sound, strait[s pl.] ibl. channel
2 sund *a* frisk sound, healthy; om föda o.d. wholesome; om vanor healthy, om klimat äv. salubrious; bildl. (om t.ex. omdöme, åsikt) sound; *vara* ~ *till kropp och själ* be of sound mind and body **sundhet** soundness, health[iness], wholesomeness, salubrity, jfr föreg.
sundhetspass sjö. bill of health
sunnan - *0 r* o. **-vind** south wind, southerly wind
sun[n]|segel o. **-tält** sjö. awning
sup *-en -ar* glas brännvin snaps (pl. lika) **supa** *söp supit* **I** *tr itr* drink, stark. booze, tipple; ~ *ngn full* make a p. drunk; ~ *sig full* get drunk; ~ *ngn under bordet* drink a p. under the table **II** m. beton. part. **1** ~ *ihjäl sig* drink oneself to death **2** ~ *in* se *insupa* **3** ~ *upp* dricka till slut drink up, finish; pengar drink . . away **4** ~ *ur* drink up, empty **supbroder** drinking companion
supé *-n -er* supper äv. bjudning, evening meal; *gående* ~ stand-up (buffet) supper; för ex. jfr *middag 2* **supera** *itr* have supper

superb *a* superb, first-rate
superfosfat superphosphate
superi *-et 0* drinking, boozing, tippling
super|lativ I *~en ~er* superlative äv. bildl.; *i* ~ in the superlative **II** *a* superlative **-oxid** peroxide **-sonisk** *a* supersonic
supgille drinking-bout, booze **supig** *a* . . addicted to drink[ing], intemperate; *en* ~ *karl* a boozer
supin|um *-um (-et) -er* eg. the supine; motsv. i eng. past (perfect) participle
sup|kalas se *-gille* **-ning** se *superi*
suppleant deputy, substitute; i styrelse äv. deputy member
supplement *-et* - supplement, *till* to; adjunct, *till* of **-band** supplementary volume **-vinkel** supplementary angle
supplera *tr* supplement
supplikant suppliant
support|er *-ern -er (-ers,* äv. *-rar)* supporter
supsed drinking-custom **suput** *-en -er (-ar)* drunkard, boozer, tippler
sur *a* **1** mots. t. söt sour äv. bildl., syrlig acid äv. kem.; skämd (pred.) off; bildl. äv.: butter surly, morose, tjurig sulky; *göra livet ~t för ngn* lead a p. a dog's life; *mjölken har blivit* ~ the milk has turned [sour]; ~ *uppstötning* ung. heartburn, äv. eructation; *bita i det ~a äpplet* swallow the bitter pill; *det kommer ~t efter* one (you, he etc.) will have to pay for it afterwards; *se* ~ *ut* look sour (surly etc.); *han är* ~ *på mig för att jag har* . . he is cross with me for having . .; *vara* ~ *över ngt* be sore about a th.; ~ *som ättika* bildl. as surly as a bear [with a sore head] **2** blöt wet, om mark waterlogged; om pipa foul; om ved green; om ögon bleary **sura** *itr, gå (sitta) och* ~ sulk **surdeg** leaven
surfing *-en 0* surf-riding **-bräda** surf-board
sur|het sourness, acidity, surliness etc., jfr *sur* **-hetsgrad** acidity **-kart** eg. se *kart;* om pers. surly person, F sourpuss **-kål** sauerkraut ty. **-mjölk** sour milk **-mulen** *a* sullen, surly, morose **-mulenhet** sullenness etc. **-måns** *~en ~ar* sourpuss
surna *itr* sour, turn [sour], become (go) sour; värmen *kommer mjölken att* ~ . . sours (turns) the milk **surnad** *a* soured, turned **surpuppa** sourpuss
1 surr *-et 0* F se *surrogat*
2 surr *-et 0* hum, buzz, av insekter, maskin äv. drone; vinande whir
1 surra *itr* hum, buzz, drone, whir, jfr *2 surr; det ~r i huvudet på mig* my head hums; *det ~r en mängd rykten* på stan a lot of rumours are buzzing . .
2 surra *tr* lash, *vid* to; secure; friare tie; ~ *fast* lash . . down, make . . fast, tie, secure; ~ *ihop* lash (tie) . . together
surrealism surrealism **surrealist** surrealist

surrealistisk *a* surrealist[ic]
surrning lashing
surrogat *-et* - substitute, makeshift **-kaffe** coffee substitute
sur|stek sauerbraten ty., roast of marinaded beef **-strömming** fermented Baltic herring **-söt** *a* sour-sweet
surt *adv* sourly, acidly, surlily, morosely, sulkily, jfr *sur; smaka (lukta)* ~ taste (smell) sour; ~ *förvärvad* hard-earned; *reagera* ~ kem. give an acid reaction; bildl. react in a sour manner, *på* to
surven F, *hela* ~ the whole lot (caboodle)
surögd *a* rheumy-eyed, bleary-eyed
sus *-et 0* **1** vindens whistling, singing, svag. sough[ing], whisper, sighing, murmur; *det gick ett* ~ *genom rummet* a murmur (buzz) went through the room **2** *leva i* ~ *och dus* lead a wild life, live in a whirl of pleasures, go it, go the pace **susa** *itr* **1** om vinden whistle, sing, svag. sough, whisper, sigh, murmur; *det* ~*r i träden* the wind sighs (soughs) through (in) the trees; *det* ~*r i öronen på mig* my ears are buzzing (singing); farten var så hög att *det* ~*de om öronen på oss* . . the wind whistled about our ears **2** om kula o.d. whistle, whiz[z]; om fordon o.d. rush, tear; ~ *fram* whistle (rush, tear) along; ~ *förbi* whistle (rush, tear) by, whiz[z] past, om bil äv. swish by; ~ *i väg* rush (tear, whistle, whiz[z]) off
susen F, *göra* ~ ge resultat do the trick, clinch the matter, settle it; litet vin *i såsen gjorde* ~ . . gave an extra touch to the sauce
susning se *sus 1;* ~*ar i öronen* buzzing sg. in the ears
suspekt *a* suspicious, pred. äv. suspect
suspendera *tr* suspend **suspension** suspension **suspensiv** *a,* ~*t veto* delaying veto
sussa *itr* sova sleep; *nu ska du* ~ now you are going to bye-bye[s]
sutare zool. tench
sutenör souteneur fr., ponce, isht amer. pimp
suterräng *-en -er* o. **-våning** basement
sutur läk. suture
suvenir *-en -er* souvenir, keepsake **-jägare** souvenir hunter
suverän I *-en -er* sovereign **II** *a* självständig, enväldig sovereign, supreme; överlägsen äv. superb, excellent; ~*t förakt* supreme (sovereign) contempt **suveränitet** sovereignty, supremacy äv. bildl.; bildl. excellence **suveränt** *adv* supremely etc. jfr *suverän II; behärska ngt* ~ have absolute (complete) mastery of a th.; *härska* ~ *över* . . be the sovereign (supreme) ruler of . .
svabb *-en -ar* sjö. swab **svabba** *tr* sjö. swab [down]
svack|a *-an -or* hollow, depression
svada *-n 0* talförhet volubility; ordflöde torrent of words; *ha en väldig* ~ vanl. have the gift of the gab
svag *a* allm. weak; stark. (ofta medlidsamt el. klandrande) feeble; klen äv. delicate, bräcklig äv. frail; kraftlös, utmattad faint; lätt, om t.ex. cigarr[ett], vin, öl light; liten, ringa faint, slight, slender; otydlig, om ljud faint, soft, om ljus äv. dim, feeble; skral poor; *ha en* ~ *aning om ngt* have a faint (vague) idea of a th.; ~ *böjning* gram. weak inflection; *vid* ~ *eld* over a slow fire; ~ *färg* faint colour; ~*t förstånd* feeble intellect; *ett* ~*t försök* a feeble (-weak) attempt; *ett* ~*t hopp* a faint (slight, slender) hope; ~ *hälsa* delicate health; *en* ~ *känsla* a slight feeling; *det* ~*a könet* the weaker sex; *ett* ~*t leende (minne)* a faint smile (memory); *en* ~ *likhet (misstanke)* a faint (vague) resemblance (suspicion); ~*a nerver* weak nerves; ~ *puls* feeble pulse; *en* ~ *skiftning* a faint tinge; ~ *uppförsbacke (nedförsbacke)* gentle climb (slope); ~*t verb* weak verb; ~ *vind* light winds pl.; ~ *värme* kok. low heat; *i ett* ~*t ögonblick* äv. in a moment of weakness; *vara* ~ *för* . . have a weakness for (be fond of) . .; *han är* ~ *för* sin dotter äv. he is soft on . .; *bli* ~ *i knäna* become weak in the knees; *han är* ~ *i armarna* he has got weak arms; *han är* ~ *i* engelska he is weak in . .; ~ *till hälsan* delicate in health; *det är* ~*t* att du inte vet det it is bad . .
svagdricka small beer **svaghet** *-en -er* egenskap, allm. weakness, kraftlöshet äv. feebleness, debility, klenhet äv. delicate constitution, frailty; ålderdoms~ infirmity; brist, fel weakness, shortcoming, fault, failing, svag sida äv weak point (spot), foible; böjelse weakness, *för* for; indulgence, *för* in; fondness, *för* for **svaghetstecken** sign of weakness **svaghetstillstånd** [state of] weakness, [state of] debility **svagsint** *a* feeble-minded **svagsinthet** feeble-mindedness
svag|ström low[-power] current **-strömsanläggning** low current installation **-strömsledning** communication line **-strömsteknik** communication engineering **-synt** *a* weak-sighted **-synthet** weak-sightedness
svagt *adv* weakly etc. jfr *svag;* ~ *bemannad* poorly manned; *en* ~ *böjd näsa* a slightly hooked nose; ~ *skär* pale pink; ~ *sluttande* gently sloping; ~ *utvecklad* poorly developed
svaj *n, ligga på* ~ sjö. swing at anchor; *ha hatten på* ~ wear one's hat at a jaunty angle
svaja *itr* sjö. swing; vaja om flagga o.d. float
svajig *a* **1** om t.ex. gång swaying **2** F snitsig stylish **svajrum** sjö. room to swing
sval *a* cool äv. bildl.; frisk äv. fresh

svala *tr,* ~ |*av*| cool |down|
sval|a *-an -or* swallow **-bo** swallow's nest; kok. bird's nest
svalg *-et* - **1** anat. throat; vetensk. pharynx **2** avgrund, klyfta gulf, chasm, abyss samtl. äv. bildl.
svalgång gallery
svalka I *-n 0* coolness, freshness **II** *tr* cool, uppfriska äv. freshen, refresh; ~ *av* cool |off (down)| **III** *rfl,* ~ |*av*| *sig* cool |oneself| off (down); förfriska sig refresh oneself **svalkande** *a* cooling, refreshing
svall *-et* - av vågor surge, surging; dyning swell; bildl.: av känslor flush, gush, av ord spate, torrent, av lockar flow **svalla** *itr* om vågor surge, swell, om hav äv. heave; bildl.; om blod boil, om känslor o.d. run high; ~ *över* overflow; bildl. boil over **svallkött** proud flesh **svallning** *-en 0* surging etc. jfr *svalla; hans blod är i* ~ . . is boiling (up); *hans känslor var i* ~ his passions were roused; mitt blod *råkade i* ~ . . began to boil; *hennes känslor råkade i* ~ she flew into a passion **svallvåg** brottsjö surge; efter fartyg o. bildl. |back|wash end. sg.
svalna *itr,* ~ |*av*| cool |down (off)|, become (get) cool|er|, bildl. äv. abate; *komma ngns iver att* ~ cool |down| a p.'s zeal
svalört lesser celandine, pilewort
svamla *itr* prata el. skriva smörja drivel, twaddle, *om* about; prata el. skriva utan sammanhang ramble, *om* on **svamlig** *a* om tal o. skrift, attr. drivelling, twaddling, rambling, jfr föreg.; *han är* ~ he drivels etc. **svam|mel** *-let 0* drivel, twaddle, rambling, jfr *svamla*
svamp *-en -ar* **1** bot.: allm. fung|us (pl. -i el. -uses) äv. läk.; isht ätlig mushroom; oätlig el. giftig äv. toadstool; trä~ dry rot; *giftiga* ~*ar* poisonous mushrooms; *plocka* ~ gather (pick) mushrooms; *gå ut och plocka* ~ go mushrooming; *växa upp som* ~*ar ur jorden* spring up like mushrooms **2** tvättsvamp sponge; *dricka som en* ~ drink like a fish; *tvätta (torka) ngt med* ~ sponge a th. |down| **-aktig** *a* mjuk, porös spongy; bot. fungous **-bildning** fung|us (pl. -i el. -uses), fungosity **-djur** *pl* spongiae **-formad** *a* o. **-formig** *a* mushroom-shaped **-förgiftning** mushroom (fungus) poisoning **-gummi** sponge rubber
svampig *a* mjuk, porös spongy
svamp|kunskap vetenskap mycology end. sg.; ~|*er*| knowledge of mushrooms **-kännare** expert on mushrooms; mycologist **-omelett** mushroom omelet|te| **-plockare** mushroom picker **-plockning** mushrooming, mushroom-gathering **-rätt** dish of mushrooms **-sjukdom** läk. fungus disease **-soppa** mushroom soup **-stuvning** creamed mushrooms **-sås** mushroom sauce **-utflykt** mushroom expedition
svan *-en -ar (-or)* swan **svandamm** swannery **svandun** swan's-down **svanesång** swan song
svang, *en mängd rykten kom i* ~ a lot of rumours were put about; *ett rykte var i* ~ *om att* . . there was a rumour afloat (abroad) that . .; falska sedlar var *i* ~ . . in circulation
svanhopp sport. swallow dive (hoppning diving)
svank|rygg sway-back; *ha* ~ be sway-backed **-ryggig** *a* sway-backed
svans *-en -ar* allm. tail (äv. bildl.), rävs äv. brush, hares, kanins äv. scut, av komet äv. trail; följe äv. train; *sticka (sätta)* ~*en mellan benen* put one's tail between one's legs, fly äv. turn tail **svansa** *itr,* ·*gå och* ~ kråma sig swagger |about|; ~ *för ngn* krypa fawn on (cringe to) a p.; ~ fjanta *omkring* fuss about **svanskota** caudal vertebra **svanslös** *a* tailless **svansmotor** rear engine **svansrem** crupper **svansspets** tip of a (resp. the) tail
svan|unge cygnet **-ödla** plesiosaur|us (pl. -i)
svar *-et* - **1** answer, reply; genmäle rejoinder; skarpt retort, kvickt repartee; gensvar response äv. kyrkl., reaktion äv. reaction; *på* i samtl. fall to; *skriftligt* ~ written answer (reply); ~ *betalt* reply paid; *jag blev honom* ~*et skyldig* I could not think of a reply; *aldrig bli* ~*et skyldig* never be at a loss for an answer; *han blev inte* ~*et skyldig* he was ready with an answer; *få* ~ receive (get) an answer (a reply); *jag fick inget* ~ |*på telefon*| nobody answered |the telephone|; *ge* |*ngn*| ~ *på tal* give |a p.| tit for tat; hon kan minsann *ge* ~ *på tal* . . give as good as she gets; *ha* ~ *på allt* have an answer for everything; *som* ~ *på* Edert brev in reply (answer) to . .; han nickade *till* ~ . . by way of an answer; *få till* ~ *att* . . receive (get) the answer that . . **2** *stå till* ~*s* till ansvar *för ngt* be held responsible (accountable) for a th., have to answer for a th.; *ställa ngn till* ~*s för ngt* make (hold) a p. responsible (call a p. to account) for a th.
svara *tr itr* **1** allm. answer; reply; genmäla rejoin, högt. respond, *på* i samtl. fall to, jfr dock ex.; skarpt el. kvickt retort, ohövligt el. näsvist answer back; reagera respond, *med* with, *på* to; med motåtgärd counter, *med* with, *med att* inf. by ing-form; skriftligen äv. write back, *att* . . |to say| that . .; *han* ~*de ingenting (inte)* he gave (made) no answer (reply), he did not answer (reply); jag ringde men *det* ~*de inte* . . there was no answer; *så* ~*r man inte sin mor!* that's no way to answer your mother!; *han* ~*de inte ett ord* he did not say a word in reply; 'Han har gått', ~*des det* . . was (came) the answer; |*det är*| *rätt*

~*t* that's right; [*gå och*] ~ *i telefonen!* [please] answer the [tele]phone!; ~ stå till svars *inför rätta för ngt* answer for a th. in court; ~ *på* en fråga (ett brev, en annons) answer . .; *på denna fråga kan jag* ~ *ja* I can answer yes to this question; ~ *på färg* kortsp. follow suit; ~ *på en hälsning* return a greeting; ~ *på* en skål (vädjan) respond to . .; *det kan jag inte* ~ *på* I can't say **2** ~ *för* **a)** ansvara för answer (be responsible) for, garantera vouch for, guarantee; *jag* ~*r för att* det blir riktigt gjort I'll guarantee that . .; *jag* ~*r inte för* följderna I won't answer (won't be answerable) for . .; ~ *för sig* [*själv*] answer for oneself; ~ *för* arrangemanget a) stå bakom sponsor . . b) ordna be responsible for . .; ~ *för* kostnaderna stand . .; ~ *för bearbetning och regi* av radiopjäs o.d. be adaptor and director **b)** *Sverige* ~*r för* 6 % av produktionen Sweden accounts for . . **3** ~ *mot* motsvara correspond to, jfr äv. *motsvara;* passa fit, suit, agree with, match; fylla, tillfredsställa (behov o.d.) satisfy, meet, be adequate to, answer; ~ *mot ändamålet* answer the purpose

svarande -*n* - jur. defendant; isht i skilsmässomål respondent **-sidan** the defence, the defending party

svaromål jur. defence, answer [to a charge], [defendant's] plea; *ingå i (avge)* ~ äv. friare reply to a (resp. the) charge, defend oneself

svars|kupong [postal] reply coupon **-kuvert** addressed (return, reply) envelope **-lös** *a, vara (stå)* ~ be nonplussed, not know what to reply; *aldrig vara* ~ never be at a loss for an answer; *göra ngn* ~ nonplus (dumbfound) a p. **-not** note in reply, reply **-porto** return (reply) postage **-signal** reply signal **-skrivelse** reply **-visit** return visit (call)

svart I *a* black äv. bildl.; dyster dark; [*på*] ~*a börsen* [on] the black market; ~ *färg* black; *Svarta havet* the Black Sea; *stå på* ~*a listan* be on the black list, be blacklisted; ~*e Petter* kortsp. ung. Old Maid; ~*a tavlan* skol. the blackboard; gatan var ~ *av människor* . . black with people; *vara* ~ *under ögonen* have dark rings round (under) one's eyes; *en* ~ a black [man]; *de* ~*a* the blacks; *de* ~*as världsdel* the Dark Continent **II** *adv* olagligt illegally, illicitly **III** *s* färg black äv. i schack; *ha* ~ *på vitt på* . . have . . in black and white (on paper, in writing); *göra* ~ *till vitt* prove that black is white; *måla* skildra . . *i* ~ paint . . in black colours; *se allting i* ~ look on the dark (gloomy) side of things, be a pessimist; jfr *blått*

svartabörs|affär black-market transaction (operation) **-haj** black-marketeer **-handel** black-marketeering, black-market transactions pl. **-jobbare** se *-haj* **-pris** black-market price

svart|aktig *a* blackish; om t.ex. hy swarthy **-betsa** *tr* stain . . black, ebonize **-blå** *a* blackish-blue, blue-black; om hy livid **-broder** Black Friar, Dominican **-brokig** *a* ~ *boskap* black-and-white cattle **-brun** *a* black[ish]-brown **-brödrakloster** Dominican monastery

svartepett|er *-ern -rar* kortsp. ung. Old Maid

svart|grå *a* iron (blackish) grey **-hyad** *a* black-skinned, swarthy **-hårig** *a* attr. black-haired; *han är* ~ he has black hair **-ing** dark[e]y, blackie **-jord** black earth **-konst 1** magi black art, necromancy **2** konst. mezzotint[o] **-konstbok** black book **-konstnär** magiker necromancer, sorcerer, magician **-krut** black powder **-lista** *tr* blacklist **-lockig** *a* attr. om pers. . . with black, curly hair **-mes** coal-tit, coalmouse **-muskig** *a* swarthy **-mylla** [vegetable] mould, humus **-måla** *tr* paint . . black (bildl. äv. in black colours) **-målning** bildl.: -måland blackening, mörk bild pessimistic description *av* of

svartna *itr* blacken, become (turn, go) black; *det* ~*de för ögonen på mig* everything went black before my eyes

svart|peppar black pepper **-rock** präst black-coat **-rost** på säd black rust **-sjuk** *a* jealous, *på* of **-sjuka** jealousy **-sjukedrama** crime passionnel fr. **-skjorta** black shirt, fascist **-skäggig** *a* black-bearded **-soppa** black [goose-giblet] soup **-spräcklig** *a* . . speckled black; om tyg äv. (attr.) pepper-and-salt **-vit** *a* attr. black-and-white, pred. black and white; om television monochrome **-ögd** *a* black-eyed, dark-eyed

svarv *-en -ar* [turning-]lathe **svarva** *tr itr* turn; ~*de fraser* well-turned (well-worded) phrases; ~ *ihop (till)* historia o.d. devise, concoct, invent; ~ *till* eg. turn **svarvare** turner **svarvbänk** [turning-]lathe **svarvspån** koll. turnings pl. **svarvstol** [turning-]lathe **svarvstål** turning tool

svassa *itr,* ~ [*omkring*] strut (swagger) about **svassande** *a* om gång strutting, swaggering; svulstig grandiloquent, high-flown, high-falutin[g]

svav|el *-let 0* sulphur (amer. vanl. sulfur); åld. brimstone

svavel|aktig *a* sulphurous **-blomma** flowers pl. of sulphur **-förening** sulphur compound **-gul** *a* sulphur yellow **-haltig** *a* sulphurous **-kis** pyrite, iron pyrite[s] **-lukt** sulphurous smell **-osande** *a* sulphurous äv. bildl. **-predikant** fire-and-brimstone preacher **-regn** sulphur shower (rain) **-syra** sulphuric acid **-syrad** *a, -syrat kali* potassium sulphate; *-syrat natron* sodium sul

phate **-syrlighet** sulphurous acid **-väte** hydrogen sulphide **-ångor** *pl* sulphurous vapours (fumes)
svavla *tr* sulphur|ate|, sulphurize
Svea, ~ *rike* the land of Sweden (of the Swedes) **svear** *pl* Swedes
sweat|er *-ern -rar (-ers)* sweater
svecism *-en -er* Swedicism
1 sveda *-n 0* smarting pain, smart; *ersättning för ~ och värk* damages pl. for pain and suffering
2 sved|a *-de svett tr* allm. o. tekn. singe; förbränna scorch, burn, om solen äv. parch; om frost nip; *lukta svedd* smell burnt; ~ *av (bort)* singe (scorch, burn) off, parch, nip
svedja *tr* burn-beat; ~ |*skog*| burn woodland **svedjebruk** burn-beating **svedjeland** burn-beaten land
svek *-et* - förräderi treachery, perfidy, *mot* to; trolöshet deceit, guile end. sg.; jur. fraud; *handla utan* ~ äv. act fairly **-full** *a* treacherous, perfidious; deceitful, guileful; fraudulent, jfr *svek* **-fullhet** treacherousness etc.; fraudulence **-lös** *a* trofast faithful, loyal; ärlig guileless, straightforward **-löshet** faithfulness, loyalty, guilelessness etc.
sven *-nen -ner* yngling swain; page page; *riddare och ~ner* hist. knights and squires **-dom** *~en 0* chastity **-sexa** bachelor dinner, farewell party for a bachelor on the eve of his marriage
svensk I *a* Swedish **II** *-en -ar* Swede
svensk|a *-an* **1** pl. *-or* kvinna Swedish woman (dam lady, flicka girl); *hon är* ~ vanl. she is Swedish (a Swede) **2** pl. *0* språk Swedish; *~n* Swedish; *på* ~ in Swedish; *vad heter . . på ~?* what is the Swedish for . .?, what is . . in Swedish?
svensk|amerikan *s* o. **-amerikansk** *a* o. **--amerikansk** *a* Swedish-American **--engelsk** *a* t.ex. ordbok Swedish-English, t.ex. förening Anglo-Swedish, Swedish-British, **-fientlig** *a* anti-Swedish **-född** *a* Swedish-born; *vara* ~ vanl. be Swedish by birth **-het** Swedishness; kultur Swedish culture **-lärare** teacher of Swedish, Swedish teacher **-språkig** *a* **1** = *-talande;* ~ författare . . writing (who writes) in Swedish **2** avfattad på svenska Swedish, . . in Swedish **3** där svenska talas, attr. . . where Swedish is spoken **-talande** *a* Swedish-speaking . .; *vara* ~ speak Swedish **-tillverkad** *a* . . made in Sweden, Swedish-made **-vänlig** *a* pro-Swedish
svep *-et* - allm. sweep; razzia raid; *göra ett ~ med* strålkastarna let . . sweep; *i ett* ~ at (in) one sweep, friare äv. at one go; berätta ngt *i stora* ~ . . in broad outline **svep|a** *-te -t* **I** *tr* allm. wrap |up|; minor: röja sweep, söka sweep for; tömma (glas o.d.) F knock back; ~ *ett barn i en filt* wrap a baby |up| in a blanket; ~ *en sjal om|kring| axlarna* wrap a shawl round one's shoulders; ~ *ett lik* shroud a corpse **II** *itr* om t.ex. vind sweep; en våg av harm *-te över landet* . . swept |over| the country **III** m. beton. part. **1** ~ *fram* om t.ex. vind sweep along; snöstormen *-te fram över landet* . . swept over the country **2** ~ *förbi* sweep by (past) **3** ~ *i sig* tömma F knock back **4** ~ *in* **a)** tr. wrap |up|, *i* in; bergstoppen var *insvept i dimma* . . wrapped (shrouded) in mist; ~ *in sig* wrap |oneself| up **b)** itr. sweep in; *hon -te in i rummet* she swept into the room **5** ~ *med sig* om t.ex. vind, våg sweep along (away) with it **6** ~ *om papper om ngt* wrap paper round a th.; ~ *om ngt med papper* wrap a th. |up| in paper; *han -te rocken |tätare| om sig* he wrapped himself up |more tightly| in his coat
svepe *-t -n* bot. involucre **svepning** konkr.: kläder grave-clothes pl., cerements pl., lakan winding sheet, shroud **svepskäl** förevändning pretext, subterfuge, excuse, pretence; *komma med* ~ make excuses
Sverige Sweden
svets *-en -ar* weld; -ande welding **svetsa** *tr* weld; ~ *fast* weld; ~ *ihop (samman)* weld |om två delar . . together| äv. bildl.; ~ *ihop (samman)* ngt *till* bildl. weld . . into; livet *har ~t samman dem* . . has united them closely together; *en sammansvetsad* familj a closely--united (-knit) . . **svetsaggregat** welding set (unit) **svetsare** welder, welding operator **svetsbar** *a* weldable **svetsbarhet** weldability **svetsfog** welding seam, weld|ed| joint, weld **svetsloppa** welding spark **svetslåga** welding flame **svetsning** welding
svett *-en 0* sweat, perspiration; han arbetade *så att ~en lackade (rann)* . . so much that he was dripping with sweat (perspiration); *~en pärlade på hans panna* beads of perspiration stood on his forehead; *med ~ och möda* with much toil **svettas** *itr.* (ibl. *tr.*) *dep* sweat, perspire; ~ *blod* sweat blood; *komma ngn att* ~ make a p. sweat; ~ *av ångest* sweat with fear; *jag ~ om händerna* my hands are sweaty; ~ *ut en förkylning* sweat out a cold
svett|bad kur sweat|ing-bath| **-drivande** *a* sudorific; ~ *medel* vanl. sudorific **-droppe** drop (bead) of perspiration **-drypande** *a* . . dripping (stark. streaming) with sweat
svetteduk bibl. sudari|um (pl. -a), veronica
svettig *a* sweaty, sweating, perspiring; *~t arbete* sweaty work; *vara alldeles* ~ be all in a sweat; *jag är ~ om händerna* my hands are sweaty; *bli* ~ begin to sweat (perspire), get into a perspiration; *han arbetade sig* ~ he worked till he was all in a sweat

svett|kur sweating-cure **-körtel** sweat-gland **-ning** *~en 0* sweating, perspiration **-pärla** bead of perspiration **-rem** sweat-band

svick|a *-an -or* till fat spigot, plug

svid|a *sved -it itr* smart, sting, göra ont äv. ache, hurt; *det -er i halsen [på mig]* av t.ex. peppar my throat is burning, vid förkylning I have a sore throat; *peppar -er på tungan* pepper bites (is hot on) the tongue; *röken sved i ögonen [på mig]* the smoke made my eyes smart; *det -er i ögonen [på mig] av rök* my eyes are smarting with smoke; *det -er i hjärtat när man ser . .* it breaks your (one's) heart to see . .; ord som *sved ända in i själen* . . stung me (him etc.) to the quick; *det -er i mig (-er mig i själen) att* behöva betala it breaks my heart to . . **svidande** *a* eg. smarting etc. jfr föreg.; friare, om t.ex. nederlag crushing; *med ~ hjärta* with an aching heart

svik|a *svek -it* **I** *tr* överge fail, desert, lämna i sticket äv. let . . down, leave . . in the lurch; i kärlek jilt; bedra deceive, förråda betray; *~ ngns förhoppningar* frustrate a p.'s hopes; *~ ngns förtroende* betray a p.'s confidence, let a p. down; *~ ngns förväntningar* disappoint (fall short of) a p.'s expectations; *~ sina ideal* betray one's ideals; *~ sitt löfte (ord)* break (go back on) one's promise (word), fail to keep one's promise; *~ sin plikt* fail in one's duty; *krafterna (rösten) svek honom* his strength (voice) failed him; *om inte mitt minne -er mig* unless my memory fails me (is at fault); *modet svek mig* my courage failed (deserted) me **II** *itr* allm. fail; om t.ex. publik, anhängare fall off (away), utebli fail to come (appear) **svikande** *a*, *[med] aldrig ~ . .* [with] never-failing (unfailing, unflagging, unremitting) . . **sviklig** *a* fraudulent

svikt *-en* **1** pl. *0* fjädring springiness, spänst elasticity, resilience, böjlighet flexibility; *ha (ge) [god] ~* vanl. be [very] springy (elastic, resilient, flexible) **2** pl. *-ar* spring-board

svikta *itr* eg.: böja sig bend, ge efter sag, yield; svaja under ngns steg sway up and down; ge svikt, om t.ex. mark, golv, sula be springy (resilient); vackla totter, gunga quake, shake, rock; bildl.: om t.ex. tro waver, om t.ex. krafter, motstånd give way, yield **sviktande** *a* bending etc., springy, resilient, tottering etc., jfr föreg.; om hälsa failing; *[med] aldrig ~ . .* [with] never-failing (unwavering) . . **sviktbräda** spring-board **svikthopp** sport. spring-board diving

svimfärdig *a* . . ready to faint; *~ av hunger* faint with hunger **svimma** *itr* faint, swoon; *~ av hunger* faint with hunger; *~ a'v* faint [away]; *avsvimmad* unconscious **svimning** faint, swoon **svimningsanfall** fainting-fit

svin *-et -* pig, swine (pl. swine; i sg. numera vanl. bara ss. okvädinsord); göd~ hog, porker **svina** *tr itr*, *~ ner (till) [i rummet]* make a mess [in the room], leave [the room in] a mess; *~ ner sig* get oneself in[to] a mess **svinaherde** swineherd **svinaktig** *a* om t.ex. pris beastly; oanständig dirty, filthy; *en ~ tur* the luck of the devil **svinaktighet** *-en -er* egenskap beastliness etc.; handling beastly act; *~er* i ord filthy language sg. **svinaktigt** *adv* beastly; *uppföra sig ~* behave like a swine (beast); *~ höga priser* beastly prices **svinavel** pig breeding **svinborst** pig's bristle

svindel *-n 0* **1** yrsel dizziness, giddiness, isht läk. vertigo; *få ~* become (turn, feel) dizzy (giddy) **2** bedrägeri swindle, humbug **svindelaffär** swindle **svindelanfall** fit of dizziness **svindelföretag** swindling firm **svindla** **I** *itr* få yrsel, *det ~r för ögonen [på mig]* my head swims (is in a whirl), I feel dizzy (giddy); *tanken ~r inför . .* the mind (brain) reels at the idea (thought) of . . **II** *tr* bedra swindle, cheat; *~ ngn på pengar* swindle money out of a p., swindle a p. out of money **svindlande** *a* om t.ex. höjd dizzy, giddy, vertiginous; om pris, summa, lycka o.d. enormous, tremendous, prodigious; *i ~ fart* vanl. at [a] breakneck speed **svindlare** swindler, cheat, humbug **svindleri** swindle

svineri snuskighet filth[iness], dirtiness; snuskig vana filthy (dirty) habit (practice)

sving *-en -ar* swing

swing *-en 0* dans swing; musik swing [music]

svinga **I** *tr* t.ex. klubba swing, svärd o.d. brandish, flourish, wield, hatt o.d. wave **II** *itr* swing **III** *rfl* swing [oneself]; *~ sig upp i sadeln* äv. vault into the saddle; *~ sig upp mot skyn* rise into the air; *~ sig upp till* de högsta posterna rise (advance) to . .; *~ sig över ett staket* vault [over] a fence

svin|gård piggery **-ho** pig-trough **-hugg**, *~ går igen* ung. [that's] tit for tat **-hus** pigsty **-kall** *a*, *det är ~t* it is beastly cold **-kött** pork **-läder** pigskin **-lädershandske** pigskin glove **-mat** pigwash, hog-wash **-molla** goose-foot (pl. -foots)

svinn *-et -* waste, wastage, loss

svinna *svann svunnit itr* om tid pass; *längesedan svunna tider* times long past (gone by); *svunnen storhet* departed glory

svin|otta, *i ~n* ung. very early in the morning **-pest** swine-fever **-päls** F swine **-skötsel** pig breeding **-stia** pigsty

svira *itr* rumla be on the spree (F binge)

svirv|el *-eln -lar* tekn. swivel

sviskon *-et -* prune

svit *-en -er* följe suite, retinue; av rum suite; rad, serie succession, kortsp. sequence; mus. suite; efterverkning after-effect, följdsjukdom sequel|a (pl. -ae)

sviv|el *-eln -lar* tekn. swivel **svordom** *-en -ar* ed oath, förbannelse curse, svärord swear-word; *~ar* koll. swearing sg.

svullen *a* swollen, genom inflammation o.d. tumid, tumefied; *vara ~ i ansiktet* have a swollen face **svullna** *itr, ~* |*upp*| swell |up|, become swollen, genom inflammation o.d. tumefy; *~ igen* swell up **svullnad** *-en -er* swelling

svulst *-en -er* **1** konkr. swelling, tumour, tumefaction **2** bildl. se *svulstighet* **svulstig** *a* inflated, turgid, högtravande äv. bombastic, pompous; svassande grandiloquent **svulstighet** *-en -er* egenskap inflatedness, turgidity, bombast, pomposity, grandiloquence; *~er* pl. bombast sg., pomposities **svulstigt** *adv* vanl. in an inflated (a turgid etc.) manner, jfr *svulstig*

svulten *a* mycket hungrig starving, *på* for; utsvulten starved, *på* of; famished

svunnen *a* se *svinna*

svuren *a* sworn

svåg|er *-ern -rar* brother-in-law (pl. brothers-in-law) **svågerskap** *-et 0* affinity, relationship by marriage

svål *-en -ar* fläsk~ |bacon| rind; huvud~ scalp

svångrem |waist-|belt; *dra åt ~men* tighten one's belt

svår *a* att förstå, utföra o.d. difficult, hard; att uthärda o.d. hard; mödosam heavy, stiff, F tough; påfrestande trying; brydsam awkward; farlig, allvarlig grave, serious, severe; tekn.: tung, grov heavy Ex.: **a)** i attr. ställning: *ett ~t arbete* a difficult (hard, tough) job; *~a beskyllningar* grave (serious) accusations; *en ~ examen* äv. a stiff examination; *ett ~t fall* a difficult case; *ett ~t fall av* lunginflammation a serious case of . .; *i ~are* allvarligare *fall* in |more| serious cases; *ett ~t fel* misstag a serious (grave) error (mistake); *en ~ frestelse* a sore temptation; *en ~ fråga* a difficult (hard) question; *~a*|*re*| *följder* grave (serious) consequences; *en ~ förbrytelse* a serious crime; *~a förhållanden* äv. trying conditions; *en ~ förkylning* a bad (severe) cold; *en ~ förlust* a heavy (severe) loss; *~a förluster* mil. heavy casualties; han har *~t hjärtfel* . . a serious heart-disease; *vara i* |*en*| *~ klämma (knipa)* be in great straits; *~ konkurrens* severe (stiff) competition; *~ köld* severe cold; *~a lidanden* severe (grievous, great) suffering|s|; *en ~ olycka* a great misfortune, olyckshändelse a serious accident; *ha ~a plågor* be in great pain; *ett ~t prov* a severe test; *en ~ sjukdom (skada)* a serious (severe) illness (injury); det var *~ sjö* . . a heavy sea; *ett ~t slag* bildl. a sad blow; fartyget har *~ slagsida* . . a heavy list; *en ~ ställning* a difficult situation; *~ terräng* rough country; *en ~ tid* hard times; *~a umbäranden* severe privations; *en ~ uppgift* a difficult (a hard, an arduous) task; *ett ~t val* dilemma a difficult (hard) choice; *~ värk* severe pain

b) i andra ställningar: *göra det ~t för ngn* make things difficult for a p.; *ha det ~t* lida suffer greatly, slita ont have a rough time of it, ekonomiskt be badly off; *han har ~t för sig* nothing comes easy to him; *ha ~t för* engelska find . . difficult; *ha ~t* |*för*| *att* inf. find it difficult (hard) to inf., have |some| difficulty in ing-form; *ha ~t* |*för*| *att fatta* vara dum be slow on the uptake; *vi har ~t att* göra oss en föreställning om . . äv. we can hardly . .; *jag har ~t att höra (se)* på grund av avstånd o.d. äv. I can hardly hear (see); *ha ~t för att lära* be slow |to learn|; *han är ~ att ha att göra med* he is difficult to get on with; *backen är ~ att ta sig upp för* the hill is hard to climb; *det är ~t* |*för mig*| *att* inf. it is difficult (hard) |for me| to inf.; *vara ~ mot ngn* be hard on a p.; *vara ~* begiven *på ngt* have a weakness for a th.; *han är ~ på fruntimmer* he is always running after women; *du är för ~* tokig, rolig F you're the limit

svår- se typexemplet *svåranskaffad* betr. attr. o. pred. form

svår|anskaffad *a* **a)** attr.: . . that is (was osv.) difficult (hard) to obtain (etc. jfr *anskaffa*); *en ~* bok ofta äv. a difficult (hard) . . to obtain (etc.) **b)** pred.: boken *är ~* . . is difficult (hard) to obtain (etc.) **-anträffbar** *a* om pers., attr. . . that is (osv.) difficult (hard) to get into contact with; för konstr. jfr *-anskaffad* **-arbetad** *a* attr. . . that is (osv.) difficult (hard) to work (etc. jfr *bearbeta*); för konstr. jfr *-anskaffad* **-artad** *a* om sjukdom malignant, svag. bad; friare serious, grave **-bearbetad** *a* se *-arbetad* **-begriplig** *a* attr. . . that is (osv.) difficult (hard) to understand; för konstr. jfr *-anskaffad* **-bemästrad** *a* attr. . . that is (osv.) difficult (hard) to master (etc. jfr *bemästra*); för konstr. jfr *-anskaffad* **-ersättlig** *a* attr. . . that is (osv.) difficult (hard) to replace (om förlust repair); för konstr. jfr *-anskaffad* **-fattlig** *a* dunkel abstruse, obscure; se äv. *-begriplig* **-fjällad** *a* **1** eg.: attr. . . that is (osv.) difficult to scale; för konstr. jfr *-anskaffad* **2** bildl. hard-boiled **-flörtad** *a, vara ~* be difficult to flirt with (bildl.: -övertalad to get round, -besegrad to conquer) **-framkomlig** *a* om väg o.d. almost impassable, om terräng difficult, rough **-förklarlig** *a* attr. . . that is (osv.) difficult (hard) to explain; för konstr. jfr *-anskaffad* **-förståelig** *a* se *-fattlig* **-gripbar** *a* bildl. elusive **-hanterlig** *a* attr. . . that is (osv.) difficult (hard) to handle (manage); för konstr. jfr *-anskaffad;* om pers. äv. intractable, bångstyrig recalcitrant; om sak äv. (otymplig) unwieldy

svårighet *-en -er* allm. difficulty, *att* inf. in

(ibl. of) ing-form; möda hardship; trångmål straits pl.; besvär trouble; olägenhet inconvenience; hinder obstacle; *göra ~er* raise (make) difficulties; *däri ligger ~en* that is the difficult point, that is where the difficulty comes in; *det möter inga ~er* that's not difficult; *med (utan) ~* with (without) difficulty **svårighetsgrad** degree of difficulty **svårligen** *adv* hardly, scarcely

svår|läkt *a* slow-healing; såret *är ~* . . heals slowly, . . is slow in healing **-läslig** *a* om handstil hardly legible, crabbed **-läst** *a* om bok o.d., attr. . . that is (osv.) difficult (hard) to read; för konstr. jfr *-anskaffad; boken är ~* äv. . . makes (is) difficult (hard) reading **-löslig** *a* om ämne o.d.: attr. . . that is (osv.) difficult to dissolve; för konstr. jfr *-anskaffad* **-löst** *a* om problem m.m.: attr. . . that is (osv.) difficult (hard) to solve (etc., jfr *lösa I 4*); för konstr. jfr *-anskaffad* **-manövrerad** *a* attr. . . that is (osv.) difficult (hard) to manage (etc. jfr *manövrera*); för konstr. jfr *-anskaffad* **-mod** melancholy; dysterhet gloom; sorgsenhet sadness **-modig** *a* melancholy, gloomy, sad, jfr föreg. **-skött** *a* attr. . . that is (osv.) difficult (hard) to handle (om barn, maskin o.d. äv. to manage, om t.ex. lägenhet to keep tidy, to keep in order, om patient to nurse); för konstr. jfr *-anskaffad* **-smält** *a* **1** tekn. refractory **2** se *hårdsmält* **-spelad** *a* attr. . . that is (osv.) difficult (hard) to play; för konstr. jfr *-anskaffad* **-startad** *a* attr. . . that is (osv.) difficult (hard) to start; för konstr. jfr *-anskaffad* **-såld** *a* attr. . . that is (osv.) difficult (hard) to sell; för konstr. jfr *-anskaffad; varan är ~* äv. . . sells slowly

svårt *adv, ~ drabbad* hard-stricken, om pers. äv. grievously afflicted, *av* i båda fallen with; *vara ~ förkyld* have a bad (severe) cold; *~ sjuk* seriously ill; *~ skadad (sårad)* badly (seriously) injured (wounded); *ha det ~* m.fl. ex. se under *svår*

svår|tillgänglig *a* om plats, attr. . . that is (osv.) difficult of access; om t.ex. en dikt, attr. . . that is (osv.) difficult (hard) to understand; för konstr. jfr *-anskaffad;* om pers. (reserverad) distant, reserved **-tillgänglighet** om plats difficulty of access; om pers. reserve **-tolkad** *a* attr. . . that is (osv.) difficult (hard) to interpret; för konstr. jfr *-anskaffad* **-tydd** *a* se *-tolkad* **-utrotad** *a* o. **-utrotlig** *a* attr. . . that is (osv.) difficult (hard) to eradicate; för konstr. jfr *-anskaffad* **-åtkomlig** *a* om sak: attr. that is (osv.) difficult (hard) to find (obtain, om plats get at); för konstr. jfr *-anskaffad;* bildl. om pers. distant, reserved **-överskådlig** *a* attr. . . that is (osv.) difficult (hard) to survey (get a survey of); för konstr. jfr *-anskaffad*

svägerska sister-in-law (pl. sisters-in-law)

svälj|a *-de -t* el. *svalde svalt* **I** *tr* eg. swallow; bildl.: förtret o.d. swallow, stolthet pocket; *~ gråten (tårarna)* gulp down (choke back) one's tears **II** *itr* swallow, gulp

väll|a *-de -t* **I** *itr* swell äv. bildl., om segel äv. fill; om deg rise; utvidga sig expand äv. bildl.; hans hjärta *-de av stolthet* . . swelled with pride; floden *-de över sina bräddar* . . overflowed [its banks] **II** m. beton. part. **1** *~ igen* swell up **2** *~ upp* swell [up], become swollen (swelled) **3** *~ ut* swell [out]; bildl., om t.ex. utgifter äv. grow **svällande** *a* allm. swelling; uppblåst puffed-up; om barm full, ample; om plånbok o.d. bulging

svält *-en 0* starvation; hungersnöd famine; *dö av ~* die of starvation **svält|a I** *svalt svultit itr* starve, stark. famish; *~ ihjäl* starve to death **II** *-e (svalt) svält tr* starve; *~ sig* starve oneself; *~ ut* t.ex. konkurrerande företag starve out, belägrad stad o.d. äv. starve . . into surrender

svält|död death from starvation; *dö ~en* starve to death **-född** *a* [half] starving äv. bildl., *på* for; underfed, undernourished **-gräns** hunger line; *leva på ~en* live on the hunger line **-konstnär** yrkesmässig professional faster; *han är en riktig ~* bildl. he is able to go without food for a long time **-kost** starvation diet; *sätta ngn på ~* put a p. on a starvation diet **-kur** starvation cure **-lön** starvation wages pl.

svämma *itr, floden ~de över* [*sina bräddar*] the river overflowed [its banks]; *~ över alla bräddar* friare exceed all bounds; se äv. *översvämma*

sväng *-en -ar* krök turn, bend, kurva curve; svepande rörelse sweep; vägen *gör en* [*tvär*] *~* . . takes a [sharp] turn, . . turns [sharply]; *ta ut ~en kring hörnet* take the corner wide; *göra en ~* tur *till stationen* till fots take a stroll (m. bil go for a drive) to the station; *ta sig en ~* dansa shake a leg; *vara med i ~en* be out and about a great deal

sväng|a *-de -t* **I** *tr* sätta i hastig kretsrörelse swing; vifta med wave, isht vapen o.d. brandish, flourish; vända turn; [som] på en tapp swivel **II** *itr* **1** fram o. tillbaka swing [to and fro]; svaja sway; fys. (som en pendel) oscillate; vibrera vibrate; *~ med armarna (benen)* swing one's arms (legs); *gå och ~ på sig* walk with a swing, go swinging along **2** göra en sväng (vändning) turn, i båge swing, curve, sweep; [som] på en tapp swivel; om vind change; *~ om hörnet* turn (swing round) the corner; *~ omkring en axel* turn (rotate) round an axis; *~ åt höger* turn to the right; *~ åt sidan* äv. swerve **III** *rfl* **1** eg. a) swing oneself, jfr vid. *svinga sig* b) rotera turn, rotate **2** göra undanflykter shuffle, prevaricate **3** *~ sig med* latinska citat lard one's speech with (flaunt) . . **IV** m. beton. part. **1** *~ av åt vänster* turn off to the left; *~ av från* vägen turn off . . **2** *~ ihop* t.ex. en målti knock up; historia o.d. knock off **3** ~ *in på* en gata turn (swing) into . . **4** *bilen -de ned i* gränden the car turned (swung) down into . . **5** ~ *om* turn round, om vind veer round äv. bildl.; i dans swing round; ~ *om i* sina åsikter change (shift) . .; ~ *om med en flicka* swing a girl round; ~ *om på klacken* turn on one's heel **6** ~ *runt* turn (swing) round, hastigt spin round **7** ~ *till* se ~ *ihop* **8** *bilen -de upp på bron (gården)* the car swung up on the bridge (up into the courtyard) **9** ~ *ut med armen* swing out one's arm; *bilen -de ut* från trottoaren the car swung out . . **10** ~ *över till* andra sidan av vägen swing over (across) to . .; vinden *har -t över till nordost* . . has shifted to the north-east

svängbar *a* roterande revolving, på en tapp pivoting **svängbro** swing bridge **svängd** *a* böjd curved, bent, välvd arched **svängdörr** swing[ing] door, roterande revolving door **sväng|el** *-eln -lar* på vagn swingletree; brunns~ sweep, swipe **svänghjul** flywheel **svängkran** revolving (jib) crane **svängning** svängande swinging, svajande swaying; svängningsrörelse swing, oscillation; vibrering vibration; viftning wave; kring~ rotation, revolution; riktningsförändring turn; variation fluctuation; friare: i t.ex. politik [sudden] change (shift) **svängningsradie** turning radius **svängningstal** fys. frequency **svängom** *r, ta [sig] en* ~ shake a leg **svängrum** space, [elbow-]room

svära *svor svurit tr itr* **1** gå ed swear, *på* to, *vid* by; lova äv. vow; ~ *ngn trohet* swear fidelity to a p.; *han svor att* aldrig glömma oförrätten he vowed that he would . .; *han svor på att han hade sett henne* he swore that he had seen her, he swore to having seen her; *jag kunde ha svurit på att* det var han I could have sworn that . .; *det kan jag inte* ~ *på* vanl. I won't swear to it; ~ *sig fri från ngt (från att ha . .)* friare deny a th. (having . .) **2** begagna svordomar swear, curse, *över (åt)* at **3** ~ *mot* strida mot clash with äv. om färg **svärande** *-t 0* begagnande av svordomar swearing, cursing

svärd *-et* - sword; *med* ~*et i hand* sword in hand **-fisk** sword-fish

svärdotter daughter-in-law (pl. daughters-in-law)

svärds|dans sword-dance **-egg** sword-edge **-fäste** sword-hilt **-hugg** hugg med ett svärd blow with a sword; märke efter ~ sword-cut **-klinga** sword-blade **-lilja** allm. iris; *gul* ~ yellow flag **-sidan,** *på* ~ on the male line **-slag,** *utan* ~ without striking a blow, friare without firing a shot **-slukare** sword-swallower

svär|far father-in-law (pl. fathers-in-law) **-föräldrar** *pl* parents-in-law

svärja *svor svurit tr itr* se *svära*

svärm *-en -ar* t.ex. av bin, människor swarm, av insekter äv. cluster, av människor äv. crowd; av fåglar flight, pack; av frågor host; alla m. of framför följ. best. **svärma** *itr* **1** eg. swarm, *omkring* round **2** bildl., *de satt och* ~*de* i månskenet they sat spooning . .; ~ *för ngn* have a crush on a p., be gone on a p.; ~ *för ngt* have a passion for (be passionately fond of) a th. **svärmare** *-n* - **1** drömmare dreamer, visionary; fanatiker zealot, fanatic **2** svärmarfjäril sphinx-moth, hawk-moth **3** fyrv. serpent **svärmeri 1** entusiasm enthusiasm, hänryckning ecstasy, fanatism fanaticism **2** förälskelse infatuation, stark. passion **3** pers. sweetheart, flame; *han är hennes* ~ äv. she is gone (sweet) on him **svärmisk** *a* drömmande dreamy, visionary, romantisk romantic, fanciful; fanatisk fanatical; *vara* ~ romantisk [*till sin läggning*] be of a romantic turn **svärmning** *-en 0* swarming **svärmningstid** swarming time (season)

svärmor mother-in-law (pl. mothers-in-law)

svärord swear-word

svärson son-in-law (pl. sons-in-law)

svärt|a I *-an* **1** pl. *0* abstr. blackness; färgämne blacking **2** pl. *-or* zool. scoter **II** *tr* black[en], make (dye) . . black; ~ *ned ngn* bildl. blacken a p. (a p.'s character), run a p. down, *inför* ngn to . . **III** *itr,* tyget ~*r av sig* the black colour comes off . .

sväva *itr* eg. float, be suspended; om fågel (högt uppe) soar, kretsa hover; hänga fritt hang; gå lätt o. ljudlöst glide; ~ *genom luften* sail (float) through the air; ~ *i fara* be in danger; ~ *i ovisshet om ngt* be in a state of uncertainty as to a th.; ~ *mellan liv och död (hopp och fruktan)* hover between life and death (hope and fear); ~ *fram* röra sig svävande flit along; ~ *ut* i tal, skrift deviate from one's subject, make digressions **svävande** *a* floating osv. jfr *sväva;* obestämd vague, evasive **svävare** *-n* - o. **svävfarkost** hovercraft

sy *-dde -tt* **I** *tr itr* sew, t.ex. kläder vanl. make; utföra sömnadsarbete äv. do sewing (needlework), som yrke be a dressmaker (seamstress); kir. sew (stitch) up, suture; ~ *korsstygn* make cross-stitches; ~ *på maskin* sew on the machine; *var* ~*r du (låter du* ~*)* dina kläder? where do you have . . made? **II** m. beton. part. **1** ~ *dit* sew . . on [there] **2** ~ *fast* t.ex. knapp sew on, *vid* to; t.ex. ficka som lossnat i kanten sew up; ~ *fast (i) en knapp i* rocken sew a button on . . **3** ~ *ihop* reva o.d. sew up; t.ex. två tyglappar sew together; sår sew (stitch) up **4** ~ *in* minska take in; ~ *in ngt i* . . sew up a th. in . ., sew a th. into . . **5** ~ *om* remake **6** ~ *upp* korta shorten **-ask** work-box **-ateljé** dress-maker's [workshop]

sybarit *-en -er* sybarite **sybaritisk** *a* sybaritic

sy|behör *pl* sewing-materials; H haberdashery sg. **-behörsaffär** haberdasher's [shop] **-bord** work-table

syd *s* (ibl. *-en 0*) o. *adv* south (förk. S.); jfr äv. *nord* m. ex. o. sms. samt *norr* **Sydafrika** som enhet South (södra Afrika Southern) Africa **sydafrikan** *s* o. **sydafrikansk** *a* attr. South-African **Sydamerika** South America **sydamerikan** *s* o. **sydamerikansk** *a* attr. South-American **Sydeuropa** o. andra sms. jfr *nord-* **sydfrukter** *pl* ung. fruits from the South **sydgående** *a* om tåg southbound **sydlig** *a* southerly; south; southern; jfr *nordlig* **sydländsk** *a* southern äv. om utseende o.d., . . of the South **sydlänning** southerner **sydost I** *-en 0* väderstreck the south-east (förk. S.E.); vind south-easter, south-east wind **II** *adv* south-east (förk. S.E.), *om* of **sydpol,** *~en* the South Pole **sydpolsexpedition** expedition to the South Pole, antarctic expedition **sydsken** southern lights pl., aurora australis lat. **sydstaterna** *pl* the Southern (under amerikanska inbördeskriget Confederate) States; the South sg. **sydsvensk** o. andra sms. jfr *nord-* **sydväst I** *-en* **1** pl. *0* väderstreck the south-west (förk. S.W.); vind south-wester, sou'-wester, south-west wind **2** pl. *-ar* huvudbonad sou'-wester **II** *adv* south-west (förk. S.W.), *om* of

syetui sewing-case

syfilis *-en 0* syphilis **syfilitisk** *a* syphilitic

syfta *itr* sikta, eftersträva aim, *till* at, *till att* inf. at ing-form; *~ på* anspela på allude to, hint at, avse have . . in view, mena mean; *det ~r på mig* it is aimed at me; *~r du på mig?* are you referring to me?; *vad ~r du på?* what are you driving at?; *vad ~r* försöken *till?* äv. what is the purpose of . .?; *~ tillbaka på ngt* refer [back] to a th. **syfte** *-t -n* ändamål purpose, end, mål aim, object; *~t med* hans resa the purpose of . .; boken *har förfelat sitt ~* . . has not fulfilled its purpose; *i vilket ~?* to what end?, for what purpose?; *i (med) ~ att* inf. with a view (an eye) to ing-form, for (with) the purpose (with the aim) of ing-form; boken är skriven *i underhållande ~* . . with the aim of entertaining; *föreningen har till ~ att* . . the object of the society is to . . **syftemål** se *syfte* **syftlinje** line of sight, sight line **syftning 1** hän~ allusion, *på* to; hint, *på* at **2** *med högre ~* syftemål with higher aims pl. **syftpunkt** sighting point

sy|förening o. **-junta** sewing circle, amer. sewing-bee **-korg** work-basket

syl *-en -ar* skom. awl; allm. pricker; *inte få en ~ i vädret* not get a word in edgeways

sylfid *-en -er* sylph **sylfidisk** *a* sylph-like

syll *-en -ar* järnv. sleeper, amer. crosstie, tie; byggn. sill

sylt *-en (-et) -er* jam, preserve[s pl.] **sylt|a I** *-an -or* **1** kok. brawn, amer. headcheese **2** sämre krog [third-rate] eating-house **II** *tr itr* **1** eg. (ofta äv. *~ in*) preserve, göra sylt [av] äv. make jam [of], t.ex. gurkor äv. pickle **2** bildl., *~ in sig, bli insyltad* trassla in sig get [oneself] involved (mixed up), *i* in, *med* with **syltburk** jam-jar, jam-pot; med innehåll jar (pot) of jam **syltgurka** syltad gurka sweet pickled gherkin **syltkruka** se *syltburk* **syltlök** pickling onion; syltad lök, koll. pickled onions pl. **syltning** preserving, jam-making båda end. sg.

sylvass *a* eg. . . [as] sharp as an awl; bildl. piercing

sy|lön [dressmaker's (tailor's)] charges pl. **-maskin** sewing-machine

symbios *-en 0* symbiosis

symbol *-en -er* symbol; *vara [en] ~ för* be a symbol (be symbolic) of, symbolize, stand for **symbolik** *-en 0* symbolism; ss. lära o. teol. symbolics **symbolisera** *tr* symbolize **symbolisering** symbolization **symbolisk** *a* symbolic[al], om betalning, motstånd äv. token (end. attr.); teol., om böcker symbolical

symfoni symphony **symfoniker** symphonist **symfonikonsert** symphony concert **symfoniorkester** symphony orchestra **symfonisk** *a* symphonic

symmetri -[e]*n 0* symmetry **symmetrisk** *a* symmetric[al]

sympatetisk *a* sympathetic äv. om bläck

sympati medkänsla o.d. sympathy, *för* for se f.ö. ex.; *~er och antipatier* likes and dislikes; *socialistiska ~er* Socialist sympathies (leanings); *fatta ~ för ngn* take [a liking] to a p.; *känna (hysa) ~ för ngn* tycka have a liking for (feel attracted to) a p., medkänsla feel sympathy for a p. **sympatisera** *itr* sympathize, be in sympathy, *med* with *~ med* friare (:tycka om) like **sympatisk** *a* **1** trevlig nice, pleasant, lik[e]able, tilltalande attractive, vinnande winning, om sätt äv. engaging **2** anat. o. läk. sympathetic **sympatistrejk** sympathy (sympathetic) strike **sympatisör** sympathizer

symposi|um *-et -er* vetenskaplig konferens symposi|um (pl. äv. -a)

sym[p]tom *-et -* symptom, *på* of; tecken äv. sign, indication, *på* of **sym[p]tomatisk** *a* symptomatic, *för* of

syn *-en -er* **1** ~sinne [eye]sight, ~förmåga vision; *~ och hörsel* sight and hearing; *ha dålig ~* have a bad eyesight; *förlora (mista) ~en* lose one's [eye]sight; *få ~ på* . . catch (get) sight of . .; *komma till ~e* appear **2** ~sätt, åskådning view, *på* of; views pl., outlook, *på* i båda fallen on; approach, *på* to; åsikt äv. opinion, idea, *på* i båda fallen of; *ha en ljus ~ på livet* take a bright view of life *få en helt annan ~ på* . . get an entirely different idea of . ., look at . . from quite a different angle **3** anblick sight, spectacle; *en ståtlig ~* vanl. a fine spectacle **4** vision vision; spökbild apparition; *se (ha) ~er* have visions; *se i ~e* se fel be mistaken, se syner have visions; *jag trodde jag såg i ~e* äv. I thought my eyes were deceiving me **5** ansikte face; *bli lång i ~en* pull a long face; jfr *ansikte* ex. **6** utseende, sken, *för ~s skull* for the sake of appearances, for appearance[’s] sake, för att briljera for show; *till ~es* som det ser ut apparently, to all appearance[s], skenbart seemingly; *denna till ~es så enkla lösning* this solution, which appears so simple; *till ~es utan orsak* vanl. for no apparent reason **7** besiktning inspection, survey **syna** *tr* besiktiga inspect, survey, granska examine, scrutinize; friare look over; *~ ngt i sömmarna* scrutinize . ., examine . . closely, affär o.d. look thoroughly into . .; *~ ngn i sömmarna* look thoroughly into a p.’s affairs; *~ av* inspect [and certify]

synagog|a *-an -or* synagogue

syn|as *-tes -ts itr. dep* **1** vara synlig be seen, be visible, visa sig appear, show; *~ för blotta ögat* be visible to the naked eye; *fläcken -s inte* the spot does not show; *fläcken -s inte* om du pudrar den the spot will not show (be seen) . .; *-s ärret fortfarande?* does the scar still show?; huset *-s inte härifrån* . . cannot be seen from here; *-s det inget spår?* is there no trace [to be seen]?; *nej, det -s ingenting* no, there is nothing [to be seen]; *knopparna -s redan* the buds are already showing; en ny stjärna *-tes på himlen* . . appeared in the sky; *det -s [tydligt] att* de är släkt it is obvious (evident) that . .; *det -s på honom att han* . . one (you) can tell by looking at him that he . .; *det -tes på honom* you could see it from the way he looked (by his appearance); *~ till* appear, be seen; *ingen människa -tes till* nobody was to (could) be seen (var där had arrived); *han har inte -ts till på länge* he has not been seen about for a long time **2** framgå appear; *som -es av rapporten* as appears (is evident) from the report; *han är som -es svår att övertala* as you see it is difficult to persuade him **3** tyckas appear (seem) [to be]; *det -es mig vara överflödigt* to me it appears (seems) [to be] superfluous; *det vill ~ som om* . . it would seem that . .; jfr *tyckas* ex.

synbar *a* synlig visible, *för* to; märkbar apparent, uppenbar obvious, evident **synbarlig** *a* uppenbar obvious, evident, märkbar apparent **synbarligen** *adv* uppenbart obviously, evidently; av allt att döma apparently **synbart** *adv* visibly etc. jfr *synbar* **synbild** visual picture **syncentrum** visual centre

synd *-en -er* **1** försyndelse sin; överträdelse trespass åld. o. bibl., transgression; *ett ~ens näste* a hotbed of sin; *begå en ~* commit a sin; *det är ingen ~ att dansa* there is no harm (sin) in dancing; *envis som ~en* as obstinate as a mule; hata ngn *som ~en* . . like poison; *för mina ~ers skull* for my sins **2** skada, orätt, *så ~!* what a pity!; *det är ~ att* han inte kan komma it is a pity [that] . .; *det är ~ att stanna inne* en så vacker dag it is a pity (sin) to stay indoors . .; *det vore ~ att påstå (säga) att hon är lat* you can’t really call her lazy; *det är ~ och skam* it really is too bad; *~ bara att* det är så långt the pity is that . .; *det är ~ om honom* one cannot help feeling sorry for him, I feel sorry for him, F it is hard lines on him; *jag tycker [det är] ~ om henne* ömkar I pity her, hyser medkänsla I feel sorry for her; *det är ~ på karlen* it is a pity about the fellow; *det är ~ på den mannen att han skall* supa it is a pity that the man should . .; *det är ~ på tyget* it is a pity that the cloth should be wasted **synda** *itr* sin, åld. o. bibl. trespass, *mot* against; transgress; *~ mot en regel* offend against a rule

synda|bekännelse confession of sin[s] **-bock** scapegoat **-fallet** the Fall [of Man] **-flod** flood, deluge; *~en* bibl. the Flood **-förlåtelse** remission (forgiveness) of sins; isht kyrkl. absolution; *ge ngn ~* absolve a p. from his (resp. her) sin[s] **-pengar** *pl* **1** orätt vunna ill-gotten money sg. **2** om pris exorbitant price sg.; det är ~ äv. . . a shameful extortion

syndare *-n -* relig. sinner; friare offender **syndaregister** bildl. list (catalogue) of one’s sins (crimes) **syndastraff** eg. punishment for [one’s] sin[s]; bot penance; bildl. torture, torment **synderska** se *syndare*

synd|fri *a* sinless, . . free from sin **-frihet** sinlessness, freedom from sin **-full** *a* sinful, . . full of sin **-fullhet** sinfulness

syndig *a* allm. sinful, stark. wicked, evil; *det vore ~t att* . . äv. it would be a sin to . . **syndighet** sinfulness, stark. wickedness **syndigt** *adv* **1** sinfully **2** F oerhört awfully

syndikalism syndicalism **syndikalist** syndicalist **syndikalistisk** *a* syndicalist[ic] **syndikat** *-et -* syndicate, combine

syne se *syn 4*

syne|förrättare inspector, surveyor **-förrättning** inspection, survey **-handling** o. **-instrument** inspector’s (surveyor’s) report **-man** se *-förrättare*

synes se *syn 1* o. *6*

syn|fel defect of vision, visual defect **-fält** field of vision, visual field; bildl. se *-krets* **-förmåga** [faculty of] vision, [eye]sight **-förnimmelse** visual perception **-håll,** *inom (utom) ~* [with]in (out of) sight, *för* of; *komma inom ~* äv. come into sight (view);

försvinna ur ~ pass from (go out of) sight **-intryck** visual sensation

synkop *-en -er* mus. syncope **synkope** *-n 0* språkv. syncope **synkopera** *tr* syncopate **synkopering** syncopation

synkrets eg.: synfält field of vision, visual field; horisont horizon äv. bildl.; isht bildl. range of vision; *vidga sin* ~ bildl. widen one's horizon, broaden one's mind

synkron *a* synchronous **synkronisera** *tr* synchronize; *~d växellåda* synchromesh gear-box **synkronisering** synchronization **synkronur** synchronous electric clock

syn|lig *a* som kan ses visible, *för* to; märkbar perceptible, noticeable; *fullt* ~ pred. äv. in full view, *för* of; [*lätt*] ~, ~ *vida omkring* conspicuous; *bli* ~ komma i sikte come into sight (view); *vara* ~ i pressen appear . .; *hon har inte varit* ~ (jag resp. vi har inte sett henne) på hela veckan I (resp. we) have not seen her . . **-linje** line of vision (sight) **-minne** visual memory

synnerhet *r, i* [*all*] ~ särskilt [more] particularly (especially), in particular, framför allt above all; *i* [*all*] ~ *som* . . äv. all the more [so] as (since) . .

synnerlig *a* särskild particular, [e]special; utpräglad marked, pronounced; märklig singular, extraordinary **synnerligen** *adv* ytterst extremely, exceedingly, most, mycket very, ovanligt extraordinarily, särskilt particularly, [e]specially; ~ *lämpad för* . . eminently (particularly) adapted (suited) for . . **synnerligt** *adv* se föreg.

synnerv optic (visual) nerve

synod *-en -er* synod

synonym I *a* synonymous **II** *-en (-et) -er (-)* synonym, *till* of **synonymik** *-en 0* synonymy

synops o. **synops|is** *-en -er* för t.ex. film synops|is (pl. -es)

syn|organ organ of sight (vision), visual organ **-punkt** allm. point of view, viewpoint, ståndpunkt standpoint, attitude; åsikt view, idea; *anlägga samma* ~ *på ngt* take the same view of a th.; *från (ur) juridisk* ~ from a legal point of view; *betrakta ngt från (ur) alla ~er* consider a th. from all sides (from every angle, in all its aspects) **-rand** horizon **-rubbning** visual disorder (disturbance) **-sinne** [eye]sight, [faculty of] vision; uppfatta *med ~t* vanl. . . visually

synsk *a* second-sighted, clairvoyant

syn|skadad *a* attr. . . with (having) a visual defect; *vara* ~ have a visual defect **-skärpa** sharpness (acuteness) of vision **-svag** *a* weak-sighted **-sätt** outlook, approach

syntaktisk *a* syntactic[al] **syntax** *-en -er* syntax

syntes *-en -er* synthes|is (pl. -es) **syntetfiber** synthetic fibre **syntetisk** *a* synthetic

syn|vidd range of vision äv. bildl., visual range; siktbarhet visibility **-villa** optical illusion **-vinkel** eg. visual (optic) angle; bildl angle, aspect, synpunkt point of view, viewpoint; *ur en annan* ~ from another angle

sy|nål [sewing-]needle **-nålsbrev** packet of needles **-påse** work-bag

syr|a I *-an -or* **1** kem. acid **2** syrlig smak acidity, sourness **3** bot. dock, sorrel **II** *tr* sour, make . . sour; bröd leaven **syrabad** acid bath **syrabeständig** *a* o. **syrafast** *a* acid-proof, acid-resisting

syre *-t 0* oxygen **-brist** lack of oxygen **-fattig** *a* . . deficient in oxygen **-halt** oxygen content, procentdel percentage of oxygen **-haltig** *a* oxygenous **-mättad** *a* . . saturated with oxygen

syren *-en -er* lilac **-buske** lilac[-bush] **-doft** scent of lilac **-färgad** *a* lilac[-coloured]

syre|rik *a* . . rich in oxygen **-tillförsel** oxygen supply **-tält** oxygen tent **-upptagning** absorption of oxygen

syrgas oxygen **-apparat** oxygen apparatus **-behållare** oxygen cylinder (container) **-mask** oxygen mask **-tub** se *-behållare*

Syrien Syria **syr[i]er** *s* o. **syrisk** *a* Syrian

syrlig *a* eg. sourish, acidulous, somewhat sour (acid); bildl.: om t.ex. leende, ton, kritik acid om min sour; *~a karameller* acid drops **-het** *~en ~er* egenskap sourness, acidity; jfr *syrlig;* yttrande m.m. acid remark m.m.

syrs|a *-an -or* cricket

syr|sätta *tr* med syre oxygenate **-sättning** oxygenation

sy|saker *pl* sewing things **-silke** sewing-silk

syskon *-et* -, han har bara *ett* ~ . . a brother (resp. sister); *ha fem* ~ t.ex. två bröder och tre systrar have five brothers and sisters; *har du några* ~? have you any brothers and (or) sisters?; *jag har inga* ~ äv. I am an only child; *de är* ~ bror och syster they are brother and sister; *det yngsta av fem* ~ äv. the youngest of five children (of a family of five); *yngsta ~et* är två år his (resp. her) youngest brother (resp. sister) . . **-barn 1** nevö nephew, niece niece; jfr *brorsbarn, systerbarn* **2** kusin cousin **-bädd** common bed (provisorisk shake-down) [for several persons] **-krets** circle of brothers and sisters **-kärlek** love (affection) for one's (resp. between) brother[s] and sister[s] **-par** brother and sister *~et Ek* herr Ek och hans syster Mr. Ek and his sister **-skara** family [of brothers and sisters] **-tycke** family likeness; *de* två *har* ~ äv. you can see that they are brother and sister (resp. brothers, sisters)

syskrin work-box

syssel|satt *a* upptagen occupied, *med* with *med att* inf. [in] ing-form; engaged, *med* in *med att* inf. in ing-form; strängt upptagen busy, *med* with (over), *med att* inf. |with| ing-form; anställd employed, *vid* bygge o.d. on; *han är ~ med att skriva* en bok äv. he is writing (working on) . .; *antalet ~a inom* jordbruket the number of people employed in . .; *ivrigt ~* very busy **-sätta I** *tr* ge arbete åt employ; upptaga occupy, keep . . busy; fabriken *-sätter 100 man* . . employs 100 men; vi måste *~ dem* . . set them to work; vad skall vi *~ dem med?* på t.ex. barnbjudning . . set (give) them to do?; problemet *-satte ständigt hans tankar* . . constantly occupied his mind, . . was his constant preoccupation; *han -sattes med att laga* golvet he was given the job of repairing . . **II** *rfl* occupy oneself, *med* with, *med att* inf. with ing-form; busy oneself, *med* with (about), *med att* inf. |with| ing-form; fördriva tiden devote one's time, *med* to, *med att* inf. to ing-form; *~ sig med* trädgårdsskötsel äv. do . . **-sättning** occupation, employment, work; *full ~* ekon. full employment; *ha full ~* |*med ngt*| have one's hands full |with a th.|; *sakna (inte ha någon) ~* allm. be idle, have nothing to do, vara arbetslös be unemployed, be out of work **-sättningsläge,** *~t* the situation on the labour market **-sättningsterapi** occupational therapy

syssl|a I *-an -or* **1** göromål business, work båda utan pl.; i hushåll o.d. duty, chore; sysselsättning occupation; *sköta sina -or* go about one's business (work); *utföra tillfälliga -or* do odd jobs **2** tjänst, befattning: högre office, lägre occupation, employment, job **II** *itr* vara sysselsatt busy oneself, be busy, *med* with, *med att* inf. |with| ing-form; occupy oneself, *med* with, *med att* inf. with ing-form; be occupied, *med* with, *med att* inf. |in| ing-form; *han ~r* pysslar *med att* inf. he is pottering about ing-form; jag har *litet att ~ med* . . a few things to do (to attend to); *vad ~r du med?* yrkesmässigt what do you do |for a living|?; *vad ~r du med på söndagarna?* how do you spend your Sundays?; *~ med* porträttmålning do . .; *~ med* politik (neds.) dabble in (at) . . **sysslande** *-t 0, allt detta ~ med* . . all this occupation with (pottering about with, dabbling in; jfr *syssla II*) . .; *hans ständiga ~ med* moralfrågor . . his constant preoccupation with . .

syssling second cousin

sysslo|lös *a* allm. idle, overksam äv. inactive; arbetslös unemployed, pred. äv. out of work **-löshet** idleness, inactivity, unemployment, jfr föreg. **-man** vid allmän inrättning manager; jur. trustee

system *-et -* **1** allm. system; friare method, plan; nät (av t.ex. kanaler) network; vid tippning perm; *sätta ngt i ~* make a system of a th.; arbeta *utan ~* . . without system **2** se *systembutik* **systematik** *-en 0* systematics, friare classification **systematisera** *tr* systematize, reduce . . to a system **systematisering** systematization **systematisk** *a* systematic|al isht om pers.|, friare methodical **systembolag 1** bolag state-controlled company for the sale of wines and spirits **2** se följ. **systembutik** |State| retail shop selling wines and spirits **systemman** för databehandling systems engineer (analyst)

syster *-n systrar* sister äv. om nunna; om sjuksköterska vanl. nurse; *systrarna Brontë* the Brontë sisters **-barn** sister's child; *mina ~* my sister's (resp. sisters') children, my nephews and nieces **-dotter** niece, ibl. sister's daughter **-fartyg** sister ship **-kärlek** sisterly love **-lig** *a* sisterly **-mord** o. **-mördare** sororicide **-son** nephew, ibl. sister's son **-språk** sister language

syttråd sewing-thread

1 så *-n -ar* tub; dricka *~ar av vatten* . . great quantities of water

2 så *-dde -tt tr itr* sow äv. bildl.; *~ in ngt på* en åker sow a th. in . .; *~ om* sow . . again; *~ ut* sow, bildl. äv. disseminate

3 så I *adv* (ibl. konj.; i förb. 'så att' se äv. *II;* 'så där' se *1, 2, 3* ned.) **1** uttr. sätt: allm. so, sålunda äv. thus, på så sätt äv. like this (that); jfr vid. ex.; *herr ~ och ~* Mr. So-and-so; *hur ~?* varför why?; *~ där (här)* like that (this), in that (this) way el. manner; han försvann *~ som han hade kommit* . . in the same way as he had come; *~ förhåller det sig* that (this) is how it is; *det förhåller sig ~, att* . . the fact is that . .; *~ förhåller det sig inte* vanl. it is not like that, that is not the case; *~* |*där*| *går det* när man . . that is what happens . .; *~* |*där*| *får man inte göra* you must not do that; *~* |*där*| *skall man inte göra* that is not the way to do it; *är det ~ här (där) man gör?* is this (that) the way to do it?; om du *handlar ~* . . act in that way (manner); *~ hette hon* that was her name; Beethovens sjätte symfoni, *den ~ kallade (*förk. *s.k.) Pastoralsymfonin* . . or the Pastoral Symphony, as it is called, . . known as the Pastoral Symphony; *detta är ett exempel på det (den) ~ kallade* . . this is an example of what is called . .; *denne ~ kallade* greve that so-called (would-be, self-styled) . .; *min ~ kallade vän* this so-called friend of mine; *är det ~ du menar?* is that what you mean?; *den är placerad ~ att* man når den it is placed in such a manner (way) that . .; *jag ser inte saken ~* I do not see (look at) the matter in that light; *skrik inte ~!* don't shout like that (shout so)!; *~ slutar berättelsen om* . . that's how the story of . . ends, so ends the story of . .; *~ att säga* so to say (speak), as it were; *~ sade han* so he said, those were his words; *han bara säger* ~ he only says that; *om jag* ~ *får säga* if I may say so; *om du tar det* ~ if you take it in that way; *jag tänkte som* ~ *att* . . I thought that . .; ~ *är det, det är* ~ that is how it is, det är rätt that's it, that's right; *är det* ~*?* is that so?; *är det inte* ~*?* äv. (har jag inte rätt?) aren't I right?; *det är* ~ *att* . . the thing (fact) is [that] . .; *då det nu är* ~, *så är det* bättre att . . things being what they are, it is . .; ~ *är det att vara* berömd this is what it is like to be . .; ~ *är (var) det med det (den saken)!* so that is that!; ~ *är det med mig också* it is the same with me; *är det bra* ~*?* is it (that) all right?, tillräckligt is that enough?; *om* ~ *är* if so, in that case; *även om* ~ *vore (skulle vara)* even if that is (be) the case; *om du* ~ *vill* if so you wish it

2 uttr. grad allm. so, framför attr. adj. oftast such; framför adj. el. adv. F äv. that; vid jämförelse as; se äv. *gott II 1, lång 1, långt, länge, 2 när 2, 1 pass 5* samt ex. nedan; ~ *och* ~ *mycket i veckan* so and so much a week; ~ *där en* 10 mil a matter of . .; ~ *där omkring* kl. 7 round about . ., . . or thereabouts; *1 kilo eller* ~ 1 kilo or so; ~ *här varmt är det sällan* i mars it is seldom as warm as this (F this warm) . .; *jag sjunger inte* ~ *bra* I don't sing very well; *det är inte* ~ *lätt* it is not [so] very easy; *det är inte* ~ *tokigt* it is not so (too) bad; *det är inte* ~ *[värst]* lustigt it is not very . .; *han är rätt* ~ *gammal* he is rather (pretty) old, se vid. *3 rätt II 2* ex.; han är klokare *än* ~ . . than that; *du skrämde mig* ~ you frightened me so; ~ (beton.) *dum är han inte* he is not as (so) stupid as [all] that (F that stupid); *han är* ~ (beton.) *fattig (*~ *fattig* ~ *fattig)* he is [ever] so (beton.) poor; *en* ~ *god middag* such a good (so good a) dinner; ~ *klok hon än är* . . however wise she may be . .; *hon var* ~ *lycklig* she was so happy; ~ *långt var (är) allt väl* so far so good; *han har inte [gjort]* ~ *många (få) fel som du* he has not made so many (few) mistakes as you have; *är det* ~ *nödvändigt?* is it as necessary as [all] that?, is it [all] that necessary?; jag har aldrig sett ~ *snälla människor* . . such kind people; ~ *stort tålamod* such great patience; *jag har aldrig sett något* ~ *vackert* I have never seen (never saw) anything so beautiful; han svär ~ *präst han är* . . in spite of being a clergyman; *han skakade* ~ *stor han var* he was shaking all over; *hon var* ~ *arg att* hon hoppade she was so (F that) angry that . .; *han är inte* ~ *dum att han tror det* he is not so silly as to believe it; han är *inte* ~ *dum att han flyttar* . . not silly enough to move; jag har sett honom *vid* ~ *många tillfällen att* . . on such (ibl. so) numerous occasions that; jag är ~ *trött att jag kan dö* . . dead tired, . . tired to death; *var* ~ *snäll och* öppna dörren be so kind as (be kind enough) to . .; ~ *dum som han är,* är det inte underligt att . . considering how stupid he is, . .; hon är ~ *gammal som jag* . . as old as I am; hon är *inte* ~ *gammal som du* . . not so (as) old as you

3 i utrop ofta how, what, jfr ex.; ~ *roligt!* how nice!; ~ *synd (tråkigt)!* what a pity!; ~ *länge* han dröjer! what a long time . .!; ~ *tiden går!* how time flies!; du kan inte tro ~ *svårt det är* . . how difficult it is; ~ *[vackert] hon sjunger!* how [beautifully] she sings!; ~ *mycket tavlor!* what a lot of pictures!; ~ *lycklig du är som skall resa!* how happy you are to be going away!; ~ *du ser ut!* what a sight you are!; ~ *ni säger!* you don't say so!; *det är rysligt* ~ *det regnar!* it is terrible the way it is raining!; ~ *reser vi oss upp!* now let's get up; *rätt* ~*!* right!, good!, that's it!, just so!; ~ *ja!* lugnande there! there!; uppmuntrande come! come!; ~ *[där] ja,* nu är det klart there now . .; ~ *där [ja], nu kan vi gå* well, now we can go; ~ *där [ja]* (resignerat), *nu kommer han igen* well, well, here he comes again; ~ *det* ~*!* och därmed basta so (and) that's that!, so there!; jfr *III*

4 sedan, därpå, då o.d. then, efter sats som uttr. uppmaning o.d. ofta and, i vissa fall utan motsv. i eng., jfr ex.; *gå först till höger,* ~ *till vänster* first turn to the right, then to the left; *gå till höger,* ~ *ser ni* . . turn to the right and you will see . .; ~ *kom kriget* then came the war; *och* ~ *måste jag* sluta mitt brev med . . and so I shall have to . .; *gör det,* ~ *(om du gör det,* ~*) får du* ett äpple do it and (if you do it) I will give you . .; om han har sagt det, ~ *är det sant* . . then it is true; även om alla skulle göra det, ~ *skall jag aldrig göra det* . . [yet] I will never do it; *om du inte vill,* ~ *slipper du* if you don't want to do it, [then] you needn't; skynda dig, *annars* ~ *kommer du för sent* . . or you will be late; . . *men* ~ *är han också rik* . . but then he is rich

5 alltså, ~ *ni vill inte, att han skall göra det?* so you don't want him to do it?

6 även, *om det* ~ *ösregnar, så kommer jag* I'll come even if it's raining cats and dogs. —Se *såtillvida, såvida, såvitt*

II *konj* o. den konj. förb. 'så att' (jfr dock äv. ex. under *I 1* o. *2)* **1** uttr. avsikt, ~ *[att]* so that, in order that; so as to m. inf.-konstr. i eng., jfr ex.; ~ *att inte* äv. lest; han talar högt, ~ *att de skall höra honom* . . so that they may hear him; han talade högt, ~ *att de skulle höra honom* . . so that (in order that) they might (should) hear him; jag steg upp tidigt, ~ *att jag skulle komma i tid till tåget* . . so as to (in order to) be in time for the train; *skynda dig,* ~

|att| *du inte kommer för sent* vanl. hurry up or you will be late; ta bort kniven, ~ |*att*| *han inte skär sig* . . so that he shan't (won't, doesn't, ibl. may not) cut himself, litt. . . lest (for fear |that|) he should (may, might) cut himself

2 uttr. följd, ~ |*att*| so that; och därför |and| so; det fanns inga bilar lediga, ~ |*att*| *vi måste gå hem* . . so |that| we had to walk home; *hon frös* ~ |*att*| *hon skakade* she was so cold that she was shivering, she was shivering with cold; *han var inte där,* ~ *vi gick* he was not there, so we left; *sitta* ~ *att man blir stel* become stiff with (from) sitting; *jag skall laga,* ~ *att han gör det* I shall get him to (make him) do it; *det är* ~ |*att*| *man kan bli tokig* it is enough to make one mad

III *itj* uttr. lättnad there now; tröstande there |, there|!; jaså, såå oh |indeed (really)|?; ~, *du kom i alla fall!* so you came after all!; ~, ~, ta det lugnt! come, come, . .!; se äv. *I 3* o. *seså*

IV *pron, i* ~ *fall* in that case, if so; se äv. *1 måtta* ex. o. *1 sätt 1* ex.

sådan (F *sån*) *pron* **1** fören. such, i utrop vanl. what; se vid. ex.; *en* ~ *bok* such a book; *en* ~ |*där (här)*| *bok* a book like that (this); ~*a böcker* such books; ~*a* |*där (här)*| *böcker* books like that el. those (this el. these); *en* ~ *bok (*~*a böcker)* av det slaget a book (books) of the (that) sort; *en* ~ vacker *bok!* what (ibl. such) a . . book!; *jag är inte en* ~ *idiot, att jag gör det* I am not such an idiot as to do it; *en* ~ *här bok* äv. such a book as this, a book such as this; jag går inte ut *i ett* ~*t väder* . . in such weather; |*ett*| ~*t väder!* what (ibl. such) weather!; *det är förskräckligt* ~*a räkningar jag har måst betala* it's dreadful the bills I've had to pay

2 självst.: i vissa ställningar (bl.a. ofta i förb. 'sådan att') such; se f.ö. ex.; ~ *är han* that's how he is; ~*a är männen!* that's the way men are!, that's men all over!, men are like that!; *ser jag* ~ *ut?* do I look like that?, do I look that sort |of man (resp. woman)|?; hans skicklighet var ~ *att den förvånade alla* . . such as to surprise everybody; *vädret var* ~*t att vi* . . the weather was such that we . .; *han är* ~ *att han kan* göra vad som helst he is the sort of man who would . .; *arbetet som* ~*t* the work as such; *skalder* ~*a som* Eliot poets like (such as) . .; hans uppfostran ~ |*som*| *den nu var* . . such as it was; ~*a som vi* people like ourselves (us); *en* ~ *som han* a man like him; jag vill ha *en* ~ |*där (här)*| a) liknande . . one like that (this), av det slaget . . one of that sort b) av de där (här) . . one of those (these); jag vill ha *några* ~*a* äv. (liknande de där resp. här) . . some like those (resp. these); *jag har en* ~ *(några* ~*a) hemma* äv. I have one (some) at home; jag lyfter inte på hatten för *en* ~ *där* (neds.) . . a person like that; jag vill inte ha ~*a* (de) *där* . . those; *någon* ~ *(några* ~*a) har jag aldrig haft* I never had one (any) |like that etc.|; papperstallrikar? — ~*a använder jag inte* . . I don't use them; ~*t* tillåts inte things like that . ., such things . .; ~*t händer* these (such) things will happen; ~*t gör man inte* it's |just| not done; *det är* ~*t som händer* varje dag that sort of thing happens . .; frukt, karameller *och (med mera)* ~*t* . . and suchlike; *allt* ~*t* borde förbjudas everything like that (of the kind) . .; han sade *ingenting* ~*t* . . nothing of the kind (sort), . . no such thing, . . nothing like that; *det fanns ingenting* ~*t* inga ~a saker *när jag var ung* there were no such things when I was young; *något* ~*t har jag aldrig upplevt* I've never experienced anything like it; han bar en kartong *eller något* ~*t* . . or something like that (similar)

sådd *-en -er* sående sowing; konkr. o. bildl. seed

sådor *pl* bran sg.

sådär *adv* se *3 så I 1, 2* o. *3* **såframt** *konj* se *såvida*

såg *-en -ar* **1** verktyg saw **2** se *sågverk* **såga I** *tr itr* saw **II** m. beton. part. **1** ~ *av* saw off, itu saw . . in two; *bli avsågad* avskedad be sacked (fired); *därmed var ärendet avsågat* that was the end of the matter **2** ~ *bort* saw away **3** ~ *igenom* saw through **4** ~ *itu* saw . . in two **5** ~ *ned* saw down **6** ~ *sönder* saw up, saw . . to pieces **7** ~ *till* saw **8** ~ *upp* i bitar saw up **9** ~ *ut* saw out

såg|blad saw-blade **-bock** saw-horse, saw-buck **-fisk** sawfish **-klinga** saw-blade **-ning** sawing **-ram** saw-frame **-spån** koll. sawdust **-tand** saw-tooth **-verk** sawmill

såhär *adv* se *3 så I 1* o. *2* **såja** *itj* se *3 så I 3*

såld *a* **1** sold osv., jfr *sälja* **2** *han är* ~ förlorad he is done for, it is all up with him

således *adv* **1** följaktligen consequently, accordingly; ~ *är vi* överens we are then . ., thus we are . .; *jag hade* ~ ingen möjlighet so I had . . **2** på så sätt thus; ~ *ligger saken till* that is how the matter stands; jfr *sålunda*

såll *-et* - sieve, grövre riddle; för t.ex. grus screen

sålla *tr* eg. sift, riddle, screen, jfr föreg.; bildl. sift, kandidater o.d. screen; ~ *ifrån* sift etc. off (out)

sålunda *adv* thus, på detta sätt äv. in this manner (way, fashion); jfr *således*

sång *-en -er* **1** sjungande singing äv. ss. skolämne, song; fåglars äv. warble, warbling; syrsas chirping; mässande chanting; *ta lektioner i* ~ take singing lessons **2** sångstycke song; kväde lay; dikt poem; avdelning av större dikt canto; *första* ~*en i Iliaden* the first book of the Iliad **sångare 1** allm. singer, jazz~ o.d. äv. vocalist; diktare poet, singer **2** zool. warbler;

jfr *sångfågel* **sångarfest** choral (singing) festival
sång|artist [till yrket professional] singer **-bar** *a* singable **-bok** song-book **-erska** [female] singer, jazz~ o.d. äv. vocalist **-fågel** **1** song-bird, songster **2** F pers. singer; *hon är en riktig ~* äv. she is always singing **-gudinna** muse **-gudstjänst** choral service **-konst** art of singing **-kör** choir **-lek** singing game **-lektion** singing lesson **-lustspel** musical comedy **-lärare** o. **-lärarinna** singing teacher, i skola äv. singing-master, kvinnlig singing-mistress **-lärka** lark, skylark **-mö** muse **-nummer** song [number], vocal item **-röst** singing-voice **-stämma** vocal part **-svan** whooper [swan] **-text** words pl. [of a (resp. the) song] **-trast** song-thrush **-undervisning** teaching of singing, singing lessons pl.
såning *-en 0* sowing **såningsman** sower **såningsmaskin** sowing machine
sånär *adv* se *2 när 2* ex.
såp|a **I** *-an -or* soft soap; kem. soap **II** *tr, ~* [*in*] soap
såpass *adv* se *1 pass 5* ex.
såp|bubbla soap-bubble; *blåsa -bubblor* blow bubbles **-hal** *a* slippery, greasy **-ig** *a* soapy **-lödder** [soap-]suds pl., lather **-nejlika** soap-wort **-vatten** [soap-]suds pl., soapy water **-ört** soap-root
sår *-et* - allm. (isht hugg~, stick~) wound äv. bildl., hugg~, skär~ äv. cut; inflammerat, varigt sore, röt~ äv. ulcer; bränn~ burn; *ett gapande ~* a gash, a gaping wound; *riva upp gamla ~* bildl. reopen old sores **såra** *tr* **1** eg. wound, injure; *den ~de* the wounded person; *de ~de* the wounded **2** kränka hurt, wound, förorätta injure, stöta offend, stark. outrage; *~ ngn djupt* äv. cut (sting) a p. to the quick, touch a p. on the raw; *för att inte ~ någon* not to hurt anybody's feelings; din misstänksamhet *~r mig* vanl. I resent . .; *~d fåfänga* pique; *~d stolthet* hurt (wounded, injured) pride; *känna sig ~d* feel hurt (offended) **sårande** *a* wounding, *för* to; kränkande äv. offensive, om t.ex. behandling insulting; *~ ord* cutting words, avsiktligt words calculated to hurt (wound) [my (his etc.) feelings]
sår|bar *a* vulnerable; *en ~ punkt* äv. a sore (weak) spot **-barhet** vulnerability **-behandling** treatment of a wound (resp. of wounds) etc. jfr *sår* **-bildning** ulceration **-feber** surgical fever **-ig** *a* betäckt med sår . . covered with wounds etc., jfr *sår;* varig ulcered, ulcerous **-kant** edge of a (resp. the) wound **-läkande** *a* healing, vulnerary **-nad** *~en ~er* sore, ulcer[ation] **-salva** ointment [for wounds (resp. sores)] **-skorpa** crust [of a (resp. the) wound], scab
sås *-en -er* allm. sauce, tunn kött~ äv. gravy
såsa **I** *tr* **1** tobak sauce **2** *~ ned* t.ex. duk soil (dirty) . . with sauce **II** *itr,* [*gå och*] *~* dawdle, loiter **såsig** *a* bildl. loitering, dilatory, slow **såskopp** **1** se *såsskål* **2** bildl. dawdler, slowcoach
såsom *konj* as, 'på samma sätt som', 'i likhet med' (vanl. end. framför subst. ord) like, jfr *som II 2* o. *3; ~ barn* brukade han . . as a child . .; han behandlar henne *~ ett barn* . . like a child; *~ straff* as (by way of) punishment; *ett klimat ~ vårt* a climate like ours; *de gjorde ~* de hade blivit tillsagda they did as . .; uttala ordet *~ jag gör* . . as (F like) I do, . . like me; *~ du redan vet* as you know already; *~ tillbörligt är* as is fitting; *stora fiskar, ~* (= till exempel) lax och gädda big fish, such as (, like) . .
sås|sked gravy-spoon **-skål** sauce-boat, gravy-boat **-slev** sauce-ladle
såt *a, ~a vänner* intimate (bosom) friends, F great pals
så|tillvida *adv* i så måtto so far, thus far; *~ som* in so far as **-vida** *konj* if, in case, förutsatt att provided [that]; *~ . . inte* vanl. unless **-vitt** **I** *adv* så långt as (so) far as; *~ möjligt* äv. if possible **II** *konj* se *såvida* **-väl** *konj, ~ A som B* A as well as B; *~ i tal som i skrift* both in the spoken and the written language
säck *-en -ar* sack; mindre bag; anat. sac; *en ~* potatis a sack of . .; *mörkt som i en ~* pitch-dark; *i ~ och aska* in sackcloth and ashes; *det har varit i ~, innan det kom i påse* that is not your (his osv.) own idea, there is somebody behind it **säcka** **I** *itr rfl* om kläder be baggy **II** m. beton. part., *~ ihop* collapse, break down **säckig** *a* baggy
säck|löpning sack-race; -löpande sack-racing **-pipa** bagpipe, ofta bagpipes pl.; *blåsa (spela) ~* play the bagpipes **-pip|s|blåsare** piper, bagpiper **-station** termin|us (pl. -i el. -uses) **-väv** sacking, sackcloth
säd *-en 0* **1** växande o. uttröskad corn, isht amer. grain; utsäde seed, grain; gröda crops pl., skörd crop **2** fysiol. seed, semen **3** bildl.: avkomma seed
säde *-t -n* såning sowing
sädes|ax ear of corn **-cell** fysiol. sperm-cell **-fält** med gröda field of corn **-korn** grain of corn **-kärve** [corn-]shea|f (pl. -ves) **-skyl** [corn-]shock **-slag** kind of corn, cereal **-vätska** fysiol. seminal fluid **-ärla** wagtail
säg|a *sade sagt* **I** *tr* yttra say, omtala, berätta, tillsäga tell; betyda mean, convey; kortsp.: bjuda bid; se äv. ex.: **a)** vissa konstr. vid 'say' o. 'tell': *~ ngt till (åt) ngn* say a th. to a p., tell a p. a th.; *han sade* (sade ti'll mig), *att jag skulle komma* he told me to come; *han sade* (talade om [för mig]), *att han skulle komma* he told me (said) [that] he would come
b) andra ex.: *är du ledsen, säg?* tell me, are you unhappy?; *var det inte rysligt, så säg?*

it was terrible, don't you think so?; *säg det!* vem vet? who knows?; *säg inte de't!* det är inte säkert I wouldn't say that; *säg ingenting om det här till någon!* don't tell anybody [about this]!; *säg mig,* när är det lunch? tell me (I say), . .?; *var snäll och säg mig* . . please tell me . .; *säg stopp!* säg till när jag ska sluta say when!

~ en osanning (sanningen) tell a lie (the truth); *~ ngn ett sanningens ord* tell a p. a few home truths; *så att ~* so to say (speak), as it were; han är sparsam *för att inte ~ snål* . ., not to say stingy; *det är inte gott att ~* när han kommer there is no saying . .; *det var inte gott (lätt) att ~* vem som var störst it was hard (not easy) to tell . .; *om jag får ~ det själv* though I say it myself; *får jag ~* (använda förnamnet) *Anna?* may I call you Anna?; *det kan du ~ som är rik* that's easy for you to say, you're rich; *det kan jag inte ~* I can't (couldn't) tell; *man kan inte ~ annat än att* . . there is no denying that . .; *om, låt oss ~,* tre dagar in, [let us] say, . .; *det må jag [då] ~!* well, I never!; *och det ska du ~!* a) (t.ex. du som är så rik) that's easy for you to say! b) (t.ex. du som själv kommer för sent) you are the one to talk!; det var vackert, *ska jag ~ dig!* . . I [can] tell you!; kom snart, *ska vi ~ i morgon?* . . [shall we] say tomorrow?; *det vill ~* (förk. *dvs.*) that is [to say] (förk. i.e.); *vad vill det här ~?* what does this mean?, what is the meaning of this?; *han vet vad det vill ~ att vara fattig* he knows what it is [like] to be poor; *det vill inte ~ så litet* that is saying a good deal (quite a lot); *~ vad man vill, men hon* . . I'll say this for her, she . .: say what you will, but she . .

gör som jag -er do as I say (tell you); *jag -er då det!* well, I never!; well, well!; *jag bara -er som det är* I am merely stating facts; *var det inte det jag sa?* I told you so!, what did I say (tell you)?; *vi -er* lördag kl. 12 let's say (make it) . .; *då -er vi det!* that's settled, then!; all right, then!; *-er du det?* really?, you don't say [so]?; *det -er du bara!* you're only saying that, you don't mean it really; *du sa något* det var så sant you said something [there]; *[nej,] vad -er du?* you don't say so!; *vad -er du om det?* what do you say to that?; *vad -er du om* förslaget? vanl. what do you think about . .?; *vad -er du om att äta* lunch? what do you say to (what about) having . .?; *tänk på vad du -er* var försiktig mind your P's and Q's; *vad var det Ni sa?* what did you say?, I beg your pardon?; . ., *sade han för sig själv* . ., he said to himself; *pang! sa bössan* 'bang!' went the gun; *de slog ihop huvudena så det sa pang* their heads knocked together with a bang; *det -er inte så mycket* that is not saying much; *det -er en hel del om* hans förmåga that tells us quite a lot about . .; *vem har sagt det?* who said that (so)?, åt dig äv. who told you [that (so)]?; *det -er sunda förnuftet* it's only common sense; *hur -er hunden?* what does the dog say?; *vad -er lagen?* what does the law say?; *namnet -er mig ingenting* the name conveys nothing to me; *som ordspråket -er* as the saying goes (is); *tidningarna -er att* . . the papers say that . .

jag har hört ~s att . . I have heard [it said] that . .; *han -s vara rik* he is said to be rich; *det -s att han är rik* äv. it is said (they say, people say) that he is rich; *han är rik efter vad det -s* äv. he is supposed to be rich; *det kan inte ~s om* engelsmännen it cannot be said of . .

sagt och gjort no sooner said than done; *det är lättare sagt än gjort* it is easier said than done; *det är för mycket sagt* that is saying too much; *det är inte sagt* det är inte säkert that's not sure; *därmed är inte sagt att* . . it does not follow that . ., that is not to say that . .; *som sagt [var]* as I said before, as I told you; *bra sagt!* äv. well put!; *oss emellan sagt* between ourselves (you and me)

II *rfl, hon -er sig vara lycklig* she says she is happy; *det -er sig självt* that goes without saying; *han sade sig att* . . he told himself that . .; *det lät han inte ~ sig två gånger* there was no need to tell him twice

III m. beton. part. **1** *säg efter mig!* say (repeat) this after me! **2** *~ emot* contradict, isht i nekande o. frågande satser gainsay; *han ska alltid ~ emot* he must always contradict **3** *~ för ngn [ngt]* dictate [a th.] to a p. **4** *säg ifrån* (säg till mig, honom etc.) *när* du blir trött tell me (him etc.) when . ., let me etc. know when . .; *han sade ifrån [på skarpen]* he put his foot down; *han sade bestämt ifrån att han inte ville göra det* he flatly refused to do it, he firmly declared that he would not do it; *~ ifrån sig* se *frånsäga* **5** *~ om* a) upprepa say . . again, repeat b) *det -er jag ingenting om* det förvånar mig inte I am not surprised [to hear that], det har jag ingenting emot I have nothing against (to say to) that; *det kan man inte ~ något om* invända något mot no one can say anything about that (can object to that); *man kan inte ~ något om* förtänka *att han gör det* you can't blame him for doing that (so) **6** *~ till* befalla tell, order; *~ till [ngn]* ge [ngn] besked tell a p., let a p. know; *~ till om ngt* beställa order (be om ask for) a th.; om ni önskar något, *så säg till* så säg det! . ., say so!; *säg till [när det räcker]!* say when!; *säg till honom att komma* tell him to come; *gå sin väg utan att ~ till* äv. go away without leaving word; *är han tillsagd?* inbjuden has he been invited (kallad called, summoned)?; *är det tillsagt* när vi ska . .? have we been told . .?; *är det tillsagt?* vid expediering are you being attended to [, Sir (resp. Madam)]?; *han har ingenting att ~ till om* he has no say; *han har en hel del att ~ till om* he has a great deal of say (influence) **7** ~ *upp* anställd vanl. give . . notice (hyresgäst vanl. . . notice to quit); avtal, abonnemang o.d. cancel, kontrakt äv. give notice of termination of; fordran, inteckning, lån call in; ~ *upp en fordran* äv. give notice of payment; ~ *upp bekantskapen med ngn* break off relations (one's friendship) with a p.; *bli uppsagd en månad i förväg* get (receive) a month's notice, jfr *uppsagd;* ~ *upp sig (sin anställning)* give [in one's] notice; *jag har sagt upp min våning* ung. I have given my landlord notice **8** ~ *ut* a) uttala say . . distinctly b) öppet tillkännage, *säg ut din mening!* speak out (your mind)! **9** ~ *åt ngn att* inf. tell a p. to inf.; *jag har sagt åt honom att* du tänker flytta I have told him that . .

sägandes, *så till ~* so to say (speak); *skam till ~* se under *skam*

säg|en *-nen -ner* legend, myth; *det går en ~ att . .* there is a legend (tradition) that . .; . . *och han (den* osv.) *bär syn för ~* . . and everyone can see that, . . and it is obvious to everyone **sägenomspunnen** *a* legendary

säk|er *a* förvissad, övertygad sure, certain äv. viss, otvivelaktig, *på (om)* of (about); alldeles ~, vid påstående o.d. positive, *på* about; full av tillförsikt confident, *på* of; trygg: helt utom fara, riskfri, fullt pålitlig safe (*för* t.ex. anfall from), inte utsatt för (utan känsla av) fara secure (*för* t.ex. anfall from, against); tillförlitlig safe, reliable, sure; stadig steady; betryggad assured; osviklig unerring, infallible; se äv. ex.; ss. efterled i sms. m. bet. 'motståndskraftig' [-]proof, jfr *stöld-, stöt|säker* m.fl.; *~t bevis* certain (sure, positive) proof; *ha ~ blick för ngt* have a sure (an unerring) eye for a th.; *ett ~t botemedel* a certain (a sure, an unfailing) remedy; *en ~ chaufför (bilförare)* a safe driver; *~t fotfäste* secure foothold; *i den -ra förvissningen om att* sats in the certain (confident) assurance that . .; *ett ~t [göm]ställe* a safe [hiding-]-place; *med ~ hand* with a sure (steady) hand; *en ~ [kapital]placering* a safe investment; *-ra kunskaper* solid knowledge sg.; *ett ~t lås* a secure lock; *ett ~t minne* a good (an unerring) memory; *ett ~t omdöme* an unerring judgment; *-ra papper* H good securities; gå mot *en ~ seger* . . a sure (secure) victory; *vara på den -ra sidan* be on the safe side; *en ~ skytt* a sure shot; *-ra steg* sure (firm, steady) steps; *det -raste sättet att* inf. the surest way of ing-form; *ett ~t tecken* a sure sign; *-ra underrättelser* reliable information sg.; *[ett] ~ uppträdande* assured manners pl., poise; *en ~ väg till framgång* a sure road to success; *det är [alldeles] ~t* otvivelaktigt it is [quite] certain, there is no doubt about it; *är det ~t?* äv. are you sure (certain) [of (about) that]?; *så mycket är ~t att . .* so (this) much is certain that . .; *det är -rast att du tar* paraply you had better take . . to be on the safe side; *det vore kanske -rast att* fråga henne först the safest thing (course) would perhaps be to . .; *var inte för ~!* don't be too sure (confident)!; *isen är ~* the ice is safe; *känna sig ~* feel secure (safe); *gå ~ för ngn (kritik)* be safe from a p. (criticism); *han är (går) inte ~ för sitt liv* he is (goes) in fear of his life; *han är ~ i* engelska he is good at . .; *vara ~ på foten* be sure of foot (sure-footed); *vara ~ på handen* have a sure (steady) hand; *kan jag vara ~ på det?* can I be sure of that?, räkna på may I count upon that?; *är du ~ [på det]?* are you sure (certain, positive) [about that]?; *det kan du vara ~ på (var så ~)* you may be certain (sure), F [you] bet your life, you bet; *jag är ~ på att* hon kommer I am certain (sure, positive) that . .; *han är ~ på att få* platsen he is certain (sure) of getting . .; *du kan vara ~ på att* det går bra vanl. you may rest assured that . .; *jag är inte ~ på att* jag vill resa äv. I don't know that . .; *han tog det -ra för det osäkra och . .* to be quite sure (to be on the safe side) he . .; *det är bäst* (för mig, dig osv.) *att ta det -ra för det osäkra* I (you osv.) had better be on the safe side (take no chances)

säkerhet *-en -er* **1** visshet certainty; trygghet safety, security; i uppträdande assurance, self-assurance, [self-]confidence, poise; duktighet skill (*i* in), mastery (*i* of); *den allmänna ~en* public safety; *~ till liv och egendom* safety (security) of life and property; *för ~s skull* for safety's sake, as a [matter of] precaution, to be on the safe side; *föra* ngn (ngt) *i ~* bring (conduct, värdeföremål remove) . . to safety (to a safe place); *sätta sig i ~* save oneself, get out of harm's way, reach safety; *vara i ~* be safe, be in safety; *med all ~* säkerligen certainly, without doubt; *han kommer med ~ att göra det* he is sure (certain) to (will certainly) do it; *med ~ påstå* positively (definitely) declare; *veta med ~* know for certain (for a certainty, for a fact) **2** H security; *lämna (ställa) ~ för* ett lån give (leave) security for . .; *låna ut pengar mot ~* lend money on security

säkerhets|anordning safety device **-bestämmelse** security (safety) regulation (provision) **-bälte** safety belt, seat belt **-föreskrift** se *-bestämmelse* **-grepp** järnv.

dead man's handle **-kedja** på dörr door-chain; på smycke safety-chain **-känsla** feeling (sense) of security **-lina** livlina life-line; dykares signalling line **-lås** safety-lock **-nål** safety-pin **-polis** security police **-propp** elektr. fuse [plug] **-risk** security risk **-råd,** *~et* i FN the Security Council **-sele** safety harness **-skäl,** *av ~* for reasons of security, for security reasons **-spärr** på vapen safety-catch, safety-bolt **-tjänst** mot spioneri o.d. counter-intelligence, security service **-ventil** safety-valve **-åtgärd** precautionary measure, [measure of] precaution; mot spioneri security measure

säker|ligen *adv* certainly, no doubt, doubtless, jfr *säkert* **-ställa** *tr* guarantee, secure, jfr *säkra*

säkert *adv* med visshet certainly, undoubtedly, without [any] doubt, no doubt, [högst] sannolikt very (most) likely, probably, i dessa bet. ofta omskr. i eng., jfr ex.; tryggt safely; stadigt securely, firmly, steadily; *[ja] ~!* certainly!, undoubtedly!, no doubt!, isht amer. sure!; *kom ~!* be sure to come!; *han hittar den ~* äv. he is certain (sure) to find it; *du känner henne ~* äv. I am sure you know her; *lova ~ att du kommer* promise faithfully to come; *räkna ~ med ngt* count confidently on a th.; *uppträda ~* behave with complete [self-]assurance; *det vet jag [alldeles] ~* I know that for certain (for a certainty, for a fact); *jag vet inte ~ om . .* I am not quite sure (certain) whether . .; *han vinner ~* sannolikt he is likely to win; *hon är ~* nog *ganska ung* she is probably rather young; *han träffas säkrast* mellan 9 och 10 the surest time to get hold of him is . .

säkra I *tr* **1** säkerställa, skaffa secure, trygga äv. guarantee; t.ex. freden safeguard, sin ställning äv. consolidate; *en ~d framtid* a secure future **2** skjutvapen put . . at safety, half-cock; låsa fasten, secure **II** *rfl* **1** skydda sig protect (secure) oneself, *mot* against **2** *~ sig en plats* i historien secure a place . . **säkring 1** elektr. fuse **2** på vapen safety-catch, safety-bolt

säl *-en -ar* seal **-bisam** seal musquash (amer. musk-rat) **-djur** pinniped **-fångst** fångande sealing, seal-fishery, seal-hunting; vid enstaka tillfälle seal-hunt

sälg *-en -ar* sallow; för sms. jfr äv. *björk-***-hänge** sallow-catkin

sälj|a *sålde sålt* (jfr *såld*) *tr itr* allm. sell äv. bildl.; marknadsföra market; avyttra dispose of; jur.: salubjuda vend; *~ ngt för* 100 kr. sell a th. for . .; hans böcker *-er bra* . . sell well; *vi har sålt slut på* denna vara we are sold out of . .; *~ ut* sell out, jfr *utsåld*

säljakt se *sälfångst*

säljare seller, jur. äv. vendor; försäljare salesman **säljarförmåga** salesmanship **säljbar** *a* salable, saleable, marketable **säljbarhet** sal[e]ableness, marketability **säljkurs** för värdepapper asked price (quotation), för valutor selling rate **säljledare** sales executive (manager)

säljägare seal-hunter, sealer

säll *a* lycklig blissful; happy äv. bibl.; salig blessed

sälla *rfl, ~ sig till* join

sällan *adv* **1** seldom, rarely, infrequently; *endast ~* vanl. only on rare occasions; *högst ~* very seldom etc.; *inte [så] ~* not infrequently, rather often, more often than not; *han gör det ~* äv. it is rare (a rare thing) for him to do it; *sådant hände ~* äv. that was rarely the case; *~ förekommande* växter rare . . , . . of rare occurrence **2** F visst inte certainly not!, not at all!

säll|e *-en -ar* fellow; *en liderlig ~* a proper rake

sällhet felicity, bliss, happiness

sällsam *a* strange, peculiar, singular **-het** *~en ~er* egenskap strangeness; *~er* sällsamma ting strange etc. things

sällskap *-et -* umgänge company, society, companionship; tillfällig samling personer party, company; följeslagare companion; förening society, association, club; teater~ company; omskrivs ofta i vissa förb., jfr ex.; *han är ett angenämt ~* he is a pleasant companion, he makes pleasant company; *han är inget [lämpligt] ~ för dig* he is not fit company (suitable society) for you; *ett slutet ~* krets a private party; *vi var ett stort ~* många we were a large party; *ett trevligt (snyggt) ~!* iron. a nice lot (set)!; *får vi ~?* på vägen are you going my way?, have we the same way?; *du får (kommer att vara i) gott ~* you will be in good company; *göra ~ med ngn till stationen* go with (accompany) a p. to the station; *jag gjorde henne ~* eskorterade henne *hem* I saw her home; *gör ni ~ med oss?* are you coming along (with us)?; *jag hade (fick) ~ med henne (vi hade* el. *fick ~)* dit she and I (we) walked (reste travelled) together . .; *vi hade (gjorde) ~ till teatern* we went together to the theatre; *ha (gå i) ~* 'hålla ihop' *med* en flicka be going out with . .; *de har ~* 'håller ihop' they are going out together; *hålla ngn ~* keep a p. company; *för ~s skull* for company; *i alla ~* kretsar in all circles; *komma (råka) i dåligt ~* get into bad company; *de reste (gick* promenerade) *i ~* they travelled (walked) together; *i ~ med* together (in company) with; *vara med i ~et* be [one] of the party

sällskapa *itr* **1** *~ med ngn* hålla ngn sällskap keep a p. company **2** 'hålla ihop': se *[ha] sällskap [med]* **sällskaplig** *a* sällskaps- social; road av sällskap sociable, companionable,

sällskapskär gregarious **sällskaplighet** sociability, companionableness, gregariousness **sällskaps|dam** [lady's] companion, *hos* to **-dans** ball-room dance (dansande dancing) **-djur** t.ex. hund pet; *människan är ett ~* man is a social animal **-hund** pet dog **-kär** *a* gregarious **-lek** party (parlour) game **-liv** allm. social life; societetsliv society [life]; *delta i ~et* move in society **-människa** sociable person; *han är en god ~* äv. he is good company (a good mixer) **-nöje** social amusement **-resa** conducted tour **-rum** på hotell o.d. lounge, assembly-room; privat drawing-room **-sjuk** *a, han är så ~* he is very eager for (keen on) company **-spel** party (parlour) game **-talanger** *pl* social talents **-vana** familiarity with the ways of society; sedvänja social custom; *sakna ~* lack polish (good manners pl.)
säll|spord *a* se *-synt* **-synt I** *a* rare, uncommon, unusual; *en ~ gäst* an infrequent (a rare) visitor; vi hade *en ~ otur* . . unusual bad luck; soliga dagar *är ~a* . . are scarce (few and far between) **II** *adv* exceptionally; *i ~ hög grad* to an exceptional degree **-synthet** *~en ~er* egenskap rarity, rareness; händelse rare event; sak rarity, rare thing; *det är ingen ~ att finna* . . it is by no means a rare thing to find . .; *det hör till ~erna* [*att hon går ut*] it is a rare thing [for her to go out]
säl|skinn sealskin **-skinnspäls** sealskin coat
sälta *-n 0* eg. saltness, salinity; bildl. salt
sämja *-n 0* harmony, concord, unity; *i allsköns (bästa) ~* in complete harmony
sämj|as *-des -ts itr. dep* enas agree, *om ngt* on (about) a th.; jfr *samsas*
sämre I *a* allm. worse, 'skralare' äv. poorer; underlägsen inferior, *än* to; absol.: om folk lower-class, om varor inferior, om nöjeslokal o.d. disreputable; varor *av ~ slag* . . of an inferior kind; *jag får ~ tid i morgon* I shall have less time tomorrow; *bli ~* become (get, grow) worse, om situation o. vädret äv. deteriorate, worsen; *bli allt ~* [*och ~*] get worse and worse, go from bad to worse; *han ville inte vara ~* he wouldn't be outdone; *hon är inte ~ för det* she is none the worse for that; *han är inte ~ än någon annan* äv. he is second to none **II** *adv* worse; *~ klädda människor* badly (poorly) dressed people; *~ kan man få det* things might be worse; *han har det ~ nu* he is worse off now
sämskskinn chamois[-leather], shammy[-leather], wash-leather
sämst I *a* worst; *i ~a fall* if the worst comes to the worst, at [the] worst; visa sig *från sin ~a sida* . . at one's worst; *han är ~ (den ~e) i klassen* [*i engelska*] he is the worst in (is the bottom boy of) the class [in English]; du får se staden *när den är som ~* . . at its worst; *det ~a* [*av alltsammans*] *var,* att . . the worst [part] of it was . . **II** *adv* worst; *de ~ avlönade* grupperna i samhället the most poorly paid . .; *de ~ ställda* those who are worst off; *tycka ~ om* dislike . . most
sän|da *-de -t* **I** *tr* send, *med, per* by; försända H äv. forward, dispatch, isht m. järnväg, fartyg consign, ship, pengar remit; radio. send, tekn. transmit, isht program broadcast; konserten *-ds i radio och TV* vanl. . . will be broadcast and televised (ibl. telecast); *~ bud efter* ngn send for . .; *det kommer som -t från himlen* it is a godsend **II** m. beton. part. (för här ej upptagna part. se *skicka III*) **1** *~ fram* trupper *till fronten* dispatch . . to the front **2** *~ upp* eg. send up, rymdfarkost äv. launch **3** *~ ut* send out, ljus, värme o.d. äv. emit; radio. tekn. transmit, isht program broadcast; *~ ut* en konsert *i radio* broadcast . .; *~ ut* en match *i TV* televise (ibl. telecast) . .
sändar|amatör radio amateur **-anläggning** radio. transmitting installation **-antenn** transmitting aerial
sändare radio. transmitter, sender
sändar|effekt power of a (resp. the) radio (resp. TV) transmitter **-mast** radio. sending mast **-station** transmitting (sending) station
sändebud 1 ambassadör ambassador, envoyé envoy; påvligt nuncio (pl. -s), legate **2** budbärare messenger, emissary
sänder *adv, i ~* i taget at a time; en efter en one by one; *två eller tre i ~* äv. by twos or threes; *litet i ~* little by little
sändning (jfr *sända I*) **1** sändande sending, forwarding, dispatching etc., ofta äv. resp. dispatch, consignment, shipment, remittance, transmission **2** det som sänds osv.: a) varuparti consignment, shipment, m. fartyg äv. cargo, leverans delivery b) i radio o. TV transmission resp. broadcast **sändningstid** radio. broadcasting time, air time; *på bästa ~* i TV during peak viewing hours
säng *-en -ar* **1** bed, utan sängkläder o.d. bedstead; barn~ cot; *dela ~* share a bed, sleep in the same bed; *hålla sig i ~en* stay in bed; *gå i ~ med ngn* go to bed with a p.; *komma i ~* get to bed; *få kaffe på ~en* have [one's] coffee in bed; *ta ngn på ~en* a) mera eg. find a p. in bed b) överraska take a p. by surprise, överrumpla catch a p. napping; *gå till ~s* go to bed, vid sjukdom take to one's bed; *ligga till ~s* be (lie) in bed, om sjuk äv. be ill in bed; *stiga ur ~en* get out of bed; sitta *vid ngns ~* . . at (by) a p.'s bedside **2** trädgårds~ bed **-bord** bedside table **-botten** bottom of a (resp. the) bed[stead] **-dags** *s* o. *adv* time for (to go to) bed; *vid ~* at bedtime

-fösare nightcap **-gavel** end of a (resp. the) bed[stead] **-halm** bedstraw **-himmel** canopy **-kammare** bedroom **-kamrat** bedfellow **-kant** edge of a (resp. the) bed; *vid ~en* friare at the bedside **-kläder** *pl* bedclothes, bedding sg. **-lampa** bedside lamp **-liggande I** *a, vara ~* be confined to [one's] bed, be ill in bed, sedan länge be bedridden; *bli ~* tvingas inta sängen have to take to one's bed **II** *~t 0* confinement in bed, långvarigt bedridden state **-linne** bed-linen **-läge** se *-liggande II; tvingas inta ~* have to take to one's bed **-matta** bedside rug **-plats** säng bed; *~er* på hotell o.d. äv. sleeping accommodation end. sg. **-rökare,** *vara ~* smoke in bed **-rökning** smoking in bed **-skåp** wardrobe bed, box bed **-stolpe** bedpost **-täcke** quilt **-värme** warmth of the bed **-vätare** bed-wetter **-vätning** bed-wetting **-överkast** bedspread, counterpane, coverlet

sänk|a A *-an -or* **1** fördjupning depression, hollow, dal valley **2** läk. sedimentation rate; *ta -an* carry out a sedimentation test, *på ngn* on a p. **B** *-te -t* **I** *tr* **1** minska, göra (placera) lägre lower, priser, skatter o.d. äv. reduce, priser, lön äv. cut, rösten äv. drop; jfr äv. *~ ned; ~ sina anspråk* lower one's pretentions; *~ ngns betyg* lower a p.'s mark; *~ farten* slow down, reduce speed; *~ huvudet (geväret)* lower one's head (gun); *~ en sjö* lower [the level of] a lake; *med -t blick (-t huvud)* with downcast eyes ([one's] head lowered) **2** *~ ett fartyg* sink a ship **II** *rfl* allm. descend, om mark äv. sink, slope down, *mot* to; om mörker, tystnad äv. fall, *över* on; bildl. om pers. äv. lower oneself, *till* to; *dimman -te sig över* dalen the fog descended on (over) . .; *skymningen -er sig* twilight is falling; *solen -te sig i havet* the sun sank (dipped) into the sea **III** m. beton. part., *~ ned* sink, i vätska äv. immerse, submerge, *i* into; fira ned lower; jfr äv. *I 1* ovan; *~ sig ned* descend, fira sig ned lower oneself; *~ sig ned till* ngns ståndpunkt descend (lower oneself) to . . **sänke** *-t -n* fiske. sinker **sänkhåv** scoop-net, mindre dip-net **sänklod** byggn. plummet; sjö. äv. sounding-lead **sänkning 1** abstr.: sänkande lowering osv. jfr *sänka B;* av pris äv. reduction, abatement; i vätska äv. immersion; geol. subsidence **2** konkr.: minskning av pris o.d. reduction, av pris, lön äv. cut; i terrängen depression, hollow; sluttning downward slope, declivity, dip **sänkningsreaktion** se *sänka A 2*

sär *adv* se *isär*

sär|a *tr, ~ [på]* skilja [från varandra] separate, part **-art** se *egenart* **-artad** *a* peculiar, singular **-behandling** special treatment **-beskattning** individual (separate) taxation **-bestämmelse** special regulation (provision) **-deles I** *adv* synnerligen extremely, exceedingly, most; i synnerhet particularly; *han är inte ~ ordentlig* he is not particularly (none too) careful **II** *oböjl. a* förträfflig excellent, splendid; den här tårtan *är något alldeles ~ . .* is something very special **-drag** characteristic, distinctive feature; egenhet peculiarity **-egen** *a* egendomlig strange, peculiar, odd, singular **-egenhet** *~en ~er* peculiarity **-fall** special case

särk *-en -ar* chemise, shift; hon stod *i bara ~en . .* in her shift

sär|klass, *stå i ~* be in a class by oneself, be outstanding; *den i ~ bästa prestationen* the most outstanding performance **-klassig** *a* outstanding **-ling** odd (strange, eccentric) person, eccentric **-prägel** distinctive stamp (mark, character) **-präglad** *a* individual, distinctive, attr. äv. . . with a character of one's own; *han är en ~ personlighet* he is a striking personality **-skild** *a* speciell special, particular, especial, bestämd äv. specific; avskild separate; egen . . of one's own; egenartad peculiar, specific; detta kräver *sin ~a behandling . .* a special treatment; varje ord har *en ~ betydelse . .* a special (distinctive) meaning; på den restaurangen har jag *mitt ~a bord . .* my own special table; *varje -skilt fall* each separate case; *~ ingång* separate entrance; *~a omständigheter* special circumstances; var sak *på sin ~a plats . .* in its proper place; *är det någon ~ rätt som önskas?* do you want any special (particular) dish?; *jag har mina ~a skäl* I have my own particular reasons; hon har *ett -skilt sätt att skratta . .* a peculiar way of laughing; *för ett -skilt* bestämt *ändamål* for a specific purpose; *jag märkte ingenting -skilt* I did not notice anything particular; *jag tänkte inte på någon ~* I was not thinking of anybody in particular; *jag har inte något -skilt för mig* I have nothing [in] particular to do **-skilja** *tr* från- separate, keep . . separate; åt- distinguish [between]; ur- discern **-skiljande** separation; distinction **-skilt** *adv* speciellt particularly, specially, i synnerhet äv. in particular, especially; *jag ber att ~ få fästa er uppmärksamhet på . .* I beg to call your special attention to . .; värme *betalas ~ . .* is [an] extra; *vara ~ utbildad i . .* be specially trained in . .; *jag brydde mig inte ~ mycket om det* I did not bother too much (overmuch) about it; *~ som* han hade lovat [e]specially as (since) . . **-skola** special school [for mentally retarded children] **-skriva** *tr* skriva i två ord write . . in two words **-ställning,** *inta en ~* isht om pers. hold (be in) an exceptional (a unique) position, isht om sak occupy a place apart **-tryck** off-print

säsong *-en -er* season; *det är ~ för* jordgubbar *nu* vanl. . . are in season now; *det är inte ~ för* ostron vanl. . . are out of season **-arbetare** seasonal worker **-arbete** seasonal employment (work) **-arbetslöshet** seasonal unemployment **-betonad** *a* o. **-mässig** *a* seasonal

säte *-t -n* **1** allm. seat, högkvarter äv. headquarters sg. el. pl., residens äv. residence, *för* i samtl. fall of; stolsits äv. bottom; *ha sitt ~* residera äv. reside; *ha ~ och stämma i* have a seat and vote in, be a member of **2** bakdel seat

sät|er *-ern -rar* saeter, fäbodvall äv. mountain pasture, byggnad äv. chalet fr.

säteri ung. manor [farm]

sätesbjudning läk. breech presentation

1 sätt *-et* - **1** vis: vanl. way, mera valt manner, isht om sätt utmärkande för viss person e.d. fashion (end. sg.); tillvägagångssätt äv. method, med avseende på den yttre formen mode; stil style; medel means (pl. lika); *det billigaste ~et att resa* the cheapest way of travelling; *finns det något ~ att komma dit?* vanl. is there any means of getting there?; *jag tycker inte om hennes ~ att le* I don't like the way she smiles (her way of smiling); *hans ~ att undervisa* är . . the way he teaches . ., his method of teaching . .; *~ att uppträda* skicka sig behaviour, manner of behaving; *~en är många* there are more ways than one of doing a thing; *det var då också ett ~!* indignerat well, I never!; well, that's a nice way!; *på ~ i denna lag sägs* in the manner provided for in this Act; *på ~ och vis* i viss mån in a way, i viss mening in a sense; *på alla [möjliga] (allt) ~, på alla ~ och vis* in every [possible] way, i alla avseenden in all respects; *på annat ~* in another (in a different) way, med andra metoder by other means; *jag kunde inte handla på annat ~* I could not act in any other way (otherwise); *på bästa [möjliga] ~* in the best [possible] way; *på det ~et* in that (this) way (manner), like that (this); *[jaså,] på det ~et* ss. svar [Oh,] I see; *det var på det ~et som han* . . that was how he . .; om du fortsätter *på det ~et* . . at this rate (like this); *jaså, är det på det ~et!* so that's how it is!; *på det ena eller andra ~et (på ett eller annat ~)* somehow [or other], [in] one way or (and) another; *på ett ~ har han rätt* in a way he is right; *på mer än ett ~* in more ways than one; *på följande ~* as follows, in the following way (manner); *på intet ~* in no way, by no means; han har inte hjälpt till *på minsta ~* . . at all, . . in the least; *på ett lysande ~* äv. brilliantly; jag vill göra det *på mitt eget ~* . . [in] my own way; *på många ~* avseenden in many ways (respects); reda sig *på något ~* . . somehow; om jag kan hjälpa till *på något ~* . . in any (some) way; göra ngt *på rätt ~* . . in the right way; *det är på samma ~ med henne* it is the same with her; *på sitt ~* a) in his (her osv.) [own] way b) på ~ och vis in a way; *var och en på sitt ~* each one after his own fashion; *på så ~* in that way, so; i utrop I see; *på så[dant] ~ att* . . in such a way that . .; *på vad (vilket) ~?* vanl. how?

2 uppträdande manner, way, behaviour; umgängessätt manners pl.; *hon har ett trevligt (inget [fint]) ~* she has nice el. agreeable (no) manners; *hon har ett vinnande ~* she has a winning way with her; *det är [bara] hans ~* it's [only] his way; *vad är det för ett ~?* what do you mean by behaving like that?, that's no way to behave; *hans ~ mot kvinnor* är . . the way he behaves towards women . .

2 sätt *-et* - omgång, uppsättning set; tåg~ train

sätt|a *satte satt* **I** *tr* **1** placera: allm. put, place, set; i sittande ställning seat; fästa, sticka stick; sätta stadigt plant, settle; ordna (t.ex. i bokstavsordning) place, arrange; anbringa fit, fix; göra, t.ex. fläckar make; lämna leave; iordningställa (t.ex. deg) prepare; se vid. ex. ned. samt under resp. huvudord ss. *bo II 2, eld, fråga I, verk 1* och jfr tillämpliga ex. under *ställa 1* o. *2*

var skall vi ~ placera *honom?* where shall we put (place) him?; *~ filbunkar* ung. fill bowls with milk and leave to sour; *~ en fälla* set a trap, *för* for; *~ knopp* bud, put out buds; *~ komma* put a comma (flera commas); *jag -er honom främst bland* författare I rate him highest (put him first) among . .; *~ ngn högt* have a high opinion (think highly) of a p.; *~ friheten högt (högre än . .)* value freedom highly (more than . .); *~ ngn [till] att göra ngt* set a p. to do a th., ge i uppdrag charge a p. with the task of doing a th.; *~* ngt *för munnen* put . . before one's mouth, dölja med cover one's mouth with . .; *~ märke för* put a mark against, mark, pricka av tick off; *~* ett stycke *för piano* arrange . . for the piano; *~* en blomma *i knapphålet (vatten)* stick . . in[to] one's buttonhole (put . . in[to] water); *~ mod i* ngn put courage into . ., encourage . .; *~ ngn i lära hos* ngn apprentice a p. to . .; *~* ngn *i skola* send . . to school; *~* en båt *på grund* run . . aground, ground . .; *~ frimärken på* ngt put stamps on . ., stamp . .; *~* sin förmögenhet *på ngn* settle . . on a p.; *~ nummer på* ngt number . ., ge ett nummer give a number to . .; *~ polisen på* ngn set the police on . .; *~ skaft på* en kniv put (fix, fit) a handle to . .; *~ smak på* smaksätta flavour, ge smak åt give a flavour to; *~ barn till världen* bring children into the world; *vi har satt middagen till* kl. 6 we have fixed the time for the dinner at . .;

~ *musik till en dikt* set a poem to music; ~ *ord till en melodi* write the words for a melody; ~ *ngn till* en uppgift set a p. to work on . .; ~ *ngn till (som) ledare för* . . make a p. the leader of . .; ~ *ngn upp* i sängen sit a p. up . .; ~ ngt *som mål* [*för sig*] make . . one's goal, aim at . .

2 satsa stake; investera invest; ~ 100 kr. *på en häst* stake (put) . . on a horse; *jag -er* en femma *på att han vinner* I bet you . . [that] he will win

3 plantera set, t.ex. potatis plant

4 boktr. compose, set [up]; ~ ngt *för hand (med maskin)* set . . by hand (by machine); manuskriptet *är satt* . . has been set up

II *itr,* ~ *i sken* bolt; *komma -ande*[*s*] come running (dashing)

III *rfl* **1** sitta ned sit down; ta plats seat oneself, take a seat; placera sig place oneself; ramla fall; slå sig ned, om bevingade djur settle, om fåglar äv. perch; *vill du inte* ~ *dig?* won't you sit down (take a seat, be seated)?; ~ *sig* [*bekvämt*] *till rätta* settle oneself [comfortably]; [*gå och*] ~ *sig bredvid* ngn [go and] sit down beside . .; *sätt dig här!* [come and] sit here!; ~ *sig* [*upp*] *i* sängen sit up in . .; ~ *sig i bilen (på cykeln)* [*och köra*] get into the car (get on the bicycle) [and drive (ride)]; ~ *sig ned* sit down osv., jfr ovan sitta ned *III 1;* ~ *sig* [*upp*] *på* cykeln mount . .; ~ *sig vid ratten* take the wheel; ~ *sig att* arbeta sit down to . ., sätta i gång med att set oneself to . .

2 bildl., om pers. put oneself, *i* en situation in . .; ~ *sig i fara* expose oneself to danger; ~ *sig i förbindelse med* . . get in touch with . .; ~ *sig i respekt* make oneself respected; ~ *sig på* spela översittare mot *ngn* bully (domineer over) a p.; *låt dem inte* ~ *sig på dig!* don't let yourself be put upon!; *det kan du* ~ *dig på!* you bet!; se vid. ex. under *rörelse, sinne, skuld* m.fl.

3 om saker: sjunka, om t.ex. huş, mark, vätska settle, om t.ex. hus o. mark äv. subside, om bottensats settle to the bottom; fastna stick, *i* halsen in . .; lukten *-er sig i gardinerna* . . sticks (clings) to the curtains; värken *-er sig i lederna* . . settles in (gets into) the joints

IV m. beton. part. (jfr äv. under *ställa III*) **1** ~ *an* **a)** sjö. samt tekn.: anbringa set up; dra åt, t.ex. skruv tighten; trycka press **b)** mus.: slå an strike **c)** sätta till, om t.ex. värk set in, begin

2 ~ *av* **a)** släppa av put down (off), F drop **b)** reservera set aside, pengar äv. set apart; ~ *av* anslå *pengar (tid) till* . . äv. earmark money for (devote time to) . . **c)** ~ *av i full fart* set off at full speed

3 ~ *bort* ifrån sig put down (aside), undan put away; förlägga mislay; ~ *bort tid på* ngt waste time on . .

4 ~ *efter* ngn run after . ., chase . ., börja jaga äv. start (set out) in pursuit of . .

5 ~ *sig emot* ngn (ngt): opponera sig oppose . ., ngt äv. set one's face against . .

6 ~ *fast* **a)** fästa fix, fasten; ~ *fast ngt i (på)* en vägg fix (attach) a th. to . .; ~ *fast ngt med en nål* fasten a th. [on] with a pin, pin a th. on **b)** komma att fastna get . . stuck; ~ *sig fast* fastna stick, get stuck; *det -er sig fast i (på)* ngt it clings (klibbar adheres) to . .; fläcken *har satt sig fast* . . won't come off **c)** avslöja catch, ange report

7 ~ *fram* **a)** ta fram put out; till beskådande display; duka fram, t.ex. mat put . . on the table; flytta fram, t.ex. stolar draw up; ~ *fram stolar åt* gästerna bring up (place) chairs for . .; ~ *fram vin åt* ngn offer . . wine, set wine before . . **b)** klocka put (set) . . forward, *en timme* an hour

8 ~ *för* en skärm put (place) . . in front; ~ *för ett hänglås* put up a padlock; jfr vid. ex. under *2 för IV 2*

9 ~ *sig före* se *föresätta*

10 ~ *i* **a)** tr.: allm. put in; fälla in: t.ex. ett tygstycke let in, t.ex. en lapp insert; sy i, t.ex. knapp sew . . on; anbringa, sätta dit: t.ex. ett häftstift apply, t.ex. tändstift fit in; installera install; ~ *i* arrangera *blommor* arrange flowers; ~ *i ett foder i* ngt line . .; ~ *i en kontakt (ett strykjärn)* put in a plug (plug in an iron); ~ *i ngn* en idé put . . into a p.'s head; ~ *i sig* mat put away . . **b)** itr.: börja, om t.ex. värk set in, begin; ~ *i att skrika* start screaming

11 ~ *igen* täppa till stop up; stänga till: mura igen med tegel brick up, sätta för med bräder board up, dölja allm. cover up

12 ~ *ihop* allm. put (pers. äv. place) . . together, laga äv. piece . . together; montera ihop äv. assemble; skarva ihop join [. . together]; kombinera combine; författa, komponera compose, t.ex. ett program draw up, en artikel turn out; dikta ihop fabricate, make up, concoct; ~ foga *ihop ngt med* . . join a th. on to . .

13 ~ *in* **a)** allm. put . . in (inomhus inside); införa insert; lämna till förvaring deposit; installera install; bura in lock . . up; ~ *in ngt i ngt* allm. put a th. in[to] a th.; ~ *in en annons* put in an advertisement, advertise; ~ *in bilen* [*i garaget*] put the car in the garage; ~ *in* satsa *pengar i* . . invest money in . .; ~ *in* pengar [*på banken*] put in . . [in the bank], bank . .; ~ *in pengar på* ett konto pay money into . .; [*låta*] ~ *in* löständer have . . put in **b)** koppla in, t.ex. extra vagnar put on, t.ex. extra tåg äv. run; t.ex. extra personal put . . on; ~ *in* trupper mil. put in . ., engage . ., bring . . into action; ~ *in alla krafter på* ngt apply all one's energies to . ., helt inrikta sig på concentrate on . . **c)** orientera o.d., ~ *ngn (sig) in i* ngt acquaint a p. (oneself) with . ., make a p. (oneself) acquainted with . .; ~ *ngn in i* ngt äv. initiate a p. into . .; ~ *sig in i* ngt äv. familiarize oneself with . ., t.ex. ett ämne get into . ., föreställa sig imagine . ., leva sig in i, t.ex. ngns känslor enter into . ., inse realize . .; *vara insatt i* . . hemmastadd be acquainted (familiar) with . ., kunnig be well up in . ., veta om know about . . **d)** börja, om t.ex. kyla o. värk set in

14 ~ *i väg* set (dash, run) off, *till* to

15 ~ *ned* **a)** eg.: sätta ifrån sig put (set) down; plantera plant, set; placera lägre put . . lower [down] **b)** minska: allm. reduce, sänka, t.ex. anspråk lower; försämra, t.ex. hörsel impair; försvaga, t.ex. krafter weaken; *det -er ned humöret* it makes one depressed; *det -er ned maten* it helps the food to digest; ~ *ned priset* [*på* . .] reduce (lower) the price [of . .]; ~ *ned* [*priset på*] en vara reduce . . [in price], mark down . .; *ha nedsatt hörsel* have reduced (svag. impaired) hearing, be hard of hearing; *ha nedsatt syn* have impaired vision; *till nedsatt taxa* at a reduced (t.ex. telef. äv. cheap) rate; jfr vid. ex. under *sänka B I 1* **c)** förringa disparage, belittle

16 ~ *om* **a)** ~ *om* ett rep [*om ngt*] put . . round [a th.] **b)** placera om rearrange; plantera om replant, transplant **c)** t.ex. en växel renew **d)** boktr. reset

17 ~ *på* **a)** allm. put on; t.ex. plåster äv. apply, t.ex. etikett äv. attach, *på* i båda fallen to; montera på fit on; ~ *på ngt på* ngt put a th. on . ., montera på fit a th. on to . .; ~ *på* [*sig*] ngt put on . ., säkerhetsbälte fasten . ., jfr vid. ex. under *klä* [*på*]; ~ *på kaffet (vatten)* put the coffee-kettle on (put water on to boil); ~ *på* laga *lite kaffe* make some coffee **b)** sätta i gång: t.ex. motor switch on, t.ex. radio turn on, grammofon[skiva] put on

18 ~ *samman* se ~ *ihop* o. *sammansatt*

19 ~ *till* **a)** tillfoga samt kok. add, *i, till* to **b)** satsa, offra, t.ex. tid devote, spend; förlora lose; ~ *till alla krafter* do one's utmost; [*få*] ~ *livet till* lose (sacrifice) one's life **c)** börja, om t.ex. värk set in, begin, come on; ~ *till att skrika* start screaming; han kan vara *besvärlig (riktigt snäll) när han -er* [*den sidan*] *till* . . a nuisance when he is like that (quite nice when he wants to) **d)** se *tillsätta 2*

20 ~ *upp* **a)** placera o.d., allm. put . . up; resa, ställa upp äv. set up; uppföra äv. erect; höja, t.ex. pris äv. raise; hänga upp, t.ex. tavla hang; placera högre put . . higher [up]; ordna t.ex. i bokstavsordning place, arrange; montera mount; ta på sig, t.ex. min put on; ~ *upp farten* increase (put on) speed, speed up; ~ *upp gardiner* hang (put up) curtains; ~ *upp håret* put up one's hair; ~ *upp ngt på* en hylla put a th. up (place a th.) on . .; ~ *upp ngn på* en lista put a p. [down] on . .; ~ *upp* (debitera) ngt *på ngn (ngns räkning)* charge a p. with . ., put . . down to a p. (to a p.'s account) **b)** upprätta, t.ex. kontrakt draw up; göra upp, t.ex. lista make [out (up)] **c)** teat.: iscensätta stage, mount **d)** etablera, starta: t.ex. tidning start, t.ex. affär äv. set up, open; ~ *upp en armé* raise (set up, levy) an army; ~ *upp* ett fotbollslag get together . . **e)** boktr. set up **f)** uppvigla, ~ *upp ngn emot* ngn stir a p. up against . .; ~ *sig upp mot* ngn set oneself up against . ., rebel (rise) against . .

21 ~ *ut* **a)** ställa ut put . . out (utanför outside, utomhus outdoors); till beskådande display; anbringa: t.ex. fälla set, vaktpost post, station; plantera ut plant (set) [. . out]; ~ *ut* överge *ett barn* expose a child; ~ *ut* båtar put . . out, släppa ned, t.ex. livbåtar lower (hoist down) . . **b)** skriva ut: t.ex. datum put down, t.ex. komma put, t.ex. artikel put in; ange: t.ex. ort på karta mark, show, t.ex. namn give; *artikeln -s ut vid* vissa substantiv the article is used with . .

22 ~ *åt* **a)** spänna åt tighten **b)** ansätta pester, worry, *med* with; klämma åt clamp down on; *när hungern -er åt* when you get (start feeling) hungry

23 ~ *över* **a)** frakta över put . . across **b)** täcka, ~ *över* [*någonting över*] maten put something over . . **c)** ~ flytta *över ngt på* en annan hylla put a th. on to . . **d)** hoppa över, ~ *över* ett hinder leap over . ., jump [over] . . **e)** ~ *sig över ngt* ignore (take no notice of) a th., inte respektera äv. disregard a th.

sättare boktr. compositor, type-setter **sätteri** composing room **sättfel** printer's error **sättkast** boktr. [letter] case **sättmaskin** boktr. type-setting (composing) machine, type-setter **sättning 1** plantering setting [out], av t.ex. potatis planting **2** hopsjunkning settling, subsidence **3** boktr. composing, composition; skicka ngt *till* ~ . . to be set up [in type] **4** mus. arrangement **sättpotatis** koll. seed-potatoes pl.

sättsadverb adverb of manner

säv *-en 0* rush

sävlig *a* slow, maklig äv. leisurely

sävsångare sedge-warbler

söcken, *i helg och* ~ both on weekdays and Sundays **-dag** weekday, arbetsdag äv. work day

söder (jfr *norr* m. ex. o. sms.) **I** *-n 0* väderstreck the south; *Södern* the South **II** *adv* [to the] south, *om* of **södergående** o. andra sms. jfr *norr-* **Söderhavet** the South Pacific **Söderhavsöarna** *pl* the South Sea Islands **södersol,** ett rum med ~ . . sun[shine] from the south **södra** *a* the south; the southern jfr *norra; Södra korset* the Southern Cross

sök|a *-te -t* **I** *tr itr* **1** eftersträva (t.ex. lyckan) seek; önska få (t.ex. upplysningar) want; försöka få try to get; leta look; ~ [*efter*] leta efter look (ihärdigt search, ivrigt hunt) for, bibl. seek vara på jakt efter be on the look-out for, be in search of, se sig om efter look about for, försöka hitta try to find; försöka komma på cast about for; för ex. se äv. under *leta; för att* ~ [*efter*] äv. in search (quest) of; *den som -er han finner* seek and ye shall find; ~ *bot för* ngt seek (try to get) a remedy (cure) for . .; ~ *en förklaring* cast about for (try to find) an explanation; ~ *gräl* [*med* ngn] pick a quarrel [with . .]; ~ *hamn* put into port; ~ [*läkare*] *för* ngt see (consult) a doctor about . .; ~ *sanningen* seek [after] (search after) the truth; ~ *skydd* seek (ta take) shelter; ~ *en station* radio. try to find a station; ~ tröst *hos ngn* turn to a p. for . .; ~ *ngns blick* try to catch a p.'s eye; ~ *ngns hand* feel for a p.'s hand; *sekreterare -es* i annons secretary wanted; *han -s av* polisen he is wanted by . . **2** vilja träffa want to see; försöka träffa try to get hold of, genom besök äv. call on; *vem -s (vem -er ni)?* who[m] do you want to see?; *det är en herre som -er dig* there is a gentleman to see you; *jag -te dig* hela dagen I tried to get hold of (get in touch with) you . . **3** ansöka om, t.ex. anställning, licens apply for, anställning äv. put in for; stipendium try (compete) for; *han -te inte* [platsen] he didn't apply [for . .]; ~ *till* en skola try to get into . .; ~ *till* en annan stad apply for a job in . ., om ämbetsman apply for a transfer to . . **4** lag~, ~ *ngn* [*för* en fordran] sue a p. [for . .] **5** försöka, ~ inf. try (sträva efter att attempt, endeavour) to inf. **6** luften *-er* . . makes you tired, . . is very relaxing **7** jakt. track by scent

II *rfl* **1** ~ *sig fram* [try to] find (pröva sig feel) one's way; ~ *sig om* look about, höra sig för inquire; ~ *sig till* bege sig till [try to] go to, uppsöka (t.ex. skugga) seek, vara på väg till, dras till make for; ta sin tillflykt till resort to; ~ *sig till ngn* seek a p. (ngns sällskap a p.'s company); *folk -er sig till* storstäderna people [tend to] move to . . **2** ~ *sig* ngt try to find . .

III m. beton. part. (jfr äv. under *II* samt *leta III*) **1** ~ *sig bort från* en stad try to get away from . ., söka nytt arbete try to get a job somewhere else than in . . **2** ~ *in i (vid)* en skola apply for admission in (entrance into) . .; *ljuset -er sig in genom* hålet the light filters through . . **3** ~ *upp* leta upp search out, hunt up, hitta find; ~ *upp* ngn look . . up, call on . ., go (resp. come) to see . ., söka reda på seek out . . **4** ~ *ut* utvälja choose, select, pick out; ta reda på åt sig find oneself; ~ *sig ut* om t.ex. rök escape

sökande I *a* om blick searching; om t.ex. konstnär, själ inquiring **II** *s* **1** *-t 0* se *letande* **2** *-n -* aspirant applicant, candidate, *till* en plats for . .

sökare *-n -* foto. view-finder **sök[ar]ljus** searchlight, på t.ex. bil äv. spotlight **sökt** *a* långsökt far-fetched; tillgjord affected, artificial, ansträngd laboured

söl *-et 0* senfärdighet dawdling, loitering; dröjsmål delay **söla I** *itr* gå och masa dawdle, loiter; dra ut på tiden waste time; ~ *bort* tiden dawdle away . .; ~ *med* sitt arbete dawdle over . . **II** *tr* smutsa soil, dirty; ~ *ned* se *smutsa* [*ned*]

sölare *-n -* dawdler **sölig** *a* **1** långsam dawdling, slow, dilatory **2** se *smutsig*

sölj|a *-an -or* buckle; ring ring

sölkorv dawdler, slowcoach

söm 1 *-men -mar* sömn. o.d. seam, kir. äv. suture, fog äv. joint; *gå upp i* ~*marna* come apart (rip) at the seams, sömn. äv. come unsewn; *utan* ~ seamless **2** *-met (-men) -* häst-skospik horse[shoe]-nail **sömlös** *a* seamless, seamfree **sömma** *tr* sew **sömmerska** kläd~ dressmaker; linne~ o.d. seamstress, sempstress; fabriks~ sewer

sömn *-en 0* sleep; *ha god* ~ be a good sleeper, sleep well; *jag har inte fått någon* ~ [*alls*] i natt I haven't slept [a wink] . .; *han hade fortfarande* ~*en i ögonen* he was only half-wake; *gnugga* ~*en ur ögonen* rub the sleep out of one's eyes; *falla i* ~ fall asleep, go to sleep; *falla i* [*en*] *djup* ~ fall into a deep (profound) sleep; *ligga i sin djupaste (sötaste)* ~ be fast (sound) asleep; *gå i* ~*en* walk in one's sleep, vara sömngångare be a sleep-walker; *tala i* ~*en* talk in one's sleep; *under* ~*en* during sleep; väcka ngn *ur* ~*en* . . from his (her etc.) sleep; gråta sig *till* ~*s* . . to sleep

sömnad *-en -er* sewing, konkr. äv. needlework, båda end. sg.; *en* ~ a piece of needlework; lägga ifrån sig ~*en* . . one's sewing (needlework)

sömn|behov need of sleep **-drucken** *a* . . heavy (drowsy) with sleep **-dryck** sleeping-draught **-givande** *a* soporific; ~ *medel* vanl. soporific **-gångaraktig** *a* somnambulistic, somnambular; *med* ~ *säkerhet* with unerring sureness **-gångare** sleep-walker, somnambulist **-ig** *a* sleepy äv. bildl.; dåsig drowsy; slö indolent **-ighet** sleepiness; drowsiness; indolence **-liknande** *a* sleep-like **-lös** *a* utan sömn sleepless, vaken äv. wakeful; lidande av sömnlöshet (attr.) . . suffering from insomnia; *en* ~ *natt* a sleepless night; *ligga* ~ en natt lie sleepless (wakeful) . .; *vara* ~ lida av ~het suffer from insomnia **-löshet** sleeplessness, läk. insomnia **-medel** sleeping medicine, soporific **-pulver** sleeping-powder **-sjuka** afrikansk sleeping-sickness **-tablett** sleeping-tablet **-tuta** great sleeper

sömsmån seam allowance

söndag Sunday; *på sön- och helgdagar* on Sundays and holidays; jfr *fredag* o. sms.

söndags|barn, *han är* [*ett*] ~ he was born

on a Sunday (bildl. under a lucky star) **-bilaga** Sunday supplement **-bilist** week-end motorist **-fin** *a, göra sig* ~ put on one's Sunday clothes (Sunday best) **-frid** Sunday peace (calm) **-jägare** ung. week-end sportsman **-klädd** *a* . . [dressed up] in one's Sunday clothes (Sunday best) **-skola** Sunday school **-utflykt** Sunday excursion **-vila** Sunday rest

sönder *pred. a* o. *adv* **1** sönderslagen, bruten, av o.d. broken; i bitar: ss. adj. [all] in pieces, ss. adv. [in]to pieces, itu: ss. adj. in two pieces, ss. adv. in two; sönderriven torn, sönderriven worn through, [all] in holes; jfr äv. ex.; *gå* ~ brista o.d. break [itu in two], krossas äv. smash, gå av äv. snap [itu in two]; gå i bitar go (come, bildl. fall) to pieces; spricka burst; rivas sönder (om t.ex. papper) tear; *gå* ~ sina skor wear down . . completely [by walking]; *gå* ~ *i sömmen* split at the seam; *ha* ~ slå (bryta etc.) ~ break . . [i flera delar to pieces (bits), itu in two]; krossa smash, klämma ~ crush, mosa mash; t.ex. skära i bitar cut . . up, cut . . into pieces; riva ~ tear [. . to pieces]; *bita* ~ bita hål i bite a hole (på flera ställen holes) in, krossa (t.ex. en nöt) crack [. . with one's teeth]; *bita* ~ *en tand* break a tooth; *bända* ~ en låda break . . in trying to prize it open; *koka* ~ t.ex. kött boil . . to shreds, t.ex. frukt boil . . to a mash; *ta* ~ ta isär take . . to pieces (apart, asunder), t.ex. maskin äv. disassemble, dismount; *trampa* ~ i bitar tread . . to pieces **2** i olag out of order; slut (om t.ex. glödlampa) gone; hissen *är* ~ äv. . . doesn't work (function); klockan *är* ~ äv. . . doesn't go; maskinen *är* ~ (har stannat) äv. . . has broken down; *gå* ~ go (get) out of order, stanna, strejka break down; *ha* ~ damage, stark. destroy, ruin. — Se f.ö. beton. part. under resp. vb

sönder|biten *a* av insekter . . bitten all over **-bombad** *a* attr. bomb-shattered, bomb-wrecked, pred. destroyed (wrecked) by bombs (by bombing) **-bruten** *a* broken; pred. äv.: itu broken in two, i bitar in pieces (bits) **-bränd** *a* pred. burnt through; *vara* ~ *av solen* be badly burnt by the sun **-dela** *tr* dela i bitar divide . . into pieces (parts), stycka cut (break) up; kem. decompose **-delning** kem. decomposition **-fall** bildl. o. fys. disintegration; kem. decomposition **-falla** *itr* falla i bitar fall to pieces; bildl. o. fys. disintegrate; kem. decompose; frågan *-faller i tre delar* . . falls (can be divided) into three parts **-klippning** cutting up [into pieces] **-klöst** *a* . . scratched all over **-läst** *a* om bok battered, tattered **-nött** *a* pred. worn through (hålig into holes) **-supen** *a* pred. ruined by alcohol **-tagbar** *a* attr. . . that can be taken to pieces (be dismantled)

söndra I *tr* dela divide; splittra disunite, cause disunion in, t.ex. land, parti disrupt, break up; ~ *och härska* divide and rule; *ett* ~*t folk* a divided people; ~ *ut* separate, sort out **II** *rfl* divide, split [up], *i* into **söndrig** *a* se *trasig* **söndring** splittring division, disunion end. sg., oenighet dissension, discord, schism schism, split; *djup och varaktig* ~ ss. skilsmässoorsak ung. fundamental incompatibility

1 sörja *-n 0* modd, slask slush; smuts mud; smörja sludge; oreda mess

2 sörj|a *-de -t* **I** *tr,* ~ *ngn* en avliden mourn [for] (stark. lament [for]) a p., sakna regret (grieve for, mourn, stark. lament) the loss of a p., bära sorgdräkt efter wear (be in) mourning for a p.; ~ *ngt* t.ex. sin förlorade ungdom regret the loss of a th.; ~ *ngns bortgång* mourn [over] (grieve over) a p.'s death; *vi -er i honom* en god vän we have lost . . through his death; *han -es av* alla he is mourned by . .; *han -es närmast av maka* och barn the chief mourners are his wife . . **II** *itr* **1** mourn, grieve; ~ *över* grieve for (over), sakna, beklaga regret, vara ledsen över be sorry about, grieve (be grieved) at, bekymra sig över worry about; *jag -er inte om* . . I won't be sad if . . **2** ~ *för* se till see to, sköta om take care of, look after, ta hand om care for, dra försorg om, ordna för provide for, make provision for; ordna med provide, skaffa äv. get, find, göra do; ~ *för ngns behov* supply a p.'s wants; ~ *för* framtiden make provision for . .; *det (den saken) -er jag för* I'll see (attend) to that; ~ *för att* ngt görs see [to it] that . .; *det är -t för att vi skall få* . . provisions have been made for us to get . .; *det är väl -t för honom* he is well provided for **III** *rfl,* ~ *ihjäl sig* die of grief **sörjande** *a* mourning; *de [närmast]* ~ isht vid begravningen the [chief] mourners

sörjig *a* slaskig slushy; smutsig muddy; smörjig sludgy

sörpla I *tr,* ~ *i sig* ngt drink (soppa o.d. gobble) up . . noisily **II** *itr,* ~ *[när man dricker (äter)]* drink (eat) noisily

söt *a* allm. sweet; rar, näpen äv., samt iron. nice, förtjusande äv. lovely; småvacker äv. pretty, amer. äv. cute; intagande charming, attractive; insmickrande: om t.ex. ord sugared, om t.ex. musik sugary, om t.ex. färger pretty-pretty; färsk (om t.ex. mjölk) fresh; *en* ~ *flicka* a pretty (charming, lovely) girl; *en* ~ *klänning* a sweet (pretty, nice, lovely) dress; ~ *lukt (smak)* sweet smell (taste); ~*t vatten* i insjö fresh water; *vara* ~ *i mun* be meek and mild; ~*a du!* my dear! **söta** *tr* sweeten **sötaktig** *a* sweetish; sliskig sickly-sweet **sötebrödsdagar** *pl* halcyon days; *ha* ~ have an easy time [of it] **sötma** *-n 0* sweetness; bildl. äv. sweets pl. **sötmandel** sweet almond (koll. almonds pl.) **sötmjölk** färsk fresh milk; oskummad whole (full-cream) milk **sötnings-**

medel sweetening [agent], sweetener **sötnos** sweetie[pie], poppet, honey, amer. cutie **sötsaker** *pl* sweets, amer. äv. candy sg.; *tycka om ~* äv. have a sweet tooth **sötsliskig** *a* sickly-sweet, sweet and sickly; inställsam: om pers. oily, om t.ex. leende sugary **sötsur** *a* sour-sweet äv. bildl. **sött** *adv* rart o.d. sweetly, in a sweet manner; *det smakar ~* it tastes sweet, it has a sweet taste; *sova ~* sleep peacefully (soundly) **sötvatten** fresh water **sötvattensfisk** fresh-water fish **sötäpple** sweet apple

söv|a *-de -t tr* **1** put (send, vagga lull) . . to sleep; bildl.: sitt samvete silence, insöva lull; *~nde mummel* drowsy murmur; *~nde musik* sleepy music; suset *är ~nde* . . makes you sleepy (drowsy) **2** läk., ~ [*ned*] se *bedöva 2*

T

t *t-*[*e*]*t,* pl. *t*[*-n*] bokstav t [utt. ti:]

ta *(taga) tog tagit* (jfr *tagen* o. *tas*) **I** *tr itr* **1** allm. take äv. friare o. bildl. (jfr *II* o. ex. ned.; se äv. ex. m. 'ta' under resp. subst. o. adv. m.m.); ta [med sig] hit, komma med bring; ta [med sig] bort, gå [dit] med take; fånga, ta fast catch; bemäktiga sig äv. capture; lägga beslag på seize, lay hands upon; tillägna sig äv. appropriate; vinna (t.ex. pris) äv. secure, win; välja äv. choose; få tag i, skaffa [fram] find; ta sig, låta ge sig (t.ex. kopp kaffe, en tupplur) vanl. have, jfr *II 1;* tillsätta (t.ex. socker på gröten) put, kok. add; sätta på sig (kläder o.d.) put on; ta betalt, debitera charge; träffa hit; göra verkan take (have some) effect, om kniv, såg o.d. bite; ~ [*en*] *bil (tåg*[*et*]*)* take a taxi (the train); ~ lösa *en biljett* äv. get a ticket; ~ *bollen* catch the ball; ~ *lite choklad!* have some chocolate!; ~ bära (ha) *frack (aftonklänning)* wear tails (an evening gown); *han kan* ~ *folk* he knows how to take (tackle) people; ~ *gestalt* take shape; ~ *ett lån* raise a loan; *det* ~*r bara några minuter* it will only take a few minutes; skåpet ~*r stor plats* . . takes up a lot of room; ~ *några stygn* make a few stitches; ~ *trappan* i ett par steg clear the stairs . .; *vilken väg skall jag* ~*?* äv. which way shall I choose?; *han tog det (det tog honom) hårt* that affected him deeply (hit him hard); *hur tog hon det?* how did she take it?; ~ *det inte så noga* don't be so very particular about it; ~ *ngt som* [*ett*] *skämt* take a th. as a joke; *det tog* gjorde verkan it went home; *bromsen* ~*r inte* the brake doesn't work; *pennan* ~*r inte* the pen doesn't write (doesn't leave any mark) m. prep.-best.: *han tog inte ögonen från henne* he didn't take his eyes off her; ~ *ngn för en annan (en tjuv)* [mis]take a p. for someone else (for a thief); *vem* ~*r ni mig för?* who (what) do you think I am?; *han tog* 50 kronor *för den* he charged [me] . . for it; ~ *i* vidröra *ngt* touch a th.; ~ *ngn i armen* take [hold of] a p. by the arm; ~ *ngn i förhör* interrogate a p.; *det (någon) tog i dörren* somebody shook the handle of the door; *var skall vi* ~ *pengar ifrån?* where are we to find money (to get money from)?; ~ *ngt med gott humör* put up with a th. cheerfully; ~ *ngn om livet* take [hold of] a p. round the waist; ~ *på* vidröra *ngt* touch a th.; *solen* ~*r inte på mig* gör mig inte brun I don't get brown; *det* ~*r på krafterna* it tells on one's strength, it takes a great deal out of one; ~ *ngt på allvar* take a th. seriously (in earnest); ~ *det här brevet till posten!* take this letter to the post!; ~ *en till mig!* bring one for me!; ~ *till* börja använda (tillgripa) *ngt* se *ta till* under *III; det är* ~*get ur Bibeln* it is [taken] from the Bible; ~ *åt fickan (mössan)* put one's hand to one's pocket (one's cap)

2 pleonastiskt i förb. m. 'och' o. annat vb: *jag skall* ~ *och kila dit* I'll just pop over [there]; ~ *och klå upp honom!* just give him a thrashing!

II *rfl* **1** skaffa sig, företa, t.ex. en ledig dag, ett bad, en promenad take, t.ex. en bit mat, en cigarrett, ett glas öl vanl. have, servera sig äv. help oneself to; ~ *sig ton* (*uttryck, i akt, ledigt* m.fl.) se ex. under resp. huvudord **2** [lyckas] komma, bana sig väg get; *kan du* ~ *dig* hitta *hit?* can you find your way here?; ~ *sig till gränsen* [manage to] get to the border; ~ *sig över gränsen* [manage to] cross the border **3** förkovra sig improve, make progress; tillfriskna se *repa III;* om planta [begin to] grow; om eld [begin to] burn up; *det* ~*r sig* för dig (går framåt)! you are getting on!; växten *har* ~*git sig* äv. . . is coming on **4** ~ *sig för pannan* put one's hand to one's forehead

III m. beton. part. **1** ~ *sig an* ngn (ngt) take care of (see to, attend to) . .; ~ *sig an ngns sak* take up (espouse) a p.'s cause, jur. take up a p.'s case

2 ~ *av* **a)** tr.: allm. take off, remove; amputera äv. amputate; förkorta shorten; ~ *av* [*sig*] klädesplagg, glasögon o.d. take (dra av pull, F äv. peel) off, jfr *klä* [*av*]*; vill du inte* ~ *av dig och* sitta ner? won't you take off your things and . .? **b)** itr.: vika av turn [off]; minska se *avta*[*ga*] *I* **c)** tr. o. itr.: kortsp. (kupera) cut

3 ~ *bort* avlägsna take away, remove; ~ *bort din hand (handen) från min axel* take your hand off my shoulder

4 ~ *efter ngn (ngt)* imitate (copy) a p. (a th.)

5 ~ *emot* **a)** tr. (ibl. objektslöst, jfr ex.): mottaga o.d.: allm. receive; erhålla, få (äv. *få* ~ *emot)* äv. be given, pris o.d. be presented with; besökande, patienter o.d. äv. see, lämna tillträde till, släppa in äv. admit, *i* into; möta äv. meet, welcome; ta [hand om]: för annans räkning, t.ex. brev, beställning, samtal take, avgifter o.d. äv. take up; yrkesmässigt, t.ex. inackorderingar, tvätt take in; antaga, acceptera accept; finna sig i stand for, put up with; underkasta sig (t.ex. bestraffning) submit to; hejda stop, avvärja parry, ward off, uppfånga (t.ex. boll) catch; dämpa, mildra (t.ex. stöt) break the force of, moderate; ~ *emot* [*besök (besökande)*] receive (see, admit) visitors (callers), hemma äv. be at home [to visitors (callers)]; ~*r* . . *emot?* vanl. can I see . .?; *jag* ~*r inte emot befallningar av dig* I don't take orders from you; ~[*g*] *emot mina* *hjärtliga lyckönskningar (mitt tack för . .)!* please accept my hearty congratulations (my thanks for . .)!; ~ *emot* inte tillbakavisa *pengar* take (accept) money; *tiga och ~ emot* finna sig i det grin and bear it; *ansökningar (anmälningar) ~s emot av . .* applications (entries) may be handed in (per telefon be phoned in) to . .; *alla bidrag ~s emot med tacksamhet* all contributions [are] gratefully received (are welcome); *förslaget (skådespelaren) togs emot med* livligt bifall the proposal (the actor) was received (hälsades was greeted) with . .; ~ *emot sig med händerna* put out one's hands to break one's fall **b)** itr.: stå i vägen be in the way, göra motstånd offer resistance; haka i catch; opers.: vara motbjudande se *bjuda* [*emot*]

6 ~ *fast* [in]fånga catch, få fast get hold of, gripa seize, apprehend; ~ *fast tjuven!* stop thief!

7 ~ *fel* se *fel III*

8 ~ *fram ngt* take out a th.; ~ *fram ngt ur . .* take a th. out of . .; ~ *fram* för att visa upp (t.ex. biljett, pass) äv. produce, *ur* out of; dra fram pull out; ~ *fram det bästa hos ngn* bring out the best in a p.; ~ *sig fram* bana sig väg make (force) one's way, get through, klara sig [ekonomiskt] get on (along), hitta find one's way, get there (resp. here)

9 ~ *från* se ~ *ifrån*

10 ~ *för sig* servera sig help oneself, *av ngt* to a th.; hugga för sig grab; ~ *sig för* göra do, gripa sig an med set about (*att skriva* writing)

11 ~ *sig förbi* find one's way past, get past, pass [by]

12 ~ *sig före* se ~ *sig för* ovan

13 ~ *hem* med sig take (resp. bring) home; jfr vid. *skaffa* [*hem*]; ~ *hem spelet* win the game äv. friare

14 ~ *hit* bring . . here; ~ *hit* ge mig *boken genast* give (skaffa hit fetch) me the book at once; ~ *hit boken* till mig *i morgon* bring me the book tomorrow

15 ~ *i* itr.: hugga i put one's back into it, go at it, med händerna pull away [hard]; hjälpa till lend (bear) a hand; ~ *i* anstränga sig *ordentligt* äv. fall to properly; *det tog i att blåsa (och blåste), vinden tog i* the wind got up (higher); ~ *inte i så där!* yttra dig inte så skarpt don't go on like that!

16 ~ *ifrån ngn . .* eg. take . . away from a p., beröva deprive (rob) a p. of . .; ~ *ifrån ngn levebrödet (hans levebröd)* take the bread out of a p.'s mouth

17 ~ *igen* tillbaka take . . back [again]; något försummat recover, make good; ~ *igen förlorad tid* make up for lost time; ~ *igen sig* återhämta sig recover, vila sig rest [up], take a good rest, pusta ut recover one's breath

18 ~ *ihop* itr. (vid stickning) narrow

19 ~ *in* **a)** tr. take (resp. bring) in, bära (flytta) in äv. carry (move) in; importera import; beställa [in] order [in (up)]; station i radio o.d.: ställa in tune in to, få in pick up, F get; låta ingå (t.ex. artikel el. annons i tidning) put in, *i* in; publicera publish, print; sömn. take in; ~ *in ngn* ge tillträde admit a p., *i* t.ex. förening, skola (*på* t.ex. sjukhus) [in]to; ~ *in ngn på* (remittera till) t.ex. en vårdanstalt commit a p. to . .; *vara intagen på sjukhus* be in hospital; ~ *in kol (olja)* bunker; ~ *in last* take in cargo; ~ *in medicin* take medicine; ~ *in pengar på ngt (på att sälja . .)* make money by a th. (by selling . .); ~ *in ett segel* take in (down) a sail; ~ *in vatten* läcka let in water; ~ *in årorna* äv. unship the oars **b)** itr., ~ *in på hotell (hos ngn)* put up at a[n] hotel (at a p.'s house); *var har ni ~git in?* where are you staying? **c)** rfl., ~ *sig in* get in

20 ~ *isär* take . . to pieces

21 ~ *itu med ngt* (*med att* inf.) set about el. set to work at a th. (set about ing-form); ~ *itu med ngn* take a p. in hand

22 ~ *loss (lös)* detach; ta bort take off (away); koppla bort disconnect; ~ *loss ett fartyg* [*från grundet*] get a ship afloat

23 ~ *med* medföra (äv. ~ *med sig*): föra hit, ha med sig bring . . [along (with one)], have . . with one, föra bort take (bära carry) . . [along] with one, take . . along, bära bort äv. carry away; lägga till (till det övriga) take . . too; inbegripa include; ~ *med ngn på* en lista include a p. in . .; ~ *ngn med sig för att titta på . .* take a p. off to see . .

24 ~ *ned (ner)* take (från hylla o.d. äv. reach) down; hämta ned (t.ex. från vinden) fetch (bring) down; ~ *ned ett segel* take in (down) a sail; applåder, *som kunde ~ ner taket . .* that raised the roof; ~ *ned ett tält* strike a tent

25 ~ *om* omfamna embrace, F hug, krama om clasp [. . in one's arms]; upprepa take (säga, läsa resp. sjunga om osv. say, read resp. sing osv.) . . [over] again, isht mus. o. teat. äv. repeat; ~ *om en scen* film. retake a scene; ~ *om av* soppan take another helping of . .

26 ~ *på ngn* se *klä* [*på ngn*]; ~ *på* [*sig*] t.ex. byxor, skor, glasögon put on; ~ *på sig* klä sig se *klä II;* ~ *på sig ett stort ansvar* take a great responsibility; ~ *på sig en oskyldig min* put on an innocent air, assume an air of innocence; ~ *på sig skulden* take the blame; *jag skall ~ det* felet *på mig* I'll take the responsibility [for it]; ~ *på sig* åtaga sig *för mycket* take on too much

27 ~ *sig samman* pull oneself together; samla sig äv. collect oneself; rycka upp sig äv. rouse (brace) oneself

28 ~ *sönder* se under *sönder 1*

29 ~ *till* börja använda take to, begagna sig av use, tillgripa resort to; överdriva exaggerate

[things]; jfr *tillta[ga]* o. *tilltagen; du ~r då till!* brer på you are piling it on (overdoing it), aren't you?; *~ till* beräkna *så att det räcker* take enough; *~ till* börja *att* inf. set about (start) ing-form; *~ ngn till sig* i sin vård take care of a p.; *~ sig till* göra do, gripa sig an med set about *(att läsa* reading), börja med start; *~ sig till* hemfalla åt [*med*] *att* inf. take to ing-form; *vad skall jag ~ mig till?* what am I to do?, what shall I do?; *vad ~r du dig till?* klandrande what are you up to?
30 *~ tillbaka* allm. take (resp. bring) back; ansökan o.d. withdraw; löfte o.d. retract
31 *~ undan* ta bort take away; gömma put . . on one side (out of the way); reservera spare, keep . . in reserve; jfr *undanta[ga]*
32 *~ upp* (jfr *uppta[ga]*) **a)** take up äv. bildl. (t.ex. en fråga, kampen); bära (flytta) upp äv. carry up; hämta upp bring up; från marken, ur vattnet pick up äv. om [tillfälliga] passagerare o.d.; ur ficka, låda, kappsäck o.d. take (plocka upp fish) out, *ur* of; samla (plocka) upp gather up, rotfrukter lift; insamla, uppbära (avgifter o.d.) collect; ta med (om ordbok, förteckning o.d.) give, include; föra upp äv. put down (*på* räkning, konto, lista on . .), enter [up] (*på* konto in . ., lista on . .); uppföra (teat. o.d.) äv. give (sätta upp put on) [på nytt again]; uppstämma (sång) strike up; intonera intone; *~ upp* [*igen (på nytt)*] åter ta itu med se *återuppta[ga]; ~ upp* anskaffa *beställningar (order)* take orders; *~ upp ett lån* raise a loan; *~ upp en maska* pick up a stitch; *~ upp nät* äv. draw nets; *~ upp* pengar *ur fickan* take . . out of one's pocket; *~ upp* bärga *ett sjunket skepp* raise a sunken ship; *~ upp* [*stor*] *plats* take up [a lot of] room; *~ upp tid[en] för ngn* take up a p.'s time; *vi kan inte ~ upp tid med det* we cannot take up [our] time with it (that); *~ upp tävlan (konkurrens[en]) med . .* enter into competition with . .; *~ upp ngt* [*på band*] record a th.; *~ upp ngt på sitt program* include a th. in one's programme; *~ upp* inventarierna *till ett belopp av* put down . . at; *~ upp ngt till diskussion* bring a th. up for discussion; *~ upp ngt* till diskussion (behandling) *med ngn (vid ett möte)* bring a th. up with a p. (at a meeting); *~ väl (illa) upp . .* take . . in good (bad) part; se äv. ex. under *illa; ~ sig upp till* toppen (*upp ur* dyn) get up to . . (out of . .); *~ sig* hitta *upp till . .* find one's way to . .; *~ upp sig* a) förkovra sig improve b) tillfriskna recover (*efter* from), get better (*efter* after); *~ upp sig i engelska* improve one's English; *han tog upp sig* mot slutet av matchen he improved . . **b)** öppna (t.ex. ett paket, en konservburk) open; *~ upp* göra *en dörr i* en vägg have a door made (sätta in äv. put in a door) in . .; *~ upp* lösa upp *en knut* undo a knot; *~ upp en vak* make a hole in the ice
33 *~ ur* take out; tömma empty; avlägsna (t.ex. kärnor, en fläck) remove; rensa: fågel, hare draw, fisk clean, gut; *~ ur ngt ur . .* take a th. out of . .; *~ ur kärnorna ur* frukt äv stone . .; de där idéerna *skall jag nog ~ ur honom* I'll soon knock . . out of him; *jag vet inte hur jag skall ~ mig ur det här* I don't know how to get out of this
34 *~ ut* **a)** mera eg. take (resp. bring) out, bära (flytta) ut äv. carry (move) out; extrahera (t.ex. en kula, en spik) äv. extract; få ut get out; jfr *~ ur; ~ sig* praktisera sig *ut* [manage to] get out, find (make) one's way out, *ur* of **b)** friare: anskaffa, hämta ut (t.ex. lysning, pass, patent pengar) take out; pengar (på bank o.d.) äv. [with]draw; inkassera (postanvisning, check) cash, gm efterkrav (postförskott) collect . . on delivery; lotterivinst o.d. claim; *~ ut sina sista krafter* use up all one's strength; [*låta*] *~ ut en tand* have a tooth taken out; *~ ut sin fru på middag* take one's wife out to dinner; *~ ut* det mesta möjliga *ur ngt* get . . out of a th. **c)** spec. bet.: utvälja choose, select plocka ut pick [out], avdela tell (draft) off, ish mil. detail; lösa: problem o.d. solve, rebus make out; upphäva cancel; *~ ut en melodi på* ett instrument pick out a tune on . .; *~ ut* förlänga *stegen* take longer strides; *~ sig ut* te sig look; *~ sig bra ut* äv. show up to one's advantage; *~* trötta *ut sig* tire oneself out
35 *~ vid* börja begin, start; fortsätta, följa follow [on]; om pers. äv. step in; *~* [*illa*] *vid sig* be upset (put out), *av, över* about
36 *~ åt sig* **a)** känna sig träffad feel guilty *du ~r då åt dig allting också* you are always taking everything to heart, aren't you? **b)** dra till sig t.ex. smuts attract, fukt absorb, soak up **c)** tillskriva sig (t.ex. äran) take, claim **d)** *vad ~r det åt dig?* what's the matter with you?
37 *~ över* överta ledningen, efterträda take over; jfr *överta[ga]; han tog över* (kortsp.) med femman he beat it . .; *~ över sig* put on, t om sig put . . round one

tabb|e *-en -ar* blunder, bloomer, isht amer boner

tabell *-en -er* table, *över* of **tabellarisk** *a* tabular, tabulated, in tabular form **tabell form, *i ~*** in tabular form

tabernak|el *-let -el (-ler)* tabernacle

table d'hôte *-n -r* table d'hôte; *äta ~* middag have a table-d'hôte dinner

tablett *-en -er* **1** farm. tablet; pastill pastille lozenge **2** liten duk table mat

tablå *-n -er* **1** tableau (pl. -x) äv. ss. itj. **2** översikt schedule, *över* of

tabu I *-t -n* taboo (pl. -s); *belägga med ~* put . . under taboo, taboo **II** *oböjl. a* taboo

tabulator tabulator; tangent tabulator key

taburett *-en -er* **1** eg. stool, antik taboure

2 bildl. (statsrådsämbete) ministerial post

tack *-et (-en)* - thanks pl.; interjektionellt äv. thank you; *ja ~!* a) som svar på: Vill du ha . .? yes, please! b) som svar på: Har du fått . .? yes, thanks (thank you)!; *nej ~!* no, thank you (thanks)!, när man erbjuds andra gången no more, thank you!; *jo ~ [,bra]!* thank you [,fine]!; *ge uttryck för sitt ~* sin tacksamhet give expression to one's gratitude; *hjärtligt* el. *varmt (mycken) ~ för . .* hearty (many) thanks for . .; *tusen ~!* thanks awfully!, högt. a thousand thanks!; *~ själv!* thank you beton!; *~ så mycket (~ skall du ha)!* many thanks!, thank you very much!, formellare much obliged [to you]!; *~ så förfärligt (hemskt) mycket!* thank you very much indeed!; *är det (skall det vara) ~en* för vad jag gjort? is that all the thanks I get?; *Gud vare ~!, ~ och lov!* thank God (Heavens)!; *jag är dig stor ~ skyldig* I owe you many thanks; *det har du ingen ~ för (för att du gör)* nobody will thank you for it (for doing so); *säga ~* say thank you; *~ för i går (senast* el. *sist)!* ung. we had a nice (wonderful) time yesterday (the other day)!; *~ för maten!* 'thanks for the meal!' (ej brukligt i eng.); *det är hans ~ för* vad jag gjort that is how he rewards me for . .; *~ för att du kom!* thanks for coming!, nice of you to come!; *med ~ på förhand* thanking you in advance; *till ~ för* hjälpen in acknowledgement for . ., by way of thanks for . ., as a reward for . .; *~ vare* hans hjälp thanks (owing) to . .; *~ vare att* det upptäcktes i tid thanks to the fact that . .

1 tacka *tr itr* thank; högt. express one's thanks (gratitude, acknowledgement[s]), *ngn* to a p.; *~ och ta emot* accept and be thankful; *skriva och ~* write and say 'Thank you'; *jo jag ~r jag!* a) det var inte dåligt well, I say!; well, well! b) tvärtom just the contrary!; hur mår du? — *~r bra!* . . very (quite) well, thank you!; *~r som frågar!* ung. kind of you to ask!; *~ ja (nej) till ngt* accept (decline) a th. [with many thanks]; *~ för maten* a) ung. say 'Thank you' after a meal (ej brukligt i eng.) b) hålla tacktal ung. return formal thanks [on behalf of the guests]; *~ [ngn] för senast (sist)* bjudning ung. thank a p. for his (resp. her) hospitality; *han kan ~ sin himmelske fader (sin skapare) [för] att . .* he may thank his lucky stars that . .; *det har du dig själv att ~ för* skyll dig själv! you have yourself to thank (blame) for it, du har så velat you have been asking for it; *han har dig att ~ för sitt liv* he owes you his life; *vi kan ~ honom för att . .* we are indebted to him for the fact that . ., we owe it to him that . .; *ingenting att ~ för!* don't mention it!, forget it!; *~ för det!* naturligtvis of course!, det fattas bara annat I should think so!; *~ vet jag . .* give me . . [any day]; jfr äv. ex. under *tack*

2 tack|a *-an -or* får ewe

3 tack|a *-an -or* av järn, bly pig; av guld, silver bar, ingot; av stål billet

tackbrev letter of thanks

tack|el *-let -el* tackle; *~ och tåg* ung. the rigging sg.

tackjärn pig-iron

tackkort, *ett ~* a thank-you card

tackla *tr* sjö. rig; sport. o. bildl. tackle; *~ av* a) sjö. unrig b) bli sämre, magra fall away; *han ~r av* he is breaking up; *se ganska avtacklad ut* look rather a wreck **tackling 1** sjö.: rigg rigging **2** sport. tackle; tacklande tackling

tacknämlig *a* tackvärd praiseworthy, välkommen welcome; gagnelig advantageous; önskvärd desirable; *det vore ~t* bra *om . .* it would be a good thing if . . **tackoffer** thank-offering **tacksam** *a* grateful (*mot* to), stark. o. t.ex. mot försynen o.d. thankful (*för, över* for), pred. (isht formellare) äv. obliged; lönande profitable; som skänker tillfredsställelse rewarding, worth-while; *ha ngn i ~t minne* remember a p. with gratitude; *jag vore er mycket ~* äv. I should be very much obliged to you; *visa sig ~* show that one is grateful **tacksamhet** gratitude, *mot* to; *visa [ngn] sin ~ [för . .]* show [a p.] one's gratitude [for . .]

tacksamhets|betygelse expression of gratitude **-bevis** mark (token) of gratitude **-känsla** [feeling of] gratitude **-skuld,** *stå i ~ till ngn* owe a debt of gratitude to a p., be under an obligation to a p.

tacksamt *adv* gratefully; thankfully, jfr *tacksam;* i hövlighetsfraser o.d. vanl. with thanks; *~ avböja* regretfully decline; *vi har ~ mottagit* Ert brev we have received . . with thanks, we thank you for . . **tacksägelse** thanksgiving, thanks pl. **tacksägelsegudstjänst** thanksgiving service **tacktal** speech of thanks; *han höll ~et* he returned formal thanks [on behalf of the guests]

tad|el *-let 0* blame, censure; *utan fruktan och ~* without fear and without reproach

tadelfri *a* o. **tadellös** *a* faultless; blameless

tadla *tr* blame, censure, find fault with

1 tafatt *s* lek tag; *leka ~* play tag

2 tafatt *a* awkward; om pers. äv. clumsy, gawky **tafatthet** awkwardness osv.

taffel *-n tafflar* **1** *[den kungliga] ~n* bordet the [Royal] table, måltiden the [Royal] banquet; *hålla öppen ~* keep open house; *häva ~n* give the signal to rise from table **2** piano square piano **-musik** mealtime (table) music

tafs *-en -ar* **1** fiske. snell, snood **2** F, *få på ~en* get it hot, get pitched into; hon gav *honom på ~en . .* it him hot (it to him) **tafsa**

itr, ~ fingra *på ngt* fiddle [about] (tamper) with a th.; ~ *på ngn* paw a p. **tafsig** *a* tafatt awkward; slapp sloppy; larvig silly
taft *-en (-et) 0* taffeta
tag *-et* - **1** grepp grip, grasp, *om[kring]* round; hold äv. bildl., *i, om* of; rörelse: sim~, år~, stråkdrag stroke; ryck pull; *det blev hårda.* ~ för oss ung. we had a tough struggle; *inga hårda* ~*!* no rough stuff!; *ha de rätta* ~*en [inne]* have [got] the right knack, know [all] the ropes; *släppa* ~*et* let go; *inte släppa* ~*et* retain one's hold, bildl. not give up (in); *ta nya* ~ make a new try; *fatta (gripa, hugga, ta)* ~ *i* catch (clutch, seize, take) [hold of]; *få* ~ *i (på)* get hold of, hitta find, komma över pick up; *när han kommer i* ~*en [med att berätta]* when he gets started [telling stories]; *när han är riktigt i* ~*en* when he gets going properly (är på det humöret is in the right mood); *ro med duktiga* ~ row vigorously **2** gång, stund, slag, *andas ett* ~ take a breath; *försök själv ett* ~ have a go (try) yourself; *dricka ur glaset i ett* ~ empty the glass in one gulp; *i första* ~*et* a) i första försöket at the first try (go) b) med detsamma straight off, all at once; *lite i* ~*et* a little at a time; *två i* ~*et* two at a time; *inte på långa* ~ not by a long way (F a long chalk), nowhere near; *ett* ~ verkade det som om at one time . .; *det var ett* ~ *sen* vi sågs sist it's quite a time since . .; jag skall resa bort *ett* ~ . . for a while; jfr äv. ex. under *2 slag 5*
taga se *ta*
tagas *itr. dep* se *tas*
tagel *taglet 0* horsehair **-madrass** [horse]-hair mattress **-skjorta** hair shirt
tagen *a* medtagen tired out, done up; gripen, rörd touched, moved, affected, stark. thrilled; upprörd excited
tagg *-en -ar* allm. prickle; skarp spets jag; pigg spike; biol. oftast spine; törn~ thorn; på taggtråd barb; på hjort- o. älghorn tine; jfr *klo, tand* **taggad** *a* serrated; ojämnt jagged, jfr äv. följ. **taggig** *a* prickly; spiny, spinous; thorny; jfr *tagg* **taggsvamp** hedgehog mushroom **taggtråd** barb[ed] wire **taggtrådshinder** barbed wire entanglement **taggtrådsstängsel** barbed wire fence
tagning foto. (exponering) exposure; film. filming, taking, shooting, enstaka take, shot
tak *-et* - ytter~ roof (äv. om dess undersida, då ett särsk. innertak saknas, t.ex. i kyrka, vindsvåning, vagn); inner~ ceiling äv. bildl. (i bet. maximum); på vagn, bil o.d. (utsidan) äv. top; ~*et på huset* syntes lång väg äv. the top of the house . .; *ha* ~ *över huvudet* have [got] a roof over one's head; *inte ha (stå utan)* ~ *över huvudet* have no shelter (refuge); rummet *är högt (lågt) i* ~*[et]* . . has a high (low) ceiling; *det är högt i* ~*[et]* the ceiling is high äv. meteor.; *förse . . med* ~, *lägga* ~ *på* . . put (lay) a roof on . ., roof . .; bo *under eget (samma)* ~ . . under one's own roof (the same roof); vi måste se till *att v. (grödan) kommer under* ~ . . that we get shelter (that we get the crops in)
taka *oböjl. a,* placera (sätta) ngt *i* ~ *händer* . . with a trustee, . . in the hands of a trustee (third party)
tak|antenn roof aerial **-belysning** belysning från taket ceiling lighting; armatur ceiling [light fitting, -lampor ceiling lamps pl. **-bjälke** beam of a (resp. the) roof, bindbjälke tie-beam **-dropp** utomhus eaves-drop, eaves-droppings pl.; i rum dropping from the ceiling (resp. roof) **-fönster** skylight [window] **-konstruktion** roof construction **-krona** chandelier **-lag** roof-framing **-lagsfest** o. **-lagsö** treat for the workmen when they have completed the framework for the roof of a new building **-lampa** ceiling lamp; i bil interior (dome, roof) light **-list** cornice **-ljus** ceiling light, jfr *-belysning* **-lucka** roof hatch **-läggning** roofing **-lök** houseleek **-målning** konst. ceiling painting (picture) **-nock** roof-ridge
takomet|er *-ern -rar* tachometer
tak|panna [roofing] tile **-papp** roofing-felt **-ryttare** roof-turret, ridge-turret **-räcke** på bil roof-rack **-ränna** gutter **-skägg** takutsprång eaves pl. **-spån** [roofing] shingle **-stol** roof truss
takt *-en -er* **1** tempo: mus. time; fart pace, ibl. rate; ~*en för befolkningstillväxten* the rate of population growth; *då blev det andra* ~*er* things started moving then; *det är* ~*er i henne* she is full of go; *markera* ~*en* mus. set (mark) the time; *hålla* ~*en* keep pace (mus. time); *slå* ~*en* beat time; *stampa* ~*en* beat time with one's foot; *öka* ~*en* increase the pace (speed); *gå i* ~ keep (walk) in step; *komma i* ~ vid marsch fall into step, mus. get into time; *i hastig* ~ at a hurried pace, mus. in quick time; *i* ~ *med* samtidigt med concurrently (pari passu lat.) with; *slå av på* ~*en* slow down, decrease the pace; *komma ur* ~*en* vid marsch get (fall) out of step, mus. get out of time **2** rytmisk enhet bar; versfot foot; motor. stroke **3** finkänslighet tact[fulness]; grannlagenhet delicacy, discretion **-art** time **-beteckning** time-signature **-del** beat
tak|tegel koll. [roofing] tiles pl. **-terrass** roof terrace, flat roof; restaurang roof restaurant
takt|fast I *a* om steg measured; rytmisk rhythmic[al]; *maskinens* ~*a dunkande* the regular throbbing (beat) of the engine **II** *adv* marschera ~ . . in perfect time **-full** *a* tactful, discreet, jfr *takt 3* **-fullhet** tactfulness, discretion
taktik *-en 0* tactics vanl. pl.; *en ny* ~ metod a

new tactic **taktiker** tactician **taktisk** *a* tactical
takt|känsla **1** taktfullhet sense of tact, tactfulness **2** mus. sense of rhythm **-lös** *a* tactless **-löshet** *~en ~er* tactlessness, want of tact båda end. sg.; *en ~* a piece of tactlessness, t.ex. anmärkning a tactless remark **-pinne** [conductor's] baton
takträdgård roof garden
takt|slag beat **-streck** bar-line
tak|täckare roofer **-våning** se *vindsvåning* **-ås** [roof] ridge, ridge [of a (resp. the) roof], bjälke roof-tree
tal *-et -* **1** antal, siffertal number; räkneuppgift sum; *hela ~* whole numbers, integers; *räkna ut ett ~* do (work out) a sum
2 talande, anförande speech, anförande högt. äv. oration; samtal conversation; *~ets gåva* the gift of speech; *direkt (indirekt) ~* språkv. direct (indirect el. reported) speech; *det kan inte bli ~ om det* there can be no talk (question) of that; *det kunde inte bli ~ om att sova* sleep was out of question; *det är ~ om (är på ~) att* [*han skall*] inf. there is [some] talk of [his] ing-form; *det har varit ~ om det (det har varit på ~)* en eller ett par gånger there has been talk of it . ., that has been [brought] up . .; *det har aldrig varit ~ om det (om att* inf.) kommit i fråga there has never been any question of that (of ing-form); *hålla* [*ett*] *~* make (give, deliver) a speech, *för ngn* for (in honour of) a p.; *i ~ och skrift* verbally and in writing; *falla ngn i ~et* interrupt a p.; *vara på ~* se *det är ~ om* osv. ovan; *på ~ om . .* speaking (talking) of . .; *på ~ om det* apropå äv. by the way; *föra (bringa) saken på ~* take (bring) the matter up [for discussion]; *komma på ~* come (crop) up; *han är omöjlig att komma till ~s med* a) är omöjlig att få träffa you can't get a word with him b) är oresonlig you just can't talk to him
tal|a *-ade -at* (vard. o. poet. *-te -t*) **I** *tr itr* allm. speak, prata, konversera talk; jur. (plädera) plead; jfr [*hålla*] *tal; ~ är silver, tiga är guld* speech is silver, silence is golden; *~ affärer (politik)* talk business el. shop (politics); *~ allvar* have a serious talk; *~ bra* vara en god talare äv. be a good speaker; *~ engelska* speak English; *~ sant* speak (tell) the truth; *allvarligt (bildligt) ~t* seriously (figuratively) speaking, to speak seriously etc.
med prep.: *~ emot* ett förslag speak against . .; allting *~r emot hans teori . .* tells against his theory; vittnesmål *som ~de emot den anklagade . .* that went against the accused; *~ för* a) tala (hålla tal) till speak to (inför äv. before) b) tyda på point towards, indicate c) tala till förmån för speak for, speak (tell, argue) in favour of; *det är mycket som ~r för* till förmån för *det* äv. there is a lot to be said for (in favour of) it; *allting ~r för* vittnar om *hans oskuld* everything goes to prove (indicates) his innocence; *det är mycket som ~r för* tyder på *att han har . .* there is a lot that points towards his having (that indicates that he has) . .; *allting ~r för att* så kommer att ske äv. the chances (odds) are that . .; *~ för sig själv* om pers. a) utan åhörare talk to oneself b) å egna vägnar speak for oneself; saken *~r för sig själv . .* speaks for (anbefaller recommends) itself; *~ med ngn* speak (talk) to (i fråga om längre o. viktigare samtal with) a p., ofta äv. have a talk with a p.; *kan jag få ~ med . .* äv. can I see (have a word with) . .; *jag har ~t med honom om det* äv. I have seen him about it; *vi ~r inte längre med varandra* är osams we are not on speaking terms; *vem ~r jag med?* i telefon vanl. who is speaking?; *det är någon som vill ~ med dig i telefon* you are wanted on the [tele]phone; *låta ~ med sig* listen to reason, jfr [*ta*] *reson; ~ om* a) samtala om speak (talk) of (isht mera ingående about) b) dryfta discuss, talk . . over c) nämna mention d) hålla föredrag o.d. om (över) speak on (ibl. about); *~ om* kläder, musik osv. talk about . .; *så (då) ~r vi inte mer om det!* det är avgjort that settles it (that is settled), then!; *låt oss ~ om något annat* let us change the subject; *han ~de om att* resa bort he spoke of ing-form; det är ingen snö *att ~ om . .* worth mentioning, . . to speak of; *det är ingenting att ~ om!* avböjande don't mention it!; *för att inte ~ om . .* to say nothing of . ., not to mention . .; *han har låtit ~ mycket om sig* there has been a lot of talk about him; *sluta att ~ om ett ämne* drop a subject; *höra ~s om* se *höra I b; ~ till* speak (talk) to, högt. address; *~ över* ett ämne speak on (ibl. about) . .
II *rfl, ~ sig hes* talk oneself hoarse; *~ sig varm* [*för saken*] warm up to one's subject
III m. beton. part. **1** *~ emot* se under *tala I* **2** *~ igenom* problemet thrash . . out **3** *~ in . .* [*på band*] record . . **4** *~ om* tell, *ngt för ngn* a p. a th. el. a th. to a p.; berätta utförligare relate; omnämna mention, *ngt för ngn* a th. to a p.; *han ~de om att* han hade . . he told me (us etc.) that . .; *~ inte om det* [*för någon*]*!* don't tell anybody!, friare äv. don't breathe a word about it!; *det skall jag ~ om* [*för dig*] varnande I [can] tell you; jfr äv. *omtala* **5** *~ ut* så att det hörs speak up, rent ut speak one's mind; *låt mig ~ ut* tala färdigt let me finish what I have got to say; *~ ut* [*med ngn*] *om ngt* have (thrash) a th. out [with a p.] **6** *~ vid* se *vidtala* o. *talas* [*vid*]
talan *- 0* **1** jur.: allm. suit; kärandes claim, svarandes plea; *fullfölja sin ~* pursue one's claim; *föra ngns ~* plead a p.'s cause äv. bildl.; *nedlägga sin ~* withdraw one's suit

(case) **2** bildl., *han har ingen* ~ he has no voice in the matter **talande** *a* uttrycksfull expressive, om blick significant, meaning, om siffror o.d. telling, striking; *den* ~ subst. a. the speaker

talang talent, [natural] gift; ~*er* äv.: medfödda endowments, förvärvade accomplishments; *han är en* [*verklig*] ~ he is a [really] talented (gifted) person, he is a man of [real] talent; *unga* ~*er* young talents **-full** *a* talented, gifted **-fullt** *adv* with great talent **-lös** *a* untalented **-scout** talent scout

talar *-en -er* gown, robe

talarbegåvning, *han har (är en)* ~ he has oratorical gifts **talare** *-n* - speaker, väl~ orator; *jag är icke någon* ~ I am not much of a speaker **talarinna** [woman (lady)] speaker **talarkonst,** ~*en* [the art of] public speaking, rhetoric; *hans* ~ his oratory **talarstol** rostr|um (pl. äv. -a), vid möte o.d. ofta platform; univ. lectern

talas *itr. dep, vi får* ~ *vid om saken* we must have a talk about it (talk the matter over) **tal[e]konst** se *talarkonst*

talesman spokesman, *för* of (for) **talesätt** locution, set el. stock (ordspråksliknande proverbial) phrase

tal|fel speech defect **-film** talking picture, F talkie **-för** *a* talkative, loquacious, voluble **-förhet** talkativeness, loquacity, volubility **-förmåga** faculty (power) of speech

talg *-en 0* tallow, njur~ suet **talgdank,** *nu gick det upp en* ~ [*för mig*]*!* now a light has dawned [up]on me! **talgig** *a* tallowy; bildl. (om ögon) bleary **talgkörtel** sebaceous gland **talgljus** tallow candle **talgoxe** great tit[-mouse]

talhytt se *telefonhytt*

talisman talisman

talj|a *-an -or* tackle

talk *-en 0* miner. talc; puder talcum [powder] **talka** *tr* powder . . with talcum, talc

talkör massdeklamation choral speech

tall *-en -ar* träd pine[-tree], Scotch pine (fir); för sms. jfr äv. *björk-* **-backe** pine-clad hill **-bark** pine bark **-barr** pine-needle **-barrsolja** pine-needle oil **-bit** zool. pine grosbeak (bullfinch)

talli|um *-um (-[um]et) 0* thallium

tall|kotte pine-cone **-kott|s|körtel** pineal gland

tallrik *-en -ar* plate; *en* ~ *soppa* a plate[ful] of soup

tallriks|harv disk (disc) harrow **-hjul** disk (disc) wheel **-hylla** plate-shelf **-mellanlägg** doily **-slickare** toady, lickspittle **-underlägg** [table] mat

tall|ris koll. pine brash, pine-twigs pl.**-skog** pinewood[s pl.], större pine forest; för andra sms. jfr *björk-* **-spinnare** pine eggar-moth **-tita** willow-tit **-trast** se *taltrast* **-ört** pinesap

tallös *a* numberless; jfr *oräknelig*

talman parl. speaker; *vice* ~ deputy speaker; *Herr* ~*!* Mr. Speaker!

talmi *-t 0* talmi-gold

talmud *oböjl. r* the Talmud

talmystik [vanl. the] mystical interpretation of numbers

talong *-en -er* på biljetthäfte o.d. counterfoil, amer. stub; bunt counterfoils (resp. stubs) pl.; kortsp. stock, talon

tal|organ organ of speech **-pedagog** speech trainer **-registreringsapparat** recording machine, recorder

talrik *a* numerous; ~*a* vänner äv. many . ., a great number of . . **talrikhet** numerousness **talrikt** *adv* numerously; in large (great) numbers; ~ *besökt* well attended; ~ *representerad* heavily represented

tal|rubbning speech disturbance (disorder) **-scen** dramatic theatre **-serie** series (sequence) of numbers (figures) **-skiva** grammofon- speech record **-språk** spoken language; *det engelska* ~*et* spoken (colloquial) English **-språksuttryck** colloquial expression **-symbolik** symbolism of numbers **-teknik** skol. speech training **-trast** song-thrush **-tratt** mouthpiece **-trängd** *a* talkative, loquacious **-trängdhet** talkativeness, loquacity **-övning,** ~[*ar*] oral (konversations- conversation) practice sg.

tam *a* tame äv. bildl.; ~*a djur* husdjur domestic animals; *i* ~*t tillstånd* är . . in the tame state (when tame el. (tämjd) domesticated) . .

tamarind *-en -er* tamarind, Indian date

tamarisk *-en -er* tamarisk

tamboskap koll. domestic cattle pl.

tambur förstuga hall, amer. hallway; kapprum cloakroom **-dörr** halldoor

tamburin *-en -er* tambourine

tamburmajor drum major

tamburvaktmästare cloakroom attendant

tam|djur tame (husdjur domestic) animal **-gås** domestic[ated] goose **-het** tameness **-katt** domestic cat

tamp *-en -ar* rope's end; piece of rope

tampas *itr. dep,* ~ [*med varandra*] tussle

tamponera *tr* plug [with a tampon], tampon **tampong** *-en -er* tampon

tamtam *oböjl. r* gonggong tamtam, gong; negertrumma tomtom

tand *-en tänder* tooth (pl. teeth) äv. på kam, såg m.m.; tekn. cog; *tidens* ~ the ravages pl. of time; *borsta tänderna* clean (brush, do) one's teeth; *byta tänder* om barn cut (get) one's second teeth; [*låta*] *dra ut en* ~ have a tooth taken out (drawn, extracted); *få tänder* be teething, cut [one's] teeth; *visa tänderna* bildl. o. om djur bare (show) one's teeth; *ha (hålla)* ~ *för tunga* keep one's [own] counsel; *ha ont för tänder* have teething troubles; *ha ont i tänderna* have [a] toothache; *försedd med tänder* toothed; *beväpnad till tänderna* armed to the teeth **tanda** *tr* tooth, indent; t.ex. hjul äv. cog; frimärke perforate; ~*d* toothed osv., bot. dentate **tandagnisslan,** *gråt och* ~ weeping and gnashing of teeth

tand|ben tooth-bone, dentine **-borste** toothbrush **-borstning** teeth-brushing **-bro** o. **-brygga** [dental] bridge **-doktor** dentist **-droppar** *pl* toothache tincture sg., dental nervine sg.

tandem 1 *-et 0* hästspann o. **2** *-en 0* cykel tandem

tandemalj dental enamel

tandemcykel tandem [bicycle]

tand|fyllning filling **-garnityr** tandgård set of teeth; protes denture **-gård** se föreg. **-hals** neck of a (resp. the) tooth **-klinik** dental clinic **-krona** crown [of a (resp. the) tooth] **-kräm** tooth-paste **-krämstub** m. innehåll tube of tooth-paste **-kött** gums pl. **-ljud** fonet. dental [sound] **-lossning** loosening of the teeth, läk. periodontoclasia lat.

tandläkarborr dentist's drill, fackl. burr

tandläkare dentist, dental surgeon

tandläkar|examen dental degree; jfr *examen* **-högskola** dental school (college), college of dentistry **-stol** dentist's (dental) chair **-yrket** the dental profession, [the profession of] dentistry

tand|läkekonst dentistry, dental surgery **-lös** *a* toothless **-löshet** toothlessness

tandning tekn. toothing, [in]dentation; på frimärke perforation **tandningsmätare** för frimärken perforation gauge

tand|operation dental operation **-pasta** tooth-paste **-petare** toothpick **-poliklinik** dental clinic [for outpatients] **-protes** denture, dental plate **-pulver** tooth-powder, dentifrice **-rad** row of teeth **-reglering** correction of irregularities of the teeth **-rot** root of a (resp. the) tooth **-röta** [dental] caries lat. **-sköterska** dental nurse (assistant) **-sprickning,** *i* ~*en* during the teething period **-sten** tartar **-tekniker** dental technician **-utdragning** tooth-extraction **-val** zool. toothed whale, odontocete **-vård** dental service; personlig dental care (hygiene), care of the teeth **-värk,** *ha* ~ have [a] toothache

tangent 1 mus. o. på skrivmaskin key **2** mat. tangent **tangentbord** på skrivmaskin keyboard **tangera** *tr* mat. touch, be tangent to; bildl. touch [up]on **tangeringspunkt** point of contact äv. bildl., tangential point

tango *-n -r (-s)* tango (pl. -s); *dansa* ~ dance the tango

tanig *a* **1** mager thin **2** om kött stringy

tank 1 *-en -ar* behållare tank **2** *-en -ar (-s)* stridsvagn tank **tanka** *tr itr* bil fill up; itr. (om fartyg, flygplan) refuel; ~ 50 liter bensin have . . put in; *jag måste* ~ äv. I must get some petrol; *bilen är* ~*d* the tank is full **tankbil** tank lorry (isht amer. truck), tanker **tankbåt** tanker

tank|e *-en -ar* allm. thought; idé, föreställning äv. idea, *om, på* of; åsikt äv. opinion, *om* about; ~*n är fri (tullfri)* one's thoughts are one's own; *den* ~*n föll mig in* that thought occurred to me; *snabb[t] som* ~*n* [as] quick as thought; *det är en händelse som ser ut som en* ~ ung. this is not altogether without some design; *det är min* ~ avsikt *att* inf. I intend to inf.; *var har du dina -ar?* what [on earth] are you thinking of?; *ha sin* ~ åsikt *för sig* have one's own idea[s]; *ha -arna med sig* be alert, keep (have) one's wits about one; *ha fått en dålig* ~ *(dåliga -ar) om* . . have [formed] a poor opinion (idea) of . ., think poorly of . .; *jag har inte en* ~ *på att* inf. a) ämnar inte I don't intend to inf. b) skulle inte drömma om I wouldn't dream of ing-form; *jag hade inte en* ~ *på att* fly it never occurred to me (crossed my mind) to inf.; *det för (leder)* ~*n till* . . it makes one think of . ., påminner om it reminds one of (carries one's thoughts back to) . .; *läsa ngns -ar* read a p.'s thoughts (mind); *samla -arna* collect one's thoughts; *sända ngn en* ~ think of a p.; *utbyta -ar [med varandra]* exchange ideas; *inte ägna en* ~ *åt* . . not give a thought to . .

föregånget av prep.: *falla i -ar* become lost in thought; *gå i sina -ar* be lost in thought; *han gjorde det i -arna* a) i tankspriddhet he did it without thinking [what he was doing] b) i fantasin (äv. *i sina -ar*) he did it in imagination (in his thoughts); han gjorde det *i den* ~*n* tron *att* sats . . thinking that sats; han gjorde det *i* ~ avsikt *att* inf. . . with the idea (intention) of ing-form; *ha ngt i -arna* have a th. in mind; *med* ~ *på* . . a) med hänsyn till considering . . b) i syfte att with a view to . .; *med* ~ *på honom* bearing him in mind; *komma (få ngn) på andra -ar* change one's mind (make a p. change his resp. her mind); *komma (få ngn) på bättre -ar* think (make a p. think) better of it; *hur kunde du komma på den* ~*n?* förebrående what put that into your head?; *jag kan inte få det ur -arna* I can't get it out of my mind; *slå ngt ur -arna* put a th. out of one's mind; *jag ryser vid blotta* ~*n på det* the mere thought [of it] makes me shudder (tremble)

tanke|ansträngning mental effort **-arbete** brain work, tänkande thought **-banor** *pl* se *-gång* **-diger** *a* djupsinnig weighty, profound, rik på tankar . . teeming with ideas **-experiment** intellectual experiment, hypothesis **-fel** error in thinking, logical error **-frihet** freedom (liberty) of thought **-förmåga** capacity for thinking (thought), reasoning power **-gymnastik** mental gymnastics **-gång** -bana train (line) of thought, sätt att tänka way of thinking, mode (process) of thought, reasoning **-klarhet** lucidity **-läsare** thought-reader, mind-reader **-läsning** thought-reading, mind-reading

tanker *-n -[s]* tanker

tanke|skärpa acuteness of thought, mental acumen **-ställare,** *vi fick [oss] (det gav oss) en ~* that gave us something to think about, that gave us food for thought **-utbyte** exchange of ideas (thoughts, views) **-verksamhet** mental activity **-väckande** *a* thought-provoking **-värld** world of ideas **-överföring** thought-transference

tankfartyg tanker

tank|full *a* thoughtful, pensive, meditative; drömmande musing, wistful **-fullhet** thoughtfulness osv. **-lös** *a* thoughtless; jfr *obetänksam* **-löshet** thoughtlessness

tankning sjö., flyg. refuelling; om bil filling-up [with petrol]

tank|spridd *a* absent-minded **-spriddhet** absent-mindedness **-streck** dash **-ställare** se *tankeställare*

tankvagn 1 se *tankbil* **2** järnv. tank waggon

tannin *-et (-en) 0* tannin, tannic acid

tant *-en -er* allm. aunt; friare [kindly old] lady; *~ Klara* Aunt Klara; *~ Johansson* Mrs. Johansson; *kan ~ säga* var . . can you please tell me . .?; *är ~ trött?* are you tired [, Auntie]?; *vad är det för en ~?* barnspr. who is that (this) lady?; *får jag säga ~?* may I call you 'Aunt[ie]'?; jfr äv. *farbror* motsv. ex. **-aktig** *a* se *tantig*

tantal *-en (-et) 0* tantalum

tantaluskval *pl, lida ~* suffer the torments of Tantalus

tantiem *-en -er* commission on profit, bonus

tantig *a* old-maidish, old-womanish, isht om sätt att klä sig frumpish **tantighet** old-maidishness osv.

tape *-n 0* se *tejp*

tapet *-en -er* wallpaper; vävd o.d. tapestry; rummet behöver *nya ~er* . . new wallpaper sg.; *sätta upp ~er i ett rum* hang wallpaper in (paper) a room; *vara på ~en* bildl. be on the carpet (tapis fr.) **-dörr** jib door **-mönster** wallpaper pattern **-rulle** roll of wallpaper

tapetsera *tr* paper; med väv o.d. [hang with] tapestry; *~ om* repaper **tapetserare** upholsterer **tapetsering** paper-hanging

tapio[c]ka *-n 0* tapioca

tapir *-en -er* tapir

tapisseri tapestry **-affär** fancy-work shop **-nål** tapestry needle

tapp *-en -ar* **1** i tunna o.d. tap; i badkar plug **2** till hopfästning peg, pin; snick. tenon **3** tott, tuss wisp **4** anat. (syncell) cone

1 tappa I *tr* tömma, hälla tap off, draw [off]; jfr *II; ~* vin *på buteljer* draw . . off into bottles, bottle . .; *~* ngn *på blod,* bleed . ., draw blood from . . **II** m. beton. part. **1** *~ åv* vätska draw (run) off **2** *~ i* se följ. **3** *~ på vattnet [i badkaret]* let (run) the water in[to the bath]; *~ på . . i tanken* äv. fill [up] the tank with . . **4** *~ ur* jfr *~ av;* tömma behållare o.d. äv. empty

2 tappa *tr* **1** låta falla drop, let . . fall, *i* t.ex. golvet [on]to, t.ex. vattnet into **2** förlora lose äv. bildl.; *~ håret (en tand)* lose one's hair (a tooth); *~ huvudet (intresset)* lose one's head (lose interest); *~ räkningen* lose count, *på* of; *~ bort* lose; *vi ~de bort varandra* i trängseln we lost each other . .; *~ bort sig* lose oneself, gå vilse lose one's way, go astray

tapper *a* brave, courageous, i högre stil valiant, F plucky **tapperhet** bravery, courage, valour, F pluckiness **tapperhetsmedalj** medal for valour (bravery) **tappert** *adv* bravely osv.; *dricka ~* drink valiantly

tapphål för tappning tap[ping] hole, t.ex. i badkar plug-hole; snick. mortise **tappkran** tapping-cock, tap **tappning 1** avtappning tapping; dryck tap **2** snick. mortising

tappt, *ge ~* give in; *ge aldrig (inte) ~!* äv. never say die!

tapto *-t -n* tattoo (pl. -s); *blåsa ~* beat (sound) the tattoo

tara *-n 0* tare

tarant|el *-eln -lar* tarantula **tarantell|a** *-an -or* tarantella

tarera *tr* kem. o. H tare

tariff *-en -er* tariff; över avgifter, taxor osv. äv. schedule (list) of rates, rates pl. **-bestämmelse** tariff-regulation **-sats** tariff rate

tarlatan *-en (-et) 0* tarlatan

tarm *-en -ar* intestine; *~arna* äv. the bowels, F the guts **-blödning** intestinal haemorrhage **-brock** intestinal hernia, enterocele **-innehåll** visceral contents pl. **-kanal** intestinal canal **-katarr** intestinal catarrh **-kräfta** intestinal cancer **-käx** mesentery **-ludd** intestinal villi pl. **-saft** intestinal juice **-sköljning** intestinal lavage **-sår** ulcer[ation] of the bowel, intestinal ulcer **-uttömning** defecation; exkrement motions pl. **-vred** ileus

tars *-en -er* tars[us (pl. -i)

tartelett *-en -er* tartlet, [small] tart

tarv *-et 0* åld., *förrätta sitt ~* ease nature **tarva** *tr* require, call for **tarvas** *itr. dep* be needed osv. se *behövas* **tarvlig** *a* simpel vulgar, common; lumpen shabby; billig poor, cheap; enkel homely, humble, frugal **tarvlig-**

het *-en -er* commonness osv., frugality; *~er* vulgarities **tarvligt** *adv* vulgarly osv.; *bära sig ~ åt* behave shabbily, *mot* to; det var *~ gjort av honom* . . a shabby thing of him to do

tas *(tagas) togs, tagits itr. dep* strida dispute, wrangle, *med* with, *om* about; *han är inte god att ~ med* he is not easy (an easy customer) to deal with

taskspelare juggler, conjurer **taskspelarkonst** juggling (conjuring) trick

tass *-en -ar* paw äv. (F) om hand; *ge (räcka) vacker ~* om hund put out a (its) paw [nicely]; *vacker ~!* shake a paw!; *bort med ~arna!* äv. hands off! **tassa** *itr* patter, pad; smyga sneak, *förbi* i samtl. fall by, *omkring* about

tassel, tassla se *tissel, tissla*

tatar *-en -er* Ta[r]tar **tatarisk** *a* ta[r]taric, Ta[r]tarian

tattare gipsy-like vagrant (mera neds. vagabond)

tatuera *tr* tattoo **tatuering** tattooing

tautologi o. **tavtologi** tautology

tavel|förfalskare forger (faker) of paintings **-galleri** picture-gallery **-samling** collection of pictures **-utställning** picture-exhibition, exhibition of paintings

tavern|a *-an -or* tavern

tavl|a *-an -or* **1** målning, bild picture äv. bildl. **2** anslags~ o. skol. board; bibl. o.d. table; för inskrift tablet; skott~ target

tax *-en -ar* dachshund ty.

tax|a *-an -or* rate, charge; tabell list (table) of rates, tariff; avgift (t.ex. för körning) fare, (t.ex. för telefonering) fee; *enhetlig (nedsatt) ~* standard (reduced) rate; spårvägen *har höjt -an* . . has raised the fares pl. **taxameter** *-n taxametrar* [taxi]meter **taxehöjning** raising of a rate (resp. the rates) **taxeområde** rate area (zone) **taxera** *tr* **1** för beskattning assess . . [for taxes], *till* at; *vara ~d* (äv. itr. *~*) *för* . . be assessed at (for) . . **2** uppskatta rate, estimate, *till* at **taxering** av myndighet för skatt assessing [of taxes], assessment

taxerings|kalender ung. taxpayers' directory **-längd** assessment-book, register of taxpayers **-man** assessor **-myndighet** assessment authority **-nämnd** assessment-committee, assessment-board **-värde** rat[e]able value **-år** year of assessment

taxi *-n* - taxi, [taxi-]cab **-båt** taxi-boat **-chaufför** taxi (cab) driver **-flyg** taxiplane service; maskin taxiplane **-station** taxi-rank, cab-rank, amer. taxi-stand, cab-stand

tazett *-en -er* French daffodil

T-balk T-beam, T-girder **T-bana** se *tunnelbana*

tbc *tbc-n 0* T.B.; jfr *tuberkulos* m. sms.

TCO se ex. under *tjänsteman*

1 te *-[e]t -er* tea äv. måltid, S char; *dricka (laga) ~* have (make) tea

2 te *-dde -tt rfl* förefalla appear, seem; ta sig (se) ut look [like]; efter vad som skett *~r sig saken annorlunda* . . the matter appears in a different light

teak *-en 0* virke teak[-wood]; möbler *av ~* äv. teak[-wood] . . **-träd** teak[-tree]

team *-et* - team

tearos tea-rose

teat|er *-ern -rar* theatre; *lämna ~n* sluta att uppträda give up (leave) the stage; *spela ~* uppföra en pjäs have (deltaga i ett uppförande take part in) theatricals; de tycker om *att spela ~* . . to act; *han bara spelar ~* bildl. he is merely play-acting (putting on an act); *det spelar ingen ~* har ingen betydelse it doesn't matter (is all the same); *gå på ~n* go to the theatre; sådana scener får man sällan se *på ~n* . . on the stage; *gå in (vara) vid ~n* go (be) on the stage

teater|affisch playbill **-bana** stage career **-besök,** *ett ~* a visit to the theatre; *~en har ökat* the theatre-attendances have increased **-besökare** theatre-goer **-biljett** theatre ticket; *beställa ~er* äv. book seats **-biten** *a* förtjust i att gå på teatern . . mad about the theatre; begiven på att bli skådespelare stage-struck **-bov** stage villain **-chef** theatre (theatrical) manager **-dekoration** piece of scenery; *~er* äv. [stage] scenery sg. **-direktör** theatre (theatrical) manager **-effekt** stage (dramatic) effect **-folk** stage people **-föreställning** theatrical performance, F show **-habitué** [great] theatre-goer **-historia** stage history **-kikare** opera glasses pl.; *en ~* a pair of o. g. **-krets,** *i ~ar* in theatrical circles **-kritik** theatrical (dramatic) criticism **-kritiker** dramatic critic **-kväll** evening at the theatre **-ledare** se *-chef* **-pjäs** [stage] play **-program** theatre programme **-publik** audience; *~en* i salongen the house; *~en har* rätt att fordra the theatre-going public (the theatre-goers) have . . **-recensent** dramatic critic **-recension** theatrical review **-rekvisita** theatrical properties pl. **-salong** auditorium; *en glest besatt ~* a sparsely filled house **-scen** [theatrical] stage **-skola** dramatic school **-stycke** [stage] play **-sällskap** theatrical (theatre) company **-säsong** theatrical (theatre) season **-trupp** theatrical (theatre) company **-viskning** stage whisper

teatralisk *a* theatrical; neds. äv. histrionic, stag[e]y

teban Theban

te|bjudning tea-party **-blad** tea-leaf **-blask** dishwater **-burk** tea-caddy, tea-canister **-buske** tea-plant, tea-shrub

teck|en *-net -en* allm. sign, *på, till* of; känne~, bevis mark, högt. token; symptom symptom, *på* i samtl. fall of; sinnebild, symbol emblem; symbol äv. mat. o. kem., *för* i bägge fallen of; signal signal, *till* for; skriv~ character; emblem badge; *djurkretsens (zodiakens)* ~ the signs of the zodiac; *om inte alla* ~ *slår fel* if we are not mistaking the signs; *alla* ~ *tyder på att* . . there is every indication that . .; det fanns *inte ett* ~ *till liv* . . not a sign (not a trace) of life; *det är ett gott (dåligt)* ~ it is a good sign (a bad sign el. omen); *ett tidens* ~ a sign of the times; *det är ett* ~ *på* hälsa it is a sign (mark) of . .; *det är ett* ~ förebud *på att* . . it is an indication (a sign) that . .; *ge* ~ *till* anfall give a signal for . .; *göra* [*ett*] ~ *till ngn* make a sign to (motion) a p.; *inte visa ett (något)* ~ *till (på)* illamående not show any signs (symptoms) el. show no signs osv. of . .; problemet löstes *i kompromissens* ~ . . in a spirit (an atmosphere) of compromise; *på (vid)* [*ett*] *givet* ~ at a given sign (signal); *till (som)* ~ *på ngt (på att jag är . .)* in token (as a mark) of a th. (of my being . .)

tecken|förklaring, ~[*ar*] key to the signs **-språk** sign-language **-tydare** interpreter of signs; augur augur

teckna I *tr itr* **1** avbilda draw, skissera sketch, outline; bildl. (skildra) describe, delineate, depict; ~ *efter* modell (naturen) draw from . .; ~ *för* tidningar o.d. äv. do drawings (sketches) for . .; ~ *av* draw, sketch, make a drawing (a sketch) of **2** skriva [under (på)] sign; i avvaktan på Ert svar ~*r vi* . . we are (remain), Dear Sir (resp. Sirs),; ~ [*ett*] *abonnemang på ngt* subscribe to a th.; ~ *aktier* subscribe [for] (apply for) shares; ~ *ett belopp* subscribe (put down one's name el. oneself for) an amount; j-ljudet ~*s med j* . . is denoted by 'j'; ~ *på* sign; endossera endorse; jfr ~ *ett belopp* (ovan); ~ *under, upp* se *underteckna, uppteckna* **3** ge tecken make a sign, *till, åt* to **II** *rfl,* ~ *sig för* . . på en lista put down one's name (oneself) for . .; *han har* ~*t sig för* . . äv. his name is down for . .; ~ *sig* ngt *till minnes* remember . ., commit . . to memory; trädet ~*de sig mot himlen* . . was outlined against the sky

tecknа|d *a, ett vackert -t djur* a finely marked animal; *skarpt* ~*e drag* sharp-cut (clear-cut) features; se äv. *film 1* o. *serie 2*

tecknare 1 eg. drawer, draughtsman **2** av aktier o.d. subscriber **teckning 1** avbildning drawing; skiss sketch; på djur, växter markings, lines båda pl., bildl. (skildring) description, delineation, depiction **2** av aktier o.d. subscription

tecknings|lektion drawing-lesson **-lista** subscription list **-lärare** drawing-master, art-master **-lärarinna** drawing-mistress, art-mistress **-rätt** H subscription (vid fondemission bonus) right **-sal** skol. art [class]-room **-timme** drawing-lesson **-undervisning** teaching of drawing; *meddela* ~ give drawing lessons

te|dags *adv* (o. *s*), *vid* ~ at (about) tea-time **-dans** tea dance, thé dansant fr.

teddybjörn teddy bear

tefat saucer; *flygande* ~ flying saucer

teg *-en -ar* åkerlapp [field] allotment, patch [of tilled ground]

tegel *teglet* - mur~ brick äv. ss. ämne, koll. vanl. bricks pl.; tak~ tile, koll. tiles pl.; *lägga* ~ *på ett tak* tile a roof **-bruk** brick-works (pl. lika); tile-works (pl. lika); ofta: brickfield; tilery; brickyard [and tilery] **-byggnad** brick-building **-bärare** hodman, hod-carrier **-panna** roofing-tile **-röd** *a* brick-red **-rör** för täckdikning draining tile (pipe) **-slagare** brick-maker **-sten** brick, koll. vanl. bricks pl. **-stensroman** great thick novel **-tak** tile[d] roof **-te** brick-tea **-täckt** *a* tiled **-ugn** brick (resp. tile) kiln

te|hus tea-house **-huv** tea-cosy

tein *-et 0* theine

teint *-en 0* complexion, colour

teism theism

tejp *-en 0* [adhesive (sticky)] tape **tejpa** *tr* laga m. tejp mend with tape, fästa m. tejp (äv. ~ *fast*) fasten with tape

te|kaka tea-cake **-kanna** tea-pot

teknik *-en -er* metod samt konstfärdighet technique; ingenjörskonst engineering; ss. vetenskap äv. technical science, technology, technics; ~*ens framsteg* technological advances

tekniker technician, ingenjör engineer, radio~ programme engineer **teknisk** *a* technical; ~ *högskola* university of technology **teknolog** student student of technology **teknologi** -[*e*]*n 0* technology **teknologie** *oböjl. a* . . of engineering (förk. Eng.); jfr *teologie*

teknologisk *a* technological

tekopp teacup; kopp te cup of tea; ss. mått teacupful

telefon telephone, F phone; *det är* ~ *till dig, du har* ~ you are wanted on the [tele]phone, there is a call for you; *ha* inneha ~ äv. be on the [tele]phone; *sitta* vara upptagen *i* ~ be engaged on the [tele]phone; *sitta (hänga) i* ~ *hela dagen* be on the [tele]-phone all day; *svara i* ~ answer the [tele]-phone; *tala* [*med ngn*] *i* ~ talk (speak) [to a p.] over (on) the [tele]phone; *vänta* vara kvar *i* ~ hold the line, hold on; *han är i* ~ he is on the [tele]phone; underrätta ngn *per* ~, träffa ngn *på* ~ . . by [tele]phone

telefon|abonnemang telephone subscription **-abonnent** telephone subscriber **-apparat** telephone apparatus **-automat** slot--telephone, amer. pay station **-avgift** för abonnemang telephone charge (rental); för samtal call fee **-avlyssning** telephone (wire) tapping **-beställning** order by telephone **-bud** telephone message

telefonera *tr itr* telephone, F phone; ~ *till ngn* [tele]phone a p., call a p. up, amer. äv. call a p.; ~ *efter ngn (ngt)* [tele]phone for a p. (a th.); ~ *in* ngt send . . by (over the) [tele]-phone

telefon|förbindelse telephone connection **-förfrågan** o. **-förfrågning** telephone inquiry, inquiry by telephone **-hytt** telephone cubicle, helt avskild call-box

telefoni -[*e*]*n 0* telephony **telefonist** [telephone] operator

telefon|kabel telephone cable **-katalog** telephone directory (book) **-kiosk** telephone kiosk, [public] call-box, amer. telephone booth, pay station **-kö** telephone queue [service] **-larm** vid flyganfall telephone air raid warning **-ledes** *adv* by (over the) telephone **-ledning** telephone circuit (wire) **-lur** [telephone] receiver **-meddelande** telephone message **-nummer** telephone number **-nät** telephone network (system) **-påringning** telephone call **-räkning** faktura telephone-account **-samtal** påringning [telephone] call; *vi hade ett långt* ~ we had a long conversation over the telephone **-station** telephone exchange (call-office, isht amer. [central] office) **-stolpe** telephone pole **-svar** answer by (over the) telephone **-svarare,** [*automatisk*] ~ [telephone] answering machine **-tråd** telephone-wire **-vakt** [telephone] answering service **-väckning,** [*beställa*] ~ [order] an alarm call **-väsen** telephone service **-växel** abonnentväxel private branch exchange; konkr. switchboard

telefoto se *foto|telegrafi* o. *-telegram*

telegraf *-en -er* telegraph; ~station telegraph office; *vara* [*anställd*] *vid* ~*en* be in the telegraph service **telegrafera** *tr itr* telegraph, F wire, via undervattenskabel äv. cable, *till ngn (London)* [to] a p. (London), *efter ngn (ngt)* for a p. (a th.); *han* ~*de att* han skulle komma he sent a telegram (F a wire, a cable) saying that . .

telegrafering *-en 0* o. **telegrafi** -[*e*]*n 0* telegraphy; *trådlös* ~ wireless telegraphy **telegrafisk** *a* telegraphic; ~ *bekräftelse (beställning)* äv. confirmation (order) by telegram (wire etc., jfr *telegram)* **telegrafiskt** *adv* telegraphically; by telegram etc. **telegrafist** telegraphist, telegraph (radio~ wireless) operator; sjö. radio officer

telegraf|kabel telegraph cable **-ledning** telegraph wire **-nyckel** telegraph key **-station** telegraph office **-styrelse,** ~*n* se *Telestyrelsen* **-verk,** ~*et* se *Televerket* **-väsen** telegraph service

telegram *-met* - telegram, F wire; via undervattenskabel äv. cable[gram]; radio~ radio-[tele]gram; ~ *med betalt svar* reply-paid telegram; *få* ~ *att* . . receive a telegram etc. saying that . .; *per* ~ by telegram etc. **-adress** telegraphic address **-avgift** charge for a (resp. the) telegram **-befordran** telegraphic transmission **-blankett** telegram form (amer. blank) **-bud** telegraph messenger (boy) **-byrå** nyhetsbyrå news agency **-inlämning[sställe]** handing-in office **-kod** telegraphic code **-ledes** *adv* by telegram etc. jfr *telegram* **-meddelande** telegraph (telegraphic) message **-pojke** telegraph boy **-postanvisning** telegraph[ic] money order **-remissa** telegraphic remittance **-skörd** pile of telegrams **-stil** telegraphic style, F telegraphese **-svar** telegraphic reply, reply by telegram (resp. cable) **-taxa** telegram rate (charge); bok, tabell telegram tariff, table of telegraph rates **-[ut]växling** exchange of telegrams

tele|kommunikation telecommunication **-objektiv** telephoto lens

teleologi -[*e*]*n 0* teleology **teleologisk** *a* teleological

tele|pati ~[*e*]*n 0* telepathy **-patisk** *a* telepathic **-printer** ~*n -printrar* teleprinter, teletypewriter

teleskop *-et* - telescope **teleskopfjädring** telescopic springing **teleskopisk** *a* telescopic **teleskopöga** zool. telescopic eye

telestation telephone and telegraph office

Telestyrelsen the [Swedish] Board of Telecommunications **teleteknik** telecommunication **teletekniker** telecommunication expert **Televerket** the National [Swedish] Telecommunications Administration

television *-en 0* television; för ex. o. sms. jfr *TV* o. sms.

telex *-en 0* telex **telexabonnent** telex subscriber **telex[er]a** *tr* telex **telexnät** telex system

telfer|bana telpher line **-vagn** telpher car

tellur *-en (-et) 0* tellurium

telning 1 skott sapling **2** unge, barn kid

tema *-t -n (-ta)* **1** theme äv. mus., ämne äv. subject, topic **2** skol.: översättningsuppgift text for translation into a (resp. the) foreign language; översatt translation osv. **3** gram., *säga (ta)* ~*t på ett verb* give the principal parts of a verb

tempel *templet* - temple **-dans** temple-dance **-gård** temple-court **-herre** Knight Templar (pl. Knights Templar[s]) **-herreorden** best. form the Order of Knights Templar[s] **-skändare** desecrator of a temple

tempera *tr* mil. time

temperafärg tempera

temperament *-et* - temperament; *ha* ~ be

temperamental; *en kvinna med* ~ a woman of temperament **temperament[s]full** *a* temperamental **temperament[s]lös** *a* . . lacking [in] temperament **temperament[s]sak** matter of temperament
temperatur temperature; *ha* ~ have (run) a temperature; *ta* ~*en* take one's temperature; *ta* ~*en på ngn* take a p.'s temperature **-fall** fall of el. in (drop in) temperature **-förhöjning** increase of (rise of el. in) temperature **-förändring** change of el. in (alteration of) temperature **-kurva** temperature curve **-skillnad** difference of temperature **-stegring** se *-förhöjning* **-växling** variation (fluctuation) of temperature
temperera *tr* temper äv. mus.; ~ *ett vin* bring a wine to the proper temperature **tempererad** *a* tempered; om klimat, zon temperate
tempering mil. timing
tempo *-t -n* (mus. äv. *tempi*) **1** fart pace, speed, rate; takt temp|o (pl. -i) it. **2** moment moment, stadium stage **tempoarbetare** unskilled (semi-skilled) worker [employed in assembly-line production] **tempoarbete** ung. serial (på löpande band assembly-line) production **tempobeteckning** mus. tempo marking **temporal** *a* temporal **temporalsats** temporal clause **temporär** *a* temporary **tempostegring** mus. increase of speed, acceleration **tempus** - - *n* tense
Temsen the [River] Thames
ten *-en -ar* [metal] rod
tenak|el *-eln -ler* copy-holder
tendens *-en -er* allm. tendency; isht om priser, idéer trend; jfr *benägenhet; ha* (visa) ~ *att* inf. . . a tendency (trend, disposition) to inf. (towards ing-form) **tendensfri** *a* non-tendentious **tendensroman** novel with a purpose **tendentiös** *a* tendentious, friare (ensidig) bias[s]ed
tend|er *-ern -rar* järnv. o. sjö tender
tendera *itr* tend, *mot (åt), till* towards, [*till*] *att* inf. to inf.
tenderlok tender-engine
tenn *-et 0* tin; legering för tennföremål pewter äv. koll. om själva föremålen; lödmetall solder; *en* ljusstake *av* ~ a pewter . . **-fat** pewter dish **-gjuteri** verkstad pewter-foundry **-gruva** tin-mine, stannary **-halt** tin content, procentdel percentage of tin **-haltig** *a* containing tin, stanniferous
tennis *-en 0* tennis; mästare *i* ~ . . at tennis **-bana** tennis court **-boll** tennis ball **-hall** tennis hall **-plan** tennis court **-racket** tennis racket **-spelare** tennis player **-spelerska** [woman] tennis player **-stadion** för utomhustennis tennis stadium ([tournament] ground); för inomhustennis tennis hall **-timme** hour booked for tennis; lektion tennis lesson **-tävling** tennis tournament
tenn|saker *pl* pewter goods, pewter sg. **-sked** pewter spoon **-soldat** tin soldier
tenor *-en -er* tenor **-stämma** tenor voice; parti tenor part **-sångare** tenor [singer]
tension tension
tent|a F **I** *-an -or* [preliminary] exam **II** *itr* se *tentera*
tentak|el *-eln -ler* tentacle, feeler
tentam|en *-en -ina* [preliminary] examination; *muntlig* ~ oral examination, i Engl. ibl. viva
tentamens|betyg examination (F exam) mark **-bok** ung. examination (F exam) book **-feber** exam nerves pl. **-läsa** *itr* read (study) for an examination
tentand *-en -er* examinee, candidate [for examination] **tentator** examiner **tentera I** *tr,* ~ *ngn* examine a p., *i* in, *på* on **II** *itr* prövas be examined, *för ngn* by a p.
teodicé *-n 0* theodicy
teodlare tea-planter
teodolit *-en -er* theodolite
teo|krati ~[*e*]*n 0* theocracy **-kratisk** *a* theocratic **-log** theologian **-logi** ~[*e*]*n 0* theology, divinity **-logie** *oböjl. a,* ~ *doktor (teol. dr)* Doctor of Divinity (i Engl. förk. D.D. efter namnet); ~ *kandidat (teol. kand.)* ung. graduate in divinity, i Engl. ung. Bachelor of Divinity (förk. B.D. efter namnet); ~ *studerande* student of divinity; jfr vid. under *filosofie* **-logisk** *a* theological
teorem *-et* - theorem **teoretiker** theorist **teoretisera** *itr* theorize, *om* about **teoretisk** *a* theoretic[al]; ~ *fysik (matematik)* äv. pure physics (mathematics) **teori** theory; bra *i* ~*n* . . in theory
teosof *-en -er* theosophist **teosofi** -[*e*]*n 0* theosophy **teosofisk** *a* theosophical
te|plantage tea-garden **-påse** tea-bag
terapeut *-en -er* therapist **terapeutisk** *a* therapeutic[al] **terapi** -[*e*]*n 0* therapy
term *-en -er* term
termer *pl* fornromerskt bad thermae lat.
termik *-en 0* uppvindar thermals pl. **-flygning** thermal gliding; färd thermal glide
termin *-en -er* **1** univ., skol. ung. term, amer. äv. semester **2** tidpunkt stated (fixed) time, term; förfallotid due date; period period; *betala i -er* pay by instalments
terminal *-en -er* terminal
terminologi terminology **terminologisk** *a* terminological
terminsavgift term fee **terminsbetyg** mark for a (resp. the) term, term mark
termisk *a* thermal
1 termit *-en 0* kem. thermit[e]
2 termit *-en -er* zool. termite, white ant **-bo** termitary, nest of termites
termo|dynamik thermodynamics vanl. sg.

-elektricitet thermoelectricity **-graf** *~en ~er* thermograph **-kemi** thermochemistry
termomet|er *-ern -rar* thermometer; *~n står på (visar)* . . the thermometer stands at (is at, registers) . . **termometerskala** thermometer (thermometric) scale **termonukleär** *a* thermonuclear **termos** *-en -ar* o. **termosflaska** vacuum (Thermos ®) flask **termosifonkylning** thermosiphon cooling **termoskanna** vacuum (Thermos ®) jug **termostat** *-en -er* thermostat
teros tea-rose
terpen *-en -er* terpene **terpentin** *-en (-et) 0* turpentine
terrakotta *-n 0* terracotta
terrari|um *-et -er* vivarium
terrass *-en -er* o. **terrassera** *tr* terrace **terrassering** terracing äv. konkr. **terrassformig** *a* terraced **terrassformigt** *adv* in terraces
terrester *a* o. **terrestrisk** *a* terrestrial
terrier *-n -* terrier
terrin *-en -er* tureen
territorial|gräns limit of territorial waters **-trupper** *pl* territorials, territorial forces **-vatten** territorial waters pl.; *på svenskt ~* in Swedish territorial waters
territoriell *a* territorial **territori|um** *-et -er* territory
terror *-n 0* terror **terrordåd** act of terror **terrorisera** *tr* terrorize [over] **terrorism** terrorism **terrorist** terrorist **terroristisk** *a* terroristic
terräng *-en -er* **1** område, mark ground, country båda end. sg., isht mil. terrain; *kuperad ~* hilly country; *svår ~* för stridsvagnar difficult terrain . .; *förlora (vinna) ~* lose (gain) ground; *sondera ~en* reconnoitre, bildl. äv. see how the land lies; springa omkring *i ~en* . . in the woods (the countryside) **2** sport., *löpa ~* go cross-country running **-bil** cross-country truck; jeep jeep **-förhållanden** *pl* nature sg. of the ground (terrain) **-gående** *a, ~ fordon* cross-country vehicle **-löpare** cross-country runner **-löpning** cross-country running (tävling run el. race) **-ridning** cross-country (point-to-point) riding **-ritt** ridtur cross-country ride; jfr föreg.
ters *-en -er* **1** mus. third; fäktn. tierce **2** tredje snapsen third glass [of snaps]
terseron terceron
tersett *-en -er* musikstycke terzett|o it. (pl. -i el. -os), trio (pl. -s)
tertiär *a* tertiary **-formation** tertiary formation **-lån** third mortgage loan **-perioden** o. **-tiden** geol. the Tertiary period
terzin *-en -er* terza rima (pl. terze rime) it.
tes *-en -er* thes|is (pl. -es)
tesaurering hoarding
te|servis tea-set, tea-service **-sil** tea-strainer **-sked** tea-spoon; *en ~ [salt]* a teaspoonful [of salt] **-skedsvis** *adv* by teaspoonfuls, a teaspoonful at a time **-skvalp** dishwater
teslaström Tesla current
tesort [kind of] tea
Tessalonikerbrevet, *Första ~* the First Epistle to the Thessalonians
1 test *-en -ar* hår~ wisp [of hair]
2 test *-et -[s]* psykol. o. **testa** *tr* test
testamentarisk *a* testamentary **testamentariskt** *adv* by will **testamente** *-t -n* will, last will and testament; *Gamla (Nya) Testamentet* the Old (New) Testament; *inbördes ~* joint (conjoint) will; *hans politiska ~* his political testament; *efterlämna ett ~* leave a will; *göra (upprätta) sitt ~* make (draw up) a (one's) will; *klandra (bestrida) ett ~* dispute (contest) a will; *komma ihåg ngn i sitt ~* mention a p. in one's will; *återkalla ett ~* revoke a will **testamentera** *tr, ~ ngt till ngn (ngn ngt)* bequeath a th. to a p., leave a p. a th. (a th. to a p.); *~ bort* will (bequeath) away
testaments|exekutor executor [under a resp. the will] **-tagare** beneficiary [under a resp. the will] **-vittne** witness to a (resp. the) will
testare tester
testator testator, kvinnlig äv. testatrix
testbild i TV test pattern
testig *a* tufted, tufty
testik|el *-eln -lar* testicle
testmetod testing method **testning** testing **testresultat** result of a (resp. the) test
tesupé 'tea-supper', light evening meal with tea
tetani *-[e]n 0* tetany **tetanus** *- 0 r* tetanus
tetas *itr. dep* F se *retas*
tête-à-tête se *tätatät*
tetig *a* F se *retsam*
tetraed|er *-ern -rar* tetrahedron
te|vagn tea-trolley, tea-waggon **-vatten** water for the tea
teve *-n -ar* m. sms. se *TV* m. sms.
t.ex. förk. se under *exempel*
text *-en -er* allm. text; bild~ caption; förklarande [bild]~ äv. legend; film~ vanl. subtitles pl.; libretto librett|o (pl. -os el. -i), *till* i samtl. fall of; mots. illustration äv. letterpress; sång*~en* är av . . the words . .; *dagens ~* bibelställe the text for the day, ibl. the lesson; *gå vidare i ~en* go on; *lägga ut ~en* bildl. (brodera ut) embroider things; en fransk film *med svensk ~* . . with Swedish subtitles (captions) **texta** *tr itr* **1** pränta engross, m. tryckbokstäver write . . in block letters **2** uttala tydligt articulate [the words] **3** förse film m. (t.ex. svensk) text subtitle **textare** *-n -* engrosser, calligrapher **textförfattare** allm. author of the text (the words); till libretto librettist; till annonstext copy-writer **textförkla-**

ring, *försedd med ~ar* with textual commentary sg.
textil *a* textile **textilarbetare** textile worker **textilfabrik** textile factory (mill) **textilier** *pl* textiles
textil|industri textile industry **-slöjd** textile handicraft **-vara** textile; *-varor* äv. textile goods **-växt** fibre plant
textkritik textual criticism **textkritisk** *a* critical **textning 1** m. tryckbokstäver block writing **2** uttal articulation **textsida** page of text **texttrogen** *a* . . in conformity with the text
textur texture
thailändsk *a* Thai[land] end. attr.
Thalia Thalia
thé complet set tea **thé dansant** thé dansant fr., tea dance
Themsen the [River] Thames
thinner se *tinner*
thrill|er *-ern -rar (-ers)* thriller
Thüringen Thuringia
ti|a *-an -or* ten; sedel ten-krona note; jfr *femma*
tiar *-en -er* o. **tiar|a** *-an -or* tiara
tibast *-en 0* mezereon
Tibern the Tiber
tibetan *s* o. **tibetansk** *a* Tibetan
1 tick|a *-an -or* svamp polypor|us (pl. äv. -i), shelf (bracket) fungus
2 ticka *itr* tick **ticktack** *-et 0* o. *itj* tick-tack, större urs tick-tock; tickande äv. ticking
tid *-en -er* allm. time; ibl. times pl., day[s pl.], jfr ex.; [bestämd] tidrymd, [kortvarig] period, tidevarv, tidsålder äv. period; tidrymd äv. space of time end. sg.; isht tjänste~, straffperiod term; period äv. season, kort spell, intervall interval; tidsskede o.d. äv. epoch, age; bestämd (lämplig) tidpunkt äv.: ögonblick moment, timme hour, datum date; årstid äv. season; disponibel ~ äv. leisure; kontors~ o.d. hours pl.; avtalad ~, t.ex. hos läkare appointment; tillfälle opportunity

Ex.: **A** utan föreg. prep. **a)** i obest. form: *en ~ kommer*, när . . a time . ., brukade han . . at one time . .; stanna *en (någon) ~* . . for a (some) time; *min första (sista) ~* mina första (sista) veckor (månader etc.) *i London* var bra my first (last) few weeks (months etc.) in London . .; *du store (stora) ~*, vad jag var sjuk! good Lord, . .!, dear me . .!; *medan ~ är* while there is [still] time; *öppen alla ~er på dygnet* vanl. open day and night; *långa ~er* kunde han . . for long periods . .; resa bort *en veckas (månads) ~* vanl. . . for a week (month); *en (någon) ~s vila* a period of rest, a rest for a time (short period); *~s nog* får du veta det . . soon (early) enough; *det blir ~s nog* då there will be plenty of time . .; *alla ~ers* utomordentlig marvellous, terrific, ss. utrop äv. great!; *alla ~ers största film* the greatest film of all time; *alla ~ers chans* a marvellous chance, the chance of a lifetime; *beställa ~ hos* läkare o.d. vanl. make an appointment with . .; när jag *får ~* . . get (find) time (tillfälle an opportunity), *med (till)* ngt for . ., [*till*] *att* inf. to inf.; *ge sig god ~* allow oneself plenty of time (*med* ngt for . ., *med att* inf. to inf.), ta det lugnt take things easy; *ha (få) ~ med (för)* . . have time for . .; *jag har inte ~* I haven't [got] time; *har du ~ ett slag?* can you spare me a moment?, have you [got] a moment to spare?; *ha (få) god ~* [*på sig*] have plenty of (ample) time; *ta ~ på* time . .; *ta sig* [*god*] *~*, *ta god ~ på sig* take one's time, *med* ngt (*med att* inf.) over . . (over ing-form); *det tar sin* [*lilla*] *~* it takes time, you know; *det är ännu god (gott om) ~* [*med (till) det*] there is plenty of time [for that] yet [awhile]; *det var andra ~er då* times were different then; *det är inte sådana ~er numera* [the] times are not like that nowadays; *det var ~er det* när man kunde . . those were the days . .

b) i best. form: *~en* allm. time, den nu- resp. dåvarande the times pl., t.ex. är knapp [the] time, t.ex. för ngns vistelse the time (*för* of), tidpunkten the time (moment), *för* avresan for (of) . .; *~*[*en*] *och rum*[*met*] time and space; *~en är ute!* time [is up]!; jag var sjuk *första ~en* dagarna (veckorna etc.) . . during the first few days (weeks etc.); *gamla ~en* ancient times pl.; *den gamla goda ~en* the good old times (days) pl.; [*den*] *nya ~en* hist. the Modern Age; *den nya ~en* friare modern times pl.; *den gustavianska ~en* the Gustavian period; *den ~en* se [*på den*] *~en* ned. under *B*; *~erna* var dåliga times . .; *~ens gång* the course of times; *enligt den ~ens sed* in accordande with the custom of those times (that day)

B med föreg. prep.: **a)** *efter en (någon) ~* allm. after some el. a time (a while), syftande på spec. fall some time afterwards; *efter ett års ~* after the lapse of a (one) year; *vara efter sin ~* be behind the times **b)** *från vår ~ (~en före . .)* belonging to our times (the period before . .) **c)** *för en (någon) ~* for some (a) time; *för en kort ~* for a short time; *för en ~ av* fem år for a period (space) of . .; *för en ~ sedan* some time ago **d)** *vara före sin ~* be ahead of one's time[s] **e)** *i ~* in time, *för, till* for, *att* inf. to inf., *för att* inf. for ing-form; *i ~ och evighet* for all time [and eternity]; *i ~ och otid* ideligen at all times; *i god ~* in good time, *till* for; *i två års ~* for [the space (a period) of] two years; *nu i två års ~* for two years past, for the last two years; *i hela sin ~* förblev han all his life [long] . .; *i vår ~* in our times (day[s]); *i alla ~er* hittills from time immemorial, alltid at all times, för all framtid for all time [to come], för evigt for ever; *vad i alla ~er* vill detta säga? what in the world ..?; *aldrig i ~en!* never!; *det låg i ~en att* inf. it was characteristic (part) of the age to inf. **f)** *inom den närmaste ~en* in the immediate (near) future **g)** *med ~en* in [course of] time, as time goes (resp. went) on; det blir nog bra *med ~en* .. in time **h)** *om en liten ~* in a little while **i)** springa *på ~* .. against time; *det är på ~en att gå* it is about time to leave; *på bestämd ~* at the appointed (fixed) time; *på hans ~* in his day[s]; *på min ~* .. (*sin ~* var han ..) in my (his) time (day) .., förr i världen formerly ..; som vi *på sin ~ sade* .. said at the time; *den på sin ~* kände arkitekten the once (at one time) ..; *de var vänner på sin ~* they used to be friends [at one time]; middag *på olika ~er* .. at different times (hours); *på (under) Gustav III:s ~* livstid in Gustavus III's time (dagar day[s]), period in (during) the times of Gustavus III; *på segelfartygens ~* in the times (days) of the sailing-ships; göra ngt *på kort ~* .. in a short time; resa bort *på en kort ~* .. for a short time; *på lång ~* sedan länge for a long time [past]; *på en ~* tidpunkt *då* .. at a time (resp. period) when ..; resa bort *på en (någon) ~* .. for a (some) time; vi har inte sett honom *nu på en (någon) ~* .. for some time past [now]; *på den ~en* at that time (period), in those days; *på den ~en då* .. at the time when ..; *på senare ~, på senaste (sista) ~en* recently, of late, lately **j)** det lyckades *till en ~* .. for a time (a short period) **k)** *under ~en* [in the] meantime, meanwhile; *under ~en* 1—15 maj between ..; *jag är upptagen under den närmaste ~en* I shall be occupied during the immediate future (the next few days resp. weeks); *under den närmaste ~en efter* jul immediately after ..; *under åtta dagars (ett års) ~* for a week (for the period el. space of a year); inte stanna *under någon längre ~* .. for a long (any great length of) time; *under min ~* livs~ in (during) my [life]time; jfr ex. *på (under)* .. *~* ovan **l)** *gå ur ~en* depart this life **m)** *vid ~en för* t.ex. sammanbrottet at the time of; *vid den ~en* se *[på den] ~en* ovan; *vid den här ~en* a) (nu) borde du ligga .. by now (this time) b) brukar jag .. at this time ..; *vid den här ~en i går* reste han (*i morgon* har han rest) at this time yesterday .. (by this time tomorrow ..); *vid samma ~* i morgon at this time .. **n)** några dagar *över ~en* .. beyond (past) the proper time

tidegärd horary prayer

tidelag *-et* - sexual intercourse with animals (resp. an animal), bestiality

tide|räkning kronologi chronology; kalender calendar; epok era **-varv** period, epoch, age

tidgivning time signalling (i radio announcing)

tidig *a* early; *för ~* förtidig premature; *vara ~ av sig* be up (about) early; *~are* föregående äv. previous, former **tidigarelägga** *tr* möte o.d. hold .. earlier **tidigt** *adv* early; *~ [nog]* äv. in good time; *för ~* eg. äv. too soon, i förtid prematurely; *vara ~ ute* vara där i god tid be there in good time (early); *han är alltför ~ ute med sin kritik* his criticism is premature; *~ på morgonen [den 3 maj]* [on May 3rd] early in the morning; *tidigare* allm. earlier; at an earlier hour (time o.d.); förr äv. sooner; förut äv. previously, formerly; hon kommer *tidigast i morgon* .. tomorrow at the earliest

tid|kontrollur time clock **-krävande** *a* attr. .. which takes (requires) a lot of time; *det är ~* it takes a lot of time **-kula** time-ball **-lön** time wages pl. **-lös** *a* timeless, ageless **-lösa** *~n -lösor* bot. meadow saffron **-mätning** measurement of time

tidning newspaper, ofta äv. paper; vecko~ magazine; *det står i ~en* it is in the paper; *det står i ~en* att .. it says in the paper ..; *~en för i fredags* last Friday's paper

tidnings|anka canard fr. **-artikel** newspaper article **-bilaga** supplement to a (resp. the) paper **-bud** [news]paper-woman (resp. -man, -boy, -girl) **-försäljare** news-vendor, på gatan vanl. newspaper-man **-kiosk** news-stand, större book-stall **-korrespondent** newspaper correspondent **-läsande** *a* newspaper reading **-läsare** newspaper reader **-läsning** newspaper reading **-man** vanl. journalist **-notis** newspaper item (paragraph) **-nummer** number (copy, om hela upplagan issue) of a (resp. the) [news]paper **-papper** H news-print; *en bit ~* a piece of newspaper **-prenumeration** subscription to a newspaper (resp. newspapers) **-press** samtl. tidningar press **-redaktion** lokalen newspaper office **-redaktör** newspaper editor **-rubrik** [newspaper] headline **-spalt,** *i ~erna* in the [columns of the] newspapers **-[ur]klipp** press cutting, amer. clipping **-utgivare** newspaper publisher

tid|punkt point [of time], moment; *vid denna ~* at this moment (isht kritisk juncture); *vid ~en för* .. at the time of .. **-rymd** period, space of time (end. sg.), *av* of; geologisk o.d. epoch, era **-räkning** se *tideräkning* **-rör** mil. time-fuse

tids|adverb adverb of time **-anda,** *~n* the spirit of the time[s] **-avsnitt** period **-befrakta** *tr* time-charter **-begränsa** *tr* impose a time-limit on **-begränsning** time-limit **-beräkning** computation of [the] time **-besparande** *a* time-saving **-besparing,** *~en* the saving of time **-betonad** *a* -präglad .. characteristic of its time, .. typ-

ical of the period **-bild** picture of the period **-bisats** temporal clause **-brist** lack of time **-drag** characteristic feature of the time (age) **-enhet** unit of time **-enlig** *a* nutida: attr. up-to-date, pred. up to date; modern modern **-form** språkv. tense **-frist** se *frist* **-fråga,** det är bara *en* ~ . . a matter of time **-följd** chronological order **-fördriv,** *till* ~ as a pastime **-företeelse** phenomenon of the times (age) **-förhållande,** ~*na* the circumstances (conditions) of the time (period) **-förlust** loss of time **-gräns** time limit **-historisk** *a* attr. . . relating to the history of those times (that day) **-indelning** division of time **-inställd** *a,* ~ *bomb* time-bomb, delayed-action bomb **-inställning** på kamera [vanl. the] timing of the exposure, anordning shutter setting; tempering timing
tidskrift periodical; isht teknisk o. vetenskaplig journal; isht litterär review; lättare magazine
tidskrifts|artikel article in a (resp. the) periodical osv. **-förlag** publishing company for periodicals
tidskrivare time recorder
tids|krävande *a* se *tidkrävande* **-läge** situation at the time; [*i*] *nuvarande* ~ [at] the present juncture **-period** period **-prägel,** *bära* ~ bear the impress of the (those) times **-rymd** se *tidrymd* **-schema** timetable, time-schedule **-signal** i radio time signal **-skede** epoch **-skildring** picture of the time (age) **-skillnad** difference in (of) time
tid[s]spillan - *0 r* waste of time
tids|strömning trend of the age (period) **-studieman** etc. se *arbetsstudieman* etc. **-tecken** sign of the times **-trogen** *a* . . true to the period, ofta faithful **-typisk** *a* . . characteristic of the period **-uppgift** indication of time, om åtgången tid account of time taken **-utdräkt** ~*en 0* waste of time; *utan* ~ without any waste of time, without delay **-vinst** gain (saving) of time **-ålder** age, era **-ödande** *a* time-wasting, time-consuming; jfr äv. *tidkrävande* **-överdrag** running over the time, *på* 5 min. by . .; *vi har haft flera* ~ i dag we have run over the time on several occasions . .
tidtabell timetable, amer. ofta äv. schedule **tidtabellsenligt** *adv*, komma ~ . . at the scheduled time, . . on schedule **tidtagare** timekeeper **tidtagarur** stop-watch **tidtagning** timekeeping **tidtals** *adv* ibland at times; med mellanrum periodically; långa tider for periods together **tidvatten** tide **tidvattensvåg** tidal wave **tidvis** *adv* se *tidtals*
tig|a *teg tegat (-it) itr* be (remain) silent, *med* about; keep silent; ~ *med* ngt äv. keep . . to oneself; *tig!* be quiet!, hold your tongue!, F shut (dry) up!; ~ *ihjäl* hush . . up, smother up
tiger *-n tigrar* tiger **-färgad** *a* tigrine **-hjärta,** *tröst för ett* ~ a poor consolation **-hona** female tiger **-hud** fäll tiger-skin **-unge** tiger cub
tigg|a *-de -t tr itr* beg, *av* ngn of (av förbigående from) . .; ~ [*om*] beg for; *gå och* ~ go begging; *han -de och bad,* men . . he begged and begged, . .; ~ *och be ngn om* ngt beg a p. for . ., implore a p. for . .; ~ *sig fram* beg one's way along; ~ *ihop* . . collect . . (get . . together) by begging; ~ *sig till* ngt [*av ngn*] get . . by begging [of a p.] **tiggarbrev** begging letter **tiggare** beggar; isht yrkesmässig mendicant
tiggar|följe gang (swarm) of beggars **-munk** mendicant friar **-orden** mendicant order **-stav** beggar's staff; *bringa ngn till* ~*en* reduce a p. to beggary **-unge** tiggande barn beggar-brat, beggar-child
tiggeri begging, isht yrkesmässigt mendicancy båda end. sg.; hans ~[*er*] . . begging [appeals pl.] **tiggerska** beggar-woman
tigrerad *a* tigrine **tigrinna** tigress
tik *-en -ar* bitch, she-dog
tilj|a *-an -or* board; *gå över* ~*n* uppföras be performed
till I *prep* (se äv. ex. m. 'till' under resp. subst., adj. o. vb) **1** uttr. rumsförh. (äv. friare) **a)** allm. to; in i, ut på into; mot towards; [ned] på on; ända till äv. to the very, [right] up (down) to, as far as [to]; uttr. läge äv. on, at; *en dörr* ~ ledande till *köket* a door leading to the kitchen; *falla* ~ *marken* fall to the ground; dricka vin ~ *middagen* . . with one's dinner; *få soppa* ~ *middag* have soup for dinner; *färdas* ~ *fots (lands, sjöss)* travel (go) on foot (by land resp. sea); *gå* ~ ned resp. upp till *knäna* reach [down resp. up] to the knees; *hålla sig* ~ sanningen keep to . .; *inbjuda ngn* ~ lunch invite a p. to . .; *bjuda ngn* ~ *sig på* lunch invite a p. to come to one's home for . .; *komma* ~ *makten* come [in]to power; *komma för sent hem* ~ middagen vanl. be late for (home to) . .; huset *ligger* ~ *höger (*~ *höger om . .)* . . is on the resp. your right[-hand side] (to the right of . .); *resa* [*in*] ~ [*huvud*]*staden* travel (go) up to town; *resa* ~ *utlandet* go abroad; *sitta (sätta sig)* ~ *bords* sit at table (sit down to dinner resp. lunch etc.); ta första steget ~ *försoning* . . towards a reconciliation; *ta av* ~ *höger* turn to the right; *det går tåg* ~ *S.* varje timme there is a train to S. . .; *göra utflykter* [*ut*] ~ *landet* make excursions into the country; *vägen* ~ stationen the way (konkr. road) to . .; äta bröd ~ *maten* . . with one's food; *övergå* ~ annat ämne pass on to . .
b) i förb. m. 'ankomma', 'ankomst' o.d. (eng. 'arrive', 'arrival') at, betr. land o. större stad el. ö in; *anlända* ~ staden (bergets topp) arrive at resp. in . . (on . .), get to . ., reach . .; *ankomsten* ~ *sta-*

den äger rum . . his (their osv.) arrival at the town (in the city) . .; *komma* ~ ett resultat arrive at . .

c) i förb. m. vissa uttr. m. bet. 'avresa', 'avgå', 'vara destinerad' m. tanke på syftet m. rörelsen for; *tåget (båten)* ~ *S.* the train (boat) for S.; *lösa biljett* ~ *S.* take (buy) a (resp. one's) ticket for S., book to (for) S.; *fara hem* ~ påsken (bröllopet) go home for . .

2 uttr. tidsförh.: **a)** som svar på frågan 'hur länge': till, until; ända till to, up (down) to (till); m. bibet. av ändamål, avsikt o.d., uttr. att ngt är bestämt (avsett) till en viss tid for; *från 9* ~ *12 (1939* ~ *1945)* from 9 to 12 (1939 to 1945); *från morgon* ~ *kväll* from morning to (till) evening; dansa ~ *långt in på natten* . . until (till) far on into the night; har vi mjölk ~ *i morgon?* . . for tomorrow?; ~ *en tid* for a (some) time; [*ända*] ~ *i år* har vi up (down) to this year . .

b) som svar på frågan 'när': när tiden ifråga är inne at, in; senast by; uttr. att ngt är bestämt (avsett) till en viss tid for; före before, preceding; vigseln är bestämd ~ *den 15:e* . . for the 15th; du ska vara hemma ~ *klockan 4* . . by 4 o'clock; han börjar skolan ~ *hösten* i höst . . this autumn; han kommer hem ~ *hösten* . . in the autumn, nästa höst . . next autumn; han gav mig presenter ~ *jul och* ~ *födelsedagen* . . at Christmas and on my birthday; reser du hem ~ *jul?* . . for Christmas; vi träffas ~ *jul* vid jultiden . . at Christmas; *natten* ~ tisdagen [ss. adv. on (during)] the night before (preceding) . .; tre tabletter ~ *natten* . . for the night; *läxorna* ~ *torsdag* the homework for Thursday, Thursday's homework; ~ *dess (den tiden)* hade alla kommit by then . ., by that time . .

3 (jfr äv. *4* ned.) uttr. dativförh. o. friare bet.: åt to, ibl. oöversatt; avsedd för for; uttr. föremålet för en känsla, strävan, ett försök o.d. to, in, on, for, of, jfr ex.; *två biljetter* ~ Hamlet (nioföreställningen) two tickets for . .; här är ett brev ~ *dig* . . for you; *hans kärlek (hat)* ~ . . his love (hatred) of . .; *av kärlek* ~ sin nästa out of love (affection) for . .; hans längtan ~ *hemmet* . . for home; *ha tid* ~ *ngt* have time for a th.; *min tillit* ~ *honom* my confidence el. trust in (reliance on) him; *ge ngt* ~ *var och en* give a th. to each [of them], give each of them a th.; vi ropade (signalerade) ~ *honom* . . to him; sjunga ~ *luta* . . to [the accompaniment of] the lute; *skriva* ~ *ngn* varje vecka write to a p. . .; *han sade det* ~ *mig* he said it to me, he told [it] me

4 (jfr äv. *3* ovan) uttr. tillhörighet, förhållande, förbindelse o.d.: vanl. of, ibl. to; *höra* ~ belong to osv., jfr *höra II 1; arvingen* ~ egendomen the heir to . .; *han är son* ~ en läkare he is a (resp. the) son of . .; *han är brorson* ~ *biskopen* he is a nephew of the bishop's; *han är bror* ~ den åtalade (jur.) he is brother to . .; *dörren* ~ huset the door of . .; *fotnoterna* ~ texten the footnotes to . .; författaren ~ *boken* . . of the book; *en källa* ~ glädje a source of . .; *locket* ~ lådan the lid of (belonging to) . .; hon är *mor* ~ *fyra barn* . . the mother of four children; *nyckeln* ~ skåpet the key to (som tillhör of) . .; *min ställning* ~ förslaget my attitude to (towards) . .; en vän ~ *mig (min bror)* . . of mine (my brother's); *ägaren* ~ huset the owner of . .

5 uttr. ändamål, lämplighet el. avsikt: allm. for; såsom as, by way of, jfr ex.; få ngt ~ *belöning* . . as a (by way of) reward; ge ngn en fråga ~ *besvarande* . . to be answered; ~ *förklaring av* . . as an explanation of . ., to explain . .; köpa ngt ~ *julklapp åt ngn* . . as a Christmas present for a p.; ~ *käpp* använde han en gren . . as a stick; jag behöver ett lock ~ *lådan* . . for the box; *ha X.* ~ *lärare* have X. as a teacher; beställa en nyckel ~ *skåpet* . . for the cupboard; han nickade på huvudet ~ *svar* . . by way of [an] answer; använda en handduk ~ *torkning* . . for drying purposes, för att torka sig med . . for [the purpose of] drying oneself, . . to dry oneself with; *ha (sakna) pengar* ~ mat have (lack) money for . .; ha ngn ~ *vän* . . as (for) a (resp. one's) friend

6 uttr. verkan el. resultat: allm. to; *det är* ~ *hinder för* trafiken it is a hindrance to . .; ~ *min* fasa (förvåning, skräck) to my . .; ~ *skada för* . . to the detriment of . .; *vara för* feg (lat, slö) ~ *det* be too . . for that; *vara skyldig* ~ ngt be guilty of . .

7 uttr. övergång into, ibl. to, for; *förvandla* ~ transform (change, turn) into; *en förändring* ~ *det sämre* a change for the worse; *mala* säd ~ *mjöl* grind . . into flour; *tvinga ngn* ~ *reträtt* force a p. to beat (into beating) a retreat; *växa upp* ~ stora starka karlar grow up into (to become) . .; *översätta* ~ engelska translate into . .

8 vid predf., oftast utan motsv. i eng.; ibl. as; se vid. resp. vb ss. *befordra, utnämna, välja* m.fl.; . . *är döpt* ~ *N.* . . was christened N.; *detta gjorde honom* ~ en berömd man this made him . .; *göra ngn* ~ *sin* fiende make a p. one's . ., make an . . of a p.; *hans utnämning* ~ . . his appointment as . .

9 i fråga om in; genom by; ~ *antalet (kvaliteten, namnet, utseendet)* in number (quality, name, looks); känna ngn ~ *namnet (utseendet)* . . by name (sight); liten (stor) ~ *växten* . . in el. of stature; ~ *yrket* by profession; ~ *det yttre* in external appearance, externally

10 uttr. jämförelse betr. egenskap of; *en jätte (tusan)* ~ *karl* a giant (devil) of a fellow; hon har *pinnar* ~ *ben* . . legs like sticks; *ett skrälle* ~ bil a ramshackle old . .; *en slyngel* ~ *son* a rascal of a son; jfr *baddare 1* o.

bjässe ex.

11 uttr. gräns m.m. **a)** i samband m. beräkning (värdering) av summa o.d. at; ~ *billigt (högt) pris* at a low (high) price; *köpa ngt* ~ [*ett pris av*] 2 kr. kilot buy a th. at [the price of] . . **b)** betr. mått of; gardiner ~ *en längd av 3 meter* . . of the length of 3 meters **c)** à, *3* ~ *4 dagar (personer)* 3 or (to) 4 days (people); *10* ~ *15 droppar* [from] 10 to 15 drops; *svag* ~ *måttlig vind* light to moderate winds pl.

12 i vissa förb.: **a)** [~] *att* inf. to inf., ibl. to (for) ing-form; ~ *att börja med* var det svårt to begin with . .; han är inte *karl* [~] *att klara det* . . the man to manage it; *vara för lat* [~] *att göra det* be too lazy to do it; kulor används [~] *att skjuta med* . . for shooting [with], . . to shoot with **b)** ~ *och med (t.o.m.)* up to (om datum äv. until) [and including]; från 1939 ~ *och med 1945* äv. . . to 1945 inclusive; jfr ex. under *II 4*

II *adv* **1** ytterligare more; *en dag (vecka)* ~ one day (week) more (longer), another day (week); en kopp te (en tia) ~ another . .; *köp tre* flaskor ~*!* buy three more . .!; *lika mycket* ~ as much again; *litet* ~ a little more; *det är ett par saker* ~, som jag behöver there is another thing or two . ., there are one or two more things (things more el. in addition el. besides) . .; *tre* [*stycken*] *bullar* ~ three more (another three) buns; se äv. [*till på*] *köp*[*et*] o. ex. under *gång III*

2 inkopplad, på instrumenttavla o.d. on

3 tillhörande to it (resp. them); en ficklampa *med batteri* ~ . . and battery [to it el. belonging to it]; en regnkappa *med kapuschong* ~ . . with a hood to it (attached)

4 i vissa förb., *vi skulle just* [~ *att*] *gå* we were just on the point of leaving; *och jag* ~ *att springa (gråta)!* and did I start running (weeping)!; ~ *och från* då och då off and on; *gå* ~ *och från* come and go; *hon går* ~ *och från hos oss* om städhjälp ung. she does for us; *det gör varken* ~ *eller från (från eller* ~*)* it makes no difference, it is all the same (all one); ~ *och med* even; *åt byn* ~ towards the village

5 som beton. part. vid vb se resp. vb

III i konj. förb., ~ *dess* [*att*] till, until

tillag|a *tr* se *2 laga I 1* **-ning** allm. making, gm stekning o.d. äv. cooking osv., se *2 laga I 1;* av t.ex. måltid preparation; ~ *av mat* cooking

tillbaka *adv* allm. back; bakåt backward[s]; jfr äv. beton. part. under resp. vb; *en blick* ~ *på* . . a backward glance (look) at . .; *så långt* ~ *som på* tjugotalet as far back as . ., way back in . .; *sedan lång tid* ~ *är han* . . for a long time past (back) he has been . .; *känna ngn sedan* tre år ~ have known a p. for the last (past) . .; *det ligger tre år (långt)* ~ [*i tiden*] it dates from three years back el. ago (it is a long way back in time, it is long ago); *jag längtar (önskar mig)* ~ [*till* Rom] I long to return [to . .] (I wish I was back [in . .]); *jag vill* ~ [*till* Rom] I want to go back [to . .] **-blick** retrospect end. sg., *på* of; i film o.d. flashback, *på* to **-böjd** *a* attr. . . that is osv. bent backwards **-dragen** *a* bildl.: försynt retiring, unobtrusive, reserverad reserved; om liv o.d. retired **-dragenhet** om pers. retiring manners pl. (läggning disposition), unobtrusiveness; reserve; om liv o.d. retirement, seclusion **-draget** *adv, leva* ~ live in retirement (seclusion) **-gående** *a* retrograde, retrogressive; bildl. äv. (nedgående) declining **-gång** bildl. retrogression; nedgång äv. decline, *i* of; ~ återgående *till* . . return to . .; *vara på* ~ be on the decline, be declining (falling off) **-lutad** *a* om pers. . . leaning back, reclining **-satt** *a, känna sig* ~ feel slighted (neglected, left out [in the cold]) **-trädande** ~*t 0* retirement **-visa** *tr* avvisa o.d.: t.ex. förslag reject, anbud äv. refuse; beskyllning repudiate

tillbaks *adv* se *tillbaka*

till|be[dja] *tr* isht relig. worship, älska, dyrka äv. adore **-bedjan** ~ *0* worship; adoration **-bedjansvärd** *a* adorable **-bedjare** beundrare o.d. admirer, adorer, stark. worshipper **-behör** ~*et* ~, ~ pl.: till bil, dammsugare, kamera o.d. accessories; friare appurtenances; för inredning o. maskiner fittings, fasta fixtures; kok. accompaniments, garnering trimmings; . . *är ett nödvändigt* ~ . . is a necessary adjunct (om t.ex. verktyg piece of equipment); *ett* ~ en tillsats *till* . . an attachment to . . **-blivelse** ~*n 0* allm. coming into being (existence); ursprung origin; skapelse creation, världens äv. genesis; institutions, företags inception; av idé o.d. vanl. birth **-bringa** *tr* spend, *med att* inf. [in] ing-form; ~ *natten på* ett hotell äv. stay the night at . .; *en väl -bringad dag* a well-spent day **-bringare** jug, amer. pitcher **-bud 1** olycks~ near-accident; *det var ett allvarligt* ~ there might have been a serious accident **2** anbud offer **-buds** *adv* se *bud 5* **-byggnad** addition, konkr. äv. extension; annex annex[e]; *sjukhusets* ~ utvidgning the enlarging (extension) of the hospital

till|börlig *a* due; lämplig fitting, appropriate; vederbörlig proper; *på* ~*t* säkert *avstånd* at a safe distance **-börligen** *adv* duly osv.

till|dela *tr* **1** ~ *ngn* ngt allot (assign) . . to a p., utmärkelse confer (bestow) . . on a p., pris award a p. . . (. . to a p.); ~ *ngn* ett slag (en tillrättavisning) o.d. administer . . to a p., ett slag äv. deal a p. . ., ett straff (slag) äv. inflict . . upon a p. **2** mil., ~*s (bli* ~*d)* ett truppslag be assigned (tillfälligt attached) to . . **-delning** ranson allowance, ration; ransonerande allocation, rationing **-dels** *adv* se *del 2* **-dess** *adv konj* se *2 dess 2* **-dra**[**ga**] *rfl* **1** ske happen, occur;

utspelas take place **2** attrahera attract **-dragande** *a* attractive, om sätt, leende engaging **-dragelse** allm. occurrence; viktigare event; obetydligare incident **-döma** *tr* jur., ~ *ngn ngt* adjudge a th. to a p., award a p. a th.

till|erkänna *tr*, ~ *ngn ngt:* -döma adjudge a th. to a p., award a p. a th., -dela award a p. a th. (a th. to a p.), bevilja grant a p. a th.; ~ -skriva *saken* en viss vikt ascribe (attribute) . . to the matter; jag kan inte ~ *boken något värde* . . assign (attach) any value to the book **-falla** *itr*, ~ *ngn* allm. go (ss. ngns rätt accrue) to a p., oväntat äv. fall to a p.['s lot]; 100 kr. *-föll mig* . . fell to my share, gm lottdragning . . went to me **-fart** konkr. o. **-fartsväg** approach, access road; ~*en till* staden the road leading [in]to . . **-finnandes** *adv* to be found **-flykt** refuge, *mot, undan* from; -flyktsort haven [of refuge], fristad (äv. om bostad) retreat, tillfällig, isht för rekreation resort; medel, utväg resort, resource; *finna (söka) en* ~ *hos* ngn (*i* . .) find (seek) refuge with . . (in resp. at . ., in el. at a p.'s house o.d.); *ta sin* ~ *till:* en stad, ett land o.d. take refuge in, en pers. take refuge with, go to . . for refuge, anlita (t.ex. list, sömnmedel) resort (have recourse) to **-flyktsort** place (haven) of refuge (tillfällig resort), *undan* from; jfr *tillflykt* **-flöde** abstr. inflow, influx båda äv. bildl.; konkr. feeder stream, biflod tributary [river (stream)]

tillfoga *tr* **1** tillägga allm. add, bifoga affix, append **2** vålla, ~ *ngn ngt* t.ex. smärta, förlust: allm. inflict a th. upon a p.; cause a p. a th. äv. lidande; ~ ngn *ett nederlag* äv. defeat . .

tillfreds *adv* satisfied; *ge sig* ~ [*med*] rest satisfied (content) [with]; känna sig (vara) *väl* ~ *med* . . very satisfied (very well contented) with; *ställa ngn* ~ satisfy a p., jfr följ. **-ställa** *tr* allm. satisfy; pers. äv. content, göra till lags suit, please; behov, efterfrågan, krav äv. meet; nyck indulge; hunger, törst äv. appease; nyck äv. o. lust, nyfikenhet gratify; ~ *ngns anspråk* fulfil (come up to) a p.'s expectations **-ställande** *a* satisfactory, *för* ngn to . ., från ngns synpunkt for . .; glädjande gratifying, *för* to; tillräcklig sufficient **-ställd** *a* satisfied osv.; content end. pred.; jfr *-ställa* **-ställelse** ~*n 0* allm. satisfaction; gratification, *för* i båda fallen to, *över, med* at; uppskattning appreciation, *över* of; *till stor* ~ *för* . . to the great satisfaction of . .

till|friskna *itr* recover, *efter, från* from; *han har* ~*t* äv. he has got well (F better) again **-frisknande** ~*t 0* recovering, recovery [to health] **-frusen** *a* se *frysa* [*till*] **-fråga** *tr* ask, rådfråga consult, *om* i båda fallen about, as to; ~*d om orsaken till* sitt beteende *svarade han* when asked the reason for . ., he answered **-frågan,** *på* ~ on inquiry; *på* ~ *om orsaken till* . . when asked the reason for . .; *på* ~ får jag meddela . . in answer to the question **-fullo** *adv* se *full 2*

tillfyllest *adv* se *fyllest* **-görande** *a* satisfactory, adequate

tillfångata[ga] *tr* se *fånga I*

tillfälle *-t -n* när ngt inträffar occasion; kritisk tidpunkt juncture; lägligt (gynnsamt) ~ allm. opportunity, slumpartat chance, [*till*] *att* inf. to inf. el. of (i bet. ~ som lämpar sig till . . for) ing-form; ~*t gör tjuven* opportunity makes the thief; ~*t* slumpen *fogade, att han* . . as chance would have it, he . ., chance willed it that he . .; *det finns* ~*n* då . . occasions [do] occur . .; *så snart* ~ *erbjuder sig* when[-ever] an opportunity (resp. a chance) presents itself (occurs, arises); *begagna* ~*t* t.ex. att ta en promenad take (seize, avail oneself of) the opportunity to inf.; *bereda (ge) ngn* ~ *att* inf. furnish (provide) a p. with (give a p.) an (the) opportunity of ing-form; *bereda (skaffa) sig* ~ *till flykt* find an opportunity of escaping; *få (ha)* ~ [*till*] *att* utomhus*bada* find el. get (have) an opportunity of bathing (to bathe); *gripa* ~*t, ta* ~*t i akt* seize the opportunity; *inte lämna något* ~ *outnyttjat att* retas miss no opportunity to inf.; *för* ~*t* för det särskilda ~*t* for the occasion, nu, [bara] för ögonblicket for the time being, för närvarande at present; chefen är ute *för* ~*t* . . just now (at the moment); han var borta [*då*] *för* ~*t* . . at the time (just then, at the moment); *komma i* ~ se *få* ~ ovan; *jag är i* ~ *att* lämna . . I am in a position to inf; *vid* ~ vanl. when an opportunity arises (occurs), vid lägligt ~ when [it is] convenient, när ni får ~ at your convenience; *vid* ~ ska jag . . some time (some day) or other . .; *vid det* ~*t* (~*t i fråga)* on that occasion, vid den tidpunkten at the time; *vid ett (ett visst)* ~ on one (on a certain) occasion; *vid andra* ~*n* on other occasions, at other times; *vid första* [*bästa*] ~ at the first opportunity

tillfällig *a* då och då förekommande occasional; händelsevis förekommande, slumpartad accidental, om t.ex. bekantskap, upptäckt chance . ., om t.ex. inkomst, kostnad incidental; kortvarig, provisorisk temporary, händelsevis tillkommen o. kortvarig casual; temporär, övergående momentary; ~ *arbetskraft* temporary hands pl., casual labour; ~*t arbete* casual work; odd jobs pl.; hon är här *på* ~*t besök* . . on a chance visit; *en* ~ besökare (kund) a casual (enstaka stray) . .; *en* ~ *händelse* an accidental (a chance) occurrence **tillfällighet** *-en -er* tillfällig händelse (omständighet) accidental occurrence (circumstance); slump chance; slumpartat sammanträffande coincidence; ~*en gjorde* att . . chance (resp. coincidence) brought it about . .; *av en* [*ren*] ~ by pure chance, by sheer accident, quite accidentally **tillfällighetsdikt** occasional poem **tillfällighetsköp** chance purchase (billigt bargain) **tillfälligt** *adv* för kort tid temporarily, för närvarande [just] for the time being **tillfälligtvis** *adv* **1** händelsevis accidentally, by accident, av en slump by chance, apropå casually, oförutsett incidentally **2** se *tillfälligt*

till|föra *tr* bring (convey osv., jfr *föra I 1*), *ngn ngt* a th. to a p.; ~ skaffa *ngt till* . . supply (provide) . . with a th.; ~ debatten *nya idéer* bring new ideas into . .; ~ bolaget *nytt kapital* put fresh capital into . . **-förlitlig** *a* reliable, . . to be relied on; om uppgift äv. authentic; jfr vid. *pålitlig* m. ex. **-förlitlighet** reliability; authenticity

tillförne *adv* before, formerly

till|förordna *tr* appoint (isht mil. commission) . . temporarily (provisionally) **-förordnad** *a*, ~ (förk. *t.f.*) professor acting . ., . . pro tempore (förk. pro tem.) lat. **-försel** ~*n 0* förande supplying (av t.ex. frisk luft supply), *av* [. . *till*] of [. . to] **-försikt** ~*en 0* confidence, *till* in; assurance; *sakna* ~ lack self-confidence **-försäkra** *tr*, ~ *ngn* ngt secure (ensure, guarantee) a p. . .; ~ *sig* ngt secure (make sure of) . . **-gift** ~*en 0* forgiveness, condonation, *för* ngt (vad man gjort) for . .; *be ngn om* ~ ask a p.'s forgiveness **-giva** *tr* forgive **-given** *a* **1** allm. attached; gällande nära släkting affectionate, loving; trogen devoted; *vara ngn mycket* ~ be very [much] (sincerely) attached to a p.; be very devoted to a p. **2** i brevunderskrift, *Din* [*varmt*] *-givne* . . vanl. Yours [very] sincerely (till nära släkting el. vän affectionately), . .; *Farbrors (Fasters) -givna Elsa* Your affectionate (loving) [niece], Elsa **-givenhet** attachment, hängivenhet devotion, devotedness, *för* to; kärlek affection, *för* for **-gjord** *a* allm. affected; konstlad artificial **-gjordhet** affectation, affected (resp. artificial) manner; artificiality [of manner]

tillgodo *adv* se [*till*] *godo* **-göra** *rfl* assimilate äv. bildl.; t.ex. undervisningen profit by **-havande** ~*t* ~*n* för sålda varor o.d. outstanding account [owing to one]; i bank o.d. [credit] balance, *hos, i* with; *vårt* ~ *hos Er* the balance in our favour with you **-räkna** *rfl* **1** medräkna count [in], include **2** räkna sig till godo, *för* . . ~*r vi oss ett arvode av kr. 200:—* the fee for . . is 200 kr. **-se** *tr* krav, önskemål o.d. meet, satisfy; behov supply, provide for; ~ *ngns intressen* look after a p.'s interests

till|grepp stöld theft; *göra ett* ~ försnillning *ur* kassan be guilty of a misappropriation from . . **-gripa** *tr* **1** stjäla take . . unlawfully, appropriate . . for one's own use; snatta thieve, purloin; försnilla misappropriate **2** bildl.: åtgärd, utväg resort (have recourse) to

till|gå I *tr, finnas (vara) att* ~ till förfogande be to be had (obtained), be obtainable, *hos* from; *ha* [*ngt*] *att* ~ have [a th.] at one's command el. disposal (at hand) **II** *itr* se *gå* [*till b)*] **-gång 1** tillträde access, *till* to; *ge ngn* ~ *till* sitt bibliotek allow a p. the use of . .; *ha* ~ *till telefon* have the use of the (resp. a) telephone; *ha* ~ *till* vatten (läkare) have . . at hand (within easy reach); *med* ~ *till kök* with the use of kitchen, with kitchen facilities **2** förråd supply, *på* of; ~ *och efterfrågan* supply and demand; *vi har riklig* ~ *på* t.ex. bränsle we have a large supply (stock) of . ., t.ex. jordgubbar we have (there are) plenty of . . **3** tillgångspost asset; ~*ar* penningmedel means, resurser resources; ~*ar och skulder* assets and liabilities; *leva över sina* ~*ar* live beyond one's means; *hon är en stor* ~ *för* firman she is a great asset to . . **-gänglig** *a* **1** om sak: som man har tillträde till accessible, *för* to; lätt~ easy of access end. pred., *för* for; som finns att tillgå (om t.ex. sittplats, resurser) available, *för* for; som kan erhållas (t.ex. i butik) obtainable; öppen (om lokal o. friare, t.ex. om kurs) open, *för* to; *samlingen hålls* ~ *i* visningssalen the collection is [kept] on view in . .; . . är ännu inte ~ *i tryck* . . to be had in printed form; *med alla* ~*a medel* vanl. by every available means **2** om pers.: lätt att komma till tals med easy to approach end. pred., F come-at-able; umgängsam sociable, älskvärd affable; mottaglig: för skäl amenable, för nya idéer accessible, för smicker susceptible, *för* i samtl. fall to **-gänglighet 1** accessibility; availability **2** approachability osv. —Jfr föreg.

tillhanda *adv* se [*till*] *hand*[*a*] **-hålla** *tr*, ~ [*ngn*] ngt: hålla i beredskap have . . in readiness [for a p.], ställa till förfogande place . . at a p.'s disposal, förse med supply (furnish) [a p. with] . ., saluföra offer . . for sale [to a p.]; *tidningen -håll*[*e*]*s* (säljs) i alla kiosker the paper is obtainable (to be had el. bought, on sale) . .

tillhandla *rfl*, ~ *sig* ngt buy oneself . . (. . for oneself), *av* ngn from (off) . .

tillhands *adv* se [*till*] *hand*[*s*]

tillhjälp, *med (utan)* ~ *av* with (without) the aid (assistance, help) of; *med* ~ *av ngt* äv. by means (the aid el. help) of a th.; *med hans* ~ by his aid (assistance, help)

tillhopa *adv* sammanlagt [al]together, in all

till|hygge eg. weapon; bildl. äv. argument **-håll** haunt, *för* of; tillflyktsort retreat, refuge, *för* for; *ha sitt* ~ *på* ett kafé frequent . . **-hålla** *tr* beordra, ~ *ngn att* inf. urge a p. to inf.

tillhöra *itr* **1** se *höra II 1* **2** se *tillkomma 2*

tillhörande *a* som hör till det (dem) . . belonging to it (them), förbunden med det (dem) . . adherent (om abstr. subst. incident) to it (them); därtill hörande (isht jur.) appurtenant; därtill passande . . to match; låda *med* ~ *lock* . . with (and) the lid belonging to it; papper *med* ~

kuvert . . and envelopes to match; ett hus *med ~ inventarier* . . complete with movables **tillhörig** *a, en mig ~ bok* a book belonging to me **tillhörighet** *-en -er* konkr. possession; [private] property end. sg.; mina (dina osv.) *~er* äv. . . belongings; *politisk ~* political affiliation

tillika *adv* also, . . too; dessutom besides, moreover; *~ med* together with

tillintet|gjord *a* bildl.: nedbruten o.d. broken [down] end. pred.; förkrossad [quite] crushed, *av* blygsel with . . **-göra** *tr* nedgöra defeat . . completely; förstöra destroy, ruin; förinta annihilate; krossa (äv. bildl.) crush; utrota wipe out; bildl.: planer frustrate, förhoppningar äv. shatter **-görande** *a* destroying osv.; destructive; om blick withering; *rikta ett ~ slag mot* . . aim a crushing (shattering) blow at . . **-görelse** *~n 0* defeat; destruction, ruin; annihilation; crushing; wiping out; frustration, shattering; jfr *tillintetgöra*

tillit trust, confidence, *till* in; förlitan äv. reliance, *till* on; *sätta* [*sin*] *~ till* put [one's] confidence in, place [one's] reliance [up]on (in) **tillitsfull** *a* förtröstansfull confident, . . full of confidence; ~ mot andra confiding, trusting, trustful

till|jubla *tr* acclaim; m. hurrarop cheer, greet . . with cheers **-kalla** *tr* send for; ~ hjälp (en specialist) äv. summon (call in) . . **-klippa** m.fl. se *klippa* [*till*] m.fl. **-knäppt** *a* bildl. reserved, standoffish **-komma** *itr* **1** se *2 komma* [*till*] **2** ~ tillhöra *ngn:* vara ngns rättighet be a p.'s due, belong to a p.; vara ngns plikt be a p.'s duty; åligga ngn devolve [up]on a p.; anstå ngn be fit (fitting, right) for a p.; komma på ngns lott be due to a p.; *det -kommer konungen att* avgöra det äv. it falls to (lies with) the King to inf.; *det -kommer inte mig att* döma it is not for me to inf.; *ge var och en vad honom -kommer* give every man his due **3** *-komme ditt rike!* thy kingdom come! **-kommande** *a* future; *hans ~* his wife to-be; *hennes ~* her husband to-be **-komst** *~en 0* uppkomst origin; tillblivelse creation, världens äv. genesis; om stat, politisk rörelse o.d. rise; *~en av* denna nya industri the coming into being of . . **-konstlad** *a* konstlad artificial; tillgjord affected **-koppla** m.fl. se *koppla* [*till*] m.fl. **-krånglad** *a* complicated, intricate, entangled; muddled up end. pred. **-kämpa** *rfl* manage to acquire (gain), acquire . . after a struggle; *~ sig segern* bildl. carry off a hard-won victory; *med -kämpat lugn* with hard-won composure

tillkänna *adv* se följ. o. *känna A* **-ge** *tr* meddela o.d. make . . known, notify, announce, t.ex. avsikt signify; mer antydande intimate; mer öppet (bestämt) declare, proclaim; *för* i samtl. fall to; *~ . . för ngn* äv. let a p. know . .; ~ sitt missnöje make . . felt, *för* by; *härmed -ges* att . . this is to give notice . . **-givande** *~t ~n* kungörelse notification, announcement, declaration; anslag notice

till|-laga *tr* se *2 laga I 1* **- -lagning, - -lika** *adv* m.fl. se *tillagning, tillika* m.fl.

till|mäle *~t ~n* skällsord word of abuse; *~n* abuse sg.; *grova ~n* äv. invectives **-mäta** *tr* tillerkänna, tillskriva, *~ ngt stor betydelse* attach great importance to a th.; *~ sig äran av ngt* take the credit for a th. to oneself **-mätt** *a* utmätt, beräknad apportioned; *knappt ~* t.ex. portion scanty; *tiden var för knappt ~* the time allowed (allotted) [for it] was too short

tillmötes *adv* se [*till*] *möte*[*s*] **-gå** *tr* pers. oblige; begäran o.d. comply with, önskan äv. meet **-gående I** *a* obliging, om pers. äv. accommodating, complaisant, *mot* to[wards]; F forthcoming **II** *~t 0* förbindlighet o.d. obligingness, complaisance, compliance; välvilja courtesy; *ett ~ av* ngns önskningar a compliance with . .; *visa* ngn *stort ~* be extremely obliging to[wards] . .; *genom ~ från* herr A. by [the] courtesy (tillåtelse kind permission) of . .

tillnamn surname, family name; binamn by-name; *med ~et* . . surnamed . .

tillnärmelsevis *adv* approximately; *inte ~* så stor som . . nothing (not anything) like . .

tillopp allm. influx; tillflöde äv. inflow, konkr. feeder stream; tillströmning äv. concourse, av kunder o.d. run, rush

tillpass *adv* se *1 pass 5*

till|passa *tr* se *avpassa* **-platta** *tr* se *platta* [*till*] **-påköpet** *adv* se [*till på*] *köp*[*et*]

tillra *itr* run, om tårar äv. trickle

tillreda *tr* bereda prepare, t.ex. sallad m. dressing dress; göra i ordning get . . ready

tillreds *adv* se [*till*] *reds*

till|rop call, shout; *glada ~* joyous acclamation[s pl.] **-ropa** *tr, ~ ngn ngt* call out (shout [out]) a th. to a p. **-rustning,** *göra ~ar* make preparations

tillryggalägga *tr* cover, do, *på* in; ~ sträckan *till fots* äv. walk . .

till|råda *tr* allm. advise, rekommendera recommend, högt. counsel; varnande caution; *detta är bestämt att ~* this is certainly to be recommended; jfr äv. *råda I* **-rådan** *~ 0, på min (ngns) ~* on my (a p.'s) advice **-rådlig** *a* advisable osv., jfr *rådlig*

tillräck|lig *a* allm. sufficient; nog enough, jfr ex.; ~ för ändamålet, om t.ex. kunskaper, ventilation adequate; jfr *nog 1* ex.; *ett ~t antal* a sufficient (an adequate, a sufficently large) number; *~t med* tid, mat sufficient (enough, mycket plenty of) . .; *ha ~t med* . . have enough . . (. . enough), ngt konkr. äv. have a sufficient supply of . .; *vara ~ för* ngns behov äv. suffice for . . **-ligt** *adv* sufficiently, enough; jfr *tillräcklig* o. *nog 1* ex.; ~ stor (tung, ofta osv.) sufficiently . ., . . enough; ~ *många* . . a sufficient number of . ., quite enough . .; *ha* ~ *mycket* fräckhet have sufficient (enough) . ., have . . enough

tillräkna *tr* se *tillskriva 2* **tillräknelig** *a* om pers. responsible for one's actions end. pred., sane; *icke* ~ äv. non compos mentis lat. **tillräknelighet** responsibility, sanity

tillrätta *adv* o. **-lägga** *tr* o. **-skaffa** *tr* se *rätta I 1* **-visa** *tr* rebuke, reprove, censure, stark. reprimand, *ngn för* ngt i samtl. fall a p. for . . **-visning** reprimand rebuke, reproof, stark. reprimand; skrapa scolding, talking-to; *ge ngn en* ~ administer a rebuke (osv.) to a p.

tills I *konj* till dess att till, until (äv. *ända* ~); du måste vara färdig ~ (vid el. ej senare än den tidpunkt då) *han kommer tillbaka* . . by the time he comes back **II** *prep* till, until; [ända] till up (down) to; ~ *vidare* se *vidare 2;* ~ *för* några veckor *sedan* until (down el. up to) . . ago; ~ *i morgon (på torsdag)* until (till, senast by) tomorrow (Thursday); jag har fem läxor ~ *på torsdag* . . for Thursday

tillsagd *a* se *säga* [*till*]

tillsamman[**s**] *adv* together; inalles altogether, föregånget av sifferuppgift i eng. in all; gemensamt jointly; se äv. 'ihop' o. 'samman' ss. beton. part. under resp. vb; *alla* ~ all together; ~ med förenade krafter *kan vi göra det* äv. between us we shall be able to do it; *det blir* ~ 100 kr. it will be . . altogether, it adds up to . .; ~ *har vi* 10 kr. we have . . between (om fler än två among) us; ~ *med* i sällskap med äv. with; *vara* ~ be together, jfr *umgås; vara* ~ *med ngn* be [together] with a p., be in a p.'s company; *äta middag* ~ *med ngn* dine with a p.

till|sats 1 -sättande addition, adding **2** a) ngt inblandat: added ingredient; admixture äv. bildl., kem. additive; liten ~ av sprit o.d. dash, av kryddor seasoning b) -fogat stycke piece added on, addition c) apparat attachment [unit] **-se** *tr itr* se *se* [*till*]

till|sinnes *adv* se *sinne 2* **-sist** *adv* se *sist I*

till|skansa *rfl* [unfairly] appropriate . . [to oneself]; ~ *sig makten* usurp power **-skjuta** *tr* se *skjuta* [*till*] **-skott** -skjutet bidrag [additional (extra)] contribution; -ökning addition äv. om pers. **-skriva** *tr* **1** eg., ~ *ngn* write to a p. **2** tillerkänna, tillräkna, ~ *ngn* en dikt (egenskap) ascribe (attribute) . . to a p., en uppgift (upptäckt) äv. credit a p. with . .; ~ *ngn förtjänsten* [*av* ngt] put the credit [for . .] upon a p., give a p. the credit [for . .]; *det -skriver jag honom som förtjänst* I count that as a merit on his part; ~ *ngt stor betydelse* attach great importance to a th.; ~ *sig äran* take the credit to oneself; *man -skriver olyckan (olyckan -skrivs)* bristande vaksamhet the disaster is ascribed (attributed, put down) to . . **-skynda I** *itr* se *skynda* [*till*] **II** *tr,* ~ *ngn* förlust, skada cause (occasion) a p. . ., bring . . upon a p. **-skyndan** ~ *0, på* ~ *av* on the initiative of, by direction of; *genom ngns* ~ förvållande at the instigation of a p.; *det skedde utan min* ~ it was none of my doing

till|skärare [tailor's] cutter **-skärning** cutting out **-skärningsmaskin** cutting-out machine

till|sluta *tr itr* se *sluta* [*till*] under *sluta B I 1* resp. *II* **-slutning** ~*en 0,* festen *fick en storartad* ~ . . was very well supported (patronized) [by the public]; förslaget (insamlingen) *vann en storartad* ~ *från* . . met with enthusiastic support from (on the part of) **-spetsa** *tr rfl* m.fl. se *spetsa* [*till*] m.fl.

tillspillo *adv* o. **-ge** *(-giva) tr* se *spillo*

till|spörja *tr* se *tillfråga* **-strömma** *itr* m.fl. se *strömma* [*till*] m.fl. **-strömning** ~*en 0* av vatten inflow; av människor influx, stream; rusning rush **-stymmelse** ansats suggestion; suspicion end. sg., *till* i båda fallen of; *inte en* ~ *till* sanning, bevis not a vestige of . . **-styrka** *tr* support, recommend; *-styrkes!* isht mil. approved **-styrkan** ~ *0* recommendation; *på* ~ *av* . . on the recommendation of . . **-stå** *tr* bekänna confess, *för* ngn to . .; medge admit, acknowledge; förseelse o.d. äv. own, *att man har* . . that one has (to having) . .; *han* ~*r sig ha sagt det* he admits that he has (admits having) said it

1 tillstånd tillåtelse permission, leave; godkännande sanction; bifall consent; bemyndigande authorization, authority; skriftligt permit, tillståndsbevis licence; *ha* ~ *att* inf. have [been granted] permission (have been authorized resp. licensed) to inf., be permitted (resp. licensed) to inf.; *med benäget* ~ *av* . . by kind permission of . ., by courtesy of . .

2 tillstånd skick state, state (condition) of things; läge condition; *i berusat* ~ in a state of intoxication; *i dåligt (gott)* ~ in bad (good) condition (illa resp. väl underhållen, isht om hus repair); *i fast (flytande)* ~ in solid (fluid) form; *i medtaget* ~ in an exhausted state (condition); *i upphetsat* ~ in a state of excitement; jfr *hälsotillstånd* **tillståndsbevis** licence, permit

tillstädes *adv, komma* ~ arrive at the place; *vara* ~ be present **-varande** *a, de* ~ those present

till|ställa *tr,* ~ *ngn* ngt: överlämna hand el. deliver (sända send) a p. . . (. . to a p.) **-ställning 1** sammankomst, bjudning entertainment; fest party, F do **2** 'historia', påhitt, *just en snygg* ~*!* that's a nice business!; *vad är det här för* ~*ar?* what's all this about? **-stöta** *itr* **1** ansluta sig se *stöta* [*till*] **2** tillkomma, hända oc-

cur, supervene; om sjukdom set in
tillsvidare *adv* se *vidare 2*
tillsyn *-en 0* supervision, superintendence, oversight; *ha ~ över* supervise, superintend, barn look after; *utan ~* without supervision, unattended
tillsynes *adv* se *syn 6*
tillsynslärare ung. assistant headmaster (resp. headmistress)
till|säga *tr* se *säga [till]* **-sägelse 1** befallning order[s pl.], *om* for; kallelse summons, *om* to; anmälan notice, notification, *om* as to, of; begäran demand, *om* for; *e'n ~* borde räcka telling once . .; *få ~ [om] att* inf. be told (stark. receive orders) to inf.; *ge* ngn *~ [om] att* inf. tell el. instruct . . (stark. give . . orders) to inf.; *ge ~ om väckning (en bil till)* kl. 7 give orders to be called at (order a taxi for) . .; *efter (vid) ~ hos* . . on application to . .; *utan ~* without being told **2** tillrättavisning rebuke, stark. reprimand **-sända** *tr, ~ ngn ngt* send a th. to a p.; jfr vid. *skicka I 1*
till|sätta *tr* **1** se *sätta [till]* **2** förordna, utnämna appoint, kommitté äv. set up; besätta (befattning, plats) fill, appoint somebody to; platsen *är (har blivit) -satt* . . is (has been) filled; *platsen -sätts av* . . the appointment [to the post] is made by . . **-sättande** *~t 0* **1** iblandning adding, tillsats äv. addition **2** utnämning osv. appointing, appointment; setting up; filling; jfr föreg.; *~t av* platsen the filling of . .; *vid ~t av platsen* blev han förbigången when the appointment to the post was made . . **-sättning 1** se *tillsats* **2** se *tillsättande*
till|tag streck prank, trick; *ett djärvt ~* a venture; *ett oförskämt ~ av honom* a shameless thing of him to do; *ett sådant ~!* äv. what a thing to do! **-ta[ga]** *itr* allm. increase, *i* in; om köld äv. get more intense; om t.ex. inflytande grow; utbreda sig spread; om månen wax; dagarna *-tar [i längd]* äv. . . are growing (getting) longer, . . are lengthening **-tagande I** *a* increasing osv.; om månen äv. crescent **II** *~t 0* increasing osv.; increase; growth; *vara i ~* be on the increase, be increasing osv. — Jfr föreg. **-tagen** *a,* siffran *är för högt (lågt) ~* . . is (has been put) too high (low); *vara knappt ~* om tyg, material o.d. not be quite enough, om mat o.d. äv. be scanty in quantity, be meagre; *vara knappt (stort) ~* om t.ex. plagg, hus be on the small (large) side; *vara knappt (rikligt) ~* om t.ex. lön be meagre (ample); tiden *är för knappt ~* . . is too restricted, . . has been cut too fine; *vara rikligt ~* om t.ex. mat[portion] be ample in quantity; *tillräckligt [stort] ~* vid beräkning o.d. amply sufficient; *vara väl ~* om konkr. föremål be a good (fair) size
tilltagsen *a* företagsam enterprising; dristig bold, daring; småfräck impudent, cheeky **-het** *~en 0* enterprisingness; boldness; impudence, cheek; jfr föreg.
till|tal address; . . begagnas *i (vid) ~* . . when addressing a person (. . as a form of address); *svara på ~* answer when [one is] spoken to (addressed); *vid ~* bör man . . on being addressed . . **-tala** *tr* **1** eg. address, speak to; *den ~de* the person addressed (spoken to) **2** behaga: isht om sak appeal to; om pers. o. sak attract, please; boken (flickan) *~r mig mycket* äv. I like . . very much **-talande** *a* attractive, pleasing, pleasant; om t.ex. förslag acceptable; passande ngns kynne congenial; *för* samtl. fall to
tilltals|form vocative form **-ord** word (form) of address
till|tro I *~n 0* tro credit, credence; förtroende, tillit confidence, *till* in; ryktet *förtjänar ~* . . deserves credence; *sätta ~ till ngn* have confidence in (trust) a p.; *sätta ~ till* rykten o.d. give credit (credence) to . .; *vinna ~* om rykte o.d. be believed (credited), *hos* by; gain credence, *hos* with **II** *tr, ~ ngn ngt (att* inf.*)* believe a p. capable of (give a p. credit for, credit a p. with) a th. (ing-form); *~ sig ngt (att* inf.*)* believe (fancy) oneself capable of a th. (ing-form) **-träda** *tr* egendom o.d. take over (possession of), arv, egendom come into [possession of]; *~ sin post* take up one's duties (post); *~ tjänsten* enter [up]on one's duties; *~ sitt ämbete* take office; jfr *3 träda [till]* **-träde** *~t 0* **1** inträde o.d. entrance, admission, *till* to; tillåtelse att gå in admittance; *kvinnans ~ till* alla yrken women's admission to . .; *fritt ~* ss. anslag Admission (Entrance) Free; *~ förbjudet!* ss. anslag No Admittance!; *~ endast för medlemmar* ss. anslag äv. Members Only; *bereda (skaffa) sig ~ till* rummet find (procure) a means of entering . .; *ge luften fritt ~* give free access to the air; *ha ~ till* ngt have admission to . ., sammanträde o.d. have the right to attend . .; *barn äga ej ~* ss. anslag Children [Are] Not Admitted, For Adults Only **2** -trädande: av egendom entry, *av* into possession of; taking over, *av* of; *~* (av anställning) *snarast möjligt* duties to begin as soon as possible; *vid ~t av* egendomen (tjänsten) blev han . . on taking possession (taking up el. over the duties) of . . **-trädesdag** för egendom day of taking possession; uppgift om *tidigaste ~* för tjänst (i annons) . . the earliest day on which duties can begin **-tugg** *~et 0,* ett glas öl *med ~* . . with something to eat with it
till|tvinga *rfl* m.fl. se *tvinga [sig till]* m.fl. **-tyga** *tr, ~ . . [illa]* treat (handle) . . roughly, knock . . about; isht levande varelse äv. maltreat, maul, F manhandle; isht sak äv. batter; *han var så [illa] ~d, att* . . he had been so badly knocked about (maltreated osv.) . . **-tänkt** *a*

contemplated, proposed; tillämnad intended; planerad projected; *den ~a resan* the journey contemplated
tillvalsämne optional (amer. elective) subject
tillvara *adv* se följ. o. *4 vara* **-ta|ga** *tr* ta hand om take care (charge) of, t.ex. mat[rester] make use of; hitta find; ngns intressen: bevaka look after, skydda protect, safeguard; utnyttja, t.ex. möjligheter take advantage of, utilize; alla matrester bör *~s* . . be kept and put to some use; *-taget* ss. rubrik Found; *-tagna effekter* järnv. o.d. [passengers'] lost property sg.; *expedition för -tagna effekter* lost property office **-tagande** *~t 0, ~t av* . . the taking care (charge) of . ., ngns intressen the protection of . .; jfr f.ö. föreg.
tillvaro *-n 0* existence; friare: liv life; *en dräglig ~* a tolerable existence; *föra en behaglig ~* lead a pleasant life
tillverk|a *tr* manufacture, friare äv. make, *av* out of; framställa produce, *av* from; om maskin el. fabrik turn out **-are** *~n ~* manufacturer; maker; producer **-ning** fabrikation manufacture, manufacturing, making, production, per år o.d. output, turnout; fabrikat manufacture, make, product; [*den är av*] *svensk ~* [it is] made in Sweden
tillverknings|kostnad cost[s pl.] of production (manufacture) **-nummer** production number **-pris** manufacturer's (cost) price **-värde** per år o.d. output value **-år** year of manufacture (production)
tillviljes *adv* se [*till*] *vilje*[*s*]
till|vinna *rfl* t.ex. en fördel (ngns förtroende) gain, obtain, secure, ngns aktning äv. win **-vita** *tr, ~ ngn ngt (att ha . .)* charge a p. with a th. (with having . .) **-vitelse** charge, *för* of, *för att* inf. of ing-form
tillväga *adv* se [*till*] *väg*[*a*] **-gående** o. **-gångssätt** [mode of] procedure, course (line) of action
till|välla *rfl* usurp, arrogate . . to oneself **-växt** allm. growth äv. bildl.; ökning increase, *i* i båda fallen in; skogsv. increment, accretion; *stadens hastiga ~* the rapid growth (expansion) of the town; *han får stå på ~* bildl. he is not [quite] ready yet; *vara stadd i ~* om t.ex. brottslighet be increasing (growing), be on the increase
tillåt|a I *tr* allm. allow, uttryckligt permit; ej hindra, finna sig i suffer; gå med på consent to; m. saksubj. admit (allow) of, jfr *medge 2* ex.; *~ ngn att gå (att ngn går)* allow (resp. permit) a p. to go, consent to a p.'s going; *tillåt mig att göra en fråga* allow me to (let me) ask you a question; *-er ni att jag röker?* do you mind if I smoke?, may I smoke?; *om ni -er* if you will allow (permit) me; *du -er väl att jag går?* äv. you don't object to (mind) my going, do you?; min hälsa (kassa) *-er det inte* . . doesn't (won't) allow of it; *han -er ingen motsägelse* he won't suffer (brook) [any] contradiction; *må det -as mig att* inf. allow me to inf.; *om vädret -er* weather permitting **II** *rfl* permit (allow) oneself; unna sig [att njuta av] indulge in [the luxury of]; *~ sig* ta sig friheten *att* inf. take the liberty to inf. (of ing-form), make bold (so bold as) to inf.; *~ sig* ett glas vin indulge in [the luxury of] . .; *han -er sig vad som helst* he doesn't mind what liberties he takes, he stops at nothing
tillåtelse uttrycklig permission; isht om självtagen leave; jfr *1 tillstånd; med er ~* with your permission, with (by) your leave; *be om ~ att* inf. ask permission (leave) to inf., ask (beg) to be allowed to inf.; *få ~ att* inf. receive (be given) permission to inf., be allowed (permitted) to inf. **tillåt|en** *a* allowed, permitted; laglig lawful; jfr *tillåtlig; ~ för* tyngre fordon o.d. open for . .; *högsta -na hastighet är* . . the speed-limit is . .; *under ~ tid* jakt. in the open season; *det är inte -et att röka här* smoking is not allowed here; *är det -et att* stiga på? may I (resp. we) . .?; *i krig och kärlek är allt -et* all is fair in love and war; *överskrida gränserna för det -na* overstep the limit[s] of what is permissible **tillåtlig** *a* allowable, permissible, admissible **tillåtligt** *adv* allowably osv.; *mer än ~ dum* unpardonably stupid
tillägg *-et* - allm. addition; till handling el. avtal äv. additional paragraph; till testamente äv. codicil; till brev postscript; tillagd (skriftlig) anmärkning addend|um (pl. -a); supplement supplement; pris~ extra (additional) charge, extra, järnv. excess (extra) fare; *till* i samtl. fall to; löne~ (ökning) increase (rise), *till* of; increment; *med ~ av frakten* blir summan . . with freight added [on] . .; *utan ~* without any addition osv. [to it]
tillägga *tr* tillfoga add, *till* to
tilläggs|avgift surcharge, additional charge, extra fee, extra; *~ för övervikt* excess luggage charge (fee) **-biljett** supplementary ticket **-pension** supplementary pension **-plats** sjö. landing-place, förtöjningsplats berthing place
till|ägna I *tr, ~ ngn* en bok o.d. dedicate . . to a p. **II** *rfl* **1** förvärva, kunskaper o.d. acquire, med lätthet pick up; tillgodogöra sig, t.ex. vad man läser assimilate, take in **2** lägga sig till med: med orätt appropriate, med våld seize [upon] **-ägnan** *~ 0 r* dedication **-ämnad** *a* planerad intended, påtänkt premeditated; jfr *tilltänkt*
tillämp|a *tr* allm. apply, *på* to; t.ex. sin erfarenhet bring . . to bear, *på* [up]on; praktiskt ~, t.ex. sina kunskaper, en regel put . . into practice; regeln *kan ~s* äv. . . is applicable, *på* to; *~d* matematik (kemi osv.) applied . . **-lig** *a* applicable, *på* to; *vara ~ på* . . om regel o.d. äv. apply to . .; paragrafen gäller (syntaxen genomgås)

i ~a delar . . where applicable (so far as it may be applicable); sätt kryss *i ~ ruta* . . in the appropriate square; *det icke ~a överstrykes* strike out words (parts osv.) not applicable **-lighet** applicability **-ning** application, *på* to; *ha (äga)* [*sin*] ~ be applicable, *på* to

tillämpningsövning practice exercise, exercise in the application of the rules

tilländа *adv* se *ända I* **-gången** *a* o. **-lupen** *a* attr. . . that has (osv.) come to an end; utlupen expired

tillärnad *a* se *tillämnad*

tilläventyrs *adv* se *äventyr 4*

till|öka *tr* add to, increase; göra större enlarge; [*förbättrad och*] *~d upplaga* [improved and] enlarged edition **-ökning** -ökande increasing; enlarging; enlargement (äv. konkr.), *av, i* of; [på]ökning increase, *av* of; tillskott, isht konkr. addition, *av, i, till* to; *vänta ~* [*i familjen*] be expecting an addition to the family **-önska** *tr* wish, *ngn ngt* a p. a th.; *god jul ~s av* . . wishing you a Merry Xmas, [from] . . **-önskan** o. **-önskning** wish; *med ~ om* lycklig resa o.d. best wishes for . .

tillövers *adv* se [*till*] *övers*

tilt|a *-an -or* ridge

tima *itr* hända happen, occur

timbal *-en -er* **1** mus. kettledrum **2** kok. timbale fr.

timbre *-n 0* timbre

timechartra *tr* time-charter

timförtjänst hourly earnings pl.

timglas hour-glass, sand-glass

timid *a* timid **timiditet** *-en 0* timidity

timjan *-en 0* thyme

timlig *a* temporal; *~ lycka (~a ägodelar)* earthly joys pl. (possessions); *det ~a* things pl. temporal; *lämna det ~a* depart this life

tim|lärare ung. part-time teacher **-lön** hourly wage[s pl.], wages pl. [paid] by the (per) hour; *få (ha) ~* be paid by the hour; *ha låg ~* have a low rate of pay per hour

timm|e *-en -ar (timma -n -r)* hour äv. bildl.; lektion äv. lesson; skol. (i undervisningsplan) period; jfr äv. motsv. ex. under *minut 1; ~n T* zero hour, H-hour; *en ~s (fyra -ars) resa* an hour's (a four hours', a four-hour) journey; *det är två -ars väg till stan* the town is two hours' way from here; *~ efter (för) ~* hour after (by) hour; bli sämre *för var ~* [*som går*] . . every hour, . . hourly; 90 km. *i ~n (5* kr. [*i*] *~n)* . . an hour; vänta *i* [*flera*] *-ar* . . for [several] hours; *om en ~*[*s tid*] in an hour['s time]; betala ngn *per ~* . . per (by the) hour; 5 kr. *per ~* . . an hour

timmer *timret* - timber, amer. lumber **-avverkning** [timber] felling, amer. äv. lumbering **-flottare** log-driver; se vid. *flottare* **-flotte** [log (timber)] raft **-flottning** log driving; rafting **-huggare** [timber] feller, lumberjack, lumberman **-man** carpenter **-ränna** flume **-skog** timber forest **-stock** log; *dra ~ar* snarka be driving one's hogs to market **-stuga** timbered house, log-cabin

timotej *-en 0* timothy [grass], herd's grass

tim|penning se *timlön* **-plan** timetable, amer. schedule

timra I *tr, ~* [*ihop (upp)*] eg. build (construct) [. . of logs (out of timber)]; bildl. construct; *en ~d* stuga a timbered . . **II** *itr* carpenter, do carpentry

timslag stroke of the hour, hour-stroke; *slå ~* strike the hour[s] **timslång** *a* . . of an hour's duration, . . lasting an hour

tim|tal, *i ~* se följ. **-tals** *adv* o. **-vis** *adv* i timmar for hours [together], for hours and hours **-visare** hour (small) hand

1 tin|a *-an -or* **1** laggkärl tub **2** fiske~ creel, pot

2 tina *tr itr, ~* [*upp*] thaw äv. om djupfrysta varor o. bildl.; smälta melt; *hon ~de upp* blev mer tillgänglig she became less reserved (more sociable)

tindra *itr* twinkle; gnistra sparkle, scintillate

1 ting *-et* - **1** domstolssammanträde [district-court] sessions pl., i Engl ung. Assizes, Quarter Sessions båda pl.; *hålla ~* hold (take) the sessions; *sitta ~* ha tingstjänstgöring som utbildning be on duty (serve) at a (resp. the) district-court **2** hist. thing

2 ting *-et* - sak thing; föremål äv. object; ärende äv. matter; en hel del *saker och ~* . . things

tinga *tr, ~* [*på*] order [. . in advance], bespeak; reservera (plats, rum o.d.; äv. *~ upp*) reserve, book; pers. engage; . . *är redan ~d* reserverad äv. . . is already taken; *~ tid hos* . . make (fix) an appointment with . .; *~ bort ngt till ngn* promise a th. to a p.

tingeltang|el *-let 0* **1** musik jingle[-jangle] **2** enklare underhållning cheap entertainment

tingest *-en -ar* thing; föremål object; manick contraption, gadget **tingord** substantive, noun

tings|hus [district] court-house **-lag** district-court area **-sal** [district-court] sessions-hall

tinktur tincture

tinn|e *-en -ar* pinnacle, bergs~ äv. summit; *nå ärans -ar* reach the pinnacles of glory

tinner *-n 0* thinner

tinning *-en -ar* temple

tio *räkn* ten; jfr *fem* o. sms. **-armad** *a* om bläckfisk ten-armed **-dubbel** *a* tenfold; jfr *femdubbel* **-foting** decapod (pl. -a) **-kamp** decathlon **-kampare** decathlete

tionde I *räkn* tenth; jfr *femte* o. sms. **II** *-n (-t) 0* tithes pl.; *ge ~* pay [one's] tithes **tion-**[**de**]**del** tenth [part]; jfr *femtedel*

tio|pundssedel ten-pound note, F tenner

-tal ten; ~ *och hundratal* tens and hundreds; *ett par* ~ some twenty or thirty; *några* ~ ung. a few dozen; jfr f.ö. *femti[o]tal* **-talssystemet** the decimal system **-tusental,** *ett (något)* ~ some (about) ten thousand; räknas *i* ~ . . in tens of thousands **-tusentals** *oböjl. a* tens of thousands (subst. i pl.), *människor* of people **-årsperiod** ten-year period; se äv. *årtionde*

1 tipp *-en -ar* spets tip, *av (på)* of

2 tipp *-en -ar* **1** avstjälpningsplats [refuse (amer. garbage)] dump **2** avstjälpningsanordning tipping device; *lastbil med* ~ tipper, tipping lorry, amer. dump[ing] truck

1 tippa I *tr* stjälpa (äv. ~ *ut*) tip, dump **II** *itr* (äv. ~ *över*) tip [over]

2 tippa *tr itr* **1** förutsäga tip; *jag* ~*r att han (den hästen) vinner* I tip him (that horse) to win (as the winner); ~ *vem som vinner* äv. spot the winner **2** med tipskupong do the [football] pools, fylla i en kupong fill in a [football] pools coupon; ~ *fyra rader* fill in four lines on the [football] pools coupon; ~ *tolv rätt (en tolva)* forecast (get) twelve correct results **tippare** *-n -* sport. punter

1 tippning tipping, dumping; ~ *[av sopor] förbjuden!* no tipping allowed!, tip no rubbish [here]!

2 tippning fotbolls~ doing the [football] pools; filling in [football] pools coupons; jfr *2 tippa 2*

tippvagn lastbil tipper, tipping lorry, amer. dump[ing] truck; järnv. tipping truck, amer. dump car

tips *-et -* **1** upplysning tip, tip-off, *om* about, as to; *ge ngn ett (några)* ~ give a p. a tip **2** *vinna på* ~*[et]* win on the [football] pools; *mot alla* ~ blev han utnämnd against all odds . . **-kupong** [football] pools coupon **-rad** line on a (resp. the) [football] pools coupon **-tolva** se *tolva* **-vinnare** [football] pools winner **-vinst** [football] pools win (dividend)

tiptop *oböjl. a* tip-top, first-rate

tirad *-en -er* tirade

tisdag Tuesday; jfr *fredag* o. sms.

tiss|el *-let 0,* ~ *och tassel* viskande whispering; hemlighetsmakeri hush-hush, skvaller tittle-tattle **tissla** *itr,* ~ *och tassla* viska whisper; *det* ~*s och tasslas så mycket om att* . . there is a lot of whispering (skvallras tittle-tattle) going on that . .

tist|el *-eln -lar* bot. thistle

tistelstång pole, shaft

titan 1 jätte Titan **2** *-en (-et) 0* kem. titanium **titanisk** *a* jättelik titanic, titan

titel *-n titlar* person~, bok~ o.d. title; ~*n professor* the title of professor; ~*n på boken* the title of the book; *bära* ~*n* hertig have (bear) the title of . .; *inneha* ~*n* sport. hold the title; *lägga bort (slänga) titlarna* dispense with (drop the) titles; *de lade bort titlarna* äv. they started calling each other by their Christian names; *en bok med* ~*n* . . a book entitled . . **-blad** title-page **-bortläggning** dispensing with (dropping of) titles **-hållare** sport. title-holder **-plansch** title-plate, frontispiece **-roll** title-role, name-part **-sida** title-page **-sjuk** *a, vara* ~ be fond of (mera utpräglat have a mania for) titles **-sjuka** fondness (mania) for titles

titrera *tr* titrate

1 titt *adv,* ~ *och tätt (ofta)* frequently, repeatedly, time and again

2 titt *-en -ar* **1** blick look, hastig glance, i smyg peep; *ta [sig] en* ~ *på* . . have (take) a look osv. at . . **2** kort besök call, *hos ngn* on a p.; *tack för* ~*en!* ung. it was kind of you to look me up!

titta I *itr* look, ta en titt have a look, kika peep, peek, flyktigt glance, oavvänt gaze, stare, *på* i samtl. fall at; ~ *[själv]!* look [for yourself]!; för tillämpliga ex. se vid. *se I* **II** *rfl* se *se II 2* **III** m. beton. part. (jfr äv. under *se III*) **1** ~ *fram* peep out (forth), synas (om ting) show; solen ~*r fram mellan molnen* . . peeps out from behind the clouds; när solen ~*r fram* . . comes out (peeps forth) **2** ~ *inte hit!* don't look this way!, avsnäsande what are you looking at?; ~ *hit (hem [till oss])* komma hit come round, hälsa på come and see us; *vill du* ~ komma *hit* ett tag would you [please] come over here . . **3** ~ *in* komma in [och hälsa på] look (drop) in, *till* ngn on . .; gå in call in, *till* t.ex. en familj, affär o.d. at . . **4** ~ *ned till oss* någon gång come down and see us . . **5** ~ *upp till oss* någon gång come up and see us . . **6** ~ *ut ngn* a) närgånget glo på ngn stare a p. up and down b) ur en lokal stare a p. out of a (resp. the) place; ~ *ut till oss [på landet]* come out [into the country] and see us; *titt ut!* bo[o]!, isht amer. peekaboo!; I see you! **7** ~ *över till oss* någon gång call round [and see us] . .

tittare *-n -* TV~ viewer **tittglugg** spy-hole **titthål** peep-hole **tittskåp** peep-show **titt-ut,** *leka* ~ play [at] bo-peep (isht amer. peekaboo); jfr *titta [ut]*

titulatur, *ngns* ~ a p.'s title (resp. titles) **titulera** *tr* style, call; ~ *ngn* professor äv. address a p. as . .; *hur* ~*s han?* how is he [to be] addressed (styled)? **titulering** se *titulatur* **titulär** *a* titular; nominell äv. nominal **titulärprofessor** titular professor

tivoli *-t -n* amusement park, amer. äv. carnival; isht om mera tillfälligt äv. fun-fair

tja *itj* well!

tjafs *-et 0* prat drivel, twaddle, tommy rot; strunt, smörja rubbish; fjant fuss **tjafsa** *itr* prata talk drivel (tommy rot); fjanta fuss **tjaf-**

sig *a* larvig silly; fjantig fussy, hafsig sloppy
tjalla *itr* skvallra tell tales; om angivare squeal, squeak **tjallare** *-n* - angivare squealer, squeaker
tjat *-et 0* nagging, *om* about; continual (persistent) asking, *om* for; harping, *om* on; jfr *tjata* **tjata** *itr* gnata nag, *på ngn* [at] a p., *om ngt* about a th.; ~ *på ngn om ngt* ständigt (envist) be el. tigga om [att få] ngt continually (persistently) ask a p. for a th., worry a p. [to death] for a th.; *hon ~r* mal *jämt om samma sak* she is always harping on the same thing; ~ *sig till ngt* get a th. by continually (persistently) asking for it **tjatig** *a* **1** gnatig nagging; *hon är så ~* she is always nagging **2** långtråkig boring, tedious
tjatt|er *-ret 0* o. **tjattra** *itr* jabber, chatter
tjeck *-en -er* Czech **tjeckisk** *a* Czech **tjeckisk|a** *-an* **1** pl. *-or* kvinna Czech woman **2** pl. *0* språk Czech **Tjeckoslovakien** Czechoslovakia **tjeckoslovakisk** *a* Czechoslovak[ian]
tjej *-en -er* F girl
tji, *där fick du ~!* that got you!, det gick inte! it didn't work!
tjoa *itr* hollo, *på ngn* a p.
tjock *a* allm. thick; om pers. samt om sak i bet. 'kraftig' stout; fet fat; knubbig chubby; tät (t.ex. skog, rök) dense; ~ *och fet* stout, fat; *kort och* ~ ofta stocky, squat, stumpy; *ha ~ hud* have a thick skin äv. bildl.; *~a händer* podgy hands; *~a kläder* vanl. heavy clothes; *hon fick (kände) något ~t i halsen* bildl. she felt a lump in her throat; *luften var ~ av rök* the air was thick with smoke; *det var ~t med folk på gatan* the street was packed with people **tjocka** *-n 0* fog **tjockflytande** *a* thick, viscous, viscid; om olja heavy **tjockhudad** *a* thick-skinned äv. bildl. **tjockis** *-en -ar* fatty **tjocklek** *-en -ar* thickness; *.. av två tums ~* .. two inches thick (in thickness) **tjockna** *itr* get (grow, become) thick, thicken **tjockskalig** *a* om t.ex. nöt, ägg thick-shelled, om t.ex. potatis, äpple thick-skinned, thick-peeled **tjockskalle** fathead, numskull **tjockskallig** *a* bildl. thick-headed, thick-skulled, friare dense **tjockt** *adv* thickly (efter verbet ofta äv. thick) osv., jfr *tjock* **tjocktarm** large intestine **tjockända** thickend
tjog *-et* - score; *fem ~* ägg five score [of] ..; *några ~* kräftor a few score [of] .., some scores of .. **-tals** *oböjl. a* scores (subst. i pl.), *[med] människor* of people **-vis** *adv* per tjog by the score; ~ *med ..* scores of ..
tjud|er *-ret -er* tether **tjudra** *tr* tether; ~ *fast* tether up, *vid* to
tjugo *räkn* twenty; jfr *fem[tio]* o. sms. **tjugoett** *n* kortsp. vingt-et-un fr. **tjugonde** *räkn* twentieth; jfr *femte* **tjugon[de]dagen** *(tjugon[de]dag jul)* Hilarymas [Day]; jfr *juldag 1* **tjugon[de]del** twentieth [part]; jfr *femtedel* **tjugotal** twenty; för ex. jfr *femti[o]tal; ett ~ [meter]* some (about) twenty [metres], a score or so [of metres] **tjugu** *räkn* se *tjugo*
tjur *-en -ar* zool. bull **tjura** *itr* sulk, be in a sulk **tjurfäktare** bullfighter **tjurfäktning** bullfighting; *en ~* a bullfight **tjurhuvud** bildl. obstinate (pig-headed) fellow, mule **tjurig** *a* sulky **tjurighet** sulkiness
tjur|kalv bull-calf **-nacke** bred nacke bull-neck **-skalle** bildl. obstinate (pig-headed) fellow, mule **-skallig** *a* pig-headed **-skallighet** pig-headedness
tjus|a *-ade -at* (poet. *-te -t*) *tr* charm (äv. *~ till*), enchant, friare fascinate, captivate **tjuserska** fair charmer, enchantress **tjusig** *a* charming, lovely, om sak äv. gorgeous **tjuskraft** charm, power to charm **tjusning** *-en 0* charm, enchantment; fascination; *fartens ~* the fascination of speed
tjut *-et* - tjutande howling, vrålande roaring; *ett ~* a howl, a roar **tjut|a** *tjöt -it itr* howl, vråla roar, om mistlur hoot; gråta cry; ~ *av skratt* howl (shriek) with laughter; ~ *med ulvarna (vargarna)* cry with the pack
tjuv *-en -ar* thie|f (pl. -ves); inbrotts~ housebreaker, nattlig burglar; *som en ~ om natten* like a thief in the night **-aktig** *a* thievish **-aktighet** thievishness **-alarm** burglar alarm **-band** gang of thieves **-eri** theft; jur. larceny **-fiska I** *tr* poach [for] **II** *itr* poach fish **-fiskare** fish-poacher **-fiske** fish-poaching, illicit fishing **-gods** koll. stolen property (goods pl.) **-[gods]gömma** där tjuvgods skall gömmas place for harbouring stolen property, där tjuvgods har gömts place where stolen property has been harboured **-knep** bildl. dirty trick **-larm** se *-alarm* **-liga** gang of thieves **-lyssna** *itr* eavesdrop **-läsa** *tr itr,* ~ *[en bok (tidning)]* read [a book (paper)] on the sly
tjuvnad *-en -er* theft; jur. larceny **tjuvnadsbrott** larceny
tjuv|nyp, *ge ngn ett ~* bildl. make (have) a [sly] dig at a p. **-pojke** [young] rogue, [young] rascal, scapegrace **-pojksaktig** *a* roguish **-pojksstreck** dirty trick **-skytt** [game] poacher **-skytte** [game] poaching **-språk** thieves' slang (cant), argot **-stanna** *itr* om bilmotor stall **-start** false start **-starta** *itr* sport. make a false start; friare jump the gun **-titta** *itr,* ~ *i* en bok take a look into (have a peep at) .. on the sly **-tjockt** *adv, jag mår ~* I feel rotten **-träna** *itr* train on the quiet
tjyv|nyp, -tjockt se *tjuv|nyp, -tjockt*
tjäder *-n tjädrar* capercaillie, capercailzie **-höna** female (hen) capercaillie **-spel** tupps:

läten [cock]capercaillie's calls pl. (parningslek courting) **-tupp** male (cock) capercaillie, levande äv. cock of the wood

tjäle *-n 0* frost in the ground, ground frost; *~n har gått ur jorden* the frost [in the ground] has broken up, the earth (soil) has thawed **tjällossning**, *~en* the breaking up of the frost in the ground, the thawing of the frozen soil **tjälskada** trafik. frost-damage; *~ (tjälskador)* på vägskylt frost-damaged surface **tjälskott** hål o.d. pot-hole [due to frost]; ~ pl. upphöjningar frost heave sg.

tjän|a *-ade -at* (F o. poet. *-te -t*) **I** *tr itr* **1** göra tjänst [åt] serve; *~ hos ngn* serve (be in service) at (in) a p.'s house, be in a p.'s service; *~ som (till)* . . betr. abstr. ting (t.ex. förebild, ursäkt) serve as . ., betr. mera konkr. ting (t.ex. bostad, föda) äv. do duty as (i stället för for) . .; *~ som rådgivare* vanl. act as an adviser; den kommer att *~ sitt syfte* . . serve its purpose; *det ~r ingenting till* it is [of] no use, it is no good, *att gå (att du går) dit* going (your going) there; *det ~r ingenting till att gå (*resp. *att du går) dit* äv. there is no use (point) in going (resp. in your going) there; att göra det *skulle inte ~ någonting till* . . would be no use (no good, to no purpose); *vad ~r det till?* what is the use (good) of that?, what is that for? **2** *~ [sig]* se *förtjäna I* **II** m. beton. part. **1** *~ av* se *avtjäna* **2** *~ ihop* en summa save up . . out of one's earnings **3** *~ in sina utlägg* recover (clear) one's expenses; *vi ~de in fem minuter på att ta taxi* we gained five minutes by taking a taxi; pensionen kan betraktas som *intjänad lön* . . salary earned in advance **4** den här rocken *har ~t ut* . . has seen its best days

tjänare **I** *s* allm. servant; *en kyrkans (Guds) ~* a minister of the Church (the Lord) **II** *itj* goddag! hallo!; adjö! bye-bye!, cheerio! **tjänarinna** [maid] servant **tjänlig** *a* passande, lämplig suitable; användbar serviceable, *till* i bägge fallen for; *inte ~ till människoföda* äv. not fit (unfit) for human food; *vid ~ väderlek* when (resp. in case) the weather is suitable

tjänst *-en -er* allm. service; plats, anställning place, situation; befattning post, isht stats~ appointment; ämbete office; prästerlig charge, ministry; jfr *tjänstgöring; erbjuda ngn sina ~er* offer one's services to a p.; *göra ~* allm. do service (serve, do duty), *som* as (i stället för for); lokomotivet *kan ännu göra ~* äv. will still serve its purpose (F turn); motorn *vägrar att göra ~* . . refuses to (. . won't) work; *göra ngn en ~* do (render) a p. a favour (service), do a p. a good turn; *du skulle göra mig en ~ genom att* inf. äv. you would oblige me by ing-form; *göra ngn den sista ~en* pay one's last respects to a p.; *han har gjort* samhället *stora ~er* he has done . . excellent service; *lämna sin ~* befattning resign one's appointment; *sköta sin ~* attend to (fullgöra äv. discharge) one's duty (duties); *ta ~ som* . . take a place (a situation) as . .; *inträda i ~* enter upon one's duty, take up one's duty; *ta ngn i sin ~* engage (take on, employ) a p., take a p. into one's employ; *vara i ~* be on duty; *inte vara i ~* be off duty; vara *i statens ~* vanl. . . in the State service; *vara i ~ hos ngn* be in a p.'s employ (service), be employed by a p.; *i ~en* under tjänstgöringstid when on duty; *be ngn om en ~* ask a p. a favour, ask a favour of a p.; *stå till ngns (ngn till) ~* be at a p.'s service (disposal); *vad kan jag stå till ~ med?* what can I do for you?; *till ~ för* nybörjare for [the use of] . .; *utom ~en* adv. when off duty; han är där *å (på) ~ens vägnar* . . on official business

tjänst|aktig *a* o. **-aktighet** se *tjänstvillig, tjänstvillighet* **-duglig** *a* om pers. . . fit for service **-duglighet** om pers. fitness for service

tjänste|ande servant **-angelägenhet** official matter; vara bortrest *i ~er* . . on official business **-avtal** service agreement **-bil** official car, car for official use; bolags, firmas etc. company (firm's etc.) car, car supplied by the company (firm etc.) **-bostad** våning flat (hus house) attached to one's post (job); högre. ämbetsmans official residence **-brev** post. official matter (mail), amer. äv. penalty mail samtl. end. sg.; mots.: privatbrev official letter **-bruk**, *för ~* for official use **-duglig** *a* o. **-duglighet** se *tjänstduglig, tjänstduglighet* **-fel** breach of duty, [official] misconduct **-flicka** servant [girl], maid, amer. äv. hired girl **-folk** servants pl. **-förrättande** *a* . . in charge; attr. äv. acting, officiating **-grad** rank **-kupé** guard's compartment **-läkare** medical officer **-man** statlig civil servant, official; i enskild tjänst [salaried] employee; kontorist clerk; *Tjänstemännens Centralorganisation* (förk. *TCO*) The Swedish Central Organization of Salaried Employees **-mannarörelse** salaried employees' movement **-pension** retirement (service) pension **-plikt** **1** plikt i tjänsten official duty **2** plikt att göra tjänst compulsory [national] service **-resa** i statstjänst official journey; affärsresa business journey **-rum** office[-room] **-ställning** office, mil. official standing **-tid** **1** anställningstid period of service **2** *under (på) ~* during hours of duty (kontorstid office hours) **-utövning**, våld mot polisman *i hans ~* . . during the exercise of his duties; *under ~* bör man . . when discharging one's official duties . . **-vikt** bils kerb weight including driver's weight **-väg**, man (ärendet) måste gå

~*en* . . through official channels **-ålder,** befordran går *efter* ~ . . by seniority [in service] **-år** year of service **-ärende** official matter
tjänst|flicka m.fl. se *tjänsteflicka* m.fl. **-göra** *itr* allm. serve, do duty, *som* as (i stället för for), *på, vid* at (resp. in); om pers. äv. act (*som* tolk as . .), isht kyrkl. o. sport. officiate; vara i tjänst be on duty, vid hovet o.d. be in attendance, *hos* on; *han -gjorde* många år som . . he worked (isht mil. o.d. served) . . **-görande** *a* . . on duty isht mil. o.d. . . in charge, vid hovet . . in attendance **-göring** duty; arbete work end. sg.; ~*en* omfattar . . äv. the duties (pl.) . .; *ha* ~ be on duty (vid hovet in attendance); *inte ha* ~ be off duty; *under sin* ~ *häromdagen* . . while on duty the other day . .; *under sin* ~ *som lärare* . . during the period he was a teacher . .
tjänstgörings|betyg testimonial, se vid. *betyg 1;* -intyg service certificate **-reglemente** service regulations pl. **-skyldighet** official duties pl., om t.ex. lärare teaching duties pl. **-tid 1** [daglig] arbetstid hours pl. of duty **2** anställningstid period of service
tjänst|ledig *a, vara* ~ be on leave [of absence], mil. be on furlough; *ta* ~*t* take leave **-ledighet** leave of absence; *ha* ~ se [*vara*] *tjänstledig* **-villig** *a* obliging, willing, helpful, pred. äv. willing to help **-villighet** obligingness etc.
tjära I *-n 0* tar; *bränna* ~ boil (distil) tar **II** *tr* tar, give . . a coating of tar **tjärblomster** catchfly **tjärbrännare** tar-boiler, tar-distiller **tjärig** *a* tarry; nedfläckad av tjära . . stained with tar
tjärn *-en -ar* small lake, mere
tjär|papp takpapp [tarred] roofing-felt **-sticka,** röra sig *som en lus på en* ~ . . at a snail-like pace **-tunna** tar-barrel; tunna tjära barrel of tar **-tvål** tar-soap; *en* ~ a piece of tar-soap
toalett *-en -er* **1** ~rum lavatory, amer. ofta bathroom; wc toilet, W.C.; på restaurang o.d. cloak-room, amer. washroom, isht dam~ rest room; offentlig public convenience, amer. comfort station; *gå på* ~*en* go to the lavatory etc. **2** klädsel dress, toilet; *göra* ~ dress, make one's toilet; *i stor* ~ in full dress **-artikel** toilet requisite; *-artiklar* äv. toilet accessories **-bestyr** toilet end. sg. **-bord** toilet-table, dressing-table, amer. dresser **-handduk** face towel **-papper** toilet-paper **-rum** lavatory; jfr *toalett 1* **-spegel** toilet-mirror
toalettvål toilet-soap; *en* ~ a piece of toilet-soap
tobak *-en 0* tobacco äv. bot., F baccy; *finskuren (grovskuren)* ~ fine-cut el. shredded (coarse[-cut]) tobacco; *ta sig en pipa* ~ have (take) a pipe **tobakist** tobacconist
tobaks|affär butik tobacconist's [shop], amer. äv. cigarstore **-automat** cigarett- cigarette slot machine **-burk** av trä, stengods osv. tobacco-jar; bleckburk: tobacco tin, burk tobak tin of tobacco **-buss** quid, [tobacco] plug **-handlare** detaljist tobacconist **-odling** abstr. tobacco-growing **-paket** paket tobak packet of tobacco **-planta** tobacco plant **-plantage** tobacco plantation **-pung** tobacco-pouch **-rök** tobacco-smoke **-rökning** tobacco-smoking; *T~ förbjuden!* No smoking! **-sort** type (sort, kind) of tobacco; *-sorter* äv. tobaccos
todd|y *-yn -[y]ar* toddy
toffel *-n tofflor* slipper, klacklös äv. mule; *i tofflor, med tofflor på fötterna* in slippers; *stå under* ~*n* be [regularly] hen-pecked **-blomma** slipperwort **-djur** slipper animalcule **-hjälte** hen-pecked husband **-regemente** o. **-välde** petticoat government
tofs *-en -ar* tuft, bunch, på djur äv. crest; på möbler, kläder o.d. tassel **-lärka** crested lark **-mes** crested tit **-vipa** lapwing, peewit
toft *-en -er* thwart
tog|a *-an -or* toga
tok 1 *-en -ar* fool, idiot, crazy fellow **2** *gå (vara) på* ~ galet go (be) wrong, *för, med* with; *det är på* ~ alldeles *för många* there are far too many; *han kom på* ~ *för sent* he came far too late **tok|a** *-an -or* fool of a woman (resp. girl), crazy woman (resp. girl)
tokajer *-n 0* Tokay
tok|er *-ern -ar* se *tok 1* **tokeri** dumhet, galenskap nonsense, folly (äv. ~*er*); ~*er* äv. foolish things, tokiga upptåg o.d. foolish pranks, tokiga idéer foolish ideas **tokig** *a* mad osv., jfr *galen* m. ex.; dum, enfaldig foolish, silly; löjlig ridiculous, tokrolig funny, comic[al] **tokighet** *-en -er* se *tokeri* **tokigt** *adv* **1** madly osv., jfr *tokig* **2** se *galet* **tokrolig** *a* funny, comic[al] **tokrolighet** funniness, comicalness **tokstolle** se *tok 1;* galenpanna madcap
tolerans *-en -er* tolerance äv. tekn., *mot* towards **tolerant** *a* tolerant, *mot* towards
tolerera *tr* tolerate, put up with
tolft *-en -er* dozen; *två* ~*er plank* two dozen deals **tolfte** *räkn* twelfth; jfr *femte* **tolftedel** twelfth [part]; jfr *femtedel*
tolk *-en -ar* **1** pers. interpreter; *göra sig till* ~ *för* uttrycka (t.ex. känslor) voice, give voice to, förfäkta (t.ex. en åsikt) advocate **2** tekn. gauge
1 tolka *itr* sport. go ski-joring
2 tolka *tr* som tolk, tolkare interpret; tyda (t.ex. text, lag) äv. construe, handskrift äv. decipher; återge render; översätta translate; uttrycka (t.ex. känslor) express, give expression to, voice, give voice to; talet ~*des på svenska* . . was rendered (translated) into Swedish **tolkare** *-n* - av musik, roll, känslor o.d. interpreter

1 tolkning sport. ski-joring
2 tolkning tolkande interpreting osv., jfr *2 tolka;* interpretation, construction, decipherment, rendering, translation; version version **tolkningsfråga** question of interpretation
toluol *-en 0* toluol
tolv *räkn* twelve; *klockan ~ på dagen (natten)* vanl. at noon (midnight); jfr *fem[ton]* o. sms. **tolv|a** *-an -or* twelve; *få en ~* vid tippning get twelve correct results, jfr f.ö. *femma* **tolvfingertarm** duodenum **tolvtiden,** *vid ~* about twelve etc., jfr *femtiden;* about noon, om natten about midnight **tolvtonsmusik** twelve-note (twelve-tone) music, dodecaphony
tom *a* allm. empty äv. bildl. (om t.ex. löften, fraser), *på* of; meningslös (om t.ex. prat, hot) idle; *~ma ord* empty (idle) words; *försvinna (stirra ut) i ~ma rymden* fade into space (stare into vacancy); *~ma sidor* blank pages; *en ~ stol* a vacant chair; *~ma väggar* bare walls; *huset har stått ~t* hela sommaren the house has been [standing] empty (vacant) . .; därinne var det *tyst och ~t* avfolkat . . silent and deserted; *det är ~t efter henne* she has left a great blank (a void) behind her; *jag är alldeles ~ i huvudet* my brain is empty; *känna sig ~ i magen* feel empty inside
t.o.m. förk. se *till I 12 b*
tomahawk o. **tomahåk** *-en -ar* tomahawk
tomat *-en -er* tomato **-ketchup** tomato ketchup **-sås** tomato sauce
tombol|a *-an -or* tombola **tombolahjul** tombola wheel
tom|butelj empty bottle **-glas** -butelj empty bottle (koll. bottles pl.) **-gång** motor. idling; *gå på ~* idle, tick over; *ändra [på] ~en* change the idle (idling) speed **-het** emptiness osv., jfr *tom;* vacancy, vacuity; *en känsla av ~* bildl. äv. a [feeling of] void **-hänt** *a* empty-handed **-låda** empty box **-rum** ej utfylld plats vacant space (mera avgränsat place), tomhet o.d. void, vacuity, mellanrum, lucka gap, t.ex. på en blankett blank space; fys. vacuum; han har lämnat *ett stort ~ efter sig* . . a great blank (a void) behind him
tomt *-en -er* obebyggd: building site, site [for building], piece of land (ground), mindre plot [of land], isht amer. lot; kring villa o.d. garden, större grounds pl.
tomte *-n tomtar* **1** hus~ ung. brownie, puck **2** se *jultomte* **-bloss** sparkler
tomt|gräns boundary [of a (resp. the) building site osv.] **-jobbare** land speculator **-nummer** site number **-pris** price of a (resp. the) [building] site osv. **-rätt** site-leasehold (leaseholder) right
1 ton *-net -* **1** vikt metric ton, eng. motsv. (1016 kg) ton; *1000 ~ kol* 1,000 [metric] tons of coal[s] **2** *ett fartyg på (om) 5000 ~* a ship of 5,000 tons
2 ton *-en -er* mus. m.m., allm. tone äv. bildl.; mus (om viss ton) o. bildl. äv. note; färg~ äv. hue; fonet.: ~vikt, tryck stress, ~höjd pitch [of the (one's) voice]; *de glada ~erna av en vals* the gay strains of a waltz; *~ernas rike (värld)* the realm of music; *en ~ av vemod* a note of sadness; *höga (låga) ~er* high (low) notes; *rena (klara) ~er* pure (clear) tones; *hålla ~en* keep in tune; *ta (använd, inte (tala inte i) den ~en mot mig!* don't take that tone with me!; *ta sig ~ mot ngn* try to domineer a p., speak in a domineering tone [of voice] to a p.; *tala i (använda) en annan ~, ändra ~[en]* change one's tune; *i befallande (vänlig) ~* in a tone of command (in a gentle tone); *tala i låg ~* speak in a low tone; *gå ~ i ~* harmonize; *det hör till god ~* it is good form **tona I** *itr* ljuda sound, ring; *~ bort* förklinga die away **II** *tr* ge färgton åt tone; håret tint; *~ bort* ljud, bild (radio o. TV) fade out **tonande** *a* ljudande sounding, ringing; fonet. voiced **tonarm** pickup arm **tonart** mus. key **tonfall** intonation; *hans raljanta ~* his rallying tone [of voice]
tonfisk tunny[-fish], större o. kok. tuna (pl. tuna[s])
ton|givande *a* bildl., *vara ~* give (set) the tone (fashion); *i ~ kretsar* in leading quarters, in [the] leading circles **-gång** mus. progression, succession of notes (tones); *kända ~ar* familiar strains äv. bildl. **-höjd** mus. pitch
tonic *-en 0* tonic water
ton|ing toning; av hår tinting **-konst** [art of] music **-kontroll** radio. tone control **-läge** tonhöjd pitch **-lös** *a* fonet. voiceless, unvoiced, breathed; hennes röst var *trött och ~* . . tired and flat
tonnage *-t 0* tonnage i olika bet.; konkr. (koll.) äv. shipping
tonsill *-en -er* tonsil
ton|spår film. sound track **-steg** step (degree) [of the scale], ibl. tone **-styrka** intensity (volym volume) [of sound]
tonsur tonsure
ton|sätta *tr* set . . to music **-sättare** composer [of music] **-vikt** stress; bildl. vanl. emphasis; *lägga ~[en] på* stress, put [the] stress on, emphasize äv. bildl.; *med ~ på* . . bildl. with the accent on . .
ton|åren *pl, en flicka i ~* . . in her teens; *ungdomar i ~* äv. teen-agers **-åring** teen-ager **-årsmod** teen-age fashion
top (blus) se *2 topp 2*
topas *-en -er* topaz
topografi *-[e]n 0* topography **topografisk** *a* topographical
1 topp *itj* done!, agreed!, [it's] a bargain!

topp *-en -ar* **1** eg. allm. top; krön, övre kant crest; bergs~ äv. summit; spets pinnacle, peak, apex (pl. äv. apices); *~arna* de ledande (främsta) se motsv. ex. under *1 spets; ~arna på (i)* en feberkurva the apexes of . .; *det är ~en!* F it's terrific (first rate)!; *kapa ~arna* i trafiken reduce the peaks; *stämningen var på ~en* the atmosphere was perfect; *vara (stå) på ~en av sin kraft (ryktbarhet)* be at the summit of one's power (at the pinnacle of one's fame); *från ~ till tå* from top to toe; *beväpnad från ~ till tå* armed from head to foot, armed cap-a-pie; *mönstra ngn från ~ till tå* look a p. up and down, F give a p. the once-over; *hissa flaggan i ~* run up the flag [sjö. to the masthead]; *med flaggan i ~* with the flag aloft (sjö. at the masthead) **2** blus top **3** adv. F, *~ [tunnor] rasande* mad with rage, raving mad (furious); *bli ~ tunnor rasande* äv. fly (get) into a towering rage **toppa** *tr* **1** ta av toppen på top, träd äv. lop **2** stå överst på (t.ex. lista) top, head **toppform,** *vara i ~* be in top form, be at the top of one's form **topphastighet** top speed **topphemlig** *a, vara ~* be top secret **toppig** *a* spetsig pointed; konisk conical **topp|klass,** *en* tennisspelare *i ~* a . . in the top class; skor *i ~* top-grade (first-rate) . . **-konferens** summit (top-level) conference **-kurs** top (peak) rate (på värdepapper äv. quotation) **-lanterna** sjö. masthead (top) light **-lock** cylinder head **-luva** pixie cap **-man** top man **-murkla** [edible] morel **-mössa** pointed (conical) cap **-möte** summit (top-level) meeting **-notering 1** se *-kurs* **2** toppris top price **--prestation, --pris, --punkt** se *topprestation, toppris, toppunkt* **topprestation** top (record) performance, record achievement **topprida** *tr* bully; *jag tänker inte låta mig ~s* I am not going (don't mean) to be bullied (put upon) **toppris** top price **toppsegel** topsail **toppskott** bot. leading shoot, skogsv. leader **toppsocker** loaf-sugar **toppspelare** fotb. o.d. crack player **toppunkt** eg. summit, highest point; apex; jfr *höjdpunkt* **toppvarv** motor. maximum revolutions pl.; *gå på ~* go at top rev. **toppventil** motor. overhead valve

Tor myt. Thor

torde *hjälpvb* **1** uttr. uppmaning will, hövligare will please; *ni ~ observera* you will (behagade will please el. will kindly, anmodas are requested to, bör should) observe; *dokumenten ~ sändas till* . . the documents are to be (should be) sent to . . **2** uttr. förmodan: uttryckes vanl. genom konstr. m. probably, jfr ex.; *det ~ finnas* många som . . there are probably . .; *som man ~ erinra sig* as will [certainly] el. will probably (kanske as may) be remembered; *man ~ invända att* . . it will [probably] (kanske might perhaps) be objected that . .; *ni ~ ha rätt* äv. I suppose (dare say el. daresay) you are right; *slottet ~ ha byggts* på 1600-talet the castle was probably (synes would seem to have been) built . .; *han ~ vara där nu* he should (will) be (he is probably) there now; *han (jag) ~ komma på måndag* he will (I shall el. will) probably come on Monday; *han sade att det ~ bli svårt* att finna en ersättare he said that it would probably be difficult . .; *man ~ kunna säga att* it may (can, might, could) probably be said that . .

tordmul|e *-en -ar* razorbill, razor-billed auk

tordyv|el *-eln -lar* dor-beetle, dung-beetle

tordön *-et -* thunder **tordönsröst** thunderous voice; *med ~* äv. in a voice of thunder

toreador *-en -er* toreador

torftig *a* enkel plain; fattig poor, t.ex. om omständigheter needy, indigent; ynklig, t.ex. om argument threadbare; knapp, skral scanty, meagre; luggsliten shabby; *~a kunskaper* scanty knowledge; *ett ~t program* a poor (meagre) programme; hennes hem *såg ganska ~t* (sparsamt möblerat) *ut* . . looked rather bare **torftighet** enkelhet plainness; fattigdom poorness, poverty, indigence; knapphet scantiness **torftigt** *adv* poorly osv.

torg *-et -* **1** salu~ market-place, market, jfr ex.; *gå på (till) ~et* för att handla go to [the] market; *gå till ~et* t.ex. för att titta på det go (walk) to the market-place; *träffa ngn på ~et* . . in the market-place (market); *föra till ~s* bildl. trot out, bring forward **2** öppen plats i stad square **-dag** market-day **-föra** *tr* **1** saluföra offer . . for sale [in the market] **2** se [*föra till*] *torg*[*s*] **-gumma** market-woman **-handel** market trade, marketing **-pris** price in the market, market-price **-skräck** agoraphobia **-stånd** market stall **-tid,** *under ~* during (in) market-hours

tori|um *-um (-[um]et) 0* thorium

tork 1 *-en -ar* ~apparat drier, dryer **2** *oböjl. s, hänga.* [*ut*] *(vara uthängd) på (till) ~* hang . . out (have been hung out) to dry (to get dry)

torka I *-n 0* eg. [spell of] drought, dry spell (weather)

II *tr* **1** göra torr: allm. dry, få . . torr äv. get . . dry, låta . . torka äv. let . . dry, virke äv. season, luft~ air[-dry], sol~ sun-dry; genom t.ex. gnidning äv. wipe, [liksom] med en sudd o.d. mop; *~ ansiktet* dry (wipe, mop) one's face; *~ disk[en]* dry (wipe) the dishes; om du diskar, så *skall jag ~* . . I'll do the drying-up; *~d frukt* dried (desiccated) fruit; *~ fötterna* på dörrmattan wipe one's feet . .; *~ fötterna!* på anslag vanl. use the door-mat!; *~ händerna (munnen, näsan)* dry (wipe) one's hands

(mouth, nose) **2** torka (stryka) bort, ~ *dammet av (från) bordet* wipe the dust off (damma dust) the table; ~ *svetten ur pannan* mop [the sweat off] one's forehead (brow); ~ *sina tårar (tårarna ur ögonen)* wipe away one's tears, dry [the tears out of] one's eyes
III *itr* bli torr dry, get dry (om mark äv. parched); om växt äv. wither away, dry up
IV *rfl* dry oneself, torka av sig wipe oneself [dry]; ~ *sig i ansiktet (om händerna* etc.) se ~ *ansiktet,* ~ *händerna* etc. under *II 1;* ~ *dig om munnen!* använd servetten! use your napkin!
V med beton. part. **1** ~ *av* **a)** ~ ren: t.ex. fötterna, skorna wipe, glasögon äv. clean; damma av, bord o.d. dust; ~ *av ansiktet* (*händerna* etc.) se ~ *ansiktet,* ~ *händerna* etc. under *II 1* **b)** ~ bort: damm wipe off; ~ *av dammet på (från) ngt* wipe the dust off a th. **2** ~ *bort* **a)** tr. (fläck o.d.) wipe (gnida rub) off; ~ *bort en tår* dry (brush) away a tear **b)** itr. get dried up, om vätska äv. dry up; vissna wilt, wither **3** ~ *fast* dry and get stuck, *vid* to **4** ~ *ihop* krympa ihop shrink [in drying] **5** ~ *in* itr. a) om färg o.d. dry (get dried) up b) bildl. F come to nothing, not come off **6** ~ *upp* a) tr. wipe (mop) up b) itr. dry up, get dry [again] **7** ~ *ut* a) itr., om t.ex. flod dry up, run dry b) tr. dry; jfr *uttorkad*

tork|anläggning drying plant, drier **-apparat** drying apparatus, drier **-handduk** kökshandduk tea-cloth **-huv** hood hair-drier **-medel** drying agent, drier, dehydrant **-ning** drying osv., jfr *torka II* **-rum** drying room (chamber) **-ställ** för disk plate rack; foto. drying frame **-ugn** tekn. drying kiln **-vind** drying loft **-väder,** *det är bra* ~ för torkning av kläder it is good weather for drying the clothes

1 torn *-en -ar* bot. spine, thorn

2 torn *-et* - tower, spetsigt kyrk~ steeple; klock~ belfry; mil. turret; schack. rook, castle; *försedd med* ~ äv. towered **torna,** ~ *upp* tr. pile up; ~ *upp sig* pile up, bildl. äv. tower aloft

tornad|o *-on -os (-er)* tornado

tornera *itr* tourney, joust **tornering** o. **tornerspel** tournament, tourney, joust

torn|falk kestrel **-glugg** aperture in a (resp. the) tower; i klocktorn belfry window

tornig *a* bot. spiny, spinose, spinous

tornist|er *-ern -rar* mat~ haversack, canvas field-bag; foderpåse feed-bag, nose-bag

torn|spira spire, spetsigt kyrktorn steeple **-svala** [common] swift **-uggla** barn-owl **-ur** tower-clock

torp *-et* - crofter's holding (~stuga cottage), croft **torpare** crofter

torped *-en -er* torpedo; *avskjuta en* ~ launch a torpedo **torpedbåt** torpedo-boat (förk. T.B.) **torpedera** *tr* torpedo äv. bildl **torpedering** torpedoing **torpedtub** torpedo tube

torpstuga crofter's cottage

torr *a* allm. dry äv. bildl.; om jord: uttorkad parched, ofruktbar arid; om klimat torrid; om växter, löv o.d. vanl. withered, dead; bildl. (tråkig) äv. dull, boring (äv. ~ *och tråkig*); ~*t bröd* a) som torkat dry bread b) knäckebröd crispbread; ~*a fakta* äv. plain facts; *en liten* ~ *gubbe* a wizened little old man; *på* ~*a land* on dry land; ~*a siffror* äv. bald figures; inte ha *en* ~ *tråd på kroppen* be wet through; ~*t virke* seasoned wood; *den* ~*a årstiden* the drought season; *han är mycket* ~ tråkig he is very dry (is a dry stick); *han är inte* ~ *bakom öronen* he is very green; *vara* ~ *i halsen* törstig feel like a drink; *ta något* ~*t på sig* put on dry clothes; *ha sitt på det* ~*a* be comfortably off

torr|batteri dry[-cell] battery, dry pile **-destillation** dry (destructive) distillation **-docka** dry dock **-foder** dry fodder **-het** dryness; parchedness; aridity; jfr *torr* **-hosta** *s* dry [and racking] cough **-jäst** dry yeast **-klosett** earth closet **-lägga** *tr* drain, för att utvinna ny mark reclaim; bildl. F make . . dry; *vara -lagd* be dry **-läggning** drainage; reclamation **-mjölk** powdered (dried) milk, milk powder **-nål** dry-point **-nålsgravyr** dry-point [engraving]

torrolig *a* droll

torr|salta *tr* dry-cure **-schamponering** dry shampoo **-simning** swimming-stroke practice out of the water **-skaffning** smörgåsar ung. sandwiches pl. **-skodd** *a* dry-shod **-sprit** solid alcohol **-substans** dry (solid) matter, solids pl.

torrt *adv* drily; *förvaras* ~! vanl. to be stored in a dry place! **torrvedssticka** stick of dry resinous wood **torrögd** *a* dry-eyed, . . with dry eyes

torsdag Thursday; jfr *fredag* o. sms.; *du får vänta tills det blir sju* ~*ar i veckan* ung. you will have to wait till the cows come home

torsionsfjäder torsion spring

1 torsk *-en 0* läk. thrush

2 torsk *-en -ar* cod (pl. lika), codfish **-fiske** -fiskande cod-fishing **-lever** cod's liver

tors|o *-on -er* torso (pl. -s)

tortera *tr* torture **tortyr** torture, *för* to; *undergå* ~ be tortured, be put to the torture **tortyrkammare** torture-chamber **tortyrredskap** implement (instrument) of torture

torv *-en 0* **1** geol. peat; *ta upp* ~ dig [out] peat[s] **2** gräs~ sod, turf **torv|a** *-an -or* **1** gräs~ [piece (sod) of] turf **2** *den egna* ~*n* one's own plot of land

torv|brikett peat briquette **-brytning** s

-upptagning **-mosse** peat bog (moor) **-mull** -strö peat litter (till jordförbättring mulch) **-strö** peat litter **-tak** sod-roof **-täckt** *a* sodded, turfed **-upptagning** peat-digging, peat-harvesting

tosig *a* cracked, tokig foolish, befängd crazy **tosing** narr fool; förryckt crazy idiot; enfaldig simpleton

tota *tr* F, ~ *till* (knåpa ihop) t.ex. ett brev put together [some sort of] . .

total *a* total, fullständig äv. entire, complete, ytterlig (t.ex. okunnighet) äv. utter; *det ~a kriget* total war (krigföring warfare) **totalbelopp** total, total amount (sum), sum total **totalförbud** total prohibition **totalintryck** total (allmänt intryck general) impression **totalisator** totalizator **totalitet** totality **totalitär** *a* totalitarian **totalkvadda** *tr* smash . . up completely **totalomdöme,** vilket är *ditt ~ om det här?* . . your opinion of this as a whole? **totalt** *adv* totally osv., jfr *total; vara ~* alldeles *borta (försvunnen)* be gone altogether

totem *r* totem **-påle** totem [pole]

toto *-n 0* F totalisator tote **-spelare** tote-better, tote-bettor

tott *-en -ar* av hår, hö tuft, av lin head båda m. of framför följ. best.

toucha *tr* se *1 tuscha* **touche** *-n 0* se *1 tusch*

toupera *tr* hår backcomb

tov|a I *-an -or* twisted (tangled) knot [före följ. best. of] **II** *rfl, ~ [ihop] sig* become tangled

Towern the Tower [of London]

tovig *a* tangled, matted

toxin *-et (-en) -er* toxin

trad o. **trad|e** *-en -er* [shipping (sea)] route

tradig *a* långtråkig very tedious, boring

tradition tradition; *enligt gammal ~* by (in accordance with) [an] ancient tradition **traditionell** *a* traditional **traditionsbunden** *a* tradition-bound; *vara ~* äv. be bound by (be the slave of) tradition **traditionsenlig** *a* traditional **traditionsenligt** *adv* according to tradition

trafik *-en 0* traffic äv. friare ([olaga] hantering); som bedrivs av trafikföretag, visst fartyg o.d. service; *den olagliga ~en med narkotika* the unlawful traffic in narcotics; *tung ~* tunga fordon heavy vehicles pl.; *mitt i värsta ~en* in the very thick of the traffic; *upprätthålla ~en* keep the traffic (resp. the service[s]) going; *ångaren upprätthåller ~en mellan* . . the steamer maintains the service between . .; *fartyget går i ~ på* östersjöhamnar the vessel runs to . .; *fartyget går i [regelbunden] ~ mellan* . . the vessel runs regularly (plies) between . .; *Ej i ~* på skylt Depot Only **trafikabel** *a* om väg trafficable; om järnväg . . in working (running) order **trafikanhopning** congestion of traffic **trafikant** väg~ road user; fotgängare pedestrian; passagerare passenger **trafikavbrott** interruption of (stoppage in) [the] traffic **trafikbil** personbil taxi[-cab]; buss bus; lastbil lorry **trafikdelare** pelare traffic pillar, refuge traffic island **trafikera** *tr* en bana, ångbåtslinje o.d.: om resande use, frequent, om trafikföretag work, operate; om buss o.d. run on, ply

trafik|flyg flygväsen civil aviation, flygtrafik air services pl. **-flygare** airline pilot **-flygplan** passenger plane, större air liner **-föreskrift** traffic regulation **-förordning** se *vägtrafikförordning* **-förseelse** traffic offence **-hinder** traffic obstacle; *på grund av ~* owing to a stoppage (a hold-up) in the traffic **-karusell** roundabout **-konstapel** traffic policeman **-kort** ung. public service vehicles driving licence

trafik- och motorkunskap skol. ung. traffic and engine theory

trafik|olycka traffic accident, på landsväg äv. road accident **-plan** se *-flygplan* **-polis 1** avdelning traffic police **2** konstapel traffic policeman **-rubbning** dislocation in the (of [the]) traffic **-räkning** traffic count (census) **-signal** traffic signal (light) **-skola** se *bilskola* **-stockning** traffic jam, congestion of the traffic **-stopp** stoppage (hold-up) in the traffic **-säkerhet** road safety **-täthet** traffic density **-vakt** traffic warden **-vett** traffic sense **-vimmel,** *i -vimlet* in the thick of the traffic **-väsen** traffic services pl.

tragedi tragedy **tragedienn** *-en -er* tragedienne, tragic actress **tragediförfattare** tragedy-writer, tragedian

traggla *itr* F **1** käxa go on, *om* about **2** knoga, 'plugga', *~ med ngn* cram a p.; *~ igenom* plod through; *~ om* go through . . again

tragik *-en 0, ~en* det tragiska the tragedy, *i* of **tragiker** tragedian **tragikomisk** *a* tragi-comic[al] **tragisk** *a* tragic, friare äv. tragical

trailer *-n -[s]* släpvagn o. film. trailer

trakassera *tr* ansätta, plåga pester, badger, harass, förfölja persecute **trakasseri,** *~[er]* pestering, badgering, persecution samtl. sg.

traké *-n -er* trache|a (pl. -ae)

trakt *-en -er* område district, area; region region; grannskap neighbourhood; *han lämnade ~en* för många år sedan he left these parts . .; *i ~en av Siljan (hjärtat)* in the neighbourhood of Siljan (the region of the heart); *i den här ~en, här i ~en* äv. in these parts, round about here, hereabouts; *i vissa ~er* äv. in certain parts, på vissa ställen in some localities; *i våra ~er* har ingen sett till . . vanl. . . in our parts (neighbourhood)

trakta *itr, ~ efter* . . aspire to (åtrå covet, set one's heart [up]on) . .; *~ efter framgång*

äv. aim at success; ~ *efter ngns liv* seek a p.'s life
traktamente *-t -n* allowance for expenses, subsistence allowance
traktan *oböjl. r* se *diktan*
traktat *-en -er* **1** fördrag treaty **2** skrift tract **traktat[s]brott** breach of [a (resp. the)] treaty **traktat[s]enlig** *a* . . according to [the] treaty
traktera *tr* **1** förpläga treat, *med* to; eg. o. friare äv. regale, *med* with; *inte vara vidare ~d av* . . not be particularly pleased by . . **2** spela på (instrument o.d.): play, blåsa blow **traktering** förplägnad entertainment [provided]
trakthuggning felling (amer. cutting) by regulated areas
traktor tractor; band~ caterpillar **-förare** tractor driver
trala[la] *itj* tra-la-la!
1 trall *-et - (-en -ar)* spjälgaller duckboards pl.
2 trall *-en -ar* mus. tune, melody; *den gamla [vanliga] ~en* bildl. the same old routine
1 trall|a *-an -or* trolley
2 tralla *tr itr* troll, warble; sjunga sing
tramp *-et 0* trampande tramping, tramp
tramp|a I *tr itr* kliva omkring tramp; gå walk; trycka ned (med foten) tread, ivrigt o. upprepat trample; stampa (jfr *1 stampa I 1*) stamp; ~ *[sin cykel]* uppför backen pedal [one's [bi]-cycle] . .; ~ *orgel* blow the organ; ~ *vatten* tread water; ~ *i ngns spår* tread in a p.'s footsteps; *[råka]* ~ *i smutsen* step into the dirt; ~ ngt *i smutsen (under fötterna)* bildl. trample . . in the dirt (under foot); ~ *inte på* blommorna! don't tramp (tread) on . .!; ~ *på gaspedalen* step on the accelerator (F the gas); ~ *ngn på tårna* tread on a p.'s toes äv. bildl.
II med beton. part. **1** ~ *av ngn skon* tread on a p.'s shoe [so that it comes off] **2** ~ *igenom* den tunna isskorpan tread through . . **3** ~ *ihjäl* trample . . to death **4** ~ *ihop* se ~ *till* **5** ~ *ned* gräs o.d. trample [down] . .; ~ *ned sina skor* tread down one's shoes at the heels **6** ~ *sönder* i bitar tread . . to pieces **7** ~ *till* (t.ex. jorden) tread down . . [and make it firm] **8** ~ *upp* en stig i gräset tread . ., wear . .; *en upptrampad stig* a beaten track, a well-worn path **9** ~ *ur* motor. declutch, disengage the clutch **10** ~ *ut* skor stretch . .
III *-an -or* cykel~ o.d. pedal; vävstols~, symaskins~ o.d. treadle
tramp|bil för barn pedal car **-cykel** pedal cycle **-dyna** pad, matri|x (pl. äv. -ces)
tramp|fart tramp trade; *gå i* ~ run in the tramp trade **-fartyg** tramp[-vessel]
trampkvarn treadmill äv. bildl.
trampolin *-en -er* fast hoppställning för simhopp high-board **-hopp** high-board diving (enstaka dive)

trams *-et 0* nonsense, rubbish, drivel, rot
tran *-en 0* train oil, valfisk~ äv. whale-oil
tran|a *-an -or* crane **tranbär** cranberry
trance *-n 0* se *trans*
tranchera *tr* carve **trancherkniv** carving-knife **tranchersax** poultry shears pl.
tranig *a* liknande tran . . like train-oil; smakande tran (attr.) . . tasting of train-oil
trankil *a* calm, cool
trankokeri fabrik tryworks (pl. lika), train-oil factory
trans *-en 0* trance; *försätta . . i (sig i)* ~ send . . into (go into) a trance
transaktion transaction **transalpinsk** *a* transalpine **transatlantisk** *a* transatlantic **transcendent[al]** *a* transcendent[al] **transfer** *-en 0* o. **transferera** *tr* H o. sport transfer **transformator** transformer **transformera** *tr* transform **transfusion** blod~ blood transfusion **transistor** transistor äv. ~radio **transistorradio** transistor radio **transit** *-en 0* transit **transitera** *tr* pass . . in transit **transitiv** *a* transitive **transito** *-n 0* transit **transitogods** koll. transit goods pl **transitoland** country of transit **transkribera** *tr* transcribe **transkription** transcription **translator** translator **transmarin** *a* transmarine; *från ~a länder* from overseas **transmission** transmission **transmissionsrem** transmission belt **transocean[sk]** *a* transoceanic **transparang** transparency **transparent** *a* transparent **transpiration** *-en 0* perspiration; bot. transpiration **transpirera** *itr* perspire; bot. transpire **transplantation** transplantation; av hud grafting, enstaka graft **transplantera** *tr* transplant; graft jfr föreg. **transponera** *tr* mus. transpose **transponering** mus. transposition, transponerande äv. transposing
transport *-en -er* **1** frakt allm. transport, isht amer. transportation; conveyance, carriage, amer. äv. haulage, freight; shipment äv. konkr. (försändelse, last); jfr *transportera 1;* konvoj convoy; *under ~en* äv. in [course of] transit **2** H överlåtelse transfer, *på* to **3** H från föreg (resp. till nästa) sida el. kolumn [amount] brought (resp. [amount] carried) forward **4** *söka* ~ förflyttning (om tjänsteman) apply to be transferred **transportabel** *a* transportable, flyttbar movable, bärbar portable
transport|anordning transport[ation] device, conveyer, conveyor **-arbetare** transport worker **-band** conveyer (conveyor) belt **-cykel** carrier (delivery) [bi]cycle
transportera *tr* **1** frakta allm. transport, gods äv. convey, carry, till sjöss o. isht amer. freight, ship; på landsväg el. järnv. äv. haul; sända forward; flytta move **2** H överlåta transfer, *på* to **3** H belopp (vid bokföring) bring (resp. carry, jfr *transport 3*) . . forward

transport|fartyg transport vessel, transport ship, mil. troop-carrier, troopship **-flygplan** transport plane, carrier (freighter) [plane], mil. troop-carrier [plane] **-kostnad** cost[s pl.] of transportation, transport charges pl., carriage end. sg. **-medel** means (pl. lika) of transport **-plan** se *-flygplan* **-sätt** mode of conveyance **-väsen** transport [service], traffic services pl.

transportör transportanordning conveyer, conveyor **transsibirisk** *a* trans-Siberian **trans|s|ubstantiation** transubstantiation **trans|s|ubstantiationsläran** the doctrine of transubstantiation **Transsylvanien** Transylvania **transumt** *-et -* extract **transuran** grundämne transuranic element **transversal** *-en -er* o. *a* transversal

trapets 1 *-en -er* gymn. trapeze **2** *-et -er* mat. trapezi|um (pl. -ums el. -a) **-formig** *a* trapeziform

trapp|a *-an -or* stairs, isht utomhus steps, båda pl.; inomhus: längre äv. staircase, bredare o. isht amer. stairway; utanför ingången äv. doorstep[s pl.]; *en* ~ a flight (el. om två halvtrappor a pair) of stairs (resp. steps); bo *en* ~ *upp* . . on the first (amer. second) floor; bo (gå) *en* ~ [*högre*] *upp* ([*längre*] *ned*) . . one flight [of stairs] higher up (lower down); gå ~ *upp och* ~ *ned* . . up and down [the (many flights of)] stairs (resp. steps); möta ngn *i* ~*n* vanl. . . on the stairs; *nedför* ~*n (-orna)* down the stairs (resp. steps), inomhus äv. downstairs; *överst (nederst) på* ~*n* at the top (bottom) of the stairs (resp. steps)

trapp|avsats inomhus landing **-belysning** se *-ljus* **-formig** *a* attr. . . rising in steps; stepped **-gavel** stepped gable, corbie-gable **-hus** [stair-]well

trappist trappist

trapp|ljus o. **-lyse** staircase lighting (konkr. light) **-räcke** [staircase] banisters pl. **-steg** step äv. bildl. **-stege** step-ladder **-stegsformig** *a* se *-formig* **-stegsvis** *adv* by (in) steps **-uppgång** staircase, stairs pl.; *i* ~*en* on the stairs

tras|a *-an -or* **1** trasigt tygstycke rag äv. F om plagg; remsa shred; *gå i -or* sönder go into rags; *gå* [*klädd*] *i -or* go about in rags; *känna sig som en* ~ vanl. feel washed out; *vara våt som en* ~ be wringing wet **2** se *dammtrasa* o. *skurtrasa* **II** *tr,* ~ *sönder* tear . . [in]to rags (shreds äv. bildl.); *vara söndertrasad* be tattered [and torn], be torn to rags **trasbylte** bundle of rags äv. bildl. **trasdocka** rag-doll **trasgrann** *a* om pers. tawdry, [shoddy and] gaudy **trasgrant** *adv* with tawdriness (shoddy gaudiness) **trashank** *-en -ar* ragamuffin, tatterdemalion **trasig** *a* **1** söndertrasad ragged äv. bildl., tattered; sönderriven torn; fransig frayed; *gå med* ~*a* strumpor go about with holes in one's . . **2** sönderbruten broken; *vara* ~ i bitar be in pieces (itu in two) **3** i olag, ur funktion . . [attr. that is] out of order; *hissen är* ~ äv. the lift doesn't work (function); *ha* ~*a nerver* have frayed nerves

traska *itr* lunka trot, jog, *omkring* around; mödosamt plod, trudge

trasmatta rag-rug, rag-mat, rag-carpet; jfr *1 matta*

trassat drawee

trass|el *-let 0* **1** bomulls~ cotton waste **2** oreda tangle äv. mera konkr., muddle; förvirring confusion; besvär trouble, bother, komplikationer complications pl.; *ställa till* ~ make a muddle, cause a confusion (resp. a lot of trouble resp. complications), bråka kick up a fuss

trassent drawer **trassera** *tr* draw **trassering** drawing

trassla I *itr* se [*ställa till*] *trassel* **II** *rfl* om t.ex. tråd get entangled **III** med beton. part. **1** ~ *sig fram* (t.ex. genom trafiken) make one's way along with difficulty; bildl. muddle along **2** garnet *har* ~*t ihop sig* . . has got all tangled [up] **3** ~ *in sig* eg. get oneself entangled, bildl. (t.ex. i motsägelser) entangle oneself **4** ~ *till* get . . into a tangle, entangle, bildl. muddle; ~ *till sina affärer* get one's finances into disorder (a muddle); *man bara* ~*r till saken* gör den mera komplicerad *om man* . . you only confuse the issue, if you . .; *det bara* ~*r till saken att* inf. it just confuses the issue to inf.; ~ *inte till saker och ting!* don't make things more complicated than they are! **trasslig** *a* tangled, eg. äv. entangled; friare muddled, confused; *han har* ~*a affärer* his finances are [rather] shaky

trast *-en -ar* thrush

tras|unge o. **-varg** ragamuffin, ragged urchin

tratt *-en -ar* funnel, tekn. äv. hopper; på [gammaldags] grammofon horn

1 tratt|a *-an -or* draft

2 tratta *tr,* ~ *i ngn ngt* stuff a p. with a th.; ~ *i sig* a) mat stuff oneself with b) dryck gulp down **trattformig** *a* funnel-shaped, funnelled **trattprick** buoy (beacon) with cone point down

trauma *-t -n (-ta)* trauma (pl. -ta el. -s) **traumatisk** *a* traumatic

trav *-et (-en) 0* trot; travande trotting; rida *i* ~ . . at a trot; *sätta en häst i* ~ put a horse to the trot; *hjälpa ngn på* ~*en* put a p. on the right track, give a p. a start

1 trava *tr* stapla, ~ [*upp*] pile (stack) up

2 trava *itr* trot; *komma* ~*nde* come trotting along **travare** *-n -* trotter, trotting-horse **travbana** trotting-track

trav|e *-en -ar* av böcker, ved o.d. pile, stack; båda m. of framför följ. best.

travers *-en -er* overhead [travelling] crane **travestera** *tr* o. **travesti** travesty, burlesque **trav|sport** trotting, harness racing **-tävling** trotting race

tre *räkn* three; *ett par ~ stycken* two or three; *alla goda ting är ~* all good things are three in number; jfr *fem* o. sms. samt *trekvart* **tre|a** *-an -or* three; [*en*] ~ univ. 'three points'; *~n*[*s växel*] third, [the] third gear; jfr *femma*

tre|atomig *a* three-atomed **-bent** *a* three--legged **-dela** *tr* divide . . into three; geom. trisect; *-delad* äv. three-piece . ., three-part . . **-delning** division into three; geom. trisection, -delande trisecting **-dimensionell** *a* three-dimensional

tredje *räkn* third (förk. 3rd); *den ~ från slutet* the last but two; *för det ~* in the third place, vid uppräkning thirdly; *~ graden* the third degree äv. förhörsmetod; *~ man* a) jur. o. friare [vanl. a] third party b) kortsp. [vanl. the] third hand; *~ mans rätt* third-party right; jfr *femte* o. *andra* m. sms. **-dag,** *~ jul* the day after Boxing Day; *~ pingst* Whit Tuesday; *~ påsk* Easter Tuesday; jfr *juldag 1* **-del** third [part]; jfr *femtedel* **-gradsekvation** equation of the third (3rd) degree, cubic equation

tredsk *a* refractory; isht jur. contumacious **tredska** *-n 0* refractoriness; isht jur. contumacy **tredskande** *a = tredsk* **tredskas** *itr. dep* be refractory (isht jur. contumacious) **tredskodom** jur. judg[e]ment by (in) default

tre|dubbel *a* tre gånger så stor o.d. vanl. treble, i tre skikt o.d. vanl. triple, -faldig threefold; *~ mästare* triple champion; *betala -dubbla priset (det -dubbla)* pay treble (three times) the price (amount) **-dubbelt** *adv* threefold, trebly **-dubbla** *tr* treble, ibl. triple; *~s* treble **-enig** *a* triune **-enighet,** *~en* teol. the Trinity **-faldig** *a* threefold; jfr *-dubbel* **-faldighet 1** trinity **2** se *trefaldighetssöndag* **-faldighetsafton,** *~*[*en*] the Saturday before Trinity Sunday **-faldighetssöndag** Trinity Sunday **-faldigt** *adv* threefold, three times [over], trebly **-fasig** *a* three-phase . . **-fasmotor** three-phase motor **-fjärdedelstakt** three-four time **-fot** tripod, för kokkärl äv. trivet **-färgad** *a* three-coloured, three-colour . . **-färgstryck** three-colour printing (konkr. print) **-hjulig** *a* three--wheeled, three-wheel . . **-hjuling** three--wheeler; cykel tricycle; bil tricar **-hundra** m.fl. sms. jfr *fem* sms. **-hundraårsjubileum** tercentenary **-hörning** triangle **-hövdad** *a* three-headed, om t.ex. vidunder äv. triple--headed **-kant** triangle **-kantig** *a* triangular; *~ hatt* cocked (three-cornered) hat **-klang** mus. triad **-klöver** three-leaf clover; bildl. trio (pl. -s) **-kvart 1** three quarters pl.; *~*[*s timme*] three quarters of an hour; *~s kilo* three quarters of a kilo **2** *vara på ~* F be half seas over, be three sheets in the wind; *med hatten på ~* F with one's hat cocked on one side (hat all askew) **-kvartsstrumpa** knee-sock **-ledad** *a* språkv. (attr.) . . having three elements; *vara ~* have three elements **-ledarsystem** elektr. three-wire system [with direct or alternating current]

trema *-t -n* diaeres|is (pl. -es)

tre|maktskonferens o. andra sms. jfr *fem-* **-milsgräns** three-mile limit

tremulera *itr* sing with a tremolo, quaver

tremånadersväxel three-months' (ninety--day) bill

trenchcoat *-en -ar (-s)* trench coat

trend *-en -er* trend

trenne *räkn* three

trepanation trepanation, trephination **trepanera** *tr* trepan, trephine

tre|pass arkit. trefoil **-procentig** o. andra sms. jfr *fem-* **-skiftsarbete** work in three shifts **-snibb** trekantig duk triangular[-shaped] cloth **-språkig** *a* trilingual; jfr äv. *femspråkig* **-stavig** *a* three-syllabled, trisyllabic, attr. äv. three-syllable, . . of three syllables; *~t ord* äv. trisyllable **-stegshopp** hop, skip, and jump el. hop, step, and jump **-stegsraket** three-stage rocket **-stjärnig** *a* three-star . . **-tal,** *ett ~* grupp om tre a triad; jfr f.ö. *femtal*

tretti[**o**] *räkn* thirty; jfr *fem*[*tio*] o. sms. **trettionde** *räkn* thirtieth; jfr *femte* **trettiotvåendelsnot** mus. demisemiquaver, amer. thirty-second note **trettioårig** *a, ~a kriget* the Thirty Years' War; jfr f.ö. *femårig*

tretton *räkn* thirteen; jfr *fem*[*ton*] o. sms. **trettonafton** se *tretton*[*de*]*dagsafton* **trettonde** *räkn* thirteenth; jfr *femte* **tretton**[**de**]**dagen** *(tretton*[*de*]*dag jul)* [the] Epiphany, Twelfth Day; jfr *juldag 1* **tretton**[**de**]**dagsafton,** *~*[*en*] the Eve of Epiphany, Twelfth Night; jfr *julafton*

tre|tumsspik m.fl. sms. jfr *fem* sms. **-tungad** *a* three-tongued, om flagga three-tailed **-tår** ung. third cup; *vill du ha ~?* do you want a third cup? **-udd** trident

treva I *itr* grope [about], *efter* for; *~ efter ord* fumble for words; *~* [*omkring*] *i* mörkret go groping about (around) in . ., be groping in . .; *~ på ngt* feel a th. [gropingly] all over **II** *rfl, ~ sig fram* grope one's way [along] **trevande** *a, ~ försök* fumbling (tentative) effort **trevare** *-n -* feeler; *göra (skicka ut) en ~* throw out a feeler

treveckorssemester three-week holiday

trevlig *a* nice, F (glad o. munter) jolly; angenäm pleasant, agreeable; rolig enjoyable; sympatisk attractive; vänlig, fryntlig genial; *en ~ flicka* a nice [sort of] girl; *~ resa!* a pleasant journey!; *det var (vi hade [det]) mycket ~t* we had a very nice (jolly) time [of it]; *det var just ~t (en ~ historia)!* a nice story (business) [and no mistake]! **trevnad** *-en 0* comfort [and well-being]; *sprida ~ omkring sig* put people in a good humour, create a cheerful atmosphere

tre|våningshus m.fl. sms. jfr *fem* sms. **-väpp-ling** se *-klöver* **-värd[ig]** *a* trivalent

triangel *-n trianglar* triangle äv. mus. **-drama** triangle drama **-formig** *a* triangular, triangulate **-match** triangle match **-mätning** lantmät. triangulation **-punkt** triangulation point

triangulär *a* triangular, triangulate

triasperioden geol. the Triassic period

tribun *-en -er* estrad o.d. platform, tribune

tribunal *-et - (-en -er)* tribunal

tribut *-en -er* tribute

1 trick *-en -[ar]* kortsp. odd trick

2 trick *-et -[s]* knep trick, stunt; jfr *knep* **-film** trick film

trigonometri *-[e]n 0* trigonometry **trigonometrisk** *a* trigonometric[al]

trikin *-en -er* trichin|a (pl. -ae) **-besiktning** pork-and-bacon inspection [for the detection of trichinae]

trikolor *-en -er, ~en* franska flaggan the Tricolour

trikå *-n -er* **1** tyg tricot fr., stockinet **2** *~er* plagg tights, hudfärgade äv. fleshings **-fabrik** knitwear factory **-varor** *pl* hosiery sg., knitted goods, knitwear sg. **-vävnad** tyg stockinet-knitted material

triljon trillion, amer. quintillion

trilla I *itr* rulla roll; om tårar äv. trickle; ramla tumble, falla fall; för beton. part. se *falla III* **II** *tr, ~ piller* make pills

trilling triplet **-födsel** birth of triplets

trillion se *triljon*

tri|lobit *~en ~er* trilobite **-logi** trilogy

trilsk *a* enveten, egensinnig wilful, contrary; omedgörlig cussed, intractable, motspänstig, motsträvig stubborn; tredsk refractory **trilska** *-n 0* wilfulness osv.; intractability **trilskas** *itr. dep* vara trilsk be wilful osv. **trilsk[en]het** wilfulness osv.; intractability

trim *-men (-met) 0* trim; *vara (hålla sig) i god ~* be (keep) in good (proper) trim; **trimma** *tr* sjö. o. om putsning av hund trim; träna get . . into trim, train; *~ [upp] en motor* tune (F soup) up an engine **trimning** trim; trimmande trimming osv., jfr *trimma*

trind *a* round[-shaped], roundish; knubbig chubby, tubby, plump **-snö** soft hail, graupel ty.

trio *-n -r (-s)* trio (pl. -s) äv. mus. **triol** *-en -er* triplet

1 tripp *-en -er (-ar)* [short] trip; *ta sig (göra) en ~ till . .* go for a trip to . .

2 tripp, *~ trapp trull* ung. one, two, three [going down in height]

trippa *itr* trip (go tripping) along; affekterat walk along with mincing steps; *hon kom ~nde (med ~nde steg) gatan fram* she came tripping along the street

trippelallians triple alliance

trippmätare trip [distance] meter (recorder), trip mileage counter

triss|a I *-an -or* allm. trundle; tekn. pulley; på möbel castor, caster; *dra på -or!* dra åt skogen! go to blazes! **II** *tr, ~ upp priset* force up the price

trist *a* dyster gloomy, dismal, melancholy, om förhållanden o.d. dreary; glädjelös cheerless; sorglig, sorgsen sad **tristess** *-en 0* gloominess osv.; melancholy

triumf *-en -er* triumph; *fira ~er* win (achieve) triumphs **triumfator** romersk segerherre triumphator, friare triumpher **triumfbåge** triumphal arch **triumfera** *itr* triumph; jubla exult **triumferande** *a* triumphant, exultant; skadeglad gloating **triumftåg** triumphal procession (bildl. progress)

triumvir *-en -er* triumvir **triumvirat** *-et -* triumvirate

triv|as *-des -ts itr. dep* känna sig lycklig be (feel) happy; känna sig som hemma feel at home; ha det bra get on well (jfr ex.); frodas thrive, om växter äv. do well; blomstra flourish, prosper; *jag -s alldeles utmärkt här* I'm having such a wonderful time here, I like it so very much here, I feel so very much at home here; *han -s inte i* Sverige he isn't happy (is unhappy) in . ., he doesn't like [being (living) in] . .; *jag -s med mitt arbete* my job suits me; *vi -s med varandra (ihop)* we get on (are getting on) [well] (we like being) with one another; *han -s [med att sitta] i den här stolen* he feels comfortable in this chair

trivial *a* trivial; utsliten, utnött (om uttryck o.d.) commonplace, trite **trivialitet** *-en -er* triviality; *~er* (yttranden) vanl. commonplaces

trivsam *a* pleasant, om plats, ställe äv. comfortable, congenial, cosy, snug, om pers. äv. genial; *han är så ~* äv. he is easy to get on with, he has a pleasant way [with him] **trivsel** *-n 0* se *trevnad* **trivselförmåner** *pl* amenities

tro A *-n 0* **1** allm. belief, *på* in; friare (mening) opinion; tilltro, tillit samt relig. (äv. troslära) faith (äv. *~n*), *på* in; *~n kan försätta berg* faith removes mountains; *sätta ~ till* ngt trust, believe, give credit (credence) to; *hysa en blind ~ till* have an implicit belief in; *i den ~n att* thinking (believing, in the belief) that; *leva (vara) i den ~n att* be convinced that, think that; *låt henne förbli i den ~n!* let her go on thinking so (that)!; *handla i god ~* act in good faith **2** trofasthet, trohet, *svära ngn ~ och lydnad* swear allegiance to a p.; *bryta* [*mot*] *(hålla)* ~ *och loven* break (keep, be true to) one's plighted faith (word); *svära på* ~ *och heder* swear on one's faith and honour

B *-dde -tt* **I** *tr itr* allm. believe (äv. ~ *på,* jfr ex. under *b*)); anse (jfr d.o. *1*), förmoda äv. think, suppose, F reckon, isht amer. guess; föreställa sig fancy, imagine, amer. äv. figure. - Ex.: **a)** utan prep. -best., har han . .? — *Ja, jag* ~*r det* . . Yes, I think (believe) so, . . Yes, I think (believe) he has; *det* ~*r jag* beton. *det!* rather!, F not half!; *det var det jag -dde* [that is] just what I thought, I thought as much; *jag* ~*r det också (*F *med)* that's what I think (F reckon)!, I think (F reckon) so, too!; *det* ~*r du bara, det är bara som du* ~*r* that's only your idea (imagination); *jag* ~*r honom inte* hans utsago I don't believe him; ~ *mig,* han kommer att . . take my word for it (believe me), . .; ~ *ngn vara* ett snille believe a p. to be . ., think (imagine) a p. to be (that a p. is) . .; ~ *sina* [*egna*] *ögon* believe (trust) one's own eyes; ~ *nu inte att* . . don't think (imagine) that . .; *jag* ~*r* [*att*] *jag stannar* en liten stund till I think I'll stay . .; ~*r du* [*att*] *jag är en idiot?* äv. do you take me for a fool?; *jag* ~*r nog att han är mycket för gammal* I rather think (anser I reckon) he is much too old; *jag* ~*r* [*alldeles*] *säkert att han* . . I feel certain (it's my firm belief, friare äv. I am convinced) that he . .; *jag kan (kunde* [*just*]*)* ~ *det!* I dare say!, I am not surprised!; *du kan aldrig* ~*,* hur (så) . . you can't possibly think (imagine) . .; det var roligt, *må du* ~*!* . ., I can tell you!; . ., you may be sure!; you bet . .!; *vad skall man* ~*?* what is one to believe (to make of it)?

b) med prep.-best., ~ *ngn om* ngt believe . . of a p.; ~ *alla* [*människor*] *om gott* think well of everybody; *det hade jag inte -tt om dig* I had not expected that from you; *det skulle jag (man) kunna* ~ *honom om* ofta I would not put it past him; ~ *ngn om att kunna göra ngt* believe a p. capable of doing a th.; ~ *på* ngn (ngt): allm. believe in, förlita sig på trust, have faith (confidence) in, sätta tro till believe, credit; *jag* ~*r inte på honom* hans utsago I don't believe him; jfr *sätta* ~ *till* under *tro A 1*

II *rfl,* ~ *sig vara* . . think (believe) that one is . ., believe (imagine) oneself to be . .; ~ *sig* [*vara*] *säker* äv. think (believe) oneself safe; ~ *sig ha* (*veta* o.d.) believe osv. (jfr *B I*) that one has (knows o.d.); ~ *sig om* ngt think (believe) oneself (that one is) capable of . .

troende *a* believing; *en* ~ a believer; *de* ~ äv. the faithful **trofast** *a* om kärlek faithful, om vänskap loyal; *en* ~ *vän* äv. a true friend **trofasthet** faithfulness, loyalty

trofé *-n -er* trophy

trogen *a* allm. (äv. verklighets~) faithful; lojal, pålitlig loyal; ~ *som guld* true as steel; *vara (förbli) ngn (ngt)* ~ (äv. ~ *mot* etc.) be (remain) faithful (true) to a p. (a th.); *förbli* sitt löfte o.d. ~ äv. stick (hold) [loyally] to . . **trohet** allm. fidelity; trofasthet faithfulness, loyalty (jfr *trogen), mot* i samtl. fall to **trohetsbrott** breach of faith (resp. loyalty) **trohetsed** oath of allegiance; *avlägga* ~ take the (one's) oath of allegiance **trohjärtad** *a* true-hearted, tillitsfull äv. confident, confiding, öppenhjärtig äv. frank, ingenuous, artless; naiv, oskuldsfull naive, naïve, innocent **trohjärtenhet** true-heartedness, confidence, frankness osv. naïveté, innocence

Troja Troy **trojan** *s* o. **trojansk** *a* Trojan

troké *-n -er* trochee **trokeisk** *a* trochaic

trolig *a* sannolik probable, likely, plausibel plausible; trovärdig credible, believable; *det är* ~*t att han kommer* vanl. he will probably (very likely, most likely) come; *det var föga (knappast)* ~*t, att han hörde* . . äv. he was little (scarcely) likely to have heard . .; *hålla* [*det*] *för* ~*t,* att . . think (consider) it likely . .; *han försöker göra* ~*t* få oss (folk) att tro, *att* . . he tries to make us (people) believe that . . **troligen** *adv* o. **troligtvis** *adv* very (most) likely, [very] probably; *han kommer* ~ *inte* äv. he is not likely to come

troll *-et* - troll, elf (pl. elves), elakt [hob]goblin; jätte, 'odjur' ogre, kvinnligt ogress, häxa witch; *ditt lilla* ~*!* smeksamt you little witch!; han är *rik som ett* ~ . . rolling in money; *när man talar om* ~*en, så står de i farstun* talk of the devil and he's sure to appear **trolla** *itr* eg. practise witchcraft, conjure; göra trollkonster do (perform) conjuring tricks; *jag kan inte* ~ bildl. I am not a magician, I can't work miracles; ~ *bort* spirit (conjure) away; ~ *fram* eg. (om troll el. illusionist) conjure forth, produce . . by magic; ~ *fram en kanin ur en hatt* conjure a rabbit out of a hat; ~ *fram en supé* bildl. produce . . as if by magic (from nowhere) **trollbunden** *a* bildl. spellbound **trolldom** *-en 0* witchcraft, sorcery, wizardry; *bruka* ~ practise witchcraft osv. **trolldomskonst,** ~*en* [the art of] witchcraft, necromancy **trolldryck** magic potion **trolleri,** ~[*er*] magic, enchantment; *som genom* [*ett*] ~ as if by [a stroke of] magic **trolleriapparat** conjurer's appliance **trolleriföreställning** conjurer's performance

trolleybuss trolley-bus

troll|flöjt magic flute **-formel** magic formula, charm, spell; besvärjelse äv. incantation **-gubbe** gammalt troll old goblin; jfr *-karl* **-gumma** se *-käring* **-karl** eg. magician, wizard, sorcerer samtl. äv. bildl.; -konstnär [professional] conjurer, taskspelare juggler; *jag är ingen* ~ kan inte göra underverk I am not a magician, I can't work miracles **-konst** trollkonstnärs o. friare conjuring trick; *~er* magiska handlingar magic sg. **-konstnär** [professional] conjurer, isht amer. magician **-kraft** magic (tjuskraft bewitching) power **-krets** magic sphere **-kunnig** *a* . . skilled in magic **-kvinna** o. **-käring** sorceress, enchantress, häxa witch äv. bildl. **-makt** magic power **-packa** *~n -packor* se *-kvinna* **-slag,** *som genom ett* ~ as if by [a stroke of] magic **-slända** dragonfly **-spö** o. **-stav** magic (magician's) wand **-trumma** lapptrumma troll-drum **-tyg** se *trolldom* **-unge** eg. young troll; *du (din) lilla* ~ smeksamt you little witch

tro|lova *rfl* become betrothed, *med* to **-lovad** *a, hans (hennes) ~e* his (her) betrothed; *de ~e* the betrothed (affianced) couple (pair) **-lovning** betrothal

trolsk *a* magic[al]; tjusande bewitching; mystisk, hemsk weird

trolös *a* svekfull faithless, unfaithful, disloyal, *mot* to; förrädisk treacherous, perfidious, *mot* to[wards] **-het** faithlessness osv.; breach of faith, handling äv. act of disloyalty; ~ *mot huvudman* breach of trust

1 tromb *-en -er* meteor. tornado

2 tromb *-en -er* läk. thromb|us (pl. -i) **trombos** *-en -er* thrombos|is (pl. -es)

tron *-en -er* throne; *avsäga sig ~en* abdicate; *bestiga ~en* ascend the throne; *störta ngn från ~en* dethrone a p.; *på ~en* allm. on the throne; *komma (svinga sig upp) på ~en* come (raise oneself) to the throne **trona** *itr* be enthroned, friare sit in state

tron|arvinge heir to the (resp. a) throne **-avsägelse** abdication **-bestigning** accession (om arvinge succession) [to the throne] **-följare** successor to the (resp. a) throne **-följd** [order of] succession to the throne **-följdskrig** war of succession **-himmel** canopy **-pretendent** pretender to a (resp. the) throne **-skifte** accession of a new monarch **-tal** speech from the throne

tropikerna *pl* the tropics, the tropic (torrid) zone sg. **tropikhjälm** sun-helmet, topee, topi **tropisk** *a* tropical, ibl. (geogr.) tropic

troposfär *-en 0* troposphere

tropp *-en -ar* mil.: infanteri~ section; gymn. squad; friare troop **troppa I** *tr,* ~ *fanan* troop the colours **II** *itr,* ~ *av* go (move) off, skingras drift away **troppchef** section (squad, troop) commander; jfr *tropp*

tros|a *-an -or, -or* briefs; *en* ~, *ett par -or* a pair of briefs

tros|artikel article of faith, friare doctrine **-bekännelse** som avlägges profession (confession) of [one's] faith; lära confession; tro creed; *den Augsburgska ~n* the Augsburg Confession **-frihet** religious liberty (tolerance) **-frände** o. **-förvant** co-religionist, friare fellow-believer; *en politisk* ~ a fellow-partisan **-förvantskap** *~en 0* community of religion **-iver** religious zeal

troskyldig *a* se *trohjärtad*

1 tross *-en 0* mil. baggage

2 tross *-en -ar* rep hawser

tros|sak matter of faith **-samfund** [religious] community **-sats** dogm dogma; jfr *trosartikel*

trossbotten double floor[ing]

tros|stark *a* . . firm (steadfast) in one's faith **-strid** religious controversy **-viss** *a* . . full of implicit faith **-visshet** certainty of belief, assured faith **-vittne** martyr martyr [to the faith]

tro|tjänare o. **-tjänarinna,** [*gammal*] ~ faithful old servant (retainer)

trots I *-et 0* motspänstighet obstinacy, *mot* to[wards]; motstånd defiance, *mot* of; övermod bravado; spotskhet scorn, *mot* of; *i* ~ *av ngt, ngt till* ~ oaktat in spite of a th., nonchalerande, i opposition mot in defiance of a th.; göra ngt *på* ~ . . out of sheer bravado; . . in (out of) defiance **II** *prep* in spite of, despite, oaktat äv. notwithstanding; ~ *allt* (i alla fall) äv. after all [is said and done], all the same; ~ [*det*] *att* . . though . ., in spite of the fact that . .

trotsa I *tr* defy, bid defiance to; djärvt möta (t.ex. stormen, döden) brave; föraktfullt negligera (t.ex. någons råd) flout; sätta sig över (t.ex. lagar) set . . at defiance; uthärda stand up to, hålla stånd emot hold one's own against; *det ~r all beskrivning* it is beyond (beggars) description **II** *itr* vara trotsig be defiant (obstinate etc., jfr *trotsig*) **III** *rfl,* ~ *sig till ngt* get a th. through [sheer] obstinacy **trotsig** *a* utmanande defiant, motspänstig obstinate, *mot* i bägge fallen to[wards]; uppstudsig refractory, recalcitrant; spotsk scornful **trotsighet** defiance, obstinacy; refractoriness, recalcitrance; scornfulness; *hans* ~ mera konkr. his defiant (osv., jfr *trotsig*) attitude **trotsålder,** *vara i ~n* be at an obstinate (an assertive, a defiant) age

trottoar -[e]*n -er* pavement, amer. sidewalk **-kant** kerb, amer. curb **-servering** konkr. pavement restaurant (café)

trotyl *-en 0* TNT, trinitrotoluene, trinitrotoluol

trovärdig *a* om t.ex. berättelse, dokument, vittnesmål credible; om pers. trustworthy; tillförlitlig (om pers. o. sak) reliable; ha ngt *från ~t håll* . . from a reliable quarter (on good authority) **-het** credibility; trustworthiness; reliability

trubadur troubadour, hist. äv. minstrel

trubba *tr,* ~ *av* blunt äv. bildl., eg. äv. make . . blunt; t.ex. känslor deaden; *man ~s av (blir* *avtrubbad)* med åren one becomes indifferent . . **trubbig** *a* oskarp blunt, avtrubbad eg. äv. blunted; *en ~ näsa* a snub nose, bred o. platt a pug-nose; *en ~ vinkel* an obtuse angle **trubbighet** bluntness; vinkels obtuseness **trubbnos** o. **trubbnäsa** snub nose, bred o. platt pug-nose **trubbnäst** *a* snub-nosed; pug-nosed **trubbvinklig** *a* obtuse-angled

truck *-en -ar* truck

truga *tr, ~ ngn [att . .]* press a p. [to . .]; *~ ngn att äta* äv. press food upon a p., ply a p. with food; *låta sig ~s* wait to be pressed; *låta sig ~s* övertalas *att . .* [let oneself] be persuaded to . .; *~ i ngn ngt* få ngn att äta press a p. to eat (dricka to drink) a th.; *~ i sig* maten force down . .; *~ på ngn ngt* press (force, push) a th. [up]on a p., coax a p. into taking a th.; *~ sig på ngn* force (obtrude) oneself upon a p.; *~ sig till ngt* get a th. by persistence

truism *-en -er* truism

trulig *a* sulky

trumeld drumfire; *en ~ av frågor* a running fire of questions

trumf *-en -[ar]* trump; *hjärter är ~* hearts are trumps; *ha (sitta med) ~ på hand* hold trumps (bildl. äv. the winning cards); *ta* ett kort *med ~* trump . ., take . . with a trump; *spela ut sin sista ~* play one's last trump[card] (bildl. card) **trumfa I** *itr* kortsp.: spela trumf play a trump (resp. trumps); *~ med . .* trump with . . **II** m. beton. part. **1** *~* slå *i ngn ngt* drum (din, pound) a th. into a p.['s head] **2** *~* driva *igenom* force . . through **3** *~* plugga *in ngt i ngn* cram a th. into a p. **4** *~ över* kortsp. overtrump **trumfess** ace of trumps **trumfkort** trump card

trumhinna ear-drum, läk. tympanic membrane **trumm|a I** *-an -or* **1** mus. drum; neger~ o.d. tomtom; *~n går* the drum is beating; *slå [på] ~n* beat the drum; *slå (spela) ~* play the drum (resp. drums); *slå på stora ~n* bildl. bang the big drum; *slå på ~ för ngt (sig)* boost a th. (blow one's own trumpet) **2** tekn.: ledning, rör duct, conduit; kulvert (t.ex. under väg) culvert; cylinder drum, barrel; jfr *avloppstrumma, hisstrumma* m.fl. **II** *itr tr* allm. drum äv. bildl.; med fingrarna äv. tap; om t.ex. regn beat; *~ på pianot* vanl. strum on the piano; *~ ihop* vänner och bekanta drum . . together, drum up . .

trumpen *a* sullen, sulky, glum; *~ [av sig]* morose, moody **trumpenhet** sullenness osv.

trumpet *-en -er* trumpet; *blåsa [i] ~* play (som signal sound) the trumpet **trumpeta** *itr tr* trumpet äv. om elefant; *~ ut* trumpet [forth] **trumpetare** trumpeter **trumpetsignal** trumpet-signal, trumpet-call **trumpetsmatter** blare of a (resp. the) trumpet (resp. of [the] trumpets) **trumpetstöt** trumpet-blast

trum|pinne drumstick **-sjuka** blast, hoove, läk. tympanites **-skinn** drumhead **-slag** drumbeat **-slagare** drummer **-slagarpojke** drummer-boy **-virvel** drum-roll, roll[ing] of a (resp. the) drum (resp. of [the] drums)

trunk *-en -ar* resväska suitcase, koffert trunk

trupp *-en -er* allm. troop, friare äv. body, band; mil. (avdelning) contingent, detachment; lag (gymn. o. sport.) team; teat. troupe; *~er* styrkor äv. forces; *~en (~erna)* manskapet the men pl.; *i samlad ~* in a body; *tjänstgöra vid (på) ~* be doing duty in command of troops **-förband** enhet military unit **-massa,** *stora -massor* sattes in på . . large bodies of soldiers . . **-revy** review [of troops] **-rörelse** troop movement **-sammandragning** concentration of troops **-slag** arm, branch of service **-styrka** [military] force **-sändning,** *stora ~ar har ägt rum* large bodies of troops have been dispatched **-transportfartyg** troopship, [troop-]transport **-vis** *adv* in troops

trust *-en -er* trust

1 trut *-en -ar* zool. gull

2 trut *-en -ar* mun mouth; *hålla ~en* hold one's jaw, tystna shut up; jfr vid. ex. under *käft 1* o. *mun* **truta** *itr, ~ med munnen* pout one's lips

tryck *-et -* **1** press: allm. pressure; tonvikt stress, *på* i bägge fallen on; påfrestning constraint, strain; *skatternas ~* har ökat äv. the burden of taxation . .; känna liksom *ett ~ över bröstet . .* a weight on one's chest; *utöva ~ på ngn* bildl. put (exert) pressure on a p., bring pressure to bear on a p. **2** typogr. o. på tyg o.d.: [mera] konkr. print, tryckning printing; tryckstil äv. type; tryckalster publication, koll. (trycksaker) printed matter sg.; *ge ut från (av) ~et* issue from the press; *föreligga i ~* be in print; *ge ut i ~* print, publish, låta trycka have . . printed; *låta gå i ~* send . . to the printers (to press); *komma ut i ~ (av ~et)* appear (come out) in print; *se* ngt *i ~* see . . in print; *godkännes till ~* påskrift på korrektur ready for press

tryck|a *-te -t* **I** *tr itr* **1** pressa: allm. press, *mot* t.ex. väggen against; krama, klämma squeeze; tynga weigh . . down, oppress, press [heavily] upon; om tyngd o.d. (itr.) be (weigh) heavy; vara trång be too tight, om skor äv. pinch; *~ ngns hand* shake (hjärtligare clasp el. press) a p.'s hand; överproduktionen *har -t priserna* . . has depressed the prices; *är det något som -er dig?* have you got anything (something) on your mind?; *skon -er [mig] på tårna* the shoe presses (pinches, feels tight over) my toes; *~ hatten djupt ner i pannan* pull one's hat far down over one's forehead; *~ en*

slant i ngns hand press (i smyg slip) a coin into a p.'s hand; ~ *en kyss på* ngns läppar imprint a kiss on . .; ~ *ngn till sitt bröst* press (mera känslobetonat clasp) a p. to one's bosom; ~ *på en fjäder* touch a spring; ~ *på en knapp* press (push) a button; ~ *på en öm punkt* touch a tender spot; *med näsan -t* [*e*]*mot rutan* äv. with one's nose flattened against the pane; *-t* bildl. o. H depressed **2** ~ *på ngt* framhäva, betona emphasize a th. **3** jakt. o. friare (dölja sig): om djur squat; [*ligga och*] ~ om pers. lie low ([in] hiding) **4** typogr. samt på tyg o.d. print; *-es (kan -as)* påskrift på korrektur ready for press; boken *håller på att* ~*s* . . is in the press; den *är redan -t* ofta . . is already in print; *-t hos* . . printed by . .
II *rfl,* ~ *sig tätt intill ngn* a) kelande cuddle (om barn nestle) up to a p. b) ängsligt press close against a p.; ~ *sig mot* en vägg press (tätt intill flatten) oneself against . .
III m. beton. part. **1** ~ *av* a) avbilda genom intryckning impress b) typogr. print (kopiera copy) [off]; trycka om reprint c) avfyra fire, itr. äv. pull the trigger; ~ *av ett gevär* pull the trigger of (fire) a gun **2** ~ *fast* press . . on [securely], *på* to **3** ~ *igen* dörr o.d. push . . to **4** ~ *ihop* flera föremål press (klämma squeeze) . . together; packa compress; platta till flatten **5** ~ *in* press (fönsterruta o.d. push el. force) in **6** ~ *ned (ner)* press down; friare o. bildl. depress; ~ *ned hissen* [press the button to] send (ned till sig bring el. get) the lift down; ~ *ner ngn i skorna* make a p. feel small, take a p. down a peg or two **7** ~ *om* bok o.d. reprint **8** ~ *på* utöva tryck exert pressure **9** ~ *sönder ngt* break a th. [i bitar to pieces] by pressing it, klämma sönder crush (squeeze) a th. [i bitar to pieces] **10** ~ *till* **a)** ge ngt en tryckning press . . hard; trycka igen: dörr o.d. push . . to, lock press . . down; platta till flatten, t.ex. jord press down **b)** typogr.: ~ *till* 5 000 ex. print . . more, print another . . **11** ~ *upp* allm. press up; ~ *upp en dörr* force a door open; ~ *upp hissen* [press the button to] send (upp till sig bring el. get) the lift up **12** ~ *ut* press (klämma squeeze) out; ~ *ut en fönsterruta* force out a pane

tryckalster publication; ~ pl. (trycksaker) printed matter sg. **tryckande** *a* friare o. bildl. (pressande) allm. oppressive, om väder, luft äv. sultry, close; betungande (t.ex. skatter) äv. heavy, burdensome; besvärande (t.ex. tystnad) äv. awkward **tryckare** typogr. printer **tryckark** printed sheet **tryckbokstav** block letter; skriva *med tryckbokstäver* . . in block letters **tryckeri** printing works (pl. lika), printing office, större äv. printing house; mots. sätteri press-room; skicka *till* ~*et* vanl. . . to the printers **tryckfel** misprint, printer's error **tryckfelsnisse** printer's gremlin **tryckfrihet** freedom (liberty) of the press **tryckfrihetsbrott** ung. breach (infringement) of the press law **tryckfrihetsförordning** ung. press law **tryckfrihetsmål** ung. press-law suit

tryck|färdig *a* . . ready for [the] press (for printing) **-förband** pressure bandage **-kabin** flyg. pressurized cabin **-knapp 1** för knäppning press-stud, isht amer. snap fastener **2** strömbrytare push-button **-knappsinställning** radio. push-button tuning **-knäppe** se *-knapp 1* **-kokare** pressure-cooker **-luft** compressed air **-luftborr** pneumatic drill **-luft**[**s**]**broms** pneumatic brake

tryckning 1 allm. pressure, tryckande äv. pressing, med fingret o.d. press; på knapp o.d. äv. push **2** typogr. printing; *godkännes till* ~ påskrift på korrektur ready for press; *skicka* . . *till* ~ send . . to [the] press; *boken är under* ~ the book is being printed (is in the press) **tryckningskostnad** cost[s pl.] of printing

tryck|ort place of publication; uppgift på tryckalster [printer's] imprint **-penna** automatic pencil **-press** printing press, rotationspress äv. printing machine **-sak** piece of printed matter, printed paper; ~*er* äv. printed matter sg.; *skicka ngt som* ~*er* send a th. by printed paper post (as printed matter) **-sida** typogr. printed page **-stark** *a* språkv. stressed, accented **-svag** språkv. unstressed, unaccented, weak **-svärta** printer's (printing) ink **-våg** blast wave **-år** year of publication; *utan* ~ without (i bokkatalog o.d. no) date

tryff|el *-eln -lar* bot. o. choklad[massa] truffle; kok. truffles pl. **tryffera** *tr* kok.: garnera garnish (smaksätta flavour) . . with truffles; ~*d* äv. truffled

trygg *a* säker secure, safe, *för* from; full av självtillit confident, orädd dauntless, självmedveten assured; *känna sig lugn och* ~ feel safe and secure, ej vara orolig be easy in one's mind **trygga** *tr* make . . secure (safe), *för, emot* from; ~ *sin framtid (ålderdom)* provide for one's future (old age); ~ *freden* säkra safeguard (rädda save, upprätthålla maintain, garantera guarantee) the peace; ~ *sin ställning* safeguard one's position; ~ *sitt återtåg* cover one's retreat; *en* ~*d framtid (ålderdom)* a secure future (old age); ha ngn *att* ~ *sig till* ta sin tillflykt till . . to resort (to have recourse) to [for help in case of need], förlita sig på . . to put one's trust in **trygghet** security, safety; lugn självtillit confidence; oräddhet dauntlessness, självmedvetenhet assurance **trygghetskänsla** feeling (sense) of security **tryggt** *adv* safely, with safety; utan känsla av fara securely; förtroendefullt confidently; *man*

kan ~ *säga* . . one can safely (confidently) say . ., it is safe to say . .
trymå *-n -er* pier-glass
tryne *-t -n* på svin snout; F näsa snout, conk, ansikte mug
tryt|a *tröt trutit itr* give out, om förråd o.d. äv. run short (out); *börja* ~ om förråd äv. begin to get·low (om kroppskrafter to ebb); *om* sockret *-er för oss* if we run short (out) of . .; till slut *tröt hans tålamod* . . his patience gave out
trå *-dde -tt itr,* ~ *efter* . . yearn (languish) for . .
tråckelstygn tacking-stitch **tråckeltråd** tacking-thread **tråckla** *tr* sömn. tack, baste; ~ *fast* tack on, *på* to; ~ *ihop* tack . . together, i hast förfärdiga run up
tråd *-en -ar* allm. thread äv. bildl., grövre äv. yarn; bomulls~ cotton, cotton-thread, sy~ sewing-thread; för marionetter string; metall~ wire, i glödlampa filament; fiber fibre; *han har inte en* ~ *(en torr* ~*) på kroppen* he has not a stitch (a dry stitch) on him el. on his body; *han håller* ~*arna i sin hand* han har makten all [the] power is concentrated in his hand, han är den ledande he is in a key position; *dra i* ~*arna* dirigera pull the strings; *hålla i* ~*arna* se de bägge föreg. ex.; *tappa* ~*en* bildl. lose the thread; hans liv *hänger på en* ~ . . hangs by (on) a thread; *få (ha) ngn på* ~*en* i telefonen get (have) a p. on the line
trå|da *-dde -tt tr,* ~ *dansen* dance
tråd|buss trolley bus **-docka** skein of thread **-dragare** wire-drawer **-dragning** wire-drawing **-formig** *a* thread-shaped, vetensk. filiform **-gardin** net curtain
trådig *a* thready, om struktur o.d. filamentous, fibrous; ~*t kött* stringy (ropy) meat
tråd|lös *a* wireless **-mask** nematode **-radio** wire[d] broadcasting **-rulle** med tråd reel of cotton, amer. spool of thread; tom cotton reel, amer. spool **-rätt** *adv* the way of the thread[s] **-sliten** *a* threadbare **-smal** *a* . . [as] thin as a thread **-spik** wire-tack, wire-nail **-staket** wire (av taggtråd barbed-wire) fence **-vante** thread (lisle, string) glove **-ända** end of thread (resp. cotton, jfr *tråd*)
tråg *-et* - kärl trough, flatare tray; för murbruk hod **-formig** *a* trough-shaped, trough-like
tråka *tr* **1** ~ *ihjäl (ut) ngn* bore a p. to death **2** trakassera annoy, pester; retas med tease, *för* about **tråkig** *a* långtråkig boring, tedious; trist drab, dreary; ointressant, enformig uninteresting, dull, humdrum, tame; obehaglig disagreeable, unpleasant, förarglig awkward, annoying, vexatious; besvärlig tiresome; beklaglig unfortunate, sorglig sad; ~*a följder* obehagliga unpleasant (icke önskvärda undesirable) consequences; *en* ~ obehaglig *historia* vanl. a nasty business (affair); *en [mycket]* ~ *människa* tråkmåns a [great] bore; *torr och* ~ äv. dry; *det var ganska* ~*t på bjudningen hos B.* vanl. B.'s party was rather dull (boring); *det är* ~*t att* han inte kan komma it is a pity (a shame, too bad) [that] . ., jag är ledsen I am sorry . .; *så* ~*t* ledsamt! what a pity (shame)!, that is too bad!; *det* ~*a* besvärliga *[med den saken] är att* . . the trouble (nuisance) is that . . **tråkighet** *-en -er* långtråkighet boredom, tediousness; ~*er* besvär, obehag trouble sg., troubles, inconvenience[s], difficulties, förtret annoyance[s], vexation[s], prövningar hardships; *vålla ngn* ~*er* obehag get a p. into trouble, give a p. a great deal of trouble **tråkigt** *adv* boringly, tediously osv., jfr *tråkig;* ~ *nog* tyvärr *måste jag* gå unfortunately (I am sorry to say) I must . .; *ha* ~ have a boring (dull) time; *ha det* ~ ha en massa tråkigheter have a lot of trouble
tråkmåns *-en -ar* bore, dry stick
trål *-en -ar* trawl **trålare** trawler **trålfiske** trawl-fishing, trawling
tråna *itr* yearn, pine, languish, *efter* i samtl. fall for; ~ *bort* pine (be pining) away **trånad** *-en 0* yearning, pining, languishing, *efter* i samtl. fall for **trånande** *a* om pers. yearning, pining; om blick, öga languishing
trång *a* allm. narrow äv. bildl.; om plagg äv.: om t.ex. byxor tight-fitting, om skor tight; begränsad limited; staden har ~*a bostäder* . . cramped housing accommodation sg.; ~*a* lägenheter . . which are too small; klänningen *är* ~ *i halsen (över ryggen)* . . is tight round the neck (across the back); *det är* ~*t i rummet* a) föga utrymme there is little space in the room b) överfullt the room is crowded (packed) **-bodd** *a,* ~*a* stora *familjer* overcrowded families; *vara* ~ ha liten bostad be cramped (restricted, limited, confined) for space [in one's home], vara många live in overcrowded conditions; skolan *är* ~ . . is cramped (restricted) for space, . . is too small **-boddhet** små bostadsförhållanden restriction for space; trängsel overcrowding **-bröstad** *a* bildl. bornerad narrow-minded, fördomsfull bias[s]ed, intolerant intolerant, bigott bigoted **-mål** isht ekonomiskt embarrassment, friare äv. straits pl.; nöd[läge] distress; *råka (vara) i* ~ get into (be in) straits (F a tight corner) **-sint** *a* se *-bröstad* **-synt** *a* (med små vyer) attr. . . with a narrow outlook; *han är* ~ he has a narrow outlook (has narrow views); jfr *-bröstad* **-synthet** -syn narrow outlook; -sinthet narrow-mindedness, narrowness, bias, intolerance, bigotry; jfr *-bröstad*
trångt *adv, bo* ~ se *[vara] trångbodd; vi har* ~ *[om plats] här* we are rather cramped (limited, restricted, confined) for space (room) here; *sitta* ~ eg. be cramped, om flera pers. äv. sit (be sitting) close together, om

plagg fit too tight, bildl. (ekonomiskt) be hard up, be in a tight corner

trån|sjuk *a* . . full of yearning; se vid. *trånande* **-sjuka** yearning, pining, languishing

1 trä *(trä|da) -dde -tt tr* ~ på (upp) thread (*på* on), t.ex. halsband äv. string; sticka: t.ex. armen genom rockärmen pass, slip, t.ex. en nål (ett band) genom ngt run; *hon -dde sin arm under hans* she slipped her arm under (linked her arm in) his; *hon -dde ringen på fingret* she slipped the ring on to her finger; ~ *en tråd på en nål* thread a needle [with a piece of cotton]; ~ *in* (t.ex. handen genom hålet) pass . .; ~ *på en nål* thread a needle; ~ *upp* pärlor *på ett band* thread . . on a string, string . .

2 trä -[e]*t -n* **1** ss. ämne wood; virke timber, isht amer. lumber; stolar *av* ~ äv. wooden . .; *ta i* ~*!* ss. besvärjelse touch wood! **2** vedträ log (billet) [of wood] **-aktig** *a* eg. wood-like; bildl.: torr, smaklös o.d. woody, livlös, stel o.d. wooden **-ben** wooden leg **-bit** piece (bit) of wood **-blåsare** musiker wood[wind] player; *-blåsarna* i en orkester the woodwind sg. **-bock 1** ställning wooden trestle **2** bildl. (pers.) dry stick, bore **3** zool. longicorn (long-horned) beetle **-bänk** wooden bench osv., jfr *bänk*

träck *-en 0* excrement, faeces pl.; djurs dung

träd *-et* - (F *trän*) tree; *sitta i ett* ~ sit on (in) a tree; sådana saker *växer inte på* ~ . . don't grow on trees, . . are not found every day

1 träd|a *-an -or* **1** fallow field, lay land **2** *ligga i* ~ lie fallow äv. bildl.

2 träda *tr* se *1 trä*

3 trä|da *-dde -tt* **I** *itr* stiga step; gå go; trampa tread; ~ *i dagen* come to light äv. bildl.; ~ *i ngns fotspår* bildl. follow in a p.'s footsteps; ~ *i förbindelse med ngn* enter into communication with a p.; ~ *i ngns ställe* ersätta ngn replace a p., mera tillfälligt take a p.'s place, act as a deputy for a p., efterfölja ngn succeed a p.; ~ *inför* sina domare step into the presence of . . **II** *tr,* ~ *ngns rätt för nära* trench (encroach) [up]on a p.'s rights **III** m. beton. part. **1** ~ *emellan* step (go) between, ingripa äv. step in; *han -dde hjälpande emellan* för att bispringa mig he came (stepped in) to my relief; . . *fick* ~ *hjälpande emellan* ekonomiskt . . had to come to the rescue **2** ~ *fram* eg. step (go, komma come) forward; plötsligt, oväntat come forth, emerge, *ur* i bägge fallen out of; ~ *fram till* . . step osv. up to; jfr *framträda 1* o. *2* **3** ~ *in* eg. step (go, komma come) in, enter; ~ *in i* ett rum enter . .; jfr *inträda 2* o. *3* **4** ~ *till* itr. (överta ansvaret) take charge; jfr *tillträda* **5** ~ *tillbaka* step (go) back; bildl. withdraw, retire, om regering o.d. resign, *för* i samtl. fall in favour of **6** ~ *ut* step (go, komma come) out (*ur* of), plötsligt, oväntat emerge, *ur* from; jfr *utträda*

träd|artad *a* arboreous, arboreal **-bevuxen** *a* wooded **-dunge** clump (group) of trees

träde *-t 0* = *1 träda*

träd|fattig *a* . . lacking in trees **-gren** [tree-]branch **-gräns,** ~*en* the timber line, the tree line (limit) **-gård** garden, amer. äv. yard, större o. isht offentlig (t.ex. botanisk) gardens pl.

trädgårds|alster *pl* garden produce sg. **-anläggning 1** trädgård gardens pl. **2** trädgårdsanläggande laying out of a garden (resp. gardens) **-arkitekt** landscape gardener **-fest** garden party **-gång** garden walk (path) **-konst** landscape gardening **-land** garden plot, patch of garden **-mästare** gardener **-möbel** möblemang suite of garden furniture; *-möbler* äv. garden furniture sg. **-odlare** horticulturist **-odling** horticulture, gardening **-produkter** *pl* garden produce sg. **-redskap** garden tool **-sax** sekatör pruning shears pl. **-servering** garden restaurant (café) **-skola** school of gardening (horticulture), horticultural school **-skötsel** gardening, horticulture **-sångare** garden warbler **-täppa** little garden, garden-patch **-utställning** horticultural exhibition (show)

träd|krona crown (head) of a (resp. the) tree **-lös** *a* treeless **-plantering** plantation [of trees] **-rot** tree-root **-skola** [tree] nursery **-slag** variety (type) of tree **-stam** tree-trunk **-stubbe** tree-stump **-topp** tree-top

träff *-en -ar* **1** hit; *skjuta* ~ score a hit **2** möte (mellan två) rendezvous (pl. lika), F date; sammankomst get-together, gathering

träffa *tr* **1** möta, råka meet, händelsevis run across; finna find, få tag i get hold of; *jag skall* ~ *honom* i morgon I'll see (be seeing) him . .; *någon önskar (vill)* ~ *er* someone wishes to see (tala med speak to äv. i telefon) you; jag hoppades *att* ~ *honom hemma* . . to find him at home; *jag skall* ~ *någon (en person)* har stämt möte I have an appointment [with someone]; ~*s direktör B.?* can I see Mr. B.?, is Mr. B. in?, i telefon can I speak to Mr. B.?; *han* ~*s på sitt kontor* you can see (i telefon get) him at his office; *han* ~*s mellan 9 och 10* he is available between 9 and 10; *han* ~*s inte i dag* tar inte emot he can't see anybody today; ~ *på* möta, råka [på] meet with, mera händelsevis: m. pers.-obj. run across, m. sakobj. come across, hit on, chance upon; finna find, upptäcka discover; ~ *samman* se *sammanträffa* **2** isht mots. missa hit, isht slå till strike (se ex.); jfr *drabba 1;* utan obj.: om saksubj. (nå sitt mål, ta) go home, äv. bildl.; jag (kulan) ~*de* [*målet (honom)*] . . hit the target (him); *inte* ~ äv. miss; ~ riktigt återge *den rätta stämningen* hit off (fånga catch) the right atmosphere; ~ *den rätta tonen* get (hit) the right note äv. bildl.; när ljudet ~*r örat*

. . strikes the ear; skottet *~de [mig] i benet* . . hit me in the leg; *slaget ~de honom på hakan* the blow hit (struck) him on the chin; *han ~des av en sten* he was hit (struck) by a stone **3** göra, vidtaga (t.ex. ett val, anstalter) make; *~ [ett] avtal* komma överens om come to (ingå enter upon) an agreement

träffad *a, känna sig ~* skyldig feel guilty (conscience-stricken); *känna sig ~ [på den ömma punkten]* be touched on the raw

träffande *a* bildl. (om anmärkning, svar o.d.): välfunnen apposite; apt; passande, adekvat pertinent; slående, av god verkan telling; *vara ~* på kornet be to the point **träffas** *itr. dep* meet, händelsevis chance (happen) to meet; jfr vidare *ses* samt *träffa 1* **träffning** mil. encounter

träff|säker *a* eg.: om pers. . . good at hitting the mark, . . sure of aim, om vapen accurate; bildl. (t.ex. i omdömesförmåga) sure; *en ~ skytt* vanl. a good marksman **-säkerhet** eg.: om pers. precision of aim, om vapen accuracy in firing **-säkert** *adv* with sureness of aim

trä|fiberplatta [wood] fibreboard **-fri** *a, ~tt papper* wood-free (pure) paper **-förädling** woodworking, wood processing

träg|en *a* assiduous, sedulous, persevering; *-na besök* persistent (frequent) calls; *~ vinner* ordst. perseverance does it **trägenhet** assiduousness, assiduity, sedulousness, sedulity, perseverance

trä|golv wooden floor **-handtag** wooden handle **-hus** wooden house **-häst** wooden horse

träig *a* torr, smaklös o.d. woody, livlös, stel o.d. wooden

trä|industri wood (virkes- timber, isht amer. lumber) industry **-karl** kortsp. dummy **-kloss** wooden block (chock) **-kol** charcoal **-konstruktion** wooden structure (construction)

träl *-en -ar* hist. bond[s]man, thrall; bildl. slave **träla** *itr* toil [like a slave (resp. slaves)], slave, *med* i bägge fallen at; drudge

trälast timber (isht amer. lumber) cargo

trälbinda *tr* enslave **träldom** *-en 0* bondage, isht bildl. slavery, servitude **träldomsok** yoke of bondage

trä|mask woodworm **-massa** wood-pulp **-massefabrik** pulp-mill **-mjöl** wood-flour **-mosaik** marquetry

träna *tr itr* train (äv. *~ sig i*); öva sig [i] äv. practise; tr. (ss. instruktör) äv. coach; *börja ~* go into training; *~d* trained, erfaren experienced, practised; jfr *öva I* o. *II* **tränare** trainer; instruktör coach

träng *-en 0* army service corps; jfr *trängtrupper*

träng|a *-de -t* **I** *tr* driva, pressa, trycka drive, press; skjuta push; tvinga force; fienden *-de* ansatte *oss från alla håll* . . pressed in upon us on every side; *~ ngt genom ngt* som är trångt squeeze a th. through a th.

II *itr* **1** vara trång be (feel) too tight, om sko äv. pinch **2** [våldsamt] bana sig väg o.d. (t.ex. söderut) force one's way, ofta penetrate; jfr vid. under *III*

III m. beton. part. **1** *~ bort* psykol. repress **2** *~ fram* ~ in, ~ igenom o.d. penetrate; rycka fram advance; *~ fram till* äv. reach; *~ fram ur* äv. emerge (come out el. forth) from; *~ sig fram* t.ex. genom folkmassan push one's way forward **3** *~ sig före i kön* push oneself forward in (jump) the queue **4** *~ igenom* penetrate, genomborra äv. pierce, båda äv. bildl.; ta sig igenom find (stark. force) one's way through; hans idéer *har -t igenom* . . are now generally accepted, . . have prevailed **5** *~ ihop* t.ex. en massa människor crowd (pack) . . together; *~ ihop sig* om flera pers. crowd together; ni måste *~ ihop er* äv. . . get (stående stand, sittande sit) closer together **6** *~ in* **a)** tr.: *~ in ngn i ett hörn* press (osv., jfr *I*) a p. into a corner **b)** itr. o. rfl.: *~ (~ sig) in [i . .]* force one's way in[to . .], bryta sig in break in[to . .]; *kulan -de in i* kroppen the bullet penetrated into . .; *expeditionen -de in i* landet äv. the expedition penetrated into . .; *~ in i* sätta sig in (fördjupa sig) i *ngt* penetrate (immerse oneself) into a th. **7** *folkmassan -de på* oss *[bakifrån]* the crowd was pressing us hard (pressing [hard] upon us) [from behind]; *~ sig på ngn* vara påträngande thrust oneself (obtrude [oneself]) [up]on a p.; *förlåt att jag -er mig på* stör pardon my intrusion; *minnena -de sig på honom* the memories came thronging (crowding) in upon his mind **8** *poliserna -de tillbaka* de nyfikna the policemen pressed (thrust) . . back **9** *~ undan ngn* push a p. aside (out of his resp. her place); *de gamla idéerna har -ts undan av nya* the old ideas have been superseded by new ones **10** *~ ut ngn* i gatan force a p. out . .; *det nya modet har -t ut det gamla* the new fashion has superseded (displaced) the old one; *gasen -de ut* genom dörrspringan forced its way out . .; *ögonen* på honom *-de ut ur sina hålor* his eyes were starting out from their sockets; *~ sig ut* genom dörren force one's way out . .

trängande *a* urgent, isht attr. äv. pressing

träng|as *-des -ts itr. dep* samlas, skockas crowd, press, throng; knuffas jostle one another; *man behövde inte ~* vanl. there was no crowding; *vi fick ~ förskräckligt* i bussen we were terribly packed together . .; *de formligen -des om platserna till* . . there was a proper crush to secure seats for . .

trängsel *-n 0* crowding; människomassa crowd, crush, throng; *det råder ~ på* lärarbanan . . is overcrowded; *i ~n* in the crowd (crush, throng); *rummet var fyllt till ~ av* . . the

room was overcrowded ([absolutely] packed) with . .
trängta *itr* yearn, pine, *efter* for, *efter att* inf. to inf. **trängtan** - *0* yearning, pining
trängtrupper *pl* service forces (corps), amer. maintenance and supply troops
träning *-en 0* training; practice; coaching; jfr *träna; ligga (lägga sig) i ~ för* . . be (go into) training for . . **träningsläger** training camp **träningsoverall** track (training, sweat) suit **träningsvärk,** *ha ~* be stiff (full of aches) [after training]
träns *-en -ar* **1** ~[*bett*] ridn. snaffle **2** snodd braid, cord **3** sömn.: hank loop
träpinne piece of wood, small stick
träsk *-et* - fen, marsh, swamp; bildl. sink
trä|skaft wooden handle **-skalle** bildl. blockhead, fathead, numskull
träskartad *a* fen-like, fenny, marshy, swampy
träsked wooden spoon
träskig *a* fenny, marshy, swampy **träskmark** fenny (marshy, swampy) ground; *~er* swamps
trä|sko wooden shoe, clog, patten **-skruv 1** av metall (för trävirke) wood-screw **2** av trä wooden screw **-skulptur** wood-carving **-slag** sort (kind) of wood; *~* pl. äv. woods **-slev** wooden ladle **-slöjd** woodwork, carpentry **-snidare** -skulptör wood-carver **-snitt** woodcut **-sprit** wood alcohol, methanol **-sticka** wood splinter **-stock** log of wood
trät|a I *-an -or* quarrel; jfr *tvist* **II** *-te -t itr* quarrel, svag. bicker, *om* i bägge fallen about; *~ på ngn* scold a p. **trätgirig** *a* quarrelsome
trätjära wood tar
trätobroder adversary
trä|toffel clog **-ull** wood-wool, isht amer. äv. excelsior **-varor** *pl* a) virke timber sg., isht amer. lumber sg.; bräder o.d. wood products b) träföremål wooden articles **-varuexport** virkesexport[ation] of timber **-varufirma** virkes-timber[-trading] firm **-varuhandlare** virkes-timber-merchant; detaljist timber-dealer **-verk** woodwork **-virke** se *virke* **-vit** *a* attr. whitewood
trög *a* sluggish; långsam slow, slack, *i* at; fys. o. om pers. (overksam) inert; flegmatisk phlegmatic, languid; slö dull; senfärdig tardy; *ett ~t lås* a stiff lock **-bedd** *a, vara ~* require [a great deal of] pressing **-djur** zool. sloth **-flytande** *a* tjock- viscous; om vattendrag sluggish **-het** sluggishness; slowness, slackness; inertia; phlegm, languidness; dullness; tardiness; jfr *trög* **-hetslagen** the law of inertia **-måns** *~en ~ar* sluggard, slacker **-såld** *a* attr. . . that is (was osv.) difficult to sell; *varan är ~* äv. . . sells slowly
trögt *adv* sluggishly osv., jfr *trög; gå ~* a) mera eg. (om mekanism o.d.) work (isht om maskin run) stiffly b) om affärer o.d. be slack, om arbete drag, be slow; *samtalet gick ~* [the] conversation flagged; *det går ~ med det* el. *den saken (med förhandlingarna)* it is a slow business (the negotiations are making slow progress) **trögtänkt** *a* slow-witted; *vara ~* äv. be slow on the uptake **trögtänkthet** slow-wittedness
tröj|a *-an -or* olle sweater; t.ex. fotbolls~ jersey, shirt; under~ vest, singlet, amer. undershirt
tröska *tr* thresh; *~ igenom ngt* bildl. plough through a th.
tröskel *-n trösklar* threshold äv. bildl., *till* of; dörr~ äv. door-step; damm~, dock~ sill; *han kommer aldrig mera över min ~!* he'll never cross my threshold (door-step) again! **-värde** psykol. liminal value; fys. threshold-value
tröskverk threshing-mill, threshing-machine, thresher
tröst *-en 0* **1** hjälp, lindring comfort, consolation; i högre stil solace, *för* i samtl. fall to; *en klen (dålig) ~* a poor consolation; *ett ~ens ord* a word of consolation (comfort); *det är alltid en ~* att veta . . [at least] that is one comfort (consolation) . .; *söka ~ i glaset* seek consolation in the bottle **2** napp comforter, dummy, amer. pacifier **trösta I** *tr* comfort, console; i högre stil solace **II** *rfl* console oneself, *med* by; *vi får ~ oss med att ingen vet något* no one knows — that is one comfort; hon vill inte *låta sig ~s* . . be comforted **tröstare** *-n* - comforter, consoler **trösterik** *a* consoling, . . full of consolation **tröstlös** *a* disconsolate, inconsolable; hopplös, förtvivlad hopeless, desperate; trist, dyster dreary, drab **tröstlöshet** disconsolateness osv. **tröstnapp** se *tröst 2* **tröstpris** consolation prize
trött *a* tired, uttröttad wearied, fatigued, F fagged, i högre stil weary, *av* i samtl. fall with, by, *av att* inf. with (ibl. from) ing-form, *på* of; *vara så ~ att man knappt kan stå på benen* be too tired to stand; *arbeta (dansa) sig ~* work (dance) till one is tired [out], tire oneself out by working (dancing); *jag är (blir, känner mig) ~ i armarna* vanl. my arms are (get, feel) tired; *jag är ~ på* honom *(på att* inf.) I'm tired (I've had enough) of . . (of ing-form); *jag är ~* utled *på hela historien* stark. äv. I am sick of (fed up with) the whole thing **trötta** *tr* tire, fatigue, isht själsligt (tråka ut) weary; *~ sina ögon med att läsa* vanl. strain one's eyes reading; *det ~r [en] ganska mycket* it tires you a good deal, it is rather tiring, it takes rather a lot out of you; *~ ut ngn (sig)* tire a p. (oneself) out; jfr *uttröttad* **tröttas** *itr. dep* become (get, grow) tired (osv., jfr *trött*), *av* by
trötthet tiredness, weariness, *i* in (of);

fatigue; falla ihop *av* ~ . . with fatigue **trötthetskänsla** sense of fatigue **tröttkörd** *a* utarbetad overworked, jaded; *vara* ~ äv. be fagged [out] **tröttna** *itr* become (get, grow) tired, *på [att göra] ngt* of [doing] a th.; ~ *på* . . äv. tire (weary) of . .; musik *som man ~r på* äv. . . that palls upon you **tröttsam** *a* tiring, fatiguing, om pers. äv. tiresome, wearisome

tsar *-en -er* tsar, czar **tsarinna** tsarina, czarina

tsetsefluga tsetse-fly

tu *räkn* two; *ett ~ tre* plötsligt all of a sudden; *de unga* ~ the young couple; *det är inte ~ tal om den saken* there is no question about that; den är bra — *det är inte ~ tal om det* . . and no mistake; *på ~ man hand* in private, privately; *tala med ngn på ~ man hand* äv. speak to a p. alone

tub *-en -er* **1** färg~ o.d. samt tekn. tube **2** kikare telescope

tub|a *-an -or* tuba

tubba *tr,* ~ *vittnen* suborn witnesses; ~ *ngn till [att göra] ngt* entice a p. into doing a th.; ~ *ngn till [att begå] mened* induce a p. to commit perjury

tuberk|el *-eln -ler* tubercle **tuberkelbacill** tubercle bacill|us (pl. -i) **tuberkelfri** *a* tubercle-free **tuberkelknöl** tuberculous (tubercular) nodule **tuberkulin** *-et 0* tuberculin **tuberkulos** *-en 0* tuberculosis, *i* of **tuberkulossjuk** *a* . . suffering from tuberculosis **tuberkulossjukhus** tuberculosis hospital **tuberkulosvård** care of tuberculous patients **tuberkulös** *a* tuberculous; *~a förändringar* tubercular changes

tubformig *a* tubular

tudela *tr* divide . . into two [parts]; *~d* se *tvådelad* **tudelning** division (tudelande dividing) into two [parts]

1 tuff *-en -er* miner. tuff; kalk~ tufa

2 tuff *a* tough

tuffa *itr* se *töffa*

tufsa *tr* **1** ~ *till ngn i håret* tousle (rumple) a p.'s hair **2** bildl., ~ *till* illa tilltyga *ngn* handle a p. roughly

tugg|a I *-an -or* munfull bite; vad som tuggas chew **II** *tr itr* chew, mat äv. masticate; isht om hästar champ; ~ *på* en kaka chew (mumsa munch) . .; ~ *på naglarna* bite one's nails; ~ *på* en tändsticka chew at . .; nu fick han något *att ~ på* bita i . . to get his teeth into; ~ *av en tand* break a tooth [in chewing]; *[ideligen] ~ om samma sak* bildl. ung. keep harping on the same string; ~ *sönder* bite . . [in]to bits **tuggbuss** quid [of tobacco] **tuggmuskel** masticatory muscle **tuggtobak** chewing-tobacco **tuggummi** chewing-gum

tuj|a *-an -or* arbor vitae lat., thuja

tukt *-en 0* discipline; hålla ngn *i [Herrans] ~ och förmaning* . . in good order (discipline); *leva i ~ och ära* lead a respectable life **tukta** *tr* **1** hålla i tukt o. lydnad chastise, discipline, castigate; bestraffa äv. punish **2** forma (t.ex. träd, häck) prune, träd äv. lop; *~d sten* dressed stone **tuktan** *- 0* chastisement, discipline, castigation, correction **tukthus** (hist.) anstalt house of correction **tuktomästare** chastiser, castigator, corrector

tull *-en -ar* **1** avgift [customs] duty, F customs pl.; ~tariff, ~taxa customs tariff, [rate of] duty; bro~, kvarn~ o.d. toll; *vad (hur hög) är ~en på . .?* what is the duty on . .?; *betala ~ på (för) ngt* pay duty (F customs) on (for) a th.; *lägga hög ~ på . ., belägga . . med hög ~* put (impose, levy) a high (heavy) duty on . .; lyxartiklar *är belagda med ~* . . are liable to customs duty; *betala* 10 kronor *i ~* pay a duty of . .; *vad (hur mycket) fick du betala i ~ för . .?* what (how much) duty did you have to pay on (for) . .? **2** ~myndighet, ~verk Customs pl.; ~hus, ~station custom-house; *~en* kom ombord the customs officers (people) pl. . .; *passera [genom] ~en* get through (pass [through]) the Customs; *bo utanför ~arna* ung. . . outside the (out of [the]) town **tulla** *tr itr* **1** betala tull, ~ *för* ngt pay duty on (for) . . **2** F 'snatta', ~ *[av]* cigarrerna take (pinch) some of . . **tullare** F se *tullman*

tull|avgift [customs] duty **-behandla** *tr* clear [. . through the Customs], resgods examine [. . for customs purposes] **-behandling** [customs] clearance, av resgods [customs] examination **-belägga** *tr* charge (impose, levy) duty on **-bevakning** customs supervision (surveillance); konkr. preventive service **-bevakningsfartyg** revenue vessel **-deklaration** customs declaration **-formaliteter** *pl* customs formalities **-fri** *a* duty-free, . . free of duty; *tankar är ~a* one's thoughts are one's own **-frihet** exemption from duty **-fritt** *adv* duty-free, free of duty **-förvaltare** customs collector, collector of customs **-gods** koll. goods (pl.) under customs control **-hus** custom-house **-höjning** increase in (of) duty, tariff increase **-inkomster** *pl* o. **-intäkter** *pl* customs receipts **-jakt** revenue cutter **-kammare** custom-house **-klarering** customs clearance **-kontor** customs office **-kontroll** customs check **-kontrollör** ung. senior examining officer **-krig** tariff war **-kryssare** revenue cutter **-man** tjänsteman customs officer (official); i bevakningstjänst preventive man **-mur** tariff wall (barrier) **-myndigheter** *pl* customs authorities **-nederlag** bonded warehouse **-pliktig** *a* dutiable, . . liable to duty **-politik** tariff policy

-sats tariff rate, [rate of] duty **-skydd** tariff protection; ss. system protectionism **-snok** snooper **-stadga** customs statute **-station** customs station, custom-house **-sänkning** reduction in (of) duty, tariff reduction **-taxa** customs tariff **-taxering** customs examination **-tjänsteman** se *-man* **-union** customs (tariff) union **-verk** Customs [and Excise] Department **-visitation** av resgods customs examination; kropps- personal search [by the Customs]; av fartyg search [by the Customs] **-väsen** organisation customs administration (service)

tulpan tulip **-lök** tulip-bulb

tult|a I *-an -or* [little] toddler **II** *itr,* ~ *omkring* toddle about (around)

tum *-men* - inch; han är *en krigare i varje* ~ . . every inch a soldier **-handske** leather mitten, fingerless glove

tumla I *itr* falla fall, tumble; ragla stagger, reel, totter; leka o. rasa romp; vältra sig roll **II** *tr,* ~ *sin häst* caracole one's horse **III** *rfl* vältra sig roll over and over **IV** m. beton. part. **1** ~ *av hästen* tumble (roll) off one's horse **2** ~ *om* (om pers. o. djur) romp about; tankarna ~*de om i hennes huvud* . . kept revolving in her mind; ~ *om varandra* (om pers. o. saker) tumble (roll) over one another **3** ~ *omkring* se ~ *om* ovan **4** ~ *omkull* tumble (topple, roll) over (down) **tumlare** *-n* - **1** zool. [common] porpoise **2** glas tumbler **3** tork~ tumbler

tumma I *tr itr,* ~ [*på*] *ngt* fingra på (t.ex. hatten) finger a th., nöta [på] (t.ex. bok) thumb a th.; ~*de* nötta o. nedsolkade *sedlar* well-thumbed [bank-]notes **II** *itr,* ~ *på ngt* a) överenskomma ung. shake hands (agree) on a th. b) rucka (jämka) på make modifications in a th., klandrande tamper with a th.; ~ *på sin övertygelse* budge from (temporize with) one's convictions **tumm|e** *-en -ar* thumb äv. på handske o.d.; *ha* ~ *med ngn* be [well] in with a p.; *hålla -arna (-en)* [*för ngn*] keep one's fingers crossed [for a p.]; *hålla -en på ögat på ngn* hålla i styr keep a tight hand ([noga] bevaka a [careful] check) on a p.; *rulla (sno, snurra) -arna* twiddle (twirl) one's thumbs äv. bildl.; *där bet du dig allt i -en!* tog du fel you made a mistake there!; *-en upp (ned)!* thumbs up (down)! **tummeliten** - *0, en* ~ a hop-o'-my-thumb; *T*~ sagofigur Tom Thumb

tummelplats valplats battlefield, *för* for, ibl. of; arena arena

tumnagel thumb-nail **tumregel** rule of thumb **tumsbred** *a* . . an (one) inch broad (in breadth) attr. äv. one-inch broad **tumsbredd,** *en* ~ the breadth of an (one) inch; inte vika *en* ~ . . an inch **tumskruv** thumbscrew; *sätta* ~*ar på ngn* bildl. put the thumbscrews on a p. **tumstock** folding rule

tumult *-et* - tumult, F hullabaloo; rabalder, villervalla uproar; oreda turmoil; bråk row; F rumpus; upplopp disturbance, riot **tumultuarisk** *a* tumultuous

tumvante [woollen (fabric)] mitten

tumör tumour

tundr|a *-an -or* tundra

tung *a* allm. heavy äv. bildl.; klumpig, ohanterlig unwieldy; åbäkig cumbersome; svår hard m.fl., jfr ex. under *svår;* isht bildl. äv. (t.ex. om stil, arkitektur o.d.) ponderous, cumbrous; *ett* ~*t ansvar* a heavy (grave) responsibility; *en* ~ *börda* a heavy burden; *en* ~, svår *lott* a hard lot (fate); ~ kvav, tryckande *luft* heavy (sultry) air; ~*a paket* heavy parcels; *ett* flera kilo ~*t paket* a parcel weighing . .; *en* ~ *plikt* a heavy duty; *de tar alla* ~*a (tyngre) saker* they take all heavy things; ~*a skatter* heavy (burdensome, oppressive) taxes; ~*a sorger* heavy sorrows; ~*a steg* heavy [foot]steps; *en* ~ *suck* a deep sigh; *ha* ~ *sömn* be a heavy sleeper; ~*a* dystra *tankar* black (gloomy, dismal) thoughts; ~*t vatten (väte)* heavy water (hydrogen); *det känns* ~*t* att nödgas it feels hard . .; *jag känner mig (är)* ~ *i huvudet* my head feels heavy; *luften var* ~ *av väldoft* the air was heavy with scent

1 tunga *-n 0* börda, *bära dagens* ~ [*och hetta*] bear the burden [and heat] of the day

2 tung|a *-an -or* **1** anat. o. friare (t.ex. kok., bot., tekn.) tongue, på våg äv. needle, pointer; på flagga tail; mus. (i orgel, klarinett o.d.) reed; *onda (elaka) -or påstår att* . . a malicious rumour has it that . .; *vara* ~*n på vågen* bildl. hold the balance, tip the scale; *ha en elak (rapp)* ~ have [got] a malicious (quick) tongue; *hålla* ~*n rätt i mun*[*nen*] tänka sig för mind one's P's and Q's, vara försiktig watch one's step; *låta* ~*n (sin* ~*) löpa* let one's tongue run; *bita sig i* ~*n* bite one's tongue äv. bildl.; *tala med -or* speak with (in) tongues; *tala med dubbel (kluven)* ~ speak with two voices; *ha* ordet (det) *på* ~*n* have . . on the tip of one's tongue **2** zool. sole

tungarbetad *a* attr. . . that is (osv.) heavy to work; för konstr. jfr *lättarbetad*

tung|band anat. ligament (frenulum) of the tongue **-ben** tongue-bone, hyoid [bone] **-formig** *a* tongue-shaped, bot. strap-shaped, ligulate **-häfta** inability to speak; *ha få* ~ när be (get) tongue-tied . .; *inte lida av* ~ vara pratsam have the gift of the gab **-lik** *a* tongue-like; jfr *-formig* **-ljud** lingual [sound]

tungläst *a* stodgy, heavy

tungomål tongue, språk language **tungomålstalande** *-t 0* relig. speaking with tongues

tungrodd *a* bildl.: trög heavy, osmidig (om t.ex. organisation) unwieldy, obekväm (om t.ex. kök)

inconvenient, . . difficult to manage
tung|rot root of the tongue **-rots-r** velar r
tung|sinne melancholy, gloom **-sint** *a* melancholy, gloomy **-sinthet** se *-sinne* **-skött** *a* . . difficult to manage
tung|spene uvul|a (pl. -ae) **-spets** tip (fonet. äv. point) of the tongue **-spetsljud** apical [sound]
tungsten miner. tungsten **tungsövd** *a, vara* ~ be a heavy sleeper **tungt** *adv* heavily, ibl. äv. (t.ex. falla, ligga, vila ~ på . .) heavy; ~ *lastad* heavily loaded (laden), attr. äv. heavy-laden; *andas* ~ breathe heavily (with difficulty); *gå* ~ have a heavy tread, om maskin, vagn o.d. run heavily (heavy); *ta livet* ~ [*och allvarligt*] make a burden of life; *hans ord väger* ~ *hos* . . his words carry weight with . .; ~ *vägande* skäl weighty . .; *av för honom* ~ *vägande skäl* for reasons that have (resp. had) great weight with him
tungus *-en -er* **1** folk Tungus, Tunguz (pl. i bägge fallen äv. lika) **2** bildl. stick-in-the-mud
tung|vikt heavyweight; *lätt* ~ light heavyweight **-viktare** heavy-weight
tunik|a *-an -or* tunic
Tunisien Tunisia **tunisier** o. **tunisisk** *a* Tunisian
tunn *a* allm. thin; svag (om te, kaffe o.d.) weak; utspädd, vattnig äv. diluted, watery; innehållslös äv. jejune; mager äv. meagre, F (om pers.) skinny; om rock o.d. äv. light; *en* ~ *bok* äv. a slender book; ~*a kinder* thin (infallna pinched) cheeks; ~ *luft* äv. rarefied (rare) air; ~ *tråd* äv. fine (slender) thread; *tunt tyg* äv. flimsy (skirt sheer) material
1 tunn|a *-an -or* barrel, mindre cask; *hoppa i galen* ~ do the wrong thing, make a mistake
2 tunna I *tr,* ~ [*ut*] göra tunnare make . . thinner, glesa äv. thin [out (down)], späda äv. dilute **II** *itr,* ~ *av* grow (get) thinner; glesna thin; minska decrease (diminish) in number[s]
tunnas *itr. dep,* ~ [*av*] se *2 tunna II*
tunn|band hoop äv. leksak **-bindare** cooper, hooper
tunn|bladig *a* **1** bot. thin-leaved **2** om verktyg thin-bladed **-bröd** ung. thin unleavened bread; flatbröd flatbread
tunnel *-n tunnlar* tunnel, isht för fotgängare äv. subway **-bana** underground [railway], F tube, amer. subway, F sub **-banestation** underground (tube osv.) station
tunn|flytande *a* thin, very liquid **-het** thinness osv., jfr *tunn* **-hårig** *a* thin-haired **-klädd** *a* thinly dressed (clad)
tunnland ung. acre
tunn|skalig *a* om t.ex. nöt, ägg thin-shelled, om t.ex. potatis, äpple thin-skinned, thin-peeled **-sliten** *a* attr. . . that is osv. worn thin; trådsliten threadbare **-sådd** *a* thinly sown, thin-sown; *vara* ~*a* bildl. be few and far between **-tarm** small intestine
tunt *adv* thinly, ibl. äv. (t.ex. skära ngt) thin; glest äv. sparsely; *breda på smöret* ~ spread the butter on thin
tupera *tr* hår backcomb
tupp *-en -ar* cock, amer. vanl. rooster; som efterled i sms. ofta framförställt i eng., jfr *fasantupp; röd som en* ~ [as] red as a turkey-cock
tuppa, ~ *av* itr. svimma pass out, kollapsa collapse; slumra till nod off
tupp|fjät, *bara ett* [*par*] ~ bildl. only a handbreadth, only a tiny distance **-fäktning** cock-fighting; *en* ~ a cock-fight **-kam** zool. cock's crest (pl. vanl. cocks' crests) **-kyckling** eg. cockerel; bildl. cocky young devil **-lur** [little (short)] nap; *ta sig en* ~ take (have) a nap, have forty winks
1 tur *-en 0* lycka luck; *ha* ~ have luck, be lucky; *ha* ~ *hos damerna* vanl. be a favourite with the ladies; *ha* ~ *i* [*kort*]*spel (kärlek)* be lucky at cards (in love); *ha* ~ *med* vädret be lucky with . .; *ha* ~ *med sig* lyckas be lucky, bringa lycka bring luck; *ha -en att* inf. have the luck to inf., be lucky (fortunate) enough to inf.; *det är* ~ *i oturen* ung. it is a blessing in disguise; *det är* ~*, att* . . it's lucky (fortunate) that . ., it's a good thing (F job) that . .; *det är* ~ *för dig att ha* . . it's lucky for you that you have . .; *som* ~ *var* luckily, as luck would have it; *vilken (en sån)* ~*!* what [a piece (stroke) of] luck!; *mera* ~ *än skicklighet* more good luck than skill
2 tur *-en -er* **1** ordning, omgång turn; *han i sin* ~ å sin sida he on his part; *i* ~ *och ordning* in turn, by (in) turns, by (in) rotation, in proper order; *jag står (är) i* ~ it's my turn, I'm next **2** resa, utflykt trip, tour, kortare äv. round, F spin; utflykt äv. excursion; på cykel, till häst o.d. äv. ride, i bil o.d. äv. drive; till fots turn, spatser~ stroll, walk; *färjan gör dagliga* ~*er till* . . the ferry runs daily to . .; båten *gör fyra* ~*er dagligen* . . runs four times daily; *ta* [*sig*] *en* ~ take (go for) a trip osv.; ~ *och retur* there and back; [*en*] ~ *och retur* Malmö a return [ticket] to . . **3** i dans figure
tura *itr* o. **turas** *itr. dep,* ~ *om* [*med varandra*] *att* inf. take it in turn[s] to inf., take turns in (at) ing-form; ~ *om med* ngn take turns with . .
turban turban **-klädd** *a* o. **-prydd** *a* turbaned
turbin *-en -er* turbine **turbinfartyg** turbine[d] vessel **turbinmotor** turbine [engine], turbo-motor **turbogenerator** turbo-generator **turbulens** *-en 0* turbulence
turism tourism
turist tourist **-attraktion** tourist attraction **-broschyr** travel booklet (folder folder) **-buss** touring (long distance) coach **-byrå** travel (tourist) agency, travel bureau (pl. -x)

-förening tourist association, touring-club **-hotell** tourist hotel **-klass** tourist class **-land** tourist country **-ort** tourist resort **-ström** stream (influx) of tourists **-säng** folding bed **-säsong** tourist season **-väsen** tourism

turk *-en* **1** pl. *-ar* Turk **2** pl. *0* bad Turkish bath **Turkiet** Turkey **turkinna** Turkish woman **turkisk** *a* Turkish; ~ *matta* äv. Turkey carpet **turkisk|a** *-an* **1** pl. *0* språk Turkish **2** pl. *-or* kvinna Turkish woman. — Jfr *svenska* **turkmen** *-en -er* o. **turkoman** Turcoman, Turkmen

turkos *-en -er* turquoise

turlista tidtabell timetable; för båtar äv. list of sailings

turné *-en -er* rundresa tour; *göra en* ~ make a tour **turnera I** *itr* tour; ~ *i landsorten* tour [in] the provinces **II** *tr* formulera turn; ~ ett svar *väl* give a neat turn to . . **turnering** tournament

turnummer queue number **tur och returbiljett** return (amer. round-trip) ticket

turnyr bustle

tursam *a* lucky, fortunate

tursk *a,* ~ *a bönor* kidney beans

turturduva turtle-dove

turvis *adv* by (in) turns, in turn (rotation)

tusan *oböjl. r,* ~ *djävlar!* damn it!; *för* ~ [*hakar*]! hang it!; *en* ~ *till karl* a devil of a fellow; jfr *2 fan 2* o. *sjutton 2*

1 tusch *-en 0* **1** anstrykning samt mus. (anslag), konst. o. fäkt. touch **2** mus. (fanfar) flourish; *ge* ~ flourish

2 tusch *-en (-et) 0* färg Indian ink

1 tuscha *tr* snudda vid touch . . lightly, skrapa lätt graze

2 tuscha *tr* rita (måla osv.) m. tusch draw (paint osv.) . . in Indian ink; ~ *ögonbrynen* pencil one's eyebrows

tusen *räkn* thousand; [*ett*] ~ a (one, jfr *hundra*) thousand; *vasen gick i* ~ *bitar* vanl. the vase was smashed to smithereens; *jag ber* ~ *gånger om förlåtelse!* [I beg] a thousand pardons!; ~ *sinom* ~ thousands and (upon) thousands; *Tusen och en natt* titel vanl. the Arabian Nights; jfr vidare ex. under *hundra* **tusende I** *-t -n* thousand **II** *räkn* thousandth; jfr ex. under *femte* **tusen[de]del** thousandth [part]; jfr *hundra[de]-del*

tusen|faldig *a* thousandfold **-faldigt** *adv* o. **-falt** *adv* a thousandfold **-foting** centipede, millepede **-hövdad** *a* thousand-headed **-konstnär** Jack-of-all-trades (pl. Jacks-of-all-trades) **-kronesedel** o. **-kronorssedel** o. **-lapp** one-thousand-krona note **-sköna** *-skönan -skönor* [common] daisy **-stämmig** *a* thousand-voiced **-tal** thousand; [*på*] ~*et* år 1000—1100 [in] the eleventh century; jfr vidare ex. under *hundratal* **-tals** *oböjl. a* thousands (subst. i pl.), *människor* of people; ~ *människor* äv. people in thousands **-årig** *a, det* ~*a riket* relig. the millennium; jfr f.ö. i tillämpliga delar *hundraårig, femårig* **-årsjubileum** millennial celebration

tuss *-en -ar* av bomull, tråd, tyg o.d. wad, av damm, ludd o.d. piece of fluff, [hopknycklad] boll (av. t.ex. papper) ball

tussa *tr,* ~ *en hund på ngn* set a dog on to a p.; ~ *ihop hundarna* set the dogs at each other

tussilago *-n -r* coltsfoot (pl. -s)

tut *itj* toot!

1 tut|a *-an -or* finger-stall, för tumme thumb--stall

2 tuta *tr itr* mus. toot, tootle, *i ett horn* [on] a horn; m. signalhorn (på bil), m. ångvissla o.d. hoot; *det* ~*r upptaget* i telefon there's an engaged tone . .; ~ något *i öronen på ngn* din . . into a p.'s ears; ~ *i ngn* ngt put . . into a p.'s head

1 tutt|a *-an -or* little girl

2 tutta *tr,* ~ [*eld*] *på ngt* set fire to a th., set a th. on fire

tuv|a *-an -or* gräs~ tuft (clump) [of grass], tussock, större grassy hillock; *liten* ~ *välter ofta stort lass* ung. little strokes fell great oaks **tuvig** *a* tufty, tussocky

TV *(tv) TV-n TV-ar* television, TV (pl. TVs), F telly samtl. äv. apparat; *se (titta) på* ~ watch television (TV, F the telly); *se ngt i* ~ see a th. on television osv.; *sända ngt i* ~ televise (isht amer. telecast) a th., broadcast (isht tekn. transmit) a th. on television; *vad är det i* ~ i kväll? what is on television (osv.) . .?

tvagning washing

TV-antenn television (TV) aerial (amer. äv. antenna) **TV-apparat** television (TV) set (receiver), F telly **TV-bild** television (TV) picture

tvedräkt ~*en 0* dissension, discord; jfr *oenighet*

tweed *-en 0* tweed

tve|eggad *a* two-edged, bildl. äv. double--edged **-gifte** bigamy; *leva i* ~ be bigamous **-hågsen** *a* doubtful, uncertain, *om* about; *vara* ~ *om ngt* äv. be in two minds about a th. **-hågsenhet** doubtfulness, uncertainty **-hövdad** *a* two-headed

tveka *itr* hesitate, vara obeslutsam äv. be in doubt, be doubtful, be in two minds, *om* ngt i samtl. fall about . .; ~ *om hur man skall göra* hesitate osv. [about] what to do; *utan att* ~ without hesitating (hesitation)

tvekamp duel äv. bildl., envig äv. single combat

tvekan *oböjl. r* hesitation, hesitance; obeslutsamhet äv. uncertainty, irresolution, indecision; tvivel doubt; *det råder* ~ *om det*

there is some doubt about it; *med* |*viss*| ~ with some hesitation; *utan* ~ without hesitation, tvivelsutan without |a| doubt, avgjort certainly **tveksam** *a* tvekande hesitant; osäker doubtful, uncertain; obeslutsam irresolute, undecided, *om* ngt i samtl. fall about . .; *i* ~*ma fall* bör man . . in doubtful cases (when in doubt) . . **tveksamhet** hesitation, hesitance, doubtfulness; jfr *tvekan*
tvekönad *a* bisexual, hermaphrodite
tvenne *räkn* two
tve|stjärt earwig **-talan,** *beslå ngn med* ~ convict a p. of |self-|contradiction **-tungad** *a* double-tongued äv. bildl. **-tydig** *a* eg. ambiguous, equivocal; ekivok, oanständig risky, risqué fr., improper, indecent; skum shady, fishy **-tydighet** ~*en* ~*er* ambiguousness end. sg., ambiguity; oanständighet double entendre fr., indecency
tvi *itj,* ~|*vale*|! ugh!
tvilling twin; *Tvillingarna* astr. Gemini **-bror** twin brother **-födsel** birth of twins **-par** pair of twins; ~*et L.* the L. twins pl. **-syster** twin sister
tvina *itr,* ~|*bort*| languish |away|
tvinga *-de (tvang) -t (tvungit)* **I** *tr* force, compel, stark. o. isht genom maktmedel coerce, högt. constrain; för konstr. se ex.; ~ *ngn* |*till*| *att* inf. force a p. to inf. (into ing-form), compel a p. to inf., coerce a p. into ing-form, svag. (förmå) make a p. inf.; *han hade* ~*ts* nödgats |*att*| nödlanda he had been forced (obliged) to . .; ~ *ngn till* en massa saker force a p. to do (into doing) . ., compel a p. to do . ., make a p. do . .; ~ *ngn till reträtt* force a p. to retreat (into retreating), force (compel) a p. to make a retreat; ~ *ngn till underkastelse* force (compel) a p. into submission; jfr *tvungen* **II** *rfl* force oneself, |*till*| *att* inf. to inf. (into ing-form), högt. constrain oneself, |*till*| *att* inf. to inf.; ~ tränga *sig* genom ngt force one's way . . **III** m. beton. part. **1** ~ *av* se *avtvinga* **2** ~ *fram en bekännelse av ngn* extort a confession from a p.; läget *har* ~*t fram inskränkningar* . . has enforced restrictions **3** ~ *i ngn ngt* få ngn att äta force a p. to eat (dricka to drink) a th.; ~ *i sig* maten force down . . **4** ~ *på ngn ngt* force (truga push) a th. upon a p.; ~ *sig på ngn* force oneself upon a p. **5** ~ *sig till (*~ *till sig) ngt* obtain (secure) a th. by force **6** *hon* ~*de tårarna tillbaka* she fought back her tears
tvingande *a* oavvislig imperative, trängande urgent; *en* ~ *nödvändighet* an imperative necessity; *ej utan* ~ *skäl* not without urgent (compelling) reasons; *du bör inte göra det utan* ~ *skäl* you shouldn't do it unless you are absolutely forced (obliged) to
tvinna *tr* twine, twist; silke throw; ~ *upp* untwine, untwist

tvin|sjuk *a* förtvinande consumptive **-sot** consumption
tvist *-en -er* kontrovers dispute, controversy, gräl quarrel, *om* i samtl. fall about; *avgöra (bilägga, slita) en* ~ decide (settle) a dispute osv.; *ligga i* ~ be at strife; *råka i* ~ get into a dispute osv.
twist *-en 0* o. **twista** *itr* twist
tvista *itr* dispute, gräla quarrel, *om* about; *därom* ~ *de lärde* on that point the learned disagree **tvistefråga** se *stridsfråga* **tvistefrö** seed of dissension, bone of contention **tvistemål** jur. civil case (suit) **tvisteämne** subject of contention **tvistig** *a* diskutabel disputable, . . open to dispute; stridig controversial; omtvistad contentious **tvistighet** *-en -er* dispute osv., jfr *tvist;* ~*er* meningsskiljaktigheter differences |of opinion|
tvivel *tvivlet* - doubt, *om* about; *det är (råder, lider) inget* ~ *om det* there is no doubt |at all| (no question) about it; *det är inget* ~ *om att* . . there is no doubt (question) that . .; *utan* ~ otvivelaktigt no doubt, without any doubt, undoubtedly **tvivelaktig** *a* doubtful; diskutabel äv. dubious, questionable; misstänkt suspicious; skum shady, fishy; *en* ~ *dam* a woman of doubtful reputation; *en* ~ *framgång (ära)* a dubious success (honour); *det är* ~*t,* om . . äv. it is problematic (open to doubt) . . **tvivelsmål** doubt; *dra* ngt *i* ~ ifrågasätta call . . in question **tvivelsutan** *adv* se |*utan*| *tvivel*
tvivla *itr* doubt; ~ *på* betvivla doubt, misstro (t.ex. sina krafter) mistrust, have no faith in, ifrågasätta call . . in question **tvivlande** *a* klentrogen incredulous; skeptisk sceptical; *ställa sig* ~ *till* . . take up an attitude of doubt (scepticism) towards . ., feel dubious about . . **tvivlare** *-n* - doubter, relig., filos. o.d. äv sceptic
TV-pjäs television (TV) play **TV-program** television (TV) programme **TV-reklam** reklam i TV television (TV) advertising **TV-ruta** |viewing| screen **TV-teater** television (TV) theatre **TV-tekniker** television (TV) technician **TV-tittare** televiewer
tvungen *a* **1** nödd forced; *bli (vara)* ~ *att* . . tvingas be forced (compelled, stark. constrained, isht av inre tvång obliged el. bound) to . ., få lov att have to . .; *jag är* ~ *att* måste *göra det* äv. I have got to (I must) do it; *vara så illa* ~ be just forced to, have no other choice; *jag var (blev)* ~ *till det* I was forced into |doing| it (forced to do it); han gör det inte *om han inte är (blir)* ~ äv. . . if he can help it; *det är en* ~ *sak* that is a matter of necessity **2** konstlad, stel forced, om leende o.d. äv. constrained; om ställning strained, cramped
TV-värdinna programme hostess
1 två *tvådde tvått (tvagit) tr, jag* ~*r mina*

händer bildl. I wash my hands of it
2 två *räkn* two; *båda* ~ both, se vidare under *2 båda; de* ~ *andra barnen* the other two (two other) children; ~ *gånger* twice; *han lät inte säga sig det* ~ *gånger* he didn't need (wait) to be told twice (a second time); *det ska vi bli* ~ *om!* you are not the only one to decide!, I've also got a say in the matter!; *äta (arbeta) för* ~ eat (work) as much as two people; jfr *fem* o. sms. **två|a** *-an -or* two, i spel äv. deuce; |*en*| ~ univ. 'two points'; ~*n*|*s växel*| the second gear (speed); *komma in som god* ~ sport. come in a good second, be a runner-up; jfr *femma*
två|atomig *a* two-atomed **-bent** *a* two-footed, two-legged **-byggare** ~*n* ~ dioecious plant **-cylindrig** *a* twin-cylinder . ., two-cylinder . .; jfr *femcylindrig* **-delad** *a,* ~ *baddräkt* two-piece bathing-suit; . . *är* ~ . . is in two pieces **-däckad** *a* two-decked, two-deck . . **-däckare** two-decker **-eggad** *a* two-edged
tvåendel mus., *två* ~*s takt* two-two time; *tre* ~*s takt* three-two time
två|faldig *a* twofold, double **-familjshus** two-family (i samma plan äv. semi-detached) house **-filig** *a* two-laned, two-lane . . **-fjärdedelstakt** two-four time **-frontskrig** war on two fronts **-färgad** *a* two-coloured, two-colour . . **-färgstryck** two-colour printing (konkr. print) **-hjulig** *a* two-wheeled, two-wheel . . **-hjuling** vagn two-wheeler; cykel bicycle **-hjärtbladig** *a* dicotyledonous; ~*a* |*växter*| äv. dicotyledons **-hundra** m.fl. sms. jfr *fem* sms. **-hundraårsjubileum** bicentenary **-kammarsystem** two-chamber (bicameral) system **-krets,** ~ *bromssystem* dual-circuit braking system **-krona** two-krona piece **-könad** *a* bisexual, hermaphrodite
tvål *-en -ar* ämnesnamn o. koll. soap; *en* ~ a piece (tablet, bar, cake) of soap **tvåla** *tr,* ~ *in* soap, rub . . over with soap, haka, skägg äv. lather; ~ *till ngn* dress a p. down **tvålaktig** *a* soap-like, soapy **tvålask 1** att förvara tvål i soap-container **2** kartong med tvålar box of soap **tvålbit** piece of soap
två|ledad *a* språkv. (attr.) . . having two elements; *vara* ~ have two elements **-ledarsystem** elektr. two-wire system |with direct or alternating current|
tvålfager *a, vara* ~ ung. be good-looking in a slick way **tvålflingor** *pl* soap-flakes **tvålig** *a* soapy **tvålkopp** soap-dish **tvållödder** soap-lather **tvålvatten** soapy water; tvållösning soap-suds pl.
två|manskanot canoe for two |persons| **-manssäng** double bed **-manstält** tent for two |persons| **-motorig** *a* twin-engined, twin-engine . .
tvång *-et 0* allm. compulsion, stark. coercion; återhållande, 'band' constraint, restraint; våld force; nödvändighet necessity; |*rättsstridigt (olaga)*| ~ duress|e|; *det är inte något* ~ there's no absolute necessity; *pålägga ngn (sig)* ~ put restraint (constraint) |up|on a p. (oneself); göra ngt *av* ~ . . under compulsion (constraint); *genom (med)* ~ by compulsion (coercion, force)
tvångs|ansluten *a* om medlem compulsorily enrolled (om förening o.d. affiliated) **-arbete** forced labour **-arbetsläger** |forced-|labour camp **-evakuera** *tr* evacuate . . forcibly **-föreställning** obsession **-förflyttning** compulsory transfer **-handling** psykol. compulsive action **-läge,** befinna sig (vara) *i* ~ . . in an emergency situation **-mata** *tr* feed . . forcibly **-matning** forced feeding **-medel** means (pl. lika) of compulsion **-mässig** *a* compulsory, forced **-sparande** forced saving **-tröja** strait-jacket äv. bildl. **-vis** *adv* compulsorily **-åtgärd** coercive measure
två|planslägenhet etagevåning maisonette **-plansvilla** two-storeyed house **-procentig** m.fl. sms. jfr äv. *fem* sms. **-pucklig** *a* two-humped, double-humped **-radig** *a* dubbelknäppt double-breasted; jfr f.ö. *femradig* **-sidig** *a* two-sided, bilateral **-skiftsarbete** work in two shifts **-språkig** *a* bilingual; jfr äv. *femspråkig* **-språkighet** bilingualism **-spännare** two-horse carriage, carriage and pair **-stavig** *a* two-syllabled, di|s|-syllabic, attr. äv. two-syllable, . . of two syllables; ~*t ord* äv. di|s|syllable **-taktsmotor** two-stroke engine **-tungad** *a* double-tongued, om flagga two-tailed **-vingar** *pl* dipterans **-värd|ig|** *a* divalent, bivalent **-årig** *a* om växt biennial; jfr f.ö. *femårig* **-äggstvilling** fraternal twin
tvär I *s,* t.ex. ligga (skära ngt) *på* ~*en* . . crosswise, . . across; *det gick på* ~*en* galet it went wrong; *sätta sig på* ~*en* a) eg., om föremål get stuck crossways b) bildl., om pers. become obstinate, become awkward; *sätta sig på* ~*en mot ngt* oppose a th. **II** *a* ~t avskuren square; brant sheer, steep, skarp, oförmodad, om t.ex. krök, övergång, vändning abrupt, sharp, plötslig sudden; kort, ogin blunt, brusque, abrupt, isht om svar curt; sur, vresig surly; *säga ett* ~*t nej* give a flat refusal **tvära** *tr itr,* ~ |*över*| *en gata* cross (go el. springa run across) a street
tvär|arg *a, bli* ~ fly into a rage **-bjälke** cross-beam, transverse beam **-brant I** *a* precipitous, sheer, steep **II** *adv* precipitously, sheer, steeply **III** *s* sheer slope; stup precipice **-bromsa I** *itr* brake suddenly, jam (slam) on the brakes **II** *tr* brake . . suddenly **-bromsning** sudden braking |med bilen of the car|; *göra en* ~ se *-bromsa I* **-drag**

korsdrag draught **-gata** cross-road, cross-street; *nästa* ~ till höger the next turning . . **-gående** *a* transverse **-hand,** *en* ~ a (one) hand's breadth (handbreadth) **-huggen** *a* bildl. abrupt **-klippt** *a* . . cut across **-linje** transverse (cross) line **-mätt** *a, bli* ~ become full suddenly (all at once) **-randig** *a* cross-striped, horizontally striped

tvärs *adv* **1** se *härs;* ~ *igenom* m.fl. se *-igenom* m.fl. **2** sjö. abeam; ~ *om babord* abeam to port **-igenom** *prep adv* right (straight) through (-över across)

tvär|skepp byggn. transept **-skepps** *adv* sjö. athwartships **-slå** cross-bar, mellan stolsben o.d. äv. stretcher, isht sömn. cross-piece; regel bolt **-snitt** cross-section äv. bildl., transverse section; *visa ngt i* ~ äv. show a cross-section of a th.

tvärsom *adv* se *tvärtom*

tvär|stanna *itr* stop dead (short), om fordon äv. come to a dead stop, pull up short; ~ [*med bilen* osv.] äv. pull up [one's car osv.] suddenly **-stopp** dead stop, sudden halt **-streck** horizontal (cross) stroke (line); *sätta* ~ *på sina 't'* cross one's t's **-strimmig** *a* cross-striped, om muskel striped **-säker** *a* absolutely sure (certain), positive, F dead certain; självsäker cocksure; *det är* ~*t* it's a dead cert **-säkerhet** självsäkerhet cocksureness

tvärsöver *prep adv* straight (right) across; *gå* ~ gatan äv. cross (walk across) . .; *bo* ~ gatan live just across (on the opposite side of) . .

tvärt *adv* squarely; sheer, steeply osv., jfr *tvär II;* genast at once, immediately, directly, t.ex. svara äv. straight off (away); plötsligt all at once; t.ex. stanna dead, directly, t.ex. avbryta [sig] abruptly, suddenly; *vägra* ~, *svara* ~ *nej* refuse flatly (bluntly), give a flat (point-blank) refusal; käppen *gick* ~ *av* . . broke right off (itu in two); jfr *-emot, -om* **-emot I** *prep* quite contrary to; *handla* ~ order o.d. act exactly contrary to . .; *han gör* ~ vad jag säger he does exactly the opposite (reverse) of . . **II** *adv* just the opposite; jfr *-om* **-om** *adv* on the contrary; långtifrån quite the reverse; i stället instead [of that]; *göra* [*alldeles*] ~ do [just (exactly)] the opposite (contrary, reverse), *mot* of; *det förhåller sig* [*alldeles*] ~ it is [just] the other way round (about); . . *och (eller)* ~ . . and (or) vice versa lat. (the reverse); *nej, snarare* ~ no, rather (mera troligt more likely) [just] the opposite (contrary, reverse)

tvär|tystna *itr* become suddenly silent, stop dead **-vetenskaplig** *a* interdisciplinary **-vigg** grumbler, crusty fellow **-vägg** transverse wall, cross-wall **-vända** *itr* turn sharp[ly] **-vändning,** *göra en* ~ make a sharp turn

tvätt *-en -ar* washing, wash; tvättinrättning laundry, samtl. äv. -kläder; *kemisk* ~ dry cleaning (tvättinrättning cleaner's); *en stor* ~ a large wash; ~ *och strykning* [*mottages*] laundry[-work] (washing and ironing) [done here]; *hon har* ~ i dag she is washing (doing the washing) . .; *lämna bort* ~[*en*] have one's wash[ing] done at the laundry, send one's laundry [away] to be done; *räkna* ~ count the wash[ing]; tyget krymper *i* ~*en* . . in the wash; duken *är i* ~*en* . . is in the wash (laundry); fläcken *går bort i* ~*en* . . will wash off, . . will come (go) out in the wash; *lämna* kläder *på (till)* ~[*en*] send (gå med take) . . to the laundry el. wash (to be laundered el. washed); jag måste *lämna bilen på* ~ . . have my car washed; duken *är på* ~[*en*] . . is at the laundry (wash)

tvätta I *tr* allm. wash; med svamp sponge [. . down]; kemiskt dry-clean; *hon* ~*r i dag* she is washing today, har tvättdag it is her washing-day (wash-day) today; ~ *bilen* wash [down] the car; ~ *fönster* clean windows; ~ *golvet* wash the floor; ~ . . *ordentligt* give . . a good wash; ~ *åt ngn* do a p.'s washing; hon lever *på att* ~ . . by doing washing (laundry-work) **II** *rfl* wash; have a wash; ~ *sig* [*om händerna*] wash one's hands; ~ *sig i ansiktet* wash one's face **III** m. beton. part. **1** ~ *av (bort)* t.ex. smutsen wash off (away); ~ *av smutsen från* stövlarna wash the dirt off . .; ~ *av* händerna o.d. se *II;* ~ *av sig* wash, amer. wash up **2** ~ *upp* get . . washed, give . . a quick wash; ~ *upp* ett par strumpor wash out . . **3** ~ *ur* wash out

tvätt|anvisningar *pl* washing instructions **-balja** wash-tub **-bar** *a* washable **-björn** zool. rac[c]oon, coon **-brygga** ung. jetty where clothes are washed **-bräde** wash-board **-dag** washing-day, wash-day

tvätteri se *tvättinrättning* **tvätterska** ~ [o. strykerska] laundress; 'tvättgumma' washer-woman, amer. vanl. wash woman

tvätt|fat wash-basin, hand-basin, amer. äv. washbowl **-härdig** *a* -bar washable, om tyg, färg wash-proof, om färg äv. fast **-inrättning** (äv. *tvätt- och strykinrättning*) laundry, ss. skylt äv. launderers; självtvätt launderette; *kemisk* ~ dry-cleaning establishment, ss. skylt dry-cleaners **-kläder** *pl* washing, laundry, båda sg., clothes (linen sg.) to be washed **-klämma** clothes-peg **-korg** clothes-(laundry-)basket **-lapp** face-flannel(-cloth), isht amer. washrag **-maskin** washing machine **-medel** [washing] detergent, i pulverform äv. washing powder; *syntetiskt* ~ [synthetic] detergent **-ning** washing, laundering; cleaning (äv. kemisk); den behöver *en* ~ . . a wash;

lämna plagg *till ~* . . to be washed (to the wash) **-nota** laundry list **-pulver** washing powder **-påse** laundry bag **-rum** toalettrum lavatory, jfr äv. *toalett* **-sammet** [washable] cotton velvet **-skinnshandske** wash-leather (chamois[-leather]) glove **-stuga** uthus wash-house, rum laundry **-ställ** väggfast wash-basin; kommod wash-stand **-svamp** [badsvamp bath-]sponge **-vante** washing-glove **-vatten** att tvätta [sig] i washing water, water for washing [in]; använt vanl. dirty water, slops pl. **-äkta** *a* eg. se *-härdig;* bildl.: sann true, genuin genuine, authentic, inbiten (attr.) out-and-out

1 ty I *konj.* for; därför att, emedan because **II** *pron, med ~ åtföljande* se *tyåtföljande*

2 ty *-dde -tt rfl, ~ sig till* ngn söka skydd hos turn to . . [for protection], hålla sig till attach oneself (cling) to . .

tyck|a *-te -t* **I** *tr itr* **1** anse o.d. allm. think; hålla före äv. be of the opinion, jfr *anse 1* m. ex.; inbilla sig äv. fancy, imagine; *jag -er* [*att*] . . äv. it seems to me [that] . .; *jag -er* [*att*] *hon är* vacker äv. to my mind she is . ., I find her . .; *jag -er absolut att vi skall sälja* I definitely think (am definitely of the opinion) that we should sell, I am all for [us] selling; *jag har alltid -t* I have always been of the opinion; *jag -er jag är illa behandlad* äv. I consider myself badly treated; *jag -te jag hörde någon* I thought I heard someone; *han -er det är rakt ingenting att* inf. he thinks nothing [whatever] of ing-form ([that] it is [a mere] nothing to inf.); *hon -te det var bäst att vänta* she thought (judged) it best to wait; *-er du inte?* don't you agree (think so)?; *det -er jag* that's what I think, I beton. think so; *det -er jag inte* I don't think so; *det -er inte jag* I beton. don't think so; *jaså, du -er det?* oh, you think so, do you?; *det -er du bara* that is only your imagination (fancy), you are only imagining it; *säg vad du själv -er!* say what you yourself think [about it]!, give me (him osv.) your own opinion!; *vad -er du om* boken? how do you like . .?, vad är din åsikt om what do you think of . .?; han säger *vad han -er* a) sin mening . . what he thinks b) vad som faller honom in . . just what (anything that) comes into his head, . . just what[ever] he pleases (chooses); du får *göra* [*precis*] *som du -er!* . . do just as you think [best] (as you feel inclined, as you like)!; *som du -er!* ss. svar på fråga just as you please (like)!; *om du så -er,* går vi . . if you feel like it (are inclined) . .; *du -er väl inte (-er du) illa vara, om jag säger* . . I hope you won't mind my saying . .; *hon -te illa vara att jag* läste . . she took it amiss that I . ., she resented my ing-form

2 *~ om* uppskatta o.d. (jfr äv. *omtyckt*): allm. like (äv. *~ bra om*); vara förtjust i, hålla av äv. be fond of, care for, stark. love; finna nöje i enjoy, appreciate; ha smak för have a taste (fancy, liking) for; vara svag för be partial to; isht i fråg. el. nek. sats äv. (gilla) approve of; *~ om att* inf. like (be fond of, enjoy, love) ing-form; barnen *-te genast om henne* vanl. . . took to her at once; *vad -er du om honom?* how do you like him?; *~ mycket om* ngt like osv. . . very much, be very fond of . .; *jag -er illa om* honom el. det (resp. *om att* inf.) I don't like (I dislike) . . (resp. ing-form); *hon -er inte illa om* . . she doesn't dislike . ., she rather likes . .; *~ bättre (mer) om . . än* like . . better than, prefer . . to; *jag -er bättre (mer) om honom än* . . äv. I am fonder of (care more for) him than . .; *jag -er bättre (mer) om att gå än att* inf. äv. I enjoy walking much more than ing-form; . . *skulle jag ~ bäst (mest) om att få* I should like to have . . best (most) of all

II *rfl, ~ sig höra (se)* . . think (fancy, imagine) that one hears (sees) . .; *~ sig vara* en viktig person *(kunna* allt) think [that] one is . . (resp. knows . ., is capable of doing . .); *~ sig vara något* think oneself somebody, think a great deal (F no end) of oneself

tyck|as *-tes -ts itr. dep* seem; *han -s vara rik* he seems to be rich; *det kan (kunde) ~ så* it may (might) seem so (look like that); *det -s mig som om* . . it seems (appears) to me as if (though) . .; *det -s mig vara ett utmärkt råd* that is excellent advice, to my mind; *vad -s,* ska vi gå på bio? what do you think (say), . .?; *vad -s om* min nya hatt? how do you like (what do you think of) . .?

tyck|e *-t -n* **1** åsikt opinion; *i mitt ~* in (according to) my opinion, to my [way of] thinking (my mind) **2** smak fancy, liking; *om ~ och smak ska man inte disputera* there is no accounting for tastes; *det beror på ~ och smak* it is [all] a matter of taste; du får ta *efter eget ~* . . at your own discretion, . . just as you please (like); *efter (i) mitt ~* according to my taste (liking) **3** böjelse fancy, inclination, *för* for; *fatta ~ för* ngn take a fancy (liking) to . . **4** likhet likeness, resemblance; *ha* [*ett visst*] *~ av* ngn bear a [certain] resemblance to . . **tyckmycken** *a* nogräknad fastidious, particular; lättstött touchy

tyd|a *-de tytt* **I** *tr* tolka interpret; *~* [*ut*] dechiffrera decipher, uttyda make out; uppfatta take; förklara explain; lösa solve; *~ allt till det bästa (värsta)* put the best (worst) construction on everything **II** *itr, ~ på* allm. indicate; friare point to; *allt -er på en tidig vår (på att han har fel, på att han har stulit boken)* everything points to an early spring (to his being wrong, to the fact that he has stolen the book); *allt (ingenting) -er på att*

misstanken är grundad everything seems (there is nothing) to indicate (show) that . .; *mycket -er på att* . . äv. there are many indications that . . **-bar** *a* interpretable osv., jfr *tyda I*
tydlig *a* allm.: lätt att se, inse, förstå plain; klar, om t.ex. kontur, mening clear, om t.ex. foto äv. sharp; lätt att urskilja, om t.ex. fotspår, stil, uttal distinct; markerad marked; läslig legible; om abstr. subst.: uppenbar obvious, manifest; synbar evident; påtaglig palpable; uttrycklig express; i formulering explicit; *klara och ~a bevis på* hans skuld clear and distinct proofs of . .; *ha ett ~t minne av att* ha sett (hört) . . have a distinct recollection of ing-form; *i ~a ordalag* in plain (resp. explicit) terms; siffror som *talar sitt ~a språk* . . speak for themselves; *en ~ vink* an unmistakable (a broad) hint; *det är ~t* [*av* vad han säger, att . .] it is plain (clear, obvious, manifest, evident) [from . .] **tydligen** *adv* evidently, obviously, manifestly **tydliggöra** *tr* make . . plain (clear), *för* to; elucidate; med exempel illustrate **tydlighet** plainness osv., legibility; *för ~ens skull* for the sake of clearness osv.; det framgår *med all önskvärd ~* so as to leave no room for doubt; *han sade det med all önskvärd ~* he said it in no uncertain terms; jfr *tydlig* **tydligt** *adv* t.ex. skriva, tala, avteckna sig plainly, distinctly; t.ex. synas, uttrycka sig clearly; *jag minns ~* I distinctly remember; *jag minns* [*det*] *inte ~* I have no distinct recollection of it; *uttrycka sig ~* äv. make oneself clear (clearly understood), express oneself explicitly (in clear terms), be explicit; *skriva ~* läsligt write legibly; *som ~ framgår av* . . as is plain (clear) from . .; *en ~ framträdande* egenskap (böjelse) äv. a very prominent . .
tydning interpretation; decipherment end. sg.; solution; förklaring explanation; tydande interpreting osv, jfr *tyda I*
tyfon 1 storm typhoon **2** signal ® siren
tyfus *-en 0* typhoid (enteric) fever
tyg *-et -*[*er*] **1** allm. material, *till* en kjol for . .; stuff; vävnad, isht H [textile] fabric, äv. (isht ylle~) cloth; *~er* textile, fabrics (goods), textiles, cloths **2** *allt vad ~en håller* for all one is worth, t.ex. springa äv. for one's life
tyga *tr, ~ till* se *tilltyga*
tygel *-n tyglar* rein äv. bildl.; bildl. äv. check; *ge hästen fria tyglar* give the horse the reins (a free rein, its head); *ge ngn fria tyglar* give a p. a free rein (hand), give a p. his (her osv.) head; *lösa tyglar* slack reins; *dra (strama) åt tyglarna* tighten the reins äv. bildl.; *gripa tyglarna* bildl. take over the reins; *hålla tyglarna i sin hand* bildl. hold the reins; *hålla* ngn *i ~n (strama tyglar)* keep a tight rein (close check) on . ., hold (keep) . . in check; *släppa efter på tyglarna* slacken the reins äv. bildl.; *leda* en häst *vid ~n* lead . . by the bridle **-lös** *a* bildl.: otyglad unrestrained, unbridled; friare, om t.ex. levnadssätt äv. wild; utsvävande, om pers., liv o.d. dissolute, licentious **-löshet** lack of restraint (discipline), unbridled behaviour; wildness osv., jfr föreg.
tyg|hus mil. åld. arsenal, artillery depot **-knapp** cloth[-covered] button
tygla *tr* eg. rein [in]; bildl.: lidelser o.d. bridle, curb; sin otålighet, sitt begär restrain, check
tyg|lapp piece of cloth (material), snippet **-mästare** mil. head of an (resp. the) ordnance depot **-officer** ordnance officer **-packe** bale (bundle) of cloth (material) **-remsa** strip of cloth (material) **-rester** *pl* scraps, pieces of cloth (material), stuvar remnants **-sko** cloth (textile) shoe **-stycke** -bit piece (längre length, -rulle roll) of cloth (material)
tykobrahedag day of misfortune, black-letter day
tyll *-en (-et) 0* silkes~ o.d. tulle; isht bomulls~ bobbinet **-klänning** tulle dress
tyn|a *itr, ~* [*av (bort)*] languish [away], isht om pers. äv. pine (fade) away; om växt wither, fade away; blek och *avtynad* . . languishing **-ande** *a, föra en ~ tillvaro* lead a languishing life
tyng|a *-de -t* **I** *itr* vara tung (en börda) weigh, *på* [up]on, stark. weigh heavy, weigh heavily; trycka press, *på* [up]on; kännas tung be (feel) heavy, *på* to; öka tyngden add to the weight; *detta -er* [*hårt*] *på* mitt samvete this lies heavy (weighs, preys) [up]on . .; ngt *-er på bröstet* . . lies heavy (like a weight) on my (his osv.) chest **II** *tr* trycka ned **1** isht m. saksubj. ofta dets. som *~ på,* se ovan *I;* eg. o. bildl. äv. weigh . . down; frukten *-er* [*ned*] *grenen* . . weighs the branch down; sorgen (ovissheten) *-er* [*ned*] *henne* . . weighs her down (oppresses her); *sömnen -er mina ögon* my eyes are heavy with sleep; *det är något som -er dig* you have got something (something is preying) on your mind; *-d av* bekymmer borne down under [the weight of] . ., loaded (burdened) with . .; *-d av* skatter burdened with . .; *-d av* år weighed down by (with) . . **2** isht m. personsubj. (belasta): eg. weight; friare, t.ex. minnet med fakta burden, load **-ande** *a* heavy; tungt vägande weighty; betungande: om t.ex. skatt grinding, oppressive; om uppgift burdensome
tyngd *-en -er* allm. weight, end. abstr., isht om stor ~ heaviness, weightiness, tungt föremål o.d. load, alla äv. bildl.; isht fys. gravity; *luftens ~* the weight of air; *årens ~* vanl. the burden of the (one's) years; *en ~ har fallit från mitt bröst* a weight (load) has dropped off my mind **-kraft,** *~*[*en*] [the force of] gravity (gravitation) **-lagen** the law of gravitation **-lyftare** weight-lifter **-lyftning** weight-lifting **-löshet** weightlessness **-punkt** eg. o. bildl. centre of gravity; bildl. äv. main

(central) point

typ *-en -er* allm. type äv. boktr., *av* of; sort o.d. äv. model; *han är inte min ~* he's not my type (F cup of tea); *han är ~en för en svensk (en god äkta man)* he is a typical Swede (a model husband); *han är en underlig ~* F he is a queer fish (customer); *trycka med små (stora) ~er* print in small (large) type **typisk** *a* typical, representative, *för* of; egen peculiar, *för* to

typo|graf *~en ~er* typographer, printer; sättare compositor **-grafi** *~[e]n 0* typography **-grafisk** *a* typographical

tyrann *-en -er* tyrant **tyranni** *-[e]t 0* tyranny **tyrannisera** *tr* tyrannize [over]; friare domineer over **tyrannisk** *a* tyrannical, tyrannous; friare domineering

tyrolare Tyrolese (pl. lika) **Tyrolen** [the] Tyrol **tyrolerdräkt** Tyrolese costume **tyrolerhatt** Tyrolese hat **tyrolsk** *a* Tyrolese

tysk I *a* German; *Tyska Orden* hist. the Teutonic Order **II** *-en -ar* German **tysk|a** *-an* **1** pl. *-or* kvinna German woman **2** pl. *0* språk German. — Jfr *svenska* **tysk-engelsk** *a* German-English; polit. vanl. Germano-English. — För andra sms. jfr äv. *svensk-* **tyskhatare,** *han är ~* he is a Germanophobe (is anti-German) **Tyskland** Germany **tyskvänlig** *a* pro-German, Germanophil[e]

tyst I *a* allm. silent, fåordig äv. taciturn, jfr *tystlåten; ~* och stilla, lugn, om t.ex. gata, pers. quiet; ljudlös noiseless; stum mute; stillatigande, om t.ex. samtycke tacit; *~ förbehåll* mental reservation; *en ~ minut* a minute's silence; *~ som graven* as silent as the grave; *han är inte ~ ett ögonblick* vanl. he can't keep silent (resp. quiet) for a single second; *det var ~ och stilla i* rummet (*på* gatan) the . . was absolutely quiet; plötsligt *blev det ~ i rummet* . . there was silence (it was quiet) in the room, . . a silence came over the room; *det har blivit ~ om saken* nobody talks about it any more, there is no more talk about it (the matter); *hålla sig ~* a) alldeles ~ keep [perfectly] silent b) lugn o.d. keep quiet c) inte yttra sig remain silent, hold one's peace; *var ~[a]!* be quiet!, silence!; göra gott *i det ~a* . . on the quiet, . . in a quiet way, . . privately **II** *adv* allm. silently, quietly osv., jfr *I;* t.ex. åse ngt in silence; t.ex. gå, tala softly, quietly; *håll ~!* keep quiet!, jfr *~ nu* ned. *III; hålla ~ med ngt* keep a th. quiet (to oneself), not let a th. [come (leak)] out; *leva ~ och stilla* vanl. live a quiet life; *vad stort sker, det sker ~* noble deeds are done in silence; *tala ~* speak low (in a low voice); *det skall vi tala ~ om* we had better say nothing about that, we will pass that over in silence; *tala ~are* speak softer (lower) **III** *itj* hush!; *~ nu!* quiet (silence, hush) [now]!

tysta *tr* allm. silence; *~ [munnen på] ngn* stop a p.'s mouth, make a p. hold his (resp. her) tongue; *låt maten ~ mun!* ung. don't talk while you are eating!; *~ ned* ngn reduce . . to silence, silence . ., F shut . . up, ngt (bildl.) suppress . ., hush . . up, samvetets röst, ett rykte äv. stifle . .

tystgående *a* om maskin o.d. silent[-running], noiseless **tysthet** tystnad silence; tystlåtenhet quietness; *i [all] ~* i hemlighet in secrecy, secretly, privately, F on the quiet, i stillhet quietly, in silence **tysthetslöfte** promise of secrecy; *under ~* under [the] promise (the seal) of secrecy **tystlåten** *a* fåordig taciturn, silent; tyst av sig quiet; ej meddelsam uncommunicative; förtegen reticent, diskret äv. discreet **tystlåtenhet** taciturnity, silence; quietness; uncommunicativeness; reticency, discretion; jfr föreg. **tystna** *itr* allm. become silent; om pers. äv. stop speaking; om musikinstrument stop [playing]; upphöra cease, dö bort die away **tystnad** *-en 0* silence; *~!* äv. hush!; *förväntansfull ~* a hush of expectation; *obrottslig ~* absolute (strict) secrecy; *iaktta ~* keep silent; *förbigå ngt med ~* pass a th. over in silence; *med (under) ~* in silence; *bringa ngn till ~* reduce a p. to silence, silence a p. **tystnadsplikt** läkares o.d. professional secrecy

tyvärr *adv* unfortunately; ss. itj. alas!, worse luck!, bad luck!; *~ kan jag inte* komma äv. I am sorry to say (am afraid) I cannot . .; *~ har han* inga utsikter äv. I am sorry to say (am afraid) he has . .; Har han . .? — *~ inte* äv. . . — I am afraid not; *jag får ~* erkänna att . . I am afraid (to my regret) I must . .; *vi måste ~ meddela Er* . . we regret to inform you . .

tyåtföljande *a,* depression *med ~ arbetslöshet* . . with the ensuing unemployment

tå *-n -r* allm. toe; anat. o. zool. äv. digit; på sko äv. tip; skorna är för trånga *i ~n* . . at the toes; *gå på ~* walk on one's toes (on tiptoe), tiptoe; *stå på ~* stand on tiptoe; *stå på ~ för ngn* bildl. be at a p.'s beck and call, fetch and carry for a p.; *ställa sig på ~* rise (raise oneself) on tiptoe; *trampa ngn på ~rna* äv. bildl. tread on a p.'s toes

1 tåg *-en 0* bot. rush; koll. äv. rushes pl.

2 tåg *-et -* rep rope; grövre cable; tross hawser

3 tåg *-et -* **1** allm. march, tågande marching; isht mil. äv. expedition; festtåg o.d. procession; *~et över Bält* hist. the March across (the Crossing of) the Belts **2** järnv. o.d. train; spårv. (tekn.) tram; *byta ~* change trains; skicka *med ~[et]* . . by train; *ta ~[et] (åka ~) till* . . take the train (go by train) to . .; *komma i rätt tid (för sent) till ~et* vanl. catch (miss) one's (the) train; äta middag *på ~et* . . on the train

1 tåg|a *-an -or* **1** lin~ o.d. filament, fibre **2** bildl., *det är ~ i honom* he is tough
2 tåga *itr* allm. march; i t.ex. demonstrationståg walk (march) in procession; friare: walk, i rad file, om t.ex. moln progress; *~ i fält* go off to the wars; *~ bort* march away (off); *~ in i* staden *i triumf* enter . . in triumph; *~ ut ur* staden march out of . ., leave . ., depart from . .
tåg|attentat attempt to wreck a (resp. the) train; *förövaren av ~et* the train wrecker **-byte** se *-ombyte* **-färja** train ferry **-förbindelse** train service, train connection **-försening** train delay **-klarerare** train-dispatcher, inspector **-ledes** *adv* by train **-mästare** head guard, amer. chief conductor **-olycka** railway accident (stark. disaster) **-ombyte** change of trains; *~ till . .!* |passengers| change here for . .! **-ordning** bildl. ung. procedure; *Kungl. Maj:ts nådiga ~* ung. the slow-coach methods of government departments; *det går i nådig ~* it has got to go through the usual channels **-personal** train staff **-radio** train radio **-resa** journey by train, train-journey; *-resor* äv. travelling sg. by train **-sammanstötning** train collision (F smash) **-sjuk** *a* train-sick **-sätt** järnv., *ett ~ på* 10 vagnar a train of . . **-tid** avgångs- time of departure (ankomst- arrival) of a (resp. the) train; *~erna* the times of the trains **-tidtabell** railway (train) timetable (amer. ofta schedule); i bokform railway guide; *~|en|* i Engl. vanl. Bradshaw **-urspår|n|ing** derailment |of a (resp. the) train|
tågverk o. **tågvirke** cordage; ropes pl.
tågvärdinna train hostess
tågångare zool. digitigrade
tågända sjö. rope's end (pl. rope-ends); repstump piece of rope; *en ~* eg. the end of a rope
tå|hätta toe-cap; *|försedd| med ~* äv. toe-capped **-hävning** gymn. heel-raising **-järn** på sko toe-plate; på skida toe-iron
tål|a *-de (-te) -t* **I** *tr* (ofta = *~ vid,* jfr äv. ex. sist) uthärda, fördraga bear; endure (end. m. personsubj.); stå ut med, inte ta skada av, tillåta stand, finna sig i suffer, put up with, tolerate; *jag tål* det (honom) *inte* I can't bear (stand, put up with) . .; . . *tål inte dagsljuset* bildl. . . won't bear the light of day; *han tål en hel del |sprit|* he can hold his liquor; *han tål inte mycket* a) är klen he is delicate b) blir lätt berusad he gets easily intoxicated, he cannot hold his liquor c) blir lätt ond he is quick-tempered; *han har fått så mycket han tål* a) starka drycker he has had as much as he can stand (carry) b) stryk, ovett o.d. he has had all he can bear; *~ påfrestningar|na|* bildl. stand the strain; *han tål inte skämt* he can't take a joke; tyget *tål tvättning (att tvätta|s|)* . . will wash, . . is washable; saken *tål intet uppskov* . . brooks (admits of) no delay; *han (det) tål att ta i* F he (it) will stand knocking about; *han tål inte (kan inte ~) att någon avbryter honom* he can't stand (bear) anyone interrupting him; *~* förtjäna *att diskuteras* merit discussion; det *tål att tänka på* . . needs thinking about (over), förtjänar beaktas . . is worth considering; sådant *bör inte ~s* . . ought not to be tolerated (put up with); *vara illa -d av* ngn be in bad favour (odour) with . .; *jag tål |vid|* fet mat . . suits me all right; *jag tål inte |vid| |att äta|* fet mat vanl. . . disagrees with (upsets, doesn't suit) me; *inte ~ |vid| drag* be very susceptible to draughts; *soppan tål nog vid* litet mera salt the soup could do with (would be all the better for) . .; *jag tål inte |vid| att åka tåg* railway-travelling upsets me
II *rfl* F have patience, be patient
tålamod *-et 0* allm. patience; fördrag forbearance, långmodighet long-suffering; *en ängels ~* the patience of a saint, angelic patience; *mitt ~ är slut* my patience is exhausted; *ha ~* äv. be patient; *ha ~ med* ngn äv. bear with . .; *förlora ~et* lose |one's| patience; *ha förlorat ~et med* ngn be out of patience with . .; *beväpna sig med ~* arm oneself with patience; *med ~* äv. patiently
tålamods|arbete o. **-göra** work of |great| patience **-prov,** *ett riktigt ~* a real trial to (of) one's patience **-prövande** *a* trying; *vara ~* be trying |to one's patience|
tåled toe-joint
tålig *a* tålmodig patient; långmodig long-suffering; härdig, om t.ex. växt hardy; slitstark durable **-het** patience; long-suffering; hardiness; durability
tålmodig *a* patient; långmodig long-suffering **-het** se *tålamod*
tåls, *ge sig till ~* have patience, be patient
tånagel toe-nail
1 tång *-en tänger* verktyg allm. tongs pl.; om spec. tänger nippers, pliers, pincers (alla pl.), stans punch, jfr *avbitar-, hov-, knip|tång* m.fl.; läk. forceps sg. o. pl.; *en ~ (två tänger)* a pair (two pairs) of tongs osv.; *jag skulle inte vilja ta i honom (det) med ~* I wouldn't touch him (it) with a barge-pole
2 tång *-en 0* bot. seaweed, tang; jfr *blåstång*
tång|e *-en -ar* på kniv o.d. tang; på verktyg spike
tångförlossning forceps delivery
tångruska tuft (bunch) of seaweed (tang)
tår *-en -ar* **1** eg. tear; *~arna kom henne i (hon fick ~ar i) ögonen* |the| tears came into (started to, rose to) her eyes; han skrattade *så att han fick ~ar i ögonen* äv. . . till the tears came; *med av ~ar kvävd röst* |in a voice| choking with tears; le *genom ~ar|na|* . . through one's tears; *brista i ~ar* burst into tears; *med ~ar i ögonen* äv. with eyes

brimming |over| with tears; *hon har inte långt till ~arna* she is easily moved to tears; *rörd till ~ar* moved to tears; hon lovade *under ~ar* . . with tears streaming down her cheeks . . **2** skvätt drop, spot, båda m. of framför följ. best.; *en ~ kaffe* a few drops (a drop or two, a mouthful) of coffee; *ta sig en ~ på tand* have a drop (nip), isht sjö. splice the main brace **tåra** *rfl* se *tåras* **tårad** *a* om ögon . . filled (fuktiga moist) with tears **tåras** *itr. dep* fill with tears; av blåst o.d. äv. run |with tears|, water **tårdränkt** *a* om blick tearful **tår|e|flöde** flood (stream) of tears

tårem på skida o.d. toe-strap

tår|fylld *a* eg. . . filled with tears; om t.ex. blick, röst tearful **-gas** tear-gas, fackl. lachrymator **-kanal** lachrymal (tear) duct **-körtel** lachrymal (tear) gland **-lös** *a* tearless **-pil** weeping willow **-säck** lachrymal sac

tårt|a *-an -or* allm. cake; isht m. grädde el. kräm gâteau (pl. -x) fr.; av mördeg el. smördeg m. fruktfyllning vanl. tart; *det är ~ på ~* F it's the same thing twice over (saying the same thing twice) **-bit** piece of cake osv. **-kartong** cake carton **-papper** cake-doily **-spade** cake-slice

tårögd *a, vara ~* have tears in one's eyes, have one's eyes filled (brimming) with tears

tåspets tip of the (one's) toe; jfr *tå* ex. **-dans** toe-dance; dansande, danskonst toe-dancing

tåt *-en -ar* piece (bit) of string (grövre cord)

täck *a* allm. pretty; intagande attractive, charming, captivating; stark. lovely; isht om pers. äv. dainty; *det ~a könet* the fair sex

täck|a *-te -t tr* allm. cover; i form av |skyddande| lager coat; trädg. cover over (up); skydda protect äv. mil.; fylla, t.ex. ett behov äv. supply; isht H meet; bestrida, betala äv. defray; jfr *täckande* ex.; *~ av* ngt take the cover (resp. covers) off . .; *~ för* ett hål (fönster) o.d. cover |over (up)|; *~ till* cover up; *~ över* cover |over| **täckadress** cover address **täckande** *-t 0, till ~ av* kostnaderna to cover (defray) . ., in defrayment of . .

täck|as *-tes -ts itr. dep* se *behaga 3*

täckblad wrapper **täckdika** *tr* drain **täckdike** covered drain **täckdikning** pipe draining, underdrainage **täcke** *-t -n* allm. cover, covering; lager äv. coating; säng~ quilt, coverlet, amer. äv. comforter; dun~ down quilt; *spela under ~ med ngn* be (act) in collusion with a p., have underhand dealings with a p. **täckelse** *-t -r, låta ~t falla från* en staty unveil . . **täckfjäder** |wing-|covert **täckfärg** mål. top (finishing) coat **täckglas** cover glass

täckhet prettiness osv., charm; jfr *täck*

täckjacka quilted jacket **täckmantel,** *under religionens (vänskapens) ~* under the cloak (guise, mask) of religion (friendship) **täcknamn** assumed (cover) name **täckning** allm. covering; H cover; *till ~ av* kostnaderna se *täckande* ex.; *check utan ~* uncovered cheque **täckt** *a* covered; överdragen coated |over|; *~ bil* closed car **täckvagn** closed carriage **täckvinge** zool. elytr|on (pl. -a), wing sheath, shard

tälj|a *-de -t itr* skära, *~ |på ngt|* cut |a th.|, t.ex. barkbåt whittle |at . .|; snida carve

täljare *-n* - mat. numerator

tälj|kniv sheath-knife, isht amer. (större) bowie knife **-sten** miner. soap-stone, steatite **-stenskamin** soap-stone (steatite) stove

tält *-et* - tent; större, för cirkus, vid fest o.d. marquee; *slå |upp ett| ~* pitch (put up) one's tent; *bo i ~* se *tälta 2; ligga i ~* äv. sleep under canvas

tält|a *itr* **1** slå upp tält pitch (put up) one's tent (resp. tents) **2** bo i tält: campa camp |out|, live under canvas; om nomader live in tents (resp. a tent) **-duk** canvas **-lina** tent-rope, tent-cord **-ning** *~en 0* **1** resning av tält pitching of a resp. one's tent (resp. of tents) **2** boende i tält camping |out|, living under canvas **-pinne** tent-peg **-stol** camp-stool **-stång** tent-pole **-säng** camp-bed **-tak** på tält tent-roof **-vagn** överspänd m. duk covered (prairie) wag|g|on

tämja *täm|j|de täm|j|t tr* tame; göra till husdjur äv. domesticate; bildl. äv. curb **tämjbar** *a* tamable; om husdjur äv. domesticable

tämligen *adv* fairly, moderately, tolerably; vanl. gillande pretty; vanl. ogillande rather; *~ gammal* äv. oldish; *~ lång* äv. longish; hur står det till? — *Så där ~* . . So-so, . . Middling; jfr *3 rätt II 2*

tänd|a *-e tänt* **I** *tr* light; tekn. se *antända;* elljus turn (switch, put) on; det är dags att *~ |belysningen (ljuset)|* . . put on the light|s|; *~ |upp|* eg. light; bildl. se *upptända; ~ eld* make a fire; *~ en tändsticka* äv. strike a match; *ljuset (det) är tänt* the light is on; *~ på (eld på)* . . set fire to . ., hus äv. set . . on fire **II** *itr* fatta eld catch fire; om tändsticka ignite; *motorn -er inte* there is something wrong with the ignition |of the engine| **-ande** *a, den ~ gnistan* bildl. the spark that set|s| it all off, the igniting spark **-anordning** firing device, igniter, mil. primer **-are** cigarrett~ o.d. lighter **-hatt** percussion cap, detonator **-ning** tekn. ignition; ~ande lighting osv., jfr *tända I,* tekn. igniting **-ningslås** ignition switch **-ningsnyckel** motor. ignition key **-rör** mil. fuse **-sats** mil. o. tekn. detonating (exploding) composition; på tändsticka |match|head **-spole** ignition (spark) coil **-sticka** match

tändsticks|ask match-box; ask tändstickor box of matches **-fabrik** match factory **-monopol** match monopoly

tändstift motor. sparking (amer. spark) plug; på eldvapen firing pin
tänj|a *-de -t* **I** *tr* stretch; ~ *ut* eg. stretch; bildl., t.ex. berättelse draw out, prolong **II** *rfl*, ~ |*ut*| *sig* stretch **-bar** *a* eg. stretchable; elastic äv. bildl. **-barhet** stretchability; elasticity
tänk|a *-te -t* (jfr äv. *tänkt*) **I** *itr* (ibl. *tr*, jfr äv. *II*) allm. think, *på* of (jfr dock ex. ned.); fundera äv. reflect, *på* on, jfr *fundera* m. ex. o. ~ *efter* ned. *IV;* använda sin tankeförmåga, resonera reason; förmoda suppose, vänta sig expect; föreställa sig imagine, jfr *III* ned. ex.: anse äv. consider, tro äv. believe; *tänk, att hon är* så rik! |just| to think that she is . .!; *tänk först och handla sedan!* think before you act (ss. ordspr. leap)!; *tänk bara!* just think (fancy, imagine)!; *tänk själv!* använd hjärnan think for yourself!; *tänk själv* om (vad) . . just think (imagine) . .; *tänk så roligt!* how nice!, what fun!; |*nej (ja)*| *tänk!* |oh,| I say!; *tänk om du skulle* träffa honom (behöva pengar) supposing (what if, imagine if) you were to . .; *tänk om* vasen *skulle gå sönder!* what (imagine) if . . were to break!; *tänk om du skulle ställa* skåpet där |why not| try putting . .; hon är . ., kan jag ~ . ., I shouldn't wonder, . ., I daresay; ~ *för sig själv* inom sig think to oneself; *vad -er du* är din uppfattning *om det?* what is your opinion of it |all|?; *säga vad man -er* vanl. speak one's mind; han säger aldrig *vad han -er* menar . . what he means (thinks); *var det inte det jag -te!* just as I thought!, I thought as much!; *jag satt och -te och -te* |*på* . .| I sat pondering |over . .|
tänk på . .! a) t.ex. följderna [just] think of . .! b) t.ex. vad du gör consider (ge akt på mind) . .! c) t.ex. din hälsa äv. bear . . in mind; ~ *på* (läta tankarna dröja vid) ngn (ngt) think about . .; ~ *på att* inf. think of (resp. about) ing-form: *gå och* ~ fundera *på ngt* have a th. on one's mind, be thinking of (resp. about) a th., be pondering a th.; ~ *mycket (närmare) på* ngt give . . a great deal of thought el. consideration (give . . closer consideration); *det är (vore) något att* ~ *på* that's |a thing| worth considering (thinking about); *ge* ngn *åtskilligt att* ~ *på* friare make . . (cause . . to) think, set . . thinking; *vad -er ni på?* what are you thinking about?, förebrående what|ever| are you thinking of?, what do you mean?; *undrar just vad du -er på,* |*säg,*| *vad -er du på?* a penny for your thoughts!; *när jag -er rätt på saken,* så . . on second thoughts I . .; min farbror *har -t på mig i sitt testamente* . . has remembered me in his will
II *tr* (m. inf. el. sats ss. obj.; jfr *I*), ~ |*att*| inf.: ämna, avse att be going (intend, mean, propose, amer. äv. aim) to inf., fundera på att be thinking of ing-form; *-er du stanna* hela kvällen? are you going (intending) to stay . .?, do you intend (mean) to stay . .?; jag borde *ha gjort som jag först -te* . . have done (handlat acted) as I first intended |to| (meant to); *jag hade -t*, att du skulle diska my idea was . .
III *rfl* **1** föreställa sig imagine; ~ ut. t.ex. en annan möjlighet conceive; |*kan man (att)*| ~ *sig* . .!, *tänk dig* |*bara*| . .! a) att han . . just think (imagine, fancy) . .! b) vilken olycka! well, I never, . .!; *resten kan man lätt* ~ *sig* the rest may (can) easily be imagined; *kan ni* ~ *er* vad som har hänt? can you imagine . .?, i bet. 'skulle ni kunna tro' would you believe . .?; *jag kunde just* ~ *mig det!* just as I might have imagined!, jag kunde just tro det I might have known that (as much)!; det är det klokaste *man kan* ~ *sig* . . you can think of (imagine), . . imaginable, . . conceivable; *man kan knappt* ~ *sig* (fatta), att han . . you would hardly believe (conceive) . .; *det låter* ~ *sig* it is conceivable, *att* that; that's quite possible; *jag -er mig saken så här* I imagine (see) the matter like this; *jag har -t mig, att* vi skulle vanl. my idea is that . .; *jag har -t mig, att man kunde tillägga* . . I thought that one might add (thought of adding) . .; ~ *sig* |*väl*| *för* think carefully (twice); ~ *sig väl för* äv. think a (resp. the) matter well over, ss. vana be very circumspect **2** ämna |bege| sig, *vart har du -t dig* |*resa*|? where have you thought (did you think) of going |to|?
IV m. beton. part. **1** ~ *efter* think, reflect, consider; *låt mig* ~ *efter* äv. let me see; *när man -er efter* äv. when one comes to think of it; *tänk noga efter* . .! a) innan du svarar think |the matter (it) over| carefully . .! b) hur du skall consider carefully . .! **2** ~ *igenom* en sak think . . out; jfr *genomtänkt* **3** ~ *sig in i* sätta sig in i, t.ex. ett ämne get into, föreställa sig imagine, leva sig in i, t.ex. ngns känslor enter into, inse realize **4** ~ *om* do a bit of rethinking, reconsider matters (resp. the matter) **5** ~ *tillbaka på* let one's thoughts go back to, recall **6** ~ *ut* fundera ut think (work) out, hitta på think of, hit |up|on, t.ex. ett botemedel (en plan) äv. conceive, devise; uppfinna invent; dikta upp make up; planlägga plan **7** ~ *över* think over, consider
tänk|ande **I** ~*t 0* thinking osv.; begrundan meditation, cogitation, reflection; filosofi o.d. thought; *det mänskliga* ~*t* human thought **II** *a* thinking osv.; *en* ~ *människa* vanl. a thoughtful (reflecting) man; *ett* ~ *väsen* a thinking (rational) being. — Jfr *tänka I* **-are** ~*n* ~ thinker **-bar** *a* conceivable, imaginable, thinkable; möjlig possible; *den enda (bästa)* ~*a* lösningen the only conceivable el. thinkable (the best possible) . .; hans inflytande var *det största* ~*a* . . the greatest imaginable

tänke|språk maxim, adage, proverb **-sätt** way of thinking; sinnelag turn of mind
tänkt *a* fingerad, ej verklig imaginary; pätänkt contemplated; *ett enbart ~ fall* a purely hypothetical case; *det var inte så dumt ~* that was not such a bad idea
tänkvärd *a* . . worth considering, minnesvärd memorable, beaktansvärd remarkable **-het** *~en ~er,* boken innehåller *många ~er* . . many ideas that are worth thinking about
täpp|a I *-an -or* patch; trädgårds~ garden-patch **II** *-te -t tr, ~ till (igen)* stop (choke) up, obstruct; *~ till munnen på ngn* bildl. shut a p.'s mouth (a p. up); *jag är -t i näsan* vanl. my nose is (feels) stopped up; *röret är |till|täppt* av smuts the pipe is stopped el. choked up (clogged) . .
tär|a *-de -t tr itr* förtära consume; *~ på* t.ex. ngns krafter tax . ., t.ex. ett kapital break into . ., make inroads |up|on . .; *~ på reserverna* draw on the reserves; *en -ande sjukdom* a wasting disease **täras** *itr. dep* waste away, be wasted away **tärd** *a* se *avtärd*
1 tärn|a *-an -or* zool. tern, sea-swallow
2 tärn|a *-an -or* brud~ bridesmaid
tärning spel~ dice pl.; kok. cube; *en* spel~ one of the dice; *kasta (spela) ~* throw (play) dice; *~en är kastad* the die is cast; *skära i ~ar* dice, cut . . into cubes **tärningskast** throw |of the dice| **tärningsspel** game of dice; spelande dice-playing, playing |at| dice, gambling with dice
1 tät *-en -er* head; *gå i ~en |för . .|* head |. .|, walk (march) at the head |of . .|; *ligga i ~en* lead; *sätta sig (vara) i ~en |för . .|* place oneself (be) at the head |of . .|
2 tät *a* **1** eg., t.ex. om tyg, rader close; svårgenomtränglig, om t.ex. skog, dimma thick; om skog o. dimma äv. samt om t.ex. bladverk, befolkning, människomassa o. fys. dense; ogenomtränglig för t.ex. luft, vatten (i sms.) tight, jfr *lufttät, vattentät;* icke porös el. ihålig massive, compact; om snöfall heavy; *tätt mörker* impenetrable darkness **2** ofta förekommande frequent, upprepad repeated **3** F förmögen well-to-do **täta** *tr* täppa till stop up, läcka stop; göra . . lufttät (vattentät) make . . airtight (watertight); sjö. caulk; tekn. pack; fönster (dörrar) make . . draughtproof
tätatät *-en -er* tête-à-tête
tät|bebyggd *a* attr. densely built-up; området *är -bebyggt* . . has been densely built up **-bebyggelse** se *tätort* **-befolkad** *a* densely populated **-het** closeness osv.; density; compactness; impenetrability; frequency; jfr *2 tät 1—2* **-list** se *tätningslist* **-na** *itr* become (get, grow) dense|r| (|more| compact, thick|er|); om t.ex. rök, dimma äv. thicken; om mörker become |more| impenetrable **-ning 1** tätande stopping up osv., jfr *täta* **2** konkr. tightening material; jfr *packning 2* o. följ. **-ningslist** sealing jointing; för fönster, dörrar draught excluder, strip **-ort** tätbebyggd densely built-up (tätbefolkad populated) area, population centre **-skriven** *a* closely-written **-tryckt** *a* closely (close-)printed
tätt *adv* closely osv.; thick|ly|; jfr *2 tät 1, 2;* se *1 titt; falla ~* om snö fall thick; bladen (slagen) *föll ~* . . fell thick and fast; *~ hoppackade* attr. tightly packed, pred. packed tightly together, om pers. äv. . . squeezed (crowded) together; *hålla ~* om båt, kärl be watertight; *han höll ~* tyst *|med saken|* he kept close |about the whole thing|; *~ liggande* . . lying closely together; *~ sittande* om t.ex. ögon close-set, om t.ex. fönster closely spaced; *locket sluter ~* the lid fits tight; *~ slutande* tight; *vara ~ slutande* äv. fit tight; *stå ~* om träd stand closely together, om t.ex. säd be (stand) thick; *~ åtsittande* close-(tight-) -fitting; *~ efter* close behind; *~ i hälarna på ngn* close |up|on a p.'s heels; *~ intill (invid)* adv. close up (by); prep. close |up| to . .
tätt- sms. se *tät-* sms. o. *tätt*
tätting passerine, bird of the order passeriformes
tätört bot. steepgrass, butterwort
tävla *itr* compete, *med* with, *om* for; *~ |med varandra| i* artighet vie with (emulate) each other in . .; *~ med ngn i* kunskaper rival a p. in . .; *detta märke kan ~ med* vilket som helst äv. this brand (product) can stand comparison with . .; *han kan ~ med* vem som helst he can hold his own against . . **tävlan** - *0* allm. competition, *om* for; jfr *tävling;* tävlande, medtävlan rivalry, emulation; *i ädel ~ med varandra* in worthy emulation of each other; *inlåta sig i (ta upp) ~ med* . . enter into competition with . .; *delta utom ~* take part without competing **tävlande I** *a* competing, rivaliserande rival båda end. attr. **II** *subst. a, en ~* a competitor resp. a rival **tävling** allm. competition äv. pris~, contest äv. sport.; t.ex. i löpning race; vanl. mellan två lag match; turnering tournament; programpunkt event; *en öppen ~* an open (all-comers) event; *utlysa en ~ om* . . announce a competition for . .
tävlings|bana löparbana race-track; hästtävlingsbana race-course **-bidrag** |competition| entry, lösning av -uppgift solution, answer **-domare** allm. adjudicator, judge; sport. se *domare 2* **-ledare** leader (organizer) of a (resp. the) competition; frågeledare question-master **-ledning** leaders (organizers) pl. of a (resp. the) competition **-pris** competition prize **-ryttare** participator in a (resp. the) riding-competition **-uppgift** som skall lösas: problem to be solved (vid frågesporttävling question|s pl.| to be answered) by the competitors; vid litterär tävling subject for a (resp. the) prize-competition

tö -|e|t *0* thaw; *det är ~* i dag it is thawing . . **töa** *itr* thaw; *~ bort* itr. thaw |away|; *~ upp* thaw, smälta melt

töck|en *-net -en* dimma mist, dis haze båda äv. bildl.; *framtiden är höljd i ~* the future is shrouded in a mist (is unknown) **-nig** *a* misty, hazy

töffa *itr* om tåg puff, om bil o. motorbåt chug

töj|a *-de -t tr rfl* se *tänja* **-bar** *a* se *tänjbar* **-barhet** se *tänjbarhet*

tölp *-en -ar* boor; bond~ äv. yokel, clodhopper; drummel äv. lout **-aktig** *a* boorish; clodhopping; loutish **-aktighet** boorishness; loutishness

töm *-men -mar* rein; jfr *tygel*

töm|ma *-de -t tr* **1** göra tom, dricka ur empty; låda, skåp äv. clear (turn) out; brevlåda (post.) clear; sitt glas äv. drain; *brevlådan -mes 4 ggr dagligen* there are four collections daily (a day); *salen -des* the hall emptied; *~ ut* empty |out|, hälla ut pour out **2** tappa, *~ på flaskor* pour into bottles **-ning** emptying osv.; post. collection; jfr *tömma 1* **-ningstider** *pl* post. times of collection

tör *hjälpvb* = *torde 2* **tör|as** *tordes torts itr. dep* **1** våga dare |to|, jfr *2 våga* **2** få lov att, *-s man sätta sig här?* may I (is it all right to) sit down here?; *hur mycket* kostar den, *om jag -s fråga?* may I ask how much . .?, how much . . if I may |be allowed to| ask? **törhända** *adv* perhaps, maybe

törn *-en -ar* **1** stöt blow äv. bildl., bump; bildl. äv. shock; *ta ~* sjö. bear off, fend |her| off **2** sjö.: arbetsskift watch, tur turn **törna** *itr, ~ emot* ngt bump (knock) into (against) . ., stark. crash into . .; jfr |*stöta*| *emot; ~ ihop* collide; *~ in (ut)* sjö. turn in (out)

törnbeströdd *a* thorny

törne *-t -n* **1** tagg thorn, mindre prickle **2** se *törnrosbuske* **-krona** crown of thorns **-krönt** *a* . . wearing a crown of thorns, . . crowned with thorns

törnros se *törnrosbuske*

Törnrosa the Sleeping Beauty

törn|rosbuske vild briar|-bush| **-skata** red-backed shrike **-snår** thorn-brake, thorny thicket **-tagg** thorn, mindre prickle

törst *-en 0* thirst, bildl. äv. longing, *efter* for, *efter att* inf. to inf.; *känna ~* feel (be) thirsty **törsta** *itr* thirst äv. bildl., *efter* for; *~ ihjäl* die of thirst **törstig** *a* thirsty

tös *-en -er* girl, lass, poet. maid

töva *itr* se *dröja*

töväder, *det är (har blivit) ~* a thaw has set in; *det blir ~* there'll be a thaw

U

u *u-*[*e*]*t,* pl. *u*[*-n*] bokstav u [utt. ju:]
U-balk channel [iron], U-iron
ubåt submarine, tysk U-boat **ubåtsfälla** decoy ship
UD se *utrikesdepartement*
udd *-en -ar* allm. point äv. bildl.; på gaffel o.d. prong, tine, tand tooth (pl. teeth); bildl. äv.: t.ex. satirens, dödens sting, t.ex. replikens pungency, bite; *bryta ~en av* ett angrepp take the sting out of . .; hans inlägg *saknar ~* . . lacks point; en från artikel *med ~en riktad mot A.* . . directed against A.; *spjärna mot ~en* kick against the pricks
udda *oböjl. a* allm. odd; *~ eller jämnt* odd or even; *~ nummer (tal)* odd (uneven) numbers; *en ~ person* särling an odd person (character); *en ~ sko* an odd shoe; *~ varor* äv. oddments; *jag skall låta ~ vara jämnt för denna gång* I'll let it pass this time
udd|e *-en -ar* hög, bergig cape, promontory, head[land], låg el. smal point [of land]; landtunga spit, tongue of land
uddig *a* pointed äv. bildl. om t.ex. anmärkning; om t.ex. kritik, svar pungent, biting **uddighet** pointedness; pungency, jfr föreg. **uddljud** språkv. initial sound; *i ~* in an initial position **uddlös** *a* pointless äv. bildl.
uggl|a I *-an -or* owl; *det är (jag anar) -or i mossen* there is something in the wind, there is mischief (something) brewing, friare I smell a rat **II** *itr* F, *sitta uppe och ~* sit up late **uggleunge** owlet, young owl
ugn *-en -ar* oven; bränn~ (f. keramik o.d.) kiln; stor smält~ furnace
ugns|bakad *a* baked, roasted; *~ potatis* baked (m. skal jacket) potatoes **-lucka** oven-door **-pannkaka** ung. batter pudding **-steka** *tr* roast [. . in the oven], isht potatis, fisk bake **-torka** *tr* [oven-]dry, bake, t.ex. keramik kiln-dry **-varm** *a* oven-hot
ukas *-en -er* ukase
Ukraina the Ukraine **ukrainare** *o.* **ukrainsk** *a* Ukrainian
ukulele *-n -r* ukulele
ulan *-en -er* uhlan
u-land se *utvecklingsland*
ulk *-en -ar* simpa bullhead
ull *-en 0* wool; ullbeklädnad, klippull fleece; *. . av ~* . . [made] of wool, woollen . .; *han är inte av den ~en* he is not that kind of man; *av den rätta ~en* of the right stamp **-fett** wool-fat **-garn** wool[len] yarn, wool **-garnsnystan** ball of wool **-handskrabba** mitten crab **-hår** persons woolly hair, F wool; fårets wool
ullig *a* woolly, fleecy; *~a moln* fleecy clouds
ull|sax sheep shears pl. **-spinneri** [wool-]-spinning mill **-strumpa** se *yllestrumpa; gå på i -strumporna* go straight ahead **-tapp** o. **-tott** tuft (flock) of wool; moln fleecy cloud
ulster *-n ulstrar* ulster
ultima *-*[*n*] *0* språkv. ultimate syllable, ultima
ultimativ *a* attr. . . having the character of an ultimatum **ultimat|um** *-um*[*et*] *-um (-a)* ultimat|um (pl. -ums el. -a) **ultimo I** *-t 0* månadsslut end (sista månadsdag last day) of the month **II** *adv, ~ maj* at (by) the end of May resp. on May 31st
ultra|konservativ *a* ultraconservative **-kort** *a* om våglängd ultra-short **-kortvåg** radio. ultra-short waves pl., very high frequency (förk. V H F) **-ljud** ultrasound **-ljudvågor** *pl* ultrasonic waves, ultrasonics **-marin** *a* o. *s* ultramarine **-rapid I** *a, ~ film (bild)* slow motion picture **II** *s, i ~* in slow motion **-rapidkamera** slow motion camera **-violett** *a* ultra-violet
ulv *-en -ar* wolf (pl. wolves); *tjuta med ~arna* cry with the pack
umbra *-n 0* umber
umbära *tr* do (go) without **umbärande** *-t -n* privation, hardship **umbärlig** *a* dispensable
um|gås *-gicks -gåtts itr. dep* **1** bruka vara gäst be a frequent visitor, *hos ngn* at a p.'s house (place); rpr. see each other, be together, formellt be on visiting terms; se vid. ex.; *han ~ flitigt hos dem* he is a frequent visitor at their house, he often goes to see them; *de ~ jämt* they are always together, they see each other all the time; *vi har -gåtts mycket (flitigt) på sista tiden* vanl. we have seen a lot of each other lately; *jag ~ gärna med honom* I enjoy (like) his company (being with him); *ha lätt att ~ med folk* find it easy to get on with people, be a good mixer; *~ i fina kretsar* move (mix) in good society **2** *~ med* handskas med handle, behandla deal with; *~ försiktigt med vapen* handle weapons with care **3** *~ med en plan* be nursing a scheme, be revolving a plan; *~ med planer på att* inf. *(på en resa)* be contemplating ing-form (a journey)
umgälder *pl* dues; utskylder taxes
umgälla *tr,* [*få*] *~* pay for, pay the penalty of, suffer (smart) for
umgänge *-t -n* förbindelse relations pl., dealings pl., intercourse end. sg.; sällskap company, society; vänkrets friends pl., circle of friends; *dåligt ~* bad (low) company; *intimt (sexuellt) ~* sexual intercourse; *avbryta ~t med* break off relations (intercourse, dealings) with, break with, F drop, cut; *ha stort ~* have a great many friends (a large circle of friends); *vi har inte råd att ha*

något ~ we cannot afford to have guests
umgänges|former *pl* forms of [social] intercourse, etiquette sg. **-krets** friends [and acquaintances] pl., circle of friends [and acquaintances] **-liv** social life
umgängsam *a* sociable, companionable
undan I *adv* **1** bort, i väg away, ur vägen out of the way, åt sidan aside; ~ [*ur vägen*]*!* [get] out of the way!, make way!; *fly* ~ *för* run away from, flee; *gå* ~ (jfr *2*) väja get out of the way, stand clear, gå åt sidan äv. step aside; *göra* ~ *ngt* get a th. done (off one's hands); *komma* ~ get off, escape; *han slapp lindrigt* ~ he got off lightly **2** fort, raskt fast, rapidly; *det går* ~ *med arbetet* the work is getting on fine (is progressing fast); *låt det gå* ~*!* make haste!, push on! **3** ~ *för* ~ little by little, bit by bit, by degrees, gradually, en i taget one by one **II** *prep* from, ut ur out of; *fly* ~ sina förföljare escape (run away) from . .; *klara sig* ~ *stormen* get [safely] out of the gale; *söka skydd* ~ *regnet* take shelter from the rain; *slingra sig* ~ skyldighet shirk (try to escape, elude) . . . — Se äv. beton. part. under resp. verb
undan|be|dja| I *rfl,* ~ *sig* t.ex. återval decline . .; *jag -ber mig dina besök* I would ask you not to visit me; *jag -ber mig* sådana uttryck I will thank you not to use . ., I won't have . . **II** *-bedjas: besök -bedes* no visitors, please; *blommor -bedes* no flowers by request; *rökning -bedes* refrain from smoking, no smoking **-dra|ga| I** *tr,* ~ *ngn ngt* withdraw (take away) a th. from a p., deprive a p. of a th. **II** *rfl* t.ex. sina plikter shirk, evade; t.ex. analys elude; huruvida detta är riktigt *-drar sig mitt bedömande* . . is beyond my power to judge; kostnaderna *-drar sig all beräkning* . . defy calculation **-flykt** undvikande svar prevarication, evasion, evasive answer, svepskäl subterfuge; *göra (komma med)* ~*er* make excuses, be evasive, prevaricate, shuffle **-gjord** *a* se *göra* [*undan*] **-gömd** *a* . . hidden (put) away (out of sight), isht om plats secluded, retired, out-of-the-way . ., remote; *hålla sig* [*väl*] ~ keep close **-hålla** *tr* ej utlämna, fördölja, ~ *ngn ngt* withhold a th. (keep a th. back) from a p. **-röja** *tr* **1** jur., t.ex. dom set aside **2** hinder o.d. se *2 röja* [*undan*] **-skymd** *a* dold . . hidden away, i skymundan out of the way (jfr *-gömd*); [*instoppad*] *på en* ~ *plats* t.ex. i tidningen tucked away in a (an odd) corner; *föra en* ~ *tillvaro* lead an obscure life; *i en* ~ *vrå* in a remote corner **-snilla** *tr* pengar embezzle **-stökad** *a* se *undangjord* under *göra* [*undan*]
undan|tag 1 allm. exception; *ett* ~ *från regeln* an exception to the rule; ~ *et bekräftar regeln* the exception proves the rule; *göra* ~ *för* make an exception for; ~ *göres för* vissa kategorier . . are excepted; *jag ska göra ett* ~ *för dig* I will make an exception in your case; *med* ~ *av (för)* with the exception of, except, . . excepted, litt. save; *med* ~ *av detta* with this exception, this excepted; *det hör till* ~*en* it is quite exceptional; *utan* ~ without exception; *alla utan* ~ *svarade ja* äv. they answered 'yes' to a man; *ingen regel utan* ~ there is no rule without exceptions **2** *sitta (vara satt) på* ~ försummas be set aside, be neglected **-ta|ga|** *tr* utesluta except, exclude, fritaga exempt; *ingen -tagen* nobody excepted; alla dagar, *söndagen -tagen* . . except (with the exception of) Sunday **-tagandes** *prep* se [*med*] *undantag* [*av*]
undantags|fall exceptional case; *i* ~ in exceptional cases **-lag** emergency powers act **-löst** *adv* without exception, invariably **-människa** exceptional person, person out of the ordinary **-tillstånd,** *proklamera* ~ proclaim a state of emergency **-vis** *adv* in exceptional cases, as an exception
undantränga *tr* se *tränga* [*undan*]
1 under *undret* - wonder, marvel, underverk äv. miracle, prodigy; ~ *över alla* ~*!* wonder of wonders!; *den moderna teknikens* ~ the wonders (marvels) of modern science; apparaten är *ett* ~ *av sinnrikhet* . . a miracle of ingenuity; *han är ett* ~ *av lärdom* he is a marvel (prodigy) of learning; *göra* ~ friare work (do) wonders; work miracles äv. eg. (t.ex. bibl.); *det är ett* ~ *att* han lever it is a wonder (a marvel, a miracle) that . .; han räddades *som genom ett* ~ . . as [if] by a miracle
2 under I *prep* (se äv. under resp. huvudord) **1** i rumsbet. under äv. friare o. bildl. (för att beteckna överhöghet o.d.); nedanför, lägre än below äv. bildl.; litt. samt i vissa fall beneath; gömma sig (ligga) ~ *ngt* . . under a th.; krypa (titta) fram ~ *ngt* . . from under a th.; *sortera* ~ *ngt* belong under a th.; *stå* ~ *ngn* i rang be (rank) below a p.; *sätta sitt namn* ~ skrivelse sign . ., put one's name to . .; *underkastelse* ~ submission to; *England* ~ *drottning Viktoria* England under Queen Victoria; anträffas ~ *ovanstående adress* . . at (under) the above address; *ta ngn* ~ *armen* take a p.'s arm; ~ *ngns befäl (beskydd)* under a p.'s command (protection); *ett slag* ~ *bältet* bildl. a blow below the belt; *digna* ~ *bördan* sink under the burden; källaren är ~ *golvet* . . under (beneath) the floor; ~ *havet (havets yta)* below sea level; ~ *inköpspriset* below cost price; ~ *5 kilo (kronor)* below (under) five kilos (kronor); ~ *all kritik* beneath contempt; ~ *vänskapens mask* in (under) the guise of friendship; ~ *falskt namn* under an assumed name; *vara känd* ~ *namnet* . . be known by (go by el. under) the name of . .; 5 grader ~ *noll* . . below freezing-point (zero); ~ *rubri-*

ken . . under the heading of . .; *intet nytt* ~ *solen* [there is] nothing new under the sun; ~ *denna sten* vilar A. beneath this stone . .; *simma* ~ *vattnet* swim under the water: *det är* ~ *min värdighet* it is beneath me (my dignity); *barn* ~ *femton år* children under (below) fifteen years of age

2 i tidsbet. (jfr *3*) **a)** under loppet av during, ibl. in, in the course of; svarande på frågan 'hur länge' for; äv. andra övers. jfr ex.; ~ *dagen (kriget)* during the day (the war); det regnade oavbrutet ~ *fem dagar* . . for five days; ~ *hela* kriget (året) äv. (för att särskilt framhäva hela förloppet) throughout . .; ~ *hela sitt liv* var han throughout ([for] the whole of) his life . ., all his life . .; vi förlorade den ~ *flyttningen* . . when we moved, . . while we were moving; ~ *hans regering[stid]* infördes during (in) his reign . .; *stängt* ~ *reparationen* closed during repairs; ~ *en resa* skall man while (when) travelling . ., on a journey . .; ~ *samtalet[s gång]* kom det fram att in the course of the conversation . .; ~ *deras samtal* äv. while their conversation was going on; ~ *tiden* in the meantime; ~ *vägen* on the way **b)** ~ *det att* while; ~ *det att detta pågick* while this was going on; ~ *det att han talade* skrev han while speaking . .; jfr *medan*

3 övriga fall (uttr. beledsagande omständigheter, tillstånd o.d.; jfr äv. ovan *1* o. *2*): ~ *allmänt bifall* amid general applause; en ny fabrik *är* ~ *byggnad (~ uppförande)* . . is being built, . . is under construction; ~ *eskort av* escorted by, under the escort of; ~ *dessa förhållanden (omständigheter)* in (under) these circumstances; ~ *förutsättning att* on condition that; ~ *snyftningar* berättade hon . . sobbing (amid sobs) . .; ~ *tystnad* åsåg de hur silently . .; middagen åts ~ *tystnad* . . in silence

II *adv* underneath, nedanför below, litt. samt i vissa fall beneath; en platta med filt ~ . . under it, . . underneath [it]; *lägga* ~ en platta [*under ngt*] put . . underneath [a th.], put . . under a th.; *de som bor* [*i våningen*] ~ the people [in the flat] below; *skriv* ~ *här!* sign (put your name) here! — Se f.ö. beton. part. under resp. verb

under|agent sub-agent **-arm** forearm **-art** subspecies **-avdelning** subdivision; i klassificeringssystem äv. subsection, subclass, subgroup; vid typindelning subtype; i lagparagraf o.d. subsection; filial sub-branch; *dela upp i* ~*ar* subdivide **-balansera** *tr,* ~*d budget* unbalanced budget, budget that shows a deficit **-balansering,** ~ *av budget* deficit financing

under|bar *a* wonderful, marvellous; poet. o.d. äv. wondrous; övernaturlig miraculous; *Aladdins* ~*a lampa* Aladdin's wonderful (magic) lamp **-barn** infant prodigy (phenomenon), amer. äv. wonder child

under|befolkad *a* underpopulated **-befäl** ung. [lower] non-commissioned officer (koll. officers pl.) **-bemannad** *a* undermanned **-ben** lower [part of the] leg **-benkläder** *pl* se *-byxor* **-betala** *tr* underpay **-betalning** underpayment **-bett** underbite, friare protruding jaw, veter. undershot jaw **-betyg** mark below the pass standard; *få* ~ *i* engelska (*på* engelska provet) fail (be failed) in . . **-binda** *tr* läk. ligate, ligature, tie up **-bjuda** *tr* underbid; pris äv. undercut; sälja billigare än äv. undersell **-blåsa** *tr* öka: misstankar, missämja, svartsjuka heighten, hat, missnöje foment **-borgen** jur. counter-security **-bud** H lower bid **-bygga** *tr* bildl. support, substantiate; *väl (illa) -byggd* teori well-(ill-)founded . . **-byggnad** eg. o. bildl. foundation, byggn. äv. substructure; utbildning grounding, skol~ äv. schooling **-byxor** *pl* herr~ pants, dam~ knickers, trosor panties, briefs **-bädd** lower bed (i sovkupé, hytt berth) **-del** lower part, nedersta del bottom; fot foot; bas base **-dimensionerad** *a* . . [attr. that is] too small in dimensions, tekn. äv. underdimensioned

under|djur fabeldjur fabulous animal **-doktor** miracle man

underdomstol se *underrätt*

underdånig *a* ödmjuk humble; lydaktig obedient; servil subservient, obsequious; *vara* kungen ~ be subject to . .; Ers Majestäts ~*e tjänare* . . [humble and] obedient servant **-het** humility; obedience; subservience, obsequiousness, jfr föreg.

under|exponera *tr* under-expose **-exponering** under-exposure

underfund *adv, komma* ~ *med* ta reda på, lista ut find out, förstå, fatta understand, make out, inse äv. realize; *jag kan inte komma* ~ *med honom (det)* I can't make him (it) out

underfundig *a* illmarig sly; ~ *humor* subtle humour; *ett* ~*t leende* an arch smile

underförstå *tr,* predikatet *är* ~*tt* . . is understood; *detta* ~*s (är* ~*tt)* i avtalet this is implied . .; *firman,* ~*tt* Ek & Co. the firm, that is to say . .; då han talar om firman *är det* ~*tt hans egen* . . he means his own; *ett* ~*tt hot* an implicit (a tacit) threat

under|given *a* submissive, yielding, obedient, *ngn (ngt)* to a p. (a th.); ödmjuk humble; ~ sitt öde, det oundvikliga resigned to . .; *ett -givet sinne* a humble (submissive) spirit **-givenhet** submissiveness; ~ *under (för)* submission (resignation) to **-gräva** *tr* undermine, bildl. äv. sap **-gå** *tr* undergo; ~ *examen (ett prov)* undergo examination (a test); ~ *examen* äv. be examined, avlägga pass an examination; ~ *förändring* undergo (suffer) a change **-gång 1** fall ruin, fall, förstörelse destruction; utdöende extinction; fartygs wreck äv. bildl., loss; *romarrikets* ~ the fall of the Roman Empire; *världens* ~ the end of the world; *det blir hans* ~ it will be the ruin of him (his destruction); *gå sin* ~ *till mötes* be heading for disaster (ruin), be riding for a fall (end. om pers.), be on the [high] road to ruin (destruction); *stå på* ~*ens brant* be on the brink of ruin (disaster), be faced with ruin; *vägen till* ~ the road to ruin; *dömd till* ~ doomed [to destruction] **2** se *gångtunnel* **-gångsstämning** sense of doom

under|görande *a* om t.ex. medicin miraculous; relig. o.d. wonder-working **-görare** wonder-worker, miracle-worker, neds. miracle-monger

underhal *a, det är* ~*t på vägarna* the roads are slippery underneath the snow

underhaltig *a* . . below (not up to) standard (friare the mark), friare äv. inferior, . . of inferior quality, bristande deficient **-het** inferiority, saks äv. inferior quality, brist deficiency

underhand *adv* se [*under*] *hand*

under|handla *itr* negotiate, *med* with, *om* for; se äv. [*ligga i*] *underhandling*[*ar med*]; ~ *med ngn* äv. treat with a p. **-handlare** negotiator **-handling** negotiation, *om* for; *inleda* ~*ar med* open (enter into) negotiations with; *ligga i* ~*ar med* be negotiating with, be in negotiation (treaty) with, carry on negotiations with

underhandslöfte informal (confidential) promise

under|havande ~*n* ~ man (pl. men), dependant, hist. (stormans) retainer; på gods tenant **-havskabel** submarine cable **-hud** dermis, corium **-hudsfett** subcutaneous fat **-huggare** underling, subordinate **-huset** i Engl. the House of Commons

underhåll 1 understöd maintenance äv. frånskilds, jur. äv. alimony; t.ex. årligt allowance **2** vidmakt-, iståndhållande maintenance, upkeep

under|hålla *tr* **1** försörja support, maintain **2** vidmakthålla, hålla i stånd maintain; keep up äv. friare, t.ex. kunskaper; byggnad o.d. äv. keep . . in repair; *bra (väl) -hållen* byggnad . . in good repair; *illa -hållen* byggnad . . in poor repair, . . in disrepair **3** roa, förströ entertain, amuse, keep . . amused; ~ *sig med ngn* talk (converse) with a p. **-hållande** *a* roande entertaining, amusing **-hållning** entertainment; *stå för* ~*en* give an entertainment, av gäster entertain the company **-hållningslitteratur** light reading **-hållningsmusik** light music **-hållningsprogram** i radio, TV light (entertainment) programme

underhålls|arbete maintenance (repair) work **-bidrag** jur. alimony, maintenance **-fri** *a* attr. . . requiring no maintenance, om t.ex. vägbeläggning äv. permanent **-förband** mil. service (quartermaster) unit **-kostnader** *pl* costs (cost sg.) of maintenance (upkeep) **-plikt** o. **-skyldighet** maintenance obligation[s pl.]; ~ *för* barn duty to support . . **-tjänst** mil. supply service

under|ifrån *adv* from below (underneath) **-jorden** myt. the lower (nether, infernal) regions pl., the underworld, i grek. mytologi Hades **-jordisk** *a* underground end. attr.; subterranean; myt. infernal; ~ *gång* underground (subterranean) passage; *en* ~ *rörelse* polit. an underground movement **-kant**, [*tilltagen*] *i* ~ [rather] on the small (resp. short, om t.ex. pris low) side, too small etc. if anything **-kasta I** *tr,* ~ *ngn* t.ex. prov, straff subject a p. to . ., t.ex. förhör äv. put a p. through . .; ~*ngt en undersökning* subject a th. to an examination, examine a th.; ~*s* prov, förhör äv. undergo . .; ~*s tortyr* be subjected to torture, be tortured; *vara* ~*d* förändringar, tull be subject to . .; ~*d statlig kontroll* under (subject to) Government control; *tvivel* ~*t* open to doubt, doubtful; *intet tvivel* ~*t* beyond doubt, indubitable **II** *rfl* foga (finna) sig i submit to, t.ex. sitt öde äv. resign oneself to, ngns beslut o.d. äv. defer to; kapitulera, ge sig surrender; ~ *sig fienden* submit to the enemy; ~ *sig en operation* submit to (undergo) an operation **-kastelse** submission, subjection, t.ex. under ödet resignation, *under* i samtl. fall to; kapitulation surrender; *tvinga ngn till* ~ subject a p., force a p. to submit

under|kjol midje~ waist slip, underskirt, isht vid m. volanger o.d. petticoat **-klass** lower class; ~*en* the lower classes (orders) pl. **-klassig** *a* lower-class . ., vulgär vulgar **-kläder** *pl* underclothes, undergarments; underclothing sg.; H underwear sg.; F isht dam~ undies **-klänning** slip **-kropp** lower part of the body **-kunnig** *a* pred. aware, *om* of; *göra ngn (sig)* ~ *om* acquaint a p. (oneself) with, inform a p. (oneself) of

underkur miraculous cure, miracle-cure

under|kurs H, *till* ~ at a discount, below par **-kuva** *tr* subdue, subjugate; ~*d* förtryckt oppressed **-kyld** *a, -kylt regn* supercooled (freezing) rain **-käk**[**e**] lower jaw; vetensk. mandible **-käksben** lower jaw-bone **-känd** *a* betyg failed; *bli* ~ fail, be failed, *i* in **-känna** *tr* avvisa reject, ej godtaga not accept; ogilla not approve of; ~ *ngn* skol. fail a p.; *jag måste* ~ *honom* skol. I cannot pass him **-känt** *n, få* ~ fail, be failed, *i* in

under|lag grund[val] foundation, isht bildl. äv. bas|is (pl. -es); tekn., geol. o.d. bed, byggn. äv. bedding; statist. o.d. basic data pl.; *bilda* ~ *för* bildl. form the basis of; *det finns inget* [*sakligt*] ~ *för denna teori* this theory has no foundation [in fact]; det forskningsarbete *som är* ~*et för denna bok* . . on which this book is based; en regering *med svagt* ~ . . resting

on a weak basis **-lakan** bottom sheet
underland wonderland; *~et* Wonderland
underleverantör subcontractor
underlig *a* strange, curious; svag. odd, queer; ofta neds. peculiar; F funny; *en ~ kurre* an odd (a queer, F a rum) chap; han har alltid varit *en smula ~* . . a bit peculiar (strange, odd, eccentric); |*det är*| *~t att han är så sen* F |it's| funny that he's so late; *det är inte* |*så*| *~t* förvånande it is not to be wondered at (no wonder); *det ~a var att* . . F the funny thing about it was that . .
underliggande *a* om t.ex. lagar, motiv underlying
underlighet *-en -er* egenskap strangeness etc. (end. sg.); oddity, peculiarity, ngns äv. eccentricity; *hans ~er* infall, vanor o.d. his eccentricities (peculiarities, egenheter oddities); *moderna ~er* modern oddities; här händer det *~er* strange things . . **underligt** *adv* strangely etc.; *~t nog* t.ex. kom han tillbaka strange to say, . .; t.ex. stötte jag på honom i London oddly (curiously, strangely) enough, . .
underliv anat. eg. hypogastri|um (pl. -a), friare |lower| abdomen, belly; könsdelar genitals pl.
underlivs|kräfta livmoder- uterine cancer **-lidande** abdominal disease **-sjukdomar** *pl* kvinno- women's diseases
under|lydande I *a, ~* myndigheter lower . .; ett slott *med ~ gårdar* . . and farms pertaining to it **II** *subst. a* underordnad subordinate, tjänare, underhavande man (pl. men), dependant, dependent; *hans ~* pl. those under him **-låta** *tr* omit, fail, försumma äv. neglect, avhålla sig från äv. abstain, forbear, *att* inf. i samtl. fall to inf.; *~ att göra ett arbete* omit to do a piece of work; *han -lät att* meddela oss he failed to inf.; *jag kan inte ~ att* påpeka detta friare äv. I feel it my duty to inf. **-låtenhet** omission; att rösta, att betala etc. failure **-låtenhetssynd** sin of omission
under|läge weak (disadvantageous) position; *vara i ~* sport.: t.ex. boxn. be getting the worst of it, under t.ex. fotbollsmatch be doing badly **-lägg** *~et ~* t.ex. karott~, disk~ mat; skriv~ |writing| pad **-lägga** *rfl* se *lägga* |*under sig*| **-lägsen** *a* inferior, *ngn* to a p.; *jag är honom ~* äv. I am his inferior; *~ till antalet* inferior in numbers, numerically inferior **-lägsenhet** inferiority **-läkare** assistant physician (kirurg surgeon) **-läpp** lower lip, underlip **-lätta** *tr* facilitate, göra lätt äv. make . . easy (lättare easier)
under|medel o. **-medicin** miraculous (wonder) remedy
under|medvetande subconsciousness; *ens ~* se följ. (ex.) **-medveten** *a* subconscious; fackl. vanl. unconscious; *det -medvetna* the subconscious, fackl. vanl. the unconscious; *i hans -medvetna* in his subconscious |mind|, friare at the back of his mind **-mening** hidden meaning; antydning implication **-minera** *tr* undermine, bildl. äv. sap **-målig** *a* dålig inferior, poor, otillräcklig deficient; *~a varor* goods of inferior (poor) quality; maten var *~* . . of a low (poor) standard, . . poor; *intellektuellt ~* mentally deficient **-närd** *a* underfed, undernourished, badly nourished **-näring** undernourishment, isht gm felaktigt sammansatt kost malnutrition **-officer**|**are**| |higher| non-commissioned officer **-ordna I** *tr* subordinate, *under* to **II** *rfl* subordinate oneself, *ngn (ngt)* to a p. (a th.) **-ordnad I** *a* subordinate, *ngn (ngt)* to a p. (a th.); det är *av ~ betydelse* . . of secondary (minor) importance **II** *subst. a* subordinate **-ordnande** *a* språkv. subordinating **-ordning** i system suborder **-pant** bildl. (bevis) token, *på* of; *kärlekens ~* the pledge of love **-plagg** undergarment; *~* pl. se *-kläder* **-plats** i sovkupé, hytt lower berth (brits bunk) **-pris** losing price; *sälja till ~* sell at a loss, sell below cost |price|, lägre än konkurrent undersell, isht till utlandet dump
under|rede |under|frame, på bil chassis (pl. lika) **-redesbehandla** *tr* underseal **-redesbehandling** abstr. undersealing; konkr. underseal, underbody seal **-representerad** *a* underrepresented **-rubrik** subheading **-rätt** lower (inferior) court, court of first instance
under|rätta I *tr, ~ ngn om ngt* inform (H äv. advise, isht formligen el. officiellt äv. notify, litt. apprise) a p. of a th.; *~ ngn* ge besked let a p. know, skriftl. äv. send a p. word; jfr äv. ex. und. *meddela I 1* **II** *rfl* inform oneself, *om ngt* of (as to) a th.; inquire, make inquiries, *om ngt* about a th., *hos ngn* of a p. **-rättad** *a* informed; *vara väl (illa) ~* be well (badly) informed; *fel ~* äv. misinformed; *göra sig ~* se *underrätta II; hålla ngn ~ om* keep a p. informed (H äv. advised) about (on), keep a p. posted on (up to date on, in touch with)
underrättelse, *~|r|* information (*om* about, on), isht mil. o.d. intelligence (*om* of); nyhet|er| news (*om* of) samtl. end. sg.; jfr äv. *meddelande; en ~* a piece of information etc.; *~r* H formellt advices; *goda ~r* good news sg.; *närmare ~r* further information sg., particulars; *~ kom att* äv. word came that; *få ~ om att* be informed that, learn that; *inhämta (skaffa sig) ~r om* inform oneself of, procure information about; *vid ~n om hans död* at the news of his death **-tjänst** mil. intelligence |service| **-verksamhet,** *olovlig ~* jur. unlawful spying activities pl.
under|sida under side, underside; *från ~n av ngt* from under (beneath) a th. **-skatta** *tr* underrate, underestimate, undervalue; förringa |värdet av| minimize |the value of| **-skattning** underrating etc., underestimate

-skog underwood, underbrush **-skott** deficit, förlust loss, *på* t.ex. 1000 kr of . .; brist deficiency, *på* t.ex. syre of . .; ~ *på arbetskraft* shortage of labour **-skrida** *tr* be (go, fall) below, be lower (less) than; ~ *rekordet med* 2 sek. lower the record by . .; *detta pris får ej* ~*s* this is an absolute minimum price **-skrift** signature; *förse . . med* |*sin*| ~ sign . .; put one's signature (name) to . .; *utan* ~ äv. unsigned **-skriva** *tr* se *skriva* |*under*|

underskön *a* wonderfully beautiful, attr. äv. . . of wonderful (exquisite) beauty

underslev *-et* - embezzlement, peculation, isht av allmänna medel malversation; *begå* ~ embezzle, peculate; be guilty of malversation

underst *adv* at the bottom, *i* lådan etc. of . .; lägst lowest **understa** *a*, |*den*| ~ lådan etc. the lowest (av två the lower) . ., the bottom . .; ~ *delen, det* ~ the lowest (resp. lower) part, the bottom |part|

understiga *tr* be below (under, less than); fall (go) below, fall short of; om summa, pris äv. not come up to; ~*nde* vanl. below, under, less than

understol, *sitta på* ~ bildl. ung. be under cross-examination

under|streckare ung. feature article **-stryka** *tr* se *stryka* |*under*| **-ström** undercurrent äv. bildl. **-stucken** *a* om t.ex. barn supposititious **-stundom** *adv* now and then, sometimes, occasionally **-stå** *rfl*, ~ *sig att* inf. dare |to| inf., have the cheek to inf.; ~ *dig inte att röra mig!* don't you |dare| touch me! **-ställ** set of underwear **-ställa** *tr*, ~ *ngn* ett förslag o.d. submit . . to a p., place (put) . . before a p.; ~ *ngt* t.ex. ngns beslut submit a th. to . ., t.ex. en domstol refer (report) a th. to . .; *-ställd* (underordnad) ngn (ngt) placed under . ., subordinate|d| to . . **-stämma** mus. lower part

under|stöd till behövande, fattig~ relief |payment|; bidrag, ersättning benefit; periodiskt (isht av privatpers.) allowance; anslag subsidy, grant; *leva på* ~ socialhjälp live on public (national) assistance **-stödja** *tr* support; t.ex. förslag äv. second, hjälpa äv. assist, aid, help; med anslag subsidize

understöds|berättigad *a* . . entitled to relief etc. **-fond** relief fund **-tagaranda** ung. welfare-state mentality **-tagare** av socialhjälp person receiving public (national) assistance; person drawing relief

under|såte ~*n* *-såtar* subject **-såtlig** *a* lojal loyal; *hans* ~*a plikt* his duty as a subject; ~ *tro och lydnad* allegiance **-säng** se *-bädd* **-sätsig** *a* stocky, thickset, squat

undersöka *tr* examine äv. läk., granska, genomgå äv. go over, inspect, ingående granska äv. scrutinize; genomsöka search; efterforska, |söka| utröna inquire (look) into, isht systematiskt investigate, vetenskapligt äv. make researches into; analysera analyse; pröva, anställa prov med test; jag måste *låta* ~ *mig* . . get myself examined; ~ *möjligheterna till* explore (study, investigate) the possibilities of; ~ *om (huruvida)* man kan inquire whether . . . |try to| find out whether . .; ~ *saken* inquire (look, go) into the matter, systematiskt investigate the matter; ~ *saken närmare* go more closely into the matter **undersökning** examination, inspection; scrutiny jfr föreg.; genomsökning search; efter-, utforskning inquiry (*om, i* into), isht systematisk investigation; studium study; analys analys|is (pl. -es); prov test|ing|; *medicinsk* ~ medical examination; *rättslig* ~ judicial (legal) inquiry; *statistisk* ~ statistical survey; *vetenskapliga* ~*ar* |scientific| research|es|; *anställa* ~*ar om* det försvunna brevet make inquiries about . .; *företa en* ~ institute an inquiry (an investigation); *det är föremål för* ~ it is being inquired into; *vid närmare* ~ fann han on |making| a closer examination (investigation) . ., on inspection . .

under|teckna *tr* sign; ~*d* (resp. ~*de*) intygar härmed I, the undersigned (resp. |we,| the undersigned) . .; ~*d* äv. the |present| writer, I; han sade till ~*d* (mig) skämts. . . yours truly; ~*t* Bo Ek signed . . **-tecknare** signer; av traktat o.d. signatory

undertiden *adv* se |*under*| *tid*|*en*|

under|ton bildl. undertone **-trycka** *tr* suppress, hålla tillbaka äv. repress, restrain, slå ned, kväsa äv. put down, quell, crush, kväva äv. stifle; underkuva subdue, oppress **-tröja** vest, amer. undershirt **-utvecklad** *a* underdeveloped; ~*e länder* äv. developing (less developed) countries

undervattens|båt submarine **-kabel** submarine cable **-klippa** sunken (submerged) rock

undervegetation undergrowth

underverk miracle, wonder; *världens sju* ~ the seven wonders of the world; *göra* ~ friare work (do) wonders; work miracles äv. eg. (t.ex. bibl.); jfr äv. *1 under*

undervikt underweight, isht H short weight

undervisa *tr itr* ge undervisning teach, *i ett ämne* a subject; handleda instruct, *i* in; *han* ~*r i engelska* he teaches (ger lektioner i gives lessons in) English; *han* ~*r bra* vanl. he is a good teacher; i vissa skolor ~*s i ryska* . . Russian is taught **undervisning** undervisnings-, lärarverksamhet teaching; meddelad instruction, isht individuell tuition, lektioner äv. lessons pl.; utbildning education; *elementär* ~ elementary instruction (resp. education); *högre* ~ i gymnasieskola o.d. ung. secondary (vid universitet o.d. higher) education; *privat* ~

private tuition (lessons pl.); *programmerad* ~ programmed instruction; *få* ~ *i* engelska be taught . .; *ge (meddela)* ~ *i* teach, give instruction in, isht privat give lessons in
undervisnings|anstalt se *läroanstalt* **-film** educational film **-maskin** teaching machine **-metod** teaching (pedagogical) method **-råd** head of a subdivision at the |Swedish| Board of Education **-van** *a* om lärare vanl. experienced **-vana** teaching experience **-väsen** educational system, education; *det högre* ~*det* i Sverige higher education . . **-ämne** school subject
under|värdera *tr* bildl. se *-skatta* **-värme** kok. värme underifrån heat from below **-årig** *a* . . under age; *vara* ~ äv. be a minor
und|falla *itr, låta* ~ *sig* en anmärkning o.d. let slip . . **-fallande** *a* eftergiven compliant, yielding; aktningsfullt ~ deferential **-fallenhet** compliancy, complaisance, yielding|ness| **-fly** *tr* undvika, sky avoid, keep away from, shun; t.ex. faran escape **-flykt** se *undanflykt* **-få** *tr* receive **-fägna** *tr* treat, entertain; ~ *ngn med* en god middag treat a p. to . ., give (stand) a p. . . **-fägnad** mat o. dryck food and drink; abstr. entertainment
und|gå *tr* slippa undan escape, skickligt el. listigt äv. elude, evade; undvika avoid; ~ *straff* escape punishment; ~ *uppmärksamhet (att bli sedd)* escape (elude) observation; *ingen* ~*r sitt öde* there is no escaping |from| (evading) one's fate; *ingenting* ~*r honom* nothing escapes him; he misses nothing; *låta tillfället* ~ *sig* let the opportunity slip, miss the opportunity; *man kan inte* ~ *att* bli påverkad you can't fail to inf.: *jag kunde inte* ~ *att* t.ex. höra det I couldn't avoid (help) ing-form; *han kan knappast* ~ *att märka det* he can hardly avoid noticing it, he is certain to notice it **-komma I** *itr* escape, i ledigare stil äv. get away, get off **II** *tr* t.ex. sina förföljare escape from, elude
undra *itr* (ibl. *tr*) wonder, *på (över) ngt* at a th.; fråga äv. ask; *det* ~*r jag* I wonder; *jag* ~*r vad han menade* I wonder what he meant; *han* ~*de om* jag varit sjuk he wondered (asked) if . .; har du varit sjuk? ~*de han* . . he asked; *det* ~*r jag inte på* I don't wonder (am not surprised) |at that (it)|; *jag* ~*r inte på att han vägrade* I don't wonder |that| he refused (at his refusing); no wonder he refused; han vägrade *och det är inte att* ~ *på* vanl. . . ., and no wonder; ~ *på det!* no wonder! **undran** - *0* wonder, *över* at
undre *a* lower; ~ t.ex. lådan äv. the bottom . .; *i* ~ *våningen* äv. in the flat below |ours etc.|; |*den*| ~ *världen* the underworld
und|seende ~*t 0* deference, ibl. regard; *ha* ~ överseende *med* have forbearance with; *visa* ~ *för* show (pay) deference to, ngn äv. be deferential to; *av* ~ *för* in deference to, out of regard for **-skylla** *rfl* se *ursäkta II* **-slippa** *tr itr* escape, jfr *undgå;* ett glädjerop *-slapp honom, han lät* ~ *sig* ett glädjerop . . escaped his lips **-sätta** *tr* isht mil. relieve; rädda rescue, litt. succour **-sättning** relief; rescue; succour; jfr föreg.: *komma till ngns* ~ *(ngn till* ~*)* come to a p.'s rescue (succour) **-sättningsexpedition** relief expedition, räddningspatrull rescue party
undulat *-en -er* budgerigar, F budgie, budge
und|vara *tr* do without; dispense with; avvara spare; hans hjälp *kan inte* ~*s* . . cannot be dispensed with, . . is indispensable; *det är en sak (något) som inte kan* ~*s* äv. it is an indispensable thing **-vika** *tr* avoid, hålla sig borta från äv. keep away from, sky, söka ~ äv. shun; svårigheter o.d. äv. steer clear of; jfr äv. *undgå;* ~ *att* göra ngt avoid ing-form; ~ |*att besvara*| *frågan* avoid (dodge) the question; utgifterna *kan inte* ~*s* . . cannot be avoided, . . are unavoidable **-vikande I** ~*t 0* avoiding, avoidance; *till* ~ *av* missförstånd in order to avoid . . **II** *a* om t.ex. svar evasive **III** *adv* t.ex. svara evasively; *svara* ~ äv. give an evasive answer
ung *a* (jfr *yngre* o. *yngst*) young; ungdomlig äv. youthful; ~*a brottslingar* young (juvenile) offenders; ~*a förmågor* young (youthful) talents; *den* ~*a generationen* vanl. the rising generation; *en* ~ *man* a young man, a youth; *det* ~*a Sverige* young Sweden; *som* ~ var han as a young man (a youth) . ., when |he was| young . .; *känna sig* ~ *på nytt* feel young again; *han är (verkar)* ~ *för sin ålder* he is young for his age; *vara* ~ *till sinnet* be young at heart; *av* ~*t datum* of |a| recent date; *dö vid* ~*a år* die young (at an early age); ~ *och gammal,* ~*a och gamla* young and old; *de* ~*a* i allmänhet the young, young people; om vissa unga the young people
ungdom *-en -ar* **1** abstr. youth; ungdomstid äv. young days pl.: *evig* ~ eternal youth; *den tidiga (första)* ~*en* early youth, adolescence; *alltifrån* ~*en* from |one's| youth |upwards|; *i min* ~ in my youth (young days), when I was young; *i min gröna* ~ in my salad days **2** pers.: koll. young people pl. (äv. ~*ar*), youth, barn children; *en* ~ a young person, ung man äv. a young man, a youth, ung flicka äv. a young girl; *några (fem)* ~*ar* some (five) young people (unga män äv. youths); *nationens* ~ the youth of the nation; *nutidens* ~, ~|*en*| *av idag* |the| young people of today; *den studerande* ~*en* young students, se äv. *skolungdom; hon är ingen* ~ *längre* she is not so young as she was once (she used to be) **ungdomlig** *a* youthful; *ha ett* ~*t utseende* look

young, be young-looking **ungdomlighet** youthfulness, youth **ungdomligt** *adv* youthfully; *klä sig ~ t* wear youthful clothes, dress youthfully
ungdoms|arbete bland ungdom work among young people, youth work **-brottslighet** (äv. *~en*) juvenile delinquency (crime) **-brottsling** young (juvenile) offender, juvenile delinquent **-fängelse** 'youth (juvenile) prison'; *dömas till ~* ung. be committed to a detention centre; jfr äv. *-vårdsskola* **-gård** youth centre **-ledare** youth leader **-minne** memory of (from) one's youth **-synd** sin of one's youth **-tid** youth, jfr *ungdom 1* **-vård** youth welfare **-vårdsskola** ung.: f. ungdomar upp till 17 år approved school, f. äldre ungdomar borstal institution; amer. reformatory **-vän,** *en ~* |*till mig*| a friend of my youth; *vi är ~ner* we are friends from youth **-år** *pl* early years; ungdom äv. youth sg.
ung|e *-en -ar* **1** av djur: a) allm., *-ar* young b) spec.: katt~ kitten, björn~, lejon~, räv~, varg~ m.fl. cub, fågel~ young bird; ss. efterled i sms. se t.ex. *ank-, elefant-, gås|unge* m.fl.; fågelmamman (björnhonan) med sina *-ar* . . young |ones|; kattan ska *få -ar* . . get (have) kittens; *föda levande -ar* fackl. be viviparous **2** F barn kid; neds. brat
ungefär I *adv* about, vid räkneord äv. approximately, some, roughly, in the neighbourhood of; i vissa fall äv. |pretty el. very| much, more or less, something like, jfr ex.; han är ~ *femtio (vid min ålder)* . . about fifty (my age); *det är ~ en timmes resa* äv. it's an hour's journey, more or less; *det var ~ här* it was somewhere about here; *det är ~ samma sak* that's about (|pretty el. very| much) the same thing; *han sa ~ så här* he said something like this; *~ så |är det|, ja!* that's about it! **II** *s, på ett ~* approximately, roughly **ungefärlig** *a* approximate; *vid en ~ beräkning* äv. at a rough estimate **ungefärligen** *adv* approximately, roughly, jfr äv. *ungefär I*
Ungern Hungary **ungersk** *a* Hungarian **ungersk|a** *-an* **1** pl. *-or* kvinna Hungarian woman **2** pl. *0* språk Hungarian
ungersven poet. swain, lad
ung|flicksaktig *a* girlish **-herre** young gentleman, -karl |young| single gentleman **-herrskap** young people pl. (par couple) **-häst** young horse, colt
ungkarl bachelor
ungkarls|flicka bachelor girl **-hotell** o. **-härbärge** working men's hotel, common lodging-house **-liv** bachelor life; -stånd bachelorhood; *leva ~* lead a bachelor life (the life of a bachelor **-lya** bachelor's lair (den)
ungmö maid, maiden; *gammal ~* old maid, spinster; *förbli ~* remain single (unmarried)
ungrare Hungarian
ung|renässans early Renaissance **-skog** skogsv. young wood, new growth **-tupp** young cock, cockerel; ung man whipper-snapper
uniform *-en -er* uniform; jfr äv. *fältuniform; officer i ~* . . in uniform, uniformed . . **uniformera** *tr* uniform, likrikta äv. make . . uniform **uniformitet** uniformity
uniforms|klädd *a* uniformed, . . in uniform **-mössa** military (dress) cap **-rock** tunic
unik *a* unique **unik|um** pl. *-a, ett ~* a unique, a unique specimen; *vara ett ~* be unique
unilateral *a* unilateral
union union **unionist** Unionist
unions|flagga union flag; *~n* i Engl. the Union Jack **-stat** member (State) of a (resp. the) union
unison *a* unison **unisont** *adv* in unison
universal *a* universal **-arvinge** sole heir, jur. residuary legatee **-geni** universal genius **-medel** panacea, F cure-all båda äv. bildl.
universell *a* universal
universitet *-et -* university; *ligga vid ~et* be at the university; *Uppsala ~ (~et i Uppsala)* the University of Uppsala
universitets|bibliotek university library **-kansler,** *~n* i Sverige the Chancellor of the Swedish Universities **-katalog** university calendar (amer. catalog) **-lektor** senior |university| lecturer, m. docentkompetens äv. reader **-stad** university town **-studier** *pl* university (i Engl. äv. undergraduate) studies
universum -|*et*| *0* universe, världsalltet the Universe
unken *a* musty, fusty, frowzy, om lukt, smak äv. stale **unkenhet** musty etc. taste, mustiness etc. **unkna** *itr* get (go) musty etc.
unna I *tr, ~ ngn* ngt (ej missunna) not |be|-grudge a p. . ., önska wish a p. . .; *inte ~ ngn ngt* |be|grudge a p. a th.; *jag ~r honom* t.ex. de där pengarna I don't grudge him . ., t.ex. allt gott I wish him . .; *det är dig väl unt!* you are welcome to it!. **II** *rfl, ~ sig ngt* allow oneself a th.; *han ~r sig ingen vila* äv. he gives himself no rest; *han ~r sig ibland* t.ex. lite lyx äv. he sometimes indulges in . .
uns *-et -* **1** vikt ounce **2** friare, *inte ett ~* not a scrap
upp *adv* **1** allm.: eg., äv. friare up; uppåt äv. upward|s|; uppför trappan upstairs; *denna sida ~!* this side up; *hit ~* up here; *högt ~* high up; *högst ~* at the top; |*längst*| *~ på sidan* at the |very| top of . .; följa ngn *ända ~* . . right (all the way) up (to the top); *~ och ned* än högre än lägre up and down; uppochnedvänd upside-down äv. bildl., |with| the wrong side up|wards|; *gata ~ och gata*

ned up one street and down another; *sida ~ och sida ned* i bok page after page; *det går ~ och ned för honom* bildl. he has his ups and downs; *gå (stiga) ~* allm. rise, om t.ex. ballong ascend; *gå (stiga) ~ på* buss, tåg get up onto (into) . .; *hoppa ~ på* bordet jump [up] onto . .; *hålla ~ ngt* hold up a th., mycket högt hold a th. high; *kliva ~ på* en stol get on . .; *klättra ~ i* ett träd climb [up] . .; *resa ~ till* Åre go up to . .; *vända* ngt *~ och ned (~ och ned på* ngt*)* turn . . upside-down (bildl. äv. . . topsy turvy); *~ och nedvänd* se *uppochnedvänd; ~ emot* se *uppemot; ~ med dig!* get up!; *~ med huvudet!* head up!, friare cheer up!; *~ med händerna!* hands up!, put them up!; *temperaturer [på] ~ till* 80° temperatures [ranging] up (as high [up] as) to . . **2** ut o.d. out; *hälla ~* teet pour out; *~ ur* vattnet out of . .; *~ ur sängarna!* out of your beds! **3** uttr. mots. till det enkla verbets bet.: konstr. m. un-; *knyta ~* untie; *låsa ~* unlock; *packa ~* unpack **4** uttr. eg. öppnande open; *få (slå) ~* t.ex. dörr get (throw) . . open, open . .; *få ~* t.ex. lock get . . off, kork get . . out; *~ med fönstret!* open the window! **5** andra fall, *skölja* tvätta *~* give . . a quick wash; *snygga ~* tidy up; *tvätta ~* get . . washed. — Se f.ö. beton. part. under resp. vb

uppackning *-en 0* unpacking

upp|amma *tr* bildl.: uppväcka nurse, foster; underblåsa foment **-arbeta** *tr* se *arbeta [upp]*

uppassare servitör waiter, på båt o. flyg steward

uppasserska servitris waitress, på båt o. flyg stewardess; på hotell chamber-maid **uppassning** vid bordet waiting; kräva *mycken ~* . . a lot of attendance (waiting-on)

upp|bjuda *tr, ~ alla [sina] krafter* summon (muster, mobilize) all one's strength; *~ hela sin energi* use (exert) all one's energy **-bjudande** *~t 0, med ~ av alla [sina] krafter* summoning osv. all one's strength **-bjudning** invitation to a (the) dance **-blanda** *tr* se *blanda [upp]* **-blomstrande** *a* flourishing osv., jfr *blomstra [upp]*; prosperous **-blomstring** prosperity; t.ex. stads äv. rise **-blossande** *a* . . flaring up osv., jfr *blossa [upp]; med ~ vrede* in a flash of anger, with rising anger **-blåsbar** *a* inflatable **-blåst** *a* **1** se *blåsa [upp]* **2** bildl. inflated, *av* with; conceited, F stuck-up **-blåsthet** bildl. inflation, conceit, F side **-blött** *a* se *blöta [upp]* **-bragt** *a* indignant, arg angry, förbittrad furious, *på* ngn (*över* ngt) i samtl. fall with . . (at . .); stark. exasperated, *över* ngt at . .; *bli ~* äv. fly into a passion; *göra* . . *~* äv. anger (exasperate) . ., put . . into a passion **-bringa** *tr* **1** kapa capture, seize **2** skaffa procure, pengar äv. raise **-brott** allm. breaking up; från sällskap o.d. äv. leaving; från bordet rising; avresa departure; mil. decampment, striking camp; *göra ~* från bjudning take leave, break up the party; mil. strike (break) camp; *ge signal till ~* från möte, bjudning o.d. give the word for departure **-brottsorder** mil. order[s pl.] to march

upp|brusande *a* fiery, hot-tempered, argsint irascible **-brusning** burst of passion, ebullition **-buren** *a* uppskattad esteemed; firad celebrated; omsvärmad lionized **-bygga** *tr* bildl. edify **-byggelse** *~n 0* bildl. edification **-byggelseskrift** religious tract **-bygglig** *a* edifying **-båd** *~et ~* mängd crowd, skara o.d. troop, band (alla m. of framför följ. best.); *ett stort ~ av poliser* a strong force (posse) of policemen; *sista ~et* the last reserve **-båda** *tr* **1** folk se *1 båda 2* **2** t.ex. hjälp, krafter mobilize, se vid. *uppbjuda* **-bära** *tr* **1** erhålla, t.ex. lön, pension, ränta draw; inkassera collect, skatt äv. levy **2** lida, *~ klander för ngt* be blamed (censured) for a th.; *~ kritik* come in for (be the object of) criticism **3** se *bära [upp]*

uppbörd inkassering collection, av skatt äv. levy; *förrätta ~* av hyra collect the rent[s] (av skatt the taxes)

uppbörds|belopp m.fl. sms. se *skatte-* **-man** skatte~ tax collector **-termin** collection period **-verk** ung. tax collection department **-ärende** matter of taxation

upp|daga *tr* upptäcka discover, avslöja reveal, bringa i dagen bring . . to light, röja betray, expose; *det ~des senare att* . . äv. it was found out later on that . . **-dela** *tr* se *dela [upp]* **-delning** -delande dividing up osv.; division; distribution; jfr *dela [upp]* **-diktad** *a* invented, attr. made-up, pred. made up; fiktiv fictitious; *~ historia* äv. fabrication, invention.

uppdrag allm. commission; anförtrott äv. charge; uppgift task, amer. äv. assignment; åliggande o. H order; jur. mandate; isht polit. mission; *offentligt ~* public function; vi ombesörjer *alla ~ som* . . any commission (order, business) which; *enligt ~ [av]* by direction (order) [of]; *få (ha) i ~* be commissioned (instructed), *att* inf. to inf.; be charged with, *att* inf. ing-form; *ge ngn i ~ att* inf. commission (instruct) a p. to inf.; resa *i offentligt ~* . . on a public (an official) mission, . . on public (official) business; *med ~ att* inf. with orders (instructions) to inf., being commissioned to inf.; *på ~ av* en vän at the request of . .; *på ~ av* styrelsen o.d. by order of . ., å . . vägnar on behalf of . .

upp|dra[ga] *tr* **1** *~ åt ngn att* inf. commission a p. to inf.; *det -drogs åt honom att skriva* äv. the task (duty) of writing was entrusted el. assigned to (laid upon) him **2** se *dra [upp]* **uppdragsgivare** H principal, vid remburs o.d. äv. assigner, klient client; jur.

mandator; arbetsgivare employer
uppdriva *tr* m.fl. se *driva* |*upp*| m.fl.
uppe *adv* **1** mots. nere: allm. up (äv. uppstigen); i övre våningen upstairs; upptill at the top (*på* of), above; ~ *i landet* norrut up |in the| country; ~ *i* luften (Norrland) up in . .; *priset (temperaturen) är* ~ *i* . . the price (temperature) is up to . .; *längst* ~ |*i (på)*| jfr *överst;* han är ~ *hos oss* . . up at our place; ~ *på taket* |up| on the roof; *han är* ~*:* uppstigen he is up (out of bed), efter sjukdom he is up |and about|; månen (solen) *är* ~ . . is up, . . is (has) risen; han är *fortfarande* ~ . . still up (ej i sängen not in bed yet); han är *tidigt* ~ *om morgonen* . . up early in the morning, ss. vana . . an early riser (F bird); *vara* ~ hela natten sit (stay) up . .; *vi var* ~ *i* 120 km we were doing |as much as| . .; *vara* ~ *med solen* rise with the sun; *jag var* ~ *hos* (~ *och besökte*) *honom* i går I went up to see him . . **2** öppen open; *låt dörren stå* ~ leave the door open **3** särsk. fall: frågan *är fortfarande* ~ . . is still being discussed; pjäsen *var* ~ *1955* . . was performed in 1955; *vara* ~ *i tentamen (engelska)* have an |muntlig oral| exam (English exam). — Jfr äv. beton. part. under resp. vb
uppehåll 1 avbrott, paus break; avbrott äv. interruption; paus (isht i tal) pause; jfr vid. *paus;* järnv., flyg. o.d. stop, halt, wait; ~ *i fientligheterna* suspension of hostilities; *10 minuters* ~ teat. o.d. an interval (amer. intermission) of ten minutes; *göra* |*ett*| ~ allm. stop; halt; järnv. o.d. äv. wait; anlöpa (om båt), stanna (om tåg) call; t.ex. i arbete (förhandlingar) make a break, isht i tal pause, break off, make a pause; *göra* |*ett*| ~ *i läsningen* interrupt one's reading; *tåget gör 10 minuters* ~ i Laxå the train stops osv. |for| 10 minutes . .; *utan* ~ without cessation (stopping, a break el. a stop resp. |a| pause, pausing), jfr *oavbrutet* **2** vistelse sojourn kortare stay
uppehåll|a I *tr* **1** hindra hinder; fördröja detain, delay, keep; låta ngn vänta keep . . waiting; *nu -er jag er* now I am keeping you (taking up your time); *jag vill inte* ~ *er* längre I don't want to detain you (låta er vänta keep you waiting) . .; *jag blev -en* i stan I was detained (delayed) . .; *han har -it mig* en hel timme vanl. he has kept me . .; ~ *ngn med tomma löften* put a p. off with empty promises **2** vidmakthålla, underhålla, t.ex. bekantskap, goda förbindelser, vänskap keep up, maintain; ~ *livet* support (sustain) life, sustain oneself, subsist; *tillräckligt för att* ~ *livet* enough to keep body and soul together; ~ *trafiken* keep the traffic going **3** befattning o.d., ~ *professuren* som vikarie act as professor; ~ *ngns tjänst* act for a p., fill a p.'s post; *tjänsten -s för tillfället av* . . the office is held (occupied) temporarily by . .
II *rfl* **1** vistas: tillfälligt stay, stop, *hos* with; bo live, ha sin hemvist reside; *förbjudet att* ~ *sig inom området* ss. anslag loitering |is| forbidden; *de -er sig mest* i trädgården they spend most of their time . .; *medan han uppehöll sig i* Rom while |staying| (during his sojourn el. stay) in . .; jag vet inte *var han nu -er sig* äv. . . his present whereabouts **2** bildl., ~ *sig vid småsaker* dröja vid dwell |up|on (fästa sig vid take notice of) trifles
uppehålls|ort fast |permanent (place of)| residence, jur. domicile; tillfällig place of sojurn; whereabouts sg. el. pl. **-tillstånd** residence permit **-väder,** |*mest*| ~ |mainly| dry (fair); *om det blir* ~ if it stops raining (resp. snowing)
uppehälle *-t 0* living, subsistence; *fritt* ~ free board and lodging; *förtjäna sitt* ~ earn one's living (livelihood); det är svårt att *förtjäna sitt* ~ . . to make a living; *sörja för ngns* ~ support a p.
uppemot *prep* inemot close on, nearly, almost
uppenbar *a* obvious, manifest; |själv|klar evident, klar, tydlig äv. patent, apparent; *det är* ~*t att* . . äv. it is an obvious fact that . .
uppenbara I *tr* manifest, make . . evident; röja reveal, yppa disclose **II** *rfl* reveal oneself, *för* to (äv. relig.); visa sig appear, make one's appearance **uppenbarelse 1** relig. revelation; drömsyn vision **2** företeelse, varelse creature **Uppenbarelseboken** |the| Revelation |of St. John the Divine|, Revelations sg., the Apocalypse **uppenbarligen** *adv* obviously osv., jfr *uppenbar*
uppercut *-en -s (-ar)* upper-cut
upp|fart 1 se *uppfärd* **2** se följ. **-fartsväg** drive, approach, sluttande -fartsramp |approach-|ramp **-fatta** *tr* apprehend, m. sinnena äv. perceive, höra catch; begripa understand, grasp; betrakta look on, regard, conceive, *som* as; tolka interpret, construe, *som* as; ~ *ngt galet* t.ex. ngns avsikt misunderstand (t.ex. ngns yttrande misapprehend) a th., feltolka get a false idea of a th.; *klart* ~ faran clearly see . .; ~ *ngt riktigt* bildl. get a clear idea of a th.; *jag kunde inte* ~ vad han sade I could not catch (make out, gather) . .; *så* ~*de jag* hans ord that was how I understood (what I made of) . .; ~ *vinken (ngt som* en komplimang) take the hint (a th. as . .); *hans ord kan* ~*s* på olika sätt his words may be interpreted (taken) . . **-fattning** apprehension, m. sinnena äv. perception; förstående understanding; se *uppfattningsförmåga;* begrepp conception, idea, notion, *om, av* of; tolkning interpretation; åsikt, föreställning opinion, *om* ngn of . . (ngt about . .); conception, *av* of; idea, *av* konst of . .; isht om (av) livet el. världen view (*om, av* of), outlook (*om, av* on); *hans* ~ *av saken* his view (idea, opin-

ion) of the matter; *hans ~ av* rollen his reading of . .; *bilda (göra) sig en ~ om ngt* form an opinion (idea) of a th.; *jag delar din ~* I share your opinion, I am of your mind; *jag fick en annan ~ om (av)* . . äv. I received another impression of . .; *ha den ~en att* . . be of |the| opinion that . .; *jag har den ~en att* äv. . . my opinion is that . .; *enligt min ~* in (according to) my opinion **-fattningsförmåga** apprehension, comprehension; psykol. |ap|perception; jfr *fattningsförmåga* ex.

upp|finna *tr* invent (äv. 'hitta på'), t.ex. metod (system) devise, contrive; jfr *hitta |på|* **-finnare** inventor **-finnargeni** inventive genius **-finning** invention; *ny ~* äv. innovation; jfr *påhitt* **-finningsförmåga** egenskap invention, inventiveness, fyndighet ingenuity **-finningsrik** *a* inventive, fyndig ingenious, uppslagsrik fertile, fantasirik imaginative **-flammande** *a* attr. . . which flames (flamed etc.) up osv., jfr *flamma |upp|; ~ vrede* rising anger; *hastigt ~* övergående transient; *en hastigt ~* känsla o.d. a blaze of . . **-flugen** *a* m.fl. se *flyga |upp|* m.fl. **-flyttning** moving up äv. skol., sport. promotion **-fodra** *tr* mount, *på väv* on cloth **-fordra** *tr* **1** gruv. haul, hoist; vatten draw **2** uppmana call upon, se vid. *uppmana;* befallande summon; enträget urge, request . . urgently **-fordran** call; summons; |urgent| request; jfr föreg.; *på min enträgna ~* at my urgent request **-fordringsschakt** gruv. hauling (hoisting) shaft **-fordringsverk** gruv. hauling plant (installation)

upp|fostra *tr* bring up, *till att* inf. to inf.; amer. äv. raise; |ut|bilda educate; öva upp train, *till att* inf. to inf. **-fostrad** *a* brought up osv., jfr föreg.; *illa (väl) ~* badly (well) brought up, ill-(well-)bred **-fostran** upbringing; utbildning o.d. education; fostran training; *få |en| god ~* get (have) a good education; *ha fått |en| god ~* äv. be well brought up (well-bred); *ha ~* levnadsvett o.d. have manners (breeding) **-fostrande** *a* educating; pedagogisk educative; *i ~ syfte* for educational purposes, för att uppfostra ngn (folk) to improve a p.'s (people's) education **-fostrare** educator **-fostringsanstalt** reformatory **-fostringssyfte** se *|i| uppfostrande |syfte|* **-friska** *tr* m.fl. se *friska |upp|* m.fl. **-friskande** *a* refreshing

uppfyll|a *tr* **1** fylla (bildl.), genomtränga, behärska fill; *~ ngn med fasa* äv. strike horror into a p.; *-d av beundran* filled with (full of) admiration; *-d av* en känsla av . . possessed with . .; *-d av* krigsrykten rife with . . **2** *~ jorden* bibl. replenish the earth **3** fullgöra, tillfredsställa: allm. fulfil, plikt äv. perform, löfte äv. carry out, ngns förväntningar äv. come up to; ngns önskningar comply with, meet; begäran, bön grant, comply with; *~ anspråk* fulfil (satisfy, come up to) requirements; *~ sina förpliktelser* fulfil (acquit oneself of) one's obligations, meet one's engagements; *han fick inte sin önskan -d* äv. he didn't get (have) his wish **uppfyllelse** *-n 0* uppfyllande filling osv.; fulfilment; performance; compliance; satisfaction; jfr föreg.; *gå i ~* be fulfilled, om önskan, dröm, spådom äv. come true

upp|fånga *tr* eg. catch äv. en glimt, ngns ord; signaler, |radio|meddelanden pick up; komma i vägen för, t.ex. ljus, ljud intercept **-fällbar** *a* attr.: om t.ex. säng, klaff . . that can be raised, om sits, stol tip-up **-färd** färd upp ascent; -resa journey up; *under ~en* blev han . . äv. |while| on the (his) way up . . **-föda** *tr* se *föda |upp|* **-födning** av djur breeding, rearing, amer. raising **-följning** *~en 0* follow-up

uppför I *prep* up; se vid. *gå |uppför|*, jfr *klättra |uppför|* **II** *adv* uphill; *det bär ~* hela vägen it is uphill (there is a rise) . .; *när det bär ~* måste man . . äv. in going uphill . .

uppföra I *tr* **1** se *föra |upp|* **2** bygga build, hastigt run up, t.ex. monument erect **3** framföra: pjäs, opera perform, present, musik perform **II** *rfl* sköta sig behave |ibl. oneself|, *mot* to|-wards|; uppträda (isht från moralisk synpunkt) conduct oneself; *~ sig som* en gentleman behave (act) like . .; *~ sig illa* behave (resp. conduct oneself) badly (improperly), svag. misbehave, ss. vana be ill-mannered, have bad manners; *~ sig väl* behave |well| resp. conduct oneself well, vara väluppfostrad be well-behaved (well-mannered), have good manners

uppförande *-t 0* **1** byggande building, erection, construction; huset *är under ~* . . is being built, . . is in course of erection, . . is under construction **2** framförande: teat. o. mus. performance, teat. äv. production **3** skick behaviour, *mot* to|wards|; uppträdande, vandel conduct äv. skolbetyg; hållning demeanour; *|ett| dåligt ~* bad behaviour (resp. conduct), misbehaviour resp. misconduct; få A *i ~* . . for conduct **4** registrerande entering, posting, *på* lista on . .; *hans ~ på förslaget* väckte kritik his being placed among the (on the list of) selected candidates . . **-betyg** conduct mark **-rätt** performing rights pl.

uppförsbacke uphill slope, ascent, hill; *vi hade (det var) ~* hela vägen it (the road) was uphill . .

upp|ge *tr* **1** ange: allm. state; t.ex. namn och adress give; påstå declare, säga say, tala om tell, nämna mention; rapportera, t.ex. ngn som död report; anföra, t.ex. skäl assign; t.ex. sin förmögenhet declare, make a declaration of; *noga ~* specify, detail; *han -gav sig heta* . . he stated (said) that his name was (he gave himself out to be |one|) . .; *~ sig vara* . . state (say) that one is . .; *han -gav sig vara* . . äv. he declared himself to be . ., he gave himself out as (to be) . .; *enligt vad han själv -gav* äv. on his own statement; *man -ger antalet vara (till)* . . the number is given (-skattar estimated) at . ., people (they) give . . as the number; *de firmor jag -givit till Er* the names of firms I have given you; ~ *förlusten (vinsten) till* . . äv. declare the loss (profit) to be . ., put the loss (profit) at . .; ~ [*namnet på*] name; ~ *falskt namn* give (assume) a false name; ~ *ett pris* state (H quote) a price; ~ *sin ålder till* . . state one's age to be . . **2** se *ge* [*upp*]

uppgift *-en -er* **1** upplysning (jfr d.o. *3*) information (end. sg.), *om, på* about, on, *beträffande* as to; påstående statement, *över* as to; förteckning list, detaljerad specification, *på* of; officiell report, *om, på* on; *~er* siffror figures, data data; *falska (oriktiga) ~er* äv. misstatements, misrepresentations; *närmare ~er* further information (particulars); ~ *om tid meddelas senare* the time[s] will be given later; *vi ber om ~ på* lämplig firma could you please recommend . .; *lämna ~ om (på)* . . supply el. give information (particulars) as to . ., uppge state . .; *lämna ngn ~* underrätta *om* inform a p. of . .; *lämna noggrann ~ om ngt* give accurate information about a th., specify a th. [accurately]; *enligt ~* according to reports, from (according to) information received; *enligt ~ är hon* pålitlig äv. she is said to be . .; *enligt hans ~* according to him; *med ~ om* . . äv. stating . ., mentioning . . **2** åliggande task, duty, business end. sg., amer. assignment; kall mission; mål aim, purpose, t.ex. i livet object; problem problem; skol.: skriftligt prov written exercise (isht för examen paper), jfr *examensuppgift;* enstaka fråga question, mat. problem; *få i ~ att göra ngt* be given (assigned) the task of doing a th.; *han har till ~ att* inf. it is his task (business, F job) to inf.; mekanismen *har till ~ att* inf. the purpose of . . is to inf.

upp|giva *tr* se *uppge* **-givande** *~t 0* **1** angivande, *med ~ av namnet* vanl. stating one's (the) name; *utan ~ av namn* äv. (anonymt) anonymously **2** *~t av* (avståendet från) den sociala positionen the giving up (abandonment) of . . **3** uppsändande, *de kom in under ~ av* höga rop they came in raising . . **-given** *a* förbi, *~ av* trötthet (sorg) overcome by (with) . ., ready to drop with . . **-gjord** *a* se *göra* [*upp*] **-grundad** *a,* hamnen *är ~* . . is silted up **-grävning** digging up osv.; disinterment, exhumation; *~ar* excavations; jfr *gräva* [*upp*] **-gå** *itr* **1** ~ belöpa sig *till* amount (come, run [up]) to, total **2** ~ *i* se *gå* [*upp f*] **-gående I** *~t 0* **1** se *uppgång 2; hans stjärna är i ~* bildl. his star is in the ascendant **2** ~ försjunkande *i ngt* absorption by a th. **II** *a* om t.ex. sol, måne, priser rising **-gång 1** väg upp way (trappa stairs pl.) up, ingång entrance, trapp~ staircase **2** om himlakroppar rise, rising; höjning, om pris o.d. rise (äv. om kultur o.d.), ökning increase, stark. boom **-göra** *tr* se *göra* [*upp*] **-görelse 1** avtal agreement, överenskommelse äv. arrangement, settlement; affär transaction; *träffa en ~* come to (make) an agreement; ~ *i godo* amicable arrangement **2** avräkning settlement [of accounts]; *ha en ~ med ngn* äv. bildl. settle up (get even) with a p. **3** meningsutbyte controversy, dispute, scen scene, show-down; *det kom till en häftig ~ mellan dem* matters came to a real head (it came to a heated scene) between them

upp|hetsa *tr* m.fl. se *hetsa* [*upp*] m.fl. **-hetsande** *a* exciting; om agitators tal inflammatory; [*sexuellt*] ~ sexually exciting **-hetsning** *~en 0* excitement; oro agitation; irritation irritation **-hettning** heating **-hittad** *a* found **-hittare** finder **-hostning** expectoration

upphov *-et 0* origin, källa source, orsak cause, början beginning, uppslag idea, *till* i samtl. fall of; om pers. se *upphovsman; mina dagars ~* föräldrar my parents; [*roten och*] *~et till allt ont* the root of all evil; *ge ~ till* ovilja give rise (birth) to . ., en diskussion start . ., give rise to . .; *ha sitt ~ i* el. *leda sitt ~ från* . . äv. originate in . ., emanate from . .; *vara ~ till* . . be the cause (source, origin) of . ., jfr följ.

upphovsman originator, author, anstiftare instigator, *till* i samtl. fall of **upphovs|manna|rätt** copyright

upp|hällning, ngt *är på ~en, det är på ~en med* ngt . . is on the decline (wane), t.ex. hans ork . . is ebbing (sinking), t.ex. vårt förråd . . is running low (short) **-hängningsanordning** suspension device **-häva I** *tr* **1** låta höra: se *häva* [*upp*] **2** avskaffa abolish, do away with; förklara (göra) . . ogiltig declare . . null and void, nullify, invalidate; annullera annul, t.ex. kontrakt äv. cancel; lag äv. abrogate, repeal; lag, beslut äv. rescind; dom reverse; återkalla, t.ex. rättighet, order revoke, tillfälligt suspend; avbryta, t.ex. belägring, blockad raise; ~ *kvarstaden* take off (lift, remove, raise) the sequestration; ~ *varandra* naturv. o. friare neutralize each other **II** *rfl,* ~ *sig till domare* set oneself up as a judge **-hävande 1** *under ~ av* höga rop raising . . **2** avskaffande m.m. abolition; nullifying osv.; invalidation; annulment, cancellation; abrogation, repeal; rescission; reversion; revocation; suspension; raising; jfr *upphäva I 2*

upp|höja *tr* allm. raise; befordra advance, i rang, makt äv. exalt; ~ befordra *ngn till* . . promote a p. . .; ~ *ngn i adligt stånd* raise a p. to the nobility osv., se *adla;* ~ *till lag* give the force of law äv. bildl.; ~ *i kvadrat* raise to the second power, square; *x -höjt till 2 (3)* mat. x squared (cubed), x raised to the second (third) power **-höjd** *a* **1** ädel, sublim: om pers. o. tänkesätt elevated, om t.ex. ideal, sinne lofty, om t.ex. känsla o. om sinne äv. noble, om t.ex. tänkesätt äv. sublime, om t.ex. värdighet exalted; *i -höjt majestät* in lonely majesty; ~ *över* superior to, [raised] above **2** om arbete, bokstäver raised; *-höjt arbete* äv. relief, embossed work **-höjdhet** ädelhet o.d. elevation; loftiness; nobility; sublimity; jfr *upphöjd 1* **-höjelse** advancement, exaltation; promotion; jfr *upphöja* **-höjning 1** -höjande raising äv. mat.; jfr föreg. **2** konkr. elevation, *i* marken of . .; rise, *i* in; ojämnhet boss osv., jfr *knöl 1*

upp|höra *itr* sluta: allm. cease, stop; ta slut äv. come to an end, end; avbrytas be discontinued; ~ att gälla expire; om t.ex. tidning cease to appear; om t.ex. förening be dissolved; ~ [*med*] *att* inf. cease ing-form el. to inf.; stop ing-form; låta bli leave off ing-form; isht betr. vana give up ing-form; ~ *med* ngt stop . ., discontinue . .; ~ *att arbeta* stop (cease) work[-ing], strejka strike; ~ *att betala (med betalningarna)* cease (discontinue, tillfälligt suspend) payment; *utställningen -hör* den 10 maj the exhibition will be closed . .; firman *har -hört* . . has closed down, . . no longer exists; krisen (ovädret) *har -hört* . . is over; *jag har för länge sedan -hört att* bry mig om . . I have given (I gave) up long ago ing-form **-hörande I** *a* ceasing osv.; ~ *regn* rain ceasing later **II** ~*t 0* ceasing osv.; cessation, stoppage; end; discontinuance; expiry; closing-down; jfr föreg.; *före sjöfartens* ~ before the cessation (för en tid suspension) of navigation

uppifrån I *prep* [down] from; han är ~ *landet* . . from up north [in the country] **II** *adv* from above; ~ *och ned* from top to bottom, from the top downwards

uppiggande I *a* stärkande bracing; stimulerande stimulating; uppfriskande refreshing, reviving; hans sällskap *är* ~ [*för mig*] . . cheers me up; jag skulle behöva *något* ~ . . a pick-me-up **II** *adv, verka* ~ have a bracing osv. effect

upp|ikring I *prep* round the top of; ~ taket up round . . **II** *adv* [up] round the top **-jagad** *a* se *jaga* [*upp*] **-kalla** *tr* benämna name, call, *ngn (ngt) efter* . . a p. (a th.) after . . **-kasta** *tr* m.fl. se *kasta* [*upp*] m.fl. **-kastning,** ~*ar* konkr. vomit end. sg.; *få (ha)* ~*ar* vomit, be sick **-klarnande** *a, tidvis* ~ i väderleksrapport bright spells **-kok,** *ge* saften *ett hastigt* ~ bring . . to a quick boil; *artikeln är ett* ~ *på* gamla saker the article is a rehash of . .

upp|komling upstart, parvenu **-komma** *itr* arise, *av* from; se vid. *uppstå 1* **-kommande** *a,* ~ *kostnader* betalas av . . the costs, if any, . .; [*möjligen*] ~ possible; *vid möjligen* ~ *skada* in case of damage **-komst** ~*en 0* ursprung origin, vetensk. genesis **-konstruerad** *a* uppdiktad se *konstruerad* **-käftig** *a* cheeky, saucy **-köp** inköp purchase; upphandling bulk purchase; jfr *inköp* **-köpare** buyer, purchaser; spekulant buyer-up (pl. buyers-up) **-körd** *a* **1** däst bloated; *känna sig* ~ [*i magen*] feel absolutely bloated **2** se *köra* [*upp*] **-körsväg** se *uppfartsväg*

upplag *-et* - förråd stock, store; lagerlokal storehouse, magasin warehouse; jfr *upplagsplats; lägga . . i* ~ store . ., warehouse . . **upp-lag|a** *-an -or* edition; om tidning o.d. (spridning) circulation

upp|lagd *a* hågad inclined, disposed; *jag känner mig inte* ~ *för att* inf. I'm not (I don't feel) in the mood for el. I don't feel like (up to) ing-form; *inte vara* ~ *för skämt* not be in the mood for joking **-lagring** storing, storage, i magasin warehousing

upplags|näring reserve nutrition, [food] reserves pl. **-plats** storing place, storage--yard, depot; jfr *upplag*

upp|land surrounding area; bakom kusten hinterland ty.; *ha ett stort* ~ om stad o.d. serve a large area **-leva** *tr* erfara experience, know, t.ex. äventyr meet with; delta i take part in; genomleva live (go) through; bevittna witness, see; tillbringa spend; känna feel; reagera inför react to; *jag hoppas få* ~ år 2000 I hope to live to . .; *han fick* ~ *att hans son blev* en stor man he lived to see his son become . .; den lyckligaste tid *jag* ~*t* . . I have [ever] had (spent); *han har* ~*t mycket* äv. he has had many experiences (been through quite a lot) **-levelse** erfarenhet experience, spännande adventure; det var *en stor* ~ äv. . . really something to remember **-liva** *tr* **1** se *återuppliva* **2** se *liva* [*upp*] **-livad** *a* upprymd exhilarated, . . in high spirits **-livande** *a* se *uppiggande* **-livningsförsök** se *återupplivningsförsök*

upp|lopp 1 tumult riot, tumult **2** sport. finish **-loppssida** sport. straight **-lupen** *a,* ~ *ränta* interest accrued **-lyftande** *a* elevating, uppbygglig edifying

upp|lysa *tr* **1** eg. se *lysa* [*upp*] **2** ~ *ngn om* ngt: klargöra make . . clear to a p., underrätta inform a p. of . ., ge besked tell a p. . ., meddela let a p. know . ., isht nyhet o.d. communicate (mer formellt el. officiellt notify) . . to a p., ge upplysning give a p. a piece of information on (about) . ., enlighten a p. on . .; ~ *ngn om hans (hennes) misstag* point out a p.'s mistake **-lysande** *a* informative, enlightening; lärorik instructive; illustrerande, om t.ex. exempel illustrative; förklarande explanatory; ~ *exempel* äv. illustration; *detta är mycket* ~

this throws a great deal of light on the subject (gives a great deal of information |about the matter|) **-lysning 1** eg.: belysning lighting, eklärering illumination **2** bibringande av bildning enlightenment; folkbildning general education; *sexuell ~* sex|ual| information (instruction); *~en* tidevarvet the |Age of| Enlightenment **3** underrättelse information end. sg., förklaring explanation, *om* of; instruktion instructions pl., *hur* . . as to how . .; *en ~* a piece (an item, a bit) of el. some information; *en utmärkt ~* some excellent (an excellent piece el. bit of) information; *kan jag få en ~?* can you give me some information |, please|?; soliditets~|*ar*| credit report (information) sg.; *~ar* information sg., items of information, isht i skrift explanatory notes, ss. anslag inquiries; de kan ge er *många (alla) ~ar* . . a good el. great deal of (any) information; *närmare ~ar |fås| hos* . . further particulars (information) may be obtained from . ., for particulars apply to . .; *jag har fått den ~en att* . . I have been informed that . ., I |have been given to| understand that . .; *till er ~* kan jag meddela: se *upplysningsvis*

upplysnings|arbete folkbildnings- educational work, work for general education **-byrå** inquiry (information) office; firma credit information (amer. commercial, mercantile) agency **-kampanj** enlightenment campaign **-tiden** o. **-tidevarvet** the Age of Enlightenment **-vis** *adv* by way of information; till Er upplysning äv. for your guidance (orientation); *~ får vi meddela |Er|* äv. we can inform you

upp|lyst *a* bildl.: allm. enlightened; educated **-låta** *tr* öppna, t.ex. för trafik open (äv. sin mun); hyra ut let; *~ ngt åt ngn* ställa till ngns förfogande put a th. at a p.'s disposal, grant a p. the use of a th. **-låtande** o. **-låtelse** opening osv.; *~ av nyttjanderätt* grant of enjoyment **-läggning** *~en 0* putting up osv., jfr *lägga |upp|* **-läsare** reader; reciter; jfr följ. **-läsning** reading äv. offentlig, recitation recitation **-läxning** sermon, F telling-off, talking-to; *få en rejäl ~* äv. get told off properly

upp|lösa I *tr* **1** se *lösa I 2* o. *3* **2** komma att upphöra dissolve **3** skingra, t.ex. familj, hem break up, t.ex. möte disperse, trupp (äv. teat.) disband **4** bryta ned, t.ex. moral, disciplin subvert **5** hon var *-löst i tårar* . . dissolved (bathed) in tears **II** *rfl* allm. dissolve; kem. resolve, *i* into; bli flytande liquefy; sönderfalla decompose; upphöra be dissolved; skingras, om t.ex. möte, skyar disperse, om trupp (äv. teat.) disband **-lösande I** *a* dissolving, kem. resolving, solvent; *~ krafter* (bildl.) disintegrating . . **II** *adv, verka starkt ~* äv. bildl. act as a powerful solvent **-lösas** *itr. dep* se *-lösa II* **-löslig** *a* i vätska soluble, dissolvable **-lösning** allm. dissolution, kem. resolution, i beståndsdelar disintegration (äv. samhälls~); till vätska liquefaction; sönderfall decomposition; mat. solution äv. friare av gåta; breaking up, dispersion, dispersal, disbandment; subversion; oordning, förfall disorder, disorganization; dramas denouement, unravelling; jfr *upplösa I* **-lösningstillstånd** state of decomposition (dissolution); *vara i ~* bildl. be on the verge of a break-down (collapse)

upp|mana *tr* exhort; hövligt invite; uppmuntrande encourage; ivrigt, enträget urge, request |urgently|; de resande *~s att* inf. . . are recommended (|urgently| requested) to inf. **-maning** exhortation; invitation; urgent request, summons, call; förslag suggestion; vädjan appeal; jfr föreg.; *på ~ av* . . at the request (hövlig on the invitation el. inrådan recommendation) of . . **-marsch** mil.: strategisk concentration; taktisk deployment **-marschområde** concentration area; deployment zone **-mjukning** softening osv., se *mjuka |upp|* **-mjukningsrörelse** sport. limbering-up movement; *~r* -mjukningsövning limbering-up exercise sg. **-montering** mounting osv., jfr *montering* **-muntra** *tr* allm. encourage, stimulera äv. stimulate, *till* to, *att* inf. to inf.; sporra äv. spur, *till* on to, *att* inf. to inf.; isht till ngt ont äv. incite, *till* to, *att* inf. to inf. **-muntran** *~ 0* encouragement; stimulation; spur; incitement **-muntrande** *a* encouraging; *föga ~* anything but encouraging, discouraging **-målad** *a* sminkad painted, attr. made-up, pred. made up

uppmärksam *a* allm. attentive (äv. förekommande), *på, mot* to; aktgivande watchful, heedful, *på* of; iakttagande observant, *på* of; |*spänt*| *~* intent, *på* |up|on; *göra ngn ~ på* . . draw (call) a p.'s attention to . ., point . . out to a p., varnande warn a p. of . .; *vara ~ på sig själv* (*mot* ngn) äv. pay attention to . . **-gjord** *a, jag blev ~ på att* . . my attention was drawn (called) to the fact that . ., varnande I was warned that . . **-het** *~en ~er* allm. attention (äv. utslag av artighet); artighet ss. egenskap attentiveness; aktgivande watchfulness, iakttagelseförmåga observation; *det var en ~ mot* . . it was a mark of attention |shown| to . .; *bristande ~* want (lack) of attention, inattention; få tillsägelse *för bristande ~* . . for not paying |due| attention, . . for inattention; *fästa (rikta) ngns ~ på* . . draw (call, direct) a p.'s attention to . .; *fästa ~ vid* . . pay attention to . .; *rikta allmänhetens ~ på* . . draw public attention to . ., bring . . |in|to general notice; *visa ngn stor ~* show (pay) marked attention|s| to a p.; *väcka ~* se |*väcka*| *uppseende*

uppmärksamma *tr* lägga märke till: allm. notice; observe; ha sin uppmärksamhet riktad på pay attention to (äv. vara artig mot, jfr [*visa*] *uppmärksamhet*), attend to; *en ~d debut* a début fr. that [has (resp. had)] attracted much attention; *hon blev mycket ~d* she had a great deal of attention paid to her, people made much of her

upp|mätning measuring [up] osv.; av areal survey, -mätande surveying; jfr *mäta* [*upp*] **-nosig** *a* cheeky, saucy **-nå** *tr* allm. reach; ernå attain, m. viss ansträngning achieve; vinna obtain; t.ex. bestämmelseort, enighet, resultat äv. arrive at; *vid ~dd pensionsålder* on reaching the pensionable age **-näsa** snub (turned-up) nose **-näst** *a* snub-nosed

uppochnedvänd *a* eg. o. bildl. . . [turned] upside-down; eg. äv. inverted, reversed; bildl. ofta äv. topsy-turvy

upp|odla *tr* cultivate, bildl. äv.: utveckla develop, fördjupa deepen **-odling** eg. cultivation, reclamation (äv. nyodlande); nyodlat område reclaimed land; bildl. cultivation; development **-offra I** *tr* sacrifice, *för* to; avstå från give up, *på* to; forgo; jfr *offra I* **II** *rfl* sacrifice oneself, *för* for; hänge sig devote oneself, give oneself up, *för* ngt to . .; *~ sig för* sitt barn äv. make sacrifices for . . **-offrande** *a* self-sacrificing; *~ kärlek* äv. devotion **-offring** sacrifice, *av ngn* on a p.'s part; *om det inte är för stor ~ för er* äv. if that is not asking too much of you; *med ~ av* . . by sacrificing . ., at the sacrifice of . . **-omkring** *prep adv* se *uppikring*

upp|-packning, --passare, --piggande *a adv* m.fl. se *uppackning, uppassare, uppiggande* m.fl.

upp|reklamera *tr* boost, puff; *~d* much-advertised, boosted **-rensning** cleaning out; av t.ex. avlopp o. hamn clearing out; jfr följ. **-rensningsaktion** polit. o.d. purge, clean-up; mil. mopping-up operation **-repa I** *tr* repeat; gång på gång ~ reiterate; mekaniskt ~ andras ord o.d. echo; förnya, t.ex. begäran renew; ~ ett ord *och låta gå vidare* pass . . along; *~de gånger* repeatedly, gång på gång again and again; *ofta ~de* besök vanl. frequent . . **II** *rfl* om sak repeat itself, happen again, återkomma äv. recur; *~ sig* [*själv*] om pers. repeat oneself **-repande** *~t ~n* o. **-repning** repetition; reiteration; renewal; recurrence

1 uppresa *s* journey up (northwards)

2 uppresa *rfl* göra uppror rise, revolt

upp|resning, *votering medelst ~* rising vote **-retad** *a* irritated osv., *över* ngt at . ., *på* ngn with . .; jfr *reta 2; en ~ tjur* an enraged bull; han är ~ äv. . . in a passion (rage) **-riggad** *a* -klädd (attr.) rigged-out

upp|riktig *a* allm. sincere, öppen[hjärtig] frank, candid, open, ärlig honest, rättfram straightforward, *mot* i samtl. fall with; om t.ex. vän[skap] true, genuine; om känsla äv. hearty, heartfelt; allvarlig, om t.ex. önskan earnest; *mitt ~a tack* my heartfelt thanks; *var ~!* be straightforward (resp. honest)!, jfr [*säg mig*] *uppriktigt; säga ngn sin ~a mening* tell (give) a p. one's honest opinion; *för att (om jag ska) vara ~* måste jag säga: se *uppriktigt* [*sagt*] **-riktighet** sincerity; frankness; candour; openness; honesty **-riktigt** *adv* sincerely osv., jfr *uppriktig; säg mig ~* . .! vanl. tell me honestly . .!; *~ sagt* [quite] frankly, honestly, to be [quite] frank (honest)

upp|ringning [telephone] call **-rinnelse** *~n 0* origin, *till* of; jfr *ursprung* **-rita** *tr* m.fl. se *rita* [*upp*] m.fl. **-rivande** *a* om t.ex. scener, skildring harrowing, agonizing **-riven** *a* nervös, 'förstörd' shaken, harrowed, . . in a very nervous state; *-rivna nerver* frayed (wrought-up) nerves; *~ av* sorg broken down with . .; jfr äv. *riva* [*upp*] **-rop 1** skol., mil. o.d. roll-call, call-over; -ropande calling over [of names]; *förrätta ~* call the roll, *med* of **2** vädjan appeal; tillkännagivande proclamation

uppror *-et - 1* resning o.d. rebellion, uprising, insurrection, isht mindre rising, revolt; mil. o. sjö. äv. mutiny; *mot* i samtl. fall against; *anstifta ~* stir up (instigate) a rebellion osv., friare o. svag. make trouble; *göra ~* rise [in rebellion]; revolt; mutiny; rebel äv. mot t.ex. föräldrar **2** bildl.: upphetsning excitement; känslornas agitation, elementens äv. commotion, tumult, jfr ex.; *i fullt ~* seething with excitement; *råka i ~* get agitated osv.; om känslor flare up, om pers. äv. fly into a passion; *vara i ~* om t.ex. stad be in a commotion el. an uproar (om sinne a tumult), om havet be agitated (rough, troubled). — Jfr vid. *upprörd* **upprorisk** *a* rebellious äv. bildl.; mil. o. sjö. mutinous; som gjort uppror, om t.ex. armé se *upprorshär;* om t.ex. provins . . in revolt; svag., om t.ex. folkhop riotous; isht om tal, stämplingar seditious; uppstudsig äv. insubordinate; *de ~a* the insurgents (rebels; mil. o. sjö. äv. mutineers)

upprors|anda rebellious (osv., jfr *upprorisk*) spirit, spirit of revolt (sjö. o. mil. äv. mutiny) **-fana,** *höja ~n* raise the standard of revolt (rebellion) **-försök** attempt at (attempted) rebellion osv., jfr *uppror 1* **-här** rebel (insurgent) army **-makare** instigator (fomenter) of rebellion, vid myteri o. i bet. bråkmakare ring-leader, friare o. svag. troublemaker **-man** rebel, insurgent, mil. o. sjö. äv. mutineer **-rörelse** rebellious movement; jfr *uppror 1* **-stiftare** se *-makare*

upp|rullning mil. rolling up **-ruskning** shake-up, shaking-up **-rusta** *itr* mil. rearm, increase [one's] armaments **-rustning** mil. rearmament; reparation repair end. sg.; förlänande av ökad kapacitet expansion, improvement båda end. sg.; *moralisk* ~ moral rearmament **-rustningsprogram** mil. rearmament program[me] **-rutten** *a* . . rotten to the core **-ryckande** *a* bildl. rousing, stimulating **-ryckning** bildl.: -ruskning shake-up, shaking-up; firman *har fått en* ~ . . has been given a new lease of life; *ge* firman *en* ~ put new life into . . **-rymd** *a* elated, exhilarated, . . in high spirits; lätt berusad tipsy **-rymdhet** elation; exhilaration, high spirits; tipsiness **-räckning,** votering *med* ~ *av händerna* . . by show of hands **-räckt** *a,* se *räcka* [*upp*] **-räkning** enumeration; counting out; adjustment (adjusting) upwards; jfr *räkna* [*upp*]

upprätt *a adv* upright, erect

upprätt|a *tr* **1** inrätta establish, grunda, t.ex. skola äv. found, set up, t.ex. fond, befattning create, t.ex. system institute, t.ex. organisation form **2** avfatta, t.ex. kontrakt, protokoll draw up, testamente äv. make, lista make [up (out)], karta, plan draw **3** åstadkomma, t.ex. förbindelse, ordning establish **4** rehabilitera rehabilitate; ~ *ngns rykte* restore a p.'s reputation **-else** redress, satisfaction, rehabilitering rehabilitation; *skaffa ngn* ~ redress a p.'s wrongs; rehabilitate a p.; *skaffa sig* ~ obtain redress (satisfaction); be rehabilitated **-hålla** *tr* t.ex. vänskapliga förbindelser maintain, keep up; t.ex. disciplin, standard äv. uphold, t.ex. fred, neutralitet äv. preserve, t.ex. intresse äv. sustain; ~ *en tjänst* [*som*] hold a post (fill an office) [as]; ~ *trafiken* keep the traffic (resp. the service[s]) going, jfr *trafik* ex. **-hållande** maintaining osv.; maintenance; preservation; jfr föreg. **-hållare** maintainer; upholder, holder; preserver; jfr *-hålla* **-stående** *a* upright, erect

upp|röjning clearing, efter t.ex. eldsvåda äv. clearance; bildl. clean-up **-röra** *tr* bildl.: väcka avsky hos revolt, rouse . . to indignation; chockera shock; reta upp irritate; ~ *sinnena* stir up people's minds; jfr *-rörd* **-rörande** *a* revolting; shocking osv.; om t.ex. behandling outrageous; *det är* ~ äv. it's a crying shame, it's outrageous, it makes one's blood boil; *finna ngt* ~ be shocked at a th., jfr [*bli*] *upprörd* [*över ngt*] **-rörd** *a* harmsen indignant; uppretad irritated; skakad agitated; uppskakad upset; upphetsad excited; chockerad shocked; ~*a tider* troubled times; *bli (känna sig, vara)* ~ *över* (*vid* tanken på) ngt äv. revolt at . ., be cut up about . . **-rördhet** indignation; irritation; agitation; excitement; jfr *upprörd* **-sagd** *a* attr. . . who has been given notice [to quit] osv., jfr *säga* [*upp*]; *vara* ~ have had notice [to quit], om hyresgäst äv. be under notice to quit; *bli* ~ get notice, get notice to quit

upp|samling -samlande gathering, collecting, upplockande äv. picking up, av droppar catching **-samlingsplats** o. **-samlingsställe** collecting depot, mil. assembly point

uppsats 1 skol. [written] composition, mer avancerad essay; univ. paper; i tidskrift o.d. article, större, litterär essay, *om* i samtl. fall on **2** bords~ centrepiece, epergne **-skrivning** skol., vara duktig i ~ . . writing compositions (resp. essays), . . essay-writing; *vi skall ha* ~ i morgon we are going to have composition . . **-ämne** skol. subject [set] for [a] composition (resp. for an essay)

uppsatt *a, högt* ~ attr. highly-placed, pred. highly placed; *en högt* ~ *person* äv. a person of high station, F pamp a bigwig

uppseende uppmärksamhet attention, sensation sensation, uppståndelse stir; *väcka* ~ vanl. attract attention (notice); create a sensation; make (create) a stir; gm påfallande klädsel äv. make oneself conspicuous; friare make people stare (talk); det (hon) *väckte inget* ~ äv. . . passed [almost] unnoticed **-väckande** *a* sensational, om t.ex. upptäckt, nyheter äv. startling; iögonfallande conspicuous

upp|segling, *vara under* ~ bildl. be under way, be brewing; *en konflikt är under* ~ äv. a conflict is threatening **-sikt** supervision, superintendence, *över* of; control; *ha* ~ *över* äv. have charge of, watch over, arbete (inrättning) äv. supervise, superintend; *hålla* ~ *över* supervise, jfr föreg. ex.; *hålla noggrann* ~ *över* vanl. keep a strict watch over (a sharp eye on); *stå under* ~ be under supervision osv.; *ställa* . . *under ngns* ~ put . . under a p.'s charge **-sjö,** *ha* ~ *på* have an abundance of, abound in **-skaka** *tr* bildl. upset, stark. shock, shake [to the core]; *vara (bli)* ~*d över* äv. F be cut up about **-skakande** *a* upsetting, stark. shocking **-skatta** *tr* **1** beräkna o.d. estimate, värdera (eg.) äv. value, rate, assess, *till* i samtl. fall at; ~ . . *för högt* over-estimate (overrate) . .; ~ . . *för lågt* underestimate (underrate) . . **2** sätta värde på: allm. appreciate; set store by, esteem; kan inte ~*s nog högt* . . be too highly praised **3** *bli för högt* ~*d* taxerad be too highly assessed **-skattning** ~*en 0* estimate; valuation, rating, assessing, assessment; appreciation; jfr föreg. **-skattningsvis** *adv* approximately, at a rough estimate **-skjuta** *tr itr* se *skjuta* [*upp*]

uppskov *-et* - uppskjutande postponement, deferment, *med* of; anstånd respite, *med* betalningen for . .; H äv. prolongation, *med* of; saken *tål inte något* ~ . . admits no delay; *begära* ~ demand (apply for) a postponement (an adjournment); *bevilja ngn en månads* ~ grant (allow) a p. a respite (prolongation) of one month; *få* ~ *med* [*att fullgöra*] värnplikten get a respite from . .; *ge ngn* ~ *med betalningen av ett belopp på*

100 kronor allow a p. to postpone the payment of . .; *utan* ~ without delay, promptly **uppskovsyrkande** motion for an adjournment

upp|skruvad *a* konstlad affected; ~ *glädje* forced gaiety; ~*e* stegrade *priser* screwed-up (exorbitant) prices **-skrämd** *a* rädd frightened osv., jfr *skrämma* |*upp*| **-skuren** *a* cut up osv., jfr *skära* |*upp*|; *en* ~ *bok* a book with the pages cut; *-skuret* kallskuret ung. cold buffet dishes pl **-skärrad** *a* se *skärra* |*upp*| **-skörtad** *a* se *skörta* |*upp*|

upp|slag 1 på byxa turn-up, amer. cuff; på damplaggs ärm cuff **2** motstående sidor: i bok opening, i tidning o.d. spread **3** idé idea, plan plan, impuls impulse, förslag suggestion, projekt project; en bok innehållande många *nya* ~ . . fresh suggestions (new ideas); *det gav* |*mig*| ~*et till min* nya bok that gave me the idea for my . . **-slagen** *a* put up osv., jfr *slå* |*upp*|

uppslags|bok reference book, book of reference, konversationslexikon encyclop|a|edia **-ord** headword, |main| entry **-rik** *a* . . full of suggestions, ingenious, friare inventive **-verk** se *-bok* **-ända** clue

upp|slammad *a* silted up osv., jfr *slamma* |*upp*| **-slitande** *a* slitsam toilsome; psykiskt påfrestande trying, hjärtskärande heart-rending **-sluka** *tr* bildl. engulf, swallow up; 'fånga' absorb, engross; *som* ~*d av jorden* as if swallowed up by the earth **-slukande** *a, ett allt* |*annat*| ~ *intresse* an all-absorbing interest

uppsluppen *a* **1** i sömmen, attr. . . that has split at the seam **2** bildl. exhilarated, . . in high spirits; munter gay, jolly **-het** exhilaration; high spirits pl.; gaiety, jollity

upp|slutning anslutning support, tillströmning influx **-släppa** *tr* m.fl. se *släppa* |*upp*| m.fl. **-spelning** för lärare performance |before a (resp. the, one's) teacher| **-spelt** *a* se *uppsluppen 2* **-spetad** *a, sitta* ~ *på* . . perch (be perched) on . . **-spärrad** *a* attr. wide-open; *med* ~ *mun* äv. open-mouthed, agape **-stigande I** *a* allm. rising, om himlakropp äv. ascending, ur ngt äv. emergent; om t.ex. åskmoln approaching; se vid. ex. under *3 led III 1* **II** ~*t 0* se *uppstigning* **-stigen** *a* uppe, *han är inte* ~ |*ur sängen*| he has not got (is not) up **-stigning** rise, rising; ur sängen getting up; flyg. o. på berg ascent; ur havet emersion; *vid* ~*en* |*ur sängen*| when rising |from bed|, when getting out of one's bed **-stoppad** *a* om djur stuffed **-struken** *a, -struket hår* brushed-back hair; *med -struket hår* with one's hair brushed back **-sträckning** bildl.: stark. reprimand, svag. talking-to, F telling-off **-sträckt** *a* finklädd (pred.) dressed up **-studsig** *a* refractory, recalcitrant, insubordinate, motspänstig obstinate **-studsighet** refractoriness, recalcitrance, insubordination; obstinacy **-styltad** *a* stilted, affected; svulstig bombastic, turgid

upp|stå *itr* **1** uppkomma: allm. arise; come up, *av* i båda fallen from; originate, *ur* in; börja begin, start, come into existence, om t.ex. mod, bruk appear; plötsligt spring (start) up; inträda set in, som resultat av ngt result, ensue, *av* from; bryta ut break out; om rykte spread, get abroad; *hur har elden -stått?* how did the fire start (break out, come about)?; *ett vänskapligt förhållande -stod* friendly relations were established; *det -stod en paus* there was a pause, a pause ensued; *den tanken -stod hos mig att* . . it occurred to me that . ., it (the idea) struck me that . .; den vinst *som kan* ~ . . that may accrue, any ultimate . .; *härav* ~*r många olägenheter* a lot of inconvenience results from this **2** bibl. rise, *från de döda* from the dead **-stående** *a* **1** ~ *krage* stand-up collar **2** uppkommande arising osv., jfr *uppstå 1;* jfr vid. *uppkommande* ex. **-ståndelse** ~*n 0* **1** bibl. resurrection **2** oro excitement, stir, F fuss, to-do; *väcka* |*stor*| ~ make a |great| stir (commotion)

upp|ställa *tr* se *ställa* |*upp*| **-ställning 1** -ställande putting up osv., jfr *ställa* |*upp*|; anordning arrangement, disposition **2** mil. formation, *på linje* in line; parade; ~*!* fall in! **-ställningsplats** mil. parade |ground| **-stötning** eructation, belch; *få en* ~ *(*~*ar)* belch **-svensk** *a* |northern and (or)| central Swedish **-sving** ~*et 0* advance, rise, upswing; H boom, efter nedgång recovery **-svullen** *a* o. **-svälld** *a* swollen; pussig bloated **-syn 1** ansiktsuttryck |facial| expression, countenance, min air, utseende look **2** se *uppsikt* **-syningsman** overseer, supervisor; i offentlig byggnad caretaker; i park |park-|-keeper **-såt** ~*et* ~ isht jur. intent; avsikt intention, föresats äv. purpose; göra ngt *av ont* ~ . . with malicious intent; *i (med)* ~ *att döda* with intent to kill, with the intention of killing; *med* ~ se *uppsåtligen; utan ont* ~ äv. without malice, unintentionally **-såtlig** *a* intentional, wilful **-såtligen** *adv* intentionally osv., purposely, deliberately **-säga** *tr,* ~ *ngn tro och lydnad* withdraw one's allegiance from a p.; jfr *säga* |*upp*| **-sägning** allm. notice; av anställd el. hyresgäst äv. notice to quit (av hyresgäst äv. of removal); av kontrakt notice of termination; av avtal cancellation; av medel notice of withdrawal; av lån calling in; jfr *uppsägningstid* ex. **-sägningstid** term (period) of notice; *med en månads (tre månaders)* ~ with one month's (three months') notice **-sända** *tr* bildl., ~ *böner* offer up prayers **-sättning 1** upprättande putting up osv., jfr *sätta* |*upp*| **2** boktr., boken *är* *under* ~ . . is being set up [in type] **3** teat. production; konkr. [stage-]setting **4** sats. omgång set (m. of framför följ. best.) **-söka** *tr* se *söka* [*upp*]

upp|ta[ga] *tr* **1** antaga, ~ *ett barn som sitt eget* adoptera adopt a child; ~ . . *som delägare* admit . . as a partner, take . . into partnership; ~ *ngn i* en förening admit a p. into . .; ~ *ngn till medlem av* . . vanl. receive a p. as a member of . .; ~ *främmande seder* adopt foreign customs; *ordet är -taget i* vårt språk the word has been incorporated into . . **2** ta i anspråk, fylla (utrymme, tid) take up; ~ *ngns tid* äv. occupy a p.'s time; *det -tog hans tankar* it occupied (engaged) his thoughts, it engrossed him; ~ ngns uppmärksamhet o.d. *helt och hållet* ofta absorb **3** uppfatta take; ~ *ngt som ett skämt* take a th. in jest (as a joke); ~ ett förslag *väl* take . . in good part **4** tillgodogöra sig, ~ *föda* assimilate (absorb) food **5** se *ta* [*upp*] **-tagen** *a* **1** sysselsatt busy, *med att arbeta* working; occupied, engaged; *jag är* ~ i kväll: bortbjuden o.d. I am engaged . ., I have an engagement for . ., av arbete I shall be busy . .; *jag (min tid) är strängt* ~ I am very busy (pressed for time); *en strängt* ~ *man* a very busy man; ~ *av tanken på* . . preoccupied by the thought of . . **2** besatt occupied, reserverad booked; sitt*platsen är* ~ the seat is taken el. occupied (reserverad has been engaged el. booked); telefonen (apparaten, hytten) *är* ~ . . is occupied, somebody is using . .; [*det är*] *-taget!* telef. [number] engaged!, amer. [line] busy!

upptagetton engaged (amer. busy) tone

upptagning i förening o.d. reception, *i* into; admission, *i* to; film. filming, taking, shooting; på skiva (band) recording; flyg.: av flygplan efter dykning flattening out **upptagningshem** children's home

upp|takt 1 metr. o. mus. anacrus|is (pl. -es), mus. äv. upbeat **2** bildl. beginning, *till* of; introduction, prelude, *till* to **-taxera** *tr, bli* ~*d till 30 000 kronors inkomst* have (get) the assessment of one's income raised (put up) to 30,000 kronor **-teckna** *tr* skriva ned make a note of, put down, efter muntlig berättelse take down, record, om krönikör o.d. chronicle **-teckning** -tecknande putting down osv.; konkr. note, memorandum; record; chronicle; jfr föreg. **-till** *adv* at the top, *på* of **-timra** *tr* m.fl. se *timra* [*upp*] m.fl.

upp|trappning intensifiering escalation **-träda** *itr* **1** framträda: allm. appear; make one's appearance; om skådespelare äv. act, perform; om teatertrupp give performances (resp. a performance); ~ *för första gången* om pers. make one's début; ~ *offentligt* appear in public; ~ *oväntat* äv. turn up; ~ *som* . .: i ngns roll take the part of . ., play . ., act . ., ge sig min av att vara pretend (give oneself out) to be . ., pose as . .; ~ *som talare* speak [in public]; ~ *inför domstol*[*en*] *(rätta)* appear in (before the) court; ~ *med anspråk på* ngt lay claim to . ., put in a claim for . .; ~ *med fasthet* display firmness; ~ *till försvar för ngn* stand up (intervene) in defence of a p. **2** uppföra sig behave [ibl. oneself]; på visst sätt, t.ex. energiskt, bestämt act; ~ [*bestämt*] *mot* . . act [firmly] against . . **3** fungera act, *som, i egenskap av* as **4** förekomma occur **-trädande I** *a, de* ~ the performers, skådespelarna the actors; *de* ~ *i* pjäsen those performing in . . **II** ~*t* ~*n* framträdande appearance, offentligt äv. performance; uppförande behaviour, conduct, sätt manner; hållning bearing; handlande, fungerande action; förekomst occurrence; [*ett*] *fräckt* ~ impudent behaviour (conduct), an impudent manner, impudence, effrontery; [*ett*] *handfast* ~ firm action, a display of firmness **-träde** ~*t* ~*n* scene; bullersamt disturbance, F shindy; *ställa till ett* [*häftigt*] ~ make a [terrible] scene **-tuktelse,** *ta ngn i* ~ take a p. to task, give a p. a lecture (talking-to)

upptåg trick, prank; skälmstycke practical joke; muntert lark, frolic; *ha* [*något*] ~ *för sig* be up to some trick[s] (lark[s]); *ställa till* ~ play tricks (pranks, practical jokes)

upptågsmakare practical joker; *en liten* ~ a little mischief, an imp

upp|täcka *tr* allm. discover; komma på (isht ngt svårupptäckt), ertappa (ngn) detect; hitta, finna find; få reda på find out; uppspåra track down; få syn på catch sight of; urskilja discern, descry; avslöja disclose; *man kunde inte* ~ *något spår* there was no trace to be found (seen); *det -täcktes då att* . . äv. it then turned out that . . **-täckare** allm. discoverer; finder, detector; jfr *upptäcktsresande* **-täckt** ~*en* ~*er* discovery; detection; finding end. sg. disclosure; jfr *upptäcka*

upptäckts|färd o. **-resa** expedition; sjöledes voyage of discovery; *göra en* ~ *(-färder, -resor) i* . . explore . . **-resande** explorer

upp|tända *tr* bildl.: hat kindle, excite, kärlek inspire; *-tänd av kärlek* äv. smitten with love; *-tänd av* begär (iver) inflamed with . .; *-tänd av vrede* carried away by anger, enraged **-tänklig** *a* imaginable, conceivable; *på alla* ~*a sätt* äv. in every possible way **-vaknande** ~*t 0* awakening äv. bildl. **-vakta** *tr* **1** göra . . sin kur court; hylla: gratulera congratulate, hedra honour, pay one's respects to; ~ *ngn flitigt* be assiduous in one's attentions to a p., efterhängset dance attendance upon a p.; ~ *ngn med* . . a) besöka o. överlämna call on a p. and give him (and present him with) . . b) skicka send . . to a p.

c) som beundrare keep giving (skicka sending) a p. . .; *vi ~de honom [på hans födelsedag]* we celebrated his birthday; *bli ~d* gratulerad *av* sina vänner receive a lot of congratulations from . . **2** avlägga besök hos myndighet o.d. call on **3** göra tjänst hos, *konungen ~s av* major X. . . attends (is in attendance) upon the King **-vaktande** *a, ~ kavaljer* attentive admirer; *~ kammarherre* chamberlain-in-waiting; *de ~* gratulanterna the congratulators, jfr *uppvaktning 2* **-vaktning 1** visit [gratulations~ congratulatory (hövlighets~ complimentary)] call, *för* on; hovtjänstgöring attendance, *hos* upon; *göra ngn sin ~* pay one's respects to a p. **2** följe attendants pl., gentlemen-(kvinnlig ladies-)in-waiting pl.; *tillhöra konungens ~* belong to the king's suite, be in attendance upon the king; prins C. *med ~* . . with his suite

upp|vigla *tr* stir up; *~* besättningen *till myteri* stir . . to mutiny **-viglare** agitator agitator, incendiary, instigator of rebellion **-vigling** *~en 0* agitation, incendiarism, instigation of rebellion; *~ till* olydnad incitement to . . **-viglingsförsök** attempt to instigate rebellion (isht mil o. sjö. mutiny) **-vind** meteor. o. flyg. upwind

upp|visa *tr* **1** *visa [upp]* **2** påvisa show, bevisa prove **3** visa prov på present; vara behäftad med be marred (impaired) by; ståta med boast of **-visande** *~t 0* framvisande, av t.ex. pass showing up, framtagande producing; påvisande o.d. showing osv., jfr föreg.; *genom ~ av* goda resultat by showing . .; *vid ~t av* dokumenten on presentation of . . **-visning 1** allm. exhibition, t.ex. flyg~ show, mannekäng~ parade, t.ex. gymnastik~ display, sim~ gala **2** framförande av t.ex. hästar presentation **-visningsmatch** exhibition match **-väcka** *tr* bildl.: framkalla awaken osv. se *väcka 2,* t.ex. vrede provoke; bibl. raise, rouse, *från de döda* from the dead **-väg,** *på ~en* on the (one's) way (resa journey) up (norrut northwards, up north) **-väga** *tr* bildl. counterbalance; neutralisera neutralize; ersätta compensate (make up el. good) for; *mer än ~* outweigh, outbalance; *hans fel -vägs av* . . his faults are redeemed by . .; *det ena -väger det andra* one makes up for the other **-värmning** heating, svag. warming; *elektrisk ~* electric heating **-värmningsanordning** heating device **-växande** *a* growing [up]; *det ~ släktet* the rising generation **-växt** growth; se äv. följ. **-växttid** o. **-växtår** *pl* om pers. [childhood and] adolescence sg.; *under ~en* var han . . (äv.) during the years when he was growing up . .

uppåt I *prep* up to[wards]; gå *~ berget [till]* . . up to[wards] the mountain; *~ floden* up the river; *~ landet* från havet up country; det behövs regn *~ landet* norrut . . in the north of the country; *här ~ landet* up in this part of the country; *bo ~* Umeå live [somewhere] up in the direction of . . (F up . . way) **II** *adv* upwards; brädan är tjockare *~* upptill . . towards the (its) upper end (the top); *här ~* i våra trakter up here . .; *det bär ~* uppför *hela vägen* it is uphill all the way; *gå ~* stiga ascend, rise; *gå gatan ~* go up the street; *armar ~ sträck!* arms upwards stretch!; *vända . . ~* turn . . up **III** *pred. a, vara ~* glad be in high spirits **-böjd** *a* . . bent upwards **-gående I** *~t 0, vara i (på) ~* om priser o.d. be on the up-grade (rise, upward trend) **II** *a* om pris rising, om tendens, konjunkturer, rörelse upward, om tåg north-bound **-riktad** *a* . . directed (osv., jfr *2 rikta I*) upwards; *~ blick* äv. upward glance **-stigande** *a* rising, ascending **-strävande** *a* bildl. aspiring, ambitious **-vänd** *a* . . turned up[-wards]; jfr *-riktad* ex.

upp|övning -övande training

1 ur *-et* - klocka: fick~, armbands~ watch; vägg~ o.d. clock; *Fröken Ur* ung. the speaking clock, i Engl. TIM

2 ur *s, i ~ och skur* in all weathers

3 ur I *prep* allm. out of; inifrån from within (inside); komma (vara) *~ bruk* . . out of use; *~ hand i hand (hus i hus)* from hand to hand (house to house); måla ngt *~ minnet* . . from memory; *~ den synpunkten* from that point of view; *[fram (ut)] ~ skogen* from out of the wood; *gå ut ~* rummet leave (go el. walk out of) . .; se äv. under resp. subst. o. vb **II** *adv* out; *ta ~ ngt ur* . . take a th. out of . .; se vid. beton. part. under resp. vb

uraktlåt|a *tr* omit, fail, försumma äv. neglect, *att* inf. i samtl. fall to inf.; *på grund av -en betalning* ofta for neglect of payment **uraktlåtenhet** omission, failure, försummelse äv. neglect; *en ~* äv. an act of neglect **uraktlåtenhetssynd** sin of omission

Uralbergen *pl* the Ural Mountains

uran *-en (-et) 0* uranium **-fyndighet** uranium deposit **-halt** uranium content **-haltig** *a* uraniferous, attr. äv. . . containing uranium

ur|arta *itr* degenerera degenerate, om pers. become depraved (corrupt); *~* övergå *till* degenerate (develop) into **-artning** *~en 0* degeneration; corruption; ss. tillstånd äv. degeneracy; depravity

urarva *a* jur., *göra sig ~* renounce all claims on the estate [of the deceased person]

urban *a* **1** belevad urbane **2** stads- urban **urbanisera** *tr* skänka stadskaraktär urbanize **urbanisering** *~en 0* urbanization, jfr föreg.

ur|befolkning original (autochthonous) population; jfr *urfolk; ~en* äv. the aborigines pl. **-berg** primary (primitive) rock[s pl.];

~*et* geol. the Archaean rock[s pl.] **-bild** archetype, prototype, *för* of
ur|blekt *a* faded äv. bildl., discoloured; gm tvätt äv.: attr. washed-out, pred. washed out **-blåst** *a* gm bombning gutted, gm eld . . gutted by fire
urbota *a* **1** ~ *straff* frihetsstraff imprisonment **2** ohjälplig hopeless, om pers. äv. incorrigible
urdjur protozo protozo|on (pl. -a)
urfjäder watch-spring
ur|folk primitive people (stam tribe) **-form** original (primitive) form; jfr *urbild* **-fånig** *a* idiotic; *det är* ~*t* äv. it is too silly for words **-gammal** *a* extremely (exceedingly) old; om sak äv. ancient, immemorial; forn|tida| ancient; han (den) *är* ~ äv. . . is as old as the hills **-germansk** *a* o. **-germanska** ~*n* *0* språk Proto-Germanic, Primitive Germanic
urgröpning fördjupning hollow, cavity
urhem original home
ur|holkad *a* se *holka* [*ur*] **-holkning 1** -holkande hollowing [out] osv., jfr *holka* [*ur*] **2** fördjupning hollow, excavation, cavity
urin *-en 0* urine, kreaturs äv. stale **-blåsa** [urinary] bladder
urindustri horological (watch and clock) industry
urinera *itr* urinate, discharge (pass) urine
urinförgiftning uraemia **uringlas** urinal
urin[ne]vånar|e [ab]original inhabitant, aboriginal; *-na* äv. the aborigines
urin|prov specimen of urine **-rör** anat. urethra
urinstinkt primitive instinct
urinsyra uric acid
urkedja watch-chain
urklipp [press] cutting, amer. clipping **urklippsbok** scrap-book **urkokt** *a* se *koka* [*ur*]
ur|komisk *a* irresistibly (screamingly) funny, screaming **-konservativ** *a* ultra-conservative
urkoppling elektr. interruption, disengagement; motor. declutching
ur|kraft primitive (primordial) force; bildl. immense power **-kristendom** primitive Christianity
urkund *-en -er* document, record, jur. äv. deed, officiell roll; ~*er* äv. (jur.) muniments **urkundsförfalskning** jur. (abstr.) forgery (falsification) of documents (resp. a document), forgery **urkundssamling** archives pl.
urkälla bildl. fountain-head, original source, *till, för* of
ur|laddning eg. discharge; molns äv. explosion, burst båda äv. bildl.; bildl. äv. outburst **-lakad** *a* utmattad exhausted, jaded, pred. äv. fagged out **-lakning** leaching osv., jfr *laka* [*ur*] **-lastning** unloading

ur|makare [clock and] watch-maker **-makeri 1** yrke [clock and] watch-making **2** verkstad watch-maker's [work]shop
ur|minnes *a, sedan* ~ *tid[er]* from time immemorial **-modig** *a* attr. out-of-date, pred. out of date; gammaldags old-fashioned, outmoded **-människa** primitive man
urn|a *-an -or* urn **-lund** m. kolumbarium ung. outdoor columbari|um (pl. -a)
uroxe aurochs
urplock urval selection, H äv. assortment
urpremiär [very] first performance (film. showing); se äv. *premiär* ex.
ur|ringad *a* se *3 ringa* [*ur*] **-ringning** dekolletage décolletage fr.
ursinne ~*t 0* raseri fury, frenzy; förbittring, vrede rage **ursinnig** *a* allm. furious, *på ngn över ngt* (*för* att-sats) with a p. about a th. (for konstr. m. ing-form); om pers. äv. raging mad; jfr vid. *rasande I 1* m. ex.; *ett* ~*t skrik* an infuriated (a frantic) yell; *göra ngn* ~ äv. enrage (infuriate) a p.; *i* ~ *fart* at a furious (osv., jfr *rasande I 3*) speed; *som en* ~ like a madman **ursinnigt** *adv* furiously; frantically; *arbeta* ~ work like mad
urskilja *tr* m. synen discern, distinguish, i fjärran descry, m. hörseln catch, m. synen el. hörseln (isht i förb. 'kunna urskilja') make out; lägga märke till o.d. perceive; särskilja distinguish **urskiljbar** *a* discernible; perceivable; distinguishable **urskillning** ~*en 0* discernment, discrimination; omdöme|sförmåga| judg[e]ment; *med* ~ äv. discriminately, judiciously; *utan* ~ äv. indiscriminately; *brist på* ~ se *omdömeslöshet*
urskillnings|förmåga judg[e]ment **-lös** *a* se *omdömeslös* **-löshet** se *omdömeslöshet*
urskog prim[a]eval (virgin) forest; amer. äv. backwoods pl.; i Afrika o. Australien bush end. sg.; djungel jungle
ur|skulda I *tr* excuse, exculpate **II** *rfl* excuse oneself **-skuldande I** *a* apologetic **II** ~*t 0* excuse, exculpation
ursprung *-et* - origin, *till* of; rise; jfr vid. *upphov;* härkomst extraction, saks härkomst|ort| äv. provenance; *leda sitt* ~ *från* derive (trace) one's origin from; be derived (derive) from äv. språkv.; om släkt be descended from; *det leder sitt* ~ *från* äv. it springs (originates) from; *till sitt* ~ in (by) origin **-lig** *a* **1** ursprungs- original, först [i sitt slag] äv. primitive, primordial; medfödd innate; *den* ~*a anledningen* the primary cause; ~ *text* original, original text **2** naturlig natural, simple, ingenuous; primitiv pristine; *det låg något* ~*t i hans väsen* there was an [innate] ingenuousness in his bearing, there was something very natural about him **-ligen** *adv* originally **-lighet** originality; primitiveness osv.; primordiality; simplicity; jfr *ur-*

sprunglig

ursprungs|beteckning mark (indication) of origin; *falsk ~* false indication of origin **-bevis** certificate of origin **-land** country of origin

ur|spårad *a* attr. . . that has (resp. had) left the rails osv., jfr *spåra* |*ur*| **-spår|n|ing** eg. derailment

urstyv *a, han är ~ i* kemi, tennis m.m. he is terrifically good at . .

urstånd|satt *a* incapacitated, *att* inf. from ing-form; incapable, *att* inf. of ing-form **-sätta** *tr* se |*sätta ur*| *stånd*

ursäkt *-en -er* allm. excuse äv. i bet. försvar; erkännande av fel el. försumlighet apology; förevändning äv. pretext; *anföra (förebära) som ~ (till sin ~)* plead . . |in extenuation|, allege . . |as an excuse|, give . . as a pretext; *framföra sina (ngns) ~er* make one's (convey el. give a p.'s) excuses; *komma med ~er* urskuldanden offer excuses; *be om ~* apologize, make |one's| apologies, beg to be excused; *be ngn om ~* ask (beg) a p.'s pardon (forgiveness), apologize to a p. **ursäkta I** *tr* excuse; förlåta forgive, pardon, *ngn ngt* (resp. |*för*| att-sats) a p. for a th. (resp. for ing-form); *~* |*mig*|*!* se *förlåt!* under *förlåta; ~ att jag* . . excuse my ing-form; *det kan inte ~s* äv. it is inexcusable (unpardonable) **II** *rfl* excuse oneself, *med att* . . on the grounds (score) that . .; *~ sig med* t.ex. tidsbrist plead (allege) . . |as an excuse| **ursäktande** *a* om t.ex. svar, min apologetic **ursäktlig** *a* pardonable, excusable

urtag 1 utskärning notch, indentation, skåra groove **2** elektr. o.d. se *uttag 2*

urtavla dial, watch-(resp. clock-)face, jfr *1 ur*

ur|text original text, original **-tiden** geol. the Archaean |era|; mer allm. prehistoric (the earliest) times pl. **-tidsdjur** vetensk. Archaean (mer allm. prehistoric) animal **-tillstånd** original (primitive, om naturens el. världens prim|a|eval) state

urtima *a, ~ riksdag* extraordinary session of the Riksdag

urtråkig *a* extremely dull

urtvättad *a* attr. washed-out, pred. washed out

ur|typ archetype, prototype **-uppförande** se *urpremiär* **-usel** *a* extremely bad, F rotten

ur|val -väljande choice ibl. konkr.; konkr. selection, H äv. assortment; *det naturliga ~et* natural selection; dikter *i ~* selected . .; *Tegnér|s skrifter*| *i ~* selections from Tegnér; *göra ett ~* make a choice (selection), choose **-vattnad** *a* bildl., attr. watered-down, pred. watered down, fadd insipid, om färg watery

ur|verk works pl. of a watch (resp. clock, jfr *1 ur*); *som ett ~* like clockwork **-visare** hand of a watch (resp. clock, jfr *1 ur*)

ur|vuxen *a* o. **-växt** *a, min kostym är ~* I have grown out of this suit, my suit has got too small

uråldrig *a* se *urgammal*

USA |vanl. the| U.S.|A.| sg.

usans *-en -er* H commercial custom, usage

usch *itj* ooh, ugh; *~ då!* ugh!

usel *a* allm., t.ex. om varelse, bostad, mat, väder wretched, eländig äv. miserable, om pers. äv. worthless, tarvlig, gemen vile, base, mean; klen, dålig |very| poor, bad; *~ betalning* paltry payment; *usla kläder* shabby clothes **uselhet** wretchedness etc., jfr *usel;* misery **uselt** *adv* wretchedly etc., jfr *usel; ha det ~* ekonomiskt be very badly off **usling** wretch; skurk villain

usuell *a* customary, usual

usurpator usurper **usurpera** *tr* usurp

ut *adv* out, fram o.d. äv. forth; utomlands abroad; X *~* teat. exit (pl. exeunt) lat. . .; *~* |*med dig*|*!* out |you go|!, F get (clear) out!; från gömställe come out |of that|!; *livet ~* throughout (to the end of) one's life; *stanna veckan ~* stay the week out (to the end of the week); *gå ~* go out, gå utom dörren go outside; *resa ~* utomlands go abroad; *~ eller in!* out or in!; *veta varken ~ eller in* be at one's wits' end, not know (be at a loss) what to do; *~ och in* in and out; *dag (år) ~ och dag (år) in* day (year) in day (year) out; *vända ~ och in på ngt* turn a th. inside out; *komma ~ genom* porten come out through . .; flammorna *slog ~ genom taket* . . burst forth through the roof; *~ i* skogen out into . .; *jag måste ~ med* en massa pengar I'll have (resp. I had) to pay (F fork out) . .; *han ville inte ~ med* vad han visste he wouldn't come out with . .; *gå ~ på gatan (åkrarna, isen)* go out into the street (into the fields, on to the ice); *gå ~ på restaurang* go to a restaurant; *resa ~ på (till)* landet go |in|to (out to) . .; *~ ur* out of, inifrån from within (inside). — Se äv. beton. part. under resp. vb

ut|ackordera *tr* t.ex. barn board out, åld. farm |out| **-agera** *tr* bring . . to a finish, terminate; tvist settle; *saken är ~d* the matter is (has been) settled

utan I *prep* without; helt berövad destitute (deprived) of; se f.ö. ex. nedan o. under resp. huvudord; *~ arbete* out of work; *~ avgift* vanl. free of charge; han gick *~ hatt* . . without a hat (hatless), m. hatten av . . with his hat off; *~ hjälp* without (with no) help; vi åt *~ honom* . . without him; *~ honom skulle jag* aldrig klarat det but (were it not) for him I should . .; *~ humor* without any (devoid of) humour; *~ jämförelse* without (beyond) comparison; *~ något på sig* without any-

thing (with nothing) on; ~ *vänner* without [any] friends, mer känslobeton. friendless; ~ *värde* without any value, of no value; *bli* ~ go (be) without, *ngt* a th.; get nothing; *han blev* ~ *middag* he had to go without his dinner; *han blev heller inte* ~ he got something too; he, too, had his share; *jag klarar mig bra* ~ [*den*] I'll get along without [it]; *vara* ~ ngt be (go) without . ., sakna have no . ., lack; *det kan man* [*gott*] *vara* ~ one (you) can [just as well] do without (dispense with) that; *det hade jag inte velat vara* ~ *för allt i världen* I wouldn't have missed it for all the world (for anything); är du sjuk? — *Det är inte* [*så*] ~*!* F . . I am, as a matter of fact; *det är inte* ~ obestridligt *att* . . it cannot be denied (there is no use denying) that . .; *det är inte* ~ *att jag tycker det är kallt* as a matter of fact (I must say) I find it rather chilly; *så alldeles* ~ barskrapad *är han inte* he is not so badly off; ~ *att* inf. without ing-form; det går inte en dag ~ *att han kommer hit* . . without his el. him coming (but he comes) here; ~ *att han märker (märkte) det* without his el. him noticing it; ~ *att låta sig nedslås* ofta nothing daunted
II *adv* outside; ~ *och innan* inside and out[side], outside and in[side], båda äv. bildl.; *känna ngt* ~ *och innan* know a th. inside out, know the ins and outs of a th., know a th. thoroughly
III *konj* but; hon var *inte stött,* ~ *smickrad* . . not offended, [on the contrary] she was flattered, . . flattered, not offended; *inte blott* . . ~ *även* not only . . but [also]; det gick inte ~ *han fick ge upp* . . so he had to give it up

ut|andas *tr. dep* se *andas* [*ut*] o. *suck* **-andning** breathing out, expiration, exhalation

utanför I *prep* outside, framför t.ex. port äv. before, in front of; sjö., angivande position off; jfr äv. *utom 1;* det ligger ~ *hans område* bildl. . . outside his province (sphere); *det ligger* ~ *ämnet* it is outside (extraneous to) the subject; *stå (vara)* ~ *saken* have (take) no part in it, be out of (not be [mixed up] in) it, have nothing to do with the matter; *ställa ngn* ~ *lagen* outlaw a p.; *en som står* ~ *det hela* an outsider **II** *adv* outside; *känna sig* ~ feel out of it; *en* ~ *befintlig* . . an outside . .; *lämna (håll) mig* ~*!* bildl. leave (keep) me out of it!; bilen *står* ~ [*och väntar*] . . is [waiting] at the door

utan|läsning uppläsning recitation by heart; att lära utantill learning [off] by heart **-läxa** lesson [som skall läras in to be] learnt by heart; [*läsa upp ngt*] *som en* ~ äv. [say a th.] by rote

utanordna *tr,* ~ *ett belopp* order a sum [of money] to be paid, give directions for the payment of a sum [of money] **utanordning,** *göra en* ~ av ett belopp se *utanordna* [*ett belopp*]

utanpå I *prep* outside, on the outside of, över on the top of, above, over; *gå* ~ F surpass, jfr vid. *överträffa; ingenting går* ~ *detta* bildl. there is nothing to beat it **II** *adv* [on the] outside, ovanpå on the top, above; förgylld ~ *och inuti* . . outside and inside; huset är vackert ~ äv. the exterior (outside) of . . **-blus** overblouse

utan|skrift påskrift superscription; adress address [on the cover (på kuvert envelope)]; *det syns på* ~*en* att han är präst you can see by his appearance . . **-till** *adv* by heart; *lära sig ngt* ~ learn a th. [off] by heart (by rote), commit a th. to memory; *det där kan jag* ~*!* äv. I know that backwards!, jag är trött på att höra det I have heard that till I am sick and tired of it! **-verk** mil. outwork, outer work

ut|arbeta *tr* t.ex. karta, promemoria, rapport, svar prepare, t.ex. förslag, program, schema draw up, t.ex. tal, skrift compose; i detalj work out, mycket detaljerat elaborate; sammanställa, t.ex. ordbok compile. **-arbetad** *a* överansträngd (pred.) worn out [with hard work], (attr. o. pred.) overwrought, overworked **-arbetande** ~*t 0* o. **-arbetning** preparation, drawing up, composition, working out, elaboration, compilation, jfr *utarbeta;* den är *under* ~ . . in [course of] preparation, . . being prepared (drawn up etc. jfr *utarbeta*) **-arma** *tr* impoverish äv. jord; reduce . . to poverty; utblotta pauperize; ~*d* äv. destitute **-armning** ~*en 0* impoverishment **-arrendering** leasing, letting

utav *prep adv* se *av*

ut|balanserad *a* tekn. vanl. counterbalanced **-be[dja]** *rfl* request, ivrigt solicit, *av* of; ~ *sig benäget svar* H request (beg) the favour of a reply **-betala** *tr* pay [out (down)], disburse **-betalning** payment, disbursement **-betalningskort** post. postal cheque [paying-out form]

utbilda *tr* **1** allm. educate; i visst syfte train; undervisa instruct; fullkomna perfect; utveckla develop; ~ *sina anlag* cultivate (improve) one's natural gifts; ~ *ngn (sig) till sångare* train a p. (train [oneself]) to become a singer; ~ *sig för läkaryrket* study (qualify [oneself]) for the medical profession; ~ *sig till* sekreterare äv. qualify as a . .; hon är ~*d sjuksköterska* . . a trained (qualified) nurse **2** språkv., *substantivet är* ~*t med* attribut the noun has (äv.: föregås av is preceded by, följes av is followed by) an . . **utbildning** education; training; instruction; jfr *utbilda; få sin* ~ vid . . äv. be educated (trained) . .

utbildnings|anstalt educational (training) institution **-departement** ministry of education **-tid** period of training

ut|bjuda *tr* offer, jfr *bjuda* [*ut*]; *-bjudes hyra* i annons to [be] let **-blommad** *a* se *blomma* [*ut*] **-blottad** *a* destitute, *på* of; *i -blottat tillstånd* in a state of destitution **-bombad** *a* bombed-out . ., pred. bombed out **-bordare** båt outboard [motor-boat] **-borrning** -borrande boring [out], boring up; hål bore **-breda** *tr* spread (äv. *~ sig*); t.ex. religion äv. propagate; utsträcka extend; se vid. *bre*[*da*] [*ut*] o. *utbredd* **-bredd** *a* spread etc., jfr föreg. o. *bre*[*da*] [*ut, ut sig*]; [*allmänt (vida)*] *~* widely spread, widespread, om t.ex. bruk äv. prevailing, general, om t.ex. åsikt äv. prevalent; *med ~a armar* with open (outspread) arms; *den mest ~a* sjukdomen the . . most widely spread (diffused, disseminated); *en över hela området ~ företeelse* a phenomenon [to be found] prevailing over the whole area **-bredning** *~en 0* spreading, propagation; extension; jfr *utbreda;* åsikts, seds prevalence; se vid. *spridning; växten har stor ~* i Norrland this plant has a wide distribution . .; idéerna har *vunnit ~* . . spread (gained ground) **-bredningsområde** area of distribution, range

ut|bringa *tr* se ex. under *leve* o. *skål I 2* **-brista** *itr* **1** häftigt yttra exclaim, cry, burst out; nej *-brast han* . ., he exclaimed etc. **2** se *brista* [*ut*] **-brott** av t.ex. krig, sjukdom, uppror outbreak, *av* of; vulkans eruption; av känslor outburst, burst, fit, häftigt explosion, uppsvallande ebullience; *ett ~ av vrede* äv. a transport of rage; *komma till ~* break (burst) out **-brunnen** *a* burnt-out . ., pred. burnt out; vulkan extinct; friare consumed **-bryta** *tr itr* se *bryta* [*ut*] **-brytning** breaking out; mil. break-out; ur fängelse escape, prison-breaking; ur t.ex. hjord, parti break-away, polit. o.d. äv. secession; *göra en ~ ur* tätklungan draw away from . . **-bränd** *a* inuti av eld, äv. bildl. burnt-out . ., pred. burnt out, om hus äv. gutted; *bli ~* burn out **-bud 1** erbjudande offer; *~et av* varor *har ökat* the offering of . . for sale has increased **2** tillgång supply **-buktad** *a* . . bent (curved) outwards, bulging, convex **-buktning** bulge, protuberance, convexity; mil.: på front salient **-byggd** *a* pred. built out, jfr äv. *bygga* [*ut*]; om fönster o.d. äv. projecting, om övervåning äv. overhanging; *-byggt fönster* äv. bay window, bow-window, burspråk oriel **-byggnad** eg.: tillbyggnad piece built out, external erection, hus annex[e], addition; utskjutande del projection, jfr äv. *utbyggd* ex.; bildl.: utvidgning enlargement, extension, expansion, ytterligare förbättring development

ut|byta *tr* **1** t.ex. artigheter, tankar, åsikter exchange, mellan två äv. interchange; *~ erfarenheter* compare notes; *~ meddelanden* communicate [with each other] **2** se *byta* [*ut*] **-bytbar** *a* replaceable, exchangeable, *mot* for, som kan förnyas äv. renewable; delar *~a mot varandra* . . interchangeable with each other **-byte 1** utbytande, utväxling exchange, ömsesidigt äv. interchange; *~ av* gamla delar *mot nya* replacement of . . by new ones; *göra ett ~ av ngt* change a th.; *i ~ mot* in exchange for (against); sätta in nya ventiler *i ~ mot de gamla* . . to replace the old ones; *få ngt i ~ mot* . . äv. get a th. instead of . .; *lämna sin gamla bil i ~ mot en ny* trade in one's old car for a new one **2** vinst profit[s pl.], return[s pl.]; avkastning yield, proceeds pl.; resultat result, outcome; bildl.: behållning, valuta profit, benefit; *ge gott ~* yield a good profit; en kurs vid X. *ger stort ~* . . is very worthwhile; *~t av* expeditionen *blev gott* . . gave good results; *ha ~ av* bildl. profit (benefit) by, derive benefit (nöje pleasure) from; *vi hade inte mycket ~ av* . . we didn't get much [benefit] out of . . **-bär|n|ing** *~en 0* carrying out; distribution; av post delivery **-böling** outsider, stranger

utdebitera *tr* **1** avgift, skatt impose **2** fördela divide, *på* among (between) **utdebitering** jfr föreg. **1** imposition **2** *~* [*av kostnaderna*] division of the cost; *göra en ~ bland* deltagarna äv. share the cost among . . **utdela** *tr, aktierna ~r* 8 % the shares yield a dividend of . .; se vid. *dela* [*ut*] **utdelare** allm. distributor; av nattvarden administrator **utdelning** utdelande distribution, dealing out etc.; administration; delivery; jfr *dela* [*ut*]; konkr. H dividend; *extra ~* H äv. bonus; *~en bestämdes till* 8% a dividend of . . was declared; borgenärerna kan räkna på *en ~ av 35 %* . . a distribution of 35 per cent **utdelningskupong** dividend coupon **utdikning** draining

utdrag citat, transumt extract, excerpt, sammanfattning av det väsentliga abstract, *ur* i samtl. fall from; *i* [*kort*] *~* äv. in abridgement **utdragbar** *a* extensible; jfr *utdrags-* **utdragen** *a* lång drawn-out . ., pred. drawn out; långvarig long [drawn-out . .]; långrandig lengthy **utdragning** extraction

utdrags|bord extension table **-skiva** [sliding] leaf, extension, mindre äv. pull-out slide **-säng** extension bed; soffa ung. sofa bed

ut|driva *tr* se *driva* [*ut*] **-drivning** driving out; expulsion; av ond ande exorcism **-dunsta** *tr itr* se *dunsta* [*ut*] **-dunstning** exhalation, evaporation, transpiration; lukt [unpleasant] odour (smell), från djur o. pers. äv. [smell of] perspiration end. sg.; skadlig miasma (pl. äv. -ta) **-död** *a* utslocknad extinct, om t.ex. sed, ord äv. obsolete; folktom deserted, helt övergiven dead **-döende I** *a* dying, pred. äv. dying out **II** *s* dying out, extinction; arten *befinner sig i ~* . . is dying out, . . is on the point of extinction **-döma** *tr* **1** straff impose; *~* ett belopp *till ngn* adjudge . . to a p. **2** förklara oduglig condemn, förkasta reject; huset *är -dömt* . . has been condemned [as uninhabitable] (declared unfit for habitation) **-dömande** *s* condemnation; rejection; jfr föreg.

ute *adv* **1** rumsbet.: allm. out, utomhus äv. out of doors, in the open, utanför äv. outside, inte hemma äv. not in (at home); utomlands abroad; ~ *och hemma* at home and abroad; *där* ~ t.ex. på isen out there, utanför outside; korna *går* ~ . . are out; *vara* ~ ur fängelset be out; *vara* ~ *sent* be out late; *det är kallt* ~ it is cold out [of doors]; *han är aldrig* ~ *bland folk* he never mixes with people; *han är mycket* ~ utomhus he is out of doors a great deal; *han är mycket* ~ [*i sällskapslivet*] he goes out (about) a great deal; *vara* ~ *på havet (landet)* be [out] at sea (in the country); *vara* ~ *på en resa* be out travelling, be on a journey; *han har varit* ~ *och rest* en hel del he has travelled (got about) . .; *han är* ~ *och promenerar* he is out (has gone) for a walk; *vara* ~ *och orientera (åka skidor)* be out orienteering (skiing); *äta* ~ ss. vana eat out; *äta* [*middag* (resp. *lunch*)] ~ tillfälligtvis dine (resp. have lunch) out (i det fria out of doors, alfresco). — Se äv. beton. part. under resp. vb samt sms. ned.

2 tidsbet.: slut, *allt hopp är* ~ all hope is at an end (is gone); *tiden är* ~ [the] time is up, isht sport. o. parl. time!; *det är* ~ inte populärt it is out; *det är* ~ *med honom* it is all up with him, F he is [quite] done for

3 bildl., *vara illa* ~ i knipa be in trouble (a bad fix), F be in a spot (a jam); *vara* [*för*] *sent (tidigt)* ~ be [too] late (early); *vara* ~ komma *i sista minuten* come (göra saker och ting do things) at the last minute, vara sen be late; *vara* ~ *som lärare* be teaching (a teacher); *vara* ~ *för* t.ex. ett missöde meet with . ., t.ex. en olyckshändelse äv. be involved in . .; *jag har aldrig varit* ~ *för något liknande* I have never come in for anything like that, I have never had such an experience; *vara* ~ *efter* ngn (ngt) be after . .; *vara* ~ fika *efter ngt* be out for a th.; historien är ~ (~ *i hela stan*) . . out (. . all over the town)

ute|arbete outdoor work **-bana** f. tennis open-air court **-bli**[**va**] *itr* om pers. fail to come (appear, turn up, arrive), not come, stay away; jur. default, fail to appear in court; om sak not be forthcoming, ej bli av not (fail to) come off, not take place, not occur; *belöningen -blev* no reward was forthcoming; den väntade demonstrationen *-blev* . . did not come off; *du bör inte* ~ äv. you had better put in an appearance; följderna *har inte -blivit* . . have not been long in presenting themselves; *de medlemmar som -blivit* äv. the absent members; *straffet skall inte* ~ the guilty (guilty party) will be punished; ~ *från ngt* fail to attend (be absent from) a th. **-blivelse** ~*n 0* absence, failure to appear (turn up), non-appearance (-attendance, -arrival), staying away; default; jfr föreg. **-bliven** *a* attr. . . that has failed to appear etc., jfr *utebli*[*va*]; ~ *accept* non-acceptance; ~ *betalning* non-payment, default of payment; ~ *part* jur. defaulter

utefter *prep* [all] along

ute|glömma *tr* forget [to put . . in (to insert . .)], leave out [. . by mistake], omit **-gångsförbud** under viss tid curfew **-lek** outdoor game **-liv 1** friluftsliv outdoor life **2** restaurangliv going out to restaurants; i sus och dus dissipated (wild) life; *leva* ~ go out to restaurants **-låst** *a, han är* ~ he has been locked (har låst sig ute has locked himself) out **-lämna** *tr* leave out, omit; förbigå pass over; för att förkorta cut **-lämnande** leaving out, omission **-löpande** *a* **1** H om mynt o.d. . . in circulation, om lån, växel o.d. outstanding **2** om hund stray . . **-måltid** meal out

utensilier *pl* redskap o.d. utensils, appliances, tillbehör accessories, appurtenances

ute|servering lokal open-air café (restaurang restaurant), trottoarservering äv. pavement café, i park o.d. äv. tea garden **-sluta** *tr* allm. exclude, ur förening o.d. äv. expel, *ur* from; isht vetensk. äv. eliminate, ta undan äv. except, utelämna (jfr vid. detta ord) äv. leave out, t.ex. missförstånd, möjlighet, tvivel äv. preclude; ~ *ngn ur advokatsamfund* disbar a p.; *det -sluter* hindrar *inte att han gör det* this does not prevent his (him from) doing it; *det ena -sluter inte det andra* the one does not exclude the other; *det är en möjlighet som inte kan -slutas* äv. that's a possibility that can't be ruled out; *det är -slutet* it is out of the question, it is impossible **-slutande I** *a* exclusive, sole; *ha* ~ *förfoganderätt till ngt* have the sole disposition of a th.; ~ *privilegium* exclusive privilege **II** *adv* solely, exclusively; ~ *för din skull* solely for your sake **III** ~*t 0* se *uteslutning* **-slutanderätt** ensamrätt exclusive right **-slutning** exclusion; expulsion; disbarment, jfr *utesluta;* jfr äv. *utelämnande;* ~ *ur kyrkan* excommunication; [*slutledning genom*] ~ elimination; *med* ~ *av* to the exclusion of, excluding **-stående** *a* **1** ~ *gröda* standing (growing) crops pl. **2** bildl. outstanding; ~ *fordringar* outstanding debts (accounts), outstandings; ~ *ränta* outstanding interest; *jag har pengar* ~ I have money owing to me **-stängning** shutting out etc. jfr *stänga* [*ute*]; exclusion, debarment **-sysslor** *pl* outdoor work sg. **-termometer** outside thermometer

utexaminera *tr, skolan* ~*r* 50 ingenjörer per år the school turns out . .; 50 ingenjörer ~*des* *från skolan* . . passed their final examination at the school, amer. . . graduated from the school; *bli ~d från* handelshögskolan graduate from . ., get one's degree at . .; [*han är*] *~d från* handelshögskolan [he is a] graduate of . .; *~d* passed, [fully] certificated, om t.ex. sjuksköterska äv. trained, amer. graduate, om t.ex. lots chartered **utexperimentera** *tr* se *experimentera* [*ut*]

ut|fall 1 fäkt. lunge; mil. sortie, sally (äv. bildl.); bildl. attack, häftigt diatribe; *göra ett ~* make a lunge etc., lunge (resp. sally [out], attack); *göra ett ~ mot ngn* bildl. launch an attack on (a diatribe against) a p. **2** se *utgång 4* **3** [*radioaktivt*] *~* fall-out **-falla** *itr* **1** ramla ut, bortfalla fall out; utmynna fall [out], *i* into **2** om vinst go, *på* nummer to . .; om pengar fall (become) due; *lotten -föll med vinst* it was a winning ticket, the ticket gave a prize; lotten *-föll med högsta vinsten* . . won the first prize **3** få en viss utgång turn out, jfr äv. *avlöpa; ~ väl (illa)* turn out well (badly); *skörden har -fallit bra* the harvest is (has been) good; *målet -föll så att han tillerkändes* . . the case resulted in his being awarded . .; jämförelsen *-föll till hans fördel* . . was favourable to him; beslutet *-föll till hans förmån* . . was (went) in his favour

utfara *itr* se *fara* [*ut*] **utfart 1** abstr.: avfärd departure; körning o.d. ut going (driving, coming, passing) out; *vid ~en genom grinden* repade han bilen when driving [out] through the gate . . **2** väg ut exit, way (vattenled passage) out, ur stad o.d. main road [out of the town] **utfartsväg** se *utfart 2*

ut|fattig *a* miserably (abjectly) poor, utblottad [quite] destitute, utan pengar [absolutely] penniless; *han har blivit ~* äv. he is impoverished; *vara ~* äv. F be broke (stony[-broke]) **-festad** *a, vara ~* be [quite] worn out (done up) [after all the late nights, parties etc.] **-flugen** *a* se *flyga* [*ut*] **-flygning** flight out, *ur* of; departure **-flykt 1** utfärd excursion, outing, trip, m. matkorg picnic; *~ i bil* trip (excursion) by car; *~ i båt* äv. boating excursion etc.; *göra en ~* make (go on) an excursion (a trip), go for an outing; have (go for) a picnic, go picnicking; *göra en ~ på landet* äv. have a day in the country **2** från ämnet digression, diversion **-flytta** *tr itr* se *flytta* [*ut*] **-flyttning** removal, ur bostad äv. moving out; ur landet emigration **-flöde** utlopp flowing out, outflow, discharge; bildl. emanation **-fodra** *tr* feed, djur äv. fodder; *~* hästarna *med havre* äv. feed oats to . .; *~s med* . . be fed (ensidigt kept) on . . **-fodring** abstr. feeding; ha hästar *på ~* . . to fodder **-forma** *tr* ge form åt design, shape, model, give final shape to; utarbeta work out, frame, i detalj work out . . in detail, elaborate; formulera draw up, formulate **-formning** design, shaping etc., jfr föreg.; formulation, avfattning äv. wording

ut|forska *tr* ta reda på find out; undersöka search into, investigate, noga pröva t.ex. fakta äv. sift [out]; isht land explore; söka utröna ascertain; *ett ännu ej ~t* område a still unexplored . . **-forskning** finding out etc., jfr föreg.; investigation; exploration **-fraktning** transport, sjö. äv. shipping, gruv. äv. haulage **-fråga** *tr* se *fråga* [*ut*] **-frågning** interrogation, questioning; korsförhör cross-examination **-fylla** *tr* fill up, fill **-fyllnad 1** -fyllande filling [up (in)] **2** material filling; tillägg supplement, extra stoff i program o.d. äv. padding **-fälla** *tr* kem. precipitate **-fällning** -fällande precipitation; det som -fällts precipitate, geol. deposit, sediment **-fällningsmedel** precipitant **-färd 1** se *utflykt 1* **2** färd ut: *~en* genom skärgården tar tre timmar the passage (way) out . .

ut|färda *tr* allm. issue, lag, påbud äv. promulgate, t.ex. kontrakt, handling draw up, execute, t.ex. revers make out; *~ en fullmakt* issue (execute, make out) a power of attorney; *~ förbud mot ngt* vanl. prohibit a th.; *~ inbjudan (en inbjudan)* till fest o.d. send out (till möte o.d. issue) invitations (an invitation); *~ en kommuniké* publish (issue) a communiqué; *stormvarning har ~ts för* . . a gale warning has been issued for . .; *~ strejkvarsel* give notice of a strike **-färdande** *~t 0* issuing etc. jfr föreg.; issue, promulgation, execution **-fästa I** *tr* t.ex. belöning offer **II** *rfl* engage (pledge) oneself, undertake; *~ sig att göra ngt* äv. promise to do a th. **-fästelse** löfte promise; pledge; åtagande engagement, commitment, undertaking

utför I *prep* t.ex. berget, floden, trappan down; *~ backen* downhill **II** *adv* down, downward[s]; *det bär (sluttar) ~* it is (slopes) downhill; *färden ~* en sluttning the journey (way) down, the descent; *färdas (gå, ge sig) ~* descend; *det går ~ med honom* ekonomiskt el. fysiskt he is going downhill

utför|a *tr* (jfr äv. *föra* [*ut*]) allm. perform, execute, ombesörja, sätta i verket äv. carry out, göra äv. do, make; uträtta, lyckas ~ achieve, accomplish; *~ ett arbete* do (perform, execute) a piece of work; *~ ngns befallning* execute a p.'s command; *~ en beställning* execute (carry out, H äv. fill) an order; *~ dans (en dans)* perform dances (a dance); *formgivningen har -ts av* . . the design has been made (done) by . .; *~ sin hotelse* carry out one's threat; *~ musik* perform music; *~ ett musikstycke* play (execute, perform) a piece of music; *~ en plan* realize (carry out, execute) a plan; *~ reparationer* do (execute, effect, carry out) repairs; *~ en* *roll* fill (sustain, perform, execute, m. avseende på framförandet deliver, give) a part; ~ *ett uppdrag* perform (execute) a task (commission, *åt ngn* for a p.); ~ *ett värv* accomplish a task; . . *som* [*inte*] *går att* ~ se [o]*utförbar;* figuren *kan* ~*s i mindre skala (i trä)* . . can be made (executed) on a smaller scale (resp. made el. manufactured of wood); *ett väl -t arbete* a good piece of work[manship] **utförande** *-t -n* **1** eg. bet. conveying out etc. jfr *föra* [*ut*]*;* exportation **2** verkställande, framförande o.d. performance, execution isht konst., carrying out, achievement, accomplishment, jfr *utföra;* arbete workmanship, modell, stil design, style; framföringssätt delivery; *bästa* ~ finest workmanship; *varan finns i flera* ~*n* several designs of the article are available; *bringa* t.ex. plan *till* ~ put (carry) . . into execution, carry out, realize; *komma till* ~ äv. take [practical] shape; *vara under* ~ be in [process of] execution **utförbar** *a* practicable, workable, möjlig äv. feasible, görlig äv. performable, executable, realizable **utförbarhet** practicability etc., jfr föreg.

utförlig *a* detailed, fullständig full, uttömmande exhaustive, omständlig circumstantial; *han var rätt* ~ he went into the matter at some length (in considerable detail) **utförlighet** fullness (completeness) [of detail] **utförligt** *adv* in [full] detail, fully, exhaustively, at length (large); *mera* ~ in greater (more) detail; *mycket* ~ at great length, very fully, in great detail; *redogöra* ~ *för ngt* give a full (detailed) account of a th.

utförsbacke se *nedförsbacke; vara i* ~*n* bildl. be on the decline (downgrade), go downhill

utförsel *-n 0* m. sms. se *export* m. sms.

utförsgåvor *pl* F eloquence sg.; *ha goda* ~ be a good speaker, F have the gift of the gab

utförs|löpa *s* downhill track[s pl.] **-åkning** sport. downhill run (race)

ut|försäkra *tr, han har blivit* ~*d* från sjukförsäkringen his period of sickness benefit has expired **-försälja** *tr* sell out (off) **-försäljning** sale, clearance (slutförsäljning äv. closing-down) sale, amer. äv. closeout **-gallring** se *gallring;* bildl. elimination **-ge** *tr rfl* se *ge* [*ut*]*;* bibl. give; ~ *ngn för* [*att vara*] . . give a p. out as (as being) . .

utgift *-en -er* expense; ~[*er*] mera abstr. expenditure sg.; *få inkomster och* ~*er att gå ihop* vanl. make both ends meet **utgiftsbudget** estimate of expenditure, expenditure estimate **utgiftspost** item of expenditure **utgiftssidan,** *på* ~ bildl. on the debit side **utgiftsstat** se *utgiftsbudget*

ut|giva *tr rfl* se *utge* **-givare** av bok o.d. publisher; han är *ansvarig* ~ [*för denna tidskrift*] . . legally responsible [for the publication of this periodical]; det måste finnas *en ansvarig* ~ *för en tidskrift* . . a person responsible for [the publication of] a periodical under the press law **-givning** ~*en 0* publication; av sedlar o.d. issue, emission; boken är *under* ~ . . in course of publication, . . in preparation **-givningsbevis,** *utfärda* ~ *för ngn att utge* . . issue an authorization for a p. to publish . . **-givningsrätt** copyright **-givningsår** year (date) of publication **-gjuta I** *tr* pour out äv. bildl.; blod, tårar shed, vrede vent, discharge, *över* upon; ~ *sitt hjärta* unburden (unbosom) oneself, pour out one's troubles, *för* to **II** *rfl* sina känslor pour out (vent) one's feelings; utbreda sig i tal el. skrift dilate, klandrande animadvert, *över* [up]on; ~ *sig* [*i klagan*] *över* . . pour out one's woes about . .; ~ *sig i lovord över ngn* overflow with praise of a p., eulogize a p. **-gjutelse 1** av blod shedding, effusion **2** bildl. effusion; ~*r* äv. outpourings; *den Helige Andes* ~ the outpouring of the Holy Spirit; *fallen för* ~*r* effusive, gushing **-gjutning** läk. extravasation, suffusion, serös exudation **-grenad** *a* widespread; *en vitt* ~ rörelse . . with (that has) far-reaching ramifications **-grening** -grenande branching [off]; förgrening ramification, outgrowth, branch **-grunda** *tr* fathom [out], think (find, make) out, hitta på äv. invent **-grävning** allm. excavation äv. arkeol., digging; -grävande äv. unearthing, disinterment

ut|gå *itr* **1** se *gå* [*ur* o. *ut*] **2** komma, härstamma come, issue, proceed, emanate, *från, ur* from; *låta* ett upprop ~ issue . .; *förslaget -gick från honom* the suggestion came from (originated with el. from) him **3** ~ *från en oriktig förutsättning* start from (act on) a wrong assumption; *jag -går från* att du vet . . I assume (take it for granted) . . **4** [ut]betalas, erläggas be paid, be payable; *lönen* ~*r med* . . the salary payable (to be paid) is [fixed at] . . **5** uteslutas be excluded (utelämnas left out, omitted), strykas be cancelled (cut out, struck out); *detta stycke* ~*r ur* texten äv. this paragraph is to be deleted (expunged) from . . **-gående I** *a* attr. **1** allm. outgoing, sjö. äv. outward-bound; ~ *last* outward cargo; ~ *post* outgoing mail; ~ *saldo* se *saldo* **2** 50 % lämnas på *dessa* ~ *varor* . . these discontinued lines **II** ~*t 0, vara på* ~ om pers. be about to leave, be on one's way out, om fartyg be leaving port, be outward bound; *vid* ~*t* [*från* . .] when leaving [. .] **-gång** ~*en* ~*ar* **1** utgående going out, egress **2** väg ut exit, way out, ibl. egress; huset har flera ~*ar* . . exits (doors); *med* ~ *till trädgården* . . opening [out] on to the garden **3** slut [på tidsfrist] end, close; expiration; *vid ansökningstidens* ~ on the expiration (expiry) of the time for applications; *före årets* ~ before the end (close) of the year **4** slut|resultat| issue, ending; result, outcome; sjukdomen *fick dödlig* ~ . . proved fatal; ~*en av* löneförhandlingarna the outcome (result) of . . **5** kortsp. game; *få (göra)* ~ win the game **-gången** *a* **1** se *gå* |*ut*| **2** se *utsåld*

utgångs|hastighet initial (mil. äv. muzzle) velocity **-läge** starting (initial) position; starting-point **-marsch** mus., i kyrka concluding voluntary; *spela* ~*en* play the people out |of church| **-punkt** allm. starting-point, point of departure, *för* for; bildl. äv. bas|is (pl. -es), *för* of; *ta ngt till* ~ äv. start (set out) from a th. **-ställning** initial position

ut|gård outlying farm **-gåva** edition **-göra** *tr* bilda: allm. constitute, ibl. make; t.ex. miljö, ram ofta provide, tillsammans make up, form, compose; representera represent; belöpa sig till amount to; ofta be; *det -gör ett bevis för* . . it is a proof of . .; ~ *ett värde av* . . represent a value of . .; ~*s av* consist (be composed, be made up) of **-hamn** outport **-hopp** m. fallskärm jump, m. skidor take-off **-huggning** uthuggande cutting out etc., jfr *hugga* |*ut*|; glänta clearing **-hungrad** *a* se *hungra* |*ut*| **-hungring** ~*en 0* starvation **-hus** outhouse **-husbyggnad** outbuilding **-hyrning** letting etc., jfr *hyra* |*ut*|; *till* ~ om t.ex. båt for hire, om t.ex. rum to let **-hyrningsbil** hire car **-hyrningsbyrå** f. våningar o. villor vanl. estate (f. rum ung. apartment) agency **-hyrningsfirma** f. bilar car hire company; f. film distribution agency **-hyrningsrum** lodging|s pl.|; han bor *i* |*ett*| ~ . . in a lodging (in lodgings)

uthållig *a* fysiskt (attr.) . . with |good| staying power; ståndaktig persevering, persistent; tålig patient; seg wiry; *vara* ~ äv. persevere; have staying power, have stamina, show endurance **uthållighet** staying power, stamina, |power of| endurance; perseverance; patience; wiriness, jfr föreg. **uthållighetsflygning** endurance flight

uthärda I *tr* stand, bear, endure; motstå, t.ex. belägring, tryck withstand, sustain; rida ut weather; ~ *jämförelse* stand comparison; ~ *klimatet* stand (endure) the climate; ~ *smärta (åsynen av . .)* stand (bear, endure) pain (the sight of . .); *omöjlig att* ~ se *outhärdlig* **II** *itr* se *härda* |*ut*|

uti *prep* se *2 i* **utifrån I** *prep* from; ~ *gatan* äv. from out in the street **II** *adv* from outside; från utlandet from abroad; dörren kan låsas ~ äv. . . from the outside; kylan tränger in ~ . . from out of doors; *hjälp* ~ outside help; *impulser* ~ outside (external) influence sg.; *sedd* ~ bildl. as seen from without

util|itar||ism utilitarianism **-ist** *s* o. **-istisk** *a* utilitarian

ut|jämna *tr* **1** skillnad level (even) |out|, göra lika equalize äv. sport.; justera, dämpa adjust äv. mat.; neutralisera neutralize, counterbalance; compensate äv. fys. **2** H konto balance, settle, square; skuld pay, settle **3** t.ex. meningsskiljaktigheter straighten out, t.ex. stridigheter settle, t.ex. svårigheter smooth out (away, down) **4** eg. se *jämna* |*ut*| **-jämnande** *s* o. **-jämning** levelling|-out| etc.; equalization; adjustment; neutralization; compensation, jfr *utjämna; till* ~ *av* skuld in payment (settlement) of . . **-jämningsfond** equalization fund **-jämningsmål** sport. equalizer, equalizing goal **-kant** av t.ex. skog fringe|s pl.|, av t.ex. fält border, av t.ex. stad outskirts pl.; *i* ~*en av* . . on the fringe|s| osv. of . .

ut|kast bildl.: koncept |rough| draft, stomme skeleton, skiss sketch, *till* i samtl. fall of; outline, plan, isht konst. design, *till* i samtl. fall for; ~ *till P.M.* draft memorandum; *göra ett* ~ *till* . . äv. draft (design, trace out) . ., trace . . |in outline| **-kasta** *tr* **1** se |*göra ett*| *utkast* |*till*| **2** se *kasta* |*ut*| **-kastare 1** vakt chucker-out, amer. bouncer **2** tekn. ejector

utkik *-en -ar* pers. look-out |man|; utkiksplats look-out, utkikstunna crow's nest; *gå (stå)* |*på*| ~ be on the look-out; *hålla* ~ keep a look-out, *efter* for **utkikstorn** look-out |tower (på byggnad turret)|, observation tower

ut|klarering clearance outwards, outward clearance **-klassa** *tr* sport. outclass **-klipp** se *urklipp* **-klutad** *a* attr. . . who is (resp. was etc.) rigged out (dolled up) **-kläckning** eg. hatching, incubation **-klädd** *a* attr. . . who is (resp. was etc.) dressed up (F rigged out) **-klädning** dressing up end. sg. **-komma** *itr* se *2 komma* |*ut*| **-kommendera** *tr* order . . out

utkomst *-en 0* uppehälle living, livelihood, subsistence, *av* from; *ha sin goda* ~ have a comfortable livelihood; *ha (få) sin* ~ earn (gain) a (resp. one's) living (livelihood), make a living; *söka sin* ~ seek a livelihood **-möjlighet** means of subsistence, source of livelihood

ut|kora *tr* choose, elect; ~ *ngn till* . . elect a p. . .; *de* ~*de* o. d. ex. se motsv. ex. under *utvald* **-korelse** ~*n 0* election **-kristallisera** *rfl* crystallize **-kristallisering** crystallization **-kräva** *tr* se *2 kräva 1 a;* ~ *hämnd* take (wreak) vengeance, *på* upon **-kyld** *a* se under *kyla II 1* **-kämpa** *tr* fight, kämpa t. slut fight out; detta är en plats där *våldsamma strider* ~*des* . . violent struggles were fought (took place) **-körare** delivery man, deliverer; öl~ äv. drayman **-körd** *a* pred.: utkastad turned out |of doors|; trött worn out, F done (knocked) up, fagged out **-körning** av varor delivery **-körsport** exit |gate|, själva öppning-

en [exit] gateway **-laka** *tr* se *laka* [*ut*]
utlandet foreign (ibl. overseas) countries pl.; *från* ~ from abroad, utländsk äv. foreign . .; *i* ~ abroad; in foreign countries; *handel med (på)* ~ foreign trade; *till* ~ utomlands abroad, avsedd för ~ for abroad **utlandskorrespondent** foreign correspondent, H foreign correspondence clerk **utlandssvensk** *s* overseas (expatriate) Swede, Swede [living] abroad
ut|led[sen] *a* thoroughly tired etc. jfr *4 led 1* **-lekt** *a* om fisk spawned **-levad** *a* decrepit; genom utsvävningar debauched, degenerate **-levelse** *~n 0,* ~ *av* känslor och drifter kan vara . . giving full expression (giving way) to . .; uppfostran kan hämma *full ~ av känslorna* . . the full expression of the feelings **-ljud** final sound; *i* ~ in a final position **-ljudande** *a* final **-lopp** -flöde outflow, discharge; avlopp outlet äv. bildl.; sjön har *inget* ~ . . no outlet; *få ~ för* energi, känslor get an outlet for . .; *ge ~ åt* sin vrede give vent ([free] rein) to . .; *ha sitt ~ i* . . discharge itself into . . **-lotsning** -lotsande piloting out **-lottning** av vinst raffle, *av* for; av obligation drawing, f. inlösen redemption **-lova** *tr* promise; offer; *hittelön ~s* i annons o.d. reward offered; *på ~d tid* at (inom within) the time promised **-luftning** airing, ventilation **-lupen** *a* om tid expired, . . run out **-lysa** *tr* give notice (publish notice[s pl.]) of, advertise, proclaim; ~ (kalla till) ett möte call (summon, genom annons advertise) . .; *mötet är -lyst till den 4:e* the meeting has been fixed for the fourth; ~ *nyval* vanl. appeal to the country; ~ en tävling announce . . **-lysning** advertising etc., jfr föreg.; publication, proclamation **-låning** -lånande lending; lån loans pl.; ss. rörelse money-lending business (operations pl.) **-låningsavdelning** i bank loan department **-låningsdisk** bibliot. issuing counter, amer. circulation desk **-låningsränta** interest on a loan (resp. the loan, loans); räntefot lending rate
ut|låta *rfl,* ~ *sig* t.ex. föraktfullt *om* express oneself . . on (about); ~ *sig* uttala sin uppfattning *om* express one's opinion on (about); ~ *sig i* bittra förebråelser *mot ngn* come out with . . against a p. **-låtande** *~t ~n* [stated] opinion; sakkunnigas [formal] report, verdict; *avge ett* ~ express (deliver, render) an opinion, give one's (a statement of [one's]) opinion, *om* on, about **-lägg** *~et* ~ outlay, expenses pl., disbursement[s pl.]; *kontanta* ~ out-of-pocket expenses; *få igen sina* ~ be reimbursed [for one's expenses] **-läggning 1** tolkning o.d. exposition, interpretation; tolkande expounding; ~ [*av Bibeln*] äv. exegesis end. sg.; *~ar* kommentarer äv. comments **2** eg. laying [out] etc., jfr *lägga* [*ut*] **-lämna** *tr* se *lämna* [*ut*]; överlämna give up, surrender, deliver, brottsling t. annan stat extradite; *känna sig ~d* feel deserted; *vara ~d åt ngn (ngt)* be at a p.'s mercy (the mercy of a th.) **-lämnande** *s* o. **-lämning** handing out etc.; delivery äv. av post, issue, distribution; surrender; extradition; jfr *lämna* [*ut*] o. *utlämna; mot ~ av* konossement against [delivery of] . .
utländsk *a* foreign; främmande exotic **utländska** kvinna foreign woman (lady, flicka girl), jfr äv. följ. **utlänning** foreigner; isht jur. alien **utlänningskommission** aliens commission
ut|lärd *a* skilled . ., trained . .; *vara* ~ eg. have served one's apprenticeship **-läsa** *tr* se *läsa* [*ut*] **-löpa** *itr* se *löpa* [*ut*] **-löpande** *s* av frist o.d. expiry, expiration, running out **-löpare** allm. offshoot, offset, båda äv. bildl., bot. äv. runner, rotskott sucker, bergs äv. spur **-lösa** *tr* **1** frigöra: tekn. release äv. bildl.; fjäder trip; sätta igång start, trigger [off] båda äv. bildl.; bildl. äv.: framkalla provoke, väcka arouse, give rise to; ~ *en kedjereaktion* start (trigger off) a chain reaction; ~ en reflex produce . . **2** se *lösa* [*ut*] **-lösning 1** releasing etc., jfr *utlösa 1;* release; sexuell orgasm; *få ~ för* känslor find an outlet for . . **2** redeeming etc., jfr *lösa* [*ut*]; redemption; ransom **-lösningsmekanism** release (trip gear) mechanism **-mana** *tr* challenge; trotsa defy; ~ *ngn på duell (på pistol)* challenge a p. to a duel (a duel with pistols); ~ *ödet* tempt (court) Fate, stark. court disaster; *det är att ~ ödet* äv. that's asking for trouble **-manande** *a* challenging, defying, defiant; om uppträdande, klädsel provocative, eggande äv. enticing **-manare** *~n* ~ challenger **-maning** challenge; *anta en ~ (~en)* äv. take up the gauntlet
ut|mark outlying land **-matta** *tr* fatigue äv. metall, exhaust, tire out, starkare prostrate; försvaga weaken; *~d* äv. (pred.) worn out, F fagged out, done (knocked) up; jag är *alldeles ~d* äv. . . ready to drop with fatigue, . . all in **-mattning** *~en 0* fatigue, exhaustion, isht fackl. prostration; av hunger inanition
utmed *prep* [all] along; sjö. (~ sidan av) alongside; *stigen går* ~ skogen äv. the path skirts . .; *ro* ~ stranden äv. keep close to . .; *segla ~ kusten* [*av* . .] coast [along . .]
utminuter|a *tr,* ~ [*vin och sprit*] retail [wine and spirits], sell [wine and spirits] by retail **-ing,** ~ [*av vin och sprit*] retail sale (retailing) [of wine and spirits]
ut|mynna *itr* se *mynna* [*ut*] **-myntning** coining, coinage **-måla** *tr* paint, depict, *för* to, *som* as **-märglad** *a* avtärd emaciated, utmagrad gaunt, haggard **-märgling** emaciation
ut|märka I *tr* **1** ge hedersbevisning honour;

[*särskilt*] ~ treat . . with (single out . . for) distinction **2** känneteckna characterize, distinguish, mark **3** märka ut mark [out], ange, beteckna denote, utvisa designate, indicate; ~ *med grönt* mark (indicate) in green **II** *rfl* hedra sig distinguish oneself äv. iron., *genom* by; ~ *sig framför* andra excel . ., show one's superiority to . . **-märkande** *a* characteristic, *för* of; ~ *egenskap* characteristic, distinguishing quality; *det mest* ~ *draget i* hans diktning äv. the leading (most prominent) feature of . . **-märkelse** distinction, honour; *visa ngn en* ~ confer a distinction upon a p. **-märkelsetecken** [mark of] distinction, honour **-märkt I** *a* allm. excellent, beundransvärd admirable, utomordentlig eminent, ypperlig superb, first-rate, F capital, splendid; ~ *kvalitet* superior (excellent) quality; *i* ~ *skick* in perfect (excellent) condition; [*det är*] ~ *!* [that's] excellent (fine, capital, splendid)! **II** *adv* excellently etc., jfr *I;* ~ *god* äv. excellent, läcker delicious; *ett* ~ *vackert* läge an extremely (a very) fine . .; göra ngt ~ *väl* . . extremely well, . . to perfection; *må* ~ [*bra*] feel fine (first-rate)

ut|mäta *tr* **1** jur. distrain upon, levy [a] distress (levy execution) on, seize **2** se *mäta* [*ut*] **-mätning** jur. distraint, distress, execution, seizure; *göra* ~ distrain, *av, hos* upon, *för* for; levy execution, *av, hos* on **-mätningsauktion** compulsory auction **-mätningsbar** *a* distrainable **-mätningsman** distrainor, distrainer; ibl. bailiff **-mönstra** *tr* se *mönstra* [*ut*] **-nyttja** *tr* tillgodogöra sig utilize, make use of, turn . . to account, make the most of, exploatera (äv. orättmätigt) exploit, t.ex. vattenkraft äv. develop; jfr äv. [*dra*] *fördel* [*av*]*;* ~ *ngt på bästa sätt* turn a th. to the best [possible] account, make the best use of a th.; ~ ngns okunnighet trade upon . .; *väl* ~*d tid* time well spent **-nyttjande** *s* utilization, exploitation, jfr *utnyttja; fredligt* ~ av atomkraften peaceful uses pl. . . **-nämna** *tr* appoint, *till* chef m.m. [to be] . .; ~ *ngn till* riddare m.m. av orden make (create) a p. a . .; det är Kungl. Maj:t *som -nämner* . . who makes the appointment[s pl.] **-nämning** appointment; creation jfr föreg. **-nöta** *tr* wear out (down) **-nötning** wearing out (down); attrition **-nötningskrig** war of attrition **-nötningstaktik** wearing-down-tactics **-nött** *a* worn-out . ., pred. worn out; well-worn, threadbare, båda isht bildl.; jfr äv. *utsliten*

utochinvänd *a* . . turned inside out

utom *prep* (ibl. *konj,* jfr *2*) **1** utanför outside, out of; utöver, bortom beyond; jfr äv. ex. under *utanför I;* jag har inte *varit* ~ *dörren* . . been out of doors (out), . . left the house; ~ [*all*] *fara* out of danger; han har dricks ~ *sin lön* . . over and above (outside) his wages; ~ *tjänsten* gör han . . when off duty . .; ~ *allt tvivel* beyond doubt; *bli* ~ *sig* be beside oneself, starkare go frantic, *av* with; *bli (vara)* ~ *sig av glädje* äv. be transported with joy; *göra ngn* ~ *sig* drive a p. frantic, av vrede äv. drive a p. mad, madden (exasperate) a p.

2 med undantag av except, with the exception of, åld. save, ibl. but; oberäknat not counting, not including; excluding, exclusive of; förutom besides, in addition to; *alla* ~ *han* . . all except (with the exception of) him . ., all but he . .; alla visste om det ~ *han* . . but him; *ingen* ~ *jag* no one but (except) me; där var fyra gäster ~ *jag* . . besides me; hela landet ~ *Stockholm* . . excluding (exclusive of) Stockholm; *vara allt* ~ tilltalande be anything but . ., be far from . .; visning dagligen ~ *vid regn* . . provided it is not (except when it is) raining; *det var ingenting att göra* ~ *att lyda* there was nothing for it (nothing to do) but to obey; *han gör allt möjligt* ~ *att sköta sina egna angelägenheter* he does everything but (except) attend to his own business; ~ [*det*] *att han är* . . besides the fact that he is (besides his being) . .; jag kunde inte se hur han var klädd ~ *att han hade hatt* . . except (save) that he was wearing a hat; ~ *att jag har talat med honom* har jag också skrivit besides having talked to him . .; ~ *när* . . except when . .

utombords *adv* outboard, outside **-motor** outboard motor **-motorbåt** outboard [motor-boat]

utomeuropeisk *a* non-(extra-)European

utomhus *adv* outdoors, out of doors; *äta lunch* ~ äv. have lunch alfresco (an alfresco lunch) **-antenn** outdoor aerial **-arbete** outdoor (open-air) work **-idrott** outdoor sports pl.

utom|kring I *prep* round the outside of **II** *adv* round the outside, i trakten omkring in the environments **-lands** *adv* abroad **-ordentlig** *a* allm. extraordinary; förträfflig excellent, förnämlig eminent, osedvanligt god exceptionally good; ovanlig exceptional, enastående outstanding, anmärkningsvärd remarkable; ofantlig extreme, enormous, oändlig infinite; *göra* ~ *lycka* score a great success; fråga *av* ~ *vikt* . . of extreme (outstanding) importance **-ordentligt** *adv* extraordinarily etc., jfr föreg.; i hög grad äv. exceedingly; den klär henne ~ . . extraordinarily well, . . to perfection **-skärs** *adv* beyond (outside, off) the islands (skerries) **-stående** *subst. a, en* ~ an outsider; obegripligt *för* [*en*] ~ äv. . . to the uninitiated; *ingen* ~ får komma in äv. no person not directly concerned . . **-äktenskaplig** *a* förbindelse extra-marital, barn illegitimate

utopi utopia, utopisk idé utopian scheme (idea); *det är en* ~ att tro . . it is utopian . . **utopisk** *a* utopian

ut|pekad *a* se *peka* |*ut*| **-pinad** *a* o. **-pint** *a* plågad tormented, stark. excruciated, *av* with (by); utråkad . . bored to death **-plantering** |trans|plantation; planting (etc., jfr *plantera* |*ut*|) out **-plundring** se *plundring* **-plåna** *tr* allm. obliterate, *ur, från* from; efface, blot (wipe) out; stryka ut ord o.d. äv. delete, erase, expunge, *i* from; friare äv.: förinta annihilate, extinguish, utrota exterminate; ~ *ngt ur minnet* obliterate (blot out) the memory of a th.; ~ *en skam* wipe out a disgrace; hela byn ~*des* . . was wiped out; ~*d* bleknad *skrift* faded (avlägsnad obliterated) writing **-plåning** ~*en 0* obliteration, effacement; annihilation; extermination; effacing etc., jfr föreg. **-portionera** *tr* se *dela* |*ut*| **-post** outpost, för- advanced post **-postera** *tr* post, station

ut|pressare blackmailer; -sugare extortioner **-pressning** blackmail; extortion; pressande pressing (etc., jfr *pressa* |*ut*|) out **-pressningsförsök** attempted blackmail, attempt at blackmail **-prickning** marking, av farled äv. buoyage **-prångling,** *han dömdes för* ~ *av* falska pengar he was sentenced for having uttered (passed) . . **-präglad** *a* bildl. marked, pronounced; *en* ~ *lust för* . . äv. a strong liking for . . **-pumpad** *a* pred.: eg. pumped out; utmattad fagged out, done up **-pyntad** *a* pred. decked out, dressed (dolled) up **-radera** *tr* se *radera* |*bort* o. *ut*| **-rangera** *tr* discard, scrap **-rannsaka** *tr* utforska search out, fathom

ut|reda *tr* undersöka investigate, grundligt analyse; *det har blivit -rett att* . . it has been made clear (been shown, been proved) that . .; jfr *reda* |*upp* o. *ut*| **-redning 1** uppklårande unravelling, disentanglement, clearing up; klargörande elucidation, explanation; undersökning investigation, analys|is (pl. -es); betänkande report, detailed statement, exposition; *offentliga* ~*ar* official reports; *under (för vidare)* ~ äv. under (for further) consideration (deliberation) **2** kommitté o.d. commission, committee **3** av dödsbo winding-up, administration, av konkurs liquidation **-redningsinstitut** research institute (department) **-redningsman** i dödsbo administrator, i konkurs liquidator **-rensa** *tr* se *rensa* |*ut*| **-rensning** -rensande weeding out; bildl., isht polit. purge **-rensningsaktion** purge

utrerad *a* exaggerated, överdriven äv. overdone; ~ *smak* extravagant taste

ut|resa *s* outward journey (sjö. passage, voyage); *på* ~*n till*. . äv. on my (his etc.) way to . . **-reseförbud,** *få* ~ ung. be forbidden to leave the country **-resetillstånd** permission to leave the (resp. a) country; konkr. exit permit **-resevisum** exit visa **-riggad** *a* outrigged; ~ *båt* outrigger **-riggare** allm. outrigger

utrikes I *a* foreign; *ett* ~ *brev* till utlandet a letter for abroad; *i* ~ *hamn* in a foreign port; vistas *på* ~ *ort* . . abroad; jfr äv. sms. **II** *adv* abroad; *resa* ~ go abroad; ~ *ifrån* from abroad **-departement** ministry for (of) foreign affairs; ~*et* i Engl. the Foreign Office, i Amer. the Department of State, the State Department **-handel** foreign (external) trade **-korrespondent** se *utlandskorrespondent* **-minister** foreign minister, minister for (of) foreign affairs; ~*n* i Engl. the Foreign Secretary, the Secretary of State for Foreign Affairs, i Amer. the Secretary of State **-politik** foreign (external) politics pl. (politisk linje, tillvägagångssätt policy) **-politisk** *a,* ~ debatt . . on foreign policy; *det* ~*a läget* a) utomlands the political situation abroad b) vårt ~a läge our relationship to foreign powers; ~ skribent . . on foreign affairs **-resa** journey abroad; *-resor* äv. travel sg. abroad, foreign travel sg. **-ärende** matter relating to foreign affairs; ~*n* foreign affairs

utrikisk *a* foreign **utrikiska** *-n 0, tala* ~ speak a foreign lingo

ut|rop 1 rop cry, känsloyttring exclamation, ivrigt ejaculation; *ge till ett* ~ cry out, *av* . . with . .; *ge till ett* ~ *av glädje* äv. give (utter) a cry of delight **2** vid auktion cry **-ropa** *tr* (jfr äv. *ropa* |*ut*|) **1** ropa högt exclaim, ejaculate, cry (call) out; *nej!* ~*de han* no! he exclaimed etc. **2** offentligt förkunna proclaim, *ngn till* kung a p. . . **-ropande** *s* exclaiming etc., jfr föreg.; proclamation **-ropare** v. auktion crier, på cirkus, marknad o.d. barker **-ropsord** interjection **-ropstecken** exclamation mark, mark of exclamation **-rota** *tr* root out, t.ex. missbruk, sjukdom eradicate, t.ex. ogräs, social orättvisa extirpate, t.ex. ett folk, råttor exterminate **-rotning** eradication etc., jfr föreg. **-rotningskrig** war of extermination **-rotningsmedel** metod means of extermination; ~ *mot insekter* insecticide; ~ *mot ogräs* weed-killer; ~ *mot skadedjur* pesticide; ~ *mot svamp* fungicide **-rucklad** *a* dissipated, debauched **-rusta** *tr* equip, isht fartyg fit out, beväpna arm; förse furnish; begåva endow; *vara illa (klent)* ~*d på huvudets vägnar* be weak in the head; *vara rikt* ~*d* be richly endowed **-rustning** equipment, outfit; grejor kit; -rustande fitting out

ut|ryckning 1 lossryckning pulling (tearing) out **2** efter alarm turn-out, utmarsch march out, decampment, departure; *göra flera* ~*ar* turn out several times; *under* ~*en* gjorde man . . when turning (marching) out . . **3** hemförlovning discharge (release) from active service **-ryckningsdag** day of discharge (release) **-ryckningsfordon** ung. emergency vehicle; se äv. *ambulans, bärgningsbil* m.fl. **-ryckningsorder** order to turn (march) out **-rymma** *tr* **1** lämna: isht mil. evacuate, överge abandon, t.ex. hus vanl. vacate, clear out of **2** röja ur clear out **-rymme** *~t ~n* **1** plats space, room, spelrum äv. scope; *vi har dåligt ~* (husrum) vanl. we are cramped for room; *fordra mycket ~* take up a great deal of room (space), om sak äv. be bulky; *i mån av ~* as far as space allows (allowed etc.); *det är knappt om ~[t]* space is limited; jfr äv. ex. under *plats 1* **2** hus med *många ~n* . . plenty of storage-room, t.ex. skåp . . plenty of cupboards **-rymmesskäl,** *av ~* from considerations of space **-rymning 1** evacuation, abandonment **2** clearing. —Jfr *utrymma*

ut|räkning working (reckoning etc., jfr *räkna [ut]*) out; beräkning calculation; computation; avsikt plan, design; *det är ~ (dålig ~) att köpa dyrt* it is good (bad) policy to . .; *det är ingen ~* ingen idé it is no good, it isn't worth while, *med att* inf. övers. m. ing-form; *det är ingen ~ med det* ingen idé there is no point in it, ingenting att vinna one doesn't gain anything by it; *vad har han för ~ med det?* what can he hope to gain by that?, what is his idea in doing that?; gjort *med ~* . . with forethought, se äv. *[med] flit* **-rätta** *tr* allm. do; t.ex. uppdrag perform, carry out; åstadkomma accomplish, achieve; vad har du *~t idag?* . . [got] done (. . been doing) today? **-rättning** ärende job, errand, f. annans räkning äv. commission **-röna** *tr* ascertain, find out, *om* whether; *det har -rönts* konstaterats *att* . . äv. it has been established that . .

ut|saga o. **-sago** *~n -sagor* statement, jur. äv. evidence, testimony; påstående assertion; *enligt -sago är han* . . he is said to be . .; *enligt hans -sago* according to him (to what he says) **-satt** *a* **1** blottställd, allm. exposed, *för* to; *~ läge (ställning)* exposed position; *vara ~ för* . . föremål för be subjected to (be [made] the subject el. stark. victim of) . ., t.ex. angrepp i pressen äv. be the object of . ., mottaglig för be liable to . .; *han blev ~ för* en hel del kritik äv. he came in for . . **2** bestämd fixed, appointed; *på ~ tid* at the time fixed (appointed time), on time; *bröllopet är ~ till* den 1 mars the wedding has been fixed for . . **3** utplacerad o.d. put out etc., jfr *sätta [ut]*; *en* skrivelse *med ~ namn* a signed . . **-schaktning** excavation; -schaktande excavating **-schasad** *a* se *utsjasad*

ut|se *tr* välja, t.ex. ledare choose, t.ex. sin efterträdare designate, *till* ledare etc. i båda fallen as (to be) . ., *till* en post for . .; se ut pick out; utnämna appoint, *ngn till* ordförande, chef a p. . .; förutbestämma destine, intend; *~ ngn att* föra protokollet charge (commission) a p. to . .

-seende *~t ~n* yttre appearance, saks äv. look, persons vanl. looks pl.; friare äv. air, face, exterior, uppsyn aspect; yttre sken vanl. appearances pl.; *nu fick saken ett helt annat ~* now the matter took on an entirely new aspect (appeared in a new light); *ge ett annat ~ åt ngt* put a new face on a th.; himlen har *ett hotfullt ~* . . a threatening appearance; *förlora sitt ~* lose one's looks, deteriorate in appearance; *ändra ~* change [one's appearance]; *han har ~t emot sig* his appearance is against him; *efter ~t att döma* är det (han) . . to judge by (from) appearances . ., by (from) the look of it (him) . .; *efter hans ~ att döma skulle man* tro . . äv. to look at him you would . .; *för ~ts skull* for the look of the thing, f. syns skull for the sake of appearances; . . *med ett egendomligt ~* . . of an odd appearance, odd-looking . .; *känna ngn till ~t* know a p. by sight (appearance) **-sida** outside; fasad façade; yta surface äv. bildl.; exterior isht bildl.

utsikt *-en -er* **1** överblick view, utblick äv. outlook, fri sikt äv. vista; vidsträckt prospect; *fri ~* an unobstructed view; *beundra [den härliga] ~en* admire the [magnificent] view (landskapet äv. scenery end. sg.); rummet *har ~ mot (över) parken* . . looks (opens) on [to] (overlooks) the park; *~ över* hamnen view over (på t.ex. vykort of) . .; rum *med ~* . . with a view; *med ~ över* . . äv. overlooking . .; *hålla ~* keep a look-out **2** bildl. prospect, chans äv. chance; framtids*~er* äv. outlook end. sg.; det är *dystra ~er* . . a dismal outlook (prospect); *han har goda ~er att* inf. his prospects of ing-form are good; planen *har goda ~er (ingen som helst ~) att lyckas* . . stands a good (doesn't stand a) chance of succeeding; *har han några ~er att få* platsen? is there any chance of his getting . .?; *~erna för* de närmaste dagarna (meteor.) the forecast (outlook) for . .; *det är goda ~er för skörden* i år the harvest prospects are good . .; *det finns alla ~er (föga ~) till* . . there is every prospect (not much chance) of . .; *ställa i ~* se under *ställa I 1*

utsikts|berg hill with a [fine] view **-lös** *a* . . without any prospect of success, friare hopeless, futile **-punkt** point from which there is a view; utkikspunkt outlook **-torn** outlook tower, belvedere

ut|sirad *a* ornamented, decorated, skönt ~ äv. ornate; om t.ex. bokstav ornamental, om skrift flourished **-sirning** ornament, ornamentation end. sg. **-sjasad** *a* dead-(dog-)tired, pred. äv. fagged out **-skeppa** *tr* ship [out]; export [. . by sea]; *~ ur landet* ship out of the country **-skeppning** shipment; exportation **-skeppningshamn** port of shipment, shipping port **-skjutande** *a* om t.ex. burspråk projecting, om t.ex. tak, klipputsprång overhanging, om t.ex. käke, udde jutting; utstående protruding, protrusive, prominent, om t. ex. vinkel salient

utskott 1 committee **2** se *utväxt*

utskotts|behandla *tr*, ~ *ett ärende* deal with (debate) a matter in a (resp. the) committee **-betänkande** [committee] report **-bräder** *pl* rejected (waste) boards **-porslin** defective china **-vara** skadad damaged (felaktig defective, smutsad [shop-]-soiled) article; *-varor* äv. rejects, throw-outs, seconds

ut|skrift transcription **-skrivning** writing out etc., jfr *skriva* [*ut*]; transcription; levy, mil. äv. conscription; discharge **-skum** se *avskum* **-skuren** *a* pred. cut out, *ur* of; snidad carved, *i* trä out of . . **-skylder** *pl* taxes, jfr vid. *skatt 2* **-skällning** F blowing-up etc., jfr *skälla* [*ut*]; wigging

utskänka *tr* servera (sälja) sprit o.d. serve . . on the premises **utskänkningsrättighet** right (licence) to serve wine, spirits, and beer on the premises

utskärning utskärande cutting out, carving [out]; snideri carving

utslag 1 hud~ rash, [skin] eruption; *få* ~ över hela kroppen break out in a rash . .; *ha* ~ have a rash **2** på våg turn of the scale; av visare o.d. deflection, av magnetnål äv. deviation; *ge* ~ om visare o.d. be deflected, deviate, turn, om instrument give response (visst värde a reading); *ge dåligt* ~ be insensitive; *vågen ger* ~ *för* ett milligram the scale is sensitive to . . **3** avgörande decision, resolution, dom judg[e]ment etc., jfr *3 dom;* skiljenämnds award; *avkunna (fälla)* [*ett*] ~ give a decision (verdict); pronounce (pass) judg[e]ment (a decree, an award); *detta fällde* ~*et* bildl. this decided the matter; *ge (göra)* ~*et* bildl. tip (turn) the scale **4** yttring manifestation, exempel instance, bevis evidence, resultat result, effect **utslagen** *a* se *slå* [*ut*] **utslagning** sport. elimination **utslagsgivande** *a* decisive; *bli (vara)* ~ *för* ngt be of decisive importance to . .; *det blev* ~ *för honom* that decided him **utslagsröst,** *ha* ~ have the casting vote **utslagstävling** sport. elimination (knock-out) competition

ut|sliten *a* allm.: worn-out . ., pred. worn out; utarbetad äv. jaded; om t.ex. argument, skämt, talesätt threadbare, hackneyed, stale, trite; ~ *fras* hackneyed (trite) phrase, cliché fr. **-slocknad** *a* vulkan, ätt extinct **-slockning** extinction **-släpad** *a* bildl.: worn-out . ., pred. worn out; jaded **-släpp** avlopp, utgång outlet; -tömning letting out, discharge; produktion output; *göra ett* ~ *i* sömmen let out . . **-släppning** av aktier, sedlar o.d. issue, emission **-smyckning** adornment, ornament end. konkr., ornamentation end. sg., decoration, embellishment, jfr *smycka* **-socknes I** *a* om pers. . . from another parish, friare . . from elsewhere (other parts), non-local . .; *en* ~ a non-local, främling a stranger **II** *adv, komma* ~ *ifrån* come from another parish (friare other parts) **-spana** *tr* find out; snoka upp spy out; utgrunda fathom **-spark** sport. goal kick **-speja** *tr* spy out **-spekulerad** *a* raffinerat uttänkt studied; listig artful, crafty, cunning **-spel** kortsp. lead; bildl. move, initiative; *du har* ~*et!* [it is] your lead! **-spelad** *a* utsliten, om t.ex. grammofonskiva . . worn out by too much playing **-spelas** *itr. dep* take place; be enacted; *scenen* ~ *i* ett värdshus äv. the scene is laid in . .

ut|spinna *rfl* uppstå arise, ensue, come about; föras be carried on **-spisa** *tr* feed **-spisning** feeding **-sprida** *tr* se *sprida I* o. *sprida* [*ut*] **-spridning** spread[ing], dissemination, propagation; mil. dispersal **-sprucken** *a* bot. se *utslagen* under *slå* [*ut d*] **-språng 1** projection, klipp~ äv. jut, *på* of **2** se *uthopp* **-spädd** *a* diluted **-spädning** dilution **-stakad** *a* attr. . . that has (resp. had) been staked out etc., jfr *staka* [*ut*]; delimited; determined **-stakning** staking out etc., jfr *staka* [*ut*]; delimitation; determination **-stickande** *a* jutting, protruding, jfr vid. *utskjutande* **-strykning** radering erasure **-stråla I** *itr* radiate, utströmma emanate **II** *tr* allm. radiate äv. bildl.; send out, t.ex. ljus, värme emit, värme äv. give out; t.ex. lycka, vänlighet beam forth **-strålning** radiation, emanation

ut|sträcka *tr rfl* se *sträcka* [*ut*] **-sträckning 1** -sträckande extension, i tid prolongation **2** dimension, omfång, vidd extent äv. bildl., extension, i längd äv. length; en punkt har *ingen* ~ . . no dimensions pl.; *ha samma* ~ (i tid el. rum) *som* äv. . . be coextensive with . .; *i stor* ~ to a great (large) extent; *använda ngt i stor* ~ make extensive use of a th., use a th. extensively; *i så stor (sådan)* ~ to such an extent; *i största möjliga* ~ to the greatest possible extent, as extensively as possible; *i viss* ~ to some extent **-sträckt** *a* eg. outstretched, friare extended; *i* ~ *bemärkelse* in a wider (larger) sense; ~ *tid* på restaurang later closing time; *ligga* ~ lie stretched (at full length, spretande sprawling, framstupa prostrated) **-strömning** -strömmande streaming (pouring) forth (out), genom läcka escaping, issuing; utflöde outflow, discharge, av ånga o.d. exhaust, läckage av t.ex. gas escape **-strömningshastighet** velocity (rate) of discharge **-strömningsventil** discharge (exhaust) valve **-studerad** *a* raffinerad studied, listig artful, cunning, inpiskad (attr.) thorough-paced, out-and-out

utstyrd *a* pred. dressed up etc., jfr *styra* [*ut*];

en vackert ~ *bok* an attractively got-up book **utstyrs|el** *-eln -lar* utrustning outfit, bruds äv. trousseau (pl. äv. -x); utsmyckning, t.ex. boks get-up, H förpackning package; inredning fittings pl.; klädsel F rig-out **utstyrselstycke** teat. spectacular (lavish) play (show)

utstå *tr* stå ut med endure, genomgå, drabbas av suffer, undergo, genomlida go through; ~ *smärta* endure (suffer) pain; ~ *straff* suffer (undergo) punishment; *efter* ~*ndet* fängelsestraff kom han . . after having served his sentence (time) . .; se f.ö. *stå* [*ut*] **-ende** *a* t.ex. tänder, ögon, öron protruding, t.ex. kindknotor prominent, utskjutande, äv. om ögonbryn projecting, utbuktande, äv. om ögon protuberant; om t.ex. vinkel salient; *rakt* ~ . . standing (sticking) straight out

utställa *tr* se *ställa* [*ut*] **utställare 1** på utställning exhibitor **2** av värdehandling drawer; ~ *av check* drawer of a cheque **utställning** allm. exhibition, av t.ex. blommor, hundar (vanl.) show; visning display **utställningsföremål** exhibit **utställningsmonter** exhibition case (stand) **utställningsområde** exhibition grounds pl.

ut|stöta *tr* ljud utter, suck äv. give; ~ *ett skri* äv. cry [out]; se f.ö. *stöta* [*ut*] **-stötande** *s* o. **-stötning** thrusting out etc., jfr *stöta* [*ut*] o. *utstöta;* expulsion, ejection **-suga** *tr* se *suga* [*ut*] **-sugare** polit. sweater; penning~ extortioner **-sugning** sucking out etc., jfr *suga* [*ut*]*;* impoverishment **-sugningssystem** polit. sweating system **-supen** *a* om dryck (pred.) finished [up] **-svettning** exudation **-svulten** *a* undernärd starved, famished; svältande starving **-svältning** starvation **-svängd** *a* . . curved (bent) out[wards] **-svängning** buktning curve **-svävande** *a* liderlig debauched, dissolute, dissipated; *föra ett* ~ *liv* äv. lead a disorderly life **-svävningar** *pl* liderligt levnadssätt debauchery, dissolute living, dissipation samtl. sg.; excesses; friare extravagances **-såld** *a* sold-out . ., pred. sold out, om bok äv. . . out of print, om vara äv. . . out of stock; *-sålt* [*hus*] i annons o.d. full house, no more seats; *det var -sålt* [*hus*] all tickets were sold, all the seats were taken, there was a full house

utsäde *-t -n* **1** sådd sowing **2** frö se följ. **utsädesfrö** koll. seed[-corn], seed for sowing **utsädeshavre** seed oats pl.

ut|sänd *a, vår -sände medarbetare* our special correspondent; jfr f.ö. *sända* [*ut*] **-sändning** sending out etc., jfr *sända* [*ut*]*;* transmission, broadcast **-sätta I** *tr* **1** blottställa expose, underkasta subject, *för* to; jfr *utsatt 1* **2** bestämma fix, appoint, set; utfästa, t.ex. belöning offer; jfr äv. *utsatt 2* **3** se *sätta* [*ut*] **II** *rfl,* ~ *sig för* expose oneself to, t.ex. kritik, prat äv. lay oneself open to, ådraga sig incur; ~ *sig för* [*risken*] *att* inf. run the risk of (render oneself liable to) ing-form; ~ *sig för risker* incur risks; *det vill jag inte* ~ *mig för* äv. I don't want to run that risk **-sättande** *s* **1** eg. putting out etc., jfr *sätta* [*ut*] **2** exposing etc., jfr *utsätta I 1* o. *2;* exposure; appointment **-sökning** jur. enforcement, recovery of a (resp. the) debt by enforcement order **-sökt I** *a* exquisite, choice; utvald select **II** *adv* exquisitely; ~ *fin* äv. very choice **-sökthet** exquisiteness, choiceness **-söndra** o. andra sms. jfr *avsöndra* o. andra sms. **-sövd** *a* thoroughly rested; *jag är inte* ~ I haven't had enough sleep

ut|tag 1 utskärning, hack notch, indentation **2** elektr. o.d. socket, amer. äv. outlet, vägg~ vanl. (britt.) [plug] point **3** penning~ withdrawal **-tagning** av pengar withdrawal; sport. selection, se äv. *-tagningstävling;* f. spec. uppdrag isht mil. draft[ing] **-tagningsblankett** withdrawal form **-tagningstävling** trial [game], trials pl.

uttal pronunciation, *av* ord of; persons sätt att tala accent; artikulation articulation; *ha bra engelskt* ~ vanl. have a good English accent **uttala I** *tr* **1** ord. o.d. pronounce; artikulera articulate; ~ *fel* mispronounce **2** uttrycka, t.ex. önskan express, give expression to, t.ex. ogillande give utterance to **3** t.ex. dom pronounce, pass **II** *rfl* express oneself, give (state, offer, express) an (one's) opinion, *om* on; ~ *sig förmånligt om* . . speak favourably of . .; ~ *sig i försiktiga ordalag* express oneself in guarded terms; ministern vägrade ~ *sig i saken* äv. . . to comment on the matter; ~ *sig för* ngt pronounce (declare) oneself in favour of . .; ~ *sig mot* ngt pronounce (declare [oneself]) against . . **uttalande** *-t -n* yttrande utterance, förklaring statement, declaration, pronouncement; ministern kommer att *göra ett* ~ . . make a statement; *göra ett skarpt* ~ *om (i)* . . express oneself strongly on . .; jfr äv. *uttala* [*sig*] **uttalsbeteckning** phonetic notation **uttalsfel** mispronunciation, mistake in pronunciation **uttalsordbok** pronouncing dictionary **uttalssvårigheter** *pl* pronunciation difficulties

uttaxer|a *tr* isht skatter levy, friare äv. impose **-ing** levying, levy äv. konkr.; statlig skatt tax[es pl.], kommunalskatt rates pl.

utt|er *-ern -rar* zool., skinn, fiskeredskap otter

ut|tjatad *a* **1** uttröskad hackneyed, trite; *ämnet är -tjatat* the subject has been discussed so much that one is sick and tired of it, i t.ex. romaner the plot has been done to death **2** *jag är* ~ trött på hans etc. gnatande I am fed up with his etc. nagging **-tjänad** *a* o. **-tjänt** *a* om sak (attr.) . . which has served its time; utsliten worn-out . ., pred. worn out **-tolka** *tr* se *2 tolka* **-tolkare** interpreter

-tolkning se *2 tolkning* **-torkad** *a* dry, damm dried-up . ., pred. dried up, mark parched **-torkning** drying [up], draining, drainage; vetensk. desiccation **-trumpeta** *tr* se *basunera [ut]*

uttryck allm. expression, talesätt äv. phrase, isht idiomatiskt locution, ord äv. word; tecken äv. mark, bevis äv. token, yttring av känsla o. friare manifestation; term term; *ett oegentligt ~* a solecism; *stående ~* set (stock) phrase; *för att använda ett milt (starkt) ~* to put it mildly (strongly); *ge ~ åt . .* give expression (i ord. äv. utterance) to . ., t.ex. häpnad, missnöje give vent to . ., jfr äv. *uttrycka I;* hennes ansikte hade *ett ~ av svårmod . .* a sad expression; *lägga ~ i sitt spel* mus. play with expression; *sakna ~* lack expression; *sakna ~ för . .* have no expression for . .; *ta sig (komma till) ~ i . .* find expression (om känsla vent) in . ., show (manifest) itself in . ., be manifested (avspeglas reflected) in . .; *det var ett ~ för* t.ex. missnöje, förakt, nationalism it was a manifestation of . .; *som ett ~ för* min uppskattning as a mark (token) of . .

uttryck|a I *tr* ge uttryck åt, allm. express, om t.ex. blick, gest äv. show, manifest, be expressive of, t.ex. tankar, känslor äv. put . . into words, give utterance to, någots inre väsen äv. represent, reflect; t.ex. den allmänna meningen voice; formulera put, phrase; *~ en önskan* express (utter) a wish; jag vet inte *hur jag skall ~ det* äv. . . how to put it; *en blick som -te . .* äv. a look expressing . . **II** *rfl* express oneself; speak; *~ sig klart* express oneself clearly, make oneself clear; *~ sig nedsättande om ngt* speak (express oneself) disparagingly about a th.; *för att ~ sig kort* to be brief; *om jag så får ~ mig* if I may put it like that (may so express myself, may say so); *som man -er sig* vanl. as the phrase goes **uttrycklig** *a* t.ex. order, önskan express; klar, tydlig explicit, definite; *~a instruktioner* äv. positive orders **uttryckligen** *adv* expressly etc., jfr föreg.; *beordra ngn ~* att . . order a p. in so many words (in express terms) . .

uttrycks|full *a* expressive, . . full of expression; full av mening, om t.ex. blick, ord significant **-fullhet** expression, expressiveness; significance **-fullt** *adv* expressively; t.ex. spela with expression **-lös** *a* expressionless, om blick, min äv. vacant **-löshet** expressionlessness, inexpressiveness; vacuity **-medel** means of expression **-sätt** way of expressing oneself, mode (turn) of expression; författares stil diction, style; fras phrase

ut|tråkad *a* bored, pred. äv. bored to death **-träda** *itr* avgå, *~ ur* leave, withdraw (retire) from, förening äv. resign one's membership of (in); se f.ö. *3 träda [ut]* **-träde** *~t 0* avgång withdrawal, retirement; försäkr. exit; *anmäla sitt ~ ur* förening announce one's resignation from . . **-tröskad** *a* bildl. se *utsliten* o. *uttjatad* **-tröttad** *a* weary, pred. äv. tired (fagged) out, *av* with; starkare (attr. o. pred.) dead-tired(-beat); -mattad exhausted **-tyda** *tr* se *tyda I* **-tydare** interpreter **-tydning** se *tydning* **-tåg** march out, departure, äv., isht bibl. exodus end. sg. **-tänjd** *a* långtråkig long-winded, prolix; jfr f.ö. *tänja [ut]* **-tänjbar** *a* stretchable **-tänjning** extension, stretching etc., jfr *tänja [ut]*

ut|tömma *tr* **1** se *tömma [ut]* **2** bildl. exhaust, spend, use up; *~ sina krafter* exhaust oneself, spend one's strength; *hans krafter var -tömda* he was exhausted (worn out), his strength failed him; *~ sin vrede över . .* vent one's anger upon . . **-tömmande I** *a* t.ex. behandling exhaustive; t.ex. redogörelse very thorough, complete, comprehensive **II** *adv* exhaustively; thoroughly **-ur** *prep* out of, jfr *3 ur I* **-vakad** *a . .* tired (worn) out through lack of sleep (by a sleepless night, av vak with watching) **-vald** *a* chosen, selected, picked; select; choice; elect; *~ kvalitet* choice quality; *ett -valt sällskap* a select company (group); *~a trupper* picked troops; subst. a.: *de ~a* äv. relig.. the elect (chosen); *den ~e* the one chosen (chosen one); *hans ~a* the object (bride) of his choice, his bride-elect; *några få ~a* a few chosen ones, a select[ed] few **-vandra** *itr* ur landet emigrate; flytta migrate **-vandrare** emigrant **-vandring** emigration; friare migration

utveckla I *tr* **1** friare o. bildl.: allm. develop; framställa, framlägga set out (forth), unfold, evolve, klargöra expound; prestera, ådagalägga display, show, manifest; frambringa: t.ex. elektricitet, värme generate, t.ex. gas äv. disengage, t.ex. rök emit, give off; *hon ~de hela sin charm* she brought all her charm to bear; *motorn ~r* 40 hästkrafter the engine develops . .; *~* förbättra *en metod* improve (elaborate) a method; *~ saken (det) närmare* go into detail[s pl.] [about it]; *det är ~nde att resa* travel[ling] improves (develops, broadens) one's mind; *för tidigt ~d* brådmogen precocious; *väl ~d . .* well-developed . . **2** eg. se *veckla [ut]*

II *rfl* allm. develop, växa äv. grow, *till* into, *från* out of, from; öka äv. increase; bli bättre improve; breda ut sig unfold; kem. be disengaged; *händelserna ~de sig snabbt* events moved rapidly; *~ sig till en storstad* grow into a big town; *fåglarna har ~t sig ur kräldjuren* birds have evolved from reptiles; *ur ägget ~r sig en larv* a larva develops from the egg

utvecklas *itr. dep* se *utveckla II*

utveckling framåtskridande development,

isht vetensk. evolution, framsteg progress, växande growth; framställning display, exposition; undergå *en våldsam ~* . . a violent process of change; *vara stadd i ~* be developing (växande growing)

utvecklings|bar *a* o. **-duglig** *a* attr. . . that may be developed (t. det bättre improved), developable, . . capable of development (growth) **-land** developing country **-linje** trend, line of development **-lära** theory (doctrine) of evolution **-möjlighet** possibility of development; landet har stora *~er* . . potentialities **-skede** developmental (evolutionary) phase **-stadium** stage of development **-störd** *a* attr. . . whose development has been retarded (hampered, impaired) **-teori** development theory

utverka *tr* få obtain, procure, secure, *åt* for

utvidga I *tr* göra bredare widen; friare o. bildl.: t.ex. sitt företag, sitt inflytande extend, t.ex. marknaden expand; t.ex. hål, lokal, kunskaper enlarge; öka amplify; tänja ut o. fys. dilate, distend; *~ sin bekantskapskrets* increase (extend) the circle of one's acquaintances; *~* en uppsats *till en avhandling* expand . . into a thesis **II** *rfl* breda ut sig widen |out|, broaden |out|; expandera expand; bli större enlarge; tänjas ut stretch; spännas ut distend, bli öppnare dilate **utvidgas** *itr. dep* se *utvidga II* **utvidgning** widening etc., jfr *utvidga;* extension, expansion, enlargement; amplification; dilation, distension **utvidgningsförmåga** expansive power, dilatability, extensibility, expansibility **utvidgningskoefficient** coefficient of expansion

ut|vikning avvikelse deviation; från ämne digression **-vilad** *a* |thoroughly| rested **-vinna** *tr* allm. extract, ur gruva el. malm äv. win, *ur* from **-vinning** extraction, winning **-visa** *tr* **1** visa ut: a) allm. order (send) . . out, *ur* of b) fotb. order . . off, *från planen* the field; i ishockey send . . to the penalty box c) ur landet order . . to leave (quit) |the country|, åld. banish, utlänning äv. expel, driva i landsflykt äv. exile; deportera deport **2** visa show; utmärka indicate; *det får framtiden ~* time must (will) show; *såsom* texten *~r* (som framgår av) as appears from . . **-visning** utvisande ordering out etc., jfr *utvisa 1;* förvisning banishment, expulsion; deportation; i ishockey penalty; *det blev 2 ~ar* fotb. there were two players ordered off **-visningsorder** deportation (expulsion) order **-visslad** *a* se *vissla |ut|* **-vuxen** *a* full-grown . . **-väg 1** bildl. expedient, means (pl. lika), way, way out, resource; *jag ser ingen annan ~* I |can| see no alternative (other way out), *än att* inf. but to inf.; *jag ser |mig| ingen ~ att* inf. I don't see any way of ing-form; *som en sista ~* möjlighet as a last resource, räddning as a (in the) last resort; vi måste *hitta på (finna) en ~* . . find a way |out| (some expedient), F . . think of something; *hitta på en ~ att* inf. find a way (means) of ing-form **2** t.eg. a) utgående way out b) se *utresa* **-välja** *tr* se *välja |ut|*

ut|vändig *a* om t.ex. mått external, outside, om t.ex. målning exterior **-vändigt** *adv* externally, |on the| outside, outwardly, on the exterior; *ut- och invändigt* inside and outside **-värdshus** utanför staden ung. out-of--town restaurant **-värtes** *a* external, outward; *till ~ bruk* for external use (application) **-växla** *tr* t.ex. fångar, noter, artigheter exchange **-växling 1** utbyte exchange **2** tekn. gear; kraftöverföring transmission; -växlande gearing; *liten (stor) ~* low (high) gear; *ha liten (stor) ~* be low-(high-)geared **-växlingsanordning** gear **-växlingsförhållande** gear ratio **-växt** allm. outgrowth, knöl protuberance, vanprydande excrescence äv. bildl., skadlig growth äv. bildl.; naturligt utskott process

utåt I *prep* uttr. riktn. |out| towards, t.ex. landet out into; bo *~ kusten (landet)* . . somewhere in the direction of the coast (somewhere out in the country); ett rum *~ gatan* . . facing the street; kasta ngt *~ golvet* . . over the floor; *gå ~ vägen* go down (along) the road **II** *adv* outward|s|; *längre ~* further out; vår politik *~* . . in relation to other countries; han visade ingenting av sin oro *~* . . outwardly; dörren *går ~* . . opens outwards; *gå ~ med tårna (fötterna)* turn one's toes out|wards| when walking, fult och överdrivet have splayed feet **-böjd** *a* . . bent outwards **-riktad** *a* out-turned end. attr., . . turned (directed) outwards; bildl. om pers. extrovert **-vänd** *a* se *-böjd* o. *-riktad*

ut|öka *tr* se *tillöka* o. *öka |ut|* **-ösa** *tr* bildl.: t.ex. ovett shower, t.ex. misshumör, vrede äv. vent, *över* upon **-öva** *tr* t.ex. funktion, makt, en rätt exercise, t.ex. välgörenhet, en konst, religion, yrke practise, t.ex. ett hantverk, en |affärs|-verksamhet carry on; t.ex. inflytande, press, tryck exert, t.ex. mildhet, tvång use; *~ dragningskraft på ngn* have attraction for a p., attract a p.; *~ grymheter* commit cruelties; *~ kritik mot ngn* criticize a p.; *~ sitt ämbete* discharge one's official duties; jfr äv. ex. under *våld, värdskap* m.fl. subst. **-övande** *a* practising; *~ konstnär* creative artist; *den ~ makten* the executive power **-övare** *~n ~* practiser; av konst, yrke practician

utöver *prep* utom over and above, besides, in addition to, utanför beyond, mer än in excess of; jag har tre pennor *~ den här* . . besides (in addition to) this; han har dricks *~ lönen* . . over and above (outside) his wages; han har ingenting *~ pensionen* . . beyond his pension; *något ~ det vanliga* something out of the ordinary; *det kostar* flera millioner ~ *den beräknade summan* it exceeds the calculated sum by . .

utövning exercising etc., jfr *utöva;* exercise, practice; exertion; discharge

uv *-en -ar* great horned owl, eagle-owl

uvertyr *-en -er* overture, *till* to

V

v *v-*|*e*|*t,* pl. *v*|*-n*| bokstav v [utt. vi:]; *dubbelt ~ (w)* double-u [utt. ˈdʌblju(:)]

vaccin *-en (-et) 0* vaccine **vaccination** vaccination, inoculation, ibl. immunization, *mot* i samtl. fall against **vaccinationsintyg** vaccination certificate **vaccinationsplikt** compulsory vaccination **vaccinera** *tr* vaccinate, inoculate, ibl. immunize, *mot* i samtl. fall against; *låta ~ sig* get vaccinated **vaccinering** se *vaccination*

vack|er *a* **1** skön o.d., allm. beautiful, förtjusande lovely; om pers. äv. good-looking, nice-looking; stilig, ståtlig handsome; söt, täck, 'snygg', intagande pretty äv. iron., amer. (isht om pers. o. plagg) F cute; storslagen, fin, grann fine äv. iron.; tilltalande, trevlig, om t.ex. klänning, dag, bruk nice äv. iron.; hon är *inte direkt ~ men mycket söt . .* not exactly beautiful, but very pretty; *ett ~t arbete* a beautiful (fine, good) piece of work; *-ra ben* beautiful legs; *mycket -ra betyg* skol. very good marks; a very satisfactory certificate (report) sg.; *ett ~t bevis på . .* an admirable proof (token) of . .; *en ~ byggnad* a beautiful (handsome) building; *en ~ dag* se *dag 1 A a)* ex.; *~ som en dag* [as] fair as a day in June; *i den -raste dager* in the best (most favourable) light; *en ~ examen* v. universitet o.d. a fine degree; räcka fram *-ra handen* (*~ tass*) . . the right hand; *en ~ handling* a fine (noble) act[ion]; *ett ~t* sim*hopp* a beautiful (fine) dive; *en ~ hyllning* a graceful act (token) of homage; *ett ~t leende* a beautiful (lovely) smile; *-ra lovord* high praise sg., encomiums; *-ra* tomma *löften* fair promises; *en ~ röst* a beautiful (sångröst äv. fine) voice; *-ra saker* pretty things; *säga* ngn *-ra saker* say nice things to . .; *säga -ra saker* äv. say flattering things, make pretty speeches; *från den -raste sidan* from the best side; italienskan är *ett ~t språk . .* a beautiful language; *-ra visor är aldrig långa* all good things [soon] come to an end; *~t [väder]* beautiful (lovely, fine) weather, jfr vid. *väder 1* ex.; *det är ~t att se . .* it is a pretty (fine) sight to see . .; *det är inte ~t av honom* it (that) is not nice of him; *det här var just ~t!* this is a fine (nice) thing!; *hon blir -rare för varje dag* she gets more beautiful (prettier) every day; *den gör henne just inte -rare* it doesn't improve her looks; *barometern står på ~t* the glass stands at Fair **2** ansenlig, om t.ex. summa considerable, good, handsome; om inkomst respectable; det kostar *-ra slantar* F . . a pretty penny, . . a fine lot of money; han gjorde *en ~ vinst . .* a handsome profit; *det är ~t så!* [it is] pretty good at that!

vackert *adv* **1** eg. beautifully; prettily; finely; nicely; jfr *vacker 1; be ~ om . .* ask nicely (properly) for . .; *huset ligger ~* the house has a beautiful (fine) situation (is prettily el. nicely situated); *det där låter ~* that sounds well (lovande promising); *sitta ~* om hund sit up; *sjunga ~* sing well; *han skriver ~* god handstil he has a good handwriting, he writes a good hand; *det var ~ gjort* utfört it was (is) beautifully osv. done; *det var ~ gjort [av honom]* en ädel handling it was a fine (noble) thing [of him] to do that, it was a noble action on his part; *~ klädd* handsomely (beautifully) dressed; *ett ~ möblerat rum* a handsomely furnished room; *jo ~!* se *[jo] pytt[san]; som det så ~ heter* iron. as they so prettily put it **2** varligt carefully; *fara ~ fram* go carefully; *ta det ~!* take it easy!; *tala ~* med ngn speak gently . . **3** vard., i befallningar, *du stannar ~ hemma!* just you stay [quietly] at home!; *det låter du ~ bli!* you'll do no such thing!, sluta upp! just you stop that!; *sitt nu ~ stilla!* sit still now, like a good boy (girl osv.)! **4** *~ !* F bra gjort well done!; 'fint' fine!

vackla *itr* totter äv. om sak; ragla reel, stagger, göra en överhalning lurch; isht bildl., t.ex. i sin tro falter, waver, vara obestämd vacillate, vara obeslutsam äv. shilly-shally; skifta, t.ex. om priser fluctuate; *bruket ~r* the usage varies; hans hälsa *började ~ . .* began to give way; *regeringen (tronen) ~de* the Government (the Throne) was tottering; *komma ngn att ~* i sitt beslut cause a p. to waver . ., shake (unsettle) a p. . .; *han ~r fram* he is staggering (lurching) along; *~ hit och dit* äv. sway to and fro; *~ mellan* två möjligheter vacillate between . . **vacklan** *- 0* bildl. wavering, vacillation; tottering; fluctuation; jfr *vackla;* obeslutsamhet irresolution, indecision **vacklande I** *a* tottering osv., jfr *vackla;* obeslutsam unsettled; jfr äv. *ostadig;* om hälsa uncertain, failing, precarious; hans hälsa börjar *bli ~ . .* give way **II** *-t 0* eg. tottering osv., jfr *vackla;* reel, stagger, lurch; bildl. se *vacklan*

1 vad *-en -er (-or)* på ben calf (pl. calves)

2 vad *-en -ar* fiske. seine: *fiska med ~* seine

3 vad *-et - **1*** vadhållning bet, wager; *hålla (slå) ~* bet, wager, make a bet, lay (make) a wager; *skall vi slå ~ [om det]?* shall we bet on it (that)?; *jag slår ~ om* att han kommer för sent I bet you . .; *jag slår ~ om* en krona *[med dig]* I'll bet (wager) you . .; *vinna på ~* på ett vad win on a bet, på vadhållning win on betting **2** jur. [notice of] appeal; *anmäla ~* lodge an appeal, give notice of appeal

4 vad *-et -* vadställe ford

5 vad I *pron* **1** interr. what; *~ (va)?* hur sa

what?, artigare [I] beg your pardon?, pardon?; ~ *då?* hur sa, vad för något what?; ~ *för* + subst.? what . .?; ~ *för en (ett, ena, några)* fören. o. självst.: what; avseende urval which, självst. äv. which one (pl. ones); ~ *för något?* what?, what did you say?; ~ *är de't för något?* what is that?; ~ *tänker du bli [för något]?* what do you intend to do for a living?, t. barn what are you going to be?; ~ *gråter du för?* why are you crying?, what are you crying for (about)?; ~ *har du för anledning att* inf.? what reason have you (is your reason) for ing-form?; ~ *har du för planer?* what are your plans?; ~ *är det för dag i dag?* what day is it today?; i så fall, ~ *skulle det vara för ont i det?* what harm would there be in that (it)?; ~ *nytt?* any (what's the) news?; ~ *gör det [till saken]?* what does that matter?; jag vet inte ~ *jag skall göra* . . what to do; ~ *heter hon?* what's her name?; ~ *skall nu komma?* what next?; ~ *säger du?* what do you say?; *nej,* ~ *säger du!* really!, you don't say!, well, I never!; *vet du* ~*!* I'll tell you what!; ~ *vill du?* what is it?, what do you want?; ~*ä'r det?* se [*vad är det*] *fråga* [*om?*]; ~ *är klockan?* what time is it?, what's the time?; jag vet inte ~ *som hände* . . what happened **2** rel.: det som what (äv. ~ *som*); ~ *värre är* what is [still] worse; ~ *som är av vikt är att* . . what is important is that . .; man säger inte *allt* ~ *man tänker* . . all [that] one thinks; *göra* ~ *man vill* do what one likes, få sin vilja fram have one's own way; ~ *du än gör* whatever you do; [*efter*] ~ *jag vet* as (so) far as I know; ~ *helst* whatever; ~ *som helst* se *helst I 2*

II *adv* how; ~ *du är lycklig!* how happy you are!; ~ *tiden går fort!* how quickly time flies!; ~ *blåsigt det är!* isn't it windy!

vada *itr* wade; ~ *över en flod* wade [across] (ford) a river; ~ *i pengar* bildl. be wallowing (rolling) in money

vadan *adv,* ~ *detta?* skämts. why this?

vadar|e *-en -e* o. **-fågel** wading bird, wader

vadben splint-bone, fibul|a (pl. äv. -ae)

vadd *-en -ar* allm.: uppluckrade fibrer wadding; bomulls vanl. cotton wool, amer. absorbent cotton; t. täcke batting; t. fönster, plagg o.d. padding, stopping; samtl. end. sg.; ~*ar* pads

vaddera *tr* pad [out], wad; täcke, morgonrock o.d. quilt; ~*de axlar* padded shoulders

vaddering padding osv., jfr föreg. **vaddtuss** wad **vaddtäcke** quilt

vadhelst *pron* whatever

vad|hållare isht på häst backer, punter; vadslagare better, person that bets **-hållning** betting, wagering, making (laying) [of] bets (resp. a bet)

vadmal *-en (-et) 0* ung. frieze, rough homespun

vadsomhelst *pron* se *helst I 2*

vadställe ford, fordable place

vafalls *adv itj* [I beg your] pardon?

vag *a* vague; obestämd undefined, dimmig hazy

vagabond *-en -er* vagabond, landstrykare tramp, lösdrivare vagrant **-liv** vagabond life; lösdriveri vagrancy; *föra ett* ~ äv. vagabondize, F be (go) on the tramp

vag|el *-eln -lar* **1** sittpinne perch, roost **2** läk. sty[e]

vagg|a I *-an -or* cradle äv. bildl.; *hans* ~ *stod i* Lund . . was his cradle (the place of his birth, his birthplace) **II** *tr* rock; svänga, vicka sway, swing; ~ . . *i sömn* rock . . to sleep **III** *itr* rock, *med kroppen* oneself; gå vaggande waddle; ~ *med huvudet* sway (wag) one's head [to and fro]; ~ *med höfterna* sway (swing) one's hips; ~*nde gång* rocking (waddling) gait **-visa** cradle song, lullaby

vagn *-en -ar* allm. carriage; åkdon vehicle; större, isht f. passagerare, äv. coach; last~ o.d. wag[g]on, truck, tvåhjulig kärra cart; bil car; jfr äv. sms. ss. *barn-, järnvägs-, spår|vagn* m.fl. **-hall** f. spårvagnar o.d. depot **-makare** carriage-builder, coach-builder, cartwright **-park** järnv. rolling-stock; bilar fleet of cars; mil. motor [vehicle] park

vagns|axel axle of a (resp. the) carriage **-hjul** carriage wheel **-last** carriage-(wag[g]on- osv., jfr *vagn)* -load; *en* ~ kol a carriage-load of . . **-lider** shed for carriages (resp. coaches osv., jfr *vagn)*

vagnsätt järnv., *ett* ~ *på* 20 vagnar a train of . .

vaja *itr* om t.ex. flagga fly, float; om sädesfält wave; om t.ex. träd sway; fladdra flutter, stream, flap

vaj|er *-ern -rar* cable, tunnare wire

vak *-en -ar* is~ hole in the ice

vak|a I *-an -or* natt~ vigil, night-watch **II** *itr* hålla vaka sit up; ha nattjänst be on night duty; ~ *hos* en patient watch by . .; ~ *över* övervaka *ngn (ngt)* watch (keep watch) over a p. (a th.); jfr *övervaka;* ~ *in det nya året* see the New Year in **-ande** *a* watching; jfr *vaksam*

vakans *-en -er* vacancy **vakant** *a* vacant

vak|en *a* **1** ej sovande awake end. pred.; attr. waking jfr ex.; *-na drömmar* day-dreams; *få ngn* ~ [manage to] wake a p. up; *ligga* ~ lie awake; *i -et tillstånd* when awake, in the waking state **2** mottaglig för intryck, om t.ex. sinne alert, keen; pigg bright, F all there end. pred.; uppmärksam wide-awake, iakttagande observant; jfr *vaksam; ha [en]* ~ *blick för* . . have a keen eye for . ., be [keenly (thoroughly)] alive to . .; *ha ett -et intresse för* . . have (take) a keen interest in . . **vakenhet** wakefulness; bildl. alertness, wide-awakeness

vakna *itr,* ~ [*upp*] wake [up], isht bildl. awake; bildl. äv. stir; *plötsligt* ~ [*ur sömnen*] äv. start out of one's sleep; *mitt samvete* ~*de* my conscience began to stir; ~ *på fel (galen) sida* get out of bed on the wrong side; naturen ~*de till nytt liv* . . awoke to fresh life; ~ *till medvetande* sans regain consciousness, come round (to); ~ *till medvetande om ngt* become conscious of a th.; ~ *ur sömnen* awake from (out of) one's sleep

vak|natt wakeful night; hos sjuk night-watch; *det är min* ~ [*i natt*] I am on watch (duty) tonight **-sam** *a* vigilant, watchful, pred. äv. on the alert; *hålla ett* ~*t öga på* . . watch . . closely, keep a close (sharp) eye on . . **-samhet** vigilance, watchfulness

vaksin osv. se *vaccin* osv.

vakt *-en -er* **1** vakthållning watch (äv. sjö.), watching; isht mil. guard, ~tjänstgöring äv. duty; *ha* ~ [*en*] be on duty (mil. äv. guard), sjö. have the watch, på skrivning invigilate; *ha* ~*en* ansvaret be in charge; *hålla* ~ keep watch (guard), watch; *hålla* ~ *vid* . . äv. watch at . ., guard . .; *slå* ~ *om* friheten stand up for (up in defence of) . ., safeguard . .; *gå på* ~ mil. be on guard, be on duty, sjö. be on watch; *stå på* ~ keep watch, watch, på post be on guard, stand sentry (sentinel); *vara på sin* ~ bildl.: vara försiktig be on one's guard, se upp keep a good look-out **2** pers.: som bevakar guard; som utövar tillsyn attendant; på skrivning invigilator; vaktpost sentry, sentinel; jfr *ban-, natt-, park-, strejk|vakt;* manskap [men pl. on] guard, sjö. watch; jfr *livvakt; avlösa* ~*en* relieve the guard (sjö. the watch) **3** lokal guard-room, guard-house

vakt|a *tr itr* allm. watch, t.ex. får äv. herd, tend; bevaka guard; övervaka watch over, supervise, t.ex. barn look after; hålla vakt keep guard (watch); på skrivning invigilate; ~ *på ngn (ett tillfälle)* watch a p. (one's opportunity), jfr *avvakta; jag* ~*de ut honom* I watched for him to come out **-are** pers. som bevakar watcher, beskyddare guardian; boskaps~ herdsman, tender, får~ äv. shepherd; vakt, djurvårdare keeper; fång~ warder **-arrest** close arrest, arrest in the guard-house

vakt|el *-eln -lar* quail

vakt|föreståndare overseer; telef. supervisor **-havande** *a* se [*vakthavande*] *officer; vara* ~ se [*ha*] *vakt*[*en*] **-hund** watch-dog **-hållning** bevakning watch; vakttjänst (mil.) guard (sjö. watch) duty **-konstapel** i fängelse warder, amer. guard **-kur** sentry-box **-manskap** [men pl. on] guard; sjö. watch-crew **-mästare** på kontor, i ämbetsverk messenger; skol., univ. porter, beadle, uppsyningsman caretaker; dörrvakt door-man, porter, commissionaire, isht amer. janitor; i kyrka verger; i museum attendant; på bio o. teater attendant, usher; i rättssal usher; kypare waiter; *-mästarn* [*, får jag betala*]*!* waiter [, may I have the bill, please]! **-ombyte** mil. changing of the guard (sjö. watch), guard-mounting; avlösning relief; ~ [*på den ledande posten*] bildl. change of leadership; ~ *sker* kl. 2 the guard is relieved . . **-parad** mil.: parad parade of soldiers mounting the guard, guard-mounting parade ~*en* styrkan the guard **-post** sentry, sentinel **-rum** mil. guard-room; i ämbetsverk ante-room, antechamber **-tjänst** guard (sjö. watch) duty

vakuum -[*et*] - vacu|um (vetensk.: pl. -a) **-torka** *tr* vacuum-dry **-torkning** vacuum-drying

1 val *-en -ar* zool. whale; ~*ar* valdjur cetaceans

2 val *-et* - **1** allm. choice; utväljande äv. selection; eget ~, gottfinnande option; isht mellan två saker alternative; *det finns inget annat* ~ there is no alternative; *göra (träffa) sitt* ~ make one's choice; *ha fritt* ~ have liberty of (have a free) choice; *inte ha annat* ~ *än att* . . have no other choice (alternative) but to . .; *lämna ngn* ~*et fritt* give a p. a free choice, let a p. choose for himself; *efter eget* ~ according to choice, at one's own option; *ställa ngn i* ~*et mellan* . . make a p. choose between . .; *vara i* ~*et och kvalet* be on the horns of a dilemma, be faced with a difficult choice (decision); *vara i* ~*et och kvalet* [*om man skall* gå el. inte] be in two minds [whether to . .] **2** gm omröstning election; själva röstandet voting, poll[ing]; det blir *allmänna* ~ . . a general election; *förrätta* ~ hold an election (elections); *förrätta* ~*et* conduct (preside at) the election; *tillsatt genom* ~ elective; *gå (skrida) till* allmänna ~ go to the polls; *skrida till* ~ *av* ordförande o.d. elect . .; *segra vid* vinna ~*et* win the election, bli vald be elected

valack *-en -er* gelding

val|affisch election poster **-agitation** electioneering, election campaign **-allians** electoral pact

valbar *a* eligible, *till* for; *icke* ~ ineligible **valbarhet** eligibility **valbarhetsålder** age qualification [for eligibility] **valberättigad** *a* . . entitled to vote; subst. a.: *en* ~ an elector; *de* ~*e* äv. the electorate sg.

valborgsmässo|afton the eve of May Day, ung. Walpurgis night **-eldar** bonfires [on Walpurgis night] **-firande** *s* celebrating (celebration) of Walpurgis night

val|boskap ignorant voters pl. [who vote as they are told] **-byrå** election office [of a party]

vald *a* chosen osv., jfr *välja; valt ord* literary word; *några väl* ~*a ord* a few well-chosen words; *Tegnérs* ~*a skrifter* the selected

works of Tegnér
val|dag polling (election) day; *~en blir* den 26 april polling is to take place on . . **-deltagande** *s* participation in the election, poll; *~t var stort (litet)* polling was heavy (low, small) **-distrikt** electoral (voting) area (district, amer. precinct); för kommunala val äv. ward
valdjur zool. cetacean
valen *a* . . numb with cold, jfr *valhänt*
valens *-en -er* kem. valency, amer. valence
walesar|e *-en -e* Welshman; *-na* ss. nation el. lag o.d. the Welsh **walesisk** *a* Welsh **walesisk|a** *-an* **1** pl. *-or* kvinna Welsh woman **2** pl. *0* språk Welsh
valfisk whale
val|fläsk election promise[s pl.], bid for votes **-fri** *a* optional, amer. äv. elective; frivillig äv. facultative; *~tt ämne* skol. optional subject, amer. äv. elective, elective subject **-frihet** persons freedom (liberty) of choice **-fusk** electoral rigging
val|fångare whaler, fartyg äv. whaling boat **-fångst** fångande whaling, whale-fishing
valförrätt|are presider at a (resp. the) poll (an resp. the election) **-ning** se *2 val 2*
valhänt *a* stelfrusen numb, benumbed; bildl.: klumpig, om t.ex. försök clumsy, awkward, om t.ex. ursäkt lame; *jag är ~* eg. my hands are numb; *han är ~* bildl. äv. his fingers are all thumbs **-het** numbness; bildl. clumsiness osv.
valk *-en -ar* **1** i huden callus, callosity; av fett roll **2** hår~ pad **valka** *tr* tekn. mill, full
val|kampanj election (electoral) campaign **-kandidat** [electoral] candidate
valkig *a* callous; om händer äv. horny **-het** callosity
valkokeri whale factory ship
valkrets constituency
valkyri|a *-an -or* valkyrie
1 vall *-en -ar* upphöjning bank, bank embankment; fästnings~ rampart, earthwork; skydds~ o.d. se *1 damm 1;* bilj. cushion
2 vall *-en -ar* betes~ grazing-(pasture-) -ground; field; *driva* boskap *i ~* turn (send) . . out to grass, graze . .; *gå i ~* beta be grazing, be at grass
1 valla *tr* låta beta graze; vakta tend, watch; visa runt take (show) . . round, lotsa guide; *~ barn* take children [out] for a walk; *den misstänkte ~des [på brottsplatsen]* the suspect was taken over the scene of the crime
2 vall|a **I** *-an -or* skid~ wax **II** *tr, ~ skidor* wax skis
vallag electoral law; election act
vallfart *-en -er* pilgrimage **vallfartsort** place of pilgrimage, [holy] shrine; bildl. Mecca **vallfärda** *itr* go on (make) a pilgrimage
vallgrav moat, fosse
vallhund shepherd's dog
vallmo *-n -r* poppy **-frö** poppy seed
vallning av skidor waxing
vallokal polling-station, amer. polling place
vallon *s* o. **vallonsk** *a* Walloon
vallpojke shepherd boy
val|längd se *röstlängd* **-löfte** electoral promise **-man** voter, elector **-manifest** election manifesto **-manskår** electorate, constituency **-möte** election meeting **-nämnd** election (electoral) committee
valnöt walnut äv. virke; bord *av ~* äv. walnut . .
valnöts|trä walnut [wood] **-träd** walnut tree **-tårta** walnut gateau (pl. -x) fr.
valp *-en -ar* pup[py], whelp alla äv. bildl.; pojke äv. cub; tik *med sina ~ar* äv. . . with her young **valpa** *itr* whelp **valpaktig** *a* puppyish
valperiod electoral (election) period
valplats field [of battle], battlefield, friare äv. scene of the battle
valpsjuka distemper
valrav *-en 0* spermaceti
valresultat election result
valross *-en -ar* walrus, morse
val|rätt o. sms. se *rösträtt* o. sms. **-rörelse** electioneering, jfr *valkampanj*
1 vals *-en -er* dans waltz
2 vals *-en -ar* tekn.: i kvarn o.d. roller; i valsverk roll; på skrivmaskin cylinder, platen
1 valsa *itr* waltz
2 valsa *tr* tekn., *~ [ut]* roll [out]
val|sedel voting-(ballot-)paper, ballot **-seger** election victory, victory at the polls
valsformig *a* cylindrical
valskolkare abstainer
valskvarn roller mill
valspråk motto, device
valspäck blubber
valstakt, *i ~* in waltz time
valstrid election (electoral) campaign (contest)
valsverk tekn.: verk rolling-mill; maskin laminating (för papper pressing) rollers pl.
valsätt polit. mode of election
valthorn French horn **valthornist** o. **valthornsblåsare** French-horn player
val|upprop electoral manifesto **-urna** ballot-box
valut|a *-an -or* **1** myntslag currency; utländsk ~ [foreign] exchange; *hård (mjuk) ~* hard (soft) currency **2** värde, vederlag value; *få [god] ~ för pengarna* get [good] value for one's money
valuta|kontor [foreign] exchange control office **-kurs** rate of exchange, exchange rate **-licens** [foreign] exchange licence **-reform** currency reform **-reserv** foreign

exchange (currency) reserve[s pl.] **-smuggling** currency smuggling **-spärr** ban on foreign exchange transfers

valv *-et* - allm. vault; ~båge arch; kassa~ äv. strong-room; *slå ett ~ över* .. cover .. with a vault

valvaka, *de höll ~* ung. they sat up waiting for the election results to come in

valv|båge arch **-gång** archway, arcade

valör allm. value; på sedel o.d. denomination; färgton äv. tint, [colour] tone

vamp *-en -ar (-er)* o. **vampa** *tr* förföra vamp **vampyr** vampire äv. bildl.

van *a* isht attr.: övad practised, experienced, trained; skicklig skilled, expert; förtrogen, vand. end. pred. accustomed, used, *vid* ngt to .., [*vid*] *att* inf. to ing-form; invand äv. habituated, *vid* ngt to ..; härdad, vid t.ex. kyla inured, *vid* to; *med ~ hand* with a deft (skilled, practised) hand; *vara ~ att gå* be used to walking; *vara (bli) ~* ha (få) för vana *att lägga sig tidigt* be in (get into) the habit of going to bed early; *bara man blir lite[t] ~* .. once you get used to it (får kläm på det get into the knack of it) ..; han satte sig *där han var ~* (alltid brukade) [*att sitta*] äv. .. where he was wont to sit; *gör som du är ~* do as you usually do; *ett språk som han är ~ vid* a language [that is] familiar to him

van|a *-an -or* isht omedveten habit; isht medveten practice, sed[vana] custom, vedertaget bruk usage; erfarenhet experience, färdighet practice; förtrogenhet, rutin accustomedness, *vid* to; *~ns makt* the force of habit (resp. custom el. long usage); *inrotad ~* inveterate habit; *sin ~ trogen* true to one's [usual] habit, as is (resp. was) one's custom (wont); *~ vid* en biltyp familiarity with ..; *hans ~ vid* strapatser räddade honom the fact that he was used to ..; *bli en ~* grow into (become) a habit, grow (become) habitual, *hos* with; *få (skaffa sig) en ~* acquire (contract, get into) a habit; *få ~ vid* .. grow familiar with .., get used (accustomed) to ..; *ha ~n inne att* .. be used to ..; *ha stor ~ [vid] att* inf. be quite used to ing-form; *han har stor ~ att undervisa* he has great experience of (in) teaching; *det är en ~ hos honom* it is a habit of his (his wont); *av gammal ~* by [force of] (from long-accustomed) habit; *efter ~n* according to habit el. one's wont (resp. to custom); *ha för ~ att* inf. have a el. be in the habit (resp. make a practice) of ing-form; *här har man för ~ att* inf. it is the custom here to inf.; *gå ifrån sina -or* give up one's habits; *med någon ~ i* livsmedelsbranschen with some experience of (in) ..; *med ~ i* maskinbokföring with knowledge of ..; det är *mot ~n* .. against the custom; *det är mot min ~* it is contrary to my habit (my wont); *göra det till en (ta för) ~ att* inf. make a practice of ing-form

van|art läggning vicious disposition (vana habit), stark. depravation; oart, isht hos djur vice **-artad** *a* se *-artig* **-artas** *itr. dep* urarta degenerate; friare take to (fall into) bad habits (ways) **-artig** *a* vicious, bad

vandal *-en -er* Vandal; bildl. vandal **-isera** *tr* vandalize, destroy **-ism** vandalism

vandel *-n 0* [mode of] life; conduct, morals pl.; *handel och ~* dealings pl., conduct; *föra en hedrande ~* lead a respectable (blameless) life

vandra I *itr (tr)* gå till fots: allm. walk äv. bildl., go on foot; isht fot~ ramble, F hike; traska, m. trötta steg tramp, om t.ex. luffare, gesäll trudge along; ströva utan mål wander, roam, rove, stroll; om djur, folk migrate äv. kem.; friare o. bildl. go, bildl., om t.ex. blick, tankar travel; *vara ute och ~* be out walking (resp. hiking); *~ sin väg fram* go (proceed) on one's way; *denna sägen har ~t* från land till land this legend has passed ..; *~ ur hand i hand* pass (go) from hand to hand **II** m. beton. part. **1** *~ in* [*i* ..] eg. walk (resp. wander) in[to ..]; immigrera se *invandra* **2** *~ igenom* tvärs igenom walk osv. through; *~ igenom hela* .. walk osv. all over .. **3** *~ i väg på* långtur set off on .. **4** *~ omkring* walk osv. about, *i* in; *~ omkring* (fram o. tillbaka) *i* rummet pace ..; *~ omkring på* gatorna wander (roam) about .. **5** *~ ut* walk osv. out; emigrera se *utvandra* **6** *~ vidare* walk (resp. wander) on, ge sig i väg be off **vandrande** *a* walking osv., jfr *vandra;* om djur, folk migratory; kring~ itinerant, ambulatory; *~ gesäll* travelling journeyman; *den ~ juden* the Wandering Jew; *~ njure* floating (wandering) kidney **vandrare** allm. wanderer; fot~ walker, rambler, F hiker; resande traveller **vandrarfolk** se *vandringsfolk* **vandrarhem** youth hostel **vandring** allm. wandering; utflykt walking-tour; fot~ ramble, F hike, jfr *fotvandring;* zool. migration äv. folk~; *på vår ~ genom livet* on our way (pilgrimage) through life; *ge sig ut på ~* go on a walking-tour (hike); *under sina ~ar* during his (her osv.) wanderings

vandrings|bibliotek travelling library **-folk** nomad[ic] people **-lust** wanderlust ty.; ibl. the call of the open road **-man** se *vandrare* **-pris** challenge trophy **-utställning** travelling exhibition **-år** *pl* years of travel, wander-years

vane|bildande *a* habit-forming **-människa** creature of habit **-mässig** *a* habitual, rutin- routine attr. **-sak** matter of habit **-tänkande** thinking in grooves

van|frejd jur. åld. infamy, loss of civil rights **-för** *a* crippled, disabled; *en ~* subst. a. a cripple, a disabled person **-förean-**

stalt home for the disabled **-föreställning** delusion, false notion, wrong idea **-förevård** medical service for the disabled **-förhet** disablement **-heder** disgrace, dishonour, infamy; skam shame **-hederlig** *a* disgraceful, dishonourable, infamous, ignominious; ovärdig shameful **-hedra** *tr* disgrace, dishonour, bring disgrace (shame) upon . . **-hedrande** *a* se *vanhederlig* **-helga** *tr* profane, desecrate **-helgande I** *s* profanation, desecration; av kyrkor o.d. äv. sacrilege **II** *a* profaning, desecrating; profanatory, sacrilegious **-helgd** se *vanhelgande I* **-hävd** neglect, waste; *ligga i* ~ lie waste (uncultivated); *råka i* ~ fall into neglect, go (run) to waste

vanilj *-en 0* vanilla **-glass** vanilla ice **-socker** vanilla-flavoured sugar **-stång** vanilla pod **-sås** custard sauce

vank *oböjl. r, utan* ~ *och lyte* without defect or blemish, bildl. äv. irreproachable; *utan* ~ äv. (fläckfri) without [a] flaw, flawless

vanka *itr,* [*gå och*] ~ saunter, wander, *omkring* about

vank|as *itr. dep, det -ades* bullar (för oss) we were treated to . .; han höll sig framme *när det -ades något gott* . . when there was something nice to be had; i dag ~ *det tårta* . . there is (will be) a cake; *det* ~ *stryk* (för honom) he is in for a thrashing

vankel|mod obeslutsamhet irresolution, indecision; tvekan hesitation; vacklan vacillation; ombytlighet inconstancy, nyckfullhet fickleness **-modig** *a* obeslutsam irresolute, unsettled [in one's mind]; vacklande wavering, vacillating; ombytlig inconstant, fickle

vanlig *a* a) bruklig usual, *hos* with, *bland* among; 'gammal', invand (f. pers.) äv. accustomed, habitual; sed~ customary, *hos* with, *bland* among b) vanligen förekommande, vardaglig, mots. märkvärdig o.d. ordinary; gemensam för många, isht mots. sällsynt common; allmän general; ofta förekommande frequent, förhärskande prevalent; jfr *alldaglig;* genomsnitts-, om t.ex. människa average; *mindre* ~ less (not very) common; *efter de* ~*a artigheterna* after the usual compliments; *i ordets* ~*a bemärkelse* in the common (usual, ordinary) sense of the word; ~*t bråk* vulgar fraction; *en* ~ *dödlig* an ordinary mortal; *i* ~*a fall* vanligen in ordinary cases, as a rule; *den gamla* ~*a historien* the [same] old story; *en helt* ~ *händelse* quite a common (regular) occurrence; ~*a människor* ordinary people, the common (general) run of people; *på sin* ~*a plats* in its (their osv.) usual place; *det* ~*a priset* the usual price; ~ *soldat* common (private) soldier, private; skrivböcker *av den* ~*aste sorten* . . of the type (kind) most frequently (regularly) used; *hans* ~*a sysselsättning* his usual (customary) occupation; *på* ~*t sätt* in the ordinary (usual) manner (way); *den* ~*a åsikten bland* . . the usual opinion among . ., the opinion generally held by . .; *det blir mer och mer* ~*t* it is becoming more and more common (frequent); *det var* ~*t, att hon sjöng* var dag it was usual for her to sing . .; *som* ~*t* as usual; *som* ~*t* [*är*] bland pojkar as is usual . .; vara bättre *än* ~*t* . . than usual; *det är det* ~*a* that's the usual thing [att man gör så to do]

vanligen *adv* generally, usually; ordinarily, commonly; jfr *vanlig;* för det mesta in general; i regel as a rule; *så går det* ~ när man försöker . . that's what generally happens . . **vanlighet** usualness, frequency; *efter* ~*en* as usual; *mot* ~*en* contrary to the (resp. his osv.) usual practice (rule), för en gångs skull for once [in a way]; *det hör till* ~*en* it is [quite] the regular thing **vanlig|t** *adv* usually; han är *mer än* ~ *dum* . . more than usually stupid; *-ast* [most] usually (commonly), most frequently **vanligtvis** *adv* se *vanligen*

van|lottad *a* badly (unfairly) treated, fattig pred. badly off, *i fråga om* as regards; *vara* ~ [*av ödet*] have been ill-treated by Fortune **-makt 1** maktlöshet powerlessness; impotence; jfr *oförmåga* **2** medvetslöshet unconsciousness; *falla i* ~ have a fainting-fit, swoon, faint **-mäktig** *a* **1** powerless, impotent; vain; *han gjorde ett* ~*t försök* att rädda . . he made a vain attempt . .; *en* ~ *vrede* an impotent rage **2** unconscious, fainting. — Jfr föreg. **-pryda** *tr* disfigure, spoil the look of; jfr *misskl䊛da*]*;* missklä äv. (bildl.) be inappropriate (unbecoming) for; ~*nde* disfiguring, unsightly **-ryktad** *a* ill-famed, notorious, attr. äv. . . with a bad reputation **-rykte** disrepute, bad repute, discredit

van|sinne insanity, lunacy; galenskap madness; dårskap folly; *det vore rena* ~*t att* inf. it would be insane (sheer madness, the height of folly) to inf.; *driva ngn till* ~ drive a p. mad (crazy); *älska ngn till* ~ love a p. to distraction **-sinnig** *a* allm. mad, tokig crazy; läk. insane, deranged, demented; utom sig frantic, *av* with; *en* ~ [*människa*] äv. a lunatic, a madman resp. madwoman, stark. a maniac; ~ *fart* breakneck (frantic) speed; [*en*] ~ *huvudvärk* a splitting headache; *ett* ~*t pris* a preposterous price; *bli* ~ go mad, become insane (demented); *har du blivit* ~*?* are you out of your mind?; *det vore* ~*t att* . . se [*det vore rena*] *vansinne*[*t att*]*; han gör mig* ~ he drives me mad (crazy) **-sinnighet,** ~[*er*] madness sg. **-sinnigt** *adv* madly, crazily; insanely; vilt frantically; jfr *vansinnig;* end. förstärkande awfully, terribly, frightfully; *vi hade* ~ *bråttom*

we were in an awful (a terrible, a frightful) hurry; ~ *dyr* awfully osv. expensive; *vara ~ förälskad i ngn* be madly in love with a p.
van|skapad *a* deformed, malformed, misshapen; oformlig monstrous; ~ *varelse* deformed creature, missfoster monster **-skaplighet** o. **-skapnad** malformation, deformity **-skapt** *a* se *-skapad*
vansklig *a* svår difficult, hard; riskabel hazardous, risky; kinkig: brydsam awkward, delikat delicate, ticklish, om t.ex. ställning embarrassing; osäker insecure; tvivelaktig doubtful **-het** ~*en* ~*er* difficulty; riskiness; awkwardness; delicacy, ticklishness; insecurity; doubtfulness; jfr föreg.; ~*er* difficulties
van|sköta I *tr* mismanage, försumma neglect, not look after . . properly; *ett -skött utseende* a neglected (slovenly) appearance; parken *är -skött* . . is badly looked after **II** *rfl* neglect oneself (sin hälsa one's health) badly; ~ *sig* [*i sitt arbete*] completely neglect one's work (duty) **-skötsel** mismanagement, negligence, neglect; *av* ~ from (for) want of proper care **-släktad** *a* degenerate[d]; friare debased, corrupt[ed] **-släktas** *itr. dep* degenerate **-styre** persons misrule, regerings o.d. misgovernment **-ställa** *tr* allm. disfigure, eg. äv. deform, deface; friare spoil [the look of], mar; förvrida distort; förvränga misrepresent, garble; *hon var alldeles -ställd* [*i ansiktet*] her face was quite disfigured
vant *-et -*[*er*] sjö. shroud
vant|e *-en -ar* [trikåstickad jersey (bomulls~ cotton)] glove; tum~ vanl. mitten; *lägga -arna på* . . F bildl. lay hands [up]on . .
van|tolka *tr* [wilfully] misinterpret (misconstrue) **-trevnad** otrevnad discomfort, otrivsamhet unpleasant atmosphere; jfr äv. *vantrivsel; känna* ~ se *-trivas* **-trivas** *itr. dep* be (feel) uncomfortable (ill at ease) [in one's surroundings]; not feel at home, *på en plats* at a place; get on [very] badly (poorly), *med ngn* with a p.; om djur, växter not thrive, thrive badly; *jag -trivs med* arbetet I am not at all happy in . . **-trivsel** oförmåga att trivas inability to get on (om djur äv. samt om växter to thrive) [i sin miljö in one's surroundings], unhappiness [in one's surroundings]; jfr äv. *-trevnad* **-tro** vanföreställning, irrlära false belief, misbelief; skrock superstition; otro unbelief, misstro disbelief, scepticism **-trogen** *a* irrlärig misbelieving; ej troende unbelieving, . . without faith; klentrogen incredulous; misstrogen sceptical **-vett** insanity; besatthet mania; galenskap madness; se vid. *vansinne* m. ex. **-vettig** *a* mad; jfr *vansinnig;* vild raving; om t.ex. påhitt absurd, wild **-vetting** lunatic **-vård** se *vanskötsel* **-vårda** *tr* se *vansköta* **-vördig** *a* disrespectful; mot heliga ting irreverent, *mot* to **-vördnad** disrespect, lack of respect; irreverence, *mot* to[wards] **-ära I** ~*n 0* disgrace, dishonour; skam ignominy, shame; *dra ~ över* sin familj bring disgrace (dishonour, shame) on . . **II** *tr* disgrace, dishonour; jfr äv. *I* ex.
vapen *vapnet* ~ **1** redskap weapon; i pl. (sammanfattande) vanl. arms pl.; *bära (föra)* ~ bear (carry) arms; *nedlägga vapnen (sträcka ~)* lay down [one's] arms, surrender, *för ngn* to a p.; *sätta ~ i ngns händer* bildl. furnish a p. with arguments; *med ~ i hand* weapon in hand, m. vapenmakt by force of arms, by armed force; *slå ngn med hans egna ~* use a p.'s own weapons against him, beat a p. at his own game; *ett folk i ~* a nation in arms; *gripa (kalla . .) till ~* take up (call . . to) arms; *stå under ~* be under arms **2** ibl. = *försvarsgren, truppslag* **3** herald. coat of arms, arms pl., ätts äv. crest **-bragd** feat of arms **-broder** brother-in-arms (pl. brothers-in-arms), comrade-in-arms (pl. comrades-in-arms) **-dragare** armour-bearer; bildl. supporter, partisan **-fabrik** armament (arms) factory **-för** *a* . . fit for military service, . . capable of bearing arms **-gny** din of battle **-gren** se *försvarsgren* **-hus** [church] porch **-lycka** se *krigslycka* **-lös** *a* unarmed; värnlös defenceless **-makt** abstr. force of arms **-rock** tunic, amer. blouse **-sköld** herald. coat of arms, escutcheon **-slag 1** inom marinen branch of the [Swedish] naval forces **2** förr äv. = *truppslag* **-smedja** armourer's workshop **-smuggling** smuggling of weapons (of arms), av gevär o.d. gun-running **-stillestånd** armistice; vapenvila truce, cessation of hostilities **-vila** truce, cessation of hostilities; tillfällig cease-fire **-vägrare** conscientious objector, förk. CO (pl. CO's), F conchy **-övning,** ~[*ar*] training (sg.) in the use of arms
1 var *-et 0* läk. pus, matter
2 var *-et* - överdrag case, slip
3 var *(vart) pron* **1** allm. **a)** fören.: varje särskild, var och en för sig each, varenda every, jfr *varje 1;* före räkneord every; ~ *dag* every (each) day, dagligen äv. daily; bli sämre *för ~ dag* (resp. *timme*) [*som går*] . . with every day that passes, . . every day (resp. . . every hour); vi träffas ~ *och varannan dag* . . practically (pretty well) every day; ~ *gång* every (each) time; ~ *man (människa)* se ~ *och en* ned.; *det är inte ~ man givet att* inf. it is not given to everybody (not everybody's lot) to inf.; ~ *femte* every fifth; ~*t femte barn* äv. one child in every five, one child out of every five; ~ *femte dag* every fifth day, every five days; ~ *åttonde (fjortonde) dag* every week (fortnight), once a week (a fortnight), once weekly (fortnightly) **b)** självst. se ~ *och en* ned.; ge dem *ett äpple* ~ . . an apple each;

hur mycket blir det på ~ (kostar det för var och en)? how much will that be for each [person]?; *lite[t] ~ har vi . .* pretty well every one of us has . ., pretty well all of us have . .

2 *~ och en* a) fören. se *varje 1* b) självst.: var och en för sig each [om flera än två äv. one]; varenda en, alla (om pers.) everyone, everybody, every man (person); *~ och en som* äv. whoever; *~ och en av . .* each [resp. one] of (alla every one of) . .; *de gick ~ och en till sin plats* vanl. they went to their respective places; *vi betalar ~ och en för sig* each [resp. one] of us will pay for himself (om kvinnor herself); han talade med *~ och en för sig . .* each [resp. one] individually (separately); *de kan vara bra ~ och en för sig* they have each got their merits; det är *~s och ens ensak . .* each person's own private affair, . . everybody's own business; *det är ~s och ens plikt att* inf. vanl. it is each man's duty to inf.

3 *~ sin: vi fick ~ sitt glas* we got a glass each, each [om flera än två äv. one] of us (we each) got a glass; *vi fick ~ sina två glas* we got two glasses each; *vi betalade ~ sin gång* we took it in turns to pay, we took turns in (at) paying; de gick *åt ~ sitt* olika *håll . .* in different directions, . . their separate ways; vi satt *i ~ sitt* olika *hörn av rummet . .* in different (in separate) corners of the room; de stod *på ~ sin sida av gatan . .* on either side of the street

4 var *adv* **1** fråg. where; *~ då (någonstans)?* where?; *~ ungefär* hittade du den? whereabouts . .?; *~ i all världen* har du varit? where on earth (where in the world, wherever) . .?; *~ har du [fått]* hört *det ifrån?* where did you get that from?, vem har sagt det? who says so (told you)?, hur vet du det? how do you know? **2** andra fall, *här och ~* here and there; *~ som helst* se *helst I 2; ~ än (helst)* wherever; *~ du vill* wherever (where) you like

var- ss. förled i sammansatta adverb av typen *varav, vari.* Dessa adverb, vilka i allmänhet kan lösas upp i motsv. prep. o. pron., t.ex. *av vilk|en, -et, -a* el. *av vad* el. *som (vilk|en, -et, -a, vad) . . av,* återges i eng. i regel m. motsv. prep. o. interr. el. rel. pron. Ibl. kan *varav* osv. även lösas upp i *och därav (härav)* osv. m. motsv. övers. i eng. Sålunda t.ex.: *varav är det gjort?* what (vid urval which) is it made of?, of what is it made?; 40 passagerare, *varav (varibland) många svenskar . .* of (among) whom many are (resp. were) Swedes, . . including many Swedes; *varav följer att . .* from which (and from this, and from that, and hence, and so, whence) it follows that . .; det brev, *varom ni talar . .* [that (which)] you are talking about

1 vara A *var varit* (pres. *är*) **I** *itr* allm. be; existera, finnas till äv. exist; äga rum äv. take place; stanna äv. stay; utgöra, bilda äv. make; känna sig äv. feel; se ut äv. look; visa sig vara prove (turn out) [to be]; fungera som act as; vara anställd be employed (för ex. se vid. under resp. huvudord, under *1 få I, 2 låta, 2 må, 3 så* m.fl., samt för fraser m. *det är* under *den B*); *att ~ eller icke ~* to be or not to be; *hans sätt att ~* his way of behaving; *för att ~ utlänning är han . .* for a foreigner he is (he's) . .; *för att ~ så ung är du . .* considering [that] you are (you're) so young you are (you're) . .; *jag är* bra dum, *är jag inte?* I am (I'm) . ., aren't I?; *jag är lärare* I am a teacher; *han är värd* he is (fungerar som he acts as) the host; *han är* spelar *Hamlet* he acts [the part of] Hamlet; *jag är nervös* i dag I am (feel) nervous . .; *två och tre är fem* two and three are (is, make[s]) five; *vi är fem [stycken]* there are five of us; *han är här för att . .* he has come to . .; *när är* bröllopet? when is . . [to be]?, when will . . be (take place)?; *rik (snäll) som jag är* skall jag hjälpa dig as I am rich (nice) . ., being rich (nice) . .; *det lilla som är* what (the) little there is; *det är som det är* things are as they are, det kan inte ändras it can't be altered; *för att säga som det är* to tell you the truth, to put it bluntly; *som det nu är* förhåller sig as things are (matters stand) now, in the present situation; *det är Eva* sagt i telefon [this is] Eva speaking, Eva here; *är det fru X?* direkt tilltal are you Mrs. X?, i telefon is that Mrs. X speaking?; *det är jag nu* min tur it's my turn now; *hur är det* i London? hur ser det ut o.d. what's it like . .?, hur är förhållandena how are things . .?, hur trivs du how do you like it . .?; *hur är det att ~* gammal? what does it feel like to be (being) . .?; *vad är det nu då?* what is it (what's the matter, vad har hänt what has happened) now?; *det är han som ska* avgöra it's he who has to . ., it's up to him to . .; *det här är mina böcker* these books are mine (belong to me); *det var bra att du kom* nu it's fine (a good thing) you came . .; *det var det som var* fel that's what was . .; *hur långt var ni (har ni varit)?* how far did you go (have you been)?; under *veckan som var (varit) . .* the last (past) week; föreställningen *har redan varit . .* has already taken place, är över . . is already over; *tider som varit* times that have been, past times; *jag (han) vore glad om* du kom I should el. would (he would) be glad if . .; *det vore trevligt* that would be nice; *hur vore det om vi skulle gå på bio* i kväll? what about going to the cinema . .?; jag kan inte komma *hur roligt det än vore (hade varit) . .* however nice it may be (would have been); *om jag vore (var)* rik if I were (was) . .; *om jag vore (var)* rik *ändå!* I wish I were (was) . .!; *om inte han vore (hade varit)* som hinder if it were not (had not been) for him, som hjälp but for him;

om det så vore (hade varit) min bror even if it were (had been) . .; *var* försiktig! be . .!; *var inte* dum! don't be . .!; *ära vare Gud* glory be to God; *såsom varande* den äldsta being . .; *i bruk varande* maskiner . . in use

får det ~ en kopp te? would you like (may I offer you) . .?; *det får* ~ *|för mig|* jag vill inte I would rather not, jag gitter inte I can't be bothered; *den får* ~ *för mig* jag vill inte ha den I can do without it, jag låter den vara I'll leave it alone; om du inte vill så *får det* ~ a) slipper du . . don't b) låter vi bli . . we won't; *det får (kan)* ~ tills senare that can wait . .; *det får (vi låter det)* ~ *som det är* we'll leave it as it is (at that); *vi kan* ~ *fem* i bilen there is room for five of us . ., we can sit five . .; *det kan |så|* ~ *att han är rik men* . . he may be rich, but . .; *var ska (brukar)* knivarna ~*?* where do . . go?; *det är att befara att* . . it is to be feared that . .; *det är bara att ringa* you only have to ring, just ring; *hon är och handlar* she is out (har gått för att handla has gone |out|) shopping; *hon var och mötte mig* she was there (had come) to meet me; *vem har varit och tagit den?* who has taken (F been and taken) it?; *det är och förblir ett mysterium hur* . . it remains a mystery how . .; *han är och förblir* en skurk he always has been . . and always will be

huset *är av trä* . . is |made| of wood; ~ *från* England a) om pers. be from . . b) om produkter come from . .; *det är* betyder *mycket för mig* that means a lot to me; *det där är ingenting för* passar inte *mig* that is not at all in my line (doesn't suit me at all); *jag var hos* hälsade på *honom* I went to see him; *jag var hos honom en timme* I stayed with him for an hour, I spent an hour with him; *han är i* en kommitté he is a member of . .; *det är bra med (att ha) bil* ibland it's a good thing to have a car . .; *han var där (här) med boken* i går he took the book there (brought the book) . .; *hur är det med* . . ? hur mår how is (resp. are) . .?, hur förhåller det sig med how (what) about . .?; *vad är det med* ljuset? what has happened to . .?, what's the matter with . .?; *det är inte mycket med mig (den)* längre I am (it is) not up to much . .; *hur är hon mot* barnen? how does she treat (behave towards) . .?; *vi är flera om |att dela|* ansvaret there are several of us who share . .; *de är tre (flera) om |att äga| den* they own it between the three of them (there are several people who own it |jointly|); det blir billigare *om vi är flera om |att betala| det* . . if several of us club together to pay (go shares in paying) for it; *man måste* ~ *två om det (om att* göra det) that's a job for two (it takes two to . .); *jag var på (var och såg)* Hamlet I saw (gick på went to see) . .; *jag var på middag där* i går I had dinner (på bjudning was at a dinner) there . .; *vad är den här (ska den här* ~*) till?* what is this |meant| for?; *han är vid* järnvägen he is employed (has a job) on . . (jfr vid. ex. under resp. prep.)

II *hjälpvb* **1** i förb. m. perf. ptc. av tr. vb: a) isht uttr. varaktighet o. resultat be b) passivbildande (= ha blivit') vanl. have been; *när (var) är han född?* when (where) was he born?; *han sägs* ~ *född* på Irland he is said to have been born . .; *bilen är gjord i Sverige (på tjugotalet)* the car was made in S. (in the twenties); *bilen är gjord* för export the car is made . .; *jag är inbjuden (ombedd) att* . . I have been invited (asked) to . .; *jag är ofta ombedd att* . . I am often asked to . .; *bilen är (var) stulen* the car has (had) been stolen; *är* bilen *stulen eller försvunnen?* is . . stolen or missing?, has . . been stolen or is it missing? **2** i förb. m. perf. ptc. av itr. rörelsevb o.d. vanl. have; *han är (var) bortrest* he has (had) gone away; *han sägs* ~ *bortrest* he is said to have gone away; *han är bortrest sedan en vecka* he has been away for a week; *han är utgången* he has gone out, friare he is out

III m. beton. part. (här ej upptagna uttryck söks under partikeln, t.ex. *framme, 2 för IV 2* o. *3*) **1** ~ *av* **a)** be off osv., se ex. under *av II 1* **b)** ~ *av med* ha förlorat have lost, vara kvitt have got (be) rid of, avvara spare, klara sig utan do (manage) without; hur länge *har du varit av med den?* har den varit borta . . has it been missing?, har du varit utan den . . have you been without it? **2** ~ *borta* be away osv., se *borta;* ~ *borta från* arbetet äv. stay away from . . **3** ~ *efter* **a)** förfölja, ~ *efter ngn* be after a p., be on a p.'s tracks **b)** vara på efterkälken, ~ *efter i (med)* ngt be behind in (behind|hand| with) . .; ~ *efter med |betalningen av|* hyran äv. be in arrears with . . **c)** hämta, *han är efter* öl he has gone to get . . **4** ~ *emot* ngt be against . ., ogilla äv. be opposed to . . **5** ~ *före* **a)** ~ *före |ngn|* be ahead |of a p.|, bildl. äv. be in advance of a p., i tid o. ordning be before (in front of) a p. **b)** behandlas be dealt with, be considered, dryftas be up |for discussion|, jur. (om mål) be on, be before the court **6** *kontakten är i* the plug is in (connected); *korken (nyckeln) är i* the cork is in the bottle (the key is in the lock); *låta nyckeln* ~ *i* leave the key in the lock **7** ~ *kvar* stanna remain, stay |on|, se vid. ex. under *kvar* **8** ~ *med* **a)** deltaga take part; närvara be present, *på (vid)* at; finnas med, vara medräknad be included; *är* böckerna *med?* har vi fått med have we got . .?, hade du med did you bring . .?; *är du med?* förstår du mig do you follow |me|?, do you get what I mean?; *får jag* ~ *med?* may I join in (göra er sällskap join you)?; *han är med henne* överallt he accompanies (goes with) her . .; *hon var inte med* tåget she didn't come with . .; ~ *med sin tid* keep up with the times, be (keep) up to date; *han var med* |*oss*| *när vi* . . he was with us when we . .; *jag var med* |*när det hände*| I was there (present) |when it happened|, jag såg det I saw it |happen|; ~ *med och sjunga* sjunga med take part in the singing; ~ *med i (på)* bevista attend; *jag är med i* en förening I am a member of . .; *han var med i* kriget he served (was) in . .; ~ *med i sällskapslivet* mix in society **b)** ~ *med om (på)* samtycka till agree (consent) to, gilla approve of, vara villig till be ready (game) for, bidraga till contribute to **c)** ~ *med om* bevittna see, witness; deltaga i take part in, t.ex. kupp äv. be a party to; uppleva experience; genomgå go (be, live) through; råka ut för meet with; ~ *med om att* inf.: medverka do one's share towards ing-form, hjälpa till help to inf.; han berättade *allt han varit med om* . . all that had happened to him, . . all his experiences; *få* ~ *med om* |*i sin livstid*| live to see; *jag har varit med om snö* i maj I have known snow . . **d)** *hur är det med henne?* hur mår hon how is she?, how does she feel?; *vad är det med henne?* what's the matter (what's wrong) with her?, har hänt henne? what has happened to her? **9** ~ *om sig* look after one's own interests, look after number one, vara närig be on the make **10** ~ *på* **a)** allm. be on, vara pålagd äv. be down, gå (om t.ex. motor) äv. be running **b)** bildl.: ~ *på ngn* ligga efter be on at a p., slå ner på be down on a p.; ~ *på ngt* röra vid be at a th. **11** ~ *till* exist, be; *den är till för att* inf. it is there to inf.: *den är till för det* that's what it is there (avsedd meant) for; ~ *till sig* be beside oneself **12** *knappen är ur* the button has come off; *kontakten är ur* the plug is out (disconnected); *nyckeln är ur* the key is not in the lock **13** *vad är det åt dig?* what is the matter with you?, what has happened to you? **14** ~ *över* **a)** be over osv., se ex. under *över II* **b)** ~ *över ngn* övervaka stand over a p., överraska come upon a p.

B *-t 0* filos. existence, being (äv. ~*t*)

2 vara *itr* räcka, allm. last; pågå go on, fortsätta continue; hålla i sig hold; i högre stil endure; hålla, om kläder o.d. äv. wear; jfr *räcka B II 1* o. *2;* ~ hålla *länge* äv. be durable (lasting); ~ *längre än* äv. outlast; ~ *över vintern* last the winter |out|; *anfallen* ~*de* hela natten the attacks went on (persisted) . .; *den* ~*r min tid ut* it will last |out| my time (will see me out); så länge som *hennes kärlek* ~*r* . . her love endures; *pjäsen (filmen)* ~*r två timmar* the play lasts (the film runs for, the film lasts) two hours; *ärlighet* ~*r längst* honesty is the best policy

3 var|a *-an -or* H artikel article, specialartikel, varuslag line båda vanl. end. m. närmare best.; produkt product; nödvändig (nyttig) ~ o. bildl. commodity; *-or* koll. äv.: vanl. goods; handelsvaror merchandise sg.; om detaljvaror, från försäljarens synpunkt, äv. wares; isht om lantbruksprodukter produce end. sg.; jfr *glasvaror, järnvaror;* detta är *en mycket bra* ~ . . a very good quality (article); *den färdiga* ~*n* the finished product; vi har fått in *mycket -or* . . a lot of goods, . . a great (large) quantity (amount) of goods; *en sällsynt* ~ bildl. a rare thing (commodity), a rare sight; *det är äkta* ~ it is the genuine article (the real thing)

4 vara *s, ta* ~ *på* ta hand om take care of, look after; utnyttja make the most of, make use of, exploit; gömma keep; *ta* |*väl*| ~ *på tiden* make good use (make the most) of one's time; *ta* ~ *på tillfället* take (seize, avail oneself of) the opportunity; hon irrar omkring *utan att kunna ta* ~ *på sig själv* ung. . . in a helpless state; *ta* . . *till* ~ se *tillvarata*|*ga*|; *ta sig till* ~ vara försiktig be careful; *ta dig till* ~*!* äv. mind what you're doing!; *ta sig till* ~ *för att* inf. beware of ing-form, mind (take care) not to inf.; *ta sig till* ~ *för* akta sig för be on one's guard against

5 vara *itr rfl* om sår o.d. fester, suppurate

varaktig *a* långvarig, om t.ex. fred, intryck, vänskap lasting, enduring, om t.ex. popularitet, tillgivenhet abiding; hållbar durable, om färg fast; beständig, om t.ex. bostad, plats permanent; *vara* ~ vara, räcka äv. last, vara hållbar wear well äv. bildl.; *hans rygg tog* ~ *skada av* fallet från hästen his back was permanently injured (hurt) by . . **-het** fortvaro duration; hållbarhet durability; beständighet permanence, permanency; *av kort* ~ of short duration

varandra (F *varann*) *pron* each other, one another; *de lånade* ~*s böcker* they borrowed each other's (one another's) books; *bredvid* ~ äv. side by side; de kom *efter* ~ . . one after the other, . . after one another; de träffades *tre dagar efter* ~ . . on three days running, . . on three successive (consecutive) days; *tätt efter* ~ close upon each other; *byta* hattar *med* ~ exchange . .; *deras förhållande till* ~ their mutual relationship; jfr *varannan II* **varannan** (*vartannat*) **I** *räkn* every other (second); en gång ~ *dag* äv. . . every two days; ~ *gång* äv. alternately; ~ *vecka* äv. every (once a) fortnight **II** *pron,* nya meddelanden *kom in efter vartannat* . . came in one after the other, . . came in a constant stream; *om vartannat* indiscriminately, promiscuously, jfr *huller om buller*

varas *itr. dep* om sår fester, suppurate

varav *adv* of (el. annan prep., jfr *av I*) which (etc.), för konstr. o. ex. se *var-;* ~ *kommer det sig att* . .? why (how) is it that . .?; vi såg tio

bilar, ~ *tre skåpbilar* . ., three of them (three of which were, of which three were) vans
var|bildning purulence, suppuration båda end. sg.; konkr. abscess **-böld** boil, svårare abscess
varda *vart,* perf. ptc. *vorden itr* se *bli; 'Varde ljus'; och det vart ljus* Let there be light: and there was light
vardag weekday, arbetsdag äv. workday; *~ens* mödor the . . of everyday life; *om* el. *på ~arna, till ~s* on weekdays, friare on ordinary days; *till ~s* vardagsbruk for everyday use (om kläder wear)
vardaglig *a* allm. everyday end. attr., vanlig äv. ordinary; banal commonplace, trivial; om utseende plain; enformig monotonous, humdrum **-het** *~en ~er* commonplaceness end. sg., triviality; om utseende plainness; trivial anmärkning o.d. commonplace
vardags|bruk, *för (till) ~* for everyday use (om kläder wear) **-dräkt** se *-kläder;* på bjudningskort informal dress **-klädd** *a* . . dressed in everyday (ordinary) clothes **-kläder** *pl* everyday (ordinary) clothes **-klänning** everyday dress **-kostym** everyday suit **-kväll** weekday evening **-lag,** *i ~* om vardagarna on weekdays; vanligtvis usually; till vardagsbruk for everyday use (om kläder wear) **-liv** everyday (ordinary) life **-mat** everyday (ordinary) food (fare); jfr *-middag* ex.; *det är inte ~* det händer inte ofta it doesn't happen every day, it is not an everyday occurrence **-middag** everyday dinner; *det blir bara ~!* (till inbjuden) we have nothing special to offer you **-människa** ordinary person **-rum** living-room, sitting-room **-språk** everyday language (talat speech) **-uttryck** everyday expression, colloquialism **-vara** bruksföremål article for everyday use
vardande, det är *i ~* . . in the making
vardera *(vartdera) pron* each; *böckerna kostar ~* 10 kronor the books cost . . each, each of the books costs . .; *i vartdera fallet* in each case, om två äv. in both cases; *på ~ sidan* [*av* floden] on either side [of . .]
varefter *adv* after (el. annan prep., jfr *efter I*) which (etc.), för konstr. se *var-;* rel. i tidsbet. ('varpå') after (on) which, whereupon
varelse *-n -r* väsen being, person person; *levande ~* äv. living creature; *en söt liten ~* a sweet little thing äv. om djur
varemot I *adv* against (el. annan prep., jfr *mot I*) which (etc.), för konstr. se *var-* **II** *konj* medan däremot while, whereas
varenda *(vartenda) pron* every [single]; *~*[*ste*] *en, vartendaste ett* every (each) [single] one, jfr *3 var 2* o. *vareviga;* alla [one (each) and] all; *~ dag* every day, dagligen äv. daily
vare sig *konj* **1** either; *jag känner inte ~ honom eller hans bror* I don't know either him or his brother **2** antingen whether; han måste gå *~ han vill eller inte* . . whether he wants to or not
varest *adv* where
vareviga *(varteviga) a* every single; *~ en* every single (mortal) one, every mother's son
varflytning läk. flow[ing] of pus, vetensk. pyorrhoea
varför *adv* **1** interr. why, av vilket skäl äv. for what reason; bibl. wherefore; F what . . for; *~ det (då)?* why?; *~ gjorde du det?* why did you do that?, what did you do that for?; *~ tror du det?* vanl. what makes you believe that?; *~ inte?* why not?; *jag vet inte ~* I don't know [the reason] why **2** rel. **a)** och fördenskull [and] so, and therefore, och följaktligen and consequently, av vilken anledning for which reason, och av den anledningen and for that reason, formellare wherefore; jag var förkyld, *~ jag stannade hemma* . . [and] so (and therefore, and consequently) I stayed at home **b)** för vilk|en (-et -a) for (el. annan prep., jfr *2 för I*) which, för andra konstr. jfr *var-;* han fick ett råd *~ han var mycket tacksam* . ., for which he was very grateful **c)** *orsaken ~ jag reste dit* the reason [why] I went there
varg *-en -ar* wolf (pl. wolves) äv. bildl.; *jag är hungrig som en ~* äv. I could eat a horse, I'm ravenous **vargavinter** extremely (bitterly) cold winter **varghona** o. **varginna** bitch wolf, she-wolf **vargskinnspäls** wolfskin fur[-coat] **vargunge 1** zool. wolf-cub **2** scout wolf cub, amer. cub scout
varhelst *adv, ~* [*än*] wherever
varhärd pus focus
vari *adv* in (el. annan prep., jfr *2 i I*) which (etc.), för konstr. se *var-;* varest where; han tror det går, *~ han misstar sig* . . and in that he is mistaken, . . and he is mistaken there
varia *pl* miscellany sg. **variab|el I** *-eln -ler* mat. variable **II** *a* variable, changeable
variant variant, biol. äv. o. friare variation; läsart variant [reading] **variation** variation äv. mus.
varibland *adv* bland vilka (rel.): om personer among whom, om saker among which; *en del möbler, ~* ett skåp och två bord some furniture, including . .; se äv. ex. under *var-*
variera I *itr* vary; vara ostadig fluctuate; *priser som ~r mellan 8 och* 10 kr prices varying (ranging) between 8 and . . (from 8 to . .) **II** *tr* allm. vary, ge omväxling åt äv. diversify; *~ ett tema* äv. ring the changes on a theme
varierande *a* allm. varying, om t.ex. priser äv. fluctuating; om t.ex. humör, väder variable
varieté *-n -er* **1** föreställning variety, variety show (entertainment), music-hall performance, amer. äv. burlesque, vaudeville [show]

2 lokal variety theatre, music-hall, amer. äv. vaudeville theater **varietéföreställning** se *varieté 1* **varietet** *-en -er* variety **varieté-teater** se *varieté 2*

varifrån *adv* **1** interr. from where, var . . ifrån where . . from, från vilken plats äv. from what place; ~ *har du |fått|* hört *det?* where did you get that from?, vem har sagt det? who says so?, hur vet du det? how do you know? **2** rel.: från vilk|en (-et, -a) from (el. annan prep., jfr *från I*) which, för andra konstr. jfr *var-;* från vilken plats from where, from which place; ~ 20 % *skall avgå* from which must be deducted . .; detta är platsen ~ *det kommer* . . |where| it comes from, . . from which (where) it comes; ~ *han än kommer* wherever he comes from

varig *a* purulent, suppurating

varigenom *adv* through (el. annan prep., jfr *genom I*) which (etc.), för konstr. se *var-;* interr.: på vilket sätt in what way, genom vilka medel by what means; och till följd av detta (i formell stil) whereby

varje *pron* **1** fören.: varje särskild, var och en för sig each, varenda every, jfr *3 var 1;* vardera av endast två vanl. either; vilken som helst any; *mellan ~ blad* between each leaf, between every two leaves; *i ~ fall* in any case; *i ~ ända* av korridoren at either end . . **2** självst., *lite|t| av ~* a little of everything, allt möjligt all sorts of things; han samlade frimärken, stenar *och lite|t| av ~* äv. . . and what not; fem påsar med två kilo *i ~* . . in each **-handa I** *s* allt möjligt all sorts of things pl. **II** *a* various, miscellaneous

varjämte *adv* in addition to (besides) which (om pers. whom); ~ *han förklarade att* . . and he declared besides that . .

varken *konj,* ~ . . *eller* neither . . nor; ~ *han eller hon* får priset ibl. äv. neither of them . .; *han ~ kunde eller ville* läsa he neither could nor would . ., he could not and would not . .; stycket är ~ *bättre eller sämre än* . . no better nor worse than . .; *han kom |inte,| ~ i går eller i dag* he came neither yesterday nor today, he did not come either yesterday or today

varkunna *rfl* se *förbarma*

varlig *a* se *varsam*

varm *a* eg.: allm. (om t.ex. rum, kläder) warm, stark., 'het' (om t.ex. mat, bad) hot; bildl. (om t.ex. vänskap, rekommendation) warm, hjärtlig (om t.ex. hälsning, mottagande) hearty, cordial; glödande fervent, ardent; se äv. ex. m. 'varm' under bl.a. *fisk, hand, korv* samt ex. ned.; *tre grader ~t* three degrees above zero (above freezing-point); *en ~ beundrare* a warm (stark. an ardent) admirer; *~t bifall* hearty (cordial) applause; *en ~ blick* a tender look (gaze); *en ~ bön* a fervent prayer; *en ~ dag* a hot day; *~t deltagande* warm sympathy; *~a färger* warm colours; *~t hjärta* warm (generous) heart; *ett ~t klimat* a warm (hot, torrid) climate; *~a källor* hot (thermal) springs; *mina ~aste lyckönskningar!* heartiest congratulations!; rum med *~t och kallt vatten* . . hot and cold water; *under den ~a|ste| årstiden* during the hot season; *min ~aste önskan* my most ardent (fervent) wish; *bli ~ i kläderna* bildl. begin to find one's feet; *jag blev ~ om hjärtat* my heart warmed; *gå ~* tekn. get over-heated, run hot; *hålla ngn ~* sysselsatt keep a p. busy; *känna sig ~* äv. feel all aglow; soppan bör *serveras ~* . . be served hot; *tala sig ~* warm to one's subject; *vara ~ om fötterna (händerna)* have warm feet (hands); tacka ngn *på det ~aste* . . most heartily **-bad** hot bath **-badhus** baths (pl. lika) **-blod** *~et ~* häst blood horse **-blodig** *a* warm-blooded, bildl. äv. hot--blooded, passionate

varmed *adv* with (el. annan prep., jfr *2 med I*) which (etc.), för konstr. se *var-;* ~ *kan jag stå till tjänst?* what can I do for you?

varm|front meteor. warm front **-garage** heated garage **-gång** over-heating **-hjärtad** *a* warm-hearted, generous **-hållfast** *a* heat--resisting, heat-resistant, heat-proof **-luft** hot air **-rätt** huvud- main dish (course)

varmt *adv* allm. warmly osv., jfr *varm; han tryckte ~ min hand* he gave me a warm shake of the hand

varm|valsa *tr* hot-roll **-vatten** hot water **-vatten|s|beredare** geyser, amer. water heater **-vatten|s|cistern** hot-water tank **-vatten|s|kran** hot|-water| tap **-vatten|s|panna** boiler

varna *tr* warn (*för ngn* against a p., *för ngt* of (ibl. against) a th., *för att göra ngt* not to do a th., against doing a th.), mana att vara försiktig äv. caution (*för att göra ngt* not to do a th., against doing a th.); på förhand forewarn, alert; förmana admonish; sport. caution, *för* for; *han ~de |oss (dem* etc.)| *för farorna av att göra det (för det)* he warned us (them etc.) of the dangers of doing it (against it); *han låter sig inte ~s (låter inte ~ sig)* he refuses to be warned, he will not take warning **varnagel,** *honom till straff och andra till ~* as a punishment to himself and a warning to others **varnande** *a* allm. warning, manande till försiktighet äv. cautionary, på förhand, om t.ex. tecken äv. premonitory; *en ~ blick* a warning glance; *några ~ ord* a few words of warning; *det har höjts ~ röster mot* . . voices have been raised in warning against . .; se *exempel* ex. **varning** warning; caution äv. varningsord o. sport.; vink hint; på förhand premonition; förmaning admonition; ~ *för* efterapningar (ficktjuvar)! beware of . .!; ~ *för svag is!* danger! thin ice; *han* *fick en ~ av* domaren (sport.) he was cautioned by . .; *han har fått ~ i engelska* ung. his parents have been warned that his English is unsatisfactory; *en ~ i tid* a fair warning; *låt detta bli dig en ~!* let this be a warning to you (serve you as a lesson)!; *ta ~ av* take warning from; *han slapp undan med en ~* he was let off with a caution

varnings|lampa warning light **-märke** t.ex. trafik. warning sign **-rop** warning cry **-signal** warning signal **-skylt** se *-märke*

varom I *adv* about (el. annan prep., jfr *2 om A*) which (etc.), för konstr. o. ex. se *var-* **II** *konj*, *~ icke* and if not, annars otherwise

varp 1 *-en -ar* i väv warp **2** *-et 0* gruv. waste rock **3** *-et* - a) not~ haul b) tross warp

varp|a I *-an -or* **1** vävn. (varpmaskin) warping machine **2** sport. a) kaststen 'varpa', stone (metal) disc b) kastspel throwing the 'varpa' **II** *tr* **1** vävn. warp **2** sjö. kedge, warp **varpankare** kedge[-anchor] **varptråd** warp-thread

varpå *adv* on (el. annan prep., jfr *på I*) which (etc.), för konstr. se *var-;* rel. i tidsbet. ('varefter') after (on) which, whereupon

1 vars *pron* **1** rel. whose, om djur o. saker äv. of which; *Agö, ~ fyr är* . . Agö, whose lighthouse . ., Agö, the lighthouse of which . . **2** obest., *~ och ens* se *3 var 2*

2 vars *itj, ja (jo) ~* någorlunda not [too] bad; har du lust att ta en promenad? *—Ja ~* . . Perhaps, . . Maybe, . . I wouldn't mind

varsam *a* aktsam careful, *med* with; förtänksam cautious, prudent; vaksam wary; grannlaga, finkänslig tactful, gentle; jfr *aktsam, försiktig; med ~ hand* with a cautious hand, cautiously, gingerly **-het** care[fulness], caution, prudence, wariness etc.

varse *a, bli ~* märka notice, observe, see; upptäcka discover, catch sight of, skönja discern, descry; förnimma perceive **-bli** *tr* se föreg. **-blivning** psykol. perception

vars|el *-let -el* **1** förebud premonitory sign, premonition, jfr *förebud 1; det är ett ~ om* t.ex. kommande olycka this portends (etc., se *varsla 1*) . . **2** varskoende notice; *~ om strejk* notice of a strike, strike notice; *med kort ~* at short notice

varsko *-dde -tt tr* underrätta inform, förvarna warn, [*ngn*] *om ngt* a p. of a th.; *polisen är ~dd* äv. the police have been notified

varsla *tr itr* **1** vara förebud om, *~* [*om*] ngt portend, forebode, presage, augur, be ominous of; *det ~r inte gott* that presages (augurs) no good **2** varsko, *~ om strejk* give (serve) notice of a strike

varsna *tr* se [*bli*] *varse*

varsomhelst *adv* se *helst I 2*

varstans *adv* F, det ligger papper *lite ~* . . here, there, and everywhere

Warszawa Warsaw

1 vart *adv* where; *~ än (helst)* wherever; *~ vill du komma?* vad syftar du på? what are you driving at?; jag vet inte *~ jag skall gå* . . where to go; *~ som helst* se *helst I 2*

2 vart *s, jag kommer inte någon (ingen) ~* I am getting nowhere, I am not getting anywhere, bildl. äv. I am making no headway (progress) [whatever]; *jag kommer inte någon (ingen) ~ med honom* jag kan inte rubba honom I cannot budge him at all, han är så ohanterlig I can do nothing with him; *du kommer ingen ~ med* sådana metoder . . will get you nowhere

3 vart *pron* se *3 var*

vartannat *räkn pron* se *varannan*

vart|efter *konj* efter hand som as **-helst** *adv* wherever, wheresoever **-hän** *adv* where

vartill *adv* to (el. annan prep., jfr *till I*) which (etc.), för konstr. se *var-;* det brott *~ han gjort sig skyldig* . . of which he has rendered himself guilty; *~ kommer att han är* en god talare in addition to which he is . .; *~ gagnar det ?* what is the use [of it]?

vart|somhelst *adv* se *helst I 2* **-åt** *adv* **1** interr. in what (vid urval which) direction; *~ gick du?* äv. which way did you go? **2** rel. to (el. annan prep., jfr *åt I*) which

varu|beteckning description of goods **-börs** commodity (för lantbruksvaror produce) exchange **-deklaration** intyg om kvalitet etc. (ung.) label stating quality etc.; såsom rubrik på varuförpackning: innehåll contents, ingredienser ingredients used; *systemet med ~er* labelling of merchandise **-export** -exporterande exportation of goods **-hiss** goods lift (amer. elevator) **-hus** [department (departmental)] store (stores pl. lika) **-import** -importerande importation of goods **-kännedom** knowledge of commodities (merchandise) **-lager 1** lager av varor stock[-in-trade]; *förnya sitt ~* restock [one's goods] **2** magasin warehouse

varulv wer[e][wolf (pl. -wolves)

varu|magasin lager warehouse **-märke** trade-mark

varunder *adv* under (el. annan prep., jfr *2 under I*) which (etc.), för konstr. se *var-*

varuprov sample, jfr *prov 3;* påskrift på kuvert by sample-post

varur *adv* out of (el. annan prep., jfr *3 ur I*) which (etc.), för konstr. se *var-;* boken, *~ vi hämtat siffrorna* . . from which we have taken the figures

varu|slag o. **-sort** type of goods (article, commodity), line [of goods]

varutöver *adv* over and above (el. annan prep., jfr *utöver*) which (etc.), för konstr. se *var-; en gräns ~ man ej bör gå* a limit beyond which one should not go

1 varv *-et* - skepps~ shipyard, shipbuilding yard; flottans naval |dock|yard, amer. naval shipyard, navy yard; *på ~et* in the shipbuilding yard osv.

2 varv *-et* - **1** |om|gång turn, round; sport. (ban~) lap; tekn. o. astr. revolution; konstgjord satellits orbit; vid stickning och virkning row; 1000 ~ *i minuten* . . revolutions per minute; *gå ett (flera) ~ runt* kvarteret take a turn (several turns) round . ., go once (several times) round . .; *gå ett ~* (göra en vända) i trädgården take a turn . .; *linda* ett band *två ~ |runt|* wind . . twice round (about); *när han hade kommit upp i ~* when he had really got going; *gå på högsta ~* eg. be at top rev. **2** lager, skikt layer **varva** *tr* **1** lägga i skikt put . . in layers **2** sport. lap **varvantal** se *varvtal*

varvid *adv* at (el. annan prep., jfr *2 vid I*) which (etc.), för konstr. se *var-;* om tid (när) when; han snubblade, *~ han föll . .*, in doing which he fell

varvig *a* geol., *~ lera* varved clay

varvräknare tekn. revolution (F rev.) counter

varvs|arbetare shipyard worker, dockyard hand **-industri** shipbuilding industry; *den svenska ~n* äv. the Swedish shipbuilding yards (shipyards) pl.

varv|tal number of revolutions; *komma upp i högre ~* a) eg. pick up b) bildl. really get going **-tals** *adv* i skikt in layers

var|åt *adv* interr. to (el. annan prep., jfr *åt I*) which (etc.), för konstr. se *var-;* jfr *vartåt* **-över** *adv* over (el. annan prep., jfr *över I*) which (etc.), för konstr. se *var-; ~ beklagar du dig?* what are you complaining of?; han gjorde en anmärkning,. ~ *hon blev mycket ond . .* at which she was (. . which made her) very angry

vas *-en -er* vase

vasa *itj* what |did you say|?, hövligare [I] beg your pardon?, pardon?

vasall *-en -er* vassal **-stat** vassal state; om moderna förh. vanl. satellite |state|

vasa|loppet the Vasa |ski| race **-orden** best. form the order of Vasa

vaselin *-et (-en) 0* vaseline, petroleum jelly, amer. äv. petrolatum

vask *-en -ar* avlopp sink **vaska** *tr* tvätta wash; *~ guld* wash (pan) gold; *~ ut* wash (pan) out

vasomotorisk *a* vasomotor . .

1 vass *a* allm. sharp; om egg äv. keen; spetsig pointed; udd~ sharp-pointed, . . as sharp as a needle; om verktyg sharp-edged; stickande, om t.ex. blick, ljud, vind piercing; sarkastisk, bitande, om t.ex. ton caustic, mordant, cutting; *~ näsa* pointed (sharp) nose; *~ penna* pointed (bildl. äv. caustic) pen; *ha en ~ tunga* have a sharp (biting) tongue; *göra ~* sharpen; kniven *är ~* äv. . . has a sharp edge

2 vass *-en -ar* bot. |common| reed; koll. reeds pl.; *en ~* se *vassrugge; i ~en* among (on) the reeds **-bevuxen** *a* reedy, reeded

vassbuk zool. sprat, koll. sprats pl.

vassl|a I *-an 0* whey **II** *rfl* go (get) wheyey (wheyish) **vasslig** *a* wheyey, wheyish

vassnäst *a* attr. . . with a pointed (sharp) nose

vasspipa reed **vassrugge** clump of reeds **vassrör** o. **vasstrå** reed

Vatikanen the Vatican

watt pl. - *r* watt

vatt|en *-net -en* **1** allm. water; vichy~, soda~ soda|-water|; *högt ~* high water, jfr *flod 2; lågt ~* low water, jfr *ebb; ett stort ~* a vast stretch of water; *~ och avlopp* drainage and water supply; *där får han ~ på sin kvarn* that is grist to his mill; *ta in ~* läcka take in water; *ta sig ~ över huvudet* take on more than one can manage, bite off more than one can chew; en diamant, en idealist *av renaste ~* . . of the first (purest) water; *lägga . . i ~* put . . in water, för ursaltning av matvaror äv. put . . in soak; *på 10 meters ~* at a depth of 10 metres; *gå ned på -net* flyg. surface, alight on water; färdas *till lands och ~* . . by sea and land; simma *under -net* . . below the surface; *stå under ~* be under water, vara översvämmad äv. be flooded (submerged); *sätta . . under ~* flood . ., submerge . .; *vid första öppet ~* H at first open water (förk. f.o.w.) **2** vätska, *~ i knät* water on the knee; *~ i lungsäcken* wet pleurisy **3** urin, *kasta |sitt| ~* pass (make) water, urinate, om hästar o.d. stale

vatten|aktig *a* aqueous; vattnig watery **-avstötande** *a* water-repellent **-bad** kok. water-bath **-behållare** water tank; större reservoir; f. varmvatten boiler **-blandad** *a* . . mixed with water **-blåsa** bubble |of water|; blemma water-blister **-brist** shortage (scarcity) of water, i jorden deficiency of water **-bryn,** *i ~et* i strandkanten at the water's edge, vid vattenytan at (on) the surface of the water **-delare** watershed, divide **-djur** i havet marine animal; i insjö lacustrine animal; hon är *ett riktigt ~* . . a fish in the water **-drag** watercourse, stream **-droppe** drop of water, water drop **-fall** waterfall; isht mindre cascade; större falls pl. **-fattig** *a* . . poorly supplied with water; torr dry, stark. arid **-färg** water-colour; *målning i ~* water-colour |painting| **-förorening** pollution |of the water| **-glas 1** dricksglas |drinking-|glass, utan fot äv. tumbler; glas vatten glass of water **2** kem. water glass **-grav** hästsport. water-jump; vallgrav moat **-halt** water content, content (percentage) of water **-haltig** *a* watery; kem. hydrous **-hink** water bucket **-kammad** *a* attr. . . with one's hair plastered down with water **-kanna** water-jug(amer.

-pitcher), större äv. ewer; för vattning watering--can, amer. sprinkling can; f. andra ändamål, t.ex. på bensinstation water-can **-karaffin** carafe, water-bottle **-klosett** water-closet (förk. W.C.), toilet **-konst** [artificial] fountain **-koppor** *pl* chicken-pox, läk. varicella båda sg. **-kraft** water power **-kran** water-tap, amer. [water-]faucet **-kur** water cure; läk. äv. hydropathy **-kvarn** water-mill **-kyld** *a* water-cooled **-kylning** water-cooling, cooling by water

vattenledning rör water-pipe; huvudledning water-main, [water-]conduit; akvedukt aqueduct; *det finns ~* i huset there is water laid on

vattenlednings|rör water-pipe; huvudrör [distributing-]main **-vatten** tap water **-verk** waterworks (pl. lika)

vatten|linje sjö. water-line **-lås** [water] trap, water seal **-lägga** *tr* soak äv. salta ur, put . . in water **-massa** volume (body) of water **-märke** sjö. load-line; tekn. water--level; se *-stämpel* **-mätare** watermeter **-ondulering** water wave **-pass** tekn. water-level **-pelare** column of water **-pipa** hookah **-pistol** water pistol, squirt [gun] **-polo** water-polo **-post** brandv. hydrant **-puss** o. **-pöl** puddle, pool [of water] **-rik** *a* . . abounding in water, watery; *~ trakt* well-watered district (country) **-samling** pool [of water] **-sjuk** *a* boggy, fenny, marshy **-skada** water damage, damage by water **-skadeförsäkring** water damage insurance; jfr *försäkring* m.ex. **-skida** water-ski; *åka -skidor* water-ski **-slang** hose **-spegel** mirror (surface) of the water **-sport** aquatic sports pl. **-spridare** [water] sprinkler **-stråle** jet of water **-stånd** water-level; om tidvatten äv. height of tide; *högsta ~et* high-water level; *det är högt (lågt) ~* the water-level is high (low) **-ståndsmätare** tekn. water-gauge **-stämpel** watermark

vatten|tillförsel o. **-tillgång** water-supply **-torn** water tower **-tunna** water-butt **-tät** *a* om tyg o.d. waterproof; om kärl, fartyg o.d. samt bildl. watertight; *~t armbandsur* waterproof watch; *~t skott* watertight bulkhead; *göra* tyg *~t* waterproof . . **-vagn** sprutvagn watering-cart **-vård** water conservation **-väg** waterway; *komma ~en* come by water **-växt** aquatic plant **-yta** surface of water; *denna ~* the surface of this water **-åder** o. **-ådra** vein of water **-ånga** steam **-ödla** newt

wattimme elektr. watt-hour

vatt|koppor *pl* se *vattenkoppor* **-lägga** *tr* se *vattenlägga*

vattna *tr* water äv. djur; åkerfält m. kanaler o.d. äv. irrigate; gräsmattor, gator äv. sprinkle; m. slang hose; *~ ur* salta ur soak, steep **vattnas** *itr. dep, det ~ i munnen på mig,* när jag it makes my mouth water . . **vattnig** *a* watery **vattning** watering; irrigation; sprinkling; jfr *vattna* **vattningsställe** watering--place; för hästar äv. horsepond

vattrad *a* watered, moiré

wattsekund elektr. joule

Vattumannen astr. Aquarius

vattu|siktig *a* dropsical **-skräck** rabies; hos människa äv. hydrophobia **-sot** dropsy

vattvälling water-gruel

vax *-et 0* wax; *han är som ett ~* i hennes händer he is [like] wax (clay) . .; figur *gjord av ~* . . made of wax, wax . .

vax|a *tr* wax **-artad** *a* waxlike **-blek** *a* waxen, pallid, waxy **-böna** wax bean **-docka** wax doll (modell model) **-duk** oilcloth äv. duk **-figur** waxwork, wax figure **-gul** *a* wax-coloured, waxen **-kabinett** waxworks pl. lika, waxworks museum (show) **-kaka** honeycomb **-ljus** wax candle (mindre taper) **-propp** i örat plug of wax **-taft** oiled taffeta

wc *wc-t,* pl. *wc[-n]* W.C., toilet, lavatory **wc-borste** lavatory brush **wc-skål** W.C.--bowl(-pan)

ve I *oböjl. s,* ngns *väl och ~* se *väl I; svära ~ och förbannelse över ngn* call down curses on [the head of] a p. **II** *itj, ~ dig [, om . .]!* woe betide you [, if . .]!; *~ mig!* woe is me!; *~ den dagen!* alas the day!; *o ~!* alas!; *ropa ack och ~* lament, cry woe, wail

veck *-et -* löst fallande fold; i sömnad pleat; invikning tuck; byx~ o.d. samt oavsiktligt crease äv. på papper; i ansiktet wrinkle, pucker; *bilda ~* fold; *lägga* ett tyg *i ~* pleat . ., i lösa veck fold . .; *lägga pannan i ~* pucker [up] one's brow; rocken *lägger sig i ~ över axlarna* . . puckers [up] at the shoulders

1 vecka I *tr* ett tyg o.d. pleat, fold; pannan pucker; jfr *veck; ~d* geol. folded; *~d kjol* pleated skirt **II** *rfl* fold; crease; isht om papper crumple, crinkle; jfr *veck*

2 veck|a *-an -or* week; *~ efter ~* week after week; *~ för ~* week by week; *~ ut och ~ in* week in week out; *~n ut* to the end of the week; *varje ~* every week, ss. adv. äv. weekly; *i (under) en ~s tid* for a week or so; *fyra -ors semester* four weeks' holiday (weeks off); *i dag för en ~ sedan* a week ago today; *i ~n* nu i ~n this (in the course of the) week; förekomma (utkomma) *en gång i ~n* . . once a week, . . weekly; *[i] förra ~n* last week; *[om (på)]* fredag *[i] nästa ~* on the . . of next week; *om en ~* in a week['s time]; *i dag om en ~* this day week, a week from today; 25 kr. *per ~ (i ~n)* . . a (per) week; hyra *per ~* . . by the week; resa bort *på en ~* . . for a week; *på en*

~ hinner man mycket in a week . .; *under ~n* during (in the course of) the week, på vardagarna on weekdays

veckberg folded mountain

veckig *a* creased; skrynklig crumpled, isht om papper äv. crinkled

veckla *tr* vira wind; svepa wrap; ~ *av* t.ex. omslag unwrap, undo, garn o.d. unwind; ~ *ihop* fold . . up (together); ~ *in ngt i ngt* wrap a th. [up] in a th.; ~ *om* se *linda [om]*; ~ *upp (ut)* unfold, t.ex. paket undo; ~ *ut* flagga, segel unfurl (äv. ~ *ut sig*) **vecklare** *-n -* zool. tortricid

veckning geol. folding

vecko|biljett weekly season ticket **-dag** day of the week **-gammal** *a* one week old (attr. one-week-old), om t.ex. kyckling week-old **-helg** week-end **-lön** weekly wages pl.; arbeta *för ~* . . by the week **-peng[ar** *pl]* weekly pocket-money (allowance) sg. **-press** weekly [publication] press; *~en* äv. the weeklies pl. **-skifte** eg. turn of the week; -helg week-end **-slut** week-end **-slutsbiljett** week-end ticket

veck[o]tals *adv* for weeks [together (at a time)]

vecko|tidning weekly publication (magazine), weekly **-timme** skol., *fem -timmar* five periods a week

veck[o]vill *a, vara ~* not know what day of the week it is

ved *-en 0* wood, ss. bränsle äv. firewood **-artad** *a* woody, bot. ligneous **-bod** woodshed **-bärare 1** pers. wood-carrier **2** sak wood-holder

veder|bör *opers. itr* (pres.), *den (dem) det ~* whom[soever] it may concern, the person (those) concerned **-börande I** *a* the . . concerned, ifrågavarande the . . in question; behörig, om t.ex. myndighet the proper (competent, appropriate) . . **II** subst. the person (jur. äv. party) concerned; pl. those concerned, the persons (resp. parties) concerned; ~ återges i eng. ibl. med pers. pron.: 'han (honom osv.)' he (him osv.); *[höga]* ~ the authorities pl.; här kommer ~ *själv* F . . the [very] man himself (woman herself osv.) **-börlig** *a* due, proper; passande äv. suitable; *på ~t* säkert *avstånd* at a safe distance; *i ~ form (ordning)* in due form; *med ~t tillstånd* with due permission **-börligen** *adv* duly, properly, . . in due form **-faras** *-fors -farits itr. dep, ~ ngn* befall (happen to) a p.; den heder *som -fors honom* . . which befell him; den glädjen *-fors honom aldrig* he was never to experience . .; *låta ngn ~ rättvisa* do a p. justice **-gälla** *tr* allm. repay, *ngn ngt* a th. to a p., a p. for a th.; gengälda return, requite; löna reward, recompense; hämnas retaliate, avenge; ~ *ont med gott* return good for evil **-gällning** retribution äv. teol.; lön requital; gottgörelse recompense, reward; hämnd retaliation, revenge; *massiv* ~ mil. massive retaliation; . . *torde återlämnas mot* ~ reward offered for the return of . .; *till* ~ in (by way of) retaliation, in return **-häftig** *a* **1** tillförlitlig reliable, trustworthy **2** H solid solvent, financially responsible; *icke* ~ insolvent **-häftighet 1** reliability, trustworthiness **2** solvency, financial responsibility. — Jfr föreg. **-kvicka I** *tr* uppfriska refresh; stärka invigorate **II** *rfl, ~ sig med ngt* refresh osv. oneself with a th. **-kvickelse** refreshment; invigoration osv.; jfr *-kvicka I*

veder|lag ersättning compensation osv., jfr *ersättning 1; skäligt* ~ adequate indemnification; göra ngt *mot ~* . . for a consideration; *utan ~* free of charge, gratuitously **-lagsskyldig** *a* . . liable to compensation **-like,** *hans ~* his equal; *hans -likar* äv. people of his kind **-lägga** *tr* confute; gendriva refute; dementera, t.ex. ett påstående contradict, deny, disprove; tillbakavisa, t.ex. en beskyllning rebut; . . *kan ej ~s* äv. . . is irrefutable **-läggning** confutation, refutation; disproof; rebuttal, jfr *vederlägga* **-mäle** *~t ~n* token, mark **-möda** hardship[s pl.]; travail (äv. *-mödor*) **-sakare** *~n ~* adversary **-styggli g** *a* abominable; -värdig execrable; ~t ful hideous **-styggli ghet** abomination **-tagen** *a* erkänd adopted, accepted, recognized; fastställd, om t.ex. sed established, om t.ex. uppfattning conventional; *-taget bruk* äv. convention **-vilja** antipathy (*mot* towards, against), repugnance; disgust, *mot* for; avsky loathing, hatred, *mot* of **-värdig** *a* repulsive, repugnant; avskyvärd disgusting, loathsome; äcklig nauseous; jfr *-stygglig* **-värdighet** egenskap repulsiveness etc. jfr föreg.; *krigets ~er* the horrors of war

vedettbåt örlog. picket-boat

ved|huggare wood cutter (chopper), woodman **-kap** cirkelsåg circular saw **-kast** se *-trave* **-kubb[e]** hugg~ chopping-block **-lass** [cart-]load of [fire]wood **-lår** firewood bin **-pinne** stick of [fire]wood **-skjul** woodshed **-spis** [fire]wood stove **-stapel** se *-trave* **-såg** wood saw **-trave** woodpile, stack of [fire]wood (logs) **-trä** log (stort billet) of wood **-yxa** wood-chopper

weekend *-en -er (-s)* week-end

vegetabilier *pl* vegetables **vegetabilisk** *a* vegetable **vegetarian** vegetarian **vegetar[ian]ism** vegetarianism **vegetarisk** *a* vegetarian **vegetation** vegetation **vegetationsfattig** *a* . . poor (lacking) in vegetation **vegetativ** *a* vegetative **vegetera** *itr* vegetate; bildl. äv. lead a dull life

Weichsel the Vistula

vek *a* böjlig pliant, pliable, yielding alla äv. bildl.; svag weak, feeble; mjuk, lättrörd soft;

känslig gentle, tender; eftergiven indulgent; *ett ~t hjärta* a soft (tender, gentle) heart; *bli ~* soften, grow soft; *bli ~ om hjärtat* feel one's heart soften, grow tender; *göra ~* soften
vek|e *-en -ar* wick
vek|het weakness osv., pliancy; jfr *vek* **-hjärtad** *a* soft-(tender-)hearted
ve|klaga *itr* lament, wail **-klagan** lamentation, wailing
veklig *a* soft, omanlig effeminate; slapp nerveless, pithless; svag weak[ly]; klemig coddled, delicate; *föra ett ~t liv* lead a life of ease and luxury **veklighet** softness osv.; effeminacy; jfr *veklig* **vekling** weakling, effeminate man (boy osv.), F milksop **vekna** *itr* soften, grow soft (tender); ge vika relent
vektor vector
vela *itr,* [*gå och*] *~, ~ hit och dit* shilly-shally
velar I *a* velar **II** *-en -er* velar [sound]
velig *a* obeslutsam irresolute, F shilly-shally, dum dull, stupid
vellpapp o. **wellpapp** corrugated cardboard
velociped *-en -er* [bi]cycle **-åkning** cycling
velodrom velodrome
velours se *velur*
weltervikt welter-weight
velur *-en 0* velour[s] **-hatt** velour[s] hat
velvet *-en 0* cotton velvet
vem *pron* **1** interr. who (ss. obj. who[m], efter prep. whom); vilkendera which [of them]; *~ där?* who is (mil. goes) there?; *~ av er . .?* which of you . .?; *~ får jag hälsa från?* anmäla what name, please?, se vid. ex. under *2 hälsa 3;* jag vet inte *~ som kom . .* who came; *~s är det?* whose is it?, who[m] does it belong to?; *~s är felet?, ~s fel är det?* whose fault is it?, who is to blame? **2** i allm. rel. pron. o. likn. uttr., *~ det än är (vara må)* whoever it may be; *ge det till ~ du vill* give it to who[m]ever you like; hon kan välja *~ hon vill . .* whoever she wants; *~ som helst* se *helst I 2*
vemod [tender] sadness, [pensive] melancholy **vemodig** *a* sad, melancholy **vemodsfull** *a . .* full of sadness (melancholy)
vemsomhelst *pron* se *helst I 2*
ven *-en -er* åder vein
Venedig Venice
venerisk *a* venereal
venetian[**are**] *s* o. **venetiansk** *a* Venetian
ventil *-en -er* **1** till luftväxling ventilator, air-regulator; sjö., i hytt porthole **2** i maskin (säkerhets~ o.d.) valve; på fartyg (lucka) scuttle; på blåsinstrument valve **ventilation** luftväxling ventilation **ventilationsruta** bil. ventilator, ventilating pane **ventilator** ventilator
ventilera *tr* **1** eg. ventilate; vädra air **2** dryfta debate, discuss **ventilgummi** valve rubber
ventrik|el *-eln -lar* ventricle; magsäck stomach
Venus astr. o. myt. Venus
venös *a* venous, venose
verand|a *-an -or* veranda[h], amer. äv. porch
verb *-et -* verb **verba** *pl, i klara ~* clearly and distinctly, oförblommerat frankly, bluntly, without mincing matters
verbal *a* verbal äv. gram. **-inspiration** verbal inspiration **-not** verbal note **-substantiv** verbal noun
verb|böjning conjugation (inflection) of a verb (resp. of verbs) **-form** verbal form
Vergilius Virgil, ibl. Vergil
verifi[**c**]**era** *tr* allm. verify; bestyrka attest; bekräfta confirm; intyga certify; gm dokument support . . with documents **verifi**[**c**]**ering** o. **verifikation** verification osv., jfr föreg.; kvitto receipt, voucher
veritabel *a* veritable, true
verk *-et -* **1** arbete: allm. work, abstr. o. i högre stil äv. labour; dåd äv. deed; isht om litterärt o. konstnärligt *~* production; utfört *~* performance, achievement; skapelse creation; *allt detta är hans ~* all this is his [handi]work (isht neds. doing); *samlade ~* pl. collected works; *ett ögonblicks ~* the work of an instant; *göra ett gott ~* arbete do a job of work; *i själva ~et* in reality, actually, faktiskt as a matter of fact, in actual fact; *sätta . . i ~et* carry out, put . . into execution (effect), put . . in[to] practice, förverkliga realize; *gå (skrida) till ~et* go (set) about it (the thing el. the work osv.) **2** ämbetsverk [civil service] department **3** fabrik works (pl. lika); om t.ex. såg*~* mill **4** tekn., t.ex. i ur works pl.; mekanism mechanism
verka I *itr* **1** handla, arbeta work, act; *~ medan dagen är!* work for the night is coming!; *~ för . .* work for (in behalf of) . ., devote oneself to . ., interest oneself in . .; *~ i statens tjänst* äv. serve the State **2** göra verkan work, act; *detta ~de* that had [an] effect; medicinen *~de inte . .* had no effect, . . did not operate (work); *~ befruktande (stimulerande) på . .* bildl. act as a stimulus (stimulant) to . .; *~ främjande för (på) . .* promote . ., encourage . .; *~ lugnande* om medicin, besked o.d. produce (have) a soothing effect; vi får väl se *hur det ~r . .* the effect, . . how it works; *~ på . .* work (act, operate) upon . ., t.ex. fantasien influence . . **3** förefalla seem, appear; *~ barnslig* seem childish, have an air of childishness; *det ~r* äkta äv. it strikes one as [being] . ., it looks . .; *~ sympatisk* make an agreeable (a pleasing) impression [upon one]; *han ~r äldre* än han är äv. he strikes one as being (appears to be) older . .;

vädret *~r att bli vackert* . . looks like being nice, it looks as if . . is going to be nice **II** *tr, ~ gott* do good; *~ motsatsen* have (produce) the opposite effect

verkan - *0* allm.: resultat effect, result; följd consequence; kem. o. astr. action; av t.ex. medicin äv. operation; verkningskraft effectiveness, efficacy; inflytande influence; intryck impression; *förta ~ av* . . take away (obliterate) the effect|s pl.| of . ., render . . ineffective, neutralisera neutralize . .; *göra ~* have (take) effect, be effective; *inte göra |någon| ~* be of no effect, F fall flat; *göra god ~* äv. work well; *ha ~ på* . . have (produce) an (its) effect upon . .; *en förordning med ~ från* som träder i kraft *den 1 maj* a decree which takes (to take) effect as from May 1; säga sin mening *till den ~ det hava kan* . . hoping it might have an effect; *utan |kraft och| ~* se *kraft 3 a; bli utan ~* be without (of no) effect, prove (be) ineffective **verkande** *a, kraftigt ~* powerful, very effective, med. potent; *långsamt ~* slow|-acting|; *en milt ~ medicin* a mild medicine; *växelvis ~* alternating, alternate; jfr *verksam*

verklig *a* allm. real; filos. äv. substantial; sann, äkta true, genuine; sannskyldig: riktig regular, förstärkande veritable; egentlig essential, proper; säker, om t.ex. vinst positive; faktisk, om t.ex. antal, förhållande, inkomst actual; om mil. styrka effective; *|det| ~a förhållandet* the real (actual) state of the case, the |real| facts pl., ofta the truth; *~a förloppet* the actual course of events; *~ händelse* |actual| fact; *den ~e* ej blott nominelle *ledaren* the virtual leader; *ett ~t nöje* a true (real) pleasure; *~a tillgångar* H real assets; *en ~ tråkmåns* a proper bore, a regular bore; *en ~ vän* äv. a true friend **verkligen** *adv* really; isht vid förvåning actually, indeed; förvisso certainly; jfr *|i själva| verk|et|;* återges i jak. påståendesats ofta gm omskrivn. av huvudverbet m. do, jfr ex.; *~?* äv. you don't say |so|?, isht amer. is that so?; *nej ~?* really?, gjorde du (han osv.) det ~? äv. did you (he osv.) |really|?; *jag hoppas ~* att . . äv. I do beton. hope . .; *jag kan ~ inte komma* I really (positively) can't come; han lovade komma *och han kom ~* . . and he did beton. come; *han skulle ~ inte göra en sådan sak* indeed he would not do such a thing; *jag är ~ glad* I am beton. glad (delighted); *jag vet ~ inte* äv. as a matter of fact (I am sure) I don't know

verklighet allm. reality (äv. *~en*); faktum fact|s pl.|, actuality; filos. substantiality, substance; sanning truth; *~en är underbarare än dikten* truth (fact) is stranger than fiction; *bli ~* become a reality, be realized, materialize; *i ~en* i verkliga livet in real life, i själva verket in reality, faktiskt as a matter of fact; jag har aldrig sett *en diktare i ~en* ofta . . a real live poet, . . a poet in the flesh; *hålla sig till ~en* vanl. stick to facts; *återvända till ~en* return to reality

verklighets|bakgrund real (actual) background **-betonad** *a* realistic **-flykt** escape |from reality|; ss. idé escapism **-främmande** *a* . . divorced from reality, unrealistic **-sinne** realism, sense of reality **-skildring** realistic account (description) **-trogen** *a* realistic, . . true to |real| life; om porträtt lifelike; om beskrivning faithful **-underlag,** boken *har ~* . . is based on actual facts

verkmästare foreman, supervisor; vid bygge äv. overseer; i fabrik o.d. äv. master mechanic

verkning se *verkan*

verknings|full *a* allm. effective; effektfull telling, impressive **-grad** efficiency **-lös** *a* ineffective; om t.ex. lag, regel inoperative **-sätt** manner (mode) of action (operation)

verksam *a* allm. active; driftig energetic; arbetsam industrious, busy; om t.ex. läkemedel effective, efficacious, kraftig powerful; *ta ~ del i* ngt take an active part in . .; *vara ~ som* . . work as . . **-het** aktivitet: allm. activity, activeness; handling, rörelse, äv. vetensk. action; maskins operation; arbete, sysselsättning work; fabriks~ o.d. enterprise, affärs~ äv. business; firman *började sin ~ i fjol* . . started up last year; *i sin ~ |som lärare|* in his work |as a teacher|; *lägga ned ~en* close down; *hålla . . i ~* äv.: pers. keep . . working (maskin o.d. running); *sätta . . i ~* set . . working; *träda i ~* om pers. enter upon one's duties, om sak come (be brought) into play; *vara i ~* om pers. be at |one's| work, om sak be in operation; *vara i full ~* om pers. be in full activity (om sak swing, operation); *under min ~* som lärare har jag . . during my career . .

verksamhets|begär craving for activity **-berättelse** årsberättelse annual report **-fält** sphere (field) of activities (action) **-gren** line |of business (trade)| **-lust|a|** thirst for activity **-område** se *-fält* **-år** year of activity, H financial year

verksläkare staff medical officer

verkstad workshop, repair shop; bil~ garage; friare o. bildl. laboratory **verkstadsarbetare** |engine| fitter, mechanic

verk|ställa *tr* utföra carry out (into effect), perform; fullborda accomplish; t.ex. order, dom execute; t.ex. inspektion, utbetalning make; göra, t.ex. en översättning do; jfr *utföra* m.ex. **-ställande I** *a* executive; *|vice| ~ direktör* |vice| managing director **II** *~t 0* carrying out osv.; performance; accomplishment; execution; jfr *-ställa* **-ställare** executor **-ställighet** execution; *gå i ~* be put into effect, be carried out (into effect)

verktyg allm. tool, instrument båda äv. bildl.;

isht eg. äv. implement, utensil; bildl. äv. means (pl. lika), engine, agent
verktygs|låda tool-box(-chest) **-maskin** machine-tool **-väska** tool-bag
vermiceller *pl* vermicelli it.
vermouth o. **vermut** *-en 0* vermouth
vernissage *-n -r* öppnande vernissage, opening of an (resp. the) exhibition **-dag** opening day of an (resp. the) exhibition
verop cry of woe, lamentation|s pl.|
vers *-en -er (-ar)* verse; strof äv. stanza, strophe; i Bibeln äv. passage; dikt poem; koll. äv. poetry; *han skriver rätt bra ~* äv. he is quite a good poet; *på ~* in verse (poetry); *en . . på ~* a versified (verse) . .; *sätta . . på ~* put . . into verse, turn . . into poetry; *sjunga på sista ~en* be on one's last legs, vara på upphällningen be on the decline (wane)
versal *-en -er* capital, capital letter
vers|byggnad metrical structure, versification **-drama** verse (metrical) drama
verserad *a* belevad well-mannered
versform metrical form; *i ~* äv. in metric[al] form, in metre (verse) **versfot** |metrical| foot **versifiera** *tr* put . . into verse, versify
version 1 version; läsart äv. reading **2** skol.: översättningsuppgift text for translation from a (resp. the) foreign language; översatt translation from osv.
vers|lära metrics sg. el. pl., prosody **-mått** metre **-rad** line of poetry, verse
vertikal *a* o. *-en -er* vertical **-plan** vertical plane **-vinkel** vertical angle
verv *-en 0* verve, gusto, animation
vesir *-en -er* ämbetsman vizier
vesper *-n 0* vespers pl.
vessl|a *-an -or* zool. weasel, ferret; *kvick som en ~* quick as a flash
vestal *-en -er* vestal, vestal virgin
Westfalen Westphalia **westfalisk** *a* Westphalian
vestibul *-en -er* vestibule, entrance hall; i hotell ofta lounge, lobby
veta *visste -t* **I** *tr* allm. know äv. känna till, ha insikter i; ha vetskap |om . .| äv. be aware |of . .|; se äv. ex. m. 'veta' under *mycken B 2, råd 2, 1 tacka* m.fl.; *kom med, vet jag!* do, come along!; jag ska till tandläkaren, *vet jag!* why, . . |of course|; *nu vet jag!* äv. I have it!; |*ja,*| *inte vet jag* I don't know |, I'm sure|, F search me; *såvitt (vad) jag vet* as far as I know, to my knowledge, as far as I am aware; *inte såvitt (inte det* el. *som* el. *vad) jag vet* äv. not that I know; det är dumt, *vet du* . ., you know; *nej, vet du,* det här går för långt! look here, . .!, really, . .!; *vem vet?* who knows (can tell)?; *det vete Gud (fåglarna)!* F God (Heaven) knows!; *jag vet* har hört *det från* . . I have heard it from . .; *det vet jag visst |det|!* I certainly do know!; *det vet jag väl!, det måtte jag väl ~ |bäst|!* I ought to (should) know |best|!, irriterat I know that quite well!, I know all about that!; du borde *~ hut (skäms)* . . be ashamed of yourself; *lära ngn ~ hut (skäms)* teach a p. manners; *man vet ingenting* om hans öde (vanl.) nothing is known . .; *vad vet jag?* how should I know?; han kanske är i Afrika, *vad vet jag?* . . for all I know; *vet du vad,* jag har hittat det! do you know, . .!; I say . .!; *vet du vad |vi gör|, vi* går på bio! I (I'll) tell you what, let's . .!; *nej, vet ni vad!* förebrående really now, that's a bit much (going too far)!; hon har *något visst, jag vet inte vad* . . an indefinable something; . . *och jag vet inte vad |allt|* efter uppräkning . . and I don't know what else (F what all el. not), F . . and what have you; *~* förstå *att* inf. know (understand) how to inf.; *ni vet väl att* . . I suppose you know (are aware of the fact) that . .; *Gud vet (det vete gudarna), om* han kommer tillbaka God knows if . .; *Gud vet, om* han inte har rätt I wonder if (whether) . .; *få ~* få reda på find out, get to know, learn, få höra hear |of (about)|, be told |of|, bli upplyst om be informed of; *jag fick inte ~ det* förrän det var för sent I didn't know (höra hear about it) . .; *av vem fick du ~ det?* who told you?, who|m| did you get to know that from?; *hur fick du ~ det?* how did you |come to| hear that (of it)?; *man kan aldrig ~* you never know (can tell), one never knows (can tell); *låta ngn |få| ~* . . let a p. know . ., jfr *underrätta I;* det är inte lätt, *ska du ~* . . I can tell you, . . mind you; *det ska alla ~!* det är visst och sant you're right there!, F you're telling me!; *ryktet ville ~* att . . rumour had it . .; *jag vet mig inte ha hört det förr* I have not heard it before as far as I know; *~ sig ha* vänner (*vara* försörjd) know that one has . . (is . .)
II m. beton. part. **1** *~ av att* . . know that . .; *~ av* ngt know of . ., be aware of . ., be acquainted with . .; *inte ~ av att (ngt)* äv. be ignorant of the fact that (of a th.); *honom vill jag inte ~ av* I won't have anything to do with him; sånt flams *vill jag inte ~ av* I won't have (hear of, stark. put up with) . .; *där vet man inte av någon vinter* they don't know what winter is there **2** *~ med sig* be conscious (aware), *att man är* of being, that one is; *det vet jag säkert med mig* I know it for certain **3** *~ om* se *~ av* ovan **4** *inte ~ till sig av* glädje be beside oneself with . . **5** *~ varken ut eller in* be at one's wits' end, be at a loss (not know) what to do
vetande I *a* knowing; *väl ~ att* knowing |quite| well that, högt. with (in) the certain knowledge that; *-mindre ~* feeble-minded, soft-headed **II** *-t 0* knowledge; kunskap äv.

learning; *mot bättre* ~ against one's better judg[e]ment

vete *-t 0* wheat **-ax** ear of wheat **-bröd** wheat[en] bread, i Engl. vanl. white bread; kaffebröd koll. ung. buns pl. **-bulle** [slät plain] bun **-mjöl** wheat-flour

vetenskap *-en -er* allm. science (äv. *~en*); gren: inom naturvetenskapen [branch of] science, inom humaniora branch of scholarship, i båda fallen äv. discipline; *humanistisk ~, den humanistiska ~en* the humanities, the arts båda pl.

vetenskap|a *itr* do scientific (resp. scholarly) work, jfr *vetenskap* **-are** se *vetenskapsman* **-lig** *a* allm. o. natur~ scientific; humanistisk scholarly **-ligt** *adv* scientifically; in a scholarly manner (way)

vetenskaps|akademi academy of sciences **-man** allm. o. isht natur~ scientist; isht humanist scholar

veteran veteran **-bil** veteran car

veterinär *-[e]n -er* veterinary surgeon, veterinary, F vet **-högskola** veterinary college

veterlig *a* known; *göra ~t* se *kungöra* **veterligen** *adv* o. **veterligt** *adv* as far as is known; *mig ~* to my knowledge, as (in so) far as I know

veteåker med gröda field of wheat

vetgirig *a* attr. . . who is (was osv.) eager to learn (of an inquiring mind); pred. eager to learn, of an inquiring mind **-het** inquiring mind; kunskapstörst thirst (hunger) for knowledge

veto *-t -n* veto; *inlägga sitt ~* interpose one's veto; *inlägga ~ mot* ngt put a veto on . ., veto . . **-rätt** [right of] veto

vetskap *-en 0* knowledge; kännedom äv. cognizance; *få ~ om* get to know, learn about; *komma till ngns ~* come to a p.'s knowledge; *utan min ~* äv. unknown to me

vett *-et 0* **1** förstånd sense; *ha ~ att* . . have the [good] sense (t.ex. att tiga have sense enough) to . ., be intelligent enough to . .; *han har inte bättre ~* he has no better sense; *vara från ~et* galen be out of one's senses (wits), be off one's head; *med ~ och vilja* knowingly [and willingly] **2** levnadsvett good breeding, savoir vivre fr.

vett|a *-e -at itr, ~ mot (åt)* face [on to (on)]; *~ åt* gatan äv. open on to . .; *~ åt norr* face the north

vett|e *-en -ar* lockfågel decoy

vett|ig *a* sensible, reasonable; omdömesgill judicious; *varje ~ människa* äv. every sane person; han är *inte riktigt ~* . . not all there **-lös** *a* oförståndig senseless, unreasonable; om t.ex. påhitt äv. absurd, wild **-löshet** senselessness; se *galenskap* o. *vanvett* **-skrämd** *a* . . frightened (scared) out of one's senses (wits), pred. äv. scared stiff; han flydde ~ äv. . . in terror (panic) **-villing** madman; jfr *våghals*

vev *-en -ar* crank, handle, winch **veva I** *-n 0, i den ~n, i samma ~* [just] at that (the same) moment (time), in the midst of it all; det kan göras *i samma ~* . . at one go **II** *itr* (ibl. *tr*) dra veven turn the handle, *på ngt* of a th.; *~ på* ett handtag turn . .; *~ [på]* positiv grind . .; *~ i gång* motor crank up . .; *~ på* beton. grind away; *~* hissa *upp* wind up **vevaxel** crankshaft **vevhus** crankcase **vevstake** [connecting] rod

whisky se *visky*

whist se *vist*

vi *pers. pron* we; *oss* us, rfl. ourselves (vid pluralis majestatis ourself; i adverbial m. beton. rumsprep. vanl. us); *~ andra* äv. the rest of us; *~ systrar* we sisters, min syster (mina systrar) och jag my sister (sisters) and I; *oss emellan sagt* between ourselves; för ex. jfr äv. *jag*

via *prep* om resrutt o.d. via, by [way of]; genom, medelst through, by way of

viadukt *-en -er* viaduct

vibrafon vibraphone **vibration** vibration **vibrationsmassage** vibro-massage **vibrera** *itr tr* vibrate **vibrerande** *a* vibrating; om rörelse vibratory; om sträng, ton vibrant **vibrering** vibration

vice *oböjl. a* attr. vice-, deputy; *~ ordförande* vice-chairman (osv., jfr *ordförande*); *~ talman* deputy speaker **-amiral** vice-admiral **-konsul** vice-consul **-konung** viceroy **-korpral** vid armén lance-corporal; vid flyget senior aircraftman **-pastor** deputy vicar

vice versa vice versa lat.

vicevärd hyres- landlord's agent, deputy landlord

vichyvatten vanl. soda[-water]; eg. Vichy [water]; *fem ~* five sodas (soda-waters osv.)

vicka I *itr* vara ostadig wobble, be unsteady; gunga rock, sway; *sitta och ~ i en båt* make a boat rock; *~* skaka *på ngt* shake a th., set a th. rocking; *~ på foten* wag one's foot; *sitta och ~ på stolen* sit tilting (swinging on) one's chair **II** m. beton. part. **1** *~ omkull* itr. tip (tilt) over; tr. tip (tilt) . . over, upset **2** *~ till* itr. tip up, om båt äv. give a lurch

vicker *-n 0* vetch; koll. vetches pl.

vickig *a* wobbly, unsteady

vickning måltid efter kalas, ung. light supper [after a (resp. the) party]

1 vid *a* allm. wide äv. bildl.; vidsträckt äv. vast, extensive, bildl. (om t.ex. bemärkelse) äv. broad; om kläder äv.: ej åtsittande loosely-fitting, ledig loose, med mycken vidd full; om t.ex. veck äv. ample; *på ~a havet* on the wide ocean, till havs in the open sea; *~ kjol* wide (veckrik o.d. full) skirt; *~ klänning* m. vid kjol full-skirted (ledig loose) dress; *~a världen* the wide world; klänningen är *för ~ i halsen (i ryggen)* . . too wide round the neck (too full across the back)

2 vid I *prep* (se äv. under resp. huvudord ss. *behov 1, namn, vänja* m.fl) **A** i rumsbet. o. friare **1** eg.: allm. at; bredvid by; nära near; utefter (t.ex. vattendrag, väg, kust o. gränslinje) on; inom (t.ex. gata) in; mot, mitt för against; tillsammans med with; i prep.-attr. vanl. of; *bil ~ bil* bredvid varandra car by car, efter varandra car after car; *sitta ~ ett bord* sit at (bredvid by) a table; *röka ~ bordet* smoke at table; *uppträda ~ domstolen (rätten)* appear in court; bilen stannade ~ framför *dörren* . . at the door; ställa sin cykel ~ *dörren* (~ mot *ett träd)* . . by the door (against a tree); *staden ligger ~ en flod (~ mynningen av en flod)* the town stands on (lies at the mouth of) a river; *vi bor ~ en flod* we live by (nära near) a river; *har du varit ~ floden ännu (hela dagen)?* have you been to the river yet (been at the river the whole day)?; *sitta och meta ~ floden* sit angling by (on the bank of) the river; *huset ligger (jag bor) ~ en gata* nära centrum the house is (I live) in a street . .; *bo ~ gränsen* live on the border; han stoppades ~ *gränsen* . . at the frontier; *staden (ön) ligger ~ kusten* the town stands on (the island lies off) the coast; klimatet ~ *kusten* . . at the coast; sätta ett kors ~ *ett ord* . . against a word; artikel används ~ *vissa ord* . . with certain words; de besegrades ~ *(i slaget ~) Poltava* . . at (at el. in the battle of) Poltava; *hon satt ~ min sida (sjuksäng)* she sat at el. by my side (bedside); *sida ~ sida* side by side; *skuldra ~ skuldra* shoulder to shoulder; tåget stannar ~ *stationen* . . at the station; *vi bor ~ (alldeles ~) stationen* we live near (close to) the station; bo ~ *ett torg* . . in a square; en liten gata ~ *torget* . . off (near) the square; bo ~ *en väg* . . on (i närheten av by, near) a road; han stod ~ *vägen* . . on (by) the roadside; bordet står ~ *väggen* . . by (intill against) the wall

2 uttr. anställning o.d.: inom in, på at, ss. medlem av kår äv. on [the staff of]; uttr. ett genitivförhållande of; *vara [anställd]* ~ en firma be employed in (at) . .; *de anställda* ~ firman those employed in (at) . ., personalen äv. the staff of . .; *han är ~ marinen (polisen)* he is in the Navy (the police); *gå in ~ marinen (polisen)* join el. enter the Navy (the police); *han är ~ samma regemente som* . . he is in the same regiment as . .; officerarna ~ *regementet* . . of the regiment; *undervisa (vara lärare) ~ en skola* teach at (be a teacher at el. in) a school; *komma in* ~ en skola get into (be admitted to) . .; han är professor ~ *universitetet i Lund* . . at (in) the university of Lund; *vara (gå in) ~ teatern* be (go) on the stage; engagemang ~ *en teater* . . at a theatre; *han är ~ en tidning* he is on [the staff of] a newspaper

3 'över', sysselsatt med over; *sitta och prata (träffas)* ~ ett glas vin sit talking (meet) over . .; *sitta ~ sina böcker (skrivmaskinen)* hela dagen sit over one's books (the typewriter) . .; koka ~ *sakta eld* . . over a slow fire; *sitta ~ rodret* be at the helm; *sätta sig ~ rodret* take the helm; *sätta sig ~ skrivmaskinen och skriva* sit down at the typewriter to write

4 vid ord som betecknar fastgörande to; *binda [fast] ngt ~* . . tie a th. [on] to . .; *den är fäst (sitter)* ~ en stång it is fastened (attached) to . .

5 medelst, med hjälp av by; läsa ~ *eldsljus* . . by artificial light; *leda (ta) ngn ~ handen* lead (take) a p. by the hand

B i tidsbet. o. friare: angivande [samtidig] tidpunkt samt orsak at; vid tiden för äv. at the time of; angivande tid omedelbart efter samt följd on; i, under in, under äv. during; omkring about; senast vid by; i samband med in connection with; för for; i händelse av in case of; prep.-uttr. med 'vid' angivande pågående handling resp. omedelbar följd el. villkor omskrives ofta med when, in resp. on el. if + sats el. satsförkortning, jfr ex. nedan; sluta skolan ~ *aderton [år]* . . at [the age of] eighteen; vara försiktig ~ *användningen av den* . . when (in) using it; den nöts ~ *användning* . . by (when) being used; ~ *avtäckningen* ceremonien at (under during) the unveiling ceremony; ~ *besök i E.* bör man . . when on (when paying) a visit to E. . ., when visiting E. . .; *redan ~ första besöket* at the very first visit; yttra sig ~ *diskussionen* . . in the discussion; ~ *hans död* efter, till följd av on his death; ~ *sin död* när han dör (dog) when he dies (died); ~ *hög fart* måste föraren . . [when driving] at a high speed . .; ~ *fullmåne* when there is (resp. was) a full moon, at full moon; ~ *förkylning* bör man . . when one has [got] a cold . .; ~ *begynnande förkylning* at the first signs of a cold; *vara noga ~ granskningen av* be careful when (in) examining; ~ *närmare granskning* fann han . . on [making a] closer examination . .; ~ *halka* när (om) det är halt when (if) it is slippery; ~ *häktningen* erkände han when (on being) arrested . .; ~ *jul (påsk, middagen)* at Christmas (Easter, dinner); ~ *kaffet* när vi drack kaffe when we were having coffee; ~ *ett krig* i händelse av krig if there should be a war, i krig in a war, when there is a war; ~ *krigsutbrottet* when the war broke out, efter, till följd av on the outbreak of the war; de betalas ~ *leverans* . . on delivery; ~ *[tiden för] leveransen* at the time of delivery; vakna ~ *[ljudet av] musik* . . at (till to) the sound of music; ~

meddelandet härom reste han on being informed of this . .; ~ *midnatt* at (omkring about, inte senare än by) midnight; blända av ~ *möte* . . when meeting other vehicles; ingen var närvarande ~ *olyckan* . . at the [scene of the] accident; han dödades ~ *en olycka* . . in an accident; *hjälpa ngn (hjälpa till) ~ packningen* help a p. in packing; ~ *klar sikt* when (om det är if) visibility is clear; ~ *sjukdom* när (om) man är sjuk when (if) one is ill, i händelse av in case of illness, i samband med in connection with illness; ersättning lämnas ~ *sjukdom* . . for illness; smälta ~ *hög temperatur* . . at a high temperature; ~ *dåligt väder* in bad weather, när (om) vädret är dåligt when (if) the weather is bad; en tablett ~ *värk* when you feel (have a) pain

C övriga fall: i edsformler by, på [up]on; uttr. tillstånd in, med påföljd av on (under) pain of; ~ *Gud* by God; ~ *min ära* [up]on my honour; *vara ~ god hälsa* be in good health; *vara ~ liv* be alive; *vara ~ sans* be conscious; *sova ~ öppet fönster* sleep with one's window open; *röra ~* touch; *tala ~* talk (speak) to; *van ~* used (accustomed) to

II *adv* beton. part.: *den klibbar ~ [överallt]* it sticks to everything; *nåla ~ ngt [på (till)* . .] pin on (sätta till add) a th. [to . .]; *sitta (vara) ~ [sitt arbete]* stick to one's work; *om jag får vara ~* if I don't get interrupted; se vid. beton. part. under resp. vb

vida *adv* **1** i vida kretsar widely; ~ *omkring* far and wide, wide around **2** i hög grad: vid komp. far, much; . . by far äv. vid verb, jfr ex.; ~ *bättre* far (much, a good deal) better, better by far; *det överträffar ~* . . it surpasses by far . . **3** *så ~* se *såvida; så till ~* se *såtillvida*

vidare *a adv* **1** ytterligare further; mera more; ss. adv. äv.: dessutom further[more], moreover, also, igen again, längre: i rum farther, further, i tid longer; *varje ~* försök every further (additional) . .; *ni ska få ~ besked* senare you shall hear more [about it] . .; *hör här ~!* [just] listen to what follows!; ~ *meddelas att* . . it is further[more] reported that . .; ~ *måste vi* betänka att . . vanl. also, we must . .; *vad sa han ~?* what more did he say?; ~ *sa han att* . . he also said (furthermore he said) that . .; *jag vill inte se honom ~* I don't want to see him any more (igen again); *se ~* sid. 5 see also . .

2 *och så ~* se under *och; tills ~* så länge for the present, for the time being, tills annat besked ges until further notice, en tid framåt for a time, tillfälligt temporarily, provisoriskt provisionally; museet är stängt *tills ~* . . until further notice; *utan ~ [omständigheter]* without further ado, without ceremony; *utan ~* resolut straight off, genast at once, helt enkelt [quite] simply, utan svårighet quite easily, gladeligen gladly, willingly, på stående fot off-hand, out of hand, utan varsel without further notice; du kan inte försvinna *så där utan ~* . . just like that; *ja, utan ~* naturligtvis yes of course

3 *ingen (inte någon) ~* + subst. a) ingen nämnvärd no . . to speak of b) ingen särskilt bra not (resp. not a) very good . .; *inte ~* (särskilt) . . not very (too, particularly) . .; han är *ingen ~ lärare* . . not much of a (not a very good) teacher; filmen är *inget ~ [bra]* . . not very (too) good, . . not up to much; *det är inget ~ [roligt (trevligt)] att* vara . . it's not much fun (not very pleasant) to . .; *jag är inte ~ förtjust i* . . I'm not very (particularly) fond of . ., I'm not over-fond of . .; *jag är inget ~ på att dansa* I'm not much good at dancing

4 beton. part. vid vb on; 'vidare' + vb i bet. 'fortsätta att' + vb återges ofta med go on (continue) + ing-form el. continue to + inf. av verbet, jfr ex.; *flyga ~* fly on, *till* London to . .; *läsa ~* read on (*till* sid. 5 till . .), go on reading, continue reading (to read), fortsätta studera continue one's studies; ~ *[i texten]!* go on!; se f.ö. beton. part. under resp. vb

vidare|befordra *tr* forward, send on; föra vidare (t.ex. rykte) pass on **-befordran** forwarding; *för ~ [till]* to be forwarded (sent on) [to] **-utbilda** *rfl* continue one's education (training) **-utbildning** further education (training)

vid|bränd *a*, gröten *är ~* . . has got burnt **-bränt** *adv, det luktar ~* there is a smell of [something] burning; *smaka ~* have a burnt taste

vidd *-en -er* **1** omfång width, kläders äv. fullness, ledighet looseness; isht. vetensk. amplitude; ~ *kring midjan* width (mått size) round the waist **2** bildl.: omfattning extent, scope, räckvidd range; *~en av* olyckan the extent of . .; *~en av* en plan the scope of . .; se en fara *i hela dess ~* . . in the whole of its extent **3** vidsträckt yta, *~er* vast expanses, wide open spaces; *snötäckta ~er* vast expanses (stretches) of snow

vide *-t 0* av busktyp osier, av trädtyp willow **-buske** osier [bush] **-korg** wicker basket **-kvist** osier (resp. willow) twig; för t.ex. korgflätning osier

videoband video tape **-spelare** video tape recorder

videsnår osiery

videtelefon television-phone

vidfilm wide-screen film; visas *i ~* . . on wide screen **vidfilm[s]duk** wide screen

vid|foga *tr* se *bifoga* **-fästa** *tr* fasten (fix) on, attach, *vid* i båda fallen to; *vara ~d* ngt be attached to . .; jfr vid. *bifoga*

vidga I *tr* widen äv. bildl.; göra större: allm. enlarge, t.ex. metall expand; spänna ut (t.ex. näsborrar) dilate; ~ sin horisont broaden (widen) . .; ~ *ut* se *utvidga I* **II** *rfl* widen äv. bildl.; enlarge, expand; dilate (jfr *I*); *här ~r sig* dalen here . . widens (opens) out; ~ *ut sig* se *utvidga II* **vidgas** *itr. dep* se *vidga II* **vidgning** widening; enlargement, expansion; dilation (jfr *vidga I*)

vid|gå *tr* own; bekänna confess; *han ~r att han gjort det* he owns to having done it **-göra** *tr,* ingenting *är -gjort* . . has been done [in the matter] **-hålla** *tr* hold (keep, adhere, stick) to, t.ex. åsikt äv. persist in, t.ex. krav insist on; ~ *att* . . maintain (insist) that . . **-hållande** *~t 0* adherence, *av* to; persistence, *av* in; insistence, *av* on **-häfta** *tr* se *-fästa* **-häftande** *a* adhesive **-häftningsförmåga** adhesiveness, adhesive capacity **-hänga** *tr* fasten (tag) on, attach, append, *vid* i samtl. fall to; jfr vid. *bifoga* **-hängande** *a,* lås *med ~ nyckel* . . with key attached, . . and key

vidimera *tr* attest; *~d avskrift* attested copy; *~s* A. Alm signed in the presence of . . **vidimering** attestation

vidj|a *-an -or* osier; *hon är smal som en ~* she has a willowy figure

vid|komma *tr* angå se *komma* [*vid*] **-kommande** *oböjl. n, för mitt ~* tänker jag . ., as far as I am concerned . ., as (speaking) for myself . . **-kännas** *tr. dep* **1** se *kännas* [*vid*] **2** bära, lida, *få ~* kostnaderna have to bear . .; *få ~* förluster have to suffer (sustain) . .

vidlyftig *a* **1** utförlig circumstantial, detailed, mångordig wordy, verbose, prolix; långrandig lengthy **2** se *omfattande* **3** tvivelaktig (om t.ex. affär) shady, questionable; lättfärdig fast, loose, om pers. äv. loose-living; *ett ~t fruntimmer* äv. a woman of easy virtue; *en ~ herre* a fast liver **-het** *~en ~er* **1** i tal o. skrift circumstantiality; wordiness, verbosity, prolixity, jfr *vidlyftig 1* **2** *~er* affärer shady transactions; eskapader escapades

vid|låda *tr* finnas hos be inherent in; vara förbunden med be incident (attached) to; det felet *-låder dem* . . is inherent in them, they possess . .; *de brister som -låder* det the defects of (inherent in, incident to, attached to) . .; jfr *2 låda* **-makthålla** *tr* maintain, keep up, upprätthålla äv. uphold **-makthållande** *~t 0* maintenance, keeping up, upholding

vidrig *a* **1** vedervärdig disgusting, repulsive, avskyvärd loathsome, om pers. äv. hateful, förhatlig obnoxious, odious; otäck nasty, horrid **2** ogynnsam adverse **-het** *~en ~er* egenskap disgustingness osv., jfr *vidrig 1;* sak disgusting osv. thing

vid|räkning, ~ *med* kritik mot [severe] criticism on, angrepp på attack on; *göra (hålla) ~ med* . . take . . to task **-röra** *tr* touch; omnämna touch [up]on; *föremålen får ej ~s!* you are requested not to touch the exhibits, do not touch [the exhibits]! **-sittande** *a,* ~ blad the . . attached [to it (resp. them)]

vidskepelse superstition **vidskeplig** *a* superstitious **vidskeplighet** *-en -er* superstition, egenskap äv. superstitiousness

vidsträckt *a* allm. extensive, wide äv. bildl.; stor large; eg. bet. äv.: mycket ~ vast, utbredd (om t.ex. sjö) expansive, utsträckt (om t.ex. område) extended; *~a befogenheter* extensive (wide) powers; *i ~ bemärkelse* in a wide (broad) sense; *i mera ~ bemärkelse* in a wider (a broader, an extended) sense; *göra ~ bruk av* . . make an extensive (ample) use of . ., use . . extensively; *~a förbindelser* wide-spread connections; ~ *inflytande* wide (far-reaching) influence; ~ *utsikt* extensive (wide) view **-het** extensiveness osv., jfr *vidsträckt*

vidstående *a,* ~ sida the adjoining . .

vidsyn broad outlook (views pl.) **vidsynt** *a* **1** tolerant liberal, broad-minded **2** framsynt far-seeing, far-sighted **vidsynthet 1** tolerans liberalism, broad-mindedness **2** framsynthet far-sightedness

vid|ta|ga| I *tr* t.ex. åtgärder take; göra (t.ex. förändringar) make **II** *itr* se *ta* [*vid*] **-tala** *tr,* ~ *ngn* underrätta inform a p., komma överens med make an arrangement with a p. (*om* about, *att* inf. to inf.), be ask a p. (*att* inf. to inf.); *han är ~d* underrättad he has been informed (ombedd asked)

vidunder monster monster, *av* ondska of . .; om sak äv. monstrosity; *ett ~ till människa* a monster of a man **vidunderlig** *a* monstrous; fantastisk fantastic **vidunderlighet** *-en -er* monster monstrosity

vidvinkelobjektiv foto. wide-angle lens

vidöpp|en *a* attr. wide-open, pred. wide open; *med ~ mun* äv. with one's mouth wide open, av förvåning o.d. agape; *med -na ögon* with wide[-open] eyes

Wien Vienna **wienare** Viennese (pl. lika) **wienerbröd** Danish pastry **wienerschnitz|el** *-eln -lar* Wiener schnitzel ty. **wienervals** Viennese waltz **wiensk** *a* Viennese

Vierwaldstättersjön the Lake of Lucerne

vietnames *-en -er* Vietnamese (pl. lika) **vietnamesisk** *a* Vietnamese

vift *-en 0, vara ute på ~* be out on the spree (razzle) **vifta** *itr tr* allm. wave; ~ *farväl till ngn* wave farewell to a p.; ~ *med hatten (näsduken)* wave one's hat (handkerchief); ~ *på svansen* om hund wag its tail; ~ *av ngn* vid tåget wave goodbye to a p. . .; ~ *bort* flugor whisk away . .; ~ *bort* ngns förklaring wave aside . . **viftning** wave [of the (one's)

hand]; på svansen wag [of the tail]
vig *a* smidig lithe; rörlig agile, nimble
vig|a *-de -t tr* **1** helga, in~ consecrate; ~ *ngn till biskop* consecrate a p. bishop; ~ *ngn till präst* ordain a p.; ~ *ngn till* den eviga vilan commit a p. to . .; ~ *sitt liv åt* vetenskapen äv. dedicate (devote) one's life to . . **2** samman~ marry; ~*s vid ngn* be married to a p., marry a p.; *Vigda* rubrik Marriages; ~ *ihop (samman)* ett brudpar marry . .; *de -des samman* på midsommarafton they were married to one another . .
vigg *-en -ar* lån loan; *slå en* ~ *hos ngn* se *vigga* **vigga I** *tr,* ~ *pengar av ngn* touch (tap) a p. for money **II** *itr,* ~ [*av folk*] touch people for money
vighet litheness, agility, nimbleness, jfr *vig*
vigla *tr,* ~ *upp* se *uppvigla*
vigning *-en 0* (jfr *viga*) **1** consecration, ordainment **2** marriage **vigs|el** *-eln -lar* marriage isht ceremonin, wedding; *borgerlig* ~ civil marriage, eng. motsv. marriage before a registrar; *kyrklig* ~ church marriage, marriage before a minister of religion; *förrätta en* ~ officiate at a marriage (wedding)
vigsel|akt marriage ceremony **-annons** marriage advertisement **-attest** marriage certificate, marriage lines pl. **-ceremoni** se *-akt* **-formulär** ritual marriage formula **-förrättare,** ~ *var* pastor Bo Ek . . officiated at the wedding **-ring** wedding-ring
vigvam *-en -er* wigwam
vigvatten holy water **vigvattenskvast** holy-water sprinkler, aspergill|um (pl. äv. -a) **vigvattenskärl** holy-water font, asperso-ri|um (pl. äv. -a)
vigör *-en 0* vigour; *vid full* ~ in full vigour; han är ännu *vid god* ~ . . hale and hearty
vik *-en -ar* vid bay, större, havs~ gulf; mindre creek, inlet, cove
vik|a A *vek (-te) -[i]t* **I** *tr* **1** eg. fold, i två lika delar äv. double; ~ *ett papper i fyra delar* fold a piece of paper into four; ~ *en fåll* turn in a hem **2** reservera o.d., ~ *en kväll* för ett sammanträde set aside an evening . .; ~ *en plats* reserve (belägga mark, hålla keep) a seat; ordförandeposten *är -t för honom* . . is earmarked for him **II** *itr* ge vika yield, give way (in), *för* i samtl. fall to; isht mil. retreat, give ground, fall back, *för* i samtl. fall before; H recede; *han vek inte en tum* he would not budge an inch; *mörkret -er* the darkness is giving way to light; *han vek inte från* platsen (sin ståndpunkt) he refused to budge from . .; *han vek inte från* hennes sida he did not budge from . ., he hardly left . ; ~ *om hörnet* turn [round] the corner; ~ *åt sidan* turn (stiga step, stand) aside; ~ *åt sidan för en bil* give way to a car **III** *rfl* **1** böja sig bend; ~ *sig dubbel av skratt (smärta)* double up with laughter (pain); *benen vek sig under henne* her legs gave way under her **2** *gå och* ~ *sig* lägga sig turn in **IV** m. beton. part. **1** ~ *av* [*från vägen*] turn off [from the road]; ~ *av till höger* turn [to the] right; ~ *av från* den rätta vägen (bildl.) diverge from . .; jfr *avvika 1* **2** ~ *ihop* fold up **3** ~ *in* a) tr. turn (fold) in b) itr., ~ *in på* en sidogata turn into (down) . . **4** ~ *ned* t.ex. krage turn down **5** ~ *tillbaka* a) tr. fold back b) itr. retreat, om pers. äv. fall back, *för* i bägge fallen before; ~ *tillbaka ett steg* äv. take a step back **6** ~ *undan* a) tr. fold (turn) back b) itr. give way, *för* to; stand aside; ~ *undan för ett slag* dodge a blow **7** ~ *upp* turn up **8** ~ *ut* veckla ut unfold, spread out **B** *ge* ~ give way (in), böja sig äv. yield, submit, *för* i samtl. fall to; falla ihop collapse; *marken gav* ~ under våra fötter the ground sank (gave way) . .; *inte ge* ~ äv. stand firm (fast), hold one's own, isht amer. äv. stand pat F
vikande *a* t.ex. priser receding; ~ *konjunkturer* recession sg.; *aldrig* ~ ständig incessant, outtröttlig indefatigable
vikare[**säl**] ringed seal
vikariat *-et* - anställning deputyship, post (work, job, jfr *arbete*) as a substitute (a deputy), temporary post, locum-tenency, jfr följ. **vikarie** för t.ex. lärare substitute, ställföreträdare äv. deputy, för lärare äv. supply teacher; isht för läkare o. präst locum [tenen|s (pl.-tes)] lat.
vikariera *itr,* ~ *för ngn* substitute (deputize) for a p., act as a substitute (a deputy) for a p., supply a p.'s place, act as locum tenens for a p., jfr *vikarie* **vikarierande** *a* deputy, om t.ex. rektor acting
viking Viking **vikingahövding** Viking chief **vikingaskepp** Viking ship **vikingatiden** the Viking Age **vikingatåg** Viking raid
vikning folding etc. jfr *vika I 1;* konkr. fold; *i* ~*en* at the fold
vikt *-en* **1** pl. *-er* allm. weight; *död* ~ dead weight; *specifik* ~ specific gravity; *mått och* ~ weights and measures; sälja *efter* ~ . . by weight; *gå ned (upp) i* ~ lose (put on) weight **2** pl. *0* betydelse importance, weight, significance; *fästa (lägga) stor* ~ *vid ngt* attach great importance (weight) to a th.; *inte fästa någon* ~ *vid* . . äv. not care much about . .; *ingenting av* ~ har inträffat nothing of importance . .; *av stor* ~ of great importance etc. **-enhet** unit of weight **-förlust** loss of weight
viktig *a* **1** betydelsefull important, . . of importance, stark. momentous; väsentlig essential; angelägen, om t.ex. affär urgent; [tungt] vägande, om t.ex. skäl weighty; *en ytterst* ~ fråga äv. a vital . .; ~ *roll* vital (important) part (role); *de* ~*are städerna* äv. the major cities; *de* ~*aste vägarna* vanl. the main (principal) roads; *det* ~*aste* är att . . the main (impor-

tant) thing . . **2** högfärdig self-important, mallig stuck-up, cocky; *göra sig* ~ give oneself (put on) airs, put on side **viktighet** self-importance, cockiness **viktigpett|er** *-ern -rar* stuck-up fellow, conceited ass
vikt|klass sport. class, weight **-minskning** decrease (reduction) in weight
Viktoria Victoria **viktoriansk** *a* Victorian
vikt|sats uppsättning vikter set of weights **-ökning** increase in weight
viktualier *pl* provisions, victuals
vila I *-n 0* allm. rest, ro äv. repose; uppehåll pause, interval; *en stunds* ~ a little rest; *det är en* ~ *för* nerverna it is restful to . .; *i* ~ at rest; *gå in i den eviga* ~*n* go to one's final rest; *gå till* ~ go (retire) to rest **II** *tr* rest; ~ *huvudet mot* kudden äv. repose one's head on . . **III** *itr* allm. rest äv. vara stödd. *mot* against, *på* on; mera valt repose; om verksamhet, arbete be suspended, be at a standstill; *låta ett arbete* ~ let a job stand over; *saken får* ~ *tills vidare* the matter must rest there for the moment; *här* ~*r* . . here lies . .; ~ *i frid!* rest in peace!; avgörandet ~*r hos henne* . . rests with her; ansvaret ~*r på honom* . . rests on him; *påståendet* ~*r på* lösa antaganden the statement is based (founded) on . .; ~ *på hanen* bildl. wait and see; ~ *på årorna* rest on one's oars; *det* ~*r en förbannelse över* . . there is a curse on . .; *det* ~*r ett löjets skimmer över* . . an air of ridicule surrounds . .; *mörkret* ~*de över* byn the darkness brooded over . .; *den stämning som* ~*r över* platsen the atmosphere which pervades . .; ~ *ut* take (have) a good rest **IV** *rfl* rest, take a rest; ~ *sig litet* pusta ut take breath; ~ *upp sig* take (have) a good rest
vil|d *a* allm. wild, ociviliserad, otämd äv. savage, uncivilized, untamed, oregerlig äv. unruly; om längtan o.d. furious; se äv. ex. nedan o. resp. huvudord: ~*a berg* wild mountains; ~*a blommor (djur)* wild flowers (animals); ~ *förtjusning (förtvivlan)* wild delight (despair); *i* ~ *glädje* frantic with joy; *-t landskap* wild scenery; *föra ett -t liv* lead a wild life; ~*a planer* wild schemes; *i -t raseri* in a frantic rage, in a frenzy of rage; ~*a rykten* wild rumours; ~*a seder* barbarous customs; ~*a stammar* wild (savage) tribes; *i -t tillstånd* in the wild state, when wild; *Vilda Västern* the Wild West; *bli* ~ ursinnig become (get) furious; ~ *av glädje (raseri)* wild (mad, frantic) with joy (rage); *vara* ~ *på (efter) ngt* be mad about (on, after) a th.; *vara* ~ *på att* inf. be wild to inf.
vild|and wild-duck **-apel** crab-apple
vildavästernfilm Wild West film, isht amer. Western, F horse opera end. amer.
vild|basare madcap, harum-scarum **-djur** wild beast; *rasa som ett* ~ rage like a caged animal
vild|e *-en -ar* savage; polit. independent, amer. äv. mugwump
vild|gås wild goose **-havre,** *så sin* ~ bildl. sow one's wild oats **-het** wildness, savagery, tillstånd äv. wild (savage) state; -sinthet ferocity, fierceness **-hjärna** madcap **-inna** female savage **-katt** wild cat **-mark** wilderness; obygd wilds pl., ödemark waste **-sint** *a* fierce, ferocious **-sinthet** fierceness, ferocity **-svin** wild boar **-svinshona** wild sow **-vin** Virginia creeper **-vuxen** *a* förvildad attr. . . that has (had etc.) run wild; jfr ex. under *växa*
Vilhelm William
vilj|a A *-an -or* allm. will, filos. o. gram. äv. volition; önskan wish, desire; avsikt intention; *den fria* ~*n* the free will; *du har din fria* ~ you are your own master; visa sin *goda* ~ . . good will; *min sista* ~ testamente my last will and testament; *det var min fars sista* ~ friare this was my father's last wish; *stridiga -or* contending wills; *driva sin* ~ *igenom* work one's will; *få sin* ~ *fram* have (get) one's own way, have one's will; *av* [*egen*] *fri* ~ of one's own free will, of one's own volition; *rätta sig efter ngns* ~ äv. conform to a p.'s wishes; göra ngt *med* ~ (med flit) . . wilfully; *med bästa* ~ *i världen går det inte* with the best will in the world it is not possible; det går nog *med lite god* ~ . . with a little good will; *med eller mot min* ~ måste jag gå whether I like it (want to) or not . .; jag gjorde det *mot deras (min* etc.*)* ~ . . against (contrary to) their (my etc.) will (wishes); *han måste skratta mot sin* ~ he had to laugh in spite of himself; *till -es* se under *vilje*
B *ville velat* (pres. *vill)* **I** *tr itr* o. *hjälpverb* Översikt av huvudbetydelser samt några viktigare konstruktioner o. fraser: önska: allm. want, svag. wish, mera valt desire, ha lust, tycka om like, ha lust, vara benägen care, finna för gott choose, behaga please; mena, ämna mean; vara villig be willing — samtl. m. to framför följ. inf. (vanl. äv. då inf. är underförstådd); *vill (*resp. *ville)* isht i fråg., nek. o. villkorliga satser (mest m. bet. 'är (var) villig') will (resp. would); ~ *ha* ofta want; *vill du vara snäll och (skulle du* ~*)* inf. (hövlig uppmaning) [will you] please inf., would you mind ing-form; *jag vill att du skall göra (gör) det* önskar I want (wish, desire, ser gärna should el. would like) you to do it; *jag vill* tillåter *inte att du skall göra (gör) det* I won't have you doing it; *jag önskar* [*att*] *du (om du ändå) ville* göra det I wish you would . .; *vill du ha* lite mera te? — *Ja, det vill jag (*resp. *Nej, det vill jag inte)* would you like . .? — Yes, I would (resp. No, I wouldn't); do you want . .? — Yes, I do (resp. No, I don't); *om du vill* göra det, måste du . . if you want (ämnar mean) to . .; *om du*

ville göra det, vore jag tacksam if you would . .; se äv. ex. under *helst I 1, säga I* m.fl.

Ex.: **a)** m. att-sats (för konstr. i allm. se ovan): *jag vill inte att man skall säga att* . . I don't want (stark. I won't have) it said that . .; *jag vill inte att det skall bli* ngn dispyt I don't want there to be . .; *vad vill du* |*att*| *han skall göra?* what do you want (wish) him to do?, what would you like him to do?, han kan ju ändå inte göra något what do you expect him to do?; *du kanske hellre skulle* ~ *att* han följde med? perhaps you would prefer it if . .?; *om han hade velat att jag skulle hjälpa honom* . . if he had wanted me to help him . .; *Gud vill att* människan skall God wills that . . **b)** övriga fall: *att* ~ *är ett*, att kunna ett annat to be willing is one thing . .; *att* ~ *och att önska är* inte detsamma willing and wishing are . .; *jag både vill och inte vill* I want to and yet I don't want to, I am in two minds about it; *jag vill inte gärna* vill helst slippa I would rather not; gick du dit? — *Nej, jag ville inte* . . No, I didn't want (hade inte lust care) to; *han lät mig göra som jag ville* he let me have my own way; du måste göra det *antingen du vill eller inte* . . whether you want to (tycker om det like to, like it) or not; *kom när du vill* come when|ever| you like (please, wish); vi kan gå ut *om du vill* har lust . . if you like (önskar want |to|, wish |to|); *du kan om du bara vill* you can if only you want to; |*gör*| *som du vill* |do| as you like (please, wish); *om Gud vill* . . God willing, . . please God; *han må vara hur* envis *han vill* however . . he may be

säg det till honom! — *Det vill jag inte* . . I don't want (har inte lust care) to; ska jag säga det till honom? — *Det vill jag inte* (jag vill inte att du gör det) . . I don't want you to; jag är ledsen om jag sårade dig, *det ville jag inte* . . I didn't mean to; vill du ta en promenad med mig? —*Ja, det vill jag gärna* . . Yes, I should (would) like to; om du vill kan vi gå dit. — *Vill du det?* . . Would you like to (that)?

vet du *vad jag skulle* ~*?* . . what I should (would) like to do?; *vad vill du?* what do you want, vad är det? what is it?; *vad vill du mig?* what do you want |from me|?; *gör vad du vill* do as you like (please, wish); *han får allt vad han vill* he gets everything he wants; han må säga *vad han vill* . . what|ever| he wants |to| (likes); *han vet vad han vill* he knows what he wants, he knows his own mind

jag vill bara ditt bästa I only want what's best for you, I only wish your good; landet *vill krig* . . wants war

jag vill önskar |*fara*| *till* Stockholm I want to go to . .; *jag vill inte* |*fara*| *till S.* I don't want to (har inte lust att I don't care to, är inte villig att I am not willing to, I won't, stark., vägrar I refuse to) go to S.; *jag vill gärna (skulle gärna* ~*)* följa med I should (would) |very much| like to . .; *jag vill gärna* hjälpa dig, men . . I should (would) be glad to . ., I should (would) willingly . .; *jag skulle inte* ~ *(hade inte velat) göra det* för aldrig det I would not do (have done) it . .; *jag skulle* ~ *ha* . . i butik I want . ., vid bordet I should like |to have| . .; *jag vill inte ha* ta emot *den* I don't want (stark. I won't have) it; *jag vill hellre ha* te än kaffe I would rather have . .; *jag (vi) vill härmed inte ha sagt att* . . this does not mean to say that . .; *det vill jag hoppas* I do hope so; *vi vill meddela att* . . (i brev) we would (wish to) inform you that . .; *jag vill minnas* att . . I seem to remember . .; . . *vill jag minnas* . . if I remember rightly; *jag vill (skulle* ~*) råda dig att* inf. I should advise you to inf.; *det vill jag gärna tro* I am quite prepared to believe that; *därmed har jag velat* tillmötesgå . . my desire (intention) has been to . .; *jag vill nu övergå till* en annan fråga I now pass on to . .; *vill du* är du villig att *göra det?* will you (are you willing to) do it?; *du (han) tycks inte* ~ gå it seems as if you don't (he doesn't) want to . .; *vill du inte ha* lite mer te? won't you have . .?; *vad vill du ha att dricka?* what will you have (what do you want) to drink?; *vad vill du ha* |*betalt*| *för den?* what do you want (ask) for it?; *du (han) har aldrig velat* lyssna på mina råd you have (he has) never been willing to . .; *du vill väl inte påstå att* . . you surely don't mean (you are not trying) to say that . .; *vill du (skulle du* ~*) räcka mig* den där boken? will (would) you pass me . .?; *vill du (skulle du vilja)* har du lust att *se på mina frimärken?* would you like (care) to have a look at my stamps?; *du (han) vill gärna* skylla ifrån sig you are (he is) apt (inclined) to . .; *vill du vara tyst!* will you be quiet!; *boken vill* ge en presentation av . . the purpose of this book is to . .; *snöret vill gärna* gå av the string is apt to . .; *motorn ville inte starta* the engine would not start; *det vill synas som om* . . it would seem that . .; arbetet *vill aldrig ta slut* . . seems never to end

II *rfl*, *det ville sig inte riktigt för mig* things just didn't go my way, I just couldn't manage it; *om det vill sig väl* if all goes well; se äv. *illa* ex.

III m. beton. part. o. utelämnat huvudvb (som sätts ut i eng.) **1** *jag vill* önskar stiga *av här* I want to get off here **2** *jag vill* önskar komma *bort härifrån* I want to get away from here **3** *jag vill* önskar komma *fram* I want to get through; *han ville inte fram med* punga ut med *pengarna* he would not fork out the money; *han ville inte* var inte villig att komma *fram med sanningen* he would not come out with the truth **4** *jag vill* önskar komma *förbi* I want to pass (get past) **5**

jag vill önskar gå *hem* I want to go home **6** *jag vill* önskar gå (komma) *in* I want to go (come, get) in (inside) **7** *det vill till att du skyndar dig* you will have to hurry up; *det vill till att kunna* . . it is a question of being able to . .; *det vill till både tid och pengar för att* inf. it takes both time and money to inf.: *det vill mycket till innan han ger upp* it takes a lot to make him give up **8** *jag vill* önskar komma *ut härifrån* I want to get out of here; *jag vill ut och gå* I want to go out for a walk **9** ~ *åt ngn* skada want to get at a p.; *han vill åt* ha *dina pengar* he wants to get hold of (has designs on) your money

vilje åld. o. bibl. för *vilja A; göra ngn till* ~*s* do as a p. wants (wishes), humour a p. **-ansträngning** effort of will **-fast** *a* strong-willed **-kraft** will-power **-lös** *a* . . who has no will of his (resp. her) own, . . who lacks will-power båda end. attr., stark. apathetic; *ett* ~*t redskap* a passive tool **-löshet** lack of will-power, stark. apathy **-löst** *adv* passively, unresistingly **-människa** strong-willed person **-sak** matter of will-power **-stark** *a* strong-willed **-styrka** will-power **-svag** *a* weak-willed **-yttring** manifestation of the (one's) will

vilk|en *(-et, -a) pron* **1** rel. a) självst.: m. syftning på pers. who (ss. obj. whom, F who, efter prep. whom), m. syftning på djur el. sak which, m. syftning på pers., djur el. sak i nödvändig rel.-sats ofta that; jfr *som I* o. ex. nedan b) fören. which; *-ens, -ets, -as* whose, jfr *1 vars 1; han bäddade själv, -et* inte hände så ofta he made his own bed, |a thing| which . .; *dessa pojkar, -a alla (-a båda, av -a tre)* är bosatta i . . these boys, all (both, three) of whom . .; *dessa böcker, -a alla* (etc., jfr föreg. ex.) är . . these books, all (etc.) of which . .; det brev *om -et ni talar* . . |that (which)| you are talking about, . . about which you are talking; *i -et fall* han måste in which case . .; se äv. *3*

2 interr. a) i obegränsad bet. what, självst. om pers. who (ss. obj. who|m|, efter prep. whom) b) avseende urval (m. utsatt eller underförstått 'av') which, självst. äv. which one (pl. ones); *-ens, -as* whose; *-a böcker* har du läst? what (av ett begränsat antal which) books . .?; ~ vad för slags *tobak* röker du? what tobacco . .?; ~ *är* (vad heter) Sveriges största stad? what is . .?; *-a är* Sveriges fyra största städer? (räkna upp dem!) what are . .?; *-et är ditt (-a är dina) skäl?* what is your reason (are your reasons)?; titta i den där boken! — ~ *då?* . . which one?; ~ av dem *menar du?* which |one| do you mean?; *-a är* de där pojkarna? who are . .?; han frågade *-et land jag kom från* . . what country I came from; jag vet inte ~ *av dem som kom först* . . which of them came first; har du hört ~ *otur de har haft?* . . what bad luck they have had?; se äv. *3*

3 specialfall **a)** i allm. rel. pron. o. likn. uttr., ~ *som helst* se *helst I 2;* han är inte *en kontorist* ~ *som helst* . . just any (an ordinary) clerk; *kan man säga -et som helst* (F *-et som*)? av två saker can you say either?; res ~ *dag du vill* . . any day you like; *gör -et du vill* do as (what) you like; *-a åtgärder han än må vidta* whatever steps he may take; ~ *av de tre systrarna du än gifter dig med* whichever of the three sisters you marry **b)** i utrop, ~ *dag!* what a day!; ~ *otur!* what bad luck!; *-et väder!* what weather!; *-a höga berg!* what high mountains!

vilkendera *(vilketdera) pron* which (whichever) |av två äv. of the two|

1 vill|a I *-an -or* villfarelse illusion, delusion; *vara offer för en* ~ be under a delusion **II** *tr,* ~ *bort ngn* confound a p.; ~ *bort sig* gå vilse lose one's way (oneself); *på* ~*nde hav* on the boundless sea

2 vill|a *-an -or* house, detached house, amer. äv. home; isht på kontinenten o. ibl. i Engl. villa; enplans~ ofta bungalow; på landet ibl. cottage **villabebyggelse** område ung. residential district (neighbourhood) **villasamhälle** o. **villastad** residential district **villaägare** house-owner

villebråd *-et* - game end. sg.; förföljt el. nedlagt quarry vanl. end. sg.; *ett* ~ enstaka a head of game

villervalla *-n 0* confusion, chaos

villfara *tr* comply with; ~ *ngns begäran* äv. grant (accede to) a p.'s request **villfarande** ~*t 0* compliance, *av* with; granting, *av* of

villfarelse error, mistake, delusion; *sväva i den* ~*n att* . . be under the delusion that . .; *ta ngn ur hans* ~ undeceive a p., open a p.'s eyes

villig *a* willing, bered~ äv. ready; springpojken är *glad och* ~ . . cheerful and willing; ~ *till samarbete* willing etc. to cooperate; *vara* ~ *att* inf. äv. be disposed (prepared) to inf. **-het** willingness, readiness

villkor *-et* - **1** betingelse condition; pl. (avtalade ~, köpe~ o.d.) ofta terms; i kontrakt o.d. stipulation; förbehåll provision; *ett* ~ *för att experimentet skall lyckas är* . . one condition that must be fulfilled if the experiment is to be successful is . .; *ställa* ~ make demands, lay down conditions; *ställa* |*upp*| . . *som* ~ make . . a condition; *ställa* |*upp*| *som* ~ *att* . . make it a condition that . ., lay it down as a condition that . .; *på* |*det*| ~|*et*| *att* . . on condition that . ., provided |that| . .; *på ett* ~ on one condition; *på inga* ~|*s vis*| on no condition |whatever|; *vi kan på inga* ~ acceptera erbjudandet we can on no account (condition) . .; *på vissa* ~ on certain conditions; kapitulera *utan* ~ . . unconditionally

2 levnadsomständigheter, *leva i (under) goda (små)* ~ live in good (poor) circumstances, be well (badly) off **villkorlig** *a* conditional; *de fick* ~ *dom* they were given a conditional (suspended) sentence, i Engl. motsv. ung. they were placed on probation (were bound over); ~ *frigivning* conditional release, i Engl. motsv. ung. release on probation **villkorligt** *adv* conditionally; *en* ~ *dömd* a probationer; *han dömdes till ett års fängelse* ~ ung. he was given a conditional (suspended) sentence of one year's imprisonment **villkorsbisats** conditional clause **villkorslös** *a* unconditional

villo|lära se *irrlära* **-spår,** *leda ngn på* ~ throw a p. off the track (scent); *vara på* ~ be on the wrong track (scent) **-väg,** *leda (föra) ngn på* ~*ar* isht bildl. lead a p. astray; *råka (komma) på* ~*ar* go astray

vill|rådig *a* obeslutsam irresolute, *om* as to; *vara* ~ rådlös *om vad man skall göra* be at a loss what to do; *vara* ~ äv. be in two minds **-rådighet** irresolution **-sam** *a* bildl. confusing, bewildering; ~*ma vägar* devious paths

vilo|dag day of rest **-hem** rest home **-läge** tekn. rest position; *i* ~ at rest **-paus** break, rest **-rum** grav resting-place **-stund** se *-paus*

vilsam *a* restful, *för* to

vilse *adv, gå (köra, flyga* osv.) ~ lose one's way, get lost; *gå (komma, råka)* ~ äv. go astray äv. bildl.; *föra ngn* ~ lead a p. astray, bildl. äv. mislead a p. **-gången** *a* o. **-kommen** *a* lost, attr. äv. stray **-leda** *tr* mislead, lead . . astray, bildl. äv. deceive **-ledande** *a* misleading

vilsen *a* lost, attr. stray

vilstol fällstol o.d. [folding] deck chair, av sängtyp [folding] lounge chair

vilt I *adv* **1** eg. wildly, savagely, furiously, jfr *vild;* vildsint fiercely, ferociously; *växa* ~ grow wild **2** ~ *främmande* quite (perfectly) strange; *en* ~ *främmande människa* an entire (utter, absolute) stranger **II** *-et 0* game **-bestånd** stock of game **-handel** butik poulterer's, poultry shop **-vård** preservation of game

vimla *itr* swarm, *av* with; överflöda abound, *av* in, with; teem, *av* with; sjön ~*r av fisk* myllrar av fisk . . is alive (teeming) with fish, är fiskrik . . abounds (is rich) in fish; tidningen ~*r av tryckfel* . . is bristling (teeming) with misprints; *det* ~*r av folk på gatorna* the streets are swarming (teeming, thronged) with people **vim|mel** *-let 0* folk~ throng, [swarming] crowd [of people], gatu~ crowd[s pl.] in the street[s] **vimmelkantig** *a* yr giddy, dizzy; förvirrad dazed, confused, bewildered; *göra ngn* ~ förvirrad äv. daze (bewilder) a p.; han fick en örfil *som gjorde honom alldeles* ~ . . that knocked him silly

vimpel *-n vimplar* streamer, isht mil. o. sjö. pennant, pennon **-prydd** *a* . . decked with streamers

vimsig *a* scatter-brained; ombytlig flighty volatile

1 vin *-et -er* **1** dryck wine; *en flaska (ett glas)* ~ a bottle (glass) of wine; ~ *av årets skörd* this year's vintage **2** växt vine; *skörda* ~[*et*] bring in the wine (grape) harvest

2 vin *-et 0* vinande whine, om pil o.d. whiz[z], whistle, om vind äv. howl, whining, whizzing osv. **vin|a** *ven -it itr* whine, om pil o.d. whiz[z], whistle, om vind äv. howl **vinande I** *a, i* ~ *fart* at a headlong speed **II** *-t -n* se *2 vin*

vin|berg hill planted with vines, vine-hill **-bergssnäcka** edible (vineyard) snail **-butelj** se *vinflaska* **-bär,** [*rött (svart)*] ~ [red (black)] currant **-bärsbuske** currant bush **-bärssaft,** *svart* ~ black-currant juice (syrup; jfr *saft*)

1 vind *-en -ar* blåst wind; lätt ~ breeze; ~*en har vänt sig* the wind has shifted (veered) äv. bildl.; *blåser* ~*en från det hållet?* bildl. is that the way the wind blows?; *driva* ~ *för våg* drift aimlessly, be adrift; *låta ngt gå* ~ *för våg* leave a th. to take care of itself; *få* ~ *i seglen* catch the wind (breeze), bildl. [start to] do well; *ha* ~ *i seglen* sail with a fair wind, bildl. be riding on the crest of the wave, be on the high road to success, be successful; *skingras för alla* ~*ar* be scattered to the [four] winds (to all the corners of the earth); *vaja för* ~*en* float in the wind; *gå upp i* ~*en* lova luff [the helm]; *hålla upp i* ~*en* go (keep, sail) near (close to) the wind; *borta med* ~*en* gone with the wind; *fara med* ~*ens hastighet* go like the wind; *komma under* ~ come by the lee

2 vind *-en -ar* i byggnad attic, enklare loft, vindsrum äv. garret; *på* ~*en* in the attic

3 vind *a* warped; skev askew end. pred.; ~*a trädstammar* twisted (crooked) tree trunks

1 vinda *itr* se *skela*

2 vind|a I *tr* linda wind; ~ *upp* wind up, hoist, t.ex. ankaret äv. heave [up], windlass **II** *-an -or* bot. bindweed

vindbrygga drawbridge

vind|böjtel ~*n -böjtlar* pers. weathercock **-driven** *a* weather-driven; bildl. rootless; *-drivna existenser* society's castaways

vindel *-n vindlar* whorl; spiral spiral **-trappa** winding (spiral, newel) staircase

vind|fläkt breath (puff) of air (wind), [light] breeze **-flöjel** [weather-]vane, weathercock **-fång** yta surface exposed to the wind; seglet *har stort (litet)* ~ . . catches a great deal of (very little) wind **-fälle** windfall, windfallen tree **-hastighet** wind velocity (speed), velocity of wind **-il** breeze **-jacka**

windcheater, amer. windbreaker; anorak o.d. anorak **-kantring** change (shift) of wind **-kåre** [light] breeze

vindl|a *itr* om flod, väg o.d., slingra [sig] wind, meander **-ing** winding, meandering; anat. convolution; i snäckskal o.d. whorl

vind|mätare anemometer, wind-gauge **-pust** breath (puff) of air (wind) **-riktning** direction of the wind, wind direction **-ruta** på bil windscreen; amer. windshield **-rutespolare** windscreen washer **-rutetorkare** windscreen wiper

vin|druva grape **-druvsklase** bunch (på vinstock cluster) of grapes

vinds|fönster attic (resp. garret) window **-glugg** skylight

vindskala wind scale

vinds|kammare attic [room], garret **-kontor** lumber-room (box-room) [in the attic] **-kupa** attic; jfr *-kammare*

vindspel windlass, winch; stående capstan

vinds|rum garret, attic **-röjning** removal of lumber from the attic; städning clearing up [of] the attic

vindstill|a I *a* calm, becalmed **II** *-an -or* stiltje [dead] calm **vindstöt** gust [of wind], blast

vindsvåning attic [storey]; lägenhet attic flat

vindtygsjacka windproof (isht vattenfrånstötande weather-proof) jacket, windcheater

vind|ögd *a* o. **-ögdhet** *~en 0* se *skelögd* o. *skelögdhet*

vinerbröd se *wienerbröd*

vin|fat för jäsning vat; för lagring äv. [wine-]barrel, [wine-]cask **-flaska** wine bottle; flaska vin bottle of wine

ving|ad *a* winged **-ben** wing-bone **-bredd** wing-span, fågels äv. wing-spread **-bruten** *a* eg. broken-winged, jakt. äv. winged

ving|e *-en -ar* wing; *flyga högre än -arna bär* fly too high; *ta ngn under sina -ars skugga* take a p. under one's wing **-klippa** *tr, ~ en fågel (ngn)* clip a bird's (a p.'s) wings

vingla *itr* gå ostadigt stagger, reel; stå ostadigt sway, om t.ex. möbler wobble; bildl. vacillate, waver, not know one's own mind

vinglas wineglass; glas vin glass of wine

vingleri vacillation, wavering **vinglig** *a* staggering, reeling, om möbler wobbly, rickety, unsteady; bildl. vacillating, wavering

vinglögg se *glögg*

ving|lös *a* wingless, vetensk. apterous **-mutter** tekn. wing[ed] [screw-]nut **-penna** [wing-]quill, pinion **-skjuta** *tr* shoot . . in the wing, jakt. wing **-slag** wing-stroke, wing-beat, wing-flap **-spets** wing-tip, tip of a (resp. the) wing, pinion

vin|gård vineyard **-gårdsarbetare** vine-dresser **-handel** abstr. wine-trade; butik wine-shop, wine-store **-handlare** wine-merchant, vintner

vinjett *-en -er* vignette

vink *-en -ar* eg. med handen wave; tecken [att göra ngt] sign, motion; antydan hint, intimation, F tip[-off]; *en fin ~* äv. a gentle reminder; *en tydlig ~* a broad hint; *få en fin ~ om ngt* (*att* + sats) be gently reminded of a th. (be gently reminded that . .); *förstå ~en* take the hint; *ge ngn en ~* drop (give) a p. a hint, hint to a p.; *lyda ngns minsta ~* obey a p.'s slightest wish, be at a p.'s beck and call **vinka** *itr tr* **1** beckon; motion, *åt* to; vifta wave; *~ med handen (hatten)* wave one's hand (wave with one's hat); *~ på kyparen* signal to the waiter; *~ ngn avsides* motion (wave) a p. aside; *~ ngn till sig* beckon a p. to come up to one (to approach, to come near[er]); *~ adjö åt ngn* wave good-bye to a p., wave a p. good-bye; *~ av ngn* wave a p. off; *~ bort ngn* dismiss a p. with a wave of the (one's) hand **2** *inte ha någon tid att ~ på* till förfogande have no time to spare

vink|el *-eln -lar* mat. angle; hörn corner; vrå nook; *rät (spetsig, trubbig) ~* right (acute, obtuse) angle; *bilda 30° ~ (en ~ på 30°) mot* ytan form an angle of 30° with . .; *i rät ~ mot* golvet at right angles to . ., perpendicular to . .; *alla -lar och vrår* all the nooks and corners (crannies), every nook and corner (cranny)

vinkel|avstånd astr. angular distance, elongation **-ben** side of an angle **-böjd** *a* . . bent at an angle, rätvinklig L-shaped **-formig** *a* angular **-hake** tekn. set-square, triangle; boktr. composing-stick **-höjd** angular height **-järn** angle-iron, angle [bar] **-linjal** [T-]square **-mått** square rule **-rät** *a* perpendicular, *mot* to; *~ mot* . . äv. at right angles to . . **-spets** vert|ex (pl. -ices) [of an angle], triangels äv. ap|ex (pl. -ices, -exes)

vin|kylare wine-cooler, ice-bucket **-källare** förvaringsutrymme wine-cellar, wine-vault, vinlager cellar **-kännare** connoisseur (good judge) of wine, wine expert **-land** wine[-producing] country **-lista** wine-list, wine-card **-lus** zool. vine-pest, vine-fretter, phylloxer|a (pl. -ae) **-löv** vine-leaf, koll. vine-leaves pl.

vinn *oböjl. s, lägga sig ~ om ngt* se *vinnlägga*

vinna *vann vunnit tr itr* i strid, tävlan, spel win; erhålla äv. obtain; [lyckas] förskaffa sig (t.ex. erfarenhet, tid, terräng) gain, t.ex. inflytande äv. acquire, t.ex. rikedom äv. procure, achieve, *genom, med, på* by; uppnå attain; ha vinst profit, *på* by; [för]tjäna earn, *på* on; ha nytta benefit, *på* from; *~ tid* gain time; *försöka*

~ *tid* play for time; ~ *ett pris* win (i lotteri äv. draw) a prize; ~ *sitt syfte* achieve one's purpose (object[ive]); ~ *[i] tävlingen* win the competition; ~ *ngn för sin sak* win a p. for (over to) one's cause, enlist a p.'s interest on one's behalf; *därmed är redan mycket vunnet* much has thus already been gained, by this means much has already been won; *du vinner ingenting med att hota* threats won't get you anywhere, you won't gain (get) anything by [using] threats; ~ *på* en affär profit (benefit) from el. by . ., tjäna pengar make money on (out of) . .; *rummet vann på* ommöbleringen the room gained by . .; ~ *på* ta in på *ngn* vid kapplöpn. gain on a p.; ~ *på spel* win (make) money by gambling; *hon vinner vid närmare bekantskap* she gains (improves) on [closer] acquaintance; ~ *över ngn* i tävlan win over a p., gain (win, score) a victory over a p., beat (defeat) a p. **vinnande** *a* winning; intagande äv. attractive, engaging; stark. captivating; tilltalande appealing; pleasant; ~ *sätt* äv. endearing manner (ways pl.) **vinnare** *-n* - winner, segrare äv. victor **vinning** *-en 0* gain; profit; *snöd* ~ äv. [filthy] lucre, pelf; *för snöd ~s skull* out of [sheer] greed, for [the sake of] filthy lucre **vinningslysten** *a* greedy, grasping, covetous, avid, mercenary **vinningslystnad** greed, covetousness, avidity, snikenhet cupidity

vinnlägga *rfl,* ~ *sig om ngt* strive after a th.; ~ *sig om att* inf. take [great] pains to inf.; jfr *bemöda sig*

vin|odlare wine-grower, viticulturist **-odling** abstr. wine-growing, viticulture; konkr. vineyard **-press** winepress **-ranka** tendril of a vine, grape-vine, gren stem of a vine **-rättigheter** *pl, ha* ~ be licensed to serve wine; *ha vin- och spriträttigheter* be fully licensed **-röd** *a* wine-coloured, wine-red

vinsch *-en -ar (-er)* winch **vinscha** *tr,* ~ *[upp]* hoist, winch

vinskörd ~ande grape harvesting; konkr. grape (wine) harvest, årgång vintage

vinst *-en -er* allm. gain; H profit[s pl.]; neds. lucre; avkastning yield, return[s pl.]; behållning proceeds pl.; förtjänst earnings pl.; utdelning dividend; på spel winnings pl.; i lotteri o.d. [lottery] prize; fördel advantage, benefit; *högsta ~en* the first prize; *ren* ~ net profits (proceeds) pl.; *det blir en ren ~ på* 1000 kr. there will be a net profit of . .; *dela ~en* share the profits; *ge* ~ yield (bring in) a profit, äv. turn out well; *affären gav honom . . i ~ (en ~ på . .)* äv. he earned (made a profit of) . . on the transaction; *gå med* ~ om företag äv. be a paying concern; *sälja . . med* ~ sell . . at a profit; *på ~ och förlust* at a venture, on speculation **-andel** share of (in) the profits, profit share; utdelning dividend **-begär** cupidity, greed, acquisitiveness **-givande** *a* profitable, remunerative, paying; stark. lucrative **-kalkyl** profit calculation, calculation of profit[s] **-lista** lottery [prize-]list **-lott** winning ticket **-marginal** margin of profit, profit margin **-nummer** winning number **- - och förlustkonto** profit-and-loss account

vinstock [grape-]vine

vinstutdelning dividend profit distribution, distribution of profits, dividend

vinsyra tartaric acid

vinter *-n vintrar* winter; för ex. jfr *höst* **-badare** winter bather **-bonad** *a* . . fit for winter habitation, . . fit for living in during the winter **-dvala** winter sleep, hibernation; *ligga i* ~ hibernate **-däck** snö- snow tyre **-förvara** *tr* store . . during the winter **-förvaring** winter storage **-gata** galaxy; *Vintergatan* the Milky Way, the Galaxy **-gröna** *~n -grönor* (lat. Vinca) periwinkle **-gäck** bot. winter aconite **-härdig** *a* hardy **-knäpp** spell of wintry weather **-kvarter** winter quarters pl. **-kyla** winter cold, cold of winter **-lig** *a* wintry **-tid** årstid winter[time]; *~[en]* (adv.) om vintern in winter[time] **-trädgård** winter garden **-väder** wintry (winter) weather. — För övriga sms. jfr *sommar-*

vinthund greyhound

vintrig *a* wintry

vinäger *-n 0* o. **vinättika** wine-vinegar

viol *-en -er* violet; enfärgad, odlad äv. viola

viol|a *-an -or* altfiol viola

violett *s* o. *a* violet; jfr *blått*

violin *-en -er* violin, F fiddle; *spela* ~ play the violin **violinist** violinist **violinsolo** violin solo **violinstämma,** *~n* the violin part **violinvirtuos** virtuoso on the violin **violoncell** *-en -er* [violon]cello (pl. -s) **violoncellist** [violon]cellist

vip|a *-an -or* lapwing, peewit

vipp, *vara på ~en att* inf. be on the point of (be within an ace of, come very near to, be on the verge of) ing-form

vipp|a I *-an -or* **1** puff äv. puder~; damm~ feather-duster **2** bot. panicle **II** *itr* swing up and down; gunga seesaw, amer. teeter; t.ex. om plym wave; ~ *med foten* swing one's foot; ~ *på stjärten* wag one's tail; ~ *på stolen* tilt the (one's) chair

vipp|arm rocker [arm] **-kran** luffing-jib crane

vips *itj* pop!; hey presto!; ~ *var han borta* he was off like a shot

vira *tr* allm. wind; t.ex. för prydnad wreathe; ~ *av* m.fl. beton. part. se *linda III*

vir|e *-en -ar* cable; tunnare wire

viril *a* virile; manlig äv. manly

virka *tr itr* crochet

virke *-t 0* trä~ wood, timber, isht amer. lumber; byggnads~ building timber; bildl. stuff; *han är av annat ~* bildl. he is cast in a different mould; *det är gott ~ i honom* he is made of the right stuff **virkesavkastning** wood yield

virk|ning virkande crocheting, crochet work; *en ~* virkat arbete a piece of crochet work **-nål** crochet-hook, crochet-needle

virrig *a* om pers. muddle-headed, scatter-brained; oredig, oklar confused; muddled äv. om t.ex. framställning; om idé äv. hazy; osammanhängande disconnected **virrighet** muddle-headedness, confused state of mind **virrvarr** *-et 0* förvirring confusion, villervalla muddle, röra jumble, oreda mess, tangle, stark. chaos; *ett ~ av . .* äv. a confused (tangled) heap of . .

virtuos I *-en -er* virtuos|o (pl. -i el. -os) **II** *a* masterly, brilliant, attr. äv. virtuoso **virtuositet** virtuosity **virtuosmässig** *a* masterly, brilliant, attr. äv. virtuoso; *med ~ skicklighet* äv. with a master's skill **virtuosmässigt** *adv* in a masterly way

virulens *-en 0* virulence **virulent** *a* virulent

virus -[*et*] - virus

virv|el *-eln -lar* **1** allm. whirl äv. bildl.; swirl; ström~ whirlpool, mindre eddy; vetensk. o. bildl. vort|ex (pl. -ices el. -exes); hår~ crown, vert|ex (pl. -ices) **2** trum~ roll **virvelstorm** cyclone; i tropikerna tornado, typhoon **virvelvind** whirlwind **virvla** *itr* whirl, swirl, eddy; *~ omkring (runt)* whirl round; *~ upp* tr. o. itr. whirl up

1 vis *-et* - way, manner, fashion; jfr *1 sätt 1* m.ex.; *vara på det ~et* gravid, med barn be like it, be in the family way; *på franskt ~* in the French way

2 vis *a* wise; sage; *en ~* [*man*] äv. a sage; *de tre ~e männen* the three wise men, the Magi

1 vis|a *-an -or* allm. song; folk~ ballad; kort, enkel ~ äv. ditty; låt äv. tune, melody, air; *Höga Visan, Salomos höga ~* the Song of Songs, the Song of Solomon; *det är alltid samma ~* it is always the same old story; *slutet på ~n blev . .* the end of the story was . .; *det har blivit* [*till*] *en ~ i hela stan* it has become the talk of the town

2 visa I *tr* (ibl. *itr*) allm. show, ibl. shew; peka point, *på* out (to); förete äv. present; ådagalägga äv. exhibit, display, evince, demonstrate; upp~ se *~ upp* ned.; be~, ut~ äv. prove; avslöja disclose, reveal; *kyrkklockan ~r rätt tid (~de 12.15)* the church clock tells the right time (pointed at 12.15); ett kors på kartan *~r ruinen . .* indicates the ruin; *detta ~r att han är . .* äv. this shows him to be . .; *undersökningen ~de att . .* äv. the investigation made it plain (revealed) that . .; *~ ngn aktning* pay respect to a p.; *~ ngn deltagande* äv. sympathize with a p.; *~ ett svagt livstecken* give a feeble sign of life; *~ tacksamhet* äv. be grateful; *~ en tendens till* show (manifest, evince) a tendency to; *~ ngn vägen till* äv. direct a p. to; *~ ngn på dörren* show a p. the door; *~ ngn till* hans rum äv. conduct a p. to . .; *termometern ~r* [*på*] *20 grader* äv. the thermometer says (registers) 20°; jfr vid. ex. under *artighet, rätta I 1, tand* m.fl.

II *rfl* show oneself; framträda appear, om pers. äv. make one's appearance; bli tydlig become apparent; synas äv. be seen, om sak äv. manifest itself; löven *började ~ sig . .* began to show; *hans talang ~de sig* redan vid första försöket his talent was evidenced (showed itself) . .; *det ~de sig att* beräkningarna var . . it appeared that . .; *det kommer att ~ sig om . .* it will be seen whether . .; *detta ~de sig vara ogenomförbart* this (that) proved (was found) [to be] impracticable; uppgiften *~de sig vara felaktig . .* proved (turned out) to be erroneous (misleading); han är så rolig, så han kunde *~ sig för pengar . .* go on the stage; *~ sig för publiken* appear before the public

III m. beton. part. **1** *~ fram* förete show, lägga fram [till beskådande] exhibit, display; upp~ se *~ upp* ned. **2** *~ ngn (ngt) ifrån sig* av~ dismiss (reject) a p. (a th.) **3** *~ in ngn i ett rum* show a p. into a room; *~ in honom till mig!* send him [in] to me! **4** *~ omkring ngn i fabriken* show a p. round the factory **5** *~ tillbaka* avvisa o.d. se *tillbakavisa* **6** *~ upp* fram, t.ex. pass show up, ta fram produce; resultat show, t.ex. ett bokslut äv. produce; *~ ngn upp* t.ex. till övervåning show a p. up (upstairs) **7** *~ ut ngn* order (send) a p. out

visare på ur hand; på instrument pointer, indicator, needle, på skala äv. index **visartavla** dial

visavi I -[*e*]*n -er* vis-à-vis (pl. lika); man (resp. woman) opposite **II** *prep* mittemot vis-à-vis, opposite; beträffande regarding **III** *adv* vis-à-vis

visbok song-book; book (collection) of ballads

visdom *-en 0* wisdom; klokhet äv. prudence; lärdom learning **visdomsord** word of wisdom **visdomstand** wisdom-tooth

vis|e *-en -ar* bidrottning queen bee

visent European bison

visera *tr* pass visa **visering** visaing; visum visa; *~en gäller* två månader the visa is valid for . . **viseringstvång,** *det är ~ till . .* a visa is required for [entry into] . .

vishet wisdom **vishetslära** philosophy

vision vision **visionär I** *a* visionary **II** *s* visionary; dreamer

1 visir *-en -er* ämbetsman vizier

2 visir *-et* - hjälmgaller visor; *kämpa med öppet ~* bild. play a straightforward game **-skiva** foto. focussing (ground) screen
visit *-en -er* call, visit; *avlägga ~ hos ngn* pay a p. a visit, call (pay a call) on a p., visit a p. **visitation** examination; kropps~ samt av fartyg search; [besök för] granskning, besiktning inspection **visitdräkt** ung. afternoon dress **visitera** *tr* examine; search; inspect; jfr *visitation* **visitering** examination; search[-ing]; inspection; jfr *visitation* **visitkort** [visiting-]card; amer. calling card
1 visk|**a** *-an -or* whisk
2 viska *tr itr* whisper; *~ till ngn* skol. (i hjälpande syfte) prompt a p.; *~ ngt i örat på ngn* whisper a th. in a p.'s ear; sade han *~nde (i ~nde ton)* . . in a whisper **viskning** whisper; prompt, jfr *2 viska* **viskningskampanj** whispering (smear) campaign
viskositet viscosity
visky *-n 0* whisky, ibl. whiskey, skotsk ~ äv. Scotch **-grogg** whisky and soda, amer. [whiskey] highball
visligen *adv* wisely
vismut *-en 0* bismuth
visning visande showing; demonstration demonstration; före~ exhibition; display; show; *det är två ~ar om dagen på slottet* visitors are shown over (conducted round) the castle twice a day **visningssal** show-room
visp *-en -ar* whisk; mekanisk äv. beater; av ståltråd äv. whip **vispa** *tr* whip, whisk; ägg o.d. beat; t.ex. ingredienser till en kaka cream **vispgrädde** whipped (till vispning whipping) cream
viss *a* **1** vanl. pred.: säker certain, *om, på* of; sure, *om, på* of, about; förvissad assured, övertygad äv. positive, convinced; *det är ~t och sant* it is true [enough] **2** attr.: särskild certain; bestämd: a) om tidpunkt äv. given b) om summa fixed; *en ~* a) t.ex. hr Andersson a certain . . b) t.ex. skicklighet a certain degree of . ., t.ex. tvekan some [degree of] . .; *i ~ mån* to a certain (some) extent, in a certain (some) degree; *i ~a avseenden* in some respects (ways); *en aktie ställd på ~ person* a personal share; *hon har något ~t* odefinierbart she has [got] a certain something
visselpipa whistle
vissen *a* faded äv. bild.; förtorkad withered, wilted, om blad äv. dry, död dead; *känna sig ~* ur form feel out of sorts, 'nere' feel off colour, feel rotten **-het** withered state, faded condition
visserligen *adv* [it is] true; certainly; to be sure; indeed; jfr ex.: *han är ~ duktig, men* . . it is true that he is clever, but . .; he is clever, it is true (he is clever indeed), but . .; certainly (to be sure) he is clever, but . .
visshet allm. certainty; tillförsikt assurance; *få ~ om* . . find out . . [for certain]; *skaffa sig ~ om* . . ascertain [the truth about] . .
vissl|**a I** *-an -or* whistle **II** *tr itr* whistle; vina äv. whiz[z]; *~ på hunden* whistle to the dog; *~ ut* hiss, skådespelare hiss . . off the stage, F give . . the bird; skådespelaren *blev utvisslad* F . . got the bird **vissling** whistle; whiz[z]
vissna *itr* fade, wither, wilt; *~ bort* wither [away], bildl., om pers. fade away; *~ ned* wither [away]
visso, *för ~* se *förvisso; till yttermera ~* se *yttermera*
visst *adv* säkert certainly, to be sure; utan tvivel no doubt; sannolikt probably; *~ [skall du göra det]!* äv. [you should do it (so)] by all means!; *vi har ~ träffats förr* I am sure we [must] have met before; *du tänkte ~* överraska oss you wanted to . ., didn't you?; *du tror ~ att* . . you seem to believe that . .; *helt ~* [most] certainly, no (without a) doubt; *ja ~!* certainly!, of course!, yes, indeed!; *ja ~ ja* yes, of course[, that's true]; *jo ~, men* . . that is (quite) so, but . .; *~ inte!* certainly not!, not at all!, by no means!, not by any means!; *han har ~ rest* he has probably left; he has left, I think
vist *-en 0* whist
vistas *itr. dep* allm. stay; bo längre tid reside, live; litt. sojourn; friare äv. be; *~ inomhus* äv. keep indoors **vistelse** stay; officiellt o. litt. sojourn; boende residence **vistelseort** [place of] residence, permanent residence; jur. domicile
visthus[**bod**] pantry, larder, större storehouse
visuell *a* visual
vis|**um** *-um[et]*, pl. *-a (-um)* visa
vit I *a* (jfr *1 vitt*) white; *~ bok* se *2 vitbok;* [*den*] *~a duken* the screen; *~ fläck* på kartan unexplored region; *~a frun* the White Lady; *Vita havet (huset)* the White Sea (House); *~a kläder* äv. whites; [*den*] *~a mössan* ung. the [Swedish student's] white cap; *han är ~a plåstret* ung. he is a nonentity; *~a varor* se *vitvaror; bli ~* [*i ansiktet*] *av* ängslan turn white with . .; *göra ~* whiten, make . . white; *en ~* a white [man]; *de ~a* the whites **II** *s* schack. white **vit**|**a** *-an -or* ägg~, ögon~ white, *i* of; *två -or* the whites of two eggs **vitaktig** *a* whitish
vital *a* allm. vital; viktig äv. . . of vital importance, momentous **vitalitet** vitality
vitamin *-et -er* vitamin **vitaminbrist** vitamin deficiency **vitaminera** *tr* vitaminize **vitaminfattig** *a* . . deficient in vitamins **vitaminisera** *tr* vitaminize
vit|**beta** foder- fodder-beet; socker- sugar-beet **-bleck** tin plate **-blå** *a* whitish-blue, whity

blue
1 vitbok bot. hornbeam
2 vitbok polit. white book, mindre white paper
vitbroderi white embroidery on white fabric
vite *-t -n* fine, penalty; *vid ~ av* under penalty of a fine of; *tillträde vid ~ förbjudet* ung. trespassers will be prosecuted **vitesbelagd** *a* . . punishable by a fine
vit|garva *tr* taw **-glödande** *a* attr. white-hot, incandescent **-glödga** *tr* bring . . to [a] white heat **-grå** *a* whitish-grey **-gul** *a* pale yellow **-halsad** *a* white-throated **-hyllt** *a* white-skinned **-hårig** *a* white-haired; om pers. äv. white-headed, hoary; *bli ~* turn white **-klöver** white (Dutch) clover **-kål** [white] cabbage **-limma** *tr* whitewash. — För sms. jfr äv. *blå-*
vitling whiting
vit|lök garlic **-löksklyfta** clove of garlic **-mena** *tr* whitewash **-metall** white metal **-mossa 1** torv~ bog moss **2** renlav reindeer moss
vitna *itr* whiten, turn (grow, go) white
vit|peppar white pepper **-plister** white dead-nettle **-rappa** *tr* rough-cast . . with white plaster. — För sms. jfr äv. *blå-*
vitriol *-en 0* vitriol **-haltig** *a* vitriolic
vitrysk *a* o. **vitryss** *s* Byelorussian, isht polit. White Russian **Vitryssland** Byelorussia, White Russia
vits *-en -ar* ordlek pun; kvickhet joke, jest, neds. witticism; *det är det som är ~en med det hela* that's just the point **vitsa** *itr* make puns (resp. a pun); joke, crack jokes (resp. a joke) **vitsig** *a* kvick witty
vit|sippa wood anemone **-skäggig** *a* white-bearded. — För sms. jfr äv. *blå-*
vitsord skriftligt betyg testimonial; skol. mark; amer. grade; *ge ngn goda ~* recommend a p. thoroughly; *äga ~* jur. be admissible [in] evidence, om pers. be competent to give evidence **vitsorda** *tr* intyga testify to, certify; *~ att ngn är* . . certify that a p. is . ., stark. vouch for a p.'s being . .
1 vitt *s* white; jfr *blått* o. se ex. under *svart III*
2 vitt *adv* widely; *~ och brett* far and wide; *med ~ uppspärrade ögon* with wide open eyes, with one's eyes wide open; *prata ~ och brett om* . . talk (speak) at great length about . ., expatiate upon . .; *vara ~ skild från* differ greatly from . .; *vara ~ utbredd* be widespread; *så ~* se *såvitt; för så ~* se *2 för II 5* **-bekant** *a* widely known, famous, i dålig bem. notorious **-berest** *a, vara ~* have travelled a great deal, be a travelled person (man resp. woman) **-berömd** *a* renowned, illustrious
vitten, *inte värd en (ett) ~* not worth a damn (a brass farthing)
vitter *a* literary; *~ person* äv. man of letters
vitterhet skönlitteratur belles-lettres pl. (fr.) **vitterhetsakademi** academy of literature, literary academy
vitt|famnande *a* wide-embracing, comprehensive **-förgrenad** *a* attr. . . with many ramifications **-gående** *a* far-reaching; *~ reformer* äv. extensive reforms
vittja *tr, ~ näten* search (go through) and empty the [fishing-]nets; *~ ngns fickor* pick a p.'s pockets
vittling se *vitling*
vittna *itr* allm. witness; intyga testify, *om* to; vid domstol äv. give evidence, depose; *~ mot (för) ngn* give evidence against (in favour of) a p.; *~ om* ngt bildl. show . ., indicate . ., denote . .; give evidence of . ., bear witness to . .
vittne *-t -n* witness; *vara ~ till ngt* be a witness of a th., witness a th.; *i ~ns närvaro* before (in the presence of) witnesses; *höra ~n* äv. take evidence, hos polisen take statements; *jag tar dig till ~ på att jag* . . äv. you are my witness that I . .
vittnes|bås witness-box, amer. witness stand **-börd** *~et ~* testimony, evidence; *bära ~ om ngt* testify to a th. **-ersättning** witness's fee (compensation), compensation to witnesses (a witness) **-förhör** inför domstol examination (hearing, av motpartens vittne[n] cross-examination) of witnesses (resp. a witness) **-gill** *a, vara ~* be competent to witness, be a competent witness **-mål** evidence, testimony, isht skriftl. deposition
vittomfattande *a* far-reaching, extensive, t.ex. studier comprehensive, t.ex. intressen wide
vittra *itr* geol. weather, decompose; falla sönder moulder, crumble [away]; vetensk. effloresce; *~ bort* crumble away; *~ sönder* moulder (crumble) [away]
vittring *-en 0* jakt. scent
vittsvävande *a, ~ planer* ambitious (vast) plans
vit|tvätt white laundry (linen), whites pl. **-varor** *pl* white goods **-varuaffär** linen-draper's [shop] **-öga,** [*modigt*] *se döden i ~t* face death [bravely (courageously)]
viv *-et -* spouse
vivisektion vivisection
vivre *-t 0* board and lodging, keep; *fritt ~* free board and lodging; 800 kr i månaden *och fritt ~* äv. . . and all found
vivör man about town, debauchee, rucklare rake
vodka *-n 0* vodka
voffla o. sms. se *våffla* o. sms.
Vogeserna *pl* the Vosges
voja *rfl* cry blue murder, jämra sig whine
vojlock *-en -ar* saddle-blanket, horse-rug
vokab|el *-eln -ler* vocable, word **vokabel-**

samling vocabulary **vokabulär** ordförråd vocabulary, ordlista äv. glossary
vokal I *-en -er* vowel **II** *a* vocal **vokalisera** *tr* vocalize **vokalisk** *a* fonet. vocal **vokalist** vocalist **vokalmusik** vocal music, singing **vokalmöte** hiatus
vokativ *-en -er,* ~[*en*] the vocative; *en* ~ a vocative
volang flounce, smalare. t.ex. på damplagg frill
volfram *-en (-et) 0* tungsten, ibl. wolfram **-lampa** tungsten [filament] lamp
volm *-en -ar* haycock **volma** *tr* cock
volontär *-[e]n -er* volunteer äv. mil.: H unsalaried clerk
1 volt *-en -* elektr. volt
2 volt *-en -er* gymn. somersault; ridn. o. fäkt. volt[e]; *göra (slå)* ~*er* gymn. turn somersaults; *slå* ~*er* äv. tumble
voluminös *a* voluminous **volym** *-en -er* **1** volume äv. om röst; *röstens* ~ *omfång är* mycket stor äv. the range (compass) of the (resp. his el. her) voice is . . **2** bok[band] volume, större tome **volymkontroll** volume control
vom *-men -mar* zool. paunch; vetensk. rumen
vorstehhund German pointer
votera *itr tr* vote; jfr *rösta* **votering** voting; *vid en* ~ on a vote being taken; jfr vid. *omröstning*
votivgåva votive gift
vot|um *-umet -a (-um)* vote
vov *itj,* ~ [~]*!* bow-wow! **vovv|e** *-en -ar* bow-wow
vrak *-et -* wreck äv. bildl.; ~*et av en bil* a wrecked car **vraka** *tr* reject
vrak|del av flygplan etc. part of a (resp. the) wrecked plane etc. **-gods** wreckage **-plundrare** wrecker **-pris** bargain price; *köpa ngt för* ~ buy a th. for a song, F buy a th. dirt-cheap **-spillror** *pl* wreckage sg.
1 vred *-et -* handle, runt äv. knob
2 vred *a* wrathful, irate; ond angry, stark. furious; *vara* ~ *på ngn* be angry (furious) with a p.
vrede *-n 0* wrath, harm anger, ursinne fury, rage; *låta sin* ~ *gå ut (utösa sin* ~*) över ngn* vent one's anger on a p. **vredesmod,** *i* ~ in wrath (anger) **vredesutbrott** [out]-burst of fury, fit of rage **vredgad** *a* angry, stark. incensed **vredgas** *itr. dep* be (get) angry, become incensed, *på ngn över (för) ngt* with a p. about (at) a th.
vrenskas *itr. dep* vara bångstyrig be refractory (unruly); isht om häst be restive
vresig *a* **1** om pers. peevish, cross, sullen, surly, cross-grained **2** om träd gnarled, cross-grained **-het** peevishness osv., jfr *vresig 1*
vricka *tr itr* **1** stuka sprain; rycka ur led dislocate; *jag har* ~*t* [*mig i*] *foten* I have sprained my ankle **2** ~ *på en tand* work a tooth loose **3** sjö. scull **vrickad** *a* F tokig cracked, nuts, not all there samtl. end. pred. **vrickning 1** stukning sprain; dislocation; jfr *vricka 1* **2** sjö. sculling
vrida *vred vridit* **I** *tr itr* turn; sno twist, wind; ~ *händerna* wring one's hands; ~ *tvätt* wring [out] the washing; ~ *armen ur led* put (twist) one's arm out of joint, dislocate one's arm; ~ *halsen av ngn* wring a p.'s neck; ~ *munnen på sned* twist one's mouth, make a wry mouth; ~ *vapnet ur ngns hand* wrest the weapon out of a p.'s hand; ~ *på huvudet* turn one's head; ~ *och vränga på ngt* twist and turn a th.; ~ *och vända på ett problem* turn a problem over in one's mind [again and again] **II** *rfl* allm. turn; *vinden har vridit sig* äv. the wind has veered; ~ *sig av smärta (i plågor)* writhe in pain; ~ *sig som en mask* wriggle (wiggle, squirm) like a worm; ~ *sig kring sin axel* turn (revolve) round one's [own] axis **III** m. beton. part. **1** ~ *av* twist (wrench) off **2** ~ *bort huvudet* turn one's head away **3** ~ *fram klockan* put the clock forward **4** ~ *om* nyckeln turn . .; ~ *om* nyckeln *ett tag till* äv. give . . another turn **5** ~ *på* t.ex. kranen turn on, t.ex. radion äv. switch on **6** ~ *till kranen* turn off the tap **7** ~ *upp klockan* wind up the clock **vridbar** *a* turnable, attr. äv. . . that can be turned, revolving **vriden** *a* **1** snodd twisted, contorted **2** tokig unhinged; *han är en smula* ~ he is not quite all there **vridmaskin** för tvättkläder wringer **vridmoment** fys. torque **vridning** turning; *en* ~ äv. a turn, a twist **vridscen** revolving stage
vrist *-en -er* instep; ankel ankle; vackra ~*er* beautiful ankles
vrå *-n -[a]r* corner, nook, cranny; *jag har inte någon egen* ~ I have no place of my own (place I can call my own)
vråk *-en -ar* zool. buzzard
vrål *-et 0* roar[ing], bawl[ing], bellow[ing] **vråla** *itr* roar, bawl, bellow **vrålapa** howler [monkey]; bildl. bawler **vrålåk** F om bil posh high-powered car
vrång *a* allm. perverse; avig wrong; ogin unfriendly; krånglig: om pers. contrary, om häst restive; orättvis wrong, unjust **-bild** distorted picture **-het** perversity, unfriendliness osv. **-sint** *a* evil-minded, wicked, malicious **-strupe,** *få ngt i* ~*n* get a th. down the wrong way
väk|a *-te -t* **I** *tr* **1** eg. heave; kasta toss, throw **2** jur. evict, eject **II** *itr, sjön -er* the sea is running high (is heaving); *regnet -er ned* it's (the rain is) pouring down; *snön -er ned* the snow is coming down heavily **III** *rfl, sitta och* ~ *sig* lounge (loll) about; ~ *sig i* lyx roll in . . **IV** m. beton. part. **1** ~ *av* heave (toss, throw) . . off **2** ~ kasta *bort* throw away **3** ~ *omkull* throw . . over, pers.

send . . sprawling **4** ~ *ur sig* skällsord o.d. come out with . . **5** ~ *ut* heave . . out, t.ex. pengar throw . . to the winds **6** ~ *över* ansvaret *på ngn* saddle a p. with . . **vräkig** *a* ostentatious; flott flashy, showy; stoltserande flaunting; dryg arrogant; slösaktig extravagant **vräkighet** ostentation; flashiness; arrogance; extravagance **vräkning** avhysning eviction, ejection **vräkningsansökan** jur. (ung.) petition to obtain possession

väng|a *-de -t tr* vända ut o. in på turn . . inside out; framställa el. återge oriktigt distort, twist; misstyda misrepresent; ~ *lagen* pervert (twist) the law

vulgär *a* vulgar, common

vulka *tr* vulcanize **vulkan** volcano **vulkanisera** *tr* vulcanize **vulkanisk** *a* volcanic

vurm *-en -ar* passion, craze, mania, fad, *för (på)* i samtl. fall for **vurma** *itr*, ~ *för ngt* have a passion (craze, mania) for a th.

vurp|a I *-an -or* somersault; *göra en* ~ se *II* **II** *itr* turn a somersault, overturn

vuxen *a* full~ adult, attr. äv. grown-up, pred. äv. grown up; *de vuxna* [the] grown-ups (adults); jfr ex. under *växa* **-undervisning** o. **-utbildning** adult education

vy *-n -er* allm. view; utsikt äv. sight, prospect; *höga* ~*er* lofty ideas, målsättning grandiose plans; *ha trånga (vida)* ~*er* have a narrow (broad) outlook [on life] **-kort** picture postcard

vyss|anlull| *itj* hushaby [baby]! **vyss|j|a** *tr* lull; ~ . . *i sömn (till sömns)* lull . . to sleep

våd *-en -er* kjol~ gore; tapet~ length

våd|a *-an -or* fara danger, peril, risk risk; *av* ~ by misadventure, accidentally **vådaskott** accidental shot **vådeld** accidental fire **vådlig** *a* farlig dangerous; förskräcklig dreadful, förfärlig terrible, F awful

våffeljärn waffle-iron **våffl|a** *-an -or* waffle

1 våg *-en -ar* **1** redskap: person~ o.d. scale[s pl.], större weighing-machine; med skål[ar] balance **2** *Vågen* astr. Libra

2 våg *-en -or* i div. bet. wave, bildl. äv. surge; dyning roller; ~*orna går höga* the sea runs high, there is a heavy sea [running]; *diskussionens* ~*or gick höga* ung. there was a heated discussion; *gå i* ~*or* undulate, bilda våglinje äv. go in waves; *lägga håret i* ~*or* set one's hair in waves

1 våga *tr*, ~ *håret* wave one's hair

2 våga I *tr itr* töras dare (för konstr. jfr ex.); våga sig på o. riskera venture, riskera äv. hazard, risk; satsa stake; slå vad om bet; *jag (han)* ~*r* gå I dare (he dares) to . .; ~*r jag (han)* gå? dare I (he) . .?, do I (does he) dare to . .?; *han* ~*r (*~*de) inte* gå he daren't . ., he doesn't (didn't) dare to . .; ~*r jag be om . .?* dare (får jag may, might) I ask for . .?; ~ ta risken att *göra ngt* risk (take the risk of) doing a th.; *jag* ~*r påstå att . .* I venture to assert (say) that . ., I can confidently (tar mig friheten I make so bold as to) say that . .; *han* ~*r det mesta* he dares [to do] most things; ~ *försöket (risken)* take the risk (the chance); ~ *en gissning* venture (hazard) a guess; ~ *livet* venture (risk, hazard, jeopardize, ss. insats stake) one's life; *jag kan* ~ *vad som helst på att han . .* I bet [you] anything that he . .; *du skulle bara* ~*!* [just] you dare!, just you try [it]! **II** *rfl* (för konstr. vid. 'dare' jfr *I*), ~ *sig dit (hit)* venture el. dare to go there (to come here); ~ *sig fram* [*ur* gömstället] venture [to come] out [of . .]; ~ *sig på ngn* angripa dare to tackle (attack) a p., tilltala o.d. venture to approach a p.; ~ *sig på* en uppgift dare to tackle . .; ~ *sig på att . .* venture (dare) to . .; *ska man* ~ *sig på det?* should one chance it [or not]?; ~ *sig ut i kylan* venture [to go] out in the cold, trotsa kylan brave the cold **vågad** *a* djärv daring, bold, riskfylld risky, hazardous; ekivok risqué fr., indecent

vågarm arm (lever) of a (resp. the) balance

våg|brytare breakwater **-dal** eg. trough of the sea (the waves) **-formig** *a*, ~ *rörelse* wave-like (undulating) movement

våg|hals dare-devil; han är *en riktig* ~ äv. . . a proper reckless fellow **-halsig** *a* reckless, foolhardy, rash **-halsighet** recklessness, foolhardiness, rashness

våg|ig *a* wavy; om t.ex. linje äv. undulating, vågformig äv. wave-like **-kam** crest of a (resp. the) wave **-linje** wave-line **-längd** radio. wavelength äv. bildl.

vågrät *a* horizontal, plan level; ~*a* [*nyckel*]*ord* i korsord clues across

vågrörelse undulation; fys. wave motion (propagation)

vågsam *a* risky, hazardous, djärv daring, bold

vågskvalp lapping of the waves, ripple

vågskål scale (pan) [of a (resp. the) balance]; *väga tungt i* ~*en* bildl. carry weight

våg|spel o. **-stycke** vågsamt företag bold (daring) venture, risky (daring, hazardous) undertaking; vågsam handling daring act (deed)

vågsvall surging sea, surging (beating) of the waves

våld *-et 0* makt, välde power; besittning possession; tvång force, compulsion; våldsamhet violence, övervåld outrage, bildl. äv. (kränkning) violation; *yttre* ~ violence; *intet yttre* ~ kunde spåras no mark[s pl.] of violence . .; *bruka (öva)* ~ använda use force el. violence (*mot* against), ta till resort to violence; dömas *för* ~ *mot polis* . . for assaulting a policeman; *göra* ~ *på* sanningen violate . ., en text distort the meaning of . .; *göra* ~ *på sig* *(sina känslor)* restrain oneself (one's feelings); *ge sig i ngns* ~ give oneself up to a p.; *få (ha) ngn i sitt* ~ get a p. into (have a p. in) one's power; *vara i ngns* ~ be in a p.'s power, be at a p.'s mercy; *dra för fan i* ~*!* go to hell!; *med* ~ eg. by force, med maktmedel forcibly; *med milt* ~ with gentle compulsion; *bryta upp (öppna)* . . *med* ~ force . . open; *tränga sig in med* ~ force one's way in **-föra** *rfl,* ~ *sig på* se *[bruka] våld* o. *[göra] våld [på];* ~ *sig på en kvinna* begå våldtäkt rape a woman **-gästa** *tr itr, [komma och]* ~ *[hos]* ngn descend upon . .

våldsam *a* allm. violent, häftig (om t.ex. känsla) äv. vehement; intensiv intense; stark.: om t.ex. applåd tremendous, om hunger ravenous; vild, om t.ex. strid furious; oerhörd terrible; ~*ma ansträngningar* furious (intense) efforts; *få en* ~ *död* die a violent death; *ha ett* ~*t humör* have a violent (fiery) temper; *göra* ~*t motstånd mot* polis violently resist . ., offer violent (forcible) resistance to . .; *i* ~ *fart* at a furious (terrific) speed **-het** ~*en* ~*er* violence, vehemence; intensity samtl. end. sg., jfr *våldsam;* ~*er* acts of violence, violence sg.

vålds|dåd o. **-gärning** act of violence, violent deed; illgärning outrage **-medel** violent means pl. lika **-mentalitet** spirit of violence **-verkare** ~*n* ~ perpetrator of an (resp. the) outrage, assailant **-åtgärd** violent (forcible) measure (means pl. lika)

våld|ta|ga| *tr* rape **-täkt** rape

vålla *tr* förorsaka cause, occasion; vara skuld till be the cause of; åstadkomma äv. bring about; ge upphov till give rise to, framkalla provoke; frambringa produce; ~ bereda *ngn* . . cause (give) a p. . .; ~ medföra *stora kostnader* entail (involve) great expenditure sg.; ~ ngn *smärta* cause . . pain (suffering), make . . suffer; ~ förorsaka *[ngn] svårigheter* create difficulties [for a p.] **vållande** *a, vara* ~ *till* annans död be the cause of . .

vålm o. **vålma** se *volm, volma*

vålnad *-en -er* ghost, phantom, phantasm

våm se *vom*

vånd|a *-an -or* agony, torture; ångest anguish; kval torment **våndas** *itr. dep* suffer agony (agonies), be in agony; ~ gruva sig *inför ngt* dread a th.; ~ *över* slita med *ngt* go through agonies over a th.

våning 1 lägenhet flat, amer. apartment; *en* ~ *på tre rum* a three-roomed flat, a flat of three rooms **2** etage: stor[e]y, våningsplan floor; *ett sex* ~*ar högt hus* a six-storeyed (six-storied) house, a house of six storeys (stories); *bygga till en* ~ *på* huset add a stor[e]y to . .; *på (i) andra* ~*en* en trappa upp on the first (amer. second) floor **våningsbyte** exchange of flats

våp *-et* - goose (pl. geese), silly **våpig** *a* namby-pamby, soft

1 vår *poss. pron* fören. our; självst. ours; *de* ~*a* our people, våra spelare our players, vårt lag our team sg., våra män our men; för ex. jfr vidare *1 min*

2 vår *-en -ar* spring, ibl. springtime, poet. springtide alla äv. bildl.; ~*en kommer sent i år* [the] spring is late this year, it is a late spring this year; *i ungdomens* ~ äv. in the prime of youth; en flicka *på 17* ~*ar* . . of seventeen summers; för ex. jfr vid. *höst* **våras** *itr. dep, det* ~ [the] spring is coming **vårblomma** spring flower **vårbruk** spring farming

1 vård *-en -ar* minnes~ memorial, monument

2 vård *-en 0* omvårdnad allm. care, *om* of; uppsikt äv. charge, jur. custody; förvar keeping; skötsel äv. nursing; behandling treatment; bevarande preservation, conservation; *sluten* ~ institutional care, på sjukhus care (behandling treatment) of in-patients, hospital treatment; *öppen* ~ non-institutional care, sjukvård care (behandling treatment) of out-patients; *få god* ~ be well looked after, be well cared for; *ha* ~*[en] om* . ., *ha* . . *i sin* ~ have charge ([the] care) of . ., have . . in (under) one's care; *lämna* . . *i ngns* ~ leave . . in a p.'s care (förvar keeping); *ta* ~ *om ngn, ta ngn i sin* ~ take care (charge) of a p., i sitt beskydd take a p. under one's protection

vårda *tr* take care of, se till look after; sköta tend, sjuka äv. nurse; bevara preserve; *han* ~*s på sjukhus* he is [being treated] in hospital; ~ *sig om* ta hand om take care of, vara noga med be careful about; *inte* ~ *sig om* äv. neglect **vårdad** *a* välskött well-kept, om pers. o. yttre well-groomed, om yttre äv. neat, trim; om t.ex. språk, stil polished, refined, om t.ex. handstil neat

vår|dag spring day, day in [the] spring **-dagjämning** vernal equinox

vårdare keeper; sjuk~ male nurse **vårdarinna** sjuk~ nurse **vårdhem** sjukhem nursing home **vårdkas[e]** beacon **vårdnad** *-en 0* custody, *om (av)* of **vårdnadshavare** målsman guardian **vårdpersonal** på sjukhus nursing staff **vårdplats** på sjukhus bed

vårdräkt spring suit

vårdslös *a* allm. careless, *med* with (about); negligent; slarvig slovenly, slipshod; försumlig neglectful, *med* of; om t.ex. uppförande äv. nonchalant, om t.ex. tal äv. reckless; *vara* ~ *med pengar* squander (fritter away) one's money **vårdslösa** *tr* neglect, be careless with (about); be neglectful (negligent) of; not take proper care of **vårdslöshet** carelessness; negligence; slovenliness, slipshodness; neglect; nonchalance; recklessness; jfr *vårdslös*

vårdtecken token
vårdyrke ung. social service (sjukvårdande nursing) occupation
vår|fest bjudning spring party **-flod** spring flood **-grönska** greenness (verdure) of spring **-hatt** spring hat **-kanten,** *fram på ~* about the beginning of spring, when spring comes (came etc.) **-känsla,** *få -känslor* get the spring feeling **-lig** *a* attr.: spring, . . of spring; se äv. följ. **-lik** *a* spring-like; *det är ~t* i dag it is quite like spring . . **-luft** spring air, air of spring **-lök** bot. gagea, yellow star-of-Bethlehem **-riksdag** spring session of the 'Riksdag' **-råg** spring-sown rye
vårt|a *-an -or* **1** wart, vetensk. äv. verruc|a (pl. -ae) **2** bröst~ nipple
vårtermin i Sverige spring term [which ends early in June]
vårt|ig *a* warty, . . covered with warts, vetensk. äv. verrucose **-lik** *a* wart-like, vetensk. äv. verruciform
vårtrötthet spring fatigue
[1]**våt** *a* wet; fuktig damp, moist; vetensk. äv. humid; flytande fluid, liquid; *~ av svett* wet with perspiration; *~ inpå bara kroppen* wet (drenched) to the skin; *bli ~ om fötterna* get one's feet wet; *han är ~ om fötterna* he has wet feet, his feet are wet; *en ~ kväll* med mycket spritförtäring a wet night; *varken ~t eller torrt* mat eller dryck neither food nor drink; *hålla ihop i ~t och torrt* stick together through thick and thin **-varor** *pl* sprit- spirits, alcoholic liquors **-värmande** *a, ~ omslag* fomentation
väck *adv* F, [*puts*] *~* gone [completely]; *~ med det!* away with it!
väck|a *-te -t tr* **1** göra vaken wake [. . up], m. saksubj. äv. awake; på beställning (isht vid visst klockslag) vanl. call; mera häftigt samt bildl. (rycka upp) rouse; ljud som kan *~ de döda* . . raise (wake, awaken) the dead; när han sover *kan inget ~ honom* . . nothing will wake him [up] (awake him, rouse him [from his sleep]); *~s av* bullret be woken up (roused, awakened) by . .; *han är [religiöst] -t* he has been awakened [to religion]; *~ ngn till besinning* call a p. to his (resp. her) senses; *~ ngn till liv* call a p. back to life, ur svimning revive a p.; *~ ngn till medvetande om . .* make a p. conscious (aware) of . .; ljudet av steg *-te henne ur hennes drömmar . .* awoke (roused) her from her dreams; *~ upp ngn [ur sömnen]* wake a p. up (rouse a p.) [from his (resp. her) sleep]
2 framkalla: allm. arouse, uppväcka, t.ex. känslor, äv. awaken; vålla: t.ex. förvåning cause, t.ex. sensation äv. create; ge upphov till: t.ex. beundran excite, t.ex. missnöje stir up; åstadkomma, t.ex. uppståndelse make; tilldra sig, t.ex. uppmärksamhet attract; *~ avund [hos ngn]* excite (arouse) [a p.'s] envy; *~ förvåning* cause (arouse) astonishment; *~ ngns intresse* arouse (awaken) a p.'s interest; *~ ngns intresse för ngt* äv. interest a p. in a th.; *~ minnen [till liv]* awaken (arouse, call up) memories; *det -te något [till liv] hos (inom) honom,* som . . it aroused something [with]in him . .
3 framställa, framlägga, t.ex. fråga raise, bring up; se vid. ex. under *2 förslag 1, motion 2* o. *åtal*
väckarklocka alarm[-clock]
väckelse, *religiös ~* [religious] revival **-möte** revival[ist] meeting **-predikant** revivalist
väckning, *får jag be om ~ kl. 7* will you call me at 7, please; I'd like to be called at 7
väder *vädret* - **1** väderlek weather; *~ och vind* wind and weather; *prata om ~ och vind* kallprata talk about nothing in particular; *Fröken V~* ung. the telephone weather service; *bra ~* för fiske o.d. just the [right sort of] weather . .; *vi hade [ett] förfärligt ~* we had terrible weather; *det är dåligt (vackert) ~* the weather is bad (lovely, fine); *det ser ut att bli vackert ~* the weather looks promising; *vad är det för ~ i dag?* what's the weather like today?, what sort of day is it?; *trotsa vädrets makter* brave the weather (stark. the [fury of the] elements); *följa ngn i alla ~* bildl. stick to a p. through thick and thin; *lita på ngn i alla ~* rely on a p. no matter what happens; *stå sig i alla ~* eg. stand up to any weather, bildl. always hold good **2** luft air; vind wind; *släppa ~* en fjärt break wind; *prata i vädret* talk through one's hat, talk nonsense; *gå (stiga) till ~s* go up in the air **3** jakt., *få ~ på* en hare get wind (the scent) of . . **-beständig** *a* weather-proof **-biten** *a* weather-beaten **-flöjel** se *vindflöjel* **-korn,** *ha gott ~* have a keen scent (om pers. a sharp nose); *få ~ på ngt* bildl. get wind (the scent) of a th. **-kvarn** windmill
väderlek *-en 0* weather
väderleks|fartyg weather ship **-förhållanden** *pl* weather conditions **-karta** weather chart (map) **-läge** meteorological situation **-rapport** weather forecast (report) **-station** meteorological (weather) station **-tjänst** meteorological (weather forecast) service; byrå meteorological office, amer. weather bureau **-utsikter** *pl* rapport weather forecast sg.
väder|satellit weather satellite **-spåman** weather prophet **-spänning,** *~[ar]* flatulence sg. **-streck** point of the compass; *de fyra ~en* äv. the [four] cardinal points; *från vilket ~* blåser det? from which quarter . .?

vädja *itr* appeal äv. jur., *till* to; *han ~de till mig om hjälp* he appealed to me for help, he entreated (besought) me to help him **vädjan** - *0* appeal äv. jur.; entreaty

vädra *tr itr* **1** lufta (t.ex. kläder) air, give . . an airing; *~ [i] ett rum* air a room; *~ ut rök* let the smoke out **2** få väderkorn på scent äv. bildl.; *~ ngt* få nys om get wind of a th. **vädring** luftning airing; *hänga ut* kläder *till ~* hang . . out to air

vädur -[*e*]*n -ar* zool. ram; *Väduren* astr. Aries, the Ram

väft *-en 0* vävn. weft, woof

väg *-en -ar* eg. (anlagd) road; isht mera abstr. o. bildl. (äv. ss. efterled i sms., jfr *matväg*) vanl. way; rutt äv. route; sträcka, avstånd äv. distance; stig, bana path, obanad äv. track, lopp course, samtl. äv. bildl.; färd~: resa journey, gång~ walk, åk~ drive, ride; *dygdens ~* the path of virtue; *en timmes ~ [att gå (köra)] härifrån* one hour's walk (drive, ride) from here; *~en till* lycka och framgång the way (road) to . .; *allmän ~* public road; *förbjuden ~* körväg no thoroughfare, genomgång no passage; *här skils våra ~ar* this is where our ways part; *det är lång ~* till . . it is a long way . .; *är det här rätta ~en till . .?* is this the right way to . .?, is this right for . .?, am I (resp. are we etc.) right for . .?; *bryta nya ~ar* bildl. break new ground, strike out new paths; *försöka (pröva) en annan ~ (andra ~ar)* try another way, take [up] another line; *gå den lärda ~en* take up an academic career; *gå (resa) sin ~* go away, leave; *gå din ~!* go away!, clear off!, make yourself scarce!; *gå sin egen ~ (sina egna ~ar)* go one's own way, take one's own course; *går du samma ~ (har du din ~ åt samma håll) som jag?* are you going my way?; *vilken ~ gick de?* which way did they go?, which road did they take?; *gå ~en fram* walk along the road; *gå ~en rakt fram* go (walk) right on, follow the road (resp. path); *gå ~en om . .* go past (passera äv. pass) . .; *om ni har era ~ar hitåt* if you happen to be coming this way (in this direction); *resa (ta) ~en över* Paris go via (by way of) . .; *spärra ~en för ngn* bar (block) a p.'s way; *vart ska du ta ~en?* where are you going (off to)?; *vart ska detta ta ~en?* what is to be the end of this?, what will this lead to?; *vart har hon (boken) tagit ~en?* where has she (the book) gone (got to)?, what's become of her (the book)?

med föreg. prep.: *i ~* adv. off; *bära i ~* se *bära [av]*; *ge sig i ~* se *ge [sig av]*; *komma i ~* m.fl. se *2 komma [i väg]* m.fl.; *det kom något i ~en [för mig]* bildl. something happened [to prevent me]; *stå (vara) i ~en för ngn* stand (be) in a p.'s way äv. bildl., skymma stand in a p.'s light; *något i den ~en* something like that (it), something of the sort, something in that line; *vara på ~ till . .* be on one's way to . ., om fartyg äv. (vara destinerad till) be bound for . .; *följa ngn en bit på ~[en]* accompany a p. part (a bit) of the way; *på ~[en] till S.* finns det . . on the way to S. . .; *på* under *~en såg vi . .* on the (our) way (under färden as we went along) we saw . .; *stanna (mötas* äv. bildl.) *på halva ~en* stop (meet) half-way; *han sa inte ett enda ord på hela ~en* he didn't say a single word the whole way; *vara på [god] ~ att* inf. be on the way (in a fair way) to ing-form; *han är på god ~ att bli ruinerad* vanl. he is well on the road to (is heading straight for) ruin; *jag var [just] på ~ att säga det* I was about (was just going) to say it, var nära att I was on the point of saying it; *på elektrisk ~* electrically, by [using] electricity; *på mekanisk ~* mechanically, by mechanical means; få veta ngt *på privat ~ . .* from a private source, . . privately; *vara på rätt ~* be on the right track äv. eg.; *inte på långa ~ar* not by a long way (F chalk); hur ska man *gå till ~a?* . . set about it (proceed)?; *gå försiktigt till ~a* act (proceed) carefully; *gå försiktigt till ~a med ngt* handle (treat) a th. carefully, go carefully about a th.; *ett bekvämt sätt att gå till ~a* a comfortable way of doing things; *det hände under ~en* it happened on the way; *gå ur ~en för ngn* go (get) out of a p.'s way, keep clear of a p.; *ur ~en!* get out of the way!, stand aside!; *det skulle inte vara ur ~en om . .* it would not be a bad thing if . .; *vid ~en* vägkanten on (by) the roadside

väg|a *-de -t* **I** *tr* weigh äv. bildl.; *~ sina ord* weigh one's words, choose one's words carefully; *~ skälen för och emot* weigh (consider) the pros and cons; *~ av* weigh out; *~ om* weigh again, re-weigh; *~ upp* a) vid vägning weigh, weigh out b) bildl.: se *uppväga* **II** *itr* weigh; *den -er* 50 kilo äv. it has a weight of . .; *han -er dubbelt så mycket som du* äv. he is twice your weight; hans ord *-er tungt . .* carry [great] weight; *sitta och ~ på stolen* sit balancing on one's chair; *det står och -er [mellan . .]* bildl. it's in the balance [between . .] **vägande** *a* bildl., *[tungt] ~* [very] weighty, [very] important, . . of [great] weight

väg|anläggning abstr. road building (construction, making) **-arbetare** road worker (mender) **-arbete**, *~[n]* road-work sg., reparation road repairs pl.; *~ [pågår]* på skylt Road Up, Road under Repair **-bana** roadway **-beläggning** konkr. road surface **-bom** [road] barrier **-byggnad** se *väganläggning* **-egenskaper** *pl* motor. road-holding quali-

ties, roadability sg. **-farande I** *a* travelling, poet. wayfaring **II** *~n ~* traveller, poet. wayfarer **-förhållanden** *pl* road conditions
vägg *-en -ar* wall äv. anat.; tunn mellan~ partition; *~arna har öron* walls have ears; *bo ~ i ~ med ngn* i rummet intill occupy the room next to a p.; i lägenheten intill live next door to a p.; *köra huvudet i ~en* bildl. run one's head against a [brick (stone)] wall; *ställa ngn mot ~en* bildl. put a p. up against a wall; tala *till en ~* . . to a brick wall; *det är uppåt ~arna [galet]* it's all wrong (all cockeyed) **-almanacka** wall calendar **-armatur** koll. electric wall fittings pl. **-bonad** [wall] hanging **-fast** *a* . . fixed to the wall; *~a inventarier* fixtures **-karta** wall map **-klocka** wall clock **-kontakt** se *-uttag;* strömbrytare wall switch **-lus** bug **-målning** mural (wall) painting, mural **-ohyra** bugs pl. **-skåp** wall cupboard; fitment **-spegel** wall (hanging) mirror **-tidning** t.ex. i Kina wall newspaper **-ur** wall clock **-uttag** elektr. point, wall socket (amer. äv. outlet) **-yta** wall space
väg|hållning[sförmåga] motor. road-holding [ability] **-kant** allm. roadside, wayside; mera konkr. (vägren) verge, isht amer. shoulder; dikes- edge [of a (resp. the) ditch]; *lösa ~er* soft sides (amer. shoulders); *vid ~en* on (by) the roadside **-karta** road map **-korsning** cross-roads (pl. lika), crossing, intersection **-kost** food to be eaten on one's way **-krök** bend [of (in) the road] **-kurva** curve [in the road] **-lag** state of the road[s]; *det är dåligt (torrt) ~* the roads are in a bad state (are dry) **-leda** *tr* guide, t.ex. i studier supervise, instruct, tutor, t.ex. i forskningsarbete direct **-ledning 1** abstr. guidance, supervision, instruction, direction; *till ~ för ngn* for the guidance of a p. **2** handbok: a) t.ex. för turister guide[book], *för* for b) t.ex. i trädgårdsskötsel introduction, *i* to **-längd** distance **-märke** road (traffic) sign; vägvisare signpost, enklare finger-post **-mätare** distance (mileage) recorder, mileometer, amer. odometer
vägnar *pl, [p]å ngns ~* on behalf of a p., on a p.'s behalf; i ngns namn, in the name of a p.; för ngns räkning for a p.; *på mina och min frus ~* for (on behalf of) my wife and myself; *[p]å ämbetets (tjänstens) ~* a) t.ex. göra ngt . . by virtue of one's office, . . officially, . . ex officio lat. b) i officiell underskrift: utan motsv. i eng.; *å styrelsens ~* on behalf of the board
vägning weighing
vägnät road network (system), network of roads **väg- och vattenbyggnad** road and canal construction, civil engineering
vägra *tr itr* refuse, *ngn ngt* a p. a th.; avböja decline; neka deny, *ngn ngt* a th. to a p.; *~ ngn tillträde* refuse a p. admission, refuse to admit a p.; *det ~des honom (han ~des) att* inf. he was refused permission to inf., permission for him to inf. was refused **vägran** *- 0* refusal, declining; jfr *vägra; vid ~* in case of refusal
väg|ren 1 -kant verge **2** mittremsa central reserve **-röjare** bildl. pioneer, *för* of **-skrapa** grader, [road] scraper **-skäl** fork [in the road]; *vid ~et* vanl. at the cross-roads **-spärr** road block **-sträcka** distance **-trafikförordning** road traffic regulations pl. **-undergång** under annan led subway, amer. underpass **-vett** road sense **-visare 1** pers. guide **2** vägskylt signpost, enklare finger-post **3** bok, vägledning o.d. guide[book] **-överfart** o. **-övergång** över annan led viaduct, amer. overpass, flyover
väj|a *-de -t itr, ~ [undan]* make way (*för* for), give way (*för* to); *~ för* t.ex. svårigheter flinch, fight shy of; *han -er inte för något* är hänsynslös he sticks at nothing; *~ undan för* t.ex. slag dodge; *~ åt höger* move to the right **väjningsskyldig** *a* . . [by law] required (bound) to give way (isht sjö. to veer)
väktare allm. watchman; nattvakt security officer; *lagens ~* pl. the guardians of the law
väl I *s, ~ [och ve]* welfare, well-being; *det allmännas ~* the public welfare (weal); *det gäller hans ~ eller ve* his whole welfare is at stake; *i ~ och ve* for better [or] for worse
II *adv* **A** beton. **1** bra well; omsorgsfullt carefully, jfr *noga I* ex.; jfr äv. ex. m. 'väl' under resp. huvudord; *allt ~!* everything is all right!; *så ~ [då]!* what a good thing (sån tur F good job)!; *akta sig ~ för att* inf. take good care not to inf.; platsen är *~ betald* . . well paid; *hon är ~ bibehållen* she does not look her age (is well preserved); *~ förfaren* very experienced; *det gick honom ~* i livet he got on well . .; *det går aldrig ~* det kan sluta illa that will never end up well; *om allt går (vill sig) ~* if everything goes (if things go) well (according to plan), if nothing untoward happens; *göra ~ i att* inf. do well (be wise) to inf.; *hålla sig ~ med ngn* keep in with a p.; *lev ~!* farewell!; . . synes *~ motsvara ändamålet* . . thoroughly to answer the purpose; *råka ~ ut* be fortunate (lucky); *stå ~ hos ngn* be in a p.'s favour, stand well with a p.; *ställa sig ~ med ngn* ingratiate oneself with a p.; *tala ~ om* . . speak well of . .; jag kom i tid *som ~ är (var)* thank goodness (Heaven[s]) . ., fortunately . .; *det var [för] ~ att* du kom it is (was) a good thing (tur F job) . .; *det vore ~ om* . . it would be a good thing if . .; *det är gott och ~ men* . . that's (it's) all very well but . .; *veta mycket ~ att* . . know very (quite) well that . ., be quite (perfectly) aware that . .; *vilja ngn ~* wish a p. well
2 uttr. grad, *hon är ~* något för *ung* she is

rather too young; [*gott och*] ~ drygt *en timme* well over one hour, jfr *drygt 2* samt *gott och väl* under *gott II 1*

3 andra bet., *jag önskar det* ~ bara *vore över* I only wish it were over; *när han* ~ en gång *somnat* var han . . once he had fallen asleep . .; ~ visserligen *hade jag* mina misstankar, men certainly I had . .; jag mötte inte henne *men* ~ däremot *hennes bror* . . but her brother

4 vissa förb., *nå* ~ se *nåväl; han hade inte* ~ knappt *slutat förrän* . . he had hardly (scarcely) finished when . ., no sooner had he finished than . .

B obeton. **1** uttr. den talandes förmodan el. förhoppning: förmodligen probably osv., jfr *nog 3* m. ex.; *du är* ~ *inte* sjuk? you are not . ., are you? (förmodar jag . ., I suppose, hoppas jag . ., I hope, högt. . ., I trust); *det borde du* ~ *veta* [surely] you ought to (should) know that; *han får* ~ vänta he will have to . .; *det går* ~ *över* it will pass, you'll see; *de har* ~ *inte råd till det* I don't think (suppose) they can afford it; *det kan* ~ *hända att boken är tråkig men* . . the book may be boring, but . .; *jag måste* ~ *det då* I suppose I must then; *han tänker* ~ *inte* göra det! surely he is not going to . .?; *det är* ~ *det bästa* that is the best thing [, I suppose]; *han är* ~ *framme nu* he must (will) be there by now; *det är* ~ *inte möjligt!* surely it is not (it can't be) possible!; *här är det* ~ *underbart!* it's wonderful here [you must admit]; *det hade* ~ *varit* bättre att . .? wouldn't it have been . .?; *du vet* ~ att . . I suppose (högt. trust) you know . ., you must know . .

2 ss. fyllnadsord i frågor, vanl. oöversatt, *vem skulle* ~ *ha trott* . .? who would have believed . .?; *vad är* ~ en dröm? what is . . [after all]?

väl- se typexemplet *välbekant* betr. attr. o. pred. form m.m.

väl|artad *a* attr. o. pred.: väluppfostrad well-behaved; lovande promising; jfr *-bekant* ex. **-befinnande** well-being, comfort; känsla av ~ sense of well-being; god hälsa health **-behag** pleasure osv., jfr *behag 1;* äta (röka) *med* ~ äv. . . with zest (relish) **-behållen** *a* om pers. . . safe and sound, om sak . . in good condition, om varor äv. intact; *komma* ~ *fram* om pers. äv. arrive safely **-behövlig** *a* badly needed **-bekant** *a* attr. well-known, pred. well known; jfr *bekant I 1; mer (mest)* ~ vanl.: attr. better-known (best-known), pred. better (best) known **-belägen** *a* attr. well-situated, nicely-situated; jfr *-bekant* **-beställd** *a* **1** välbemedlad well-to-do, wealthy **2** *han är nu* ~ *kyrkoherde i* . . he is now duly installed as vicar of . . **-betänkt** *a* attr. o. pred. well-advised, judicious; -övervägd deliberate; *mindre* ~ ill-advised, injudicious; jfr *-bekant* ex. **-bildad** *a* attr. well-shaped, isht av människohand well-formed; jfr *-bekant* **-boren** *a, -borne herr N.* på brev ung. the honourable (förk. Hon.) N. **-byggd** *a* attr. well-built; jfr *-bekant* **-bärgad** *a* attr. o. pred. well-to-do, affluent, om pers. äv. (pred.) well off; jfr *-bekant* ex.

välde *-t -n* **1** rike, statsmakt empire; *det romerska* ~*t* the Roman Empire **2** makt [o. myndighet] domination osv., jfr *herravälde* **väldig** *a* mighty; enorm enormous, huge, stark. tremendous, F awful, terrible, terrific, colossal; kraftig powerful; vidsträckt vast, immense

väl|formad *a* attr. o. pred. shapely; om fras o.d. well-turned; se vid. *-bildad* **-frejdad** *a* irreproachable, . . of irreproachable character; *-frejdat namn* good (fair) name **-friserad** *a, hon är alltid* ~ her hair is always nicely done **-funnen** *a* apt, kvick witty **-fylld** *a* attr. well-filled; jfr *-bekant* **-fägnad** mat o. dryck food and drink, mera litt. good cheer

välfärd *-en 0* welfare; bara tänka på *egen* ~ äv. . . one's own well-being (good, interests)

välfärdsinrättning organisation welfare institution; ~*ar* anordningar welfare facilities

välfärdsstat welfare state

väl|född *a* attr. well-fed; jfr *-bekant;* korpulent (attr. o. pred.) plump, stout **-förhållande** gott uppförande good conduct **-förrättad** *a, efter -förrättat värv* gick han his task successfully (satisfactorily) accomplished . ., [after] having completed his work satisfactorily . . **-försedd** *a* attr. well-stocked; well-supplied äv. om pers.; jfr *-bekant* **-förtjänt** *a* om t.ex. vila well-earned, om belöning (beröm) well-merited, om t.ex. popularitet well-deserved, om t.ex. kritik (straff) rightly-deserved; *det var* ~*!* rätt åt honom that served him right! **-gjord** *a* attr. well-made; jfr *-bekant* **-grundad** *a* attr. well-founded; befogad äv. good; jfr *-bekant*

välgång framgång prosperity, success **välgångsönskningar** *pl* good wishes; *bästa* ~*!* best wishes!

väl|gärning kind (charitable) deed (action); nåd mercy; *det var då en* ~ att vi fick målat it was a real blessing . . **-gödd** *a* om djur (attr. o. pred.) [well-]fattened, fat; om pers. (attr.) well-nourished, well-fed; jfr *-bekant*

välgörande *a* barmhärtig charitable, benevolent; om sak: beneficial, hälsosam salutary, om t.ex. klimat salubrious, uppfriskande refreshing; ~ *verkan* salutary (wholesome) effect; *behållningen går till* ~ *ändamål* vanl. the proceeds will be given (devoted) to charity (charities); *vara* [*mycket*] ~ *för* halsen be [very] good for . ., do . . [a great deal (a lot) of] good **välgörare** benefactor **välgörarinna** benefactress **välgörenhet** allm. charity; om egenskap äv. benevolence, beneficence **välgörenhetsinrättning** organisation charitable institution **välgörenhetsmärke** ung. charity emblem (blomma flower, på brev o.d. stamp)

välinformerad *a* attr. well-informed; jfr *-bekant*

välja *valde valt* (jfr *vald*) *tr itr* **1** allm. choose, *bland* from among, out of; *mellan, på* between; *till* as, for jfr ex.; noga select, ~ ut pick out, *bland* from; bestämma sig för a) sak fix [up]on b) yrke adopt, take up; *välj!* take your choice!; ~ *och vraka* pick and choose; *det finns inte mycket att* ~ *på* there is not much to choose from (much choice, much of a selection); *få* ~ äv. have one's choice; [*få*] ~ *efter behag* [be able (free) to] take (make) one's choice; *låta ngn* ~ give a p. a free choice; *välj dina ord!* mind what you say!; ~ *ngn till sällskap (till sin hustru)* choose a p. as a companion el. for company (to be one's wife); ~ *bort* skolämne drop . .; ~ *till* skolämne take an additional (extra) . .; ~ *ut* select, pick out; jfr *utvald* **2** gm röstning utse elect; till riksdag o.d. (om valkrets) return; ~ *ngn till* ordförande (president) elect a p. . .; ~ *in ngn i* akademien (styrelsen) elect a p. to ([a] member of) . .; ~ *om* re-elect **väljare** pers. elector; vid allm. val vanl. voter **väljarkår** electorate

väl|klang se *välljud* **-klingande** *a* se *välljudande* **-klädd** *a* attr. o. pred. well-dressed; prydlig spruce, smart; jfr *-bekant* ex.

väl|kommen *a* welcome, *till, i* to; läglig äv. opportune; isht om gåva äv. acceptable; ~ *hem!* welcome home [again]!; ~ [*tillbaka* vid återseende]! [I am (resp. we are)] glad to see you [here again]!; ~ *tillbaka!* vid avsked ung. I am (resp. we are) always glad to see you!, you are always welcome!, you must come again!; *hälsa ngn* ~ welcome a p., wish (bid) a p. welcome; *det var mycket -kommet* [*för mig*] kom väl till pass it came just at the right moment, that is (was) just what I wanted **-komna** *tr* welcome; pers. äv. wish (bid) . . welcome **-komstfest** welcoming (welcome) party **-komsthälsning** welcome **-komstord** *pl* words of welcome **-känd** *a* attr. **1** well-known; jfr *-bekant* **2** ansedd . . of good repute

väll|a *-de -t* **I** *itr,* ~ [*fram*] (*fram ur* . .) well (strömma stream, pour, flow, våldsamt gush, rush) forth (from . ., out of . .) **II** *tr* svetsa weld

vällevnad luxurious (high) living, [life of] luxury

välling på mjöl gruel

väl|ljud euphony; harmony, melody, melodiousness **-ljudande** *a* euphonious; harmonious; melodious äv. om röst; om instrument (attr.) . . with a beautiful tone (sound) **-lovlig** *a, i* ~*a ärenden* on lawful occasions **-lukt** fragrance, sweet smell (scent), perfume; *sprida* ~ *i* parken äv. fill . . with fragrance (perfume) **-luktande** *a* sweet-scented, sweet-smelling, fragrant; om växt äv. aromatic **-lust** sensual pleasure, voluptuousness **-lustig** *a* sensual, voluptuous **-lusting** sensualist, voluptuary; rucklare debauchee, roué, rake **-läsning** elocution; *hon är duktig i* ~ she is [very] good at reading [aloud]

väl|makt prosperity; *i hans* ~*s dagar* äv. in his palmy days **-matad** *a* om skaldjur meaty, om sädesax full **-menande** *a* **1** om pers. well-meaning **2** om råd se *-ment* **-mening** good intention; *i all (bästa)* ~ with the best of intentions **-ment** *a* attr. o. pred. well-meant, well-intentioned, jfr *-bekant* ex.: om t.ex. råd äv. friendly; *det var* ~ äv. the intention was good; *det är lite men* ~*!* ung. it's not very much but I hope you'll like it **-mående** *a* **1** vid god hälsa healthy; blomstrande flourishing; frodig: se *-född* **2** välbärgad prosperous, förmögen wealthy, well-to-do; *vara* ~ äv. be well off **-måga** ~*n 0* **1** hälsa good health, well-being; *leva i högönsklig* ~ be in the best of health (F in the pink) **2** se *-stånd* **-ordnad** *a* attr. well-arranged (osv., se *ordna*), jfr *-bekant* **-placerad** *a,* ~*e pengar* well-invested money **-proportionerad** *a* attr. o. pred. well-proportioned; jfr *-bekant* ex. **-renommerad** *a* attr. well-reputed; jfr *-bekant;* attr. o. pred. . . of good repute **-riktad** *a* attr. well-aimed, well-directed; jfr *-bekant* **-rustad** *a* attr.: mil. well-armed; utrustad well-equipped äv. bildl.; jfr *-bekant*

välsigna *tr* bless **välsigna|d** *a* blessed; förbaskad äv. confounded, cursed; *i -t tillstånd* in the family way **välsignelse** **1** eg. blessing; uttalad benediction **2** glädje, *ha* ~ *med sig* bring a blessing [in its osv. train]; *det är (blir) ingen* ~ *med det* no good will come of it **välsignelsebringande** *a* blessed, attr. äv. . . that brings (brought osv.) blessings **välsignelserik** *a* . . full of blessings; jfr föreg.

väl|sinnad *a* attr. o. pred. well-disposed, *mot* towards; jfr *-bekant* ex. **-sittande** *a* attr. o. pred. well-fitting; jfr *-bekant* ex.; dräkten *är* ~ . . fits well (perfectly), . . is a perfect fit **-situerad** *a* attr. o. pred. well-to-do; amer. (attr.) äv. well-fixed; pred. äv. well off; jfr *-bekant* ex. **-skapad** *a* attr. well-made; jfr *-bekant;* ~*e ben* osv. shapely legs osv.; *ett -skapt* gossebarn a fine healthy . .; *hon är* ~ vanl. she has a good figure **-skriven** *a* attr. well-written; jfr *-bekant* **-skrivning** skol. writing **-skött** *a* attr. well-managed, well-conducted, om t.ex. hushåll well-run, om t.ex. händer well-kept, well-tended, om t.ex. naglar (tänder) well-cared-for, om t.ex. yttre (hår) well-groomed, om barn (attr. o. pred.) well looked after; jfr *-bekant* **-smakande** *a* . . pleasant to the taste, palatable, om rätt savoury; läcker tasty, stark. delicious **-sorterad** *a* attr. well-assorted, well-stocked; jfr *-bekant; den här affären är* ~ . . stocks a large assortment (a wide range) of goods **-stånd** prosperity, rikedom wealth, opulence **-sydd** *a* attr. o. pred. well-cut, well-tailored; jfr *-bekant* ex.

vält *-en -ar* roller

1 vält|a I *tr* lantbr. roll **II** *-an -or* timmer~ log pile, stack of logs

2 vält|a *-e vält tr itr* se *stjälpa; bilen -e i diket, vi -e i diket* [*med bilen*] the car ran into the ditch and overturned

vältalare orator, good speaker **vältalig** *a* eloquent äv. bildl.; F om pers. (attr.) . . who has the gift of the gab **vältalighet** eloquence, oratory, F gift of the gab

vältra I *tr* roll; ~ *skulden på ngn* lay (throw) the blame [up]on a p. **II** *rfl,* ~ *sig i* gräset (*på* marken) roll [over] in . . (on . .); ~ *sig i* pengar (lyx) be rolling in . .; ~ *sig i* smutsen (synd) wallow in . .

väl|underrättad *a* attr. well-informed; jfr *-bekant* **-uppfostrad** *a* attr. well-bred, well-mannered; jfr *-bekant; han är* ~ äv. he is well brought up **-utrustad** *a* attr. well-equipped (osv., se *utrusta*), jfr *-bekant*

välv|a *-de -t* (jfr *välvd*) **I** *tr,* ~ *stora planer* revolve great plans (projects) **II** *rfl* arch, form a vault

välvald *a* attr. well-chosen; jfr *-bekant;* passande (äv. pred., om ord, rubrik, namn) appropriate

välvd *a* arched, vaulted; sedd utifrån dome-shaped; om panna domed; om hålfot arched

väl|vilja benevolence, goodwill; *tack vare hans* ~ thanks to his kindness; *hysa* ~ *mot (för) ngn* be favourably (well) disposed towards a p.; *visa* ~ *mot ngn (visa ngn* ~*)* be kind (show kindness) to a p., ss. beskyddare take an interest in (be well disposed to) a p.; *göra ngt av ren* ~ do a th. out of sheer kindness; *bemöta ngn med* ~ treat a p. kindly; förslaget *mottogs med* ~ . . was favourably received **-villig** *a* benevolent, vänlig äv. kind[ly], överseende indulgent; ~*a känslor* kindly feelings; ~*t mottagande* kind reception; *tala i* ~*a ordalag* speak in friendly terms; *ha en* ~ *syn på (inställning till)* take a benevolent view of (have a benevolent el. an approving attitude to); *jag ber om* ~*t (Ert* ~*a) överseende* I crave your indulgence; *jag ber om* ~*t överseende för* . . I hope you will kindly overlook . .; *ställa sig* ~ *till* ett förslag be favourably disposed to . .; *han visade sig* ~ *mot* mina planer he was well disposed towards . . **-villigt** *adv* benevolently etc.; *vara* ~ *stämd mot ngn* se [*hysa*] *välvilja* [*mot ngn*]; *mycket* ~ ställa sig till förfogande very kindly . . **-vuxen** *a* se *-växt* **-värdad** *a* attr. well-kept osv.; jfr *-skött* **-växt** *a* shapely; *vara* ~ have a fine figure, be a fine figure of a woman (resp. of a man)

väm|jas *-[j]des -[j]ts itr. dep,* ~ *vid ngt* be disgusted (nauseated) by a th.; *jag -[j]des vid* åsynen av det äv. . . made me feel sick, . . made my gorge rise **vämjelig** *a* disgusting, stark. nauseating, repugnant **vämjelse** *-n 0* disgust, loathing, stark. nausea, repugnance; *känna* ~ *vid (inför, över) ngt* äv. be revolted by a th.; *väcka* ~ be sickening; *väcka* ~ *hos ngn* revolt a p.

1 vän *a* fager fair

2 vän *-nen -ner* friend; ~*nen* Bo har . . my (our) friend . .; ~*nen (din* ~*)* Bo (brevunderskrift) Yours . .; [*min*] *lilla* ~ till barn [my] dear (darling), förmanande my little (young) friend; *gamle* ~*!* F old chap!; *en god* nära ~ a great (close) friend, *till* of; *en* [*god*] ~ *till min bror (till mig)* a friend of my brother's (a friend of mine, one of my friends); *släkt och* ~*ner* friends and relations; *bli* [*god*] ~ *med* . . make friends with . .; *bli* [*goda*] ~*ner* become friends; *bli goda* ~*ner igen* be (make) friends again, make (F patch) it up; de är *mycket goda* ~*ner* . . great friends (F pals), F äv. . . as thick as thieves; *vara* ~ *med* . . be friends with . .; *jag är mycket god* ~ *med honom* he is one of my closest friends; *vara en* ~ *av* ordning (rättvisa) be a friend (stark. lover) of . .; *utan* ~*ner* äv. friendless

vänd|a A *-e vänt* **I** *tr itr* allm. turn; rikta äv. direct; hö turn over, toss; ~ om (tillbaka) turn back, åter~ return; om vind (sjö.) veer; sjö.: a) tr. bring . . about b) itr. go (put) about; [*var god*] *vänd (v.g.v.)!* please turn over (P.T.O.), amer. äv. over; ~ *kläder* turn clothes; ~ *sina steg* hemåt turn (direct) one's steps . .; ~ *sorgen i glädje* change (turn) sorrow into joy; ~ [*med*] bilen turn . . round, reverse . .; *med ansiktet vänt mot* solen facing . ., with one's face to . .; ~ *om hörnet* turn [round] (round) the corner; ~ *på* ngt turn . .; ~ *på sig* turn round; ~ [*på*] bladet turn [over] . .; ~ *på huvudet* turn one's head; ~ [*på*] patienten turn . . over; ~ *på steken* bildl. turn (take) it the other way round; ~ [*och vrida*] *på* ett problem turn . . over in one's mind [again and again]; ~ *allt till det bästa* vara optimist put the best possible face on things, [söka] åstadkomma en god utgång bring things to a good issue, make things turn out well in the end

II *rfl* turn; kring en axel äv. revolve; om vind shift, veer; *lyckan -e sig* the (his etc.) luck changed; ~ *sig* [*om*] se under *III* ned.; [*det är*

så att | *det -er sig i magen på mig* it makes my stomach turn; ~ *sig i sängen* turn over in the bed, upprepade gånger toss and turn in bed; ~ *sig ifrån* turn away from, överge desert; ~ *sig mot ngn:* a) ~ sig om mot ngn turn to|wards| a p. b) attackera ngn turn on a p. c) bli fientlig mot ngn turn against a p. d) om misstanke fall upon a p.; ~ *sig mot* förslag o.d. object to; ~ *sig mot väggen* turn to (face) the wall; ~ *sig till ngn:* a) ~ sig om mot ngn turn to|wards| a p. b) rikta sig till ngn address a p., m. en fråga o.d. äv. approach a p., för att få ngt apply to a p.; ~ *sig till ngn med en fråga* äv. address a question to a p.; *inte veta vart man skall* ~ *sig* not know where (which way, till vem to whom) to turn **III** m. beton. part. **1** ~ *bort ansiktet (blicken) från ngt* turn away one's face from a th., avert one's gaze from a th.; ~ *sig bort* turn aside **2** ~ *om:* a) itr. ~ tillbaka turn back, åter~ return b) tr., t.ex. ett blad turn |over| . .; ~ *sig om* turn, turn (plötsligt swing) round; ~ *sig om efter ngn* turn |round| to look at a p. **3** ~ *tillbaka* återvända return **4** ~ *upp och ned på* ngt turn . . upside-down (bringa i oordning . . topsy-turvy) **5** ~ *ut och in på* vränga turn . . inside out, fickor turn out . .; ~ *ut och in på ögonen* visa vitögat turn up the whites of one's eyes **6** ~ *åter* se *återvända* **B** *-an -or* **1** sväng, *gå en* |*liten*| ~ take a |little| turn **2** omgång, *i två -or* in two goes (shifts)

vänd|bar *a* reversible; jfr *vridbar* **-kors** turnstile **-krets** tropic; *Kräftans* ~ the Tropic of Cancer **-ning** turn; förändring change; uttryckssätt: fras phrase, uttryck expression, talesätt locution; -ande turning osv., jfr *vända A; en* ~ *till det bättre* a change for the better; *ge* samtalet *en ny* ~ give . . a new turn; *ta en ny (en allvarlig)* ~ take a new (a serious) turn; *vara kvick (rask, snabb) i* ~*arna* be alert (nimble); *vara långsam i* ~*arna* be slow on one's feet, be a slowcoach; *i en hastig* ~ all of a sudden, in |next to| no time **-punkt** turning-point äv. bildl.; kris cris|is (pl. -es) **-radie** turning circle **-skiva** järnv. turntable **-stekt** *a* . . fried on both sides **-sydd** *a* . . sewn (finished) with a French seam

Vänern Lake Väner|n|

vänfast *a* . . attached to one's friends; hon är ~ äv. . . a faithful friend **vänfasthet** attachment to one's friends **väninna** girl-friend, kvinnas äv. woman-friend, mans äv. lady-friend; *en (min)* ~ vanl. a (my) friend

vänj|a *vande vant* **I** *tr* allm. accustom; habituate, vid ngt obehagligt harden, inure, *vid* i samtl. fall to; ~ *ngn vid att* inf. äv. get a p. into the habit of ing-form, öva train a p. to inf.; ~ *ngn vid* förhållandena acclimatize a p. to . .; ~ *av* spädbarn, rökare se *avvänja;* ~ *ngn av med att* inf. break a p. of the habit of ing-form **II** *rfl* accustom (habituate) oneself, bli van grow (get) accustomed, get used, härda sig harden (inure) oneself, *vid* ngt (*vid att* inf.) i samtl. fall to . . (to ing-form); ~ *sig vid* ta för vana *att* inf. get into the habit of ing-form; *man -er sig snart* you soon get accustomed osv. to it; *man -er sig vid allt* one gets used to everything; ~ *sig vid klimatet* get used to the climate, get acclimatized; ~ *sig av med att* inf. break oneself (get out) of the habit of ing-form

vänkrets circle of friends; *hans* ~ his friends pl.; *i min* ~ among my friends

vänlig *a* kind, *mot* to; vänskaplig, om t.ex. känslor, leende, råd friendly, *mot* to|wards|; godhjärtad o.d. äv. kindly; som sker i godo amicable; älskvärd amiable; tjänstvillig obliging; jfr *välvillig* ex.; ss. efterled i sms. ibl. pro-, jfr t.ex. *engelskvänlig; ett* ~*t mottagande* a kind (av t.ex. bok a favourable) reception, a friendly welcome; *så* ~*t av dig!* how kind of you!; *var* ~*a* |*och*| gå framåt! . ., please!; *vill ni vara* ~ *och* . .? will you kindly (be so kind as to) . .? **-het** ~*en* ~*er* kindness; egenskap äv. kindliness osv., jfr föreg.; amiability; *hans många* ~*er* äv. his many acts of kindness; *han har haft* ~*en att skicka* boken äv. he has very kindly sent . .; *säga en* ~ say something kind (friendly, nice); *visa ngn en* ~ do a p. a kindness (a friendly turn); *tack för* ~*en* thank you for |all| your kindness (for being so kind); *får jag i all* ~ *säga* . . I hope you won't mind if I say . .

vän|ort adopted (affiliated) city (town) **-pris,** *för* ~ at a |specially| favourable price

vänskap *-en 0* friendship; *för gammal* ~*s skull* for old friendship's sake, for the sake of old times; *fatta* ~ *för ngn* become attached to a p.; *hysa* ~ *för ngn* have a friendly feeling for (towards) a p. **vänskaplig** *a* friendly; om sätt, förhållande o.d. amicable; *stå på* ~ *fot med ngn* be on friendly terms with a p. **vänskapligt** *adv* in a friendly manner (way); amicably **vänskapsband** bond (tie) of friendship **vänskapsbevis** proof (mark, token) of friendship **vänskapsmatch** sport. friendly |match|

vänslas *itr. dep* smekas |o. kyssas| cuddle |and kiss|, *med ngn (med varann)* a p. (each other)

vänster I *a, subst. a* o. *adv* left; attr. äv. left-hand; jfr *höger I* motsv. ex.: giftermål *till* ~ morganatic . .; *gifta sig till* ~ contract a morganatic marriage **II** *s* **1** ~*n 0* a) polit., ~*n* allm. the Left b) sport., *en* |*rak*| ~ a |straight| left **2** pl. lika, se *vänsterman*

vänster|anhängare leftist, left-winger

-back o. andra sms. jfr *högerback* o. andra sms. **-kvinna** left-wing woman **-ledare** left-wing leader **-man** member of the Left, leftist **-orienterad** *a* attr. . . with leftist sympathies; *vara* ~ be left-wing, be a left-wing sympathizer **-parti** left-wing party **-sida** o. andra sms. jfr *högersida* o. andra sms.

vänsäll *a, vara* ~ have many friends

vänta I *itr tr* sitta (gå osv.) o. vänta, dröja wait, *på* for; invänta, emotse ankomsten av o. (om sak) förestå await; förvänta (äv. ~ *sig*) expect, *av* of, from; förutse anticipate; ~ *bara!* a) hotande just you wait [and see]! b) tills jag hinner . . wait a minute . .!; ~ *litet (ett slag)!* wait a minute (moment) [, please]!; *var god och* ~ i telefon hold the line, please; F hang on; *gå (stå) och* ~ be waiting; *sitta uppe och* ~ *på ngn* äv. wait up for a p.; *maten* ~*r* dinner (lunch osv.) is waiting (is on the table); inte veta *vad som* ~*r en* . . what may be in store for one; *jag* ~*r dem* i morgon I am expecting them . .; ~ *sig:* a) hjälp av ngn look for . . b) mycket nöje av ngt look forward to . .; *det hade jag inte* ~*t [mig] av honom* I didn't expect that from (of) him; *det hade jag inte* ~*t [mig]* äv. I was not prepared for that; *som man kunde ha* ~*t [sig], som var att* ~ as might have been expected; *det var inte annat att* ~ *[sig]* nothing else could (was to) be expected, what else could one (you) expect?; *det är att* ~ it is to be expected; ~ *att ngn skall komma* expect a p. to come; ~ *med [att göra] ngt* put off (postpone, defer) [doing] a th.; *ni ska inte* ~ *med middagen* don't wait dinner for me (us osv.); *låt oss* ~ *med det* let us wait, it had better wait; ~ *på vad som komma skall* wait and see what will happen, await the course of events; ~ *på att* ngn (ngt) *skall* inf. wait for . . to inf.; *jag* ~*r på* (avvaktar) ditt besked I await . .; *utan att* ~ *på svar* without waiting for an answer; *få* ~ have to wait; *det lär du nog få* ~ *på* you'll have to wait a long time for that; *låta [ngn]* ~ *på sig* isht om pers. keep a p. waiting; svaret (han) *lät [inte]* ~ *på sig* . . was [not] long [in] coming; *han låter alltid* ~ *på sig* he is never on time; tåget *lät (lät inte)* ~ *på sig* . . was overdue (on time)

II *rfl* se ex. under *I*

III m. beton. part. **1** *vi* ~*r in* de nya höstmodellerna *när som helst* we are expecting . . [to arrive] any day now, . . are due (expected) [to arrive] any day now; *tåget* ~*s in* kl. 10 the train is due [in (to arrive)] . . **2** ~ *ngn tillbaka* expect a p. back **3** ~ *ut ngn* tills ngn kommer wait for a p. to come (tills ngn går to go)

väntan - *0* ~de waiting; för~ expectation; orolig ~, spänning suspense; *en lång* ~ a long wait; *i* ~ *på* . . medan man väntar på while waiting for . ., avvaktande awaiting . .; *i spänd* ~ on tenterhooks; *hon går i* ~*s dagar* väntar barn inom kort she is expecting a (her) baby shortly **väntelista** waiting list **väntetid** wait, waiting time, time (period) of waiting; *under* ~*en kan du* . . while [you are] waiting (you wait) you may . .; *det är långa* ~*er där* there you [will] have to wait long

väntjänst friendly turn, act of friendship; *göra ngn en* ~ do a p. a good turn

vänt|rum i läkarmottagning o. **-sal** på station waiting room

väpna *tr* se *beväpna* **väpnare** *-n* - squire

väppling bot. trefoil, clover

1 värd *-en -ar* host; hyres~ o.d. landlord, värdshus~ äv. innkeeper; restaurang~ proprietor, hotell~ äv. hotel-keeper; *han var* ~ vid festen he did the honours . ., stod för arrangemangen he acted as [their etc.] host

2 vär|d *a* allm. worth; värdig (förtjänt av) worthy of; *han är* ~ *allt beröm* he deserves the highest praise; *han är* ~ en medalj he is worthy of . .; pjäsen *är* ~ *att ses* . . is worth seeing; *han är inte bättre* ~ that's all he is worth; *inte vara något* ~ (bildl.) äv. be good for nothing; *redan det är mycket -t* that's a great point gained; *det är inte mödan -t* it is not worth while; *han är inte* ~ *att kallas* . . he is not worthy to be called . .; *det är inte -t att* inf. it is not worth [your etc.] while ing-form; *det är inte -t att gå dit* a) är inte lönt it is not worth [while] (is no use) going there b) är inte tillrådligt it is not advisable to (för dig äv. you had better not) go there; *det är inte -t att du smiter (käftar emot)!* don't [you] (you had better not) try to get away (to argue)!

värddjur host

värde *-t -n* allm. value; isht inre (personligt) ~ worth; förtjänst merit; *det har stort* ~ it is of great value; *känna ngns (sitt eget)* ~ know a p.'s (one's) worth; ~*n för miljontals* kronor property worth millions of . .; *sätta [stort]* ~ *på ngt* attach [great] value (importance) to a th., friare set [great] store by a th.; *sätta [stort]* ~ *på ngn* value a p. [very] highly; *han förstår inte att sätta* ~ *på det* he does not know how to appreciate it (that); en upplysning *av ringa (intet)* ~ . . of little (no) value; *falla (minska, sjunka) i* ~ drop el. fall (decrease) in value, ekon. äv. depreciate; *stiga (gå upp) i* ~ rise in value, ekon. äv. appreciate; *till ett* ~ *av* . . to the value of . .; uppskattas *till sitt fulla* ~ . . at its (his osv.) full value (worth); *prov utan* ~ H sample[s pl.] of no value; *lämna* . . *åt sitt* ~ leave . . for what he (it osv.) is worth, pass . . by **-beständig** *a* stable, . . of stable value; indexbunden index-tied **-brev** post.: rek. registered (ass. insured) letter **-full** *a* valuable, . . of [great (considerable)] value; dyrbar precious **-föremål** se *-sak* **-försändelse** post.: a) om assurerat paket insured parcel b) se *-brev* **-handling** valuable document **-lös** *a* worthless, valueless, . . of no (without) value **-minskning** depreciation, decrease in value **-mätare** standard (measure) of value **-omdöme** subjective opinion, filos. value judgement; *komma med ~n* vanl. be subjective **-papper** security, obligation bond, aktie share; friare valuable paper

värdera *tr* **1** beräkna, taxera, fastställa värdet på value, estimate [the value of], på uppdrag appraise, om myndighet assess, rate, *till* i samtl. fall at; *~ för högt (lågt)* overestimate (underestimate) **2** uppskatta value, sätta värde på appreciate; högakta esteem; . . *kan inte ~s högt nog* . . cannot be too highly praised **värderad** *a* valued osv., jfr föreg.; *vår ~e vän* our esteemed (honoured) friend **värdering** valuation; estimation; appraisement, appraisal; assessment; jfr *värdera 1* **värderingsman** [official] valuer

värde|sak article (object) of value; *~er* äv. valuables **-stegring** increase (rise) in value, appreciation, increment **-sätta** *tr* se *värdera* **-sättning** se *värdering* **-ökning** se *-stegring*

värdfolk vid bjudning host and hostess pl.

värdig *a* **1** jämbördig worthy; förtjänt av o.d. worthy of; *visa sig ~ förtroendet (förtroendet ~)* prove to be trustworthy; *det är dig inte ~t* it is unworthy of you, inte passande it is not fitting (becoming) for you **2** korrekt [till det yttre], m. värdighet dignified; *~ hållning* dignified bearing, dignity; *med ~t allvar* with dignity **värdigas** *itr. dep* deign to, nedlåta sig att condescend to; behaga be pleased to; *~ ge [ngn]* ett svar vouchsafe a p. . .; *inte ~* äv. scorn to **värdighet 1** egenskap dignity, *i* of; *han ansåg det vara under sin ~ att* inf. he considered it [to be] beneath him (his dignity) to inf. **2** ämbete o.d. office, position; rang rank **värdigt** *adv* with dignity, in a dignified manner

värdinna allm. hostess; hyres~, pensionats~ o.d. landlady; restaurang~, hotell~ proprietress; i TV-program programme hostess; i reception receptionist; privat husföreståndarinna ung. housekeeper; jfr *flygvärdinna, markvärdinna*

värdshus gästgivargård inn; restaurang restaurant **-värd** innkeeper, landlord

värd|skap *~et 0, sköta (utöva) ~et* act as host (om dam hostess, om värdfolk host and hostess), do the honours, vid bordet äv. preside at table **-växt** host

värj|a A *-de -t* **I** *tr* försvara defend **II** *rfl* defend oneself, *mot* against; *jag kunde inte ~ mig för intrycket (misstanken) att* . . I could not help getting the impression (help suspecting) that . . **B** *-an -or* rapier, fäktn. épée **-fäste** rapier-hilt

värk *-en -ar* ache, pain; *~ar* födslo- [labour] pains, labour sg.; *reumatisk ~* rheumatic pains pl.; *jag har ~* i armen I have a pain in . .; *jag har ~ i hela kroppen* I am aching all over **värk|a** *-te -t itr* ache; *fingret -er (det -er i fingret [på mig])* my finger aches (is aching); *det -er i hela kroppen* I am aching all over; *det onda har -t ut* the pain has gone **värkbruten** *a* av reumatism . . crippled with rheumatism (av gikt gout)

värld *-en -ar* world; jord earth; *~en* universum se *världsalltet;* leva i *en annan ~* . . a world apart; *den fina (förnäma) ~en* high society, the world of fashion; *gamla (nya) ~en* geogr. the Old (New) World; *hela ~en* the whole world, alla all the world, everybody; *det är väl inte hela ~en* det har inte så stor betydelse F it is not all that important, it doesn't matter all that much; *djurens ~* animal world; *drömmens ~* the world of dreams; *ett ~ens barn* a worldly[-minded] person; *fruktan för ~ens dom* fear of what people may say; *denna ~ens goda* worldly goods; *all ~ens rikedom[ar]* all the riches of the world; *ha gått all ~ens väg* be gone (gått sönder broken); vara död have gone the way of all flesh; *hur lever ~en med dig?* [and] how is life treating you?; *så länge ~en står* till the end of the world, for ever; [*vad*] *~en är liten!* it's a small world!; *en dam (man) av ~* a woman (man) of fashion (the world); *folk från hela ~en* people from all over the world; hon, den *ser inte mycket ut för ~en* . . doesn't look much; *aldrig i ~en!* ss. protest never!, F not on your life!; *här i ~en* in this world (life), jfr äv. *gå [till]* ex.; *för allt i ~en gör inte det!* for goodness' sake don't do that!, don't on any account do that!, whatever you do, don't do that!; jag vill inte såra henne *för allt (något) i ~en* . . for the world, . . for anything [in the world]; *vad i all ~en* har hänt? what on earth (in the world) . .?, what ever . .?; *vem i all ~en . .?* who on earth . .?, who ever . .?; *i hela ~en* all over the world; *komma till ~en* be born, first see the light; *bringa . . ur ~en* put an end to . ., get rid of . . for good; frågan, tvisten *är bragt ur ~en* . . is settled once and for all; *nu är det ur ~en!* now that is over and done with!, that disposes of that!; *gå ur ~en* depart this life

världs|alltet the universe, the cosmos **-artikel** article with world-wide market **-atlas** atlas of the world **-bekant** *a* . . known all over the world, universally known **-be-**

römd *a* world-famous **-bild** world picture, conception (picture) of the world **-del** part of the world, continent **-erfaren** *a* . . experienced in the ways of the world, worldly-wise **-erfarenhet** experience [in the ways] (knowledge) of the world, experience in worldly affairs **-format,** en sångare *av* ~ . . of world (international) caliber **-fred** world (universal) peace **-frånvarande** *a* attr. . . who is living in a world of his own; försjunken i drömmerier absorbed, pred. äv. far away **-frånvänd** *a* detached, attr. äv. . . who is aloof from the world; -föraktande misanthropic **-främmande** *a* . . ignorant of the world, unworldly; om t.ex. attityd, åsikter unrealistic **-förbättrare** *~n* ~ [social] reformer **-gåta,** *lösa ~n* solve the mystery of the Universe **-handel** world (international) trade (commerce) **-hav** ocean **-herravälde** world dominion (hegemony); *eftersträva ~t* seek to dominate the world **-historia** world (universal) history; *-historien* äv. the history of the world **-historisk** *a* eg. (attr.) . . of the history of the world; av ~ betydelse historic, . . of historic (world) importance **-hushållning** world economy **-händelse** historic event, event of world importance **-karta** map of the world **-klok** *a* worldly-wise **-klokhet** worldly wisdom, knowledge of the world **-krig** world war; *första (andra) ~et* the First (Second) World War, isht amer. World War I (World War II) **-kris** world crisis **-lig** *a* timlig o. ss. mots. till andlig worldly; världsligt sinnad worldly-minded; jordisk earthly; av denna världen, om t.ex. nöjen mundane; icke kyrklig, om t.ex. domstol secular, om t.ex. makt äv. temporal; profan, om t.ex. konst profane **-lighet** worldliness etc. jfr föreg.; secularity, profanity **-ligt** *adv,* ~ *sinnad* worldly-minded **-läge,** *~t* the world situation, the situation in the world **-makt** stormakt world power **-man** man of the world **-mannamässig** *a* attr. . . of a man of the world **-marknad** world market **-marknadspris** world-market price **-medborgare** citizen of the world **-mästare** o. **-mästarinna** world champion, champion of the world äv. friare **-mästerskap** world championship **-omfattande** *a* world-wide **-omsegling** circumnavigation of the earth (world), seglats sailing trip round the world **-ordning,** *~en* the order of things (the world) **-politisk** *a, en* ~ *angelägenhet* a political matter of world importance; *konflikten kan få ~a konsekvenser* the conflict may have a serious effect on world affairs; *den ~a situationen* the state of world affairs **-rekord** world record **-rykte** world fame **-rymden** outer space **-smärta** Weltschmerz ty. **-språk** allmänt språk universal (mycket utbrett språk world) language **-stad** vanl. metropolis **-trött** *a* . . weary of the world **-utställning** world exhibition (fair) **-van** *a* . . experienced in the ways of the world (sällskaps- familiar with the ways of society) **-vana** familiarity with (knowledge of, experience in) the ways of the world (of society) **-vishet** se *världsklokhet* **-välde** -rike world empire **-åskådning** outlook on (view of) life, philosophy

värm|a *-de -t* **I** *tr* **1** göra varm warm; ljumma take the chill off . .; göra het heat; ~ [*upp*] *maten* warm (heat) up the food; ~ *upp* huset heat, get . . warm; *uppvärmd mat* reheated food, food that has been reheated **2** ge värme give off heat; kaminen *-er bra* . . gives off good heat; solen *-er redan* . . is already warm; vinet *-er* . . makes you warm **II** *rfl,* ~ *sig* warm oneself, get warm

värme *-n* (fackl. *-t*) *0* allm. warmth; fys. o. hög heat; eldning heating; bildl. äv. fervour; hjärtlighet äv. cordiality; *~n i* hans hälsning the warmth (cordiality) of . .; hur mår du *i ~n?* . . in this heat?; *tala med* ~ om . . speak with warmth . .; *vid 30°* ~ at 30 degrees above zero (freezing point) **-alstrande** *a* heat-producing, calorific **-behandling** läk. heat treatment, thermotherapy **-bölja** heat-wave **-dyna** electric pad **-element** se *element 2* **-enhet** unit of heat, thermal unit **-flaska** hot-water bottle **-grad** degree of heat; *5 ~er* 5 degrees [above freezing point]; *vid höga ~er* at high temperatures **-isolerande** *a* [heat-]insulating **-lampa** medicinsk infra-red lamp **-ledande** *a* heat-conducting **-ledare** heat (thermal) conductor, conductor of heat **-ledning 1** fys. conduction of heat; heat (thermal) conduction **2** anläggning, vanl. [central] heating **-panna** boiler **-skåp** warming cupboard **-slag** läk. heat-stroke **-stuga** warm shelter **-tålig** *a* heat resistant (resisting), heat-proof **-värde** thermal (heating) value

värn *-et* - försvar defence, beskydd protection, skydd safeguard, shield, *mot* i samtl. fall against; försvarsanläggning bulwark **värna** *tr itr,* ~ [*om*] defend, protect, safeguard, *mot* against; shield, *mot* from; jfr *värn* **värnlös** *a* defenceless **värnplikt** [ss. system compulsory] military service; *allmän* ~ compulsory military service; *göra ~en (sin ~)* do one's military service **värnpliktig** *a* . . liable for military service, conscript . .; *en* ~ a military serviceman, a conscript, amer. a draftee **värnpliktsarmé** conscript army **värnpliktsvägran** refusal to do [one's] military service, av samvetsömhet conscientious objection **värnpliktsvägrare** se *vapenvägrare* **värnpliktsålder**

military service age **värnskatt** national defence levy (contribution)
värp|a *-te -t* **I** *tr* lay **II** *itr* lay [eggs]; hönan *-er bra* vanl. . . is a good layer **-höna** laying hen, layer **-ning** laying **-ställe** laying place
värre *a adv* worse; vi har löst ~ *problem* . . harder problems; *dess* ~ tyvärr unfortunately; *så mycket* ~ *för dig* so much the worse for you; *det blir bara* ~ *och* ~ things are going from bad to worse; *det gör bara saken* ~ it (that) only makes matters worse, svårare it (that) makes things more difficult; *ha roligt* ~ have no end of fun, enjoy oneself tremendously; *det är inte* ~ *än att det kan rättas till* it's not so bad that it cannot be put right; *det var* ~ *det* det var tråkigt what a nuisance, that's [too] bad, det går [nog] inte that's not so easy; *och, vad* ~ *är* and, what's worse; *var det inte* ~*!* var det allt? is that all?; anklagas för stöld *eller något ändå* ~ . ., or worse
värst I *a* worst; *i* ~*a fall* if the worst (if it) comes to the worst; *den* ~*a lögn jag har* [*någonsin*] *hört* the biggest lie I ever heard; *som den* ~*a* tjuv just like a . .; *mitt under* ~*a* rusningen right in the middle of . .; *när det var som* ~ when things were at their worst; *det var* ~ *vad du sölar (slösar)!* how terribly slow (wasteful) you are!; *det var* ~ *vad du* klätt dig fin! I say, you have . .!; *det var det* ~*a jag har hört* I never heard anything like it!, well, I never!, så oförskämt what cheek!; *det är det* ~*a jag vet* it's a thing I can't stand; I hate it; *nu är det* ~*a över* now the worst is over; *det* ~*a var att* . . the worst of it was that . .; *vara beredd på det* ~*a* be prepared for the worst **II** *adv* [the] worst; ibl. [the] most; *han blev* ~ *skadad* he got injured [the] worst; *han skadade sig själv* ~ he hurt himself worst (most); filmen var *inte så* ~ [*bra*] . . not very (not all that) good, . . none too good, . . not up to much; hur mår du? - *inte så* ~ . . not very well; *det är jag inte så* ~ *glad åt* it does not make me any too happy
värv *-et* - uppdrag task; [com]mission; uppgift äv. part; yrke profession; åliggande duty, function; ~ pl. sysselsättningar pursuits, work sg.; sköta sitt *dagliga* ~ . . the daily round **värva** *tr* rekrytera recruit, mil. äv. enlist, båda äv. friare; ~ *ngn för en sak* enlist a p. in a cause; ~ *anhängare* recruit (get) adherents; ~ *proselyter* make proselytes; ~ *rekryter* enlist recruits, recruit; ~ *röster* solicit (get, secure) votes, gm personlig bearbetning canvass [for votes] **värvning** *-en 0* recruiting; canvassing; mil. recruitment, enlistment; jfr *värva; ta* ~ enlist, *vid* in; join up, join the army
väs|a *-te -t itr* hiss; ~ *fram* orden hiss [out] . .
väsen *-det* **1** pl. -[*den*] (äv. *väsende -t -n*) **a)** [någots innersta] natur essence; beskaffenhet nature; läggning, sinnelag character, disposition, sätt manner[s pl.]; person[lighet] being; *tingens* [*innersta*] ~ the essence of things; han kände det *i sitt innersta* ~ . . in the very fibre of his being; *konsten är till sitt* ~ . . art is essentially (intrinsically) . .; *ha ett behagligt* ~, *vara behaglig till sitt* ~ have pleasant manners; *han är saktmodig till sitt* ~ he has a gentle disposition; *han är till hela sitt* ~ en fredlig man he is an essentially . . **b)** varelse being, filos. äv. entity; ande~ geni|us (pl. äv. -i), spirit; *det högsta* ~*det* the Supreme Being; *ett övernaturligt* ~ a supernatural being (creature) **c)** ss. efterled i sms. vanl. system, service, jfr *postväsen, skolväsen* m.fl. **2** pl. *0* oväsen noise, row; jfr *oväsen, liv 7; göra* [*stort*] ~ *av ngt* make a [great] fuss (song and dance) about a th.; *mycket* ~ *för ingenting* a lot of fuss (much ado) about nothing; *han gör inte mycket* ~ *av sig* he is rather quiet (retiring) **väsende** *-t -n* se *väsen 1* **väsensfrämmande** *a,* . . var någonting fullständigt ~ [*för honom*] . . alien to him (his nature) **väsensskild** *a* essentially (completely) different **väsentlig** *a* allm. essential; betydande äv. considerable, substantial, material; huvudsaklig äv. principal, main, chief; viktig äv. important; *en* ~ *brist* äv. a grave (serious) defect; *en* ~ *del av* ngt a considerable (an essential) part of . .; *till* ~ *del* largely, to a considerable extent; ~*a förbättringar* considerable improvements; *på flera* ~*a punkter* in several important respects; *på alla* ~*a punkter, i allt* ~*t* in all essentials, in substance, substantially **väsentligen** *adv* essentially osv.; jfr *väsentlig* **väsentlighet** *-en -er* något väsentligt essential (osv. jfr *väsentlig*) thing (matter osv.); ~*er* essentials
väsk|a *-an -or* allm. bag, hand~ handbag; res~, portfölj, fodral case; se äv. *portfölj, resväska, skolväska*
väsljud hissing sound; språkv. (frikativa) fricative
väsnas *itr. dep* make a noise (fuss), be noisy; jfr *liv 7*
väsning väsande hissing; *en* ~ a hiss, a hissing sound
vässa *tr* sharpen äv. bildl.; bryna whet
1 väst *-en -ar* plagg waistcoat, amer. o. skrädd. vest
2 väst *s* o. *adv* west (förk. W.); se *väster* o. jfr *nord* samt *norr* m. ex. o. sms. **västan** - *0 r* se följ. **västanvind** west wind, westerly wind; ~*en* poet. Zephyrus **väster** (jfr *norr* m. ex. o. sms.) **I** *-n 0* väderstreck the west; *Västern* the West, ibl. the Occident **II** *adv* [to

the| west, *om* of **västerifrån** o. andra sms. jfr *norr-* **Västerlandet** the West, ibl. the Occident **västerländsk** *a* western, occidental **västerlänning** Westerner, Occidental **västersol,** ett rum med ~ . . sun|shine| from the west
Västeuropa o. andra sms. jfr *nord-*
väst|ficka waistcoat pocket **-ficksformat,** *i* ~ |of| vest-pocket size
västfront, ~*en* the Western front **västgot** Visigoth **västgotisk** *a* Visigothic **västgötaklimax** anticlimax, bathos **Västindien** the West Indies pl. **västindisk** *a* West Indian **västlig** *a* westerly; west; western; jfr *nordlig* **västmakterna** *pl* the Western Powers **västmaktshåll,** *på* ~ in Western circles **västmaktspolitik** Western policy **västra** *a* the west; the western, jfr *norra* **västromersk** *a,* ~*a riket* the Western |Roman| Empire **västtysk** *a* attr. o. *s* West-German **Västtyskland** West (Western) Germany **västvärlden** the Western World
vät|a I *-an 0* wet, moisture, damp|ness|; *aktas för* ~*!* ung. keep (to be kept) dry, keep in a dry place **II** *-te -t tr itr* wet; fukta moisten, damp; ~ *i sängen* wet the bed; *han -te |på| tummen* he wetted his thumb; ~ *på (ned) sig* i kläderna wet oneself, get |oneself| wet
väte *-t 0* hydrogen **väteatom** hydrogen atom **vätebomb** hydrogen bomb, H-bomb **vätesuperoxid** hydrogen peroxide, F peroxide **vätgas** hydrogen gas
vätsk|a I *-an -or* liquid; kropps~ body fluid; sår~ discharge, serum; *vara vid sunda -or* a) frisk be in good form b) normal be in one's right senses (mind) **II** *rfl,* såret ~*r sig* . . is running (discharging) **vätskas** *itr. dep* se *vätska II* **vätskeform,** *i* ~ in liquid state, liquid; *anta* ~ become liquid, liquefy
vätt|e *-en -ar* gnome
Vättern Lake Vätter|n|
väv *-en -ar* t.ex. i en vävstol samt spindel~ o. bildl. web; ss. material |woven| fabric, tyg äv. cloth; vävnadssätt weave; *mönstrad* ~ figured fabric; *tät (gles)* ~ tight (loose) weave; *sätta upp en* ~ set up the piece, loom a web
väv|a *-de -t tr* weave äv. bildl.; *guldtrådar var invävda i tyget* the fabric was interwoven with gold thread; *med monogrammet invävt i tyget* with the (one's) monogram woven in|to| the fabric **vävare** weaver **vävbom** beam |of a loom| **vävd** *a* woven **väveri** weaving (textile) mill, fabrik textile factory **väversk|a** *-an -or* |woman| weaver **vävkonst** abstr. |art of| weaving, textile art **vävnad** *-en -er* **1** vävning weaving **2** konkr. woven fabric; tissue äv. biol. o. bildl.; t.ex. bonad hanging, tapestry; ~*er* äv. textiles **vävnadsdöd,** *lokal* ~ necrosis **vävnadsindustri** textile industry **vävnadskultur** med. tissue culture **vävnadsteknik** weaving technique **vävning** *-en 0* weaving **vävplast** |plastic-|coated fabric **vävsked** |weaver's| reed **vävstol** loom, hand~ äv. hand-loom, maskin~ äv. power-loom
väx|a *-te -t (vuxit)* **I** *itr* grow; om t.ex. företag äv. expand; om t.ex. befolkning, skulder äv. increase; ha sin växtplats, förekomma äv. occur; staden *bara -er* . . just keeps growing; *vad du har vuxit!* how you have grown!; *hans skulder har vuxit väsentligt* his debts have increased considerably; *skulderna -te till* enorma belopp the debts accumulated into . .; denna art *-er inte i Sverige* . . does not occur in Sweden; ~ *i höjden (på bredden)* grow taller el. om sak äv. higher (broader); stormen *-er till orkan* . . is turning into a hurricane; ~ *ngn över huvudet* a) eg. outgrow a p. b) bildl. get beyond a p.'s control, become too much for a p.; ~ *sig stor och stark* grow big and strong; *vara situationen vuxen* be equal to the occasion, vid ett visst tillfälle rise to the occasion
II m. beton. part. **1** *det -er bort* med tiden it (this) will disappear (om ovana he etc. will grow out of it) **2** ~ *fast* take |firm| root, bildl. äv. get firmly rooted; *hon stod som fastvuxen* och bara stirrade she stood there as if rooted to the spot (ground) . .; ~ *fast vid ngt* grow on to a th. **3** ~ *fatt* ngn catch . . up in height (size, growth) **4** ~ *fram* grow (come) up; bildl. äv. develop **5** ~ *i* ngt grow into . . **6** ~ *ifrån* ngt grow out of . ., outgrow . . **7** ~ *igen* om sår heal |up|; om stig become overgrown with weeds; om t.ex. dike o.d. fill up |with weeds|, get choked with weeds; stigen *har vuxit igen (är igenvuxen)* . . is overgrown with weeds **8** ~ *ihop* grow together **9** ~ *in* grow in; ~ *in i* a) eg. grow into . . b) bildl. t.ex. sitt arbete grow familiar with . .; *invuxna naglar* ingrown nails **10** ~ *om* ngn outgrow . ., eg. äv. shoot ahead of . . |in height| **11** ~ *samman* grow together; *hans ögonbryn är sammanvuxna* his eyebrows meet **12** ~ *till* grow, t.ex. i antal increase, *i* in; ~ *till sig* bli vackrare improve in looks; *flickan har vuxit till sig* she has grown into a pretty girl **13** ~ *upp* grow up, grow; ~ *upp till man* grow to manhood; *han har växt upp* el. *är uppvuxen i staden (på landet)* he is town-bred (country-bred); *det uppväxande släktet* the rising generation **14** ~ *ur* sina kläder grow out of . ., outgrow . . **15** ~ *ut* a) fram, om t.ex. gren grow out b) utvidgas, t.ex. på bredden spread, utvecklas develop, *till* into c) *utvuxen* se *fullvuxen* **16** ~ *över* overgrow; gräset *har växt över stigen* . . has grown over the path, the path is overgrown with . .
växande I *a* growing; ökande increasing

II *-t 0* growing, growth; ökning increase; utveckling development; *vara i ständigt ~* keep increasing, continue to increase, tillta äv. be on the increase, utveckla sig be in a state of continuous development

väx|el *-eln -lar* (i bet. *2* pl. *0*) **1** bank~ bill [of exchange] (förk. B/E); dragen ~, tratta äv. draft; accept äv. acceptance; *~ per 5 juli* a bill due (per) July 5th; *en 3 månaders ~ å* 500 kr. a 3 months' bill for . .; *dra en ~ på ngn* draw [a bill] on a p.; *dra -lar på . .* bildl. take advantage of . .; *dra -lar på framtiden* count too much on the future; ibl. äv. count one's chickens before they are hatched **2** växelpengar [small] change; *kan ni ge ~ tillbaka på* en tia? can you change . .?; *jag har ingen ~ på mig* I have no [small] change about me **3** på bil gear; *lägga in ettans ~* put the (resp. a) car in first gear, engage the first gear; *köra på tvåans ~* drive in second gear **4** spår~ switch, points pl. **5** telef. exchange; ~bord switchboard

växel|blankett bill (bill-of-exchange) form **-bord** telef. switchboard **-bruk** jordbr. rotation of crops, crop rotation **-diskonto** bill discount **-kassa** small-change cash **-kontor** exchange office (bureau) **-kurs** exchange rate, rate [of exchange] **-lag** jur., *~en* the Bills of Exchange Act **-lok[omotiv]** shunting engine; amer. switch engine, switcher [locomotive] **-låda** gear box **-pengar** *pl* [small] change sg. **-rytteri** bill-jobbing, kite-flying **-spak** gear lever, gear-change lever **-ström** alternating current, A.C. **-sång** kyrklig antiphon **-verkan** interaction, reciprocal action; samspel interplay **-vis** *adv* alternately; i tur och ordning in turn, by turns, in rotation

växla I *tr* **1** t.ex. pengar, färg change; utbyta, t.ex. ord, ringar exchange, t.ex. artigheter äv. interchange; *~ ett par ord med ngn* exchange a few remarks (ha ett samtal med have a word) with a p.; *kan ni ~* 10 kr. *[åt mig]?* äv. can you give me (have you) change for . .?; *~ en sedel i mynt* cash a note; *det är svårt att få ~t* it is difficult to get [small] change **2** järnv. shunt, switch, jfr *~ in a)* **II** *itr* **1** skifta vary, ändra sig change; priserna *~r* a) för samma vara på olika orter . . vary b) höjs el. sänks oregelbundet . . fluctuate; *tiderna ~r* times vary **2** bil. change (isht amer. shift) gears; *~ till lägre växel* change to a lower gear **3** om tåg shunt **III** m. beton. part. **1** *~ in* a) *~ in ett tåg på ett sidospår* shunt a train on to (switch a train into) a siding b) *~ in pengar* change (cash) [some] money **2** *~ ner* bil. change (gear) down **3** *~ om* alternate; *~ om till tvåan* change to (go into) second (second gear) **4** *~ till sig enkronor* change one's money into one-krona pieces **5** *~ upp* bil. change (gear) up **6** *~ ut* exchange **växlande** *a* varying, changing; om t.ex. vindar variable; om t.ex. natur, program varied; *med ~ framgång* with varying success; *~ öden* äv. vicissitudes **växling** växlande changing; ombyte change; förändring variation, variety; utväxling exchange; regelbunden succession; rotation; järnv. shunting; *marknadens ~ar* the fluctuations of the market; *ödets ~ar* the vicissitudes of fortune **växlingsrik** *a* varying, changing; . . full of changes (variety)

växt *-en* **1** pl. *0* tillväxt growth; utveckling development; ökning increase, expansion; kroppsbyggnad build, figure, shape; längd height, stature; *hämmad i ~en* stunted; *stanna i ~en* stop growing; *han är liten (stor) till ~en* he is short (tall) of stature **2** pl. *-er* a) planta plant; mots. djur vegetable; ört herb; *samla ~er* collect herbs (wild flowers) b) svulst growth, tumör tumour; ut~ äv. excrescence **-anatomi** plant anatomy, phytotomy **-cell** plant (vegetable) cell **-familj** plant family **-fett** vegetable fat **-färg** vegetable dye **-förädling** plant breeding (improvement) **-hus** greenhouse, glasshouse; uppvärmt hothouse **-kraft** growing power **-lighet** vegetation; *en rik ~* äv. a rich (luxuriant) flora (plant life) **-liv** plant (vegetable) life, flora **-ort** o. **-plats** bot. locality [of a (resp. the) plant], habitat **-press** plant press **-riket** the vegetable kingdom **-skydd** plant protection, protection of plant life **-värk** growing pains pl. **-ämne** grodd germ **-ätande** *a* herbivorous; *ett ~ djur* äv. a herbivore **-ätare** zool. herbivore

vörda *tr* revere, reverence, stark. venerate; högakta respect; hedra, ära honour **vördig** *a* se *vördnadsbjudande* **vördnad** *-en 0* reverence, veneration; aktning respect, hänsyn deference; *betyga ngn sin ~* pay reverence (one's respects) to a p.; *man betygade* konungen *sin ~* due honour was rendered to . .; *hysa ~ för, hålla . . i ~* se *vörda; inge ngn [skräckfylld] ~* inspire a p. with awe; *visa ~* respekt *för* show respect for; *visa* överordnade, äldre *tillbörlig ~* show due deference to . . **vördnadsbetygelse** token (mark) of respect (reverence), ibl. reverence, due honour **vördnadsbjudande** *a* venerable, stark. awe-inspiring, friare imposing **vördnadsfull** *a* reverent[ial], aktningsfull respectful, deferential; stark. awestruck **vördnadsvärd** *a* venerable **vördsam** *a* respectful **vördsamt** *adv* respectfully; brevslut Yours respectfully,; *härmed anhålles ~ om* tjänstledighet . . is hereby requested, I wish (should like) to apply for . .

vört *-en 0* [brewer's] wort **-bröd** rye bread flavoured with [brewer's] wort

x *x-et,* pl. *x* bokstav x [utt. eks]; *en herr X* a certain Mr. X
x-a *tr,* ~ [*över*] *ett ord* 'x' a word out, cancel a word
xantipp|a *-an -or* shrew, vixen
x-axel x-axis
xenon *-et 0* xenon
X-krok [angle pin] picture hook
xylofon xylophone **xylofonist** xylophonist
xylograf *-en -er* xylographer **xylografi** *-[e]n 0* xylography **xylografisk** *a* xylographic

y *y-*|*e*|*t,* pl.*y*|*-n*| bokstav y |utt. wai|
yacht *-en -er* yacht
yalelås ® Yale lock
yankee *-n -r (-s)* Yankee, F Yank
y-axel y-axis
yla *itr* howl **ylande** *-t 0* howling
ylle *-t 0* wool; filt *av* ~ äv. woollen . . **-filt** woollen blanket **-fodrad** *a* wool-lined **-garn** se *ullgarn* **-halsduk** woollen scarf, tjock muffer **-industri** wool|len| industry **-jumper** woollen jumper **-kalsonger** *pl* woollen pants **-klänning** woollen dress **-strumpa** woollen stocking (resp. sock) **-tröja** jersey, sweater **-tyg** woollen cloth (fabric) **-vante** woollen glove (tum- mitten) **-varor** *pl* woollens, woollen goods
ymnig *a* riklig abundant, om regn, snöfall äv. heavy, om skörd äv. plentiful, bounteous; om tårar copious; överflödande profuse; *i ~t mått* in abundance, abundantly **ymnighet** abundance, plentifulness etc., profusion **ymnighetshorn** horn of plenty, cornucopia **ymnigt** *adv* abundantly etc., jfr *ymnig; blöda ~* bleed profusely; *förekomma ~* abound, be abundant (plentiful)
ymp *-en -ar* se *-kvist* **ympa** *tr* **1** trädg., ~ |*in*| graft, engraft, *på* |up|on (into) **2** läk. inoculate, vaccinera äv. vaccinate, *ngn mot ngt* a p. against a th.; *~ in ngt på ngn* inoculate a p. with a th. **ympkniv** grafting-knife **ympkvist** graft, scion, grafting-shoot **ympning 1** trädg. grafting, graft **2** läk. inoculation, vaccinering äv. vaccination **ympställe** trädg. graft **ympvax** grafting-wax **ympämne** vaccine
yngel *ynglet -* **1** eg. (koll.) fry vanl. pl.; jfr *grodyngel* **2** bildl. (neds.) brat; avföda (koll.) brood **yngla** *itr* om t.ex. groda spawn; *~ av sig* breed; *~ av sig* |*som kaniner*| neds. om människor breed like rabbits
yngling youth, young man, adolescent
ynglinga|sinne youthful mind **-ålder** adolescence **-år,** *under ~en* var han . . during |the years of| his adolescence . .
yngre *a* younger; senare later; nyare more recent; i tjänsten junior; *i* |*sina*| *~ dagar* var han . . in his younger days . .; *av ~ datum* of a later (a more recent) date; *~ delägare* junior partner; *en ~* rätt ung *herre* a youngish (fairly young) gentleman; *den ~ järnåldern* the later Iron Age; *Pitt den ~* the younger Pitt; Sten Sture *den ~ . .* The Younger; *de ~* minns inte . . young people . .; *de ~ i sällskapet* the younger members of the party; *han är fem år ~ än jag* äv. he is my junior by five years; *hon ser ~ ut än hon är* äv. she does not look her age; den där hatten *gör henne tio år ~ . .* makes her look ten years younger **yngst** *a* youngest; senast latest; nyast most recent; *den ~e (~a) i* familjen the youngest |member| of . .; ett program för *de allra ~a . .* the very young; *den ~e i tjänsten* the last (most recently) appointed member |of the staff|; *vem är ~?* who is the youngest (av två äv. the younger)?
ynka *tr rfl* se *ömka I* o. *II* **ynkedom** *-en 0* pitiableness etc. jfr *ynklig; det är en ~* om ngns uppträdande o.d. it is a miserable (pitiable) performance, it is miserable (pitiable) **ynklig** *a* ömklig pitiable, pitiful; eländig, usel miserable, wretched; jämmerlig piteous; futtig paltry, footling; liten puny; *göra en ~ figur* cut a sorry figure; *regeringens ~a hållning* the pitiable (abject) conduct of the government; *med ~ röst* in a piteous voice; *en ~ ursäkt* a paltry (lame) excuse, an abject apology **ynkrygg** pultron coward, funk, mes milksop; stackare wretch
ynnest *-en 0* favour; *visa mig den ~en att* inf. do me the favour of ing-form **-bevis** |mark of| favour
yoga *-n 0* yoga
yoghurt *-en 0* yogh|o|urt
yppa I *tr* röja reveal, uppenbara äv. disclose, hemlighet o.d. äv. divulge, let out, *för* i samtl. fall to **II** *rfl* erbjuda sig present itself, om tillfälle o.d. äv. arise, turn up; uppstå, om svårighet o.d. arise, crop up **yppande** *-t 0* revelation, disclosure **yppas** *itr. dep* se *yppa II*
ypperlig *a* utmärkt excellent, superb; präktig splendid; utsökt choice; förstklassig first-rate . ., prime, capital **ypperligt** *adv* excellently etc., first-rate, primely etc.; *han spelar ~* |*fiol*| äv. he is an excellent violinist **ypperst** *a* förnämst finest, best, most outstanding; om t.ex. vin choicest; *av ~a kvalitet* äv. of the very best quality; *räknas bland de ~a* rank among the best (élite fr.)
yppig *a* om växtlighet o.d. luxuriant, exuberant, lush, stark. rank; fyllig buxom, om figur, kroppsdel full, ample isht om barm; jfr äv. *överdådig 1* **-het** luxuriance, exuberance, lushness etc.
yr *a* **1** i huvudet dizzy, giddy, *av* t.ex. glädje with, t.ex. buller from; *bli (vara) ~* |*i huvudet*| get (feel, be) dizzy (giddy); *jag är alldeles ~ i huvudet* äv. my head is all in a whirl; *~ i mössan* flurried, flustered, bewildered, in a flurry (fluster); *som ~a höns* like giddy geese **2** yster romping, vild wild **yr|a I** *-an 0* **1** vild framfart frenzy; glädje~ delirium |of joy|; *i segerns ~* in the flush of victory **2** snö~ snowstorm **II** *-ade -at* (i bet. *2 -de -t*) *itr* **1** rave; om febersjuk be delirious; *~ om ngt (om att* inf.) rave about a th. (about ing-

form) **2** om snö, sand whirl (drift) about; om damm, skum, gnistor fly; *det (snön) yr* the snow is whirling etc. about; *dammet yr i* luften the dust is rising into . ., there are clouds of dust in . .; *dammet yr på* vägarna the dust is rising from . .; ~ *igen* om väg o.d. get blocked with [drifting] snow (resp. sand); *det (snön) -de in i* rummet the snow whirled into . .; ~ *omkring* whirl (drift) about (around); ~ *upp* a) tr.: t.ex. dammoln raise b) itr. whirl (resp. fly) up **yrande** *-t 0* **1** raving; delirium **2** whirling etc. — Jfr *yra II* **yrhätta** tomboy, madcap

yrka *tr itr,* ~ [*på*] begära, fordra demand; resa krav på call for, ss. rättighet claim; kräva insist [up]on, ihärdigt urge; parl. o.d., t.ex. avslag move; ~ *bifall till* . . support . ., speak in support of . .; ~ *på att ngn skall* inf. äv. insist [up]on a p.'s ing-form, urge a p. to inf. **yrkan** se *yrkande* **yrkande** *-t -n* begäran demand; claim äv. jur.; parl. motion; ~ *om avdrag (på ersättning)* claim for deduction (compensation); *kärandens* ~ the plaintiff's case; *på* ~ *av* at the instance of

yrke *-t -n* lärt, konstnärligt, militärt profession; isht inom hantverk o. handel trade, hantverk (i högre stil) äv. craft; sysselsättning occupation; arbete job; *fria* ~*n* [liberal] professions; *han kan sitt* ~ he knows his job; *utöva ett* ~ practise a profession, resp. carry on a trade; *välja* ~ choose one's profession (trade, occupation); *han är advokat (skräddare) till* ~*t* he is a lawyer by profession (a tailor by trade)

yrkes|arbetande *a* attr. . . who is (osv.) employed [in a profession (resp. trade)]; *vara* ~ be working (employed) in a profession (resp. trade) **-arbetare** skilled worker **-avund** professional envy **-broder** [professional] colleague **-fara** occupational hazard **-fiskare** professional fisherman **-gren** occupational branch **-grupp** occupational group **-hemlighet** trade secret **-hygien** industrial (occupational) hygiene **-inspektion** factory (industrial) inspection **-kunnig** *a* skilled **-kvinna** professional woman **-lärare** vocational teacher **-man** fackman professional; sakkunnig expert; hantverkare craftsman **-mässig** *a* t.ex. om förfarande professional; t.ex. om trafik commercial **-mässigt** *adv* professionally; commercially, on a commercial scale; väva ~ . . as an occupation (a profession) **-orientering,** *praktisk* ~ practical vocational guidance **-register** telef. [classified] directory of trades and professions **-rådgivning** se *-vägledning* **-sjukdom** occupational disease **-skada** industrial injury **-skicklig** *a* skilled, . . skilled in one's trade (resp. craft) **-skicklighet** skill in one's trade (resp. craft), craftsmanship **-skola** vocational school **-trafik** commercial traffic; bilar som *går i* ~ . . are for commercial use **-utbildad** *a* skilled, trained **-utbildning** vocational training (education) **-utövare** person practising a profession (resp. carrying on a trade) **-utövning** exercise of a profession (resp. a trade) **-val** choice of a profession (resp. a trade) **-vägledning** vocational guidance

yrsand whirling (driving) sand

yrsel *-n 0* **1** svindel dizziness, giddiness; *jag greps av* ~ I suddenly felt dizzy (giddy) **2** feberyra delirium **-anfall** fit of dizziness (giddiness)

yr|snö drift snow **-vaken** *a* . . [attr. who is] dazed (drowsy) with sleep **-vaket** *adv* drowsily **-väder** snowstorm, blizzard; *det är* ~ there is a snowstorm (blizzard); *som ett* ~ like a whirlwind

ysta I *tr* mjölk curdle; ost make **II** *itr* make cheese **III** *rfl* curdle

yster *a* livlig frisky, stojande romping, uppsluppen rollicking, boisterous; om häst äv. mettlesome; *en* ~ *lek* a rollicking game **-het** friskiness, boisterousness

ystning *-en 0* (jfr *ysta*) **1** cheesemaking **2** curdling

yt|a *-an -or* ngts yttre surface äv. bildl.; areal area; utrymme space; utplåna ngt *från jordens* ~ . . from the face of the earth; *på* ~*n* on the surface; *se endast till* ~*n* look only superficially at things **-behandla** *tr* finish **-behandling** finishing end. sg., surface treatment **-fartyg** surface vessel (ship) **-innehåll** [superficial] area **-lager** surface (top) layer, geol. äv. superstrat|um (pl. -a) **-ledes** *adv* post. by surface mail **-lig** *a* allm. superficial, om pers. äv. shallow; flyktig, om t.ex. undersökning cursory, om t.ex. bekantskap passing, nodding; *ha en* ~ *kännedom om* ett ämne äv. have a smattering of . . **-lighet** superficiality, shallowness etc. **-mått** square measure **-skikt** se *-lager* **-spänning** surface tension

ytt|er *-ern -rar* sport. winger

ytter|bana outside track **-belysning** outdoor lighting **-dörr** outer door, mot gata front (street) door **-ficka** outside pocket **-hud** epidermis **-kant** outer (outside, extreme) edge; på väg edge **-kläder** *pl* outdoor clothes

ytterlig *a* extrem extreme, överdriven excessive, fullständig utter **-are I** *a* vidare further; därtill kommande additional; mera more; *ett* ~ tillägg äv. another . . **II** *adv* vidare further; i ännu högre grad additionally; ännu mera still more; ~ *två månader* another (a further) two months, two months more; ~ *10 kr.* an additional 10 kronor, 10 kronor more; ~ *ett* exempel one more . ., [yet] another . .; inte ha ngt *att* ~ *tillägga* . . to add besides; *att umgås med honom* ~ är uteslutet . . to associate with him any more (longer) **-het** ~*en* ~*er* extreme;

ytterlighetsåtgärd extremity; *driva ngt till ~* drive a th. to extremes; *gå till ~er* go to extremes; *till ~* förskräckt . . in the extreme; *till ~ gående* sparsamhet . . verging on the extreme **-hetselement** extremist element **-hetsman** extremist **-hetsparti** extremist party **-hetsåtgärd** extreme measure; *till-gripa ~er* äv. resort to extremities

ytter|mera *oböjl. a, till ~ visso* ss. ytterligare bekräftelse to make doubly sure, dessutom what is more, into the bargain **-område** fringe area; förort suburban area, suburb **-plagg** outdoor garment; pl. vanl. outdoor clothes **-plats** på teater o.d. outside seat **-rock** overcoat **-sida** outer side; utsida outside, exterior **-skär,** *åka ~* do the outside edge

ytterst *adv* **1** längst ut farthest out (off, away), på den yttre sittplatsen on the outside, i bortre ändan at the farthest end; *~ i raden* at the [very] end of the row; *stå ~* i rad o.d. äv. stand at the end; *stå ~ i* en klunga stand at the edge of . .; *~ till vänster* farthest to the left, at the extreme left **2** i högsta grad extremely, exceedingly, most; *~ framgångsrik (förvånad)* äv. highly successful (surprised); *~ försiktigt* äv. very carefully, with extreme care; *~ misstänksam* äv. highly suspicious, suspicious to a degree; *~ osannolik* äv. very (highly, utterly) improbable; *~ sällan* very seldom indeed; *~ viktig* äv. vitally (highly) important **3** i sista hand ultimately, in the last resort

yttersta *a* **1** eg.: längst ut belägen outermost, längst bort belägen farthest, remotest; friare utmost; *den ~ gränsen* the utmost (extreme) limit; *den ~ högern* the extreme Right; *den ~ spetsen (änden) av ngt* the extremity (extreme end) of a th. **2** sist last; om t.ex. orsak, syfte ultimate; *göra en ~* ansträngning make one last (a final) . .; *på den ~ dagen* at (in) the last day; *~ domen* the last judg[e]ment; *ligga på sitt ~* be dying, be at death's door **3** störst, högst utmost, extreme; *med ~ försiktighet* with extreme (the utmost) care; *i ~ nöd (okunnighet)* in utter destitution (ignorance); *av ~ vikt* of vital (the utmost) importance; *göra sitt ~* do one's utmost; *anstränga sig till det ~* exert oneself to the utmost; *driva ngn till det ~* drive a p. to extremities; driva sitt ofog *till det ~* . . to an extreme (the highest) pitch; *kämpa till det ~* fight to the bitter end; *utnyttja ngt till det ~* exploit a th. to the utmost (limit)

ytter|stadslinje busslinje o.d. suburban line **-sula** outsole, outer sole **-tak** roof **-trappa** steps pl., flight of steps; farstu- doorstep[s pl.], amer. äv. stoop **-vägg** outer (exterior, external) wall **-värld,** *~en* the outer (surrounding, outside) world **-öra,** *~t* the external ear

yttra I *tr* uttala utter, säga say; t.ex. en önskan, sin mening express; . ., *~de han* . ., he said (remarked, observed); *inte ~ ett ord* äv. not breathe a word; *han ~de som* sin åsikt att . . he stated (declared) it as . . **II** *rfl* **1** uttala sig express (give) an (one's) opinion, *om* about (on); ta till orda speak; jag vill inte *~ mig i denna fråga* vanl. . . comment on this matter; *han ~de sig* i samma anda he expressed himself . .; *~ sig gynnsamt om ngn* speak favourably of a p.; *~ sig över* ett förslag express one's opinion on . . **2** visa sig show (manifest) itself, *i* in; *hur ~r sig* sjukdomen? vanl. what are the symptoms of . .?

yttrande *-t -n* uttalande remark, utterance, anmärkning observation, comment, anförande statement; utlåtande av myndighet, remissinstans o.d. [expert] opinion, pronouncement (*över, i* on), av t.ex. styrelse över motion o.d. report, *över* on **-frihet** freedom of speech (expression) **-rätt** right of free speech (to express an opinion)

yttre I *a* **1** längre ut belägen outer, utanför el. utanpå varande äv. exterior, external, outward, outside; jfr ex.: *~ diameter* exterior diameter; *~ fiender (förbindelser)* external enemies (relations); *~ former* outward show sg., external observances, externals; *~ företräden* outward (extrinsic) advantages; *~ förutsättningar* external conditions; *~ gestalt* outward form; *~ gård* outer court; *~ likhet* outward (external) resemblance; *Yttre Mongoliet* Outer Mongolia; *~ mått* outside measure; *~ skada* external injury (damage); *bevara det ~ skenet* keep up appearances; *~ skönhet* outward beauty; *~ tecken* external sign **2** utifrån kommande o.d., om t.ex. omständigheter, orsak, tvång external; *~ våld* physical violence

II *subst. a* exterior, ngns äv. [external] appearance, ngts äv. outside; hon har *ett till-dragande ~* . . an attractive appearance; *döma efter det ~* judge by appearances (externals); *vara mån om sitt ~* be careful about one's appearance; *till det ~* in external appearance, outwardly, externally; *till sitt ~* är han mycket oansenlig to look at, . .; *vad det ~ beträffar* as far as externals go

yttring manifestation, *av* of

ytvidd area

yv|as *-des -ts itr. dep, ~ över ngt* pride (plume) oneself on a th., be proud of a th.

yvig *a* om hår, skägg, svans bushy, tät äv. thick; om gest sweeping; om stil turgid, inflated **-het** bushiness etc.; turgidity

yx|a I *-an -or* axe, isht amer. ax; med kort skaft hatchet **II** *tr, ~ till* rough[-hew], adze **-hammare** axehead **-hugg** blow (stroke) of an (resp. the) axe **-skaft** axe-handle, axe-helve; [*du svarar*] *goddag ~* your answer is without rhyme or reason

Z

z *z-t*, pl. *z*| *-n*| bokstav z |utt. zed|
zenit *s* zenith; *stå i* ~ be at the zenith
zeppelinare *-n* - Zeppelin
zigenarblod gypsy blood **zigenare** gypsy, gipsy **zigenarliv** gypsy life **zigenarläger** gypsy camp **zigenarmusik** gypsy music **zigenarspråk** language of the gypsies, Romany **zigenerska** gypsy |woman|
zink *-en 0* zinc **-etsning** zinc etching **-haltig** *a* zinciferous **-oxid** zinc oxide **-salva** zinc ointment **-vitt** zinc white (oxide)
zodiaken *s* the zodiac
zon *-en -er* zone, friare area **-gräns** zonal boundary; trafik. fare stage **-taxa** zone fare system
zoolog zoologist **zoologi** -|*e*|*n 0* zoology **zoologisk** *a* zoological; ~ *trädgård* zoological gardens pl., Zoo
zulu *-n -er* Zulu **-kaffer** Zulu-Kaffir **-språk,** ~*et* Zulu

1 å *å-|e|t,* pl. *å|-n|* bokstav |the Swedish letter| å, 'a' with a circle

2 å *-n -ar* |small| river, stream, amer. äv. creek; *gå över ~n efter vatten* ung. take a lot of unnecessary trouble

3 å *prep* se *på* samt ex. under resp. subst.

4 å *itj* oh!; ~ *prat!* rubbish!, nonsense!; ~ *tusan!* well, I'll be damned!; ~, vad det var gott! well, . .!; se äv. *åja, åjo, ånej*

åberopa *tr rfl,* ~ |*sig på*| *ngn (ngt)* hänvisa till refer to (cite, quote) a p. (a th.); ~ *ngt* till sitt försvar plead a th., lagparagraf o.d. invoke a th., anföra adduce a th. **åberopande** *-t 0, under* ~ *av* with reference to, referring to, citing, quoting, pleading, on the plea of, invoking, adducing, jfr föreg.

åborätt ung. |statutory| tenant right, hereditary lease

åbrodd *-en 0* bot. southernwood, old man

åbäka *rfl* sjåpa sig make a lot of fuss, put it on; göra sig till show off

åbäke *-t -n* om sak monstrosity; *ett* ~ *till karl* a hulking (|great| hulk of a) fellow; *ditt* ~*!* you big lump! **åbäk|l|ig** *a* unwieldy, lumbering

åd|a *-an -or* female eider |duck|

ådagalägga *tr* lägga i dagen show, manifest, visa display, exhibit, visa prov på evince; bevisa prove, establish

åder *-n ådror* allm. vein, puls~ artery; *slå* ~ open a vein **-brock** o. **-bråck** varicose vein|s pl.|, var|ix (pl. -ices) **-förkalkad** *a* läk. . . suffering from arteriosclerosis (friare senile decay); *han börjar bli* ~ vanl. he is getting senile **-förkalkning** ~*en 0* arteriosclerosis, friare senile decay **-låta** *tr* bleed äv. bildl., friare äv. drain, deplete, *på* i samtl. fall of; *landet blev starkt -låtet* genom kriget the country was bled white . . **-låtning** bleeding äv. bildl., blood-letting, friare äv. drain, depletion **-nät** vascular net

ådr|a I *-an -or* vein äv. bildl.; *ha en poetisk* ~ have a gift for writing poetry **II** *tr* vein, tekn. (sten, trä) äv. grain

ådra|ga| I *tr* cause **II** *rfl* sjukdom contract, förkylning catch, skada suffer; utsätta sig för: t.ex. kritik, straff, ngns misshag incur, bring down . . on oneself (one's head), uppmärksamhet attract; ~ *sig ett stort ansvar* incur a heavy responsibility; ~ *sig skulder* incur (contract) debts; ~ *sig* |*allmän*| *uppmärksamhet* äv. make oneself conspicuous

ådrig *a* allm. veined, om trä äv. grained **ådring** veining, graining; konkr. venation äv. bot., grain; jfr *ådra II*

ådöma *tr,* ~ *ngn* |*500 kronors*| *böter* fine a p. |500 kronor|, impose a |500 kronor| fine on a p.; ~ *ngn fängelse* sentence a p. to imprisonment; ~ *ngn att* betala skadestånd sentence a p. to . .

åfärde *adv* se |*på*| *färde*

åh *itj* se *4 å*

å|hej *itj* ooh!; vid tungt arbete heave ho!, hey-ho! **-hoj** *itj* ahoy! **-hå** *itj* oh!, oho!, I see!

åhör|a *tr* listen to, hear; föreläsning attend; ett budskap *som församlingen -de stående* . . which the assembly received standing **åhörardag** skol. day on which parents may visit lessons **åhörar|e** hearer, listener; ~ pl. äv. audience; *det var 100* ~ i salen there was an audience of 100 . .; *-na förlorade självbehärskningen* the audience lost control of themselves; *bli* ~ *till* ett gräl happen to hear . .; *ärade* ~*!* ladies and gentlemen! **åhörarläktare** t.ex. i parlament public (strangers') gallery **åhörarplatser** *pl* |public| seats; på teater o.d. auditorium sg. **åhörarskara** audience

å|ja *adv* (ibl. *itj*) **1** tämligen bra not too bad; tämligen många quite a few **2** upprört el. varnande now, now!, now then! **-javars** *adv* se *åja 1* **-jo** *adv* (ibl. *itj*) **1** se *åja 1* **2** uppmuntrande come on!; jo då oh yes! **-jovars** *adv* se *åja 1*

åk *-et* - **1** F om åkdon vehicle, om bil car **2** sport. run

åk|a *-te -t* **I** *itr tr* **1** allm.: fara go, ss. passagerare äv. ride; köra drive; färdas på |motor|cykel o.d. ride; vara på resa travel; bil, buss etc. go by car (bus etc.); *vi skall* ~ *nu* ge oss i väg we are leaving (going |away|) now; ~ *bil* go by car, bila äv. motor; ~ *buss (tåg)* go (travel) by bus (train); ~ *båt* go by boat, isht m. mindre båt boat, göra en båttur go boating; ~ *en annan väg* take (go el. travel by) a different route; ~ *gratis* travel free |of charge|; ~ *hiss* go by lift; ~ *motorcykel* ride a motor cycle; *vi -te* Nygatan we went (drove, resp. rode) along . .; ~ *sin väg* leave, go (köra äv. drive, resp. ride) away; *låta ngn* ~ ge avsked fire a p.; ~ *efter häst* go by carriage; ~ *i en bil* go (resp. ride) in a car; ~ *i diket* drive (resp. ride) into the ditch; ~ *i fängelse* get into (be sent to) prison; *vara ute och* ~ *i spalterna* be in the papers; *jag fick* ~ *med honom till* stationen he gave me a lift to . .; *han skall* ~ *till* England he will go to . .; *han -er till* England i morgon he will leave for . .; se vidare under resp. subst. o. jfr äv. *2 fara I 1* o. *köra II 1* ex. **2** glida, halka slip, slide, glide; ~ *i golvet* fall on the floor; ~ *kana* slide; se vidare under resp. subst.

II m. beton. part. (jfr äv. *2 fara II* o. *köra III*) **1** ~ *av* halka av slip etc. off **2** ~ *bort* resa go away **3** ~ *dit* F bli fast be (get) caught; kuggas be ploughed **4** ~ *efter* a) itr. go (köra drive, resp. ride) behind b) tr., ~ *efter* hämta *ngn* go (köra drive, resp. ride) and (to) fetch a p. **5** ~ *fast* be (get) caught, *för* for; ~ *fast för fusk* be caught cheating; ~ *fast för rattfylleri* be run in for drunken driving **6** ~ *fram* glida fram slip etc. forward **7** ~ *förbi* go etc. past (by), passera pass **8** ~ *hit och dit* halka slide (glide) about **9** ~ *ifrån ngn* bort från go etc. away from a p., leave a p. [behind], genom överlägsen hastighet drive (resp. ride) ahead of a p. **10** ~ *ihop* glida ihop come (get stuck) together; råka i gräl fall out, *om* over **11** ~ *in* i fängelse get into (be sent to) prison; glida in slip etc. in **12** *låta ngn [få]* ~ *med* give a p. a lift; *få* ~ *med* get a lift; *får jag* ~ *med?* may I have a lift? **13** ~ *ned* glida ned slip (come, glide) down; hissen *-te ned* . . went down; ~ *ned i* diket go (köra drive, resp. ride) into . .; ~ *ned till* Skåne go etc. down to . . **14** ~ *om* ngn overtake . ., pass . . **15** ~ *omkull [på cykel (på skidor)]* fall [from one's bicycle (while skiing)] **16** ~ *på* a) itr.: vidare drive (resp. ride) on b) tr., ~ *på ngn* kollidera med run (drive, resp. ride) into a p. **17** ~ *upp* a) glida upp slip etc. (om plagg äv. ride) up b) öppna sig slip etc. (come) open, open c) hissen *-te upp* . . went up **18** ~ *ur* come (slip) out; ~ *ur division ett* sport. be relegated from the first division **19** ~ *ut* **a)** eg. go etc. out; ska vi ~ *ut?* med bil . . go for a drive?; ~ *ut på (till) landet* go into the country **b)** bildl. bli avlägsnad: om pers. be turned (kicked, thrown) out, om sak be got rid of

åkalla *tr* invoke **åkallan** - *0* invocation

åkande *-n* - passenger, traveller **åkarbrasa,** *ta sig (slå) en* ~ buffet one's arms against one's sides [to keep warm] **åkare** åkeriägare haulage contractor, haulier **åkarhäst** cart-horse **åkarkamp** hack **åkbar** *a* . . fit for driving (resp. riding) on **åkdon** *-et* - vehicle, conveyance

åker *-n åkrar* -jord arable (tilled) land; -fält field; ~ *och äng* arable and pasture land; *ute på* ~*n* out in the field[s pl.] **-areal** area under cultivation, acreage of arable land **-bruk** agriculture, farming **-bär** 'arctic' raspberry **-fält** field

åkeri firm of haulage contractors, road carriers pl., hauliers pl. **-ägare** se *åkare*

åker|jord se *åker* **-kål** wild turnip, navew **-lapp** patch [of arable land] **-ren** headland **-senap** field (wild) mustard, charlock **-sork** field vole **-spöke** F scarecrow **-tistel** creeping thistle **-vinda** field bindweed **-ärt** field pea

åklaga se *åtala* **åklagare** *-n* - prosecutor; *allmän* ~ public prosecutor, amer. prosecuting (district) attorney **åklagarmyndighet** ämbete office of the public prosecutor **åklagarsida,** ~*n* the prosecution **åklagarvittne** witness for the prosecution

åkning körande driving, på cykel o.d. riding; åktur drive, ride

åkomm|a *-an -or* complaint, *i* in; affection, *i* of

åk|sjuka travel (motion) sickness **-tur** drive, ride, jfr *åka I 1; göra en* ~ go for a drive (ride)

ål *-en -ar* fisk eel; havs~ conger[-eel] **åla** *itr rfl* crawl [on one's knees and elbows]

Åland the Åland Islands pl.; ~*s hav* the Åland Sea

åld|er *-ern -rar* age, om sak äv. antiquity; *ha* ~*n inne* be old enough, vara myndig be of age; *av* ~ sedan gammalt . . for a long time past, . . of old; *böjd av* ~ bent with age; personer *av (i) alla -rar* . . of all ages; *efter* ~ according to age, i tjänsten according to seniority; hon är lång *för sin* ~ . . for her age; *i en* ~ *av 70 år* at the age of 70, at 70 years of age; barnet är *i den besvärliga* ~*n* . . at a difficult age; *han är i min* ~ he is my age; en man *i sin [allra] bästa* ~ . . in his prime, jfr ex. under *år;* barn *i* ~*n 10—15 år* . . between 10 and 15 years of age, . . aged between 10 and 15; tre barn *i -rarna 8, 10 och 12 år* vanl. . . aged 8, 10, and 12; *på (i) sin* ~*s höst* in the autumn of his (resp. her) life; *vid min* ~ at my age (time of life); *vid 15 års* ~ vanl. at the age of 15 **ålderdom** *-en 0* old age, age; *långt in i* ~*en, in i sena* ~*en* well into one's old age; *på* ~*en* in one's old age **ålderdomlig** *a* gammal old; gammaldags old-fashioned, old-time . ., old-world . .; föråldrad: om språk o.d. archaic **ålderdomlighet** *-en -er* egenskap ancientness; old-fashionedness; archaism; ~*er* i språk o.d. archaisms

ålderdoms|hem home for aged (old) people **-krämpa** se *ålderskrämpa* **-svag** *a* decrepit, senile, infirm **-svaghet** decrepitude, weakness due to old age

ålderman hist.: i by ung. alderman, i skrå o.d. äv. master [of a (resp. the) guild]

ålders|betyg birth certificate **-grupp** age group **-gräns** age limit **-klass** age class (group) **-krämpa** infirmity of (ailment due to) old age **-pension** old-age pension **-president** president by seniority **-skillnad** difference of (in) age **-skäl,** *av* ~ for age reasons, for reasons of age **-streck,** *falla för* ~*et* reach retiring age

ålderstigen *a* old äv. om sak; åldrad aged; han är *ganska* ~ . . fairly advanced in years

ålderstillägg ung. seniority allowance

åldfru royal housekeeper **åldrad** *a* aged . .; ~ *i förtid* old before one's time **åldrande** **I** *a* ag[e]ing **II** *-t 0* (äv. ~*t*) ag[e]ing, growing old **åldras** *itr. dep* age, grow old[er]

åldrig *a* aged . ., old **åldring** pers. old [gentle]man (resp. lady el. woman); *~ar* äv. old people **åldringsvård** [social and medical] care of old people

å|ligga *itr* om t.ex. plikt, kostnader fall on; *det -ligger honom att* inf. it is incumbent [up]on him to inf., it is his duty to inf. **-liggande I** *a, den honom ~* förpliktelsen the . . incumbent (laid) [up]on him **II** *~t ~n* plikt duty, skyldighet obligation, uppgift task, ämbets~ function

ål|kista eel-trap, eel-pot **-ning** *~en 0* mil. crawling **-skinn** eel-skin

ålägga *tr* anbefalla enjoin, pålägga, t.ex. en uppgift impose, *ngn ngt* i båda fallen a th. on a p.; *~ ngn* ett ansvar lay . . on a p.; *~ ngn att* inf. enjoin (beordra order, instruct, förplikta bind, ädöma charge) a p. to inf.; *~ sig* en uppgift impose . . on oneself **åläggande** *-t -n* injunction, order

åländsk *a* Åland . ., . . from Åland **åländning** inhabitant of Åland

åma *rfl* göra sig till show off; sjåpa sig put it on

åminnelse *-n 0* commemoration; minne memory, hågkomst remembrance; *till ~ av* in commemoration osv. of **-dag** commemoration (remembrance) day **-fest** commemoration, commemorative (memorial) festival

ånej *adv* (ibl. *itj*) nej då oh no!; inte så värst not very; uttr. förvåning well, I never!

ång|a I *-an -or* allm. steam end. sg.; dunst vapour end. sg., utdunstning exhalation; *-or* dunster fumes; *få upp ~n* get up steam äv. bildl.; *ha ~n uppe* have steam up äv. bildl.; *hålla ~n uppe* keep up steam äv. bildl.; *med ~n uppe* with steam up **II** *itr tr* steam; itr. ryka smoke; *~ av* svett steam with . .; *det ~r av* soppan . . is steaming; *komma ~nde* come steaming äv. bildl.; *~ en hatt* steam a hat; *~ bort (i väg)* om t.ex. tåg steam off (away); *tåget ~de in på* stationen the train steamed into . .; *~ upp* ett brev steam open . . **ångare** steamer, steamship

ång|bad vapour-bath **-bildning** formation of steam **-båt** steamboat, större steamer; *fara med ~* go by steamer **-båtsbrygga** [steamer] landing-stage, jetty **-båtsförbindelse** steamship service (connection) **-båtslinje** steamship line **-båtstrafik** steamship traffic **-central** steam power station **-drift,** *~[en]* the use of steam power **-driven** *a* . . driven by steam, steam-driven . .

ånger *-n 0* repentance, *över* for; samvetskval remorse, *över* for; compunction; botfärdighet penitence, *över* for; contrition; ledsnad regret, *över* at **-full** *a* o. **-köpt** *a* repentant, *över* of; remorseful; penitent, *över* about; contrite; regretful; jfr föreg.

ångest *-en 0* agony, anguish; fasa dread, terror, fruktan fear; *i dödlig ~* in deadly fear **-full** *a* . . full of agony (anguish) **-fylld** *a* . . filled with agony (anguish), agonized, anguished **-känsla** feeling of agony osv. jfr *ångest* **-neuros** anxiety neurosis **-skri** cry (shriek) of agony (anguish, terror) **-svett** cold sweat

ång|fartyg steamship (förk. S/S, S.S.) **-färja** steam ferry **-hammare** steam hammer **-koka** *tr* steam **-kol** koll. steam-coal[s pl.] **-kraft** steam power; maskinen *drivs med ~* . . is driven by steam **-kraftverk** steam power station **-kvarn** steam-mill **-maskin** steam-engine **-panna** [steam-]boiler **-preparerad** *a* evaporated; *~e havregryn* vanl. rolled oats

ångra I *tr* repent, regret, be sorry for; *jag ~r att jag gjorde det* I regret (repent) doing it; *det här skall du få ~* you'll be sorry for (repent) this; *det skall du inte behöva ~* you will have no cause to regret it **II** *rfl* känna ånger regret it, be sorry, repent it; komma på andra tankar change one's mind

ång|skåp vapour-bath **-slup** steam launch **-stråle** jet of steam **-såg** steam sawmill **-turbin** steam turbine **-vinsch** steam winch **-vissla** steam whistle **-vält** steam-roller

ånyo *adv* åter afresh, anew, än en gång [once] again; *~ bekräfta (granska* osv.) äv. reaffirm (re-examine osv.)

år *-et -* year — Ex.: **a)** utan föreg. prep.: *~[et] 1967* ss. t.ex. subj. el. obj. the year 1967; han dog *~ 1967* . . in [the year] 1967; *förra ~et* last year; *ett halvt ~* vanl. six months; *ett och ett halvt ~* vanl. eighteen months; *vart fjärde ~* every four years, every fourth year; *hon fyller ~ i morgon* tomorrow is her birthday; *han fyllde femtio ~ i går* he was fifty yesterday; *han är tjugo ~ [gammal]* he is twenty [years old (of age)]; *~et för* hans födelse the year of . .; *~et efter* the year after, the following year; *~et om (runt)* all the year round; *~ ut och ~ in* year in year out; hon skall stanna här *~et ut* . . till the end of the year; förrådet *kommer att räcka ~et ut* äv. . . will last the year out; *så här ~s* at this time of [the] year; *ett två ~s (två ~ gammalt) barn* a two-year-old child, a child of two; *1870 ~s krig* the war of 1870; *1968 ~s modeller* the 1968 models; *tre ~s fängelse* three years' imprisonment; *~ets skörd* this year's harvest

b) m. föreg. prep.: *~ efter ~* year after year; *~ från (för) ~* year by year; sista gången *för ~et* ([*för*] *i ~*) . . this year; *för tio ~ sedan* ten years ago; hon blir dövare *för varje ~* . . every year; *i ~* this year; *i alla ~* through all the years; *i två ~* [for] two (nu gångna äv. the last two, nu kommande äv. the next two) years; *i många* ~ for many years |om framtid to come|; *en man i sina bästa* ~ a man in the prime of life (in his prime, in his best years); *med ~en* over the years, as the years go (resp. went) by; *om ett* ~ in a year|'s time|, this time next year; *i dag om ett* ~ this day next year; några dagar *om ~et* . . every (a) year; två gånger *om ~et* . . a year; hyra ut *per* ~ . . by the year, se äv. *per 2;* jag har inte sett honom *på många* ~ . . for (in) many years; för första gången *på många* ~ . . for (in) many years; *på (under) senare* ~ in recent (of late) years; *på (under) de senaste ~en* in (during) the last few years; *gå på tionde ~et* be in one's tenth year; *ett barn på fyra* ~ ett fyra års barn a child of four; jag kan inte säga *på ~et* . . to the |exact| year; *längre fram på ~et* later |on| in the year; jag har inte sett henne *på ~ och dag* . . for years |and years|; *ung till ~en* young in years; *vara till ~en |kommen|* be advanced in years; *han börjar bli till ~en* he is getting on (old); *under ~ens lopp* in the course of time; *vid mina* ~ at my age, at my time of life; *dö vid unga* ~ die young

år|a *-an -or* oar; mindre scull; paddel~ paddle

åratal, *i (på)* ~ for years |and years|; *sedan ~ tillbaka* for years past

årblad blade of an (resp. the) oar

** ård|er** *-ret (-ern) -er* |simple kind of| plough

år|gång *~en ~ar* **1** av tidskrift |annual| volume; *1967 års* ~ *av* tidningen the 1967 issue of . .; *gamla ~ar av* Times äv. old files of The . . **2** åldersklass o.d.: studenter *av* ~ *1965* 1965 . .; *min* ~ people (those) born in my year **3** av vin vintage **-hundrade** century

årklyka rowlock

årlig *a* annual, yearly; *5 %* ~ *ränta* äv. 5% per annum interest **årligen** *adv* annually, yearly; *två gånger* ~ twice a year; *det inträffar* ~ it happens every year; ~ *återkommande* annual

års|abonnemang annual subscription, *på* to, for; *ha ~ på* operan have a yearly season-ticket for . . **-avgift** allm. annual charge; i förening o.d. annual subscription **-avslutning** skol. breaking-up, jfr *avslutning 2* **-barn,** *vi är* ~ we were born |in| the same year **-berättelse** annual report **-bok** year-book, annual **-dag** anniversary, *av* of **-fest** annual festival **-gammal** *a* attr. one-year-old, pred. one year old; *ett ~t djur* äv. a yearling **-hyra** annual rent **-inkomst** annual (yearly) income (förtjänst profit) **-klass** age class (group); *~en 1965* mil. the 1965 class **-kontingent** mil. annual contingent **-kontrakt** contract by the year **-kort** season-ticket |for a year| **-kull** age group; t.ex. studenter batch, m. of framför följ. subst.: *de stora ~arna* på t.ex. 1940-talet the bulge |in the birthrate| **-kurs** skol. form, amer. grade; läroplan curricul|um (pl. äv. -a) **-lång** *a,* *~a* fleråriga *förberedelser* |many| years of preparations; *en* ~ ettårig *kamp* a year-long struggle **-lön,** *ha* 40000 kr *i* ~ have an annual income of . . **-modell,** *en bil av senaste* ~ a car of the latest model **-möte** annual meeting **-omsättning** annual turnover **-produktion** annual production **-redogörelse** annual report **-ring** annual ring **-ränta** annual interest **-skifte** turn of the year **-skott** annual shoot **-skrift** annual, year-book **-slut** end of the year **-tid** season, time of the year **-vinst** annual profit **-växt** year's crops pl. (skörd crop) **-översikt** annual survey

årtag stroke |of an (resp. the) oar (the oars)|

år|tal date, year **-tionde** decade

årtull rowlock

årtusen|de| millenni|um (pl. äv. -a); *ett* ~ vanl. a thousand years; *årtusenden* vanl. thousands of years

ås *-en -ar* geol. o. byggn. ridge

åsamka se *ådra|ga|*

åse *tr* betrakta watch, bevittna witness

åsido *adv* on one side, aside; *lämna* ngt ~ leave . . on one side (out of consideration) **-sätta** *tr* inte beakta disregard, set aside, försumma neglect, ignore; ~ *lagen* override (set aside) the law; *känna sig -satt* feel slighted **-sättande** *~t 0* disregard, setting aside, neglect, ignoring; *med* ~ *av* sin plikt neglecting . .

åsikt *-en -er* view, opinion, *om* of, about, om sak äv. on; *han har inga egna ~er* he has no views of his own; *~erna är delade* opinions differ, opinions are divided; *de har olika ~er* they are of different opinions, they hold different views; *vara av den ~en att* äv. hold that . ., take the view that . .; *hans* ~ *i saken* his view of the matter; jfr *mening 1,* ex.

åsikts|brytning difference of opinion **-riktning** trend (shade) of opinion **-utbyte** exchange of views (opinions)

åsk|a I *-an -or* thunder äv. bildl.; åskväder thunderstorm; *~n går* it is thundering, there is a thunderstorm, there is thunder |and lightning|; *~n har slagit ned i* trädet the lightning has struck . .; *det är ~ i luften* there is thunder in the air äv. bildl.; *-or av applåder* thunders of applause **II** *itr, det ~r* it is thundering **-by** thundershower, thundersquall **-diger** *a* thundery **-dunder** rumble of thunder **-front** meteor. thundery front **-gud** god of thunder; *~en* the Thunderer **-ig** *a* thundery **-knall** thunder-clap **-ledare** lightning-conductor **-lik** *a* thundery **-moln** thundercloud **-nedslag** stroke of lightning **-regn** thundery rain **-skräll** thunderclap, peal of thunder **-skur** thundershower **-slag** thunderclap äv. bildl.; *som ett ~* like a thunderbolt **-tung** *a* thundery **-vigg** thunderbolt **-väder** thunderstorm

åskåda *tr* åse watch; bevittna witness **åskådan** - *0, försjunken i ~ av . .* absorbed in the sight of . . **åskådande** *-t 0, under ~t av . .* while watching . . **åskådare** *-n* - spectator, mera passiv onlooker, looker-on (pl. lookers-on), mera tillfällig bystander; *åskådarna* publiken: på teater o.d. the audience, vid idrottstävling vanl. the crowd båda sg.; *bli ~ till ngt* witness a th. **åskådarläktare** på idrottsplats o.d. [grand-]stand **åskådarplatser** *pl* places (sittplatser seats) [for spectators] **åskådlig** *a* klar clear, lucid; målande, om t.ex. skildring graphic; tydlig perspicuous **åskådliggöra** *tr* make . . clear; belysa illustrate, *med* by **åskådlighet** clarity, lucidity, graphicness, perspicuity; jfr *åskådlig* **åskådning** sätt att se outlook; uppfattning opinions pl., views pl.; ståndpunkt attitude; friare way of thinking **åskådningsmateriel** eg. materials pl. for object-lessons; *såsom ~* friare as an illustration **åskådningsundervisning** teaching by object-lessons; bildl. object-lesson

åsn|a *-an -or* donkey, ass, bildl. vanl. ass; *envis som en ~* stubborn as a mule

åsne|aktig *a* ass-like, asinine äv. bildl. **-brygga** hjälpmedel crib **-drivare** donkey-driver **-föl** ass's (donkey's) foal (colt) **-hingst** he-ass, jackass **-sto** she-ass **-öra** ass's ear

åsninna she-ass

åstad *adv* **1** i väg off; *bege sig ~* go away (off), set out (off), leave; *gå ~ och . .* go [off] and . . **2** *ryktet kom stor oro ~* the rumour caused great alarm **-komma** *tr* få till stånd bring about; förorsaka cause, make; frambringa produce, prestera achieve, accomplish, uppnå attain, effect; skaffa procure; *~ buller (stor skada)* make a noise (make great havoc); *~ förargelse* give offence; *~ underverk* work wonders; *det bästa som kan ~s* fås the best to be had **-kommande** *~t 0, för ~ av . .* vanl. [in order] to bring about (osv., jfr *-komma*) . .

åstunda *tr* önska desire, wish, längta efter long for; åtrå covet **åstundan** - *0* desire, wish, longing

åsyfta *tr* allm. aim at, *att hjälpa* helping; ha till mål äv. have . . in view; avse, mena äv. intend, mean, *med* by; hänsyfta på äv. refer (allude) to; *jag ~r endast att* inf. äv. my purpose (intention) is only to inf.; *det är jag som ~s* it is I (me) that is meant; *vad kan han ~* syfta på *med det?* äv. what can he be driving at?; *ha ~d verkan* have (produce) the desired effect; *det ~de ändamålet* the end in view

åsyn *-en 0* sight; *hans blotta ~* the mere (very) sight of him; *i allas ~* in full view of all (everybody); *i faderns ~* under the very eyes of his (resp. her) father; *han försvann ur deras ~* he was lost to (he passed out of) their sight (view); *bort (försvinn) ur min ~!* get out of my sight!; *vid ~en av . .* at the sight of . . **åsyna** *a, ~ vittne* eyewitness, *till* of

åsätta *tr, ~ ngt en etikett* fix (put) a label on [to] a th., affix a label to a th.; *~* en vara *ett pris* put a price on . .; *det åsatta priset* the price marked

åt I *prep* (se äv. ex. under resp. huvudord) **1** om rumsförh. **a)** eg.: till to, [i riktning] mot towards, in the direction of; *han har något ~ hjärtat* there is something the matter with his heart; *han tog sig ~ huvudet* his hand went to his head; *~ alla håll [och kanter]* in all directions; *~ höger* to the right; rummet *ligger ~ norr . .* faces north; segla *~ norr . .* north (northward[s]); *gå ~ sidan* step aside; *~ staden till* riktning towards the town **b)** friare, angivande [före]målet för en åtbörd, [sinnes]rörelse o.d. at, to; *nicka ~ ngn* nod at (to) a p.; *ropa ~ ngn* call out to a p.; *skratta ~* laugh at **2** uttr. dativförh. vanl. to; för ngn[s räkning] vanl. for; *ge ngt ~ ngn* give a th. to a p., give a p. a th.; *ge en annan tydning ~ ngt* put another construction on a th.; *göra (skaffa) ngt ~ ngn* do (get) a th. for a p.; *hänge sig ~ ngt* indulge in a th.; *köpa ngt ~ ngn* buy a th. for a p., buy a p. a th.; *jag skall laga rocken ~ dig* I'll mend your coat [for you]; *säga ngt ~ ngn* say a th. to a p., tell a p. a th.; *det är rätt ~ honom* [it] serves him right; *ägna sig ~ ngt (~ att* inf.) devote oneself to a th. (to ing-form) **3** han jämrade sig *så det var hemskt ~ det* it was terrible the way . . **4** *två ~ gången* two at a time

II *adv* hårt tight; *skruva* etc. *~* screw etc. . . tight, tighten; se äv. beton. part. under resp. vb

åta|ga| *rfl* ta på sig undertake, take upon oneself, *att* inf. to inf.; ansvar o.d. äv. take on, assume; *~ sig* en ansvarsfull post accept (take on) . .; *han åtog sig saken* he took the matter in hand, he took on the matter; *det vill jag inte ~ mig* befatta mig med I won't have anything to do with that; *~ sig att* inf. äv. engage to inf. **åtagande** *-t -n* undertaking, förpliktelse äv. commitment, engagement

åtal *-et* - av åklagare prosecution, indictment; av målsägare [legal] action; *allmänt ~* public prosecution; *enskilt ~* private action; *väcka (anställa) ~* take (start) [legal] proceedings, om åklagare äv. start a prosecution, bring in an indictment, om målsägare äv. bring an action, *mot ngn för ngt* i samtl. fall against a p. for a th. **åtala** *tr* om åklagare prosecute, indict; om målsägare bring an action against; *bli (stå) ~d för stöld* be prosecuted for theft; *han är (står) ~d för att ha överskridit hastighetsbegränsningen* he has been prosecuted for exceeding the speed limit; *den ~de* vanl. the defendant; *frikänna den ~de* acquit the accused **åtalbar** *a* indictable, actionable **åtalseftergift** ung. nolle prosequi lat.; åklagaren *beviljade ~* . . abstained from prosecuting the case; *han fick (beviljades) ~* the charge brought against him was withdrawn

åtanke *-n 0, ha ngn (ngt) i ~* remember a p. (a th.), bear a p. (a th.) in mind; *han har kommit i ~* he has been thought of; *den som närmast kommer i ~* the one who most readily comes to mind, the likeliest person; dessa krav *bör först komma i ~* . . should have first consideration

åtbörd *-en -er* gesture, motion; *göra ~er* gesticulate, gesture

åt|el *-eln -lar* carrion end. sg.

åter *adv* **1** tillbaka back [again]; *fram och ~* dit och ~ there and back, av och an to and fro **2** ånyo, igen again, once more; uttrycks vid många vb med prefixet re-, jfr ex. nedan; *nej och ~ nej* no, and no again!, no, a thousand times, no!; *tusen och ~ tusen fåglar* thousands upon thousands of birds; *nu är han ~ här* now he is here again; *~ har tre veckor gått* another three weeks have passed; *han gick ~ in i rummet* äv. he reentered the room; *han slöt sig ~ till* . . he rejoined . .; *skolan öppnas ~* vanl. school reopens (will be reopened) **3** däremot again, å andra sidan on the other hand

åter|anpassa *tr* rehabilitera rehabilitate **-anpassning** rehabilitation **-anskaffa** *tr* replace **-anskaffning** replacement **-anställa** *tr* re-engage, re-employ **-anställning** re-engagement, re-employment **-berätta** *tr* retell; i ord återge relate **-besätta** *tr* **1** mil. reoccupy **2** tjänst o.d. refill **-besök** nästa besök (hos läkare) next visit (appointment); *göra ett ~* make another visit **-betala** *tr* repay, pay back, pengar, lån äv. refund; gottgöra [ngn] reimburse; *lånet skall ~s* efter fem år vanl. the loan is repayable . . **-betalning** repayment, refund, reimbursement **-betalningsskyldighet** obligation to repay (refund, reimburse) **-blick** retrospect end. sg., *på* of; i bok, film o.d. flashback, *på* to; *göra (kasta) en ~ på* det förflutna look back upon . ., review . . in retrospect **-bud** till inbjudan excuse; avbeställning cancellation; se äv. ex.; *få ~* från köpare o.d. receive a cancellation; *vi fick flera ~* till t.ex. middag several people [sent word that they] could not come; *vi fick ~ från* hr Ek we received word that . . could not come; *ge (skicka) ~* a) om inbjuden send word (ringa ~ phone) to say that one cannot come, send an excuse, cry off, om köpare o.d. send a cancellation, om deltagare i idrottstävling drop out, scratch [one's name] b) om en som ger middag, bjudning etc. cancel a (resp. the) dinner (party etc.); *ge ~ till middagen* send word (ringa ~ phone) to say that one cannot come to the dinner; *ge ~ till tandläkaren* cancel one's appointment with the dentist **-bäring** allm. refund; H rebate; försäkr. dividend, bonus **-börda** *tr* restore, *till* to; *~ ngn till hemlandet* repatriate a p. **-erövra** *tr* recapture, reconquer, win back **-erövring** recapture, reconquest

åter|fall allm. relapse, *i* into; recidiv äv. recurrence **-falla** *itr* **1** i synd, till brottslighet o.d. relapse, *i (till)* into; *~ i synd* äv. backslide **2** falla tillbaka, skulden *-faller på honom* . . recoils upon him **-fallsförbrytare** recidivist, relapsed criminal **-finna** *tr* find . . again; återfå recover, isht ngt förlorat retrieve; *adresser -finns på sid. 9* for addresses, see page 9; citatet *-finns på sid. 27* . . is to be found on page 27; *namnen -finns* i följande förteckning the names are given . . **-finnande** *~t 0, han var vid ~t* . . when he was found again, he was . . **-fordra** *tr* lån call in; se äv. *fordra [igen]* **-få** *tr* allm. get . . back; t.ex. hälsa, medvetande recover, regain **-färd** journey back; *på (under) ~en* on one's (the) way back **-föra** *tr* eg. bring . . back; *denna utveckling kan -föras till* . . this development can be traced back to . . **-förena** *tr* reunite; *~ sig med* . . rejoin . . **-förening** reunion; *Tysklands ~* the reunification of Germany **-förpassa** *tr* take . . back, *till (i)* to; *~ ngn i häkte* remand a p. into custody **-försäkra** *tr* reinsure; *~ sig mot ngt* bildl. reinsure against a th. **-försäkring** reinsurance **-försälja** *tr* resell **-försäljare** allm. reseller; detaljist retailer; *pris för ~* trade price **-förvisa** *tr* jur. remit [. . for re-trial], *till* to **-förvisning**, *~ av ett mål* remittal of a case [for re-trial] **-förvärv** recovery **-förvärva** *tr* regain, recover

åter|ge *(-giva) tr* **1** tolka render, framställa äv. reproduce, represent; uttrycka äv. express; skildra depict; *~ ett rykte* report a rumour; *~ ngt i tryck* reproduce a th. in print; *~* en berättelse *på svenska* render . . in[to] Swedish **2** ge tillbaka, *~ ngn friheten* restore a p. to liberty; *~ ngn hälsan* restore a p.'s health, restore a p. to health **-givande** *~t ~n* o. **-givning** (jfr *återge 1*) rendering, reproduction, representation, depiction; ljud~ o.d. reproduction **-glans** reflection äv. bildl. **-glänsa** *itr* be reflected **-gå** *itr* **1** återvända go back, return, till sitt ursprungliga tillstånd äv. revert, *till* i samtl. fall to **2** gå tillbaka, H om parti o.d. be returned; ~ *i ngns ägo* revert to a p. **3** upphävas be cancelled (annulled); *låta ett köp* ~ cancel a purchase **-gång 1** återvändande return **2** jur.: av egendom reversion; av köp cancellation, annulment; ~ *av äktenskap* nullity of marriage **3** bildl. se *tillbakagång* **-gångstalan** jur., *äga* ~ have the right of recourse **-gälda** *tr* -betala repay, gengälda äv. return, reciprocate; ~ *ont med gott* return good for evil

åter|hålla *tr* hålla tillbaka restrain, keep back, undertrycka suppress, repress, hejda check; *verka -hållande på . .* have a restraining effect on . .; *med -hållen andedräkt* with bated breath; *med -hållen rörelse (vrede)* with suppressed emotion (anger); *ett -hållet skratt* a suppressed laugh **-hållsam** *a* behärskad restrained; måttfull moderate, temperate, i mat o. dryck äv. abstemious **-hållsamhet** restraint; moderation, temperance, jfr föreg. **-hållsamt** *adv* with restraint, in a restrained manner; moderately etc. **-hämta I** *tr* H recover; ~ *sina krafter* recover (regain) one's strength **II** *rfl* recover, *efter, från* from **-hämtning** ~*en 0* recovery, revival **-igen** *adv* again; å andra sidan on the other hand **-införa** *tr* allm. reintroduce; varor reimport **-införing** ~*en 0* reintroduction **-införsel** reimportation **-insätta** *tr* reinstate, *i* t.ex. ett ämbete in, t.ex. rättigheter to **-inträda** *itr,* ~ [*i FN*] re-enter [the U.N.]; ~ *i* styrelsen äv. rejoin . .; ~ *i tjänstgöring* resume one's duties; ~ *i* sitt ämbete return to . . **-inträde** re-entry, *i* into; resumption, *i* of; return, *i* to; jfr föreg.

åter|kalla *tr* **1** kalla tillbaka call . . back, t.ex. ett sändebud recall; ~ *ngn till livet (verkligheten)* bring a p. back to life (reality); ~ *ngn till medvetande* restore a p. to consciousness **2** annullera cancel, t.ex. befallning, tillstånd äv. revoke, erbjudande, ansökan withdraw **-kallelse** (jfr föreg.) **1** recall **2** cancellation, revocation, withdrawal **-kasta** *tr* fys.: ljus reflect, ljud re-echo; ~*s från . .* om ljud resound from . . **-klang** bildl. echo, *av* of **-klinga** *itr* bildl. be re-echoed **-knyta** *tr* förbindelser re-establish, vänskap renew, umgänge resume; ~ *till* vad man tidigare sagt refer (go back) to . . **-komma** *itr* return äv. bildl., come back, jfr *2 komma* [*tillbaka*]; denna tanke *-kommer ofta i hans arbeten* . . frequently recurs in his works; ett sådant tillfälle *-kommer aldrig* äv. . . will never come back; *vi ber att få* ~ höra av oss you will hear from us again, we will contact you later on **-kommande** *a* regelbundet recurrent; *ofta* ~ frequent; *dessa så ofta* ~ *händelser* these incidents, which recur so often **-komst** ~*en 0* return **-koppling** radio. back-coupling, feed-back **-kräva** *tr* reclaim; lån call in **-köp** repurchase **-köpa** *tr* repurchase, buy back **-köpsrätt** right of repurchase; *försäljning med* ~ sale with option of repurchase

åter|lämna *tr* se *lämna* [*tillbaka*] **-lämnande** ~*t 0* return **-lösa** *tr* redeem **-lösen** o. **-lösning** ~*en 0* redemption **-marsch** march back, återtåg retreat **-remiss** parl. o.d., *vi har fått . . på* ~ . . has been referred back to us; *yrka* ~ parl. move [that a (resp. the) bill be sent back] for reconsideration **-remittera** *tr* refer . . back, recommit, remit . . for reconsideration **-resa** journey back; *på* ~*n* on one's (the) way back

åter|se *tr* see (träffa meet) . . again; ~ *varandra* äv. meet again **-seende** ~*t 0* meeting [again], reunion; *fira* ~*t* celebrate the reunion; *på* ~*!* see you again tomorrow (next week etc.)!, au revoir fr.! **-skaffa** *tr* get . . back, recover **-skall** o. **-skalla** se *genljud*[*a*] **-sken** reflection; *kasta ett* ~ *på* bildl. be reflected in **-skicka** *tr* return, send back **-skänka** *tr* give back; ~ *ngn livet (landet fred)* restore a p. to life (peace to the country) **-spegla** *tr* reflect, mirror **-spegling** ~*en 0* reflection **-stod** rest, remainder, H o. amer. äv. balance; lämning remnant, remains pl.; ~*en av* förmögenheten vanl. the residue of . .; *vad skall* ~*en av oss göra?* what are the rest of us to do? **-studs** rebound **-studsning** rebound[ing]

åter|stå *itr* remain, vara kvar äv. be left [over]; *det* ~*r att bevisa* it remains to be proved; *det* ~*r för mig endast att tacka er* it only remains for me to thank you; *det* ~*r mig inget annat än att* inf. I have no choice but to inf.; *det* ~*r ännu* tio minuter there are still . . left; *det* ~*r* tio lådor *att leverera* there remain[s] . . to be delivered; *det värsta* ~*r ännu* the worst is still to come, att säga the worst still remains to be said (att göra to be done) **-stående** *a* remaining; *hans* ~ *dagar* the rest (remainder) of his days (life) **-ställa** *tr* **1** försätta i sitt förra tillstånd restore; -upprätta re-establish; iståndsätta repair; ~ *ngt i dess forna skick* restore a th. to its former condition; ~ *jämvikten* redress the balance; ~ *ordningen* restore [public] order **2** -lämna restore, return **-ställande** ~*t 0* restoration, re-establishment, repair, return, jfr *-ställa* **-ställare,** *ta* [*sig*] *en* ~ take a hair of the dog [that bit one] **-ställd** *a, han är* [*fullt*] ~ *efter* sin sjukdom he is [quite] restored after . ., he has [quite] recovered from . .; *han är alldeles* ~ vanl. he has quite recovered **-ställningstecken** mus. natural **-sända** *tr* send back, return **-sändning** ~*en 0* sending back, return[ing]

åter|ta|ga| *tr* **1** eg. take back; -erövra recapture; -vinna recover **2** -uppta, -gå till resume;

~ *befälet* re[as]sume command; *hon -tog sitt flicknamn* she reassumed her maiden name **3** -kalla withdraw, cancel, löfte, bekännelse retract **4** åter ta till orda resume **-tagande** ~*t 0* taking back, recapture, resumption, withdrawal, cancellation, retraction, jfr föreg. **-tåg** retreat; *vara stadd på* ~ be in (on the) retreat äv. bildl.

åter|uppbygga *tr* rebuild, reconstruct **-uppbyggnad** ~*en 0* rebuilding, reconstruction **-uppbyggnadsarbete** reconstruction work **-uppföra** *tr* se *-uppbygga* **-uppliva** *tr* allm. revive, drunknad äv. resuscitate; bekantskap renew; ~ *minnet av ngt* äv. recall a th. [to mind] **-upplivande** ~*t 0* revival, renewal **-upplivningsförsök** attempt (effort) at resuscitation; *göra* ~ *på ngn* make an attempt to bring a p. back to life **-upprepa** *tr* repeat [. . again], reiterate **-upprepning** repetition, reiteration **-upprustning** rearmament **-upprätta** *tr* på nytt upprätta re-establish, restore; ge upprättelse åt rehabilitate **-upprättelse** rehabilitation **-uppstå** *itr* rise again, be resurrected; friare be revived, emerge again; ~ *från de döda* rise from the dead **-uppståndelse** resurrection **-uppta[ga]** *tr* resume, take up . . again; ~ *arbetet* resume (recommence) [one's] work; ~ *ett mål* jur. reopen (retry) a case; ~ *ngn som medlem* readmit a p. to membership; ~ *ngt till behandling* vanl. reconsider a th. **-upptagande** ~*t 0* resumption, reopening, retrial, readmission, jfr föreg. **-uppträdande** reappearance **-upptäcka** *tr* rediscover **-uppväcka** *tr* reawaken, revive; ~ *ngn från de döda* raise a p. from the dead

åter|utföra *tr* re-export **-utförsel** re-exportation **-utsända** *tr* radio. retransmit, program rebroadcast **-utsändning** radio. retransmission, av program rebroadcast **-val** re--election **-verka** *itr* react, have repercussions, *på* on **-verkan** o. **-verkning** repercussion, effect, *på* on **-vinna** *tr* eg. win back; -få recover, regain, ngt förlorat äv. retrieve; ~ *ngns förtroende (kärlek)* regain a p.'s confidence (love) **-visit** return visit **-väg** way back; *på* ~*en* blev jag . . on my (the) way back . . **-välja** *tr* re-elect **-vända** *itr* return äv. friare, turn (go, come) back; ~ *till* ett ämne äv. revert to . .; ~ *till* sitt regemente rejoin . . **-vändo,** *det finns (ges) ingen* ~ there is no turning (going) back; *utan* ~ oåterkallelig irrevocable **-vändsgata** cul-de-sac fr. **-vändsgränd** blind alley, cul-de-sac fr.; bildl. impasse, deadlock; *råka in i en* ~ bildl. reach an impasse (a deadlock), come to a dead end **-växt 1** eg. regrowth, fresh (new) growth **2** bildl. coming (young) generation; *sörja för* ~*en inom* teatern provide . . with young talent

åt|följa *tr* [be]ledsaga accompany; ss. uppvaktande attend äv. friare; följa efter follow; vara bifogad till be enclosed in **-följande** *a* accompanying; bifogad enclosed; ~ *omständigheter* attendant (concomitant) circumstances; *med ty* ~ se *tyåtföljande* **-följd** *a* accompanied, attended, *av* by, bildl. äv. with; followed, *av* by

åt|gång förbrukning consumption; avsättning sale; *har stor (liten)* ~ sell well (badly); jfr *strykande* **-gången** *a, illa* ~ attr. . . that has (osv.) been roughly treated, . . that has (osv.) been roughly handled (badly knocked about), om kläder äv. . . that is (osv.) very much the worse for wear; bataljonen *blev illa* ~ . . was badly mauled; *pjäsen blev illa* ~ *av* recensenterna the play was cut to pieces (slashed) by . . **-gärd** measure, [mått o.] steg step, move; *vidta* ~*er* take measures (steps, action); *vidta lagliga (laga)* ~*er* take legal proceedings (action), proceed, *mot* against **-gärda** *tr, det måste vi* ~ göra något åt we must do something about it **-görande** action [in the matter]; *det skedde utan mitt* ~ it was none of my doing, I had nothing to do with it **-hutning** reprimand; *ge ngn en [ordentlig]* ~ äv. give a p. a good dressing-down **-hävor** *pl* behaviour sg., manners; *utan* ~ without a lot of fuss; se vid. *later,* ex. **-komlig** *a* som kan nås . . within reach, *för* of; jfr äv. *tillgänglig 1; lätt* ~ se *lättåtkomlig* **-komst,** *laga* ~ legal possession (acquisition) **-komsthandling** title deed (document)

åt|lyda *tr* lyda obey, efterleva, t.ex. föreskrift observe; rätta sig efter conform to; *bli -lydd* be obeyed; *göra sig -lydd* exact obedience **-lydnad** obedience **-löje** löje ridicule, derision; föremål för löje laughing-stock, object of ridicule (derision); *bli till ett* ~ *i* hela staden become the laughing-stock of . .; *göra ngn till ett* ~ make a p. a laughing-stock, hold a p. up to ridicule; *göra sig till ett* ~ make a laughing-stock (a fool) of oneself, make oneself ridiculous

åtminstone *adv* allm. at least, minst äv. . . at the least, i varje fall äv. at any rate, at all events

åt|njuta *tr* allm. enjoy, respekt, sympati äv. possess, uppbära, t.ex. understöd äv. receive, be in receipt of; ~ *aktning* äv. be held in esteem; ~ *gott anseende* äv. have a good reputation **-njutande** ~*t 0* enjoyment, possession; *han är (har kommit) i* ~ *av* särskilda förmåner he receives (has received) . . **-nöja** *rfl* o. **-nöjas** *itr. dep* se *nöja*

åtra *rfl* ändra sig change one's mind; återta sitt ord go back on one's word

åtrå I *-n 0* desire, craving, isht sexuell äv. lust,

appetite, *efter* i samtl. fall for **II** *-dde -tt tr* desire, crave [for], trakta efter covet **-värd** *a* desirable

åt|sida hitre sida near side; se äv. *framsida* **-sittande** *a* tight[-fitting], om kläder äv. clinging **-skild** *a* separate[d]; *ligga ~a* lie apart; *de är helt ~a* bildl. they are quite distinct **-skilja** *tr* se *skilja I 2, 3* **-skiljas** *itr. dep* se *skiljas [åt]* **-skillig** *a* **1** *~[t]* fören. a great (good) deal of, considerable, not a little; självst. a great (good) deal; *~t skulle kunna tilläggas* äv. several things might be added; *det finns ~t nytt* there are a number of new things, there is a great (good) deal that is new **2** *~a* fören. o. självst.: flera several, några some; fören. äv.: många quite a number of, a great (good) many, olika various; *det finns ~a* som anser det there are several [people] . .; *~a av de närvarande* äv. quite a number of those present **-skilligt** *adv* a good deal; *~ bättre* äv. considerably better; *~ förvånad* not a little surprised; *~ över* en miljon kr. well over . . **-skillnad,** *göra ~ mellan* make a distinction between, distinguish between; *utan ~* without distinction (särbehandling discrimination) **-skils** *adv* apart, asunder **-stramning** **1** eg. contraction **2** av kredit o.d. squeeze, restraint, av t.ex. ekonomin äv. tightening[-up] end. sg.; på börsen stiffening end. sg.

åtta **I** *räkn* eight; *~ dagar* vanl. a week; *~ dagars ledighet* a week's holiday; *med ~ dagars mellanrum* at weekly intervals; *~ dagar i dag* this day [next] week; jfr *fem* o. sms. **II** *-an -or* eight äv. roddsport. o. skridskofigur; jfr *femma*

åtta|armad *a* om bläckfisk eight-armed **-hörnig** *a* eight-cornered, octagonal **-hörning** octagon **-sidig** *a* eight-sided, octagonal; jfr *fyrsidig 2* **-timmarsdag** eight-hour [working-]day

åtti[o] *räkn* eighty; ibl. fourscore; jfr *fem[tio]* o. sms. **åttionde** *räkn* eightieth **åtti[o]åring** om pers. jfr *femti[o]åring;* äv. octogenarian

ått|kant octagon **-kantig** *a* octagonal, eight-edged

åttonde *räkn* eighth; *var ~ dag* every (once a) week; jfr *femte* o. sms. **åtton[de]del** eighth [part]; jfr *femtedel* **åtton[de]delsnot** mus. quaver, amer. eighth-note **åtton[de]-delspaus** mus. quaver (amer. eighth-note) rest

åverkan - *0* damage, *på* to; *göra ~ på ngt* do damage to a th., damage a th.

åvila *tr* vila på rest (lie) with; skatter *som ~r bolaget* . . payable by the company

åvägabringa *tr* åstadkomma bring about; förorsaka cause; upprätta establish

1 ä *ä-*[*e*]*t,* pl. *ä*[*-n*] bokstav [the Swedish letter] ä, 'a' with two dots

2 ä *itj* oh!, ah!, avvisande äv. pooh!, förargat äv. dash it!

äck|el *-let* **1** pl. *0* vämjelse nausea, sick feeling; friare o. bildl. disgust, repugnance, loathing; *känna* ~ *för ngt* feel sick (nauseated) at a th.; loathe a th., have (feel) a loathing for a th.; *jag känner* ~ *vid blotta tanken* the mere thought [of it] makes me feel sick (gives me nausea) **2** pl. - äcklig karl disgusting fellow **äckla** *tr* **1** nauseate, sicken; friare o. bildl. disgust; *det* ~*r mig* äv. it makes me sick, it turns my stomach, jfr *äckel 1* ex. **2** F göra avundsjuk tantalize **äcklas** *itr. dep* be disgusted, *vid* åsynen (lukten) av by (at) . ., *av att* inf. by ing-form **äcklig** *a* eg. nauseating, nauseous, queasy; om t.ex. smak, lukt, känsla äv. sickly, sickening; motbjudande repulsive; vidrig disgusting, revolting, beastly; om t.ex. smicker fulsome

ädel *a* allm. noble; om t.ex. börd äv. o. om t.ex. riddare gentle; av ~ ras thoroughbred; om metall, träslag, stenar precious; ädelmodig generous; upphöjd till sinnet elevated, magnanimous, high-minded; hög lofty, sublime; *av* ~ *börd* of noble birth; *ädlare delar* [*i kroppen*] vital parts, vitals; *hans ädlare känslor* his finer feelings; *ädlare nöjen* [more] refined pleasures; [*ett*] ~*t villebråd* a noble quarry; *ett* ~*t vin* a noble (splendid) wine **-boren** *a* noble-born . . **-gas** kem. inert (noble, rare) gas **-gran** silvergran silver fir **-het** nobility, nobleness; jfr *-mod* **-metall** precious metal **-mod** generosity, noble-mindedness; storsinthet magnanimity **-modig** *a* generous, noble-minded; storsint magnanimous **-ost** blue-veined cheese **-sten** precious stone; juvel gem, jewel

ädling noble[man], man of noble birth

äg|a I *-an -or* **1** *-or* grounds; estate, property båda sg. **2** *ha . . i sin -o* possess, jfr *II 1; komma i ngns -o* come into a p.'s hands; *vara (befinna sig) i ngns -o* be in a p.'s possession, belong to a p.; *vara i privat -o* be private property, om konstverk be in a private collection; *övergå i privat -o* pass into private ownership

II *-de -t tr* **1** ha i sin ägo, besitta possess, ha have (båda äv. m. abstr. subst. som obj.), rå om, vara verklig (rätt) ägare till own, be the owner (resp. proprietor, jfr *ägare*) of; vara i besittning av be possessed (in possession) of; åtnjuta, t.ex. förtroende enjoy; inneha, t.ex. makten hold; *allt vad jag -er* [*och har*] all [that] I possess (have), all my worldly possessions, all that is mine, the sum total of my possessions; *han -er* en stor förmögenhet he has . .; *han -er* en halv miljon kronor he has (is worth) . .; *vem -er hunden?* whose dog is that?; *jag -er* den I am the owner of . .; *mitt* ~*nde*[*s*] *hus* F my own house **2** friare, ~ *frihet att* inf. be at liberty (be free) to inf.; *det -er sitt intresse* vanl. it is not without interest; *det -er en viss likhet med* . . it bears a certain resemblance to . .; ~ *rätt att* inf. have a (the) right (be entitled) to inf.; jfr äv. ex. under *bestånd 1, obehörig, 1 rum 5* m.fl. **3** ~ *att* inf.: vara berättigad (behörig) att have a (the) right (be entitled) to inf., vara skyldig att have (be required) to inf.; *han -er att bestämma* äv. it rests with him to decide

äganderätt ownership, proprietorship (jfr *ägare), till* of; besittningsrätt right of possession; upphovsrätt copyright **ägare** owner, isht till restaurang, firma etc. proprietor, innehavare (äv. tillfällig) possessor, *av, till* i samtl. fall of; *byta* ~ äv. change hands **ägarinna** owner, proprietress, possessor, jfr *ägare*

ägg *-et* - egg; vetensk. ovum (pl. ova); ~*et ska inte lära hönan värpa* ung. don't teach your grandmother to suck eggs **-bildning** ovulation **-cell** anat. ovum (pl. ova) **-formig** *a* egg-shaped; isht fackl. oviform, bot. ovate - **-gula** se *äggula* **-kläckning** hatching [of eggs], incubation **-kläckningsapparat** hatcher **-kopp** egg-cup **-ledare** anat. Fallopian tube, salpin|x (pl. -ges) lat., zool. oviduct **-pulver** egg-powder **-rund** *a* oval; bot. ovate **-rätt** egg dish **-röra** scrambled eggs pl. **-sjuk** *a, gå omkring som en* ~ *höna* ung. be bursting to say something **-skal** egg-shell **-sked** egg-spoon **-stanning** baked egg **-stock** ovary **-toddy** egg-nog, egg-flip

äggul|a [egg] yolk; *en* ~ vanl. the yolk of an egg; *två -or* vanl. the yolks of two eggs **ägg-vit|a 1** vitan i ett ägg egg white; *en* ~ vanl. the white of an egg; *två -or* vanl. the whites of two eggs **2** ämnet albumin, i ägg albumen, white of egg, äggviteämnen proteins pl. **3** sjukdomen albuminuria, Bright's disease **ägg-viteämne** protein, enkelt albumin

ägna I *tr* allm. devote, högt. dedicate, *åt* to, *åt att* inf. to ing-form; skänka, t.ex. beundran, omsorg bestow, *åt* on; ~ *. . sin dyrkan = 3 dyrka;* ~ *intresse åt* take an interest in; *inte* ~ *en tanke åt* . . not give . . a thought; ~ *sin tid åt* . . devote (give) one's time to . .; hur mycket tid *kan du* ~ *mig?* . . can you spare me?; ~ *ngt sin uppmärksamhet* give one's attention to a th. **II** *itr* opers.: passa, anstå, *så-som det* ~*r och anstår* . . as befits (becomes) . . **III** *rfl* **1** ~ *sig åt* devote oneself to (*att göra ngt* doing a th.), give oneself up to; viga sig åt dedicate oneself to; utöva: ett yrke follow, ett kall pursue; slå sig på, t.ex. en hobby, affärer take up, go in for; syssla med, t.ex. affärer be engaged in; ~ *sig åt* sina studier apply oneself (one's mind) to . . **2** ~ lämpa *sig för* be suited (adapted) for (to); om sak äv. lend itself to **ägnad** *a* lämplig suitable, fit; m. fallenhet suited, fitted, cut out; *för* i samtl. fall for; ~ *att väcka oro* calculated (friare likely) to cause alarm

ägo *s* se *äga I 2* **ägodelar** *pl* property sg., possessions, belongings; *jordiska* ~ worldly goods **ägor** *pl* se *äga I 1*

äh *itj* se *2 ä*

äkta I *a* **1** mots. falsk: allm. genuine; autentisk authentic, om konstverk äv. original . .; om t.ex. porslin, silver, stenar real; om silver äv. sterling . .; ren, om t.ex. guld pure, solid; uppriktig sincere; sann, verklig, om t.ex. poet, vänskap true; sannskyldig, om t.ex. skojare veritable; ~ *sammansättning* gram. inseparable compound; *det här är* ~ *vara* this is the real thing (the genuine article) **2** om börd, äktenskap, ~ *barn (börd)* legitimate child (birth); ~ *hälft* F better half; ~ *maka (make)* [högt. wedded (lawful)] wife (husband); ~ *makar* husband (man) and wife, married people; *leva som* ~ *makar* live together [as husband and wife]; ~ *par* [married] couple, husband and wife; *det* ~ *ståndet* se *stånd 3;* ~ *säng* marriage bed; född i ~ *säng* . . [lawful] wedlock **II** *adv* genuinely; *så* ~ *svenskt!* how very (truly) Swedish!; *det låter* ~ it sounds genuine, it rings true **III** *s, begära ngn till* ~ seek a p.'s hand in marriage; *ta till* ~ se följ. **IV** *tr* högt. wed, espouse

äktenskap *-et* - marriage; jur. äv. o. poet. wedlock; ~*et* jur. äv. o. högt. matrimony; *i händelse av nytt* ~ in case of remarriage; *efter tio års* ~ after ten years of married life; *ingå* ~ *med* marry, mer formellt contract a marriage (an alliance) with; *leva i ett lyckligt* ~ lead (have) a happy married life; *ett barn i (ur) hans första* ~ a child of his first marriage; *född inom (utom)* ~*et* born in (out of) wedlock; *till* ~ *ledig* free, unengaged; *ett barn utom* ~*et* an illegitimate child, jur. a child born out of wedlock **-lig** *a* allm. matrimonial; om t.ex. plikt, rättigheter conjugal, marital; om t.ex. lycka married, connubial; ~*t samliv* married life; *kvinnans* ~*a ställning* the status of married women

äktenskaps|anbud proposal (offer) of marriage **-annons** matrimonial advertisement **-band** marriage tie; *knyta* ~ enter into the bond of [holy] wedlock **-betyg** certificate of marital (matrimonial) capacity **-brott** adultery **-brytare** adulterer **-bryterska** adulteress **-förord** marriage settlement **-hinder** impediment to marriage **-löfte** promise of marriage; *brutet* ~ breach of promise **-mäklare** o. **-mäklerska** matrimonial agent, match-maker **-rådgivning** marriage guidance **-skillnad** divorce, dissolution of marriage **-tycke** marital likeness **-ålder** marrying (marriageable) age

äkthet *-en 0* genuineness, authenticity, realness, sterlingness, purity, solidity, sincerity; jfr *äkta I 1*

äldre *a* older, *än* than; framför släktskapsord elder, amer. vanl. older; i tjänst o.d. senior, *än* to; tidigare earlier; prior, anterior, *än* to; ursprungligare more primitive; Sten Sture *den* ~ . . the Elder; *de* ~ t.ex. i en förening the older members; *av* ~ *datum* of an earlier (of more ancient, rätt gammalt of ancient) date; *en* ~ rätt gammal *herre* an elderly gentleman; *Englands* ~ gamla *historia* the early history of England; ~ *människor* ~ än andra older (rätt gamla old, elderly) people; *en* ~ *rättighet* ~ än en annan a more ancient (rätt gammal an ancient) right; [*den*] ~ *stenåldern* the earlier stone age; *i* ~ *tider* in older (more ancient, rätt gamla ancient) times, litt. in olden times, in times of old; ~ *årgång* av t.ex. tidskrift old (back) volume; *det har gjort honom tio år* ~ it has made him [look] ten years older; *vara* ~ *i tjänsten* be senior [in office]; min bror är *två år* ~ *än jag* . . two years older than me (I [am]), . . . two years my senior; *de som är* ~ *än jag* my elders [and betters], my seniors, older men (resp. women) than myself, those older than myself

äldst *a* oldest; framför släktskapsord eldest, amer. vanl. oldest; av två äv. older resp. elder; i tjänst o.d. senior; tidigast earliest; *vem är* ~ *av oss?* which of us is the oldest (resp. eldest, av två äv. older resp. elder)?; *de* ~*a* subst. a. the oldest, i t.ex. en församling the Elders; *den* ~*e* subst. a. (i kår o.d.) the doyen (amer. äv. dean)

älg *-en -ar* elk, amer. moose **-gräs** meadow-sweet **-hund** elkhound **-jakt** jagande elk-hunting; expedition elk-hunt; *gå på* ~ go elk-hunting **-ko** cow (female) elk **-stek** maträtt roast elk **-tjur** bull (male) elk **-ört** se *-gräs*

älska *tr itr* allm. love; tycka om like, be [very] fond of; dyrka adore; smekas o.d. make love; *han* ~*r att dansa* he loves (is [very] fond of) dancing; *när man* ~*r* when one is in love; ~ *ngn tillbaka* return a p.'s love **älskad** *a* beloved, pred. äv. loved; *hans* ~*e böcker* his beloved (precious) books; ~*e* John! . . darling!, i brev my dear . .,; *göra sig* ~ *av ngn* endear oneself to a p., win the love of a p.; *hennes* ~*e* her beloved (darling, älskare lover); *min* ~*e* my beloved (darling), i tilltal äv. my love!, sweetheart! **älskande** *a* kärleksfull loving; *en* ~ förälskad *kvinna* a woman in love; *ett* ~ *par* a loving couple; *de* ~ subst. a. the lovers **älskare** *-n* - lover, *till* of;

förste ~ teat. juvenile lead, jeune premier fr.; *en ~ av* god litteratur a lover of . .; *inte vara någon ~ av* fisk not be fond of . . **älskarinna** mistress, *till* of **älskarroll** teat. [part of the] juvenile lead
älsklig *a* intagande lovable; behaglig charming, sweet **-het** lovableness, lovable character; charm, sweetness; jfr föreg.
älskling darling, ss. tilltal äv. love, amer. honey; käresta sweetheart; favorit äv. pet
älsklings|barn favourite child; *familjens ~* the pet of the family **-bok** favourite book **-rätt** favourite dish **-uttryck** favourite (pet) expression
älskog *-en 0* love **älskogskrank** *a* lovesick
älskvärd *a* vänlig kind, amiable; förtjusande charming; förbindlig complaisant **-het** *~en ~er* egenskap kindness, amiability; charm; complaisance; jfr föreg.; *han var idel ~* he was all kindness; *säga ~er* say nice things
älta *tr* knåda knead; lera äv. puddle, pug; bildl. go over . . again and again; *~ samma sak* vanl. be harping on the same string
älv *-en -ar* river
älv|a *-an -or* fairy, elf (pl. elves); poet. fay
älv|a||drottning fairy queen; *~en* äv. Queen Mab **-kung** fairy king
älv|dans fairy dance **-lik** *a* fairylike
älvmynning mouth of a (resp. the) river
ämabel *a* kind, amiable; jfr *älskvärd*
ämbar *-et* - pail, bucket
ämbete *-t -n* office; *bekläda (inneha) ett offentligt ~* hold an official position (an office); *lägga ned sitt ~* leave (retire from) one's office, ta avsked resign [one's post]; *under utövandet av sitt ~* in the discharge of one's official duties; *i kraft av sitt ~* by (in) virtue of [one's] office, i egenskap av ämbetsutövare in one's official capacity; *falla ngn i ~t* usurp a p.'s functions
ämbets|ansvar official responsibility **-broder** colleague; om präst fellow-clergyman; om officer fellow-officer **-brott** misconduct [in office] **-dräkt** official dress, uniform **-examen** ss. grad degree qualifying for higher civil service posts; *filosofisk ~* se *filosofie [magisterexamen]* **-man** [public (Government)] official **-mannabana** official career, career in the public service **-mannakår** officials pl., official class **-mannavälde** bureaucracy **-rum** office **-verk** civil service department
ämna I *tr* ha för avsikt intend, mean, plan, propose, amer. äv. aim, samtl. m. to framför följ. inf.; jfr vid. *tänka II* samt *ämnad* **II** *rfl, ~ sig hem (ut)* intend (mean) to go home (out); *vart ~r du dig?* where are you going (you off to)? **ämna|d** *a* avsedd intended, meant, förutbestämd destined, *till* for; glåpordet *var -t åt* riktat mot *mig* . . was aimed at me; *som -t var* as was intended (meant, planerat planned, avtalat appointed)
ämne *-t -n* **1** material material; metallstomme till mynt, nycklar o.d. blank; *det finns ~ till* en stor författare *hos honom* he has the makings of (is cut out to be) . . **2** stoff, materia matter; t.ex. organiskt substance, stuff; *enkelt ~* element; *sammansatt ~* compound **3** tema, samtals~, skol~ o.d. subject; samtals~ äv. topic; för muntlig el. skriftl. framställning äv. theme; *~ till glädje* äv. matter for joy; *frivilligt ~* skol. optional subject, amer. elective [subject]; *byta* samtals~ change the subject; *ge ~ till* diskussion furnish matter for . ., eftertanke give food for . .; *gå ifrån ~t* wander from the subject (point), digress; litteraturen *i ~t* . . on this subject; *i religiösa ~n* in religious matters; *hålla sig till ~t* keep to the subject (point, matter in question); *komma till ~t* come to the point
ämnes|grupp group of subjects (studies) **-katalog** subject catalogue **-konferens** skol. staff meeting of teachers of the same subject **-lärare** o. **-lärarinna** specialist teacher, teacher of a special subject **-namn** material noun **-omsättning** metabolism **-omsättningsrubbning** metabolic disturbance **-val** choice of subject
än I *adv* (ibl. konjunktionellt) **1** se *ännu 1, 2* o. *3* **2** också, *om ~* even if, fastän, ehuru (vanl.) [even] though; *vore jag ~ (om jag ~ vore)* . . even if I were . .; ett rum *om ~ aldrig så litet* . . however small [it may be], . . no matter how small, litt. . . be it ever so small; *hur* . . *~* vanl. however . ., likgiltigt hur äv. no matter how . .; *hur mycket jag ~ tycker om honom* however much I like him, much as I [may] like him, fond as I am of him (jfr vid. ex. under *hur 2); när (var) jag ~* . . whenever (wherever) I . ., likgiltigt när (var) äv. no matter when (where) I . .; *vad (vem) som ~* . . whatever (whoever) . ., likgiltigt vad (vem) äv. no matter what (who) . .; *vem han ~ må vara* whoever he may be **3** *~ sen då?* vad är det med det då? well, what of it?, F so what?; *~ du då?* vad tycker du what about you? **4** *~* . . *~* . . ibland . . ibland . . sometimes . ., sometimes . ., now . ., now . ., ena minuten . . andra minuten . . one moment . ., the next moment . .; *bli ~ varm ~ kall* go hot and cold by turns **II** *konj* **1** efter komp. than; *äldre ~* older than; se äv. ex. under *mera* o. *mindre* **2** *annan* osv. *~* se under *annan 3; annanstans (annorlunda) ~* se under *annanstans* o. *annorlunda*
änd|a I *-an -ar* allm. end; yttersta del äv. extremity; spetsig ~ tip; stump bit, piece; sjö. (tåg) [bit of] rope; F bakdel behind, bottom, posterior; *~n på* stången the end of . .; *nedre (övre) ~n av (på)* ngt the bottom (top) of . .; *allting har en ~* there is an end to every-

thing; *det är ingen ~ på hans klagomål* there is no end to his complaints, he is for ever complaining; resa till *världens ~* . . the ends pl. of the earth; *börja i fel (galen) ~* begin (start) at the wrong end; *börja i rätt ~* begin (start) at the right end, på rätt sätt set about it [in] the right way; [*hela*] *dagen i ~* all [the] day long; *ge ngn en spark i ~n* give a p. a kick on the behind (bottom); *stå på ~* upprätt stand on end, om hår äv. bristle; *sätta sig på ~n* ramla fall on one's behind (bottom); *gå till ~* come to an end, run out, expire; *vara till ~* be at an end, om tidrymd äv. be up (over), jfr *slut II* m.ex.; bekymmer *utan ~* no end of . .; *falla över ~* tumble (topple) over; *kasta över ~* throw . . over

II *tr itr* end

III *adv* längst, helt o.d. right, så långt som as far as, hela vägen all the way, jfr ex. ned.; ~ [*bort*] *till* . . fram till right to . ., så långt som till as far as . ., hela vägen till all the way to . .; *han bor ~ bort*[*a*] i . . he lives as far away as . .; den räcker ~ *dit* [*ned (upp)*] . . right down (up) there; ~ *därnere* as far down as there, längst därnere right down there; ~ *fram till* dörren, jul right up to . .; ~ [*i*]*från början* right from the (from the very) beginning; *han har kommit ~* [*i*]*från* Rom he has come all the way from . .; ~ [*i*]*från* medeltiden har man . . ever since . .; ~ *igenom* right (all [the way]) through; ~ *in i minsta detalj* down to the [very] last detail; *trogen ~ in i döden* faithful unto death; ~ *in i* rummet right into . .; ~ *in i det sista* [right] down (up) to the very last (end); ~ *in i* vår tid right (even) up el. down to . .; *våt ~ in på kroppen* soaked to the [very] skin; ~ [*ned*] *till botten* right down to the bottom, down to the very bottom; ~ *sedan dess* ever since then; ~ *till* jul until (till) . ., fram till right up to . .; resa ~ *till London* . . as far as (all the way to) London; *räkna ~ till tio* count up to ten; röras ~ *till tårar* . . to [the point of] tears; ~ *till*[*s*] *nu* until (till) now, hela tiden all the time till now, fram till [right] up to now, till våra dagar down to the present [time]; ~ *tills (till dess) han* . . right until (up to the moment when) he . .; ~ [*upp*] *till toppen* right up to the top, to the very top; ~ [*upp*] *till* så många som up to, as many as, så mycket som as much as; ~ *ut i fingerspetsarna* to the (his osv.) very finger-tips

ändalykt *-en 0* **1** bakdel posterior **2** *en sorglig ~* a tragic end

ändamål allm. purpose; ibl. end, jfr ex.; syfte äv. object; avsikt aim, design; *~et med* resan the purpose of . .; *~et helgar medlen* the end justifies the means; *det förfelar sitt ~* it fails in its purpose (object); *tjäna privata ~* serve private ends; *vad har det för ~* what purpose does it serve?, what is the object of it?, what is it for?; *det lämpar sig för (fyller) sitt ~* it is suited to (it serves) its purpose; *för detta ~* for this purpose, to this end, with this end in view; *för välgörande ~* for charitable (benevolent) purposes; detta gjordes *i ett bestämt ~* . . for a special purpose, . . with a special object; *ha* ngt *till ~* have . . as an end; *utan ~* se *ändamålslös*

ändamåls|enlig *a* . . [well] adapted (suited, fitted) to its purpose, suitable; lämplig expedient, appropriate; praktisk practical; *den är mycket ~* it is very much to the purpose, it answers (serves) its purpose very well [indeed] **-lös** *a* purposeless; objectless; aimless; jfr *ändamål;* gagnlös useless; olämplig inappropriate

ändas *itr. dep* end, terminate, *på* in, with

änd|e *-en -ar* se *ända I*

ändelse ending, suffix, termination **-lös** *a* attr. . . without an ending (a suffix)

ändlig *a* finite, limited; förgänglig transient **-het** finiteness; transience

ändlös *a* allm. endless; som aldrig tar slut interminable; isht mat. infinite **-het** endlessness osv.; infinitude

ändmorän end (terminal) moraine

ändock *adv* se *ändå 1*

ändpunkt terminal (extreme) point, end; järnv. o.d. termin|us (pl. äv. -i)

ändra I *tr (*ibl. *itr)* allm. alter; mera genomgripande change; byta, t.ex. ståndpunkt, ställning shift; rätta correct; förbättra, t.ex. lagen amend; delvis ~ modify; revidera, t.ex. prislista revise; förvandla transform; *det ~r ingenting i sak* it makes no difference in substance; *det ~r ingenting i saken* that does not change (alter) matters, that does not make matters any different; ~ *en klänning* alter a dress; ~ [*på*] ngt alter . ., mera genomgripande change . .; *Obs! ~d tid!* Note the alteration of time!; ~ *om* ngt alter . .; ~ *om* ngt [*till*] change (förvandla convert, transform) . . [into]; ~ *om* [*litet*] i . . make [a few] alterations . . **II** *rfl* förändras alter, change; rätta sig correct oneself; besluta sig annorlunda change one's mind, ändra åsikt äv. change one's opinion, komma på bättre tankar think better of it; jag tänkte gå *men ~de mig* . . but I changed my mind; *det ~r sig väl* [*med tiden*] förhållandena blir annorlunda things will change; patientens tillstånd *har ~t sig till det bättre (sämre)* . . has improved (taken a turn for the worse)

ändring alteration äv. av kläder; change; shift; correction; amendment; modification; revision; transformation; jfr *ändra I; en ~ till det bättre* a change for the better **ändringsförslag** proposed alteration; betr. lag o.d. amendment

änd|station järnv. termin|us (pl. äv. -i), ter-

minal, terminal station **-tarm** rectum
ändå *adv* **1** likväl yet, still, inte desto mindre nevertheless; trots allt all the same, for all that, när allt kommer omkring after all, i vilket fall som helst anyway, anyhow; han försökte *men ~ misslyckades han (men* [*han*] *misslyckades ~)* . . [but] yet (but still) he failed, . . but he failed nevertheless (but nevertheless he failed); *men ~ är han* en trevlig karl vanl. but he is . . all the same (for all that); *hon är ~* bara ett barn she is . . after all, but after all she is . .; *det är ~ något* that's always something, that's something anyway; *det är ~ bra (väl ~) synd att* han . . but surely it's a pity (it's a pity, isn't it,) that . .; *jag har ~* i alla fall redan *mycket att göra* I have got a lot to do anyway (anyhow el. as it is); *det tycks ~ bli regn* it seems as if it is going to rain after all; han fick . . *och lite*[*t*] *mer ~* . . and a little more too (on top of it) **2** vid komp. still, even; *~ bättre* still (even) better **3** i önskesats only; *om du ~ vore här!* if only you were here!, [how] I do wish you were here!
äng *-en -ar* meadow, poet. mead
äng|el *-eln -lar* angel äv. bildl.; isht konst. cherub (pl. äv. -im); *då gick det en ~ genom rummet* ung. then there was a sudden silence
ängla|kör angelic (heavenly) choir **-lik** *a* angelic, angelical; *han har ett ~t tålamod* he has angelic patience (the patience of Job) **-makerska** baby farmer
ängsblomma meadow flower
ängsla I *tr* alarm, cause . . alarm (anxiety), make . . anxious (very uneasy); plåga torment **II** *rfl* be (feel) anxious (alarmed), *för* ngn, *över* ngt about . .; oroa sig worry, *för* ngn about . ., *för (över)* ngt about (over) . .; alarm (distress) oneself, *över* ngt about . .; tremble, *över* ngt for . . **ängslan** *- 0* anxiety; stark. apprehension, fright; oro alarm, uneasiness, nervousness **ängslas** *itr. dep* se *ängsla II*
ängslig *a* **1** rädd, orolig anxious, uneasy, *för (över)* ngt about . .; nervös nervous, upset; oroande worrying, upsetting; *göra ngn ~* se *ängsla I; vara ~* se *ängsla II; vara ~ av sig* be timid (shy, timorous) [by nature]; *var inte ~!* don't worry!, don't be afraid!; *jag är ~ för att något kan ha hänt honom* I am afraid (I fear) something may have happened to him; *vara ~ för* följderna fear (stark. dread) . . **2** ytterst noggrann scrupulous, precise, exact; *med ~* pinsam *noggrannhet* with [over-]-scrupulousness
ängs|mark meadow-land; *~er* äv. meadows **-ull** cotton-grass
änk|a *-an -or* widow; änkenåd dowager; jur. relict; *hon blev tidigt ~* she was early left a widow; *hon är ~ efter* . . she is [the] widow of . .
änke|drottning queen dowager (regents moder mother) **-fru** widow; *~ X.* Mrs. X. [, widow of the late Mr. X.] **-man** widower **-pension** widow's pension **-stånd** widowhood **-stöt** knuff knock on the funny-bone **-säte** dowager's residence
änkling widower
ännu *adv* **1** temporalt: isht om ngt ej inträffat yet; fortfarande still; hittills [as] yet, so far, så sent som only, as late as; *är han här ~?* har han kommit is he here yet?, är han kvar is he still here?; *~ har jag inte (jag har ~ inte)* fått boken I have not yet . ., fortfarande inte I still have not . .; *den tid kan ~ komma, då* . . the time may still (yet) come when . .; *innan jag ~* . . before I even . ., redan innan even before I . .; *medan jag ~ var (~ medan jag var)* . . while I was still . .; *medan det ~ är tid* while there is still (yet) time; *det har ~ aldrig hänt* it has never happened so far ([as] yet); *~ i dag är det* . . it is still . . [today], till och med nuförtiden even today it is . ., intill denna dag [up] to this very day it is . .; *~* så sent som *i går* only yesterday; *det dröjer ~ länge innan* . . it will be a long time before . .; *~ när han var 90 år* even at the age of ninety; *~ så länge* hittills so far, up to now, för närvarande for the present; *~ så sent som i år* as recently (late[ly]) as this year, only this year **2** ytterligare more; *~ en* one more, [yet] another; det tar *~ en dag (ett par dagar)* . . one day more el. another day (a few days more el. another few days); *~ en gång* once more, återigen again; *stanna ~ en stund (tid)* stay a little while longer; *det tar ~ en stund* it will take a while yet **3** framför komp. still, even; ibl. (stark.) yet; *~ bättre* still (even) better; han verkade *~ sorgsnare än vanligt* . . even sadder than usual; *det blir ~ mörkare* senare it will be even darker . .
änskönt *konj* albeit
änterhake sjö. grapnel, grappling-iron
äntligen *adv* om tid: till slut at last; omsider äv. at length
äntr|a sjö. o. allm. **I** *tr* board **II** *itr* climb **-ing** boarding; climbing
äppel|blom koll. apple-blossom[s pl.] **-blomma** apple-blossom **-kaka** apple cake **-kart** green (unripe) apple (koll. apples pl.) **-klyfta** slice of [an] apple **-kompott** stewed apples pl., apple compote **-kärna** apple-pip **-mos** mashed apples pl., apple-sauce **-must** apple juice (amer. cider) **-paj** apple-pie **-skal** apple-peel **-skrott** apple-core **-träd** apple[-tree]
äpple *-t -n* apple; herald. pomey; *~t faller inte långt från trädet* like father, like son; he (resp. she) is a chip of the old block **-blom** o. andra sms. se *äppelblom* o. andra sms.
1 ära I *-n 0* allm. honour; beröm credit; berömmelse glory, renown; *~ vare Gud!* glory be to God!; *hela ~n tillkommer honom* all

the credit is due to him; han är *en ~ns man* . . a man (the [very] soul) of honour; *en ~ns* knöl a downright . .; *det är en [stor] ~ för mig att* inf. it is a great honour for me to inf.; *~n var räddad* honour was saved; *få ~n för* ngt get the credit for . .; *får jag den ~n att* inf. may I have the honour of ing-form; *ge (tillskriva) ngn ~n för* ngt give a p. the credit for . ., credit a p. with . .; *det gick hans ~ för när* that wounded (piqued) his pride; *gör mig den ~n att komma (och kom)!* do me the honour (favour) of coming!; *ha ~n att* inf. have the honour (pleasure) of ing-form; *jag har den ~n [att gratulera]!* congratulations!, allow me to congratulate you!, på en födelsedag many happy returns [of the day]!, isht amer. happy birthday!; *sätta en (sin) ~ i att* inf. make a point of ing-form; *vinna ~* gain (acquire) honour, gain credit; *visa ngn en ~* do (show, pay) honour to a p., treat a p. with distinction; de bor *bortom all ~ och redlighet* . . miles from anywhere (civilization); doktorn *i all ~* with all deference to . .; *hålla* ngn *i ~* honour . ., respect . .; klara sig *med den ~n* . . with credit; *på min ~!* upon my honour!; *dagen till ~* in honour of the day; *till Guds ~* for the glory of God; *till hans ~* må sägas . . to his honour . .; en fest *till ngns ~* . . in a p.'s honour **II** *tr* honour, do (pay) honour to; vörda venerate, respect; *~[s] den som ~s bör* honour where (to whom) honour is due

2 är|a *-an -or* se *era*

ärad *a* honoured; aktad, om t.ex. kund el. korrespondent esteemed; *Ert ~e [brev]* H your letter, åld. your esteemed (valued) letter, your favour; *~e kollega!* i brev Dear Colleague,; *den siste ~e talaren* the last speaker, the [honourable] gentleman (resp. lady) who spoke last; *~e åhörare!* ladies and gentlemen! **ärbar** *a* decent, modest **ärbarhet** decency, modesty; *i all ~* in all decency

äre|betygelse se *hedersbetygelse* **-girig** *a* ambitious, aspiring **-girighet** ambition[s pl.], aspiration[s pl.] **-kränka** *tr* defame **-kränkande** *a* defamatory; isht i skrift libellous **-kränkning** defamation; isht i skrift libel **-lysten** *a* se *-girig* **-lystnad** se *-girighet* **-lös** *a* infamous **-löshet** infamousness, infamy **-minne** minnesmärke memorial, *över* to

ärende *-t -n* **1** uträttning errand; uppdrag commission; budskap message; *vad är ert ~?* what do you want?, what brings you here?; *gå (springa) ~n* om bud go [on] (run) errands, be an errand-boy (om flicka errand-girl), *åt* for; *jag ska gå (uträtta) ~n* I have some (a few) things to do, för inköp I must go (do some) shopping; *gå ngns ~n* bildl. run a p.'s errands, play a p.'s game, neds. be a p.'s tool; *göra sig ett ~ till* ngn find an excuse (a pretext) for going to . .; filmen *har ett ~* budskap . . has a message; jag har *ännu några ~n kvar* . . still got a few things to do; *ha ett ~ till ngn* have got to see a p. about something; *ha ett ~ till stan* have business (something to do) in town; *skicka ngn [i] ett ~* send a p. on an errand; *vara ute* här (resp. där) *i lovliga (olovliga) ~n* be here (resp. there) on lawful (unlawful) business (errands); *många är ute i samma ~* many people are at the same game **2** fråga matter; fall case; *nästa ~ [på föredragningslistan]* the next item [on the agenda]; offentliga (utrikes) *~n* . . affairs

ärenpris *-en 0* speedwell

äre|port triumphal arch **-rörig** *a* defamatory, calumnious, slanderous; *~ beskyllning* äv. aspersion; *~t förtal* defamation, calumny; [*utspridande av*] *~t rykte* slander **-stod** memorial, monument **-varv** sport. lap of honour **-vördig** *a* venerable, stark. reverend

ärftlig *a* hereditary; som går i arv, om t.ex. titel inheritable; *det är ~t* vanl. it runs in the family **-het** biol. heredity, om t.ex. sjukdom hereditariness

ärftlighets|forskning genetic research, genetics **-lära** theory of heredity, genetics

ärftligt *adv* hereditarily, . . by inheritance; *vara ~ belastad* have a[n] hereditary taint

ärg *-en 0* verdigris; isht konst. patina **ärga** *itr rfl* bli ärgig become coated with verdigris, become (get) verdigrised (isht konst. patinated); *~ ifrån sig* give off verdigris **ärgas** *itr. dep* se *ärga* **ärggrön** *a* verdigris green **ärgig** *a* verdigrised, isht konst. patinated

ärke|biskop archbishop **-biskopinna** archbishop's wife; *~n A.* Mrs. A. **-biskoplig** *a* archiepiscopal **-biskopsstol** ämbete archiepiscopal see **-bov** unmitigated (thorough-paced) scoundrel, arch-villain, villain of the deepest dye **-dum** *a* utterly stupid, fatuous, bone-headed **-fiende** arch-enemy **-hertig** archduke **-nöt** utter fool, nitwit, prize idiot **-skälm** arch-rogue **-stift** archbishop's diocese, archdiocese, archbishopric **-ängel** archangel

ärl|a *-an -or* wagtail

ärlig *a* allm. honest, F straight; rättfram straightforward; redbar, om t.ex. karaktär upright; hederlig, om t.ex. avsikt honourable; om t.ex. blick frank; uppriktig sincere; rättvis fair; *om jag skall vara ~* tror jag honestly (to be honest) . .; *en ~ och bra karl* a good honest [sort of] fellow; *med ~a eller oärliga medel* by fair means or foul, honourably or dishonourably; *~t spel (~ strid)* fair play (fight); *ett ~t svar* an honest (a straight[forward]) answer; *på ~t sätt* äv. honestly; *förtjäna sitt bröd på ~t sätt* make an honest living **är-**

ligen *adv* honestly osv., jfr *ärlig;* med rätta justly; *han har ~ förtjänat* sin befordran he has fairly earned . ., he thoroughly deserves . .; *det har han ~ förtjänat* äv. that is no more than his due **ärlighet** honesty, straightforwardness osv., jfr *ärlig; ~ varar längst* honesty is the best policy; han är *~en själv* . . the soul of honesty, . . as honest as the day is long; *i ~ens namn* måste jag . . to be quite honest . . **ärligt** *adv* se *ärligen; se till att det går ~ till* see that there is fair play, see that everything is above-board (F on the level)

ärm *-en -ar* sleeve; klänning *utan ~ar* vanl. sleeveless . . **-bräda** sleeve-board **-foder** sleeve lining **-hål** arm-hole **-hållare** armband, amer. arm (sleeve) garter **-linning** wristband **-längd** sleeve length **-lös** *a* sleeveless

ärna *tr* se *ämna*

äro|full *a* glorious, famous; om t.ex. reträtt honourable; *dö en ~ död* die a glorious death; *~ fred* peace with honour **-rik** *a* -full glorious; om pers. illustrious

ärr *-et* - scar äv. bot., isht vetensk. cicatrice, cicatr|ix (pl. -ices); kopp~ pock-mark; rispa scratch **ärra** *rfl* o. **ärras** *itr. dep* scar, isht vetensk. cicatrize **ärrbildning** scar formation, isht vetensk. cicatrization **ärrig** *a* scarred; kopp~ pock-marked

ärt *-en -er* o. **ärt|a** *-an -or* pea; *ärter och fläsk* soppa [yellow split] pea soup with pork **ärtbalja** o. **ärtskida** [pea] pod; utan ärtor [pea] shell **ärtsoppa** pea soup; jfr *ärt* ex. **ärtväxt** leguminous plant

ärv|a *-de -t tr itr* inherit (äv. *få ~*), *av, efter* from; en tron succeed to . .; *~ ngn* be a p.'s heir (resp. heirs); *~* ärva pengar come into money; *han fick ~ gården efter* sin far äv. the farm was left him by . . **ärvd** *a* inherited; medfödd hereditary **ärvdabalk** inheritance code, laws pl. of inheritance

äsch *itj* se *2 ä*

äska *tr* anslag, medel o.d. ask for, demand; *~ tystnad* call for silence

äss *-et* - kortsp. ace

ässj|a *-an -or* forge

ät|a *åt -it* **I** *tr itr* allm. eat; inta (t.ex. frukost osv. el. enstaka maträtt) vanl. have; bruka inta sina måltider vanl. have (take) one's meals, vara inackorderad i maten äv. board; mil. (itr.) mess; om djur (livnära sig på) feed on; ta (t.ex. piller, medicin) take; *vi -er [frukost (lunch* etc.*)]* kl . . we have (eat) [our] breakfast (lunch etc.) . .; *när skall vi ~ [lunch]?* when shall we have [our] lunch?, when shall we lunch?; *jag har inte -it [någonting]* på hela dagen I haven't eaten (had) anything (any food) . .; *jag -er inte* skaldjur I don't (I never) eat . .; vill du inte ha en kaka? — *Jag har redan -it en* . . I have already had one; *~ glupskt* eat greedily, devour one's food, gobble; *~ gott* el. *bra (dåligt)* få god (dålig) mat get good (poor) food (fare); *hos henne -er man gott* you get good food at her place, she does you well, she keeps a good table; *tycka om att ~ gott* be fond of good food (good things to eat); *~ litet* el. *dåligt (mycket)* vara liten (stor) i maten be a poor (big) eater; *ät litet!* have some food (a snack)!; *[var så god och] ät litet* kött *!* won't you have (take) some . .?; *duga att ~* vara njutbar be eatable (ej giftig edible); *de håller på att ~ (sitter och -er) [middag]* they are at dinner (having [their] dinner); *~ av alla rätterna* partake of all (go the round of) the dishes; *~ på* ngt eat (munch) . .; *vad skall vi ~ till* middag what shall we have for . .?; *~* ngn *ur huset* eat . . out of house and home

II *rfl, ~ sig mätt* have enough to eat, satisfy one's hunger; *~ sig sjuk* så att man blir illamående eat oneself sick; *~ sig sjuk på* choklad make oneself ill by eating too much . .

III m. beton. part. **1** *~ av* bita av och ~ upp eat; *~ av ngt på ngt* eat a th. off a th.; *de avätna benen* the picked bones **2** *~ sig igenom* gm nötning wear its way through **3** *~ ihjäl sig* gorge oneself to death **4** *~ sig in i* . . om djur eat into . ., om stickor o. dyl. (i kroppen) bore into . ., penetrate . .; *~ sig in i* ett företag worm one's way into . . **5** *~ upp* eat [up], consume; *jag har -it upp [maten]* I have finished my food; hon är så söt att *man kan ~ upp henne* . . you could eat her [up]; *det skall han få ~ upp!* bildl. he'll have that back [with interest]!, he hasn't heard the last of that yet!; *vara uppäten av mygg* be eaten by mosquitoes **6** *~ ut ngn* bildl. cut a p. out, försöka ~ ut try to cut a p. out

ätbar *a* ej giftig se *ätlig;* njutbar eatable **ätbarhet** edibility **ätlig** *a* edible, . . fit for food, vetensk. esculent

ätt *-en -er* family; kunglig dynasty; den siste *av sin ~* . . of his line **ättartavla** genealogy, genealogical table **ättefader** [first] ancestor **ättelägg** scion **ättestupa** hist. ung. [suicidal] precipice

ättika *-n 0* vinegar; kem. acetum; *lägga in i ~* pickle **ättik[s]gurka** sour pickled gherkin **ättiksprit** vinegar essence **ättiksur** *a* . . [as] sour as vinegar, vinegarish, isht bildl. vinegary **ättiksyra** acetic acid

ättling descendant; offspring (pl. lika); *till* i båda fallen of

även *adv* också also, . . too; likaledes . . likewise, . . as well; till och med even; *~ om* even if, fastän äv. even though (se äv. *än I 2* ex.); *inte blott . . utan ~* . . not only . . but also . .; *~ du!* you too! **-ledes** *adv* also, . . likewise **-som** *konj* as well as **-så** *adv* also, . . likewise

äventyr *-et* - **1** adventure; missöde misadventure, mishap; *gå ut på* ~ go [out] in search of adventures **2** vågsamt företag hazardous venture (enterprise) **3** risk, *vid* ~ *att* inf. at the risk of ing-form; *vid* ~ *av böter* under penalty of a fine (resp. fines) **4** *till* ~*s* perchance, peradventure

äventyr|a *tr* sätta på spel risk, hazard, jeopardize; utsätta för fara endanger, imperil **-are** adventurer; skojare äv. swindler **-erska** adventuress **-lig** *a* allm. adventurous; riskabel venturesome, risky, hazardous; lättsinnig loose **-lighet** ~*en* ~*er* adventurousness osv. (jfr *äventyrlig*), samtl. end. sg.; *inlåta sig på (företa sig)* ~*er* enter upon risky (hazardous) undertakings

äventyrs|bok book of adventure **-film** film of adventure **-lust[a]** love of adventure **-lysten** *a* adventure-loving, . . fond of adventure **-roman** story of adventure, adventure story, klassisk romance

ävlan - *0* strävan striving[s pl.] **ävlas** *itr. dep* strive, *efter* for, after

1 ö *ö-|e|t,* pl. *ö|-n|* bokstav |the Swedish letter| ö, 'o' with two dots
2 ö *-n -ar* island; poet. o. vissa önamn isle; *bo på en ~* live in (liten on) an island
ÖB se *överbefälhavare*
öbo *-n -r* islander
öd|a *-de ött tr, ~ |bort|* waste osv., se *slösa |bort|*
1 öde *-t -n* allm. fate; bestämmelse, isht i större sammanhang destiny; lott äv. lot; jfr *försyn 1* ex.; *~t* ss. personifikation Fate, Destiny, lyckan Fortune; *~n* destinies, levnadsöden fortunes; *~ts skickelse* ofta Fate; *gynnad av ~t* favoured by Fortune; *ett grymt ~* a cruel (hard) fate; *skiftande ~n* changing (varying) fortunes, vicissitudes |of fortune|; *ett sorgligt ~* a tragic fate, a sad lot; *vidriga ~n* vanl. adversities; *hans ~ är beseglat* his fate (doom) is sealed; *dela ngns ~* share a p.'s fate (lot); *förena sitt ~ med* . . cast in one's lot with . .; de beslöt att *förena sina ~n* . . go through life together; Napoleon *höll Europas ~ i sina händer* . . held the destiny of Europe in his hands; *vilket ~* vilken otur*!* what bad luck!
2 öde *a* allm. desert, waste; enslig solitary, lonely; ödslig desolate; obebodd uninhabited, om hus äv. unoccupied; övergiven deserted; tom empty, vacant; *ligga ~* i lägervall lie waste, om t.ex. gata be deserted; *lägga ~* se *ödelägga; jorden var ~ och tom* bibl. the earth was without form, and void **-by** deserted village **-gård** derelict (deserted) farm **-lägga** *tr* lägga öde lay . . waste; förhärja ravage, devastate, desolate; förstöra ruin, destroy **-läggelse** -läggande laying waste; ss. resultat waste; devastation, desolation; ruin, destruction; jfr föreg.; *åstadkomma ~* cause devastation, bring about ruin (destruction), cause havoc
ödem *-et -* |o|edema (pl. äv. -ta)
ödemark waste, desert; obygd wilds pl., amer. backwoods pl., vildmark äv. wilderness
ödes|bestämd *a* fated **-diger** *a* skickelsediger fateful, . . fraught with momentous consequences, avgörande äv. decisive; katastrofal fatal; olycksbringande disastrous, ill-fated **-gudinnorna** *pl* the Fates, the Fatal Sisters **-mättad** *a* fateful, fatal **-timma** fateful hour, hour of destiny
ödl|a *-an -or* lizard
ödmjuk *a* allm. humble; undergiven submissive, meek; vördnadsfull respectful, reverent; *~ bön* äv. supplication **ödmjuka** *rfl* humble oneself, *inför* before **ödmjukhet** humility, humbleness osv.; submission; jfr *ödmjuk; visa ~* show a humble spirit; *i all ~* in all humility
ödsla *itr, ~ med* be wasteful with (of); *~ med pengar* äv. be lavish, fritter away one's money; *~ bort* waste, squander; jfr *slösa*
ödslig *a* desolate, jfr *2 öde;* dyster dreary **ödslighet** *-en 0* desolateness osv.; desolation **ödsligt** *adv, ligga ~, vara ~ belägen* be lonely, have a lonely situation; *en ~ belägen* gård a desolate . .
öfolk 1 öbor islanders pl. **2** nation insular nation
ög|a *-at -on* **1** allm. eye äv. nåls~ o.d.; *få upp -onen för* . . have one's eyes opened to . ., become alive to . ., inse realize; *få -onen på* . . catch (get) sight of . .; *ge ngn -on* make eyes at a p.; *gråta -onen ur sig* cry one's eyes out; *göra stora -on* open one's eyes wide, stare; *ha ~ för* . . have an eye for . .; *inte ha -on för någon annan än* . . have eyes for nobody but . .; *han har -onen med sig* he keeps his eyes open, he is observant; *ha (hålla) ett ~ (-onen) på* . . keep an eye on . ., jfr *vaksam* ex.; *ha ett gott ~ till* . . have one's eye on . .; *ha svaga -on* have a poor eyesight; *kasta ett ~ på* have (take) a look (glance) at, glance at; *jag fick skämmas -onen ur mig (ur mig när min dotter . .)* I was thoroughly (dreadfully) ashamed of myself (ashamed of my daughter when she . .); *hon höll på att stirra -onen ur sig* her eyes were popping out of her head; *han kunde inte vända bort -onen från henne* he couldn't take his eyes off her; *~ för ~* an eye for an eye; *mitt för -onen på* sina vänner before the very eyes of . ., in full view of . .; *ha för -onen* sikta (tänka) på keep before one|'s sight|; *i mina (folks) -on* in my (people's) eyes (opinion, view); *det faller i -onen* it is conspicuous, it sticks out |a mile|, om idé o.d. it is obvious; *jag har* ljuset (solen) *i -onen* . . is in my eyes; *se* döden (faran) *i -onen* look . . in the face, face . .; *se ngn rakt i -onen* look a p. straight in the face (between the eyes); *inför allas -on* in sight (before the eyes) of everybody, in full view of all, öppet openly; *kom inte mer inför mina -on!* never let me set eyes on (see) you again!; *jag ser saken med andra -on |än du|* I take a different view of the matter |from you|, I see the matter in another light |than you|; *se ngt med andras -on* ur andras synvinkel see a th. from other people's point of view; *se med begärliga -on efter* . . gaze covetously at . .; *med blotta ~t* with the naked eye; *mellan fyra -on* sade han in private . ., privately . ., confidentially . .; *ett samtal mellan fyra -on* a private talk, a tête-à-tête; *stå ~ mot ~ med* . . stand face to face with . .; *det var nära ~t!* that was a narrow (close) shave

(a narrow escape)!; jag ser det *på dina -on* . . in (by) your eyes; *blind på ena ~t* blind in (of) one eye **2** på tärning o. kort pip **3** på potatis eye

ögl|a *-an -or* loop; *slå (göra) en ~ på* tråden loop . .

ögna *itr, ~ i ngt* have a glance (look) at a th., glance at a th.; *~ igenom* ett brev glance through (over) . ., scan . . hastily

ögonblick allm. moment; *ett ~!* one moment [please]!, just a moment (minute, second)!; *har du tid ett ~?* can you spare a moment (minute)?, can you give me a minute or two?; *det tror jag inte ett ~* I don't believe that for a (one single) moment; *~ets hjälte* the hero of the hour; *det är ett ~s verk* it's done in a moment (minute), it is the work of an instant; *vilket ~ som helst* adv. [at] any moment; *det avgörande ~et* the critical moment; *från [allra] första ~et* from the [very] first moment; *för ett ~ sedan* a moment (a few minutes) ago, this very moment (minute); *för ~et* för tillfället for the moment (time [being]), just nu at present, at the moment, just now; *i första ~et* at the first moment; *i nästa ~* [the] next moment; *i samma ~ [som]* jag såg honom the moment (instant, minute) . .; *i [allra] sista ~et* at the [very] last moment; *inom ett ~* in [the space of] a moment, in no time; *om ett ~, på ~et* in a moment, in an instant; *på ett ~* in a moment, in an instant, in the twinkling of an eye; *jag är tillbaka på ett ~* äv. I shall be back instantly

ögonblicklig *a* instantaneous; omedelbar instant, immediate **ögonblickligen** *adv* instantaneously; omedelbart instantly, immediately; genast at once, directly **ögonblicksbild** foto. snapshot

ögon|bryn eyebrow; *rynka (höja [på]) ~en* knit (raise) one's [eye]brows; *rynka ~en åt* frown at; *en man med buskiga ~* äv. a beetle-browed man **-droppar** *pl* eye drops **-flörta** *itr, ~ med ngn* wink (make eyes) at a p. **-frans** [eye]lash **-fägnad** delightful sight; det är *en ren ~* . . a treat for the (a sight for sore) eyes **-färg** colour of the (resp. one's) eyes, eye colour **-glob** eyeball **-håla** socket, orbit **-hår** [eye]lash **-kast** glance; ge ngn *smäktande ~* . . languishing looks; *vid första ~et* at first sight, at the first glance **-lock** eyelid **-läkare** eye specialist, oculist **-mått,** *ha gott ~* have a sure eye; *efter ~* by eye; mäta upp t.ex. en kvantitet *efter ~* . . by rule of thumb **-märke** aiming (sighting) point; *ta ~* sikte *på* . . aim at . . **-sikte,** *förlora . . ur ~* lose sight of . . **-sjukdom** eye (ophthalmic) disease **-skenlig** *a* apparent, tydlig obvious, manifest, påtaglig [self-]evident, unmistakable **-skugga** eye shadow **-sten** bildl., *ngns ~* the apple of a p.'s eye, om favorit o.d. äv. a p.'s darling (pet) **-tand** eye-tooth, canine tooth **-tjänare** time-server, fawner **-tröst** bot. eyebright, euphrasy **-vatten** eye lotion **-vittne** eye-witness **-vrå** corner of the (resp. one's) eye

ögrupp group (cluster) of islands

ök *-et* - lastdjur beast of burden, dragdjur beast of draught, hästkrake jade

öka I *tr* allm., t.ex. pris, fordringar, ansträngningar increase, *med* by; för~ äv., högt. augment; till~, ut~, bidraga till, t.ex. ngns bekymmer (nöje) add to; utvidga enlarge; förhöja (m. saksubj.), t.ex. nöjet, värdet av enhance; *~ antalet av* . . äv. swell the number of . .; *~ förbrukningen* äv. raise consumption; *få sin lön ~d* get a rise [in one's salary (veckolön wages)]; *~ kapitalet med* 5 miljoner add . . to the capital; *~ . . på bredden* increase . . in breadth; *~ . . till det dubbla (tredubbla)* vanl. double (treble) . .; *~ på* increase osv., jfr ovan; *~ till* increase osv., jfr ovan; se vid. *tillöka; ~ ut* lokal o.d. enlarge, kunskaper o.d. increase, dryga ut eke out **II** *itr* increase, högt. augment; om sjö o. vind äv. rise; *du har ~t [i vikt]* you have put on weight **ökad** *a* increased osv., jfr föreg.; ytterligare added; *skänka ~ glans åt* . . lend an additional lustre to . .; *~e utgifter* äv. additional expenditure sg. **ökas** *itr. dep* se *öka II*

öken *öknen öknar* desert; högt. o. bildl. waste; bibl. wilderness **-artad** *a* desert-like **-folk** desert people **-sand** desert sand **-vandring** bibl. wandering[s pl.] in the wilderness **-vind** desert wind

öklimat insular climate

öknamn nickname, sobriquet; *ge* . . *[ett] ~* nickname . .

ökning allm. increase, *i* of; augmentation; addition, *till* to; enlargement; enhancement; jfr *öka I; ~ av farten (hastigheten)* acceleration of [the] speed; *~ av* lön increase (augmentation, increment) of . .; *~ i makt* accession of power

ökänd *a* notorious, attr. äv. [all] too well-known (pred. well known); *vara ~* om pers. äv. be a notorious character

öl *-et* - beer; *[ljust] ~* äv. pale ale; *mörkt ~* stout **-butelj** o. **-flaska** tom beer-bottle; full bottle of beer osv., jfr *öl* **-glas** beer-glass; glas öl glass of beer osv., jfr *öl* **-kafé** ung. beer-house **-krus** se *-sejdel* **-rättigheter** *pl,* restaurang *med ~* . . licensed to serve beer on the premises **-sejdel** beer mug, m. lock tankard; sejdel öl mug (pint) of beer osv., jfr *öl* **-sinne,** *ha gott (dåligt) ~* be able (unable) to hold one's liquor **-stuga** se *ölkafé* **-utkörare** drayman

öm *a* **1** ömtålig tender, känslig sensitive, som vållar smärta äv. sore, aching; hudlös raw; *en ~ punkt* bildl. a tender (sensitive) spot, a sore point; *jag är ~ i fötterna* I have tender (sore) feet, my feet are tender (sore), I am footsore; *jag är ~ i hela kroppen* I feel (am) sore (aching) all over **2** kärleksfull tender, isht om pers. äv. affectionate, loving, fond; *~ omtanke* solicitude; *hysa ~ma känslor för* ngn have (entertain) tender feelings (a tender regard) for . ., feel tenderly towards . . **ömfotad** *a, vara ~* have tender (sore) feet, be footsore **ömhet 1** smärta o.d. tenderness, soreness **2** kärleksfullhet tenderness, |tender| affection, love **ömhetsbehov** need (craving) for affection **ömhetsbetygelse** proof (token, mark) of affection, endearment **ömhjärtad** *a* vek tender-hearted, deltagande sympathetic, sympathizing **ömka I** *tr* commiserate, pity **II** *rfl* **1** se *jämra* **2** *~ sig över* ngn: hysa medkänsla med feel sorry for . ., tycka synd om pity . ., förbarma sig över take pity on . . **ömkan** - *0* pity, compassion **ömkansvärd** *a* se *beklagansvärd;* stackars poor, wretched; jfr följ. **ömklig** *a* se *ynklig, beklagansvärd;* bedrövlig deplorable, lamentable; *en ~ min (ett ~t tillstånd)* a piteous air (state); *ett ~t slut* a sad end; *en ~ syn* a sad (pitiful, sorry) sight (spectacle) **ömma** *itr* **1** göra ont be (feel) tender (sore); mitt finger *~r* . . aches (gives me pain, is painful); *~ för minsta tryck* ache at the least pressure **2** *~ för* hysa medlidande med feel |compassion| for, sympathize with **ömmande** *a* **1** se *öm I* **2** behjärtansvärd, *ett ~ fall* a distressing case; *~ omständigheter* distressing circumstances

ömsa *tr* change; *~ skinn* om orm äv. slough (cast) its skin; barnet *~r tänder* . . is cutting its second teeth

ömse *a, på ~ håll (sidor)* on both sides, on each (either) side **-sidig** *a* mutual, reciprocal; det var *till ~ belåtenhet* |*för oss*| . . to our mutual satisfaction; *~t beroende* interdependence; *~t försäkringsbolag* mutual insurance company; *med fem års ~ uppsägning* subject to five years' notice by (from) either party **-sidighet** reciprocity, mutuality **-vis** *adv* alternately, i tur och ordning by turns

öm|sinnad *a* o. **-sint** *a* ömhjärtad tender|-hearted|; *vara ~* äv. have a tender heart **-sinthet** tenderness of heart

ömsom *adv*, *~ . . ~ . .* sometimes . ., sometimes . .; . . and . . alternately; *han är ~ glad ~ ledsen* äv. he is cheerful and sad by turns

ömt *adv* tenderly osv., jfr *öm; älska ~* love dearly; *~ vårda* äv. fondly cherish

ömtålig *a* a) mer eg. (om föremål): som lätt tar skada damageable, easily damaged (injured, spoilt), lättförstörd, om matvara perishable, om t.ex. tyg flimsy, skör frail, fragile, brittle b) friare o. bildl.: klen (om t.ex. mage), bräcklig (om hälsa), kinkig (om t.ex. fråga) delicate; känslig sensitive, mottaglig susceptible, *för* to; lättretlig irritable, touchy; *en ~ blomma* a delicate flower; . . *är ~ för regn (stötar)* . . won't stand rain (being knocked about) **-het** liability to damage; perishableness osv.; fragility; susceptibility; irritability; jfr föreg.

önska *tr (*ibl. *rfl)* allm. wish äv. tillönska; *~ sig* vanl. wish for; åstunda desire; livligt *~* be desirous, *ngt* of a th., *att* inf. to inf.; behöva o. begära require; gärna vilja, vilja ha want; *~ att något skall hända* wish |for| something to happen; *jag ~r (skulle ~) att han ville göra det* I |do| wish he would (I should like him to) do it; *jag skulle ~* det stode i min makt I wish . .; ha *allt vad man kan ~* |*sig*| . . all that one can wish for (desire); *jag ~r tala med* . . I wish (want) to speak to . .; *jag ~r ingenting hellre (högre)* |*än en bil (än att få . ., än att hon kommer)*| there is nothing I should like better (I desire more) |than a car (than to have . ., than for her to come)|; *~ ngn gott nytt år* wish a p. A Happy New Year; *~ ngn välkommen* welcome a p., bid a p. welcome; *~ något att äta* want something to eat; *~* |*sig*| *ngt i julklapp (till födelsedagen)* want (wish for) a th. for Christmas (one's birthday); *det ~de tillfället* the occasion sought for; *~d* kvantitet (leveranstid), *~de* upplysningar the . . desired (wanted, wished for, required), the desired (required) . .; *stryk vad som ej ~s* delete as required, strike out the words which do not apply; *vad ~s?* i butik what can I do for you |, Sir resp. Madam|?; *~s något annat?* i butik anything else |, Sir resp. Madam|?; *Önskas hyra (köpa)* rubrik Wanted; *~ sig bort* wish oneself (wish one were) far away; *jag ~r mig tillbaka* |*till* Rom| I wish I were back |in . .|

önskan - *0* wish; desire; begäran request; jfr *önska; efter ~* according to one's wishes, som man önskar (resp. önskade) as one desires el. wishes (resp. desired el. wished); den var *efter ~* . . to his (her osv.) liking; *allt går efter ~ för honom* everything succeeds to his wishes; *enligt ~* according to your (his osv.) wish (desire); *mot min ~* against (contrary to) my wishes; *på hans ~* at his wish osv.

önske|barn, *hon fick ~et* she got the child she had wished for **-dröm** dream, cherished dream; det är *bara en ~* . . just a pipedream **-lista** list of presents one would like |inför födelsedag (jul) for one's birthday (for Christmas)| **-mål** wish, desire; *ett länge närt ~* a long-felt want; *det är ett ~ att* . . it is |stark. most| desirable that . . **-program** i radio o. TV request programme **-sats** optative clause (sentence) **-tänkande** wishful thinking **-väder** ideal weather

önsk|lig *a* desirable, . . to be desired; lämplig eligible; *det vore ~t att hon gjorde det* it is desirable that she should do it; . . *som ~t vore* . . as might be desired, . . as would be desirable **-ning** se *önskan; nå sina ~ars mål* attain the object of one's desire|s| (wishes) **-värd** *a* desirable osv. se *-lig; icke ~* undesirable **-värdhet** desirability, desirableness

öpp|en *a* (jfr äv. ex. m. 'öppen' under resp. huvudord) allm. open äv. språkv.; vid, om t.ex. utsikt free; tom, om t.ex. rad blank; offentlig, om t.ex. plats public; uppriktig äv. frank, candid, om t.ex. uppsyn ingenuous; ärlig above-board end. pred.; oförtäckt, om t.ex. språk undisguised, plain; mottaglig susceptible, *för* to; *~* frimodig *blick* candid (ingenuous) look; *ha ~ blick för* . . be keenly alive to . .; *-et brev* open letter; *~ båt* äv. undecked boat; *på -na fältet* in the open field; *i -na handen* in the palm of one's hand; *~* odlad *jord* arable land, land under the plough; *~ omröstning* open voting; *~ tävlan* public (open) competition; *~ vård* se under *2 vård; hålla -et (vara ~)* om butik o.d. keep open; *ligga ~ för alla vindar* be exposed to the winds |from every quarter|; *lämna dörren ~* t.ex. för fortsatta förhandlingar leave the door open, *för* for; *lämna |det| -et* leave it open (undecided); dörren *står ~* . . is open; *det står dig -et att* inf. it is open to you (you are free) to inf.; *frågan får stå ~* tills vidare the matter must be left open . .; *platsen står ~ för honom (hans räkning)* the post is reserved for him; *vara ~ mot ngn* be open (frank, candid) with a p.

öppen|het openness; frankness, candour, sincerity; susceptibility; jfr *öppen* **-hjärtig** *a* open-hearted, frank, unreserved; *vara ~* äv. wear one's heart on one's sleeve **-hjärtighet** open-heartedness; se vid. *öppenhet*

öppet *adv* openly osv., jfr *öppen; ~ och ärligt* squarely and fairly; *ligga ~* om plats have an exposed (open) situation; *~ förklara* declare freely (without reserve) **-hållande** se följ. **-tid, ~er** opening hours pl., opening and closing times (hours) pl.

öppna I *tr* allm. open; låsa upp unlock; slå upp, t.ex. tunna broach; veckla ut open out, expand; inviga äv. inaugurate; *~ för* ngn open the door for . ., let . . in; *~ affär* äv. start a shop (business); *~ ngns ögon för* open a p.'s eyes to, förråda undeceive a p. as to; *~s här!* to be opened here; *dörren ~des av* vaktmästaren the door was opened by . .; *dörrarna ~des* kl. 18 the doors |were| opened . .; de hörde *dörren ~s* . . the door open|ing|; fönstren *~s inåt* . . open inwards; varuhuset *~s (~r) klockan 9* . . opens at nine o'clock; *vägen ~s för trafik* i maj the road will be opened to traffic . . **II** *rfl* allm. open; visa sig äv. open up; slå ut äv. expand; vidga sig open out; *måtte en utväg ~ sig!* let's hope there will be some way out!; slätten *~de sig för våra blickar* . . opened |out| before our eyes **öppnande** *-t 0* opening osv., jfr *öppna I;* invigning äv. inauguration **öppning 1** allm. opening äv. schack.; mynning orifice; hål aperture, hole, för luft vent; springa chink, crack, för mynt slot; i mur o.d. äv. gap, break; ingång inlet; i skog glade **2** avföring motion **öppningshögtidlighet** opening ceremony, inauguration |ceremony|

ör|a *-at -on* **1** hörselorgan ear äv. bildl.; *man ska höra mycket innan -onen faller av!* what next!; *dra -onen åt sig* become wary; *ha ~ (fint ~) för musik* have an ear (a good ear) for music; *låna sitt ~ åt ngn* lend a p. one's (a willing) ear; *sakna ~ för musik* have no ear for music; *klia sig bakom -at* scratch one's head; *det ringer (susar) i -onen på mig* my ears are singing (buzzing); *dra ngn i -at* pull (tweak) a p.'s ear; *det gick in genom ena -at och ut genom det andra* it went in at one ear and out at the other; *höra dåligt (vara döv) på det högra -at (på bägge -onen)* hear badly with (be deaf in) one's right ear (both ears); |*ligga och*| *sova på sitt ~* be lying sound asleep; det har *kommit till mina -on* . . come to my ears (knowledge, hearing), . . reached my ears; *vara kär* (resp. *skuldsatt*) *upp över -onen* be head over heels (be over head and ears) in love (resp. in debt) **2** handtag handle; på tillbringare ear, lug

örclip ear-clip

öre *t* |*n*| öre; *vara utan ett ~, inte ha ett ~* not have |got| a penny |to bless oneself with|, be penniless; *utan ett ~* |*på fickan*| without a penny |in one's pocket|, without a bean; *inte värd ett rött ~* not worth a brass farthing; det intresserar mig inte *för fem ~* . . a bit; räkna ut priset *på ~t* . . to the last öre (penny); jag kan inte *säga* |*dig*| *priset på ~t* . . tell you the exact price; betala *till sista ~t* . . to the last farthing

Öresund the Sound

örfil *-en -ar* box on the ear|s|; *ge ngn en ~* äv. = följ. **örfila** *tr, ~* |*upp*| *ngn* box a p.'s ears, smack a p.'s face, cuff a p.

örhänge 1 smycke ear-ring, isht långt ear-drop, öronclip ear-clip **2** schlager hit

örike island (insular) state (country); *det brittiska ~t* Britain, the British Isles pl.

öring salmon trout (pl. lika)

örlig *s* |naval| war|s pl.|; *krig och ~* war |and strife|

örlogs|fartyg warship, man-of-war (pl. men-of-war) **-flagg|a|** man-of-war flag, naval flag (ensign) **-flotta** navy, samling fartyg battle fleet **-man** se *-fartyg* **-varv** naval |dock|-yard, amer. naval shipyard, navy yard

örn *-en -ar* eagle **-blick** eagle eye, friare äv. keen glance (eye) **-bo** se *-näste* **-bräken** bracken, brake **-fjäder** eagle's feather
örngott *-et* - o. **örngottsvar** pillow-case
örn|näsa aquiline (hook) nose **-näste** aerie, aery, eagle's nest **-unge** eaglet, young eagle
öron|bedövande *a* deafening **-clip** ear--clip **-inflammation** inflammation of the ear, läk. otitis **-lappsfåtölj** wing chair **-läkare** ear specialist, aurist, otologist; *öron-, näs- och halsläkare* ear, nose, and throat specialist; otorhinolaryngologist **-lös** *a, en ~ kopp* a cup without a handle **-mussla** ear-conch, concha **-propp 1** vax~ plug of wax **2** skydds~ earplug **-sjukdom** disease of the ear, aural disease **-skydd** *pl, ett par ~* a pair of ear-muffs **-susning,** *~[ar]* buzzing (singing) sg. in one's ears **-trumpet** auditory (Eustachian) tube **-vax** se *örvax* **-värk** se *örsprång*
ör|ring ear-ring **-snibb** [ear] lobe, lobe of the ear **-språng** ear-ache, läk. otalgia lat.
ört *-en -er* herb, plant; *~er* äv. herbaceous plants **örtagård** bibl. o. åld. garden **örtartad** *a* o. **örtlik** *a* herbaceous
örvax ear-wax, läk. cerumen
ös|a *-te -t* **I** *tr* allm. scoop; sleva ladle; isht tekn. lade; hälla pour; *~ en båt [läns]* bale (bail) [out] a boat; *~ en stek* baste a joint; *~* gåvor *över ngn* shower (heap) a p. with . .; *~ på ngn* arbete overburden (overwhelm) a p. with . .; *~ upp* scoop up, soppa ladle out; *~ ur sig otidigheter* come out with a lot of abuse; *~ ut* scoop (hälla pour) out, pengar waste (squander) one's . .; jfr *utösa* **II** *itr, det -er ned* nu it is pouring down (pelting with rain), F it's raining cats and dogs **-kar** bailer **-regn** pouring rain, downpour **-regna** *itr* pour, pelt; jfr *ösa II*
öst *s* o. *adv* east (förk. E.); se *öster* o. jfr *nord* samt *norr* m. ex. o. sms.; spänningen mellan *~ och väst* . . East and West **östan** - *0 r* o. **östanvind** east wind, easterly wind **östasiatisk** *a* East Asiatic **Östasien** Eastern Asia **östblocket** the Eastern bloc **öster** (jfr *norr* m. ex. o. sms.) **I** *-n 0* väderstreck the east; *Östern* the East, the Orient **II** *adv* [to the] east, *om* of **österifrån** o. andra sms. jfr *norr* **Österlandet** the East, the Orient **österländsk** *a* oriental, eastern **österländning** Oriental **österrikare** Austrian **Österrike** Austria **österrikisk** *a* Austrian **österrikiska** kvinna Austrian woman **östersjöfiske** fisheries pl. in the Baltic **östersjöhamn** Baltic port **Östersjön** the Baltic [Sea]
Östeuropa o. andra sms. jfr *nord-* **östfront,** *~en* the Eastern front **östgot** Ostrogoth **östgotisk** *a* Ostrogothic **östlig** *a* easterly; east; eastern; jfr *nordlig* **östra** *a* the east; the eastern; jfr *norra* **östromersk** *a, ~a riket* the Eastern [Roman] (the Byzantine) Empire **östtysk** *a* (attr.) o. *s* East-German **Östtyskland** East (Eastern) Germany **östzon,** *~en* the Eastern Zone
öva I *tr* **1** t.ex.- soldater, sin röst, sitt minne train, *ngn i ngt (i att* inf.*)* a p. in a th. (to inf.); soldater äv. o. t.ex. muskler exercise; jfr *II* o. *~ in (upp)* ned.; *~ rekryter* äv. drill recruits; *~ in* lära in practise, roll, pjäs rehearse; lära upp train; *en noggrant inövad gest* a gesture carefully acquired by [long] practice; *~ upp* train; exercise; jfr ovan; utveckla develop; *~ upp sig i* engelska brush up one's . .; *hans uppövade minne* his well-trained (developed) memory **2** utöva: t.ex. grymhet commit, rättvisa do, våld use, make use of, inflytande exercise; *~ barmhärtighet mot* . . show . . mercy; *~ kritik [mot* . .] criticize [. .] **II** *rfl* practise; *~ sig i att* inf. practise ing-form; *~ sig i engelska (skjutning)* practise English (with the rifle); *~ sig i tålamod* learn (train oneself) to be patient; *~ sig i vapnens bruk* train oneself in the use of arms; *~ sig på pianot* practise the piano **övad** *a* allm. practised; trained (osv., jfr *öva I 1); erfaren* experienced; skicklig skilled, *i* i samtl. fall in; framstående expert . .
över (se äv. under resp. huvudord) **I** *prep* **1** i rumsbet., äv. friare **a)** allm. over; ovanför, högre än above; tvärsöver across; ned över, ned på [up]on; utöver, bortom beyond vanl. bildl.; se äv. ex.; hon hade kappan *~ axlarna* . . over her shoulders; *bred ~ axlarna* broad across the shoulders; *~ all beskrivning [vacker]* [beautiful] beyond description; *~ bord, ~ sig given* m.fl. se *överbord, översiggiven* m.fl.; loppet går *~ en distans av 30 km* . . over a distance of 30 km.; steka *~ långsam eld* . . over a slow fire; 1000 m *~ havet* . . above sea level; rum *med utsikt ~ havet* . . with a view over the sea; *~ hela* jorden, kroppen all over . .; *~ hela* världen, Sverige äv. throughout . .; utspridda *~ hela golvet* . . all over the floor; *~ hela linjen* eg. o. bildl. all along the line; planet *svepte ~ hustaken* . . swept over the roofs; *högt ~ våra huvuden* high above our heads; 5 grader *~ noll* . . above freezing-point (zero); en pratstund *~ en kopp te* . . over a cup of tea; *bron ~ älven* the bridge across (over) the river; *våningen [rakt] ~* butiken the flat [directly] over . .; *våningsplanet ~ oss* the storey above us; *bo ~ gården* live across the [court]yard; *gå ~ bergen* walk over the mountains; *gå ~ gatan* walk across the street, vanl. cross the street; *gå ~ gränsen* eg. cross the frontier; *det går ~ min förmåga (mitt förstånd, min horisont)* it is beyond me (above my head); *hoppa ~ ett dike* jump

over a ditch; *han hänger alltid ~ böckerna* he is always poring over his books; *höjd ~ alla misstankar* above (beyond) suspicion; hans röst *hördes ~ sorlet* . . was heard above the murmur; *kasta sig ~* ngn fall [up]on . .; *leva ~ sina tillgångar* live beyond one's means; *lägg [över] någonting ~* maten put something over . .; *nedkalla en välsignelse ~* pronounce a blessing upon; *snava ~ en sten* stumble over a stone; *sträcka sig ~ bordet* stretch across (over) the table; *plötsligt var ovädret ~ oss* suddenly the storm came upon us; *det är något mystiskt ~ det* there is something mysterious about it; *nu är vi ~ det värsta* now we are over (have got through) the worst part; *han är inte ~ sig* t.ex. nöjd, lycklig he's none too . ., t.ex. rik, begåvad he's not all that . .; *det är inte så ~ sig* inget vidare it's not all that good, it's not up to much

b) via via, ibl. by [way of]; tåg till *London ~ Ostende* . . London via Ostend

c) för att beteckna överhöghet o.d. vanl. over, i fråga om rang above; *makt (seger) ~* power (victory) over; *överhöghet ~* supremacy over; *överlägsenhet ~* superiority to; *bestämma ~* . . avgöra decide . ., dominera, leda dominate . .; *föra befäl ~* be in command of; *härska ~* ett rike rule over . .; *stå ~ ngn* i rang be (rank) above a p.; *kapten är ~* löjtnant a captain is (ranks) above a . .

2 i tidsbet. **a)** uttr. tidrymd over; resa bort, bortrest *~ julen (sommaren)* . . over Christmas (the summer); bortrest *~ hela sommaren* äv. .. all through the summer, . . throughout the summer **b)** *klockan är ~ fem* it is past (isht amer. äv. after) five; *klockan är fem ~ [fem]* it is five past (amer. äv. after) [five]

3 mer än over, more than, upward[s] of, above; *~ 5* kronor, kilo, år over five . .; *~ hälften [av]* over (more than) half [of]; *~ medellängd* over (above) average height; *dra [5 minuter] ~ tiden* om radioprogram o.d. run over the time [by five minutes]

4 i prep.-attr. uttr. genitivförh. of; *en biografi ~* Strindberg a biography of . .; *en karta ~ Sverige* a map of Sweden; *en översikt ~ ngt* a survey of a th.; jfr äv. *5*

5 om, angående [up]on; ibl. over; *en essä (föreläsning) ~* an essay (a lecture) on; *en satir ~* a satire upon; *föreläsa ~* ett ämne lecture on . .; *grubbla ~* ponder over (on)

6 med anledning av o.d. (i förb. m. vissa adj. o. verb, se äv. dessa) oftast at, ibl. of; *förtjust (otålig) ~* delighted (impatient) at; *förvånad ~* surprised at; *glädjas ~* rejoice at (in); *lycklig (bekymrad) ~* happy (worried) about; *rörd ~* touched by; *skryta ~* boast about (of); *stolt ~* proud of; *svära ~* swear at; *undra ~* wonder at

II *adv* (se äv. beton. part. under resp. enkla verb) **1** allm. over; above; across (för betydelseskillnaderna se *I* ovan och för konstr. se ex. ned.); en säng *med en filt ~* . . with a blanket over it; *de som bor [i våningen] ~* the people in the flat above; *håll* paraplyet *~* (över den resp. dem) hold . . over it (resp. them); *lägga ~ [någonting över]* maten put something over . .; *resa ~ till England* go over to England; *jag har varit ~ hos dem* I've been round to their place; jag har 10 kronor *och ~ på det* . . and [a little] more

2 slut over, förbi äv. past; det värsta, värken *är ~ nu* . . is over now; *faran är ~* the danger is over (past); *kriget var ~* the war was over (at an end); *jag är glad att det är ~* gjort I'm glad it's over and done with (it's done)

3 kvar left, [left] over (jfr *kvar*); till förfogande to spare; *jag har* 5 kronor *~* I have . . left [over]; *det som blev ~* what was left [over], the remainder; *när jag har tid ~* when I have time to spare; *har ni några minuter ~?* äv. can you spare me a few minutes?

överallt *adv* everywhere, in all places; var som helst anywhere; *~ där* det finns (vanl.) wherever . .; *~ på (i)* . . äv. all over . .; *han hade blåmärken ~ [på kroppen]* he was black and blue all over

över|anstränga I *tr* t.ex. hjärtat, ögonen overstrain, over-exert **II** *rfl* rent fysiskt overstrain (over-exert) oneself, strain (exert) oneself too much, arbeta för mycket overwork [oneself], work too hard **-ansträngd** *a* rent fysiskt overstrained, utarbetad overworked, stark. overwrought **-ansträngning** t.ex. av hjärtat overstrain, over-exertion; på gr. av för mycket arbete overwork **-antvarda** *tr* deliver . . up, entrust, *åt* to; *~ ngn i rättvisans händer* deliver a p. into the hands of justice **-arbeta** *tr* **1** bearbeta alltför noggrant overelaborate **2** bearbeta på nytt revise **-arm** upper [part of the] arm, vetensk. brachi|um (pl. -a)

över|balans, *ta ~en* lose one's balance, overbalance, topple over **-balansera** *tr, ~d budget* budget that shows a surplus **-befolkad** *a* om land o.d. overpopulated **-befolkning** abstr. overpopulation **-befäl 1** abstr. supreme (chief) command **2** koll. [commissioned] officers pl. **-befälhavare** supreme commander, commander-in-chief; *~n* (förk. *ÖB*) the Supreme Commander of the [Swedish] Armed Forces

över|belasta *tr* overload äv. elektr.; bildl. overtax **-belastning** overloading; bildl. overtaxing **-betala** *tr* overpay **-betalning** overpayment **-betona** *tr* over-emphasize, lay too much stress on **-bett** overbite, friare protruding teeth pl.; veter. overshot jaw **-betyg** mark above the pass standard **-bevisa**

tr jur. convict, *ngn om* ett brott a p. of . .; friare convince, *ngn om* motsatsen a p. of . . **-bevisning** jur. conviction **-bibliotekarie** chief librarian **-bjuda** *tr* **1** eg. se *bjuda* [*över*] **2** bildl. [try to] outdo, rival; *de -bjöd varandra i* älskvärdhet they tried to outdo one another in . . **-blick** survey, general view, *över* of; *ta en ~ över läget* äv. survey the situation **-blicka** *tr* survey, bilda sig en uppfattning om take in, förutse foresee; vi behöver mer tid för att *~ hela situationen* . . take in the whole situation; följder *som inte kan ~s* . . that cannot be foreseen **-bliven** *a* remaining, left; *~ mat* food that has been left over, rester leftovers pl.; *finns det några -blivna biljetter?* are there any tickets left?

överbord *adv, falla (lämpa, spolas) ~* fall (heave, be washed) overboard; *kasta (lämpa) ~* äv. jettison; *man ~!* man overboard!

över|bringa *tr* budskap o.d. deliver, convey **-bringare** av budskap o.d. bearer **-brygga** *tr* bridge **-bud** higher bid, overbid **-bygga** *tr* se *bygga* [*över*] **-byggnad** superstructure äv. bildl. **-bädd** upper bed (i sovkupé, hytt berth) **-debitera** *tr* o. **-debitering** overcharge **-del** top äv. plagg, top (upper) part **-dimensionerad** *a* . . [attr. that is] too large in dimensions, tekn. äv. overdimensioned, oversized **-direktör** i ämbetsverk director general, souschef deputy director general **-dos** overdose, [*av*] sömnmedel o.d. of . . **-dosera** *tr* overdose **-dra** *tr* se *-dra*[*ga*] **-drag 1** hölje, skynke o.d. cover[ing], på möbel cover, [kudd]var o.d. [pillow-]case; lager av färg o.d. coat[ing] **2** se *tidsöverdrag* **-dra**[**ga**] *tr* **1** med [färg]hinna, choklad etc. coat; *-dragen med moln* overclouded, overcast **2** konto overdraw **-dragning** av konto overdraft **-dragskläder** *pl* overalls

över|drift exaggeration, om påstående äv. overstatement; ytterlighet excess; *en berättelse full av ~er* a story full of exaggerations; *fallen (benägen) för ~er* given to exaggeration; *gå till ~* go too far, go to extremes, om pers. äv. carry things too far (to [an] excess), overdo it; *man kan utan ~ säga att* . . it is no exaggeration to say that . . **-driva** *tr itr* exaggerate, förstora äv. magnify, påstående, uppgift overstate; skildring äv. overcolour; t.ex. en roll overdo, overact; itr. (t.ex. driva skämt för långt, spela över) overdo it, se äv. [*gå till*] *överdrift; nu -driver du allt!* i berättelse o.d. now you're exaggerating!, you're laying it on thick! **-driven** *a* exaggerated, till ytterlighet gående, om t.ex. anspråk excessive, extravagant, exorbitant; *-drivet bruk* excessive use, *av* of; *~ känslighet* äv. hypersensitiveness; *-drivet nit* over-zealousness; *-drivet påstående* äv. overstatement; *han är* [*så*] *~ i allt han gör* he overdoes everything **-drivet** *adv* exaggeratedly; excessively; jfr föreg.; *~* noga, artig etc. too . ., over- . .; *~ frikostig (försiktig)* over-generous (over-cautious), generous (cautious) to a fault; *~ kritisk* hypercritical, over-critical; *~ nitisk (samvetsgrann)* over-zealous (over-scrupulous); *inte ~* över sig *vänlig* none too friendly, not over-friendly

över|dåd 1 slöseri extravagance, lyx luxury **2** dumdristighet foolhardiness, rashness **-dådig** *a* **1** slösande extravagant, lyxig, dyrbar luxurious, sumptuous **2** utmärkt, utsökt se *ypperlig* **3** dumdristig foolhardy, rash **-dådighet** extravagance, luxuriousness etc. jfr föreg. o. *överdåd* **-däck** upper deck **-dängare** past master, *i* in (at); *han är en ~ i* t.ex. matematik, tennis he is terrifically good at . .; *en ~ i tennis* äv. a crack tennis-player

överens *adv, vara ~* ense be agreed (in agreement, in accord), agree, *om* on; *komma ~ om ngt* agree (come to an agreement) on (about) a th., träffa en uppgörelse om come to terms about a th., fastställa arrange (settle) a th.; *vi kunde inte komma ~ om hur* det skulle göras we could not agree (we disagreed) on (as to) how . .; *komma ~ om att träffas* agree to meet, arrange a meeting, make an appointment; *vi kom ~ om att* hålla tyst we agreed to . .; *komma* [*bra*] *~ med ngn* get on well with a p.; *de kommer bra (dåligt) ~* they get on (don't get on) well [together]; *stämma ~* agree, accord, be in accordance, passa ihop äv. tally, correspond, *med* i samtl. fall with; *inte stämma ~* äv. disagree **-komma** *itr* se [*komma*] *överens; de -komna villkoren (den -komna tiden)* the conditions (the time) agreed [up]on (fixed); *som -kommet* as agreed **-kommelse** agreement; arrangement, settlement; *tyst ~* tacit understanding; *träffa ~* make (come to, arrive at) an agreement, agree; *enligt ~* by (according to, H äv. as per) agreement, as agreed (arranged) **-stämma** *itr* se [*stämma*] *överens* ovan **-stämmelse** agreement; t.ex. i vittnesmål concordance, t.ex. i känslor conformity; motsvarighet correspondence; gram., kongruens agreement, concord; *~r* points of agreement (of correspondence); *i ~ med* enligt in accordance (compliance, conformity) with, according to, i samstämmighet med in agreement (keeping) with; *bringa i ~ med* bring into agreement (into line) with; *brist på ~* äv. incongruity, discrepancy

över|exponera *tr* over-expose **-exponering** over-exposure

över|fall angrepp assault, attack **-falla** *tr* angripa assault, attack; mörkret *-föll oss* we were overtaken by . ., . . came over us **-fart** crossing, -resa äv. voyage, passage **-fettad** *a* om tvål superfatted **-flygla** *tr* mil. outflank; bildl., överträffa surpass, exceed, [out]distance

-flygning, *upprepade ~ar av* svenskt territorium repeated flights over . .; *förhindra ~ar av* svenskt territorium prevent foreign aircraft from flying over . . **-flytta** *tr itr* se *flytta* |*över*|; *i ~d bemärkelse* in a transferred (a figurative) sense **-flyttning** t.ex. av person, arbetskraft transfer

över|flöd *~et 0* ymnighet abundance, stark. profusion, rikedom affluence; övermått superabundance, overabundance, superfluity, på t.ex. arbetskraft redundance, *på (av)* i samtl. fall of; *ha ~ på* mat, *ha* mat *i ~* have an abundance of . ., have plenty of . ., have . . in plenty; *det är ~ på* potatis i år there is an abundance of . .; *finnas i ~* be abundant, om t.ex. blommor be in profusion; *mat finns i ~* there is food in plenty (in abundance); *leva i ~* live in |the lap of| luxury **-flöda** *itr* abound, *av, på* in (with); *~nde* riklig abundant, profuse, affluent, yppig, frodig luxuriant, exuberant, slösande lavish; *~nde fantasi* exuberant imagination **-flödig** *a* superfluous, redundant, onödig äv. unnecessary, needless; *~ arbetskraft* redundant labour; *göra ~* render superfluous, make unnecessary; *känna sig ~* feel unwanted (in the way, de trop fr.); *du är ~ här* you are not wanted |here|; *det är ~t att säga att vi* . . vanl. needless to say, we . .; *inte ett ~t ord* not a superfluous (redundant) word, not a word too much; *stryk det ~a* i formulär vanl. strike out the words that do not apply **-flödighet** superfluousness

överflöds|artikel superfluity, lyxartikel luxury **-samhälle,** *~t* the Affluent Society

över|full *a* overfull, pred. äv. too full; packad crammed, bräddfull brimful; om lokal, tåg o.d. overcrowded, crammed; *~ sysselsättning* overfull employment **-furir** staff sergeant **-fyllnad** repletion; på marknaden glut, jfr äv. *-mättnad* **-färd** se *-fart*

över|föra *tr* **1** eg. se *föra* |*över*| **2** överflytta, sprida transfer, transmit; *~ blod* transfuse blood; *~ en sjukdom* transmit a disease; *~ en sjukdom till ngn* give a p. a disease; *i -förd bemärkelse* in a transferred (a figurative) sense **3** översätta translate (turn), *till* into **-förfinad** *a* over-refined **-förfining** over-refinement **-förfriskad** *a* tipsy **-föring** överflyttning transfer äv. t.ex. av pengar, transference äv. tekn.; t.ex. av varor, trupper conveyance, transport|ation|; t.ex. av elkraft transmission; läk., av blod transfusion; radio. transmission **-förmyndare** chief guardian **-förtjust** *a* delighted, overjoyed

över|ge o. **-giva** *tr* allm. abandon, svika äv. desert, lämna äv. leave, forsake; ge upp äv. give up; *~ ngn (ett fartyg)* abandon a p. (a ship); *~ sin familj* vanl. leave (desert) one's family; *~ en teori* abandon (give up) a theory **-given** *a* abandoned, deserted; forsaken; |*ensam och*| *~* forlorn **-givenhet** abandonment; forsakenness; forlornness **-glänsa** *tr* bildl. outshine, eclipse; jfr äv. *överträffa* **-grepp** övervåld outrage; oförrätt wrong, unfair treatment, injustice; intrång encroachment |on a person's rights|, se äv. *kränkning; ~* pl., grymheter excesses, acts of cruelty **-gripande** *a* overall

över|gå *tr itr, det -går mitt förstånd* it passes (is above) my comprehension, it is beyond me; *det har -gått till vana* it has grown into (become) a habit; se f.ö. *gå* |*över*| **-gående** *a* som |snart| går över passing, tillfällig äv. temporary, kortvarig äv. . . of short duration, transient, transitory; *av ~ natur* of a temporary nature; obehagen *är av ~ natur* äv. . . will soon pass off; *~ stadium* passing (transitory) stage

övergång 1 abstr.: eg. (jfr *gå* |*över*|) crossing, *över* of; bildl.: omställning, skifte change-over, från ett tillstånd till ett annat transition; mellantillstånd intermediate (transition|al|) stage; förändring change; omvändelse conversion äv. polit.; *~ till* t.ex. annat samtalsämne passing on to, t.ex. högertrafik change-over to, t.ex. fienden, annat parti going over to, jfr *gå* |*över till*|; *~ förbjuden!* do not cross!; *allting har en ~* ordst. everything passes (will pass) **2** övergångsställe: vid järnväg o.d. crossing, för fotgängare |pedestrian| crossing **3** övergångsbiljett transfer |ticket|; *ta ~* byta *till* linje 4 change to . .

övergångs|bestämmelse provisional (temporary) regulation **-biljett** transfer |ticket| **-stadium** transition|al| (transitory) stage, intermediate stage **-stat,** *vara på ~* mil. ung. be on the unattached list **-ställe** för fotgängare |pedestrian| crossing **-tid** transition|al| period, period (time) of transition **-ålder** klimakterium change of life, climacteric, pubertet years pl. of puberty, puberty

över|göda *tr* göda för mycket overfeed, surfeit **-gödsling** lantbr. top-dressing **-halning 1** fartygs krängning lurch; *göra en ~* lurch äv. om pers., give a lurch **2** översyn o. reparation av fartyg overhaul **3** utskällning, *ge ngn en ~* give a p. a good rating, haul a p. over the coals

över|hand, *få (ta) ~|en|* a) få övertaget get the upper hand (*över* of), prevail (*över* over), get out of control, get out of hand b) sprida sig, om t.ex. ogräs, epidemi, idéer be (become) rampant; *få (ta) ~|en| |över ngn|* om t.ex. rädsla, nyfikenhet get the better of a p.; låt inte tröttheten *få (ta) ~|en|* . . get the better of you; elden *tog ~* . . got out of control (out of hand) **-het,** *~en* the powers that be pl., the authorities pl. **-hetsperson** person in authority, ämbetsman public officer **-hetta** *tr* overheat, superheat **-hettning** overheating, superheating **-hopa** *tr, ~ ngn med* t.ex.

ynnestbevis heap (shower) . . upon a p., heap (load) a p. with . .; *~d med arbete* overburdened with work, F up to the eyes (the ears) in work; *~d med skulder* loaded with debts, F over head and ears in debt **-hoppad** *a, bli ~* a) om ord o.d. be omitted (left out, missed out) b) vid befordran o.d. be passed over **-hud** epidermis **-huset** i Engl. the House of Lords **-huvud** *s* head, ledare chief

överhuvud|taget| *adv* i jakande sats allm. on the whole, i nekande, frågande o. villkorlig sats at all; *det är ~ svårt att* avgöra om on the whole it is difficult to . .; *om han ~ kommer* if he comes at all; *om det ~ är möjligt* if |it is| at all possible; *vad hade han ~ där att göra?* what was he doing there, anyway?

över|hängande *a* **1** nära förestående, hotande impending, isht om fara äv. imminent, immediate; *det är ingen ~ fara* there is no immediate danger **2** brådskande, pressande urgent; *~ arbete* work which needs doing urgently **-höghet** supremacy, sovereignty, suzerainty **-hölja** *tr* bildl., *~ ngn med* t.ex. beröm heap (shower) . . upon a p., heap a p. with . . **-hörning** telef. cross-talk

överhövan se *hövan*

över|ila *rfl* förhasta sig act rashly (without thinking, precipitately), be hasty (rash), förivra sig be carried away **-ilad** *a* förhastad rash, hasty, precipitate; *gör inget -ilat!* don't do anything rash! **-ilning** rashness, precipitation båda end. sg.; *vi måste akta oss för ~ar* we must not do anything rash; *handla i ~* act rashly **-ingenjör** chief engineer **-inseende** supervision, superintendence **-isad** *a* . . covered with ice, pred. äv. iced up **-isning** icing up, ice-formation **-jag** psykol. super-ego **-jordisk** *a* himmelsk unearthly, celestial, översinnlig ethereal, gudomlig divine; *~ skönhet* divine (ethereal) beauty **-jägmästare** chief forest officer

över|kant eg. upper edge (side); |*tilltagen*| *i ~* för stor rather on the large (resp. big, för lång long, för hög, äv. om t.ex. siffra, pris high) side, too large etc. if anything **-kast** säng~ bedspread, coverlet, counterpane **-klaga** *tr* beslut, dom|slut| appeal against; tävlingsjuryns beslut *kan ej ~s* . . is final **-klagande** *~t ~n* appeal, *av* dom o.d. against . . **-klass** upper class; *~en* the upper classes pl. **-klassig** *a* upper-class . ., F flott swell **-klivning** metr. enjambment **-klä|da|** *tr* se *klä |över|* **-kläder** *pl* outer garments

över|komlig *a* om hinder surmountable; om pris reasonable, moderate **-kommando** se *-befäl* **-kompensation** overcompensation **-konstapel** se *polisassistent* **-korsad** *a* attr. crossed-out **-korsning** crossing-out **-kropp** upper part of the body; *med naken ~* stripped to the waist **-kucku** F top dog **-kultiverad** *a* over-refined **-kurs 1** H premium; *till ~* at a premium **2** skol., ung. extra (supplementary) study **-kvalificerad** *a* over-qualified, too qualified; *vara ~* äv. have qualifications above those required **-käk|e|** upper jaw, fackl. maxilla (pl. -e) **-käksben** upper jaw-bone, fackl. maxillary |bone| **-känslig** *a* hypersensitive, oversensitive; allergisk allergic, *för* to **-känslighet** hypersensitiveness, hypersensitivity, oversensitiveness; allergi allergy, *för* to **-körd** *a* se *köra |över|*

överlag se *över lag* under *2 lag 2*

över|lagd *a* uppsåtlig premeditated; *-lagt mord* premeditated (wilful) murder; *noga ~* övertänkt well considered **-lakan** top sheet **-lappa** *tr itr* overlap **-lasta I** *tr* overload, overburden; *~ magen* äv. surfeit oneself; *~ minnet* overburden (encumber) one's memory **II** *rfl* berusa sig get intoxicated (drunk), intoxicate oneself **-lastad** *a* **1** allm. overloaded etc.; *~ med arbete* overburdened (overwhelmed) with work; *ett -lastat* alltför utsmyckat *rum* a room overburdened with ornaments **2** berusad intoxicated, pred. äv. the worse for liquor; attr. drunken, pred. drunk

över|leva *tr itr* survive, tr. äv. outlive; *~ sig själv* om sak (bli passé) outlive its day, become out of date (antiquated) **-levande** *a* surviving; *de ~ |från* jordbävningen| the survivors |of . .| **-liggare** univ. 'perpetual student' **-liggedagar** *pl* demurrage sg., days of demurrage **-liggedagsersättning** demurrage **-lista** *tr* outwit, dupe; *han ~de mig* äv. he was too sharp for me **-liv** se *-kropp* **-ljudshastighet** supersonic speed **-ljudsplan** supersonic aircraft (aeroplane)

överlopps, *till ~* se |*till*| *övers* **-energi** surplus energy **-gärning** isht teol. work of supererogation; *det vore en ~ att* inf. friare äv. it would be quite unnecessary (superfluous) to inf.

över|lupen *a* **1** *~ av* besökare overrun with . .; jfr äv. *överhopad* **2** övervuxen, *~ av (med)* mossa overgrown (covered) with . . **-lycklig** *a* overjoyed **-låta** *tr* **1** överföra transfer, make over, *ngt till (åt, på) ngn*·a th. to a p.; jur.: egendom äv. convey, assign, d:o o. rättighet release; *biljetten får ej ~s* the ticket is not transferable **2** hänskjuta leave, *ngt åt ngn* a th. in a p.'s hands; *jag -låter åt dig att* inf. I leave it to you to inf. **-låtelse** transfer, *på (till)* to; jur. äv. conveyance, assignment, release **-låtelsehandling** deed (instrument) of transfer (conveyance, assignment)

över|läge bildl. advantage, superior (advantageous) position **-lägga** *itr* confer *(med* ngn *om* with . . on el. about*)*, deliberate; *~ om* diskutera äv. discuss, debate; jfr *1 överväga* **-läggning** deliberation, övervägande äv. consideration, diskussion äv. discussion, debate; *~ar* samtal äv. talks; *efter mogen ~* after due deliberation, after careful deliberation (consideration); *läggas till grund för ~ar* form a basis for discussion (deliberation|s|)

överlägsen *a* allm. superior, *ngn* to a p.; utmärkt äv. excellent, superb, eminent; högdragen, om min, sätt vanl. supercilious; *han är mig ~* äv. he is my superior, he is more than a match for me; *denna metod är ~* de flesta andra this method is superior to . .; *~ kvalitet* superior (excellent) quality; *~ seger* easy victory; *svara i ~ ton* answer in a superior tone **överlägsenhet** superiority, *över* to; ledarställning äv. supremacy, *över* over; högdragenhet superciliousness **överläget** *adv* in a superior manner, utmärkt äv. excellently; högdraget äv. superciliously; *han är ~ bäst* he is easily (by far) the best; *vinna ~* vanl. win easily (hands down)

överläkare avdelningschef chief (senior) physician (kirurg surgeon); sjukhuschef medical superintendent; hos myndighet o.d. chief medical officer

över|lämna I *tr* avlämna deliver |up (over)|, framlämna hand . . over, räcka pass |. . over|; skänka, förära present, friare äv. give; ge upp, t.ex. ett fort deliver |up|, surrender, give . . up; hänskjuta, överlåta leave; jfr ex.: *~ ett brev (ett meddelande)* deliver a letter (a message), *till ngn* to a p.; *~* en gåva, blommor *till ngn* present . . to a p., present a p. with . .; *~* ngn, ngt *i ngns vård* leave . . in (commit . . to) a p.'s charge, entrust . . to a p. (a p. with . .); *den saken ~r jag åt dig* I leave that to you; *jag ~r åt dig att* inf. I leave it to you to inf.; *~ ngt åt glömskan* consign a th. to oblivion; *~ ngt åt slumpen* leave a th. to chance; *vara ~d åt sig själv* be left to oneself **II** *rfl, ~ sig till (åt) fienden* surrender to the enemy; *~ sig åt sin förtvivlan* surrender |oneself| (give way) to despair **-lämnande** *~ t 0* vanl. delivery; t.ex. av en gåva presentation; uppgivande surrender; äv. delivering etc. jfr föreg.

över|läpp upper lip **-lärare** se *rektor* **-läsning** av läxor preparation **-löpare** deserter, polit. defector, renegade, F rat

övermaga *oböjl. a* förmäten presumptuous; *~ uppträdande* äv. overweening behaviour

över|makt överlägsenhet superiority, i antal superior numbers pl., i stridskrafter superiority in forces, superior force; övertag, övervikt predominance; vreden *fick ~ över honom* . . got the better of him; *ha ~en* i fråga om antal be superior in numbers; *kämpa mot ~en* fight against |heavy el. great| odds; *vika för ~en* yield (give way) to superior force (numbers) **-man** superior; *finna sin ~* meet (find) one's match; *han har ej sin ~* he has no superior; *vara ngns ~* äv. be more than a match for a p. **-manna** *tr* overpower; *tröttheten ~de honom* äv. he was overcome by fatigue **-mod** förmätenhet presumption, overweening (insolent) pride, arrogance; hybris hubris grek.; våghalsighet recklessness; *ungdomligt ~* youthful recklessness **-modig** *a* förmäten presumptuous, overweening, arrogant; våghalsig reckless **-mogen** *a* overripe **-mognad** overripeness **-morgon,** *i ~* the day after tomorrow **-mått** bildl. excess, överflöd äv. exuberance, superfluity; *ett ~ av* kraft an excess of . .; *till ~* to excess **-måttan** *adv* t.ex. rolig extremely, t.ex. arg äv. . . beyond measure, t.ex. äta, dricka . . excessively; *roa sig ~* amuse oneself no end, have a wonderful time **-mäktig** *a* om t.ex. motståndare superior; smärtan *blev henne ~* . . became too much for her; *sorgen (rörelsen) blev henne ~* she was overcome by grief (emotion); lusten att skämta *blev honom ~* . . got the better of him **-mäktighet** t.ex. motståndares superiority **-människa** superman **-mänsklig** *a* superhuman **-mätt** *a* surfeited, satiated, *på* with **-mätta** *tr* surfeit, satiate; kem. supersaturate **-mättnad** surfeit, leda satiety **-mättning** kem. supersaturation

över|nationell *a* supranational **-natta** *itr* stay overnight, stay the night, put up for the night, t.ex. på hotell äv. spend the night . . **-nattning** nattlogi |sleeping| accommodation **-naturlig** *a* supernatural; en staty *i ~ storlek* . . bigger than life, . . above life-size **-nervös** *a* very nervous, overstrung; attr. highly-strung, pred. highly strung **-nog** *adv* more than enough; *nog och ~* enough and to spare **-ord** *pl* överdrift exaggeration, skryt boasting, bragging samtl. sg.; *det är inga ~* that's no exaggeration, that's an understatement **-ordna** *tr, ~ ngn över* ngn annan place a p. above . . **-ordnad I** *a* superior; *kapten är ~ löjtnant* a captain is a lieutenant's superior (is above a lieutenant); *~ myndighet* äv. controlling authority; *~ sats* principal clause; *i ~* (ansvarig) *ställning* in a responsible position; *~e tjänstemän* äv. head officials **II** *subst. a* allm. superior; *han är min ~e* he is above me; he is my chief **-organisera** *tr* over-organize **-plagg** outer garment **-plats** i sovkupé, hytt upper berth (brits bunk) **-pris** excessive (exorbitant) price; *vi fick betala ~ för* äggen we were overcharged for . .; *sälja* ngt *till ~* overcharge for . ., sell . . above value **-produktion** over-production

överraska *tr* allm. surprise, överrumpla äv. take . . unawares (by surprise); obehagligt startle; *~ ngn med att stjäla* surprise (catch) a p. in the act of stealing; *~ ngn med* blommor, en present give a p. . . as a surprise, surprise a p. with . .; ~ |ngn| *med ett besök* pay a surprise visit |to a p.|; ~*s av regnet* be caught in the rain; *det* ~*r mig inte, jag är inte* ~*d* förvånad I'm not surprised; *glatt (obehagligt)* ~*d* pleasantly (unpleasantly) surprised **överraskande I** *a* surprising, oväntad äv. unexpected, sudden **II** *adv* surprisingly etc.; *det kom fullständigt* ~ |*för mig*| it came as (was) a complete surprise |to me| **överraskning** surprise; *glad (obehaglig)* ~ pleasant (unpleasant) surprise; *det kom som en* ~ *för mig* it came as (was) a surprise to me; it took me by surprise; *till min stora* ~ much to my surprise (astonishment), to my great surprise; *jag ser till min* ~ *att* du har I am surprised to see that . .

över|rede på vagn, bil body **-reklamerad** *a* överskattad overrated **-resa** crossing, längre voyage, passage **-retad** *a* over-excited **-retning** over-excitation, excessive irritation **-rock** overcoat **-rumpla** *tr* surprise, take . . by surprise båda äv. mil.; ~ *ngn* äv. take a p. unawares, catch a p. napping (off his guard); *låta sig* ~|*s*| |let oneself| be caught napping, be off one's guard **-rumpling** surprise, mil. äv. surprise attack **-räcka** *tr* hand |over|, skänka, förära present, jfr äv. *överlämna* **-ränta** se *straffränta* **-rösta** *tr* **1** oväsendet ~*de honom (musiken)* . . drowned his voice (the music); *han* ~*de* oväsendet he made himself heard above . ., he (his voice) was heard above . .; ~ *ngn* skrika högre än shout a p. down, shout (cry) louder than a p. **2** i omröstning outvote

övers, *ha tid (pengar) till* ~ have spare time (money); har du *ett paraply till* ~*?* . . a spare umbrella?; *har du* en tia *till* ~*?* have you |got| . . to spare?, could you lend me . .?; *jag har ingenting till* ~ *för* sådana människor (böcker) I've got no time for . ., I can't be bothered with . ., I don't think much of . .

över|se *itr,* ~ *med* ngt overlook . ., se genom fingrarna med wink (connive) at . .; ~ *med ngn* excuse a p.|'s behaviour|, se äv. |*ha*| *-seende* |*med*| **-seende I** *a* indulgent, *mot* towards **II** ~*t 0* indulgence, *med* with; *ha* ~ *med* ngn be indulgent towards . ., ngt overlook . .; *jag skall ha* ~ *med dig (det) för denna gång* I will overlook it this time; *jag vill be om* ~ *med* dröjsmålet I hope you will overlook . . **-segla** *tr* segla i sank run down **-sida** top side, upper side

översiggiven *a, vara* |*alldeles*| ~ be in utter despair, *över (för) ngt* about (at) a th.

över|sikt survey, sammanfattning outline, summary, *över (av)* i samtl. fall of; *en* ~ *över* det gångna årets sporthändelser äv. a review of . .; i sitt tal *gav han en* ~ *över läget* äv. . . he surveyed the situation **-siktlig** *a* se *-skådlig* **-siktskarta** key map **-sinnlig** *a* supersensual, transcendental, andlig spiritual

översittare bully; *spela* ~ bully, play the bully; *spela* ~ *mot ngn* bully (hector, browbeat) a p. **översitteri** -|*e*|*t 0* bullying; överlägset sätt bullying manner

över|skatta *tr* overrate, overestimate, ibl. think too much (highly) of; man kan inte ~ *värdet av* . . exaggerate the value of **-skattning** overrating, overestimation; exaggeration, jfr föreg. **-skeppa** *tr* ship . . across **-skjutande** *a* **1** ~ *belopp* surplus (excess) amount, surplus, excess; *för varje* ~ *dag* for every additional day; ~ *vikt* excess weight, excess of weight **2** utskjutande, om t.ex. del, klippa projecting

över|skott allm. surplus, överskjutande mängd äv. excess, jfr *importöverskott* o.d.; H vinst äv. profit; *ett* ~ *på (av)* t.ex. energi, livsmedel a surplus of . .; ~ *på arbetskraft* labour surplus; *ett* ~ *på* 10000 kr a surplus of . .; ~*et på* försäljningen the surplus of . .; rörelsen *ger ett gott* ~ . . yields a good profit **-skottslager** surplus stock **-skrida** *tr* eg., t.ex. gräns cross; bildl.: t.ex. sina befogenheter exceed, overstep, go beyond, t.ex. anständighetens gränser äv. transgress, konto overdraw; ~ *sina tillgångar* exceed (live above) one's means **-skrift** till artikel o.d. heading, caption; till dikt o.d. title; i brev |form of| address; *en artikel med* ~*en* . . äv. an article headed (entitled) . . **-skugga** *tr* overshadow äv. bildl.; *det allt* ~*nde problemet är* . . the overshadowing problem is . . **-skyla** *tr* cover |up|; dölja disguise, conceal; mildra, släta över gloss over, palliate **-skåda** *tr* se *-blicka* **-skådlig** *a* klar och redig clear, lucid, lättfattlig . . easy to grasp, väldisponerad well-arranged; *inom* ~ *framtid* in the foreseeable future **-skådlighet** t.ex. framställningens clearness, lucidity **-sköljning** wash|ing| **-sköterska** head nurse

över|slag 1 förhandsberäkning |rough| estimate, |rough| calculation, *över* of; *göra ett* ~ *över* kostnaderna äv. estimate (calculate) . . |roughly|; *efter ett ungefärligt* ~ on a rough estimate, roughly estimated **2** elektr. flash-over **3** gymn. ung. somersault **-snöad** *a* . . covered with snow, snowy **-spel 1** skådespelares o.d. overacting **2** kortsp. extra trick **-spelning** mus. practising |on the piano etc.| **-spänd** *a* ytterst spänd overstrung, highly-strung (attr.); excentrisk eccentric, romantisk romantic **-spändhet** spänt tillstånd overstrung state; eccentricity, romanticism **-spänning** elektr. over-voltage

överst *adv* uppermost; on top; ~ *på sidan (vid bordet)* at the top of the page (of the table); *stå* ~ *på listan* head the list; ta skjortan som ligger ~ |*i byrålådan*| . . at the top |of the drawer|; lägg de bästa exemplaren ~ . . on top **översta** *a,* |*den*| ~ hyllan, klassen, våningen the top . ., av två the upper . .; *de ~* grenarna, klasserna, luftlagren the upper . .; *den allra ~* grenen, hyllan the topmost (uppermost) . .

överstag *adv* se |*gå över*| *stag*

överstatlig *a* supranational

överste *-n överstar* colonel, inom flyget i Engl. group captain; högre: inom armén brigadier, inom flyget air commodore, amer. i båda fallen brigadier general **-löjtnant** lieutenant-colonel, inom flyget i Engl. wing commander; ibl. motsv. *överste* **-präst** high priest **-prästerlig** *a, ~ värdighet* high priesthood

överstig|a *tr* exceed, go (be) beyond (above); *tillgången -er efterfrågan* the supply exceeds the demand; *det -er mina krafter* it is beyond my powers; ett belopp *ej ~nde 500 kronor* . . not exceeding (not above) 500 kronor

överstinna colonel's wife; *~n L.* Mrs. L.

över|strykning cancellation, crossing-out, deletion **-strömmande** *a* se *översvallande* **-stycke** allm. top, top (upper) piece; dörr~ fönster~ lintel

överstyr *adv, gå ~* om t.ex. firma go on the rocks, go to rack and ruin, om t.ex. planer come to nothing, go by the board; eg., om t.ex. vagn overturn, topple over

över|styrelse |national| board **-stånden** *a, det värsta är -ståndet* the worst is over; *skönt att det är -ståndet!* I'm glad that's over |and done with|!; det gäller bara att *få det -ståndet* . . get it over |with|, . . get through it, . . have done with it; *efter |lyckligt| ~ examen* for han having passed his examination . .; vila ut *efter -ståndna umbäranden* . . after the hardships that one has gone through (endured) **-ståthållare** governor **-ståthållarämbetet** i Stockholm the Office of the Governor of Stockholm **-stämma** mus. upper part **-stämplad** *a* om frimärke o.d. overprinted **-stökad** *a* pred. over |and done with| **-svallande** *a* om t.ex. vänlighet overflowing, om t.ex. glädje äv. exuberant, om t.ex. tacksamhet äv. profuse, om pers., överdrivet älskvärd effusive, gushing; *~ entusiasm* äv. an excess of enthusiasm; *~ glädje* äv. rapture, rapturous delight

översvinn|e|lig *a* infinite, boundless

över|svämma *tr* flood, inundate båda äv. bildl.; sätta under vatten äv. submerge; *~ marknaden* flood (glut) the market; stora områden *är ~de (har ~ts)* . . are flooded (have been flooded); *~s av* ansökningar be flooded with . . **-svämning** flood; -svämmande flooding, inundation, submersion **-syn** overhaul; *ge* bilen *en ~* give . . an overhaul, overhaul . . **-synt** *a* long-sighted, fackl. hypermetropic **-synthet** long-sightedness, ibl. long sight, fackl. hypermetropia **-sålla** *tr* strew, cover, *med* with; *~d* äv. studded, med ngt glittrande äv. spangled, med t.ex. blommor äv. starred **-såte** skämts., *-såtar* authorities **-sända** *tr* sända send, pengar o.d. (per post) remit; jfr vid. *sända* **-sändning** sending etc.; av pengar remittance **-säng** se *-bädd*

över|sätta *tr* translate, *från* from, *till* into; återge render; *~ till* äv. turn (put) into **-sättare** translator **-sättlig** *a* translatable

översättning translation, *till* into; något översatt, version äv. version; återgivning rendering; *göra en trogen ~* make a close (faithful) translation; *skickliga ~ar av* latinsk poesi clever renderings of . .; *i ~ av* N.N. translated by . .

översättnings|byrå translation bureau (agency, service) **-fel** mistranslation, error in translation **-litteratur** translated books pl. **-lån** loan translation **-rätt** right of translation

över|ta *tr* se *-taga* **-tag** bildl. advantage, *över* over; *få ~et över ngn* get the better of a p.; *ha ~et* t.ex. i debatt, strid äv. have the best of it; se äv. *överhand* **-taga** *tr* allm. take over, t.ex. ansvaret, befälet äv. take, *~* efter ngn, t.ex. praktik, affär äv. succeed to; *~ ledningen |av|* take charge (command) |of|; *~ makten* come into power, take control, take over; *~ regeringen* om ministär take (assume) office **-tagande** *~t 0* taking over etc.; *~ av* regeringsmakten äv. assumption of power

över|tala *tr* persuade, förmå äv. prevail upon, induce, *ngn att* inf. a p. to inf.; *~ ngn att* inf. äv. persuade (talk) a p. into ing-form; *låta ~ sig att* inf. |let oneself| be talked into ing-form, be persuaded into ing-form **-talig** *a* supernumerary **-talning** persuasion; *efter många ~ar* after much persuasion **-talningsförmåga** persuasive powers pl., powers pl. of persuasion, persuasiveness **-talningsförsök** attempt at persuasion

över|teckna *tr* t.ex. lån, lista over-subscribe **-tid** overtime; *arbeta på ~* work overtime **-tidsarbete** overtime work **-tidsersättning** overtime pay (payment, compensation) **-ton** overtone äv. bildl. **-tramp** sport., *göra ~* overstep the take-off (the mark äv. bildl.) **-trassera** *tr* konto overdraw **-trassering** overdraft **-tro** vidskepelse superstition; blind tro blind faith, *på* in; *~ på* den egna förmågan, penningens makt over-confidence in . . **-trumfa** *tr* bildl. go one better than, outdo **-tryck 1** fys. overpressure, excess pressure, över atmosfärtrycket pressure above that of the atmosphere **2** påtryck, överstämpling overprint

över|träda *tr* allm. transgress; bryta emot äv. break, infringe, kränka violate **-trädelse** transgression; breach, infringement, violation; trespass äv. teol.; *~ åtalas* vid förbud att beträda område o.d. trespassers will be prosecuted **-träffa** *tr* surpass, exceed, ngn äv. excel; vara överlägsen äv. be superior, *ngn* to a p.; besegra outdo, F beat; ~ *ngn i ngt* surpass (excel) a p. in a th.; ~ *sig själv* surpass (excel) oneself; ~ *allt annat* surpass (F beat) everything, be unsurpassed (unrivalled)

över|tyga *tr* convince, *ngn om ngt* a p. of a th.; ~ *ngn om att* sats convince (m. ord äv. persuade) a p. that sats; *vara ~d om att* sats *(om ngt)* be sure (convinced) that sats (of a th.); *svaret ~r inte* the answer is not convincing (does not convince me); *ni kan vara ~d om att* . . you may rest assured that . .; ~ *sig om ngt* make sure of a th., ascertain a th., satisfy oneself of a th.; *han ville ~ sig om att* ingen lyssnade he wanted to make sure that . . **-tygande** *a* convincing, m. ord äv. persuasive, bindande äv. cogent; *verka* ~ äv. carry conviction **-tygelse** conviction; *av* ~ by conviction; *handla efter sin* ~ act up to one's convictions; *i den* [*fasta*] *~n att* in the [full el. firm] conviction that, [firmly] convinced that **-tänd** *a,* byggnaden *var* [*helt*] ~ . . was [all] in flames **-tänkt** *a, ett väl ~ svar* a well-considered answer **-uppseende** o. **-uppsikt** superintendence, supervision **-uppsyningsman** [chief] supervisor (overseer, inspector)

över|vaka *tr* ha tillsyn (uppsikt) över superintend, supervise, bevaka watch over; ~ se till *att* . . see [to it] that . ., take care that . .; den frigivne skall tills vidare *~s* . . be put on probation **-vakare** av villkorligt dömd jur. probation officer **-vakning** jur. probation; *stå under* ~ be on probation **-vara** *tr* attend, be present at; *ceremonin -vars av konungen* the King was present at the ceremony **-vattensläge,** ligga *i* ~ . . on the surface **-vikt 1** eg. overweight; bagage~ äv. excess luggage (amer. baggage); *betala* ~ pay [an] excess luggage charge; *det är ~ på* bagaget . . is overweight; patienten *har* ~ . . is overweight **2** bildl. predominance, preponderance, advantage; *ha (få) ~*[*en*] äv. predominate, preponderate; *med tio rösters* ~ with (by) a majority of ten **-viktig** *a* overweight, too heavy **-vinna** *tr* allm. overcome, besegra äv. conquer, vanquish, get the better of, komma över äv. surmount, get over; ~ *sina betänkligheter (fienden)* overcome one's scruples (the enemy); ~ *sin fruktan* get the better of one's fear; ~ *en svårighet* overcome (surmount) a difficulty; *erkänna sig -vunnen* acknowledge oneself beaten; jfr äv. *-vunnen* **-vintra** *itr* winter, pass the winter, ligga i ide hibernate **-vintring** wintering, i ide hibernation **-vunnen** *a, det är en ~ ståndpunkt (ett -vunnet stadium)* that is a thing of the past, I (resp. we etc.) have got over (beyond) that sort of thing (that stage), om teori äv. that is an exploded theory (idea); se f.ö. *-vinna* **-vuxen** *a* overgrown; ~ *med* t.ex. ogräs äv. overrun with . . **-våld** outrage; jur. assault; *bli utsatt för* ~ be assaulted **-våning** upper floor (storey)

1 överväg|a *tr* betänka, ta i betraktande consider, begrunda reflect [up|on, ponder over ([up|on); överlägga med sig själv om deliberate, turn . . over in one's mind; ha planer på contemplate; *han -er att* emigrera he is contemplating (considering) ing-form; ~ *följderna* consider (weigh) the consequences; ge mig tid att ~ *saken* . . consider the matter (think the matter over, reflect on the matter); *ett väl -t beslut* a well-considered decision

2 överväg|a *tr itr,* ja-röster *-er* . . are in the majority; *fördelarna -er* [*nackdelarna*] the advantages outweigh the disadvantages

1 övervägande *-t -n* consideration; *efter moget* ~ after careful consideration (inre överläggning äv. long deliberation); *ta ngt i (under)* ~ take a th. into consideration, consider a th.; *ta ngt i förnyat* ~ äv. reconsider a th.; *vid närmare* ~ on [further] consideration, on reflection, on second thoughts, on thinking it over

2 övervägande I *a* förhärskande predominant; *den ~ delen av* the greater part of, flertalet the [great] majority of; *frågan är med ~ ja besvarad* the ayes have it (are in a decided majority); *till ~ del* mainly, chiefly **II** *adv* huvudsakligen mainly, chiefly; ~ *vackert* i väderleksrapport mainly (mostly) fair

över|väldiga *tr* overwhelm, overpower båda äv. bildl.; *han ~des av rörelse* he was overcome by emotion; *~d av sömn (trötthet)* overcome by sleep (fatigue); *~d av tacksamhet* overwhelmed by gratitude; *jag är ~d!* I am overwhelmed!, it is too much [for me]! **-väldigande** *a* overwhelming; *en ~ majoritet* an overwhelming (a crushing) majority **-värdera** *tr* se *-skatta* **-värme** kok. top heat, heat from above **-växel** bil. overdrive **-årig** *a* över pensionsålder superannuated; friare äv. too old, över en viss maximiålder over age end. pred., . . above the age limit (prescribed age) **-årighet,** han kan ej få tjänsten *på grund av* ~ . . because he is above the age limit

överända *adv* se ex. under *ända I*

över|ärm upper sleeve **-ösa** *tr,* ~ *ngn med* t.ex. gåvor, ovett shower (heap) . . upon a p.

övlig *a* bruklig usual, customary; *på ~t sätt* in the usual manner; *såsom ~t är* as is the custom

övning 1 *-en 0* övande o. praktik, vana practice; träning training; ~ *att* dansa, räkna practice in ing-form; ~ *ger färdighet* practice makes perfect; *jag saknar* ~ I am out of (have no) practice **2** *-en -ar* exercise; *andliga (gymnas-*

tiska) ~ar religious (gymnastic) exercises; *~ar* äv. practice sg.

övnings|bil driving-school car; i Engl. ibl. motsv. learner's car (förk. L) **-exempel** -uppgift exercise; matem. o.d. problem **-lärare** teacher in a practical subject **-ämne** skol. practical subject

övre *a* upper; översta äv. top end. attr.; *Övre sjön* Lake Superior

övrig *a* återstående remaining end. attr.; annan other; *allt ~t* everything else; *de ~a* the others, the rest (remainder) sg.; *de ~a fyra* the other (the remaining) four, the four others; *det ~a* the rest (remainder); what is left; *det ~a Europa* the rest of Europe; hans uppförande *lämnar mycket (intet) ~t att önska* . . leaves a great deal (nothing) to be desired; *för ~t* a) dessutom besides, moreover b) i förbigående sagt incidentally, by the way c) (äv. *i ~t*) annars otherwise, i andra avseenden in other respects, vad det ~a angår as to (for) the rest; *för ~t hade vi inga pengar* besides (moreover), we had no money; we had no money, anyway; *han var för ~t här i går* he was here yesterday, by the way (incidentally); lite trött, *men för ~t i god kondition* . . but otherwise quite well; *se för ~t* sid. 2 see further . .; *i ~t* har jag inget att tillägga, erinra as to (for) the rest, . .

övärld arkipelag, skärgård archipelago (pl. -s), poet. island world